Assmann/Schütze
Handbuch des Kapitalanlagerechts

Handbuch des Kapitalanlagerechts

Herausgegeben von

Prof. Dr. Heinz-Dieter Assmann, LL. M.
Universität Tübingen

Prof. Dr. Rolf A. Schütze
Rechtsanwalt und Notar in Stuttgart

Bearbeitet von

Prof. Dr. Heinz-Dieter Assmann, Universität Tübingen; *Dr. Jürgen Baur,* Rechtsanwalt in Köln; *Dr. Jörg Franke,* Berlin; *Prof. Dr. Franz Häuser,* Universität Leipzig; *Dr. Ekkehard von Heymann,* Rechtsanwalt in Frankfurt a. M.; *Prof. Dr. Siegfried Kümpel,* Rechtsanwalt in Frankfurt a. M.; *Friedrich-Carl zur Megende,* Präsident des OLG a. D., Walldorf b. Frankfurt a. M.; *Dr. Hans-Jochen Otto,* Rechtsanwalt und Steuerberater in Stuttgart; *Michael-Christian Rössner,* Rechtsanwalt in München; *Dr. Rüdiger Freiherr von Rosen,* Frankfurt a. M.; *Prof. Dr. Günter H. Roth,* Universität Innsbruck; *Dr. Bernd Sagasser,* Rechtsanwalt und Steuerberater in Düsseldorf; *Dr. Frank Schäfer,* Rechtsanwalt in Düsseldorf; *Prof. Dr. Rolf A. Schütze,* Rechtsanwalt und Notar in Stuttgart; *Dr. Hans Gottfried Strohm,* Rechtsanwalt in München; *Dr. Klaus-R. Wagner,* Rechtsanwalt, Notar und Fachanwalt für Steuerrecht in Wiesbaden; *Prof. Dr. Reinhard Welter,* Universität Potsdam; *Dr. Alexander Worms,* München

2., neubearbeitete Auflage

C. H. Beck'sche Verlagsbuchhandlung
München 1997

Zitiervorschlag:
Assmann/Schütze
Hdb. KapitalanlageR/Bearbeiter § . . . Rdnr. . . .

ISBN 3 406 40281 X

Umschlag- und Einbandentwurf von Bruno Schachtner, Dachau
Satz und Druck der C. H. Beck'schen Buchdruckerei, Nördlingen
Gedruckt auf säurefreiem, alterungsbeständigem Papier (hergestellt aus chlorfrei gebleichtem Zellstoff)

Aus dem Vorwort zur 1. Auflage

Der deutsche Kapitalmarkt hat seit Mitte der siebziger Jahre in Breite und Tiefe eine außergewöhnliche Ausdehnung erfahren. Mit der kontinuierlichen Erweiterung dieses Marktsektors und der stetigen Vermehrung neuer Anlageformen wuchs aber auch die Summe der – unterschiedlichsten Rechtsquellen und -gebieten entstammende – Rechtsnormen, die sich einerseits auf die Schaffung, die Ausgestaltung, den Vertrieb sowie die Abwicklung und Verwahrung der Investitionsgebote beziehen und andererseits die Ordnung des Kapitalmarktes und seiner Institutionen zum Gegenstand haben.

Zu den einzelnen Anlageformen und den mit ihnen in Zusammenhang stehenden Rechtsfragen sind zwischenzeitlich eine Fülle von Aufsätzen, Abhandlungen, Kommentaren und (oft mehrbändigen) Handbüchern erschienen, die einen hohen Spezialisierungsgrad aufweisen und auf unterschiedliche Adressatenkreise zugeschnitten sind. Sowohl die Vorhaltung als auch die Nutzung der in der Vielzahl dieser Hilfsmittel gebotenen Informationen ist mit hohem Zeit- und Beschaffungsaufwand verbunden. Darüber hinaus geht mit der Konzentration des Schrifttums auf einzelne Anlageformen nicht selten eine Vernachlässigung derjenigen Rechtsfragen einher, die alle Investitionsangebote gleichermaßen durchziehen oder den Markt, über den sie verbreitet werden, selbst betreffen. Der dadurch erweckte Eindruck, die zwischen Auflagen, Vertrieb und Abwicklung einer Kapitalanlage auftretenden Rechtsfragen seien nur durch Rückgriff auf in hohem Maße zersplitterte und komplizierte Rechtsgebiete zu beantworten, ist freilich zu einem gewissen Maße der Sache selbst – d. h. einem fehlenden einheitlichen Kapitalmarkt – geschuldet.

Das vorliegende Handbuch will sich deshalb nicht auf die (gewiß schon für sich lohnenden und in Angriff genommenen) Aufgaben beschränken, Verstreutes zusammenzuführen und damit eine Lücke im juristischen Schrifttum zu schließen, sondern unternimmt darüber hinaus zugleich den Versuch, die einzelnen der betroffenen Regelungsbereiche unter dem systematisierenden Gesichtspunkt eines Kapitalanlagerechts als Teil eines Kapitalmarktrechts darzustellen (dazu im einzelnen § 1). Dies erscheint um so mehr gefordert, als sich die zu behandelnden Rechtsmaterien – nicht zuletzt aufgrund der Rechtsvereinheitlichungsbemühungen der EG, der Internationalisierung der Kapitalmärkte und der Zunahme grenzüberschreitender Anlagegeschäfte – noch in hohem Maße in der Entwicklung befinden.

In der Durchführung dieses Anliegens macht sich das Handbuch deshalb nicht die Perspektive einzelner der Marktbeteiligten – etwa der kapitalsuchenden Gesellschaft, des Projektinitiators, des an der Effektenemmision beteiligten Kreditinstituts, des Anlagevermittlers oder des geschädigten Anlegers – zu eigen. Es will auch nicht das Kapitalanlagerecht unter isolierten Gesichtspunkten – wie bspw. dem Gedanken des Anlegerschutzes oder demjenigen der besseren Versorgung der Unternehmen mit Eigenkapital – strukturieren. Im Vordergrund steht vielmehr die Darstellung desjenigen Ausschnitts aus dem noch immer im Werden befindlichen Kapitalmarktrecht, der sich mit der Projektierung und Ausgestaltung einzelner Analgeangebote, deren öffentlichem Angebot und Vertrieb sowie der Abwicklung der aus den einzelnen Investitionsentscheidungen erwachsenden Rechtsverhältnissen beschäftigt und vorliegend – mangels eines vorhandenen treffenderen Sammelbegriffs – als Kapitalanlagerecht bezeichnet wird. Entsprechend vielfältig ist der Adressatenkreis, dem das Handbuch in allen Rechtsfragen der Kapitalanlagegeschäfte praktische Hilfestellung zu geben versucht.

Aus dem Vorwort zur 1. Auflage

[illegible]

[illegible]

[illegible]

[illegible]

Vorwort zur 2. Auflage

Seit dem Erscheinen dieses Handbuchs im Jahre 1990 hat sich der rechtliche Regelungsrahmen des Kapitalmarktrechts und damit auch des Kapitalanlagerechts nach Art und Umfang in bislang nicht gekannter Weise verändert. Der größte Teil der hierfür verantwortlichen Maßnahmen geht auf Aktivitäten des Gesetzgebers zurück, unter denen wiederum solche überwiegen, die der Umsetzung von EG-Richtlinien zur Harmonisierung des Gesellschafts-, Bank-, Börsen- und Investmentrechts dienen. Bei aller möglichen Kritik am Konzept der EG zur Schaffung eines europäischen Finanz- und Kapitalmarktes ist aus deutscher Sicht noch zu vermerken, daß die EG-Rechtsvereinheitlichungspolitik dem deutschen Kapitalmarkt und dem diesem zugehörigen Kapitalmarktrecht einen Modernisierungsschub verpaßt hat, wie es diesem Lande aus eigener Kraft nicht gelungen wäre. So dient auch das Zweite Finanzmarktförderungsgesetz (2. FFG) von 1994, das als Artikelgesetz die meisten und gewichtigsten der gesetzgeberischen Initiativen zur Förderung des Finanzplatzes Deutschland und zur Reform des deutschen Kapitalmarkts und Kapitalmarktrechts enthält, der Umsetzung von EG-Richtlinien.

Unter den im 2. FFG enthaltenen Gesetzgebungsakten kommt fraglos dem Wertpapierhandelsgesetz (WpHG) die größte Bedeutung zu: Es schafft die Grundlagen für eine in Deutschland so nicht bekannte Kapitalmarktaufsicht und eine damit zusammenhängende neue Struktur der Aufsicht über die börslichen Märkte; es bildet weiterhin die gesetzliche Basis des mit der Kapitalmarktaufsicht beauftragten Bundesaufsichtsamts für den Wertpapierhandel, regelt seine Aufgaben und Befugnisse. Neben diesen in erster Linie die Kapitalmarktstruktur beeinflussenden Neuerungen finden sich aber auch eine Reihe von Maßnahmen, die in direkterer Weise auf die einzelnen Transaktionen am Kapitalmarkt und die Verhaltenspflichten der Marktteilnehmer, kurz: auf das Kapitalanlagerecht Einfluß nehmen; zu nennen sind die Regelungen betreffend den Insiderhandel, die Ad-hoc-Publizität, die Mitteilungs- und Veröffentlichungspflichten bei Veränderungen von Stimmrechtsanteilen an börsennotierten Gesellschaften und namentlich die Verhaltenspflichten von Wertpapierdienstleistungsunternehmen. Aufgrund dieser zahlreichen und weitreichenden Maßnahmen wurde das WpHG nicht ohne Grund als das wichtigste börsen- und kapitalmarktrechtliche Gesetz in Deutschland seit einhundert Jahren und als das Grundgesetz des Kapitalmarkts bezeichnet.

Neben den gesetzgeberischen Maßnahmen erwies sich auch die Rechtsprechung in den zurückliegenden sechs Jahren als beständige Quelle der Schaffung und Modernisierung kapitalanlagerelevanten Rechts. Nicht nur in der Gesetzgebung und in der Rechtsprechung, sondern vor allem in dem diese begleitenden und kommentierenden Schrifttum hat seit der 1. Auflage des Handbuchs der kapitalmarktrechtliche Ansatz zur Regelung der Institutionen des Kapitalmarkts und der über diesen laufenden Transaktionen Anerkennung und Verbreitung gefunden. Der Vielzahl dieser Neuerungen entsprechend umfangreich mußten denn auch die Änderungen ausfallen, denen die einzelnen Kapitel des Handbuchs für die Vorbereitung seiner zweiten Auflage unterzogen wurden. Dabei erfuhren sämtliche Darstellungen eine behutsame, sachbedingte aber mitunter auch erhebliche Erweiterung. Zahlreiche Kapitel oder Kapitelabschnitte mußten gänzlich neu konzipiert und geschrieben werden: Das galt namentlich für die Darstellung des Insiderrechts der Börsentermingeschäfte. Auch wurde teilweise die Gelegenheit der Neuauflage genutzt, um einzelne Regelungsmaterien detaillierter zu behandeln. Die Vielzahl der einschlägigen Änderungen verbietet hier eine Aufzählung im Detail.

Vorwort

Wurde versucht, die Struktur des Handbuchs, nicht zuletzt im Interesse den Benutzers, beizubehalten, so waren doch auch in dieser Hinsicht einige wenige Eingriffe geboten. Der zunehmenden Bedeutung der sog. Financial Futures auch für private Anleger entsprechend, wurde die Darstellung dieser Anlageformen aus derjenigen der Börsentermingeschäfte herausgenommen und von *Schäfer,* der in dieser Auflage zum Kreis der Autoren des Handbuchs hinzugekommen ist, gänzlich neu verfaßt (§ 17). Erstmals aufgenommen und vom gleichen Autor dargestellt wurde das Recht der Vermögensverwaltung (§ 28): Gewiß ist die Vermögensverwaltung als solche bzw. der zu einer solchen führende Vermögensverwaltungsvertrag kein Anlagegeschäft. Gleichwohl erschien es aus zwei Gründen geboten, der Vermögensverwaltung ein eigenes Kapitel zu widmen: erstens, weil der Anleger die Anlageentscheidung delegiert und sich daraus ein doppelter Problembereich eröffnet: Art und Umfang der Delegation der Entscheidungsfreiheit über die Investition eines Vermögens einerseits und der daraus resultierende Verhaltensspielraum sowie entsprechende Verhaltenspflichten des Vermögensverwalters andererseits; und zweitens, weil die Vermögensverwaltung rechtlich bislang wenig Aufmerksamkeit erfahren hat, obschon sie bereits heute ein enormes Anlagevolumen abdeckt und zunehmend auch für kleinere Vermögen angeboten wird. Ebenfalls ganz neu konzipiert wurde das Kapitel über den Anlegerprozeß (§ 29): In seiner Bearbeitung durch *Schütze* werden stärker als in der Vorauflage zivilprozessuale Aspekte berücksichtigt; das gab gleichzeitig Anlaß, zuvor separate Ausführungen zum Schiedsgerichtsverfahren in Anlagestreitigkeiten in die Darstellung der Prozeßführung bei Anlagegeschäften zu integrieren.

Nahezu sämtliche Autoren der Erstauflage haben sich auch zur Mitarbeit an der Neuauflage bereit erklärt, wofür Ihnen Verlag und Herausgeber zu Dank verpflichtet sind. Auch die 2. Auflage des Handbuchs konnte ihrer Einbindung in das Hase-Igel-Spiel, in dem der gehetzte Autoren-Hase immer wieder auf eine Neuerung in Gesetz, Recht und Rechtsprechung trifft, die es zu berücksichtigen gilt, nicht entrinnen. Dabei stieß die notwendige und ungleichzeitig anfallende Aktualisierungsarbeit auf unterschiedliche Zeitengpässe der einzelnen Autoren. Das hat zu einer stärkeren Verzögerung der Neuauflage geführt als von Verlag und Herausgebern eingeplant. Manchem Mitverfasser des Werks hat dies im Hinblick auf mehrfachen Aktualisierungsbedarf seines Beitrags nicht nur erheblichen Arbeitsmehraufwand, sondern auch einige Geduldsproben abverlangt; den Betroffenen ist auch an dieser Stelle für ihre stetige Kooperationsbereitschaft zu danken. Ein Dankeswort sei auch an Herrn *Daniel Bergner* vom Verlag C. H. Beck gerichtet, der die nicht unbeträchtliche Last der redaktionellen Betreuung der Neuauflage übernommen und bewältigt hat.

Tübingen/Stuttgart, im Sommer 1996

Heinz-Dieter Assmann
Rolf A. Schütze

Inhaltsübersicht

1. Teil. Allgemeine Regelungsprobleme des Kapitalmarkts und der Kapitalanlagegeschäfte

1. Kapitel. Kapitalmarkt und Kapitalmarktordnung

2. Kapitel. Rechtspflichten und Haftung bei Anbahnung, Abschluß und Abwicklung von Anlagegeschäften

2. Teil. Die einzelnen Kapitalanlagegeschäfte

3. Kapitel. Effektengeschäfte

4. Kapitel. Börsentermingeschäfte

5. Kapitel. Investmentgeschäfte

6. Kapitel. Immobilienanlagen

Inhaltsübersicht

7. Kapitel. Beteiligungen an Gesellschaften

8. Kapitel. Vermögensverwaltung

3. Teil. Verfahrensrecht

Inhaltsverzeichnis

1. Teil. Allgemeine Regelungsprobleme des Kapitalmarkts und der Kapitalanlagegeschäfte

1. Kapitel. Kapitalmarkt und Kapitalmarktordnung

Inhaltsverzeichnis

Inhaltsverzeichnis

2. Teil. Die einzelnen Kapitalanlagegeschäfte

3. Kapitel. Effektengeschäfte

5. Kapitel. Investmentgeschäfte

6. Kapitel. Immobilienanlagen

Verzeichnis der Bearbeiter

Prof. Dr. Heinz-Dieter Assmann	§§ 1, 7
Dr. Jürgen Baur	§§ 18, 19
Dr. Jörg Franke	§ 2 I–IV
Prof. Dr. Franz Häuser	§ 15, 16
Dr. Ekkehard von Heymann	§§ 4–6
Dr. Siegfried Kümpel	§ 13
Friedrich-Carl zur Megede	§ 14
Dr. Hans-Jochen Otto	§§ 26, 27
Michael-Christian Rössner	§§ 9, 28
Dr. Rüdiger Freiherr von Rosen	§ 2 V–IX
Prof Dr. Günter H. Roth	§§ 11, 12
Dr. Bernd Sagasser	§ 3
Dr. Frank Schäfer	§§ 17, 28
Prof. Dr. Rolf A. Schütze	§§ 10, 29 I–VIII
Dr. Hans Gottfried Strohm	§§ 20, 21
Dr. Klaus-R. Wagner	§§ 22–25, 29 IX
Prof. Dr. Reinhard Welter	§§ 15, 16
Dr. Alexander Worms	§§ 8, 9

Abkürzungsverzeichnis

AAA	American Arbitration Association
a. A.	anderer Ansicht
aaO	am angegebenen Ort
ABl.	Amtsblatt
ABl. EG	Amtsblatt der Europäischen Gemeinschaften
Abschn.	Abschnitt
AcP	Archiv für die civilistische Praxis (Bank, Jahr und Seite)
AE	Alternativentwurf
a. E.	am Ende
ÄndG	Änderungsgesetz
a. F.	alte Fassung
AfA	Absetzungen für Abnutzung
AFG	Anlagefondsgesetz (Schweiz)
AG	Aktiengesellschaft, Die Aktiengesellschaft (Jahr und Seite)
AGB	Allgemeine Geschäftsbedingungen
AGBG	Gesetz zur Regelung des Rechts der Allgemeinen Geschäftsbedingungen
AIZ	Allgemeine Immobilien-Zeitung (Jahr und Seite)
AktG	Aktiengesetz
AKV	Deutscher Auslandskassenverein
Alt.	Alternative
amtl. Begr.	amtliche Begründung
Anh.	Anhang
Anm.	Anmerkung
AO	Abgabenordnung
Art.	Artikel
Aufl.	Auflage
AuslInvestmG	Gesetz über den Vertrieb ausländischer Investmentanteile und über die Besteuerung der Erträge aus ausländischen Investmentanteilen
AWD BB	Außenwirtschaftsdienst des Betriebs-Beraters (Jahr und Seite), ab 1975 RIW
AWG	Außenwirtschaftsgesetz
AWV	Außenwirtschaftsverordnung
AVB	Allgemeine Versicherungsbedingungen
Az.	Aktenzeichen
BAG	Bundesarbeitsgericht
BAK	Bundesaufsichtsamt für das Kreditwesen
BankArch.	Bankarchiv (Band, Jahr und Seite)
BAnz.	Bundesanzeiger
BAR	Bankaufsichtsrecht, Entscheidungssammlung, hrsg. v. Beckmann/Bauer
BauGB	Baugesetzbuch
Baumbach/Hopt	Baumbach/Hopt, Handelsgesetzbuch, 29. Aufl. 1995
Baumbach/Hefermehl	Baumbach/Hefermehl, Wettbewerbsrecht, 18. Aufl. 1995
BauR	Baurecht (Jahr und Seite)
BAV	Bundesaufsichtsamt für das Versicherungswesen
BayObLG	Bayerisches Oberstes Landesgericht
BB	Der Betriebs-Berater (Jahr und Seite)
BBk	Deutsche Bundesbank
BBG	Bundesbeamtengesetz
BBkG	Gesetz über die Deutsche Bundesbank

Abkürzungen

Bd.	Band, Bände
BdF	Bundesminister der Finanzen
BerlinFG	Berlinförderungsgesetz
betr.	betreffend
BeurkG	Beurkundungsgesetz
BewG	Bewertungsgesetz
BewG	Bundesgesetz über den Erwerb von Grundstücken durch Personen im Ausland (Schweiz)
BFG	Beteiligungsfondgesetz (Österreich)
BFH	Bundesfinanzhof
BFM, BMF	Bundesminister(ium) der Finanzen
BFuP	Betriebswirtschaftliche Forschung und Praxis (Jahr und Seite)
BGB	Bürgerliches Gesetzbuch
BGBl.	Bundesgesetzblatt
BGH	Bundesgerichtshof
BGHZ	Entscheidungen des Bundesgerichtshofs in Zivilsachen (amtliche Sammlung)
BHG	Berlinhilfegesetz
BlGBW	Blätter für Grundstücks-, Bau- und Wohnungswesen (Jahr und Seite)
BMWF	Bundesminister für Wirtschaft und Finanzen
BNotO	Bundesnotarordnung
BörsG	Börsengesetz
BörsO	Börsenordnung
BörsZulG	Börsenzulassungsgesetz
BörsZulVO	Börsenzulassungsverordnung
BRAGO	Bundesgebührenordnung für Rechtsanwälte
BRAO	Bundesrechtsanwaltsordnung
BR-Drucks.	Bundesratsdrucksache
BRRG	Beamtenrechtsrahmengesetz
BSpKG	Gesetz über Bausparkassen
bspw.	beispielsweise
BStBl	Bundessteuerblatt
BT-Drucks.	Bundestagsdrucksache
BuB	Bankrecht und Bankpraxis, früher: Bankgeschäftliches Formularbuch (Loseblattwerk)
BV	Bewilligungsverordnung
BVA	Bundesversicherungsamt
BVerfG	Bundesverfassungsgericht
BVerfGE	Entscheidungen des Bundesverfassungsgerichts (amtliche Sammlung)
BVI.	Bundesverband Deutscher Investment-Gesellschaften e. V.
BWGBl.	Gesetzblatt für Baden-Württemberg
bzw.	beziehungsweise
c. i. c.	culpa in contrahendo
CpD	Contro pro Diverse
DAX	Deutscher Aktienindex
DB	Der Betrieb (Jahr und Seite)
DBA	Doppelbesteuerungsabkommen
DepG	Gesetz über die Verwahrung und Anschaffung von Wertpapieren
d. h.	das heißt
Diss.	Dissertation
div.	diverse
DJT	Deutscher Juristentag
DJZ	Deutsche Juristenzeitung (Jahr und Seite)
DNotZ	Deutsche Notar-Zeitschrift (Jahr und Seite)
DNU	Das neue Unternehmen, Zeitschrift für Partnerschaft in der Wirtschaft (Jahr, Heft und Seite)
DStR	Deutsches Steuerrecht (Jahr und Seite)

DStZ	Deutsche Steuerzeitung (Jahr und Seite)
DStZ/A	Deutsche Steuerzeitung, Ausgabe A (bis 1979), (Jahr und Seite)
DTB	Deutsche Terminbörse
DVO	Durchführungsverordnung
ebd.	ebenda
ECU	European Currency Unit
EEA	Einheitliche Europäische Akte
EEC	European Economic Community
EFG	Entscheidungen der Finanzgerichte
EG	Europäische Gemeinschaft(en)
EGBGB	Einführungsgesetz zum BGB
Einf.	Einführung
einschl.	einschließlich
ERA	Einheitliche Richtlinien und Gebräuche für Dokumenten-Akkreditive
ErbStG	Erbschaftsteuergesetz
ESt-Ref-Bespr.	Einkommensteuer-Referenten-Besprechung
EStDV	Einkommensteuer-Durchführungsverordnung
EStG	Einkommensteuergesetz
EStR	Einkommensteuer-Richtlinien
etc.	et cetera
EuGHE	Entscheidungen des Gerichtshofs der Europäischen Gemeinschaften (amtliche Sammlung)
EuGRZ	Europäische Grundrechte – Zeitschrift (Jahr und Seite)
EuGVÜ	Übereinkommen der Europäischen Gemeinschaft über die gerichtliche Zuständigkeit und die Vollstreckung gerichtlicher Entscheidungen in Zivil- und Handelssachen
EuR	Europarecht (Jahr und Seite)
e. V.	eingetragener Verein
evtl.	eventuell
EWG	Europäische Wirtschaftsgemeinschaft
EWGV	Vertrag zur Gründung der Europäischen Wirtschaftsgemeinschaft
EWR	Europäischer Wirtschaftsraum
f.	folgende
FAZ	Frankfurter Allgemeine Zeitung
ff.	fortfolgende
FG	Finanzgericht
FGG	Gesetz über die Angelegenheiten der freiwilligen Gerichtsbarkeit
FIBOR	Frankfurt Interbank Offered Rate
FinArch	Finanzarchiv (Band, Jahr und Seite)
Fn.	Fußnote(n)
Form.	Formular
FR	Finanz-Rundschau (Jahr und Seite)
FVG	Gesetz über die Finanzverwaltung
GA	Goltdammers Archiv für Strafrecht (Jahr und Seite)
GBO	Grundbuchordnung
GbR	Gesellschaft bürgerlichen Rechts
gem.	gemäß
GemO	Gemeindeordnung
GenG	Gesetz betreffen die Erwerbs- und Wirtschaftsgenossenschaften
GewO	Gewerbeordnung
GewStG	Gewerbesteuergesetz
GG	Grundgesetz
ggf.	gegebenenfalls
GmbH	Gesellschaft mit beschränkter Haftung
GmbHG	Gesetz betreffen die Gesellschaften mit beschränkter Haftung
GmbHR	GmbH-Rundschau (Jahr und Seite)

GoA	Geschäftsführung ohne Auftrag
grds.	grundsätzlich
GrESt	Grunderwerbsteuer
GrEStG	Grunderwerbsteuergesetz
Großkomm./Bearbeiter	Staub – Großkommentar zum HGB, 4. Aufl. 1982 ff.
GrS	Großer Senat
GRUR	Gewerblicher Rechtsschutz und Urheberrecht (Jahr und Seite)
GRUR-Int.	Gewerblicher Rechtsschutz und Urheberrecht, Internationaler Teil (Jahr und Seite)
GS-.	Girosammel-
GVBl	Gesetz- und Verordnungsblatt
GWB.	Gesetz gegen Wettbewerbsbeschränkungen
Halbs.	Halbsatz
HBG	Hypothekenbankgesetz
HBR	Händler- und Beraterregeln
Hdb	Handbuch
HdB	Handbuch der Bauinvestitionen und Immobilienkapitalanlagen (früher Handbuch der Bauherrenmodelle, Bauträgermodelle, Erwerbermodelle, Immobilienfonds und sonstigen Bauinvestitionen), hrsg. v. Dornfeld/Kellermann/Klumpe/Quast/Richter/Schmider/Söffing
HdWW	Handwörterbuch der Wirtschaftswissenschaft
HGB	Handelsgesetzbuch
h. L.	herrschende Lehre
h. M.	herrschende Meinung
HOAI	Honorarordnung für Architekten und Ingenieure
HRR	Höchstrichterliche Rechtsprechung
Hrsg.	Herausgeber
hrsg.	herausgegeben
ICA	Investment Company Act
ICC	International Chamber of Commerce
idF	in der Fassung
i. d. R.	in der Regel
idS	in diesem Sinne
IdW	Institut für Wirtschaftsprüfer
i. E.	im Ergebnis
i. e.	im einzelnen
ieS	im engeren Sinne
IHR	Insiderhandels-Richtlinien (Richtlinien für Insider-Geschäfte in börsennotierten oder öffentlich angebotenen Aktien)
IML	Institut Monetaire Luxemburgeois
incl.	inclusive
insbes.	insbesondere
insges.	insgesamt
InsO	Insolvenzordnung
IOSCO	International Organisation of Securities Commissions
IPR	Internationales Privatrecht
IPRax	Praxis des Internationale Privat- und Verfahrensrechts (Jahr und Seite)
IPRG	Gesetz zur Neuregelung des IPR
IPRspr.	Die deutsche Rechtsprechung auf dem Gebiete des IPR (Jahr und Nummer)
i. S.	im Sinne
i. V. m	in Verbindung mit
IWB	Internationale Wirtschaftsbriefe
JA	Juristische Arbeitsblätter (Jahr und Seite)
JbFfSt	Jahrbuch der Fachanwälte für Steuerrecht
JbPdS	Jahrbuch für die Praxis der Schiedsgerichtsbarkeit (Band, Jahr und Seite)

JR	Juristische Rundschau (Jahr und Seite)
JURA	Juristische Ausbildung (Jahr und Seite)
JuS	Juristische Schulung (Jahr und Seite)
JW	Juristische Wochenschrift (Jahr und Seite)
JZ	Juristen Zeitung (Jahr und Seite)
KAG	Kapitalanlagegesellschaft
KAGG	Gesetz über Kapitalanlagegesellschaften
KapErhGG	Gesetz über die Kapitalerhöhung aus Gesellschaftsmitteln und über die Verschmelzung von Gesellschaften mit beschränkter Haftung
KaRS	Kapitalanlagen Recht und Steuern (Jahr und Seite)
KG	Kammergericht, Kommanditgesellschaft
KGaA	Kommanditgesellschaft auf Aktien
KO	Konkursordnung
KölnerKomm./Bearbeiter	Kölner Kommentar zum Aktiengesetz, 1. Aufl. 1970 ff.; 2. Aufl. (§§ 1–94, 291–328) 1986 ff.
königl.	königliche(e, er, es)
KStG	Körperschaftsteuergesetz
KTS	Konkurs-, Treuhand und Schiedsgerichtswesen (Jahr und Seite)
KVStG	Kapitalverkehrsteuergesetz
KWG	Gesetz über das Kreditwesen
Kza.	Kennzahl
LBO	Leveraged Buy-Out
LfK	Der Langfristige Kredit (Jahr und Seite)
LG	Landgericht
LIBOR	London Interbank Offered Rate
LStDVO	Lohnsteuerdurchführungsverordnung
lt.	laut
LugÜ	Lugano-Übereinkommen (Europäisches Übereinkommen über die gerichtliche Zuständigkeit und Vollstreckung gerichtlicher Entscheidungen in Zivil- und Handelssachen vom 16. 9. 1988)
LZ	Leipziger Zeitschrift für Deutsches Recht (Jahr und Seite)
LZB	Landeszentralbank
MAB	Mitarbeiter-Beteiligung, hrsg. v. Guski/Schneider
MaBVO	Makler- und Bauträgerverordnung
m. a. W.	mit anderen Worten
MBO	Management Buy-Out
MDR	Monatsschrift für Deutsches Recht (Jahr und Seite)
m. E.	meines Erachtens
m. Hinw.	mit Hinweisen
MHRG	Gesetz zur Regelung der Miethöhe
Mio.	Millionen
MittBayNot	Mitteilung des Bayerischen Notarvereins
MittRheinNotK	Mitteilung der Rheinischen Notar-Kammer
MLBO	Management Levergad Buy-Out
Mrd.	Milliarden
mtl.	monatlich
MünchKomm./Bearbeiter	Münchener Kommentar zum Bürgerlichen Gesetzbuch, 2. Aufl. 1985 ff.
m. w. N.	mit weiteren Nachweisen
MwSt.	Mehrwertsteuer
Nachw.	Nachweis(e, en)
NASD	National Association of Securities Dealers
Nds.	Niedersachsen
n. F.	neue Fassung
NJW	Neue Juristische Wochenschrift (Jahr und Seite)
NJW-RR	Neue Juristische Wochenschrift-Rechtsprechungs-Report

Abkürzungen

Nr.	Nummer(n)
NRW	Nordrhein-Westfalen
NStZ	Neue Zeitschrift für Strafrecht (Jahr und Seite)
NV	Sammlung amtlich nicht veröffentlichter Entscheidungen des BFH (Jahr und Seite)
n. v.	nicht veröffentlicht
NWB	Neue Wirtschafts-Briefe
öBA	Österreichisches Bank-Archiv (Jahr und Seite)
öRdW	Österreichisches Recht der Wirtschaft (Jahr und Seite)
o.J.	ohne Jahr
OECD	Organization for Ecconomic Co-operation and Development (Organisation für wirtschaftliche Zusammenarbeit und Entwicklung)
OFD	Oberfinanzdirektion
o. g.	oben genannte(r, s)
OGA	Organismen für gemeinsame Anlagen
OGAW	Organismen für gemeinschaftliche Anlagen in Wertpapieren
OGH	Österreichischer Oberster Gerichtshof
OGHZ	Entscheidungen des Österreichischen Obersten Gerichtshofes in Zivilsachen (amtliche Sammlung)
OLG	Oberlandesgericht
OVG	Oberverwaltungsgericht
p. a.	per annum/pro Jahr
Palandt/Bearbeiter	Palandt, Kurzkommentar zum BGB, 55. Aufl. 1996
PROVGE	Entscheidungen des Preußischen Oberverwaltungsgerichts
RabelsZ	Rabels Zeitschrift für ausländisches und internationales Privatrecht (Band, Jahr und Seite)
rd.	rund
RdA	Recht der Arbeit (Jahr und Seite)
Rdnr.	Randnummer(n)
RegE	Regierungsentwurf
RG	Reichsgericht
RGBl.	Reichsgesetzblatt
RGZ	Entscheidungen des Reichsgerichts in Zivilsachen (amtliche Sammlung)
RIW	Recht der internationalen Wirtschaft (Jahr und Seite), bis 1974 AWD BB
RPK	Recht und Praxis der Kapitalanlage (Jahr und Heftnummer)
RPK U	Recht und Praxis der Kapitalanlage (Urteils- und Dokumentationsdienst)
Rspr.	Rechtsprechung
RT	Reichstag
S.	Seite(n)
s.	siehe
s. a.	siehe auch
SAE	Sammlung arbeitsrechtlicher Entscheidungen
ScheckG	Scheckgesetz
SEC	Securities and Exchange Commission
SeuffArch.	Seuffert's Archiv (Band und Nr.)
Sfr	Schweizer Franken
SGB	Sozialgesetzbuch
SICAV	Société(s) d'Investissement à Capital Variable
s. o.	siehe oben
Soergel/Bearbeiter	Soergel, Kommentar zum BGB, 11. Aufl. 1978 ff. u. 12. Aufl. 1988 ff.
sog.	sogenannte(r, s, n)
Sp.	Spalte(n)
SparPG	Spar-Prämiengesetz

Staudinger/Bearbeiter..... Staudinger, Kommentar zum Bürgerlichen Gesetzbuch, 12. Aufl. 1978 ff.
StAnpG .... Steueranpassungsgesetz
StBerG .... Steuerberatergesetz
Stbg .... Die Steuerberatung (Jahr und Seite)
StBJb. .... Steuerberaterjahrbuch (Jahr und Seite
StGB .... Strafgesetzbuch
StiG .... Stille Gesellschaft
str. .... streitig
StRK .... Steuerrechtsprechung in Karteiform
st. Rspr. .... ständige Rechtsprechung
StuW .... Steuer und Wirtschaft (Jahr und Seite)
s. u. .... siehe unten

u. .... und
u. a. .... und andere, unter anderem
UBG .... Unternehmensbeteiligungsgesellschaft
UBGG .... Gesetz über Unternehmensbeteiligungsgesellschaften
UmwG .... Umwandlungsgesetz
UmwStG .... Umwandlungssteuergesetz
UNCITRAL .... United National Commission on International Trade Law
UR .... Umsatzsteuer-Rundschau (Jahr und Seite)
U. S. C. .... United States Code
usf. .... undsofort
UStG .... Umsatzsteuergesetz
UStR .... Umsatzsteuerrecht
usw. .... undsoweiter
u. U. .... unter Umständen
u. v. a. m. .... und viele anderen mehr
UWG .... Gesetz gegen den unlauteren Wettbewerb

v. .... vom, von
VAG .... Versicherungsaufsichtsgesetz; auch: Gesetz über die Beaufsichtigung der Versicherungsunternehmen
VC .... Venture Capital
VerBAV .... Veröffentlichungen des Bundesaufsichtsamtes für das Versicherungs- und Bausparwesen (Jahr und Seite)
VerfO .... Verfahrensordnung für die bei den Wertpapierbörsen auf der Grundlage der Insiderhandels-Richtlinien und der Händler- und Beraterregeln vom 1. Juli 1979 zu bildenden Prüfungskommissionen
VerglO .... Vergleichsordnung
Verh. .... Verhandlungen
VerkProspG .... Verkaufsprospektgesetz
VermBDV .... Durchführungsverordnung zum VermBG
VermBG .... Gesetz zur Förderung der Vermögensbildung der Arbeitnehmer
VersR .... Versicherungsrecht (Jahr und Seite)
VerwArch. .... Verwaltungsarchiv (Band, Jahr und Seite)
vgl. .... vergleiche
v. H. .... vom Hundert
VOB .... Verdingungsordnung für Bauleistungen
Vorbem. .... Vorbemerkung
vs. .... versus
VStG .... Vermögensteuergesetz
v. T. .... vom Tausend
VuV .... Vermietung und Verpachtung
VwGO .... Verwaltungsgerichtsordnung
VwVfG .... Verwaltungsverfahrensgesetz

WBK .... Wohnungsbaukreditanstalt, Berlin
WEG .... Gesetz über das Wohnungseigentum und das Dauerwohnrecht

Abkürzungen

WertR .... Wertermittlungs-Richtlinien 1976
WertV .... Wertermittlungsverordnung
WFA .... Wohnungswirtschaftlicher Fachausschuß im Institut der Wirtschaftsprüfer in Deutschland e. V.
WG............................ Wechselgesetz
WiKG .... Gesetz zur Bekämpfung der Wirtschaftskriminalität
WiSt............................ Wirtschaftswissenschaftliches Studium (Jahr und Seite)
WISU .... Das Wirtschaftsstudium (Jahr und Seite)
WiWo .... Wirtschaftswoche
WM............................ Wertpapier-Mitteilungen (Jahr und Seite)
WoBauG .... Wohnungsbaugesetz
WP .... Das Wertpapier (Jahr und Seite)
WpDL............................ Wertpapierdienstleistungen
WpDu............................ Wertpapierdienstleistungsunternehmen
WPg............................ Die Wirtschaftsprüfung (Jahr und Seite)
WpHG............................ Wertpapierhandelsgesetz
WPO .... Wirtschaftsprüferordnung
WR .... Wertpapierrechnung
WRP .... Wettbewerb in Recht und Praxis (Jahr und Seite)
WSB .... Wertpapiersammelbank
WuB............................ Entscheidungssammlung zum Wirtschafts- und Bankrecht

z. B. .... zum Beispiel
ZBB............................ Zeitschrift für Bankrecht und Bankwirtschaft (Jahr und Seite)
ZBH .... Zentralblatt für Handelsrecht (Jahr und Seite)
ZfbF............................ Zeitschrift für betriebswirtschaftliche Forschung (Band, Jahr und Seite)
ZfBR .... Zeitschrift für deutsches und internationales Baurecht (Jahr und Seite)
ZfK .... Zeitschrift für das gesamte Kreditwesen (Jahr und Seite)
ZGR............................ Zeitschrift für Unternehmens- und Gesellschaftsrecht (Jahr und Seite)
ZHR............................ Zeitschrift für das gesamte Handelsrecht und Wirtschaftsrecht (Band, Jahr und Seite)
ZIP .... Zeitschrift für Wirtschaftsrecht (Jahr und Seite)
zit............................ zitiert
ZPO .... Zivilprozeßordnung
ZRP............................ Zeitschrift für Rechtspolitik (Jahr und Seite)
z. T. .... zum Teil
ZulB .... Bekanntmachung betreffend die Zulassung von Wertpapieren zum Börsenhandel
ZVglRWiss .... Zeitschrift für Vergleichende Rechtswissenschaft (Band, Jahr und Seite)
zzgl............................ zuzüglich
z. Zt. .... zur Zeit

1. Teil. Allgemeine Regelungsprobleme des Kapitalmarkts und der Kapitalanlagegeschäfte

1. Kapitel. Kapitalmarkt und Kapitalmarktordnung

§ 1 Kapitalmarkt – Kapitalanlagerecht – Kapitalanlagerecht

Übersicht

Schrifttum: *Assmann,* Prospekthaftung, 1985; *ders.,* Konzeptionelle Grundlagen des Anlegerschutzes, ZBB 1989, 49 ff.; *ders.,* Kapitalmarktrecht – Zur Formation eines Rechtsgebiets in der vierzigjährigen Rechtsentwicklung der Bundesrepublik Deutschland, in: 40 Jahre Bundesrepublik Deutschland – 40 Jahre Rechtsentwicklung, hrsg. v. K. W. Nörr, 1990, S. 251 ff.; *ders.,* Einleitung, in: Großkomm. AktG; *ders.,* Die rechtliche Ordnung des europäischen Kapitalmarkts, ORDO 44 (1993) 87 ff.; *ders.,* Die Regelung der Primärmärkte für Kapitalanlagen mittels Publizität im Recht der Europäischen Gemeinschaft, AG 1993, 549 ff.; *ders.,* Harmonisierung des Kapitalmarkt- und Börsenrechts in der EG, in: Deutsches und europäisches Bank- und Börsenrecht – Bankrechtstag 1993 (Schriftenreihe der Bankrechtlichen Vereinigung, Bd. 5), 1994; *Assmann/Buck,* Europäisches Kapitalmarktrecht, EWS 1990, 110 ff. (I.), 190 ff. (II.), 220 ff. (III.); *Baum/Breidenbach,* Die wachsende internationale Verflechtung der Wertpapiermärkte und die Regelungspolitik der U.S. Securities and Exchange Commission: Neue Entwicklungen in der internationalen Anwendung des amerikanischen Kapitalmarktrechts, WM Beil. 6/1990; *Baxmann/Weichsler,* Überlegungen zur Systematisierung von Finanzmärkten, WiSt 1991, 546; *Beutler/Bieber/Pipkorn/Streil,* Die Europäische Union, 4. Aufl. 1993; *Brahms,* Die Kapitalmarktentwicklung in der Bundesrepublik Deutschland und ihr Einfluß auf die Finanzierung der Unternehmen, Diss. Münster 1969; *Bruns/Häuser* (Hrsg.), Institutionen des deutschen Kapitalmarktes, 1982; *dies.* (Hrsg.), Der nicht-organisierte Kapitalmarkt, 1983; *dies.* (Hrsg.), Integration der Kapitalmärkte, 1987; *dies.* (Hrsg.), Banken und Börsen im internationalen Wettbewerb, 1988; *Büschgen,* Der Kapitalmarkt, WISU 1972, 508 ff.; *Büschgen/Schneider* (Hrsg.), Der europäische Binnenmarkt 1992, 1990; *Buxbaum/Hertig/Hirsch/Hopt* (Hrsg.), European Business Law, 1991; *Buxbaum/Hopt,* Legal Harmonization and the Business Enterprise, 1988; *Cohen,* Toward an International Securities Market, in: Bloomenthal/Wolff (Hrsg.), International Capital Markets and Securities Regulation, 1993, Kap. 2, S. 2–1 ff.; *Cox/Lynch,* (Hrsg.), International Regulatory Competition and the Securities Laws, Law and Contemporary Problems 55 (1992) no. 4; *Crezelius,* Grauer Kapitalmarkt und Rechtsordnung, BB 1985, 209 ff.; *Dauses* (Hrsg.), Handbuch des EG-Wirtschaftsrechts, 1993; *Demuth,* Fremdkapitalbeschaffung durch Finanzinnovationen, 1988; *Engels* (Hrsg.), Institutionelle Rahmenbedingungen effizienter Kapitalmärkte, 1989; *ders.* (Hrsg.), Anlegerschutz und Vertrauensbildung an Finanzmärkten, 1992; *Europäische Wirtschaftsgemeinschaft, Kommission,* Der Aufbau eines Europäischen Kapitalmarkts: Bericht einer von der EWG-Kommission eingesetzten Sachverständigengruppe, (Brüssel) 1966; *Fingleton* (Hrsg.), The Internationalisation of Capital Markets and the Regulatory Response, 1992; *Gleske,* Die Elemente eines europäischen Kapitalmarkts, in: Rehm (Hrsg.), Perspektiven, S. 187 ff.; *Hayder,* Neue Wege der europäischen Rechtsangleichung?, RabelsZ 1989, 622 ff.; *Hesse/Keppler,* Die Internationalisierung der Finanzmärkte und die Einbindung deutscher Banken und Börsen in diesen Prozeß, in: Zweihundert Jahre Geld und Brief, Festgabe an die Niedersächsische Börse zu Hannover aus Anlaß ihres 200jährigen Bestehens, hrsg. v. Claussen/Hübl/Schneider, 1987, S. 103 ff.; *Hoffmann,* Banken- und Börsenrecht der EWG, 1990; *Honeck,* Anlegerschutz und Grauer Kapitalmarkt, ZfK 1994, 690; *Hopt,* Der Kapitalanlegerschutz im Recht der Banken, 1975; *ders.,* Inwieweit empfiehlt sich eine allgemeine gesetzliche Regelung des Anlegerschutzes?, Gutachten G zum 51. Deutschen Juristentag, 1976; *ders.,* Vom Aktien- und Börsenrecht zum Kapitalmarktrecht?, ZHR 140 (1976) 201 ff. (Teil 1), ZHR 141 (1977) 389 ff. (Teil 2); *ders.,* Berufshaftung und Berufsrecht der Börsendienste, Anlageberater und Vermögensverwalter, Festschrift für Fischer, 1979, S. 237 ff.; *ders.,* Ideelle und wirtschaftliche Grundlagen der Aktien-, Bank- und Börsenrechtsentwicklung im 19. Jahrhundert, in: Coing/Wilhelm (Hrsg.), Wissenschaft und Kodifikation des Privatrechts im 19. Jahrhundert, Bd. V: Geld und Banken, 1980, S. 128 ff.; *ders.,* Risikokapital, Nebenbörsen und Anlegerschutz, WM 1985, 793 ff.; *ders.,* Die Verantwortlichkeit der Banken bei Emissionen, 1991; *Hopt/Wymeersch,* European Company and Financial Law, 1991; *Kiel,* Internationales Kapitalanlegerschutzrecht, 1994; *Koch,* Konzeptionelle Grundlagen der Diskussion über Kapitalanlegerschutz unter besonderer Berücksichtigung des Nebenkapitalmarktes, 1981; *Koch/Schmidt,* Ziele und Instrumente des Anlegerschutzes, BFuP 1981, 231 ff.; *Kohl/Kübler/Walz/Wüstrich,* Abschreibungsgesellschaften, Kapitalmarkteffizienz und Publizitätszwang – Plädoyer für ein Vermögensanlagegesetz, ZHR 136 (1974) 1 ff.; *Kohl/Walz,* Kapitalmarktrecht als Aufgabe, AG 1977, 29 ff.; *Kommission der Europäischen Gemeinschaften,* Vollendung des Binnenmarkts: Weißbuch der Kommission an den Europäischen Rat, Dokument, (Luxemburg) 1985; *Kommission „Zweiter Börsenmarkt",* Börsenzugang für kleinere und mittlere Unternehmen, hrsg. v. Ministerium für Wirtschaft, Mittelstand und Technologie Baden-Württemberg, 1987; *KPMG* (Klynveld Peat Marwick Goerdeler), Global Capital Markets, I (A KPMG Report), II (Survey analysis), 1988; *Kübler,* Transparenz am Kapitalmarkt, AG 1977, 85 ff.; *ders.,* Regulatory Problems in Internationalizing Trading Marktes, University of Pennsylvania Journal of International Business Law 9 (1987) 107 ff.; *ders.,* Aktie, Unternehmensfinanzierung und Kapitalmarkt, 1989; *ders.,* Gesellschaftsrecht, 4. Aufl. 1994; *Kümpel,* Bank- und Kapitalmarktrecht, 1995; *Loistl,* Zur Regulierung des grauen Kapitalmarktes, ZfbF 30 (1978) 815 ff.; *Lutter,* Europäisches Unternehmensrecht, 3. Aufl. 1991; *Mertens,* Inwieweit empfielt sich eine allgemeine gesetzliche Regelung des Anlegerschutzes?, Referat zum 51. Deutschen Juristentag, in: Verhandlungen des 51. DJT, Bd. II, 1976, S. P 10 ff.; *Obst/Hintner,* Geld-, Bank- und Börsenwesen, hrsg. v. Kloten/v.Stein, 38 Aufl. 1988 und 39. Aufl. 1993; *Oppermann,* Europarecht, 1991; *Poser,* International Securities Regulation, 1991; *Pütz/Willgeroth,* Gleiches Recht für Beteiligungskapital, Vorschläge zur Reform von Unternehmensrecht und Kapitalmarkt, 1985; *Rehm* (Hrsg.), Perspektiven für den Europäischen Binnenmarkt, 1989; *Reuter,* Welche Maßnahmen empfehlen sich, insbesondere im Gesellschafts- und Kapitalmarktrecht, um die Eigenkapitalausstattung der Unternehmen langfristig zu verbessern, Gutachten B zum 55. Deutschen Juristentag, 1984; *Roquette,* New Developments Relating to the Internationalization of the Capital Markets: A Comparison of Legislative Reforms in the United States, the European Community, and Germany, U. Pa. J. Int'l Bus. L. 14 (1994) 565 ff.; *v. Rosen,* Internationaler Börsenplatz Deutschland, in: Bruns/Häuser (Hrsg.), Banken und Börsen im internationalen Wettbewerb, 1988, S. 43 ff.; *Schacht,* Die deutsche Kapitalmarktaufsicht im internationalen Vergleich, 1980; *Schimmöller,* Kapitalmarktstrukturen im internationalen Vergleich, Diss. Münster 1974; *H. Schmidt,* Marktorganisationsbestimmte Kosten und Transaktionskosten als börsenpolitische Kategorien, Kredit und Kapital 1983, 184 ff.; *ders.,* Wertpapierbörsen, 1988; *D. Schneider* (Hrsg.), Kapitalmarkt und Finanzierung, 1987; *U. H. Schneider,* Harmonisierung des Bankrechts in der Europäischen Gemeinschaft: Notwendigkeit, Reichweite, System, in: Deutsches und europäisches Bank- und Börsenrecht – Bankrechtstag 1993 (Schriftenreihe der Bankrechtlichen Vereinigung, Bd. 5), 1994, S. 3 ff.; *Schwark,* Regulation of the German Capital Markets – Present Situation, Problems and Outlook, Journal of Comparative Corporate Law and Securities Regulation 1 (1978) 299; *ders.,* Anlegerschutz durch Wirtschaftsrecht, 1979; *ders.,* Gesellschaftsrecht und Kapitalmarktrecht, Festschrift für Stimpel, 1985, S. 1087 ff.; *ders.,* Börsengesetz, 2. Aufl. 1994; *Seidel,* Rechtliche Grundlagen eines einheitlichen Kapitalmarktes der Europäischen Gemeinschaft, Festschrift für Lukes, 1989, S. 575 ff.; *ders.,* Die Freiheit des Kapitalverkehrs in der Europäischen Gemeinschaft, in: Büschgen/Schneider (Hrsg.), Binnenmarkt, S. 209 ff.; *Stützel,* Inwieweit empfiehlt sich eine allgemeine gesetzliche Regelung des Anlegerschutzes?, ZfK 1976, 1060 ff.; *Süchting,* Entwicklungen auf den internationalen Finanzmärkten, in: Christians (Hrsg.), Finanzierungshandbuch, 2. Aufl. 1988, S. 145 ff.; *Weichert,* Probleme des Risikokapitalmarktes in der Bundesrepublik, 1987; *Weigelt,* Ansatzpunkte zur Schaffung eines Europäischen Kapitalmarkts, Diss. Frankfurt a.M., 1982; *Wiedemann,* Der Kapitalanlegerschutz im deutschen Gesellschaftsrecht, BB 1975, 1591 ff.; *ders.,* Gesellschaftsrecht, Bd. I, 1980, S. 472 ff.; *Wymeersch,* From Harmonization to Integration in the European Securities Marktes, Journal of Comparative Corporate Law and Securities Regulation 3 (1981) 1 ff.; *Zufferey,* Globale Rechtsvorstellungen eines veränderten Kapitalmarktes (Am Beispiel des schweizerischen Rechtes), in: Jahrbuch Junger Zivilrechtswissenschaftler 1990, S. 55 ff.

I. Kapitalanlagerecht – ein neuer, erklärungsbedürftiger Rechtsbegriff

1 Der Begriff des Kapitalanlagerechts, wie er zur Umschreibung des Inhalts dieses Handbuchs dient, ist als juristische Kategorie bislang wenig gebräuchlich, taugt aber ganz offenbar als Zuordnungspunkt einer Fülle rechtlicher Themen, die sowohl Wissenschaft und Praxis – wenngleich in anderen systematischen Zusammenhängen und Verbindungen – durchaus vertraut sind. So mag der Zivilrechtler überrascht sein, Probleme der Vertragsanbahnung und des Internationalen Privatrechts neben solchen der unlauteren Werbung und des Anlagebetrugs behandelt zu finden; der Gesellschaftsrechtler mag sich wundern, wie es gelingen kann, Beteiligungen an Unternehmen als stiller Gesellschafter und solche an Publikumspersonengesellschaften neben Börsentermingeschäften und Immobilienanlagen zu plazieren, Rechtsfragen der PublikumsAG indes unbehandelt zu finden; der Bank- und Börsenrechtler schließlich mag über eine Reihe thematischer Verbindungen um das Effektengeschäft und seine Abwicklung erstaunt sein und die Behandlung anderer Bankgeschäfte vermissen. Trotz seiner bislang noch ausstehenden rechtsdogmatischen Verankerung fällt die Konkretisierung des (als Gesichtspunkt der Verbindung vorderhand disparater Rechtsgebiete erklärungsbedürftigen) Begriffs des **Kapitalanlagerechts** in einem ersten Anlauf indes nicht sonderlich schwer: Unter seinem Titel soll der Versuch unternommen werden, jene rechtlichen Leitbilder, Grundsätze und Regelungen zusammenzufassen, die den Rahmen für die *Projektierung,* das *öffentliche Angebot* und den *Vertrieb von Kapitalanlagen* einerseits und die *Erfüllung der daraus erwachsenden Rechtsverhältnisse* andererseits abgeben.

2 Eine systematischere Fassung und Rechtfertigung des Ansatzes, die Rechtsgrundlagen etwa der gesellschaftsrechtlichen Beteiligung eines Investors, des Erwerbs von Investmentanteilen, des Kaufs von Aktien über die Börse oder der Anlageberatung und -vermittlung nicht allein nach dem jeweils einschlägigen Verbands-, Investment-, Bank-, Börsen- und Schuldrecht beurteilen, sondern unter dem Aspekt des Kapitalanlagerechts zusammenführen und strukturieren zu wollen, fällt indes weniger leicht. Die Schwierigkeit dieses Ver-

suchs ist darin begründet, daß die Kategorie des Kapitalanlagerechts im Sinne eines (zumindest) systembildenden Rechtsbegriffs lediglich als ein Ausschnitt eines umfassenderen, auch unmittelbar marktordnende Maßnahmen einschließenden **Kapitalmarktrechts** zu begreifen ist.[1] Dieses wiederum vermag seine Berechtigung nur daraus herzuleiten, daß es Regelungsaufgaben in bezug auf den nicht minder vage gefaßten Bereich des **Kapitalmarkts** nachweist, die durch die angeführten, tradierten Rechtsgebiete nicht hinreichend zur Geltung gebracht und erfüllt werden können. Der Begriff des Kapitalanlagerechts steht so am Ende einer Kette jeweils in sich und in ihrem Zusammenhang erklärungsbedürftiger Kategorien.

3 Handelt es sich bei dem Kapitalanlagerecht um einen Bestandteil des Kapitalmarktrechts, das sich seinerseits am **Kapitalmarkt** ausrichtet, so liegt es nahe, in letzterem den Schlüssel für die Aufhellung der in Frage stehenden und als Rechtsbegriffe einzuführenden Kategorien zu suchen. Mindestens drei Gesichtspunkte stehen indes der unmittelbaren Anbindung des Kapitalmarktrechts an den Begriff des Kapitalmarkts entgegen:[2] *Zum einen* gehört dieser im Hinblick auf seine Abgrenzbarkeit zu anderen Märkten nicht einmal in den Wirtschaftswissenschaften, die am ehesten berufen sind, ihm Gehalt zu verleihen, zu den klar konturierten Begriffen,[3] sondern wird „zu den unpräzisesten und erklärungsbedürftigen Wörtern"[4] dieser Disziplin gerechnet. *Zum anderen* ist der Kapitalmarkt in einem doppelten Sinne kein von anderen Märkten abgeschotteter Markt: So wie zahlreiche rechtliche Maßnahmen mit anderweitigen Zielrichtungen die Rahmenbedingungen auch des Kapitalmarkts verändern, sind allein auf diesen ausgerichtete Regelungen nicht ohne Drittwirkungen. *Schließlich* ist der Begriff des Kapitalmarkts nicht als vorjuristischer zu erfassen, sondern ist in seiner jeweiligen Gestalt durch seine juristisch mitbestimmten Institutionen geprägt. Deshalb kann es nicht Aufgabe eines Kapitalmarktrechts sein, ein im institutionenfreien Raum entworfenes Modell eines Kapitalmarkts regulatorisch umzusetzen. Das Kapitalmarktrecht gewinnt seine Bedeutung als *juristische* Kategorie deshalb nicht allein aus Vorgängen außerhalb des Rechts, sondern aus der Darstellbarkeit von Regelungsaufgaben, deren Bewältigung eine neuartige Ausrichtung tradierter juristischer Rechtsbegriffe und Institutionen, etwa des Zivil-, Gesellschafts- und marktordnenden Wirtschaftsrechts, erforderlich machen.

4 In diesem Sinne wächst **Kapitalmarktrecht** gleichsam zwischen äußerem Problemanfall und den Grenzen innerer Problemlösungsmöglichkeiten. Die Aufhebung dieser Spannung kann sowohl durch die gesetzgeberische Entwicklung neuer als auch durch die Rechtsfortbildung und Neuverbindung tradierter Regelungselemente erfolgen. Eine begriffliche Präzisierung des kapitalmarktrechtlichen Regelungsbereichs in Gestalt des Kapitalmarkts ist in diesem Sinne ein stetig zu verfolgender Auftrag, nicht aber eine Vorbedingung der Herausbildung eines Kapitalmarktrechts. Diese noch abstrakten Überlegungen mögen es rechtfertigen, die weiteren Ausführungen nicht am Begriff des Kapitalmarkts, sondern an der Entwicklung eines eigenständigen Kapitalmarktrechts und der Darstellung der Funktionsprobleme, auf die es reagiert, anknüpfen zu lassen.

---

1 Zum Begriff des Kapitalmarktrechts ausführlich und m. w. N. *Assmann*, Einleitung, Rdnr. 352 ff.

2 *Hopt* ZHR 141 (1977) 419 f.

3 Zur herkömmlichen Unterscheidung der Finanzmärkte in Geldmarkt und Kapitalmarkt unter dem Gesichtspunkt der Fristigkeit der Anlage – Geldmarkt als Markt für kurzfristige Kredite, Kapitalmarkt als solcher für langfristige Kredite und dauerhaftes Kapital – vgl. aus der Fülle des Schrifttums etwa (jeweils m. w. N.): *Schacht*, Kapitalmarktaufsicht, S. 11 ff.; *Brahms*, Kapitalmarktentwicklung, S. 7 ff.; *Büschgen* WISU 1972, 508 ff.; *Thomas/Treutler*, in: Obst/Hintner, Geld-, Bank- und Börsenwesen, 39. Aufl., S. 1206 f. Anderweitige Ansätze zur Systematisierung von Finanzmärkten bei *Baxmann/Weichsler* WiSt 1991, 546 ff.

4 *Häuser*, Kapitalmarkt, in: Büschgen (Hrsg.), Handwörterbuch der Finanzwirtschaft, 1976, Sp. 1058.

II. Entwicklungslinien eines Kapitalmarktrechts

1. Ausgangspunkte: Aktiengesellschaft und Börse als Institutionen des Kapitalmarkts. [5] Die rechtliche Erfassung und Ordnung des Kapitalmarkts entstand als Bedingung und Folge der Industrialisierung im 19. Jahrhundert und orientierte sich vornehmlich an den Institutionen der Aktiengesellschaften, Banken und Börsen. Ausgangspunkt aller staatlicher Maßnahmen war indes die AG, die sich, in der Nachfolge der Handelskompanien, im Verlaufe des 19. Jahrhunderts aus einem Instrument der staatlichen Interessenverfolgung und der Spekulation zur Kapitalsammelstelle für größere Projekte jeder Art und zum Träger des wirtschaftlichen Aufschwungs herausbildete. 5

Diese Entwicklung wurde nicht nur von der Umorientierung der Banken als Lieferanten von Staatskrediten (für die notorische Geldknappheit Preußens) zu nunmehr selbst in Form von Aktiengesellschaften organisierten Finanziers der privaten Wirtschaft, von der Verlagerung der Aktienerwerber aus ständisch organisierten Kreisen zum breiten Publikum und der zunehmenden Auflösung des Konzessionssystems als zunächst vorherrschendem Modus der staatlichen Reaktion auf die AG, sondern zugleich von spektakulären Zusammenbrüchen der in der neuen Organisationsform gegründeten Unternehmen begleitet. Die Forderung nach verstärktem Schutz des Publikums und der Gesellschaftsgläubiger gegen Schwindel und Unsolidität als Staatspflicht zur Sicherung des allgemeinen Wohlstandes und der Landesindustrie gegen die Geldmacht der Aktiengesellschaften[6] bildete dementsprechend den Ausgangspunkt einer an der Regulierung seiner zentralen Institution der AG ausgerichteten Ordnung des Kapitalmarkts. Sie wurde nicht in der Rückwendung zum Konzessionssystem gesucht, dem der Nachteil zugeschrieben wurde, das Publikum in falscher Sicherheit zu wiegen und das die staatlichen Instanzen zunehmend überforderte,[7] sondern im Ausbau des Aktienrechts (im Anschluß an die Einführung des Systems von gründungsbezogenen Normativbestimmungen), der Regelung der mit der Emission und dem Handel von Aktien befaßten Institutionen (insbesondere der Börse) und schließlich in Gestalt der Verschärfung von Publizitätsbestimmungen angegangen. Der Schutz des Publikums – der Anleger – spielte bei der Entwicklung der an Problemen der Kapitalaufbringung und -verwendung im privaten Sektor orientierten hoheitlichen Maßnahmen eine gewichtige Rolle, stand indes mitsamt dem Bank- und Börsenrecht „im Bannkreis des Aktienrechts".[8] 6

Ganz in diesem Sinne wurden die AG und die Börse über die Mitte des 20. Jahrhunderts hinaus als die zentralen Institutionen des Kapitalmarkts betrachtet und zum Orientierungspunkt gesetzgeberischen Handelns in diesem Bereich gewählt. Die rechtliche Ordnung des Kapitalmarkts vollzog sich über die Perfektionierung der Ordnung des Gesellschaftsverbandes der Kapitalsammelstelle AG einerseits und über die Regulierung der Börse als Platz der Emission und des Handels der verbrieften verbandsrechtlichen Beteiligungen in Gestalt der Aktie andererseits. Kapitalmarktrecht blieb an der AG ausgerichtete Verbandsordnung und an der Börse orientierte Marktordnung. Noch die Reform des AktG von 1965 sah den Aktionär nicht als Kapitalanleger und Finanzier, sondern in einer verbandsrechtlichen Sicht als „wirtschaftlichen Eigentümer" des Unternehmens.[9] 7

---

[5] Ein speziell unter dem Gesichtspunkt des Kapitalanlagerechts vorgenommene historische Darstellung fehlt. S. aber unter diesem Blickwinkel (jeweils m.w.N.) *Assmann*, Prospekthaftung, S. 39 ff.; *Hopt*, Kapitalanlegerschutz, S. 15 ff.; *ders.*, Grundlagen; *Koch*, Grundlagen, S. 12 ff. Im Zusammenhang mit der Entwicklung des Aktienrechts *Assmann*, Einleitung, Rdnr. 13 ff.

[6] Entwurf eines Handelsgesetzbuchs für die preußischen Staaten, 1857, S. 89 ff. Diese Forderung nach Anlegerschutz findet sich schon 1836 im Sächsischen Entwurf eines Aktiengesetzes; s. dazu *Assmann*, Prospekthaftung, S. 43 und *Hopt*, Grundlagen, S. 141 f.

[7] *Assmann*, Prospekthaftung, S. 43 f.

[8] *Hopt*, Grundlagen, S. 166.

[9] *Wiedemann*, Gesellschaftsrecht, S. 478.

8 **2. Vom Aktien- und Börsenrecht zum Kapitalmarktrecht.**[10] *a) Vorreiterrolle des „grauen Kapitalmarkts".* Dieser pointierenden Beschreibung der noch in die sechziger Jahre dieses Jahrhunderts hineinragenden Sicht kapitalmarktrechtlicher Regelungsaufgaben steht nicht entgegen, daß es im übrigen nie an staatlichen Maßnahmen gemangelt hat, in die Entwicklung und das institutionelle Umfeld des vom Aktien- und Börsenwesen beherrschten Kapitalmarkts zu intervenieren. Solche Maßnahmen galten sowohl neuen, durch ihre Massenhaftigkeit gekennzeichneten Anlage- und Finanzierungsformen – wie etwa der Inhaberschuldverschreibung, deren Ausgabe bis Ende 1990 staatlicher Genehmigung unterstellt war[11] – als auch den Institutionen, die kurzfristige Sparanlagen in langfristiges Anlagekapital verwandelten, als Kapitalmarktintermediäre mit diversifiziertem Dienstleistungsangebot fungierten oder sich sonst auf dem Gebiet der Vermögensanlage betätigten.[12]

9 Soweit aus diesem Ansatz im Nachkriegsdeutschland ein Kapitalmarktrecht entstand, entwickelte es sich als „Mischsystem, das nicht ohne Wildwuchs Elemente der verschiedensten Regelungsphilosophien"[13] in sich aufnahm. Anlaß zur Fortbildung des geltenden Rechts und zur Einführung neuer Bestimmungen zur Regelung kapitalmarktlicher Vorgänge einerseits und zur Neubesinnung auf die konzeptionellen Grundlagen entsprechender Maßnahmen andererseits bestand bis zur Mitte der sechziger Jahre allerdings nur in geringem Maße. Der wirtschaftliche Wiederaufbau Deutschlands vollzog sich, begleitet von verschiedenen dirigistischen Maßnahmen[14] und der Dominanz der unternehmerischen Selbst-[15] und Fremdfinanzierung,[16] ohne größere Inanspruchnahme des nur zögerlich und ohne durchgreifende Erfolge stimulierten organisierten Kapitalmarkts.[17] Bei Industrieobligationen fanden die Unternehmen die scharfe Konkurrenz anderer Emittenten vor,[18] und die Aktie blieb trotz verschiedener begünstigender steuerlicher Maßnahmen[19] ein relativ teures Finanzierungsinstrument.[20] Hinzu kam, daß das Sparverhalten Privater[21] sich weniger auf Vermögensbildung, Alterssicherung oder Sozialvorsorge als auf den Erwerb langfristiger Konsumgüter richtete und nur ein geringes Vertrauen in die Wertpapieranlage vorhanden war.

---

[10] So der mit einem Fragezeichen versehene Beitrag von *Hopt* ZHR 140 (1976) 201 ff., ZHR 141 (1977) 389 ff.

[11] Die insoweit einschlägigen §§ 795, 808 a BGB wurden mit dem Gesetz zur Vereinfachung der Ausgabe von Schuldverschreibungen vom 17. 12. 1990 (BGBl. I 1990, 2839) mit Wirkung vom 1. 1. 1991 aufgehoben.

[12] Beispiele bilden das Hypothekenbankengesetz von 1899, das Gesetz über die privaten Versicherungsunternehmen von 1901, das Gesetz über Depot- und Depositengeschäfte von 1925, das Gesetz über die Beaufsichtigung der privaten Versicherungsunternehmen und Bausparkassen von 1931 oder das Reichsgesetz über das Kreditwesen von 1934. Vgl. im einzelnen *Schwark*, Anlegerschutz, S. 239 ff.

[13] *Hopt* ZHR 141 (1977) 431.

[14] *Brahms*, Kapitalmarktentwicklung, S. 24 f.

[15] *Harms*, Forderung eines konstanten Staatsanteils am Bruttosozialprodukt, S. 211 f.; *Schimmöller*, Kapitalmarktstrukturen, S. 104 ff.; *Brahms*, Kapitalmarktentwicklung, S. 26, 33, 106 ff.

[16] *Schimmöller*, Kapitalmarktstrukturen, S. 115 ff.; *Brahms*, Kapitalmarktentwicklung, S. 123 ff.

[17] Zur Ausschaltung des Kapitalmarkts *Schmölders*, Volkswirtschaftliche Probleme der sog. Selbstfinanzierung, in: Schmölders/Rittershausen (Hrsg.), Moderne Investitionsfinanzierung, 1959, S. 26. Zur steuerlichen Einflußnahme auf Selbst- und Fremdfinanzierung etwa *Hartwich*, Sozialstaatspostulat und gesellschaftlicher status quo, 1970, S. 230 ff., 237 ff.; *Taubmann*, Die Selbstfinanzierungsmöglichkeiten industrieller Unternehmen unter dem Einfluß der Ertragsbesteuerung, Diss. Nürnberg 1959. Zur Entwicklung der Unternehmesfinanzierung von 1950 bis 1966 auch Jahresgutachten des Sachverständigenrates zur Begutachtung der gesamtwirtschaftlichen Entwicklung 1967 (BT-Drucks. V/2310), S. 188 ff.; weitere Hinweise bei *Assmann*, Einleitung, Rdnr. 298 ff.

[18] *Brahms*, Kapitalmarktentwicklung, S. 188.

[19] *Brahms*, Kapitalmarktentwicklung, S. 32 ff.

[20] *Giersch*, Investitionsfinanzierung und Besteuerung, 1961, S. 27 ff., 50 ff.

[21] S. *Brahms*, Kapitalmarktentwicklung, S. 45 ff.; *Schimmöller*, Kapitalmarktstrukturen, S. 24 ff.

Unter den bevorzugten „Geldanlagen ohne Risiko“ konnte lediglich das Investmentsparen mit seinen gemilderten Risikoformen das Interesse der Anleger auf sich ziehen.[22] Diese Anlageform machte sich in den sechziger Jahren vor allem *Bernie Cornfeld* und seine Organisation der „International Overseas Services“ (IOS) zunutze, mit der ein vor allem in den USA praktiziertes aggressives Vertriebssystem mit direkter Ansprache der Sparer nach Europa importiert wurde.[23] Der Zusammenbruch von IOS verdeutlichte alsbald die mit der gewählten Vertriebsweise angesichts offenbar gestiegener Investitionsbereitschaft und -fähigkeit Privater verbundenen Gefahren. Die Gesetzgebung reagierte durch den Erlaß des **AuslInvestmG** und die Ergänzung des **KAGG** unter Heranziehung neuartiger kapitalmarkt- und vertriebsbezogener Regelungselemente.[24] 10

Das von *IOS* praktizierte Vertriebssystem überlebte deren Ende und begann sich auszubreiten und zu differenzieren: Es entstanden eine Vielfalt und Vielzahl von Unternehmen der Anlageberatung und Anlagevermittlung, die in unterschiedlicher Organisation und rechtlicher Einkleidung,[25] etwa als Handelsvertreter, Makler oder selbständige Anbieter, agierten. Dem kam die **Entwicklung neuer Handelsware** in Gestalt von Anteilen an Immobilienfonds, ausländischen Warentermingeschäften, Bauherrenmodellen und vor allem Beteiligungen an „Abschreibungsgesellschaften“ zugute.[26] Dabei handelte es sich um meist in der Form der GmbH & Co. KG organisierte Projekte, durch die den Anlegern steuerliche Vergünstigungen verschafft werden sollten, die den (Mit-)Unternehmern von Einzelfirmen und Personengesellschaften eingeräumt worden sind: Angeboten wurden Kommanditanteile, die nicht (wie Aktien oder Investmentzertifikate) verbrieft werden können und für die ein börsenartig organisierter Sekundärmarkt nicht zu bilden war. 11

Große Mengen anlagefähigen Kapitals, das die sich bereits andeutenden Lücken in der Eigenkapitalausstattung deutscher Unternehmen (insbesondere der Aktiengesellschaften) hätte mildern können, wanderte an den klassischen Intermediärinstanzen vorbei[27] in den neuen undurchsichtigen **„grauen“ Markt,** dem es an einer eigenständigen Ordnung fehlte. Dem (börsenrechtlich) geregelten (Effekten-)Markt erwuchs in dem ungeregelten („freien“, „grauen“) Kapitalmarkt[28] ein mit verschiedenen Wettbewerbsvorteilen ausgestatteter Konkurrent,[29] dem das Publikum selbst dann noch seine Gunst bewahrte, als es auf diesem Markt zur Aufdeckung unsolider bis betrügerischer Investitionsangebote und Vertriebsmethoden und spektakulärer Zusammenbrüche kam. Die daraus resultierenden Schäden für Anleger und Volkswirtschaft – das Wort vom „Wegwerfkapital“[30] machte die Runde – veranlaßte die Bundesregierung, basierend auf vorausgegangenen Vorschlägen in der juristischen Diskussion, den **Entwurf eines Vermögensanlagegesetzes**[31] einzubringen. 12

---

[22] Zur Investment-Idee unten § 18 Rdnr. 1 ff..

[23] Zu Aufstieg und Fall der *IOS* s. *Raw/Page/Hodgson*, Do You Sincerely Want to be Rich?, 1971; zum Wirken von *IOS* in Deutschland ebd., S. 244 ff.

[24] Zum Werdegang der Gesetze *Baur*, Investmentgesetze, 1970, S. 82 ff., 417 ff. Zu den Vertriebsvoraussetzungen im einzelnen unten § 7 Rdnr. 56, 183 ff. und § 20 Rdnr. 207 ff.

[25] Instruktiv *Melcher* BB 1981, 2101 ff.; s.a. *Lutter*, Zur Haftung des Emissionsgehilfen im grauen Kapitalmarkt, Festschrift für Bärmann, 1975, S. 605 ff.

[26] Zum Aufkommen dieser neuen Anlageformen s. *Hopt*, Gutachten, S. G 27 ff. Zu den seinerzeitigen Entwicklungen des „grauen“ Kapitalmarkts s. *Kohl/Kübler/Walz/Wüstrich* ZHR 138 (1974) 3 ff.; zu den neueren Entwicklungen unten § 22.

[27] „Kapitalanlagen – an den Banken vorbei?“, *Spannagel* ZfK 1981, 1080 ff.

[28] Zum Begriff insbes. *Bremer* ZGR 1973, 410 ff.; *Hopt*, Gutachten, S. G 26, 27 ff.; *Kohl/Kübler/Walz/Wüstrich* ZHR 138 (1974) 3 f.

[29] Zu dem Konkurrenzverhältnis von organisiertem und „grauem“ Kapitalmarkt näher *Assmann*, Einleitung, Rdnr. 417 ff.

[30] Der Spiegel 1980, Heft 51, S. 55. Im Rahmen der Erörterung der Auswirkungen der Abschreibungsgesellschaften auf den Kapitalmarkt spricht *Kellerer* ZfK 1976, 942 ff., 942, vom „Keim der Kapitalverschwendung“.

[31] BT-Drucks. 8/1405; BR-Drucks. 407/77.

Dieser wurde jedoch im Bundestag nicht weiterbehandelt und konnte bald als gescheitert angesehen werden. Grundlage des Entwurfs war, inspiriert vom U.S.-amerikanischen Kapitalmarktrecht, eine am Vertrieb der Anlagen orientierte und das Instrument der Publizität einsetzende Regelung.[32]

13 Während der Gesetzgeber diese Verwerfungen der Kapitalmarktlandschaft nicht regelnd zu erfassen und in ordnende Bahnen zu lenken vermochte, wurden die Gerichte mit einer Vielzahl von Klagen geschädigter Anleger konfrontiert. Im Gegensatz zum Gesetzgeber stellte sich die Rechtsprechung im Rahmen der ihr zur Verfügung stehenden Mittel den aufgetretenen Problemen: Zunächst mittels Herausbildung eines bis in die Inhaltskontrolle von Gesellschaftsverträgen[33] hineinreichenden **„Sonderrechts"**[34] für **Publikumspersonengesellschaften,**[35] sodann durch die Statuierung von **Verhaltenspflichten** für die **Emittenten** und **Emissionshelfer**[36] auf der einen und die mehr oder minder auf die Investitionsentscheidung von Anlegern Einfluß gewinnenden **„vermögenssorgenden Berufe"**[37] auf der anderen Seite. Insbesondere die Herausbildung der zunächst am Vertrieb von Anteilen an einer Publikumskommanditgesellschaft ausgerichteten, aber auf andere Anlageformen des „grauen" Kapitalmarkts übertragbaren (und de facto übertragenen) Prospekthaftung[38] war dem Versuch geschuldet, diesen Markt einer dem organisierten Kapitalmarkt vergleichbaren Vertriebsregelung zu unterziehen.[39]

14 Gewichtiger als die offene Frage, ob die von der Rechtsprechung zur Bewältigung der aufgeworfenen Probleme herangezogenen rechtsdogmatischen Anknüpfungspunkte[40] glücklich gewählt waren und geeignet sind, sich neu oder noch immer stellende Aufgaben (etwa in Gestalt der Erfassung von Übernahmeangeboten[41]) angehen zu können,[42] ist der

---

[32] Zum Hintergrund und zu der Erörterung des Entwurfs im juristischen und ökonomischen Schrifttum s. die Nachw. bei *Assmann*, Prospekthaftung, S. 77 f.

[33] Von *Hopt* ZHR 141 (1977) 404, als kapitalmarktorientierte Vertragsauslegung bezeichnet. Zur Inhaltskontrolle s.a. *Schneider* ZGR 1978, 1 ff.

[34] So *Schneider* ZHR 142 (1978) 228.

[35] Aus der Fülle des Schrifttums hierzu insbes. *Stimpel*, Anlegerschutz durch Gesellschaftsrecht in der Publikums-Kommanditgesellschaft, Festschrift für Fischer, 1979, S. 771; *Kellermann*, Zur Anwendung körperschaftsrechtlicher Grundsätze und Vorschriften auf die Publikums-Kommanditgesellschaft, Festschrift für Stimpel, 1985, S. 295 ff.; *Krieger*, Empfiehlt sich eine gesetzliche Regelung der Publikums-KG, Festschrift für Stimpel, 1985, S. 307 ff. S. ferner *Hüffer* JuS 1979, 457 ff.; ders., ZHR 151 (1987) 417 f.; *Kellermann*, Die Publikums-KG in der Rechtsprechung des Bundesgerichtshofes, 1980; *Kraft*, Die Rechtsprechung des Bundesgerichtshofs zur Publikums-KG zwischen Vertragsauslegung und Rechtsfortbildung, Festschrift für Fischer 1979, S. 321 ff. Einzelheiten unten § 23.

[36] Dazu (neben den oben in Fn. 25 Genannten) etwa *Garz-Holzmann/Gurke* DB 1983, 29 ff.; *Hoegen*, Einzelfragen zur Haftung bei Anlagevermittlung und Anlageberatung, Festschrift für Stimpel, 1985, S. 247 ff.; *Hopt*, Festschrift für Fischer, 1979, S. 237 ff.; *ders.*, Aktuelle Rechtsfragen der Haftung für Anlage- und Vermögensberatung, 2. Aufl. 1985; *ders.*, Verantwortlichkeit. Weitere Nachw. und Einzelheiten unten §§ 5 f.

[37] Hierzu *Damm* JZ 1991, 373; *Grunewald* JZ 1982, 627 ff.; *Herrmann* JZ 1983, 422 ff.; *Hopt* AcP 183 (1983) 608 ff.; *Köndgen*, Selbstbindung ohne Vertrag, 1981, S. 352 ff., 403 ff. Speziell zur Dritthaftung des Wirtschaftsprüfers *Ebke*, Wirtschaftsprüfer und Dritthaftung, 1983 und *Ebke/Scheel* WM 1991, 389 ff.

[38] Hierzu ausführlich unten § 7 Rdnr. 96 f.

[39] S. u. § 7 Rdnr. 4 f.

[40] Einzelheiten hierzu unten § 5 Rdnr. 6 ff. und § 7 Rdnr. 20 ff.

[41] Da die Verabschiedung einer EG-Übernahmeangebotsrichtlinie (s.u. Fn. 250) noch immer ungewiß ist, kommt dem vorhandenen verbands-, börsen- und zivilrechtlichen Instrumentarium nach wie vor die entscheidende Bedeutung zur Erfassung von (namentlich „feindlichen") Kontrolltransaktionen zu. S. dazu statt vieler, jeweils m.w.N., *Assmann/Bozenhardt*, Übernahmeangebote als Regelungsproblem zwischen gesellschaftsrechtlichen Normen und zivilrechtlich begründeten Verhaltensgeboten, in: *Assmann/Basaldua/Bozenhardt/Peltzer*, Übernahmeangebote, 1990, 1 ff.; *Bozenhardt*, Freiwillige Übernahmeangebote im deutschen Recht, Diss. Tübingen 1990; *Knoll*, Die Übernahme von Kapitalgesellschaften, 1992, S. 141 ff.; *Lüttmann*, Kontrollwechsel in Kapitalgesellschaften, 1992,

Umstand, daß sich die Gerichte Willens und in der Lage gezeigt haben, fehlendes Kapitalmarktrecht durch Fortbildung des Gesellschaftsrechts und des Zivilrechts zu „substitutieren".[43] Die solchermaßen etablierten Normen und Rechtsgrundsätze reichen hinsichtlich ihres Anwendungsbereichs heute jedenfalls über den „grauen Kapitalmarkt" hinaus in weite Gebiete des organisierten Marktes. Dies gilt nicht nur in bezug auf die Fortentwicklung des Aktienrechts, in welcher der Aktionär verstärkt als Finanzier und Kapitalanleger statt als „wirtschaftlicher Eigentümer" zur Geltung kommt[44] oder für die Ansätze eines kapitalmarktbezogenen Unternehmensverhaltensrechts,[45] sondern auch für den dem Erwerb von Effekten oder Investmentanteilen vorgelagerten Vermittlungs- und Informationsmarkt.[46] Unter dem Einfluß der Harmonisierungsmaßnahmen der EG zum Zwecke der Schaffung eines einheitlichen europäischen Kapitalmarkts[47] sind in neuerer und jüngster Zeit indes Gesetzgebungsmaßnahmen zu vermelden, die eher strukturelle Reformen des deutschen Kapitalmarkt- und Kapitalanlagerechts zum Gegenstand haben. So ist Anlegerschutz zwar auch das Ziel einer Reihe kapitalmarktrechtlicher Regelungskomplexe des 2. Finanzmarktförderungsgesetzes vom 26. 7. 1994 (2. FFG),[48] namentlich des mit dessen Art. 1 eingeführten Wertpapierhandelsgesetzes (WpHG).[49] Gleichwohl liegt den einschlägigen Bestimmungen, etwa denen des Insiderrechts[50] und den damit zusammenhängen Mitteilungspflichten,[51] nicht mehr die individualschützende anspruchsbegründende Perspektive zugrunde als vielmehr diejenige des lediglich mittelbaren Anlegerschutzes in Gestalt gesetzlicher Verhaltenspflichten, welche auf die Herstellung funktionsfähiger Kapitalmärkte gerichtet sind.[52] Direkter und indirekter Anlegerschutz finden sich dagegen noch gleichermaßen im Gesetz über Wertpapier-Verkaufsprospekte und zur Änderung von Vorschriften über Wertpapiere vom 13. 12. 1990.[53] Soweit man in dieser Entwicklung eine neue Ausrichtung deutscher Kapitalmarktgesetzgebung erkennen mag, beschränkt sie sich doch ganz auf den „organisierten" Kapitalmarkt und läßt den „grauen" Kapitalmarkt unberührt. Dessen rechtliche Ordnung erfolgt nach wie vor ganz aus der Perspektive des

---

S. 149 ff.; *Reul*, Die Pflicht zur Gleichbehandlung der Aktionäre bei privaten Kontrolltransaktionen, 1991, insbes. S. 251 ff.

42 Die Bundesregierung zeigt sich jedenfalls ausgesprochen zuversichtlich, daß neue kapitalmarktrechtliche Regelungsaufgaben, vor allem im Bereich des „grauen" Kapitalmarkts, mit den von der Rechtsprechung entwickelten Instrumenten erfaßt werden können; Antwort der Bundesregierung die *Kleine Anfrage „Grauer Kapitalmarkt"* (BT-Drucks. 12/5393), BT-Drucks. 12/5726 vom 21. 9. 1993.

43 *Schwark*, Festschrift für Stimpel, 1985, S. 1111.

44 *Wiedemann*, Gesellschaftsrecht, S. 495 ff.; *Schwark*, Festschrift für Stimpel, 1985, S. 1087 ff.; *Kübler* AG 1981, 5 ff.; *Albach/Corte/Friedewald/Lutter/Richter*, Deregulierung des Aktienrechts: Das Drei-Stufen-Modell, 1988; *Assmann,* Einleitung, Rdnr. 443 ff.

45 *Hopt*, Kapitalanlegerschutz, S. 219 ff.; *Horn* AG 1977, 297 ff., 341 ff.

46 Dazu noch näher unten § 1 Rdnr. 53 ff. und 69 ff.

47 Einzelheiten dazu unten § 1 Rdnr. 81 ff.

48 Gesetz über den Wertpapierhandel und zur Änderung börsenrechtlicher und wertpapierrechtlicher Vorschriften (Zweites Finanzmarktförderungsgesetz) vom 26. 7. 1994, BGBl. I 1994, 1749. Übersichten über dessen verschiedene Regelungsbereiche etwa bei *Breuer* Die Bank 1994, 444 ff.; *Jütten* Die Bank 19.94, 34; *Krimphove* JZ 1994, 23 ff.; *Scharrenberg* Sparkasse 1993, 484 ff.

49 Gesetz über den Wertpapierhandel (Wertpapierhandelsgesetz), BGBl. I 1994, 1749. Dazu *Becker,* Das neue Wertpapierhandelsgesetz, 1995; *Happ* JZ 1994, 240 ff.; *Hopt*, WM-Festgabe für Hellner v. 9. 5. 1994, S. 29 ff.; *Assmann/U. H. Schneider* (Hrsg.), Wertpapierhandelsgesetz, 1995.

50 Zur Übersicht etwa *Assmann* AG 1994, 196 ff. (I.), 237 ff. (II.); *ders.* ZGR 1994, 494 ff.; *Peltzer* ZIP 1994, 746. Ausführlich dazu unten § 14.

51 Hierzu *Diekmann* DZWir 1994, 13 ff.; *Pellens/Fülbier* DB 1994, 1381 ff.

52 So schon der RegE (BT-Drucks. 12/6679, 1, 33); jetzt etwa ausdrücklich in §§ 4 Abs. 2, 15 Abs. 6 WpHG zum Ausdruck gebracht.

53 BGBl. I 1990, 2749. Direkter Anlegerschutz findet sich hier in Gestalt eines Prospekthaftungsanspruchs. Zum Gesetz insges. s. *Assmann* NJW 1991, 528 ff.; *Schäfer* ZIP 1991, 1557.

geschädigten Anlegers und des diesbezüglichen präventiven und nachträglichen Anlegerschutzes.

15 Die Herausbildung eines **kapitalmarktbezogenen Verbands- und Vertriebsrechts** vollzog sich aufgrund der geschilderten Randbedingungen vor allem durch die Einräumung von Schutzpositionen zugunsten der Anleger, wenn man so will: aus der Anlegerperspektive. Das hieraus erwachsene (richterrechtlich begründete) Kapitalmarktrecht ist auf diese Weise ganz überwiegend Anlegerschutzrecht.[54] In diesem Sinne versteht sich noch der 1986 in das StGB eingefügte Straftatbestand des Kapitalanlagebetrugs (§ 264 a StGB), zu dessen Begründung es heißt, er bezwecke die Ergänzung des zivilrechtlichen Schutzes des zumeist unerfahrenen Anlegers in bezug auf seine Investitionsentscheidung.[55]

16 *b) Maßnahmen in bezug auf den organisierten Kapitalmarkt.* Die Konkurrenzwirkung eines sich ausweitenden „grauen" Kapitalmarkts, die Eigenkapitalknappheit deutscher Unternehmen und weitere Faktoren, die dazu geführt haben, daß Anfang der achtziger Jahre die Rede von der „Krise der AG"[56] aufkam, dürfen – neben der zunehmenden Internationalisierung und Liberalisierung der Kapitalmärkte und den EG-Rechtsangleichungsmaßnahmen – als wesentliche Ursache dafür angesehen werden, daß der Regelung des **organisierten Kapitalmarkts** bzw. seiner Institutionen ab Mitte der achtziger Jahre wieder verstärkte Aufmerksamkeit zuteil wurde.

17 Zu den vom Gesetzgeber ergriffenen Maßnahmen gehören u. a.: partielle Korrekturen der steuerlichen Rahmenbedingungen;[57] die Schaffung einer neuen Form von „Kapitalanlagegesellschaften mit Beteiligungs-Sondervermögen" im Zusammenhang mit dem 2. Vermögensbeteiligungsgesetz;[58] das in erster Linie als Möglichkeit zur Verbesserung der Eigenkapitalausstattung nicht-börsennotierter Unternehmen verstandene[59] Gesetz über Unternehmensbeteiligungsgesellschaften (UBGG);[60] die Erweiterung von Anlagemöglichkeiten der institutionellen Investoren;[61] das zugleich der Umsetzung verschiedener EG-Richtlinien zur Harmonisierung des Börsenrechts der Mitgliedsstaaten[62] dienende Börsenzulassungs-Gesetz,[63] mit dem die Wertpapiermärkte neu segmentiert und geordnet wurden;[64] die Börsengesetznovelle von 1989,[65] mit der vor allem die rechtlichen Voraussetzungen zur Errichtung der Deutschen Terminbörse in Form einer Neuregelung der bör-

---

[54] S. dazu auch unten § 1 Rdnr. 62 ff.; ferner *Assmann* ZBB 1989, 49 ff.

[55] BT-Drucks. 10/318, S. 21. S. a. unten § 8.

[56] *Kübler* AG 1981, 5; *Assmann*, Einleitung, Rdnr. 291 ff., 343 ff.

[57] Zu den Maßnahmen bis 1987 s. etwa die Hinweise bei *Hesse* DB Beil. 1/1987. Von besonderer Bedeutung ist die Abschaffung der Börsenumsatzsteuer (mit Wirkung vom 1. 1. 1992) als Bestandteil der Aufhebung des Kapitalverkehrsteuergesetzes: (1.) FFG v. 22. 2. 1990, BGBl. I 1990, 266 = BStBl. I 1990, 152; s. a. RegE BT-Drucks. 11/5411.

[58] BGBl. I 1986, 2595. Dazu auch unten § 18 Rdnr. 56 ff.

[59] BT-Drucks. 10/4551, S. 12.

[60] S. dazu auch unten § 27.

[61] Durch Änderungen des VAG und des KAGG; s. BT-Drucks. 10/4671. Hierzu *Schwark* NJW 1987, 2047. Eine neuerliche Erweiterung des Anlagekatalogs von Kapitalanlagegesellschaften enthält Art. 3 Nr. 4 ff. 2. FFG. Zu den Möglichkeiten der Mobilisierung der institutionellen Anleger etwa *Reuter*, Gutachten, S. B 88; zu den damit verbundenen Gefahren *U. H. Schneider* AG 1990, 317. Vgl. ferner die Hinweise bei *Assmann*, Einleitung, Rdnr. 307 ff., 394, 514 ff.

[62] S. die Hinweise in BT-Drucks. 10/4296, S. 12 f.

[63] BGBl. I 1986, 2478; s. a. BT-Drucks. 10/4296.

[64] Wichtigster Inhalt des Gesetzes war die Einführung des neuen Marktsegments des geregelten Markts. Dazu (und zugleich zur Übersicht über die einzelnen Regelungsmaterien des BörsZulG) *Schäfer* ZIP 1987, 953, 954 ff.; *Schwark* NJW 1987, 2041, 2042 ff. Zu börsenrechtlichen Fragen bei Schaffung des geregelten Markts auch *Kümpel*, Festschrift für Pleyer, 1986, S. 59 ff.

[65] BGBl. I 1989, 1412; s. a. RegE BT-Drucks. 11/4177. Zu den einzelnen Regelungsbereichen der Novelle s. *Kümpel* WM 1989, 1313 ff. (I.), 1485 ff. (II.); *Schäfer* ZIP 1989, 1103; *Schwark* NJW 1989, 2675 ff.

sengesetzlichen Bestimmungen über Börsentermingeschäfte geschaffen wurde;[66] das Gesetz über Wertpapier-Verkaufsprospekte und zur Änderung von Vorschriften über Wertpapiere vom 13. 12. 1990,[67] in dessen Mittelpunkt die Begründung einer Prospektpflicht des Emittenten von Wertpapieren für den Zeitpunkt des erstmaligen öffentlichen Angebots der Effekten steht; und schließlich das 2. Finanzmarktförderungsgesetz,[68] als dessen Kernbereiche die Einführung einer (wenngleich hinsichtlich ihrer Aufgaben noch begrenzten) Kapitalmarktaufsicht in Gestalt des Bundesaufsichtsamts für den Wertpapierhandel, die damit einhergehende Umstrukturierung der Börsenaufsicht sowie die erstmalige gesetzliche Regelung des Insiderhandels gelten dürfen.

Während die vorgenannten Aktivitäten des Gesetzgebers unmittelbar auf die institutio- **18**
nellen Voraussetzungen des Kapitalmarkts einwirken und sich überwiegend auch unter dem Gesichtspunkt des Anlegerschutzes legitimieren, haben eine Fülle weiterer gesetzlicher Aktivitäten mehr oder weniger direkt die Randbedingungen des Kapitalmarkts und damit die Voraussetzungen für die Bereitstellung von Risikokapital im Rahmen unterschiedlicher Finanzierungsbeziehungen beeinflußt. Die insoweit einschlägigen Maßnahmen auf den Gebieten etwa des Bürgerlichen Rechts, des Handels- und Gesellschaftsrechts, des Bankrechts, des Investmentrechts, des Wettbewerbsrechts oder des Steuerrechts bedürfen indes in einer auf die Entwicklung des Kapitalmarktrechts ausgerichteten Darstellung keiner näheren Behandlung.[69] Das gilt auch für zahlreiche von rechts- und wirtschaftwissenschaftlicher Seite unterbreitete Regelungsvorschläge, die darauf zielen, einem erweiterten Kreis von Unternehmen den Zugang zum (organisierten) Kapitalmarkt und die Verbesserung ihrer Eigenkapitalausstattung zu ermöglichen.[70] Umfassende Reformen haben sie nicht auszulösen vermocht. Gleichwohl sind einzelne Anregungen aufgegriffen und im „Gesetz für kleine Aktiengesellschaften und zur Deregulierung des Aktienrechts" vom 2. 8. 1994 umgesetzt worden:[71] Verschiedene Maßnahmen (wie etwa die Möglichkeit der Einmann-Gründung sowie verschiedene Gründungserleichterungen, die Stärkung der Satzungsautonomie, die Gleichstellung von AG und GmbH im Hinblick auf die Eintrittsvoraussetzungen der betriebsverfassungsrechtlichen Mitbestimmung oder Erleichterungen für die Einberufung und Durchführung der Hauptversammlung) sollen die Rechtsform der AG auch für mittelständische Unternehmen attraktiver machen und diesen so den Weg zum organisierten Kapitalmarkt ebnen; andere Maßnahmen (wie insbesondere die Erleichterung des Bezugsrechtsausschlusses) zielen generell auf die Beseitigung einzelner Bestimmungen, welche der AG den Ruf einer schwerfälligen Rechtsform eingetragen haben. Wie immer man den Ertrag dieser „Deregulierungsmaßnahmen" beurteilen mag, so kann es doch nicht hoch genug veranschlagt werden, daß der Gesetzgeber mit der Aktienrechtsnovelle eine Differenzierung des Aktienrechts für Gesellschaften mit und ohne Börsennotierung eingeleitet hat: „Kapitalmarkt und kapitalmarktrechtliche Überlegungen" haben hier erstmals „unmittelbar . . . auf gesellschaftsrechtliche Normen und Regelungen" eingewirkt.[72] Auch wenn die mitunter geforderte gänzliche Abschaffung des Nennwerts von Aktien beim Gesetzgeber nicht auf Wohlwollen traf, hat das 2. FFG doch zumindest eine

---

[66] Etwa *Kindermann* WM 1989, Beilage 2. Zur DTB s. u. § 2 Rdnr. 112 ff.

[67] S. o. § 1 Rdnr. 14 und Fn. 53 sowie unten § 1 Rdnr. 38, 71, 75.

[68] S. o. § 1 Rdnr. 14 und Fn. 48.

[69] Sie finden sich nachfolgend im Rahmen der Darstellung der einzelnen Kapitalanlageformen und -rechtsgrundsätze hinreichend dokumentiert. Zu einigen zusammenfassenden Hinweisen s. *Assmann*, Einleitung, Rdnr. 227 ff., 234 ff., 243 ff. und *Kübler*, Gesellschaftsrecht, S. 368 ff.

[70] Etwa *Reuter*, Gutachten. Ausführliche Übersicht und Diskussion bei *Assmann*, Einleitung, Rdnr. 400 ff. Hinweise zum wirtschaftswissenschaftlichen Schrifttum auch bei *Schalek*, Eigenkapitalbeschaffung mittelständischer Unternehmen über den Kapitalmarkt, 1988.

[71] BGBl. I 1994, 1961; zur Gesetzesbegründung s. BT-Drucks. 12/1671; auch ZIP 1994, 249 ff. (mit Einf. v. *Seibert*, ebd., 247 ff.). Übersichten über die einzelnen Maßnahmen etwa bei *Blanke* BB 1994, 1505; *Hahn* DB 1994, 1659 ff.; *Lutter* AG 1994, 429 ff.; *Seibert*, Die kleine AG, 1994.

[72] *Lutter* AG 1994, 429, 430.

(internationalen Standards entsprechende) Herabsetzung des Mindestnennbetrags einer Aktie von DM 50,– auf DM 5,– eingeführt, um so die Attraktivität dieser Anlageform beim breiten Publikum zu steigern.[73]

19 **3. Zwischenbilanz.** Obwohl die deutschen, ausländischen und internationalen Kapitalmärkte im Verlaufe der letzten zwanzig Jahre in Breite und Tiefe einen rasanten Aufschwung erlebten, entwickelte sich ein über die Regulierung von Aktien- und Börsenrecht hinausgehendes deutsches Kapitalmarktrecht, ungeachtet der zu vermeldenden Vielfalt der Normproduktion, nur zögernd, fallweise und ohne den inneren Zusammenhang eines einheitlichen Regelungsansatzes.

20 Waren es auf der einen Seite manipulative Vorgänge auf dem „grauen“ Kapitalmarkt und daraus resultierende Schäden für Anleger und Gesamtwirtschaft, so waren es auf der anderen Seite Wettbewerbsverzerrungen zu Lasten der Kapitalnehmerseite auf dem organisierten Kapitalmarkt, daraus resultierende Eigenkapitallücken und die hohen Zugangsschwellen zu diesem Markt, die – verstärkt durch den Konkurrenzdruck von Veränderungen auf internationaler und EG-Ebene – regulatorische Eingriffe nach sich zogen. Während die Segmentierung der Märkte des organisierten Kapitalmarkts den Interessen sowohl der Kapitalsuchenden als auch der Anleger gerecht wird und mithin als effiziente[74] Maßnahme der Marktstrukturierung angesehen werden kann, ist die Spaltung des Kapitalmarkts in einen organisierten und einen ungeregelten, „grauen“ Markt nach wie vor ein nur unbefriedigend erkanntes[75] und bewältigtes Problem. Die auf diesen Märkten vorhandenen unterschiedlichen Wettbewerbsbedingungen bei der Nachfrage nach Risikokapital sowie die nach Art, Ansatzpunkten und Ausmaß differierenden Regelungsinstrumente sind in weitem Umfang den verschiedenen Trägern der Rechtsentwicklung und der Rechtsquellen geschuldet: Auf dem „grauen“ Kapitalmarkt dominiert die Rechtsprechung, deren Spielraum sich auf die kapitalmarktrechtlich orientierte Fortbildung des Zivil- und Gesellschaftsrechts beschränkt, während die nur (an)fallweise genutzten Möglichkeiten zur Ordnung des organisierten Marktes und zur Herstellung der Verbindungslinien zwischen den beiden Kapitalmarktbereichen allein der Gesetzgebung zur Verfügung stehen. Immerhin scheint es der Rechtsprechung gelungen zu sein, die Defizite im Bereich vertriebsbezogener Regelungen zu mildern. Bei allen Wechselwirkungen, die zwischen der andauernden gesetzgeberischen Perfektionierung der Regelung des organisierten Kapitalmarkts einerseits und der an den Verhältnissen des „grauen“ Kapitalmarkts ausgericheteten, vertriebsbezogenen Rechtsprechung zu beobachten sind, hat sich das regulatorische Schisma zwischen diesen beiden Kapitalmarktsegmenten unter dem Einfluß der EG-Maßnahmen zur Schaffung eines integrierten europäischen Kapitalmarkts mittels Rechtsangleichung[76] noch verstärkt: Das ist darauf zurückzuführen, daß eine solche Marktspaltung in den Mitgliedstaaten der EG ihresgleichen nicht findet, die Harmonisierungsaktivitäten sich mithin auf Regelungsmaterien beziehen, welche de facto allein den organisierten Kapitalmarkt betreffen und die Aufmerksamkeit und die Kapazität des deutschen Gesetzgebers folglich ganz durch Maßnahmen absorbiert wird, die dieses Marktsegment betreffen.

21 Dessenungeachtet haben die vorstehend skizzierten Entwicklungen und die in den einzelnen Kapiteln dieses Handbuchs vielfältig dokumentierten Entwicklungen unbestreitbar dazu beigetragen, daß das in der Vorauflage noch als „intelligibles Rechtsgebiet“[77] bezeichnete Kapitalmarktrecht (und damit auch das diesem zugehörige Kapitalanlagerecht) im Begriffe ist, sich als eigenständiges Rechtsgebiet zu etablieren. Hierfür gibt es verschie-

---

[73] Art. 5 Nr. 1 d. 2. FFG (s.o. Fn. 48).

[74] Zu diesem Kriterium der Beurteilung kapitalmarktbezogener Regelungen s. näher unten § 1 Rdnr. 22 ff.

[75] Für eine gesetzliche Ordnung des „grauen“ Kapitalmarkts (unter dem Gesichtspunkt eines rechtlich gebotenen Anlegerschutzes) plädiert jüngst indes *Honeck* ZfK 1994, 690 ff.

[76] Dazu näher unten § 1 Rdnr. 84 ff.

[77] Voraufl. § 1 Rdnr. 21.

dene Indikatoren: Zu ihnen gehört ganz allgemein das gewachsene Bewußtsein der Öffentlichkeit und des Gesetzgebers[78] für die Bedeutung eines wohlgeordneten Kapitalmarkts für die gesamtwirtschaftliche Entwicklung und die Wettbewerbsstellung nationaler Kapitalmärkte in der internationalen Konkurrenz der Finanzplätze, wie es sich u. a. an leidvollen Erfahrungen des drohenden Reputationsverlusts des Finanzplatzes Deutschland oder der Kapitalflucht ins Ausland herausbilden konnte. Des weiteren ist das deutsche Recht um einige gesetzliche Maßnahmen ergänzt worden, die gemeinhin zu den Elementen eines eigenständigen Kapitalmarkts zählen; beispielhaft zu nennen sind etwa: die Schaffung einer Marktaufsichtsbehörde in Gestalt des Bundesaufsichtsamts für den Wertpapierhandel und der von diesem Schritt ausgehenden Neuordnung der Börsen(markt)aufsicht; die Etablierung des Markts für Termingeschäfte als Annexmarkt zum Aktienmarkt; die gesetzliche Verankerung der Vertriebspublizität, die Ausweitung publizitätspflichtiger Vorgänge sowie die Effektivierung der sog. Ad-hoc-Publizität; die gesetzliche Regelung und Erweiterung von Rechtspflichten der Emissionshelfer (Anlageberater und -vermittler); die Einführung eines gesetzlichen Insiderhandelsverbots; (teils abgeschlossene teils noch bevorstehende) gesetzliche Bestimmungen zur Eigenkapitalausstattung von Finanzinstituten als zentrale Akteure des Kapitalmarkts; und nicht zuletzt die (partielle) Beseitigung einiger steuerlicher Belastungen kapitalmarktvermittelter Finanzierungsbeziehungen. Darüber hinaus zeigt der Gesetzgeber in Gestalt der Änderung des Aktiengesetzes zur Ermöglichung einer „Kleinen AG" zumindest dem Ansatz nach die Bereitschaft, das Aktienrecht unter dem Gesichtspunkt der Inanspruchnahme des Kapitalmarkts durch die Gesellschaft zu differenzieren und Verbandsrecht auch als Element (Funktion) des Kapitalmarkts und des Kapitalmarktrechts zu betrachten. Schließlich wird man in dem mit dem 2. FFG eingeführten WpHG sogar die Keimzelle eines sich auch kodifikatorisch verselbständigenden Kapitalmarktrechts sehen dürfen, in das weite Teile des zersplitterten Kapitalmarktrechts und insbesondere das Börsenrecht überführt werden könnten. Das alles verdeutlicht, daß sich Kapitalmarktrecht auch hierzulande nicht mehr nur aus dem bloß äußeren Bezug heterogener (d. h. ganz unterschiedlichen Zielsetzungen verpflichteten) Maßnahmen zu einem „Markt, auf dem Kapitalanlagen angeboten und nachgefragt werden"[79] herstellt, sondern seinen Zusammenhang zunehmend aus einer selbständigen, im folgenden noch näher zu beleuchtenden kapitalmarktrechtlichen Regelungsperspektive gewinnt.

III. „Funktionsfähigkeit des Kapitalmarkts" als Regelungsziel

Nicht nur für die deutsche Rechtsentwicklung gilt, daß sich Kapitalmarktrecht weder aus einer rechtlichen Definition oder Abgrenzung eines Markts heraus noch unter Rückgriff auf die auf ihm gehandelten Güter oder die auf ihm agierenden Markteilnehmer *hinreichend* erfassen läßt. Schon deshalb ist es hilfreich, Kapitalmarktrecht von seinen Regelungszielen her zu begreifen, um von hier aus Aussagen für Regelungsbedarf und -aufgaben treffen zu können. 22

1. Teilaspekte funktionsfähiger Kapitalmärkte. Vor allem unter dem Einfluß wirtschaftswissenschaftlicher Erkenntnisse gewinnt die Auffassung an Boden, daß dem Kapitalmarktrecht – unbeschadet der institutionellen Vorgaben, die es zu berücksichtigen hat – die Aufgabe zukommt, die Voraussetzungen eines funktionsfähigen, effizienten Kapitalmarkts zu schaffen.[80] Zur Konkretisierung dieses **Regelungsziels** werden verschiedene Teilaspekte hervorgehoben: 23

---

[78] Dokumentiert in der Verlautbarung „Konzept Finanzplatz Deutschland" des *Bundesministers der Finanzen* vom 16. 1. 1992, abgedruckt in WM 1992, 420 ff.

[79] *Schwark*, Festschrift für Stimpel, S. 1091.

[80] Dazu (jeweils m.w.N.) *Assmann*, Prospekthaftung, S. 24 ff.; *Hopt*, Gutachten, S. G 47f.; *Kohl/Kübler/Walz/Wüstrich* ZHR 138 (1974) 16 ff.; *Kübler* AG 1977, 88 ff.; *ders.* ZHR 145 (1981) 205f.; *Horst*, Kapitalanlegerschutz, 1987, S. 216 ff.; *Schacht*, Kapitalmarktaufsicht, S. 37 ff.

24 (1) Im Vordergrund steht derjenige der **allokativen Funktionsfähigkeit** – der Steuerungsleistung – des Kapitalmarkts (**Allokationseffizienz**). Es sind die Voraussetzungen dafür zu schaffen, daß anlagefähiges Kapital dorthin fließt, wo es am dringendsten und erfolgversprechendsten benötigt wird. Auf der Grundlage der Entscheidung für marktliche Verteilungsvorgänge ist dies – unter der Bedingung wirksamer Märkte – dort der Fall, wo das eingesetzte Kapital die höchste Rendite zu erzielen vermag. Bereits hieraus wird deutlich, daß die allokative Funktionsfähigkeit von Kapitalmärkten auf einer Vielzahl von Randbedingungen aufbaut, die teils in die traditionelle Kompetenz unterschiedlicher Rechtsgebiete fallen, teils rechtlich eher heimatlos sind. Letzteres ist insbesondere im Hinblick auf diejenigen Faktoren anzunehmen, die gewährleistet sein müssen, damit sich Anlagerisiko und -rendite marktvermittelt einpendeln können. Zu ihnen gehört nicht nur die umfassende und zutreffende Information über die zur Verfügung stehenden Anlagemöglichkeiten, sondern auch die Offenlegung der mit den einzelnen Investitionsangeboten verbundenen Risiken und der Möglichkeiten, sie nachträglich – nach erfolgter Anlageentscheidung – manipulieren zu können. Es handelt sich hierbei um Faktoren, die sich dem unmittelbaren rechtlichen Zugriff entziehen und nur über die Regulierung des Mediums „Information" faßbar werden.

25 (2) Zu gewährleisten ist darüber hinaus die **operationale Funktionsfähigkeit** des Kapitalmarkts (**operationale Effizienz**). Sowohl die Bereitstellung von Anlagemöglichkeiten als auch ihr Angebot (Vertrieb) verursachen Kosten, die – gleich bei welcher Seite sie anfallen – die Rendite der Anlage mindern und deshalb zu minimieren sind. Soweit solche Kostenfaktoren nicht unmittelbar beseitigt werden können, ohne zu Lasten der Allokationseffizienz zu gehen, sind sie denjenigen aufzuerlegen, die sie am besten zu vermeiden oder zu reduzieren vermögen. Der operationalen Effizienz im weiteren Sinne unterfallen nicht nur Kostenkomponenten des Vertriebsmarktes, sondern (sofern vorhanden) auch solche des Sekundär- und Zirkulationsmarktes.

26 (3) Ein dritter Aspekt funktionsfähiger Kapitalmärkte ist schließlich dessen **institutionelle Effizienz** im Sinne der Erhaltung und Festigung des Vertrauens der Investoren in die Stabilität und Integrität des Marktes, d. h. vor allem in die Berechenbarkeit der Risikofaktoren, die den auf diesem Markt angebotenen Anlagen gemeinsam sind. Dieses Regelungsziel wird über weite Strecken durch die Schaffung der Voraussetzungen allokativer und operationaler Kapitalmarkteffizienz mitverwirklicht. Darüber hinaus gilt es, die allgemeinen Funktionsvoraussetzungen eines Marktes zu sichern, wie etwa den freien Zugang von Anbietern und Investoren zum Markt, um so zu dessen Breite (Vielfalt des Marktangebots) und Tiefe (Zahl der Investoren und Volumen des angelegten und anlagesuchenden Kapitals) zu sichern.

27 **2. Aspekte der Umsetzung des Regelungskonzepts.** Führt man sich die an früherer Stelle skizzierten Randbedingungen der Herausbildung kapitalmarktorientierter Rechtsnormen vor Augen, so sind diese dergestalt, daß mit dem Entwurf und der Umsetzung eines Kapitalmarktrechts aus einem Guß nicht zu rechnen ist; dieses wird sich vielmehr auch zukünftig überwiegend im Rahmen historisch gewachsener Institutionen und auf der Grundlage unterschiedlicher Träger der Rechtsentwicklung fortentwickeln müssen. Die Chancen für die Herausbildung eines einheitlichen Kapitalmarktrechts im Sinne der Koordinierung eines arbeitsteiligen Systems der Rechtssetzung sind deshalb weit eher in der Orientierung an allgemeinen Regelungszielen und -prinzipien als im Entwurf von Regelungsmodellen zu suchen, die zwangsläufig entweder die Kompetenz oder den rechtspolitischen Willen der einzelnen Regelungsinstanzen überschreiten bzw. überfordern würden.

28 Davon abgesehen ließen sich Regelungsmodelle ohnehin nicht im institutionenfreien Raum entwickeln. Die sich zur Umsetzung anbietenden ausländischen Regelungsansätze wiederum lassen erkennen, daß sie ihrerseits auf zahlreichen institutionellen Vorgaben aufbauen. So ist etwa die weltweit zum großen Vorbild eines Kapitalmarktrechts avancierte

US-amerikanische „securities regulation“,[81] die an die gehandelte Ware („securities“) anknüpft und eine auf dem Regelungsinstrument der Publizität aufbauende Vertriebsregelung darstellt, zu einem großen Teil dem Umstand geschuldet, daß dem Bundesgesetzgeber die Regelungsbefugnis in bezug auf das in die Kompetenz der einzelnen Bundesstaaten gelegte Gesellschaftsrecht fehlte. Die Grenzen einer reinen Publizitäts- und Vertriebsregelung sind aber auch in diesem Mutterland des Kapitalmarktrechts zwischenzeitlich deutlich geworden, und es zeichnet sich auch dort eine nicht unkritisch kommentierte[82] Entwicklung ab, über die vorhandenen Instrumentarien verstärkt auf die Organisation und das Marktverhalten der kapitalsuchenden und Anlagen anbietenden Unternehmen einzuwirken. Während sich auf diese Weise die vertriebsorientierte „securities regulation“ verschärft und auf dem besten Wege zur Überregulierung befindet, wetteifern die Bundesstaaten um das für die Projektoren permissivste und im Hinblick auf seine Verhaltensbindungen für das Management liberalste Gesellschaftsrecht.[83]

Dennoch ist schwerlich zu übersehen, daß das deutsche, den organisierten Kapitalmarkt betreffende Kapitalmarktrecht seine entscheidenden Modernisierungsimpulse den Harmonisierungsmaßnahmen der EG verdankt.[84] In diesen wiederum kommen vor allem Regelungselemente zum tragen, die den anglo-amerikanischen, von einigen Mitgliedstaaten der EG bereits übernommenen Leitbildern der Ordnung und Überwachung von Kapitalmärkten verpflichtet sind. Wenngleich den einschlägigen Richtlinien kein eigenständiges Modell für die Schaffung und Regelung eines integrierten europäischen Kapitalmarkts aus einem Guß zugrundeliegt und den Mitgliedstaaten ein gewisser Umsetzungsspielraum verbleibt, finden so doch hierzulande bislang eher unbekannte Regelungselemente Eingang in das deutsche Kapitalmarktrecht. Daß dieser EG-induzierte, eher fallweise und diskretionäre Transfer von Bruchstücken fremder Regelungsmodelle in eine anderen Regelungstraditionen verpflichetete Rechtsordnung innerhalb derselben nicht zwangsläufig zu effizienten Regelungen führt und Folgeprobleme aufwirft, liegt auf der Hand. Ist dem an späterer Stelle näher auf den Grund zu gehen,[85] so ist hier beispielhaft darauf hinzuweisen, daß sich im deutschen Kapitalmarktrecht unter Einfluß der EG-Harmonisierungsmaßnahmen ein übermäßiger und zu undifferenzierter – kurz: ineffizienter – Einsatz des Instruments der Publizität[86] und des Anlegerschutzes durch Information eingestellt hat.[87] 29

IV. Stand und Entwicklungsmöglichkeiten des Kapitalmarktrechts

Aus der Verbindung institutioneller Vorgaben der deutschen Rechtsentwicklung und dem vorgestellten regulatorischen Leitbild funktionsfähiger Märkte lassen sich die für die Beurteilung des Standes und die Fortbildung des Kapitalmarktrechts wichtigsten Regelungsfelder und hierbei zu beachtenden Regelungsprinzipien skizzieren. 30

---

[81] Aus dem deutschsprachigen Schrifttum: Zum Grundansatz *Loss* ZHR 129 (1967) 197. Ferner *Assmann*, Prospekthaftung, S. 93 ff.; *Hopt* ZHR 140 (1976) 203 ff.; *Wiedemann* BB 1975, 1591 ff.

[82] Etwa *Karmel*, Regulation by Prosecution, 1982, S. 203 ff.; *Poser* New York University Law Review 56 (1981) 888; *Burk*, Values in the Marketplace, 1988.

[83] Nach *Kübler* KritV 1994, 79, 86 f., haben jedoch anderweitige (flexiblere und weniger kostspielige) Mechanismen Defizite des Anleger-/Aktionärsschutzes in den einzelstaatlichen Gesellschaftsrechten zwischenzeitlich kompensiert und auch in den USA zu einer positiveren Sicht des legislatorischen Wettbewerbs geführt.

[84] *Assmann*, Harmonisierung, S. 115; *ders.* ORDO 44 (1993) 87, 114.

[85] Unten § 1 Rdnr. 100 ff.

[86] *Assmann*, Harmonisierung, S. 105 ff.; *ders.* ORDO 44 (1993) 87, 107 ff.; *ders.* AG 1993, 549 ff., insbes. 558 ff.

[87] Solche Kritik mußte sich in jüngster Zeit vor allem die Neuregelung der Börsentermingeschäfte gefallen lassen, in deren Mittelpunkt die Herbeiführung der Termingeschäftsfähigkeit durch Information steht. Dazu etwa *Assmann*, Festschrift für Heinsius, 1991, S. 1, 16 ff.; *Henssler* ZHR 153 (1989) 611, 620 ff.; *Koller* BB 1990, 2202, 2204 ff.; *Schwark*, Festschrift für Steindorff, 1990, S. 473 ff.

31 **1. Rechtsquellen.** Betrachtet man das derzeitige Kapitalmarktrecht nicht in normativ-konzeptioneller Hinsicht, sondern im Sinne des Bestands kapitalmarktbezogener Rechtsnormen und hinter diesen stehender Prinzipien, so stellt es eine Gemengelage wirtschaftsrechtlicher, zivilrechtlicher und strafrechtlicher Normen dar: Die einschlägigen **wirtschaftsrechtlichen Normen** beziehen sich ganz überwiegend auf die Steuerungsmodi des Marktes (etwa das Wettbewerbsrecht oder Publizitätspflichten) sowie auf die einzelnen marktbildenden Institutionen (etwa Börsen, Banken, Versicherungsunternehmen oder verbandsrechtliche Organisationsformen) und setzen diese direkten, rechtlich vermittelten staatlichen Eingriffen aus und/oder unterziehen sie in Teilen staatlicher (durch Aufsichtsämter vermittelter) Kontrolle.[88] Der Bestand kapitalmarktrechtlicher Vorschriften in Gestalt eines marktbezogenen (ganz überwiegend aus öffentlichrechtlich zu qualifizierenden Normen gebildeten) Wirtschaftsrechts hat sich nach dem 2. FFG beträchtlich erhöht. Daneben haben **zivil- und handelsrechtliche Bestimmungen und Rechtsgrundsätze**, unterstützt durch ein von den Gerichten in verschiedenen Bereichen kapitalmarktrechtlich fortentwickeltes **Gesellschaftsrecht**, vor allem die Aufgabe, der Rechtsprechung als Grundlage für die Herausbildung von **Marktverhaltenspflichten** im Vertriebs(organisations-)bereich aus den jeweils individuellen Rechtsbeziehungen zwischen Anbieter, Emissionshelfern und Anlegern heraus zu dienen. Solche, auf individuelle Rechtsbeziehungen zugeschnittene Verhaltensregeln von Marktintermediären enthält nunmehr aber auch das 2. FFG für Wertpapierdienstleistungsunternehmen im Zusammenhang mit der Erbringung von Wertpapierdienstleistungen[89] (§§ 31 ff. WpHG). Obschon davon ausgegangen werden kann, daß der Gesetzgeber diese in erster Linie als Verhaltenspflichten zur Gewährleistung funktionsfähiger Kapitalmärkte konzipiert und dementsprechend auch zum Gegenstand der Überwachung durch das Bundesaufsichtsamt für den Wertpapierhandel gemacht hat, haben die fraglichen Verhaltensregeln doch (etwa über § 823 Abs. 2 BGB oder als Maßstäbe zur Konkretisierung der Interessenwahrungspflicht des Kommissionärs bei Effektengeschäften nach § 384 HGB) zugleich auch zivilrechtliche Relevanz. Daneben finden sich eine Reihe **strafrechtlicher und ordnungswidrigkeitsrechtlicher Bestimmungen**, die zwar keine konkreten Verhaltenspflichten gebieten, wohl aber gewisse Handlungsweisen aus dem Spektrum legalen Verhaltens ausgrenzen und sanktionieren. Unübersehbar befinden sich dem Kapitalmarktrecht zuzurechenende straf- und ordnungswidrigkeitsrechtliche Normen auf dem Vormarsch: Nach der Einführung der Kapitalanlagebetrugsvorschrift des § 264 a in das StGB erweitern vor allem die Straf- und Bußgeldvorschriften der §§ 38, 39 WpHG das Arsenal dieser kapitalmarktrechtlichen Normengruppe.

32 Teile des Kapitalmarktrechts unterliegen darüber hinaus der **Selbstregulierung** der betroffenen Wirtschaftskreise,[90] doch wird dieser Regelungsmodus zunehmend von zwingendem Recht verdrängt.[91] Schließlich muß als Rechtsquelle auch noch das **Primär- und Sekundärrecht der EG**[92] in Betracht gezogen werden. Zwar erlangt das für die Kapital-

---

[88] Überblick unter dem Gesichtspunkt des Anlegerschutzes bei *Schwark*, Anlegerschutz, S. 14 ff., 28 ff.

[89] Die Begriffe des Wertpapierdienstleistungsunternehmens und der Wertpapierdienstleistung sind definiert in § 2 Abs. 3, 4 WpHG. Danach betreffen die Verhaltenspflichten im wesentlichen Kreditinstitute und zum Börsenhandel zugelassene Unternehmen mit Sitz im Inland in bezug auf die Anschaffung, Veräußerung sowie die Vermittlung des Erwerbs oder der Veräußerung von Wertpapieren oder Derivaten (iSv. § 2 Abs. 1, 2 WpHG). Die endgültige Umsetzung der EG-Wertpapierdienstleistungsrichtlinie (durch ein 3. Finanzmarktförderungsgesetz) wird eine Erweiterung des Adressatenkreises der Verhaltenspflichten auf andere Wertpapierdienstleister als Kreditinstitute bringen.

[90] Zu Einzelheiten s. *Schwark*, Anlegerschutz, S. 24 f. (auch S. 213 ff. und S. 383 ff.).

[91] Zuletzt in Gestalt der neuen Insiderhandelsregelung, s. o. § 1 Rdnr. 14 (Fn. 50) und unten § 14.

[92] S. dazu und zum folgenden die Ausführungen unten § 1 Rdnr. 81 ff. Daneben finden sich noch Kodices, wie etwa die Wohlverhaltensregeln für Wertpapiertransaktionen (ABl. EG Nr. L 212 v. 20. 8. 1977, S. 37 ff.), die wegen ihrer Unverbindlichkeit indes nicht zu den Rechtsquellen ieS. zu zählen sind.

marktrechte der Mitgliedstaaten in erster Linie einschlägige Gemeinschaftssekundärrecht in Gestalt von Richtlinien für die Kapitalmarktteilnehmer und -institutionen regelmäßig nur insoweit rechtliche Relevanz, als diese in nationales Recht umgesetzt wurde, doch ist das diesbezügliche EG-Recht zumindest in zweierlei Hinsicht als Rechtsquelle auch des einzelstaatlichen Rechts von Bedeutung: Zum einen kann die nicht rechtzeitige oder unzureichende Umsetzung einer Richtlinie (zumindest im Verhältnis von Privaten zum Staat) zu deren unmittelbarer Anwendbarkeit führen und zum anderen ist sowohl die Richtlinie als auch ihre Umsetzung in anderen Mitgliedsstaaten bei der Auslegung harmonisierten Rechts zu berücksichtigen.

Zwar trägt auch die **Rechtsprechung** durch die richterliche Rechtsfortbildung des Ver- 33
bands- und Zivilrechts zur kapitalmarktbezogenen Institutionenbildung bei, unterliegt hierin aber andererseits klaren Grenzen: Das Gesellschaftsrecht ist nur beschränkt in Richtung auf Marktverhaltenspflichten einzelner Verbandsmitglieder fortzuentwickeln und zivilrechtliche Verhaltenspflichten sind auf ihre Aktualisierbarkeit in der individuellen Rechtsbeziehung angewiesen. Umgekehrt setzt die Durchsetzung der einschlägigen Rechtspflichten als Bestandteil der zivil- und verbandsrechtlichen Institutionenbildung die Bereitschaft des Anlegers zu deren klageweiser Geltendmachung voraus. Daß so der „Funktionenschutz des Kapitalmarktes als eines gesamtwirtschaftlich erheblichen Sektors der Finanzmärkte“[93] zu einem großen Teil dem individuellen Anleger auferlegt wird, sollte sowohl bei der materiellrechtlichen Ausgestaltung der Anspruchsgrundlagen als auch bezüglich der Voraussetzungen ihrer prozessualen Durchsetzbarkeit berücksichtigt werden.[94] Derjenige Ausschnitt des Kapitalmarktrechts, der für die Ausgestaltung des einzelnen Anlageangebots, dessen Vertrieb und die individuelle Investitionsentscheidung maßgeblich ist, läßt sich zusammenfassend als **Kapitalanlagerecht** bezeichnen. In einer normativen Wendung des Kapitalmarktrechts sind die sich aus der Vielfalt von – teils zugleich andere Regelungsfunktionen miterfüllenden – Rechtsquellen, Trägern der Normproduktion und Kontrollinstanzen ergebenden Regelungsdefizite und -lücken aufzudecken und unter Zugrundelegung der dargelegten kapitalmarktrechtlichen Regelungsprinzipien zu beseitigen.

2. Kapitalmarktaufsicht. Im Gegensatz zu zahlreichen anderen Ländern[95] mit einem 34
entwickelten Kapitalmarkt kennt das deutsche Kapitalmarktrecht **keine zentrale Kapitalmarktaufsicht**. Das hat sich auch mit der Schaffung des Bundesaufsichtsamts für den Wertpapierhandel nicht durchgreifend geändert, weil sein Aufgabenbereich[96] so umrissen ist, daß weite Bereiche kapitalmarktlicher Vorgänge und Institutionen sowie der gesamte „graue“ Kapitalmarkt seiner Aufsicht entzogen bleiben. Gleichwohl ist festzustellen, daß sich mit der Errichtung des Amts bei aller Begrenztheit der diesem zugewiesenen Aufgaben überhaupt erstmals von einer Kapitalmarktaufsicht reden läßt, die mehr ist als bloße Aufsicht über Börsen, Banken und andere Finanzinstitutionen. Daß das Amt als selbständige Bundesoberbehörde (iSv. Art. 87 GG) im Geschäftsbereich des Bundesfinanzministeriums begründet und nicht einem der vorhandenen Aufsichtsämter angegliedert wurde, macht es für die Übernahme weitergehender Aufgaben der Kapitalmarktaufsicht unter genuin kapitalmart(recht)lichen Kontrollgesichtspunkten offen. Noch herrscht indes im Hinblick auf die Instanzen und die Mechanismen der Überwachung kapitalmarktrechtlicher Verhaltensge- und -verbote sowie der kapitalmarktbildenden Institutionen eine Vielfalt, die weit eher historisch und durch die föderale Struktur Deutschlands bedingt, denn das Produkt konzeptioneller Überlegungen zur Schaffung der Voraussetzungen eines funktions- und wettbewerbsfähigen Kapitalmarkts ist.

---

[93] *Schwark*, Festschrift für Stimpel, S. 1091.

[94] S. dazu etwa *Roth* ZHR 154 (1990) 513 ff. und unten § 29.

[95] S. *Hopt*, Kapitalanlgerschutz, passim (s. Stichwort: Aufsichtsorgane); *Schacht*, Kapitalmarktaufsicht, S. 56 ff.

[96] S. u. § 1 Rdnr. 36.

35 Nichtsdestoweniger kann die Schaffung des **Bundesaufsichtsamts für den Wertpapierhandel** (§§ 3 ff. WpHG) als Teil des Versuchs gesehen werden, Ordnung in die zersiedelte, schwer zu überschauende und der internationalen Zusammenarbeit nicht eben förderliche Landschaft der für die Kapitalmarktkontrolle zuständigen Instanzen und Instrumentarien zu bringen, um so internationalen Standards der Regulierung und Aufsicht von Kapitalmärkten gerecht zu werden. Tatsächlich war es eher der drohende Reputationsverlust des Finanzplatzes Deutschland, der zu dieser Flurbegradigung und zur Einführung einer zentralen staatlichen Marktaufsicht für die organisierten Wertpapiermärkte führte,[97] denn – wie mitunter vermutet – entsprechende EG-rechtliche Verpflichtungen: Zwar verlangen verschiedene EG-Richtlinien, wie etwa die Insiderhandelsrichtlinie,[98] die Benennung einer Verwaltungsstelle, die, ausgestattet mit den entsprechenden Kompetenzen, die Einhaltung der fraglichen Bestimmungen zu überwachen hat, doch zwingt diese Vorgabe nicht zur Errichtung einer zentralen Überwachungsstelle.

36 Die Schaffung des Bundesaufsichtsamts ist darüber hinaus im Zusammenhang mit der **Neuordnung der Börsenaufsicht**[99] zu sehen, in der nunmehr fünf Instanzen auf drei Ebenen die institutionelle Grundlage der Aufsicht über die börslichen Märkte und die auf ihnen agierenden Akteure bilden. Auf *oberster Ebene* angesiedelt ist das **Bundesaufsichtsamt**, dem durch das WpHG im wesentlichen drei Aufgabenbereiche zugewiesen werden: die Überwachung des Insiderhandelsverbots sowie der in dessen Zusammenhang geregelten Ad-hoc-Publizitätsanforderungen, die Kontrolle der Einhaltung der Mitteilungs- und Veröffentlichungspflichten bei Veränderungen des Stimmrechtsanteils an börsennotierten Gesellschaften und schließlich die Aufsicht über die Beachtung der Verhaltensregeln für Wertpapierdienstleistungsunternehmen. Auf sämtlichen dieser Tätigkeitsfelder ist das Bundesaufsichtsamt zugleich die für die internationale Zusammenarbeit in der Kapitalmarktaufsicht sowie die Kooperation mit anderen inländischen Aufsichtsbehörden zuständige Behörde. Im Rahmen dieser ihm zugewiesenen Aufgaben hat das Amt „Mißständen entgegenzuwirken, welche die ordnungsgemäße Durchführung des Wertpapierhandels beeinträchtigen oder erhebliche Nachteile für den Wertpapiermarkt bewirken können" (§ 4 Abs. 1 S. 1 WpHG). Auf *mittlerer Ebene* sind (nach Maßgabe des durch Art. 2 des 2. FFG geänderten BörsG) die **Börsenaufsichtsbehörden** als die für die Börsen- und Makleraufsicht zuständigen obersten Landesbehörden derjenigen Länder angesiedelt, in deren Gebiet eine Börse ihren Sitz hat. Übten die Länder über die dafür bestellten Staatskommissare bislang lediglich eine Rechtsaufsicht über die Börsenorgane und die Rechtmäßigkeit ihres Verhaltens aus, so wird den Börsenaufsichtsbehörden nunmehr eine umfassende Marktaufsicht im Sinne einer Kontrolle sämtlicher Marktteilnehmer auf die Rechtskonformität ihres Verhaltens übertragen.[100] Des weiteren werden die Börsenaufsichtsbehörden im Wege der Organleihe[101] für das Bundesaufsichtsamt tätig, soweit es um die Durchführung eilbedürftiger Maßnahmen der Insiderüberwachung geht (§ 6 Abs. 2 WpHG). Als Klammer zwischen den beiden vorgenannten Aufsichtsebenen fungiert ein neu geschaffener, beim Bundesaufsichtsamt angesiedelter, aus Vertretern *aller* Bundesländer gebildeter, bei der Aufsicht mitwirkender und das Amt beratender **Wertpapierrat** (§ 5

[97] Zur Diskussion um die Notwendigkeit einer Kapitalmarktaufsichtsbehörde in der Vergangenheit s. Voraufl. § 1 Rdnr. 37.

[98] S. Art. 8 der Richtlinie, ABl. EG Nr. L 334 v. 18. 11. 1989, S. 30 ff.

[99] Dazu insbes. *Claussen* DB 1994, 969 ff.; *Kümpel* WM 1994, 229; *Schwark*, Börsengesetz, Einl. Rdnr. 21 ff., 45 ff. Instruktiv auch das Memorandum „Konzept des Bundes und der Länder für die künftige Struktur der Wertpapierhandelsaufsicht" des Gemeinsamen Arbeitskreises der Börsenfachminister der Länder und des Bundesministers der Finanzen vom 25. 1. 1992 (Anlage 5 zum Referentenentwurf eines 2. FGG vom 29. 6. 1993, BMF/VII B 5). Ausführliche Darstellung unten § 2 Rdnr. 187 ff.

[100] Auch zur Erfüllung dieser Aufgabe kann ein Staatskommissar eingesetzt werden, doch ist dies nicht zwingend (§ 1 Abs. 3 S. 1 BörsG).

[101] Ausführlich hierzu *Kümpel*, WM-Festgabe für Hellner vom 9. 5. 1994, S. 35 ff.

WpHG). Auf der *unteren Ebene* der einzelnen Börsen übernimmt eine jeweils als eigenständiges Börsenorgan verfaßte (mithin nicht der Börsengeschäftsführung unterstellte) **Handelsüberwachungsstelle** die unmittelbare Kontrolle des Handels und der Geschäftsabwicklung an der Börse (§ 1 b BörsG). Die Verklammerung der Börsenaufsicht durch die Länder und derjenigen durch die Börsen beruht im wesentlichen auf Weisungsrechten der Bundesaufsichtsämter und Reportpflichten der Überwachungsstellen. Die durch die Neuordnung der Börsenaufsicht erheblich reduzierten Selbstverwaltungsbefugnisse der Börsen werden, soweit noch bestehend (§ 3 Abs. 2 BörsG), durch den an jeder Börse zu bildenden **Börsenrat** wahrgenommen. Vor allem dem Bundesaufsichtsamt, aber auch den anderen Aufsichtsinstanzen, geben das WpHG bzw. das BörsG weitreichende, hier nicht näher zu schildernde Instrumentarien zur Wahrnehmung ihrer Aufgaben an die Hand.[102]

Dieses neue, schon in seinen Grundstrukturen nicht eben leicht zu erfassende System 37
der deutschen Börsen- und Kapitalmarktaufsicht kann bereits auf den ersten Blick kaum den Eindruck einer effizienten Reform hervorrufen. Eine bessere war indes angesichts des Umstandes, daß Börsenrecht in Deutschland Gegenstand der konkurrierenden Gesetzgebung (iSv. Art. 83 GG) ist und die Länder bislang noch jeglichen Zentralisierungsversuchen des Börsenwesens entschieden entgegentraten, offenbar nicht zu haben. Deshalb ist es vorläufig auch müßig, weiter darüber zu räsonnieren, ob eine „zentralistisch konzipierte und privatwirtschaftlich organisierte Aufsicht"[103] nicht die bessere Lösung des Kontrollproblems gewesen wäre oder ob nicht zumindest der Selbstorganisation und -verwaltung der Börsen ein größerer Freiraum hätte eingeräumt werden sollen. Kritischer Beobachtung muß es dagegen unterliegen, wie die einzelnen Aufsichtsinstanzen mit der Tatsache umgehen, daß WpHG und BörsG ihre jeweiligen Aufgaben nur unscharf gegeneinander abgrenzen. Diesbezüglich liegt die Gefahr auf der Hand, daß Kompetenzgerangel und (möglicherweise sogar wettbewerbsbedingt) divergierende Kontrollstandards die Effizienz des Systems um ein weiteres mindern. Über allem kann jedoch nicht übersehen werden, daß mit der Neuregelung eine seit Erlaß des BörsG im wesentlichen unverändert fortbestehende Börsenaufsichtsstruktur aufgebrochen und ein Prozeß in Gang gesetzt wurde, in dem sich die Börsenaufsicht zu einer Kapitalmarktaufsicht fortentwickelt und in letzterer aufgeht.

Während es in ausländischen Rechtsordnungen mit einem ausdifferenzierten Kapital- 38
marktrecht zum Kernbestand der Aufgaben der Kapitalmarktaufsichtsbehörden zählt, die Einhaltung der **Emissionspublizitäts-** und laufenden **Berichterstattungspflichten** zu überwachen, sind entsprechende Kontrollaufgaben nach deutschem Recht auf verschiedene Instanzen und Kontrollmechanismen verteilt: Für die Kontrolle der bei der Zulassung von Wertpapieren zum erstmaligen Handel im amtlichen und geregelten Markt zu unterbreitenden Informationen und Unterlagen („Börsenzulassungspublizität") sind in erster Linie die Börsen verantwortlich.[104] Hinzu kommt als sekundäre Kontrollinstanz der (für die Richtigkeit des Börsenzulassungsprospekts mithaftende)[105] Emissionsbegleiter. Öffentlichkeit, Publikum und der (mit einem Prospekthaftungsanspruch versehene) zeichnende Anleger wirken dagegen kontrollierend nur kraft ihrer der Emission folgenden „Überwachungs"-Möglichkeiten. Für die Kontrolle der Angaben im Zusammenhang mit der Zulassung zum Freiverkehrshandel sind die (von verschiedenen beteiligten Verbänden gewählten) nicht der Börsenaufsicht unterfallenden Freiverkehrsausschüsse zuständig.[106] Zwar

---

[102] S. dazu näher das oben in Fn. 99 angeführte Schrifttum sowie unten § 2 Rdnr. 208.

[103] *Breuer* Die Bank 1994, 444.

[104] Zum (nicht sonderlich klaren) Umfang der Kontrolle s. *Schwark* NJW 1987, 2043. S. im einzelnen unten § 2.

[105] *Schwark* ZGR 1983, 162 ff.; *Hopt*, Verantwortlichkeit, S. 41 ff., 62 ff. S. a. unten § 7 Rdnr. 202.

[106] S. *Schwark* NJW 1987, 2046; *H. Schmidt*, Wertpapierbörsen, S. 34 f.

ist mit dem VerkProspG die Börsenzulassungspublizität in eine Vertriebs- oder Emissionspublizität überführt worden, die unabhängig von der beabsichtigten oder schon beantragten Zulassung von Effekten zum Handel an einem der börslichen Marktsegmente bereits im Zeitpunkt des erstmaligen öffentlichen Angebots von Wertpapieren eingreift, doch unterliegt auch der in diesem Zusammenhang zu veröffentlichende Verkaufsprospekt keinen weitergehenden Kontrollen als dies bislang in bezug auf den Börsenzulassungsprospekt der Fall war: Ist für die fraglichen Wertpapiere eine amtliche Notierung beantragt, so muß der Verkaufsprospekt vor der Veröffentlichung von der zuständigen Zulassungsstelle gebilligt[107] werden (§ 6 VerkProspG); ist dies nicht der Fall, genügt die Veröffentlichung des Prospekts nach Maßgabe von § 9 Abs. 1, 3 VerkProspG und die Übermittlung desselben an die zuständige Hinterlegungsstelle (§ 8 VerkProspG). In beiden Fällen gewährleistet die Drohung einer Prospekthaftung nach Maßgabe der börsengesetzlichen Prospekthaftungsregeln (§ 13 VerkProspG, §§ 45–48 BörsG) eine gewisse indirekt wirkende Kontrolle der Richtigkeit und Vollständigkeit der Prospekte. Für den Vertrieb von Anlagen des „grauen" Kapitalmarkts fehlt es mit einer Pflichtpublizität auch an entsprechenden Aufsichtsgremien. Präventiv-kontrollierend wirken hier lediglich die von der Rechtsprechung statuierten Verantwortlichkeiten für die Erfüllung von Aufklärungspflichten und Prospekthaftungsgrundsätze;[108] der nicht selten anzutreffenden Praxis, einen Prospekt der Kontrolle eines Wirtschaftsprüfers unterziehen, liegt keine rechtliche Verpflichtung zugrunde. Eine externe Kontrolle laufender Publizitätspflichten ist weitgehend auf die Abschlußprüfung – idR. durch einen Wirtschafprüfer oder eine Wirtschaftsprüfungsgesellschaft (§ 319 I HGB) – nach Maßgabe der §§ 316 ff. HGB beschränkt; die Prüfungspflicht der Registergerichte ist mit § 329 HGB auf formelle Aspekte reduziert worden. Für die Zwischenberichterstattung nach § 44 b BörsG (§§ 53 ff. BörsZulVO) ist eine externe Kontrolle nicht zwingend. Auch im Hinblick auf die Pflicht zur Veröffentlichung kursbeeinflussender Tatsachen nach § 15 WpHG (sog. Ad-hoc-Publizität) findet keine vorhergehende Kontrolle des Inhalts der Veröffentlichung statt. Gleichwohl ist zu beachten, daß das Bundesaufsichtsamt die Einhaltung der Verpflichtung zur Ad-hoc-Publizität überwacht und zur Durchführung seiner Kontrollaufgaben über Auskunftsrechte und Ermittlungsbefugnisse verfügt (§ 15 Abs. 5 WpHG).

39 Im Hinblick auf die Regulierung und Überwachung **kapitalmarktbildender Institutionen** bietet die deutsche Rechtslage das Bild einer **„Kompetenzzersplitterung"**.[109] Oblag die als Rechtsaufsicht[110] ausgestaltete Überwachung der mit weitgehenden Selbstverwaltungsbefugnissen ausgestatteten **Börsen** bislang der Landesregierung des Bundeslandes, in dem die jeweilige Börse ihren Sitz hatte, so hat sich dieses System der Börsenaufsicht mit der Verabschiedung des 2. FFG und dem mit diesem eingeführten WpHG in der bereits an früherer Stelle skizzierten Weise[111] geändert: Obwohl auf den ersten Blick eine gewisse Zentralisierung von Börsenaufsichtsfunktionen auf das Bundesaufsichtsamt für den Wertpapierhandel unter gleichzeitiger Zurückdrängung von Selbstverwaltungsbefugnissen der Börsen ins Auge springt, läßt sich bei näherer Betrachtung doch eine nur sehr begrenzte Zentralisierung von Kontrollaufgaben bei gleichzeitiger Steigerung auch einer „inneren"

---

[107] Da es sich bei der Vertriebspublizität in diesen Fällen der Sache nach nur um eine Vorverlagerung der Börsenzulassungspublizität handelt, geht die Prüfung des Verkaufsprospekts nach Art und Umfang keineswegs weiter als die des Börsenzulassungsprospekts, dürfte vielmehr, schon wegen der der Zulassungsstelle gesetzten Prüfungsfrist von 15 Tagen (§ 6 Abs. 1 S. 3 VerkProspG), hinter dieser zurückbleiben.

[108] S. u. §§ 5–9.

[109] Begriff bei *Kohl/Walz* AG 1977, 32. Zur Übersicht über die staatliche Kontrolle von Vermögensanlageunternehmen und der Märkte für Vermögensanlagen s. *Schwark*, Anlegerschutz, S. 239 ff. Als Überblick über die Aufsicht über Kreditwirtschaft und Versicherungswesen s. *Püttner*, Wirtschaftsverwaltungsrecht, 1989, S. 207 ff.

[110] *Bruns/Rodrian*, Wertpapier und Börse, 405 § 1 Tz. 42.

[111] S. o. § 1 Rdnr. 34 ff.

Kompetenzzersplitterung feststellen. Die als Finanz- und Vertriebsintermediäre gleichermaßen bedeutsamen **Kreditinstitute** unterliegen zusammen mit den **Kapitalanlagegesellschaften** (und den Bausparkassen) der Aufsicht durch das BAK. Im Hinblick auf ihr Geschäftsgebaren bei Wertpapierdienstleistungsgeschäften sind die **Kreditinstitute und andere Wertpapierdienstleistungsunternehmen** (iSv. § 2 Abs. 4 WpHG) nunmehr aber auch der Kontrolle durch das Bundesaufsichtsamt für den Wertpapierhandel ausgesetzt. Diesem gegenüber haben sie darüber hinaus auch weitgehende Meldepflichten in bezug auf Wertpapiergeschäfte (§ 9 WpHG). Die als institutionelle Anleger bedeutsamen **Versicherungen** unterstehen (nach Maßgabe des VAG) dem BAV. Im Hinblick auf das für Kapitalmarktgeschäfte relevante **Wettbewerbsrecht**[112] der Kreditinstitute einschließlich Kapitalanlagegesellschaften, Bausparkassen und privater Versicherungsunternehmen ist, in den Grenzen des § 102 GWB, das Bundeskartellamt zuständig. Des weiteren hat die Verabschiedung des 2. FFG das (überwiegend richterrechtlich entwickelte) **kapitalmarktbezogene Unternehmensverhaltensrecht** erweitert und hinsichtlich der Einhaltung der neu hinzugekommenen Verhaltenspflichten behördlicher Kontrolle unterworfen: Das gilt, etwa im Hinblick auf die Publizitätspflichten nach § 15 WpHG („Ad-hoc-Publizität"), vor allem für die an einem börslichen Marktsegment gehandelten Unternehmen selbst (in ihrer Eigenschaft als Emittenten), gilt zugleich aber auch für Unternehmen in anderen Kapitalmarktrollen, wie etwa als Erwerber oder Veräußerer maßgeblicher Beteiligungen an börsennotierten Gesellschaften nach §§ 21 ff. WpHG oder als Insider iSv. §§ 13, 14 Abs. 2 WpHG.

Die andernorts[113] durch eine Aufsichtsbehörde überwachten und teils regulierten, teils in 40
ihrer Selbstregulierungsbefugnis kontrollierten **Verhaltensweisen der Marktintermediäre** waren nach deutschem Recht bislang nahezu ausnahmslos Gegenstand (zumeist erst richterlich konkretisierten oder fortgebildeten) „anlegerschützenden" Zivilrechts.[114] Zwar sind auch in dieser Hinsicht Änderungen der Rechtslage zu vermelden oder anzukündigen, doch verbindet sich damit bis auf weiteres keine Notwendigkeit, den angeführten Befund der Kompetenzzersplitterung im Kapitalmarktaufsichtsrecht zu revidieren. Vielmehr ist die schon bestehende Kompetenzzersplitterung in bezug auf die zu kontrollierenden Institutionen noch um eine neuerliche Zersplitterung im Normbereich verstärkt und verkompliziert worden:

Sämtliche Marktintermediäre unterliegen etwa dem Verbot des Insiderhandels nach §§ 14, 41
38 WpHG sowie allen anderen zivilrechtlich begründeten Verhaltenspflichten bei der Anbahnung und Durchführung von Kapitalanlagegeschäften oder anderweitigem kapitalmarktrechtlich relevantem Verhalten.[115] Den über diese Verhaltensanforderungen ohnehin nicht hinausgehenden *„Händler- und Beraterregeln"* der Arbeitsgemeinschaft der deutschen Wertpapierbörsen[116] unterliegen, mit bloßer Wirkung *inter partes*, im übrigen nur diejenigen, die sich aufgrund eines Anerkennungsvertrages mit einem Kreditinstitut oder einer Börse zur Einhaltung dieses Regelwerkes verpflichtet haben.

Namentlich *Kreditinstitute und zum Börsenhandel zugelassene Unternehmen* haben zusätzlich 42
zu den allgemeinen Marktintermediärpflichten den schon erwähnten Meldepflichten nach § 9 WpHG sowie den in §§ 31 ff. WpHG statuierten Verhaltensregeln bei Wertpapiergeschäften, Organisationspflichten, Dokumentationsgeboten und Aufbewahrungspflichten

[112] S. dazu etwa *Schwark*, Anlegerschutz, S. 285 ff.

[113] Für die USA s. *Assmann*, Prospekthaftung, S. 103 f.

[114] Zu Bestandsaufnahme und weitergehenden Möglichkeiten *Hopt*, Gutachten, S. G 113 ff.

[115] *Hopt*, Festschrift für Fischer, S. 237 ff., spricht zusammenfassend vom Berufsrecht der unterschiedlichen Marktintermediärsrollen. S. a. *v. Stebut* ZIP 1992, 1698 ff. Speziell zu den Marktintermediärspflichten („Berufspflichten") von Kreditinstituten *ders.*, Festschrift für Gernhuber, 1993, S. 169 ff.; *Rümker*, Aufklärungs- und Beratungspflichten der Kreditinstitute aus der Sicht der Praxis, in: Aufklärungs- und Beratungspflichten der Kreditinstitute – Der moderne Schuldturm?, Bankrechtstag 1992, 1993, S. 29 ff.

[116] Abgedruckt bei *Baumbach/Hopt*, HGB, 29. Aufl., 2. Teil (17).

zu genügen. Mit der Umsetzung der EG-Wertpapierdienstleistungsrichtlinie[117] werden diese Pflichten auch auf andere Dienstleister im Zusammenhang mit Wertpapiergeschäften, insbesondere solchen der Anlageberatung und -vermittlung, zu übertragen sein.

43 Bis dahin unterliegen solche, *nicht als Wertpapierdiensleistungsunternehmen iSv. § 2 Abs. 3 WpHG zu qualifizierende Marktintermediäre* lediglich den erwähnten zivilrechtlich begründeten und je nach speziellen Intermediärfunktionen besonders ausgestalteten Verhaltenspflichten sowie u. U. einigen gewerberechtlichen Anforderungen: So bedarf nach § 34 c Abs. 1 S. 1 lit. b GewO etwa derjenige, der gewerbsmäßig den Abschluß von Verträgen über den Erwerb von Anteilsscheinen einer Kapitalanlagegesellschaft, von ausländischen Investmentanteilen, von sonstigen öffentlich angebotenen Vermögensanlagen, die für gemeinsame Rechnung der Anleger verwaltet werden, oder von öffentlich angebotenen Anteilen an einer oder von verbrieften Forderungen gegen eine Kapitalgesellschaft oder KG vermitteln oder die Gelegenheit zum Abschluß solcher Verträge nachweisen will, einer Erlaubnis, die jedoch auf der Grundlage einer bloßen Zuverlässigkeitsprüfung (§ 34 c Abs. 2 GewO) zu erteilen ist. Darüber hinaus finden sich in Ausführung des § 34 c GewO erlassene einschlägige Berufsausübungsvorschriften etwa in §§ 2, 10, 11 und 16 der Makler- und BauträgerVO. Soweit die fraglichen Geschäfte im Wege des Reisegewerbes ausgeübt werden sollen, ist eine diesbezügliche Erlaubnis nach § 56 Abs. 1 Nr. 7 GewO erforderlich, doch ist der Vertrieb etwa von Wertpapieren, Bezugs- und Anteilsscheinen auf Wertpapiere oder die (für finanzierte Anlagegeschäfte[118] bedeutsame) entgeltliche Vermittlung von Darlehensgeschäften im Wege des Reisegewerbes gänzlich verboten (§ 56 Abs. 1 Nr. 1 lit. h, Nr. 6 GewO). Schließlich kann nach § 35 GewO die Ausübung eines Gewerbes ganz oder teilweise untersagt werden, wenn Tatsachen vorliegen, welche die Unzuverlässigkeit des Gewerbetreibenden oder einer mit der Leitung des Gewerbes beauftragten Person in bezug auf dieses Gewerbe dartun, sofern die Untersagung zum Schutz der Allgemeinheit oder der im Betrieb Beschäftigten erforderlich ist.

44 Obschon *Börsenmakler* wegen ihrer Einbindung in die Börsenorganisation Marktintermediärfunktion nur mittelbar über die Börse erlangen, ist im Hinblick auf ihre mit dem 2. FFG erweiterten Geschäfts- und Handlungsspielräume sowie zum weiteren Beleg der (auch inneren) Kompetenzzerplitterung im Kapitalmarktaufsichtsrecht immerhin noch erwähnenswert, daß sie von der Börsengeschäftsführung nach Maßgabe der Zulassungsanforderungen aus §§ 7, 7 a BörsG zum Börsenhandel zugelassen, von der Börsenaufsichtsbehörde in ihren börslichen und außerbörslichen (im Rahmen ihres Handelsgewerbes vorgenommenen) Geschäften auf die Einhaltung der börsenrechtlichen Vorschriften und Anordnungen überwacht (§ 8 a BörsG) und schließlich im Hinblick auf die nach § 7 Abs. 4 Nr. 3 und Abs. 4 a BörsG zu leistenden Sicherheiten von der Handelsüberwachungsstelle kontrolliert werden.[119]

45 **3. Marktbildung und Marktstrukturierung.** *a) Übersicht.* Um die für die Funktionsfähigkeit eines Kapitalmarktes erforderliche Breite und Tiefe des Marktes gewährleisten zu können, sind gewisse **marktbildende institutionelle Voraussetzungen** unabdingbar, die sich zunächst aus den Marktbeziehungen der Beteiligten heraus entwickeln, im Zuge der zunehmenden Ausweitung und Differenzierung von Märkten indes durch kollektive (d. h. vorliegend überwiegend rechtliche) Maßnahmen abzusichern sind, um auf diesem Wege gleichermaßen Dauerhaftigkeit und Wandlungsfähigkeit zu erlangen.

46 Erst in jüngster Zeit gewinnt wieder die Auffassung an Boden, das Recht könne angesichts zunehmender Komplexität und Differenzierung von Märkten seinen institutionen-

---

[117] Sie ist nach Art. 31 der Richtlinie (ABl. EG Nr. L 141 v. 11. 6. 1993, S. 27 ff.) bis zum 31. 7. 1995 in nationales Recht umzusetzen.

[118] Dazu näher unten § 6.

[119] Speziell zur Bestellung von Kursmaklern s. § 30 BörsG. Zur Börsenmaklerregelung näher unten § 2 Rdnr. 51 ff.

bildenden und -gewährleistenden Aufgaben nur dadurch gerecht werden, daß es sich in einzelnen Marktbereichen und -abläufen auf die Rolle eines „Verfassungsgebers" für die Institutionenbildung durch Marktteilnehmer zurückzieht. Dies wird besonders im Bereich des „Anlegerschutzes" deutlich, dessen zunehmende Verrechtlichung mit dem Argument kritisiert wird, sie gehe auf Kosten der operationalen Funktionseffizienz des Kapitalmarkts im allgemeinen und der Attraktivität der Vermögensanlage als Risikokapitalanlage[120] im besonderen.[121] Die für das deutsche Kapitalmarktrecht – dies zeigte schon der Überblick über dessen Entwicklungslinien – genealogisch wichtigsten und hinsichtlich ihrer rechtlichen Grundlagen stetig perfektionierten Institutionen sind die der Aktiengesellschaft auf der Kapitalnachfragerseite, der Börsen als Handelsplatz und der Banken als Marktintermediäre. Im Zuge der Differenzierung und Internationalisierung des Kapitalmarkts sind indes zahlreiche weitere Institutionen marktbildend geworden.

b) Nachfrageseite – Anlageformen. Wie bereits an früherer Stelle skizziert, war der wirt- 47
schaftliche Wiederaufbau Deutschlands vor allem von der Selbst- und Fremdfinanzierung der Unternehmen sowie einer kaum nennenswerten Inanspruchnahme des organisierten Kapitalmarkts geprägt.[122] Den nur spärlich vorhandenen anlagefähigen Ersparnissen Privater stand ein sehr eingeengter **Kreis von Nachfragern** nach Risikokapital gegenüber: Die Zahl der börsennotierten *Aktiengesellschaften*, die allein Zugang zum organisierten Kapitalmarkt hatten und diesen nur in Gestalt der Emission von *Aktien* nutzen konnten, war seit Anfang der fünfziger Jahre in ständigem (bis in die Mitte der achtziger Jahre andauerndem) Rückgang begriffen.[123] Eine Trendwende vermochte auch das im Verlaufe der sechziger und siebziger Jahre zunehmende Wachstum gesparter Gelder nicht einzuleiten: In dem Maße als anlagefähiges Kapital gebildet wurde, schoben sich vielmehr andere, mit der Aktie konkurrierende **Kapitalanlageinstrumente und -formen** in den Vordergrund, unter ihnen – etwa seit der Mitte der siebziger Jahre – vor allem steuerwirksame Anlagen in Gestalt von Beteiligungen an Publikumspersonengesellschaften (ganz überwiegend in der Rechtsform der KG). Die **Differenzierung der Kapitalnachfragerseite** nach Organisationsform und Art des Investitionsangebots hat sich im Verlauf der achtziger und zu Beginn der neunziger Jahre weiter fortgesetzt: Wäre jede Klassifikation der Kapitalsuchenden und ihrer Anlageofferten nichts anderes als eine Momentaufnahme,[124] so sind doch immerhin einige **Determinanten und Entwicklungslinien** herauszustellen:

Unter den **Determinanten** spielt nach wie vor das *Steuerrecht* eine herausragende 48
Rolle,[125] zumal wenn es, wie in den einzelnen Vermögensbildungsgesetzen praktiziert, gezielt und in Verbindung mit anderen Maßnahmen zur Förderung bestimmter Vermögensanlagen eingesetzt wird.[126] Als weitere Determinante sind gewiß auch unterschiedliche *Organisationsformenbelastungen* in Gestalt etwa zwingenden Verbands-, Publizitäts- und Unternehmenssteuerrechts einerseits und *Vertriebskosten* in Gestalt divergierender rechtli-

---

[120] So hält es etwa *Mertens*, Referat, S. P 18, für einen Fehlschluß anzunehmen, je mehr Anlegerschutz gewährt werde, desto attraktiver werde die Kapitalanlage.

[121] Zur Auseinandersetzung mit dieser These und der Entwicklung des Anlegerschutzrechts ausführlich *Assmann* ZBB 1989, 54 ff.

[122] S.o. § 1 Rdnr. 9.

[123] Gleiches gilt bis 1982 auch für die Zahl sämtlicher in der Rechtsform der AG notierter Unternehmen. Dazu und zu weiteren Rechtstatsachen zur AG und zur Aktie als Finanzierungs- und Anlageinstrument s. *Assmann*, Einleitung, Rdnr. 291 ff.; zur Entwicklung der Zahl der Aktiengesellschaften ebd. Rdnr. 294 ff. (einschl. Tab. 1–3).

[124] Die breite Landschaft an Kapitalanlagemöglichkeiten und diesbezüglichen Organisationsformen läßt sich zudem aus dem 2. Teil dieses Handbuchs und den dort behandelten Kapitalanlagegeschäften erschließen.

[125] S. dazu ausführlich unten § 3.

[126] Zuletzt etwa in Gestalt von Änderungen des Fünften Vermögensbildungsgesetzes sowie der diesbezüglichen DVO durch Art. 3 und 4 des Mißbrauchsbekämpfungs- und Steuerbereinigungsgesetzes (StMBG) vom 21. 12. 1993 (BGBl. I 1993, 2310 = BStBl. I 1994, 50).

cher Anforderungen an die Plazierung bestimmter Anlageformen andererseits zu beachten.[127] Ein für die Differenzierung der Nachfrageseite nach Kapital und des Anlageangebots beachtlicher Faktor ist nicht zuletzt auch die sog. *Securitization* (Zertifizierung) von (zumeist längerfristigen und deshalb kapitalmarktrelevanten) Kreditfinanzierungsbeziehungen: Die Unternehmen beziehen Kredite nicht mehr vom Kreditinstitut, sondern direkt vom Sparer (Anleger), indem sie dessen Forderungsrechte in fungiblen Papieren verbriefen.[128] Mit diesem Vorgang geht zugleich ein solcher der (Verbindung zu anderen Märkten oder zukünftigen ungewissen Ereignissen herstellenden) Verfeinerung der Kreditfinanzierungsbeziehung einher, deren recht heterogene einzelne Resultate unter dem Stichwort der Finanzinnovationen zusammengefaßt werden.[129]

49 Zu den **Entwicklungslinien** der Nachfrageseite und der Anlageinstrumente gehört vor allem, daß der Prozeß des Schwundes börsennotierter Aktiengesellschaften umgekehrt und die Zahl der an einem der beiden börslichen Marktsegmente gehandelten Wertpapiere sogar erheblich erhöht und der Markt für Aktien um denjenigen für Aktienderivate und Termingeschäfte erweitert werden konnte. Haben sich verschiedenartige Überlegungen, Unternehmen in anderen Rechtsformen als derjenigen der AG durch die Schaffung neuer fungibler Beteiligungswerte Zugang zum organisierten Kapitalmarkt zu verschaffen, nicht durchzusetzen vermocht,[130] so war doch wenigstens den Vorschlägen (zumindest in Teilen) Erfolg beschieden, die für eine Erleichterung des Zugangs zur Rechtsform der AG, für eine Deregulierung des Aktienrechts und für eine Steigerung der Attraktivität der Aktienanlage plädierten.[131] Ungeachtet diesbezüglicher Maßnahmen ist seit dem Ende der achtziger Jahre eine beträchtliche Ausweitung der Anlagen in Investmentanteilen zu beobachten:[132] Mit ihnen partizipieren die Anleger nicht nur mittelbar am Markt für Aktien und Aktienderivate, sondern aufgrund der mehrfachen Ausweitung der Anlagemöglichkeiten für Kapitalanlagegesellschaften an einem weit größeren Spektrum von Anlagemöglichkeiten. Eine vergleichbare Transformationsfunktion wie die Investmentgesellschaften erfüllen die Unternehmensbeteiligungsgesellschaften, doch wenden sich diese zur Finanzierung ihrer Beteiligungen nicht an das breite Publikum.[133] Beträchtliche Geldsummen wandern nach wie vor in Kapitalanlagen des „grauen" Kapitalmarkts mit seinen vielfältigen Anlageangeboten. Er hat vor allem mit der Öffnung der ostdeutschen Märkte (und nicht selten mit dem Einsatz fragwürdiger Vertriebsmethoden) einen neuerlichen Aufschwung erfahren. Mit der Neuordnung der Anlagemöglichkeiten vermögenswirksamer Leistungen durch Art. 3 des StMBG, die u. a. eine drastische Einschränkung der Befugnis zur „außerbetrieblichen" Investition solcher Mittel vornimmt,[134] wird zwar das eine oder andere In-

---

[127] Zu diesen Faktoren aus dem Blickwinkel einer Analyse der Kosten unterschiedlicher Finanzierungsformen und Anlageangebote *Assmann*, Einleitung, Rdnr. 364 ff.

[128] Dazu etwa *Franke* in: Obst/Hintner, Geld-, Bank- und Börsenwesen, S. 1058 ff.; *Schmidt* WiSt 1987, 83 ff.; *Süchting*, Entwicklungen, S. 147 ff.; Beiträge von *Dombret*, *Herrhausen*, *Kuntze* und *Meinz* in: ZfK 1987, 326 ff. Zur Zertifizierung als möglichem Faktor der Belebung von Kapitalmärkten schon *Meyer-Cording* BB 1982, 896 ff. S.a. unten § 1 Rdnr. 108 f. und § 17 Rdnr. 10.

[129] S. dazu im einzelnen unten § 17. Zu den Finanzinnovationen als Mittel der Unternehmensfinanzierung etwa *Demuth*, Fremdkapitalbeschaffung.

[130] S. dazu die ausführliche Darstellung bei *Assmann*, Einleitung, Rdnr. 443 ff. und die Hinweise in: *Kommission „Zweiter Börsenmarkt"*, Börsenzugang, S. 101 ff., 114 ff.

[131] Zu erwähnen sind diesbezüglich die Maßnahmen zur Schaffung der „Kleinen AG" und zur Deregulierung des Aktienrechts (s.o. § 1 Rdnr. 18 Fn. 71) sowie die Bereinigung des Umwandlungsrechts; zu letzterem etwa *Neye* ZIP 1994, 917 ff.

[132] Das Mittelaufkommen in den achtziger Jahren betrug DM 78,4 Mrd. DM und hat sich damit gegenüber dem der siebziger Jahre (31,7 Mrd. DM) mehr als verdoppelt; *BVI Bundesverband Deutscher Investment-Gesellschaften e. V.*, Investment 90 – Daten, Fakten, Entwicklungen, 1990. S. a. unten § 18 Rdnr. 1 d f.

[133] Einzelheiten hierzu unten § 27 Rdnr. 60 ff.

[134] S. dazu schon oben § 1 Rdnr. 48 (Fn. 126).

vestitionsangebot vom Markt verschwinden, doch dürfte dies an der breiten Palette derzeit angebotener Anlageformen und -angebote[135] wenig ändern.

Abstrahiert man von den Besonderheiten der Entwicklung der Nachfrage nach Risikokapital und der entsprechenden Investitionsangebote, so wird deutlich, daß die **Verbreiterung des Marktes** von Veränderungen sowohl des Kreises der Kapitalsuchenden als auch des Spektrums der als Anlage angebotenen Handelsware abhängt. Wandlungen in ersterer Hinsicht bringen vor allem Herausforderungen gegenüber dem Gesellschaftsrecht mit sich, welches die Stellung des Anlegers in der jeweiligen Gesellschaftsform verstärkt im Hinblick auf seine Rolle als Finanzier denn als Mitgesellschafter oder wirtschaftlicher Eigentümer zu verfassen hat.[136] Die im Bereich der Handelsware – den Anlageformen – zu beobachtenden Veränderungen führen vor allem die zunehmende Verwischung von Risikokapitalmarkt und Geld(anlage)markt vor Augen[137] und zwingen zu einer verstärkten Orientierung diesbezüglicher (insbesondere auf die Angebotsvoraussetzungen ausgerichteter) rechtlicher Regelungen an den Wettbewerbsbedingungen zwischen solchen Märkten und an den mit der einzelnen Anlageform verbundenen Anlegerrisiken. Diese – und nicht der wie auch immer abgrenzbare Kapitalmarkt – stellen zunehmend die Orientierungspunkte und Systembildungsgesichtspunkte für das sich entwickelnde Kapitalanlagerecht dar. 50

Im Rahmen der Erörterung von Veränderungen auf der Nachfragerseite des Kapitalmarkts können drei weitere Entwicklungen nicht unberücksichtigt bleiben: *Zum einen* das Vordringen **ausländischer Anbieter** (und Vermittler) auf den nationalen Kapitalmarkt. Soweit sie Anlagen anbieten, die über die börslichen Marktsegmente oder als Investmentanteile vertrieben werden, unterfallen sie dem Börsenrecht oder dem AuslInvestmG und sind auf diese Weise zur Anpassung an die (allerdings unter Wettbewerbsgesichtspunkten mit anderen, zunehmend liberalisierten und deregulierten[138] Kapitalmärkten fortzubildenden) nationalen Regelungsniveaus gezwungen. Ist auf diese Weise ein „level playing field" inländischer und ausländischer Investitionsangebote hergestellt und die inländischen Anlegerschutzstandards zur Geltung gebracht, so stellt sich doch im Hinblick auf die Konkurrenzfähigkeit deutscher Kapitalsuchender und Anbieter von Investitionsangeboten auf ausländischen Märkten die Frage, ob der Zugang zum deutschen Markt nur unter dem Gesichtspunkt der Gewährung reziproker Behandlung gewährt werden sollte. Die Frage ist indes europarechtlich bereits in doppelter Weise vorentschieden: Zum einen ist für die in den Mitgliedstaaten ansässigen Anbieter sichergestellt, daß sie ihre Anlageangebote auf reziproker Grundlage gemeinschaftsweit anbieten können; und zum anderen enthalten zahlreiche EG-Richtlinien bereits eindeutige Vorgaben über die Behandlung von Drittstaaten und die Anwendung des Reziprozitätsprinzips.[139] Die Nutzung des ungeregelten, „grauen" Kapitalmarkts stellt demgegenüber vor größere Regelungsschwierigkeiten: Zwar sind auch ausländische Anbieter zivilrechtlich begründeten Verhaltenspflichten unterworfen, doch 51

---

[135] Zum Überblick über solche Anlageformen s. u. §§ 3, 20 f., 22 und *Wagner/Loritz*, Konzeptionshandbuch der steuerorientierten Kapitalanlage, Bd. 1 (1993), Bd. 2 (1994).

[136] Ausführlich dazu *Assmann*, Einleitung, Rdnr. 343 ff.

[137] Dazu tragen etwa Geldmarktfonds bei, die zwar auf dem Geldmarkt investieren, im übrigen aber als Kapitalanlagegesellschaften den markt- und aufsichtsrechtlichen Regeln des organisierten Kapitalmarkts, insbesondere des Investmentrechts, unterfallen; s. näher unten § 18 Rdnr. 62.

[138] Ein Beispiel bilden die unter dem Stichwort des „Big Bang" ergriffenen Maßnahmen in Großbritannien. S. dazu etwa *Böttger* WM 1988, Beilage 5; *Paul* WM 1987, 829 ff.; *Weichert*, Der Big Bang in London und seine Kosequenzen für den deutschen Wertpapierhandel, 1987. S. a. unten Rdnr. 75.

[139] Zur Drittstaatenbehandlung und zum Reziprozitätsprinzips im EG-Recht s. ausführlich und m.w.N. *Buck*, Drittländerbehandlung auf dem europäischen Kapitalmarkt, in: W. Graf Vitzthum (Hrsg.), Europäische und Internationale Wirtschaftsordnung aus der Sicht der Bundesrepublik Deutschland, 1994, S. 113 ff.; ferner die Beiträge in *Hilf/Tomuschat* (Hrsg.), EG und Drittstaatenbeziehungen nach 1992, 1991.

mag ihre haftungsbewehrte Beachtung mangels inländischer Repräsentanz und Haftungsmasse einerseits und aufgrund der zivilrechtlich nicht begründbaren Pflicht zur Einschaltung eines inländischen Marktintermediärs andererseits an voraussehbaren Durchsetzungsproblemen scheitern. *Darüber hinaus* ist die zunehmende **Öffnung ausländischer Kapitalmärkte**[140] für inländische Anleger zu beachten, die den Gesetzgeber dazu zwingt, seine kapitalmarktbezogenen Aktivitäten verstärkt unter dem Gesichtspunkt der Wettbewerbsfähigkeit des nationalen Kapitalmarkts zu betrachten und darüber hinaus den Ausbau von Abwicklungsfazilitäten erforderlich macht.[141] *Schließlich* ist zu beachten, daß seit den siebziger Jahren **staatliche Stellen als Kapitalnachfrager** dem Kapitalmarkt in bedeutendem Ausmaße – seit Anfang der achtziger Jahre zunehmend im Wege der Wertpapierverschuldung, dem Volumen nach aber mit verstärkter Inanspruchnahme ausländischer Finanzquellen – Mittel entnommen haben und als Konkurrenten privater Nachfrager aufgetreten sind.[142]

52 *c) Handel.* Auch der **Handel** mit Kapitalanlagen hat sich dementsprechend über den Handelsplatz Börse hinausentwickelt und zur Herausbildung neuer Institutionen geführt. Dies ist am augenfälligsten im Bereich des „grauen Kapitalmarkts", der eine Fülle von Vertriebsmittler-Rollen[143] mit unterschiedlich weitgehenden Rechtspflichten kennt, die ganz überwiegend auf der Grundlage des Zivilrechts im Wege richterlicher Rechtsfortbildungen entstanden. Die so erreichte rudimentäre Regelung des Handels auf dem „grauen" Kapitalmarkt ist in erster Linie vertriebsorientiert: Sie statuiert Verhaltenspflichten, die bereits in der Vertriebsphase zu beachten sind und vor allem auf eine informierte Anlegerentscheidung zielen. Auch wenn es an einer hoheitlichen *ex-ante*-Kontrolle der Einhaltung bestimmter Vertriebsanforderungen fehlt und deren Durchsetzung der Überwachung und Geltendmachung durch den einzelnen Anleger anheim gestellt ist, so läßt sich die (vertriebs-)verhaltenssteuernde Wirkung solcher haftungsauslösender Pflichten doch schwerlich leugnen. Darüber hinaus finden sich aber auch zahlreiche Verhaltenspflichten, welche die korrekte Abwicklung der Anlage – genauer: der der Anlage zugrunde liegenden Finanzierungsabsprachen – dienen und opportunistischem Verhalten der Kapitalsuchenden nach der vom Anleger getätigten Investition vorbeugen.[144] Mit den Verhaltensregeln für Wertpapierdienstleistungsunternehmen nach §§ 31 ff. WpHG hat sich der Kreis vertriebsbezogener Regelungen erneut erweitert: Auch wenn ihr Anwendungsbereich zunächst auf Wertpapierdienstleistungsunternehmen (iSv. § 2 Abs. 4 WpHG) und Wertpapiergeschäfte des organisierten Kapitalmarkts beschränkt ist, beeinflussen die fraglichen Verhaltenspflichten mittelbar doch auch die richterliche Konkretisierung von Vertriebsanforderungen in bezug auf Anlagen des „grauen" Kapitalmarkts. Darüber hinaus wird schon die vollständige Umsetzung der EG-Wertpapierdienstleistungsrichtlinie[145] zumindest den Adressatenkreis der Wohlverhaltensregeln erweitern.

53 *d) Marktintermediäre.* Das Wachstum und die Differenzierung beider Kapitalmarktbereiche hat den **Marktintermediären** eine herausragende Bedeutung zukommen lassen. Die von ihnen übernommenen oder ihnen rechtlich zugewiesenen Funktionen lassen sich unter drei Aspekten darstellen: Unter dem Gesichtspunkt des Anlagevertriebs, demjenigen der Informationsvermittlung und -verarbeitung und schließlich demjenigen der Mitteltransformation.

54 Die ehemals in allen drei Funktionsbereichen dominierende Rolle der Banken ist im Zuge der Verbreiterung des Kapitalmarkts geschwunden und nur im Hinblick auf ihre

---

140 Zur Internationalisierung der Kapitalmärkte s. u. Rdnr. 104 ff. Zu den sich daraus ergebenden Regelungsproblemen *Kübler* U. Pa. J. Int'l Bus. L. 9 (1987) 107 ff.

141 Dazu unten § 13.

142 *Andreas* in: Obst/Hintner, Geld-, Bank- und Börsenwesen, 38. Aufl. 1988, S. 991 ff.

143 S. schon oben Fn. 25.

144 Zu dieser Regelungsaufgabe näher *Assmann*, Einleitung, Rdnr. 377 ff.

145 Dazu schon oben § 1 Rdnr. 42 (Fn. 117) und unten § 1 Rdnr. 94 (Fn. 240).

Rolle als Emissionsbegleiter börsengehandelter Wertpapiere erhalten geblieben.[146] In bezug auf die **Anlagevermittlung** ist ihnen mit freien Anlageberatern, Vertriebsfirmen und Vermögensverwaltern eine ernst zu nehmende Konkurrenz erwachsen. Hinzu kommt, daß der Vertrieb von Anlagen des „grauen Kapitalmarkts" noch immer weitgehend in deren Hand liegt, nachdem sich die Kreditinstitute – bei geringen Ausnahmen – mit einem Engagement auf diesem Markt lange Zeit ganz zurückgehalten hatten. Bei einer großen Zahl von Anlageangeboten des „grauen Kapitalmarkts" ist darüber hinaus Projektinitiierung und Vertriebsapparat vollständig integriert.

Auch wenn sich im Zuge der Differenzierung des Kapitalmarkts die **Information** und **Informationsverarbeitung** neben der zu erwerbenden Anlage als selbständiges Gut herausbildet[147] und als solches etwa von Anlageberatern, Kapitalmarktinformationsdiensten und mehr oder weniger spezialisierten Publikationsorganen angeboten wird, ist andererseits zu beachten, daß vor allem im Bereich des „grauen Kapitalmarkts" Anlagevertrieb, Informationsvermittlung und -verarbeitung und Anlageberatung weitgehend zusammenfallen. 55

Die Gesetzgebung hat auf diese Wachstums- und Differenzierungsbewegungen in den angeführten Bereichen und die im Zuge dieses Prozesses neu und eher wildwüchsig entstandenen Institutionen nicht reagiert. Die Rechtsprechung dagegen konnte diese Entwicklung nur insoweit regelnd begleiten, als sie die einzelnen Akteure und Organisationen nach den vorhandenen handels- und zivilrechtlichen Rollenbildern einordnete und mit daraus jeweils ableitbaren, unterschiedlich weitreichenden Verhaltensanforderungen belegte.[148] Sie ging dabei implizite von der mehr als fragwürdigen Annahme aus, der Anleger sei in der Lage, diese Rollendifferenzierungen und die mit ihnen jeweils verbundenen Leistungs- und Verhaltenspflichten mitvollziehen und auf die ihm jeweils – nicht selten in komplexem Organisationsgefüge – gegenüberstehende Partei übertragen zu können.[149] Die unterschiedliche Angewiesenheit einzelner Marktintermediäre auf Haftungsvermeidung und Entwicklung eines *good will* und die mangelnde Standardisierung von Rollen und Verhaltenspflichten im intermediären Bereich des Kapitalmarkts einerseits sowie die überforderte (sachliche und rechtliche) Differenzierungsfähigkeit der Anleger andererseits, haben deshalb zu recht unterschiedlichen Wettbewerbsbedingungen der in diesem Sektor tätigen Anbieter geführt. 56

Auch im Hinblick auf diejenigen Unternehmen, die als Kapitalsammelstellen die **Transformation** kurzfristiger Anlagemittel in langfristig bindungsfähiges (Risiko-)Kapital bewerkstelligen,[150] zeichnen sich – allerdings in geordneteren Bahnen verlaufende – Veränderungen ab. Hier sind den Banken in anderen institutionellen Anlegern, wie den Versicherungen[151] und Investmentgesellschaften, Konkurrenten erwachsen. Diese Entwicklung mag von manchen als ein Weg der Entflechtung der für die Integrität des Kapitalmarktes nicht unproblematischen Verbindung der (damit zugleich als Marktintermediäre und Anleger mit dem Einflußpotential eines Unternehmensgesellschafters[152] fungierenden) Banken mit den anlagesuchenden Unternehmen begrüßt werden, wird aber durch die Tendenz der Entwicklung der Banken zu „Allfinanzunternehmen" wiederum konterkariert. 57

---

146 Für die Stellung des Antrags zur Zulassung von Wertpapieren zum Handel im *geregelten Markt* ist indes die Mitwirkung eines Kreditinstituts nicht zwingend; hier kann der Zulassungsantrag auch von einem anderen Emissionsbegleiter gestellt werden (§ 72 Abs. 2 BörsG).

147 Für den Aktieninformationsmarkt als Korrelat zum Aktienmarkt *H. Reuter*, Aktienmarkt und Aktieninformationsmarkt, 1980.

148 Zum derzeitigen Stand unten § 5.

149 Kritisch dazu *Assmann* NJW 1982, 1083 ff.

150 Zur Fristentransformation durch Finanzintermediäre etwa (m.w.N.) *Schimmöller*, Kapitalmarktstrukturen, S. 64 ff.; zur damit verbundenen Risikotransformation insbes. *Arnold*, Risikentransformation, 1964. Hierzu und zu weiteren Transformationsfunktionen *Weichert*, Probleme, S. 11 ff.

151 Zur Bedeutung der Versicherungen als Kapitalsammelstellen etwa *Rudolph* Die Bank 1987, 655 ff., 657.

152 Dazu *Hopt* ZHR 141 (1977) 428.

58 *e) Anleger – Anlegerschutz.* Vorstehende Überlegungen leiten über zu den Marktteilnehmern, von deren Bereitschaft, erspartes Vermögen als Risikokapital bereitzustellen, die Existenz und Funktionsfähigkeit des Kapitalmarkts entscheidend abhängt. Hier erscheint es müßig, alle Faktoren benennen zu wollen, die im Sinne der institutionellen Funktionseffizienz von Kapitalmärkten auf deren Investitionsfähigkeit und -willigkeit in Anlagen des Risikokapitalmarkts einwirken. Den mit diesen Fragen befaßten Untersuchungen mag es auch überlassen bleiben, den amorphen Anlegerkreis auf seine soziale Schichtung, den Anteil Privater an einzelnen Anlagearten oder vergleichbare Parameter hin zu untersuchen,[153] um hieraus Indikatoren für den Stand der institutionellen Funktionseffizienz des Marktes zu gewinnen.

59 Die „institutionelle" Bedeutung des **Anlegers** indes wird greifbarer, wenn man ihn in seiner Rolle als (unmittelbaren oder mittelbaren) **Finanzier** der einzelnen unternehmerischen Projekte sieht.[154] In dieser ist er – selbst dann, wenn es an einem Sekundärmarkt für die fraglichen Anteile fehlt – mehr an der Erzielung von Rendite als an der Mitwirkung am Verfahren der verbandlichen Willensbildung, der Einflußnahme auf die Geschäftsführung oder der Wahrnehmung von Kontrollaufgaben interessiert, während ihn das Gesellschaftsrecht als Mitgesellschafter und wirtschaftlichen Miteigentümer betrachtet. Daraus und aus dem Fehlen eines Sekundärmarktes für verschiedene Anlageformen (etwa Kommanditanteile an einer PublikumsKG) ist zum einen die Notwendigkeit eines treuhänderischen Überwachungsorgans[155] gefolgert und zum anderen der Schluß gezogen worden, Kapitalmarktmarktrecht müsse sich verstärkt aus dem Gesellschaftsrecht ausdifferenzieren[156] und die gesellschaftsrechtlich durch „voice" (Kontrolle und Widerspruch) und „exit" (Abwanderung = Desinvestitionsentscheidung)[157] vorgesehenen Selbstschutzmöglichkeiten auf den Zeitpunkt der Anlageentscheidung vorverlagern.

60 Auch wenn diese Empfehlung insoweit als folgerichtig gelten muß, als der gesellschaftsrechtliche Anlegerschutz zu spät eingreift, fehlt ihr doch die notwendige Ergänzung um den nicht zu vernachlässigenden **verbandsrechtlichen Aspekt**:[158] Zu den Risikofaktoren, die der Anleger seiner Investitionsentscheidung zugrundelegen muß, gehören auch die (gesellschaftsrechtlich eröffneten bzw. nicht verschlossenen) Möglichkeiten opportunistischer und seinen Anlageinteressen eventuell zuwiderlaufender Maßnahmen der Geschäftsführung. Erscheinen sie als zu groß oder als nicht hinreichend kalkulierbar und sind sie nicht – etwa durch vertragliche Vereinbarungen – ex ante korrigierbar, wird der rationale Anleger von einer Investition absehen. Deshalb ist es gerade aus der kapitalmarktrechtlichen Perspektive sinnvoll, das Verbandsrecht so auszugestalten, daß die geschilderten Risi-

---

[153] Zu den vorstehenden Fragestellungen s. etwa (jeweils m.w.N.) *Grunwald* WiSt 1981, 1 ff. (zur Analyse der privaten Kapitalanlage); *Seum*, Das Anlageverhalten der Sparer, 1988; *Weichert/Zietz*, Das Verhalten der privaten Haushalte am Kapitalmarkt, in: Schneider (Hrsg.), Kapitalmarkt, S. 299 ff. Zum Wertpapiervermögen privater Haushalte s. die Daten bei *Assmann*, Einleitung, Rdnr. 307 ff. (insbes. Tab. 8–12); *Thomas/Treutler* in: Obst/Hintner, Geld-, Bank- und Börsenwesen, S. 1222 ff. Neueste Daten aus der Wertpapierdepotstatistik der Deutschen Bundesbank bei *Hansen*, AG 1994, R 371 ff. und AG 1995, R 386 ff. Zur Aktionärsstruktur auch *Iber*, Entwicklung der Aktionärsstruktur börsennotierter deutscher Aktiengesellschaften, 1987.

[154] Zur Vernachlässigung dieser Perspektive im Gesellschaftsrecht etwa *Schwark* ZGR 1976, 271 ff., 275 f.; *Wiedemann*, Gesellschaftsrecht, S. 478. Zu den hier nicht zu vertiefenden vielfältigen Aspekten zwischen Kapitalmarkt und Unternehmensfinanzierung s. die Beiträge in dem Sammelband von *Schneider* (Hrsg.), Kapitalmarkt; ferner *Assmann*, Einleitung, Rdnr. 381 ff.

[155] *Wiedemann*, Gesellschaftsrecht, S. 492 f.

[156] So als Feststellung *Hopt* ZHR 141 (1977) 428; zur Diskussion um die vermeintliche Alternative von Markt- oder Verbandsordnung als Pardigma des Kapitalmarktrechts *Wiedemann*, Gesellschaftsrecht, S. 482 ff.

[157] Begriffe nach *Hirschman*, Abwanderung und Widerspruch, 1974.

[158] Ausführlich zur Notwendigkeit, markt- und verbandsbezogene Regelungen im Interesse einer effizienten Kapitalmarktordnung zu verbinden sowie zu diesbezüglichen konkreten Vorschlägen *Assmann*, Einleitung, Teil C Rdnr. 343 ff.

ken bei der Anlageentscheidung durch zwingendes Gesellschaftsrecht – in der Terminologie der Ökonomen: durch rechtlich verordnete Selbstbindung – gemindert werden. Die Fortbildung des Verbandsrecht dergestalt, daß es in der Lage ist, die Verfassung der Anlagegesellschaft verstärkt am Leitbild des Anlegergesellschafters zu orientieren und zu kontrollieren, ist deshalb aus der Sicht des Kapitalmarktrechts unverzichtbar. Kapitalmarktrecht muß sich deshalb auch unter Einbeziehung des Verbandsrechts weiterentwickeln.[159] Die Herausbildung des „Sonderrechts" für Publikumspersonengesellschaften oder die Verstärkung des Minderheitenschutzes im besonderen und die Zunahme zwingenden Gesellschaftsrechts[160] im allgemeinen haben gezeigt, daß die Rechtsprechung zur Übernahme dieser Perspektive in der Lage und willens ist.

Die aufgezeigte verbandsrechtliche Perspektive des Kapitalmarktrechts kann sich andererseits dem Umstand nicht verschließen, daß dem einflußunwilligen und einflußlosen Anlagegesellschafter in Gestalt der **institutionellen Anleger** ein anderer Anlegertypus gegenübersteht, der zwar möglicherweise nicht nach seinem tatsächlichen Verhalten oder seiner Beteiligungsabsicht, wohl aber nach seinem (bei den Banken etwa durch das Depotstimmrecht verstärkten) „Einflußpotential"[161] Unternehmensgesellschafter sein kann.[162] Dem durch Anlagerestriktionen begegnen zu wollen, ist verfehlt, weil dieses sich derzeit ohnehin im Liberalisierungsprozeß befindende Instrument ganz andere (auf die wirtschaftlichen Fundamente der institutionellen Anleger gerichtete) Zielrichtungen verfolgt. Wiederum bleiben für die Behandlung dieser, hinsichtlich ihrer Bedeutung für den deutschen Kapitalmarkt gänzlich unterbelichteten Problematik zunächst nur verbandsrechtlich-verhaltensbindende Lösungen. 61

Diese Überlegungen vermögen freilich den zuvor diagnostizierten Bedarf für einen dem Einsatzpunkt des **Gesellschaftsrechts vorgelagerten Anlegerschutz** nicht zu ersetzen oder in Abrede zu stellen, weil die informierte und rationale Anlegerentscheidung die entscheidende Grundlage für die allokative Funktionsfähigkeit des Kapitalmarkts darstellt. Geht es in dieser Sichtweise nicht um die Frage der sozialfürsorgerischen oder anderen gesellschaftspolitischen Erwägungen folgenden Schutz*würdigkeit* des einzelnen Anlegers, sondern um die Betrachtung der funktionalen Bedeutung der Anlageentscheidung, so ist die These, der Anleger sei ein „rechtspolitisch ungeeignetes Konstrukt"[163] deshalb nicht haltbar und 62

---

[159] Für ein solches zweispuriges System und zur Harmonisierung von Anlegerschutz und Gesellschaftsrecht auch *Wiedemann*, Gesellschaftsrecht, S. 488.

[160] Zu dieser Entwicklungslinie *Kübler*, Verrechtlichung von Unternehmensstrukturen, in: *ders.*, (Hrsg.), Verrechtlichung von Wirtschaft, Arbeit und sozialer Solidarität, 1984, S. 170 ff., 185 ff.; *ders.*, Gesellschaftsrecht, S. 17.

[161] *Hopt* ZHR 141 (1977) 428.

[162] Die wachsende Bedeutung institutioneller Investoren wird derzeit noch vorwiegend unter verbandsrechtlichen Gesichtspunkten betrachtet, hat indes auch direkte Auswirkungen auf den Kapitalmarkt – etwa in bezug auf Preisbildung und Kursbewegungen oder die Verdrängung von Kleinanlegern (s. dazu etwa *Hansen* AG 1991, R 414 ff.) – selbst. Aus dem zwischenzeitlich enorm angeschwollenen Schrifttum *Schneider* AG 1990, 317 ff.; *Kübler*, Institutional Owners and Corporate Managers: A German Dilemma, Brooklyn Law Review 57 (1991) 97 ff.; *Buxbaum*, Festschrift für Steindorff, 1990, S. 7 ff.; s. ferner die Beiträge in: *Baums/Buxbaum/Hopt* (Hrsg.), Institutional Investors and Corporate Governance, 1994. Aus US-amerikanischer Sicht: The Role of Institutional Investors in Corporate Governance and Capital Markets: Hearings Before the Subcommitteee on Securities of the Senate Committee on Banking, Housing, and Urban Affairs, 101. Congress, 1. Session 160 (1989). Zu Überlegungen, institutionelle Investoren mit verbandsrechtlichen Kontrollaufgaben zu versehen, (jeweils m.w.N.) etwa *Coffee*, Liquidity versus Control: The Institutional Investor as Corporate Monitor, Columbia Law Review 91 (1991) 1277 ff.; *Gilson/Kraakman*, Investment Companies as Guardian Shareholders . . ., Stanford Law Review 45 (1993) 985 ff. Zur Frage, inwieweit sich daraus gar ein „relational investing" (mit partnerschaftlichen Aufgaben zwischen „relational investor" und Geschäftsleitung) entwickelt oder entwickeln sollte, s. *Rock*, Controlling the Dark Side of Relational Investing, Cardozo Law Review 15 (1994) 987 ff. (m.w.N.).

[163] *Mertens*, Referat, S. P 10, 14.

nur als (insoweit wieder nachvollziehbare) Abwehr gegen die Kodifikationsversuche eines Anlegerschutzprinzips zu verstehen, das vermuten läßt, Anlegerschutz solle als Verlängerung des anfangs von reinen Sozialschutzmotiven getragenen Verbraucherschutzes verstanden werden.[164]

63 In (kapitalmarkt-)funktionsorientierter Betrachtung geht es bei den Maßnahmen, die unter der Sammelbezeichnung des **Anlegerschutzes** zusammengefaßt werden, dagegen um die Gewährleistung der institutionellen Voraussetzungen, die Bedingung der Möglichkeit rationaler Anlegerentscheidungen (als Funktionselemente des Kapitalmarkts) sind und von den Marktteilnehmern, insbesondere aber den Anlegern selbst, nicht oder nicht in hinreichendem Maße geschaffen werden können.[165] Da die Funktionsfähigkeit des Kapitalmarktes in erster Linie davon abhängt, daß Renditeerwartungen und Risiken einer Anlage in Einklang gebracht werden können, kommt der informierten Anlegerentscheidung als Grundlage der Risikoeinschätzung eine maßgebliche Bedeutung zu. Ist der Anleger (etwa wegen hoher Transaktionskosten) nicht in der Lage, die **Informationsasymmetrie** zwischen der Anbieter- und der Anlegerseite auszugleichen, kommt es zu Mißtrauen, Marktabwanderung in sicherere Anlageformen und damit zu Marktversagen.[166]

64 In erster Linie ist es deshalb die **Information** des Anlegers über Anlagemöglichkeiten und -risiken, die als Mittel zur Gewährleistung funktionsfähiger Märkte in Frage kommt und primär und am kostengünstigsten von den Anbietern selbst bereitzustellen ist. Aber auch diese Information birgt Risiken in bezug auf ihre Vollständigkeit und Richtigkeit, die durch Haftungsbewehrung minimiert werden können. Aber selbst wenn auf diese Weise Risikotransparenz gewährleistet würde, könnte das Maß vorhandener Risiken so hoch sein, daß es einen nach Breite und Tiefe funktionsfähigen Risikokapitalmarkt nicht entstehen läßt. Es wäre deshalb Sache der Anbieter, die vorhandenen **Anlegerrisiken** in dem Umfange zu senken als es zum Aufbau oder zur Erhaltung eines solchen Marktes geboten ist. Die Möglichkeiten hierzu sind – so zeigen insbesondere ökonomische Untersuchungen[167] – beschränkt, weil auch solche Maßnahmen das Risiko opportunistischen Verhaltens und der Unzuverlässigkeit aufweisen und die fallweise Ausräumung diesbezüglicher Risiken entweder hohe Transaktionskosten aufwirft, eine Vielzahl potentieller und ex ante unvorhersehbarer Fallkonstellationen zu berücksichtigen hätte oder hinsichtlich ihrer Durchsetzbarkeit Mißtrauen gebieten kann. Hier kann das Recht über die vorhandenen Selbstbindungsmechanismen (insbesondere des Vertragsrechts) hinaus unterstützend zum Abbau von Risikofaktoren beitragen. Einer der bereits an früherer Stelle[168] aufgezeigten Wege besteht etwa im Ausbau zwingenden Verbandsrechts.

65 Diesbezügliche rechtliche Maßnahmen, die sich grundsätzlich als Kosten für die Anlage niederschlagen und das Ziel operationaler Funktionseffizienz berühren,[169] bergen freilich die Gefahr überschießender Regulierung. Sie sind deshalb nur so weit geboten, als sie ein Maß an Fremdbindung (durch zwingendes Recht) herbeiführen, das auch ein rationaler und nicht auf Täuschung bedachter Projektinitiator durch Selbstbindung zur Risikominimierung für Anleger und zur Eröffnung eines Marktes für sein Anlageangebot zu schaffen bereit wäre. Daraus folgt, daß es zwar sinnvoll ist, Anlegerrisiken zu identifizieren und zu

---

[164] In einem ganz anderem Sinne verstandener Verbraucherschutz liegt der Untersuchung von *Schneider* (Kapitalanlagevorschriften und Verbraucherschutz) ZfbF Sonderheft 16/1983, 5 ff., zugrunde.

[165] Hierzu aus ökonomischer Sicht ausführlich *Koch*, Grundlagen, S. 181 ff.; *Koch/Schmidt* BFuP 1981, 231 ff. Zur Legitimation des Anlegerschutzes ausführlich *Assmann* ZBB 1989, 49 ff.

[166] Grundlegend für die Theorie informations(asymmetrie)bedingten Marktversagens *Akerlof*, The Market for „Lemons", Quarterly Journal of Economics 84 (1970) 488 ff. S. ferner *Assmann*, Prospekthaftung, S. 276 ff.; *Hopf*, Informationen für Märkte und Märkte für Informationen, 1983; *Koch*, Grundlagen, 126 ff.

[167] S. dazu und zu weiteren Nachweisen das in Fn. 117 angegebene Schrifttum.

[168] S. o. § 1 Rdnr. 60.

[169] Unter diesem Aspekt insbes. *H. Schmidt* Kredit und Kapital 1983, 184 ff.

systematisieren,[170] daß Anlegerschutz aber – entgegen dem bisweilen in der diesbezüglichen juristischen Diskussion erweckten Eindruck – nicht darin bestehen kann, jedes dieser Risiken um jeden Preis reduzieren zu wollen.[171]

Angesichts der institutionellen und marktstrukturellen Vorgaben erscheint es dagegen durchaus folgerichtig, kapitalmarktbezogene Verhaltenspflichten derer, die diesen Markt in Anspruch nehmen, aus der Einräumung individueller Schutzpositionen (des Anlegers) heraus zu entwickeln. Da der hierzu verwandte dogmatische Anknüpfungspunkt der (in ihrem Anwendungsbereich dabei erheblich erweiterten) *cic* einzelnen Kontraktbeziehungen (Zwei-Personen-Verhältnissen) verhaftet bleibt, sind diesem Ansatz im Hinblick auf die Herstellung eines Marktorganisationsrechts indes Grenzen gesetzt.[172] Dies ließe sich etwa anhand des Versuchs belegen, aus dem Rechtsinstitut der *cic* eine kapitalmarktfunktionsbezogene Verfahrensregelung für Übernahmeangebote entwickeln zu wollen.[173] Anstelle der eher zufälligen rechtsgeschäftlichen Kontakte böte sich deshalb die Anknüpfung an ein Konzept kapitalmarktbezogener (deliktischer) Verkehrs- und Verhaltenspflichten an.[174] 66

f) Marktstrukturelle Regelungen. Neben marktbildenden, auf Marktinstitutionen bezogenen Maßnahmen und Regelungen sind für die Funktionsfähigkeit von Kapitalmärkten aber auch solche von Bedeutung, die auf die Marktstrukturen[175] einwirken. Dabei hat bereits die bisherige Darstellung gezeigt, daß der deutsche Kapitalmarkt, trotz der von manchen als „grundlegende kapitalmarktstrukturelle Entscheidung“[176] angesehenen Aufrechterhaltung des Universalbankensystems, an institutioneller Differenzierung und innerem Wettbewerb gewonnen hat.[177] Zu den ebenfalls schon erörterten Maßnahmen mit unmittelbarer Auswirkung auf die Kapitalmarktstruktur gehört die Segmentierung des organisierten Kapitalmarkts in verschiedene Marktsektoren mit unterschiedlichen Zugangsvoraussetzungen für kapitalsuchende Unternehmen und die Schaffung einer zentralen Terminbörse.[178] Abzuwarten bleibt, inwieweit darüber hinaus technologische Neuerungen im Kommunikationsbereich und internationaler Wettbewerbsdruck einerseits zu einer weiteren (organisatorischen und aufsichtsrechtlichen) Zentralisierung der börslichen Märkte zwingen und diesbezüglich vorhandene Widerstände vor allem der Länder aufzubrechen vermögen und andererseits zu einem nicht mehr an bestimmte Börsenzeiten gebundenen, delokalisierten und computerisierten Börsenhandel führen.[179] 67

Tendenzen zur Aufhebung des Schismas des deutschen Kapitalmarkts und zur Aufhebung der regulatorischen Kluft zwischen organisiertem und „grauen“ Kapitalmarkt sind jedoch nach wie vor nicht erkennbar: Zwar ist in Rechnung zu stellen, daß der Gesetzgeber 68

---

[170] Bei Unterschieden im Detail werden herkömmlich unterschieden: Konditionenrisiko (Risiko sachgerechter Anlageentscheidung); Informationsrisiko; Risiko der Substanzerhaltung (Bestands- und Ertragsrisiko); Abwicklungs- und Verwaltungsrisiko; Interessenvertretungsrisiko; Liquiditätsrisiko. S. im einzelnen *Hopt*, Kapitalanlegerschutz, S. 53 ff., 83 ff., 289 ff.; *Schwark*, Anlegerschutz, 10 f.; *Wiedemann*, Gesellschaftsrecht, S. 489; *Koch/Schmidt* BFuP 1981, 231 f. Zur Darstellung des materiellen Anlegerschutzrechts nach Anlegerrisiken s. *Kiel*, Internationales Kapitalanlegerschutzrecht, 1994, S. 40 ff.

[171] Auch *H. Schmidt* Kredit und Kapital, S. 191 ff., 203.

[172] S. dazu unten § 7 Rdnr. 13 ff. am Beispiel der Prospekthaftung.

[173] S. dazu das oben in Fn. 41 genannte Schrifttum.

[174] S. zu diesem Ansatz unten § 7 Rdnr. 24 m.w.N.

[175] Erläuterungen zum Begriff der (Kapital-)Marktstrukturen bei *Schimmöller*, Kapitalmarktstrukturen, S. 11 ff.

[176] *Hopt* ZHR 141 (1977) 418.

[177] Zur Bedeutung des Internationalisierungsmoments in diesem Kontext s. die Beiträge in: Bruns/Häuser (Hrsg.), Banken.

[178] S. o. § 1 Rdnr. 17 (Fn. 66).

[179] Zu den bereits konstatierbaren Veränderungen im Begriff der Börse s. *Schwark*, Börsengesetz, § 1 Rdnr. 1 ff. m.w.N.

zwischenzeitlich einige steuerliche Wettbewerbsverzerrungen zwischen beiden Märkten beseitigte[180] und die Rechtsprechung erheblich zur Angleichung der jeweiligen rechtlichen Rahmenbedingungen beim Anlagevertrieb beigetragen hat, doch kann von gleichen Wettbewerbsbedingungen für Anlagen des organisierten und des „grauen" Kapitalmarkts nach wie vor nicht gesprochen werden. Nicht anders verhält es sich mit dem Niveau des Anlegerschutzes auf den fraglichen Märkten: Sicherlich ist auch hier die Rechtsprechung ganz offenbar bemüht, die ihr zur Verfügung stehenden gesetzlichen Anknüpfungspunkte so zu nutzen, daß das Anlegerschutzniveau des „grauen" Kapitalmarkts angeglichen wird, doch hinkt die Rechtsprechung – sieht man einmal von der Entwicklung der allgemein-zivilrechtlichen Prospekthaftung ab – zwangsläufig hinter den Maßnahmen her, die der von der EG-Rechtsangleichung auf diesem Gebiet in Bewegung gesetzte Gesetzgeber zur Perfektionierung der rechtlichen Rahmenbedingungen des organisierten Marktes erläßt. Sind die Verhältnisse des „grauen" Kapitalmarkts noch immer durch eine beträchtliche Zahl von Betrugsfällen sowie eine hohe Schadenssumme geprägt,[181] so mag man daran die Vermutung knüpfen, daß die durch die Angebote des „grauen" Markts (zumal in den neuen Bundesländern) angesprochenen Anleger nicht in der Lage sind, das Regelungs- und Schutzniveaugefälle zwischen beiden Märkten sowie die unterschiedlichen Anlagerisiken angemessen in ihre Anlageentscheidung einzubeziehen. Man kann damit aber auch die schlichte Verwunderung verbinden, daß es sich ein in seiner Breite und Tiefe so begrenzter Finanzplatz wie der deutsche erlauben kann, trotz der Eigenkapitalschwäche seiner Unternehmen eine so eklatante, auf mangelnder rechtlicher Ordnung seiner Kapitalmärkte beruhende Fehlallokation knappen Kapitals hinzunehmen. Bliebe es bei der Haltung, welche die *Bundesregierung* in ihrer Antwort vom 21. 9. 1993 auf die *Kleine Anfrage „Grauer Kapitalmarkt"* äußerte, so wäre auch zukünftig eine über die wenigen vorhandenen Bestimmungen hinausgehende gesetzliche Regelung des „grauen" Kapitalmarkts nicht zu erwarten: „Unsere Rechtsordnung", so ist dort nachzulesen, „bietet ein breit gefächertes Instrumentarium, um Auswüchse bei dem Vertrieb nicht überwachter Anlageformen zu bekämpfen."[182]

69 **4. Emission – Vertrieb – Publizität.** Die höchst unterschiedlichen institutionellen Gegebenheiten des organisierten und des „grauen" Kapitalmarkts, die Heterogenität der auf ihnen angebotenen Anlageprodukte sowie die ebenso zahlreichen wie verschiedenartigen, aus der europäischen Rechtsangleichung folgenden Impulse für die gesetzliche Ordnung des organisierten Markts erschweren es dem deutschen Kapitalmarktrecht, sich entlang einer einheitlichen Regelungsphilosophie zu entwickeln. Dies würde sich derzeit selbst dann nicht ändern, wenn man sich als Regelungsbezugspunkt auf den Anleger und seine Anlageentscheidung verständigen könnte.

---

[180] S. dazu bereits oben § 1 Rdnr. 17 und 48 sowie näher unten § 3 Rdnr. 106 ff.

[181] Nach den Angaben der Bundesregierung in ihrer Antwort auf die *Kleine Anfrage „Grauer Kapitalmarkt"*, aaO. (Fn. 42), S. 3, gingen 1992 beim BKA und anderen Kriminalpolizeidienststellen 270 Meldungen über neue betrügerisch tätige Anlagevermittlungsfirmen ein, was gegenüber dem Vorjahr eine Steigerung von 27% bedeutete. Weiterhin wird darauf hingewiesen, bei einer als beträchtlich angesehenen Dunkelziffer weise die Kriminalstatistik für 1991 2579 und für 1992 2171 Fälle des Kapitalanlagebetrugs aus. Dabei muß man in Rechnung stellen, daß sich mit einzelnen Fällen eine gewaltige Zahl von Geschädigten verbinden können: So wird berichtet, daß die Staatsanwaltschaften in Bochum und Würzburg jeweils mit einem Verfahren befaßt seien, das 42 Tsd. bzw. 97 Tsd. Geschädigte betreffe. Einen weiteren Einblick in die Dimensionen der Fehlallokation von Kapital über den „grauen" Markt liefert der Hinweis, das LG Duisburg habe 1993 ein Strafverfahren abgeschlossen, dem Vorgänge mit 55 Tsd. Geschädigten und einem Gesamtschaden von ca. 800 Mio. DM zugrunde lagen. Zu den Dimensionen der Fahlallokation von Kapital über den „grauen" Kapitalmarkt auch *Rosendahl* ZgK 1993, 264 ff.

[182] Antwort der *Bundesregierung* auf die *Kleine Anfrage „Grauer Kapitalmarkt"*, aaO. (Fn. 42), S. 4. Für einen umfassenden *gesetzlichen* Anlegerschutz auch auf dem „grauen" Kapitalmarkt dagegen zuletzt *Honeck* ZfK 1994, 690.

Nach der Abschaffung der zuvor in §§ 795, 808 a BGB niedergelegten Restriktionen für die Ausgabe inländischer Inhaber- und Orderschuldverschreibungen[183] enthält sich das deutsche Recht jeglicher direkter **Kontrolle von Emittenten und Emissionen** (im Sinne der von ihnen angebotenen Anlageprodukte). Statt dessen setzt es auf indirekt wirkende Kontrollinstrumente, die allerdings ganz unterschiedlichen Wirkmechanismen folgen und noch weit davon entfernt sind, ein integriertes System der (mittelbaren) kapitalmarktlichen Kontrolle von Emittenten und Emissionen zu bilden: So unterliegen Kapitalanlagegesellschaften als Emittenten von Investmentanteilen gleichermaßen einem Rechtsformenzwang wie der staatlichen Beaufsichtigung, während man sich in bezug auf die anderen Emittenten des organisierten Kapitalmarkts – die Aktiengesellschaften – ganz auf das rechtsformbezogene (namentlich die Finanzierungs- und Willensbildungsverhältnisse regelnde) Verbandsrecht verläßt. Für sämtliche börslichen Märkte bestehen normative Zugangsvoraussetzungen sowie die Emittenten treffende Organisations- und Verhaltenspflichten für die Dauer der Inanspruchnahme dieser Märkte. Darüber hinaus finden sich zahlreiche Normenkomplexe, die, wie etwa das VerkProspG oder die Wohlverhaltensregeln des WpHG, an den Vertrieb(svorgang) von Kapitalanlagen anknüpfen: sei es durch Statuierung bloßer Publizitäts- und Aufklärungspflichten, sei es durch weitergehende Beratungs- und Interessenwahrungspflichten oder sei es durch die an bestimmte Vertriebsformen gekoppelten Widerrufsrechte von Anlegern. Vertriebsmittlerbezogene Regelungen existieren dagegen derzeit nur in Form weniger gewerberechtlicher Vorschriften. Auch wenn dem gegenwärtigen Regelungssystem des Kapitalmarktrechts anzumerken ist, wie wenig es aus einem Guß geschaffen wurde oder organisch gewachsen ist und wie sehr es unterschiedliche Regelungsansätze und -elemente miteinander verbindet, so hat zwischenzeitlich doch das Instrument einer vertriebsbezogenen Publizitäts- und Informationsregelung die Oberhand gewonnen. Ganz abgesehen davon, daß mitunter übersehen wurde, daß dieses Regelungselement nur dann seine marktordnende Kraft entfalten kann, wenn bestimmte Randbedingungen in bezug auf die Informationsaufnahme und -verarbeitung durch die Anleger oder Marktintermediäre gegeben sind,[184] führte der (freilich vor allem durch Rechtsvereinheitlichungsmaßnahmen der EG induzierte) ungehemmte Einsatz dieses Instruments auch zu einer redundanten, kostenträchtigen, eher kontraproduktiven und insgesamt jedenfalls ineffizienten Informationsproduktion. 70

Auch wenn die rechtliche Strukturierung des Emissionsvorgangs heute unbestrittenermaßen als das Herzstück einer jeden kapitalmarktrechtlichen Regelung anzusehen ist, finden sich **verfahrensbezogene Vertriebsregelungen** im deutschen Recht derweilen allein in bezug auf die Plazierung wertpapiermäßig verbriefter fungibler Anlagen, mithin von Investitionsformen des organisierten Kapitalmarkts: Das VerkProspG verlangt für das erstmalige öffentliche Angebot von Wertpapieren die Veröffentlichung eines (nach Maßgabe der VerkaufsprospektVO ausgestalteten) Verkaufsprospekts; das KAGG sowie das AuslInvestmG bestimmen, daß dem Erwerber eines Anteilsscheins vor Verragsabschluß ein datierter Verkaufsprospekt zur Verfügung zu stellen ist; der Abschluß von Termingeschäften mit Anlegern, die nicht iSv. § 53 Abs. 1 BörsG (etwa als eingetragener Kaufmann) börsentermingeschäftsfähig sind, ist u. a. nur dann verbindlich, wenn der Investor zuvor über die in § 53 Abs. 2 BörsG näher festgelegten Punkte, unter ihnen bestimmte Charakteristika von Termingeschäften und die Risiken solcher Anlagen, informiert wurde. 71

Für den Vertrieb von Anlagen des „grauen" Kapitalmarkts fehlen vergleichbare Regelungen. Auch wenn die Rechtsprechung diese Lücke durch die Statuierung gewisser Informations- und Aufklärungspflichten zu schließen versuchte, so ist dennoch nicht zu übersehen, daß auch das richterrechtlich geschaffene „Vertriebsrecht" für Anlagen des 72

---

[183] Dazu schon oben § 1 Rdnr. 8 (Fn. 11).

[184] Das war namentlich bei der Neuregelung der Börsentermingeschäftsfähigkeit der Fall, s. o. § 1 Rdnr. 17 (Fn. 65, 66) und unten § 1 Rdnr. 71. Einzelheiten zur Börsentermingeschäftsfähigkeit unten § 16 Rdnr. 195 ff.

„grauen" Kapitalmarkts keine bestimmten Formen und Verfahrensweisen des Anlagevertriebs und insbesondere der Anlegerinformation vorschreibt.[185] Muß jeder Informationspflichtige im Rahmen seiner Informationspflichten richtig und vollständig informieren, so ist den einschlägigen richterrechtlichen Grundsätzen bis heute keine Pflicht des Emittenten zur Information des Anlegers bei Vertriebsbeginn oder vor dem Abschluß eines Anlagegeschäfts zu entnehmen. Allerdings ist in Rechnung zu stellen, daß sich unter heutigen Markt- und Wettbewerbsverhältnissen auch Anlagen des „grauen" Kapitalmarkts nur werden plazieren lassen, wenn bestimmte Vertriebsmaßnahmen ergriffen werden, die dann ihrerseits gewisse haftungsbewehrte Aufklärungspflichten unterschiedlichen Umfangs auslösen. Das ist etwa dann der Fall, wenn der Vertrieb durch die Verbreitung von Prospekten unterstützt wird oder selbständige oder angestellte Vertriebshelfer Verkaufsgespräche mit Kunden durchführen. In ersterer Hinsicht hat die Entwicklung der allgemein-zivilrechtlichen Prospekthaftung dazu geführt, daß für den Vertrieb von Anlagen des organisierten und des „grauen" Kapitalmarkts weitgehend gleiche Prospektierungsgrundsätze zu beachten sind. Unter Berufung darauf, daß gerade die in Anlagen des nicht gesetzlich regulierten „grauen" Kapitalmarkts Investierenden auf richtige und vollständige Information über das Anlageprodukt angewiesen seien, [186] ist die Rechtsprechung zu einer Ausgestaltung der dem „grauen" Markt zuzuordnenden allgemein-zivilrechtlichen Prospekthaftung gelangt, die im Vergleich mit der spezialgesetzlich geregelten und den Vertrieb von Anlagen des organisierten Kapitalmarkts betreffenden Prospekthaftung deutlich schärfer ausfällt. [187] Auf diese Weise läßt sich heute trotz mangelnden Prospektzwangs und fehlender anderweitiger Vertriebsinformationspflichten von einer (wenn schon nicht rechtlich gebotenen so doch faktischen) Emissionspublizität am „grauen" Kapitalmarkt reden.

73 Entsprechende Anpassungsvorgänge wie für den Bereich der Vertriebspublizität können freilich auf dem Felde der primär für Emittenten von Anlagen des organisierten Kapitalmarktes einschlägigen und für Wertpapieranleger interessanten **Rechnungslegungspublizität**, der **Beteiligungspublizität** und der sog. **Ad-hoc-Publizität** nicht vermeldet werden. Daß solchen Publizitätsformen heute nicht nur verbandsrechtliche, sondern weiterreichendere „wirtschaftsrechtliche" und unter diesen vor allem auch kapitalmarktrechtliche Funktionen zukommen,[188] ist schon deshalb nicht zu bestreiten, weil diese Ausrichtung das mehr oder minder ausdrücklich erklärte Ziel verschiedener, vorwiegend EG-induzierter gesetzgeberischer Maßnahmen war: Dem Anleger liefern die so erzwungenen Informationen eine wertvolle Datenbasis für seine Investitions- und Desinvestitionsentscheidungen. Auch wenn die gesetzliche Regelung der *Rechnungslegungspublizität* trotz aller Ausrichtung der ihr zugrundeliegenden EG-Richtlinie an kapitalmarktlichen Regelungsfunktionen insgesamt noch immer als primär gläubigerschutzorientiert gelten kann, ist sie doch zwischenzeitlich und ungeachtet ihrer diesbezüglichen Reformbedürftigkeit zum integrierten Bestandteil kapitalmarktbezogener Publizität geworden: Glücklich oder nicht, bauen doch auch ganz eindeutig kapitalmarktbezogene Publizitätsanforderungen – wie etwa nach dem

---

[185] Eine Ausnahme stellt allerdings die von der Rechtsprechung begründete Verpflichtung der Vermittler von Waren- und Devisenterminoptionsgeschäften dar, ihre Kunden *schriftlich* (sowie unmißverständlich und in einer auch für den flüchtigen Leser auffälligen Form) auf die Höhe der Optionsprämie sowie die wirtschaftlichen Zusammenhänge und die Risiken der vermittelten Geschäfte hinweisen zu müssen. Vgl. etwa BGH WM 1988, 291; WM 1994, 149; WM 1994, 492; WM 1994, 1746. Diese Verhaltenspflichten sind allerdings den besonderen Umständen dieser Anlagen und ihres (regelmäßig mit hohen Aufschlägen auf die Optionsprämie verbundenen) Verkaufs geschuldet und auf die Emission und den Vertrieb anderer Anlagen des „grauen" Kapitalmarkts nicht ohne weiteres übertragbar; s. etwa BGH WM 1994, 149, 150.

[186] Grundlegend BGHZ 74, 103, 106 f.; 77, 172, 176; 79, 337, 344; BGH BB 1978, 1031, 1032.

[187] Einzelheiten dazu unten § 7 Rdnr. 23.

[188] Hierzu schon *Hopt* ZHR 141 (1977) 415; *ders.* ZGR 1980, 225 ff.; *Schwark*, Anlegerschutz, S. 171 ff., insbes. 208 ff.

VerkProspG oder dem BörsG (bei Börsenzulassung) – auf ihr auf.[189] Demgegenüber stehen bei der auf die Herstellung von Markttransparenz hinwirkenden *Beteilungspublizität* nach §§ 21 ff. WpHG ganz eindeutig der Anlegerschutz und die Funktionsfähigkeit des deutschen Kapitalmarkts im Mittelpunkt: Dem Anleger, namentlich dem in- und ausländischen institutionellen Investor, soll durch die Offenlegung bestimmter Beteiligungen an einem börsennotierten Unternehmen die Entscheidungsfindung darüber erleichtert werden, ob er angesichts bestimmter Beteiligungsverhältnisse an einem Unternehmen dessen Wertpapiere erwerben, halten oder veräußern will.[190] Anlegerschutz durch Verhinderung des Insiderhandels und Stärkung des Vertrauens der Anlager in die Integrität des Kapitalmarkts sowie Marktfunktionenschutz in Gestalt der sofortigen Veröffentlichung bestimmter kursrelevanter Tatsachen ist auch das Anliegen der sog. *Ad-hoc-Publizität* nach § 15 WpHG.[191]

Daß der „graue" Kapitalmarkt von solchen Entwicklungen bislang kaum und allenfalls 74
im Hinblick auf die Fortentwicklung der Rechnungslegungspublizität profitiert hat, ist wenig verwunderlich, fehlt es doch aufgrund der mangelnden Fungibilität der auf ihm gehandelten Beteiligungen an einem brauchbaren Sekundärmarkt. Für den einer Anlageentscheidung folgenden Anlegerschutz, dem die vorstehend geschilderten Veröffentlichungspflichten zu einem ganz erheblichen Teil zu dienen bestimmt sind, haben sich deshalb im Hinblick auf die Anlagen des „grauen" Kapitalmarkts andere, den Publizitätsanforderungen funktional äquivalente Instrumente des Verbandsrechts und, soweit es sich um den Erwerb treuhänderisch gehaltener Beteiligungen handelt, auch des Treuhandrechts entwickelt.[192] Wenn gleichwohl für den Einsatz von Publizitätsinstrumenten auf allen Segmenten des Kapitalmarkts (mithin auch demjenigen des „grauen" Markts) plädiert wird, so geschieht dies nicht allein aus Gründen des Anlegerschutzes oder der Vereinheitlichung der Wettbewerbsbedingungen unter den Kapitalsuchenden, sondern zugleich unter Berufung auf die schon erwähnten wirtschaftsrechtlichen Dimensionen dieser Instrumente, die zumindest für die Emittenten des organisierten Kapitalmarkts und Anlageformen mit einem Sekundärmarkt offenkundig ist. Aber auch bei den Emittenten des „grauen" Kapitalmarkts handelt es sich um Kapitalsammelstellen, die durch ihre gesamte Lebensphase das Bild und die Solidität des Kapitalmarktes mitprägen und diesen nicht nur einmal beanspruchen, um sich forthin als kapitalmarktrelevante Institutionen zu verabschieden. Es hieße ihre volkswirtschaftliche und bisweilen sogar für die staatliche Wirtschaftsförderungspolitik instrumentierte[193] Bedeutung zu verkennen, wollte man sie nicht als Adressaten disziplinierender Publizitätsanforderungen und (zumindest) der öffentlichen Aufmerksamkeit und Kontrolle anerkennen.[194]

Den Überblick über die verschiedenen kapitalmarktrechtlich relevanten **Publizitäts-** 75
anforderungen abschließend, kommt man nicht um die Beobachtung umhin, daß sich diese in den letzten zehn Jahren **wildwüchsig vermehrt** haben. Das ist vorderhand auf zweierlei zurückzuführen: Zum einen auf die Flut einschlägiger EG-Richtlinien, die sich im Vorfeld des Datums zur Vollendung des Binnenmarkts innerhalb weniger Jahre über die Mitgliedstaaten der Gemeinschaft ergoß; zum anderen auf den Umstand, daß diesen Richtlinien weder ein einheitliches kapitalmarktrechtliches Regelungsmodell noch ein eigenständiges kapitalmarktrechtliches Publizitätskonzept zugrunde lag. Wenig erstaunlich hat gerade der Gesetzgeber eines Landes, das über keine nennenswerte, geschweige denn

---

[189] Darstellung und Kritik bei *Assmann,* AG 1993, 548 ff., ausgehend von den einschlägigen EG-rechtlichen Richtlinienvorgaben und dem EG-Konzept zur Schaffung eines integrierten europäischen Kapitalmarkts.

[190] So RegE 2. FFG BT-Drucks. 12/6679 vom 27. 1. 1994, S. 35, 52.

[191] Dazu näher RegE 2. FFG BT-Drucks. 12/6679 vom 27. 1. 1994, S. 35, 48.

[192] Zum diesbezüglichen Sonderrecht der Publikumsgesellschaften s. o. § 1 Rdnr. 13 (Fn. 34 f.) sowie speziell zur PublikumsKG unten § 23 Rdnr. 31.

[193] Vgl. dazu *Kohl/Kübler/Walz/Wüstrich* ZHR 138 (1974) 15; *Mertens,* Referat, S. P 24 f.

[194] Für eine solche Publizitätsausweitung wohl auch *Hopt* ZHR 141 (1977) 415.

genuin kapitalmarktrechtliche Regelungstradition in bezug auf seine Kapitalmärkte verfügte, und in dem sich die Beteiligten (noch) gegen entsprechende Reformen wehrten, die Mängel der EG-Vorgaben nicht zu korrigieren vermocht. So sind unter dem Einfluß einschlägiger Rechtsvereinheitlichungsmaßnahmen der EG – zunächst im Bereich der Rechnungslegung, dann auf dem Gebiet der Börsenzulassungspublizität und schließlich auf demjenigen der Vertriebspublizität – vor allem die Anforderungen an Emissionsprospekte des organisierten Kapitalmarkts in unvertretbare Dimensionen gesteigert worden und haben über den geschilderten Anpassungsprozeß auch die für den Vertrieb von Anlagen des „grauen" Kapitalmarkts maßgeblichen Prospektierungsgrundsätze erfaßt. Die Diagnose der Überdimensionierung gilt indes nicht nur für die Prospektpublizität, sondern für das deutsche Publizitätssystem insgesamt und mündet in den *Vorwurf mangelnder Integration* der einzelnen Publizitätspflichten einschließlich der zivilrechtlichen Aufklärungs- und Beratungspflichten. Ansätze eines **integrierten Publizitätssystems** finden sich derzeit allenfalls in bezug auf den Vertrieb der Emittenten von Wertpapieren, für die eine Börsenzulassung beantragt wurde: Hier ist es den Emittenten möglich, einen Verkaufsprospekt zu erstellen, der im wesentlichen zugleich als Börsenzulassungsprospekt verwandt werden kann (§ 5 VerkProspG). Immerhin kann in diesem Zusammenhang – sozusagen als Integrationserfolg auf europäischer Ebene – noch vermeldet werden, daß der von einem Emittenten mit Sitz in der EG oder im EWR rechtmäßig angefertigte und von der zuständigen Stelle eines EG- oder EWR-Staats gebilligte Verkaufsprospekt auch in den anderen Mitgliedstaaten verwandt werden kann, in denen die fragliche Emission gleichzeitig oder annähernd gleichzeitig mit derjenigen im Staate der Billigung des Prospekts erfolgen soll (§ 15 VerkProspG).

76 Eine (schon in anderem Zusammenhang angesprochene) systematische **Vertriebsmittlerregelung** – im Sinne eines planmäßigen kapitalmarktrechtlichen Regelungsansatzes zum Zwecke der Gewährleistung der Zuverlässigkeit und der Einhaltung professioneller Verhaltensstandards von Personen und Organisationen, die in den Vertrieb (einschließlich des Absatzes) von Kapitalanlagen eingeschaltet sind – war dem deutschen Recht, von einigen spärlichen Ansätzen[195] abgesehen, bis zum Erlaß des WpHG und der in diesem enthaltenen Wohlverhaltensregeln (§§ 31 ff. WpHG) sowie der Kontrolle der Einhaltung derselben durch das Bundesaufsichtsamt für den Werpapierhandel (§§ 35 f. WpHG) unbekannt. Erfassen diese Bestimmungen derzeit im Kern nur Kreditinstitute, so wird sich ihr Anwendungskreis doch in absehbarer Zeit, nach der gebotenen Umsetzung der Wertpapierdienstleistungsrichtlinie, auf andere Wertpapierdienstleistungsunternehmen erstrecken.[196] Wird damit die Lücke in der Beaufsichtigung von Marktintermediären geschlossen, so gilt die Neuregelung freilich nur für Unternehmen, die Dienstleistungen im Zusammenhang mit Wertpapiergeschäften (iSv. Geschäften am organisierten Kapitalmarkt) erbringen. Für die Beaufsichtigung des Geschäftsgebarens anderer Vertriebsmittler wird es bei der bisherigen Rechtslage bleiben: Neben den geschilderten, wenig wirkungsvollen gewerberechtlichen Regeln, ist eine mittelbare Kontrolle allenfalls über die Rechtspflichten zu erwarten, welche die Rechtsprechung zur Konkretisierung des Rechtsverhältnisses zwischen Vertriebsmittlern und ihren Kunden aufgestellt hat. Inhalt und Quellen dieser Berufspflichten sind trotz zahlreicher konkretisierender Judikate „noch weithin unklar".[197]

77 Fragwürdig (wenngleich aufgrund des vertragsrechtlichen Ansatzes und der daraus erwachsenden Grenzen verständlich) erscheint insbesondere die Haltung der Rechtsprechung, die Reichweite der jeweiligen Verhaltenspflichten nach der Art des werblichen Auftretens, der organisatorischen Einbindung und des (unter Hinzuziehung sonstiger Umstände zu beurteilenden) gewährten und in Anspruch genommenen Vertrauens zu bestimmen. Dies schafft Möglichkeiten der geschickten Entpflichtung und Enthaftung durch

---

[195] *Hopt* ZHR 141 (1977) 412 f.; *ders.*, Festschrift für Fischer, S. 256.

[196] S. dazu schon oben § 1 Rdnr. 42 (Fn. 117) und unten § 1 Rdnr. 94 (Fn. 240).

[197] *Hopt*, Festschrift für Fischer, S. 242. Vgl. im übrigen unten §§ 5 f.

Werbung und Organisation, die sich der Beurteilungsfähigkeit und zutreffenden Einordnung durch den einzelnen Anleger entzieht und der insoweit sinnvollen Reduzierung und Standardisierung von Intermediärrollen entgegenwirkt. Die Konsequenz einer solchen Entwicklung ist die Verfestigung der Strukturen im Bereich der Anlagevermittlung und -beratung dergestalt, daß etwa Banken ein Engagement auf dem Vertriebsfeld, das dem „grauen" Kapitalmarkt zuzuordnen ist, weitgehend meiden und dieses anderen Personen und Organisationen mit recht unterschiedlichen Seriositätsgraden und Verquickungen mit den Anbietern und ihren Projekten überlassen. Offen ist auch noch, inwieweit die Rechtsprechung die für Wertpapierdienstleistungsgeschäfte geltenden Wohlverhaltensregeln auf die einzelnen Vermittlerrollen zu übertragen bereit ist.

Ein kapitalmarktrechtliches Regelungssystem, das – wie in immer stärkerem Maße auch das deutsche – auf dem Prinzip der Publizität aufbaut, muß angesichts der beschränkten qualitativen wie quantitativen Informationsverarbeitungsfähigkeit des größten Teils der Anleger besonderen Wert auf eine dieser Entwicklung korrespondierende Regelung der Marktintermediäre legen. In der Vorauflage (§ 1 Rdnr. 64 f.) wurde deshalb vor allem für eine Reform der dem Publizitätsansatz entsprechenden Vertriebsmittlerregelung des deutschen Rechts sowie die Einbettung derselben in ein Kapitalmarktrecht plädiert, das – unabhängig von der Art oder der Verbriefung des Investitionsangebots – am Vertrieb einer Risikokapitalanlage, ausgelöst durch das erstmalige öffentliche Angebot derselben, anknüpft. In beiderlei Hinsicht fiel die Prognose der diesen Vorstellungen entsprechenden Modernisierung des deutschen Kapitalmarkt- und Kapitalanlagerechts skeptisch aus, doch hat sich diese Vermutung nur zum Teil bestätigt: Immerhin hat das 2. FFG mit dem WpHG und seinen Wohlverhaltens- und Organisationsregeln für Wertpapierdienstleistungsunternehmen Verhaltenspflichten statuiert, die der behördlichen Beaufsichtigung unterliegen, unabhängig von der Art des jeweiligen Wertpapiergeschäftes eingreifen und der Parteidisposition entzogen sind. Selbst wenn man den schon erwähnten begrenzten Anwendungsbereich dieser Regeln auf Wertpapiergeschäfte und Wertpapierdienstleistungsunternehmen in Rechnung stellt, liegt ihnen mit den angeführten Charakteristika doch ein deutlicher Wechsel in der Regelungsperspektive zugrunde. Auch die Vorverlagerung des Eingreifens kapitalmarktrechtlicher Normen, zumal derjenigen der Publizität, auf das erstmalige öffentliche Angebot von Kapitalanlagen ist zumindest für den Fall des Angebots von Wertpapieren vorangekommen. Geblieben ist dagegen die wettbewerbsverzerrende und für die Reputation des Finanzplatzes Deutschland gewiß nicht förderliche Trennung zwischen organisiertem und „grauen" Kapitalmarkt und der Verzicht auf Qualifikationsanforderungen für Vertriebsmittler. 78

5. Ausblick. Auch wenn das kapitalmarktrelevante Vorgänge betreffende deutsche Recht nach wie vor ein Mischsystem unterschiedlicher Instrumente und Regelungsvorstellungen darstellt, dürfte die Notwendigkeit eines Kapitalmarktrechts in dem doppelten Sinne eines die Bezüge zwischen den einzelnen Regelungsbereichen aufgreifenden und systematisierenden und zugleich im Sinne der Entwicklung von Regelungsaufgaben und -leitbildern normativ zu begreifenden Rechtsgebiets kaum mehr bestritten werden. In bezug auf diesen zweifachen Gehalt des Kapitalmarktrechts beschränkt sich das Handbuch – neben der Erfassung der institutionellen Rahmenbedingungen des Kapitalmarkts im 1. Kapitel – auf eine Art Bestandsaufnahme sowohl der zersplitterten Rechtsgebiete, die die Kapitalanlage im Sinne ihrer Projektierung, ihres öffentlichen Angebots, ihres Vertriebs und ihres Erwerbs durch den Anleger zum Gegenstand haben, als auch der bereits vorhandenen, die einzelnen Anlageformen übergreifenden Regelungen. 79

Waren für die Veränderungen des Kapitalmarkt- und Kapitalanlagerechts seit des Erscheinens der Vorauflage vor allem Maßnahmen der EG zur Schaffung eines integrierten europäischen Kapitalmarkts mittels Rechtsangleichung verantwortlich und wurde manchen der diesem Ziele dienenden, in nationales Recht umzusetzenden Richtlinien erst dadurch der Weg geebnet, daß die betroffenen deutschen Wirtschaftskreise und Institutionen in Sorge um die Reputation des Finanzplatzes Deutschland den Widerstand gegen die er- 80 wartbaren Veränderungen im deutschen Kapitalmarktrecht aufgaben oder gewisse EG-Vorhaben forcierten, so dürften die zukünftigen Entwicklungsschübe von anderen Faktoren ausgehen: Die Harmonisierungsmaßnahmen der EG in bezug auf Regelungsfelder des Kapitalmarkts dürften zukünftig nicht nur dem Umfange nach abnehmen, sondern auch dem Gegenstande nach – sieht man einmal von möglichen Rechtsangleichungsbemühungen auf dem Gebiete des Steuerrechts ab – keine zentralen Regelungsbereiche berühren. Das läßt Zeit für den Innenausbau des deutschen kapitalmarktrechtlichen (und verbandsrechtlichen) Regelungssystems. Anstöße hierzu könnten zum einen daraus erwachsen, daß das jeweils einschlägige Kapitalmarkt- und Verbandsrecht unter Operationsbedingungen seine Systembrüche und Schwächen stärker offenbart, und zum anderen daraus, daß sich die deutsche Rechtslage und Kapitalmarktordnung – hierin inbegriffen vor allem das kapitalmarktrelevante Steuerrecht – im internationalen Wettbewerb und angesichts weiter voranschreitender Globalisierung der Kapitalmärkte als zu schwerfällig und wenig wettbewerbsfähig erweist. Aber auch solche Entwicklungsschübe haben ihre Konjunkturen: Daß die Regulierung und das Regulierungsniveau anfang der neunziger Jahre zum Wettbewerbsparameter der Finanzplätze und zu Indikatoren der guten Ordnung eines Marktes avancierten, dürfte mit der krisenhaften Entwicklung der nationalen und internationalen Märkte für Güter und Finanzmittel, kurz: mit verschäften Wettbewerbsbedingungen zusammenhängen. Florierende Märkte dagegen scheinen kein gutes Klima für Reformen des Kapitalmarktrechts und seiner Institutionen abzugeben.

V. Europäisches Kapitalmarktrecht

81 **1. Europäisches und nationales Kapitalmarktrecht.** In der vorausgegangenen Skizze der Entwicklungslinien des deutschen Kapitalmarkt- und Kapitalanlagerechts wurde mehrfach darauf aufmerksam gemacht, welche herausragende Bedeutung den Rechtsvereinheitlichungsmaßnahmen der EG[198] auf den Gebieten des Kapitalmarktrechts für die Modernisierung des entsprechenden inländischen Rechts zukam. Die einschlägigen Aktivitäten der EG hatten indes weniger das Ziel, katalysatorisch auf die nationale Rechtsfortbildung zu wirken als vielmehr den Zweck, zu einem **integrierten europäischen Kapitalmarkt** im Rahmen eines einheitlichen europäischen Binnenmarkts beizutragen. Sind die nationalen Kapitalmärkte folglich zugleich als Teil eines übergeordneten europäischen Kapitalmarkts zu betrachten und mit diesem sowie anderen mitgliedstaatlichen Kapitalmärkten rechtlich und tatsächlich verzahnt, so rechtfertigt schon dies einen Blick auf die Entwicklung des europäischen Kapitalmarktrechts.

82 Hinzu kommt, daß deutsches Kapitalmarktrecht und kapitalmarktrechtlich relevantes Aktienrecht zwischenzeitlich zum ganz überwiegenden Teil angeglichenes, d. h. durch Umsetzung von EG-Richtlinien in nationales Recht geschaffenes oder in den Regelungsbereich von EG-Richtlinien fallendes Recht darstellen, welches unter Berücksichtigung seines EG-rechtlichen Hintergrunds anzuwenden ist. Das bedeutet vor allem, daß die **Auslegung** angeglichenen und bisweilen in nicht gerade geringem Umfang unbestimmte Rechtsbegriffe enthaltenden Rechts,[199] im Rahmen des nach dem Wortlaut einer Vorschrift Möglichen, richtlinienkonform zu erfolgen hat.[200] Neben der Berücksichtigung der

[198] Grundfragen des Gemeinschaftsrechts und des Rechtsschutzes in der EG können vorliegend nicht behandelt werden, finden sich indes in ihrem Zusammenhang praxisbezogen erörtert etwa bei *Gündisch*, Rechtsschutz in der Europäischen Gemeinschaft, 1994.

[199] Das gilt in besonderem Maße für das Insiderrecht und die anderen Regelungsbereiche des WpHG.

[200] EuGHE 1984, 1891, 1909 (*von Colson und Kamann*); EuGHE 1984, 1921, 1942 (*Harz*); EuGHE 1987, 3969, 3986 f. (*Kolpinghuis Nijmegen*); EuGHE 1988, 673, 678 f. (*Murphy*); EuGHE 1989, 3533, 3546 (*Nijmann*); EuGHE 1990, 4135, 4158 ff. (*Marleasing*). Zu Einzelheiten über die richtlinienkonforme Auslegung nationalen Rechts s. etwa *Everling* ZGR 1992, 376, 382 ff.; *Di Fabio* NJW 1990, 947 ff.; *Götz* NJW 1992, 1849 ff.; *Jarass* EuR 1991, 211 ff.; *Lutter* JZ 1992, 593, 604 ff.

nationalen und der gemeinschaftsrechtlichen[201] Dimension der Bestimmung zwingt das Erfordernis richtlinienkonformer Normauslegung zudem noch zur Beachtung einer dritten Rechtsquellenebene: Auch wenn die Herkunft des Regelungsmodells einer Richtlinie oder einzelner ihrer Vorschriften aus dem Rechtssystem bestimmter Mitgliedstaaten bei der Anwendung angeglichenen Rechts als unbeachtlich gilt,[202] ist hierbei doch die Art und Weise der **Umsetzung und Auslegung** einer Richtlinie durch die übrigen Mitgliedstaaten bzw. deren Gerichte mitzuberücksichtigen. Aus alledem folgt, daß die Anwendung angeglichenen Rechts nicht ohne Seitenblicke auf ihren Richtlinienhintergrund und das entsprechende angeglichene Recht anderer Mitgliedstaaten erfolgen kann. Des weiteren kann die Rechtsanwendung auf mitgliedstaatlicher Ebene aber auch mit dem Problem einer (potentiellen) Kollision einzelner der anzuwendenden (angeglichenen oder nichtangeglichenen) Bestimmungen mit primärem oder sekundärem EG-Recht konfrontiert werden. Im übrigen können primäres und sekundäres Gemeinschaftsrecht unter gewissen Voraussetzungen sogar unmittelbar anwendbar sein.[203] Gerade aus der Sicht nationaler Rechtsanwendungsfragen ist deshalb (zumindest) eine Übersicht über das System des europäischen Kapitalmarktrechts geboten.

Schließlich ist zu berücksichtigen, daß vom Gemeinschaftsrecht eine **Sperrwirkung** auf 83
die nationale Gesetzgebung und richterliche Rechtsfortbildung ausgeht.[204] Das besagt, daß die mitgliedstaatliche Gesetzgebung und Rechtsprechung darauf zu achten haben, daß sie mit Gemeinschaftsprimär- oder -sekundärrecht nicht in Kollision geraten. Nationales Kapitalmarktrecht hat mithin nur noch den Gestaltungskorridor, der ihm kraft des vorrangigen europäischen Rechts verbleibt, und die Entwicklungsperspektive, die ihm das maßgebliche Gemeinschaftsrecht seiner Struktur nach beläßt. Auch dies rechtfertigt einen Blick auf das europäische Kapitalmarktrecht.

**2. Europäisches Kapitalmarktrecht: Rechtsangleichung zur Schaffung eines inte- 84
grierten europäischen Binnenmarkts.** Jedes auf nationaler oder supranationaler Ebene integrierte Wirtschaftssystem, welches die Produktion und Verteilung knapper Ressourcen Marktmechanismen überantwortet, bedient sich hierzu der Institutionalisierung von Faktor-, Güter- und Finanzmärkten. Bei allen Unterschieden in Form und Inhalt ist deshalb die Regelung der Aufbringung und Allokation von Kapital notwendiger Bestandteil einer rechtlich verfaßten Marktordnung. Dementsprechend beinhaltete die **Aufgabe** der Schaffung eines **Gemeinsamen Marktes** (Art. 2 f. EWGV)[205] und später der Vollendung des **Binnenmarktes** (Art. 8 a EWGV) in der EG zwangsläufig auch diejenige zur Schaffung eines einheitlichen Kapitalmarkts. Wenngleich im EWGV nicht als eigenständiges Tätigkeitsfeld aufgelistet, läßt sich ein solcher, mit der Verabschiedung der Einheitlichen Europäischen Akte (EEA)[206] bestätigter Auftrag doch bereits den grundlegenden Zielen des Gemeinschaftsvertrags entnehmen.[207]

---

[201] Zur Auslegung von Gemeinschaftsrecht etwa *Beutler/Bieber/Pipkorn/Streil*, Europäische Union, S. 245 ff.; *Bleckmann* in: Dauses (Hrsg.), Handbuch, B.I Rdnr. 5 ff.; *Oppermann*, Europarecht, Rdnr. 577 ff.

[202] *Lutter* JZ 1992, 593, 601 f. m.w.N.

[203] Dazu statt vieler, jeweils m.w.N., *Beutler/Bieber/Pipkorn/Streil*, Europäische Union, S. 206 ff.; *Schweitzer/Hummer*, Europarecht, 4. Aufl. 1993, S. 79 f., 82 ff. Zuletzt EuGH EWS 1994, 269 (Rs. C-91/92).

[204] Dazu etwa *Hayder* RabelsZ 1989, 655.

[205] Mit dem Kürzel *EWGV* werden Artikel des Vertrags zur Gründung der Europäischen Wirtschaftsgemeinschaft (vom 25. 3. 1957) bis zu seiner Änderung durch den Vertrag über die Europäische Union (EUV) vom 7. 2. 1992 (s. u. Fn. 214) zitiert; mit dem Kürzel *EGV* werden dementsprechend Bestimmungen des vorgenannten Vertrags in seiner durch den EUV geänderten Fassung zitiert.

[206] EEA vom 17./28. 2. 1986: Schlußakte ABl. EG Nr. L 169 vom 29. 6. 1987, S. 1 = *Bulletin EG* 1986, Beil. 2 = EuR 1986, 175 ff.; BGBl. II 1986, 1102, 1104; in Kraft seit 1. 7. 1987.

[207] *Gleske*, S. 189 f.; *Seidel*, Festschrift für Lukes, S. 575.

85 Will man die **Entwicklung** des europäischen Kapitalmarktrechts betrachten, so muß man auch insoweit in Rechnung stellen, daß die Herausbildung von Kapitalmarktrecht, genealogisch betrachtet, eine „evolutorische Errungenschaft" ist, die in den unterschiedlichen Rechtskreisen und nationalstaatlichen Regelungen ganz verschiedenartig verlaufen ist und sich in recht heterogenen Regelungsansätzen ausgeprägt hat. Zu dem Zeitpunkt, als sich die EG Mitte der sechziger Jahre mit den möglichen Wegen zur Schaffung eines europäischen Kapitalmarkts zu beschäftigen begann,[208] war der Entwicklungsstand des Kapitalmarktrechts in den einzelnen Mitgliedstaaten höchst unterschiedlich.[209] So sah sich der Versuch, einen einheitlichen europäischen Kapitalmarkt aufzubauen, nicht nur mit verschiedenartigen mitgliedstaatlichen Regelungsmodellen konfrontiert, sondern mußte zugleich den Umstand in Rechnung stellen, daß die den Kapitalmarkt bildenden Institutionen der einzelnen Staaten aus unterschiedlichen Regelungszusammenhängen erwachsen und in entsprechende Randbedingungen eingebettet sind. In dieser Lage hat die EG **kein eigenständiges Regelungsmodell** eines effizienten einheitlichen europäischen Binnenmarkts entwickelt. Sie hat vielmehr ein zweigleisiges **Integrationskonzept** verfolgt, das sich, obwohl nirgends verlautbart und zur Diskussion gestellt, aus der Gesamtheit der seit den sechziger Jahren ergriffenen kapitalmarktrelevanten Maßnahmen herausarbeiten läßt: Sowohl die Herbeiführung eines integrierten europäischen Kapitalmarkts als auch den Beitrag eines solchermaßen vereinheitlichten Markts für die Vollendung des Binnenmarkts erhoffte man sich einerseits aus der **Beseitigung von Beschränkungen des Kapitalverkehrs** und der **Rechtsvereinheitlichung** einer Fülle zunächst als disparat erscheinender, indes die rechtlich-institutionellen Rahmenbedingungen von Kapitalmärkten bildender Regelungsmaterien. Hierzu gehörten vor allem die Bemühungen zur Harmonisierung nationaler Regelungen auf den Gebieten des Gesellschafts-, Börsen-, Bank(aufsichts)- und Investmentrechts sowie des Steuerrechts.[210]

86 Die Bedeutung der Beseitigung von Kapitalverkehrsbeschränkungen zur Herstellung eines europäischen Kapitalmarkts liegt auf der Hand. Ebensowenig ist bestreitbar, daß die Schaffung einheitlicher rechtlicher Rahmenbedingungen einen entsprechenden Beitrag zu leisten vermag. Da hiermit indes weder das Niveau noch der Maßstab der Rechtsvereinheitlichung festgelegt sind, fügen sich diese Maßnahmen allerdings zunächst zu nicht mehr zusammen als zur Konzeption eines europäischen Kapitalmarkts in Gestalt eines aus der **Erweiterung nationaler Märkte** und der Förderung der **Interpenetration der einzelstaatlichen Märkte** entstehendes Handlungsfeld. *Markterweiterung* durch *Beseitigung rechtlicher Hindernisse der wechselseitigen Durchdringung der mitgliedstaatlichen Kapitalmärkte* war in der Tat auch die Lehre, welche der sog. *Segré*-Bericht der EG-Kommission als Leitbild zum „Aufbau eines europäischen Kapitalmarkts" auf den Weg gab.[211] Im Hinblick auf seine konzeptionelle Ausgestaltung lag ihm ganz offenbar nicht mehr als die Vorstellung zugrunde, daß Markterweiterung **per se** mit der Verbesserung gewisser Funktionsbedingungen von Kapitalmärkten einhergehe: Ein von Interpenetrationshindernissen befreiter europäischer Kapitalmarkt sollte Vorteile im Hinblick auf den Ausgleich von Angebot und Nachfrage im allgemeinen sowie neue Kapitalformen, günstigere Bedingungen und verbesserte

---

[208] Zur Phase bis zum Ende der siebziger Jahre *Weigelt*, Ansatzpunkte.

[209] Zum seinerzeitigen Stand des Kapitalmarktrechts etwa *Hopt* ZHR 140 (1976) 215 ff. (Belgien und Frankreich); *Pabst*, Prospektzwang und Prospekthaftung in den sechs Gründerstaaten der EWG und der Schweiz, Jur. Diss. Mainz 1972. Zu den divergierenden Regelungsansätzen auch *Buxbaum/Hopt*, Harmonization, S. 174 ff.

[210] Ausführlich dazu *Assmann/Buck*, EWS 1990, 110 ff. (I.), 190 ff. (II.), 220 ff. (III.); *Hopt/Wymeersch*, European Company and Financial Law, S. 23 ff. Einzelheiten unten zu § 1 Rdnr. 89 ff. Zur Diskussion der Maßnahmen auf einzelnen dieser Regelungsfelder auch *Wymeersch* (Hrsg.), Further Perspectives in Financial Integration in Europe, 1994.

[211] *Europäische Wirtschaftsgemeinschaft, Kommission*, Aufbau. Daß dieser Ansatz der europäischen Kapitalmarktregulierung bis heute als Leitlinie diente, belegt nachdrücklich der Beitrag von *Fitchew*, Political Choices, in: Buxbaum/Hertig/Hirsch/Hopt (Hrsg.), European Business Law, insbes. S. 7 ff.

Finanzierungsinstrumente für die Kapitalanbieter und -nachfrager im besonderen mit sich bringen.[212]

War die Identifizierung bestehender Hemmnisse des Kapitalverkehrs zwischen den Mitgliedstaaten nebst der gebotenen Remeduren unschwer möglich, so stellte sich diejenige anderweitiger rechtlich-institutioneller Hindernisse samt der Möglichkeiten ihrer Beseitigung als weitaus komplizierter dar. Den Abbau der rechtlich-institutionellen Schranken der Marktdurchdringung und -erweiterung suchte die Kommission im folgenden auf dem Wege der **Rechtsangleichung** zu bewältigen. Wenngleich die Harmonisierung divergierender Rechtsvorschriften unzweifelbar die wechselseitige Durchdringung mitgliedstaatlicher Märkte *erleichtert*, so ist in bezug auf ein solches Vorgehen doch Gegenstand und Richtmaß der Rechtsangleichung völlig offen. In beiderlei Hinsicht vermochte die Kommission kein Konzept zu entwickeln: Bei der Auswahl der zu vereinheitlichenden Gebiete waren ganz offenbar mehr Anstöße aus einzelnen Mitgliedstaaten als ein eigenständiger Plan maßgeblich. Ganz ähnlich verhält es sich im Hinblick auf die Regelungsmuster der Rechtsangleichung, die eher mitgliedstaatlichen Regelungsvorbildern denn einer gemeinschaftsbezogenen *comitas* oder einem eigenständigen Ordnungsplan folgten. 87

Auch das mit dem sog. Weißbuch der Kommission von 1985[213] und der im Juli 1987 in Kraft getretenen EEA eingeführte Konzept der **Mindestharmonisierung und wechselseitigen Anerkennung**[214] hat an vorstehendem Befund nichts geändert: Zwar hat sich die Technik der Rechtsvereinheitlichung insoweit gewandelt, als im Hinblick auf bestimmte Sachverhalte ausländisches Recht anzuwenden ist, das zuvor gemeinschaftsweit der Mindestharmonisierung unterzogen wurde, doch bleiben Auswahlprinzip und Maßstab der „Mindest"-Harmonisierung nach wie vor gleichermaßen offen wie dunkel. Ebensowenig darf von dem *Maastrichter Unionsvertrag*[215] eine grundlegende Änderung des Integrationskonzepts erwartet werden. Kraft Modifikation des primären Gemeinschaftsrechts erstreckt er zwar das Verbot von Beschränkungen des Kapitalverkehrs zwischen den Mitgliedstaaten auch auf das Verhältnis der Mitgliedstaaten zu Drittstaaten (Art. 73 b Abs. 1 EGV), doch verändert dies den Integrationsstatus des europäischen Kapitalmarkts nicht unmittelbar. Auch die gemeinschaftsprimärrechtliche Verankerung eines Subsidiaritätsprinzips[216] wird nach der Summe der bereits im Hinblick auf die Fülle der zur Vollendung des Binnenmarkts zum Jahresende 1992 ergriffenen Maßnahmen bestenfalls die Bandbreite weiterer Rechtsvereinheitlichungsbemühungen einengen, möglicherweise aber auch nur die Begründungszwänge für einzelne Maßnahmen erhöhen. 88

Rechtsharmonisierung ist nach alledem eine der denkbaren Techniken zu Schaffung eines integrierten europäischen Kapitalmarkts, kann aber keineswegs das Integrationskonzept selbst sein, denn sie bietet aus sich heraus noch keine Garantie dafür, daß die zu erfassenden Rechtsbereiche zutreffend und vollständig ausgewählt sowie optimal harmonisiert werden. Noch weniger bietet die primär auf die Binnenverhältnisse der Gemeinschaft gerichtete Rechtsvereinheitlichung Gewähr dafür, daß das hieraus hervorgehende Recht die für einen wettbewerbsfähigen europäischen Kapitalmarkt erforderlichen Rahmenbedingungen schafft. Schließlich vermag Rechtsangleichung für sich genommen nicht sicherzustellen, daß Deregulierung und Liberalisierung anstelle nationalstaatlicher Schranken treten 89

---

212 *Europäische Wirtschaftsgemeinschaft, Kommission*, Aufbau, S. 40.

213 *Kommission der Europäischen Gemeinschaften*, Vollendung.

214 Zu dem neuen Konzept etwa *Hayder* RabelsZ 1989, 625 ff.; *Müller-Graff* EuR 1989, 107, 109 ff.

215 Vom 7. 2. 1992, ABl. EG Nr. C 224 vom 31. 8. 1992, S. 6.

216 Art. 3b EGV. Zur Konkretisierung des Subsidiaritätsprinzips s.a. die *Schlußfolgerungen der Tagung des Europäischen Rates der Staats- und Regierungschefs in Edinburgh am 11. und 12. Dezember 1992*, Europa-Archiv 1993, S. D 2 ff. (insbes. S. D 3 und D 7 ff.). Zur gemeinschaftsrechtlichen Bedeutung *Constantinesco* EuZW 1991, 561 ff.; *Pieper*, Subsidiarität, 1994; *Pipkorn* EuZW 1992, 697 ff.; *Geiger*, EG-Vertrag, 1993, Art. 3b EWGV Rdnr. 4 ff. (m.w.N. vor der Kommentierung des Art. 3b).

und das Hindernis divergierender rechtlicher Regeln nicht lediglich durch vereinheitlichte, aber wettbewerbsverzerrende Normen ausgetauscht wird.

90 **3. Die einzelnen Maßnahmen zur Schaffung eines intergrierten europäischen Binnenmarkts im Überblick.** Nachdem vorstehend sowohl die Grundzüge als auch das Grunddefizit der EG-Harmonisierung auf dem Gebiet des Kapitalmarktrechts dargestellt wurden, geht es im folgenden um einen knappen Überblick über die Instrumente und die einzelnen Maßnahmen zur Schaffung eines einheitlichen europäischen Kapitalmarkts.

91 *a) Kapitalverkehrsliberalisierung.* Daß die **Beseitigung von Beschränkungen des Kapitalverkehrs** zwischen den Mitgliedstaaten zu den notwendigen, wenngleich nicht hinreichenden Bedingungen eines einheitlichen europäischen Kapitalmarkts gehört, ist allgemein anerkannt. Art. 67 EWGV/EGV enthält in bezug auf die Kapitalverkehrsliberalisierung[217] die hinsichtlich des Liberalisierungssolls im einzelnen durch Richtlinien nach Art. 69 EWGV/EGV zu konkretisierende[218] Vorgabe, schrittweise und im Rahmen des für das Funktionieren des Gemeinsamen Marktes Erforderlichen alle Beschränkungen des Kapitalverkehrs aufzuheben. Dieses Ziel kann heute (vorbehaltlich der einzelnen Ländern gewährten Übergangs- und Anpassungsfristen sowie der Aktivierbarkeit von Schutzklauseln[219]) als weitgehend verwirklicht gelten. Das ist auf eine Reihe von Maßnahmen zurückzuführen, die von der EG im wesentlichen in zwei, auf die sechziger und achtziger Jahre zu datierenden Etappen ergriffen wurden, hier aber nicht im Detail zu interessieren brauchen.[220] Der Europäische Unionsvertrag brachte schließlich eine Änderung der Gemeinschaftsrechtslage vor allem insoweit mit sich, als Art. 73 b EGV jegliche Beschränkung des Kapitalverkehrs zwischen den Mitgliedstaaten vorbehaltlos verbietet und dieses Verbot, allerdings mit den in Art. 73 c EGV vorgesehenen Einschränkungen, auf den Kapitalverkehr der Mitgliedstaaten mit Drittländern erstreckt.[221]

92 *b) Gemeinschaftsrechtliche Randbedingungen der Rechtsangleichung.* Vor dem Überblick über die einzelnen Harmonisierungsmaßnahmen in den kapitalmarktrelevanten Rechtsbereichen ist noch knapp auf die **Randbedingungen der Rechtsangleichung** als Mittel der Schaffung eines einheitlichen europäischen Kapitalmarkts einzugehen. Da Rechtsangleichung im Wege der Rechtssetzung mittels der in Art. 189 und 220 EWGV/EGV vorgegebenen Instrumente erfolgt, bedürfen die hierfür zuständigen EG-Organe ihrerseits entsprechender Handlungsermächtigungen.[222] Der EWGV/EGV bietet sie in bezug auf Maßnahmen, die der Rechtsangleichung zur Verwirklichung des *Gemeinsamen Marktes* dienen, zum einen als spezielle Ermächtigungen[223] im Hinblick auf das in Art. 3 lit. h EWGV/EGV angeführte Tätigkeitsprogramm und zum anderen als allgemeine Ermächtigung insbesondere in Gestalt des Art. 100 EWGV/EGV.[224] Mit der EEA wurde der EWGV um

---

[217] Zu Entwicklung und Stand der Kapitalverkehrsliberalisierung s., jeweils m.w.N., etwa *Hahn/Follak* in: Dauses (Hrsg.), Handbuch, F.II. Rdnr. 1 ff.; *Hoffmann*, Banken- und Börsenrecht, S. 38 ff.; *Oppermann*, Europarecht, S. 537 ff.; *Seidel*, Freiheit, S. 209 ff.

[218] Hierzu sind zunächst ergangen die Richtlinien vom 11. 5. 1960 (ABl. EG 1960, S. 921), vom 18. 12. 1962 (ABl. EG 1963, S. 62), vom 20. 12. 1985 (ABl. EG Nr. L 372 vom 31. 12. 1985, S. 39), vom 17. 11. 1986 (ABl. EG Nr. L 332 vom 26. 11. 1986, S. 22) und vom 24. 6. 1988 (ABl. EG Nr. L 178 vom 8. 7. 1988, S. 5).

[219] S. Art. 70, 73 EWGV/EGV; einschlägig waren ferner Art. 108 und 109 EWGV.

[220] Zu den einzelnen Etappen s. *Assmann/Buck* EWS 1990, 110, 116 ff.

[221] Zu Einzelheiten, insbesondere kompetenzrechtlicher Art, s. *Weber* EuZW 1992, 561 ff. m.w.N.

[222] Zum System der Rechtsangleichungsermächtigungen im einzelnen s., jeweils m.w.N., *Oppermann*, Europarecht, S. 415 ff.; *Beutler/Bieber/Pipkorn/Streil*, Europäische Union, S. 384 ff.

[223] Hierzu gehören Art. 27, 54, 56, 57 I, 69, 70, 99 EWGV/EGV und der aufgrund der EEA (s. o. Fn. 19) neu eingefügte Art. 118a EWGV/EGV.

[224] Von geringerer Bedeutung sind diesbezüglich die auf die Beseitigung wettbewerbsverzerrender Vorschriften gerichteten Art. 101 und 102 EWGV/EGV. Art. 235 EWGV/EGV bietet im übrigen eine generalklauselartige Ermächtigung „für unvorhergesehene Fälle". Art. 220 EWGV/EGV betrifft

weitere Handlungsermächtigungen erweitert, die dem Ziele der Verwirklichung des *Binnenmarktes* zu dienen bestimmt sind (Art. 8 a EWGV = Art. 7 a EGV, 100 a EWGV/EGV)[225] und im Hinblick auf die Beschlußfassung diesbezüglicher Rechtsangleichungsmaßnahmen die qualifizierte Mehrheitsentscheidung zulassen (Art. 100 a EWGV/EGV). In diesem Gefüge von Ermächtigungsgrundlagen sind für rechtsvereinheitlichende Maßnahmen zum Zwecke der Schaffung eines einheitlichen europäischen Kapitalmarkts vor allem Art. 54 Abs. 3 lit. g, 57, 66, 69, 99, 100 und 100 a EWGV/EGV von Bedeutung. An die Rechtfertigung einer Harmonisierungsmaßnahme und den Nachweis der Geeignetheit der hierfür eingesetzten Mittel stellt das Gemeinschaftsrecht, das weder eine Agenda der Rechtsvereinheitlichung oder der Marktintegration vorgibt noch eine solche von der Kommission verlangt, keine nennenswerten Anforderungen.[226] Insgesamt ist festzustellen, daß das gemeinschaftsvertragliche System von Ermächtigungsgrundlagen in bezug auf die Verwirklichung des Gemeinsamen Marktes bzw. der Vollendung des Binnenmarktes ein nahezu unbegrenztes Feld der Rechtsharmonisierung eröffnete. Einschränkungen mußte sie allenfalls dadurch hinnehmen, daß die einschlägigen Kompetenznormen unterschiedliche Beschlußquoren vorsahen, doch hat die Kommission auch dieses Hindernis virtuos zu handhaben gewußt. Verbunden mit einem zunehmenden Konkretionsgrad ihrer Richtlinien und der (zuletzt allerdings eher restriktiven) Rechtsprechung des EuGH zur unmittelbaren Wirkung nicht oder unzureichend umgesetzter Richtlinien,[227] ist der EG auf diese Weise die „Wahrnehmung von Teilfunktionen einer allgemeinen Gesetzgebung“[228] ohne entsprechende demokratische Legitimation zugefallen.

c) Gesellschaftsrecht. Die meisten der kapitalmarktrelevanten Harmonisierungsmaßnahmen 93
bezogen sich auf das Gesellschaftsrecht[229] und innerhalb dessen wiederum auf die Aktiengesellschaft.[230] Ist der Beitrag der **Gesellschaftsrechtsharmonisierung** für die Schaffung eines europäischen Binnenmarktes allgemein als gering zu veranschlagen,[231] so darf die Bedeutung des Verbandsrechts für einen funktionsfähigen Kapitalmarkt doch keineswegs gering geschätzt werden: Neben anderen Maßnahmen vermag es dazu beizutragen, die für den Anleger als Unternehmensfinanzier auftretenden Risiken so zu mindern, daß Finanzierungsbeziehungen überhaupt zustandekommen und kontraktgemäß durchgeführt werden.[232] Wird dieser Zusammenhang schon in den Rechtsordnungen mit spezifisch kapitalmarktrechtlichen Regelungen und in den ihnen zugrundeliegenden Kapitalmarktrechts-

---

lediglich die Kompetenz der Mitgliedstaaten zum Abschluß von Übereinkommen in den von Art. 3 lit. h EWG-Vertrag erfaßten Tätigkeitsbereichen.

[225] Eine zeitliche Begrenzung der Anwendbarkeit dieser Bestimmungen auf den 31. 12. 1992 wird ganz überwiegend abgelehnt. Vgl. *Grabitz* in: Grabitz (Hrsg.), Kommentar zum EWG-Vertrag, (Stand) 1992, Art. 8 a Rdnr. 6; *Hayder* RabelsZ 1989, 647 ff., 667.

[226] Als solche Handlungsbegrenzungen kamen bisher das *Verhältnismäßigkeitsprinzip* (s. dazu etwa *Oppermann,* Europarecht, S. 450, 452 f.) und das *Erforderlichkeitsprinzip* (s. dazu etwa *Hayder* RabelsZ 1989, 633; *Müller-Graff* EuR 1989, 107, 128) in Betracht.

[227] S. o. § 1 Rdnr. 82 (Fn. 202).

[228] *Hauschka* ZRP 1990, 179, 183.

[229] Auf eine Darstellung der umfangreichen, zudem gut dokumentierten Maßnahmen wird hier verzichtet. S. die Überblicke bei *Assmann/Buck* EWS 1990, 110, 118 ff.; *Assmann,* Einleitung, Rdnr. 228 ff.; *Behrens* GmbHR 1993, 129; *ders.* in: Dauses (Hrsg.), Handbuch, E.III; *Großeld* WM 1992, 2121 ff.; *Hopt* ZGR 1992, 265 ff.; *Wiesner* EuZW 1992, 270 ff. Zusammenstellung, Darstellung und Abdruck der Maßnahmen bei *Lutter,* Europäisches Unternehmensrecht. Speziell zu denjenigen Maßnahmen, die direkt auf die grenzüberschreitende unternehmerische Betätigung in Europa ausgerichtet sind s. *Weitnauer* EWS 1992, 165.

[230] S. dazu m.w.N. *Assmann,* Einleitung, Rdnr. 227 ff.

[231] *Buxbaum/Hopt,* Harmonization, S. 200 ff. (S. 201/202: „In the past, enterprises have not been deterred from foreign expansion by the different legal systems of the various Member States“). Dazu kritisch *Timmermans,* Methods and Tools for Integration, in: Buxbaum/Hertig/Hirsch/Hopt (Hrsg.), European Business Law, S. 129, 130 ff.

[232] Ausführlich hierzu m.w.N. *Assmann,* Einleitung, Rdnr. 352 ff., insbes. 364 ff.

theorien vernachlässigt, so braucht es nicht zu verwundern, daß er sich in den Harmonisierungsmaßnahmen der EG nicht einmal rudimentär widerspiegelt: Obschon sich zahlreiche Maßnahmen der Gesellschaftsrechtsharmonisierung nachweisen lassen, die bei funktionaler Betrachtung auch kapitalmarktrechtlichen Charakter haben und zudem mit dem Gesichtspunkt des Aktionärsschutzes begründet werden,[233] liegen ihnen doch weder genuin kapitalmarktrechtliche Regelungsperspektiven noch konkrete Einsichten in die Interdependenz von Verbands- und Kapitalmarktrecht für das Funktionieren des Unternehmensfinanzierungsmarkts zugrunde.[234] Eher zufällig fließen solche Aspekte allenfalls in diejenigen Harmonisierungsmaßnahmen ein, die Regelungsvorbildern folgen, in denen kapitalmarktrechtliche Bezüge des Gesellschaftsrechts generell stärker zur Geltung gebracht sind als im deutschen Recht.[235] Dessen seiner Anlage nach kapitalmarktferne Konzeption hat sich indes in zahlreichen gesellschaftsrechtlichen Harmonisierungsmaßnahmen als besonders einflußreich erwiesen.[236]

94 *d) Rechtliche Rahmenbedingungen der Tätigkeit von Banken und anderer Finanzdienstleistungsunternehmen.* Ein weiteres Rechtsangleichungsfeld von unbezweifelbarer kapitalmarktrechtlicher Relevanz betrifft die rechtlichen Rahmenbedingungen der **Tätigkeit von Banken und anderen Finanzdienstleistungsunternehmen**, welche auf vielfältige Weise in kapitalmarktliche Vorgänge eingeschaltet sind.[237] Im Bereich der bankenbezogenen Harmonisierung dominieren *institutionelle*, d. h. aufsichts- und zulassungsrechtliche Harmonisierungsmaßnahmen:[238] Sie sollen bei Wahrung oder Herstellung gleicher Wettbewerbsbedingungen die Solidität dieser Unternehmen und die Bewältigung von Krisenfällen sicherstellen. Mindestharmonisierung der Zulassungs- und Aufsichtsrechtsbestimmungen, darauf aufbauende wechselseitige Anerkennung der in einem Mitgliedstaat ausgesprochenen Zulassung und ausschließliche Beaufsichtigung durch das Herkunftsland sind Kernelemente des einschlägigen Harmonisierungsprogramms. Sie sind darauf gerichtet, diesen

---

233 Dazu zählen etwa die Kapitalrichtlinie (ABl. EG Nr. L 25 vom 31. 1. 1977, S. 1), die Jahresabschlußrichtlinie (ABl. EG Nr. L 222 vom 14. 8. 1978, S. 11) nebst anderen publizitätsbezogenen Richtlinien, wie die Richtlinie über den konsolidierten Abschluß (ABl. EG Nr. L 193 vom 18. 7. 1983, S. 1) oder die Prüferbefähigungsrichtlinie (ABl. EG Nr. L 126 vom 12. 5. 1984, S. 20) sowie die geplante Strukturrichtlinie (letzte Vorschlagsfassung ABl. EG Nr. C 321 vom 12. 12. 1991, S. 9).

234 Unter den gesellschaftsrechtlichen Richtlinien würde insoweit lediglich die vorgeschlagene Übernahmeangebots-Richtlinie (Geänderter Vorschlag einer dreizehnten gesellschaftsrechtlichen Richtlinie vom 10. 9. 1990, ABl. EG Nr. C 240 vom 26. 9. 1990, S. 7) eine Ausnahme darstellen. Die Richtlinie beträfe indes bemerkenswerterweise weniger verbandsrechtliche Fragen (weshalb sie, systematisch betrachtet, unzutreffenderweise auf der Agenda der Gesellschaftsrechtsharmonisierung geführt wird) als die Ordnung eines kapitalmarktlichen Vorgangs.

235 Das gilt etwa für Harmonisierungsmaßnahmen im Bereich der Rechnungslegung und der Publizität (s.o. Fn. 232), hinsichtlich letzterer aber ebenfalls nur partiell.

236 S. etwa die Hinweise bei *Hopt* ZGR 1992, 265, 272 ff.

237 Zusammenstellung und Kommentierung etwa bei *Assmann/Buck* EWS 1990, 190 ff.; *Dassesse/Isaacs/Penn*, EC Banking Law, 1994; *Emmerich* WM 1990, 1; *Hoffmann*, Banken- und Börsenrecht, S. 51 ff.; *Horn* ZBB 1989, 107; *Hübner* in: Dauses (Hrsg.), Handbuch, E.IV Rdnr. 7 ff. und *Hahn/Follak*, ebd., F.II Rdnr. 40 ff. (im Zusammenhang mit der Kapitalverkehrsliberalisierung); *Schneider*, Harmonisierung; *Zavvos* Harvard International Law Journal 31 (1990) 465 ff. Ferner die Beiträge in folgenden Sammelbänden: *Büschgen/Schneider* (Hrsg.), Binnenmarkt; *Rehm* (Hrsg.), Perspektiven; *Cranston* (Hrsg.), The single market and the law of banking, 1991. Speziell zur Harmonisierung des Bankvertragsrechts *Schneider* NJW 1991, 1985 ff.; *Wolf* WM 1990, 1941 ff. Speziell zum Bankaufsichtsrecht *Grundmann*, Das Europäische Bankaufsichtsrecht wächst zum System, 1990; *Priesemann* WM 1994, 1155. Zum Verhältnis zwischen europäischem Bankenaufsichtsrecht und europäischem Bankvertragsrecht *Schneider/Troberg* WM 1990, 165 ff. Zur Übersicht über umgesetzte und beabsichtigte Maßnahmen der EG zum Bankaufsichtsrecht s.a. Die Bank 1994, 430 f. Zuletzt verabschiedet: Richtlinie über Einlagensicherungssysteme vom 30. 5. 1994, ABl. EG Nr. L 135 vom 31. 5. 1994, S. 5.

238 Zur Kennzeichnung von Harmonisierungsmaßnahmen als „institutionelle" bzw. „operationale" s. näher *Assmann/Buck* EWS 1990, 190, 191.

Instituten ein gemeinschaftweites Tätigkeitsfeld zu eröffnen. Dem entspricht in *operationaler* Hinsicht das Prinzip, die im Rahmen solcher grenzüberschreitender Aktivitäten innnerhalb der Gemeinschaft unterbreiteten Leistungsangebote grundsätzlich den einschlägigen Bestimmungen des Herkunftslandes zu unterwerfen. Von rechtsharmonisierenden Eingriffen in die insoweit angebotenen „Produkte" und ihren Vertrieb hat sich die EG bislang weitgehend zurückgehalten.[239] Starker Einfluß auf die Produktgestaltung und den Produktabsatz geht indes von einigen in jüngster Zeit verabschiedeten verbraucherschutzbezogenen Richtlinien aus.[240] Eindeutig *vertriebsorientierte* Harmonisierungsmaßnahmen liefert indes die *Wertpapierdienstleistungsrichtlinie* nach.[241] Sie ist zwar in erster Linie als Übertragung der Harmonisierungspolitik der (mit einem engen Bankenbegriff arbeitenden) Bankenkoordinierungsrichtlinien auf reine Wertpapierhandelsfirmen gedacht, enthält darüber hinaus aber auch zahlreiche auf Kreditinstitute anwendbare Vorschriften (Art. 2 Abs. 1). Zu diesen zählt die Bestimmung, daß Banken und Wertpapierhandelsfirmen gewissen Verhaltenspflichten bei der Geschäftsanbahnung und -abwicklung mit dem Kunden einzuhalten haben.[242] Gleichzeitig schlägt die Richtlinie einen Bogen zu börsenrechtlichen Regelungsbereichen: Jeder Mitgliedstaat muß sicherstellen, daß Wertpapierhandelsfirmen und Banken die Möglichkeit haben, die Mitgliedschaft an den Börsen des Landes zu erlangen, sofern sie bereits in ihrem EG-Heimatstaat zum Börsenhandel zugelassen sind (Art. 15). Entsprechendes gilt im Hinblick auf die Einräumung von Zugangsmöglichkeiten zu denjenigen Institutionen, die mit der Abwicklung börslicher Geschäfte befaßt sind (Art. 15 Abs. 1). Über solche Harmonisierungsmaßnahmen hinaus wird die Schaffung eines Binnenmarkts im allgemeinen und eines integrierten europäischen Kapitalmarkts im besonderen auch weitere Aktivitäten zur Verbesserung des grenzüberschreitenden Zahlungsverkehrs erforderlich machen.[243]

e) Börsenrecht. Bereits der sog. *Segré*-Bericht hat die Bedeutung einer **Integration der Wertpapiermärkte** für eine Verbesserung des Ausgleichs von Kapitalangebot und -nachfrage im europäischen Raum betont.[244] Den Überlegungen des Berichts ist die EG, der ein direkter Zugriff auf die Organisation der Börsen mangels gemeinschaftsrechtlicher Kompetenzgrundlage verwehrt ist, mit im wesentlichen *börsenrechtlich* zu qualifizierenden Maßnahmen gefolgt.[245] Diese lassen sich zwei Teilfunktionen zuordnen: Zum einen streben sie die Schaffung eines gemeinschaftsweit gleichen Schutzniveaus für aktuelle und potentielle Anleger an und richten sich diesbezüglich vor allem auf das Instrument der Publizität und Anlegerinformation; zum anderen zielen sie auf die Herbeiführung gleicher Börsenzulassungsvoraussetzungen als einem notwendigen Mittel zur Schaffung gleicher Wettbewerbsbedingungen für Emittenten und Emissionshelfer an den europäischen Börsenplätzen. Nicht durchsetzbar war ganz offenbar derjenige Schritt, der am nachhaltigsten die Schaffung eines europäischen Wertpapiermarkts hätte einleiten können: das aus der Börsenzulas- 95

---

239 Näher hierzu *Assmann/Buck* EWS 1990, 220, 221.

240 Zu diesem Aspekt verbraucherschutzvermittelter Harmonisierung von gewichtigen Teilen des Bank(privat)rechts s. (m.w.N.) *Schneider*, Harmonisierung, S. 20 ff.

241 Richtlinie vom 10. 5. 1993 über Wertpapierdienstleistungen, ABl. EG Nr. L 141 vom 11. 6. 1993, S. 27 = AG 1993, 394 ff. Mit dieser im Zusammenhang zu sehen: Richtlinie vom 15. 3. 1993 über die angemessene Eigenkapitalausstattung von Wertpapierfirmen und Kreditinstituten, ABl. EG Nr. L 141 vom 11. 6. 1993, S. 1. Zur Wertpapierdienstleistungsrichtlinie s. etwa *Jentsch* WM 1993, 2189; *Schäfer* AG 1993, 389 ff.

242 Art. 11 Wertpapierdienstleistungsrichtlinie. Dem entsprechen §§ 31 ff. WpHG

243 S. dazu *Kommission der Europäischen Gemeinschaften*, Diskussionspapier: Zahlungsverkehr im Binnenmarkt, abgedruckt in: ZBB 1991, 53 ff.; *Hartmann* WM 1993, 982 ff.

244 *Europäische Wirtschaftsgemeinschaft, Kommission*, Aufbau, S. 15, 39 ff., 185 ff.

245 Zu den einzelnen Maßnahmen s. die nachfolgenden Hinweise sowie die Übersichten bei *Assmann/Buck* EWS 1990, 220, 223 f.; *Hoffmann*, Banken- und Börsenrecht, S. 101 ff.; *Lutter*, Europäisches Unternehmensrecht, S. 76 ff.; *Raida*, Die Entwicklungen des Europäischen Börsenrechts, in: Büschgen/Schneider (Hrsg.), Binnenmarkt, S. 229 ff.; *Schwark*, Börsengesetz, Einl. Rdnr. 49 ff.

sung in einem beliebigen europäischen Mitgliedstaat folgende Recht auf Zulassung an jeder anderen Börse. Zwei komplementäre Maßnahmen indes sollen dem annähernd vergleichbare Erleichterungen und Anreize im Hinblick auf die Integration der Wertpapiermärkte durch Marktdurchdringung und -erweiterung schaffen: Die eine hat die Standardisierung der Zulassungsvoraussetzungen an den Börsen der Mitgliedsstaaten zum Gegenstand;[246] die andere begründet das Gebot der wechselseitigen Anerkennung des von der Zulassungsstelle einer mitgliedstaatlichen Börse genehmigten, auf rechtsvereinheitlichter Grundlage erstellten Börsenzulassungsprospekts.[247]

96 Eine erhebliche Vorverlagerung der Publikumsinformation auf das erstmalige öffentliche Angebot von Wertpapieren nebst Festlegung der insoweit zu unterbreitenden Informationen veranlaßt die sog. Emissionsprospektrichtlinie:[248] Zwar greift sie auch dann ein, wenn eine Börsenzulassung nicht geplant ist und erweitert insoweit den Kreis publizitätspflichtiger Emissionen, doch beschränkt sie sich andererseits auf das Angebot bestimmter fungibler Wertpapiere. Darüber hinaus finden sich Maßnahmen, die Publizitätspflichten börsennotierter Gesellschaften vereinheitlichen und erweitern.[249] Schließlich ist mit der Insiderrichtlinie[250] eine Maßnahme zu erwähnen, welche darauf zielt, die Integrität der Wertpapiermärkte und das diesbezügliche Vertrauen des Publikums zu stärken. Das ist u.a. auch der Zweck des formell als gesellschaftsrechtrechtlich deklarierten Vorschlags einer Richtlinie, welche mit Übernahmeangeboten einen Grenzbereich kapitalmarktrechtlicher und verbandsrechtlicher Vorgänge zum Gegenstand hat.[251] Zusammenfassend ist festzustellen, daß sich die EG bei ihren Maßnahmen, welche die marktliche Organisation und den Handel mit Kapitalanlagen betreffen, auf die börslichen Marktsegmente und unter diesen wiederum ganz entscheidend auf den amtlichen Handel mit Wertpapieren beschränkt hat. Sie erfaßt damit nur einen Teilbereich des Kapitalmarkts, der möglichen Formen von Risikokapitalbeteiligungen an Unternehmen sowie der für die Art und Weise des Zustandekom-

---

[246] Richtlinie vom 5. 3. 1979 zur Koordinierung der Bedingungen für die Zulassung von Wertpapieren zur amtlichen Notierung an einer Wertpapierbörse (sog. Börsenzulassungsrichtlinie), ABl. EG Nr. L 66 vom 16. 3. 1979, S. 21; ergänzt durch Richtlinie vom 3. 3. 1982, ABl. EG Nr. L 62 vom 5. 3. 1982, S. 22. Allerdings gestattet die Richtlinie gem. Art. 5 (vorbehaltlich der in Art. 6 und den Schemata A und B aufgestellten Verbote) strengere oder zusätzliche Zulassungsbedingungen, soweit sie für alle Emittenten oder einzelne Kategorien von Emittenten gleichermaßen gelten.

[247] Richtlinie vom 22. 6. 1987 zur Änderung der Börsenzulassungsprospektrichtlinie vom 17. 3. 1980, ABl. EG Nr. L 185 vom 4. 7. 1987, S. 81. Bei der hier in Bezug genommenen Börsenzulassungsprospektrichtlinie handelt es sich um die Richtlinie zur Koordinierung der Bedingungen für die Erstellung, die Kontrolle und die Verbreitung des Prospekts, der für die Zulassung von Wertpapieren zur amtlichen Notierung an einer Wertpapierbörse zu veröffentlichen ist, ABl. EG Nr. L 100 vom 17. 4. 1980, S. 1; ergänzt bzw. geändert durch Richtlinie vom 3. 3. 1982 (ABl. EG Nr. L 62 vom 5. 3. 1982, S. 22), Richtlinie vom 22. 6. 1987 (ABl. EG Nr. L 185 vom 4. 7. 1987, S. 81) und Richtlinie vom 23. 4. 1990 (ABl. EG Nr. L 112 vom 3. 5. 1990, S. 24). Zwischenzeitlich wurde ein Vorschlag zur Änderung der Börsenzulassungsprospektrichtlinie im Hinblick auf die in dieser enthaltene Verpflichtung zur Veröffentlichung eines Prospekts unterbreitet, ABl. EG Nr. C 23 vom 27. 1. 1993, S. 4 = AG 1993, R 235 ff.

[248] Richtlinie vom 17. 4. 1989 zur Koordinierung der Bedingungen für Erstellung, Kontrolle und Verbreitung des Prospekts, der im Falle öffentlicher Angebote von Wertpapieren zu veröffentlichen ist, ABl. EG Nr. L 124 vom 5. 5. 1989, S. 8.

[249] Richtlinie vom 15. 2. 1982 über regelmäßige Informationen, die von Gesellschaften zu veröffentlichen sind, deren Aktien zur amtlichen Notierung an einer Wertpapierbörse zugelassen sind (sog. Zwischenberichtsrichtlinie), ABl. EG Nr. L 48 vom 20. 2. 1982, S. 26; Richtlinie vom 12. 12. 1988 über die bei Erwerb und Veräußerung einer bedeutenden Beteiligung an einer börsennotierten Gesellschaft zu veröffentlichenden Informationen (sog. Transparenzrichtlinie), ABl. EG Nr. L 348 vom 17. 12. 1988, S. 62.

[250] Richtlinie vom 13. 11. 1989 zur Koordinierung der Vorschriften betreffend Insidergeschäfte, ABl. EG Nr. L 334 vom 18. 11. 1989, S. 30.

[251] Geänderter Vorschlag einer dreizehnten gesellschaftsrechtlichen Richtlinie vom 10. 9. 1990, ABl. EG Nr. C 240 vom 26. 9. 1990, S. 7.

mens und der Durchführung von Finanzierungsbeziehungen maßgeblichen Umstände. Der Sache nach ist die EG damit einem rechtsformspezifisch-börsenrechtlich geprägten Verständnis der Regelung von Kapitalmärkten verhaftet geblieben und hat sich nur insofern von diesem gelöst, als sie diesem das Konzept der Vertriebspublizität hinzufügt.

f) Investmentrecht. Ein weiteres Feld der kapitalmarktrelevanten Rechtsangleichung betrifft die *Investmentbranche*,[252] deren Bedeutung für den Kapitalmarkt auf der doppelten Funktion von Investmentfonds gründet, Kapitalsammelstelle und institutioneller Anleger zu sein. Auch im Rahmen der **Investmentrechtsharmonisierung** kehren die aus der Bankrechtsharmonisierung bekannten Regelungsanliegen wieder: Zum einen sollen die dem Anlegerschutz dienenden mitgliedstaatlichen Bestimmungen verbessert und vereinheitlicht werden und zum anderen geht es um die Angleichung der Wettbewerbsbedingungen sowie die Förderung der Marktdurchdringung durch die Einführung gemeinsamer Mindestregeln bezüglich Zulassung, Aufsicht, Struktur, Geschäftstätigkeit und Informationspflichten von Investmentgesellschaften. Daran gemessen bleiben die ergriffenen Maßnahmen[253] indes Stückwerk: Das hängt zum einen damit zusammen, daß sie nur bestimmte Fondsarten[254] erfassen. Insoweit ist allerdings zu vermelden, daß ein Richtlinienvorschlag vom 10. 2. 1993 zur Änderung der Investmentrichtlinie von 1985 deren Anwendungsbereich auf Geldmarktfonds und Dachfonds auszuweiten sucht.[255] Zum anderen weisen die investmentrechtlichen Harmonisierungsmaßnahmen eine eigentümliche Regelungsstruktur auf: Hinsichtlich der Zulassung und Beaufsichtigung unterliegen die Fonds dem partiell harmonisierten Recht ihres jeweiligen Herkunftslandes; in denjenigen Rechtsbeziehungen, die nicht Gegenstand der Rechtsangleichung sind, werden die Fonds dagegen den Regeln des jeweiligen Vertriebslandes unterworfen.[256] 97

g) Steuerrecht. Schon die Erfahrung in bezug auf Struktur und Entwicklung der einzelstaatlichen Kapitalmärkte lehrt, daß diese nicht unerheblich von System und Ausgestaltung der **Besteuerung** kapitalmarktrelevanter Institutionen und Transaktionen beeinflußt werden.[257] In gleicher Weise werden sich die unterschiedlichen Besteuerungssysteme und -vorschriften der einzelnen Mitgliedstaaten auf die Wettbewerbsbedingungen der Anbieter und Vermittler von Kapitalanlagen und Finanzdienstleistungen sowie auf die Investitionsentscheidungen in einem gemeinschaftsweiten europäischen Kapitalmarkt auswirken und so die grenzüberschreitenden Kapitalverkehrsströme nicht unwesentlich beeinflussen. Die EG hat sich dem Steuerrecht (in seinen kapitalmarktrelevanten Ausprägungen) jedoch 98

[252] Dazu im einzelnen etwa *Assmann/Buck* EWS 1990, 220, 224 f.; *Carl/Förster*, Das Recht der Investmentfonds, 2. Aufl. 1994, S. 51 ff.; *Grundmann* ZBB 1991, 242 ff.; *Hoffmann*, Banken- und Börsenrecht, S. 111 ff.; *Lutter*, Europäisches Unternehmensrecht, S. 89 ff. Ferner *Bracker* ZgK 1988, 318 ff.; *Laux* Die Bank 1986, 189 ff.

[253] Niedergelegt in der Richtlinie zur Koordinierung der Rechts- und Verwaltungsvorschriften betreffend bestimmte Organismen für gemeinsame Anlagen in Wertpapieren (OGAW) vom 20. 12. 1985, ABl. EG Nr. L 375 vom 31. 12. 1985, S. 3. Dazu auch Empfehlung des Rates vom 20. 12. 1985 zu Artikel 25 Absatz 1 zweiter Unterabsatz der vorstehenden Richtlinie, ABl. EG Nr. L 375 vom 31. 12. 1985, S. 19. 1986 wurde ein Vorschlag zur Änderung der OGAW-Richtlinie bezüglich der gerichtlichen Zuständigkeit in Streitfällen, die aus dem Vertrieb von OGAW-Anteilen resultieren, vorgelegt, ABl. EG Nr. C 129 vom 28. 5. 1985, S. 5. Zu einem neuerlichen Änderungsvorschlag s. unten Fn. 254.

[254] Die Richtlinie vom 20. 12. 1985 (s. o. Fn. 252) gilt nur für „Organismen", „deren ausschließlicher Zweck es ist, *beim Publikum* beschaffte Gelder für gemeinsame Rechnung nach dem Grundsatz der Risikobetreuung in *Wertpapiere* anzulegen und deren Anteile auf Verlangen der Anteilinhaber . . . zu Lasten des Vermögens dieser Organismen *zurückgenommen oder ausgezahlt* werden" (Art. 1 Abs. 2; Hervorhebungen hinzugefügt). *Ausgeschlossen* sind damit zum einen Immobilienfonds und (reine) Geldmarktfonds und zum anderen Fonds des geschlossenen Typs sowie solche, die ihre Anteile nur in Drittländern vertreiben oder als Spezialfonds lediglich einem begrenzten Anlegerkreis anbieten.

[255] ABl. EG Nr. C 59 vom 2. 3. 1993, S. 14 = AG 1993, R 170.

[256] Art. 4 Abs. 1, 49 Abs. 3, 44 der Richtlinie vom 20. 12. 1985 (s. o. Fn. 252).

[257] S. für Deutschland unten § 3 Rdnr. 1 ff.

weniger als einem die Kapitalströme beeinflussenden Faktor denn unter dem Gesichtspunkt der Beseitigung von Hemmnissen grenzüberschreitender Unternehmenstätigkeit zugewandt.[258] Doch selbst in dieser Hinsicht sind Erfolge in bezug auf die Angleichung der direkten Steuern erst aus jüngster Zeit, in Gestalt eines 1990 verabschiedeten Richtlinienpakets,[259] zu vermelden. Eine Änderung dieser eher unternehmensrechtlichen denn kapitalmarktrechtlichen Steuerharmonisierungsperspektive ist auch in den neueren Vorschlägen zur Steuerrechtsangleichung nicht erkennbar.

99 *h) Anderweitige Harmonisierungsfelder.* Mit den behandelten Harmonisierungsfeldern sind bei weitem nicht alle Maßnahmen erfaßt, die auf die Gestalt des europäischen Kapitalmarkts und Kapitalmarktrechts einwirken. Hingewiesen sei insoweit noch Versicherungsrecht,[260] dessen Harmonisierung immerhin die Randbedingungen für die Tätigkeit eines der wichtigsten und zunehmend an Bedeutung gewinnenden institutionellen Investoren betrifft, sowie auf das (namentlich für die Tätigkeit von Banken einschlägige) Kartellrecht.[261]

100 **4. Charakteristika – Defizite – Folgeprobleme.** Die **Beurteilung der EG-Maßnahmen** zur Schaffung eines integrierten europäischen Kapitalmarkts sowie des daraus resultierenden europäischen Kapitalmarktrechts muß sich vorliegend auf die Kennzeichnung weniger Charakteristika und die Kritik des von der EG verfolgten Konzepts der Kapitalmarktintegration durch Rechtsangleichung beschränken. In ersterer Hinsicht ist durch sämtliche der kapitalmarktrelevanten Harmonsierungsmaßnahmen hindurch eine doppelte Zielrichtung zu erkennen: Schaffung eines „level playing field" für die Nachfrager nach Risikokapital und die Institutionen der „securities industry" zum einen sowie die Gewährleistung eines gleichwertigen Schutzes der Anleger zum anderen.[262] Unter den zahlreichen Instrumenten, die sich in den Kapitalmarkt- und Verbandsrechten der Mitgliedstaaten zur Verwirklichung dieser Aufgaben finden, hat die EG ihre Rechtsangleichungsmaßnahmen vor allem auf zwei Bereiche konzentriert: Sicherung der Solidität der beteiligten Institutionen (wie etwa der Emittenten, der Börsen sowie der Finanzintermediäre) und Publizität (vor allem in bezug auf die Primärmärkte[263]). Sie hat damit diese Instrumente zugleich als jene Regelungselemente qualifiziert, auf die sich das aktuelle und zukünftige europäische Kapitalmarktrecht stützen wird. Operationale, d.h. auf die marktliche Vermittlung und die Art und Weise des Zustandekommens von Anlageverhältnissen bezogene Maßnahmen, sowie produktbezogene Harmonisierungsakte lassen sich dagegen nur in relativ geringer

---

[258] S. zur Entwicklung bis 1990 *Assmann/Buck* EWS 1990, 220, 225 f. Zur nachfolgenden Entwicklung statt vieler (und jeweils m.w.N.) etwa *Herzig/Dautzenberg* DB 1992, 1; *Knobbe-Keuk* EuZW 1992, 336; *Weitnauer* EWS 1992, 165, 168 ff. Zur Zukunft der Unternehmensbesteuerung in der EG s. Die Schlußfolgerungen und Empfehlungen des Ruding-Ausschusses, DB Beil. 5/1992. Dazu und zur Stellungnahme der Kommission auch *Blumenberg* EWS 1992, 285; ferner die Beiträge in: Herzig (Hrsg.), Harmonisierung der Körperschaftsteuersysteme in den EU-Staaten, 1994. Übersicht über das EG-Steuerrecht bei *Voß* in: Dauses (Hrsg.), Handbuch, J Rdnr. 1 ff.

[259] Richtlinie über das gemeinsame Steuersystem für Fusionen, Spaltung, die Einbringung von Unternehmensteilen und den Austausch von Anteilen, die Gesellschaften verschiedener Mitgliedstaaten betreffen („Fusionsbesteuerungs-Richtlinie") vom 23.7.1990, ABl. EG Nr. L 225 vom 20. 8. 1990, S. 1; Richtlinie vom 23. 7. 1990 über das gemeinsame Steuersystem der Mutter- und Tochtergesellschaften verschiedener Mitgliedstaaten („Mutter/Tochter-Richtlinie"), ABl. EG Nr. L 225 vom 20. 8. 1990, S. 6; Übereinkommen über die Beseitigung der Doppelbesteuerung im Falle von Gewinnberechtigungen zwischen verschiedenen Unternehmen („Schiedsabkommen"), ABl. EG Nr. L 225 vom 20. 8. 1990, S. 10.

[260] Eine Übersicht über die einschlägigen Maßnahmen findet sich bei *Wiesner* EuZW 1992, 270, 275 f. S.a., m.w.N., *Hübner* in: Dauses (Hrsg.), Handbuch, E.IV Rdnr. 37 ff.

[261] S. dazu die Übersichten, jeweils m.w.N., bei *Emmerich/Sedemund/Montag/Krück* in: Dauses (Hrsg.), Handbuch, H.I; *Immenga/Mestmäcker* in: dies. (Hrsg.), GWB – Kommentar zum Kartellgesetz, 2. Aufl. 1992, Einl. Rdnr. 32 ff.

[262] Ausführlich dazu *Assmann*, Harmonisierung, S. 103 ff.

[263] Übersicht und kritische Würdigung bei *Assmann* AG 1993, 549 ff.

Zahl und zudem erst gegen Ende der Rechtsangleichungsaktivitäten zur Vollendung des Binnenmarkts nachweisen. Zwischen den institutionenbezogenen und den operationalen Maßnahmen finden sich schließlich auch solche, welche die Integrität und damit die Funktionsfähigkeit des Kapitalmarkts selbst zu sichern suchen, wie etwa die Insiderrichtlinie.[264]

Wenn im europäischen Kapitalmarktrecht die institutionelle Rechtsvereinheitlichung im Vordergrund steht, so ist zu beachten, daß diesbezüglichen Maßnahmen als gesetzgebungsgleichen *ex-ante*-Rechtssetzungsakten generell die Tendenz eigen ist, eher überregulierend denn deregulierend-liberalisierend zu wirken. Daß sich diese Erbanlage bei den einzelnen Harmonisierungsmaßnahmen denn auch nachhaltig durchgesetzt hat, ließe sich im Detail an vielen Beispielen vor allem gesellschafts-, bank- und börsenrechtlicher Richtlinien belegen. Daß darüber hinaus die Schaffung eines wirklichen „level playing field" durch institutionelle Harmonisierungsmaßnahmen nur schwerlich zu erreichen ist, hängt u. a. damit zusammen, daß die betroffenen Institutionen nach wie vor im Kontext unterschiedlicher nationaler Regelungssysteme verwurzelt und damit auf unterschiedliche Weise von den Angleichungsmaßnahmen betroffen sind: sei es im Hinblick auf die Kosten der Umsetzung der jeweiligen Maßnahmen oder sei es in Gestalt der aus dem nationalen Kontext heraus erwachsenden Folgekosten. Im Hinblick auf ihre publizitätsbezogenen Rechtsangleichungsmaßnahmen ist der EG vor allem vorzuwerfen, eine Politik der Anhäufung von Publizitätsanforderungen vorgenommen zu haben, die Marktzugangsschranken aufbaut und die Grenzen der Wirksamkeit dieses Regelungsinstruments ignoriert.[265] 101

Darüber und über das schon eingangs dieses Abschnitts angesprochene Grunddefizit[266] der Maßnahmen der EG zur Schaffung eines integrierten europäischen Kapitalmarkts mittels Rechtsangleichung hinaus, weisen diese weitere, hier zumindest stichwortartig zu benennende **konzeptionelle Mängel** auf:[267] An vorderster Stelle ist nochmals auf das Fehlen eines einheitlichen Regelungskonzepts zur Herstellung einer effizienten und international wettbewerbsfähigen rechtlichen Verfassung des europäischen Kapitalmarkts als supranationalem Markt hinzuweisen. Ein solches Regelungsleitbild hätte nicht notwendigerweise die Gestalt eines von oben zu verordnenden und den Mitgliedstaaten vorzuschreibenden umfassenden Regelungsmodells haben müssen, sondern hätte durchaus auch darin bestehen können, die Voraussetzungen für einen Wettbewerb kapitalmarktrechtlicher Regelungsansätze und -details („competition of legals regimes") zu schaffen. Wenig verwunderlich entstand das europäische Kapitalmarktrecht im Sinne der einzelnen rechtlichen Maßnahmen zur Verwirklichung eines integrierten europäischen Kapitalmarkts deshalb diskretionär als Amalgam von Regelungselementen, die unterschiedlichsten Regelungsansätzen entnommen wurden: Hier wurden Maßnahmen kompromißbedingt verwässert, dort kam es zu Paketgeschäften im Hinblick auf verschiedene Regelungsdesiderata einzelner Mitgliedstaaten. Vielleicht am schwersten wiegt in dieser Hinsicht die mangelnde Abstimmung der Rechtsangleichung auf dem Gebiet des Gesellschaftsrechts und des markt- und institutionenbezogenen Kapitalmarktrechts ieS. sowie die unzureichende Berücksichtigung des Umstandes, daß die Integration mitgliedstaatlicher Kapitalmärkte zu einem einheitlichen europäischen nur Sinn macht, wenn dieser zugleich als nach außen hin wettbewerbsfähiger Markt entsteht. Das indes wäre um so notwendiger gewesen, als den Mitgliedstaaten aufgrund der schon erwähnten Sperrwirkung des Gemeinschaftsrechts zukünftig nur noch ein geringer Handlungsspielraum der Modernisierung ihres jeweiligen Kapitalmarktrechts und 102

---

264 S.o. Fn. 249.

265 Hierzu m.w.N. *Assmann*, Harmonisierung, S. 108 ff.

266 Zu diesem Grunddefizit, welches darin besteht, daß Rechtsangleichung ein Instrument der Schaffung eines integrierten europäischen Kaptalmarkts sein kann, aber nicht selbst Gegenstand, Art und Maß einer Harmonisierung zu bestimmen vermag, s. bereits oben § 1 Rdnr. 86, 89 und *Assmann* ORDO 44 (1993) 100 ff.

267 Ausführlicher hierzu *Assmann*, Harmonisierung, S. 116 ff. und *ders.*, ORDO 44 (1993) 100 ff.

der Sicherung der Wettbewerbsfähigkeit ihrer Institutionen verbleibt. Über alledem hat es die EG schließlich noch versäumt, für eine effektive Implementationskontrolle ihrer Rechtsangleichungsmaßnahmen zu sorgen.

103 Bei aller Kritik soll aber auch nicht vergessen werden, daß sich die EG am Ausgangspunkt ihrer auf die Schaffung eines einheitlichen europäischen Kapitalmarkts ausgerichteten Maßnahmen mit einem Spektrum höchst unterschiedlicher nationaler Regelungsansätze und Regelungsbedarfsvorstellungen konfrontiert sah und darüber hinaus lange Zeit – bis zur Aufgabe des Einstimmigkeitsprinzips mit der EEA – unter erheblichen Handlungsrestriktionen litt, die für die Entwicklung einheitlicher Regelungsvorstellungen wenig förderlich waren. Und ebensowenig darf verkannt werden, daß die Modernisierung des deutschen Kapitalmarktrechts und die Ausweitung des deutschen Kapitalmarkts ihre Impulse ganz wesentlich Rechtsangleichungsinitiativen der EG verdanken. Diese Handlungszwänge und die Erfolge in bezug auf die Beseitigung von Schranken der wechselseitigen Durchdringung der einzelstaatlichen europäischen Märkte berücksichtigend, kann ein **Fazit** zum europäischen Kapitalmarktrecht nicht auf ein pauschales Urteil hinauslaufen, sondern muß den durchgängig zwiespältigen Charakter der einschlägigen Harmonisierungspolitik hervorheben: Sie wirkt liberalisierend, steigert indes den Regulierungsgrad im europäischen Raum auf ein beträchtliches Niveau. Sie eröffnet privatautonomem Handeln in räumlicher und sachlicher Hinsicht neue Korridore, vermehrt damit aber gleichzeitig zwingendes Recht bis hin zu direkten hoheitlichen Eingriffen in bislang mitgliedstaatlich der Privatautonomie vorbehaltenen Bereichen. Sie harmonisiert Rechtsvorschriften, verkompliziert dagegen Recht und Rechtsanwendung. Sie stärkt die Mitgliedstaaten durch eine Vergrößerung der Breite und Tiefe des Wirtschaftsraums, beschert ihnen jedoch gleichzeitig Autonomie- und Flexibilitätsverluste in der Reaktion auf wirtschaftliche Engpässe sowie in der Schaffung eines stimmigen nationalen Rechtssystems. Sie bringt durchaus modern zu nennende Rechtsentwicklungen auf den Weg, die in einzelnen Mitgliedstaaten ansonsten politisch nicht leicht durchzusetzen wären, verbreitet indes eines kompromißbeladenes, Systemzusammenhänge und -gebundenheiten übersehendes und starres Gefüge von Normen.

VI. Internationalisierung der Kapitalmärkte

104 **1. Allgemeine Kennzeichnung.** Ein internationaler Kapitalmarkt, der sich von den nationalen Kapitalmärkten dadurch unterscheidet, daß er sich über die Staatsgrenzen hinweg erstreckt, ist in Gestalt des **„Eurokapitalmarkts“** (auch als „Eurobondmarkt“ bezeichnet) seit geraumer Zeit bekannt.[268] Er weist zudem die Eigenschaft eines *supranationalen* Marktes in dem Sinne auf, daß er sich aufgrund der verwandten Emissionstechniken und der emittierten Wertpapiere weitgehend frei von nationalen (Kapitalmarkt-)Regelungen und steuerlichen Beschränkungen entfaltete.

105 Wenn vom Prozeß der Internationalisierung oder der Globalisierung von Kapitalmärkten die Rede ist, so ist damit die aus der fallweisen Nutzung fremder Kapitalmärkte durch ausländische Emittenten oder Anleger erwachsene zunehmende **wechselseitige Verflechtung** nationaler Kapitalmärkte gemeint, von der schon heute behauptet wird, sie weise über das Stadium der Interpenetration der nationalen Märkte deutliche Tendenzen zur Hervorbringung von Merkmalen der Marktintegration auf einer supranationalen Ebene auf. Diese Entwicklung erhält eine besondere Qualität vor allem dadurch, daß sie mit einer wachsenden Abhängigkeit und Verbundenheit von Geld- und Kreditmärkten einerseits und Kapitalmärkten andererseits einhergeht, so daß es gerechtfertigt ist, diesbezüglich in einem weiteren Sinne und unter Preisgabe tradierter Abgrenzungskriterien von einer **Internationalisierung der Finanzmärkte**[269] zu sprechen.

---

[268] Dazu *Finsterwalder* in: Obst/Hintner, Geld-, Bank- und Börsenwesen, S. 1102 ff.

[269] S. m. w. Nachw. *Hesse/Keppler*, Internationalisierung, S. 103 ff.

Unschwer zu erkennende **Charakteristika** dieses Internationalisierungsprozesses sind die Schaffung neuer Finanzierungs- und Anlageformen, zunehmender Wettbewerb unter den Anbietern und Marktintermediären, das Auftreten neuer Marktteilnehmer sowohl auf Anbieter- als auch Nachfragerseite und nicht zuletzt steigender Konkurrenzdruck (auf Gesetzgeber oder andere regulatorische Instanzen) in bezug auf die Anpassung nationaler Institutionen an die neuen Entwicklungen. In dem „take-off"-Szenario nationaler Reregulierung,[270] steigenden Innovationsdrucks auf die Marktbeteiligten und der Reaktionsverbundenheit der Märkte stellt die Internationalisierung der Finanzmärkte einen sich selbst verstärkenden Prozeß dar, in dem Ursachen und Folgen verschwimmen.[271] Obwohl sich die Internationalisierung der Finanzmärkte nicht auf einem supranationalen Markt, sondern aus dem Kontext nationaler Märkte, Institutionen und Regelungen heraus vollzieht, stößt sie aufgrund der mit ihr verbundenen neuen Handels- und Finanzierungsformen gleichwohl in unregulierte Freiräume vor. Schon jetzt ist erkennbar, daß die staatlichen Aufsichtsbehörden – bei gleichzeitig steigendem Kontrollbedürfnis – „einen zunehmend geringeren Einfluß auf den eigenen Finanzplatz" zu verzeichnen haben.[272] 106

2. Indikatoren und Erscheinungsformen. Zu den Indikatoren, die eine zunehmende internationale Verflechtung der Finanzmärkte anzeigen, gehören insbesondere die verschiedenen Formen der **Internationalisierung der Bankgeschäfte**, welche die Kreditinstitute – trotz der ihnen im Internationalisierungsprozeß erwachsenen Konkurrenz durch andere Intermediäre und Anbieter – zugleich als einen der wichtigsten Träger der fraglichen Entwicklung ausweisen.[273] Dies zeigt sich etwa im anhaltenden Multinationalisierungsprozeß der Banken,[274] in dessen Zuge internationale Finanztransaktionen samt der damit zusammenhängenden Refinanzierungsmaßnahmen bis hin zur Bedienung der (aus der Sicht des Mutterunternehmens) heimischen Klientel über ausländische Filialen oder Tochterunternehmen abgewickelt werden.[275] 107

Hinzu kommen weitere Indikatoren wie das Wachstum grenzüberschreitender **Bankkredite** bzw. der diese zunehmend (auf der Grundlage der Umwandlung von Kreditforderungen in handelbare Wertpapiere, „securitization")[276] ablösenden **Anleihegeschäfte** der kreditsuchenden Unternehmen selbst,[277] die „überproportionale Ausdehnung von Bankkrediten an ausländische Nichtbanken im Vergleich zu Krediten an inländische Un- 108

---

[270] Reregulierung kann, muß aber nicht in eine Deregulierung im Sinne der Liberalisierung nationaler Regulierungen münden. Vor allem Beispiel der Reaktionen auf den Internationalisierungsprozeß in der Harmonisierungspolitik der EG *Buxbaum/Hopt*, Legal Harmonization and the Business Enterprise Revisted, in: Buxbaum/Hertig/Hirsch/Hopt (Hrsg.), European Business Law, S. 391, 393, 402 f.; *Poser*, International Securities Regulation, S. 1 ff.; *Roquette* U. Pa. J. Int'l Bus. L. 14 (1994) 576, 587, 615 ff. (und passim, unter Einbeziehung der USA und Deutschlands); *Warren III*, Global Harmonization of Securities Laws: The Achievements of the European Communities, Harvard International Law Journal 31 (1990) 185, 187 ff. (mit dem Versuch einer Typologie deregulierender Maßnahmen).

[271] *Hesse/Keppler*, Internationalisierung, S. 111.

[272] S. *v. Rosen*, Internationaler Börsenplatz Deutschland, S. 51. Mit den dadurch bereits ausgelösten und den gebotenen Reaktionen regulatorischer und aufsichtsrechtlicher Art hierauf setzen sich die meisten Arbeiten zum Internationalisierungsprozeß auseinander. S. dazu vor allem die Beiträge in *Fingleton* (Hrsg.), Internationalization und *Cox/Lynch* (Hrsg.), International Regulatory Competition.

[273] Im Zusammenhang mit der „Globalisierung der Vermittlerdienstleistungen" *Zufferey*, Globales Kapitalmarktrecht, S. 63. S. ferner, zugleich zu den damit verbundenen regulatorischen Problemen, die Beiträge von *Key/Scott*, *Bisignano*, *Dale* und *Benston* in: Fingleton (Hrsg.), Internationalization, S. 35 ff., 69 ff. bzw. 197 ff.; *Möschel*, Public Law of Banking, International Encyclopedia of Comparative Law, Bd. IX, Kap. 3, S. 121 ff. (= Rdnr. 3–280 ff.)

[274] Zur Erklärung dieser Entwicklung aus einer ökonomischen Analyse der Institutionenbildung s. *Glüder*, Die Entstehung multinationaler Banken, 1988.

[275] *Hesse/Keppler*, Internationalisierung, S. 109 ff.

[276] S. schon oben § 1 Rdnr. 48 (Fn. 128).

[277] Etwa *Baum/Breidenbach* WM Beil. 6/1990, 4; *Zufferey*, Globales Kapitalmarktrecht, S. 61.

ternehmen, Privatpersonen und staatliche Stellen"[278] und die Zunahme grenzüberschreitender **Kapitalanlagegeschäfte**[279] sowie sog. **multinational offerings** unter Nutzung der jeweiligen nationalen börslichen und nicht-börslichen Vertriebsmöglichkeiten.[280] Zusätzlich zur Plazierung ein und derselben oder verschiedener Emissionen eines Unternehmens auf unterschiedlichen Kapitalmärkten hinaus ist nunmehr auch zu beobachten, daß Derivate auf einem anderen nationalen Markt gehandelt werden als die Effekten, auf die sie sich beziehen.

109 Der Internationalisierungsprozeß wird indes nicht nur von der internationalen Emission und vom internationalen Handel tradierter Beteiligungswerte oder durch den wachsenden Bedarf der Risikoarbitrage mittels Termingeschäften,[281] sondern zugleich auch durch die Hervorbringung **neuer Anlageformen** getragen. Deren Schwerpunkt liegt im Bereich der sog. **Finanzinnovationen.**[282] Zwar ist ihre Zielrichtung die Beschaffung von Fremdkapital, doch wird die dieser unterliegende Kreditbeziehung im Wege der *Standardisierung* und *Verbriefung* als Wertpapier zu einer handelbaren Anlageform („securitization") und somit zur Konkurrenz für die der Eigenkapitalbeschaffung dienenden Papiere des Risikokapitalmarkts. Innovativ sind die neuen Handelsobjekte insofern als sie durch Separierung und Rekombination einzelner Elemente (wie Zins, Laufzeit, Rückzahlungsmodi usw.) zur Optimierung von Kosten und Nutzen für ihren Emittenten führen. Für den Anleger verbindet sich damit ein Transparenzverlust nicht nur im Hinblick auf die Vielzahl solcher Finanzinnovationen, sondern auch im Hinblick auf die ihnen jeweils verkörperten Chancen und Risiken.[283]

110 Die Möglichkeiten der Umwandlung von Kreditbeziehungen in mit handelbaren Wertpapieren verbundenen Forderungen gegen ihren Emittenten hat gleichzeitig gewichtige Veränderungen in bezug auf die Rolle klassischer Kapitalmarktinstitutionen wie Börsen und Banken mit sich gebracht. Insbesondere letztere sind hiervon in der Weise betroffen, daß ihre Rolle als Kapitalsammel- und -verteilungsstelle und ihre Funktion der Transformation kurzfristiger Geldanlagen in mittel- oder längerfristige Kredite oder Unternehmensbeteiligungen zurückgedrängt wird und kapitalsuchende Unternehmen sich unmittelbar oder über andere Intermediäre an den Anleger wenden, um die notwendigen längerfristigen Investitionen durch Ausgabe revolvierend kurzfristiger Papiere sicherzustellen.[284] Zu diesem Vorgang der **„Disintermediation"**[285] – er beruht letztlich darauf, daß der im Zuge des Internationalisierungsprozesses besonders deutlich zutage tretende Engpaßfaktor „Eigenkapital" als Bezugspunkt der Kreditvergabegrenzen mittels Substitution bilanzwirksamer Bankkredite durch vermittelte Kreditbeziehungen zwischen Kunde und Anlegern ausgeschaltet werden sollte – gesellt sich der der **„Non-Bank-Competition"**, das heißt die den Banken in ihren Funktionen als Kapitalsammel- und Anlagevertriebsstellen sowie in

---

[278] *Hesse/Keppler*, Internationalisierung, S. 104 ff. mit ausführlichem Datenmaterial.

[279] Zur Internationalisierung der Anleger (insbesondere der institutionellen Investoren) und den damit einhergehenden Folgeproblemen etwa *Schneider* AG 1990, 317 ff. Zur Bedeutung institutioneller Anleger für den Internationalisierungsprozeß etwa auch *Baum/Breidenbach* WM Beil. 6/1990, 6.

[280] S. dazu auch *Kübler* U. Pa. J. Int'l Bus. L. 9 (1987) 107 f.; *Roquette* U. Pa. J. Int'l Bus. L. 14 (1994) 574 f., 577; *Süchting*, Entwicklungen, S. 148 f.; *Zufferey*, Globales Kapitalmarktrecht, S. 61. Einige Daten zu den einzelnen der erwähnten Internationalisierungs-Phänomene bei *Breeden*, Reconciling National and International Concerns in the Regulation of Global Capital Markets, in: Fingleton (Hrsg.), Internationalization, S. 27 f.

[281] S. dazu im einzelnen unten § 15. Generell zur Bedeutung von Arbitragemöglichkeiten für grenzüberschreitende Transaktionen *Franke* in: Obst/Hintner, Geld-, Bank- und Börsenwesen, S. 1055, 1066.

[282] Vgl. dazu unten § 17.

[283] Zur Technik von Finanzinnovationen s. *Demuth*, Fremdkapitalbeschaffung, S. 9 f.; zur Risikoanalyse einzelner Instrumente ebd. im Rahmen ihrer Einzelbehandlung.

[284] Vgl. *Süchting*, Entwicklungen, S. 155 ff.

[285] S. dazu auch *Franke* in: Obst/Hintner, Geld-, Bank- und Börsenwesen, S. 1061 f.

ihrer Rolle als Investoren erwachsende – ihrerseits multinational organisierte[286] – Konkurrenz.[287] Beide Entwicklungen stellen Länder, die wie Deutschland über eine primär institutionen- statt vertriebsbezogene Kapitalmarktregelung verfügen,[288] schon deshalb vor Regelungsprobleme, weil mit der Aufsicht über Kreditinstitute (und Börsen) weniger denn je eine solche des Kapitalmarkts beansprucht und erwartet werden kann.

Mit der Ausdehnung des Wertpapierhandels über nationale Grenzen geht eine solche in *zeitlicher* Hinsicht einher. Der von Händlern im internationalen Anlagegeschäft etablierte außerbörsliche und global ausgerichtete **24-Stunden-Handel** scheint in seiner Bedeutung zwar derzeit erheblich überschätzt zu werden,[289] hat aber gleichwohl zu Reaktionen der Börsen als klassischen Handelsplätzen im Hinblick auf die Ausdehnung der Börsenzeiten und die Vernetzung regionaler Börsen geführt und dürfte weitere diesbezügliche Maßnahmen für die Zukunft erwarten lassen.[290] 111

3. Determinanten. Ungleich schwerer als die Benennung der Faktoren, die das Bild nationaler Kapitalmärkte geprägt haben, fällt die Aufdeckung der Determinanten, die den Internationalisierungsprozeß ausgelöst haben und für seine Selbstverstärkungstendenzen maßgeblich sind.[291] Letztere sind gewiß dem Umstand zu verdanken, daß die Internationalisierung des Handels mit Wertpapieren und Finanzinstrumenten einen **Wettbewerbsschub** unter den Emittenten und den im weitesten Sinne mit der Entwicklung und dem Vertrieb von Anlageangeboten befaßten „Industrie" hervorgebracht hat. Mag die Deregulierung und Liberalisierung verschiedener nationaler Kapitalmarkt- und Kapitalverkehrsregelungen durch die jeweils einschlägigen Gesetzgebungsinstanzen einer der Auslöser des mit der Internationalisierung verbundenen Wettbewerbs gewesen sein,[292] so sind diese heute selbst in diesen eingebunden und unterliegen dem Druck, die nationalen Kapitalmärkte international konkurrenzfähig zu halten oder zu gestalten.[293] Das zumindest aktuellste Beispiel ist das unter dem Stichwort des „Big Bang" zusammengefaßte Maßnahmenbündel zur Reorganisation des britischen Kapitalmarkts, das entsprechende Reaktionen anderer europäischer Länder – wie etwa Frankreich und Italien – nach sich gezogen hat.[294] Die Erwartungen in bezug auf die Vollendung eines integrierten europäischen Kapitalmarkts[295] dürften als zusätzlicher Katalysator des „Internationalisierungswettbewerbs" gewirkt haben. Gleiches dürfte für die dem EG-Beispiel folgenden Versuche der Integration nationaler Märkte auf supranationaler Ebene gelten:[296] Die Bestrebungen zur Schaffung eines (nord-)amerikanischen Binnenmarkts,[297] die bereits in Vertragsform gegossenen Versu- 112

---

[286] *Kübler* U. Pa. J. Int'l Bus. L. 9 (1987) 109 f.

[287] *Finsterwalder/Musulin* in: Obst/Hintner, Geld-, Bank- und Börsenwesen, 38. Aufl. 1988, S. 1127.

[288] Zur Dominanz des institutionenbezogenen gegenüber einem operationalen Regelungsansatz auch in der EG-Rechtsangleichungspolitik s. schon oben § 1 Rdnr. 94, 100 f.

[289] Vgl. *KPMG*, Global Capital Markets I, S. 16 ff.

[290] S. a. die Hinweise bei *Kübler* U. Pa. J. Int'l Bus. L. 9 (1987) 108 f.

[291] Vgl. dazu etwa *Baum/Breidenbach* WM Beil. 6/1990, 4 ff.; *Hesse/Keppler*, Internationalisierung, S. 111 ff.; *Kübler* U. Pa. J. Int'l Bus. L. 9 (1987) 110 f.; *Zufferey*, Globales Kapitalmarktrecht, S. 63 f.

[292] Die wechselseitige Verstärkung von Deregulierung und Internationalisierung betonen *Baum/Breidenbach* WM Beil. 6/1990, 6.

[293] Zum Wettbewerb unter den nationalen Märkten und Marktteilnehmern etwa *Roquette* U. Pa. J. Int'l Bus. L. 14 (1994) 568; ebd. 570 f., 573 ff., 576, zu den daraus hervorgegangenen deregulierenden Effekten im US-amerikanischen Kapitalmarktrecht.

[294] Unter diesem Aspekt insbes. *v. Brentano*, Big Bang – Eine Initialzündung für die europäischen Kapitalmärkte?, in: Bruns/Häuser (Hrsg.), Banken und Börsen, S. 7 ff.; zum deregulierenden Aspekt des „Big Bang" ferner *Poser*, International Securities Regulation, S. 11 ff.

[295] S. u. § 1 Rdnr. 115.

[296] Zu diesem Phänomen s. (*K. P. Krause*) FAZ v. 24. 11. 1993 Nr. 273, S. 17 („Wirtschaftsräume – Freihandelszonen – Wirtschaftsgemeinschaften – Handelsblöcke").

[297] Auf der Grundlage der Deregulierung des kanadischen Finanzmarkts im Jahre 1987 und der Unterzeichnung des Freihandelsabkommens (North American Free Trade Agreement, NAFTA) zwi-

che zur Errichtung eines Südamerikanischen Gemeinsamen Markts (MERCOSUR)[298] und zur Etablierung eines Europäischen Wirtschaftsraums (EWR)[299] sowie die Kooperationsvereinbarung asiatischer Staaten in der Asean Pacific Economic Cooperation (APEC) sind indes, nicht anders als der Europäische Binnenmarkt, keineswegs nur als Determinanten der Internationalisierung der Märkte, sondern zugleich als Reaktionen auf diesen Prozeß zu begreifen.

113 Durchweg müssen die – vor allem in den Industrieländern auf wachsendem Kapitalbedarf der Unternehmen und steigendem anlagesuchendem Kapital beruhenden – **Expansionstendenzen der Finanzinstitutionen** auf der einen Seite und die diesen im nationalen Kontext vorgegebenen **institutionellen Randbedingungen** als gewichtige Determinanten des Internationalisierungsprozesses angesehen werden. Die Internationalisierung der Banken und der Bankgeschäfte – Ausdruck der Flucht der Kreditinstitute aus den Grenzen des nicht beliebig erweiterbaren nationalen Marktvolumens und der nationalen regulatorischen und steuerlichen Einengungen – kann insoweit als Wegbereiter der Internationalisierung der Finanzmärkte gelten. In nicht minderem Maße darf dies für die Reaktion der nationalen Regulierungsinstanzen in Anspruch genommen werden, die kraft eigener Einsicht und zum Zwecke der Förderung der Wettbewerbsfähigkeit der heimischen Finanzmärkte deren Rahmenbedingungen zu verbessern begannen[300] oder sich – wie insbesondere im Falle Japans – kraft hinzutretenden äußeren Drucks bezüglich der Gewährleistung reziproker Zugangsmöglichkeiten auf den jeweils fremden Finanzmarkt vorhandene Barrieren zu beseitigen anschickten.

114 Zwischen diesen zentralen Faktoren wirkten die stetige Ausweitung des Außenhandels, Ungleichgewichte in den Zahlungsbilanzen einzelner Länder, die damit einhergehende wachsende Nachfrage der staatlichen Haushalte nach Finanzmitteln und die Änderungen im Spar- und Investitionsverhalten einzelner Nationen (nicht zuletzt als Folge der Erdöl-Preispolitik der OPEC-Staaten in den siebziger Jahren) eher als **Katalysatoren** des Internationalisierungsprozesses. Zu diesen zählen auch die Wandlungen in den **technischen Rahmenbedingungen**, wie etwa in Gestalt der Fortschritte in der Kommunikationstechnologie oder der Verbesserung der zwischenstaatlichen Abwicklung von Finanztransaktionen und Effektengeschäften.[301]

115 **4. Folgen und Aufgaben.** Die sicherlich gewichtigsten Folgen des Internationalisierungsprozesses ergeben sich aus dem von ihm ausgelösten **Wettbewerbsdruck** auf die nationalen Regulierungsinstanzen und die in ihn eingebundenen Marktteilnehmer. Erstere stehen vor der Aufgabe, die Wettbewerbsposition des heimischen Finanzplatzes zu sichern. Betrachtet man die **deutsche Position**, so sind die Voraussetzungen für die Einbindung des nationalen Marktes in den Internationalisierungsprozeß in Gestalt eines weitgehend liberalisierten Finanzmarktes gegeben. So wurden unter dem Stichwort der **„Restliberalisierung“** 1984 die ausländische Investoren in deutsche Wertpapiere beachteiligende Kuponsteuer abgeschafft und 1985 durch die Erklärung der Deutschen Bundesbank zu DM-Auslandsanleihen die Anerkennung von DM-Anleihen mit neuen (die Berücksichtigung international bekannter Finanzinnovationen gestattenden) Ausstattungsmerkmalen vollzo-

---

schen den USA und Kanada im Jahre 1988. Zu ersten Erfolgen in Gestalt des U.S.-Canada Multijurisdictional Disclosure System (MJDS) s. *Roquette* U. Pa. J. Int'l Bus. L. 14 (1994) 574 ff.

[298] S. dazu *Filho/Samtleben* WM 1992, 1345 ff. (I.), 1385 ff. (II.).

[299] Abkommen über den Europäischen Wirtschaftsraum (in Kraft getreten am 1. 1. 1994), BGBl. II 1993, 267 (idF v. 17. 3. 1993, BGBl. II, 1294).

[300] Beredtes Beispiel hierfür die Verlautbarung des Bundesministers der Finanzen vom 16. 1. 1992 „Konzept Finanzplatz Deutschland“, aaO. (Fn. 78), das die Modernisierung des Finanzplatzes Deutschland von vornherein (s. Überschrift Abschn. I. der Verlautbarung) in den Kontext des „globalen Szenario(s) der Finanzmärkte“ stellt.

[301] *Baum/Breidenbach* WM Beil. 6/1990, 5 f.; *v. Rosen*, Internationaler Börsenplatz Deutschland, S. 54. S. a. unten § 13.

gen; im gleichen Zuge wurden Auslandsbanken in das Bundesanleihe-Konsortium aufgenommen und ausländischen Banken die Konsortialführung bei DM-Auslandsanleihen gestattet. Einen neuerlichen Liberalisierungsschub brachte die Erklärung der Bundesbank zu DM-Emissionen vom 3. 7. 1992: Danach können seit dem 1. 8. 1992 auch Zweigstellen ausländischer Banken mit ausgebauter Konsortialabteilung die Rolle eines Konsortialführers in DM-Emissionsgeschäften übernehmen; darüber hinaus müssen DM-Auslandsanleihen nicht mehr, wie bisher, an einer deutschen Börse notiert sein. Weitere Erfolge im Hinblick auf den Versuch, den deutschen Kapitalmarkt auf die Anforderungen des (internationalen) Wettbewerbs der Finanzplätze einzustellen, sind vor allem vor dem Hintergrund der Maßnahmen der EG zur Schaffung eines integrierten europäischen Kapitalmarkts zu sehen: Zwar hat die EG ihre diesbezüglichen Aktivitäten eher an der Binnenperspektive der Integration der mitgliedstaatlichen Märkte zu einem einheitlichen europäischen Kapitalmarkt ausgerichtet und allein in der Schaffung des Binnenmarktes schon ein hinreichendes Instrument zur Stärkung der Wettbewerbsfähigkeit europäischer Märkte und Institutionen gesehen,[302] doch waren die diesbezüglichen Maßnahmen dergestalt, daß sie **zumindest auch** dazu beitrugen, Mitgliedstaaten wie Deutschland auf ein international wettbwerbsfähiges Regelungsniveau zu bringen: Die verschiedene EG-Richtlinien umsetzende Verabschiedung des 2. FFG[303] ist diesbezüglich vielleicht der spektakulärste Schritt, im Hinblick auf Schaffung international wettbewerbsfähiger Kapitalmarktstrukturen indes nur ein Glied in einer Kette nicht minder gewichtiger Maßnahmen zur Modernisierung des deutschen Kapitalmarkt(recht)s.[304]

Während die deutschen **Finanzmärkte** im internationalen Vergleich ein eher geringes[305] 116 (jedenfalls keine nennenswerten **rechtlichen** Marktzugangshindernisse beinhaltendes) Regelungsniveau aufweisen und sowohl im Hinblick auf die Märkte als auch die auf ihnen gehandelten Produkte differenziert und ausgeweitet wurden,[306] ihre föderale Zersplitterung sachlich und rechtlich gemildert werden konnte[307] und sie dementsprechend von ausländischen Emittenten und Marktteilnehmern auch tatsächlich in nicht geringem Umfang genutzt werden,[308] sind deutsche **Finanzmarktinstitutionen** nicht in gleicher Weise in den Internationalisierungsprozeß eingebunden. Das gilt namentlich und wenig überraschenderweise für deutsche **Emittenten**: Ist schon die Eigenkapitalfinanzierung inländischer Unternehmen über den weder sonderlich breiten noch tiefen heimischen Kapitalmarkt

---

302 Zu diesem Aspekt mangelnder Ausrichtung der EG-Maßnahmen am international ereichten Regelungsniveau s. bereits oben § 1 Rdnr. 102; näher *Assmann*, Harmonisierung, S. 122 ff., 129 ff. Ausführlich zur Betrachtung von EG-Maßnahmen unter den Aspekten der Deregulierung und ihrer Eignung, den Anforderungen der Internationalisierung der Kapitalmärkte gerecht zu werden, s. *Roquette* U. Pa. J. Int'l Bus. L. 14 (1994) 586 ff.; *Poser*, International Securities Regulation, S. 341 ff.

303 Dazu bereits oben § 1 Rdnr. 14.

304 Näher dazu schon oben § 1 Rdnr. 14 und 17. Speziell unter dem Internationalisierungsaspekt *Roquette* U. Pa. J. Int'l Bus. L. 14 (1994) 599 ff.

305 Nur auf den ersten Blick paradoxerweise rügte das Ausland sogar eine nicht hinreichende Regulierung etwa im Bereich der Verhinderung betrügerischen Verhaltens oder der Etablierung professioneller Verhaltensstandards zum Schutze von Marktteilnehmern; s. dazu schon oben § 1 Rdnr. 35, 80.

306 Dazu ist gleichermaßen die Aufteilung des organisierten Kapitalmarkts in unterschiedliche börsliche Marktsegmente (s. dazu oben § 1 Rdnr. 17 mit Fn. 64 sowie unten § 2 Rdnr. 72 ff.) wie die Ausweitung des Börsenhandels auf Termingeschäfte durch Schaffung der diesbezüglichen sachlichen und rechtlichen Voraussetzungen (s. dazu oben § 1 Rdnr. 67 sowie unten § 15 Rdnr. 11 ff. und § 16 Rdnr. 1 ff.) zu zählen.

307 Sachlich durch technische Modernisierung der Durchführung von Wertpapiergeschäften und Konzentration des Handels auf die Frankfurter Börsen und rechtlich durch die Schaffung einer zentralen Kapitalmarktaufsicht und die Reform der Börsenaufsicht.

308 Zum internationalen Wettbewerb der Börsenplätze etwa *Bradley*, The Market for Markets: Competition between Investment Exchanges, in: Fingleton (Hrsg.), Internationalisation, S. 183 ff.

unterentwickelt und muß dem deutschen Verbandsrecht eine gewisse Schwerfälligkeit in bezug auf kapitalmarktangebundene Finanzierungsmaßnahmen bescheinigt werden, so kommen in bezug auf die Nutzung ausländischer Kapitalmärkte, wie etwa diejenigen der USA und Japans, mitunter noch besondere Zugangshemmnisse hinzu. Dagegen hat sich die Einbindung inländischer **Kreditinstitute** in den Internationalisierungsprozeß mit der Ausweitung des Emissions- und Wertpapiergeschäfts sowie den diesbezüglichen EG-induzierten Rechtsangleichungsmaßnahmen eher positiv entwickelt,[309] auch wenn im Hinblick auf die Anforderungen an die Eigenkapitalausstattung von Universalbanken ein gewisser Wettbewerbsnachteil gegenüber solchen Finanzmarktinstitutionen gesehen wird, die unter dem Trennbankensystem operieren.[310] Daß deutsche Banken bei der Entwicklung neuer Finanzinstrumente bislang wenig mitwirkten, mag damit erklärt werden, daß sich in ihrem primären nationalen Aktionsbereich keine regulatorischen Beschränkungen fanden, die solche Produktinnovationen geboten hätten.[311]

117 Folgt man der Analyse, daß sich ein Markt unter den Gegebenheiten des Internationalisierungsprozesses dorthin bewegen wird, wo ein Minimum an staatlicher Intervention zu finden ist, die höchste Liquidität geboten wird, die Transaktionskosten am geringsten sind, Innovationsfreudigkeit besteht, die Möglichkeit des Risk Management geboten wird[312] und die geringsten steuerlichen Belastungen existieren, so sind damit den nationalen Regulierungsinstanzen und den an der Stärkung heimischer Finanzplätze gelegenen Marktteilnehmern die Aufgabenfelder vorgegeben, auf die sich ihre diesbezüglichen Maßnahmen zu beziehen haben. Die daraus abgeleiteten Handlungsanweisungen wären indes fehlerhaft, würde man nicht darüber hinaus berücksichtigen, daß die internationale Migration von Märkten im vorstehenden Sinne auch nach rechtlichen Randbedingungen in Gestalt der Sicherung eines fairen Handels vonstatten geht: Märkte wandern mithin nicht entlang der Pfade der schlechthin geringsten oder für die Emittenten und die „securities industry" permissivsten Regulierung, sondern bewegen sich zu den Plätzen **optimaler** Regulierung nach Maßgabe der an früherer Stelle behandelten Effizienzkriterien von Kapitalmarkt und Kapitalmarktrecht.[313] Zu den insoweit erforderlichen rechtlich-insitutionellen Randbedingungen gehört es etwa auch, durch die Statuierung von Verhaltenspflichten für die Marktteilnehmer für faire Handelsbeziehungen zu sorgen, namentlich betrügerisches Verhalten zu unterbinden. Gerade solchem Verhalten eröffnen sich bei grenzüberschreitenden Transaktionen besondere Freiräume:[314] Verantwortlich hierfür sind u.a. Informationsdefizite der Anleger über das Angebot, die Anbieter, die Emittenten, das anzuwendende Recht und die von diesem gebotenen Schutzstandards, denn trotz aller Globalisierung der Märkte, dominieren nationale Rechtsordnungen die auf ihnen angebahnten und getätigten Geschäfte. Damit wiederum verbindet sich das Problem, daß nationalen Aufsichtsbehörden und Gerichten bei der Verfolgung von Verstößen gegen einschlägiges nationales Recht im Kontext des internationalen Handels sachliche und rechtliche Grenzen gesetzt sind. Für die Bewältigung solcher Folgeprobleme der Internationalisierung der Märkte bietet sich ein

---

[309] Kritisch noch *Hesse/Keppler*, Internationalisierung, S. 121 ff.

[310] Dazu etwa *Klug* ZfK 1990, 182, 184. Ausführlich auch Handelsblatt vom 2. 11. 1989, S. 12 („Gleiche Chancen auf Europas Wertpapiermärkten . . ."), vom 30. 10. 1989, S. 11 („Streit um EG-Paß für Wertpapierhäuser eskaliert . . .") und vom 26. 10. 1989, S. 2 („Die Briten hebeln den Finanzplatz Deutschland aus . . .").

[311] *Hesse/Keppler*, Internationalisierung, S. 123 f. Generell zu den Anforderungen des Internationalisierungsprozesses an die Banken *Herrhausen*, Die strategischen Implikationen der Globalisierung für die deutschen Banken, in: Bruns/Häuser (Hrsg.), Banken und Börsen, S. 177 ff.; aus unternehmerischer Sicht *Hauck*, Die Bedeutung der Globalisierung der Finanzmärkte aus der Sicht eines Unternehmens, in: Bruns/Häuser (Hrsg.), Banken und Börsen, S. 153 ff.

[312] So *v. Brentano*, Big Bang – Eine Initialzündung für die europäischen Kapitalmärkte?, in: Bruns/Häuser (Hrsg.), Banken und Börsen, S. 18.

[313] S. o. § 1 Rdnr. 22 ff.

[314] Dazu etwa *Roquette* U. Pa. J. Int'l Bus. L. 14 (1994) 568.

Spektrum unterschiedlicher Möglichkeiten an:[315] Es beginnt bei Maßnahmen der Rechtsangleichung oder der Vereinbarung international verbindlicher Standards und endet bei solchen der Kooperation in der Durchsetzung nationalen Rechts.

Die einzelnen Nationalstaaten sind indes mit den Folgen der Internationalisierung der Finanzmärkte nicht nur durch neue Regelungsaufgaben in bezug auf den Markt und seine Institutionen konfrontiert, sondern sehen sich durch diesen Prozeß zugleich in anderen Politikfeldern berührt. So bringt der Internationalisierungsprozeß zugleich die **Reaktionsverbundenheit** von Finanzmärkten mit sich und vermag auf diese Weise nationale Anstrengungen in der Geld-, Währungs- und Stabilitätspolitik zu erschweren.[316] Internationalisierung bedeutet in diesem Sinne auch Einbuße an autonomem staatlichen Gestaltungsspielraum. Seine Aufrechterhaltung bei gleichzeitiger Partizipation am Internationalisierungsprozeß wird weniger im Aufbau von Unterbrechungsmechanismen gegen die Transmission externer Störungen als in der Schaffung der Voraussetzungen der Marktintegrität auf supranationaler Ebene oder im Wege bi- und multilateralen Abstimmungsverhaltens zu suchen sein. 118

§ 2 Die rechtliche Ordnung des geregelten Kapitalmarkts

Übersicht

[315] Zum Problem und zu einigen Ansätzen seiner Bewältigung *Baum/Breidenbach* WM Beil. 6/1990, 6 ff.; *Roquette* U. Pa. J. Int'l Bus. L. 14 (1994) 568 ff. Aus U.S.-amerikanischer Sicht etwa *Mann/Leder/Jacobs*, The Establishment of International Mechanisms for Enforcing Provisional Orders and Financial Judgements Arising from Securities Law Violations, in: Cox/Lynch (Hrsg.), International Regulatory Competition, S. 303 ff. m.w.N.

[316] Dazu im einzelnen *Hiss*, Geld- und währungspolitische Implikationen einer Globalisierung der Finanzmärkte, in: Bruns/Häuser (Hrsg.), Banken und Börsen, S. 105 ff.; *Hesse/Keppler*, Internationalisierung, S. 118 f.; *v. Rosen*, Internationaler Börsenplatz Deutschland, S. 51. Zu den ökonomischen Folgen des Internationalisierungsprozesses s. etwa *Hale*, The Economic Consequences of Global Capital Market Integration, U. Pa. J. Int'l. Bus. L. 12 (1991) 485 ff.

Schrifttum: *Anschütz,* Staatsaufsicht und Börsenverwaltung, VerwArch. 11 (1904) 519 ff.; *Apt,* Börsengesetz, 5. Aufl. 1909; *Assmann/Uwe H. Schneider,* Wertpapierhandelsgesetz, 1995; *Bernstein,* Börsengesetz, 1910; *Beyer-Fehling/Bock,* Die deutsche Börsenreform und Kommentar zur Börsengesetznovelle, 1975; *Bruns/Rodrian,* Wertpapier und Börse, 1971 ff.; *Beer,* Wertpapieroptionsgeschäfte in der Anlagepraxis, 1983; *Claussen,* Der Neue Zweite Markt, ZGR 1984, 1 ff.; *ders.,* Plädoyer für den Freiverkehr, ZfK 1984, 706 ff.; *Claussen/Hoffmann,* Neues zur Rechtsform deutscher Wertpapierbörsen, ZBB 1995, 68 ff.; *Deutsche Börse AG (Herausgeber),* Insiderhandelsverbote und Ad hoc-Publizität nach dem Wertpapierhandelsgesetz, 1995; *Commichau,* Der Kursmakler an der Börse der Zukunft, WM 1996, 247 f.; *Franke,* Eine Lanze für den Börsen-Freiverkehr, Sonderbeilage des Handelsblatts zur 300-Jahr-Feier der Berliner Wertpapierbörse vom 7. 5.1985, S. 11 ff.; *Gruson/Wiegmann,* Die Ad-hoc-Publizitätspflicht nach amerikanischem Recht und die Auslegung von § 15 WpHG, Die Aktiengesellschaft 1995, 173 ff.; *Göppert,* Das Recht der Börsen, 1932; *Harter/Franke/Hofgrefe/Seger,* Wertpapiere in Theorie und Praxis, 4. Aufl. 1993; *Hemptenmacher,* Börsengesetz, 1909; *Hopt,* Insiderwissen und Interessenkonflikte im europäischen und deutschen Bankrecht in: Festschrift für Theodor Heinsius zum 65. Geburtstag, 1991; *Imo,* Börsentermin- und Börsenoptionsgeschäfte, 1988; *Jütten,* Das Zweite Finanzmarktförderungsgesetz aus Sicht der Kreditwirtschaft, Die Bank 1993, 601 ff.; *Kindermann,* Die rechtlichen Strukturen der Deutschen Terminbörse, WM 1989 Beilage 2; *Klenke,* Der Rückzug mehrfach notierter Unternehmen von den deutschen Regionalbörsen, WM 1995, 1089 ff.; *Kümpel,* Die Preisfeststellung im Geregelten Markt, WM 1988, 1621 ff.; *ders.,* Amtlicher Markt und Freiverkehr an der Börse aus rechtlicher Sicht unter Berücksichtigung der Konzeption des Geregelten Markts, WM 1985, Beilage 5; *ders.,* Festgeschäft und Optionsgeschäft – Grundtypen des Terminhandels, ZfK 1981, 352 ff.; *ders.,* Varianten des Optionsgeschäftes, ZfK 1981, 464 ff.; *ders.,* Das Effektengeschäft im Lichte des 2. Finanzmarktförderungsgesetzes, WM 1993, 2025 ff.; *Matthes,* Das Recht des Kursmaklers, 1932; *Meyer-Bremer,* Börsengesetz, 4. Aufl. 1957; *Mülhausen,* Grenzen der Kursmaklertätigkeit, WM 1983, 434 ff.; *Müller/Steuer,* Das deutsche Optionsgeschäft, 1987; *Nußbaum,* Kommentar zum Börsengesetz 1910; *Pellers/Fülbier,* Publizitätspflichten nach dem Wertpapierhandelsgesetz, Der Betrieb 1994, 1381 ff.; *von Rosen,* Private Handelssysteme – eine Herausforderung für die Börsen, ZfK 1994, 1213 ff.; *ders.,* Going Public: Defizite und Perspektiven, ZfK 1995, 374 ff.; *ders.,* Zweites Finanzmarktförderungsgesetz und Privatanleger, Die Bank 1995, 9 ff.; *ders.,* Harmonisierung internationaler Bilanzierungsstandards – Ein weiter Weg, in Festschrift für Wolfgang Dieter Budde, Rechenschaftslegung im Wandel, 1995; *ders.,* Europapaß für Finanztitel und Börsenmitglieder in Gebauer/Rudolph, Aktienmärkte im Finanzsystem, 1994, S. 9 ff.; *Samm,* Börsenrecht, 1978; *Schäfer,* Grundzüge des neuen Börsenrechts, ZIP 1987, 954 ff.; *Schwark,* Börsengesetz, 2. Aufl. 1994; *ders.,* Die Stellung des Kursmaklers im deutschen Börsenwesen, (unveröffentlichtes) Gutachten (I) vom 29. 2. 1988; *ders.,* Zur künftigen Struktur des deutschen Börsenwesens, (unveröffentlichtes) Gutachten (II) vom 20. 2. 1989; *ders.,* Das neue Kapitalmarktrecht, NJW 1987, 2046 ff.; *Tilly,* Die amtliche Kursnotierung an den Wertpapierbörsen, 1975.

I. Vorbemerkung

1 Die gesetzliche Durchdringung des Wertpapiermarktes konzentriert sich im wesentlichen auf die **Börse.** Als wichtigster Markt in volkswirtschaftlicher Hinsicht und unter dem Gesichtspunkt des Anlegerschutzes bedarf die Börse einer klaren Struktur und der Handel eindeutiger Regeln.

2 Ob diese Beschränkung auf die Börse angesichts eines in den letzten Jahren überproportional gestiegenen Volumens des **außerbörslichen Wertpapierhandels** noch sachgerecht ist, ist eine rechtspolitische Frage, die gerade in jüngster Zeit im Rahmen der Diskussion um eine Neuorganisation des vor- und nachbörslichen Handels häufiger kritisch gestellt wird.[1] Versuchen, dem durch Einführung eines Börsenzwangs zumindest in Aktien[2] oder durch Erweiterung des Börsenbegriffs[3] entgegenzuwirken, sind bislang keine großen Erfolge beschieden gewesen. Die Gegenmeinung, die sich auf die weltweit zu beobachtende Deregulierung der Märkte beruft, vermochte sich bislang durchzusetzen. Inwieweit das den heimischen Kapitalmarkt insbesondere ab 1993 beeinflussende EG-Recht die eine oder andere Richtung stärkt, bleibt abzuwarten.[4] Immerhin hat das neue Wertpapierhandelsgesetz (WpHG) vom 26. 7. 1994 (s. a. Rdnr. 6) die Staatsaufsicht über Wertpapiergeschäfte im gewissen Umfang auch auf außerbörsliche Geschäfte ausgedehnt.

II. Rechtsquellen des Börsenrechts

3 Bedeutendste Rechtsquelle des Börsenrechts ist das – 1908, 1934, 1975, 1986, 1989 und 1994 geänderte – **Börsengesetz** vom 22. 6. 1896 sowie das erwähnte WpHG. Das als Rahmengesetz ausgestaltete Börsengesetz wird durch eine Reihe von **Sondergesetzen** sowie **Verordnungen des Bundes** (wie z. B. die Verordnung über die Feststellung des Börsenpreises von Wertpapieren vom 17. 4. 1967 und die Börsenzulassungs-Verordnung vom 15. 4. 1987) und **Verordnungen der Länder** (wie die Kursmaklerordnungen, die Kursmaklergebührenordnungen, die Wahlverordnungen u. a.) ergänzt.

4 Daneben finden sich verschiedene **Verordnungen der Börse** selbst als Ausdruck des ihr eingeräumten Selbstverwaltungsrechts, wie etwa die Börsenordnung und die Gebührenordnung. Abgerundet wird das Bild durch Regelwerke privatrechtlicher Natur, die die Rechte und Pflichten der am Börsenhandel Beteiligten konkretisieren und die technische Abwicklung des Börsenhandels sicherstellen sollen. Hierzu zählen z. B. die Bedingungen für Geschäfte an den deutschen Wertpapierbörsen, die Handelsbedingungen der Deutschen Terminbörse sowie verschiedene „Richtlinien", wie die für den Freiverkehr, den Wertpapierdruck und die Lieferbarkeit von Wertpapieren; ferner die Besonderen Bedingungen für Optionsgeschäfte und das Regulativ der Lombardkasse für den Optionshandel.

5 Immer stärkeres Gewicht für die Ausgestaltung und Fortschreibung des Börsenrechts gewinnen die EG-Richtlinien, die allerdings, um im Inland Wirkung zu entfalten, in deutsches Recht transformiert werden müssen. Von besonderer Bedeutung waren hier die Zulassungsrichtlinie vom 5. 3. 1979,[5] die Prospektrichtlinie vom 17. 3. 1980[6] und die

---

[1] Vgl. hierzu insbesondere *Schwark,* Gutachten I, S. 79 ff. und Gutachten II, S. 4 f.; s. a. unten Rdnr. 217 ff. und 232 ff.

[2] Hart umkämpft war diese Frage insbesondere in der zweiten Hälfte der sechziger Jahre im Rahmen einer Diskussion um die damals geplante Börsenreform. Das Ergebnis war ein teilweiser „freiwilliger Börsenzwang": Die Kreditinstitute haben sich seitdem in ihren Allgemeinen Geschäftsbedingungen verpflichtet, Kundenaufträge in Aktien ohne gegenteilige Weisung der Kunden ausschließlich über die Börse abzuwickeln; vgl. hierzu *Beyer-Fehling/Bock,* Börsenreform, S. 22 ff.

[3] Vgl. hierzu unten Rdnr. 8 ff.

[4] Vgl. hierzu unten Rdnr. 242 ff.

[5] Richtlinie des Rates zur Koordinierung der Bedingungen für die Zulassung von Wertpapieren zur Amtlichen Notierung an einer Wertpapierbörse (79/279/EWG), ABl. EG L 66/21, v. 16. 3. 1979.

Zwischenberichtslinie vom 15. 2. 1982.[7] Diese drei Richtlinien wurden durch das Börsenzulassungsgesetz vom 16. 12. 1986 in deutsches Recht umgesetzt; eine weitere Richtlinie, die zur Änderung der Börsenprospektrichtlinie vom 22. 6. 1987,[8] ist mit dem Gesetz zur Änderung des Börsengesetzes vom 11. 7. 1989 deutsches Recht geworden.

6 Geprägt wird das deutsche Börsenrecht heute insbesondere durch das 2. Finanzmarktförderungsgesetz vom 26. 7. 1994,[9] das als Artikelgesetz sowohl das WpHG geschaffen als auch das Börsengesetz wesentlich geändert hat. Neben der Umsetzung von zwei Richtlinien der EG[10] betrifft es unter anderem Fragen der Marktüberwachung (Gründung eines Bundesamtes für das Wertpapierwesen), die Verlagerung von Zuständigkeiten vom Börsenvorstand (in Zukunft Börsenrat genannt) auf die Geschäftsführung, Informationspflichten der Unternehmen an die Börse und an die Öffentlichkeit[11] sowie eine teilweise Neugestaltung der Vorschriften über die Preisfeststellung an der Börse.

III. Die Organisation der Börse

7 Der unterschiedliche Charakter der das Börsenleben bestimmenden Rechtsnormen (teilweise öffentlich-rechtlich, teilweise privatrechtlich) findet sein Spiegelbild in der **Börsenstruktur**: Neben hoheitlich handelnden Institutionen und Organen, wie Börsenaufsichtsbehörde, Börsenrat, Börsengeschäftsführung, Zulassungsstelle u. a., ist das Miteinander der Börsenbesucher (Marktteilnehmer) im wesentlichen privatrechtlich bestimmt. Daran orientiert sich auch, was unter Börse im rechtlichen Sinne zu verstehen ist.

8 **1. Der Begriff „Börse“.** Das Börsengesetz definiert „Börse“ nicht; es setzt sie vielmehr als gegeben voraus. Insbesondere die frühere börsenrechtliche Literatur begründet dies damit, daß es sehr vom Einzelfall abhänge, ob ein Markt als Börse angesehen werden will und angesehen werden muß. Der Genehmigungsbehörde wird ein Beurteilungsspielraum eingeräumt, der nach *Göppert*[12] soweit gehen soll, daß ausschließlich die Entscheidung der Genehmigungsbehörde für die Frage, wann ein Markt eine Börse ist und wann nicht, maßgeblich sein soll.

9 Diese Auffassung geht sicherlich zu weit.[13] Sie ist auch nur zu verstehen auf der Basis anderer, inzwischen überholter verwaltungsrechtlicher Grundvorstellungen. Nicht das, was die Aufsichtsbehörde für „Börse“ hält, ist Börse. Entscheidend ist vielmehr, ob Kriterien erfüllt werden, die sich aufgrund von Verkehrsanschauung, Rechtsprechung und Rechtswissenschaft als **Begriffsmerkmale** herausgebildet haben. Hierzu zählten bislang

---

[6] Richtlinie des Rates zur Koordinierung der Bedingungen für die Erstellung, die Kontrolle und die Verbreitung des Prospekts, der für die Zulassung von Wertpapieren zur Amtlichen Notierung an einer Wertpapierbörse zu veröffentlichen ist (80/390/EWG), ABl. EG L 100 v. 17. 4. 1980.

[7] Richtlinie des Rates über regelmäßige Informationen, die von Gesellschaften zu veröffentlichen sind, deren Aktien zur Amtlichen Notierung an einer Wertpapierbörse zugelassen sind (82/121/EWG), ABl. EG L 48/26 v. 20. 2. 1982.

[8] Richtlinie des Rates zur Änderung der Richtlinie 80/390/EWG zur Koordinierung der Bedingungen für die Erstellung, Kontrolle und Verbreitung des Prospekts der für die Zulassung von Wertpapieren zur Amtlichen Notierung an einer Wertpapierbörse zu veröffentlichen ist; ABl. EG L 185/81 v. 4. 7. 1987.

[9] BGBl. I, S. 1749.

[10] Richtlinie 88/627/EWG des Rates der Europäischen Gemeinschaften vom 12. Dezember 1988 über die bei Erwerb oder Veräußerung einer bedeutenden Beteiligung in einer Börse notierten Gesellschaft zu veröffentlichenden Informationen (ABl. EG-Nr. L 348/62) sowie Richtlinie 89/592/EWG des Rates der Europäischen Gemeinschaften vom 13. November 1989 zur Koordinierung der Vorschriften betreffend Insidergeschäfte (ABl. EG-Nr. L 334/30). Hierzu *Jütten,* Die Bank, 1993, 601, 602 ff.

[11] Hierzu *Gruson/Wiegmann,* AG 1995, 173 ff.; *Pellers/Fülbier,* Der Betrieb 1994, 1381 ff.

[12] Börsen, S. 53 ff.; in der Tendenz wohl ähnlich *Meyer-Bremer,* BörsG, § 1 Anm. 1.

[13] Kritisch zu *Göppert* auch *Bruns/Rodrian,* Wertpapier, § 1 Anm. 21.

– die Regelmäßigkeit der Veranstaltung,
– die Zusammenkunft am selben Ort,
– die Vertretbarkeit der gehandelten Gegenstände, die regelmäßig nicht zum Handelsplatz gebracht werden,
– die auf Kaufleute beschränkte Teilnahme am Handel.[14]

Eine auf diesen Kriterien aufbauende Definition stößt mit dem Einzug **elektronischer Datenverarbeitung** in den Börsenhandel an ihre Grenzen. Ausländische Börsen haben vorgemacht, daß insbesondere das Merkmal „Zusammenkunft an einem bestimmten Ort" in Frage gestellt sein kann, wenn die Übermittlung der Orders per Datenleitung erfolgt. 10

Solange es sich dabei lediglich nur um die unmittelbare Durchleitung von Aufträgen von einem Marktteilnehmer in die Börse hinein z. B. zu einem auf der Maklerschranke befindlichen Personal-Computer handelt (sog. Order-Routing, das in Deutschland über das System BOSS-Cube (Börsen-Order-Service-System/Computer unterstütztes Börsenhandels- und Entscheidungssystem) seit 1992 eingesetzt ist, mag man noch von einer „Zusammenkunft an einem bestimmten Ort" sprechen können; wenigstens die Empfänger sind unmittelbar an der Börse, sprich: im Börsengebäude, tätig. Bei einer ganz auf elektronischer Basis arbeitenden Börse, an der nicht nur die Aufträge mit Hilfe der EDV übermittelt werden, sondern auch die Geschäfte „automatisch" zustande kommen, sofern sich Angebot und Nachfrage decken, kann von einer „Zusammenkunft" allerdings nicht mehr gesprochen werden.[15] 11

Dennoch hatte seinerzeit *Schwark* die Börseneigenschaft der Deutschen Terminbörse zu Unrecht in Zweifel gezogen.[16] Gerade dadurch, daß der Gesetzgeber bislang davon abgesehen hat, den Begriff „Börse" zu definieren, hat er der Auffassung Ausdruck verliehen, daß der Begriff von der **Verkehrsauffassung** abhängt, die sich wandeln kann. „Börse" ist ein wirtschaftlicher Begriff, der sich rechtlichen, technischen und organisatorischen Entwicklungen anzupassen in der Lage sein muß.[17] *Schwark* selbst hat an anderer Stelle ausgeführt,[18] daß die erwähnten Begriffsmerkmale nicht sämtlich vorzuliegen brauchen. Um so mehr müßte er dem Umstand Rechnung tragen, daß Merkmale durch technische Entwicklungen verändert oder überflüssig werden können. Angesichts des Standes der Datenübermittlungstechnik ist heute nicht mehr entscheidend, daß Personen durch möglichen Zuruf Aufträge übermitteln (können), sondern daß die – wie immer übermittelten – Aufträge an einem bestimmten Ort zur Ausführung **konzentriert zusammengeführt** werden. Dies ist auch bei einer Computerbörse der Fall. 12

Während sich die Börsengesetznovelle vom 11. 7. 1989 in dem damals neugefaßten § 7 noch etwas schwerfällig diesem Problem näherte, wurden im Börsengesetz von 1994 elektronische Handelssysteme selbstverständlicher Bestandteil des Börsenhandels (vgl. §§ 7 a, 11 Absatz 1, 12): Die Börsen sind nicht gehindert, als ausschließliche oder alternative Plattform elektronische Handelssysteme einzuführen; die Börsen müssen lediglich der Aufnahme von Wertpapieren in dieses Handelssystem gesondert zustimmen. 13

2. Die rechtliche Gestalt der Börse. Unabhängig vom Begriff ist die Frage nach der **Rechtsnatur** der Börse zu stellen. Sie ist früher häufig und im wesentlichen kontrovers diskutiert worden. Die Auffassungen gingen von einer Betonung der privatrechtlichen 14

---

[14] So schon das preußische OVG in der sog. Feenpalast-Entscheidung (Preuß. OVGE 34, 315ff.). Auf ihr basieren z. B. *Bernstein,* BörsG, § 1 Anm. 1; *Apt,* BörsG, § 1 Anm. 1; *Hemptenmacher,* BörsG, § 1 Anm. 1; *Nußbaum,* BörsG, § 1 Anm. II; *Meyer-Bremer,* BörsG, § 1 Anm. 1; *Schwark,* BörsG, § 1 Rdnr. 2.

[15] Der Versuch von *Kümpel* (WM 1988, 1621), der das Kriterium „Ortsgebundenheit" einer Computerbörse im Standort des Zentralcomputers verwirklicht sehen will, zeigt, daß sich die Rechtswissenschaft z. Zt. nicht ganz leicht mit dem Begriff „Börse" tut.

[16] Gutachten II, S. 34 f.

[17] In diesem Sinne auch *Bruns/Rodrian,* Wertpapier, § 1 Anm. 3.

[18] BörsG, § 1 Rdnr. 4.

Seite der Börse (Börse als private Veranstaltung des Börsenträgers, die durch das Börsengesetz unter Staatsaufsicht gestellt ist)[19] bis zur besonderen Hervorhebung des öffentlich-rechtlichen Charakters der Börse (Börse als körperschaftliches Gebilde mit öffentlich-rechtlichem Status).[20]

15 Heute wird „Börse" entweder als öffentlich-rechtliches Gebilde „sui generis"[21] oder als „unselbständige Anstalt des öffentlichen Rechts"[22] betrachtet. Zu Recht wird der Einordnung der Börse als private Veranstaltung mit teilweise öffentlich-rechtlicher Funktion, also als „beliehenes Unternehmen" entgegengesetzt, daß das Börsengesetz von **vornherein** den Organen der Börsen öffentlich-rechtliche Funktion zukommen läßt, was gerade beim beliehenen Unternehmer nicht der Fall ist. Aber auch die Einstufung als öffentlich-rechtliche Institution „sui generis" scheidet aus, da das öffentliche Organisationsrecht nur bestimmte ausgebildete Organisationsformen kennt (neben den beliehenen Privaten nur die öffentliche Stiftung, die Körperschaft und die Anstalt). Von diesen Typen liegen die Voraussetzungen der Stiftung, aber auch die der Körperschaft nicht vor, weil die externe Trägerschaft (Industrie- und Handelskammer, Verein, Handelsgesellschaft) ein wesentliches Merkmal anstaltlicher, nicht aber körperschaftlicher Organisationen ist.

16 Da die Börsen sich Trägerinstitutionen bedienen, sind sie als *unselbständige* Anstalten des öffentlichen Rechts zu qualifizieren; ausschließlich der Träger ist der Rechtsinhaber.

17 **3. Die Trägerorganisation der Börse.** In der Vergangenheit spielte die Trägerfunktion für die Börse keine wesentliche Rolle, obwohl ihr der Träger/die Trägerin sämtliche sachlichen und finanziellen Mittel zur Verfügung zu stellen hat und alleiniger Vertragspartner sämtlicher „mit der Börse" geschlossenen Geschäfte wird. Dies lag daran, daß Träger der Börse ausschließlich entweder Industrie- und Handelskammern (wie in Frankfurt und Berlin) oder privatrechtliche Vereine waren, die keine besonderen eigenen Aktivitäten entfalteten.

18 Die Situation hat sich in den letzten Jahren deutlich geändert. Dazu hat ganz wesentlich die Erkenntnis beigetragen, daß Börsen untereinander (insbesondere international) im Wettbewerb stehen, dem nur dadurch Rechnung getragen werden kann, daß die Trägerinstitutionen flexibler als bislang organisiert werden. Den Anfang macht die Deutsche Terminbörse, deren Trägerin eine GmbH wurde; etwa zur gleichen Zeit lösten sich sowohl die Berliner Börse als auch die Frankfurter Wertpapierbörse von den jeweiligen Industrie- und Handelskammern. Trägerin der Frankfurter Wertpapierbörse wurde eine Aktiengesellschaft, die Frankfurter Wertpapierbörse AG, die Anfang 1993 zur Deutschen Börse AG erweitert wurde. Die Deutsche Börse AG erwarb wenig später sämtliche Anteile an der DTB Deutsche Terminbörse GmbH von deren 17 Gesellschaftern. Mitte 1994 wurde die Deutsche Terminbörse GmbH und die Deutsche Börse AG verschmolzen; alleinige Trägerin sowohl der Frankfurter Wertpapierbörse als auch der Deutschen Terminbörse ist seitdem die Deutsche Börse AG.

19 Aktionäre der Deutschen Börse AG sind zu 80% deutsche Banken mit unterschiedlichen Anteilen, zu 10% Kursmakler und Freimakler und zu weiteren 10% eine Poolgesellschaft, deren Gesellschafter die Träger der sieben übrigen deutschen Regionalbörsen sind.

20 Durch die Organisation und die Aktivitäten der privatrechtlichen Deutsche Börse AG ist die Bedeutung des öffentlich-rechtlichen Parts der Börsen mehr und mehr in den Hintergrund getreten. Die Deutsche Börse AG betreibt die an den Börsen eingeführten elektronischen Handels- und Abwicklungssysteme (wie das DTB-Handels- und Clearingsystem, das „Integrierte Börsenhandels- und Informationssystem (IBIS)", das den elektronischen Handel an allen deutschen Wertpapierbörsen über *ein* System ermöglicht; das

[19] So *Anschütz* VerwArch. 11 (1904) 159 ff.; *Nußbaum,* BörsG, § 1 Anm. IV.4.
[20] So z. B. OVG Berlin, OVG I B 2.65.
[21] So z. B. *Meyer-Bremer,* BörsG, § 1 Anm. 4; *Bruns/Rodrian,* Wertpapier, § 1 Anm. 30.
[22] *Schwark,* BörsG, § 1 Rdnr. 10, 11.

„Börsen-Order-Service-System" BOSS-Cube, ein Orderdurchleitungssystem für die an den deutschen Börsen angeschlossenen Instituten und das elektronische Abwicklungssystem „BOEGA"; sie finanziert sich auch weit überwiegend aus privatrechtlich erhobenen Nutzungsentgelten anstelle aus öffentlich-rechtlichen Zulassungsgebühren, die früher die Haupteinnahmequelle der Börsen gewesen sind. Damit verlagert sich der Gesamtkomplex „Börse" mehr und mehr in die privatrechtliche Sphäre einer in Wettbewerb stehenden und am Kundennutzen orientierten Handelsgesellschaft.

4. Börsenorgane. Der öffentlich-rechtliche Anstaltscharakter der Börse findet seinen Ausdruck in den hoheitlich tätigen Börsenorganen. Hierzu zählen solche originären Rechts (Börsenrat, Geschäftsführung, Zulassungsstelle u. a.), wie solche derivativen Rechts (Ausschüsse). 21

a) Börsenrat. Während nach dem alten Börsenrecht oberstes Organ einer jeden Börse der Börsenvorstand war, wurde mit der Novellierung des Börsengesetzes zum 1. 1. 1995 (mit einer Übergangsfrist bis Ende 1995) die Zuständigkeit des nunmehr Börsenrat genannten Vertretungsorgans der Marktteilnehmer deutlich reduziert. Sein Aufgabenfeld ist mit dem eines Aufsichtsrats einer Handelsgesellschaft zu vergleichen, d. h., er ist im wesentlichen mit Kontrollaufgaben gegenüber der Geschäftsführung betraut. Daneben gibt es eine Reihe von ihm originär zustehenden Rechten, wie Erlaß der Börsenordnung und der Gebührenordnung, die Bestellung und Abberufung der Geschäftsführer im Benehmen mit der Börsenaufsichtsbehörde, der Erlaß einer Geschäftsordnung für die Geschäftsführung und der Bedingungen für die Geschäfte an der Börse. 22

Die Entscheidung über die Einführung von technischen Systemen, die dem Handel oder der Abwicklung von Börsengeschäften dienen, bedarf der Zustimmung des Börsenrats. Überdies kann die Börsenordnung weitere Maßnahmen der Geschäftsführung von grundsätzlicher Bedeutung an die Zustimmung des Börsenrats binden. 23

Der Börsenrat besteht aus höchstens 24 ehrenamtlichen handelnden Mitgliedern. Anders als bislang in den Börsenvorstand dürfen in den Börsenrat nur bis zur Hälfte der Mitglieder aus dem Kreis der Kreditinstitute gewählt werden, die andere Hälfte setzt sich aus freien Maklern und „sonstigen zugelassenen Unternehmen" (Wertpapierhandelshäusern), Kursmaklern, Emittenten solcher Wertpapiere, die an der Börse zugelassen sind, und Anlegern zusammen. 24

Näheres über die **Wahl,** die Wahlperiode u. a. sehen besondere, an den einzelnen Börsen dazu erlassene Rechtsverordnungen, die sog. Wahlverordnungen, vor. Die Wahl ist durch die Vorgabe von Wahlgruppen etwas steril. Passiv und aktiv wahlberechtigt sind zum Handel berechtigte Vertreter der Institute, die an der Börse zugelassen sind bzw. der Emittenten der an der entsprechenden Börse gehandelten Wertpapiere. Lediglich die Vertreter der Anleger werden kooptiert, d. h. von den übrigen Mitgliedern des Vorstands hinzugewählt. Die Wahlverordnung liegt im Zuständigkeitsbereich der jeweiligen Landesregierung (§ 3 a Abs. 3 BörsG). 25

Aus dem Kreis der Börsen- und Vorstandsmitglieder werden ein **Vorsitzender** sowie ein oder mehrere **Stellvertreter** gewählt. Der oder die Stellvertreter müssen aus einer anderen Gruppe als der, aus der der Vorsitzende entstammt, von den übrigen Börsenvorstandsmitgliedern gewählt werden. 26

b) Geschäftsführung. Die Leitung der Börse obliegt der Geschäftsführung in eigener Verantwortung. Sie vertritt die Börse gerichtlich und außergerichtlich, soweit nicht der Träger der Börse (für die Frankfurter Wertpapierbörse und die Deutsche Terminbörse: die Deutsche Börse AG) zuständig ist. 27

Der Geschäftsführung obliegt unter anderem (s. § 10 BörsO FWB):
- die Zulassung von Unternehmen und Personen zur Teilnahme am Börsenhandel
- die Organisation und den Geschäftsablauf der Börse
- die Festlegung derjenigen Wertpapiere, die auf einem elektronischen Handelssystem gehandelt werden sollen

– die Verteilung von Marktsegmenten unter den Kursmaklern (nach Anhörung der Kursmaklerkammer) und (anderen) Maklern im amtlichen Handel wie im Geregelten Markt
– die Entscheidung über die Aufnahme, Aussetzung und Einstellung einer amtlichen Notierung oder einer Preisfeststellung.

Die Börsenordnungen sehen ferner vor, daß die Geschäftsführung Fragen von grundsätzlicher Bedeutung dem Börsenrat zur Zustimmung vorliegen wird (§ 4 Abs. 2 BörsO FWB).

28 *c) Organe für die Zulassung von Handelsobjekten zum Börsenhandel.* (aa) Zulassungsstelle. Für die Zulassung von Wertpapieren zum Handel mit Amtlicher Notierung ist an jeder Börse ein besonderes Gremium, die Zulassungsstelle, eingerichtet. Sie besteht nach § 36 BörsG sowie den danach ausgerichteten Bestimmungen der Börsenordnungen[23] aus zwei Personengruppen, den Personen, die „sich nicht berufsmäßig am Börsenhandel mit Wertpapieren beteiligen" (das sind im wesentlichen die Vertreter der Emittenten) und Personen aus den Vorständen der an der Börse zugelassenen Kreditinstitute bzw. deren Inhaber. Dabei muß die Zahl der zur ersten Gruppe gehörenden Personen mindestens die Hälfte der Gesamtzahl betragen. Gewählt werden die Mitglieder der Zulassungsstelle vom Börsenrat (s. § 50 Abs. 2 BörsO FWB).

29 Um die **Neutralität der Beschlüsse** zu gewährleisten, sind von der Beratung und der Beschlußfassung diejenigen Mitglieder der Zulassungsstelle ausgeschlossen, die an der Einführung der Wertpapiere beteiligt sind (§ 53 Abs. 2 BörsO FWB). Betroffen sind hiervon die Emittenten und die Mitglieder aus dem Emissionshaus bzw. dem Konsortium.

30 Die Zulassungsstelle prüft und entscheidet über die Anträge der Emittenten (und der Konsortialbanken) auf Zulassung emittierter Wertpapiere zum und die Einführung in den Amtlichen Börsenhandel.[24]

31 (bb) Zulassungsausschuß. Mit Einführung des „Geregelten Markts" zum 1. 5. 1987 durch das (in das Börsengesetz integrierte) Börsenzulassungsgesetz vom 16. 12. 1986 wurde der Zulassungsausschuß geschaffen, der für die Entscheidungen über die Zulassungen von Wertpapieren zum Geregelten Markt zuständig ist. An den meisten Börsen ist er mit der Zulassungsstelle identisch; zumindest entspricht die Art seiner Zusammensetzung und das Beschlußverfahren der bzw. dem der Zulassungsstelle.[25]

32 (cc) Geschäftsführung. Zulassungsgremium für bestimmte Handelsgegenstände an der Börse ist auch die Geschäftsführung. So überträgt § 50 Abs. 1 S. 1 BörsG der Geschäftsführung die Zuständigkeit für die Zulassung von Wertpapieren zum Börsenterminhandel.

33 Gegenstand des Börsenterminhandels sind nicht mehr wie vor dem Zweiten Weltkrieg Aktien oder festverzinsliche Papiere, die „auf Termin", also mit einem herausgeschobenen Erfüllungszeitpunkt effektiv gehandelt werden. Gegenstand der Geschäfte sind standardisierte Kontrakte, die Rechte oder Verpflichtungen im Hinblick auf die spätere Lieferung und Bezahlung bestimmter Wertpapiere oder auf einen späteren Barausgleich begründen (s. Rdnr. 115 ff.).

34 *d) Handelsüberwachungsstelle.* Mit der Novellierung des Börsengesetzes vom 26. 7. 1994 wurde die Markt- und Handelsüberwachung völlig neu geregelt. Dies gilt nicht nur für die staatliche Börsenaufsicht, sondern auch für die Überwachung an der Börse selbst. Als von der Geschäftsführung im wesentlichen unabhängige Börsenorgane sind an den Börsen Handelsüberwachungsstellen eingerichtet worden. Ihr stehen im wesentlichen die Befugnisse zu, die eine staatliche Börsenaufsichtsbehörde hat (s. Rdnr. 67). Die Geschäftsführung kann die Handelsüberwachungsstelle lediglich im Rahmen deren Aufgaben mit Untersuchungen in bestimmten Fällen beauftragen. Ein weiteres Weisungsrecht steht der staatlichen Börsenaufsichtsbehörde zu.

---

[23] Vgl. z. B. § 50 BörsO der Frankfurter Wertpapierbörse; gleichlautend die BörsO der anderen Börsen.

[24] S. zum Zulassungsverfahren selbst unten Rdnr. 138 ff.

[25] Vgl. z. B. § 56 der BörsO der Frankfurter Wertpapierbörse.

Der Leiter der Handelsüberwachungsstelle wird auf Vorschlag der Geschäftsführung vom Börsenrat im Einvernehmen mit der Börsenaufsichtsbehörde bestellt. Er hat der Börsenaufsichtsbehörde regelmäßig zu berichten. 35

5. Ausschüsse. Die an den Börsen gebildeten Ausschüsse beruhen entweder auf im Börsengesetz verankerten Recht, oder die Börsenordnungen sehen selbst die Einrichtung von bestimmten Ausschüssen vor. 36

a) Sanktionsausschuß. Anstelle des bisherigen „Ehrenausschusses" sieht das novellierte Börsengesetz die (nicht zwingende) Einrichtung eines Sanktionsausschusses vor. Dazu bedarf es einer Verordnung der Landesregierung. Der Sanktionsausschuß hat ähnlich wie früher der Ehrenausschuß die Aufgabe, Verstöße der Handelsteilnehmer gegen börsenrechtliche Vorschriften oder Anordnungen, die eine ordnungsgemäße Durchführung des Handels oder der Abwicklung von Börsengeschäften herstellen sollen, zu ahnden. Gegen die Entscheidung dieses Ausschusses kann der Verwaltungsrechtsweg beschritten werden. 37

b) Gutachterausschuß (Drei-Männer-Kommission). Die Börsenordnungen[26] sehen durchweg die Bestellung eines Gutachterausschusses vor, der bei Zweifel an der Lieferbarkeit von Wertpapieren angerufen werden kann. Der Ausschuß entscheidet anhand der „Richtlinien für die Lieferbarkeit beschädigter amtlich notierter Wertpapiere" vom 1. 7. 1977 über die Lieferbarkeit (leicht) beschädigter effektiver Stücke amtlich notierter oder im Geregelten Markt gehandelter Wertpapiere abschließend. 38

c) Freiverkehrsausschuß. Der Freiverkehrsausschuß war früher ein Ortsausschuß der „Ständigen Kommission für den Handel in amtlich nicht notierten Werten" beim Bundesverband deutscher Banken und zuständig insbesondere für die Einbeziehung von Wertpapieren in den geregelten Freiverkehr, die Überwachung des Handels im geregelten und ungeregelten Freiverkehr, soweit letzterer im Börsensaal stattfand, und die Festlegung besonderer, platzspezifischer Handelsregularien. 39

Nach Einstellung des geregelten Freiverkehrs und Auflösung der „Ständigen Kommission" behielt der Freiverkehrsausschuß seine Funktion als Überwachungsorgan für den seit Anfang Mai 1988 entstandenen „Freiverkehr" (neuer Art).[27] Er ist zuständig für die Einbeziehung von Wertpapieren in den Freiverkehr, stellt Usancen für den Handel auf und klärt strittige Fragen. 40

6. Börsenschiedsgericht. Börsenschiedsgerichte (§ 28 BörsG) werden eingerichtet, um Streitigkeiten zwischen den Börsenbesuchern, die sich aus dem Geschäftsverkehr an der Börse entwickeln, zu schlichten. Es sind Schiedsgerichte i. S. von §§ 1025 ff. ZPO, schränken aber die Wirksamkeit eines Schiedsvertrages i. S. der allgemeinen Vorschriften der ZPO ein.[28] 41

Börsenschiedsgerichte sind nicht nur institutionell eingerichtete Organisationen, sondern auch solche, die von den Beteiligten in einzelnen Fällen vertraglich vereinbart wurden. Die Vertragspartner müssen zum Kreis der am Börsengeschäft Beteiligten gehören. Das sind nicht nur Börsenbesucher, sondern auch Kunden der Kreditinstitute, die Aufträge für Börsengeschäfte erteilen.[29] 42

7. Börsenbesucher. *a) Zulassungsvoraussetzungen.* Der Besuch der Börse ist nur auf **Antrag,** über den vom Börsenvorstand entschieden wird, möglich, unabhängig davon, ob mit dem Besuch eine Teilnahme am Handel oder nicht erstrebt wird (§ 7 Abs. 1 BörsG). Personen und Unternehmen, die an der Börse handeln wollen, haben allerdings wesentlich weitere Voraussetzungen zu erfüllen als solche, die dies nicht vorhaben. Die **Voraussetzungen** hängen im einzelnen davon ab, in welcher Funktion die Personen tätig sein wollen. 43

---

[26] Vgl. § 49 BörsO der Frankfurter Wertpapierbörse; gleichlautende Bestimmungen enthalten die BörsO aller anderen deutschen Börsen.

[27] Vgl. hierzu unten Rndr. 86 ff.

[28] *Schwark,* BörsG, § 28 Rdnr. 3.

[29] *Schwark,* BörsG, § 28 Rdnr. 1.

44 Zum **Besuch der Börse** mit einem dauernden Recht zur **Teilnahme am Handel** darf gemäß § 7 Abs. 2 BörsG nur zugelassen werden, wer gewerbsmäßig
– die Anschaffung und Veräußerung börsenmäßig handelbaren Gegenständen für eigene Rechnung oder
– die Anschaffung und Veräußerung dieser Gegenstände im eigenen Namen für fremde Rechnung betreibt oder
– deren Anschaffung und Veräußerung vermittelt

und dessen Gewerbe nach Art und Umfang einen in kaufmännischer Weise eingerichteten Geschäftsbetrieb erfordert.

45 Seit der Börsengesetznovelle von 1989 trennt das Gesetz den „**Besuch** der Börse" von der „**Teilnahme** am Börsenhandel" nicht mehr in materieller Hinsicht (die Teilnahme am Börsenhandel setzt die Zulassung zum Börsenbesuch voraus, die Zulassung zum Börsenbesuch berechtigt aber nicht stets zur Teilnahme am Börsenhandel), sondern in organisatorischer Hinsicht: Die Teilnahme am Börsenhandel kann, muß aber nicht mit dem Besuch der Börse (= dem Börsengebäude) verbunden sein. Diese Änderung in der Auffassung vom Börsenhandel trägt den neueren technischen Entwicklungen am Kapitalmarkt Rechnung, nach der elektronische Übermittlungen von Willenserklärungen die physische Anwesenheit von Personen ersetzen können.[30]

46 Wenn die in § 7 Abs. 2 BörsG genannten allgemeinen Voraussetzungen erfüllt sind, hat die über die Zulassung entscheidende Geschäftsführung gemäß § 7 Abs. 4 BörsG **weiter zu prüfen,** ob
– die für das antragstellende Unternehmen an der Börse handelnden Personen zuverlässig sind und die für den Börsenhandel notwendige berufliche Eignung haben (Abs. 4b);
– das antragstellende Unternehmen
  • Sicherheiten nach Maßgabe des Börsengesetzes (Abs. 4a) leistet und die ordnungsgemäße Abwicklung der Geschäfte sicherstellt
  • (sofern es kein Kreditinstitut ist) ein Eigenkapital von mindestens 100000 DM aufweist und keine Tatsachen die Annahme rechtfertigen, daß der Antragsteller die erforderliche wirtschaftliche Leistungsfähigkeit nicht hat.

47 *b) Kreditinstitute.* Die erwähnten, in § 7 Abs. 2 BörsG i. e. aufgeführten Voraussetzungen erfüllen im Wertpapiergeschäft tätige Kreditinstitute stets, für die die ersten beiden der genannten Tätigkeiten ureigene Geschäftszweige sind. Nach den bisherigen Vorstellungen des Gesetzes handeln die Kreditinstitute an der Börse entweder durch ihre Vorstände bzw. Inhaber oder durch ihre Angestellten; nach dem neuen Börsengesetz hat sich das geändert: Es gibt nur noch eine Gruppe von Vertretern der Kreditinstitute: die Wertpapier- (und Devisen-)händler. Für die meisten Kreditinstitute sind mehrere Händler an der Börse tätig. Sie teilen sich dann vielfach die Märkte auf (Rentenmarkt, Aktienmarkt; Freiverkehr; oder noch spezieller: öffentliche Anleihen, Daueremissionen; Aktien der Montanindustrie oder der Chemie etc.). Hinzukommen die Händler der Devisenbörse und der Terminbörse.

48 Die **Hilfspersonen** der Börsenhändler, die Telefone und Fernschreiber bedienen, Aufträge entgegennehmen und weiterleiten, haben ebenfalls das Recht zum Börsenbesuch (d. h. das Recht, den Börsensaal zu betreten) auf Antrag erhalten; sie haben aber nicht das Recht erworben, am Börsenhandel unmittelbar teilzunehmen.

49 Die Kreditinstitute führen an der Börse zum einen **Kundenorders** aus. Handelt es sich dabei um Aktienorders, sind diese mangels anderweitiger Vereinbarung mit dem Kunden durch Einschaltung der Kursmakler abzuwickeln; Kompensationsgeschäfte sind nicht gestattet.[31] Handelt es sich hingegen um Aufträge über (an der Börse gehandelte) festverzinsliche Papiere, so sind die Kreditinstitute nicht an die Kursmakler gebunden, haben aber

---

[30] So die Begründung des Entwurfs einer Börsengesetznovelle von 1989 „zu § 7 Buchstabe a".
[31] Vgl. z. B. § 29 Abs. 1 AGB des privaten Bankgewerbes.

als Kommissionäre mit dem Recht zum Selbsteintritt[32] dem Kunden regelmäßig den amtlichen Kurs in Rechnung zu stellen (vgl. § 400 Abs. 5 HGB).

Die Kreditinstitute handeln zum anderen vielfach auch **für eigene Rechnung,** wobei sie sich dabei sowohl der Kursmakler als auch der Freien Makler bedienen oder die Geschäfte unmittelbar mit anderen Kreditinstituten ohne Einschaltung von Maklern abschließen. Auch diese Geschäfte werden als Börsengeschäfte im weiteren Sinne betrachtet. 50

c) Kursmakler. Die Kursmakler werden gemäß § 30 Abs. 2 BörsG von der Landesregierung nach Anhörung der Kursmaklerkammer – soweit an einer Börse gebildet – und des Börsenvorstandes[33] bestellt. Ihre primäre Aufgabe ist es, als **vereidigte Vermittler** zwischen den übrigen Börsenbesuchern abzuschließende Geschäfte zusammenzuführen. Sie sind Handelsmakler i. S. von § 93 HGB. Im Rahmen ihrer amtlichen Tätigkeit obliegt ihnen – an manchen Börsen rechtlich und faktisch, an anderen Börsen nur faktisch – die **amtliche Feststellung der Preise** der Wertpapiere, die ihnen als Markt zugeordnet sind (§ 30 Abs. 1 BörsG). Die Märkte können sich aus der Aufteilung nach Branchen (z. B. alle Montanwerte), Emittentengruppen (z. B. alle öffentlich-rechtlichen Emittenten) oder Wertpapierarten (z. B. alle Wandel- und Optionsschuldverschreibungen) ergeben. Die Zuweisung nimmt der Börsenvorstand vor. 51

Die **Kursfeststellung** erfolgt nach Börsengesetz und Börsenordnungen und soll „die wahre Marktlage" widerspiegeln (§ 29 Abs. 3 BörsG). Dies geschieht bei den sog. gerechneten Kursen (Anfangs-, Kassa- und ggf. Schlußkursen) durch die Anwendung des Meistausführungsprinzips. Dies besagt, daß derjenige Preis als amtlicher Kurs festzustellen ist, zu dem die meisten Aufträge ausgeführt werden können.[34] 52

Das Börsengesetz ist hinsichtlich der Frage, inwieweit Kursmakler auch Wertpapiergeschäfte **auf eigene Rechnung** innerhalb der Börsenzeit abschließen können (§ 32), nicht besonders deutlich; dies führt teilweise zu einem Auseinanderdriften von Rechtswirklichkeit und Rechtstheorie. Grundsätzlich gilt, daß der Kursmakler während der Börsenzeit in seinem Markt nur insoweit Eigengeschäfte vornehmen kann, als sie zum sog. „Spitzenausgleich" (zur Erreichung eines ‚bezahlt'-Kurses)[35] notwendig sind. Bei engen Märkten zeigt sich aber, daß die Kursmakler manches Mal eine Seite ganz oder zu einem großen Teil darstellen, also in größerem Umfang eintreten müssen, damit überhaupt Geschäfte zustande kommen. Im Kundeninteresse ist dies Verhalten erwünscht, solange nicht – etwa bei lediglich unlimitierten Orders auf der einen Seite – dadurch willkürlich Kurse entstehen. Die rechtlichen Grenzen liegen hier einerseits im Standesrecht der Kursmakler, andererseits im § 242 BGB. 53

Wenig ergiebig ist § 32 BörsG auch bei der Beantwortung der Frage, inwieweit Kursmakler **in anderen** als den ihnen zugewiesenen **Märkten** während oder außerhalb der Börsenzeit handeln dürfen. 54

Zu fragen ist zunächst einmal, in welcher Eigenschaft Kursmakler außerhalb ihres Marktes tätig sind. Gemeinhin wird die Auffassung vertreten, daß sie dann als „Freie Makler" agieren.[36] Dies mag insoweit zweifelsfrei sein, als es um den Handel außerhalb der amtlichen Börsenzeit geht. Hier treten die Kursmakler als (nicht vereidigte) Handelsmakler auf. 55

Nicht so eindeutig ist die Frage zu beantworten, wenn es sich um Geschäfte während der Börsenzeit, also im Börsensaal, handelt. Eine Tätigkeit als „Freie Makler" würde eine entsprechende Zulassung durch den Börsenvorstand voraussetzen. Daran fehlt es aber, weil 56

[32] S. Fn. 31.

[33] Vgl. § 2 der Maklerordnung für die Kursmakler an der Frankfurter Wertpapierbörse (gleichlautend die Maklerordnungen der anderen deutschen Wertpapierbörsen).

[34] Vgl unten Rdnr. 97 ff.

[35] Vgl. unten Rdnr. 98.

[36] *Schwark,* BörsG, § 30 Rdnr. 7; *ders.,* Gutachten I, S. 22 („freie Handelsmakler"); *Mülhausen* WM 1983, 434, 442.

die Kursmakler von der Landesregierung (wenn auch nach Anhörung des Börsenvorstands) bestellt werden. Zulässig sind Börsengeschäfte der Kursmakler in anderen als den eigenen Märkten während der Börsenzeit daher nur, wenn man nach dem Grundsatz „a maiore ad minus" annimmt, daß in der staatlichen Bestellung als den an strengere Voraussetzungen gebundene Rechtsakt die Bestellung als freier Makler enthalten ist.[37]

57 Selbst wenn man dieser Meinung folgt, können sich Bedenken gegen eine solche Tätigkeit aus dem in § 32 Abs. 5 BörsG für Kursmakler ausgesprochenen Verbot, kein „sonstiges Handelsgewerbe" zu betreiben, ergeben, wenn man nämlich die Teilnahme am außerbörslichen Handel als „sonstiges Handelsgewerbe" ansehen müßte. Überwiegend wird in der börsenrechtlichen Literatur die außerbörsliche Vermittlertätigkeit der Kursmakler nicht als anderweitiges Handelsgewerbe angesehen.[38] Tritt der Kursmakler hingegen im außerbörslichen Handel als Eigenhändler im großen Umfange auf, wird angenommen, daß er damit den Bereich des Maklergewerbes verläßt und ein „unzulässiges" sonstiges Handelsgewerbe betreibt, wenn er außerhalb seines Marktes agiert.[39]

58 Die **Grenzen** einer Handelstätigkeit der Kursmakler außerhalb ihres Marktes – jedenfalls während der Börsenzeit – werden ferner darin gesehen, daß bei der Vornahme solcher Geschäfte der Kursmakler ihre Betriebs- und Kursfeststellungspflicht in den ihnen zugewiesenen Märkten zu vernachlässigen drohen.[40] Dieser Gedanke, der schon früher in verschiedenen Börsenrichtlinien, die allerdings keine Gesetzeskraft hatten, niedergelegt wurde, findet sich seit der Börsengesetznovelle von 1989 im Gesetz wieder: Die Handelstätigkeit der Kursmakler ist während der Börsenzeit auf die ihnen zugewiesenen Märkte beschränkt (§ 32 Abs. 1 BörsG). Begründet wird dies damit, daß eine gleichzeitige Handelstätigkeit des Kursmaklers als „Freier Makler" während der Börsenzeit seine Neutralität gefährden würden.[41]

59 Für die **Eigengeschäfte** haben Kursmakler **Sicherheiten** zu bestellen. Insoweit gelten die allgemeinen Vorschriften (§ 7 Abs. 4 u. 4a; s. Rdnr. 46).

60 Die Maklergebühren, **Courtage** genannt, richten sich nach einer Gebührenordnung, die von den jeweiligen Landesregierungen nach Anhörung von Kursmaklerkammer und Geschäftsführung festgelegt wird (§ 30 Abs. 8 BörsG). Bei der Festlegung der Höhe der Courtage soll das Risiko der von den Kursmaklern eingegangenen Geschäfte und der Umstand berücksichtigt werden, daß den Kursmaklern verboten ist, anderweitige Handelsgeschäfte zu betreiben.

Kursmakler unterliegen neben der allgemeinen **Aufsicht** der Handelsüberwachungsstelle der besonderen der Börsenaufsichtsbehörde; die von ihnen zu leistenden Sicherheiten überwacht die Börsengeschäftsführung.

61 Das Börsengesetz sieht in § 8a detaillierte **Überwachungsmaßnahmen** der Staatsaufsicht vor und überträgt die Überwachung der Sicherheiten auch de iure der Börsengeschäftsführung. Die Kursmakler haben der Börsenaufsichtsbehörde jeweils vier Monate nach Ablauf eines Geschäftsjahres für das vergangene Geschäftsjahr einen **Jahresabschluß** mit Bestätigungsvermerk eines Wirtschaftsprüfers oder einer Wirtschaftsprüfungsgesell-

---

[37] Das ist insofern zweifelhaft, als die Landesregierung bei der Bestellung der Kursmakler zwar den Börsenvorstand zu hören hat, an sein Votum aber nicht gebunden ist, also auch Kursmakler gegen den Willen des Börsenvorstandes bestellen könnte.

[38] *Schwark,* BörsG, § 32 Rdnr. 9; *Matthes,* Recht des Kursmaklers, S. 53f.; *Nußbaum,* BörsG, § 32 Anm. VI.a.

[39] *Nußbaum,* BörsG, § 32 Anm. II.a.; *Schwark,* BörsG, § 32 Rdnr. 9. *Mülhausen* (WM 1983, 434, 442) hält außerbörslich Eigengeschäfte der Kursmakler im eigenen Markt insoweit für zulässig, als mit ihnen Positionen aus dem börslichen Handel glattgestellt werden. Weitergehend *Schwark* (Gutachten I, S. 24), der meint, daß das in § 32 Abs. 3 BörsG enthaltene Verbot außerbörsliche Geschäfte der Kursmakler im eigenen Markt generell nicht betreffe; die Grenzen sieht er in der Neutralitätspflicht der Kursmakler.

[40] So wohl *Schwark,* BörsG, § 32 Rdnr. 11; *Mülhausen* WM 1983, 434, 443.

[41] Vgl. Begründung zu § 32 zu Buchstabe a. zur Börsengesetznovelle von 1989.

schaft vorzulegen. Die Börsenaufsichtsbehörde hat ferner mindestens zweimal jährlich eine **Prüfung** vorzunehmen. Die Prüfungen erstrecken sich auf die Einhaltung der börsenrechtlichen Vorschriften und Anordnungen sowie auf die wirtschaftliche Leistungsfähigkeit der Makler.

d) Freie Makler. Mit keiner amtlichen Funktion versehen, aber zumindest auch als Mittler zwischen Angebot und Nachfrage handeln die Freien Makler. Sie bedürfen einer Zulassung durch die Börsengeschäftsführung, die von vorstehend erwähnten, in § 7 BörsG und den Börsenordnungen geregelten Voraussetzungen abhängt. Die Freimakler haben zur Absicherung von Verbindlichkeiten aus den Börsengeschäften Sicherheiten zu erbringen; insoweit gelten die allgemeinen Vorschriften (§ 7 Abs. 4 und 4 a BörsG; § 16 Abs. 3 BörsO FWB). Die Sicherheit darf höchstens 500 000,– DM betragen; soweit der Makler lediglich Vermittlungstätigkeiten ausübt (s. u.), ist die Höhe der Sicherheiten auf 100 000 DM begrenzt. **62**

Die Sicherheiten werden wie bislang durch Bürgschaften eines Kreditinstitutes oder durch eine „Kautionsversicherung“ erbracht. **63**

Der Freie Makler kann entweder als bloßer **Vermittlungsmakler** – also ohne eigenes Engagement – auftreten oder auch – wie in der Regel praktiziert – **auf eigene Rechnung** handeln. Dabei ist er nicht den börsengesetzlichen Beschränkungen unterworfen, die für Kursmakler gelten. Auch kann er in sämtlichen Papieren und auf sämtlichen Marktsegmenten, also im Amtlichen wie im Geregelten Markt oder im Freiverkehr, tätig werden. Während er im Amtlichen Markt in Konkurrenz zu den Kursmaklern tritt, ist der Geregelte Markt und der Freiverkehr vielfach ausschließliche Domäne der Freien Makler. Die Zuweisung von Märkten innerhalb des Freiverkehrs obliegt dem Freiverkehrsausschuß (vgl. oben Rdnr. 39 f.), die für den Geregelten Markt obliegt der Geschäftsführung. **64**

Freie Makler, die selbst als Geschäftspartner auftreten, bilden zusammen mit den Eigenhandel betreibenden Kreditinstituten die sog. **„Kulisse“.** **65**

Für ihre vermittelnde Tätigkeit erhalten die Freien Makler wie die Kursmakler eine Gebühr, die ebenfalls **Courtage** genannt wird. Sie unterliegt nicht der Gebührenordnung der Kursmakler, sondern – jedenfalls theoretisch – freier Vereinbarung. Aus faktischen Gründen lehnen sich die Freien Makler aber im vollen Umfang an die Gebühren der Kursmakler an. **66**

8. Marktaufsicht. Die Aufsicht an der und über die Börse ist stufenförmig gegliedert: Neben der Handelsüberwachungsstelle der Börse selbst (siehe Rdnr. 34) obliegt die Börsenaufsicht dem Staat sowohl auf Landes- wie auch auf Bundesebene. Die Zuständigkeit dieser Institutionen ist sowohl im Börsengesetz als auch im Wertpapierhandelsgesetz neu geregelt worden; sie ist entweder überhaupt erst durch diese Gesetze begründet worden (Handelsüberwachungsstelle, Bundesaufsichtsamt) oder erheblich erweitert worden (Börsenaufsichtsbehörde des Landes). **67**

a) Börsenaufsichtsbehörde. Die Börsenaufsichtsbehörde ist für die Erteilung der Genehmigung zur Richtung einer Börse zuständig. Daneben hat sie den Handel zu überwachen. Sie kann zur Erfüllung ihrer Überwachungsaufgaben auch ohne besonderen Anlaß jederzeit Prüfungen vornehmen und von der Börse und den an der Börse handelnden Personen und Unternehmen Auskünfte sowie die Vorlage von Unterlagen verlangen. Sie kann während der üblichen Arbeitszeit nicht nur die Börse, sondern auch die Geschäftsräume der Handelsteilnehmer betreten. Sie ist gegenüber der Börse und den Handelsteilnehmern berechtigt, Anordnungen zu treffen, um Verstöße gegen börsenrechtliche Vorschriften und Anordnungen zu unterbinden (§ 1 a BörsG). **68**

b) Bundesaufsichtsamt für den Wertpapierhandel. Mit dem Inkrafttreten des Wertpapierhandelsgesetzes zum 1. 8. 1994/1. 1. 1995 wurde das Bundesaufsichtsamt für den Wertpapierhandel als selbständige Bundesoberbehörde im Geschäftsbereich des Bundesministeriums der Finanzen errichtet. Das Bundesaufsichtsamt wird von einem Wertpapierrat unterstützt, der aus Vertretern der Länder besteht. Ferner können dem Wertpapierrat Sachverständige der Börsen, der Marktteilnehmer, der Wirtschaft und der Wissenschaft angehören. **69**

70 Der Bundesaufsichtsbehörde obliegt insbesondere die Überwachung des Börsenhandels im Hinblick auf Verstöße gegen die im Wertpapierhandelsgesetz beschriebenen Verbotstatbestände für Insidergeschäfte (§§ 12 ff. WpHG); sie ist ferner Empfänger von Meldungen aller Geschäfte von an einer Börse oder im Freiverkehr zugelassenen bzw. einbezogenen Wertpapieren und Derivaten, zu denen § 9 WpHG die Kreditinstitute verpflichtet, der Mitteilungen über kursbeeinflussende Informationen durch Emittenten gemäß § 15 WpHG und der Mitteilungen der Investoren, die fünf oder mehr Prozent der Stimmrechte an einer börsennotierten Gesellschaft erworben haben (§ 21 WpHG). Schließlich ist sie zuständig für die Zusammenarbeit mit den Aufsichtsbehörden im Inland (§ 6 WpHG) wie des Auslands (§§ 7, 19, 30 WpHG).

71 Das Bundesaufsichtsamt übt die Überwachung ständig und unmittelbar aus (§ 16 WpHG). Sie kann sich aber auch im Wege der Organleihe der Bundesaufsichtsbehörden der Länder insbesondere zur Durchführung von eilbedürftigen Maßnahmen bedienen (§ 6 WpHG).

IV. Die Markt- und Handelsformen an der Börse

72 Börse ist nicht gleich Börse. Was sich an der Börse an Handel abspielt, beruht auf unterschiedlichen **Marktstrukturen** und vielfältigen **Handelsformen.** Das Börsengesetz sieht sie alle vor, bewertet sie aber graduell verschieden.

73 **1. Die Marktsegmente.** Nach der Novellierung des Börsengesetzes durch das Zulassungsgesetz vom 16. 12. 1986 und der damit geschaffenen gesetzlichen Grundlage für den Geregelten Markt sowie den (neuen) Freiverkehr gibt es an der Börse im Kassamarkt seit Anfang Mai 1988 **drei Marktsegmente:** den Handel mit Amtlicher Notierung, den Geregelten Markt und den Freiverkehr.

74 *a) Handel mit Amtlicher Notierung.* Amtlich notiert werden nur diejenigen Wertpapiere, die Gegenstand eines Zulassungsverfahrens vor der Zulassungsstelle der Börse gewesen sind (vgl. hierzu i. e. unten Rdnr. 153 ff.). Einige wenige Papiere bedürfen für den Zugang zum Amtlichen Markt gemäß § 40 BörsG keines Zulassungsverfahrens. Dazu gehören insbesondere die Anleihen und Obligationen des Bundes und seiner Sondervermögen (Bahn, Post) sowie die der Länder.

75 Im Handel mit Amtlicher Notierung finden sich die **Aktien** der bekannten inländischen Unternehmen aus allen Wirtschaftszweigen und auch einer Anzahl internationaler Gesellschaften wieder. Auf dem festverzinslichen Sektor beherrschen die öffentlichen **Anleihen,** die Emissionen der Landesbanken, der Hypothekenbanken und der Spezialkreditinstitute und neuerdings im verstärkten Maße die Optionsanleihen großer inländischer und ausländischer Unternehmen die Szene. Einmal mehr den Aktien, ein anderes Mal mehr den Renten angenähert sind die nicht standardisierten **Genußscheine.** Form und Inhalt sind nur dann gesetzlich festgelegt, wenn die von Kreditinstituten ausgegebenen Genußscheine gemäß § 11 a KWG den Emittenten als Eigenkapital dienen sollen.

76 Gekennzeichnet ist der Handel mit Amtlicher Notierung durch die gesetzlich zwingend vorgesehene **Mitwirkung von Kursmaklern** (§ 30 BörsG). An Börsen, an denen eine Kursmaklerkammer besteht (zwingend ist sie vorgesehen, wenn an einer Börse mindestens acht Kursmakler bestellt sind), stellen die Kursmakler die Börsenpreise amtlich fest. An sonstigen Börsen wirken sie dabei lediglich mit; für die Feststellung selbst ist der Börsenvorstand zuständig (§§ 29, 30 BörsG).

77 Die **Kursfeststellung** beruht auf dem in § 29 Abs. 3 BörsG niedergelegten Grundsatz, daß als Börsenpreis derjenige Preis festzusetzen ist, welcher der wirklichen Geschäftslage des Verkehrs an der Börse entspricht. Dieser Preis ist stets derjenige, zu dem die meisten Umsätze möglich sind, also der Preis, bei dem die meisten Orders ausgeführt werden können.

78 Grundlage für die Kursfestsetzung sind die Kaufgesuche und Kaufangebote, die die Händler oder Freien Makler den Kursmaklern zuleiten. Sie können auf Kundenorders der Kreditinstitute beruhen, aber auch Eigengeschäfte der Kreditinstitute und der Freien Mak-

ler sein. Makler können keine Kundenaufträge im Wege des Kommissionsgeschäfts ausführen. Sie betreiben damit Bankgeschäfte, zu welchen sie nach § 1 KWG der Genehmigung des Bundesaufsichtsamtes bedürften.

Der Börsenhandel in Werten mit amtlicher Notierung führt nicht zwangsläufig zu amt- 79
lichen Preisen. „Amtlich" sind die Preise nur dann, wenn sie unter Mitwirkung eines Kursmaklers festgestellt sind. Die außerhalb der Tätigkeit der Kursmakler gebildeten Preise sind allerdings auch „Börsenpreise", wie es jetzt ausdrücklich im § 11 Abs. 1 des novellierten Börsengesetzes formuliert worden ist. Börsenpreise kommen in allen drei Marktsegmenten (Handel mit amtlich notierten Werten, im Geregelten Markt und im Freiverkehr) vor; sie haben besondere Bedeutung beim Handel in elektronischen Handelssystemen, wo die Geschäfte meist ohne Mitwirkung der Kursmakler zustande kommen.

Die Börsenpreise und die Ihnen zugrunde liegenden Umsätze sind den Handelsteilneh- 80
mern unverzüglich bekanntzugeben (§ 11 Abs. 2 BörsG) – eine Regelung, die bei gehandelten Blockposten nicht unproblematisch ist.

b) Geregelter Markt. Der Geregelte Markt wurde durch das Börsenzulassungsgesetz vom 81
16. 12. 1986 zum 1. 5. 1987 geschaffen. Die Anregung zu diesem zweiten gesetzlich geregelten, aber nicht Amtlichen Markt ging auf einen Vorschlag der Börsensachverständigenkommission aus dem Jahre 1983 zurück. Während seiner Entstehungsphase wurde lebhaft erörtert, ob er als neues Marktsegment zwischen Amtlichem Handel und dem damals noch existenten geregelten Freiverkehr eingeführt werden oder ob er anstelle des geregelten Freiverkehrs treten sollte, den er dann letztlich mit „gesetzlichen Weihen" versehen fortsetzen würde.[42]

Die 1987 gewählte Form des Geregelten Marktes ist ein Kompromiß gewesen: Zu- 82
nächst einmal blieben geregelter und ungeregelter Freiverkehr neben dem Geregelten Markt unverändert bestehen. Das Börsengesetz räumte allerdings den Gesellschaften, deren Aktien und festverzinsliche Papiere im geregelten Freiverkehr gehandelt wurden, ein, innerhalb einer Frist von einem Jahr ab 1. 5. 1987 für den Geregelten Markt zu optieren. Die Mehrzahl der Unternehmen, die Aktien emittierten, und alle Emittenten festverzinslicher Wertpapiere nahmen diese Option wahr; ihre Wertpapiere wurden ohne besonderes Zulassungsverfahren und ohne neue Kosten in den Geregelten Markt übernommen. Der geregelte Freiverkehr trocknete aus, so daß nach einem Jahr wieder nur noch drei Marktsegmente vorhanden sind.

Gedacht ist der Geregelte Markt insbesondere als Handelsplatz für Aktien und Genuß- 83
scheine kleinerer und mittlerer Unternehmen. Die Zulassung zum Geregelten Markt ist daher auch im Vergleich zum Amtlichen Markt an **geringere Voraussetzungen** geknüpft. Er stellt insoweit einen Ausgleich zu den erhöhten Anforderungen an die Zulassung zum Handel mit Amtlicher Notierung dar, der mit der Aufnahme der Bestimmungen des Börsenzulassungsgesetzes in das Börsengesetz verbunden war. Den mittleren und kleineren Unternehmen soll so der Zugang zur Börse erleichtert werden.

Die für den Handel im Geregelten Markt **zugelassenen Papiere** sind rechtlich vielfach 84
den amtlich gehandelten gleichgestellt. Dies gilt für die Anlagenkataloge im Versicherungsaufsichtsgesetz und im Kapitalanlagegesellschaftsgesetz sowie für das Einkommensteuergesetz und das Bewertungsgesetz. Auch die Lombardfähigkeit der Papiere des Geregelten Marktes ist durch Entscheid des Zentralbankrats der Deutschen Bundesbank vom Mai 1987 sichergestellt.

Für die **Preisfeststellung** im Geregelten Markt[43] sind an den einzelnen Börsen Kursmak- 85
ler (dann aber nicht in amtlicher Eigenschaft), überwiegend aber Freie Makler zuständig. Die Zuweisung erfolgt durch die Geschäftsführung (§ 75 BörsG). Die Börsenordnungen sehen durchweg vor, daß für die Art und Weise der Preisfeststellung im Geregelten Markt

---

[42] Vgl. hierzu *Claussen* ZGR 1984, 1, 19; *Kümpel* WM 1985, Beilage 5, 7 m. w. N.; s. auch *Schwark* NJW 1987, 2046; *Schäfer* ZIP 1987, 954.

[43] Hierzu ausführlich *Kümpel* WM 1988, 1621.

die Vorschriften für den Amtlichen Handel entsprechend anzuwenden sind.[44] Die Preisfeststellung ist damit aber nicht wie die durch die Kursmakler im Handel mit amtlich notierten Werten ein Akt öffentlicher Verwaltung, sondern eine „hoheitlich beaufsichtigte private Notierung".[45]

86 *c) Freiverkehr.* Der Freiverkehr entstand als eine Art Reaktion auf die Schaffung eines Amtlichen Handels durch die Berliner Börsenordnung von 1884 und sich daran anschließend durch das Börsengesetz von 1896. Dieser Markt zwischen Freien Maklern und Kreditinstituten und zwischen den Kreditinstituten untereinander spielte sich zunächst ausschließlich außerhalb der Börse ab. Nach dem Ersten Weltkrieg zog der Handel in den Börsensaal ein und spaltete sich alsbald in einen Markt, der sich nach festgelegten Regeln vollzog, den späteren geregelten Freiverkehr, und einen Markt, der solchen (insbesondere Einbeziehungs-)Regeln nicht unterworfen wurde, dem späteren ungeregelten Freiverkehr.[46]

87 Diese Zweiteilung des Freiverkehrs endete mit Ablauf des Aprils 1988. Zu diesem Zeitpunkt lief für die Unternehmen, deren Werte im geregelten Freiverkehr gehandelt wurden, die einjährige Optionsfrist, in den Geregelten Markt überzuwechseln, ab. Die Wertpapiere, deren Emittenten sich nicht für den Geregelten Markt entschieden hatten, wurden zusammen mit den bisher im ungeregelten Freiverkehr gehandelten Werten in einem **neuen Marktsegment** „Freiverkehr" zusammengefaßt.

88 Für dieses neue Marktsegment wurden Regeln geschaffen, die Elemente aus den früheren Bestimmungen des geregelten Freiverkehrs und den (an manchen Börsen vorhandenen) Richtlinien für den ungeregelten Freiverkehr enthalten. Sie wurden von der Arbeitsgemeinschaft der Deutschen Wertpapierbörsen in Zusammenarbeit mit den acht Börsen enwickelt. Sie sind allerdings nicht durchweg einheitlich, sondern lassen bewußt Raum für Eigenheiten der einzelnen Freiverkehrsplätze.[47]

89 Der geregelte Freiverkehr war bislang als Handelsplattform für Gesellschaften mit geringem Grundkapital gedacht, also insbesondere für Familienunternehmen. Einen großen Teil dieser Aufgaben hat nunmehr der Geregelte Markt übernommen; für kleinere Regionalunternehmen könnte der Freiverkehr gleichwohl interessant bleiben.

90 An manchen Plätzen hat der Freiverkehr eine nicht unerhebliche Bedeutung als Handelsforum für **Aktien und Optionsschuldverschreibungen,** die an (einer) anderen deutschen Börse(n) amtlich oder im Geregelten Markt gehandelt werden. Ein gleiches gilt für **ausländische Wertpapiere.** Hier hat sich insbesondere der Münchner Freiverkehr, in neuerer Zeit aber auch der Berliner und der Stuttgarter Markt als besonders geeignet für die Aufnahme an ausländischen Börsen notierter, in Deutschland erstmals gehandelter Wertpapiere erwiesen.

91 Von deutschen **Rentenpapieren** ist der Freiverkehr seit Einführung des Geregelten Marktes nahezu entblößt. Die Einführung von Rentenpapieren in den (geregelten) Freiverkehr hatte für die Emittenten früher den Reiz, daß sie einerseits nur die Hälfte der für den Amtlichen Handel zu entrichtenden Gebühren zu zahlen hatten, andererseits aber die „bevorzugte Behandlung" des Amtlichen Handels im Kapitalanlagegesellschafts-, Einkommensteuer-, Bewertungs- und Versicherungsaufsichtsgesetz sowie die Lombardfähigkeit nicht entbehren mußten. Mit der Einführung des Geregelten Markts wurde nur noch den dort gehandelten Wertpapieren dieser Vorzug zuteil; eine Ausdehnung auf das neue Marktsegment Freiverkehr erfolgte nicht.

---

[44] Vgl. z. B. § 63 BörsO der Frankfurter Wertpapierbörse; gleichlautend die Bestimmungen der anderen deutschen Wertpapierbörsen.

[45] *Kümpel* WM 1988, 1621, 1626.

[46] Näheres bei *Franke,* Börsen-Freiverkehr, S. 11, *Claussen* ZfK 1984, 706; *Kümpel* WM 1985, Beilage 5, 7.

[47] Die Freiverkehrsregeln der einzelnen Plätze weichen insbesondere in den Bestimmungen voneinander ab, die die Art der Antragstellung betreffen (s. a. unten Rdnr. 180 ff.).

Zuständig für die **Preisermittlung** im Freiverkehr sind die vom Freiverkehrsausschuß[48] mit der Betreuung des Marktes beauftragten Freimakler. An kleineren Börsen ohne Freie Makler nehmen Kursmakler insoweit die Stelle der Freien Makler ein, handeln aber – wie im Geregelten Markt – in den Freiverkehrswerten nicht in amtlicher Eigenschaft. Die Vorschriften über die Preisfeststellung im Börsengesetz und den Börsenordnungen finden auf diesem Markt keine Anwendung, da es sich um einen im wesentlichen privatrechtlich organisierten Markt handelt. Dem Börsenvorstand obliegt lediglich eine Mißbrauchsaufsicht (vgl. § 78 BörsG). Die für den Amtlichen Handel und den Geregelten Markt geltenden „Bedingungen für die Geschäfte an den deutschen Wertpapierbörsen" gelten nach den neuen Freiverkehrs-Richtlinien analog für den Freiverkehr und lösen die bislang maßgeblichen „Bedingungen für den Handel in amtlich nicht notierten Werten", aufgestellt von der Ständigen Kommission gleichen Namens, ab. 92

2. Die Handelsformen. Die Grundlagen des Börsenhandels sind der **Kassahandel,** der Markt mit sofortiger (zweitätiger) Erfüllung und der **Terminhandel,** bei dem die Erfüllung weiter hinausgeschoben ist. 93

a) Kassahandel. Der Kassahandel hat an der Börse zwei Erscheinungsformen, den sog. **Einheitsmarkt** (mißverständlich auch Kassamarkt genannt) und den **Handel mit fortlaufender Notierung** (variabler Handel). Grundlagen des Handels sind – neben dem Börsengesetz und den Börsenordnungen – die von den Börsenvorständen der acht deutschen Börsen festgelegten, für alle acht Wertpapierbörsen im wesentlichen gleichlautenden „Bedingungen für Geschäfte an den deutschen Wertpapierbörsen" vom 1. 1. 1983 (i. d. F. vom 28. 12. 1987). 94

(aa) Einheitsmarkt. Der Einheitsmarkt unterscheidet sich vom Handel mit fortlaufender Notierung dadurch, daß während der Börsensitzung nur ein Kurs festgestellt wird. Es werden dort im wesentlichen Wertpapiere gehandelt, deren Kapitalien einen gewissen Umfang nicht überschreiten, so daß auch der Umsatz an der Börse nicht mehr als eine Kursbildung pro Börsensitzung erfordert. 95

Die am Einheitsmarkt notierten Papiere werden von den Kursmaklern, denen der Markt vom Börsenvorstand zugeordnet ist, der Reihe nach derart aufgerufen, daß Kurstaxen oder -spannen genannt werden. Mit dem **Aufruf zum Handel** in diesen Werten wird zu einer bestimmten Zeit nach Börseneröffnung begonnen. Bis dahin haben die Börsenbesucher Gelegenheit, die vorliegenden Aufträge an den zuständigen Kursmakler weiterzugeben, der alle einlaufenden Aufträge sammelt und bei der Kursfeststellung[49] berücksichtigt. In die **Preisfeststellung** gehen alle Kaufgesuche und Verkaufsangebote ein, die bis unmittelbar vor der amtlichen Preisfeststellung dem Kursmakler übermittelt werden (vgl. § 5 Abs. 4 der Geschäftsbedingungen). 96

Der Kursmakler errechnet den Preis auf der Basis des **Meistausführungsprinzips:** Er stellt aufgrund der vorliegenden Aufträge den Kurs fest, der den größten Umsatz ermöglicht. Dieser Preis ist grundsätzlich der, zu dem alle „bestens"-Orders (unlimitierte Verkaufsorders) und alle „billigst"-Orders (unlimitierte Kaufaufträge) sowie von den limitierten Aufträgen diejenigen ausgeführt werden können, deren Limite identisch mit diesem Preis sind oder bei Kaufaufträgen darüber bzw. bei Verkaufsaufträgen darunter liegen. 97

Dies gilt allerdings nur dann, wenn es sich um eine sog. „bezahlt"-Notiz handelt. Der Kurs ist dann bei den Veröffentlichungen mit dem Zusatz „b" (oder mit keinem Zusatz) versehen. Ergibt sich bei der Kursfeststellung kein vollständiger Ausgleich, sondern ein Überhang von Aufträgen auf der einen oder anderen Seite, erhält die Kursnotiz neben dem Buchstaben „b" einen weiteren Zusatz. Dieser lautet entweder „B" (Brief), falls die 98

---

[48] S. o. Rdnr. 39 ff.

[49] Zur Kursfeststellung im Handel mit Amtlicher Notierung vgl. insbes. *Tilly,* Kursnotierung; s. a. *Schwark,* BörsG, Anm. zu §§ 29, 30; *Harter/Franke/Hogrefe/Seger,* Wertpapiere, 2.11.4.1.

Verkäuferseite größer ist, oder „G“ (Geld), wenn Kaufaufträge überhängen.[50] Häufig versucht der Kursmakler solche Überhänge auszugleichen, wenn sie nicht zu umfangreich sind. Er tritt dann selbst auf der Seite der geringeren Volumina ein und schafft so den sog. „Spitzenausgleich“.[51]

99 (bb) Fortlaufende Notierung. Neben dem Einheitsmarkt findet man in den variablen Märkten nach Branchen geordnet eine große Zahl von Werten, an denen mehrere amtliche Kurse während der Börsenzeit festgestellt werden. Der Handel findet also fortlaufend zu veränderlichen Kursen statt, so wie die Kaufgesuche und Verkaufsangebote an die Märkte gelangen.

100 Zu Beginn der Börsensitzung wird ein **„erster Kurs“** so festgestellt (errechnet), wie er für den Einheitsmarkt beschrieben wurde (vgl. § 5 Abs. 1–3 der Geschäftsbedingungen);[52] das gleiche gilt für den am Schluß der Börsenversammlung festgestellten **„Schlußkurs“**, der allerdings nicht an allen Börsen ein errechneter Kurs ist. Beim ersten Kurs und ggf. dem Schlußkurs wie auch bei allen anderen im variablen Handel zustande gekommenen Kursen werden nur Aufträge in Höhe von 50 Stück (sog. Mindestschluß) oder einem Vielfachen davon berücksichtigt (vgl. § 7 Abs. 2 der Geschäftsbedingungen). Eine Ausnahme bildet nur der Einheitskurs (s. u. Rdnr. 102).

101 Kommt ein „erster Kurs“ nicht zustande, weil entsprechende Aufträge fehlen, wird lediglich eine **Kurstaxe** genannt, oder es wird – seltener – die Notierung gestrichen. Ein evtl. folgender Abschluß im Handel mit fortlaufender Notierung ist dann nicht der „erste Kurs“, sondern die „erste Notiz“, zu der Aufträge, die ausdrücklich für den „ersten Kurs“ erteilt worden sind, nicht ausgeführt werden dürfen.

102 Ein – wie der „erste Kurs“ – errechneter Kurs ist auch der sog. **„Einheitskurs“**, der etwa in der Mitte der Börsenzeit festgestellt wird und zu dem alle nicht auf 50 Stück oder einem Vielfachen davon lautende Aufträge auszuführen sind. Bei einem Auftrag über z. B. 77 Stück werden 50 Stück variabel ausgeführt und 27 Stück zum Einheitskurs abgerechnet (vgl. § 7 Abs. 2 Geschäftsbedingungen).

103 Im variablen Handel hat sich eine **Sprache** herausgebildet, die das Zustandekommen von Abschlüssen auf das schnellste, gleichzeitig aber auch auf unmißverständliche Weise ermöglicht. Der Käufer drückt sein Kaufangebot ausschließlich durch das Wort „Geld“ aus; der Verkäufer ruft „Brief“. Dazu werden – ebenfalls in Kurzform – der Name der Aktie, der Kurs (nur mit den letzten Ziffern) und die Menge genannt. Nimmt der Käufer das Angebot des Verkäufers an, so geschieht dies durch die Worte „von Ihnen“, worauf der Verkäufer dies durch die Antwort „an Sie“ bestätigt. Akzeptiert in umgekehrter Reihenfolge der Verkäufer das Angebot des Käufers, so heißt es zuerst „an Sie“, worauf der Käufer „von Ihnen“ antwortet.

104 Das **Ausrufen** eines Kurses gilt als Vertragsangebot gegenüber allen zur Teilnahme am Börsenhandel zugelassenen Besuchern; im fortlaufenden Handel bezieht sich dieses Angebot zumindest auf den Mindestabschluß (§ 4 Abs. 1 der Geschäftsbedingungen).

105 Die **Börsengeschäfte** werden an der Börse ausschließlich mündlich abgeschlossen. Über jeden Abschluß stellen Kursmakler für Käufer wie für Verkäufer einen **Schlußschein** (Schlußnote) aus, der die schriftliche Bestätigung des Geschäfts darstellt und Grundlage der Abrechnung ist (§ 11 der Geschäftsbedingungen).

106 Die Verpflichtung zu einer größtmöglichen Transparenz des Marktgeschehens bringt es mit sich, daß bei beträchtlichen Abweichungen des festzustellenden Kurses vom zuletzt notierten (auch Vortags-)Kurs ein besonderer Hinweis an der Kursanzeigetafel bzw. den Monitoren im Börsensaal erforderlich wird. Bei festverzinslichen Wertpapieren (außer

[50] Zu diesen sowie weiteren „Kurszusätzen“ und „Hinweisen“ vgl. z. B. § 33 BörsO der Frankfurter Wertpapierbörse; gleichlautende und ähnliche „Zusätze“ und „Hinweise“ kennen die BörsO aller acht Wertpapierbörsen.

[51] S. o. Rdnr. 53 ff.

[52] Vgl. hierzu *Tilly*, Kursnotierung, S. 60.

Wandelobligationen und Optionsanleihen sowie Genußscheinen) führt ein (voraussichtlich) höherer Kurs von mehr als 1,5% bis zu 3% zu dem Zeichen „+", eine Kursveränderung von (voraussichtlich) mehr als 3% zu „++".

Bei Aktien erscheint ein Pluszeichen, wenn der Kurssprung 5 bis 10% beträgt, ein Doppelpluszeichen, wenn die Kursveränderungen zwischen 10 und 20% liegen und ein dreifaches Pluszeichen, wenn 20% überschritten werden. Ein gleiches gilt für Kursveränderungen nach unten. Hier besteht der Zusatz in ein, zwei oder drei Minuszeichen (§ 8 der Geschäftsbedingungen). 107

Der Kursmakler bedarf in diesen Fällen zur Feststellung des Kurses des Einvernehmens des aufsichtsführenden Mitglieds des Börsenvorstands, das dieser durch Abzeichnung des Kurses ausdrückt (§ 8 Abs. 4 Geschäftsbedingungen). Mit Zustimmung des Aufsichtsorgans kann bei Bezugsrechten Plus-/Minusankündigung auch unterbleiben, wenn deren Kurswert nicht mehr als 10% des Nennwertes der zu beziehenden Aktie ausmacht. 108

Die – im Amtlichen Kursblatt zu veröffentlichenden – Kurse haben besondere Bedeutung für die **Abrechnung** der Kreditinstitute ihren Kunden gegenüber. Der Kunde hat einen **Ausführungsanspruch** bei „bezahlt"-Kursen, wenn er seine Order nicht limitiert hat bzw. wenn er mit seinem Limit in dem oben dargestellten Rahmen liegt (§ 7 der Geschäfsbedingungen). Hat der Kurs neben dem „b" einen weiteren Zusatz „G" oder „B", so hat er ebenfalls einen Ausführungsanspruch bei unlimitierten Orders und bei Orders, deren Limite unter (bei Verkauf) oder über (bei Kauf) den festgestellten Kursen liegen. Bei den zum festgestellten Kurs limitierten Kaufaufträgen kann er hingegen mit Kursen, die mit „bG" gekennzeichnet sind, und bei Verkaufsaufträgen bei Kursen, die mit „bB" gekennzeichnet sind, ausfallen, weil diese Aufträge, wie der Zusatz besagt, nur teilweise berücksichtigt werden konnten. 109

Einheitsmarkt und variabler Handel kommen nebeneinander bei allen drei Marktsegmenten (Amtlicher Handel, Geregelter Markt, Freiverkehr) vor. Der fortlaufende Handel des Freiverkehrs unterscheidet sich von dem des Amtlichen Handels und des Geregelten Marktes allerdings dadurch, daß er keinen Mindestschluß und keinen errechneten Einheitskurs kennt. Der „erste Kurs" variabel gehandelter Freiverkehrswerte ist meist ein errechneter Kurs. 110

Abgeschlossene Geschäfte sind nach den Handelsbedingungen innerhalb von zwei Tagen zu **erfüllen** (§ 15 Abs. 1 der Geschäftsbedingungen). Sofern diese Fristen von einer Partei nicht eingehalten werden, hat die andere das Recht zu „exekutieren", d. h. sie hat das Recht, im Falle nicht erfolgter Lieferung und nach erfolglosem Ablauf einer zu setzenden Nachfrist die Papiere anderweitig zu erwerben und die Differenz der anderen Partei in Rechnung zu stellen; im Falle nicht erfolgter Abnahme der Papiere diese anderweitig zu veräußern und eventuelle Differenzen der anderen Partei in Rechnung zu stellen (§§ 16, 17 der Geschäftsbedingungen). 111

b) Börsenterminhandel (vgl. auch unten §§ 15, 16). (aa) Grundlagen. Von den bisher beschriebenen sogenannten „Kassageschäften", die nach den Geschäftsbedingungen der deutschen Wertpapierbörsen regelmäßig innerhalb von zwei Tagen zu erfüllen sind, unterscheidet man **Termingeschäfte,** bei denen zwischen Abschluß des Geschäftes und seiner – wie auch immer gearteten – Erfüllung je nach Art des Termingeschäftes und der Abschlüsse längere Zeiträume liegen. Termingeschäfte sind also Handelsgeschäfte mit hinausgeschobener Erfüllungszeit (Zeitgeschäfte). Dabei kann das Termingeschäft so gestaltet sein, daß die Erfüllung zu einem bestimmten Zeitpunkt – etwa per Monatsende (Ultimogeschäfte) oder per Monatsmitte (Mediogeschäfte) – erfolgt. Es kann aber auch festgelegt sein, daß die Termingeschäfte an einem bestimmten, von vornherein festgelegten Börsentag oder aber an jedem beliebigen Börsentag innerhalb einer vereinbarten Frist zu erfüllen sind.[53] 112

---

[53] Vgl. *Kümpel* ZfK 1981, 352; *Harter/Franke/Hogrefe/Seger,* Wertpapiere, 2. 11. 9.1.

113 Dabei werden sogenannte **bedingte Termingeschäfte** von **Fixgeschäften** (Festgeschäften) unterschieden. Bei bedingten Termingeschäften hat ein Vertragspartner das Recht, durch Entrichtung einer von vornherein vereinbarten Prämie sich seiner Verpflichtung zur Zahlung oder Lieferung zu entledigen. Fixgeschäfte hingegen sind in jedem Fall zu erfüllen. Zwischen diesen beiden Typen der Termingeschäfte gibt es eine Vielzahl von Zwischenformen, wie Report- und Deportgeschäfte, Stellagegeschäfte oder Noch-Geschäfte.[54]

114 Die Termingeschäfte an den deutschen Börsen und ihre rechtliche Behandlung haben eine wechselreiche **Geschichte.** Unregelmäßigkeiten und Betrügereien im Zusammenhang insbesondere mit Warentermingeschäften im letzten Viertel des vorigen Jahrhunderts waren wesentlicher Anlaß für die Entstehung des Börsengesetzes von 1896. Die sehr einengenden Bestimmungen dieses Gesetzes als Reaktion auf die Auswüchse führten 1908 zu einer Novellierung der terminrechtlichen Bestimmungen, die im wesentlichen bis heute gelten. Erst in den letzten Jahren wurden – nicht zuletzt durch die restriktive Rechtsprechung des Bundesgerichtshofs – insbesondere die Vorschriften über den Termineinwand nicht termingeschäftsfähiger Personen als zu eng gefunden und veranlaßten u. a. die Novellierung des Börsengesetzes 1989.

115 Der facetten- und umfangreiche Terminhandel in Deutschland der Vorkriegszeit wurde im Zusammenhang mit der auf den „Schwarzen Freitag" im Oktober 1929 an der New Yorker Börse folgenden Weltwirtschaftskrise am 11. 7. 1931 eingestellt. Erst 39 Jahre später, am 1. 7. 1970, wurde er – allerdings nur in der Form des Optionsgeschäftes auf Aktien, seit 1. 4. 1986 auch in Form des Optionsgeschäftes in Renten – wieder aufgenommen.

116 Sehr erfolgreich war der Optionshandel an den deutschen Wertpapierbörsen nicht. Trotz häufiger Änderungen der dem Terminhandel an den deutschen Börsen zugrunde liegenden privatrechtlichen Bedingungen, den sogenannten „Besonderen Bedingungen für Optionsgeschäfte an den deutschen Wertpapierbörsen"[55] (zur Zeit in der Fassung vom 1. 4. 1987) wurde ein internationaler Standard weder nach Art noch nach Umfang der Geschäfte erreicht. Während der Optionshandel in Aktien wenigstens während der Hausse-Phase an den deutschen Börsen zwischen 1984 und 1986 einen gewissen Aufschwung erfuhr, dümpelte der Optionshandel in den Rentenwerten von Anfang an vor sich hin. Dies führte zur Initiative einiger Kreditinstitute, mit der Schaffung der **„Deutschen Terminbörse"** einen neuen Anfang mit einem an internationalen Maßstäben ausgerichteten deutschen Börsenterminhandel zu starten. Die Deutsche Terminbörse nahm den Handel Ende Januar 1990 auf.

117 (bb) Der Handel an der Deutschen Terminbörse. **Rechtliche Grundlage für den Handel** an der **Deutschen Terminbörse** sind neben dem Börsengesetz die Börsenordnung, die „Bedingungen für den Handel an der Deutschen Terminbörse" (Handelsbedingungen) und die „Clearing-Bedingungen für den Terminhandel an der Deutschen Terminbörse" (Clearing-Bedingungen).

118 Die **Börsenordnung,** die den an den bestehenden Wertpapierbörsen geltenden nachempfunden wurde, beschreibt die Börse als Computerbörse, erläutert die Trägerschaft und nennt die Aufsichtsbehörde; sie legt die Organe fest, regelt die Zulassung von Personen zum Handel und von Handelsgeschäften sowie die Grundlagen des Handels selbst. Die **Handelsbedingungen** sind Geschäftsbedingungen i. S. von § 50 Abs. 2 BörsG. Sie legen (u. a.) die Handelsabschnitte, die Auftragsarten, die Positionskonten, die Optionsausübung und die Zuteilung bzw. den Barausgleich der Marktteilnehmer untereinander fest. Die **Clearing-Bedingungen** regeln den Erwerb der Clearing-Mitgliedschaft, die Rechte und Pflichten der Clearing-Mitglieder (einschließlich der Sicherheitsleistungen), Verrechnung

[54] Vgl. hierzu ausführlich *Kümpel* ZfK 1981, 352, 356, 358; *ders.,* ZfK 1981, 463 ff.

[55] Die „Besonderen Bedingungen" regeln das Verhältnis der unmittelbaren Teilnehmer am Optionshandel zueinander. Das Verhältnis zwischen dem Kunden der Kreditinstitute und diesen regeln die „Sonderbedingungen für Optionsgeschäfte im Börsenterminhandel", die sich inhaltlich weitgehend an die „Besonderen Bedingungen" anlehnen.

von Geld und Lieferung von Wertpapieren und legen den Inhalt der Vereinbarungen zwischen Nicht-Clearing-Mitgliedern und General-Clearing-Mitgliedern fest.

Trägerin der Deutschen Terminbörse ist – wie die der Frankfurter Wertpapierbörse – die Anfang 1993 gegründete Deutsche Börse AG (siehe Rdnr. 17 ff.) **119**

Der Handel findet nicht in einem Börsensaal statt, sondern ausschließlich **über Bildschirme,** die über bei den Marktteilnehmern oder auch bei Dritten, z. B. der Deutschen Wertpapierdaten-Zentrale GmbH (DWZ) stehenden Rechner(n) mit einem Zentralrechner verbunden sind. **Börsenteilnehmer** sind entweder sog. Market-Maker, die verpflichtet sind, auf Anfrage stets Angebots- und Nachfragepreise (Quotes) für Optionen auf bestimmte, von vornherein festgelegte Basiswerte (Aktien) zu stellen; oder andere, die lediglich Aufträge für eigene oder fremde Rechnung eingeben. **120**

Sobald sich von einem Börsenteilnehmer eingegebene Aufträge oder Quotes mit anderen Aufträgen und Quotes ausführbar gegenüberstehen, ordnet das **elektronische Handelssystem** der DTB diese einander zu und führt sie aus (sog. **matching**). Die Ordnung erfolgt zunächst nach dem Preis, wobei der höchste Nachfragepreis und der niedrigste Angebotspreis Vorrang haben. Bei Aufträgen und Quotes mit gleichem Preis entscheidet die zeitliche Reihenfolge des Eingangs. Unlimitierte Aufträge werden stets vor limitierten Aufträgen ausgeführt (vgl. § 27 Abs. 3 der Börsenordnung der DTB). **121**

Da für das **Zustandekommen der Geschäfte** und die **Festlegung der Kurse** Kursmakler nicht vorgesehen sind, sind die an der Terminbörse zustande gekommenen Kurse nicht amtlicher Natur.[56] **122**

Unterschiedlich zum Handel an den Wertpapierbörsen ist das **rechtliche Verhältnis** der am Terminhandel **Beteiligten** zueinander. Unabhängig von der Börsenteilnehmerschaft kommen – rechtlich betrachtet – **Geschäfte an der Terminbörse** nur zwischen der Träger-Gesellschaft Clearinghaus und einem Teilnehmer, der Clearing-Mitglied ist, zustande (1.2.1 der Clearing-Bedingungen, 1.2.2. der Handelsbedingungen). Die **Clearing-Mitgliedschaft** ist an besondere Voraussetzungen (Höhe des Eigenkapitals, Stellung einer Drittbankgarantie u. a.) gebunden. Ist ein Börsenteilnehmer selbst nicht Clearing-Mitglied, muß er eine Vereinbarung mit einem Clearing-Mitglied abschließen, das rechtlich an seine Stelle als Vertragspartner tritt (§ 15 Abs. 1 Nr. 2 BörsO DTB). Nicht jedes Clearing-Mitglied ist zum Abschluß einer solchen Vereinbarung berechtigt, sondern nur ein sogenanntes General-Clearing-Mitglied, an das höhere Anforderungen hinsichtlich des Eigenkapitals und der zu erbringenden Bankgarantie gestellt werden (vgl. 1.6.1 der Clearing-Bedingungen).[57] **123**

Wird ein von einem Börsenteilnehmer, das nicht Clearing-Mitglied ist, in das System eingegebener Auftrag bzw. Quote ausgeführt, kommen entsprechende Geschäfte zwischen dem Nicht-Clearing-Mitglied und dem General-Clearing-Mitglied einerseits sowie zwischen dem General-Clearing-Mitglied und der Träger-GmbH andererseits zustande. **124**

Im Gegensatz zum Handel an den deutschen Wertpapierbörsen sind Gegenstand des Handels an der Deutschen Terminbörse nicht Wertpapiere, sondern von den Wertpapieren abgeleitete Rechte (sogenannte Derivate). Diese Rechte können sich auf Wertpapiere oder Währungen beziehen, aber auch auf Indizes, die aus den an Wertpapierbörsen gehandelten Wertpapieren gebildet werden. **125**

Diese sogenannten Terminkontrakte können sowohl Optionen als auch Futures sein. Einem Optionsgeschäft liegt die Vereinbarung zugrunde, daß der Käufer das Recht hat, eine bestimmte Anzahl von Aktien oder anderen Basiswerten jederzeit innerhalb einer bestimmten Frist (Optionsfrist) zu einem im voraus vereinbarten Preis (Basispreis) entweder abzurufen (Kauf-Option) oder zu liefern (Verkaufs-Option). Beide Arten der Optio- **126**

---

56 So auch *Kindermann* WM 1989, Beilage 2, 17; *Schwark,* Gutachten II, S. 35.

57 Zu der Vereinbarung zwischen Börsenteilnehmer und General-Clearing-Mitglied vgl. *Kindermann* WM 1989, Beilage 2, 29 f.

nen können wie ein Wertpapier gekauft oder verkauft werden. Die Gegenleistung für den Kauf der Optionen ist die sogenannte Optionsprämie, die dem Verkäufer zusteht.

127 Die zweite Gruppe der an Terminbörsen gehandelten Kontrakte sind die sogenannten Futures, eine moderne Form des in Deutschland bis 1931 üblichen sogenannten Fixgeschäftes. Die Parteien sind dabei verpflichtet, zu einem bestimmten Zeitpunkt den Gegenstand, auf den sich die Futures beziehen, z. B. festverzinsliche Wertpapiere beim Zinsfuture, zu liefern bzw. – wie beim Index-Future – die Differenz aus der Entwicklung des Index in Geld auszugleichen.

128 An der DTB werden gegenwärtig (Stand Sommer 1995) folgende Terminkontrakte gehandelt: Futures auf $8^1/_2$–10-jährige Bundesanleihen (Bund-Future); Futures auf $3^1/_2$–5-jährige Bundesobligationen (Bobl-Future); Futures auf den deutschen Referenzzinssatz für 3-Monatsgeld (Fibor-Future) und Futures auf den deutschen Aktienindex (DAX-Future); ferner Optionen auf 20 deutsche Aktien, Optionen auf den DAX sowie Optionen auf den DAX-Future, auf den Bund-Future und den Bobl-Future.

129 Wesentliche Bedeutung für den Handel an der Deutschen Terminbörse hat das **integrierte Clearing-System.** Wie erwähnt, tritt die Träger-Gesellschaft in jeden Kontrakt als Vertragspartner ein. Damit ist jeder Börstenteilnehmer – direkt, wenn er Clearing-Mitglied ist oder indirekt über seinen General-Clearer – der Träger-Gesellschaft gegenüber verpflichtet.

130 Darüber hinaus hat jedes Clearing-Mitglied (für sich, seine Kunden und gegebenenfalls für andere Börsenteilnehmer) börsentäglich **Sicherheit,** die in der Höhe abhängig ist von seinen „offenen" (d. h. nicht mit Wertpapieren der zu liefernden Art gedeckten) Positionen, zu leisten. Die Sicherheit kann nach näherer Bestimmung des Clearinghauses in bar oder in lombardfähigen Wertpapieren erbracht werden (1.3.1. ff der Clearing-Bedingungen). Das Clearinghaus berechnet die Höhe der Sicherheitsleistungen nachbörslich auf der Grundlage der Schlußpositionen jedes Clearing-Mitglieds in bezug auf die Schlußpreise bzw. die vom Clearinghaus festgelegten Tagesendwerte (1.3.2 der Clearing-Bedingungen). Gegebenenfalls entstandene Fehlbeträge hat das Clearing-Mitglied vorbörslich des nachfolgenden Börsentages auf das LZB-Konto des Clearinghauses zu übertragen (1.3.4 der Clearing-Bedingungen) bzw. zu verpfändende Wertpapiere auf sein Pfanddepot bei der Deutschen Kassenverein AG anzuschaffen (1.3.5 der Clearing-Bedingungen).

131 General-Clearing-Mitglieder müssen von ihren Nicht-Clearing-Mitgliedern Sicherheiten mindestens in der nach der Berechnungsmethode des Clearinghauses sich ergebenden Höhe verlangen. Dasselbe gilt für das Verhältnis zwischen Börsenteilnehmern und deren Kunden (1.3.1 Abs. 5 der Clearing-Bedingungen).

132 Mitglied an der Terminbörse als **Börsenteilnehmer** kann jedes Unternehmen werden, das die börsengesetzlichen Anforderungen (wie in Rdnr. 47 ff. angeführt) erfüllt. Die dort genannte Voraussetzung „Gewährleistung einer ordnungsgemäßen Abwicklung der Börsengeschäfte" erfüllt allerdings nur derjenige Börsenteilnehmer, der die technische Anbindung an die Deutsche Terminbörse hergestellt sowie eine Clearing-Mitgliedschaft erworben bzw. eine Vereinbarung mit einem General-Clearing-Mitglied getroffen hat (vgl. § 15 Abs. 1, 4, 5 BörsG).[58]

133 **Clearing-Mitglieder** können nur Kreditinstitute werden, da nur diese das zur Abwicklung der Geschäfte und der Sicherheitsleistung in Wertpapieren notwendige Depot bei der Deutschen Kassenverein AG unterhalten können (1.3.5 der Clearing-Bedingungen).[59] Daß auch die Clearing-Mitglieder die notwendigen technischen Einrichtungen zur Anbindung an das Clearinghaus unterhalten müssen, versteht sich von selbst. Darüber hinaus ist ein Konto bei der Landeszentralbank für Hessen u. Thüringen, Zweigstelle Frankfurt, erforderlich, um die geldmäßige Verrechnung mit dem Clearinghaus sicherzustellen (vgl. 1.4.1 der Clearing-Bedingungen der DTB).

---

[58] Vgl. auch *Kindermann* WM 1989, Beilage 2, 13 f.

[59] S. auch *Kindermann* WM 1989, Beilage 2, 22.

V. Die Zulassung von Wertpapieren zum Börsenhandel

134 **1. Allgemeines.** Unter der Zulassung von Wertpapieren zum Börsenhandel versteht man die öffentlich-rechtliche Erlaubnis, für den Handel in den betreffenden Wertpapieren die Börseneinrichtungen zu benutzen.[60] Das Börsengesetz spricht deshalb von Zulassung nur im Zusammenhang mit der amtlichen Notierung und dem Geregelten Markt (§§ 36, 71), der ebenfalls eine öffentlich-rechtliche Organisationsstruktur besitzt.[61] Im Zusammenhang mit dem privatrechtlich ausgestalteten Freiverkehr wird gemeinhin der Terminus der Einbeziehung verwendet (§ 78 BörsG). Wegen des sachlichen Zusammenhangs sollen die hierfür geltenden Grundsätze ebenfalls in diesem Abschnitt dargestellt werden.

135 Das gesetzlich geregelte **Zulassungsverfahren** verfolgt im wesentlichen **drei Ziele** (§§ 36 Abs. 3 Nr. 1, 3; 73 Abs. 1 Nr. 1, 3 BörsG):
- Schutz des Publikums vor Übervorteilung;
- Gewährleistung eines ordnungsgemäßen Börsenhandels;
- Wahrung allgemeiner Interessen, kapitalmarktpolitischer, volkswirtschaftlicher oder allgemeinpolitischer Natur.

136 Begrifflich zu unterscheiden sind die Emission (Ausgabe, Begebung) von Wertpapieren, die Zulassung und die Einführung in den Börsenhandel. Die **Emission** umfaßt nicht nur die Ausgabe der Wertpapiere durch den Aussteller, sondern bezeichnet darüber hinaus die gesamte Tätigkeit der Kreditinstitute (Emissionshäuser), die beauftragt sind, die Wertpapiere am Markt unterzubringen. Sofern ein börsenmäßiger Handel angestrebt wird, gehört zur Emission auch der **Antrag auf Zulassung** zum Börsenhandel. Die **Börseneinführung**[62] setzt demgegenüber die Zulassung voraus. Man versteht darunter alle mit der Herbeiführung der ersten Umsätze und der ersten Kursfeststellung im Zusammenhang stehenden Tätigkeiten durch Zulassungsstelle, Börsenvorstand und Maklerschaft.

137 Ein effektiver **Anlegerschutz** wird durch das Zulassungsverfahren grundsätzlich nur dann erreicht, wenn dieses vor Beginn der Zeichnungsfrist bzw. des Bezugsrechtshandels abgeschlossen, insbesondere ein Prospekt veröffentlicht ist. Regelungen für den Fall, daß bereits vor der Zulassung zum Handel an einer inländischen Börse Wertpapiere öffentlich angeboten werden, enthält das Wertpapier-Verkaufsprospektgesetz bzw. die Verordnung über Wertpapier-Verkaufsprospekte.[63] Hiernach muß, von den im Gesetz festgelegten Ausnahmen abgesehen, jeder Emittent spätestens drei Werktage vor dem öffentlichen Anbieten der Wertpapiere einen Verkaufsprospekt veröffentlichen. Ist bereits ein Antrag auf Zulassung zur amtlichen Notierung an einer inländischen Wertpapierbörse gestellt, so hat der Verkaufsprospekt seinem Inhalt nach dem Zulassungsprospekt zu entsprechen (§ 5 VerkPG). Er ist ferner von der Zulassungsstelle zu billigen (§ 6 VerkPG). Der Anbieter der Wertpapiere muß den Verkaufsprospekt vor seiner Veröffentlichung dem Bundesaufsichtsamt für den Wertpapierhandel übermitteln.

138 **2. Zulassung von Wertpapieren zum Börsenhandel mit amtlicher Notierung.** *a) Rechtliche Grundlagen.* Die Zulassung von Wertpapieren zum Börsenhandel mit amtlicher Notierung ist im Dritten Abschnitt des Börsengesetzes (§§ 36–49) sowie in der – aufgrund der in § 38 BörsG enthaltenen Ermächtigung erlassenen – Börsenzulassungsverordnung (BörsZulVO) vom 15. April 1987 geregelt. Inhaltlich basieren diese Vorschriften weitgehend auf dem am 16. Dezember 1986 erlassenen Börsenzulassungsgesetz,[64] dessen Ziel ne-

---

[60] Vgl. *Schwark,* BörsG, § 36 Rdnr. 1; *Samm,* Börsenrecht, S. 89; vgl. hierzu auch *Claussen/Hoffmann,* ZBB 1995, 68 ff.

[61] Vgl. unten Rdnr. 169.

[62] Vgl. unten Rdnr. 185 f.

[63] Gesetz und Verordnung basieren auf einer entsprechenden EG-Richtlinie (89/298 EWG; abgedruckt in ABl. EG L 124/8 vom 5. 5. 1989).

[64] BGBl. I S. 2478.

ben der Umsetzung dreier die Börsenzulassung betreffenden EG-Richtlinien[65] die Einführung des Geregelten Marktes als neuem Marktsegment an den deutschen Wertpapierbörsen war.[66] Jüngste Änderungen ergeben sich aus dem Zweiten Finanzmarktförderungsgesetz vom 26. 7. 1994.

139 Kennzeichnend für das **aktuelle Börsenzulassungsrecht** sind gegenüber der Vergangenheit teilweise verschärfte allgemeine Zulassungsvoraussetzungen, eine erweiterte Prospektpublizität, weitreichende Publizitäts- und Verhaltenspflichten der Emittenten nach der Zulassung sowie Erleichterungen bei Zulassungen von Wertpapieren an mehreren Börsenplätzen innerhalb der Europäischen Union. Als Beispiele seien hier die §§ 15 WpHG, 44b, c BörsG (Publizitäts- und Auskunftspflichten) sowie § 7 (Zulassung aller Wertpapiere derselben Gattung oder Emission) und § 9 (Streuung der Aktien) BörsZulVO genannt. Die vor 1986 für die Zulassung zur amtlichen Notierung maßgeblichen Bestimmungen außerhalb des Börsengesetzes, namentlich die „Bekanntmachung betreffend die Börsenzulassung von Wertpapieren zum Börsenhandel" vom 4. 7. 1910[67] und die „Verordnung betreffend die Zulassung von Wertpapieren zum Börsenhandel" vom 20. 4. 1932[68] wurden durch das Börsenzulassungsgesetz aufgehoben.

140 *b) Zulassungsverfahren.* (aa) Gegenstand des Zulassungsverfahrens. Der Zulassung gemäß § 36 Abs. 1 BörsG bedürfen solche Wertpapiere, deren amtliche Notierung an einer Wertpapierbörse angestrebt wird. Die Zulassung kann nach dem Wortlaut des Gesetzes nur für Wertpapiere erfolgen, wobei der **börsenrechtliche Wertpapierbegriff** nach den Erfordernissen des Börsenhandels sowie nach Sinn und Zweck der einzelnen Vorschriften des Börsengesetzes zu bestimmen ist.[69] Nicht börsenfähig sind Wechsel und Schecks (§ 96 Abs. 1 BörsG), ebenso Beweisurkunden oder Legitimationspapiere. Nicht zulassungsfähig sind weiterhin Wertpapiere individuellen Charakters, wie Hypotheken oder Grundschuldbriefe oder als Wertpapiere ausgestaltete GmbH- oder KG-Anteile. Börsenfähige Wertpapiere sind dagegen Aktien, Genußscheine, Hypothekenpfandbriefe, Wandelschuldverschreibungen, Anleihen öffentlich-rechtlicher Emittenten, Industrieobligationen sowie Investmentzertifikate. Hierzu zählen auch Kuxe, das sind Anteilsscheine an bergrechtlichen Gewerkschaften, die allerdings in Folge der Auflösung der letzten bergrechtlichen Gewerkschaften 1986 in Deutschland nicht mehr gehandelt werden. Aktien und festverzinsliche Wertpapiere werden heute vielfach aufgrund von Globalurkunden zum Börsenhandel zugelassen. **Kein Zulassungsverfahren** ist erforderlich für Anleihen des Bundes, seiner Sondervermögen, der Bundesländer sowie von Mitgliedstaaten der Europäischen Wirtschaftsgemeinschaft oder von einem anderen Vertragsstaat des Abkommens über den Europäischen Wirtschaftsraum.[70] Sie sind kraft Gesetzes an jeder deutschen Börse zur amtlichen Notierung zugelassen (§ 41 BörsG). Auch Berichtigungsaktien brauchen das Zulassungsverfahren nicht zu durchlaufen (§ 33 Abs. 4 EG AktG).

141 (bb) Zulassungsantrag. Am Beginn des Zulassungsverfahrens steht die Stellung des **Zulassungsantrages** bei der Zulassungsstelle derjenigen Börse, an der die Einführung in den Handel mit amtlicher Notierung erfolgen soll.[71] Werden Zulassungsanträge bei mehreren inländischen Börsenplätzen gestellt, so arbeiten die inländischen Zulassungsstellen zusammen (§ 40 Abs. 1 BörsG). Insbesondere die Anforderungen an den Prospekt werden untereinander abgestimmt. Der Zulassungsantrag ist in schriftlicher Form vom Emittenten

---

[65] Vgl. Abl. EG L 66/21 (Zulassungsrichtlinie); ABl. EG L 100/1 (Prospektrichtlinie); Abl. EG L 48/26 (Zwischenberichtsrichtlinie).

[66] Regelungen, die Zulassung von Wertpapieren betreffend, enthielten weiterhin das Gesetz vom 11. 7. 1989 (BGBl. I S. 1412) sowie das BWR-Ausführungsgesetz vom 27. 4. 1993 (BGBl. I S. 512).

[67] RGBl. 1910, S. 917.

[68] RGBl. 1932, S. 181.

[69] Vgl. *Schwark,* BörsG, § 36 Rdnr. 6; zum Wertpapierbegriff allgemein, *Hueck/Canaris,* Recht der Wertpapiere, 11. Aufl. 1977, S. 1 ff.

[70] Vgl. Art. 41 Abs. 4 EWR-Ausführungsgesetz vom 27. 4. 1993, BGBl I, S. 512, 531.

[71] Vgl. oben Rdnr. 26 ff.

zusammen mit einem Kreditinstitut zu stellen, das an einer inländischen Börse mit dem Recht zur Teilnahme am Handel zugelassen ist (§ 36 Abs. 2 BörsG, § 48 BörsZulVO). Nach Umsetzung der Wertpapierdienstleistungsrichtlinie wird auch den Wertpapierhandelshäusern eine solche Emissionsbegleitung möglich sein.

Der Zulassungsantrag muß Firma und Sitz der Antragsteller, Art und Betrag der zuzulassenden Wertpapiere sowie ein Börsenpflichtblatt (§ 37 Abs. 4 BörsG), in dem der Antrag veröffentlicht werden soll, angeben (§ 48 Abs. 1 BörsZulVO). Dem Antrag sind ein Entwurf des Prospektes und die zur Prüfung der Zulassungsvoraussetzungen erforderlichen Nachweise beizufügen (§ 48 Abs. 2 BörsZulVO). Dabei handelt es sich insbesondere um: **142**
– Handelsregisterauszug;
– Satzung oder Gesellschaftsvertrag;
– Geschäftsberichte für die vergangenen drei Geschäftsjahre.

§ 7 Abs. 1 Satz 1 BörsZulVO bestimmt weiterhin, daß sich der Zulassungsantrag grundsätzlich auf alle Aktien derselben Gattung bzw. auf alle Schuldverschreibungen derselben Emission beziehen muß. Zur Aufrechterhaltung von Beteiligungsverhältnissen kann der Zulassungsantrag jedoch auf einen Teil der Aktien beschränkt werden. **143**

Der Zulassungsantrag ist von der Zulassungsstelle auf Kosten der Antragsteller im Bundesanzeiger und in dem im Antrag angegebenen Börsenpflichtblatt sowie durch Börsenbekanntmachung zu veröffentlichen. Die Zulassung darf nicht vor Ablauf von drei Werktagen seit der ersten Veröffentlichung des Antrages erfolgen. Sinn und Zweck der Veröffentlichung und der zu wahrenden Fristen bestehen darin, die Öffentlichkeit über die beabsichtigte Zulassung zu informieren und etwaige Bedenken bzw. begründete Ansprüche dagegen zu ermöglichen.[72] **144**

(cc) Zulassungsprospekt. Kernstück des Zulassungsantrages ist der Entwurf des Prospektes (§ 36 Abs. 3 Nr. 2 BörsG, § 48 Abs. 2 Satz 1 BörsZulVO), der von der konsortialführenden Bank im Zusammenwirken mit dem Emittenten erstellt wird. Der Prospekt soll dem Publikum ein zutreffendes Urteil über den Emittenten und die Wertpapiere ermöglichen, indem er über die tatsächlichen und rechtlichen Verhältnisse, die für die Beurteilung der zuzulassenden Wertpapiere wesentlich sind, Auskunft gibt (§ 36 Abs. 3 Nr. 2 BörsG i. V. m. § 13 Abs. 1 Satz 1 BörsZulVO). In Betracht kommen vor allem Informationen über die Vermögens-, Finanz- und Ertragslage, die Entwicklungsaussichten des Emittenten sowie über die mit den Wertpapieren verbundenen Rechte. Prospekte müssen in deutscher Sprache abgefaßt, richtig, vollständig und verständlich sein (§ 13 Abs. 1 BörsZulVO).[73] **145**

Der **Inhalt des Prospekts** bestimmt sich nach § 38 Abs. 1 Nr. 2 BörsG i. V. m. §§ 13–42 BörsZulVO. Er muß Angaben enthalten über: **146**
(1) die Personen und Gesellschaften, die für seinen Inhalt die Verantwortung übernehmen;
(2) die zuzulassenden Wertpapiere, u. a.
– Art, Stückzahl und Nummern sowie den Gesamtnennbetrag der Emission,
– die Übertragbarkeit und eventuelle Einschränkungen der freien Handelbarkeit,
– die Zeichnungs- sowie die Zahl- und Hinterlegungsstellen,
– bei Aktien die mit ihnen verbundenen Rechte sowie den Beginn der Dividendenberechtigung,
– bei Schuldverschreibungen den Ausgabepreis, die Laufzeit, die Verzinsung und die Tilgungsmodalitäten;
(3) den Emittenten, u. a.
– Firma, Sitz und Rechtsform,
– Gegenstand des Unternehmens und wichtige Tätigkeitsbereiche,
– die Höhe des gezeichneten Kapitals,

[72] Vgl. *Samm,* Börsenrecht, S. 90 f. m. w. N.
[73] Zur Abgrenzung zwischen Zulassungsprospekt und Verkaufsprospekt vgl. Rdnr. 137.

– die Bilanzen und Gewinn- und Verlustrechnungen für die letzten drei Geschäftsjahre in Form einer vergleichenden Darstellung sowie den Anhang aus dem Jahresabschluß des letzten Geschäftsjahres,
– Einzelheiten über Unternehmen, an denen der Emittent Anteile besitzt, deren Buchwert mindestens 10% seines Eigenkapitals beträgt oder die mit mindestens 10% zu seinem Jahresgewinn beitragen,
– Großaktionäre, die 5% und mehr Kapitalanteil am Emittenten besitzen,
– Einzelheiten, insbesondere Namen, Anschrift und Tätigkeiten der Mitglieder von Geschäftsleitung und Aufsichtsorganen,
– die Geschäftsentwicklung seit dem letzten Jahresabschluß sowie die Geschäftsaussichten für das laufende Geschäftsjahr;

(4) die Prüfung der Jahresabschlüsse.

147 Sind vorgeschriebene Angaben den in den Prospekt aufzunehmenden Jahresabschlüssen unmittelbar zu entnehmen, brauchen sie im Prospekt nicht eigens wiederholt zu werden (§ 13 Abs. 5 BörsZulVO). Die Zulassungsstelle kann darüber hinaus dem Emittenten einzelne Angaben erlassen, wenn sie der Auffassung ist, daß die Angaben nur von geringer Bedeutung sind oder ihre Veröffentlichung dem öffentlichen Interesse zuwiderläuft oder dem Emittenten erheblichen Schaden zufügen würde (§ 47 BörsZulVO).

148 Von der **Veröffentlichung** eines Vollprospekts gibt es jedoch eine Reihe von **Ausnahmen.** So wird etwa bei Daueremittenten von Schuldverschreibungen eine vereinfachte Form des Prospektes akzeptiert (§ 38 BörsZulVO). Ein Vollprospekt ist nur auf ausdrückliches Verlangen der Zulassungsstelle vorzulegen.

149 Darüber hinaus besteht in zahlreichen Fällen für den Emittenten die Möglichkeit, **verkürzte Prospekte** vorzulegen oder sich von der Prospektpflicht ganz oder teilweise befreien zu lassen (§§ 33 ff., 45 ff. BörsZulVO), z. B. im Falle der Aktienausgabe aufgrund von Bezugsrechten oder bei Belegschaftsaktien.

150 Sind Wertpapiere eines deutschen Emittenten an einer inländischen Börse zugelassen, so erkennen andere deutsche Börsen den zugrunde liegenden Prospekt an, wenn ein entsprechender Zulassungsantrag binnen sechs Monaten ab der Erstzulassung gestellt wird (§ 39 Abs. 4 BörsG).

151 Wird ein **Zulassungsantrag** auch bei einer Börse **in einem anderen Mitgliedstaat der EU sowie des EWR** gestellt, so stimmt die Zulassungsstelle mit der entsprechenden Stelle des anderen Mitgliedstaates, die über den Antrag zu entscheiden hat, die Anforderungen an den Prospekt so weit wie möglich ab (§ 40 a BörsG). Wird die Zulassung für Wertpapiere beantragt, die seit weniger als 6 Monaten in einem anderen Mitgliedstaat der EU sowie des EWR amtlich notiert werden, so kann die Zulassungsstelle den Emittenten davon befreien, einen neuen Prospekt zu erstellen, wenn der vorhandene auf den neuesten Stand gebracht und entsprechend den deutschen Vorschriften ergänzt und veröffentlicht wird (§ 40 BörsG).

152 Stellt ein Emittent mit Sitz in einem anderen Mitgliedstaat der EU oder des EWR einen Zulassungsantrag an einer deutschen Börse gleichzeitig oder annähernd gleichzeitig mit dem Antrag an seiner Heimatbörse, so hat die Zulassungsstelle den im Heimatland eingereichten Prospekt anzuerkennen, wenn er in die deutsche Sprache übersetzt und von der zuständigen Stelle des Heimatlandes gebilligt ist. Dies gilt auch, wenn der Prospekt im Heimatland anläßlich eines öffentlichen Angebots der Wertpapiere gebilligt wurde und seitdem nicht mehr als drei Monate vergangen sind (§ 40 a BörsG). Zur Umsetzung in deutsches Recht steht eine weitere EU-Richtlinie zur Vereinfachung der grenzüberschreitenden Zulassung von Wertpapieren an.[74] Danach sollen Emittenten, die die Zulassung ihrer Wertpapiere an einer anderen Börse als der Heimatbörse innerhalb der EU oder des EWR beantragen, von der Veröffentlichung des Prospektes befreit sein, wenn die Wertpapiere bereits seit mehr als drei Jahren an der Heimatbörse amtlich notiert werden und

[74] RL-Vorschlag vom 23. 12. 1992, KOM (92) 566 endg. ABl. C 23 vom 27. 1. 1993, S. 6.

der Emittent seinen Publizitätspflichten im Heimatland nachgekommen ist. Zu veröffentlichen ist dann lediglich ein Dokument mit grundsätzlichen Angaben über die zu emittierenden Wertpapiere sowie über jüngste Entwicklungen beim Emittenten und spezifische Angaben über den Markt, auf dem die Zulassung beantragt wird. Weiterhin zu veröffentlichen sind der letzte Jahresbericht sowie der letzte Jahresabschluß. Die Dokumente sind in einer Sprache zu erstellen, die Investoren des Landes, in dem die Zulassung beantragt wird, leicht verstehen können, d. h. nicht zwingend in der Sprache des Gastlandes.

Der Prospekt ist nach Billigung durch die Zulassungsstelle mindestens drei Werktage vor 153
der Börseneinführung der Wertpapiere zu veröffentlichen (§ 43 BörsZulVO). Dies geschieht entweder durch Abdruck in den Börsenpflichtblättern, in denen der Zulassungsantrag veröffentlicht wurde (Zeitungspublizität), oder durch Bereithalten und kostenlose Ausgabe bei den im Prospekt benannten Zahlstellen und bei der Zulassungsstelle (Schalterpublizität) (§ 43 Abs. 4 BörsG). Außerdem ist er im Bundesanzeiger bekanntzumachen oder es ist dort ein Hinweis abzudrucken, wo der Prospekt veröffentlicht und für das Publikum erhältlich ist.

Von großer Bedeutung sind die im Prospekt enthaltenen Angaben für die Begründung 154
einer **Haftung nach §§ 45 ff. BörsG,** wonach diejenigen, die den Prospekt erlassen haben sowie diejenigen, von denen der Erlaß des Prospektes ausgeht, den Besitzern eines Wertpapiers gegenüber gesamtschuldnerisch (§§ 421 ff. BGB) für solche Schäden einzustehen haben, die diesen aus unrichtigen Angaben im Prospekt erwachsen (Prospekthaftung; s. dazu unten § 7 197 ff.). Die Vorschrift des § 14 BörsZulVO, wonach die Personen und Gesellschaften, die für den Inhalt des Prospekts die Verantwortung übernehmen, aus dem Prospekt hervorgehen müssen, begründet keine weitergehende Haftung.

(dd) Zulassungsbeschluß. Zur Vorbereitung des Zulassungsbeschlusses hat die Zulas- 155
sungsstelle nicht nur die Vollständigkeit des Prospekts festzustellen. Der **Prüfungsumfang** ergibt sich aus § 36 Abs. 3 BörsG. Danach müssen, abgesehen vom Vorliegen eines Prospekts, der Emittent und die Wertpapiere den Bestimmungen entsprechen, die zum Schutz des Publikums und für einen ordnungsgemäßen Börsenhandel erlassen worden sind. Was hier i. e. zu beachten ist, ergibt sich wiederum aus der Börsenzulassungsverordnung (§ 38 Abs. 1 Nr. 1 BörsG i. V. m. §§ 1–12 BörsZulVO). Danach muß der voraussichtliche Kurswert der zuzulassenden Aktien mindestens DM 2,5 Mio., der Nennwert anderer Wertpapiere mindestens DM 500 000 betragen, und der Emittent muß grundsätzlich seit mehr als drei Jahren als Unternehmen bestanden haben. Die Wertpapiere müssen frei handelbar sein, ihre Stückelung muß den Bedürfnissen des Börsenhandels und des Publikums Rechnung tragen, und die Druckausstattung muß Schutz vor Fälschungen bieten. Wesentlich ist auch die Vorschrift des § 9 BörsZulVO, wonach eine ausreichende Streuung der Wertpapiere gefordert wird. Diese ist i. d. R. dann gegeben, wenn mindestens 25% des Nennbetrages einer Emission vom Publikum erworben worden sind.

Neben den genannten Punkten hat sich die **Prüfungstätigkeit der Zulassungsstelle** 156
weiterhin darauf zu erstrecken, ob Umstände vorliegen, die bei Zulassung der Wertpapiere zu einer Übervorteilung des Publikums oder zu einer Schädigung erheblicher allgemeiner Interessen führen würden (§ 36 Abs. 3 Nr. 3 BörsG). In welchem Umfang diese Vorschrift der Zulassungsstelle auch eine **materielle Prüfungspflicht** auferlegt, ist in der Literatur seit jeher umstritten. Während die Anhänger der sog. „Prospekttheorie" es als einzige Aufgabe der Zulassungsstelle ansehen, die Vollständigkeit des Prospekts und das formale Vorliegen sonstiger Zulassungsvoraussetzungen sowie deren immanente Richtigkeit zu überprüfen,[75] sieht die Gegenmeinung eine Verpflichtung der Zulassungsstelle, auch sonstige ihr bekannte Umstände zu berücksichtigen und im Zweifelsfall weitere Unterlagen und Auskünfte beim Emittenten anzufordern.[76] Die Emittenten sind nach § 26 VwVfG und die begleitenden Kreditinstitute nach § 44 c Abs. 1 BörsG zur Erteilung solcher Auskünfte verpflichtet.

---

[75] So z. B. *Meyer/Bremer,* BörsG, S. 91.

[76] So z. B. *Schwark* NJW 1987, 2043.

Die Praxis der Zulassungsstellen folgt seit langem der zuletzt genannten Auffassung. Zwar ist ihnen eine Bonitätsprüfung der Emittenten aufgrund der zur Verfügung stehenden Mittel und des engen Zeitrahmens grundsätzlich verwehrt. Die Zulassungsstellen fordern jedoch die Emissionshäuser zu **Prospektergänzungen** auf, wenn sie der Meinung sind, daß der ihnen vorliegende Prospektentwurf dem Anleger eine Meinungsbildung über den Emittenten oder die zuzulassenden Wertpapiere nicht in ausreichendem Umfang ermöglicht.

157 Die **Entscheidung über die Zulassung** trifft die Zulassungsstelle der Börse nach mündlicher Verhandlung oder in schriftlicher Abstimmung auf der Basis der Stellungnahme der Börsenverwaltung und eines Berichterstatters. Von der Beratung und Beschlußfassung über den Zulassungsantrag sind diejenigen Mitglieder der Zulassungsstelle ausgeschlossen, die auf seiten des Emittenten an der Zulassung beteiligt sind.[77] Wertpapiere, deren Zulassung von einer Zulassungsstelle abgelehnt wurde, dürfen von einer anderen nur mit Zustimmung der ersten Stelle zugelassen werden. Wird der **Antrag** gleichzeitig **an mehreren inländischen Börsenplätzen** gestellt, darf die Zulassung nur mit Zustimmung aller beteiligten Zulassungsstellen erfolgen. Die Zulassung darf nicht früher als 3 Werktage nach der Veröffentlichung des Antrages ausgesprochen werden. Sie wird i. d. R. in den veröffentlichten Prospekt aufgenommen. Ist ein Prospekt nicht notwendig, wird die Zulassung von der Zulassungsstelle auf Kosten der Antragsteller im Bundesanzeiger und in dem Börsenpflichtblatt, in dem der Antrag veröffentlicht worden ist, sowie durch Börsenbekanntmachung veröffentlicht.

158 Die **Zulassung** stellt nach h. M. einen **Verwaltungsakt** (§ 35 VwVfG) in Form einer öffentlich-rechtlichen Erlaubnis dar.[78] Entsprechendes gilt für die Ablehnung der Zulassung. Bei Vorliegen der im § 36 Abs. 3 BörsG genannten Voraussetzungen besteht ein Anspruch auf Zulassung. Ein Ermessen steht der Zulassungsstelle insofern nicht zu.

159 Sind die gesetzlichen Anforderungen nicht erfüllt, muß die Zulassungsstelle den Antrag **ablehnen**. Sie hat die Ablehnung zu begründen und den anderen Zulassungsstellen mitzuteilen. Der Antrag kann auch trotz Vorliegens der gesetzlichen Voraussetzungen abgelehnt werden, wenn der Emittent seine Pflichten aus der Zulassung zur amtlichen Notierung an einer anderen inländischen Börse oder an einer Börse in einem anderen Mitgliedstaat der EU und des EWR nicht erfüllt (§ 36 Abs. 5 BörsG).

160 Die einmal erteilte Zulassung kann von der Zulassungsstelle auch **widerrufen** werden. Dies ist allgemein möglich nach den Vorschriften des VwVfG über den Widerruf begünstigender Verwaltungsakte (§ 49 Abs. 2 VwVfG). Spezielle **Widerrufsgründe** enthalten die §§ 44 d Satz 2 und 43 Abs. 3 BörsG. Danach kann die Zulassung widerrufen werden, wenn der Emittent auch nach Ablauf einer ihm gesetzten Frist seinen Pflichten aus der Zulassung, z. B. Publizitäts- und Auskunftspflichten, nicht nachkommt oder wenn ein ordnungsgemäßer Börsenhandel auf Dauer nicht mehr gewährleistet ist und die Börsengeschäftsführung die Notierung eingestellt hat.

160 a Noch offen ist die Beurteilung des sogenannten **„Delistings"**, mit dem eine Gesellschaft die Einstellung der Notierung ihrer Aktien betreiben kann.[79] Dabei wird im Wesentlichen auf die Funktion der Zulassung abzustellen sein, die nicht nur den Interessen des Emittenten, sondern auch denen der Marktteilnehmer zu dienen hat. Ist eine Benachteiligung des Publikums ausgeschlossen, wird sich die zulassende Börse wohl auch einem Delisting nicht widersetzen können.

161 Vom Widerruf der Zulassung zu unterscheiden sind **Aussetzung** und **Einstellung** der Notierung (§ 43 Abs. 1 BörsG). Dabei ist die Aussetzung eine vorübergehende, die Einstellung eine auf längere Sicht wirkende Maßnahme.

---

[77] Vgl. z. B. § 46 Abs. 2 BörsO der Frankfurter Wertpapierbörse.

[78] Vgl. *Schwark*, BörsG, § 36 Rdnr. 21; *Samm*, Börsenrecht, S. 97; *Harter/Franke/Hogrefe/Seger*, Wertpapiere, 2.10.1.3.

[79] Vgl. hierzu Klenke, WM 1995, 1083 ff.

Die **Aussetzung** ist möglich, wenn ein ordnungsgemäßer Börsenhandel zeitweilig gefährdet ist oder wenn der Schutz des Publikums diese Maßnahme erfordert. Eingestellt werden kann die Notierung, wenn ein ordnungsgemäßer Börsenhandel in den betreffenden Wertpapieren nicht mehr gewährleistet erscheint. 162

In der Praxis sind zwei **Fälle der Aussetzung** zu unterscheiden: Die Aussetzung aus technischen Gründen, die bei auszulosenden Schuldverschreibungen zwei Börsentage vor dem Auslosungstermin (und einen Tag danach) vorgenommen wird, damit an diesen Tagen die noch inklusive Auslosung getätigten Börsengeschäfte entsprechend beliefert werden können; und die Aussetzung aus wirtschaftlichen Gründen, die zu beschließen ist, wenn Ereignisse eingetreten sind, die bis zur Börsenversammlung noch nicht allen interessierten Kreisen bekannt sein können, von denen aber zu erwarten ist, daß sie eine wesentliche Kursveränderung bewirken. Die Aussetzung dient also im wesentlichen einem ordnungsgemäßen Börsenablauf und (damit) dem Anlegerschutz. 163

Die **Einstellung** einer Notierung wird typischerweise in Frage kommen bei der Eröffnung eines Vergleichs- bzw. Konkursverfahrens. Die Börsengeschäftsführung will mit einer solchen Maßnahme einerseits verhindern, daß in diesem Papier ein weiterer Handel betrieben wird, andererseits aber den Handel in späterer Zeit nicht unmöglich machen, wenn feststehen sollte, daß den Aktionären eine Liquidationsquote mit einem wirtschaftlichen Wert zusteht.[80] 164

(ee) Folgen der Zulassung für den Emittenten. Dem Emittenten amtlich notierter Wertpapiere werden über die obligatorische Aufstellung von Jahresabschlüssen (§§ 242, 264 HGB) hinaus durch das Börsenrecht **weitere Verpflichtungen** auferlegt. Neben der Pflicht zur Gleichbehandlung der Wertpapierinhaber (§ 44 Abs. 1 Ziff. 1 BörsG) und zur Benennung mindestens einer Zahl- und Hinterlegungsstelle sind insbesondere die Publizitätserfordernisse hervorzuheben. 165

Emittenten von Aktien müssen danach regelmäßig **Zwischenberichte** veröffentlichen, aus denen hervorgeht, wie sich die Geschäftstätigkeit in den ersten sechs Monaten des Geschäftsjahres entwickelt hat (§§ 44 Abs. 1 Nr. 3, 44b BörsG, §§ 53ff. BörsZulVO). Die Berichte müssen innerhalb von zwei Monaten nach Ende des Berichtszeitraumes in einem Börsenpflichtblatt oder im Bundesanzeiger abgedruckt oder dem Publikum bei den Zahlstellen kostenlos ausgehändigt werden (§ 61 Abs. 1 BörsZulVO). 166

Abgesehen von der Zwischenberichterstattung bei Aktien ist den Emittenten von Wertpapieren die Veröffentlichung weiterer Informationen vorgeschrieben. Man kann hier drei Gruppen unterscheiden.[81] Zur ersten Gruppe gehören die wertpapier- und emittentenbezogenen Informationen (§ 44 Abs. 1 Nr. 3 BörsG). Darunter fallen z. B. bei Aktien Angaben über Dividenden, Bezugsrechte und Kapitalerhöhungen sowie bei Anleihen Einzelheiten über Zins- und Kapitalrückzahlungen oder Auslosungen. Weiterhin sind mitzuteilen Veränderungen der Satzung oder anderer Rechtsgrundlagen des Emittenten sowie Veränderungen der Stimmrechtsanteile bei der Gesellschaft, wenn die Schwellenwerte von 5%, 10%, 25%, 50% und 75% der Stimmrechte über- oder unterschritten werden (§§ 21ff. WpHG). Die zweite Gruppe der zu veröffentlichenden Informationen wird in § 15 WpHG festgelegt. Zu veröffentlichen sind alle neuen Tatsachen, die im Tätigkeitsbereich des Emittenten eintreten, nicht öffentlich bekannt sind und wegen der Auswirkungen auf die Vermögens- und Finanzlage oder auf den allgemeinen Geschäftsverlauf des Emittenten geeignet sind, den Börsenpreis der Wertpapiere erheblich zu beeinflussen. Vor der Veröffentlichung sind die Tatsachen der Geschäftsführung der Börse, an der die Wertpapiere notiert werden, sowie dem Bundesaufsichtsamt für den Wertpapierhandel mitzuteilen. Schließlich, und das ist die dritte Gruppe, hat der Emittent der Börsengeschäftsführung oder der Zulassungsstelle alle für deren Arbeit erforderlichen Auskünfte zu erteilen und gegebenenfalls auch zu veröffentlichen (§ 44c BörsG). 167

---

[80] Vgl. *Schwark,* BörsG, § 43 Rdnr. 8 f.

[81] Vgl. *Schwark* NJW 1987, 2045.

168 (ff) Rechtsbehelfe im Zulassungsverfahren. Im Zulassungsverfahren nimmt die Zulassungsstelle Aufgaben der öffentlichen Verwaltung wahr und handelt durch Erlaß von Verwaltungsakten. Für das Zulassungsverfahren betreffende Streitigkeiten ist deshalb der **Verwaltungsrechtsweg** (§ 40 VwGO) eröffnet. Als Klagearten kommen in erster Linie die Verpflichtungsklage in Form der Versagungsgegenklage bei Ablehnung der Zulassung oder die Anfechtungsklage bei Widerruf der Zulassung in Betracht (§ 42 VwGO). Trifft die Zulassungsstelle binnen angemessener Frist überhaupt keine Entscheidung über den Zulassungsantrag, kann Untätigkeitsklage erhoben werden (§ 75 VwGO). Anfechtungs- und Verpflichtungsklage setzen die Durchführung eines Widerspruchsverfahrens voraus (§ 68 VwGO). Aktivlegitimiert für Widerspruch und Klage sind sowohl das begleitende Kreditinstitut als auch der Emittent, nicht aber der einzelne Anleger, da eine Verletzung eines subjektiven-öffentlichen Rechts auf Zulassung bei ihm ausscheidet. Über den Widerspruch entscheidet i. d. R. die Zulassungsstelle als Selbstverwaltungsbehörde (§ 73 Abs. 1 Nr. 3 VwGO). Im Falle einer Amtspflichtverletzung unterliegen die einzelnen Mitglieder der Zulassungsstelle daneben der Amtshaftung (§ 839 BGB i. V. m. Art. 34 GG), für die das jeweilige Börsenland einzustehen hat. In Fällen groben Verschuldens kann das Land die Mitglieder der Zulassungstelle in Regreß nehmen. Die Amtshaftung besteht auch gegenüber dem Publikum.[82]

169 **3. Zulassung von Wertpapieren zum Geregelten Markt.** *a) Rechtliche Grundlagen.* **Regelungen** über die Zulassung von Wertpapieren zum Geregelten Markt enthalten das Börsengesetz (§§ 71–77) sowie die Börsenordnungen der einzelnen Wertpapierbörsen. Die Voraussetzungen für die Bildung des Geregelten Marktes als einem unterhalb der amtlichen Notierung angesiedelten Zweitmarkt, der insbesondere kleinen und mittleren Unternehmen den Zugang zum organisierten Kapitalmarkt erleichtern soll, wurden durch das Börsenzulassungsgesetz vom 16. Dezember 1986 geschaffen. Der Geregelte Markt besitzt deshalb eine öffentlich-rechtliche Organisationsstruktur. Die (nicht amtliche) Kursfeststellung findet durch Kurs- oder Freimakler statt, die vom Börsenvorstand berufen werden und seiner Aufsicht unterstehen. Zum Geregelten Markt zugelassen werden können alle Wertpapiere, sofern sie an der entsprechenden Börse nicht bereits amtlich notiert werden. Die Zulassungsvoraussetzungen sind gegenüber dem Börsenhandel mit amtlicher Notierung geringer.

170 *b) Zulassungsverfahren.* Wie bei der Zulassung zur amtlichen Notierung beginnt auch das Zulassungsverfahren zum Geregelten Markt mit der Stellung des **Zulassungsantrages.** Antragsteller ist der Emittent, entweder zusammen mit einem Kreditinstitut oder mit einem anderen **Emissionsbegleiter,** der die entsprechende fachliche Eignung und Zuverlässigkeit besitzt, einen ordnungsgemäßen Börsenhandel gewährleistet und über ausreichende Geldmittel verfügt (§ 71 Abs. 2 BörsG). Diese Regelung, die das im Bereich der amtlichen Notierung nach wie vor bestehende Emissionsmonopol der Banken aufbrechen sollte, erweist sich in der Praxis als schwerfällig, weil sie dem Börsenvorstand bereits vor der Stellung des Zulassungsantrages eine Prüfungspflicht hinsichtlich der Eignung des Mitantragstellers auferlegt. Wenn sich die Mitantragstellung durch Nicht-Kreditinstitute bisher nicht durchzusetzen vermochte, so liegt das auch daran, daß sowohl den Versicherungsunternehmen als auch den Wirtschaftsprüfern diese Tätigkeit von ihrer Aufsichtsbehörde nicht gestattet wird bzw. nach Auffassung der Standesvertretung nicht statthaft ist.[83] Im Hinblick auf die Wirtschaftsprüfer hat diese Einschränkung auch der gerichtlichen Überprüfung standgehalten.[84]

171 Grundsätzlich gelten für das **Zulassungsverfahren** zum Geregelten Markt die Vorschriften für die amtliche Notierung sinngemäß,[85] soweit nicht das Börsengesetz oder die Bör-

[82] Vgl. *Schwark* BörsG, § 36 Rdnr. 28.
[83] Vgl. *Mülhausen,* Die Bank 1988, 343 ff.
[84] VGH Hessen, 11 UE 1714/93.
[85] Vgl. z. B. § 50 Abs. 3 BörsO der Frankfurter Wertpapierbörse.

senordnungen etwas anderes bestimmen. Dies gilt z. B. für die Veröffentlichung des Zulassungsantrages.[86] Ein **Zulassungsverfahren** und damit auch der Zulassungsantrag **entfällt** bei Schuldverschreibungen des Bundes, seiner Sondervermögen oder der Länder sowie bei Anleihen eines Mitgliedstaates der EU und des EWR. Sie sind an jeder Börse zum Geregelten Markt zugelassen (§ 74 BörsG).

Hinsichtlich der **materiellen Zulassungsvoraussetzungen** bestehen wesentliche Unterschiede zwischen amtlicher Notierung und Geregeltem Markt. So existiert z. B. eine dem § 3 BörsZulVO vergleichbare Vorschrift, wonach der Emittent als Unternehmen vor der Zulassung bereits eine gewisse Zeit bestanden haben muß, für den Geregelten Markt nicht. Das Mindestvolumen der dem Publikum zur Verfügung zu stellenden Emission beträgt im Geregelten Markt lediglich DM 500 000,–, und Auflagen bezüglich der Streuung von Aktien bestehen nicht. Teilemissionen sind ausdrücklich zugelassen.[87] 172

Dem Zulassungsantrag ist ein vom Emittenten unterschriebener **Unternehmensbericht** beizufügen, der u. a. Angaben über Gründung, Sitz und Gegenstand der Gesellschaft, die Kapitalverhältnisse, die Organe und die Geschäftslage enthalten muß. Vorgelegt werden müssen daneben die Satzung bzw. der Gesellschaftsvertrag, ein Handelsregisterauszug, Musterstücke der zuzulassenden Wertpapiere sowie weitere Unterlagen. 173

Verglichen mit den umfangreichen Anforderungen der Börsenzulassungsverordnung läßt sich sagen, daß der gegenüber dem Zulassungsprospekt erheblich geringere Umfang des Unternehmensberichts die wohl wesentlichste Erleichterung für Emissionen im Geregelten Markt gegenüber der amtlichen Notierung darstellt. Auch ist eine Publizierung des Unternehmensberichts in einem Börsenpflichtblatt nicht erforderlich. Ausreichend ist, daß er bei den Zahlstellen kostenfrei zur Verfügung gestellt wird (Schalterpublizität). Unbeschadet dessen werden in der Praxis die Unternehmensberichte häufig auch in einem Börsenpflichtblatt veröffentlicht. Sind seit Veröffentlichung des letzten Unternehmensberichts oder Vollprospekts weniger als drei Jahre vergangen, genügt i. d. R. die Publizierung des Bezugsangebotes. Zur („Prospekt“-)**Haftung** für den Unternehmensbericht s. u. Rdnr. 178 u. § 7 Rdnr. 239 ff. 174

c) Zulassungsbeschluß. Über die Zulassung von Wertpapieren zum Geregelten Markt entscheidet der **Zulassungsausschuß.** Einzelheiten regeln die Börsenordnungen. Danach werden die Mitglieder des Zulassungsausschusses vom Börsenvorstand auf die Dauer von drei Jahren gewählt. Dem Ausschuß müssen mindestens zur Hälfte Personen angehören, die nicht berufsmäßig am Börsenhandel mit Wertpapieren beteiligt sind.[88] An allen deutschen Börsen sind die Zulassungsausschüsse personenidentisch besetzt mit den Mitgliedern der Zulassungsstellen für die amtliche Notierung. 175

Umfang und Inhalt der vom Zulassungsausschuß vorzunehmenden **Prüfung** gleichen im wesentlichen dem, was bei der Zulassung zur amtlichen Notierung erforderlich ist. Neben der Überprüfung des eingereichten Unternehmensberichts hat der Zulassungsausschuß festzustellen, daß der Emittent und die Wertpapiere den Anforderungen für einen ordnungsgemäßen Börsenhandel entsprechen und keine Umstände bekannt sind, die im Falle der Zulassung zu einer Übervorteilung des Publikums oder zu einer Schädigung erheblicher allgemeiner Interessen führen würden (§ 73 Abs. 1 BörsG). Ebenso wie bei der Zulassung zur amtlichen Notierung besteht auch im Geregelten Markt keine Pflicht, den Emittenten auf seine Bonität hin zu überprüfen. 176

Die Zulassung zum Geregelten Markt ergeht in der **Form eines Verwaltungsaktes,** wobei der Zulassungsausschuß die Zulassung bei Vorliegen der gesetzlichen Voraussetzungen aussprechen muß, ohne daß ihm ein Ermessen zusteht. Der Widerruf der Zulassung folgt, da das Börsengesetz für den Geregelten Markt eigene Widerrufsgründe nicht vorsieht, den allgemeinen Regeln des VwVfG. 177

---

[86] Vgl. z. B. § 55 Abs. 1 BörsO der Frankfurter Wertpapierbörse.
[87] Vgl. z. B. § 51 Abs. 3 BörsO der Frankfurter Wertpapierbörse.
[88] Vgl. z. B. § 49 BörsO der Frankfurter Wertpapierbörse.

178 *d) Folgen der Zulassung für den Emittenten.* Anders als bei der Zulassung zur amtlichen Notierung ist der Emittent im Geregelten Markt *nicht* gesetzlich zur Vorlage von **Zwischenberichten** verpflichtet. Die Börsenordnungen enthalten jedoch Vorschriften, wonach ein Zwischenbericht veröffentlicht werden soll.[89] Im übrigen besteht auch im Geregelten Markt gem. § 15 WpHG die Pflicht zur **ad-hoc-Publizität** sowie nach §§ 76, 44 c BörsG die Auskunftspflicht gegenüber dem Zulassungsausschuß und die Gleichbehandlungspflicht des § 44 Abs. 1 Nr. 1 BörsG. Ferner muß der Emittent für die gesamte Dauer der Zulassung mindestens eine Zahl- und Hinterlegungsstelle benennen (§ 44 Abs. 1 Nr. 2 BörsG). Schließlich gelten auch im Geregelten Markt die Vorschriften über die **Prospekthaftung** entsprechend (§ 77 BörsG; s. u. § 7 Rdnr. 1, 44, 119).

179 **4. Einbeziehung von Wertpapieren in den Freiverkehr.** Obwohl § 78 BörsG klarstellt, daß auch der Freiverkehr ein integrierter Bestandteil des Börsenhandels ist, unterliegt die Zulassung – im Bereich des Freiverkehrs spricht man gemeinhin von Einbeziehung – weiterhin privatrechtlichen Usancen. **Rechtliche Grundlage** für die Einbeziehung bilden die Richtlinien für den Freiverkehr an den einzelnen Börsenplätzen, die im wesentlichen ähnliche Bestimmungen enthalten. Zuständig für die Einbeziehung sind vom Träger der Börse oder anderen privatrechtlichen Vereinigungen wie Banken- oder Maklerverbänden gewählte Ausschüsse. Durch das 2. Finanzmarktförderungsgesetz erfuhr der Freiverkehr eine Aufwertung. Auch die hier festgestellten Preise gelten nun als Börsenpreise im Sinne von § 11 Abs. 2 BörsG. Das bedeutet, daß die Ordnungsmäßigkeit der Preisfeststellung von der Handelsüberwachungsstelle der Börse überwacht wird und die für die übrigen Marktsegmente gültigen Transparenzvorschriften auch für den Freiverkehr Gültigkeit besitzen.

180 Die Einbeziehung von Wertpapieren in den Freiverkehr erfolgt nur auf **schriftlichen Antrag.** Antragsteller muß grundsätzlich ein an der jeweiligen Börse zugelassenes Kreditinstitut sein.[90]

181 Der Emittent wird über die beabsichtigte Einbeziehung unterrichtet. Ihm ist i. d. R. ein Widerspruchsrecht eingeräumt.[91] Der Antrag muß eine genaue Bezeichnung der einzubeziehenden Wertpapiere enthalten sowie Angaben darüber, an welchen in- oder ausländischen Märkten bereits Preisfeststellungen erfolgen. Er ist, ebenso wie die Entscheidung über die Einbeziehung, **bekanntzumachen,** wobei Art und Form der Bekanntmachung an den einzelnen Börsenplätzen unterschiedlich geregelt sind.

182 Die zuständigen Ausschüsse **prüfen** in erster Linie, ob für die einzubeziehenden Werte ein ordnungsgemäßer Börsenhandel zu erwarten ist. Dies setzt insbesondere voraus, daß die Regulierung des Marktes während eines angemessenen Zeitraums nach der Einbeziehung sichergestellt werden kann und eine unverzügliche Unterrichtung der Börsen über bevorstehende Hauptversammlungen, Dividendenzahlungen, Kapitalveränderungen und sonstige Umstände, die für die Bewertung des Emittenten von Bedeutung sein können, zu erwarten ist. Gründe für die Ablehnung der Einbeziehung dürften, abgesehen von der Nichterfüllung dieser Voraussetzungen, auch dann gegeben sein, wenn eine Übervorteilung des Publikums oder eine Schädigung erheblicher allgemeiner Interessen zu befürchten ist oder wenn etwa bei einer vorangegangenen Unterbringung der Werte außerhalb des Börsenverkehrs ein mit den guten Sitten nicht zu vereinbarendes Verhalten festgestellt wurde.

183 Möglich ist auch der Widerruf der Einbeziehung, wenn die Voraussetzungen, die der Einbeziehung zugrunde lagen, später wegfallen. Der Börsenrat kann darüber hinaus den **Handel untersagen,** wenn Mißstände zu befürchten oder eingetreten sind.[92]

---

[89] Vgl. z. B. § 54 BörsO der Frankfurter Wertpapierbörse.

[90] Ausnahmen von dieser Regel formulieren die Freiverkehrsrichtlinien einzelner Börsenplätze wie z. B. Berlin, Stuttgart oder München.

[91] Anders z. B. § 3 Freiverkehrsrichtlinien der Bayerischen Börse, die ausdrücklich feststellten, daß es einer Einwilligung des Emittenten nicht bedarf.

[92] Vgl. z. B. § 59 Abs. 2 BörsO der Frankfurter Wertpapierbörse.

184 Für **Klagen gegen die Nichteinbeziehung** oder den **späteren Widerruf** der Einbeziehung sind, da es sich beim Freiverkehr um ein privatrechtlich organisiertes Marktsegment handelt, die Zivilgerichte zuständig. Eine (börsenrechtliche) **Prospekthaftung** scheidet beim Freiverkehr aus, da regelmäßig keine mit einem Börsenprospekt vergleichbaren Informationen veröffentlicht werden (s. dazu und zur allgemein-zivilrechtlichen Prospekthaftung unten § 7 Rdnr. 5, 243f.).

VI. Einführung von Wertpapieren in den Börsenhandel

185 Begrifflich von der Zulassung zu unterscheiden ist die Börseneinführung. Man versteht darunter die Aufnahme **des Börsenhandels,** d. h. die erstmalige Herbeiführung von Umsätzen im Sekundärsmarkt, die zu einer Kursfeststellung führen. Die Einführung setzt demnach die Zulassung voraus. Das börsenbegleitende Kreditinstitut hat der Börsengeschäftsführung den Zeitpunkt der Einführung und die Merkmale der einzuführenden Wertpapiere mitzuteilen (§ 42 Abs. 1 BörsG). Die Börsengeschäftsführung teilt die Aufgabe der Kursfeststellung dem dafür zuständigen Makler zu, und dieser führt eine erste Notierung herbei.

186 Im Falle der amtlichen Notierung dürfen die zugelassenen Wertpapiere grundsätzlich frühestens am dritten Werktag nach der ersten Veröffentlichung des Prospekts oder, wenn kein Prospekt zu veröffentlichen war, nach der Veröffentlichung der Zulassung eingeführt werden (§ 52 Abs. 1 BörsZulVO). Wertpapiere, die zur öffentlichen Zeichnung aufgelegt wurden, dürfen erst nach beendeter Zuteilung eingeführt werden (§ 42 Abs. 2 BörsG). Die Börseneinführung ist als eine nach außen wirkende Handlung der zuständigen Börsenorgane ein Verwaltungsakt,[93] der gegebenenfalls mit der Verpflichtungsklage erzwungen werden kann. Werden die Wertpapiere nicht innerhalb von drei Monaten nach Veröffentlichung der Zulassungsentscheidung eingeführt, erlischt die Zulassung (§ 42 Abs. 4 BörsG).

VII. Aufsicht über das Marktgeschehen

187 Die Notwendigkeit einer **staatlichen Aufsicht** über die Wertpapierbörsen wurde bereits früh erkannt. Sie resultierte aus der steigenden wirtschaftlichen Bedeutung, die die Kapitalmärkte gegen Ende des vergangenen Jahrhunderts gewannen. Zu dieser Zeit breiteten sich an den Börsen Mißstände aus, deren man im Interesse des Publikumsschutzes Herr werden mußte, um die Funktionsfähigkeit der Märkte nicht durch mangelndes Vertrauen der Investoren zu gefährden. Das Börsengesetz von 1896 bildet, trotz aller zwischenzeitlichen Änderungen, die für die staatlichen Aufsichtsbefugnisse über alle deutschen Börsen bis heute gültige Rechtsgrundlage. Die Konzeption der Aufsicht über die Börsen und das Marktgeschehen an den Börsen stellte von Anfang an einen Kompromiß zwischen dem Prinzip der **Selbstverwaltung** und staatlicher Eingriffsverwaltung dar. Insbesondere durch die Börsengesetznovellen von 1975 und 1986 war die Selbstverwaltung der Börsen gestärkt worden.

188 Durch das **Zweite Finanzmarktförderungsgesetz** vom 26. Juli 1994[94] wurden die Aufgaben und Befugnisse der staatlichen Stellen, aber auch die der Börsen erheblich erweitert. Mit dem Bundesaufsichtsamt für den Wertpapierhandel in Frankfurt am Main wurde, zusätzlich zu den bestehenden Strukturen, eine **zentrale Wertpapieraufsichtsbehörde** errichtet, deren Hauptaufgabe zunächst in der Bekämpfung des Insiderhandels und in der Überwachung der Pflicht zur Ad hoc-Publizität aus § 15 WpHG besteht. Der Gesetzgeber hat damit auf die zunehmende Komplexität und internationale Verflechtung des Wertpapierhandels angemessen reagiert und ein Regelwerk geschaffen, das die in den letzten Jahren aufgrund mangelnder Aufsichtskompetenzen und ungenügender Transparenz im internationalen Vergleich zutage getretenen Wettbewerbsnachteile beseitigt.

---

[93] *Schwark,* BörsG, § 42 Rdnr. 12.

[94] BGBl. I, 1749ff.

189 **1. Aufsicht durch die Landesregierung.** Die Aufsicht über die Börsen wird, auch nach den Strukturveränderungen durch das Zweite Finanzmarktförderungsgesetz, weiterhin von den nach Landesrecht zuständigen Stellen (Börsenaufsichtsbehörden) ausgeübt. Die **Börsenaufsichtsbehörden** sind üblicherweise bei den Wirtschafts- oder Finanzministerien der Länder angesiedelt. Ihre Aufgaben wurden durch die im Rahmen des Zweiten Finanzmarktförderungsgesetzes verabschiedete Novellierung des Börsengesetzes erheblich erweitert. Sie bestehen aus der Aufsicht über die Institution Börse **(Rechtsaufsicht)** und wurden ergänzt um die Befugnis, das Verhalten der Handelsteilnehmer an der Börse zu beaufsichtigen **(Handelsaufsicht).**

190 *a) Rechtsaufsicht.* Die Rechtsaufsicht über die Börsen umfaßt im wesentlichen die Kontrolle des Handelns der Börsenorgane im Hinblick auf die Übereinstimmung mit dem geltenden Recht. Hierbei stehen der Börsenaufsichtsbehörde die üblichen **aufsichtsrechtlichen Instrumente** (Beanstandung, Aufhebung, Ersatzvornahme usw.) zur Verfügung. Die Rechtsaufsicht bezieht sich unmittelbar auf die öffentlich-rechtlichen Börsen, nicht aber auf den privatrechtlichen Träger der jeweiligen Börse. Eine Befugnis zur sogenannten **Fachaufsicht,** die eine Überprüfung auch der Zweckmäßigkeit von Maßnahmen der Börsenorgane umfassen würde, steht der Börsenaufsichtsbehörde auch nach neuem Recht **nicht** zu.[95] Die Befugnisse der Börsenaufsichtsbehörde hinsichtlich der Kontrolle des Verwaltungshandelns der Börse werden insbesondere begrenzt durch das **Selbstverwaltungsrecht** der Börsen. Ein solches Selbstverwaltungsrecht ist zwar nicht kodifiziert, es ergibt sich jedoch aus dem System des Börsengesetzes und wird inzwischen allgemein anerkannt.[96]

191 Zu den konkreten **Aufsichtsbefugnissen** zählen insbesondere die Überprüfung und Genehmigung der börslichen Satzungen, namentlich der Börsen- und Gebührenordnung (§ 4 Abs. 4, § 5 Abs. 2 BörsG). **Adressaten** der Aufsicht sind, je nach Art der in Rede stehenden Maßnahmen, bei Rechtssetzungsakten der Börse der **Börsenrat** sowie bei Einzelmaßnahmen die **Geschäftsführung,** die gemäß § 3 c BörsG als Leitungsorgan der Börse den früheren Börsenvorstand ablöst. Soweit gem. § 1 Abs. 2 S. 2 BörsG auch die Einrichtungen, die sich auf den Börsenverkehr beziehen, der Aufsicht unterliegen, ist hinsichtlich Aufsichtsadressaten und Aufsichtsmöglichkeiten zu differenzieren. Der staatlichen Aufsicht unterliegen nur solche Einrichtungen, die für die Existenz einer Börse **wesensnotwendig,** d. h. in Börsenhandel und -Abwicklung auch praktisch eingeschaltet sind. Adressat der Aufsicht bei diesen Einrichtungen ist immer die Geschäftsführung, die sich nicht mit dem Hinweis exkulpieren kann, sie habe insoweit keine Einwirkungsmöglichkeiten, um eventuelle Mißstände zu beseitigen. Die Börse hat derartige Einwirkungsmöglichkeiten über ihren Träger auf vertraglicher Grundlage sicherzustellen.

192 Der **Staatskommissar,** der nach früherem Recht eine eigene Organstellung hatte, hat seine herausgehobene Stellung in der neuen Börsenaufsichtsstruktur verloren. Er ist, sofern er von der Börsenaufsichtsbehörde bestellt wird (die Bestellung ist gem. § 1 Abs. 3 S. 1 BörsG fakultativ), ein nur nominell herausgehobener Teil der Börsenaufsichtsbehörde. Zur Wahrnehmung ihrer Aufgaben hat die Börsenaufsichtsbehörde ein umfassendes **Informationsrecht.** Der Staatskommissar oder andere Mitarbeiter der Behörde sind berechtigt, an den Beratungen der Börsenorgane teilzunehmen. Darüber hinaus enthält das Börsengesetz die Verpflichtung der Börsenorgane, die Börsenaufsichtsbehörde bei der Erfüllung ihrer Aufgaben zu **unterstützen** (§ 1 Abs. 3 BörsG).

193 Neu in das Börsengesetz aufgenommen wurde die besondere Aufgabe der Börsenaufsichtsbehörden, darauf hinzuwirken, daß die Vorschriften des **Gesetzes gegen Wettbewerbsbeschränkungen** (GWB) eingehalten werden (§ 2 a BörsG). Die Vorschrift wurde unter der Zielsetzung in das Gesetz eingefügt, möglichen Tendenzen zur Konzentration oder gar Oligopolisierung des Wertpapierhandels und bestimmter Handelssysteme und ei-

---

[95] a. A. *Schwark,* BörsG, Einleitung Rdnr. 22.

[96] *Schwark,* BörsG, § 1 Rdnr. 41 ff. m. w. N.

ner Monopolisierung im Bereich der Börsen-EDV entgegenzuwirken. Diese Zielsetzung steht, soweit sie den ungehinderten Zugang auch kleinerer Marktteilnehmer zu einer Börse betrifft, im Einklang mit den Grundsätzen des Kartellrechts. Sofern allerdings einer gerade durch den Wettbewerb hervorgerufenen **Konzentration von Angebot und Nachfrage** auf einen zentralen Börsenplatz entgegengewirkt[97] werden sollte, wäre diese Zielsetzung zumindest fragwürdig. Die Aufrechterhaltung vom Markt nicht gewünschter, seine Effektivität und Leistungsfähigkeit vielleicht sogar beeinträchtigender Strukturen ist nicht Aufgabe des Kartellrechts. Im übrigen stellt § 2a Abs. 2 BörsG klar, daß die Zuständigkeit der Kartellbehörden unberührt bleibt.

b) Handelsaufsicht. Das novellierte Börsengesetz überträgt den Börsenaufsichtsbehörden 194
nunmehr auch die Aufgabe, „die ordnungsmäßige Durchführung des Handels **an der Börse** und der Börsengeschäftsabwicklung" zu beaufsichtigen (§ 1 Abs. 2 S. 3 BörsG). Die bisher im wesentlichen auf die oben geschilderte Rechtsaufsicht der Länder über die Börsen beschränkte Aufgabe der Börsenaufsichtsbehörden wird dadurch um eine Aufsicht über das **Marktverhalten der Handelsteilnehmer** erweitert.

Ungeachtet der primären Verantwortung der Börsenselbstverwaltung wird die Börsen- 195
aufsichtsbehörde durch umfassende Befugnisse in die Lage versetzt, sämtliche Angelegenheiten der Handelsaufsicht an sich zu ziehen. Sie ist berechtigt, **eigene Ermittlungen durchzuführen,** die auch dazu dienen können, die Erfüllung der den Handelsüberwachungsstellen der Börsen obliegenden Überwachungsaufgaben zu überprüfen. Durch die Auskunfts- und Einsichtsrechte der Börsenaufsichtsbehörde gegenüber den Börsenteilnehmern und der Börse gem. § 1a BörsG wird der nach dem bisherigen Börsengesetz zumindest unklare Rechtszustand eindeutig geregelt: In den letzten Jahren und besonders nach der Einrichtung eines sogenannten Staatskommissariates bei den Börsen in Frankfurt am Main im Vorgriff auf die jetzt geltenden Regelungen zur Handelsaufsicht im Jahre 1992 hatte es sich gezeigt, daß die bis dahin geltenden Rechtsgrundlagen für eine Offenlegung handels- und kontrahentenbezogener Börsendaten nicht ausreichend waren.

Zur Durchführung ihrer Aufsicht über das laufende Geschäft an den Wertpapierbörsen 196
kann sich die Börsenaufsichtsbehörde der Handelsüberwachungsstellen an den Börsen bedienen. Insbesondere ist sie berechtigt, der Handelsüberwachungsstelle **Weisungen** zu erteilen (§ 1b Abs. 1 S. 3). Der Leiter der Handelsüberwachungsstelle hat der Börsenaufsichtsbehörde regelmäßig zu berichten. Stellt die Börsenaufsichtsbehörde **Mißstände** fest, ist sie berechtigt, gegenüber der Börse und den Handelsteilnehmern Anordnungen zu treffen, um Verstöße gegen börsenrechtliche Vorschriften zu unterbinden, durch die eine ordnungsgemäße Durchführung des Handels an der Börse und der Börsengeschäftsabwicklung sowie deren Überwachung beeinträchtigt werden könnte (§ 1a Abs. 2 BörsG). Durch dieses umfassende Instrumentarium an Informations-, Eingriffs- und Anordnungsrechten wird eine effektive und internationalen Standards gerecht werdende **staatliche Beaufsichtigung des Handels** ermöglicht.

Besondere Aufsichtsaufgaben hat die Börsenaufsichtsbehörde gegenüber **Kursmaklern** 197
und freien Maklern. Diese unterliegen grundsätzlich der Aufsicht der Börsenaufsichtsbehörde (§ 8a BörsG). Sie bezieht sich, ebenso wie die Aufsicht über die übrigen Marktteilnehmer, auf die Einhaltung der börsenrechtlichen Bestimmungen. Darüber hinaus überwachen und überprüfen die Börsenaufsichtsbehörden die **wirtschaftliche Leistungsfähigkeit** der Makler. Stellt die Börsenaufsichtsbehörde Tatsachen fest, die Zweifel an der wirtschaftlichen Leistungsfähigkeit oder an der Ordnungsmäßigkeit des Geschäftsgebarens eines Maklers begründen, hat sie die Geschäftsführung der Börse zu unterrichten (§ 8b Abs. 2 BörsG). Nötigenfalls hat zum Schutz der Sicherheit und Ordnungsmäßigkeit des Börsenhandels ein **Widerruf** der Zulassung oder der Bestellung des Maklers zu erfolgen. Für den Widerruf der Zulassung eines freien Maklers ist die Börsengeschäftsführung zu-

---

[97] Die Begründung des Regierungsentwurfs zu § 2a BörsG (BT-Drucks. 12/6679, 61) will die „Schwächung der Regionalbörsen" verhindern.

ständig, während die Suspendierung oder Entlassung eines Kursmaklers analog zum Bestellungsakt zum Zuständigkeitsbereich der Börsenaufsichtsbehörde gehört.

198 **2. Überwachungsaufgaben der Börse.** Im Rahmen des Zweiten Finanzmarktförderungsgesetzes wurden auch die Überwachungsaufgaben der Börsen bedeutend verstärkt. Das novellierte Börsengesetz betont die **Selbstverantwortung** der Börsen für transparentes und faires Marktgeschehen.[98] Die früher dem Börsenvorstand als Leitungsorgan der Börse zugewiesenen Überwachungsaufgaben werden in der neuen Struktur der Geschäftsführung, vor allem aber einem neuen Börsenorgan, der **Handelsüberwachungsstelle,** zugewiesen. Das Nachfolgeorgan des Börsenvorstands, der Börsenrat, hat dagegen keine unmittelbaren Überwachungsaufgaben mehr.

199 *a) Handelsüberwachungsstelle.* Durch § 1 b BörsG wird jede Wertpapierbörse (also auch, wie § 1 Abs. 5 BörsG ausdrücklich klarstellt, die DTB) verpflichtet, eine Handelsüberwachungsstelle einzurichten. Ihre Aufgabe ist die kontinuierliche und umfassende Überwachung aller Geschäftsvorgänge an der Börse. Sie hat insbesondere **alle Daten** über den Börsenhandel und die Börsengeschäftsabwicklung **systematisch** und **lückenlos** zu erfassen und bei erkannten Unregelmäßigkeiten die notwendigen **Ermittlungen** selbst durchzuführen. Zu den Überwachungsaufgaben gehören vor allem die ständige Beobachtung der **Preisfeststellung** durch die skontroführenden Makler, die Überwachung der ordnungsgemäßen **Preisbildung** in elektronischen Handelssystemen (IBIS und DTB), die Kontrolle der Ordnungsmäßigkeit des Börsenhandels im Hinblick auf die Einhaltung der Bestimmungen des Börsengesetzes und der von der Börse selbst durch Börsenordnung und Geschäftsbedingungen gesetzten Regeln sowie die Überwachung der erlaubten Eigengeschäftstätigkeit der Kursmakler (§ 32 Abs. 2 BörsG).

200 Eine weitere, in der Praxis sehr wichtige Aufgabe der Handelsüberwachungsstelle besteht in der Überwachung der Regelungen zur Begrenzung der Börsenverbindlichkeiten der Makler (sog. **Engagementkontrolle,** § 8 c BörsG). Hat ein Makler durch Eigen- und Aufgabegeschäfte den für ihn geltenden Sicherheitsrahmen (der sich nach der von ihm geleisteten Sicherheit unter Anrechnung bestimmter, je nach Risikosituation der verschiedenen Wertpapiergattungen unterschiedlicher Multiplikatoren bestimmt), ist die Geschäftsführung zu benachrichtigen. Diese trifft die erforderlichen weiteren Maßnahmen.[99] Ferner obliegt der Handelsüberwachungsstelle die **Aufrechterhaltung der Ordnung** im Börsensaal, und sie hat die früher von den ehrenamtlichen Mitgliedern des Börsenvorstandes wahrgenommene Aufgabe, bei außergewöhnlichen **Kursschwankungen** die durch den skontroführenden Makler beabsichtigte Kursfeststellung zuvor abzuzeichnen (sog. Plus-Minus-Ankündigung).

201 Stellt die Handelsüberwachungsstelle Unregelmäßigkeiten, Verdachtsfälle oder sonstige Mißstände fest, hat sie nicht nur die Börsengeschäftsführung, sondern auch die Börsenaufsichtsbehörde unverzüglich darüber zu **unterrichten.** Dadurch wird sichergestellt, daß die Börsenaufsichtsbehörde über das Geschehen an der Börse stets umfassend informiert ist und die von ihr für erforderlich gehaltenen Maßnahmen treffen kann.

202 Volumen und Komplexität des modernen Börsenhandels erfordern es, daß die Überwachungstätigkeit der Handelsüberwachungsstelle nicht nur im elektronischen Kassahandelssystem IBIS und im elektronischen DTB-Handel, sondern auch zur Sammlung, Aufbereitung und Auswertung der während der Präsenzbörsensitzung anfallenden Daten elektronisch unterstützt wird. Ein computerunterstütztes **Überwachungssystem** ist daher von der Deutsche Börse AG eingerichtet worden. Die entwickelte technische Infrastruktur steht nicht nur den Frankfurter Börsen, sondern auch den anderen Börsenplätzen zur Verfügung. Ein **Datenaustausch** zwischen den Handelsüberwachungsstellen der Wertpapierbörsen wird durch § 1 b Abs. 4 BörsG ausdrücklich gestattet. Die dadurch ermöglichte Zu-

[98] So die Begründung des Regierungsentwurfs (BT-Drucks. 12/6679, 60).
[99] Siehe unten Rdnr. 207.

sammenarbeit der Wertpapierbörsen ist schon deshalb geboten, weil zahlreiche Wertpapiere an allen oder mehreren deutschen Börsen notiert sind; zudem sind zumindest größere Handelsteilnehmer häufig an mehreren Plätzen vertreten. Die ausdrückliche Ermächtigung zum Datenaustausch ermöglicht aber nicht zuletzt auch eine Überwachung der **Wechselwirkungen zwischen dem Kassamarkt und dem Terminmarkt** der DTB, der aufgrund der ständig wachsenden Bedeutung derivativer Instrumente große Relevanz zukommt.

Das Gesetz enthält keine näheren Bestimmungen darüber, wie die Handelsüberwachungsstelle personell und sachlich auszustatten ist. Damit wird den Börsen ein hohes Maß an **Eigenverantwortung** gegeben, eine dem Umfang ihres Geschäftsvolumens angemessene Organisation zu errichten. Das Vertrauen des Gesetzgebers ist allerdings nicht grenzenlos: Gemäß § 1 b Abs. 1 S. 1 BörsG hat die Wertpapierbörse ihre Handelsüberwachungsstelle „unter Beachtung von Maßgaben" der Börsenaufsichtsbehörde einzurichten und zu betreiben. Dies bedeutet, daß die Börsenaufsichtsbehörde eine unzureichende technische und personelle Ausstattung der Handelsüberwachungsstelle beanstanden und **Einzelweisungen** zur Behebung etwaiger Mißstände erteilen kann. 203

Die Handelsüberwachungsstelle ist als **Börsenorgan** zu errichten. Durch die Organstellung soll verdeutlicht werden, daß die Handelsüberwachungsstelle eine wichtige Funktion hat, die sie **selbständig** und eigenverantwortlich wahrzunehmen hat. Dem steht nicht entgegen, daß es sich bei den **Mitarbeitern** der Handelsüberwachungsstellen regelmäßig um Angestellte des Börsenträgers handeln wird. Das arbeitsrechtliche **Direktionsrecht** des Börsenträgers wird hierdurch ebensowenig wie durch das oben erwähnte **Weisungsrecht** der Börsenaufsichtsbehörde berührt. Um mögliche Interessenkollisionen möglichst auszuschließen und die Unabhängigkeit der Handelsüberwachungsstelle zu stärken, dürfen der Leiter und das übrige Personal der Handelsüberwachungsstelle gemäß § 1 b Abs. 2 S. 3 BörsG nur im **Einvernehmen** mit der Börsenaufsichtsbehörde von ihrer Tätigkeit entbunden werden. Innerhalb des Börsenorgans hat der **Leiter** der Handelsüberwachungsstelle eine herausgehobene Stellung. Er wird auf Vorschlag der Geschäftsführung vom Börsenrat bestellt, das Einvernehmen mit der Börsenaufsichtsbehörde ist dabei herzustellen (§ 1 b Abs. 2 BörsG). 204

b) Geschäftsführung. Obwohl die Kontrolle des Tagesgeschäfts der Handelsüberwachungsstelle zugewiesen ist, kommen der Geschäftsführung als dem **Leitungsorgan der Börse** (§ 3 c BörsG) umfassende Überwachungsaufgaben zu. Sie übernimmt vom früheren Börsenvorstand die Aufgabe der Zulassung von Unternehmen und Personen zum Börsenhandel (§ 7 BörsG). Mit der Zulassung zum Börsenhandel ist stets eine **präventive Kontrolle** verbunden, da zum Handel an der Börse nur zugelassen werden darf, wer die hierfür notwendige Zuverlässigkeit, berufliche Eignung und finanzielle Leistungsfähigkeit hat. Die Geschäftsführung hat darauf zu achten, daß diese Voraussetzungen während der Zulassung zur Teilnahme am Börsenhandel ständig vorliegen. Nötigenfalls ist die Zulassung zurückzunehmen bzw. zu widerrufen (bei Kursmaklern ist diese Entscheidung von der Börsenaufsichtsbehörde zu treffen).[100] 205

Durch ständigen Kontakt mit der Handelsüberwachungsstelle hat die Geschäftsführung zu gewährleisten, daß sie über etwaige Unregelmäßigkeiten im Börsenhandel jederzeit informiert ist. Gemäß § 1 b Abs. 5 S. 2 BörsG kann die Geschäftsführung **eilbedürftige Anordnungen** treffen, um die ordnungsmäßige Durchführung des Handels an der Börse und der Börsengeschäftsabwicklung sicherzustellen; dazu können die Suspendierung von Handelsteilnehmern, die Stornierung von Geschäften, die Aussetzung des Handels (§ 43 BörsG) und Anordnungen zur Geschäftsabwicklung an einzelne Handelsteilnehmer gehören. Die Börsenaufsichtsbehörde ist über derartige Maßnahmen unverzüglich zu unterrichten (§ 1 b Abs. 5 S. 3 BörsG). 206

---

[100] Siehe oben Rdnr. 197.

207 Bei einer Überschreitung des **Sicherheitsrahmens** eines Maklers[101] kann die Geschäftsführung anordnen, daß der Makler unverzüglich weitere Sicherheiten zu leisten oder seine offenen Geschäfte zu erfüllen hat; ferner kann sie ihn mit sofortiger Wirkung vom Börsenhandel suspendieren. Auch insoweit gilt eine Pflicht zur Unterrichtung der Börsenaufsichtsbehörde (§ 8 c Abs. 3 BörsG).

208 **3. Bundesaufsicht.** Das Bundesaufsichtsamt für den Wertpapierhandel, eine selbständige Bundesoberbehörde im Geschäftsbereich des Bundesministeriums der Finanzen, übt die Aufsicht nach den Vorschriften des neuen **Wertpapierhandelsgesetzes** (WpHG) aus. Es hat im Rahmen der ihm zugewiesenen Aufgaben Mißständen entgegenzuwirken, welche die ordnungsmäßige Durchführung des Wertpapierhandels beeinträchtigen oder erhebliche Nachteile für den Wertpapiermarkt bewirken können (§ 4 Abs. 1 WpHG). Das Bundesaufsichtsamt ist **keine Börsenaufsichtsbehörde.** Seine Aufgaben sind nicht börsenspezifisch, sondern sie beziehen sich auf den gesamten börslichen und **außerbörslichen** Wertpapierhandel. Die Aufsicht des Bundesaufsichtsamtes über das Marktgeschehen an der Börse bezieht sich daher stets nur auf die ihm durch das WpHG zugewiesenen Aufgaben.[102]

209 *a) Insiderüberwachung.* Durch die §§ 12 ff. WpHG wurden die bisherigen, freiwilligen Insider-Regeln der deutschen Wertpapierbörsen durch eine **gesetzliche Regelung** abgelöst. Gleichzeitig wurde damit die Richtlinie 89/592/EWG des Rates der europäischen Gemeinschaften vom 13. November 1989 zur Koordinierung der Vorschriften betreffend **Insidergeschäfte**[103] umgesetzt. Der Verstoß gegen das Insiderhandelsverbot wird als Straftat verfolgt, die gemäß § 38 WpHG mit Freiheitsstrafe bis zu 5 Jahren oder mit Geldstrafe zu ahnden ist. Das eigentliche Insiderhandelsverbot (§ 14 WpHG) wird durch eine Reihe flankierender Regelungen ergänzt, die eine effektive Insiderüberwachung ermöglichen sollen.

210 Durch die Pflicht zur **ad hoc-Publizität** (§ 15 WpHG) soll gewährleistet werden, daß die Emittenten **kursrelevante Tatsachen** unverzüglich veröffentlichen. Da veröffentlichte Tatsachen keine Insidertatsachen mehr sind, kann die Gefahr einschlägiger Verstöße auf diese Weise weitgehend reduziert werden. Als meldepflichtig sind gemäß § 15 Abs. 1 WpHG solche Tatsachen anzusehen, die im Tätigkeitsbereich des Emittenten eingetreten, noch nicht öffentlich bekannt und wegen der Auswirkungen auf die Vermögens- und Finanzlage oder auf den allgemeinen Geschäftsverlauf des Emittenten geeignet sind, den **Börsenpreis** der zugelassenen Wertpapiere **erheblich zu beeinflussen.** Dabei bleibt insbesondere im Hinblick auf den Begriff der Kursrelevanz abzuwarten, wie dieser in der Praxis des Bundesaufsichtsamtes und der Gerichte mit Leben erfüllt wird. Verbindliche Richtlinien werden sich wohl erst nach einigen Jahren der Praxis festlegen lassen.[104] Im wesentlichen wurde in § 15 WpHG die bisherige Regelung in § 44 a BörsG übernommen; durch den Zusammenhang mit dem Insiderhandelsverbot und die beabsichtigte präventive Wirkung bei der Bekämpfung des Mißbrauchs von Insiderinformationen hat die Vorschrift jedoch jetzt in der Praxis eine weit größere Bedeutung.[105]

211 Die Veröffentlichung ist durch den Emittenten entweder in einem überregionalen **Börsenpflichtblatt** oder über ein elektronisch betriebenes **Informationsverbreitungssystem** zu veranlassen (§ 15 Abs. 3 WpHG). Wird die Information auf elektronischem Wege verbreitet, genügt es, wenn das entsprechende Medium bei Kreditinstituten und anderen börsenzugelassenen Unternehmen weit verbreitet ist. Dadurch wird allerdings lediglich eine sog. **Bereichsöffentlichkeit** hergestellt. Diese Benachteiligung des privaten Anlegers gegenüber den Intermediären und anderen professionellen Marktteilnehmern glaubte man

---

[101] Siehe oben Rdnr. 200.
[102] *von Rosen,* Die Bank 1995, 10.
[103] Abl. EG Nr. L 334 vom 18. 11. 1989, S. 30.
[104] *von Rosen,* Die Bank 1995, 12.
[105] *Assmann/Uwe H. Schneider,* WpHG, § 15 Rdnr. 12 ff.

im Interesse einer möglichst schnellen Informationsverbreitung hinnehmen zu müssen. Abhilfe wird hier die verstärkte Nutzung moderner elektronischer Medien wie Videotext oder Internet schaffen, zu denen auch Privatanleger in zunehmendem Maße Zugang haben.

Vor der Veröffentlichung hat der Emittent den **Geschäftsführungen** der Börsen, an denen seine Wertpapiere oder darauf bezogene Derivate gehandelt werden, und dem **Bundesaufsichtsamt** die zu veröffentlichende Tatsache mitzuteilen. Der Geschäftsführung dient diese Information als Grundlage für die von ihr zu treffende Entscheidung, ob sie den Handel in dem betreffenden Wertpapier oder Derivat aussetzt.[106] Die Mitteilung an das Bundesaufsichtsamt dient der Erfüllung seiner Überwachungsaufgaben im Hinblick auf die Einhaltung der Veröffentlichungspflichten. Das Bundesaufsichtsamt kann **Verstöße** gegen die Veröffentlichungspflichten mit Bußgeldern bis zu drei Millionen Deutsche Mark ahnden (§ 39 Abs. 3 WpHG). 212

Zum Zwecke der effektiven Bekämpfung des Insiderhandels überwacht das Bundesaufsichtsamt laufend das börsliche und außerbörsliche Geschäft in Insiderpapieren (§ 16 Abs. 1 WpHG). Um eine effektive Aufsicht durch das Bundesaufsichtsamt sicherzustellen, bestehen weitreichende **Meldepflichten,** die sowohl börsliche als auch außerbörsliche Wertpapiergeschäfte betreffen (§ 9 WpHG).[107] Diese Meldepflichten müssen von den Marktteilnehmern seit dem 1. Januar 1996 erfüllt werden (§ 41 Abs. 1 WpHG). Die Meldungen müssen auf Datenträgern oder im Wege der elektronischen Datenfernübertragung erfolgen (§ 9 Abs. 2 WpHG). Eine **Beauftragung Dritter,** insbesondere die Nutzung der an der Börse vorhandenen Infrastruktur, ist zulässig (§ 9 Abs. 3 Nr. 3 WpHG); verantwortlich für die Vollständigkeit und Richtigkeit der abgegebenen Meldungen bleibt jedoch auch bei Einschaltung Dritter stets der jeweilige Marktteilnehmer. 213

Meldepflichtig sind, entsprechend den vom Insiderhandelsverbot umfaßten Geschäftsarten, alle – börslichen und außerbörslichen – Abschlüsse in Wertpapieren oder Derivaten, die zum **Handel** an einem von staatlich anerkannten Stellen geregelten Markt in einem Mitgliedstaat der europäischen Gemeinschaften oder in einem anderen EWR-Staat **zugelassen** oder in den **Freiverkehr**[108] an einer inländischen Börse einbezogen sind. 214

Hat das Bundesaufsichtsamt aufgrund der laufenden Überwachung der gemäß § 9 WpHG gemeldeten Geschäfte **Anhaltspunkte** für einen Verstoß gegen das Insiderhandelsverbot, kann es von den beteiligten Unternehmen **Auskünfte** verlangen. Insbesondere kann das Bundesaufsichtsamt von den auskunftspflichtigen Marktteilnehmern die Angabe der **Identität ihrer Auftraggeber fordern** (§ 16 Abs. 2 WpHG). Weitergehende Ermittlungsbefugnisse des Bundesaufsichtsamts sehen die **Vorlage von Unterlagen** und das **Betreten der Geschäftsräume** der Marktteilnehmer vor (§ 16 Abs. 3 WpHG). Ergibt sich aufgrund Ermittlungen der Verdacht einer Straftat, hat das Bundesaufsichtsamt dies der zuständigen **Staatsanwaltschaft** anzuzeigen (§ 18 WpHG). Die weitere Sachverhaltsermittlung bis hin zur Anklageerhebung bleibt gemäß § 158 ff. StPO der Staatsanwaltschaft vorbehalten. 215

b) Beteiligungstransparenz. Das Bundesaufsichtsamt überwacht ferner die Einhaltung der Mitteilungspflichten gemäß §§ 21 ff. WpHG.[109] Diese Mitteilungspflichten entstehen dann, wenn durch **Erwerb, Veräußerungen oder auf sonstige Weise** Schwellenwerte von 5, 10, 25, 50 oder 75% der **Stimmrechte** an einer börsennotierten Gesellschaft erreicht, überschritten oder unterschritten werden. Der betreffende Investor hat diesen Umstand 216

---

[106] Vgl. § 43 BörsG.

[107] Zugleich Umsetzung des Art. 20 der Richtlinie 93/22/EWG des Rates vom 10. Mai 1993 über Wertpapierdienstleistungen, Abl. EG Nr. L 141 vom 11. Juni 1993, 27.

[108] Durch die Ausdehnung der Meldepflichten auf den Freiverkehr geht der Gesetzgeber über den durch die Richtlinie (siehe oben Fn. 10) gesetzten Standard hinaus.

[109] Zugleich Umsetzung der EG-Richtlinie über Offenlegungspflichten bei Beteiligungserwerb vom 12. Dezember 1988 (Abl. EG Nr. L 348 v. 17. 12. 1988, 62).

sowie die Höhe seines Stimmrechtsanteils dem Bundesaufsichtsamt und der betroffenen Gesellschaft mitzuteilen. In Verbindung mit einer entsprechenden **Veröffentlichungspflicht** (§ 25 WpHG) dient diese Meldepflicht dazu, die Transparenz im Wertpapierhandel für Anleger und Gesellschaften zu erhöhen. Sie ist damit nicht zuletzt ein wichtiger Beitrag zum Anlegerschutz. Die Verletzung der Melde- und Veröffentlichungspflichten wird, ebenfalls durch das Bundesaufsichtsamt, als Ordnungswidrigkeit verfolgt (§§ 39, 40 WpHG).

217 *c) Wohlverhaltensregeln.* Die §§ 31 ff. WpHG statuieren allgemeine und besondere Verhaltensregeln sowie Organisations-, Aufzeichnungs- und Aufbewahrungspflichten für das Effektengeschäft der Kreditinstitute und anderer Wertpapierdienstleistungsunternehmen. Zu nennen ist hier insbesondere das Verbot des sog. **Frontrunning** (§ 32 Abs. 3 WpHG). Die Einhaltung dieser durchweg kundenbezogenen Regeln und Pflichten wird durch das Bundesaufsichtsamt überwacht (§ 35 WpHG). Derzeit sind keine Sanktionen bei Nichteinhaltung der Wohlverhaltensregeln vorgesehen.[110]

218 *d) Internationale Zusammenarbeit.* Ein wesentlicher Grund für die letztlich auch von den Ländern mitgetragene Entscheidung des Gesetzgebers, ein Bundesaufsichtsamt zu errichten, war die wachsende **Internationalisierung** der börslichen und außerbörslichen Wertpapiermärkte. Die grenzüberschreitenden Handelsbeziehungen und Verflechtungen aufgrund der Liberalisierung des Kapitalverkehrs, der Attraktivität moderner Finanzinnovationen und elektronischer Handels- und Kommunikationsmedien machen eine intensive **Zusammenarbeit** mit ausländischen Aufsichtsbehörden erforderlich.

219 Das Bundesaufsichtsamt nimmt die Zusammenarbeit mit ausländischen Stellen nicht nur hinsichtlich seiner oben dargestellten Aufgaben nach dem WpHG wahr, sondern es kooperiert auch in Angelegenheiten, die im Inland der Börsenaufsicht der Länder unterliegen, mit anderen internationalen Aufsichts- und Überwachungsinstitutionen. Diese umfassende Zuständigkeit des Bundesaufsichtsamtes in Fragen der **internationalen Wertpapieraufsicht** beruht auf der Erkenntnis, daß nur über eine zentrale Stelle eine wirksame internationale Zusammenarbeit möglich ist. Ausländischen Institutionen soll in allen Fragen der Wertpapieraufsicht ein geeigneter Ansprechpartner zur Verfügung stehen. Die umfassende Kompetenzzuweisung an das Bundesaufsichtsamt macht es andererseits erforderlich, daß die Behörde in **Angelegenheiten der** eigentlichen **Börsenaufsicht** mit den Börsenaufsichtsbehörden der Länder und den Handelsüberwachungsstellen der Börsen intensiv zusammenarbeitet.

220 Die **Zusammenarbeit mit zuständigen Stellen im Ausland** ist allgemein in § 7 WpHG geregelt. Spezielle Aufgaben und Befugnisse für die internationale Zusammenarbeit sind dem Bundesaufsichtsamt durch § 19 WpHG für die Insiderüberwachung und durch § 30 WpHG für die Überwachung der Beteiligungstransparenz zugewiesen.

221 **4. Abgrenzung der Zuständigkeiten.** Die „dreistufige" Aufsichts- und Überwachungsstruktur wurde im Vorfeld der Verabschiedung des Zweiten Finanzmarktförderungsgesetzes vielfach als zu **kompliziert** und zu aufwendig kritisiert. Indessen war schon früh absehbar, daß sich aufgrund der historisch gewachsenen Zuständigkeit der Länder für „ihre" Börsen und der insoweit verfassungsrechtlich garantierten **föderalen Strukturen** eine zweistufige Lösung (Börsen und eine nationale Aufsichtsbehörde), wie sie in anderen Ländern üblich ist, politisch nicht durchsetzen ließ.[111] Letztlich wurde der gefundene Kompromiß vom Bund, den Ländern und auch den Börsen mitgetragen und hat sich nach den bisherigen Erfahrungen eingespielt.

222 Obwohl sich in der **Koordination** der einzelnen Aufsichts- und Überwachungsaufgaben auch künftig gewisse Überschneidungen ergeben mögen, ist nach der Gesetzeslage die Aufgabenabgrenzung zumindest zwischen dem Bundesaufsichtsamt und den Börsenaufsichtsbehörden eindeutig: § 4 Abs. 1 S. 1 WpHG stellt klar, daß sich die Aufsichtstätigkeit

---

[110] Vgl. *von Rosen,* Die Bank 1995, 13.

[111] Vgl. *LZB Hessen,* Frankfurter Finanzmarkt-Bericht 1994 Nr. 19, 6 f.

des Bundesaufsichtsamtes allein nach den Vorschriften des Wertpapierhandelsgesetzes bestimmt. Das Bundesaufsichtsamt nimmt im wesentlichen neue, vorher gesetzlich nicht geregelte Aufgaben wahr. Die Zuständigkeiten der Länder blieben im wesentlichen erhalten. Abgrenzungsschwierigkeiten zwischen den Aufgaben des Bundesaufsichtsamtes und denen der Börsenaufsichtsbehörden der Länder sollten daher grundsätzlich ausgeschlossen sein.[112]

Schwieriger gestaltet sich nach der Gesetzeslage die Kompetenzabgrenzung zwischen den **Handelsüberwachungsstellen** der Börsen und den Börsenaufsichtsbehörden, da die zugewiesenen Aufgaben und auch die beiden Stellen zustehenden Ermittlungsbefugnisse grundsätzlich gleich sind. Die Börsenaufsichtsbehörden überlassen in der Regel den Börsen die eigenverantwortliche Überwachung des **Tagesgeschäfts** und übernehmen nur im **Einzelfall** Ermittlungen selbst. Damit wird auch an deutschen Börsen eine in anderen Ländern übliche und bewährte Aufgabenverteilung verwirklicht. **223**

Verschiedene Vorschriften regeln eine intensive **Zusammenarbeit** zwischen den zuständigen Stellen im Inland. § 6 Abs. 3 WpHG berechtigt und verpflichtet das Bundesaufsichtsamt und die Börsenaufsichtsbehörden, aber auch das Bundesaufsichtsamt für das Kreditwesen, das Bundesaufsichtsamt für das Versicherungswesen und mit Einschränkungen auch die Deutsche Bundesbank, einander **Beobachtungen und Feststellungen** mitzuteilen, die für die Erfüllung ihrer Aufgaben erforderlich sind. Eine spezielle Art der Zusammenarbeit wird in § 6 Abs. 2 WpHG geregelt: Danach werden die Börsenaufsichtsbehörden im Wege einer sogenannten „Organleihe" bei eilbedürftigen, platzbezogenen Insiderermittlungen für das Bundesaufsichtsamt tätig.[113] Eine Zusammenarbeit zwischen dem Bundesaufsichtsamt und den Börsen ist dagegen nicht vorgesehen. Aus rechtlichen Gründen können die Börsen auch bei **auffälligen Preis- und Umsatzbewegungen,** die den Verdacht auf Insiderhandel nahelegen, das Bundesaufsichtsamt nur über die Börsenaufsichtsbehörden verständigen, damit dieses die notwendigen Ermittlungen aufnehmen kann. Eine Abstimmung der Vorgehensweisen bietet sich aber im Bereich der **ad hoc-Publizität** (§ 15 WpHG) an. **224**

5. Kosten. Durch die neue Struktur und die erweiterten Aufgaben haben sich die Kosten der Aufsicht über das Marktgeschehen beträchtlich erhöht. Weil die mit der **Intensivierung der Aufsicht** verbundene Erhöhung der Attraktivität des Finanzplatzes letztlich den Marktteilnehmern selbst zugute kommt, hat der Gesetzgeber es für sachgerecht gehalten, sie an den **Kosten des Bundesaufsichtsamtes** zu 90% zu beteiligen. Vergleichbare Regelungen finden sich für die Kreditwirtschaft in § 1 KWG und für den Versicherungsbereich in § 101 VAG. Im einzelnen sieht § 11 WpHG vor, daß die Kosten des Bundesaufsichtsamtes dem Bund zu 75% durch Kreditinstitute, zu 5% durch Kursmakler und freie Makler sowie zu 10% durch die Emittenten zu erstatten sind. Die Kosten werden im Umlageverfahren nach Maßgabe der Börsenumsätze der beteiligten Unternehmen bzw. der jeweiligen Wertpapiere erhoben. **225**

Für die **Kosten der Börsenaufsichtsbehörden** enthält das Börsengesetz dagegen keine Regelung, nachdem die noch im Regierungsentwurf[114] vorgesehene Lösung, wonach die Börsen 90% sowie die Makler einen gleichen Anteil der jeweils für die Aufsicht durch die Länder entstehenden Kosten tragen sollten, aufgrund des Widerstands einiger Bundesländer gestrichen wurde. Stattdessen ist es den Ländern nunmehr freigestellt, entsprechende Kostenregelungen durch **Landesgesetze** zu treffen. Nur die hessische Landesregierung hat für den Börsenplatz Frankfurt und damit für die Frankfurter Wertpapierbörse und die Deutsche Terminbörse von dieser Option Gebrauch gemacht.[115] Die übrigen Landesregierungen haben dagegen bislang davon abgesehen, die Kosten auf Börsen oder Makler umzu- **226**

---

[112] Ebenso die Begründung des Regierungsentwurfs, BT-Drucks. 12/6679, 40.

[113] Vgl. die umfassende Darstellung von *Kümpel,* Die Organleihe im Rahmen der neuen Kapitalmarktaufsicht, WM-Festgabe für Thorwald Hellner vom 9. 5. 1994, 35 ff.

[114] BT-Drucks. 12/6679, 16 (§ 2 c).

[115] Börsenaufsichtskostengesetz vom 28. 11. 1994, HessGVBl I S. 697.

legen, um damit ihre Börsen nicht weiter zu belasten. Eine Kostenumlegung ist auch nicht geplant. Im Ergebnis widerspricht dies zwar einem der erklärten Ziele des Zweiten Finanzmarktförderungsgesetzes, der Sicherung eines **fairen Wettbewerbs** von Handelssystemen und Börsenplätzen, wird aber keine nennenswerten Auswirkungen auf den Wettbewerb haben. Die Kosten des Aufbaus und der Unterhaltung einer ihres Geschäftsumfangs angemessenen **Handelsüberwachungsstelle** haben die Börsen selbst zu tragen.

227 **6. Internationale Organisationen.** Im Zeichen zunehmender Globalisierung und Deregulierung des Wertpapiergeschäfts ist die Notwendigkeit einer engeren internationalen Zusammenarbeit der nationalen Aufsichtsbehörden und -gremien gewachsen. Mit den Problemen der Kapitalmarktaufsicht im internationalen Bereich befaßt sich insbesondere die **International Organization of Securities Commissions** (IOSCO).[116] Die IOSCO, die 1974 von den Wertpapieraufsichtsbehörden verschiedener amerikanischer Staaten gegründet wurde und sich erst 1985 international öffnete, hat sich im letzten Jahrzehnt zu einer tatsächlich globalen Organisation entwickelt. Gegenwärtig hat die IOSCO, deren Sekretariat sich in Montreal (Kanada) befindet, 121 Mitglieder: Wertpapieraufsichtsbehörden, Verbände, Börsen, Selbstverwaltungsorganisationen sowie u. a. die Europäische Kommission, die OECD und die International Finance Corporation, eine Weltbanktochter. Die **Bundesrepublik Deutschland** wird durch das Bundesaufsichtsamt als Vollmitglied und die Deutsche Börse AG als beigeordnetes Mitglied vertreten. Stimmberechtigt in den Organen der IOSCO sind nur die Vollmitglieder; Börsen und andere Selbstverwaltungsorganisationen erhalten den Status eines beigeordneten Mitglieds und haben lediglich beratende Funktion.

Schwerpunkt der Tätigkeit der IOSCO sind folgende **Aufgaben:**
– Verbesserung der internationalen Zusammenarbeit der Aufsichtsbehörden mit dem Ziel, die Funktionsfähigkeit der Kapitalmärkte unter besonderer Berücksichtigung von Aufsichtsaspekten zu sichern bzw. zu verbessern,
– regelmäßiger Informations- und Erfahrungsaustausch über aktuelle Aufsichtsfragen,
– Entwicklung gemeinsamer Standards und Maßnahmen zur wirksamen Beaufsichtigung des internationalen Wertpapierhandels sowie
– gegenseitige Unterstützung der nationalen Aufsichtsbehörden, um mißbräuchliches Verhalten an den Märkten frühzeitig erkennen und unterbinden zu können.

228 **Organe der IOSCO** sind der Präsidentenausschuß, der Exekutivausschuß und das Generalsekretariat; daneben besteht ein Konsultativ-Ausschuß, in dem die Selbstverwaltungsorganisationen zusammengefaßt sind. Vier ständige regionale Ausschüsse (Interamerikanischer, Europäischer, Asiatisch-Pazifischer und Afrikanisch-Mittlerer Osten Regionalausschuß), und zwei Arbeitsausschüsse, der Technische Ausschuß, dem die hochentwickelten Kapitalmärkte angehören, und der Entwicklungs-Ausschuß, der die Emerging Markets umfaßt, sind dem Exekutivausschuß unterstellt und leisten die fachliche Arbeit.

VIII. Der Handel von Wertpapieren außerhalb der Börse

229 Das deutsche Börsenrecht verlangt für den Betrieb einer Börse eine staatliche Genehmigung (§ 1 BörsG). Es gestattet aber jedermann, Wertpapiere auch außerhalb einer organisierten Börse anzubieten, zu veräußern und zu erwerben. Insofern stellen die Organisations- und Ordnungsvorschriften des Börsengesetzes grundsätzlich mehr ein **Angebot** als einen Zwang dar. Den Anlegern wird ein Marktplatz angeboten, an dem nach genau definierten Regeln Wertpapiere zum Handel zugelassen und anschließend gehandelt werden.

230 Diese Freiheit gilt allerdings nicht uneingeschränkt: Das Börsengesetz bestimmt einen **„Börsenzwang"** für Kundenaufträge über Wertpapiere, die zum Handel an einer deut-

[116] Vgl. hierzu *von Rosen,* FS Budde, S. 519 ff.

schen Wertpapierbörse zugelassen bzw. im Freiverkehr gehandelt werden, es sei denn, der Kunde wünscht ausdrücklich etwas anderes (§ 10 BörsG). Ausgenommen von der Ausführung über die Börse sind lediglich **festverzinsliche Schuldverschreibungen,** wenn die Emission einen Gesamtnennbetrag von weniger als zwei Milliarden Mark hatte. Daneben haben Börsenteilnehmer ihre außerbörslich getätigten Geschäfte in börsenzugelassenen Wertpapieren an das Bundesaufsichtsamt zu melden (§ 9 WpHG).[117] Der Handel von Wertpapieren außerhalb der Börsen umfaßt verschiedene Bereiche:

– Den außerbörslichen Handel zugelassener Wertpapiere **(vor- und nachbörslicher Handel).** Dieser Handel findet über Telefon zwischen Banken statt, z. T. unter Einschaltung von Maklern und ausländischen Wertpapierhäusern. Gehandelt werden insbesondere umsatzstarke Standardwerte. Die geringe Anzahl von Marktteilnehmern erlaubt es jedem, sich über die Bonität der Teilnehmer auf dem Laufenden zu halten. Die Abwicklung der Geschäfte erfolgt über die Kassenvereine. Seit der Einführung des elektronischen Börsenhandelssystems IBIS hat dieser Bereich an Bedeutung verloren. 231

– Den Handel von Aktien, in Ansätzen auch von Rentenwerten über **private Handelssysteme.**[118] Diese aus den Vereinigten Staaten und Großbritannien kommenden Handelssysteme ermöglichen Banken und Wertpapierhäusern, aber auch institutionellen Anlegern den direkten Zugang zu Systemen, die in technischer Hinsicht Börsenhandelssystemen gleichen oder doch sehr nahe kommen.[119] In der Bundesrepublik Deutschland ist ihre rechtliche Einordnung – Börse oder nicht? – noch nicht geklärt. Rechtliche Unsicherheit besteht allerdings auch in anderen Ländern.[120] Von Börsen unterscheiden sich diese Systeme vor allem durch die Trennung von Eigentümer- und Teilnehmerkreis und ihre Organisationsform: Während Börsen dem Börsengesetz entsprechend einen öffentlich-rechtlichen Charakter haben, sind private Handelssysteme rein privatrechtlich organisiert. Aufgrund der daraus resultierenden geringeren rechtlichen Auflagen stehen ihnen Geschäftsmöglichkeiten offen, die die Börsen heute so nicht wahrnehmen können. Allerdings ist die **Bedeutung privater Handelssysteme** als Konkurrenz zu Börsen in Deutschland noch gering; 1994 dürfte ihr Anteil an dem in der Börsenstatistik ausgewiesenen Handel ein halbes Prozent nicht überschritten haben. In den Vereinigten Staaten, wo solche Systeme schon seit Jahren aktiv sind, haben diese Systeme hingegen schon in spürbarem Umfang Geschäft auf sich gezogen.[121] Ihre Attraktivität dürfte in der direkten Kundenbetreuung liegen. 232

– Den Handel mit Wertpapieren, die von international renommierten Unternehmen emittiert wurden, für die aber keine Zulassung an einer deutschen Börse beantragt wurde (insbesondere Euro-Anleihen). Die plazierenden Banken übernehmen häufig eine informelle Verpflichtung, als **Market Maker** tätig zu werden und so die Liquidität der Wertpapiere zu garantieren. Market Maker sind Marktteilnehmer, die ständig Kauf- und Verkaufskurse stellen, zu denen sie bereit sind, Geschäfte auf eigene Rechnung abzuschließen. Die Market-Maker veröffentlichen ihre Kurse über private Informationsdienste (z. B. Reuters, Bloomberg, VWD) oder auf Anfrage per Telefon. 233

– Den Handel von Wertpapierpaketen oberhalb der handelsüblichen Größenordnung mit einem Paketzuschlag bzw. -abschlag. 234

---

[117] S. o. Rdnr. 213 ff.

[118] Vgl. *von Rosen,* ZfK 94, 1213 ff.

[119] Vgl. *Lee,* What is an Exchange? A Discussion Paper; Capital Markets Forum, Section on Business Law, International Bar Association, April 1992.

[120] Vgl. *International Organization of Securities Commissions* (Hrsg.), Report on Issues in the Regulation of Cross-Border Proprietary Screen-Based Trading Systems; Oktober 1994, S. 5, Nr. 19; *Securities and Investments Board* (Hrsg.), Regulation of the United Kingdom Equity Markets – Discussion Paper, 1994, S. 26–35; *Ontario Securities Commission* (Hrsg.), Electronic Trading Systems in Ontario, 1994.

[121] Vgl. *Securities and Exchange Commission* (Hrsg.), Market 2000 – An Examination of Current Equity Market Developments, 1994 , S. A. IV–1.

235 – Den Handel mit Anteilen offener Investment-Fonds (Kapitalanlagegesellschaften). Die Vertriebsgesellschaften errechnen täglich die Kurse, zu denen sie Anteile ausgeben und zurücknehmen.

236 – Den Handel mit deutschen Wertpapieren, in denen nur sporadisch Abschlüsse zustande kommen. Hierbei ist insbesondere an Aktien **kleinerer Gesellschaften** mit einer geringen Anzahl von Aktionären zu denken. Banken, aber auch Makler bemühen sich außerhalb der Börse im sog. „Telefonverkehr", Geschäfte zu vermitteln oder auch selber als Market Maker tätig zu werden.

237 Die **Mehrzahl der Aktien** deutscher Unternehmen wird **nicht öffentlich gehandelt.** Ende 1995 waren von den über 3600 inländischen Aktiengesellschaften 585 im Amtlichen Handel und im Geregelten Markt an einer Börse notiert. Bei Aktienemissionen dominierten 1995 allerdings eindeutig die börsennotierten Gesellschaften mit einem Volumen von 17,2 Mrd. DM gegenüber 6,4 Mrd. DM von nicht börsennotierten Gesellschaften.[122] 1995 betrug alleine das Volumen der Erstemissionen an den deutschen Börsen über 8 Mrd. DM. Aber dies war nicht immer so. 1983 lag der Kurswert der Aktienemissionen nicht börsennotierter Gesellschaften noch über dem Wert der Emissionen der börsennotierten Gesellschaften.

238 Wenn der Wertpapierhandel außerhalb der Börsen mit ihren gesetzlichen und satzungsmäßigen Vorschriften stattfindet, so heißt dies nicht, daß er im rechtsfreien Raum erfolgt. **Privatrechtliche** und **strafrechtliche Normen** gelten auch hier. Außerdem ist zu berücksichtigen, daß das **Gesellschaftsrecht** eine Reihe von Vorschriften enthält, durch die die Anteilseigner geschützt werden. Dies gilt insbesondere für das AktG. Die AG ist die einzige deutsche Rechtsform, die auf eine große Anzahl von Gesellschaftern zugeschnitten ist und deren Anteile fungibel sind. Anlegerschutzvorschriften des AktG regeln zum Beispiel detailliert die Publizität der Jahresabschlüsse und die Stellung der Inhaber stimmrechtsloser Vorzugsaktien. Ein Vergleich mit dem **angelsächsischen Rechtssystem** verdeutlicht die Unterschiede. Dort setzt der Anlegerschutz weniger bei der Rechtsform des Unternehmens an, wie dies beim deutschen AktG der Fall ist, sondern stärker beim öffentlichen Verkaufsangebot und beim Handel.

239 Relevant für den außerbörslichen Handel sind eine Reihe von Gesetzen, durch die Rechte und Pflichten potentieller Marktteilnehmer geregelt werden: Die Vermittlung von Beteiligungen an Investmentfonds sowie Kapital- und Kommanditgesellschaften bedarf der Genehmigung gem. § 34 c GewO. Sie ist gebunden an persönliche Zuverlässigkeit und geordnete Vermögensverhältnisse. Derjenige, der außerbörslich Wertpapiergeschäfte vermittelt, unterliegt ferner den Vorschriften des HGB, insbesondere der §§ 93–103, die im übrigen auch für den Börsenhandel gelten. Zu berücksichtigen ist schließlich, daß die Anschaffung und Veräußerung von Wertpapieren für andere (Effektengeschäft) sowie die Verwahrung und Verwaltung von Wertpapieren für andere (Depotgeschäft) Bankgeschäfte i. S. d. KWG sind und eine Bank-Lizenz erfordern (§ 1 KWG). Eine **Beaufsichtigung** des außerbörslichen Handels hinsichtlich bestimmter Verhaltensweisen sieht nunmehr auch das WpHG vor.[123]

240 Das Kapitalmarktrecht unterdrückt einen **Wertpapierhandel außerhalb der Börse** nicht, es erkennt vielmehr dessen Existenz explizit (z. B. im § 9 WpHG) an. Es besteht die Möglichkeit, daß sich der Handel dort weitgehend unabhängig von rechtlichen Beschränkungen weiterentwickeln kann. Der sicherheitsbedachte Anleger kann sich mit seinen Transaktionen auf die Börse beschränken, derjenige, der Börsenvorschriften als hinderlich empfindet, kann außerhalb der Börse Geschäfte abschließen. Der Gesetzgeber und auch das Bundesaufsichtsamt können im außerbörslichen Bereich Entwicklungen beobachten und bei Bedarf darauf reagieren.

---

122 Deutsche Bundesbank, Kapitalmarktstatistik 2/96, Statistisches Beiheft zum Monatsbericht 2, S. 44.

123 Vgl. oben Rdnr. 209 ff.

Börsen haben nach deutscher Rechtsauffassung eine **hoheitliche Funktion.** Sie sind in der Bundesrepublik Deutschland deshalb öffentlich-rechtlich verfaßt und ihrem Charakter nach nicht auf Gewinnmaximierung ausgelegt. In anderen Ländern werden sie hingegen als private Unternehmen betrieben und treten untereinander in **Konkurrenz,** suchen Marktlücken und decken so den gesamten Markt ab.[124] Für Papiere, die in den Vereinigten Staaten den Anforderungen der New York Stock Exchange nicht genügten, bildete sich bereits 1971 das NASDAQ-System als neuer Markt. Auch in Europa gibt es hier eine Reihe von Ansätzen. EASDAQ soll als europäisches Gegenstück zur NASDAQ einen Markt für kleinere, innovative Unternehmen bieten, ebenso der französische Nouveau Marché oder der britische Alternative Investment Market (AIM). Auch die Deutsche Börse AG setzt inzwischen an diesem Punkt an und hat für Anfang 1997 die Schaffung eines „Neuen Marktes" geplant. Mit der öffentlich-rechtlichen Konstruktion in der Bundesrepublik ist eine privatrechtliche Konkurrenz unter Börsen ausgeschaltet. Die Zulassungsbestimmungen und Qualitätsstandards sind einheitlich.[125] Neue, außerbörsliche Handelssysteme mit einer privatrechtlichen Struktur konnten sich gleichwohl entwickeln (vgl. oben Rdnr. 232). Für die Zukunft ist zu erwarten, daß die Unterscheidung zwischen dem börslichen und dem außerbörslichen Handel mehr und mehr an Bedeutung verlieren wird. 241

IX. Börsenrecht im Wandel

1. Schaffung eines gemeinsamen europäischen Kapitalmarktes. Mit dem Abbau von Kapitalverkehrsbeschränkungen in vielen Ländern und der verbesserten Information über Anlagemöglichkeiten im Ausland haben die **grenzüberschreitenden Kapitaltransaktionen** in den vergangenen Jahren rapide zugenommen. 1984 betrugen die Umsätze in Wertpapiergeschäften (Aktien, Renten, Investmentanteile) zwischen In- und Ausländern 362,5 Mrd. DM. Elf Jahre später, 1995, erreichten die entsprechenden Umsätze eine Höhe von 5 689,5 Mrd. DM.[126] Diese explosionsartige Entwicklung übersteigt die Zunahme des internationalen Warenverkehrs um ein Vielfaches. Eine wachsende Anzahl von Unternehmen emittiert inzwischen seine Wertpapiere gleichzeitig im In- und Ausland und läßt sie zum Teil auch an ausländischen Börsen notieren. Auch die Banken sind nicht nur in ihren Ursprungsländern tätig, sondern begleiten die Emittenten und Anleger ins Ausland oder suchen dort unmittelbar neue Kundengruppen zu gewinnen. 242

Die noch bestehende **Vielzahl von unterschiedlich ausgestalteten Rechtssystemen** hat den Nachteil, daß bei den Marktteilnehmern hohe Kosten für die Information über verschiedene nationale Rechtssysteme anfallen und gegebenenfalls die Durchsetzung von Ansprüchen aufwendig ist. Außerdem kann es Wettbewerbsverzerrungen zu Lasten derjenigen geben, die in den Staaten leben, in denen die Vorschriften entweder als zu restriktiv oder als unzureichend angesehen werden. Dem stehen allerdings auch Vorteile gegenüber. Die Emittenten und Anleger haben Wahlmöglichkeiten und können Geschäfte dort abschließen, wo der rechtliche Rahmen ihnen am attraktivsten erscheint. 243

Lange Zeit bemühte man sich innerhalb der **EG,** zunächst alle Vorschriften zu **harmonisieren,** um dann die Märkte zu öffnen. Die Folge war, daß der Integrationsprozeß nicht voran kam, weil in zahlreichen Detailfragen keine Einigung erzielt wurde. Seit Ende der achtziger Jahre zeigt sich eine größere Kompromißfähigkeit auf europäischer Ebene. Die ursprüngliche Politik einer möglichst **weitgehenden Rechtsangleichung** ist dem Konzept einer **Mindestharmonisierung** gewichen.[127] Dieses beruht auf dem Erlaß uner- 244

---

[124] *Engels,* Börsen und Börsengeschäfte, in: *Albers* u. a. (Hrsg.), Handwörterbuch der Wirtschaftswissenschaft, Bd. 2, 1980, S. 56 ff.; 60.

[125] Kritisch hierzu *v. Olenhusen,* Börsen und Kartellrecht. Zur wettbewerbsrechtlichen Problematik der Börsenleistungen, 1983.

[126] *Deutsche Bundesbank,* Zahlungsbilanzstatistik 2/96, Statistisches Beiheft zum Monatsbericht 3, S. 50 ff.

[127] *von Rosen,* FS Budde, S. 518 f.

läßlicher Mindeststandards und einer **wechselseitigen Anerkennung** der nationalen Regelungen im übrigen. Dadurch wird verhindert, daß nationale Regelungen als Schutzzäune gegen den Wettbewerb von außen mißbraucht werden können. In der Regel sehen die Richtlinien zwar vor, daß der nationale Gesetzgeber die Mindeststandards verschärfen kann; eine solche **Verschärfung** wirkt aber stets nur innerhalb des nationalen Marktes.

245 Der Schritt zu dieser **Strategie der Marktöffnung** wurde dadurch erleichtert, daß inzwischen alle Staaten der EU einen Mindeststandard an Aufsicht über die Kapitalmärkte realisiert haben. Bei allen verbleibenden Unterschieden ist damit zumindest zweierlei sichergestellt: Erstens können Unternehmenszusammenbrüche innerhalb des jeweiligen Finanzmarktes nicht eine solche Dimension erreichen, daß sie einen Zusammenbruch des Systems nach sich ziehen. Zweitens sorgen Informations- und Publizitätspflichten dafür, daß die Anleger durch ein Mindestmaß an Informationen geschützt werden.

245 a Um den großen Emittenten die Notierung in mehreren europäischen Staaten zu erleichtern, haben die Börsen das Projekt **„Eurolist"** ins Leben gerufen, das durch die Standardisierung der Anforderungen an die Veröffentlichung von Informationen die Pflichten der Emittenten vor und nach der Aufnahme der Notierung deutlich vereinfacht. Die Aufnahme in Eurolist, die gegen eine jährliche Gebühr erfolgt, gibt darüber hinaus das Recht, den Service einer Notierung an den neben der Heimatbörse bestehenden Eurolist-Börsen kostenlos in Anspruch zu nehmen. Informationen, die der Emittent gegenüber der Heimatbörse abgibt, werden über das elektronische Kommunikationssystem EMTS (Eurolist Message Transfer System) automatisch an die übrigen Börsen weitergeleitet.

246 Aus der **Öffnung der Märkte** resultiert ein Druck auf die nationalen Gesetzgeber, Beschränkungen auf ihre Notwendigkeit hin zu überprüfen und sie gegebenenfalls aufzuheben (Deregulierung), denn solche Beschränkungen benachteiligen inländische Anbieter gegenüber ausländischen. Dies kann zu einer „Competition among Rules" führen.[128] Allerdings haben die einschlägigen Richtlinien im deutschen Recht überwiegend zu einer Verschärfung, zumindest jedoch zu einer **Erhöhung der Regelungsdichte** beigetragen. Diese Entwicklung ist vor allem darauf zurückzuführen, daß andere Mitgliedstaaten (vor allem die angelsächsischen) eine stärkere gesetzliche Reglementierung der Kapitalmärkte und einen höher entwickelten Investorenschutz aufwiesen. Die Tendenz zu einer Erhöhung der Regelungsdichte hat sich mit der Umsetzung der Aufsichts- und Transparenzvorschriften durch das Zweite Finanzmarktförderungsgesetz bestätigt.

247 Die **Harmonisierung** der europäischen Kapitalmärkte darf allerdings nicht so weit gehen, daß der Wettbewerb und die Innovationskraft der Börsen darunter leiden. So ist es z. B. vorteilhaft, wenn die Rechtsangleichung des **Zulassungsverfahrens** von Wertpapieren an den europäischen Börsen sich auf das jeweils oberste Marktsegment, in der Bundesrepublik Deutschland die „amtliche Notierung", beschränkt. Eine große Chance der europäischen Börsen liegt gerade darin, daß nicht alle einen vereinheitlichten Markt für Wertpapiere von Großunternehmen (sog. „Blue Chips") anbieten, sondern sich hinsichtlich der Größe und Marktkapitalisierung der notierten Gesellschaften deutlich voneinander unterscheiden.[129] Mit unterschiedlichen Zulassungsbestimmungen und Qualitätsstandards für die Marktsegmente unterhalb der „amtlichen Notierung" können die europäischen Börsen die Handelsbedürfnisse der Anleger weit besser abdecken und ihre Bedeutung innerhalb des Kapitalmarktes langfristig erhöhen. Der Erfolg des US-amerikanischen NASDAQ-Systems zeigt, daß **neue Märkte** für Wertpapiere kleinerer, innovativer Unternehmen auch in Deutschland und Europa durchaus erschlossen werden könnten.

248 Durch die Schaffung des gemeinsamen europäischen Kapitalmarktes wird die bereits heute ausgeprägte **internationale Ausrichtung der deutschen Börsen** weiter zuneh-

---

[128] *Giersch,* Internal and External Liberalisation for Faster Growth, in: Commission of the European Communities (Hrsg.), Economic Papers, No. 54, 1987, S. 16 ff.

[129] Vgl. *Weichert,* Probleme des Risikokapitalmarktes in der Bundesrepublik, 1987, S. 208.

men.[130] Maßgeblich hierfür wird vor allem die Umsetzung der Richtlinie des Rates über **Wertpapierdienstleistungen** (Wertpapierdienstleistungs-Richtlinie)[131] sein. Diese Richtlinie komplettiert unter dem zweifachen Aspekt der Niederlassungsfreiheit und des freien Dienstleistungsverkehrs im Bereich der Wertpapierfirmen das Rahmenwerk eines europäischen Marktes für Finanzdienstleistungen.

Die Richtlinie will sicherstellen, daß Wertpapierfirmen, bei denen es sich nicht um Kreditinstitute handelt, die gleiche Freiheit genießen, Zweigniederlassungen zu errichten und grenzüberschreitende Dienstleistungen zu erbringen, wie sie zuvor bereits für Kreditinstitute verwirklicht wurde. Es wird ein **„Europa-Pass"** für Wertpapierfirmen, mithin die uneingeschränkte Niederlassungs- und Dienstleistungsfreiheit für ein umfassendes Serviceangebot in den Staaten der Europäischen Union, gewährleistet.[132] Ist ein Wertpapierhaus durch die Behörden seines **Herkunftslandes** zugelassen, darf es seine Dienstleistungen unmittelbar oder auch über eine Zweigniederlassung in allen europäischen Mitgliedsstaten anbieten. Dies gilt allerdings lediglich für den **Zugang** zu einem nationalen Kapitalmarkt. Für die **Börsenzulassung** in den Aufnahmemitgliedsstaaten gilt weiterhin, daß die jeweiligen Satzungs- und Verwaltungsregeln der Börsen beachtet werden. Den Börsen bleibt daher ein gewisses Maß an Regelungsautonomie, das allerdings unter dem Vorbehalt eines **Diskriminierungsverbotes** steht: Bedingungen für eine Börsenmitgliedschaft von heimischen und Marktteilnehmern aus anderen europäischen Ländern müssen grundsätzlich gleich ausgestaltet werden. **249**

Ergänzt wird die Wertpapierdienstleistungs-Richtlinie durch die Richtlinie des Rates über die angemessene **Eigenkapitalausstattung** von Wertpapierfirmen und Kreditinstituten (Kapitaladäquanz-Richtlinie). Hier werden vor allem gemeinsame Normen für die Eigenmittel von Wertpapierfirmen und die Höhe des notwendigen Anfangskapitals festgelegt. Die Kapitalanforderungen werden je nach Art und Umfang der den Wertpapierfirmen nach ihrer individuellen Zulassung gestatteten Tätigkeiten unterschiedlich bemessen. Beide Richtlinien waren bis zum 31. Dezember 1995 in nationales Recht zu überführen, tatsächlich ist mit einer Umsetzung vor Ende 1996 nicht zu rechnen. **250**

Die Umsetzung der genannten Richtlinien wird zu einer **Veränderung der Teilnehmerstruktur an den deutschen Börsen** führen. Derzeit ist es nur den Kreditinstituten gestattet, uneingeschränkt am Börsenhandel teilzunehmen und dabei auch Aufträge von Kunden auszuführen. Künftig werden auch andere Unternehmen, sogenannte **Wertpapierhandelshäuser,** das Effektengeschäft betreiben dürfen. Dies kommt in erster Linie britischen und US-amerikanischen Wertpapierfirmen zustatten, die Nicht-Banken sind, aber in ihren Heimatländern als „Broker" traditionell den Kauf und Verkauf von Wertpapieren für andere betreiben. Sie werden ihre Tätigkeit uneingeschränkt auf den europäischen Kapitalmarkt ausweiten können, woraus den im Inland marktführenden Kreditinstituten ein erheblicher Wettbewerb erwachsen wird. **251**

Für das Jahr 1997 wird mit dem **dritten Finanzmarktförderungsgesetz** gerechnet, das neben einer völligen Neuordnung des Börsengesetzes Neuerungen im Hinblick auf die Prospektvorschriften und die Prospekthaftung, das Delisting und die Berücksichtigung von Eurolist neue Regelungen für die Anlageberatung und die Kapitalanlagegesellschaften enthalten soll. Von verschiedenen Seiten wurde zudem eine Lockerung der Vorschriften zum Erwerb eigener Aktien durch die Gesellschaft gefordert. **251 a**

2. Integration neuer Handelstechniken und Handelsobjekte. Das Börsenrecht soll verhindern, daß Anleger übervorteilt werden oder die Stabilität des Finanzsystems gefährdet wird, ohne jedoch **neue Entwicklungen** zu behindern. Zu diesen Entwicklungen ge- **252**

---

[130] Vgl. *v. Rosen,* Der Finanzplatz Deutschland in einem integrierten europäischen Finanzraum in, *Duwendag* (Hrsg.), Europa-Banking. Bankpolitik im Europäischen Finanzraum und währungspolitische Integration, 1988, S. 131 ff., 143.

[131] Abl. EG Nr. L 141 vom 11. Juni 1993, Seite 27 ff.

[132] Vgl. *von Rosen,* Europapaß, S. 9 ff.

hören die Weiterentwicklung und der verstärkte Einsatz neuer Kommunikations- und Computertechnologien (Automatisierung), die starke Ausweitung der grenzüberschreitenden Kapitalströme (Internationalisierung) und die starke Zunahme von Termin- und Optionsgeschäften (Derivatisierung).

253 Nach wie vor kennt das deutsche Recht keine Legaldefinition der Wertpapierbörse.[133] Im Hinblick auf die **Weiterentwicklung der Handelstechnik** und die Möglichkeit, über Computernetze zu handeln, hat der Gesetzgeber in der Börsengesetznovelle 1989 aber erstmals explizit die Bestimmung aufgenommen, daß auch auf **elektronischem Wege** übermittelte Aufträge im Börsenhandel möglich sind. Damit wurde klargestellt, daß eine Börse nicht als Präsenzbörse betrieben werden muß. Diese Änderung öffnete den Weg für die Gründung der **Deutschen Terminbörse** im Jahr 1990 und die Einführung des **elektronischen Handelssystems IBIS** im Jahr 1991.

254 Die Deutsche Terminbörse ist in den wenigen Jahren ihres Bestehens zu einer der führenden Börsen für den Handel in standardisierten Derivaten in Europa geworden. Der drohenden Abwanderung des entsprechenden Geschäftsvolumens in das europäische Ausland wurde erfolgreich begegnet. Inzwischen beginnt die DTB damit, sich Märkte **außerhalb der nationalen Grenzen** zu erschließen. Eine strategische Allianz mit der französischen Terminbörse MATIF ermöglicht es den dortigen Börsenmitgliedern, über Terminalverbindungen am Handel im DTB-System teilzunehmen. Umgekehrt soll der Börsenhandel an der MATIF in entsprechender Weise den Mitgliedern der DTB zugänglich gemacht werden. Darüber hinaus konnte, nach erfolgter Zustimmung der niederländischen Wertpapieraufsichtsbehörden, im September 1994 der erste ausländische **Handelsteilnehmer,** ein in Amsterdam ansässiges Wertpapierhaus, an den elektronischen DTB-Handel angebunden werden. Im März 1996 hat die Deutsche Börse AG als erste ausländische Börse von der amerikanischen Aufsichtsbehörde, der Commodity Futures Trading Commission, die Genehmigung erhalten, in den USA DTB-Handelsbildschirme aufzustellen. Damit setzt sich der Trend zur Internationalisierung des DTB-Handels weiter fort.

255 Das elektronische Handelssystem IBIS wurde im Jahr 1991 in die Frankfurter Wertpapierbörse integriert. IBIS ermöglicht einen **ortsunabhängigen Handel** mit erweiterten Handelszeiten in den wichtigsten deutschen Aktien- und Rentenwerten. Mit seiner erhöhten Mindestschlußgröße kommt es vor allen Dingen den Bedürfnissen der institutionellen Investoren und des Eigenhandels der Banken entgegen. Inbesondere wurde den Teilnehmern am Terminmarkt der DTB ein passender **Underlying-Markt** eröffnet. Mit Hilfe von IBIS ist es gelungen, das vorher außerbörslich im sogenannten „Telefonhandel" getätigte Geschäft an die Börse zurückzuholen und darüber hinaus den Kreis der Handelsteilnehmer zu erhöhen. Auch IBIS ist von seiner technischen Struktur her für die Anbindung ausländischer Teilnehmer ohne weiteres geeignet. Mittlerweile sind Teilnehmer aus Großbritannien und der Schweiz an IBIS angeschlossen.

256 Die **rechtliche Einbindung** des IBIS-Systems in die Frankfurter Wertpapierbörse und die Genehmigung und Beaufsichtigung von IBIS und der DTB durch die Börsenaufsichtsbehörde des Landes Hessen wurden teilweise kritisch gesehen,[134] da es sich um bundesweite, nicht auf das Gebiet des Landes Hessen beschränkte Börsenveranstaltungen handelt. Dieser Kritik ist entgegenzuhalten, daß es sehr wohl möglich ist, aufsichtsrechtlich auf den **Sitz der Börsen und ihrer Organe** – Frankfurt am Main – abzustellen; das Objekt der Aufsicht befindet sich dann in Hessen. Nach dem **neuen Rechtszustand** ist davon auszugehen, daß etwaige Zweifel an der Rechtmäßigkeit des bundesweiten Betriebes eines elektronischen Handelssystems ausgeräumt sind, denn das durch das Zweite Finanzmarktförderungsgesetz novellierte Börsenrecht erkennt die tatsächliche Entwicklung durch

---

[133] Die Begründung des Regierungsentwurfs (BT-Drucks. 12/6679, 59) zu § 1 Abs. 4 BörsG trifft daher nicht zu; es wird lediglich die Börseneigenschaft der DTB klargestellt.

[134] So *Schwark,* BörsG, § 1 Rdnr. 25 f.

zahlreiche Einzelbestimmungen – z. B. die §§ 7 a, 10 Abs. 1, 11 Abs. 1, 12 und 78 Abs. 2 BörsG – an.

Die zunehmende Bedeutung elektronischer Medien bedingt es, daß die derzeitige und die zukünftige Rolle der **amtlichen Kursmakler** kritisch zu hinterfragen ist. Sie stellen traditionell beim Handel nach dem Auktionsverfahren an der Präsenzbörse sicher, daß Abschlüsse nur zu solchen Preisen zustande kommen, die der wirklichen Geschäftslage des Handels an der Börse entsprechen (§ 29 Abs. 3 BörsG). Bei einem **Handel über Computerbildschirme** ist die marktgerechte Preisbildung allerdings ebenso gut zu gewährleisten, dazu ist die Transparenz für die Marktteilnehmer erhöht und die Überwachung des Handels wird durch die größere Transparenz entscheidend erleichtert. Auf der anderen Seite gibt das novellierte Börsengesetz den Kursmaklern die Möglichkeit, ihre **Wettbewerbsposition zu stärken.** Die bisher auf einen sog. **Spitzenausgleich** beschränkte Möglichkeit von Kursmaklern, selbst in Geschäfte einzutreten, wird durch § 32 BörsG erweitert. Der Bundesverband der Kursmakler sieht hier darüberhinaus die Möglichkeit der Entwicklung vom Kursmakler zum Maklerspezialisten, der zum Selbsteintritt nicht nur berechtigt, sondern unter bestimmten Voraussetzungen sogar verpflichtet wäre und damit dem „specialist" der New York Stock Exchange nahe kommt.[135] Ferner gibt § 34 a BörsG den Kursmaklern nunmehr die Möglichkeit, sich zu **Kursmaklergesellschaften** zusammenzuschließen und damit ihre finanzielle Leistungsfähigkeit im Hinblick auf die mit dem Zugang von Wertpapierhandelshäusern zu deutschen Börsen verschärfte Wettbewerbslage zu stärken. Ferner hält das Börsengesetz vorläufig daran fest, daß die amtliche Feststellung von Börsenpreisen nur durch Kursmakler, nicht jedoch in einem elektronischen Handelssystem erfolgen kann (§§ 29, 30 BörsG). Die künftige Entwicklung ist derzeit offen; die Entscheidung für das **Börsensystem der Zukunft** wird jedenfalls nicht durch den Gesetzgeber, sondern durch den Markt selbst zu treffen sein. 257

Nachdem die Börsengesetznovelle 1989 die Gründung der DTB als Finanzterminbörse ermöglichte,[136] sind durch die Streichung des früheren § 53 Abs. 3 BörsG nunmehr auch in Deutschland die rechtlichen Rahmenbedingungen für die Errichtung einer **Warenterminbörse** gegeben. Vor allem die Agrarwirtschaft hatte sich in den vergangenen Jahren verstärkt für diese Änderungen des Börsengesetzes ausgesprochen. Da die Agrarpolitik der Europäischen Union die Preise für Agrarprodukte zunehmend den freien Kräften des Marktes überläßt, besteht ein Bedürfnis nach Absicherungsmöglichkeiten. Ein Förderverein Warenterminbörse e. V. hat sich 1993 konstituiert. Die Börse wird Mitte 1997 dem Handel mit Kontrakten über Schweine, Weizen und später auch Kartoffeln sowie mit Optionen auf die jeweiligen Kontrakte aufnehmen. 258

Innerhalb des durch das Börsengesetz gesetzten Rechtsrahmens hat sich hinsichtlich der **Organisationsstruktur der deutschen Börsenlandschaft** seit Ende der achtziger Jahre eine tiefgreifende Veränderung der hergebrachten Strukturen ergeben. Bis Ende der achtziger Jahre unterschied sich die Frankfurter Wertpapierbörse, unter der Trägerschaft der dortigen Industrie- und Handelskammer, organisatorisch wenig von den übrigen Regionalbörsen. Koordination und die zentrale Vertretung gemeinsamer Interessen mit den anderen deutschen Börsen in Berlin, Bremen, Düsseldorf, Hamburg, Hannover, München und Stuttgart erfolgten seinerzeit durch die **Arbeitsgemeinschaft der deutschen Wertpapierbörsen** in Frankfurt am Main, die mit Gründung der Deutsche Börse AG Ende 1992 aufgelöst werden konnte. 259

Die zunehmende **Konzentration des Börsenhandels auf den Börsenplatz Frankfurt** erforderte eine erhebliche Ausweitung der sachlichen und finanziellen Ressourcen. Daher wurde im Jahr 1990 die Trägerschaft der Frankfurter Wertpapierbörse zunächst von der Industrie- und Handelskammer auf die neu gegründete Frankfurter Wertpapierbörse AG übergeleitet. Dieses Unternehmen firmiert seit Dezember 1992 als **Deutsche Börse AG** 260

[135] *Commichan,* WM 1996, 248; vgl. auch *von Rosen,* ZfK 1995, 385.

[136] Vgl. oben Rdnr. 253.

und fungiert als Obergesellschaft eines Konzerns. Die Deutsche Börse AG ist die Trägergesellschaft nicht nur der Frankfurter Wertpapierbörse, sondern auch der Deutschen Terminbörse. Sie hält sämtliche Anteile an der DWZ Deutsche Wertpapierdaten-Zentrale GmbH und an der Deutscher Kassenverein AG. **Die übrigen sieben regionalen Börsen** sind nach wie vor rechtlich selbständig, nutzen aber auf vertraglicher Grundlage ebenfalls die von der Deutsche Börse AG zentral organisierte Handels-, Informations- und Abwicklungstechnik. Der **Aktionärskreis des Unternehmens,** das vinkulierte Namensaktien ausgegeben hat, setzt sich aus Banken (81%), Maklern (9%) und den regionalen Wertpapierbörsen (gemeinsam 10%) zusammen. Durch die Zusammenfassung der den organisierten Wertpapierhandel in Deutschland tragenden Unternehmen in einem Konzern wurde eine erfolgversprechende Ausgangsbasis geschaffen, um die Effizienz und die Wettbewerbsfähigkeit des Finanzplatzes Deutschland zu steigern.

§ 3 Einfluß des Steuerrechts auf Kapitalanlageformen und auf die Entwicklung des Kapitalmarkts

Übersicht

Schrifttum: *Andel,* Die einkommensteuerliche Behandlung der Beiträge an und der Leistungen von Altersversicherungen, in: Theorie und Praxis des finanzpolitischen Interventionismus, 1970; *Astrup,* Zinsbesteuerung, 1994; *Barth,* Die Höhe der deutschen Unternehmensbesteuerung im politischen Meinungsstreit, BB 1989, 1237; *Becker,* Zur volkswirtschaftlichen Problematik und fragwürdigen steuerrechtlichen Behandlung sog. Abschreibungsgesellschaften (Erwiderung auf Sander), DStR 1978, 225; *Birk,* Das Leistungsfähigkeitsprinzip als Maßstab der Steuernormen, 1983; *Birk,* Steuerrecht I – Allgemeines Steuerrecht, 1988; *Borggräfe/Jacobs,* Darlehensgewährung durch Dritte i. S. d. § 8 a Abs. 1, S. 2 KStG, FR 1995, 358; *Burda,* Bausparen und Bausparkredite, in: *Bruns/Häuser* (Hrsg.), Der nicht-organisierte Kapitalmarkt, 1983; *Döring,* Vom Zinsabschlag zur Bankensteuer, DB 1993, 49; *Elschen,* „Entscheidungsneutralität, Allokationseffizienz und Besteuerung nach der Leistungsfähigkeit" StuW 1991, 99ff.; *Elschen/Hüchtebrock,* Steuerneutralität in Finanzwissenschaft und Betriebswirtschaftslehre – Diskrepanzen und Konsequenzen, FinArch. 41 (1983) 253; *Fels,* Die Steuerlast auf den Gewinnen, FAZ Nr. 60 v. 11. März 1989, 15 *Fels,* Reform der Unternehmensbesteuerung – Stärkung der Wettbewerbsfähigkeit der deutschen Wirtschaft im internationalen Vergleich, in: Steuerberaterkongreßreport 1986; *Fischer,* Einkommensteuer und Einkommensverteilung in der Bundesrepublik, StuW 1963, Sp. 541; *Friauf,* Steuergleichheit, Systemgerechtigkeit und Dispositionssicherheit als Prämissen einer rechtsstaatlichen Einkommensbesteuerung, StuW 1985, 308; *Hackmann,* Konsequenzen einer einkommensteuerlichen Freistellung von Vermögenswertänderungen, FinArch. 43 (1985) 421; *Haller,* Die Steuern, 3. Aufl. 1981; *Haller,* Gedanken zur Vermögensbesteuerung, FinArch. 36 (1978), 222; *Haller,* Zur Frage der Abgrenzung zwischen interventionistischer und dirigistischer Steuerpolitik, in: Theorie und Praxis des finanzpolitischen Interventionismus, 1970; *Häuser,* Steuern zur Steuerung des internationalen Kapitalverkehrs: Kuponsteuer und Zinsausgleichsteuer, in: Theorie und Praxis des finanzpolitischen Interventionismus, 1970; *Henke/Adam,* Zur Besteuerung von Einkünften aus Kapitalvermögen, in: 200 Jahre Geld und Brief, 1987; *Herzig,* Rechtsformneutralität der Besteuerung bei Rechtsformwechsel, StuW 1988, 342; *Herzig,* „Standortsicherungsgesetz: Gesetzliche Regelung der Gesellschafter-Fremdfinanzierung in § 8 a KStG (Teil I) DB 1994 S. 110 ff.; *Höft,* Gleichmäßigkeit der Besteuerung?, StuW 1952, Sp. 467; *Jacobs,* Unternehmensbesteuerung und Rechtsform, 1988; *Kaligin,* Plädoyer für eine partielle Totalrevision des deutschen Steuerrechts, DStZ 1985, 219; *Keßler,* „Einkünfte aus Kapitalvermögen aus neuen Kapitalanlagenmodellen" NWB Fach 3 S. 8823 ff.; *Kirchhof,* Empfiehlt es sich, das Einkommensteuerrecht zur Beseitigung von Ungleichbehandlungen und zur Vereinfachung neu zu ordnen?, in: Verhandlungen des 57. Deutschen Juristentages 1988, Bd. 1, Gutachten, Teil F, 1988; *Kirchhof,* Der verfassungsrechtliche Auftrag zur Besteuerung nach der finanziellen Leistungsfähigkeit, StuW 1985, 319; *Kirchhof,* Steuergleichheit, StuW 1984, 297; *Kirchhof,* Das Steuerrecht als Mittel und Störfaktor der Wohnungsbaupolitik 1983, DStR 1983, 279 f.; *Klein,* Art. 14 des Bonner GG als Schranke steuergesetzlicher Intervention?, in: Theorie und Praxis des finanzpolitischen Interventionismus, 1970; *Klein,* Einkommensteuerrechtliche Ungleichartigkeiten und Ungleichwertigkeiten der Einkunftsarten, StuW 1951, Sp. 475; *Knobbe-Keuk,* Bilanz- und Unternehmenssteuerrecht, 6. Aufl. 1987; *Knobbe-Keuk,* Möglichkeiten und Grenzen einer Unternehmenssteuerreform, DB 1989, 1303; *Kruse,* „Über die Gleichmäßigkeit der Besteuerung" StuW 1990 S. 322 ff.; *Lang,* Reform der Unternehmensbesteuerung, StuW 1989, 3; *Laux,* Lebensversicherung und Quellensteuer, BB 1988, Beilage 7, 2; *Littmann,* Ein Valet dem Leistungsfähigkeitsprinzip, in: Theorie und Praxis des finanzpolitischen Interventionismus, 1970; *Loritz,* Die systemgerechte Einkommensteuer – ein unerreichbares Ziel?, StuW 1986, 9; *Meßmer,* „Steuergerechtigkeit" durch Normenflut, offene und verdeckte Subventionen und Entlastung der Finanzgerichtsbarkeit, BB 1981, Beilage 1; *Meyerhoff,* Vermögensbildung durch steuerbegünstigte Kapitalanlagen?, in: *Fleischmann/Röschinger/Meyerhoff,* Steuern, die Vermögen werden, 8. Aufl. 1984; *Münch,* Diskriminierung von Unternehmungsvermögen im deutschen Ertragsteuerrecht, in Festschrift für Barth, 1971, S. 93; *Nell-Breuning,* Steuern als Instrumente der Bodenpolitik, in: Theorie und Praxis des finanzpolitischen Interventionismus, 1970; *Neumark,* Interventionistische und dirigistische Steuerpolitik, Wirtschafts- und Finanzprobleme des Interventionsstaates, 1961; *Neumark,* Grundsätze und Arten der Haushaltsführung und Finanzbedarfsdeckung, in: *Gerloff/Neumark* (Hrsg.), Handbuch der Finanzwissenschaft, 1952, Bd.1, S. 622; *Paulick,* Die wirtschaftspolitische Lenkungsfunktion des Steuerrechts und ihre verfassungsmäßigen Grenzen, in: Theorie und Praxis des finanzpolitischen Interventionismus, 1970; *Pigou,* „The Economics of Welfare" 4. Aufl. London 1932; *Pohl* (Hrsg.) „Deutsche Börsengeschichte" Frankfurt 1992; *Pohmer,* Leistungsfähigkeitsprinzip und Einkommensumverteilung, in: Theorie und Praxis des finanzpolitischen Interventionismus, 1970; *Pollack,* Gibt es einen Wandel in der Einkommensteuer? in: Wandlungen der Besteuerung, Schriften des Vereins für Socialpolitik, N. F. Bd. 160 (1987); *Quast,* Die volkswirtschaftliche Bedeutung des Bauherrenmodells – Zielsetzungen, Grundlagen und Wirkungen, HdB Fach 1410; *Quast,* Perspektiven für Bauherrenmodelle, Bauträgermodelle und Erwerbermodelle, HdB Fach 0020; *Rädler,* Steuerbegünstigte Kapitalanlagen (Abschreibungsobjekte) im In- und Ausland, in: *Rädler/Raupach,* Handbuch der steuerbegünstigten Kapitalanlagen, 1973; *Rainer,* Steuerflucht und Steueramnestie in Vergangenheit und Gegenwart, FR 1989, 97; *Raupach/Tipke/Uelner,* Niedergang oder Neuordnung des deutschen Einkommensteuerrechts? (Münsteraner Symposion, Band I), 1985; *Rehm,* Zur Quellenbesteuerung von Kapitalerträgen, StuW 1984, 230; *Sagasser/Bula,* „Umwandlungen", München 1995; *Sagasser/Schüppen,* Änderungen im Ertragsteuerrecht durch das Mißbrauchsbekämpfungs- und Steuerbereinigungsgesetz, DStR 1994, 265; *Sander,* Zur volkswirtschaftlichen Problematik und fragwürdigen steuerrechtlichen Behandlung sog. Abschreibungsgesellschaften, DStR 1978, 10; *Saßmannshausen,* Erfahrungen mit und Perspektiven von Belegschaftsaktien (Mitarbeiteraktien), in: 200 Jahre Geld und Brief, 1987; *Scheurle,* „Mißbrauchsbekämpfungs- und Steuerbereinigungsgesetz: Änderungen der Besteuerung von Kapitaleinkünften (Teil I)", DB 1994, 445ff.; *Schiffers,* Änderung der §§ 16 EStG und 24 UmwStG durch das Mißbrauchsbekämpfungs- und Steuerbereinigungsgesetz, BB 1994, 1469; *Schmidt,* Wertpapierbörsen, 1988; *Schmölders,* Die Steuer als Instrument der Währungspolitik, in: Theorie und Praxis des finanzpolitischen Interventionismus, 1970; *Schmölders,* Ist die Aktie steuerlich diskriminiert?, StuW 1954, Sp. 121; *Schneider,* Bezugsgrößen steuerlicher Leistungsfähigkeit und Vermögensbesteuerung, FinArch. 37 (1979) 26; *ders.,* Hochsteuerland Bundesrepublik Deutschland: Die Spannweite effektiver Grenzsteuerbelastungen für Investitionen, WPg 1988, 328; *ders.,* „Hochsteuerland Deutschland 1994/95", DB 1994 S. 541 ff.; *ders.,* Eine Hofberichterstattung zu „Steuerreform und Wirtschaft" ersetzt keine Steuerwirkungsanalyse, StuW 1989, 64; *ders.,* Körperschaftsteuerreform und Gleichmäßigkeit der Besteuerung, StuW 1975, 97; *ders.,* Verbesserung der Allokation durch Besteuerung unrealisierter Vermögenswertänderungen?, FinArch. 44 (1986) 224; *D. Schneider,* „Wachstumsneutrale Unternehmensbesteuerung bei Wettbewerb und als Principal-Agent-Problem" ZfBF 1987, S. 31ff.; *Schoor,* Die Besteuerung von Kapitaleinkünften unter besonderer Berücksichtigung der Quellensteuer nach dem Steuerreformgesetz 1990, Versicherungswirtschaft 1988, 904; *Schreiber,* Rechtsformabhängige Unternehmensbesteuerung?, 1987; *Schwebler,* Versicherungssparen und Versicherungskredite, in: *Bruns/Häuser* (Hrsg.), Der nicht-organisierte Kapitalmarkt, 1983; *Sinn,* Kapitaleinkommensbesteuerung, 1985; *Sinn,* Systeme der Kapitaleinkommensbesteuerung – Ein allokationstheoretischer Vergleich, in: *Bös/Rose/Seidl* (Hrsg.), Beiträge zur neueren Steuertheorie, 1984; *Spannagel,* Der alternative („graue") Kapitalmarkt, in: *Bruns/Häuser* (Hrsg.), Der nicht-organisierte Kapitalmarkt, 1983; *Spindler,* Verfassungsrechtliche Fragen zur Besteuerung der Kapitaleinkünfte, DB 1987, 2536; *Streck/Schwedhelm,* Einschränkung von Steuervergünstigungen im Fall der Einbringung in eine Personengesellschaft durch das Mißbrauchsbekämpfungsgesetz, BB 1993, 2420; *Summers,* Should Tax Reform Level the Playing Field? Harvard Institute of Economic Research Discussion Paper No. 1295, Januar 1987; *Timm,* Wandlungen der Besteuerung seit dem vorigen Jahrhundert, in: Wandlungen der Besteuerung, Schriften des Vereins für Socialpolitik, N. F. Bd. 160 (1987); *Tipke,* Die dualistische Einkünfteermittlung nach dem Einkommensteuergesetz – Entstehung, Motivation und Berechtigung, in: Festschrift für Paulick, 1973; *Tipke,* Fundamentalrevision des Einkommensteuerrechts, NJW 1988, 2090; *Tipke,* Steuerrecht – Ein systematischer Grundriß, 11. Aufl. 1987; *Tipke,* Von der Unordnung zur Neuordnung des Einkommensteuerrechts (Münsteraner Symposion, Band I); *Tipke/Lang,* „Steuerrecht", 14. Aufl., 1994; *Tipke,* „Steuerrechtsordnung" I + II 1993; *Tipke,* „Über ein gerechteres und einfacheres Steuerrecht", Stbg 1994, S. 162; *Vogel,* Steuergerechtigkeit und soziale Gestaltung, DStZ/A 1975, 409; *Wagner/Loritz* „Visionen für kapitalbeteiligte Arbeitnehmer im Rahmen einer Unternehmensteuerreform", DStZ 1992, 779ff.; *Weichert,* Probleme des Risikokapitalmarktes in der Bundesrepublik, *Giersch* (Hrsg.), Kieler Studien des Institutes für Weltwirtschaft an der Universität Kiel, Bd. 213; *Wenger,* Gleichmäßigkeit der Besteuerung von Arbeits- und Vermögenseinkünften, FinArch. 41 (1983) 207; *Wewers,* DB 1993, 1487; *Willgerodt,* „Der flüchtige Diktator" FAZ vom 14. August 1993; *Willms,* Wohnungswirtschaftliche und fiskalische Wirkungen des Bauherrenmodells (Schriftenreihe des Roland Berger Forschungs-Instituts), 1982; *Zeitler,* Stand der parlamentarischen Beratungen des Standortsicherungsgesetzes; Zinsabschlag: Erfahrungen und praktische Probleme, DStZ 1993, 354.

I. Steuerliche Rahmenbedingungen des Kapitalmarkts

1 **1. Leistungsfähigkeitsprinzip und Neutralität der Besteuerung der Kapitalanlage.** Die Besteuerung von Kapitaleinkünften steht in mehrfacher Hinsicht unter dem von Verfassungsrechtlern wie Finanzwissenschaftlern aufgestellten Postulat der „leistungsgerechten Besteuerung". Dabei handelt es sich einerseits um die historische bedeutsame Forderung einer **gerechten Besteuerung** der aus Kapitalvermögen erzielten Einkünfte im Verhältnis

zu den aus Arbeit erzielten Einkünften. Andererseits – und hier von vorrangigem Interesse – sollen Einkünfte aus Kapitalvermögen ebenfalls entsprechend dem Prinzip der wirtschaftlichen Leistungsfähigkeit derart gleich besteuert werden, daß einzelne Anlageformen steuerlich nicht sachlich ungerechtfertigt bevorteilt oder benachteiligt werden. Schließlich soll die Besteuerung nicht zu einer gesamtwirtschaftlich schädlichen Verteilung von Anlagekapital und somit zu einer **„Fehlallokation"** im volkswirtschaftlichen Sinne führen.

Es ist nicht verwunderlich, daß gerade das Leistungsfähigkeitsprinzip bei einer Differenzierung zwischen **Arbeits- und Kapitaleinkünften** einer im besonderen Maße weltanschaulich geprägten Diskussion[1] ausgesetzt ist. Überwiegend wird das aus dem Vermögen stammende Einkommen in der Finanzwissenschaft als „fundiertes" Einkommen[2] angesehen, dem eine höhere Steuerkraft beizumessen sei: 2

- Vermögenseinkommen werde „ohne Anstrengung" erworben[3]
- und es beinhalte ein „höheres Bedürfnisbefriedigungspotential" (zusätzlicher Freizeitnutzen).[4]

Auch der bloße Besitz des Vermögens wird als geeigneter Indikator der Leistungsfähigkeit angesehen und begründe die Erhebung einer Vermögensteuer: 3

- Vermögen biete Versorgungssicherung und vielfältige wirtschaftliche Vewertungsmöglichkeiten (Kreditgrundlage, Stärkung der Verhandlungsposition usw.).[5]
- Wer kein Vermögen nutzen könne, müsse es möglicherweise mieten, so daß sein Realeinkommen im Vergleich zum vermögenden Steuerpflichtigen sinkt.[6]

Kritiker einer auf das Leistungsfähigkeitsprinzip gestützten Differenzierung zwischen Vermögenseinkommen und Arbeitseinkommen bzw. einer Besteuerungsanknüpfung an das Vermögen führen dagegen ins Feld, daß diese Differenzierung nur unter dem Gesichtspunkt der Vermögensumverteilung gerechtfertigt sei.[7] 4

Auch ungeachtet der klassischen Umverteilungsdiskussion wird die Besteuerung von Kapitaleinkünften wesentlich durch den Interessengegensatz zwischen einer leistungsgerechten Besteuerung und der Verwirklichung einzelner sozial- und wirtschaftspolitischer Zielsetzungen bestimmt. Die verschiedenen Kapitalanlageformen werden dabei durch das Steuerrecht in recht unterschiedlicher Weise betroffen. Steuerpolitik ist jedoch nur bedingt zur Steuerung sozial- und wirtschaftspolitischer Zielsetzungen geeignet. Die Wirkungen des Steuerrechts auf das Kapitalanlageverhalten sind Gegenstand wissenschaftlicher Untersuchungen im Verfassungsrecht, in der Finanzwissenschaft und der Betriebswirtschaftslehre. Die hierbei vorgetragenen Argumente lassen sich im wesentlichen immer wieder auf die Forderung nach einer **leistungsgerechten** und **wettbewerbsneutralen** Besteuerung zurückführen. Dabei ist das Verständnis der Prinzipien der „Besteuerung nach der wirtschaftlichen Leistungsfähigkeit" und der „Steuerneutralität" in den verschiedenen wissenschaftlichen Disziplinen nicht einheitlich. Bevor die Wirkungen des Steuerrechts auf das Kapitalanlageverhalten dargestellt werden, ist es daher notwendig, die Begriffsinhalte zu erläutern. 5

a) Verfassungsrecht. Der Grundsatz der Steuergerechtigkeit ist nach allgemeiner Ansicht in Rechtsprechung[8] und Literatur[9] verfassungsrechtlich im Gleichbehandlungsgrundsatz des 6

---

[1] Vgl. den historischen Überblick bei *Timm,* Wandlungen der Besteuerung S. 18 f.; zur neueren Literatur: *Wenger,* FinArch. 41 (1983) 207 f.; *Schneider,* FinArch. 37 (1979) 26 f.; *Tipke/Lang,* Steuerrecht, 14. Aufl., S. 474 f.

[2] *Tipke,* Steuerrechtsordnung II, S. 775 f.

[3] *Birk,* Das Leistungsfähigkeitsprinzip, S. 34.

[4] *Haller,* Die Steuern, S. 50 f.

[5] *Haller,* FinArch. 36 (1978) 222 f.

[6] *Haller,* Die Steuern, S. 52.

[7] *Wittmann,* Finanzwissenschaft, S. 37 f.; vgl. auch *Pohmer,* Leistungsfähigkeitsprinzip und Einkommensumverteilung, S. 135 f.

[8] St. Rspr. vgl. BVerfGE 6, 55 (70); 9, 3 (9); 13, 181 (202); 23, 242 (253); 26, 302 (310); 29, 327 (335); 35, 324 (335); 36, 321 (330); 43, 108 (118); 47, 343 (360); 61, 319 (343, 351); 65, 325 (354);

Art. 3 Abs. 1 GG verankert.[10] Die Rechtsprechung des BVerfG zum Gleichheitssatz im Steuerrecht ist jedoch zwiespältig. I. S. einer **vertikalen Steuergerechtigkeit** fordert das BVerfG eine entsprechend der unterschiedlichen Leistungsfähigkeit unterschiedliche Besteuerung[11] bzw. i. S. einer **horizontalen Steuergerechtigkeit** eine verhältnismäßig gleiche Steuerbelastung, d. h. ohne Benachteiligung einzelner Gruppen. Insbesondere im Bereich des Einkommensteuerrechts gelte das Prinzip der Besteuerung nach der Leistungsfähigkeit, wenn auch das BVerfG vielfach diese Feststellung mit der Einschränkung verbindet, daß der Gesetzgeber zur reinen Verwirklichung des Prinzips der Besteuerung nach der Leistungsfähigkeit auch bei der Einkommensteuer nicht verpflichtet sei.[12] Die Prüfung der Steuernormen wird dementsprechend auch nur sehr halbherzig am Maßstab der Leistungsfähigkeit vollzogen. In der Regel beschränkt sich die Rechtsprechung des BVerfG auf die **Anwendung der Willkürformel.** So heißt es z. B.: „Der Gleichheitssatz wäre nur dann verletzt, wenn bei einem Vergleich der verschiedenen Einkunftsarten unter Beachtung des Prinzips der Gleichmäßigkeit der Besteuerung nach der Leistungsfähigkeit die Entwicklung der Besteuerung der Zinsen zu einem mit der Steuergerechtigkeit nicht mehr vereinbaren Ergebnis geführt hätte . . ."[13]

7 Die zum Teil unbefriedigende Rechtsprechung des BVerfG hat verschiedene Verfassungsrechtler dazu bewogen, die Grundsätze der leistungsgerechten Besteuerung weiter zu präzisieren. Die steuerliche Leistungsfähigkeit wird danach heute wie folgt umschrieben: Steuerliche Leistungsfähigkeit ist die Fähigkeit, Steuerleistungen aus dem Einkommen im Verhältnis zum Einkommen erbringen zu können.[14] Eine Besteuerung der Zahlungsfähigkeit legitimiert nicht zu einer umverteilenden Steuer.[15] Da der Grundsatz der Besteuerung nach der Leistungsfähigkeit nur dazu dient, den Gleichheitssatz zu konkretisieren, konkurriert er darüber hinaus mit anderen Gründen wie haushaltsmäßigen, finanzpolitischen, volkswirtschaftlichen, etc. Zielen.[16] Die neben den Fiskalzwecken verfolgten Gestaltungswirkungen der Steuer stehen aber im Widerspruch zum Leistungsfähigkeitsprinzip und bedürfen daher einer besonderen Rechtfertigung.[17] Weitergehend wird verlangt, daß das Einkommen als Maßstab für eine Besteuerung nach der Leistungsfähigkeit herangezogen wird, ohne Rücksicht darauf, mit welchen Mitteln das Einkommen erzielt wird, d. h. mit Arbeitseinsatz oder Kapitaleinsatz, und für welche Zwecke das Einkommen verwendet wird, d. h. ob zu Konsum- oder Investitionszwecken.[18]

8 Gerade in den vorgenannten Beispielen wird aber deutlich, daß diese Konkretisierung ein bestimmtes Grundverständnis von der Bemessung der Leistungsfähigkeit voraussetzt. Angesichts einer zunehmenden Anzahl von steuerlichen Systembrüchen hatten auch einzelne Verfassungsrichter den Gesetzgeber aufgefordert, die **Bezugsgrößen der steuerlichen Leistungsfähigkeit** im Gesetz zu definieren und damit Maßstäbe für eine gleichmä-

---

66, 214 (223 f.); 67, 290 (297); BStBl II 1994 S. 307 (309 f.); S. 59 (61 f.) BStBl II 1995 S. 655; BStBl II 1995 S. 676.

[9] Vgl. *Vogel,* DStZ/A 1975, 409 ff.; *Kirchhof,* StuW 1984, 297 f., *Friauf,* StuW 1985, 308 f.

[10] Vgl. aber auch *Kruse,* StuW 1990, 322, 327, der überzeugend darlegt, daß sich der Gleichheitssatz des Art. 3 GG unmittelbar aus der Gerechtigkeitsidee ableiten läßt. Da die Steuergerechtigkeit lediglich eine spezielle Ausprägung der Gerechtigkeitsidee ist, geht auch sie dem Gleichheitssatz voraus und kann sich folglich nicht aus dem Gleichheitssatz ableiten lassen.

[11] BVerfGE 43, 108 (130); 8, 51 (68 f.).

[12] BVerfGE 43, 108 (120); 27, 58 (76).

[13] BVerfGE 50, 57 (78); ähnlich zur Verfassungsmäßigkeit der Einheitswertfeststellung für Grundvermögen BVerfGE 74, 182.

[14] Vgl. *Tipke,* Von der Unterordnung zur Neuordnung des Einkommensteuerrechts, 1985, S. 136 f.

[15] *Kirchhoff,* StuW 1985, 325.

[16] *Kruse,* StuW 1990, 327.

[17] Vgl. *Tipke/Lang,* Steuerrecht, S. 91 f.

[18] *Raupach,* Der Niedergang des deutschen Einkommensteuerrechts, Möglichkeiten der Neubesinnung, S. 96.

ßige, systemgerechte Besteuerung zu formulieren. Insbesondere *Kirchhoff* plädierte dafür, daß die Kriterien der **Belastungs- und Entlastungsgerechtigkeit** im Gesetzestext zum Ausdruck kommen sollten. Eine derartige Kodifizierung hätte aber eine Festlegung des Gesetzgebers auf ein bestimmtes „Steuersystem" vorausgesetzt, wozu seitens des Bundesfinanzministeriums keine Bereitschaft bestand.[19]

Trotz des Mangels gesetzlicher Maßstäbe für eine leistungsgerechte Besteuerung hat das BVerfG nunmehr seine Zurückhaltung aufgegeben und, gestützt auf die These von *Kirchhof* in den **Einheitswert-Entscheidungen,** engere Grenzen für steuerliche Willkür gezogen. So verpflichtete das BVerfG den Gesetzgeber, sich bei einer künftigen Gesetzgebung im Bereich der Vermögensteuer sowie der Erbschafts- und Schenkungssteuer nach den Wertungen der Art. 14 und Art. 6 GG zu richten. Nach Auffassung des BVerfG ergibt sich aus Art. 14 GG insbesondere, daß 9

– die **Vermögensteuer** zu den übrigen Steuern auf den Ertrag nur hinzutreten darf, soweit die steuerliche Gesamtleistung des Sollertrages bei typisierender Betrachtung von Einnahmen, abziehbaren Aufwendungen und sonstigen Entlastungen in Nähe einer hälftigen Teilung zwischen privater und öffentlicher Hand verbleibt[20] und
– der Spielraum für den steuerlichen Zugriff auf den Erwerb von Todes wegen seine Grenze dort findet, wo die Steuerpflicht den Erwerber übermäßig belastet und die ihm zugewachsenen Vermögenswerte grundlegend beeinträchtigt. Die Ausgestaltung und Bemessung der **Erbschaftsteuer** muß den grundlegenden Gehalt der Erbrechtsgarantie wahren, zu dem die Testierfreiheit und das Prinzip des Verwandtenerbrechts gehören und darf Sinn und Funktion des Erbrechts als Rechtseinrichtung und Individualgrundrecht nicht zunichte oder wertlos machen.[21]

Aus der Begründung der BVerfG-Entscheidungen läßt sich demgemäß herleiten, daß neben einer Überarbeitung der Einheitswerte des Grundvermögens die Vermögensteuer auf der Basis des gegenwärtigen Ertragsteuer-Niveaus abzuschaffen ist und die Erbschaftsteuer durch erhebliche Freibeträge und Tarifänderungen zu senken ist.

Andererseits kann das BVerfG den Gesetzgeber kaum dazu verpflichten, ein bestimmtes Besteuerungssystem einzuführen. So wird es weiterhin unmöglich sein, bei einer Rechtslage, die sich durch ein unsystematisches Steuerrecht und einen Mangel an definierten Gerechtigkeitsmaßstäben auszeichnet, eine steuerliche Norm als interventionistisch zu enttarnen, soweit nicht der Gesetzgeber die außerfiskalische Zielsetzung angibt. Dementsprechend fällt es dem Verfassungsrechtler schwer, Steuergesetze, die außerfiskalischen Zwecken dienen, wie z. B. Steuern zur Lenkung des internationalen Kapitalverkehrs wie die Kuponsteuer 1964 oder strukturpolitische Steuergesetze unter Hinweis auf das Grundgesetz als rechtmäßig oder rechtswidrig zu beurteilen. Während das BVerfG wirtschaftliche Lenkungsmaßnahmen mit den Mitteln des Steuerrechts regelmäßig für verfassungsrechtlich unbedenklich gehalten hat,[22] wird in der Verfassungslehre gefordert, daß Steuergesetze im Grundsatz nur zu fiskalischen Zwecken (sog. **Fiskalzwecknormen**) und nur in sehr vorsichtigem Maße zu wirtschaftslenkenden Zwecken (sog. **Lenkungsnormen** oder dirigistische Normen) eingesetzt werden sollen.[23] Dabei wird betont, daß das Einkommensteuergesetz als Lenkungsinstrument ungeeignet ist und daß der offenen Subvention grundsätzlich der Vorzug gegeben werden sollte. Denn steuerliche Lenkungsnormen erlauben aufgrund ihrer Einbettung in das steuerliche Gesamtsystem keine 10

[19] So sind wohl die Äußerungen zu verstehen von *Uelner,* Niedergang oder Neuordnung aus der Sicht der Gesetzgebungspraxis, S. 179 f.

[20] BVerfG BStBl II 1995 S. 655.

[21] BVerfG BStBl II 1995 S. 676.

[22] Vgl. *Kirchhoff,* StuW 1984, 308 mit zahlreichen Rechtsprechungsnachweisen; *Paulick,* Die wirtschaftspolitische Lenkungsfunktion, S. 213 f. mit Nachweisen zur älteren Rechtsprechung.

[23] Vgl. *Tipke,* Steuerrecht, S. 21 f.; *Meßmer,* BB 1981, Beilage 1, 10 f.

unmittelbare Kontrolle ihrer Wirkungen und „verschütten" das Leistungsfähigkeitsprinzip.[24]

11 *b) Finanzwissenschaft.* Bei der Frage, ob eine bestimmte steuerliche Maßnahme zur Erreichung außerfiskalischer Zielsetzungen geeignet erscheint oder nicht, bietet nun die Finanzwissenschaft eine Vielzahl von Theorien an.[25] Ausgangspunkt der Betrachtungen ist dabei regelmäßig die **Steuerneutralität,** die ein allokationseffizientes Wirtschaften ermöglicht. Das volkswirtschaftliche Ziel der **Allokationseffizienz** hat das frühere finanzwissenschaftliche Postulat der Besteuerung nach der Leistungsfähigkeit inzwischen verdrängt.[26] Dies ist eine Folge der stärkeren Integration der Finanzwissenschaft in die Volkswirtschaftslehre. Allerdings werden auch Verteilungswirkungen einer bestimmten Besteuerung in die Betrachtung miteinbezogen. Es erfolgt eine gedankliche Trennung zwischen der „Vergrößerung des Kuchens" durch allokationseffizientes Wirtschaften und dessen Verteilung. Im Hinblick auf die Allokationseffizienz zeichnet sich ein gutes Steuersystem dadurch aus, daß es die allokationswirksamen relativen Preise auf Märken nicht verändert und dadurch keine Arbitragehandlungen der Marktteilnehmer auslöst. Dies gilt allerdings nur unter der Voraussetzung effizienter Märkte, d. h. die relativen Preise entsprechen den tatsächlichen Vorstellungen der Marktteilnehmer vom Wert der Güter.[27] Legt man jedoch die von vielen Stimmen als realistischer bezeichnete Situation ineffizienter Märkte zugrunde, so verliert das Ziel der Steuerneutralität an Überzeugungskraft. Ineffiziente Märkte sind dadurch gekennzeichnet, daß aus verschiedenen möglichen Gründen die Preise der Güter nicht exakt die Wertvorstellungen der Anbieter und Nachfrager widerspiegeln, die relativen Preise also falsch sind. Dadurch wird zuviel von dem einen und zu wenig von dem anderen Gut hergestellt und es kommt zu gesamtwirtschaftlichen Effizienzverlusten.

12 Wäre das Steuersystem in diesem Fall neutral, so blieben die Preisverzerrungen und Effizienzverluste erhalten. Es wird daher vielfach vorgeschlagen, die „Unebenheiten des Spielfeldes" durch eine gezielt entscheidungswirksame Besteuerung zu glätten.[28] Ein Beispiel ist die Eindämmung externer Effekte – einer der Hauptursachen für Preisverzerrungen – durch eine sog. **„Pigou-Steuer":**[29] externe Effekte entstehen dadurch, daß das wirtschaftliche Ergebnis eines Marktteilnehmers nicht nur durch eigenes Handeln, sondern auch durch das Handeln oder Unterlassen eines anderen Marktteilnehmers beeinflußt wird. Beispielsweise führt die Einleitung von Schadstoffen in einen Fluß zu einer Schädigung des flußabwärts tätigen Fischers. Durch die Besteuerung des Schädigers in Abhängigkeit von der eingeleiteten Schadstoffmenge wird diese Menge auf ein volkswirtschaftlich effizientes Maß reduziert. Problematisch ist diesbezüglich die richtige Dosierung der Steuer, d. h. es ist eindeutig zu ermitteln, inwieweit die Preise des Schädigers zu niedrig bzw. die von ihm produzierte Menge zu hoch sind.

13 Für den Bereich der Finanzmärkte besteht ein ähnlicher Vorschlag darin, die Nachfrage nach risikoreichen Anlagen wie insbesondere Aktien oder Venture-Capital durch die steuerliche Diskriminierung der Einkünfte aus „sicheren" Anlagen wie z. B. festverzinslichen Rentenwerten zu erhöhen. [30] Die annahmegemäß zu hohen relativen Preise für Risikoanlagen werden dadurch normalisiert. Wenngleich der Vorschlag angesichts der in den 80er Jahren oftmals beklagten chronischen Eigenkapitalschwäche der deutschen Wirtschaft oberflächlich sympathisch ist, leuchtet jedoch nicht ein, warum die geringe Nachfrage

---

[24] *Tipke,* Steuerrecht, S. 22.

[25] Vgl. *Neumark,* Handbuch der Finanzwissenschaft, S. 622 f.; *Timm,* Wandlungen der Besteuerung, S. 29 f. mit zahlreichen Nachweisen.

[26] Vgl. *Elschen,* StuW 1991, 99, 100.

[27] Vgl. *Elschen,* StuW 1991, 99, 109.

[28] So die ursprüngliche Terminologie von *Summers,* Should Tax Reform Level the Playing Field? Harvard Institute of Economic Research, Discussion Paper No. 1295, Januar 1987.

[29] Benannt nach *Pigou,* The Economics of Welfare, 4. Aufl., London 1932.

[30] *D. Schneider,* ZfBF 1989, 431.

nach Risikotiteln gerade durch eine steuerliche Ungleichbehandlung beseitigt werden sollte. Offensichtlich ist die Nachfrage aus Sicht der Anbieter von Risikowerten ausreichend, denn ansonsten würden diese die Rendite für Risikowerte erhöhen. Die Verhaltenslenkung durch steuerliche Diskriminierung würde also die relativen Preise verzerren.

Die Forderung nach einer allokationseffizienten Besteuerung wurde im Rahmen der Fi- 14
nanzwissenschaft bislang nur in Einzelbereichen untersucht. Dabei ist diese Fragestellung zum Teil im Bereich der Einkommensentstehung und zum Teil im Bereich der Einkommensverwendung angesiedelt. Die Finanzwissenschaft legt den Schwerpunkt der Untersuchungen in den Bereich der **Einkommensentstehung.** Die Forderung nach Steuerneutralität hat den effizienten Kapitaleinsatz und eine optimale Kapitalneubildung zum Ziel. Vor allem die Arbeiten von *Sinn*[31] befassen sich eingehend mit der Allokationswirkung der Systeme der Kapitaleinkommensbesteuerung.

Steuerneutralität bzw. Allokationseffizienz im Zusammenhang mit der **Einkommensver-** 15
wendung hat dagegen in der Finanzwissenschaft nur geringe Beachtung gefunden. Dies liegt offenbar daran, daß die Besteuerung des Kapitalvermögens primär an die Erzielung von Einkünften und somit an die Einkommensentstehung anknüpft, während die Verwendung des Kapitalvermögens nur im Rahmen der Verkehrsteuern relevant wird. Dabei werden allerdings bestimmte Kapitalanlageformen, insbesondere, soweit sie häufige Vermögensumschichtungen voraussetzen, durch die Erhebung von Verkehrsteuern in bedeutendem Maße beeinflußt, wie die Diskussion über die Börsenumsatzsteuer vor Augen geführt hat.

c) Betriebswirtschaftslehre. Demgegenüber wird die Investitionsentscheidung, d. h. die 16
Entscheidung für eine bestimmte Kapitalanlageform unter dem Gesichtspunkt der Steuerneutralität, umfassend in der Betriebswirtschaftslehre behandelt. Dabei wird der Begriff der Steuerneutralität in dem Sinne verwandt, daß er als Nullpunkt für die Beurteilung von Steuerwirkungen herangezogen wird.[32] Durch Feststellung der Bedingungen der Einflußlosigkeit der Besteuerung, etwa auf Investitionsentscheidungen, wird ein „Nullpunkt" (Steuerneutralität) ermittelt, um anschließend nach und nach durch Einführung veränderter Bedingungen und Steuerwirkungen z. B. Investitionsanreize oder -hemmnisse auf die jeweiligen Bedingungsänderungen zurückzuführen. Im einzelnen stehen folgende Fragestellungen im Mittelpunkt:

– Die **Rechtsformneutralität**[33] der Besteuerung beinhaltet die Forderung nach einer glei- 17
chen Steuerbelastung unterschiedlicher rechtlicher Organisationsformen eines Unternehmens und hat vor allem für die Körperschaftsteuerreform 1977 entscheidende Argumente geliefert.
– Die **Neutralität der Besteuerung bei Rechtsformwechsel**[34] stellt die Forderung nach 18
einer gleichmäßigen Transaktionsbesteuerung auf; es soll vermieden werden, daß ein Unternehmen gezwungen ist, eine aus steuerlichen oder anderen Gründen ungünstige Rechtsform beizubehalten, nur weil der Rechtsformwechsel mit nachteiligen steuerlichen Konsequenzen behaftet ist.
– Die **Betriebsgrößenneutralität** der Besteuerung oder **Akquisitionsneutralität**[35] beinhal- 19
tet die Forderung, daß das Steuerrecht nicht den Konzentrationsprozeß fördern oder behindern solle.
– Die **Neutralität der Besteuerung hinsichtlich kapitalintensiver Unternehmen einer-** 20
seits und arbeitsintensiver Unternehmen andererseits betrifft die Frage einer Rechtfertigung von Vermögensteuern und hat z. B. zur Abschaffung der Lohnsummensteuer geführt.

---

[31] Kapitaleinkommensbesteuerung; *ders.,* Systeme der Kapitaleinkommensbesteuerung, S. 209 f.

[32] *Elschen/Hüchtebrock* FinArch. 41 (1983) 255 f.

[33] *Jacobs,* Unternehmensbesteuerung; *Schreiber,* Rechtsformabhängige Unternehmensbesteuerung?; *Knobbe-Keuk* DB 1989, 1303 f.

[34] *Herzig* StuW 1988, 342 f.

[35] *Sinn,* Kapitaleinkommensbesteuerung, S. 141 f.

21 – Im Rahmen der **Standortneutralität** der Besteuerung wird die Frage diskutiert, inwiefern im nationalen Bereich Strukturförderungen oder unterschiedliche Gewerbesteuerhebesätze die Standortwahl des Unternehmers beeinflussen bzw. im internationalen Bereich, inwieweit Belastungsunterschiede Einfluß auf die internationale Wettbewerbsfähigkeit haben,[36] ein Gesichtspunkt, der insbesondere im Hinblick auf den europäischen Binnenmarkt zunehmend an Bedeutung gewinnt.

22 Es handelt sich hierbei i. d. R. nicht um den Versuch, die Forderung nach Steuerneutralität zu begründen, sondern die Einflußgrößen des Steuerrechts ausgehend von einer **steuerneutralen Investition** zu bestimmen. Aus dieser Untersuchung lassen sich direkt keine finanzpolitischen Forderungen ableiten, sondern nur Einzelentscheidungen eines Unternehmens oder Haushalts vorbereiten.

23 Die betriebswirtschaftliche Entscheidungsneutralität kann jedoch dann mit der finanzwissenschaftlichen Steuerneutralität zusammenfallen, wenn unterstellt werden kann, daß die Ressourcenallokation ohne steuerliche Einflüsse optimal ist oder sich zumindest durch Veränderung nicht steuerlicher Regeln optimal gestalten läßt. Diese Annahme ist jedoch unrealistisch. Darüber hinaus besteht ein wesentlicher Unterschied zwischen finanzwissenschaftlicher und betriebswirtschaftlicher Entscheidungsneutralität darin, daß die betriebswirtschaftliche Richtung infolge ihrer Anknüpfung an Entscheidungsmodelle der Marktteilnehmer nicht aufgrund objektiv verwirklichter Marktergebnisse, sondern aufgrund subjektiver Steuerplanungsgrößen besteuern würde.

24 Im Ergebnis führt die Vorgehensweise der betriebswirtschaftlichen Forschung trotz der genannten Kritikpunkte zu wichtigen Erkenntnissen im Hinblick auf die Auswirkungen der Steuerpolitik.

25 *d) Rahmen der Untersuchung.* Es ist offenbar, daß die Aussagen über die Steuerneutralität und das Leistungsfähigkeitsprinzip in den Disziplinen des Verfassungsrechtes, der Finanzwissenschaft und der Betriebswirtschaftslehre selbst bei Wahl gleicher Begriffe im Gehalt voneinander abweichen und auch nur teilweise aufeinander aufbauen. Denn durch das Urteil, daß es z. B. für ein Unternehmen aufgrund einer Steuersubvention günstiger sei, eine Investition in den neuen Bundesländern zu tätigen, ist noch nichts hinsichtlich der Fragestellung gewonnen, ob durch die Steuersubvention die Steuerneutralität i. S. einer Fehlallokation von Kapitalanlagen beeinträchtigt ist. Und selbst wenn man letzteres bejahen würde, so wäre im weiteren noch nicht entschieden, ob eine derartige Fehlallokation verfassungsrechtlich zulässig oder steuerpolitisch wünschenswert ist. Die Herleitung derartiger Wertentscheidungen würde den Rahmen der hier vorgegebenen Darstellungen sprengen.

26 Im folgenden soll zunächst der Versuch unternommen werden, einen Überblick über die historisch gewachsenen Grundlagen der Besteuerung von Kapitalanlagen zu geben (Rdnrn. 28 ff.). Anhand einzelner Beispiele soll im weiteren der Einfluß des Steuerrechtes auf die Kapitalanlageformen und das Kapitalanlageverhalten beschrieben und dabei unterschieden werden, ob die Einflußnahme aus fiskalischen Gründen oder wirtschaftslenkenden Gründen erfolgte (Rdnrn. 74 ff.). Die Abgrenzung dieser beiden Normkomplexe läßt sich nicht in jedem Fall eindeutig vollziehen. Gleichwohl ergeben sich in den dargestellten Fällen i. d. R. Anhaltspunkte aus den Motiven des Gesetzgebers, in welcher Weise er seine Gesetzgebung verstanden wissen wollte. Selbstverständlich bereiten diejenigen Normen Schwierigkeiten, die unter dem Mantel einer Fiskalzwecknorm wirtschaftslenkende Zielsetzungen verbergen, sind aber insofern Anschauungsmaterial hinsichtlich der kritischen Grenzbereiche.

27 Wenn am Ende der Ausführungen der Ruf nach mehr Systemgerechtigkeit erhoben wird, so mag zumindest an Einzelbeispielen belegbar sein, daß der Gesetzgeber, wenn ihm

[36] Zu den Auswirkungen des Standortsicherungsgesetzes auf die steuerliche Belastung deutscher Unternehmen im internationalen Vergleich *Schneider,* DB 1994, 541.

auch verfassungsrechtlich die Wahl der Mittel weitgehend freisteht, gerade im Bereich der Wirkung auf Kapitalanlagen sein Ziel oftmals verfehlt oder es durch andere wettbewerbsbeeinträchtigende Folgen teuer erkauft.

2. Steuerbelastung als Kriterium des Kapitalanlageverhaltens. *a) Gesamtsteuerbelastung.* Das Steueraufkommen in der Bundesrepublik Deutschland lag im Jahr 1985 bei DM 437,2 Mrd. und stieg bis zum Jahr 1989 auf DM 535,5 Mrd. Nach der Wiedervereinigung stieg das Steueraufkommen ebenfalls stetig von DM 661,9 Mrd. im Jahr 1991 bis auf DM 749,1 Mrd. im Jahr 1993[37]. Die Steuereinnahmen für das Jahr 1994 betragen nach vorläufigen Angaben DM 785 Mrd., für das Jahr 1995 werden DM 845,6 Mrd. erwartet[38]. Die Steuerquote betrug 24,2% im Jahr 1985, und hat sich, nach einem Hoch im Jahr 1992 von 24,5%[39], bis zum Jahr 1994 auf 23,6% vermindert. Für 1995 wird allerdings wieder eine Steuerquote von 24,3% erwartet[40]. Die Steuervergünstigungen des Bundes sind ausweislich des 14. Subventionsberichtes der Bundesregierung[41] in den alten Bundesländern mit DM 11,5 Mrd. erheblich niedriger als 1985, als noch Steuervergünstigungen in Höhe von DM 15,6 Mrd. gewährt wurden. Im gleichen Zeitraum sind aber die Finanzhilfen des Bundes für die alten Bundesländer von DM 11,9 Mrd. auf DM 12,4 Mrd. gestiegen. Hinzu kommen die Subventionen des Bundes für die neuen Bundesländer in Höhe von insgesamt DM 12,6 Mrd.[42] Die Subventionen von Ländern und Gemeinden belaufen sich im Jahr 1993 auf insgesamt DM 49,9 Mrd., wovon DM 16,8 Mrd. auf die neuen Bundesländer entfallen.[43] 28

Die Diskussion über die **Gesamtsteuerbelastung deutscher Unternehmensgewinne** insbesondere zum Zwecke eines internationalen Belastungsvergleiches[44] verdeutlicht, daß die Berechnung der Gesamtsteuerbelastung mit erheblichen Schwierigkeiten verbunden ist. Nach einer Modellrechnung von *Schneider*[45] beträgt die „rechtliche Steuerbelastung" thesaurierter Gewinne einer Kapitalgesellschaft im Jahre 1994 rund 62,33%; ausgeschüttete Gewinne werden hiernach mit 52,06% besteuert. Diese Ergebnisse werden in der Untersuchung von *Rädler/Blumenberg*[46] bestätigt, die darüberhinaus den maßgeblichen Einfluß der Gewerbekapitalsteuer auf die Gesamtsteuerbelastung aufzeigen. Dies entspricht auch der Ermittlung der Gesamtsteuerbelastung der Unternehmensgewinne auf der Basis der volkswirtschaftlichen Gesamtrechnung. Nach der **volkswirtschaftlichen Gesamtrechnung** des Jahres 1993, die ein Bruttoeinkommen aus Unternehmertätigkeit und -vermögen von DM 608,1 Mrd. ausweist, haben die Unternehmensgewinne vor Steuern hieran einen Anteil von ca. DM 200 Mrd. Die Einkommen-, Körperschaft-, Gewerbe- und Vermögensteuern, die auf diese Unternehmensgewinne im Jahre 1993 entrichtet wurden, kann man aufgrund der Steuerstatistik mit etwa DM 110 Mrd. ansetzen.[47] Die Gesamtsteuerbelastung auf Unternehmensgewinne liegt damit bei rund 55%. Nach einem im Auftrag des Bundeswirtschaftsministeriums vom **Deutschen Institut für Wirtschaftsforschung** (DIW) im Jahr 1989 erstellten Gutachten[48] ist die steuerliche Belastung der deutschen Unternehmen allerdings im Verhältnis zum „Bereinigten Bilanzgewinn" je nach Wirtschaftsbranche unterschiedlich und schwankt zwischen 25,8 und 51%, was im internationalen Vergleich 29

---

37 BMF, Finanzbericht, 1995, S. 238 ff.

38 IFO-Schnelldienst 6/95, S. 4.

39 BMF, Finanzbericht 1995, S. 343.

40 IWD, 49/1994 vom 8. Dezember 1994, S. 1.

41 Vom 26. 8. 1993, BT-Drucks. 12/5580.

42 14. Subventionsbericht, S. 18.

43 14. Subventionsbericht, S. 18.

44 Vgl. *Schneider,* DB 1994, 541; *Barth* BB 1989, 1237; *Schneider* WPg 1988, 328.

45 DB 1994, 541.

46 Tax Letter Europe 1994, 4 f.

47 Steuerstatistik in Finanzbericht BMF 1995, S. 244.

48 Die Besteuerung der Unternehmensgewinne im internationalen Vergleich, DIW-Wochenbericht 29/1989, vom 20. 7. 1989, S. 329, 336.

generell nicht als besonders hoch bezeichnet werden kann. Die Abweichungen gegenüber den Modellrechnungen ergeben sich primär aus der Nichtberücksichtigung von Rückstellungen, Abschreibungen, Wertberichtigungen, Verlustvortrag und Verlustrücktrag im Rahmen der Modellrechnung. Die Aussagekraft der ermittelten Gesamtsteuerbelastung auf Basis von Modellrechnungen bzw. auf Basis der volkswirtschaftlichen Gesamtrechnungen ist nach der konkreten Fragestellung zu beurteilen. Für unternehmerische Investitionsentscheidungen ist die Angabe einer Grenzsteuerbelastung[49] eine bessere Entscheidungshilfe als die durchschnittliche Gesamtsteuerbelastung auf Basis der volkswirtschaftlichen Gesamtrechnung, die ihrerseits allerdings im internationalen Vergleich Bedeutung hat.

30 Entgegen der in der Finanzwissenschaft überwiegend vertretenen Auffassung, daß Kapitaleinkünfte entsprechend ihrer höheren Steuerkraft stärker zu besteuern seien als Arbeitseinkünfte, findet sich im deutschen Ertragsteuerrecht keine derartige konsequente Differenzierung. Lediglich das Vermögen an sich wird als Maßstab für wirtschaftliche Leistungsfähigkeit durch die Erhebung der Vermögensteuer herangezogen, während die Arbeitskraft, also das „human capital", steuerfrei bleibt. Die Gesamtsteuerbelastung der Kapitaleinkünfte differiert hingegen je nachdem, ob die Quelle der Kapitaleinkünfte Privatvermögen oder Betriebsvermögen darstellt. Das gewerbliche Betriebsvermögen wird im deutschen Steuerrecht steuerlich weitaus stärker belastet als das Privatvermögen. So unterliegen z. B. die Erträge eines Steuerpflichtigen aus in einer gewerblichen Personengesellschaft gehaltenen Immobilien oder festverzinslichen Wertpapieren einer wesentlich höheren Gesamtsteuerbelastung als entsprechende Erträge aus im Privatvermögen gehaltenen Vermögensgegenständen.

31 Berechnungen der **Gesamtsteuerbelastung des Kapitaleinkommens** von *Weichert*[50] auf Basis der volkswirtschaftlichen Gesamtrechnung ergaben für den Durchschnitt der Jahre 1980–1984 eine Gesamtbelastung des Kapitaleinkommens mit Steuern in Höhe von ca. 30%. Für die Jahre 1992–1993 ergibt sich auf Basis dieser Berechnungsmethode eine Gesamtbelastung des Kapitaleinkommens mit Steuern in Höhe von ca. 27%.

32 **Die steuerliche Belastung des Kapitaleinkommens in der Bundesrepublik im Durchschnitt der Jahre 1992–1993**

	Bruttoeinkommen des privaten Sektors aus Unternehmertätigkeit und Vermögen	610,2 Mrd. DM
./.	geschätztes Einkommen aus Unternehmertätigkeit (a)	191,7 Mrd. DM
=	Bruttoeinkommen der privaten Haushalte und Unternehmen aus Vermögen	418,5 Mrd. DM
	Körperschaftsteuer	29,5 Mrd. DM
+	Einkommensteuer auf Vermögenseinkünfte (b)	31,8 Mrd. DM
+	Gewerbesteuer auf Ertrag und Kapital	43,6 Mrd. DM
+	Vermögensteuer	6,8 Mrd. DM
=	Steuern auf Vermögen	111,7 Mrd. DM
	Steuersatz auf das Kapitaleinkommen	27,0 v. H.

Annahme: – (a) Das Arbeitseinkommen der Selbständigen entspricht dem Einkommen aus unselbständiger Arbeit je Arbeitnehmer. – (b) Von der veranlagten Einkommensteuer wurden 15 v. H. des geschätzten Einkommens aus Unternehmertätigkeit als Steuer auf das Arbeitseinkommen abgezogen. Der Steuersatz entspricht etwa dem durchschnittlichen Steuersatz der Arbeitnehmer.

Quelle: vgl. *Weichert,* S. 77; eigene Berechnungen auf der Grundlage des Statistischen Jahrbuches 1993, des Finanzberichts des BMF 1995 sowie des Quartalsberichtes I/95 des IDW.

[49] Vgl. *Schneider,* WPg. 1988, 328 f.

[50] Probleme des Kapitalmarktes, S. 75 ff.

Dabei ist allerdings zu berücksichtigen, daß die tatsächliche Steuerbelastung der Vermögensanlage stark differiert. Nach Berechnungen des IFO-Institutes[51] lag das Geldvermögenseinkommen im Jahr 1993 bei DM 183 Mrd. Davon wurden jedoch lediglich DM 47,5 Mrd. versteuert; die Deklarationsquote lag mithin bei ca. 25%. Die Steuereinnahmen in Form der Zinsabschlagsteuer in Höhe von DM 14,3 Mrd. betragen lediglich ca. 8% des Geldvermögenseinkommens. Dieser niedrige Wert, der deutlich unter der Steuerquote von 15–16% auf Geldvermögenseinkommen liegt, die in den achtziger Jahren ermittelt wurde[52], ist zumindest teilweise durch die erhöhten Freibeträge für Einkünfte aus Kapitalvermögen erklärbar. 33

Allein der Vergleich dieser Steuerquoten, die sicherlich nur als grobe Schätzungen auf der Basis steuerstatistischen Materials angesehen werden können, machen deutlich, daß das Vermögen und das hieraus erzielte Einkommen in Deutschland in ganz unterschiedlichem Umfang steuerlich belastet ist. Es erscheint dabei zweifelhaft, ob eine derart unterschiedliche steuerliche Belastung der Forderung nach einer Besteuerung nach der wirtschaftlichen Leistungsfähigkeit gerecht wird. 34

b) Laufende Besteuerung der Vermögenseinkünfte und des Vermögens. Die folgende Darstellung der Besteuerung laufender Vermögenseinkünfte soll sich auf die Beschreibung der wesentlichen Steuerarten (Einkommensteuer, Körperschaftsteuer, Gewerbesteuer und Vermögensteuer) und der systematischen Zusammenhänge beschränken. 35

Das deutsche Ertragsteuerrecht wird wesentlich durch den sog. **Einkünftedualismus**[53] bestimmt: Erträge aus Betriebsvermögen werden im Rahmen der Gewinnermittlung (§§ 4 Abs. 1, 5 Abs. 1 EStG) durch **Vermögensvergleich** unter weitgehender Geltung der handelsrechtlichen Grundsätze ordnungsgemäßer Buchführung, insbesondere des Realisationsprinzips (kein Ausweis nichtverwirklichter Gewinne) und des Imparitätsprinzips (Zwang zum Ausweis nichtverwirklichter Verluste) der Besteuerung unterworfen. Hingegen werden Erträge aus Privatvermögen (Kapitalvermögen, Vermietung und Verpachtung, sonstige Einkünfte) durch **Überschußermittlung** (Überschuß der Einnahmen über die Werbungskosten) unter Geltung des Zu- und Abflußprinzips (§ 11 EStG) und ohne Berücksichtigung von Vermögensveränderungen (ausgenommen Absetzungen für Abnutzung) besteuert. 36

Durch den per Standortsicherungsgesetz vom 13. September 1993[54] eingefügten § 32 c EStG, der den Spitzensteuersatz für gewerbliche Einkünfte auf 47% im Gegensatz zu sonst 53% beschränkt, ist der Einkünftedualismus fast einem Schedulensystem gewichen. Nach Ansicht der drei Ertragsteuersenate des Bundesfinanzhofs, die zu dem Thema befragt wurden, ist die Ungleichbehandlung von gewerblichen gegenüber anderen Einkünften verfassungswidrig oder verfassungsrechtlich bedenklich.[55] 37

(aa) Vermögenseinkünfte aus Betriebsvermögen. Die aus einem Betriebsvermögen erzielten Kapitaleinkünfte oder Vermietungseinkünfte gelten als gewerbliche Einkünfte und werden somit in Gewinneinkünfte umqualifiziert. Gewerbliche Vermögenseinkünfte liegen dann vor, wenn sich der Steuerpflichtige selbständig, nachhaltig und mit Gewinnerzielungsabsicht im allgemeinen wirtschaftlichen Verkehr beteiligt. Während die Tätigkeit der Kapitalgesellschaften und der durch eine Kapitalgesellschaft gewerblich geprägten Personengesellschaften grundsätzlich als gewerblich gilt (§ 8 Abs. 1 KStG, § 15 Abs. 3 EStG), kann die Abgrenzung einer gewerblich tätigen Personengesellschaft gegenüber der privaten Vermögensverwaltung Schwierigkeiten bereiten.[56] 38

Bei der Besteuerung gewerblicher Einkünfte ist die Trennung zwischen **Einkommensteuer** und **Körperschaftsteuer** zu beachten: Während die Einkommensermittlung bei Ka- 39

[51] StuW 1984, 230 f.

[52] *Jehner* DB 1984, Beilage 16, 6.

[53] *Tipke,* Festschrift für Paulick, S. 391 f.

[54] BGBl. I, S. 1569.

[55] Handelsblatt Nr. 39 vom 25. Februar 1993, S. 5.

[56] Vgl. hierzu GrS BFH BStBl. II 1984, 754 (763).

pitalgesellschaften, Personengesellschaften oder Einzelunternehmen den gleichen Grundsätzen folgt, unterliegt der auf diese Weise ermittelte Gewinn bei Personengesellschaften und Einzelunternehmen der progressiven Einkommensbesteuerung (Spitzensteuersatz 47%), bei den Kapitalgesellschaften hingegen der Körperschaftsteuer und ist erst dann auf der Ebene des Gesellschafters dieser Kapitalgesellschaft einkommensteuer- bzw. körperschaftsteuerpflichtig, soweit er ausgeschüttet wird.[57] Während thesaurierte Gewinne einem Körperschaftsteuersatz von 45% unterliegen, beträgt der Steuersatz für ausgeschüttete Gewinne 30%. Das auf inländische Anteilseigner anzuwendende Anrechnungsverfahren führt im Ergebnis zur Vermeidung einer wirtschaftlichen Doppelbelastung und zur Gesamtsteuerbelastung der Unternehmenserträge entsprechend der Einkommensteuerprogression des Anteilseigners. Ausländische Anteilseigner, gemeinnützige Körperschaften oder Körperschaften des öffentlichen Rechts (es sei denn, die Beteiligung befindet sich im Betriebsvermögen) sind hingegen nicht anrechnungsberechtigt, so daß es grundsätzlich für diese zu einer Mindeststeuerbelastung auf der Basis des von der Kapitalgesellschaft gezahlten Körperschaftsteuersatzes kommt.

40 Da aufgrund der fehlenden Anrechnungsmöglichkeiten insbesondere für ausländische Anteilseigner inländischer Kapitalgesellschaften ein Anreiz bestand, diese Gesellschaften verstärkt mit körperschaftsteuerlich abzugsfähigem Fremdkapital zu finanzieren, hat der Gesetzgeber die Fremdfinanzierung durch Nichtanrechnungsberechtigte faktisch der Höhe nach beschränkt (§ 8 a KStG).[58] Die Zinsen, welche die in § 8 a Abs. 1 KStG definierte angemessene Fremdkapitalausstattung übersteigen, werden in verdeckte Gewinnausschüttungen umqualifiziert und verlieren dadurch ihre Abzugsfähigkeit. Die fehlende Anrechnungsmöglichkeit ausländischer Anteilseigner börsennotierter Kapitalgesellschaften hat ferner zu der Entwicklung des sog. Dividendenstrippings geführt. Hierbei ging es darum, daß die Anteile der ausländischen Anteilseigner kurz vor dem Gewinnverwendungsbeschluß der Hauptversammlung an eine anrechnungsberechtigte Person (i. d. R. einen Makler) veräußert und nach dem Gewinnverwendungsbeschluß „ex Dividende“ wieder zurückgekauft wurden. Konsequenz davon war die Erzielung eines grundsätzlich steuerfreien Veräußerungsgewinnes durch den Steuerausländer, weil die Dividendenzahlung auch vor dem Gewinnverwendungsbeschluß bereits entsprechende Kurssteigerungen ausgelöst hatte, während dem inländischen Käufer die Steuergutschrift zugeschrieben wurde.[59] Das Dividendenstripping wurde von der Finanzverwaltung als Mißbrauch qualifiziert zumal wenn Veräußerung und Rückkauf der Anteile in einem einheitlichen Vorgang vereinbart wurden und es zu einem Ausschluß jeglichen Kursrisikos kam.[60] Durch Änderungen in §§ 20 Abs. 2 a, 36 Abs. 2 Nr. 3 S. 4 und 50 c Abs. 10 EStG ist ein Dividendenstripping in der geschilderten Form nun nicht mehr möglich.[61] Hinzuweisen ist auf die Regelung in § 50 c Abs. 10 EStG, wonach der Erwerber nachweisen kann, daß der Veräußerer anrechnungsberechtigt ist. Diese für den anonymen Börsenhandel unpraktikable Regelung wird zu Recht kritisiert.[62]

41 Hiervon abweichend sind Personengesellschaften selbst nicht einkommensteuer- oder körperschaftsteuerpflichtig. Die Gewinnanteile der Gesellschafter werden bei die-

---

[57] Vgl. zur Kritik *Lang,* StuW 1989, 7; *Sinn,* Kapitaleinkommensbesteuerung, S. 95 f.

[58] Eingeführt durch Standortsicherungsgesetz vom 13. September 1993 (BGBl. I, S. 1569); Vgl. dazu eingehend *Herzig,* DB 1994, 110 und 168; zu dem wichtigen Spezialproblem der Darlehensgewährung durch Dritte vgl. *Borggräfe/Jakobs,* FR 1995, 358.

[59] Vgl. zu einer verbreiteten Spielart des Dividendenstripping Süddeutsche Zeitung vom 5. 12. 1991.

[60] Vgl. Handelsblatt vom 1. 10. 1992, S. 35; FAZ Nr. 15 vom 19. 1. 1993, S. 12; Handelsblatt vom 11. 2. 1994, S. 35.

[61] Vgl. zu den Änderungen *Dötsch,* DB 1993, 1842.

[62] Vgl. die Proteste der Bankenverbände, Handelsblatt Nr. 115 vom 18. 6. 1993, S. 27; sowie die Stellungnahme von *Grünewald,* Börsen-Zeitung vom 21. 8. 1993, der einen gespaltenen Börsenmarkt für denkbar hält.

sen der Einkommensteuer oder Körperschaftsteuer unterworfen (vgl. § 15 Abs. 1 Nr. 2 EStG).

Gewerbliche Einkünfte unterliegen im weiteren der Gewerbesteuer. Dabei sind Kapitalgesellschaften stets und im vollen Umfang ihrer Tätigkeit als Gewerbebetriebe gewerbesteuerpflichtig (§ 2 Abs. 2 GewStG), während die übrigen Gewerbebetriebe kraft ihres gewerblichen Unternehmens i. S. des EStG (§ 15 Abs. 2 und 3) der Gewerbesteuer unterliegen. Bei einem gewogenen durchschnittlichen Gewerbesteuerhebesatz (im Jahr 1991) von 364% liegt der effektive durchschnittliche Gewerbesteuersatz bei ca. 15,4%. 42

Die **Gewerbesteuer** wird als Störfaktor im System einer leistungsgerechten Besteuerung angesehen.[63] Dabei sieht das GewStG selbst wiederum Einzelregelungen vor, die eine erhebliche Differenzierung hinsichtlich der Steuerbelastung hervorrufen. So hat z. B. ein langfristig mit Fremdkapital finanziertes Unternehmen die zu entrichtenden Zinsen auf das Fremdkapital zu 50% dem Gewerbeertrag hinzuzurechnen. Hieraus ergibt sich aber immer noch eine **Begünstigung der Fremdkapital- gegenüber der Eigenkapitalfinanzierung,** da Erträge aus dem Eigenkapital grundsätzlich nicht vom Gewerbeertrag abzugsfähig sind.[64] Dies hat sich vor allem in der sinkenden Eigenkapitalausstattung der deutschen Unternehmen bemerkbar gemacht.[65] 43

Darüber hinaus berührt die Gewerbesteuer bei niedrigeren Unternehmensgewinnen die Rechtsformneutralität. Für natürliche Personen und Personengesellschaften gilt seit 1993 für Gewerbeerträge bis DM 96 000 ein Staffeltarif, der von 1% (DM 24 000) bis 4% (DM 96 000) reicht. Für Kapitalgesellschaften gilt dagegen grundsätzlich eine Steuermeßzahl von 5% des Gewerbeertrags. Ferner kommen natürliche Personen und Personengesellschaften in den Genuß des Freibetrags i. H. v. DM 48 000. 44

Unterschiede ergeben sich weiterhin im Bereich der **Verlustberücksichtigung.** Während der Gesellschafter einer Kapitalgesellschaft die in der Kapitalgesellschaft anfallenden Verluste im Rahmen seiner persönlichen Einkommensermittlung nicht einkommensmindernd berücksichtigen kann, ist es dem Einzelunternehmer und Personengesellschafter im Grundsatz erlaubt, die Verluste mit den positiven Einkünften zu verrechnen. Diese Möglichkeit des Verlusttransfers bildet neben der gesellschaftsrechtlichen Tauglichkeit bestimmter Personengesellschaftsformen die Einbruchstelle für die Entwicklung der Verlustzuweisungsgesellschaften. Entsprechend hat der Gesetzgeber durch die Einführung des § 15 a EStG (negatives Kapitalkonto) und des § 2 a EStG (Auslandsverluste) Verlustausgleichsverbote geschaffen. 45

(bb) Vermögenseinkünfte aus Privatvermögen. Laufende Vermögenseinkünfte aus Privatvermögen werden dementgegen in § 20 und § 21 EStG als Überschußeinkünfte erfaßt. 46

§ 20 Abs. 1 und 2 EStG zählt Einnahmen auf, die aus der privaten **Nutzungsüberlassung von Kapitalvermögen** stammen. Die Aufzählung ist jedoch nur beispielhaft. Soweit die Einkünfte aus betrieblichen Einkunftsarten erzielt werden oder zu den Einkünften aus Vermietung und Verpachtung zu rechnen sind, gehen diese Einkunftsarten vor (§ 20 Abs. 3 EStG). Daneben werden Einkünfte aus inländischen und ausländischen Investmentgesellschaften entsprechend dem sog. „Transparenzprinzip" wie unmittelbar erzielte Kapitaleinkünfte besteuert (§§ 38 ff. KAGG und mit Ausnahmen §§ 17 ff. AuslInvestmG). 47

Der Dualismus der Einkunftsarten – namentlich die Nichtbesteuerung der realisierten Vermögensveränderungen von im Privatvermögen gehaltenen Kapitalanlagen außerhalb 48

---

[63] *Tipke,* Steuerrecht (9. Aufl.), S. 33; *Münch,* Festschrift für Barth, S. 93 f.; vgl. auch *Knobbe-Keuk* DB 1989, 1303, 1307 f.

[64] Vgl. *Weichert,* Probleme des Risikokapitalmarktes, S. 77 f.

[65] Vgl. Sonderdruck der Deutschen Bundesbank Nr. 5, Jahresabschlüsse der Unternehmen in der Bundesrepublik Deutschland 1965–1981, 3. Aufl. Juli 1983; Monatsberichte der Deutschen Bundesbank, November 1986, S. 13–29.

der Spekulationsfrist – hat die Entstehung neuer Kapitalanlageformen[66] gefördert, welche nur in geringem Maße oder überhaupt nicht zu laufenden Zinserträgen für den Anleger führten. Bei diesen Finanzinnovationen erzielte der Anleger fast ausschließlich steuerfreie Veräußerungsgewinne. Der Gesetzgeber hat auf diese Entwicklung mit der Neufassung von § 20 Abs. 1 Nr. 7 und Abs. 2 Nr. 4 EStG reagiert.[67] Danach wird neben laufenden Zinserträgen auch der in den realisierten Vermögensveränderungen enthaltene Zinsanteil besteuert. Kursgewinne, die lediglich auf eine Veränderung von Marktdeterminanten (z. B. Zinsänderung, Verbesserung der Schuldnerbonität) zurückzuführen sind, bleiben steuerfrei, soweit der Steuerpflichtige ihren Anteil im Rahmen der gesamten Vermögensveränderung durch Nachweis der Emissionsrendite belegt.

49 Die Einkünfte aus **Vermietung und Verpachtung** von Wirtschaftsgütern des Privatvermögens, insbesondere von Grundstücken, Gebäuden und grundstücksgleichen Rechten, werden grundsätzlich in § 21 Abs. 1 und 2 EStG erfaßt. Daneben können Einkünfte aus der gelegentlichen Vermietung beweglicher Wirtschaftsgüter als sonstige Einkünfte besteuert werden (§ 22 Nr. 3 EStG). Die Nutzungswertbesteuerung des eigengenutzten Grundvermögens, die im Kern der These der höheren Steuerkraft des Vermögensbesitzes entsprach,[68] ist hingegen als systemwidrig ab 1. 1. 1987 abgeschafft worden.

50 Erträge aus Kapitalvermögen und Vermietung und Verpachtung werden durch Gegenüberstellung der Einnahmen und Werbungskosten ermittelt. Es gilt das Zu- und Abflußprinzip (§ 11 EStG). Dabei ist der Begriff der Werbungskosten bei den Einkünften aus Kapitalvermögen und Vermietung und Verpachtung nicht enger auszulegen als bei anderen Einkunftsarten. Die Werbungskosten sind also wie Betriebsausgaben nach dem Veranlassungsprinzip zu bestimmen.[69] Hiervon getrennt zu beurteilen ist die Frage, ob Werbungskosten tatsächlich mit den Einnahmen aus Kapitalvermögen in Zusammenhang stehen oder tatsächlich mit den unter dieser Einkunftsart nicht erfaßten Veräußerungsgewinnen. Im letzteren Fall ist der Werbungskostenabzug gemäß § 3 c EStG zu versagen.

51 Aufgrund des Werbungskostenabzuges kann es in beiden Einkunftsarten zu Verlusten kommen, die grundsätzlich mit anderen positiven Einkünften ausgleichsfähig sind. Allerdings gilt zum Teil die Einschränkung des § 15 a und § 2 a EStG: Auf Anteile des stillen Gesellschafters am Verlust des Betriebes ist § 15 a EStG gemäß § 20 Abs. 1 Nr. 4 Satz 2 EStG entsprechend anzuwenden; dagegen gilt § 15 a EStG nicht für Einkünfte aus Kapitalvermögen der Gesellschafter von Vermögensverwaltungsgesellschaften, wenngleich der Verlustausgleich durch den sog. 100%-Erlaß eingeschränkt sein kann.[70] Für Einkünfte aus Vermietung und Verpachtung gilt § 15 a EStG entsprechend aufgrund ausdrücklicher Anordnung in § 21 Abs. 1 Satz 2 EStG. Da die Regelung des § 15 a EStG angesichts der Nichterfassung des – negativen – Sonderbetriebsvermögens in der Praxis[71] nicht mehr die vom Gesetzgeber gewünschte Schärfe hat, ist die Frage, ob nicht „Liebhaberei" vorliegt, in den Vordergrund getreten. Beim einzelnen Gesellschafter ist dabei eine Totalgewinnprognose zu stellen, wonach die Beteiligung auf Dauer gesehen zu positiven Einkünften des einzelnen Gesellschafters führen muß.[72] Eine ähnliche Prüfung ist auf der Ebene der Gesellschaft vorzunehmen.

52 (cc) Besteuerung des Vermögens. Der Dualismus der Besteuerung setzt sich in gewisser Weise im Bereich der Vermögens- und Gewerbekapitalsteuer fort. Während Privatvermögen grundsätzlich einer **Vermögensteuer** von 1% unterliegen, beträgt die Vermögensteuer

---

[66] Vgl. zu diesen Finanzinstrumenten *Schmidt,* EStG § 20 Anm. 45 ff.; *Sagasser/Schüppen,* DStR 1994, 265, 269; *Scheurle* DB 1994, 445; *Keßler* NWB F. 3, 8823.

[67] Gesetz vom 21. Dezember 1993, BGBl. I S. 2310.

[68] Vgl. *Birk,* Das Leistungsfähigkeitsprinzip, S. 35.

[69] GrS BFH vom 28. 11. 1977, BStBl. II 1978, 105, 108.

[70] Vgl. *Hermann/Heuer/Raupach,* § 20 EStG, S. 7 f. (Grüne Seiten).

[71] Vgl. unten Rdnr. 115.

[72] Vgl. *Crezelius,* Steuerrecht II, S. 28 ff. m. w. N.

für Betriebsvermögen 0,6% bezogen auf 75% des Betriebsvermögens, also 0,45%. Da das in Kapitalgesellschaften investierte Vermögen sowohl als Betriebsvermögen auf der Ebene der Gesellschaft als auch als Privatvermögen auf der Ebene der Gesellschafter besteuert wird, kommt es zu einer Vermögensteuerdoppelbelastung. Allerdings halbiert sich der bis zum 1. Januar 1995 von 0,5% auf 1% verdoppelte Vermögensteuersatz für Privatvermögen auf 0,5% soweit in dem steuerpflichtigen Vermögen land- und forstwirtschaftliches Vermögen, Betriebsvermögen und Wirtschaftsgüter i. S. d. § 110 Abs. 1 Nr. 3 BewG (z. B. Aktien) enthalten sind. Dennoch bleibt es für kapitalintensive Unternehmen bei einer relativen Benachteiligung der Rechtsform der reinen Kapitalgesellschaft z. B. im Verhältnis zur GmbH & Co KG oder Betriebsaufspaltungs-Modellen. Einem begünstigten Steuersatz bei der Vermögensteuer unterliegen auch Anteilscheine i. S. des KAGG im Privatvermögen.[73] Der Steuersatz beträgt 0,5%, da die Anteilscheine Wirtschaftsgüter i. S. des § 110 Abs. 1 Nr. 3 BewG darstellen (§ 10 Nr. 1 VStG). Dies ist ein unbegründeter Bruch mit dem ansonsten für Kapitalanlagegesellschaften geltenden Transparenzprinzip. Die **Gewerbekapitalsteuer** wird lediglich auf Betriebsvermögen erhoben. Die Gewerbekapitalsteuer beträgt auf der Basis eines Steuersatzes von 0,2% und einem Hebesatz im Bundesdurchschnitt von 364% ca. 0,73%. Gemäß § 7 des Referentenentwurf eines Jahressteuergesetzes 1996 vom 17. Februar 1995[74] sollte die Gewerbekapitalsteuer abgeschafft und die Gewerbertragsteuer deutlich reduziert werden. Diesen Vorschlag hat die Bundesregierung jedoch mangels politischer Einigungsmöglichkeit über die verfassungsmäßigen Implikationen wieder aus dem Gesetzeskomplex herausgenommen. Die Abschaffung der Gewerbesteuer wurde damit auf den Zeitpunkt einer Fundamental-Reform des deutschen Steuerrechts verschoben.

Maßgeblich für die Besteuerung ist dabei primär die Bewertung des Vermögens auf der 53 Basis des **Bewertungsgesetzes.** Durch das Steueränderungsgesetz 1992 ist bezüglich der Feststellung der vermögensteuerlichen Werte eine wesentliche Verbesserung eingetreten. Anstatt der bis dato erforderlichen besonderen Vermögensaufstellung dürfen nunmehr prinzipiell die Steuerbilanzwerte in die Vermögensaufstellung übernommen werden. Hinsichtlich der unterschiedlichen Kapitalanlageformen lassen sich im wesentlichen drei Bewertungsansätze unterscheiden:
- Bewertung des Betriebsvermögens auf der Grundlage der Einheitswerte des Betriebsvermögens, die alle drei Jahre festgestellt werden,
- die Bewertung des Grundvermögens auf der Basis von 140% der am 1. 1. 1964 ermittelten Einheitswerte,
- die Bewertung des sonstigen Vermögens einschließlich der Kapitalforderungen, Wertpapiere, Ansprüche auf Lebensversicherungen, Edelmetalle etc. unter Zugrundelegung des gemeinen Wertes bzw. des Stichtagskurses, Rückkaufwertes oder Nennwertes.

Die unterschiedlichen Wertansätze führen offenbar zu einer Begünstigung des Grund- 54 vermögens. Dementsprechend hat das BVerfG in zwei Beschlüssen vom 22. Juni 1995 die Einheitsbewertung des Grundvermögens im Verhältnis zur Bewertung des Betriebsvermögens und sonstigen Vermögens für verfassungswidrig erklärt und den Gesetzgeber aufgefordert, eine mit dem Gleichheitssatz vereinbare Einheitsbewertung zu schaffen, die ab dem 1. Januar 1996 für die Erbschaftsteuer bzw. ab dem 1. Januar 1997 für die Vermögensteuer zu gelten hat.[75]

Fraglich ist, ob neben der Erhebung der Erbschaft- und Schenkungsteuer noch die Er- 55 hebung der Vermögensteuer der Privaten gerechtfertigt ist.[76] Die Bundesregierung erwägt

---

[73] Dies war früher nicht unumstritten, vgl. *Scholtz,* in: Beckmann/Scholtz, Investment, 425 vor § 37 a, Rdnr. 19.

[74] Quelle: Bundesfinanzministerium; *Sagasser/Jakobs,* DStR 1995, 1649 ff.

[75] BVerfG BStBl. II 1995. 655; BStBl II 1995, 676; vgl. zur früheren Rspr. BVerfG-Beschluß vom 14. Dezember 1993, DStR 1994, 134 und BFH vom 3. 8. 1988 II R 39/86 sowie die Anmerkung von *Grezelius* NWB Fach 10, 613.

[76] Ablehnend *Knobbe-Keuk* DB 1989, 1303, 1307; *Tipke,* Steuerrechtsordnung II, S. 776, 778 ff.

für 1997 die Abschaffung der Vermögensteuer unter Hinweis auf die neueste Rechtsprechung des BVerfG. Auch in einigen Staaten der EU (Italien, Belgien und Großbritannien) wird die Vermögensteuer unter Hinweis auf das Prinzip der leistungsgerechten Besteuerung nicht neben der Erbschaft- und Schenkungsteuer erhoben. In Österreich wurden die Vermögensteuer und die Erbschaftsteuer für bestimmte Kapitalanlageformen abgeschafft.[77]

56 Schließlich ist zu beachten, daß die Erhebung der Vermögen- und Gewerbekapitalsteuer unter vollständigem oder teilweisem Abzug der Schuldposten die Begünstigung der Fremdkapitalfinanzierung gegenüber der Eigenkapitalfinanzierung weiter fördert.[78]

57 (dd) Zwischenergebnis. Es zeigt sich, daß die laufenden Vermögenseinkünfte je nachdem, ob sie aus der Nutzung von Privatvermögen oder Betriebsvermögen erzielt werden, einer unterschiedlichen Besteuerung unterliegen. Der wesentliche Unterschied ist in der Erhebung der Gewerbesteuer auf Vermögenseinkünfte aus Betriebsvermögen zu sehen, der sich im Vergleich zwischen Privatvermögen und Betriebsvermögen durch den eingeschränkten Schuldzinsenabzug offensichtlich zugunsten der im Privatvermögen gehaltenen Kapitalanlage auswirkt. Vergleicht man allerdings die Steuerbelastung der Eigenkapitalfinanzierung im Verhältnis zur Fremdkapitalfinanzierung, so ist letztere durch die Möglichkeit eines 50%igen Abzugs von Zinsen und Kapital vom Gewerbeertrag bzw. -kapital sowie den 100%igen Abzug für die Berechnung der Vermögensteuer relativ gegenüber der Eigenkapitalfinanzierung begünstigt.

58 *c) Transaktionsbesteuerung.* In Fortsetzung des Dualismus zwischen Gewinneinkünften einerseits und Überschußeinkünften andererseits werden etwaige Gewinne aus der Veräußerung von Wirtschaftsgütern eines Betriebsvermögens im deutschen Steuerrecht grundsätzlich der Einkommen- bzw. Körperschaftsteuer unterworfen, während Gewinne aus der Veräußerung von Wirschaftsgütern des Privatvermögens abgesehen von Spekulationsgewinnen und Gewinnen aus der Veräußerung wesentlicher Beteiligungen an Kapitalgesellschaften steuerfrei bleiben.

59 (aa) Transaktionsbesteuerung im Betriebsvermögen. Grundsätzlich unterliegen nur realisierte Wertsteigerungen des Betriebsvermögens der Einkommen- bzw. Körperschaftsteuer. Als **Realisierungstatbestände** kommen insbesondere Veräußerungen von Wirtschaftsgütern gegen Geld oder Befreiung von einer Geldschuld in Betracht, daneben aber auch Tausch und tauschähnliche Vorgänge sowie Entnahmen und Entstrickungen. Aufgrund der Regelungen des Umwandlungssteuergesetzes in seiner Fassung vom 1. Januar 1995[79] können in verschiedenen Fällen von Unternehmensumstruktierungen (Verschmelzung, Spaltung, Vermögensübertragung, Formwechsel) die dabei grundsätzlich eintretenden Folgen der Liquidationsbesteuerung bei der Gesellschaft bzw. je nach Rechtsform beim Gesellschafter vermieden werden,[80] indem die Buchwerte fortgeführt werden. Daneben stehen Vorschriften zur Veräußerungsgewinnbefreiung bei ausländischen Beteiligungen (§ 8 b KStG) wie auch ergänzend die Grundsätze zum steuerfreien Anteilsaustausch.[81] Eine Vermeidung der Gewinnrealisierung ist teilweise auch dadurch möglich, daß der Buchgewinn unmittelbar auf ein Ersatzwirtschaftsgut übertragen wird (vgl. § 6 b EStG und R 35 EStR).

60 Die Gewinnrealisierung aus der **Veräußerung von ganzen Gewerbebetrieben, Teilbetrieben, 100%-Beteiligungen an Kapitalgesellschaften, Mitunternehmeranteilen und Komplementäranteilen an einer KGaA** werden bei der Besteuerung tariflich begünstigt, soweit nicht auf der Seite des Veräußerers und auf der Seite des Erwerbers dieselben Personen Unternehmer sind; in diesem Fall gilt der Gewinn insoweit als laufender Gewinn

---

[77] Vgl. *Tipke,* Stbg. 1994, 162 (165).

[78] *Weichert,* Probleme des Risikokapitalmarktes, S. 97, 99 ff.

[79] Vom 23. September 1994, BR-Drucks. 843/94.

[80] Zu Einzelheiten vgl. *Sagasser/Bula,* Umwandlungen.

[81] Tauschgutachten des BFH über den steuerneutralen Tausch von wert-, art- und funktionsgleichen Anteilen an Kapitalgesellschaften vom 16. Dezember 1958, BStBl. III 1959, S. 30.

(§ 16 Abs. 2 S. 3 EStG, § 24 Abs. 3 UmwStG).[82] Gemäß § 34 EStG wird auf Veräußerungsgewinne, die DM 30 Mio. nicht übersteigen, nur die Hälfte des durchschnittlichen Steuersatzes erhoben. Der Gewinn aus der Veräußerung eines Betriebs oder Mitunternehmeranteiles bzw. eines Anteils an einer Kapitalgesellschaft unterliegt grundsätzlich nicht der Gewerbesteuer, soweit der Anteil nicht von einer Kapitalgesellschaft gehalten wird.[83] Eine Ausnahme gilt im Fall der Veräußerung einer 100%igen Beteiligung an einer Kapitalgesellschaft, die im Betriebsvermögen gehalten wird.[84]

Als Konsequenz der Steuerpflichtigkeit von Veräußerungsgewinnen sind Veräußerungsverluste grundsätzlich abzugsfähig und mit anderen positiven Einkünften ausgleichsfähig. 61

(bb) Transaktionsbesteuerung im Privatvermögen. Dementgegen sind private Veräußerungsgewinne steuerfrei.[85] Eine Sonderregelung gilt für Gewinne aus der **Veräußerung wesentlicher Beteiligungen** (mehr als 25%) gemäß § 17 EStG. Der Versuch des Gesetzgebers, im Rahmen der Steuerreform 1990 den Prozentsatz der wesentlichen Beteiligung auf 10% zu senken,[86] war politisch nicht durchsetzbar. Im übrigen werden Veräußerungsgewinne aus Privatvermögen nur im Rahmen der Vorschrift über **Spekulationsgeschäfte** besteuert (§ 23 EStG). Voraussetzungen für die Besteuerung sind danach die Anschaffung und Veräußerung von Wirtschaftsgütern des Privatvermögens innerhalb von zwei Jahren (Grundstücke und grundstücksgleiche Rechte) bzw. sechs Monaten (andere Wirtschaftsgüter, insbesondere Wertpapiere). Von der Spekulationsbesteuerung ausgenommen sind Spekulationsgeschäfte im Rahmen von Investmentfonds (§ 40 Abs. 1 S. 1 KAGG). 62

Entsprechend der weitgehenden Steuerfreiheit von Veräußerungsgewinnen im Privatvermögen sind andererseits **Verluste aus der Veräußerung** nur unter den Voraussetzungen des § 17 EStG bzw. im Rahmen des § 23 Abs. 4 Satz 3 EStG ausgleichs- bzw. abzugsfähig. Interessant ist hierbei, daß der BFH nunmehr anerkennt, daß auch Aufwendungen nach Veräußerung der wesentlichen Beteiligung als nachträgliche Anschaffungskosten den Veräußerungsgewinn rückwirkend vermindern bzw. den Veräußerungsverlust rückwirkend erhöhen.[87] 63

(cc) Erbschaftsteuer und Schenkungsteuer. Als weitere Form der Transaktionsbesteuerung ist die Erbschaftsteuer bzw. Schenkungsteuer anzusehen. Dabei sind auch für diese Besteuerung die Wertansätze nach dem Bewertungsgesetz mit den beschriebenen Ungereimtheiten maßgeblich (vgl. Rdnr. 52ff.). Diesbezüglich hat das BVerfG in seinem Beschluß vom 22. Juni 1995 dem Gesetzgeber aufgegeben, bis zum 31. Dezember 1996 die Bewertung des Grundvermögens an die Bewertung des Vermögens im übrigen auf der Basis von Gegenwartswerten anzupassen. Die Wertanpassung wird also nach der Vorstellung des BVerfG auch eine Anpassung der Erbschaftsteuersätze zur Folge haben wie auch eine Erhöhung der Freibeträge bis zur Höhe des täglichen Gebrauchsvermögens erforderlich machen, um die Erbrechtsgarantie des Art. 14 Abs. 1 Satz 1 GG zu gewährleisten. 64

(dd) U. U. fällt bei der Übertragung von Wirtschaftsgütern, die der Kapitalanlage dienen, Grunderwerbsteuer in Höhe von 2% an. Dagegen wurden die weiteren in diesen Fällen einschlägigen Verkehrsteuern – die Gesellschaftsteuer und die Börsenumsatzsteuer – durch das 1. Finanzmarktförderungsgesetz[88] abgeschafft. 65

(ee) Zwischenergebnis. Die Steuerfreiheit privater Veräußerungsgewinne läßt sich grundsätzlich nur aus einer historischen Entwicklung heraus erklären. Vom Prinzip der 66

---

[82] Vgl. zu den strittigen Fragen der Gewerbesteuer *Schiffers,* BB 1994, 1469; *Sagasser/Schüppen,* DStR 1994, 265 und 311; und zur Frage, in welchem Umfang ein laufender Gewinn anfällt: *Streck/Schwedhelm,* BB 1993, 2420.

[83] Abschn. 39 Abs. 3 GewStR.

[84] Abschn. 40 Abs. 1 Nr. 1 S. 14f. GewStR.

[85] Vgl. dazu oben Rdnr. 48.

[86] Referentenentwurf eines Steuerreformgesetzes 1990 vom 14. 1. 1988, Art. 1, Ziff. 13a.

[87] BFHNV 1993, 364 u. 654; vgl. dazu *Schmidt,* EStG, § 17 Rdnr. 182.

[88] BGBl. I 1990, 266 = BStBl. I 1990, 152.

Besteuerung nach der Leistungsfähigkeit her beurteilt, läßt sich kein sachgerechter Differenzierungsgrund erkennen, warum z. B. der Gewinn aus der Veräußerung einer festverzinslichen Anleihe, die im Betriebsvermögen gehalten wird, steuerpflichtig sein muß, während der Gewinn, würde er im Privatvermögen erzielt, steuerfrei bliebe. Insbesondere die Regelung des § 17 EStG erscheint nicht mit dem Leistungsfähigkeitsprinzip vereinbar. Zum Teil tritt auch eine Benachteiligung der im Betriebsvermögen gehaltenen Kapitalanlage durch die Erhebung der Gewerbesteuer ein. Die Erweiterung steuerneutraler Umstrukturierungsmöglichkeiten trägt zu einer flexiblen Gestaltung von Kapitalanlagemöglichkeiten bei.[89]

67 Im Hinblick auf die Erbschaft- bzw. Schenkungsteuer ist der Gesetzgeber gezwungen, wesentliche Fehlentwicklungen auf der Basis der jüngsten Rechtsprechung des BVerfG zu korrigieren und wird wünschenswerterweise die Gelegenheit zu einer umfassenden Neuregelung nutzen.

68 *d) Steuererhebung.* Die Erfassung der Kapitaleinkünfte für Besteuerungszwecke bereitet der Finanzverwaltung erhebliche praktische Schwierigkeiten. Da sich „das Kapitaleinkommen . . . wegen der Beweglichkeit des Kapitalvermögens am leichtesten der Besteuerung entziehen kann" (Begründung zum EStG 1925),[90] wird die Einkommensteuer von den wichtigsten inländischen Kapitaleinkünften durch Steuerabzug erhoben. So wird insbesondere durch das **Anrechnungsverfahren** und die Erhebung der Kapitalertragsteuer auf Dividenden an der Quelle eine Besteuerung in Höhe von 47,5% sichergestellt (100 ./. 30 [30% Körperschaftsteuer] = 70% ./. 17,5[25% Kapitalertragsteuer] = 52,5). Zu Steuerhinterziehungen kann es daher nur bei Dividendenempfängern mit einem marginalen Steuersatz bei der Einkommen- und Kirchensteuer von über 47,5% kommen.

69 Demgegenüber gab es bei der Erfassung von **Zinseinkünften** bis vor kurzem erhebliche Schwierigkeiten. Die mit der Steuerreform 1990 eingeführte, ab dem 1. Januar 1989 erhobene „Kleine Quellensteuer" in Höhe von 10%, die mit einer Amnestieregelung für die Hinterziehung von Steuern auf Kapitaleinkünfte verbunden war, stieß auf erheblichen Widerstand und wurde mit Wirkung zum 1. Juli 1989 wieder abgeschafft.[91] Ein wesentliches, vor allem von der Deutschen Bundesbank vertretenes Argument gegen die Quellenbesteuerung war die erwartete Kapitalflucht in das Ausland (Luxemburg, Österreich, Schweiz, etc.). Infolge des Urteils des Bundesverfassungsgerichts vom 27. Juni 1991[92] war der Gesetzgeber jedoch gehalten, geeignete Maßnahmen zur Sicherstellung der Erfassung von Zinseinkünften durch ein neues Erhebungsverfahren zu ergreifen. Daraufhin wurde mit der „Zinsabschlagsteuer"[93] ein Verfahren gewählt, das die die Kapitalerträge auszahlende Stelle (i. d. R. Kreditinstitute) zur Einbehaltung der Steuer verpflichtet, während bei der kleinen Quellensteuer der Schuldner der Kapitalerträge (Emittent, etc.) einbehaltungspflichtig war. Ein weiterer wesentlicher Unterschied besteht in den viel höheren Steuersätzen der Zinsabschlagsteuer (30 bzw. 35%) bei gleichzeitig erhöhten Freibeträgen. Der erst 1988 in die Abgabenordnung (§ 30 a) aufgenommene Schutz des Bankgeheimnisses bleibt erhalten. Die Kreditinstitute müssen allerdings durch die Abwälzung eines großen Teils des Steuerverwaltungsverfahrens (Einbehaltung, Freistellungsaufträge, etc.) auf sie dafür einen nicht unerheblichen Preis zahlen.

70 *e) Zusammenfassung.* Versucht man die Wirkungen der deutschen Steuergesetze auf die Bewegungen des Kapitalvermögens unter Berücksichtigung der Besteuerung der laufenden Erträge, der Transaktionsbesteuerung und der Form der Steuererhebung zusammenzufassen, so ergibt sich folgende Struktur:

---

[89] Vgl. *Sagasser/Bula,* Umwandlungen, S. 17 ff.

[90] Vgl. *Hermann/Heuer/Raupach,* § 20 EStG Anm. 4 a. E.; dazu *Willgerodt,* „Der flüchtige Diktator", FAZ v. 14. August 1993, S. 11.

[91] BT-Drucks. 11/450 S. 3, 8 ff.; BT-Drucks. 11/4552: Kosten der Quellensteuer.

[92] BStBl. II 1991, S. 654.

[93] Zinsabschlaggesetz vom 9. November 1992, BGBl. I 1992, S. 1853.

Der Dualismus des deutschen Steuerrechts bewirkt eine Orientierung der Kapitalanlage in den Bereich des Privatvermögens. Die im Privatvermögen gehaltene Kapitalanlage ist im Hinblick auf die Nichterhebung der Gewerbesteuer und die Steuerfreiheit bei Veräußerung offensichtlich begünstigt. Dabei bewirkt diese Besteuerungsstruktur, daß Gewinne aus dem Bereich laufende Erträge in den Bereich der Wertzuwächse verlagert werden. Die gewerbliche Beteiligungsform bietet sich hingegen dann an, wenn zur Nutzung gewerblicher Abschreibungsmöglichkeiten zeitliche Gewinnverschiebungen dadurch erzielt werden können, daß Anlaufverluste mit gegenwärtigen Gewinnen zum vollen Steuersatz ausgeglichen und spätere Veräußerungsgewinne zu einem begünstigten Steuersatz realisiert werden. Der Steuervermeidungseffekt ist allerdings im gewerblichen wie auch im privaten Bereich in gewissem Umfang durch § 15 a und § 2 a EStG eingeschränkt. 71

Als zweite Tendenz läßt sich erkennen, daß das Kapitalanlageverhalten durch eine steuerliche Bevorzugung der Fremdkapitalfinanzierung bestimmt wird. Einerseits folgt dies aus der Möglichkeit des teilweisen Zinsabzuges im Bereich der Gewerbeertragsteuer und des Schuldabzuges im Bereich der Gewerbekapital- und Vermögensteuer. Andererseits wird durch die rein faktisch geringere Besteuerung der Fremdkapitalzinsen im Vergleich zu Dividenden und schließlich aufgrund der Diskriminierung ausländischer Kapitaleigner durch das Anrechnungsverfahren die Finanzierung durch Fremdkapital aus Sicht des Kapitalsuchenden wie auch aus Sicht des Kapitalgebers gegenüber einer Eigenkapitalfinanzierung begünstigt. Bei ausländischen Anteilseignern hat der Gesetzgeber mit den deutschen „Thin-Capitalization-Rules" (§ 8 a KStG) gegengesteuert. 72

Schließlich hat die Höhe der Steuerbelastung Tendenzen der Steuervermeidung bzw. Steuerflucht gefördert. Durch eine Tolerierung der Steuerhinterziehung wurden Geldvermögenseinkünfte gegenüber anderen Vermögenseinkünften begünstigt, während die Besteuerung des Immobilienvermögens im Verhältnis zum Geldvermögen bei der Vermögensteuer und Schenkungsteuer begünstigt wurde. Die Beschlüsse des BVerfG zur Vermögensteuer, Erbschaft- und Schenkungsteuer werden den Gesetzgeber zur Neustrukturierung dieser Steuerarten zwingen. 73

II. Wirkungen steuerlicher Interventionen auf das Kapitalmarktverhalten

1. Steuerliche Interventionen aus nichtsteuerpolitischen Gründen. In der folgenden Darstellung werden Beispiele erläutert, in denen der Gesetzgeber sich bewußt der Mittel des Steuerrechts bediente, um einzelwirtschaftliche Zielsetzungen zu verwirklichen. Dabei beschränkt sich die Darstellung auf steuerliche Regelungen, die unmittelbaren Einfluß auf das Kapitalanlageverhalten haben. In der steuerrechtlichen Literatur[94] werden derartige Normen als **„dirigistische Normen"** oder **„Lenkungsnormen"** bezeichnet. Typischerweise ist der Wirkungsbereich dieser Normen eng, die zugrundeliegenden Ziele sind spezieller Natur (Sonderziele), die Einfügung in die steuerliche Gesamtkonzeption fehlt und die marktwirtschaftliche Ordnung wird gefährdet (Störung des Wettbewerbes). Tatsächlich handelt es sich bei diesen Normen um **steuergesetzliches Wirtschaftsrecht.**[95] Lenkungsnormen stehen typischerweise im Konflikt mit dem Prinzip der Besteuerung nach der wirtschaftlichen Leistungsfähigkeit. Die Abgrenzung gegenüber den Fiskalzwecknormen ist im Einzelfall sicherlich problematisch, sollte aber nicht von vornherein unterbleiben, da sie die Grundlage für die Beurteilung der Frage bildet, ob der durch die Lenkungsnorm verfolgte Zweck sowie das durch die Lenkungsnorm genutzte Mittel die ungleiche Belastungswirkung rechtfertigen kann. 74

---

[94] *Neumark,* Interventionistische und dirigistische Steuerpolitik S. 279 f.; *Haller,* Abgrenzung zwischen interventionistischer und dirigistischer Steuerpolitik S. 84 f.; *Tipke,* Steuerrecht, S. 20 f.; *Kirchhof* StuW 1984, 297, 299.

[95] *Tipke,* Steuerrecht, S. 20.

75 *a) Steuerliche Subventionierung des „Wiederaufbaues" durch die Steuerbefreiung von Zinserträgen.* Durch das Kapitalmarktförderungsgesetz vom 15. 12. 1952 wurde die Vorschrift des früheren § 3a in das Einkommensteuergesetz eingeführt. Danach wurden zur Förderung des Kapitalmarktes bestimmte Zinsen von der Besteuerung befreit. Die wichtigsten Gruppen der **steuerbefreiten Zinsen** waren:

76 – Zinsen aus im Geltungsbereich des Grundgesetzes oder in Berlin (West) ausgegebenen **Pfandbriefen** oder **Kommunalschuldverschreibungen,** wenn die Erlöse aus diesen Wertpapieren mindestens zu 90% zur Finanzierung des sozialen Wohnungsbaues und der durch ihn bedingten Kosten der Aufschließungsmaßnahmen und Gemeinschaftseinrichtungen bestimmt sind,

77 – Zinsen aus festverzinslichen **Schuldverschreibungen** des Bundes und aus **Schatzanweisungen** des Bundes mit einer Laufzeit von mindestens drei Jahren uneingeschränkt und aus festverzinslichen Schuldverschreibungen der Länder und aus Schatzanweisungen der Länder mit einer Laufzeit von mindestens drei Jahren, wenn der Ausschuß für Kapitalverkehr festgestellt hat, daß die vorgesehenen Ausgabebedingungen das Kurs- und Zinsgefüge am Kapitalmarkt nicht stören,

78 – Zinsen aus verschiedenen **Altwertpapieren** (im Jahre 1952 und früher ausgegeben),

79 – Zinsen aus festverzinslichen **Neuwertpapieren** (nach dem 31. 12. 1952 ausgegeben), wenn der Verwendungszweck des Erlöses als besonders förderungswürdig anerkannt worden ist.

80 Ziel des Gesetzes war es, den Markt der festverzinslichen Wertpapiere zu aktivieren. Dabei lag die Überlegung zugrunde, daß die Bereitschaft zur langfristigen Anlage von Kapital durch besondere, den Kapitalertrag steigernde Anreize gefördert werden müsse, jedoch der naheliegende Weg, den Zins sich frei entwickeln zu lassen, nicht beschritten werden könne.[96] Die Nettorendite der nach § 3 Abs. 1 EStG begünstigten Wertpapieremission sollte etwa die gleiche sein, wie diejenige von Wertpapieren mit einem höheren Zinssatz, deren Zinsen jedoch nach §§ 43, 44 EStG einer Kapitalertragsteuer von 30% unterlagen.[97] Der BFH[98] hat im Urteil vom 28. 1. 1958 den Zweck der Vorschrift wie folgt beschrieben: „Wirtschaftlich und sachlich handelt es sich um kapitalmarktpolitische Maßnahmen. Durch den Verzicht auf die Besteuerung der Zinsen sollte aus Steuermitteln verdeckt ein Zuschuß gewährt werden, um für Sozialpfandbriefe, deren Ausgabe zur Finanzierung staatspolitisch dringender Ausgaben geboren war, zu einem marktgerechten Zins zu kommen. Der Gesetzgeber wollte den Besitzern der Pfandbriefe durch Steuerverzicht einen Mindestnettozins garantieren, ohne den nach den Verhältnissen am Kapitalmarkt die Ausgabe der Pfandbriefe nicht möglich wäre."

81 Die Lenkungsfunktion des § 3a EStG ist somit offenbar. § 3a EStG war mit dem Prinzip der Besteuerung nach der wirtschaftlichen Leistungsfähigkeit kaum vereinbar, ließ sich aber mit vorrangigen Zielen der Förderung des Kapitalmarktes zu Zwecken des wirtschaftlichen Wiederaufbaues rechtfertigen. § 3a EStG wurde durch das Gesetz vom 25. Februar 1992 aufgehoben. Durch den Wegfall der Steuerfreiheit kam es zu einem drastischen Kursrutsch und einer längeren Kursaussetzung der Papiere.[99]

82 *b) Währungspolitik mit Hilfe der Kuponsteuer.* Das sog. **Kuponsteuergesetz,**[100] das am 28. 3. 1965 in Kraft trat, könnte auf den ersten Blick als eine Regelung erscheinen, die als Fiskalzwecknorm eine gleichmäßige Besteuerung hätte sicherstellen sollen. Gemäß § 43 Abs. 1 Nr. 6 EStG a. F. hat der Gesetzgeber jene Personen, die nach dem Gesetz als „Gebietsfremde" gelten, hinsichtlich der ihnen zufließenden Zinsen aus Anleihen und Forderungen, die in ein öffentliches Schuldbuch eingetragen oder über Teilschuldver-

---

[96] Vgl. *Hermann/Heuer/Raupach,* § 3a EStG Anm. 1.
[97] Vgl. *Lademann/Söffing/Brockhoff,* § 3a EStG Anm. 2.
[98] BStBl. III 1958, 115.
[99] Vgl. *Pohl* (Hrsg.), Deutsche Börsengeschichte, Frankfurt am Main 1992, S. 299.
[100] BStBl. I 1965, 103f.

schreibungen ausgegeben wurden, einer Kapitalertragsteuer in Höhe von 25% unterworfen.

Die **Entstehungsgeschichte** der Vorschrift weist allerdings ein anderes Motiv des Gesetzgebers aus. Bei Ankündigung des Gesetzesvorhabens am 23. 3. 1964 hat die Bundesregierung im Einvernehmen mit der Deutschen Bundesbank[101] erklärt, daß sie damit „dem zunehmenden Ungleichgewicht der deutschen Zahlungsbilanz und den störenden internationalen Kapitalfluktuationen entgegenzuwirken" beabsichtige. Die Erhebung der Quellenbesteuerung aus Gründen einer gleichmäßigen Besteuerung trat dabei in den Hintergrund. Dies geht auch aus der Darstellung der an der Entscheidung nicht unerheblich beteiligten Deutschen Bundesbank in ihrem Monatsbericht vom Juni 1965 hervor:[102] „Mit der Einführung der Kuponsteuer wurde ursprünglich vor allem das Ziel verfolgt, die Zahlungsbilanzüberschüsse zu vermindern, die bis Anfang 1964 nicht zuletzt deshalb ein so großes Ausmaß angenommen hatten, weil neben den Überschüssen in der Bilanz der laufenden Posten auch erhebliche Kapitalimporte, insbesondere durch Wertpapierverkäufe an das Ausland, zu verzeichnen waren. Diese Überschüsse stellten nicht nur eine Belastung für die Zahlungsbilanzen der Partnerländer dar, sondern sie waren insbesondere binnenwirtschaftlich im höchsten Grade unerwünscht. Denn der Deviseneinstrom aufgrund der Zahlungsbilanzüberschüsse erhöhte fortgesetzt die Liquidität der Banken, der Wirtschaft und der öffentlichen Hand und schuf so die monetären Voraussetzungen für eine Verstärkung der Hochkonjunktur mit allen daraus resultierenden Gefahren für die Währungsstabilität." 83

Die **währungspolitische Lenkungsfunktion** der Vorschrift liegt somit auf der Hand. 84
Das BVerfG hat allerdings die Verfassungswidrigkeit dieser Vorschrift wegen eines Verstoßes gegen den Gleichbehandlungsgrundsatz verneint. Im hierzu ergangenen Beschluß vom 24. 9. 1965[103] wird ausgeführt, daß das Gesetz weder durch die Beschränkung der Steuerpflicht auf nicht im Inland ansässige Gläubiger der Kapitalerträge noch durch die Gleichbehandlung der Alt- und Neuemissionen und des Alt- und Neubesitzes gegen den allgemeinen Gleichheitssatz verstößt. Es führt hierzu aus: „Der Gesetzgeber darf sich bei der Erschließung von Steuerquellen über fiskalische Erwägungen hinaus von derartigen wirtschafts- und währungspolitischen Zielen leiten lassen . . . Gemessen an diesem währungs- und konjunkturpolitischen Zweck ist die Gleichbehandlung der Alt- und Neuemissionen sowie des Alt- und Neubesitzes nicht sachfremd". Bei der Begründung, warum die Differenzierung nicht sachfremd sei, stützt sich das BVerfG allerdings vornehmlich auf die Feststellung des währungspolitischen Erfolges der Kuponsteuer.

Es bleibt allerdings unerfindlich, warum die Kuponsteuer, nachdem ihr Erfolg eingetre- 85
ten war,[104] nicht sofort wieder abgeschafft wurde, da sie doch offenbar nicht aus fiskalischen Gründen eingeführt worden war. Nach der DM-Aufwertung 1969 wurde in zahlreichen Artikeln die **Abschaffung der Kuponsteuer** gefordert, jedoch seitens der Bundesregierung aus Überlegungen hinsichtlich einer künftigen Harmonisierung der Besteuerung von Kapitalerträgen aus festverzinslichen Wertpapieren in der EWG zurückgewiesen.[105] Erst im Jahre 1985, also zu einem Zeitpunkt, zu dem Gedanken zur EG-Harmonisierung im Bereich der direkten Steuern sicherlich stärkeres Gewicht hätten haben müssen, wurde die Kuponsteuer im Rahmen des Steuerbereinigungsgesetzes abgeschafft. Ausweislich der Gesetzesbegründung hatte man nach 20 Jahren (!) festgestellt, daß die seinerzeit zur Abwendung eines übermäßigen Kapitalzuflusses eingeführte Quellensteuer kapitalmarktpolitisch sinnwidrig geworden war und ein etwas höheres Zinsniveau für die Deutsche Mark

[101] Vgl. *Häuser,* Steuern zur Steuerung, S. 291, 293.

[102] Monatsberichte der Deutschen Bundesbank, Die Auswirkungen des Kuponsteuergesetzes, Juni1965, S. 3.

[103] BVerfGE 19, 119 f.

[104] Vgl. *Häuser,* Steuern zur Steuerung, S. 291, 293, sowie unten Rdnr. 123 f.

[105] Vgl. *Häuser,* Steuern zur Steuerung, S. 294, 295.

bewirkt hatte, da andere für den internationalen Kapitalmarkt bedeutsame Staaten keine Quellensteuer erheben.[106]

86 *c) Strukturpolitik durch das Fördergebietsgesetz.* Nach dem zweiten Weltkrieg und erneut im Anschluß an die deutsche Vereinigung verfolgte der Gesetzgeber im Rahmen der Steuergesetzgebung nicht nur globalwirtschaftliche Ziele wie die Förderung des Kapitalmarktes oder die Stabilität der Währung, sondern befaßte sich auch vor allem mit **strukturpolitischen Aufgaben.** Zu dieser Normengruppe zählen vor allem das Berlinförderungsgesetz, das Zonenrandförderungsgesetz und gegenwärtig das Fördergebietsgesetz, deren Zielsetzung in der Verbesserung der Regionalstruktur und im Ausgleich von Standortnachteilen zusammengefaßt werden kann.

87 Durch die Einführung des Fördergebietsgesetzes im Jahre 1991[107] sollten Investitionen in die nach der Vereinigung entstandenen neuen Bundesländer gelenkt werden. Ziel war die Herstellung eines „Fördergefälles zugunsten des Beitrittsgebiets"[108] zur Ergänzung der bereits in dieses Gebiet geleiteten Investitionszulagen. Das Fördergebiet umfaßt neben den neuen Bundesländern auch das Gebiet des früheren West-Berlin. Dadurch sollen Abgrenzungsschwierigkeiten im Bereich des Landes Berlin vermieden und ein Ausgleich für die bisherigen Abschreibungsvergünstigungen nach dem BerlinFG geschaffen werden.[109] Das FörderGG sieht grundsätzlich die folgenden Fördermaßnahmen vor:[110]

- Sonderabschreibungen i. H. v. bis zu 50% in den ersten fünf Jahren (§ 4 FörderGG),
- Gewinnabzug bei Land- und Forstwirten, die ihren Gewinn nach Durchschnittssätzen ermitteln (§ 5 FörderGG),
- Bildung steuerfreier Rücklagen bei Steuerpflichtigen, die ihren Gewinn durch Betriebsvermögensvergleich ermitteln (§ 6 FörderGG).
- Steuerermäßigung für Darlehen zur Verstärkung des haftenden Kapitals von kleinen und mittleren Betrieben (§ 7 a FörderGG).

88 Begünstigt ist die Anschaffung, Herstellung und ggfs. Modernisierung von unbeweglichen und beweglichen Wirtschaftsgütern des Anlagevermögens im Betriebsvermögen sowie von unbeweglichen Wirtschaftsgütern im Privatvermögen. Die ursprünglich auf Investitionen bis zum 31. Dezember 1994 begrenzten Begünstigungen sind durch das Standortsicherungsgesetz zunächst um zwei Jahre bis Ende 1996 und schließlich durch das JStG 1996 bis zum Jahr 1998 verlängert worden, wobei der Begünstigungsumfang allerdings zunehmend eingeschränkt wurde.[111] Die Abschreibungsvergüstigungen konzentrieren sich in den Jahren 1997 und 1998 primär auf die Förderung von Investitionen in betrieblich genutzte bewegliche Wirtschaftsgüter, Investitionen in eigenbetrieblich genutzte Gebäude des verarbeitenden Gewerbes und auf nachträgliche Herstellungsarbeiten, incl. Modernisierungsmaßnahmen, an bestehenden Gebäuden. In zweiter Linie werden Investitionen in Wohnungsneubauten gefördert. Die frühzeitige Verlängerung der Förderungsmaßnahmen etwa eineinhalb Jahre vor Ablauf der ursprünglichen Befristung gefährdet nach berechtigter Kritik in der Literatur[112] den mit einer befristeten Förderung verbundenen Beschleunigungseffekt, wonach der potentielle Investor kurzentschlossen und ohne Zögern Investitionen vornehmen soll.

---

[106] Vgl. zur Kritik *Gottwald* FR 1988, 239, 242 f.

[107] Art. 6 des Gesetzes zur Förderung von Investitionen und Schaffung von Arbeitsplätzen im Beitrittsgebiet sowie zur Änderung steuerrechtlicher und anderer Vorschriften vom 24. Juni 1991, BGBl. I, S. 1322 nunmehr in der geänderten Fassung vom 18. Dezember 1995.

[108] Begründung zum Referentenentwurf des BMF vom 7. Februar 1991 IV C 3 – S. 1900 – 23/91.

[109] Allgemeine Begründung des Gesetzesentwurfs, BR-Drucks. 141/91, S. 62.

[110] Detailliert dazu *Wewers,* DB 1991, 1539; *Söffing,* FR 1991, 577; *Fleischmann/Haas,* DStR 1993, 533; *Stuhrmann,* DStR 1993, 1125.

[111] Zum Standortsicherungsgesetz, BT-Drucks. 12/4487; vgl. zu den Änderungen *Stuhrmann,* DStR 1993, 1125; zum JStG 1996, BT-Drucks. 13/901; *Sagasser/Jakobs,* DStR 1995, 1996, 1700 f.

[112] *Wewers,* DB 1993, 1487.

Die Steuermindereinnahmen aus dem FörderGG beliefen sich im Jahr 1994 immerhin auf DM 3,2 Mrd., wobei der Anteil des Bundes DM 1,3 Mrd. betrug.[113] Hinzu kamen DM 2,655 Mrd. für Investitionszulagen nach dem InvZulG 1995. 89

Die Hauptkritik, die der durch Steuervergünstigungen bestimmten Strukturpolitik entgegengehalten werden kann, bezieht sich nicht auf den Zweck der Steuervergünstigung, sondern vielmehr auf die **Mittel des Steuerrechts zur Verfolgung der wirtschaftspolitischen Zielsetzung.** So wird primär vorgetragen, daß sich durch die Form der Steuervergünstigung im Gegensatz zur offenen Subvention der Erfolg der Strukturförderung kaum feststellen läßt.[114] Auch entsprechen die in den Subventionsberichten des BFM aufgeführten Angaben wegen der Schätzungsungenauigkeit und der Wahrung des Steuergeheimnisses nicht den tatsächlichen Quantitäten.[115] Die in früheren Finanzberichten des BFM bemerkenswerterweise als „unsichtbare" Begünstigungen bezeichneten Steuervergünstigungen sind selbst durch die Aufnahme in die Subventionsberichte nicht in dem Maße sichtbar geworden, als daß damit die Kapitalallokationswirkungen erkennbar würden. 90

d) Steuersubventionen zugunsten des Wohnungsbaus. Der deutsche Wohnungsbau wird durch eine unübersehbare Anzahl von Einzelregelungen insbesondere steuerlicher Art vom Gesetzgeber subventioniert. *Tipke*[116] hat neuerlich die **Wohnungsbauvergünstigungen** als Beispiel der „Unordnung durch ungerechtfertigte Einkommensteuervergünstigungen" gescholten. Die Zusammenfassung eines Teiles dieser Vorschriften im EigentumszulagenGesetz hat im Grundsatz hieran nichts geändert. Die folgende Aufzählung mag einen Eindruck der **Vielschichtigkeit der Fördermaßnahmen** vermitteln, die primär dem Wohnungsbau, der Wohnungswirtschaft und der Wohnungserhaltung dienen, sekundär aber auch vermögens- und arbeitsmarktpolitische Zielsetzungen verfolgen: 91

- Steuerbegünstigung bzw. Eigentumszulage für die zu eigenen Wohnzwecken genutzten oder unentgeltlich nahen Angehörigen überlassene Wohnung im eigenen Haus (§ 10i EStG; § 4 ErgZulG),
- Zulage für Steuerpflichtige mit Kindern nach dem Eigenheimzulagengesetz (§ 9 Abs. 5),
- Wohnungsbauprämiengesetz i. V. m. den Vermögensbildungsgesetzen,
- Steuerfreiheit des Wohngelds nach dem Wohngeldgesetz (§ 3 Nr. 58 EStG),
- Sonderausgabenauszug für Bausparbeiträge (§ 10 Abs. 1 Nr. 3, Abs. 3, 4 EStG),
- Steuerbefreiungen nach dem Wohnungsgemeinnützigkeitsgesetz, Reichssiedlungsgesetz (§ 5 Nr. 10, 12 KStG; § 3 Nr. 15, 17 GewStG; § 3 Nr. 13, 15 VStG),
- Verordnung über Steuervergünstigungen zur Förderung des Baus von Landarbeiterwohnungen,
- erhöhte Absetzungen für besonderen Erhaltungsaufwand (§ 82b EStDV)
- die Regelung der Einheitswertbesteuerung,
- Mieterzuschüsse zur Privatisierung kommunaler Wohnungen in den neuen Ländern.

Die Förderung des Wohnungsbaus in Deutschland wurde im besonderen Maße kontrovers diskutiert.[117] Insbesondere die **Bauherrenmodelle** haben dazu beigetragen, bestimmte Strukturen der Steuervergünstigung zu revidieren. Dabei hat man allerdings auch festgestellt, daß der steuerliche Vorteil der Bauherrenmodelle sich nur zum geringeren Teil auf die Nutzung steuerlicher Bauförderungsmaßnahmen stützt. Der wesentliche Effekt des Bauherrenmodells folgt vielmehr aus der Verbindung eines spezifisch hohen Werbungskostenanteils und einer entsprechenden Hebelwirkung durch den Einsatz eines geringen Ei- 92

---

[113] Laut 14. Subventionsbericht der Bundesregierung, BT-Drucks. 12/5580 Anlage 2.

[114] Dies räumt selbst die Bundesregierung im 11. Subventionsbericht ein: BT-Drucks. 11/1338, S. 13f.; *Gottwald* FR 1988, 239, 243; *Tipke/Lang*, 14. Aufl., S. 672.

[115] *Timm*, Wandlungen der Besteuerung, S. 36.

[116] Von der Unordnung zur Neuordnung des Einkommensteuerrechts, S. 155.

[117] Zuletzt: steuerliche Aspekte der Wohnungsbauförderung, BT-Drs. 13/3446 vom 9. 1. 1996; *Schneider* LfK 1983, 382; *Kirchhof* DStR 1983, 279 ff.; *Nell-Breuning*, Steuern als Instrumente der Bodenpolitik, S. 313.

genkapitalanteils. Der hierdurch erzielte **steuerliche Verschiebungseffekt** führt somit über die volle Dauer der Investition nicht zu einem Steuerausfall, aber zumindest zu einem Zinsausfall des Fiskus.[118] Der Verlagerung von Herstellungskosten in den Bereich der Werbungskosten wurde von Verwaltung[119] und Rechtsprechung[120] massiv entgegengewirkt, während die Hebelwirkung durch geringen Eigenkapitaleinsatz durch entsprechende Anwendung des § 15a EStG begrenzt wurde.[121] Auch die **umsatzsteuerrechtlichen Vorteile,** die sich durch die Einschaltung eines gewerblichen Zwischenmieters und den hieraus resultierenden Vorsteuerabzug ergaben, sind durch die Änderung des § 9 UStG unterbunden worden.

93 Seitens der Protagonisten der Bauherrenmodelle wurde dementgegen vorgetragen, daß die fiskalischen Wirkungen des Bauherrenmodells für den frei finanzierten Mietwohnungsbau wie auch für den öffentlich geförderten Mietwohnungsbau selbst vor Ergreifung der gesetzgeberischen Maßnahmen gesamtwirtschaftlich positiv waren. Nach Schätzungen von *Willms*[122] sind durch das Bauherrenmodell dem Fiskus im Jahre 1980 in der Bauphase ca. DM 1,1 Mrd. Steuermindereinnahmen bei der Einkommensteuer entstanden. Die Nutzung der Mehrwertsteueroption dürfte weitere Steuermindereinnahmen in Höhe von ca. DM 300 Mill. bewirkt haben. Das zusätzlich ausgelöste Bauvolumen hat jedoch zu Steuermehreinnahmen von ca. DM 1,5 Mrd. geführt. Auch für den öffentlich geförderten Wohnungsbau hat *Willms*[123] errechnet, daß das Bauherrenmodell aufgrund des am Barwert gemessenen fiskalischen Aufwandes eine volkswirtschaftlich sinnvolle Alternative zum ersten und zweiten Förderungsweg für den Neubau von Sozialwohnungen darstellt. Es kann aber nicht verschwiegen werden, daß bei unterstellter Substitution des durch Bauherrenmodelle abgewickelten Bauvolumens durch herkömmliche Finanzierungsformen der Fiskus deutlich mehr Einnahmen erzielt hätte.

94 Auch wenn behauptet wird, daß durch herkömmliche Finanzierungsformen das gleiche Bauvolumen auf dem frei finanzierten Wohnungsmarkt hätte abgewickelt werden können,[124] so zeigt sich doch andererseits auch, daß die traditionellen Anbietergruppen in der zweiten Hälfte der 70er Jahre Marktanteile zugunsten der Anbieter von Bauherrenmodellen eingebüßt haben. So hat sich insbesondere seit 1976 der Anteil der **Bausparkassen** an dem gesammelten Finanzierungsvolumen für den Wohnungsbau zurückentwickelt. Insbesondere in den Jahren 1980 und 1981 – also in einer ausgeprägten Hochzinsphase, die für Bausparkassen-Finanzierungen i. d. R. besonders förderlich war – haben die Bausparkassen ihre niedrigsten Marktanteile im Vergleich zum vorhergehenden Jahrzehnt ausgewiesen.[125] Die Bausparkassen haben diese Entwicklung vornehmlich auf die Steuervergünstigungspolitik zurückgeführt. Bis 1975 war das sog. „Vor-Sparförderungsvolumen", das sich aus Wohnungsbauprämien, Arbeitnehmersparzulage und Steuervergünstigungen nach § 10 EStG zusammensetzte, größer als das aus Steuervergünstigungen nach § 7b EStG und der Grundsteuerermäßigung. Danach verschob sich die Relation kontinuierlich zuungunsten des „Vor-Sparen".[126] Dieser Trend hat sich auch durch die Begrenzung des Sonderausgabenabzugs (§ 10 Abs. 1 Nr. 3 EStG) im Rahmen der Steuerreform 1990 fortgesetzt.

---

[118] *Willms,* Wohnungswirtschaftliche und fiskalische Wirkungen, S. 9f.; *Quast* DB 1983, 2113f.

[119] Sog. Bauherrenerlaß vom 31. 12. 1972, BStBl. I 1972, 486; nunmehr BMF BStBl. I 1981, 604.

[120] BFH BStBl. II 1980, 441; BStBl. II 1984, 101; BStBl. II 1986, 217; BStBl. II 1987, 810; BStBl. II 1987, 212.

[121] Vgl. § 21 Abs. 1 Satz 2 EStG.

[122] Wohnungswirtschaftliche und fiskalische Wirkungen, S. 19.

[123] Wohnungswirtschaftliche und fiskalische Wirkungen, S. 12f.

[124] *Bihr/Jahrmarkt/Knapp,* Vorteilhafte Geldanlagen 3 D (8)/19; *Quast* DB 1983, 2113, 2115; *Dornfeld* HdB Fach 0010, alle unter Berufung auf *Willms,* Wohnungswirtschaftliche und fiskalische Wirkungen, S. 12f.

[125] Vgl. *Burda,* Bausparen und Bausparkredite, S. 119, 128.

[126] Vgl. *Burda,* Bausparen und Bausparkredite, S. 119, 129.

Die eingangs dargestellten Steuervergünstigungen für den Wohnungsbau führen aber nicht nur zu schwer nachvollziehbaren Verschiebungen zwischen den einzelnen Finanzierungsformen des Wohnungsbaus, sondern auch unmittelbar zu **Kapitalfehlleitungen in den Wohnungsbau.** Nach Berechnung von *Weichert*[127] hat das System der Steuervergünstigungen in der Bundesrepublik Deutschland dazu geführt, daß im Sektor Wohnungsvermietung, zu dem auch die von den Eigentümern selbst genutzten Wohnungen gehören, ca. 10% oder DM 218 Mrd. (in Preisen von 1980) mehr Kapital gebunden ist, als es bei einer gleichmäßigen Besteuerung der Fall wäre. Dieses Kapital wäre bei marktmäßiger Allokation, d. h. ohne die aufgeführten Steuervergünstigungen, in das verarbeitende Gewerbe und in den Dienstleistungssektor geflossen, d. h. also in Bereiche, in denen die Produktivität des investierten Kapitals höher ist als im Wohnungssektor. Im Zuge der Wiedervereinigung hat sich dieser Zustand noch verschärft: Die Förderung des Wohnungsbaus stieg von DM 5,9 Mrd. im Jahr 1993 auf DM 10,3 Mrd. im Jahr 1994, wobei der stärkste Anstieg (+ 380%) in den neuen Bundesländern zu verzeichnen war.[128] 95

e) Steuerliche Begünstigung der Lebensversicherung, Förderung der Altersversorgung und/oder der Versicherungswirtschaft? Die deutsche Lebensversicherung wird als die dritte Säule der Alters- und Hinterbliebenenversorgung neben der gesetzlichen und betrieblichen Altersversorgung angesehen. Der Gesetzgeber fördert dabei diese Form der Alters- und Hinterbliebenenvorsorge in zweifacher Weise: 96

– Die Versicherungsbeiträge werden bis zu bestimmten Höchstgrenzen als **Sonderausgaben** zum Abzug zugelassen (§ 10 Abs. 1 Nr. 2 b i. V. m. Abs. 3 EStG).
– Zum anderen sind die am Ende der Versicherung ausgezahlten **Zinserträge** bei denjenigen Lebensversicherungsverträgen, die nach § 10 Abs. 1 Nr. 2 b EStG sonderausgabebegünstigt sind, **steuerbefreit,** im übrigen in vollem Umfang steuerpflichtig.

Historisch bedeutsam ist die Entwicklung der steuerrechtlichen Behandlung von Lebensversicherungserträgen. Die Steuerfreiheit der aus Lebensversicherungen resultierenden Zinserträge wurde bereits mit dem preußischen Einkommensteuergesetz eingeführt.[129] Nach Auffassung des BFH[130] waren Zinsen aus Lebensversicherungsverträgen deshalb nicht als Kapitaleinnahmen zu versteuern, da es sich nicht um den Ertrag aus einer Kapitalnutzungsüberlassung handelte. Erstmals im Jahre 1975 wurden die Zinserträge in begrenztem Umfang der Besteuerung nach § 20 Abs. 1 Nr. 6 EStG unterworfen, wobei der Gesetzgeber allerdings die Zinserträge aus Lebensversicherungsverträgen gänzlich steuerfrei ließ, die nach § 10 Abs. 1 Nr. 2 b EStG sonderausgabenbegünstigt waren. 97

Der Sonderausgabenabzug für Lebensversicherungsbeiträge ist wohl nach herrschender Meinung Ausdruck des Bemühens um eine sachgerechte Verwirklichung der Besteuerung nach der wirtschaftlichen Leistungsfähigkeit.[131] Die Leistung von Beiträgen zur Alterssicherung führt dazu, daß der Steuerpflichtige, sofern er nicht über ausreichendes Vermögen verfügt, über das von ihm erzielte Einkommen nicht frei verfügen kann. Diese eingeschränkte Verfügbarkeit bedeute geringere steuerliche Leistungsfähigkeit, da in diesem Sinne nur eine Besteuerung gerechtfertigt sein kann, die Einkommensverhältnisse zugrunde legt, die eine Sicherung des Lebensunterhaltes nach Ausscheiden aus dem Erwerbsleben ermöglicht.[132] Neben dieser **fiskalischen Zwecksetzung** wird die Gewährung von Steuervergünstigungen für Lebensversicherungen zum Teil aber auch anders begründet: so diene die Steuerbegünstigung dem **Schutz von Lasten für die Allgemeinheit,** da es dem Staat obliegen würde, allen in Not geratenen Bürgern zumindest in einem bestimmten Ausmaß 98

---

[127] Probleme des Risikokapitalmarktes, S. 111.

[128] 14. Subventionsbericht, S. 10 ff.

[129] Vgl. *Laux* BB 1988, Beilage 7, 4.

[130] BStBl. II 1970, 422 unter 4.

[131] Vgl. *Herrmann/Heuer/Raupach,* § 10 Anm. 5 und Anm. 78 m. w. N.; *Andel,* Einkommensteuer und Altersversicherungen, S. 327, 329.

[132] Vgl. *Andel,* Einkommensteuer und Altersversicherungen, S. 327, 330.

zu helfen. In dieser Situation bedeutet unzureichende individuelle Altersversorgung eine Belastung der öffentlichen Hand, die zu vermeiden steuerliche Begünstigungen der Beiträge zur Alterssicherung helfen sollen.[133] Eine weitere gesetzgeberische Zwecksetzung besteht in der **Erhöhung der Sparquote.**[134] Soweit dies als staatliche Aufgabe angesehen wird, führt die Förderung des Sparens in Form von Beiträgen zu Lebensversicherungen allerdings zu einer schwer zu rechtfertigenden Förderung der Versicherungswirtschaft.

99 Die durch die Förderung bewirkte **Kapitalfehlallokation** läßt sich in geringerem Maße auf die Abziehbarkeit von Lebensversicherungsbeiträgen als Sonderausgaben zurückführen, da durch die Höchstbetragsbegrenzung i. d. R. ein ausreichendes Abzugsvolumen nicht mehr für Kapitallebensversicherungen zur Verfügung steht. Dementgegen bewirkt die Steuerbefreiung der Zinserträge aus Lebensversicherungen für Langzeitverträge einen erheblichen Wettbewerbsvorteil der Lebensversicherungswirtschaft. Dies hat z. B. in der Vergangenheit dazu geführt, daß sich die Funktion der Lebensversicherung in zunehmendem Maße aus dem Bereich der Altersversorgung in den Bereich der **Objektfinanzierung** verschoben hat,[135] so z. B. durch die Kombination eines Berlin-Darlehens mit einer Lebensversicherung oder einer Baufinanzierung mit einer Lebensversicherung. Einzelnen Konstruktionen hat der Gesetzgeber mit der Einführung von § 10 Abs. 2 S. 2 EStG durch das Steueränderungsgesetz 1992 einen Riegel vorgeschoben. Danach sind die Beiträge zu Kapitallebensversicherungen nicht mehr als Sonderausgaben abzugsfähig und gleichzeitig der Zinsertrag bei Auszahlung der Lebensversicherung steuerpflichtig (§ 20 Abs. 1 Nr. 6 EStG), wenn die Ansprüche aus den Versicherungsverträgen der Tilgung oder Sicherung eines Darlehens dienen, dessen Finanzierungskosten Betriebsausgaben oder Werbungskosten (z. B. für die Baufinanzierung) sind. Ausgenommen sind Finanzierungskosten für Objekte, die der Einkunftserzielung dauerhaft dienen. Somit ist die Finanzierung von Immobilienerwerben über Lebensversicherungen grundsätzlich weiterhin möglich, wie auch die Kombination eines Fördergebiets-Darlehens mit einer Lebensversicherung. Die Verteidigung der Steuerfreiheit der Kapitalerträge erscheint allerdings nur dann gerechtfertigt, wenn die Lebensversicherung nicht als Finanzierungsform im Wettbewerb zu anderen Finanzierungsformen stünde, sondern sich auf die Funktion der Alterssicherung beschränken ließe.

100 *f) Steuerliche Förderungen der Mitarbeiterbeteiligung.* Die Förderung der Mitarbeiterbeteiligung im Rahmen der Steuerpolitik wurde nach einer enthusiastischen Phase in den 80er Jahren inzwischen stufenweise wieder abgebaut, um den dringenden Konsolidierungsbedürfnissen der öffentlichen Haushalte Rechnung zu tragen.[136] Die Förderung beruht auf den folgenden zwei Hauptsäulen:

– Im 5. Vermögensbildungsgesetz (VermBG) werden mit der **Arbeitnehmersparzulage** Geldleistungen zum Erwerb von Vermögensbeteiligungen gefördert,
– § 19 a EStG begünstigt die **Überlassung von Vermögensbeteiligungen an Arbeitnehmer** als Sachbezug.

101 Auch wenn durch das Steuerreformgesetz 1990 die Einkommensgrenzen für die Inanspruchnahme des 5. VermBG angehoben wurden, so zeigt sich doch der Unterschied zwi-

[133] Vgl. *Herrmann/Heuer/Raupach,* § 10 Anm. 78; *Andel,* Einkommensteuer und Altersversicherungen, S. 327, 330.

[134] Vgl. *Andel,* Einkommensteuer und Altersversicherungen, S. 327, 330; *Lademann/Söffing/Brockhoff,* § 10 EStG Anm. 9; sehr kritisch *Strutz,* EStG 1925 § 17 Anm. 4 und 18 (zitiert nach *Herrmann/Heuer/Raupach,* § 10 EStG Anm. 78): Verwendung von Einkommen zur Vermehrung des Vermögens, zur Kapitalanlage, Begünstigung des Leisungsstarken vor Leistungsschwachen usw. nicht mit „sozialen Gründen" zu rechtfertigen.

[135] Vgl. z. B. *Sissovics* DB 1983, Beilage 27, 14; *Bihr/Jahrmarkt/Knapp,* Vorteilhafte Geldanlagen 3 D (8)/62, 63; *Hergarten* HdB Fach 3534.

[136] Vgl. Begründung der Bundesregierung zur Änderung von § 2 des 5. Vermögensbildungsgesetzes durch das Mißbrauchsbekämpfungs- und Steuerbereinigungsgesetz vom 21. Dezember 1993 (BGBl. I, S. 2310).

schen beiden Förderungsvorschriften darin, daß das 5. VermBG vornehmlich die Vermögensbildung geringer verdienender Arbeitnehmer im Auge hat und dabei nicht die betriebliche Beteiligung gegenüber der außerbetrieblichen bevorzugt, während § 19 a EStG besondere Anreize zur Einführung betrieblicher Beteiligungsmodelle schafft.[137] Der wesentliche Inhalt des § 19 a EStG besteht darin, daß der Arbeitgeber die Möglichkeit hat, seinen Arbeitnehmern bei der Überlassung von Vermögensbeteiligungen innerhalb bestimmter Grenzen eine steuer- und sozialabgabenfreie Zuwendung in Form eines Kursvorteils oder in Verbilligung des Kaufpreises zukommen zu lassen. § 19 a EStG geht zurück auf § 8 des Gesetzes über steuerrechtliche Maßnahmen bei Erhöhung des Nennkapitals aus Gesellschaftsmitteln und bei Überlassung von eigenen Aktien an Arbeitnehmer (Kapitalerhöhungsteuergesetz) und wurde nach der Einführung im Jahre 1983 durch das 2. Gesetz zur Förderung der Vermögensbildung der Arbeitnehmer durch Kapitalbeteiligungen vom 19. 12. 1986 mit dem Ziel einer **Verbesserung der Eigenkapitalausstattung der Unternehmen** in wesentlichen Punkten verändert.

Aus der Gesetzesbegründung zeigt sich die Vielschichtigkeit der gesetzgeberischen Zwecke, die mit der Norm verfolgt werden, aber keinerlei fiskalische Zielsetzung einschließen. Im Finanzbericht 1985 des BFM[138] werden diese wirtschafts- und gesellschaftspolitischen Zielsetzungen wie folgt zusammengefaßt: „Durch zunehmende Beteiligung der Arbeitnehmer am Produktivvermögen soll die bestehende Wirtschaftsordnung gefestigt, die partnerschaftliche Integration der Arbeitnehmer in das arbeitgebende Unternehmen verbessert und zugleich die Kapitalbasis der Unternehmen gestärkt werden.“ Es handelt sich somit um eine reine „Lenkungsnorm“.[139] Die hierbei eingesetzten Mittel des Steuerrechts werden allerdings überwiegend als zieladäquat angesehen, wenn auch durch die Kompliziertheit der Regelungen dem Steuerrecht ein hoher Preis abverlangt wird.[140] 102

Genauere Angaben über die Wirkung der steuerlichen Förderung der Mitarbeiterbeteiligung sind nur teilweise[141] vorhanden. In den alten Bundesländern sind ca. 1,5 Mio. Arbeitnehmer in 1600 Unternehmen am Kapital ihrer Gesellschaft beteiligt.[142] Das von beteiligten Arbeitnehmern gehaltene Kapital wurde für das Jahr 1986 auf ca. DM 14,2 Mrd. geschätzt. Von den beteiligten Arbeitnehmern sind etwa 81,8% Belegschaftsaktionäre, 7,3% Fondsinhaber, 4,4% Darlehensgeber, 3,5% Genußrechtsinhaber, 1,9% Beteiligte an Beteiligungsgesellschaften und 1,1% stille Gesellschafter.[143] Dementgegen werden mitunternehmerische Beteiligungen wegen der besonderen steuerlichen Probleme nicht gefördert. 103

2. Steuerliche Interventionen aus Gründen einer leistungsgerechten Besteuerung. Der viel diskutierte Niedergang des deutschen Steuerrechts beruht sicherlich z. T. auf einer Systemlosigkeit der Normen. Andererseits ist diese Systemlosigkeit aber auch ein Spiegel des fortlaufenden Versuches, steuerliche Fehlentwicklungen i. S. der Verwirklichung einer Besteuerung nach der wirtschaftlichen Leistungsfähigkeit zu korrigieren.[144] Als 104

---

[137] *Hornung/Draus,* Der Arbeitgeber 1988, 378 f.; *Langhein,* Arbeitnehmerbeteiligungen an mittelständischen Unternehmen, 1987; vgl. aber auch zur Kritik der weiten Fassung des 5. VermBG: *Schoen* BB 1988, 2113.

[138] Finanzbericht 1985, S. 91; eine ähnliche Formulierung findet sich im Jahreswirtschaftsbericht 1983 der Bundesregierung, BT-Drucks. 9/2400, S. 15 sowie im Regierungsentwurf zu § 19 a EStG, BT-Drucks. 10/337, S. 11.

[139] Vgl. *Kirchhof/Söhn,* § 19 a EStG Anm. A2.

[140] *Kirchhof/Söhn,* § 19 a EStG Anm. A86 f.; *Blümich,* § 19 a EStG Anm. 2 a. E.; *Messmer* BB 1984, 861.

[141] Vgl. die Angaben bei *Kirchhof/Söhn,* § 19 a EStG Anm. A89; *Langhein,* Arbeitnehmerbeteiligungen an mittelständischen Unternehmen, 1987, S. 21 f.; *Saßmannshausen,* Erfahrungen, S. 205 f.

[142] *Wagner/Loritz,* DStZ 1992, 779 ff.

[143] *Langhein,* Arbeitnehmerbeteiligungen an mittelständischen Unternehmen, 1987, S. 21 f.

[144] So ist wohl zu verstehen *Uelner,* Niedergang oder Neuordnung aus der Sicht der Gesetzgebungspraxis, S. 181 f.

Beispiele hierfür dienen das Außensteuergesetz, die Körperschaftsteuerreform 1976, die Bekämpfung der Verlustzuweisungsmodelle durch Einführung des § 15 a und § 2 a EStG, die Zinsabschlagsteuer sowie das Mißbrauchsbekämpfungs- und Steuerbereinigungsgesetz 1993.[145] Die genannten gesetzgeberischen Maßnahmen entsprachen nicht einem Lenkungszweck, sondern dienten der Herstellung einer gleichen Belastung der Steuerpflichtigen. Diese sog. „Fiskalzwecknormen" orientierten sich durchweg am Verteilungsmaßstab des Prinzips der Besteuerung nach der wirtschaftlichen Leistungsfähigkeit.[146] Gleichwohl haben diese Normen zu bestimmten Kapitalallokationen geführt, die nicht in jedem Fall der Zielsetzung des Gesetzgebers entsprachen. Auch wenn die **Körperschaftsteuerreform 1976** dazu führte, daß sich die Zahl der Kapitalgesellschaften nach der Körperschaftsteuerreform von rund 147 000 auf über 430 000 bis zum Ende des Jahres 1990 erhöhte, ist es praktisch ausgeschlossen festzustellen, ob eine ähnliche Entwicklung bei Fortgeltung des alten Körperschaftsteuersystems, aber z. B. geringeren Steuersätzen eingetreten wäre. Immerhin besteht in den Vereinigten Staaten auch noch zum gegenwärtigen Zeitpunkt das klassische System der wirtschaftlichen Doppelbelastung von Dividenden, ohne daß die Wahl der Rechtsform einer Kapitalgesellschaft hierdurch offensichtlich behindert wäre. Auch die Wirkung des **Außensteuergesetzes** läßt sich nur schwer an der Zahl der heute unter dieses fallenden Steuerrechtsfälle ablesen. Die Bedeutung des Außensteuergesetzes dürfte wahrscheinlich unterschätzt werden, wenn man sie nur am geringen Steueraufkommen der Hinzurechnungsbesteuerung (DM 131 Mio. von 1972 bis 1983) bemißt.[147]

105 Im folgenden sollen die Wirkungen von Fiskalzwecknormen anhand der Beispiele des „grauen Kapitalmarktes" und der „Quellensteuer auf Zinsen" dargestellt werden. Der **graue Kapitalmarkt** wurde vielfach beschrieben und eignet sich daher in besonderem Maße zur Beschreibung der Auswirkungen steuerlicher Maßnahmen auf die Entwicklung von Kapitalanlageformen. Andererseits wurde der Einfluß der **Quellenbesteuerung von Zinsen** auf die Kapitalmarktentwicklung in jüngster Zeit eingehend verfolgt und kommentiert.

106 *a) Beispiel: Produktzyklen auf dem „grauen" Kapitalmarkt.* Der „graue" Kapitalmarkt, der auch als „freier" Kapitalmarkt, manchmal als „Nebenkapitalmarkt" bezeichnet wird, läßt sich seit seiner Entstehung Anfang der 60er Jahre[148] zunehmend mit steuerbegünstigten Kapitalanlageformen gleichsetzen. Die Anlageentscheidungen, in dieses Marktsegment zu investieren, waren überwiegend durch steuerliche Motive bestimmt. Daß die tatsächlichen steuerlichen Effekte dieser Kapitalanlageformen dabei oftmals überbewertet wurden und andere Rendite- und Risikobetrachtungen außer acht gelassen wurden, darf nicht darüber hinwegtäuschen, daß die Anleger in diesem Marktsegment primär die Höhe der **Verlustzuweisung** im Auge hatten. Aufgrund des starken Wettbewerbs seitens der Anbieter wurden fortlaufend neue Modelle für steuerbegünstigte Kapitalanlageformen entwickelt und durch eine schnelle Anpassung an Gesetz, Verwaltungspraxis und Rechtsprechung diversifiziert.

107 (aa) „Hilfe für Berlin oder Hilfe für die Kommanditisten?" Historisch betrachtet nahm das Phänomen der „Abschreibungsgesellschaft" im Jahre 1962 mit dem „Berliner Europacenter" seinen Anfang.[149] Die weiteren darauf folgenden Berliner Verlustzuweisungsgesellschaften provozierten schon sehr bald die Kritik von Juristen, die wie *Flume*[150] den Mißbrauch der Berlinförderung rügten. Gleichwohl erhielt die Abschreibungsbranche im

---

145 Vgl. *Sagasser/Schüppen,* DStR 1994, S. 265 (266).

146 Vgl. *Tipke,* Steuerrecht, S. 19.

147 *Wassermeyer* DStR 1987, 635.

148 Vgl. *Spannagel,* Der alternative („graue") Kapitalmarkt, S. 186, 190; *Raupach,* Der Niedergang des Einkommensteuerrechtes, Möglichkeiten der Neubesinnung, S. 107 f.

149 *Spannagel,* Der alternative („graue") Kapitalmarkt, S. 186, 190.

150 Handelsblatt 1964 Nr. 150 und Nr. 180.

Jahre 1964 entscheidende Unterstützung durch ein Urteil des BFH,[151] das die Anerkennung negativer Kapitalkonten von Kommanditisten sowie den uneingeschränkten Verlustabzug, der durch Sonderabschreibungen entstanden war, gewährleistete. Auch die **Geprägerechtsprechung,**[152] die es ermöglichte, vermögensverwaltende Gesellschaften in gewerbliche Gesellschaften umzuwandeln und auf diesem Wege an die Gewerblichkeit geknüpfte Steuervergünstigungen zu erlangen, förderte die Abschreibungsbranche.

Auf der Grundlage dieser steuerrechtlichen Voraussetzungen entwickelten sich vor allem **108** ab 1968 Abschreibungsgesellschaften als Objektgesellschaften für Flugzeuge, Schiffe und Hotels sowie Einzelprojekte, die nach dem Zonenrandförderungsgesetz oder dem Entwicklungsländergesetz begünstigt waren. Allen genannten Abschreibungsgesellschaften war gemein, daß die steuerlichen Vorteile durch die Ausnutzung erhöhter Abschreibungen oder Sonderabschreibungen ermöglicht wurden (§ 14 BHG 1968 bzw. § 14 BerlinFG 1970; § 14 a BHG 1968 bzw. § 14 a BerlinFG 1970; § 82 f EStDV; Zonenrandförderungsgesetz 1971; Entwicklungshilfesteuergesetz; Auslandsinvestitionsgesetz 1969). Über das Volumen des in den 60er Jahren in die Abschreibungsgesellschaften geflossenen Kapitals liegen keine verläßlichen Zahlen vor.

(bb) Verlustzuweisungsgesellschaften: Bekämpfung mit Verlustklauseln. Die ersten Re- **109** aktionen durch den Fiskus folgten Anfang der 70er Jahre. Durch das 2. Steueränderungsgesetz 1971 wurde die Attraktivität von Abschreibungsgesellschaften dadurch begrenzt, daß Verluste aus bestimmten Abschreibungsvorschriften nicht mehr mit anderen positiven Einkünften ausgeglichen werden konnten. So wurden insbesondere Verlustklauseln für die Sonderabschreibungen auf Schiffe und Flugzeuge, für die Vergünstigungen nach dem Entwicklungshilfesteuergesetz und für die Sonderabschreibungen nach dem Zonenrandförderungsgesetz geschaffen. Gleichzeitig wurde das Verbot des Ausgleiches von Verlusten aus gewerblicher Tierzucht oder Tierhaltung als § 2 a[153] in das EStG eingefügt. Es folgten weitere Einschränkungen der auf die einzelne Abschreibungsvorschrift bezogenen Verlustausgleichsmöglichkeit. Schließlich wurde im Jahre 1975 die **generelle Verlustklausel** des § 7 a Abs. 6 EStG eingefügt, nach der erhöhte Absetzungen und Sonderabschreibungen nicht zur Entstehung oder Erhöhung eines betrieblichen Verlustes führen durften. Das Einschreiten des Gesetzgebers gegen die Ausnutzung von Abschreibungsvorteilen veranlaßte die Initiatoren gewerblicher Abschreibungsmodelle nunmehr, die Verlustzuweisungen unter Ausnutzung bilanzieller Ansatz- und Bewertungsvorschriften anzubieten.[154] Derartige bilanzielle Vorschriften galten z. B. für Erdöl-, Erdgas- und Uranexplorationen, geringwertige Wirtschaftsgüter und die Produktion von Schallplatten und Spielfilmen.[155]

Andererseits erhielt die Abschreibungsbranche auch erhebliche Rückendeckung durch **110** die Rechtsprechung. So wurde insbesondere durch die **Baupatenrechtsprechung** des Großen Senats des BFH vom 17. 1. 1972[156] die entscheidende Weiche für die Fortentwicklung des Verlustzuweisungsgedankens gestellt, indem anerkannt wurde, daß es für die Annahme einer Gewinnerzielungsabsicht ausreiche, wenn der Steuerpflichtige nach steuerlichen Verlusten strebe. Die Baupatentrechtsprechung hat insbesondere die Entwicklung der Bauherrenmodelle begünstigt. Die ersten Bauherrenmodelle wurden ab dem Jahre

---

[151] Vom 13. 3. 1964, BstBl. III 1964, 359; dem folgend BFH vom 25. 8. 1966, BStBl. III 1966, 69; Zur Entwicklung der Rechtsprechung vgl. *Crezelius,* BB 1985, 209, 210 f.

[152] BFH vom 17. 3. 1966, BStBl. II 1966, 171; BFH vom 3. 8. 1972, BStBl. II 1972, 799.

[153] Zum Streit über die Verfassungsmäßigkeit der Vorschrift vgl. BFH vom 5. 2. 1981, BStBl. II 1981, 359 f.

[154] Vgl. *Knobbe-Keuk,* Bilanz- und Unternehmensrecht, S. 369 f.

[155] Vgl. z. B. die aufgezählten Varianten im Bericht des Bayerischen Obersten Rechnungshofes für 1983, Tz. 30.2 m. w. N. (zitiert nach *Raupach,* Der Niedergang des Einkommensteuerrechts, Möglichkeiten der Neubesinnung, S. 110).

[156] BStBl. II 1972, 700.

1971 angeboten.[157] Damit erfolgt die erste Diversifizierung des Marktes der steuerbegünstigten Kapitalanlage durch die Aufspaltung in gewerbliche und private Verlustzuweisungsmodelle.

111 Für 1971 wurde der Absatz von Kommanditanteilen an Abschreibungsgesellschaften auf mehr als DM 4 Mrd. geschätzt.[158] Andere Schätzungen ergeben ein durchschnittliches **Anlagevolumen** von ca. DM 3 Mrd. pro Jahr im Zeitraum von 1970 bis 1976.[159] Bei Berücksichtigung des zusätzlich investierten Fremdkapitals lag das **Investitionsvolumen** der Abschreibungsgesellschaften in diesem Zeitraum durchschnittlich bei ca. DM 6–8 Mrd.[160] Die Bedeutung dieser Zahlen wird offenbar, wenn man vergleicht, daß im selben Zeitraum die Kapitalzuführungen zu den deutschen Aktiengesellschaften bei lediglich DM 2,7 Mrd. lagen. In Bauherrenmodelle und geschlossene Immobilienfonds wurden zur gleichen Zeit insgesamt ca. DM 1 Mrd. investiert.[161]

112 (cc) 100%-Erlaß und die Reaktionen der Rechtsprechung. Die Finanzverwaltung hatte erhebliche Schwierigkeiten, die insbesondere zum Ende der 70er Jahre ausufernde Entwicklung der Abschreibungsgesellschaften einzudämmen. Die Finanzverwaltung wurde durchweg mit der Argumentation konfrontiert, daß die Entwicklung der Abschreibungsgesellschaften von der Rechtsprechung sanktioniert und vom Finanzministerium ausdrücklich für gut befunden wurde. Der Slogan „Aus Steuern Vermögen schaffen!" stammte aus der Öffentlichkeitsarbeit des Bundesministeriums für Wirtschaft und Finanzen.[162] Vor diesem Hintergrund ist die Halbherzigkeit der Reaktionen der Finanzverwaltung zu verstehen, die in Einzelerlassen versuchte, die Entwicklung des „grauen Kapitalmarktes" zu bekämpfen. So wurde durch den **100%-Erlaß**[163] geregelt, daß ein Gesellschafter eines Bauherrenmodells Werbungskosten maximal bis zur Höhe seiner Einlage abziehen könne.

113 Auch die Rechtsprechung suchte nach Ansatzpunkten für die Beschränkung der Verlustabzugsmöglichkeiten. So verneinte der BFH im Jahre 1978 zum ersten Mal die Abzugsfähigkeit von Verlusten einer Schiffsgesellschaft mangels der Mitunternehmereigenschaft der beteiligten Kommanditisten.[164] Der zweite Ansatzpunkt für die Verlustabzugsbegrenzung ergab sich aus der Überlegung, die Anerkennung des negativen Kapitalkontos zu versagen. Durch den Vorlagebeschluß des IV. Senats des BFH vom 26. 4. 1979[165] wurde deutlich, daß die Fortgeltung der Rechtsprechung zum **negativen Kapitalkonto** wieder in Frage stand. Die Einführung des § 15 a EStG, der eine Begrenzung des Verlustabzuges auf die Höhe des Kapitalkontos bzw. die Haftung des Kommanditisten vorsah, wurde zuvor schon von der Steuerreformkommission 1971 vorgeschlagen, aber erst nach langen Verhandlungen Ende 1979 von der Bundesregierung beschlossen.[166]

114 Die Verlustzuweisungsmodelle verzeichneten insbesondere zum Ende der 70er Jahre eine Boomphase, die durch die Prophezeiung bevorstehender gesetzgeberischer Maßnahmen gegen die Verlustabzugsmöglichkeiten getragen wurde.

115 (dd) Die Entwicklung nach § 15 a EStG. Mit der Einführung des § 15 a EStG sollten gezielt die Verlustzuweisungsgesellschaften getroffen werden. Die Zielgenauigkeit dieser

---

157 *Rädler/Raupach,* Handbuch S. 33.

158 *Rädler/Raupach,* Handbuch S. 32.

159 *Kreile* DStR 1976, 282, 283; im Vergleich mit den Ende der 70er Jahre ermittelten Zahlen erscheinen diese Schätzungen allerdings sehr hoch.

160 Vgl. *Bihr/Jahrmarkt/Knapp,* Vorteilhafte Geldanlagen, 3 D (8)/16 zum Verhältnis von Zeichnungskapital und Gesamtinvestitionsvolumen.

161 *Rädler/Raupach,* Handbuch, S. 32.

162 *Kreile* DStR 1976, 282 f.; vgl. auch *Sander* DStR 1978, 10 und die Erwiderung von *Beker* DStR 1978, 225.

163 BdF vom 2. 1. 1975, BB 1975, 53.

164 BFH vom 10. 11. 1977, BStBl. II 1978, 15.

165 BStBl. II 1979, 414.

166 Zur Rechtsentwicklung vgl. *Herrmann/Heuer/Raupach,* § 15 a EStG Anm. 2 f.

Regelung wurde allerdings von Anfang an in Zweifel gezogen.[167] Es ist zunächst offensichtlich, daß durch die Verlustabzugsbegrenzung auf die Höhe des Kapitalkontos auch Unternehmen getroffen werden können, deren primäre Zielsetzung nicht im entferntesten die Zuweisung von Verlusten an ihre Gesellschafter ist. Daneben wurden gegen die Regelung des § 15 a EStG verfassungsrechtliche Bedenken vorgetragen,[168] die allerdings von der Rechtsprechung weitgehend nicht geteilt werden;[169] zum Teil wird ihnen durch eine mit dem Wortlaut schwer zu vereinbarende Auslegung Rechnung getragen. Für die Vergangenheit wurde durch den Beschluß des Großen Senats des BFH vom 10. 11. 1980 das negative Kapitalkonto grundsätzlich anerkannt.[170] Durch die Einführung des § 2 a EStG wurde im Jahre 1983 schließlich die Berücksichtigung von **Auslandsverlusten** eingeschränkt. Auch an dieser Regelung hat sich erhebliche Kritik entzündet, da die Beschränkung des Verlustausgleichs bestimmter Auslandsverluste als Verstoß gegen das Welteinkommensprinzip und damit als ein Verstoß gegen das Prinzip der Besteuerung nach der Leistungsfähigkeit angesehen wird.[171]

Infolge der seit 1991 existierenden Rechtsprechung des VIII. Senats des BFH,[172] die inzwischen von dem IV. Senat des BFH ausdrücklich bestätigt[173] und auch von der Finanzverwaltung anerkannt wurde,[174] ist die Wirkung des § 15 a EStG aber wieder erheblich entschärft worden. So ist bei der Ermittlung des Kapitalkontos i. S. des § 15 a EStG das – positive und negative – Sonderbetriebsvermögen des Kommanditisten nicht zu berücksichtigen. Konsequenz davon ist, daß durch Verlagerung von Verlusten der Gesellschaft auf die Ebene der Gesellschafter, d. h. in das Sonderbetriebsvermögen, die Rechtsfolgen des § 15 a EStG durch eine entsprechende Fremdfinanzierung der Einlage weitgehend leerlaufen. **116**

Die Bundesregierung hat in einem Bericht über Maßnahmen gegen Verlustzuweisungsgesellschaften vom 31. 8. 1984[175] festgestellt, daß die gesetzgeberischen Maßnahmen die Wirkungen hatten, die vom Gesetzgeber angestrebt worden waren. Dabei wird allerdings nicht beachtet, daß die Wirkungen des § 15 a und § 2 a EStG weit über das gesetzgeberische Ziel hinausgegangen sind. Insbesondere bei Neugründungen mit hohen Anlaufverlusten wirkt sich § 15 a EStG negativ auf die Eigenkapitalbeschaffung aus.[176] Bei einer Umfrage des Steuerberaterverbandes Niedersachsen ergab sich bei 312 Berufsangehörigen, daß 61,6% mit Fällen des § 15 a EStG befaßt waren, dabei aber nur 12,3% der Fälle tatsächlich Verlustzuweisungsgesellschaften zum Gegenstand hatten.[177] Abgesehen von zahlreichen verfassungsrechtlichen Bedenken, die gegen die Vorschrift geäußert wurden, erscheinen Ziel und Mittel des Gesetzgebers nur schwer mit dem Verhältnismäßigkeitsgrundsatz vereinbar zu sein. **117**

(ee) Bauherrenmodelle. Der überdurchschnittliche Absatzerfolg der Abschreibungsbranche in den Jahren 1980–1983 gründet sich nicht auf gewerbliche Abschreibungsmodelle, sondern hauptsächlich auf das Prosperieren von Bauherrenmodellen.[178] Letztere haben im **118**

---

[167] Vgl. *Knobbe-Keuk,* Bilanz und Unternehmensrecht, S. 375; *Littmann,* § 15 a EStG Anm. 6; *Herrmann/Heuer/Raupach,* § 15 a EStG Anm. 91.

[168] *Haarmann/Sagasser* DB 1986, 1692; *Herrmann/Heuer/Raupach,* § 15 a EStG Anm. 91.

[169] Nach BFH BStBl. II 1988, 5, bestehen grundsätzlich keine ernsten Zweifel an der Verfassungsmäßigkeit des § 15 a EStG.

[170] GrS BFH vom 10. 11. 1980, BStBl. II 1981, 164.

[171] *Vogel* BB 1983, 180, 182.

[172] BFH vom 14. 5. 1991, BStBl. II 1992, 167 und vom 30. 3. 1993, BStBl. II 1993, 706, 709.

[173] BFH vom 26. 1. 1995, DStR 1995, 930, 931.

[174] BMF vom 20. 2. 1992, BStBl. I 1992, 123.

[175] BT-Drucks. 10/1927, S. 16.

[176] Vgl. *Littmann,* § 15 a EStG Anm. 6.

[177] *Littmann,* § 15 a EStG Anm. 6 a. E.

[178] Vgl. BT-Drucks. 10/1927, S. 11.

Hinblick auf die **auslaufende Grunderwerbsteuerbefreiung**[179] und **Mehrwertsteueroption**[180] in diesen Jahren Anlagekapital in Höhe von durchschnittlich ca. DM 2 Mrd. pro Jahr auf sich gezogen;[181] dies entspricht einem Bauvolumen von durchschnittlich DM 12 Mrd. pro Jahr.[182] Nach Angaben der Branche war dagegen in den Jahren 1984 und 1985 ein erheblicher Einbruch des Absatzes von steuerbegünstigten Kapitalanlagen zu verzeichnen.[183] Lediglich durch die Übergangsregelungen des § 15 a EStG zugunsten des Schiffbaus, des sozialen Wohnungsbaues etc. hat sich ein geringes Volumen an Abschreibungsmodellen erhalten.[184]

119 (ff) Geschlossene Immobilienfonds. Als „Kapitalanlage der 90er Jahre schlechthin"[185] gelten geschlossene Immobilienfonds. Es wird schon jetzt konstatiert, daß die wirtschaftliche Bedeutung dieser Anlageform die der Bauherrenmodelle übersteigt.[186] So entwickelte sich das jährliche Investitionsvolumen der institutionellen Investorengruppen in geschlossene Immobilienfonds von DM 3,7 Mrd. im Jahr 1990 bis auf über DM 9,5 Mrd. im Jahr 1995.[187] Im Jahr 1996 rechnet die Branche mit einem Investitionsvolumen von DM 14,5 Mrd. als Ausdruck eines „Förder-Auslauf-Booms".[188] Damit liegen die geschlossenen Immobilienfonds in der Gunst der Anleger vor den offenen Immobilienfonds.[189] Dabei hat der Gesetzgeber durch eine fortwährende Kürzung der Abschreibungssätze die Investitionsmöglichkeiten immer weiter begrenzt. So wurden mit der Abschaffung der degressiven AfA bei Gewerbeimmobilien (ehem. § 7 Abs. 5 Nr. 2 EStG) in den alten Bundesländern ab 1995 Objekte in den alten Bundesländern nahezu unverkäuflich, während 90% des Anlagekapitals in der Folge bei überhöhten Mieterwartungen in oftmals überteuerte Objekte in den neuen Bundesländern floß. Dabei kommt ihnen vor allem die konzeptionelle Freiheit im Vergleich zu den durchgängig geregelten offenen Immobilienfonds zugute, die als Kapitalanlagegesellschaften dem KAGG unterliegen und darüber hinaus aufgrund der Genehmigungspraxis des Bundesaufsichtsamtes für das Kreditwesen weitgehend standardisierte Vertragsbedingungen aufweisen.[190] Gesellschaftsrechtlich werden die Fonds in aller Regel in der Rechtsform der BGB-Gesellschaft oder der Publikums-KG – eventuell in Verbindung mit einer Treuhandkonstruktion – ausgestaltet. Die meisten Fonds vermitteln Einkünfte aus Vermietung und Verpachtung und führen daher zu einer wesentlich früheren steuerlichen Berücksichtigung bestimmter Ausgaben, welche für die gesamte voraussichtliche Lebensdauer des Fonds getätigt werden (insbesondere Projektierungskosten/Disagio) sowie zur Nichtsteuerbarkeit von Veräußerungsgewinnen nach Ablauf der Spekulationsfrist von zwei Jahren. Gewerbliche geschlossene Immobilienfonds boten hingegen neben den ertragsteuerlichen Vorteilen auch erhebliche Gestaltungsmöglichkeiten im Rahmen der Reduzierung von Erbschaft-, Schenkungs- und Vermögen-

---

[179] Durch das GrEStG 1983 wurden die landesrechtlichen Grunderwerbsteuerbefreiungen abgeschafft.

[180] Vgl. § 27 Abs. 5 UStG.

[181] Vgl. BT-Drucks. 10/1927, S. 11; *Willms,* Wohnungswirtschaftliche und fiskalische Wirkungen, S. 7; *Bihr/Jahrmarkt/Knapp,* Vorteilhafte Geldanlagen, 3 D (8)/17, 18.

[182] Das Verhältnis gezeichnetes Kapital: Bauvolumen entspricht ungefähr 16 : 100.

[183] Vgl. *Bihr/Jahrmarkt/Knapp,* Vorteilhafte Geldanlagen, 3 D (8)/18.

[184] S. BT-Drucks. 10/1927, S. 7, 11: Nach der Stellungnahme des Verbands Deutscher Reeder ist das im Zeitraum 1975 bis 1982 in Seeschiffen investierte Kapital (bezogen auf Seeschiffe über 1600 BRT, die unter deutscher Flagge in Fahrt gekommen sind) zu knapp 70% in Einschiffs-Gesellschaften geflossen. Dabei ist die Einschiffs-Kommanditgesellschaft die bevorzugte Finanzierungsform.

[185] *Jehl,* Zum Steuerrecht für Gewerbe-Immobilien unter besonderer Berücksichtigung geschlossener Fonds in: *Falk* (Hrsg.), Gewerbe-Immobilien, S. 737, 741.

[186] *Jehl,* a. a. O., S. 741.

[187] 1995 Schätzung.

[188] Immobilienfonds/Auslaufboom, Handelsblatt v. 6. 7. 1995.

[189] Vgl. nachfolgende Grafik.

[190] *Jagdfeld/Schünemann,* Geschlossene Immobilienfonds, in: *Falk,* Gewerbe-Immobilien, 5. Aufl. 1992, S. 331, 333.

steuer. Durch eine starke Fremdfinanzierung des Fonds ließ sich für die Zwecke der Feststellung von Vermögen-, Erbschaft- und Schenkungsteuer insgesamt ein negativer Einheitswert der Fondsbeteiligung herstellen. Dieser konnte im Wege der Verrechnung mit anderem positiven Vermögen zB bei einer vorweggenommenen Erbfolge genutzt werden.[191]

Produktzyklen im „grauen" Kapitalmarkt 120

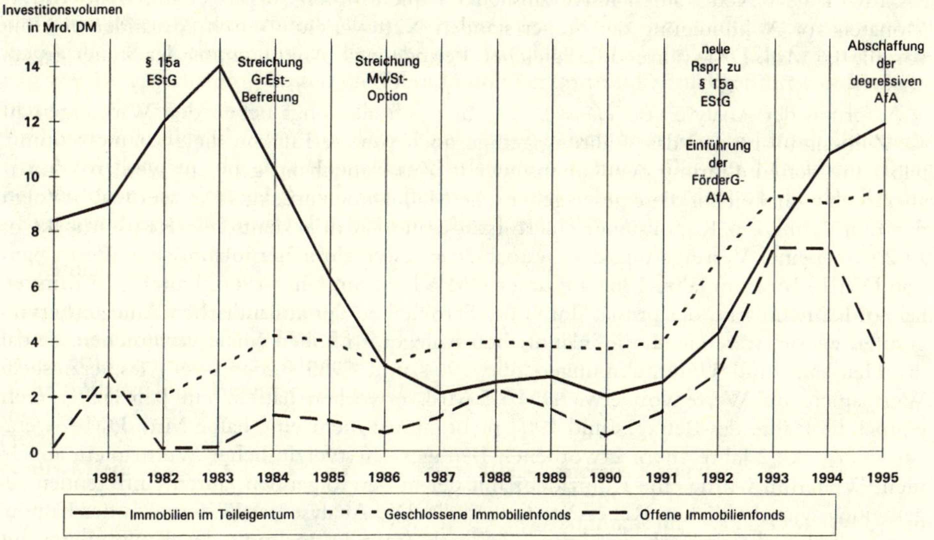

Quelle: Monatsberichte der Deutschen Bundesbank, Juli 1988, März und Juni 1989

121 (gg) Zusammenfassung. Auch wenn das statistische Material, das für die Nachvollziehung der Entwicklung des grauen Kapitalmarktes zur Verfügung steht, weitgehend unvollständig ist, so lassen sich doch bestimmte Tendenzen erkennen, die in der vorstehenden Übersicht zusammengefaßt sind.

122 Die graphische Darstellung zeigt wie sehr es der Gesetzgeber in der Hand hat, durch steuerliche Förderungen Kapitalanlageverhalten zu steuern. Dabei fällt auf, daß das Verhalten der öffentlichen Hand ursprünglich immer von wirtschaftslenkenden Zwecken bestimmt war, d.h. Förderung des Wohnungsbaus, Förderung West-Berlins oder des Aufbaus der neuen Länder, daß aber nach einer baukonjunkturellen Übersteuerung lediglich fiskalpolitische Gegenreaktionen folgten, die den Eindruck erweckten, die investiven Effekte seien nicht erwünscht gewesen. Insbesondere wurde den Fehlallokationen und den daraus folgenden Insolvenzen nicht durch einen spezifischen Kapitalanlegerschutz vorgebeugt.[192] Ob eine gezieltere Förderung ohne Fehlallokationen mit steuerneutralen gesetzgeberischen Maßnahmen hätte erreicht werden können, bleibt offen.

123 *b) Beispiel: Quellensteuer auf Zinsen.* (aa) Erfahrungen aus der Kuponsteuer 1964. Der Charakter der Kuponsteuer als Lenkungsnorm wurde bereits dargestellt.[193] Vermutlich ha-

---

[191] Zu einem negativen Einheitswert der Fondsbeteiligung konnte es deshalb kommen, weil das in Immobilien bestehende Sondervermögen lediglich zu 140% des Einheitswertes, die Verbindlichkeiten des Fonds jedoch zum Nominalwert angesetzt wurden. Schenkungsteuerlich bestand eine derartige Gestaltungsmöglichkeit jedoch nur für gewerbliche Fonds.

[192] Vgl. *Raupach,* Der Niedergang des Einkommensteuerrechts, Möglichkeiten der Neubesinnung, S. 109, der darauf hinweist, daß sich das Bundesfinanzministerium für die Verwirklichung des Vermögensanlagegesetzes bzw. Kapitalanlagegesetzes nie eingesetzt hat.

[193] S. o. Rdnr. 82ff.

ben die positiven fiskalischen Wirkungen der Kuponsteuer den Gesetzgeber dazu veranlaßt, diese bis zum Jahre 1984 aufrechtzuerhalten, obwohl der Lenkungszweck bereits unmittelbar durch die Ankündigung und die Einführung der Kuponsteuer erzielt worden war. Während die vierteljährlichen Zahlungsbilanzen für langfristige Kapitalbewegungen im Jahre 1963 und anfangs 1964 erhebliche **Kapitalimporte** auswiesen, änderte sich die Situation auf die Ankündigung der Kuponsteuer vom 23. 3. 1964 schlagartig. Den rd. 2 Mrd. DM Nettokäufen festverzinslicher Papiere durch Ausländer innerhalb von 12 Monaten vor Ankündigung der Steuer standen Nettoverkäufe durch Ausländer in Höhe von rd. 0,6 Mrd. DM während der gleichen Periode nach Ankündigung der Steuer gegenüber.

124 Aufgrund der Analyse von *Häuser*[194] ergaben sich allerdings neben den Wirkungen auf die Zahlungsbilanz und das Währungsgefüge noch weitere Effekte, die zwar nicht unmittelbar mit der Einführung der Kuponsteuer in Zusammenhang gebracht werden können, aber doch zum Teil auf diese gesetzgeberische Maßnahme zurückgeführt werden. So folgte der Einführung der Kuponsteuer ein Kursrückgang auf dem deutschen **Rentenmarkt** bis zu 20% bei einer Verringerung des Nettoabsatzes festverzinslicher inländischer Wertpapiere von DM 13 Mrd. im Jahre 1964 auf unter DM 6 Mrd. im Jahre 1966. Durch den Kursverfall am Rentenmarkt, der primär durch das Fernbleiben der ausländischen Anleger hervorgerufen wurde, waren auch die inländischen Anleger im hohen Maße verunsichert, so daß die Haushalte und Unternehmungen, die 1964 und 1965 noch jeweils festverzinsliche Wertpapiere im Werte von etwa DM 7,5 Mrd. erworben hatten, ein Jahr später nicht einmal die Hälfte des Betrages und 1967 nicht einmal mehr eine halbe Mrd. DM – weniger als $^1/_{10}$ des 2 Jahre zuvor erworbenen Betrages – festverzinslicher Wertpapiere abnahmen. Weiterhin wurde eine Koinzidenz mit der in den folgenden Jahren eintretenden allgemeinen wirtschaftlichen **Rezession** festgestellt. Die Analyse der Wirkungen der Kuponsteuer wird nicht dadurch relativiert, daß sich trotz Fortgeltung der Kuponsteuer mit Ausklingen der Rezession zum Ende der 60er Jahre der Kapitalmarkt erholte. Typischerweise sind die Eingriffe in das Kapitalmarktgefüge deutlich an den Anpassungsprozessen zu messen, während nach dem Anpassungsprozeß aufgrund der Vielschichtigkeit der Einflußfaktoren eine Wirkungsanalyse kaum noch möglich ist.

125 **Bilanz langfristiger Kapitalbewegungen in der Bundesrepublik Deutschland bei Einführung der Kuponsteuer (in Mrd. DM)**

Zeitraum		Käufe und Verkäufe festverzinslicher Wertpapiere durch Ausländer: Käufe	Verkäufe	Nettokäufe (+) bzw. Nettoverk. (-)	Salden des langfristigen Kapitalimports (+) bzw. Kapitalexports (-)
1963	1. Vj.	0,724	0,223	+ 0,501	+ 0,548
	2. Vj.	0,689	0,302	+ 0,387	+ 0,648
	3. Vj.	0,752	0,216	+ 0,536	+ 0,658
	4. Vj	0,802	0,235	+ 0,567	+ 0,084
1964	1. Vj.	0,821	0,378	+ 0,443	+ 0,267
	2. Vj.	0,390	0,909	- 0,519	- 1,030
	3. Vj.	0,396	0,331	+ 0,065	- 0,076
	4. Vj.	0,332	0,316	+ 0,016	+ 0,047
1965	1. Vj.	0,335	0,482	- 0,147	+ 0,296
	2. Vj.	0,299	0,394	+ 0,095	+ 0,246
1963		2,967	0,976	+ 1,991	+ 1,938

[194] *Häuser,* Steuern zur Steuerung, S. 298 f.

Zeitraum	Käufe und Verkäufe festverzinslicher Wertpapiere durch Ausländer			Salden des langfristigen Kapitalimports (+) bzw. Kapitalexports (-)
	Käufe	Verkäufe	Nettokäufe (+) bzw. Nettoverk. (-)	
1964	1,939	1,934	+ 0,005	- 0,792
1965	1,406	1,303	+ 0,103	+ 0,818
12 Monate vor Ankündigung (März 1963 bis Febr. 1964)	3,047	1,034	+ 2,013	+ 1,656
12 Monate nach Ankündigung (April 1964 bis März 1965)	1,453	2,038	- 0,585	- 0,763

Quelle: Karl Häuser, Theorie und Praxis des finanzpolitischen Interventionismus 1970, nach:
– Monatsberichte der Deutschen Bundesbank, Juni 1965, S. 6 und S. 130; Januar 1966, S. 51.
– Statistische Beihefte zu den Monatsberichten der Deutschen Bundesbank, Reihe 3, Zahlungsbilanzstatistik, Oktober 1969, S. 12.

(bb) Finanzpolitische Diskussionen im Vorfeld der Steuerreform 1990. Eine Diskussion über die Einführung einer umfassenderen Belastung von Zinseinkünften wurde in der Bundesrepublik seit Mitte 1981 geführt.[195] Als geeignetes Mittel zur Bekämpfung der von der Finanzverwaltung „faktisch tolerierten Steuerhinterziehung"[196] wurde die Einführung einer Quellensteuer auf Zinsen angesehen. Unerträglich lange wurden dabei Gesichtspunkte der Steuergerechtigkeit vor allem in der politischen Diskussion mit Hinweisen auf die mögliche **Kapitalflucht,**[197] die Nichterhebung einer Kapitalertragsteuer auf Zinsen in anderen Staaten[198] und eine Verharmlosung des Steuerhinterziehungsausmaßes beiseite geschoben. *Rehm*[199] prophezeite eine unmittelbare Verringerung des Kapitalanlagevolumens, eine **Veränderung der Kapitalanlagestruktur** zugunsten der Papiere mit niedrigerem Normalzins und die Flucht in quellensteuerfreie Auslandsanleihen. Die Schätzungen über mögliche Steuermehreinnahmen belaufen sich bei *Rehm* auf Basis des Jahres 1981 auf rd. DM 4,5 Mrd. bzw. DM 6,2 Mrd. je nach unterstelltem Volumen nicht deklarierter Zinserträge.[200] Das stärkste Hindernis für die Einführung der Quellensteuer auf Zinsen bestand aber wahrscheinlich in der Ungewißheit darüber, wie die Wähler auf die Quellensteuer reagieren würden. 126

Im Rahmen der Diskussionen über die Steuerreform 1990 hatte man sich schließlich über die zahlreichen Bedenken hinweggesetzt und „im Interesse der Steuergerechtigkeit"[201] mit Wirkung ab 1. Januar 1989 eine Kapitalertragsteuer in Höhe von 10% auf Zinseinkünfte eingeführt (§ 43 Abs. 1 Nr. 8, § 43 a Abs. 1 Nr. 2, 5 EStG). In der Gesetzesbegründung wurde darauf hingewiesen, daß die steuerliche Erfassung von Zinsein- 127

[195] *Rehm* StuW 1984, 230 mit zahlreichen Nachweisen.
[196] *Kaligin* DStZ 1985, 219.
[197] Vgl. die zitierte Diskussion im ZDF bei *Raupach,* Der Niedergang des Einkommensteuerrechts, Möglichkeiten der Neubesinnung, S. 56.
[198] Vgl. *Henke/Adam,* Zur Besteuerung von Einkünften aus Kapitalvermögen, S. 149.
[199] StuW 1984, 230, 238 f.; ähnlich *Henke/Adam,* Zur Besteuerung von Einkünften aus Kapitalvermögen, S. 149, 158 f.
[200] *Rehm* StuW 1984, 230, 233.
[201] Entwurf eines Steuerreformgesetzes 1990, BT-Drucks. 100/88, S. 206.

künften nicht nur der Steuergerechtigkeit diene, sondern auch wirtschafts- und beschäftigungspolitisch geboten sei: „. . . sie mildert eine steuerliche Benachteiligung von Anlagen in arbeitsplatzschaffendem Unternehmenskapital im Vergleich zu reinen Finanzanlagen. Die Maßnahme sollte damit zugleich zur Belebung des Risikokapitalmarktes und zur Stärkung des unternehmerischen Eigenkapitals beitragen."[202] Durch das sog. **„Amnestiegesetz"** wurde darüber hinaus ein fragwürdiger Weg beschritten, um steuerunehrlichen Beziehern von Kapitaleinkünften eine „goldene Brücke" zur Steuerehrlichkeit zu bauen.[203] Das Bundesfinanzministerium errechnete schließlich Steuermehreinnahmen für das Jahr 1990 in Höhe von DM 4,2 Mrd. und unterstellte dabei in seiner Berechnung die zusätzliche Erfassung von Kapitaleinkünften in Höhe von DM 43 Mrd.[204] Gleichzeitig wurde erhebliche Skepsis hinsichtlich des gesamtwirtschaftlichen Nutzens der Quellensteuer auf Zinsen laut. Die Analyse von *Schneider*[205] machte deutlich, daß die vom Fiskus erstrebten Mehreinnahmen von jährlich DM 4,3 Mrd. aus der Quellensteuer durch die Privathaushalte hätten finanziert werden müssen. So erwartete er, abgesehen vom Ausweichen auf quellensteuerfreie Anleihen, eine Verminderung des Anlagevolumens für Versicherungen in Höhe von ca. DM 2,5 Mrd., eine Verringerung der Zinseinnahmen steuerehrlicher Anleger um DM 1,5 Mrd. und einen nicht abzuschätzenden volkswirtschaftlichen Mehraufwand, der in der Finanzverwaltung für die Bearbeitung von Quellensteuerbefreiungsbescheiden anfällt. Vor allem aber prognostizierte er aufgrund der Einführung der Quellensteuer einen Zinsanstieg – wie auch schon bei Einführung der Kuponsteuer, der zu einem erheblichen Mehraufwand für Zinsausgaben des Staats führt.[206]

128 (cc) Auswirkungen der Einführung und Abschaffung der „kleinen Quellensteuer". Auf der Basis der Statistiken der Deutschen Bundesbank bestätigten sich die pessimistischen Erwartungen hinsichtlich der Auswirkungen der Quellensteuer überwiegend:
- der Erwerb von ausländischen Rentenwerten im letzten Quartal vor Einführung der Quellensteuer erhöhte sich auf ca. DM 15 Mrd. gegenüber einem Vorjahreswert von ca. DM 1 Mrd.;[207]
- der Netto-Absatz von inländischen Rentenwerten sank auf knapp DM 3,5 Mrd. im letzten Quartal 1988 nach DM 12 Mrd. im letzten Quartal 1987;[208]
- der Bargeldumlauf stieg im Vergleich zum letzten Quartal 1987 im letzten Quartal 1988 um 15%.[209]

---

[202] Entwurf eines Steuerreformgesetzes 1990, BT-Drucks. 100/88, S. 207, 208.

[203] Vgl. zum Vorlagebeschluß des FG Münster, X 8251/86 v. 17. 1. 1989 und Diskussion über die Verfassungsmäßigkeit des Amnestiegesetzes: *Weyand* BB 1989, 404; *Gies/Wittmann* BB 1989, 330; *Felix* FR 1989, 75, 77; *Streck* Stbg. 1989, 51; *Tipke* BB 1989, 157.

[204] Entwurf eines Steuerreformgesetzes 1990, BT-Drucks. 100/88, S. 232. Der Vorentwurf des Bundesfinanzministeriums zum Steuerreformgesetz vom 14. 1. 1988 ging noch von Steuermehreinnahmen für das Jahr 1990 in Höhe von DM 4,3 Mrd. aus und unterstellte dabei eine Erfassung von Kapitaleinkünften in Höhe von DM 48 Mrd. (IV B 7 – S 1901 –77/87, S. 195).

[205] *Schneider* DB 1987, 2529, 2533 f.; Universität zu Köln: „Nettoaufkommen der Quellensteuer wird schon bald auf Null sinken", Handelsblatt vom 6. 4. 1989.

[206] Ifo-Institut für Wirschaftsforschung, München: „Die Quellensteuer erweist sich als Bumerang", SZ vom 3. 4. 1989.

[207] Monatsberichte der Deutschen Bundesbank, Februar 1989, S. 16.

[208] Monatsberichte der Deutschen Bundesbank, Februar 1989, S. 17.

[209] Monatsberichte der Deutschen Bundesbank, Februar 1989, S. 10; Mysteriöse Bargeldexplosion, SZ vom 4./5. Februar 1989.

Absatz von Rentenwerten bei Einführung und Abschaffung der „kleinen Quellensteuer" 129

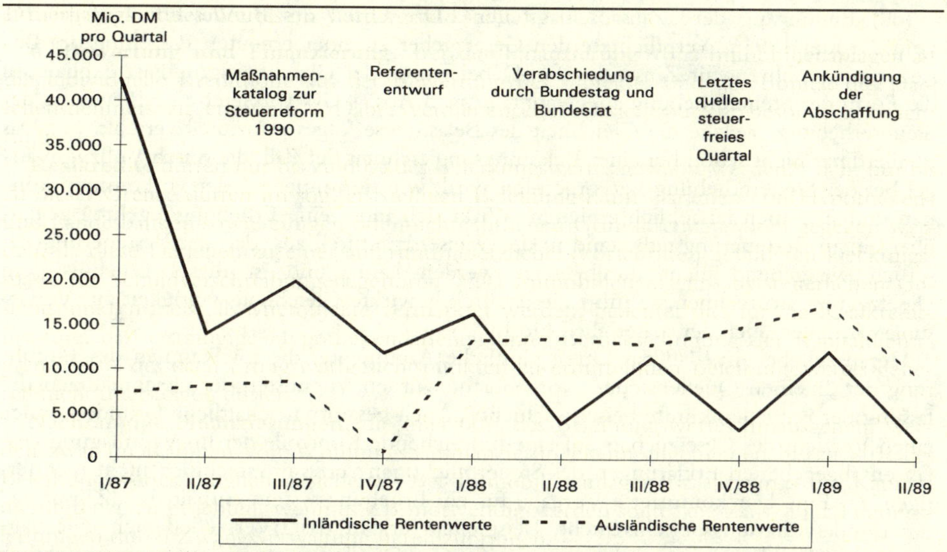

Quelle: Monatsbericht der Deutschen Bundesbank, Juli 1988, März und Juni 1989

Die Berichte der Deutschen Bundesbank über die Kapitalflucht und deren Darstellung in den Medien bestärkten den Wähler und Steuerzahler in der Auffassung, daß allein die Quellensteuer hierfür verantwortlich sei. Vor allem wurde offenbar, daß sich insbesondere große Geldvermögen der Steuerbelastung ohne weiteres entzogen. Demgegenüber wies der *Bundesverband Deutscher Banken* darauf hin, daß der seit dem Frühjahr 1987 zu beobachtende starke Kapitalabfluß aus der Bundesrepublik nicht nur eine Folge der Einführung der 10%igen Quellensteuer war, sondern seinen Grund auch in der ebenfalls im Frühjahr 1987 einsetzenden Stabilisierung des Dollars hatte.[210] Weiterhin waren bedingt durch die Stabilität des europäischen Währungssystems (EWS) und die somit verringerten Wechselkursrisiken Kapitalabflüsse in Länder mit höheren Zinsen zu verzeichnen. Der erhebliche Einfluß der Quellensteuer wurde allerdings auch nicht vom Bundesverband Deutscher Banken geleugnet, der darauf hinwies, daß die Ankündigung der **Harmonisierung der Quellensteuer** in Europa auf einen einheitlichen Satz von 15%, wie von der EG-Kommission vorgeschlagen, zu einem weiteren Ausweichen der Kapitalanleger auf Finanzmärkte außerhalb der Gemeinschaft führen würde.[211] 130

Unter dem Druck der öffentlichen Meinung wurde die „kleine Quellensteuer" schließlich nach sechs Monaten wieder abgeschafft. Die Bundesregierung begründete die Abschaffung mit dem erheblichen Verwaltungsaufwand und den durch die Quellensteuer ausgelösten Belastungen des Kapitalmarktes.[212] Schon die Ankündigung der Bundesregierung mit Wirkung ab 1. 7. 1989 die Quellensteuer abschaffen zu wollen, bewirkte bereits im April und Mai 1989 eine Abnahme der Kapitalexporte, und zwar insbesondere eine Verminderung des Erwerbs ausländischer Rentenwerte.[213] Da auch die Ausländer nach der Statistik der Deutschen Bundesbank erstmals im Mai 1989 wieder in größerem Umfang inländische 131

[210] Vgl. „Kapitalabfluß nicht nur wegen Quellensteuer", SZ vom 31. 3. 1989; ähnlich schon Monatsberichte der Deutschen Bundesbank, Neuere Tendenzen im Anlageverhalten von Inländern am Anleihemarkt, Juli 1988, S. 14 f.

[211] Vgl. „Anarchie statt Amnestie", Wirtschaftswoche vom 20. 1. 1989, S. 82 f., 84.

[212] BT-Drucks. 11/4507, S. 3, 8 f.; BT-Drucks. 11/4552: Kosten der Quellensteuer.

[213] Monatsbericht der Deutschen Bundesbank, Juni 1989, S. 15 f.

Wertpapiere erwarben, zeigte die Wertpapierbilanz erstmals seit langem wieder einen Überschuß und belegte damit augenscheinlich die Wirkung der Quellensteuer.

132 (dd) Einführung der „Zinsabschlagsteuer". Das Urteil des Bundesverfassungsgerichts vom 27. Juni 1991[214] verpflichtete den Gesetzgeber zu einer erneuten Regelung des Besteuerungsverfahrens für Zinseinkünfte. Dabei wurde der Gleichheitsgrundsatz explizit auf die Form der Steuererhebung angewandt: „Art. 3 Abs. 1 GG verbietet eine Regelung der Steuererhebung, welche die Gleichheit des Belastungserfolges prinzipiell verfehlt. . . . Das ist allerdings nicht schon bei einer Belastungsungleichheit der Fall, die durch Vollzugsmängel bei der Steuererhebung hervorgerufen wird, wie sie immer wieder vorkommen können und sich auch tatsächlich ereignen. Wirkt sich indes eine Erhebungsregelung gegenüber einem Besteuerungstatbestand in der Weise strukturell aus, daß der Besteuerungsanspruch weitgehend nicht durchgesetzt werden kann, und ist dieses Ergebnis dem Gesetzgeber zuzurechnen, so führt die dadurch bewirkte Gleichheitswidrigkeit zur Verfassungswidrigkeit auch der materiellen Norm."[215]

133 Herauszuheben ist, daß das Urteil sämtliche Argumente, die im Rahmen der Einführung der „kleinen Quellensteuer" vorgebracht wurden, zugunsten der gleichmäßigen Erfassung der Kapitaleinkünfte beiseite schiebt: „Auch gesamtwirtschaftliche Gründe können einen Verzicht des Gesetzgebers auf eine hinreichende Kontrolle der im Veranlagungsverfahren abgegebenen Erklärungen des Steuerpflichtigen verfassungsrechtlich nicht rechtfertigen."[216] Eine klar konturierte Vorgabe für ein Erhebungssystem enthält das „Zinsurteil" des Bundesverfassungsgerichts nicht. Beispielhaft erklärt das BVerfG lediglich eine vage umrissene Abgeltungssteuer, d. h. eine definitive Quellensteuer, für verfassungsrechtlich unbedenklich, die „. . . in einem linearen Satz den absetzbaren Aufwand und den Progressionssatz in Durchschnittswerten typisiert."[217] Allerdings sei es in diesem Fall erforderlich, dem vermutlichen Steuersatz der Kleinsparer durch beachtliche Freibeträge Rechnung zu tragen. Ferner stehe es dem Gesetzgeber frei, die gesamtwirtschaftlichen Gesichtspunkte (Inflationsanfälligkeit, Existenzsicherung durch Kapitalbildung, etc.) bei der Konzeption der Besteuerung zu berücksichtigen.[218]

134 Der deutsche Gesetzgeber ist dem beispielhaften Vorschlag des Bundesverfassungsgerichts einer Abgeltungssteuer nicht gefolgt, sondern hat sich für eine anrechenbare Quellensteuer entschieden, die – um negative Assoziationen mit der „kleinen Quellensteuer" beim Wähler zu vermeiden – den Namen Zinsabschlagsteuer trägt. Die dem Zinsabschlag unterliegenden Kapitalerträge lassen sich in vier Gruppen unterteilen:[219]

- Zinsen aus Wertpapieren (§ 43 Abs. 1 S. 1 Nr. 7 a EStG), ausgenommen sind Wandelanleihen, Gewinnobligationen und Genußrechte;
- Zinsen aus Kapitalforderungen gegenüber inländischen Kreditinstituten (§ 43 Abs. 1 S. 1 Nr. 7 b S. 1–3 EStG);
- Zinssurrogate und Erträge aus Finanzinnovationen (§ 43 Abs. 1 S. 1 Nr. 8 EStG) und
- Erträge aus in- und ausländischen Investmentfonds (§ 38 b KAAG bzw. § 18 a AuslInvestmG).

135 Nicht zinsabschlagpflichtig sind weiterhin Hypothekenzinsen, Wechseldiskontbeträge und außerrechnungsmäßige Zinsen aus langfristigen Lebensversicherungen.

136 Der Steuersatz des Zinsabschlages beträgt regelmäßig 30% und erhöht sich auf 35%, soweit es sich um sog. Tafelgeschäfte (Einlösung von Zinskupons am Bankschalter) handelt. Bezieht man die einbehaltene Kapitalertragsteuer auf Dividenden etc. (§ 43 Abs. 1 Nrn. 1–4, 6 EStG) mit ein, so ergibt sich eine Dreiteilung der Steuersätze. Die Freibeträge wurden

---

[214] BStBl. II 1991, S. 654.
[215] BVerfG, BStBl. II 1991, 654, 665.
[216] BStBl. II 1991, S. 666.
[217] BVerfG, BStBl. II, 1991, S. 669.
[218] BVerfG, ebenda.
[219] Vgl. *Carl,* FR 1994, 173.

deutlich auf DM 6000/DM 12 000 erhöht. Diese Freibeträge können dadurch ausgenutzt werden, indem der beim Zinsabschlag einbehaltungspflichtigen auszahlenden Stelle ein Freistellungsauftrag (§ 44 a Abs. 1 und 2 EStG) erteilt wird. Die Einbehaltung durch die die Kapitalerträge auszahlende Stelle (regelmäßig ein Kreditinstitut) und die höheren Steuersätze sind die wesentlichen Unterschiede zur „kleinen Quellensteuer", bei der der Schuldner der Zinserträge einbehaltungspflichtig war. Die „Zinsabschlagsteuer" stellt lediglich eine Vorauszahlung auf die Einkommensteuerschuld dar und wird mit ihr verrechnet (§ 36 Abs. 2 Nr. 2 EStG).[220]

Die Einführung des Zinsabschlags hat die fiskalischen Erwartungen nicht erfüllt. Statt 137
des für 1993 prognostizierten (Brutto-)Aufkommens i. H. v. DM 24 Mrd. wurden lediglich DM 11 Mrd. erzielt.[221] Als Erklärung wird regelmäßig die Kapitalflucht in das benachbarte europäische Ausland (Luxemburg, Österreich, etc.) herangezogen, die jedoch nach Ansicht der Deutschen Bundesbank nur einen Teil der Mindereinnahmen erklären kann.[222] Die Höhe der Kapitalflucht wird von verschiedenen Quellen auf zwischen DM 250 Mrd.–350 Mrd. geschätzt.[223] Dabei wird das Fluchtkapital, das allein in die Filialen der deutschen Banken geflossen ist, von der Steuerverwaltung auf DM 200 Mrd. beziffert.[224] Allein im Jahr 1992 sollen ca. 60 Mrd. DM nach Luxemburg geflossen und überwiegend in Investmentfonds angelegt worden sein.[225] Aus gesamtwirtschaftlicher Sicht ist eine Beunruhigung jedoch grundlos, da das Kapital dieser Investmentfonds größtenteils wiederum nach Deutschland zurückfloß, indem es hier angelegt wurde.[226] Gravierend erscheinen in diesem Zusammenhang jedoch die Vorwürfe der Beihilfe zur Steuerhinterziehung gegen deutsche Kreditinstitute, die der Verlagerung von Kapital ins Ausland durch entsprechende Kundenbetreuung und Anzeigenwerbung Vorschub geleistet haben sollen.[227] Auch das Bundesverfassungsgericht hat in dem Beschwerdeverfahren einer deutschen Großbank gegen die Durchsuchung ihrer Geschäftsräume diesen Vorwurf als „. . . nicht derart vage, daß er aus verfassungsrechtlicher Sicht ungeeignet wäre, Beschlagnahmen des hier vorliegenden Umfangs zu rechtfertigen" bezeichnet.[228]

Angesichts derartiger Probleme mit der „Zinsabschlagsteuer" wird in der Literatur ver- 138
stärkt die Einführung einer Abgeltungssteuer nach österreichischem Vorbild gefordert,[229] die eine definitive Endbesteuerung von 25% vorsieht.[230] Eine Abgeltungssteuer hätte sicherlich die vom Bundesverfassungsgericht in dem „Zinsurteil" ausgeführten Vorgaben zu beachten. Ob die Nachahmung des österreichischen Systems aber tatsächlich in Deutschland auf erhebliche verfassungsrechtliche, steuerrechtssystematische und technische Probleme stößt, wie *Scheurle* dargelegt,[231] muß bezweifelt werden; ungeachtet einer politischen

[220] Zu weiteren Einzelheiten vgl. *Keßler,* BB 1993, 183; *Giloy,* FR 1992, 605; *Carl,* FR 1994, 173.

[221] Deutsche Bundesbank, Monatsbericht Januar 1994, Aufkommen und ökonomische Auswirkungen des steuerlichen Zinsabschlags S. 45, 49; HB Nr. 150 v. 6. August 1993, S. 4.

[222] Deutsche Bundesbank, a. a. O., S. 49. Als weitere Erklärung wird angeführt, daß ein größerer Teil der Kapitaleinkünfte aufgrund der Freibeträge nicht erfaßt werde und sich die Durchschnittsrendite des Geldvermögens reduziert habe.

[223] „Geldtransfer erfassen", Handelsblatt vom 3. 2. 1995.

[224] „Geldtransfer erfassen", Handelsblatt vom 3. 2. 1995.

[225] *Zeitler,* a. a. O., 354, 358; *Anstrup,* Zinsbesteuerung, S. 45 ff.

[226] Vgl. *Zeitler,* DStZ 1993, 353, 359.

[227] HB Nr. 22 vom 2. Februar 1993, S. 2; Der Spiegel 22/1993, S. 114.

[228] BVerfG vom 13. Dezember 1994, Az. 2 BvR 894/94.

[229] Vgl. die Literaturangaben bei *Scheurle,* DB 1995, 543; mit Einschränkung *Crezelius,* Steuerrecht II, S. 104.

[230] Sog. „Endbesteuerungsgesetz" vom 18. Dezember 1992, Bundesgesetzblatt für die Republik Österreich vom 12. Januar 1993 (8. Stück) Nr. 11, BGBl 1993/818, BGBl 1996/201.

[231] *Scheurle,* DB 1995, 543.

Durchsetzbarkeit würde die Abgeltungssteuer – wie das österreichische Beispiel zeigt – eine höhere Akzeptanz des Steuerzahlers finden und abgesehen von der verwaltungstechnischen Erleichterung voraussichtlich zu einer Erhöhung des Steueraufkommens führen.

139 (ee) Zusammenfassung. Bestimmte negative Tendenzen im gesamtwirtschaftlichen Gefüge des Kapitalanlagemarktes lassen sich aus heutiger Sicht primär auf die Einführung der Quellensteuer auf Zinsen zurückführen. Offenbar kann aber ein „Mehr" an steuerlicher Gerechtigkeit nur um den Preis gesamtwirtschaftlicher Nachteile erzielt werden. Das Argument, daß es steuerunehrlichen Beziehern von Kapitaleinkünften durch die Flucht ins Ausland weiterhin möglich ist, einer Besteuerung der Kapitaleinkünfte zu entgehen, spricht nicht gegen die Quellensteuerregelung. Der deutsche Gesetzgeber läßt aber einmal mehr den Gesichtspunkt der Steuerelastizität außer Acht und versucht nun mit Hilfe in der Form fragwürdiger und daher spektakulärer Steuerfahndungsaktionen einem überzogenen Steueranspruch Geltung zu verschaffen.

III. Folgen für die Steuerpolitik?

140 Die Gesamtsteuerbelastung von Vermögenseinkünften in der Bundesrepublik liegt bei ca. 27%. Dabei differiert die Gesamtsteuerbelastung erheblich zwischen Kapitalanlagen im Betriebsvermögen und Kapitalanlagen im Privatvermögen einerseits und Geldvermögenseinkünften und sonstigen Vermögenseinkünften andererseits. Die tatsächliche Steuerbelastung bestimmter Einkommen bzw. Vermögen läßt sich allerdings nur sehr schwer ermitteln. Für eine konsequente Steuerpolitik ist jedoch eine nachvollziehbare **Steuerstatistik** unabdingbar.

141 Das geltende Steuerrecht ist durch ein historisch gewachsenes Steuersystem mit historisch bedingten Abweichungen vom Prinzip der Besteuerung nach der Leistungsfähigkeit geprägt (vgl. z. B. § 17 EStG, Einheitswertbesteuerung etc.). Es wirkt sich auf die Besteuerung von Kapitalanlagen durch eine volkswirtschaftlich zweifelhafte Begünstigung der im Privatvermögen gehaltenen Kapitalanlagen sowie der Fremdkapitalfinanzierung gegenüber der Eigenkapitalfinanzierung aus.

142 Zum Ausgleich der hohen Steuerbelastung gewährt der Gesetzgeber in umfangreichem Maße Steuervergünstigungen. Der Anteil der Steuervergünstigungen am Gesamtsubventionsvolumen ist dabei stetig gestiegen. Das Ansteigen der Steuervergünstigungen insbesondere im Verhältnis zu den direkten Finanzhilfen führt aber zu einer Verschleierung fiskalischer Gerechtigkeitsmaßstäbe und vereitelt die Messung des angestrebten Erfolges. Insbesondere eine Aufrechterhaltung von Steuervergünstigungen über viele Jahrzehnte zeigt, daß das Ziel der Förderung offensichtlich erreicht wurde oder nicht mehr erreicht werden kann und der Gesetzgeber den Beitrag zur Steuergerechtigkeit durch Streichung der Steuervergünstigung wohl nur aus fiskalpolitischen Gründen nicht mehr vollzieht.

143 Das Kapitalanlageverhalten wird bei diesen steuerlichen Rahmenbedingungen durch die starke Tendenz zur Steuervermeidung oder Steuerflucht geprägt. Die Entwicklung des „grauen Kapitalmarktes" zeugt von der Dominanz steuerlicher Motive für die Wahl einer Kapitalanlage.

144 Der Gesetzgeber reagierte hierauf in der Vergangenheit mit dem Versuch, steuerrechtliche Lücken zu schließen und die Steuererhebung in umfassenderem Maße durch eine Besteuerung an der Quelle vorzunehmen. Die Tendenz der Vermeidung einer hohen Steuerbelastung auf Vermögenseinkünfte konnte dadurch aber nicht gebrochen werden, sondern schlug sich nur in einer Vermögensumschichtung oder einer anderen Form der Steuervermeidung nieder. Die beschriebenen Maßnahmen erwiesen sich zum großen Teil auch als gesetzgeberische Überreaktionen auf vermeintliche steuerliche „Ungerechtigkeiten" und ließen die systematischen Ansätze einer konsequenten Steuerpolitik vermissen. Je höher jedoch die Steuerbelastung ist, um so sensibler reagieren gerade Kapitalmärkte auf eine gelungene oder mißlungene Steuerpolitik.

2. Kapitel. Rechtspflichten und Haftung bei Anbahnung, Abschluß und Abwicklung von Anlagegeschäften

§ 4 Werbung

Übersicht

Schrifttum: *Ahrens,* Wettbewerbsverfahrensrecht, 1983; *Baumbach/Hefermehl,* Wettbewerbsrecht, 18. Aufl. 1995; *Emmerich,* Das Recht des unlauteren Wettbewerbs, 2. Aufl. 1987; *Erbs/Kohlhaas,* Strafrechtliche Nebengesetze, Stand 1987 (zit.: Erbs/Kohlhaas/ *Verfasser*); *v. Gamm,* Gesetz gegen den unlauteren Wettbewerb, 2. Aufl. 1981; *ders.;* Wettbewerbsrecht, 2 Bde., 5. Aufl. 1987; *Gloy* (Hrsg.), Handbuch des Wettbewerbsrechts, 1986 (zit.: HdB WettbewerbsR/ *Verfasser*); *Haller,* Anlegerschutz und Wettbewerbsrecht, 1991; *Jacobs/Lindacher/Teplitzky,* UWG, 1992; *Kaligin,* Wettbewerbsrechtliche Schranken bei der Werbung für steuerbegünstigte Kapitalanlagen, WRP 1984, 189; *Pabst,* Rechtliche Risiken bei Konzeption und Vertrieb von Kapitalanlagen, 1988; *ders.,* Wettbewerbsrechtliche Beurteilung des Vertriebs von Kapitalanlagen, in: Vorteilhafte Geldanlagen – Handbuch für Anleger, Berater und Vermittler, Gruppe 5, S. 87 ff.; *Papst/Weber,* Das Wettbewerbsrecht des freien Kapitalanlagemarktes, 1988; *Papst/Seeberger,* Das Wettbewerbsrecht in der Kapitalanlagebranche, 1983; *Schmeding,* Wettbewerbsrechtliche Beurteilung der Werbung für Kapitalanlagen, BB 1976, 735; *Weber,* Wettbewerbsrecht der Kapitalanlagebranche, HdB Fach 4800.

1 Die Werbung[1] im Bereich der Kapitalanlagen[2] unterliegt dem allgemeinen Ordnungsrahmen des Wettbewerbsrechts,[3] das auf der Grundlage eines freien Leistungswettbewerbs[4] nicht nur den einzelnen gegen unlautere Werbemethoden der Mitbewerber schützen soll, sondern auch die sonstigen Marktbeteiligten und die Allgemeinheit vor unerträglichen Wettbewerbsauswüchsen.[5]

I. Werbung und Wettbewerb

2 Die Rechtsnormen, die nach der gegenwärtigen materiellen Rechtslage auf das Werbeverhalten in der Kapitalanlagebranche anwendbar sind, gehören zum allgemeinen Wettbewerbsrecht. Allerdings ist die rechtliche Beurteilung von Wettbewerbshandlungen in diesem Bereich durch Besonderheiten gekennzeichnet, die sich aus der Kompliziertheit der Materie, der Größe des Marktes und der Vielfalt der Anbieter und Abnehmer ergeben.

3 **1. Gesetzliche Grundlagen.** Für die Werbung im Bereich der Kapitalanlagen sind insbesondere folgende gesetzliche Vorschriften von Bedeutung:
- Gesetz gegen den unlauteren Wettbewerb **(UWG)** vom 7. Juni 1909 in der im Bundesgesetzblatt Teil III, Gliederungsnummer 43-1 veröffentlichten bereinigten Fassung, zuletzt geändert durch Gesetz vom 15. 5. 1986 (BGBl. I S. 721) und durch Gesetz vom 25. 7. 1986 (BGBl. I S. 1169).
- Verordnung über Preisangaben **(PrAngVO)** vom 14. 3. 1985 (BGBl. I 580).
- Gesetz über Kapitalanlagegesellschaften **(KAGG)** vom 16. 4. 1957 in der Bekanntmachung vom 14. 1. 1970 (BGBl. I 128).
- Gesetz über den Vertrieb ausländischer Investmentanteile – **(AuslandsInvestmG)** vom 28. 7. 1969 (BGBl. I 986).

4 **2. Sonstige Regelungen.** Neben den typischen Vorschriften des Wettbewerbsrechts gibt es noch Regelungen, die zwar keinen Gesetzescharakter haben, die jedoch Verhaltensnormen für die Beurteilung von Wettbewerbsverstößen darstellen.

5 Zu nennen ist hier zunächst der Entwurf eines Gesetzes über den Vertrieb von Anteilen an Vermögensanlagen[6] mit dazugehöriger Prospektverordnung,[7] die aufgrund geänderter steuerlicher Rahmenbedingungen[8] und wohl auch wegen grundsätzlicher sowie rechtlicher Bedenken[9] als gescheitert angesehen werden müssen.[10]

---

[1] Zu Wesen und Funktion vgl. *Albach,* Artikel „Werbung", in: Handwörterbuch der Sozialwissenschaften, Bd. 11, 1961, S. 624; *Kroeber-Riel/Trommsdorf,* Artikel „Werbung", in: Handwörterbuch der Wirtschaftswissenschaft (HdWW), Bd. 8, 1980, S. 637/641 f.; *Gutenberg,* Grundlagen der Betriebswirtschaft, Bd. 2, Der Absatz, 1968, S. 409; *Klein-Blenkers,* Artikel „Werbung und Werbelehre", in: Handwörterbuch der Betriebswirtschaft, Ree-Z, 1976, Sp. 4385; *Baumbach/Hefermehl,* §§ 3–10 UWG Rdnr. 1; HdB WettbewerbsR/*Kreft* § 14 Rdnr. 1 ff. m. w. N.

[2] Zum Kapitalmarkt s. o. § 1.

[3] Vgl. hierzu *Baumbach/Hefermehl* Allgemeine Grundlagen Rdnr. 42 ff., 70 ff.; HdB WettbewerbsR/*Gloy* § 1 Rdnr. 4 ff.

[4] *Baumbach/Hefermehl* Einl. UWG Rdnr. 96 ff.; zur Entstehungsgeschichte des Begriffs vgl. *P. Ulmer* GRUR 1977, 565, 567; aus der umfangreichen Rechtsprechung vgl. BGH GRUR 1955, 346, 349; BGH GRUR 1976, 248 f.; BGH GRUR 1976, 637, 639; BGH GRUR 1983, 781 f.; weitere Nachweise HdB WettbewerbsR/*Kreft* § 9 Rdnr. 23, Fn. 89 ff.

[5] HdB WettbewerbsR/*Greuner* § 2; *Baumbach/Hefermehl* Einl. UWG Rdnr. 42 m. w. N.; aus der st. Rspr. des BGH vgl. z. B. BGH GRUR 1970, 523 f. (Telefonwerbung); BGH GRUR 1977, 608, 611; vgl. auch Art. 4 der EG-Richtlinie über irreführende Werbung vom 10. 9. 1984, Abl. 1984 L 250 S. 17 ff., abgedruckt in: GRUR Int. 1984, 688 ff.

[6] BT-Drucks. 8/1405.

[7] AZ VII B 2-6382-52/78.

[8] Z. B. Einfügung des § 15 a in das EStG durch Gesetz vom 20. 8. 1980 (BGBl. I 1545).

[9] Vgl. hierzu u. a. *Steder* AG 1978, 181; *Ulmer/Dopfer* BB 1978, 461.

[10] Vgl. *Assmann,* Prospekthaftung, 1985, S. 77 und die dort in Fn. 257 angeführte Literatur.

Darüber hinaus haben private Prospektinhaltskataloge, insbesondere die Verlautbarung des Instituts der Wirtschaftsprüfer (IdW) zu den Grundsätzen ordnungsgemäßer Durchführung von Prospektprüfungen[11] für die Kapitalanlagebranche richtungsweisende Bedeutung.[12] 6

Schließlich sei noch hingewiesen auf die Empfehlungen der Börsensachverständigenkommission[13] und die Arbeitsunterlagen der Zulassungsstellen an den Wertpapierbörsen[14] sowie auf den Entwurf einer Richtlinie des Rates der Europäischen Gemeinschaft über Börsenzulassungsprospekte,[15] mit denen weitere Maßstäbe zur Beurteilung von Beteiligungsangeboten entwickelt worden sind; sie haben in ihrem übereinstimmenden Kern die Beurteilung der Lauterkeit eines Angebotes geprägt.[16] 7

3. Anwendungsbereich. Ungeachtet mancher Besonderheiten, die das Werbeverhalten und damit das Wettbewerbsrecht im Bereich der Kapitalanlagen prägen, sind vor allem die Vorschriften des Gesetzes gegen den unlauteren Wettbewerb (UWG) Ausgangspunkt für eine rechtliche Beurteilung von Werbemaßnahmen der Emittenten von Kapitalanlagen. 8

Mit den Generalklauseln der §§ 1 und 3 UWG erweist sich das Wettbewerbsrecht vorwiegend als Richterrecht.[17] Damit hat der Gesetzgeber zwar die Möglichkeiten einer Anpassung an sich ständig wandelnde Wettbewerbsbedingungen offen gehalten, jedoch gleichzeitig die Vorhersehbarkeit richterlicher Entscheidungen erschwert.[18] Durch eine langjährige Rechtsprechung ist allerdings dem in Art. 20 Abs. 3 GG manifestierten Gebot der Vorhersehbarkeit der Rechtsfortbildung durch Gerichte genüge getan.[19] 9

Im übrigen sind elastische Generalklauseln auch deshalb notwendig, weil es unmöglich ist, die Vielgestaltigkeit des wettbewerblichen Verhaltens von vornherein mit genau passenden Einzeltatbeständen zu erfassen.[20] Das Gesetz hat damit Rücksicht genommen auf die sich ständig wandelnden Vertriebs- und Werbungsformen einer Wettbewerbswirtschaft.[21] 10

In der Kapitalanlagebranche hat sich mittlerweile eine umfangreiche Wettbewerbsrechtsprechung entwickelt, so daß auch hier die Voraussehbarkeit richterlicher Entscheidungen in Grundzügen möglich ist. Hinzu kommt die Rechtsprechung zur Prospekthaftung[22] und die IdW-Stellungnahme des wohnungswirtschaftlichen Fachausschusses 1/87,[23] deren Geltung in den beteiligten Verkehrskreisen als gesichert angesehen werden kann. Damit liegen ausreichende Maßstäbe für einen lauteren Wettbewerb vor, auch wenn im Einzelfall die Abgrenzung auf Schwierigkeiten stoßen kann.[24] 11

II. Sittenwidrige Werbung nach § 1 UWG

Im Vordergrund des materiellen Wettbewerbsrechts der Kapitalanlagebranche steht die Generalklausel des § 1 UWG. Mit dieser Vorschrift hat der Gesetzgeber die grundlegende 12

---

[11] Stellungnahme WFA 1/1987, abgedruckt in: HdB, Fach 7011.

[12] Vgl. *Kaligin* WRP 1984, 189.

[13] Die Börsensachverständigen-Kommission 1968–1975, Aufgaben und Ergebnisse, im Auftrag der Kommission zusammengestellt und bearbeitet von *H. Bremer,* 1976, S. 260.

[14] Arbeitsunterlagen der Zulassungsstellen an den Wertpapierbörsen zu Berlin, Bremen, Düsseldorf, Frankfurt, Hamburg, Hannover, München und Stuttgart von Frühjahr 1966, Stand 1. 7. 1987.

[15] ABl. 1984 L 250 S.417 ff., abgedruckt in: GRUR Int. 1984, 688 f.

[16] So auch *Schmeding* BB 1976, 735, 737.

[17] *Baumbach/Hefermehl* Einl. UWG Rdnr. 72.

[18] Vgl. z. B. *Sack* WRP 1985, 1 ff.

[19] *Weber* HdB Fach 4800 Rdnr. 154.

[20] Vgl. BVerfGE 32, 311 = NJW 1972, 573; ebenso EuGH, Urteil vom 25. 3. 1985, EuGRZ 1985, 170 = GRUR Int. 1985, 468, 470 = NJW 1985, 2885.

[21] *Baumbach/Hefermehl,* Allgemeine Grundlagen, Rdnr. 80.

[22] Vgl. hierzu unten § 7.

[23] Abgedruckt in HdB Fach 7011.

[24] *Weber* HdB Fach 4800 Rdnr. 156; *Kaligin* WRP 1984, 189, 190.

Vorschrift des Wettbewerbsrechts geschaffen, nach der auf Unterlassung und Schadensersatz in Anspruch genommen werden kann, wer im geschäftlichen Verkehr zu Zwecken des Wettbewerbs Handlungen vornimmt, die gegen die guten Sitten verstoßen. Diese Regelung beherrscht das ganze Gesetz[25] und wird durch die Sondervorschriften des UWG oder anderer Gesetze nicht ausgeschlossen.[26]

13 **1. Handeln im geschäftlichen Verkehr zu Zwecken des Wettbewerbs.** Werbemaßnahmen im Bereich der Kapitalanlagen vollziehen sich regelmäßig im geschäftlichen Verkehr und dienen der Förderung eigener Geschäftszwecke,[27] um durch entsprechende Wettbewerbshandlungen zum Abschluß von Geschäften mit Kunden zu gelangen.[28] Dabei muß in räumlicher und sachlicher Hinsicht ein Wettbewerbsverhältnis[29] bestehen, an dem regelmäßig – aber nicht notwendig – der Handelnde selbst sowie derjenige beteiligt ist, der einen Unterlassungs- oder Schadensersatzanspruch geltend macht.[30]

14 Geschützt wird der positiv ausgerichtete Leistungswettbewerb, der mit der Güte und Preiswürdigkeit der eigenen Leistung wirbt.[31] Verhindert werden sollen der negativ ausgerichtete Behinderungswettbewerb[32] sowie der Wettbewerb mit unsachlichen Werbe- und Anlockungsmitteln von einem solchen Ausmaß, daß diese zu einem Ersatz für den Leistungswettbewerb werden.[33] Dabei stellt jedoch nicht jede Abweichung von den Anforderungen eines idealen Leistungswettbewerbs ein wettbewerbswidriges, mit dem Vorwurf der Unlauterkeit zu belegendes Verhalten dar.[34]

15 **2. Sittenwidrigkeit und Interessenabwägung.** Die Kernfrage des § 1 UWG ist, ob die im geschäftlichen Verkehr zu Zwecken des Wettbewerbs vorgenommene Handlung gegen die guten Sitten verstößt.[35] Sittenwidrig ist nach ständiger Rechtsprechung ein Wettbewerbsverhalten, das dem Anstandsgefühl der beteiligten Verkehrskreise widerspricht oder von der Allgemeinheit mißbilligt und für untragbar angesehen wird.[36] Dabei bedarf es zur Abgrenzung und Konkretisierung eines solchen sittenwidrigen und damit tatbestandsmäßigen Wettbewerbsverhaltens im konkreten Fall einer Abwägung der geschützten Interessen, also der Interessen des Wettbewerbs, seiner Mitbewerber, der Allgemeinheit und damit auch der übrigen Marktbeteiligten einschließlich der Verbraucher.[37]

16 Die geschützten Interessen sind im Ansatz gleichgeordnet; erst aus der Beurteilung des konkreten Einzelfalles mit seiner allgemeinen Interessenlage wie auch mit sei-

---

[25] So schon RGZ 79, 327.

[26] Vgl. z. B. BGH GRUR 1957, 491, 493; BGH GRUR 1962, 45, 48; BGHZ 11, 269.

[27] *Baumbach/Hefermehl* Einl. UWG Rdnr. 208; *von Gamm,* UWG, § 1 Rdnr. 14; BGHZ 42, 210, 218; BGH GRUR 1964, 208 f.; BGH GRUR 1971, 119.

[28] Vgl. z. B. BGHZ 81, 658 f. = GRUR 1981, 658 f.; BGHZ 83, 374 = GRUR 1983, 374 f.; weitere Nachweise in HdB WettbewerbsR/*Kreft* § 11 Rdnr. 7 f.

[29] Hierzu allgemein *Baumbach/Hefermehl* Einl. UWG Rdnr. 214 ff.

[30] BGH GRUR 1981, 529 f.; BGH GRUR 1983, 582 f.; BGH GRUR 1984, 204; BGHZ 93, 96 = GRUR 1985, 550, 552.

[31] BGHZ 51, 236, 242; BGH GRUR 1987, 903, 905.

[32] BGH GRUR 1969, 414 f.; BGH GRUR 1977, 619, 621; BGH GRUR 1979, 321 f.; BGH GRUR 1908, 242, 244; BGH GRUR 1982, 425.

[33] BGH GRUR 1973, 418; BGH GRUR 1973, 591, 593; BGH GRUR 1974, 156 f.; BGH WRP 1976, 100 f.; BGH GRUR 1977, 257; BGH GRUR 1977, 619; BGH GRUR 1979, 321; BGH GRUR 1982, 677.

[34] So bereits BGHZ 15, 356, 365; zuletzt BGH GRUR 1979, 321 f.

[35] Zum Verhältnis der Sittenwidrigkeit zu den wettbewerbsrechtlichen Spezialtatbeständen vgl. *von Gamm,* UWG, Einf. A Rdnr. 15 und § 1 Rdnr. 29; allgemein *Baumbach/Hefermehl* Einl. UWG Rdnr. 66 ff.

[36] BGH GRUR 1955, 346, 349; BGHZ 54, 188, 190 vgl. GRUR 1970, 523 f.; BGHZ 59, 317, 319 = GRUR 1973, 210 f.

[37] BGHZ 81, 291 = GRUR 1982, 53, 55; BGH GRUR 1984, 204, 206; BGHZ 54, 188, 192 = GRUR 1970, 523; weitere Entscheidungen bei *Baumbach/Hefermehl* Einl. UWG Rdnr. 81.

nen konkreten Besonderheiten kann sich ein Übergewicht bestimmter Interessen ergeben.[38]

Die Generalklausel des § 1 UWG erfordert mit seiner Bezugnahme auf die guten Sitten eine sittlich-rechtliche Wertung, die den Schutzzweck des UWG-Rechts zu berücksichtigen hat.[39] Entscheidend sind daher nicht allein die Anschauungen der Allgemeinheit, sondern insbesondere die Überzeugung der Mitbewerber sowie die Ansicht der durch die Werbemaßnahmen angesprochenen Verkehrskreise (Verbraucher), sofern sie durch die konkrete Handlung berührt werden.[40] Das Kennzeichen des unlauteren Wettbewerbs liegt nämlich in dem Verstoß gegen objektive Verhaltensnormen, die den lauteren Wettbewerb im Interesse der Mitbewerber, der Verbraucher und der übrigen Marktbeteiligten sowie der Allgemeinheit schützen.[41] 17

3. Subjektive Wettbewerbsabsicht. In subjektiver Hinsicht muß die Wettbewerbshandlung von der Absicht getragen sein, den eigenen oder fremden Wettbewerb zum Nachteil anderer Mitbewerber zu erhalten oder zu fördern.[42] Nicht erforderlich ist das Bewußtsein, sittenwidrig zu handeln,[43] wohl aber die Kenntnis der objektiven Tatumstände in der Handlungssphäre des Verletzers, die das Verhalten objektiv sittenwidrig machen.[44] 18

Das Zusammenspiel objektiver und subjektiver Momente bei der Beurteilung einer Wettbewerbshandlung unter dem Gesichtspunkt der Sittenwidrigkeit verlangt eine Würdigung des beanstandeten Lebensvorgangs in seiner Gesamtheit.[45] Bei der Prüfung ist deshalb der Gesamtcharakter des angegriffenen Verhaltens maßgebend, wie er sich bei einer zusammenfassenden Würdigung von Inhalt, Zweck und Beweggrund des Handelns darstellt.[46] 19

III. Unlautere Werbeformen nach § 1 UWG

Rechtsprechung und Lehre haben im Laufe der Zeit eine gewisse Systematik von Wettbewerbsverstößen herausgearbeitet, die auch für den Bereich der Kapitalanlagen herangezogen werden kann. Von den fünf Fallgruppen „Kundenfang“, „Behinderung“, „Ausbeutung“, „Rechtsbruch“ und „Marktstörung“ kommt im Hinblick auf die angebotenen Produkte/Leistungen und angesprochenen Abnehmer dem Kundenfang besondere Bedeutung zu.[47] 20

1. Kundenfang.[48] Die Beeinflussung des Kunden gehört zum Wesen des Wettbewerbs. Gleichwohl darf diese Beeinflussung nicht in einer Weise und durch Mittel bewirkt werden, die die freie Willensentschließung beeinträchtigen oder ausschließen. Andernfalls wird die ansonsten zulässige Kundenbeeinflussung zum unlauteren Kundenfang. 21

---

[38] BGH GRUR 1977, 110; BGH GRUR 1976, 637; BGH GRUR 1982, 688.

[39] HdB WettbewerbsR/*Kreft* § 13 Rdnr. 6; *Baumbach/Hefermehl* Einl. UWG Rdnr. 73 ff.; *Sack* WRP 1985, 1, 4 ff.; *Bydlinski,* Juristische Methodenlehre und Rechtsbegriff, 1982, S. 584; vgl. auch BVerfGE 34, 269, 287 (Soraya).

[40] *Baumbach/Hefermehl* Einl. UWG Rdnr. 76 ff., 129 ff.

[41] *Baumbach/Hefermehl* Einl. UWG Rdnr. 50; *Raiser,* Summum Ius Summa Iniuria, S. 145, 156; *Ulmer,* Das Recht des unlauteren Wettbewerbs in den Mitgliedstaaten der EWG Bd. I, Nr. 76 ff.

[42] BGH GRUR 1973, 371; BGH GRUR 1981, 658, 660; BGH GRUR 1983, 374; BGH GRUR 1984, 461.

[43] BGH GRUR 1957, 355, 357; BGH GRUR 1960, 200 f.; BGH GRUR 1976, 596 f.; *von Gamm,* UWG, § 1, Rdnr. 50.

[44] BGH GRUR 1955, 411, 414; BGH GRUR 1960, 193, 196; BGH GRUR 1981, 140, 142; BGH GRUR 1983, 587; *Baumbach/Hefermehl* Einl. UWG Rdnr. 126 ff. m. w. N.

[45] *Von Gamm,* UWG, Einf. A Rdnr. 23.

[46] BGH GRUR 1965, 489, 491; BGH GRUR 1975, 264 f.; BGH GRUR 1982, 425, 430; BGH GRUR 1983, 120, 126 f.; BGH GRUR 1983, 748 f.; HdB WettbewerbsR/*Kreft* § 13 Rdnr. 9.

[47] Vgl. zur Systematik *Baumbach/Hefermehl* Einl. UWG Rdnr. 156 ff.

[48] Hierzu eingehend *Baumbach/Hefermehl* § 1 UWG Rdnr. 4.

22 Die häufigsten Methoden wettbewerbswidriger Beeinflussung sind: Irreführung, Ausübung physischen und psychischen Zwangs, Belästigung durch Anreißen, Verlockung durch besondere Vorteile und die Ausnutzung von Gefühlen. Das Kennzeichnende dieser Methoden liegt darin, daß der Absatz weniger durch die Güte und Preiswürdigkeit des Angebots, als durch sachfremde Momente erreicht wird, mit denen die Entscheidung des Kunden erschlichen, verfälscht oder erkauft wird.

23 *a) Irreführende Werbung.* Die Fälle irreführender Werbung werden zwar generell bereits durch § 3 UWG erfaßt, gleichwohl hat § 1 UWG insoweit eine eigenständige Bedeutung, weil die Generalklausel vor allem auch solche irreführende Maßnahmen erfaßt, die keine Angaben i. S. von § 3 UWG enthalten oder die sich nicht auf geschäftliche Verhältnisse beziehen. Erforderlich ist jedoch stets, daß der Wettbewerber sittenwidrig handelt.[49]

24 – **Täuschung Unerfahrener:** Kundenfang durch irreführende Werbung kann beispielsweise dann vorliegen, wenn eine Werbung die Unerfahrenheit oder Unkenntnis der Umworbenen gewissenlos auszunutzen sucht.[50] Ein nicht unerheblicher Teil der im Bereich der Kapitalanlagen angesprochenen Kunden verfügt regelmäßig nicht über die Informationen, die sie in die Lage versetzen, die finanziellen Konsequenzen einer Kapitalanlage in ausreichendem Maße abschätzen zu können. Dies gilt insbesondere für steuerliche und wirtschaftliche Aspekte. Im Bereich der Immobilienanlagen wird allerdings insoweit eine Schutzbedürftigkeit der Anleger generell verneint.[51]

25 – **Ausbeutung fremden Rufs:** Als Kundenfang kann auch eine irreführende Werbung mit dem guten Ruf Dritter zu beurteilen sein.[52] Diese Gefahr besteht beispielsweise, wenn eine angesehene Bank als **„Hausbank“** bezeichnet wird, obwohl dort lediglich ein relativ unbedeutendes Konto unterhalten wird. Auch die Werbung eines Kreditvermittlers als „Banken-Repräsentanz“ ist wettbewerbswidrig.[53] Entsprechendes gilt bei der Werbung mit renommierten Rechtsanwälten oder Wirtschaftsprüfern.

26 – **Verwendung von Gutachten:** Die Verwendung von Gutachten und positiven Äußerungen Dritter ist nach § 1 UWG wettbewerbswidrig, wenn der falsche Anschein eines unabhängig zustandegekommenen Urteils eines unbeteiligten Dritten hervorgerufen wird. Der Verkehr glaubt dann an eine objektive fachkundige oder wissenschaftliche Empfehlung, der er unbedenklich folgen kann, während es sich in Wahrheit um eine Werbezwecken dienende Veröffentlichung handelt.[54]

27 Die Werbung mit einem Gutachten kann auch dann gegen § 1 UWG verstoßen, wenn die auf das Gutachten bezugnehmende Werbung inhaltlich keine unrichtigen Vorstellungen i. S. des § 3 UWG hervorruft. Ein solcher Verstoß ist z. B. anzunehmen, wenn die Tatsache, daß das Gutachten im Auftrage des Werbenden erstellt wurde, nicht gehörig erkennbar ist, oder auch, wenn über die Person des Gutachters irreführende Angaben gemacht sind.

28 Wer im Wettbewerb von einem ihm günstigen Gutachten Gebrauch macht, muß daher stets auf eine Abhängigkeit des Gutachtens, auf ein etwa zugrundeliegendes Auftragsverhältnis oder sonstige Umstände hinweisen, um den irrigen Eindruck bei Publikum auszuschließen, es handele sich um eine unabhängige und unbeeinflußte Stellungnahme, der man sich unbedenklich anschließen könne.[55]

---

49 BGH GRUR 1967, 596 f.; *Baumbach/Hefermehl* § 1 UWG Rdnr. 9.

50 *Baumbach/Hefermehl* § 1 UWG Rdnr. 21; BGH GRUR 1986, 819 f.

51 BGH WM 1980, 1446; BGHZ 93, 264; BGH WM 1986, 8; BGH WM 1986, 700; BGH WM 1986, 1561; vgl. ferner *v. Heymann,* Bankenhaftung bei Immobilienanlagen, 9. Aufl. 1995, S. 149 ff.

52 BGH GRUR 1985, 550, 552; vgl. dazu auch Globus v. Law Research Service Inc. (S. D. N. Y. 1968) CCH, SEC, § 92, 226 (Computer-Hersteller).

53 OLG Stuttgart ZIP 1993, 1411.

54 *Baumbach/Hefermehl* § 1 UWG Rdnr. 28.

55 BGH GRUR 1961, 189; zur Zulässigkeit vergleichender Werbung (Auskunftsvergleich) beim Vertrieb von Kapitalanlagen vgl. BGH GRUR 1986, 618, 620; OLG Celle WM 1988, 236 = WuB V B. § 1 UWG – 1.88 *Emmerich.*

29 *b) Belästigung durch Anreißen.* Nach § 1 UWG unlauter und daher unzulässig ist auch eine anreißerische Werbung. Anreißen wird dabei als Belästigen von Kunden durch aufdringliche Werbung verstanden.[56] Anlockende Werbung als solche entspricht zwar der geltenden Wettbewerbsordnung; sie kann jedoch gegen die guten Sitten verstoßen, wenn die Aufdringlichkeit der Werbung über das mit jeder Werbung mehr oder weniger verbundene, noch tragbare Maß der Belästigung hinausgeht und so stark ist, daß der Umworbene in unzumutbarer Weise belästigt oder ihm eine ruhige sachliche Prüfung und Entscheidung unmöglich gemacht wird. Dies trifft vor allem dann zu, wenn der Umworbene das propagierte Geschäft nur deshalb abschließt, um der Belästigung zu entgehen.[57]

30 Ein derartiges Anreißen bringt den Kunden in eine psychologische Zwangslage, die mit den Grundsätzen des Leistungswettbewerbs nicht mehr vereinbar ist. Es geht hier um den angemessenen Schutz der Individualsphäre gegenüber dem wirtschaftlichen Gewinnstreben Dritter, das regelmäßig zugunsten des Verbrauchers zurücktreten muß.[58]

31 – **Telefonwerbung:** Unter dem Gesichtspunkt des Anreißens ist es generell unlauter, Inhaber privater Fernsprechanschlüsse, zu denen bislang keine Beziehungen bestehen, unaufgefordert anzurufen, um Geschäftsabschlüsse anzubahnen oder vorzubereiten.[59] Art. 59 EWGV steht einem Verbot der grenzüberschreitenden Telefonwerbung („cold calling") für Finanzdienstleistungen dann nicht entgegen, wenn zwingende Gründe des Allgemeininteresses (Anlegerschutz, Integrität der Finanzmärkte) dies rechtfertigen.[60]

32 Auch Anrufe, die sich nicht auf die eigentliche geschäftliche Tätigkeit des Anschlußinhabers beziehen, sind grundsätzlich wettbewerbswidrig.[61] Insbesondere unerbetene Anrufe von Anlageberatern sind unlauter.[62] Die Unlauterkeit der Telefonwerbung gegenüber Privatpersonen wird auch nicht dadurch beseitigt, daß der Gewerbetreibende seinen Anruf, der der Vereinbarung eines Besprechungstermins dienen soll, vorher brieflich ankündigt oder der Anleger auf einer Werbeantwortpostkarte um Übersendung von Informationsmaterial gebeten hat.[63]

33 – **Telex-Telefon-/Btx-Werbung:** Telex-Werbung kann unzulässig sein, wenn dadurch die bestimmungsgemäße Funktion der Anlage beeinträchtigt wird.[64] Telefax-Werbung wird generell als unzulässig angesehen.[65] Btx-Werbung ist dagegen in der Regel zulässig, wenn der Text entsprechend dem Btx-Staatsvertrag gekennzeichnet wird.[66]

34 – **Briefwerbung:** Briefwerbung ist generell zulässig, es sei denn, der Empfänger hat sich die Zusendung verbeten.[67]

35 – **Hausbesuche:** Werbe- und Vertriebsmethoden, bei denen die Kunden ohne vorherige Kontaktaufnahme im häuslichen Bereich aufgesucht werden, sind unter wettbewerbsrechtlichen Gesichtspunkten grundsätzlich zulässig.[68] Anreißerisch und damit wettbe-

---

[56] *Baumbach/Hefermehl* § 1 UWG Rdnr. 57 f.

[57] BGH GRUR 1967, 254 f.; BGH GRUR 1967, 256, 258; BGH GRUR 1975, 264 f. und BGH GRUR 1975, 266.

[58] BGH GRUR 1965, 315 f.; BGH GRUR 1970, 523 f.; BGH GRUR 1971, 317 f.

[59] BGH WRP 1990, 169 = WM 1989, 1396; BGH WM 1990, 333; BGH WM 1994, 708 = WuB V B. § 1 UWG 3.94 Klingsporn; *Baumbach/Hefermehl* § 1 UWG Rdnr. 67 mwN.

[60] EuGH NJW 1995, 2541 = EuZW 1995, 407.

[61] OLG Hamm GRUR 1987, 60; OLG Hamburg WRP 1987, 41.

[62] OLG Frankfurt GRUR 1983, 674; OLG Hamm WRP 1968, 452; *Nordemann* WRP 1969, 16; *Hofmann* WRP 1970, 8.

[63] KG Berlin WRP 1978, 553; KG Berlin WM 1988, 1145.

[64] BGH GRUR 1973, 211 f.

[65] OLG Hamm NJW-RR 1990, 1324.

[66] KG Berlin WRP 1986, 433 ff.; *Wienke* WRP 1986, 455; *Baumbach/Hefermehl* § 1 UWG Rdnr. 70; vgl. auch HdB WettbewerbsR/*Jakobs* § 27.

[67] BGH GRUR 1973, 522; BGH ZIP 1992, 350.

[68] BGH GRUR 1973, 81; BGH GRUR 1976, 32; BGH GRUR 1968, 648 f.; BGH GRUR 1955, 541 f.; OLG Stuttgart WRP 1976, 400; KG Berlin WRP 1976, 614; zur zivilrechtlichen Beur-

werbswidrig ist jedoch ein Vertreterbesuch, wenn der Kunde nur einen Prospekt angefordert hat, ihn aber zugleich ein unerbetener Vertreter aufsucht.[69] Dies gilt auch dann, wenn der Besuch mit Zusendung des Materials angekündigt wird oder mit zurückzusendenden unklaren Antwortkarten provoziert wird.[70] Vertreterbesuche nach schriftlicher Voranmeldung sind wettbewerbsrechtlich nicht zu beanstanden, wenn der Angeschriebene mittels einer der Besuchsanmeldung beigefügten frankierten Rückantwortkarte den Besuch des Vertreters ohne weiteres ablehnen kann.[71]

36 *c) Verlockung durch besondere Vorteile.* In den Bereich des Kundenfangs fällt auch die ungewöhnliche Vorteilsgewährung (Wertreklame), die z. B. bei Besichtigungsreisen für im Ausland gelegene Immobilien gegeben sein kann.[72] Werden sie allerdings gegen Zahlung einer Schutzgebühr veranstaltet, wird auch bei komfortablen Besichtigungsreisen, auf denen Unterbringung in Hotels, Verpflegung und Unterhaltung geboten werden, der Gesichtspunkt des psychologischen Kaufzwangs grundsätzlich ausscheiden, selbst wenn der Interessent noch kostenfrei eine Begleitperson mitnehmen kann.[73]

37 Allerdings können durch den übertriebenen Lockeffekt, der durch das In-Aussichtstellen übermäßiger Vorteile und der kostenfreien Mitnahme einer Begleitperson erzielt wird, Interessenten in einer solchen Weise unsachlich beeinflußt werden, daß sie sich zur Teilnahme entschließen, ohne zuvor noch auf Angebote anderer Mitbewerber zu achten. Dadurch verschafft sich der Veranstalter einen Wettbewerbsvorsprung vor seinen Mitbewerbern, die ihrerseits veranlaßt werden, solche Veranstaltungen nachzuahmen. Auf diese Weise wird der Leistungswettbewerb verfälscht und die Gefahr einer den Interessen der Allgemeinheit zuwider laufenden Übersteigerung der Werbung und Verwilderung der Wettbewerbssitten heraufbeschworen.[74]

38 Wird für den Verkauf von Auslandsgrundstücken mit der Ankündigung geworben, daß bei Kauf die Besichtigungsreise kostenlos sei, so liegt hierin eine nach § 1 Abs. 1 ZugabeVO unzulässige Zugabe.[75]

39 **2. Ausbeutung.** Nachahmender Wettbewerb ist grundsätzlich erlaubt. Wettbewerbsfremd handelt erst, wer das Ergebnis fremder Tätigkeit mit verwerflichen Mitteln ausnutzt, um sich einen Vorsprung vor seinen Mitbewerbern zu verschaffen.[76] Typische Fälle der Ausbeutung sind: Schmarotzen an fremder Leistung, fremder Werbung oder fremdem Ruf.

40 *a) Nachahmen fremder Leistung/Werbung.* Das Nachahmen fremder Leistung, die keinen Sonderrechtsschutz genießt, ist generell nicht wettbewerbswidrig.[77]Auch die Nachahmung von Werbemaßnahmen ist grundsätzlich nicht zu beanstanden. Es müssen stets besondere Unlauterkeitsmerkmale hinzutreten, die die Nachahmung unzulässig erscheinen lassen.[78]

41 *b) Ausbeutung fremden Rufs.* Wettbewerbsfremd und daher unzulässig ist die unlautere Ausnutzung des guten Rufs, den ein Konkurrent oder dessen Leistungen genießen, weil der Verkehr damit besondere Gütevorstellungen verbindet.[79] Grundsätzlich wettbewerbs-

---

teilung auch unter dem Gesichtspunkt des Gesetzes über den Widerruf von Haustürgeschäften und ähnlichen Geschäften vom 16. 1. 1986 (BGBl. I 122) vgl. *Baumbach/Hefermehl* § 1 UWG Rdnr. 82.

[69] BGH GRUR 1968, 648; BGH GRUR 1971, 320.

[70] OLG Stuttgart GRUR 1970, 613; BGH GRUR 1976, 32.

[71] BGH WM 1994, 1257 = BB 1994, 1373.

[72] Zur Wertreklame vgl. HdB WettbewerbsR/*Jakobs* § 49 Rdnr. 75 ff. m. w. N.; BGH GRUR 1974, 345.

[73] BGH GRUR 1972, 367; BGH GRUR 1986, 318 ff.

[74] BGH GRUR 1972, 367 f.; vgl. auch BGH WRP 1988, 101 f.

[75] BGH GRUR 1976, 316; BGH WM 1976, 278.

[76] *Baumbach/Hefermehl* § 1 UWG Rdnr. 440.

[77] BGH GRUR 1969, 186, 188; BGH GRUR 1969, 618, 620; *Baumbach/Hefermehl* § 1 UWG Rdnr. 440, 448.

[78] *Baumbach/Hefermehl* § 1 UWG Rdnr. 440.

[79] BGHZ 5, 1, 12; BGHZ 28, 387, 394; BGH GRUR 1953, 40.

widrig ist auch das Werben mit dem Namen Dritter (z. B. Kreditinstituten) in Prospekten und sonstigen Verkaufsunterlagen von Immobilienangeboten, wenn damit der unzutreffende Eindruck besonderer Seriosität des Angebotes oder der Anbieter erweckt wird.

3. Vorsprung durch Rechtsbruch. Gewerbetreibende unterliegen hinsichtlich der Ausübung ihres Gewerbes einer Vielzahl von Bindungen, die gesetzlicher oder vertraglicher Art sind, oder aber auf Berufs- und Standesregeln beruhen. Werden derartige Bindungen verletzt, so kann hierdurch die für alle Wettbewerber zunächst gleiche wettbewerbliche Ausgangslage einseitig verändert werden, was nach § 1 UWG generell unzulässig ist.[80] 42

IV. Irreführende Werbung nach § 3 UWG

Bei der Beurteilung von Werbemaßnahmen kann neben der Generalklausel des § 1 UWG insbesondere auch die Vorschrift des § 3 UWG bedeutsam sein. Nach dieser Vorschrift kann auf Unterlassung in Anspruch genommen werden, wer im geschäftlichen Verkehr zu Zwecken des Wettbewerbs über geschäftliche Verhältnisse, insbesondere über Waren und Leistungen oder das gesamte Angebot irreführende Angaben macht.[81] 43

1. Handeln im geschäftlichen Verkehr. Die irreführenden Angaben müssen „im geschäftlichen Verkehr zu Zwecken des Wettbewerbs" gemacht sein. Diese Tatbestandsmerkmale sind durch die Neufassung des § 3 UWG im Jahre 1969 ins Gesetz aufgenommen worden und entsprechen der Formulierung in § 1 UWG. Insoweit kann auf die dortigen Ausführungen verwiesen werden.[82] 44

2. Angaben über geschäftliche Verhältnisse. Angaben i. S. von § 3 UWG sind nachprüfbare Aussagen über geschäftliche Verhältnisse.[83] Dazu können auch reine Werturteile und Meinungsäußerungen zählen soweit sie einen nachprüfbaren Tatsachenkern haben.[84] Nichtssagende und nicht nachprüfbare Anpreisungen und Kaufappelle sind im Rahmen von § 3 UWG unbeachtlich.[85] 45

3. Irreführung. Irreführend sind Angaben, wenn sie nach der Verkehrsauffassung geeignet sind, bei den Umworbenen Vorstellungen hervorzurufen, die mit den tatsächlichen Verhältnissen nicht in Einklang stehen.[86] Irreführend wird eine Angabe gewöhnlich sein, wenn ein objektiv falscher Tatbestand behauptet wird.[87] 46

Aber auch objektiv zutreffende Behauptungen können irreführend und damit nach § 3 UWG unzulässig sein, wenn ein nicht völlig unerheblicher Teil der umworbenen Verkehrskreise mit den objektiv zutreffenden Angaben eine unrichtige Vorstellung verbindet.[88] 47

---

[80] BGH WRP 1976, 694; BGH WM 1978, 144; BGH GRUR 1980, 304, 306; vgl. ferner HdB WettbewerbsR/*Jakobs* §§ 46, 47.

[81] Zum „Handeln im geschäftlichen Verkehr" vgl. BGH NJW-RR 1993, 1063 = BB 1993, 1968.

[82] S. o. Rdnr. 20 ff.

[83] BGH GRUR 1963, 482 f.; BGH GRUR 1965, 363 f.; BGH GRUR 1982, 118.

[84] BGH GRUR 1973, 594 f., BGH GRUR 1975, 141; BGH GRUR 1979, 781.

[85] BGH GRUR 1965, 363, 365; vgl. hierzu eingehend *Baumbach/Hefermehl* § 3 UWG Rdnr. 14 ff.

[86] BGH GRUR 1955, 409, 411; BGH GRUR 1970, 467; BGH GRUR 1973, 361; BGH GRUR 1977, 168; BGH GRUR 1977, 159, 161; BGH GRUR 1981, 71, 73; BGH GRUR 1982, 564; vgl. ferner HdB WettbewerbsR/*Helm* § 48 Rdnr. 25 ff. m. w. N.

[87] *Baumbach/Hefermehl* § 3 UWG Rdnr. 24.

[88] St. Rspr. vgl. u. a. BGHZ 13, 244, 253; BGH GRUR 1958, 39 f.; BGH GRUR 1961, 193, 196; BGH GRUR 1966, 445, 449; BGH GRUR 1971, 313, 315; BGH GRUR 1973, 480, 483; KG Berlin GRUR 1986, 258; *Baumbach/Hefermehl* § 3 UWG Rdnr. 25 ff. m. w. N.

V. Irreführende Werbeformen nach § 3 UWG

48 Im Bereich der Kapitalanlagen haben irreführende Angaben in **Prospekten** und Verkaufsunterlagen besondere Bedeutung. Sie beziehen sich meist auf die für die Kapitalanlage versprochenen Vorteile wie steuerliche Auswirkungen, Wirtschaftlichkeit und Finanzierung. Dabei kann auch das Verschweigen wesentlicher Umstände irreführend sein, wenn der verschwiegene Umstand nach der Verkehrsauffassung die Kaufentscheidung zu beeinflussen geeignet ist und den Werbenden demgemäß eine Aufklärungspflicht trifft.[89] Eine Aufklärungspflicht besteht insbesondere bei Prospekten über steuersparende Kapitalanlagen, weil sich die angesprochenen Interessenten auf die Vollständigkeit der Prospektangaben verlassen und sie im übrigen über alle Umstände aufgeklärt werden müssen, die für den Kapitalanlageentschluß von wesentlicher Bedeutung sind.[90] Entscheidend ist die Auffassung der angesprochenen Verkehrskreise.[91]

49 **1. Werbung mit Steuervorteilen und Verlustzuweisungen.** Werbemaßnahmen unter Angabe von Steuervorteilen sind meist im Zusammenhang mit **steuerbegünstigten Kapitalanlagen** wie Bauherren- und Erwerbermodelle, Explorationsangebote und Schiffsbeteiligungen anzutreffen.[92]

50 Der in der Praxis verwendete Begriff des Steuervorteils drückt in aller Regel keinen Vorteil i. S. einer Ersparnis aus, die der Anleger unmittelbar durch die Anlage erzielen kann, sondern bezieht sich auf das Verhältnis zwischen Eigenkapital und Werbungskosten.[93]

51 Bei Werbungskosten, die 20% des Eigenkapitals ausmachen, bedeutet dies nicht, daß eine Steuerersparnis in Höhe der Werbungskosten eintritt. Werbungskosten mindern lediglich das zu versteuernde Einkommen, so daß im Idealfall maximal eine Ersparnis in Höhe des Spitzensteuersatzes eintreten kann.[94]

52 Die Umsetzung der Werbungskosten in eine Steuerersparnis beim Kunden hängt von den jeweiligen individuellen Gegebenheiten wie z. B. Steuersatz ab. Hinzu kommt, daß die Steuervorteile bei Immobilienanlagen keine echten Steuerersparnisse sind, sondern es sich lediglich um eine zeitliche Verschiebung der Steuerlast – d. h. um eine Steuerstundung – handelt. Der Begriff Steuervorteil gibt den dahinter stehenden Sachverhalt nicht korrekt wieder und ist demgemäß irreführend.[95]

53 Folgende Formulierungen werden von der Rechtsprechung als irreführend i. S. von § 3 UWG angesehen:

- Der Steuervorteil beträgt in der Investitionsphase ca. x% bezogen auf das eingesetzte Kapital.[96]
- Ca. 150% Steuervorteil bezogen auf 10% Eigenkapital.[97]
- Bei 10% Eigenkapital beträgt die Verlustzuweisung ca. 233%.[98]
- Steuervorteile/Werbungskosten im Jahre X voll absetzbar.

---

[89] BGH GRUR 1958, 30 f.; BGH GRUR 1973, 206 f.; BGH GRUR 1977, 494; BGH GRUR 1982, 437; BGH GRUR 1983, 651; BGHZ 96, 231 = NJW 1986, 837.

[90] BGHZ 72, 382 = NJW 1979, 718; BGHZ 74, 103 = NJW 1979, 1449; BGHZ 76, 231 = NJW 1980, 1470; BGHZ 77, 172 = NJW 1980, 1840; BGHZ 79, 337 = NJW 1981, 1449; BGH NJW 1982, 1095; BGH WM 1984, 1075; BGH WM 1985, 533; BGH WM 1986, 517; BGH WM 1987, 495.

[91] BGHZ 13, 257; BGH GRUR 1957, 339 f.; *Baumbach/Hefermehl* § 1 UWG Rdnr. 31 ff. m. w. N.

[92] Vgl. *Schmeding* BB 1978, 735 ff.

[93] *Seeberger* WRP 1983, 326 f.

[94] Vgl. *v. Heymann* BB 1980 Beilage 12, S. 9, 14.

[95] *Seeberger* WRP 1983, 326.

[96] OLG Köln WRP 1984, 39 f.

[97] OLG Karlsruhe WRP 1985, 288.

[98] KG Berlin WRP 1984, 604; weitere Entscheidungen bei *Haller,* Anlegerschutz und Wettbewerbsrecht, S. 42 ff.

Wettbewerbsrechtlich nicht zu beanstanden ist es, wenn bei einer Werbung anstelle des Begriffs „Steuervorteil" die Begriffe „Werbungskosten" bzw. „Verlustzuweisung" verwendet werden und durch entsprechende Formulierungen klargestellt ist, daß bei einem zu versteuernden Einkommen, welches einem Steuersatz von x % unterliegt, durch die Beteiligung bei einer bestimmten Steuerart eine Steuerersparnis eintreten kann.[99] **54**

2. Werbung mit Bauherren-Modell und Rendite. Wird in einem Inserat der Leser nicht mit hinreichender Deutlichkeit und Klarheit darüber aufgeklärt, daß der Interessent nicht Käufer einer Eigentumswohnung, sondern Gesellschafter einer Bauherrengemeinschaft wird, dann wird hierin eine Irreführung nach § 3 UWG gesehen.[100] **55**

Die Werbung mit „Rendite x %" wird als irreführend. i. S. von § 3 UWG angesehen, wenn es sich dabei nicht um eine feststehende Kapitalverzinsung handelt.[101] **56**

3. Werbung mit Finanzierungsmöglichkeiten. Die Werbung „Mietwohnung kostenlos" im Zusammenhang mit der Beteiligung an einer Kommanditgesellschaft, die sich mit dem Bau von Sozialwohnungen befaßt, wird als irreführend angesehen, weil das in Aussicht gestellte wirtschaftliche Ergebnis regelmäßig nur von Spitzenverdienern erreicht werden kann.[102] **57**

Auch die Werbung eines Bauträgerunternehmens mit dem Hinweis „günstige Finanzierung" ist irreführend, wenn beim Interessenten der Eindruck erweckt wird, daß die Finanzierung unmittelbar vom Unternehmen zur Verfügung gestellt wird, in Wirklichkeit aber lediglich Tips für die Finanzierung gegeben werden.[103] **58**

Der Hinweis eines Anlageberaters auf die Möglichkeit der Vorfinanzierung des Eigenkapitals wird dagegen nicht als irreführend angesehen.[104] Dagegen wird die Aussage „Aus Steuern – ohne Eigenkapital – Vermögen bilden" als irreführend angesehen.[105] **59**

Bei der Werbung mit Überschüssen und Nennung bestimmter Finanzierungskonditionen ist das Verschweigen der Variabilität der Zinsen eine Irreführung über die Vorteilhaftigkeit des Angebotes.[106] **60**

4. Werbung mit monatlicher Belastung. Die Werbung mit einer bestimmten Summe monatlicher Belastungen ist nach ständiger Rechtsprechung des KG Berlin irreführend, wenn dabei verschwiegen wird, daß z. B. nach Ende der Zinsfestschreibungsfrist die Gefahr einer Erhöhung der monatlichen Belastung besteht.[107] **61**

Eine Irreführung liegt auch dann vor, wenn nicht darauf hingewiesen wird, daß die Belastung nur zeitlich begrenzt für z. B. 5 Jahre gilt, daß Voraussetzung für die monatliche Belastung unter Inanspruchnahme eines Disagios errechnet ist und/oder die Abschreibungsvorteile gemäß § 7b EStG unter Annahme eines bestimmten Jahreseinkommens berücksichtigt sind.[108] **62**

5. Werbung mit Liquiditätsüberschuß und Gesamtaufwand. Die Werbung mit einem jährlichen Liquiditätsüberschuß wird als irreführend angesehen, wenn die zugrunde liegen- **63**

---

[99] *Seeberger* WRP 1983, 327; *Kaligin* WRP 1984, 189 f.

[100] KG Berlin WRP 1981, 647; vgl. auch KG Berlin WRP 1987, 172.

[101] LG Berlin Magazin Dienst 1983 Heft 5, 65, Heft 10, 62, Heft 12, 64; 1987, 848; KG Berlin Magazin Dienst 1984, 1063 und 1986, 544; weitere Entscheidungen bei *Papst/Weber,* Wettbewerbsrecht, S. 4 ff. und *Haller,* Anlegerschutz und Wettbewerbsrecht, S. 26 ff.

[102] LG Berlin Magazin Dienst 1983 Heft 11, 66.

[103] OLG München Magazin Dienst 1983 Heft 11, 83; OLG Nürnberg WRP 1985, 239; anders OLG Köln Magazin Dienst 1984, 304.

[104] OLG Hamm WRP 1984, 34.

[105] KG Berlin Magazin Dienst 1984, 611; weitere Entscheidungen bei *Haller,* Anlegerschutz und Wettbewerbsrecht, S. 34 ff.

[106] KG Berlin Magazin Dienst 1984, 616.

[107] KG Berlin WRP 1980, 263; WRP 1981, 463; WRP 1982, 416.

[108] KG Berlin Magazin Dienst 1984, 266; 1985, 522 und 632.

de Hypothek nur zu 90% ausgezahlt wird und bei rechnerischer Berücksichtigung des Disagios ein Fehlbetrag entsteht.[109]

64 Eine Irreführung durch Verschweigen erheblicher Tatsachen ist auch die Werbung mit „Liquiditätsüberschuß" ohne Hinweis auf die Inanspruchnahme eines Disagios, weil dieses regelmäßig einer der bedeutenden Faktoren für die Höhe der steuerlichen Verlustzuweisung und damit für die Höhe des Überschusses ist.[110]

65 Eine Werbung mit den Begriffen „Gesamtaufwand" und „Gesamtkosten" ist irreführend, wenn darin nicht sämtliche Kosten wie Disagio, Grunderwerbsteuer, an den Vertrieb zu zahlende Außenprovisionen oder Beratungsgebühren enthalten sind.[111]

66 **6. Werbung mit Mietgarantie und notariellen Festpreisen.** Die Werbung mit einer „notariellen Vermietungsgarantie"[112] wird ebenso für irreführend gehalten wie das Verschweigen der Kopplung von Garantie mit Übertragung der Hausverwaltung.[113]

67 Auch die Werbung für den Verkauf von Immobilien „zum notariellen Festpreis" wird allgemein als irreführend i. S. von § 3 UWG angesehen.[114]

68 **7. Werbung mit Wirtschaftsprüferbestätigung und Abbildungen.** Die Werbung für Bauherren- und Erwerbermodelle mit dem Hinweis „Wirtschaftsprüferbestätigung nach den Richtlinien des Instituts der Wirtschaftsprüfer (IdW)" wird als täuschend angesehen, wenn aus der Werbeaussage nicht ersichtlich ist, daß Gegenstand der Prüfung lediglich der Prospekt war.[115]

69 Irreführend ist auch eine Werbung mit Abbildungen für Appartments, die nicht angeboten sind, auch wenn sich die abgebildeten und tatsächlich angebotenen Appartments in der Qualität nicht unterscheiden.[116]

VI. Preisangabenverordnung, §§ 1 und 3 UWG

70 Ein Verstoß gegen einzelne Vorschriften der Preisangabenverordnung (PrAngVO) ist für eine Beurteilung nach den §§ 1 und 3 UWG nur dann bedeutsam, wenn die Verletzung der PrAngVO bewußt und planmäßig erfolgt und auf die Erzielung eines unberechtigten Wettbewerbsvorsprungs gerichtet ist.[117] Dies kann bei der Werbung für steuerbegünstigte Kapitalanlagen im allgemeinen unterstellt werden.[118]

71 Maßgebend ist die PrAngVO vom 14. 3. 1985, die am 1. 5. 1985 in Kraft getreten ist.[119] Das Preisangabenrecht mußte neu geregelt werden, weil das BVerfG durch Beschluß vom 8. 11. 1983[120] die PrAngVO vom 10. 5. 1973[121] wegen der nicht ausreichenden Ermächtigungsgrundlage für verfassungswidrig erklärt hatte. Die aufgrund des Gesetzes zur Neure-

---

[109] LG Berlin Magazin Dienst 1983 Heft 5, 72 und Heft 12, 59.

[110] LG Berlin Magazin Dienst 1984, 228; KG Berlin Magazin Dienst 1984, 390, und 1985, 888.

[111] LG Berlin Magazin Dienst 1984, 236, 690; *Weber* HdB Fach 4800 Rdnr. 190 f. m. w. N.

[112] OLG Nürnberg GRUR 1984, 216.

[113] LG Berlin Magazin Dienst 1984, 898; weitere Entscheidungen bei *Haller,* Anlegerschutz und Wettbewerbsrecht, S. 48 ff.

[114] OLG Düsseldorf GRUR 1984, 145 und GRUR 1985, 67; OLG Nürnberg WRP 1983, 708; OLG Hamm WRP 1984, 35; KG Berlin DB 1986, 2178; BGH WM 1990, 1125 = NJW-RR 1990, 1168 = DB 1990, 1326.

[115] LG Berlin Magazin Dienst 1984, 320; KG Berlin WRP 1984, 408; LG Berlin Magazin Dienst 1984, 933.

[116] KG Berlin WRP 1978, 720.

[117] BGHZ 80, 304; BGHZ 82, 495; BGHZ 83, 665; *Baumbach/Hefermehl* § 3 UWG Anhang V Rdnr. 17.

[118] *Kaligin* WRP 1984, 189; *Weber* HdB Fach 4800 Rdnr. 161 ff.

[119] BGBl. I 580.

[120] WRP 1984, 128.

[121] BGBl. I 461.

gelung der Preisangaben vom 3. 12. 1984[122] erlassene neue PrAngVO 1985 entspricht im wesentlichen der früheren Regelung,[123] so daß der bisherigen Rechtsprechung weiterhin Bedeutung zukommt.[124]

Zweck der PrAngVO ist es, **Preiswahrheit** und **Preisklarheit** zu gewährleisten. Durch optimale Preisvergleichsmöglichkeiten soll die Stellung des Verbrauchers gegenüber Handel und Gewerbe gestärkt und der Wettbewerb gefördert werden.[125] 72

Wer Letztverbrauchern Waren oder Dienstleistungen gewerbs- oder geschäftsmäßig anbietet oder als Anbieter von Waren und Leistungen gegenüber Letztverbrauchern unter Angabe von Preisen wirbt, hat die Endpreise einschließlich Umsatzsteuer oder sonstige Preisbestandteile unabhängig von der Rabattgewährung anzugeben (§ 1 Abs. 1 PrAngVO). 73

1. Angabe des Endpreises. In der Werbung für Grundstücke und Liegenschaften (auch Eigentumswohnungen) müssen die Preisangaben auf den qm bezogen gemacht werden, wenn nicht der nach dem Kaufvertrag zu zahlende Kaufpreis genannt ist.[126] Die Angabe der monatlichen finanziellen Belastung genügt nicht.[127] 74

Auch die Werbung für die Beteiligung an Immobilienanlagen wie Bauherren-Modellen unterliegt generell den Vorschriften der PrAngVO.[128] Wer für den Verkauf von Eigentumswohnungen nur unter Angabe des qm-Preises wirbt, verstößt gegen die PrAngVO.[129] 75

Bei noch nicht vermessenen Grundstücken ist der voraussichtliche Endpreis der Bauplätze zu nennen.[130] Ein Verstoß gegen die PrAngVO ist auch dann gegeben, wenn diejenigen Faktoren (qm-Preis und Grundstücksgröße) angegeben werden, aus denen sich der Endpreis durch Multiplikation errechnen läßt[131] oder wenn der qm-Preis gegenüber dem Endpreis stärker hervorgehoben wird.[132] 76

2. Werbung mit Verhandlungsbasis. Auf die Bereitschaft, über den angegebenen Preis zu verhandeln, kann nach § 1 Abs. 1 Satz 3 PrAngVO hingewiesen werden, soweit es der allgemeinen Verkehrsauffassung entspricht und Rechtsvorschriften nicht entgegenstehen. Dementsprechend wird es bei Immobilienangeboten generell für zulässig angesehen, dem Endpreis den Zusatz „Preis Verhandlungssache" oder „VB" hinzuzufügen.[133] Etwas anderes kann dann gelten, wenn schon bestimmte Preisbestandteile genannt werden[134] oder wenn das Angebot selbst z. B. hinsichtlich Lage, Größe, Ausstattung nicht hinreichend genau umschrieben ist.[135] 77

3. Werbung für Sachgesamtheiten. Werden für den Verkauf von Eigentumswohnungen und Einfamilienhäusern mit Garagen oder Stellplätzen getrennte Preise angegeben, so ist der Endpreis für die Wohnung bzw. für das Haus mit Garage bzw. Stellplatz zu nennen, wenn nach dem Eindruck des Inserats Wohnung bzw. Haus und Garage bzw. Stellplatz nur zusammen erworben werden können.[136] Bei der Beurteilung, ob eine Kopplung vorliegt, ist darauf abzustellen, ob der Leser des Inserats den Kauf ohne Garage als Wahlmöglichkeit sicher erkennt.[137] 78

---

[122] BGBl. I 1429.
[123] BAnz. Nr. 97/1973.
[124] *Boest* NJW 1985, 1440; *Gimbel* GewA 1985, 155 f.
[125] *Baumbach/Hefermehl* § 3 UWG Anhang V Rdnr. 1.
[126] BGH GRUR 1983, 665; BGH GRUR 1988, 699 = DB 1988, 2148.
[127] BGH GRUR 1982, 493; KG Berlin WRP 1980, 263; OLG Hamburg WRP 1981, 106.
[128] OLG Stuttgart WRP 1983, 445.
[129] KG Berlin WRP 1980, 414 und 694.
[130] OLG Karlsruhe WRP 1983, 634.
[131] OLG Stuttgart WRP 1981, 420.
[132] OLG München WRP 1985, 719.
[133] OLG München WRP 1983, 233; KG Berlin WRP 1983, 639; OLG Köln GRUR 1986, 177.
[134] OLG Köln WRP 1983, 639.
[135] KG Berlin GRUR 1983, 667.
[136] OLG Karlsruhe GRUR 1983, 671; OLG Stuttgart WRP 1981, 418.
[137] KG Berlin GRUR 1983, 670; OLG Frankfurt GRUR 1983, 670; WRP 1983, 689.

79 **4. Werbung mit Zinssätzen.** Bei der Werbung mit Krediten ist nach § 4 PrAngVO als Preis die Gesamtbelastung pro Jahr in einem vom Hundertsatz des Kredites anzugeben und als „effektiver Jahreszins" oder, wenn eine Änderung des Zinssatzes vorbehalten ist, als „anfänglicher effektiver Jahreszins" zu bezeichnen. Ein Verstoß gegen diese Vorschrift kann zugleich unter dem Gesichtspunkt des Wettbewerbsvorsprungs durch Rechtsbruch gemäß § 1 UWG unlauter sein.[138]

80 Die Werbung für eine **Baufinanzierung** unter Angabe eines bestimmten effektiven Zinssatzes wird als irreführend gemäß § 3 UWG angesehen, wenn die Rechenmethode für die Ermittlung des effektiven Zinssatzes die Richtigkeit der mit ihr erzielten Ergebnisse nicht gewährleistet.[139]

81 Auch ein blickfangmäßig herausgestellter Zinssatz für Immobilienfinanzierungen ist irreführend, wenn es sich dabei nicht um den effektiven Jahreszins handelt.[140]

82 **5. Werbung unter Angabe des erforderlichen Eigenkapitals.** Bei einer bloßen Werbung mit Eigenkapital liegt generell ein Verstoß gegen § 1 PrAngVO vor, weil bei einer Aufgliederung von Preisen die Endpreise besonders hervorzuheben sind.[141]

83 Die blickfangmäßige Ankündigung „aus Steuern – ohne Eigenkapital –vermögensbildend" ist irreführend i. S. von § 3 UWG; wenn eine Finanzierung allein aus **ersparten Steuern** nur dann möglich ist, wenn der Interessent dem höchsten Steuersatz unterliegt und im übrigen die der Rechnung zugrundeliegenden Finanzierungsbedingungen und Mieteinnahmen auch künftig gleich bleiben.[142]

84 **6. Werbung mit bestimmter Summe monatlicher Belastung.** Angaben zur Höhe der monatlichen Belastungen in einer Werbeanzeige für Eigentumswohnungen sind (Einzel-) Preisangaben und verpflichten nach § 1 Abs. 1 Satz 1 PrAngVO zur Angabe des Endpreises.[143]

VII. Strafbare Werbung nach § 4 UWG

85 Zahlreiche Werbepraktiken in der Kapitalanlagebranche sind häufig strafrechtlich relevant, insbesondere auch im Hinblick auf den Tatbestand einer strafbaren Werbung nach § 4 UWG. Zwar hat diese Vorschrift bisher in der Praxis kaum Bedeutung erlangt, sie wird jedoch zunehmend unter dem Gesichtspunkt eines **präventiven Anlegerschutzes** gesehen, um der Vermögensvernichtung auf Seiten der Anleger durch bewußt und systematisch betriebene unwahre und irreführende Werbung entgegenzuwirken.[144]

86 **1. Tatbestand.** § 4 UWG regelt die strafrechtlichen Folgen unwahrer Werbung. Danach macht sich strafbar, wer in öffentlichen Bekanntmachungen oder Mitteilungen, die für einen größeren Kreis von Personen bestimmt sind, über geschäftliche Verhältnisse unwahre und zur Irreführung geeignete Angaben macht. Dabei muß der Täter vorsätzlich und in der Absicht gehandelt haben, den Anschein eines günstigen Angebots hervorzurufen.[145]

---

[138] BGHZ 80, 304, 306; BGH WM 1994, 399; KG Berlin WM 1993, 501.

[139] LG Berlin Magazin Dienst 1983 Heft 7/8, 86.

[140] LG Berlin Magazin Dienst 1983 Heft 10, 72.

[141] OLG Düseldorf WRP 1981, 152; OLG Stuttgart WRP 1980, 508 und WRP 1981, 120; KG Berlin WRP 1980, 26; a. A. Hanseatisches OLG WRP 1981, 107.

[142] KG Berlin Magazin Dienst 1984, 611; vgl. auch KG Berlin Magazin Dienst 1985, 351 und WRP 1985, 635 und 918; weitere Entscheidungen bei *Pabst/Weber,* Wettbewerbsrecht, S. 13 ff.

[143] BGH WRP 1982, 411; OLG Düsseldorf WRP 1981, 150; KG Berlin WRP 1982, 416; zur Irreführung vgl. oben V 5.

[144] *Worms,* Anlegerschutz durch Strafrecht, 1987, S. 205; *Jaath,* Festschrift für Dünnebier, S. 594 ff.; *Otto* WM 1988, 729; 734; *Richter* wistra 1987, 117; *Pabst,* Rechtliche Risiken, S. 52.

[145] KG Berlin OGLSt. 6, 59.

Die Angaben müssen nicht nur – wie in § 3 UWG – zur Irreführung geeignet, sondern darüber hinaus auch unwahr sein.[146]

2. Adressatenkreis. Für § 4 UWG reicht die „Individualirreführung", d. h. die Irreführung gegenüber einzelnen oder einer begrenzten Anzahl von Verbrauchern nicht aus. 87
Vielmehr müssen sich die Veröffentlichungen an einen unbegrenzten Personenkreis wenden (z. B. Werbeanzeigen, Werbesendungen) oder für einen größeren Personenkreis bestimmt sein (z. B. Werbeprospekte).[147] Der Tatbestand kann ausnahmsweise auch dann erfüllt sein, wenn sich die Mitteilung zwar an einen begrenzten Personenkreis richtet, es sich jedoch um einen zahlenmäßig sehr großen Kreis handelt (z. B. Mitteilung an die Kommanditisten einer Publikums-KG).[148]

3. Angaben über geschäftliche Verhältnisse. Von § 4 UWG werden tatbestandlich alle Angaben erfaßt, die auch unter § 3 UWG fallen. Sie brauchen jedoch nicht wie in § 3 UWG im geschäftlichen Verkehr und auch nicht zu Zwecken des Wettbewerbs gemacht zu werden.[149] Strafrechtlich relevant können alle unwahren Angaben sein, über die der Anleger schon nach § 3 UWG aufzuklären ist, z. B. über bestehende personelle Verflechtungen, interne Mittelabflüsse („Kick backs"), steuerliche Vorteile u. v. a. m.[150] 88

4. Inhalt der Angaben. Die Angaben müssen unwahr und zur Irreführung geeignet sein. Die Feststellung, ob eine Angabe wahr oder unwahr ist, hängt von einem breiten Konsens des Publikums ab.[151] Die Unwahrheit einer Angabe ist demnach aus der Sicht der von der Werbung angesprochenen Kunden und ihrem Verständnis zu beurteilen.[152] 89

Eine nach § 4 UWG wahre Angabe ist nicht strafbar, auch wenn sie möglicherweise geeignet ist, den angesprochenen Adressatenkreis irre zu führen und daher gegen § 3 UWG verstößt. Auch durch **Verschweigen** entscheidungserheblicher Umstände können unwahre und irreführende Angaben gemacht werden, wenn eine Rechtspflicht zur Aufklärung besteht.[153] 90

5. Subjektiver Tatbestand. Strafbar sind nur vorsätzlich unwahre und zur Irreführung geeignete Angaben.[154] Der Täter muß sich bewußt sein, daß der Verkehr seine vielleicht objektiv wahren Angaben subjektiv als unwahr auffaßt und daß die Angaben zur Irreführung geeignet sind.[155] Bedingter Vorsatz reicht aus.[156] 91

§ 4 UWG verlangt ferner die Absicht, den Anschein eines besonders günstigen Angebots hervorzurufen. Absicht bedeutet hier direkter Vorsatz. Der Täter muß bei den Anlegern durch unwahre und zur Irreführung geeignete Angaben Vorteile seines Angebotes besonders hervorheben, um dadurch zum Verkaufserfolg zu gelangen.[157] 92

6. Täterkreis. Als Täter i. S. von § 4 UWG kommt jede Person in Betracht, die die Tat selbst begeht oder durch einen anderen begehen läßt (§ 25 Abs. 1 StGB). Nach § 4 Abs. 2 UWG ist der Inhaber oder Leiter des Betriebs neben seinen Angestellten und Beauftragten 93

---

[146] OLG Stuttgart GRUR 1981, 750 mit Anm. *Esser;* vgl. zur Abgrenzung *Klug* GRUR 1975, 217, 223; *Tiedemann,* Wettbewerb und Strafrecht, 1976, S. 35.

[147] BGHSt. 24, 272; OLG Frankfurt GA 1977, 153 f.; OLG Köln GA 1977, 188, 190; *Baumbach/Hefermehl* § 4 UWG Rdnr. 4; *Fabricius* GRUR 1965, 521, 528; *Otto* GRUR 1979, 101.

[148] *Weber* HdB Fach 4800 Rdnr. 254.

[149] *Baumbach/Hefermehl* § 4 UWG Rdnr. 7; *Otto* GRUR 1982, 274, 280.

[150] *Weber* HdB Fach 4800 Rdnr. 263; *Kaligin* HdB Fach 4900 Rdnr. 123.

[151] RGSt. 40, 439 f.

[152] RGSt. 41, 161 f.; BGHZ 80, 80; *Baumbach/Hefermehl* § 4 UWG Rdnr. 8.

[153] *Weber* HdB Fach 4800 Rdnr. 266 f.; *Baumbach/Hefermehl* § 4 UWG Rdnr. 8.

[154] *Dreher/Tröndle,* StGB, 47. Aufl., § 15 Rdnr. 3 f.; *Schönke/Schröder,* StGB, 24. Aufl., § 15 Rdnr. 16.

[155] *Baumbach/Hefermehl* § 4 UWG Rdnr. 10 f.

[156] RGSt. 63, 120, 122; *Erbs/Kohlhaas/Fuhrmann,* UWG, § 4 III 1.

[157] KG Berlin GRUR 1973, 601; OLG Celle NJW 1987, 78 f.; *Erbs/Kohlhaas/Fuhrmann,* UWG, § 4 III 2 a; *Weber* HdB Fach 4800 Rdnr. 270.

haftbar, wenn die Handlung in seinem geschäftlichen Betrieb begangen wurde und er sie mit Wissen hat geschehen lassen.[158] Das Wissen muß sich auf alle äußeren Tatbestandsmerkmale erstrecken, d. h. auf die Unwahrheit der Angaben und ihre Eignung zur Irreführung, auf die Hervorrufung des Anscheins sowie auf das eigene Geschehenlassen.[159]

94 **7. Rechtsfolgen.** Bei der strafbaren Werbung nach § 4 UWG handelt es sich um ein Vergehen, das mit Freiheitsstrafe bis zu einem Jahr und/oder mit Geldstrafe bedroht ist (§ 41 StGB). Die Straftat wird von Amts wegen verfolgt (§ 22 Abs. 1 UWG), die öffentliche Klage jedoch nur erhoben, wenn es im öffentlichen Interesse liegt (§ 374 Abs. 1 Nr. 7 StPO). Zur Privatklage sind nach § 22 Abs. 2 UWG neben dem Verletzten (§§ 374 Abs. 1 Nr. 7, 376 StPO) die in § 13 Abs. 2 Nr. 1, 2 und 4 UWG bezeichneten Gewerbetreibenden, Verbände zur Förderung gewerblicher Interessen und Kammern berechtigt.[160] Die Verfolgung verjährt grundsätzlich in 3 Jahren (§ 78 Abs. 2 Nr. 5 StGB). Die Verjährungsfrist beginnt, sobald die Tat beendet ist (§ 78 a StGB).

VIII. Abnehmerschutz (§ 13 a UWG)

95 Im Zuge der Entwicklung des Wettbewerbsrechts von einem reinen Mitbewerberschutzrecht zu einem Marktverhaltensrecht war der einzelne Abnehmer bisher nur mittelbar unter dem Gesichtspunkt der Benachteiligung der Mitbewerber geschützt.[161] Ein Individualschutz deliktsrechtlicher oder quasi-vertraglicher Art bestand nicht, insbesondere hat die Rechtsprechung dem Abnehmer keinen Schadensersatzanspruch aus § 823 Abs. 2 BGB i. V. m. § 3 UWG zuerkannt.[162]

96 Um den **Individualrechtsschutz** zu verbessern, wurde durch Gesetz vom 25. 7. 1986 die Vorschrift des § 13 a in das UWG aufgenommen.[163] Danach hat der Abnehmer bei unwahren und zur Irreführung geeigneten Werbeangaben ein Rücktrittsrecht, das ihm auch dann zusteht, wenn die unwahre Werbung von einem Dritten, z. B. einem Hersteller, Mitbewerber oder Verband ausgeht.[164]

97 **1. Geltungsbereich.** Das Rücktrittsrecht nach § 13 a UWG gilt sowohl für Verträge über bewegliche und unbewegliche Sachen als auch über Rechte und Leistungen.[165] Abnehmer sind private und gewerbliche Nachfrager, insbesondere auch Kapitalanleger.[166]

98 Das Rücktrittsrecht steht dem Abnehmer neben dem Anfechtungsrecht nach § 123 BGB wegen arglistiger Täuschung oder nach § 119 Abs. 2 BGB wegen Irrtums zu, wenn die fehlende Eigenschaft keine Gewährleistungsansprüche begründet.[167] Daneben kann der Abnehmer auch Schadensersatzansprüche wegen Nichterfüllung (§§ 463, 480 BGB), aus positiver Vertragsverletzung[168] oder aus culpa in contrahendo geltend machen, wenn z. B. der Anbieter seiner Aufklärungspflicht nicht nachgekommen ist.[169]

99 **2. Tatbestand.** Durch die Bezugnahme auf § 4 UWG wird klargestellt, daß das Rücktrittsrecht des Abnehmers eine unwahre und zur Irreführung geeignete Werbeangabe über geschäftliche Verhältnisse voraussetzt.[170]

---

[158] *Baumbach/Hefermehl* § 4 UWG Rdnr. 13.
[159] *Baumbach/Hefermehl* § 4 UWG Rdnr. 15.
[160] *Baumbach/Hefermehl* § 4 UWG Rdnr. 19.
[161] *Baumbach/Hefermehl* § 13 a UWG Rdnr. 1.
[162] BGH GRUR 1975, 150.
[163] BGBl. I 1169.
[164] Zur Entstehungsgeschichte vgl. *Schaefer* ZIP 1987, 554 f., zur Auslegung eingehend *Sack* BB 1987, Beilage 2, S. 3 ff.
[165] *Baumbach/Hefermehl* § 13 a UWG Rdnr. 2; *Sack* BB 1987 Beilage 2, S. 17.
[166] *Sack* BB 1987 Beilage 2, S. 3.
[167] BGHZ 78, 216.
[168] BGHZ 77, 215.
[169] Zu den konkurrierenden Ansprüchen eingehend *Sack* BB 1987 Beilage 2, S. 20 ff.
[170] *Schaefer* ZIP 1987, 554, 555 f.

Unwahr sind Angaben, die nach verständiger Durchschnittsauffassung der umworbenen Verkehrskreise unrichtig sind. Zur Irreführung geeignet sind unrichtige Angaben, die einen nicht unbeachtlichen Teil der Abnehmer in ihrer Entschließung relevant sind, wobei es auf eine Interessenabwägung ankommen kann.[171] **100**

Die Werbeangabe muß für den Vertragsschluß des Personenkreises, an den sie sich richtet, (objektiv) wesentlich sein. Zum Rücktritt ist nur ein Abnehmer berechtigt, der durch die Werbeangabe irregeführt wurde.[172] Es kommt nicht darauf an, ob der zur Abnahme bestimmte Kunde die Angabe auch allgemein als für den Vertragsschluß wesentlich angesehen hat.[173] **101**

3. Rücktritt. Die Rücktrittshaftung verlangt kein Verschulden des Werbenden. Kausalität reicht aus, wobei die Beweislast für die Ursächlichkeit einer unwahren und zur Irreführung geeigneten wesentlichen Werbeangabe beim Abnehmer liegt.[174] **102**

Geht die Werbung von einem Dritten aus, so steht dem Abnehmer das Rücktrittsrecht nur dann zu, wenn der andere Vertragsteil die Unwahrheit der Angaben und ihre Eignung zur Irreführung kannte oder kennen mußte oder sich die Werbung mit dieser Angabe durch eigene Maßnahmen zu eigen gemacht hat (§ 13 a Abs. 1 Satz 2 UWG).[175] **103**

4. Ausübung des Rücktrittsrechts. Der Rücktritt muß gegenüber dem anderen Vertragsteil unverzüglich – d. h. ohne schuldhaftes Zögern (§ 121 Abs. 1 Satz 1 BGB) – erklärt werden, nachdem der Abnehmer von den Umständen Kenntnis erlangt hat, die seinen Rücktritt begründen. Das Rücktrittsrecht des Abnehmers kann nicht im voraus abbedungen werden (§ 13 a Abs. 2 Satz 3 UWG).[176] **104**

Das Rücktrittsrecht erlischt, wenn der Rücktritt nicht vor Ablauf von 6 Monaten nach Vertragsschluß gegenüber dem anderen Vertragsteil erklärt worden ist (§ 13 a Abs. 2 Satz 2 UWG). Die sechsmonatige Ausschlußpflicht entspricht der für den wettbewerbsrechtlichen Unterlassungs- und Schadensersatzanspruch nach § 21 UWG geltenden sechsmonatigen Verjährungsfrist. **105**

5. Rücktrittsfolgen. Die Folgen des Rücktritts bestimmen sich bei beweglichen Sachen nach § 1 d Abs. 1, 3, 4 und 5 des Abzahlungsgesetzes.[177] Bei Verträgen über unbewegliche Sachen, Rechte und Leistungen, die im Bereich der Kapitalanlagen die Regel sind, verwandelt sich das Vertragsverhältnis inhaltlich in ein Abwicklungsverhältnis, das zur Rückgewähr des geleisteten und zur Befreiung noch bestehender Verbindlichkeiten verpflichtet (analog § 346 BGB).[178] **106**

Waren Dienst- oder Werkleistungen vor dem Rücktritt schon ganz oder teilweise erbracht worden oder ist die Rückgewähr ihrer Natur nach unmöglich, so ist analog § 346 Satz 2 BGB Wertersatz zu leisten.[179] **107**

Geht die unwahre und zur Irreführung geeignete Werbeangabe von einem Dritten aus, so trägt im Innenverhältnis zwischen dem Vertragspartner und dem Dritten dieser den durch den Rücktritt des Abnehmers entstandenen Schaden allein, es sei denn, daß der Vertragspartner die Unwahrheit der Angabe oder ihre Eignung zur Irreführung kannte (§ 13 a Abs. 3 Satz 3 UWG).[180] **108**

---

171 *Baumbach/Hefermehl* § 13 a UWG Rdnr. 4.

172 *Schäfer* ZIP 1987, 554, 556.

173 *Baumbach/Hefermehl* § 13 a UWG Rdnr. 6.

174 *Baumbach/Hefermehl* § 13 a UWG Rdnr. 7 ff., 10.

175 *Schaefer* ZIP 1987, 554, 559 f.; *Pabst,* Rechtliche Risiken, S. 59; zur Drittwerbung eingehend *Sack* BB 1987 Beilage 2, S. 8 f. m. w. N.

176 *Baumbach/Hefermehl* § 13 a UWG Rdnr. 20.

177 Hierzu eingehend *Sack* BB 1987 Beilage 2, S. 10 ff.

178 *Baumbach/Hefermehl* § 13 a UWG Rdnr. 28; *Sack* BB 1987 Beilage 2, S. 17 ff.

179 Vgl. *Baumbach/Hefermehl* § 13 a UWG Rdnr. 28.

180 Eingehend *Sack* BB 1987 Beilage 2, S. 27 f.

IX. Verfahrensrecht

109 Der im Wettbewerbsrecht wichtigste Anspruch ist der auf Abwehr künftiger Wettbewerbsverstöße gerichtete Unterlassungsanspruch.[181] Zur Durchsetzung hat der Verletzte folgende Möglichkeiten: Abmahnung, einstweilige Verfügung, Klage.

Um kein Kostenrisiko einzugehen, wird der Verletzte zunächst **abmahnen.** Wird hierauf eine strafgesicherte Unterwerfungserklärung abgegeben, so ist der Unterlassungsanspruch wegen Wegfalls der Wiederholungsgefahr grundsätzlich erloschen.[182] Wird die Unterlassungserklärung nicht abgegeben, kann der Berechtigte den Erlaß einer einstweiligen Verfügung beantragen oder entweder gleich oder später auf Unterlassung klagen. Außer dem Unterlassungsanspruch können dem Verletzten je nach Lage des Falles Beseitigungs- und Widerrufsansprüche, Ersatzansprüche, Auskunfts-, Rechnungslegungs- und Herausgabeansprüche zustehen.[183]

110 **1. Verfahrensbeteiligte.** Aus den §§ 1 und 3 UWG ergibt sich bereits, daß derjenige Mitbewerber, der in einem konkreten Wettbewerbsverhältnis zu dem unlauter Handelnden steht und durch dessen Verhalten unmittelbar verletzt oder bedroht wird, Abwehransprüche (Unterlassung, Beseitigung, Widerruf) nach dem UWG[184] geltend machen kann.[185] Darüber hinaus steht nach § 13 Abs. 2 UWG der Anspruch auf Unterlassung folgenden Personen zu:[186]

111 – Gewerbetreibende,[187] die Waren oder gewerbliche Leistungen gleicher oder verwandter Art vertreiben;[188] bei Immobilienanlagen wie Bauherren- und Erwerber-Modellen sind nicht nur andere Initiatoren Wettbewerber, sondern auch Anlageberater und Kreditinstitute, die jedoch selten von ihren Rechten Gebrauch machen;[189]
– rechtsfähige Verbände zur Förderung gewerblicher Interessen;[190]
– bestimmte Verbraucherverbände;[191]
– Industrie- und Handelskammern sowie die Handwerkskammern.[192]

112 Unterlassungsverpflichteter ist grundsätzlich derjenige, der die konkrete Verletzungshandlung begangen hat oder begehen wird, unter bestimmten Voraussetzungen auch der Betriebsinhaber (§ 13 Abs. 4 UWG).[193]

113 **2. Abmahnung.** Die Abmahnung ist die von einem Wettbewerber, Verband etc. an einen Störer gerichtete vorprozessuale Aufforderung, sich für die Zukunft zu verpflichten, einen bereits begangenen oder bevorstehenden Wettbewerbsverstoß zu unterlassen, ver-

---

181 *Baumbach/Hefermehl* Einl. UWG Rdnr. 251 b, 256 ff.

182 BGH GRUR 1983, 186 f.; BGH GRUR 214 f.; BGH GRUR 1985, 937 f.

183 *Baumbach/Hefermehl* Einl. UWG Rdnr. 256 ff., 307 ff., 339 ff., 398 ff., 414 ff.

184 Zivilrechtliche Abwehransprüche (z.B. aus §§ 1004, 823 BGB) scheiden generell aus, vgl. BGH GRUR 1959, 244; BGH GRUR 1962, 319; BGH GRUR 1968, 95.

185 BGH GRUR 1966, 445 f.

186 Vgl. hierzu BGH GRUR 1956, 279; BGH GRUR 1967, 430.

187 Hierzu BGH GRUR 1982, 100; BGH GRUR 1986, 668.

188 Vgl. BGHZ 18, 175, 182; BGH GRUR 1966, 445.

189 *Schmeding* BB 1978, 735; *Pabst/Seeberger,* Das Wettbewerbsrecht in der Kapitalanlage-Branche, S. 10.

190 Hierzu BGH GRUR 1956, 279; BGH GRUR 1960, 379; BGH GRUR 1964, 397 f.; BGH GRUR 1965, 485 f.; KG Berlin WRP 1978, 51 und WRP 1982, 650; OLG Schleswig WRP 1982, 359; Mischverbände sind generell nicht klagebefugt; BGH GRUR 1983, 129; BGH GRUR 1984, 285; BGH GRUR 1985, 58; BGH GRUR 1986, 320 und 678.

191 BGH GRUR 1973, 78; BGH GRUR 1983, 775; für Verbände gelten die Grundsätze für die Tätigkeit von Wettbewerbsvereinigungen, vgl. BGH WRP 1982, 79.

192 Vgl. BGH GRUR 1987, 444.

193 Hierzu BGH GRUR 1971, 119; BGH GRUR 1973, 208; BGH GRUR 1955, 411; BGH GRUR 1959, 38.

bunden mit der Androhung gerichtlicher Maßnahmen für den Fall, daß die verlangte Erklärung nicht fristgerecht abgegeben wird.[194]

Die Abmahnung dient vornehmlich dem **Interesse des Verletzers,** dem der Wettbewerbsverstoß häufig nicht bewußt geworden ist[195] und dem Gelegenheit gegeben werden soll, durch Abgabe einer strafbewährten Unterlassungserklärung die Anrufung des Gerichts zu vermeiden.[196] 114

Ohne vorherige Abmahnung liegt grundsätzlich keine Veranlassung zur Erwirkung einer einstweiligen Verfügung oder Erhebung einer Klage vor, so daß der Kläger unter Kostengesichtspunkten (§ 93 ZPO) im eigenen Interesse gehalten ist, den Verletzer vorher abzumahnen (Abmahnlast).[197] Demgemäß muß eine Abmahnung folgenden Inhalt haben:[198] 115

– Bezeichnung der Verletzungshandlung,
– Unterlassungsverlangen,
– Unterwerfungsverlangen (Vertragsstrafe),
– Angemessene Fristsetzung,
– Androhung gerichtlicher Folgemaßnahmen.

Nur in Ausnahmefällen kann eine Abmahnung entbehrlich sein, insbesondere bei vorauszusehender Erfolgslosigkeit oder Unzumutbarkeit.[199] Sofern die Abmahnung unberechtigt ist, kann ihr der Betroffene widersprechen, eine sogenannte Schutzschrift bei Gericht einreichen,[200] (positive) Feststellungsklage erheben oder Unterlassung verlangen.[201] 116

3. Einstweilige Verfügung. Der Verletzte kann grundsätzlich wählen, ob er seinen Unterlassungsanspruch durch Klage oder durch einstweilige Verfügung gerichtlich geltend machen will.[202] Die einstweilige Verfügung ist regelmäßig das typische und zweckmäßige Mittel in Wettbewerbssachen, um einen schnellen (unberechtigten) Wettbewerbsvorteil zu verhindern.[203] 117

Zur Sicherung der im UWG bezeichneten Ansprüche können einstweilige Verfügungen auch erlassen werden, wenn die in den §§ 935, 940 ZPO bezeichneten Voraussetzungen nicht vorliegen (§ 25 UWG). 118

Für das einstweilige Verfügungsverfahren sind zu prüfen bzw. zu beachten:[204] 119

– Zuständigkeit,
– Eignung der Verfahrensart,
– Rechtsschutzbedürfnis,
– Verfügungsgrund (Dringlichkeit),
– Verfügungsanspruch/Begehungsgefahr,
– Vollziehung/Vollziehungsfrist,
– Verjährung,
– Vollstreckung.

---

194 HdB WettbewerbsR/*Gloy* § 63 Rdnr. 1.

195 OLG Koblenz WRP 1983, 700.

196 OLG Stuttgart WRP 1983, 362; hierzu eingehend HdB WettbewerbsR/*Gloy* § 63 Anm. 3.

197 OLG Bremen WRP 1972, 381; WRP 1970, 142; OLG Düsseldorf WRP 1979, 793; OLG Frankfurt WRP 1976, 775; weitere Nachweise in HdB WettbewerbsR/*Gloy* § 63 Rdnr. 4 Anm. 4.

198 HdB WettbewerbsR/*Gloy* § 63 Rdnr. 13 ff.; zur Formulierung vgl. Münchener Vertragshandbuch Bd. 3/Form. VII. 12 und Beck'sches Prozeßformularbuch 7. Aufl./Form. II.L.1.

199 Vgl. statt aller OLG München WRP 1982, 600; OLG Frankfurt GRUR 1985, 240; ferner HdB WettbewerbsR/*Gloy* § 63 Rdnr. 5 ff. und die dort in den Anm. 7–11 angeführte Rspr.

200 Eingehende Darstellung der Schutzschrift bei *May,* Die Schutzschrift im Arrest und Einstweiligen Verfügungs-Verfahren, 1983, passim.

201 *Baumbach/Hefermehl,* Einl. UWG Rdnr. 561.

202 *Stien/Jonas/Grunsky,* ZPO, vor § 916 Rdnr. 8; *Nirk/Kurtzke,* Wettbewerbsstreitigkeiten, 1980 Rdnr. 154.

203 HdB WettbewerbsR/*Spätgens* § 80 Rdnr. 8.

204 Hierzu i. e. HdB WettbewerbsR/*Spätgens* § 80.

120 Der erstrittene Verfügungstitel verschafft dem Antragsteller nur **vorläufigen** Rechtsschutz.[205] Die einstweilige Verfügung kann dadurch endgültig gemacht werden, daß der Antragsgegner durch ein entsprechendes Abschlußschreiben rechtsverbindlich und eindeutig auf die in Betracht kommenden Rechtsbehelfe (Widerspruch, Aufhebung gemäß §§ 936, 927 Abs. 1 ZPO oder § 926 ZPO) verzichtet und die einstweilige Verfügung als abschließende Regelung des Wettbewerbsstreits anerkennt.[206]

121 **4. Hauptsacheklage.** Läßt sich im einstweiligen Verfügungsverfahren eine endgültige Erledigung des Wettbewerbsstreits nicht erreichen, ist der Antragsteller grundsätzlich gehalten, die endgültige (materielle) Berechtigung seines Anspruchs in einem ordentlichen Prozeß zu prüfen und klären zu lassen, da die erstrittene einstweilige Verfügung während der gesamten Zeit ihres Bestehens (auch nach Vollziehung) von der Aufhebung bedroht ist.[207]

122 Der Antragsteller wird die Hauptsacheklage in der Regel als **Leistungsklage** erheben. Ist dies nicht möglich, kann auch eine (positive) Feststellungsklage in Betracht kommen, und zwar selbst dann, wenn der Antragsteller nach Fristsetzung gemäß §§ 936, 926 ZPO gezwungen wäre, eine von vornherein unbegründete Leistungsklage zu erheben.[208] Umgekehrt kann auch der Antragsgegner über eine negative Feststellungsklage eine Klärung der der einstweiligen Verfügung zugrundeliegenden Rechtsverhältnisse herbeiführen.[209]

123 Für die Erhebung der Hauptsacheklage ist besonders zu prüfen:[210]
– Klagebefugnis,
– Klagefrist,
– Klageantrag,
– Verbindung mit weiteren Klagen,
– Zuständigkeit.

124 Im übrigen folgt die Hauptsacheklage den allgemeinen Regeln.[211]

§ 5 Anlageberatung und Anlagevermittlung

Übersicht

---

[205] BGH GRUR 1967, 611.

[206] BGH GRUR 1987, 640; *Baumbach/Hefermehl* § 25 UWG Rdnr. 102; HdB WettbewerbsR/*Spätgens* §§ 93 und 94.

[207] BGH GRUR 1967, 611.

[208] BGH NJW 1974, 503; *Baumbach/Hefermehl* § 25 UWG Rdnr. 81.

[209] BGH WRP 1985, 212 ff.; *Stein/Jonas/Grunsky*, ZPO, § 926 Rdnr. 2; *Ahrens*, Wettbewerbsverfahrensrecht, S. 192.

[210] Vgl. hierzu im einzelnen HdB WettbewerbsR/*Spätgens* § 98 m. w. N.

[211] HdB WettbewerbsR/*Seibt* §§ 64 ff.

Schrifttum: *Assmann/Uwe H. Schneider,* Wertpapierhandelsgesetz, Köln 1995; *Bundschuh,* Die Haftung für die Verletzung der Aufklärungspflicht beim Vertrieb von Warenterminoptionen, WM 1985, 249; *Canaris,* Bankvertragsrecht, 2.Aufl. 1981; *Fischer,* Neue Entwicklungen in der Haftung für Rat und Auskunft, in: Köndgen (Hrsg.), Neue Entwicklungen im Bankhaftungsrecht, 1987, S. 95 ff.; *Heinsius,* Anlageberatung durch Kreditinstitute, ZHR 145 (1981) 177 ff.; *v. Heymann,* Bankenhaftung bei Immobilienanlagen, 9. Aufl., Frankfurt 1995; *Hoegen,* Einzelfragen zur Haftung bei Anlagevermittlung und Anlageberatung unter besonderer Berücksichtigung der Rechtsprechung des Bundesgerichtshofes, Festschrift für Stimpel, 1985, S. 247 ff.; *Hopt,* Der Kapitalanlegerschutz im Recht der Banken, 1975; *ders.,* Berufshaftung und Berufsrecht der Börsendienste, Anlageberater und Vermögensverwalter, Festschrift Fischer, 1979, S. 237 ff.; *ders.,* Aktuelle Rechtsfragen der Haftung für Anlage- und Vermögensberatung, 2. Aufl. 1985; *ders.,* Funktion, Dogmatik und Reichweite der Aufklärungs-, Warn- und Beratungspflichten der Kreditinstitute, in: Aufklärungs- und Beratungspflichten der Kreditinstitute – Der moderne Schuldturm?, Bankrechtstag 1992; Berlin/New York 1993; *Kiel,* Internationales Kapitalanlageschutzrecht, Berlin 1994; *Jost,* Vertragslose Auskunfts- und Beratungshaftung, Baden-Baden 1991; *Kühne-Büning/Heuer,* Grundlagen der Wohnungs- und Immobilienwirtschaft, 3. Aufl., Frankfurt 1994; *Kübler,* Anlageberatung durch Kreditinstitute, ZHR 145 (1981) 204 ff.; *ders.,* Müssen Anlageempfehlungen anlagegerecht sein?, Festschrift für Coing 1982, S. 193 ff.; *Lehmann,* Die zivilrechtliche Haftung der Banken für informative Angaben im deutschen und europäischen Recht, WM 1985, 181 ff.; *Otto,* Strafrechtliche Aspekte der Anlageberatung, WM 1988, 729; *Potthoff,* Aufklärungs- und Beratungspflichten bei Optionsscheingeschäften, WM 1993, 1319; *Raeschke-Kessler,* Bankenhaftung bei der Anlageberatung über neue Finanzprodukte, WM 1993, 1830; *Reul,* Informationspflicht und Informationsrisiko der Banken im Kapitalanlagegeschäft, Anlagepraxis 1983, 315 ff., 351 ff.; *Rümker,* Aufklärungs- und Beratungspflichten der Kreditinstitute aus der Sicht der Praxis, in: Aufklärungs- und Beratungspflichten der Kreditinstitute – Der moderne Schuldturm?, Bankrechtstag, 1992, Berlin/New York 1993; *Schäfer,* Haftung für fehlerhafte Anlageberatung und Vermögensverwaltung, 2. Aufl., Köln 1994 (RWS-Skript 240); *Vortmann,* Aufklärungs- und Beratungspflichten bei grenzüberschreitenden Bankdienstleistungen, WM 1993, 581; *Weisgerber/Jütten,* Das Zweite Finanzmarktförderungsgesetz, Köln, 1995.

1 Kapitalanlagen werden heute meist über Anlageberater oder Anlagevermittler vertrieben. Diese haben weitreichende Aufklärungs- und Beratungspflichten zu erfüllen. Davon abzugrenzen ist die Auskunftserteilung im Rahmen einer laufenden Geschäftsverbindung.

I. Abgrenzung: Anlageberatung – Anlagevermittlung – Auskunft

2 Anlageberatung, Anlagevermittlung und Auskunftserteilung begründen unterschiedliche Rechte und Pflichten, wobei die Grenzen zwischen Anlageberatung und Anlagevermittlung fließend sind.[1]

3 **1. Anlageberatung.** Bei der Anlageberatung zieht der Kapitalanleger einen unabhängigen individuellen Berater hinzu, weil er selbst keine ausreichenden wirtschaftlichen Kenntnisse und erst recht keinen genügenden Überblick über die wirtschaftlichen Zusammenhänge hat. Vom Anlageberater, dem der Anleger weitreichendes persönliches Vertrauen entgegenbringt, erwartet der Anleger nicht nur Informationen über Tatsachen, sondern insbesondere deren **fachkundige Bewertung** und Beurteilung unter Berücksichtigung seiner persönlichen Verhältnisse. Dabei haben im Wertpapierbereich Finanzdienstleistungsunternehmen die besonderen Informationspflichten nach § 31 Abs. 2 WpHG zu erfüllen.[2]

4 **2. Anlagevermittlung.** Von einem Anlagevermittler werden regelmäßig nur Auskünfte erwartet, wobei der **werbende** und **anpreisende** Charakter der **Informationen** sowie der geringere Erwartungshorizont des Anlageinteressenten zu berücksichtigen sind. Die Rechtsprechung nimmt demgemäß in der Regel lediglich einen – meist stillschweigend geschlossenen – Vertrag auf Auskunftserteilung an, der den Vermittler zwar zu richtiger und vollständiger Information über die für den Anlageentschluß wesentlichen tatsächlichen Umstände verpflichtet, nicht jedoch zu einer Bewertung dieser Umstände.[3]

5 **3. Auskunft.** Die Auskunftserteilung erfolgt regelmäßig im Rahmen einer **laufenden Geschäftsverbindung,** wie dies bei Kreditinstituten allgemein üblich ist.[4]Die Pflicht zu fehlerfreier Auskunftserteilung wird dann meist als Haupt- oder Nebenpflicht aus dieser Geschäftsverbindung abgeleitet.[5] Außerhalb bestehender Geschäftsverbindungen wird – wie bei der Anlagevermittlung – allgemein auf den meist stillschweigend abgeschlossenen Vertrag auf Auskunftserteilung zurückgegriffen, der den Auskunftsgeber zu vollständiger und richtiger Information verpflichtet.[6] Der gesetzlichen Regelung in § 676 BGB, wonach die Erteilung einer Auskunft generell keine Verpflichtung zum Schadensersatz auslöst, kommt kaum praktische Bedeutung zu.[7]

---

[1] *Hoegen,* Festschrift für Stimpel, S. 247 ff.

[2] BGHZ 74, 103 = WM 1979, 530 = NJW 1979, 1449 = BB 1980, 800 = DB 1979, 1219; BGH WM 1993, 1238 = NJW-RR 1993, 1144 = BB 1993, 1317 = DB 1993, 1996 = ZIP 1993, 997 = WuB I G 4.–7.93 *v. Heymann;* vgl. auch *Canaris,* Bankvertragsrecht, Rdnr. 1888; *Bruns/Rodrian,* Wertpapier und Börse, Nr. 437/Händler- und Beraterregeln; zum WpHG s. u. IV. Rdnr. 34 ff.

[3] BGH WM 1982, 90 = NJW 1982, 1095 = BB 1982, 329 = DB 1982, 482 = ZIP 1982, 169; BGHZ 74, 103 = WM 1979, 530 = NJW 1979, 1449 = BB 1980, 800 =DB 1979, 1219; OLG Oldenburg WM 1987, 169 = WuB IV A. § 276 BGB – 2.87 *Assmann.*

[4] Nr. 2 AGB-Banken und Nr. 3 AGB-Sparkassen i. d. F. v. 1. 1. 1993; vgl. auch die Grundsätze über die Erteilung von Bankauskünften, BAnz. Nr. 22 v. 2. 2. 1983 = ZIP 1983, 379; hierzu: *Weber,* Die Bank 1983, 162 f.; „Gemeinsames Kommuniqué über das Bankauskunftsverfahren", ZIP 1984, 1412, hierzu eingehend: *Weber,* Die Bank 1984, 530 und *Steuer,* Die Bank 1985, 564; ferner *Bruchner/Stützle,* Leitfaden zu Bankgeheimnis und Bankauskunft, 1986, S. 112 ff. m. w. N.

[5] *Fischer,* Haftung für Rat und Auskunft, S. 96; zur Bankauskunft vgl. auch *Baumbach/Hopt,* HGB 29. Aufl., VI. (7) Bankgeschäfte, A 14 f.

[6] Vgl. zum Meinungsstand *Sichtermann/Feuerborn/Kirchherr/Terdenge,* Bankgeheimnis und Bankauskunft, 1984, S. 398 f.

[7] *Musielak,* Haftung für Rat, Auskunft und Gutachten, 1974, passim.

II. Rechtsgrundlagen

Die Anlageberatung beruht meist auf einem entsprechenden Auskunfts- und/oder Beratungsvertrag, der auch im Zusammenhang mit einer Anlagevermittlung zustandekommen kann. Mit dem Anlagevermittler wird selten ein ausdrücklicher (schriftlicher) Vermittlungsvertrag geschlossen; er kommt meist stillschweigend zustande. Die Vereinbarung einer Provision ist üblich, aber nicht zwingend.[8] 6

1. Rechtsnatur. Auskunfts- oder Beratungsvertrag sind je nach Fallgestaltung Dienstvertrag mit Geschäftsbesorgungscharakter **(§§ 611, 675 BGB)** oder Werkvertrag (bei einmaliger Raterteilung, z. B. durch Steuerberater/Wirtschaftsprüfer).[9] 7

Bei Börsendiensten besteht regelmäßig ein gemischter Vertrag mit dienst- und kaufvertraglichen Elementen (Beratung – Verkauf des Druckwerkes),[10] beim Erwerb eines Wirtschaftsmagazins mit Börsenhandbüchern oder allgemeinen Anleitungsbüchern für Vermögensanlage dürften die kaufvertraglichen Elemente regelmäßig überwiegen. Der Vermittlungsvertrag ist i. d. R. Maklervertrag, wenn eine Vermittlungsprovision vereinbart wird.[11] 8

Unabhängig von der konkreten Vertragssituation haben Wertpapierdienstleistungsunternehmen die besonderen Informationspflichten nach § 31 Abs. 2 WpHG zu beachten.[12] 9

2. Beratungs- und Auskunftsvertrag. Der Beratung/Auskunft liegt regelmäßig ein entsprechender Vertrag zugrunde. Für den Abschluß eines Beratungsvertrages ist es ohne Bedeutung, ob der Anleger von sich aus bei seiner Geldanlage die Dienste und Erfahrungen der Bank in Anspruch nehmen will oder ob der Anlageberater der Bank den Anleger aufgefordert hat, ihn zu einem Gespräch über die Wiederanlage fällig gewordener Sparsummen aufzusuchen.[13] 10

Der Beratungs- und Auskunftsvertrag kommt mangels ausdrücklicher Vereinbarung meist stillschweigend zustande. Die Rechtsprechung nimmt regelmäßig einen stillschweigend abgeschlossenen Beratungs- oder Auskunftsvertrag an, wenn 11
- die Auskunft für den Empfänger erkennbar von erheblicher Bedeutung ist und diesem als Grundlage für **Vermögensdispositionen** dient,
- der Auskunftsgeber sich als **sachkundig** bezeichnet oder
- der Auskunftsgeber ein eigenes **wirtschaftliches Interesse** hat.[14]

Tritt ein Anlageinteressent an eine Bank oder der Anlageberater einer Bank an einen Kunden heran, um über die Anlage eines Geldbetrages beraten zu werden bzw. zu beraten, so wird das darin liegende Angebot zum Abschluß eines Beratungsvertrages stillschweigend durch Aufnahme des Beratungsgesprächs angenommen.[15] 12

---

[8] BGH WM 1984, 1075 = NJW 1984, 2524 = BB 1984, 1577 = DB 1984, 1920 = ZIP 1984, 1080 = VersR 1984, 891.

[9] BGHZ 70, 356 = WM 1978, 306 = NJW 1978, 997 = BB 1978, 980 = DB 1978, 1170; OLG München BB 1980, 717; OLG Saarbrücken BB 1978, 1434; *Hoegen,* Festschrift für Stimpel, S. 247 ff.; a. A. *Martens,* NJW 1977, 766.

[10] BGHZ 70, 356 = WM 1978, 306 = NJW 1978, 997 = BB 1978, 980 = DB 1978, 1170; *Hopt,* Festschrift für Fischer, 1979, S. 237, 240 f.; a. A. *Schröder* NJW 1980, 2279, 2281.

[11] Vgl. *Hopt,* Haftung für Anlage- und Vermögensberatung, S. 11; BGH WM 1977, 334.

[12] S. u. IV Rdnr. 34 ff.

[13] BGHZ 123, 126 = WM 1993, 1455 = NJW 1993, 2433 = BB 1993, 1903 = DB 1993, 1869 = ZIP 1993, 1148 = WuB I G 4.–9.93 *Schwark.*

[14] St. Rspr., vgl. z. B. BGH WM 1979, 548 = NJW 1979, 1595 = BB 1979, 960 = DB 1979, 1268; BGHZ 74, 103 = WM 1979, 530 = NJW 1979, 1449 = BB 1980, 800 = DB 1979, 1219; BGH WM 1980, 527; BGH WM 1982, 1201; BGH WM 1985, 381; BGH WM 1989, 1836 = NJW 1990, 513 = BB 1989, 2432 = DB 1990, 218 = ZIP 1989, 1532 = WuB I B 4.–1.90 *Pues;* BGH WM 1993, 1238 = NJW-RR 1993, 1144 = BB 1993, 1317 = DB 1993, 1966 = ZIP 1993, 997 = WuB I G 4.–7.93 *v. Heymann.*

[15] BGHZ 100, 117 = WM 1987, 495 = NJW 1987, 1815 = BB 1987, 850 = DB 1987, 980 = ZIP 1987, 500 = WuB I G 4.–5.87*Assmann.*

13 Das Fehlen sonstiger vertraglicher Beziehungen schließt einen derartigen haftungsbegründenden Beratungs- bzw. Auskunftsvertrag nicht aus. Die Vereinbarung eines Entgeltes ist nicht notwendig.[16] Ist eine Bankauskunft von keinem der Gesprächspartner gewollt, so entfaltet der Inhalt eines privaten Gesprächs auf einem Erntedankfest auch bei Weitergabe an Dritte keine rechtsgeschäftlichen Wirkungen.[17]

14 Die Erklärung, die Auskunft sei unverbindlich („ohne unser Obligo"), schließt in der Regel die Annahme eines Auskunfts- bzw. Beratungsvertrages nicht aus, sondern bedeutet – sofern überhaupt zulässig – allenfalls eine Freizeichnung von der Haftung.[18] Entscheidend ist jedoch stets, ob es sich um eine bloße Anlagevermittlung oder um eine mit weiterreichenden Pflichten verbundene Anlageberatung handelt.[19]

15 **3. Quasi-Vertrag.** Auch wenn zwischen Anleger und Anlageberater keine vertraglichen Verbindungen bestehen, können sich gleichwohl quasi-vertragliche Rechte bzw. Pflichten ergeben. Inbesondere bei Haftungsfragen kann der Geschäftsverbindung zwischen Anlageberater (z. B. Bank) und Wertpapieranleger im Hinblick auf das bestehende Vertrauensverhältnis besondere Bedeutung zukommen. Das Vertrauensverhältnis besteht unabhängig von der Dauer der Geschäftsverbindung schon beim ersten Kontakt, selbst wenn die Geschäftsverbindung danach abbricht.[20]

16 Neben der Bankauskunft und der Haftung aus Wertpapierberatung greift die Rechtsprechung häufig auch auf das Rechtsinstitut der **culpa in contrahendo** (Verschulden bei Vertragsschluß) zurück. Danach ergeben sich für alle an einer Kapitalanlage Beteiligten aufgrund entgegengebrachten Vertrauens vorvertragliche Aufklärungs-, Beratungs- und Prüfungspflichten über Risiken und sonstige wesentliche Umstände, wenn der Vertrauenstatbestand in zurechenbarer Weise geschaffen wurde und sich der Vertragspartner berechtigterweise darauf verlassen durfte.[21]

17 **4. Vertrag mit Schutzwirkung zugunsten Dritter.** Bei unrichtigen Auskünften können auch Dritte nach dem allgemein anerkannten Rechtsinstitut des Vertrages mit Schutzwirkung zugunsten Dritter Ansprüche gegen den Auskunftsgeber geltend machen, wenn der Vertrag nach seinem Sinn und Zweck und mit Rücksicht auf Treu und Glauben den Einschluß des Dritten in seinen Schutzbereich erfordern und der Gläubiger die ihm geschuldete Sorge erkennbar auch auf den Dritten bezieht, für den er seinerseits Verantwortung trägt.[22] Dies gilt z. B. für eine unrichtige Kreditauskunft, mit der sich eine Bank an Personen wendet, die ihrem Kunden zur Restfinanzierung eines Bauvorhabens (Luxushotel) Darlehen gewähren sollen[23] oder für Wirtschaftsprüfertestate.[24]

---

[16] BGH WM 1983, 263 = NJW 1983, 1730 = DB 1983, 984 = ZIP 1983, 433 = VersR 1983, 445; BGH WM 1984, 1075 = NJW 1984, 2524 = BB 1984, 1577 = DB 1984, 1920 = VersR 1984, 891; BGH WM 1985, 450 = DB 1985, 1464 = ZIP 1985, 398.

[17] BGH WM 1990, 1990 = NJW 1991, 352 = BB 1990, 2291 = DB 1990, 2516 = WuB I B 4.–1.91 *v. Heymann.*

[18] BGH WM 1970, 1021 = NJW 1970, 1737; BGH WM 1972, 583 = NJW 1972, 1200; BGH WM 1973, 635.

[19] OLG Oldenburg WM 1987, 169 = WuB IV A. § 276 BGB 2.87 *Assmann.*

[20] *Hopt,* Haftung für Anlage- und Vermögensberatung, S. 13; *Heinsius* ZHR 145 (1981) 177 ff.; *Kübler* ZHR 145 (1981) 204 ff.; vgl. auch OLG Frankfurt WM 1985, 253 = WuB I B 4. Bankauskunft 1.85 *Weber.*

[21] BGHZ 79, 337 = WM 1981, 483 = NJW 1981, 1449 = BB 1981, 865 = DB 1981, 1274 = ZIP 1981, 518; BGH WM 1989, 685 = NJW-RR 1989, 627 = BB 1989, 729 = DB 1989, 1022 = ZIP 1989, 514 = WuB IV A. § 276 BGB 3.89 *Emmerich.*

[22] BGHZ 75, 321 = WM 1980, 30 = NJW 1980, 589 = BB 1980, 120 = DB 1980, 295; BGH WM 1993, 897 = NJW-RR 1993, 944 = WuB IV A. § 328 BGB - 1.93 *Bayer; Altenburger* WM 1994, 1587; *Lang* WM 1988, 1001; *Schulze* JuS 1983, 81 ff.

[23] BGH WM 1982, 1251 = NJW 1983, 276.

[24] BGH WM 1993, 897= NJW-RR 1993, 944 = WuB IV A. § 328 BGB – 1.93 *Bayer.*

III. Beratungs- und Auskunftspflichten

Im Rahmen der Anlageberatung obliegen dem Anlageberater mehr oder weniger umfassende Auskunfts- und Beratungspflichten, unter besonderen Umständen auch Nachforschungspflichten in bezug auf die Richtigkeit und Vollständigkeit der gegebenen Informationen. Wertpapierdienstleistungsunternehmen sind dabei nach § 31 Abs. 2 WpHG verpflichtet, von ihren Kunden Angaben über ihre Erfahrungen oder Kenntnisse, über ihre mit den Geschäften verfolgten Zielen und über ihre finanziellen Verhältnisse zu verlangen, soweit dies zur Wahrung der Kundeninteressen und im Hinblick auf Art und Umfang der Geschäfte erforderlich ist. 18

1. Auskunfts- und Beratungspflicht bei Anlageberatung. Dem Anlageberater obliegt zunächst eine umfassende Informationspflicht, d. h. dem Anleger müssen alle diejenigen Informationen geliefert werden, die für die jeweilige Anlageentscheidung wesentliche Bedeutung haben oder haben können. Diese Informationen müssen wahrheitsgemäß und sorgfältig, insbesondere richtig und vollständig erteilt werden. Darüber hinaus ist der Anlageberater bei entsprechendem Auftrag verpflichtet, die ihm vom Anleger gegebenen Informationen und Unterlagen unter Berücksichtigung der Anlageziele und Risikobereitschaft des Anlegers **fachkundig** zu **bewerten** und zu **beurteilen.**[25] Bei der Anlageberatung sind zum einen **personenbezogene** und zum anderen **objektbezogene** Kriterien zu beachten: 19

Zu den Umständen in der **Person des Anlegers** gehören insbesondere dessen Wissensstand über Anlagegeschäfte der vorgesehenen Art und dessen Risikobereitschaft; zu berücksichtigen ist also vor allem, ob es sich bei dem Kunden um einen erfahrenen Anleger mit einschlägigem Fachwissen handelt und welches Anlageziel der Kunde verfolgt. Sind diese Umstände nicht bekannt, müssen Informationsstand und Anlageziel des Kunden erfragt werden.[26] Dabei muß insbesondere festgestellt werden, ob das beabsichtigte Anlagegeschäft der sicheren Geldanlage dienen soll oder spekulativen Charakter hat. Unter Berücksichtigung des festgestellten Anlageziels muß die empfohlene Anlage dann auf die persönlichen Verhältnisse des Anlegers zugeschnitten, **„anlegergerecht"** sein.[27] 20

In bezug auf das **Anlageobjekt** hat sich die Beratung auf diejenigen Eigenschaften und Risiken zu beziehen, die für die jeweilige Anlageentscheidung wesentliche Bedeutung haben oder haben können (sogen. „anlage"- bzw. produktbezogene Beratung).[28] Dabei ist zwischen den allgemeinen Risiken wie Konjunktur Inflation, Entwicklung des Marktes und den speziellen Risiken zu unterscheiden, die sich aus den individuellen Gegebenheiten des Anlageobjektes ergeben, insbesondere Kurs-, Zins- und Währungsrisiko bei Wertpapieren oder Objektrisiken bei Immobilien. Für den Umfang der Beratung durch eine Bank ist hier insbesondere von Bedeutung, ob sie das Anlageobjekt in ein von ihr zusammengestelltes Anlageprogramm aufgenommen hat und sie dieses Anlageprogramm zur Grundlage ihrer Beratung macht.[29] 21

2. Aufklärungspflicht bei Anlagevermittlung. Auch der Anlagevermittler ist regelmäßig zu richtiger und vollständiger Information über die für den Anlageentschluß wesentlichen tatsächlichen Umstände verpflichtet, nicht jedoch zu einer Bewertung dieser Um- 22

---

[25] BGH WM 1982, 90 = NJW 1982, 1095 = BB 1982, 329 = DB 1982, 482; BGH WM 1985, 381; BGH WM 1987, 531 = WuB I G 4.–6.87 *Assmann;* OLG Oldenburg WM 1987, 169 = WuB IV A. § 276 BGB – 2.87 *Assmann; Hoegen,* Festschrift für Stimpel, S. 247, 250 f.; *Lehmann* WM 1985, 181 ff.; OLG Köln WM 1989, 402.

[26] BGHZ 123, 126 = WM 1993, 1455 = NJW 1993, 2433 = BB 1993, 1903 = DB 1993, 1869 = ZIP 1993, 1148 = WuB I G 4.–9.93 *Schwark.*

[27] BGH WM 1982, 90 = NJW 1982, 1095 = BB 1982, 329 = DB 1982, 428 = ZIP 1982, 169.

[28] BGH WM 1987, 531 = NJW-RR 1987, 936 = WuB I G 4. –6.87 *Assmann.*

[29] BGHZ 100, 117 = WM 1987, 495 = NJW 1987, 1815 = BB 1987, 850 = DB 1987, 980 = ZIP 1987, 500 = WuB I G.–5.87 *Assmann;* BGHZ 123, 126 = WM 1993, 1455 = NJW 1993, 2433 = BB 1993, 1903 = DB 1993, 1869 = ZIP 1993, 148 = WuB I G. 4.–9.93 *Schwark.*

stände. Damit wird dem Anleger das wirtschaftliche Risiko der Anlage nicht abgenommen; er soll aber die Möglichkeit erhalten, das Risiko seiner Kapitalinvestition zu erkennen.[30]

23 Die Informationspflicht entfällt bei mangelnder **Aufklärungsbedürftigkeit** des Anlegers, bei Wertpapiergeschäften gemäß § 31 Abs. 2 WpHG insoweit, als dies zur Wahrung des Kundeninteresses und im Hinblick auf Art und Umfang der Geschäfte erforderlich ist.[31] Der Aufklärungspflichtige muß dabei keine positive Kenntnis davon haben, daß der Anleger die Risiken des Objekts tatsächlich erkannt hat. Dem Aufklärungspflichtigen muß nur erkennbar gewesen sein, daß der Anleger die Risiken aufgrund ihm zur Verfügung stehender Unterlagen hat erkennen können.[32]Ist der Anleger z. B. selbst in den Vertrieb des von ihm erworbenen Objekts eingeschaltet gewesen, dann muß er auch sich selbst gegenüber diejenigen Sorgfaltspflichten gelten lassen, die ihn als Anlagevermittler gegenüber Dritten trafen.[33] Im allgemeinen sind wirtschaftlich wenig erfahrene Kunden aufklärungsbedürftig, insbesondere, wenn es sich um neue Finanzprodukte handelt.[34]

24 Der Anlagevermittler genügt nicht schon dadurch seiner vertraglichen oder vertragsähnlichen Aufklärungspflicht, wenn er seinem Kunden schriftliche Unterlagen überläßt, aus denen dieser dann die erforderlichen Erkenntnisse entnehmen kann. Ein Kapitalanleger, der einen Vermittler wegen einer umfassenden Aufklärung aufsucht, erwartet mehr als Material zur eigenen Durchsicht. Er will dieses Material in Einzelheiten und erschöpfend erläutert bekommen, um das Anlagerisiko weitgehend einschätzen zu können. Demgemäß muß der Anlagevermittler dann, wenn das schriftliche Material widersprüchlich ist, die vorhandenen Widersprüche aufdecken und erklären, also falsche Angaben eines Prospektes oder einer Stellungnahme ausdrücklich richtigstellen, wenn diese nicht offensichtlich unwesentlich für den Beitrittsentschluß sind.[35]

25 **3. Nachforschungspflicht.** In welchem Umfang Anlageberater und Anlagevermittler Nachforschungen über die Verläßlichkeit der erteilten Informationen anstellen müssen, hängt im wesentlichen von den Umständen des Einzelfalles ab, insbesondere davon, ob die Bank das Anlageprodukt in ihr Anlageprogramm aufgenommen hat. Das gilt vor allem dafür, in welchem Umfang Nachforschungen über die Verläßlichkeit der erteilten Informationen angestellt werden müssen. Insofern ist maßgebend, wieweit im konkreten Fall das schutzwürdige Vertrauen des Informationsempfängers auf die Richtigkeit der ihm gemachten Angaben reicht. Danach richtet sich, welche Nachforschungen redlicherweise verlangt werden können.[36]

26 Begründet wird diese umfassende Aufklärungs- und ggf. Nachforschungspflicht von der Rechtsprechung mit der wirtschaftlichen Bedeutung und den Risiken einer Anlageentscheidung und dem Hinweis, daß der Interessent im Gegensatz zum Anlageberater bzw.

---

[30] BGHZ 80, 80 = WM 1981, 374 = NJW 1981, 1266 = BB 1981, 695 =DB 1981, 1132; BGH WM 1985, 81 = NJW 1986, 123 = BB 1985, 886 = DB 1985, 331 = ZIP 1985, 272; BGH WM 1986, 734; BGH WM 1987, 531 = WuB I G 4.–6.87 *Assmann.*

[31] BGH WM 1980, 284; BGH WM 1981, 876; BGH WM 1988, 41 = WuB I E 1.–6.88 *Kessler*; BGHZ 123, 126 = WM 1993, 1455 = NJW 1993, 2433 = BB 1993, 1903 = DB 1993, 1869 = ZiP 1993, 1148 = WuB I G 4.–9.93 *Schwark.*

[32] BGH WM 1989, 1368 = NJW 1989, 2881 = BB 1989, 1713 = DB 1989, 2374 = ZIP 1989, 1184 = WuB IV A. § 166 BGB 1.89 *Obermüller.*

[33] BGH WM 1988, 1685 = NJW-RR 1989, 150 = BB 1988, 2270 = DB 1988, 2629 = ZIP 1988, 1464 = WuB I B 7.–1.89 *v. Heymann;* BGH WM 1992, 432 = NJW-RR 1992, 531 = DB 1992, 1084 = WuB I G 7.–4.92 *v. Heymann.*

[34] BGH WM 1992, 1355 = NJW 1992, 2560 = DB 1992, 2543 = ZIP 1992, 1220 = WuB I E 1.–13.92 *Eckert;* BGH WM 1981, 552 = NJW 1981, 1440; BGH WM 1991, 127 = NJW 1991, 1106 = BB 1991, 644 = DB 1991, 380 = ZIP 1991, 87 = WuB I G 4.–3.91 *Nassall.*

[35] BGH WM 1983, 263 = NJW 1983, 1730 = DB 1983, 984 = ZIP 1983, 433 = VersR 1983, 445.

[36] BGHZ 70, 356 = WM 1978, 306 = NJW 1978, 997 = BB 1978, 980 = DB 1978, 1170; BGH WM 1984, 34 = NJW 1984, 355 = ZIP 1984, 70.

Anlagevermittler zumeist selbst keine oder nur **geringe Überprüfungsmöglichkeiten** hat. Die Aufklärung nimmt dem Interessenten das Risiko des Anlagegeschäftes nicht ab, sondern gibt ihm vielmehr erst die Möglichkeit, das wirkliche und ohnehin bestehende Risiko der Kapitalanlage zu erkennen.[37] Eine Bank muß bei einer als „bankgeprüft" vermittelten Beteiligung an einer Abschreibungsgesellschaft für die Richtigkeit der im Prospekt gemachten Angaben einstehen und kann sich insoweit nicht auf die Prüfung Dritter berufen.[38]

Soweit einem Anlagevermittler oder Anlageberater nicht die erforderlichen Angaben 27 und Unterlagen für die von ihm zu vertreibende Kapitalanlage zur Verfügung stehen, ist er verpflichtet, sich diese zu beschaffen und davon ggf. seine Vertriebs- und Beratungstätigkeit abhängig zu machen.[39] Eine Sparkasse darf die ihr zu Beratungszwecken überlassenen Prospekte nicht ungeprüft übernehmen, sondern muß sie durch eigene sachverständige und kritische Durchsicht auf Plausibilität prüfen. Der Kunde, der über das Angebot Auskünfte wünscht, kann andererseits davon ausgehen, daß das ihm überlassene Informationsmaterial zumindest auf Plausibilität überprüft worden ist.[40]

Stellt der Vermittler eine Kapitalanlage als sicher hin, obwohl seine Informationsgrund- 28 lagen hierfür erkennbar nicht ausreichen, dann verletzt er seine Aufklärungspflicht. Anlagevermittler haben über die für ihre Betätigung nötigen und erwarteten Kenntnisse zu verfügen oder offen zu legen, daß dies nicht der Fall ist. Der Vermittler muß sich also selber sehr genau über die Wirtschaftlichkeit der von ihm vermittelten Anlage informieren oder aber dem Anleger klar und deutlich erklären, daß ihm gesicherte Informationen hierüber nicht zur Verfügung stehen.[41] Notfalls muß der Berater darauf hinweisen, daß ihm keine näheren Angaben vorliegen.

4. Offenbarungspflicht. Auch das **Unterlassen gebotener Informationen** kann 29 Schlechterfüllung sein.[42] Eine Beratung kann dadurch falsch sein, daß dem Anleger Tatsachen nicht offenbart werden, die den erteilten Rat als bedenklich erscheinen lassen würden. Diese müssen dem Interessenten mitgeteilt werden, damit er Risiko und Tragweite seiner Entscheidung selbst ausreichend beurteilen oder, falls er dazu nicht in der Lage ist, sich ein solches Urteil durch weitere Rückfragen und die Bitte um nähere Erläuterung der Verhältnisse verschaffen kann.[43]

Der Berater/Vermittler darf ihm bekannte beachtliche Bedenken gegen die Sicherheit 30 einer empfohlenen Anlage nicht zurückhalten, auch wenn er persönlich der Auffassung sein mag, daß das Unternehmen die gegenwärtigen Schwierigkeiten überwinden wird. Eine Pflicht, auch die ungünstigen Tatsachen offenzulegen, muß insbesondere dann angenommen werden, wenn die beratende Bank Hauptgläubigerin des zur Anlage empfohlenen Unternehmens ist, der auch sämtliche erreichbaren Werte zur Sicherung eines erheblichen Debets übertragen worden sind, und deshalb Zweifel bestehen können, ob ihre

[37] BGHZ 70, 356 = WM 1978, 306 = NJW 1978, 997 = BB 1978, 980 = DB 1978, 1170; BGH WM 1984, 34 = NJW 1984, 355 = ZIP 1984, 70; BGH WM 1988, 1685 = NJW-RR 1989, 150 = BB 1988, 2270 = DB 1988, 2629 = ZIP 1988, 1464 = WuB I G 7.–1.89 *v. Heymann.*

[38] BGHZ 79, 337 = WM 1981, 483 = NJW 1981, 1449 = BB 1981, 865 = DB 1981, 1274 = ZIP 1981, 518; BGH WM 1984, 889 = NJW 1984, 2523 = BB 1984, 1254 = DB 1984, 1671 = ZIP 1984, 1086; BGH WM 1986, 517 = ZIP 1986, 562 = WuB I G 8.–5.86 *v. Heymann.*

[39] BGHZ 74, 103 = WM 1979, 530 = NJW 1979, 1449 = BB 1980, 800 = DB 1979, 1219.

[40] BGHZ 100, 117 = WM 1987, 495 = NJW 1987, 1815 = BB 1987, 850 = DB 1987, 980 = ZIP 1987, 500 = WuB I G 4.–5.87 *Assmann.*

[41] BGH WM 1993, 1238 = NJW-RR 1993, 1144 = BB 1993, 1317 = DB 1993, 1966 = ZIP 1993, 997 = WuB I G 4.–7.93 *v. Heymann;* OLG Hamm WM 1993, 241 = WuB I G 4.–3.93 *Medicus.*

[42] BGHZ 72, 382 = WM 1979, 141 = NJW 1979, 718 = BB 1979, 239 = DB 1979, 396; BGH WM 1988, 48 = BB 1988, 163 = DB 1988, 176 = ZIP 1988, 316 = WuB IV A. § 463 BGB – 1.88 *Emmerich.*

[43] BGH WM 1973, 164 = NJW 1973, 456.

pauschale Beurteilung der künftigen Unternehmensentwicklung unbefangen und in keiner Weise interessenbestimmt ist.[44]

31 **5. Besondere Sorgfaltspflichten.** Den Anlageberater/Anlagevermittler trifft eine erhöhte Sorgfaltspflicht, wenn er in besonderem Maße **persönliches Vertrauen** in Anspruch nimmt, das sich auf seine vielfältige Berufserfahrung und Sachkunde oder auf seine besondere persönliche Zuverlässigkeit gründet, so daß er eine zusätzliche Gewähr für die Richtigkeit der gemachten Angaben bietet. Er muß eigene Ermittlungen anstellen und darf die Angaben Dritter nicht ungeprüft übernehmen und weitergeben.[45]

32 Dem Kapitalanleger dürfen danach grundsätzlich nur solche Auskünfte gegeben werden, von deren Richtigkeit, Vollständigkeit und Zuverlässigkeit sich der Berater oder Auskunftserteilende aufgrund eigener sorgfältiger Prüfung überzeugt hat. Dies gilt insbesondere für eine Sparkasse, die ein Anlageobjekt (z. B. Immobilienfonds) in ihre Angebotspalette aufgenommen hat; sie darf die ihr überlassenen Prospekte nicht ungeprüft übernehmen, sondern muß sie durch eigene sachverständige und kritische Durchsicht auf Plausibilität prüfen.[46]

33 Nimmt der auf der Anbieterseite stehende Anlagevermittler für sich in Anspruch, er verfüge über eingehende Informationen, wie sie ein Anlageberater üblicherweise nicht habe und läßt er sich seine Vermittlungstätigkeit mit einer „Beratungsgebühr" entlohnen, dann kann der Anleger von ihm die besondere Sorgfalt eines unabhängigen individuellen Beraters erwarten, dem weitreichendes persönliches Vertrauen entgegengebracht wird und der deshalb besonders differenziert und fundiert beraten muß.[47]

IV. Verhaltensregeln für Wertpapierdienstleistungsunternehmen

34 Seit dem 1. Januar 1995 gelten für die Durchführung von Wertpapiergeschäften die Verhaltensregeln des Wertpapierhandelsgesetzes (WpHG).[48] Damit will der Gesetzgeber den Verbraucherschutz in der Anlageberatung weiter verbessern und einen angemessenen, den Belangen des Anlegerschutzes genügenden Ausgleich zwischen Anlegern und Eigeninteressen der Bank sicherstellen.

35 **1. Begriffsbestimmungen. Wertpapierdienstleistungsunternehmen** im Sinne des Wertpapierhandelsgesetzes sind Kreditinstitute mit Sitz im Inland sowie Zweigstellen von Unternehmen im Sinne des § 53 Abs. 1 S. 1 und des § 53 b Abs. 1 S. 1 des Gesetzes über das Kreditwesen (KWG) oder von Unternehmen, die aufgrund einer Rechtsverordnung gemäß § 53 c KWG gleichgestellt oder freigestellt sind sowie andere Unternehmen mit Sitz im Inland, die an einer inländischen Börse zur Teilnahme am Handel zugelassen sind und die Wertpapierdienstleistungen erbringen.

36 Unter **Wertpapierdienstleistungen** versteht das Wertpapierhandelsgesetz

1. die Anschaffung und die Veräußerung von Wertpapieren oder Derivaten für andere,
2. die Anschaffung und die Veräußerung von Wertpapieren oder Derivaten im Wege des Eigenhandels für andere,
3. die Vermittlung von Geschäften über die Anschaffung und die Veräußerung von Wertpapieren oder Derivaten, wenn der Umfang der Dienstleistungen einen in kaufmännischer Weise eingerichteten Geschäftsbetrieb erfordert.

---

[44] BGH WM 1973, 164 = NJW 1973, 456.

[45] BGHZ 74, 103 = WM 1979, 530 = NJW 1979, 1449 = BB 1980, 800 = DB 1979, 1219.

[46] BGHZ 100, 117 = WM 1987, 495 = BB 1987, 850 = DB 1987, 980 = ZIP 1987, 500 = WuB I G 4.–5.87 *Assmann.*

[47] BGHZ 111, 314 = WM 1990, 1276 = NJW 1990, 2461 = BB 1990, 1437 = DB 1990, 1913 = ZIP 1990, 928 = WuB I G 9.–1.90 *v. Heymann;* BGH WM 1990, 1658 = WuB I G 4.–12.90 *v. Heymann.*

[48] BGBl. I 1994, 1749 ff.; vgl. im einzelnen die Kommentierung von *Assmann/Uwe H. Schneider,* WpHG.

Wertpapiere im Sinne des Wertpapierhandelsgesetzes sind Aktien, Zertifikate, die Aktien vertreten, Schuldverschreibungen, Genußscheine, Optionsscheine und andere Wertpapiere, die mit Aktien oder Schuldverschreibungen vergleichbar sind, wenn sie auf einem Markt gehandelt werden können, der von staatlich anerkannten Stellen geregelt und überwacht wird, regelmäßig stattfindet und für das Publikum unmittelbar oder mittelbar zugänglich ist. 37

Derivate im Sinne des Wertpapierhandelsgesetzes sind an einem inländischen oder ausländischen Markt gehandelte Rechte, deren Börsen- oder Marktpreis unmittelbar oder mittelbar von der Entwicklung des Börsen- oder Marktpreises von Wertpapieren oder ausländischen Zahlungsmitteln oder der Veränderung von Zinssätzen abhängt. 38

2. Allgemeine Verhaltensregeln. Nach § 31 des Wertpapierhandelsgesetzes sind Wertpapierdienstleistungsunternehmen verpflichtet, 39

1. Wertpapierdienstleistungen mit der erforderlichen Sachkenntnis, Sorgfalt und Gewissenhaftigkeit im Interesse ihrer Kunden zu erbringen,
2. sich um die Vermeidung von Interessenkonflikten zu bemühen und dafür zu sorgen, daß bei unvermeidbaren Interessenkonflikten der Kundenauftrag unter der gebotenen Wahrung des Kundeninteresses ausgeführt wird.

Wertpapierdienstleistungsunternehmen sind weiterhin verpflichtet, 40

1. von seinen Kunden Angaben über ihre Erfahrungen oder Kenntnisse in Geschäften, die Gegenstand von Wertpapierdienstleistungen sein sollen, über ihre mit den Geschäften verfolgten Ziele und über ihre finanziellen Verhältnisse zu verlangen
2. seinen Kunden alle zweckdienlichen Informationen mitzuteilen,

soweit dies zur Wahrung der Interessen der Kunden und im Hinblick auf Art und Umfang der beabsichtigten Geschäfte erforderlich ist.

Diese Regeln gelten auch für Unternehmen mit Sitz im Ausland, die Wertpapierdienstleistungen gegenüber Kunden erbringen, die ihren gewöhnlichen Aufenthalt oder ihre Geschäftsleitung im Inland haben, sofern nicht die Wertpapierdienstleistung einschließlich der damit im Zusammenhang stehenden Nebenleistungen ausschließlich im Ausland erbracht wird. 41

Aufgrund der gesetzlichen Neuregelung soll der Anleger zukünftig Auskunft geben über seine bisherigen Erfahrungen oder Kenntnisse in Wertpapiergeschäften, über die mit der beabsichtigten Anlage verfolgten Ziele sowie über seine finanziellen Verhältnisse. Aufgrund dieser Angaben muß dann das Dienstleistungsunternehmen den Kunden über die individuelle Vertretbarkeit der beabsichtigten Anlage beraten. (Grundsatz der **anlegergerechten Beratung**). Darüber hinaus sind Wertpapierdienstleistungsunternehmen verpflichtet, ihren Kunden die für die Anlageentscheidung zweckdienlichen produktbezogenen Risikoinformationen zu geben (Grundsatz der **anlagegerechten Beratung**). Beide Pflichten stehen jedoch unter dem Vorbehalt, daß ihre Erfüllung nur insoweit geboten ist, als dies „zur Wahrung der Interessen des Kunden und im Hinblick auf Art und Umfang der beabsichtigten Geschäfte erforderlich ist." 42

Die gesetzlichen Verhaltensregeln kann das Dienstleistungsunternehmen nur erfüllen, wenn ihm vom Kunden entsprechende Angaben zur Verfügung stehen. Der Anleger ist jedoch gesetzlich nicht verpflichtet, die von ihm erbetenen Angaben zu machen. 43

Für eine anleger- und anlagegerechte Beratung benötigt ein Wertpapierdienstleistungsunternehmen im wesentlichen folgende Angaben: 44

- **Persönliche Daten** mit Beruf/Position und Güterstand, Angaben zu den Einkommens- und Vermögensverhältnissen (Vermögen, Verbindlichkeiten, Einkünfte, Ausgaben, frei verfügbares Einkommen pro Jahr).
- **Bisheriges Anlageverhalten** in Bezug auf getätigte Geschäfte (z. B. festverzinsliche Wertpapiere, Investmentfonds, Aktien, Optionsscheine, Börsentermingeschäfte und sonstige wertpapierbezogene oder komplexere Anlageformen wie geschlossene oder offene Immobilienfonds, Optionsanleihen oder Genußscheine, jeweils unterschieden nach

Inlands- bzw. DM-bezogenen Anlagen und Auslands- bzw. währungsbezogene Anlagen), Umfang der Geschäfte je Auftrag und Anzahl pro Jahr, ggf. Rahmen der kreditfinanzierten Geschäfte.

– **Künftig verfolgte Anlageziele.** Die verfolgte Anlagestrategie kann beispielhaft in fünf Anlageziele eingeteilt werden:

1. *Sicherheit:* Gesichertes Zinseinkommen bei Substanzerhaltung mit kurzfristigen Risiken aus Kursschwankungen, aber mittel-/langfristig kein Vermögensverlust (z. B. Anleihen der deutschen öffentlichen Hand, DM-Geldmarktfonds).

2. *Konservativ:* Höhere Zinseinkommen, mögliche Kursgewinne mit Kursrisiken aus Zinsschwankungen, geringe Bönitätsrisiken (d. h. Kapitalverlust unwahrscheinlich), mögliche Kapitaleinbußen aus Währungsverlusten (z. B. DM-Anleihen guter und sehr guter Bonität, Investmentfonds ausländischer Renten).

3. *Risikobewußt:* Ertragserwartung liegt über normalem Zinsniveau, Kapitalzuwachs überwiegend aus Aktienmarkt- und Währungschancen mit hohen Kurs- und Kapitalrisiken aus möglichen Aktien- und Währungsverlusten, Bonitätsrisiken (z. B. Deutsche Standard-Aktien, Wandel- und Optionsanleihen, internationale Blue Chip-Aktien).

4. *Dynamisch:* Überdurchschnittlich hohe Ertragserwartungen, Vermögenszuwachs vorrangig aus Marktchancen mit sehr hohen einkalkulierten Verlustrisiken (z.B. alle deutschen Aktien, ausländische Standartaktien, spekulative Anleihen, Emerging Markets Fonds).

5. *Spekulativ:* Außerordentliche Gewinnchancen, Nutzung innovative Instrumente mit einkalkuliertem Totalverlust (z. B. ausländische Aktien-Nebenwerte, Optionsscheine, Options & Futures).

45 Neben der Einholung der persönlichen Kundenangaben sind die Wertpapierdienstleistungsunternehmen ab 1. 1. 1995 außerdem verpflichtet, den Kunden im Wertpapiergeschäft alle für ihre Anlageentscheidung zweckdienlichen produktbezogenen Informationen zu geben (§ 31 Abs. 2 Nr. 2 WpHG). Hierfür haben die Kreditinstitute Basisinformationen über die Vermögensanlage in Wertpapieren herausgegeben, in denen Grundlagen, wirtschaftliche Zusammenhänge sowie die Chancen und Risiken in kundenverständlicher Form aufgezeigt werden. Die Darstellungen enthalten einen Überblick über gängige Formen der Vermögensanlage in Wertpapieren. Im einzelnen werden u. a. vorgestellt: Verzinsliche Wertpapiere, Aktien, Genußscheine, Investmentanteilscheine und Optionsscheine mit ihren wichtigsten Merkmalen, Varianten und Risikokomponenten.[49] Darüber hinaus werden erläutert die Basisrisiken bei Vermögensanlagen (Konjunkturrisiken, Inflationsrisiken, Länder- und Transferrisiken, Währungsrisiken, Liquiditätsrisiken, Psychologische Marktrisiken sowie Risiken bei kreditfinanzierten Wertpapierkäufen) und die speziellen Risiken bei den einzelnen Anlageformen. Neben dieser Informationsschrift gibt es bereits Basisinformationen über Börsentermingeschäfte sowie Informationen über Verlustrisiken bei Börsentermingeschäften. Über diese allgemeinen Informationen hinaus können sich im Einzelfall je nach Art und Umfang der Vermögensanlage auch weitere produktbezogene Aufklärungspflichten ergeben.

46 **3. Besondere Verhaltensregeln.** Wertpapierdienstleistungsunternehmen und den mit ihnen verbundenen Unternehmen ist es verboten,

1. Kunden des Wertpapierdienstleistungsunternehmens den Ankauf oder Verkauf von Wertpapieren oder Derivaten zu empfehlen, wenn und soweit die Empfehlung nicht mit den Interessen der Kunden übereinstimmt,

2. Kunden des Wertpapierdienstleistungsunternehmens den Ankauf oder Verkauf von Wertpapieren oder Derivaten zu dem Zweck zu empfehlen, für Eigengeschäfte des Wertpapierdienstleistungsunternehmens oder eines mit ihm verbundenen Unternehmens Preise in eine bestimmte Richtung zu lenken,

---

[49] Vgl. hierzu *von Rosen,* Die Bank 1995, S. 9 ff.

3. Eigengeschäfte aufgrund der Kenntnis von einem Auftrag eines Kunden des Wertpapierdienstleistungsunternehmens zum Ankauf oder Verkauf von Wertpapieren oder Derivaten abzuschließen, die Nachteile für den Auftraggeber zur Folge haben können.

Weiterhin ist es den Geschäftsinhabern von Wertpapierdienstleistungsunternehmen und deren Angestellten verboten, Kunden den Ankauf oder Verkauf von Wertpapieren oder Derivaten zu dem Zweck zu empfehlen, für den Abschluß von Geschäften für sich oder Dritte Preise von Wertpapieren oder Derivaten in eine bestimmte Richtung zu lenken, oder aufgrund der Kenntnis von einem Auftrag eines Kunden des Wertpapierdienstleistungsunternehmens zum Ankauf oder Verkauf von Wertpapieren oder Derivaten Geschäfte für sich oder einen Dritten abzuschließen, die Nachteile für den Auftraggeber zur Folge haben können. 47

4. Organisationspflichten. Wertpapierdienstleistungsunternehmen sind verpflichtet, die für eine ordnungsmäßige Durchführung der Wertpapierdienstleistung notwendigen Mittel und Verfahren vorzuhalten und wirksam einzusetzen; sie müssen so organisiert sein, daß bei der Erbringung der Wertpapierdienstleistung Interessenkonflikte zwischen dem Wertpapierdienstleistungsunternehmen und seinen Kunden oder Interessenkonflikte zwischen verschiedenen Kunden des Wertpapierdienstleistungsunternehmens möglichst gering sind. Darüber hinaus müssen die Dienstleistungsunternehmen über angemessene interne Kontrollverfahren verfügen, die geeignet sind, Verstößen gegen Verpflichtungen nach dem Wertpapierhandelsgesetz entgegenzuwirken. 48

Bei der Erbringung von Wertpapierdienstleistungen sind die Unternehmen verpflichtet, den Auftrag und hierzu erteilte Anweisungen des Kunden sowie die Ausführung des Auftrags und den Namen des Angestellten, der den Auftrag des Kunden angenommen hat, sowie die Uhrzeit der Erteilung und Ausführung des Auftrags aufzuzeichnen. 49

5. Überwachung der Verhaltensregeln. Das Bundesaufsichtsamt für den Wertpapierhandel[50] kann zur Überwachung der Einhaltung der Verhaltensregeln von den Dienstleistungsunternehmen die hierfür erforderlichen Auskünfte und Vorlage von Unterlagen verlangen (§ 35 WpHG). Darüber hinaus sind die Kreditinstitute verpflichtet, dem Bundesaufsichtsamt für den Wertpapierhandel jedes Geschäft in Wertpapieren oder Derivaten, die zum Handel zugelassen sind, zu melden, wenn sie das Geschäft im Zusammenhang mit einer Wertpapierdienstleistung oder als Eigengeschäft abschließen (§ 9 WpHG). Die Einhaltung der Meldepflicht wird einmal jährlich vom Bundesaufsichtsamt für den Wertpapierhandel geprüft (§ 36 WpHG). 50

V. Einzelfälle der Anlageberatung

Über die allgemeinen Grundsätze hinaus hat die Rechtsprechung in Einzelfällen Inhalt und Umfang der Auskunfts- und Informationspflichten bei der Anlageberatung konkretisiert. 51

1. Immobilien. Bei der Anlageberatung im Zusammenhang mit Immobilien ist über die Risiken dieser Vermögensanlage aufzuklären. Dazu zählt z. B. die Wahrscheinlichkeit, daß der Erfüllung bzw. der nicht fristgerechten Erfüllung eines in Aussicht genommenen Vertrages (Herstellung eines Gebäudes) Hindernisse entgegenstehen.[51] 52

Der beratende Verkäufer einer Eigentumswohnung im Rahmen eines Erwerbermodells genügt seinen Pflichten nicht schon dadurch, daß er die Erwerbskosten zutreffend offenlegt und auf die steuerlichen Abzugsmöglichkeiten hinweist, vielmehr müssen auch seine sonstigen Tatsachenangaben, die für den Kaufentschluß von Bedeutung sein können, richtig sein, und zwar auch dann, wenn er insoweit zu einer Auskunft nicht verpflichtet ist.[52] 53

---

[50] S. §§ 3 ff. WpHG.

[51] BGHZ 56, 81 = WM 1971, 592 = DB 1971, 1006.

[52] BGH WM 1988, 95 = NJW-RR 1988, 458 = WuB I G 7.–16.88 *v. Heymann.*

54 Der auf der Anbieterseite tätige Berater muß bei einem Bauherrenmodell auf das Anlagerisiko hinweisen, das sich aus dem Stammkapital der Initiatoren und gleichzeitigen Garanten (TDM 500) und dem Volumen ihrer bereits in Angriff genommenen Vorhaben (300 Mio DM) ergibt. Keinesfalls darf sich dieser Anlageberater mit dem durch den Prospekt und dem dazugehörigen Prüfungsbericht vermittelten Kenntnisstand begnügen.[53]

55 Nimmt eine Sparkasse einen Immobilienfonds in ein von ihr zusammengestelltes Anlageprogramm auf und macht sie dieses Anlageprogramm zur Grundlage ihrer Beratung, dann muß sie im Rahmen ihrer Beratungstätigkeit auf die wirtschaftlichen Risiken hinweisen, die für den Anleger mit der Zeichnung des Fonds verbunden sein können. Dem Vorwurf der Pflichtwidrigkeit kann sie nicht dadurch begegnen, daß der **Prospekt** einen Hinweis enthielt, eine Wirtschaftsprüfungsgesellschaft habe den Prospekt geprüft und einen „Bestätigungsvermerk" über Art und Umfang der Prüfungshandlungen entsprechend dem Entwurf eines Gesetzes über den Vertrieb von Anteilen an Vermögensanlagen[54] oder entsprechend den Grundsätzen ordnungsgemäßer Durchführung von Prospektprüfungen erteilt.[55] Mit der Beratung soll dem Anleger das wirtschaftliche Risiko der Anlage nicht abgenommen werden. Dieses muß er stets selber tragen.[56] Dies gilt entsprechend bei einem kostenlosen Immobilienservice.[57]

56 **2. Steuerorientierte Anlageformen.** Zur Beratungspflicht einer Bank gegenüber dem Kunden gehört der Hinweis auf rechtliche Tatsachen, z. B. steuerliche Auswirkungen, wenn sich dies aus dem Zweck des Vertrages (steuerbegünstigter Sparvertrag) ergibt.[58]

57 Wenn für den Kunden der Zweck des (Spar-)Vertrages auch darin liegt, Steuern zu sparen, dann muß die Bank dem Rechnung tragen und ihr Augenmerk vor allem darauf richten, daß dieser Zweck nicht vereitelt wird.

58 Auch bei Darlehensverträgen in Kombination mit Lebensversicherungen können sich für die Bank im Hinblick auf die von ihren Kunden erstrebten Steuervorteile intensive Beratungs- und Aufklärungspflichten ergeben.[59]

59 Ein steuerlicher Berater hat bei einer Anlageempfehlung die steuerliche Belastung seines Mandanten und Anlegers zu berücksichtigen, wenn für diesen unter steuerlichen Gesichtspunkten (Fehlen einer entsprechenden Steuerprogression) kein Grund besteht, sich an der vom steuerlichen Berater vorgeschlagenen steuersparenden Vermögensanlage zu beteiligen. Wenn der Berater erklärt, er habe die Vermögensanlage geprüft, dann muß dies dem Kapitalanleger als eine auf sorgfältiger Tatsachenermittlung beruhende sachverständige Würdigung und nicht als bloße Anpreisung ohne greifbaren Tatsachengehalt erscheinen.[60]Zur steuerlichen Beratung gehört eine umfassende Aufklärung über die Arten und Möglichkeiten der bei Steuersparmodellen zu erzielenden Verlustzuweisungen und über deren Vorteile, Nachteile und Risiken in steuerlicher – nicht in wirtschaftlicher Hinsicht. Vor unternehmerischen Fehlentscheidungen z. B. hinsichtlich der zukünftigen Belastung durch Zins und Tilgung bei Steuermodellen muß der steuerliche Berater seinen Mandanten grundsätzlich nicht bewahren.[61]

---

[53] BGHZ 111, 314 = WM 1990, 1276 = NJW 1990, 2461 = BB 1990, 1437 = DB 1990, 1913 = ZIP 1990, 928 = WuB I G 9.–1.90 *v. Heymann;* BGH WM 1990, 1658 = WuB I G 4.–12.90 *v. Heymann.*

[54] BT-Drucksache 8/1405 v. 2. 1. 1978.

[55] JDW-Richtlinien, Fassung 1/1987, HdB, Fach 7011.

[56] BGHZ 100, 117 = WM 1987, 495 = NJW 1987, 1815 = BB 1987, 850 = DB 1987, 980 = ZIP 1987, 500 = WuB I G 4.–5.87 *Assmann.*

[57] OLG Düsseldorf WM 1986, 253 = WuB I G 7.–1.86 *v. Heymann.*

[58] BGH WM 1964, 609 = NJW 1964, 2058.

[59] OLG Hamburg WM 1986, 1431.

[60] BGH WM 1987, 1557 = NJW 1988, 556 = DB 1987, 2560 = ZIP 1988, 108 = WuB II E. § 124 HGB 1.88 *Welter.*

[61] BGH WM 1987, 661 = NJW-RR 1987, 1375 = BB 1987, 1204 = DB 1987, 1293.

Empfiehlt ein Rechtsanwalt (Fachanwalt für Steuerrecht) aus steuerlichen Gründen einen bestimmten Vermögenserwerb, so hat er den Mandanten in der durch die Sachlage gebotenen Weise auch umfassend über die mit dem Geschäft zusammenhängenden zivilrechtlichen Fragen zu belehren und vor Risiken zu bewahren, die sich erkennbar aus diesem Rechtsbereich ergeben.[62] Zur steuerlichen Beratung gehört es, bei der Wahl der Geschäftsform (OHG oder GmbH & Co KG) diejenige zu empfehlen, die nach der höchstrichterlichen Rechtsprechung („Geprägerechtsprechung") günstiger ist, auch wenn diese Rechtsprechung im Schrifttum bekämpft wird und nicht auszuschließen ist, daß sie sich ändert.[63] 60

3. Wertpapiere. Ratschläge beim Kauf oder Verkauf von Wertpapieren sind generell als Börsentip einzustufen. Es handelt sich hierbei um typische Risikogeschäfte, die nicht mehr im Rahmen einer vertraglichen Haftung für Rat und Auskunft liegen.[64] 61

Etwas anderes gilt dagegen, wenn ein Kapitalanleger aufgrund der Beratung einer Bank ihm empfohlene Wertpapiere kauft. In diesem Fall ist die Bank verpflichtet, vor dem Ausspruch der Empfehlung eine bankübliche Überprüfung der Anlage vorzunehmen. Bei einer australischen Bond-Anleihe hat der BGH die beratende Bank, die diese Anleihe in ihre Angebotspalette aufgenommen hatte, für verpflichtet gehalten, sich anhand der Wirtschaftspresse zeitnahe Informationen zu beschaffen und besonders bei ausländischen Emissionen die aktuellen ratings durch anerkannte Rating-Agenturen wie Standard & Poor's oder Moody zu verfolgen.[65] 62

Bei der eigenen bankküblichen Überprüfung einer Anlageempfehlung wird die Bank nach Ansicht des BGH durch eine Börsenzulassung oder einen Zulassungsprospekt nicht entlastet.[66] Die Prüfung der Zulassungsstelle ist keine Bonitätsprüfung des Emittenten;[67] sie beschränkt sich im wesentlichen nur auf die formale Vollständigkeit der von der antragstellenden Bank vorgelegten Unterlagen.[68] 63

Im Hinblick auf die große Bandbreite möglicher Anlagemotive – von sicheren Geldanlagen mit geringer Rendite bis zu hoch spekulativen Anlagen – hat eine Bank nach der Bond-Entscheidung des BGH das Anlageziel des Kunden, seine Risikobereitschaft und seinen Wissensstand über Anlagegeschäfte der vorgesehenen Art zu ermitteln[69] und den Kunden über die allgemeinen sowie die produktbezogenen Risiken aufzuklären, insbesondere über Kurs-, Zins- und Währungsrisiken sowie ggf. über die Bonität des Emittenten (vgl. jetzt § 31 Abs. 2 WpHG).[70] 64

4. Unternehmerische Beteiligungen. Bei unternehmerischen Beteiligungen besteht für einen Berater generell die Verpflichtung, sich einen Überblick über die finanzielle Situation eines Unternehmens zu verschaffen, wenn sich der Anleger an einem Unter- 65

---

[62] BGH WM 1987, 1516 = NJW 1988, 563 = DB 1988, 549 = ZIP 1988, 103 = WuB VIII A. § 24 BNotO 1.88 *Deuchler;* Abgrenzung zu BGH WM 1985, 1274 = NJW 1986, 1050 = WuB IV A. § 675 BGB 2.85 *Messer.*

[63] BGH WM 1993, 1677 = NJW 1993, 2799 = BB 1993, 1687 = DB 1993, 1818; vgl. hierzu im einzelnen § 20 Rdnr. 291, § 22 Rdnr. 72 ff.

[64] BGH WM 1971, 987 = NJW 1971, 2126 = DB 1971, 1904.

[65] BGHZ 123, 126 = WM 1993, 1455 = NJW 1993, 2433 = BB 1993, 1903 = DB 1993, 1869 = ZIP 1993, 1148 = WuB I G 4.–9.93 *Schwark; Amendts* WM 1993, 229.

[66] BGHZ 123, 126 = WM 1993, 1455 = NJW 1993, 2433 = BB 1993, 1903 = DB 1993, 1869 = ZIP 1993, 1148 = WuB I G 4.–9.93 *Schwark; Amendts* WM 1993, 229.

[67] *Von Rosen,*oben § 2 Rdnr. 160 ff.

[68] *Schwark,* WuB I G 4.–9.93 zu BGHZ 123, 126 = WM 1993, 1455 = NJW 1993, 2433 = BB 1993, 1903 = DB 1993, 1869 = ZIP 1993, 1148.

[69] BGHZ 123, 126 = WM 1993, 1455 = NJW 1993, 2433 = BB 1993, 1903 = DB 1993, 1869 = ZIP 1993, 1148 = WuB I G 4.–9.93 *Schwark; Amendts* WM 1993, 229.

[70] BGHZ 123, 126 = WM 1993, 1455 = NJW 1993, 2433 = BB 1993, 1903 = DB 1993, 1869 = ZIP 1993, 1148 = WuB I G 4.–9.93 *Schwark; Amendts* WM 1993, 229.

nehmen beteiligen will und hierzu fachkundigen Rat bei dem Anlageberater (Steuerberater) sucht.[71]

66 Wenn dem Berater aufgrund eigener Prüfung bekannt wird, daß in einem Unternehmen keine ordnungsgemäße Buchhaltung vorhanden ist, dann ist er verpflichtet, den Anleger auf die sich hieraus ergebenden Bedenken hinzuweisen und ihn darüber zu belehren, daß die Beteiligung an einem solchen Unternehmen – und zwar sowohl in der Form eines Darlehens, als auch in der Form einer Kommanditeinlage – ein außergewöhnlich riskantes Unterfangen ist, von dem dringend abgeraten werden müsse.[72]

67 Ist einer Bank erkennbar, daß ein Anleger die fachlichen Kenntnisse und Erfahrungen für seinen Entschluß über eine Geldanlage benötigt und seine Entscheidung von der Beurteilung der Bank abhängig macht, dann obliegt der Bank eine umfassende und sorgfältige Beratungspflicht.

68 Dies gilt insbesondere dann, wenn die Bank dem Anleger eine stille (ungesicherte) Beteiligung an einem Unternehmen (Spielwarenbranche) vermittelt, das ebenfalls Kunde der Bank ist. In diesem Fall ist die Bank für verpflichtet gehalten worden, den Anleger über die ihr bekannte finanzielle Situation des Unternehmens aufzuklären.[73]

69 Zur sachgemäßen Beratung gehört es auch, daß die Bank den Umfang der Fremdgelder offenlegt, die nach ihrer Kenntnis bereits in ein Unternehmen geflossen sind. Dabei ist nach Ansicht des BGH mit dem Anleger zu erörtern, ob seine Einlage und ihre Verzinsung bei dem Verhältnis von Eigenkapital und Fremdkapital sowie dem zu erwartenden Umsatz und der Kostenstruktur bei der Wettbewerbslage des Unternehmens eine ausreichende Sicherheit finden würde, so daß die Anlage empfehlenswert bleibt. Ein allgemeines Gespräch über die geschäftliche Situation des Unternehmens soll dabei nicht genügen, vielmehr muß klar gesagt werden, welches Risiko der Anleger eingeht und ob er es dennoch wegen der jüngsten Verzinsung eingehen wolle.[74]

70 **5. Ausländische Investmentanteile/Anleihen.** Bei einem auf mehrere Jahre vorgesehenen Kreditverhältnis kann sich schon vom Beginn der Geschäftsbeziehung an gemäß § 242 BGB als Nebenleistung die Pflicht zur Auskunftserteilung ergeben. Die Verpflichtung der Bank, die den Erwerb ausländischer Investmentanteile finanziert, kann sich – wenn der Kunde danach fragt – auch darauf erstrecken, mit der Sorgfalt eines ordentlichen Kaufmanns Erkundigungen über die Qualität des Investmentfonds einzuziehen und hierüber ihren Kreditkunden vollständige und richtige Auskünfte zu erteilen.[75]

71 Der kreditfinanzierte Kauf einer auf kanadische Dollar lautenden Anleihe kann als Spekulationsgeschäft angesehen werden, dessen Risiken auch nicht nachträglich auf die finanzierende Bank verlagert werden dürfen.[76] Allerdings kann eine Bank einem Anleger schadensersatzpflichtig werden, wenn sie beim Verkauf eine DM-Auslandsanleihe („Polly Peck") die Frage nach der Sicherheit der Rückzahlung zum Fälligkeitstag unvollständig oder mißverständlich beantwortet und die Ungewißheiten zur Beurteilung der Solvenz der ausländischen Schuldnerin nicht offenlegt.[77]

72 **6. Vermögensbildung in Arbeitnehmerhand.** Eine besondere Aufklärungspflicht obliegt der Bank dann, wenn sie im Zusammenwirken mit einem Arbeitgeber Beteiligungen seiner Arbeitnehmer an der Arbeitgeberfirma finanziert („Modell der Vermögensbildung in Arbeitnehmerhand") und sie es dem Arbeitgeber überläßt, die Kreditverhandlungen mit den Arbeitnehmern zu führen. In diesem Fall muß sie sich etwaige – durch den Arbeitge-

---

[71] BGH WM 1990, 414 = NJW-RR 1990, 479 = BB 1990, 372 = ZIP 1990, 266 = WuB V B § 1 UWG 1.90 *Thode*.

[72] BGH WM 1984, 465 = BB 1984, 653 = DB 1984, 1138.

[73] BGH WM 1973, 164 = NJW 1973, 456.

[74] BGH WM 1973, 164 = NJW 1973, 456.

[75] BGH WM 1976, 630.

[76] OLG Karlsruhe WM 1988, 411 = WuB I G 4.–4.88 *Assmann*.

[77] OLG Braunschweig WM 1994, 59 = WuB I G 4.–2.94 *Herrmann*.

ber bei den Arbeitnehmern hervorgerufene – Fehlvorstellungen über die Risiken des Geschäftes zurechnen lassen. Es ist dann ihre Sache, diese Fehlvorstellungen durch geeignete Aufklärung zu berichtigen.[78]

Inhalt und Umfang der Aufklärungspflicht bestimmen sich dann nach den Gefahren, die dem einzelnen Kreditnehmer aus dem Vertragswerk typischerweise drohen. Dieses Risiko bestand im konkreten Fall in der Verpflichtung der Arbeitnehmer, trotz ihres niedrigen monatlichen Nettoeinkommens die persönliche Haftung für die Rückzahlung des Darlehens innerhalb der nächsten 10 Jahre zu übernehmen. 73

Die Bank muß bei einer Beteiligung am finanzierten Geschäft den Darlehensnehmer unmißverständlich darauf hinweisen, daß er selbst und nicht etwa nur das Unternehmen für die Rückzahlung des Darlehensbetrages haftet. Die Bank muß also klarstellen, daß die Unterzeichnung des Darlehensantrages nicht eine bloße Formalität bildet, sondern bei Zustandekommen des Vertrages eine Eigenverpflichtung des Darlehensnehmers begründet.[79] 74

VI. Einzelfälle der Anlagevermittlung

Auch im Bereich der Anlagevermittlung hat die Rechtsprechung in Einzelfällen Inhalt und Umfang der Auskunfts- und Beratungspflichten konkretisiert. 75

1. Beteiligung an Abschreibungsgesellschaften. *a) Kapitalmäßige und personelle Verflechtungen.* Bei Abschreibungsgesellschaften gehören zu den nach Treu und Glauben zu offenbarenden Tatsachen auch kapitalmäßige und personelle Verflechtungen zwischen Vermittler, Anlagegesellschaft und Treuhänder. 76

Derartige Verflechtungen begründen die Gefahr einer **Interessenkollission** zum Nachteil der Gesellschaft und der beitretenden Gesellschafter. Der einzelne Beitretende kann deshalb erwarten, daß er über diesen Sachverhalt aufgeklärt wird, damit er in Kenntnis des Risikos seine Entscheidung treffen kann.[80] 77

b) Wirtschaftliche Verhältnisse. Darüber hinaus sind die wesentlichen, für den Zeitpunkt des Beitritts geltenden wirtschaftlichen Daten derjenigen Gesellschaften offenzulegen, die bei der gebotenen wirtschaftlichen Betrachtungsweise dem Anlageobjekt zuzurechnen sind.[81] 78

c) Interessenkonflikt bei Finanzierung. Bei der Vermittlung von Kapitalanlagen kann sich für die finanzierende Bank ein Interessenkonflikt ergeben, und zwar dann, wenn sie auf der einen Seite die Anlagegesellschaft (Publikumsgesellschaft) finanziert und gleichzeitig auch dem Kapitalanleger Kredit für einen übernommenen Kapitalanteil an dieser Gesellschaft gewährt. 79

Hat die Bank Einsicht in die wirtschaftlichen Verhältnisse der Beteiligten, gehört es nach Ansicht des BGH zu den Pflichten der Bank, auf die Interessen ihrer Kunden als Darlehensgeber der Gesellschaft mehr als üblich Rücksicht zu nehmen und diese auf das ihnen drohende und der Bank ohne weiteres erkennbare Risiko hinzuweisen.[82] 80

2. Grundstücksbelastung bei Immobilien. Die dingliche Belastung von Grundstücken muß in einer **Kreditauskunft** angegeben werden, mit der sich eine Bank an unbekannte Personen wendet, die als Darlehensgeber für einen ihrer Kunden in Betracht kommen. 81

Wenn die Bank in einer Auskunft über ein Anlageobjekt ihres Kunden zwei Sanatorien erwähnt, ohne mitzuteilen, daß diese Objekte bis an die Grenze des Möglichen dinglich 82

---

78 BGHZ 72, 93 = WM 1978, 1038 = NJW 1978, 2145 = BB 1978, 1280 = DB 1978, 1923.

79 BGHZ 72, 93 = WM 1978, 1038 = NJW 1978, 2145 = BB 1978, 1280 = DB 1978, 1923.

80 BGHZ 79, 337 = WM 1981, 483 = NJW 1981, 1449 = BB 1981, 865 = DB 1981, 1274 = ZIP 1981, 518; BGHZ 100, 117 = WM 1987, 495 = NJW 1987, 1815 = BB 1987, 850 = DB 1987, 980 = ZIP 1987, 500 = WuB I G 4.–5.87 *Assmann.*

81 BGH WM 1982, 90 = NJW 1982, 1095 = BB 1982, 329 = DB 1982, 482 = ZIP 1982, 169.

82 BGH WM 1978, 896 = NJW 1978, 2547.

belastet sind, dann kann hierdurch der falsche Eindruck entstehen, die Sanatorien seien unbelastet und stünden als Haftungsgrundlage zur Verfügung.[83]

83 **3. Wohnfläche bei Immobilienanlagen.** Ist für einen Anleger die Größe einer Wohnung von Bedeutung, dann muß diese auf entsprechende Rückfrage zutreffend angegeben werden.[84]

84 **4. Immobilienfonds-Anteile.** Legt ein Zeichner bei der Beteiligung an einem Immobilienfonds besonderen Wert auf die Wiederverkäuflichkeit der Anteile nach Ablauf von zwei Jahren, dann ist der Anlagevermittler zur Aufklärung darüber verpflichtet, daß ein entsprechender Wiederverkauf wirtschaftlich nicht abgesichert ist.[85]

85 **5. Wirtschaftlichkeit bei Auslandsimmobilien.** Bei Immobilienanlagen im Ausland ist die Vollständigkeit der Informationen über das Grundstück und dessen Belastung für den Geschäftswillen eines Anlageinteressenten von entscheidender Bedeutung. Demgemäß dürfen ihm **wesentliche Grundstücksdaten** redlicherweise nicht vorenthalten werden. Wenn ohne Angabe der Grundstücksbelastung mit Wertzuwachs geworben wird, entsteht dadurch der unzutreffende Eindruck, es handele sich um eine ebenso sichere wie ertragskräftige Geldanlage.

86 Im Zusammenhang mit dem Vertrieb von Anteilen an einem ausländischen Immobilienfonds hat der BGH festgestellt, daß zu den von einer Anlagevermittlungsgesellschaft zu offenbarenden Tatsachen auch eine besonders hohe dingliche Belastung der Fondsgrundstücke (75%) gehört.[86] Eine so hohe Belastung beeinträchtige sowohl die Sicherheit als auch die Rentabilität einer Geldanlage und bedeute für den Anleger allgemein ein hohes Risiko. Unerheblich sei dabei, ob es bei einem Grundstücksfonds durchaus „wirtschaftlich" sein kann, mit der verhältnismäßig hohen Fremdfinanzierung besonders wertvolle und gewinnträchtige Renditeobjekte zu erstellen, und ob diese Form der Finanzierung im Ausland stärker als in Deutschland verbreitet sei.

87 Bei Auslandsimmobilien muß der Anlagevermittler den Anleger insbesondere auch über die veränderte, das Anlageobjekt betreffende, wirtschaftliche Situation informieren. Wenn sich die Vermietbarkeit verschlechtert hat und die für die Rentabilität maßgeblichen Belegungsraten hinter den ursprünglichen Erwartungen zurückbleiben, so hat der Vermittler diese ihm bekannten Tatsachen zu offenbaren.[87] Auf offenkundige und selbstverständliche Risiken wie Dollarkurs braucht nicht hingewiesen zu werden.[88]

88 **6. Öffentliche Mittel.** Bei der Bewertung eines Hausgrundstückes muß überprüft werden, ob sich in dem Haus freifinanzierte Wohnungen oder solche des sozialen Wohnungsbaus befinden, weil dies für die Ermittlung des Ertragswertes und damit auch für die Entscheidung des Kapitalanlegers von wesentlicher Bedeutung ist.[89]

89 **7. Warenterminoptionen.** Warenterminoptionen zählen zu jenen Anlageformen, die hoch spekulativ und dementsprechend risikoreich sind.[90] Deshalb treffen den Vermittler von Warenterminoptionen unabhängig vom Vertragsinhalt besondere Beratungs- und Aufklärungspflichten als **vorvertragliche Schutzpflichten** zugunsten der Anleger.[91]

90 Der Vermittler muß den Anleger generell über die wirtschaftlichen Zusammenhänge des Warentermingeschäfts (Spekulation an der Börse, Börsentechnik, Options-

[83] BGH WM 1979, 548 = NJW 1979, 1595 = BB 1979, 960 = DB 1979, 1268.

[84] BGH WM 1991, 13 = NJW-RR 1991, 217 = BB 1990, 2436 = DB 1991, 276 = ZIP 1990, 1580 = WuB I G 7.–2.91 *v. Heymann.*

[85] BGH WM 1990, 145 = NJW-RR 1990, 229 = BB 1990, 12 = DB 1990, 321 = WuB I G 8.–1.90 *v. Heymann.*

[86] BGH WM 1978, 611 = BB 1978, 1031 = DB 1978, 1398.

[87] OLG Köln BB 1988, 92.

[88] OLG Hamm WM 1989, 598 = WuB I G 8.–89 *v. Heymann.*

[89] BGH WM 1984, 34 = NJW 1984, 355 = ZIP 1984, 70; BGH WM 1985, 699.

[90] Vgl. hierzu grundlegend *Wach,* Der Terminhandel in Recht und Praxis, 1986, passim.

[91] Hierzu i. e. *Bundschuh* WM 1985, 249 ff.

prämie, Risiko des Totalverlustes u. a.) informieren, insbesondere dann, wenn der Vermittler mit umfassenden Beratungsleistungen geworben hat.[92] Der Geschäftsführer einer GmbH, die Londoner Warenterminoptionen vermittelt, haftet persönlich, wenn er die Aufklärung der Anleger durch die Gesellschaft z. B. durch einen irreführenden Prospekt verhindert hat oder sich leichtfertig für eine Schwindelfirma einsetzt.[93] Der gewerbliche Vermittler von Warenterminoptionsgeschäften kommt seiner Aufklärungspflicht trotz einer an sich zutreffenden Darstellung der mit Rücksicht auf die geforderten Prämienaufschläge erhöhten Risiken der Geschäfte dann nicht nach, wenn er durch Gestaltung, Aufmachung und Inhalt des Werbeprospekts den Eindruck vermittelt, bei einer Betreuung und Beratung durch diesen Vermittler könne der Kunde die aufgezeigten Risiken weitgehend vermeiden und werde im Endergebnis Erfolg haben.[94]

Die Aufklärung bei Warentermingeschäften kann grundsätzlich nur schriftlich erfolgen; 91
sie muß zutreffend, vollständig, gedanklich geordnet und auch von der Gestaltung her geeignet sein, einem unbefangenen, mit Warentermindirektgeschäften nicht vertrauten Anleger einen realistischen Eindruck von den Eigenarten und Risiken solcher Geschäfte zu vermitteln.[95]

Terminoptionsvermittler haben optionsunerfahrenen Kunden unmißverständlich und in 92
auffälliger Form darauf hinzuweisen, daß Aufschläge auf die Börsenoptionsprämie das Chancen-Risiko-Verhältnis aus dem Gleichgewicht bringen und dazu führen, daß die verbliebene, bei höheren Aufschlägen geringe Chance, insgesamt einen Gewinn zu erzielen, mit jedem Optionsgeschäft abnimmt.[96]

Die Aufklärungspflichten der Vermittler bestehen auch gegenüber eingetragenen Kauf- 93
leuten und zwar selbst dann, wenn sich der Anleger die erforderlichen Informationen selbst besorgen könnte. Dabei spielt es keine Rolle, ob der Vermittler das Geschäft als Kommissionär oder als Eigenhändler abwickelt.[97] In jedem Fall muß er den Anleger über den Preis der Wartenterminoptionen und dessen wirtschaftliche Bedeutung informieren.[98] Die Grundsätze zur Aufklärungspflicht des Vermittlers von Warenterminoptionen gelten im wesentlichen entsprechend auch für Aktien- und Aktienindex-Optionen sowie für Stillhalteroptionsgeschäfte, Penny-Stocks.[99] Bei selbständigen Optionsscheinen ist jedoch eine schriftliche Aufklärung über die Risiken grundsätzlich nicht erforderlich.[100]

---

[92] BGHZ 80, 80 = WM 1981, 374 = NJW 1981, 1266 = BB 1981, 695 = DB 1981, 1132; BGH WM 1988, 1255 = NJW 1988, 2882 = BB 1988, 1779 = DB 1988, 2144 = WuB I G 4.–6.88 *Wandt.*

[93] BGH WM 1988, 291 = NJW 1988, 1583 = DB 1988, 1158 = ZIP 1988, 635 = WuB I G 4.–2.88 *Assmann;* BGH WM 1989, 1047 = ZIP 1989, 830.

[94] BGH WM 1991, 1410 = NJW-RR 1991, 1243 = DB 1991, 2234 = ZIP 1991, 1207 = WuB I G 4.–5.91 *Rössner;* BGH WM 1990, 61 = ZIP 1989, 1448 = WuB I G 4.–6.90 *Jütten.*

[95] BGH WM 1992, 770 = NJW 1992, 1879 = DB 1992, 1406 = BB 1992, 1446 = ZIP 1992, 612 = WuB I G 5.–3.93 *Wolter;* BGH WM 1993, 1457 = NJW 1993, 2434 = BB 1993, 1755 = DB 1993, 1967 = ZIP 1993, 152 = WuB I G 4.–10.93 *Rössner.*

[96] BGHZ 124, 151 = WM 1994, 149 = NJW 1994, 512 = BB 1994, 305 = DB 1994, 1079 = ZIP 1994, 116 = WuB I G 4.–3.94 *Wach;* BGH WM 1994, 453 = NJW 1994, 997 = BB 1994, 1099 = DB 1994, 1513 = ZIP 1994, 447 = WuB I G 4.-5.94 *Koller;* BGH WM 1994, 1746 = WuB I G 4.–9.94 *Wach.*

[97] BGH WM 1981, 552 = NJW 1981, 1440; BGH WM 1984, 961; BGH WM 1987, 103 = WuB I G 4.–2.87 *Schwark.*

[98] BGH WM 1985, 81 = NJW 1986, 123 = BB 1985, 886 = DB 1985, 331 = ZIP 1985, 272 = WuB I G 4.–1.85 *Kümpel;* BGH WM 1986, 734 = WuB IV A. § 826 BGb – 7.86 *Kindermann;* BGH WM 1986, 1383 = WuB I G 4.–4.87 *Rössner/Worms;* BGH WM 1987, 7 = WuB I G 4.–1.87 *Hammen;* BGH WM 1988, 291.

[99] BGH WM 1991, 127 = NJW 1991, 1106 = BB 1991, 644 = DB 1991, 380 = ZIP 1991, 87 = WuB I G 4.–3.91 *Nassall;* BGH WM 1992, 1935 = NJW 1993, 257 = BB 1992, 2462 = DB 1992, 2541 = ZIP 1992, 1614 = WuB I G 4.–1.94 *Pohle;* BGH WM 1991, 315 = NJW 1991, 1108 = BB

94 Eine Bank, die einem Anleger einen Effektenlombardkredit zur Finanzierung von Aktienoptionen eingeräumt hat, ist grundsätzlich nicht verpflichtet, den Erwerb von Kaufoptionen ungefragt auf die Absicht der Aktiengesellschaft zur Ausgabe von Gratisaktien hinzuweisen, wenn es sich um einen erfahrenen Anleger handelt, der bereits seit längerer Zeit in erheblichem Umfang erfolgreich Aktienoptionsgeschäfte getätigt hatte.[101]

VII. Haftung und Risiken des Anlegers

95 Haftung und Risiken des Kapitalanlegers hängen weitgehend von der jeweiligen Kapitalanlageform ab. Bei Wertpapieren hat der Anleger das Kursrisiko zu tragen. Bei Immobilienanlagen ergeben sich Haftung und Risiken zum einen aus der typischen Vertragskonstruktion, zum anderen aus den einzelnen Verträgen. Hinzu kommen die mit jeder Immobilienanlage verbundenen Anlagerisiken (Qualität, Rentabilität, Wertentwicklung), denen jedoch Steuervorteile und mögliche Wertsteigerungen gegenüberstehen. Es gibt allerdings kaum eine Kapitalanlage, die gleichzeitig hohen Ertrag und Wertzuwachs erzielt, extrem sicher ist und aufgrund großer Steuervorteile nahezu ohne effektives Eigenkapital erworben werden kann. Die Anlageentscheidung ist deshalb immer ein Kompromiß, den jeder Anleger aufgrund eigener Risikoeinschätzung eingeht.

96 **1. Wertpapiere, Termingeschäfte.** Eine Kapitalanlage in Wertpapieren stellt stets ein Risikogeschäft dar. Dementsprechend hat der Anleger generell das **Kursrisiko** zu tragen.[102]Auch Termingeschäfte, insbesondere Warentermingeschäfte, sind Spekulations- und damit Risikogeschäfte, die zwar hohe Renditen möglich erscheinen lassen, die aber auch mit erheblichen Verlusten verbunden sein können. Bei mangelnder Aufklärung kann ein Verlustausgleich nur im Wege des Regresses gegen den „Anlageberater" versucht werden,[103] der jedoch meist an der Vermögenslosigkeit des Inanspruchgenommenen scheitert.

97 **2. Gesellschaftsbeteiligungen.** Jede Beteiligung an einer Anlagegesellschaft bedeutet im Ergebnis eine unternehmerische Betätigung, die sowohl mit (wirtschaftlichem) Erfolg, als auch mit Verlusten verbunden sein kann. Ein Anleger wird sich zwar bei seiner Anlageentscheidung generell von dem Streben nach einer möglichst hohen Rendite leiten lassen.[104] Wenn er aber einmal eine Anlageentscheidung getroffen hat, dann muß er auch die wirtschaftlichen Risiken tragen, die sich aus seiner Beteiligung ergeben.[105]

98 Der Kommanditist einer **Publikums-KG** hat auch dann seine Einlageverpflichtungen zu erfüllen, wenn trotz positiver Beurteilung des steuerlichen Abschreibungskonzepts durch einen Wirtschaftsprüfer später das Finanzamt die Feststellung gewerblicher Beteiligungsverluste ablehnt.[106]

99 Hat sich im Falle einer notwendigen Nachfinanzierung ein Gesellschafter zur Zahlung eines Liquiditätszuschusses verpflichtet, dann können die Mitgesellschafter die Zahlung verlangen, wenn sich die übrigen Gesellschafter mindestens in einer für die Änderung des Gesellschaftsvertrages erforderlichen Mehrheit (z. B. 75%) ebenfalls dazu verpflichtet haben.[107]

1991, 929 = DB 1991, 1768 = ZIP 1991, 297 = WuB I G 4.–4.91 *Graf;* BGH WM 1991, 667 = NJW 1991, 1947 = WuB I G 4.–4.91 *Graf;* BGH WM 1994, 2231.

[100] BGH WM 1994, 2231 = WuB I G 7.–1.95 Gesang.

[101] BGHZ 117, 135 = WM 1992, 479 = NJW 1992, 1630 = BB 1992, 1232 = DB 1992, 2436 = ZIP 1992, 314 = WuB I G 4.–6.92 *Häuser.*

[102] BGH WM 1971, 987 = NJW 1971, 2126 = DB 1971, 1904; OLG Karlsruhe WM 1988, 411.

[103] S. o. Rdnr. 58.

[104] BGH WM 1985, 1530 = WuB I G 8.–1.86 *v. Heymann.*

[105] BGHZ 79, 337 = WM 1981, 483 = NJW 1981, 1449 = BB 1981, 865 = DB 1981, 1274 = ZIP 1981, 518; BGHZ 102, 60 = WM 1987, 1426 = ZIP 1987, 1454 = WuB I G 7.–2.88 *v. Heymann.*

[106] BGH WM 1986, 255 = NJW-RR 1986, 708 = WuB I G 8.–4.86 *v. Heymann;* BGH WM 1992, 685 = NJW-RR 1992, 930 = DB 1992, 1283 = ZIP 1992, 836 = Wub I G 8.–3.92 *Bälz;* OLG Düsseldorf WM 1991, 1029 = WuB I G 8.–1.91 *v. Heymann.*

[107] BHG WM 1986, 1001 = WuB I G 7.–4.86 *v. Heymann.*

Bei einer Insolvenz der Anlagegesellschaft zählt zu den zu tragenden Risiken nicht nur der Verlust der Beteiligung, sondern ggf. auch die Verpflichtung zu Nachschüssen bzw. Steuernachzahlungen. 100

3. Immobilienanlagen. Bei Immobilienanlagen ergeben sich die Risiken des Anlegers aus der zivilrechtlichen Vertragskonstruktion, aus den Einzelverträgen und aus der Wirtschaftlichkeit und den steuerlichen Auswirkungen. Einwendungen aus diesen Bereichen kann der Anleger der finanzierenden Bank nur dann entgegenhalten, wenn sich die Bank nicht auf ihre Rolle als Kreditgeber beschränkt hat.[108] 101

VIII. Haftung des Anlageberaters/Anlagevermittlers

Eine Haftung des Anlageberaters/Anlagevermittlers für unvollständige oder unrichtige Informationen oder wegen Verletzung einer gebotenen Nachforschungspflicht können sich aus Vertrag, Quasi-Vertrag, Verletzung von Schutzgesetzen oder aus unerlaubter Handlung ergeben. 102

1. Haftung aus Vertrag. Ein Vertrag über Auskunft oder Beratung dient nicht dazu, dem Anleger das Anlagerisiko abzunehmen. Eine Haftung kann sinnvollerweise nur für die Richtigkeit und Vollständigkeit von erforderlichen Informationen und allenfalls für deren sorgfältige Auswertung gegeben sein, nicht aber dafür, ob eine etwa gegebene Anlageempfehlung sich im nachhinein als richtig oder falsch herausstellt oder dafür, daß eine bestimmte Anlageempfehlung nicht gegeben wurde. Es ist nicht Aufgabe eines Anlageberaters oder Anlagevermittlers darüber zu wachen, daß sein Kunde sich wie ein konservativer Anleger verhält. Allerdings kann im Einzelfall die Informationspflicht auch dahin gehen, dem Kunden, der das nicht übersieht, die Bedeutung einzelner Fakten zu erläutern, damit er in die Lage versetzt wird, seine Anlageentscheidung zu treffen.[109] Im Einzelfall kann sich auch eine Haftung für Empfehlungen ergeben, die mit den vom Kunden nach § 31 Abs. 2 WpHG gemachten Angaben nicht in Übereinstimmung zu bringen sind. 103

2. Verschulden bei Vertragsschluß. Nach den Grundsätzen des Verschuldens bei Vertragsschluß (culpa in contrahendo) können sich für Anlageberater und Anlagevermittler aufgrund entgegengebrachten Vertrauens vorvertragliche Aufklärungs-, Beratungs- und Prüfungspflichten über Risiken und sonstige wesentliche Umstände ergeben, wenn der Vertrauenstatbestand in zurechenbarer Weise geschaffen wurde und sich der Vertragspartner berechtigterweise darauf verlassen durfte.[110] Die Haftung wegen Verschuldens bei Vertragsschluß besteht auch dann, wenn mit dem Verhandlungspartner kein Vertrag zustande gekommen ist.[111] 104

Die Haftung aus culpa in contrahendo (c. i. c.) trifft bei Kapitalanlagen in erster Linie die Vertriebsgesellschaften, die nach außen hin häufig als Anlageberater oder Anlagevermittler auftreten. Sie müssen aufgrund des ihnen entgegengebrachten Vertrauens – auch ungefragt – über alle für die Anlageentscheidung wesentlichen Umstände aufklären insbesondere über 105

- tatsächliche Umstände,
- rechtliche, steuerliche und wirtschaftliche Fragen,
- Risiken bei Anerkennung von Verlustzuweisungen.[112]

---

[108] S. § 6 IV.

[109] BGH WM 1987, 531 = WuB I G 4.–6.87 *Assmann*.

[110] BGHZ 79, 337 = WM 1981, 483 = NJW 1981, 1449 = BB 1981, 865 = DB 1981, 1274 = ZIP 1981, 518.

[111] BGHZ 74, 103 = WM 1979, 530 = NJW 1979, 1449 = DB 1979, 1219 = BB 1980, 800; BGH WM 1989, 685 = NJW-RR 1989, 627 = BB 1989, 729 = DB 1989, 1022 = ZIP 1989, 514 = WuB IV A. § 276 BGB 3.89 *Emmerich*.

[112] BGHZ 71, 284 = WM 1978, 705 = NJW 1976, 1625 = BB 1978, 979 = DB 1978, 1490; BGHZ 74, 103 = WM 1979, 530 = NJW 1979, 1449 = BB 1980, 800 = DB 1979, 1219; BGH

106 Insoweit besteht zu den vertraglichen Ansprüchen kein wesentlicher Unterschied.[113]

107 Auch bei Vertragsverhandlungen, in denen die Parteien entgegengesetzte Interessen verfolgen, besteht für jedem Vertragspartner die Pflicht, den anderen Teil über solche Umstände aufzuklären, die den Vertragszweck des anderen vereiteln können und daher für seinen Entschluß von wesentlicher Bedeutung sind. Dies gilt jedoch nur, soweit er die Mitteilung nach der Verkehrsauffassung erwarten kann.[114]

108 Eine **Offenbarungspflicht** entfällt auch dann nicht, wenn im Prospekt darauf hingewiesen wird, daß eine Garantie für den Eintritt der mit dem Erwerb verfolgten Ziele nicht übernommen werde. Offenbarungspflicht und Erfolgsgarantie betreffen unterschiedliche Fragen und begründen unterschiedliche Ansprüche. Auch wenn eine Erfolgsgarantie nicht übernommen wird, ist ein Anleger auf eine möglichst umfassende Aufklärung über die für seine Einschätzung des Risikos maßgeblichen Umstände angewiesen. Daß es sich um ein Risikogeschäft handelt, ändert an der Offenbarungspflicht nichts.

109 Der Anleger muß auf einen im Prospekt gemachten Hinweis vertrauen dürfen, daß alle Angaben auf ihre Korrektheit geprüft sind. Das schließt die sorgfältige Prüfung der bei Vertragsschluß geltenden Steuerrechtslage für das im Prospekt aufgeführte „unverbindliche Berechnungsbeispiel" ein.[115]

110 **3. Haftung des Vertreters.** Werden Vertragsverhandlungen von einem Vertreter geführt, so richten sich Schadensersatzansprüche wegen Verschuldens bei Vertragsverhandlungen (c. i. c.) grundsätzlich nach § 278 BGB gegen den Vertretenen und nicht gegen den Vertreter.[116]Für die Haftung des Vertretenen genügt es, daß er an den Verhandlungen mittelbar beteiligt war und dabei Vertrauen für sich in Anspruch genommen hat.[117]

111 Der Personenkreis, für den der Vertretene wegen c. i. c. einzustehen hat, ist der gleiche, wie bei § 123 Abs. 2 BGB, weil diese Vorschrift für den Fall arglistiger Täuschung im Rahmen von Vertragsverhandlungen als eine gesetzliche Sonderregelung der Haftung für c. i. c anzusehen ist.[118]

112 Die Initiatoren eines Bauherrenmodells, die einen Prospekt mit irreführenden Angaben über die Wohnfläche herausgegeben haben, haften aus c. i. c., wenn ein für sie auftretender Sachwalter in ihrem Namen eine Rückfrage des Bauherren zur Größe der Wohnfläche falsch beantwortet.[119]

113 Nach ständiger Rechtsprechung des Bundesgerichtshofes kann ausnahmsweise jedoch auch ein Vertreter aus Verschulden bei Vertragsverhandlungen persönlich haften. In einer viel beachteten Entscheidung des BGH aus dem Jahre 1971[120] hatte ein Bauherr einen Finanz- und Grundstücksmakler mit der finanziellen Betreuung seines Bauvorhabens sowie mit dem Verkauf der Geschäftsräume und Wohnungen beauftragt. Nachdem der Bauherr zahlungsunfähig geworden war, wurde der Finanz- und Grundstücksmakler von dem Bauhandwerker wegen noch offener Rechnungen in Anspruch genommen.

WM 1984, 889 = NJW 1984, 2523 = BB 1984, 1254 = DB 1984, 1671; BGH WM 1984, 1075 = BB 1984, 1577 = DB 1984, 1920 = ZIP 1984, 1080.

[113] BGH WM 1988, 1685 = NJW-RR 1989, 150 = BB 1988, 2270 = DB 1988, 2629 = ZIP 1988, 1464 = WuB I G 7.–1.89 *v. Heymann.*

[114] BGH WM 1979, 696 = NJW 1979, 2243 = DB 1979, 1174; BGH WM 1988, 1449 = NJW-RR 1988, 1290 = BB 1988, 1695 = DB 1988, 2401; BGH WM 1990, 145 = NJW-RR 1990, 229 = BB 1990, 12 = DB 1990, 321 = WuB I G 8.–1.90 *v. Heymann.*

[115] BGH WM 1988, 48 = BB 1988, 163 = DB 1988, 176 = ZIP 1988, 316.

[116] BGH WM 1990, 966 = NJW 1990, 1907 = BB 1990, 1220 = DB 1990, 1128 = ZIP 1990, 659 = WuB IV A. § 276 BGB 4.90 *Moritz.*

[117] BGH WM 1984, 889 = NJW 1984, 2523 = BB 1984, 1254 = DB 1984, 1671 = ZIP 1984, 1086; BGHZ 114, 263 = WM 1991, 1171 = NJW 1991, 2556 = BB 1991, 1371 = DB 1991, 1617.

[118] BGH WM 1990, 479 = NJW 1990, 1661.

[119] BGH WM 1991, 13 = NJW-RR 1991, 217 = BB 1990, 2436 = DB 1991, 276 = ZIP 1990, 1580 = WuB I G 7.–2.91 *v. Heymann.*

[120] BGHZ 56, 81= WM 1971, 592 = NJW 1971, 1309 = DB 1971, 1006.

Nach Ansicht des BGH muß ein von einer Vertragspartei bestellter Sachwalter, der in besonderem Maße das **persönliche Vertrauen** des Vertragsgegners in Anspruch nimmt und von dessen Entscheidung nach den gegebenen Umständen der Abschluß des beabsichtigten Rechtsgeschäfts maßgeblich abhängt, für die Verletzung von Pflichten aus dem durch die Anbahnung von Vertragsverhandlungen begründeten gesetzlichen Schuldverhältnis auch dann **selbst** einstehen, wenn er bei den Vertragsverhandlungen nicht als Vertreter der einen Partei aufgetreten ist, sondern wenn er lediglich seine dem Verhandlungsgegner mitgeteilte Zustimmung zu dem Vertragsschluß gegeben und dadurch den Entschluß des anderen Teils, sich auf das Geschäft einzulassen, entscheidend beeinflußt hat.[121] 114

Ausnahmsweise kann also ein Vertreter für ein Verschulden bei Vertragsverhandlungen immer dann haften, wenn er in besonderem Maße persönliches Vertrauen in Anspruch genommen hat und dadurch den anderen Verhandlungspartner eine zusätzliche, gerade von ihm persönlich ausgehende Gewähr für Bestand und Erfüllung des in Aussicht genommenen Rechtsgeschäfts bietet oder der Vertreter dem Verhandlungsgegenstand besonders nahesteht, weil er wirtschaftlich selbst stark an dem Vertragsabschluß interessiert ist, wirtschaftlich gleichsam in eigener Sache beteiligt ist und aus dem Geschäft eigenen Nutzen erstrebt.[122] Dieser Grundsatz gilt nach der Rechtsprechung des BGH auch und in besonderem Maße für die Haftung von Anlageberatern/Anlagevermittlern.[123] 115

Eine Haftung wegen Verschuldens bei Vertragsverhandlungen kann allerdings dann entfallen, wenn beide Verhandlungspartner über dieselben Erkenntnismöglichkeiten verfügen und der eine deshalb nicht darauf angewiesen ist, dem anderen besonderes Vertrauen entgegenzubringen; wer Erkenntnismöglichkeiten innerhalb der eigenen Sphäre außer acht läßt, kann redlicherweise nicht darauf vertrauen, von seinem Verhandlungspartner über wesentliche Umstände aufgeklärt zu werden.[124] Eine die persönliche Haftung des Vertreters begründende Inanspruchnahme besonderen persönlichen Vertrauens liegt nicht schon dann vor, wenn dieser über die für seine Tätigkeit erforderliche Sachkunde verfügt und darauf hinweist.[125] Erforderlich ist vielmehr ein sachbezogenes Vertrauensverhältnis, d. h. der Vertreter muß dem Anleger zusätzlich in zurechenbarer Weise den Eindruck vermitteln, er werde persönlich mit seiner Sachkunde die ordnungsgemäße Abwicklung des Geschäfts selbst dann gewährleisten, wenn der Anleger dem Geschäftsherrn nicht oder nur wenig vertraut.[126] 116

Für die Publikums-KG hat der BGH den Grundsatz aufgestellt, daß im Regelfall nicht der Vertretene (der Kommanditist) für das Verhalten seines Vertreters (der persönlich haf- 117

---

121 BGHZ 56, 81 = WM 1971, 592 = NJW 1971, 1309 = DB 1971, 1006.

122 BGHZ 87, 27 = WM 1983, 413 = NJW 1983, 1607; BGH WM 1985, 1526 = NJW 1986, 588 = BB 1986, 1042 = DB 1186, 163 = ZIP 1986, 26; BGH WM 1986, 854 = NJW 1986, 3193 = DB 1986, 1328; BGH WM 1987, 1222 = DB 1987, 2561 = ZIP 1987, 995; BGH WM 1988, 1535 = NJW 1989, 293 = BB 1988, 1992 = DB 1988, 2398 = ZIP 1988, 1581 = WuB IV A. § 276 BGB 1.88 *Huff;* BGH WM 1990, 2039 = NJW-RR 1991, 289 = BB 1990, 2212 = DB 1990, 2313 = ZIP 1990, 1402; BGH WM 1994, 1428 = NJW 1994, 2220 = BB 1994, 1657 = DB 1994, 1608 = ZIP 1994, 1103.

123 BGH WM 1978, 611 = BB 1978, 1031 = DB 1978, 1398; BGHZ 74, 103 = WM 1979, 530 = NJW 1979, 1449 = BB 1980, 800 = DB 1979, 1219; BGH WM 1981, 1021 = NJW 1981, 2810 = DB 1981, 2017 = ZIP 1981, 1076; BGHZ 84, 141 = WM 1982, 758 = NJW 1982, 2493 = BB 1982, 1323 = DB 1982, 1817; BGH WM 1985, 533; BGH WM 1985, 1520; BGH WM 1986, 517 = ZIP 1986, 562; BGH WM 1986, 1047 = WuB IV A. § 276 BGB 1.86 *Assmann;* BGH WM 1989, 1923 = NJW 1990, 506 = BB 1989, 2431 = ZIP 1990, 43 = WuB IV A. § 276 BGB 3.90 *Assmann.*

124 BGH WM 1981, 876; BGH WM 1988, 41 = WuB I E 1.–6.88 *Kessler.*

125 BGH WM 1989, 1923 = NJW 1990, 506 = BB 1989, 2431 = ZIP 1990, 43 = WuB IV A. § 276 BGB 3.90 *Assmann.*

126 BGH WM 1989, 1715 = NJW 1990, 389 = BB 1990, 2210 = DB 1989, 2320 = ZIP 1989, 1455 WuB II C. § 43 GmbHG 2.90 *Koller;* BGH WM 1992, 699 = NJW-RR 1992, 605 = WuB IV A. § 278 BGB 1.92 *v. Heymann.*

tende Gesellschafter) haftbar gemacht werden kann.[127] Wenn jedoch der später beigetretene Kommanditist die Publikums-KG durch Bürgschaften am Leben erhält, haftet er später beitretenden Mitgesellschaftern für das Verschulden von Anlagevermittlern anläßlich der Beitrittsverhandlungen.[128]

118 **4. Unerlaubte Handlung (§§ 823 ff. BGB).** Das Deliktsrecht erfaßt Fehler in der Anlageberatung nur **lückenhaft.** § 823 Abs. 1 BGB scheidet in aller Regel aus, weil bei der Beratung regelmäßig keines der dort aufgeführten Schutzgüter verletzt ist und primäre Vermögensschäden nicht ersetzt werden. Bei § 823 Abs. 2 BGB i. V. m. strafrechtlichen Schutzgesetzen wie § 263 StGB (Betrug), § 266 StGB (Untreue), § 264 a StGB (Kapitalanlagebetrug) oder § 31 Abs. 2 WpHG und bei § 826 BGB gibt es Probleme wegen der engen Fassung der Tatbestände wie auch beim Nachweis der subjektiven Voraussetzungen (Vorsatz, Schädigungsabsicht).[129] Hinzu kommt die Exculpationsmöglichkeit des § 831 BGB und die kurze Verjährung des § 852 BGB. Demgemäß dürfte eine deliktische Haftung des Anlageberaters in der Praxis selten sein.

119 **5. Haftung gegenüber Dritten.** Bei der hier interessierenden Haftung gegenüber Dritten aus Rat, Empfehlung, Auskunft usw. geht es nicht um die Haftung gegenüber dem Dritten, über den in der Auskunft etwas nachteiliges offenbart wird, z. B. aus § 823, 824 BGB,[130] sondern gegenüber dem Dritten, der auf die Auskunft vertraut.

120 *a) Auskunfts-/Beratungsvertrag (Bankauskunft).* Soweit ein selbständiger Auskunfts- oder Beratungsvertrag mit dem Dritten besteht, lassen sich Haftungsfragen relativ einfach lösen. In dem bekannten „Luxushotel"-Fall[131] hatte ein Finanzmakler Anlegern eine auf dem Briefbogen einer Bank ohne Anschrift und Datum geschriebene Auskunft vorgelegt, ohne daß die Bank selbst mit den Anlegern verhandelte oder sie auch nur kannte. Der BGH hat in diesem Fall als entscheidend angesehen, daß die Bank sich an einen ganz bestimmt umgrenzten Interessentenkreis, nämlich die privaten Darlehensgeber für das Luxushotel, gewendet hatte. Die Auskunft richtet sich an eine Gruppe, an deren Gewinnung die Bank ein Interesse hatte und von der sie wußte, daß die Auskunft Grundlage wesentlicher vermögensrechtlicher Entscheidungen ist. Dementsprechend hat der BGH eine Haftung der Bank bejaht und den die Auskunft übermittelnden Finanzmakler nur als Erklärungsboten angesehen.[132]

121 Dagegen lehnt die Rechtsprechung eine vertragliche „Auskunft an den, den es angeht" regelmäßig ab. Denn bei Auskünften kann grundsätzlich nicht angenommen werden, daß sich der Auskunftsgeber einer unbestimmten, unübersehbaren Vielzahl von Personen verpflichten wolle.[133]

122 *b) Vertrag mit Schutzwirkung für den Dritten.* Fehlt es an direkten vertraglichen Beziehungen zu dem Dritten, kommt ein Auskunfts- bzw. Beratungsvertrag mit Schutzwirkung für den Dritten in Frage. Auch ohne die Voraussetzungen des § 328 BGB kann ein am Vertrag nicht Beteiligter, aber von dessen Risiken betroffener Dritter Schadensersatzansprüche gegen eine Vertragspartei wegen Schutzpflichtverletzung haben. Das ist dann der Fall, wenn der Vertrag nach seinem Sinn und Zweck und mit Rücksicht auf Treu und Glauben den Einschluß des Dritten in seinen Schutzbereich erfordert und der Gläubiger die ihm

---

[127] BGHZ 71, 284 = WM 1978, 705 = NJW 1978, 1625 = BB 1978, 979 = DB 1978, 1490.

[128] BGH WM 1991, 637 = NJW 1991, 1608 = BB 1991, 715 = DB 1991, 961 = ZIP 1991, 441 = WuB I G 9.–3.91 *Koller;* BGH WM 1992, 482 = NJW-RR 1992, 542 = BB 1992, 452 = DB 1992, 673 = ZIP 1992, 322 = WuB II F. § 161 HGB 1.92 *Wagner.*

[129] BGH WM 1991, 1548 = NJW-RR 1991, 1312 = BB 1991, 1587 = DB 1991, 1765 = ZIP 1991, 1140 = WuB IV A. § 276 BGB 2.91 *Emmerich;* BGH WM 1992, 735 = NJW-RR 1992, 1061 = BB 1992, 872 = DB 1992, 932 = ZIP 1992, 694 = WuB II C. § 43 GmbHG 3.92 *Groß.*

[130] Vgl. hierzu z. B. BGH NJW 1978, 2151.

[131] BGH WM 1979, 548 = NJW 1979, 1595 = BB 1979, 960 = DB 1979, 1268.

[132] Vgl. auch BGH NJW 1983, 276 = ZIP 1982, 930; BGH WM 1982, 1251 = NJW 1983, 276.

[133] BGH WM 1970, 1021 = NJW 1970, 1737; BGH NJW 1979, 1595.

geschuldete Sorge erkennbar auch auf den Dritten bezieht, für den er seinerseits Verantwortung trägt.[134]

c) Sachverständigen-Gutachten. Ansprüche unter dem Gesichtspunkt des Vertrages mit Schutzwirkung für Dritte ergeben sich häufig bei Sachverständigengutachten. Wer bei einer Person, die über eine besondere, vom Staat anerkannte **Sachkunde** verfügt (z. B. bei öffentlich bestellten Sachverständigen, Wirtschaftsprüfern, Steuerberatern), ein Gutachten oder eine gutachtliche Äußerung (Wertgutachten, Wirtschaftsprüfer- oder Steuerberatertestat o. ä.) bestellt, um davon gegenüber einem Dritten Gebrauch zu machen, ist i. d. R. daran interessiert, daß die Ausarbeitung die entsprechende Beweiskraft besitzt. 123

Im Hinblick auf die mögliche Verwendung gegenüber Dritten muß der Sachverständige sein Gutachten stets objektiv nach bestem Wissen und Gewissen richtig und vollständig erstellen und auch dem Dritten dafür einstehen. Dabei muß ihm nicht bekannt sein, daß das Gutachten einem Dritten vorgelegt werden soll; es genügt vielmehr, wenn dem Verfasser erkennbar ist, daß die Ausarbeitung (auch) für einen Dritten bestimmt ist.[135] 124

*d) GmbH & Co. KG.*In Anwendung der Grundsätze über den Vertrag mit Schutzwirkung für Dritte hat die Rechtsprechung den Schutzbereich des zwischen der GmbH und ihrem Geschäftsführer bestehenden Dienstverhältnisses hinsichtlich einer Haftung des letzteren aus § 43 GmbHG auch auf die KG erstreckt, zunächst unter Einschränkung auf eine Publikumsgesellschaft, kurz danach allgemein auf eine GmbH & Co. KG, in der die wesentliche Aufgabe der Komplementär-GmbH in der Geschäftsführung für die KG besteht. Ob die betreffenden Pflichten Nebenpflichten oder Hauptpflichten des Vertrages sind, spielt keine Rolle.[136] 125

6. Beweislast. Die Beweislast dafür, daß der Anleger auch bei zutreffender Unterrichtung oder Beratung das Anlageobjekt erworben hätte, trifft den Anlageberater bzw. den Anlagevermittler.[137] 126

IX. Haftungsumfang

Ansprüche aus fehlgeschlagenen Kapitalanlagen können auf das negative Interesse bei Verschulden bei Vertragsschluß (c. i. c.) oder – bei Festhalten am Vertrag – auf Erfüllung oder auf Schadensersatz wegen Nichterfüllung gerichtet sein. Dabei muß sich der Anleger – je nach Anspruchsgegner und Anspruchsinhalt – entscheiden, ob er Ansprüche wegen Unrichtigkeit der Unvollständigkeit der Beratung Zug um Zug gegen Übertragung der Kapitalanlage (Gesellschafterstellung, Immobilie, Wertpapier) geltend 127

---

[134] BGHZ 75, 321 = WM 1980, 30 = NJW 1980, 589 = BB 1930, 120 = DB 1980, 295.

[135] BGH WM 1984, 34 = BB 1984, 662; BGH WM 1985, 450 = DB 1985, 1464 = ZIP 1985, 398; BGH WM 1985, 450 = NJW-RR 1986, 484 = DB 1985, 398 = WuB IV A. § 305 BGB 1.85 *Wehrhahn* (Sachverständigengutachten); BGH WM 1986, 711 = BB 1986, 1179; BGH WM 1993, 897 = NJW-RR 1993, 944 = WuB IV A. § 328 BGB 1.93 *Bayer* (Wirtschaftsprüfertestat); BGH WM 1987, 257 = BB 1987, 371 = DB 1987, 828 = ZIP 1987, 376 = WuB IV A. § 328 BGB 1.87 *Johlke;* BGH WM 1989, 375 = NJW-RR 1989, 696 = WuB IV A. § 676 BGB 1.89 *Sturmhoebel* (Steuerberatertestat); OLG Hamm WM 1987, 851 (Bautenstandsbericht eines Architekten); BGH WM 1991, 2034 = NJW 1991, 3282 = BB 1991, 2401 = DB 1992, 37 = WuB IV A. § 826 BGB 2.92 *Broß* (Grundstückssachverständiger).

[136] BGHZ 75, 321 = WM 1980, 30 = NJW 1980, 589 = BB 1980, 120 = DB 1980, 295; BGH NJW 1980, 1524.

[137] BGHZ 61, 118 = WM 1973, 1015 = NJW 1974, 1688 = BB 1973, 1043 = DB 1973, 1843; BGH WM 1985, 1530; BGH WM 1988, 95 = NJW-RR 1988, 458 = WuB I G 7.–16.88 *v. Heymann;* BGH WM 1990, 681 = NJW-RR 1990, 918 = BB 1990, 515 = WuB I G 7.–5.90 *v. Heymann;* BGHZ 124, 151 = WM 1994, 149 = NJW 1994, 512 = BB 1994, 305 = DB 1994, 1079 = ZIP 1994, 116 = WuB I G 4.–3.94 *Wach.*

machen oder ob er diese behalten und den wirtschaftlichen Schaden ersetzt verlangen will.[138]

128 **1. Kausalität.** Haftungsansprüche wegen unrichtiger oder unvollständiger Auskünfte und Beratung setzen Kausalität voraus. Die falschen Angaben müssen den Anleger zu seiner Entscheidung bestimmt haben und die Verletzung der Offenbarungspflicht muß ursächlich für den konkret geltend gemachten Schaden des Anlegers sein.[139] Bei der Prüfung des ursächlichen Zusammenhangs zwischen der Schlechterfüllung der Aufklärungspflicht und dem Schaden des Anlegers kommt es nicht auf die Wertentwicklung der Beteiligung an; entscheidend ist vielmehr die Ursächlichkeit des Aufklärungsmangels für den Beteiligungsentschluß des Anlegers. Im wesentlichen unrichtige oder unvollständige Prospektangaben stellen eine rechtswidrige Verletzung der Aufklärungspflicht dar. Ein Anleger, der mit einem in erheblichen Punkten unrichtigen oder unvollständigen Prospekt geworben worden ist, kann im Wege des Schadensersatzes Rückgängigmachung seiner Beteiligung verlangen, auch wenn die im Prospekt unrichtig dargestellten Risiken nicht mit denjenigen identisch sind, die zu dem späteren Werteverfall der Anlage geführt haben.[140]

129 Kommt ein Kreditvertrag erst nach dem Beitritt eines Anlegers zur Bauherrengemeinschaft und nach dem Kauf seines Anteils am Grundstück zustande, dann schließt diese zeitliche Abfolge die Annahme aus, der Anleger hätte noch vom Abschluß der seiner Beteiligung zugrundeliegenden Verträge absehen können, wenn er von der finanzierenden Bank über die besonderen Nachteile und Risiken des Vorhabens hingewiesen worden wäre. Damit steht jedoch nicht fest, daß die unterlassene Aufklärung für den Schaden des Anlegers nicht ursächlich war. Vielmehr kommt es darauf an, ob sich der Anleger bei erfolgter Aufklärung noch aus den abgeschlossenen Verträgen mit Erfolg hätte lösen können.[141]

130 Hinsichtlich des Nachweises der Kausalität gilt der Grundsatz, daß derjenige, der eine vertragliche Aufklärungs- oder Beratungspflicht verletzt, die Beweislast dafür trägt, daß der Schaden auch bei pflichtgemäßem Verhalten eingetreten wäre, der Geschädigte also den Rat oder Hinweis auch trotz Aufklärung nicht befolgt hätte.[142]Der eingetretene Schaden muß im **Schutzbereich der verletzten Pflicht** liegen.[143] Ist ein Prospekt unrichtig oder unvollständig und hätte der Anleger die Beteiligung bei Kenntnis aller für die Beurteilung des Angebots maßgeblichen Verhältnisse nicht getroffen, dann fällt der von ihm erlittene Schaden in den Schutzbereich der Verhaltensnorm (Aufklärungspflicht), ohne daß es ausschlaggebend darauf ankommt, ob sich später gerade die im Prospekt verschwiegene Ge-

---

[138] BGH WM 1991, 695 = NJW-RR 1991, 599 = BB 1991, 935 = DB 1991, 964 = WuB I G 7.–6.91 *v. Heymann;* BGH WM 1992, 143 = NJW 1992, 1223 = BB 1992, 231 = DB 1992, 517 = ZIP 1992, 324 = WuB I G 9.–4.92 *Medicus.*

[139] BGHZ 71, 284 = WM 1978, 705 = NJW 1978, 1625 = BB 1978, 979 = DB 1978, 1490; BGHZ 79, 337 = WM 1981, 483 = NJW 1981, 1449 = BB 1981, 865 = DB 1981, 1274 = ZIP 1981, 518; BGH WM 1982, 760 = NJW 1982, 2303 = BB 1982, 1196 = DB 1982, 1866; BGH WM 1990, 681 = NJW-RR 1990, 918 = BB 1990, 515 = WuB I G 7.–5.90 *v. Heymann;* BGHZ 115, 214 = WM 1991, 2092 = NJW 1992, 228 = BB 1992, 10 = DB 1992, 135 = ZIP 1992, 552 = WuB I G 9.–2.92 *v. Heymann.*

[140] BGHZ 123, 106 = WM 1993, 1787 = NJW 1993, 2865 = BB 1993, 2108 = DB 1993, 2017 = ZIP 1993, 1467 = WuB I G 9.–1.94 *Assmann.*

[141] BGH WM 1990, 120 = NJW-RR 1990, 876 = DB 1990, 1181 = WuB I G 7.–7.90 *Assmann.*

[142] BGH WM 1984, 221 = NJW 1984, 1688 = DB 1984, 770 = ZIP 1984, 547 ; BGHZ 115, 214 = WM 1991, 2092 = NJW 1992, 228 = BB 1992, 228 = BB 1992, 10 = DB 1992, 135 = ZIP 1992, 552 = WuB I G 9.–2.92 *v. Heymann;* BGH 124, 151 = WM 1994, 149 = NJW 1994, 512 = BB 1994, 305 = DB 1994, 1079 = ZIP 1994, 116 = WuB I G 4.–3.94 *Wach;* BGH WM 1994, 1076 = NJW 1994, 1864 = DB 1994, 1081 = WuB I G 7.–2.94 *v. Heymann.*

[143] BGH WM 1990, 808 = NJW 1990, 2057 = BB 1990, 586 = DB 1990, 1232 = ZIP 1990, 593 = WuB IV A. § 249 BGB 1.90 *v. Heymann;* BGH WM 1990, 1276 = NJW 1990, 2461 = BB 1990, 1437 = DB 1990, 1913 = ZIP 1990, 928 = WuB I G 9.–1.90 *v. Heymann.*

fahr als solche verwirklicht hat oder auf welchen Umständen ein eventueller Wertverlust beruht.[144]

131 **2. Verschulden.** Die Haftung für unrichtige oder unvollständige Auskünfte, Beratung usw. setzt Verschulden voraus. Regelmäßig genügt hierbei einfache Fahrlässigkeit. Die Anforderungen an die **Sorgfaltspflichten** sind weitgehend vom Einzelfall abhängig. Generell wird bei Kenntnis falscher Angaben oder Nichtweitergabe angabepflichtiger Tatsachen Fahrlässigkeit angenommen.[145]

132 Soweit die betroffenen Personen größere Kenntnisse und Erfahrungen besitzen, sind die Sorgfaltsanforderungen entsprechend höher. Demgemäß werden für Anlage- und Vermögensberater, Rechtsanwälte, Steuerberater, Wirtschaftsprüfer und auch Banken strenge Fahrlässigkeitsmaßstäbe angelegt.[146]

133 Hat eine Bank Kenntnis davon, daß Zweifel an der Zuverlässigkeit eines Anlageangebotes bestehen, reicht dies für die Annahme eines Verschuldens aus.[147] Wird bei der Anwerbung von Anlegern im Prospekt mit unrichtigen Angaben geworben, ergibt sich hieraus im Regelfall nicht nur die Verletzung von Aufklärungspflichten, sondern auch das Verschulden der handelnden Personen.[148]

134 **3. Mitverschulden.** Inwieweit im Rahmen der Anlageberatung oder Anlageempfehlung der Einwand des Mitverschuldens gebracht werden kann, hängt im wesentlichen von den Umständen des Einzelfalles ab.[149]

135 Grundsätzlich kann sich der Berater nach Treu und Glauben nicht darauf berufen, daß der Beratene seinem Rat ohne eigene Nachprüfung folgt. Dementsprechend wird von der Rechtsprechung der Einwand des Mitverschuldens nur in Ausnahmefällen zugelassen.[150]

136 Derjenige, der einen Sachkundigen hinzuzieht, gibt damit zu erkennen, daß er auf dem betreffenden Fachgebiet nicht die erforderlichen Fachkenntnisse hat und auf fremde Hilfe angewiesen ist. Sein Vertrauen verdient besonderen Schutz.[151]

137 Demgemäß kann ein Sachkundiger dem Anleger nur bei Vorliegen besonderer Umstände den Einwand des Mitverschuldens entgegenhalten, wenn z. B. Warnungen von dritter Seite oder differenzierende Hinweise des Beraters nicht genügend beachtet wurden, oder wenn der Anleger falsche, unvollständige oder mißverständliche Angaben nach § 31 Abs. 2 WpHG macht.[152]

138 Bei der Kapitalanlageberatung kann für den Interessenten u. U. erkennbar sein, daß der Berater für die andere Seite handelt, nämlich für die kapitalsuchende Gesellschaft und vornehmlich deren und sein eigenes wirtschaftliches Interesse im Auge hat. Die Art und Weise, in der ein Anlagevermittler oder Anlageberater werbend auftritt, kann Vorsicht na-

---

144 BGHZ 123, 106 = WM 1993, 1787 = NJW 1993, 2865 = BB 1993, 2108 = DB 1993, 2017 = ZIP 1993, 1467 = WuB I G 9.–1.94 *Assmann;* BGH WM 1992, 133 = NJW 1992, 555 = BB 1992, 454 = DB 1992, 885 = ZIP 1992, 166 = WuB IV A. § 249 BGB 1.92 *Sundermann.*

145 BGHZ 71, 284 = WM 1978, 705 = NJW 1978, 1625 = BB 1978, 979 = DB 1978, 1490; BGHZ 74, 103 = WM 1979, 530 = NJW 1979, 1449 = BB 1980, 800 = DB 1979, 1219.

146 BGHZ 79, 337 = WM 1981, 483 = NJW 1981, 1449 = BB 1981, 865 = DB 1981, 1274 = ZIP 1981, 518.

147 BGH WM 1987, 495 = BB 1987, 850 = DB 1987, 980 = ZIP 1987, 500 = WuB I G 4.–5.87 *Assmann.*

148 BGHZ 84, 141 = WM 1982, 758 = NJW 1982, 2493 = BB 1982, 1323 = DB 1982, 1817; BGH WM 1992, 1892 = NJW 1992, 3296 = BB 1992, 2310 = DB 1992, 2340 = ZIP 1992, 1561 = WuB I G 9.–2.93 *Vortmann.*

149 BGH WM 1987, 1546 = WuB I E 2 c.–1.88 *Assmann.*

150 BGH WM 1965, 287; BGH WM 1982, 90 = NJW 1982, 1095 = BB 1982, 329 = DB 1982, 482 = ZIP 1982, 169; BGH WM 1984, 126 = BB 1984, 432 = DB 1984, 977 = ZIP 1984, 160.

151 BGH WM 1987, 495 = NJW 1987, 1815 = BB 1987, 850 = DB 1987, 980 = ZIP 1987, 500 = WuB I G 4.–5.87 *Assmann;* BGH WM 1993, 238 = NWJ-RR 1993, 1144 = BB 1993, 1317 = DB 1993, 1966 = ZIP 1993, 997 = WuB I G 4.–7.93 *v. Heymann.*

152 BGH WM 1979, 548 = NJW 1979, 1595 = BB 1979, 960 = DB 1979, 1268.

helegen. Das Vertrauen in einen solchen Vermittler reicht nicht so weit wie gegenüber dem Berater, der vom Kapitalanleger in dessen individuellem Beratungsinteresse als Sachkundiger hinzugezogen wird. Unter diesen Umständen kann es nach Ansicht des BGH gerechtfertigt sein, ein Mitverschulden des Anlegers entsprechend zu berücksichtigen.[153]

139 Ein Mitverschulden kann auch dann ins Gewicht fallen, wenn der Anleger einen Bankkaufmann als eigenen Berater hinzuzieht, dieser die Beteiligung negativ beurteilt und auf das durch eine höhere Verzinsung auch höhere Risiko hinweist. Entschließt sich der Anleger dann gleichwohl zur Beteiligung, ohne die Bedenken des eigenen Beraters nachzuprüfen, so kann hierin ein erhebliches Mitverschulden (50%) gesehen werden.[154]

140 **4. Schaden.** Bei Schadensersatzansprüchen aus positiver Forderungsverletzung gelten die allgemeinen Grundsätze, d. h. der Schädiger hat den Zustand herzustellen, der bestehen würde, wenn der zum Ersatz verpflichtende Umstand nicht eingetreten wäre (§ 249 BGB).

141 Bei culpa in contrahendo (Verschulden bei Vertragsschluß) ist der Vertrauensschaden zu ersetzen, d. h. der Schaden, den der Anleger dadurch erlitten hat, daß er auf die Richtigkeit und Vollständigkeit der Angaben vertraut hat.[155] Demgemäß hat der „Schädiger" den Zustand herzustellen, der bestehen würde, wenn der Haftende seiner Aufklärungspflicht nachgekommen wäre, d. h. der Geschädigte kann verlangen, so gestellt zu werden, wie er ohne das schuldhafte Verhalten des Verhandlungspartners – also ohne Zustandekommen des Vertrages – stehen würde (negatives Interesse). Er hat somit Anspruch auf Befreiung von dem abgeschlossenen Vertrag und auf Ersatz seiner nutzlos erbrachten Aufwendungen (z. B. Rückgewähr der gezahlten Einlage.[156] Der Geschädigte ist so zu stellen, daß ihm die Zahlung zum Ausgleich seines Vertrauensschadens in voller Höhe verbleibt; deshalb ist ihm ein Betrag zuzusprechen, der auch die auf den Schadensbetrag zu entrichtenden Steuern abdeckt.

142 Die Verpflichtung, einen Anleger von seinen Darlehensverbindlichkeiten freizustellen, wandelt sich in einen Zahlungsanspruch um, wenn der Anleger seine Darlehensschuld durch Zahlung ablöst oder die zur Freistellung verpflichtete Person die Freistellung ernsthaft und endgültig ablehnt und der Anleger Geldersatz fordert.[157]

143 Bei der Schadensberechnung sind nicht nur die nutzlosen Aufwendungen des Anlegers zu berücksichtigen, sondern auch die vermögensmäßigen Auswirkungen des Grunderwerbs. Zu diesen Auswirkungen zählen insbesondere die Wertentwicklung des Hausgrundstücks, ersparte Mietaufwendungen und erzielte Steuervorteile.[158]

144 Das negative Interesse wird durch das positive Interesse nicht begrenzt, d. h. der Anleger kann neben dem Ersatz seiner Einlage auch den Schaden geltend machen, der ihm durch das Nichtabschließen einer günstigen Investition entstanden ist. Der Geschädigte seinerseits

---

[153] BGH WM 1982, 90 = NJW 1982, 1095 = BB 1982, 329 = DB 1982, 482 = ZIP 1982, 169; vgl. hierzu ferner *Lutter,* Festschrift für Bärmann, 1975, S. 605, 615 f.; *Assmann* NJW 1982, 1083.

[154] BGH WM 1993, 1238 = NJW-RR 1993, 1144 = BB 1993, 1317 = DB 1993, 1966 = ZIP 1993, 997 = WuB I G 4.–7.93 *v. Heymann.*

[155] BGH WM 1978, 611 = BB 1978, 1031 = DB 1978, 1398; BGH WM 1980, 953; BGHZ 77, 172 = WM 1980, 794 = NJW 1980, 1840 = BB 1980, 1067 = DB 1980, 1591 = ZIP 1980, 532; BGH WM 1983, 1387 = ZIP 1984, 73 = BB 1984, 93 = DB 1984, 338; BGH WM 1991, 1303 = NJW-RR 1991, 1125 = BB 1991, 1374 = DB 1991, 2029 = WuB VIII D. § 68 StBerG 1.91 *Thode.*

[156] BGHZ 72, 382 = WM 1979, 141 = NJW 1979, 718 = BB 1979, 239 = DB 1979, 396; BGHZ 79, 337 = WM 1981, 483 = NJW 1981, 1449 = DB 1981, 1274 = BB 1181, 865 = ZIP 1981, 518; BGH WM 1990, 145 = NJW-RR 1990, 229 = BB 1990, 12 = DB 1990, 321 = WuB I G 8.–1.90 *v. Heymann;* BGHZ 115, 214 = WM 1991, 2092 = NJW 1992, 228 = BB 1992, 228 = BB 1992, 10 = DB 1992, 135 = ZIP 1992, 552 = WuB I G 9.–2.92 *v. Heymann;* BGH WM 1993, 1277 = NJW 1993, 2107 = BB 1993, 1393 = DB 1993, 1968 = ZIP 1993, 1089 = WuB I G 4.–8.93 *Zeller.*

[157] BGH WM 1991, 1002 = NJW 1991, 2014 = DB 1992, 89 = WuB I G 7.–8.91 *v. Heymann;* BGH WM 1992, 1074 = NJW 1992, 2221 = ZIP 1992, 910 = WuB I G 7.–10.92 *Reithmann.*

[158] BGH WM 1991, 890 = NJW 1991, 1881 = DB 1991, 1621 = ZIP 1991, 644 = WuB I E 4.–8.91 *v. Heymann.*

ist verpflichtet, Zug um Zug gegen Ausgleich seines Schadens dem Schädiger die Rechte zu überlassen, die er aus dem Abschluß des Beteiligungsvertrags erlangt hat.[159]

Wird ein Kapitalanleger durch schuldhaft unrichtige Angaben bewogen, einer Publikumsgesellschaft beizutreten, so ist ihm nicht nur seine Einlage, sondern auch der Schaden zu ersetzen, der sich typischerweise daraus ergibt, daß Eigenkapital in solcher Höhe erfahrungsgemäß nicht ungenutzt geblieben, sondern zu einem allgemein üblichen Zinssatz (z. B. 7%) angelegt worden wäre.[160] 145

Allerdings kommt dann, wenn ein Käufer am Vertrag festhält, als ersatzfähiger Schaden auch derjenige Betrag in Betracht, um den der Erwerber im Vertrauen auf die Richtigkeit der Angaben des Verkäufers den Gegenstand zu teuer erworben hat. In einem solchen Fall bemißt sich der Schaden grundsätzlich danach, welche Aufwendungen der Geschädigte – unter beiderseitiger Rückabwicklung des Vertrages – nutzlos erbracht hat, d. h. der Geschädigte erhält dann den Minderwert.[161] 146

Enthält der vom Anlageberater benutzte **Prospekt** für ein Bauherrenmodell unrichtige Angaben über den Umfang der steuerlichen Absetzbarkeit der vom Erwerber zu zahlenden Vergütungen, so kann der Erwerber nicht als negatives Interesse die durch die Nichtabsetzbarkeit dieser Vergütung entgangenen Steuervorteile ersetzt verlangen. Dagegen können beim Festhalten am Vertrag solche Mehraufwendungen als Schadensersatz verlangt werden, um die das Gesamtobjekt unter Berücksichtigung der nicht als Werbungskosten absetzbaren Baubetreuungs- und Treuhandvergütungen zu teuer geworden ist.[162] Entgangene Steuervorteile sind grundsätzlich auszugleichen. 147

Bei Festhalten am Vertrag ist dem Anleger auch der Schaden zu ersetzen, den er dadurch erlitten hat, daß er auf die Richtigkeit und Vollständigkeit der Angaben vertraut hat. Dabei kommen als ersatzfähige Schäden diejenigen Beträge in Betracht, die der Anleger für seine Beteiligung an der Bauherrengemeinschaft im enttäuschten Vertrauen auf die Angaben zuviel aufgewendet hat. Für die Vertragshaftung (des Anlagevermittlers) kann insoweit nicht anderes gelten als für die Haftung, die den Vertragspartner eines Anlegers selbst oder dessen Vertreter trifft, wenn der Schaden durch Verschulden bei Vertragsschluß oder unerlaubter Handlung entstanden ist.[163] 148

Der geschädigte Vertragspartner muß so behandelt werden, als wäre es ihm bei Kenntnis der wahren Sachlage gelungen, den Vertrag zu einem günstigeren Preis abzuschließen. Dabei kommt es nicht auf den – hypothetischen und ohnehin kaum zu führenden – Nachweis an, ob auch der andere Teil sich damals mit einem Vertragsschluß unter diesen Bedingungen einverstanden erklärt hätte. Entscheidend ist vielmehr, wie sich der geschädigte Vertragspartner bei Kenntnis der ihm verschwiegenen Umstände verhalten hätte; dieser hätte, wäre er entsprechend aufgeklärt worden, weniger aufgewendet als er im Vertrauen auf die Richtigkeit der Angaben letztlich bezahlt hat. Er kann dementsprechend eine Herabsetzung des vereinbarten Preises und Rückzahlung des Mehrbetrages verlangen.[164] 149

---

[159] BGH BB 1969, 696; BGHZ 57, 191 = WM 1971, 1543 = NJW 1972, 95 = BB 1971, 1531 = DB 1971, 2357; BGH WM 1988, 781 = NJW 1988, 2234 = BB 1988, 929 = DB 1988, 1060 = ZIP 1988, 505.

[160] BGH WM 1992, 143 = NJW 1992, 1223 = BB 1992, 231 = DB 1992, 517 = ZIP 1992, 324 = WuB I G 9.–4.92 *Medicus.*

[161] BGHZ 69, 53 = WM 1977, 999 = NJW 1977, 1536 = BB 1977, 965 = DB 1977, 1451; BGH WM 1980, 1006 = NJW 1980, 2408; BGH WM 1981, 689 = NJW 1981, 2051; BGH WM 1987, 1466.

[162] OLG Hamburg WM 1986, 13; OLG Köln WM 1987, 1292 = BB 1988, 92.

[163] BGH WM 1988, 1685 = NJW-RR 1989, 150 = BB 1988, 2270 = DB 1988, 2629 = ZIP 1988, 1464 = WuB I G 7.–1.89 *v. Heymann.*

[164] BGHZ 69, 53 = WM 1977, 999 = NJW 1977, 1536 = BB 1977, 965 = DB 1977, 1451; BGH WM 1989, 416 = NJW 1989, 1793 = DB 1989, 1406; BGHZ 114, 87 = WM 1991, 1086 = NJW 1991, 1819 = BB 1991, 933 = DB 1991, 1322.

150 Beansprucht der einer Bauherrengemeinschaft beigetretene Bauherr unter Festhalten an seiner Beteiligung vom Treuhänder Schadensersatz, weil ihn dieser vor Vertragsschluß nicht über Verflechtungen mit dem in Aussicht genommenen Baubetreuer aufgeklärt hat, so besteht sein möglicher Schaden nur in den Aufwendungen, die ihm bei Abwicklung des Bauvorhabens durch einen unabhängigen Treuhänder nicht entstanden wären.[165]

151 Ist bei einer Immobilienanlage die Nutzfläche einer Gewerbe- oder Wohneinheit nicht unerheblich geringer ausgeführt worden als vertraglich vorgesehen war, dann besteht der Schaden darin, daß der Anleger für seine Einheit einen überhöhten Preis gezahlt hat und die Überzahlung bei der Schlußabrechnung nicht berücksichtigt worden ist. Dieser Schaden besteht unabhängig davon, daß der Anleger wegen dieser Flächenminderung auch gegen den Eigentümer der Nachbareinheit einen Ausgleichsanspruch hat, weil insoweit der eine Treuhandpflicht verletzende Treuhänder und der Eigentümer der Nachbareinheit als Gesamtschuldner haften.[166]

152 **5. Vorteilsausgleichung.** Vorteile des Geschädigten sind bei der Schadensberechnung generell dann zu berücksichtigen, wenn
– das schädigende Ereignis den Vorteil adäquat verursacht hat,
– die Anrechnung zumutbar ist und dem Zweck des Schadensersatzes entspricht und
– der Schädiger nicht unbillig entlastet wird.[167]

153 **Steuern,** die der Geschädigte infolge der Schädigung erspart hat, gehören grundsätzlich zu den Vorteilen, die der Geschädigte sich auf seinen Schadensersatzanspruch anrechnen lassen muß.[168]

154 Ist der als Schadensersatz geleistete Betrag wieder zu versteuern,[169] dann entfällt eine Anrechnung, weil andernfalls der Schädiger unbillig entlastet wird. Eine genaue Berechnung hat nicht zu erfolgen, und zwar auch dann nicht, wenn z. B. die Auflösung eines negativen Kapitalkontos nur mit dem halben Steuersatz zu versteuern ist (§§ 16, 34 EStG).[170]

155 Allerdings liegt ein Vorteil erst dann vor, wenn der Geschädigte nach der Wiederversteuerung per Saldo eine Steuerminderung übrig behält.[171]

156 Von einem Vorteil im schadensrechtlichen Sinne kann also dann nicht ausgegangen werden, wenn die Wiederversteuerung der ursprünglich abgezogenen Beträge noch aussteht. Dementsprechend hat der BGH in einer Entscheidung aus dem Jahre 1986 den Grundsatz bestätigt, daß mögliche Steuervorteile des geschädigten Kapitalanlegers generell außer Ansatz bleiben.[172] Eine Anrechnung kann ausnahmsweise nur dann in Betracht kommen, wenn der Kapitalanleger durch seine Beteiligung außergewöhnliche Steuervorteile auf eine solche

---

[165] BGH WM 1991, 695 = NJW-RR 1991, 599 = BB 1991, 935 = DB 1991, 964 = WuB I G 7.–6.91 *v. Heymann.*

[166] BGH WM 1991, 769 = NJW-RR 1991, 662 = BB 1991, 574 = DB 1991, 1513.

[167] BGHZ 8, 325 = NJW 1953, 618; BGHZ 30, 29 = NJW 1959, 1078 = BB 1959, 463 = DB 1959, 540; BGHZ 49, 56 = WM 1967, 1252 = NJW 1968, 691 = BB 1967, 1452 = DB 1967, 2160; BGH WM 1977, 763 = NJW 1977, 1819 = DB 1977, 1457; BGH NJW 1978, 536 = BB 1978, 1119; BGHZ 91, 206 = WM 1984, 1187 = NJW 1984, 2457 = BB 1984, 2021 = DB 1981, 2553.

[168] BGH WM 1967, 718 = NJW 1967, 1462 = BB 1967, 561 = DB 1967, 987; BGHZ 53, 132 = WM 1970, 369 = NJW 1970, 461; BGH WM 1984, 1075 = NJW 1984, 2524 = BB 1984, 1577 = DB 1984, 1920 = ZIP 1984, 1080; BGH NJW-RR 1988, 470 = DB 1988, 960; BGH WM 1989, 1436 = NJW-RR 1990, 32.

[169] Vgl. hierzu BFH BStBl. 1977 II, 220 = BB 1977, 327; BFH GrS BStBl. 1981 II, 164 = BB 1981, 411.

[170] BGHZ 74, 103 = WM 1979, 530 = NJW 1979, 1449 = BB 1980, 800 = DB 1979, 1219; BGH NJW 1980, 1788 = VersR 1980, 529; BGH WM 1988, 586 = NJW-RR 1988, 788 = BB 1988, 743 = DB 1988, 1212 = WuB I G 7.–9.88 *v. Heymann;* BGH WM 1989, 1286 = NJW-RR 1989, 1102 = BB 1989, 1999 = DB 1989, 1818 = WuB I G 7.–7.89 *v. Heymann;* BGH WM 1994, 1076 = NJW 1994, 1864 = DB 1994, 1081 = WuB I G 7.–2.94 *v. Heymann.*

[171] BGHZ 84, 141 = WM 1982, 758 = NJW 1982, 2493 = BB 1982, 1323 = DB 1982, 1817.

[172] BGH WM 1986, 517 = ZIP 1986, 562 = WUB I G 8.–5.86 *v. Heymann.*

Weise oder in einer solchen Höhe erlangt, daß ihm diese abweichend von der Regel billigerweise angerechnet werden müssen.[173] Bei der Rückabwicklung eines Grundstücksgeschäfts nach Ablauf der zweijährigen Spekulationsfrist sind erlangte Steuervorteile anzurechnen, da in diesem Fall der Veräußerungsgewinn nicht wieder versteuert werden muß.[174]

6. Freizeichnung. Die Freizeichnung von der Haftung für Auskünfte und Beratungen ist nur begrenzt möglich. Dabei ist entscheidend, ob überhaupt eine Freizeichnung vorliegt und inwieweit die Freizeichnung zulässig ist. **157**

Keine Freizeichnung liegt vor, wenn bei der Vertrauenshaftung (c. i. c.) von vornherein das in Anspruch genommene Vertrauen ab- und eingegrenzt wird. Dies muß jedoch deutlich erfolgen.[175] Durch die Zwischenschaltung einer juristischen Person (Vertriebs-GmbH) erfolgt regelmäßig eine Haftungsbeschränkung durch **Inkorporierung.** Ein Durchgriff auf Geschäftsführer oder Gesellschafter ist generell nicht möglich.[176] Bei der Freizeichnung ist im übrigen das AGB-Gesetz zu beachten. Nach § 11 Nr. 7 AGBG ist eine formularmäßige Freizeichnung für grobfahrlässige Vertragsverletzungen unzulässig.[177] Auch eine Freizeichnung von wesentlichen Vertragspflichten ist nach § 9 Abs. 2 Nr. 2 AGBG unwirksam.[178] Für zugesicherte Eigenschaften (Steuervorteile, Wirtschaftlichkeit) ist ein Haftungsausschluß nach § 11 Nr. 11 AGBG generell nicht zulässig.[179] **158**

Im übrigen dürfen Freizeichnungsklauseln die Pflichten aus einem Vertrag nicht in der Weise einschränken, daß dadurch der Vertragszweck von vornherein gefährdet wird oder nicht erreicht werden kann.[180] **159**

7. Verjährung. Bei der Verjährung der Ansprüche sind verschiedene Fallgruppen zu unterscheiden: **160**

a) Vertragsansprüche. Vertragsansprüche verjähren in der jeweils gesetzlich vorgesehenen kurzen Verjährungsfrist. Vertragsansprüche gegen eigene Berater des Anlegers verjähren generell in **30 Jahren** (§ 195 BGB). Eine Verkürzung der 30-Jahres-Frist auf die für bestimmte Berufsgruppen geltenden Sondervorschriften ist generell möglich.[181] **161**

Die Mindestfristen (3 Jahre für Steuerberater, 5 Jahre für Wirtschaftsprüfer) dürfen jedoch nicht unterschritten werden. Auch ist eine Klausel unwirksam, wonach Schadensersatzansprüche erst geltend gemacht werden können, wenn der Anleger nicht auf andere Weise Ersatz erlangen kann.[182] Schadensersatzansprüche gegen Mitglieder des Beirats einer Publikums-KG wegen Verletzung ihrer Pflichten verjähren in 5 Jahren.[183] **162**

b) Rechtsanwälte und Notare. Ansprüche gegen Rechtsanwälte verjähren in **3 Jahren** (§ 51 BRAO).[184] Wird ein Rechtsanwalt als Treuhandgesellschafter einer Publikumsgesellschaft **163**

---

[173] BGH WM 1984, 1075 = NJW 1984, 2524 = BB 1984, 1577 = DB 1984, 1920 = ZIP 1984, 1080; vgl. auch *Trüter* BB 1986, 269.

[174] BGH WM 1989, 1925 = NJW 1990, 571 = BB 1990, 21 = DB 1990, 38 = WuB I G 7.–4.90 *v. Heymann.*

[175] BGH WM 1970, 1021 = NJW 1970, 1737 (Bankauskunft); BGH WM 1984, 1075 = NJW 1984, 2524 = BB 1984, 1577 = DB 1984, 1920 = ZIP 1984, 1080 (Prospekthaftung bei Anlagevermittlung).

[176] BGH WM 1981, 1021 = NWJ 1981, 2810 = DB 1981, 2017 = ZIP 1981, 1076; BGH WM 1983, 554 = ZIP 1983, 663.

[177] *Löwe/Graf von Westphalen/Trinkner,* AGB-Gesetz, § 11 Nr. 7, Rdnr. 5 ff.

[178] *Staudinger/Schlosser,* AGBG, 3 9 Rdnr. 24 ff.

[179] *Löwe/Graf von Westphalen/Trinkner,* AGB-Gesetz, § 11 Nr. 11, Rdnr. 1 ff. m. w. N.

[180] BGH BB 1980, 129.

[181] BGH WM 1984, 1075 = NJW 1984, 2524 = BB 1984, 1577 = DB 1984, 1920 = ZIP 1984, 1080.

[182] BGH WM 1991, 1266 = NJW-RR 1991, 1220 = BB 1991, 2032 = DB 1991, 2075 = WuB I G 7.–12.91 *v. Heymann.*

[183] BGHZ 87, 84 = WM 1983, 472 = NJW 1983, 1675 = BB 1983, 1688 = DB 1983, 1249 = ZIP 1983, 583.

[184] BGH WM 1988, 127 = NJW 1988, 265; BGH WM 1994, 504 = NJW 1994, 1405 = BB 1994, 599 = DB 1994, 1130 = WuB VIII B. § 51 BRAO 1.94 *Henssler.*

tätig, dann verjähren Schadensersatzansprüche von Anlegern gegen ihn generell in drei Jahren.[185] Diese Frist verlängert sich um bis zu weitere 3 Jahre, wenn der Mandant über die drohende Verjährung nicht aufgeklärt wird.[186]

164 Ansprüche gegen Notare verjähren in **3 Jahren** ab dem Zeitpunkt, in welchem der Verletzte von dem Schaden und der Person des Ersatzpflichtigen Kenntnis erlangt (§ 19 BNotO, § 852 BGB).[187]

165 *c) Steuerberater und Wirtschaftsprüfer.* Ansprüche gegen Steuerberater verjähren ebenfalls in **3 Jahren** ab Entstehung des Anspruchs (§§ 68, 72 StBerG).[188] Auch in diesem Fall kommt eine Verlängerung der Frist um bis zu 3 Jahre bei nicht pflichtgemäßer Aufklärung über eine drohende Verjährung in Betracht.[189]

166 Wird ein Steuerberater auch als Treuhänder bei Immobilienanlagen tätig, dann gilt die generelle Verjährungsfrist von drei Jahren ab Entstehung des Anspruchs.[190] Bestehen zwischen Steuerberater und Anleger keinerlei vertragliche oder persönliche Beziehungen, dann kann sich der als Treuhänder oder sonst als Initiator handelnde Steuerberater nicht auf die für ihn sonst günstigere Verjährungsregelung in § 68 StBerG berufen.[191]

167 Ansprüche gegen Wirtschaftsprüfer verjähren in **5 Jahren** (§§ 52 a, 56 WPO).[192] Schadensersatzansprüche aus fehlerhafter Steuerberatung gegen einen Wirtschaftsprüfer, der nicht zugleich Steuerberater ist, verjähren nicht nach § 68 StBerG, sondern nach § 51 a WPO in 5 Jahren seit ihrer Entstehung.[193] Wird ein Wirtschaftsprüfer als Initiator eines Bauherrenmodells in Anspruch genommen, ist § 51 a WPO nicht anwendbar, die Ansprüche verjähren in 30 Jahren seit ihrer Entstehung.[194]

168 *d) Mehrfachberufler.* Bei sog. „Mehrfachberuflern" ist diejenige Berufsordnung maßgebend, welche die Parteien dem Vertragsverhältnis erkennbar zugrunde legen wollten oder die – mangels feststellbaren Parteiwillens – den **Schwerpunkt** der vertraglichen Verpflich-

---

[185] BGHZ 120, 157 = WM 1992, 2132 = NJW 1993, 199 = BB 1992, 2454 = DB 1993, 87 = ZIP 1992, 1744 = WuB I G 7.–2.93 *Bälz.*

[186] BGHZ 94, 380 = WM 1985, 889 = NJW 1985, 2250 = BB 1985, 1754 = DB 1985, 2673 = WuB VIII B. § 51 BRAO 1.85 *Rössler;* BGH WM 1993, 1508 = NJW 1993, 2045 = DB 1993, 2327 = WuB IV A. § 675 BGB 2.93 *Henssler;* weitere Nachweise bei *v. Heymann,* Bankenhaftung bei Immobilienanlagen, 9. Aufl. 1995, S. 234 f.

[187] BGH WM 1986, 134 = NJW 1986, 1866 = WuB VIII A. § 19 BNotO 3.86 *Thomsen;* BGH WM 1992, 1662 = NJW 1992, 3237 = DB 1992, 1925 = WuB VIII A. § 19 BNotO 1.92 *Frenz;* BGH WM 1993, 1896 = NJW 1993, 2741 = DB 1993, 2326.

[188] BGH WM 1982, 743 = NJW 1982, 1866 = DB 1982, 1452 = ZIP 1982, 846 (insoweit nicht abgedruckt in BGHZ 83, 328); BGH WM 1985, 812 = NJW 1985, 1964 = BB 1985, 831 = DB 1985, 1230 = MDR 1985, 1006; BGH WM 1984, 1075 = NJW 1984, 2524 = BB 1984, 1577 = DB 1984, 1920 = ZIP 1984, 1080; BGHZ 114, 150 = WM 1990, 1088 = BB 1991, 999 = DB 1991, 1320 = ZIP 1991, 589; BGH WM 1993, 1511 = NJW 1993, 2181 = DB 1993, 1868.

[189] BGHZ 96, 290 = WM 1986, 261 = NJW 1986, 1162 = DB 1986, 639 = ZIP 1986, 309 = WuB VIII D. § 68 StBerG 1.86 *Johlke;* BGH WM 1990, 1623 = NJW 1990, 2464 = BB 1990, 1582 = DB 1990, 1912 = WuB I G 7.–10.90. *v. Heymann.*

[190] BGH WM 1984, 1075 = NJW 1984, 2524 = BB 1984, 1577 = DB 1984, 1920 = ZIP 1984, 1080; BGHZ 119, 69 = WM 1992, 1738 = NJW 1992, 2766 = BB 1992, 1882 = DB 1992, 2235.

[191] BGH WM 1991, 1623 = NJW 1990, 2464 = BB 1990, 1582 = DB 1990, 1912 = WuB I G 7.–10.90 *v. Heymann;* BGHZ 115, 214 = WM 1991, 2092 = NJW 1992, 228 = BB 1992, 10 = DB 1992, 135 = ZIP 1992, 552 = WuB I G 9.–2.92 *v. Heymann.*

[192] BGH NJW 1981, 1518; BGHZ 83, 261 = WM 1982, 556 = NJW 1982, 1516 = DB 1982, 1164; BGHZ 100, 132 = WM 1987, 631 = NJW 1987, 3135 = BB 1987, 1062 = DB 1987, 1247 = ZIP 1987, 858.

[193] BGHZ 78, 335 = WM 1981, 92 = BB 1981, 145 = DB 1981, 310; BGH WM 1981, 490 = NJW 1518.

[194] BGH WM 1994, 1371 = NJW 1994, 2226 = BB 1994, 1453 = DB 1994, 2024 = ZIP 1994, 1115 = WuB I G 9.–3.94 *v. Heymann.*

tungen des Beraters regelt.[195] Schadensersatzansprüche gegen einen Wirtschaftsprüfer und Steuerberater aus seiner Tätigkeit als Treuhänder im Rahmen eines Bauherrenmodells verjähren jedenfalls dann nach § 51 a WPO in fünf Jahren und nicht nach § 68 StBerG in drei Jahren, wenn er im Prospekt (auch) als Wirtschaftsprüfer vorgestellt worden ist.[196]

Eine Verkürzung der Verjährungsfristen für rechts- und steuerberatende Berufe auf z. B. 169 ein Jahr ist mit dem Gerechtigkeitsgebot der Verjährungsbestimmungen nicht vereinbar[197] und führt deshalb zur Unwirksamkeit der gesamten Verjährungsregelung (§ 9 AGBG).[198]

e) Culpa in contrahendo. Ansprüche aus culpa in contrahendo verjähren nach der Recht- 170 sprechung in **30 Jahren.**[199] Bei Verknüpfung mit Vertragsansprüchen kann eine entsprechende Verkürzung in Betracht kommen.[200]

f) Inanspruchnahme persönlichen Vertrauens. Haftungsansprüche gegen Personen, die unter 171 Inanspruchnahme persönlichen Vertrauens oder aus eigenen wirtschaftlichen Interessen verhandelt bzw. beraten haben, verjähren als c. i. c. in **30 Jahren.**[201]

g) Deliktische Schadensersatzansprüche. Deliktische Schadensersatzansprüche verjähren nach 172 § 852 Abs. 1 BGB in drei Jahren von dem Zeitpunkt an, in dem der Verletzte von dem Schaden, der Schädigungshandlung und der Person des Ersatzpflichtigen Kenntnis erlangt hat. Die Kenntnis vom Schaden i. S. von § 852 BGB verlangt auch die Kenntnis von Tatumständen der Schädigung, aus denen sich erst die Qualifizierung der von einem Anleger erlittenen Verluste als ein das Ersatzverlangen begründender Schaden ergibt, um eine auf eine deliktische Anspruchsgrundlage gestütze Schadensersatzklage begründen zu können.[202]

8. Verwirkung. Für die Verwirkung von Schadensersatzansprüchen aus culpa in con- 173 trahendo gelten die allgemeinen Grundsätze.[203] In bezug auf eine als **„bankgeprüft"** bezeichnete Beteiligung hat der BGH festgestellt, daß ein Zeitraum von 8 Jahren bis zur Klageerhebung und die Möglichkeit spekulativer Überlegungen beim Kläger eine Verwirkung nicht begründen können.[204]

Für eine Verwirkung ist außer dem Zeitmoment weiter erforderlich, daß sich der Scha- 174 densersatzpflichtige mit Rücksicht auf das Verhalten des Geschädigten darauf eingerichtet hat, dieser werde das ihm zustehende Recht nicht mehr geltend machen.[205] Der bloße Irrtum des Verpflichteten, ein Anspruch werde nicht mehr geltend gemacht, reicht nicht aus. Erforderlich ist vielmehr eine Vermögensdisposition, die der Schädiger gerade im

---

[195] BGHZ 83, 328 = WM 1982, 743 = NJW 1982, 1866 = DB 1982, 1452 = ZIP 1982, 846; BGH WM 1987, 928; BGHZ 97, 21 = WM 1986, 484; BGH WM 1988, 54 = BB 1988, 165 = DB 1988, 330 = WuB I G 7.–7.88 *v. Heymann;* BGHZ 102, 128 = WM 1988, 26 = NJW 1988, 561 = BB 1988, 177 = DB 1988, 175 = ZP 1988. 40.

[196] BGHZ 102, 220 = WM 1988, 54 = NJW 1988, 1663 = BB 1988, 165 = DB 1988, 330 = ZIP 1988, 32 = WuB I G 7.–7.88 *v. Heymann.*

[197] BGHZ 64, 238 = WM 1975, 767.

[198] BGH WM 1984, 986 = NJW 1984, 2816 = DB 1984, 1872; BGHZ 97, 21 = WM 1986, 484 = NJW 1986, 1171 = BB 1986, 623 = DB 1986, 1009 = ZIP 1986, 443 = WuB I G 7.–2.86 *v. Heymann;* BGH WM 1986, 940 = WuB I G 7.–3.86 *v. Heymann.*

[199] BGHZ 49, 77 = WM 1968, 286 = NJW 1968, 547; BGHZ 57, 191 = WM 1971, 1543 = NJW 1972, 95 = BB 1971, 1531 = DB 1971, 2357; BGH WM 1985, 534 = DB 1985, 1230; BGH DB 1985, 1834; BGH WM 1990, 1344 = NWJ 1990, 1658 = BB 1990, 1021 = DB 1990, 1911.

[200] BGHZ 87, 27 = WM 1983, 413 = NJW 1983, 1607.

[201] BGHZ 83, 222 = WM 1982, 554 = NJW 1982, 1514 = BB 1982, 809 = DB 1982, 1160 = ZIP 1982, 561; BGH WM 1984, 889 = NJW 1984, 2523 = BB 1984, 1254 = DB 1984, 1671 = ZIP 1984, 1086; BGH WM 1986, 517 = ZIP 1986, 562; vgl. ferner *Schlund* BB 1984, 1437.

[202] BGH WM 1990, 971 = NJW 1990, 2808 = BB 1990, 2145 = WuB I G 4.–11.90 *Graf;* BGH WM 1991, 2135 = NJW-RR 1992, 282 = WuB I G 4.–1.92 *Rössner.*

[203] BGHZ 43, 292; BGH NJW 1982, 1999; BGHZ 97, 212 = WM 1986, 580 = NJW 1986, 1803 = DB 1986, 1272 = ZIP 1986, 698 = WuB I E 1.–13.86 *Stützle.*

[204] BGH WM 1986, 517 = ZIP 1986, 562.

[205] BGHZ 25, 47 = WM 1957, 976 = NJW 1957, 1358.

Hinblick auf das bei ihm erweckte Vertrauen vorgenommen hat und die sich im Hinblick auf seinen Irrtum als nachteilig erweist.[206]

175 Eine Verwirkung kann jedoch dann angenommen werden, wenn sich der Anleger über Jahre hinaus mit einer geringeren Rendite als der im Prospekt aufgrund fehlerhafter Kalkulation errechneten zufrieden gibt, ohne den Versuch unternommen zu haben, die Rücknahme der Beteiligung zu verlangen.[207]

§ 6 Finanzierung von Kapitalanlagegeschäften

Übersicht

[206] BGHZ 25, 47 = WM 1957, 976 = NJW 1957, 1358; BGH WM 1984, 818 = NJW 1984, 1684 = DB 1984, 2034; BGH WM 1989, 534 = NJW-RR 1989, 818.

[207] OLG Frankfurt WM 1985, 383 = WuB IV A. § 242 BGB 2.85 *Assmann.*

Schrifttum: *Baudenbacher,*, Einwendungsdurchgriff beim finanzierten Immobilienerwerb, JZ 1985, 661 ff.; *Christians,* Finanzierungshandbuch, 2. Aufl. 1988; *Döring,* Rechtliche Aspekte des Bauherrenmodells und Haftung der kreditierenden Bank, LfK 1981, 570 ff.; *von Heymann,* Bankenhaftung bei Immobilienanlagen, 10. Aufl. 1996; *Fleischmann/Bellinger/Kern,* Kommentar zum Hypothekenbankgesetz, 3. Aufl. 1979; *Gerhards/Keller,* Baufinanzierung von A–Z, 4. Aufl. 1993; *Hopt,* Haftung der Banken bei der Finanzierung von Publikumsgesellschaften und Bauherrenmodellen, Festschrift für Stimpel, 1985, S. 265 ff.; *Immenga,* Bankenhaftung bei der Finanzierung steuerbegünstigter Anlagen, ZHR 151 (1987) 148 ff.; *Jährig/Schuck,* Handbuch des Kreditgeschäfts, 5. Aufl. 1989; *Kerl,* Bewertung und Kreditinteil im Realkredit, LfK 1981, 36; *Kleiber/Simon/Weyers,* Verkehrswertermittlung von Grundstücken, 2. Aufl. 1994; *Liebich/Mathews,* Treuhand und Treuhänder in Recht und Wirtschaft, 2. Aufl. 1983; *Musielak,* Haftung für Rat, Auskunft und Gutachten, 1974; *Otto,* Stellung der Bank bei der Finanzierung von Immobilienanlagen, 1988; *Reithmann/Meichssner/v. Heymann,* Kauf vom Bauträger, 7. Aufl. 1995; *Rüchardt,* Objektwert und Dauerertrag begrenzen den Realkredit, LfK 1981, 41; *Rüchardt,* Zur Prüfung und Bewertung von Bauherren-Modellen für den Realkredit, LfK 1981, 498; *Rümker,* Haftung bei dem Erwerb und der Finanzierung von Vermögensanlagen, in. Köndgen (Hrsg.), Neue Entwicklungen im Bankhaftungrecht, 1987 S. 71 ff.; *ders.,* Haftung der Bank aus der Finanzierung von Bauherrenmodellen und geschlossenen Immobilienfondsmodellen, ZHR 151 (1987), S. 162 ff.; *Stannigel/Kremer/Weyers,* Beleihungsgrundsätze für Sparkassen, 1984; *Steffan,* Handbuch des Realkredits, 2. Aufl. 1977; *Weiland,* Bewertungsfragen beim Bauherren-Modell, LfK 1981, 132; *Werner/Machunsky,* Einwendungsdurchgriff und Schadensersatzansprüche gegen Kreditinstitue bei der Finanzierung von Bauherrengemeinschaften, DB 1982, 2229 ff.

1 Kapitalanlagen werden unter Renditegesichtspunkten meist mit Eigenkapital erworben. Sofern sie kreditfinanziert werden, ergibt sich häufig die Frage, welche Auswirkungen die Finanzierung auf den Erwerb der Anlage hat.

I. Finanzierung von Kapitalanlagen

2 Bei der Finanzierung von Kapitalanlagen sind die einzelnen Anlageformen zu unterscheiden.

3 **1. Wertpapiere.** Für die Finanzierung von Wertpapieren[1] wird meist ein Kredit in laufender Rechnung mit variablen Konditionen[2] gewährt. Die Wertpapiere dienen als **Sicherheit.**[3] Je nach Wertentwicklung und Volumen sind Zusatzsicherheiten zu stellen, um eine jederzeitige Kreditrückführung zu gewährleisten.

4 **2. Gesellschaftsbeteiligungen.** Die Finanzierung von Gesellschaftsbeteiligungen war in der Vergangenheit häufig im Zusammenhang mit Abschreibungsgesellschaften (Kommanditeinlagen) anzutreffen.[4] Heute werden mehr Beteiligungen an **BGB-Gesellschaften** im Zusammenhang mit Immobilienanlagen finanziert, auch wenn deren Marktbedeutung nicht sehr hoch einzuschätzen ist.[5]

5 **3. Immobilien.** Steuerorientierte Immobilienanlagen[6] werden meist mit Kredit finanziert.[7] Von besonderer Bedeutung sind in diesem Zusammenhang die Finanzierungsgrundsätze, die Wechselwirkungen von Immobilienerwerb und Finanzierung sowie die Haftung der finanzierenden Bank.

II. Finanzierung von Immobilienanlagen

6 Bei der Finanzierung von Immobilienanlagen beurteilt die finanzierende Bank unter Kredit- und Risikogesichtspunkten im wesentlichen drei Bereiche:
- die Finanzierung der Immobilienerrichtung (Initiatoren-/Bauträgerfinanzierung)[8]
- die zu finanzierende Immobilie/Bauprojekt
- die Finanzierung des Anlegers.[9]

7 **1. Initiatoren-/Bauträgerfinanzierung.** Für die Beurteilung des Initiators/Bauträgers sind Seriosität, Erfahrung, Fachkunde und Bonität besonders wichtig.[10] Neben den üblichen Unterlagen wie Büro- und Bankauskünfte, Bilanz der letzten drei Jahre, aktuelle betriebswirtschaftliche Auswertungen und Handelsregisterauszug werden aktuelle Aufstellungen der laufenden Bauvorhaben, objektbezogene Leistungsbilanzen sowie bisherige Vertriebserfolge zur Beurteilung der wirtschaftlichen Verhältnisse des Bauträgers herangezogen.

---

[1] Vgl. hierzu *Hagenmüller,* Der Bankbetrieb, 4. Aufl., Bd. III S. 105; zum Effektengeschäft allgemein s. o. §§ 11–13.

[2] Sog. Kontokorrentkredite, vgl. *Hagenmüller,* Der Bankbetrieb, 4. Aufl., Bd. III, S. 44 ff.; zu den Anpassungsklauseln vgl. Staudinger/*K. Schmidt,* BGB, 12. Aufl., § 246 Anm. 63 ff.

[3] Hierzu *Kohler* in BuB 4 (Kreditsicherung), Rdnr. 1277 ff.; *Scholz/Lwowski,* Das Recht der Kreditsicherung, 6. Aufl., Rdnr. 505.

[4] Zu den Abschreibungsgesellschaften allgemein vgl. unten § 23.

[5] Zur wirtschaftlichen Bedeutung vgl. unten § 22; *v. Heymann,* Bankenhaftung bei Immobilienanlagen, S. 4.

[6] Finanzierungs- und Finanzierungsnebenkosten wie Bauzinsen (auch Erbbauzinsen), Damnum, Disagio, Bereitstellungszinsen und Geldbeschaffungskosten sind als Werbungskosten voll abzugsfähig: Abschn. 33 Abs. 7 EStR; BFH DB 1980, 1669 = BB 1980, 1137; BFH BStBl. II 1979, 178 = DB 1979, 291.

[7] Zur Bau- und Immobilienfinanzierung eingehend: *Jährig/Schuck,* S. 181 ff.

[8] *Jährig/Schuck,* S. 209 ff.

[9] *Jährig/Schuck,* S. 183 ff., S. 202 ff.

[10] *Jährig/Schuck,* S. 209 ff.

a) Bilanz. Die Bilanzverhältnisse sollen Transparenz bieten hinsichtlich Bestandsveränderungen, noch nicht abgerechneter Leistungen, unfertiger Erzeugnisse/Leistungen, Abschlagszahlungen, Anzahlungen und Eventualverbindlichkeiten.[11] Besonders zu beurteilen ist das Verhältnis von haftendem Eigenkapital zu Verschuldung sowie die Bonität der Gesellschafter. 8

b) Objektbezogene Leistungsbilanz. Entscheidend für die Bonitätsbeurteilung des Initiators/Bauträgers ist eine objektbezogene Leistungsbilanz. Dort werden in einer Nachbetrachtung die abgewickelten Objekte hinsichtlich kalkulierter Ansätze und tatsächlicher Baukosten sowie erzielter Ergebnisse umfassend dargestellt. Dabei sind folgende Fragen von Wichtigkeit: 9

- Regionale oder überregionale Bautätigkeit
- Kontinuierliches überschaubares Wachstum oder stark expansiv
- Relation zwischen Anzahl der im Bau/Verkauf befindlichen Objekte und Personalausstattung/Betriebs-/Vertriebsorganisation
- Verhältnis von Standardobjekten zu Renommier- und Liebhaberobjekten mit außergewöhnlichen Preisen
- Kontinuität der Partner (Bauunternehmer, Handwerker, Architekten usw.) bei den einzelnen Bauvorhaben
- Dauer erfolgreicher Tätigkeit am Markt mit entsprechender Eigenbeteiligung.[12]

c) Neue Bauvorhaben. Bei geplanten und laufenden Bauvorhaben sind schlüssige und nachvollziehbare Konzepte für die Durchführbarkeit der Maßnahmen von besonderer Wichtigkeit. Die Kosten und Ertragsansätze sind aufzuschlüsseln; die Gesamtverschuldung kann anhand von § 14 KWG-Rückmeldungen (Meldegrenzen, Volumen, Anzahl der Institute) auf Plausibilität überprüft werden.[13] Schließlich spielen Fertigstellungs- und Vermarktungsrisiken für die Beurteilung ebenso eine Rolle wie die Nachvollziehbarkeit von Wertansätzen und Angaben zum Haftungsumfang aus Bürgschaften und Garantien. 10

d) Vermarktung/Vertrieb. Die Vermarktung kann durch ortsansässige Makler oder (bei Steuermodellen) durch Einschaltung eines überregionalen Vertriebs erfolgen. Der Erfolg von in der Vergangenheit durchgeführten Vertriebsaktivitäten läßt keinen unmittelbaren Rückschluß auf die Absatzmöglichkeiten eines neuen Objektes zu. Vertriebsstärke und Effizienz des Vertriebsapparates ergeben sich aus der Relation zwischen Anzahl der verkauften Objekte und des dafür benötigten Vertriebszeitraums (Absatzgeschwindigkeit). Die Finanzierungsübernahme wird meist von einem Mindestverkaufsstand (30–60%), ggf. von weiteren werthaltigen Zusatzsicherheiten oder Eigenmitteln abhängig gemacht. Die auf nicht verkaufte Einheiten entfallenden Finanzierungskosten müssen ggf. aus den nachhaltig erzielbaren Mieten dieser Einheiten bedient werden können. 11

2. Immobilie/Bauprojekt. Für die Beurteilung der Baumaßnahme sind insbesondere Standort, Kosten, Marktfähigkeit und Partner von Bedeutung. 12

a) Grundstück und Baurecht. Für den Grundstücksankaufskredit werden im wesentlichen folgende Unterlagen und Angaben benötigt: Grundbuchauszug, Kaufvertrag, Lageplan, Angaben zum Grundstück (Größe, Zuschnitt, Bodenbeschaffenheit, insbesondere umweltgefährdende Altlasten, Grundwasser, Standsicherheit, historische Fundstätten), zum Baurecht (§§ 34, 35 BauGB, GFZ, GRZ, BMZ,[14] Baulasten, Bauvorbescheid etc.) und ggf. zur aufstehenden Bausubstanz (Baujahr, Bauqualität/-Zustand, Nutzungsart, Flächen, Mieter, Mietkonditionen, insbesondere Höhe, Laufzeit, Kündigungsfristen). Für Aufbau-/Renovierungs- und Modernisierungs-Finanzierungen sind darüber hinaus erforderlich: Baubeschreibung, Bauzeichnung, Zahlungs- und Bauzeitenplan, Finanzierungsplan, Verkaufspreise, Verträge, insbesondere mit Bauhandwerkern, Architekten, Käufern, Bauan- 13

---

[11] *Jährig/Schuck,* S. 341 ff., 351 ff.

[12] Die Eigenbeteiligung des Initiators wird meist als unerläßlich angesehen, *Jährig/Schuck,* S. 210.

[13] *Jährig/Schuck,* S. 51.

[14] *Gerhards/Keller,* S. 241, 255.

trag, bestandskräftige Baugenehmigung; bei der Bildung von Wohnungs-/Teileigentum zusätzlich: Teilungserklärung und – bei nachträglicher Aufteilung – Abgeschlossenheitsbescheinigung.

14 *b) Standort und Marktfähigkeit.* Die Marktfähigkeit eines Objekts beurteilt sich zunächst und vor allem nach seiner Lage. Dabei sind insbesondere von Bedeutung: Demographische Faktoren (Einwohnerzahl, Bevölkerungsdichte, Altersverteilung), Beschäftigtenstruktur (Anzahl der Erwerbstätigen, Arbeitslosenquote, pro Kopf Einkommen), Wirtschaftsstruktur (Hauptarbeitgeber, Abhängigkeiten), Stadtentwicklung, Infrastruktur, Lage im Stadtgebiet, Umfeld, Verkehrsanbindung und die besonderen Verhältnisse des regionalen und ggf. überregionalen Immobilienmarktes.

15 Für die Marktfähigkeit sind weiterhin wichtig: Architektur, Grundrisse, Bauqualität, Ausstattung und Wohnungsgrößen, marktübliche Verkaufspreise; bei Mietobjekten müssen die projektierten Mieten den tatsächlichen Marktverhältnissen entsprechen.[15] Insgesamt kann die Marktfähigkeit eines Objektes am ehesten durch den Verkaufsstand in Verbindung mit der Vertriebsdauer nachgewiesen werden (Absatzgeschwindigkeit).

16 *c) Investitionsrechnung und ausführende Firmen.* Die kalkulierten Investitionskosten werden regelmäßig anhand der Herstellungskosten pro qm Wohn-/Nutzfläche bzw. cbm umbauter Raum unter Berücksichtigung der ortsüblichen Erfahrungswerte – auch für die jeweiligen Einzelpositionen (vom Grundstückspreis bis hin zu den Bewirtschaftungskosten) – beurteilt. Eine sichere Kalkulationsbasis ergibt sich bei der Vergabe der Arbeiten an namhafte und bonitätsmäßig einwandfreie Generalunternehmer/Generalübernehmer (GU/GÜ) mit entsprechender Fertigstellungsgarantie. Einzelvergaben bedingen ein höheres Fertigstellungsrisiko. Preissicherheit ist nur über Festpreisabsprachen und detaillierte Leistungsbeschreibungen zu erreichen.

17 Insgesamt gesehen ist für eine gesicherte und termingerechte Fertigstellung von Bauträgermaßnahmen die Bonität und Seriosität der eingeschalteten Baufirmen und Funktionsträger ebenso von Bedeutung wie deren Leistungsfähigkeit und Erfahrung. Dies gilt insbesondere auch für eingeschaltete Treuhänder, die den Zahlungsverkehr abwickeln sollen.

18 **3. Anlegerfinanzierung.** Für die Beurteilung der Anlegerfinanzierung (= Endfinanzierung) sind zum einen die Geschlossenheit der Gesamtfinanzierung des Initiators/Bauträgers und zum anderen der Umfang der Beleihung des Objekts sowie die Einkommens- und Vermögensverhältnisse des Anlegers (Bonität/Kreditwürdigkeit) von Bedeutung.[16] Dabei ist die Bank bei Realkrediten[17] nicht verpflichtet, sich gemäß § 18 KWG die wirtschaftlichen Verhältnisse des Kreditnehmers laufend offenlegen zu lassen.[18]

19 Soweit die **Realkreditgrenze**[19] überschritten wird, erfolgt die Prüfung der Einkommens- und Vermögensverhältnisse ausschließlich unter kreditmäßigen Gesichtspunkten, d. h. die Bank prüft den nachhaltigen Wert des Objektes und die Einkommens- und Vermögensverhältnisse des Kreditnehmers, um das Kreditrisiko gering zu halten und einen Ausfall möglichst zu vermeiden.

20 *a) Kreditprüfung.* Aus der bankinternen Kreditprüfung ergibt sich für die Bank keine Verpflichtung gegenüber dem Darlehensnehmer, ihm das Ergebnis der Kreditbeurteilung

---

[15] *Jährig/Schuck,* S. 210.

[16] Vgl. statt aller *Kleiber/Simon/Weyers,* Beleihungsgrundsätze für Sparkassen, S. 25, 332; *Christians,* Finanzierungshandbuch, S. 230 ff.; *Kerl,* LfK 1981, 36 f.; *Rüchardt,* LfK 1981, 498, 502.

[17] Realkredite sind nur solche Darlehen, die durch Grundpfandrechte gesichert sind und deren Verzinsung und Rückzahlung jederzeit unabhängig von der Person des Kreditnehmers durch das beliehene Grundstück gewährleistet ist; *Steffan,* Handbuch des Realkredits, LfK 1981, 36; vgl. ferner Schreiben des Bundesaufsichtsamtes für das Kreditwesen vom 25. 10. 1963, 27. 8. 1974 und 18. 3. 1977, abgedruckt bei: *Consbruch/Möller/Bähre/Schneider,* KWG, Stand 1987, Ziffer 4.32, 4.116 und 9.25.

[18] Vgl. § 20 Abs. 2 Nr. 2 und 4 KWG; *Bähre/Schneider,* KWG, 3. Aufl. 1986, § 20 Anm. 8 ff.

[19] Die Realkreditgrenze beträgt 60% des Beleihungswertes (§§ 11, 12 HGB), vgl. hierzu *Jährig/Schuck,* S. 146 f.

mitzuteilen und gegebenenfalls vom Vertragsschluß abzusehen, wenn sich bei der Prüfung ein Mißverhältnis zwischen den finanziellen Möglichkeiten des Darlehensnehmers und den Darlehensbelastungen ergibt.[20]

Unter Kreditgesichtspunkten soll der Kapitalanleger regelmäßig in der Lage sein, bei 21
Änderung wirtschaftlicher und steuerlicher Rahmenbedingungen etwaige Fehlbeträge aus seinem Einkommen oder Vermögen aufzubringen; es muß z. B. soviel Eigenkapital nachgeschossen werden können, daß die Fremdfinanzierung unter Berücksichtigung der Kapitaldienstgrenze zurückgeführt werden kann. Unter Kapitaldienstgrenze versteht man dabei die Grenze, bis zu der aus den laufenden Erträgen des Objekts nach Abzug von Bewirtschaftungskosten die Fremdmittel verzinst und zurückgeführt werden können.

b) Steuerliche Auswirkungen. Aus dem Objekt ergeben sich zwar je nach Einzelfall steuerli- 22
che Auswirkungen, die den Kapitaldienst erleichtern können. Bei der Kreditbeurteilung können derartige Vorteile jedoch nur insoweit berücksichtigt werden, als die der Kreditnehmer und Erwerber nachhaltig beanspruchen kann:

Beispiel: 23

Gesamtkosten für Mietwohnung (davon abschreibungsfähig DM 1500,–)			DM 2000,–/qm
Miete (10,–/qm mtl.) × 12 Monate	120,–		
nicht umlagefähige Bewirtschaftungskosten (10%)	./. 12,–		
Netto-Miete	108,–	hieraus Kapitaldienst bei 10% Annuität für	DM 1080,–/qm
Ermittlung der Steuerersparnis:			
Netto-Miete	108,–		
AfA 3,5% auf DM 1500,–	./. 52,50		
Zinsen (DM 108,– abzügl. 1,5% Tilgung auf DM 1080,–)	./. 91,80		
	./. 36,30		
Steuerersparnis 50%	18,15	hieraus Kapitaldienst für weitere	DM 181,50/qm
Unter Berücksichtigung der Steuervorteile (Steuerprogression 50%) kann ein Kapitaldienst bedient werden von			DM 1261,50/qm

Im übrigen darf bei der Ermittlung der Kapitaldienstgrenze die persönliche Leistungsfä- 24
higkeit/Bonität des Darlehensnehmers nicht einbezogen werden.

Wird bei dem obigen Berechnungsbeispiel noch die steuerliche Abzugsfähigkeit der 25
Schuldzinsen berücksichtigt, dann ergibt sich auch ein höherer kapitaldienstfähiger Betrag (FK). Dieser kann nach folgender Formel berechnet werden:

$$FK = \frac{\text{Nettomiete} - \left(\text{Nettomiete} \times \frac{\text{Steuersatz }\%}{100}\right) + \left(\text{AfA} \times \frac{\text{Steuersatz }\%}{100}\right)}{\frac{\text{Annuität }\%}{100} - \left(\frac{\text{Nominalzins }\%}{100} \times \frac{\text{Steuersatz }\%}{100}\right)}$$

[20] BGH WM 1982, 480 = NJW 1982, 1520 = DB 1982, 1214 = ZIP 1982, 545; BGH WM 1988, 1085; BGH 27. 2. 1986, III ZR 95/85 (nicht veröffentlicht); BGH 17. 3. 1988, III ZR 122/87 (nicht veröffentlicht); OLG Celle WM 1988, 1082; OLG Bamberg WM 1988, 1225; OLG Hamm WM 1988, 1226; zur Prüfung der Kreditwürdigkeit vgl. u. a. *Jährig/Schuck,* Handbuch des Kreditgeschäfts, 3. Aufl. 1978, S. 152 ff.

Auf das obige Beispiel bezogen:

$$FK = \frac{108 - \left(180 \times \frac{50}{100}\right) + \left(52{,}50 + \frac{50}{100}\right)}{\frac{10}{100} - \left(\frac{6{,}5}{100} \times \frac{50}{100}\right)} = \frac{108 - 54 + 26{,}25}{0{,}1 - 0{,}0425} = 1395{,}65$$

26 Unter Berücksichtigung der Steuervorteile kann demnach bei dem obigen Beispiel nicht nur ein Kapitaldienst von DM 1261,50, sondern von DM 1395,65 bedient werden.

27 Mit steigender Zahl von gezeichneten Steuermodellen bzw. mit steigendem Betrag der negativen Einkünfte aus Vermietung und Verpachtung nimmt die vom Anleger angegebene Steuerprogressionsstufe ab. Damit sinken auch die steuerlichen Auswirkungen aus der Zeichnung eines weiteren Steuermodells, was wiederum zu einer höheren Liquiditätsbelastung des Anlegers führen kann. Nach Ablauf der ersten Zinsbindungsfrist können sich darüber hinaus – je nach Lage der Verhältnisse am Geld und Kapitalmarkt –liquiditätsmäßige und steuerliche Auswirkungen auf die Wirtschaftlichkeit der Immobilienanlage ergeben.

28 *c) Eigenkapitalfinanzierung.* Bei vielen am Markt angebotenen *geschlossenen Immobilienfondsmodellen* gewährt die Bank nicht nur der Fondsgesellschaft einen Kredit für den Erwerb des Fondsobjekts, sondern sie finanziert dem einzelnen Anleger auch oder nur den Erwerb der Beteiligung (= Eigenkapital des Anlegers). Die Höhe der Eigenkapitalfinanzierung und die Einbindung der Bank hängen weitgehend von der Modellkonzeption ab:

- KG-Fonds sind eher rendite-orientiert; die Eigenkapitalfinanzierung tritt regelmäßig hinter die Objektfinanzierung zurück.
- BGB-Fonds sind meist steuer-orientiert; zur Erreichung möglichst hoher Verlustzuweisungen wird häufig eine weitgehende, bis zu 100% reichende Eigenkapital-(anteils)-finanzierung vorgesehen.
- Anspar- und Lebensversicherungsfonds (in der Rechtsform der KG oder BGB-Gesellschaft) sehen ebenfalls eine bis zu 100% reichende Eigenkapital(anteils)finanzierung vor. Die Zeichnungsbeträge bewegen sich i. d. R. zwischen 10 000,– DM und 50 000,– DM, die aufzubringenden Spar-/Versicherungsbeträge liegen im allgemeinen zwischen 100,– DM und 200,– DM monatlich.

29 Bei vielen Fondsmodellen ist die Finanzierung des Eigenkapitals notwendiger Bestandteil des Anlageangebotes, d. h. der Anleger muß die Finanzierung zusammen mit der Beteiligung und ggf. mit der Lebensversicherung als einheitliches Paket abnehmen. Sie wenden sich häufig an Anleger, die aufgrund ihrer Einkommens- und Vermögensverhältnisse wegen ihrer niedrigen Steuerprogression aus der Eigenkapitalfinanzierung keine besonderen Vorteile erlangen und bei mangelnder Wirtschaftlichkeit Zuzahlungen über einen längeren Zeitraum regelmäßig nicht aufbringen können.

30 **4. Beleihungswert.** Für die Finanzierung vom Immobilienanlagen spielt der Beleihungswert[21] eine wesentliche Rolle. Unter Beleihungswert wird heute üblicherweise der Wert verstanden, der bei einer späteren **freihändigen Veräußerung** des Objekts unter normalen Verhältnissen jederzeit erzielt werden kann.[22]Bei der Feststellung dieses Wertes sind bekanntlich nur die dauernden Eigenschaften eines Grundstücks und der Ertrag zu berücksichtigen, den jeder Besitzer bei ordnungsgemäßer Bewirtschaftung auch nachhaltig erzielen kann (sog. Dauerwert).[23]

---

[21] Der Begriff „Beleihungswert" hat sich – ohne gesetzlich definiert zu sein – heute allgemein durchgesetzt und entspricht im Ergebnis dem in § 12 HGB verwendeten Begriff des „Verkaufswertes"; zu den Begriffen vgl. *Rüchardt* LfK 1981, 41 f.; hierzu auch *Jährig/Schuck* S. 148.

[22] Vgl. hierzu *Weiland* LfK 1980, 166; 169, *Rüchardt* LfK 1981, 498, 500.

[23] So § 12 HGB; vgl. hierzu auch *Fleischmann/Bellinger/Kerl,* HBG, § 12 Anm. 3, 4.

31 Dieser für das Realkreditgeschäft allgemein geltende Grundsatz[24] bedeutet für Immobilienanlagen, daß konzeptionsbedingte und auf den Anleger zugeschnittene Kosten – soweit sie bei einer Weiterveräußerung nicht realisiert werden können – bei der Ermittlung von Sachwert und Ertragswert unberücksichtigt bleiben müssen.[25]

32 *a) Sachwert.* Bei der Ermittlung des Sachwertes[26] im Rahmen des Abschlagsverfahrens[27] kann nicht von den tatsächlichen Gesamtkosten ausgegangen werden. Vielmehr sind – entsprechend der **Wertermittlungsverordnung**[28] – der Bewertung nur die normalen (= angemessenen) Herstellungskosten einschließlich der üblichen Baunebenkosten zugrunde zu legen. Dementsprechend müssen überhöhte Baunebenkosten, unangemessene Zwischenfinanzierungskosten und überbewertete nicht wertsteigernde Serviceleistungen bei der Festlegung des Sachwertes bei Immobilienanlagen außer Ansatz bleiben.[29]

33 *b) Ertragswert.* Die Ermittlung des Ertragswertes erfolgt im allgemeinen durch **Kapitalisierung** der um die Bewirtschaftungskosten verringerten Erträge, soweit sie nachhaltig und unabhängig vom jeweiligen Besitzer erzielbar sind.[30] Unter diesem Aspekt können u. a. mitkalkulierte Steuervorteile (z. B. Mehrwertsteuer-Erstattungen) oder durch Mietgarantien bzw. Aufwendungsdarlehen subventionierte Mieterträge nur insoweit berücksichtigt werden, als sie von jedem Besitzer nachhaltig erzielt werden können.[31]

34 Bei der Kapitalisierung der Jahresnettomiete[32] ist zu beachten, daß nach Realkreditgrundsätzen ein Zinssatz von mindestens 5% vorgegeben ist.[33] Insoweit sind marktgerechte Kapitalisierungszinssätze, die im Wohnungsbau um 4% schwanken, bei Immobilienanlagen auch unter Sicherheitsaspekten kritisch zu beurteilen.[34]

---

[24] So z. B. § 12 HGB; § 54 a Abs. 2 Nr. 1 a, 2 VAG; § 7 Abs. 6 BSpKG; vgl. ferner § 2 der Beleihungsgrundsätze für Sparkassen vom 5. 2. 1970.

[25] *Kerl* LfK 1981, 38, 40; so im Ergebnis auch *Weiland* LfK 1981, 132; *Steiner* LfK 1983, 736 ff.

[26] Der Sachwert setzt sich zusammen aus dem Bodenwert und dem Bauwert des Gebäudes einschließlich Außenanlagen; vgl. zur Sachwertermittlung *Froelich* AIZ 1979, 266 ff.; *Stannigel/Kremer/Weyers,* Beleihungsgrundsätze für Sparkassen, S. 30 f., S. 45 ff.

[27] Das Abschlagsverfahren, das seit etwa 1962 regelmäßig bei Neubauten angewandt wird, geht von den effektiven Baukosten aus. Hierauf wird ein Abschlag vorgenommen, der sich nach der voraussichtlichen Verwertbarkeit des Pfandobjekts richtet; bei Altbauten erfolgt die Bewertung meist nach dem Indexverfahren; vgl. zu den beiden Verfahren: *Weyers* LfK 1981, 44 f.; *Rüchardt,* Bewertung und Krediturteil, in: *Steffan,* Handbuch des Realkredits, S. 239 f.; *Wächter,* LfK 1969, 51 ff., 53.

[28] Wertermittlungsverordnung vom 6. 12. 1988 (BGBl. I S. 2209); vgl. auch die Wertermittlungsrichtlinien vom 31. 5. 1976, Beilage zu BAnz. Nr. 146/1976.

[29] So i. E. auch *Weiland* LfK 1981, 132, 134 f.; *Kerl*/LfK 1981, 40 und 1982, 217; *Steiner* LfK 1983, 736 ff.

[30] Zum Ertragswertverfahren vgl. u. a. *Stannigel/Kremer/Weyers,* Beleihungsgrundsätze für Sparkassen, S. 43 ff.

[31] So die Auffassung des Bundesaufsichtsamtes für das Kreditwesen, vgl. *Weiland* LfK 1981, 132 ff., 137; vgl. auch *Rüchardt* LfK 1981, 41 f.

[32] Beispiel:

Gesamtkosten für Mietwohnung		DM 2000,–/qm
Miete (10,–/qm mtl.)	DM 120,– p. a.	
./. Bewirtschaftungskosten (20%)	DM 24,– p. a.	
	DM 96,– p. a.	
Bei einem Kapitalisierungsfaktor von 5% ergibt sich ein Ertragswert von		DM 1920,–/qm

Weitere Berechnungsbeispiele bei *Froelich,* Allgemeine Immobilien-Zeitung (AIZ) 1979, S. 266 ff., 270.

[33] *Fleischmann/Bellinger/Kerl,* HGB, § 12 Anm. 17; *Stannigel/Kremer/Weyers,* Beleihungsgrundsätze für Sparkassen.

[34] So i. E. *Kerl* LfK 1981, 36 ff., 40.

35 *c) Gewichtung von Sachwert und Ertragswert.* Das früher allgemein übliche **Mittelwertverfahren** läßt sich auf Immobilienanlagen nicht einfach übertragen.[35] Auch dürfte es nicht immer sachgerecht erscheinen, allein auf die Erwerbsmotivation des Kapitalanlegers oder auf die beabsichtigte Nutzungsart abzustellen, indem die Beleihung im Falle einer beabsichtigten Eigennutzung stets am Sachwert, bei einer beabsichtigten Vermietung stets am Ertragswert orientiert wird.[36] Die Gewichtung sollte vielmehr aufgrund objektiver, d. h. jederzeit am Markt überprüfbarer Kriterien erfolgen.[37] Ist das Objekt nur zur Vermietung geeignet, dann ist vom Ertragswert auszugehen; kommt bei einem Objekt auch eine Eigennutzung in Betracht, kann sich die Beleihung an dem in der Regel höheren Sachwert orientieren.[38]

36 **5. Verkehrswert.** Der Verkehrswert ist nach § 194 Abs. 2 BauGB und der hierzu erlassenen **Wertermittlungsverordnung** [39] Während der nach § 12 des Hypothekenbankgesetzes für Beleihungszwecke zu ermittelnde Beleihungswert mit Blick in die Zukunft nur aus den nachhaltigen Eigenschaften des jeweiligen Beleihungsobjektes und aus dessen voraussichtlichen, für jeden in Frage kommenden Interessenten erzielbaren Dauerertrag zu ermitteln ist **(Dauerwert),**[40] stellt der Verkehrswert nach dem BauGB einen **Stichtagswert** dar.[41] Er soll nach Ausklammerung gewisser individueller Extrempreise dem Durchschnitt der Kaufpreise gleichwertiger Objekte am Bewertungsstichtag entsprechen und stellt insoweit einen marktorientierten Wert dar.[42]

37 Aufgrund der in § 12 HGB getroffenen Regelung, die sich auch in anderen Bewertungsvorschriften wiederfindet,[43] kann der Verkehrswert bei der Ermittlung des Beleihungswertes nur als Vergleichsgröße für die aktuelle Marktsituation herangezogen werden.[44] Er stellt im Ergebnis eine obere Grenzlinie dar, die aus allgemein anerkannten Vorsichtserwägungen durch den Beleihungswert nicht überschritten werden darf.[45] Soweit der Verkehrswert zur Ermittlung des Beleihungswertes herangezogen wird, ist dies nach Realkreditgrundsätzen nur zulässig, wenn z. B. nachträglich Abschläge nicht schematisch vorgenommen, sondern die in den einzelnen Objekten enthaltenen und von der jeweiligen Konzeption des Modells abhängigen Kosten wie bei der üblichen Sach- und Ertragswertberechnung außer Ansatz gelassen werden.[46]

38 Dies ergibt sich aus der unterschiedlichen Zielrichtung von Verkehrswert und Beleihungswert: Beim Verkehrswert handelt es sich um eine stichtagsbezogene Größe, die im allgemeinen zur Regelung entgegengesetzter, aber prinzipiell gleichwertiger Interessen

---

[35] Das Mittelwertverfahren, bei dem aus dem arithmethischen Mittel von Sach- und Ertragswert der Beleihungswert festgelegt wurde, wird heute kaum mehr angewandt, vgl. *Stannigel/Kremer/Weyers,* Beleihungsgrundsätze für Sparkassen, S. 248.

[36] So wohl *Weiland* LfK 1981, 137.

[37] *Kerl* LfK 1981, 37, *Pohnert* LfK 1982, 208 ff.

[38] Nach § 2 Abs. 1 der Beleihungsgrundsätze für Sparkassen kommt es beim Grundbesitz und seiner Bewertung unter realkreditmäßigen Gesichtspunkten auf die Wirtschaftlichkeit und damit auf die Tragbarkeit der Belastung an, weshalb bei der Bewertung i. d. R. in erster Linie der Ertragswert zugrunde zu legen ist; *Stannigel/Kremer/Weyers,* Beleihungsgrundsätze für Sparkassen, S. 32; offen insoweit § 12 HGB.

[39] Zur Wertermittlungsverordnung s. o. Fn. 19.

[40] *Weiland* LfK 1981, 42.

[41] *Weyers* LfK 1981, 44.

[42] Zu den Methoden der Ermittlung des Verkehrswertes (Vergleichsverfahren, Sachwert- und Ertragswertverfahren) vgl. *Froelich,* Allgemeine Immobilien-Zeitung 1979, S. 267, und *Stannigel/Kremer/Weyers,* Beleihungsgrundsätze für Sparkassen, S. 37 f.

[43] S. o. Fn. 15.

[44] *Weyers,* LfK 1981, 44; *Fleischmann/Bellinger/Kerl,* HGB, § 12 Anm. 5.

[45] Diese Grenze ist in den Beleihungsgrundsätzen einiger Landesbanken ausdrücklich vorgeschrieben; vgl. auch *Steffan,* Handbuch des Real- und Kommunalkredits, S. 122 f.; *Fleischmann/Bellinger/Kerl,* HGB, § 12 Anm. 23.

[46] So *Rüchardt* LfK 1981, 42.

dient.[47] Der Beleihungswert ist dagegen ein Hilfsmittel zur Risikobeurteilung im Entscheidungsprozeß einer Bank über die Gewährung eines Realkredites,[48] bei dem mehr die Dauerhaftigkeit des Wertes im Vordergrund steht.

6. Bewertung und Finanzierung. Bei der Finanzierung vom Immobilienanlagen ist die individuelle Kredithöhe aus der Bewertung des Objektes und der Bonität des Darlehensnehmers zu ermitteln.[49] Dabei verdienen drei Gesichtspunkte besondere Beachtung: 39

Realkredite dürfen nur bis zu 60% des Beleihungswertes gewährt werden,[50] d. h. nur bis zu dieser Grenze dürfen im sog. erststelligen Beleihungsraum Darlehen von Hypotheken- und Landesbanken sowie einigen öffentlichrechtlichen Grundkreditanstalten gegeben werden, da diese Darlehen zu einer aufgrund gesetzlicher Vorschriften gebildeten Deckungsmasse für Schuldverschreibungen gehören.[51] Da Immobilienanlagen aus steuerlichen Gesichtspunkten meist als Mietobjekte vermarktet werden, bedeutet dies für die Realkreditinstitute, daß erstrangige Hypothekendarlehen unter Berücksichtigung der Kapitaldienstgrenze 60% des nach Ertragswertgesichtspunkten zu ermittelnden Beleihungswertes generell nicht übersteigen dürfen.[52] 40

Nachrangige Finanzierungen, die über 60% des Beleihungswertes hinausgehen, werden zwar im Rahmen von Wohnungsbaufinanzierungen im allgemeinen bis zu 80% des Beleihungswertes dinglich gesichert.[53] Bei Immobilienanlagen ist allerdings die Kapitaldienstgrenze zu beachten, wenn es z.B. notwendig werden sollte, die Zins- und Tilgungsleistungen durch Zwangsverwaltung hereinzubringen. 41

Soweit nach diesen Beleihungsgrundsätzen eine dingliche Besicherung nicht als werthaltig angesehen werden kann, ist ein Kredit ausschließlich auf die persönliche Leistungsfähigkeit und die Bonität des Darlehensnehmers und ggf. auf Zusatzsicherheiten abzustellen, d. h. die Belastungen des Darlehensnehmers müssen in angemessener und vertretbarer Relation zu dem nachgewiesenen und voraussichtlich nachhaltig zu erwartenden Einkommen/Gewinn stehen. 42

III. Finanzierung und Haftung

Aus der Finanzierung von Immobilienanlagen ergeben sich Haftungsfragen, wenn das finanzierte Objekt nicht mehr den erhofften Ertrag bringt, die angestrebten steuerlichen Auswirkungen ausbleiben oder der Anleger nicht mehr in der Lage ist, die aufgenommenen Fremdmittel zu bedienen. Für die Beurteilung derartiger Haftungsfragen sind deshalb die wesentlichen Haftungsbereiche und Beteiligungsformen der finanzierenden Bank sowie die Rolle des Anlegers und Bankkunden von Bedeutung. 43

1. Die Bank als Kreditgeber. Bei Immobilienanlagen beschränkt sich die Bank in der Regel ausschließlich auf ihre Rolle als Kreditgeber. Für die Haftung gilt dementsprechend der – auch im übrigen Wirtschaftsleben – allgemein anerkannte Grundsatz der arbeitsteiligen Wirtschaft, d. h. für die Frage der Haftung sind die übernommenen Rollen und 44

---

[47] Z. B. bei der Berechnung des Pflichtteils (§ 2331 BGB) oder des Wertersatzes durch den ungerechtfertigt Bereicherten (§ 812 Abs. 2 BGB); ferner bei der Bestimmung der angemessenen Entschädigung bei Enteignungen oder bei Sanierungs- und Entwicklungsmaßnahmen (§§ 85, 95, 153, 185 Baugesetzbuch).

[48] *Weiland* LfK 1980, 169; *Kerl* LfK 1981, 36, 38.

[49] S. o. unter Rdnr. 8.

[50] Vgl. § 11 HBG.

[51] Soweit die 3/5 Grenze des § 11 HBG überschritten wird, können Darlehen gemäß § 1 Nr. 2 HBG durch Bürgschaft eines öffentlich-rechtlichen Instituts als kommunalverbürgte Darlehen dekkungsfähig werden, vgl. *Franke,* Börsenzeitung vom 27. 9. 1980: Das Bauherren-Modell aus der Sicht des Realkredits.

[52] So i. E. auch *Kerl* LfK 1981, 40.

[53] Vgl. z. B. § 7 BSpKG; § 24 der Beleihungsgrundsätze für Sparkassen v. 5. 2. 1970.

Funktionen der Beteiligten sowie die unterschiedlichen Interessenlagen und Risikosphären zu berücksichtigen („rollenbedingte Verantwortlichkeit"):[54]

– Der Darlehensgeber überläßt dem Darlehensnehmer gegen Entgelt das Kapital zur zeitweiligen Nutzung und trägt (nur) das Risiko der Zahlungsunfähigkeit des Kreditnehmers.
– Der Darlehensnehmer verwendet das Kapital für eine Vermögensanlage mit Aussicht auf Rendite, trägt aber gleichzeitig auch das wirtschaftliche und unternehmerische Risiko der Kapitalinvestition. Eine nachträgliche Risikoverschiebung zu Lasten Dritter, insbesondere zu Lasten der finanzierenden Bank, ist ausgeschlossen.

45 Hat sich die finanzierende Bank auf ihre Rolle als Kreditgeber beschränkt, so kann der Darlehensnehmer dem Darlehensrückzahlungsanspruch der Bank unter bestimmten Voraussetzungen gleichwohl Einwendungen entgegensetzen, insbesondere wegen

– Nichtigkeit des Darlehensvertrages wegen Verstoßes gegen § 56 GewO,
– fehlerhafter Vollmacht des Baubetreuers/Treuhänders,
– unberechtigter Auszahlung an Dritte,
– Anfechtung nach § 123 BGB.

46 **2. Die Beteiligung der Bank am finanzierten Geschäft.** Wenn die Bank nicht nur Kreditgeber ist, sondern sich darüber hinaus am finanzierten Geschäft beteiligt, indem sie in nach außen erkennbarer Weise Funktionen oder Rollen anderer Projektbeteiligter übernimmt und damit einen zusätzlichen, auf die übernommene Funktion bezogenen Vertrauenstatbestand schafft, können sich vertragliche und außervertragliche Ansprüche ergeben aus Anlageberatung, Vertrieb, Treuhandschaft. Darüber hinaus kommen in Betracht: Verschulden bei Vertragsschluß (c. i. c.) und Prospekthaftung.

47 **3. Die Beteiligung des Anlegers.** Die Entscheidung über private Vermögensanlagen wird vielfach mit Wirtschaftsprüfern, Steuerberatern, Rechtsanwälten und Notaren erörtert. Im Vordergrund der Beratung stehen dabei meist steuerliche Aspekte („wie kann ich in diesem Jahr noch möglichst viel Steuern sparen?").

48 Bei der Beurteilung von Immobilienanlagen hinsichtlich Konzeption, Wirtschaftlichkeit und Durchführungsrisiken kommt dem Prospekt, den Verträgen und den Gesamtverhältnissen der Initiatoren aus Sicht des Anlegers eine entscheidende Bedeutung zu. Für die Anlageentscheidung ist insbesondere wichtig eine Beurteilung des Objektes hinsichtlich Standort, Planung, Kosten und Finanzierung sowie eine Prüfung der Wirtschaftlichkeit aufgrund der nachhaltig erzielbaren Mieten und der langfristig anfallenden Finanzierungs- und Bewirtschaftungskosten.

49 Bei den übrigen Formen privater Kapitalanlagen (z. B. Effekten) hängt die Anlageentscheidung meist von der persönlichen Einschätzung des Anlegers hinsichtlich Sicherheit und Risiken sowie Rendite und Fungibilität ab.

IV. Haftung und Risiken des Anlegers

50 Die Haftung und Risiken des Anlegers hängen weitgehend von den Besonderheiten der jeweiligen Kapitalanlage ab. Die Risiken bei Wertpapieren sind weitgehend marktabhängig. Bei Immobilienanlagen und Gesellschaftsbeteiligungen ergeben sich die Risiken zum einen aus der bei diesen Anlageformen typischen Vertragskonstruktion, zum anderen aus den einzelnen Verträgen. Hinzu kommen die mit jeder Kapitalanlage verbundenen wirtschaftlichen Risiken, denen jedoch Steuervorteile und mögliche Wertsteigerungen gegenüberstehen. Es gibt allerdings kaum eine Kapitalanlage, die gleichzeitig hohen Ertrag und Wertzuwachs erzielt, extrem sicher ist und aufgrund großer Steuervorteile nahezu ohne

---

[54] Zur „Rolle" und „Funktion" als Haftungsgrundlage vgl. z. B. *Hopt,* in: Festschrift für Walter Stimpel, 1985, S. 265 ff. und *ders.,* AcP 183, (1983), 608 ff.; *Rümker,* ZHR 151 (1987), 162; *Köndgen,* AG 1983, 85 ff.; *Otto,* Stellung der Bank bei der Finanzierung von Immobilienanlagen, 1988, passim; *Schwintowski,* NJW 1989, 2087.

effektives Eigenkapital erworben werden kann. Die Anlageentscheidung ist deshalb immer ein Kompromiß, den jeder Anleger aufgrund eigener Risikoeinschätzung eingeht.

1. Vertragswerk bei Immobilienanlagen. Um von allen bei der Errichtung bzw. beim Erwerb einer Immobilie anfallenden Arbeiten befreit zu sein und um gleichzeitig alle Möglichkeiten der Steuerersparnis auszuschöpfen, erteilt der Kapitalanleger regelmäßig einem Treuhänder einen **Treuhandauftrag** und eine umfassende Vollmacht zum Abschluß aller erforderlichen Verträge sowie zur Abwicklung des Gesamtobjektes. Je nach Art der Stellvertretung wird der Bauherr aus den vom Treuhänder abgeschlossenen Verträgen unmittelbar oder aber mittelbar über den Treuhänder der Immobilienanlage beteiligt. Dementsprechend trägt der Kapitalanleger auch alle Gefahren und Risiken, die sich aus der Form der Errichtung bzw. dem Erwerb von Immobilien ergeben.[55] 51

Diese Haftungsregelung wird von der Rechtsprechung u. a. damit begründet, daß derjenige, der zum Zwecke der Steuerersparnis eine bestimmte zivilrechtliche Vertragskonstruktion wählt, sich auch an dieser Vertragskonstruktion festhalten lassen muß. Der eindeutige Wortlaut der Verträge sei nur dann nicht maßgebend, wenn ihm der gegenteilige übereinstimmende Wille der Vertragsparteien entgegenstünde. Dies sei regelmäßig nicht der Fall.[56] 52

2. Risiken aus Einzelverträgen. Bei Immobilienanlagen wird der Anleger regelmäßig von einem Baubetreuer oder Treuhänder in offener Stellvertretung („im fremden Namen und für fremde Rechnung") vertreten. Dementsprechend hat er die sich aus den Einzelverträgen ergebenden Risiken zu tragen, insbesondere bei **Insolvenz** des Baubetreuers oder Treuhänders.[57] 53

a) Eigenkapitalzahlung. Bei Bauherrenmodellen zählt zu den Bauherrenpflichten, welche die Gesellschafter einer Bauherrengemeinschaft untereinander haben und deren Erfüllung für die Errichtung des Bauvorhabens unerläßlich ist, auch die Leistung des übernommenen Eigenkapitals. Demgemäß können die Bauherren einen anderen Bauherrn auch dann auf Leitung seines Kapitalanteils in Anspruch nehmen, wenn nach dem Baubetreuungs-/Treuhandvertrag das geschuldete Eigenkapital an den Baubetreuer/Treuhänder zu zahlen ist.[58] 54

b) Leistung an Generalunternehmer. Durch den vom Treuhänder im Namen und für Rechnung des Bauherrn abgeschlossenen Generalunternehmervertrag wird der Bauherr unmittelbar Vertragspartner des Unternehmens. Etwas anderes gilt nur, wenn der Wortlaut des Vertrages nicht eindeutig ist und ein übereinstimmender Wille der Vertragsschließenden entgegensteht.[59] 55

Im Hinblick auf die mit den Verträgen, insbesondere Darlehens- und Dienstleistungsverträgen, verfolgte steuerliche Anerkennung von Verlustzuweisungen ist die bürgerlichrechtliche Gestaltung ernsthaft gewollt; ein gegenteiliger übereinstimmender Wille kann den Vertragsparteien demgemäß nicht unterstellt werden.[60] 56

Der Anleger ist zur Zahlung eines Restwerklohnes an den Werkunternehmer selbst dann verpflichtet, wenn er zwar fällige Zahlungen an den Treuhänder oder Architekten als 57

---

[55] BGHZ 67, 334 = WM 1977, 57 = NJW 1977, 294 = BB 1977, 119 = DB 1977, 396; *Maser* NJW 1980, 961, 966.

[56] BGHZ 76, 86 = WM 1980, 439 = NJW 1980, 992 = BB 1980, 1298 = DB 1980, 2127; BGH WM 1980, 1446 = NJW 1981, 389 = BB 1981, 80 = DB 1981, 313; BGH WM 1988, 1891 = ZIP 1988, 1573.

[57] BGH WM 1977, 481 = NJW 1977, 947 = BB 1977, 620 = DB 1977, 906; BGH WM 1988, 1196 = NJW 1988, 1982 = WuB I G 7.–15.88 *v. Heymann;* BGH WM 1988, 1891 = ZIP 1988, 1573.

[58] BGH WM 1987, 1515 = WuB I G 7.–4.88 *v. Heymann.*

[59] BGHZ 76, 86 = WM 1980, 439 = NJW 1980, 992 = BB 1980, 1298 = DB 1980, 2127; BGH WM 1988, 1196; BGH WM 1989, 377.

[60] BGHZ 67, 334 = WM 1977, 57 = NJW 1977, 294 = BB 1977, 119 = DB 1977, 396.

Betreuer geleistet hat, dieser die Gelder jedoch nicht an den Werkunternehmer weitergeleitet hat.[61]

58 Bei **Bauherrenmodellen** ist es auch nicht erforderlich, daß alle Mitglieder der Bauherrengemeinschaft bei Abschluß des Bauvertrages schon feststehen. Einer noch nicht geschlossenen Bauherrengemeinschaft können auch später noch weitere Bauherren beitreten. Durch Unterzeichnung des Baubetreuungsvertrages genehmigen die später eintretenden Bauherren die vom Baubetreuer bereits erteilten Aufträge.[62]

59 Dem Bauunternehmer, der mit dem Treuhänder einer Bauherrengemeinschaft einen Generalunternehmervertrag abgeschlossen hat, haftet auch das erst später in die Bauherrengemeinschaft eintretende Mitglied, das den Betreuer ausdrücklich zum Abschluß eines Generalunternehmervertrages ermächtigt hat.[63]

60 Wenn dagegen ein Anleger im Wege der Anteilsübertragung in eine Bauherrengemeinschaft eintritt, haftet er für deren vorher begründete Verbindlichkeiten z. B. gegenüber Bauunternehmern nur dann, wenn er entsprechende vertragliche Verpflichtungen ausdrücklich übernommen hat.[64]

61 *c) Verwaltervergütung.* Wird die Geschäftsführung einer Bauherrengemeinschaft durch den gleichzeitig bestellten Verwalter ausgeübt, so haften für dessen Vergütung nicht die einzelnen Gesellschafter, sondern die Gesellschaft mit ihrem Gesamthandsvermögen.[65]

62 Die steuerliche Anerkennung der Werbungskosten ist in Frage gestellt, wenn der Anleger nicht die typischen mit der Errichtung bzw. mit dem Erwerb einer Immobilienanlage verbundenen Risiken wie Bau- und Baukostenrisiken, Vertrags- und Finanzierungsrisiken trägt.[66]

63 **3. Immobilienfonds und Anlagegesellschaften.** Jede Beteiligung an Immobilienfonds oder Anlagegesellschaften bedeutet im Ergebnis eine unternehmerische Betätigung, die sowohl mit (wirtschaftlichem) Erfolg als auch mit Verlusten verbunden sein kann. Ein Anleger wird sich zwar bei seiner Anlageentscheidung generell von dem Streben nach einer möglichst hohen **Rendite** leiten lassen.[67] Wenn er aber einmal eine Anlageentscheidung getroffen hat, dann muß er auch die wirtschaftlichen Risiken tragen, die sich aus seiner Beteiligung ergeben.[68]

64 Der Kommanditist einer Publikums-KG hat auch dann seine Einlageverpflichtungen zu erfüllen, wenn trotz positiver Beurteilung des steuerlichen Abschreibungskonzepts durch einen Wirtschaftsprüfer später das Finanzamt die Feststellung gewerblicher Beteiligungsverluste ablehnt.[69] Hat sich im Falle einer notwendigen Nachfinanzierung ein Gesellschafter zur Zahlung eines Liquiditätszuschusses verpflichtet, dann können die Mitgesellschafter die Zahlung verlangen, wenn sich die übrigen Gesellschafter mindestens in einer für die Änderung des Gesellschaftsvertrages erforderlichen Mehrheit (z. B. 75%) ebenfalls dazu verpflichtet haben.[70] Im übrigen zählt bei einer Insolvenz der Abschreibungsgesellschaft zu

---

[61] BGH WM 1988, 1196 = NJW 1988, 1982 = WuB I G 7.–15.88 *v. Heymann;* BGH WM 1988, 1891 = ZIP 1988, 1573.

[62] BGH BauR 1983, 457.

[63] BGH WM 1987, 1078 = NJW-RR 1987, 1233 = WuB I G 7.–9.87 *v. Heymann;* BGH WM 1988, 1196.

[64] BGHZ 74, 240 = WM 1979, 774 = NJW 1979, 1821 = BB 1979, 999 = DB 1979, 1550.

[65] BGH WM 1987, 691 = WuB I G 7.–7.87 *v. Heymann.*

[66] BFH BStBl. 1980 II, 441 = DB 1980, 1669 = BB 1980, 1137.

[67] BGH WM 1985, 1530 = WuB I G 8.–1.86 *v. Heymann.*

[68] BGHZ 79, 337 = WM 1981, 483 = NJW 1981, 1449 = BB 1981, 865 = DB 1981, 1274 = ZIP 1981, 518; BGHZ 102, 60 = WM 1987, 1426 = NJW 1988, 697 = DB 1988, 174 = ZIP 1987, 1454 = WuB I G 7.–2.88 *v. Heymann.*

[69] BGH WM 1986, 255 = NJW-RR 1986, 708 = WuB I G 8.–4.86 *v. Heymann;* BGH WM 1992, 685 = NJW-RR 1992, 930 = DB 1992, 1283 = ZIP 1992, 836 = WuB I G 8.–3.92 *Bälz;* OLG Düsseldorf WM 1991, 1029 = WuB I G 8.–1.91 *v. Heymann.*

[70] BGH WM 1986, 1001 = WuB I G 7.–4.86 *v. Heymann.*

den zu tragenden Risiken nicht nur der Verlust der Beteiligung, sondern ggf. auch die Verpflichtung zu Nachschüssen bzw. Steuernachzahlungen.

4. Wirtschaftlichkeit und steuerliche Auswirkungen. Bei Immobilienanlagen ist in den Verträgen regelmäßig die Haftung für die Wirtschaftlichkeit des Objektes und die erstrebten steuerlichen Auswirkungen ausgeschlossen oder ausdrücklich klargestellt, daß die Prüfung dieser Bereiche nicht Vertragsgegenstand ist. Wird zur Finanzierung der Vermögensanlage ein Kredit aufgenommen, muß dieser grundsätzlich auch dann zurückgezahlt werden, wenn z. B. das Bauvorhaben mit Mängeln behaftet ist, Baubetreuer oder Handwerker leistungs- bzw. zahlungsunfähig werden, die Mieteinnahmen aus dem Objekt die Finanzierungskosten nicht decken oder die veranschlagten Werbungskosten von der Finanzverwaltung nicht anerkannt werden. 65

5. Anlagerisiken und deren Begrenzung. Kapitalanlagen garantieren nicht immer eine Rendite, sondern sind gleichermaßen mit Risiken verbunden. Um diese zu begrenzen, empfiehlt sich generell eine fachkundige Beratung, sofern keine eigenen ausreichenden Kenntnisse vorhanden sind. 66

Bei Immobilienanlagen ist die Situation auf dem Immobilienmarkt zu berücksichtigen. In den letzten Jahren hat sich die Schere zwischen Kostenmiete und Marktmiete immer weiter geöffnet; gestiegene Bau- und Finanzierungskosten und im Verhältnis dazu weniger stark steigende Mieterträge haben sich negativ auf die Rendite bei Immobilienanlagen ausgewirkt, so daß hieraus Anlagerisiken ergeben können. 67

Es gibt keinen allgemeinen Erfahrungssatz, daß die Beteiligung an einer Immobilienanlage auch unter Berücksichtigung von Steuervorteilen letztlich immer gewinnbringend ist.[71] Um die mit einem Immobilienerwerb verbundenen Risiken zu begrenzen, muß der Anleger das Angebot hinsichtlich Konzeption und Wirtschaftlichkeit anhand des Prospektes, der Verträge und der Gesamtverhältnisse der Initiatoren – ggf. unter Einschaltung von Beratern – eingehend prüfen.[72] 68

V. Risiken der finanzierenden Bank

Wenn eine finanzierte Kapitalanlage gescheitert oder der Anleger in Vermögensverfall geraten ist, sieht sich die finanzierende Bank häufig einer Vielzahl von Einwendungen des Anlegers aus dem Darlehensvertrag gegenüber. Die Einwendungen reichen von der Nichtigkeit des Vertrages (§ 56 Abs. 1 Nr. 6 GewO, § 134 BGB) über fehlerhafte Vollmacht und Beurkundung bis hin zur Anfechtung des Darlehensvertrages nach § 123 BGB. 69

1. Preisangabenverordnung. Die Preisangabenverordnung v. 1. 5. 1985 gilt auch für Darlehen. Ein Verstoß hiergegen wird als Ordnungswidrigkeit geahndet; ob damit auch der Darlehensvertrag nichtig ist, ist in der Verordnung nicht geregelt. Nach früherem Recht führte die Verletzung der PrAngVO nicht zur Nichtigkeit des Darlehensvertrages, da diese Verordnung nur als **Ordnungsvorschrift** und nicht als Verbotsgesetz i. S. von § 134 BGB angesehen wurde. Daran dürfte sich durch die Neufassung grundsätzlich nichts geändert haben.[73] 70

2. Darlehensvermittlung im Reisegewerbe gemäß § 56 Abs. 1 Nr. 6 GewO. Nach der Rechtsprechung ist ein verbotenerweise im Reisegewerbe (§ 56 Abs. 1 Nr. 6 GewO) abgeschlossener und vermittelter Darlehensvertrag gemäß § 134 BGB grundsätzlich nichtig.[74] Grundgedanke dieser Rechtsprechung ist, unerfahrene und minderbemittelte Per- 71

---

[71] BGH WM 1983, 1387 = NJW 1984, 863 = BB 1984, 93 = DB 1984, 338 = ZIP 1984, 73.

[72] Zu den Prüfungskriterien vgl. *v. Heymann* BB 1980, Beilage 12, S. 13 ff.; *ders.* in *Reithmann/Meichssner/v. Heymann,* J Rdnr. 1 ff.

[73] BGH NJW 1974, 859 = DB 1974, 1008; BGHZ 76, 127 = WM 1980, 305 = NJW 1980, 1163; BGH WM 1980, 1111 = NJW 1980, 2301 = BB 1980, 1345 = DB 1980, 2031 = ZIP 1988, 755; BGH WM 1982, 919 = NJW 1982, 2436 = BB 1982, 1827 = DB 1982, 2454 = ZIP 1982, 1044.

[74] BGHZ 71, 358 = WM 1978, 875 = NJW 1978, 1970 = DB 1978, 1827; BGH WM 1985, 1437; BGH WM 1986, 11 = WuB I F 1 a.–3.86 *Wolff.*

sonen von den nachteiligen Folgen von Verträgen zu schützen, die sie in Situationen abgeschlossen hatten, in denen ihre Entscheidungsfreiheit typischerweise beeinträchtigt war. Dies galt nach der Rechtsprechung zunächst auch für den Erwerb von Immobilien.[75]

72 Nach der neueren Rechtsprechung des BGH kann § 56 GewO von Kapitalanlegern, die sich an Immobilienanlagen beteiligen, nicht eingewendet werden, weil sie nicht als schutzwürdig angesehen werden könnten. Die Gefährdung des Darlehensnehmers liege nicht im Bereich der Darlehensverhandlungen, sondern in der zeitlich und sachlich vorrangigen Beteiligung an der Immobilienanlage.[76]

73 **3. Widerruf von Haustürgeschäften.** Im Zusammenhang mit Immobilienanlagen kann auch das am 1. 5. 1986 in Kraft getretene Gesetz über den Widerruf von Haustürgeschäften und ähnlichen Geschäften[77] Bedeutung erlangen, wonach bei unterlassener Aufklärung das Widerrufsrecht erst 1 Monat nach Abwicklung des Kreditvertrages (§ 2 HWiG) erlischt.[78] Voraussetzung ist allerdings, daß es sich bei dem abgeschlossenen Kreditvertrag um ein typisches Haustürgeschäft handelt und das Widerrufsrecht nicht durch gesetzliche Ausnahmetatbestände, z. B. durch vorhergehende Bestellung, ausgeschlossen ist.[79] Dies kommt wirtschaftlich der Nichtigkeit nach den §§ 55, 56 GewO i. V. m. § 134 BGB sehr nahe. Eine Anwendung des neuen Gesetzes auf Kreditverträge im Zusammenhang mit Immobilienanlagen kann nicht ausgeschlossen werden.[80]

74 **4. Verbraucherkreditgesetz.** Auch das am 1. 1. 1991 in Kraft getretene Gesetz über Verbraucherkredite, zur Änderung der Zivilprozeßordnung und anderer Gesetze (geändert durch Gesetz vom 27. 4. 1993, BGBl. I S. 509) wird wohl nicht ohne Auswirkungen auf den Bereich der Immobilienanlagen bleiben. Zum einen ist in Art. 8 des Gesetzes § 56 GewO dahingehend geändert worden, daß nur noch die entgeltliche Vermittlung von Darlehensgeschäften im Reisegewerbe unzulässig ist. Zum anderen bringt das neue Verbraucherkreditgesetz eine Vielzahl von Regelungen zum Schutz des Verbrauchers ohne Rücksicht darauf, ob der Verbraucher einen aufgenommenen Kredit für den privaten Verbrauch oder zu Anlagezwecken verwendet. Insoweit können insbesondere die Vorschriften über das Widerrufsrecht (§ 7 VerbrKrG), über verbundene Geschäfte (§ 9 VerbrKrG) sowie über Kreditvermittlungen (§§ 15–17 VerbrKrG) Bedeutung erlangen.

75 **5. Fehlerhafte Bevollmächtigung.** Im Rahmen der Abwicklung von Immobilienanlagen erfolgt der Abschluß des Darlehensvertrages regelmäßig aufgrund einer dem Baubetreuer oder Treuhänder erteilten notariellen Vollmacht. Die Bevollmächtigung kann aus verschiedenen Gründen nichtig oder beschränkt sein und dementsprechend Auswirkungen auf die Wirksamkeit des Darlehensvertrages haben.

---

[75] BGH WM 1983, 1429 = NJW 1983, 868 = BB 1983, 1177 = ZIP 1983, 38; BGH WM 1983, 1262 = NJW 1984, 229 = BB 1983, 2209 = DB 1984, 769 = ZIP 1983, 1430.

[76] BGHZ 93, 264 = WM 1985, 221 = NJW 1985, 1020 = BB 1985, 749 = DB 1985, 543 = ZIP 1985, 203; BGH WM 1985, 910 und 993 = ZIP 1985, 667 und 670 = WuB I E 1.–24.85 *v. Heymann;* BGH WM 1986, 8 = BB 1986, 220 = DB 1986, 424 = ZIP 1986, 21 = WuB I E 1.–5.86 *Emmerich;* BGH WM 1986, 671, 700 und 995 = WuB I G 8.–6.86, 7.86 und 8.86 *v. Heymann;* BGH WM 1988, 1719; BGH WM 1989, 4; *Hopt* NJW 1985, 1665.

[77] BGBl. 1986 I 122.

[78] Hierzu *Gilles* NJW 1986, 1131; *Knauth* WM 1986, 509; *Teske* ZIP 1986, 624.

[79] LG Kassel WM 1990, 430 = NJW-RR 1989, 105 = WuB I E 1.–12.90 *Wolff/Filzen;* OLG Köln WM 1989, 1601 = WuB IV E. § 1 HWiG 1.90 *Ringseisen;* OLG Celle WM 1991, 110 = WuB IV E. Art. 29 EGBGB 1.91 *Thode;* BGH WM 1990, 687 = NJW 1990, 1732 = BB 1990, 956 = DB 1990, 1032 = ZIP 1990, 455 = WuB IV E. § 1 HWiG 3.90 *Huff;* BGHZ 113, 222 = WM 1991, 273 = NJW 1991, 1052 = BB 1991, 374 = DB 1991, 545 = ZIP 1991, 173 = WuB IV E. § 9 HWiG 1.91 *Buschbeck-Bülow.*

[80] Vgl. hierzu *Schlaus* ZHR 151 (1987) 180.

a) Notarielle Vollmacht bei nichtigem Grundvertrag. Wurde dem Betreuer aufgrund eines formnichtigen Betreuungsvertrages eine notarielle Vollmacht erteilt, so darf eine Bank, der diese Vollmacht vorgelegt wird, auf deren Wirksamkeit vertrauen.[81] 76

Rechtshandlungen aufgrund einer formnichtig erteilten Vollmacht sind generell nur dann wirksam, wenn die Vollmacht dem Dritten – hier der Bank – gemäß § 172 Abs. 1 BGB in Urschrift oder – bei notariell beurkundeter Vollmacht – in einer Ausfertigung (§ 47 BeurkG) vorgelegen hat. Eine Fotokopie oder Abschrift genügt regelmäßig nicht.[82] 77

Auch bei notariellen Vollmachten muß die Bank in der Lage sein, sich unmittelbar Kenntnis von der Urkunde zu verschaffen. Nur wenn die Bank den Inhalt der Vollmacht kennt und weiß, daß sie dem Notar zum Zwecke der Legitimation übergeben worden ist, kann sie ausnahmsweise auf die Einsicht verzichten, muß aber die Möglichkeit haben, sie in Urschrift oder Ausfertigung einzusehen.[83] 78

b) Rechtsscheinhaftung. Bei nichtigem Grundvertrag kommt die Rechtsscheinhaftung der §§ 171, 172 BGB nach § 173 i. V. m. §§ 122 Abs. 2, 276 BGB demjenigen nicht zugute, dessen Unkenntnis auf einer Außerachtlassung der im Verkehr erforderlichen Sorgfalt beruht. Die **Sorgfaltspflicht** bezieht sich dabei grundsätzlich nur auf die Vollmacht selbst und nicht auf das Grundverhältnis. Nur wenn in der Vollmachtsurkunde ausdrücklich auf das Grundverhältnis Bezug genommen wird und diese Grundvereinbarung dem Vertragsgegner vorliegt, so darf er sich Bedenken, die sich daraus gegen die Wirksamkeit der Vollmacht ergeben, nicht verschließen.[84] 79

Aufgrund entsprechender Verlautbarungen der Notarkammern sind Treuhand- und Betreuungsverträge im Zusammenhang mit der Errichtung bzw. dem Erwerb von Immobilienanlagen grundsätzlich beurkundungspflichtig.[85] Notarielle Vollmachten ohne beurkundete Betreuungsverträge dürften deshalb in der Praxis kaum mehr vorkommen. 80

Wird die notarielle Vollmacht schon vor Abschluß des Betreuungsvertrages mit der Ermächtigung erteilt, diesen gemäß § 181 BGB abzuschließen, bestehen gegen die Wirksamkeit der Vollmacht grundsätzlich keine Bedenken.[86] Auch bei von Anfang an nichtiger Vollmacht gelten die §§ 164, 171 ff. BGB entsprechend.[87] 81

Eine Vollmacht ist jedoch nicht schon deshalb nichtig, weil der Vertretene nicht schon bei der Vornahme des Vertretergeschäfts bestimmt ist; es genügt, wenn die Bestimmung vereinbarungsgemäß aufgrund sonstiger Umstände erfolgt, z. B. wenn Bauherren mit ihrem Eintritt in die Bauherrengemeinschaft „automatisch" Darlehensnehmer der Bank werden.[88] 82

c) Vollmachtsmißbrauch. Das Risiko eines Mißbrauchs der Vollmacht ist grundsätzlich vom Vertretenen zu tragen. Dem Vertragspartner obliegt keine besondere Prüfungspflicht, ob und inwieweit der Vertreter im Innenverhältnis gebunden ist, von einer nach außen unbeschränkten Vertretungsmacht nur begrenzt Gebrauch zu machen.[89] 83

Der Vertretene ist aber dann geschützt, wenn der Vertreter von seiner Vertretungsmacht in ersichtlich verdächtiger Weise Gebrauch gemacht hat und der Geschäftsgegner dies erkennt. Notwendig ist dabei eine massive Verdachtsmomente voraussetzende objektive 84

---

[81] BGH WM 1985, 10 = NWJ 1985, 730 = BB 1985, 82 = DB 1985, 1224 = ZIP 1985, 16 = MDR 1985, 298 = WuB IV A. §§ 164, 171 BGB = 1/2.85 *Möschel;* BGH WM 1987, 305 = WuB I G 7.–5.87 *v. Heymann;* BGH WM 1992, 1662 = NJW 1992, 3237 = DB 1992, 1925 = WuB VIII A. § 19 BNotO 1.92 *Frenz.*

[82] BGHZ 76, 76 = WM 1980, 338 = NJW 1980, 698 = BB 1980, 1661 = DB 1980, 535.

[83] OLG Hamm WM 1987, 343 = WuB I G 7.–6.87 *v. Heymann.*

[84] S. Fn. 70.

[85] Rundschreiben der Bundesnotarkammer vom 29. 6. 1984; Landesnotarkammer Bayern vom 1. 8. 1982; Rheinische Notarkammer vom 30. 9. 1982.

[86] BGH WM 1985, 596 = WuB IV A. § 164 BGB 5.85 *v. Heymann*

[87] BGH WM 1965, 253.

[88] BGH WM 1988, 1418 = WuB I G 7.–16.88 *v. Heymann.*

[89] BGH WM 1986, 1061 = NJW-RR 1987, 307 = WuB IV A. § 164 BGB 1.87 *Bruchner.*

Evidenz des Vollmachtsmißbrauchs; dem Vertragspartner müssen sich die für den Mißbrauch der Vollmacht sprechenden Umstände „geradezu aufdrängen".[90] Kennt der Geschäftsgegner den Mißbrauch der Vertretungsmacht, dann wird sein Vertrauen auf die Vertretungsmacht nicht als schutzwürdig angesehen.[91]

85 *d) Beschränkung der Vollmacht.* Eine Beschränkung der Vollmacht mit Wirkung für Dritte ist generell **zulässig.**[92] Ermächtigt die Vollmacht auch zur Kreditaufnahme, so ist dieser Teil der Vollmacht nicht wirksam, soweit in mündlichen Verhandlungen der gegenteilige Wille des Vollmachtgebers zum Ausdruck gekommen ist.[93]

86 Sieht eine Vollmachtsklausel vor, daß der Treuhänder über die Darlehensvaluta nur mit Zustimmung der finanzierenden Bank verfügen darf, so ergibt sich daraus noch keine Verpflichtung der Bank, die im Innenverhältnis zwischen Darlehensnehmer und Treuhänder getroffenen Abreden im einzelnen zu überprüfen und ihre Erfüllung durch den Treuhänder zu überwachen; dazu wären entsprechend klare Vereinbarungen erforderlich.[94]

87 Die finanzierende Bank muß eine auf bestimmte vom Anleger gezeichnete Einheiten und betragsmäßig auf einen bestimmten Gesamtaufwand beschränkte Vollmacht beachten und darf Verfügungen des Bevollmächtigten (Treuhänder/Baubetreuer) nur im Rahmen des betragsmäßig festgelegten Gesamtaufwandes zulassen. Führt die Bank unter Verletzung der betragsmäßigen Beschränkung gleichwohl Zahlungsanweisungen des Treuhänders aus, ist sie gegenüber dem Vollmachtsgeber (Kunde/Anleger) schadensersatzpflichtig.

88 *e) Anscheinsvollmacht.* Das Risiko vorhandener Vertretungsmacht trägt nach dem Gesetz grundsätzlich nicht derjenige, in dessen Namen jemand als Vertreter auftritt, sondern das Risiko trifft den Geschäftsgegner.[95]

89 Der Vertretene kann sich auf den Mangel der Vollmacht seines angeblichen Vertreters dann nicht berufen,

– wenn er dessen Verhalten zwar nicht kannte, es aber bei pflichtgemäßer Sorgfalt hätte kennen und verhindern können und
– wenn der Geschäftsgegner das Verhalten des Vertreters nach Treu und Glauben dahin auffassen durfte, daß es dem Vertretenen bei verkehrsmäßiger Sorgfalt nicht habe verborgen bleiben können und daß dieser es also geduldet hat.

90 Nur wenn diese beiden Voraussetzungen erfüllt sind, verdient der – vom „Vertretenen" möglicherweise schuldhaft mitverursachte – Rechtsschein Schutz im Rechtsverkehr in der Weise, daß das Handeln des „Vertreters" dem „Vertretenen" zugerechnet wird.[96] Die Rechtsscheinhaftung ist nicht davon abhängig, daß der „Vertreter" sich im Rahmen der gewerblichen Betätigung des „Vertretenen" bewegt.[97] Es darf sich nur nicht um einen für den Geschäftsbereich des „Vertretenen" ungewöhnlichen oder einmaligen Vorgang handeln.[98]

91 Wer eine aus materiellen Gründen unwirksame notarielle Vollmacht erteilt, von der bei der notariellen Beurkundung eines Rechtsgeschäfts Gebrauch gemacht wird, kann dem im Beurkundungstermin nicht anwesenden oder vertretenen Geschäftsgegner gegenüber aus Gründen der Rechtsscheinhaftung an die beurkundete Erklärung gebunden sein, wenn der Notar das Vorliegen der Vollmacht ausdrücklich in die Verhandlungsniederschrift auf-

---

[90] BGH WM 1992, 1362 = NJW-RR 1992, 1135 = WuB IV A. § 166 BGB 1.92 *Leptien.*

[91] BGH WM 1990, 98 = NJW-RR 1990, 484 = BB 1990, 94 = DB 1990, 523 = ZIP 1990, 918 = WuB I B 5.–1.90 *Koller;* BGH WM 1994, 1204 = NJW 1994, 2082 = ZIP 1994, 859 = WuB I D 3.–4.94 *Koller.*

[92] BGH WM 1985, 56 = NJW 1985, 519 = BB 1985, 84 = DB 1985, 432 = ZIP 1985, 98 = JuS 1985, 643 = WuB IV A. §§ 164, 171 BGB = 1/2.85 *Möschel;* BGH WM 1988, 1199.

[93] BGH WM 1987, 646 = BB 1987, 1063 = DB 1987, 1678 = ZIP 1987, 836.

[94] BGH WM 1987, 341.

[95] BGH WM 1977, 1169.

[96] BGH NJW 1981, 1727; BGH NJW 1982, 1513.

[97] BGH WM 1977, 1169.

[98] BGH WM 1986, 1094 = WuB IV A. §§ 164, 173 BGB – 1.86 *v. Heymann.*

nimmt und deren Ausfertigung zusammen mit einer Abschrift der Vollmacht dem Geschäftsgegner zustellt.[99]

92 **6. Fehlerhafte Beurkundung.** Bei der Beurkundung von Verträgen sind die von der Rechtsprechung zu § 313 BGB aufgestellten Grundsätze zu beachten.[100]

93 *a) Beurkundung des Treuhand-/Baubetreuungsvertrages.* Wird der Betreuer im Rahmen eines Bauherrenmodells beauftragt, im Namen und in Vollmacht des Auftraggebers ein Grundstück zu erwerben, so bedarf der Betreuungsvertrag der notariellen Beurkundung.[101] Auch der Treuhandvertrag und die einem Treuhänder/Baubetreuer erteilte Vollmacht bedarf in aller Regel der notariellen Beurkundung.[102] Ein wegen Formmangels (§ 313 BGB) nichtiger Treuhand- und Betreuungsvertrag kann unter den Voraussetzungen des § 139 BGB auch zur Nichtigkeit einer notariellen Vollmacht führen.[103] In diesem Fall gelten jedoch die Grundsätze über die Anscheinsvollmacht.

94 *b) Treuhandvertrag und Darlehensvertrag.* Ist ein Treuhandvertrag wegen mangelnder Beurkundung (§ 313 BGB) nichtig, dann kann dies nur dann die Nichtigkeit des Darlehensvertrages zur Folge haben, wenn beide Verträge als einheitliches Geschäft nach § 139 BGB anzusehen sind. Hierzu ist jedoch der gemeinsame Wille (auch verschiedener Personen) erforderlich, die Vereinbarungen rechtlich und nicht nur wirtschaftlich als Gesamtgeschäft zu behandeln.[104] Bei Immobilienanlagen führt ein unter Verletzung des § 313 Satz 1 BGB geschlossener Geschäftsbesorgungsvertrag generell nicht auch zur Nichtigkeit des Darlehensvertrages nach § 139 BGB.[105]

95 *c) Einheitliches Vertragswerk.* Eine für sich allein nicht formbedürftige Vereinbarung ist dann notariell zu beurkunden, wenn sie mit einem Grundstückskaufvertrag rechtlich zusammenhängt, wenn also die Vereinbarungen nach dem Willen der Parteien derart voneinander abhängig sind, daß sie „miteinander stehen und fallen" sollen. Daß an jedem der Rechtsgeschäfte jeweils dieselben Parteien beteiligt sind, ist dazu nicht erforderlich.[106]

96 Die Niederlegung mehrerer selbständiger Verträge in verschiedenen Urkunden begründet zwar eine Vermutung dafür, daß die Verträge nicht in rechtlichem Zusammenhang stehen sollen. Entscheidend bleibt aber immer der **„Verknüpfungswille"**: Auch wenn nur einer der Vertragspartner einen solchen Willen zeigt und der andere ihn anerkennt oder zumindest hinnimmt, kann ein einheitliches Vertragswerk vorliegen und damit insgesamt nach § 313 BGB beurkundungsbedürftig sein.[107]

---

[99] BGHZ 102, 60 = WM 1987, 1426 = NJW 1988, 697 = DB 1988, 174 = ZIP 1987, 1454 = WuB I G 7.–2.88 *v. Heymann.*

[100] BGHZ 85, 245 = WM 1983, 15 = BB 1983, 1630 = DB 1983, 823; BGHZ 93, 264 = WM 1985, 221 = NJW 1985, 1020 = BB 1985, 749 = DB 1985, 543 = ZIP 1985, 203; BGHZ 103, 235 = WM 1988, 830 = NJW 1988, 1716 = BB 1988, 1068 = DB 1988, 1213.

[101] BHG WM 1985, 10 = NJW 1985, 730 = BB 1985, 82 = DB 1985, 1224 = ZIP 1985, 16 = WuB IV A. § 164 BGB 1./2.85 *Möschel;* BGH WM 1992, 1662 = NJW 1992, 3237 = DB 1992, 1925 = WuB VIII A. § 19 BNotO 1.92 *Frenz.*

[102] BGHZ 101, 393 = WM 1987, 1369 = BB 1987, 2185 = DB 1987, 2455 = ZIP 1987, 1578 = WuB I G 7.–1.88 *v. Heymann;* BGH WM 1990, 764 = NJW-RR 1990, 340 = WuB I G 7.–6.90 *Reithmann;* BGH WM 1990, 1543 = BB 1990, 1997 = WuB I G 7.–9.90 *Reithmann.*

[103] BGH WM 1985, 596 = WuB IV A. §§164, 171 BGB – 5.85 *v. Heymann;* BGH 102, 60 = WM 1987, 1426 = ZIP 1986, 1454 = WuB I G 7.–2.88 *v. Heymann;* BGH WM 1994, 1637.

[104] BGH NJW 1976, 1931.

[105] BGH WM 1986, 1561 = NJW-RR 1987, 523 = DB 1987, 629 = WuB I G 7.–5.87 *v. Heymann.*

[106] BGHZ 76, 43 = NJW 1980, 829 = WM 1980, 405 = BB 1980, 341 = DB 1980, 825; BGH WM 1990, 769 = NJW-RR 1990, 340 = WuB I G 7.–6.90 *Reithmann.*

[107] BGH WM 1985, 10 = NJW 1985, 730 = BB 1985, 82 = DB 1985, 1224; BGH WM 1987, 1224 = DB 1987, 2456 = ZIP 1987, 1464; BGH WM 1988, 825; BGH WM 1988, 905= NJW 1988, 2880; BGH WM 1988, 1702; BGH WM 1992, 1662 = NJW 1992, 3237 = DB 1992, 1925 = WuB VIII A. § 19 BNotO 1.92 *Frenz.*

97 Wenn der Kreditvertrag eine ausdrückliche sog. **Trennungsklausel** enthält, fehlt der Einheitlichkeitswille. Anders als beim finanzierten Abzahlungskauf verstößt eine solche Klausel bei steuersparenden Kapitalanlagen nicht gegen § 9 AGBG.[108]

98 *d) Beurkundung einer Beschaffungsverpflichtung.* Ein auf die Beschaffung eines Grundstücks gerichteter Auftrag, bei dessen Ausführung der Beauftragte im eigenen Namen, aber für Rechnung des Auftraggebers handeln soll, bedarf unter dem Gesichtspunkt der Begründung einer Erwerbsverpflichtung – des Beauftragten oder des Auftraggebers oder beider – nach § 313 Satz 1 BGB der notariellen Beurkundung.[109] Entsprechendes gilt für die Beurkundung von Anlage-Vermittlungsverträgen.[110]

99 Dagegen unterliegt ein Geschäftsbesorgungsvertrag, durch den der Auftraggeber den Treuhänder beauftragt, Grundstücke zu erwerben, zu parzellieren und nach Bebauung an von ihm zu benennende Dritte zu veräußern, nicht deshalb dem Formzwang, weil der Auftraggeber bei einem Scheitern des Projekts in die Lage kommen kann, die Grundstücke selbst zu erwerben.[111] Auch die Verpflichtung zur Abtretung eines Auflassungsanspruchs bedarf nicht der Form des § 313 Satz 1 BGB.[112]

100 **7. Auszahlung des Darlehens an Dritte.** Bei der Finanzierung von Kapitalanlagen kommt es häufig vor, daß die Darlehensvaluta nicht unmittelbar an den Anleger, sondern an einen Dritten ausgezahlt wird. Daraus ergibt sich die Frage, ob der Darlehensnehmer das Darlehen gemäß § 607 BGB empfangen hat.

101 *a) Weisung des Kreditnehmers.* Überweist die Bank die Darlehensvaluta auf Weisung des Darlehensnehmers an einen Dritten auf dessen Konto bei der darlehensgebenden Bank, dann gilt das Darlehen i. S. § 607 BGB als ausgezahlt, und zwar selbst dann, wenn der überwiesene Betrag dort sofort Sicherungsrechten der Bank unterliegt oder sogar nur zur Minderung eines vorhandenen Debetsaldos führt.[113] Wichtig ist jedoch, daß die Darlehensvaluta dem Dritten (z. B. Treuhänder) zugeflossen ist. Wie der Dritte weiterverfügt, spielt dabei keine Rolle.[114]

102 *b) Sicherungsinteresse der Bank.* Allerdings wird die Überweisung auf das Konto eines Dritten dann nicht als Auszahlung angesehen, wenn die Darlehensvaluta in erster Linie im Sicherungsinteresse der kreditgebenden Bank dem eingeschalteten Dritten zwar überwiesen wird, der Betrag jedoch ihrer Verfügung unterworfen bleibt (wenn z. B. der Dritte erst noch Sicherheiten beschaffen soll). Dann erhält der Dritte die Valuta als Beauftragter der kreditgebenden Bank (meist Treuhandauftrag); insoweit hat dann der Darlehensnehmer die Valuta nicht erhalten.[115]

103 *c) Gutschrift auf ein Conto pro Diverse.* Allein in der Gutschrift auf ein Conto pro Diverse (CpD) liegt noch kein Darlehensempfang i. S. des § 607 BGB. Notwendig ist vielmehr,

---

[108] BGH WM 1986, 995 = WuB I G 8.–8.86 *v. Heymann.*

[109] BGH WM 1981, 361 = BB 1981, 2032 = DB 1981, 1229.

[110] BGHZ 103, 235 = WM 1988, 830 = NJW 1988, 1716 = BB 1988, 1068 = DB 1988, 1213; BGH WM 1989, 1692 = NJW 1990, 390 = DB 1990, 523 = WuB I G 7.–1.90 *Thode.*

[111] BGH WM 1987, 693.

[112] BGHZ 89, 41 = WM 1984, 337; BGH WM 1988, 1064 = NJW 1988, 2237 = BB 1988, 1553 = DB 1988, 1353 = ZIP 1988, 919 = WuB IV A. § 313 BGB 2.88 *Moritz.*

[113] BGH WM 1978, 878 = NWJ 1978, 2294 = DB 1978, 1829; BGH WM 1983, 484; BGH WM 1985, 596 = WuB IV A. § 164 BGB 5.85 *v. Heymann.*

[114] BGH WM 1985, 10 = NJW 1985, 730 = BB 1985, 82 = DB 1985, 1224 = ZIP 1985, 16 = MDR 1985, 298; BGHZ 93, 264 = WM 1985, 221 = NJW 1985, 1020 = BB 1985, 749 = DB 1985, 543 = ZIP 1985, 203; BGH WM 1986, 6; BGH WM 1986, 8 = BB 1986, 220 = DB 1986, 424 = ZIP 1986, 21; BGH WM 1988, 1225; BGH WM 1988, 1225 = NJW-RR 1988, 1450 = WuB I E 1.–15.88 *Emmerich;* BGH WM 1989, 1718 = NJW-RR 1990, 246 = WuB I G 7.–3.90 *v. Heymann.*

[115] BGH WM 1985, 686 = NJW 1985, 1831 = DB 1985, 1462 = ZIP 1985, 673 = DNotZ 1985, 637; BGH WM 1985, 653 = BB 1985, 1290 = DB 1985, 1690 = ZIP 1985, 596; BGH WM 1985, 910 = ZIP 1985, 667; BGH WM 1986, 933 = BB 1986, 1946 = DB 1986, 2173 = ZIP 1986, 1105 = WuB IV A. § 607 BGB – 2.86 *Pohle.*

daß sich im Einzelfall Bank und Überweisungsempfänger über einen Anspruch des Empfängers gegen die Bank geeinigt haben und daß der Darlehensbetrag dem Empfänger tatsächlich zugeflossen ist.[116]

d) Forderungsbegründung durch Auszahlung. Ein Bankdarlehen kann auch in der Weise gewährt werden, daß durch Gutschrift eine Forderung des Darlehensnehmers gegen die Bank begründet wird, wenn nur die Parteien darüber einig sind, daß diese Forderungsbegründung so behandelt werden soll, als sei der Forderungsbetrag dem Darlehensnehmer ausbezahlt worden.[117] **104**

Verpflichtet sich der Darlehensnehmer in einem Kontokorrentkreditvertrag zur Verpfändung eines Festgeldguthabens und überweist er danach einen Teil des Kreditbetrages vom Kontokorrentkonto auf das Festgeldkonto, so hat er das Darlehen auch in Höhe der Gutschrift auf dem Festgeldkonto erhalten.[118] **105**

e) Auszahlung ohne Auftrag/Vollmacht. Im Rahmen von Immobilienanlagen stellt die Gutschrift auf ein Konto des Treuhänders auch dann keinen Darlehensempfang i. S. von § 607 BGB dar, wenn die Bank eine Zahlungsanweisung des Treuhänders ausführt, ohne daß ihr eine entsprechende Vollmacht vorliegt und darüber hinaus eine Zahlungsverpflichtung des Anlegers gegenüber dem Treuhänder nicht besteht. Dies gilt insbesondere dann, wenn die Bank die Überweisung zur Rettung ihrer eigenen Forderungen vornimmt und dadurch ein Schuldneraustausch erfolgt, für den eine entsprechende Vereinbarung fehlt. **106**

Führt eine Bank eine Überweisung ohne einen entsprechenden Auftrag des Kunden aus, dann kann die Zahlung der Bank an den Empfänger nicht dem Kunden der Bank als eigene Leistung an den Empfänger zugerechnet werden. Die Zahlung der Bank an den Empfänger ist in diesem Fall auch keine Leistung der Bank an ihre Kunden. Dessen Vermögen wird durch die ihm nicht zurechenbare Zahlung der Bank nicht berührt. Der Kunde der Bank muß dagegen geschützt werden, daß er durch Zahlungen seiner Bank an Dritte beeinträchtigt wird, wenn er keine entsprechende Anweisung gegeben hat. Das Risiko, das sich aus einem so schwerwiegenden Fehler ergibt, hat die Bank zu tragen. Sie hat lediglich einen Bereicherungsanspruch gegen den Dritten als Empfänger der Leistung.[119] **107**

8. Anfechtung nach § 123 BGB. Werden Kapitalanlagen von Vertriebsfirmen am Markt plaziert und hat die Bank dem Anleger für seine Beteiligung Kredit gewährt, dann kommt es beim Scheitern des Projektes häufig vor, daß der Anleger sowohl seine Beteiligung, als auch den Finanzierungsvertrag anficht. **108**

a) Anfechtung nach § 123 Abs. 1 BGB. Als Anfechtungsgrund kommt insbesondere eine Täuschung i. S. von § 123 BGB in Betracht, wenn die für den Beitritt maßgeblichen Angaben zur Steuerersparnis oder zur Wirtschaftlichkeit des Objektes nicht zutreffen oder wenn die Bank Vereinbarungen zwischen ihr und einem Dritten (z. B. Treuhänder) verschwiegen hat. **109**

Ob mit diesen Begründungen auch der Kreditvertrag mit der finanzierenden Bank angefochten werden kann, erscheint zweifelhaft, weil die Bank insoweit regelmäßig keine Erklärungen gegenüber dem Anleger abgibt. **110**

b) Anfechtung nach § 123 Abs. 2 BGB. Hat ein Dritter die Täuschung verübt und war die Täuschung der Bank bekannt bzw. hätte sie diese kennen müssen, so kommt es darauf an, ob ihr gegenüber der Anlagevermittler als Beteiligter oder als Dritter i. S. von § 123 Abs. 2 BGB anzusehen ist. **111**

Der Begriff des Dritten wurde von der Rechtsprechung zu verschiedenen Zeiten sehr unterschiedlich ausgelegt. Dritte sind nicht: der Stellvertreter[120] oder der Erfüllungs- **112**

---

[116] BGH WM 1986, 1182 = DB 1986, 326 = WuB I E 1.–14.86 *Sturm;* BGH NJW-RR 1987, 38.

[117] BGH WM 1956, 217; BGH WM 1957, 635.

[118] BGH WM 1987, 1125 = ZIP 1987, 1102.

[119] BGH WM 1976, 707 = BB 1976, 904 = DB 1976, 1420; BGHZ 66, 372 = WM 1976, 708 = BB 1976, 905 = DB 1976, 1421.

[120] BGHZ 20, 36 = WM 1956, 358 = NJW 1956, 705.

und Verhandlungsgehilfe, wenn ihnen (auch ohne eigene Abschlußvollmacht) die Vertragsverhandlungen tatsächlich übertragen sind.[121] Auch sonstige Hilfspersonen, insbesondere Vermittlungsgehilfen des Erklärungsempfängers[122] und Vertrauenspersonen des Erklärungsempfängers, wie sie beim finanzierten Abzahlungskauf häufig anzutreffen sind, sind nicht Dritte i. S. von § 123 Abs. 2 BGB.[123] Schließlich werden auch sonstige Personen nicht als Dritte gemäß § 123 Abs. 2 BGB angesehen, wenn deren Eigenschaft als Dritte nach Billigkeitsgesichtspunkten (Schutzbedürftigkeit des Schuldners/Verbrauchers) unter Berücksichtigung der Interessenlage und aufgrund besonderer Umstände zu verneinen ist.[124]

113 *c) Projektbeteiligte als Dritte nach § 123 Abs. 2 BGB.* Im Rahmen finanzierter Immobilienanlagen kann das Verhalten von Vermittlern der finanzierenden Bank regelmäßig nicht zugerechnet werden. Dies ergibt sich aus der Funktion der Beteiligten im Rahmen der Umstände des Einzelfalles: Der Anlagevermittler wird regelmäßig nicht für die Bank als Kreditvermittler tätig; vielmehr ist er in der Regel Makler für die Initiatoren, um Interessenten für die Immobilienanlage zu werben und zu vermitteln.

114 Darüber hinaus ist die Finanzierung generell nicht Gegenstand des vermittelten Immobilienangebots, sondern erfolgt regelmäßig erst nach Zeichnung bzw. Erwerb der Anlage. Soweit der Anlagevermittler – wenn überhaupt – auf die Möglichkeit der Finanzierung hinweist, dann erfolgt dies regelmäßig ohne Auftrag der Bank, ohne Provision, ohne Begründung eines vorvertraglichen Pflichtenverhältnisses und ohne Auskunftsauftrag und ohne Beratungsermächtigung der Bank hinsichtlich des Kreditvertrages, schon gar nicht hinsichtlich der Immobilienanlage.

115 Die Bank ist generell **nur Finanzierungsinstitut,** unabhängig von den Projektbeteiligten und Anlagevermittlern, die deshalb Dritte i. S. von § 123 Abs. 2 BGB sind. Bei Immobilienanlagen gilt – wie auch sonst im Wirtschaftsleben – der Grundsatz der arbeitsteiligen Wirtschaft mit entsprechenden Risikosphären und Verantwortlichkeiten. Solange die Bank an dem finanzierten Projekt nicht selbst beteiligt ist, kann ihr gegenüber der Darlehensvertrag nicht mit dem Hinweis angefochten werden, der von ihr unabhängige Anlagevermittler habe den Kapitalanleger arglistig getäuscht.[125]

VI. Haftung der Bank aus Verschulden bei Vertragsschluß (culpa in contrahendo)

116 Nach den Grundsätzen des Verschuldens bei Vertragsschluß können sich auch für die finanzierende Bank aufgrund entgegengebrachten Vertrauens vorvertragliche Aufklärungs-, Beratungs- und Prüfungspflichten über Risiken und sonstige wesentliche Umstände ergeben, wenn der Vertrauenstatbestand in zurechenbarer Weise geschaffen wurde und sich der Vertragspartner berechtigterweise darauf verlassen durfte.[126]

---

[121] BGHZ 72, 92 = WM 1978, 1038 = NJW 1978, 2145 = BB 1978, 1280 = DB 1978, 1923; BGH WM 1978, 1155 = NJW 1978, 2144; BGH WM 1979, 429 = NJW 1979, 1593; BGH WM 1992, 1016 = NJW-RR 1992, 1005 = BB 1992, 1456 = DB 1992, 1721 = ZIP 1992, 755 = WuB F 1 a.–14.92 *Rimmelspacher.*

[122] BGHZ 47, 224 = NJW 1967, 1026; BGHZ 62, 119 = WM 1974, 377.

[123] BGHZ 33, 302 = NJW 1961, 164; BGH WM 1979, 429 = NJW 1979, 1593 = DB 1979, 1127; BGH WM 1988, 1669 = NJW 1989, 287 = BB 1988, 2273 = DB 1988, 2508 = ZIP 1988, 1578 = WuB I J 2.–1.89 *Emmerich.*

[124] BGH WM 1980, 1452 = NJW 1981, 1267; BGH WM 1983, 1156; BGH WM 1986, 1032 = NJW-RR 1987, 59 = WuB VII A. § 767 ZPO 2.86 *Johlke/Fialski*; vgl. hierzu auch *Immenga* BB 1984, 5 ff.

[125] BGH WM 1987, 921 = BB 1987, 1701 = DB 1987, 1931 = ZIP 1987, 1105 = WuB I E 4.–7.87 *Weber; Hopt,* Festschrift für Stimpel, S. 265 ff.; *Rümker* ZHR 151 (1987) 162 ff.

[126] BGHZ 79, 337 = WM 1981, 483 = NJW 1981, 1449 = BB 1981, 865 = DB 1981, 1274 = ZIP 1981, 518; BGH WM 1989, 685 = WuB IV A. § 276 BGB 3.89 *Emmerich.*

1. Allgemeine Pflichten der Bank als Kreditgeber. Hinsichtlich Aufklärungs-, Beratungs- und Prüfungspflicht der finanzierenden Bank gelten nach der Rechtsprechung folgende allgemeine Grundsätze: 117

a) Prüfungspflichten. Bei der Gewährung von Krediten werden zwar regelmäßig die Einkommens- und Vermögensverhältnisse des Darlehensnehmers geprüft (§ 18 KWG), um die sich aus der Kreditgewährung ergebenden und von der Bank zu tragenden Risiken (Zahlungsunfähigkeit, Ausfall) zu begrenzen. Daraus ergibt sich aber keine Verpflichtung gegenüber dem Darlehensnehmer, seine Einkommens- und Vermögensverhältnisse mit Blick auf das zu finanzierende Geschäft zu prüfen und ihn aufzuklären, wenn sich ein Mißverhältnis zwischen seinen finanziellen Möglichkeiten und den Darlehensbelastungen ergibt.[127] 118

Die Vorschrift des § 18 KWG hat lediglich eine ordnungspolitische Funktion im Verhältnis zwischen den Kreditinstituten und dem Bundesaufsichtsamt und dient im wesentlichen – wie die übrigen Regelungen des KWG – dem Schutz der Geldeinleger. Der § 18 KWG legt dagegen keine Obliegenheiten im Verhältnis zwischen Bank und Kunden fest und hat demgemäß auch nicht den Charakter eines Schutzgesetzes zugunsten von Darlehensnehmern.[128] Jeder Kreditnehmer hat demgemäß **selbst** zu entscheiden, bis zu welchem Grad er sich verschulden will und welche Rückzahlungsverpflichtungen er auf sich nehmen will und kann (§ 305 BGB).[129] Das Unvermögen, Rückzahlungsverpflichtungen erfüllen zu können, berührt nicht die Wirksamkeit des Vertrages.[130] 119

Eine Bank prüft auch ihr angebotene Sicherheiten – gleichgültig, ob sie vom Kunden selbst oder von einem Dritten gestellt werden – grundsätzlich nur unter kreditmäßigen Gesichtspunkten im eigenen Interesse. Sie ist nicht verpflichtet, dem Kreditnehmer die Gründe für die Bewilligung eines Kredits offenzulegen. Deshalb kann dieser allein aus dem Umstand der Kreditgewährung nicht den Schluß ziehen, diese beruhe darauf, daß die Bank die ihr angebotenen Sicherheiten geprüft und in Ordnung befunden habe.[131] Die zu Sicherungszwecken erfolgte Abtretung von kreditfinanzierten Gesellschaftsanteilen ist generell nicht sittenwidrig.[132] 120

Es ist grundsätzlich auch nicht Sache der Bank, einen Bankkunden, der mit einem anderen ein Geschäft abschließen will, aufgrund der zwischen ihnen bestehenden vertraglichen Beziehungen über die Vermögensverhältnisse des Geschäftspartners aufzuklären. Ob der Kunde das von ihm geplante Geschäft abschließen will, ist seine Angelegenheit.[133] 121

---

[127] BGH WM 1988, 1085; BGH, 27. 2. 1988, III ZR 95/85 (nicht veröffentlicht); BGH, 17. 3. 1988, III ZR 122/87 (nicht veröffentlicht); OLG Celle WM 1988, 1082; OLG Bamberg WM 1988, 1225; OLG Hamm WM 1988, 1226.

[128] BGH WM 1973, 141 = NJW 1973, 321 = DB 1973, 716; BGH BGHZ 74, 144 = WM 1979, 482 = NJW 1979, 1354 = BB 1979, 752 = DB 1979, 1222; BGH WM 1984, 131; BGH WM 1990, 54 = NJW 1990, 1356 = WuB I L 1.–1.90 *Sonnenhol;* OLG München WM 1984, 128; OLG München WM 1986, 586 = WuB I G 5.–2.86 *Häuser;* OLG Celle WM 1988, 1082 = WuB I E 1.–16.88 *A. Weber;* OLG Hamm WM 1988, 191 = WuB I E 2 b.–7.88 Münstermann.

[129] Grundsatz der Privatautonomie, vgl. statt aller *Staudinger/Löwisch,* BGB, 12. Aufl., § 305 Anm. 1; *v. Heymann,* Das Kündigungsrecht nach § 247 BGB, 1986, S. 83 ff.; ferner BGH WM 1988, 1085; BGH WM 1989, 165; BGH WM 1989, 665.

[130] BGH WM 1988, 1085 = WuB I E 1.–16.88 *A. Weber;* BGH WM 1989, 245 = NJW 1989, 830 = BB 1989, 580 = DB 1989, 720 = ZIP 1989, 219 = WuB I F 1 a.–12.89 *Schröter;* BGH BGHZ 107, 92 = WM 1989, 480 = NJW 1989, 1276 = BB 1989, 731 = DB 1989, 1018 = ZIP 1989, 427 = WuB I F 1 a. = 12.89 *Schröter;* BGH WM 1989, 595 = NJW-RR 1989, 815 = BB 1989, 799 = DB 1989, 1231 = ZIP 1989, 487 = WuB I E 2 b. = 1189 *v. Rottenburg;* BGH WM 1990, 59 = NJW 1990, 1034 = BB 1990, 96 = DB 1990, 1031 = ZIP 1990, 443 = WuB I E 1.–5.90 *Emmerich.*

[131] BGH WM 1982, 480 = NJW 1982, 1520 = DB 1982, 1214 = ZIP 1982, 545; BGH WM 1992, 977 = NJW 1992, 1820 = ZIP 1992, 757 = WuB I E 1.–9.92 *v. Heymann.*

[132] BGH WM 1986, 6; BGH WM 1986, 8 = BB 1986, 220 = DB 1986, 424 = ZIP 1986, 21.

[133] BGH WM 1985, 866 = ZIP 1985, 921 = WuB IV A. § 419 BGB 2.85 *A. Weber;* BGH WM 1989, 1409 = NJW 1989, 2882 = BB 1989, 1714 = DB 1989, 2016 = ZIP 1989, 1250 = WuB I B 4.–2.89 *Peterhoff.*

122 *b) Aufklärungspflichten.* Aufklärungspflichten der Bank bestehen nur **in bezug auf den reditvertrag** und dessen Bedingungen. Darüber hinaus besteht keine generelle Aufklärungspflicht. Die Bank braucht den Kunden grundsätzlich nicht auf die Zweckmäßigkeit einer Kreditaufnahme und die Zweckmäßigkeit der gewählten Kreditart hinzuweisen. Auch ist eine allgemeine Pflicht zur Beratung und Aufklärung über Rechtsfragen zu verneinen. Die Bank ist schließlich generell nicht verpflichtet, den Darlehensnehmer vor Geschäften zu warnen, die mit einem Risiko verbunden sind. Vor- und Nachteile des finanzierten Geschäfts muß der Darlehensnehmer vor Kreditaufnahme grundsätzlich selbst abwägen, d. h. er muß insbesondere die Wirtschaftlichkeit der Kapitalanlage, die nachhaltig erzielbaren Mieten sowie die steuerlichen Auswirkungen prüfen.[134]

123 *c) Überwachungspflichten.* Eine Bank, die gegen Sicherheiten Kreditmittel für ein Bauherren-Modell gewährt, ist grundsätzlich nicht verpflichtet, im Interesse des Anlegers/Sicherungsgebers dem Baufortschritt und die zweckentsprechende Verwendung der Gelder im Rahmen des Bauvorhabens zu überwachen. Risiken, die sich in diesen Bereichen für die Anleger verwirklichen, fallen primär in deren Verhältnis zu Dritten, insbesondere zum Treuhänder.[135]

124 Die allein zu Finanzierungszwecken eingeschaltete Bank treffen grundsätzlich nur dann Überwachungspflichten zum Schutz von Anlegerinteressen, wenn dies **besonders vereinbart** ist. Der Umstand, daß die Bank z. B. beim Erwerb der Sicherheiten die Einstellung der Bautätigkeit kennt, ist für diese Beurteilung unerheblich. Davon kann die Entstehung solcher Überwachungspflichten nicht abhängen. Die Einstellung der Bautätigkeit kann nicht ohne weiteres mit dem Scheitern des Projekts gleichgesetzt werden.[136]

125 Wird bei einem Bauvorhaben die Bautätigkeit eingestellt, kommt es darauf an, ob es sich lediglich um eine vorübergehende Einstellung handelt, die im Interesse der Erwerber durch Auszahlung der Kreditmittel wieder bereinigt werden kann, oder ob das Bauvorhaben endgültig undurchführbar geworden ist. Im letzteren Fall muß die finanzierende Bank von einer Kreditauszahlung absehen, wenn sie weiß, daß auch hierdurch ein Scheitern des Projekts nicht verhindert wird.

126 *d) Hinweispflichten beim Abzahlungskauf.* Eine Ausnahme von den oben aufgestellten Grundsätzen macht die Rechtsprechung beim Abzahlungskauf und gleichartigen Geschäften. Danach besteht für die Bank beim finanzierten Teilzahlungskauf die Verpflichtung, den Darlehensnehmer beim Abschluß des Darlehensvertrages auf die rechtliche Trennung der Verträge und die Rechtsfolge der selbständigen, vom Grundverhältnis unabhängigen Darlehensrückzahlungspflicht hinzuweisen.[137] Nicht eingeschlossen in den Aufklärungspflichtenkreis der Bank sind die Ertragsaussichten eines solchen Geschäfts; das wirtschaftliche Risiko eines wirksam zustande gekommenen und ordnungsgemäß abgewickelten finanzierten Kaufs muß der Darlehensnehmer selbst tragen.[138]

127 *e) Hinweispflichten bei sonstigen Geschäften.* Die für den Teilzahlungskauf entwickelten Grundsätze hat die Rechtsprechung nach und nach auf Kreditverhältnisse mit gleicher Interessenlage übertragen. Ob und inwieweit dabei der Bank Beratungs-, Aufklärungs- und Prüfungspflichten obliegen, ist weitgehend abhängig von den **Umständen des Einzelfal-**

---

[134] BGH WM 1978, 896 = NJW 1978, 2547 = DB 1978, 1923; BGH WM 1987, 1546 = WuB I E 2c.–1.88 *Assmann;* BGH WM 1988, 895 = NJW 1988, 1071 = WuB I E 1.–14.88 *Hein;* BGH WM 1992, 602 = BB 1992, 1520 = WuB G 7.–5.92 *v. Heymann.*

[135] BGH WM 1987, 1416 = NJW 1988, 1468 = BB 1988, 18 = DB 1988, 545 = ZIP 1988, 16 = WuB I G 7.–3.88 *Nielsen;* BGH WM 1988, 1196 = NJW 1988, 1982 = WuB I G 7.–15.88 *v. Heymann;* BGH WM 1990, 98 = NJW-RR 1990, 484 = BB 1990, 94 = DB 1990, 523 = ZIP 1990, 918 = WuB I B 5.–1.90 *Koller.*

[136] S. Fn. 118.

[137] BGH WM 1980, 620 = NJW 1980, 1398 = DB 1980, 1687; BGHZ 77, 172 = WM 1980, 794 = NJW 1980, 1840 = BB 1980, 1067 = DB 1980, 1591 = ZIP 1980, 532.

[138] BGHZ 83, 301 = WM 1982, 658 = NJW 1982, 1694 = ZIP 1982, 667.

les, insbesondere von Art und Umfang des Darlehens sowie von der Aufklärungs- und Schutzbedürftigkeit des Darlehensnehmers.

Eine Verpflichtung zur Aufklärung hat die Rechtsprechung in folgenden Fällen angenommen: Finanzierung von Kommanditeinlagen für sanierungsbedürftige Publikumsgesellschaft,[139] Finanzierung einer „Vermögensbildung in Arbeitnehmerhand",[140] Finanzierung eines Waschmittelvertretervertrages,[141] Einschaltung von Kreditvermittlern bei Finanzierung eines „Organisationsleitervertrages"[142], Finanzierung eines Privatschulbetriebes,[143] Finanzierung eines Anlagemodells zur Altersversorgung,[144] Finanzierung einer außerbetrieblichen stillen Beteiligung[145] und Finanzierung einer Eigentumswohnung zur Erlangung eines Verbraucherkredits.[146] **128**

f) Immobilienservice. Aufklärungs- und Beratungspflichten können sich auch bei einem kostenlosen Immobilienservice ergeben. Sind die mit der Finanzierung des beabsichtigten Erwerbs eines Eigenheimes verbundenen Belastungen für den Interessenten untragbar, dann muß dringend vom Erwerb des zu finanzierenden Objekts abgeraten werden.[147] **129**

2. Prüfungspflicht bei Immobilienanlagen. Bei steuersparenden Immobilienanlagen wird von der Rechtsprechung eine Prüfungspflicht der Bank hinsichtlich des Anlageobjektes generell verneint. Bei diesen Anlageformen wird nicht eine Gesamtbaumaßnahme der Initiatoren finanziert, sondern nur die jeweilige Eigentumswohnung bzw. die entsprechende Kapitalbeteiligung des Anlegers unter Berücksichtigung von Beleihungswert und Bonität des Anlegers.[148] Dementsprechend obliegt der Bank auch keine über das einzelne Kreditverhältnis hinausgehende Prüfung des Gesamtobjektes und dessen Wirtschaftlichkeit.[149] **130**

Die Bank prüft eine Immobilienanlage nur Unter **kreditmäßigen Gesichtspunkten** mit dem Ziel, den Beleihungswert zu ermitteln, um danach die Anforderungen an die Bonität des Anlegers bestimmen zu können. Die Annahme einer weitergehenden Prüfungspflicht, insbesondere auch im Interesse des Anlegers oder der Anlagevermittler hinsichtlich Wirtschaftlichkeit und steuerlicher Auswirkungen auf den Zeichner würde den typischen Risiko- und Verantwortungsbereich der finanzierenden Bank im Rahmen einer Immobilienfinanzierung außer acht lasen. Die Bank hat lediglich das Risiko einer Zahlungsunfähigkeit des Kreditnehmers zu tragen, nicht jedoch das wirtschaftliche Risiko der Kapitalinvestition.[150] **131**

Der Anleger, der die Vorteile einer Kapitalanlage in Anspruch nehmen will, muß auch die damit verbundenen Risiken in Kauf nehmen und kann diese nicht nachträglich auf die finanzierende Bank verlagern. Die Bank kann damit rechnen, daß der Anleger entweder selbst über die nötigen Kenntnisse und Erfahrungen verfügt oder sich der Hilfe von Fachberatern bedient. **132**

---

[139] WM 1978, 896 = NJW 1978, 2547 = DB 1978, 1923.

[140] BGHZ 72, 92 = WM 1978, 1038 = NJW 1978, 2145 = BB 1978, 1280 = DB 1978, 1923.

[141] BGH WM 1979, 1035 = NJW 1979, 2092 = DB 1979, 2129.

[142] BGH WM 1980, 620 = NJW 1980, 1398 = DB 1980, 1687.

[143] BGH WM 1987, 401 = WuB I E 2 c.–3.87 *Emmerich.*

[144] BGH WM 1992, 1355 = NJW 1992, 2560 = DB 1992, 2543 = ZIP 1992, 1220 = WuB I E 1.–13.92 *Eckert.*

[145] BGH WM 1993, 1277 = NJW 1993, 2107 = BB 1993, 1393 = DB 1993, 1968 = ZIP 1993, 1089 = WuB I G 4.–8.93 *Eckert.*

[146] OLG Düsseldorf WM 1993, 2207 = WuB I E 2 c.–1.94 *v. Heymann.*

[147] OLG Düsseldorf WM 1986, 253.

[148] S. o. Rdnr. 7 ff.

[149] BGH WM 1982, 480 = NJW 1982, 1520 = DB 1982, 1214 = ZIP 1982, 545; BGH WM 1987, 1426 = ZIP 1987, 1454 = WuB I G 7.–2.88 *v. Heymann.*

[150] BGH WM 1986, 1561 = NJW 1987, 523 = DB 1987, 629 = WuB I G 7.–2.87 *v. Heymann;* BGHZ 102, 60 = WM 1987, 1426 = NJW 1988, 697 = DB 1988, 174 = ZIP 1987, 1454 = WuB I G 7.–2.88 *v. Heymann;* OLG Stuttgart WM 1989, 755 = WuB I G 7.–6.89 *v. Heymann.*

133 **3. Aufklärungspflicht bei Immobilienanlagen.** Bei Immobilienanlagen ist die Bank generell nicht verpflichtet, den Anleger über Projektrisiken, Projektbeteiligte oder über Risiken aus der Finanzierungsabwicklung aufzuklären, wenn sie sich auf ihre Rolle als Kreditgeberin beschränkt.

134 *a) Projektrisiken.* Bei Immobilienanlagen ist die Bank generell nicht verpflichte, den Anleger über die für eine Objektbeurteilung wesentlichen Umstände (Zustand und Wert des Objekts, Mieten, Kosten) aufzuklären, selbst wenn die Bank im Zusammenhang mit der für die Kreditbeurteilung notwendigen Objektprüfung hierüber Informationen erhält.[151]

135 Der Anleger muß sich in seinem eigenen Interesse insbesondere darüber unterrichten, ob die „Gesamtkosten" in angemessenem Verhältnis zum Wert des zu erwerbenden Objekts stehen.[152] Entsprechendes gilt für die Wirtschaftlichkeit des Objekts, d. h. inwieweit die nachhaltig erzielbaren Mieten die Belastungen aus Finanzierung und objektbezogenen Kosten decken. Ob und in welchem Umfang sich z.B. erhoffte Mietsteigerungen realisieren, gehört zum allgemeinen wirtschaftlichen Risiko der Kapitalinvestition, das der Anleger nicht auf die finanzierende Bank abwälzen kann.[153] Darüber hinaus muß der Anleger prüfen, in welchem baulichen Zustand sich das Objekt befin-det und inwieweit die baurechtlichen Voraussetzungen des Bauprojekts erfüllt werden können.[154] Die allein zu Finanzierungszwecken eingeschaltete Bank ist auch nicht verpflichtet, im Interesse des Anlegers den Baufortschritt zu überwachen und die zweckentsprechende Verwendung der Gelder im Rahmen des Bauvorhabens zu überwachen.[155]

136 Die Bank ist auch nicht verpflichtet, den Anleger bei Abschluß des Darlehensvertrages über die Sanierungsbedürftigkeit eines Objekts aufzuklären. Es ist grundsätzlich Sache des Anlegers/Darlehensnehmers, sich über den Zustand und den Wert eines Anlageobjekts zu unterrichten.[156] Auch auf etwaige Bedenken gegen die Durchführbarkeit von geplanten Renovierungs- und Sanierungsmaßnahmen (z. B. wegen ungünstiger finanzieller Verhältnisse des Verkäufers oder anderer Beteiligter) braucht die finanzierende Bank den Darlehensnehmer generell nicht hinzuweisen.[157]Sie darf bei Abschluß des Darlehensvertrages und Entgegennahme eines notariellen Schuldanerkenntnisses ohne Sorgfaltsverstoß davon ausgehen, daß der Anleger all diese Prüfungen in seinem eigenen Interesse ggf. unter Hinzuziehung eines Fachberaters selbst vorgenommen hat.[158]

137 *b) Projektbeteiligte.* Die finanzierende Bank ist generell nicht verpflichtet, den Darlehensnehmer auf die Risiken hinzuweisen, die sich aus der Einschaltung eines Treuhänders und

---

[151] BGH WM 1988, 561 = NJW 1988, 1583 = BB 1988, 794 = DB 1988, 1541 = ZIP 1988, 562 = WuB I G 7.–8.88 *Assmann.*

[152] BGH WM 1988, 561 = NJW 1988, 1583 = BB 1988, 794 = DB 1988, 1541 = ZIP 1988, 562 = WuB I G 7.–8.88 *Assmann.*

[153] BGH WM 1992, 216 = NJW-RR 1992, 373 = BB 1992, 309 = DB 1992, 674 = ZIP 1992, 163 = WuB I G 7.–3.92 *v. Heymann.*

[154] BGH WM 1986, 156 = NJW-RR 1986, 467 = DB 1986, 467 = DB 9186, 1010 = ZIP 1986, 359 = WuB I E 1.–10.86 *Emmerich.*

[155] BGH WM 1986, 1561 = NJW-RR 1987, 523 = DB 1987, 629 = WuB I G 7.–2.87 *v. Heymann;* BGH WM 1987, 1416 = NJW 1988, 1468 = BB 1988, 18 = DB 1988, 545 = ZIP 1988, 16 = WuB I G 7.–3.88 *Nielsen.*

[156] BGHZ 102, 60 = WM 1987, 1426 = NJW 1988, 697 = DB 1988, 174 = ZIP 1987, 1454 = WuB I G 7.–2.88 *v. Heymann;* BGH WM 1988, 561 = NJW 1988, 1583 = BB 1988, 794 = DB 1988, 1541 = ZIP 1988, 562 = WuB I G 7.–8.88 *Assmann.*

[157] BGH WM 1988, 1225 = NJW-RR 1988, 1450 = WuB I E 1.–15.88 *Emmerich.*

[158] BGHZ 102, 60 = WM 1987, 1426 = NJW 1988, 697 = DB 1988, 174 = ZIP 1987, 1454 = WuB I G 7.–2.88 *v. Heymann;* BGH WM 1988, 561 = NJW 1988, 1583 = BB 1988, 1583 = BB 1988, 794 = DB 1988, 1541 = ZIP 1988, 562 = WuB I G 7.–8.88 *Assmann;* BGH WM 1992, 901 = NJW-RR 1992, 879 = BB 1992, 1520 = DB 1992, 1287 = ZIP 1992, 912 = WuB I G 7.–9.92 *v. Heymann.*

die ordnungsgemäße Verwendung der Kreditmittler ergeben.[159] Auch auf Risiken, die sich aus der Bonität von Vertragspartnern des Anlegers ergeben, braucht die Bank nicht hinzuweisen.[160]

c) Finanzierungsabwicklung. Hat die Bank bei einem Immobilienprojekt nicht nur den Ankauf finanziert, sondern auch den Erwerbern die Endfinanzierung zur Verfügung gestellt, dann ergeben sich allein hieraus noch keine Aufklärungspflichten gegenüber dem Anleger. Mit dem Versuch, ein notleidendes Darlehen durch mehrere sichere Kredite zu ersetzen, überschreitet die finanzierende Bank regelmäßig noch nicht die ihr zugewiesene Rolle als Kreditgeberin.[161] **138**

Eine Bank, die im Rahmen einer Gesamtfinanzierung nur einen Teilkredit gewährt, ist im allgemeinen auch nicht zu einer Aufklärung über die Gesamtfinanzierung verpflichtet, und zwar selbst dann nicht, wenn ein Kreditvermittler die Gesamtfinanzierung besorgt hat, dieser aber für die Bank nur bezüglich des Teilkredits tätig geworden ist.[162] **139**

4. Abgrenzung der Risikosphären. Im Bereich der Kapitalanlagen gilt der Grundsatz der arbeitsteiligen Wirtschaft („rollenbedingte Verantwortlichkeit").[163] Dementsprechend sind auch die unterschiedlichen Interessenlagen und Risikosphären zu berücksichtigen: **140**

– Der **Darlehensgeber** überläßt dem Darlehensnehmer gegen Entgelt das Kapital zur zeitweiligen Nutzung und trägt das Risiko der Zahlungsunfähigkeit des Kreditnehmers. **141**
– Der **Darlehensnehmer** verwendet das Kapital für eine Vermögensanlage und trägt damit auch das wirtschaftliche und unternehmerische Risiko der Kapitalinvestition.[164] Die Vermögensanlage bietet dem Kapitalanleger – neben beachtlichen Steuervorteilen – langfristig die Möglichkeit von Wertzuwachs mit Aussicht auf Rendite; sie kann aber auch mit Verlustrisiken bis hin zum Fehlschlagen der geplanten Unternehmung verbunden sein. **142**

Spezielle Risiken, die sich aus den persönlichen Verhältnissen, insbesondere aus seiner individuellen Einkommensentwicklung ergeben, muß der Darlehensnehmer grundsätzlich selbst tragen und bewältigen,[165] ohne daß die finanzierende Bank gegenüber dem Darlehensnehmer verpflichtet ist, die Einkommens- und Vermögensverhältnisse bei Kreditvergabe zu berücksichtigen.[166] Dies gilt selbst dann, wenn die Bank – was keinesfalls die Regel ist – allen Bauherren bzw. Erwerbern eines Objektes Darlehen zur Finanzierung ihrer Eigentumswohnung bzw. ihres Eigenheims gewährt. Andernfalls würde sich keine Bank mehr an der Finanzierung von Großbaumaßnahmen beteiligen können.[167] **143**

---

159 BGH WM 1986, 1561 = NJW-RR 1987, 523 = DB 1987, 629 = WuB I G 7.–2.87 *v. Heymann.*

160 BGH WM 1982, 480 = NJW 1982, 1520 = DB 1982, 1214 = ZIP 1982, 545; BGH WM 1988, 1225 = NJW-RR 1988, 1450 = WuB I E 1.–15.88 *Emmerich;* BGH WM 1989, 1409 = NJW 1989, 2882 = WuB I B 4.–2.89 *Peterhoff.*

161 BGH WM 1988, 561 = NJW 1988, 1583 = BB 1988, 794 = DB 1988, 1541 = ZIP 1988, 562 = WuB I G 7.–8.88 *Assmann;* OLG München WM 1991, 447 = WuB I G 7.–4.91 *v. Heymann.*

162 BGH WM 1987, 1331 = WuB I E 2 b.–2.88 *Kessler.*

163 Zur „Rolle" und „Funktion" als Haftungsgrundlage vgl. z. B. *Hopt,* in: Festschrift für Walter Stimpel, 1985, S. 265 ff. und *ders.,* AcP 183 (1983), 608 ff.; *Rümker,* ZHR 151 (1987), 162; *Köndgen,* AG 1983, 85 ff.; *Otto,* Stellung der Bank bei der Finanzierung von Immobilienanlagen, 1988, passim; *Schwintowski,* NJW 1989, 2087.

164 Vgl. hierzu grundlegend schon *Larenz* DB 1952, 116 und *Lutter,* Festschrift für Bärmann, 1975, S. 605 ff., 615 f.

165 BGH 27. 2. 1986, III ZR 95/85 (nicht veröffentlicht); BGH, 17. 3. 1988, III ZR 122/87 (nicht veröffentlicht); BGH WM 1988, 1085; BGH WM 1989, 245 = NJW 1989, 830.

166 OLG Celle WM 1988, 1082; BGH WM 1988, 561; BGH WM 1989, 480 = NJW 1989, 1276.

167 OLG Köln DB 1981, 574; OLG Hamm WM 1987, 343; BGH WM 1988, 561 = NJW 1988, 1583 = BB 1988, 794 = DB 1988, 1541 = ZIP 1988, 562 = WuB I G 7.–8.88 *Assmann.*

144 Auf dieser Risikoverteilung beruht die Konzeption von Immobilienanlagen, deren steuerliche Anerkennung in Frage gestellt wäre, wenn dem Anleger die wirtschaftlichen Risiken der Kapitalanlagen abgenommen und auf Dritte verlagert würden.[168]

145 **5. Pflichtenkreis bei einzelnen Anlageformen.** Bei einzelnen Anlageformen hängen Aufklärungs- und Prüfungspflichten weitgehend von der jeweiligen Konzeption und Vertragsgestaltung ab.

146 *a) Kauf vom Bauträger.* Zur Frage der Aufklärungspflicht der Bank hatte der BGH erstmals bei einem Kauf vom Bauträger Stellung zu nehmen, bei dem die Bank dem Bauträger als Globalkreditgeber und dem Käufer der Eigentumswohnung mit einer Einzelfinanzierung und Verbürgung des Eigenkapitals zur Verfügung stand.[169] Danach können bei einer durch die Einschaltung eines Globalkreditgebers zu Lasten des Eigentumsbewerbers/Darlehensnehmers verschobenen Risikolage Aufklärungspflichten des Globalkreditgebers, der zugleich Kreditgeber des Eigentumsbewerbers ist, in Betracht kommen, wenn die Bank durch ihr Verhalten oder durch ein ihr zurechenbares Verhalten des Bauträgers einen falschen Eindruck über die rechtlichen Risiken des Geschäfts erweckt hat. Der BGH hat diese Frage jedoch wegen fehlender Feststellungen des Berufungsgerichts nicht abschließend entscheiden können.

147 *b) Finanzierung von Abschreibungsgesellschaften.* In späteren Entscheidungen hat der BGH eine Aufklärungspflicht der Bank bei steuersparenden Kapitalanlagen unter Hinweis auf die mangelnde Schutzbedürftigkeit des Anlegers ausdrücklich verneint.[170] Die Bank ist z. B. bei der Finanzierung einer Abschreibungsgesellschaft nicht verpflichtet, den Darlehensnehmer darauf hinzuweisen, daß der Treuhänder gegenüber der Bank eine Einstandspflicht für die Darlehensrückzahlung übernommen und sich verpflichtet hat, als Sicherheit einen bestimmten Teil des auf Treuhandkonto überwiesenen Darlehens auf ein zugunsten der Bank gesperrtes Sonderkonto des Treuhänders zu buchen.[171] Auch auf Risiken, die sich aus der Bonität eines Dritten (z. B. Baubetreuers/Treuhänders) ergeben, braucht die Bank nicht hinzuweisen.[172]

148 *c) Finanzierung von Bauherren- und Erwerber-Modellen.* Bei Bauherren- und Erwerbermodellen sowie Immobilienfonds hat die Rechtsprechung eine Aufklärungspflicht der finanzierenden Bank generell verneint.[173] Selbst wenn die Bank bei einem Bauherren-Modell neben der Zwischenfinanzierung auch die Finanzierungsvermittlung für die Endfinanzierung übernommen hat, braucht sie den Kunden ungefragt über die Risiken und Gefahren des Bauherren-Modells im allgemeinen nicht aufzuklären.[174] Auch bei der Finanzierung von Erwerber-Modellen ist die Bank generell nicht verpflichtet, den Darlehensnehmer auf die Risiken hinzuweisen, die sich aus der Einschaltung eines Treuhänders und die ordnungsgemäße Verwendung der Kreditmittel ergeben. Vielmehr ist der Anleger verpflichtet, der Bank entsprechende Weisungen zu erteilen, wenn diese nur bei Vorliegen bestimmter Voraussetzungen die Darlehensvaluta an einen der Projektbeteiligten auszahlen soll.[175]

149 **6. Aufklärungspflicht in Sonderfällen.** In Ausnahmefällen kann die Bank verpflichtet sein, den Darlehensnehmer über die Risiken des finanzierten Geschäfts aufzuklä-

---

[168] Bauherrenerlaß vom 13. 8. 1981, BStBl. 1981 I 604; BFH BStBl. 1980 II 441 = DB 1980, 1669 = BB 1980, 1137.

[169] BGH WM 1979, 1054 = NJW 1980, 41 = BB 1979, 1371 = DB 1979, 2026.

[170] BGH WM 1980, 1446 = NJW 1981, 389 = BB 1981, 80 = DB 1981, 313; BGH WM 1986, 98 und 700.

[171] BGH WM 1985, 1287.

[172] BGH WM 1988, 1225; OLG Köln DB 1981, 574.

[173] BGHZ 93, 264 = WM 1985, 221 = NJW 1985, 1020 = BB 1985, 749 = DB 1985, 543 = ZIP 1985, 203 (Bauherren-Modell); BGH WM 1986, 1561; BGH WM 1988, 561 (Erwerber-Modell); BGH WM 1986, 8 = BB 1986, 220 = DB 1986, 424 = ZIP 1986, 21 (Immobilienfonds).

[174] OLG Hamburg WM 1985, 1260.

[175] BGH WM 1986, 1561.

ren. Nach der Rechtsprechung sind im wesentlichen vier Fallgruppen zu unterscheiden:

- die Bank als Projektbeteiligte,
- spezielle Gefährdung des Anlegers durch die Bank,
- Wissensvorsprung der Bank über spezielle Risiken und
- Interessenkollission.

a) Bank als Projektbeteiligte. Eine Aufklärungspflicht kann dann bestehen, wenn die Bank **150** ihre neutrale Rolle als Kreditgeberin überschreitet und sich aktiv in die Planung und/oder Durchführung des Projekts einschaltet, so daß sie gleichsam als Partei des finanzierten Geschäfts erscheint.[176]

Bei der Finanzierung von Bauträgermaßnahmen ist für die Annahme einer Überschrei- **151** tung der Kreditgeberrolle entscheidend, ob die kreditgebende Bank Funktionen von anderen Projektbeteiligten übernimmt, indem sie etwa Anlageinteressenten wirbt, sich sonst auf seiten des Vertreibers aktiv in die Veräußerung einschaltet oder ihr die gesamte rechtliche Ausgestaltung des Dreiecksverhältnisses zuzurechnen ist. Hierfür kommt es auf das Verhältnis zwischen Bank und Veräußerer und ihr (gemeinsames) Auftreten gegenüber dem Darlehensnehmer an.[177]

Bei der Finanzierung von Abschreibungsgesellschaften hängt eine erweiterte Haftung **152** der Bank wegen Überschreitung der Kreditgeberrolle nicht allein davon ab, ob das Maß der Zusammenarbeit zwischen der Bank und dem Vertreiber einer Kapitalanlage die Grenzen dessen überschreitet, was bei der Finanzierung eines derartigen Projekts für eine Bank üblich ist. Insoweit reicht weder die einvernehmliche Erstellung des Werbeprospektes noch die Finanzierungsabwicklung zwischen Bank und Vertreiberin für eine Haftung der Bank aus.[178]

Erforderlich ist vielmehr eine erkennbar nach außen in Erscheinung tretende Übernah- **153** me von Funktionen anderer Projektbeteiligter, d. h. die Bank muß einen zusätzlichen, auf die übernommene Funktion bezogenen Vertrauenstatbestand schaffen. Nur wenn die finanzierende Bank erkennbar Funktionen übernimmt, die typischerweise von anderen Projektbeteiligten wahrgenommen werden, muß sie auch den im jeweiligen Funktionsbereich geltenden Prüfungs- und Aufklärungspflichten nachkommen.[179]

Für die Annahme einer Aufklärungspflicht reicht es also nicht aus, daß die Bank **154** im Interesse einer weitgehenden Absicherung ihres Kreditengagements und zur Sicherung der Rentabilität des Projekts auf die bauliche Gestaltung des Objekts Einfluß nimmt, konzeptionelle und vertragliche Änderungen des Modells durchsetzt und im übrigen eine „laufende Abstimmung" in der Planungsphase verlangt und dabei möglicherweise über ihre Rolle/Funktion als Kreditgeber hinausgegangen ist. Eine Aufklärungspflicht kommt nur in Betracht, wenn die Bank mit ihrer unternehmerischen Konzeption in irgendeiner Form nach außen hervorgetreten ist und damit einen Vertrauenstatbestand geschaffen hat, indem sie z. B. im Prospekt auf ihre Mitwirkung an der Projektplanung, der Prospektgestaltung oder an dem Vertrieb hingewiesen hat. Allein die Finanzierungszusage und ihre Erwähnung in den Prospektunterlagen als finanzierende Bank begründet keinen Vertrauenstatbestand im Hinblick auf die Solidität des Anlagemodells oder das Nichtvorhandensein wirtschaftlicher oder rechtlicher Risi-

---

176 BGH WM 1988, 561 = NJW 1988, 1583 = BB 1988, 794 = DB 1988, 1541 = ZIP 1988, 562 = WuB I G 7.–8.88 *Assmann;* BGH WM 1990, 920 = NJW-RR 1990, 876 = DB 1990, 1181 = WuB I G 7.–7.90 *Assmann;* v. 17. 12. 1991 XI ZR 8/91, WM 1992, 216 = NJW 1992, 373 = BB 1992, 309 = DB 1992, 674 = ZIP 1992, 163 = WuB I G 7.–3.92 *v. Heymann;* BGH WM 1992, 133 = NJW 1992, 555 = BB 1992, 454 = DB 1992, 885 = ZIP 1992, 166 = WuB IV A. § 249 BGB 1.92 *Sundermann.*

177 BGH WM 1979, 1054 = NJW 1980, 41 = BB 1979, 1371 = DB 1979, 2026.

178 BGH WM 1980, 1446 = NJW 1981, 389 = BB 1981, 80 = DB 1981, 313.

179 BGH WM 1992, 901 = NJW-RR 1992, 879= BB 1992, 1520 = DB 1992, 1287 = ZIP 1992, 912 = WuB I G 7.–9.92 *v. Heymann.*

ken.[180] Eine Aufklärungspflicht kann nach diesen Grundsätzen z. B. dann bestehen, wenn die Bank als Treuhandkommanditistin Mitherausgeberin eines Fondsprospektes ist und dem Fonds zur Finanzierung der Immobilienanlage Darlehen gewährt.[181]

155 *b) Spezielle Gefährdung des Anlegers.* Eine Aufklärungspflicht wird auch dann angenommen, wenn die Bank einen zu den allgemeinen wirtschaftlichen Risiken des Projekts hinzutretenden speziellen Gefährdungstatbestand für den Anleger schafft oder dessen Entstehung jedenfalls begünstigt. Die Rechtsprechung hat eine Gefährdung des Anlegers z. B. in folgenden Fällen angenommen:

- Nichtübernahme der Zahlungsadresse in der Darlehenszusage und Kenntnis, daß die Verwirklichung des zu finanzierenden Unternehmens bei Valutierung des Darlehens schon nicht mehr möglich war.[182]
- Überweisungen auf das Privatkonto eines Angestellten für Effektengeschäfte „im Hause" („Investmentclub").[183]
- Zwischenfinanzierung einer Immobilienanlage „korrespondierend mit der Stellungnahme zur Übernahme der Endfinanzierung" durch eine andere Bank ohne den ausdrücklichen und unmißverständlichen Hinweis, daß mit der Zusage der Zwischenfinanzierung eine Endfinanzierung selbst dann nicht sicher sei, wenn die „Selbstauskunft" zutreffend ist und sich die Einkommens- und Vermögensverhältnisse nicht ändern.[184]
- Hereinnahme einer Globalgrundschuld als Sicherheit nicht nur für den Objektkredit, sondern auch für Altschulden des Initiators mit entsprechender Erhöhung des Ausfallrisikos für den Bauherrn im Falle der Zwangsversteigerung.[185]
- Beschränkung der finanziellen Bewegungsfreiheit des Verkäufers durch Vorausabtretung von Kaufpreisen und dadurch Gefährdung des Anlegers, bei Rückabwicklung des Kaufvertrages den gezahlten Kaufpreis zu verlieren.[186]

156 Dagegen wird für den Anleger kein besonderer Gefährdungstatbestand geschaffen, wenn sich eine Bank bei Beginn des Vertriebs verpflichtet, im Falle des Scheiterns des Projekts sowie bei Insolvenz des Initiators den Anlegern die an die Initiatoren geleisteten Zahlungen wieder gutzubringen, und zwar auch dann, wenn der Initiator Monate später nicht verkaufte Einheiten in den eigenen Bestand nimmt. Eine drohende oder eingetretene Insolvenz des Initiators muß der Anleger im einzelnen darlegen und beweisen.[187]

157 *c) Wissensvorsprung über spezielle Risiken des Projekts.* Eine Aufklärungspflicht kann für die Bank auch dann bestehen, wenn sie für sie selbst erkennbar einen konkreten Wissensvorsprung über die speziellen Risiken des Projekts hat.

158 Wissensvorsprung setzt dabei voraus:

– Die finanzierende Bank hat ein konkretes positives Wissen über spezielle Risiken des zu finanzierenden Projekts. Der Bank obliegt insoweit keine Nachforschungspflicht; d. h.

---

[180] BGH WM 1992, 901 = NJW-RR 1992, 879 = BB 1992, 1520 = DB 1992, 1287 = ZIP 1992, 912 = WuB I G 7.–9.92 *v. Heymann.*

[181] BGH WM 1985, 533 = NJW-RR 1992, 879 = BB 1992, 1520 = DB 1992, 1287 = ZIP 1992, 912 = WuB IV A. § 195 BGB 1.85 *Menk.*

[182] BGH WM 1985, 993 = ZIP 1985, 670 = WuB I E 1.–24.85 *v. Heymann;* BGH WM 1986, 98 = WuB I G 8.–3.86 *Emmerich;* BGH WM 1986, 671 = NJW-RR 1986, 1167 = BB 1986, 1177 = WuB I G 8.–6.86 *v. Heymann;* BGH WM 1986, 735 = WuB I G 8.–6.86 *v. Heymann;* BGH WM 1987, 1546 = WuB I E 2 c.–1.88 *Assmann.*

[183] BGH WM 1988, 895 = NJW-RR 1988, 1071 = WuB I E 1.–14.88 *Hein.*

[184] OLG Düsseldorf WM 1991, 500 = NJW-RR 1991, 367 = BB 1990, 2220 = WuB I G 7.–5.91 *v. Heymann.*

[185] BGH WM 1992, 216 = NJW-RR 1992, 373 = BB 1992, 309 = DB 1992, 674 = ZIP 1992, 163 = WuB I G 7.–3.92 *v. Heymann.*

[186] BGH WM 1992, 1310 = NJW 1992, 2146 = BB 1992, 1453 = ZIP 1992, 990 = WuB I G 7.–10.92 *v. Heymann.*

[187] BGH WM 1992, 901 = NJW-RR 1992, 879 = BB 1992, 1520 = DB 1992, 1287 = ZIP 1992, 912 = WuB I G 7.–9.92 *v. Heymann.*

die Bank muß im allgemeinen nur vorhandenes, von ihr als wesentlich erkanntes Wissen offenbaren; sie ist jedoch nicht verpflichtet, sich durch gezielte Auswertungen ihr zugänglicher Unterlagen oder gar durch weitere Nachforschungen einen Wissensvorsprung zu verschaffen; auch fahrlässige Unkenntnis reicht nicht aus. Der positiven Kenntnis ist die bloße Erkennbarkeit nur dann gleichzustellen, wenn sich die für den Anleger bedeutsamen Tatsachen einem zuständigen Bankmitarbeiter nach den Umständen des Einzelfalles aufdrängen mußten; er darf dann nach Treu und Glauben seine Augen vor solchen Tatsachen nicht verschließen.

– Der Anleger hat keine Kenntnis über diejenigen speziellen Risiken, von denen die Bank ein konkretes positives Wissen besitzt. Die Unkenntnis darf jedoch nicht auf Fahrlässigkeit beruhen, d. h. dem Anleger obliegt eine allgemeine Prüfungspflicht in bezug auf typische Risiken des Projekts (z. B. Wirtschaftlichkeit, steuerliche Auswirkungen, Objektrisiken). Insoweit darf die Bank regelmäßig ohne Sorgfaltsverstoß davon ausgehen, daß sich der Anleger in seinem eigenen Interesse – ggf. unter Beiziehung eines Fachberaters – über die Risiken des Projekts unterrichtet hat. **159**

– Der Wissensvorsprung muß der Bank erkennbar gewesen sein, d. h. der Bank muß die Unkenntnis bzw. das fehlende Wissen des Anlegers erkennbar gewesen sein. **160**

Nach der Rechtsprechung ist von einem Wissensvorsprung in folgenden Fällen auszugehen: **161**

- Die Bank weiß im Zeitpunkt der Darlehensgewährung, daß der Initiator oder andere seiner Gesellschafter vor der Zahlungsunfähigkeit stehen.[188]
- Die Bank weiß, daß das zu finanzierende Objekt mit Mängeln behaftet ist, die der Erwerber trotz eigener Prüfung nicht kennt. Das kann insbesondere der Fall sein, wenn die Bank im Besitz eines dem Kunden nicht zugänglichen Gutachtens ist, aus dem sich das Vorhandensein versteckter Mängel ergibt. Ansonsten muß sich der Erwerber im eigenen Interesse, ggf. unter Zuziehung von Fachberatern selbst über den baulichen Zustand des Objekts unterrichten. Die Bank ist grundsätzlich nicht gehalten, Ermittlungen darüber anzustellen, ob der Erwerber seiner Prüfungspflicht nachgekommen ist.[189]
- Der Bank ist bekannt oder zumindest erkennbar, daß die in den Werbeunterlagen gemachten Angaben über die Mieteinnahmen und die Rentabilität des Objektes falsch sind und daß die falschen Angaben (allein) dem Zweck dienten, die Erwerber durch Täuschung zum Kaufentschluß zu bewegen.[190]
- Veranlaßt die Bank einen Kunden, von einem Sparbuch abgehobene Geldbeträge zu einem bestimmten Zweck zu verwenden und kennt sie die besonderen Gefahren dieser Verwendung aufgrund eines konkreten Wissensvorsprungs besser als der Kunde, dann ist die Bank zur Aufklärung und Warnung selbst dann verpflichtet, wenn es sich bei dem Sparguthaben um Schwarzgeld des Kunden handelt.[191]
- Besteht zwischen Initiator und finanzierender Bank eine außerordentlich enge Verbindung (ungewöhnlich hohe Beteiligung, hohe z. T. ungesicherte Kredite) und kennt die Bank spezielle Nachteile und Risiken des Vorhabens (u. a. Verkleinerung des Baugrundstücks auf ein Drittel der ursprünglichen Fläche, vorzeitiger Baubeginn trotz nicht geschlossener Bauherrengemeinschaft, ungesicherte Fertigstellung) und sind diese Um-

---

[188] BGH WM 1978, 896 = NJW 1978, 2547 = DB 1978, 1923; BGH WM 1986, 700 = WuB I G 8.–7.86 *v. Heymann;* BGH WM 1991, 85 = NJW 1991, 693 = NJW-RR 1991, 117 = BB 1991, 155 = DB 1991, 436 = ZIP 1991, 90 = WuB I B 3.–1.91 *Obermüller;* BGH WM 1992, 1310 = NJW 1992, 2146 = BB 1992, 1453 = ZIP 1992, 990 = WuB I G 7.–10.92 *v. Heymann.*

[189] BGH WM 1988, 561 = NJW 1988, 1583 = BB 1988, 794 = DB 1988, 1541 = ZIP 1988, 562 = WuB I G 7.–8.88 *Assmann.*

[190] BGH WM 1989, 1368 = NJW 1989, 2881 = BB 1989, 1713 = DB 1989, 2374 = ZIP 1989, 1184 = WuB IV A. § 166 BGB 1.89 *Obermüller.*

[191] BGH WM 1990, 98 = NJW-RR 1990, 484 = BB 1990, 94 = DB 1990, 523 = ZIP 1990, 918 = WuB I B 5.–1.90 *Koller.*

stände dem Anleger nicht oder zumindest nicht ohne weiteres erkennbar, dann besteht für die Bank eine entsprechende Aufklärungspflicht.[192]

- Der Bank sind Kick-back-Vereinbarungen hinsichtlich des Grundstückskaufpreises und über die Verkleinerung des Baugrundstücks auf ein Drittel der ursprünglichen Fläche mit gleichzeitiger Abtrennung und Übertragung auf Angehörige des Initiators bekannt.[193]

162 Sind einer Bank im Rahmen der Globalfinanzierung eines Erwerber-Modells vom Initiator Objektunterlagen (Pläne, Mieterlisten etc.) übergeben worden, dann ist die Bank nicht verpflichtet, diese Unterlagen im Interesse des von ihr ebenfalls finanzierten Anlegers hinsichtlich der Richtigkeit der im Prospekt genannten Mieten auszuwerten, um sich insoweit einen Wissensvorsprung zu verschaffen.[194]

163 Kann eine Bank davon ausgehen, daß der Kreditnehmer über die nachteiligen Folgen einer Abtretung von Lebensversicherungen innerhalb der 12-jährigen Sperrfrist nach dem 3. Vermögensbildungsgesetz aufgeklärt ist, dann hat sie keinen zur Aufklärung verpflichtenden Wissensvorsprung, wenn ihr Vermerk über die Sperrfrist bei einer der abgetretenen Lebensversicherungen nicht aufgefallen war.[195]

164 Ist die Bildung von Teileigentum von der Zustimmung Dritter abhängig, dann kommt eine Aufklärungspflicht unter dem Gesichtspunkt des Wissensvorsprungs nur dann in Betracht, wenn die Bank im Zeitpunkt des Erwerbs positiv weiß, daß die Zustimmung nicht zu erhalten ist; sie ist jedoch nicht verpflichtet, sich ein solches Wissen zu verschaffen.[196]

165 *d) Interessenkollision.* Schließlich wird von der Rechtsprechung eine Aufklärungspflicht angenommen, wenn sich die Bank in einen Interessenkonflikt verwickelt.

166 Beispiele:

- Die Bank ist Hauptgläubigern einer konkursreifen Publikumsgesellschaft und gewährt Kommanditisten zusätzlichen Kredit, mit dem der Kreditsaldo der konkursreifen Publikumsgesellschaft verringert wird (Verlagerung des eigenen Ausfallrisikos auf den Kunden).[197]
- Die Bank ist Globalfinanzierer des Bauträgers und gleichzeitiger Finanzierer der Erwerber und verwickelt sich in einen schwerwiegenden Interessenkonflikt zu Lasten des Anlegers.[198] Allein mit dem Versuch, ein notleidendes Darlehen (Grundstücksankaufsfinanzierung) durch mehrere sichere Kredite (Erwerber-Modell) zu ersetzen, überschreitet eine Bank noch nicht die ihr als Kreditgeberin zugewiesene Rolle. Wenn sich die Bank dabei in einen Interessenkonflikt verwickelt, ist sie lediglich zur Aufklärung über die den Konflikt begründenden Umstände verpflichtet, nicht aber über Mängel des finanzierten Objekts.[199]
- Die Bank ist alleiniger Kreditgeber bei einer Anlage und erkennt bzw. muß erkennen, daß der prospektierte Gesamtaufwand durch entsprechende Zeichnungen und Zahlungen weit überschritten ist; bei erheblicher Überzeichnung fallen die prospektierten Verlustzuweisungen entweder niedriger aus oder die Ausgaben müßten erhöht werden, damit die Rentabilität des Objekts nicht beeinträchtigt wird.[200]

---

[192] BGH WM 1990, 920 = NJW-RR 1990, 876 = DB 1990, 1181 = WuB I G 7.–7.90 *Assmann.*

[193] BGH WM 1992, 216 = NJW-RR 1992, 373 = BB 1992, 309 = DB 1992, 674 = ZIP 1992, 163 = WuB I G 7.–3.92 *v. Heymann.*

[194] BGH WM 1992, 602 = BB 1992, 1520 = WuB I G 7.–5.92 *v. Heymann.*

[195] BGH WM 1992, 977 = NJW 1992, 1820 = ZIP 1992, 757 = WuB I E 1.–9.92 *v. Heymann.*

[196] BGH WM 1992, 901 = NJW-RR 1992, 879 = BB 1992, 1520 = DB 1992, 1287 = ZIP 1992, 912 = WuB I G 7.–9.92 *v. Heymann.*

[197] BGH WM 1978, 896 = NJW 1978, 2547 = DB 1978, 1923.

[198] BGH WM 1979, 1054 = NJW 1980, 41 = BB 1979, 1371 = DB 1979, 2026; BGH WM 1988, 561 = NJW 1988, 1583 = BB 1988, 794 = DB 1988, 1541 = ZIP 1988, 562 = WuB I G 7.–8.88 *Assmann.*

[199] BGH WM 1988, 561 = NJW 1988, 1583 = BB 1988, 794 = DB 1988, 1541 = ZIP 1988, 562 = WuB I G 7.–8.88 *Assmann.*

[200] BGH WM 1986, 995 = WuB I G 8.–8.86 *v. Heymann.*

- Die Bank gewährt den Bauherren Kredite, um damit auch Altkredite des Initiators zurückzuführen, obwohl der Bank das Scheitern eines früheren Projekts sowie die hohen Vermarktungsrisiken des neuen Projekts, die Wertlosigkeit des Festpreis-, Miet- und Zinsgarantien und die mangelnde Bonität des Initiators bekannt ist.[201]
- Ein Interessenkonflikt besteht auch dann, wenn die Bank durch die Kreditgewährung an die Erwerber ihr finanzielles Engagement gegenüber der Initiatorengruppe zurückführen will, auf diese Weise ihr eigenes wirtschaftliches Wagnis auf die Kunden verlagert und diese mit einem Risiko belastet werden, das über die mit der Beteiligung an einem solchen Projekt normalerweise verbundenen Gefahren deutlich hinausgeht.[202]
- Eine Interessenkollision kann sich schließlich dann ergeben, wenn die Bank vor der Frage steht, ob sie den unausweichlichen Konkurs einer Firmengruppe alsbald herbeiführen bzw. zulassen soll oder ob sie ihr Kreditengagement verringert, indem sie den Bauherren Kredit für ein Objekt gewährt, das von dem Initiator des Bauherren-Modells nicht mehr zu realisieren ist und bei dem es zumindest naheliegt, daß die Bauherren mit den Kreditmitteln auch weitgehend wertlose Verpflichtungen honorieren werden.[203]

7. Bank als Erfüllungsgehilfe von Projektbeteiligten. Wenn Immobilienanlagen scheitern, wird häufig versucht, eine Haftung der finanzierenden Bank für Verschulden nicht bankangehöriger Projektbeteiligter zu begründen. Hier ist jedoch zwischen Verbraucherkredit und Immobilienfinanzierungen zu differenzieren. 167

a) Verbraucherkredit. Für den Bereich des Teilzahlungs- und Verbraucherkredites ist in der Rechtsprechung allgemein anerkannt, daß die Bank wegen der in diesem Bereich besonderen rechtlichen Schutzzwecke für ein Verschulden des Verkäufers oder Kreditvermittlers bei Abschluß des Darlehensvertrages entsprechend § 278 BGB einzustehen hat.[204] 168

Die Bank muß sich das Verhalten eines Dritten zurechnen lassen, wenn dieser ihr **„Erfüllungsgehilfe"** ist. Erfüllungsgehilfe i. S. von § 278 BGB ist, wer nach den tatsächlichen Verhältnissen des gegebenen Falles mit dem Willen des Schuldners bei der Erfüllung der ihm obliegenden Verbindlichkeiten als seine Hilfsperson tätig wird.[205] 169

Der Personenkreis, für den ein Verhandlungspartner wegen Verschuldens bei Vertragsschluß nach § 278 BGB einzustehen hat, ist der gleiche wie im Rahmen des § 123 BGB; denn bei der Anfechtung nach § 123 BGB handelt es sich nur um einen Sonderfall der Haftung für culpa in contrahendo.[206] Dementsprechend muß sich die Bank das Verhalten von Projektbeteiligten zurechnen lassen, wenn sie nicht Dritter i. S. von § 123 Abs. 2 BGB ist.[207] 170

b) Finanzierung von Immobilienanlagen. Wenn die Bank Immobilienanlagen finanziert, ist entscheidend, ob sie als Erfüllungsgehilfe des Initiators anzusehen ist, ob sie in zurechenbarer Weise einen Vertrauenstatbestand geschaffen hat und inwieweit der Kapitalanleger schutzbedürftig ist. Dies ist bei Immobilienanlagen regelmäßig zu verneinen: 171

– Die Bank gewährt Darlehen für den Erwerb von Immobilieneigentum unter Berücksichtigung von Beleihungswert und Bonität des Anlegers.[208] Dieser muß selbst prüfen, 172

---

[201] BGH WM 1992, 216 = NJW-RR 1992, 373 = BB 1992, 309 = DB 1992, 674 = ZIP 1992, 163 = WuB I G 7.–3.92 *v. Heymann.*

[202] BGH WM 1992, 1310 = NJW 1992, 2146 = BB 1992, 1453 = ZIP 1992, 990 = WuB I G 7.–10.92 *v. Heymann.*

[203] BGH WM 1991, 85 = NJW 1991, 693 = BB 1991, 155 = DB 1991, 436 = ZIP 1991, 90 = WuB I B 3.–1.91 *Obermüller.*

[204] BGHZ 47, 224 = WM 1967, 450 = NJW 1967, 1026; BGHZ 72, 93 = WM 1978, 1038 = NJW 1978, 2145 = BB 1978, 1280 = DB 1978, 1923; BGH WM 1979, 429 = NJW 1979, 1593 = DB 1979, 1127; BGH WM 1980, 111 = NJW 1980, 2301 = DB 1980, 2031 = BB 1980, 1345 = ZIP 1980, 755; OLG Düsseldorf WM 1993, 2207 = WuB I E 2 c.–1.94 *v. Heymann.*

[205] BGH WM 1978, 946.

[206] BGH WM 1986, 1032 = NJW-RR 1987, 59 = WuB VII A. § 767 ZPO 2.86 *Johlke/Fialski.*

[207] Vgl. hierzu o. Rdnr. 89 ff.

[208] S. o. Rdnr. 7 ff.

ob er die Finanzierungsbelastung auch langfristig – unabhängig von der erhofften Rendite aus dem Objekt und von den erstrebten steuerlichen Vorteilen – tragen kann.[209]

173 – Die Bank wird durch ihre Finanzierung weder Vertreter noch Verhandlungs- oder Vermittlungsgehilfe sonstiger Projektbeteiligter.[210]

174 – Die Bank schafft keinen Vertrauenstatbestand, wenn sie sich ausschließlich auf ihre Rolle als Kreditgeber beschränkt.[211]

175 – Die Bank übernimmt bei einer Finanzierung von Immobilienanlagen nur das eigene Kreditrisiko, nicht jedoch unternehmerische oder bonitätsmäßige Risiken für Dritte.[212]

176 – Die Finanzierung allein kann keine Erwartungshaltung des Anlegers dahingehend rechtfertigen, daß die Bank über ihre Kreditprüfung hinaus auch die steuerlichen, rechtlichen, wirtschaftlichen und bautechnischen Bereiche der Immobilienanlage für den Anleger prüft.[213]

177 – Der Anleger muß sich vor Darlehensaufnahme über die Risiken der Immobilienanlage – ggf. unter Einschaltung eines Beraters – selbst ein Bild machen.[214]

VII. Einwendungsdurchgriff

178 Bei gescheiterten Kapitalanlagen wird häufig versucht, dem Darlehensrückzahlungsanspruch der Bank mit dem von der Rechtsprechung entwickelten sog. Einwendungsdurchgriff zu begegnen.[215]

179 **1. Einwendungen aus dem Grundgeschäft.** Kauf und Finanzierung sind nach heute fast einhelliger Ansicht trotz ihrer engen wirtschaftlichen Verbindung zwei rechtlich **selbständige** Verträge.[216] Gleichwohl kann der Käufer unter besonderen Umständen nach Treu und Glauben dem Darlehensrückzahlungsanspruch der Bank begründete Einwendungen aus dem Kaufvertrag entgegensetzen, wenn sonst die Risiken eines – jedenfalls wirtschaftlich – einheitlichen Geschäfts nicht angemessen verteilt wären.[217]

180 **2. Risikoverteilung und Schutzbedürftigkeit.** Die Aufspaltung eines wirtschaftlich einheitlichen Geschäftes in zwei rechtliche selbständige Verträge darf grundsätzlich nicht zu Lasten des Käufers/Kreditnehmers gehen, der im allgemeinen kein Interesse an dieser Aufspaltung hat und dem die Einschaltung einer Bank auch keinen Vorteil bringt.[218]

181 Eine sog. **Trennungsklausel,** wonach bei wirtschaftlicher Einheitlichkeit des Geschäfts die Verpflichtungen aus dem Darlehensvertrag unabhängig vom Grundgeschäft bestehen sollen, benachteiligt den Darlehensnehmer in unangemessener Weise und ist deshalb nach § 9 AGBG generell unwirksam.[219]

---

[209] BGH WM 1982, 480 = NJW 1982, 1520 = DB 1982, 1214 = ZIP 1982, 545; BGH WM 1987, 1426 = ZIP 1987, 1454; BGH WM 1988, 561; OLG Celle WM 1988, 1082; BGH WM 1988, 1085; *Kürschner* ZfBR 1988 2 ff.

[210] *Hopt,* Festschrift für Stimpel, S. 265 ff.; *Immenga* ZHR 151 (1987) 148 ff.; *Rümker* ZHR 151 (1987) 162 ff.

[211] BGHZ 93, 264 = WM 1985, 221 = NJW 1985, 1020 = BB 1985, 749 = DB 1985, 543 = ZIP 1985, 203; BGH WM 1986, 8 und 1561; BGH WM 1988, 561.

[212] OLG Celle WM 1988, 1082; BGH WM 1988, 1085.

[213] BGH WM 1982, 480 = NJW 1982, 1520 = DB 1982, 1214 = ZP 1982, 545.

[214] BGH WM 1987, 1426 = ZIP 1987, 1454 = WuP I G 7.–2.88 *v. Heymann;* BGH WM 1988, 561.

[215] Hierzu allgemein *Baudenbacher* JZ 1985, 661.

[216] BGH WM 1978, 459 = NJW 1978, 1427 = DB 1978, 1026; BGH WM 1990, 1234 = NJW-RR 1990, 1072 = BB 1990, 1513= DB 1990, 2117 = ZIP 1990, 851 = WuB I E 2 c.–3.10 *Emmerich* mwN.

[217] BGH WM 1980, 327 = BB 1980, 653 = DB 1980, 969; BGH WM 1980, 620 = BB 1980, 1016 = DB 1980, 1678.

[218] BGHZ 22, 90 = WM 1956, 1542 = NJW 1957, 17; BGH WM 1971, 1265 = BB 1971, 1302 = DB 1971, 2012.

[219] BGHZ 95, 350 = WM 1985, 1307 = NJW 1986, 43 = WuB I E 2 c.–1.86 *Schröter.*

Die für den finanzierten Abzahlungskauf entwickelten Grundsätze hat die Rechtsprechung auch für andere Geschäfte mit vergleichbarer Interessenlage angewendet, insbesondere beim finanzierten Teilzahlungskauf eines Waschsalons durch einen Nichtkaufmann,[220] beim finanzierten Mitarbeitervertrag,[221] bei der Finanzierung eines Waschmittelvertretervertrages,[222] bei der Finanzierung eines Briefmarkenautomatenvertrages,[223] bei der Finanzierung eines Fertighausvertrages,[224] Finanzierung eines Privatschulbetriebes,[225] Finanzierung eines Anlagemodells zur Altersversorgung,[226] Finanzierung einer außerbetrieblichen stillen Beteiligung[227] und Finanzierung einer Eigentumswohnung zur Erlangung eines Verbraucherkredits.[228] 182

3. Einwendungsdurchgriff bei Immobilien. Bei der Finanzierung von Immobilien wird der Einwendungsdurchgriff von der Rechtsprechung generell nicht zugelassen, so insbesondere beim Grundstückskaufvertrag,[229] beim Kauf vom Bauträger,[230] bei der Beteiligung an Abschreibungsgesellschaften,[231] bei der Finanzierung von Bauherren-Modellen[232] sowie bei der Beteiligung an Erwerber-Modellen.[233] 183

Der Einwendungsdurchgriff kommt grundsätzlich auch dann nicht in Betracht, wenn nach dem zwischen Treuhänder und Erwerber geschlossenen Geschäftsbesorgungsvertrag, der auf den Erwerb einer sog. NATO-Wohnung gerichtet ist (Erwerber-Modell), der Mehrwertsteueranteil des Kaufpreises durch ein Bankdarlehen vorfinanziert ist.[234] Schließlich wird der Einwendungsdurchgriff auch dann abgelehnt, wenn nicht der einzelne Anleger, sondern bei einer Abschreibungsgesellschaft die Gesellschafter in ihrer Gesamtheit den zur Durchführung des Bauprojektes notwendigen Kredit aufnehmen.[235] 184

Die Ablehnung des Einwendungsdurchgriffs bei Kapital- und Immobilienanlagen wird vom BGH im wesentlichen wie folgt begründet: 185

– Die Beteiligung an einer Immobiliengesellschaft oder der Kauf einer Immobilie zu Anlagezwecken und Finanzierung dieser Anlage ist kein wirtschaftlich einheitliches Geschäft. Der getrennte Abschluß der verschiedenen Verträge mit entsprechender Risikoverteilung liegt im Interesse des Anlegers, der deshalb das **„Aufspaltungsrisiko"** tragen 186

---

220 BGH WM 1978, 459 = NJW 1978, 1427 = DB 1978, 1026.

221 BGH WM 1979, 299 = BB 1979, 341 = DB 1979, 743.

222 BGH WM 1979, 1035 = NJW 1979, 2092 = DB 1979, 2129.

223 BGHZ 83, 301 = WM 1982, 658 = NJW 1982, 1694.

224 BGH WM 1984, 986 = NJW 1984, 2816 = DB 1984, 1872.

225 BGH WM 1987, 401 = WuB I E 2 c.–3.87 *Emmerich*.

226 BGH WM 1992, 1355 = NJW 1992, 2560 = DB 1992, 2543 = ZIP 1992, 1220 = WuB I E 1.–13.92 *Eckert*.

227 BGH WM 1993, 1277 = NJW 1993, 2107 = BB 1993, 1393 = DB 1993, 1968 = ZIP 1993, 1089 = WuB I G 4.–8.93 *Eckert*.

228 OLG Düsseldorf WM 1993, 2207 = WuB I E 2 c.–1.94 *v. Heymann*.

229 BGH WM 1970, 1362 = DB 1970, 2427.

230 BGH WM 1979, 1054 = NJW 1980, 41 = BB 1979, 1371 = DB 1979, 2026.

231 BGH WM 1980, 1446 = NJW 1981, 389 = BB 1981, 80 = DB 1981, 313; BGH WM 1986, 6; BGH WM 1986, 671 = BB 1986, 1177; BGH WM 1986, 700 und 735 = WuB I G 8.–6.86 und 7.86 *v. Heymann*.

232 BGHZ 93, 264 = WM 1985, 221 = NJW 1985, 1020 = BB 1985, 749 = DB 1985, 543 = ZIP 1985, 203; BGH WM 1985, 910 = ZIP 1985, 667; BGH WM 1988, 1891.

233 BGH WM 1988, 561 = NJW 1988, 1583 = BB 1988, 794 = DB 1988, 1541 = ZIP 1988, 562 = WuB I G 7.–8.88 *Assmann;* BGH WM 1992, 901 = NJW-RR 1992, 879 = BB 1992, 1520 = DB 1992, 1287 = ZIP 1992, 912 = WuB I G 7.–9.92 *v. Heymann*.

234 BGH WM 1986, 1561 = DB 1987, 629 = NJW-RR 1987, 523 = WuB I G 7.–2.87 *v. Heymann*.

235 BGH WM 1985, 1287 = WuB I E 1.–32.85 *v. Heymann*.

muß. Eine entsprechende Trennungsklausel kann auch im Hinblick auf § 9 AGBG wirksam vereinbart werden.[236]

187 – Es besteht generell **keine Dreiecksverbindung** Anleger – Bank – Unternehmen; die Bank ist am „Geschäft" nicht beteiligt, sondern ist nur Kreditgeber.

188 – Die Einschaltung der Bank liegt **im Interesse des Anlegers;** nur eine hohe Fremdfinanzierung ermöglicht steuerliche Auswirkungen für den Anleger.

189 – Das neue Verbraucherkreditgesetz und die EG-Regelung[237] schließen den Einwendungsdurchgriff aus, soweit es sich – wie bei Immobilienanlagen üblich – um grundpfandrechtlich gesicherte Darlehen zu üblichen Bedingungen handelt.[238]

190 – Der Kapitalanleger entfaltet eine **eigene unternehmerische Tätigkeit,** die Vorteile bietet, aber auch Risiken mit sich bringen kann; für eine nachträgliche Risikoverlagerung zu Lasten der Bank ist kein Raum.

191 Darüber hinaus wird der Einwendungsdurchgriff aus den gleichen Gründen abgelehnt wie der Einwand der Nichtigkeit von Darlehensverträgen, die verbotenerweise im Reisegewerbe (§ 56 Abs. 1 Nr. 6 GewO) abgeschlossen und vermittelt wurden.[239] Bei Kapitalanlegern, die sich auch aus steuerlichen Überlegungen an kreditfinanzierten Kapitalanlagen beteiligen, handelt es sich i. d. R. nicht um minderbemittelte Personen, die vor den nachteiligen Folgen von Verträgen zu schützen sind.[240]

192 **4. Sonderfälle.** Der Einwendungsdurchgriff kann auch bei Kapitalanlagen ausnahmsweise in den folgenden Fällen in Betracht kommen:

193 – Die Bank schaltet sich **werbend** oder sonst aktiv auf der Seite des Initiators in die Konzeption, rechtliche Ausgestaltung oder in den Vertrieb ein.[241]

194 – Die Bank schafft einen **speziellen Gefährdungstatbestand** für den Anleger oder begünstigt ihn.[242]

195 – Die Bank erweckt den Eindruck, der Anleger sei durch ihr **Mitwirken** an dem Projekt (als Finanzierungsbank oder als Garant/Bürge) hinreichend gesichert oder die Bank verwickelt sich in Interessenkonflikte bei der Finanzierung des Projektes (**Verflechtungen** der Bank mit Projektbeteiligten).[243]

196 In diesen Fällen hat sich die finanzierende Bank in der Regel nicht auf die Finanzierung beschränkt, sondern sich in besonderer Weise am finanzierten Geschäft beteiligt, was unter bestimmten Voraussetzungen auch zu einer Haftung der Bank führen kann.

VIII. Haftung der Bank aus Treuhandschaft

197 Übernimmt die Bank im Rahmen von Kapitalanlagen Treuhandaufgaben, dann kann der Anleger Ansprüche gegen die Bank aus Treuhandschaft geltend machen, wenn die Bank Treuhandpflichten verletzt hat.

198 Gesetzlich ist der Begriff der Treuhandschaft nicht definiert. Bei der Begründung eines Treuhandverhältnisses werden einer Person Vermögensrechte übertragen, von denen nicht im eigenen, sondern nur im fremden Interesse oder für objektive Zwecke Gebrauch ge-

---

236 BGH WM 1986, 995 = WuB G 8.–8.86 *v. Heymann;* BGH WM 1992, 1355 = NJW 1992, 2560 = DB 1992, 2543 = ZIP 1992, 1220 = WuB I E 1.–13.92 *Eckert.*

237 BT-Drucks. 8/2953 = BR-Drucks. 136/79.

238 *Bruchner/Ott/Wagner-Wieduwilt,* Verbraucherkreditgesetz, 2. Aufl. 1994, § 3 Rdnr. 76 ff., 94 ff.

239 S. o. Rdnr. 56.

240 BGHZ 93, 264 = WM 1985, 221 = NJW 1985, 1020 = BB 1985, 749 = DB 1985, 543 = ZIP 1985, 203; BGH WM 1986, 8 = BB 1986, 220 = DB 1986, 424 = ZIP 986, 21; BGH WM 1986, 671, 700, 735 und 995.

241 BGH WM 1979, 1054 = NJW 1980, 41 = BB 1979, 1371 = DB 1979, 2026.

242 BGH WM 1985, 993 = ZIP 1985, 670 = WuB I E 1.–24.85 *v. Heymann.*

243 BGH WM 1979, 1054 = NJW 1980, 41 = BB 1979, 1371 = DB 1979, 2026; BGH WM 1985, 993 = ZIP 1985, 670 = WuB I E 1.–24.85 *v. Heymann.*

macht werden darf. Der Treuhänder besitzt nach außen eine Rechtsmacht, die im Innenverhältnis gebunden ist.[244]

Zu unterscheiden sind die **uneigennützige** (sog. Verwaltungs-)Treuhand und die **eigennützige** (sog. Sicherungs-)Treuhand.[245] Weiterhin werden Treuhandverhältnisse noch danach unterschieden, ob sie **offen** oder **verdeckt** sind und ob sie durch **Rechtsgeschäft** oder **kraft Gesetzes** zustande kommen.[246] Die Treuhandschaft ist also eine von verschiedenen Erscheinungsformen des Handelns im Interesse und mit Wirkung für dritte Personen. Der häufigste Anwendungsfall ist die sog. Vollmachtstreuhand, bei der der Treuhänder als Vertreter nach §§ 164 ff. BGB auftritt.[247] 199

1. Treuhandformen. Bei Kapitalanlagen sind im wesentlichen drei Arten von Treuhandschaften zu unterscheiden: 200

a) Gesellschaftstreuhänder. Der Gesellschaftstreuhänder (Treuhandkommanditist) wird im eigenen Namen, aber für fremde Rechnung tätig und nimmt überwiegend nur gesellschaftsrechtliche Funktionen wahr. 201

b) Zahlungstreuhänder. Der Zahlungstreuhänder wird auch im eigenen Namen und für fremde Rechnung tätig; er kontrolliert im wesentlichen nur den Zahlungsverkehr bei der Abwicklung von Immobilienanlagen. 202

c) Vertragstreuhänder. Der Vertragstreuhänder wird im fremden Namen und für fremde Rechnung tätig; seine Hauptaufgabe ist es, für den Anleger (Treugeber) im Zusammenhang mit der Durchführung von Immobilienanlagen die notwendigen Verträge mit den Objektbeteiligten abzuschließen. 203

2. Treuhandpflichten. Die Pflichten eines Treuhänders ergeben sich aus dem Gesetz (§§ 675, 664–667 BGB), aus der jeweiligen Vertragsbeziehung und aus den allgemeinen Grundsätzen ordnungsgemäßer Treuhandschaft u. a. 204

- Grundsatz der Unabhängigkeit (rechtlich, wirtschaftlich, persönlich),
- Grundsatz der Interessenwahrung bei der Konzeption, Plazierung, Durchführung, Abrechnung, Kontrolle,
- Aufklärungs-, Auskunfts- und Mitwirkungspflichten,
- Standesrichtlinien (Rechtsanwalt, Steuerberater, Wirtschaftsprüfer).[248]

3. Prüfungspflichten des Treuhänders. Ein Treuhänder, der im Rahmen eines Bauherren-Modells Erklärungen zur Bildung und zum Erwerb von Eigentumswohnungen als Vertreter des Bauherrn abgibt, muß prüfen, ob die Wohnung vom Veräußerungsvertrag abweichende öffentlich-rechtliche Nutzungsbeschränkungen aufweist.[249] 205

Hat ein Treuhänder/Baubetreuer im Rahmen eines Bauherren-Modells die Betreuung des Bauherren übernommen, dann ist er grundsätzlich auch verpflichtet zu prüfen, ob die Bauausführung mit den Flächenangaben im Prospekt und in den von den Bauherren abgeschlossenen Verträgen übereinstimmt.[250] Das Vorhandensein einer bestimmten Wohnfläche kann Beschaffenheitsangabe (§ 459 Abs. 1 BGB) oder zugesicherte Eigenschaft (§ 459 Abs. 2 BGB) sein. Die Gewährleistung für eine bestimmte Wohnfläche ist, anders als für eine bestimmte Grundstücksgröße (§ 468 BGB) nicht auf den Fall der Zusicherung beschränkt.[251] 206

---

[244] MünchKomm/*Thiele* § 164 Rdnr. 30; *Palandt/Heinrichs,* BGB, 55. Aufl., Einf. vor § 164 Rdnr. 7; vgl. ferner *Liebich/Mathews,* Treuhand und Treuhänder, passim.

[245] Vgl. *Palandt/Bassenge,* BGB, 55. Aufl., § 903 Rdnr. 35.

[246] Vgl. *Liebich/Mathews,* Treuhand und Treuhänder, S. 327 ff.

[247] Vgl. BGH WM 1964, 318; Erman/*Brox,* BGB, 7. Aufl., Rdnr. 16 vor § 164 BGB.

[248] BGH WM 1986, 1320 = BB 1986, 1807 = DB 1986, 2124 = ZIP 1986, 1124.

[249] BGH WM 1990, 1623 = NJW 1990, 2464 = BB 1990, 1582 = DB 1990, 1912 = WuB I G 7.–10.90 *v. Heymann.*

[250] BGH WM 1991, 10 = NJW-RR 1991, 218 = BB 1991, 1005 =DB 1991, 275 = ZIP 1990, 1578.

[251] BGH WM 1991, 519 = NJW 1991, 912 = DB 1991, 695.

207 **4. Aufklärungspflichten gegenüber Treugeber.** Dem Treuhänder obliegen gegenüber dem Treugeber je nach Ausgestaltung des Treuhandvertrages verschiedene Aufklärungspflichten.

208 *a) Vertragsgrundlagen.* Im Zusammenhang mit der Durchführung von Immobilienanlagen obliegen dem Treuhänder weitgehende Aufklärungs- und Nachforschungspflichten. Der Kapitalanleger ist über sämtliche wesentliche Punkte aufzuklären, die für die Kapitalanlage von Bedeutung oder geeignet sind, den Vertragszweck zu gefährden. Insbesondere muß sich der Treuhänder über die rechtlichen, wirtschaftlichen und finanziellen Grundlagen der Gesellschaft unterrichten. Wenn dies unmöglich ist, ist der Treuhänder ggf. verpflichtet, die Treuhandschaft abzulehnen oder zumindest den Anleger entsprechend zu unterrichten.[252]

209 Der Treuhänder, der eine Beitrittserklärung entworfen hat, haftet für Täuschungshandlungen des mit der Akquirierung von Kapitalanlagen beauftragten Gründungsgesellschafters, wenn die Beitrittserklärung neben der Anerkennung des Gesellschaftsvertrages zugleich die Anerkennung eines Treuhandvertrages vorsieht, nach welchem die Beiträge der Gesellschafter an den Treuhänder zu entrichten sind.[253]

210 *b) Steuerliche Grundlagen.* Weiterhin ist der Treuhänder generell verpflichtet, den Anleger über die Verlustzuweisungen aufzuklären. In diesem Zusammenhang hat der BGH ausgesprochen, es gebe keinen allgemeinen Erfahrungssatz des Inhalts, daß die Beteiligung eines Anlegers an einem Bauherrenmodell für ihn letztlich immer gewinnbringend sei.[254]

211 Allerdings ist ein bei einem Ersterwerbermodell eingeschalteter Zahlungstreuhänder generell nicht verpflichtet, vor Weiterleitung des Eigenkapitals den Anleger darauf hinzuweisen, daß der von ihm angestrebte Zweck mit einem aus dem „Bauherrenerlaß" (OFD Hannover, Rundverfügung vom 2. Oktober 1978, DB 1978, 2047) sich ergebenden Risiko behaftet ist.[255]

212 Ein Treuhänder, der im Jahre 1981 gegenüber der in einem Prospekt angekündigten Grunderwerbsteuerfreiheit für den Erwerb einer Eigentumswohnung im Hinblick auf die Praxis der Finanzverwaltung keine Zweifel zum Ausdruck brachte, mußte einen Anleger nicht über die Frage der Verwirklichung des steuerlichen Konzepts des Bauherrenmodells aufklären, und haftet demgemäß nicht aus Verschulden bei Vertragsschluß, wenn das Finanzamt im Jahre 1985 aufgrund der fortentwickelten Rechtsprechung des Bundesfinanzhofes Grunderwerbsteuer für den gesamten Herstellungsaufwand der Eigentumswohnung verlangt.[256]

213 Ein Gesellschaftertreuhänder, der lediglich Beitrittserklärungen der Treuhandgesellschafter (Anleger) entgegennimmt, ist grundsätzlich nicht verpflichtet, Erkundigungen und Nachforschungen über die Auswirkungen der zivilrechtlichen Gestaltung des Anlagemodells auf die steuerliche Beurteilung anzustellen und einen positiven Bescheid der Finanzverwaltung über die einheitliche und gesonderte Feststellung der Einkünfte aus Vermietung und Verpachtung herbeizuführen.[257]

214 *c) Prospekt.* Zur Wahrung der Interessen des Anlegers kann es im Einzelfall gehören, einen vorhanden Prospekt auf seinen Wahrheitsgehalt zu überprüfen.[258]

---

[252] BGHZ 84, 141 = WM 1982, 758 = NJW 1982, 2493 = BB 1982, 1323 = DB 1982, 1817; OLG Stuttgart WM 1987, 1260 = WuB I G 7.–13.87 *v. Heymann.*

[253] BGH WM 1987, 1336 = NJW-RR 1988, 161 = WuB II J. § 705 BGB 1.88 *Werner.*

[254] BGH WM 1983, 1387 = NJW 1984, 863 = BB 1984, 93 = DB 1984, 338 = ZIP 1984, 73.

[255] BGH WM 1987, 212 = NJW-RR 1987, 273 = DB 1987, 427 = ZIP 1987, 109 = WuB I G 7.–4.87 *Assmann.*

[256] OLG Frankfurt WM 1988, 632 = NJW-RR 1988, 618 = DB 1988, 437 = ZIP 1988, 632 = WuB I G 7.–11.88 *v. Heymann.*

[257] BGHZ 120, 157 = WM 1992, 2132 = NJW 1993, 199 = BB 1992, 2454 = DB 1993, 87 = ZIP 1992, 1744 = WuB I G 7.–2.93 *Bälz.*

[258] OLG Stuttgart WM 1987, 1260 = WuB I G 7.–13.87 *v. Heymann.*

Ist der Treuhänder als Treuhandkommanditist Mitherausgeber eines Prospektes, dann haftet er wegen Verletzung vorvertraglicher Aufklärungspflichten, wenn und soweit er in Kenntnis oder schuldhafter Unkenntnis der wahren Verhältnisse einen in wesentlichen Punkten unrichtigen, unvollständigen oder irreführenden Emissionsprospekt herausgegeben hat. Fehlerhaft waren die zu hoch kalkulierten Mieten, die nicht realisierbar waren und stark überhöhte Baupreise, weil hierin Provisionen für die Bank und Ausschüttungsgarantien aufgeschlagen wurden.[259] 215

Hat der Treuhänder eines Bauherrenmodells die umfassende Interessenvertretung der Anleger übernommen, dann ist er verpflichtet, die Anleger darauf hinzuweisen, daß die kalkulierten Zwischenfinanzierungszinsen in jedem Fall erheblich überschritten und zusätzlich aufgebracht werden müssen, wenn zum Zeitpunkt des Abschlusses des Treuhandvertrages damit zu rechnen war, daß die tatsächlich nötigen Zwischenfinanzierungszinsen den 2- bis 3fachen Betrag erreichen würden und dies dem Anleger aufgrund der gesamten Vertragsgestaltung in Verbindung mit den Prospektangaben nicht erkennbar war.[260] 216

Der Treuhänder eines Erwerbermodells ist verpflichtet, den Anleger über die sich aus einem Prospektprüfungsbericht ergebenden Renditerisiken aufzuklären, wenn im Prospekt auf einen solchen Prüfungsbericht hingewiesen wurde. Dies gilt insbesondere dann, wenn die Wirtschaftlichkeit des Objekts ganz wesentlich auf Zahlungen und Garantien Dritter beruht, deren Bonität aus dem Prospekt nicht ohne weiteres erkennbar war.[261] 217

5. Wahrung allgemeiner Treugeberinteressen. Der Treuhänder ist verpflichtet, ausschließlich die Interessen seines Treugebers zu wahren. Dabei hängt der Umfang des für den Treuhänder verbindlichen Pflichtenkreises von den Umständen des Einzelfalles, insbesondere von der Vertragsgestaltung ab.[262] 218

a) Übertragung der Treuhandschaft. Generell ist der Treuhänder verpflichtet, alles zu unterlassen, was den Interessen des Treugebers entgegenstehen könnte. Insbesondere ist die Übertragung der Treuhandschaft für rd. 75% der Treugeber treuwidrig, wenn sich der Treuhänder damit der Möglichkeit begibt, hinsichtlich der restlichen ihm verbliebenen Beteiligungen seine Verpflichtungen als Treuhänder vertragsgemäß zu erfüllen.[263] 219

b) Dauer der Geschäftsführung. Der Treuhänder einer BGB-Gesellschaft, der im wesentlichen die Geschäfte der Gesellschaft führt, hat kein Recht, in diesem Amt zu verbleiben, wenn er für die Gesellschaft untragbar geworden ist und deshalb in seiner Person ein wichtiger Grund vorliegt, der seine Abberufung rechtfertigt. In diesem Fall hat auch kein (Mehrheits-)Gesellschafter das Recht, den untragbaren Geschäftsführer im Amt zu halten. Ein im Gesellschaftsvertrag verankertes Einstimmigkeitserfordernis bei der Abberufung des Treuhänders ist unwirksam.[264] 220

c) Übernahme der KG-Anteile. Auch die gesellschaftsvertragliche Bestimmung, die den persönlich haftenden Gesellschaftern einseitig das Recht einräumt, die treuhänderisch gehaltenen Kommanditbeteiligungen nach freiem Ermessen zu einem bestimmten Zeitpunkt zu übernehmen, ist unwirksam.[265] 221

---

259 BGH WM 1985, 533 = WuB IV A. § 195 BGB 2.85 *Erlinghagen.*

260 OLG München WM 1991, 447 = WuB I G 7.–4.91 *v. Heymann.*

261 BGH WM 1992, 432 = NJW-RR 1992, 531 = DB 1992, 1084 = WuB I G 7.–4.92 *v. Heymann.*

262 BGHZ 102, 220 = WM 1988, 54 = NJW 1988, 1663 = BB 1988, 165 = DB 1988, 330 = WuB I G 7.–7.88 *v. Heymann;* BGH WM 1988, 986 = NJW-RR 1988, 1299 = WuB IV A. § 611 BGB 1.88 *Huff.*

263 BGHZ 73, 294 = WM 1979, 642 = NJW 1979, 1503 = BB 1979, 802 = DB 1979, 1350.

264 BGH WM 1988, 23 = NJW 1988, 969 = BB 1988, 159 = DB 1988, 221 = ZIP 1988, 22 = WuB II J. § 712 BGB 1.88 *Hüffer.*

265 BGHZ 104, 50 = WM 1988, 939 = NJW 1988, 1903 = BB 1988, 1270 = DB 1988, 1375 = ZIP 1988, 906 = WuB II F. § 161 HGB 2.88 *Baums.*

222 *d) Interessenkollision.* Soweit der Treuhänder z. B. im Rahmen von Publikumsgesellschaften eine Doppelfunktion einnimmt, ist er zu deren Offenlegung verpflichtet.[266] Auch beim Bauherrenmodell ist der Treuhänder verpflichtet, die Anleger schon im Vorfeld ihrer Anlageentscheidung über Verflechtungen mit anderen Beteiligten (z. B. Baubetreuer) aufzuklären.[267]

223 *e) Interessenausgleich zwischen Bauherren.* Der Treuhänder, dem bekannt ist, daß die Nutzfläche einer Gewerbe- und Wohneinheit nicht unerheblich geringer ausgeführt worden ist als vertraglich vorgesehen, ist verpflichtet, einen Ausgleich zwischen dem betroffenen und den durch die Flächenveränderung begünstigten Bauherren herbeizuführen und der Teilungserklärung sowie der Schlußabrechnung die tatsächlich ausgeführten Flächen zugrunde zu legen. Verstößt der Treuhänder schuldhaft gegen die Betreuungspflicht, dann haftet er als Gesamtschuldner für den Schaden, der dem Bauherren dadurch entstanden ist, daß er für die verminderte Fläche einen überhöhten Preis bezahlt hat.[268]

224 Ist bei einem Bauherrenmodell der Anteil an den Gesamtkosten falsch berechnet oder hat sich die Berechnungsgrundlage nachträglich zugunsten eines Bauherrn verändert, dann ist der Treuhänder verpflichtet, im Rahmen des Möglichen für eine entsprechende Herabsetzung des auf den Bauherrn entfallenden Anteils zu sorgen. Das Interesse der übrigen Bauherren, nicht zu höheren Kosten als ursprünglich vorgesehen herangezogen zu werden, hat hinter dem Interesse des benachteiligten Bauherrn an einer „gerechten" Ermittlung seines Kostenanteils zurückzustehen.[269]

225 *f) Nachwirkende Treuepflichten.* Der Treuhänder, der die für den Erwerb einer Eigentumswohnung notwendigen Verträge abgeschlossen und die Finanzierung durch Übernahme der Mithaftung sichergestellt hatte, ist nicht gehindert, die Wohnung im späteren Zwangsversteigerungsverfahren gegen den Treugeber zu einem den Verkehrswert wesentlich unterschreitenden Preis zu ersteigern. Er braucht sich auch die Differenz zwischen dem von ihm gezahlten Preis und dem Verkehrswert der Wohnung nicht auf seine Rückgriffsforderung gegen den Treugeber anrechnen zu lassen.[270]

226 **6. Wahrung der finanziellen Treugeberinteressen.** Der Treuhänder hat auch die finanziellen Interessen des Treugebers zu wahren.

227 *a) Vertragsgestaltung.* Der Treuhänder verletzt die finanziellen Interessen des Anlegers, wenn er mit einem Unternehmen vergütungspflichtige Dienstleistungen vereinbart, die zur Erreichung des erstrebten steuerlichen Erfolgs nicht erforderlich sind und an denen der Treugeber auch sonst kein vernünftiges Interesse haben kann.[271]

228 Wird ein Treuhänder beauftragt, eine Finanzierungsvermittlungsvertrag abzuschließen und wird die Gebühr bereits bei Nachweis der Finanzierung fällig, dann ist der Treuhänder zur Rückzahlung der Gebühr verpflichtet, insbesondere dann, wenn der Anleger die Finanzierung nicht in Anspruch nimmt.[272]

229 Der Treuhänder ist jedoch generell nicht verpflichtet, bei der Darlehensaufnahme zu besten Konditionen abzuschließen; die Bedingungen müssen nur marktüblich sein.[273]

230 *b) Vertragsdurchführung.* Ist bei einem Erwerber-Modell (z. B. Nato-Wohnungen) ein Treuhänder damit beauftragt, die eingehenden Gelder im Interesse des Anlegers für dessen

---

266 BGH WM 1980, 401 = NJW 1980, 1162 = BB 1980, 549 = DB 1980, 872 = ZIP 1980, 277.

267 BGH WM 1991, 695 = NJW-RR 1991, 599 = BB 1991, 935 = DB 1991, 964 = WuB I G 7.–6.91 *v. Heymann.*

268 BGH WM 1991, 769 = NJW-RR 1991, 662 = BB 1991, 574 = DB 1991, 1513.

269 BGH WM 1991, 1266 = NJW-RR 1991, 1120 = BB 1991, 2032 = DB 1991, 2075 = WuB I G 7.–12.91 *v. Heymann.*

270 BGH WM 1989, 1940 = NJW-RR 1990, 141 = ZIP 1989, 1579 = WuB IV A. § 276 BGB 1.90 *Emmerich.*

271 BGH WM 1984, 240 = BB 1984, 564; OLG Karlsruhe DB 1990, 580.

272 BGH WM 1988, 586 = NJW-RR 1988, 788 = BB 1988, 713 = DB 1988, 1212 = WuB I G 7.–9.88 *v. Heymann.*

273 OLG Hamburg WM 1984, 1400 = DB 1984, 2398.

Rechnung anzuweisen (sog. Zahlungstreuhänder), dann ist dieser Treuhänder generell nicht verpflichtet, eigene Feststellungen über eine gesicherte Realisierbarkeit des Wohnungserwerbs zu den erwarteten Konditionen zu treffen.[274]

Beim Bauherren-Modell ist ein Treuhänder gegenüber dem Bauherrn zur regelmäßigen Unterrichtung und Beratung verpflichtet. Versäumt er den rechtzeitigen Hinweis, daß Forderungen geltend gemacht werden müssen, kann bei späterer Insolvenz des Schuldners eine Haftung des Treuhänders in Betracht kommen.[275] 231

Will der Treuhänder von einer Regelung im Treuhandvertrag abweichen, wonach er den Baubeginn erst nach Vorliegen bestimmter Voraussetzungen veranlassen darf (z. B. Mindestzahl beigetretener Bauherren und gesicherte Finanzierung der restlichen Wohnungen), dann ist er verpflichtet, die Bauherren vorher auf die damit verbundenen Risiken hinzuweisen, auch wenn eine Mehrheit der Bauherren eine schnellstmögliche Durchführung der Baumaßnahme beschlossen hat.[276] 232

c) Mittelverwendung. Der Treuhänder einer Anlagegesellschaft ist den Anlegern gegenüber verpflichtet, für eine Sicherstellung der finanziellen Interessen des Anlegers zu sorgen, eine vertragswidrige Verwendung der Einlagen und der Darlehen zu verhindern und dabei auch die Gefahren einer möglichen Zahlungsschwierigkeit der beteiligten Vertragspartner des Anlegers zu beachten und zu verfolgen. Ihm anvertraute Gelder darf der Treuhänder erst nach Sicherstellung der Gesamtfinanzierung auszahlen.[277] 233

Im Rahmen von Bauherren-Modellen darf ein Treuhänder ihm anvertraute Gelder erst dann an die Begünstigten weiterleiten, wenn die ordnungsgemäße Verwendung der Gelder nachgewiesen oder sichergestellt ist. Bei erkennbaren Risiken muß der Treuhänder für die Sicherstellung der Mittel sorgen und die Treugeber vor der Überweisung über die Risiken aufklären und beraten. Bei Fehlen einer Baugenehmigung ist eine ordnungsgemäße Verwendung weder nachgewiesen noch sichergestellt.[278] 234

Der Treuhänder ist verpflichtet, ihm anvertraute Gelder nicht an den Zessionar des Verkäufers, sondern an den Grundpfandrechtsgläubiger zur Löschung des Grundpfandrechts weiterzuleiten, um den Treugeber vor der Gefahr dinglicher und damit – nach Zahlung an den Zessionar – möglicherweise doppelter Inanspruchnahme zu schützen.[279] 235

Ist für den als Mittelverwendungstreuhänder tätigen Rechtsanwalt erkennbar, daß er mit Überweisungen an einen Generalübernehmer das Prozeßrisiko einer etwaigen Auseinandersetzung über die Wirksamkeit nachträglich abgeschlossener Verträge und das Risiko der Insolvenz des Generalübernehmers auf seine Treugeber verlagert, dann ist er verpflichtet, die Treugeber vor einer Überweisung über die Sach- und Rechtslage sowie die Risiken zu unterrichten und zu beraten, damit sie selbst entscheiden können, ob die Überweisung ausgeführt werden soll oder nicht. Von einer vorherigen Aufklärung und Beratung darf der Treuhänder nur absehen, wenn zweifelsfrei feststeht, daß die Treugeber aufgrund der ihnen bekannten Verträge verpflichtet sind, das Honorar an den Generalübernehmer zu zahlen.[280] 236

d) Rechnungslegung und Auskunft. Der Treuhänder ist generell zu umfassender Auskunft und Rechnungslegung verpflichtet.[281] Zu einer ordnungsgemäßen Rechnungslegung bei 237

---

[274] BGH WM 1987, 179 = NJW-RR 1987, 274 = DB 1987, 479 = WuB I G 7.–3.87 *Assmann.*

[275] BGH NJW-RR 1988, 915.

[276] BGH WM 1994, 1076 = NJW 1994, 1864 = DB 1994, 1081 = WuB I G 7.–2.94 *v. Heymann.*

[277] BGH WM 1986, 904 = WuB I G 9.–4.86 *v. Heymann;* OLG Karlsruhe WM 1988, 1068 = ZIP 1988, 1258 = WuB I G 7.–12.88 *v. Heymann.*

[278] BGH WM 1986, 1320 = NJW-RR 1987, 20 = BB 1986, 1807 = DB 1986, 2124 = ZIP 1986, 1124 = WuB I G 7.–1.87 *Wolfsteiner.*

[279] BGH WM 1992, 1074 = NJW 1992, 221 = ZIP 1992, 910 = WuB I G 7.–10.92 *Reithmann.*

[280] BGH WM 1989, 1286 = NJW-RR 1989, 1102 = BB 1989, 1999 = DB 1989, 1818 = WuB I G 7.–7.89 *v. Heymann;* BGH WM 1994, 1076 = NJW 1994, 1864 = DB 1994, 1081 = WuB I G 7.–2.94 *v. Heymann.*

[281] OLG München DB 1986, 1970.

Bauherren-Modellen gehört, daß der Treuhänder eine Gesamtabrechnung des Vorhabens vorlegt und sich nicht auf die die erworbene Wohnung betreffenden Angaben beschränkt. Aus dieser aus sich heraus verständlichen Gesamtabrechnung muß hervorgehen, welche Leistungspflichten für den Treugeber begründet worden sind, ob, wann und in welcher Weise sie erfüllt wurden und ob aus dem jeweiligen Vertrag noch nicht erfüllte Verbindlichkeiten bestehen, wie der Verteilungsschlüssel ermittelt worden ist, ob die anderen Bauherren ihren Verpflichtungen nachgekommen oder ob mit den Mitteln des Treugebers etwa deren Verbindlichkeiten (mit-)erfüllt worden sind. Abzuschließen ist die Darstellung mit einer übersichtlichen Aufrechnung der Einnahmen und Ausgaben.[282]

238 Bei einem Bauherrenmodell ist der Treuhänder grundsätzlich zur Abführung der vollen von ihm aus der Untervermietung erzielten Mieteinkünfte verpflichtet.[283] Sind einem Treuhänder Gelder zu treuen Händen anvertraut, dann hat er entgegen seiner Verpflichtung, sich streng an die Hinterlegungsanweisungen zu halten, ausnahmsweise von der Auszahlung abzusehen, sobald ihm erkennbar wird, daß der Treugeber durch die Auszahlung geschädigt werden kann.[284]

239 *e) Garantien.* Ein Treuhänder hat in seiner Eigenschaft als Baubetreuer aufgrund einer übernommenen Garantie grundsätzlich dafür einzustehen, daß der garantierte Preis auch eingehalten wird. Die eingeräumte Überschreitung von bis zu 5% des garantierten Preises ist jedoch nur zulässig, wenn die Überschreitung vom Treuhänder nicht zu vertreten und für ihn nicht vorhersehbar war.[285]

240 **7. Wahrung der steuerlichen Treugeberinteressen.** Zu den Pflichten des Treuhänders gehört auch die Wahrung der steuerlichen Interessen des Treugebers.

241 *a) Prospektierte Steuervorteile.* Ist bei einem Erwerbermodell ein Treuhänder damit beauftragt, die eingehenden Gelder im Interesse des Anlegers für dessen Rechnung anzuweisen (sog. Zahlungstreuhänder), dann ist dieser Treuhänder generell nicht verpflichtet, auch die steuerlichen Interessen der Anleger wahrzunehmen und Maßnahmen zu ergreifen, die auf die Sicherung der im Prospekt in Aussicht gestellten Steuervorteile abzielen.[286]

242 *b) Mehrwertsteueroption.* Für den Zahlungstreuhänder besteht generell auch keine Pflicht, Maßnahmen zu ergreifen, die zur Option und zur Beantragung der MwSt.-Rückvergütung notwendig sind.[287]

243 *c) Vermeidung von steuerlichen Nachteilen.* Der Treuhänder eines Bauherrenmodells muß die Abwicklung eines Bauvorhabens daraufhin überwachen, daß sie der Anerkennung der Anleger als Bauherren und der Gewährung der damit verbundenen Steuervorteile nicht entgegensteht. Diese Pflicht trifft ihn unabhängig davon, ob daneben ein gesondert beauftragter Steuerberater oder der Baubetreuer zur Überwachung verpflichtet ist. Für entgangene Steuervorteile haftet der Treuhänder nicht, wenn die tatsächliche Abwicklung des Bauvorhabens der seinerzeitigen maßgeblichen Verwaltungspraxis entsprach.[288]

244 **8. Fehlende Vollmacht.** Schließt der Treuhänder eines im Bauherrenmodell zu errichtenden Bauvorhabens Verträge namens und im Auftrag der Bauherrengemeinschaft, ohne daß eine solche Bauherrengemeinschaft besteht, haftet er grundsätzlich selbst als Vertreter ohne Vertretungsmacht nach § 179 Abs. 1 BGB. Die Haftung des vollmachtslosen Treu-

---

282 OLG Köln DB 1989, 773.

283 OLG Düsseldorf DB 1986, 2020.

284 BGH WM 1978, 190; BGH WM 1986, 583 = VersR 1986, 699 = WuB I G 9.–3.86 *Assmann.*

285 BGH WM 1987, 179 = NJW-RR 1987, 274 = DB 1987, 479 = WuB I G 7.–3.87 *Assmann.*

286 BGH WM 1987, 212 = NJW-RR 1987, 273 = DB 1987, 427 = ZIP 1987, 109 = WuB I G 7.–4.87 *Assmann.*

287 BGH WM 1987, 1221 = WuB I G 7.–12.87 *v. Heymann.*

288 BGH WM 1991, 765 = NJW-RR 1991, 660 = BB 1991, 572 = DB 1991, 1319 = WuB I G 7.–7.91 *v. Heymann.*

händers ist nach § 179 Abs. 3 Satz 1 BGB nur dann ausgeschlossen, wenn der Vertragspartner den Mangel der Vertretungsmacht kennt oder infolge Fahrlässigkeit nicht kennt.[289]

Die Haftung des Treuhänders ist nach § 179 Abs. 3 Satz 1 BGB auch dann ausgeschlossen, wenn der Auftragnehmer (Bauunternehmer) weiß, daß die Bauherren noch nicht geworben sind und daß die Bauherrengemeinschaft in absehbarer Zeit nicht zustande kommen wird. Durfte dagegen der Auftragnehmer nach den vom Treuhänder sonst abgegebenen Erklärungen darauf vertrauen, daß die Bauherrengemeinschaft noch entstehen wird, haftet der Treuhänder als Vertreter ohne Vertretungsmacht, ist § 179 Abs. 3 BGB nicht – auch nicht entsprechend – anwendbar. Will der Treuhänder dieses Haftungsrisiko vermeiden, muß er den Auftrag an eine entsprechende Bedingung knüpfen.[290] 245

Der Treuhänder einer Bauherrengemeinschaft, die als BGB-Gesellschaft unter einem Gesamtnamen auftritt, haftet wie ein Vertreter ohne Vertretungsmacht, wenn er nach dem Abschluß von Rechtsgeschäften für die Bauherrengemeinschaft die Namen der Bauherren nicht bekannt gibt. 246

IX. Prospekthaftung der finanzierenden Bank

Ansprüche des Anlegers gegen die finanzierende Bank können sich auch aus dem Rechtsinstitut der sog. Prospekthaftung ergeben.[291] Dabei ist zu unterscheiden zwischen steuersparenden Kapitalanlagen und Börsenprospekten. 247

1. Steuersparende Kapitalanlagen. Zur Prospekthaftung der Bank im Zusammenhang mit steuersparenden Kapitalanlagen sind bisher nur wenige höchstsrichterliche Entscheidungen ergangen. 248

In der ersten Entscheidung des BGH war die Bank bei einer Abschreibungs-KG **Treuhandkommanditistin und** zugleich **Mitherausgeberin** des Prospektes.[292] Der Prospekt enthielt unrichtige und unvollständige Angaben über die Mittelverwendung, die Rendite und den Wertzuwachs (die Mieten waren zu hoch kalkuliert und deshalb nicht realisierbar; die Baupreise waren überhöht, weil hierin Provisionen für die Bank und Ausschüttungsgarantien eingerechnet waren). 249

Nach Auffassung des BGH haftet die Bank als Treuhandkommanditistin und Mitherausgeberin des Prospektes wegen der **Verletzung vorvertraglicher Aufklärungspflichten,** wenn und soweit sie in Kenntnis oder schuldhafter Unkenntnis der wahren Verhältnisse einen in wesentlichen Punkten unrichtigen, unvollständigen oder irreführenden Emissionsprospekt herausgegeben hat. 250

Die Auskunftspflicht erstreckt sich auch auf die Darlehenskonditionen. In dem entschiedenen Fall hatte der Prospekt nicht erkennen lassen, daß die Bank die Kredite gewähren sollte, und daß dabei schlechtere als marktübliche Bedingungen vorgesehen gewesen waren; die Bank hatte auch die Laufzeit der Kredite, die im Prospekt mit 33 Jahren angegeben war, auf 23 Jahre verkürzt; dadurch sind die jährlichen Tilgungslasten erhöht und die Mittel für die Barausschüttung verkürzt worden. Diese Tatsache ist nach Ansicht des BGH für eine Anlageentscheidung von wesentlicher Bedeutung.[293] 251

In der zweiten Entscheidung des BGH hat die Bank den Prospekt nicht selbst herausgebracht, aber eine von ihr als **„bankgeprüft“** bezeichnete Beteiligung an einer Abschreibungsgesellschaft mit unzutreffenden Prospektangaben vermittelt.[294] Die Bank war im 252

---

289 BGHZ 63, 45 = WM 1974, 973 = NJW 1974, 1905 = BB 1974, 1178 = DB 1974, 1808; OLG Köln WM 1987, 1081 = WuB I G 7.–10.87 *v. Heymann*.

290 BGHZ 105, 283 = WM 1988, 1831 = NJW 1989, 894 = BB 1989, 171 = DB 1989, 99 = ZIP 1988, 1573 = WuB I G 7.–3.89 *v. Heymann;* OLG Frankfurt BB 1984, 692; OLG Hamm BauR 1987, 592; OLG Frankfurt NJW-RR 1987, 914.

291 S. hierzu oben § 7.

292 BGH WM 1985, 533 = WuB IV A. § 195 BGB 1.85 *Menk*.

293 BGH WM 1985, 533 = WuB IV A. § 195 BGB 1.85 *Menk*.

294 BGH WM 1986, 517 = ZIP 1986, 562 = WuB I G 8.–5.86 *v. Heymann*.

entschiedenen Fall zwar nicht selbst Beteiligte des angestrebten Vertrages.[295] Vorvertragliche Pflichten könnten aber auch denjenigen treffen, der als Vertreter oder Vertragsmittler in besonderem Maße **persönliches Vertrauen** in Anspruch nimmt und dem solches von seinem Verhandlungsgegner auch entgegengebracht wird. Ein derartiger Sachverhalt ist regelmäßig dann gegeben, wenn der Verhandlungspartner mit Hinweis auf seine außergewöhnliche Sachkunde oder seine persönliche Zuverlässigkeit dem Verhandlungsgegner eine zusätzliche, von ihm persönlich ausgehende Gewähr für das Gelingen des Geschäfts bietet.[296]

253 In einer dritten Entscheidung hat der BGH den Grundsatz aufgestellt, bei einer Sparkasse entstehe ein zusätzlicher Vertrauenstatbestand bereits dadurch, daß sie die Kapitalanlage in ihr Beratungsprogramm aufgenommen und vermittelt hat und damit der Kapitalanlage (über die verwendeten Prospekte) den **Anschein einer Seriosität** verlieh, die Sparkassengeschäften eigentümlich ist. Die Sparkasse müsse den ihr überlassenen Prospekt zumindest auf Plausibilität prüfen.[297]

254 In einer *vierten* Entscheidung hat der Bundesgerichtshof den Grundsatz aufgestellt, daß eine Bank verpflichtet ist, die Richtigkeit von Prospektangaben und die Bonität der Initiatoren in banküblicher Weise zu überprüfen und die Anleger über bestehende Risiken aufzuklären, wenn sie sich im Prospekt eines Bauherrenmodells nicht nur als Vertragspartner für die Finanzierung, sondern auch als Referenz benennen läßt.[298]

255 **2. Börsenprospekt.** Im Zusammenhang mit der Herausgabe eines Börsenprospektes hat der BGH entschieden, daß unter bestimmten Voraussetzungen eine Haftung der Emissionsbank gem. §§ 45, 46 BörsG in Betracht kommen kann, wenn die wirtschaftliche Lage und die Zukunftsaussichten des Emittenten zu günstig dargestellt sind.[299] Ein Börsenzulassungsprospekt muß eine zutreffende zeitnahe Darstellung aller für die Beurteilung von Wertpapieren wichtigen tatsächlichen Verhältnissen geben. Enthält der von einer Bank herausgegebene Prospekt über DM-Auslandsanleihen („Bond-Anleihen") unrichtige Angaben oder ist der Prospekt infolge Weglassung wesentlicher Tatsachen unvollständig, dann haftet die Bank gemäß §§ 45, 46 BörsG.[300]

256 **3. Immobilienanlagen.** Nach den bisher von der Rechtsprechung entwickelten Grundsätzen kann auch die finanzierende Bank bei Immobilienanlagen unter bestimmten Voraussetzungen eine Garantenstellung einnehmen. Eine mögliche Inanspruchnahme wegen unrichtiger oder unvollständiger Prospekte oder Verkaufsunterlagen wäre dabei insbesondere von folgenden Voraussetzungen abhängig:
- Inanspruchnahme **persönlichen Vertrauens** oder Verletzung typischer „Berufspflichten";
- Übernahme einer **Garantenstellung** durch nach außen in Erscheinung tretendes Mitwirken am Prospekt oder an der steuerlichen, rechtlichen und wirtschaftlichen Konzeption;

---

[295] Vgl. hierzu BGHZ 56, 81 = WM 1971, 592 = NJW 1971, 1309 = DB 1971, 1006.

[296] BGHZ 74, 103 = WM 1979, 530 = NJW 1979, 1449 = BB 1980, 800 = DB 1980, 1219; BGHZ 79, 337 = WM 1981, 483 = NJW 1981, 1449 = BB 1981, 865 = DB 1981, 1274 = ZIP 1981, 518; BGHZ 84, 141 = WM 1982, 758 = NJW 1982, 2493 = BB 1982, 1323 = DB 1982, 1817; BGH WM 1985, 1520 = WuB IV A. § 676 BGB 1.86 *Assmann.*

[297] BGH WM 1987, 495 = NJW 1987, 1815 = BB 1987, 850 = DB 1987, 980 = ZIP 1987, 500 = WuB I G 4.–5.87 *Assmann.*

[298] BGH WM 1992, 1269 = NJW 1992, 2148 = BB 1992, 1454 = DB 1992, 2131 = ZIP 1992, 987 = WuB I G 4.–8.92 *Assmann.*

[299] BGH WM 1982, 862 = NJW 1982, 2823 = BB 1982, 1626 = DB 1982, 1861 (BuM I); BGHZ 96, 231 = WM 1986, 2 = NJW 1986, 837 = BB 1986, 417 = DB 1986, 160 = ZIP 1986, 14 (BuM II); zum „Kapitalerhöhungsschwindel" vgl. BGH ZIP 1988, 1112.

[300] OLG Frankfurt WM 1994, 291.

– Schaffung eines besonderen zusätzlichen **Vertrauenstatbestandes** z. B. durch Zustimmung zur Nennung im Prospekt als „sachverständig“ und Abgabe bzw. Wiedergabe von entsprechenden Erklärungen.[301]

Bei der Beurteilung der Frage, inwieweit die finanzierende Bank Prospekthaftungsansprüchen ausgesetzt sein kann, ist die im Zusammenhang mit der Immobilienanlage übernommene **Funktion** der Bank entscheidend: Hat sich die Bank ausschließlich auf ihre Rolle als Kreditgeber beschränkt oder ist sie darüber hinaus auch an dem Projekt beteiligt. Die Beantwortung dieser Frage wird weitgehend von den Umständen des Einzelfalles abhängen. Da es sich bei der Prospekthaftung um eine Erklärungshaftung handelt, kann ein Vertrauenstatbestand allerdings nur in dem Umfang entstehen, wie entsprechende Erklärungen im Prospekt oder sonstigen Verkaufsunterlagen abgegeben worden sind. **257**

Wenn die Bank – ohne Initiatorin, Prospektherausgeber, Vertreiber oder sonst Beteiligte zu sein – im Interesse einer weitgehenden Absicherung des Kreditengagements und zur Verbesserung der Rentabilität Einfluß auf die bauliche Gestaltung des Objekts nimmt, konzeptionelle und vertragliche Änderungen des Modells durchsetzt und im übrigen eine „laufende Abstimmung“ in der Planungsphase verlangt, dann wird sie damit nicht zur beherrschenden Figur des Anlagemodells und rückt auch haftungsmäßig nicht an die Seite der Initiatoren. Ein gewisses Maß an Einflußnahme auf die Projektkonzeption ist für eine Finanzierungsbank unumgänglich. Keine Bank wird zur Übernahme einer Finanzierung bereit sein, wenn sie eine ihr unter dem Blickwinkel der Rentabilität und des Finanzierungsrisikos nicht genehme Konzeption des Initiators hinnehmen müßte, um einer etwaigen Prospekthaftung zu entgehen. Etwas anderes könnte nur dann gelten, wenn der Initiator mit seinen Firmen keine selbständigen Entscheidungen treffen kann und sämtliche Funktionen als Initiator, Vertreiber und Prospektherausgeber nur als Strohmann der Bank wahrnimmt, während in Wahrheit die Durchführung des Projektes im wesentlichen von der Bank beherrscht wird.[302] **258**

§ 7 Prospekthaftung

Übersicht

[301] BGHZ 79, 337 = WM 1981, 483 = NJW 1981, 1449 = BB 1981, 865 = DB 1981, 1274 = ZIP 1981, 518; BGH WM 1985, 533; BGHZ 93, 264 = WM 1985, 221 = NJW 1985, 1020 = BB 1985, 749 = DB 1985, 543 = ZIP 1985, 203 = WuB I E 1.–7.85 *Wolff.*

[302] BGH WM 1992, 901 = NJW-RR 1992, 879 = BB 1992, 1520 = DB 1992, 1287 = ZIP 1992, 912 = WuB I G 7.–9.92 *v. Heymann.*

Schrifttum: *Assmann,* Informationspflicht des Anlagevermittlers und Mitverschulden des Anlegers, NJW 1982, 1083 ff.; *ders.,* Entwicklungstendenzen der Prospekthaftung, WM 1983, 138 ff.; *ders.,* Prospekthaftung, 1985; *ders.,* Prospekthaftung als unerlaubter Haftungsdurchgriff?, Festschrift der Juristischen Fakultät zur 600-Jahr-Feier der Ruprecht-Karls-Universität Heidelberg (Richterliche Rechtsfortbildung), 1986, S. 299 ff.; *ders.,* Haftung gegenüber dem Anleger (I) – Prospekthaftung, in: Köndgen (Hrsg.), Neue Entwicklungen im Bankhaftungsrecht, 1987, S. 55 ff.; *ders.,* Neues Recht für den Wertpapiervertrieb, die Förderung der Vermögensbildung durch Wertpapieranlage und die Geschäftstätigkeit von Hypothekenbanken, NJW 1991, 528 ff.; *ders.,* Der Inhalt des Schadensersatzanspruchs fehlerhaft informierter Kapitalanleger, Festschrift Hermann Lange, 1992, S. 345 ff.; *ders.,* Die Prospekthaftung zwischen aktien- und kapitalmarktrechtlichen Regelungsaufgaben, in: Abbadessa/Rojo (Hrsg.), Il diritto delle società per azioni: Problemi, esperienze, progetti, (Mailand) 1993, S. 595 ff.; *Assmann/Kübler,* Prospekthaftung im Kapitalmarktrecht („Das gescheiterte Gastronomie-Projekt"), in: W. R. Walz (Hrsg.), Sozialwissenschaften im Zivilrecht, 1983, S. 205 ff.; *v. Bar,* Vertrauenshaftung ohne Vertrauen, ZGR 1983, 476 ff.; *Baur,* Investmentgesetze, 1970; *Beckmann/Scholtz,* Investment – Ergänzbares Handbuch für das gesamte Investmentwesen, 1970 ff.; *Bihr,* Prospektprüfung bei Bauherrengemeinschaften, BB 1983, 937 ff.; *Brawenz,* Die Prospekthaftung nach allgemeinem Zivilrecht, 1991; *Brondics/Mark,* Die Börsenprospekthaftung der Banken nach deutschem Recht, in: Yamauchi (Hrsg.), Beiträge zum japanischen und ausländischen Bank- und Finanzrecht, (Tokio) 1987, S. 23 ff.; *dies.,* Die Verletzung von Informationspflichten im amtlichen Markt nach der Reform des Börsengesetzes, AG 1989, 339 ff.; *Canaris,* Bankvertragsrecht, 2. Aufl. 1981; *ders.,* Täterschaft und Teilnahme bei culpa in contrahendo, Festschrift Giger, 1989, S. 91 ff.; *Carl/Machunsky,* Der Wertpapier-Verkaufsprospekt, 1992; *Cerny,* § 264 a StGB – Kapitalanlagebetrug, MDR 1987, 271 ff.; *Coing,* Haftung aus Prospektwerbung für Kapitalanlagen in der neueren Rechtsprechung des Bundesgerichtshofes, WM 1980, 206 ff.; *Crezelius,* Grauer Kapitalmarkt und Rechtsordnung, BB 1985, 209 ff.; *Degner,* Börsenprospekt und Prospekthaftung, WP 1963, 54 ff.; *Doerry,* Bauträgerschaft, Baubetreuung und Bautreuhandschaft sowie Prospekthaftung bei Bauherrenmodellen in der Rechtsprechung des Bundesgerichtshofs, WM 1991 Beil. 8; *Ebenroth/Kräutter,* Die Eigenhaftung des GmbH-Geschäftsführers bei der Anlagevermittlung, BB 1990, 569 ff.; *Ehricke,* Zur zivilrechtlichen Prospekthaftung der Emissionsbanken gegenüber dem Wertpapieranleger, DB 1980, 2429 ff.; *Eggesiekker/Eisenach/Schürner,* Verjährung der Prospekthaftung, FR 1982, 324 ff.; *Eisenhardt,* Kapitalanlegerschutz und Schadensersatz nach geltendem Recht, 1978; *Erb,* Der Prospekt und die Prospekthaftung bei Anleihens-Emission am schweizerischen Kapitalmarkt, Diss. Basel 1986; *Erman,* Zur Prospekthaftung aus § 45 Börsen-Gesetz, AG 1964, 327 ff.; *Esche,* Der Kapitalanlegerschutz bei steuerorientierten Immobilien-Anlagegesellschaften in den USA, Frankreich und in der Bundesrepublik Deutschland, Diss. Hamburg 1986; *Ferrarini,* La responsabilità da prospetto, Milano 1986; *Fichtner,* Die börsen- und depotrechtlichen Strafvorschriften und ihr Verhältnis zu den Eigentums- und Vermögensdelikten des StGB, Diss. Tübingen 1993; *Frohne,* Prospektpflicht und Prospekthaftung in Deutschland, Frankreich und den USA, 1974; *Gallandi,* § 264 a StGB – Der Wirkung nach ein Mißgriff?, wistra 1987, 316 ff.; *Garz-Holzmann/Gurke,* Anlegerschutz am grauen Kapitalmarkt, DB 1983, 29 ff.; *Goldbeck/Uhde,* Das Bauherrenmodell in Recht und Praxis, 1984; *Grannemann,* Prospektherausgeberhaftung auf dem grauen Kapitalmarkt, 1988; *v. Grießenbeck,* Zur Anwendbarkeit des § 98 HGB auf Emissionsgehilfen beim Vertrieb von Anteilen einer Publikums-KG, BB 1988, 2188 ff.; *Grotherr,* Der neue Straftatbestand des Kapitalanlagebetrugs (§ 264 a StGB) als Problem des Prospektinhalts und der Prospektgestaltung, DB 1986, 2584 ff.; *ders.,* Die Bedeutung der Prospektprüfung als Instrument des Anlegerschutzes, DB 1988, 741 ff.; *ders.,* Alternative Anlegerschutzmöglichkeiten zur Prospekthaftung auf dem freien Kapitalmarkt, DB 1988, 1001 ff.; *Hammer,* Überlegungen zur Prüfung von Prospekten, WPg 1982, 651 ff.; *ders.,* Grundsätze ordnungsmäßiger Durchführung von Prospektprüfungen, WPg 1987, 676 ff.; *Hasche-Preuße,* Verkaufsprospekte bei Wertpapieren, Die Bank 1990, 713 f. = Sparkasse 1990, 549 f. = WP 1991, 108 f.; *Helkenberg,* Anlegerschutz am Grauen Kapitalmarkt – Prognosegrundsätze für Emissionsprospekte, 1989; *Herrmann,* Die Sachwalterhaftung vermögenssorgender Berufe, JZ 1983, 422 ff.; *v. Heymann,* Bankenhaftung bei Immobilienanlagen, 8. Aufl. 1994; *ders.,* Prospekthaftung bei Immobilienanlagen, Die Bank 1992, 33 ff.; *Hoegen,* Einzelfragen zur Haftung bei Anlagevermittlung und Anlageberatung unter besonderer Berücksichtigung der Rechtsprechung des Bundesgerichtshofes, Festschrift Stimpel, 1985, S. 247 ff.; *Hopt,* Der Kapitalanlegerschutz im Recht der Banken, 1975; *ders.,* Inwieweit empfiehlt sich eine allgemeine gesetzliche Regelung des Anlegerschutzes? Gutachten G zum 51. Deutschen Juristentag, 1976; *ders.,* Haftungsrechtliche Fragen der Prospektprüfung, in: Prospektprüfung (IdW-Seminar v. 6. 6. 1983), 1983, S. 39 ff.; *ders.,* Aktuelle Rechtsfragen der Haftung für Anlage- und Vermögensberatung, 2. Aufl. 1985; *ders.,* Haftung der Banken bei der Finanzierung von Publikumsgesellschaften und Bauherrenmodellen, Festschrift Stimpel, 1985, S. 265 ff.; *ders.,* Risikokapital, Nebenbörsen und Anlegerschutz, WM 1985, 793 ff.; *ders.,* Die Haftung des Wirtschaftsprüfers, Festschrift Pleyer, 1986, S. 341 ff.; *ders.,* Die Verantwortlichkeit der Banken bei Emissionen, 1991; *ders.,* Emission, Prospekthaftung und Anleihetreuhand im internationalen Recht, Festschrift Lorenz, 1991, S. 413 ff.; *ders.,* Funktion, Dogmatik und Reichweite der Aufklärungs-, Warn- und Beratungspflichten der Kreditinstitute, Festschrift Gernhuber, 1993, S. 169 ff.; *Horst,* Kapitalanlegerschutz, 1987; *Immenga,* Bankenhaftung bei der Finanzierung steuerbegünstigter Anlagen, ZHR 151 (1987) 148 ff.; *Jaath,* Zur Strafbarkeit der Verbreitung unvollständiger Prospekte über Vermögensanlagen, Festschrift Dünnebier, 1982, S. 583 ff.; *Jehl,* Die allgemeine vertrauensrechtliche und die deliktsrechtliche Prospekthaftung der Banken und Versicherungen unter dem Blickwinkel des neuen § 264 a StGB, DB 1987, 1772 ff.; *Joecks,* Anleger- und Verbraucherschutz durch das 2. WiKG, wistra 1986, 142 ff.; *ders.,* Der Kapitalanlagebetrug, Praxis der Steuerbegünstigten Kapitalanlagen Bd. XVII, 1987; *Kaligin,* Die spezifischen Risiken und Rechtsschutzmöglichkeiten des Kommanditisten bei Beteiligungen an Abschreibungsgesellschaften in der Rechtsform der GmbH & Co. KG, 1983; *ders.,* Strafrechtliche Risiken bei der Konzeption und beim Vertrieb von steuerbegünstigten Kapitalanlagen, HdB Fach 4900 (1986); *ders.,* Die Konzeption und der Vertrieb von (steuerbegünstigten) Kapitalanlagen im Blickwinkel des § 264 a StGB, WPg 1987, 354 ff.; *Kirchner,* Zur Prospektpublizität bei der Zulassung von Wertpapieren zur amtlichen Notierung, in: Claussen/Hübl/Schneider (Hrsg.), Zweihundert Jahre Geld und Brief, S. 301 ff.; *Kleinwächter,* Die Prospekthaftung der Bank für Aktienplazierungen außerhalb des amtlichen Börsenhandels, BB 1987, 1541 ff.; *Klumpe/Kießling,* Prospekthaftung, HdB Fach 4500 (1983); *Köndgen,* Selbstbindung ohne Vertrag, 1981; *ders.,* Zur Theorie der Prospekthaftung, AG 1983, 85 ff. (I), 120 ff. (II); *Kort,* Die Verjährung von Prospekthaftungsansprüchen beim

Bauherrenmodell, DB 1991, 1057 ff.; *Kunz,* Die Börsenprospekthaftung nach Umsetzung der EG-Richtlinien in innerstaatliches Recht, 1992; *Lehmann,* Vertragsanbahnung durch Werbung, 1981; *ders.,* Die zivilrechtliche Haftung der Banken für informative Angaben im deutschen und europäischen Recht, WM 1985, 181 ff.; *Lengerke,* Prospekthaftung bei Verlustzuweisungsgesellschaften, Diss. Osnabrück 1986; *Littbarski,* Die Berufshaftung – eine unerschöpfliche Quelle richterlicher Rechtsfortbildung?, NJW 1984, 1667 ff.; *Lutter,* Zur Haftung des Emissionsgehilfen im grauen Kapitalmarkt, Festschrift Bärmann, 1975, S. 605 ff.; *Machunsky,* Steuerbegünstigte Kapitalanlagen: Haftung von Wirtschaftsprüfern und Steuerberatern bei Prospekterstellung, Prospektprüfung, Treuhandschaft und Anlageberatung, DB 1988, 1305 ff.; *Mallison,* Prospektanforderungen und Prospektprüfung in Deutschland und in den USA, DB 1982, 2121 ff.; *Martin,* Criminal Securities and Commodities Fraud, 1993; *Meyding,* Zweifelsfragen bei Anwendung des Wertpapier-Verkaufsprospektgesetzes, DB 1993, 419 ff.; *Meyer-Cording,* Die Börsenprospekthaftung heute?, BB 1984, 2092 ff.; *Mink,* Immobilienkapitalanlagen, 1988; *ders.,* Gesetzliche Prospekthaftung, HdB Fach 4520 (1989); *Moll,* Anlegerschutz und Gläubigerschutz, BB 1982 Beil. 3; *v.Morgen,* Die differenzierende Rechtsprechung des BGH zur Verjährung von Prospekthaftungsansprüchen: Eine „halbherzige" Lösung, NJW 1987, 474 ff.; *Nehm,* Grundsätze ordnungsmäßiger Durchführung von Prospektprüfungen, WPg 1981, 645 ff.; *Nirk,* Der „Emissionsprospekt" einer sogenannten Publikums-(Abschreibungs-)Kommanditgesellschaft als Anspruchsgrundlage für geschädigte Kapitalzeichner, Festschrift Hefermehl, 1976, S. 189 ff.; *Nußbaum,* Kommentar zum Börsengesetz, 1910; *H. Otto,* Strafrechtliche Aspekte der Anlageberatung, WM 1988, 729 ff.; *P. Otto,* Stellung der Bank bei der Finanzierung von Immobilienanlagen, 1988; *Pabst,* Rechtliche Risiken bei Konzeption und Vertrieb von Kapitalanlagen, 1988; *Pabst/Weber,* Das Wettbewerbsrecht des freien Kapitalanlagemarktes, 1988; *Paskert,* Informations- und Prüfungspflichten bei Wertpapieremissionen, 1991; *Pleyer,* Zur Grundlage des Schadensersatzanspruches wegen fehlerhafter Prospekte beim Vertrieb von Anteilen an einer Publikums-KG in der Rechtsprechung des BGH, Festschrift Stimpel, 1985, S. 335 ff.; *Pleyer/Hegel,* Zur Grundlage der Prospekthaftung bei der Publikums-KG in der Literatur, ZIP 1986, 681 ff.; *dies.,* Die Prospekthaftung bei der Publikums-KG, ZIP 1985, 1370 ff.; *dies.,* Die Bedeutung des neuen § 264 a StGB für die zivilrechtliche Prospekthaftung bei der Publikums-KG, ZIP 1987, 79 ff.; *Prautsch,* Zur Prospekthaftung von Wirtschaftsprüfern bei der Publikums-KG, WPg 1985, 653 ff.; *Quast,* Prospektprüfung, HdB Fach 4600, (1983, Neubearbeitung 1988 von *Westa*); *Reithmann/Brych/Manhart,* Kauf vom Bauträger und Bauherrenmodelle, 5. Aufl. 1983; *Reithmann/Meichssner/v. Heymann,* Kauf vom Bauträger, 7. Aufl. 1995; *Roller,* Die Prospekthaftung im Englischen und im Deutschen Recht, 1991; *Schäfer,* Grundzüge des neuen Börsenrechts, ZIP 1987, 953 ff.; *ders.,* Emission und Vertrieb von Wertpapieren nach dem Wertpapierverkaufsprospektgesetz, ZIP 1991, 1557 ff.; *Schießl,* Zur Verjährung von Prospekthaftungsansprüchen gegen Anlagevermittler, NJW 1987, 1684 ff.; *Richter,* Strafbare Werbung beim Vertrieb von Kapitalanlagen, wistra 1987, 117 ff.; *Schlund,* Schadensersatzansprüche von Kapitalanlegern in „steuerbegünstigte" Anlagen und deren Verjährung, BB 1984, 1437 ff.; *Schmid,* Kapitalanlagebetrug, in: Müller-Gugenberger (Hrsg.), Wirtschaftsstrafrecht, 2. Aufl. 1992, § 23 Rdnr. 62 ff.; *Schmidt-Lademann,* Zum neuen Straftatbestand „Kapitalanlagebetrug" (§ 264 a StGB), WM 1986, 1241 ff.; *ders.,* Neuer Straftatbestand Kapitalanlagebetrug, Sparkasse 1987, 99 ff.; *Schniewind/Hausmann,* Anlegerschutz durch Strafrecht, Supplement Kapitalanlage BB 1986 Beil. 16; *Scholz,* Die Prospekthaftung, Jura 1983, 1 ff.; *Schulze,* Grundprobleme der Dritthaftung bei Verletzung von Auskunfts- und Beratungspflichten in der neueren Rechtsprechung, JuS 1983, 81 ff.; *Schwark,* Anlegerschutz durch Wirtschaftsrecht, 1979; *ders.,* Die Haftung aus dem Prospekt über Kapitalanlagen, BB 1979, 897 ff.; *ders.,* Zur Haftung der Emissionsbank bei Aktienemissionen, ZGR 1983, 162 ff.; *ders.,* Gesellschaftsrecht und Kapitalmarktrecht, Festschrift Stimpel, 1985, S. 1087 ff.; *ders.,* Das neue Kapitalmarktrecht, NJW 1987, 2041 ff.; *ders.,* Zur Aussagefähigkeit des Emissionsprospekts, in: Lüthje (Hrsg.), Bankbetrieb und Eigenkapitalfinanzierung, 1990, S. 229 ff.; *ders.,* Börsengesetz, 2. Aufl. 1994; *ders.,* Prospekthaftung und Kapitalerhaltung in der AG, Festschrift Raisch, 1995, S. 269 ff.; *Siemon,* Börsenprospekt und Prospekthaftung, WP 1962, 781ff.; *Steuer,* Umfang der Prospekthaftung nach dem Börsengesetz, Die Bank 1982, 490 ff.; *Stuhr/Stuhr,* Analyse der Prospektprüfungs-Kataloge, DB 1983, 1081 ff.; *v. Teuffel,* Zur Zulässigkeit der Prospekthaftung als eigenständiges Rechtsinstitut, DB 1985, 373 ff.; *Thode,* Haftung für Prospektangaben, in: Reithmann/Meichssner/v. Heymann, Kauf vom Bauträger, 7. Aufl. 1995, Teil N.; *Trost/Seymour,* Haftung für Werbeaussagen beim Absatz von Kapitalanlagen in der Bundesrepublik Deutschland und in den USA, RIW 1982, 470 ff.; *K.-R. Wagner,* Die Prospekthaftungsrechtsprechung des VII. Senats des BGH im Spannungsfeld des Gewährleistungs- und Bauhaftungsrechts, ZfBR 1991, 133 ff.; *Waldeck/Süßmann,* Die Anwendung des Wertpapier-Verkaufsprospektgesetzes, WM 1993, 361 ff.; *Waza,* Neue Tendenzen in der Rechtsprechung zur Prospekthaftung bei Bauherrenmodellen, ZfBR 1987,

221 ff.; *K.-R. Wagner/Loritz,* Konzeptionshandbuch der steuerorientierten Kapitalanlage, Bd. 1 1993, Bd. 2 1994; *Werner,* Haftung für unzutreffende steuerliche Angaben in Kapitalanlageprospekten, KaRS 1988, 2 ff.; *Werner/Machunsky,* Rechte und Ansprüche geschädigter Kapitalanleger, 3. Aufl. 1991; *dies.*, Bankenhaftung für Börsenverluste, 1989; *Westa,* Prospekt- und Abwicklungshaftung am Freien Kapitalmarkt, in: Bihr u. a., Vorteilhafte Geldanlagen, Fach 5, S. 49 ff. (1988); *ders.*, Prospektprüfung, HdB Fach 4600 (1988); *v. Westphalen,* Richterliche Inhaltskontrolle von Standardklauseln bei einer Publikums-KG und der Prospekthaftung, DB 1983, 2745 ff.; *Wiedemann/Schmitz,* Kapitalanlegerschutz bei unrichtiger oder unvollständiger Information, ZGR 1980, 129 ff.; *Wittmann,* Zivilrechtliche Prospekthaftung beim Vertrieb von steuerbegünstigten Kapitalanlagen, DB 1980, 1579 ff.; *Wolf,* BGH-Rechtsprechung aktuell: Prospekthaftung und Verschulden bei Vertragsschluß, NJW 1994, 24 ff.; *Worms,* Anlegerschutz durch Strafrecht, 1986; *ders.*, § 264 a StGB – ein wirksames Remedium gegen den Anlageschwindel?, wistra 1987, 242 ff. (I), 271 ff. (II); *Wunderlich,* Haftungsfragen im Zusammenhang mit öffentlich angebotenen Vermögensanlagen, DStR 1975, 688 ff.; *ders.*, Zur Haftung für unrichtige oder unvollständige Prospekte über Vermögensanlagen, MDR 1975, 102 ff.

I. Konzeptionelle Grundlagen der Prospekthaftung

1. Zweigleisigkeit der Prospekthaftung. *a) Der Befund.* Hinter dem Kürzel der Prospekthaftung verbergen sich zwei grundsätzlich zu trennende **Haftungstatbestände**: 1

Bis in die Mitte der siebziger Jahre diente der Begriff der Prospekthaftung allein zur Bezeichnung der Verantwortlichkeiten für die Unrichtigkeit von Börsen(zulassungs)prospekten (§§ 45, 46 BörsG) bzw. sog. Verkaufsprospekten beim Vertrieb von Anteilen an inländischen (§§ 19, 20 KAGG) bzw. ausländischen (§§ 3, 12 AuslInvestmG) Kapitalanlagegesellschaften. Die gesetzliche Verankerung der Einstandspflicht für mangelhafte obligatorische Prospekte in bezug auf den Absatz *spezifischer* Kapitalanlageformen rechtfertigt es, insoweit von einer **spezialgesetzlich geregelten Prospekthaftung** zu sprechen. Im Zuge verschiedener Maßnahmen zur Modernisierung des Finanzplatzes Deutschland ist die Gruppe spezialgesetzlicher Prospekthaftungsregelungen zwischenzeitlich um zwei Haftungstatbestände erweitert worden: Die erste der neuen Prospekthaftungsbestimmungen, § 77 BörsG, ist der Einführung des neuen börslichen Marktsegments des sog. geregelten Markts durch das Börsenzulassungs-Gesetz vom 16. 12. 1987[1] geschuldet. So wie für die Zulassung von Wertpapieren zum amtlichen Handel die Veröffentlichung eines Börsenzulassungsprospekts erforderlich ist, wird der Zugang zum geregelten Markt von der Veröffentlichung eines nach Maßgabe von §§ 72 Abs. 2 Satz 1, 73 Abs. 1 Satz 2 BörsG anzufertigenden Unternehmensberichts abhängig gemacht. Kommt dem Unternehmensbericht damit funktionell die Rolle eines Prospekts zu, so erklärt denn auch § 77 BörsG für den Fall der Unrichtigkeit oder Unvollständigkeit des Berichts die §§ 45–49 BörsG für entsprechend anwendbar. Die zweite Erweiterung der gesetzlichen Prospekthaftungsbestimmungen in Gestalt von § 13 VerkProspG geht auf das „Gesetz über Wertpapier-Verkaufsprospekte und zur Änderung von Vorschriften über Wertpapiere" vom 13. 12. 1990[2] zurück. Das mit dessen Art. 1 eingeführte Wertpapier-Verkaufsprospektgesetz begründet eine Prospektpflicht bereits für das erste öffentliche Angebot von Wertpapieren. Ist ein in Erfüllung dieser Verpflichtung veröffentlichter Verkaufsprospekt unrichtig oder unvollständig, so wird für den Prospektmangel gem. § 13 des VerkProspG entsprechend §§ 45–48 BörsG gehaftet. 2

In seiner zwischenzeitlich weitaus geläufigeren Verwendung werden heute unter dem Titel der Prospekthaftung jene Grundsätze zusammengefaßt, die der BGH in Weiterführung des Gedankens einer Vertrauenshaftung aus culpa in contrahendo (c. i. c.) sowie in Anlehnung an die vorstehend (Rdnr. 2) angeführten spezialgesetzlichen Bestimmungen zwecks Begründung einer Haftung für die Vollständigkeit und Richtigkeit von Prospekten 3

[1] BGBl. I 1987, 2478. Regierungsentwurf BT-Drucks. 10/4296.

[2] BGBl. I 1990, 2749. Regierungsentwurf BT-Drucks. 11/6340. Zum Hintergrund und Regelungsgehalt des Gesetzes s. etwa *Assmann* NJW 1991, 528 ff. und *Schäfer* ZIP 1991, 1557 ff. sowie oben § 1 Rdnr. 14, 17, 38, 71, 75. Einzelheiten zu § 13 VerkProspG unten Rdnr. 245 ff.

zur Werbung von Kapitalanlegern auf dem „grauen", nicht-organisierten Kapitalmarkt entwickelt hat: Vom 2. Zivilsenat im Hinblick auf den Vertrieb von Kommanditbeteiligungen an Publikumskommanditgesellschaften begründet,[3] wurden sie später auch von anderen Senaten übernommen[4] und auf weitere Anwendungsbereiche übertragen.[5] Berücksichtigt man den Umstand, daß die solchermaßen im Wege der richterlichen Rechtsfortbildung geschaffenen Haftungsregeln auf allgemeine zivilrechtliche Rechtsinstitute zur Begründung von Informations-, Aufklärungs- und Warnpflichten im Zuge der Anbahnung von Vertragsbeziehungen zurückgehen und hinsichtlich ihres sachlichen Anwendungsbereichs dem Ausgangspunkte nach nicht auf bestimmte Anlageformen beschränkt sind, kann man sie unter dem Begriff der **allgemein-zivilrechtlichen Prospekthaftung** zusammenfassen. Man mag in Anbetracht der Ableitung der fraglichen Prospekthaftungsregeln aus dem Rechtsinstitut der c. i. c. ebensogut von der **bürgerlichrechtlichen Prospekthaftung** sprechen, wenn man sich nur bewußt ist, daß die einschlägigen Haftungsregeln letztlich doch breiter wurzeln als in jener Rechtsfigur.[6]

4 Die **Unterscheidung** zwischen beiden Erscheinungsformen der Prospekthaftung ist erforderlich, weil sie grundsätzlich **verschiedene Anspruchsvoraussetzungen** aufweisen und die allgemein-zivilrechtliche Prospekthaftung nicht aus der Verallgemeinerung oder entsprechenden Anwendung bestimmter Gesichtspunkte der gesetzlich geregelten Prospekthaftung, sondern weitgehend neben dieser entstanden ist. Gleichwohl hat der 2. Senat des BGH sich bei der Ausgestaltung einzelner Elemente der allgemein-zivilrechtlichen Prospekthaftung explizit an der Herbeiführung einer „Übereinstimmung mit der gesetzlich geregelten Haftung" für unrichtige Prospekte orientiert,[7] ohne daß allerdings eine zufriedenstellende Synchronisation und eine klare Bestimmung des Anwendungsbereichs der jeweiligen Prospekthaftungstatbestände als hergestellt gelten kann:

5 Wenig behandelt ist etwa die Frage, inwieweit das sich zunehmend verselbständigende und in seiner Reichweite umfassendere Rechtsinstitut der allgemein-zivilrechtlichen Prospekthaftung **Rückwirkungen auf die gesetzlich geregelten Fälle** haben kann, sie gar zu überlagern vermag oder zumindest zur Füllung ihrer nachzuweisenden Regelungslücken herangezogen werden darf.[8] Weiterhin war lange Zeit offen, welche Prospekthaftungsregelung Anwendung finden soll, wenn ein auf freiwilliger Basis erstellter Prospekt, der in den **Freiverkehr eingeführte Aktien** betrifft, unrichtig oder unvollständig ist. Der BGH hat sich zugunsten einer Anwendung der bürgerlichrechtlichen Prospekthaftungsgrundsätze[9]

---

[3] Grundlegend: BGHZ 71, 284; 72, 382; 76, 231; 77, 172; 79, 337; 83, 222; 84, 141. Auch BGH NJW 1981, 2810; BGH NJW 1982, 2303; BGH NJW 1984, 865; BGH NJW 1984, 2523.

[4] Etwa *III. Senat*: BGHZ 93, 264; *IVa. Senat*: NJW 1982, 1095; NJW 1983, 1730; NJW 1984, 2524; WM 1985, 1520; WM 1986, 517; NJW 1987, 1815; NJW 1988, 556; *V. Senat*: WM 1988, 48; *VII. Senat*: BGHZ 74, 103; 111, 314; 115, 214; WM 1991, 2092; *VIII. Senat*: WM 1991, 695; WM 1994, 1371; *XI. Senat*: WM 1992, 901; NJW 1992, 2148.

[5] Dazu unten Rdnr. 94 ff.

[6] Mit diesem Vorbehalt werden die Bezeichnungen allgemein-zivilrechtliche und bürgerlichrechtliche Prospekthaftung im folgenden synonym gebraucht. Im juristischen Sprachgebrauch scheint sich der Begriff der bürgerlichrechtlichen gegenüber dem der allgemein-zivilrechtlichen Prospekthaftung durchgesetzt zu haben.

[7] BGHZ 79, 337, 342; BGH WM 1981, 1021; BGHZ 83, 222, 224. Für eine Fortentwicklung der nach allgemeinen Prinzipien verfahrenden Prospekthaftung in diesem Sinne schon *Coing* WM 1980, 211.

[8] S. dazu aber unten Rdnr. 23, 67 f.

[9] BGH WM 1993, 1787, 1788. Zuvor schon OLG Frankfurt/M. WM 1988, 1161 und LG Frankfurt/M. WM 1987, 204 (für den früheren „ungeregelten Freiverkehr"); BGH WM 1985, 1520 betraf den inländischen Verkauf ausländischer Aktien. Das Gericht folgt mit dem hier interessierenden Urteil (WM 1993, 1787), welches die neue Rechtslage in bezug auf den Freiverkehr nach § 78 BörsG zum Hintergrund hat, der in dieser Rechtsfrage h. M.: S. Voraufl. Rdnr. 2; *Schwark* NJW 1987, 2046; *ders.*, BörsG, 1. Aufl. 1976, §§ 45, 46 Rdnr. 10, § 78 Rdnr. 6. A. A. *Kleinwächter* BB 1987, 1542 f. (allerdings, S. 1541, auch eine Anwendung der §§ 45, 46 BörsG ablehnend).

und damit gegen die Vorschläge einer Analogie zu §§ 45, 46 BörsG ausgesprochen,[10] doch kann dies, wie schon das Beispiel eines durch das OLG Frankfurt/M.[11] bestätigten Urteils des LG Frankfurt/M. zeigte,[12] auch zu fragwürdigen Verkürzungen des Anlegerschutzes aufgrund der nicht harmonisierten Zweispurigkeit der Prospekthaftungsgrundsätze führen: LG und OLG griffen auf die bürgerlichrechtliche Prospekthaftung zurück, doch waren aufgrund der diesbezüglichen Verjährungsregeln denkbare Ansprüche nicht mehr durchsetzbar, während die Anwendung der Verjährungsbestimmung des § 47 BörsG zur Sachprüfung gezwungen hätte.[13] Im weiten Bereich möglicher **Konkurrenzprobleme** ist es schließlich etwa fraglich, inwieweit es neben Emissionen, für die eine gesetzliche Prospekthaftungsbestimmung eingreift noch eine allgemein-zivilrechtliche Prospekthaftung für fehlerhafte Dokumente geben kann, die zwar nicht als Prospekte iSd. einschlägigen gesetzlichen, wohl aber iSd. bürgerlichrechtlichen Prospekthaftung angesehen werden können, zumal wenn die gesetzlich geforderten Prospekte und die daneben angefertigten Verkaufsmaterialien identische Mängel aufweisen.[14]

b) Herkunft. Die **Zweigleisigkeit** der Prospekthaftung hat ihren **Ursprung** in der historischen Entwicklung des deutschen Kapitalmarkts und den mit dem Auftreten unterschiedlicher Anlageformen verbundenen und als regelungsbedürftig wahrgenommenen Anlegerrisiken.[15] 6

In diesem Sinne stellt die Aufnahme von Bestimmungen über die Schadensersatzpflicht für unrichtige und unvollständige obligatorische Börsenzulassungsprospekte in das Börsengesetz von 1896 eine späte Reaktion auf die seit der Aufhebung der Konzessionspflicht für Aktiengesellschaften durch die 1. Aktienrechtsnovelle vom 11. 6. 1870 sprunghaft ansteigenden Gründungsschwindel einerseits und Zusammenbrüche der bei der Emission von Aktien dieser Unternehmen maßgeblich beteiligten Banken andererseits dar.[16] Entsprechende Vorschläge wurden schon kurz nach der 1. Aktienrechtsnovelle vom 11. 6. 1870 als Teil des Konzepts einer Vorverlagerung des Gründungsschutzes diskutiert (sog. **Prospekttheorie**),[17] fanden aber in der 2. Aktienrechtsnovelle vom 18. 7. 1884 keine Berücksichtigung. 7

Gemessen allein an den auf ihre entsprechenden Bestimmungen gestützten Judikaten blieb die börsengesetzliche Prospekthaftung allerdings weitgehend bedeutungslos.[18] Sie wurde um so nachdrücklicher in Erinnerung gebracht, als der BGH im Jahre 1982 auf ihrer Grundlage Schadensersatzansprüchen von Anlegern stattgab, die noch kurz vor dem Zusammenbruch des „Beton- und Monierbau"-Konzerns Aktien aus einer Kapitalerhöhung des sanierungsbedürftigen Unternehmens erworben hatten und sich hierbei von dem 8

---

[10] So *Rössner/Lachmair* WuB I G 5.–2.87 (Anm. zum Urt. LG Frankfurt/M. WM 1987, 204). Gegen diese Ansicht *Assmann* WuB I G 5.–12.88 (Anm. zum Urt. OLG Frankfurt/M. WM 1988, 1161).

[11] OLG Frankfurt/M. WM 1988, 1161; dazu die Anm. von *Assmann*WuB I G 5.–12.88.

[12] LG Frankfurt/M. WM 1987, 204; vgl. dazu die Anm. von *Rössner/Lachmair* WuB I G 5.–2.87.

[13] Gegen eine partielle Modifikation der Verjährungsregeln der bürgerlichrechtlichen Prospekthaftung in Anlehnung an § 47 BörsG i. E. auch *Assmann* WuB I G 5.–12.88. Die Problematik ist allerdings dadurch entschärft, daß nach Erlaß des VerkProspG das öffentliche Angebot der in den Freiverkehr einzuführenden Wertpapiere einer Prospektpflicht nach §§ 1 ff. VerkProspG unterliegt und für die Richtigkeit und Vollständigkeit des Verkaufsprospekts gem. § 13 VerkProspG entsprechend §§ 45–48 BörsG gehaftet wird; s. dazu unten Rdnr. 244, 245 ff.

[14] Dazu im Zusammenhang mit dem Anwendungsbereich der bürgerlichrechtlichen Prospekthaftung unten Rdnr. 94 ff. und der Behandlung einzelner Konkurrenzfragen in bezug auf spezialgesetzlich gergelte Prospekthaftungsfälle unten Rdnr. 196, 234 ff., 243, 258.

[15] S. dazu oben § 1 Rdnr. 5 ff.

[16] Zu den historischen Grundlagen der börsengesetzlichen Prospekthaftung näher *Wolfgang Schulz,* Das deutsche Börsengesetz, 1994, S. 367 ff.

[17] *Assmann*, Prospekthaftung, S. 53 ff., 57.

[18] *Frohne,* Prospektpflicht, S. XIX u. 37: „schlichtweg überflüssig"; ähnlich *Hopt,* Kapitalanlegerschutz, S. 313.

durch ein Bankenkonsortium erstellten Zulassungsprospekt über die wahre Lage der Gesellschaft getäuscht sahen.[19] Es besteht durchaus Anlaß zu der Vermutung, daß die vor allem für die Fragen der Richtigkeit und Vollständigkeit von Prospekten bedeutsamen Entscheidungen so nicht ergangen sein würden, wären nicht seit Mitte der siebziger Jahre – als Reaktion auf anlegerschädigende Vorgänge beim Vertrieb von Investmentanteilen und Anlagen des sog. grauen Kapitalmarkts – vom gleichen Senat des BGH sukzessive die Konturen einer zivilrechtlichen Prospekthaftung herausgebildet und konsolidiert worden.

9 Das Regelungsinstrument der Prospekthaftung blieb indes bis Ende 1969 auf seine börsengesetzliche Gestalt beschränkt. Erst der Zusammenbruch der mit dem Namen von *Bernie Cornfeld* verbundenen *IOS* („Investment Overseas Services") und die Schädigung einer Vielzahl der in den sechziger Jahren nach amerikanischem Muster geworbenen Investmentanleger veranlaßte den Gesetzgeber zur Einführung eines Prospektzwangs und einer hieran anknüpfenden Prospekthaftung in das **Investmentrecht**.[20]

10 Zwar verschwand *IOS,* doch überlebte das mit dieser aus den USA importierte Vertriebssystem und fand vor allem im Absatz von Beteiligungen an sog. **Abschreibungsgesellschaften** als Urform steuerbegünstigter Kapitalanlagen ein neues Anwendungsgebiet. Auf die fragwürdigen Werbepraktiken und zahlreiche Zusammenbrüche von Anlagegesellschaften reagierte die Bundesregierung – nicht zuletzt aufgrund entsprechender Vorschläge und Vorarbeiten im juristischen Schrifttum – durch den **Entwurf eines Vermögensanlagegesetzes,**[21] der jedoch einige dogmatisch konstruktive Mängel enthielt und im übrigen parlamentarisch nicht weiterbehandelt wurde.

11 Während auf der einen Seite die mangelnde Eigenkapitalausstattung deutscher Unternehmen beklagt wurde, floß auf der anderen Seite immer mehr anlagesuchendes Kapital, angelockt durch unseriöse und teils betrügerische Vertriebsmethoden, in den **„grauen Kapitalmarkt"**, um auf diese Weise, infolge des Scheiterns einer großen Zahl von Projekten oder aufgrund nicht einlösbarer Versprechungen, zum Schaden von Volkswirtschaft und Anlegern gleichsam zu „Wegwerfkapital"[22] zu werden. Die **Rechtsprechung** hat sich den immer offenkundiger werdenden Regelungsproblemen weitgehend einheitlich unter dem Gesichtspunkt des **Anlegerschutzes**, hinsichtlich der rechtlichen Ansatzpunkte aber unter ganz unterschiedlichen Aspekten angenommen. Da es sich bei den meisten Angeboten um in der Rechtsform der **GmbH & Co. KG** organisierte Projekte handelte, an denen die Anleger durch die Zeichnung von Kommanditanteilen partizipierten, ist der BGH zunächst im Gesellschaftsrecht über Vertragsauslegung und -kontrolle hinaus **rechtsfortbildend** tätig geworden und hat den zwingenden Teil des Gesellschaftsrechts entsprechend den veränderten Kapitalmarktbedingungen zu einem „Sonderrecht für Publikumspersonengesellschaften"[23] ausgeweitet. Darüber hinaus hat die Rechtsprechung durch die Ausdehnung des vorvertraglichen, vertraglichen und nicht zuletzt auch deliktsrechtlichen[24]

---

[19] BGH WM 1982, 862 und 867; BGHZ 96, 231. Die börsengesetzliche Prospekthaftung ist danach erst wieder im Zusammenhang mit dem Vertrieb von Anleihen der australischen *Bond*-Gruppe zum Gegenstand der Rspr. geworden; bislang LG Frankfurt/M. WM 1992, 1768 und OLG Frankfurt/M. WM 1994, 291 (nicht rechtskräftig).

[20] Dies erfolgte durch den Erlaß des AuslInvestmG vom 28. 7. 1969 und die Angleichung der Bestimmungen des KAGG. Vgl. *Assmann,* Prospekthaftung, S. 71, 74.

[21] BT-Drucks. 8/1405.

[22] *Der Spiegel* 1980, Heft 51, S. 55.

[23] S. dazu schon oben § 1 Rdnr. 13.

[24] So wurden bspw. die Anforderungen an die beim Vertrieb von Warenterminoptionen erforderlichen Informationen allein über die Norm des § 826 BGB bestimmt und so hoch angesetzt, daß hier binnen kurzer Zeit ein effektiver Anlegerschutz gelang; zur diesbezüglichen Rspr. *Bundschuh* WM 1985, 249. Aus der neueren Rspr. etwa BGHZ 105, 108; BGH WM 1988, 291; BGH WM 1991, 1410; BGH WM 1992, 770; BGH WM 1992, 1935; BGH WM 1994, 149. Einzelheiten oben § 5 Rdnr. 87 ff.

Schutzes ein Instrumentarium ausgebildet, das vor allem die Praktiken im Bereich des Vertriebs und der Plazierung der Anlageangebote zu kontrollieren erlaubte.

Die Vorverlagerung des Anlegerschutzes mußte sich hierbei zwangsläufig auf das **Informationsverhalten** der Anbieter und ihrer Helfer bei der Plazierung von Anlageangeboten richten. Dreh- und Angelpunkt der zu kontrollierenden Anlegerinformationen waren hierbei die Prospekte, mit denen die Investoren zur Anlageentscheidung veranlaßt wurden. Allzu oft stellt sich der Inhalt dieser Prospekte als unzutreffend oder unvollständig heraus. In einem bemerkenswerten Schritt hat die Rechtsprechung diese Prospekte nicht in erster Linie als Werbemittel[25] der Anbieterseite betrachtet, sondern als Medium der Erfüllung **vorvertraglicher Aufklärungspflichten** beurteilt und hierbei dem Umstand eines **Informationsgefälles** zwischen Anbieter und Investor Rechnung getragen.[26] Sie stand hierbei indes vor der Schwierigkeit, daß nach den bis zu diesem Zeitpunkt ausgebildeten Grundsätzen einer Haftung für die Verletzung vorvertraglicher Aufklärungspflichten nur der Vertretene und unter der engen Voraussetzung persönlicher Inanspruchnahme des Anlegervertrauens ausnahmsweise auch der Vertreter haften sollte, die eigentlichen Drahtzieher eines Projektes und die für die Prospektinformation letztlich Verantwortlichen so nicht erreicht werden konnten und Schadensersatzklagen damit faktisch leerlaufen mußten. Doch hatte der BGH bereits in einer Entscheidung aus dem Jahre 1972 die Auffassung vertreten, als Verantwortliche für die Verletzung von Aufklärungspflichten gegenüber dem Zeichner einer Kommanditeinlage einer Publikumskommanditgesellschaft kämen nicht die zumeist ebenfalls erst durch Täuschung in ihre Vertretenenposition gelangten Anlegerkommanditisten in Betracht, sondern allenfalls die (i. d. R allerdings kapitallose) Komplementär-GmbH und „unter Umständen" auch deren Geschäftsführer.[27] 12

An dieses dictum knüpfte der BGH in einer Entscheidung aus dem Jahre 1978, die zur Grundlage der später sukzessive konturierten Prospekthaftung werden sollte, an: Das Gericht sah die Klage gegen die Geschäftsführer einer Komplementär-GmbH, die zugleich als Vertreterin aller übrigen Kommanditisten auftrat, wegen irreführender Angaben in einem von dieser verwandten Prospekt als begründet an, da keine Bedenken bestünden, die Grundsätze der Haftung des Vertreters aus c. i. c. auch auf den Vertreter des Vertreters anzuwenden. Diese Grundsätze bedurften aber ihrerseits der Erweiterung, weil die beklagten Vertreter des Vertreters der KG dem Anleger gegenüber niemals in Erscheinung getreten waren und die Inanspruchnahme persönlichen Vertrauens damit nicht behauptet werden konnte. Der BGH vertrat deshalb die Auffassung, für die Anleger stelle die Komplementär-GmbH im Regelfall ein abstraktes Gebilde dar, dessen interne Verhältnisse und finanzielle Leistungsfähigkeit ihnen unbekannt seien, weshalb sie **typischerweise** denjenigen ihr Vertrauen schenkten, die hinter der Komplementär-GmbH und der Publikums-KG stünden, d. h. vor allem den **Initiatoren** und **Gründern,** die das Management bildeten und beherrschten. Dem Gericht war es damit im Ansatz gelungen, harte gesellschaftsrechtliche und organisatorische Strukturen zu durchstoßen, hinter denen sich die auf verschiedene Weise Prospektverantwortlichen verbargen.[28] 13

Mit der Formel vom **typischerweise gewährten Vertrauen** wurde in nachfolgenden Entscheidungen der **Kreis der Prospektverantwortlichen** auch auf jene erweitert, die besonderen Einfluß in der Gesellschaft ausüben und Mitverantwortung tragen.[29] 14

---

[25] Der BGH trägt allerdings auch dem Umstand Rechnung, daß solche Prospekte auch Werbemittel sind; s. etwa BGH WM 1992, 901, 904 („absolute Top-Lage" als ersichtlich „reklamehafte Anpreisung", die jedoch im Tatsachenkern nicht unrichtig sein dürfe).

[26] Deshalb läßt sich heute zu recht sagen, Prospekte seien „gefährliche Werbemittel"; *Wüst,* JZ 1992, 475, 476.

[27] BGH NJW 1973, 1604, 1605.

[28] Zur Herausbildung der Rspr. zur bürgerlichrechtlichen Prospekthaftung vgl. etwa *v. Bar* ZGR 1983, 479 ff.

[29] BGHZ 72, 382.

Unabhängig von ihrer Vertretereigenschaft für die Komplementär-GmbH oder die Anlegerkommanditisten und unter Berufung auf die c. i. c.-Haftung von Sachwaltern[30] begründete der BGH (wiederum Elemente persönlicher Vertrauensinanspruchnahme ins Spiel bringend) schließlich auch die Einstandspflicht derjenigen, die mit Rücksicht auf ihre besondere berufliche und wirtschaftliche Stellung oder auf ihre Eigenschaft als berufsmäßige Sachkenner eine Garantenstellung einnähmen, sofern (und soweit) sie durch ihr nach außen in Erscheinung tretendes Mitwirken am Emissionsprospekt einen Vertrauenstatbestand geschaffen hätten.[31] Damit ist der Kreis derjenigen umrissen, die wegen ihrer unmittelbaren Verantwortlichkeit für den Prospektinhalt oder Teile desselben als **Adressaten** einer **Prospekthaftung im engeren Sinne** anzusehen sind.

15 Von **Prospekthaftung im weiteren Sinne** ist dagegen die Rede, wenn der Vertreter oder Sachwalter aufgrund persönlich in Anspruch genommenen Vertrauens aus c. i. c. einer selbständigen Aufklärungspflicht nachzukommen hat, bei deren Erfüllung er sich inhaltlich zu beanstandender Prospekte bedient, sich diese also „zu eigen" macht.[32] Dementsprechend sind hierunter auch die Fälle zu erfassen, in denen der Kontakt zwischen einem Emissionshelfer und einem Kunden zu einem (ggf. auch konkludent zustandegekommenen) auf Auskunft oder Beratung gerichteten Vertragsverhältnis erstarkt und der Auskunfts- oder Beratungspflichtige sich hierbei mangelhafter Prospekte bedient. Schließlich zählt hierzu auch der Fall, daß jemand einen aus seiner Person hergeleiteten zusätzlichen Vertrauenstatbestand in dem Sinne schafft, daß er dem Anleger gegenüber als Garant für die Richtigkeit der Prospektangaben erscheint.[33]

16 Die **Unterscheidung** zwischen der **Prospekthaftung im engeren und derjenigen im weiteren Sinne**[34] ist vor allem deshalb bedeutsam, weil ihnen der BGH in gewichtigen Details, wie etwa der Anspruchsverjährung,[35] jeweils eine unterschiedliche Ausgestaltung zukommen ließ.

17 Ein **weiterer Schritt des Ausbaus der Prospekthaftung** als (kapitalmarktrechtliches) Regelungsinstrument steht in Zusammenhang sowohl mit der Einführung eines – unterhalb des bestehenden Börsenhandels mit amtlicher Notierung („amtlicher Markt") angesiedelten – neuen Marktabschnittes an den Wertpapierbörsen in Gestalt des sog. **geregelten Marktes** als auch der Umsetzung verschiedener Richtlinien des Rates der Europäischen Gemeinschaften zur Börsenpublizität durch das **Börsenzulassungs-Gesetz** vom 16. 12. 1987.[36] Mit der Schaffung des in die börsengesetzliche Regelung einbezogenen geregelten Marktes sollen vor allem die Zugangsbedingungen kleinerer und mittlerer Unternehmen zum Kapitalmarkt im Interesse der Verbesserung ihrer Eigenkapitalausstattung erleichtert werden.[37] Dies wird etwa dadurch verwirklicht, daß statt des umfangreichen und durch die neue BörsZulVO[38] noch erweiterten Börsenzulassungsprospekts lediglich ein in seinem notwendigen Inhalt von vornherein reduzierter **Unternehmensbericht** tritt,

---

[30] BGHZ 56, 81.

[31] BGHZ 77, 175. In Frage kommen etwa Rechtsanwälte, Wirtschaftsprüfer, Steuerberater, Anlagevermittler, Gutachter, Kreditinstitute.

[32] BGHZ 74, 103.

[33] Grundlegend BGHZ 74, 103, 109. Ferner BGHZ 77, 172, 175; 111, 314, 319 ff.; BGH WM 1992, 901, 906.

[34] Der Unterscheidung von Prospekthaftung im engeren Sinne und im weiteren Sinne folgt auch *Thode,* Haftung, Rdnr. 10 f.

[35] Dazu insbesondere unten Rdnr. 170 ff.

[36] S.o. Fn. 1.

[37] Vgl. i. e. die Amtl. Begründung in BT-Drucks. 10/4296, 10 ff.; *Schäfer* ZIP 1987, 953; *Schwark* NJW 1987, 2041. Zur Diskussion im Vorfeld *Hopt* WM 1985, 793.

[38] BörsZulVO vom 15. 4. 1987, BGBl. I 1987, 1234, aufgrund §§ 38, 42 Abs. 3, 44 Abs. 2, 44 a Abs. 2, 44 b Abs. 2 BörsG.

für dessen Richtigkeit allerdings gem. § 77 BörsG nach den Regeln der §§ 45, 46 BörsG gehaftet wird.[39]

18 Die vorläufig **letzte Etappe in der Entwicklung der Prospekthaftung** hat die schon an früherer Stelle (Rdnr. 2) erwähnte Einführung einer **Prospektpflicht für das erstmalige öffentliche Angebot von Wertpapieren** (§§ 1 ff. VerkProspG) und die auf den solchermaßen zu veröffentlichenden **Verkaufsprospekt** bezogene Prospekthaftung (§ 13 VerkProspG) gebracht. Da ein Verkaufsprospekt nur für den Fall des erstmaligen öffentlichen Angebots von „Wertpapieren“[40] zu veröffentlichen ist (§ 1 VerkProspG), ist der Vertrieb nicht wertpapiermäßig verbriefter und nicht fungibler Anlageformen, mithin sämtlicher Anlageformen des sog. grauen Kapitalmarkts, aus dem Anwendungsbereich des VerkProspG und seiner Prospekthaftungsbestimmung ausgeschlossen. Darüber hinaus enthält das Gesetz in seinen §§ 2–4 zahlreiche Ausnahmetatbestände. Dessen ungeachtet brachte die der Umsetzung der EG-Emissionsprospektrichtlinie[41] dienende Neuregelung eine erhebliche Verbesserung des Anlegerschutzes durch haftungsbewehrte Prospektpublizität mit sich: Im Hinblick auf die börsengesetzliche Prospektpublizität bewirkt sie deren Vorverlagerung auf das erstmalige öffentliche Angebot von Effekten und beseitigt damit den durchweg als mißlich empfundenen Zustand, daß Aktien mitunter längst plaziert waren, bevor der Börsenzulassungsprospekt publiziert war.[42] In bezug auf öffentlich angebotene Wertpapiere, die nicht zum Handel am amtlichen oder geregelten Markt zugelassen werden sollen, statuiert die Neuregelung sogar erstmals eine Prospektpflicht.

19 Für die Richtigkeit und Vollständigkeit des Verkaufsprospekts wird gem. § 13 VerkProspG entsprechend §§ 45–48 BörsG gehaftet. Zwar sah noch der Regierungsentwurf zum Gesetz über Wertpapier-Verkaufsprospekte eine eigenständige, von der börsengesetzlichen Regelung abweichende, anlegerfreundlichere Prospekthaftungsregelung für den Verkaufsprospekt vor, doch konnte sich diese gegen den Widerstand im Finanzausschuß nicht behaupten.[43] Dessen Vorschlag, die auch von ihm als „nicht befriedigend“ empfundene börsengesetzliche Prospekthaftung bei „der Novellierung des Börsengesetzes in der nächsten Legislaturperiode . . . zugunsten eines wirksameren Anlegerschutzes“ zu ändern,[44] schien im Zuge der Arbeit am 2. Finanzmarktförderungsgesetz aufgegriffen werden zu können. Entsprechende Überlegungen wurden angestellt, jedoch schon in einer frühen Phase der Gesetzesvorbereitung aufgegeben.[45] In der Tat erwiesen sich die in diesem Gesetz nicht minder dringend zur Regelung anstehenden Materien als komplex, kompliziert und konfliktträchtig genug, um die Reform der börsengesetzlichen Prospekthaftung aufzuschieben. Es wäre an der Zeit, sie im anstehenden 3. Finanzmarktförderungsgesetz zu verwirklichen.

20 **2. Rechtsdogmatische Einordnung der Prospekthaftung.** *a) Dogmatische Grundlagen.* Der BGH hat die **bürgerlichrechtliche Prospekthaftung** rückblickend „als Weiterführung der Grundgedanken einer Vertrauenshaftung, wie sie für die Grundfälle eines Ver-

[39] S. schon oben Rdnr. 2 und unten Rdnr. 52 und 239 ff.

[40] Im VerkProspG fehlt (außer in bezug auf *Euro-Wertpapiere,* § 4 Abs. 2 VerkProspG) eine Definition des Begriffs „Wertpapier“; s. dazu aber Art. 3 lit. e und f der mit dem VerkProspG umgesetzten Emissionsprospektrichtlinie, ABl. EG Nr. L 124 vom 5. 5. 1989, S. 8.

[41] S. o. Fn. 40.

[42] S. dazu etwa *Assmann,* Prospekthaftung, S. 388 f. und *Meyer-Cording* BB 1984, 2092 f., jeweils m. w. N. Auch die geänderten §§ 42 BörsG, 43 BörsZulVO schließen es nach wie vor nicht aus, daß der Börsenzulassungsprospekt erst veröffentlicht wird, nachdem bereits mit der Zeichnung begonnen wurde. Die Praxis suchte dies allerdings in der Vergangenheit zu vermeiden.

[43] S. näher *Assmann* NJW 1991, 528, 531 f. m. w. N.

[44] BT-Drucks. 11/8232, S. 26.

[45] So finden sich in Art. 2 Ziff. 24–26 eines ersten Entwurfs eines 2. Finanzmarktförderungsgesetzes vom Juli 1993 (Bundesministerium der Finanzen, VII B 5 – W 6030 – 127/93) noch entsprechende Vorschläge zur Neugestaltung der börsengesetzlichen Prospekthaftung, die jedoch bereits im zweiten Entwurf fehlen.

schuldens bei Vertragsverhandlungen entwickelt worden ist, in einem bestimmten, vom Gesetzgeber als regelungsbedürftig nicht vorhergesehenen, aber ausfüllungsbedürftigen Bereich"[46] gekennzeichnet und hierbei Rechtsgrundlage und Motiv dieses Produktes richterlicher Rechtsfortbildung zum Ausdruck gebracht. Die **Regelungsbedürftigkeit** wird in dem Umstand gesehen, „daß im Interesse eines rechtlich gebotenen Kapitalanlegerschutzes auf eine wahrheitsgemäße und vollständige Aufklärung des Rechtsverkehrs über das Risiko möglicher Anlagen hingewirkt werden muß und daß zu diesem Zwecke für unzutreffende oder irreführende Prospektangaben nicht nur die unmittelbar am Vertragsschluß Beteiligten oder diejenigen, die einen auf ihre Person bezogenen besonderen Vertrauenstatbestand geschaffen haben, haftbar gemacht werden müssen, sondern auch die Personen, die zu der für die Herausgabe des Prospekts verantwortlichen eigentlichen Leitungsgruppe oder sonst zu den maßgeblichen Hintermännern des Anlageunternehmens gehören."[47]

21 In der Terminologie noch am Individualschutz des Kapitalanlegers orientiert, weist der BGH zur **Rechtfertigung** seines Vorgehens wiederholt darauf hin, daß Anleger – wie etwa die an der Zeichnung eines Kommanditanteils an einer Publikums-KG Interessierten – im allgemeinen keine eigene Unterrichtungsmöglichkeit hätten und weitgehend darauf angewiesen seien, sich anhand des Emissionsprospekts über das zu finanzierende Vorhaben zu informieren. Da der Prospekt demgemäß im Regelfalle die Grundlage für den wirtschaftlich bedeutsamen und mit Risiken verbundenen Beteiligungsentschluß darstelle, müsse sich der potentielle Kapitalanleger grundsätzlich auf die sachliche Richtigkeit und Vollständigkeit der im Prospekt enthaltenen Anlagen verlassen können.[48]

22 Im Zuge der fallweisen Konturierung der Prospekthaftung begann sich die Begründung der bürgerlichrechtlichen Prospekthaftung immer weiter von ihrem sachlichen und dogmatischen Ausgangspunkt zu lösen. So hat sich die allgemeine und über die Besonderheiten der Beteiligung an einer Publikums-KG hinausgreifende Formel herausgebildet, daß für die Vollständigkeit und Richtigkeit der in den Verkehr gebrachten Werbeprospekte jeder einzustehen habe, der durch von ihm in Anspruch genommenes und ihm auch entgegengebrachtes Vertrauen auf den Willensentschluß des Kapitalanlegers Einfluß genommen habe.[49] Als (allgemein-zivilrechtliche/bürgerlichrechtliche) **Prospekthaftung im engeren Sinne** hat sie sich mittlerweile durchaus als eigenständiges und in partieller[50] Anlehnung an die spezialgesetzlich geregelten Fälle der Prospekthaftung ausgebildetes, wenngleich im wesentlichen auf die Anlagen des nicht organisierten Kapitalmarkts beschränktes[51] Institut etabliert. Dies ist insbesondere im Hinblick auf das ursprüngliche Begründungselement des „typischerweise" gewährten und in Anspruch genommenen Vertrauens von Bedeutung, das schon wegen seiner Untauglichkeit zur Beschreibung eines realen sozialen Vorgangs auch dogmatisch nicht auf bestimmte Anwendungsfälle begrenzbar war und deshalb auch nicht als universalisierbares Merkmal in die Grundsätze der c. i. c.-Haftung eingehen durfte. Daneben bleibt die **Prospekthaftung im weiteren Sinne** auch hinsichtlich ihrer Ausgestaltung im Detail ganz den bekannten Regeln einer Haftung aus c. i. c. verbunden.

---

[46] BGHZ 79, 337, 341.

[47] BGHZ 79, 337, 341.

[48] Etwa BGHZ 77, 172, 177.

[49] BGHZ 74, 103, 109; 77, 172, 175.

[50] BGHZ 79, 337, 342, spricht von weitgehender Angleichung des verantwortlichen Personenkreises. Aber auch im Bereich der Verjährungsregeln finden sich Anleihen bei der börsengesetzlichen und investmentrechtlichen Prospekthaftung; s. u. Rdnr. 170.

[51] Dem sachlichen Ausgangspunkt nach darf sogar eine Beschränkung auf den Vertrieb von Kommanditeinlagen an Publikumskommanditgesellschaften (s. o. Rdnr. 11 ff.) angenommen werden, die später im Hinblick auf das Angebot anderer Anlagen des sog. grauen Kapitalmarkts erweitert wurde (s. dazu unten Rdnr. 28 und 94 ff.). Zur Anwendbarkeit der bürgerlichrechtlichen Prospekthaftung in den Märkten zwischen organisiertem und nichtorganisiertem Kapitalmarkt (wie etwa dem Freiverkehr) sowie neben den spezialgesetzlichen Prospekthaftungsbestimmungen s. schon die Hinweise oben Rdnr. 5 und des weiteren unten Rdnr. 94 ff., 243.

Sieht man von der Rechtsprechung des BGH zur Beurteilung der Richtigkeit von Prospekten nach Maßgabe der §§ 45, 46 BörsG ab,[52] so hat die Herausbildung der Grundsätze der bürgerlichrechtlichen Prospekthaftung die Gestalt der **spezialgesetzlichen Prospekthaftung** bislang weitgehend unberührt gelassen. Dies ist insofern unbefriedigend, als etwa die (überwiegend als deliktisch begriffene)[53] **börsengesetzliche Prospekthaftung** einmal als Versuch konzipiert war, die Schwierigkeiten des seinerzeitigen Vertrags- und Deliktsrechts bei der Herausbildung von Haftungsregeln in bezug auf Prospekterklärungen zu überwinden,[54] heute aber hinter dem nach den Regeln der bürgerlichrechtlichen Prospekthaftung für den „grauen Kapitalmarkt" erreichten und damit aus allgemeinzivilrechtlichen Bestimmungen abzuleitenden Maß an Anlegerschutz zurückbleibt.[55] Geringere Wertungswidersprüche zeigen sich dagegen zur investmentrechtlichen Prospekthaftung, an deren Regelung lediglich die Haftungsbeschränkung auf grobes Verschulden als störend erscheint. 23

b) Kritik im Schrifttum. Sowohl das Nebeneinander unterschiedlicher Formen der Prospekthaftung als auch die Herausbildung und Ausgestaltung der bürgerlichrechtlichen Prospekthaftung sind im Schrifttum auf Kritik gestoßen. Diese zielt ganz überwiegend auf die dogmatische Ableitung der Prospekthaftung aus den Grundsätzen der c. i. c. und der damit verbundenen Verankerung im Bereich der sog. Vertrauenshaftung. Andere Stimmen begnügen sich dagegen nicht mit der Kritik der richterrechtlich entwickelten bürgerlichrechtlichen Prospekthaftung, sondern bemängeln angesichts der Zersplitterung der Prospekthaftungstatbestände das Fehlen einer „allgemeinen **Theorie** der Prospekthaftung". 24

Der BGH hat diesbezüglich sicher zu Recht darauf hingewiesen, daß auch diejenigen, die die Korrekturbedürftigkeit seiner Rechtsprechung geltend machten, weithin nur die Begründung und nicht die Ergebnisse meinten.[56] Doch wäre es ein Fehlschluß, wollte man daraus folgern, die Frage der dogmatischen Grundlegung und Einordnung der Prospekthaftung[57] sei müßig. Sie ist es schon deshalb nicht, weil unterschiedliche dogmatische Ansatzpunkte in verschiedenen Detailfragen zu unterschiedlichen Ergebnissen kommen oder geeignet sind, Differenzen zwischen bspw. der bürgerlichrechtlichen Prospekthaftung im weiteren und im engeren Sinne als ungereimt aufzudecken und aufzuheben. Nicht minder trugschlüssig wäre aber auch die Erwartung, die Rechtsprechung sei auf absehbare Zeit bereit und in der Lage, ihren Standpunkt grundsätzlich zu revidieren. Die von der Rechtsprechung gewählte dogmatische Grundlage der bürgerlichrechtlichen Prospekthaftung ist aber, nicht zuletzt aufgrund ihrer Verselbständigung zu einem eigenständigen Institut, offen genug, um den Erkenntnis- und Wertungstransfer aus anderen Ansätzen zu ermöglichen. 25

Nur wenige Kritiker machen geltend, die Rechtsprechung habe mit ihren rechtsfortbildend geschaffenen Regeln der Prospekthaftung ihre **Legitimation** überschritten und stützen dies zum einen auf den mit dem Scheitern des geplanten Vermögensanlagegesetzes zum Ausdruck gekommenen gegenläufigen gesetzgeberischen Willen[58] und zum anderen auf die überzogene Entlastung des Anlegers von dem zu fordernden Maß an Selbstverantwortung.[59] Weder läßt sich aber das Scheitern des Vermögensanlagegesetzes als bewußte 26

---

[52] S. dazu unten Rdnr. 63 ff., insbes. Rdnr. 68.

[53] Nachw. bei *Frohne,* Prospektpflicht, S. 66.

[54] *Assmann,* Prospekthaftung, S. 53 ff., 60 ff.

[55] Nachw. bei *Kübler* NJW 1984, 1857, 1861.

[56] BGHZ 79, 337, 340/341.

[57] Eine Übersicht über die verschiedenen Ansätze im Schrifttum geben *Pleyer/Hegel* ZIP 1986, 681 ff.; s. ferner unten Rdnr. 32 ff.

[58] *Littbarski* NJW 1984, 1667, 1670; *v. Teuffel* DB 1985, 373, 375, vermißt die planwidrige Lücke, meint aber, man könne von der Rspr. jedenfalls verlangen, „den nunmehr 6 Jahre praktizierten Prospekthaftungsanspruch dogmatisch zu begründen und auf anerkannte systemkonforme Grundlagen zu stellen."

[59] Etwa *Crezelius* BB 1985, 209, 215 f., bezogen bereits auf die Rechtsfortbildung in bezug auf das „Sonderrecht" für Publikumspersonengesellschaften.

Abstinenz des Gesetzgebers deuten noch wird der die Prospekthaftung allein in ihren individualschützenden Aspekten betrachtende Einwand deren marktbezogenen Funktionen gerecht.[60]

27 Nahezu alle die Herausbildung der Prospekthaftung als Produkt richterlicher Rechtsfortbildung begleitenden und kommentierenden Stimmen melden z. T. heftige Kritik an deren Einbindung in das Rechtsinstitut der **c.i.c.** an. Dies braucht schon deshalb nicht zu verwundern, weil die vertrauenstheoretischen Grundlagen und die tatbestandliche Ausgestaltung der c. i. c. ihrerseits bis heute nicht unumstritten sind und mit der Erweiterung um die empirisch gehaltlose und dogmatisch unbrauchbare Formel vom typischerweise gewährten Vertrauen noch konturloser werden. Gleichwohl weisen die einzelnen Einwände unterschiedliche Reichweite auf: So wird auf der einen Seite lediglich eine unzulässige Ausweitung des Rechtsinstituts der c. i. c. oder das mit dem topos des „typischerweise gewährten Vertrauens" verbundene Begründungsdefizit gerügt.

28 Soweit diese Bedenken sich nur um die Kontrolle der Ausweitung eines tatbestandlich nicht fest strukturierten Rechtsinstitut sorgen, wäre allerdings darauf hinzuweisen, daß der BGH seine grundsätzlich das rechtsgeschäftliche Verpflichtungssystem sprengende Formel sehr schnell auf den besonderen Fall des Beitritts von Anlegerkommanditisten in eine „Publikums-KG" und sodann allgemeiner auf die Prospekterstellung für Anlagen des „grauen Kapitalmarkts" beschränkte. Wenn aufgrund sachlich wohlbegründeter Überlegungen in bezug auf das Dilemma des BGH, arbeitsteilig organisierte Beiträge bei der Projektion und dem Vertrieb von Anlagen des volumenmäßig explodierten neuen Kapitalmarktsegments mit rechtsgeschäftlichen (im Ansatz auf Zweierbeziehungen und rechtsgeschäftlichen Kontakt gerichteten) Kategorien erfassen zu sollen, versucht wird, den eingeschlagenen Weg als „Anpassung der c.i.c.-Regeln an die Besonderheiten der Publikums-KG" auf einer „vorgezeichneten Linie" zu rechtfertigen,[61] wird hierbei zweierlei übersehen:

29 Zum einen werden im allgemeinen Gewande auftretende Begründungskriterien zu Leerformeln, wenn ihr Geltungsbereich eher dezisionistisch auf bestimmte, wenngleich typischerweise auftretende und damit typisierte Pflichten verlangende[62] Konstellationen beschränkt werden muß; dies hat der Rechtsprechung zwangsläufig den Vorwurf eingetragen, gemessen an den Ergebnissen handele es sich bei der Prospekthaftung um eine Durchgriffshaftung ohne Vorliegen der diesbezüglichen Voraussetzungen.[63] Zum anderen gewinnt der fragliche Rechtfertigungsversuch, nicht anders als die stetigen Fortentwicklungen der c. i. c. selbst, eine gewisse sachliche Plausibilität erst durch den rechtssystematisch falsch angesiedelten Vorgang, das Rechtsinstitut der c. i. c. de facto nicht auf die durch rechtsgeschäftliche Willenserklärungen oder diesen vorausgehenden Erklärungen gezogenen Bahnen zu beziehen, sondern diese erst unter Gesichtspunkten des Verkehrsschutzes und des „reibungslosen Geschäftsverkehrs"[64] zu schaffen und fallweise, wenngleich auf „typische geschäftliche Konstellationen"[65] ausgerichtet, mit Verantwortlichkeiten zu belegen.

30 Die vorstehend formulierte Replik führt auf den grundsätzlicheren Einwand zurück, zahlreiche der im Rahmen des Rechtsinstituts der c. i. c. entwickelten Verantwortlichkeiten seien fehlsystematisierte (deliktische) Verkehrspflichten beim Vertrieb von Kapitalanlagen. Die Berechtigung solcher Kritik wird augenfällig, wenn die vertrauenstheoretische Grundlage die Herausbildung von „Vertrauen unterschiedlicher Güte"[66] zur

---

[60] Zur Kritik der Einwände auch *Assmann,* Haftungsdurchgriff, S. 313 ff.

[61] *Pleyer,* Festschrift Stimpel, S. 350 (im einzelnen S. 342 ff.).

[62] *Pleyer,* Festschrift Stimpel, S. 348, was aber nicht bedeutet, daß solche Typisierungen aufgrund typischerweise gewährten Vertrauens begründbar wären.

[63] *Crezelius* BB 1985, 214; dazu *Assmann,* Haftungsdurchgriff, S. 313 ff.

[64] *E. Schmitz,* Dritthaftung aus culpa in contrahendo, 1980, S. 56.

[65] *Pleyer,* Festschrift Stimpel, S. 348.

[66] *Assmann* WuB IV A. § 242 BGB – 2.85 (Anm. zum Urt. OLG Frankfurt/M. WM 1995, 383).

Folge hat: Derjenige, der aufgrund persönlichen Kontakts und aufgrund persönlich gewährten Vertrauens disponiert, erfährt (sinnfällig an der Verjährung seiner Ansprüche nach allgemeinen rechtsgeschäftlichen Regeln in 30 Jahren)[67] einen weitergehenden Schutz als derjenige, der „typischerweise", aber möglicherweise ohne Kenntnis der Person und ohne persönlichen rechtsgeschäftlichen Kontakt sein Vertrauen einem der Projekt- und Prospektverantwortlichen (mit der Folge einer kurzen Verjährung seiner Ansprüche) schenkt.

Damit ist zugleich der Bogen zu jener anderen Gruppe von Einwänden geschlagen, 31 die die Notwendigkeit der Entwicklung eines Prospekthaftungsanspruchs unterstreichen, die Schwächen seiner Begründung durch die Rechtsprechung aber weniger in der Überfrachtung der c. i. c. im speziellen Fall als in der Art und Weise der Fortbildung einer dritten anspruchsbegründenden Schiene zwischen Vertrag und Delikt sehen. Soweit hier auch der Gedanke einer allgemeinen Grundlegung („Theorie") der Prospekthaftung verfolgt wird, erscheint der Erfolg mit einer Entwirrung des immer komplexer werdenden Bereichs quasivertraglicher Ansprüche verbunden. Insbesondere aus dieser Perspektive wird dann auch erklärbar, weshalb eine Sichtung der im Schrifttum entwickelten Alternativen zum Standpunkt der Rechtsprechung auf Vorschläge trifft, die ihrerseits „nicht voll zu befriedigen vermögen" oder völlig „frei von Einwendungen" wären.[68]

c) Alternative Konzepte. Konkurrierende Entwürfe zur Position der Rechtsprechung kön- 32 nen hier nicht mit dem Anspruch auf Vollständigkeit vorgestellt und im Detail erörtert werden. Doch erscheint dies insofern unproblematisch, als sich zahlreiche Vorschläge in der Diskussion[69] als zu eng und schon von daher als keine wirklichen Alternativen erwiesen haben.

Solches gilt etwa von dem Vorschlag der **Analogie** zu den **spezialgesetzlichen** Pro- 33 spekthaftungs-Bestimmungen,[70] deren Analogiefähigkeit allerdings aus verschiedenen Gesichtspunkten, vor allem aber wegen der unterschiedlichen Umstände der betroffenen Märkte, seiner Institutionen und der auf ihnen gehandelten Anlageformen, bestritten wird.[71] Die Überlegung, Emissionshelfer der **Maklerhaftung** des § 98 HGB zu unterziehen,[72] würde nicht zu den eigentlichen Prospektverantwortlichen vordringen und ist schon deshalb problematisch, weil der Anlagevermittler regelmäßig nicht in das den Normen der §§ 93 ff. HGB zugrundeliegende Rollenbild des neutralen, redlichen Maklers paßt und die Reichweite des Anlegerschutzes von der Gestaltung des Verhältnisses von Makler und Emittent abhinge.[73]

Andere Vorschläge gehen von der Qualifizierung des Prospekts als Werbemittel aus: 34 Dem Versuch, das „begrüßenswerte Ergebnis der Rechtsprechung" jenseits der uferlosen Ausdehnung der c. i. c. durch **Wettbewerbsdeliktsrecht** im Anschluß an § 3 UWG zu erreichen,[74] stehen auch nach der UWG-Novelle von 1986 erhebliche Hindernisse entgegen. Soweit sie sich durch Anerkennung der Schutzgesetzeigenschaft des § 3 UWG iSv. § 823 Abs. 2 BGB[75] oder de lege ferenda durch die Schaffung eines Schadensersatzan-

---

[67] S. dazu unten Rdnr. 170.

[68] *Pleyer/Hegel* ZIP 1986, 691.

[69] Vgl. nur *Pleyer/Hegel* ZIP 1986, 681.

[70] *Coing* WM 1980, 206.

[71] Vgl. i. e. *Assmann,* Prospekthaftung, S. 249 ff.; *Assmann/Kübler,* Kapitalmarktrecht, S. 212; *v. Bar* ZGR 1983, 476, 503; *Canaris,* Bankvertragsrecht, Rdnr. 2294, 2277; *Lutter,* Festschrift Bärmann, S. 628 f.; *Pleyer/Hegel* ZIP 1986, 684; *Schwark* BB 1979, 897.

[72] *Lutter,* Festschrift Bärmann, S. 613 ff.; *v. Grießenbeck* BB 1988, 2188. Vgl. auch *Canaris,* Bankvertragsrecht, Rdnr. 2292; OLG Frankfurt/M. WM 1979, 1393, 1396.

[73] S. i. e. *Assmann,* Prospekthaftung, S. 252; *Assmann/Kübler,* Kapitalmarktrecht, S. 223; *Köndgen* AG 1983, 123; *Pleyer/Hegel* ZIP 1986, 686.

[74] *Wiedemann/Schmitz* ZGR 1980, 143 ff.

[75] Ablehnend BGH NJW 1974, 1503, 1505; vgl. auch *Pleyer/Hegel* ZIP 1986, 682 m. w. N.

spruchs von Verbrauchern im Katalog des § 13 UWG beheben ließen,[76] bleibt noch immer zu bedenken, daß der auf freiwillige Werbeangaben bezogene § 3 UWG nur sehr begrenzt geeignet ist, die Vollständigkeit von Prospektangaben zu kontrollieren.[77]

35 Diesem Einwand sind grundsätzlich auch diejenigen Ansätze ausgesetzt, die eine **rechtsgeschäftliche Verbindlichkeit** für **Prospekte als Werbeangaben** anstreben, sei es wiederum unter Rückgriff auf das Rechtsinstitut der c. i. c.[78] oder sei es unter dem neuen und weiterführenden, damit aber über den Anwendungsfall der Prospekthaftung hinaus erst zu etablierenden rechtsdogmatischen Gedanken einer quasivertraglichen **„Selbstbindung“.**[79] Letzterer begreift Prospektangaben als in Selbstbindungsabsicht gegebenes Qualitätsversprechen,[80] für deren Fehlerhaftigkeit nach den Grundsätzen der Verletzung eines vertraglichen Versprechens einzustehen sei.[81] Die Beurteilung der Tragfähigkeit dieses in tieferliegende dogmatische Schichten zurückführenden und auf die „Theorie einer Prospekthaftung“ angelegten Ansatzes ist mit wenigen Bemerkungen nicht zu bewerkstelligen.[82]

36 Auch unabhängig von allen gegen ihn vorgebrachten und vorzubringenden Bedenken hat der Selbstbindungs-Ansatz jedenfalls im Bereich der Prospekthaftung zu Erkenntnissen geführt, die – wegen ihrer Kompatibilität mit dem Ansatz der Rechtsprechung – die weitere Diskussion beschäftigen sollten. Dies gilt etwa für den noch nicht ausgeschöpften Gedanken eines „Haftungsverbundes“, mit dem differenzierte Verantwortungsbereiche im Sinne eines „arbeitsteiligen Informations- und Kontrollsystems zum Schutze des Anlegers“[83] etabliert werden sollen und der vor allem die Tendenz der Rechtsprechung in Frage zu stellen vermag, die exkulpierende Berufung prospektverwendender Dritter auf die mit einem Testat versehene Prüfung eines Prospektes etwa durch einen unabhängigen Wirtschaftsprüfer abzulehnen.[84]

37 Vergleichbaren Rezeptionsproblemen, wenngleich auf gesicherteren dogmatischen Grundkategorien aufbauend, sehen sich jene Konzepte ausgesetzt, die die Prospekthaftung entweder als Haftung für die Verletzung bestimmter **Berufspflichten** im Sinne deliktischer **Verkehrspflichten**[85] oder eher marktfunktionsorientiert als Haftung für die Verletzung kapitalmarktbezogener **Informationsverkehrspflichten**[86] deuten.[87] Gemeinsamer Ausgangspunkt beider Ansätze ist hierbei vor allem die Überlegung, in der stetigen und überzogenen Weiterentwicklung der c. i. c. werde genuines Deliktsrecht nach vertraglichen Grundsätzen betrieben[88] und dementsprechend liefen auch die zur Begründung einer

---

[76] Zum Scheitern eines solchen Versuches de lege ferenda etwa *Nordemann,* Wettbewerbsrecht, 7. Aufl. 1993, Rdnr. 548.

[77] *Assmann,* Prospekthaftung, S. 219. Gleiche Einschätzung, auch hinsichtlich des neuen § 4 UWG, in RegE 2. WiKG BT-Drucks. 10/318, S. 21/22.

[78] *Lehmann,* Vertragsanbahnung, S. 342 ff.

[79] *Köndgen,*Selbstbindung. Dort wird (S. 304) anerkannt, daß der Haftungsgrund für selektive Werbung nicht mehr im gegebenen Wort, sondern in schuldhaftem Fehlverhalten zu sehen sei. Ausführlich zur Prospekthaftung *ders.* AG 1983, 87 ff.

[80] *Köndgen* AG 1983, 91.

[81] *Köndgen* AG 1983, 96.

[82] Vgl. aber *Assmann,* Prospekthaftung, S. 221 ff.; *Pleyer/Hegel* ZIP 1986, 684 ff.

[83] *Köndgen* AG 1983, 126. Zu diesem Gedanken zuletzt *ders.* WuB I G 9.–1.93 (Anm. zum Urt. LG Frankfurt/M. BGH WM 1992, 1768) zu 1. und WuB I G 4.–4.93 (Anm. zum Urt. OLG Braunschweig WM 1993, 190 und zum Urt. OLG Celle WM 1993, 191) zu II.1.

[84] Vgl. etwa BGH WM 1987, 495, 497.

[85] *V. Bar* ZGR 1983, 476, insbes. 507 ff.

[86] *Assmann,* Prospekthaftung, insbes. S. 252 ff., 273 ff.; *ders.,* Haftungsdurchgriff, S. 316 ff. Vgl. auch *Assmann/Kübler,* Kapitalmarktrecht, S. 206 ff., 216 ff.

[87] Generell zum dogmatischen Status der Kategorie der Verkehrspflichten: *v. Bar,* Verkehrspflichten; *ders.* JuS 1988, 169; *Deutsch,* Unerlaubte Handlung und Schadensersatz, 1987, S. 129 ff.; MünchKomm.-*Mertens,* § 823 Rdnr. 177 ff.; *Huber,* Verkehrspflichten zum Schutz fremden Vermögens, Festschrift v. Caemmerer, 1978, S. 359 ff.; *Assmann,* Prospekthaftung, S. 256 ff.

[88] Formulierung bei *Kreuzer* JZ 1976, 778.

Prospekthaftung herangezogenen Gesichtspunkte der Sache nach auf eine deliktische Pflicht der Leitungsgruppe oder der Hintermänner einer Gesellschaft gegenüber dem Anlegerpublikum hinaus.

Ein solcher Ansatz hat von vornherein den Vorteil, Verhaltenspflichten in Marktsystemen unabhängig von avisierten, vollzogenen oder schlicht fingierten Kontraktbeziehungen bestimmen zu können, entgeht dadurch jeglicher Freizeichnungsproblematik und vermeidet durch die Festlegung selbständiger Verpflichtungsgründe eines jeden Beteiligten den Eindruck billigkeitsbezogener Durchgriffspraktiken. Dogmatisch ungewohnt ist allerdings die Überlegung, vorwiegend richterlicher Konkretisierung bedürftige Verkehrspflichten als Schutzgesetze iSd. § 823 Abs. 2 BGB zu qualifizieren und damit zur Grundlage auch des Ersatzes von reinen Vermögensschäden zu machen.[89] Insbesondere in ihrer marktfunktionsbezogenen Variante[90] präsentiert sich die Prospekthaftung nicht mehr als sozialschutzbezogenes Konzept, sondern als Maßnahme zur Verhinderung strukturbedingten (Kapital-)Marktversagens aufgrund von Informationsasymmetrien. Prospekte erscheinen in dieser Sicht nicht mehr als in ihrer Aussage zu kontrollierende Werbemittel, sondern als Publizitätsinstrumente auf dem Kapitalmarkt. 38

3. Entwicklungsperspektiven. *a) Richterrechtliche Ausgestaltung der Prospekthaftung.* Grundlagenfragen der bürgerlichrechtlichen Prospekthaftung werden in der Rechtsprechung der jüngeren Zeit kaum mehr angesprochen. Diese widmet sich vielmehr in zahlreichen Entscheidungen den Detailproblemen der Ausgestaltung des Prospekthaftungsanspruchs. Auch wenn insoweit von einer Konsolidierung der bürgerlichrechtlichen Prospekthaftung zu einem eigenständigen Institut des bürgerlichen Rechts gesprochen werden kann und seine Übertragbarkeit auf die nicht spezialgesetzlich geregelten Fälle des Anlagevertriebs gesichert erscheint,[91] sind die aus der Mehrspurigkeit der Prospekthaftung, d. h. dem Nebeneinander von gesetzlicher sowie bürgerlichrechtlicher Prospekthaftung im engeren und im weiteren Sinne, folgenden Wertungswidersprüche nach wie vor nicht beseitigt. 39

Es bleibt deshalb Anlaß, auf die Weiterentwicklung der bürgerlichrechtlichen Prospekthaftung hin zu einer wirklich allgemein-zivilrechtlichen Prospekthaftung zu drängen. Diese Wandlung wird sich allenfalls in kleinen Schritten vollziehen; ein Paradigmenwechsel in der grundlegenden dogmatischen Verankerung wird sich aller Voraussicht nach nicht einstellen. Nachhaltigere Veränderungen in die fragliche Richtung könnten indes vom Gesetzgeber ausgehen, sollte er sich durchringen, die börsengesetzliche Prospekthaftung zu reformieren:[92] Je nach Art und Umfang der Reform könnte dies die Rechtsprechung dazu ermutigen oder gar zwingen, die Grundlagen und die Ausgestaltung der bürgerlichrechtlichen Prospekthaftung neu zu bestimmen. 40

b) Prospekthaftung auf strafrechtlicher Grundlage. Eine gewisse Erweiterung um eine „deliktische Variante" hat die Prospekthaftung durch den am 1. 8. 1986 mit dem 2. WiKG in Kraft getretenen **§ 264a StGB** erfahren, welcher unter dem Titel **„Kapitalanlagebetrug"** in seinem Absatz 1 täuschende Angaben im Zusammenhang mit dem Vertrieb von Kapitalanlagen unter Strafe stellt und, bei seiner Verletzung, als Schutzgesetz iSv. § 823 Abs. 2 BGB[93] zur Grundlage von Ersatzansprüchen geschädigter Verbraucher werden kann. 41

Die hiermit geschaffene neue Anspruchsgrundlage einer Prospekthaftung bleibt indes **aus zivilrechtlicher Sicht** hinter dem Stand der bürgerlichrechtlichen Prospekthaftung 42

---

89 Vgl. etwa *v. Bar,* Verkehrspflichten, insbes. S. 157 ff. und *Assmann,* Prospekthaftung, S. 261 ff., jeweils m. w. N.

90 S. o. Fn. 86.

91 Dazu unten Rdnr. 94 ff.

92 S. hierzu die Hinweise oben Rdnr. 19 a. E.

93 BGHZ 116, 7. So schon die überwiegende Auffassung im Schrifttum, etwa *Pleyer/Hegel* ZIP 1987, 80 m. w. N.; a. A. *Mink,* Immobilienkapitalanlagen, S. 118 ff. S. a. unten § 9 Rdnr. 100.

schon deshalb zurück, weil sie lediglich vorsätzlich falsche oder irreführende Angaben erfaßt und damit den praktisch bedeutsameren Bereich fahrlässig unrichtiger oder unvollständiger Prospektinformation ausspart. Doch war es auch nicht die Absicht des Gesetzgebers, das Schadensersatzrecht zu bereichern. Anlaß seiner Aktivität war vielmehr die Beobachtung, daß auf der einen Seite die gesetzlich statuierten und von der Rechtsprechung im Rahmen der Prospekthaftung „entwickelten Aufklärungspflichten und die bei ihrer Nichtbeachtung entstehenden Schadensersatzansprüche . . . in der Regel . . . erst nach der getroffenen Anlageentscheidung zum Tragen" kommen und „bei Firmenzusammenbrüchen wirtschaftlich wertlos sein" können[94] und auf der anderen Seite der nach geltendem Recht gewährte strafrechtliche Schutz nicht hinreichend präventiv zu wirken vermag. Diese Lükke sollte durch den neuen § 264 a StGB, „der die Strafbarkeit nicht mehr an die Verursachung eines Vermögensschadens knüpft, sondern den Strafschutz in den Bereich der Gefährdung vorverlegt",[95] geschlossen werden.

43 **Einzelheiten** zur Prospekthaftung auf strafrechtlicher Grundlage werden nachfolgend (in § 8) im Zusammenhang mit dem Straftatbestand des Kapitalanlagebetrugs behandelt.

44 **4. Flankierende Haftungsbestimmungen für Falschangaben (insbes. §§ 47 Nr. 3, 399 Abs. 1 Nr. 3 AktG).** In einem „funktionalen Zusammenhang"[96] mit den vertriebsbezogenen Prospekthaftungsvorschriften stehen zahlreiche anderweitige Haftungs-, Straf- und Bußgeldbestimmungen, die Falschangaben publizitätspflichtiger Personen und Unternehmen außerhalb von Prospekten zum Gegenstand haben. Ungeachtet des Umstandes, daß sie zusammen mit Prospekthaftungsgrundsätzen als integraler Bestandteil eines einheitlichen kapitalmarktrechtlichen Publizitätssystems verstanden und konzipiert werden sollten, liegen ihnen doch tatbestandliche Anknüpfungspunkte und rechtsdogmatische Fragestellungen zugrunde, die ihre Behandlung an dieser Stelle ausschließen.[97]

45 Hingewiesen sei deshalb lediglich auf die den aktienrechtlichen Gründungs- und Kapitalerhöhungsbestimmungen zugehörigen **§§ 47 Nr. 3, 399 Abs. 1 Nr. 3 AktG,** welche eine besonders enge Verbindung mit dem Institut der Prospekthaftung erkennen lassen. So begründet auch § 47 Nr. 3 AktG eine zivilrechtliche Haftung für eine, etwa mittels Inserat oder unter Zuhilfenahme anderweitiger Werbe- und Kommunikationsmittel an einen unbestimmten Personenkreis gerichtete Aufforderung zum Erwerb von Aktien.[98] Von der Prospekthaftung unterscheidet sich diese, ganz dem Gründungsrecht der AG zuzurechnende Haftungsbestimmung[99] jedoch in mehrfacher Hinsicht: Sie erfaßt zunächst nur „Ankündigungen" vor Eintragung einer AG bzw. einer Kapitalerhöhung[100] oder binnen zwei Jahren nach einer solchen; sie greift des weiteren lediglich dann ein, wenn Angaben, die „zum Zwecke der Gründung der Gesellschaft gemacht" wurden, falsch sind,[101] verlangt aber nicht, daß sich die Falschangaben in der Ankündigung wiederholen oder diese in anderer Hinsicht falsche Angaben enthält;[102] und sie begründet schließlich eine Haftung nur gegenüber der Gesellschaft.[103]

---

[94] RegE 2. WiKG BT-Drucks. 10/318, S. 21.

[95] RegE 2. WiKG BT-Drucks. 10/318, S. 22.

[96] *Hopt,* Verantwortlichkeit, S. 44.

[97] Zu den Publizitätsanforderungen s. aber schon oben zu § 1 Rdnr. 69 ff.

[98] § 47 Nr. 3 AktG spricht von einer *öffentlichen Ankündigung.*

[99] Zum gründungs- und emissionsrechtlichen Hindergrund der Vorschrift s. KölnerKomm./*Kraft,* 2. Aufl., § 47 Rdnr. 15.

[100] Die h. M. bejaht diesbezüglich die entsprechende Anwendung von § 47 Nr. 3 AktG. S., jeweils m. w. N., KölnerKomm./*Kraft,* 2. Aufl., § 47 Rdnr. 25; *Hüffer,* AktG, 1993, § 47 Rdnr. 12.

[101] Unerheblich ist, von wem die Falschangaben stammen; KölnerKomm./*Kraft,* 2. Aufl., § 47 Rdnr. 19, § 46 Rdnr. 20.

[102] KölnerKomm./*Kraft,* 2. Aufl., § 47 Rdnr. 19.

[103] *Hüffer,* AktG, 2. Aufl. 1995, § 47 Rdnr. 11. Nicht erforderlich ist allerdings, daß der Gesellschaft *durch die Ankündigung* selbst ein Schaden entstanden ist (KölnerKomm./*Kraft,* 2. Aufl., § 47 Rdnr. 21), was einer garantieähnlichen Haftung des Ankündigenden gleichkommt (KölnerKomm./

Eine **Haftung gegenüber einem Aktionär** kann sich indes auf andere Weise ergeben: Zum einen über § 399 Abs. 1 Nr. 3 AktG, der die zivilrechtliche Verantwortlichkeit aus § 47 Nr. 3 AktG um eine strafrechtliche für den Fall ergänzt, daß auch die öffentliche Ankündigung falsche Angaben enthält, und der dementsprechend (anders als § 47 Nr. 3 AktG) auch als Schutzgesetz nach § 823 Abs. 2 BGB zugunsten des Aktienerwerbers[104] betrachtet wird;[105] und zum anderen dergestalt, daß die Ankündigung als Prospekt im Sinne des § 45 BörsG, des § 13 VerkProspG, einer anderen spezialgesetzlichen Prospekthaftungsbestimmung oder, falls dies zu verneinen ist, der bürgerlichrechtlichen Prospekthaftung anzusehen ist.[106] 46

II. Der Prospekt als Bezugspunkt der Haftung

1. Prospektbegriff. Gemeinsamer Bezugspunkt einer jeden Form der Prospekthaftung ist die als Prospekt zu qualifizierende Publikation von Anlageinformationen. Spezialgesetzlich geregelte und bürgerlichrechtliche Prospekthaftung gehen gleichwohl von unterschiedlichen Prospektbegriffen aus. 47

a) Börsengesetzliche Prospekthaftung. Die für die **börsengesetzliche Prospekthaftung** maßgeblichen §§ 45, 46 Abs. 1 BörsG begründen eine Haftung nur für solche Schriftstücke, die als **Börsenzulassungsprospekte** iSv. §§ 36 Abs. 3 Satz 2, 38 Abs. 1 Satz 2 BörsG i. V. m. §§ 13 ff. BörsZulVO[107] anzusehen sind und aufgrund derer (die fraglichen) Wertpapiere zum Börsenhandel zugelassen wurden.[108] 48

Einer früheren, heute allerdings zurückgehenden Praxis[109] entsprechend, waren jedoch die zu emittierenden Aktien oft schon vor Publikation des Zulassungsprospekts gezeichnet, so daß die börsengesetzliche Prospekthaftung insoweit den Ersterwerbern nicht zugute kam. Weder der Vorschlag, die der Zeichnung vorausgehenden **Zeichnungsaufforderungen** (Bezugsangebote) und vergleichbare Publikationen einer Prospekthaftung entsprechend §§ 45, 46 BörsG zu unterziehen,[110] noch derjenige, sie als Prospekte iSd. bürgerlichrechtlichen Prospekthaftung anzusehen, um sie so auf ihre Richtigkeit überprüfen zu können,[111] konnte sich in der Rechtsprechung bislang durchsetzen.[112] Das Problem stellt sich auch nach Einführung der Pflicht zur Veröffentlichung eines Verkaufsprospekts beim erstmaligen öffentlichen Angebot von Aktien nach § 1 VerkProspG,[113] da neben Verkaufsprospekt und Börsenzulassungsprospekt noch anderweitige Formen von schriftlichen Zeichnungsaufforderungen und Werbemaßnahmen denkbar (und wahrscheinlich) sind. Da diese we- 49

Kraft, ebd.; *Hüffer,* ebd.). Subjektive Haftungsvoraussetzung ist allerdings, daß der Ankündigende die Fehlerhaftigkeit der nach § 46 Abs. 1, 2 AktG zu machenden Angaben kannte oder bei Anwendung der gebotenen Sorgfalt hätte kennen müssen (näher KölnerKomm./*Kraft,* 2. Aufl., § 47 Rdnr. 23; *Hüffer,* ebd., § 47 Rdnr. 10).

[104] KölnerKomm./*Kraft,* 2. Aufl., § 47 Rdnr. 4 f.; *Hüffer,* AktG, 2. Aufl. 1995, § 47 Rdnr. 3, 11.

[105] Vgl. dazu auch *Schwark,* BörsG, §§ 45, 46 Rdnr. 48 sowie zu anderweitigen gesellschaftsrechtlichen Ansprüchen aus § 47 Nr. 3 AktG (Rdnr. 46), § 117 AktG (Rdnr. 47), § 823 Abs. 2 BGB i. V. m. § 400 Abs. 1 AktG bzw. § 331 HGB (Rdnr. 49).

[106] *Hüffer,* AktG, 2. Aufl. 1995, § 47 Rdnr. 3, 11.

[107] Vor der Änderung durch das Börsenzulassungs-Gesetz § 38 Abs. 2 BörsG i. V. m. § 16 ZulB.

[108] BGH WM 1992, 867 f. (betreffend Bezugsangebote vor Veröffentlichung des Börsenzulassungsprospekts). Aus dem Schrifttum etwa *Schwark,* BörsG, §§ 45, 46 Rdnr. 9 m. w. N. Zur Behandlung des Falles eines Prospekts für die in den ungeregelten Freiverkehr eingeführten Aktien s. o. Rdnr. 5 und unten Rdnr. 243 f.

[109] Der geänderte § 42 BörsG und § 43 BörsZulVO schließen diese nach wie vor nicht aus.

[110] *Brondics/Mark* AG 1989, 345.

[111] *Assmann* WM 1983, 139; *ders.,* Prospekthaftung, S. 213, 388; *Schäfer* ZIP 1987, 958 (im Hinblick auf den in Antragsfassung verwandten Emissionsprospekt); *Brondics/Mark* AG 1989, 346. Ablehnend *Schwark,* BörsG, §§ 45, 46 Rdnr. 9.

[112] BGH WM 1987, 867 f.

[113] Dazu näher unten Rdnr. 53 ff., 60.

der als Zulassungsprospekt noch als Verkaufsprospekt im börsen- und verkaufsprospektgesetzlichen Sinne zu begreifen sind, steht ihrer Erfassung als Prospekte iSd. bürgerlichrechtlichen Prospekthaftung nichts entgegen. Dafür spricht vor allem der Umstand, daß ein gesetzlicher Prospektzwang nicht dazu führen darf, jenseits der Erfüllung der vorgeschriebenen Prospektpflicht und ungeachtet der den Investor tatsächlich erreichenden Informationsmaterialien einen rechtlichen Freiraum für schriftliche Anlegerwerbung zu schaffen.[114]

50 Auch hinsichtlich anderweitiger obligatorischer Publikationsformen, wie etwa der sog. **Ad-hoc-Publizität** (§ 15 WpHG/§ 44 a BörsG a. F.) oder der **Zwischenberichterstattung** nach § 44 b BörsG, wird im Schrifttum die Auffassung vertreten, sie könnten zwar nicht Gegenstand der Haftung nach §§ 45, 46 BörsG oder einer anderen spezialgesetzlichen Prospekthaftungsbestimmung, wohl aber der allgemein-zivilrechtlichen Prospekthaftung sein.[115] Auf diese Weise sollen auch beratende oder sonst auf den Inhalt der Veröffentlichungen Einfluß nehmende Kreditinstitute in den Kreis der Haftungsverpflichteten einbezogen werden.[116]

51 Davon unabhängig können dem Börsenzulassungsprospekt vorausgehende oder ihm in Teilen entnommene Zeichnungsaufforderungen grds. Gegenstand einer deliktischen Haftung nach § 823 Abs. 2 BGB i. V. m. § 264 a StGB sein.[117] *Canaris* vertritt schließlich die Auffassung, bei mangelhafter Prüfung des Unternehmens könne die die Effekten emittierende Bank ihren Kunden aus c. i. c. haftpflichtig werden.[118]

52 Dem für die Zulassung zum amtlichen Markt notwendigen Börsenzulassungsprospekt entspricht auf dem neu geschaffenen sog. **geregelten (halbamtlichen) Markt** der **Unternehmensbericht,** dessen Inhalt zum Zwecke der Erleichterung des Marktzugangs allerdings hinter den an den ersteren gestellten Anforderungen zurückbleibt und hinsichtlich seiner über die Erfordernisse des § 73 Abs. 1 Satz 2 BörsG hinausgehenden Details in den Börsenordnungen der einzelnen Börsen konkretisiert wird (§ 72 Abs. 2 Satz 1 BörsG). § 77 BörsG bestimmt, daß für die Richtigkeit und Vollständigkeit der im Bereich enthaltenen Angaben nach Maßgabe der §§ 45–49 BörsG gehaftet wird.[119] Anderweitige Publikationen sollen auch auf dem geregelten Markt als Prospekte iSd. allgemein-zivilrechtlichen Prospekthaftung behandelt werden können.[120]

53 *b) Prospekthaftung nach dem VerkProspG.* Bezugspunkt der Prospekthaftung nach § 13 VerkProspG ist nur dasjenige Dokument, das **Verkaufsprospekt iSd. § 1 VerkProspG** ist. Im Falle des Angebots von Wertpapieren, für die eine amtliche Notierung beantragt ist, ist dies der von der Zulassungsstelle nach § 6 VerkProspG gebilligte Prospekt; im Falle des Angebots von Wertpapieren, für die eine amtliche Notierung nicht beantragt ist, ist dies der nach § 8 VerkProspG hinterlegte Prospekt.

54 Wurde ein Verkaufsprospekt **bei einer unzuständigen Hinterlegungsstelle hinterlegt,** so ist das Dokument, ungeachtet der im übrigen hieran anzuknüpfenden Rechtsfolgen und

---

114 Nach der Rspr. (BGH WM 1982, 867 f.) und dem dieser folgenden Schrifttum (*Schwark,* BörsG, §§ 45, 46 Rdnr. 9) ist unter den insoweit denkbaren Schriftstücken jedenfalls die bloße Bezugsaufforderung (im aktienrechtlichen Sinne, § 186 AktG) nicht als Prospekt zu betrachten; s. a. unten Rdnr. 200.

115 *Schwark,* BörsG, § 44 Rdnr. 11 ff., §§ 45, 46 Rdnr. 10; *ders.* NJW 1987, 2045; *Schäfer* ZIP 1987, 958 (daneben Schadensersatzpflicht gegenüber den Inhabern von Wertpapieren nach § 823 Abs. 2 BGB i. V. m. § 44 Abs. 1 Nr. 1 BörsG, ebd. S. 956; ablehnend *Schwark,* BörsG, § 44 Rdnr. 14, §§ 45, 46 BörsG, Rdnr. 10); *Baumbach/Hopt,* HGB, (14) BörsG § 44 a (a. F.) Rdnr. 1 (ohne Einschränkungen aus §§ 45, 46 BörsG). *Brondics/Mark* AG 1989, 346.

116 *Schwark* NJW 1987, 2045, zgl. zum Inhalt der Haftung.

117 In bezug auf den vor Erlaß des § 264 a StGB den Prospektbetrug erfassenden § 88 Abs. 1 Nr. 2 BörsG *Schwark,* BörsG, 1. Aufl. 1976, §§ 45, 46 Rdnr. 21; *Meyer/Bremer,* Börsengesetz, 4. Aufl. 1957, § 45 Anm. 12.

118 *Canaris,* Bankvertragsrecht, Rdnr. 2282.

119 Einzelheiten unten zu Rdnr. 239 ff.

120 *Schwark* NJW 1987, 2046.

Sanktionen,[121] gleichwohl als Verkaufsprospekt iSd. des VerkProspG zu behandeln: Für den Anleger, der seine Anlageentscheidung auf ein solches Dokument stützt, kann die Haftung für dessen Richtigkeit nicht davon abhängen, ob es – für ihn zudem nicht erkennbar – an der richtigen Stelle hinterlegt wurde. Dagegen kann allein der Umstand der Hinterlegung eines im übrigen inhaltlich ordnungsgemäßen Prospekts an einer unzuständigen Stelle jedenfalls keine Prospekthaftungsansprüche auslösen,[122] weil insoweit keine unrichtigen oder unvollständigen Angaben iSd. § 13 VerkProspG vorliegen. Gleiches muß für die (von § 17 Abs. 1 Nr. 1 und 3 VerkProspG als Ordnungswidrigkeit behandelten) Fälle gelten, daß entgegen einer gesetzlichen Verpflichtung nach dem VerkProspG ein Verkaufsprospekt **nicht (rechtzeitig) veröffentlicht** oder überhaupt **kein (Verkaufs-) Prospekt angefertigt und publiziert** wurde: Anstelle von Prospekthaftungsansprüchen kommen auch hier gegenüber dem Anleger nur anderweitige zivilrechtliche Anspruchsgrundlagen in Betracht.[123]

Schwieriger zu beurteilen sind hingegen Emissionen, die dem VerkProspG unterliegen 55
und sich dabei eines **Prospekts** bedienen, **der weder gebilligt noch hinterlegt wurde.** Hier könnte in Erwägung gezogen werden, § 13 VerkProspG entsprechend anzuwenden, weil es sich bei dem verwandten Prospekt funktional um einen Verkaufsprospekt handele. Der Sache angemessener ist es indes, die Grundsätze der allgemein-zivilrechtlichen Prospekthaftung jedenfalls insoweit zur Anwendung zu bringen, als der Prospekt nicht als Verkaufsprospekt zum Zwecke der Erfüllung entsprechender Verpflichtungen nach dem VerkProspG bezeichnet ist: Erzeugen die Verantwortlichen den Schein, es handele sich bei dem verbreiteten Prospekt um einen solchen zum Zwecke des Vertriebs einer gesetzlich nicht prospektpflichtigen Kapitalanlage, so wäre es schwerlich nachzuvollziehen, wenn sie sich später darauf berufen könnten, es habe ein Fall der Prospektpflicht nach dem VerkProspG vorgelegen und sie hafteten für den unter Verletzung dieser Pflicht unterbreiteten (unrichtigen) Prospekt nach Maßgabe des (für sie gegenüber den bürgerlichrechtlichen Prospekthaftungsansprüchen eher günstigeren[124] § 13 VerkProspG. Ist ein verkaufsprospektpflichtiger Vorgang gegeben und ist der Prospekt als Verkaufsprospekt erkennbar (etwa weil als solcher tituliert), so mag es demgegenüber bei einer entsprechenden Anwendung des § 13 VerkProspG, ergänzt durch anderweitige Schadensersatzpflichten wegen Verletzung der Billigungs- oder Hinterlegungsanforderungen des VerkProspG,[125] bleiben.

c) Investmentrechtliche Prospekthaftung. Sowohl die **investmentrechtliche Prospekthaftung** 56
nach § 20 KAGG als auch diejenige nach § 12 AuslInvestmG knüpfen an einen obligatorischen, aber in seiner Form nicht vorgegebenen **Verkaufsprospekt** iSv. § 3 KAGG bzw. § 19 AuslInvestmG an. Als Prospekt ist diesbezüglich deshalb jedes Dokument anzusehen, das dem Anleger in der Erfüllung der jeweiligen Prospektpflicht ausgehändigt wird.[126]

d) Allgemein-zivilrechtliche Prospekthaftung. Die Frage, welche Publikationen im einzel- 57
nen als **Prospekte iSd. allgemein-zivilrechtlichen/bürgerlichrechtlichen Prospekthaftung** angesehen werden können, hat die höchstrichterliche Rechtsprechung bislang nicht beschäftigt. Soweit (unveröffentlichte) Entscheidungen anderer Gerichte mit der Frage befaßt waren, sind sie über den eigentlichen „Werbeprospekt" hinausgegangen und haben ihm etwa Anzeigen in Magazinen oder Tageszeitungen gleichgestellt.[127] Dem ist schon deshalb zu folgen, weil so ein Ausweichen der Emittenten und Vertriebsorganisationen

---

[121] S. dazu *Schäfer* ZIP 1993, 1557, 1564 f.

[122] IdS. wohl auch *Schäfer* ZIP 1993, 1557, 1565.

[123] Etwa die Haftung aus § 826 BGB, § 823 Abs. 2 BGB i. V. m. §§ 1, 17 VerkProspG als Schutzgesetze zugunsten des Anlegers oder die Verletzung vorvertraglicher Aufklärungspflichten; so auch *Schäfer* ZIP 1993, 1557, 1565.

[124] Etwa im Hinblick auf die Verjährungsregelung des nach § 13 VerkProspG entsprechend §§ 45–48 BörsG zu behandelnden Prospekthaftungsanspruchs.

[125] Hierzu oben Rdnr. 54.

[126] *Assmann,* Prospekthaftung, S. 314.

[127] Etwa OLG Frankfurt/M., Urt. v. 29. 2. 1982 (21 U 296/81), S. 8 (unveröffentlicht).

in andere – die fraglichen Marketinginteressen nicht minder befriedigende, aber weniger streng kontrollierte – Werbemittel vermieden und dadurch auf mittelbare Weise eine Art Prospektpflicht als Grundvoraussetzung der Kapitalmarktpublizität erreicht werden kann. Man wird deshalb jede marktbezogene,[128] d. h. an eine bestimmte Zahl von Personen gerichtete schriftliche Erklärung, die für die Beurteilung der Anlage erhebliche Angaben enthält oder den Eindruck eines solchen Inhalts erwecken soll,[129] als Prospekt anzusehen haben.

58 Diese Anforderungen erfüllt etwa der **Serienbrief,** auch wenn er in der Form eines persönlichen Anschreibens gehalten ist.[130] Am Marktbezug im vorstehenden Sinne wird es fehlen, wenn es um die rechtliche Qualifizierung von Exposés geht, die, zum Zwecke der „Förderung des Abschlusses einzelner noch auszuhandelnder Verträge zwischen einzelnen Privatpersonen" angefertigt, einzelnen interessierten Kapitalanlegern als **schriftliche Verkaufsofferten** unterbreitet werden, und zwar selbst für den Fall, daß „das Werbeschreiben für eine Mehrzahl von Personen bestimmt ist".[131] Gerade dieses Beispiel zeigt, daß in die Bestimmung des Prospektbegriffs bereits Überlegungen zum Schutzbereich der Haftungsnorm „bürgerlichrechtliche Prospekthaftung" eingehen: In der Tat besteht für die Anwendung der Prospekthaftungsgrundsätze kein Bedarf, wenn sich ein Vertragspartner zur Förderung des Vertragsabschlusses und zur Erfüllung vorvertraglicher Aufklärungspflichten eines von ihm angefertigten Dokuments bedient, das er in vergleichbaren Fällen verschiedentlich zu verwenden gedenkt, ohne es der *Marktöffentlichkeit* zu unterbreiten.

59 Da es nicht darum gehen kann, andere Kommunikationsformen als den allumfassenden Prospekt a limine zu unterdrücken, sind freilich je nach Art der marktbezogenen Erklärungen Modifikationen in bezug auf die Anforderungen an den notwendigen Prospektinhalt, mithin das Gebot der **Prospektvollständigkeit,** angebracht.[132] Neben einem Minimum an Informationen über den Emittenten, das Anlageprojekt und die Vertriebsumstände wird man den weiteren Inhalt der Erklärung deshalb am Kriterium der Irreführung und des unzutreffenden Gesamteindrucks zu kontrollieren haben. Auch nach dem Standpunkt der Rechtsprechung sollte es begründbar sein, solche verkürzte Information nur unter der Voraussetzung des in ihr enthaltenen Hinweises zu gestatten, daß eine umfassende schriftliche und kostenlose Unterrichtungsmöglichkeit seitens des Anlegers besteht und wie sie zu erlangen ist.

60 **2. Prospektpflicht.** In sämtlichen der **spezialgesetzlich geregelten Prospekthaftungsfälle** besteht unter den dort näher geregelten Voraussetzungen eine Prospektpflicht: Für die börsengesetzliche Prospekthaftung folgt diese aus § 36 Abs. 3 Nr. 2, Abs. 4 BörsG (amtlicher Handel) bzw. aus § 73 Abs. 1 Nr. 2, Abs. 2 BörsG (geregelter Markt), für die verkaufsprospektgesetzliche aus § 1 VerkProspG (mit den Ausnahmen nach §§ 2–4 VerkProspG) und für die investmentrechtliche aus § 19 Abs. 1 Satz 1, Abs. 2 Satz 1 KAGG und § 3 Abs. 1 Satz 1 AuslInvestmG.

61 Die Frage, ob im Zusammenhang mit dem **Vertrieb von Anlagen des „grauen Kapitalmarkts"** (und damit verbunden der **bürgerlichrechtlichen Prospekthaftung)** eine Prospektpflicht bestehe, hat die Rechtsprechung bislang nicht beschäftigt und wird auch im Schrifttum kaum behandelt. Während die Vertreter einer deliktischen und mittels Sta-

---

128 § 264 a Abs. 1 StGB spricht von einem „größeren Kreis von Personen". Die Zielrichtung ist die gleiche (vgl. BT-Drucks. 10/318, S. 23).

129 BT-Drucks. 10/318, S. 23, betreffend den Prospektbegriff iSd. § 264 a StGB; ähnlich *Schwark,* BörsG, §§ 45, 46 Rdnr. 9 m. w. N.

130 Ebenso *Thode,* Haftung, Rdnr. 34.

131 BGH WM 1989, 1715, 1717. Die gelieferte Begründung ist mehr als dürftig, weil nicht trennscharf. So heißt es letztlich pauschal, auf „einen Fall dieser Art sind die Rechtsgrundsätze nicht anwendbar, die die Rspr. für eine Werbung entwickelt hat, mit der der Anleger . . . zur Beteiligung an einer sogenannten Publikumskommanditgesellschaft veranlaßt werden soll".

132 *Assmann,* Prospekthaftung, S. 315; *Hopt,* Verantwortlichkeit, S. 77 (entspricht internationaler Entwicklung); *Schwark,* Aussagefähigkeit, S. 233 f.

tuierung von Verkehrspflichten auf die Ordnung des Kapitalmarkts gerichteten Konzeption der Prospekthaftung mit der dogmatischen Begründung einer Prospektpflicht wenig Mühe haben,[133] läßt sich ein solches Ergebnis aus dem vertrauenstheoretischen Ansatz nicht ohne weiteres herleiten. So wird die Auffassung vertreten, solange es an einem persönlichen Bande fehle und lediglich die der Berufshaftung zuzuordnende Prospekthaftung eingreife, könne eine „Rechtspflicht zu Prospektherstellung und -bekanntgabe" nicht angenommen werden, so daß „dieses wichtige Steuerungsinstrument", wenn nicht Marketinggründe einen Prospekt verlangten, von Rechts wegen ungenützt bleibe.[134]

Aber auch unter den Voraussetzungen persönlichen Kontakts ist zunächst schwer zu 62
begründen, warum der Aufklärungspflichtige sich seiner Informationspflichten nicht mündlich ggf. unter Heranziehung vorhandener Dokumente (etwa Bilanzen) soll entledigen dürfen. Andererseits weist der BGH in den Rechtfertigungsversuchen seines Ansatzes wiederholt darauf hin, mit diesem gehe es ihm um die wahrheitsgemäße und vollständige Aufklärung des Rechtsverkehrs über das Risiko möglicher Anlagen im Interesse eines rechtlich gebotenen Anlegerschutzes.[135] Ob sich dieses Desiderat überhaupt durch die mündliche Unterrichtung und die Flüchtigkeit des gesprochenen Wortes erreichen läßt, ist fraglich. Doch folgt daraus allenfalls, daß sich der Aufklärungspflichtige zur Erfüllung der weitreichenden Aufklärungsanforderungen aus praktischen und beweissichernden Gründen eines Prospektes bedienen wird. Auch wenn dies in weitem Umfange zum faktischen Prospektzwang führt, bleibt doch unklar, ob der BGH auch gewillt ist, der Verantwortlichkeit der Hintermänner für einen tatsächlich erstellten unrichtigen Prospekt auch eine solche zur Aufklärung der Anleger zur Seite zu stellen. Von einer rechtlichen Prospektpflicht im Sinne einer Vertriebsvoraussetzung kann auf der Grundlage der Rechtsprechung bislang jedoch nicht gesprochen werden.

3. Prospektmängel. In jeglicher Form greift die Prospekthaftung nur ein, wenn ein 63
Prospekt Mängel aufweist, d. h. **unrichtig** oder **unvollständig** ist. Der Anleger darf erwarten, daß der Prospekt ihn über alle Umstände, die für seine Entschließung von wesentlicher Bedeutung sind oder sein können, sachlich richtig und vollständig unterrichtet.[136] Auch die zur Beurteilung der Frage, wann idS. ein Prospektmangel vorliegt, heranzuziehenden Kriterien müssen für alle Fälle der Prospekthaftung grundsätzlich die gleichen sein, so daß aus ihnen die je nach Emittent und Anlageform zu verlangenden Besonderheiten erst abzuleiten sind. Deshalb ist es möglich, die in bezug auf den Börsenzulassungsprospekt entwickelten allgemeinen Prinzipien auch auf andere Anlageformen zu übertragen. Für beide Formen eines möglichen Prospektmangels gilt, daß ein Prospekt nicht bereits deshalb als richtig oder vollständig zu gelten hat, weil ihn die Börsenzulassungsstelle zugelassen hat.[137]

a) Beurteilungsmaßstab und -zeitpunkt (insbes. Prospektadressat). Die an den Prospekt im 64
Hinblick auf Richtigkeit und Vollständigkeit zu stellenden Anforderungen lassen sich nicht unabhängig vom **Adressatenkreis** beurteilen. Dieser wird je nach der der Prospekthaftung zugeschriebenen Aufgabe unterschiedlich bestimmt. Das Spektrum der im Schrifttum vertretenen Auffassungen reicht dementsprechend vom „Fachmann"[138] bis zum „unbewanderten Laien"[139] als Adressaten des Prospekts. In einer einen Börsenprospekt betreffenden Entscheidung hat der BGH als Maßstab auf die Verständnismöglichkeiten eines „durchschnittlichen", mit der gebräuchlichen Schlüsselsprache nicht vertrauten Anlegers abge-

---

[133] *Assmann,* Prospekthaftung, S. 292 ff. („objektive Vertriebsvoraussetzung").

[134] *Schwark,* Festschrift Stimpel, S. 1103.

[135] Etwa BGHZ 79, 337, 341 = NJW 1981, 1449, 1450.

[136] BGHZ 79, 337, 334; BGH WM 1994, 1292, 1293.

[137] OLG Frankfurt/M. WM 1994, 291, 297 m. w. N.; auch die Vorinstanz: LG Frankfurt/M. WM 1992, 1768, 1770 f. S. a. unten Rdnr. 200, 223.

[138] Etwa *Wittmann* DB 1980, 1583; LG Düsseldorf WM 1980, 102, 106.

[139] Etwa *Wunderlich* DStR 1975, 690.

stellt,[140] hierbei aber inkonsequenterweise unterstellt, dieser sei in der Lage, eine Bilanz zu lesen.[141] Darüber hinaus schwebt dem BGH ein Prospektadressat vor, der Prospekt und diesem gegebenenfalls beigefügte Anlagen (wie etwa eine „Dokumentationsmappe“) „sorgfältig und eingehend“ liest.[142] Versuche, den „flüchtigen“ Leser von Prospekten zum Prospektadressaten zu erheben, sind abzulehnen (dazu näher unten Rdnr. 78).

65 Die Beurteilung der Richtigkeit und Vollständigkeit eines Prospekts sowie insbesondere der Erheblichkeit der unrichtigen Angaben oder der nicht in den Prospekt aufgenommenen Umstände hat aus einer **ex-ante-Sichtweise** zu erfolgen, muß sich mithin auf den Zeitpunkt der Prospektherausgabe beziehen und von Erkenntnissen abstrahieren, die sich erst später – etwa im Zusammenhang mit dem Eintritt eines Schadensfalls und den aus diesem folgenden Erfahrungen – eingestellt haben. Gleiches gilt für die Beantwortung der Frage, ob und wann eine Pflicht zur Aktualisierung eines (unrichtig oder unvollständig gewordenen) Prospekts (unten Rdnr. 71) eingetreten ist.

66 *b) Unrichtigkeit des Prospekts.* Grundlage einer Prospekthaftung können nur solche unrichtigen Prospektangaben sein, die sich auf **erhebliche Umstände** beziehen.[143] In diesem Sinne spricht auch § 264 a StGB von „nachteiligen erheblichen Umständen“, doch wird zur inhaltlichen Konkretisierung dieses Merkmals auf die Rechtsentwicklung im Bereich der bürgerlichrechtlichen Prospekthaftung verwiesen. Unter Berücksichtigung der insoweit weitgehend konsentierten Position der Rechtsprechung, die Prospekthaftung solle dazu führen, dem Anleger durch die Mitteilung aller für seinen Anlageentschluß möglicherweise bedeutsamen Umstände die Risiken der angebotenen Anlage transparent zu machen,[144] lassen sich solche Umstände als erheblich bezeichnen, die objektiv zu den wertbildenden Faktoren einer Anlage gehören und die ein durchschnittlicher, verständiger Anleger „eher als nicht“ bei seiner Anlageentscheidung berücksichtigen würde.[145]

67 Die Unrichtigkeit eines Prospekts ist danach zunächst in bezug auf seine **Angaben tatsächlicher Art** zu beurteilen.;sie kann sich darüber hinaus aber auch aus den in ihm enthaltenen **Werturteilen und Prognosen** (etwa „Geschäftsaussichten“ iSv. § 29 BörsZulVO und § 73 Abs. 1 Satz 2 BörsG oder Rendite- und Wirtschaftlichkeitsberechnungen[146]) ergeben.[147] Dieser (in der „BuM“-Entscheidung zu § 45 Abs. 1 Satz 1 BörsG näher begründeten) Aussage ist schon deshalb zuzustimmen, weil jedes Werturteil das Vorhandensein bestimmter Informationen impliziert. Mit der Rechtsprechung ist deshalb zu verlangen, daß Voraussagen oder Werturteile ausreichend durch Tatsachen gestützt und kaufmännisch vertretbar sein müssen.[148] Gleiches gilt für Werturteile, die ersichtlich als reklamehafte

---

[140] BGH WM 1982, 862, 863. Anders noch die Vorinstanz; OLG Düsseldorf WM 1981, 960, 964 f. („aufmerksamer und kundiger Prospektleser“). In Anlehnung an § 265 b StGB soll nach den Darlegungen im RegE 2. WiKG (BT-Drucks. 10/318, S. 24) in bezug auf § 264 a StGB vom „verständigen, durchschnittlich vorsichtigen“ Anleger auszugehen sein.

[141] Kritisch hierzu *Schwark* ZGR 1983, 168; *ders.*, BörsG, §§ 45, 46 Rdnr. 12; *ders.* WuB I G 9.–2.94 (Anm. zum Urt. OLG Frankfurt/M. WM 1994, 291) zu 2.; *Assmann*, Prospekthaftung, S. 317. Ähnlich *Canaris*, Bankvertragsrecht, Rdnr. 2279; *Brondics/Mark* AG 1989, 341.

[142] BGH WM 1992, 901, 904; dazu auch unten Rdnr. 92 f.

[143] § 45 Abs. 1 BörsG und § 13 BörsZulVO (beide Normen enthalten übereinstimmende Maßstäbe für Prospektanforderungen: OLG Frankfurt/M. WM 1994, 291, Ls. 2); § 20 Abs. 1 KAGG, § 12 Abs. 1 AuslInvestmG. Für die bürgerlichrechtliche Prospekthaftung BGHZ 79, 337, 344; BGH WM 1991, 2092, 2094 (insoweit nicht in BGHZ 115, 214 abgedruckt). Zu den Besonderheiten der Prospekthaftung auf der Grundlage des § 264 a StGB s. u. § 9 Rdnr. 74 ff.

[144] S. die Nachw. oben Fn. 143. Aus dem Schrifttum etwa *Pleyer/Hegel* ZIP 1985, 1371 m. w. N. in Fn. 6.

[145] *Assmann*, Prospekthaftung, S. 319.

[146] Etwa BGH WM 1985, 483; BGH WM 1987, 1557; BGH WM 1991, 1543; OLG Bremen ZIP 1983, 423; OLG Koblenz ZIP 1981, 668.

[147] Zur Richtigkeitskontrolle und Prospektierungspflicht von Prognosen näher unten Rdnr. 87.

[148] BGH WM 1982, 862, 865; OLG Düsseldorf WM 1984, 586, 595 f.

Anpreisungen erkennbar sind: Auch sie dürfen in ihrem Tatsachenkern nicht unrichtig sein.[149]

Bei der Formulierung der bei der Kontrolle von Prospekten auf ihre Richtigkeit heranzuziehenden Kriterien ist die Rechtsprechung noch einen Schritt weiter gegangen und verlangt, daß der Prospekt (auch) in seinem **Gesamteindruck** im Hinblick auf die **Vermögens-, Ertrags- und Liquiditätslage** des Unternehmens nicht unrichtig sein dürfe.[150] Da der Gesamteindruck etwa sowohl aufgrund einer Anhäufung positiver, je für sich noch vertretbarer Werturteile als auch aufgrund unterlassener Angaben unrichtig sein kann, ist damit die scharfe Trennung zwischen Unrichtigkeit und Unvollständigkeit einzelner Aussagen oder des Prospekts insgesamt weitgehend aufgehoben worden.[151] Dies hat vor allem im Bereich der börsengesetzlichen Prospekthaftung zur Folge, daß die Unterscheidung der Verschuldensanforderungen für die Unrichtigkeit („grobe Fahrlässigkeit") und Unvollständigkeit („bösliches Verschweigen") des Prospekts verwischt, wenn nicht aufgehoben wird.[152] Daneben ist für den gesamten Bereich der Prospekthaftung vor der in der Praxis recht verbreiteten Auffassung zu warnen, dieser Einstandspflicht (gleiches gilt für die strafrechtliche Verantwortlichkeit für falsche Prospekte) könne durch starre Orientierung an zwischenzeitlich recht ausgefeilten Prospektinhaltskatalogen – gerade im Hinblick auf die Fallen des Unvollständigkeits-Vorwurfs – entgangen werden. 68

Die Richtigkeitskontrolle des Prospekts unter dem Gesichtspunkt des **Gesamteindrucks** zwingt nicht nur zur umfassenden Offenlegung des tatsächlichen **Datenmaterials,** sondern erfordert darüber hinaus dessen für den Durchschnittsanleger verständliche und nachvollziehbare **Erläuterung** bis hin zu (naheliegenderweise vorsichtig zu haltenden) Schlußfolgerungen über die zu erwartende **zukünftige Entwicklung** des Unternehmens.[153] Datenmaterial und Kommentierung sind einer prospektimmanenten Stimmigkeitskontrolle vom Standpunkt des Anlegers zu unterziehen.[154] 69

Fraglich ist, inwieweit diese, aus der Rechtsprechung abgeleitete Verpflichtung zur **narrativen Aufbereitung** des einschlägigen Datenmaterials entfallen kann, wenn der Prospekt Dokumente enthält, die (wie etwa der Anhang zum Jahresabschluß oder ggf. auch ein Lagebericht) bereits entsprechende Darstellungen enthalten. *Schwark* bejaht dies zumindest für Prospekte, deren Inhalt sich nach den Bestimmungen des BörsG und der BörsZulVO richten, weil letztere i. V. m. dem Bilanzrichtliniengesetz 1985 den gesetzlich vorgeschriebenen Umfang narrativer Darstellung erheblich erweitert hätten: weitergehende verbale Erläuterungen seien hier nur in Einzelfällen zu verlangen.[155] Das mag man unter dem Gesichtspunkt der Vermeidung von kostspieliger Informationsverdopplung und im Interesse einer Integration der Publizitätsanforderungen begrüßen, doch ist schwerlich zu übersehen, daß einerseits der Prospekt dadurch an Lesbarkeit und Verständlichkeit für den durchschnittlichen Anleger verliert und daß sich Rechnungslegungspublizität und Prospektpublizität auch hinsichtlich ihres Inhalts und Adressatenkreises unterscheiden. Ist deshalb an dem allgemeinen Erfordernis einer narrativen Aufbereitung des Datenmaterials festzuhalten,[156] so kann doch andererseits nicht übersehen werden, daß sich der Rechtsprechung Anhaltspunkte entnehmen lassen, die in eine 70

---

[149] „Absolute Top-Lage", BGH WM 1992, 901, 904.

[150] BGH WM 1982, 862, 863; OLG Frankfurt/M. WM 1994, 291, 295. Kritisch *Kirchner,* Prospektpublizität, S. 307 ff.

[151] Vgl. dazu näher *Assmann* WM 1983, 140.

[152] *Assmann,* Prospekthaftung, S. 321.

[153] Das ist noch immer weit entfernt von den US-amerikanischen Anforderungen einer Beurteilung des Datenmaterials im Hinblick auf Chancen und Risiken durch das Management der Anlagegesellschaft (sog. MD&A = Mangament Discussion and Analysis); dazu etwa *Schneider,* MD&A-Disclosure, The Review of Securities & Commodities Regulation 22 (1989) 149.

[154] Vgl. dazu *Schwark* ZGR 1983, 176.

[155] *Schwark,* BörsG, §§ 45, 46 Rdnr. 19.

[156] So wohl auch *Canaris,* Bankvertragsrecht, Rdnr. 2279, 2280 a.

andere Richtung zeigen: So hält es der BGH in einem (in seiner Generalität schlechterdings unvertretbaren) obiter dictum sogar für unbedenklich, wenn eine für die Beurteilung der Anlage erhebliche Tatsache nur in einer dem Prospekt beigefügten **„Dokumentationsmappe"**, nicht aber im eigentlichen Prospekt enthalten ist.[157] Berechtigte Anliegen, wie die Vermeidung von Informationsverdopplungen, werden so am falschen Ende angepackt.

71 Sowohl Aspekte der Unrichtigkeit als auch der Unvollständigkeit sind betroffen, wenn von den Prospektverantwortlichen die Vorlage eines **zeitnahen Prospekts**[158] verlangt wird: Neuere Erkenntnisse machen alte Daten unrichtig, neu eintretende Umstände können zur Unvollständigkeit eines Prospekts führen. Deshalb ist bspw. stets zu prüfen, ob die verwandte Bilanz die aktuelle Unternehmenslage adäquat wiedergibt[159] oder im Prospekt enthaltene Versprechungen über die Verwendbarkeit einer Immobilie angesichts der später erteilten Baugenehmigung noch zutreffend sind.[160] In diesem Sinne verlangen §§ 19 Abs. 2 Satz 1 KAGG, 3 Abs. 2 AuslInvestmG explizit, daß die Verkaufsprospekte alle Angaben zu enthalten haben, die im Zeitpunkt des Erwerbs (KAGG) bzw. der Antragstellung (AuslInvestmG) für die Beurteilung der Anlage von wesentlicher Bedeutung sind. Die generalisierbare Pflicht zur **permanenten Aktualisierung** von Prospekten – etwa durch Prospektbeilagen – führt zu gewissen Schwierigkeiten lediglich im Bereich des Zulassungsprospekts nach dem BörsG, da dieser in der von der Zulassungsstelle genehmigten Fassung veröffentlicht werden muß.[161] Denkbar, aber wegen der Zeitverzögerung wenig wünschenswert, ist die Einreichung eines neuen Prospekts zur Genehmigung; naheliegender und ausreichend ist die Ergänzung des Prospekts durch einen Anhang.[162] Für den Fall, daß seit der Veröffentlichung des Prospekts (§ 43 BörsZulVO) und dem Beginn der amtlichen Notierung bedeutsame neue Ereignisse eingetreten sind, besteht nach § 52 Abs. 2 Satz 1 BörsZulVO die Verpflichtung, die Veränderungen in einem **Nachtrag zum Prospekt** zu veröffentlichen. Aus § 52 Abs. 2 Satz 2 BörsZulVO ergibt sich, daß der Nachtrag bei der Zulassungsstelle einzureichen und nach den für den Prospekt geltenden Vorschriften zu behandeln ist.

72 **Interessen an der Unterbringung der Emission** entbinden nicht von der Pflicht, im Prospekt eine wahrheitsgetreue, vollständige und realistische Darstellung der entscheidungsrelevanten Umstände zu geben: Das diesbezügliche Absatzrisiko darf nicht dadurch auf den Anleger abgewälzt werden, daß in ihm Erwartungen geweckt werden, die sachlich nicht genügend fundiert sind.[163] Fraglich ist dagegen, ob hinsichtlich erheblicher oder aufgrund gesetzlicher Bestimmungen mitteilungspflichtiger Tatsachen nicht zumindest dann von einer Veröffentlichungspflicht abzusehen sind, wenn sie dem **Bankgeheimnis** unterfallen oder als **Geschäfts- oder Betriebsgeheimnisse** anzusehen sind. Das wurde im Schrifttum unter Hinweis auf das Informationsinteresse der Beteiligungsinteressenten sowie der Bedenklichkeit eines Verfahren, in dem die Informationspflichtigen selbst entscheiden, ob die Geheimhaltung einer erheblichen publizitätspflichtigen

---

157 BGH WM 1992, 901, 904. S. dazu näher unten Rdnr. 93.

158 BGHZ 71, 284, 290 f.; BGH WM 1982, 862, 864; BGH WM 1993, 1787, 1790.

159 BGH WM 1982, 862, 864.

160 BGHZ 115, 214.

161 Vgl. jetzt § 43 Abs. 2 BörsZulVO. Eine generelle Aktualisierungspflicht bejaht auch *Schwark*, BörsG, §§ 45, 46 Rdnr. 15, allerdings nur „bis zum Zeitpunkt der Einführung" der Wertpapiere zum Börsenhandel, weil danach die §§ 44 Abs. 1, 44 a (jetzt § 15 WpHG), 44 c BörsG zur Anwendung kämen. Dieser Ansicht ist nicht zuzustimmen: Die in Erfüllung der vorstehenden Bestimmungen verbreiteten Informationen müssen den Anleger, der seine Entscheidung auf den Prospekt stützt und unter dem Eindruck desselben trifft, nicht notwendigerweise erreichen, doch soll sich der Investor auf die Richtigkeit der in dem Prospekt enthaltenen Angaben verlassen dürfen.

162 Einzelheiten hierzu bei *Assmann*, Prospekthaftung, S. 323. Zur Verpflichtung des Emittenten zur sog. Ad-hoc-Publizität im übrigen s. § 15 WpHG; dazu oben Rdnr. 50.

163 BGH WM 1982, 862, 865.

Tatsache durch ein berechtigtes Interesse an derselben gedeckt ist, überwiegend gänzlich abgelehnt.[164] In der Rechtsprechung deutete sich hingegen bereits an, daß Geheimhaltungsinteressen auch im Hinblick auf Prospektierungspflichten nicht generell unbeachtlich seien.[165]

Sowohl die Ausweitung der prospektierungspflichtigen Tatsachen als auch der Umstand, daß verschiedene Publizitätsvorschriften bei Vorliegen eines berechtigten Interesses die Möglichkeit der Befreiung von den Veröffentlichungspflichten vorsehen,[166] läßt es als **gerechtfertigt** erscheinen, auch im Zusammenhang mit der Prospektinhaltsbestimmung **generell Geheimhaltungsinteressen anzuerkennen.** Die Beurteilung der Frage, wann „berechtigte Interessen" vorliegen, welche die Geheimhaltung bestimmter Tatsachen rechtfertigen, kann sich dabei an die zu den gesetzlich geregelten Fällen entwickelten Grundsätze anlehnen. Soweit die bürgerlichrechtliche Prospekthaftung eingreift, fehlt es damit zwar an dem sonst spezialgesetzlich vorgesehenen Befreiungsverfahren, doch kann dies hingenommen werden, weil sich der Prospektpflichtige bei der Geheimhaltung erheblicher Tatsachen dem nicht eben leicht zu kalkulierenden Risiko der Haftung für einen unrichtigen oder unvollständigen Prospekt aussetzt. Jedenfalls gilt es zu vermeiden, daß auf den unterschiedlichen Kapitalmarktsegmenten, trotz vergleichbarer Informationsinteressen der Anleger und anderer Kapitalmarktteilnehmer, divergierende Informationspflichten und Geheimhaltungsbefugnisse der Prospektpflichtigen entstehen. Dementsprechend sind bislang unbekannte und aus einem berechtigten Interesse heraus geheimhaltungsfähige erhebliche Tatsachen, d. h. Insiderinformationen im untechnischen Sinne, im Prospekt zu veröffentlichen, während sich aufgrund der Verpflichtung zur Ad-hoc-Publizität nach § 15 WpHG die (grundsätzlich nicht anders zu beantwortende)[167] Frage der Pflichten zur Veröffentlichung von Insidertatsachen iSd. § 13 Abs. 1 WpHG praktisch nicht mehr stellen dürfte. Davon unabhängig gilt die allgemeine Regel, daß Interessenkonflikte zwischen Offenbarungs- und Geheimhaltungspflichten (etwa aufgrund des Bankgeheimnisses) durch Güterabwägung zu entscheiden sind.[168] 73

Naheliegenderweise greifen Geheimhaltungsbefugnisse erst dann ein, wenn überhaupt eine Verpflichtung zur Veröffentlichung einer Tatsache besteht. Eine solche kann sich sowohl aus gesetzlichen Bestimmungen über den notwendigen Prospektinhalt als auch aus der generellen Verpflichtung ergeben, über alle für die Beurteilung der Anlage erheblichen Umstände richtig und vollständig zu informieren. Deshalb sind etwa Angaben über frühere Verluste eines Unternehmens, trotz des Umstands, daß § 21 Abs. 1 Nr. 1 BörsZulVO nur den Abdruck von Gewinn- und Verlustrechnungen der letzten drei Jahre verlangt, auch dann erforderlich, wenn solche Informationen für die Beurteilung der Anlage als wesentlich anzusehen sind und keine weitergehenden Geheimhaltungsinteressen vorliegen.[169] Sind solche Angaben nicht als erheblich zu betrachten, so müssen die Prospektangaben doch gleichwohl im Lichte dieser früheren Entwicklung beurteilt werden: Das bedeutet etwa, daß nicht der Eindruck entstehen darf, die Gesellschaft sei „jahrelang ertragreich gewesen" und werde dies deshalb auch zukünftig sein, oder gegenwärtige Einbrüche stellten eine bloße Ausnahme von der bisherigen Geschäftsentwicklung dar.[170] Gleiches gilt für den Fall, daß Geheimhaltungsinteressen der Veröffentlichung einer bestimmten Tatsache berechtigterweise entgegenstehen: Auch hier darf der Prospekt keinen Eindruck er- 74

---

[164] *Assmann,* Prospekthaftung, S. 324; *Canaris,* Bankvertragsrecht, Rdnr. 2279; *Ehricke* DB 1982, 2431 f. Auch noch Voraufl. Rdnr. 41.

[165] Anklingend in BGH WM 1982, 862, 864; OLG Düsseldorf WM 1981, 960, 965.

[166] § 38 Abs. 2 Nr. 3 i. V. m. § 47 BörsZulVO; § 7 Abs. 3 VerkProspG i. V. m. § 14 Abs. 4 VerkProspVO. Vgl. auch § 15 Abs. 1 Satz 2 WpHG.

[167] S. *Assmann,* Prospekthaftung, S. 324 f., auch Voraufl. Rdnr. 41.

[168] BGH WM 1991, 85.

[169] Mißverständlich *Schwark,* BörsG, §§ 45, 46 Rdnr. 16.

[170] BGH WM 1982, 862, 864.

wecken, der sich in Ansehung der fraglichen Tatsache als unrichtig oder irreführend darstellt.[171]

75 In verschiedenen **Entscheidungen** hatte der BGH Gelegenheit, die Grundsätze zur Beurteilung der Richtigkeit oder Unrichtigkeit von Prospektangaben **am Einzelfall** zu konkretisieren. Während der überwiegenden Zahl von Fällen unrichtige Bilanzen, falsche, unsorgfältige, zu optimistische und nicht durch Fakten abgesicherte Kalkulationen (etwa im Hinblick auf die zu erwartende Rendite oder die Wirtschaftlichkeit einer Anlage) oder die unrichtige Darstellung von Haftungsverhältnissen und daraus resultierenden Risiken zugrundelagen, wurden u. a. aber auch folgende Darstellungen als unrichtig angesehen:

- Bezeichnung eines Geschäftsbetriebs als „gekauft", ohne daß ein wirksamer Kaufvertrag vorgelegen hätte[172] oder als bereits erworben, obwohl der Eigentumserwerb nicht einmal grundbuchmäßig gesichert war.[173]
- Angabe, der Absatz zu produzierender Ware sei gesichert, ohne daß hinreichende Abnahmeverpflichtungen Dritter vorlagen.[174]
- Erweckung des Eindrucks, das Vorhaben sei planerisch und rechnerisch gesichert, obwohl Umstände vorlagen, die geeignet waren, die Erreichung des Vertragszwecks zu gefährden.[175]
- Darstellungen, die die Vorstellung hervorriefen, durch Einzahlung der Einlagen auf ein Rechtsanwalts-Anderkonto sei deren vertragsgemäße Verwendung gesichert, obwohl dies tatsächlich nicht der Fall war.[176]

76 *c) Unvollständigkeit des Prospekts.* (aa) Grundsatz und Einzelfälle. Unvollständig ist ein Prospekt, wenn Angaben *fehlen,* die für den Anlageentschluß eines durchschnittlichen Investors als *erheblich* anzusehen sind. Dazu gehören insbesondere auch diejenigen Tatsachen, die den Vertragszweck vereiteln können[177] sowie Umstände, von denen zwar noch nicht sicher, jedoch schon mit einiger *Wahrscheinlichkeit* gesagt werden kann, daß sie den vom Anleger verfolgten Zweck gefährden werden.[178] Lücken in bezug auf den Prospekt sind darüber hinaus auch unter dem Gesichtspunkt des vom Prospekt erzeugten **Gesamteindrucks**[179] zu ermitteln.

77 Für den **Börsenzulassungsprospekt** konnten die erforderlichen Angaben bis zum 30. 4. 1987 den §§ 6 ff. ZulB[180] entnommen werden. An ihre Stelle sind seit dem 1. 5. 1987 die weitaus umfänglicheren Bestimmungen der §§ 13 ff. BörsZulVO vom 15. 4. 1987[181] getreten, die u. a. (nach der Rechtsprechung des BGH ohne Zweifel der Prospekthaftung unterfallende[182]) Angaben über die Geschäftsaussichten des Emittenten verlangen.[183] Die an den Inhalt des Unternehmensberichts auf dem geregelten Markt zu stellenden Anforderungen ergeben sich aus § 73 BörsG, der ebenfalls Angaben über „Geschäftsaussichten" verlangt, und den Börsenordnungen der einzelnen Börsen (§ 72 Abs. 2 Satz 1 BörsG). Die in die investmentrechtlich geforderten Verkaufsprospekte aufzunehmenden Informationen sind

---

171 Vgl. *Assmann* AG 1994, 237, 251; *Hopt,* Verantwortlichkeit, S. 84. Der Prospektmangel dürfte dann allerdings nur dem Prospektverantwortlichen zurechenbar sein, in dessen Person sie (unter Berücksichtigung vertretungsrechtlicher Gesichtspunkte) vorliegen.

172 BGHZ 71, 284, 289; 72, 382, 388; 83, 222, 223.

173 BGH WM 1992, 1892.

174 BGHZ 74, 103, 110.

175 BGHZ 79, 337, 344.

176 BGH WM 1984, 19, 20.

177 BGHZ 79, 337, 344; BGH WM 1994, 2192, 2193.

178 BGHZ 72, 382, 388; BGH WM 1988, 48, 50; BGH WM 1991, 2092, 2094 (insoweit nicht in BGHZ 115, 214 abgedruckt).

179 Dazu oben Rdnr. 68.

180 Vgl. auch die Prospektanforderungen nach der „Arbeitsunterlage" der jeweiligen Zulassungstelle.

181 S. o. Fn. 38.

182 BGH WM 1982, 862; vgl. dazu oben Rdnr. 67 f., 76.

183 § 29 BörsZulVO.

in § 3 Abs. 2 AuslInvestmG, § 19 Abs. 2 KAGG aufgeführt. Doch ist zu beachten, daß es sich bei den fraglichen Regelungen nur um Mindestanforderungen an den Prospektinhalt handelt, deren buchstäbliche Erfüllung den Prospekt gleichwohl unrichtig machen kann.[184]

Zu den Sachverhalten, die die Rechtsprechung aufgrund entsprechender Gelegenheit **im Einzelfall**[185] als offenbarungspflichtig qualifizierte, gehören vornehmlich (wesentliche) **kapitalmäßige und personelle Verflechtungen**[186], aber auch Angaben über die Verhältnisse derjenigen Gesellschaft, die bei wirtschaftlicher Betrachtung ebenfalls als **Anlageobjekt** anzusehen ist,[187] oder über die den Gründungsgesellschaftern gewährten **Sondervorteile.**[188] Des weiteren wurden auch geplante **Kurspflegemaßnahmen** als offenzulegende Tatsachen betrachtet.[189] Besonders strenge Anforderungen hinsichtlich der vollständigen und richtigen Darstellung der Risiken und der wirtschaftlichen Zusammenhänge des Anlageobjekts stellt der BGH an die inhaltliche Gestaltung eines Prospekts, mit dem Interessenten für (ausländische, insbes. Londoner) **Warenterminoptionsgeschäfte** geworben werden sollen: So verlangt das Gericht, daß die Vermittler von Waren und Devisenterminoptionsgeschäften ihre Kunden schriftlich, unmißverständlich und in einer auch für den flüchtigen Leser auffälligen Form auf die Höhe der Optionsprämie sowie die wirtschaftlichen Zusammenhänge und die Risiken der vermittelten Geschäfte hinweisen.[190] Diese Verhaltenspflichten sind allerdings den besonderen Umständen dieser Anlagen und ihres – regelmäßig mit hohen Aufschlägen auf die Optionsprämie verbundenen – Verkaufs geschuldet und auf die Emission und den Vertrieb anderer Anlagen des „grauen" Kapitalmarkts nicht übertragbar.[191] Neuerdings zu beobachtende und von einem verfehlten Anlegerschutzverständnis getragene Versuche,[192] in Anlehnung an die Rechtsprechung zu Warenterminoptionen den „flüchtigen Leser" zum Prospektadressaten der bürgerlichrechtlichen Prospekthaftung zu erheben, sind deshalb mit der geltenden Rechtslage (oben Rdnr. 64 f.) nicht vereinbar und nachdrücklich abzulehnen. Vor allem die auf dem nicht-organisierten („grauen") Kapitalmarkt überwiegend angebotenen gesellschaftsrechtlichen Beteiligungen stellen ein so inhomogenes und hinsichtlich der Anlegerrisiken komplexes Anlageprodukt dar, daß schon von daher eine auch für den flüchtigen Leser wahrnehmbare plakative und auf wenige zentrale Risikofaktoren konzentrierte Risikoinformation, wie sie im Zusammenhang mit dem Vertrieb von Warentermingeschäften verlangt wird, unmöglich ist. **78**

(bb) Prospektinhaltskataloge und Prospektprüfung. Auch wenn jeder Prospekt unter dem Gesichtspunkt des Gesamteindrucks einer „Endkontrolle" unterzogen werden muß[193] und jede Anlageform je nach Branche und konkreter Ausgestaltung ihre Besonderheiten und spezifischen Risiken aufweist, ist das Bemühen um möglichst umfassende **Prospektin-** **79**

---

[184] S. o. Rdnr. 68, 76.

[185] Speziell zu den Prospektinhaltsanforderungen in Zusammenhang mit Bauherrenmodellen und Immobilienkapitalanlagen s. etwa *v. Heymann,* Bankenhaftung, S. 179 ff.; *Thode,* Haftung, Rdnr. 39 ff.; *Wagner/Loritz,* Konzeptionshandbuch, Rdnr. 458 ff.

[186] BGHZ 79, 337, 345; BGH WM 1987, 495; BGH WM 1994, 2192, 2193.

[187] BGH NJW 1982, 1095, 1096 = WM 1982, 90, 91.

[188] BGH WM 1985, 533, 534; BGH WM 1994, 2192, 2193.

[189] BGH WM 1993, 1787, 1790.

[190] Vgl. etwa BGH WM 1988, 291; WM 1994, 149; WM 1994, 492; WM 1994, 1746. S. a. die Nachweise oben in Fn. 24.

[191] S. etwa BGH WM 1994, 149, 150 mit ausführlicher Darlegung der Gründe, die gegen die Übertragung der Aufklärungspflichten beim Vertrieb von Warentermingeschäften in die Grundsätze bürgerlichrechtlichen Prospekthaftung zur Beurteilung der Prospektrichtigkeit und -vollständigkeit sprechen.

[192] So etwa *Machunsky* in: Direkter Anlegerschutz, hrsg. v. Heinz Gerlach Nr. 3/95 vom 19. 4. 1995, S. 48, 50 f. (in Anlehnung an ein unveröffentlichtes Urteil der 8. Zivilkammer des LG Göttingen vom 3. 2. 1995, Az. 8 O 366/94, das die geltende Rechtslage durchweg unzutreffend darstellt); zuletzt auch *Machunsky* in: Direkter Anlegerschutz, hrsg. v. Heinz Gerlach Nr. 5/95 vom 20. 9. 1995, S. 145, 147.

[193] Vgl. oben Rdnr. 67–69.

haltskataloge gerade für die **Anlagen des „grauen Kapitalmarkts“** sinnvoll und zu begrüßen. Das Entstehen solcher „Checklisten“ ist vor allem dem Umstand zu verdanken, daß die Prospektverantwortlichen – sei es, um der eigenen Haftung weitgehend vorzubeugen oder sei es, um dem Angebot eine Art Gütesiegel zu verleihen – den Prospekt durch unabhängige Wirtschaftsprüfer kontrollieren und mit einem Prüfungsvermerk (Testat) versehen ließen. Aber auch den Prüfern fehlte es für diese auf freiwilliger Basis begründete **Prospektprüfung**[194] an einheitlichen Prüfungsmaßstäben, so daß sie selbst Gefahr liefen, einem Prospekthaftungsanspruch ausgesetzt zu werden.

80 Ausgehend von Anregungen der 22. Arbeitstagung des *Instituts der Wirtschaftsprüfer (IdW)* im November 1980 und aufbauend auf dem Referentenentwurf einer Verordnung über Prospekte (sog. Prospektverordnung)[195] nach dem Entwurf eines Vermögensanlagegesetzes[196] sind vom Wohnungswirtschaftlichen Fachausschuß des *IdW* in seiner Stellungnahme 1/1983 erstmals „Grundsätze ordnungsmäßiger Durchführung von Prospektprüfungen“ mitsamt einem Prospektinhaltskatalog („Mindestanforderungen an den Inhalt von Prospekten zu Angeboten über Kapitalanlagen“) vorgelegt worden,[197] die zwischenzeitlich aktualisiert und verbessert wurden.[198] Unabhängig von ihrer Verbindlichkeit für den Berufsstand der Wirtschaftsprüfer[199] und dem damit zusammenhängenden Effekt der Standardisierung der Qualität der Prospektprüfung kommt den „Grundsätzen“ zwar keine Rechtsnormqualität zu, doch dürfte ihr Einfluß auf die richterliche Konkretisierung von inhaltlichen Anforderungen an den Inhalt von Prospekten nicht unerheblich sein.[200] Hinzu kommt, daß die „Grundsätze“ vom Prüfer verlangen, die Auftragsannahme von deren Anerkennung und Beachtung abhängig zu machen.[201] Allerdings ist zu berücksichtigen, daß der Kreis jener, die eine Prospektprüfung vornehmen können, nicht auf Wirtschaftsprüfer beschränkt ist, die Beachtung der „Grundsätze“ insoweit also nicht als Grundlage jeglicher Prospektprüfung gesichert ist.

81 Neben dem *IdW* haben – z. T. zeitlich der Initiative des *IdW* vorausgehend und z. T. auf spezifische Anlageformen bezogen[202] – auch andere Verbände[203] versucht, Hilfen bei der Zusammenstellung von Prospekten zum Zwecke der Vermeidung des Unvollständigkeitsvorwurfs zu erstellen, allerdings ohne die Bedeutung der „Grundsätze“ zu erlangen. Inwieweit sich die „Grundsätze“ erweiternde Prospektinhaltskataloge[204] Anerkennung zu verschaffen vermögen oder zu deren Ausbau führen können, ist offen.

82 (cc) Negativ-Ratings und Negativ-Kritik. Besondere Bedeutung hat zwischenzeitlich – aufgeworfen durch die Streitigkeiten um den Vertrieb von Wertpapieren der australischen *Bond*-Gruppe[205] – die Frage erlangt, ob auch **negative Ratings** von Rating-

---

[194] Dazu *Bihr* BB 1983, 937; *Grotherr* DB 1988, 741; *Hammer* WPg 1982, 651; *ders.* WPg 1987, 676; *Nehm* WPg 1981, 645; *Quast,* Prospektprüfung; *Stuhr/Stuhr* DB 1983, 1081; *Westa,* Prospektprüfung.

[195] Bundesminister der Finanzen, Az. VII B 2 – W 6382 – 52/78; abgedruckt in: *Assmann,* Prospekthaftung, Anlage 1, S. 429 ff. und HdB Fach 7014.

[196] BT-Drucks. 8/1405 (s. o. Rdnr. 10).

[197] „Grundsätze“ und „Mindestanforderungen“ abgedruckt in: WPg 1983, 124 ff. Hinsichtlich der „Mindestanforderungen“ auch bei*Assmann,* Prospekthaftung, Anlage 2, S. 437 ff.

[198] S. Stellungnahme 1/1987, WPg 1987, 325 ff.

[199] Hinweise bei *Grotherr* DB 1988, 743.

[200] Vgl. etwa OLG Düsseldorf ZIP 1982, 853. *Kaligin,* Strafrechtliche Risiken, Rdnr. 268, qualifiziert die „Grundsätze“ als „gesicherte Verkehrsauffassung“.

[201] Vgl. Abschn. C der „Grundsätze“, aaO. (Fn. 195).

[202] Etwa Verband zur Förderung von steuerbegünstigten Privatinvestitionen e. V.: „Prospektangaben für Beteiligungsangebote des freien Kapitalmarkts“ vom 6. 4. 1981 und „Prospektangaben für Angebote von Bauherrenmodellen“ vom 6. 4. 1981.

[203] Etwa Prüfkatalog des Deutschen Interessenverbandes für Kapitalanleger e. V. (Berlin).

[204] Vgl. etwa den „Ergänzenden Prospektinhaltskatalog“ des „Kapitalanlage-Informationszentrums Oberursel“; s. dazu *Kaligin,* Strafrechtliche Risiken, Rdnr. 269 ff.

[205] S. o. Fn. 19.

Agenturen betreffend (die bereits ausgegebenen) Wertpapiere des Emittenten und damit des emittierenden Unternehmens in den Prospekten wiederzugeben seien. Sie wird sich in noch dringlicherer Weise stellen, wenn sich Rating-Agenturen auch hierzulande verbreiten und in Deutschland ansässige Unternehmen bewerten. Das Problem ist indes grundsätzlicherer Art, denn neben Negativ-Ratings sind auch andere Formen **negativer Unternehmensbeurteilungen und -berichte** denkbar. Zu erwägen ist mithin, ob und gegebenenfalls in welchem Umfang Prospekte **Negativ-Kritik**[206] wiederzugeben haben:

83 Das *LG Frankfurt/M.* bejaht eine diesbezügliche Offenlegungspflicht und hält den Prospekt für unvollständig, weil es unterlassen wurde, darüber zu berichten, daß die „Mehrheit der australischen Finanzanalysten . . . vom Kauf der Bond-Anleihen" abriet[207] und eine australische Rating-Agentur ein „Down-Rating" des Emittenten mit dem Ergebnis „für eine Daueranlage ungeeignet" vorgenommen hatte.[208] Dabei verlangt das Gericht allerdings weder die Veröffentlichung der einschlägigen Pressestimmen oder des Ratings selbst; hinreichend und geboten sei es vielmehr, solchen kritischen Stimmen nachzugehen und das Ergebnis der Recherchen und ihrer Beurteilung der Kritik im Prospekt wiederzugeben. Dem Urteil zustimmend geht *Köndgen*[209] in der Bejahung einer solchen Recherchier- und Mitteilungspflicht eher noch weiter: „Harte" Informationen, wie sie nach seiner Ansicht die Äußerungen der „bekannten amerikanischen" oder in sachlicher und geographischer Nähe zum Emittenten stehenden Rating-Agenturen darstellen, sollen als solche mitzuteilen sein; „weiche" Informationen, „wie in der Presse lancierte Einschätzungen aus zweiter Hand oder gar allgemeine Gerüchte", seien dagegen „mit der gebotenen Zurückhaltung" nahezubringen.[210]

84 Der *BGH* scheint diese Linie zu bestätigen, wenn er eine Bank, die ausländische Papiere (wie in concreto die *Bond*-Anleihen) „in ihr Programm" aufnimmt, für verpflichtet betrachtet, „sich – auch anhand ausländischer Quellen – über die Güte dieser Papiere zu informieren und sie einer eigenen Prüfung zu unterziehen"[211] und auf diese Weise ermittelte „warnende Hinweise" dem Anleger nicht zu verschweigen oder dem nicht risikobereiten Kunden von vornherein gar nicht anzubieten.[212] Allerdings darf nicht übersehen werden, daß der BGH mit dem diesbezüglichen Urteil Anlageberatungspflichten im allgemeinen und solche einer Bank, welche bestimmte Anlagen „in ihr Programm" aufnimmt, im besonderen behandelt: Vertragliche und vorvertragliche Informationspflichten eines Anlageberaters sind indes keineswegs identisch mit Prospektierungspflichten.[213] Die Position des BGH in der hier zu behandelnden Frage muß daher als offen gelten.

85 Entgegen dem Ansatz des *LG Frankfurt/M.* und der Stellungnahme *Köndgens* ist nachdrücklich davor zu warnen, Negativ-Kritik und Negativ-Ratings generell zu den Umständen zu zählen, die zu recherchieren sind und über die im Prospekt, auf welche Weise auch immer, zu berichten ist. Beurteilungen Dritter mögen im Rahmen einer Anlageberatung

---

206 Der pleonastisch anmutende Begriff wird gewählt, weil bloß kommentierende und im Ganzen nicht abwertende Kritiken von vornherein keinen wie auch immer gearteten Recherche- und Prospektierungspflichten unterliegen sollten.

207 WM 1992, 1768, 1771.

208 WM 1992, 1768, 1772. Das Gericht begreift das Negativ-Rating und die Negativ-Kritik als „wertende Aussagen über die wirtschaftliche Lage eines Unternehmens" und führt aus, diese fielen unter den Begriff der „Angaben" iSv. § 45 Abs. 1 BörsG.

209 WuB I G 9.–1.93 (Anm. zum Urt. LG Frankfurt/M. WM 1992, 1768).

210 WuB I G 4.–4.93 (Anm. zum Urt. OLG Braunschweig WM 1993, 190 und zum Urt. OLG Celle WM 1993, 191) zu II.2.

211 BGHZ 123, 126, 129 = BGH WM 1993, 1455, 1456.

212 BGH WM 1993, 1455, 1457 (insoweit nicht in BGHZ 123, 126 abgedruckt).

213 Zu Recht wirft *Schwark* (WuB I G 9.–2.94, Anm. zum Urt. OLG Frankfurt/M. WM 1994, 291, zu 1.) dem Urteil des LG Frankfurt/M. (WM 1992, 1768, 1771) gerade eine Vermengung dieser Pflichten vor.

eine Rolle spielen und als nachweisbare Meinungsäußerungen Fakten darstellen, gehören indes nicht zu jenen Tatsachen, die für die konkrete Anlage unmittelbar wertbildend sind. In aller Regel kann von ihnen ebensowenig gesagt werden, sie seien Tatsachen, die als solche aller Wahrscheinlichkeit nach den vom Anleger verfolgten Zweck gefährden werden (s. o. Rdnr. 76). Vom Prospekt, der nicht die Funktion der Anlageberatung hat, darf nicht mehr (aber auch nicht weniger) verlangt werden, als daß er selbst die Umstände wiedergibt, die andere zu den fraglichen negativen Urteilen veranlaßt haben mögen und die den durchschnittlichen Anleger befähigen, auf vergleichbare Weise zu einem eigenen Urteil über Chancen und Risiken der Anlage zu gelangen.

86 Deshalb ist dem Ansatz des *OLG Frankfurt/M.*[214] zu folgen, welches die Vollständigkeit des Prospekts, ohne eine Prospektierungspflicht von Negativ-Kritiken oder -Ratings zu begründen, allein unter dem Gesichtspunkt des von ihm durch seine Angaben im übrigen erzeugten Gesamteindrucks kontrolliert und Negativ-Kritiken oder Down-Ratings nur zur Beurteilung des Verschuldens, d. h. der Frage berücksichtigt, ob die einzelnen Prospektverantwortlichen einzelne Unrichtigkeiten, eventuelle Unvollständigkeiten oder den unzutreffenden Gesamteindruck des Prospekts durch das Vorhandensein solcher Kritik und der hierfür angegebenen Gründe hätten erkennen können.[215] Für diesen Ausgangspunkt spricht als sekundärer Gesichtspunkt auch, daß weder Rating-Agenturen noch bestimmte Medien über Prospektpflichten offiziöse Bedeutung erlangen sollten und die Inanspruchnahme ihrer Dienste oder Berücksichtigung ihrer Urteile Sache des Anlegers und seiner Berater ist.

87 (dd) Prognosen. Außer Frage steht, daß ein Prospekt **Prognosen** enthalten und über **Planungen** informieren darf: Informationen über die „voraussichtliche künftige Entwicklung" oder die „künftige Lage des Unternehmens" beziehen sich auf Umstände, die „den inneren Wert einer Beteiligung" wesentlich mitbestimmen und sind deshalb für den Anlageentschluß des Investors von Bedeutung.[216] Ebenso darf als geklärt gelten, daß die Prospektverantwortlichen für die Richtigkeit solcher Angaben zwar keine Gewähr leisten müssen, wohl aber dafür einzustehen haben, daß die Voraussagen, nicht anders als Werturteile (s. o. Rdnr. 67), „ausreichend durch Tatsachen gestützt und kaufmännisch vertretbar sind".[217] Festzuhalten ist darüber hinaus, daß die Rechtsprechung hinsichtlich zukunftsbezogener Aussagen im allgemeinen „Zurückhaltung" verlangt und im besonderen Hinweise auf Risiken erforderlich sind, die dem Eintritt des prognostizierten Umstandes oder der vorhergesagten Entwicklung entgegenstehen können.[218] Fraglich ist jedoch, inwieweit zukunftsbezogene Aussagen in einen Prospekt aufzunehmen sind, so daß ihr Fehlen zu einer Unvollständigkeit desselben führt. Zweifel an einer **Verpflichtung zur Aufnahme zukunftsbezogener Informationen** in einen Prospekt könnten sich, zumindest im Hinblick auf die börsengesetzliche Prospekthaftung, bereits daraus ergeben, daß § 45 Abs. 1 Satz 2 BörsG die Haftung für einen unvollständigen Prospekt nur für den Fall begründet, daß wesentliche „Tatsachen" fortgelassen wurden. Solche Bedenken ließen sich durch die Feststellung unterstützen, daß der BGH in der „BuM"-Entscheidung rät, anstelle der ansonsten aufzunehmenden Vorbehalte „besser von einer wirtschaftlichen Voraussage überhaupt" abzusehen, wenn bestimmte Risiken den Eintritt des prognostizierten Zustandes in Frage stellen können.[219]

---

[214] WM 1994, 291, 297.

[215] Zustimmend insoweit auch *Schwark* WuB I G 9.–2.94 (Anm. zum Urt. OLG Frankfurt/M. WM 1994, 291) zu 1. (a. E.).

[216] BGH WM 1982, 862, 865 („BuM").

[217] BGH WM 1982, 862, 865.

[218] BGH WM 1982, 862, 865. Ablehnend gegen das Zurückhaltungsgebot *Schwark*, BörsG, §§ 45, 46 BörsG Rdnr. 13.

[219] BGH WM 1982, 862, 865. Dieses obiter dictum ist unter Berücksichtigung der nachfolgenden Ausführungen als bedenklich anzusehen.

Zahlreiche Gründe sprechen indes dafür, bereits de lege lata von einer **allgemeinen Verpflichtung zur Aufnahme zukunftsbezogener Daten** in Prospekte auszugehen, und dies unabhängig davon, auf welcher Haftungsgrundlage für die Richtigkeit und Vollständigkeit eines solchen Prospekts gehaftet wird. Dafür ist zum einen der Umstand anzuführen, daß bereits eine Reihe (nachfolgend in Rdnr. 89 aufgelisteter) sehr allgemein gehaltener gesetzlicher Verpflichtungen zur Prognosepublizität in Prospekten nachzuweisen ist, deren Ratio – die Notwendigkeit zukunftsbezogener Information für die Beurteilung der Chancen und Risiken einer Anlage – sich ohne weiteres auch auf die Fälle übertragen läßt, in denen keine Prospektpflicht besteht, aber von der Publikumsinformation und -werbung unter Verwendung von Prospekten im rechtlichen Sinne Gebrauch gemacht wird. Zum anderen kann ein Prospekt auch dann unrichtig sein, wenn der unter Beschränkung auf die Tatsachen im Prospektierungszeitpunkt erzeugte „Gesamteindruck" (s. o. Rdnr. 68 f.) positiver ausfällt als sich die Lage des Unternehmens unter Berücksichtigung seiner möglichen zukünftigen Entwicklung auf der Grundlage bereits eingetretener, absehbarer und wahrscheinlicher Randbedingungen darstellt. So kann etwa ein fehlender Hinweis auf die Sanierungsbedürftigkeit des Unternehmens den Prospekt unvollständig machen; wird zur Vermeidung einer Prospektunvollständigkeit idS. auf die Sanierungsbedürftigkeit des Unternehmens aufmerksam gemacht, ist der Prospekt wiederum als unvollständig anzusehen, wenn er keine konkreten Hinweise auf die geplanten Maßnahmen und deren Erfolgsaussichten enthält.[220] 88

Zahlreiche Bestimmungen enthalten bereits heute eine **gesetzliche Verpflichtung zur zukunftsbezogenen Prospektberichterstattung.** Davon betrifft eine erste Gruppe den Börsenzulassungsprospekt, wie er Gegenstand der börsengesetzlichen Prospekthaftung ist: Aus § 38 Abs. 1 Nr. 2 BörsG i. V. m. § 20 Abs. 1 Nr. 7 c) BörsZulVO ergibt sich das Erfordernis, in den Prospekt Angaben über die wichtigsten vom Emittenten beschlossenen künftigen Investitionen mit Ausnahme der Finanzanlagen aufzunehmen. Ist ein solcher Beschluß selbst noch eine Tatsache mit lediglich zukunftsbezogenem Gegenstand, so verlangt denn § 38 Abs. 1 Nr. 2 BörsG i. V. m. § 29 Abs. 2 BörsZulVO mit „Angaben über die Geschäftsaussichten des Emittenten mindestens für das laufende Geschäftsjahr" eine veritable Prognose. Gleiches gilt gem. § 7 Abs. 2 Nr. 3 VerkProspG i. V. m. § 11 der VerkProspVO für den Wertpapier-Verkaufsprospekt nach Maßgabe von §§ 1 ff. VerkProspG. „Angaben über die Geschäftsaussichten" verlangt auch § 73 Abs. 1 Nr. 2 BörsG für den Unternehmensbericht, wie er zum Zwecke der Zulassung von Wertpapieren zum geregelten Markt anzufertigen ist. Zur Bestimmung der diesbezüglichen Anforderungen im einzelnen kann auf die Grundsätze zurückgegriffen werden, wie sie sich bei der Anwendung des § 289 Abs. 2 Nr. 2 HGB in bezug auf den Lagebericht herausgebildet haben. Dieser ist zwar kein zwingender Bestandteil eines Prospekts, verlangt aber ebenfalls Angaben über „die voraussichtliche Entwicklung der Kapitalgesellschaft".[221] 89

Kann man die vorstehend angeführten, auf den organisierten Kapitalmarkt bezogenen Vorschriften aus den bereits (oben Rdnr. 88) dargelegten Gründen als Ausprägung eines allgemeinen (von der Form der angebotenen Kapitalanlage unabhängigen) Grundsatzes der Prospektpublizität betrachten, so lassen sie dessenungeachtet doch zahlreiche Fragen offen. Eine davon betrifft etwa den **Prognosezeitraum:** Auch § 29 Abs. 2 BörsZulVO enthält nur Aussagen über eine Untergrenze, indem er Angaben über die Geschäftsaussichten „*mindestens* für das laufende Geschäftsjahr" verlangt. Das läßt sich nur dahingehend deuten, daß der gebotene Prognosezeitraum nicht ein für allemal verbindlich festzulegen ist, sondern so gewählt werden muß, wie er einerseits in bezug auf die Verhältnisse des konkreten Emittenten für die angemessene Beurteilung der Anlage erforderlich ist und zum anderen 90

[220] Insoweit bedenklich der schon oben in Rdnr. 87 a. E. erwähnte Hinweis des BGH, bei zu hohen Risiken in bezug auf den Eintritt eines prognostizierten Erfolges sei besser von einer wirtschaftlichen Voraussage überhaupt abzusehen.

[221] Dazu ausführlich etwa KölnerKomm./*Claussen,* 2. Aufl., (Bd. 4) § 289 HGB.

aufgrund der verfügbaren Erkenntnisse zur Ableitung vertretbarer Aussagen überhaupt möglich ist.[222] Als Leitlinie mag im Anschluß an die zur Auslegung des § 289 Abs. 2 Nr. 1 HGB (Lagebericht) vertretenen Auffassungen von einem Zeitraum zwischen einem und zwei Jahren ausgegangen werden.[223]

91 Unklarheiten herrschen in der Praxis auch hinsichtlich der Veröffentlichungspflicht sog. **Unternehmensplandaten,** etwa in Gestalt einer Ertrags- und Liquiditätsvorschau. Sie sind einerseits keine beschlossenen Investitionsvorhaben iSv. § 20 Abs. 1 Nr. 7 c) BörsZulVO, sind aber wie diese Tatsachen; und sie sind andererseits keine Voraussagen zukünftiger Entwicklungen, weisen aber unzweifelhaft prognostische Züge auf und vermögen darüber hinaus Auskunft über die Vorstellungen der Unternehmensleitung über deren Planungen und die Zukunft des Unternehmens zu geben. Da es sich bei Unternehmensplandaten mithin um tatsächliche, in die Zukunft gerichtete und das zukünftige Handeln der Unternehmensleitung beeinflussende Daten handelt, wird sie ein durchschnittlicher Anleger durchaus für erheblich ansehen. Da Prospekte eine andere Funktion erfüllen und andere Adressaten ansprechen als Lageberichte, widerspricht es diesem Standpunkt nicht, wenn die ganz h. M. eine Pflicht zur Veröffentlichung von Planbilanzen, Planerfolgsrechnungen oder Finanzplanungen *im Rahmen eines Lageberichts* verneint. Es spricht in dieser unsicheren Rechtslage deshalb mehr dafür als dagegen, daß Prospekte Informationen über Unternehmensplandaten enthalten sollten, solange nicht wiederum schutzwürdige Belange ihre Geheimhaltung insgesamt, in Teilen oder im Hinblick auf bestimmte Aufschlüsselungen rechtfertigen und ihre Offenlegung dem Unternehmen gewichtigen Schaden zufügen würde.[224] Aber auch in einem solchen Fall ist dafür Sorge zu tragen, daß der Prospekt im Lichte der Unternehmensplanung keinen falschen Gesamteindruck über die Lage und das Entwicklungspotential des Unternehmens hervorruft. Unternehmensplandaten (wie Ertrags- und Liquidationsvorschauen) finden ihren Niederschlag in i. d. R. umfangreichen und nicht leicht zu lesenden Dokumenten: Schon im Interesse der Prospektadressaten sind sie deshalb nicht als Originaldokumente, sondern nur in ihren wesentlichen Daten wiederzugeben und zu erläutern.

92 *d) Prospektgestaltungsmängel.* Ein Prospekt ist nicht bereits deshalb unrichtig, weil er (formale oder stilistische) Gestaltungsmängel aufweist, etwa unübersichtlich gegliedert ist. Gibt es keine gesetzlich zwingenden formalen Vorgaben für die **Prospektgestaltung,** so kann ein unübersichtlich aufgemachter Prospekt doch gleichwohl unrichtig sein, wenn sich aus diesem Defizit ein für den durchschnittlichen Anleger unzutreffender **Gesamteindruck** (s. o. Rdnr. 68 ff.) ergibt. In diesem Sinne läßt sich deshalb durchaus vom Prospektierungsgrundsatz der **Prospektklarheit und -übersichtlichkeit** sprechen.

93 Dieser Grundsatz wird in der Regel nicht bereits dann verletzt sein, wenn ein Prospekt **einzelne Mängel** in der Klarheit der Darstellung und der Übersichtlichkeit der Präsentation aufweist, doch können solche Mängel ein solches Gewicht annehmen oder sich dergestalt anhäufen, daß das Urteil gerechtfertigt sein kann, es liege ein im ganzen (d. h. im Gesamteindruck) unrichtiger Prospekt vor. Als bedenklich erscheint es insoweit, wenn es der BGH nicht beanstandet, daß eine für die Beurteilung der Anlage erhebliche Tatsache nur in einer dem Prospekt beigefügten **„Dokumentationsmappe",** nicht aber im eigentlichen Prospekt enthalten ist.[225] Ungeachtet der Tatsache, daß der BGH mit seiner Feststellung, es dürfe eine sorgfältige und eingehende Lektüre des Prospekts und seiner Anlagen erwartet werden, gewiß an den Realitäten vorbeigeht, wird die durch diese eher normative Aussage sogar noch unterstrichene Funktion eines Prospekts als Informationsinstrument für den durchschnittlichen Anleger doch vollends in Frage gestellt, wenn damit ein Freibrief ge-

---

[222] Die „Grundsätze ordnungsmäßiger Durchführung von Prospektprüfungen" des IdW (s. o. Rdnr. 76) verlangen (unter A. III. 3), der Prognosezeitraum dürfe *nicht willkürlich* gewählt werden.

[223] S. KölnerKomm./*Claussen,* 2. Aufl., (Bd. 4) § 289 HGB Rdnr. 26.

[224] KölnerKomm./*Claussen,* 2. Aufl., (Bd. 4) § 289 HGB Rdnr. 25; s. a. oben Rdnr. 72 f.

[225] BGH WM 1992, 901, 904.

schaffen wird, unvorteilhafte (d. h. Risiken der Anlage betreffende) Daten in ihrer Einbettung in (zum Teil komplexe) Dokumente wiederzugeben und diese ihrerseits in einen Prospektanhang zu verbannen.

III. Allgemein-zivilrechtliche (bürgerlichrechtliche) Prospekthaftung

1. Anwendungsbereich. Unbestritten ist, daß der Anwendungsbereich der allgemein-zivilrechtlichen/bürgerlichrechtlichen Prospekthaftung erst dort beginnen kann, wo derjenige der spezialgesetzlich geregelten Prospekthaftungsbestimmungen endet. Das bedeutet, daß auf Börsenzulassungsprospekte, zum Zwecke der Einführung von Wertpapieren in den geregelten Markt unterbreitete Unternehmensberichte sowie Verkaufsprospekte nach dem VerkProspG, dem KAGG und AuslInvestmG nicht der bürgerlichrechtlichen Prospekthaftung unterfallen. 94

Streitig ist jedoch bereits, ob Publikationen, die im Rahmen von Emissionen mit gesetzlich geregelter Prospektpflicht und -haftung neben den gesetzlich geforderten verwandt werden, überhaupt als Prospekte iSd. bürgerlichrechtlichen Prospekthaftung anzusehen sind und eine Haftung nach deren Grundsätzen auslösen können. Das wird von der Rspr. und h. M. im allgemeinen und im besonderen etwa im Hinblick auf Zeichnungs- und Bezugsaufforderungen (s. o. RdNr. 49) verneint. Dagegen wird im Schrifttum von anderen obligatorischen Publikations- und Publizitätsformen, die – wie etwa Zwischenberichte oder Veröffentlichungen nach § 15 WpHG – nicht im Zusammenhang mit einer Emission und einem gesetzlich geforderten Prospekt veröffentlicht werden, angenommen, sie könnten dem Ausgangspunkt nach durchaus Gegenstand einer Haftung nach den Regeln der bürgerlichrechtlichen Prospekthaftung sein (s. o. Rdnr. 50). 95

Aber auch diese Ansicht sah sich bislang mit der weitaus grundsätzlicheren Frage konfrontiert, ob die Rechtsprechung überhaupt gewillt sei, die Regeln der allgemein-zivilrechtlichen Prospekthaftung auf andere Fälle als den prospektvermittelten Vertrieb der Kapitalanlagen von Kommanditanteilen an Publikumspersonengesellschaften zu übertragen, d. h. auf andere Fälle als diejenigen anzuwenden, auf die hin sie herausgebildet wurden. Das wurde zwar im Schrifttum unter Hinweis auf die Regelungsziele der bürgerlichrechtlichen Prospekthaftung einerseits und die Regelungsbedürftigkeit der in Frage stehenden Vorgänge andererseits gefordert[226] und von der Rechtsprechung in einigen obiter dicta zumindest angedeutet,[227] durfte aber bis in die jüngste Vergangenheit als nicht entschieden gelten. Nunmehr steht jedenfalls fest, daß die Grundsätze der bürgerlichrechtlichen Haftung auch auf Prospekte Anwendung finden, mit denen zum Erwerb von **Aktien außerhalb der geregelten (Aktien-)Märkte**[228] geworben oder zur Beteiligung an **Bauherrenmodellen**[229] (auch in der Form des sog. Hamburger Modells)[230] aufgefordert wird. 96

Die hierfür angeführten Gründe rechtfertigen ohne weiteres die Annahme, daß der BGH die Regeln der bürgerlichrechtlichen Prospekthaftung auf den Vertrieb einer jeglichen Form von Beteiligungs-Kapitalanlagen anzuwenden bereit ist, die nicht bereits einer gesetzlichen Prospekthaftung unterliegen und in denen der Prospekt, wenn auch nicht die einzige, so doch „die wichtigste Informationsquelle (ist), die den Anleger in die Lage versetzt, die Anlage objektiv zu beurteilen und sein Risiko richtig einzuschätzen".[231] Das ist namentlich auch beim Vertrieb von **Immobilienanlagemodellen** in der Gestalt von reinen 97

---

[226] S. Voraufl. Rdnr. 63 und das in BGHZ 111, 314, 317 angeführte Schrifttum.

[227] Für den speziellen Fall des Vertriebs von Bauherrenmodellen etwa BGH WM 1987, 179; auch schon OLG Köln WM 1982, 23 und OLG Celle NJW 1986, 260. Für den Vertrieb von Aktien auf den nichtorganisierten Märkten BGH WM 1985, 1520, 5121.

[228] BGH WM 1993, 1787 m. zustimmender Anm. v. *Assmann* WuB I G 9.–1.94; kritisch *Jasper* WiB 1994, 78, 79 f. S. a. BGH NJW 1995, 1025.

[229] BGHZ 111, 314, 316 ff.; BGH WM 1990, 1658; BGH WM 1991, 13; BGH NJW 1995, 1025.

[230] BGHZ 115, 214, 218.

[231] So die Ausführungen in BGHZ 115, 214, 218; ähnlich schon BGHZ 111, 314, 317.

Kapitalanlagemodellen (ohne die Möglichkeit des Immobilien- oder Wohnungseigentumserwerbs),[232] wie etwa bei **geschlossenen Immobilienfonds,** oder **stillen Beteiligungen** an verschiedensten Projektgesellschaften der Fall. Hier wie bei anderen Risikokapitalanlagen ist nicht die juristische Form der Beteiligung maßgeblich. Entscheidend ist vielmehr, daß es „die Interessen des Anlegers (verlangen), daß der Prospekt tauglich ist, die für den Anlageentschluß erforderlichen Informationen objektiv zu vermitteln".[233] Bislang hat es der BGH lediglich abgelehnt, die Grundsätze der Prospekthaftung auf **Geldanlagen in Devisen- und Warentermingeschäften** anzuwenden.[234] Die Begründung, hierfür sei ein praktisches Bedürfnis nicht gegeben, zeigt, daß einer diesbezüglichen Übertragung der Prospekthaftungsregeln jedenfalls keine rechtsdogmatischen Erwägungen entgegenstehen und mit ihr jederzeit für den Fall gerechnet werden muß, daß der BGH ein entsprechendes praktisches Bedürfnis wahrnimmt.

98 **2. Wer unterliegt der Prospekthaftung?** *a) Ausgangspunkt: Umfang der Prospektverantwortlichkeit.* Der Umfang der Prospektverantwortlichen einer Person oder eines Unternehmens richtet sich danach, welcher Gruppe im Kreise der Prospektverantwortlichkeit (im engeren und im weiteren Sinne) der Betroffene zuzuordnen ist. Bei der Bestimmung des Kreises der Prospektverantwortlichen und des Umfangs ihrer Verantwortlichkeit bedient sich die Rechtsprechung weitgehend abstrakter Einteilungsgesichtspunkte.

99 Danach unterliegen – eine bereits oben dargestellte Entwicklung zusammenfassend[235] – der **Prospekthaftung im engeren Sinne** diejenigen, die

(1) den Prospekt herausgeben oder für die Prospekterstellung verantwortlich sind (das Management bildende oder beherrschende Initiatoren, Gestalter, Gründer sowie die für die Prospektherausgabe verantwortliche „eigentliche Leitungsgruppe"[236]);[237]

(2) hinter der Anlagegesellschaft stehen, besonderen Einfluß in der Gesellschaft ausüben und Mitverantwortung tragen und zwar unabhängig davon, ob sie nach außen in Erscheinung getreten sind oder nicht („maßgebliche Hintermänner");[238]

(3) mit Rücksicht auf ihre besondere berufliche oder wirtschaftliche Position oder als berufliche Sachkenner eine Garantenstellung einnehmen, sofern sie durch ihr nach außen in Erscheinung tretendes Mitwirken am Emissionsprospekt einen besonderen Vertrauenstatbestand schaffen (nicht ausreichend: bloße namentliche Nennung im Prospekt), allerdings nur in dem Umfange, in dem das so geschaffene Vertrauen in bezug auf den Prospektinhalt reicht (etwa Rechtsanwälte, Wirtschaftsprüfer, Steuerberater, Gutachter, Sachverständige, Kreditinstitute usf.).[239]

100 Der **Prospekthaftung im weiteren Sinne** unterfallen dagegen all jene, denen auf vertraglicher oder quasivertraglicher Grundlage (in Anspruch genommenes persönliches Vertrauen) eine Aufklärungspflicht obliegt und die sich in der Erfüllung derselben eines Prospektes bedienen und inhaltlich „zu eigen machen" oder einen „aus ihrer Person hergeleiteten zusätzlichen Vertrauenstatbestand" schaffen, um so ihren Verhandlungspartnern „eine

---

[232] So auch *Thode,* Haftung, Rdnr. 15 (nach „der bisherigen Tendenz" der Rspr. wahrscheinlich).

[233] BGHZ 111, 314, 317.

[234] BGH NJW 1981, 2810; offengelassen in BGH NJW 1995, 1025.

[235] S. o. Rdnr. 12–15. Einzelheiten unten Rdnr. 102ff.

[236] BGHZ 79, 337, 341.

[237] BGHZ 71, 284, 287; 72, 382, 384f.; 74, 103, 108f.; 77, 172, 175; 79, 337, 340f.; 83, 222, 223; BGH WM 1984, 19; BGH WM 1986, 583, 584; BGH WM 1987, 811f.; BGHZ 111, 314, 317f.; BGH WM 1990, 1658, 1659; BGH WM 1991, 637, 638; BGH WM 1991, 1543; BGHZ 115, 214, 218; BGH WM 1992, 901, 906f.; BGH WM 1993, 1787, 1788; BGH WM 1994, 1371, 1372; BGH NJW 1995, 1025.

[238] BGHZ 72, 382, 386f.; 74, 103, 109; 77, 172, 175; 79, 337, 340ff.; 83, 222, 224; BGH WM 1984, 19; BGH WM 1986, 583, 584; BGHZ 111, 314, 319f.; 115, 214, 218; BGH WM 1992, 901, 906f.; BGH WM 1994, 1371, 1373; BGH NJW 1995, 1025.

[239] BGHZ 77, 172, 176f.; BGH WM 1984, 19f.; BGH WM 1986, 904, 906; BGHZ 111, 314, 319f.; BGH WM 1992, 901, 906; BGH WM 1992, 1269, 1270; BGH NJW 1995, 1025.

zusätzliche, wenn nicht gar die ausschlaggebende Gewähr für die Richtigkeit der in dem Werbeprospekt oder anderweit über die Kapitalanlage gemachten Angaben bieten."[240]

Nach alledem ist der Kreis möglicher Prospektverantwortlicher recht weit gezogen, aber hinsichtlich des Umfangs der Prospektverantwortlichkeit zu differenzieren. Nach der möglichen Beteiligung einzelner Personen oder Unternehmen im Vertriebsprozeß von Kapitalanlagen ergibt sich das nachfolgende Bild: 101

b) Anlagegesellschaft, Gesellschafter, Organe. Während die Inanspruchnahme einer **AG als Emittentin** von Aktien nach § 45 BörsG heute jedenfalls dann nicht mehr unter dem Gesichtspunkt der Kapitalerhaltung zu beanstanden ist, wenn der Aktienkauf sich als „Umsatzgeschäft" („Verkehrsgeschäft am Markt", d. h. über die Börse) und nicht als gesellschaftsrechtlicher Beteiligungsvorgang darstellt,[241] begegnet die Geltendmachung von Prospekthaftungsansprüchen gegen in anderer Organisationsform auftretende Emittenten (Anlagegesellschaften) von Kapitalanlagen auf der Grundlage gesellschaftsrechtlicher Beteiligungen noch immer letztlich durchgreifenden Bedenken. 102

Dies gilt insbesondere für den Fall der Inanspruchnahme einer **Publikumskommanditgesellschaft** durch die mit mangelhaftem Prospekt zur Beteiligung an der Gesellschaft geworbenen Anlegerkommanditisten: Ihr Beteiligungserwerb stellt sich, in einer dem Aktienerwerb durchaus vergleichbaren Weise, eher als ein (eine Gläubigerstellung begründendes)[242] „Umsatz-" oder „Verkehrsgeschäft" denn als gesellschaftsrechtlicher Beteiligungsakt dar. Durchschlagender als das Argument, die Publikums-KG sei nicht selbst Vertragspartner der Anleger[243] und könne im übrigen keiner der Prospekthaftungsgruppen zugeordnet werden, sind die bereits gegen eine diesbezügliche Bestimmung im Entwurf eines Vermögensanlagegesetzes unter dem Gesichtspunkt des Verbots der Einlagenrückgewähr (§ 172 Abs. 4 i. V. m. § 171 Abs. 1 HGB) und der Grundsätze der Behandlung fehlerhafter Gesellschaften[244] vorgebrachten Argumente:[245] In der Tat ist zu vermeiden, daß das Vermögen der Anlagegesellschaft nach den Regeln eines „Windhundrennens" auf die eilfertigsten der getäuschten Anleger und nicht zuletzt zu Lasten außenstehender Gläubiger verteilt wird.[246] 103

Grundsätzlich ausgeschlossen ist auch die Prospekthaftung der **Gesellschafter einer Publikumskommanditgesellschaft,** sofern sie allein auf diesen verbandsrechtlichen Status der Betroffenen gestützt werden soll und kein darüber hinausgehender Haftungsgrund vorliegt. Dies gilt nach der in ihren dogmatischen Argumenten beanstandeten, in der Sache aber weitgehend gebilligten Rechtsprechung sowohl für die bereits beigetretenen **Anlegerkommanditisten**[247] als auch für die **Komplementär-GmbH.**[248] Eine Prospekthaftung eines **persönlich haftenden Gesellschafters einer Kommanditgesellschaft** kann sich dementsprechend aber etwa nach den Grundsätzen der Prospekthaftung im weiteren Sinne ergeben: Als Partei des Beitrittsvertrages mit einem neuen Gesellschafter(kommanditisten) haftet er für die von ihm selbst oder den ihn vertretenden Personen begangenen Verletzungen der vorvertraglichen Aufklärungspflicht und mithin auch für die Unrichtigkeiten 104

---

[240] BGHZ 74, 103, 109.

[241] Schon RG JW 1909, 433; *Schwark,* Börsengesetz, §§ 45, 46 Rdnr. 8 m. w. N. auch zu den Gegenstimmen; *Assmann,* Prospekthaftung, S. 332 f.

[242] Vgl. insbes. *Moll* BB 1982, Beil. 3, S. 8 ff.

[243] Vgl. dazu die kritischen Ausführungen bei *Wiedemann/Schmitz* ZGR 1980, 137.

[244] Mit der Folge, daß der getäuschte Kommanditist die Zahlung seiner Einlage – außer in „unerträglichen" Fällen (BGH NJW 1973, 1604, 1605) – nicht verweigern (BGHZ 26, 330, 335 f.; BGH NJW 1973, 1604, 1605), sondern nur auf ein außerordentliches Kündigungsrecht zurückgreifen kann (BGHZ 63, 338).

[245] Ausführlich *Ulmer/Dopfer* BB 1984, 461 ff.

[246] *Assmann,* Prospekthaftung, S. 335.

[247] Erstmals BGH WM 1973, 863, 865. Im Zusammenhang mit der Prospekthaftung BGHZ 71, 284, 286 f.; BGH WM 1984, 1529 ff.; BGH WM 1985, 533, 534; BGH WM 1987, 811, 812; BGH WM 1991, 637, 638; BGH WM 1992, 482, 483. S. auch oben Rdnr. 12–14.

[248] BGHZ 71, 284, 286 f.

eines Prospekts, dessen sich er oder seine Vertreter zur Erfüllung dieser Pflicht bedienen.[249] Auch kann es zur Haftung eines selbst erst nach Gründung der Kommanditgesellschaft geworbenen und darüber hinaus von einer Einflußnahme auf den vorgefundenen Gesellschaftsvertrag sowie auf die Beitrittsverhandlungen mit künftigen Kommanditisten ausgeschlossenen **Anlegerkommanditisten** kommen, wenn es ihm auf andere Weise zuzurechnen ist, daß Kapitalanleger durch unrichtige oder unvollständige Prospektangaben zum Beitritt zur Gesellschaft veranlaßt werden: Ein solcher **Zurechnungsgrund** ist etwa dann gegeben, wenn ein Kommanditist, der einer Publikumsgesellschaft nach deren Gründung beigetreten ist, durch sein im voraus zugesagtes und später auch (durch Bürgschaften zugunsten der Kreditgeber der Gesellschaft) eingelöstes finanzielles Engagement über Gründung und Fortbestand der Gesellschaft entscheidet.[250] Außer Frage steht auch, daß ein Gesellschafter sich auf die Ausnahmeregelung der Haftungsbefreiung von (nach Gesellschaftsgründung geworbenen) Anlagegesellschaftern im Hinblick auf Vertragsanbahnung und -abschluß mit neuen Anlegern dann nicht berufen kann, wenn er selbst (auf der Grundlage persönlich in Anspruch genommenen Vertrauens) deren Beitritt durch unrichtige Angaben bewirkt.[251]

105 Sog. **Gründerkommanditisten,** die nicht ihrerseits mittels Prospekt zum Beitritt veranlaßt wurden und bei der Konstituierung der Anlagegesellschaft beteiligt waren, können unter den Voraussetzungen der Prospektverantwortlichkeit im engeren Sinne für die Unrichtigkeit von Prospekten zur Rechenschaft gezogen werden. Das erfordert allerdings, daß sie über die bloße Mitwirkung in der Konstitutionsphase hinaus aktiv geworden sein müssen[252] oder einen anderweitigen besonderen Vertrauenstatbestand geschaffen haben.[253] Auch ein **Treuhandkommanditist** kann Gründerkommanditist sein, doch stellt sich hier die weitere Frage, ob dieser unabhängig von dieser Eigenschaft zum Kreis der Prospektverantwortlichen zu zählen ist (dazu unten Rdnr. 109 ff.).

106 Darüber hinaus hält die Rechtsprechung aber auch eine Haftung der **Komplementär-GmbH** als die zu Beitrittsverhandlungen und -abschlüssen mit den zukünftigen Anlegerkommanditisten (regelmäßig[254]) ermächtigte Vertreterin für die ihr in diesem Zusammenhang vorzuwerfende Verletzung vorvertraglicher Aufklärungspflichten für grundsätzlich möglich.[255] Eine solche Einstandspflicht wäre allerdings von vornherein zu verneinen, würde man als Vertragspartner der beitrittswilligen Investoren die KG ansehen,[256] denn dann erschiene das Handeln der Komplementär-GmbH konsequenterweise als rein organschaftliches,[257] für das eine persönliche Einstandspflicht des Organs – jedenfalls gegenüber den Anlegern – abzulehnen wäre.[258]

107 Die im Anschluß an vorstehende Überlegungen der Rechtsprechung begründete Haftung der **Geschäftsführer** und **Gesellschafter der Komplementär-GmbH** ergibt sich erst unter dem Gesichtspunkt der Verantwortlichkeit der sog. Hintermänner, Initiatoren usf. und ist deshalb in diesem Kontext zu behandeln.[259] Die hierfür benannten Zurechnungsgründe bleiben aber explizit auf den Sonderfall der PublikumsKG bezogen[260] und sollen keine Anwendung finden, wenn eine GmbH mittels eines mangelhaften Pro-

---

249 BGH WM 1991, 1543.

250 BGH WM 1991, 637, 638 f. (m. kritischer Anm. von *Koller* WuB I G 9.–3.91).

251 BGH WM 1992, 482, 483.

252 Vgl. BGHZ 72, 382, 385; 79, 337, 343.

253 BGHZ 72, 382, 382 führt etwa die Nennung der Kommanditisten unter Angabe ihres Berufes an, fügt dem jedoch den Hinweis hinzu, dies werde „im allgemeinen" aber noch nicht ausreichen.

254 BGHZ 72, 382, 384.

255 BGHZ 71, 284, 286 f.

256 S. o. Rdnr. 103.

257 *Assmann,* Prospekthaftung, S. 335 f.; *Köndgen* AG 1983, 120 f.

258 Ausführlich *Köndgen* AG 1983, 121.

259 Dazu unten Rdnr. 113 ff.

260 Sehr deutlich schon BGHZ 72, 382, 384.

spekts Investoren für von ihr vermittelte Anlagen (Warenterminoptionen) wirbt, da es hier „um nichts weiter als um ein Rechtsgeschäft eines Dritten mit einer GmbH im allgemeinen Rechtsverkehr" gehe, bei dem die Tatsache der Werbung mit einem Prospekt „eine Alltäglichkeit ohne außergewöhnliche Besonderheiten und Zusammenhänge" darstelle.[261]

Verfügt die KG als weiteres Organ über einen **Beirat** oder einen **Aufsichtsrat,** so scheidet seine Haftung für unrichtige Prospekte allein kraft dieser Organstellung aus.[262] Seine Mitglieder können jedoch aufgrund ihrer jeweils zu ermittelnden Beteiligung in der Planungs- und Vertriebsphase eines Projekts als Verantwortliche der Prospekthaftung im engeren Sinne anzusehen sein.[263] Die bloße Nennung einer Person als Mitglied des Beirats oder Aufsichtsrats der Anlagegesellschaft in einem Prospekt ohne weitergehende zurechenbare Aussage unterwirft sie jedenfalls nicht der Prospekthaftung.[264] **108**

c) Treuhänder. Häufig kommt es im Zusammenhang mit bestimmten Anlageformen zur Einschaltung von **Treuhändern.** Das ist namentlich beim Vertrieb von Kommanditbeteiligungen, bei denen **Treuhandkommanditisten** zwischen Anlagegesellschaft und Anlegerkommanditisten treten, nicht selten der Fall.[265] Bei Beteiligungen an Bauherrenmodellen darf die Einschaltung eines **Treuhänders** oder **Baubetreuers** sogar als Regel gelten.[266] Die Haftung dieser Treuhänder für die Richtigkeit eines Prospekts steht außer Zweifel, wenn dieser von ihnen selbst herausgegeben und erstellt wird[267] oder soweit sie auf andere Weise aufgrund ihrer Aktivitäten dem Kreis der der Prospekthaftung im engeren Sinne Unterworfenen zuzuordnen sind.[268] Eine Verantwortlichkeit im letzteren Sinne wird freilich noch nicht dadurch begründet, daß ein Treuhänder ohne weitere Zusätze namentlich im Prospekt genannt wird.[269] Ebensowenig soll es für dessen Unterwerfung unter eine Prospekthaftung ausreichen, wenn der Treuhandvertrag im Prospekt abgedruckt wurde, denn damit werde lediglich ein Vertrauen auf die Erfüllung von Treuhandpflichten, nicht jedoch auf die Vollständigkeit und Richtigkeit der übrigen Prospektangaben begründet.[270] **109**

Prospektverantwortlichkeit kann der **Treuhänder** aber unter dem Gesichtspunkt der **Prospekthaftung im weiteren Sinne** erlangen. Als Vertragspartner der Anleger unterliegt er eigenen vorvertraglichen Aufklärungspflichten. Soweit er die Erfüllung solcher Pflichten Dritten überläßt, muß er sich deren Angaben, die möglicherweise unter Verwendung eines Prospektes vorgenommen werden, nach § 278 BGB zurechnen lassen. Denkbar ist aber auch, daß er sich seinerseits eines fremden Prospekts bedient und sich dessen Inhalt damit „zu eigen" macht. Die Verantwortlichkeit des Treuhänders wird damit in dem Maße zur Vollverantwortlichkeit für den Prospekt, in dem der Umfang seiner Aufklärungspflicht dem der eigentlich Prospektverantwortlichen angenähert wird. Tatsächlich hat der BGH die Aufklärungspflichten des Treuhandkommanditisten (einer sog. kupierten PublikumsKG) denkbar weit gezogen und dies in die Regel gefaßt, der Anleger als Treugeber **110**

---

[261] BGH WM 1981, 1021, 1022. Kritisch hierzu *Assmann,* Haftungsdurchgriff, S. 299 ff., insbes. S. 311 ff.

[262] *Assmann,* Prospekthaftung, S. 335 f.; *Köndgen* AG 1983, 121. Zur Funktion des Beirats *Bälz* ZGR 1980, 18.

[263] BGHZ 72, 382, 385 f.; BGH WM 1979, 1425; BGH WM 1984, 1640.

[264] Vgl. BGHZ 79, 337, 348 f. Zur vergleichbaren Situation beim Gründungskommanditisten oben Rdnr. 105.

[265] Zu den verschiedenen Ausgestaltungsformen vgl. *Assmann,* Prospekthaftung, S. 339 ff. m. w. N.

[266] Zur Prospekthaftung der Treuhänder bei solchen Beteiligungsformen insbes. *Thode,* Haftung, Rdnr. 72 f.

[267] Vgl. etwa BGH WM 1985, 533.

[268] BGHZ 84, 141; BGH WM 1983, 1387; BGH WM 1986, 583; BGH NJW 1995, 1025.

[269] Vergleichbar zur Lage des im Prospekt genannten Beiratsmitglieds oder Gründungskommanditisten, s. o. Rdnr. 108 bzw. 105. BGH NJW 1995, 1025.

[270] BGH WM 1987, 425.

sei „über alle wesentlichen Punkte aufzuklären, die für die zu übernehmende mittelbare Beteiligung von Bedeutung" seien.[271] De facto wird sich der Treuhandkommanditist dieser Pflichten kaum anders als durch die Verwendung des Prospekts der Anlagegesellschaft entledigen können.

111 Von der strengen Prospekthaftung im engeren Sinne unterscheidet sich die Verantwortlichkeit des Treuhänders indes immer noch dadurch, daß ihm eine Art **„Vertrauensverwahrung"** gegenüber den Treugebern zugestanden wird: Sieht sich der Treuhänder nicht zur Erfüllung seiner weitgehenden Aufklärungspflichten (und damit zur Kontrolle der Prospektangaben) in der Lage, so muß er „die Übernahme der Treuhänderstellung ablehnen oder aber die Beitrittsinteressenten dahin unterrichten, daß die an sich gebotene Prüfung des Treugutes nicht erfolgt" sei.[272] In Anbetracht des Umstandes, daß Treuhandkommanditisten sowohl in der „kupierten PublikumsKG" als auch in Gestalt der „unechten Treuhand" nicht nur aus Gründen der organisatorischen Vereinfachung, sondern auch zur Vertrauenswerbung eingesetzt werden, und angesichts der besonderen Funktion solcher Treuhänder in der Gründungsphase der Anlagegesellschaft liegt es aber nahe, die Treuhandkommanditisten in den Kreis der Garanten für die Richtigkeit von Prospektinformationen einzubeziehen. Dies hätte zur Folge, ihnen die Möglichkeit einer „Vertrauensverwahrung" im angeführten Sinne abzuschneiden. Vergleichbares hat das OLG Celle bereits für die Verantwortlichkeit eines Treuhänders im Zusammenhang mit einem Bauherrnmodell angenommen.[273]

112 Wird der **Treuhandkommanditist** nicht bereits aufgrund seiner Funktion bei der Projektierung und in der Gründungsphase einer PublikumsKG als Prospektverantwortlicher angesehen, so kann dies sicherlich erst recht nicht für den **Geschäftsführer einer als Treuhandkommanditistin** fungierenden **GmbH** gelten, solange nicht zusätzliche Aktivitäten es rechtfertigen, ihn der c. i. c.-Sachwalterhaftung oder der Prospekthaftung im engeren Sinne zu unterziehen. Nach Auffassung des BGH ist es jedenfalls mit der Lage eines Geschäftsführers einer Treuhandkommanditistin, die zusätzlich als stille Gesellschafterin an der KG beteiligt war, ohne weiteres vereinbar, daß er keinerlei Einfluß auf den Inhalt eines Emissionsprospektes hatte und deshalb für diesen auch nicht unter dem Gesichtspunkt der Prospekthaftung verantwortlich gemacht werden kann.[274]

113 *d) Personen oder Gesellschaften, die den Prospekt „erlassen" haben oder von denen der Prospekt „ausgeht".* Die von der Rechtsprechung für die Prospekthaftung im engeren Sinne gewählte Umschreibung des Kreises der Verantwortlichen folgt funktionalen Gesichtspunkten. De facto handelt es sich dabei – in lediglich terminologischer Anlehnung an die §§ 45, 46 BörsG, von der Rechtsprechung sachlich aber durchaus in diese Richtung gelenkt[275] – um die Verantwortlichkeit jener, die den Prospekt „erlassen" oder von denen dieser „ausgeht".

114 Zu denjenigen, die als **Erlasser eines Prospekts** zu betrachten sind, gehören sicher die Anlagegesellschaften selbst, deren Inanspruchnahme allerdings mitunter gesellschaftsrechtlichen Bedenken begegnet.[276] Ihnen sind aber auch jene hinzuzurechnen, die – ungeachtet eigener Aufklärungspflichten, wie sie die Rechtsprechung annimmt – nach dem äußeren Erscheinungsbild den Eindruck erwecken, als sei ihnen der Prospekt inhaltlich zuzuschreiben. Wer (zurechenbar) etwa in einem Prospekt unter dem Titel „Ihre Partner informieren . . ." aufgeführt ist oder wessen Name/Unterschrift auf dem Prospektdeckblatt oder unter dem Prospekttext abgedruckt ist, wird – auch unabhängig von seiner eventuellen

---

271 BGH WM 1982, 758. Weiterhin BGH WM 1985, 533; BGH WM 1986, 583.

272 BGH WM 1982, 758.

273 OLG Celle, Urt. v. 25. 7. 1985 (14 U 223/84) EWiR § 675 BGB 6/85, 761 und *Koeble* in seiner Anmerkung, ebd., S. 762.

274 BGH WM 1986, 583; mit Vorbehalten gegen diese Entscheidung *Assmann* WuB I G 9.–3.86.

275 Vgl. oben Rdnr. 22.

276 S. o. Rdnr. 102f.

Experteneigenschaft etc. – als Erlasser des Prospekts angesehen werden und für dessen Richtigkeit einzustehen haben.[277]

115 Nicht zu der hier in Frage stehenden Gruppe von Prospektverantwortlichen gehört, wer lediglich bei der Anfertigung des Prospekts mitgewirkt hat: Dies gilt etwa für Angestellte der Anlagegesellschaft[278] oder sonst unbekannt und ohne Einfluß auf die Anlagegesellschaft gebliebene Hilfspersonen.[279] Auch das ein Erwerbermodell finanzierende Kreditinstitut, das auf die Konzeption und die bauliche Gestaltung eines Objekts Einfluß genommen hat und eigene Vorstellungen über die Vertragsgestaltung durchsetzte, rückt allein dadurch nicht an die Seite der Initiatoren und Prospektherausgeber.[280] Nicht anders ist die bloße namentliche Nennung von Personen oder Gesellschaften im Prospekt zu beurteilen;[281] soweit sie allerdings zu verantworten haben, daß sie dort mit einer eigenen Aussage vertreten sind, ist stets zu prüfen, inwieweit sie als Richtigkeitsgaranten einzelner Angaben oder gar des gesamten Prospekts anzusehen sind (dazu unten Rdnr. 118 ff.).

116 Die Bestimmung des Kreises derer, **von denen ein Prospekt** zwar nicht erlassen ist, aber gleichwohl **ausgeht,** ist weitgehend unter Heranziehung der Kriterien vorzunehmen, die die Rechtsprechung bei der Konkretisierung der Verantwortlichen der (ersten beiden Gruppen der) Prospekthaftung im engeren Sinne verwendet (dazu oben Rdnr. 99). Allerdings ist zu beachten, daß diese nur solche Veranlassungen in den Blick nimmt, die auf eine gesellschaftsrechtlich vermittelte oder faktische Einflußnahme auf die Anlagegesellschaft oder ihre Organe hinauslaufen, die bloße verantwortliche Mitwirkung bei der Prospektanfertigung oder in einzelnen Phasen der Projektvorbereitung – sei sie noch so weitgehend – also ebensowenig ausreicht[282] wie die formale gesellschaftsrechtliche Beteiligung an der Anlagegesellschaft ohne tatsächliche Einflußnahme. So haftet nach einem Urteil des BGH aber, wer durch eine führende Stellung in einer Planungsgemeinschaft zur Gründung einer PublikumsKG über maßgeblichen Einfluß auf die Gestaltung der KG und des Emissionsprospektes verfügt.[283]

117 Unter dem Gesichtspunkt verstärkter wechselseitiger Kontrolle der Personen und Gesellschaften, deren Mitwirkung erst zur Realisierung eines Projekts und zur Inanspruchnahme des Kapitalmarkts führt, wäre indes eine vorsichtige Erweiterung des Haftungskreises angebracht: Nicht nur von jenen geht der Prospekt aus, die auf dessen mangelhafte Abfassung hinwirken, sondern auch von jenen, die trotz ihrer (gesellschaftsrechtlich vermittelten) Einflußnahmemöglichkeit und ihrem geschäftlichen Interesse an der Emission nicht die notwendigen Maßnahmen getroffen haben, um einen nicht zu beanstandenden Prospekt zu erstellen oder erstellen zu lassen.[284] Unter diesem Gesichtspunkt ist es bedenklich, den Alleingesellschafter einer Einmann-GmbH, die mittels Prospekts für den Vertrieb

---

[277] Einige Beispiele bei *Assmann,* Prospekthaftung, S. 345 f. In diesem Sinne wohl auch *Westa,* Prospekt- und Abwicklungshaftung, S. 59.

[278] Vgl. BGHZ 88, 67.

[279] Etwa BGH WM 1986, 904 (keine Prospekthaftung des unbekannt gebliebenen Verfassers eines dem Prospekt zugrundeliegenden Gutachtens trotz weitgehender auch anderweitiger Einschaltung in die Projektierung und spätere Tätigkeit als Treuhänder mangels mittelbarer oder unmittelbarer Beteiligung an der Anlagegesellschaft). Dies gilt auch für Anwälte, Wirtschaftsprüfer usf.; s. *Assmann,* Prospekthaftung, S. 345.

[280] BGH WM 1992, 901, 906 f.

[281] BGHZ 72, 382, 385 ff.; BGHZ 79, 337, 348 f.

[282] S. o. Rdnr. 115 m. Fn. 277; *Assmann,* Prospekthaftung, S. 347 m. w. N.

[283] BGH WM 1985, 534, 535. Zur Bestimmung dessen, was in diesem Sinne als maßgeblicher Einfluß gelten kann, ist auch die Entscheidung BGH WM 1992, 901, 906 f. heranzuziehen, in der Einwirkungen der Finanzierungsbank auf die bauliche Gestaltung eines Objekts und die Vertragsgestaltung noch nicht als ausreichend betrachtet wurden, um eine Haftung als Initiator, Gründer oder Hintermann zu begründen; s. schon oben Rdnr. 115.

[284] *Assmann,* Prospekthaftung, S. 348.

von Call-Options warb, nicht zu den Personen zu zählen, von denen der Prospekt ausging.[285]

118 *e) Haftung aufgrund eigener Prospekterklärung: Experten, Gutachter, Sachverständige u .a.; insbes. Haftung der Wirtschaftsprüfer.* Ebenfalls als Fortführung des Gedankens einer Vertrauenshaftung betrachtet die Rechtsprechung die von ihr begründete Prospekthaftung **berufsmäßiger Sachkenner.**[286] Grundlage einer Vertrauenshaftung könne auch ein Vertrauen sein, „das sich aus einer Art Garantenstellung" herleite, die „kraft Amtes oder Berufes" entstehe oder „auf einer allgemein anerkannten und hervorgehobenen beruflichen oder wirtschaftlichen Stellung" beruhe.[287] Als typische Sachkenner in vorstehendem Sinne werden in den Entscheidungen immer wieder **Rechtsanwälte, Wirtschaftsprüfer** und **Steuerberater** angeführt.[288] Die hierauf beruhende Prospekthaftung ist allerdings eine eingeschränkte: Der berufsmäßige Sachkenner haftet nur „für die Richtigkeit der Prospektangaben, soweit sie sich auf ihn beziehen und ihm demgemäß zuzurechnen sind."[289] Wie weit die Erklärung[290] des einzelnen Garanten reicht, ist freilich eine Frage der Auslegung aus der Sicht eines durchschnittlichen Anlegers. Sie kann durchaus soweit gehen, daß sie als gutachtliches Werturteil die gesamten Prospektangaben umfaßt.

119 Dies gilt insbesondere für die Prospekthaftung von **Wirtschaftsprüfern** in bezug auf die zum Ausdruck gekommene Prüfungstätigkeit. Ist, wie heute nahezu üblich, der gesamte Prospekt der aus der Sicht des Emittenten freiwilligen **Prospektprüfung** unterzogen worden, so haften die Wirtschaftsprüfer bzw. die Wirtschaftsprüfungsgesellschaften und deren bei der Prüfung mitwirkende gesetzliche Vertreter, während die Prüfungsgehilfen in beiden Fällen von der Prospekthaftung auszunehmen sind.[291] § 323 HGB steht dieser von ihm nicht mitgeregelten, eigenständigen Haftungsgrundlage nicht entgegen und ist deshalb auch nicht geeignet, eine Modifikation der einzelnen Voraussetzungen der Prospekthaftung zu bewirken.[292]

120 Die inhaltliche **Reichweite der Haftung** richtet sich nach dem erteilten Testat. Erstreckt sich dieses ohne entsprechende Vorbehalte seiner Aussage nach auf den ganzen Prospekt, so wird damit eine dessen gesamte Aussage erfassende Prospektverantwortlichkeit übernommen; diese erfaßt, unter Zugrundelegung der Stellungnahme WFA 1/1987,[293] auch die einschlägigen steuerlichen Angaben des Prospekts.[294] Die Ausführungen des BGH in seiner Entscheidung vom 31. 5. 1990[295] lassen nicht deutlich erkennen, ob das Gericht eine umfassende Prospektverantwortlichkeit unabhängig von der Reichweite des erteilten Testats bejaht. Das wird im Schrifttum teils so gedeutet,[296] geht aber über das hinaus, was man dem Urteil vertretbarerweise bei näherer Analyse entnehmen kann: In dem zu entscheidenden Fall wurde nämlich lediglich mitgeteilt, der Prospekt sei durch einen Wirtschaftsprüfer geprüft worden, doch dürften Prüfungsbericht und Testat aus standesrechtlichen Gründen nicht abgedruckt werden, würden aber auf Anforderung zur Verfügung gestellt.[297] Wenn es das Gericht angesichts einer solchen Formulierung ablehnt, die Reich-

---

285 BGH WM 1981, 1021.

286 S. dazu bereits oben Rdnr. 99 zu (3) und die Nachw. in Fn. 237.

287 BGHZ 79, 337, 341.

288 Etwa BGHZ 77, 172, 177; BGH WM 1984, 19, 20; 111, 314, 319.

289 BGH WM 1984, 19, 20.

290 Wiederum (vgl. Rdnr. 115) liegt eine solche nicht schon bei bloßer Namensnennung im Prospekt vor; doch braucht es nicht viel, um auch aus dieser einen Vertrauenstatbestand werden zu lassen. Für die Anführung von Banken etwa *Canaris,* Bankvertragsrecht, Rdnr. 2295 und unten Rdnr. 129 f.

291 Vgl. insbes. *Hopt,* Festschrift für Pleyer, S. 355 f.

292 S. *Hopt,* Festschrift für Pleyer, S. 355.

293 WPg 1987, 325 ff.; vgl oben Rdnr. 80.

294 Vgl. *Hammer* WPg 1987, 676.

295 BGHZ 111, 314, 319 f.

296 *Thode,* Haftung, Rdnr. 47 a. E.

297 BGHZ 111, 314, 320.

weite der Prospektverantwortlichkeit des Wirtschaftsprüfers nach Maßgabe des hinsichtlich eventueller Einschränkungen oder Vorbehalte unbekannt gebliebenen Testats oder Prüfungsberichts einzuschränken,[298] so entspricht dies ganz der hier vertretenen Auffassung, denn die fragliche Erklärung mußte bei einem durchschnittlichen Anleger die Erwartung begründen, der Wirtschaftsprüfer habe den Prospekt und seine Angaben (vorbehaltlos und insgesamt) für ordnungsgemäß befunden. Sind aber der Prospekterklärung – sei es (was unwahrscheinlich ist) des Wirtschaftsprüfers selbst oder sei es (was der Regel entspricht) der Prospekturheber über ein Testat oder einen Prüfungsbereich – Einschränkungen zu entnehmen, so widerspräche es dem dogmatischen Ansatz des BGH, Experten nur im Rahmen der Reichweite ihrer eigenen oder ihnen zuzurechnenden Erklärung[299] beim Wort zu nehmen.

Der Prospekthaftung in diesem Sinne kann nicht dadurch ausgewichen werden, daß, ei- 121
ner Empfehlung des WFA entsprechend,[300] der Auftraggeber veranlaßt wird, im Prospekt nur in unauffälliger Form und ohne Namensnennung des Prüfers oder der Prüfergesellschaft auf die Prüfung aufmerksam zu machen und dies mit dem Hinweis zu verbinden, ernsthafte Interessenten könnten den Prüfungsbericht anfordern.[301]

Gleichsam als Experten in eigener Sache und für die Richtigkeit und Vollständigkeit 122
ihrer Aussagen verantwortlich sollten all jene gelten, die mit einer **eigenen** (und ihnen hinsichtlich der Wiedergabe zuzurechnenden) **Wissenserklärung** im Prospekt angeführt sind.[302]

Zwar ist die Prospekthaftung der Experten, Gutachter, Sachverständigen u. a. für eigene 123
Erklärungen nur insoweit begründet, als die fraglichen „Garanten" durch ihr **nach außen in Erscheinung tretendes Mitwirken** am Emissionsprospekt einen besonderen Vertrauenstatbestand schaffen,[303] doch setzt dies nicht notwendigerweise die Namensnennung voraus;[304] vielmehr genügt ein werbewirksamer Hinweis auf den „Garanten" (im fraglichen Falle handelte es sich um einen testierenden Wirtschaftsprüfer) und seine **Identifizierbarkeit.**[305] Allein der Prospekthinweis auf ein zur Klärung einer bestimmten Frage des Anlagemodells eingeholtes Sachverständigengutachten, dessen Verfasser im übrigen unbekannt bleibt, soll demgegenüber noch nicht ausreichen.[306] Umgekehrt muß nicht jede Namensnennung einen besonderen Vertrauenstatbestand kreieren: So haftet die in einem Prospekt als Vertragspartner für die Zwischenfinanzierung genannte Bank nicht allein deshalb für die Richtigkeit der Prospektangaben über die Kalkulation des Zwischenaufwands.[307]

f) Haftung von Emissionshelfern. Soweit **Emissionshelfer** – d. h. mit dem Vertrieb einer 124
Kapitalanlage befaßte Anlagevermittler, Anlageberater, Vertriebsgesellschaften, anlagever-

---

298 Zur Begründung der Prospekthaftung auch des ungenannt gebliebenen Wirtschaftsprüfers sogleich unten Rdnr. 121, 123.

299 S. o. Rdnr. 118 und BGH WM 1984, 19, 20.

300 S. WPg 1983, 126.

301 Vgl. dazu ausf. *Assmann,* Prospekthaftung, S. 351 f. Diese Ansicht darf sich durch BGHZ 111, 314, 320, als bestätigt betrachten: Eine entsprechende Klausel im Prospekt führte nicht zur Enthaftung.

302 *Assmann,* Prospekthaftung, S. 349.

303 S. o. Rdnr. 99 zu (3) und die Nachw. in Fn. 237.

304 BGHZ 111, 314, 320. Namentliche Nennung verlangt dagegen noch BGH WM 1986, 904, 906, doch war hier nicht (wie in der vorstehenden Entscheidung) von einem testierenden Wirtschaftsprüfer (der aus standesrechtlichen Gründen nicht genannt werden dürfe) die Rede, sondern ganz allgemein von einem Gutachten, das zum Zwecke der Klärung einer Finanzierungsfrage eingeholt worden war.

305 Das wird zwar in BGHZ 111, 314, 320, nicht expressis verbis verlangt, doch führt das Gericht zur Rechtfertigung seiner Entscheidung an, für jeden Interessenten sei der Name des Experten (hier: des Wirtschaftsprüfers), mit dessen Prüfungsbericht der Prospekt werben wolle, „ohne weiteres zu erfahren" gewesen.

306 BGH WM 1986, 904, 906.

307 OLG München WM 1991, 447.

mittelnde Kreditinstitute, Makler[308] usf. – nicht bereits aufgrund einer der Tatbestände der Prospekthaftung im engeren Sinne für die Richtigkeit eines Prospektes Verantwortung tragen, kann sich ihre diesbezügliche Haftung unter zweierlei Aspekten ergeben:[309] Entweder sie machen sich die Prospektangaben zur Erfüllung eigener Aufklärungspflichten „zu eigen"[310] oder sie schaffen einen zusätzlichen persönlichen Vertrauenstatbestand, der sie als Garanten für die Richtigkeit eines Prospekts erscheinen läßt.[311]

125 **Eigene Aufklärungspflichten** können auf der Seite eines **Emissionshelfers** aus verschiedenen Gründen entstehen: In den seltensten Fällen kommt es zwischen Anleger und Emissionshelfer zum **ausdrücklichen Abschluß eines** wie auch immer gearteten **Vertrages** und daraus folgenden Auskunfts-, Beratungs- oder Vermittlungspflichten des letzteren. Die Rechtsprechung ist jedoch aufgrund der Besonderheiten des Anlagevertriebs leicht geneigt, zwischen den Parteien einen **stillschweigend geschlossenen Vertrag** anzunehmen: Der Mangel eigener Informationsmöglichkeiten des Anlegers („Angewiesenheit"), die (zumindest regelmäßig vorgegebene) Sachkunde der Vermittler, deren Nachforschungsmöglichkeiten („Einblick in die Unterlagen") und eigenes wirtschaftliches Interesse („Provisionen")[312] haben die Judikatur veranlaßt, in der Erteilung von Auskünften nicht nur einen unverbindlichen Rat zu erblicken, „sondern einen Vorgang, der die volle vertragliche Haftung des Auskunftsgebers nach sich zieht",[313] sofern für den Vermittler erkennbar eine wesentliche Entscheidung von seiner Auskunft abhängt.[314]

126 Im Rahmen solcher Rechtsbeziehungen auf der Grundlage **stillschweigend geschlossener Auskunfts-, Beratungs- oder Vermittlungsverträge** kann es dazu kommen, daß sich der Händler zur Erfüllung seiner vertraglichen Pflichten fremder Prospekte bedient. Inwieweit er sich deren Inhalt damit „zu eigen macht"[315] und in welchem Umfange ihm damit Nachforschungen obliegen, hängt nach der Rechtsprechung entscheidend von der fallweisen Bestimmung seiner vertraglichen Pflichten ab: Je nach seinem (auch werblichen)[316] Auftreten und der Erwartungshaltung des Anlegers können sich diese auf die umfassende Beratung oder bloße Auskunft (richtige und vollständige Information über entscheidungserhebliche Umstände) richten.[317] Denkbar ist aber in diesem Zusammenhang auch, daß sich der Emissionshelfer im Einzelfall als Gewährsmann für die Richtigkeit jeglicher Prospektangaben darstellt.

127 Neben dieser Haftung aus einem stillschweigend zustandegekommenen Vertrag hat die Rechtsprechung auch die Grundsätze der **Haftung aus c.i.c.** für anwendbar angesehen.[318] Hat der **Emissionshelfer,** sei es als **Vertreter** oder als **Sachwalter**[319] der Anlagegesellschaft, besonderes persönliches Vertrauen in Anspruch genommen, so haftet er dem Anleger für vollständige und richtige Aufklärung[320] und, falls er sich im Rahmen dieser Pflichten eines fremden (oder, was mitunter vorkommt, eigenen[321]) Prospektes bedient, auch für die Richtigkeit der in diesem enthaltenen diesbezüglichen Angaben. Die Inanspruchnahme

---

[308] Zur Haftung namentlich von Maklern auf der Grundlage einer Prospekthaftung i. w. S. s. *Thode,* Haftung, Rdnr. 59 ff.

[309] S. dazu schon oben Rdnr. 100; *Assmann,* Prospekthaftung, S. 352 ff.; *Thode,* Haftung, Rdnr. 53 ff.

[310] BGHZ 79, 337, 348.

[311] BGH WM 1978, 611, 612; BGHZ 74, 103, 109; 77, 172, 176; 79, 337, 348; BGH WM 1984, 1075, 1076; BGH WM 1986, 517, 518 f.

[312] BGHZ 74, 103, 106 f.

[313] BGHZ 74, 103, 107.

[314] Zu Einzelheiten s. o. § 5 Rdnr. 6, 10 ff.

[315] BGHZ 79, 337, 348.

[316] BGHZ 70, 356, 361; 74, 103, 107.

[317] BGH NJW 1982, 1095. Kritisch dazu *Assmann* NJW 1982, 1083.

[318] Etwa BGHZ 74, 103, 108. Zu Einzelheiten s. o. § 5 Rdnr. 13 f.

[319] Zum Sachwalterbegriff etwa BGHZ 56, 81, 83 ff.; 63, 382; 70, 337.

[320] BGHZ 74, 103, 109; BGH WM 1978, 611; WM 1984, 1075.

[321] Wie etwa im Falle BGH WM 1978, 611.

persönlichen Vertrauens soll nicht notwendigerweise die Verhandlungsführung durch den Vertreter/Sachwalter voraussetzen; vielmehr soll es ausreichen, daß er die Verhandlungen „von einem anderen für sich führen läßt und dem Vertragspartner gegenüber als die Person erscheint, von dessen Entscheidung der Abschluß des Vertrages abhängt."[322] Das in Anspruch genommene Vertrauen kann schließlich so weit gehen, daß der Emissionshelfer dem Anleger gegenüber die umfassende Gewähr für die Richtigkeit vorgelegter Prospekte übernimmt.[323]

Selbst wenn man, wie dies im Schrifttum überwiegend geschieht,[324] dieser nach der organisatorischen Einbindung des Emissionshelfers in die Organisation des Emittenten, der Art und Weise der Kontaktanbahnung und seinem Auftreten differenzierenden Betrachtungsweise im Ansatz zustimmen mag, so kann – entgegen der Rechtsprechung – die Zuteilung von Verantwortlichkeiten (von Emissionshelfer einerseits und Anleger andererseits) schon im Interesse der Klarheit beruflicher Rollenbilder nur im Rahmen der Pflichtenkonkretisierung auf seiten des Emissionshelfers vorgenommen werden, statt Randkorrekturen im Bereich des **Anlegermitverschuldens** vorzunehmen.[325] 128

Die Haftung von **Kreditinstituten** als Emissionshelfer folgt grundsätzlich keinen anderen als vorstehenden Gesichtspunkten: So wurde etwa eine Bank aufgrund der Erklärung, die angebotene Anlage sei „bankgeprüft", wegen der Inanspruchnahme besonderen Vertrauens nach c. i. c. verantwortlich gemacht, doch stellte das Gericht zugleich klar, daß sich diese Haftung nur auf solche Fehler, Ungenauigkeiten und irreführende Darstellungen im verwandten fremden Prospekt beziehe, deren Richtigstellung oder Fehlen gerade aufgrund der besonderen Vertrauensstellung des Kreditinstituts vom Kläger erwartet werden dürfe.[326] 129

Leuchtet es hier noch ein, die Bank an den aufgrund ihrer Erklärung selbst gesetzten Standard der Inanspruchnahme von Anlegervertrauen zu binden, so ging das OLG Nürnberg in einer nicht rechtskräftig gewordenen Entscheidung noch einen Schritt weiter und vertrat die Auffassung, der für die Haftung aus c. i. c. erforderliche zusätzliche Vertrauenstatbestand im Hinblick auf die Überprüfung eines fremden Prospekts entstehe bei einer Sparkasse bereits dadurch, daß sie die Anlage, auf die sich der Prospekt bezieht, in ihr Beratungsprogramm aufgenommen und ihr damit den Anschein der Seriosität verliehen habe.[327] Der BGH ging indes in seiner Revisionsentscheidung vom Zustandekommen eines stillschweigend geschlossenen Beratungsvertrages aus,[328] folgte bei der Pflichtenkonkretisierung jedoch der Sache nach – wenngleich sprachlich entschärft (Kunden einer Sparkasse erhofften sich ein Mehr an Sicherheit) – den gleichen Erwägungen.[329] Problematisch ist das Urteil nicht deshalb, weil es den Kreditinstituten als Absatzhelfer weitreichende Nachforschungspflichten auferlegt, sondern weil der diesem zugrundeliegende Ansatz es anderen Emissionshelfern nicht verwehrt, sich durch geschicktes werbliches Auftreten geringeren Sorgfaltspflichten auszusetzen.[330] 130

Die Entwicklung des Sonderrechts der Anlagevertriebspflichten für Kreditinstitute im allgemeinen und der Beratungspflichten aus einem stillschweigend zustandegekommenen Beratungsvertrag hat mit der *Bond*-Entscheidung des BGH ihren vorläufigen Höhepunkt erreicht: Hat die Bank das Anlageobjekt in ein von ihr zusammengestelltes Anlagepro- 131

---

322 BGH WM 1984, 889, 890.

323 BGHZ 74, 103, 109.

324 Vgl. die Nachw. bei *Assmann,* Prospekthaftung, S. 354 (mit Gegenpositon S. 354 ff.); vom Selbstbindungsansatz her auch *Köndgen,* etwa JZ 1987, 723 m. w. N.; *Klumpe/Kießling,* Prospekthaftung, Rdnr. 84, S. 43.

325 *Assmann* NJW 1982, 1083; *ders.,* Haftung, S. 64.

326 BGH WM 1986, 517, 519, mit näheren Ausführungen zum Umfang der Prüfungspflicht.

327 OLG Nürnberg WM 1986, 124.

328 BGHZ 100, 117, 188 f.; s. jetzt auch BGH WM 1993, 1455, 1456.

329 BGHZ 100, 117, 121 f.

330 *Assmann,* Haftung, 58 f.; *ders.* WuB I G 4.–5.87. A. A. *Köndgen* JZ 1987, 723 f.

gramm aufgenommen und hat sie dieses zur Grundlage ihrer Beratung gemacht, so hat sie auch über die Güte dieser Papiere zu informieren und sie einer eigenen Prüfung zu unterziehen. Umgekehrt formuliert: „Der Anlageinteressent darf davon ausgehen, daß seine ihn beratende Bank . . . die von ihr in das Anlageprogramm aufgenommenen Papiere selbst als ‚gut' befunden hat."[331]

132 *g) Kreditinstitut als Finanzier eines Anlageprojekts oder des Anlageerwerbs.*[332] Allein der Umstand, daß ein **Kreditinstitut** als **Finanzier eines Anlageprojekts** fungiert, begründet keinen Vertrauenstatbestand im Hinblick auf die Solidität des Vorhabens oder die Richtigkeit eines darauf bezogenen Prospekts.[333] Dies gilt auch dann nicht, wenn das Kreditinstitut in dieser Funktion im Prospekt aufgeführt wird und keine weiteren Aspekte vorliegen, die seine Prospekthaftung im engeren Sinne herbeiführen können.[334] Die Bezeichnung der Finanzierungsbank als „Referenz" begründet keine Garantenstellung des Instituts für die Prospektangaben.[335] Gleiches muß dann zwangsläufig auch für den Fall angenommen werden, daß der Prospekt nicht über den (gegenüber dem vorstehenden weniger weit gehenden) Hinweis hinausgeht, das namentlich benannte Kreditinstitut habe die Finanzierung des Anlageerwerbs übernommen.

133 Ebensowenig wie die bloße Prospektangabe, ein bestimmtes Kreditinstitut fungiere als Finanzierungsbank für den Erwerb einer Anlage, eine Prospekthaftung im engeren Sinne (aufgrund eigener Prospekterklärung)[336] auslöst, vermag sie eine solche im weiteren Sinne zu begründen: Nach ständiger Rechtsprechung ist das finanzierende Institut grundsätzlich nicht verpflichtet, den Darlehensnehmer über die Risiken der von ihm beabsichtigten Verwendung des Darlehens aufzuklären.[337] Erst wenn das Kreditinstitut über seine Rolle als Kreditgeber hinausgeht, selbst einen zu den allgemeinen Risiken des Projekts hinzutretenden Gefährdungstatbestand für den Kunden schafft oder dessen Entstehung begünstigt, in bezug auf die speziellen Risiken des Vorhabens einen *konkreten* Wissensvorsprung besitzt oder einem schwerwiegenden Interessenkonflikt unterliegt, kann es überhaupt zu Aufklärungs- oder Warnpflichten gegenüber dem Anleger kommen, dessen Kapitalanlage finanziert werden soll.[338] Solange sich das Kreditinstitut konsequent auf seine Rolle als Kreditgeber beschränkt und sich nicht in einer darüber hinausgehenden Weise am zu finanzierenden Geschäft beteiligt, scheidet auch die Geltendmachung von Prospektmängeln im Wege des Einwendungsdurchgriffs aus.[339]

134 Als einen Fall der **Überschreitung der Rolle der Finanzierungsbank als Darlehensgeber** hat der BGH den Umstand gedeutet, daß sich das Kreditinstitut im Prospekt „nicht nur als Kreditgeberin, sondern außerdem auch als Referenz benennen ließ".[340] Daraus folgert das Gericht nicht etwa einzelne Aufklärungs- oder Warnpflichten der Bank nach Maßgabe des bei ihr tatsächlich vorhandenen Wissensvorsprungs als vielmehr die weitaus umfassendere Verpflichtung, „die Richtigkeit der Prospektangaben und die Bonität der Initiatoren in banküblicher Weise (zu) überprüfen und den Kreditinteressenten über beste-

---

[331] BGH WM 1993, 1455, 1456.

[332] S. dazu schon oben § 6 Rdnr. 247ff. Ferner *Hopt,* Festschrift Stimpel, S. 288 ff.; *Rümker* ZHR 151 (1987) 162, 173 f.; *Mink,* Immobilienkapitalanlagen, S. 142 ff.

[333] So jüngst auch in einem dictum BGH WM 1986, 561, 562 und Anm. *Assmann* WuB I G 7.–8.88.

[334] Auch *Rümker* ZHR 151 (1987) 174. Vgl. aber *Canaris,* Bankvertragsrecht, Rdnr. 2295: Besonderer Vertrauenstatbestand durch die Bezeichnung des Kreditinstituts als „Hausbank" im Prospekt; ebenso bei der Nennung einer Bank als Zahlstelle und Bezeichnung des Kontos als „Treuhandkonto".

[335] BGH WM 1992, 1269 m. kritischer Anm. von *Assmann* WuB I G 4.–8.92.

[336] S. o. Rdnr. 99 zu (3) sowie Rdnr. 118 ff.

[337] Etwa BGH WM 1987, 1546 m. w. N.

[338] S. die Rechtsprechungsnachweise oben zu § 6 Rdnr. 192 ff. Ausführlich auch *v. Heymann,* Bankenhaftung, S. 153 ff.

[339] Mangelnde Trennung lag etwa vor im Falle BGH WM 1979, 1054, 1055.

[340] BGH WM 1992, 1269, 1270.

hende Bedenken von sich aus, auch ohne ausdrückliche Anfrage, aufzuklären".[341] Der Bank wird damit eine Kontrollpflicht auferlegt, von der man bisher annehmen mußte, sie sei nur auf der Grundlage der Prospekthaftung im engeren oder weiteren Sinne denkbar. Unterschiede zu den durch die Prospekthaftung ausgelösten Rechtsfolgen ergeben sich allein daraus, daß der Adressatenkreis der Pflichten der Finanzierungsbank auf diejenigen Anleger beschränkt wird, welche ihre Investition von der fraglichen Bank finanzieren lassen. Auch wenn sich mit diesem Urteil lediglich die Tendenz vollendet hat, die fehlende Selbstbeschränkung eines Kreditinstituts auf die Kreditgeberrolle nicht nur als Auslöser eines Einwendungsdurchgriffs anzusehen, sondern zugleich mit einer Vertrauenshaftung der Bank für die Richtigkeit und Vollständigkeit der Prospektangaben zu sanktionieren,[342] so hätte der dogmatisch vorzugswürdigere Weg doch darin bestanden, die im Prospekt als „Referenz" angeführte Bank aufgrund dieser Tatsache der Prospekthaftung im engeren Sinn (kraft der Schaffung eines besonderen Vertrauenstatbestandes) zu unterwerfen.[343]

h) Angestellte und Gesellschafter. **Angestellte** von prospekthaftungspflichtigen Personen oder Unternehmen oder **Gesellschafter** von der Prospekthaftung unterfallenden Gesellschaften,[344] sind nicht bereits allein aufgrund dieser Eigenschaft zu den Adressaten der Prospekthaftungsregeln zu zählen, sondern nur dann, wenn sie ihrerseits die Voraussetzungen erfüllen, welche erforderlich sind, um einer der vorstehend angeführten Prospekthaftungsgruppen zugerechnet werden zu können.[345] 135

3. Anspruchsberechtigte. Anspruchsberechtigt ist, wer durch einen unrichtigen oder unvollständigen Prospekt zum Erwerb einer Kapitalanlage veranlaßt[346] wurde. Mangelnde Handelbarkeit der Anlagen des grauen Kapitalmarkts läßt die Frage, ob nur Ersterwerber oder auch Zweiterwerber Prospekthaftungsansprüche geltend machen können, als weitgehend obsolet erscheinen. Begründet man die Prospekthaftung indes mit der Rechtsprechung als Haftung für die Verletzung vertraglicher oder vorvertraglicher Aufklärungspflichten, so erscheint die Anspruchsberechtigung des Folgeerwerbers nur schwer begründbar.[347] Einigkeit besteht indes darin, daß der personelle Schutzbereich der Prospekthaftung auch fachkundige, erfahrene Anleger oder Kaufleute umfaßt,[348] denn deren Informationsdefizit über Interna des Anlageprojekts hängt nicht von diesen Eigenschaften ab. Schon die Herleitung der Prospekthaftung im engeren Sinne aus einer Rechtsfortbildung der Grundsätze der c. i. c., aber auch ihre Ausgestaltung in Anlehnung an die spezialgesetzlichen Prospekthaftungsregeln schließen es aus, auch diejenigen als Anspruchsberechtigte anzusehen, die es aufgrund eines Prospektmangels unterlassen haben, sich zu beteiligen oder sich von einer Anlage zu trennen. 136

4. Kausalität. Die Geltendmachung eines Anspruchs aus Prospekthaftung setzt zunächst voraus, daß der Anleger nachweist, von den falschen Angaben zum Anlageentschluß veranlaßt worden zu sein (haftungsbegründende Kausalität). Darüber hinaus muß der Anleger darlegen, daß die in Frage stehende Pflichtverletzung des Prospektverantwortlichen zu dem behaupteten Schaden geführt hat (haftungsausfüllende Kausalität). 137

a) Haftungsbegründende Kausalität. Die **Kausalität** falscher Prospektangaben für die Investitionsentscheidung des Anlegers ist gegeben, wenn sich der Anleger bei dieser zumindest 138

---

341 BGH WM 1992, 1269, 1270.

342 S. etwa BGH WM 1985, 221, 223f.; BGH WM 1988, 561, 562; BGH WM 1992, 901, 905.

343 Ausführlicher dazu *Assmann* WuB I G 4.–8.92 (Anm. zu BGH WM 1992, 1269).

344 S. dazu schon oben Rdnr. 104, 107, 110, 114, 119.

345 Es entspricht der ständigen Rspr., Angestellte als Vertreter des Geschäftsherrn nur dann aus c. i. c. haften zu lassen, wenn sie selbst besonderes („persönliches") Vertrauen in Anspruch genommen haben (etwa BGHZ 88, 67). Vgl. auch *Thode,* Haftung, Rdnr. 52; *v. Heymann,* Bankenhaftung, S. 186f.

346 Zur Kausalitätsfrage unten Rdnr. 137ff.

347 Unproblematisch für den Verkehrspflichtansatz, s. *Assmann,* Prospekthaftung, S. 359.

348 Vgl. nur BGH WM 1984, 960.

auch von den unrichtigen Prospektangaben leiten ließ oder sich im Falle unvollständiger Angaben bei Kenntnis der wahren Sachlage gegen den Erwerb der Anlage entschieden hätte.[349]

139 Im **Schrifttum** ist viel Mühe darauf verwandt worden, die diesbezüglichen Beweisanforderungen sachangemessen zu konkretisieren: Dabei konnten sich Formeln,[350] welche die Anforderungen an den Kausalitätsbeweis de facto durch Reduktion des Grundsatzes des Vollbeweises durch Wahrscheinlichkeitskriterien zu erleichtern suchten, nicht durchsetzen.[351] Gleichwohl ist anerkannt, daß Kausalitätsanforderungen das Regelungsziel der Prospekthaftung nicht nachhaltig gefährden dürfen und zumindest Beweiserleichterungen angebracht sind.[352] Insoweit favorisiert das Schrifttum, der Rechtsprechung zur Haftung für die Verletzung vertraglicher Aufklärungspflichten folgend, eine Beweislastumkehr.[353] Dagegen ist einzuwenden, daß dadurch zwar zusätzliche Anreize für eine verstärkte Sorgfalt bei der Prospekterstellung geschaffen werden, aber der mit einer Beweislastumkehr erforderliche Entlastungsbeweis fehlender Ursächlichkeit des mangelhaften Prospekts für die Anlageentscheidung des Investors kaum je gelingen kann, weil er sich auf Umstände bezieht, die nicht in der Sphäre des Emittenten liegen. Es liegt deshalb nahe, sich in diesen Fällen mit einer widerleglichen Vermutung für den Fall des *non liquet* zu begnügen.[354]

140 Ohne sich in solche Erwägungen zu verstricken, stellt die **Rechtsprechung** an den Nachweis des Ursachenzusammenhangs zwischen einem mangelhaften Prospekt und dem Anlageentschluß keine allzu hohen Anforderungen. Angesichts vorhandener Prospektmängel läßt sie es genügen, wenn der Anleger behauptet, in Kenntnis der wahren Tatsache hätte er von dem Erwerb der Anlage abgesehen.[355] Das läßt sich wohl weniger als ein Fall des Anscheinsbeweises denn als die Formulierung einer Regel für die freie Beweiswürdigung deuten, welche davon ausgeht, daß nach der Lebenserfahrung[356] ein in wesentlichen Angaben unrichtiger oder unvollständiger Prospekt für die Anlageentscheidung des Investors maßgeblich war.[357] Dessen ungeachtet fehlt es an der Ursächlichkeit des falschen oder unvollständigen Prospekts für die Anlageentscheidung des Investors jedoch dann, wenn der Anspruchsgegner nachweist, daß der Schaden auch bei pflichtgemäßem Verhalten eingetreten wäre, weil sich der Geschädigte über jeden anderweitigen Rat oder Hinweis hinweggesetzt und auch bei zutreffender Information die fragliche Anlage erworben hätte.[358] Gleiches muß für den Fall gelten, daß der Anleger die wahren Umstände kannte.[359]

---

349 BGHZ 71, 284, 291 f.; 74, 103, 112; 79, 337, 346; BGH WM 1982, 90, 91; BGHZ 111, 314, 321; 115, 214, 223.

350 Vgl. *Lutter,* Haftung, S. 624 f.; *Meyer-Cording* BB 1984, 2093.

351 Kritisch zu solchen Versuchen etwa *Schwark* BB 1979, 898; *Pleyer/Hegel* ZIP 1985, 1373.

352 Vgl. Nachw. bei *Assmann,* Prospekthaftung, S. 362.

353 Vgl. *Pleyer/Hegel* ZIP 1985, 1373; *Wittmann* DB 1980, 1586.

354 *Schwark* BB 1979, 898; *Canaris,* Bankvertragsrecht, Rdnr. 2282; *Assmann,* Haftung, S. 63.

355 BGHZ 74, 103, 112 f.; BGH WM 1982, 90, 91; BGHZ 111, 314, 321; BGH WM 1991, 695, 698; BGHZ 115, 214, 223. Das ist nicht mehr weit entfernt von (in BGHZ 84, 141, 148 und BGH WM 1992, 1892 wohl gar schon identisch mit) der Kausalitätsvermutung in bezug auf die Verletzung vertraglicher Aufklärungspflichten: Steht letztere fest, ist davon auszugehen, daß der Anleger die fragliche Anlage nicht erworben und deshalb keinen Schaden erlitten hätte; zuletzt BGH WM 1992, 1355, 1357 m. w. N. Auch für den Fall der börsengesetzlichen Prospekthaftung bejaht die Rspr. eine entsprechende Vermutung zwischen fehlerhaftem Prospekt und Aktienerwerb; BGH WM 1982, 867; OLG Frankfurt/M. WM 1994, 291, 298.

356 So etwa BGHZ 79, 337, 346.

357 Wohl ebenso *v. Heymann,* Bankenhaftung, S. 196 (Gesamtwürdigung nach § 286 ZPO geboten).

358 Etwa BGH NJW 1983, 1688; BGH NJW 1984, 1688, 1689; BGH WM 1990, 681, 683; BGH WM 1990, 1276, 1280 m. w. N. (insoweit nicht in BGHZ 111, 314 abgedruckt); BGHZ 115, 214, 223.

359 *Hopt,* Verantwortlichkeit, Rdnr. 171, betrachtet dies als allgemeine Regel der Prospekthaftungsansprüche, behandelt dies jedoch nicht als Problem der Kausalität, sondern des Mitverschuldens.

Sieht man den Schutzzweck der Prospekthaftung darin, dem Anleger eine verläßliche Dispositionsgrundlage für seine Investitionsentscheidung(en) zu bieten und informationelle Dispositionsrisiken (nach Maßgabe der Prospektinformationspflichten) abzunehmen, so ist es nicht zu beanstanden, daß die Rechtsprechung den Kausalitätsnachweis auf die Ursächlichkeit des Prospektmangels für den Anlageentschluß des einzelnen Anlegers bezieht, statt darauf abzustellen, ob der geltend gemachte Schaden auf eine Ursache zurückzuführen ist, über die falsch oder unrichtig informiert wurde. Wenn die Rechtsprechung dies dergestalt formuliert, es sei nicht auf denjenigen Umstand abzustellen, der als letztes Glied in einer Kette schadensstiftender Ursachen den Verlust herbeigeführt hätte, sondern auf **das erste Glied der Kausalkette,** also die Anlageentscheidung selbst,[360] so stellt sie damit nicht etwa eine für die haftungsausfüllende Kausalität, sondern eine bereits für die haftungsbegründende Kausalität maßgebliche Regel auf. 141

b) Haftungsausfüllende Kausalität und Schutzbereich der Pflichtverletzung. Des weiteren ist nachzuweisen, daß die Pflichtverletzung im Hinblick auf die Erstellung eines beanstandungsfreien Prospekts **zu dem geltend gemachten Schaden geführt** hat.[361] Soweit dieser im Erwerb der Anlage selbst besteht, zu der der Anleger durch den fehlerhaften Prospekt veranlaßt wurde, ergeben sich hinsichtlich des Nachweises der haftungsausfüllenden Kausalität keine Anforderungen, die über denjenigen in bezug auf den Nachweis der haftungsbegründenden Kausalität hinausgingen. 142

Wird ein Teil- oder ein Totalverlust der Investition geltend gemacht, ist darüber hinaus zu erwägen, inwieweit diese dem für den fehlerhaften Prospekt Verantwortlichen als Folgeschäden der Veranlassung des Anlegers zum Erwerb der fraglichen Anlage **zugerechnet** werden können. Dazu lassen sich zwei Auffassungen vertreten: Einerseits mag man anführen, bei den fraglichen Schäden handele es sich um solche, die sich als Verwirklichung eines Risikos darstellten, dem der Prospektverantwortliche infolge der pflichtwidrigen Veranlassung auszusetzen sei. Ebenso läßt sich aber argumentieren, nur solche Schäden seien zu ersetzen, die im **Schutzbereich** der verletzten Pflicht liegen, Anleger nicht durch falsche oder unvollständige Prospekte zur Anlageentscheidung zu veranlassen. 143

Inwieweit der einen oder der anderen Auffassung zu folgen ist, hat die höchstrichterliche Rechtsprechung bisher offen gelassen,[362] obwohl als feststehend gelten darf, daß der dem Deliktsrecht entstammende Grundsatz,[363] der Haftungsumfang sei durch den Schutzzweck des jeweiligen Verhaltensgebots oder -verbots begrenzt, grundsätzlich auch auf die Verletzung vertraglicher und vorvertraglicher Pflichten übertragbar ist.[364] Zur Entscheidung über die Anwendung der **Schutzbereichsdoktrin** im Rahmen von Prospekthaftungsansprüchen hatte die Rechtsprechung in der Tat keine Veranlassung, weil die in der Vergangenheit im Wege eines Prospekthaftungsanspruchs geltend gemachten Schäden sämtliche solche waren, die man als im Schutzbereich der verletzten Pflicht liegend ansehen mußte. Streitbefangen war diesbezüglich bislang allein die Frage, ob auch solche Schäden im Schutzbereich der Prospekthaftung liegen, die auf andere Umstände als diejenigen zurückzuführen sind, über die falsch oder unvollständig informiert wurde: Wenn es das Ziel der Prospekthaftung ist, den Anleger davor zu bewahren, daß er durch falsche oder unrichtige Prospektangaben zu seinem Anlageentschluß veranlaßt wird, ihm also ein umfassender und nicht auf einzelne potentiell schadenstiftende Umstände bezogener Disposi- 144

---

[360] Etwa BGH WM 1982, 90, 91; BGH WM 1990, 1276, 1280.

[361] Vgl. BGHZ 71, 284, 292; BGH WM 1982, 90, 91; WM 1984, 19, 20. Die gegen eine Beweislastumkehr bei der haftungsbegründenden Kausalität geltend gemachten Argumente stehen einer *Beweislastumkehr* in diesem Falle grundsätzlich nicht mehr entgegen; s. etwa *Pleyer/Hegel* ZIP 1985, 1373.

[362] Etwa BGH WM 1986, 517, 519.

[363] Etwa BGHZ 27, 137; 37, 311, 315; BGH NJW 1972, 36, 37.

[364] BGH WM 1990, 808, 809; BGH WM 1992, 133, 134 f.; BGH WM 1992, 1269, 1271. Beispiele bei *v. Heymann,* Bankenhaftung, S. 199 f.

tionsschutz gewährt wird, so sind ihm sämtliche Schäden zu ersetzen, die auf die pflichtwidrig veranlaßte Investitionsentscheidung und das Scheitern der getätigten Anlage zurückzuführen sind.[365] Liegt der Anlegerschaden bereits darin, durch fehlerhaften Prospekt zum Anlageerwerb veranlaßt worden zu sein, und spielt insoweit die weitere Wertentwicklung der Anlage für die Annahme eines solchen Schadens keine Rolle, so kann es auch nicht darauf ankommen, ob ein Wertverlust gerade auf falsch oder gar nicht prospektierte Angaben, auf konjunkturelle Einbrüche oder gesetzgeberische Veränderungen anlagerelevanter Rahmenbedingungen zurückzuführen ist.[366] Kurz: Der Zweck der Prospekthaftung besteht nicht darin, vor dem Wertverlust der erworbenen Anlage zu schützen, sondern eine informierte Anlageentscheidung zu ermöglichen: Niemand soll etwa das Blaue vom Himmel versprechen dürfen, solange die Sache nur gut geht.

145 Ist eine Entscheidung für oder gegen die Schutzbereichsdoktrin angesichts des breiten Dispositionsschutzes, welche die Prospekthaftung dem Anleger gewährt, somit aus praktischen Gründen weitgehend folgenlos,[367] so ist ihre generelle Anwendung im Bereich von Schadensersatzansprüchen, die sich auf die Verletzung von Rechtsinstituten stützen, welche Informationsverantwortlichkeiten zuweisen und informationellen Dispositionsschutz gewähren, doch zu befürworten.[368] Hier stellt sie ein wichtiges Instrument dar, um ein differenziertes System von Risikozuweisungen und -verlagerungen informationsabhängiger Dispositionen auf der Basis unterschiedlicher Rechtsinstitute zu ermöglichen.[369]

146 **5. Verschulden und Mitverschulden.** Die Prospekthaftung ist nach der Konzeption der Rechtsprechung und dem dieser folgenden Schrifttum **Verschuldenshaftung** nach Maßgabe der §§ 276, 278 BGB.[370] Sie umfaßt damit ein Verhalten im Spektrum zwischen Vorsatz und leichter Fahrlässigkeit. Versuche, diesen Verschuldensmaßstab entsprechend dem Vorbild in der spezialgesetzlich geregelten Prospekthaftung auf Vorsatz und grobe Fahrlässigkeit zu beschränken,[371] haben sich nicht durchgesetzt und sind sachlich auch nicht geboten.[372] Gleiches gilt für die Überlegung, für wesentliche unrichtige Tatsachenangaben eine Garantiehaftung eingreifen zu lassen.[373] Gesellschafter der Anlagegesellschaft können sich im Falle ihrer Inanspruchnahme nicht auf das Privileg des § 708 BGB berufen.[374]

147 Im einzelnen bezieht sich der **Verschuldensvorwurf** darauf, daß der Anspruchsgegner die Umstände kannte, die die Aufklärungspflicht begründeten, und darüber hinaus Kenntnis von den Tatsachen hatte oder haben mußte, über die die Anleger aufzuklären waren.[375] Das hierbei anzuwendende **Maß an Sorgfalt** soll nicht nur von den Umständen des Einzelfalls (Reichweite des schutzwürdigen Vertrauens des Informationsempfängers auf die Richtigkeit der Prospektangaben), sondern auch vom jeweiligen Informationsgaranten in bezug sowohl auf seine Stellung im Kreis der Prospektverantwortlichen (strengere Sorg-

---

[365] BGH WM 1991, 1543, 1544; BGHZ 115, 214, 223 f.; BGH WM 1993, 1787, 1788 f. (anders das vorinstanzliche Urteil des OLG Frankfurt/M. WM 1992, 572, 574) m. zustimmenden Anmerkungen von *Assmann* WuB I G 9.–1.94 (vor allem auch zum Verhältnis von Kausalitäts- und Schutzbereichserwägungen) und *Jasper* WiB 1994, 79, 80.

[366] *Assmann* WuB I G 9.–1.94 (Anm. zum Urt. BGH WM 1993, 1787) zu 2 (S. 186).

[367] *Thode,* Haftung, Rdnr. 79 („kommt . . . allenfalls in besonderen Ausnahmefällen in Betracht").

[368] Für die Prospekthaftungsfälle etwa *Assmann,* Prospekthaftung, S. 360 f.; *ders.* WM 1983, 144; *ders.,* Festschrift Lange, S. 368 ff.; *Canaris,* Bankvertragsrecht, Rdnr. 2298; *Pleyer/Hegel* ZIP 1985, 1373.

[369] Näher hierzu *Assmann,* Festschrift Lange, S. 370 m. w. N. Ebd. auch zur Entscheidung BGH WM 1990, 808, welche die praktische Relevanz der Schutzbereichsdoktrin am Beispiel vertraglicher Beratungspflichten erhellt.

[370] BGHZ 71, 284, 291; 72, 382, 388; 79, 337, 345; *Pleyer/Hegel* ZIP 1985, 1374.

[371] *Coing* WM 1980, 212; *Canaris,* Bankvertragsrecht, Rdnr. 2280, 2294, 2296.

[372] Vgl. *Pleyer/Hegel* ZIP 1985, 1374; *Köndgen* AG 1983, 128; *Mink,* Immobilienkapitalanlagen, S. 163; *Assmann,* Prospekthaftung, S. 366.

[373] *Köndgen* AG 1983, 97.

[374] Im Anschluß an BGH NJW 1980, 589, 591.

[375] Etwa BGHZ 79, 337, 345.

faltsanforderungen bei berufsmäßigen Sachkennern)[376] als auch auf die Art des gewährten Vertrauens (besondere Anforderungen bei Inanspruchnahme persönlichen Vertrauens) abhängen.[377]

So muß derjenige, dem persönliches Vertrauen gewährt wurde, eigene Ermittlungen anstellen und darf die Angaben Dritter nicht ungeprüft übernehmen und weitergeben.[378] Ein Kreditinstitut, das **Zweifel** an der Zuverlässigkeit eines Fonds besitzt, dessen Beteiligungsangebote es vertreibt, muß sich schon allein deshalb den Verschuldensvorwurf gefallen lassen.[379] Es mögen diese Zweifel gewesen sein, die den BGH im gleichen Fall veranlaßten, dem Kreditinstitut die exkulpierende Berufung auf den Bestätigungsvermerk einer mit der Prospekthaftung betrauten Wirtschaftsprüfungsgesellschaft zu versagen, um immerhin generalisierend festzustellen, ein solches Testat könne die **Prüfung auf Plausibilität** nicht ersetzen.[380] Weitere diesbezügliche Nachforschungs- und Kontrollpflichten läßt das Gericht indes dahingestellt sein. **148**

Die Verschärfung der Anforderungen an die Prospektprüfung sollte die Gerichte veranlassen, „den Gesichtspunkt der Arbeitsteilung des Emissionsgeschehens"[381] stärker zur Kenntnis zu nehmen, um hiervon ausgehend dritten Prospektrichtigkeitsgaranten **Nachforschungen und Kontrollen** unter Berufung auf ein Wirtschaftsprüfertestat zu ersparen. Prospektverantwortliche, die nicht zu den Auftraggebern der Prospektprüfung gehören (und, in der Terminologie der Rechtsprechung, einen besonderen Vertrauenstatbestand geschaffen haben), wären dann allenfalls gehalten, Kontrollen im Hinblick auf die tatsächliche Unabhängigkeit der Wirtschaftsprüfung, die Ordnungsmäßigkeit ihrer Durchführung sowie die Plausibilität des Prüfungsberichts vorzunehmen. **149**

Die Rechtsprechung sowie das den Prospekthaftungsanspruch auf die Verletzung vertraglicher und vorvertraglicher Aufklärungspflichten stützende Schrifttum kommen in analoger Anwendung der §§ 282, 285 BGB konsequenterweise zu einer **Beweislastumkehr** hinsichtlich des Verschuldens. Der Anspruchsgegner hat also nachzuweisen, welche Maßnahmen er ergriffen hat, um ihn von dem Vorwurf entlasten zu können, seine Pflichtwidrigkeit sei schuldhaft begangen worden.[382] **150**

Wird **zur Erfüllung vorvertraglicher Aufklärungspflichten** bei der Anwerbung von Anlegern in Kenntnis der wahren Umstände ein Prospekt verwendet, der unrichtige oder unvollständige Angaben enthält, dann ergibt sich hieraus im Regelfall nicht nur die Verletzung der Aufklärungspflicht, sondern auch das Verschulden der aufklärungspflichtigen Person,[383] es sei denn, es werden von dieser besondere Umstände vorgetragen, die gegen ein solches Verschulden zu sprechen geeignet sind. Dazu kann auch ein **Rechtsirrtum** gehören, wie etwa die irrige Annahme, es bedürfe im fraglichen Falle keines klarstellenden Hinweises gegenüber dem Anleger. Ein solcher Rechtsirrtum wirkt aber entschuldigend nur dann, wenn der Schuldner sich mit Sorgfalt[384] um die Klärung der zweifelhaften Frage bemüht und das Risiko seiner unzutreffenden Beurteilung nicht einfach auf denjenigen abschiebt, der aufzuklären wäre.[385] **151**

---

376 S. *Grunewald* JZ 1982, 627, 630; *Thode,* Haftung, Rdnr. 83.

377 BGHZ 74, 103, 111.

378 BGHZ 74, 103, 111.

379 BGH WM 1987, 495, 497.

380 BGH WM 1987, 495, 497.

381 *Köndgen* JZ 1987, 724 m. w. N. und zutreffender Kritik an der bestehenden Rechtslage; s. a. oben Rdnr. 36.

382 BGH WM 1987, 495, 497; BGHZ 61, 118, 121 ff.; 64, 46, 51 f.; *Wittmann* DB 1980, 1586; *Pleyer/Hegel* ZIP 1985, 1374.

383 BGHZ 84, 141, 148; BGH WM 1992, 1892.

384 Zu den diesbezüglichen strengen Anforderungen etwa BGHZ 74, 281, 284 f.; BGHZ 89, 296, 303. Weitere Nachw. hierzu in BGH WM 1992, 1892.

385 BGH WM 1992, 1892. Näher hierzu (in einer Anm. zur vorstehenden Entscheidung) *Vortmann* WuB I G 9.–2.93, zu II.

152 Inwieweit der einzelne Prospektverantwortliche sich auf ein **Mitverschulden des Anlegers** berufen kann, läßt sich nicht pauschal, sondern nur im Hinblick auf die Stellung des Anspruchsgegners im Kreis der der Prospekthaftung Unterworfenen und nach Ansicht der Rechtsprechung nach den Umständen des Einzelfalls beantworten. Liegt Kenntnis der wahren Umstände vor, scheidet die Prospekthaftung wohl schon mangels Ursächlichkeit des Prospektmangels für den Anlageentschluß aus (s. o. Rdnr. 140). Eine Frage des Mitverschuldens ist indes betroffen, wenn einem Anleger, der seinen Anspruch auf die Prospekthaftung im engeren Sinne stützt, vorgehalten werden soll, er habe sich auf die im Prospekt enthaltenen Angaben verlassen und eigene Nachforschungen verabsäumt. Die Rechtsprechung hat hierüber, soweit ersichtlich, bislang nicht entschieden,[386] doch wird man ein auf den fraglichen Vorwurf begründetes Mitverschulden überhaupt nur in der Hinsicht berücksichtigen dürfen, als es sich auf Umstände bezieht, die nicht mit denen identisch sind, die den Gegenstand der Sorgfaltspflicht des für die Richtigkeit des Prospekts Verantwortlichen ausmachen. Darüber hinaus ließe eine Nachforschungspflicht nach Maßgabe der sonst in eigenen Angelegenheiten beobachteten Sorgfalt, insbesondere bei Zweifeln an der Richtigkeit von Prospektangaben, gerade auf dem grauen Kapitalmarkt die Regelungsintention der Prospekthaftung leerlaufen.[387]

153 Umstritten ist indes die Frage der Berücksichtigung eines **Mitverschuldens** des Anlegers im Bereich der **Anlagevermittlung** und der **Anlageberatung** und der hieraus (etwa durch Verwendung oder „zu eigen"-Machen unrichtiger Prospekte) erwachsenden Prospektverantwortlichkeit. Nach anfänglich ablehnender Haltung hat sich die Rechtsprechung, in Übereinstimmung mit den überwiegenden Stimmen im Schrifttum,[388] sukzessive in die Gegenrichtung entwickelt und festgestellt, daß „unter besonderen Umständen" auch der „Sachkundige" dem Ratsuchenden den Einwand des Mitverschuldens entgegenhalten könne, „wenn z. B. Warnungen von dritter Seite[389] oder differenzierende Hinweise des Beraters nicht genügend beachtet wurden."[390]

154 Solche Umstände hat der BGH insbesondere in der Art und Weise gesehen, in der der Anlageinteressent und der Anspruchsgegner in Beziehung zueinander treten. Handele es sich um ein Anlageberatungsverhältnis, könne das berechtigte Vertrauen des Anlegers weiter gehen als im Falle eines bloßen Anlagevermittlungsverhältnisses.[391] Das eröffnet dem – der Unterbringung von Anlagen so oder so die Wege bahnenden – Emissionsgehilfen die Möglichkeit partieller Freizeichnung aufgrund werblichen Verhaltens, geschickt plazierter Vorbehalte oder infolge seiner unterschiedlich ausgestalteten Einbindung in den Vertriebsprozeß. Soweit man den Emissionshelfer zum Informationsgaranten erklärt, sollte

---

[386] Allerdings findet sich in BGHZ 71, 284, 292 der deutliche Hinweis, mitwirkendes Verschulden könne im Einzelfall anzurechnen sein; ein Mitverschulden berücksichtigt OLG München WM 1991, 447, 450. Zutreffend auch die Feststellung bei *Pleyer/Hegel* ZIP 1985, 1379 m. w. N., die im Schrifttum wiedergegebenen Folgerungen aus der Rspr. zur Berücksichtigung des Mitverschuldens bei Rat und Auskunft in bezug auf die Lage bei der Prospekthaftung seien uneinheitlich.

[387] Eine Übertragung der Bestimmung des § 46 Abs. 3 Satz 2 BörsG ist abzulehnen. Zur Berücksichtigung eines Mitverschuldens des Anlegers bei der Rückabwicklung einer Beteiligung s. BGH WM 1992, 1310, 1312.

[388] Etwa *Lutter,* Festschrift Bärmann, S. 625 f.; *Schwark* BB 1979, 898; *Hoegen,* Festschrift Stimpel, S. 260 ff.; *Klumpe/Kießling,* Prospekthaftung, Rdnr. 47 (allerdings Beschränkung des Mitverschuldensmaßstab: grobes Verschulden). Differenzierend (Regel/Ausnahme), aber die Berücksichtigung eines Mitverschuldens grds. ablehnend *Pleyer/Hegel* ZIP 1985, 1379. Gänzlich ablehnend *Assmann* NJW 1982, 1083.

[389] Dazu kann auch der vom Anleger selbst hinzugezogene Berater zählen, wenn dieser etwa die Anlage negativ beurteilt oder auf besondere Risiken aufmerksam macht; BGH WM 1993, 1238, 1240. Anklingend auch in BGH WM 1979, 548, 550.

[390] BGH WM 1982, 90, 91; BGH WM 1984, 1075, 1077; BGH WM 1987, 1546, 1547.

[391] Zur Bestimmung der Pflichtenlage eines Anlagevermittlers einerseits und des Anlageberaters andererseits BGH WM 1982, 90 und oben Rdnr. 125 f., 128.

sich deshalb der Anleger auf dessen Pflichterfüllung verlassen dürfen, und man täte besser, die Pflichten eines Emissionsgehilfen stärker zu konturieren und einzelfallunabhängig auszugestalten, so wie man etwa Kreditinstitute an ein bestimmtes Sorgfaltsniveau binden will. Wer, etwa im Sinne des amerikanischen Vorbilds der *broker-dealer,* die Förderung klarer Rollenbilder im Vertriebsbereich von Kapitalanlagen für sinnvoll hält, wird deshalb eher geneigt sein, die Berücksichtigung eines Mitverschuldens gegenüber Sorgfaltspflichtverletzungen der Emissionsgehilfen und die daraus resultierende Verdopplung von Verantwortungsbereichen und Informationsverhalten abzulehnen.[392]

6. Umfang der Haftung (Schaden). Die Prospektverantwortlichen haften im Falle 155
der Pflichtverletzung den geschädigten Anlegern gesamtschuldnerisch (nach §§ 421 ff. BGB) auf das sog. **negative Interesse** (Vertrauensschaden).[393] Zu ersetzen ist demnach der Schaden, den der Anleger in seinem Vertrauen auf die Richtigkeit und Vollständigkeit der (Prospekt-)Angaben erlitten hat: Der in seinem Vertrauen enttäuschte Kapitalanleger ist so zu stellen, wie er stehen würde, wenn der Anspruchsgegner seinen Pflichten nachgekommen wäre[394] – oder anders ausgedrückt, als hätte er die Anlage nicht erworben.[395]

Im einzelnen kann der Anleger zunächst Befreiung von der eingegangenen Verbindlich- 156
keit nebst Ersatz seiner Aufwendungen verlangen.[396] Soweit der Vertragsschluß trotz der Abweichung von dem Prospekt insgesamt für den Anleger nicht nachteilig ist, weil der Wert der Gegenleistung seine eigene Leistung zumindest erreicht, soll allerdings ein Schaden verneint werden können, wenn die getätigte Anlage sich von dem im Prospekt beschriebenen Anlagemodell nicht grundlegend unterscheidet und es sich bei beiden um ein in keiner Weise austauschbares Investitionsmodell handelt.[397] Diese Rechtsprechung ist bedenklich, weil sie sich auf das Terrain einer Wertigkeitsprüfung und eines nachfolgenden Wertigkeitsvergleichs des im Prospekt versprochenen und des tatsächlichen Anlagemodells begibt und den Dispositionsschutz der Prospekthaftung zugunsten eines Leistungsäquivalenzschutzes aufweicht.

Ist die erworbene Anlage wertlos,[398] sind der angelegte Betrag und die Nebenkosten der 157
Investition zu ersetzen;[399] im Falle des Beitritts zu einer Gesellschaft ist dies die getätigte Einlage nebst Agio.[400] Ist die Beteiligung an einer Gesellschaft oder einem Bauherrenmodell noch werthaltig, so wird dem dadurch Rechnung getragen, daß die Schadensersatzleistung Zug um Zug gegen Abtretung der Beteiligung erfolgt: im Falle der Beteiligung an einer noch werbenden Gesellschaft Zug um Zug gegen Abtretung der Gesellschafterstellung[401] oder andernfalls Zug um Zug gegen Abtretung von Auseinandersetzungsansprüchen[402]; im Falle einer Bauherrenmodellbeteiligung gegen Abtretung der Beteiligung bzw.

---

[392] Ausführlich *Assmann* NJW 1982, 1083.

[393] BGH WM 1978, 611; BGHZ 72, 382, 389; 74, 103, 113; BGH WM 1980, 953; BGHZ 79, 337, 346 f.; BGH WM 1983, 1387, BGH WM 1988, 1685, 1687 f.; BGH WM 1990, 145, 148; BGHZ 115, 214, 220. Ausführlich zum Inhalt des Schadensersatzanspruchs fehlerhaft informierter Anleger im allgemeinen und des Prospekthaftungsanspruchs im besonderen *Assmann,* Festschrift Lange, S. 345 ff.

[394] Etwa BGHZ 72, 382, 389.

[395] Etwa BGHZ 79, 337, 346.

[396] Etwa BGHZ 115, 214, 221 ff.

[397] Insbes. BGHZ 115, 214, 221. Vgl. auch BGH WM 1990, 145, 147, BGH WM 1990, 1210, 1213.

[398] Zur Unterscheidung der Fälle vor und nach Konkurseröffnung s. *Garz-Holzmann/Gurke* DB 1983, 33.

[399] BGHZ 69, 53, 56; BGHZ 79, 337, 346; BGH WM 1990, 145, 148; BGHZ 115, 214, 221. *Canaris,* Bankvertragsrecht, Rdnr. 2285.

[400] BGHZ 79, 337, 346; BGH WM 1993, 1787, 1789.

[401] BGHZ 79, 337, 346 f.; BGHZ 83, 222, 226 (a. E.).

[402] BGHZ 79, 337, 346.

Übertragung des Wohneigentums.[403] Wurden etwa über die ungeregelten Märkte Wertpapiere angeschafft, die zwischenzeitlich wertlos sind, ist deren Kaufpreis zu ersetzen; wurden die Papiere bereits mit Verlust weiterveräußert, so besteht der Schaden im Kursverlust.[404]

158 Zählen nach den vorstehenden Ausführungen **Nebenkosten** grundsätzlich zu den zu berücksichtigenden Schadensposten, so stellt sich indes die Frage, inwieweit dies auch für solche Aufwendungen gilt, die auf die **Drittfinanzierung** der Anlage zurückzuführen sind. Deren Ersatzfähigkeit ist sicherlich anzunehmen, wenn die Drittfinanzierung integraler Bestandteil der Kapitalanlage ist.[405] In allen anderen Fällen wird man bereits getätigte und evtl. noch ausstehende Finanzierungslasten nur unter der Voraussetzung als adäquat kausal verursacht ansehen können, daß dem Schädiger zumindest Anhaltspunkte dafür vorlagen, der Anleger werde die Investition durch Inanspruchnahme von Kredit finanzieren.[406]

159 In der Geltendmachung des negativen Interesses ist der Anleger nicht „nach oben" durch das Erfüllungsinteresse begrenzt:[407] So kann der Anleger neben dem Ersatz der verlorenen Einlage den Schaden geltend machen, der daraus entstanden ist, daß er nachweislich[408] eine andere erfolgreichere Investition zugunsten der tatsächlich getätigten unterlassen hat.[409] Auch ohne einen solchen Nachweis gestattet der BGH die Geltendmachung eines **entgangenen Gewinns** in Höhe eines allgemein üblichen Zinssatzes, weil unterstellt werden dürfe, das in die pflichtwidrig veranlaßte Investition geflossene Geld wäre ansonsten einer diesbezüglichen Anlage zugeführt worden.[410] Unklar bleibt, wie der allgemeine Zinssatz ermittelt und im übrigen bestimmt werden soll, oder welche Anlage bei Anwendung von § 252 Satz 2 BGB[411] nach dem gewöhnlichen Lauf der Dinge getätigt worden wäre. Als bedenklich erscheint es, hierbei spezielle Anlageformen wie etwa Obligationen[412] oder Festgeldanlagen[413] heranzuziehen und dem Investor damit gleichsam eine Ausfallversicherung auf komfortablem Niveau anzubieten.[414] Im übrigen ist der entgangene Gewinn (§ 252 BGB), etwa in Form entgangener Steuervorteile,[415] aber ausgleichsfähig.[416] Weitergehende, nach der Verletzung von Haupt- oder Nebenpflichten eines wirksam zustandegekommenen Vertrages (etwa eines Beratungs- oder Auskunftsvertrags) zu differenzierende Ansprüche sind von alledem nicht berührt.

---

[403] BGHZ 79, 337, 346; BGH WM 1990, 145, 148; BGHZ 115, 214, 221.

[404] Jeweils zuzüglich Erwerbs- bzw. Veräußerungsnebenkosten. S. *Assmann,* Festschrift Lange, S. 355.

[405] *Assmann,* Festschrift Lange, S. 356; *v. Heymann* NJW 1990, 1137, 1142. Zum vergleichbaren Fall, daß ein fehlerhafter Anlagerat die Drittfinanzierung mit erfaßt s. BGH WM 1987, 1546.

[406] A. A. *Schwark* BB 1979, 897, 898 (kritisch zu dessen Argumentation *Assmann,* Festschrift Lange, S. 356 Fn. 43). Nach hier vertretener Ansicht dürfte eine solche Haftung damit nur in den Fällen der Prospekthaftung im weiteren Sinne in Frage kommen. Eine eventuelle Haftung des finanzierenden Kreditinstituts wegen Verletzung seiner Aufklärungspflichten (s. o. Rdnr. 133 f.) bleibt davon unberührt.

[407] BGHZ 69, 53, 56; 57, 191, 193; BGH WM 1990, 145, 148. Zum Schrifttum s. *Pleyer/Hegel* ZIP 1985, 1377 m. w. N.

[408] Zu den Beweisanforderungen *Assmann,* Festschrift Lange, S. 361.

[409] BGH BB 1969, 669; BGH WM 1983, 1387, 1388 ff. *Canaris,* Bankvertragsrecht, Rdnr. 2285; *Assmann,* Festschrift Lange, S. 361.

[410] BGH WM 1974, 128, 129; BGH WM 1980, 85; BGH WM 1992, 143, 144.

[411] *Medicus* WuB I G 9.–4.92 (Anm. zum Urteil BGH WM 1992, 143); zu diesem Ansatz schon *Assmann,* Festschrift Lange, S. 362.

[412] *Medicus* WuB I G 9.–4.92, S. 384.

[413] LG Düsseldorf WM 1982, 1212, 1217.

[414] Kritisch hierzu und zur diesbezüglichen Rspr. *Assmann,* Festschrift Lange, S. 361 f.; zustimmend *Medicus* WuB I G 9.–4.92, S. 384.

[415] BGH NJW 1981, 864; OLG Köln 1982, 23. Vgl. auch *Lutter,* Festschrift Bärmann, S. 623.

[416] *Pleyer/Hegel* ZIP 1985, 1377; *Assmann* WM 1983, 144.

Nach derzeitiger dogmatischer Begründung der Prospekthaftung besteht im übrigen **kein** Anspruch, so gestellt zu werden, als wären die zu beanstandenden Angaben zutreffend gewesen (sog. **positives Interesse**).[417] Deshalb kann der Anleger unter dem Gesichtspunkt der Prospekthaftung keinen Anspruch auf den vollen, im Prospekt angegebenen steuerlichen Vorteil geltend machen.[418] In gleicher Weise scheidet es aus, die in einem Prospekt enthaltenen Angaben über erzielbare Steuervorteile dergestalt zur Grundlage eines Schadensersatzanspruchs zu machen, daß man sie als zusicherungsfähige Eigenschaften der Anlage (im entschiedenen Falle: des Erwerbs von Eigentumswohnungen nach dem sog. Ersterwerbermodell) betrachtet.[419] 160

Für den Schadensersatzanspruch eines Anlegers[420] ist es nicht erforderlich, daß sich dieser von der auf fehlerhafter Informationsgrundlage erworbenen Anlage getrennt hat oder trennen will.[421] **Hält der Anleger,** gleich aus welchem Grunde,[422] **an der getätigten Investition fest,** so kann er als Schaden denjenigen Betrag verlangen, den er im Vertrauen auf die Richtigkeit und Vollständigkeit der Prospektangaben beim Erwerb der fraglichen Kapitalanlage zuviel aufgewandt hat.[423] Der Schaden besteht m. a. W. darin, daß die erworbene Anlage gegenüber derjenigen, die der Anleger nach den Angaben des Prospekts erwarten durfte, einen Minderwert aufweist.[424] Dementsprechend kann der Anleger verlangen, so gestellt zu werden, als hätte er bei Kenntnis der wahren Sachlage seinen Vertragspartner zu einem preisgünstigeren Abschluß bewegen können.[425] Dieser Minderwert der Anlage soll nach einer im Schrifttum vertretenen Ansicht selbst dann ersatzfähig sein, wenn der Investor die Anlage auch bei Kenntnis der von den Prospektangaben abweichenden tatsächlichen Verhältnisse erworben hätte.[426] 161

Im Zusammenhang mit der Berechnung des Minderwerts einer Anlage sind auch aufgrund unzutreffender Prospektinformation geweckte Erwartungen über die Möglichkeit einer Vorsteuererstattung zu berücksichtigen.[427] Zu dem Minderwert der Anlage oder, umgekehrt betrachtet, zum ungerechtfertigten Mehraufwand der diesbezüglichen Leistung des Anlegers zählt eine oberlandesgerichtliche Rechtsprechung auch diejenigen Kosten, die dem Investor dadurch entstehen, daß er bestimmte Aufwendungen (wie etwa für die Leistungen eines Baubetreuers oder Treuhänders) nicht als Werbungskosten absetzen kann.[428] 162

Bei der Ermittlung des Schadens muß sich der Geschädigte **erlangte Vorteile** anrechnen lassen, wenn diese adäquat kausal auf dem schädigenden Ereignis beruhen, die Anrechnung 163

---

417 Vgl. dagegen *Köndgen* AG 1983, 98.

418 OLG Köln WM 1987, 1292; vgl. auch OLG Hamburg WM 1986, 13, zgl. zur Frage der Schadensberechnung beim Festhalten am Vertrag (Mehraufwendungen).

419 BGH WM 1988, 48, 51. Anders bei Angaben über das Vorliegen der Voraussetzungen erhöhter Abschreibungen nach § 7 b EStG; BGHZ 79, 183, 186; BGH WM 1986, 360.

420 Das gilt gleichermaßen für Schadensersatzansprüche auf vertraglicher oder quasivertraglicher Grundlage, BGH WM 1988, 1685, 1688. Zur Konkurrenz von Ansprüchen aus Prospekthaftung und Erfüllungs- und Gewährleistungsansprüchen s. *Thode,* Haftung, Rdnr. 23 f., 91 f.

421 BGHZ 69, 53, 57 f.; BGH NJW 1980, 2408, 2409 f.; BGH NJW 1981, 2050, 2051; BGH NJW 1987, 2511, 2512; BGH WM 1987, 1466, 1467; BGH WM 1988, 1685, 1688; BGH WM 1989, 416, 417 f.; BGHZ 114, 87, 94.

422 BGHZ 69, 53, 57 f.; BGH NJW 1980, 2408, 2410.

423 S. die Nachw. oben in Fn. 419. Dazu näher *Assmann,* Festschrift Lange, S. 357 ff.; *v. Heymann,* Bankenhaftung, S. 209 ff.; *Thode,* Haftung, Rdnr. 90 f., 95.

424 BGH WM 1988, 1685, 1688 m. w. N.

425 Unerheblich soll es sein, ob sich der Vertragspartner auf einen solchen Vertrag mit geringerer Gegenleistung eingelassen hätte. BGHZ 69, 53, 58; BGH NJW 1980, 2408, 2409 f.; BGH WM 1988, 1685, 1688.

426 *Canaris,* Bankvertragsrecht, Rdnr. 2285; kritisch *Lange* WM 1990 Beil. 7, S. 14.

427 BGH WM 1988, 1685, 1688.

428 OLG Köln WM 1982, 23, 25; Hans. OLG Hamburg WM 1986, 13 f.; OLG Köln WM 1987, 1292, 1293.

entsprechend dem Zweck des Schadensersatzes zumutbar ist und der Schädiger dadurch nicht unbillig entlastet wird (**Vorteilsausgleichung**).[429]

164 Während zu den erlangten Vorteilen grundsätzlich auch **ersparte Steuern** zu zählen sind,[430] liegen die Dinge gerade im Bereich steuerbegünstigter Kapitalanlagen komplizierter, weil die Beurteilung der Frage, ob unter Berücksichtigung aller steuerrelevanten (mitunter auch noch nicht absehbaren) Faktoren im Ergebnis eine Steuerminderung erzielt wird,[431] vor erhebliche Schwierigkeiten stellt: So wäre zu prüfen, ob die aufgrund eines Prospekthaftungsanspruchs erlangte Schadensersatzsumme als Betriebseinnahme (evtl. mit geringerem Satz) zu versteuern ist[432] oder inwieweit die Auflösung eines negativen Kapitalkontos mit ermäßigtem Steuersatz erzielte Steuervergünstigungen rückgängig macht.[433] Angesichts solcher Probleme bei der Ermittlung und Verrechnung von Schadens- und Vorteilsposten hat zunächst der VII. Senat des BGH in den Fällen, in denen erzielten Steuervorteilen ein auf den erwähnten Umständen beruhender Nachzahlungsanspruch gegenübersteht, eine minuziöse Aufrechnung von steuerlichen Vor- und Nachteilen abgelehnt.[434] Die Anrechnung von Steuervorteilen nur unter der Voraussetzung, daß der Geschädigte den als Schadensersatz zu leistenden Betrag nicht wieder versteuern muß, blieb nicht ohne kritisches Echo im Schrifttum,[435] ist jedoch schon deshalb zu billigen, weil er die Schwierigkeiten der Schadensberechnung denen anlastet, die sie letztlich verursacht haben.

165 Die anderen mit entsprechenden Schadensersatzforderungen geschädigter Anleger befaßten Senate sind der Rechtsprechung des VII. Senats zwischenzeitlich gefolgt.[436] Heute darf deshalb als Regel festgehalten werden, daß eine Vorteilsausgleichung in bezug auf vom Anleger erlangte Steuervorteile nur dann zu berücksichtigen sind, wenn diese so außergewöhnlich hoch ausfallen, daß es unbillig wäre, sie dem Investor ohne Anrechnung auf seinen Schadensersatzanspruch zu belassen.[437] Die Darlegungs- und Beweislast liegt insoweit bei den Schadensersatzpflichtigen.[438] Eine solche unbillige Bevorteilung des Anlegers muß man entsprechend dem Ausgangspunkt der Rechtsprechung zur Nichtanrechenbarkeit möglicher Steuervorteile geschädigter Anleger auf deren Schadensersatzanspruch (oben Rdnr. 164) sowie der diesbezüglichen Rechtsprechung des II. Senat des BGH bereits in dem Fall als gegeben annehmen, daß die (sich etwa als Gewinn aus der Veräußerung eines nicht gewerblich genutzten Grundstücks darstellende) Ersatzleistung nicht der Versteuerung unterliegt.[439]

166 **7. Haftungsfreizeichnung.** Die Beantwortung der Frage nach den **Möglichkeiten und Grenzen der Haftungsfreizeichnung** der Prospektpflichtigen stellt angesichts der vertrauenstheoretischen, rechtsgeschäftlichen Deutung der Prospekthaftung vor Schwierigkeiten.

---

429 BGHZ 8, 325, 328 f.; 10, 107, 108; 30, 29, 32 f.; 49, 56, 61 f.; 54, 269, 272; 91, 206, 210. Speziell im Zusammenhang mit Kapitalanlegerschäden BGHZ 74, 103, 113 f. Näher *Assmann,* Festschrift Lange, S. 363 ff.

430 BGHZ 53, 132, 134; 74, 103, 114; 79, 337, 347; BGH WM 1984, 1075, 1077 f.

431 Zu dieser Prämisse BGHZ 84, 141, 149.

432 BFH BB 1977, 327; BFH BB 1981, 411; BGHZ 74, 103, 115 f.; BGH WM 1989, 1925 f. Ähnlich BFH NJW 1969, 1270, 1271 (Ersatzleistung als zu versteuernde Einnahme).

433 Vgl. dazu BGHZ 74, 103, 115 f.; BGH NJW 1980, 1788.

434 BGHZ 74, 103, 115 f.; BGH WM 1988, 586, 587.

435 *Piltz* BB 1979, 1336; *Linstow* NJW 1980, 424.

436 So der IVa-Senat (unter zusätzlichem Hinweis auf § 287 ZPO): WM 1984, 1075, 1076 f.; WM 1986, 517, 520; WM 1986, 562, 565. VI. Senat: NJW 1980, 1788, 1789. Der II. Senat hat die Entscheidung der Frage zunächst offengelassen (BGHZ 79, 337, 347; WM 1982, 758, 759), folgt heute indes dem VII. Senat: WM 1990, 145, 148; WM 1989, 1925 (ebenfalls unter Hinweis auf § 287 ZPO).

437 Vgl. etwa BGH WM 1984, 1075, 1076; BGH WM 1986, 517, 520; BGH WM 1990, 145, 148.

438 BGHZ 84, 141, 149; BGH WM 1986, 517, 520; BGH WM 1990, 145, 148; BGH WM 1989, 1925, 1926.

439 BGH WM 1989, 1925, 1926.

Diese beruhen zunächst auf dem Umstand, daß Vertrauen nur in dem Maße gewährt werden kann und nur in dem Umfange als schutzwürdig erscheint, als es tatsächlich geweckt wurde. Derjenige, auf den sich das Vertrauen richtet, soll deshalb grundsätzlich in der Lage sein, dieses durch unterschiedliche Formen der **Vertrauensverwahrung** zurückzunehmen.

Dieser Ausgangspunkt wird auch – vor allem im Hinblick auf die Fälle der Prospekthaftung im weiteren Sinne – von der **Rechtsprechung** geteilt,[440] die allerdings in bezug auf vorvertragliche Rechtsbeziehungen die Auffassung vertritt, eine durch „konkrete Umstände begründete Vertrauenshaftung" könne nicht durch „formularmäßige Klauseln" in einem Prospekt zurückgenommen werden.[441] Ob dieses Urteil auch dann noch gilt, wenn eine Verwahrungserklärung vorliegt, die ausdrücklich und deutlich ist, „gleichzeitig mit der Vertrauensschaffung ausgesprochen" wird und, bezogen auf diese, „in gleichem Maße gewichtig" ist, läßt der BGH in der vorzitierten Entscheidung, in der es um die Haftung eines Anlagevermittlers geht, indes offen. 167

Wenn im **Schrifttum** gegen die Wirksamkeit einer solchen Vertrauensverwahrung keine Bedenken erhoben werden,[442] so ganz offenbar deshalb, weil die gesetzlich begründeten Aufklärungs- und (damit zusammenhängenden) Sorgfaltspflichten, die wohl nur schwerlich als freizeichnungsfähig betrachtet werden können, erst im Anschluß an die Selbstdarstellung (Inanspruchnahme von Vertrauen) etwa des Emissionsgehilfen formuliert werden sollen.[443] Auch nach dieser Ansicht dürfte es indes unzweifelhaft sein, daß zunächst „durch konkrete Umstände"[444] begründetes Vertrauen nicht nachträglich, ohne einer Kontrolle nach § 242 BGB zu unterliegen, durch eine wie auch immer geartete Freizeichnungserklärung zurückgenommen werden kann. Im Bereich der Kapitalanlagevermittlung wären solche vertrauensbegründenden konkreten Umstände, auch im Interesse der Herausbildung klarer Rollenbilder bei der Anlageplazierung, dann bereits im Auftreten als Anlagevermittler oder -berater zu sehen. 168

Im Falle der **im Prospekt enthaltenen** (nicht durch Erklärungen im persönlichen Kontakt vorgenommenen) **Haftungsfreizeichnung** (im Hinblick auf Prospekthaftungsansprüche) ist das ganz überwiegende neue Schrifttum, auch soweit auf dem Boden der vertrauenstheoretischen Begründung der Prospekthaftung stehend, dagegen bereit, eine Art freizeichnungsfeste gesetzliche Garantenstellung der Prospektverantwortlichen im Rahmen ihrer jeweiligen Pflichten (in bezug auf die Richtigkeit von Prospektangaben) anzunehmen. Die Haftungsfreizeichnung in Prospekten soll dann im Wege der Inhaltskontrolle nach § 242 BGB unter Heranziehung der in § 9 Abs. 2 Satz 1 und 2, § 11 Nr. 7, 11 AGBG,[445] aber auch der in § 48 BörsG[446] zum Ausdruck kommenden Wertungen zu behandeln sein[447] und ist damit unbeachtlich. Nimmt die Rechtsprechung, die bislang mit diesen Fragen nicht befaßt war, sich selbst beim Wort, rechtlich gebotenen Anlegerschutz im Hinblick auf die Gewährleistung wahrheitsgemäßer und vollständiger Aufklärung des 169

---

[440] Keine Freizeichnung, wenn die Grenzen, in denen Informationen vertraut werden darf, durch denjenigen, der Vertrauen in Anspruch nimmt, von vorherein deutlich abgesteckt werden: BGH WM 1970, 1021; BGH WM 1984, 1075, 1077.

[441] BGH WM 1984, 1075, 1077, sehr unklar im Hinblick auf die Einordnung des Prospekts als AGB; vgl. auch BGH BB 1980, 129. Bei Freizeichnung durch AGB Kontrolle nach § 11 Nr. 7, 11 und § 9 Abs. 2 AGBG.

[442] Vgl. *Pleyer/Hegel* ZIP 1985, 1376; *Thode,* Haftung, Rdnr. 99.

[443] Keine Freizeichnung soll vorliegen, wenn das in Anspruch genommene Vertrauen „ab- und eingegrenzt" wird. Vgl., jeweils m. w. N., *v. Heymann,* Bankenhaftung, S. 139; *Mink,* Immobilienkapitalanlagen, S. 184.

[444] So die Formulierung BGH WM 1984, 1075, 1077.

[445] Deren direkte Anwendung scheidet nach h. M. wegen § 23 Abs. 1 AGBG jedenfalls dann aus, wenn sich der Anlageerwerb im Wege einer Beitrittserklärung zu einer Gesellschaft vollzieht.

[446] *Köndgen* AG 1983, 130.

[447] Zu Einzelheiten s. *Mink,* Immobilienkapitalanlagen, S. 187 ff.; *Westa,* Prospekt- und Abwicklungshaftung, S. 76 ff.

Rechtsverkehrs über das Risiko möglicher Anlagen herbeiführen zu wollen,[448] so kann auch sie zu keinem anderen Ergebnis kommen, als die prospektmäßige Haftungsfreizeichnung als unzulässig anzusehen.[449] Dies gilt erst recht für diejenigen Ansätze, die den Prospekt, vergleichbar den spezialgesetzlich geregelten Fällen der Prospekthaftung,[450] als Eintrittskarte zum Kapitalmarkt begreifen.[451]

170 **8. Verjährung und Verwirkung.** Nach gefestigter, an den spezialgesetzlichen Prospekthaftungsbestimmungen[452] orientierter Rechtsprechung verjähren die **Prospekthaftungsansprüche im engeren Sinne** in sechs Monaten seit Kenntnis des Prospektmangels, spätestens jedoch in drei Jahren seit dem Beitritt zur Gesellschaft bzw. dem Anlageerwerb.[453] Stützt der Geschädigte seine Ansprüche dagegen auf die Grundsätze der **Prospekthaftung im weiteren Sinne** und damit auf die Vertreter- oder Sachwalterhaftung aus c. i. c. aufgrund des in Verhandlungen persönlich in Anspruch genommenen Vertrauens des Anspruchsgegners, so sollen diese nach den allgemeinen Regeln der dreißigjährigen Verjährung unterliegen.[454] Kommt es im Rahmen **vertraglicher Ansprüche** zur Verantwortlichkeit für unrichtige Angaben in einem Prospekt, etwa indem sich ein Anlageberater unrichtige Prospektaussagen „zu eigen macht", so finden die jeweiligen allgemeinen Verjährungsregeln Anwendung.[455] Wird schließlich ein Prospekthaftungsanspruch auf § 823 Abs. 2 BGB i. V. m. § 264 a StGB gestützt, beurteilt sich seine Verjährung nach der Bestimmung des § 852 BGB (drei Jahre nach Kenntnis von Schädiger und Schaden, spätestens aber in dreißig Jahren).[456]

171 **Besonderheiten** gelten für die Verjährung von Prospekthaftungsansprüchen *im engeren Sinne,* welche sich auf unrichtige Prospekte im Zusammenhang mit dem Vertrieb von Beteiligungen an **Bauherrenmodellen** stützen: Sie unterliegen nicht den in Anlehnung an § 20 Abs. 5 KAGG und § 12 Abs. 5 AuslInvestmG entwickelten Verjährungsgrundsätzen, weil sich diese, so die Begründung der Rechtsprechung, an den Verhältnissen der Plazierung und des „wertpapierverkaufähnlichen" Erwerbs von Kommanditbeteiligungen ausrichteten; demgegenüber sei das Bauherrenmodell ganz überwiegend von Elementen des Werkvertragsrechts geprägt und erlaube keinem dem Erwerb anderer Kapitalanlagen ver-

---

[448] BGHZ 79, 337, 341.

[449] So auch *v. Bar* ZGR 1983, 509.

[450] Vgl. dazu *Köndgen* AG 1983, 130.

[451] Insbes. *Assmann,* Prospekthaftung, S. 273 ff.; *ders.,* Haftungsdurchgriff, S. 316 ff., jeweils m. w. N. Vgl. auch *Hopt,* Verantwortlichkeit, Rdnr. 179, 177.

[452] § 20 Abs. 5 KAGG, § 12 Abs. 5 AuslInvestmG und § 7 Abs. 4 EntwVermAnlG.

[453] BGHZ 83, 222, 226 f.; BGH WM 1984, 889, 890; BGH WM 1984, 1075, 1077; BGH WM 1984, 1529, 1531; BGH WM 1985, 534, 535.

[454] Vgl. die Nachw. in Fn. 451.

[455] Ansprüche aus einem Anlageberatungs- und Anlagevermittlungsvertrag: 30 Jahre (§ 195 BGB); BGHZ 83, 222, 227; BGH WM 1984, 889, 890; BGH WM 1984, 1075, 1077. Handelt es sich bei dem Berater oder dem Vermittler um einen Angehörigen einer bestimmten Berufsgruppe, so verkürzt sich die Verjährung gemäß den für Ansprüche gegen diese geltenden speziellen Verjährungsregeln; BGH WM 1984, 1075, 1077. Gegen Rechtsanwälte, Notare und Steuerberater: 3 Jahre (§ 51 BRAO; § 19 BNotO; § 852 BGB; §§ 68, 72 StBerG); BGHZ 73, 363; BGH NJW 1980, 1855; BGHZ 83, 328; BGH NJW 1986, 134; BGH NJW 1988, 127; BGHZ 114, 150; BGH WM 1992, 1662; BGHZ 120, 157; BGH WM 1993, 1511. Gegen Wirtschaftsprüfer 5 Jahre (§§ 51 a, 56 WPO); BGH NJW 1981, 1518; BGHZ 83, 261; 100, 132. S. wegen weiterer Einzelheiten *v. Heymann,* Bankenhaftung, S. 217 ff.; *Thode,* Haftung, Rdnr. 102 ff. Beim Zusammentreffen von Ansprüchen aus c. i. c. und Vertrag ist eine Verkürzung der c. i. c.-Verjährungsfrist denkbar, BGH NJW 1983, 1607, 1609.

[456] Zur strafrechtlichen Verjährung des Kapitalanlagebetrugs, der durch unrichtige oder unvollständige Angaben in gedruckten Prospekten begangen wurde, s. BGH (2 StR) WM 1995, 730 (Verjährung gem. § 78 Abs. 3 Nr. 4 StGB; eine kürzere Verjährung nach landespressegesetzlichen Vorschriften, insbes. nach §§ 4 Abs. 2 Nr. 2, 12 Abs. 1 des Hessischen Landespressegesetzes, scheidet aus).

gleichbaren spekulativen Umgang mit der Geltendmachung von Ersatzansprüchen.[457] Nach welchen Vorschriften sich statt dessen die Verjährung der Prospekthaftungsansprüche von Bauherren richten soll, blieb lange Zeit offen,[458] darf aber jetzt zugunsten der Anwendung der Verjährungsregel des § 195 BGB[459] und gegen diejenige aus § 638 BGB[460] als geklärt gelten. Eine Verkürzung der daraus folgenden Verjährungsfrist von 30 Jahren unter dem Gesichtspunkt, daß es sich bei dem Prospektverantwortlichen um den Angehörigen einer Berufsgruppe handelt und Schadensersatzansprüche gegen Vertreter derselben wegen Verletzung ihrer Berufspflichten besonderen Verjährungsregeln unterliegen, lehnt die Rechtsprechung jedenfalls dann ab, wenn der Betroffene als „Initiator oder als ein diesem gleichstehender Prospektverantwortlicher“ anzusehen ist.[461] Unklar ist, ob dies auch auf den Fall übertragen werden kann, daß der Betreffende der Prospekthaftung im engeren Sinne lediglich deshalb unterliegt, weil er als Sachverständiger oder Experte besonderes Vertrauen erweckt hat, seine Erklärung indes nicht über Aussagen hinausgeht, die man typischerweise der Expertise seiner Berufsgruppe zuordnet.

Im übrigen darf als anerkannt gelten, daß die Verjährungsregeln betreffend Ansprüche **172**
aus einer Prospekthaftung im engeren Sinne nicht nur auf den Vertrieb von Kommanditanteilen an Publikumspersonengesellschaften beschränkt sind, sondern (mit der in Rdnr. 171 behandelten Ausnahme des Vertriebs von Beteiligungen an Bauherrenmodellen) auf **sämtliche Fälle des Vertriebs von Kapitalanlagen** Anwendung finden, die, wie etwa die Plazierung von **nicht an den geregelten Märkten gehandelten Aktien,** den fraglichen Prospekthaftungsregeln unterstellt werden.[462]

Die von der Rechtsprechung herausgearbeiteten differenzierten **Verjährungsregeln** für **173**
Prospekthaftungsansprüche sind in der **Praxis des Anlegerprozesses** von ganz erheblicher Bedeutung und haben schon von daher im Schrifttum außergewöhnliche Aufmerksamkeit gefunden. So wurden zahlreiche höchstrichterliche entschiedene Klagen auf den Gesichtspunkt der c. i. c. und der Prospekthaftung im weiteren Sinne gestützt, weil die Verjährung von Ansprüchen aus den Regeln der Prospekthaftung im engeren Sinne (nicht selten wegen zu früher anwaltlicher Anmeldung von im Tatsächlichen noch ungesicherten Ansprüchen) bereits eingetreten war.[463] Eine Fülle geschädigter, mit unrichtigen Prospekten geworbener Anleger dürfte nur aufgrund verjährter Ansprüche ohne Schadensersatz geblieben sein. Sondiert man die Stellungnahmen zu den uneinheitlichen Verjährungsregeln für Prospekthaftungsansprüche im Schrifttum, so stößt man neben grundsätzlich zustimmenden Äußerungen[464] ganz überwiegend auf **kritische Stimmen.** Die geltend gemachten Einwände gehen indes in unterschiedliche Richtung:

Zum einen wird zwar die kurze Verjährungsfrist nach dem spezialgesetzlichen Rege- **174**
lungsmodell für adäquat gehalten, die Differenzierung der Fristen nach der Art des gewährten („typisierten“ vs. „persönlichen“) Vertrauens aber abgelehnt.[465] Die Rechtsprechung ist diesen z. T. sehr grundsätzlichen Gegenvorstellungen mit dem Hinweis begegnet, die

---

[457] BGHZ 111, 314, 322f.; BGH WM 1991, 13; BGHZ 115, 214, 224. Kritisch zu dieser Rspr. etwa *Kort* DB 1991, 1058f.; *Wagner* ZfBR 1991, 133, 138f.

[458] BGHZ 111, 314, 323; BGH WM 1991, 13, 14; BGHZ 115, 213, 225f.

[459] BGH WM 1994, 1371, 1373.

[460] Ausführlich begründet in BGH WM 1994, 1371, 1373f.

[461] So schon BGHZ 115, 214, 226f.; auch BGH WM 1994, 1371, 1374.

[462] BGH WM 1993, 1787, 1791.

[463] Vgl. etwa BGH WM 1984, 889; BGH WM 1985, 534 m. Anm. *Assmann* EWiR § 161 HGB 3/85, 189; BGH WM 1985, 1520 m. Anm. *Assmann* WuB IV A. §§ 676, 278 BGB 1.86; OLG Frankfurt/M. WM 1985, 383 m. Anm. *Assmann* WuB IV A. § 242 BGB 2.85.

[464] Etwa *Garz-Holzmann/Gurke* DB 1983, 33ff.; *Kaligin* DB 1982, 1161; *Liesegang* NJW 1982, 1515f.; *Mink,* Immobilienkapitalanlagen, S. 177f.; *Schießl* NJW 1987, 1684f.; *Schlund* BB 1984, 1437; *v. Westphalen* DB 1983, 2745, 2750.

[465] *Assmann* WM 1983, 143; *ders.,* Prospekthaftung, S. 371f.; *v. Bar* ZGR 1983, 494ff.; *Köndgen* AG 1983, 129; *v. Morgen* NJW 1987, 474ff.; *Pleyer/Hegel* ZIP 1985, 1378.

Kritik richte sich letztlich allein gegen die lückenhafte und unzweckmäßige Verjährungsregelung des Gesetzes.[466] Tatsächlich kommt es aber nur deshalb zu der Differenzierung, weil die Rechtsprechung die Prospekthaftung im engeren Sinne hier als eigenständiges (andererseits aber auch die c. i. c. ergänzendes) Rechtsinstitut begreift, das „selbständig neben den allgemeinen bürgerlich-rechtlichen Schadensersatzansprüchen" stehe, zu welchen auch die c. i. c. gehöre.[467] Dies verleugnet sowohl die sachliche Einheitlichkeit als auch die Herkunft des Rechtsinstituts der Prospekthaftung. Würde die Rechtsprechung endlich ihren gedanklichen Kunstgriff der Differenzierung zwischen Vertrauen erster und zweiter Güte im Rahmen der c. i. c. aufgeben, wäre der Weg frei zu der Erkenntnis, daß die Anpassung der Verjährungsfristen der Prospekthaftung an den in den spezialgesetzlichen Regelungsvorbildern zum Ausdruck kommenden Rechtsgedanken den sachlichen Besonderheiten des Kapitalanlagevertriebs geschuldet ist und nicht den ohnehin fragwürdigen rechtsdogmatischen Vehikeln, mit denen die legitime Rechtsfortbildung „in einem vom Gesetzgeber als regelungsbedürftig nicht vorhergesehenen, aber ausfüllungsbedürftigen Bereich"[468] betrieben wurde.

175 **Zum anderen** wird aber auch die Auffassung vertreten, es sei zu überdenken, „ob nicht bestimmte Fälle, die bei wörtlicher Aufnahme der Rechtsprechung des BGH der kurzen Verjährung unterfallen würden" unter „die lange Verjährungsfrist zu stellen" seien, weil Sachverhalte zu beurteilen wären, die der Inanspruchnahme persönlichen Vertrauens gleichkämen. Dies sei etwa dann der Fall, wenn im Prospekt einzelne Prospektverantwortliche so dominant dargestellt würden, daß bei dem potentiellen Anleger der Eindruck entstehe, diese garantierten gleichsam das Gelingen des Objekts.[469]

176 Auch wenn man zur Verhinderung der Spekulation des getäuschten Anlegers mit dem Erfolg oder Scheitern des Projekts und aus den von der Rechtsprechung angeführten Gründen die kurze Verjährungsfrist für grundsätzlich sachangemessen hält, stellt sich die weitere Frage, unter welchen Gesichtspunkten in bezug auf das Merkmal der (positiven)[470] „Kenntnis des Anlegers" vom Prospektmangel der **Beginn der Verjährung** zu beurteilen ist. Zweifellos kann nicht der Zeitpunkt erster Zweifel entscheidend sein; andererseits wäre derjenige der „sicheren Erwartung des Obsiegens"[471] angesichts stets verbleibender Aufklärungslücken und Prozeßrisiken recht großzügig. Es stellt deshalb eine Kompromißformel dar, wenn auf den Zeitpunkt abgestellt wird, in dem bei verständiger Würdigung der Umstände so viel Erfolgsaussicht gegeben sei, daß dem Geschädigten die Klage, wenn auch nicht risikolos, zugemutet werden könne.[472] Vor allzu früher (anwaltlicher) Anmeldung eines Anspruchs gegenüber möglichen Anspruchsgegnern ist deshalb zu warnen.[473]

177 Für die Voraussetzungen der Verjährung hat die **Beweislast,** wer sich auf Verjährung beruft, mithin der Gegner des Prospekthaftungsanspruchs.[474] Die im Prospekt enthaltene und in Zeichnungsformularen vereinbarte **Verkürzung von Verjährungsfristen** unterliegt der Inhaltskontrolle nach den Grundsätzen des AGBG.[475]

178 Der Versuch, die lange Verjährungsfrist von Prospekthaftungsansprüchen (im weiteren Sinne) durch die von Amts wegen zu berücksichtigende Einwendung[476] der **Verwir-**

---

[466] BGH WM 1984, 1075, 1077; BGH WM 1984, 1529, 1531.

[467] BGH WM 1984, 1529, 1531.

[468] BGHZ 79, 337, 341.

[469] *Klumpe/Kießling,* Prospekthaftung, S. 26 ff.

[470] „Kennenmüssen" ist unbeachtlicher Einwand; *Klumpe/Kießling,* Prospekthaftung, Rdnr. 63, S. 33.

[471] So die Auffassung der Revision in BGH WM 1980, 825 in bezug auf § 852 BGB.

[472] BGH WM 1980, 825; auch MünchKomm./*Mertens,* § 852 Rdnr. 9 ff.

[473] Ein deutliches Beispiel hierfür bietet der Fall LG Frankfurt/M. WM 1987, 204 und OLG Frankfurt/M. WM 1988, 1161.

[474] Vgl. MünchKomm./*Mertens,* § 852 Rdnr. 67; MünchKomm./*v. Feldmann* § 194 Rdnr. 18.

[475] S. BGH NJW 1986, 1171; OLG Celle NJW 1986, 260, 262.

[476] BGH NJW 1966, 345; MünchKomm./*Roth,* § 242 Rdnr. 47. Zur Beweislast BGH NJW 1958, 1188.

kung (§ 242 BGB) zu korrigieren, hat durch ein Urteil des OLG Frankfurt[477] Unterstützung erhalten. Das Gericht vertrat die Auffassung, ein Anspruch sei verwirkt, wenn sich der Anleger über Jahre hinaus mit einer geringeren Rendite als der im Prospekt aufgrund fehlerhafter Kalkulation errechneten zufrieden gebe, ohne den Versuch unternommen zu haben, die Rücknahme der Beteiligung zu verlangen. Noch deutlicher, als es in diesem Urteil zum Ausdruck kommt, weist aber die Entscheidung des BGH vom 12. 2. 1986[478] darauf hin, daß neben dem Zeitmoment stets zu prüfen ist, ob der Anspruchsgegner sich habe darauf einrichten dürfen, der Geschädigte werde das ihm zustehende Recht nicht mehr geltend machen (Vertrauensmoment).[479] Wann ein schutzbedürftiges Vertrauen in diesem Sinne vorliegt, ist eine Frage der Bewertung der Umstände des Einzelfalls, bei der stets die Überlegung leitend sein sollte, einem Anleger müsse es verwehrt werden, unter dem Dach langer Verjährungsfristen gefahrlos abzuwarten, ob sich seine aufgrund eines unrichtigen Prospekts erworbene Anlage zum Guten oder Schlechten entwickle.[480] Das Urteil des OLG Frankfurt/M. erweist sich unter diesem Aspekt als durchaus zutreffend.

9. Gerichtsstand. Sollen **einzelne Personen oder Gesellschaften** aus dem Kreis derer 179
verklagt werden, die der Prospekthaftung im engeren oder weiteren Sinne unterliegen, bereitet die Feststellung des örtlich zuständigen Gerichts nach den Bestimmungen der §§ 12 ff. ZPO im allgemeinen keine Probleme.

Schwierigkeiten treten jedoch auf, wenn die **Klage gegen verschiedene Beteiligte** ge- 180
richtet werden soll, die an unterschiedlichen Plätzen wohnen bzw. ihre Niederlassung haben. Der BGH hat die hieraus entstehende Problematik für den Fall der Kapitalanlage in Gestalt des Beitritts zu einer Gesellschaft bereits im Jahre 1980 durch eine billigenswerte analoge Anwendung des § 22 ZPO dahingehend entschieden, daß Prospekthaftungsansprüche gegen Personen, welche die Gesellschafter bei den Beitrittsverhandlungen vertreten haben oder der Anlagegesellschaft als Initiatoren, Gestalter oder Gründer nahestehen, bei dem Gericht eingeklagt werden können, bei dem die Gesellschaft ihren Sitz hat.[481]

Dieser Grundsatz soll allerdings nicht für Prospekthaftungsklagen gegen die den Beitritt 181
neuer Anleger vermittelnden, im übrigen aber der Anlagegesellschaft fernstehenden selbständigen Werbeunternehmen und ihre Erfüllungsgehilfen gelten.[482] Die damit vorgenommene Begrenzung der Erstreckung des § 22 ZPO ist zu bedauern, weil sie einheitliche kapitalmarkt- und vertriebsbezogene Vorgänge und einheitlich zu behandelnde Rechtsfragen unter dem Gesichtspunkt gesellschaftsrechtlicher Kategorien aufspaltet; sie dürfte in dem Maße zu überwinden sein, als die Prospekthaftung zu einem einheitlichen Rechtsinstitut fortentwickelt werden wird.

Weiterhin ist zu beachten, daß die Rechtsprechung in der örtlichen Zuständigkeit eines 182
Gerichts **für Klagen aus unerlaubter Handlung** (§ 32 ZPO) nicht zugleich diejenige zur Entscheidung über den auf c. i. c. gestützten Prospekthaftungsanspruch begründet sieht.[483] In diesem Zusammenhang ist es erwähnenswert, daß der BGH es zu Recht[484] nicht als Klageänderung angesehen hat, wenn der Kläger seine Schadensersatzansprüche in der Revisionsinstanz auch auf den Gesichtspunkt der c. i. c., statt bisher nur auf denjenigen des Delikts, stützt.[485]

---

477 OLG Frankfurt/M. WM 1985, 383.

478 BGH WM 1986, 517, 519.

479 Zur Behandlung der irrtümlichen Erwartung, nicht mehr in Anspruch genommen zu werden, näher BGH WM 1986, 517, 519.

480 *Assmann* WuB IV A. § 242 BGB 2.85 (Anm. zu OLG Frankfurt/M. WM 1985, 383).

481 BGHZ 76, 231.

482 BGHZ 76, 231, 236.

483 BGH WM 1980, 825.

484 Vgl. *v. Bar* ZGR 1983, 495.

485 BGHZ 76, 231, 234.

IV. Spezialgesetzliche Prospekthaftungsregelungen

183 **1. Investmentrechtliche Prospekthaftung.** *a) Verkaufsprospekt als Ausgangspunkt.* Bei weitgehend gleicher Ausgestaltung knüpfen die Prospekthaftung nach dem KAGG (§ 20) und diejenige nach dem AuslInvestmG (§ 12) an den **Verkaufsprospekt** nach § 19 KAGG bzw. § 3 AuslInvestmG (mit dem dort jeweils beschriebenen obligatorischen Inhalt) an, der dem Erwerber vor dem endgültigen Abschluß des Erwerbsvorgangs vorliegen muß.

184 Als **Adressaten der Verpflichtung zur Aushändigung eines Verkaufsprospekts** kommen im Falle des **KAGG** neben der Kapitalanlagegesellschaft all jene in Betracht, die den Erwerb von Investmentanteilen herbeiführen,[486] Kreditinstitute jedoch nur insoweit, als sie als (öffentlich anbietende und werbende) Vertriebsstelle der Anteile angesehen werden können.[487] Im Falle des **AuslInvestmG** sind Adressaten alle am Vertrieb iSd. § 1 Abs. 1 AuslInvestmG Beteiligten.[488] Die Verpflichtung trifft jeweils denjenigen, von dem der Investmentanteil erworben wird.

185 Eine lückenlose Emissionspublizität ergibt sich daraus indes nicht: Zum einen werden diejenigen Fälle nicht erfaßt, in denen der Anleger mit festem Kaufentschluß einen Antrag abgibt oder über einen nicht Prospektpflichtigen erwirbt, und zum anderen sind die allgemeinen schuldrechtlichen Sanktionen[489] für die Nichtaushändigung eines Verkaufsprospekts kein adäquater Ersatz für die dann ausfallende (auf einen breiteren Adressatenkreis bezogene) Prospekthaftung.

186 *b) Adressaten der investmentrechtlichen Prospekthaftung* sind im Falle des Erwerbs von **Anteilscheinen** iSd. **KAGG** die Kapitalanlagegesellschaft und, mit dieser als Gesamtschuldner, ggf. diejenigen, die die Anteile im eigenen Namen gewerbsmäßig verkauft (§ 20 Abs. 1 KAGG) oder gewerbsmäßig den Verkauf der Anteilscheine vermittelt oder im fremden Namen vorgenommen haben (§ 20 Abs. 4 KAGG). Im Falle des Erwerbs **ausländischer Investmentanteile** bezieht sich die Prospekthaftung zunächst auf die ausländische Investmentgesellschaft, auf die Verwaltungsgesellschaft und die Vertriebsgesellschaft[490] als Gesamtschuldner (§ 12 Abs. 1 AuslInvestmG). Zum Kreis der Gesamtschuldner können nach § 12 Abs. 4 AuslInvestmG diejenigen hinzukommen,[491] die gewerbsmäßig den Verkauf von Anteilen vermitteln oder die Anteile im fremden Namen verkauft haben.

187 *c) Voraussetzungen der investmentrechtlichen Prospekthaftung.* Die Prospekthaftung nach § 20 Abs. 1 KAGG und § 12 Abs. 1 AuslInvestmG setzt die **Unrichtigkeit oder Unvollständigkeit** derjenigen **Angaben** eines Verkaufsprospekts voraus, die für die Beurteilung der Anlage **von wesentlicher Bedeutung** sind. § 20 Abs. 2 KAGG und § 12 Abs. 2 AuslInvestmG stellen insoweit klar, daß die obligatorischen Angaben im Verkaufsprospekt solche von „wesentlicher Bedeutung" sind, können indes nicht als abschließende Legaldefinition verstanden werden.[492] Vielmehr sind die allgemeinen Grundsätze zur Beurteilung der Richtigkeit und Vollständigkeit eines Prospekts maßgeblich.[493]

---

486 Vgl. Begründung zu § 12 AuslInvestmG, BT-Drucks. V/3494, S. 23.

487 *Baur,* Investmentgesetze, § 19 KAGG Anm. II.1.

488 *Baur,* Investmentgesetze, § 3 AuslInvestmG Anm. II.

489 In Frage kommen insbes. positive Vertragsverletzung eines Auskunfts- oder Beratungsvertrags, c. i. c. oder § 823 Abs. 2 BGB i. V. m. der als Schutzgesetz zu begreifenden Verpflichtung zur Aushändigung eines Verkaufsprospekts. Vgl. aber auch § 23 Abs. 2 Satz 2 KAGG und § 11 Abs. 2 Satz 2 AuslInvestmG zum Widerrufsrecht.

490 Zu den Begriffen § 3 Abs. 2 Nr. 1 AuslInvestmG.

491 Zu dieser Deutung der Gesamtschuldnerschaft s. a. *Beckmann/Scholtz,* Investment, 445 AuslInvestmG, § 12 Rdnr. 20.

492 Schon *Steder* WM 1969 Beil. 2, S. 9; *Beckmann/Scholtz,* Investment, 445 AuslInvestmG, § 12 Rdnr. 7. Anders noch *Baur,* Investmentgesetze, § 20 KAGG Anm. II. (S. 239) m. w. N. Nicht mehr haltbar ist auch die Auffassung, nur Tatsachenangaben seien Grundlage der Prospekthaftung.

493 Dazu oben Rdnr. 63 ff.

Einen Prospekthaftungsanspruch nach den in Frage stehenden Bestimmungen hat schließlich nur derjenige, der Investmentanteile **„auf Grund des Verkaufsprospekts" erworben** hat und sich in seiner Anlageentscheidung zumindest von diesem mitbestimmen ließ. **Beweispflichtig** hierfür ist der Anleger, doch dürfte eine widerlegliche Vermutung für die Ursächlichkeit sprechen, wenn jener einen mangelhaften Verkaufsprospekt vorlegt.[494] 188

Auch in bezug auf die investmentrechtliche Prospekthaftung muß mit der immer noch h. M. zu § 45 BörsG[495] davon ausgegangen werden, der seine Investitionsentscheidung allein auf eine „**Anlagestimmung**" stützende Käufer könne Prospekthaftungsansprüche auch dann nicht geltend machen, wenn diese (zumindest auch) auf mangelhafte Prospektangaben zurückzuführen seien. Nicht „auf Grund des Verkaufsprospekts" erworben ist ein Anteil auch dann, wenn ihn der Anleger **über einen Dritten** (etwa ein Kreditinstitut) **erwirbt,** der selbst keiner Prospektaushändigungspflicht unterliegt.[496] Lag dem Anleger in diesem Zeitpunkt indes ein Prospekt vor, so wäre es eine zweckwidrige Eingrenzung, hier einen Erwerb „auf Grund des Prospekts" auszuschließen.[497] 189

Hervorzuheben ist, daß das Gesetz keine **Ursächlichkeit** der falschen Angaben für den Kaufentschluß des Anlegers verlangt.[498] 190

Auch die Prospekthaftung ist **Verschuldenshaftung,** doch obliegt es den nach § 20 Abs. 1 KAGG bzw. § 12 Abs. 1 AuslInvestmG primär Verantwortlichen zu beweisen, daß sie die Unrichtigkeit oder Unvollständigkeit des Prospekts nicht gekannt haben und die Unkenntnis nicht auf grober Fahrlässigkeit beruht. Dagegen muß der Anleger den nach § 20 Abs. 4 KAGG bzw. § 12 Abs. 4 AuslInvestmG in die Haftung Einbezogenen nachweisen, den Prospektmangel positiv gekannt zu haben; grob fahrlässige Unkenntnis reicht diesbezüglich nicht aus. 191

Nach § 20 Abs. 3 Satz 2, Abs. 4 Satz 2 KAGG bzw. § 12 Abs. 3 Satz 2, Abs. 4 Satz 2 AuslInvestmG ist die Prospekthaftung **ausgeschlossen,** wenn der **Käufer den Prospektmangel** im Zeitpunkt des Kaufs **kannte.** Verlangt das Gesetz nicht die Ursächlichkeit falscher Angaben für den Kaufentschluß, dann erscheint die Annahme, die bloße Kenntnis der Umstände, die eine Prospektangabe unzutreffend oder unvollständig machen, könne für sich genommen den Prospekthaftungsanspruch nicht zunichte machen, als konsequent.[499] Diese Ansicht läßt sich indes bei näherer Betrachtung nicht halten:[500] Es widerspricht sich keineswegs, wenn man dem Erwerber den Nachweis der Ursächlichkeit fehlerhafter Angaben eines an die Marktöffentlichkeit gerichteten Prospekts für seine Anlageentscheidung erspart, es aber andererseits als rechtsmißbräuchliches Verhalten (im Sinne eines *venire contra factum proprium)* ansieht, wenn jemand einen Anspruch wegen fehlerhafter Anlegerinformation geltend macht, obwohl er die wahren Umstände nachweislich kannte. Der Nachweis der Kenntnis eines Prospektmangels obliegt allerdings dem Anspruchsgegner.[501] 192

d) Umfang der investmentrechtlichen Prospekthaftung. Hinsichtlich der Rechtsfolgen eines investmentrechtlichen Prospekthaftungsanspruchs ist zu differenzieren: Ist der **Anspruchsberechtigte noch Inhaber der Anteile,** so kann er von den Anspruchsgegnern Übernahme der Anteilscheine (Zug um Zug) gegen Erstattung des von ihm gezahlten Betrages (inclusive Nebenkosten des Erwerbs) verlangen (§ 20 Abs. 1 Satz 1 KAGG, § 12 Abs. 1 193

---

494 So auch *Baur,* Investmentgesetze, § 20 KAGG Anm. II (S. 241).

495 Vgl. *Assmann,* Prospekthaftung, S. 387 f.

496 *Beckmann/Scholtz,* Investment, 445 AuslInvestmG, § 12 Rdnr. 13.

497 Parallele zu § 45 BörsG. Unklar insoweit *Beckmann/Scholtz,* Investment, 445 AuslInvestmG, § 12 Rdnr. 13.

498 *Baur,* Investmentgesetze, § 20 KAGG Anm. II (S. 240); *Beckmann/Scholtz,* Investment, 445 AuslInvestmG, § 12 Rdnr. 16.

499 *Beckmann/Scholtz,* Investment, 445 AuslInvestmG, § 12 Rdnr. 26.

500 Zustimmend aber noch Voraufl. Rdnr. 101.

501 *Baur,* Investmentgesetze, § 20 KAGG Anm. I, IV.

Satz 1 AuslInvestmG). Auch gegenüber dem Vertragspartner handelt es sich hierbei nicht um ein Rücktrittsrecht iSd. §§ 346 ff., 462 BGB.[502]

194 Ist der Anleger dagegen bei Kenntniserlangung des Prospektmangels **nicht mehr Inhaber der Anteile,** so steht ihm ein Anspruch auf die Zahlung des Betrages zu, um den der von ihm gezahlte Betrag den Rücknahmepreis der Anteile im Zeitpunkt der Veräußerung übersteigt. Ausgeschlossen ist damit der Anspruch für den Fall, daß der Anleger sich seiner Anteile nach (vom Anspruchsgegner zu beweisender[503]) Kenntniserlangung begibt.[504] Die objektivierte Form der Berechnung eines eventuellen Veräußerungsverlustes dient insbesondere der Verhinderung von Mißbräuchen im Zusammenhang mit der Angabe des sonst zwangsläufig zu berücksichtigenden Verkaufspreises. In welcher rechtsgeschäftlichen Form (etwa auch Schenkung) sich der Anspruchsteller seines Anteils begeben hat, ist unerheblich. Problematisch ist lediglich der Fall des **Verlustes eines Anteils.** Er braucht indes nicht anders als der Fall der Schenkung behandelt zu werden und eröffnet keine weiteren Mißbrauchsmöglichkeiten.[505] Der Zeitpunkt der rechtsgeschäftlichen Begebung der Anteile bzw. der des Verlustes ist vom Anleger zu beweisen.

195 *e) Verjährung.* Investmentrechtliche Prospekthaftungsansprüche verjähren in sechs Monaten seit dem Zeitpunkt der Kenntnis des Prospektmangels, spätestens jedoch in drei Jahren seit Abschluß des Kaufvertrages (§§ 20 Abs. 5 KAGG, 12 Abs. 5 AuslInvestmG).

196 *f) Konkurrenzen.* Die investmentrechtliche Prospekthaftung schließt die Geltendmachung von Ersatzansprüchen aufgrund der allgemeinen Anspruchsgrundlagen des Bürgerlichen Rechts nicht aus.[506] Nicht anwendbar sind dagegen Ansprüche nach den Grundsätzen der bürgerlichrechtlichen Prospekthaftung.

197 **2. Börsengesetzliche Prospekthaftung/Amtlicher Markt.** *a) Vorbemerkung.* Die börsengesetzliche Prospekthaftung nach §§ 45–49 BörsG, auf die sich nachfolgende Ausführungen beziehen, betrifft zunächst nur solche Prospekte, aufgrund derer Wertpapiere zum amtlichen Börsenhandel zugelassen wurden. § 77 BörsG erstreckt indes die Haftung nach §§ 45–49 BörsG auch auf den Unternehmensbericht, der Voraussetzung zur Zulassung von Wertpapieren zum Börsenhandel mit nicht-amtlicher Notierung (Geregelter Markt) ist[507] (hierzu unten Rdnr. 239 ff.).

198 Die Erwartung, die Entwicklung des allgemein-zivilrechtlichen Prospekthaftungsanspruchs werde **Rückwirkungen** insbesondere auf die börsengesetzliche Prospekthaftung nach sich ziehen, hat sich bisher allenfalls in bezug auf Fragen der Prospektrichtigkeit bestätigt. Im übrigen scheint sich die Rechtsprechung an ein gesetzgeberisches Konzept gebunden zu sehen, das von ihr offen als unbefriedigend bezeichnet wurde[508] und das „offensichtlich laut nach dem Gesetzgeber oder dem korrigierenden Richter" ruft.[509]

199 *b) Unrichtiger oder unvollständiger Prospekt.* Zu Prospektbegriff und Unrichtigkeit bzw. Unvollständigkeit des Prospekts ist auf die Ausführungen oben Rdnr. 47 ff. bzw. 63 ff. zu verweisen.[510]

200 Als Bezugspunkt der börsengesetzlichen Prospekthaftung betrachtet auch die neuere Rechtsprechung nur den **Börsenzulassungsprospekt.**[511] Erwerben Anleger ihre Aktien

---

[502] Ebenso *Baur,* Investmentgesetze, § 20 KAGG Anm. I, IV. Anders *Beckmann/Scholtz,* Investment, 445 AuslInvestmG, § 12 Rdnr. 4.

[503] *Beckmann/Scholtz,* Investment, 445 AuslInvestmG, § 12 Rdnr. 28.

[504] So auch *Beckmann/Scholtz,* Investment, 445 AuslInvestmG, § 12 Rdnr. 28.

[505] *Baur,* Investmentgesetze, § 20 KAGG, Anm. IV (a. E.). Anders *Steder* WM 1969 Beil. 2, S. 9; *Beckmann/Scholtz,* Investment, 445 AuslInvestmG, § 12 Rdnr. 30.

[506] BGH WM 1978, 611.

[507] Vgl. schon oben Rdnr. 17, 52.

[508] BGH WM 1982, 867, 868.

[509] *Meyer-Cording* BB 1986, VII, XI.

[510] Zum Prospektinhalt nach dem BörsG und der BörsZulVO auch *Kunz,* Börsenprospekthaftung, S. 31 ff.

bereits aufgrund eines **Bezugsangebots,** so scheidet nicht nur eine Schadensersatzforderung nach §§ 45, 46 BörsG, sondern nach Ansicht der Rechtsprechung auch ein Anspruch nach den Grundsätzen der bürgerlichrechtlichen Prospekthaftung oder wegen Aufklärungspflichtverletzung aus.[512] Der Umstand, daß ein Börsenzulassungsprospekt von der **Börsenzulassungsstelle genehmigt** wurde, steht der Annahme der Unrichtigkeit oder Unvollständigkeit des Prospekts nicht entgegen.[513]

c) Adressaten. Der börsengesetzlichen Prospekthaftung nach §§ 45, 46 BörsG unterliegen diejenigen, die den Prospekt **„erlassen"** haben und von denen der Prospekt **„ausgeht"**. Gemäß § 45 Abs. 1 BörsG haften die solchermaßen für den Prospekt Verantwortlichen als Gesamtschuldner.[514] Unabhängig von der Frage, ob der börsengesetzliche Prospekthaftungsanspruch als deliktischer oder als Anspruch sui generis zu qualifizieren ist, wird wegen seiner Vergleichbarkeit mit den Ansprüchen aus unerlaubter Handlung § 830 BGB entsprechend angewandt, um so auch die Haftung von Mittätern und Gehilfen zu begründen.[515] 201

„Erlassen" hat den Prospekt, wer für ihn, nach außen erkennbar, die Verantwortlichkeit übernommen hat. Das sind vor allem der **Emittent,** das **emissionsbegleitende Kreditinstitut** oder die **Mitglieder des Konsortiums** emissionsbegleitender Kreditinstitute, die jeweils gemäß § 36 Abs. 2 BörsG, § 13 Abs. 1 Satz 3 BörsZulVO den Prospekt zu unterzeichnen haben.[516] Nicht zu den Emissionsbegleitern und damit auch nicht zu den im vorstehenden Sinne Prospektverantwortlichen gehören solche Kreditinstitute, die lediglich kraft eines Vertrages zur Übernahme der zu emittierenden Aktien (also auf der Grundlage eines sog. *underwriting agreement*) tätig werden, auch wenn sie in dieser Funktion im Prospekt aufgeführt sind.[517] Nach heute h. M. steht das Verbot der Einlagenrückgewähr (§ 57 Abs. 1 AktG) einer Haftung des Emittenten als Erlasser des Prospekts nicht entgegen, sofern die Aktien durch Umsatzgeschäft und nicht durch Zeichnung oder in Ausübung eines Bezugsrechts erworben wurden.[518] 202

Prospektverantwortliche sind weiterhin diejenigen, die in Erfüllung der Anforderungen aus § 14 BörsZulVO im Prospekt **als Prospektverantwortliche aufgeführt** sind: Zwar sollen sich haftungsrechtliche Folgen aus dieser Norm nach der amtlichen Begründung nicht direkt, sondern nur nach Maßgabe der für die Prospekthaftung geltenden Umstände ergeben,[519] doch kann die Übernahme der Prospektverantwortlichkeit iSv. § 14 BörsZulVO schwerlich anders denn als Verantwortlichkeit für den gesamten Prospektinhalt gedeutet werden, zumal die Bestimmung eine Einschränkung der Verantwortlichkeit nicht vor- 203

---

[511] BGH WM 1982, 867 f.; BGH NJW 1986, 837, 840 (insoweit nicht in BGHZ 96, 231 abgedruckt); OLG Frankfurt/M. WM 1994, 291, 295.

[512] BGH WM 1982, 867 f. A. A. *Assmann,* Prospekthaftung, S. 388; *ders.* WM 1983, 139. S. dazu schon oben Rdnr. 49, 51, 95 und unten Rdnr. 214.

[513] OLG Frankfurt/M. WM 1994, 291, 297 m. w. N.; so auch schon die Vorinstanz LG Frankfurt/M. WM 1992, 1768, 1770 f. Das entspricht auch herrschender Meinung im Schrifttum; s. nur *Schwark,* BörsG, §§ 45, 46 Rdnr. 24 m. w. N.

[514] Zu Einzelheiten *Kunz,* Börsenprospekthaftung, S. 137 ff.; *Schwark,* BörsG, §§ 45, 46 Rdnr. 41.

[515] S. *Schwark,* BörsG, 1. Aufl. 1976, §§ 45, 46 Rdnr. 19; *ders.* ZGR 1983, 183. Abzulehnen allerdings die Anwendung des § 831 BGB.

[516] *Brondics/Mark* AG 1989, 342; *Hopt,* Verantwortlichkeit, Rdnr. 136; *Kunz,* Börsenprospekthaftung, S. 117 ff., 127; *Lehmann* WM 1985, 183; *Schwark,* BörsG, §§ 45, 46 Rdnr. 6. Für die Haftung der Konsortialbanken s. noch *De Meo,* Bankenkonsortien, 1994, S. 197 f.; *Westermann* AG 1967, 285, 290; BuB-*Szantyr,* Rdnr. 10/34, 10/39.

[517] So zutreffend *Schwark,* BörsG, §§ 45, 46 Rdnr. 6.

[518] RGZ 71, 97, 98 ff.; 88, 271, 272 ff.; 146, 84, 87 ff. Ausführlich und zustimmend etwa, jeweils m. w. N., *Kunz,* Börsenprospekthaftung, S. 117 ff. und *Schwark,* BörsG, §§ 45, 46 Rdnr. 8; *ders.,* Festschrift Raisch, S. 287 f. (mit ausführlicher Erörterung des Problems S. 269 ff.; zu den einzelnen Lösungsvorschlägen näher S. 284 ff.).

[519] BR-Drucks. 72/87, S. 76.

sieht.[520] Dagegen bestimmt **§ 45 Abs. 2 BörsG,** daß eine Ersatzpflicht nicht durch den Hinweis, die (oder einzelne) Prospektangaben stammten von einem Dritten, ausgeschlossen werden kann.

204 Mit der Haftung derjenigen, von denen der Prospekt **ausgeht,** sollten die **tatsächlichen Urheber** des Prospekts, die möglicherweise den als für den Prospekt verantwortlich Erscheinenden nur vorgeschoben haben und in Wahrheit hinter dem Prospekt stehen, erfaßt werden.[521] Wie bei der allgemein-zivilrechtlichen Prospekthaftung (oben Rdnr. 113) sind hier diejenigen, die nur Material zur Erstellung des Prospekts geliefert haben, aus der Verantwortlichkeit auszunehmen. Deshalb soll, nach einem beizupflichtenden Vorschlag *Schwarks,* die Haftung nur jene treffen, die „ein eigenes geschäftliches Interesse an der Emission" haben und deshalb darauf hinwirken, daß ein unrichtiger oder unvollständiger Prospekt veröffentlicht wird.[522]

205 Nicht zum Adressatenkreis der börsengesetzlichen Prospekthaftung zählt, im Gegensatz zur bürgerlichrechtlichen Prospekthaftung, der **Wirtschaftsprüfer,** obwohl dieser entsprechend § 30 BörsZulVO mit den dort aufgeführten Dokumenten im Prospekt vertreten ist.[523] Das beruht darauf, daß §§ 45, 46 BörsG nur eine Prospektverantwortlichkeit als Verantwortlichkeit für den gesamten Prospekt kennt, für die im Falle des Wirtschaftsprüfers de lege lata indes keine hinreichenden Zurechnungsgründe gegeben sind. Das schließt Ansprüche gegen den Wirtschaftsprüfer aufgrund anderweitiger Haftungstatbestände nicht aus.[524]

206 *d) Ersatzberechtigte.* Nach §§ 45 Abs. 1, 46 Abs. 1 BörsG steht nur demjenigen ein Ersatzanspruch zu, der durch ein inländisches Erwerbsgeschäft in den Besitz von Wertpapieren gelangt ist, die aufgrund des beanstandeten Prospekts zugelassen wurden.

207 Jenseits der bürgerlichrechtlichen Differenzierung zwischen unmittelbarem und mittelbarem Besitz ist für die Annahme des **Besitzes** iSd. börsengesetzlichen Prospekthaftung die Innehabung des Rechts, über die Wertpapiere verfügen zu können, entscheidend.[525] Deshalb sind Nießbraucher und Pfandbesitzer keine Besitzer in vorstehendem Sinne.[526] Der **frühere Besitzer,** der seine Papiere weiterveräußert hat, kann de lege lata keinen Prospekthaftungsanspruch geltend machen, obwohl im Gegensatz dazu § 20 Abs. 1 KAGG und § 12 Abs. 1 AuslInvestmG die Ersatzfähigkeit eines Schadens des Veräußerers anerkennen.[527] Der Anleger, der im Interesse der Vermeidung weiterer Schäden nach Bekanntwerden der Prospektmängel die erworbenen Wertpapiere veräußerte, hat damit auch keinen Anspruch auf die Differenz zwischen dem Erwerbs- und dem dann regelmäßig niedrigeren Verkaufspreis.[528]

208 Als **Erwerbsgeschäfte** im vorstehenden Sinne sind nicht nur Kaufverträge, sondern alle Geschäfte zu verstehen, durch die der Besitzer Verfügungsmacht erlangt.[529] Wurden die Wertpapiere vom Emittenten oder seinen Emissionshelfern durch Erwerbsgeschäft im vor-

---

520 Ebenso *Kunz,* Börsenprospekthaftung, S. 121 f.; *Schäfer* ZIP 1987, 958; *Schwark,* BörsG, §§ 45, 46 Rdnr. 6; *ders.* NJW 1987, 2044.

521 Jeweils m. w. N. *Nußbaum,* BörsG, § 46 Anm. II. und II.b); *Schwark,* BörsG, §§ 45, 46 Rdnr. 7; *Hopt,* Verantwortlichkeit, Rdnr. 136 a. E., 137; *Kunz,* Börsenprospekthaftung, S. 133 ff.

522 *Schwark,* BörsG, 1. Aufl. 1976, §§ 45, 46 Rdnr. 3 (2. Aufl. 1994, §§ 45, 46 Rdnr. 7).

523 *Kunz,* Börsenprospekthaftung, S. 129.

524 S. dazu statt vieler *Ebke,* Wirtschaftsprüfer und Dritthaftung, 1983, S. 35 ff.; *Ebke/Scheel* WM 1991, 389 ff.; *Hopt,* Festschrift Pleyer, S. 341 ff.; *ders.* NJW 1987, 1745 ff.; *Kunz,* Börsenprospekthaftung, S. 130 ff.

525 S. *Schwark,* BörsG, §§ 45, 46 Rdnr. 28.

526 Ebenso *Schwark,* BörsG, §§ 45, 46 Rdnr. 28 (S. 368).

527 Vgl. dazu *Assmann,* Prospekthaftung, S. 386. Kritisch zu diesem Rechtszustand *Hopt,* Verantwortlichkeit, Rdnr. 145.

528 *Assmann,* Prospekthaftung, S. 386; *Schwark* BB 1979, 897, 902; *ders.,* BörsG, §§ 45, 46 Rdnr. 30.

529 *Schwark,* BörsG, §§ 45, 46 Rdnr. 28.

stehenden Sinne erworben, so ist ein Prospekthaftungsanspruch nicht dadurch ausgeschlossen, daß die Effekten *anschließend* durch **Vermächtnis oder Erbgang** auf einen anderen Besitzer übergehen, denn wie bei jedem anderen Zweiterwerb wird dadurch der Kreis der Anspruchsberechtigten und das mit den emittierten Papieren verbundene Haftungsrisiko der Prospektverantwortlichen nicht erhöht.[530] Unerheblich ist, ob die Wertpapiere an der Börse oder außerhalb derselben erworben wurden.[531]

Wenn der Gesetzgeber mit dem Merkmal **inländischer** Erwerbsgeschäfte von der Vorstellung ausging, im Ausland abgeschlossene Geschäfte seien nicht von der durch die Prospektveröffentlichung erzeugten „Anlagestimmung“ getragen,[532] so wäre es nur konsequent, ein Inlandsgeschäft auch dann als gegeben anzusehen, wenn sich aufgrund konkreter Anhaltspunkte – welche im Zuge der wechselseitigen Marktdurchdringung in zunehmendem Maße nachzuweisen sein dürften – annehmen läßt, auch im Ausland sei eine entsprechende Anlagestimmung aufgekommen. Abgesehen davon, daß das Kausalitätskonstrukt der Anlagestimmung selbst als fragwürdig zu betrachten ist (unten Rdnr. 212 f.), wird das Vorliegen eines im Inland abgeschlossenen Geschäfts noch immer ganz formal und unter Rückgriff auf Grundsätze des IPR ausgelegt.[533] Das bisher nicht richterlich konkretisierte Merkmal hatte bislang wenig praktische Bedeutung in bezug auf die Begrenzung von Prospekthaftungsansprüchen, könnte aber im Zuge der zunehmenden Kapitalmarktverflechtung innerhalb und außerhalb Europas Gewicht erlangen. **209**

Von ganz erheblicher praktischer Bedeutung ist dagegen die Einschränkung des Kreises der Ersatzberechtigten auf jene, die den Besitz solcher **Wertpapiere** nachweisen können, welche **aufgrund des mangelhaften Prospekts zugelassen** wurden. Die Erstreckung der Prospekthaftung auf alte Aktien ist damit ausgeschlossen.[534] Dem Wortlaut dieser Klausel folgend, würde damit auch die Ersatzberechtigung derer ausscheiden, die unter dem Eindruck des Prospekts Aktien erwarben, aber mangels Kenntnis der Merkwürdigkeiten des Prospekthaftungsanspruchs keine Auftragsspezifizierung für junge Aktien vornahmen und statt dessen **alte Aktien** ausgeliefert bekamen oder ihre erworbenen jungen Aktien zur Girosammelverwahrung gaben und nach Zusammenfassung der Bestände junger und alter Aktien nach § 7 DepG keinen Anspruch auf Aushändigung bestimmter Stücke haben.[535] **210**

Diese vom Gesetzgeber nicht vorhergesehenen[536] und nicht vorhersehbaren Entwicklungen im Effektenhandel sollten einem Prospekthaftungsanspruch jedenfalls dann nicht entgegenstehen, wenn der Aktionär auf andere Weise und durch andere Dokumente nachweisen kann, junge Aktien bestellt oder erhalten zu haben. Dies wird allerdings nur in den seltensten Fällen gelingen. Für diesen Fall wird im Schrifttum aber dafür plädiert, den Erwerber von in Girosammelverwahrung gegebenen jungen Aktien bereits de lege lata solange als Anspruchsberechtigten anzusehen als überhaupt noch junge Stücke in dem Sammelbestand vorhanden seien.[537] Darüber hinaus wird sich auf der Basis geltenden Rechts jedoch keine Lösung finden lassen, die den Interessen der Emissionsbanken an Risikobegrenzung[538] und denjenigen der Anleger am haftungsbewehrten Schutz ihrer Entschei- **211**

---

[530] So auch *Schwark,* BörsG, §§ 45, 46 Rdnr. 29. A. A. *Nußbaum,* BörsG, § 46 Anm. IV.a).

[531] *Schwark,* BörsG, §§ 45, 46 Rdnr. 30.

[532] Verhandlungen des Reichstags, 9. Legislaturperiode, IV. Session 1895/97, 1. Anlagenband, Aktenstück Nr. 14, S. 11 ff.

[533] S. dzau näher *Schwark,* BörsG, §§ 45, 46 Rdnr. 32 f.

[534] BGH WM 1982, 867, 868; BGH NJW 1986, 837, 840 (insoweit nicht in BGHZ 96, 231 abgedruckt).

[535] Einzelheiten hierzu und zum folgenden bei *Assmann,* Prospekthaftung, S. 380 ff.

[536] S. Verhandlungen des Reichstags. aaO. (Fn. 530), S. 24. Zum Vorhandensein einer Gesetzeslücke auch *Canaris,* Bankvertragsrecht, Rdnr. 2283 und *Schwark,* BörsG, §§ 45, 46 Rdnr. 31 (S. 370).

[537] *Hopt,* Verantwortlichkeit, Rdnr. 146.

[538] Zur Berechtigung dieses Interesses etwa *Assmann,* Prospekthaftung, S. 380 ff., insbes. 383; *Schwark,* BörsG, §§ 45, 46 Rdnr. 31.

dungsgrundlagen gleichermaßen gerecht wird.[539] Anders verhielte es sich, würde man generell einer im Schrifttum zwischenzeitlich vertretenen Auffassung folgen, schlechthin jeden als Anspruchsberechtigten anzusehen, der aufgrund einer Kauforder nach Prospektveröffentlichung Aktien des fraglichen Unternehmens erwarb und die so entstehenden Risiken als Kosten einer Emission hinnehmen.[540]

212 *e) Haftungsbegründende Kausalität.*[541] Als Schadensersatznorm deliktsrechtlichen Ursprungs setzt die börsengesetzliche Prospekthaftung Kausalität zwischen veröffentlichtem mangelhaftem Prospekt und Anlageerwerb voraus.[542] Diese Ursächlichkeit des veröffentlichten Prospekts für den Aktienerwerb kann nach von der neueren Rechtsprechung übernommener[543] tradierter Vorstellung auf zweierlei Weise zustandegekommen sein: zum einen direkt, indem die Prospektinformationen den Anleger zum Effektenkauf bewogen und zum anderen indirekt, indem die (u. a.) durch den veröffentlichten Prospekt erzeugte „Anlagestimmung"[544] den Anlageentschluß des Investors veranlaßten.

213 Auf der Grundlage dieser Annahmen haben sich die folgenden Grundsätze entwickelt: Erfolgt der **Aktienkauf nach Veröffentlichung des Prospekts,** wird ein ursächlicher Zusammenhang zwischen seinen Angaben und dem Erwerb der Papiere vermutet.[545] Diese **Vermutung** ist, unter Zugrundelegung des Konstrukts der von der Publikation des Prospekts erzeugten Anlagestimmung, selbst dann nicht als widerlegt anzusehen, wenn nachgewiesen werden kann, daß der Anleger den Prospekt nicht kannte.[546] Dies gilt allerdings wiederum nur so lange, als nicht ein Wegfall der Anlagestimmung angenommen werden kann.[547] Selbiges könnte man für den Fall in Erwägung ziehen, daß die Emission von kritischer bis negativer Presseberichterstattung begleitet wird. Das OLG Düsseldorf hat diese Möglichkeit indes mit dem Argument ausgeschlossen, solchen Presseberichten werde vom durchschnittlichen Anleger regelmäßig weniger Glaube geschenkt als dem Börsenzulassungsprospekt.[548] Die Rechtswissenschaft sollte hier nicht versuchen, den Alltagstheorien der Gerichte eigene entgegenzusetzen,[549] sondern zusammen mit der Rechtsberatungspraxis zur Kenntnis nehmen, daß die Gerichte auf einen börsengesetzlichen Prospekthaftungsanspruch zusteuern, der jedenfalls im Hinblick auf den nach Prospektveröffentlichung erwerbenden Anleger de facto von dem Erfordernis des Kausalitätsbeweises entkleidet wurde.[550]

---

539 Im Wege der Rechtsfortbildung möglicherweise umsetzbar ist indes der Vorschlag der Kennzeichnung der Neuemission i. V. m. einer Hinweispflicht der mit dem Erwerber kontrahierenden Bank; *Schwark* ZGR 1983, 183. Zu Vorbeugemöglichkeiten des Anlegers *Brondics/Mark* AG 1989, 339, 345 f.

540 *Hopt,* Verantwortlichkeit, Rdnr. 142.

541 Für die haftungsausfüllende Kausalität gelten im Hinblick auf die börsengesetzliche Prospekthaftung keine Besonderheiten gegenüber den allgemeinen Regeln des Schadensersatzrechts.

542 BGH WM 1982, 867 f.; *Canaris,* Bankvertragsrecht, Rdnr. 2282. Kritisch *Meyer-Cording* BB 1984, 2092 f.: Die Suche nach Kausalität führe in einen Nebel undeutlicher psychologischer Vorstellungen und zweifelhafter juristischer Konstruktionen.

543 BGH WM 1982, 867 f.; OLG Frankfurt/M. WM 1994, 291, 298.

544 Zur Herkunft s. *Assmann,* Prospekthaftung, S. 387 f. S. a. *Canaris,* Bankvertragsrecht, Rdnr. 2282; *Schwark,* BörsG, §§ 45, 46 Rdnr. 34 f.

545 BGH WM 1982, 867 f.; OLG Frankfurt/M. WM 1994, 291, 298 und WM 1996, 1216, 1219.

546 RGZ 80, 196, 204 f.; OLG Düsseldorf WM 1984, 586, 596; OLG Frankfurt/M. WM 1996, 1216, 1219.

547 OLG Frankfurt/M. WM 1994, 291, 298 und WM 1996, 1216, 1219. Zur Beendigung der Anlagestimmung durch Zeitablauf OLG Düsseldorf WM 1984, 586, 596; *Schwark,* BörsG, Rdnr. 35 m. w. N.

548 OLG Düsseldorf WM 1984, 586, 596.

549 Kritisch, aber sich einlassend, noch *Schwark,* BörsG, §§ 45, 46 Rdnr. 34.

550 Das OLG Düsseldorf WM 1984, 586, 596 sieht die Ursächlichkeit von Prospekt und Anlagestimmung für den Anlageerwerb zwar dann als entkräftet an, wenn nachgewiesen werde, der Anleger habe die Wertpapiere gekauft, obwohl er den negativen Berichterstattungen mehr vertraute als dem Prospekt, doch wird ein solcher Beweis nur unter ganz außergewöhnlichen Umständen zu führen sein.

Nicht selten sind die neu zu emittierenden Effekten, insbesondere durch Wahrnehmung der nach Maßgabe des § 186 Abs. 5 Satz 2 AktG zu veröffentlichenden Bezugsangebote, aber schon untergebracht, bevor der diesbezügliche Börsenzulassungsprospekt veröffentlicht ist. Der BGH[551] ist Versuchen[552] entgegengetreten, solchen Bezugsangeboten und anderen dem Prospekt vorausgehenden Publikationen den Charakter eines Prospekts zuzuschreiben[553] oder in solchen Informationen einen haftungsbegründenden Vertrauenstatbestand zu sehen.[554] Der Anlaß für solche Bemühungen ist indes durch den Erlaß des VerkProspG und der Prospektpflicht für den Fall des erstmaligen öffentlichen Angebots von Wertpapieren weitgehend entfallen.[555] 214

Die haftungsbegründende Kausalität zwischen fehlerhaftem Prospekt und Anlageerwerb[556] ist ausgeschlossen, wenn die besonderen Voraussetzungen des **§ 46 Abs. 3 BörsG** vorliegen: Danach entfällt eine Ersatzberechtigung, wenn der Anspruchsteller die Unrichtigkeit oder Unvollständigkeit beim Erwerb kannte oder die Unrichtigkeit bei Anwendung derjenigen Sorgfalt, welche er in eigenen Angelegenheiten beobachtet, kennen mußte, es sei denn, daß die Ersatzpflicht durch bösliches Verhalten begründet ist.[557] 215

f) Verschulden/Mitverschulden. Nach § 45 Abs. 1 BörsG ist zwischen **Verschulden** im Hinblick auf Prospektunrichtigkeit und Prospektunvollständigkeit zu differenzieren. 216

Im Falle eines Prospekts mit **unrichtigen Angaben** haftet der Prospektverantwortliche nur dann, wenn er den Prospektmangel kannte oder ohne grobes Verschulden hätte kennen müssen (§ 45 Abs. 1 Satz 1 BörsG). Der Hinweis, die Prospektangaben stammten von einem Dritten, vermag nicht zu entschuldigen (§ 45 Abs. 2 BörsG). Grob fahrlässige Unkenntnis eines Prospektmangels liegt vor, wenn die im Verkehr erforderliche Sorgfalt in besonders schwerem Maße verletzt wurde.[558] Das wird man bspw. annehmen dürfen, wenn ein Prospektverantwortlicher, namentlich die Emissionsbank, konkrete Anhaltspunkte für die Unrichtigkeit von Prospektangaben hat oder Informationen vorliegen,[559] die Zweifel an der Richtigkeit wecken müssen.[560] 217

Inwieweit darüber hinaus **Kontroll- und Nachforschungspflichten** der neben dem Emittenten für den Prospekt Verantwortlichen zu bejahen sind und die Vernachlässigung entsprechender Aktivitäten den Vorwurf der groben Fahrlässigkeit zu begründen vermag, wird nach wie vor unterschiedlich beantwortet. Übereinstimmung besteht noch im Hinblick auf den Ausgangspunkt, daß die Prospektverantwortlichen sich nicht generell, ohne eigene Kontrollen vorzunehmen, darauf verlassen dürfen, die von anderen stammenden und in den Prospekt aufgenommenen Angaben seien zutreffend.[561] Auseinandergehende Vorstellungen bestehen indes im Hinblick auf die Beantwortung der Frage, in bezug 218

---

[551] BGH WM 1982, 867 f., mit Hinweis auf den „derzeitigen Rechtszustand" (vor Erlaß des VerkProspG) trotz unbefriedigender Rechtslage.

[552] S. dazu schon oben Rdnr. 49, 51, 95, 200.

[553] *Assmann,* Prospekthaftung, S. 388; *ders.* WM 1983, 139; *Brondics/Mark* AG 1989, 346.

[554] *Ehricke* BB 1990, 650; *Brondics/Mark,* Börsenprospekthaftung, 43 f. *Canaris,* Bankvertragsrecht, Rdnr. 2282, zieht zumindest eine Haftung der Emissionshelfer aus c. i. c. im Falle der fehlenden Überprüfung des Emittenten in Betracht. Vgl. im übrigen auch die Hinweise bei *Schwark* ZGR 1983, 180.

[555] S. dazu auch *Schwark,* BörsG, §§ 45, 46 Rdnr. 36 (S. 374).

[556] OLG Frankfurt/M. WM 1994, 291, 298.

[557] Zur Verschuldensfrage unten Rdnr. 216 ff.

[558] Grundlegend BGHZ 10, 14, 17; 89, 153, 161. Zu Einzelheiten s. MünchKomm./*Hanau* § 277 Rdnr. 2 ff.; *Palandt/Heinrichs,* § 277 Rdnr. 2 ff.

[559] Schon RGZ 80, 196, 199.

[560] So für den vergleichbaren Fall der bürgerlichrechtlichen Prospekthaftung BGH WM 1987, 495, 497; s. a. oben Rdnr. 148 f.

[561] RGZ 80, 196, 198 ff.; *Assmann* WM 1983, 141; *Erman* AG 1964, 327, 328/329 („verantwortliche Nachprüfung"); *Frohne,* Prospektpflicht, S. 62 ff.; *Hopt,* Verantwortlichkeit, Rdnr. 190 ff.; *Köndgen* AG 1983, 127; *Schwark* ZGR 1983, 173; *ders.,* BörsG, §§ 45, 46 Rdnr. 21.

auf welche Angaben eigene Nachforschungen und Kontrollen notwendig und zumutbar sind.

219 Rechtsprechung und h. M. gehen dahin, zunächst einmal eine Verpflichtung der Prospektverantwortlichen zur Kontrolle der Buchführung des Emittenten abzulehnen.[562] Auch wird eine allgemeine Pflicht zur Kontrolle des Jahresabschlusses verneint.[563] Wenn der BGH in der Entscheidung „BuM" daneben eine Überprüfung der Wertansätze der Bilanz für bestimmte Forderungen verlangte, so wiederum nur deshalb, weil die Bank in diesem Falle um die Bemühungen des Emittenten zur Verbesserung des Bilanzbildes und die diesbezügliche Schlüsselrolle der fraglichen Forderungen wußte, mithin besondere Gründe für eine Überprüfung vorlagen. Solche werden auch dann angenommen, wenn die Jahresbilanz und insbesondere die dortigen Wertansätze wegen der seit dem Abschlußstichtag verstrichenen Zeit oder aufgrund anderer zwischenzeitlicher Ereignisse nicht mehr als aktuell angesehen werden können.[564] Darüber hinaus verlangt das Erfordernis, der Prospekt dürfe keinen unzutreffenden Gesamteindruck von der Lage und den Zukunftsaussichten der Gesellschaft geben (s. o. Rdnr. 68 f.), von jedem Prospektverantwortlichen zumindest eine gewisse Kontrolle der Schlüssigkeit der aus dem Datenmaterial gezogenen Folgerungen.

220 Soweit es von den Betroffenen nicht ohnehin schon zur Erfüllung des Gebots der Kontrolle des Gesamteindrucks als notwendig empfunden wird, sollte über all dies hinaus doch zumindest eine Pflicht der Emissionshäuser zur Überprüfung der Bilanz auf die Wahrnehmung zweifellos bestehender Bilanzspielräume sowie der Wertansätze in bezug auf besonders bilanzwirksame Aktiv- und Passivposten angenommen werden. Das macht die Emissionshäuser nicht zu Generalkontrolleuren der Kontrolleure, sondern zwingt sie allein dazu, die sich aus dem Zahlenwerk ableitenden Prospektaussagen im Lichte solcher Erkenntnisse zu überprüfen.

221 Auch in bezug auf Prospektangaben, die auf Informationen unabhängiger Sachverständiger – wie etwa Rechtsanwälte, Notare, Steuerfachleute u. a. – beruhen und in deren Berufsfeld erteilt werden oder von öffentlichen Stellen stammen, sollte sich ein Prospektverantwortlicher mangels eines Grundes zu berechtigten Zweifeln verlassen dürfen.[565] Soweit sich der Prospektverantwortliche auf solche Expertisen zum Zweck der Erfüllung seiner Kontrollpflichten stützt, kann ihn allerdings ein Auswahlverschulden treffen.[566]

222 In dem Umfang, in dem Prospektverantwortlichkeiten begründet sind, haftet jeder Prospektverantwortliche eigenständig für die sorgfältige Erfüllung solcher Pflichten. Für die Mitglieder eines **Emissionskonsortiums** gilt, daß sie sich nach außen nicht generell entschuldigend auf die Delegation ihrer Pflichten auf das Unternehmen berufen können, welches die Konsortialführung (und zumindest auch Aufgaben der Prospekterstellung) übernommen hat.[567] Eine andere Frage ist es, wie weit die diesbezüglichen Pflichten eines Konsorten zu ziehen sind,[568] um sowohl die Vorteile der Arbeitsteilung nutzen zu können als auch dem Umstand Rechnung zu tragen, daß es dem Emittenten nicht zumutbar wäre, wenn ein jeder Konsorte zur Überprüfung der Prospektangaben vorstellig würde.

223 Wenngleich hier im einzelnen vieles unsicher ist, wird man festhalten können, daß die Pflichten der einzelnen Konsortialmitglieder über eine bloße Plausibilitätskontrolle des

---

562 RG LZ 1991, 155; RGZ 80, 196, 198 f.; *Schwark,* BörsG, §§ 45, 46 Rdnr. 21.

563 BGH WM 1982, 862, 864; *Baumbach/Hopt,* HGB, (14) BörsG § 45 Rdnr. 1; *Schwark* ZGR 1983, 173.

564 S. BGH WM 1982, 862, 864.

565 Vgl. BGHZ 93, 264, 266. Wie hier *Hopt,* Verantwortlichkeit, Rdnr. 193.

566 *Hopt,* Verantwortlichkeit, Rdnr. 194.

567 Schon *Göppert* BankArch 34 (1934/35), 67 ff., 72. Aus dem neueren Schrifttum *Hopt,* Verantwortlichkeit, Rdnr. 118; *Köndgen* AG 1983, 127; *Kunz,* Börsenprospekthaftung, S. 128; *Schwark,* BörsG, §§ 45, 46 Rdnr. 24; BuB-*Szantyr* Rdnr. 10/44 f.

568 Noch für eine Differenzierung unter den Konsorten nach ihrer Stellung im Konsortium *Hopt,* Verantwortlichkeit, Rdnr. 120.

Prospekts hinausgehen und auch nicht bereits dadurch als erfüllt angesehen werden dürfen, daß sie an sog. *due diligence-meetings* der Konsorten mit der Konsortialführerin oder den prospektverantwortlichen Konsorten teilnehmen.[569] Umgekehrt ist aber auch zu beachten, daß den einzelnen Konsorten das Verhalten der anderen oder der Konsortialführerin nicht ohne weiteres zuzurechnen ist.[570] Ebensowenig wie die Billigung eines Zulassungsprospekts durch die Zulassungsstelle dessen Unrichtigkeit ausschließt (oben Rdnr. 200) kann sie entschuldigend geltend gemacht werden.[571]

Für die **Unvollständigkeit** eines Prospekts wird dagegen nur gehaftet, wenn diese auf **böslichem Verschweigen** oder auf der **böslichen Unterlassung** einer ausreichenden Prüfung der Prospektverantwortlichen beruht (§ 45 Abs. 1 Satz 2 BörsG). Dieser, dem heutigen Recht ansonsten unbekannte Maßstab,[572] steht zwischen grober Fahrlässigkeit und Arglist und kommt dem dolus eventualis gleich.[573] 224

Die **Differenzierung des Verschuldensmaßstabs** unter dem Gesichtspunkt der Unrichtigkeit oder Unvollständigkeit des Prospekts birgt alle Zeichen eines Kompromisses und der gesetzgeberischen Unsicherheit bei Erlaß des BörsG.[574] Die fragwürdige Unterscheidung[575] hat indes durch die neuere Rechtsprechung des BGH an Schärfe verloren, indem die Beurteilung der Unvollständigkeit letztlich durch die um den Maßstab des Gesamteindrucks erweiterte Unrichtigkeitskontrolle überlagert wird.[576] 225

Liegen die Voraussetzungen des § 46 Abs. 3 BörsG vor, kannte der Anleger also den Prospektmangel oder läßt sich ihm eine diesbezügliche Unkenntnis vorwerfen (s. o. Rdnr. 215), ist eine Prospekthaftung nach §§ 45, 46 BörsG damit generell ausgeschlossen.[577] Hinsichtlich des Kennens oder Kennenmüssens des Prospektmangels ist nach dem klaren Wortlaut des § 46 Abs. 3 BörsG auf den Zeitpunkt des Erwerbs abzustellen, so daß eine erst danach eintretende Bösgläubigkeit den Prospekthaftungsanspruch nicht entfallen läßt.[578] 226

Das Verschulden des für den unrichtigen oder unvollständigen Prospekt Verantwortlichen ist nach h. M., die den Wortlaut des § 45 Abs. 1 BörsG auf ihrer Seite hat, vom Anspruchsteller zu beweisen.[579] Eine Umkehr der **Beweislast** (analog §§ 282, 285 BGB, den Grundsätzen über die Beweislastverteilung nach Sphärengesichtspunkten sowie in Anlehnung an die Regeln der investmentrechtlichen Prospekthaftung) ist aber dann geboten, wenn die Umstände, die den Verschuldensvorwurf im konkreten Fall begründen können, im Einfluß- und Risikobereich des Prospektverantwortlichen liegen.[580] 227

Für die Berücksichtigung eines **haftungsbegründenden Mitverschuldens** des Anlegers ist im Rahmen des börsengesetzlichen Prospekthaftungsanspruchs kein Raum: Kenntnis 228

---

[569] Ausführlich dazu *Hopt,* Verantwortlichkeit, Rdnr. 119. *Assmann,* Prospekthaftung, S. 391 f. (ebd., S. 391: Kontrolle der ordnungsgemäßen Erfüllung der Prospektpflichten durch das diese Aufgabe übernehmende Konsortialmitglied seitens eines jeden Konsorten).

[570] *Assmann,* Prospekthaftung, S. 391; *Hopt,* Verantwortlichkeit, Rdnr. 116.

[571] *Schwark,* BörsG, §§ 45, 46 Rdnr. 24 m. w. N.; *Brondics/Mark,* Börsenprospekthaftung, S. 34.

[572] S. *Hopt,* Verantwortlichkeit, Rdnr. 169 (S. 88) m. w. N.

[573] *Nußbaum,* BörsG, § 46 Anm. III.c). *Hopt,* Verantwortlichkeit, Rdnr. 169 (S. 88): bewußte, nicht nur grobe Fahrlässigkeit. Die (nicht rechtskräftig gewordene) Entscheidung des LG Frankfurt/M. WM 1992, 1768, 1773, zeigt die Schwierigkeit im Umgang mit dem Merkmal, behandelt sie doch einfaches fahrlässiges Verhalten kurzerhand als böslich; kritisch dazu *Köndgen* WuB I G 9.–1.93 (zu 4.).

[574] Vgl. die Hinweise bei *Assmann,* Prospekthaftung, S. 378 f.

[575] *Hopt,* Verantwortlichkeit, Rdnr. 171: „rechtspolitisch überholt", „nicht mehr sachgerecht".

[576] Dazu ausführlich oben Rdnr. 68. Hinweise speziell zu Prüfungspflichten der Emissionsbank bei *Schwark* ZGR 1983, 172 ff. und *Assmann,* Prospekthaftung, S. 379 f.

[577] Ebenso *Schwark,* BörsG, §§ 45, 46 Rdnr. 37.

[578] *Schwark,* BörsG, §§ 45, 46 Rdnr. 37.

[579] Vgl. *Schwark,* BörsG, §§ 45, 46 Rdnr. 26.

[580] *Canaris,* Bankvertragsrecht, Rdnr. 2281; *Assmann,* Prospekthaftung, S. 380; *ders.* WM 1983, 138, 141. Ablehnend *Schwark,* BörsG, §§ 45, 46 Rdnr. 26, der statt dessen für Beweiserleichterungen plädiert.

oder leichtfertige Unkenntnis des Prospektmangels seitens des Anlegers sind nicht im Wege des Mitverschuldens zu berücksichtigen, sondern führen nach § 46 Abs. 2 BörsG zum gänzlichen Haftungsausschluß. Andere Formen des Mitverschuldens kommen neben dieser abschließenden Bestimmung nicht in Frage. In bezug auf den **Schadensumfang** ist dagegen nach h. M. ein **Mitverschulden** des Anlegers berücksichtigungsfähig.[581]

229 *g) Schadensersatz.* Der **Umfang** des zu ersetzenden Schadens bemißt sich nach den allgemeinen Regeln der §§ 249 ff. BGB;[582] im übrigen kann auf die diesbezüglichen Ausführungen zur allgemein-zivilrechtlichen Prospekthaftung (oben Rdnr. 155 ff.) verwiesen werden.

230 Nach der durch § 46 Abs. 2 BörsG eingeräumten sog. **Ersetzungsbefugnis** kann der Anspruchsgegner seiner Ersatzpflicht dadurch genügen, daß er die Wertpapiere gegen Erstattung des von dem Besitzer nachgewiesenen Erwerbspreises *oder* desjenigen Kurswerts übernimmt, den die Papiere zur Zeit der Einführung hatten. Diese Option ist ein weiterer fragwürdiger Punkt der börsengesetzlichen Prospekthaftung.[583] Sie fehlt dementsprechend schon bei der Regelung der investmentrechtlichen Prospekthaftung. Mehrere Ersatzpflichtige haften als **Gesamtschuldner** (§ 45 Abs. 1 Satz 1 BörsG).

231 *h) Verjährung/Haftungsbeschränkung/Geltendmachung.* Der Ersatzanspruch **verjährt** in fünf Jahren seit dem Zeitpunkt der Zulassung der Wertpapiere (§ 47 BörsG, §§ 194 ff. BGB), welcher nach § 51 BörsZulVO im Prospekt anzugeben ist.[584]

232 Vor dem Entstehen des Anspruchs sind Vereinbarungen über die **Beschränkung der Haftung** nach §§ 45–47 BörsG unwirksam (§ 48 Abs. 1 BörsG).

233 Für die Entscheidung über den Anspruch selbst ist ausschließlich das LG **zuständig,** an dessen Sitz die Börseneinführung erfolgte (§ 49 BörsG).

234 *i) Konkurrenzen.* Weitergehende **vertragliche Ansprüche** können neben §§ 45, 46 BörsG geltend gemacht werden (§ 48 Abs. 2 BörsG).

235 Ansprüche aus **c.i.c.** sind zwar kaum wahrscheinlich, weil es regelmäßig am vorvertraglichen Kontakt zwischen Anleger und Prospektverantwortlichen, namentlich den Emissionshäusern, fehlen dürfte; soweit die diesbezüglichen Voraussetzungen im Einzelfall indes vorliegen, hält das überwiegende Schrifttum Ansprüche aus c. i. c. neben solchen aus der börsengesetzlichen Prospekthaftung für möglich.[585] Dies erscheint im Hinblick auf die der c. i. c. von der h. M. beigelegte Funktion, die vertraglichen Rechtsbehelfe zu ergänzen, konsequent.

236 Inwieweit andere **gesetzliche,** insbesondere **deliktische** Ansprüche, die zu einer Haftungsverschärfung führen würden, neben §§ 45–47 BörsG ausscheiden, ist streitig: Nach für lange Zeit ganz h. M. sind sie ausgeschlossen,[586] doch beginnt das Lager derjenigen zu wachsen, die anderweitige deliktische Ansprüche neben solchen aus der börsengesetzlichen Prospekthaftung für möglich halten.[587] Seitens der höchstrichterlichen Rechtsprechung ist die Frage offen gelassen worden,[588] wenngleich sich entsprechenden obiter dicta entneh-

---

[581] RGZ 80, 196, 202; *Lehmann* WM 1985, 184; *Schwark,* BörsG, §§ 45, 46 Rdnr. 40 m. w. N.

[582] Einzelheiten bei *Canaris,* Bankvertragsrecht, Rdnr. 2285; *Schwark,* BörsG, §§ 45, 46 Rdnr. 38; *Nußbaum,* BörsG, § 46 Anm. V.a).

[583] S. dazu *Assmann,* Prospekthaftung, S. 389; *Canaris,* Bankvertragsrecht, Rdnr. 2286; *Hopt,* Verantwortlichkeit, Rdnr. 173; *Schwark,* BörsG, §§ 45, 46 Rdnr. 39 (zugleich zu weiteren Einzelheiten).

[584] *Schwark,* BörsG, Anm. zu § 47.

[585] *Canaris,* Bankvertragsrecht, Rdnr. 2289; *Schwark,* BörsG, §§ 45, 46 Rdnr. 43 (analog § 48 Abs. 2 BörsG); *ders.* ZGR 1983, 183. In bezug auf einen investmentrechtlichen Prospekthaftungsanspruch BGH WM 1978, 611, 612.

[586] *Apt,* Börsengesetz, 5. Aufl. 1909, § 46 Anm. VI; *Meyer/Bremer,* Börsengesetz, 4. Aufl. 1957, § 45 Anm. 12; *Nußbaum,* BörsG, § 46 Anm. VII.c); *Schwark,* BörsG, 1. Aufl. 1976, §§ 45, 46 Rdnr. 21; *ders.* ZGR 1983, 183.

[587] *Canaris,* Bankvertragsrecht, Rdnr. 2290. Nicht mehr generell ablehnend, aber differenzierend *Schwark,* BörsG, §§ 45, 46 Rdnr. 44.

[588] BGH NJW 1986, 837, 840 (insoweit nicht in BGHZ 96, 231 abgedruckt). Ablehnend aber LG Düsseldorf ZIP 1980, 188, 189 f.

men läßt, daß neben §§ 45 ff. BörsG allenfalls solche deliktischen Ansprüche denkbar sind, welche die Regelungsanliegen dieser Bestimmungen nicht unterlaufen.[589] Da die börsengesetzliche Prospekthaftung auch vorsätzliches Handeln erfaßt, bleibt diesbezüglich in der Sache kaum mehr Raum für andere Vorschriften, letztlich auch nicht für § 826 BGB.[590] Nicht ausgeschlossen sind unstreitig solche Ansprüche, die sich auf den Zeitraum vor der Prospektveröffentlichung beziehen oder Verhalten zum Gegenstand haben, das nicht mit der Veröffentlichung eines mangelhaften Prospekts zusammenfällt.[591]

Von der börsengesetzlichen Prospekthaftung unberührt bleiben auch Ansprüche auf- 237
grund der Verletzung gesellschaftsrechtlicher Pflichten der Prospektverantwortlichkeiten.[592]

j) Die Prospekthaftung nach §§ 45, 46 BörsG und die Haftung der Zulassungsstelle. Neben der 238
Haftung derjenigen, die einen Prospekt erlassen haben oder von denen der Prospekt ausgeht (börsengesetzliche Prospekthaftung; §§ 45, 46 BörsG), kommt die Haftung der als Beamte im haftungsrechtlichen Sinne geltenden Mitglieder der **Zulassungsstelle** für die Verletzung von Amtspflichten bei der Prüfung der Richtigkeit und Vollständigkeit von Emissionsprospekten (§§ 36 ff. BörsG i. V. m. BörsZulVO) gegenüber Antragsteller, Emittenten und Publikum in Betracht.[593] Wegen der „unterschiedlichen Nähe" der Adressaten der börsengesetzlichen Prospekthaftung und der Zulassungsstelle zum Emittenten lassen sich die an erstere zu richtenden Anforderungen an die Prüfung von Richtigkeit und Vollständigkeit[594] allerdings nicht auf letztere übertragen.[595] Deshalb ist auch umgekehrt die Haftung der nach §§ 45, 46 BörsG Prospektverantwortlichen für einen von der Zulassungsstelle unbeanstandet gebliebenen Prospekt nicht grundsätzlich ausgeschlossen.[596] Soweit ersichtlich sind Schadensersatzklagen gegen eine Zulassungsstelle bislang nicht erhoben worden.

3. „Prospekthaftung" für den Unternehmensbericht (Geregelter Markt). Dem Bör- 239
senzulassungsprospekt als Teilvoraussetzung der Zulassung von Wertpapieren zum amtlichen Handel entspricht der **Unternehmensbericht** in bezug auf die Zulassung von Wertpapieren zum Börsenhandel nicht-amtlicher Notierung (geregelter Markt).[597]

§ 77 BörsG bestimmt, daß für die Richtigkeit und Vollständigkeit der in diesem Bericht 240
enthaltenen Angaben **entsprechend §§ 45–49 BörsG gehaftet** wird. Deshalb ist, vorbehaltlich der nachfolgend aufgeführten Besonderheiten, auf die Ausführungen zur börsengesetzlichen Prospekthaftung (oben Rdnr. 197 ff.) zu verweisen.

Nach einhelliger Ansicht im Schrifttum, aber entgegen der in der amtlichen Begrün- 241
dung geäußerten Auffassung,[598] sind *Adressaten der Haftung* für den Unternehmensberichts-"Prospekt" nicht nur diejenigen, die den Unternehmensbericht unterschreiben, sondern, nicht anders als nach § 45 BörsG, all jene, die den Prospekt in Gestalt des Unternehmens-

---

[589] BGH NJW 1986, 837, 840 (insoweit nicht in BGHZ, 96, 231 abgedruckt), in bezug auf § 88 Abs. 1 Nr. 1, 2 BörsG (a. F.) i. V. m. § 823 Abs. 2 BörsG.

[590] A. A. *Schwark,* BörsG, §§ 45, 46 Rdnr. 44.

[591] BGHZ 96, 231, 243 (= BGH NJW 1986, 837, 840); *Baumbach/Hopt,* HGB, (14) BörsG § 45 Rdnr. 2 m. w. N.; *Schwark,* BörsG, §§ 45, 46 Rdnr. 45.

[592] Ausführlich hierzu *Schwark,* BörsG, §§ 45, 46 Rdnr. 46 ff.

[593] Vgl. *Elle* ZHR 128 (1964) 273 ff.; *Kunz,* Börsenprospekthaftung, S. 41 f.; *Schäfer* ZIP 1987, 959; *Schwark,* BörsG, § 36 Rdnr. 28; *ders.* ZGR 1983, 164 ff. Auch die durch das Börsenzulassungs-Gesetz von 1986 eingeführten neuen Bestimmungen ändern nichts an diesem Befund.

[594] Oben Rdnr. 63 ff.

[595] Vgl. *Schwark* ZGR 1983, 166.

[596] Zu Einzelheiten und Vorbehalten s. *Schwark* ZGR 1983, 167. Zustimmend *Baumbach/Hopt,* HGB, (14) BörsG § 37 Rdnr. 1. A. A. *Schäfer* ZIP 1987, 953, 959. Das OLG Frankfurt/M. WM 1994, 291, 297 schließt eine „ergänzende Haftung der Zulassungsstelle" (in einem obiter dictum) nicht aus.

[597] *Baumbach/Hopt,* HGB, (14) BörsG § 73 Rdnr. 1; *Schwark,* BörsG, § 73 Rdnr. 1 und Rdnr. 8 ff. zum Inhalt des Unternehmensberichts.

[598] BT-Drucks. 10/4296, S. 18.

berichts erlassen haben oder von denen sein Erlaß ausgeht.[599] Zu diesem Kreis gehören jedenfalls auch das **antragstellende Kreditinstitut** oder ein anderer **Emissionsbegleiter** iSd. § 71 Abs. 2 BörsG, unabhängig von ihrer Unterzeichnung des Unternehmensberichts.

242 Soweit neben dem Unternehmensbericht anderweitige **Publikationen** zur Anlegerwerbung verwandt werden und dem Prospektbegriff der allgemein-zivilrechtlichen Prospekthaftung genügen, schließt § 77 BörsG die Anwendung der diesbezüglichen Prospekthaftungsgrundsätze nicht aus.[600]

243 **4. Prospekthaftung im Freiverkehr.** Für die Einführung von Wertpapieren in den Freiverkehr iSv. § 78 BörsG besteht keine diesbezügliche gesetzliche Prospektpflicht. Kommt es im Zusammenhang mit dem Vertrieb der Wertpapiere gleichwohl zur Verwendung eines Prospekts, so finden auf diesen die Grundsätze der bürgerlichrechtlichen Prospekthaftung Anwendung;[601] für die analoge Anwendung von §§ 45, 46 BörsG ist dagegen kein Raum.[602]

244 Eine Prospektpflicht für die in den Freiverkehr eingeführten Wertpapiere kann sich jedoch nach §§ 1 ff. VerkProspG ergeben;[603] für den in Erfüllung der diesbezüglichen Pflichten veröffentlichten Prospekt wird ausschließlich nach Maßgabe von § 13 VerkProspG gehaftet. Entsprechendes gilt im übrigen für Wertpapiere, die im Telefonhandel oder auf anderen ungeregelten Märkten vertrieben werden.

245 **5. Haftung für den Verkaufsprospekt (nach § 13 VerkProspG).** *a) Grundsatz.* Für Wertpapiere, die erstmals im Inland öffentlich angeboten werden und nicht zum Handel an einer inländischen Börse zugelassen sind, muß der Anbieter, sofern nicht einer der in §§ 2–4 VerkProspG geregelten Ausnahmefälle vorliegt, einen Prospekt, den sog. Verkaufsprospekt, veröffentlichen.[604] Sind Angaben in einem Verkaufsprospekt unrichtig oder unvollständig, so sind die Vorschriften der §§ 45–48 BörsG entsprechend anzuwenden, und zwar im Hinblick auf die Verjährungsregelung des § 47 BörsG mit der Maßgabe, daß die Verjährungsfrist von fünf Jahren mit der Veröffentlichung des Verkaufsprospekts beginnt.

246 *b) Prospektbegriff und Prospektpflicht.* Der Prospekthaftung nach § 13 VerkProspG i. V. m. §§ 45–48 BörsG unterliegt nur der Verkaufsprospekt iSd. § 1 VerkProspG.[605] Ein solcher ist, vorbehaltlich der Ausnahmen der §§ 2–4 VerkProspG, beim erstmaligen öffentlichen Angebot von Wertpapieren zu veröffentlichen. Prospektpflichtig ist derjenige, der die Wertpapiere öffentlich anbietet oder in dessen Namen sie angeboten werden.[606]

247 Zur Beantwortung der Frage, unter welchen Voraussetzungen ein **öffentliches Angebot** anzunehmen sei, schweigt das Gesetz. Auch die EG-Emissionsprospektrichtlinie, deren Umsetzung das VerkProspG dient, weist in ihren sog. Erwägungsgründen darauf hin, es sei „zum gegenwärtigen Zeitpunkt" nicht möglich, eine Definition des Merkmals „öffentliches Angebot" zu geben.[607] In Anlehnung an die Merkmale, wie sie auch zur Umschreibung des Prospektbegriffs iSd. bürgerlichrechtlichen Prospekthaftung verwandt wurden (oben Rdnr. 57 f.), wird man als öffentliches Angebot iSd. § 1 VerkProspG jede *marktbezo-*

---

599 *Baumbach/Hopt,* HGB, (14) BörsG § 77 Rdnr. 1; *Schwark* NJW 1987, 2046; *ders.*, BörsG, § 77 Rdnr. 1.

600 *Schwark,* BörsG, § 77 Rdnr. 2; *Schwark* NJW 1987, 2046; *Baumbach/Hopt,* HGB, (14) BörsG § 77 Rdnr. 1.

601 BGH WM 1993, 1787, 1788. S. a. oben Rdnr. 5 mit Fn. 9.

602 S. dazu schon oben Rdnr. 5. Ebenso *Baumbach/Hopt,* HGB, (14) BörsG § 78 Rdnr. 2; *Schwark,* BörsG, § 78 Rdnr. 6.

603 Etwa *Meyding* DB 1993, 421 f.

604 Zum Hintergrund der Regelung bereits oben Rdnr. 18 f.

605 Im einzelnen dazu bereits oben Rdnr. 53 ff.

606 Einzelheiten hierzu bei *Schäfer* ZIP 1991, 1563.

607 S. o. Fn. 40, S. 8.

gene, d. h. an eine unbestimmte Zahl von Personen gerichtete Ankündigung[608] des Vertriebs von Wertpapieren verstehen dürfen.[609]

Die Weiterleitung von **Bezugsrechtsangeboten** oder die **Benachrichtigung der Aktionäre** über die Zubuchung junger Aktien durch die Depotbank stellt kein öffentliches Angebot iSd. § 1 VerkProspG dar.[610] Werden Wertpapiere, die zunächst durch nicht öffentliches Angebot privat plaziert wurden und damit schon kraft der Bestimmung des § 2 Nr. 2 VerkProspG keine Pflicht zur Veröffentlichung eines Verkaufsprospekts auslösten, von ihrem Inhaber später öffentlich angeboten (sog. **Resales**), so handelt es sich dabei um ein öffentliches Angebot iSd. § 1 VerkProspG,[611] welches (vorbehaltlich der Erfüllung der weiteren Voraussetzungen nach dem VerkProspG) die Prospektpflicht allein des Anbieters und nicht etwa des Emittenten begründet.[612] 248

Von der Pflicht zur Veröffentlichung des Verkaufsprospekts kennt das Gesetz drei Klassen von **Ausnahmen:**[613] 249

(1) Im Hinblick auf die **Art des Angebots** (§ 2 VerkProspG): Ausgenommen sind insoweit Wertpapierangebote, die sich an einen kraft beruflicher oder gewerblicher Geschäftskenntnisse nicht als schutzbedürftig angesehenen oder rein zahlenmäßig begrenzten Personenkreis richten, seitens des Arbeitgebers an derzeitige oder, in ergänzender Leseweise gemäß Art. 2 Ziff. 2 lit. h Emissionsprospektrichtlinie,[614] ehemalige Arbeitnehmer gerichtet sind oder nur ein geringes Emissionsvolumen aufweisen. 250

(2) In bezug auf den **Emittenten der Wertpapiere** (§ 3 VerkProspG): Befreit sind wegen ihrer besonderen Bonität oder anderweitigen Beaufsichtigung die öffentliche Hand, bestimmte internationale Organisationen, inländische und (ihnen unter gewissen Voraussetzungen gleichgestellte) ausländische Kreditinstitute in bezug auf Schuldverschreibungen, sofern sie solche über eine längere Dauer oder wiederholt ausgegeben haben, Kapitalanlagegesellschaften und gewisse Staatsmonopolgesellschaften eines EG-Mitgliedstaats. 251

(3) Im Hinblick auf die emittierten Wertpapiere (§ 4 VerkProspG): Ausgenommen sind unter diesem Aspekt etwa nicht öffentlich oder durch Haustürgeschäfte angebotene Euro-Wertpapiere (nach der Definition in § 4 Abs. 2 VerkProspG); Kleinemissionen von Aktien, welche einer bereits zugelassenen Gattung von Aktien angehören, Aktienzuteilungen aus Gesellschaftsmitteln; Namensaktien ersetzende Zertifikate; aufgrund der Ausübung von Options- oder Wandelschuldverschreibungen ausgegebene Wertpapiere, sofern für erstere ein vollständiger Prospekt veröffentlicht wurde; anläßlich eines Umtauschangebots oder einer Unternehmensverschmelzung angebotene Papiere; Schuldverschreibungen mit einer weniger als einjährigen Laufzeit. 252

Des weiteren **entfällt die Pflicht zur Veröffentlichung** eines Verkaufsprospekts, wenn die fraglichen Wertpapiere zum Zeitpunkt des erstmaligen öffentlichen Angebots bereits 253

---

608 Der Begriff des Angebots ist nicht im rechtsgeschäftlichen Sinne zu verstehen, sondern umfaßt auch jede Form einer Aufforderung zur Abgabe eines Angebots; vgl. Begründung RegE BT-Drucks. 11/6340, S. 1, 11.

609 Begründung RegE BT/Drucks. 11/6340, S. 11; *Carl/Machunsky,* Wertpapier-Verkaufsprospekt, S. 34; *Meyding* DB 1993, 419; *Schäfer* ZIP 1991, 1559 f. (zugleich zu zahlreichen weiteren Einzelheiten).

610 Begründung RegE BT/Drucks. 11/6340, S. 11; *Waldeck/Süßmann* WM 1993, 364 f.

611 *Carl/Machunsky,* Wertpapier-Verkaufsprospekt, S. 34 f.; *Meyding* DB 1993, 419; *Schäfer* ZIP 1991, 1560 f.; *Waldeck/Süßmann* WM 1993, 363.

612 Ebenso *Schäfer* ZIP 1991, 1561. A. A. *Waldeck/Süßmann* WM 1993, 363 und allgemein *Hopt,* Verantwortlichkeit, Rdnr. 133.

613 Die Begründung RegE BT-Drucks. 11/6340, 10, 11 f., rechtfertigt diese als Ergebnis einer Abwägung zwischen Gesichtspunkten des Anlegerschutzes und der Deregulierung der Finanzmärkte (in Gestalt der Offenhaltung des Marktzugangs und der Minimierung von Zugangskosten). Zu den Ausnahmen im einzelnen ebd., S. 11 ff. Ferner *Carl/Machunsky,* Wertpapier-Verkaufsprospekt, S. 36 ff.; *Schäfer* ZIP 1991, 1561 ff.

614 S. o. Fn. 40.

zum Handel an einer inländischen Börse[615] **zugelassen** sind.[616] Die Publikumsinformation geht dann regelmäßig vom Börsenzulassungsprospekt oder vom Unternehmensbericht aus. Doch selbst wenn die Börsenzulassung der fraglichen Wertpapiere an einem der börslichen Märkte ohne Veröffentlichung eines Börsenzulassungsprospekts oder Unternehmensberichts möglich ist,[617] fehlt es mit dem Vollzug der Zulassung an einem die Prospektpflicht nach § 1 VerkProspG auslösenden Tatbestandsmerkmal.[618] Man mag es bedauern, daß der Gesetzgeber, in Übereinstimmung mit den Vorgaben der EG-Emissionsprospektrichtlinie,[619] inhaltlich keine über die Zulassungspublizität hinausgehende Emissionspublizität begründete, doch ist dies schwerlich im Wege einer anderweitigen Auslegung des Gesetzestextes zu korrigieren.

254 Auch der **Wertpapierbegriff** des § 1 VerkProspG ist gesetzlich nicht näher umschrieben. Der Zielsetzung des Gesetzes entsprechend wird zur Ausfüllung dieses Merkmals im Schrifttum durchweg ein weiter Wertpapierbegriff zugrundegelegt.[620] Danach ist ein Wertpapier eine Urkunde, deren Innehabung zur Geltendmachung des in ihr verbrieften Rechts erforderlich ist.[621]

255 *c) Inhalt des Verkaufsprospekts.* Die inhaltlichen Anforderungen an den Verkaufsprospekt hängen davon ab, ob hinsichtlich der öffentlich angebotenen Papiere gleichzeitig die Zulassung zur amtlichen Notierung an einer inländischen Börse (amtlicher Markt) beantragt wurde oder nicht:

256 Ist ein **Antrag auf Börsenzulassung gestellt,** ist die Veröffentlichung eines in Form und Inhalt dem Börsenzulassungsprospekt entsprechenden Verkaufsprospekts erforderlich (§ 5 VerkProspG i. V. m. § 38 Abs. 1 Nr. 2, Abs. 2 BörsG, §§ 13–40, 47 BörsZulVO).

257 In **allen anderen Fällen** verlangt das Gesetz einen Verkaufsprospekt, der inhaltlich weitgehend den Anforderungen an den Unternehmensbericht entspricht, welcher im Geregelten Markt als Prospektsubstitut dient. Die Einzelheiten regelt die (aufgrund der Ermächtigung des § 7 Abs. 2 VerkProspG erlassene) VerkProspVO. Die dieser vorgehende Bestimmung des § 7 Abs. 1 VerkProspG, welche den gebotenen Prospektinhalt generalklauselartig auf sämtliche Angaben erstreckt, „die notwendig sind, um dem Publikum ein zutreffendes Urteil über die Emittenten und die Wertpapiere zu ermöglichen", mag den Prospektpflichtigen daran erinnern, daß zum Zwecke der Erfüllung dieser Anforderung im Einzelfall mehr an Information erforderlich sein kann, als dies die einschlägigen Vorgaben der VerkaufsprospektVO gebieten.

258 *d) Haftung.* Hinsichtlich der Einzelheiten der Prospekthaftung für einen Verkaufsprospekt kann aufgrund der Verweisung des § 13 VerkProspG auf die entsprechend anwendbaren §§ 45–48 BörsG auf die Ausführungen zur börsengesetzlichen Prospekthaftung Bezug genommen werden. **Adressat der Prospekthaftung** ist, wer, je nach der Form der Emission, als Anbieter der Wertpapiere (d. h. als Prospektpflichtiger, s. o. Rdnr. 246) den Verkaufsprospekt veröffentlicht. Eine Haftung für den Verkaufsprospekt nach Maßgabe der bürgerlichrechtlichen Prospekthaftung ist neben derjenigen aus § 13 VerkProspG ausgeschlossen.[622]

---

[615] Erfaßt sind damit die Zulassung zum amtlichen und zum geregelten Markt, nicht aber die zum Freiverkehr. *Schäfer* ZIP 1991, 1559; *Waldeck/Süßmann* WM 1993, 362.

[616] *Carl/Machunsky,* Wertpapier-Verkaufsprospekt, S. 35; *Meyding* DB 1993, 421; *Waldeck/Süßmann* WM 1993, 362.

[617] Beispiele dazu bei *Schäfer* ZIP 1991, 1559; *Waldeck/Süßmann* WM 1993, 362.

[618] *Schäfer* ZIP 1991, 1559; *Waldeck/Süßmann* WM 1993, 362. A. A. *Meyding* DB 1993, 421; *Süßmann* EuZW 1991, 210, 211.

[619] Vgl. Art. 1 Abs. 1 der Richtlinie (Fn. 40).

[620] *Carl/Machunsky,* Wertpapier-Verkaufsprospekt, S. 32 f.; *Meyding* DB 1993, 419; *Schäfer* ZIP 1991, 1558 f.

[621] Etwa *Zöllner,* Wertpapierrecht, 14. Aufl. 1987, S. 15 ff. (18).

[622] *Waldeck/Süßmann* WM 1993, 367.

§ 8 Der Straftatbestand des Kapitalanlagebetrugs (§ 264 a StGB) als Grundlage der zivilrechtlichen Prospekthaftung

Übersicht

Schrifttum: S. § 7.

I. Die Bedeutung des Strafrechts für den Anlegerschutz

1 Für erhebliche Aufregung auf dem „freien" Kapitalmarkt[1] hat die Einfügung des Tatbestandes „Kapitalanlagebetrug" (§ 264 a) in das Strafgesetzbuch zum 1. 8. 1986 durch das Zweite Gesetz zur Bekämpfung der Wirtschaftskriminalität[2] gesorgt, nachdem Versuche der beteiligten Wirtschaftsverbände, die Regelung doch noch zu Fall zu bringen,[3] gescheitert waren. Aber auch in der juristischen Anlegerschutzdiskussion nahm das Strafrecht plötzlich eine dominierende Position ein, wobei sich die Stellungnahmen keineswegs auf den neuen Tatbestand „Kapitalanlagebetrug" beschränkten. Vielmehr drängte sich – zumindest teilweise – der Eindruck auf, daß mit der Einfügung von § 264 a StGB überhaupt erst die strafrechtlichen Risiken bei Anlagevermittlung und -vertrieb entdeckt wurden. So hatte es vor der Verabschiedung des 2. WiKG, sieht man einmal von dem Teilbereich der Warentermingeschäfte ab, der auch schon zuvor Gegenstand zahlreicher Erörterungen war, kaum Stellungnahmen zu den strafrechtlichen Folgen auf Täuschung und gezielte Schädigung der präsumtiven Anleger ausgerichteter Akquisitionstechniken gegeben, obwohl auch und gerade in der Vergangenheit sog. Vermögensvernichtungsangebote zahlreich anzutreffen waren,[4] wie insbesondere die zivilrechtliche Judikatur zur Prospekthaf-

---

[1] Zur Terminologie *Worms,* Anlegerschutz, S. 1 f. m. w. N.

[2] BGBl. I 1986, S. 721 ff.

[3] So hatte beispielsweise der Verband zur Förderung von Privatinvestitionen e. V. noch zur Bundesratssitzung am 18. 4. 86, in der der Bundesrat dem 2. WiKG zustimmte, eine ablehnende Stellungnahme übersandt.

[4] Zum Schadensumfang vgl. *Worms,* Anlegerschutz, S. 105 ff. m. w. N.

tung eindrucksvoll dokumentiert. Während Anspruchsgrundlage für ein Schadenersatz zusprechendes Urteil hier jedoch nur in Ausnahmefällen § 823 Abs. 2 BGB i. V. m. § 263 StGB als Schutzgesetz war und strafrechtliche Verurteilungen einer breiteren juristischen Öffentlichkeit kaum bekannt wurden,[5] findet nunmehr auch § 263 StGB und insbesondere § 4 UWG verstärkte Beachtung, wobei letzterem sogar die Funktion eines Auffangtatbestandes gegenüber § 264 a StGB zugeschrieben wurde bzw. wird.[6] Dies ist um so erstaunlicher, als es gerade die Unzulänglichkeiten des bis dato geltenden Rechts waren, die den Gesetzgeber zur Schaffung eines Tatbestandes „Kapitalanlagebetrug" veranlaßt hatten.[7] Als Datum bleibt jedenfalls festzuhalten, daß die Einfügung von § 264 a StGB bei allen Beteiligten eine Initialzündung bewirkt hat, soweit es strafrechtliche Risiken bei Anlagekonzeption und -vertrieb anbelangt.

2 Bereits hier sei jedoch die Frage angesprochen, ob das Strafrecht tatsächlich eine nachhaltige Rolle im Rahmen des Anlegerschutzes spielen wird bzw. überhaupt spielen kann oder nicht nur wie bisher zur Ahndung besonders krasser Fälle beitragen wird. So reagierte die Kapitalanlagebranche auf die Einfügung von § 264 a StGB zwar anfangs ausgesprochen heftig, wie die Veranstaltung einer Vielzahl von Seminaren belegt.[8] Ferner wurde alsbald von der Kapitalanlage – Informationszentrum GmbH, Oberursel, ein ergänzender **Prospektinhaltskatalog** veröffentlicht,[9] um der veränderten Rechtslage Rechnung zu tragen, und kurz darauf erschien der **IdW-Katalog** ebenfalls in überarbeiteter Form.[10] Grund für diese Aktivitäten war die im Hinblick auf § 264 a StGB in der Branche wohl auch heute noch bestehende Befürchtung, nunmehr könnten plötzlich auch „seriöse" Anbieter mit dem Strafrecht in Konflikt geraten,[11] sowie die Angst vor anonymen Strafanzeigen als Mittel zur Verdrängung unliebsamer Mitbewerber.[12] Angestrebt war mit diesen Maßnahmen, insbesondere dem vom Kapitalanlage-Informationszentrum vorgelegten ergänzenden Prospektinhaltskatalog, dementsprechend vor allem eine formale Absicherung gegenüber strafrechtlicher Verfolgung, während der IdW-Katalog schon zuvor als Anhaltspunkt für die Prospektgestaltung verwandt wurde, um so die zivilrechtlichen Haftungsrisiken zu minimieren.

3 Mehr als diese rein formale Absicherung dürfte nach der heute wohl gängigen Branchenmeinung – die im übrigen aber so, wie noch zu zeigen sein wird,[13] nicht zutrifft – den an § 264 a StGB orientierten Checklisten nicht zukommen. Maßgebend ist heutzutage vielmehr nach dem nunmehr von der Deutschen Finanzdienstleistungs-Informationszentrum GmbH als Nachfolgerin der Kapitalanlage-Informationszentrum GmbH herausgegebenen Gerlach-Report für die Beurteilung eines Anlageangebots die Leistungsbilanz des Initiators.[14] Der zweite neben dem Gerlach-Report für diesen Marktsektor einschlägige Brancheninformationsdienst „Kapital-Markt-Intern" sieht in § 264 a StGB ebenfalls nur eine formale Vorschrift und stellt für die Bewertung der angebotenen Objekte Konzeption

[5] Laut *Samson,* Steuerbegünstigte Kapitalanlagen, S. 131, 139 soll es allerdings eine ganze Reihe von erstinstanzlichen Urteilen geben, in denen auch die Vertreiber und Initiatoren steuerbegünstigter Kapitalanlagen wegen Betruges verurteilt worden sind; vgl. ferner *Kaligin* WPg 1985, 194, 196.

[6] So vor allem *Richter* wistra 1987, 117.

[7] So die Entwurfsbegründung, BT-Drucks. 10/318, S. 21 f.

[8] *Richter* wistra 1987, 117 mit dem zutreffenden Hinweis, daß dies angesichts der langen Vorlaufzeit von § 264 a StGB – dazu unten Rdnr. 34 f. – eigentlich erstaunlich ist.

[9] Abgedruckt in: *Bihr/Jahrmarkt/Knapp,* Vorteilhafte Geldanlagen, Gruppe 9/C, S. 41 ff.

[10] Stellungnahme WFA 1/87; hierzu auch oben § 7 Rdnr. 80.

[11] Diese Befürchtung geht auf *Gerlach,* Vorteilhafte Geldanlagen, Gruppe 2, S. 2786, 2788 zurück; hierzu auch *Grotherr* DB 1986, 2584 sowie *Pabst,* Rechtliche Risiken, S. 1.

[12] Hierzu *Grotherr* DB 1986, 2584; *Schönke/Schröder/Cramer,* StGB, 24. Aufl., § 264 a Rdnr. 2.

[13] Dazu unten Rdnr. 77.

[14] Der Leistungs-Bilanz Fragekatalog ist abgedruckt in: Vorteilhafte Geldanlagen, Gruppe 9/C, S. 49 ff.; eingehend zu dem damit verfolgten Anlegerschutz-System, *Gerlach,* Vorteilhafte Geldanlagen, Gruppe 6, S. 17 ff.; ferner *Grotherr* DB 1988, 1001 f.

und Wirtschaftlichkeit in den Vordergrund, wenn es dort heißt: „Nach unserer Meinung ist eine Bewertung allein der formalen Kriterien nach § 264 a StGB zu wenig. Sie sagt nämlich nichts über Wert und Wirtschaftlichkeit des jeweiligen Angebots aus. Entscheidend für Anleger wie für den Vertrieb ist jedoch, ob das Objekt auf der Grundlage der Prospektangaben langfristig den versprochenen wirtschaftlichen Erfolg erwarten läßt. Formelle Fehler sind ggf. leicht zu reparieren, nachhaltig fehlende Wirtschaftlichkeit dagegen so gut wie nie!“ Zwar finden sich in den jeweiligen Prospekt-Checks daneben auch Hinweise auf Prospektfehler und Prospektlücken, maßgebend für die Bewertung ist jedoch vor allem die Leistungsbilanz oder die Orientierung an Konzeption und Wirtschaftlichkeit, wobei unterstellt wird, daß dieser Bereich nicht mehr durch § 264 a StGB abgedeckt ist.

Gerade die letztgenannten Punkte zählen indes zum Kernbereich des nach § 264 a StGB angabepflichtigen Prospektinhalts,[15] und auch der sicherlich sinnvolle Blick auf die Leistungsbilanz des jeweiligen Initiators bzw. der Vertriebsgesellschaft kann die Bewertung des konkreten Angebotes nur abrunden i. S. einer Bonitäts- respektive Glaubwürdigkeitsprüfung. Die Zielsetzung und die Reichweite der Vorschrift des § 264 a StGB werden hier also offensichtlich mißverstanden, zumindest aber nicht ernst genug genommen. 4

Dies liegt sicherlich nicht zuletzt an der nach wie vor zu beobachtenden äußersten Zurückhaltung der Strafverfolgungsbehörden. Obwohl praktisch in jeder Ausgabe des Gerlach-Reports oder von Kapital-Markt-Intern im Rahmen der Prospekt-Checks auf erhebliche Prospektfehler und -lücken bei einzelnen Angeboten hingewiesen wird, die im übrigen keineswegs nur formaler Natur sind, werden – soweit ersichtlich – allenfalls in Ausnahmefällen gegen die betreffenden Verantwortlichen Ermittlungsverfahren eingeleitet.[16] 5

Dies mag sicher nicht zuletzt daher rühren, daß bei den zuständigen Wirtschaftsstaatsanwaltschaften die einschlägigen Brancheninformationsdienste häufig nicht verfügbar sind. Dem Legalitätsprinzip wird in diesem Bereich jedenfalls nach wie vor nicht genüge getan, da entsprechende Hinweise in vorgenannten Brancheninformationsdiensten praktisch immer einen Anfangsverdacht i. S. von § 152 Abs. 2 StPO begründen dürften. Daneben spielt aber auch und gerade auf dem Gebiet des Strafrechts in diesem Zusammenhang der Umstand oder besser gesagt das Vorurteil, die betroffenen Anleger seien nicht besonders schutzwürdig,[17] eine wichtige Rolle. Dieser vor allem in der Vergangenheit zu beobachtende Topos dürfte noch längst nicht bei allen Staatsanwälten überwunden sein. 6

II. Unzulänglichkeiten des vor Inkrafttretens von § 264 a StGB geltenden Rechts

Eine Schlüsselposition im Rahmen der strafrechtlichen Aufarbeitung und Ahndung von auf Schädigung der Anleger abzielenden Anlageangeboten nahm vor der Einführung von § 264 a StGB der Betrugstatbestand (§ 263 StGB) ein. Diese zentrale Bedeutung wird, wie noch zu zeigen ist,[18] § 263 StGB auch weiterhin zukommen, da § 264 a StGB zum einen nur einen **Teilbereich** der angebotenen Anlageformen erfaßt und zum anderen im Falle einer bereits eingetretenen Schädigung des Anlegers aufgrund des Legalitätsprinzips im Rahmen der Ermittlungen auch immer eine Strafbarkeit wegen Betruges geprüft werden muß. Demgegenüber spielte der Untreuetatbestand, da es primär um schwindelhafte Vertriebspraktiken geht, nur am Rande eine Rolle und wird auch weiterhin lediglich für 7

---

15 Dazu unten Rdnr. 77.

16 Einen Überblick über die nur geringe praktische Relevanz von § 264 a StGB bietet Martin, Commodities Fraud, S. 175 ff., demzufolge von weniger als 10 Verurteilungen pro Jahr seit Inkrafttreten der Vorschrift auszugehen ist.

17 Hierzu *Worms,* Anlegerschutz, S. 245 ff., 274.

18 Dazu unten Rdnr. 63, 99.

Schädigungen der Anleger im Rahmen der Vermögensverwaltung die einschlägige Norm sein. Faktisch ohne Belang sind schließlich für die vorliegende Problematik sonstige Tatbestände des StGB – beispielsweise Unterschlagung oder die Konkursstraftaten – sowie die Normen des Nebenstrafrechts, sieht man einmal vom Teilbereich der Termingeschäfte ab, der noch gesondert zu behandeln sein wird.[19]

8 **1. Betrug nach § 263 StGB.** Eine Strafbarkeit wegen Betruges setzt voraus, daß der Anleger infolge einer Täuschung über Tatsachen einem entsprechenden Irrtum erliegt, über sein Vermögen verfügt und hierdurch einen Vermögensschaden erleidet, also – vereinfacht ausgedrückt – eine gemessen am Kaufpreis minderwertige Kapitalanlage erwirbt. Weiterhin muß der Täter in Kenntnis und Billigung dieser Umstände sowie mit der Absicht gehandelt haben, sich oder einen anderen rechtswidrig zu bereichern. Abgesehen von dem Erfordernis der Vermögensverfügung wirft die Subsumtion unter vorstehend genannte Tatbestandsmerkmale zahlreiche Probleme und Zweifelsfragen auf.[20]

9 *a) Täuschung.* Schwierigkeiten bereitet häufig bereits der Nachweis einer Täuschung über Tatsachen.[21] Allgemein anerkannt ist insoweit die Definition, daß unter Tatsachen alle konkreten gegenwärtigen oder vergangenen Geschehnisse oder Zustände der Außenwelt und des menschlichen Innenlebens – letztere werden als sog. innere Tatsachen bezeichnet – fallen.[22] Keine Tatsachen i. S. von § 263 StGB stellen demgegenüber Werturteile oder Meinungsäußerungen sowie in der Zukunft liegende Vorgänge dar.[23] Trotz dieses an sich klaren Ausgangspunktes kann die Abgrenzung im Einzelfall indes ausgesprochen problematisch sein, da auf den ersten Blick als Werturteil einzustufende Äußerungen dann noch als Tatsachen i. S. von § 263 StGB angesehen werden, wenn sie einen objektivierbaren Tatsachenkern enthalten oder hinter dem Werturteil auch Tatsachenbehauptungen stehen.[24]

10 Hieraus wird teilweise gefolgert, daß als tatbestandsrelevante Täuschung nur solche Meinungsäußerungen oder Werturteile entfallen, die erkennbar auf keinerlei Tatsachengrundlage verweisen, mit der weiteren Konsequenz, daß der Nachweis einer Täuschung über Tatsachen im hier interessierenden Zusammenhang im Regelfall kaum mehr Schwierigkeiten bereiten dürfte.[25] Vereinfacht ausgedrückt ließe sich dies dahingehend zusammenfassen, daß bei Prospektangaben im Zweifel immer eine Tatsachenbehauptung vorliegt, da die Prospekte regelmäßig die einzige Grundlage für die Anlageentscheidung bilden und dementsprechend zumindest dem äußeren Anschein nach eine sachbezogene Aufklärung des präsumtiven Anlegers beinhalten.

11 Vorstehende Betrachtungsweise ist jedoch insofern zu einfach, als auch eine weite Auslegung des Tatsachenbegriffs nicht von der Pflicht entbindet, im Falle von sog. Werturteilen mit Tatsachenkern oder hinter den Werturteilen stehenden Tatsachen jeweils die **konkrete** hinter dem Werturteil stehende Tatsache oder den konkreten Tatsachenkern zu benennen. Berücksichtigt man weiterhin, daß es bei den angebotenen Kapitalanlagen häufig um ausgesprochen komplexe Sachverhalte geht, ist das Herausfiltern einer konkreten Tatsachentäuschung keineswegs immer oder auch nur in der Mehrzahl der Fälle gewährleistet.

---

[19] Dazu unten § 9.

[20] Eingehend hierzu *Worms,* Anlegerschutz, S. 176 ff.; ferner *Joecks,* Kapitalanlagebetrug, Rdnr. 279 ff.; da die Einzelmerkmale des Betrugstatbestands ausgesprochen umstritten sind, kann nachfolgend eine ausführliche Auseinandersetzung mit den einzelnen Positionen nicht erfolgen. Vielmehr sollen lediglich die Grundzüge dargestellt werden, soweit möglich allerdings auch mit einer kurzen Erörterung abweichender Auffassungen.

[21] A. A. *Otto* WM 1988, 729, 731, der den Tatsachenbegriff sehr weit faßt.

[22] Vgl. nur *Schönke/Schröder/Cramer,* StGB, § 263 Rdnr. 8 ff. m. w. N.

[23] Dies ist ebenfalls allgemein anerkannt, vgl. nur *Dreher/Tröndle,* StGB, 46. Aufl., § 263 Rdnr. 2, 4; *Schönke/Schröder/Cramer,* StGB, § 263 Rdnr. 9 f.; auch *Otto* WM 1988, 729, 731.

[24] *Schönke/Schröder/Cramer,* StGB, § 263 Rdnr. 9; ferner *Otto* WM 1988, 729, 731.

[25] So insbesondere *Otto* WM 198, 729, 731.

Als Beispiel sei nur das regelmäßig verfälschend[26] gebrauchte Schlagwort der **Steuerersparnis** angeführt. Abgesehen von dem Umstand, daß es sich hierbei um eine „zukünftige Tatsache“ handelt, läßt sich dieser nur pauschal[27] gebrauchte Begriff kaum in konkrete Einzeltatsachen aufspalten, zumal sich der jeweils zu erzielende Steuervorteil nach den individuellen Gegebenheiten beim Anleger, z. B. dessen Spitzensteuersatz, richtet. 12

Eine entsprechende Problematik besteht bei den sog. **zukünftigen** Tatsachen. Hierzu zählen neben den bereits erwähnten Steuervorteilen insbesondere Aussagen über Gewinnchancen sowie Renditeprognosen. Zwar mag man in diesem Fall über den Umweg der sog. inneren Tatsachen doch noch zu einer tatbestandsrelevanten Täuschung gelangen, indem man auf die – gegenwärtige – Überzeugung des Initiators oder Vermittlers der Kapitalanlage vom Eintritt der Prognosen abstellt, steht hiermit aber gleich vor zwei weiteren Problemen. Zum einen dürfte nämlich allenfalls in krassen Fällen das Fehlen einer entsprechenden Überzeugung auch nachzuweisen sein[28] und zum anderen ergibt sich, selbst wenn dies gelingen sollte, ein Kausalitätsproblem. Beweggrund für den Anlageerwerb ist auf Seiten des Anlegers regelmäßig nicht das Vertrauen auf die innere Überzeugung des Initiators bzw. Vermittlers von der Werthaltigkeit oder Rendite der angebotenen Anlage, sondern die versprochene Rendite selbst, also die zukünftige „Tatsache“, so daß es an der erforderlichen Kausalität zwischen Täuschung bzw. Irrtum und Vermögensverfügung fehlt. Hinzu kommt, daß es gerade die Aussagen zur Werthaltigkeit und die Renditeprognosen sind, aufgrund derer der im Regelfall unerfahrene Anleger seine Anlageentscheidung trifft, während er mit den „nackten“ Zahlen, Daten und Fakten regelmäßig gar nichts anzufangen weiß.[29] 13

Einen weiteren Problembereich auf der Täuschungsebene stellt die Abgrenzung zwischen **konkludenter** Täuschung und unterlassener Aufklärung dar. Diese gewinnt deshalb eine nicht unerhebliche Bedeutung, weil im Rahmen von § 263 StGB an die eine Aufklärungspflicht begründende Garantenpflicht strenge Anforderungen gestellt werden. So besteht im Strafrecht weitgehende Einigkeit darüber, daß zwar ebenso wie im Zivilrecht der Grundsatz von Treu und Glauben eine Aufklärungspflicht begründen kann, ebenso einig ist man sich jedoch, daß es sich hierbei um eng begrenzte Ausnahmefälle handelt, die zudem ein besonderes Vertrauensverhältnis voraussetzen.[30] Die zivilrechtliche Judikatur zur Prospekthaftung läßt sich daher nicht ohne weiteres in das Strafrecht transferieren, insbesondere nicht, soweit es um lediglich typisierte Vertrauensverhältnisse, also die Prospekthaftung im engeren Sinne, geht. 14

Im Ergebnis wird man daher lediglich im Rahmen der **Anlageberatung** auch zu einer strafrechtlich relevanten Aufklärungspflicht gelangen, wobei die entsprechende Garantenpflicht dann aus dem Beratungsvertrag resultiert. Auch in diesem Fall besteht aber keine grenzenlose Beratungspflicht, sondern der Anleger muß lediglich ein zutreffendes Bild von den Chancen und Risiken der betreffenden Kapitalanlage erhalten. Hierzu zählt jedoch nicht die Angemessenheit der Gegenleistung, also des Kaufpreises, da § 263 StGB insoweit vom Prinzip der wirtschaftlichen Eigenverantwortlichkeit ausgeht.[31] Überhöhte Konzeptions- und Vertriebskosten können daher einen Betrugsvorwurf regelmäßig nicht begründen, es sei denn, es werden insoweit explizit unrichtige Angaben zu den einzelnen Kostenpunkten gemacht. 15

---

26 Verfälschend deshalb, weil es sich bei den erzielbaren Steuervorteilen regelmäßig nicht um eine reale Ersparnis handelt, sondern lediglich um eine zeitliche Verschiebung der Steuerzahlungspflicht, hierzu *Worms,* Anlegerschutz, S. 33 m. w. N.

27 Etwas anderes gilt dann, wenn Berechnungsbeispiele falsch sind, insbesondere nicht die Anerkennungspraxis der Finanzverwaltung bzw. die einschlägige Rechtsprechung berücksichtigt werden.

28 Dies übersieht *Otto* WM 1988, 729, 731; wie hier *Joecks,* Kapitalanlagebetrug, Rdnr. 287.

29 *Worms* wistra 1987, 242, 243; vgl. auch *Otto* WM 1988, 729, 732: Der wesentliche Kern der kriminellen Praktiken liegt in der Täuschung über Entwicklungschancen und künftigen Wert.

30 *Dreher/Tröndle,* StGB, § 263 Rdnr. 13; *Schönke/Schröder/Cramer,* StGB, § 263 Rdnr. 22 ff.

31 Eingehend hierzu *Worms,* Anlegerschutz, S. 187.

16 Gerade, wenn es um den Wert der Leistungen geht, die der Anleger für sein Geld erhält, hilft der Betrugstatbestand also regelmäßig nicht weiter. Dies gilt im übrigen nicht nur für den Bereich der unterlassenen Aufklärung, sondern auch für die konkludente Täuschung.[32] Von besonderem Interesse ist dies für die **prospektierte Verlustzuweisung,** wenn die entsprechende Verlustzuweisungsquote aus unnützen Aufwendungen resultiert. Hier enthält die der Verlustzuweisung zugrunde liegende Berechnung nicht gleichzeitig die Erklärung, die einzelnen Beträge seien auch wirtschaftlich vernünftig oder angemessen.[33] Aber auch ansonsten wird man regelmäßig lediglich dann zu der Annahme einer konkludenten Täuschung gelangen, wenn für die entsprechende Anlageform mittlerweile bestimmte Konzeptionsmuster Mindeststandard sind und durch die Abweichung hiervon für den Anleger Sonderrisiken entstehen, mit denen er ansonsten nicht zu rechnen brauchte. Bei den Angeboten am freien Kapitalmarkt werden jedoch häufig neue Wege beschritten, so daß atypische Besonderheiten des jeweiligen Angebots nicht ohne weiteres als konkludente Täuschung über die typischen Umstände des jeweiligen Geschäftes qualifiziert werden können.[34]

17 Darüber hinaus muß auch im Bereich der konkludenten Täuschung dargelegt werden, welche **konkrete** Tatsache als miterklärt gelten soll. Die Auffassung, wer durch die Darstellung von Risiken und Chancen den Eindruck erwecke, er informiere umfassend über diese Vertragselemente, während er in Wirklichkeit nur über ausgewählte Teile informiert, täusche über die wirklichen Risiken und Chancen dieses Geschäfts durch konkludentes Tun,[35] ist daher eine unzutreffende Pauschalierung, die letztlich die Unterscheidung zwischen konkludenter Täuschung und Täuschung durch Unterlassen eliminiert und statt dessen die c. i. c.-Haftung ins Strafrecht transferiert. Von einer konkludenten Täuschung kann deshalb nur dann die Rede sein, wenn die verschwiegenen Tatsachen mit den tatsächlich gemachten Angaben in einem unmittelbaren Zusammenhang stehen, wobei als Richtschnur gilt, daß je vager und lückenhafter die im Prospekt enthaltenen Informationen sind, desto weniger eine Tatsache als miterklärt angesehen werden kann.[36]

18 Die nach wie vor gültige Aussage von *Schmeding,*[37] daß vieles von dem, was ein Beteiligungsprospekt nicht sagt, für den Anleger häufig bedeutsamer wäre als das, was gesagt wird, besitzt im Rahmen des § 263 StGB also wesentlich mehr Brisanz als bei der zivilrechtlichen Prospekthaftung.

19 *b) Irrtum.* Weitere Probleme ergeben sich auf der Irrtumsebene. Zwar wird sich bei Vorliegen einer Täuschung regelmäßig auch ein Irrtum des Anlegers nachweisen lassen, doch darf dieser gerade im Bereich der unterlassenen Aufklärung nicht ohne weiteres einfach unterstellt werden. Der in diesem Zusammenhang gelegentlich in Urteilen anzutreffende Hinweis auf das wahrscheinliche Verhalten mit gewöhnlicher wirtschaftlicher Vernunft begabter Personen[38] – diese hätten bei Kenntnis der tatsächlichen Umstände vom Erwerb der Kapitalanlage Abstand genommen – sagt insoweit nur, daß das Fehlen eines positiven Wissens von diesem Umstand wohl ursächlich für die Verfügung des Anlegers war, nicht aber, daß dieser sich auch i. S. einer **positiven Fehlvorstellung** geirrt hat.[39] Insbesondere liegt bei sog. Blindzeichnern kein Irrtum vor, da ein Kapitalanleger, der ohne Lektüre des Prospektes eine Beteiligung eingeht, den Prospektinhalt gerade nicht zur

[32] *Joecks,* Kapitalanlagebetrug, Rdnr. 295 f.; a. A. *Otto* WM 1988, 729, 731.

[33] *Joecks,* Kapitalanlagebetrug, Rdnr. 246 mit dem zutreffenden Hinweis, daß bei § 264 a StGB eine andere Beurteilung geboten sein kann.

[34] So aber *Otto* WM 1988, 729, 731.

[35] So *Otto* WM 1988, 729, 731.

[36] *Worms,* Anlegerschutz, S. 181.

[37] BB 1978, 735, 738.

[38] So z. B. OLG München NJW 1980, 794 f.

[39] Eingehend zu dieser Problematik *Worms,* Anlegerschutz, S. 189 m. w. N.

Grundlage seiner Entscheidung macht,[40] also nicht der für einen Irrtum erforderlichen positiven Fehlvorstellung erliegt.

20 *c) Vermögensschaden.* Nachweisschwierigkeiten gibt es weiterhin auch auf der Schadensebene. Beim täuschungsbedingten Erwerb von Kapitalanlagen handelt es sich regelmäßig um die Konstellation eines **Eingehungsbetruges.**[41] Der Schaden liegt also bereits mit Vertragsabschluß vor. Hingegen ist es unerheblich, wie sich die betreffende Kapitalanlage wirtschaftlich entwickelt, ob sie also den versprochenen bzw. erwarteten Ertrag abwirft oder zum finanziellen Fiasko führt.[42] Nachweisschwierigkeiten ergeben sich hier vor allem aus folgendem Umstand: Häufig offenbart sich der Schaden erst lange Zeit nach dem Erwerb bzw. der Zeichnung der Kapitalanlage. Dadurch wird der Wertvergleich, insbesondere die Feststellung des Wertes der Kapitalanlage zum Zeitpunkt der Vermögensverfügung (des Erwerbs), erheblich erschwert, da sich rückblickend die den Wert der Anlage zum Zeitpunkt des Erwerbs bestimmenden Faktoren – diese sind, da es hier vor allem um die erzielbaren Steuervorteile, die Ertragsaussichten etc. geht, auch bei zeitnahen Ermittlungen schon mit Schwierigkeiten zu bewerten – kaum mehr zutreffend beurteilen lassen,[43] wobei insbesondere allein aus dem späteren Zusammenbruch der Gesellschaft noch nicht auf die geringe Werthaltigkeit bereits zum Zeitpunkt des Beitritts des Anlegers geschlossen werden kann.[44] Auch auf der Schadensebene gelten im Strafrecht also strengere Anforderungen als im Zivilrecht, da ein betrugsrelevanter Vermögensschaden nur dann vorliegt, wenn im Rahmen der Saldierung von Leistung und Gegenleistung der Wert der erworbenen Kapitalanlage hinter dem Kaufpreis zurückbleibt. Nur dieser Differenzbetrag stellt auch den Vermögensschaden im Rahmen des § 263 StGB dar.

21 Das Zivilrecht hat es hier, abgesehen von der Problematik der Vorteilsausgleichung,[45] insofern einfacher, als im Rahmen der Prospekthaftung das **negative Interesse** ersetzt, der Anleger also so gestellt wird, wie er ohne Verletzung der Aufklärungspflicht gestanden hätte (dann hätte er die betreffende Kapitalanlage nicht erworben), mit der Konsequenz, daß der Anleger grundsätzlich den gesamten angelegten Betrag zurückerhält,[46] zumal auch die zivilrechtliche Fragestellung der Vorteilsausgleichung ganz anderen Regeln folgt als die im Strafrecht geforderte Saldierung von Leistung und Gegenleistung.

22 Anders als im Zivilrecht dürfte daher im Strafrecht lediglich in Ausnahmefällen der gesamte vom Anleger eingezahlte Betrag den betrugsrelevanten Schaden darstellen.[47] Insbesondere läßt sich nicht generell über die Unerfahrenheit des Anlegers ein Vermögensschaden i. S. von § 263 StGB unter dem Gesichtspunkt der schadensgleichen Vermögensgefährdung bzw. des persönlichen Schadenseinschlages begründen,[48] da insoweit eine bewußte Selbstschädigung vorläge, die für einen Betrugsvorwurf nicht ausreicht.[49]

23 *d) Vorsatz und Bereicherungsabsicht.* Weitere Nachweisschwierigkeiten können sich im Rahmen des subjektiven Tatbestandes ergeben, wobei hierin häufig sogar die zentrale Pro-

---

[40] A. A. *Kaligin* HdB 4900 Rdnr. 22.

[41] Vgl. BGHSt. 30, 388 f.; *Möhrenschlager* wistra 1982, 201, 205; *Worms,* Anlegerschutz, S. 191.

[42] *Jaath,* Festschrift Dünnebier, S. 583, 591; *Joecks,* Kapitalanlagebetrug, Rdnr. 317; *Worms,* Anlegerschutz, S. 191.

[43] *Möhrenschlager* wistra 1982, 201, 205; auch *Franzheim* GA 1972, 353, 358 sowie *Jaath,* Festschrift Dünnebier, S. 583, 592; vgl. ferner *Otto* WM 1988, 729, 732.

[44] So zu Recht auch *Joecks,* Kapitalanlagebetrug, Rdnr. 319 f.

[45] Dazu oben § 7 Rdnr. 163.

[46] Hierzu oben § 7 Rdnr. 155.

[47] Hierzu *Worms,* Anlegerschutz, S. 193 mit Beispielen.

[48] So aber *Rochus* JR 1983, 338 f. für Warentermingeschäfte.

[49] *Worms,* Anlegerschutz, S. 193 m. w. N.; zu weitgehend auch *Backes* RPK 1981 Nr. 9, S. 1, 5 der eine Zweckverfehlung und damit einen Vermögensschaden i. S. von § 263 StGB annimmt, wenn nicht – wie versprochen – auch die restlichen Anleger Ärzte sind; hiergegen zu Recht *Jehl* RPK 1982 Nr. 9.1, S. 1 f.; eingehend zur Schadensberechnung bei steuerbegünstigten Kapitalanlagen *Kaligin* HdB 4900 Rdnr. 26 ff.

blematik des § 263 StGB gesehen wird[50] – allerdings zu Unrecht. So mag zwar die Einlassung des Täters, er habe die Entwicklungsaussichten der Gesellschaft im Tatzeitpunkt günstig eingeschätzt und die Schwierigkeiten seien erst durch spätere Ereignisse (gesetzliche Änderungen, veränderte Wirtschaftslage etc.) eingetreten bzw. er habe tatsächlich an die prospektierten phänomenalen Gewinnaussichten geglaubt, häufig nicht zu widerlegen sein.[51] Diese Einlassungen sind aber, soweit es um den Nachweis des subjektiven Tatbestandes – also des Vorsatzes – geht, unerheblich. Vielmehr liegen die Schwierigkeiten hier, wie dargestellt, primär im objektiven Tatbestand und treten im subjektiven nur deshalb bzw. nur insoweit zutage, als sich letzterer quasi als Spiegelbild auf ersteren zu beziehen hat, insbesondere also bei der Frage einer Versuchsstrafbarkeit.

24 Aus diesem Grund erweist sich – unabhängig von dem bereits dargestellten Kausalitätsproblem zwischen Täuschung und Schaden – der Rückgriff auf die Figur der sog. inneren Tatsache regelmäßig als untaugliches und auch unnötiges Mittel im Rahmen der Betrugsprüfung. Die häufig anzutreffende Behauptung, die sich im übrigen auch im Regierungsentwurf eines 2. WiKG wiederfindet,[52] beim Kapitalanlageschwindel sei insbesondere der Schädigungsvorsatz kaum nachweisbar,[53] ist daher in dieser allgemeinen Form nicht haltbar. Ein Schädigungsvorsatz ließe sich vielmehr nur dann ablehnen, wenn der Täter die Schädigung aufgrund bereits **vorhandener** Gegebenheiten ausschließt, während bloßer Optimismus, insbesondere die Erwartung einer günstigen Entwicklung, insoweit irrelevant ist.[54] An solchen günstigen Fakten wird es jedoch regelmäßig fehlen, denn anderenfalls hätte es nicht einer Täuschung bedurft, um den Anleger zum Erwerb der Kapitalanlage zu bewegen.

25 Als problematisch kann sich im Rahmen des subjektiven Tatbestandes schließlich bei steuerbegünstigten Kapitalanlagen das ungeschriebene Tatbestandsmerkmal der Stoffgleichheit zwischen erstrebter Bereicherung und Vermögensschaden erweisen, wenn der Anleger nicht die prospektierte Verlustzuweisung erhält, da die vom Täter erstrebte Bereicherung (die Kaufpreis- oder Provisionszahlung) zumindest auf den ersten Blick in keinem unmittelbaren Zusammenhang mit dem Schaden (Ausbleiben der Steuervorteile) steht. Die vom Anleger erwartete Steuerersparnis stellt jedoch nur einen Rechnungsposten im Rahmen der Saldierung von Leistung und Gegenleistung dar mit der Konsequenz, daß er nur dann einen Schaden erleidet, wenn als Folge der verminderten oder unwirksamen Verlustzuweisung der Wert seines Gesellschaftsanteils hinter der geleisteten Einlage zurückbleibt. Zwischen dem Schaden (minderwertiger Gesellschaftsanteil) und der erstrebten Bereicherung (Zahlung der Einlage) liegt daher auch in diesem Fall Stoffgleichheit vor, da bereits der vom Täter in Bereicherungsabsicht erstrebte Beteiligungserwerb zum Vermögensschaden des Anlegers geführt hat, mithin die erstrebte Bereicherung unmittelbar aus der schadensbegründenden Vermögensverfügung resultiert.[55] Hinsichtlich des Anlagever-

---

[50] In diesem Sinne etwa *Tiedemann,* Verhandlungen des 49. Deutschen Juristentages, 1972, Gutachten, S. C 42; ferner *Kaligin,* Abschreibungsgesellschaften, S. 172. Demgegenüber will *Martin,* Commodities Fraud, S. 190f. in den Fällen, in denen sich ein Schadensnachweis beim vollendeten als zu schwierig erweist, quasi als Auffangtatbestand auf die Strafbarkeit des versuchten Betruges zurückgreifen, verkennt hierbei aber, daß bei fehlender Möglichkeit der Schadensfeststellung auch ein entsprechender Vorsatz im Rahmen der Versuchsstrafbarkeit nicht nachweisbar ist, da der Vorsatz lediglich ein Spiegelbild des objektiven Tatbestandes darstellt.

[51] So *Franzheim* GA 1972, 353, 358; *Möhrenschlager* wistra 1982, 201, 205; *Odersky,* Tagungsberichte der Sachverständigenkommission zur Bekämpfung der Wirtschaftskriminalität, Band V, Anlage 1, S. 6; auch *Jaath,* Festschrift Dünnebier, S. 583, 591.

[52] BT-Drucks. 10/318, S. 22.

[53] So etwa *Garz-Holzmann,* Die strafrechtliche Erfassung des Mißbrauchs der Berlinförderung durch Abschreibungsgesellschaften, 1984, S. 98f., 104; *Kaligin,* Abschreibungsgesellschaften, S. 172; *Richter* wistra 1987, 117, 119.

[54] So auch *Haft* ZStW 1976, 365, 366 Fn. 3.

[55] A. A. *Franzheim* GA 1972, 353, 354, 359.

triebs schließlich läßt sich die Stoffgleichheit angesichts des Interesses an Provisionszahlungen über die sog. Drittbereicherungsabsicht begründen.[56]

2. Untreue nach § 266 StGB. Grundsätzlich ohne Bedeutung ist im Zusammenhang mit dem Anlagevertrieb § 266 StGB, da sowohl der Mißbrauchs- als auch der Treubruchstatbestand eine bereits bestehende Verbindung zwischen dem Anleger und dem Vermittler bzw. Initiator der Anlage voraussetzen. In Betracht kommt daher eine Strafbarkeit wegen Untreue zum Nachteil des Anlegers lediglich in dem auch von § 264a StGB erfaßten Fall des Angebots einer Einlageerhöhung. Hingegen beurteilt sich die unrichtige Werbung neuer Anleger durch Treuhänder grundsätzlich nach § 263 StGB und nicht nach § 266 StGB.[57] 26

Bereits im Rahmen der Akquisition können sich allerdings der langjährige Steuerberater oder Rechtsanwalt des Anlegers wegen Untreue strafbar machen, da sich die ihnen obliegende Pflicht, die Vermögensinteressen ihres Mandanten zu wahren, mit **verdeckten Provisionszahlungen** von dritter Seite für eine erfolgreiche Anlagevermittlung regelmäßig nicht vereinbaren läßt.[58] Hingegen hilft der Untreuetatbestand, soweit es um die Strafbarkeit der Geschäftsführung der Verlustzuweisungsgesellschaft bei verdeckten Provisionsrückvergütungen – sog. **Kick-Backs** – geht, regelmäßig nicht weiter, da nach der Rechtsprechung einer KG zwar wirtschaftlich, nicht aber rechtlich der Status einer juristischen Person zukommt mit der Folge, daß Untreue durch den Geschäftsführer der Komplementär-GmbH nur dann vorliegt, wenn zugleich auch das Vermögen der einzelnen Kommanditisten geschädigt wird, da nur deren Vermögen aus der Sicht des Täters „Komplementär" ein fremdes ist.[59] Darüber hinaus stellt nach Auffassung des BGH die Zahlung von Kick-Backs seitens des Geschäftsführers auch deshalb keine Untreue gegenüber der GmbH & Co. KG dar, da die hiermit verbundene Anwerbung neuer Anleger für die Gesellschaft vorteilhaft ist.[60] 27

Hinsichtlich der Schadensproblematik des Untreuetatbestandes gilt schließlich das bereits zum Betrug Gesagte, da der Schadensbegriff in beiden Bestimmungen identisch ist. 28

3. Strafbare Werbung nach § 4 UWG. Ausgesprochen große Bedeutung wird demgegenüber neuerdings der Vorschrift des § 4 UWG beigemessen,[61] während sie bislang im Zusammenhang mit der irreführenden Anlagevermittlung allenfalls ein Schattendasein fristete.[62] Insbesondere erscheint ein Rückgriff auf § 4 UWG auch deshalb naheliegend, da diese Norm nicht an das Erfordernis eines Schadenseintritts anknüpft, mithin nicht mit den im Rahmen von § 263 StGB erörterten Schadensproblemen belastet ist.[63] Auch das aus der Ausgestaltung als Privatklagedelikt (§ 22 UWG, § 374 Abs. 1 Nr. 7 StPO) resultierende Anwendungshemmnis dürfte durch die Einfügung von § 264a StGB überwunden sein, da im Rahmen der wegen Kapitalanlagebetruges gemäß § 264a StGB ohnehin erforderlichen 29

---

[56] Eingehend hierzu *Backes* RPK 1981 Nr. 9, S. 1, 6; *Garz-Holzmann* (Fn. 53), S. 96f.

[57] A. A. *Garz-Holzmann,* (Fn. 53) S. 110ff., die zu Unrecht eine Vermögensfürsorgepflicht des Treuhänders schon bei der Akquisition der Anleger annehmen will.

[58] *Backes* Schimmelpfeng Review Nr. 29, S. 76, 80; ferner BGH WM 1981, 90, 91f. sowie *Samson,* Steuerbegünstigte Kapitalanlagen VI, S. 131, 144f. Die Entscheidung BGH wistra 1984, 226 steht dem nicht entgegen, da sie lediglich zur Frage der Untreue des Geschäftsführers der GmbH & Co. KG Stellung genommen hat, nicht aber zum Treueverhältnis Anleger-Steuerberater/Rechtsanwalt.

[59] BGH wistra 1984, 71; ebenso *Schulte* NJW 1984, 1671f.; ferner *Kaligin* HdB 4900 Rdnr. 165; a. A. *Garz-Holzmann* (Fn. 53) S. 126f.; *Schäfer* NJW 1983, 2805f., die das Gesellschaftsvermögen der KG als selbständiges und damit fremdes Vermögen i. S. von § 266 StGB ansehen.

[60] BGH wistra 1984, 226.

[61] So vor allem von *Richter* wistra 1987, 117ff., der insoweit von einem Auffangtatbestand spricht; ferner *Gerlach* StbJb. 1981/82, S. 89, 98; hierzu auch *Pabst,* Vorteilhafte Geldanlagen, Gruppe 5, S. 87, 122ff.; *ders.,* Rechtliche Risiken, S. 52ff.

[62] Hierzu *Worms,* Anlegerschutz, S. 205ff.

[63] Hierauf weist auch *Otto* WM 1988, 729, 734 hin.

Ermittlungen diese ohne weiteres auf § 4 UWG erstreckt werden können bzw. sogar müssen, da im Offizialverfahren das Privatklagedelikt mitzuverfolgen ist[64] bzw. der Einführung von § 264 a StGB zumindest insoweit Signalwirkung zukommen dürfte, als dieser die Bejahung eines öffentlichen Interesses i. S. von § 376 StPO auch an der Verfolgung strafbarer Werbung nach § 4 UWG nahelegt.

30 Allein die gesteigerte Verfolgungsintensität, sofern überhaupt vorhanden, vermag jedoch nicht über die aus der Tatbestandsfassung selbst resultierenden Probleme hinwegzuhelfen, die einer verstärkten Anwendung von § 4 UWG entgegenstehen. So beschränkt sich zwar bei § 4 UWG der Begriff der Angabe nicht nur auf Tatsachen i. S. von § 263 StGB, sondern umfaßt darüber hinaus auch **Werturteile** und **Prognosen.**[65] Gerade im Bereich der unterlassenen Aufklärung versagt aber auch die Regelung des § 4 UWG,[66] wobei hier eher noch größere Schwierigkeiten als beim Betrug bestehen.[67] Maßgeblich hierfür ist letztlich die Stellung von § 4 UWG im Wettbewerbsrecht. Nach einem zentralen wettbewerbsrechtlichen Grundsatz muß nämlich die Werbung zwar wahr, aber nicht unbedingt vollständig sein.[68] Es besteht also grundsätzlich keine Pflicht zur Aufklärung des Verbrauchers, zumal sich dieser sehr wohl der Tatsache bewußt ist, daß die Werbung keinen neutralen Standpunkt einnimmt, sondern geradezu notwendigerweise einseitig die Vorzüge des Produktes hervorhebt.

31 Eine ganz andere Erwartungshaltung existiert hingegen beim Anleger, der angesichts der Komplexität des Produktes Kapitalanlage eine umfassende Aufklärung erwartet und mangels eigener Überprüfungsmöglichkeiten auch erwarten darf. Schon von der Zielsetzung her kann § 4 UWG den Anleger daher nur vor relativ krassen Täuschungen schützen,[69] wobei in diesen Fällen aber regelmäßig bereits ein Betrug vorliegen und auch nachzuweisen sein dürfte.

32 Nicht ganz unproblematisch ist ferner die von § 4 UWG geforderte Absicht, den Anschein eines besonders günstigen Angebotes zu erwecken. Zwar wird ein solcher Anschein regelmäßig bei **„erheblichen"** Angaben i. S. von § 264 a StGB vorliegen.[70] Sofern jedoch die Erheblichkeitsgrenze bei § 264 a StGB nicht überschritten wird, dürfte sich auch der Anschein eines besonders günstigen Angebotes kaum begründen lassen, da die betreffende Angabe dann für die Anlageentscheidung irrelevant ist, weil der erforderliche Bezug zur Werthaltigkeit[71] des Objekts fehlt.[72]

33 Im Ergebnis kann § 4 UWG somit lediglich in den Fällen als Auffangtatbestand fungieren, in denen § 264 a StGB vom sachlichen Anwendungsbereich her nicht eingreift. Eine Strafbarkeit nach § 4 UWG wird in der Praxis daher vor allem bei Bauherren-, Bauträger- und Erwerbermodellen in Betracht kommen, wobei dann aber zu beachten ist, daß § 4 UWG anders als § 264 a StGB nicht das Verschweigen nachteiliger Tatsachen als solches unter Strafe stellt. Von der Funktion eines Auffangtatbestandes kann daher nur sehr bedingt die Rede sein. Nicht zuletzt muß in diesen Fällen auch der nur recht geringe Strafrahmen von § 4 UWG als ausgesprochen unbefriedigend empfunden werden.[73]

---

[64] *Kleinknecht/Meyer,* StPO, 42. Aufl., § 376 Rdnr. 10 m. w. N.

[65] *Joecks,* Kapitalanlagebetrug, Rdnr. 338; *Worms* wistra 1987, 242, 244; a. A. *Otto* WM 1988, 729, 734, der den Begriff Angabe mit dem der Tatsache gleichsetzt, letzteren aber sehr weit auslegt.

[66] Hiervon geht im übrigen auch die Entwurfsbegründung BT-Drucks. 10/318, S. 22 aus; vgl. ferner oben § 7 Rdnr. 34 zur entsprechenden Problematik bei § 3 UWG.

[67] A. A. *Otto* WM 1988, 729, 734, der hier regelmäßig von einer konkludenten Täuschung ausgehen will.

[68] *Baumbach/Hefermehl,* Vor §§ 3–10 UWG, Rdnr. 5, 7; *Grebing* wistra 1982, 83, 86.

[69] Beispiele von unter § 4 UWG fallenden expliziten Falschangaben bietet *Kaligin,* Abschreibungsgesellschaften, S. 178.

[70] So auch *Otto* WM 1988, 729, 735.

[71] Diesen fordert auch *Richter* wistra 1987, 117, 118.

[72] Zu weiteren Einzelfragen *Joecks,* Kapitalanlagebetrug, Rdnr. 355 f.

[73] So zu Recht auch *Otto* WM 1988, 729, 735.

III. Entstehungsgeschichte von § 264 a StGB

Vorstehend dargestellte Unzulänglichkeiten des geltenden Rechts hätten eigentlich ein rasches Einschreiten des Gesetzgebers gefordert, zumal diesbezügliche Überlegungen keineswegs neu sind.[74] So war bereits 1972 *Tiedemann* in seinem Gutachten für den 49. Deutschen Juristentag in Düsseldorf für strafrechtliche Vorschriften zum Schutz des Kapitalmarktes und des Anlagewesens eingetreten.[75] Die Sachverständigenkommission zur Bekämpfung der Wirtschaftskriminalität hatte sich auf ihrer 5. Arbeitstagung in Hamburg 1973 ebenfalls für die Einfügung des „§ m" (Schwindelhafte Angebote von Gesellschaftsbeteiligungen) in das StGB ausgesprochen.[76] 1978 fanden diese Empfehlungen dann Eingang in den Referentenentwurf eines 2. WiKG, der die Aufnahme eines Tatbestandes „Kapitalanlagebetrug" (§ 264 c) in das StGB vorsah.[77] Wiederum erst Jahre später folgte der Regierungsentwurf, wobei als Ergebnis des inzwischen verstrichenen Zeitraums lediglich einige sprachliche Korrekturen zu verzeichnen waren. 34

Wegen der vorzeitigen Bundestagsauflösung konnte der 1982 vorgelegte Regierungsentwurf eines 2. WiKG[78] in der 9. Legislaturperiode jedoch nicht mehr verabschiedet werden, wurde aber unverändert am 26. 8. 1983 (nunmehr als § 264 a StGB) eingebracht.[79] In dieser Form ist er dann auch zum 1. 8. 1986, also wiederum erst Jahre später, in Kraft getreten.[80] Trotz der langen Vorlaufzeit kann die Regelung jedoch nur als unbefriedigend angesehen werden, und zwar vor allem aus zwei Gründen: So stößt bereits die Vorlaufzeit von rund 15 Jahren zumindest auf Verwunderung, da gerade in den 70er Jahren und zu Beginn der 80er Jahre der freie Kapitalmarkt Hochkonjunktur hatte und sich sowohl der zivilrechtliche als auch der brancheninterne Anlegerschutz erst im Aufbau befanden mit der Folge, daß in diesem Zeitraum die – um einen Branchenausdruck zu gebrauchen – **Vermögensvernichtungsmodelle** ihren Höhepunkt erreicht haben dürften. Die Regelung des § 264 a StGB kommt insoweit also zu spät, als sie erst zu einem Zeitpunkt Gesetz wurde, nachdem die Mißstände bei den von ihr erfaßten Kapitalanlagen bereits durch Änderungen im Steuerrecht und eine umfassend fortentwickelte zivilrechtliche Judikatur zur Prospekthaftung weitgehend beseitigt waren. Zum anderen aber, und dieses Manko wiegt wesentlich schwerer, bleibt die Regelung des § 264 a StGB trotz der langen Vorlaufzeit, was den sachlichen Anwendungsbereich anbelangt, unvollkommen und nimmt zudem von der Regelungstechnik her wiederum Ungereimtheiten in Kauf, die angesichts der zahlreichen kritischen Stellungnahmen zu der parallelstrukturierten Vorschrift des § 265 b StGB, die im Rahmen des 1. WiKG am 1. 9. 1976 in Kraft getreten ist, eigentlich hätten vermieden werden können. Hierbei geht es insbesondere um die Problematik des abstrakten Gefährdungsdelikts im Vermögensstrafrecht sowie die damit zusammenhängende Problematik des (angeblichen) Schutzes überindividueller Rechtsgüter bei den neu geschaffenen Tatbeständen, wobei diese Fragen allerdings erst im Zusammenhang mit der Erörterung der einzelnen Tatbestandsmerkmale von § 264 a StGB ventiliert werden sollen. Da sich ein Teil der bei § 264 a StGB aufgetretenen Auslegungsfragen aus der Entstehungsgeschichte erhellt, bedarf es an dieser Stelle jedoch noch eines kurzen Überblicks über die einzelnen Entwürfe. 35

---

[74] Allerdings fand das Strafrecht als Mittel des Anlegerschutzes vor Einfügung von § 264 a StGB in der juristischen und auch in der rechtspolitischen Diskussion nur geringe Beachtung. Den Schwerpunkt bildeten hier vielmehr die zivilrechtliche Prospekthaftung und das mittlerweile als gescheitert anzusehende Vermögensanlagegesetz (BT-Drucks. 8/1405).

[75] *Tiedemann,* Gutachten (Fn. 50), S. C 77 ff.

[76] Tagungsberichte (Fn. 51), Band V, S. 7 ff.; 55 ff., 67.

[77] Referentenentwurf eines 2. WiKG vom 20. 10. 1978, S.43 mit Begründung S. 73 ff.

[78] BR-Drucks. 219/82, S. 4.

[79] BT-Drucks. 10/318, S. 4.

[80] BGBl. I 1986, S. 721 ff.

36 Der bereits erwähnte Entwurf der Sachverständigenkommission zur Bekämpfung der Wirtschaftskriminalität beschäftigte sich zunächst nur mit einem Ausschnitt aus dem Themenbereich „Kapitalanlagebetrug“, nämlich der Problematik des **Gründungsschwindels.** Der Tatbestandsvorschlag beschränkte sich daher auf die Inkriminierung schwindelhafter Angebote von Gesellschaftsbeteiligungen, sollte insoweit aber für alle Gesellschaftsformen Gültigkeit besitzen, wobei folgender Wortlaut vorgesehen war:

37 „§ m

Schwindelhafte Angebote von Gesellschaftsbeteiligungen

Wer im Zusammenhang mit dem Angebot, Gesellschaftsanteile zu erwerben oder weitere Einlagen zu leisten, öffentlich oder durch Verbreiten von Mitteilungen falsche Angaben über Umstände macht, die für die Beurteilung des Angebots erheblich sind, oder solche Umstände verschweigt, wird mit Freiheitsstrafe bis zu 3 Jahren oder mit Geldstrafe bestraft, soweit die Tat nicht nach anderen Vorschriften mit schwererer Strafe bedroht ist“.[81]

38 Mit diesem Tatbestandsvorschlag verbunden war die Empfehlung, auch Treuhandbeteiligungen sowie Immobilien- und Investmentfonds einzubeziehen, soweit letztere nicht bereits von der vorgeschlagenen Strafvorschrift erfaßt werden und kein anderweitiger ausreichender Strafschutz gegeben ist.[82] Auf der 15. und letzten Arbeitstagung nahm die Sachverständigenkommission dieses Thema dann nochmals auf und erörterte mögliche tatbestandliche Erweiterungen.[83] Einigkeit bestand darüber, „§ m“ an den sachlichen Anwendungsbereich des **Vermögensanlagegesetzes** anzugleichen und deshalb sowohl partiarische Darlehen als auch treuhänderisch gehaltene Vermögensanlagen in den Tatbestand einzubeziehen.[84] Da wegen der Kürze der Zeit eine Ausformulierung jedoch nicht möglich erschien, beschränkte sich die Kommission insoweit auf eine Prüfungsempfehlung. Aus dem gleichen Grunde verblieb es auch hinsichtlich der weiteren Frage, ob der vorgeschlagene Straftatbestand die gem. § 1 Abs. 2 aus dem Anwendungsbereich des Vermögensanlagegesetzes ausgeklammerten Vermögensanlagen mitumfassen solle, bei einer bloßen Prüfungsempfehlung.

39 Vorstehend dargestellte Überlegungen und Empfehlungen nahm der Referentenentwurf auf, wobei insbesondere eine Anpassung an den Regelungsbereich des Vermögensanlagegesetzes angestrebt wurde,[85] allerdings unter weitgehendem Verzicht auf die in § 1 Abs. 2 des Vermögensanlagegesetzes enthaltenen Einschränkungen, da zwar in diesen Fällen die Einführung einer Prospektpflicht nach dem Vermögensanlagegesetz überflüssig erschien, aber ein strafrechtlicher Schutz, wie er mit § 264 a StGB angestrebt wird, noch nicht existierte.[86] Der Tatbestand „Kapitalanlagebetrug“ sollte daher einen umfassenden Anlegerschutz beim öffentlichen Vertrieb von Kapitalanlagen gewährleisten, allerdings mit einem kleinen Schönheitsfehler: Die Entwurfsbegründung geht zwar ausführlich auf die Beteiligung an Abschreibungsgesellschaften ein, erwähnt die Bauherrenmodelle hingegen mit keinem Wort. Gleiches gilt für den Regierungsentwurf, obwohl die Problematik durchaus bekannt war. Der Grund hierfür dürfte darin liegen, daß eine nachträgliche Einbeziehung dieser Anlageform zu einer erneuten Grundsatzdiskussion sowie der Notwendigkeit einer Umstrukturierung des Tatbestandes geführt und damit die Verabschiedung der Vorschrift insgesamt in Frage gestellt hätte.[87]

40 Dies ist um so bedauerlicher, als die Bauherren-, Bauträger- und Erwerbermodelle bereits zum damaligen Zeitpunkt gegenüber den Abschreibungsgesellschaften vom Plazie-

---

[81] Tagungsberichte (Fn. 51), Band V, S. 67.

[82] Tagungsberichte (Fn. 51), Band V, S. 73 ff.

[83] Tagungsberichte (Fn. 51), Band XV, S. 42 ff.; vgl. hierzu auch den Formulierungsvorschlag des Referenten *Klein,* Tagungsberichte ebd., Band XV, Anlage 3, S. 8 ff.

[84] Tagungsberichte (Fn. 51), Band XV, S. 42 ff.

[85] Vgl. die Begründung des Referentenentwurfs, S. 77.

[86] So die Begründung des Referentenentwurfs, S. 79.

[87] So zu Recht *Schniewind/Hausmann* BB 1986, Beilage 16, S. 26, 28.

rungsvolumen her immer mehr an Bedeutung gewonnen hatten und angesichts der langen Vorlaufzeit der Regelung eine Einbeziehung eigentlich schon wesentlich früher hätte erfolgen müssen. Dies hätte zudem auch deshalb nahegelegen, weil der von Strafrechtslehrern vorgelegt **Alternativentwurf** eines Strafgesetzbuches in § 189 AE den täuschenden Vertrieb von Immobilienanlagen ebenfalls unter Strafe stellen wollte.[88] Der Alternativentwurf weist gegenüber dem Regierungsentwurf jedoch die Besonderheit auf, daß er einen verbesserten Anlegerschutz durch zwei Tatbestände im Vorfeld des Betruges erreichen wollte, und zwar durch die Inkriminierung von unrichtigen Angaben in Prospekten (§ 188 AE) einerseits und der unrichtigen Anlageberatung (§ 189 AE) andererseits.[89]

Der Regierungsentwurf beschreitet insoweit einen Mittelweg, als er im Ergebnis prak- 41
tisch die §§ 188 und 189 AE zusammenfaßt, allerdings unter Ausklammerung der Immobilienanlagen, soweit es sich um Einzelangebote handelt.

IV. Die Regelung des § 264 a StGB im einzelnen

1. Gegen § 264 a StGB erhobene Bedenken. Obwohl, wie bereits erwähnt,[90] § 264 a 42
StGB von den betroffenen Bracheninsidern lediglich eine mehr formale Bedeutung beigemessen wird, ist die Unsicherheit über die Reichweite der neuen Vorschrift nach wie vor groß und dementsprechend groß auch die Angst vor strafrechtlicher Verfolgung. Zu erwähnen ist in diesem Zusammenhang vor allem die in der Branche geäußerte Befürchtung, nunmehr könnten auch „seriöse" Anbieter mit dem Strafrecht in Konflikt geraten,[91] und zwar wegen lediglich **formaler** Prospektunrichtigkeiten, die für den wirtschaftlichen Erfolg der angebotenen Kapitalanlage im Ergebnis gar kein Gewicht besitzen. Verstärkt wird diese Angst durch die Möglichkeit **anonymer Strafanzeigen,** um hierdurch unliebsame Mitbewerber auszuschalten, zumal auf dem enger werdenden Markt ja auch bisher schon mit harten Bandagen gekämpft wurde. Und auch von juristischer Warte wurde gegenüber § 264 a StGB der Einwand erhoben, nunmehr könne auch der Vertrieb von für den Anleger wirtschaftlich erfolgreichen Anlagen strafbar sein,[92] verbunden mit dem Vorwurf verfassungsrechtlich bedenklicher Unbestimmtheit der Vorschrift.[93] Umgekehrt wird aber auch die Lückenhaftigkeit der Vorschrift gerügt[94] oder diese gar als überflüssig angesehen.[95] Besonders erwähnt sei in diesem Zusammenhang die juristische Kontroverse, ob auch die verschiedenen Varianten der Bauherren-, Bauträger- und Erwerbermodelle sowie die Beteiligung im Wege von partiarischen Darlehen unter die Vorschrift fallen oder nicht.

Die Frage nach der Reichweite der erforderlichen Aufklärung ist ebenfalls noch keines- 43
wegs abschließend geklärt. Von einer weitgehenden Einigkeit über den dogmatischen Inhalt dieser neuen Strafrechtsnorm[96] kann daher keine Rede sein, sondern die Unsicherheit ist nach wie vor bei allen Beteiligten sehr groß. Besonders bedauerlich erscheint deshalb, wenn insbesondere von den Bracheninformationsdiensten bezogen auf eine mögliche Strafbarkeit sehr häufig nur mit Schlagworten gearbeitet wird, die aufgrund der Verkür-

---

[88] Alternativ-Entwurf eines Strafgesetzbuches Besonderer Teil, Straftaten gegen die Wirtschaft, 1977, S. 72f.

[89] AE (Fn. 88), S. 70ff.

[90] Vgl. oben Rdnr. 3.

[91] Diese Befürchtung geht auf *Gerlach,* Vorteilhafte Geldanlagen, Gruppe 2, S. 2786, 2788 zurück; vgl. ferner *Grotherr* DB 1986, 2584 sowie *Pabst,* Rechtliche Risiken, S. 1 f.f

[92] So insbesondere Samson, manager magazin Nr. 12/1979, S. 69; auch *Schlüchter,* Zweites Gesetz zur Bekämpfung der Wirtschaftskriminalität, 1987, S. 156, 162 sieht die Gefahr einer Überdehnung des Strafrechts.

[93] *Rudolphi/Horn/Samson,* StGB, § 264 a Rdnr. 5.

[94] So beispielsweise von *Schmidt-Lademann* WM 1986, 1241, 1243; auch *Cerny* MDR 1987, 271: nur unwesentliche Verbesserung.

[95] So insbesondere *Weber* NStZ 1986, 481, 486.

[96] So aber *Richter* wistra 1987, 117.

zung geradezu notwendigerweise eine Verfälschung beinhalten, und § 264 a StGB insoweit lediglich als publicityträchtiger Aufhänger dient.

44 Es erscheint daher auch an dieser Stelle geboten, bei einigen der vorstehend erwähnten und in der Diskussion häufig nur schlagwortartig gebrauchten Begriffen den Zusammenhang herzustellen, da eine emotional geführte Diskussion die dahinterstehenden Sachfragen verdunkelt. Dies gilt insbesondere hinsichtlich der Angst vor anonymen Strafanzeigen sowie der Befürchtung einer möglichen Strafbarkeit auch „seriöser" Anbieter. So kann es sicherlich nicht Aufgabe von § 264 a StGB sein, den Konkurrenten auf der Anbieterseite in strafrechtliche Schwierigkeiten zu bringen.[97] Umgekehrt ist aber die Möglichkeit (anonymer) Strafanzeigen kein Spezifikum von § 264 a StGB, sondern gilt gleichermaßen für § 263 StGB oder § 4 UWG, zumal diesen Vorschriften neuerdings außerordentliches Gewicht beigemessen wird. Daneben sollte aber auch die Effizienz einer derartigen Vorgehensweise nicht überbetont werden. Zwar mag der Hinweis auf ein Ermittlungsverfahren für den Konkurrenten durchaus werbewirksam sein, doch muß dieser dann damit rechnen, daß ihm gleiches widerfährt.

45 Abgesehen von dieser Rufschädigung sind die strafrechtlichen Konsequenzen bei einem **„seriösen"** Angebot hingegen gering, da haltlose Beschuldigungen von den Wirtschaftsstaatsanwaltschaften rasch entkräftet werden können, und zwar ohne daß der hiervon Betroffene nachhaltigen Schaden erleidet, da die Überprüfung eines Anfangsverdachts seitens des zuständigen Staatsanwalts zunächst einmal das Studium des jeweiligen Angebotes, also des Prospektes, erfordert und Durchsuchungen der Geschäftsräume sowie die Beschlagnahme sämtlicher Unterlagen erst dann erfolgen, wenn diese „staatsanwaltliche Prospektprüfung" negativ ausfällt. Je unsubstantiierter der Inhalt der – anonymen – Strafanzeige ist, desto eher dürften die angesprochenen Staatsanwaltschaften auch das Vorliegen eines Anfangsverdachtes verneinen. Sofern jedoch tatsächlich das betreffende Angebot schon beim Studium des Prospektes oder aufgrund sonstiger Umstände auf eine Schädigung der umworbenen Anleger hindeutet, scheint es durchaus nicht – und auch dies sei einmal offen ausgesprochen – standeswidrig, wenn von seiten der Konkurrenten oder der Brancheninformationsdienste bereits frühzeitig der Staatsanwalt eingeschaltet wird, zumal die Brancheninformationsdienste sich ohnehin als unabhängige Kontrollinstanz gerieren.

46 Darüber hinaus muß an die Anbieterseite aber auch die Frage gerichtet werden, ob es tatsächlich seriös ist, das betreffende Angebot mittels Täuschung an den Mann zu bringen, und gerade darum geht es ja bei der Problematik der unrichtigen oder unvollständigen Aufklärung. Nur die halbe Wahrheit stellt schließlich auch die Aussage dar, nunmehr könne auch der Vertrieb von im Ergebnis wirtschaftlich erfolgreichen Anlageangeboten strafbar sein, da auch für eine mögliche Strafbarkeit nach § 263 StGB die Entwicklung der Kapitalanlage irrelevant ist.[98]

47 Die Vorschrift des § 264 a StGB kann hier aber insofern Probleme bereiten, als die Korrektur auf Schadensebene entfällt, sondern bereits im Rahmen der Erheblichkeit der unrichtigen Angaben bzw. verschwiegenen Tatsachen geleistet werden muß, und zwar ohne die Möglichkeit der Kompensation. Dies hat zur Folge, daß nach § 264 a StGB auch solche Angebote strafbar sein können, die unter dem Aspekt der Vermögensrelevanz im Ergebnis ausgewogen sind, da – vereinfacht ausgedrückt – zu hoch angesetzte Steuervorteile beispielsweise durch ebenfalls zu hoch angesetzte Zinsleistungen wieder ausgeglichen werden.[99] Hierbei dürfte es sich allerdings um lediglich theoretische Fragestellungen handeln, an denen sich gerade unter dem Aspekt des Vermögensschutzes Ungereimtheiten der neuen Vorschrift festmachen lassen. Doch können diese theoretisch durchaus zutreffenden Einwände kaum die materielle Berechtigung der Vorschrift in Frage stellen, da es bei § 264 a StGB nicht um die Bekämpfung von Bagatellunrichtigkeiten geht, sondern um die

---

[97] So zu Recht *Schönke/Schröder/Cramer,* StGB, § 264 a Rdnr. 2.

[98] Dazu oben Rdnr. 20.

[99] Dazu unten Rdnr. 81 f.

Eliminierung sog. **Vermögensvernichtungsmodelle** auf dem freien Kapitalmarkt. Von der Konzeption her schießt die Vorschrift, wie die bereits angesprochene Kompensationsproblematik auf Täuschungsebene zeigt, jedoch über dieses Anliegen hinaus. Und auch in bezug auf die erfaßten Anlageformen besitzt die Vorschrift eine Brisanz, die allerdings bislang kaum erkannt worden ist. Obwohl mit der Einführung von § 264 a StGB primär die Mißstände am freien Kapitalmarkt bekämpft werden sollten, reicht der Kreis der erfaßten Angebotsformen wesentlich weiter, da auch Aktien und sonstige Wertpapiere einbezogen sind. § 264 a StGB kann daher durchaus auch im Zusammenhang mit dem Anlagevertrieb durch Banken relevant werden, wobei eine mögliche Strafbarkeit zwar regelmäßig am Vorsatzerfordernis scheitern dürfte, was aber wegen der sehr weiten Unterlassensstrafbarkeit in Form des Verschweigens unrichtiger Tatsachen keineswegs zwingend ist.

2. Tatbestandsstruktur – Ausgestaltung als abstraktes Gefährdungsdelikt. Strafbar ist 48
nach § 264 a StGB bereits die bloße Täuschung im Zusammenhang mit dem Vertrieb der dort genannten Kapitalanlagen.

Anders als bei § 263 StGB kommt es also nicht darauf an, ob der Anleger einem Irrtum 49
erliegt, über sein Vermögen verfügt und dadurch einen Vermögensschaden erleidet. Bezogen auf den Vermögensschutz handelt es sich somit bei § 264 a StGB um ein abstraktes Gefährdungsdelikt im Vorfeld des Betruges.[100] Teilweise wird insoweit auch von einem zum selbständigen Tatbestand erhobenen Versuchsdelikt gesprochen.[101] Diese Bezeichnung ist aber insofern unzutreffend, als eine Strafbarkeit nach § 264 a StGB auch dann eintritt, wenn ein versuchter Betrug nach § 263 StGB nicht vorliegt, beispielsweise weil trotz Täuschung nach der Vorstellung des Täters eine Vermögensgefährdung ausgeschlossen ist.[102]

Die Einstufung als abstraktes Gefährdungsdelikt besitzt im übrigen auch dann Gültigkeit, 50
wenn man mit der Entwurfsbegründung[103] neben dem Vermögen die **Funktionsfähigkeit des Kapitalmarktes** als geschütztes Rechtsgut ansieht, da sich überindividuelle Rechtsgüter, obwohl es hier nicht mehr um einen bloßen Vorfeld-, sondern bereits deren unmittelbaren Schutz geht,[104] mangels naturwissenschaftlich meßbarer Schäden im Ergebnis lediglich durch abstrakte Gefährdungsdelikte schützen lassen.[105]

Von der Regelungstechnik her knüpft § 264 a StGB eng an den bereits im Rahmen des 51
1. WiKG eingefügten § 265 b StGB an, wobei die Entwurfsbegründung insbesondere auf die gleichgelagerte Problematik hinweist.[106] Dies ist insofern bedauerlich, als § 264 a StGB damit auch die Schwächen von § 265 b StGB übernimmt, die dem Gesetzgeber bei der Verabschiedung des 2. WiKG bereits seit längerer Zeit bekannt waren.

3. Rechtsgut. Auch bei § 264 a StGB glaubte der Gesetzgeber ebenso wie bei den 52
bereits im Rahmen des 1. WiKG eingefügten §§ 264 und 265 b StGB die Vorverlagerung der Strafbarkeit durch den (angeblichen) Schutz eines überindividuellen Rechtsgutes rechtfertigen zu müssen, obwohl es de facto vor allem um die Eliminierung von Beweisschwierigkeiten ging.[107] Nach der Entwurfsbegründung,[108] der ein Teil der Literatur folgt,[109] ist

---

[100] *Worms,* Anlegerschutz, S. 350 f.; *Schönke/Schröder/Cramer,* StGB, § 264 a Rdnr. 1.

[101] So beispielsweise *Dreher/Tröndle,* StGB, § 264 a Rdnr. 3.

[102] Hierauf weist zu Recht *Otto* Jura 1983, 16, 22 f. für die parallele Problematik bei § 265 b StGB hin. *Martin,* Commodities Fraud, § 191 f. schlägt daher vor, § 264 a StGB als Unternehmensdelikt auszugestalten.

[103] BT-Drucks. 10/318, S. 22.

[104] Hierauf weist zu Recht *Otto* ZStW 1984, 339, 363 hin.

[105] *Otto* ZStZ 1984, 339, 363; *Tiedemann* ZStW 1975, 253, 274; vgl. zum Ganzen auch *Worms,* Anlegerschutz, S. 278, 349 f.

[106] BT-Drucks. 10/318, S. 22.

[107] Vgl. die Entwurfsbegründung BT-Drucks. 10/318, S. 22; ferner BGH BB 1989, 799 für die parallele Problematik bei § 265 b StGB; zur Fragwürdigkeit einer derartigen Vorgehensweise *Worms,* Anlegerschutz, S. 276 ff.; ferner *Schlüchter,* Zweites Gesetz zur Bekämpfung der Wirtschaftskriminalität, 1987, S. 43, 156. Auch die Eliminierung der Beweisschwierigkeiten ist jedoch nur ein Nebenef-

daher geschütztes Rechtsgut bei § 264 a StGB neben dem Vermögen die Funktionsfähigkeit des Kapitalmarktes. Zu Recht beschränkt jedoch die Gegenmeinung[110] § 264 a StGB auf einen bloßen Vermögensschutz, wobei der hiermit angesprochene Streitstand insbesondere nicht lediglich akademischer Natur ist, sondern für die Reichweite der Aufklärungspflicht entscheidende Bedeutung besitzt. So würde, was teilweise übersehen wird,[111] ein neben dem Vermögen gleichrangiger Schutz der Funktionsfähigkeit des Kapitalmarktes eine wesentlich weitere Auslegung des Merkmals „erheblich" bedingen, da es dann nicht nur auf die Vermögensrelevanz der unrichtigen Angaben bzw. verschwiegenen Tatsachen ankäme, sondern § 264 a StGB darüber hinaus, zumindest von der Tendenz her, einen Redlichkeitsschutz implizieren, also generell richtige und vollständige Angaben beim Vertrieb erfordern würde – ein Ergebnis, das aber von niemandem gewollt und dem Strafrecht auch wesensfremd ist, zumal es sich bei § 264 a StGB um einen Tatbestand im Vorfeld des Betruges handelt.

53 Bei dem Schutz der Funktionsfähigkeit des Kapitalmarktes handelt es sich jedoch lediglich um einen vom Vermögensschutz ausgehenden Schutzreflex.[112] So waren zwar die Mißstände am freien Kapitalmarkt gesetzgeberisches Motiv für die Schaffung der Vorschrift. Dieses Motiv ist jedoch von dem geschützten Rechtsgut zu unterscheiden.[113] Maßgebend kann hierfür vielmehr allein die Tatbestandskonzeption sein. Diese besteht bei § 264 a StGB trotz der Verkürzung auf die bloße Täuschung – *Joecks* spricht zutreffend von einem „gekappten" Betrug[114] – einseitig im Schutz der umworbenen Anleger, sieht als tauglichen Täterkreis also nur die Anbieterseite von Kapitalanlagen an. Ein Anleger, der sich infolge grenzenlosen Leichtsinns oder der erstrebten Steuervorteile wegen sogar sehenden Auges an einer von vornherein zum Scheitern verurteilten Abschreibungsgesellschaft beteiligt, stört die Funktionsfähigkeit des Kapitalmarktes durch die hiermit verbundene Fehlallokation von Risikokapital jedoch nicht weniger als ein betrügerischer Anbieter, so daß unter dem Aspekt des Institutionenschutzes eine derartige Beschränkung nicht sachgerecht ist. Vielmehr hätte, um tatsächlich die Funktionsfähigkeit des Kapitalmarktes zu schützen, ein Tatbestand konzipiert werden müssen, in dem beispielsweise auch der Verstoß gegen gesunde Grundsätze der Geldanlage unter Strafe gestellt wird.[115] So weit ist der Gesetzgeber jedoch nicht gegangen, sondern hat sich mit einem betrugsähnlichen Tatbestand begnügt. Konsequenz hiervon ist der bereits erwähnte lediglich mediatisierte **Institutionenschutz** in Form eines Schutzreflexes, wie folgende Überlegung zeigt: Unterminiert wird das Vertrauen der Anleger und damit die Funktionsfähigkeit des Kapitalmarktes durch den (täuschungsbedingten) Erwerb wertloser Kapitalanlagen. Maßgebend für den Vertrauensschwund ist also der Eintritt eines Vermögensschadens, der Vertrauensschwund mithin nur eine **Folge** hiervon. Dann steht das überindividuelle Rechtsgut „Funktionsfä-

---

fekt. Der Kernpunkt liegt bei § 264 a StGB in einer (schlichten) Ausweitung der Strafbarkeit, insbesondere im Unterlassensbereich.

[108] BT-Drucks. 10/318, S. 22 f.

[109] *Cerny* MDR 1987, 271 f.; *Dreher/Tröndle,* StGB, § 264 a Rdnr. 4; *Granderath* DB 1986, Beilage 18, S. 6; *Otto* WM 1988, 729, 736; *Schönke/Schröder/Cramer,* StGB, 264 a Rdnr. 1; *Schmidt,* Kapitalanlagebetrug, § 23 Rdnr. 62; *Weber* NStZ 1986, 481, 486; im Ergebnis auch Martin, Commodities Fraud, S. 173 f., 208, der in diesem Zusammenhang allerdings zu Recht auf die Fragwürdigkeit des Schutzes überindividueller Rechtsgüter im Rahmen des strafrechtlichen Anlegerschutzes hinweist.

[110] *Joecks* wistra 1986, 142, 143 f.; *Rudolphi/Horn/Samson,* StGB, § 264 a Rdnr. 7; *Worms,* Anlegerschutz, S. 312 ff., 316.

[111] So insbesondere von *Cerny* MDR 1987, 271, 277 und *Schönke/Schröder/Cramer,* StGB, § 264 a Rdnr. 29.

[112] Ebenso *Joecks* wistra 1986, 142, 144; grundlegend *Worms,* Anlegerschutz, S. 312 ff.

[113] So zu Recht *Rudolphi/Horn/Samson,* StGB, § 264 a Rdnr. 7.

[114] Wistra 1986, 142, 143.

[115] *Worms,* Anlegerschutz, S. 315. In diesem Sinne auch der BGH BB 1989, 799 für die parallele Problematik bei § 265 b StGB.

higkeit des Kapitalmarktes“ aber nicht mehr auf **gleicher** Stufe neben dem Individualrechtsgut „Vermögen“, sondern wird lediglich i. S. eines Schutzreflexes mitgeschützt. Ein solcher bloßer Schutzreflex hinsichtlich weiterer – auch überindividueller – Rechtsgüter besteht jedoch auch bei dem von § 263 StGB gewährten ausschließlichen Vermögensschutz.[116] Die Schutzbereiche von § 263 StGB und § 264 a StGB sind also deckungsgleich mit der Konsequenz, daß bei § 264 a StGB ebenso wie bei § 263 StGB geschütztes Rechtsgut **allein** das **Vermögen** ist, während die Funktionsfähigkeit des Kapitalmarktes allenfalls mittelbar i. S. eines Schutzreflexes mitgeschützt wird. An diesem Ergebnis ändert auch das Erfordernis der Massenhaftigkeit nichts, da zwar massenhaft auftretende Täuschungen (das Vertrauen in) die Funktionsfähigkeit des Kapitalmarktes wesentlich nachhaltiger als Individualtäuschungen zu erschüttern vermögen, ebenso wie diese zunächst einmal aber zu einem Vermögensschaden und auch nur in diesem Fall zu einem Vertrauensschwund führen.

Im übrigen wird auch von den Vertretern, die daneben – meist ohne nähere Begründung – die Funktionsfähigkeit des Kapitalmarktes als gleichrangig geschütztes Rechtsgut ansehen, die Frage der tatbestandsrelevanten Täuschungen allein unter dem Aspekt des Vermögensschutzes diskutiert.[117] **54**

4. Erfaßte Anlageformen. Vom sachlichen Anwendungsbereich her erstreckt sich § 264 a StGB in Absatz 1 auf Wertpapiere, Bezugsrechte und Anteile, die eine Beteiligung an dem Ergebnis eines Unternehmens gewähren sollen. Absatz 2 beinhaltet für die vorstehend erwähnten Anteile dann eine Erweiterung auf Treuhandbeteiligungen in Form der echten Treuhand. **55**

a) Wertpapiere. das Merkmal „Wertpapier“ ist i. S. der klassischen Definition dieses Begriffes zu verstehen. Hierüber besteht auch Einigkeit. Gemeint sind also Urkunden, die ein Recht in der Weise verbriefen, daß es ohne die Urkunde nicht geltend gemacht werden kann.[118] Der Wertpapierbegriff des § 264 a StGB ist insoweit zwar nicht identisch mit der gesetzlichen Umschreibung des Begriffes Wertpapier in § 1 Abs. 1 DepotG, jedoch dürften die dort genannten Papiere die wichtigsten Wertpapiere umfassen.[119] Beispielhaft genannt seien hier nur Aktien, Kuxe, Zins-, Gewinnanteil- und Erneuerungsscheine, ferner Options- und Genußscheine sowie auf den Inhaber lautende oder durch Indossament übertragbare Schuldverschreibungen.[120] Der Anwendungsbereich von § 264 a Abs. 1 StGB beschränkt sich ferner nicht nur auf inländische Wertpapiere, sondern zu den Wertpapieren gehören auch die Anleihen **ausländischer** Emittenten, soweit sie in der Bundesrepublik vertrieben werden.[121] Erwähnt seien hier nur Zero-Bonds, Treasury-Bills sowie Warrants. Der Wertpapierbegriff des § 264 a StGB ist damit vom Anwendungsbereich sehr weit, obwohl durch die Aufnahme dieses Tatbestandsmerkmals hauptsächlich die Schuldverschreibungen in den Tatbestand einbezogen werden sollten.[122] **56**

Gerade in der Aufnahme dieses Begriffes steckt daher eine Brisanz, die bislang aber wohl noch nicht einmal ansatzweise gesehen wurde. In concreto geht es, da vorstehend genannte Anlageformen zu einem großen Teil über Banken und Sparkassen vertrieben werden, um eine mögliche Strafbarkeit der Kreditinstitute, insbesondere wenn diese nur ungenügend auf die bestehenden Risiken hinweisen. Zwar mag das Vorsatzerfordernis von § 264 a **57**

---

[116] Eingehend hierzu *Worms,* Anlegerschutz, S. 314 ff.; *ders.* wistra 1987, 242, 245.

[117] So insbesondere *Schönke/Schröder/Cramer,* StGB, § 264 a Rdnr. 29.

[118] *Joecks* wistra 1986, 142, 144; *Lohmeyer,* Vorteilhafte Geldanlagen, Gruppe 7, S. 407, 435; *Möhrenschlager* wistra 1982, 201, 205; *Worms,* Anlegerschutz, S. 319; nicht ganz verständlich ist es deshalb, wenn *Knauth* NJW 1987, 28 insoweit das Fehlen einer Legaldefinition rügt.

[119] *Schönke/Schröder/Cramer,* StGB, § 264 a Rdnr. 5.

[120] *Schönke/Schröder/Cramer,* StGB, § 264 a Rdnr. 5 mit weiteren Beispielen.

[121] *Schönke/Schröder/Cramer,* StGB, § 264 a Rdnr. 6 mit zahlreichen Beispielen; auch *Knauth* NJW 1987, 28, 29.

[122] So die Entwurfsbegründung, BT-Drucks. 10/318, S. 22.

StGB insoweit eine gewisse Korrektur zu bieten, doch ist dies keineswegs zwingend, da § 264 a StGB ja keinen Schädigungsvorsatz erfordert, sondern die Strafbarkeit bereits bei der unterlassenen Aufklärung eintritt, wobei dolus eventualis ausreicht.

58 Hinzu kommt, daß bislang noch nicht geklärt ist, was den Anlegern beim Vertrieb der vorgenannten „Wertpapiere" mitgeteilt werden muß, und auch die gängige Haftungsfreizeichnung nicht weiterhilft.[123] Die von den Kreditinstituten herausgegebenen Informationen für die Anlageberatung bzw. Anlageempfehlungen können sich für diese daher wegen der nicht auszuschließenden strafrechtlichen Relevanz sehr rasch als Bumerang erweisen. Eine Aufarbeitung dieser Problematik in der künftigen Diskussion des strafrechtlichen Anlegerschutzes ist um so dringender, als dieser Anlagesektor gar nicht die eigentliche Stoßrichtung von § 264 a StGB war, sondern die Angebote am freien Kapitalmarkt. Die dort mittlerweile herausgearbeiteten Kriterien sind zudem nur bedingt auf die verschiedenartigen Formen der Wertpapieranlage übertragbar, sofern man sich nicht mit der Leerformel begnügt, es müsse über sämtliche Chancen und Risiken der Anlage aufgeklärt werden. Auch hier zeigt sich wieder ein gesetzgeberisches Manko von § 264 a StGB, und zwar insofern, als diese Vorschrift für den Sektor, den sie eigentlich strafrechtlich schützen soll, entschieden zu spät kommt, umgekehrt aber vom Gesetzgeber aus dem Bestreben eines umfassenden strafrechtlichen Anlegerschutzes heraus Bereiche mitgeregelt worden sind, die bislang relativ selten Anlaß zur Sorge gegeben haben. Dies wäre dann nicht weiter problematisch, wenn diese Bereiche bei ansonsten klar umrissenen Aufklärungspflichten lediglich prophylaktisch mitgeschützt würden. Die Konsequenz von § 264 a StGB besteht jedoch, wie gezeigt, nicht in einer lediglich **vorbeugenden** Miterfassung, sondern der Gesetzgeber betritt hier Neuland, ohne die Auswirkungen vorher auch nur ansatzweise geklärt oder gar eingegrenzt zu haben. Die zukünftige Diskussion von § 264 a StGB wird sich daher vor allem mit seinen Auswirkungen auf die „klassischen" Anlageformen zu befassen haben.

59 *b) Bezugsrechte.* Von § 264 a StGB sind auch Bezugsrechte erfaßt. Hierbei handelt es sich nach der Entwurfsbegründung weder um Anteile i. S. der Vorschrift noch um Wertpapiere, doch bedürften diese der Gleichstellung.[124] Praktisch wichtigster Anwendungsfall dürfte hier das Recht der Aktionäre einer AG oder KGaA sein, bei einer Kapitalerhöhung einen ihrem Anteil an dem bisherigen Grundkapital entsprechenden Teil der neuen Aktien zugeteilt zu bekommen,[125] während die Gewinn- und Wandelschuldverschreibungen i. S. von § 221 AktG bereits unter das Tatbestandsmerkmal Wertpapier fallen.[126] Der Anwendungsbereich dieses Merkmals dürfte daher primär bei ausländischen Aktiengesellschaften liegen, sofern diese auf den deutschen Anlagemarkt drängen.[127]

60 *c) Anteile, die eine Beteiligung an dem Ergebnis eines Unternehmens gewähren sollen.* Kernpunkt des sachlichen Anwendungsbereichs von § 264 a StGB sind die „Anteile, die eine Beteiligung an dem Ergebnis eines Unternehmens gewähren sollen", da es gerade die Mißstände bei den Abschreibungsgesellschaften waren, die den Gesetzgeber zum Tätigwerden veranlaßten. So sollen nach der Entwurfsbegründung insbesondere diejenigen Fälle erfaßt wer-

---

[123] Vgl. BGH WM 1987, 495, 497 f. Für den Bereich der Aktienemission neuerdings *Schröder,* Aktienhandel und Strafrecht, S. 25 ff., der auf die (Börsen-)zulassungsvorschriften abstellt, hiermit aber Gefahr einer lediglich formalen Betrachtung läuft.

[124] BT-Drucks. 10/318, S. 22.

[125] *Joecks,* Kapitalanlagebetrug, Rdnr. 74; ferner *Knauth* NJW 1987, 28, 29; *Schmid,* Kapitalanlagebetrug, § 23 Rdnr. 65.

[126] A. A. *Knauth* NJW 1987, 28 f.; *Schönke/Schröder/Cramer,* StGB § 264 a Rdnr. 8, die diese als „Bezugsrecht" einordnen; erfaßt werden sollen mit diesem Merkmal nach der Entwurfsbegründung jedoch nur diejenigen Bezugsrechte, die keine Wertpapiere sind. *Schwark,,* BörsG 2. Aufl., Einl vor § 88 Rdnr. 4, will darüber hinaus Optionsrechte, die Bestandteil von Börsentermingeschäften sind und nicht auf einen Güteraustausch zielen (z. B. Optionen auf Aktienindizes) nicht zu den Bezugsrechten iSv. § 264 a StGB zählen.

[127] Ebenso *Schönke/Schröder/Cramer,* StGB, § 264 a Rdnr. 8.

den, „in denen der Anleger entweder selbst einen Gesellschaftsanteil an dem Unternehmen, insbesondere einen Kommanditanteil, erwirbt oder in eine sonstige – unmittelbare – Rechtsbeziehung zum Unternehmen tritt, die ihm eine Beteiligung am Ergebnis dieses Unternehmens verschafft, etwa aufgrund eines sog. partiarischen Darlehens. Die Bestimmung ist daher vor allem auf die vielfach als Kommanditgesellschaften organisierten sog. Abschreibungsgesellschaften, bei denen die Anleger als Kommanditisten unmittelbar Gesellschaftsrechte erwerben, anzuwenden. Sie gilt aber auch für (ausländische) Aktiengesellschaften oder andere Kapitalgesellschaften, deren Anteile vertrieben werden."[128] Im Ergebnis umfaßt das Merkmal der „Anteile" somit sämtliche Formen gewerblicher Beteiligungen, und zwar auch solcher im Ausland. Hierüber besteht im übrigen auch Einigkeit.[129]

Bestritten worden ist neuerdings jedoch, daß auch eine rein schuldrechtliche Beziehung 61
zum Unternehmen etwa in Form eines **partiarischen Darlehens** ausreicht, obwohl die Entwurfsbegründung hiervon, wie erwähnt, explizit ausgeht. Begründet wird die Eliminierung von partiarischen Darlehen damit, daß rein schuldrechtliche Rechtsbeziehungen keinen Anteil i. S. von Abs. 1 Nr. 1 darstellen.[130] Maßgebend hierfür ist wiederum ein Rückgriff auf den in Abs. 1 Nr. 2 verwandten Begriff der Einlage, da hierunter nur der geleistete Beitrag eines Gesellschafters zu verstehen sei[131] mit der Konsequenz, daß auch der erstmalige Erwerb eines Anteils i. S. von Abs. 1 Nr. 1 eine Beteiligung als Gesellschafter voraussetze. Diese **einschränkende** Auslegung des Begriffs Einlage ist jedoch keineswegs zwingend, da handelsrechtlich sämtliche Geld- und/oder Sachleistungen, die zum Zwecke der Beteiligung an dem Unternehmen eingebracht werden, Einlagen darstellen, mithin nicht notwendigerweise eine Beteiligung als Gesellschafter vorausgesetzt wird.[132] Vor allem aber sprechen die Entstehungsgeschichte sowie Sinn und Zweck der Vorschrift – durch § 264 a StGB wird ja ein rechtsformunabhängiger strafrechtlicher Anlegerschutz angestrebt – für eine Einbeziehung von schuldrechtlichen Beteiligungen im Wege von partiarischen Darlehen, was im übrigen der herrschenden Meinung entspricht.[133]

Der gewerbliche Bereich spielt jedoch heute aufgrund steuerlicher Einschränkungen 62
kaum mehr eine Rolle. Wichtigstes Marktsegment sind heutzutage vielmehr die Immobilienanlagen, vor allem die geschlossenen Immobilienfonds. Zwar fallen diese, auch wenn sie verbrieft sind, nicht unter das Merkmal „Wertpapier", weil die Beteiligung hier nicht an die Innehabung der Urkunde geknüpft ist,[134] stellen aber Anteile im vorgenannten Sinne dar. Insoweit kommt es auch nicht darauf an, ob der geschlossene Immobilienfonds als (vermögensverwaltende) Kommanditgesellschaft oder als Gesellschaft bürgerlichen Rechts konzipiert ist.[135] Da diese Produktlinie ebenfalls zunehmend über Banken vertrieben wird, bestehen auch hier für die Kreditinstitute erhöhte strafrechtliche Risiken. Diese dürften aber wesentlich besser handhabbar sein, da es für die aufklärungspflichtigen Umstände bei geschlossenen Immobilienfonds mittlerweile relativ gesicherte Anhaltspunkte gibt.

Keine Anteile, die eine Beteiligung an dem Ergebnis eines Unternehmens gewähren 63
sollen, stellen die **Bauherren-, Bauträger- und Erwerbermodelle** dar.[136] Zwar ist diese

---

[128] BT-Drucks. 10/318, S. 22.

[129] *Cerny* MDR 1987, 271, 273. *Dreher/Tröndle,* StGB, § 264 a Rdnr. 5; *Joecks* wistra 1986, 142, 144; *Knauth* NJW 1987, 28.

[130] *Dornfeld,* Blick durch die Wirtschaft, S. 4; auch *Cerny* MDR 1987, 271, 274.

[131] *Dornfeld,* Blick durch die Wirtschaft, S. 4.

[132] *Joecks,* Kapitalanlagebetrug, Rdnr. 82.

[133] *Dreher/Tröndle,* StGB, § 264 a Rdnr. 5; *Joecks* wistra 1986, 142, 144; *Möhrenschlager* wistra 1982, 201, 205.

[134] *Worms,* Anlegerschutz, S. 319 f.; *Schönke/Schröder/Cramer,* StGB, § 264 a Rdnr. 7.

[135] *Cerny* MDR 1987, 271, 273; *Worms* wistra 1987, 242, 246.

[136] *Worms,* Anlegerschutz, S. 318; *ders.* wistra 1987, 242, 246 f.; ebenso *Dreher/Tröndle,* StGB, § 264 a Rdnr. 14; *Granderath* DB 1986, Beilage 18, S. 6; *Joecks* wistra 1986, 142, 144; *Martin,* Commodities Fraud, S. 171; *Schniewind/Hausmann* BB 1986, Beilage 16, S. 26, 28; *Schönke/Schröder/Cramer,* StGB, § 264 a Rdnr. 12.

Frage ebenso wie die Beteiligung an Abschreibungsgesellschaften in Form von partiarischen Darlehen umstritten, so daß eine endgültige Klärung erst eine höchstrichterliche Entscheidung bringen wird; auch erscheint die Bemühung, diese nach wie vor bedeutsamen Produktlinien des freien Kapitalmarktes im Interesse eines lückenlosen Anlegerschutzes ebenfalls unter die Vorschrift des § 264 a StGB zu subsumieren, durchaus verständlich. Jedoch spricht schon, wie bereits erwähnt, die Entstehungsgeschichte gegen eine solche Einbeziehung, da diese Modelle in der Entwurfsbegründung mit keinem Wort erwähnt werden, obwohl die Problematik durchaus bekannt war.[137] Vor allem aber steht einer Einbeziehung der Wortlaut der Vorschrift als Grenze jeder juristischen Auslegung entgegen, da es sich bei Bauherren-, Bauträger- und Erwerbermodellen weder um „Anteile" handelt, noch die Ergebnisbeteiligung aus einem „Anteil" resultiert. Der Anleger zielt mit einer Beteiligung an vorstehend genannten Modellen nicht auf die quotenmäßige Teilhabe an dem Vermögensgegenstand „Haus", sondern auf die Verschaffung von Wohnungseigentum ab. Zwar erwirbt er neben der im Sondereigentum stehenden Wohnung an den übrigen Gebäudeteilen sowie dem Grundstück Miteigentum, so daß insoweit eine quotenmäßige Teilhabe vorliegt; aus diesen im Miteigentum stehenden Gebäudeteilen oder dem Grundstück zieht der Anleger aber nicht seine Rendite, sondern allein aus der Vermietung der im Sondereigentum stehenden Eigentumswohnung.[138] Entscheidend ist also nicht nur das Vorliegen (irgend)eines Anteils, sondern auch die Beziehung zwischen Anteil und Ergebnisbeteiligung. An diesem Erfordernis scheitert spätestens die Einbeziehung von Bauherrenmodellen, und zwar unabhängig von der jeweiligen Konzeption in der Bauphase, da das Ergebnis einer Beteiligung an einem Bauherrenmodell immer der Erwerb von Sondereigentum an einer Eigentumswohnung ist und allein aus dieser auch die Rendite in Form der Miete fließen soll. Der als solcher durchaus zutreffende Einwand, eine gesetzliche Definition des Bauherren- oder Erwerbermodells existiere nicht und die einzelnen Modelle seien in ihrer Ausgestaltung höchst unterschiedlich,[139] liegt daher neben der Sache.

64 Entsprechendes gilt für das Bauträger- und das Erwerbermodell, wobei bei letzterem schon die Bezeichnung klarstellt, daß es hier lediglich um den Kauf einer Wohnung geht.

65 Vorstehende Ausführungen gelten im übrigen auch für den Fall, daß die Verwaltung und Gewinnverteilung über einen **Mietpool** erfolgt, da der Anleger auch bei der Beteiligung an einem Mietpool die Rendite letztlich aus der Vermietung seiner Eigentumswohnung erzielt, wobei durch die Poolbeteiligung lediglich ein etwaiges Mietausfallrisiko auf alle Anleger umgelegt wird. Darüber hinaus bringt der Anleger seine Eigentumswohnung auch nicht als „Anteil" in den Mietpool ein, sondern beteiligt sich **zusätzlich** zum Wohnungserwerb an dem Mietpool[140] Bauherren-, Bauträger und Erwerbermodelle werden daher nicht von § 264 a StGB erfaßt, und zwar auch dann nicht, wenn sich der Anleger zusätzlich an einem Mietpool beteiligt.[141]

66 *d) Treuhandbeteiligungen gem. Abs. 2.* In Abs. 2 wird der Anwendungsbereich der Vorschrift um „Anteile an einem Vermögen, das ein Unternehmen im eigenen Namen, jedoch für fremde Rechnung verwaltet", erweitert. Diese Ergänzung erschien dem Gesetz-

---

[137] Der Grund hierfür dürfte darin liegen, daß, da der Referentenentwurf aus dem Jahre 1978 diese Modelle nicht enthielt, eine nachträgliche Einbeziehung möglicherweise eine erneute Gesetzesdiskussion ausgelöst und damit die Verabschiedung der Vorschrift insgesamt gefährdet hätte – so zu Recht *Schniewind/Hausmann* BB 1986, Beilage 16, S. 26, 28.

[138] Diesen Umstand übersieht *Schmidt-Lademann* WM 1986, 1241, 1242.

[139] *Richter* wistra 1987, 117, 118.

[140] *Joecks,* Kapitalanlagebetrug, Rdnr. 91 ff.; *Worms* wistra 1987, 242, 247.

[141] *Cerny* MDR 1987, 271, 273; *Granderath* DB 1986, Beilage 18, S. 6; *Joecks* wistra 1986, 142, 144; *Pabst,* Rechtliche Risiken, S. 36 f.; *Schniewind/Hausmann* BB 1986, Beilage 16, S. 26, 28; *Worms* wistra 1987, 242, 246 f.; differenzierend *Rudolphi/Horn/Samson,* StGB, § 264 a Rdnr. 15; a. A.: *Richter* wistra 1987, 117 f.; *Schmid,* Kapitalanlagebetrug, § 23 Rdnr. 67; *Schmidt-Lademann* WM 1986, 1241 f. sowie *Eckart/Klumpe* RPK Nr. U 444/86, S. 665 f. für Mietpoolverträge.

geber deshalb geboten, da unter Abs. 1 nur die unmittelbare Beteiligung des Anlegers an der Gesellschaft fällt, wozu aber auch die Fälle der unechten Treuhand zählen, bei denen der Anleger nur die Verwaltung seines Anteils auf den Treuhänder überträgt, im übrigen aber unmittelbar an der Gesellschaft beteiligt ist.[142] Die verklausulierte Formulierung in Abs. 2 bezieht sich daher lediglich auf Treuhandbeteiligungen in Form der **echten** Treuhand. Hier ist der Anleger zwar bei wirtschaftlicher Betrachtungsweise als Gesellschafter anzusehen, rechtlich aber nur mittelbar an der (Abschreibungs-)Gesellschaft beteiligt, da dem Treuhänder nicht nur die Verwaltung obliegt, sondern er anstelle des Anlegers in die Gesellschaft eintritt. Anders als in Abs. 1 handelt es sich daher bei dem in Abs. 2 genannten Unternehmen um dasjenige des Treuhänders, und zwar auch dann, wenn er seinerseits Vermögensanteile verwaltet, die aus Beteiligungen an anderen Unternehmen bestehen.[143] Abgesehen von dieser Besonderheit sind der Unternehmensbegriff in Abs. 1 und Abs. 2 ansonsten aber deckungsgleich.[144] Aus diesem Grunde wird teilweise auch die Erforderlichkeit einer gesonderten Regelung in Abs. 2 bezweifelt, da auch ohne eine allzu extensive Auslegung die mittelbare Beteiligung über einen Treuhänder den Erwerb eines Anteiles darstelle, der eine Beteiligung an dem Ergebnis eines Unternehmens, nämlich das des Treuhänders, bewirke.[145] Für die gesonderte Erwähnung spricht jedoch der Aspekt der Rechtsklarheit, um so den andernfalls sicherlich fälligen Vorwurf mangelnder Tatbestandsbestimmtheit zu vermeiden.

Hauptanwendungsfälle des Abs. 2 sind zum einen die echten Treuhandbeteiligungen bei Abschreibungsgesellschaften und zum anderen die sog. Treuhandkommanditisten bei geschlossenen Immobilienfonds.[146] 67

5. Tathandlung. Die Tathandlung besteht in der Täuschung der präsumtiven Anleger durch unrichtige vorteilhafte Angaben oder durch Verschweigen nachteiliger Tatsachen, wobei die unrichtigen Angaben bzw. verschwiegenen Tatsachen für die Anlageentscheidung erhebliche Umstände betreffen müssen. 68

a) Unrichtige vorteilhafte Angaben. Mit der Alternative der unrichtigen vorteilhaften Angaben deckt § 264 a StGB im Ergebnis den bereits von § 263 StGB her bekannten Bereich der ausdrücklichen und konkludenten Täuschung ab. Allerdings reicht der Begriff „Angabe" weiter als der Tatsachenbegriff des § 263 StGB und umfaßt auch Werturteile sowie künftige **„Tatsachen"**, insbesondere Prognosen.[147] Hierüber besteht im Ergebnis auch Einigkeit, da zwar teilweise der Begriff „Angabe" als ein Synonym für den der Tatsache in § 263 StGB angesehen, letzterer dann aber sehr weit ausgelegt wird.[148] Strafrechtlich relevant wird jedoch nicht jede Art der Schönfärberei oder unberechtigten Anpreisung,[149] da Korrekturmöglichkeiten insoweit die Merkmale „unrichtig" und „erheblich" bieten. Vielmehr erübrigt sich bei § 264 a StGB – und das ist der Hauptvorteil – lediglich die im 69

---

[142] *Worms,* Anlegerschutz, §. 318; *Schönke/Schröder/Cramer,* StGB, § 264 a Rdnr. 10 und 34.

[143] So die Entwurfsbegründung BT-Drucks. 10/318, S. 23.

[144] Die Behauptung, der Unternehmensbegriff in Abs. 2 sei weiter – so *Granderath* DB 1986, Beilage 18, S. 6, ihm folgend *Schniewind/Hausmann* BB 1986, Beilage 16, S. 26, 28; *Dreher/Tröndle,* StGB, § 264 a Rdnr. 5 – beruht auf einem Mißverständnis, da hierbei übersehen wird, daß Abs. 2 nur die echte Treuhand betrifft; entgegen *Granderath* ebd. werden die Anteile gem. Abs. 2 nämlich nicht im Namen der Anleger, sondern – so der Gesetzeswortlaut – im eigenen Namen (s. c. des Treuhänders) verwaltet.

[145] So *Joecks,* Kapitalanlagebetrug, Rdnr. 101.

[146] *Worms* wistra 1987, 242, 248; *Schönke/Schröder/Cramer,* StGB, § 264 a Rdnr. 35.

[147] *Worms* wistra 1987, 271; *Schönke/Schröder/Cramer,* StGB, § 264 a Rdnr. 24; *Schwark,* BörsG, Einl. vor § 88 Rdnr. 6. Die Gegenüberstellung Angabe-Tatsache findet sich im übrigen auch in § 45 BörsG, wo der Begriff „Angabe" ebenfalls weiter als der Tatsachenbegriff ausgelegt wird; vgl. *Frohne,* Prospektpflicht, S. 40 ff. sowie *Worms,* Anlegerschutz, S. 214 m. .w. N.

[148] So z. B. von *Otto* WM 1988, 729, 731, 737; auch *Rudolphi/Horn/Samson,* StGB, § 264 a Rdnr. 32.

[149] Ebenso *Schönke/Schröder/Cramer,* StGB, § 264 a Rdnr. 24.

Rahmen des § 263 StGB häufig doch recht zweifelhafte Suche nach hinter dem Werturteil stehenden Tatsachen oder einem entsprechenden Tatsachenkern sowie der Umweg über die innere Tatsache.

70 Unrichtig sind die Angaben dann, wenn sie nicht der Wahrheit entsprechen, also nicht vorhandene Umstände als vorhanden oder vorhandene Umstände als nicht vorhanden dargestellt werden.[150] Soweit es um Tatsachen geht, tauchen hier keine besonderen Probleme auf. Erhebliche Schwierigkeiten bereitet jedoch die Bestimmung der Unrichtigkeit bei **Werturteilen** und **Prognosen.** Der Grund hierfür liegt darin, daß in die Zukunft reichende Berechnungen notwendigerweise mit Unsicherheiten behaftet sind, während bei Bewertungen regelmäßig ganz erhebliche Beurteilungsspielräume bestehen. In diesen Fällen ist daher schon wegen der verfassungsrechtlich gebotenen Tatbestandsbestimmtheit eine Unrichtigkeit erst dann anzunehmen, wenn die betreffende Auffassung schlechterdings nicht mehr vertretbar erscheint.[151]

71 Sofern sie vorstehende Grenzen nicht überschreiten, sind daher Anpreisungen und schönfärberische Darstellungen durchaus erlaubt; insbesondere kann sich der Anbieter der ihm günstigsten Berechnungsmethode bedienen.[152] Als grobe Richtschnur mag hier der Hinweis dienen, daß Werturteile und Prognosen unter dem Aspekt der Unrichtigkeit immer dann als bedenklich anzusehen sind, wenn sie auf einer unrichtigen oder unvollständigen Tatsachenbasis beruhen oder zugleich Umstände verschwiegen werden, die die Angabe nachteilig beeinflussen. So muß beispielsweise bei Aussagen zu **Steuervorteilen** auf die Unsicherheit der steuerlichen Anerkennung oder eine abweichende Praxis der Finanzverwaltung hingewiesen werden. Zumindest zweifelhaft erscheint auch die undifferenzierte Werbung mit einer angeblichen Steuerersparnis, da sich die Steuervorteile regelmäßig auf einen Liquiditätsgewinn beschränken und nur in Ausnahmefällen zu einer realen Ersparnis führen. Die Anbieter sollten sich daher auf eine Beispielsrechnung beschränken, wobei sie aber durchaus den für sie optisch günstigsten Beispielsfall wählen können.

72 Eine weitere Strafbarkeitseinschränkung stellt schließlich das Erfordernis der Vorteilhaftigkeit dar, wodurch nach der Intention des Gesetzgebers insbesondere die negative Berichterstattung in der Presse über ein Anlageangebot aus dem Tatbestand ausgeklammert werden sollte.[153] Vorteilhaft ist eine unrichtige Angabe dann, wenn sie die betreffende Kapitalanlage in einem günstigeren Licht erscheinen läßt, um so die Entscheidung des Anlegers zugunsten des Werbenden zu beeinflussen.[154] Hierbei kommt es jedoch nicht darauf an, was der angesprochene Anleger als vorteilhaft ansieht,[155] sondern das verfassungsrechtliche Bestimmtheitsgebot fordert einen objektiven Maßstab.[156]

73 *b) Verschweigen nachteiliger Tatsachen.* Im Unterlassensbereich beschränkt § 264 a StGB die Strafbarkeit auf das Verschweigen nachteiliger Tatsachen. Dogmatisch handelt es sich bei dieser Alternative um ein echtes Unterlassungsdelikt,[157] da es nach der Entwurfsbegrün-

---

[150] *Joecks* wistra 1986, 142, 145. Zur Problematik der Unrichtigkeit durch die zeitliche Entwicklung *Pabst,* Rechtliche Risiken, S. 15.

[151] Hierüber besteht Einigkeit; vgl. nur *Cerny* MDR 1987, 271, 276; *Joecks* wistra 1986, 142, 146; *Worms* wistra 1987, 271.

[152] *Joecks,* Kapitalanlagebetrug, Rdnr. 193; die Grenze liegt bei völlig unüblichen Berechnungsmethoden; einschränkend aber *Assmann* oben § 7 Rdnr. 67, der eine generelle Zurückhaltung bei Prognosen fordert.

[153] Vgl. die Entwurfsbegründung BT-Drucks. 10/318, S. 24; auch hier zeigt sich wieder die Beschränkung auf einen reinen Vermögensschutz, da eine vorsätzlich unrichtige Berichterstattung die Funktionsfähigkeit des Kapitalmarktes ebenfalls tangiert.

[154] *Worms,* Anlegerschutz, S. 328.

[155] So aber *Schönke/Schröder/Cramer,* StGB, § 264 a Rdnr. 25.

[156] Ebenso *Rudolphi/Horn/Samson,* StGB, § 264 a Rdnr. 35 f.

[157] *Worms* wistra 1987, 271 f.; *Joecks,* Kapitalanlagebetrug, Rdnr. 10; *Otto* WM 1988, 729, 738; a. A. *Rudolphi/Horn/Samson,* StGB, § 264 a Rdnr. 50; auch das Verschweigen nachteiliger Tatsachen

dung unerheblich ist, ob und aus welchen Gründen außerstrafrechtliche Mitteilungs- oder Offenbarungspflichten bestehen.[158] § 264 a StGB beinhaltet daher in dieser Alternative ein Aufklärungsgebot, wobei aber umstritten ist, wie weit dieses reicht. Während bislang die Grenze sowohl im Tätigkeits- als auch im Unterlassensbereich erst bei dem Merkmal der Erheblichkeit gezogen wurde, will *Cramer* die Offenbarungspflicht nunmehr weiter dahingehend einschränken, daß lediglich zu allen vorteilhaften Angaben die jeweils korrespondierenden Tatsachen offenbart werden müssen.[159] Ausgangspunkt ist hierbei die Überlegung, daß die Vorschrift lediglich gewährleisten soll, daß dem Anleger ein ausgewogenes Bild über die Kapitalanlage vermittelt wird. Hingegen könne § 264 a StGB nicht sicherstellen, daß **alle investitionserheblichen** Tatsachen mitgeteilt werden, was sich schon aus seiner Stellung als Vorfeldtatbestand zum Betrug ergebe. Anders als § 263 StGB statuiert § 264 a StGB jedoch eine Aufklärungspflicht, ohne daß es auf das Vorliegen einer Garantenstellung ankommt. Vor allem aber wird das auch von *Cramer* zu Recht geforderte ausgewogene Bild noch nicht durch die Offenbarung korrespondierender nachteiliger Tatsachen erreicht, sondern erst durch die Mitteilung sämtlicher investitionserheblicher Tatsachen unabhängig davon, ob ein Sachzusammenhang mit einer (unrichtigen) Angabe besteht oder nicht.[160] Durch eine derartig restriktive Auslegung erreicht *Cramer* also gerade nicht das auch von ihm gewünschte ausgewogene Bild über die Kapitalanlage, wobei im übrigen auch der Wortlaut und die Entstehungsgeschichte eine derart enge Auslegung nicht erfordert.[161] Strafbar ist daher grundsätzlich das Verschweigen sämtlicher investitionserheblicher Tatsachen, wobei für die Bestimmung des Merkmals „nachteilig" die Ausführungen zur Vorteilhaftigkeit entsprechend gelten. Es muß sich hier also um Tatsachen handeln, die wegen ihrer negativen Auswirkungen auf den Wert der Kapitalanlage geeignet sind, die Anlageentscheidung zuungunsten des Werbenden zu beeinflussen.[162]

c) Erheblichkeit der Angaben bzw. Tatsachen. Das Erfordernis der Erheblichkeit schließlich, 74
das sowohl für die unrichtigen Angaben als auch für die verschwiegenen Tatsachen gilt, soll die erforderliche Einschränkung der Strafbarkeit garantieren.

Laut Entwurfsbegründung sah sich der Gesetzgeber angesichts des erstrebten rechtsform- 75
unabhängigen strafrechtlichen Anlegerschutzes zu einer konkreteren Tatbestandsformulierung nicht in der Lage.[163] In der Stellungnahme des Rechtsausschusses wurde die Erheblichkeit deshalb dahingehend präzisiert, daß solche Umstände aufklärungspflichtig sind, die einen Einfluß auf den Wert, die Chancen und die Risiken einer Kapitalanlage haben, wobei davon auszugehen sei, daß sich die strafrechtliche Praxis zur Konkretisierung an der zivilrechtlichen Rechtsprechung zur Prospekthaftung und den in der Anlageberatungspraxis entwickelten Mindestinhalten in sog. Fachkatalogen und Checklisten orientieren werde.[164]

---

stelle ein Handeln dar, da der Täter gegen das Verbot verstoße, einen unrichtigen Prospekt herzustellen.

[158] BT-Drucks. 10/318, S. 24.

[159] *Schönke/Schröder/Cramer,* StGB, § 264 a Rdnr. 28 ff.

[160] Zur Problematik des unrichtigen Gesamteindrucks auch oben § 7 Rdnr. 38 f., wobei im Strafrecht aber die Unrichtigkeit der konkreten Angabe nachgewiesen bzw. die verschwiegene Tatsache konkret benannt werden muß. Der Gesamteindruck ist strafrechtlich also nur insoweit relevant, als hierdurch die konkrete Angabe unvertretbar bzw. ein bestimmtes Risiko nicht mehr zutreffend dargestellt wird.

[161] So sollte nach der Entwurfsbegründung BT-Drucks. 10/318, S. 22 gerade das Verschweigen wesentlicher Umstände strafrechtlich besser erfaßt werden im Sinne eines umfassenden strafrechtlichen Anlegerschutzes.

[162] *Joecks* wistra 1986, 142, 146; zur Problematik der Offenlegung von Geschäfts- und Betriebsgeheimnissen sowie Insiderinformationen oben § 7 Rdnr. 72, wobei eine detaillierte Offenlegung aber zu weitgehend erscheint. Vielmehr dürften zumindest im Prospekt pauschale Hinweise ausreichen. Vgl. zu dieser Problematik auch *Pabst,* Rechtliche Risiken, S. 18 f.

[163] Vgl. BT-Drucks. 10/318, S. 24.

[164] Vgl. BT-Drucks. 10/5080, S. 31.

76 Hiermit scheint jedoch nur auf den ersten Blick eine eindeutige Orientierungshilfe geboten zu werden. Völlig zu Recht warnt nämlich *Assmann* bereits im Hinblick auf eine zivilrechtliche Prospekthaftung vor einer starren Orientierung an den zwischenzeitlich recht ausgefeilten Prospekt-Inhaltskatalogen,[165] da es zum einen auf den **Gesamteindruck** ankommt – dem Anleger soll, wie oben erwähnt, ein ausgewogenes Bild über die Kapitalanlage vermittelt werden – und zum anderen je nach Anlageform und konkreter Ausgestaltung unterschiedliche Umstände Bedeutung erlangen können. Entsprechend nahe liegt der Vorwurf verfassungsrechtlich bedenklicher Unbestimmtheit dieses Merkmals, der aber mittlerweile als ausgeräumt gelten kann und zwar dahingehend, daß dem Bestimmtheitsgebot durch eine entsprechend (restriktive) Auslegung des Tatbestandes Rechnung zu tragen ist.[166] Die Bestimmung der Erheblichkeit steht dabei in einem engen Zusammenhang mit den Begriffen „nachteilig" und „vorteilhaft". Vor allem aber ist für die Auslegung die Funktion dieses Merkmals von Bedeutung. Da nach § 264 a StGB bereits die bloße Täuschung unter Strafe gestellt ist und auf den Eintritt eines Vermögensschadens verzichtet wird, bedarf es einer Einschränkung der tatbestandsrelevanten Täuschungen dahingehend, daß nur solche Umstände erfaßt werden, die zu einem Vermögensschaden führen können. Im Ergebnis geht es damit um die Prüfung einer **hypothetischen Kausalität,** worüber im Grundsatz auch Einigkeit besteht.

77 Noch keineswegs geklärt ist damit allerdings, welcher Maßstab für die Bestimmung der Erheblichkeit anzulegen ist bzw. von welcher Warte aus diese zu erfolgen hat. Die Entwurfsbegründung[167] und ihr folgend ein Teil der Literatur[168] verweisen auf die gleichgelagerte Problematik bei § 265 a StGB und wollen auch hier die Betrachtungsweise eines verständlichen, durchschnittlich vorsichtigen Anlegers als Maßstab nehmen. Zu Recht hat jedoch *Lampe* bei § 265 b StGB darauf hingewiesen, daß mit diesem Kriterium kein Maßstab aufgestellt, sondern der Richter lediglich auf die Suche nach einem solchen geschickt wird.[169] Entsprechendes gilt für den Vorschlag von *Pabst*[170] und *Richter,*[171] die auf den „ordentlichen Kapitalanlagevermittler" abstellen wollen. Statt dieser untauglichen Konstrukte sollte daher wie bei den Merkmalen „vorteilhaft" und „nachteilig" auch bei der Erheblichkeit eine **objektiv-anlagebezogene** Bestimmung gewählt werden, wodurch sich insbesondere dem Erfordernis tatbestandlicher Bestimmtheit Rechnung tragen läßt.[172] Zwar handelt es sich auch hierbei um einen abstrakten Maßstab, der aber im Gegensatz zu den anderen Vorschlägen nicht zusätzliche Hilfsüberlegungen erfordert, sondern unmittelbar auf den Kernpunkt abzielt, nämlich auf das von § 264 a StGB geschützte Rechtsgut. Da dies allein das Vermögen ist, können erheblich somit nur diejenigen Umstände sein, denen eine Vermögensrelevanz i. S. einer Schadensträchtigkeit zukommt. In concreto geht es also nur um solche Umstände, die objektiv einen Einfluß auf den Wert, die Chancen und die Risiken der Kapitalanlage haben, worüber im Ergebnis trotz der vorstehend dar-

---

165 Oben § 7 Rdnr. 68.

166 Eingehend hierzu *Joecks,* Kapitalanlagebetrug, Rdnr. 60 ff.; ferner *Cerny* MDR 1987, 271, 275 sowie *Pleyer/Hegel* ZIP 1987, 79, 81.

167 BT-Drucks. 10/318, S. 24.

168 *Otto* WM 1988, 729, 738; *Dreher/Tröndle,* StGB, § 264 a Rdnr. 12; *Granderath* DB 1986, Beilage 18, S. 7, ebenso oben § 7 Rdnr. 64 für die zivilrechtliche Prospekthaftung.

169 *Lampe,* Der Kreditbetrug, 1980, S. 49.

170 Vorteilhafte Geldanlagen, Gruppe 2, S. 2744, 2746.

171 Vorteilhafte Geldanlagen, Gruppe 4, S. 1305, 1314.

172 *Worms,* Anlegerschutz, S. 334; ebenso *Schönke/Schröder/Cramer,* StGB, § 264 a Rdnr. 32, sowie vom Grundsatz her auch *Rudolphi/Horn/Samson,* StGB, § 264 Rdnr. 41. Dies bezieht sich aber nur auf die aufklärungspflichtigen Umstände selbst, also die Frage, worüber aufgeklärt werden muß. Bei der Art und Weise der Aufklärung (dem „Wie") ist demgegenüber der Empfängerhorizont zu berücksichtigen, der Prospekt also sprachlich verständlich zu fassen. In diesem Sinne auch *Assmann* oben § 7 Rdnr. 64, 66, der ebenfalls auf den Adressatenkreis abstellt. Vgl. ferner *Pabst,* Rechtliche Risiken, S. 23 f.

gestellten terminologischen Differenzen auch Einigkeit besteht. Dies hat zur Konsequenz, daß sämtlichen formalen Unrichtigkeiten wie beispielsweise einem falschen Ausgabedatum des Prospektes keine strafrechtliche Relevanz zukommt. Es geht, um es mit anderen Worten auszudrücken, bei § 264 a StGB also nicht um formale Prospektfehler, sondern um **materielle Kriterien,** die sich auf den Wert und die Wirtschaftlichkeit des jeweiligen Angebots auswirken, und zwar zum Zeitpunkt des Erwerbs.[173]

Auch soweit materielle Kriterien betroffen sind, führt dies im Falle der Unrichtigkeit oder Unvollständigkeit aber noch nicht zwingend zu einer Strafbarkeit nach § 264 a StGB. Angesprochen ist hiermit der Problemkreis, ob es insoweit einer lediglich **abstrakten oder** einer **konkreten** Bestimmung der Erheblichkeit bedarf. Da, wie dargestellt, das Merkmal „erheblich" den Ersatz für die bei § 263 StGB erforderliche Kausalität zwischen Täuschung und Schaden darstellt, es daher bei der Bestimmung der Erheblichkeit um die Prüfung einer hypothetischen Kausalität geht, kann jedoch eine abstrakte Betrachtung nicht ausreichen, sondern erforderlich ist die konkrete Erheblichkeit im Einzelfall. 78

Dies zeigt im übrigen auch der Vergleich mit der zivilrechtlichen Prospekthaftung, die nach der Entwurfsbegründung als Auslegungshilfe dienen soll, da der Anleger auch hier nur Schadensersatz erhält, wenn die unrichtigen oder unvollständigen Angaben im konkreten Fall Auswirkungen auf seine Entscheidung hatten. Eine starre Orientierung an Checklisten oder Prospektprüfungskatalogen reicht daher nicht aus, wobei umgekehrt aber auch nicht jeder Vorstoß gegen die dort enthaltenen Kriterien gleich zur Strafbarkeit führt. Vielmehr dienen diese lediglich als Anhaltspunkte, die dann aber auf ihre Anwendbarkeit im Einzelfall jeweils überprüft werden müssen.[174] 79

Ebenfalls umstritten ist, wie weit die konkrete Prüfung im Einzelfall reichen muß. So vertritt **Samson**[175] die Auffassung, eine vorgetäuschte oder verschwiegene Tatsache sei nur dann erheblich, wenn sie den **wirtschaftlichen** Wert der Kapitalanlage beeinflusse **und** der **wahre** Wert der Kapitalanlage niedriger als der vom Anleger zu zahlende Preis sei, da ein vernünftiger Anleger erst in diesem Falle vom Erwerb Abstand nehme. Die Bestimmung der Erheblichkeit würde sich dann nicht auf die Prüfung der hypothetischen Kausalität beschränken, sondern eine Schadensberechnung i. S. des § 263 StGB erfordern. Da § 264 a StGB im Gegensatz zum Betrugstatbestand jedoch auf den Eintritt eines Vermögensschadens verzichtet, kann es hier nicht darum gehen, eine bestimmte unrichtige vorteilhafte Angabe oder verschwiegene nachteilige Tatsache zum Anlaß zu nehmen, den Gesamtwert der Kapitalanlage zu ermitteln.[176] Die Feststellung einer konkreten Wertbeeinträchtigung reicht daher aus. Dies hat zur Folge, daß eine Strafbarkeit nach § 264 a StGB auch dann eintritt, wenn die Täuschung per saldo noch nicht zu einem Vermögensschaden i. S. von § 263 StGB führt, so daß der von § 264 a StGB gewährte Vermögensschutz im Ergebnis weiter reicht, als der von § 263 StGB. Die Fälle, wo unrichtige vorteilhafte Angaben oder verschwiegene nachteilige Tatsachen zwar den Wert der Kapitalanlage nachteilig beeinflussen, diese aber trotzdem per saldo ihren Preis wert ist, dürften in der Praxis jedoch kaum von Bedeutung sein. 80

Mit vorstehenden Problemen nicht zu verwechseln ist die in diesem Zusammenhang ebenfalls auftauchende Frage, ob eine Kompensationsmöglichkeit zwischen unrichtigen Angaben und verschwiegenen Tatsachen besteht. Werden beispielsweise die Konzeptionskosten zu niedrig angesetzt, gleichzeitig aber der zu erwartende Mietertrag ebenfalls zu niedrig veranschlagt, wodurch ersterer Umstand wieder kompensiert wird, dann stellen die 81

[173] Zur Problematik des zeitnahen Prospekts oben § 7 Rdnr. 71.

[174] Ebenso *Joecks* wistra 1986, 142, 147; *Schmid,* Kapitalanlagebetrug, § 23 Rdnr. 87. Dies gilt auch für den Bereich der Aktienemission, wo *Schröder,* Aktienhandel und Strafrecht, § 25 ff. als maßgeblichen Ausgangspunkt die jeweiligen Zulassungsvoraussetzungen heranziehen will.

[175] In: *Rudolphi/Horn/Samson,* StGB, § 264 a Rdnr. 47, 49.

[176] *Joecks* wistra 1986, 142, 147; *ders.,* Kapitalanlagebetrug, Rdnr. 165, *Worms* wistra 1987, 271, 272 f.

zu niedrigen Konzeptionskosten bei isolierter Betrachtung eine unrichtige vorteilhafte Angabe dar, die auch erheblich ist, während bei **Saldierung** beider Angaben die doppelte Unrichtigkeit wertmäßig neutral wäre mit der Konsequenz, daß eine tatbestandsrelevante Täuschung nicht vorläge.

82 Unter dem Aspekt des Vermögensschutzes erscheint daher auf den ersten Blick eine Saldierung geboten, um so auch eine Harmonisierung mit dem Schadenserfordernis bei § 263 StGB zu erreichen. Im Ergebnis stellt sich hier das gleiche Problem wie bei der Bestimmung der Erheblichkeit einer einzelnen unrichtigen Angabe. Auch dort liegt ja eine Erheblichkeit bereits dann vor, wenn die Unrichtigkeit zu einer konkreten Wertbeeinträchtigung führt, ohne daß hierdurch die Kapitalanlage insgesamt – gemessen am Preis-Leitungs-Verhältnis – minderwertig sein muß. Vor allem aber würde eine Saldierung positiver und negativer Umstände bewirken, daß eine Bewertung der Anlage insgesamt erfolgen müßte, was jedoch dem Charakter des § 264 a StGB als abstraktem Gefährdungsdelikt widerspräche und im übrigen auch vom Gesetzgeber nicht gewollt ist.[177] Letztlich sollte dieser Problematik aber ebenfalls kein allzu großes Gewicht beigemessen werden, da in der Praxis wohl kein Anbieter wissentlich günstige Umstände zu ungünstig darstellen wird, bei bloß zufälliger Kompensation aber bereits die Grenze zum Betrugsversuch überschritten ist.

83 Ebenfalls ein Kompensationsverbot besteht beim **Verschweigen** nachteiliger Tatsachen, wobei hier allerdings das Merkmal „nachteilig" Korrekturmöglichkeiten bietet, da sich auch die Nachteiligkeit der Einzeltatsache wegen der gebotenen konkreten Betrachtung immer nur aus dem Gesamtzusammenhang bestimmen läßt.[178] Auch hier zeigt sich wieder, daß eine starre Orientierung an den Prospektprüfungskatalogen nur begrenzt weiterhilft. Ihre Bedeutung erschöpft sich vielmehr darin, daß sie – auch für staatsanwaltschaftliche Ermittlungen – eine erste Orientierung bieten.

84 **6. Täuschung einer Vielzahl von Anlegern.** Nach dem Gesetzeswortlaut reicht ferner nicht jegliche Täuschung, sondern diese muß im Zusammenhang mit dem Vertrieb (§ 264 a Abs. 1 Nr. 1 StGB) oder einem Kapitalerhöhungsangebot (§ 264 a Abs. 1 Nr. 2 StGB) in Prospekten, Darstellungen oder Übersichten über den Vermögensstand gegenüber einem größeren Kreis von Personen erfolgen.

85 Durch diese Vielzahl von Erfordernissen, die im übrigen aber nur eine (überflüssige) Tautologie beinhalten, soll zum einen die Individualtäuschung aus dem Anwendungsbereich von § 264 a StGB eliminiert und zum anderen der angeblich von dieser Vorschrift bezweckte Schutz der Funktionsfähigkeit des Kapitalmarktes untermauert und damit die Vorverlagerung der Strafbarkeit gerechtfertigt werden.[179]

86 *a) Prospekte, Darstellungen oder Übersichten über den Vermögensstand.* Der Begriff des Prospektes ist in einem umfassenden Sinne zu verstehen und beschränkt sich nicht auf Prospekte i. S. von §§ 36 Abs. 3 Nr. 2, 38 BörsG.[180] Einen Prospekt stellt vielmehr jede Werbe- und Informationsschrift dar, die den Eindruck erweckt, die für die Beurteilung erheblichen Angaben zu enthalten und die zugleich die Grundlage für die Entscheidung des Anlegers sein soll, die betreffende Kapitalanlage zu erwerben.[181] Wesentlich ist hier vor allem der Anschein der Vollständigkeit, so daß **erkennbar** lückenhaftes Informationsmaterial, beispielsweise Werbeschreiben oder Inserate, nicht unter § 264 a StGB fallen.[182] Einen Grenzfall stellen sog. Kurzprospekte dar, die dann nicht strafrechtlich

---

[177] So zu Recht *Joecks,* Kapitalanlagebetrug, Rdnr. 166.

[178] Vgl. hier *Joecks* wistra 1986, 142, 146; *Worms* wistra 1987, 271, 273.

[179] Vgl. die Entwurfsbegründung, BT-Drucks. 10/318, S. 22, 24.

[180] BT-Drucks. 10/318, S. 23.

[181] Allgemeine Meinung, vgl. nur *Schniewind/Hausmann* BB 1986, Beilage 16, S. 26, 28; der strafrechtliche und der zivilrechtliche Prospektbegriff – dazu noch § 7 Rdnr. 47 ff., 57 – sind also nicht identisch, da strafrechtlich immer der Anschein der Vollständigkeit erforderlich ist, was vor allem für sog. Kurzprospekte Bedeutung gewinnt (vgl. den nachfolgenden Text).

[182] Ebenfalls allgemein anerkannt, vgl. nur *Schönke/Schröder/Cramer,* StGB, § 264 a Rdnr. 19.

relevant sind, wenn die Lückenhaftigkeit offensichtlich ist. Erweckt der Kurzprospekt demgegenüber durch seine Aufmachung den Eindruck, die für die Beurteilung des Anlageobjekts erheblichen Angaben zu enthalten, müssen der Prospektersteller und -verwender sich auch an diesem Anschein messen lassen, wobei insbesondere der Hinweis, daß sich die vollständigen Daten nur aus dem ausführlichen Hauptprospekt ergeben, strafrechtlich irrelevant ist.[183]

Bei den weiterhin genannten Vermögensübersichten handelt es sich im wesentlichen um Bilanzen, wobei neben Schriftlichkeit wiederum der Eindruck einer gewissen Vollständigkeit erforderlich ist.[184] Demgegenüber beschränken sich die darüber hinaus genannten Darstellungen nicht auf schriftlich fixierte Informationen, sondern umfassen auch Ton- und Bildträger sowie mündliche Angaben, sofern hierbei wiederum der Eindruck einer vollständigen Information erweckt wird, mag sich dieser auch erst aus der Summe mehrerer Werbemaßnahmen ergeben.[185] 87

b) Zusammenhang mit dem Vertrieb oder Kapitalerhöhungsangeboten. Die o. g. Informationsmittel müssen ferner im Zusammenhang mit dem Vertrieb eingesetzt werden. Hierdurch soll im Ergebnis lediglich die informative Berichterstattung des Wirtschaftsjournalismus aus dem Anwendungsbereich der Vorschrift herausgenommen werden.[186] Erforderlich ist also ein **unmittelbarer** sachlicher und zeitlicher Zusammenhang mit einer bestimmten Vertriebsmaßnahme, während allgemeine Mitteilungen oder Meinungsäußerungen nicht ausreichen.[187] Das Merkmal „Vertrieb" wird dabei in Anlehnung an das AuslInvestmG als eine auf den Absatz einer Vielzahl von Stücken gerichtete Tätigkeit, die sich an den Markt wendet, definiert, wozu auch die Werbung zählt.[188] 88

Bei dem Angebot, die Einlage auf solche Anteile zu erhöhen, muß es sich ebenfalls um eine neue Kapitalsammelmaßnahme handeln – dies ergibt sich im übrigen auch aus dem weiteren Erfordernis des größeren Personenkreises –, so daß eine gesonderte Erwähnung eigentlich entbehrlich gewesen wäre, da es sich dann bereits um eine Vertriebsmaßnahme i. S. von Abs. 1 Nr. 1 handelt. 89

c) Größerer Kreis von Personen. Ebenfalls nur klarstellende Funktion kann das Erfordernis eines größeren Personenkreises haben, da sich auch dies bereits aus dem Vertriebserfordernis ergibt und wie dieses lediglich die Individualtäuschung eliminieren soll.[189] Einen Grenzfall bildet insoweit die gezielte Ansprache einiger weniger Anleger. Diese reicht dann nicht aus, wenn diesen wenigen Anlegern speziell auf sie zugeschnittene – praktisch maßgeschneiderte – Anlagen unterbreitet werden, während es ansonsten irrelevant ist, wie viele Anleger angesprochen werden und ob sie dem Anbieter vorher bekannt waren.[190] Letztlich handelt es sich hierbei aber lediglich um ein akademisches Problem, da schon die von § 264 a StGB erfaßten Anlageformen die Ansprache einer Vielzahl von Anlegern bedingen. 90

7. Täterkreis. Täter kann bei § 264 a StGB jeder sein, der an der Erstellung eines unrichtigen oder unvollständigen Prospektes mitgewirkt hat. Hierzu zählen neben den Initiatoren insbesondere auch Rechtsanwälte, Steuerberater und Wirtschaftsprü- 91

---

[183] *Schniewind/Hausmann* BB 1986, Beilage 16, S. 26, 28; umgekehrt besteht damit aber auch die Gefahr, daß Prospekte so mit Informationen überladen werden, daß das Wesentliche untergeht – so zu Recht *Schönke/Schröder/Cramer,* StGB, § 264 a Rdnr. 18.

[184] *Joecks,* Kapitalanlagebetrug, Rdnr. 106, *Rudolphi/Horn/Samson,* StGB, § 264 a Rdnr. 24; *Schönke/Schröder/Cramer,* StGB, § 164 a Rdnr. 20.

[185] *Joecks,* Kapitalanlagebetrug, Rdnr. 107 f.; *Schönke/Schröder/Cramer,* StGB, § 264 a Rdnr. 21.

[186] So die Entwurfsbegründung BT-Drucks. 10/318, S. 24.

[187] BT-Drucks. 10/318, S. 24.

[188] *Joecks,* Kapitalanlagebetrug, Rdnr. 109; *Knauth* NJW 1987, 28, 31; die Behauptung *Samsons* in: *Rudolphi/Horn/Samson,* StGB, § 264 a Rdnr. 21, dieses Merkmal werfe beträchtliche Probleme auf, ist daher unzutreffend.

[189] Vgl. die Entwurfsbegründung, BT-Drucks. 10/318, S. 24.

[190] *Worms* wistra 1987, 271, 274; ferner *Joecks,* Kapitalanlagebetrug, Rdnr. 113 ff.

fer[191] sowie der gesamte Anlagevertrieb, also auch Anlageberater und Anlagevermittler.[192]

92 Letztere können im übrigen auch dann (Mit-)täter sein, wenn sie im Wege einer arbeitsteiligen Vorgehensweise sich wissentlich der unrichtigen Prospekte bedienen, ohne selbst an der Erstellung mitgewirkt zu haben.[193] Wird der Vertrieb hingegen als gutgläubiges Werkzeug eingesetzt, indem er beispielsweise lediglich ungeprüft die unrichtigen oder unvollständigen Prospekte übernimmt, bleibt er straflos, wobei dann aber regelmäßig eine mittelbare Täterschaft der mit der Konzeption befaßten Personen vorliegt. Für Beihilfe bleibt nur dort Raum, wo lediglich der Vertrieb in Kenntnis des unrichtigen Prospektes gefördert wird, ohne an dessen Erstellung verantwortlich mitgewirkt zu haben.

93 Hervorzuheben ist in diesem Zusammenhang schließlich noch, daß es strafrechtlich – im Gegensatz zum Zivilrecht[194] – nicht auf die anlagebezogene Verantwortung und Einflußnahmemöglichkeit ankommt, sondern (lediglich) ein **ursächlicher** Tatbeitrag für die Täuschung erforderlich ist. Die strafrechtliche Verantwortlichkeit kann daher durchaus weiter reichen als die zivilrechtliche Prospekthaftung, wobei wegen des Vorsatzerfordernisses dieser Fall aber kaum praktisch sein dürfte.

94 **8. Vorsatz.** Strafbar ist bei § 264 a StGB nur die vorsätzliche Begehung, wobei dolus eventualis genügt. Wegen der restriktiven Auslegung des objektiven Tatbestandes dürften sich insoweit auch die Nachweisschwierigkeiten in Grenzen halten. So liegt bei Bewertungen und Prognosen – dies sind die eigentlichen Problemfälle bei unrichtigen vorteilhaften Angaben – nur dann eine Unrichtigkeit vor, wenn die fraglichen Angaben schlechthin **unvertretbar** sind. Sollte sich dies objektiv nachweisen lassen, wird aber auch subjektiv kaum von einem diesbezüglichen Irrtum des Täters die Rede sein können, sondern sich eine entsprechende Einlassung als Schutzbehauptung widerlegen lassen.[195] Ferner folgt aus der Kenntnis der Unrichtigkeit regelmäßig auch die der Erheblichkeit, da der Zweck der vorsätzlich unrichtigen Angabe doch wohl nur sein kann, den Anleger zum Erwerb der Anlage zu bewegen. Entsprechendes gilt für den Unterlassensbereich, wenn dem Täter die aufklärungsbedürftige Tatsache und deren Bedeutung für den Anleger bekannt waren, da der Irrtum über die Aufklärungspflicht dann (allenfalls) einen regelmäßig vermeidbaren Ge- bzw. Verbotsirrtum nach § 17 StGB darstellt. Fehlt jedoch bereits die Tatsachenkenntnis, liegt ein vorsatzausschließender Tatbestandsirrtum gemäß § 16 StGB vor. Insbesondere kann in diesem Fall eine Strafbarkeit nicht über den Umweg des Verschweigens fehlender eigener Überprüfung begründet werden, da eine derartige Überprüfungspflicht durch § 264 a StGB nicht statuiert wird.[196] Dies dürfte vor allem für den Anlagevertrieb – auch den über Banken – von Bedeutung sein. Soweit es hingegen um Zweifel geht, ob eine bekannte Tatsache mitgeteilt werden muß oder wann die Grenze von der (erlaubten) Schönfärberei zur Täuschung überschritten wird, kann vor Strafbarkeit nur noch die Einholung eines unabhängigen Rechtsgutachtens schützen. Dies setzt allerdings voraus, daß der Gutachter dann auch den vollständigen Sachverhalt mitgeteilt erhält.[197]

---

[191] *Schönke/Schröder/Cramer,* StGB, § 264 a Rdnr. 38; *Worms* wistra 1987, 271, 274; a. A. *Dornfeld,* Blick durch die Wirtschaft, S. 4, der hier nur eine Teilnahme für möglich hält.

[192] *Schönke/Schröder/Cramer,* StGB, § 264 a Rdnr. 38; speziell zur Strafbarkeit von Banken: *Jehl* DB 1987, 1772 ff.

[193] *Worms* wistra 1987, 271, 274, a. A. *Otto* WM 1988, 729, 739, der lediglich eine Bestrafung als Teilnehmer für möglich hält.

[194] Vgl. oben § 7 Rdnr. 98 ff.

[195] Einschränkend *Joecks,* Kapitalanlagebetrug, Rdnr. 212; ferner *Dornfeld,* Blick durch die Wirtschaft S. 4, der insgesamt einen Vorsatz nur für schwer zu beweisen hält; ebenso *Cerny* MDR 1987, 271, 278.

[196] Weitergehend aber das Zivilrecht, hierzu oben § 7 Rdnr. 148, mit zutreffender Kritik an der Rechtsprechung.

[197] Ebenso *Joecks,* Kapitalanlagebetrug, Rdnr. 213; *Schmidt-Lademann* Sparkasse 1987, 99, 101; eingehend zur Prospektprüfung und deren Bedeutung für den Anlegerschutz *Grotherr* DB 1988, 741 ff.

9. Tätige Reue. Da § 264 a StGB die Strafbarkeit in den Bereich des versuchten Betruges vorverlagert, bedarf es einer dem Rücktritt vom Versuch (§ 24 StGB) entsprechenden Regelung. Diese enthält § 264 a StGB in Abs. 3 und übernimmt, da die Regelung § 265 a Abs. 2 StGB nachgebildet ist, auch hier wieder die dort bereits bekannten Ungereimtheiten. Da nach dem Wortlaut von § 264 a Abs. 3 StGB nur die „durch den Erwerb bedingte Leistung" verhindert werden muß, besteht die Möglichkeit, auch nach dem schuldrechtlichen Erwerb der Anlage noch Straffreiheit zu erlangen.[198] Dies führt zu **Wertungswidersprüchen** mit § 263 StGB, da hier mit dem Verpflichtungsgeschäft bereits ein (vollendeter) Eingehungsbetrug vorliegt, von dem ein strafbefreiender Rücktritt nicht mehr möglich ist. Konsequenz hiervon ist, daß § 264 a Abs. 3 StGB nach Abschluß des schuldrechtlichen Vertrages praktisch weitgehend leerläuft. Um dies zu vermeiden, wird teilweise vorgeschlagen, bei den von § 264 a StGB erfaßten Kapitalanlagen entweder bis zur Erbringung der Leistung einen vollendeten Betrug abzulehnen oder aber die Vorschrift über die tätige Reue in § 264 a Abs. 3 StGB auf diesen vollendeten (Eingehungs)Betrug entsprechend anzuwenden.[199] Beide Wege vermögen jedoch nicht zu überzeugen, da hierdurch bestimmte Täter vor anderen ungerechtfertigt bevorzugt würden.[200] Vor allem aber würde dies dem mit der Einführung von § 264 a StGB verfolgten Anliegen eines verbesserten Anlegerschutzes widersprechen, da hierdurch nicht nur ein Wertungswiderspruch zur Vorverlagerung der Strafbarkeit aufträte, sondern der Täter sogar letztlich prämiert würde, indem er nunmehr vom vollendeten (Eingehungs-)Betrug strafbefreiend zurücktreten kann.[201] Die zu weit geratene Regelung des Abs. 3 wird daher, soweit es um eine Strafbarkeit nach § 264 a StGB geht, hingenommen werden müssen, hat für eine Strafbarkeit nach sonstigen Vorschriften aber keinerlei Bedeutung. 95

10. Konkurrenzen und Verjährung. § 264 a und § 263 StGB dienen allein dem Vermögensschutz, so daß § 264 a hinter § 263 im Wege der Subsidiarität zurücktritt, und zwar auch dann, wenn lediglich ein versuchter Betrug vorliegt.[202] Sieht man hingegen auch die Funktionsfähigkeit des Kapitalmarktes als (gleichrangig) geschütztes Rechtsgut an, kommt konsequenterweise nur die Annahme von Idealkonkurrenz in Betracht.[203] 96

Die Verjährungsfrist beträgt gemäß § 78 Abs. 3 Nr. 4 StGB grundsätzlich 5 Jahre. Dies gilt nach der Rechtsprechung des BGH auch für den Teilbereich der unrichtigen bzw. unvollständigen Prospekte, da die kürzeren Verjährungsvorschriften in den Landespressegesetzen insoweit keine Anwendung finden.[204] 97

11. Auslandstaten. Um eine Strafbarkeit nach § 264 a StGB zu umgehen, wird teilweise neuerdings der Vertrieb vom Ausland her organisiert oder man beschränkt sich darauf, ausländische Kapitalanlagen zu vertreiben. Beide Wege führen indes nicht zum erhofften Erfolg. Nach § 3 StGB gilt das deutsche Strafrecht für alle Taten, die im Inland begangen werden. Sofern der Vertrieb im Inland erfolgt, fallen daher auch ausländische Kapitalanlagen ohne weiteres unter den Anwendungsbereich von § 264 a StGB. Ebensowenig ändert sich die strafrechtliche Beurteilung dadurch, daß die Vertriebsfirma ihren Sitz im Ausland hat, da gemäß § 9 Abs. 1 StGB eine Tat an dem Ort begangen ist, an dem der Täter gehandelt hat. Die tatbestandsmäßige Handlung besteht bei § 264 a StGB nicht bereits im 98

---

[198] Vgl. nur *Schönke/Schröder/Cramer,* StGB, § 264 a Rdnr. 39.

[199] So insbesondere *Joecks,* Kapitalanlagebetrug, Rdnr. 266.

[200] So zu Recht *Richter* wistra 1987, 117, 120 Fn. 47.

[201] *Worms,* Anlegerschutz, S. 347.

[202] *Joecks,* Kapitalanlagebetrug, Rdnr. 268; *Rudolphi/Horn/Samson,* StGB, § 264 a Rdnr. 57; *Worms* wistra 1987, 271, 275; ebenso BGH BB 1989, 799 für die parallele Problematik bei § 265 b StGB, und zwar auch bei Verschiedenheit der geschützten Rechtsgüter; a. A. *Knauth* NJW 1987, 28, 32: nur bei vollendetem Betrug.

[203] *Schönke/Schröder/Cramer,* StGB, § 264 a Rdnr. 41; *Schwark,* BörsG, Einl. vor § 88 Rdnr. 14.

[204] BGH WM 1995, 730 unter Aufhebung von LG Wiesbaden BB 1994, 2098 ff. mit Anmerkung *Hoffmann* BB 1994, 2100.

Herstellen des unrichtigen Prospektes, sondern erst in der **Verteilung** an die Adressaten.[205] Letztere muß aber notgedrungen im Inland erfolgen mit der Konsequenz, daß auch ausländische Vertriebsfirmen dem deutschen Strafrecht unterfallen.

99 **12. Strafprozessuale Auswirkungen.** Weitgehend unbeachtet sind bislang die strafprozessualen Auswirkungen von § 264 a StGB geblieben. In concreto geht es hierbei um mögliche Verfahrenserleichterungen und damit insbesondere Verfahrensverkürzungen. Die mit § 264 a StGB verbundenen Beweis- und damit auch Ermittlungserleichterungen kommen verfahrensmäßig jedoch nur dann zum Zuge, wenn auch bereits im Vorfeld der Schädigung ermittelt wird, während bei einer bereits eingetretenen Schädigung § 264 a StGB auch prozessual ins Leere läuft, da dann aufgrund des Legalitätsprinzips immer auch wegen Betruges ohne die Möglichkeit der Beschränkung nach § 154 a StPO ermittelt werden muß.[206] Ob § 264 a StGB tatsächlich einen verbesserten Anlegerschutz bewirkt, hängt daher maßgeblich von möglichst frühzeitigen Ermittlungen im **Vorfeld** der Schädigung ab. Andernfalls verbliebe es bei einem bloßen Scheinschutz.

100 **13. Zivilrechtliche Auswirkungen.** Eigentlich ist bereits die Frage nach den Auswirkungen von § 264 a StGB auf die Prospekthaftung verfehlt, da letztere immer einen Schaden voraussetzt, während § 264 a StGB einen solchen gerade verhindern soll.[207] Gleichwohl hat § 264 a StGB als **Schutzgesetz** i. S. von § 823 Abs. 2 BGB[208] Auswirkungen auf die zivilrechtliche Prospekthaftung. Diese sind jedoch denkbar gering. Insbesondere führt § 264 a StGB regelmäßig zu keiner Erweiterung der zivilrechtlichen Haftung. Dies liegt zum einen daran, daß § 264 a StGB nur einen Teilbereich der Anlageangebote erfaßt, und zum anderen an der Beschränkung auf eine vorsätzliche Täuschung. Vor allem aber reicht die strafrechtlich geforderte Aufklärung nicht weiter als die zivilrechtlich geforderte, wie die Auslegung der einzelnen Merkmale gezeigt hat. Haftungsrechtlich bringt § 264 a StGB daher grundsätzlich nur eine Besserstellung des Anlegers hinsichtlich der **Verjährung** bei der Prospekthaftung im engeren Sinne, da gemäß § 852 BGB deliktische Ansprüche erst drei Jahre ab Kenntnis von Schädiger und Schaden, spätestens jedoch in 30 Jahren verjähren. Im Ergebnis wird das Strafrecht haftungsrechtlich somit auch weiterhin nur von untergeordneter Bedeutung bleiben.

§ 9 Börsenstrafrecht

Übersicht

[205] *Rudolphi/Horn/Samson,* StGB, § 264 a Rdnr. 51; mißverständlich *Dreher/Tröndle,* StGB, § 264 a Rdnr. 3.

[206] Eingehend hierzu *Worms,* Anlegerschutz, S. 356 ff.; *ders.* wistra 1987, 271, 275 f.

[207] Zu Recht weist daher auch *Assmann* oben § 7 Rdnr. 26 darauf hin, daß die Intention von § 264 a StGB nicht in einer „Bereicherung des Schadensersatzrechts" liegt.

[208] BGHZ 116, 7. Aus dem Schrifttum etwa *Pleyer/Hegel* ZIP 1987, 79 f. m. w. N. s. a. oben § 7 Rdnr. 26.

Schrifttum: *Erbs/Kohlhaas* (Hrsg.), Strafrechtliche Nebengesetze, 54. Ergänzungslieferung; *Imo,* Börsentermin- und Börsenoptionsgeschäfte, 1988; *Kümpel/Häuser,* Börsentermingeschäfte Termin- und Differenzeinwand, 1986; *Müller-Gugenberger* (Hrsg.), Wirtschaftsstrafrecht, 1987; *Otto,* Strafrechtliche Aspekte der Anlageberatung, WM 1988, 729; *Pabst,* Rechtliche Risiken bei Konzeption und Vertrieb von Kapitalanlagen, 1988; *Rössner/Worms,* Warenterminschwindel und § 89 BörsG, wistra 1987, 319; *Schlüchter,* Zweites Gesetz zur Bekämpfung der Wirtschaftskriminalität, 1987; *Schwark,* Börsengesetz, 2. Aufl. 1994; *Wach,* Der Terminhandel in Recht und Praxis, 1986; *Worms,* Anlegerschutz durch Strafrecht, 1987.

I. Vorbemerkung

Allenfalls ein Schattendasein fristete bislang das Börsenstrafrecht. An diesem Umstand 1 wird sich, soweit es den Tatbestand des Kursbetruges gem. § 88 BörsG betrifft, auch nach der Reform durch das Zweite Gesetz zur Bekämpfung der Wirtschaftskriminalität[1] nichts ändern, während der in diesem Zusammenhang ebenfalls neu gefaßte § 89 BörsG nunmehr zu einer schlagkräftigen Waffe gegen unseriös agierende Vermittlerfirmen, insbesondere auf dem Warenterminsektor, geworden ist.

II. Einwirkung auf den Börsen- oder Marktpreis (§88 BörsG)

1. Gründe für die Neuregelung. Anlaß für die Novellierung von § 88 BörsG war die 2 Einfügung von § 264 a (Kapitalanlagebetrug) in das Strafgesetzbuch[2] durch das Zweite Gesetz zur Bekämpfung der Wirtschaftskriminalität. Der bis dato in § 88 BörsG enthaltene Tatbestand des Prospektbetruges (§ 88 Abs. 1 Nr. 2 BörsG a. F.) wurde damit wegen des weitergehenden Regelungsbereichs von § 264 a StGB überflüssig. Konsequenz hiervon war eine Streichung dieser Vorschrift, insbesondere im Hinblick auf andernfalls auftretende Konkurrenzprobleme mit § 264 a StGB.[3]

Diese ohnehin notwendige Novellierung nahm der Gesetzgeber zum Anlaß, gleichzeitig 3 auch den Tatbestand des Kursbetruges (§ 88 Abs. 1 Nr. 1 BörsG a. F.) zu reformieren. Hauptanliegen war dabei, durch eine **Straffung** des subjektiven Tatbestandes verbunden mit einer präziseren Fassung der objektiven Merkmale dem Kursbetrug eine **schärfere Konturierung** zu verleihen. Ferner wurde der sachliche Anwendungsbereich um Bezugsrechte und Anteile, die eine Beteiligung an dem Ergebnis eines Unternehmens gewähren sollen, erweitert. Eine weitere Ausdehnung ist im Rahmen des 2. Finanzmarktförderungsgesetzes durch die Aufnahme der Derivate erfolgt unter Rückgriff auf die Definition in § 2 Abs. 2 des Wertpapierhandelsgesetzes.[4]

Ob diese Erweiterung, soweit sie die vorgenannten Anteile betrifft, allerdings wirklich 4 sinnvoll ist, bzw. insoweit tatsächlich ein Regelungsbedürfnis bestand,[5] erscheint zumindest zweifelhaft. Das Anliegen einer schärferen Konturierung hat der Gesetzgeber ebenfalls nur sehr halbherzig realisiert, da aus Furcht vor ungerechtfertigten Strafbarkeitslücken[6] die Anwendung sonstiger auf Täuschung berechneter Mittel (§ 88 Nr. 2 BörsG n. F.) zur Sicherheit beibehalten wurde. Der Gesetzgeber hätte sich vielmehr die Frage stellen sollen, ob angesichts der fehlenden praktischen Bedeutung[7] nicht eine Streichung der Vorschrift insgesamt angezeigt gewesen wäre. In der jetzt vorliegenden Fassung jedenfalls stellt § 88 BörsG einen höchst überflüssigen Tatbestand dar, der auch kaum geeignet ist, den mit ihm intendierten Schutz der Zuverlässigkeit und Wahrheit der Preisbildung an Börsen und

---

[1] BGBl. I 1986, S. 721.
[2] Dazu oben § 8 Rdnr. 34 ff.
[3] Vgl. die Entwurfsbegründung BT-Drucks. 10/318, S. 45.
[4] BGBl. I 1994, S. 1769.
[5] So die Entwurfsbegründung BT-Drucks. 10/318, S. 45.
[6] So die Entwurfsbegründung BT-Drucks. 10/318, S. 46.
[7] Vgl. *Otto* WM 1988, 729, 736.

Märkten[8] zu gewährleisten, und auch im Hinblick auf den mittelbar von der Vorschrift bezweckten Anlegerschutz[9] allenfalls einen Scheinschutz bietet.

5 **2. Sachlicher Anwendungsbereich.** Vom sachlichen Anwendungsbereich her erstreckt sich die Vorschrift auf Wertpapiere, Bezugsrechte, Waren, Anteile, die eine Beteiligung an dem Ergebnis eines Unternehmens gewähren sollen und Derivate im Sinne des § 2 Abs. 2 des Wertpapierhandelsgesetzes. Ersatzlos entfallen ist durch das 2. Finanzmarktförderungsgesetz die zuvor in § 96 Abs. 1 BörsG enthaltene Gleichstellung von Wechseln und ausländischen Zahlungsmitteln.[10]

6 Das Merkmal Wertpapier beschränkt sich dabei nicht auf die zulassungsfähigen Wertpapiere,[11] sondern entspricht dem in § 264 a StGB verwandten Wertpapierbegriff.[12] Gleiches gilt hinsichtlich der Bezugsrechte sowie der Anteile, die eine Beteiligung an dem Ergebnis eines Unternehmens gewähren sollen. Die tatbestandliche Erfassung der vorgenannten Anteile läuft im Ergebnis jedoch leer, da § 88 BörsG weiterhin erfordert, daß eine Täuschung zur Einwirkung auf den Börsen- oder Marktpreis erfolgt. Bei den meisten der unter das Merkmal Anteil fallenden Kapitalanlagen, insbesondere den Beteiligungen an Abschreibungsgesellschaften und geschlossenen Immobilienfonds, existiert jedoch weder ein Börsen- noch ein Marktpreis, da für diese Anlageformen ein funktionsfähiger Sekundärmarkt fehlt. Allenfalls werden von den Anbietern, sofern sie sich nicht auf eine bloße Hilfeleistung bei der Vermittlung von „Alt"-Anteilen beschränken, sog. Rückkaufgarantien zugesichert, die aber noch nicht zu einem Marktpreis führen, da insoweit die einseitige Preisfestsetzung durch Interessengruppen oder -verbände nicht ausreicht.[13] Praktisch relevant könnte daher allenfalls die **Beteiligung** an ausländischen Kapitalgesellschaften sein, die aber bereits regelmäßig vom Merkmal Wertpapier mitumfaßt wird. Auf eine Aufnahme der vorgenannten Anteile in § 88 BörsG hätte der Gesetzgeber daher ohne weiteres verzichten können.[14] Ebenfalls einen Fremdkörper im Börsengesetz stellt die Beibehaltung des Merkmals Ware in § 88 dar mit der Konsequenz, daß sich hier der Gesetzgeber besser zu einer Streichung dieses Merkmals entschlossen hätte.[15] Demgegenüber wird durch die Aufnahme der Derivate eine tatbestandliche Lücke[16] geschlossen, soweit es die Einbeziehung von Termin- und Optionsgeschäften auf Indizes oder eine idealtypische Bundesanleihe anbelangt, da diese schon von der Konzeption her grundsätzlich nicht auf einen Güteraustausch, sondern einen Barausgleich in Geld abzielen, so daß das Vorliegen eines Bezugsrechtes in diesen Fällen durchaus zweifelhaft sein kann.

7 **3. Tathandlung.** Die Tathandlung besteht in unrichtigen Angaben über Umstände, die für die Bewertung vorgenannter Rechte und Waren erheblich sind, bzw. dem Verschweigen solcher Umstände entgegen bestehenden Rechtsvorschriften (§ 88 Nr. 1 BörsG n. F.) oder der Anwendung sonstiger auf Täuschung berechneter Mittel (§ 88 Nr. 2 BörsG n. F.), wobei das Ziel, wie bereits erwähnt, eine Einwirkung auf den Börsen- oder Marktpreis sein muß.

8 *a) Unrichtige Angaben/Verschweigen entgegen bestehender Rechtsvorschriften (§ 88 Nr. 1 BörsG).* Die in § 88 Nr. 1 BörsG genannte Alternative entspricht weitgehend der Tathand-

---

[8] Vgl. die Entwurfsbegründung BT-Drucks. 10/318, S. 45.

[9] Vgl. die Entwurfsbegründung BT-Drucks. 10/318, S. 46.

[10] BGBl. I 1994, S. 1770.

[11] *Schwark,* BörsG, § 88 Rdnr. 2, 4.

[12] Dazu oben § 8 Rdnr. 56.

[13] *Schwark,* BörsG, § 88 Rdnr. 9; *Erbs/Kohlhaas/Valentin,* § 88 BörsG Anm. 3.

[14] Zu Unrecht hält daher *Weber* NStZ 1986, 481, 486 unter Hinweis auf eine angebliche Identität beider Tatbestände die Einfügung von § 264 a StGB für entbehrlich. Vielmehr hätte der Gesetzgeber umgekehrt auf eine Aufnahme der „Anteile, die eine Beteiligung an dem Ergebnis eines Unternehmens gewähren sollen", in § 88 BörsG verzichten oder § 88 BörsG gar ganz streichen können.

[15] Ebenso *Schlüchter,* 2. WiKG, S. 140.

[16] *Schwark,* BörsG, § 88 Rdnr. 2.

lung von § 264 a StGB, wobei es hier jedoch nicht darauf ankommt, ob die Angaben für die Bewertung vorteilhaft oder nachteilig sind.[17] Ferner ist es unerheblich, in welcher Form die Angaben gemacht werden. Die Unterlassensalternative schließlich ist im Gegensatz zu § 264 a StGB nur dann erfüllt, wenn das Verschweigen erheblicher Umstände – auch diese können vorteilhaft oder nachteilig sein – gegen eine gesetzlich geregelte Verpflichtung verstößt.[18] Während ein Verstoß gegen die bis zum 1. 8. 94 geltenden (freiwilligen) Insiderhandels-Richtlinien insoweit nicht ausreichte, da diese keine gesetzliche Regelung darstellten, sondern nur kraft privatrechtlicher Vereinbarung galten, handelt es sich bei der nunmehr in den Abschnitt über die Insiderüberwachung aufgenommenen Vorschrift zur sog. ad-hoc-Publizität gem. § 15 Wertpapierhandelsgesetz um eine gesetzliche Verpflichtung mit der Konsequenz, daß ein Verstoß gegen § 15 Wertpapierhandelsgesetz über die Bußgeldvorschrift des § 39 Wertpapierhandelsgesetz hinausgehende Folgen haben kann.[19] Allenfalls von theoretischem Interesse dürfte demgegenüber im Rahmen der Unterlassensalternative ein Verstoß gegen die Verhaltensregeln nach § 31 und § 32 Wertpapierhandelsgesetz sein, da in den hier in Betracht kommenden Fällen regelmäßig bereits die Begehungsalternative erfüllt sein dürfte, sofern überhaupt kurserhebliche Auswirkungen von dem Verstoß ausgehen können.

b) Sonstige auf Täuschung berechnete Mittel (§ 88 Nr. 2 BörsG). Diesen Gewinn an Tatbestandspräzision macht der Gesetzgeber jedoch gleich anschließend wieder zunichte, da er aus Furcht vor andernfalls drohenden ungerechtfertigten Strafbarkeitslücken die Anwendung sonstiger auf Täuschung berechneter Mittel als **Auffangtatbestand** in Nr. 2 beibehält.[20] In concreto geht es hierbei vor allem um den Abschluß von **Scheingeschäften** sowie die Bestechung von Kursmaklern.[21] Derartigen Praktiken kommt im Ergebnis aber wohl lediglich eine theoretische Bedeutung zu. So werden Scheinkäufe und -verkäufe im Bankenbereich kaum aktuell werden, da rechtswirksame Geschäfte zur Einwirkung auf die Preisbildung nicht tatbestandsmäßig und Schein- oder vorgegebene Geschäfte hier kaum abzuwickeln sind.[22] Außerhalb des Bankenbereichs sind in den letzten Jahrzehnten im übrigen ebenfalls keine Verurteilungen wegen Kursbetruges bekannt geworden.[23] 9

Praktische Relevanz kommt § 88 BörsG auch in der Neufassung daher allenfalls beim Handel mit **Penny-Stocks** zu,[24] doch wird hier regelmäßig bereits die Schwelle des Betruges[25] oder zumindest des Kapitalanlagebetruges überschritten sein. Auf die Vorschrift des § 88 BörsG hätte der Gesetzgeber daher ohne Furcht vor Strafbarkeitslücken verzichten können, zumal er die wirklich brisanten Bereiche – ein Verstoß gegen die Insiderhandels-Richtlinien ist von der Entwurfsbegründung ausdrücklich aus der Unterlassensalternative 10

---

[17] So ausdrücklich die Entwurfsbegründung BT-Drucks. 10/318, S. 46.

[18] Vgl. hierzu die Übersicht bei *Schlüchter,* 2. WiKG, S. 143 ff.

[19] Allerdings nicht zur Begründung eines Schadensersatzanspruchs führt, wenn man mit *Schwark,* BörsG § 88 Rdnr. 1 zutreffenderweise die Eigenschaft eines Schutzgesetzes im Sinne von § 823 Abs. 2 BGB ablehnt.

[20] Vgl. die Entwurfsbegründung BT-Drucks. 10/318, S. 45 f.

[21] Vgl. *Schwark,* BörsG, § 88 Rdnr. 7; ferner *Möhrenschlager* wistra 1983, 17, 18.

[22] Hierauf weist zu Recht *Otto* WM 1988, 729, 736 hin; a. A. aber offensichtlich neuerdings *Schwark,* BörsG, § 88 Rdnr. 7 mit dem Hinweis auf die Möglichkeit einer von vornherein vereinbarten späteren Stornierung.

[23] *Möhrenschlager* wistra 1983, 17. Entgegen *Schwark,* BörsG, § 88 Rdnr. 8 erscheint es im übrigen zweifelhaft, ob ein „Heraufloben" oder „Herunterreden" von Kursen durch Börseninformationsdienste überhaupt eine tatbestandsmäßige Täuschungshandlung darstellt, da eine etwaige Kursveränderung das Resultat rechtswirksamer Geschäfte der Leser des Informationsdienstes ist, so daß von einer Tatbestandsmäßigkeit erst dann auszugehen sein dürfte, wenn der Informationsdienst gegen Nr. 1 verstößt, also mit unrichtigen bewertungserheblichen Angaben operiert.

[24] Eingehend hierzu *v. Ungern-Sternberg* ZStW 1976, 653 ff.

[25] Hierzu *Rössner/Lachmair* BB 1986, 336 ff.

in Nr. 1 ausgenommen gewesen[26] und das Insiderrecht im übrigen mittlerweile eigenständig gesetzlich geregelt – nicht einbezogen hat. Darüber hinaus stellt sich die Frage, ob die Zuverlässigkeit und Wahrheit der Preisbildung an Börsen und Märkten tatsächlich ein derartig wichtiges Rechtsgut ist, daß es insoweit auch eines strafrechtlichen Tatbestandes bedarf. Demgegenüber wird der von § 88 BörsG zumindest mittelbar auch bezweckte Anlegerschutz bereits durch andere Vorschriften ausreichend sichergestellt.

11 **4. Vorsatz.** Der subjektive Tatbestand erfordert ein vorsätzliches Handeln, wobei dolus eventualis ausreicht.[27] Weiterhin bedarf es der Absicht, auf den Börsen- oder Marktpreis einzuwirken, und zwar i. S. von dolus direktus ersten Grades. Die Neufassung des Wortlautes bringt sachlich insoweit also keinerlei Änderungen.

12 **5. Konkurrenzen.** Zwischen § 88 BörsG und § 263 StGB sowie § 264 a StGB besteht wegen der unterschiedlichen geschützten Rechtsgüter Idealkonkurrenz.[28] Gleiches gilt hinsichtlich einer Strafbarkeit nach 4 UWG.

III. Verleitung zu Börsenspekulationsgeschäften (§ 89 BörsG)

13 Wesentlich mehr Brisanz kommt der Reform von § 89 BörsG zu, der durch die Neufassung zu einer wirksamen Waffe gegen unseriöse Vermittler von (Waren-)Termingeschäften geworden ist. Die durch die Neufassung eröffneten rechtlichen Möglichkeiten werden in der Praxis bislang allerdings nur relativ zurückhaltend genutzt. So greifen die Zivilgerichte im Arrestverfahren und auch im anschließenden Hauptsacheverfahren lieber auf § 826 BGB als auf § 823 Abs. 2 BGB i. V. m. § 89 BörsG zurück, und auch die Strafverfolgungsbehörden stehen § 89 BörsG nach wie vor wohl eher skeptisch gegenüber, was nicht zuletzt an den schlechten Erfahrungen mit der alten Fassung dieser Vorschrift liegen mag, da sie die Rechtsprechung durch eine unnötig restriktive Auslegung praktisch zur Bedeutungslosigkeit verdammt hatte.

14 **1. Gründe für die Neuregelung.** Grund für die Novellierung von § 89 BörsG war vor allem die vorgenannte einschränkende Auslegung durch die Rechtsprechung. So hatte der BGH bereits in seiner ersten Entscheidung zu diesem Themenkomplex die Anwendbarkeit von § 89 BörsG a. F. in Abweichung von der Rechtsprechung des RG[29] auf außerhalb einer Börse abgeschlossene Spekulationsgeschäfte abgelehnt[30] mit der Konsequenz, daß die Vermittlung von Privatoptionen und die nur vorgetäuschte Börsenabwicklung nicht unter den Tatbestand fielen. Diese **restriktive** Linie setzte er in zwei nachfolgenden Entscheidung fort und schränkte die Vorschrift weitergehend dahin ein, daß diese nur die Verleitung zu Spekulationsgeschäften an einer inländischen Börse erfasse.[31] Besonders bemerkenswert an vorgenannten Entscheidungen ist, daß weder die Eliminierung außerhalb einer Börse abgeschlossener Geschäfte noch von an ausländischen Börsen abgeschlossenen Spekulationsgeschäften vom Wortlaut und – entgegen der Ansicht des BGH – der Entstehungsgeschichte der Vorschrift her geboten waren.[32] Der BGH hatte damit den privaten Vermittlerfirmen, soweit es um eine Strafbarkeit nach dem Börsengesetz ging, praktisch einen Freibrief erteilt, da in der Bundesrepublik an keiner Börse Warentermingeschäfte zugelassen sind, die privaten Vermittlerfirmen – sofern sie nicht zur Herausgabe von Privat-

---

[26] BT-Drucks. 10/318, S. 46.

[27] *Pabst,* Rechtliche Risiken, S. 63.

[28] Dies war bei § 88 BörsG a. F. allerdings nicht unumstritten; vgl. *Erbs/Kohlhaas/Valentin,* § 88 BörsG, Anm. 7 m. w. N.; wie hier *Schlüchter,* 2. WiKG, S. 141; *Schwark,* BörsG, § 88 Rdnr. 13, der allerdings im Verhältnis zum vollendeten Betrug Konsumtion annimmt.

[29] RGJW 1912, 1049.

[30] BGHSt 29, 152, 157 ff.

[31] BGH wistra 1983, 73; BGH wistra 1983, 156.

[32] Eingehend hierzu *Jaath* wistra 1983, 157 ff. sowie *Worms,* Anlegerschutz, S. 210 f.; vgl. auch die Kommentierungen von *Schwark,* BörsG, § 89 Rdnr. 1 sowie *Meyer/Bremer,* BörsG, 1957, § 94 Anm. 7; a. A. *Nußbaum,* BörsG, § 94 Anm. IV.

optionen greifen oder die Ausführung lediglich vortäuschen – derartige Geschäfte mithin nur an ausländischen Börsen tätigen können.

Diese restriktive Auslegung war um so gravierender, als hierdurch die Gefahr von **Strafbarkeitslücken** entstand, da auch eine Verurteilung wegen Betruges gem. § 263 StGB keineswegs zwingend ist, wie die Kontroverse um die Problematik verdeckter Aufschläge zeigt.[33] Zwar gelangt die Rechtsprechung auch in diesen Fällen zur Betrugsstrafbarkeit, wenn der nicht offen ausgewiesene Aufschlag den Betrag übersteigt, der üblicherweise von einem seriösen inländischen Makler verlangt wird,[34] oder die vermittelte Option wegen der Höhe des Aufschlages insgesamt wertlos ist.[35] Kennt der Kunde demgegenüber die Aufschlagshöhe und das hiermit verbundene Risiko, kommt ein Betrug nur noch beim Überschreiten des vereinbarten Aufschlags in Betracht.[36] Hierauf haben sich auch die privaten Vermittlerfirmen eingestellt, indem sie die von ihnen erhobenen Aufschläge mittlerweile regelmäßig ausweisen, häufig aber geschickt verschleiert,[37] und bei etwaigen kritischen Nachfragen eines Kunden diesem gegenüber mit dem Hinweis auf ihre angebliche fachmännische Beratung und den hohen technischen Aufwand rechtfertigen. Der eigentliche Kern des Unrechts liegt auch nicht in der überteuerten Vermittlung – mögen die Aufschläge nun offen ausgewiesen sein oder nicht –, sondern darin, daß überhaupt unerfahrene Anleger für derartige Geschäfte akquiriert werden.[38] 15

Gerade hierauf zielt auch die Schutzrichtung von § 89 BörsG ab, während die Schwelle zum Betrug in diesem Fall erst dann überschritten würde, wenn dem Kunden das Spekulationsgeschäft praktisch als mündelsichere Anlage offeriert wird.[39] Die Voraussetzungen des Betruges sind insoweit also durchaus enger. Derart massive Täuschungen finden sich jedoch mittlerweile relativ selten. Vielmehr dominiert die **psychologisch** durchaus geschickte Überredung verbunden mit der **Erzeugung von Vertrauen,**[40] wobei die Basis für derartige Vertriebspraktiken – um es noch einmal zu betonen – primär in der Unerfahrenheit der Anleger und der Ausnutzung eben dieser Unerfahrenheit durch die Vermittlerfirmen liegt. Derartige Praktiken fallen nunmehr eindeutig in den strafrechtlich relevanten Bereich. 16

2. Begriff des Börsenspekulationsgeschäftes (§ 89 Abs. 2 BörsG). Wichtigster Punkt der Novellierung ist die ausdrückliche gesetzliche Klarstellung – gemessen an der vorstehend dargestellten Rechtsprechung des BGH zu § 89 BörsG a. F. handelt es sich insoweit allerdings um eine tatbestandliche Erweiterung –, daß auch außerhalb einer Börse sowie an ausländischen Börsen getätigte Geschäfte Börsenspekulationsgeschäfte i. S. der Vorschrift sind. Der Gesetzgeber wählt bei der in § 89 Abs. 2 BörsG nunmehr vor- 17

---

[33] Eingehend hierzu *Imo,* Börsentermingeschäfte, S. 718 ff.; ferner *Schönke/Schröder/Cramer,* StGB, 24. Aufl., § 263 Rdnr. 31 b; *Worms* wistra 1984, 123 ff. jeweils m. w. N.

[34] BGHSt 32, 22 ff.; BGH wistra 1989, 19, 22.

[35] BGHSt 31, 115, 117.

[36] BGH wistra 1989, 19, 22.

[37] Vgl. *Rössner/Worms* WuB I G 4 Nr. 4/87.

[38] Wenn demgegenüber *Otto* WM 1988, 729, 736 den Kern des Unrechts nicht in der Ausnutzung der Unerfahrenheit, sondern in massiven Täuschungen sieht, so verkennt er, daß diese Täuschungen nur wegen der Unerfahrenheit der Anleger möglich waren.

[39] Vgl. BGH wistra 1989, 19, 22; nur in dieser Konstellation besteht grundsätzlich auch der Vermögensschaden i. S. von § 263 StGB im gesamten eingezahlten Betrag.

[40] Instruktiv zu den Vertriebsmethoden *Wach,* Terminhandel, S. 153 ff.; vgl. ferner *Worms,* Anlegerschutz, S. 95 ff. mit dem dort auszugsweise abgedruckten Leitfaden für Telefonverkäufer einer Warenterminvermittlungsfirma; ferner das Interview mit einem Telefonverkäufer in Spiegel Nr. 49/1988, S. 79; einen guten Eindruck vermitteln auch die in BGH wistra 1989, 19 ff. wiedergegebenen erstinstanzlichen Feststellungen. Die insoweit gebräuchlichen Methoden sind im übrigen keineswegs neu, sondern weisen zahlreiche Parallelen zu den sog. „bucket-shops" auf, durch die in Deutschland in der Zeit vor dem 1. Weltkrieg zahlreiche Anleger geschädigt wurden; eingehend hierzu *Imo,* Börsentermingeschäfte, S. 653 ff.

genommenen Begriffsbestimmung,[41] wie die Aufnahme des Merkmals „insbesondere" zeigt, indes nicht den Weg einer abschließenden Definition, sondern begnügt sich mit einer **beispielhaften Beschreibung,** um hierdurch zum einen die unnötig restriktive Auslegung von § 89 BörsG a. F. durch die Rechtsprechung zu beenden,[42] zum anderen und vor allem aber, um auch neue bzw. zur Zeit nicht gebräuchliche Formen von Börsenspekulationsgeschäften erfassen zu können.[43] Obwohl die beispielhafte Beschreibung der Börsenspekulationsgeschäfte an die in den letzten Jahren bekannt gewordenen Mißstände anknüpft, ist damit die Suche nach Umgehungsmöglichkeiten bereits im Keim erstickt,[44] was angesichts der Findigkeit der Vermittlerfirmen auch notwendig erscheint.

18 In Anlehnung an die Definition des Differenzgeschäftes in § 764 BGB sind nach § 89 Abs. 2 BörsG n. F. Börsenspekulationsgeschäfte i. S. des Abs. 1 insbesondere
– An- oder Verkaufsgeschäfte mit aufgeschobener Lieferzeit, auch wenn sie außerhalb einer inländischen oder ausländischen Börse abgeschlossen werden,
– Optionen auf solche Geschäfte,
die darauf gerichtet sind, aus dem Unterschied zwischen dem für die Lieferzeit festgelegten Preis und dem zur Lieferzeit vorhandenen Börsen- oder Marktpreis einen Gewinn zu erzielen.

19 Ferner wird in § 89 Abs. 1 BörsG ausdrücklich klargestellt, daß auch die **Verleitung** zur unmittelbaren oder mittelbaren Beteiligung an solchen Geschäften unter den Tatbestand fällt. Hiermit soll insbesondere das fondsmäßig betriebene Warentermingeschäft erfaßt werden, bei dem der Anleger nicht unmittelbar für sich einen Kontrakt oder eine Option erwirbt, sondern sich an einem Sammelkonto beteiligt, das von der Vermittlerfirma treuhänderisch gehalten und verwaltet wird.[45] Um den Bereich der Fondsbildung umfassend abzudecken, insbesondere also keine Umgehungsmöglichkeiten zu eröffnen, stellt der Gesetzeswortlaut dabei ausdrücklich klar, daß neben der unmittelbaren auch die mittelbare Beteiligung – diese dürfte der Regelfall sein – erfaßt wird, so daß auch schuldrechtliche Beziehungen zur Fondsgesellschaft ausreichen.[46]

20 Zwar tritt bei der **Fondsbildung** eine Überschneidung mit § 264 a StGB auf.[47] Gleichwohl hielt der Gesetzgeber wegen der Undurchschaubarkeit des erfahrungsgemäß noch größeren Risikos derartiger Geschäfte und der daraus resultierenden gesteigerten Schutzbedürftigkeit der Anleger eine gesonderte Erfassung auch in § 89 BörsG für geboten.[48] Dies ist nicht zuletzt deshalb sachgerecht, weil es sich bei den Warenterminfonds nicht mehr um Kapitalanlagen im eigentlichen Sinne handelt, auch wenn dies dem Anleger gegenüber gelegentlich so dargestellt wird, sondern um reine Spekulationsgeschäfte vergleichbar etwa mit einem Lotteriespiel.[49] Auch wenn sie wegen der fondsmäßigen Struktur von § 264 a StGB miterfaßt werden, unterscheiden sie sich doch wegen ihrer hoch-

---

[41] In § 89 BörsG a. F. war demgegenüber lediglich der Begriff „Börsenspekulationsgeschäft" ohne nähere Bestimmung enthalten. Die Bedenken von *Weber* WM 1986, 1133, 1138 im Hinblick auf das Bestimmtheitsgebot sind daher unbegründet.

[42] Die Entwurfsbegründung BT-Drucks. 10/318, S. 47 spricht unter ausdrücklicher Bezugnahme auf BGHSt 29, 152, 157 ff. insoweit beschönigend von „Unsicherheiten" und „Zweifeln" bei der Rechtsanwendung.

[43] So ausdrücklich die Entwurfsbegründung BT-Drucks. 10/318, S. 47.

[44] Dies war nach der Entwurfsbegründung BT-Drucks. 10/318, S. 47 auch das ausdrücklich erklärte Ziel der Reform.

[45] So ausdrücklich die Entwurfsbegründung BT-Drucks. 10/318, S. 49. Demgegenüber ist die Vermittlertätigkeit bereits durch die Verleitung zum Geschäftsabschluß erfaßt; mißverständlich insoweit OLG Düsseldorf WM 1989, 175, 179.

[46] So ausdrücklich die Entwurfsbegründung BT-Drucks. 10/318, S. 49.

[47] *Worms,* Anlegerschutz, S. 318 f.; ebenso die Entwurfsbegründung BT-Drucks. 10/318, S. 49.

[48] So ausdrücklich die Entwurfsbegründung BT-Drucks. 10/318, S. 49.

[49] *Worms,* Anlegerschutz, S. 323.

spekulativen Natur von anderen Fondsbeteiligungen, so daß es einer gesonderten Erfassung bedarf, zumal es umgekehrt auch nicht darauf ankommen kann, in welcher Form die Börsenspekulation betrieben wird. Deshalb erscheint, worauf die Entwurfsbegründung zu Recht hinweist,[50] trotz der Einfügung von § 264a StGB wegen der besonderen Gefährlichkeit von Börsenspekulationsgeschäften für Börsenunerfahrene eine eigenständige tatbestandliche Erfassung sinnvoll. Dies ergibt sich im übrigen bereits aus den **unterschiedlichen Schutzrichtungen** beider Vorschriften. Während § 264a StGB lediglich den täuschungsbedingten Erwerb „minderwertiger" Kapitalanlagen verhindern will, soll § 89 BörsG unter den dort genannten Voraussetzungen generell die Beteiligung Unerfahrener an der Börsenspekulation ausschließen, weshalb die Aufklärungspflichten auch durchaus weiter reichen können als bei § 264a StGB. Nicht ganz zutreffend ist insoweit allerdings die von der Entwurfsbegründung versuchte begriffliche **Abgrenzung Kapitalanlage** einerseits, **Börsenspekulationsgeschäft** andererseits,[51] da die Grenze insoweit fließend ist – auch bei der Kapitalanlage geht es ja letztlich um Gewinnerzielung – und Börsenspekulationsgeschäfte, wie die Praktiken im Warentermingeschäft belegen, nicht selten als Kapitalanlage offeriert wurden.[52] Zwischen Kapitalanlage und Spekulation besteht daher kein begrifflicher Gegensatz, sondern das maßgebliche Kriterium für ein Börsenspekulationsgeschäft ist vielmehr die Art und Weise, wie die Gewinnerzielung erfolgt. In concreto geht es hierbei um die Differenzabsicht. Das Börsenspekulationsgeschäft zeichnet sich dadurch aus, daß ohne Güteraustausch aus zwischenzeitlichen Preisunterschieden ein Gewinn erzielt werden soll. Dies entspricht der schon bisher gängigen Auslegung des Börsenspekulationsgeschäfts[53] und ist im übrigen auch der Ausgangspunkt der Entwurfsbegründung.[54]

Da es auf den **Gewinn aus intertemporären Preisunterschieden** ohne Güteraustausch 21
ankommt, wird es sich bei den Spekulationsgeschäften regelmäßig um Termingeschäfte[55] handeln, da sich vor allem bei dieser Geschäftsform die Möglichkeit eines Differenzausgleichs bietet. Jedoch stellt nicht umgekehrt auch jedes Termingeschäft ein Börsenspekulationsgeschäft dar, da hierfür weiterhin die Absicht der Gewinnerzielung erforderlich ist, Termingeschäfte aber auch anderen wirtschaftlichen Zwecken dienen können. Namentlich fallen daher die sog. Hedge-Geschäfte, die im gewerblichen Bereich der Absicherung von Preis-, Zins- und Kursrisiken dienen, nicht unter den Tatbestand, da hier nicht die Gewinnerzielung, sondern die Risikobegrenzung, insbesondere die Vermeidung von Verlusten, dominiert.[56] Soweit Termingeschäfte im privaten Bereich abgeschlossen werden, dürfte es sich hingegen regelmäßig auch um Börsenspekulationsgeschäfte i. S. der Vorschrift handeln.

Darüber hinaus können in Ausnahmefällen aber auch Zeitgeschäfte oder gar Kassa- 22
geschäfte, wenn sie zum Differenzhandel benutzt werden, Börsenspekulationsgeschäfte

---

[50] BT-Drucks. 10/318, S. 46.

[51] BT-Drucks. 10/318, S. 46.

[52] Bezeichnenderweise spricht auch die Entwurfsbegründung BT-Drucks. 10/318 bei der Beteiligung an Warenterminfonds auf S. 49 vom „Anleger" und einer Überschneidung mit § 264a StGB, obwohl auf S. 46 noch die im Text erwähnte begriffliche Unterscheidung getroffen wird verbunden mit der (wie die Überschneidung zeigt: unzutreffenden) Folgerung, daß Börsenspekulationsgeschäfte schon begrifflich nicht unter § 264a StGB fallen.

[53] Vgl. nur *Schwark*, BörsG, § 89 Rdnr. 2: Börsenspekulationsgeschäfte sind An- oder Verkaufsgeschäfte, die in der Absicht geschlossen werden, aus intertemporalen Preisunterschieden einen Gewinn zu erzielen, der durch ein Gegengeschäft realisiert werden soll; ein Güteraustausch findet also nicht statt; ebenso *Müller/Gugenberger/Nack*, Wirtschaftsstrafrecht, S. 965.

[54] BT-Drucks. 10/318, S. 46.

[55] Zum Begriff vgl. unten § 16.

[56] So ausdrücklich die Entwurfsbegründung BT-Drucks. 10/318, S. 47, ferner *Mörhenschlager* wistra 1983, 17, 20. Dies war im übrigen auch bei § 89 BörsG a. F. anerkannt; vgl. nur *Schwark*, BörsG, § 89 Rdnr. 2.

sein.[57] Sofern jedoch ein physischer Güteraustausch erfolgt und das Geschäft damit der „Kapitalanlage" dient, auch wenn diese nur kurzfristig und auf die Erzielung von Kursgewinnen ausgerichtet ist, liegt kein Börsenspekulationsgeschäft vor.[58]

23 Durch die Neufassung ist ferner, wie bereits erwähnt, nunmehr auch ausdrücklich klargestellt, daß an **ausländischen Börsen** oder außerhalb einer (inländischen oder ausländischen) Börse getätigte Spekulationsgeschäfte ebenfalls vom Tatbestand mitumfaßt werden. Die Herausgabe von Privatoptionen fällt daher nun ebenso unter den Tatbestand wie die bloß vorgetäuschte Abwicklung an der Börse.[59] Schließlich kommt es auch nicht darauf an, ob der Verleitete erkennt, daß es sich um ein Spekulationsgeschäft handelt, sondern infolge seiner Unerfahrenheit oder aufgrund massiver Täuschungen von einer „Kapitalanlage" ausgeht. Vom sachlichen Anwendungsbereich her bietet § 89 BörsG in der Neufassung daher einen umfassenden Schutz.

24 **3. Bestimmung der Unerfahrenheit.** Hiermit verbunden ist die Klarstellung, daß das Opfer lediglich in Börsenspekulationsgeschäften unerfahren zu sein braucht. Zwar entspricht dies der auch schon zu § 89 BörsG a. F. gebräuchlichen Auslegung,[60] doch erscheint diese ausdrückliche Klarstellung im Hinblick auf andernfalls mögliche Restriktionen durch die Rechtsprechung durchaus begrüßenswert. Anders als beim Wuchertatbestand (§ 302 a StGB) bedarf es daher nicht eines allgemeinen Mangels an Geschäftskenntnis und Lebenserfahrung, sondern es genügt, wenn das Opfer in Börsenspekulationsgeschäften unerfahren ist, im übrigen aber durchschnittliche Geschäftskenntnisse und Lebenserfahrungen besitzt.

25 Bei diesem Merkmal, also in der Bestimmung der Unerfahrenheit, liegt nunmehr die eigentliche Problematik der Vorschrift, da die privaten Vermittlerfirmen durch umfangreiches Prospektmaterial oder gar die Übersendung von Büchern[61] zumindest dem äußeren Anschein nach eine entsprechende Erfahrung dem vorher unkundigen Anleger zu vermitteln versuchen. Darüber hinaus ist im Zusammenhang mit der Einführung der **Deutschen Terminbörse** der Kreis der termingeschäftsfähigen Personen nach § 53 BörsG erweitert worden, um so auch privaten Investoren die Möglichkeit zu eröffnen, Termingeschäfte abzuschließen.[62] Die nach dem Informationsmodell geforderte Aufklärung bleibt dabei je-

---

[57] *Möhrenschlager* wistra 1983, 17, 20; *Schwark,* BörsG, § 89 Rdnr. 1; Einl. §§ 50–70 BörsG, Rdnr. 6, 30; beispielhaft genannt seien nur die US-amerikanischen short-sales (Leerverkäufe), eingehend hierzu *Kümpel/Häuser,* Börsentermingeschäfte, S. 71 ff., 116.

[58] So ausdrücklich die Entwurfsbegründung BT-Drucks. 10/318, S. 46.

[59] Letzteres wird ausdrücklich von der Entwurfsbegründung BT-Drucks. 10/318, S. 47 f. betont; vgl. ferner *Müller-Gugenberger/Nack,* Wirtschaftsstrafrecht, S. 966.

[60] Vgl. nur *Schwark,* BörsG 1. Aufl., § 89 Rdnr. 5; *Erbs/Kohlhaas/Valentin,* § 89 BörsG Anm. 5 sowie *Müller-Gugenberger/Nack,* Wirtschaftsstrafrecht, S. 965.

[61] So z. B. das Buch „Die Terminspekulation mit Optionen" von Adalbert R. Walter durch die *EFB.*

[62] So ausdrücklich die Begründung des Regierungsentwurfs BT-Drucks. 40/89, S. 18. Diese Begründung ist allerdings insofern nicht ganz zutreffend, als ja auch bislang schon für Privatpersonen die Möglichkeit zum Abschluß von Termingeschäften bestand, da diese nicht verboten, sondern lediglich für Privatpersonen unverbindlich sind. Die Reform der Termingeschäftsfähigkeit nützt daher nicht der Anlegerseite – auch die Entwurfsbegründung spricht hier, obwohl es um Spekulationsgeschäfte geht, bezeichnenderweise nicht von Spekulanten, sondern vom privaten Anlagepublikum –, sondern allein der Anbieter- bzw. Vermittlerseite, da diese sich dann nicht mehr mit den Instrumenten der Vorauserfüllung nach § 55 BörsG oder der Sicherheitsleistung nach § 54 BörsG a. F. behelfen muß, sondern wegen der Termingeschäftsfähigkeit – diese schließt über § 58 BörsG auch den Differenzeinwand nach § 764 BGB aus – klagbare Forderungen erhält. Daß es bei der Reform der Termingeschäftsfähigkeit nicht um eine uneigennützige Wohltat für den privaten Investor geht, zeigt sich im übrigen auch daran, daß nach der Entwurfsbegründung (S. 18) die Zulassung des privaten Anlagepublikums vor allem deshalb erfolgt, um so die notwendige Markttiefe und Marktbreite für einen leistungsstarken und auch international wettbewerbsfähigen Terminmarkt zu schaffen, was natürlich durch die Verbindlichkeit der Geschäfte für diesen Personenkreis wesentlich vereinfacht wird.

doch deutlich hinter den Anforderungen zurück, die bislang von der Rechtsprechung an die Vermittlerseite gestellt werden, und führt, wie noch zu zeigen sein wird,[63] auch nicht zu einer Beseitigung der Unerfahrenheit i. S. von § 89 BörsG.[64] Für den inländischen Geschäftsverkehr hat sich daher gerade im Hinblick auf § 89 BörsG die Frage gestellt, ob und unter welchen Voraussetzungen ein Geschäftsabschluß mit privaten Anlegern überhaupt möglich ist. Dies galt vor allem für den Bankenbereich, als dieser nach Eröffnung der Deutschen Terminbörse aktiv im Terminhandel tätig wurde, also von sich aus derartige Geschäfte den Kunden anbot, da dann auch das Erfordernis des Verleitens ohne weiteres gegeben wäre, während hier zuvor wegen der insoweit geübten Zurückhaltung keine Gefahr bestand, da die Kreditinstitute ganz überwiegend nur auf ausdrücklichen Wunsch des Kunden mit diesem Optionsgeschäfte abgeschlossen hatten und deshalb mangels Verleitens auch nicht in den strafrechtlich relevanten Bereich gelangen konnten.[65]

Besondere Brisanz kam und kommt deshalb dem Umstand zu, daß, wie die Schimmel- 26
pfeng-Marktuntersuchung[66] und die einschlägigen Gerichtsentscheidungen überaus plastisch zeigen, die privaten Anleger allenfalls in Ausnahmefällen über **Grundkenntnisse** in diesen Geschäftsformen verfügen,[67] wobei dies gleichermaßen für den ausländischen Börsentermin- und Optionshandel wie auch für den inländischen Wertpapieroptionshandel, nicht jedoch die Geschäfte in Optionsscheinen gilt. Dementsprechend geht die Rechtsprechung für den Bereich der privaten Warenterminvermittlungsfirmen bei Erstanlegern grundsätzlich von deren **Unerfahrenheit** aus, ohne daß es insoweit einer näheren Begründung bedarf,[68] obwohl die privaten Vermittlerfirmen in Prospekten und Auftragsformularen regelmäßig auf die Risiken hinweisen. Die Besonderheit besteht hier aber darin, daß entweder bereits im Rahmen der schriftlichen „Aufklärung" die Risiken nicht deutlich genug zutage treten[69] oder aber zwar auf dem Papier eine mustergültige Aufklärung betrieben wird, um so im späteren Gerichtsverfahren den Anleger als erfahrenen Spekulanten hinstellen zu können, diese vorgeschützte Aufklärung aber in den nachfolgenden Telefongesprächen konterkariert und damit insgesamt entwertet wird. Auch wenn derartige Praktiken im Wertpapieroptionshandel durch Banken keine Parallele finden, besitzt, um es nochmals zu betonen, der als empirisch gesichert anzusehende Umstand, daß Erstanleger grundsätzlich nicht über entsprechende Kenntnisse verfügen, hier für Geschäfte an Terminbörsen nicht minder Bedeutung. Im Zusammenhang mit der Eröffnung der Deutschen Terminbörse haben die Banken sich daher ebenfalls mit der Frage beschäftigen müssen, welche Anforderungen an eine Eliminierung der Unerfahrenheit zu stellen sind, insbeson-

---

[63] Dazu unten Rdnr. 37 ff.

[64] Ebenso nunmehr *Schwark,* BörsG, § 89 Rdnr. 9: „Das Merkmal der Unerfahrenheit ist unabhängig von der zivilrechtlichen Wirksamkeit von Börsentermingeschäften zu beurteilen".

[65] Einen Grenzfall bildet insoweit der Sachverhalt, der dem Urteil des KG WM 1989, 173 f. zugrunde lag, wo die beklagte Bank der offensichtlich unerfahrenen Kundin den Erwerb einer Kaufoption als Geldanlage empfohlen hatte, so daß hier abhängig vom Umfang der erfolgten Aufklärung durchaus auch ein auf § 89 BörsG gestützter Schadensersatzanspruch in Betracht gekommen wäre. Statt dessen greift das KG auf das Institut des Verschuldens bei Vertragsschluß zurück, stellt insoweit aber nicht auf die Unerfahrenheit, sondern unzutreffenderweise auf die fehlende Termingeschäftsfähigkeit ab und kommt zu dem Ergebnis, daß eine Bank nicht-termingeschäftsfähigen Personen nicht von sich aus zum Abschluß von Börsentermingeschäften raten darf bzw. sich andernfalls schadensersatzpflichtig macht. Kritisch hierzu *Häuser* WuB I G 5 Nr. .89; *Rehbein,* EWiR, § 53 BörsG 2/88, S. 1201 1202 sowie *Machunsky,* Handelsblatt vom 16. 2. 1989, S. 33. Auch der BGH ist in der nachfolgenden Revisionsentscheidung WM 1989, 807 ff. der Auffassung des KG zu Recht nicht gefolgt.

[66] Warentermin-Vermittlungs-Firmen und ihre Geschäftspraktiken, S. 109 f.

[67] So zu Recht *Imo,* Börsentermingeschäfte, S. 1054, 1056; vgl. auch *Wach,* Terminhandel, S. 91 f.

[68] LG München 28 O 17145/87 vom 17. 5. 1988, S. 11; vgl. ferner OLG Düsseldorf WM 1989, 175, 179 f. sowie BGH ZIP 1988, 1098, 1099. Kritisch gegenüber dieser Rechtsprechung *Schwark,* BörsG, § 89 Rdnr. 8.

[69] Ein instruktives Beispiel bietet der OLG Düsseldorf WM 1989, 175 ff. zugrunde liegende Sachverhalt.

dere soweit der umworbene Kunde noch keine Termingeschäfte abgeschlossen hat. Ergebnis dieser Überlegungen war die Erstellung der Informationsbroschüre „Basisinformationen über Börsentermingeschäfte", die von der gesamten deutschen Kreditwirtschaft einheitlich eingesetzt wird. Das mit der Aushändigung der Broschüre vor Geschäftsabschluß verfolgte Ziel besteht dabei – so die Ausführungen im Vorwort – primär darin, „Interessenten Bedeutung, Funktion und wirtschaftliche Zusammenhänge sowie die börsentermintypischen Risiken der an den internationalen Terminmärkten, insbesondere an der Deutschen Terminbörse angebotenen Produkte darzulegen. Konzipiert als Basisinformation soll sie zugleich den interessierten Anleger dazu veranlassen, offene Fragen zum Börsentermingeschäft mit seinem Kundenberater zu besprechen."

27 Die Verneinung der Unerfahrenheit setzt nicht voraus, daß der betreffende Anleger bereits Börsenspekulationsgeschäfte durchgeführt haben muß, da eine derartige Forderung dem Verbot der Werbung neuer Kunden gleichkäme, was aber eindeutig über den Schutzzweck von § 89 BörsG hinausginge und auch nicht der mit der Einführung der Termingeschäftsfähigkeit kraft Information getroffenen gesetzgeberischen Entscheidung entspräche. Maßgebend ist daher nicht die praktische Erfahrung, sondern allein der **intellektuelle Kenntnisstand.** Umgekehrt vermittelt – dies ist ebenfalls allgemein anerkannt[70] – allein der Abschluß von Börsenspekulationsgeschäften noch nicht die notwendigen Erfahrungen, und zwar auch dann nicht, wenn der Anleger – möglicherweise sogar bei mehreren Gesellschaften – derartige Geschäfte wiederholt getätigt hat. Vielmehr kann er, wie zahlreiche Fälle aus der Praxis belegen, am Ende noch genauso unerfahren sein wie am Anfang, wobei insbesondere allein der Umstand des Geldverlustes noch kein geeignetes Indiz für eine entsprechende Erfahrenheit darstellt. Zwar steht die Rechtsprechung teilweise, wenn der Geschädigte bereits Termingeschäfte abgeschlossen hat, der Behauptung, er sei nach wie vor unerfahren, ausgesprochen skeptisch gegenüber, indem sie in diesem Fall dem Geschädigten eine **gesteigerte Darlegungslast** auferlegt,[71] wobei jedoch unklar bleibt, wie diese „gesteigerten" Anforderungen aussehen sollen. Vor allem aber berücksichtigen derartige Ressentiments, mag die Skepsis auch auf den ersten Blick begründet sein, nur unzureichend die Akquisitionsmethoden der privaten Vermittlerfirmen.

28 So lassen sich, wie die Praxis zeigt, auch bereits geschädigte Anleger in einer Vielzahl von Fällen erneut zum Abschluß von Börsenspekulationsgeschäften bewegen, indem ihnen der frühere Verlust von der neuen Firma ganz einfach damit erklärt wird, daß bei der ursprünglichen Firma dilettantisch, unseriös oder gar betrügerisch gearbeitet worden sei, was bei der neuen Firma aufgrund der hervorragenden Qualifikation und technischen Ausstattung natürlich nicht zu befürchten sei. Auf diese Weise wird der Anleger weiterhin in dem Glauben gelassen, bei entsprechender fachlicher Beratung könne er mit Warentermingeschäften **praktisch ohne jedes Risiko** exorbitante Gewinne einstreichen. Hierbei ist es auch keineswegs ausgeschlossen, daß der Anleger von seinem bisherigen Telefonverkäufer erneut umworben wird, indem dieser ganz einfach vorgibt und dies dem Anleger glaubhaft darzustellen versucht, von den unseriösen Praktiken der Altfirma – von diesen distanziert er sich mit Nachdruck – nichts gewußt zu haben. Sofern sich der Anleger dann erneut zum Abschluß von Spekulationsgeschäften verleiten läßt, wird man ihm zu Recht seinen Leichtsinn und seine Leichtgläubigkeit vorhalten können, von einer entsprechenden Erfahrung kann jedoch kaum die Rede sein. Vielmehr wird durch den erneuten Geschäftsab-

---

[70] Vgl. nur *Imo,* Börsentermingeschäfte, S. 1055; ferner *Rössner/Worms* wistra 1987, 319, 321 sowie *Wach,* Terminhandel, S. 147.

[71] LG München 28 O 17145/87 vom 17. 5. 1988, S. 12. Zu erwähnen ist in diesem Zusammenhang auch die Entscheidung des LG Düsseldorf WM 1988, 1557, 1558, wonach eine Offenlegung der Einkommens- und Vermögensverhältnisse sowie der bisherigen Praktiken der Geldanlage erforderlich sei, um die Unerfahrenheit bestimmen zu können, was aber in dieser allgemeinen Form entschieden zu weit geht.

schluß die Unerfahrenheit des Anlegers eher noch unterstrichen.[72] Die vorangegangene Spekulationstätigkeit läßt daher nur sehr begrenzt Rückschlüsse auf den **tatsächlichen Kenntnisstand** des Anlegers zu. Dies gilt erst recht für **vorangegangene Geschäftsabschlüsse** im Rahmen der ersten Geschäftsbeziehung von bislang noch nicht spekulativ tätigen Anlegen, da auch hier nicht davon ausgegangen werden kann, daß diese im Verlauf der Geschäftsbeziehung die notwendige Sachkunde erlangen, die eine Aufklärung überflüssig machen würde.[73] Maßgebend für die Beseitigung der Unerfahrenheit ist daher nicht der ein- oder mehrmalige Geschäftsabschluß, sondern allein der tatsächliche Kenntnisstand des Anlegers, wobei entsprechende Kenntnisse auch nicht durch die Kaufmannseigenschaft indiziert werden.[74]

Die zentrale Frage besteht somit darin, welche Anforderungen an die Kenntnis des Anlegers zu stellen sind, wie weit also die Aufklärung reichen muß. Zur Konkretisierung der Unerfahrenheit knüpft die Entwurfsbegründung dabei an die Auslegung durch das RG[75] an. Hiernach liegt ein Mangel an Erfahrung in Börsenspekulationsgeschäften dann vor, wenn der Verleitete infolge fehlender geschäftlicher Einsicht die Tragweite solcher Unternehmungen nicht genügend zu übersehen vermag.[76] Auch hiermit ist jedoch nur wenig gewonnen. Legt man die Betonung auf die Kenntnis der **Tragweite** von Börsenspekulationsgeschäften, so dürfte eine Aufklärung über die Risiken, insbesondere das außerordentlich hohe Verlustrisiko, ausreichen. Eine derartige isolierte Risikoaufklärung wäre jedoch aus mehreren Gründen ausgesprochen unbefriedigend. Die (unverbrieften) Börsentermingeschäfte – diese sind, wie dargestellt, der Hauptanwendungsfall von Börsenspekulationsgeschäften – zählen zu den höchstentwickelten Geschäftsformen der Gegenwart[77] und sind ausgesprochen komplex und kompliziert.[78] Allein mit dem Hinweis auf das extrem hohe Verlustrisiko kann der Anleger, der bislang mit dieser Geschäftsform noch nicht konfrontiert wurde, daher nichts anfangen. Vielmehr bestünde hier die Gefahr einer Scheinaufklärung, die zusätzlich noch dadurch entwertet werden könnte, daß der Risikohinweis als bloße vom Gesetzgeber verlangte Formalität abgetan wird, wie es häufig bei den privaten Warenterminvermittlerfirmen zu beobachten ist. 29

Von einer tatsächlichen Risikokenntnis kann daher nur dann ausgegangen werden, wenn die Risiken für den Anleger auch **nachvollziehbar** sind. Dies aber setzt voraus, daß der Anleger zumindest Grundkenntnisse vom Geschäftsablauf derartiger Geschäfte besitzt. So ist auch nach der Entwurfsbegründung nicht nur eine Kenntnis der Tragweite derartiger Geschäfte erforderlich, sondern der Anleger muß darüber hinaus über eine **„geschäftliche Einsicht"** verfügen bzw. infolge fehlender geschäftlicher Einsicht die Tragweite nicht übersehen können. Wegen der besonderen Unübersichtlichkeit und Undurchschaubarkeit von Börsenspekulationsgeschäften und der daraus folgenden Aufklärungsbedürftigkeit für den durchschnittlich erfahrenen Bürger hält es die Entwurfsbegründung sogar für geboten, die Anwendung des Tatbestandes erst dann auszuschließen, wenn der Verleitete 30

---

72 So erkennen in einer Vielzahl von Fällen geschädigte Anleger nach wie vor nicht das generell sehr hohe Risiko derartiger Geschäfte, sondern führen ihre Verluste allein auf betrügerische Manipulationen durch die Vermittlerfirmen zurück.

73 So zu Recht OLG Düsseldorf WM 1989, 175, 179. Eine gängige Praktik stellt insoweit die unzutreffende Behauptung dar, die Anlage sei im Gewinn, um so den Anleger zu weiteren Geschäften zu bewegen; vgl. hierzu auch das in Spiegel Nr. 49/1988, S. 79 abgedruckte Interview mit einem Telefonverkäufer. Eine Darstellung der einschlägigen Praktiken bietet *Wach,* Terminhandel, S. 153 ff.

74 OLG Düsseldorf WM 1989, 175, 178; *Schwark,* BörsG, § 89 Rdnr. 9; gleiches gilt für bankgeschäftliche Tätigkeiten; eingehend hierzu *Kümpel/Häuser,* Börsentermingeschäfte, S. 91 ff.

75 RGJW 1913, 1049 f.

76 So die Entwurfsbegründung BT-Drucks. 10/318, S. 48.

77 *Imo,* Börsentermingeschäfte, S. 7.

78 *Imo,* Börsentermingeschäfte, S. 8; einen Überblick über die einzelnen Geschäftsformen und Techniken bieten beispielsweise *Wach,* Terminhandel, S. 17 ff., 53 ff. sowie *Imo,* Börsentermingeschäfte. S. 376 ff.

das Börsengeschäft im Einzelfall verläßlich überblicken kann.[79] Ein **verläßlicher Überblick** über das Geschäft setzt jedoch, wie dargestellt, nicht nur eine allgemeine Risikokenntnis voraus, sondern auch Grundkenntnisse des Geschäfts, zumal nur in diesem Falle auch die Risiken für den Anleger nachvollziehbar sind.[80]

31 Auch wenn der Anleger hierdurch in die Lage versetzt werden soll, **im Einzelfall** das Geschäft verläßlich zu überblicken, so bedeutet dies jedoch nicht, daß er auch über das Gewinn- oder Verlustrisiko des konkreten Geschäftes, also beispielsweise die Chancen und Risiken der von ihm zu erwerbenden Zuckeroption, aufgeklärt werden muß,[81] da der Gesetzeswortlaut entgegen der insoweit möglicherweise mißverständlichen Entwurfsbegründung nicht die Unerfahrenheit hinsichtlich des konkret ins Auge gefaßten Börsenspekulationsgeschäftes, sondern die (generelle) Unerfahrenheit in Börsenspekulationsgeschäften fordert. Voraussetzung für die Beseitigung der Unerfahrenheit ist daher die **Aufklärung über die Systematik und die Risiken des jeweiligen Geschäftstypus,** da es das Börsenspekulationsgeschäft als solches nicht gibt, Anknüpfungspunkt für die Aufklärung somit nur der jeweilige Geschäftstypus sein kann, dies aber auch für eine Beurteilung im Einzelfall ausreicht. Sofern der Anleger die generelle Systematik und die Risiken des betreffenden Geschäftstypus, vorliegend also beispielsweise des Optionsgeschäfts, kennt, liegt daher keine Unerfahrenheit mehr vor, sondern es ist seine Aufgabe, diese generellen Kenntnisse auch auf das konkret ins Auge gefaßte Geschäft anzuwenden. Insbesondere ist daher keine Aufklärung über die Marktlage erforderlich.[82]

32 Ebensowenig bedarf es für die Eliminierung der Unerfahrenheit der Vermittlung von Sachkenntnissen eines **Spezialisten,**[83] sondern erforderlich sind lediglich Grundkenntnisse, die eine eigenverantwortliche Beurteilung ermöglichen. Im einzelnen muß sich die Aufklärung insoweit auf folgende Punkte erstrecken, wobei es sich hier um Minimalanforderungen handelt, die im Einzelfall durchaus noch ergänzungsbedürftig sein können.

33 Basis der Aufklärung muß, wie bereits erwähnt, die Darstellung der Grundlagen des jeweiligen Geschäftstypus sein. Hierzu zählt neben einem Hinweis auf die Rechtsnatur der Geschäfte vor allem die Erläuterung des Geschäftsablaufs. Ausreichend ist insoweit allerdings die Vermittlung von Grundkenntnissen, da die Unerfahrenheit wie bereits erwähnt, nicht erst dann beseitigt ist, wenn der Anleger die Sachkenntnisse eines Spezialisten besitzt. Der Anleger muß daher nicht über sämtliche Handels- oder Absicherungstechniken im Options- und Terminhandel informiert werden, sondern nur eine **Aufklärung über die Grundstrukturen** erhalten. Hierzu gehören zunächst einmal die Kenntnis des Unterschieds zwischen dem Options- und dem Direktgeschäft. Weiterhin müssen ihm der technische Geschäftsablauf und die unterschiedlichen Arten, also die Systematik des Termin-/Optionsgeschäfts, erläutert werden, und zwar bezogen auf den jeweiligen Börsenplatz, da insoweit durchaus bedeutsame Unterschiede bestehen können. So muß der Erwerber einer Option beispielsweise wissen, daß es sich hierbei lediglich um ein zeitlich befristetes Recht handelt, ferner den Unterschied zwischen einer Kauf- und einer Verkaufsoption sowie die Bedeutung des Basispreises – hierzu zählt auch das Verhältnis zwischen Basispreis und Erwerbskosten – und damit zusammenhängend der Verlust-, Teilverlust- und Gewinnzone kennen, insbesondere wissen, daß die Optionsprämie erst durch

---

[79] So ausdrücklich die Entwurfsbegründung BT-Drucks. 10/318, S. 48.

[80] A. A. *Otto* WM 1988, 729, 736 Fn. 59, der – allerdings ohne nähere Begründung – noch nicht einmal eine Aufklärung über alle Risiken des Geschäfts für erforderlich hält, da hiermit angeblich die vom Wortsinn her gezogenen Grenzen des Begriffs gesprengt würden; wie hier *Imo,* Börsentermingeschäfte, S. 1055.

[81] So auch *Schwark,* BörsG 1. Aufl., § 89 Rdnr. 5 zu § 89 BörsG a. F.

[82] Weitergehend *Imo,* Börsentermingeschäfte, S. 859, der damit aber im Ergebnis eine Anlageberatung im Einzelfall verlangt, was nicht Zweck von § 89 BörsG ist. Zu Recht weist *Schwark,* BörsG, § 89 Rdnr. 9 darauf hin, daß der Kenntnisstand des Investors nicht auf das Niveau angehoben zu werden braucht, das die Rpsr. zur zivilrechtlichen Aufklärungs- und Beratungspflicht entwickelt hat.

[83] Ebenso *Imo,* Börsentermingeschäfte, S. 1055.

einen entsprechenden Kursverlauf „zurückverdient" werden muß.[84] Hinzu kommt bei handelbaren Optionen eine Aufklärung über die Besonderheiten, die sich aus der Handelbarkeit ergeben.[85]

Die Vermittlung vorstehend genannter Grundkenntnisse dient dem Zweck, für den 34 Anleger das Spekulationsrisiko **transparent** zu machen. Hierbei muß deutlich werden, daß der Erfolg eines Terminengagements von nicht vorhersehbaren temporären Kursschwankungen abhängt und wegen der Ungewißheit des künftigen Kursverlaufes das Termin-/Optionsgeschäft eine hochspekulative „Kapitalanlage" darstellt, die nicht im mindesten mit herkömmlichen Anlageformen vergleichbar ist. Insbesondere darf in diesem Zusammenhang nicht der Eindruck vermittelt werden, daß mit Hilfe bestimmter technischer Verfahren oder aufgrund der besonderen Fachkunde des Anbieters/Vermittlers das Risiko beseitigt oder auch nur verringert werden könne.[86] Der Anleger muß sich also beispielsweise beim Erwerb einer Option der Möglichkeit des jederzeitigen Totalverlustes seines eingesetzten Kapitals oder bei Direktgeschäften weitergehender Verluste in Form von Nachschußpflichten bewußt sein. In diesem Zusammenhang sollte ferner auch ein Hinweis auf die durchschnittlichen Erfolgsaussichten eines Termin-/Optionsgeschäfts gegeben werden, da hierdurch das Risiko besonders plastisch wird.[87]

Einen Sonderfall stellt schließlich die **Aufschlagsproblematik** bei den privaten Vermitt- 35 lerfirmen von Warenterminopitionen dar. Zwar fordert die Rechtsprechung ausgehend von der These, die Börsenprämie spiegele die von Fachkreisen noch als realistisch angesehen, wenn auch bereits weitgehend spekulativen Kurserwartungen wider, hier eine Aufklärung auch dahingehend, daß durch den Aufschlag die Gewinnerwartungen des Kunden entscheidend verschlechtert, wenn nicht gar ausgeschlossen werden, da ein höherer Kursausschlag als der vom Börsenfachhandel noch als realistisch angesehene notwendig sei, um in die Gewinnzone zu kommen.[88] Eines derartigen zusätzlichen Hinweises bedarf es unter dem Aspekt der Unerfahrenheit jedoch grundsätzlich nicht. Vielmehr muß der Kunde anhand der vorangegangenen Aufklärung zu einer **eigenverantwortlichen** Beurteilung derartiger Aufschläge in der Lage sein.[89] Erforderlich ist daher lediglich, daß er im Zusammenhang mit der Aufklärung über die Grundzüge des Geschäfts auch auf die Bedeutung der an der Börse geforderten Prämie hingewiesen wird sowie die Höhe der von der Vermittlerfirma erhobenen Aufschläge kennt. Ein zusätzlicher Hinweis auf die Spekulationsschädlichkeit derartiger Aufschläge müßte dann eigentlich entbehrlich sein, zumal, wie dargestellt, dem Kunden gegenüber im Rahmen der Risikoaufklärung nicht der Eindruck vermittelt werden darf, das Spekulationsrisiko ließe sich durch die besondere Sachkunde des Vermittlers etc. ausschließen oder auch nur wesentlich verringern.

Vorstehende Aufklärung, die im übrigen schon aus Beweisgründen **schriftlich** erfolgen 36 sollte,[90] reicht jedoch nur dann aus, wenn sie nicht anschließend durch mündliche Zusa-

---

[84] *Imo,* Börsentermingeschäfte, S. 857 ff. fordert darüber hinaus auch die Kenntnis der wirtschaftlichen Grundlagen, insbesondere des Zusammenhangs zwischen Hedging und Spekulation, um so dem Anleger vor Augen zu führen, daß er das Preis- bzw. Kursrisiko letztlich übernimmt. Eine derart weitreichende Aufklärung erscheint für eine Beurteilung der Risiken jedoch nicht zwingend erforderlich.

[85] *Imo,* Börsentermingeschäfte, S. 867 f.

[86] Ebenso *Imo,* Börsentermingeschäfte, S. 857.

[87] In Fachkreisen wird beispielsweise die Gewinnchance bei Warentermingeschäften auf 1 : 2 bis 1 : 4 gegen den Anleger geschätzt, vgl. *Worms,* Anlegerschutz, S. 108 m .w. .N.

[88] So beispielsweise BGH ZIP 1988, 1098, 1099; OLG Düsseldorf WM 1989, 175, 178.

[89] Kritisch gegenüber einer Überspannung der Anforderungen an die Aufklärungspflicht durch die Rspr. neuerdings auch *Grün* NJW 1994, 1330, 1332, soweit jedes Nachdenken als den Kunden unzumutbar erachtet wird mit der Konsequenz, daß die geforderte Überaufklärung in einen Schutz des Kunden vor sich selbst umschlägt.

[90] Bei Londoner Warenterminoptionen fordert die Rechtsprechung ohnehin eine schriftliche Risikoaufklärung, vgl. BGH ZIP 1988, 1098. Zur von der Rspr. geforderten Aufklärungspflicht von

gen konterkariert wird, wie insbesondere die Aufschlagsproblematik zeigt, so selbst exorbitante Aufschläge dem Kunden gegenüber mit dem Hinweis auf angebliche Serviceleistungen und die besondere Fachkunde als unschädlich heruntergespielt werden konnten. So stellt gerade der Geschäftsabschluß bei hohen Aufschlägen seitens der Vermittlerfirma ein gewichtiges Indiz für die Unerfahrenheit des Anlegers dar, da sich ein erfahrener Spekulant kaum einer Vermittlerfirma, die hohe Aufschläge auf die Börsenprämie nimmt, bedienen dürfte, sondern sich unmittelbar oder über Banken an den an der Börse zugelassenen Broker wendet.[91] Weitere **Indizien** für die Unerfahrenheit bilden ein außergewöhnlich hoher Einsatz beim erstmaligen Abschluß eines Spekulationsgeschäftes, die Überschreitung des für Spekulationsgeschäfte sinnvollen Finanzrahmens, indem nicht nur entbehrliche Gelder eingesetzt werden, sondern auch Sparguthaben oder gar für die Lebensführung benötigtes Geld, sowie – als besonders krasser Fall – schließlich die Spekulation auf Kredit.[92] Bei derartigen Verhaltensweisen ist also regelmäßig davon auszugehen, daß der Anleger nicht über einen Kenntnisstand verfügt, der ihn in die Lage versetzen würde, die Tragweite seines finanziellen Engagement zu übersehen. Dies gilt im übrigen auch bei einer vorangegangen „Papieraufklärung“, wenn diese durch nachfolgende mündliche Aussagen wieder entwertet worden ist. Von einer Eliminierung der Unerfahrenheit kann, um es nochmals zu betonen, daher nur dann die Rede sein, wenn die Aufklärung ernsthaft erfolgt ist, wozu u. a. auch gehört, daß der Anleger das Lehrmaterial eine **angemessene Zeit vor dem ersten Geschäftsabschluß** zur Verfügung gestellt erhält.[93] Ferner kommt aus Praktikabilitäts- und Beweisgründen lediglich eine schriftliche Aufklärung in Betracht, die sich inhaltlich auf die Darstellung der Grundzüge des Geschäfts und der Risiken beschränken, insbesondere also auf Werbung verzichten sollte.

37 Hinter diesen vorstehend dargestellten Anforderungen an die Aufklärung des Anlegers, insbesondere was die Vermittlung von Grundkenntnissen im Termin-/Optionsgeschäft anbelangt, bleibt die im Zusammenhang mit der Einführung der Deutschen Terminbörse ermöglichte Termingeschäftsfähigkeit kraft Information deutlich zurück.

38 So ist es nach § 53 Abs. 2 BörsG für eine Verbindlichkeit des Börsentermingeschäfts ausreichend, den Anleger vor Geschäftsabschluß schriftlich darüber zu informieren, daß
- die aus Börsentermingeschäften erworbenen befristeten Rechte verfallen oder eine Wertminderung erleiden können;
- das Verlustrisiko nicht bestimmbar sein und auch über etwaige geleistete Sicherheiten hinausgehen kann;
- Geschäfte, mit denen die Risiken aus eingegangenen Börsentermingeschäften ausgeschlossen oder eingeschränkt werden sollen, möglicherweise nicht oder nur zu einem verlustbringenden Marktpreis getätigt werden können;
- sich das Verlustrisiko erhöht, wenn zur Erfüllung von Verpflichtungen aus Börsentermingeschäften Kredit in Anspruch genommen wird oder wenn die Verpflichtung aus Börsentermingeschäften oder die hieraus zu beanspruchende Gegenleistung auf ausländische Währung oder eine Rechnungseinheit lautet.[94]

39 Ferner darf die **Unterrichtungsschrift** nur Informationen über die Börsentermingeschäfte und ihre Risiken enthalten und ist vom anderen Teil, also dem Anleger, zu unterschreiben, wobei der Zeitpunkt der Unterrichtung nicht länger als 3 Jahre bzw. nach der ersten

---

Terminoptionsvermittlern ferner BGH WM 1994, 453 ff. sowie BGH WM 1994, 1746 f.: unmißverständlich, schriftlich und in auffälliger Form. Ferner OLG Düsseldorf WM 1995, 1710 ff.

[91] OLG Düsseldorf WM 1989, 175, 180.

[92] *Rössner/Worms* wistra 1987, 319, 321; ebenso *Schwark,* BörsG, § 89 Rdnr. 9.

[93] So auch *Imo,* Börsentermingeschäfte, S. 1056.

[94] BR-Drucks. 40/89, S. 11 f. Die Börsengesetznovelle ist mit im hier interessierenden Zusammenhang lediglich marginalen Änderungen zum 1. 8. 1989 in Kraft getreten, BGBl. I 1989, S. 1412 ff.

Unterrichtung lediglich 1 Jahr zurückliegen darf.[95] Entfallen ist zum 1. 1. 1995 im Rahmen des 2. Finanzmarktförderungsgesetzes die bislang in § 53 Abs. 3 BörsG enthaltene Ausklammerung der Warentermingeschäfte aus dem Informationsmodell,[96] so daß ab diesem Zeitpunkt nach erfolgter Unterschrift unter das Informationsmerkblatt auch über die Edelmetalle hinaus sonstige Warentermingeschäfte mit privaten Anlegern wirksam abgeschlossen werden können. Der Gesetzgeber hat sich somit zur Unterstützung der gegenwärtigen Bestrebungen nach Errichtung einer Warenterminbörse entschlossen, während der Grund für die ursprüngliche Ausklammerung der Warentermingeschäfte in § 53 Abs. 3 BörsG im Rahmen der Börsengesetznovelle 1989 die gerade in diesem Bereich aufgetretenen Mißstände waren.[97] Mit der nunmehr erfolgten Streichung von § 53 Abs. 3 BörsG erfolgt jedoch nicht nur eine Gleichbehandlung der Warentermingeschäfte, sondern letztlich eine Privilegierung, da bei Warentermingeschäften der nach § 53 Abs. 2 BörsG aufklärungspflichtige Teil lediglich die Kaufmannseigenschaft besitzen muß. Für den Bereich der sonstigen Börsentermingeschäfte ist es hingegen erforderlich, daß der nach § 53 Abs. 2 BörsG aufklärungspflichtige Kaufmann einer gesetzlichen Banken- oder Börsenaufsicht untersteht.

Die Entwurfsbegründung ist hierbei – insoweit durchaus zutreffend – von dem Grund- 40
prinzip ausgegangen, daß derjenige keines zusätzlichen Schutzes bedarf, der sich in **klarer Erkenntnis** der Konsequenzen seines Handelns auf ein Rechtsgeschäft einläßt, wobei allerdings zu Unrecht vorstehend dargestellte Information bereits als ausreichende Erkenntnismöglichkeit und Entscheidungsgrundlage angesehen wird.[98] Die konsequente und folgerichtige gesetzgeberische Umsetzung dieses Grundprinzips stellt die Entwurfsbegründung im übrigen gleich anschließend selbst in Frage, da nach der Entwurfsbegründung aufgrund der besonderen Situation im Einzelfall oder der individuellen Umstände in der Person eines Kunden der Anbieterseite durchaus weitergehende Beratungs-, Auskunfts- oder Warnpflichten obliegen können, wobei insoweit aber die mündliche Information ausreichen soll,[99] was jedoch schon aus Beweisgründen nicht unproblematisch erscheint.

Ferner muß, wie bereits erwähnt, die Information nach 1 bzw. 3 Jahren ab Unterzeich- 41
nung wiederholt werden, um so einem **Gewöhnungseffekt entgegenzuwirken,**[100] wobei sich hier die Frage aufdrängt, ob der kraft Information mündige Bürger durch Zeitablauf unmündig wird. So liegt es doch wesentlich näher, daß er durch den einmaligen oder wiederholten Abschluß von Börsentermingeschäften innerhalb dieses Zeitraums weitere Erkenntnisse sammelt, so daß es dann eines erneuten Schutzes durch die gesetzlich vorgesehene Minimalinformation nicht mehr bedarf,[101] während in dem Fall, daß der Anleger zwar die Information erhalten und unterzeichnet, dann aber keine Geschäfte getätigt hat, bereits der 1- bzw. 3-Jahres-Zeitraum zu lang ist, um noch von einer ausreichenden Entscheidungsgrundlage und klaren Erkenntnis der Konsequenzen sprechen zu können. Dem auch vom Regierungsentwurf gesehenen Gewöhnungseffekt ließe sich daher allenfalls dadurch begegnen, daß von dem Anleger vor **jedem** Geschäftsabschluß ein entsprechendes Informationsblatt zu unterzeichnen ist, um ihm so erneut die Konsequenzen derartiger

---

[95] Im Rahmen des 2. Finanzmarktförderungesetzes (BGBl. I 1994, S. 1769) ist der Zeitpunkt für die erste Wiederholung dahingehend präzisiert worden, daß sie „vor dem Ablauf von zwölf Monaten, frühestens aber nach dem Ablauf von zehn Monaten" nach der ersten Unterrichtung zu erfolgen hat.

[96] BGBl. I 1994, S. 1769.

[97] Kritisch gegenüber dieser nunmehr überholten Differenzierung *Wach* AG 1992, 385, 397 mit dem Hinweis, daß die unseriösen Vermittler vor allem auf Währungen, Gold und Silber sowie Indizes setzten und nach wie vor setzen.

[98] So ausdrücklich die Entwurfsbegründung BR-Drucks. 40/89, S. 19.

[99] So ausdrücklich die Entwurfsbegründung BR-Drucks. 40/89, S. 47.

[100] So ausdrücklich die Entwurfsbegründung BR-Drucks. 40/89, S. 46.

[101] Je nach Spekulationshäufigkeit kann der Anleger hier im übrigen bereits wegen „gewerbsmäßiger" Spekulation nach § 53 Abs. 1 BörsG i. d. F. des Regierungsentwurfs termingeschäftsfähig werden, so daß die 3-Jahresfrist gerade bei besonders „gewohnten" Spekulanten leerläuft.

Geschäfte vor Augen zu führen. Ob hiervon aber eine tatsächliche Schutz- und Warnfunktion ausginge, muß mehr als bezweifelt werden, da sich entsprechende – häufig sogar noch weitergehende – Risikohinweise auch in den von privaten Vermittlerfirmen verwandten Auftragsformularen finden – der Kunde hier also zumindest auf dem Papier i. S. des Regierungsentwurfs aufgeklärt wird –, dies aber, wie dargestellt, keineswegs ausreicht. Im Ergebnis überaus naheliegend ist daher die Gefahr, daß die Aufklärung als bloße vom Gesetzgeber verlangt **Formalität** aufgefaßt wird, durch die das dahinterstehende Anliegen der Verschaffung ausreichender Kenntnisse als Grundlage für eine eigenverantwortliche Entscheidung gerade nicht erreicht wird. In der Literatur ist die „Termingeschäftsfähigkeit kraft Information deshalb auch bereits als „Termingeschäftsfähigkeit kraft Unterschrift“[102] bezeichnet worden.

42 Letztlich ist der Gesetzgeber mit dem Informationsmodell dieses Risiko aber offensichtlich bewußt eingegangen, da es trotz eines möglicherweise weitergehenden Beratungsbedarfs[103] nach der Entwurfsbegründung im Interesse der Rechtssicherheit grundsätzlich ausreichen soll, wenn der nicht-termingeschäftsfähige Kontrahent ein den gesetzlichen Anforderungen genügendes **Informationsmerkblatt** unterzeichnet hat.[104] Dabei kann sich das Informationsblatt, wie die Entwurfsbegründung weiter hervorhebt, inhaltlich auf die Wiedergabe der gesetzlichen Vorgaben beschränken; hingegen sei es nicht notwendig, die an den jeweiligen Börsen vorkommenden Varianten von Options- und Terminkontrakten und die hierfür maßgeblichen Bezeichnungen und Geschäftsbedingungen darzustellen.[105] Eine derartige Aufklärung ist nach der Entwurfsbegründung sogar eher unerwünscht, da „eine detaillierte Darstellung der Kontraktarten im Sinne einer umfassenden Produktinformation von den wirtschaftlichen und geldwerten Grundrisiken ablenken könnte“.[106]

43 Nach den Ausführungen der Entwurfsbegründung kommt es für den Anleger entscheidend somit nur darauf an, durch die Information Aufschluß über die Verlustmöglichkeiten in dem Vertragstypus zu erhalten, in dem er sich engagieren will.[107] Dies hat zur Konsequenz, daß der Anleger zwar nicht weiß, was er kauft, gleichwohl aber wegen der Kenntnis der Risiken zu einer eigenverantwortlichen Entscheidung in der Lage sein soll. Der Schönheitsfehler einer derartigen Betrachtungsweise liegt jedoch darin, daß erst das Vorhandensein von zumindest Grundkenntnissen im Termin- und Optionsgeschäft eine zutreffende Einschätzung der tatsächlichen Risiken ermöglicht, und nur hierdurch, sofern das überhaupt möglich ist, auch die bestehenden Risiken reduziert werden können. Im Ergebnis führt die Termingeschäftsfähigkeit kraft Information daher trotz gegenteiliger Beteuerung der Entwurfsbegründung nicht zur Vermittlung ausreichender Erkenntnismöglichkeiten und Entscheidungsgrundlagen, die es rechtfertigen würden, von einem mündigen Bürger zu sprechen, der seine wirtschaftlichen Dispositionen in eigener Verantwortung tätigt. Ausgesprochen bedenklich ist es daher auch, wenn die Reform der Termingeschäftsfähigkeit mit den Worten begrüßt worden ist: „Jeder hat das Recht, sich zu ruinieren.“[108]

44 Das **Informationsmodell** weist jedoch nicht nur zu der bisherigen Rechtsprechung und vor allem zu § 89 BörsG, was bei der Gesetzesänderung in dieser Schärfe aber offensichtlich nicht gesehen worden ist, diametral entgegengesetzte Tendenzen auf, da zwar einerseits der Unerfahrene geschützt werden soll, andererseits aber bereits eine Minimalaufklä-

---

[102] *Samtleben* NJW 1990, S. 2670, 2671.

[103] Diesen sieht, wie oben dargestellt, auch der Regierungsentwurf.

[104] So ausdrücklich die Entwurfsbegründung BR-Drucks. 40/89, S. 47. Nach BGH WM 1995, 658 f. genügt die von den Spitzenverbänden der Kreditwirtschaft entwickelte Informationsschrift „Wichtige Information über die Verlustrisiken bei Börsentermingeschäften“ den gesetzlichen Anforderungen zur Herbeiführung der Termingeschäftsfähigkeit kraft Information.

[105] So ausdrücklich die Entwurfsbegründung BR-Drucks. 40/89, S. 47.

[106] So ausdrücklich die Entwurfsbegründung BR-Drucks. 40/89, S. 47.

[107] So ausdrücklich die Entwurfsbegründung BR-Drucks. 40/89, S. 47 f.

[108] So *Mella* Wertpapier 1988, 1317.

rung, die, um es nochmals ausdrücklich zu betonen, deutlich hinter dem zurückbleibt, was haftungsrechtlich gefordert wird, bereits zur Termingeschäftsfähigkeit führen soll. Vielmehr kann – abhängig von den Vorkenntnissen des Anlegers – die Eliminierung der (individuellen) Unerfahrenheit eine wesentlich weitreichendere Aufklärung erfordern als die generellen Kriterien folgende Herbeiführung der Termingeschäftsfähigkeit nach dem Informationsmodell.[109] Insbesondere dürfte, was die Aufklärungspflichten anbelangt, auch kaum eine Differenzierung zwischen den nach § 53 Abs. 3 BörsG[110] von der Termingeschäftsfähigkeit ursprünglich ausgenommenen Warentermingeschäften und sonstigen Termin- und Optionsgeschäften möglich sein. Auch nach der Einführung einer Termingeschäftsfähigkeit kraft Information unter Einbeziehung der Warentermingeschäfte ab 1. 1. 1995 wird sich daher für den inländischen Geschäftsverkehr gerade im Hinblick auf § 89 BörsG – eine weitere Einfallschneise bildet die Verletzung vorvertraglicher Aufklärungspflichten[111] – die Frage stellen, unter welchen Voraussetzungen ein Geschäftsabschluß mit privaten Anlegern überhaupt möglich ist, damit sich die Reform der Termingeschäftsfähigkeit nicht als Danaergeschenk erweist.

4. Ausnutzen und Verleiten. Weiterhin ist erforderlich, daß der Verleitende die Uner- 45
fahrenheit des Anlegers ausnutzt, während vor der Reform von § 89 BörsG eine Ausbeutung der Unerfahrenheit erforderlich war. Nach der Entwurfsbegründung soll hierdurch sichergestellt werden, daß nicht erst ein „gesteigertes" Ausnutzen i. S. eines besonders mißbräuchlichen Verhaltens tatbestandsmäßig ist, sondern bereits das „bloße" Ausnutzen ausreicht.[112] Dies ist bereits dann der Fall, wenn der Täter die Unerfahrenheit des Opfers in seinen Dienst stellt und sie dazu benutzt, um das Opfer verleiten zu können.[113] Im Ergebnis bedarf es daher lediglich der Kausalität zwischen Unerfahrenheit und Geschäftsabschluß, und zwar dahingehend, daß die Unerfahrenheit des Verleiteten ursächlich oder zumindest mitursächlich für den Geschäftsabschluß war.[114]

Auch das Tatbestandsmerkmal des „Verleitens" setzt keine besondere Raffinesse voraus. 46
Vielmehr genügt insoweit jede erfolgreiche **Willensbeeinflussung** i. S. einer Anstiftung.[115] Zwar soll nach einer Entscheidung des LG Düsseldorf[116] ein Verleiten erst dann vorliegen,

---

[109] Dies zeigt insbesondere die Streichung der Voraussetzung, daß die Geschäfte nicht zum Gewerbebetrieb gehören dürfen, in § 89 BörsG n. F., da dies darauf hinauslaufen würde, praktisch schematisch eine Erfahrenheit zu unterstellen, obwohl sie im Einzelfall doch nicht vorhanden ist, was aber von der Entwurfsbegründung als nicht sachgerecht angesehen wird, so ausdrücklich BT-Drucks. 10/318, S. 48.

[110] Unter diesem Aspekt ist die Streichung von § 53 Abs. 3 BörsG im Rahmen des 2. Finanzmarktförderungsgesetzes nur konsequent.

[111] Dies ergibt sich im Ergebnis auch aus der Entwurfsbegründung BT-Drucks. 40/89, S. 42; deutlicher noch die erste Fassung, wo ausdrücklich auf S. 42 insoweit von vertraglichen Nebenpflichten die Rede ist. Nach BGH WM 1994, 834, 835 soll allerdings, soweit nicht auch die Aufschlagsproblematik vorliegt, die Unterrichtungsschrift nach § 53 Abs. 2 BörsG in ausreichender Form die erforderliche Grundaufklärung über Funktionsweise und Risiken der verschiedenen Arten von Börsentermingeschäften enthalten.

[112] So ausdrücklich die Entwurfsbegründung BT-Drucks. 10/318, S. 48.

[113] OLG Düsseldorf WM 1989, 175, 180.

[114] OLG Düsseldorf WM 1989, 175, 180; enger aber wohl *Schlüchter,* 2. WiKG, S. 154: Der Täter muß bei seinem Vorgehen auf der Unerfahrenheit des Opfers „aufgebaut" haben, wobei jedoch unklar bleibt, was dies vorausetzt, da auch nach *Schlüchter,* ebd., nicht erforderlich ist, daß der Täter die Unerfahrenheit genutzt hat, um das Opfer verleiten zu können. Vor allem aber dürfte eine derartige Interpretation nicht der Entwurfsbegründung entsprechen, da hiernach ja bereits das „bloße" Ausnutzen ohne zusätzliche Erfordernisse ausreichen soll; wie hier *Imo,* Börsentermingeschäfte, S. 1052; vgl. auch LG Düsseldorf 16 O 635/87 vom 18. 2. 1988.

[115] *Imo,* Börsentermingeschäfte, S. 1050 f. *Rössner/Worms* wistra 1987, 319, 320; ebenso *Schwark,* BörsG, § 89 Rdnr. 5; *Erbs/Kohlhaas/Valentin,* § 89 BörsG Anm. 3 zu § 89 BörsG a. F.

[116] WM 1988, 1557; ebenso wohl *Wach,* Terminhandel, S. 145 sowie *Schwark,* BörsG, § 89 Rdnr. 5.

wenn die Willensbeeinflussung über die Intensität reiner Werbung hinausgeht und ein Element unlauterer Willensbeeinflussung enthält. Mit diesem zusätzlichen Erfordernis weicht die vorgenannte Entscheidung jedoch von der bereits im Rahmen von § 89 BörsG a. F. anerkannten Auslegung des „Verleitens“ ab, und zwar ohne nähere Begründung. Im übrigen hat auch das OLG Düsseldorf in einer nachfolgenden Entscheidung[117] diese Auslegung nicht geteilt, sondern läßt, die Auslegung des insoweit deckungsgleichen § 89 BörsG a. F. aufgreifend, als Verleiten jede erfolgreiche Einwirkung auf den Willen eines anderen ausreichen, wobei es insbesondere nicht darauf ankommt, welches Mittel eingesetzt wird. Es ist daher, wie bereits erwähnt, nicht erforderlich, daß sich der Telefonverkäufer besonders subtiler Überredungskünste bedient oder den Anleger gar ausdrücklich täuscht.[118] Insbesondere können sich Vermittlerfirmen gegen den Vorwurf eines Verleitens nicht dadurch absichern, daß sie sich in den Auftragsbedingungen schriftlich bestätigen lassen, Gewinnversprechungen wie etwa „todsicherer Tip“, „Verluste ausgeschlossen“, „garantierter Gewinn“ etc. seien von keinem Mitarbeiter gemacht worden. Derartige formularmäßige Bestätigungen dokumentieren vielmehr lediglich – von ihrem Wahrheitsgehalt ganz abgesehen – die Unerfahrenheit des angesprochenen Personenkreises, da ein erfahrener Spekulant bereits von sich aus derartige Versprechungen als unrealistisch einstufen kann.

47 **5. Gewerbsmäßigkeit.** Schließlich ist im Gegensatz zu § 89 BörsG a. F. auch nicht mehr eine gewohnheitsmäßige Verletzung erforderlich, sondern nunmehr reicht eine gewerbsmäßige Begehung aus. Dem Täter muß daher nicht mehr ein aus wiederholter Begehung ausgebildeter, selbständig fortwirkender Hang zur Tatverwirklichung nachgewiesen werden.[119] Vielmehr genügt es, wenn die Tat mit dem Plan begangen wird, die Begehung gleichartiger Taten zu einem wiederkehrenden Bestandteil der Beschäftigung i. S. einer fortlaufenden Einnahmequelle zu machen, wobei es nicht darauf ankommt, ob der Täter die Vermögensvorteile für sich oder einen anderen erstrebt.[120] Vorgenannte Absicht kann sich dabei bereits aus der ersten Einzelhandlung ergeben.[121] Da die Telefonverkäufer wegen der umsatzabhängigen Provision am Abschluß einer Vielzahl von Geschäften interessiert sind, ist das Merkmal der Gewerbsmäßigkeit somit in der Regel völlig unproblematisch gegeben,[122] und zwar bereits beim ersten Geschäftsabschluß.

48 **6. Vorsatz.** Subjektiv ist Vorsatz erforderlich, wobei dolus eventualis genügt. Die zusätzliche Voraussetzung der gewinnsüchtigen Absicht in § 89 BörsG a. F. konnte entfallen,

---

117 WM 1989, 175, 180; vgl. ferner LG München 28 O 19703/87 vom 10. 5. 1988, S. 5.

118 Die Ansicht von *Schlüchter,* 2. WiKG, S. 154, die Veranlassung eines Unerfahrenen zur Börsenspekulation sei für sich noch nicht sozialinadäquat, sondern werde es erst dann, wenn dem Täter die Wahrscheinlichkeit, aus dem Börsenspekulationsgeschäft mit Verlust hervorzugehen, erheblich größer als das Gegenteil erscheint, ohne daß er das Opfer hierauf hinweist, mit der Folge, daß erst bei einer solchen Einstellung des Täters ein „Ausnutzen“ bzw. „Verleiten“ vorliegt, läßt sich weder auf den Wortlaut noch auf die Entwurfsbegründung stützen, zumal letztere ja gerade umgekehrt die Schutzbedürftigkeit vor allem aus der Unüberschaubarkeit der Risiken derartiger Geschäfte für den Normalbürger ableitet, so daß entgegen der Ansicht von *Schlüchter* bereits die bloße Veranlassung als sozialinadäquat einzustufen sein dürfte. Im übrigen kann die Einstellung des Täters zum Verlustrisiko auch deshalb kein geeignetes Kriterium sein, da Spekulationsgeschäfte von Natur aus mit einem hohen Risiko behaftet sind. Sozialinadäquat wird daher der Geschäftsabschluß nicht durch die Einstellung des Täters, sondern allein durch die fehlende Aufklärung, also die Unerfahrenheit des Anlegers, ebenso *Imo,* Börsentermingeschäfte, S. 1051.

119 So die allgemeine Definition der Gewohnheitsmäßigkeit, vgl. *Meyer/Bremer,* BörsG, 1957, § 94 Anm. 2; *Schwark,* BörsG § 89 Rdnr. 7; ferner *Schönke/Schröder/Stree,* StGB, vor §§ 52 ff. Rdnr. 98.

120 So ausdrücklich die Entwurfsbegründung BT-Drucks. 10/318, S. 48; ferner *Möhrenschlager* wistra 1983, 17, 21; *Müller-Gugenberger/Nack,* Wirtschaftsstrafrecht, S. 967 sowie *Schlüchter,* 2. WiKG, S. 154.

121 Vgl. nur *Schönke/Schröder/Stree,* StGB, vor §§ 52 ff. Rdnr. 95; ferner *Otto* WM 1988, 729, 736.

122 *Rössner/Worms* wistra 1987, 319, 320; vgl. ferner OLG Düsseldorf WM 1989, 175, 181.

da sich dies bereits aus der Gewerbsmäßigkeit ergibt.[123] Der Täter muß daher lediglich damit rechnen, daß der von ihm umworbene Anleger in Börsenspekulationsgeschäften unerfahren ist, also mangels entsprechender Grundkenntnisse die Risiken nicht zu überschauen vermag, und dies im Hinblick auf den von ihm erstrebten Geschäftsabschluß bewußt in Kauf nehmen. Berücksichtigt man in diesem Zusammenhang, daß Erstanleger grundsätzlich als unerfahren einzustufen sind, kommt ein Vorsatzausschluß hier nur dann in Betracht, wenn der Anleger angemessene Zeit vor dem ersten Geschäftsabschluß im oben dargestellten Umfang aufgeklärt worden ist.[124] Insbesondere muß diese Aufklärung vollständig sein. Der Telefonverkäufer kann sich also nicht auf die Übersendung einer Broschüre durch die Vermittlerfirma berufen, wenn er deren Unzulänglichkeit kennt oder im Gesprächsverlauf feststellt, daß der Kunde diese entweder nicht erhalten oder nicht verstanden hat.[125] Insbesondere kann er sich in diesem Fall nicht auf eine schriftliche Bestätigung des Anlegers berufen, dieser habe die Broschüre erhalten, gelesen und verstanden, da es insoweit auf den **tatsächlichen** Kenntnisstand ankommt. Formularmäßige Bestätigungen besitzen daher nur eine sehr begrenzte Aussagekraft.

Gleiches gilt für **Aufklärungsschriften,** da diese notwendigerweise einen generalisieren- 49
den Maßstab anlegen müssen, der jeweils angesprochene Anleger aber durchaus weitere Aufklärung benötigen kann. Ein den Vorsatz ausschließender Tatbestandsirrtum kommt daher nur dann in Betracht, wenn keinerlei Anzeichen bestehen, daß die vorangegangene Aufklärung nicht ausreichend war, während ein Irrtum über die Reichweite der Aufklärungspflicht lediglich einen – regelmäßig vermeidbaren – **Verbotsirrtum** darstellt. Dies gilt im übrigen nicht nur für Erstanleger, sondern auch für bereits spekulativ tätige Anleger, da maßgebend allein der konkrete Kenntnisstand ist. Die Bestätigung des Anlegers, er habe bereits Spekulationsgeschäfte abgeschlossen, führt daher noch nicht zwingend zum Vorsatzausschluß. Schon im eigenen Interesse sollte die Anbieter-/Vermittlerseite deshalb auch in diesem Fall für eine nochmalige Aufklärung sorgen, zumal die einzelnen Geschäftstypen an den jeweiligen Börsenplätzen durchaus Unterschiede aufweisen. Zwingend erforderlich ist die Aufklärung ferner dann, wenn erst im Rahmen der laufenden Geschäftsverbindung die Unerfahrenheit des Anlegers offenbar wird, da in diesem Fall lediglich für die bereits abgeschlossenen Geschäfte kein Vorsatz vorliegt.[126] Schließlich wird von einem vorsätzlichen Handeln regelmäßig auch dann ausgegangen werden können, wenn der Täter den Anleger mit Gewinnversprechungen zum Geschäftsabschluß zu bewegen versucht, da hierin nicht nur ein Indiz für die Unerfahrenheit des Anlegers, sondern auch für die diesbezügliche Kenntnis des Täters zu sehen ist, denn derartige Akquisitionsmethoden zielen gerade auf unerfahrene Anleger ab. Entsprechendes gilt für die Vereinnahmung hoher Aufschläge.[127]

7. Konkurrenzen und Verfahren. Erfolgt die Verleitung mittels Täuschung besteht 50
zwischen § 89 BörsG und § 263 StGB sowie § 264a StGB Tateinheit.[128] Mit § 266 StGB ist ebenfalls Tateinheit möglich.[129] Zwar zielt auch § 89 BörsG primär auf einen Vermögensschutz ab, reicht aber insofern weiter, als der Eintritt eines Vermögensschadens für die Strafbarkeit nicht erforderlich ist, sondern bereits die gewerbsmäßige Verleitung Unerfahrener ausreicht.

Mit der Neufassung von § 89 BörsG wird daher ein umfassender strafrechtlicher Anle- 51
gerschutz erreicht; insbesondere fallen die bisher gängigen Praktiken der privaten (Waren-)

---

[123] So die Entwurfsbegründung BT-Drucks. 10/318, S. 48.

[124] Ebenso *Imo,* Börsentermingeschäfte, S. 1056.

[125] Ebenso *Imo,* Börsentermingeschäfte, S. 1056. Zur Strafbarkeit des Geschäftsführers der (Vermittlungs-)Gesellschaft *Schwark* EWiR, § 89 BörsG 1/95, S. 49 f.

[126] *Schwark,* BörsG, § 89 Rdnr. 11.

[127] Ebenso LG Düsseldorf WM 1989, 175, 180.

[128] *Imo,* Börsentermingeschäfte, S. 1057; denkbar ist allerdings auch, § 89 BörsG gegenüber § 264a StGB als lex specialis anzusehen, vgl. *Worms,* Anlegerschutz, S. 352.

[129] *Imo,* Börsentermingeschäfte, S. 1057.

Terminvermittlerfirmen nunmehr eindeutig in den strafrechtlich relevanten Bereich. Verfahrensmäßig hat die Reform von § 89 BörsG jedoch – sofern überhaupt – allenfalls geringe Bedeutung, da, wenn zugleich ein Anfangsverdacht wegen Betruges besteht, regelmäßig eine Verfolgungsbeschränkung nach § 154a StPO wegen des anderenfalls zu erwartenden Rechtsfolgendefizits nicht in Betracht kommt. Mangels Versuchsstrafbarkeit kann die Staatsanwaltschaft nach § 89 BörsG ferner erst dann ermitteln, wenn es bereits zum Geschäftsabschluß gekommen ist. Für den Aspekt eines präventiven Anlegerschutzes kommt es daher maßgebend auf die abschreckende Wirkung von § 89 BörsG an.

52 **8. Zivilrechtliche Auswirkungen.** In diesem Zusammenhang dürften nicht zuletzt auch die zivilrechtlichen Auswirkungen zu berücksichtigen sein. So handelt es sich bei § 89 BörsG um ein Schutzgesetz i. S. von § 823 Abs. 2 BGB[130] mit der Folge, daß ein (vorsätzlicher) Verstoß gegen § 89 BörsG eine **Schadensersatzpflicht** auslöst. Dies ist insbesondere im Rahmen von bei privaten Vermittlerfirmen regelmäßig angebrachten Arrestverfahren überaus hilfreich, da eine deliktische Schädigung in Form einer vorsätzlichen unerlaubten Handlung oder einer Straftat nicht nur den Arrestanspruch begründet, sondern auch den Arrestgrund indiziert.[131] Zwar greifen die Zivilgerichte insoweit bislang regelmäßig auf § 826 BGB zurück,[132] doch besitzt ein auf § 823 Abs. 2 BGB i. V. m. § 89 BörsG gestützter Anspruch den Vorzug, daß hier die Anspruchsvoraussetzungen wesentlich deutlicher konturiert sind und es darüber hinaus auch keines Schädigungsbewußtseins bedarf.[133] Sofern der Anleger rechtsschutzversichert ist, bestand nach den Versicherungsbedingungen in der Fassung von 1975 bei Darlegung einer deliktischen Schädigung schließlich auch insoweit ein Vorteil, als die Rechtsschutzversicherung ihre Eintrittspflicht nicht unter Hinweis auf die Ausschlußklausel in § 4 Abs. 1 g ARB verneinen konnte, da diese bei deliktischer Schädigung nicht eingriff.[134] Mit der 1994 erfolgten Neufassung der „Allgemeinen Bedingungen für die Rechtsschutzversicherung (ARB 94)" ist jetzt allerdings in § 4 Abs. 2 f ARB 94 ein umfassender Ausschluß für Auseinandersetzungen aus Termin- und vergleichbaren Spekulationsgeschäften enthalten.[135]

§ 10 Internationales Privatrecht

Übersicht

130 OLG Düsseldorf WM 1989, 175, 179; konkludent auch BGH WM 1984, 127, 128 zu § 89 BörsG a. F.; ferner *Meyer/Bremer,* BörsG, 1957, § 94 Anm. 12; *Schwark,* BörsG, § 89 Rdnr. 13; *Wach,* Terminhandel, S. 141.

131 BGH WM 1983, 614; OLG Frankfurt WM 1987, 935; LG München 28 O 19703/87 vom 10. 5. 1988, S. 10.

132 So z. B. BGH WM 1994, 453 ff.; BGH WM 1994, 1746 f.; demgegenüber stellt OLG Düsseldorf WM 1989, 175 ff. auf beide Anspruchsgrundlagen ab.

133 Vgl. nur *Palandt/Thomas,* BGB, 54. Aufl., § 823 Rdnr. 143.

134 BGH WM 1985, 188 f.

135 *Bauer* NJW 1995, 1390, 1392.

Schrifttum: Wegen der jeweils speziellen Probleme, die die kollisionsrechtliche Behandlung der einzelnen Anlageformen aufwirft, sind die Schrifttumshinweise der bessern Übersicht halber den mit arabischen Ziffern numerierten Gliederungspunkten vorangestellt.

I. Kollisionsrechtliche Fragen der Anbahnung von Verträgen über Kapitalanlagen

1. Internationales Wettbewerbsrecht, insbesondere im Hinblick auf die Werbung für Kapitalanlagen

Schrifttum: *Deutsch,* Wettbewerbstatbestände mit Auslandsbezug, 1962; *Joerges,* Die klassische Konzeption des Internationalen Privatrechts und das Recht des unlauteren Wettbewerbs, RabelsZ 36 (1972) 421 ff.; *Regelmann,* Die internationalprivatrechtliche Anknüpfung des Gesetzes gegen unlauteren Wettbewerb, 1988; *Troller,* Das internationale Privatrecht des unlauteren Wettbewerbs, 1962; *Weber,* Die kollisionsrechtliche Behandlung von Wettbewerbsverletzungen mit Auslandsbezug, 1982; *Wilde,* Internationales Wettbewerbsrecht, in: Gloy (Hrsg.), Handbuch des Wettbewerbsrechts, 1986, S. 42 ff.; *ders.,* Europäisches und nationales Recht des unlauteren Wettbewerbs, FS für Rothoeft, 1994, S. 201 ff.; *Wirner,* Wettbewerb und internationales Privatrecht, 1960.

Kollisionsrechtliche Probleme treten bei der Werbung für Kapitalanlagen insbesondere 1
bei der Brief- und Prospektwerbung aus dem Ausland und Anzeigen in international verbreiteten Presseerzeugnissen auf.

Das deutsche internationale Wettbewerbsrecht[1] ist nicht in einer spezifischen Kollisions- 2
norm kodifiziert. Nach der früher favorisierten weltweiten Anwendbarkeit deutschen

[1] Vgl. dazu die in der Literaturübersicht Zitierten.

Wettbewerbsrechts[2] wurde dann zunächst auf die lex loci delicti commissi abgestellt.[3] Heute wendet die Rechtsprechung regelmäßig das Recht des Ortes an, an dem die wettbewerblichen Interessen der Mitbewerber aufeinanderstoßen, wo also die wettbewerbliche Interessenüberschneidung stattfindet.[4] Die Maßgeblichkeit des Rechts des Ortes der wettbewerblichen Interessenkollision wird auch – in verschiedenen Spielarten – von der überwiegenden Ansicht in der Literatur vertreten.[5] Die abweichenden Meinungen von *Steindorff*[6] und *Joerges*[7] haben sich nicht durchsetzen können. Ausgehend von den in der Entscheidung „Kindersaugflaschen" entwickelten Grundsätzen ist bei grenzüberschreitender Werbung für Kapitalanlagen nach der Art der werbenden Kontaktsuche zu differenzieren:

4 *a) Werbung in Presseerzeugnissen.* Bei Anzeigenwerbung in ausländischen Presseerzeugnissen, die im Inland **nicht** verbreitet werden, kommt die Anwendung deutschen Wettbewerbsrechts nicht in Betracht.[8] Der als Anknüpfung dienende Ort der wettbewerblichen Interessenüberschneidung liegt allein im Ausland.

5 Bei Anzeigenwerbung in in- und ausländischen Presseerzeugnissen, die im Inland verbreitet werden, kommt deutsches Wettbewerbsrecht zur Anwendung. Das ist die ratio decidendi der „Tampax"-Entscheidung,[9] in der der BGH ein Inserat in einer schweizerischen Illustrierten, die in nicht unerheblichem Maße regelmäßig auch in der Bundesrepublik Deutschland verbreitet wurde, nach deutschem Wettbewerbsrecht beurteilt hat.

6 *b) Werbung durch persönliche Kontakte aus dem Ausland.* Bei Werbemaßnahmen aus dem Ausland durch persönliche Kontaktaufnahme, insbesondere Briefe, Telefongespräche oder Besuche, ist ebenfalls auf den Ort der wettbewerblichen Interessenkollision abzustellen.[10] Dieser liegt regelmäßig im Inland, so daß sich die Zulässigkeit der Werbung in diesen Fällen nach deutschem Wettbewerbsrecht beurteilt.

7 Spricht ein Broker aus Chicago potentielle Kunden in der Bundesrepublik unaufgefordert durch Telefonanrufe[11], Fernschreiben[12] oder Fernkopie[13] an, so beurteilt sich diese Werbung nach deutschem Wettbewerbsrecht, und sie ist nach der Rechtsprechung des BGH regelmäßig wettbewerbswidrig.

8 *c) Werbung durch inländische Repräsentanten oder Zweigniederlassungen.* Ausländische Anbieter von Kapitalanlagen bedienen sich für ihre Inlandsgeschäfte häufig inländischer Zweig-

---

[2] Vgl. dazu z. B. RG JW 1901, 851 („Gratisschnittmuster").

[3] Vgl. z. B. BGHZ 21, 266 („Uhrenrohwerke").

[4] Vgl. BGHZ 35, 329 („Kindersaugflaschen"); BGH GRUR 1982, 495 („Domgarten-Brand").

[5] Vgl. *Beitzke* JuS 1966, 139 ff.; *Deutsch,* Wettbewerbstatbestände; *Wengler* RabelsZ 19 (1954) 401 ff.; *Weber,* Kollisionsrechtliche Behandlung; *Wilde,* Internationales Wettbewerbsrecht; *Wirner,* Wettbewerb; *Troller,* Internationales Privatrecht.

[6] Sachnormen und internationales Privatrecht, 1958, wendet sich gegen die Unterstellung eines international gelagerten Sachverhalts unter eine Rechtsordnung und will besondere Sachnormen entwickeln, die der Internationalität Rechnung tragen.

[7] RabelsZ 36 (1972) 401 ff. will auf die Störungen des wirtschaftlichen und sozialen Systems sowie die staatlichen, wirtschaftlichen und politischen Zielsetzungen der beteiligten Staaten abstellen.

[8] Vgl. *Wilde,* Internationales Wettbewerbsrecht, S. 50.

[9] Vgl. BGH GRUR 1971, 153 („Tampax").

[10] Vgl. BGHZ 40, 39 = BGH GRUR 1964, 316 („Stahlexport") für die Briefwerbung. Der BGH hat bei Wettbewerb deutscher Unternehmen im Ausland deutsches Recht angewendet, nicht als gemeinsames Heimatrecht der Wettbewerber, sondern, weil der Ort der Interessenkollision im Inland gesehen wurde. Bei Wettbewerb von Inländern auf ausländischen Märkten – so der BGH – sei deutsches Recht nur anwendbar, wenn entweder auf diesem ausländischen Markt nur inländische Unternehmen tätig seien oder wenn sich eine Wettbewerbsmaßnahme eines Inländers direkt und gezielt gegen einen deutschen Konkurrenten richte.

[11] Vgl. dazu BGH GRUR 1970, 523; GRUR 1989, 753; GRUR 1990, 280.

[12] Vgl. dazu BGH GRUR 1973, 210.

[13] Vgl. dazu KG NJW-RR 1992, 1193.

niederlassungen[14] oder Repräsentanten.[15] In diesen Fällen beurteilt sich die Werbung nach deutschem Wettbewerbsrecht. Der Ort der wettbewerblichen Interessenkollision liegt im Inland.

2. Anlageberatung und Anlagevermittlung

Schrifttum: *Ahrens,* Wer haftet statt der zusammengebrochenen Abschreibungsgesellschaft? – Zur Sachwalterhaftung im Kollisionsrecht, IPRax 1986, 355 ff.; *Bernstein,* Kollisionsrechtliche Fragen der culpa in contrahendo, RabelsZ 41 (1977) 281 ff.; *Degener,* Kollisionsrechtliche Probleme zum Quasikontrakt, 1984; *Degner,* Kollisionsrechtliche Anknüpfung der Geschäftsführung ohne Auftrag, des Bereicherungsrechts und der culpa in contrahendo, RIW 1983, 825 ff.; *Ebenroth,* Kollisionsrechtliche Anknüpfung der Vertragsverhältnisse von Handelsvertretern, Kommissionsagenten und Handelsmaklern, RIW 1984, 165 ff.

a) Objektive Anknüpfung. Fehlt eine – zulässige – Rechtswahl, so ist nach Art. 28 Abs. 2 Satz 1 EGBGB auf den gewöhnlichen Aufenthalt des Anlageberaters oder -vermittlers oder die Hauptverwaltung der Anlagenberatungs- oder -vermittlungsgesellschaft abzustellen. In der Beratung und Vermittlung liegt die charakteristische Leistung. 9

Beim **Beratungsdienst** ist es dabei unerheblich, ob dieser im Einzelfall als Dienstvertrag mit Geschäftsbesorgungscharakter oder als Werkvertrag zu qualifizieren ist.[16] Für beide Vertragstypen ist anerkannt, daß die charakteristische Leistung durch den Werkunternehmer[17] bzw. den Dienstverpflichteten[18] zu erbringen ist. 10

Beim **Anlagenvermittlungsvertrag** ist der Vermittler regelmäßig Makler[19] und erbringt als solcher die charakteristische Leistung.[20] Soweit bei Börsendiensten ein gemischter Vertrag mit dienst- und kaufvertraglichen Elementen[21] anzunehmen ist, bestimmt auch bei Überwiegen der kaufvertraglichen Elemente der gewöhnliche Aufenthalt oder die Hauptverwaltung des Börsendienstes das anwendbare Recht, da der Verkäufer die charakteristische Leistung erbringt.[22] 11

b) Anlagevermittlungs- und -beratungsverträge als Verbraucherverträge. Soweit es sich nicht um institutionelle Anleger handelt, fallen Anlagenberatungs- und -vermittlungsverträge regelmäßig unter Art. 29 EGBGB. Wirbt eine Brokerfirma in New York für ihre Dienste in 12

---

[14] Die Rechtsprechung faßt den Begriff der Zweigniederlassung teilweise sehr weit und erstreckt ihn auch auf rechtsfähige Gesellschaften. So hat das OLG München (RIW 1975, 346) einem Handelsregister eingetragene Firma, die im Rechtsverkehr als „Generalrepräsentanz Bundesrepublik Deutschland" einer in Liechtenstein registrierten Kapitalanlage- und WertpapierverwaltungsAG handelte, als deren Zweigniederlassung angesehen. Ähnlich war die Fallgestaltung in OLG Frankfurt WM 1985, 477: Eine in Chicago ansässige Brokerfirma hatte durch eine deutsche Gesellschaft mit eigener Rechtspersönlichkeit, die als „Repräsentanz" tätig war, Warentermingeschäfte getätigt. Das OLG qualifizierte die deutsche Gesellschaft als Zweigniederlassung i. S. von § 21 ZPO.

[15] In dem Fall, der der Entscheidung BGH DB 1987, 2247 zugrunde lag, handelte eine US-Brokerfirma durch eine deutsche Repräsentanz; dazu weiter OLG Düsseldorf NJW-RR 1989, 432 = EWiR 1989, 513 *(Wach).*

[16] Vgl. dazu oben § 5 Rdnr. 7.

[17] Vgl. *Palandt/Heldrich,* BGB Art. 28 EGBGB Rdnr. 14; *Reithmann/Martiny,* Internationales Vertragsrecht, Rdnr. 487 m. w. N.; zum insoweit unveränderten Recht vor Inkrafttreten des IPRG MünchKomm./*Martiny,* BGB, Vor Art. 12 EGBGB Rdnr. 173; *Soergel/Kegel,* BGB Vor Art. 7 EGBGB Rdnr. 358.

[18] Vgl. *Palandt/Heldrich,* BGB, Art. 28 EGBGB Rdnr. 13; *Reithmann/Martiny,* Internationales Vertragsrecht, Rdnr. 85; zum insoweit unveränderten Recht vor Inkrafttreten des IPRG MünchKomm./*Martiny,* BGB, Rdnr. 178.

[19] Vgl. oben § 5 Rdnr. 9.

[20] Vgl. *Palandt/Heldrich,* BGB, Art. 28 Rdnr. 15; *Reithmann/Martiny,* Internationales Vertragsrecht, Rdnr. 774; vgl. in gleichem Sinne für die Rechtslage vor Inkrafttreten des IPRG *Ebenroth* RIW 1984, 165 ff. (168); *Soergel/Kegel,* BGB, Vor Art. 7 EGBGB Rdnr. 359, 361.

[21] Vgl. oben § 5 Rdnr. 8.

[22] Vgl. *Kegel,* IPR, 7. Aufl., 1995, S. 491; *Palandt/Heldrich,* BGB, Art. 28 Rdnr. 8; *Reithmann/Martiny,* Internationales Vertragsrecht, Rdnr. 405 m. w. N.

der FAZ und kommt auf Grund einer solchen Werbung ein Vertrag mit einem Kunden in Stuttgart zustande, so gilt zunächst trotz der Regelung in Art. 28 Abs. 2 Satz 1 EGBGB im Grundsatz deutsches Recht (Art. 29 Abs. 2 EGBGB). Diese Bestimmung ist aber für die internationale Anlageberatung und -vermittlung ohne große praktische Bedeutung. Denn wenn der ausländische Anlageberater oder -vermittler seine Tätigkeit allein im Ausland zu entfalten und seine Dienste allein dort zu erbringen hat, so verbleibt es nach Art. 29 Abs. 4 Nr. 2 EGBGB bei der allgemeinen Regelung.

13 *b) Die Verpflichtungen im einzelnen.* Das auf den Anlagenberatungs- und -vermittlungsvertrag kraft Rechtswahl oder objektiver Anknüpfung anwendbare Recht bestimmt alle vertraglichen Verpflichtungen, insbesondere die Beratungs- und Auskunftspflichten.[23] Hinsichtlich der **Haftung** des Anlageberaters oder -vermittlers ist zu differenzieren:

14 **Vertragliche** Haftungsansprüche bestimmten sich nach dem Vertragsstatut, mangels Rechtswahl also nach dem Recht am gewöhnlichen Aufenthaltsort des Anlageberaters oder -vermittlers.

15 Die Haftung für Verschulden beim Vertragsabschluß **(c. i. c.)**[24] bestimmt sich ebenfalls nach dem Schuldstatut des beabsichtigten oder geschlossenen Vertrages.[25] Der BGH hat in diesem Sinne am 9. 10. 1986[26] in einem Fall entschieden, in dem es um Ansprüche im Zusammenhang mit einer Täuschung über die Vermögensverhältnisse einer belgischen Aktiengesellschaft bei einem Aktienkauf ging. Der Beklagte war in dem entschiedenen Fall zwar nicht Vermittler, sondern – auch – Verkäufer. Die ratio decidendi der Entscheidung trifft aber auch Ansprüche gegen den Anlagenberater/-vermittler.

16 **Deliktische** Ansprüche gegen den Anlageberater/-vermittler bestimmen sich nach dem Recht des Tatorts.[27] Tatort ist sowohl der Handlungsort als auch der Erfolgsort.

17 **3. Prospekthaftung.** Eine einheitliche Anknüpfung der Ansprüche aus Prospekthaftung ist nicht möglich. Unter dem Begriff der Prospekthaftung werden mehrere Fallgruppen zusammengefaßt,[28] deren rechtsdogmatische Einordnung unterschiedlich ist und die es kollisionsrechtlich zu differenzieren gilt:

18 *a) Bürgerlichrechtliche Prospekthaftung.* Sieht man mit der Rechtsprechung den Rechtsgrund der bürgerlichrechtlichen Prospekthaftung in dem mißbrauchten oder enttäuschten Vertrauen des Anlegers und wendet die Grundsätze der c. i. c. an,[29] so bestimmt sich die Haftung unter Anwendung von Artt. 31, 32 EGBGB nach dem **Schuldstatut** des beabsichtigten oder geschlossenen Vertrages.[30] Das Recht des Vertrages, auf dessen Abschluß der Prospekt zielt, bestimmt auch Inhalt und Umfang des Prospekthaftungsanspruchs.

19 Zu für den Anleger kollisionsrechtlich günstigeren Ergebnissen führt die von *Assmann*[31] und *von Bar*[32] favorisierte Einordnung der Prospekthaftung als quasideliktische Haftung. Nach dieser Meinung ist das **Deliktsstatut** anwendbar mit der Folge, daß Inhalt und Umfang des Prospekthaftungsanspruchs sich nach dem Tatortrecht bestimmen. Fallen Handlungs- und Erfolgsort auseinander, so ist nach der Rechtsprechung[33] und der h. L. im

---

[23] Vgl. dazu oben § 5 Rdnr. 16 ff.

[24] Vgl. dazu oben § 5 Rdnr. 14.

[25] Vgl. *Ahrens* IPRax 1986, 355 ff.; *Degner* RIW 1983, 825 ff., 826, 830 f.; *Reithmann/Martiny,* Internationales Vertragsrecht, Rdnr. 191 m. w. N.

[26] BGH NJW 1987, 1141 = RIW 1987, 148 = JZ 1987, 198 mit Anm. *Dörner.*

[27] Vgl. *Kegel,* IPR, 7. Aufl., 1995, S. 528 ff.

[28] Vgl. dazu oben § 7 Rdnr. 1.

[29] Vgl. für eine Zusammenstellung der Rechtsprechung *Köndgen/Assmann,* Neue Entwicklungen im Bankhaftungsrecht, 1986, S. 55 ff., sowie oben § 7 Rdnr. 14.

[30] Vgl. BGH NJW 1987, 1141; *Palandt/Heldrich,* BGB, Art. 32 Rdnr. 8; *Ahrens* IPRax 1986, 355 ff.; *Degner* RIW 1983, 825 ff.; *Kegel* IPR S. 446; *Reithmann/Martiny,* Internationales Vertragsrecht, Rdnr. 191 m. w. N.

[31] Vgl. oben § 7 Rdnr. 24.

[32] ZGR 1983, 476 ff.

[33] Vgl. z. B. RGZ 54, 198; BGH NJW 1964, 2012; 1981, 1606.

Schrifttum[34] das dem Verletzten günstigere Recht anzuwenden. Für die Prospekthaftung bedeutet dies: Wird ein Prospekt „über die Grenze" versandt, d. h. ist der Prospekt in einem anderen Land „erlassen" als dem, in dem der nachteilige Anlageerwerb stattfindet, so findet das für den Anleger günstigere Recht Anwendung. Wirbt z. B. ein Prospekt einer niederländischen Kapitalanlagegesellschaft für die Beteiligung an einem Objekt in Spanien und trifft ein in Stuttgart wohnhafter Anleger auf Grund der Prospektangaben eine ihm nachteilige Vermögensverfügung, so gilt hinsichtlich des in Betracht kommenden niederländischen, spanischen und deutschen Rechts folgendes: Wenn der Prospekt aus den Niederlanden nach Deutschland versandt worden ist, so liegt der Handlungsort sowohl in den Niederlanden als auch in Deutschland.[35] Deutsches und niederländisches Recht kommt also als Recht des Handlungsortes zur Anwendung. Daneben gilt aber auch spanisches Recht, da der Erfolg in Spanien eingetreten ist, wenn das geschädigte Vermögen dort belegen war.

Haben Prospekthaftender und Anspruchsberechtigter die deutsche Staatsangehörigkeit, 20
so kommt nach § 1 Abs. 1 RechtsanwendungsVO deutsches Recht zur Anwendung. Handelt es sich in dem vorstehenden Beispiel um eine Kapitalanlagegesellschaft mit Hauptsitz in der Bundesrepublik Deutschland, die den Prospekt über die Kapitalanlage in Spanien herausgibt, so bestimmt sich die Rechtsstellung des geschädigten deutschen Anlegers allein nach deutschem Recht. Streitig ist, ob § 1 Abs. 1 RechtsanwendungsVO zur allseitigen Kollisionsnorm ausgedehnt werden kann mit dem Ergebnis, daß bei gleicher Staatsangehörigkeit von Schädiger und Geschädigtem das gemeinsame Heimatrecht zur Anwendung kommt.[36] Jedenfalls gilt das gemeinsame Heimatrecht dann, wenn Schädiger und Geschädigter gemeinsamen gewöhnlichen Aufenthalt im Heimatstaat haben.[37]

b) Investmentrechtliche Prospekthaftung. Die investmentrechtliche Prospekthaftung[38] nach 21
§ 20 KAGG und § 12 AuslInvestmG ist deliktischer Natur. Sie entspricht ihrem Wesen nach der börsenrechtlichen Prospekthaftung, die überwiegend deliktisch begriffen wird.[39] Das dem geschädigten Kapitalanleger günstigere der Rechte am Handlungs- und Erfolgsort bestimmt die Haftung und ihren Umfang.

c) Börsenrechtliche Prospekthaftung. Die börsenrechtliche Prospekthaftung nach §§ 45–49, 22
77 BörsG ist deliktischer Natur.[40] Die Ansprüche des geschädigten Kapitalanlegers unterliegen dem Deliktstatut.

d) Kapitalanlagebetrug. Die Ansprüche aus § 823 Abs. 2 BGB i. V. m. § 264 a StGB (Kapi- 23
talanlagebetrug) sind deliktischer Natur und unterliegen dem Deliktstatut.

II. Internationales Kapitalanlagerecht

1. Maßgeblichkeit des Parteiwillens

Schrifttum: *Basedow,* Die Neuregelung des Internationalen Privat- und Prozeßrechts, NJW 1986, 2971 ff.; *Boll,* Ausländische AGB und der Schutz des inländischen kaufmännischen Kunden, IPRax 1987, 11 ff.; *Canaris,* Bankvertragsrecht, in: Großkommentar zum HGB, 4. Aufl. 1988 (so-

---

[34] Vgl. für Nachweise *Müller* JZ 1986, 212 ff.; *Palandt/Heldrich,* BGB, Art. 38 Rdnr. 3.

[35] Die Rechtsprechung stellt auf den Absende- und den Empfangsort bei Briefdelikten ab, vgl. z. B. BGHZ 40, 39; BGH NJW 1964, 650. Im Schrifttum wird teilweise nur der Empfangsort als Begehungsort angesehen, so von *Neuhaus,* Die Grundbegriffe des internationalen Privatrechts, 1976, S. 243.

[36] Vgl. für Nachweise zum Meinungsstand MünchKomm./*Kreuzer,* BGB, Art. 12 EGBGB Rdnr. 78; *Soergel/Lüderitz,* BGB, Art. 12 EGBGB Rdnr. 28 ff.

[37] Vgl. BGHZ 90, 294.

[38] Vgl. oben § 7 Rdnr. 183 ff.

[39] Vgl. oben § 7 Rdnr. 197 ff.

[40] Vgl. für Nachweise *Frohne,* Prospektpflicht und Prospekthaftung in Deutschland, Frankreich und den USA, 1974, S. 66; *Schwark,* Börsengesetz, 2. Aufl., 1994, §§ 45, 46 Rdnr. 2, dort auch Nachweise für die abweichenden Qualifizierungen (kraft Gesetzes eingehende Vertrauenshaftung, Qualitätsversprechen).

weit in 4. Aufl. nicht vollständig: Bankvertragsrecht, 2. Bearbeitung aus der 3. Aufl. 1981); *Drobing,* Allgemeine Geschäftsbedingungen im internationalen Handelsverkehr, Festschrift für Mann, 1977, S. 591 ff.; *Gamillscheg,* Rechtswahl, Schwerpunkt und mutmaßlicher Parteiwille im internationalen Vertragsrecht, AcP 157 (1958/59) 303 ff.; *Hübner,* Allgemeine Geschäftsbedingungen und Internationales Privatrecht, NJW 1980, 2601 ff.; *Jayme,* Allgemeine Geschäftsbedingungen und Internationales Privatrecht, ZHR 142 (1978) 105 ff.; *Jayme,* Kollisionsrecht und Bankgeschäfte mit Auslandsberührung, 1977; *Kägi,* Der Einfluß des Devisenrechts auf internationale schuldrechtliche Verträge, 1961; *Kegel,* Internationales Privatrecht, 7. Aufl. 1995; *Kegel,* Die Bankgeschäfte im deutschen internationalen Privatrecht, Gedächtnisschrift für R. Schmidt, 1966, S. 215 ff.; *Kiel,* Internationales Kapitalanlegerschutzrecht, 1994; *Kleinschmidt,* Zur Anwendbarkeit zwingenden Rechts im internationalen Vertragsrecht, 1985; *Kroeger,* Der Schutz der „marktschwächeren" Partei im Internationalen Vertragsrecht, 1984; *Kronke,* Zur Verwendung von AGB im Verkehr mit Auslandsberührung, NJW 1977, 992 ff.; *Landfermann,* ABG-Gesetz und Auslandsgeschäfte, RIW 1977, 445 ff.; *Lorenz,* Die Rechtswahlfreiheit im internationalen Schuldvertragsrecht, RIW 1987, 569 ff.; *Mallmann,* Devisenrecht und internationales Privatrecht, Diss. Bonn 1972; *Mann,* Der internationale Währungsfonds und das internationale Privatrecht, JZ 1970, 709 ff.; 1981, 327 ff.; *Mann,* Die internationalprivatrechtliche Parteiautonomie in der Rechtsprechung des Bundesgerichtshofs, JZ 1962, 6 ff.; *Müller-Gindullis,* Das IPR in der Rechtsprechung des BGH, 1971; *Nielsen/Schütze,* Zahlungssicherung und Rechtsverfolgung im Außenhandel, 3. Aufl. 1985; *Nörenberg,* Internationaler Vertrag und AGB, NJW 1978, 1082 ff.; *de Nova,* Wann ist ein Vertrag „international"?, Festschrift für Ferid, 1978, S. 307 ff.; *Otto,* AGB und IPR, 1984; *Pirrung,* Internationales Privat- und Verfahrensrecht nach dem Inkrafttreten der Neuregelung des IPR, 1987; *Reithmann/Martiny,* Internationales Vertragsrecht, 4. Aufl. 1988; *Sandrock,* Die Bedeutung des Gesetzes zur Neuregelung des Internationalen Privatrechts für die Unternehmenspraxis, RIW 1986, 841 ff.; *Schütze,* Allgemeine Geschäftsbedingungen bei Auslandsgeschäften, DB 1978, 2301 ff.; *ders.,* Praktizierte Lieferbedingungen im internationalen Geschäftsverkehr, DZWir 1992, S. 89 ff.; *Simitis,* Aufgaben und Grenzen der Parteiautonomie im internationalen Vertragsrecht, JuS 1966, 209 ff.; *Sonnenberger,* Bemerkungen zum Internationalen Privatrecht im AGB-Gesetz, Festschrift für Ferid, 1978, S. 377 ff.; *Stoll,* International-privatrechtliche Probleme bei der Verwendung Allgemeine Geschäftsbedingungen, Festschrift für Beitzke, 1979, S. 759 ff.; *Triebel/Peglow,* Positive Funktion des ordre public bei Termingeschäften?, ZIP 1987, 613 ff.; *Ungnade,* Die Geltung der AGB der Kreditinstitute im Verkehr mit dem Ausland, WM 1973, 1130 ff.; *Vischer,* Internationales Vertragsrecht, 1962; *Weber,* Vertragserfüllung und fremdes Devisenrecht, IPRax 1985, 56 ff.; *Wengler,* Die Anknüpfung zwingenden Schuldrechts im internationalen Privatrecht, ZVglRWiss. 54 (1941) 168 ff.; *von Westphalen,* International-privatrechtliche Probleme und AGB-Gesetz, WM 1978, 1310 ff.; *von Westphalen,* Rechtsprobleme der Exportfinanzierung, 3. Aufl. 1987; *Zahn/Eberding/Ehrlich,* Zahlung und Zahlungssicherung im Außenhandel, 6. Aufl. 1986.

24 Das deutsche internationale Schuldrecht wird beherrscht vom Grundsatz der Parteiautonomie.[41] Die bisher bereits gewohnheitsrechtlich geltende Maßgeblichkeit des Parteiwillens ist durch das IPRG in Artt. 27 ff. nunmehr kodifiziert.[42] Die Neuregelung war dem Gesetzgeber durch das EG-Übereinkommen über das auf vertragliche Schuldverhältnisse anzuwendende Recht vom 19. 6. 1986 vorgegeben.[43]

25 Nach Art. 27 EGBGB können die Parteien das auf einen Vertrag anwendbare Recht vereinbaren. Die Vereinbarung kann ausdrücklich oder konkludent sein, muß sich in letzterem Fall „mit hinreichender Sicherheit aus den Bestimmungen des Vertrages oder aus den Umständen des Falles ergeben" (Art. 27 Abs. 1 Satz 2 EGBGB). Fehlt eine Rechtswahl, so kommt das Recht „der engsten Verbindung" zur Anwendung. Die Feststellung der engsten Verbindung eines Rechtsverhältnisses zu einem Staat, auf die Art. 28 EGBGB abstellt, ist nicht minder kompliziert als die Erforschung des hypothetischen Parteiwillens

---

[41] Vgl. aus der abundanten Literatur u. a. *Haudek,* Die Bedeutung des Parteiwillens im IPR, 1931; *Gamillscheg* AcP 157 (1958/59) 303 ff.; *Simitis* JuS 1966, 209 ff.; *Kegel* IPR, 7. Aufl., S. 471 ff.; *Reithmann/Martiny,* Internationales Vertragsrecht, Rdnr. 24 ff. Für die Rechtsprechung vgl. *Mann* JZ 1962, 6 ff.; *Müller-Gindullis,* Das IPR in der Rechtsprechung des BGH, 44 ff.

[42] Vgl. dazu *Sandrock* RIW 1986, 841 ff.

[43] Vgl. *Pirrung,* Internationales Privat- und Verfahrensrecht, S. 174 mit Nachweisen für die Materialien.

oder die Suche nach dem Schwerpunkt des Rechtsverhältnisses, auf die Rechtsprechung und Lehre nach altem Recht abstellen.[44] Das IPRG bringt allerdings durch einige gesetzliche Vermutungen Anwendungserleichterungen.

Es wird vermutet, daß die engste Verbindung eines Rechtsverhältnisses zu einem Staat 26
durch die Erbringung der charakteristischen Leistungen bestimmt wird. Dabei stellt Art. 28 Abs. 2 Satz 1 EGBGB auf den **gewöhnlichen Aufenthalt** des Leistenden – bei juristischen Personen auf die Hauptverwaltung – zur Lokalisierung der Leistung ab. Wird der Vertrag in Ausübung einer beruflichen oder gewerblichen Tätigkeit abgeschlossen, so ist der Ort der Niederlassung des gewerblich Leistenden maßgebend (Art. 28 Abs. 2 Satz 2 EGBGB).

Bei Verträgen über Kapitalanlagen läßt sich die engste Verbindung über diese Vermu- 27
tungen regelmäßig unschwer bestimmen. Es kommen aber Konstellationen vor, in denen eine charakteristische Leistung fehlt, z. B. bei Devisenhandelsgeschäften.[45] In diesen Fällen ist der Katalog der Vermutungen in Art. 28 Abs. 2 EGBGB nach dessen Satz 3 nicht anzuwenden.

a) Rechtswahl in AGB. Nr. 6 Abs. 1 der AGB des Privaten Bankgewerbes (1993) enthält 28
eine **Rechtswahlklausel,** wonach für die Geschäftsverbindung zwischen dem Kunden und der Bank deutsches Recht gilt.[46] Auch ausländische Kreditinstitute vereinbaren das anwendbare Recht häufig durch AGB.

Eine Einbeziehung von AGB bestimmt sich nach dem Vertragsstatut.[47] Enthalten die 29
AGB eine Rechtswahlklausel – wie Nr. 6 Abs. 1 der AGB der Banken – so gilt für die Einbeziehung das so bestimmte Recht.[48] Im übrigen ist bei Banken auf das Heimatrecht der Bank abzustellen, die die vertragstypische Leistung erbringt.[49]

Die Einbeziehung der AGB scheitert regelmäßig, wenn die AGB nicht in der Vertrags- 30
sprache gefaßt sind.[50]

Die **Inhaltskontrolle** erfolgt nach dem AGBG, soweit deutsches Recht anwendbar ist. 31
Danach ist die Rechtswahlklausel in Nr. 6 Abs. 1 der Banken AGB unbedenklich.[51] Bei Anwendbarkeit ausländischen Rechts erfolgt die Inhaltskontrolle nach dem ausländischen Recht.[52] Jedoch ist § 12 AGBG zu beachten.[53]

b) Kapitalanlagegeschäfte als Verbraucherverträge. Art. 29 EGBGB schränkt die Parteiauto- 32
nomie für Verbraucherverträge ein. Praktisch der gesamte Katalog der Bankgeschäfte des § 1 Abs. 1 KWG ist zu den Dienstleistungen i. S. von Art. 29 EGBGB zu rechnen.[54] Ein

---

[44] Vgl. dazu insbesondere den Überblick bei *Reithmann/Martiny,* Internationales Vertragsrecht, Rdnr. 33 ff.

[45] Vgl. dazu unten Rdnr. 92 f.

[46] Vgl. dazu *Sonnenhol* WM 1993, 677 ff., 680; *Wagner-Wieduwilt,* Die neuen AGB der Banken, in: Horn (Herausg.), Die AGB-Banken 1993, 1994, S. 1 ff. (9 f.).

[47] Vgl. Art. 31 Abs. 1 EGBGB.

[48] Vgl. *Reithmann/Martiny,* Internationales Vertragsrecht, Rdnr. 155; *von Westphalen,* Exportfinanzierung, S. 53; *Ungnade* WM 1973, 1130 ff.

[49] Vgl. BGH WM 1987, 530.

[50] Vgl. aus der Rechtsprechung OLG Stuttgart MDR 1964, 412; IPRax 1988, 293; OLG Karlsruhe NJW 1972, 2185; OLG Düsseldorf AWD BB 1974, 103; OLG Frankfurt/Main ZIP 1981, 630; im übrigen *Schütze* DB 1978, 2301 ff. m. .w. N.; *ders.* DZWir 1992, 89 ff, 90.

[51] Vgl. BGH IPRspr. 1980 Nr. 30; BGH WM 1987, 530; *Reithmann/Martiny,* Internationales Vertragsrecht, Rdnr. 155; *Löwe/von Westphalen/Trinkner,* Großkommentar zum AGB-Gesetz, 1985, Banken-AGB, Rdnr. 87; zur Regelung in Nr. 26 Abs. 1 der bis 1993 geltenden Fassung der Banken-AGB; vgl. im übrigen die in Fn. 46 Zitierten für die Neuregelung.

[52] Vgl. *Boll* IPRax 1987, 11 ff.; *Reithmann/Martiny,* Internationales Vertragsrecht, Rdnr. 156.

[53] Vgl. zur Problematik der Verwendung von AGB im internationalen Handelsverkehr allgemein *Drobnig,* Festschrift für Mann, S. 591 ff.; *Hübner* NJW 1980, 2601 ff.; *Jayme* ZHR 142 (1978) 105 ff.; *Landfermann* RIW 1977, 445 ff.; *Schütze* DB 1978, 2301 ff.; *ders.* DZWiR 1992, 89 ff.; *Sonnenberger,* Festschrift für Ferid, S. 377 ff.; *Stoll,* Festschrift für Beitzke, S. 759 ff.; *von Westphalen* WM 1978, 1310 ff.

[54] Vgl. *Reithmann/Martiny,* Internationales Vertragsrecht, Rdnr. 533.

großer Teil der Kapitalanlagegeschäfte ist deshalb einer Rechtswahl nur insoweit zugänglich als dem Anleger nicht der Schutz zwingender Normen des Staates seines gewöhnlichen Aufenthalts entzogen wird. Es ist zu erwarten, daß der BGH auch Börsentermingeschäfte hierunter faßt.[55] Ausgenommen sind Wertpapierkäufe, da Art. 29 EGBGB nur den Verkauf von Sachen zum Gegenstand hat.[56] Der BGH[57] hat – allerdings in anderem Zusammenhang – Verträge mit einer Brokerfirma über Warentermingeschäfte unter dem Begriff der Verbraucherverträge gefaßt. Dem ist das OLG Düsseldorf[58] – unter Kritik in der Literatur[59] gefolgt.

33 *c) Grenzen der Rechtswahlfreiheit.* Die Möglichkeit der Parteien, das anwendbare Recht mit kollisionsrechtlicher Wirkung zu bestimmen, beschränkt sich auf Sachverhalte mit Auslandsberührung. Überdies findet die Rechtswahlfreiheit ihre Grenze dort, wo Eingriffsnormen die Anwendung deutschen Rechts gebieten (Art. 34 EGBGB)[60] oder wo der deutsche ordre public der Anwendung ausländischen Rechts entgegensteht (Art. 6 EGBGB). Im Rahmen von Kapitalanlagegeschäften haben diese Grenzen in mehrfacher Hinsicht Bedeutung.

34 (aa) Inlandsgeschäfte. Die Rechtswahlmöglichkeit setzt begrifflich einen kollisionsrechtlich relevanten Sachverhalt voraus.[61] Dieser fehlt bei reinen Inlandsgeschäften. Eine Rechtswahlmöglichkeit besteht nicht, da sich eine kollisionsrechtliche Frage nicht stellt. Art. 27 Abs. 3 EGBGB sieht deshalb konsequenterweise für Inlandsfälle vor, daß nur eine materiellrechtliche, keine kollisionsrechtliche Verweisung möglich ist.[62] Abgrenzungsschwierigkeiten sind nicht selten. So wird diskutiert, ob bei einem **Dokumentenakkreditiv** zugunsten eines ausländischen Begünstigten der inländische Akkreditivauftraggeber und die inländische Akkreditivbank den Akkreditivauftrag einem ausländischen Recht unterstellen können. Das wird von *Nielsen*[63] und *Zahn/Eberding/Ehrlich*[64] zu Unrecht verneint.[65] Ausreichend für die Herstellung einer Auslandsbeziehung ist es, daß sich der Vertrag, der Gegenstand der Rechtswahl ist, auf eine Wertbewegung über die Grenze bezieht. Das ist beim Dokumentenakkreditiv zugunsten eines ausländischen Begünstigten ebenso der Fall wie bei einem Garantieauftrag zwischen einem inländischen Auftraggeber und einer inländischen Bank zugunsten eines ausländischen Begünstigten.

35 Besteht eine Auslandsbeziehung, so ist die Rechtswahl nicht beschränkt auf kollisionsrechtlich sachnahe Rechte.[66] Die Parteien können jedes ihnen sinnvoll erscheinende Recht wählen. Eine solche Rechtswahl findet sich häufig bei Vereinbarung eines „neutra-

---

[55] Vgl. BGH WM 1987, 1153 mit Anm. *Welter,* EWiR § 764 BGB 1/87, 1083; in dieser Entscheidung weist der BGH im Zusammenhang mit einem Warentermingeschäft auf den hohen Stellenwert des Verbraucherschutzes in der Sozialordnung der Bundesrepublik hin, läßt aber offen, ob Art. 29 EGBGB auf Börsentermingeschäfte anwendbar ist.

[56] Vgl. *Reithmann/Martiny,* Internationales Vertragsrecht, Rdnr. 533, allerdings mit kritischer Würdigung; kritisch auch *Kroeger,* Der Schutz der „marktschwächeren" Partei, 1984, S. 48, 50.

[57] Vgl. BGH RIW 1993, 671.

[58] Vgl. OLG Düsseldorf RIW 1994, 420.

[59] Vgl. insbes. *Mankowski* RIW 1994, 421 ff. in Hinblick auf das Verhälntis von Art. 31 Abs. 2 zu Art. 29 Abs. 1 EGBGB.

[60] Vgl. dazu *Kleinschmidt,* Zur Anwendbarkeit zwingenden Rechts; *Lorenz* RIW 1987, 569 ff. (578 ff.). Die Diskussion über die Eingriffsnormen geht zurück auf den berühmten Aufsatz von *Wengler* ZVglRWiss. 54 (1941) 168 ff.

[61] Vgl. *Gamillscheg* AcP 157 (1958/59) 303 ff. (308 f.); *Simitis* JuS 1966, 209 ff.

[62] Vgl. zum Unterschied von materiellrechtlicher und kollisionsrechtlicher Verweisung *Kegel,* IPR, 7. Aufl., S. 483 ff.

[63] Grundlagen des Akkreditivgeschäfts, 1985, S. 34.

[64] Zahlung und Zahlungssicherung, S. 26.

[65] Vgl. *Schütze,* Das Dokumentenakkreditiv im Internationalen Handelsverkehr, 4. Aufl., 1996, Rdnr. 446; *Schütze* WM 1982, 226 ff.

[66] Eine derartige Beschränkung der Rechtswahlmöglichkeit auf sieben sachnahe Rechtsordnungen war beispielsweise im polnischen IPRG 1926 enthalten; vgl. *Schütze* AWD BB 1967, 481 f.

len" Rechts,[67] wenn die Parteien sich hierdurch „Chancengleichheit" erhoffen. Es kann auch vorkommen, daß die Parteien deshalb das Recht eines dritten Staates wählen, weil gerade dieses Recht eine besondere Ausgestaltung des in Frage stehenden Rechtsinstituts kennt. So können die Parteien gut beraten sein, eine Patronatserklärung französischen Rechts zu unterstellen, weil in dieser Rechtsordnung mehr oder weniger gefestigte Grundsätze zu deren Verbindlichkeit entwickelt worden sind.[68]

Die Rechtswahlmöglichkeit findet ihre Grenze dort, wo kein irgendwie geartetes Interesse der Parteien an der Rechtswahl bestehen kann.[69] Dies ist nur der Fall bei unsinniger, albern-verspielter Rechtswahl.[70] 36

(bb) Devisenvorschriften. Zu den zwingenden Normen des Art. 34 EGBGB gehören auch die Devisenvorschriften. Das internationale Währungsrecht ist weitgehend staatsvertraglich geregelt, insbesondere durch das **Abkommen von Bretton Woods.**[71] Soweit deutsches Devisenrecht zur Anwendung kommt ist eine entgegenstehende Rechtswahl ausländischen Rechts unbeachtlich. Das Abkommen von Bretton Woods erfordert im Rahmen seines Geltungsbereichs aber auch die Anwendbarkeit ausländischer Devisennormen unabhängig von der etwa vereinbarten Anwendbarkeit deutschen Rechts.[72] 37

Unter den Begriff des Exchange Contract i. S. des Bretton-Woods-Abkommens fallen nicht nur Verträge, die Devisen selbst zum Gegenstand haben,[73] sondern auch solche, die sich auf Waren, Wertpapiere, Mobilien und sonstige Rechte beziehen.[74] Damit fallen regelmäßig alle Kapitalanlagegeschäfte in fremder Währung unter den Geltungsbereich von Bretton Woods. Im Bankbereich erfüllen den Begriff des Devisenkontraktes insbesondere – bei Vorliegen der übrigen Voraussetzungen – Kreditverträge, Bürgschaften, Garantien[75] und Kreditaufträge, Kaufverträge über Effekten, Edelmetalle und Sorten.[76] 38

(cc) Börsentermingeschäfte. Der BGH ließ den Ausschluß des Differenzeinwandes (§ 764 BGB) durch die Vereinbarung ausländischen Rechts durch die Anwendung des ordre-public-Vorbehalts nicht zu.[77] *Reithmann/Martiny*[78] beurteilen die Anwendbarkeit von § 764 BGB nach Art. 34 EGBGB, ohne daß sich hieraus materiell ein Unterschied ergäbe.[79] Vgl. zur Neuregelung durch 61 n. F. BörsG unten Rdnr. 79 ff. 39

2. Form von Kapitalanlagegeschäften

Schrifttum: *Assmann,* Einl. Großkomm. AktG, 4. Aufl., 1992, Rdnr. 608 ff.; *Bärmann,* Die Freizügigkeit der notariellen Urkunde: IPR der notariellen Urkunde, AcP 160 (1960) 1 ff.; *Blumenwitz,* Zum Kollisionsrecht der notariellen Urkunde, DNotZ 1968, 712 ff.; *Bungert,* Hauptversamm-

---

[67] Vgl. zur Zulässigkeit der Wahl eines „neutralen" Rechts OLG München IPRax 1986, 178; *Sandrock* RIW 1994, 381 ff. (385).

[68] Vgl. zur französischen Rechtsprechung *Gerth* RIW 1982, 477 ff. und RIW 1986, 13 ff.

[69] Vgl. *Kegel,* IPR, 7. Aufl., S. 483.

[70] Vgl. *Wolff,* Das internationale Privatrecht Deutschlands, 1954, S. 139.

[71] Das Abkommen über den Internationalen Währungsfonds von 1944 (Bretton Woods), dem die Bundesrepublik Deutschland durch Gesetz vom 28. 7. 1952 (BGBl. 1952 II S. 637) beigetreten ist, gilt i. d. F. von 1976. Vgl. zu diesem Abkommen die Rechtsprechungsübersichten von *Gold* RabelsZ 19 (1954) 601 ff. 22 (1957) 601 ff., 27 (1962) 606 ff., 38 (1974) 683 ff. (in englischer Sprache); *Mann* JZ 1970, 709 ff. und 1981, 327 ff.

[72] Vgl. dazu *Kern,* Der Internationale Währungsfonds und die Berücksichtigung ausländischen Devisenrechts, 1968.

[73] Vgl. BGH WM 1970, 551; 1977, 332; *Coing* WM 1972, 838 ff. (840); *Nielsen/Schütze,* Zahlungssicherung und Rechtsverfolgung, S. 7.

[74] Vgl. BGH NJW 1970, 1507; *Coing* WM 1972, S. 838 ff. (838); *Nielsen/Schütze,* Zahlungssicherung und Rechtsverfolgung, S. 7.

[75] Vgl. *Ebke,* Internationales Devisenrecht, 1990, S. 231; *Goerke,* Kollisionsrechtliche Probleme internationaler Garantien, 1982, S. 121; *Schütze,* Bankgarantien, 1994, S. 36.

[76] Vgl. *Nielsen/Schütze,* Zahlungssicherung und Rechtsverfolgung, S. 7.

[77] Vgl. dazu *Triebel/Peglow* ZIP 1987, 613 ff.

[78] Internationales Vertragsrecht, Rdnr. 299.

[79] Vgl. i. e. unten Rdnr. 83 ff.; für Nachweise *Kiel* aaO. S. 177 ff.

lungen deutscher Aktiengesellschaften und Auslandsbezug, AG 1995, 26 ff.; *Geimer,* Auslandsbeurkundungen im Gesellschaftsrecht – Bemerkungen zum Urteil des BGH v. 16. 2. 1981 –II ZB 8/80, DNotZ 1981, 406 ff.; *Geimer,* Konsularisches Notariat, DNotZ 1978, 3 ff.; *Heckschen,* Auslandsbeurkundung und Richtigkeitsgewähr, DB 1990, 161 ff.; *Kropholler,* Auslandsbeurkundungen im Gesellschaftsrecht, ZHR 140 (1976) 394 ff.; *Mann,* Zur Auslegung des Art. 11 EGBGB, ZHR 138 (1974) 418 ff.; *Schervier,* Beurkundung GmbH-rechtlicher Vorgänge im Ausland, NJW 1992, 593 ff.; *Stauch,* Die Geltung ausländischer notarieller Urkunden in der Bundesrepublik Deutschland, 1983.

40 Art. 11 EGBGB läßt – jedenfalls im Prinzip – eine alternative Beurteilung der Form eines Rechtsgeschäftes nach dem **Geschäftsrecht** (Wirkungsstatut) und dem Recht am Orte der Vornahme (Ortsrecht) zu. Beide stehen gleichwertig nebeneinander. Die Parteien können im Rahmen ihrer Rechtswahlfreiheit die Anwendbarkeit allein des Rechts am Abschlußort oder des Geschäftsrechts bestimmen.[80] Im Rahmen internationaler Kapitalanlagegeschäfte ist jedoch folgendes zu beachten:

41 *a) Immobilienanlagen.* Für Verträge, die ein dingliches Recht an einem Grundstück oder ein Recht zur Nutzung eines Grundstücks zum Gegenstand haben, bestimmt Art. 11 Abs. 4 EGBGB die alleinige Anwendbarkeit des Rechts der **Belegenheit** der Immobilie. Voraussetzung ist jedoch, daß die lex rei sitae diesen Ausschließlichkeitsanspruch erhebt. Das deutsche Recht kennt keine derartigen zwingenden Formvorschriften, so daß die Norm des Art. 11 Abs. 4 EGBGB Bedeutung für den Verkauf ausländischer Grundstücke gewinnt. Deutsche Grundstücke können im Ausland ohne Beachtung der Form des § 313 BGB verkauft werden.[81]

42 Die Form **dinglicher Verfügungen** dagegen richtet sich allein nach dem Wirkungsstatut (Art. 11 Abs. 5 EGBGB). Diese Norm, die ihrem Inhalt nach mit Art. 11 Abs. 2 EGBGB a. F. übereinstimmt, bindet die Formgültigkeit eines Rechtsgeschäfts, durch das ein Recht an einer Sache begründet oder über ein solches Recht verfügt wird, an die Erfüllung der Form, die das Geschäftsrecht vorschreibt. Nach Art. 11 Abs. 5 EGBGB ist die Auflassung von deutschen Grundstücken allein in der Form des § 925 BGB wirksam. Eine ausländische Auflassung ist unwirksam.[82]

43 *b) Beteiligung an Gesellschaften.* Es ist zweifelhaft, inwieweit gesellschaftsrechtliche Vorgänge überhaupt unter Art. 11 EGBGB fallen.[83] Das OLG Stuttgart hat dies bejaht,[84] der BGH neigt zumindest zur Bejahung.[85] *Assmann* und *Reithmann*[86] wollen die Ortsform nicht genügen lassen bei Beschlüssen und Verträgen, die die Verfassung einer juristischen Person betreffen, aber auch dann nicht, wenn die Mitgliedschaft betroffen ist, z. B. bei Übertragung der Geschäftsanteile einer GmbH. Nach ihnen soll allein die Form des Gesellschaftsstatuts maßgebend sein.

44 Mit der Rechtsprechung sind auch gesellschaftsrechtliche Vorgänge unter Art. 11 EGBGB zu fassen. Für einen Ausschluß besteht kein Anlaß, insbesondere auch deshalb, weil der Gesetzgeber bewußt einem Vorschlag des Max-Planck-Instituts für ausländisches und internationales Privatrecht[87] nicht gefolgt ist, der eine entsprechende Regelung in

---

[80] Vgl. BGHZ 57, 337 (Abdingung der Ortsform); MünchKomm./*Spellenberg,* BGB, Art. 11 EGBGB Rdnr. 7 m. w. N. für abweichende Ansichten in Fn. 29; im übrigen *Palandt/Heldrich,* BGB, Art. 11 EGBGB Rdnr. 5.

[81] Vgl. RGZ 121, 154; *Kegel,* IPR, 1987, S. 404; *Palandt/Heldrich,* BGB, Art. 11 EGBGB Rdnr. 5.

[82] Vgl. MünchKomm./*Spellenberg,* BGB, Art. 11 EGBGB Rdnr. 17; *Palandt/Heldrich,* BGB, Art. 11 EGBGB Rdnr. 9.

[83] Vgl. dazu *Assmann,* Einl. Großkomm. AktG Rdnr. 609 ff.; *Reithmann/Martiny,* Internationales Vertragsrecht, Rdnr. 322.

[84] Vgl. OLG Stuttgart IPRax 1983, 79.

[85] Vgl. BGHZ 80, 76.

[86] Vgl. *Assmann,* Einl. Großkomm.AktG, Rdnr. 613 mit umfangreichen Nachweisen; *Reithmann/Martiny,* Internationales Vertragsrecht, Rdnr. 322.

[87] RabelsZ 47 (1983) 595 ff. (621).

Art. 11 EGBGB vorsah.[88] Auch für gesellschaftsrechtliche Vorgänge gilt die Form des Gesellschaftsstatuts alternativ neben der Ortsform.[89]

Probleme bereiten in diesem Zusammenhang **notarielle Beurkundungen im Ausland.**[90] Obwohl es bei konsequenter Zulassung der Ortsform hierauf nicht ankommen dürfte, fordert die h. L. bei deutschem Gesellschaftsstatut die Gleichwertigkeit der ausländischen mit einer deutschen Beurkundung.[91] Züricher Notare sind als gleichwertig in diesem Sinne angesehen worden.[92] Das hat zu einem Beurkundungsboom in Zürich bei gesellschaftsrechtlichen Vorgängen mit hohen Geschäftswerten geführt. Für das spanische Notariat bejaht *Loeber* die Gleichwertigkeit.[93] Auch ist die Gleichwertigkeit niederländischer Notare bejaht worden.[94] Umgekehrt hat der österreichische OGH die Beurkundung der Geschäftsanteilsübertragung durch deutsche Notare zugelassen[95] Die Tendenz, innerhalb des lateinischen Notariats Gleichwertigkeit anzunehmen wächst. 45

III. Kollisionsrechtliche Fragen einzelner Kapitalanlagegeschäfte

1. Festverzinsliche Anlagen

Schrifttum: *Böse,* Der Einfluß zwingenden Rechts auf internationale Anleihen, 1963; *Horn,* Das Recht der internationalen Anleihen, 1972, S. 481 ff.; *Lochner,* Darlehen und Anleihe im IPR, 1954; *Niederer,* Kollisionsrechtliche Probleme bei internationalen Anleihen, Festgabe für Grossmann, 1949, S. 274 ff.; *Schmidt,* Kollisionsrechtliche Probleme bei internationalen Darlehen und Anleihen, Diss. Zürich 1954.

Kapitalanlagen mit Darlehenscharakter finden sich insbesondere bei **Festgeldanlagen**[96]. 46
Bei deutschen Banken werden regelmäßig AGB zugrunde gelegt, die eine Rechtswahlklausel zugunsten des deutschen Rechtes enthalten (Nr. 6 Abs. 1 AGB-Banken). Diese nach Art. 27 EGBGB zulässige Rechtswahl[97] führt zur Anwendbarkeit des Sitzrechts der Bank. Fehlt eine Rechtswahl, was insbesondere im Rahmen von Festgeldanlagen bei einer ausländischen Bank der Fall ist, die nicht durch eine Zweigniederlassung im Inland tätig wird, so ist auf die charakteristische Leistung abzustellen. Diese wird beim Darlehensverhältnis regelmäßig vom Darlehensgeber erbracht.[98] Es müßte deshalb das Recht des gewöhnlichen Aufenthaltsortes des Anlegers Anwendung finden. Die h. L. stellt aber auf den Sitz der Bank ab, bei der die Festgeldanlage erfolgt.[99]

---

[88] Vgl. *Palandt/Heldrich,* BGB, Art. 11 EGBGB Rdnr. 13.

[89] Vgl. OLG Frankfurt DB 1981, 1456; OLG Stuttgart IPRax 1983, 79; OLG Düsseldorf GmbHRdsch 1990, 169; a. A. OLG Karlsruhe RIW 1979, 567; *Schervier* NJW 1992, 593, 594; *Heckschen* DB 1990, 161, 165.

[90] Vgl. *Assmann,* Einl. Großkomm.AktG, Rdnr. 614 ff.; *Heckschen* DB 1990, 161 ff.; *Schervier* NJW 1992, 593. ff.; *Stauch,* Die Geltung ausländischer notarieller Urkunden; *Kropholler* ZHR 140 (1976) 394 ff.

[91] A. A. MünchKomm./*Spellenberg,* BGB, Art. 11 EGBGB Rdnr. 19; *Palandt/Heldrich,* BGB, Art. 11 EGBGB Anm. 2 d mit konsequenter Begründung.

[92] Vgl. BGHZ 80, 76; dazu *Geimer* DNotZ 1981, 406 ff.

[93] Vgl. *Loeber* Beurkundung von Gesellschafterbeschlüssen einer deutschen GmbH vor spanischen Notaren, RIW 1989, 94 ff.

[94] Vgl. OLG Düsseldorf RIW 1989, 224 (Kapitalerhöhungsbeschluß einer deutschen GmbH).

[95] Vgl. dazu *Schütze* Die Beurkundung der Übertragung von Geschäftsanteilen einer österreichischen GmbH durch einen deutschen Notar, DB 1992, 1970 f.

[96] Vgl. für den Rechtscharakter als Darlehen *Canaris,* Bankvertragsrecht, Rdnr. 142; *Bärmann/Brink/Scheerer,* Europäisches Geld-, Bank- und Börsenrecht, Teil I, 1974, S. 93 f.; *Schütz* JZ 1964, 91 ff.

[97] Vgl. dazu oben Rdnr. 24 ff.

[98] Vgl. *Palandt/Heldrich,* BGB, Art. 28 EGBGB Rdnr. 12; *Reithmann/Martiny,* Internationales Vertragsrecht, Rdnr. 495; *Rosenau,* Das Eurodollar-Darlehen und sein anwendbares Recht, RIW 1992, 879 ff.

[99] Vgl. aus der Rechtsprechung vor Inkrafttreten des IPRG BGH WM 1968, 1170; 1983, 411 = IPRax 1984, 330 mit Anm. *Firsching;* im übrigen *Kegel,* Die Bankgeschäfte im deutschen IPR, Ge-

47 **Anleihen** enthalten regelmäßig eine nach Art. 27 EGBGB zulässige Rechtswahlklausel, die zuweilen „gespalten" ist.[100] Bei fehlender Rechtswahl bereitet die Bestimmung der engsten Verbindung zuweilen Probleme.[101] Es ist – soweit keine anderen Anhaltspunkte vorhanden sind – auf den gewöhnlichen Aufenthalt bzw. Sitz der Hauptverwaltung des Anleiheschuldners abzustellen.[102] Andere Beurteilungen können sich insbesondere aus dem Börsenprospekt ergeben.[103] Bei Anleihen, die ausschließlich für einen bestimmten nationalen Kapitalmarkt bestimmt und in ihrer Ausgestaltung auf diesen zugeschnitten sind, ist auf den Ausgabeort abzustellen.[104]

2. Effektengeschäfte

Schrifttum: *Coing,* Die „Aufbewahrung" von Wertpapieren im Ausland als Treuhandgeschäft, WM 1977, 466 ff.; *Drobnig,* Vergleichende und kollisionsrechtliche Probleme der Girosammelverwahrung von Wertpapieren im Verhältnis Deutschland – Frankreich, Festschrift für Zweigert, 1981, S. 73 ff.; *Jenckel,* Das Insiderproblem im Schnittpunkt von Gesellschafts- und Kapitalmarktrecht in materiell- und kollisionsrechtlicher Hinsicht, 1980; *Kümpel,* Die Internationalisierung der deutschen Girosammelverwahrung, WM 1976, 942 ff.; *Stoll,* Kollisionsrechtliche Fragen beim Kommissionsgeschäft, RabelsZ 24 (1959) 601 ff.

48 *a) Qualifikation des Wertpapiers.* Wesensnotwendig für das Effektengeschäft[105] ist der Handel mit Wertpapieren. § 1 Abs. 1 Nr. 4 KWG definiert das Effektengeschäft als die Anschaffung und Veräußerung von Wertpapieren für die Kundschaft. Der Wertpapiercharakter einer Urkunde bestimmt sich nach dem Recht, dem diese unterliegt.[106] Dies ist das Gesellschaftsstatut. Denn das Gesellschaftsstatut ordnet nicht nur Inhalt, Erwerb, Übertragung usw. der Mitgliedschaft in einer Gesellschaft,[107] sondern auch den Rechtscharakter der Urkunden, die über die Mitgliedschaft ausgestellt werden.[108]

49 *b) Übertragung von Wertpapieren und Berechtigung aus Wertpapieren.* Das Gesellschaftsstatut bestimmt auch den Erwerb und die Wirksamkeit von Verfügungen über ein Wertpapier.[109] Das deutsche internationale Gesellschaftsrecht verweist für die Übereignung und sonstigen Verfügungen über Wertpapiere auf die **lex cartae sitae,** stellt also auf die Belegenheit des Wertpapiers ab.[110] Die Aktie einer deutschen Aktiengesellschaft, die sich in Ja-

---

dächtnisschrift für R. Schmidt, 1966, S. 215 ff. (236); *Reithmann/Martiny,* Internationales Vertragsrecht, Rdnr. 534.

[100] Eine solche „gespaltene" Rechtswahlklausel findet sich in § 13 der Bedingungen der DM-Anleihe der Bank of China vom August 1985: „Die Genehmigung der Ausgabe von Teilschuldverschreibungen durch die Anleiheschuldnerin sowie die Entstehung, Gültigkeit und Durchsetzbarkeit etwa gemäß § 9 bestellter Sicherheiten an in der Volksrepublik China belegenem Vermögen richten sich sämtlich nach dem Recht der Volksrepublik China. Im übrigen bestimmen sich Form und Inhalt der Teilschuldverschreibungen und Zinsscheine sowie die Rechte und Pflichten der Anleihegläubiger, der Anleiheschulderin, der Treuhänder und der in § 5 genannten Banken in jeder Hinsicht nach dem Recht der Bundesrepublik Deutschland." Vgl. dazu *Fresle,* Darlehnsverträge mit der Volksrepublik China, in: *Horn/Schütze,* Wirtschaftsrecht und Außenwirtschaftsverkehr der Volksrepublik China, 1987, S. 150 ff. (158).

[101] Vgl. dazu *Horn,* Internationale Anleihen, S. 481 ff.; *Lochner,* Darlehen und Anleihen; *Reithmann/Martiny,* Internationales Vertragsrecht, Rdnr. 527; *Schmid,* Kollisionsrechtliche Probleme.

[102] So schon die Rechtsprechung vor Inkrafttreten des IPRG, z. B. RGZ 118, 370; 126, 196; 152, 166; aus der Literatur vgl. MünchKomm./*Martiny,* BGB, Vor Art. 12 EGBGB Rdnr. 171.

[103] Vgl. *Reithmann/Martiny,* Internationales Vertragsrecht, Rdnr. 527 m. w. N.

[104] Vgl. Art. 28 Abs. 5 EGBGB; dazu *Reithmann/Martiny,* Internationales Vertragsrecht, Rdnr. 528.

[105] Vgl. dazu unten § 11 Rdnr. 1 ff.

[106] Vgl. *Kegel,* IPR, S. 573; *Staudinger/Grossfeld,* Internationales Gesellschaftsrecht, Rdnr. 245; MünchKomm./*Ebenroth,* BGB, Nach Art. 10 EGBGB Rdnr. 271.

[107] Vgl. dazu unten Rdnr. 65 ff.

[108] Vgl. RG IPRspr. 1934 Nr. 11; KG IPRspr. 1932 Nr. 44; MünchKomm./*Ebenroth,* BGB, Nach Art. 10 EGBGB Rdnr. 271; *Staudinger/Grossfeld,* Internationales Gesellschaftsrecht, Rdnr. 245.

[109] Vgl. OLG Celle ZIP 1984, 594.

[110] Vgl. dazu unten Rdnr. 77.

pan bei einem Anleger befindet, wird also nach japanischem Recht übertragen. Andere Kollisionsrechte differenzieren.[111] So läßt das französische Recht den gutgläubigen Erwerb von Inhaberpapieren bei Abhandenkommen nicht zu. Das französische internationale Gesellschaftsrecht verweist zur grundsätzlich auf die lex cartae sitae, nicht jedoch für den gutgläubigen Erwerb abhandengekommener Inhaberpapiere. Die Verweisung ist eine beschränkte.[112] Eine abhandengekommene französische Aktie kann in der Bundesrepublik Deutschland nicht gutgläubig erworben werden.

Nicht dem Gesellschaftsstatut unterliegt dagegen das obligatorische Geschäft. Es ist gesondert anzuknüpfen und bestimmt sich nach dem Vertragsstatut.[113] Bei Kommissionsgeschäften[114] ist auf den gewerblichen Sitz des Kommissionärs abzustellen.[115] 50

c) Insiderregeln. Die Verpflichtungen, die sich für Veräußerer und Erwerber aus Insiderregeln[116] ergeben,[117] unterliegen dem Gesellschaftsstatut.[118] Davon zu unterscheiden ist die Frage, ob die Verletzung von Insiderregeln zu Auswirkungen auf den Bestand des Effektengeschäftes (Anfechtbarkeit, Nichtigkeit) oder zu Schadensersatzansprüchen führt. Hierfür ist das Recht des betroffenen Marktes maßgebend.[119] 51

d) Verwahrung von Wertpapieren. Die charakteristische Leistung bei der Verwahrung erbringt der Verwahrer[120]. Die Verwahrung und Verwaltung von Wertpapieren (Depotgeschäft) bestimmt sich deshalb nach dem Recht am Sitz der Depotbank.[121] Deshalb finden die depot- und kommissionsrechtlichen Vorschriften des Depotgesetzes auch dann Anwendung, wenn eine inländische Bank für einen Kunden Wertpapiere im Ausland anschafft und/oder verwahrt.[122] Bei der **Girosammelverwahrung**[123] ist bei grenzüberschreitenden Geschäften zu differenzieren: 52

Eine grenzüberschreitende **Sammelverwahrung** im Ausland ist nur dann zulässig, wenn der deutsche Hinterleger eine Rechtsstellung erhält die der nach § 6 Abs. 1 DepotG äquivalent ist.[124] Das ist beispielsweise bei einer Sammelverwahrung in Frankreich bei der SICOVAM der Fall.[125] Eine Einzelfallprüfung für jede ausländische Sammelverwahrungsstelle ist notwendig. Die Rechte an den im Ausland sammelverwahrten Wertpapieren bestimmen sich nach dem Recht des Hinterlegungsorts als der lex cartae sitae.[126] 53

Auch bei der grenzüberschreitenden **Giroübertragung** kommt die lex cartae sitae zur Anwendung.[127]Diesebestimmt, wie die Übertragung der Rechte an den Effekten erfolgt.[128] 54

---

[111] Vgl. i. e. *Grasmann,* System des internationalen Gesellschaftsrechts, 1970, S. 504 ff.

[112] Vgl. i. e. *Loussouarn/Bredin,* Droit du Commerce International, 1969, S. 414 ff. mit rechtsvergleichenden Hinweisen.

[113] Vgl. RG IPRspr. 1928 Nr. 13; *Staudinger/Grossfeld,* Internationales Gesellschaftsrecht, Rdnr. 246.

[114] Vgl. dazu *Stoll* RabelsZ 24 (1959) 601 ff., mit einer besonderen Berücksichtigung des internationalen Börsenrechts.

[115] Vgl. *Ebenroth* RIW/AWD 1984, 165 ff. (168); *Reithmann/Martiny,* Internationales Vertragsrecht, Rdnr. 776.

[116] Vgl. dazu unten § 14.

[117] Vgl. i. e. *Jenckel,* Das Insiderproblem.

[118] Vgl. *Staudinger/Grossfeld,* Internationales Gesellschaftsrecht, Rdnr. 246.

[119] Vgl. *Assmann,* Einl. GroßKomm.AktG, Rdnr. 705 ff. m. w. N.; ähnlich *Kiel* aaO. S. 175, der an den Begehungsort anknüpft, der aber im betroffenen Markt liegt.

[120] Vgl. *Palandt/Heldrich,* BGB, Art. 28 EGBGB, Rdnr. 17.

[121] Vgl. *Drobnig,* Festschrift für Zweigert, S. 73 ff. (89); *Kiel* aaO. S. 183; *Reithmann/Martiny,* Internationales Vertragsrecht, Rdnr. 540.

[122] Vgl. *Drobnig,* Festschrift für Zweigert, S. 59.

[123] Vgl. dazu *Drobnig,* Festschrift für Zweigert, S. 59; *Kümpel* WM 1976, 942 ff.

[124] Vgl. *Drobnig,* Festschrift für Zweigert, S. 90; *Kümpel* WM 1976, 942 ff. (947); *Reithmann/Martiny,* Internationales Vertragsrecht, Rdnr. 540.

[125] Vgl. *Drobnig,* Festschrift für Zweigert, S. 90; *Kümpel* WM 1976, 942 ff. (949).

[126] Vgl. *Reithmann/Martiny,* Internationales Vertragsrecht, Rdnr. 540.

[127] Vgl. *Drobnig,* Festschrift für Zweigert, S. 91.

[128] Zur Übertragung durch Depotbuchung vgl. *Kümpel* WM 1976, 942 ff. (952).

Das gilt aber nur für die dingliche Rechtslage. Das zugrunde liegende Kausalgeschäft bestimmt sich nach dem Vertragsstatut. Maßgebend ist der Parteiwille (Art. 27 EGBGB).

55 *e) Treuhandverhältnis.* Bei internationalen Effektengeschäften wird die inländische Bank regelmäßig als fiduziarischer Treuhänder für den Depotkunden tätig.[129] Der Treuhandvertrag ist als Geschäftsbesorgungsvertrag i. S. von § 675 BGB zu qualifizieren.[130] Fehlt eine – nach Art. 27 EGBGB zulässige – Rechtswahl, so kommt nach Art. 28 Abs. 2 Satz 1 EGBGB das Recht am Sitz der Depotbank zur Anwendung, da sie die charakteristische Leistung erbringt.[131]

55a *f) Wertpapierleihe.* Bei der Wertpapierleihe handelt es sich – in Abgrenzung von dem Wertpapierpensionsgeschäft – um ein Sachdarlehen[132]. Mangels Rechtswahl kommt das Recht des Darlehensgebers (Wertpapierverleihers) zur Anwendung. Er erbringt die charakteristische Leistung.[133]

3. Investmentgeschäfte

Schrifttum: *Baur,* Investmentgesetze, Kommentar zum Gesetz über Kapitalanlagegesellschaften und zum Gesetz über den Vertrieb ausländischer Investmentanteile, 1970; *Beckmann,* Die Situation der Auslandsfonds in der Bundesrepublik Deutschland, DB 1973, 2435 ff.; *Flachmann,* Das neue Auslandsinvestmentgesetz, Sparkasse 1969, 205 ff.; *Flachmann,* Die Spannweite des Auslandsinvestmentgesetzes, ZfK 1972, 59 ff.; *Laux,* Zur Umsetzung der Richtlinie zur Harmonisierung des europäischen Investmentrechts in das deutsche Investmentrecht, WM 1990, 1093 ff.

56 Kollisionsrechtlich ist bei Investmentgeschäften nach der „Nationalität“ des Investmentanteils, der Gegenstand des einzelnen Geschäftes ist, zu differenzieren. Nach § 1 AuslInvestmG vom 28. 7. 1969 beantwortet sich die Frage, ob ein Investmentanteil in- oder ausländisch ist, nach dem Recht, welchem das Vermögen von Wertpapieren oder Grundstükken unterliegt.

57 Bei Geschäften mit inländischen Investmentanteilen gelten – soweit ein Auslandsbezug vorliegt – die allgemeinen Regeln der Artt. 27 ff. EGBGB. Fehlt eine Rechtswahl, so ist auf das Rechtsverhältnis zwischen Anteilseigner und Kapitalanlagegesellschaft das Recht am Sitz der letzteren, auf das Rechtsverhältnis zwischen Kapitalanlagegesellschaft und Depotbank und auf das Rechtsverhältnis zwischen Anteilseigner und Depotbank das Sitzrecht der Depotbank anzuwenden.

58 Bei ausländischen Investmentanteilen gilt für die einzelnen Rechtsverhältnisse dasselbe. Die Rechte des Anlegers an dem und aus dem Investmentanteil bestimmen sich nach dem anwendbaren ausländischen Recht, dem der Fonds unterliegt. Das AuslInvestmG regelt das IPR der Investmentgeschäfte nicht. Es enthält gewisse – meist gewerberechtliche – Schutzvorschriften für den Anleger.[134] Der Vertrieb ausländischer Investmentanteile ist anzeigepflichtig (§ 7 leg. cit.), wobei die Behörde ein Untersagungsrecht hat (§ 8 leg. cit.). Das gilt nicht, wenn der Vertrieb börsenrechtlicher Aufsicht unterliegt, d. h. die Investmentanteile an einer deutschen Börse zum Handel zugelassen sind (§ 1 Abs. 2 leg. cit.). Beim Vertrieb ausländischer Investmentanteile ist zu beachten, daß Haustürgeschäfte binnen zwei Wochen widerrufen werden können (§ 11 leg. cit.).[135]

---

[129] Vgl. dazu unten § 13 Rdnr. 105.

[130] Vgl. *Coing* WM 1977, 466 ff. (467); *Kümpel* WM 1976, 942 ff. (943).

[131] Vgl. OLG Hamm RIW 1994, 513; *Palandt/Heldrich,* BGB, Art. 28 EGBGB, Rdnr. 16; *Reithmann/Martiny,* Internationales Vertragsrecht, Rdnr. 89.

[132] Vgl. *Baumbach/Hopt,* HGB, 29. Aufl., 1995, 7, Bankgesch. T 1.

[133] Vgl. zum Darlehensvertrag *Palandt/Heldrich,* BGB, Art. 28 EGBGB Rdnr. 12; *Reithmann/Martiny,* Internationales Vertragrecht, Rdnr. 495; *Rosenau,* RIW 1992, 879 ff. (882).

[134] Vgl. i. e. *Baur,* Investmentgesetze, DB 1973, 2435 ff., *Flachmann* Sparkasse 1969, 205 ff.; *ders.* ZfK 1972, 59 ff.; *Reithmann/Martiny,* Internationales Vertragsrecht, Rdnr. 297.

[135] Vgl. dazu *Holschbach,* Das Widerrufsrecht nach § 11 AuslInvestmG in seiner Anlegerschutzfunktion, 1972.

Die Umsetzung des EG Investmentrichtlinie durch das 1. Finanzmarktförderungsgesetz v. 22. 2. 1990 hat eine Sonderregelung für Investmentgesellschaften aus EU-Mitgliedstaaten gebracht. § 156 AuslInvestmG knüpft an die Vorschriften des Herkunftslandes an.[136] 58a

4. Immobilienanlagen

Schrifttum: Lehrbücher und Kommentare zum internationalen Sachenrecht, vgl. Übersicht vor Rdnr. 24; *Dagon,* Erwerb von Grundstücken durch Ausländer in der Schweiz, AWD 1974, 453 ff.; *Dagon,* Zur Praxis des Grundstückserwerbs durch Ausländer in der Schweiz, RIW 1979, 176 ff.; *Gantzer,* Spanisches Immobilienrecht, 5. Aufl., 1994; *Hegmanns,* Probleme mit Kaufverträgen über im Ausland belegene Grundstücke, MittRheinNotK 1987, 1 ff.; *Küppers,* Grunderwerb im Ausland, DNotZ 1973, 645 ff.

Das internationale Sachenrecht wird beherrscht von der lex rei sitae. Dingliche Rechte an Immobilien unterstehen dem Recht am **Lageort.**[137] Eine Rechtswahlmöglichkeit besteht nicht. Das internationale Sachenrecht läßt zumindest bei Immobilien **keinen Raum für** die **Parteiautonomie.**[138] Das Liegenschaftsstatut regelt den Erwerb, den Verlust und die Verfügung über das Eigentum an Grundstücken. Auch die Fähigkeit zum Erwerb einer Immobilie bestimmt sich hiernach.[139] Das ist besonders bedeutsam bei Erwerbsbeschränkungen für Ausländer. Wenn das liberianische Recht anordnet, daß nur Inländer Grundeigentum erwerben können,[140] so ist dies zu beachten. Probleme bei Inländern vorbehaltenem Erwerb können sich bei der Einschaltung von Gesellschaften ergeben.[141] 59

Von besonderer praktischer Bedeutung sind Ausländererwerbsbeschränkungen nach der lex Furgler und den in Folge erlassenen Gesetzen bei Immobilienanlagen in der Schweiz (lex Friedrich).[142] Ein interessantes Beispiel einer nichtigen deutschen Immobilienanlage wegen einer Ausländerbeschränkung berichtet *Dagon.*[143] Die Confidia AG Zug hatte mit einem deutschen Anleger einen „Anlage- und Geschäftsbesorgungsvertrag" über einen Betrag von sfr. 500 000,– abgeschlossen, der teilweise zur Gründung einer Aktiengesellschaft diente, deren Zweck wiederum der Erwerb eines – teilweise fremdfinanzierten – Grundstücks zum Kaufpreis von sfr. 1 Mio. war. Die Mehrheit des Aktienkapitals hatte die Confidia AG treuhänderisch für den deutschen Investor gezeichnet. Dieser war nach außen nur als Minderheitsaktionär hervorgetreten. Das Geschäft war nichtig, und zwar auch aus deutscher Sicht, da das schweizerische Recht als lex rei sitae anwendbar war. Verstöße gegen die Erwerbsbeschränkungen von Ausländern durch Erwerb über Gesellschaften können zur Einziehung des Gesellschaftsvermögens führen. Die Bundesrepublik Deutschland ist in diesen Fällen nicht verpflichtet, Auslandsrechtsschutz zu gewähren.[144] 60

Die Übereignung von Immobilien bestimmt sich in jeder Beziehung nach dem Belegenheitsrecht. Für die Form von Verträgen über dingliche Rechte an Immobilien bestimmt Art. 11 Abs. 4 EGBGB nunmehr die ausschließliche Geltung der lex rei sitae, wenn das Belegenheitsstatut nach dem Kollisionsrecht der lex rei sitae ausschließliche Geltung beansprucht. 61

---

136 Vgl. dazu *Kiel* aaO. S. 184 f.

137 Vgl. *Kegel,* IPR, S. 571 ff.; MünchKomm./*Kreuzer,* BGB, Nach Art. 12 EGBGB Anh. I Rdnr. 34 ff.; *Palandt/Heldrich,* BGB, Anh. II zu Art. 38 EGBGB, Rdnr. 2; aus der Rechtsprechung BGHZ 52, 239.

138 Vgl. MünchKomm./*Kreuzer,* BGB, Nach Art. 12 EGBGB Anh. I Rdnr. 35.

139 Vgl. MünchKomm./*Kreuzer,* BGB, Nach Art. 12 EGBGB Anh. I Rdnr. 38.

140 Vgl. Art. V sect. 12 der liberianischen Verfassung; dazu *Parnall,* Aliens and real property in Liberia, Journal of African Law 12 (1968) 64 ff.

141 Vgl. dazu *Schütze* AG 1971, 112 ff.; *ders.,* Bodenrecht für Ausländer in Liberia, IWB Fach 7 Gruppe 3, S. 3 f. (jeweils zu Liberia).

142 Vgl. dazu *Dagon* AWD BB 1974, 453 ff.; *ders.* RIW 1979, 176 ff. und 684 f.; *Meyer-Marsilius/Paetzold,* Erwerb von Grundstücken in der Schweiz durch Ausländer, IWB F5 (Schweiz), Gr. 3, S. 143 ff.

143 Vgl. *Dagon* RIW 1979, 176 ff. (179).

144 Vgl. BVerwG NJW 1989, 2208.

5. Beteiligung an Gesellschaften

Schrifttum: *Ahrens,* Wer haftet statt der zusammengebrochenen Abschreibungsgesellschaft? – Zur Sachwalterhaftung im Kollisionsrecht, IPRax 1986, 355 ff.; *Assmann,* Einleitung GrossKomm. AktG, 4. Aufl., 1992, Rdnr. 517 ff.; *Behrens,* Der Anerkennungsbegriff des internationalen Gesellschaftsrechts, ZGR 1978, 499 ff.; *Beitzke,* Juristische Personen im Internationalprivatrecht und Fremdenrecht, 1938; *Ebenroth,* Neuere Entwicklungen im deutschen internationalen Gesellschaftsrecht, JZ 1988, S. 18 ff., 75 ff.; *Ebenroth/Sura,* Das Problem der Anerkennung im internationalen Gesellschaftsrecht, RabelsZ 43 (1979) 315 ff.; *Ebenroth/Wilken,* Entwicklungstendenzen im deutschen Internationalen Gesellschaftsrecht, JZ 1991, 1014 ff., 1061 ff., 1116 ff.; *Ebling,* Die Rechtsfähigkeit ausländischer juristischer Personen aus der Sicht des deutschen Internationalen Privatrechts, AWD 1970, 450 ff.; *Grasmann,* System des internationalen Gesellschaftsrechts, 1970; *Hübner,* Der Durchgriff bei juristischen Personen im europäischen Gesellschafts- und Unternehmensrecht, JZ 1978, 703 ff.; *Kaligin,* Das internationale Gesellschaftsrecht der Bundesrepublik Deutschland, DB 1985, 1449 ff.; *Marugg,* Die Anknüpfung der organschaftlichen Vertretungsmacht bei der Aktiengesellschaft im internationalen Privatrecht, 1975; *Müller,* Kollisionsrechtliche Probleme der Durchgriffslehre bei Kapitalgesellschaften, Diss. Frankfurt 1974; *Neumayer,* Betrachtungen zum internationalen Konzernrecht, ZVglRWiss 83 (1984), 129 ff.; *Staudinger/Grossfeld,* BGB, 12. Aufl., Internationales Gesellschaftsrecht; *Ulrich,* Regeln des internationalen Privatrechts über die Haftung des Gesellschafters oder der Verwaltung einer Kapitalgesellschaft, Diss. Göttingen 1972; *Wiedemann,* Internationales Gesellschaftsrecht, Festschrift für Kegel I, 1977, S. 187 ff.

62 Durch den **Debraco-**Fall[145] ist die große Bedeutung des internationalen Gesellschaftsrechts für den Anleger – nicht nur bei Abschreibungsgesellschaften – besonders deutlich geworden. Das IPRG hat das Kollisionsrecht der Gesellschaften – bedauerlicherweise – nicht geregelt.[146] Die für einen Beteiligungserwerb wesentlichen Fragen kollisionsrechtlicher Art werden durch das **Gesellschaftsstatut** bestimmt.. Es regelt u. a die Rechtsfähigkeit und die Geschäftsfähigkeit, den Erwerb, die Änderung und den Verlust der Mitgliedschaft.[147] Die einheitliche Anknüpfung von Innen- und Außenverhältnis der Gesellschaft gilt jedenfalls für die hier vertretene Sitztheorie. Die Vertreter der Gründungstheorie favorisieren eine Fülle von Sonderanknüpfungen und eine Differenzierung von Gründungsstatut und sonstigem Gesellschaftsstatut.

63 *a) Gesellschaftsstatut.* Nach der in der Rechtsprechung[148] und im Schrifttum[149] herrschenden Meinung ist an den **Verwaltungssitz** einer Gesellschaft anzuknüpfen. Dieser wird nach der lex fori bestimmt.[150] Befinden sich Teile der Hauptverwaltung in verschiedenen Staaten, so bestimmt der wichtigste Teil der Hauptverwaltung das Gesellschaftsstatut.[151] Ob man auf den Sitz des Vorstandsvorsitzenden abstellen kann,[152] erscheint zweifelhaft. Dieses Kriterium ist allzu formalistisch. Entscheidend wird das Ressort Allgemeine Verwal-

---

[145] Vgl. OLG Frankfurt IPRax 1986, 373; dazu den Besprechungsaufsatz von *Ahrens,* ebd. S. 355 ff.

[146] Vgl. *Pirrung,* Internationales Privat- und Verfahrensrecht nach dem Inkrafttreten der Neuregelung des IPR, 1987, S. 24.

[147] Vgl. dazu insbesondere *Assmann,* Einl. Großkomm. AktG, Rdnr. 570 ff.; *Staudinger/Grossfeld,* Internationales Gesellschaftsrecht, Rdnr. 180 ff. *Wiedermann,* Festschrift für Kegel I, S. 187 ff.

[148] Vgl. aus der abundanten Rechtsprechung BGHZ 51, 27; 53, 181; 53, 383; 78, 318; BGH WM 1966, 1143; 1979, 692; BGH IPRax 1985, 221; BayObLG RIW 1986, 295 mit Anm. *Deville* ebd., S. 298 f.; BayObLG RIW 1987, 52; OLG Oldenburg NJW 1990, 1422; OLG Zweibrücken RIW 1990, 667.

[149] Vgl. *Assmann,* Einl. Großkomm. AktG, Rdnr. 532 ff. mit eingehenden Nachweisen; *Ebenroth/Sura* RabelsZ 43 (1979) 315 ff.; *Kegel,* IPR, S. 417; MünchKomm./*Ebenroth,* BGB, Nach Art. 10 EGBGB Rdnr. 153 ff.; *Palandt/Heldrich,* BGB, Anh. zu Art. 12 EGBGB Rdnr. 2; *Staudinger/Grossfeld,* Internationales Gesellschaftsrecht, Rdnr. 29 ff.; *Wiedemann,* Festschrift für Kegel I, S. 187 ff.

[150] Vgl. *Staudinger/Grossfeld,* Internationales Gesellschaftsrecht, Rdnr. 166.

[151] Vgl. *Assmann,* Einl. Großkomm. AktG, Rdnr. 552; *Staudinger/Grossfeld,* Internationales Gesellschaftsrecht, Rdnr. 173.

[152] So *Staudinger/Grossfeld,* Internationales Gesellschaftsrecht, Rdnr. 173.

tung/Finanzen/Personal sein, wenn es in einem anderen Land geführt wird als der Verkauf und/oder die Technik/Forschung.

Die **Gründungstheorie** – hiernach ist an das Gründungsrecht anzuknüpfen – ist im angloamerikanischen Recht vorherrschend.[153] Sie hat auch im deutschen Recht Befürworter gefunden,[154] konnte sich aber hier nicht durchsetzen. Trotz der Geltung des Sitzrechts nach deutscher Auffassung kann das Gründungsrecht über eine Weiterverweisung oder Rückverweisung zu beachten sein.[155] Befindet sich der Verwaltungssitz einer „Briefkastenfirma" in einem Land, das auf die Gründung abstellt, ist an das Gründungsrecht anzuknüpfen. Handelt es sich bei einer Beteiligungsgesellschaft in Liechtenstein um eine Briefkastenfirma ohne Verwaltungssitz in Liechtenstein, so ist deshalb zu unterscheiden. Befindet sich der Verwaltungssitz in der Bundesrepublik Deutschland, so wird die liechtensteinische Gesellschaft hier nicht anerkannt, insbesondere wird ihr keine Rechtsfähigkeit zuerkannt.[156] Denn an ihrem Sitz in der Bundesrepublik Deutschland fehlt es an der Inkorporierung, in Liechtenstein fehlt es an ihrem Sitz. Befindet sich der Verwaltungssitz dagegen in London, so wird die liechtensteinische „Briefkastenfirma" in der Bundesrepublik Deutschland anerkannt, da sie an ihrem Verwaltungssitz wegen der im englischen Recht herrschenden Gründungslehre als rechtsfähig angesehen wird.[157] 64

b) Die durch das Gesellschaftsstatut bestimmten Rechtsverhältnisse. Das Gesellschaftsrecht bestimmt die wesentlichen Rechtsverhältnisse der Gesellschaft selbst und der Gesellschaft gegenüber Gesellschaftern und Dritten. 65

(aa) Rechts- und Geschäftsfähigkeit. Das Gesellschaftsstatut entscheidet darüber, ob die Gesellschaft eine eigene Rechtsfähigkeit besitzt und ob sie geschäftsfähig ist.[158] Dem Gesellschaftsstatut sind auch Beschränkungen der Rechtsfähigkeit zu entnehmen. Eine solche häufig anzutreffende Beschränkung der Rechtsfähigkeit bringt die ultra vires Lehre,[159] die in England und in den vom englischen Recht beeinflußten Rechtsordnungen praktiziert wird, teilweise jedoch in recht eingeschränktem Umfang.[160] 66

Die Sonderanknüpfung von Art. 12 EGBGB ist auch im internationalen Gesellschaftsrecht zu beachten.[161] Auswirkungen hat die Bestimmung der Rechts- und Geschäftsfähigkeit nach dem Gesellschaftsstatut für den internationalen Anlegerprozeß. Die Parteifähigkeit bestimmt sich nach dem **Heimatrecht,**[162] bei juristischen Personen nach dem **Sitz-** 67

---

153 Vgl. rechtsvergleichend *Neumayer* ZVglRWiss. 83 (1984) 129 ff.

154 Vgl. dazu – teilweise differenzierend – insbesondere *Beitzke,* Juristische Personen, S. 92 ff.; *Behrens* ZGR 1978, 499 ff.; *Grasmann,* Internationales Gesellschaftsrecht; *Mann,* Bemerkungen zum Internationalen Privatrecht der Aktiengesellschaft und des Konzerns, FS für Barz, 1974, S. 219 ff.; *Würdinger,* Aktienrecht und das Recht der verbundenen Unternehmen, 4. Aufl., 1981, S. 23 ff.

155 Vgl. dazu eingehend *Assmann,* Einl. Großkomm. AktG, Rdnr. 554 ff.

156 Vgl. aus der Rechtsprechung AG Hamburg, MDR 1964, 1009; OLG Frankfurt GmbHR 1965, 69; BGHZ 53, 181; BFH BB 1968, 1276 mit Anm. *Hillert* AWD BB 1968, 442.

157 Vgl. *Schütze* in: Gloy (Hrsg.), Handbuch des Wettbewerbsrechts, 1986, S. 1175.

158 Vgl. BGHZ 32, 256; *Assmann,* Einl. Großkomm. AktG, Rdnr. 584.

159 Vgl. dazu *Grasmann,* Internationales Gesellschaftsrecht, Rdnr. 866; *Grossfeld,* Management and Control of Marketable Share Companies, in: International Encyclopedia of Comparative Law, 13 (1973), Kap. 4 Nr. 71.

160 Ein Beispiel für eine solche Einschränkung der ultra vires lehre findet sich in sect. 25 des singapurischen Companies Act. Danach sind Rechtsgeschäfte „ultra vires" nunmehr grundsätzlich wirksam. Die Überschreitung der durch das Gesellschaftsstatut gezogenen Grenzen kann nur in Ausnahmefällen geltend gemacht werden. Vgl. *Schütze,* Handels- und Wirtschaftsrecht von Singapur und Malaysia, 1987, S. 81.

161 Vgl. *Assmann,* Einl. Großkomm. AktG, Rdnr. 584; *Staudinger/Grossfeld,* Internationales Gesellschaftsrecht, Rdnr. 192 zu Art. 7 Abs. 3 Satz 1 EGBGB a. F.

162 Vgl. BGH JZ 1965, 580; OLG Bremen AWD BB 1972, 478; OLG Koblenz RIW 1986, 137; *Nagel,* Internationales Zivilprozeßrecht, 3. Aufl., Rdnr. 263; *Schütze,* Deutsches Internationales Zivilprozeßrecht, 1985, S. 72 ff. m. w. N. *Wieczoreck/Schütze,* ZPO, 3. Aufl., Einl. Rdnr. 167; eine star-

recht.[163] Fehlt die Rechtsfähigkeit nach dem Sitzrecht, so ist die Gesellschaft im deutschen Prozeß dennoch parteifähig, wenn Parteifähigkeit nach deutschem Recht gegeben wäre.[164] Die analoge Anwendung der Normen über den Verkehrsschutz[165] ist besonders bedeutsam bei nach ihrem Heimatrecht nicht rechtsfähigen Personenvereinigungen oder Vermögensmassen.[166]

68 Die Prozeßfähigkeit folgt der Geschäftsfähigkeit. Diese wird bei Gesellschaften nach ihrem Gesellschaftsstatut bestimmt. Bei fehlender Geschäftsfähigkeit wird die Prozeßfähigkeit im deutschen Zivilverfahren nach § 55 ZPO fingiert, wenn nach deutschem Zivilprozeßrecht Prozeßfähigkeit vorliegen würde.

69 (bb) Fähigkeit zur Begebung von Anleihen, Wechseln und Schecks. Problematisch ist, ob auch die Fähigkeit, Inhaberschuldverschreibungen zu begeben und in Verkehr zu bringen nach dem Gesellschaftsstatut zu beurteilen ist. Hier geht die wohl h. L. davon aus, daß auf das Recht des Staates abzustellen ist, in dem die Papiere ausgestellt und in Verkehr gebracht werden.[167] Das ist sachgerecht und schon aus dem Gesichtspunkt des Anlegerschutzes geboten. Wird eine Anleihe einer liberianischen Gesellschaft in der Schweiz aufgelegt, so beurteilt sich die Anleihefähigkeit der liberianischen Gesellschaft nach schweizerischem Recht. Die Wechsel- und Scheckfähigkeit ist positivgesetzlich geregelt.[168] Es entscheidet das Sitzrecht.

70 (cc) Vertretung. Die Vertretungsbefugnis der Organe einer Gesellschaft[169] ist nach dem Gesellschaftsstatut zu bestimmen.[170] Dagegen sind auf die Duldungs- und Anscheinsvollmacht die allgemeinen Grundsätze anzuwenden. Es gilt das Recht des Vornahmeortes.[171]

71 Für die Vertretungsbefugnis eines rechtsgeschäftlich bevollmächtigten Vertreters einer Gesellschaft ist das Wirkungsstatut maßgebend,[172] ohne daß sich insoweit Besonderheiten ergäben. Die Rechtsstellung des falsus procurator beurteilt sich nach dem Geschäftsstatut des Hauptvertrages, den der vollmachtlose Vertreter abschließt.[173] Dies gilt insbesondere für die Zulässigkeit der Genehmigung durch den Vertretenen, die Voraussetzungen der Genehmigung, die Folgen der Genehmigung und die Haftung bei Nichtgenehmigung. Im *Debraco*-Fall mußte das OLG Frankfurt[174] diese Frage nicht entscheiden, da das Gericht eine Vertretung ohne Vertretungsmacht – zu Recht – verneinte.

72 (dd) Haftung von Organen, Vertretern und Sachwaltern. Im erwähnten *Debraco*-Fall, der die Haftung einer zusammengebrochenen Abschreibungsgesellschaft zum Gegenstand hatte, wurde der Beklagte von einer schweizerischen Bank in seiner Eigenschaft als General-

---

ke Meinung will die Parteifähigkeit nach dem prozessualen Heimatrecht einer Partei bestimmen, vgl. OLG Köln WM 1961, 183; *Geimer,* Internationales Zivilprozeßrecht, 2. Aufl., 1993, Rdnr. 2200 ff. m. w. N.

[163] Vgl. OLG Koblenz RIW 1986, 137; BGH IPRspr. 1964/65 Nr. 4; BAG IPRspr. 1966/67 Nr. 51; *Assmann,* Einl. Großkomm. AktG, Rdnr. 586.

[164] Vgl. *Geimer,* Internationales Zivilprozeßrecht, 2. Aufl., Rdnr. 2022 ff.; *Schütze,* Deutsches Internationales Zivilprozeßrecht, 1985, S. 73.

[165] Vgl. § 55 Abs. 2 ZPO.

[166] Vgl. BGH NJW 1960, 1204; OLG Suttgart NJW 1974, 1627 mit Anm. *Cohn;* OLG Nürnberg RIW 1985, 494.

[167] Vgl. *Grasmann,* Internationales Gesellschaftsrecht, Rdnr. 873 ff. mit zahlreichen Beispielen; *Staudinger/Grossfeld,* Internationales Gesellschaftsrecht, Rdnr. 228.

[168] Vgl. Art. 91 WG, Art. 60 ScheckG, die auf das Heimatrecht abstellen.

[169] Vgl. dazu insbesondere *Marugg,* Die Anknüpfung der organschaftlichen Vertretungsmacht.

[170] Vgl. BGHZ 32, 256; *Staudinger/Grossfeld,* Internationales Gesellschaftsrecht, Rdnr. 204.

[171] Vgl. BGHZ 43, 21; BGH IPRspr. 1968/69 Nr. 19 b; *Staudinger/Grossfeld,* Internationales Gesellschaftsrecht, Rdnr. 206.

[172] Vgl. BGHZ 43, 21; BGH JZ 1963, 167, BGH NJW 1982, 2733; OLG Frankfurt IPRax 1986, 373; *Reithmann/Martiny/Hausmann,* Internationales Vertragsrecht, 1988, Rdnr. 874 m. w. N.

[173] Vgl. *Reithmann/Martiny/Hausmann* aaO (Fn. 154), Rdnr. 967 ff.; *von Caemmerer* RabelsZ 24 (1959) 201 ff. (217); *Palandt/Heldrich,* BGB, Anh. zu Art. 32 EGBGB Rdnr. 3.

[174] IPRax 1986, 373.

bevollmächtigter eines der beiden persönlich haftenden Gesellschafter, als Vorsitzender des Kommanditistenbeirats und als alleiniger Geschäftsführer und Mehrheitsgesellschafter einer Wirtschaftsprüfungs-GmbH, die das Anlegerkapital treuhänderisch in die Gesellschaft eingebracht hatte, in Anspruch genommen. Nach dem Geschäftsstatut hat das OLG Frankfurt[175] zutreffen die Haftung wegen des Gerierens „wie ein Komplementär" beurteilt.[176] Dies folgt aus der Anwendbarkeit des Gesellschaftsstatuts für die Haftung aus der Organstellung oder Mitgliedschaft gegenüber Dritten.[177] Der Vertrauensschutz erfordert, daß die kollisionsrechtliche Beurteilung des sich als Organ oder mitgliedschaftlich verbundenen Gerierenden ebenso erfolgt als ob er diese Funktion innehätte.

Auch die Sachverwalterhaftung ist dem Gesellschaftsstatut zu entnehmen,[178] wenn man 73
die culpa in contrahendo dem Recht des Vertrages unterwirft, für den das Vertrauen des Anlegers verletzt wurde. Das bedeutet für fehlerhafte Prospektangaben, daß sich die Haftung der Gesellschaftsgründer, Gesellschafter, Gesellschaftsorgane oder Initiatoren nach dem Gesellschaftsstatut bestimmt.

Besondere Probleme ergeben sich bei der **Durchgriffshaftung.**[179] Auszugehen ist davon, 74
daß das Gesellschaftsstatut bestimmt, in welcher Weise die Haftung einer Gesellschaft beschränkt ist, d. h. ob neben der Gesellschaft auch die Gesellschafter haften. Dann aber kann auch nur das Gesellschaftsstatut für die Frage maßgebend sein, ob im Einzelfall trotz der durch das Gesellschaftsstatut angeordneten Beschränkung der Haftung auf die Gesellschaft ausnahmsweise neben ihr auch der Gesellschafter oder der Geschäftsführer oder der faktische Leiter haftet, wie dies nach französischem Recht unter bestimmten Voraussetzungen der Fall ist.[180] Davon geht wohl auch die heute h. L. aus.[181]

Grossfeld[182] differenziert. Er unterscheidet im Anschluß an *Müller*[183] drei Fallkategorien, 75
nämlich den Durchgriff als gesellschaftsrechtlichen Interessenschutz, den Durchgriff als Lösung von Normenkollisionen und den Durchgriff als bürgerlichrechtlichen Interessenschutz. Für den Anlegerschutz hat die Differenzierung *Grossfelds* keine besondere Bedeutung, da er die normalen Haftungskonsequenzen aus der Beteiligung an einer Gesellschaft der ersten Kategorie zuordnet und dem Gesellschaftsstatut unterwirft.

(ee) Erwerb und Verlust von Mitgliedschaftsrechten. Das Gesellschaftsstatut bestimmt, 76
ob der Anleger ein Mitgliedschaftsrecht erwirbt, welchen Inhalt dieses hat und wie es übertragen wird.[184] Das Gesellschaftsstatut bestimmt auch, welche Rechtsnatur Urkunden haben, die über das Mitgliedschaftsrecht ausgestellt werden, d. h. ob es sich um Beweisurkunden oder Wertpapiere handelt (Inhaber-, Order- oder sonstige Papiere). Beteiligt sich ein Anleger an einer deutschen PublikumsKG – wie im *Debraco*-Fall – so bestimmt sich der

---

175 IPRax 1986, 373.

176 Vgl. *Ahrens* IPRax 1986, 355 ff. (359).

177 Vgl. RGZ 159, 44; BGHZ 25, 127; *Staudinger/Grossfeld,* Internationales Gesellschaftsrecht, Rdnr. 252; *Ulrich,* Regeln des IPR.

178 Vgl. *Ahrens* IPRax 1986, 359; *Soergel/Lüderitz,* BGB, vor Art. 7 Rdnr. 387.

179 Vgl. dazu *Müller,* Kollisionsrechtliche Probleme; *Ulrich,* Regeln des IPR; *Staudinger/Grossfeld,* Internationales Gesellschaftsrecht, Rdnr. 257 ff.

180 Im französischen Recht haften die Gesellschaftsorgane bei Überschuldung der Gesellschaft unter bestimmten Voraussetzungen den Gesellschaftsgläubigern persönlich; vgl. dazu *Bourguet/Wenner* AWD BB 1970, 357 ff.; vgl. auch *Hübner* JZ 1978, 703 ff. Der EuGH hat die Durchgriffshaftung des französischen Rechts dem Bereich des Konkursrechts i. S. von Art. 1 Abs. 2 Nr. 1 EuGVÜ zugeordnet, vgl. *Gourdain/Nadler* EuGHE 1979, 733 = RIW 1979, 273; in gleichem Sinne schon *Schütze* RIW 1978, 765 ff.

181 Vgl. BGHZ 78, 318; MünchKomm./*Ebenroth,* BGB, Nach Art. 10 EGBGB Rdnr. 295; *Palandt/Heldrich,* BGB, Anh. zu Art. 12 EGBGB Rdnr. 11; *Soergel/Lüderitz,* BGB, Vor Art. 7 EGBGB Rdnr. 221.

182 In *Staudinger,* Internationales Gesellschaftsrecht, Rdnr. 258.

183 Kollisionsrechtliche Probleme, S. 70.

184 Vgl. *Staudinger/Grossfeld,* Internationales Gesellschaftsrecht, Rdnr. 245 m. w. N.; *Grasmann,* Internationales Gesellschaftsrecht, S. 504.

Erwerb der Kommanditistenstellung nach deutschem Recht. Dieses bestimmt auch die Übertragbarkeit und die Modalitäten der Übertragung der Kommanditbeteiligung. Beteiligt sich ein Anleger an einer spanischen Sociedad Anónima, die ein Hotel an der Costa Blanca betreibt, so bestimmt sich der Erwerb der Aktionärsstellung nach spanischem Recht. Dieses ist auch maßgebend für die Übertragung der Aktien oder – vor Ausgabe der Aktien – der resguardos provisionales.

77 Bei der Übertragung von **verbrieften** Mitgliedschaftsrechten ist jedoch zu beachten, daß sich die Übertragung – soweit sie nach den Regeln für die Übertragung beweglicher Sachen erfolgt – nach der lex cartae sitae bestimmt.[185] Dabei sind Beschränkungen des Gesellschaftsstatuts jedoch zu beachten. Sind die Inhaberaktien des deutschen Anlegers an der spanischen Hotel-S. A. in seinem Schließfach in Stuttgart, dann könnte die Übertragung durch Einigung und Übergabe erfolgen. Das spanische Recht hat die Übertragung von Inhaberaktien durch einfache Übergabe aber gesetzlich ausgeschlossen und die Einschaltung eines Handelsmaklers oder Notars zwingend vorgeschrieben. Diese Beschränkung ist zu beachten, da sie bereits die Übertragbarkeit selbst betrifft.

78 *c) Die stille Gesellschaft.* Bei Anlagen in einer stillen Gesellschaft ist auf das Recht an dem Ort abzustellen, an dem der Gesellschaftszweck hauptsächlich verfolgt wird.[186] Das ist der Ort, an dem das Unternehmen betrieben wird.[187] Dieser wird Gegenstand konkludenter Rechtswahl mangels anderer Anhaltspunkte sein.[188]

6. Börsentermingeschäfte

Schrifttum: *Bundschuh,* Die Rechtsprechung des Bundesgerichtshofes, zum Börsenterminhandel, WM 1986, 725 ff.; *von Gronau,* Die Börsentermingeschäfte mit Auslandsberührung nach der Kodifizierung des Internationalen Vertragsrechts im IPR-Gesetz vom 25. 7. 1986, 1990; *Hadding/Wagner,* Börsentermingeschäfte an ausländischen Börsen und in ausländischen Wertpapieren, WM 1976, 310 ff.; *Häuser/Welter,* Nationale Gestaltungsschranken bei ausländischen Börsentermingeschäften, WM 1985, Sonderbeilage Nr. 8; *Horn,* Das Börsentermingeschäft in Wertpapieren mit dem Ausland, 1974; *Jayme,* Kollisionsrecht und Bankgeschäfte mit Auslandsberührung, 1977; *Kiel,* Internationales Kapitalanlegerschutzrecht, 1994, S. 175 ff.; *Kümpel,* Schutz ausländischer Börsentermingeschäfte vor dem deutschen Differenzeinwand, WM 1978, 862 ff.; *Kümpel/Häuser,* Börsentermingeschäfte, Termin- und Differenzeinwand, 1986; *Lüer,* Börsentermingeschäftsfähigkeit und Differenzeinwand, JZ 1979, 171 ff.; *Mann,* Börsentermingeschäfte und internationales Privatrecht, Festschrift für von Caemmerer, 1978, S. 737 ff.; *Polt,* Ausländisches Börsentermingeschäft und Differenzeinwand, Diss. Göttingen, 1985; *Roth,* Termingeschäfte an ausländischen Bösen und § 63 Börsengesetz, IPRax 1987, 147 ff.; *Schütze,* Zur Wirksamkeit von internationalen Schiedsvereinbarungen und zur Wirkungserstreckung ausländischer Schiedssprüche über Ansprüche aus Börsentermingeschäften, JbPdS 1 (1987) 94 ff.; *Samtleben,* Das Internationale Privatrecht der Börsentermingeschäfte und der EWG-Vertrag, RabelsZ 45 (1981) 218 ff.; *Samtleben,* Schiedsklauseln bei internationalen Warentermingeschäften, BB 1974, 1616 ff.; *Schwark,* Zur Durchsetzung inländischen Rechts gegenüber Gerichtsstandsvereinbarungen ausländischer Gerichte bei Bösentermingeschäften, ZGR 1985, 466 ff.; *Starp,* Die Börsengeschäfte an Auslandsbörsen unter besonderer Berücksichtigung des Spiel- und Differenzeinwandes, 1985; *Steindorff,* Termingeschäfte an ausländischen Börsen, IPRax 1982, 49 ff.; *Triebel/Peglow,* Positive Funktion des ordre public bei Termingeschäften?, ZIP 1987, 613 ff.; *Wach,* Der Terminhandel in Recht und Praxis, 1986; *Weber/Crewett,* Die Zulässigkeit des Differenzeinwands bei ausländischen Börsengeschäften, BB 1972, 594 ff.; *Wengler,* Sonderanknüpfung, positiver und negativer ordre public, JZ 1979, 175 ff.

79 *a) Vertragsstatut.* Nach der Neuregelung des § 61 BörsG ist eine Rechtswahl – auch zu Gunsten ausländischen Rechts – zulässig. Artt. 27 ff. EGBGB finden auch auf Börsenter-

[185] Vgl. *Grasmann,* Internationales Gesellschaftsrecht, S. 505 m. w. N. in Fn. 21.

[186] Vgl. *Staudinger/Grossfeld,* Internationales Gesellschaftsrecht, Rdnr. 548.

[187] Vgl. *Grasmann,* Internationales Gesellschaftsrecht, S. 560 f., der bei Betreiben der Geschäfte, für die die stille Einlage geleistet wird in verschiedenen Staaten auf zusätzliche Merkmale wie den Wohnsitz des stillen Gesellschafters und den Abschlußort zurückgreifen will.

[188] Vgl. für die Anknüpfung *Palandt/Heldrich,* BGB, Art. 28 EGBGB Rdnr. 19.

mingeschäfte Anwendung.[189] Mangels Rechtswahl ist das Recht des Börsenplatzes als das der engsten Verbindung nach Art. 28 Abs. 1 EGBGB anzuwenden.[190]

b) Vorbehaltsklausel des § 61 BörsG. Die Neuregelung des § 61 BörsG hat einen langen und heftigen Streit über die kollisionsrechtliche Bedeutung von § 61 a. F. BörsG beseitigt. Nach der Rechtsprechung des BGH,[191] der weite Teile des Schrifttums folgten[192] handelte es sich um eine allseitige Kollisionsnorm des deutschen internationalen Privatrechts,[193] die deutsches Recht insoweit zur „Weltgeltung“ bringen sollte. § 61 n. F. BörsG ist nunmehr als Schutzvorschrift für den inländischen Anleger nach dem Regelungsmodell des Art. 38 EGBGB ausgestaltet. Ihrer Rechtsnatur nach ist die Norm eine besondere Vorbehaltsklausel. Kommt ausländisches Recht zur Anwendung, so können gegen den inländischen Anleger keine weitergehenden Ansprüche geltend gemacht werden, als diese nach deutschem Recht begründet wären. § 61 n. F. BörsG sichert dem inländischen Anleger einen Mindestschutz.[194] 80

c) Erfordernisse des § 61 BörsG. Unterliegt ein Börsentermingeschäft – regelmäßig kraft Rechtswahl nach Art. 27 EGBGB – ausländischem Recht, so schützt § 61 BörsG den Anleger nur bei Erfüllung von drei Voraussetzungen vor weitergehenden Ansprüchen als diese nach deutschem Recht begründet wären: 81

- Der Anleger darf nicht termingeschäftsfähig sein. Liegt eine geborene oder gekorene Termingeschäftsfähigkeit (Termingeschäftsfähigkeit kraft Information) nach § 53 BörsG vor, so greift der Schutz des § 61 BörsG nicht.
- Der Anleger muß seinen gewöhnlichen Aufenthalt bei Geschäftsabschluß im Inland haben. Koestler könnte sich also nicht auf § 61 BörsG berufen.[195]
- Die Abschlußerklärung muß im Inland abgegeben worden sein. Dabei genügt jede für den Vertragsabschluß konstitutive Erklärung, auch ein Angebot.[196] Bei Handeln durch einen Vertreter ist auf den Ort abzustellen, an dem sich der Vertreter bei Abgabe der Erklärung befindet.

d) Die Anwendbarkeit des Differenzeinwandes bei Geltung ausländischen Rechts. Nach der Rechtsprechung des BGH zur alten Fassung des BörsG unterlagen ausländische Börsentermingeschäfte dem Differenzeinwand des § 764 BGB auch dann, wenn sich die Rechtsbeziehungen der Beteiligten nach ausländischem Recht bestimmten.[197] Auf den Börsenort sollte es nicht ankommen.[198] Dies hat der BGH z. B. im Rahmen von Geschäften an der Londoner Börse,[199] Warentermingeschäften in Missouri[200] und short sales in New York[201] entschieden. 82

---

[189] Vgl. *Schwark,* § 61 BörsG Rdnr. 10.

[190] Vgl. *Palandt/Heldrich,* BGB, Art. 28 EGBGB Rdnr. 22; *Roth,* Termingeschäfte an ausländischen Börsen und § 63 BörsG, IPRax 1987, 147 ff. (149); *Schwark,* § 16 BörsG Rdnr. 9.

[191] Vgl. BGH WM 1975, 686 (Leitsatz); BGH WM 1978, 1203; BGH WM 1984, 1245; BGH WM 1987, 1153.

[192] Vgl. z. B. *Bundschuh* WM 1986, 725 ff. (727); *Häuser/Welter,* Sonderbeilage Nr. 8, S. 5 ff. m. w. N.; *Kümpel* WM 1978, 862 ff.; *Wach,* Der Terminhandel, S. 272.

[193] Gegen die h. L. hat sich besonders *Mann,* Festschrift für von Caemmerer, S. 737 ff. gewandt. *Jayme,* Kollisionsrecht, S. 22 ff. äußerte Bedenken gegen einseitige Kollisionsnormen, die den Anleger um den Schutz möglicherweise günstigeren ausländischen Rechts bringen könnten.

[194] Vgl. *Kiel,* Internationales Kapitalanlegerschutzrecht, S. 180.

[195] Vgl. zum Koestler-Fall OLG Köln IPRax 1979 Nr. 12 b. Koestler war Ministerialrat im Bundesverteidigungsministerium und machte während eines mehrjährigen Frankreichaufenthalts dort verlustreiche Börsentermingeschäfte. Vgl. dazu auch *Samtleben,* Das Internationale Privatrecht der Börsentermingeschäfte und der EWG-Vertrag, RabelsZ 45 (1981), 218 ff.

[196] Vgl. *Schwark,* § 61 BörsG Rdnr. 8.

[197] Vgl. BGH IPRspr. 1965 Nr. 47, 1971 Nr. 12 b; 1975 Nr. 13; 1978 Nr. 3; 1981 Nr. 15 und Nr. 18.

[198] Vgl. BGH IPRspr. 1981 Nr. 18 = IPRax 1982, 69 mit Anm. *Steindorff* ebd., S. 49 ff.; a. A. jedoch OLG München IPRspr. 1981 Nr. 22 = IPRax 1982, 70 mit Anm. *Steindorff* ebd., S. 49 ff.

[199] Vgl. BGH IPRspr. 1981 Nr. 15 = IPRax 1982, 67 mit Anm. *Steindorff* ebd., S. 49 ff.

[200] Vgl. BGH IPRspr. 1981 Nr. 18.

[201] Vgl. BGH IPRspr. 1978 Nr. 3.

83 Diese Rechtsprechung ist im Ausland stark kritisiert worden[202] und hat auch im deutschen Schrifttum keinen Beifall gefunden.[203] Bezeichnend sind die bitteren Worte von *Rogers/Markham:*[204] „Those rulings are based on German statutes that have been interpreted by the West German courts to, in effect, treat commodity futures trading on U.S. exchanges as unenforceable gambling transactions. The Frankfurt Appelate Court Decisions have caused much concern in the United States because they allow German investors to retain profits und to recover any trading losses from their U. S. broker."

84 Nach der Neufassung des § 61 BörsG ist problematisch, ob die Norm auch den Differenzeinwand bei Anwendbarkeit ausländischen Rechts zuläßt.[205] Das ist zu bejahen, da § 61 BörsG den inländischen nicht termingeschäftsfähigen Anleger nicht weiter haften lassen will als Ansprüche gegen ihn nach deutschem Recht begründet wären.[206] Die Anwendbarkeit von §§ 762, 764 BGB ist aber praktisch wenig bedeutsam. Die Rechtsprechung des BGH tendiert ohnehin dazu, den Differenzeinwand bei Börsentermingeschäften zu beschränken.[207]

7. Zinstermingeschäfte und -swaps als Form der Financial Futures

Schrifttum: *Kümpel/Häuser,* Börsentermingeschäfte, Termin und Differenzeinwand, 1986.

86 Finanztermingeschäfte werden im wesentlichen in festverzinslichen Wertpapieren (Interest Rate Futures), Aktienindices (Stock Index Futures), Währungen (Currency Futures) sowie Zinssätzen getätigt.[208] Kollisionsrechtlich sind die Finanztermingeschäfte einheitlich zu behandeln. Wesensmerkmal der Geschäfte ist es, daß nicht ein bestimmtes Gut gehandelt, vielmehr ein cash settlement vorgenommen wird. Kurs- und Zinsschwankungen werden bar ausgeglichen.[209]

87 Entscheidend für die kollisionsrechtliche Beurteilung der Financial Futures ist die Frage, ob und inwieweit sie als Börsentermingeschäft zu qualifizieren sind. Denn soweit es sich um Börsentermingeschäfte handelt, kommt § 61 BörsG zur Anwendung.[210] Im einzelnen gilt folgendes:

88 **Zinstermingeschäfte** sind als Börsentermingeschäfte[211] i. S. der Definition des BGH zu qualifizieren. Der Charakter des Zeitgeschäfts ergibt sich aus dem hinausgeschobenen Erfüllungszeitpunkt. Ein jederzeitiges Gegengeschäft ist durch die Beziehung zu einem Terminmarkt (LIBOR, FIBOR usw.) möglich. Kollisionsrechtlich gilt deshalb das zu den Börsentermingeschäften Ausgeführte.[212]

89 **Zinsswaps** haben im Gegensatz zu Zinstermingeschäften keinen Börsentermingeschäftscharakter.[213] Hier fehlt es an der Beziehung zu einem Börsenterminmarkt zur jederzeitigen Tätigung eines Gegengeschäftes. Zinsswaps dienen dem Austausch von Verbindlichkeiten und Forderungen und betreffen jeweils zwei konkrete Bilanzpositionen. Damit

---

[202] Vgl. *Rogers/Markham,* The Application of West German Statutes of United States Commodity Futures Contracts: An Unneccessary Clash of Policies, Law and Policy in International Business 19 (1987) 273 ff.

[203] Vgl. u. a. *Hadding/Wagner* WM 1976, 315 f.; *Lüer* JZ 1979, 171 ff. (174); *Samtleben* RIW 1975, 501 ff. (502); *Wach,* Der Terminhandel, S. 29 ff.; *Wengler* JZ 1979, 175 ff. (177).

[204] AaO. (Fn. 194), S. 273.

[205] Vgl. dazu *Kiel,* Internationales Kapitalanlegerschutzrecht, S. 181 f.

[206] Vgl. *Kiel,* Internationales Kapitalanlegerschutzrecht, S. 182; *Kümpel* WM 1989, 1485 ff. (1495); *Schwark* § 61 BörsG Rdnr. 3.

[207] Vgl. BGH WM 1991, 576.

[208] Vgl. dazu *Glogowski/Münch,* Neue Finanzdienstleistungen, 1986, S. 250 ff.

[209] Vgl. *Kümpel/Häuser,* Bösentermingeschäfte, S. 9 ff.; dort auch zur Problematik des Termin- und Differenzeinwandes bei Finanztermingeschäften.

[210] Vgl. dazu oben Rdnr. 79 ff.

[211] Vgl. *Kümpel/Häuser,* Börsentermingeschäfte, S. 140.

[212] Vgl. oben Rdnr. 79 ff.

[213] Vgl. *Kümpel/Häuser,* Börsentermingeschäfte, S. 149.

ist eine Rechtswahl nach Art. 27 EGBGB zulässig. Fehlt eine ausdrückliche Rechtswahl, ist die Bestimmung des anwendbaren Rechts problematisch. Eine charakteristische Leistung i. S. von Art. 28 Abs. 2 Satz 1 EGBGB ist bei diesen Geschäften nicht feststellbar.

Charakteristisch ist für den Zinsswap gerade, daß gleichwertige Forderungen und Verbindlichkeiten **ausgetauscht** werden. Die Leistungspflichten der Parteien stehen sich gleichwertig gegenüber, ohne daß es eine Bedeutung hätte, ob man den Zinsswap als Tauschvertrag oder als Vertrag sui generis mit dem Effekt wechselseitiger wirtschaftlicher Schuldübernahme qualifiziert.[214] Da Zinsswaps überwiegend zur Sicherung der Passivseite dienen, könnte man geneigt sein anzunehmen, daß der Vertragspartner, der seine Leistung zur Sicherung des Risikos der anderen Partei erbringt, charakteristisch leiste. 90

Regelmäßig ist die Sicherungsfunktion aber eine doppelte. Der Schuldner einer festen Zinsverbindlichkeit minimiert sein Zinsrisiko durch den Swap mit einer variablen Zinsforderung. Umgekehrt sichert der Schuldner einer solchen Verbindlichkeit sein Zinsrisiko durch den Swap mit einer festen Zinsforderung. Das Sicherungskriterium ist zur Bestimmung der charakteristischen Leistung deshalb ungeeignet. Man könnte auf den Ausgleich der Zinsdifferenzbeträge abstellen und die Verbindlichkeit, die zu einer Ausgleichungspflicht führt, als die charakteristische ansehen. Aber auch dieses Kriterium ist ungeeignet, da die Ausgleichsverpflichtung wegen der Ungewißheit der Zinsentwicklung nicht vorhersehbar ist. Die charakteristische Leistung i. S. von Art. 28 Abs. 2 Satz 1 EGBGB kann aber nicht ex post festgestellt werden, muß vielmehr bei Vertragsabschluß bestimmbar sein.[215] Andernfalls bliebe das anwendbare Recht während der Laufzeit des Vertrages nicht bestimmbar. Die Parteien wären über ihre Rechte und Pflichten im Unklaren. Unter diesen Umständen bleibt keine andere Lösung als die Vertragsspaltung. Die Leistungsverpflichtungen jeder Partei werden nach ihrem Sitzrecht beurteilt. 91

8. Devisenhandelsgeschäfte

Schrifttum: *Hahn,* Währungsrecht, 1990. S. 382ff.; *Kleiner,* Internationales Devisen-Schuldrecht, 1985.

Bei Devisenhandelsgeschäften ist die charakteristische Leistung i. S. von Art. 28 Abs. 2 Satz 2 EGBGB regelmäßig nicht feststellbar. Devisenhandelsgeschäfte sind dadurch gekennzeichnet, daß sich jede Partei verpflichtet, der anderen Partei „eine bestimmte Anzahl von Einheiten einer bestimmten Währung zu liefern, und zwar dadurch, daß sie einen solchen Betrag gutschreibt oder an eine Zahlstelle vergütet bzw. vergüten läßt."[216] Auch ist der Abschlußort – da regelmäßig telefonisch kontrahiert wird – nicht einheitlich zu bestimmen. Dasselbe gilt für den Erfüllungsort, da sich bei Devisenabschlüssen Leistungspflichten beider Vertragsparteien gleichwertig gegenüberstehen. 92

Eine einheitliche Anknüpfung nach dem engsten räumlichen Zusammenhang scheitert ebenfalls bei internationalen Transaktionen, da die wesentlichen Elemente – worauf *Kleiner*[217] zu Recht hinweist – auseinanderfallen. Es ist eine Vertragsspaltung notwendig. Eine einheitliche Unterstellung des Vertrages unter eine Rechtsordnung ist nicht möglich. Jede Verpflichtung unterliegt ihrem eigenen Recht, d. h. regelmäßig dem Recht am Sitz der verpflichteten Bank.[218] 93

9. Sicherung von Kapitalanlagegeschäften

Schrifttum: *von Bar,* Kollisionsrechtliche Aspekte der Vereinbarung und Inanspruchnahme von Dokumentenakkreditiven, ZHR 152 (1988) 38ff.; *von Caemmerer,* Urteilsanmerkung, JZ 1969, 362ff.; *Finger,* Bankgarantien und deutsches internationales Privatrecht, AWD BB 1969, 486ff.;

---

214 Vgl. dazu *Kümpel/Häuser,* Börsentermingeschäfte, S. 145 f.

215 Das ergibt sich incidenter schon aus Art. 28 Abs. 2 Satz 1 EGBGB, wo auf den gewöhnlichen Aufenthalt des Schuldners der „charakteristischen Leistung" „im Zeitpunkt des Vertragsabschlusses" abgestellt wird. Vgl. im übrigen *Reithmann/Martiny,* Internationales Vertragsrecht, Rdnr. 76.

216 Vgl. *Kleiner,* Devisen-Schuldrecht, S. 180.

217 Devisen-Schuldrecht, S. 180 f.

218 Vgl. *Kleiner,* Devisen-Schuldrecht, S. 186.

Goerke, Kollisionsrechtliche Probleme internationaler Garantien, 1986; *Kegel,* Die Bankgeschäfte im deutschen internationalen Privatrecht, Gedächtnisschrift für R. Schmidt, 1966, S. 215 ff.; *Nielsen,* Bankrecht und Bankpraxis, 5/515; *Nielsen,* Bankgarantien bei Außenhandelsgeschäften, 1986, S. 42 ff.; *Nielsen,* Grundlagen des Akkreditivgeschäfts, Revision 1983, 1985, S. 32 ff.; *Pleyer,* Die Bankgarantie im zwischenstaatlichen Handel, WM 1973, Sonderbeilage Nr. 2; *Schütze,* Kollisionsrechtliche Probleme des Dokumentenakkreditivs, WM 1982, 226 ff.; *Schütze,* Bankgarantien, 1994; *ders.,* Bestätigte und indossierte Bankgarantien als Sicherungsmittel im internationalen Handelsverkehr, Festschrift für Gernhuber, 1993, S. 461 ff.; *ders.,* Das Dokumentenakkreditiv im Internationalen Handelsverkehr, 4. Aufl., 1996, Rdnr. 443 ff.; *Steindorff,* Das Akkreditiv im internationalen Privatrecht der Schuldverträge, Festschrift für von Caemmerer, 1978, S. 761 ff.; *von Westphalen,* Die Bankgarantie im internationalen Handelsverkehr, 1982, S. 313 ff.; *von Westphalen,* Rechtsprobleme der Exportfinanzierung, 3. Aufl. 1987, S. 297 ff.; *Zahn/Eberding/Ehrlich,* Zahlung und Zahlungssicherung im Außenhandel, 6. Aufl. 1986, S. 23 ff.

94 Als Sicherungsmittel bei internationalen Kapitalanlagegeschäften finden sich im wesentlichen die Garantie – meist in Form einer Bankgarantie – und das ihr verwandte Dokumentenakkreditiv – regelmäßig in der Form des stand-by-letter of credit.[219]

95 *a) Garantie.* Garantiestatut ist das Sitzrecht der garantierenden Bank.[220] Diese erbringt die charakteristische Leistung i. S. von Art. 28 Abs. 2 Satz 1 EGBGB. Probleme ergeben sich zuweilen bei **mehrstufigen Garantieverhältnissen,** die insbesondere bei Geschäften mit arabischen Ländern üblich sind. Da die Rückgarantiebank keine Verpflichtung gegenüber dem Begünstigten übernimmt und ihre Verpflichtung allein gegenüber der Garantiebank besteht, wobei die Inanspruchnahme der Garantie durch den Begünstigten und die Zahlung der Garantiebank lediglich den Garantiefall auslöst, ist auch bei zwei- und mehrstufigen Garantieverhältnissen das Sitzrecht der garantierenden Bank anwendbar. Das bedeutet, daß im Verhältnis Begünstigter/Garantiebank das Sitzrecht der Garantiebank, im Verhältnis Garantiebank/Rückgarantiebank das Sitzrecht der Rückgarantiebank maßgebend ist.[221] Demgegenüber wollen *Nielsen*[222] und *Dohm*[223] auf das Recht der Garantiebank auch für das Verhältnis Garantiebank/Rückgarantiebank abstellen, weil der Anspruch der Garantiebank gegen die Rückgarantiebank auf Aufwendungsersatz sein besonderes Gepräge dadurch erhalte, daß die Garantiebank eine Direktgarantie nach ihrem Heimatrecht zu übernehmen habe. Diese Argumentation ist nicht überzeugend. Es ist unerheblich, in welcher Weise die Garantiebank dem Begünstigten gegenüber verpflichtet ist. Hierauf hat die Rückgarantiebank keinen Einfluß. Für sie ist ihre eigene Verpflichtung maßgebend.[224]

96 Der Anwendung des Garantiestatuts sind durch das internationale öffentliche Recht **Grenzen** gesetzt.[225] Bedeutsam sind bei internationalen Garantien in diesem Zusammen-

---

219 Der stand-by-letter of credit entspricht in seiner Funktion der Garantie. Da US-amerikanischen Banken das Garantiegeschäft nicht offen ist, wurde diese Form des Garantieakkreditivs entwickelt. Vgl. dazu *Eberth* ZVglRWiss 80 (1981) 29 ff. *Schütze,* Das Dokumentenakkreditiv, Rdnr. 93 ff.; *Mühl,* Immobiliarsicherheiten und persönliche Sicherheiten, in: Hadding/Schneider, Recht der Kreditsicherheiten in den Vereinigten Staaten von Amerika, 1985, S. 188 ff.

220 Vgl. BGH NJW 1974, 410; OLG Stuttgart WM 1979, 733; OLG Hamburg RIW 1978, 615; LG Frankfurt NJW 1981, 56; *Finger* AWD BB 1969, 486 ff.; *Goerke,* Kollisionsrechtliche Probleme, S. 88 ff.; *Nielsen,* Bankrecht und Bankpraxis, 5/515; *ders.,* Bankgarantien, S. 43; *Pleyer* WM 1973, Sonderbeilage Nr. 2, S. 15; *Käser* RabelsZ 35 (1971) 623; *Schütze,* Bankgarantien, 1994, S. 84; Staudinger/*Horn,* BGB, 12. Aufl., Vorbem. zu §§ 765–778, Rdnr. 98; *von Westphalen,* Die Bankgarantie, S. 319; *Zahn/Eberding/Ehrlich,* Zahlung und Zahlungssicherung, S. 368.

221 Vgl. *Finger* AWD BB 1969, 486 ff. (490); *Goerke,* Kollisionsrechtliche Probleme S. 101 f.; *Pleyer* WM 1973, Sonderbeilage Nr. 2 S. 15; *Schütze,* Bankgarantien S. 84; *von Westphalen,* Die Bankgarantie, S. 320 f.

222 Bankgarantien, S. 44.

223 Bankgarantien im Internationalen Handel, 1985, S. 144.

224 Für die kollisionsrechtliche Beurteilung von bestätigten und indossierten Bankgarantien vgl. *Schütze,* Festschrift für Gernhuber, S. 461 ff. (464 ff.).

225 Vgl. im Zusammenhang mit internationalem Währungsrecht *Kegel,* IPR, 7. Aufl., S. 866 ff.

hang Devisenbeschränkungen im Anwendungsbereich des Abkommens von Bretton Woods. Diese Konvention verdrängt das internationale Privatrecht der Mitgliedstaaten, soweit sie die Materie eigenständig regelt. Auch Garantien fallen unter Art. VIII Abschnitt 2 b des Abkommens von Bretton Woods.[226] Ansprüche aus internationalen Garantien sind – unabhängig von dem nach dem Garantiestatut anwendbaren Recht – vor den Gerichten der Mitgliedstaaten nicht einklagbar, wenn und soweit sie gegen das Abkommen von Bretton Woods verstoßen.

b) Dokumentenakkreditiv. Kollisionsrechtlich ist im Rahmen von Dokumentenakkrediti- 97
ven hinsichtlich der einzelnen Rechtsverhältnisse der Beteiligten zu differenzieren.

(aa) Verhältnis Akkreditivauftraggeber/Akkreditivbank. Akkreditivauftraggeber und 98
Akkreditivbank haben ihren Sitz regelmäßig im gleichen Staat. Es kommt das gemeinsame Sitzrecht zur Anwendung.[227]

(bb) Verhältnis Akkreditivbank/Begünstigter. Soweit keine weitere Bank neben der 99
Akkreditivbank eingeschaltet ist (Bestätigungsbank, Avisbank, Zahlstelle) besteht Einigkeit, daß das Recht am Sitz der Akkreditivbank anwendbar ist.[228] Die charakteristische Leistung des Akkreditivgeschäftes ist die Prüfung und Aufnahme der Dokumente und die Honorierung des Akkreditivs. Nach Art. 28 Abs. 2 Satz 1 EGBGB weist der Vertrag deshalb die engsten Beziehungen zum Sitzstaat der Akkreditivbank auf. Zum selben Ergebnis führten die Begründungen vor Inkrafttreten des IPRG, die auf den Erfüllungsort[229] abstellen, auf die Funktion des Akkreditivs,[230] auf das Prinzip der „geringsten Störung“[231] und darauf, daß die Akkreditivbank sich keinem anderen Recht unterwerfen wolle.[232] Streitig ist das anwendbare Recht bei Einschaltung einer **Zweitbank** als Zahlstelle. Eine starke Meinung in der Literatur spricht sich bei einem bestätigten Akkreditiv oder bei Einsetzung einer Zahlstelle für die Anwendung deren Rechts aus.[233] *Von Caemmerer*[234] will das Sitzrecht der Zweitbank anwenden, soweit es sich um eine bestätigende Bank handelt, nicht jedoch soweit es sich nur um eine avisierende Bank handelt. Diese Differenzierungen überzeugen nicht. Für das Verhältnis Akkreditivbank/Begünstigter ist davon auszugehen, daß die Verpflichtung der Akkreditivbank eine solche aus § 780 BGB ist.[235] Die Rechtsnatur dieser Verpflichtung ändert sich nicht durch die Einschaltung einer Zweitbank. Die charakteristische Leistung ist auch bei Einschaltung einer Zweitbank am Sitz der Akkreditivbank zu

---

[226] Vgl. BGH AWD BB 1964, 228; BGH AWD BB 1970, 274 für den rechtsähnlichen Fall der Bürgschaft; *Georke,* Kollisionsrechtliche Probleme, S. 120 f.; *Nielsen/Schütze,* Zahlungssicherung und Rechtsverfolgung im Außenhandel, 1985, S. 7; *Schütze,* Bankgarantien, S. 87.

[227] Vgl. *Lücke,* Das Dokumentenakkreditiv in Deutschland, Frankreich und der Schweiz in rechtsvergleichender Darstellung, Diss. Kiel 1976, S. 270 f.; *Nielsen,* Grundlagen, S. 34; *Schütze,* Das Dokumentenakkreditiv Rdnr. 447; Staudinger/*Firsching,* EGBGB, 10./11. Aufl., Vor Art. 12 EGBGB Rdnr. 541; *Zahn/Eberding/Ehrlich,* Zahlung und Zahlungssicherung, S. 26.

[228] Vgl. BGH WM 1955, 765; *von Bar* ZHR 152 (1988) 38 ff. (53); *von Caemmerer* JZ 1959, 362 f. (363); *Käser* RabelsZ 21 (1956) 73 ff. (118); *Kegel,* Gedächtnisschrift für Schmidt, S. 215 ff. (240); *Nielsen,* Grundlagen, S. 35; *Schütze* WM 1982, 226 ff. (227); *von Westphalen,* Exportfinanzierung, S. 300; *Zahn/Eberding/Ehrlich,* Zahlungen und Zahlungssicherung, S. 26.

[229] So BGH WM 1955, 765; *Nielsen,* Grundlagen des Akkreditivgeschäfts, S. 35.

[230] So *Vischer,* Internationales Vertragsrecht, 1962, S. 122.

[231] Vgl. *Staudinger/Firsching,* EGBGB, 10./11. Aufl., vor Art. 12 Rdnr. 541.

[232] Vgl. *Wolff,* Das internationale Privatrecht Deutschland, 1954, S. 144. Die Polemik *Steindorffs,* Festschrift für von Caemmerer, s. 761 ff. (767 f.), gegen die Anwendung des „Rechts des Stärkeren“ ist unberechtigt und geht am Problem vorbei.

[233] Vgl. *Liesecke* WM 1966, 459 ff.; *Steindorff,* Festschrift für von Caemmerer, S. 761 ff.; *Zahn/Eberding/Ehrlich,* Zahlung und Zahlungssicherung, S. 26 f.; für den Fall der Einsetzung einer Zahlstelle neuerdings auch OLG Frankfurt RIW 1988, 133 mit ablehender Anm. *Schütze* EWiR § 365 HGB 1/88, 81.

[234] JZ 1959, 362 ff. (363); ebenso *von Bar* ZHR 152 (1988) 38 ff. (53).

[235] Vgl. BGHZ 60, 262; *Canaris,* Bankvertragsrecht, 2. Bearb., Rdnr. 984 m. w. N.; *Nielsen,* Bankrecht und Bankpraxis, 5/291.

erbringen.[236] Eine Differenzierung danach, ob eine Zweitbank eingeschaltet wird oder nicht, verbietet sich auch aus praktischen Gründen. Oft wird die Zweitbank erst nach Eröffnung des Akkreditivs eingeschaltet oder ausgewechselt. Diejenigen, die auf das Recht der Zweitbank abstellen, müssen hinnehmen, daß die Verpflichtung der Akkreditivbank ihren Inhalt während der Laufzeit des Akkreditives wie ein Chamäleon ändert. So hatte in einem Fall vor einigen Jahren eine syrische Bank ein Akkreditiv zugunsten eines deutschen Begünstigten eröffnet. Dieses Akkreditiv wurde später von einer US-amerikanischen Bank bestätigt. Wiederum kurze Zeit später wurde eine deutsche Zahlstelle benannt. Folgt man der Meinung derer, die auf das Recht der Zweitbank abstellen, dann hätte die Akkreditivverpflichtung zunächst syrischem Recht unterlegen. Sie wäre sodann kalifornischem Recht unterstellt gewesen und hätte sich schließlich – nach Einsetzung der Zahlstelle – nach deutschem Recht bestimmt.

100 (cc) Verhältnis Zweitbank/Begünstigter. Wird das Akkreditiv bestätigt, so gibt die Zweitbank ein selbständiges abstraktes Schuldversprechen i. S. von § 780 BGB ab.[237] Im Verhältnis der bestätigenden Bank zum Begünstigten gilt das Sitzrecht der Zweitbank.[238] Damit ist den Interessen des Begünstigten Genüge getan. Daß ihm daneben auch noch die Akkreditivbank nach ihrem Recht haftet, mag ihn nicht stören. Handelt es sich bei der Zweitbank um eine **Avisbank,** so ist für Ansprüche aus dem gesetzlichen Schuldverhältnis des Art. 7 ERA 1993 auf das Recht abzustellen, an dem die Avisierung erfolgt.[239] Die Avisierung ist die vertragstypische Leistung i. S. von Art. 28 Abs. 2 Satz 1 EGBGB.

101 (dd) Verhältnis Akkreditivbank/Zweitbank. Zwischen Akkreditivbank und Zweitbank (bestätigende, avisierende Bank, Zahlstelle) besteht ein entgeltlicher Geschäftsbesorgungsvertrag. Für die Ansprüche hierzu ist das Sitzrecht der Zweitbank maßgebend.[240] Diese erbringt die charakteristische Leistung durch die Avisierung, Dokumentenprüfung, Dokumentenaufnahme und Honorierung.

---

[236] Für die Anwendung des Sitzrechts vgl. *Nielsen,* Grundlagen, S. 35 f.; *Schütze* WM 1982, 226 ff. (227 f.); *ders.* EWiR § 365 HGB 1/88, 81; *von Westphalen,* Exportfinanzierung, S. 300 f.; *Schefold,* Zum IPR des Dokumenten-Akkreditivs, IPRax 1990, 20 ff.; *Schütze,* Das Dokumentenakkreditiv Rdnr. 450 ff.

[237] Vgl. BGHZ 28, 129; *Canaris,* Bankvertragsrecht, 2. Bearb., Rdnr. 984; *von Caemmerer* JZ 1959, 362 ff. (364); *Nielsen,* Bankrecht und Bankpraxis, 5/309; *Schütze,* Das Dokumentenakkreditiv, Rdnr. 456; *Zahn/Eberding/Ehrlich,* Zahlung und Zahlungssicherung, S. 122.

[238] Vgl. *von Bar* ZHR 152 (1988) 38 ff. (53); *Canaris* aaO (Fn. 225), Rdnr. 985; *Nielsen,* Grundlagen, S. 36 f.; *Schütze* WM 1982, 226 ff. (228); *ders.,* Das Dokumentenakkreditiv Rdnr. 456; *von Westphalen,* Exportfinanzierung, S. 301.

[239] Vgl. *Schütze* DB 1987, 2189 ff.; *ders.,* Das Dokumentenakkreditiv, Rdnr. 457.

[240] Vgl. LG Frankfurt NJW 1976, 1044; *Eberth* RIW 1977, 522 ff. (526); *Kegel,* Gedächtnisschrift für Schmidt, S. 215 ff. (240); *Lücke,* Das Dokumentenakkreditiv in Deutschland, Frankreich und der Schweiz in rechtsvergleichender Darstellung, Diss. Kiel 1976, S, 270; *Nielsen,* Grundlagen, S. 34 f.; *Schütze* WM 1982, 226 ff. (228); *von Westphalen,* Exportfinanzierung, S. 298 ff.; *Schütze,* Das Dokumentenakkreditiv, Rdnr. 458 f.; *Zahn/Eberding/Ehrlich,* Zahlung und Zahlungssicherung, S. 28, allerdings mit Einschränkungen für den Fall, daß die Zweitbank nur „Durchleitungsstelle“ ist.

2. Teil. Die einzelnen Kapitalanlagegeschäfte

3. Kapitel. Effektengeschäfte

§ 11 Das Effektengeschäft im allgemeinen

Übersicht

Schrifttum: *Arendts,* Die Haftung der Kreditinstitute bei der Wertpapieranlageberatung, ZAP Fach 8 S. 193; *ders.,* Beratungs- und Aufklärungspflichten über das einem Wertpapier erteilte Rating, WM 1993, 229; *ders.,* Schriftliche Anlegeraufklärung bei modernen Finanzprodukten, DStR 1994, 1350; *ders.,* Die Haftung der Banken für fehlerhafte Anlageberatung, ÖBA 1994, 251; *ders.,* JuS 1994, 916; *ders.,* DZWir 1994, 185; *Ashauer/Gugler,* Das Wertpapiergeschäft der Kreditinstitute, 8. Aufl. 1988; *Assmann,* Prospekthaftung, 1985; Aufklärungs- und Beratungspflichten der Kreditinstitute (Hadding, Hsg.), 1993; *Baumbach/Hopt,* HGB 29. Aufl. 1995; *Baumbach/Hefermehl,* Wechselgesetz und Scheckgesetz, 18. Aufl. 1993; *Becker,* Das neue Wertpapierhandelsgesetz, (1995); *Bertschinger,* Sorgfaltspflichten der Bank bei Anlageberatung, 1992; *Bruske,* Beweiswürdigung und Beweislast bei Aufklärungspflichtverletzungen im Bankrecht, 1994; *Canaris,* Bankvertragsrecht, Großkomm. HGB, 3. Aufl. (2. Bearb.) 1981, 4. Aufl. 1988, 1. Teil; *ders.,* Ansprüche wegen „positiver Vertragsverletzung“ und „Schutzwirkung für Dritte“ bei nichtigen Verträgen, JZ 1965, 475; *Claussen,* Der Genußschein und seine Einsatzmöglichkeiten, Festschrift für Werner, 1984, S. 81; *ders.,* Der Neue Zweite Markt, ZGR 1984, 1; *ders.,* Bank- und Börsenrecht, 1995; *Dalwigk zu Lichtenfels,* Freiherr von, Das Effektenkommissionsgeschäft, 1975; *Delorme,* Die Rechtsübertragung im Effektengiroverkehr, Die Bank 1979, 446 ff.; *Fabricius,* Zur Theorie des stückelosen Effektengiroverkehrs mit Wertrechten aus Staatsanleihen, AcP 162 (1969) 456 ff.; *Fünfgeld/Hoever/Zehnter,* Neue Anforderungen an die Anlageberatung, Sparkasse 1995, 238; *Grimm,* Die neuen Sonderbedingungen der Banken für Wertpapiergeschäfte, WiB 1995, 56; Großkommentar/*Koller,* Handelsgesetzbuch 4. Aufl. 1985; *Hagemüller/Diepen,* Der Bankbetrieb, 11. Aufl. 1987; *Harter/Franker/Hogrefe/Seger,* Wertpapiere in Theorie und Praxis, 1987; *Heinsius,* Anlageberatung durch Kreditinstitute, ZHR 145 (1981) 174; *ders.,* Pflichten und Hafutng der Kreditinstitute bei der Anlageberatung, ZBB 1994, 47; *Heinsius/Horn/Than,* Depotgesetz

1975; *Hoffmann,* Verhaltenspflichten der Banken und Kreditunternehmungen, 1991; *Hopt,* Berufshaftung und Berufsrecht der Börsendienste, Anlageberater und Vermögensverwalter, Festschrift für Fischer, 1979, S. 237; *ders.,* Grundsatz- und Praxisprobleme nach dem WpHG, ZHR 159 (1995) 135; Kapitalanlegerschutz im Recht der Banken, 1975; *ders.,* Risikokapital, Nebenbörsen und Anlegerschutz, WM 1985, 793; *Hueck/Canaris,* Wertpapierrecht, 12. Aufl. 1986; Insiderhandels-Richtlinien in der Neufassung von 1988, WM 1988, 1105; *Jütten,* Anlegerschutz im Wertpapiergeschäft, die Bank 1995, 153; *Kiel,* Internationales Kapitalanlegerschutzrecht, 1994; *Kleinwächter,* Die Prospekthaftung der Bank für Aktienplazierungen außerhalb des amtlichen Börsenhandels, BB 1987, 1541; *Köndgen,* Die Haftung von Börseninformationsdiensten: Lücke im Anlegerschutz?, JZ 1978, 389; *Koller,* Interessenkonflikte im Kommissionsverhältnis, BB 1978, 1733; *ders.,* Empfiehlt sich eine Neuordnung und Ergänzung des Wertpapierrechts im BGB?, in: Gutachten und Vorschläge zur Überarbeitung des Schuldrechts, hrsg. vom Bundesminister der Justiz, 1981/II, 1427; *Krimphove,* Anlageberatung, 1992; *Kübler,* Anlageberatung durch Kreditinstitute, ZHR 145 (1981) 204; *ders.,* Regelungsprobleme des grenzüberschreitenden Wertpapierhandels, WM 1986, 1305; *Kümpel,* Bank- und Kapitalmarktrecht, 1995 (zit. BankR); *ders.,* Ablösung der „Wertrechte" durch Dauerglobalurkunden. Zu den Reformvorschlägen für das Wertpapierrecht, WM 1982, 730; *ders.,* Zur Umstellung des französischen Effektenwesens auf Bucheffekten, WM 1984, 577; *ders.,* Die Preisfeststellung im Geregelten Markt, WM 1988, 162; *ders.,* Das Effektengeschäft im Lichte des II. Finanzmarktförderungsgesetzes, WM 1993, 2025 ff., *ders.,* Die neuen Sonderbedingungen für Wertpapiergeschäfte, WM 1995, 137; *ders.,* Die allgemeinen Verhaltensregeln des WpHG, WM 1995, 689; *Lampert,* Die Aufklärungs- und Beratungspflichten bei der Vermögensanlage, WiB 1995, 501; *Modest,* Über den Selbsteinritt des Bankkomissionärs, NJW 1950, 52; *Niehoff,* Die Haftung für die Verletzung von Beratungs- und Aufklärungspflichten beim Abschluß von Effektengeschäften, Sparkasse 1986, 45; *ders.,* Sparkasse 1987, 61; Neue Entwicklungen im Bankhaftungsrecht (Köndgen, Hsg.), 1987; *Nußbaum,* Die Börsengeschäfte, in: Ehrenbergs Handbuch IV/2, 1918, S. 541ff.; *Obst/Hintner,* Geld-, Bank- und Börsenwesen, 38. Aufl., 1988; *Opitz,* Depotgesetz, 2. Aufl. 1955; *Oppermann/Degner,* Börsen- und Wertpapiergeschäfte, 6. Aufl. 1983; *Peters,* Rechtliche Entwicklungsmöglichkeiten im Effektenbereich, 1983; *ders.,* Wertpapierfreies Effektensystem, 1975; *Pleyer/Schleiffer,* Neue Entwicklungen im Depotrecht, DB 1972, 77; *Raeschke/Kessler,* Bankenhaftung bei der Anlageberatung über neue Finanzprodukte, WM 1993, 1830; *Rasmus,* Da Selbsteintrittsrecht des Effektenkommissionärs, 1968; *Reischauer/Kleinhans,* KWG, Loseblatt-Kommentar, Stand 1989; *Rössner/Weber,* Warenterminoptionen: Erlaubter Betrug?, BB 1979, 1049 ff.; *Roth,* Der Wall-Street-Skandal und das österreichische Kapitalmarktrecht, öRdW 1987, 219; *ders.,* Österreichisches Wertpapierrecht, 1988; *ders.,* Schadensersatzansprüche bei Börsengeschäften von Insidern im amerikanischen Recht, RabelsZ 38 (1974) 720; *ders.,* Verbot des Insiderhandels, AG 1978, 113; *ders.,* Das Treuhandmodell des Investmentrechts, 1972; *Roth, H.,* Beweismaß und Beweislast bei der Verletzung von bankvertraglichen Aufklärungs- und Beratungspflichten, ZHR 154 (1990) 513; *Schäfer,* Haftung für fehlerhafte Anlageberatung und Vermögensverwaltung, 2. Auflage 1994; *Scharrenberg,* Die Dokumentation in der Anlageberatung nach den §§ 31, 34 WpHG, Sparkasse 1995, 108; *Schlegelberger,* Handelsgesetzbuch, 5. Aufl. 1977; *Schmidt,* Börsenorganisation zum Schutze der Anleger, 1970; *Schneiders,* Anlegerschutz im Recht der Effektenkommission, 1977; *Schönle,* Bank- und Börsenrecht, 2. Aufl. 1976; *Schoreit/Heck,* Aktien, Wertpapiergeschäfte in der Bundesrepublik Deutschland, 1988; *Schwark,* Anlegerschutz durch Wirtschaftsrecht, 1979; *ders.,* 100 Bände BGHZ: Bank- und Wertpapierrecht, ZHR 151 (1987) 325; *ders.,* Börsengesetz, 1976; *ders.,* Die Haftung aus dem Prospekt über Kapitalanlagen, BB 1979, 897; *ders.,* Das neue Kapitalmarktrecht, NJW 1987, 2041; *Steuer,* Anlegerschutz im Wertpapiergeschäft, WM 1995, 281; *Stüdemann,* Die Globalaktie, 1960; *Thielemann,* Das Genußrecht als Mittel der Kapitalbeschaffung und der Anlegerschutz, 1988; *Tilp,* Aufklärungspflichten der Banken bei Devisentermingeschäften, ZIP 1993, 1843; *Tippach,* Das Insider-Handelsverbot und die besonderen Rechtspflichten der Banken, 1995; *Ulmer/Ihrig,* Ein neuer Anleihetypus: Zero Bonds, ZIP 1985, 1169; *Vortmann,* Aufklärungs-, Beratungs- und sonstige Warnpflichten der Banken, 2. Aufl.; *ders.,* Aufklärungspflichten der Banken, WM 1989, 1557; *ders.,* Aufklärungs- und Beratungspflichten grenzüberschreitenden Bankdienstleistungen, WM 1993, 581; *Weber,* Deutsches Kapitalmarktrecht im Umbruch, NJW 1994, 2849 ff.; *Werner/Machunsky,* Rechte und Ansprüche geschädigter Kapitalanleger, 3. Aufl. 1991; *dies.,* Bankhaftung für Börsenverluste, 1989; *Wessely,* Der Bundesschatzbrief als Sammelschuldbuchforderung und seine Emission, WM 1969, 1094; *Wolter,* Das Effektengeschäft: Recht, Handel, Verwaltung und Verwahrung von Wertpapieren, 4. Aufl. 1985; *Wüst,* Präventives und repressiver Rechtsschutz bei Anlegerwerbung und Anlagevermittlung, JZ 1989, 67 ff.; *Zehner,* Zero-Bonds im Emissionsrecht etc., 1988; *Zöllner,* Die Zurückdrängung des Verkörperungselements, Festschrift für Raiser, 1974, S. 249; *ders.,* Wertpapierrecht, 14. Aufl. 1987.

I. Effekten und Effektengeschäft

1. Vorbemerkung. Als gesetzlicher Ausgangspunkt für jede Erörterung des Effektengeschäfts bietet sich traditionell dessen Definition im KWG an. § 1 Abs. 1 Satz 2 Nr. 4 KWG bezeichnet als Effektengeschäft „die Anschaffung und Veräußerung von Wertpapieren für andere". Die Qualifikation als Effektengeschäft setzt somit nach dieser Legaldefinition voraus, daß Umsatzgeschäfte über Wertpapiere, bei denen es sich um Effekten handeln muß, „für andere" getätigt werden. Demgegenüber führt das WpHG von 1994 (aus dem Zweiten FinanzmarktförderungsG, BGBl. 1994 I 1749) den Begriff der Wertpapierdienstleistungen ein (§ 2 Abs. 3), unter dem es als Geschäftstypus an erster Stelle ebenfalls „die Anschaffung und die Veräußerung . . . für andere" versteht, dem dann allerdings ausdrücklich die Durchführung „im Wege des Eigenhandels" gleichstellt (hierzu unten Rdnr. 51) und schließlich auch noch „die Vermittlung von Geschäften über die Anschaffung und die Veräußerung" einbezieht. Geschäftsgegenstand sind hier Wertpapiere gemäß näherer Definition in § 2 Abs. 1 und Derivate gemäß Definition in § 2 Abs. 2. 1

Im KWG ist von vornherein nur das Effektengeschäft **als Bankgeschäft** angesprochen, 2 weil sein § 1 das in der soeben zitierten Formulierung definierte Effektengeschäft zum Bankgeschäft erklärt. In der Tat kommt eine Anschaffung oder Veräußerung von Effekten im Inland praktisch fast ausnahmslos nur in der Form vor, daß eine Bank ein- bzw. zwischengeschaltet wird. Der Erwerbs- bzw. Verkaufswillige, sofern er nicht selbst ein Kreditinstitut ist, wendet sich an eine Bank, und diese stellt in der Regel die Verbindung zur Marktgegenseite her bzw. leitet die Order an die Börse (hierzu oben § 2 Rdnr. 54 f.) – sofern sie nicht ausnahmsweise die Papiere aus eigenem Bestand liefert bzw. auf eigenen Bestand übernimmt. Auf diese Weise sind zumindest drei Personen beteiligt, und wenn auch deren Rechtsbeziehungen unterschiedlich ausgestaltet und miteinander verknüpft sein können (vgl. Rdnr. 34 ff.), so treffen doch im Regelfall **zumindest zwei Rechtsgeschäfte** zusammen: das Geschäft zwischen der Bank und dem auftraggebenden Kunden und das Ausführungs-(Deckungs-)Geschäft der Bank zur Marktgegenseite. Die Formulierung des § 1 Abs. 1 Satz 2 Nr. 4 KWG zielt dabei auf dieses Ausführungsgeschäft ab; für eine Betrachtung im Rahmen des Kapitalanlagerechts stehen demgegenüber die Rechtsbeziehungen des Anlegers zu seinem Vertragspartner im Vordergrund, der nachfolgende § 12 befaßt sich ausschließlich mit dem Rechtsverhältnis zwischen der Bank und dem Kunden.

Demgegenüber beschränkt das WpHG sich nicht in gleicher Weise auf Kreditinstitute, 3 sondern die von ihm zu erfassenden Wertpapierdienstleistungen können im Prinzip von Banken oder anderen Unternehmen erbracht werden. Insoweit setzt das WpHG lediglich voraus, daß der Umfang der Dienstleistungen einen in kaufmännischer Weise eingerichteten Geschäftsbetrieb erfordert, indem es dies zum Tatbestandsmerkmal für seinen Dienstleistungsbegriff erhebt (§ 2 Abs. 3; das KWG macht, systematisch richtiger, zwar nicht die Definition des Effekten- oder Bankgeschäfts, wohl aber diejenige des die Bankgeschäfte betreibenden Kreditinstituts davon abhängig). In § 2 Abs. 4 grenzt das WpHG sodann unter dem Begriff der Wertpapierdienstleistungsunternehmen diejenigen ein, die es in der Folge in bestimmter Hinsicht näher regeln will. Das WpHG läßt jedoch die Zulassungs- und Reglementierungsschranken unberührt, die das KWG an den Begriff des Effektengeschäfts knüpft (unten Rdnr. 17), weil es ja keineswegs eine umfassende Regelung des Wertpapierhandels bzw. der von ihm als Wertpapierdienstleistungen definierten Geschäfte enthält. Es ändert also nichts an der Einordnung des Effektengeschäfts als Bankgeschäft nach KWG.

2. Der Begriff „Effekten". *a) Der traditionelle Effektenbegriff.* Der Begriff „Wertpapier" 4 wird im KWG ebensowenig näher umschrieben wie in den zahlreichen anderen Gesetzen, in denen er vorkommt (z. B. §§ 232, 234, 372, 437 BGB; §§ 369, 381 HGB). Eine allgemein verbindliche Legaldefinition existiert nicht. Nach allgemeiner Auffassung[1] ist ein

[1] *Baumbach/Hefermehl,* WG und ScheckG, WPR Rdnr. 11; *Roth,* Wertpapierrecht, S. 10.

Wertpapier eine Urkunde, deren Innehabung zur Geltendmachung des in ihr verbrieften Rechts erforderlich ist. Papiere, die nicht einmal von dieser sehr weiten Definition erfaßt werden, können somit von vornherein nicht Gegenstand des Effektengeschäfts sein. So handelt es sich bei Schuldscheindarlehen[2] ebensowenig um Effekten wie bei Geschäftsanteilscheinen[3] einer GmbH; Schuldschein wie Geschäftsanteilschein sind bloße Beweisurkunden und keine Wertpapiere. Nicht jedes Wertpapier i. S. des allgemeinen Wertpapierbegriffs ist aber zugleich auch Wertpapier i. S. von § 1 Abs. 1 Satz 2 Nr. 4 KWG; aus der Legaldefinition des Effektengeschäfts ergeben sich vielmehr **Einschränkungen** in zweierlei Hinsicht.

5 Als Gegenstand gewerbsmäßiger Umsatzgeschäfte müssen die Wertpapiere **handelbar,** umlauffähig sein. Es kommen daher nur solche Wertpapiere in Betracht, die im Verkehr beim Abschluß der Kommissions- bzw. Kaufgeschäfts üblicherweise *nach Art und Zahl der Stücke bestimmt* werden und innerhalb der Gattung ohne weiteres austauschbar, also *vertretbar* i. S. von § 91 BGB sind. Dem entspricht die Regelung des § 1 Abs. 1 DepG, nach der neben einer Reihe ausdrücklich aufgezählter Papiere ganz generell „andere Wertpapiere, wenn diese vertretbar sind" dem depotrechtlichen Wertpapierbegriff unterfallen. Diese Übereinstimmung ist zweckmäßig, da die §§ 18 ff. DepG Vorschriften für den Eigentumserwerb des Kunden bei der Anschaffung von Wertpapieren enthalten – wie überhaupt der depotrechtliche Wertpapierbegriff weitgehend dem des § 1 Abs. 1 Satz 2 Nr. 4 KWG entspricht.[4] Der Wertpapierbegriff des Effektengeschäfts ist also enger als der weitgefaßte Begriff des Wertpapierrechts.[5] Aus dem Erfordernis der Vertretbarkeit (§ 91 BGB) folgt, daß Rektapapiere, wie z. B. Hypotheken-, Grundschuld- und Rentenbriefe (ausgenommen die Inhabergrundschuldbriefe), grundsätzlich[6] keine Wertpapiere i. S. der Nr. 4 sind. Ebenso nicht fungibel und daher für das Effektengeschäft ungeeignet sind die qualifizierten Legitimationspapiere (§ 808 BGB), wie z. B. das Sparbuch.

6 Aber auch nicht alle im Verkehr gehandelten und vertretbaren Papiere sind Wertpapiere i. S. von § 1 Abs. 1 Satz 2 Nr. 4 KWG. Aus der zusammenfassenden Bezeichnung „Effektengeschäft" geht hervor, daß es sich bei Wertpapieren i. S. von Nr. 4 um Effekten handeln muß. Neben der Fungibilität setzt die Qualifikation als Effekten voraus, daß es sich um Wertpapiere handelt, die einen **Anspruch** auf **regelmäßige wiederkehrende Erträge** enthalten. Dem Effektengeschäft kommt nämlich in der marktwirtschaftlich verfaßten Wirtschaftsordnung die Funktion der Kapitalaufbringung und Kapitalanlage zu: Dem anlagesuchenden Publikum soll eine mittel- oder langfristige – möglichst ertragreiche – Kapitalanlage verschafft werden, den kapitalsuchenden Emittenten soll Kapital zugeführt werden. Der Wertpapierbegriff des § 1 Abs. 1 Satz 2 Nr. 4 KWG ist somit auch enger als der handelsrechtliche Wertpapierbegriff des § 1 Abs. 2 Nr. 1 HGB, der die Anschaffung und Weiterveräußerung von Wertpapieren, unabhängig von der Art des Wertpapiers, als Grundhandelsgewerbe deklariert.[7]

---

[2] Schuldscheindarlehen sind längerfristige Darlehen insbesondere an Industrieunternehmen, öffentliche Stellen, bestimmte Banken, über die zu Beweiszwecken ein Schuldschein ausgestellt werden kann. Zum fehlenden Wertpapiercharakter s. *Schönle,* Bank- und Börsenrecht, § 16 I 1 b; *Canaris,* Bankvertragsrecht, 1981, Rdnr. 1812.

[3] *Roth,* GmbHG, 2. Aufl., § 14 Anm. 2.2.

[4] *Reischauer/Kleinhans,* KWG, § 1 Rdnr. 29; *Canaris,* Bankvertragsrecht, 1981, Rdnr. 1810; *Schlegelberger/Hefermehl,* HGB, Anh. § 406 Rdnr. 6.

[5] *Schönle,* Bank- und Börsenrecht, § 16 I; *Canaris,* Bankvertragsrecht, 1981, Rdnr. 1810; *Kümpel,* BankR Rdnr. 8.8 ff.

[6] Nach Auffassung des OLG Hamburg (WM 1952, 37) sind Wertpapiere i. S. des § 1 DepG auch Rektapapiere, sofern es sich um massenhaft ausgegebene Papiere handelt, die sich voneinander nur durch die Stücknummern unterscheiden; zustimmend *Schlegelberger/Hefermehl,* HGB, Anh. § 406 Rdnr. 8.

[7] *Canaris,* Bankvertragsrecht, 1981, Rdnr. 1811; *Schönle,* Bank- und Börsenrecht, § 16 I 2.

Aus der Beschränkung auf Kapitalanlagepapiere ergibt sich, daß nicht alle Inhaber- und Orderpapiere, selbst wenn sie vertretbar sind, zu den Effekten zählen. Mangels Kapitalanlagefunktion sind jedenfalls Wechsel, Scheck sowie die kaufmännischen Orderpapiere des § 363 Abs. 2 HGB nicht den Effekten zuzuordnen. 7

b) Die Erweiterungsbedürftigkeit des herkömmlichen Effektenbegriffs. Effekten, Wertpapiere i. S. von § 1 Abs. 1 Satz 2 KWG, sind nach den vorstehenden Ausführungen, die den traditionellen Effektenbegriff mit seiner Beschränkung auf Wertpapiere wiedergeben, **fungible Kapitalmarktpapiere.** Der Moderne Effektenverkehr ist aber schon seit längerem von einer zunehmenden **„Entmaterialisierung“** von Kapitalwerten und, damit einhergehend, einem allgemeinen **Funktionsverlust des Wertpapiers**[8] geprägt. Dieser Prozeß, die Kapitalmarktpapiere von der Verkörperung in umlauffähigen Urkunden zu lösen sowie deren Übertragung nach sachenrechtlichen Grundsätzen durch bloße Buchungsakte zu ersetzen – ein Prozeß, der in Frankreich 1984 zur gesetzlichen Einführung eines wertpapierfreien Effektensystems führte[9] – hat in Deutschland zu einer Erweiterung des traditionellen Effektenbegriffs[10] geführt; über eine Neugestaltung des Effektenwesens konnte man sich bisher nicht einigen.[11] 8

Der soeben beschriebene Trend manifestiert sich in einer Reihe von gesetzlich anerkannten Einrichtungen, angefangen von **Effektengiroverkehr** bis hin zur gänzlichen **Entbriefung** bei den staatlichen Schuldbuchforderungen. So erfolgt die Übertragung der Effekten in der Praxis im allgemeinen stückelos (§ 24 DepG):[12] Mit der Übernahme der Papiere in die Sammelverwahrung wird der bisherige Eigentümer zum Miteigentümer an den zum Sammelbestand des Verwahrers gehörenden Wertpapieren derselben Art (§ 6 Abs. 1 DepG). Die Übereignung sammelverwahrter Effekten erfolgt nun zwar juristisch durch Einigung über die Übertragung und Übergabe mittels Einräumung von Mitbesitz, de facto vollzieht sie sich durch Einigung und Umbuchung der bei den Wertpapiersammelbanken verwahrten Bestände.[13] Die Umbuchung entfaltet dabei schuld- und sachenrechtliche Wirkungen (§§ 929 ff.; 1205 ff. BGB). Der nach den §§ 7, 8 DepG dem Berechtigten verbleibende, zudem abdingbare Anspruch auf Auslieferung einzelner Stücke aus dem Sammelbestand ist hingegen ohne praktische Relevanz: § 123 Abs. 3 Satz 2 AktG läßt für die Ausübung des Stimmrechts in der Hauptversammlung eine Hinterlegungsbescheinigung der Wertpapiersammelbank genügen.[14] Den einzelnen Urkunden kommt somit im Effektengiroverkehr weder für die Legitimation noch für die Übertragung praktische Bedeutung zu. Obgleich also im Effektengiroverkehr nur der Miteigentumsanteil am Sammelbestand und nicht die einzelnen Urkunden übereignet werden, spricht man dennoch von Effektenerwerb bzw. Effektengeschäft.[15] 9

Dieser Prozeß setzt sich in der Ausgabe von Global-(Sammel-)Urkunden[16] fort. Die **Sammelurkunde** verbrieft mehrere Einzelrechte, die jedes für sich in Wertpapieren ein und derselben Art verbrieft sein können, und ist als solche von vornherein nicht Gegenstand von Umsatzgeschäften nach Nennwert oder Stückzahl. Die Sammelurkunde ist somit auch keine vertretbare Sache i. S. von § 91 BGB; der Effektenhandel bezieht sich nur auf 10

---

[8] *Hueck/Canaris,* Recht der Wertpapiere, S. 14 ff.; *Zöllner,* Festschrift für Raiser, S. 249 ff.; *Roth,* Wertpapierrecht, S. 120.

[9] *Kümpel* WM 1984, 577.

[10] *Canaris,* Bankvertragsrecht, 1981, Rdnr. 1815 ff.; *Schlegelberger/Hefermehl,* HGB, Anh. § 406, Rdnr. 9.

[11] Zu den Reformüberlegungen s. u. Rdnr. 15 f.; zum Wertpapierbegriff des WpHG unten Rdnr. 14.

[12] Ausführlich dazu § 13 Rdnr. 29 ff.

[13] *Baumbach/Hefermehl,* WG und ScheckG, WPR Rdnr. 91.

[14] Kölner Komm./*Zöllner,* AktG § 123 Rdnr. 25 ff.

[15] *Canaris,* Bankvertragsrecht, 1981, Rdnr. 1816.

[16] Zur Sammelurkunde s. § 13 Rdnr. 45 ff.

die in der Globalurkunde verbrieften Einzelrechte.[17] Ohne eine entsprechende Erweiterung des traditionellen Effektenbegriffs auf vertretbare Rechte ließe sich der Handel mit in Globalurkunden verbrieften Kapitalanlagewerten, insbesondere wenn der Anspruch auf Auslieferung von Einzelstücken abgedungen wurde (§ 9a Abs. 3 Satz 2 DepG), nicht dem Effektengeschäft zuordnen.[18]

11 Die Entmaterialisierung des Effektenwesens gipfelt in der vollständigen **Preisgabe des Verkörperungselements** im Bereich der **staatlichen Anleihen,** wo die Verbriefung in Inhaberschuldverschreibungen schon seit langem durch Registereintragung ersetzt wird. Bereits mit dem ReichsschuldbuchG vom 31. 10. 1910 (RGBl. I S. 840) schuf der Gesetzgeber die Rechtsgrundlage für die Begebung unverbriefter, in das staatliche Schuldbuch einzutragender Schuldbuchforderungen als Anleihen. Endgültig gesetzlich verankert wurde die Institution des Wertrechts – unter Wertrechten[19] versteht man unverbriefte, sammelverwaltete Rechte – im Bereich der staatlichen Anleihen durch das Anleihegesetz von 1951 und die darin in Verweis genommenen Verordnungen des deutschen Reiches aus den Jahren 1940 und 1942. Durch diese wurde die Sammelverwaltung von Schuldbuchforderungen eingeführt sowie die rechtliche Gleichstellung der zu einem Sammelbestand gehörenden Schuldbuchforderungen mit den Inhaberschuldverschreibungen, d.h. deren Unterstellung unter die depot- und sachenrechtlichen Regeln, gesetzlich angeordnet.[20] Mit der Depotgesetznovelle von 1972 wurde die Ausgabe von Wertrechten auch für die Länder ermöglicht. Im übrigen können auch die Deutsche Bundesbahn, die Deutsche Bundespost Wertrechte ausgeben. In der Praxis werden Bundesschatzbriefe[21] ebenso als Wertrechte ausgegeben wie die Bundesanleihen oder die Kassenobligationen der öffentlichen Hand.

12 Es gibt also de lege lata Wertrechte, die, ohne verbrieft zu sein, kraft gesetzlicher Anordnung weitgehend den Wertpapieren gleichgestellt sind. Sie unterliegen denselben sachen- und depotrechtlichen Vorschriften wie die verbrieften Effekten (sog. **Briefeffekten** im Unterschied zu den unverbrieften **Bucheffekten**) und werden ebenso wie diese an der Börse gehandelt.[22] Es erscheint daher nur zweckmäßig, jedenfalls auch die unverbrieften Wertrechte in den Effektenbegriff miteinzubeziehen.[23]

13 Von den Wertrechten zu unterscheiden sind dann allerdings die **Optionsrechte** zum Abschluß von Effekten- und Warentermingeschäften (vgl. § 16), die ebenfalls nicht verbrieft sind. Der Handel mit unverbrieften Optionen wird nicht zum Effektengeschäft i. S. von § 1 Abs. 1 Satz 2 Nr. 4 KWG gerechnet;[24] denn das § 1 Abs. 1 Satz 2 KWG zugrundeliegende Enumerationsprinzip und das damit verbundene Analogieverbot sowie § 1 Abs. 1 Satz 3 KWG verbieten eine derartige generalklauselartige Ausweitung des Begriffs Effektengeschäft im Wege der Auslegung.[25] Vielmehr ist der Handel mit Optionen u. ä. im § 1 Abs. 3 Nr. 7 KWG eigens und außerhalb des Kreises der Bankgeschäfte erfaßt. Zur

[17] *Pleyer/Schleiffer* DB 1972, 79.

[18] *Canaris,* Bankvertragsrecht, 1981, Rdnr. 1817.

[19] *Kümpel* WM 1982, 730 ff.; s. a. § 13 Rdnr. 57 ff. Der Begriff „Wertrechte" wird häufig (*Canaris,* Bankvertragsrecht, 1981, Rdnr. 2044, 2045; MünchKomm./*Vallenthin,* BGB, vor § 793 Rdnr. 32) auch synonym mit Bucheffekten verwendet; ebenso ausdrücklich gegen eine Beschränkung des Begriffs „Wertrechte" auf sammelverwaltende Rechte *Staudinger/Marburger,* BGB, Vorbem. zu §§ 793–808a Rdnr. 40

[20] Dazu *Staudinger/Marburger,* BGB, Vorbem. zu §§ 793–808a Rdnr. 37; vgl. ferner BGHZ 5, 27, 31, 35. Allgemein *Fabricius* AcP 162 (1969) 462 f.

[21] Zu den Bundeschatzbriefen s. LG Konstanz BGH WM 1988, 818, wonach Bundesschatzbriefe als Schuldbuchforderungen nach den Vorschriften über die Verpfändung beweglicher Sachen verpfändet werden.

[22] *Baumbach/Hefermehl,* WG und ScheckG, WPR Rdnr. 93.

[23] Weitergehend *Canaris,* Bankvertragsrecht, 1981, Rdnr. 1818.

[24] *Canaris,* Bankvertragsrecht, 1981, Rdnr. 1819; *Rössner/Weber* BB 1979, 1051.

[25] *Canaris* BB 1978, 228.

im Optionsschein verbrieften Option s. näher § 16 Rdnr. 131 ff. und BGH NJW 1995, 321.

Für die Zwecke des WpHG (oben Rdnr. 1) wurde ein weiterer Wertpapierbegriff zugrunde gelegt (§ 2 Abs. 1). Seinen Kern bildet der traditionelle Effektenbegriff, der in der Weise umschrieben wird, daß zunächst Aktien, Schuldverschreibungen u. a. als die typischen Exemplare genannt, sodann einerseits sonstige „vergleichbare" Wertpapiere gleichgestellt werden, andererseits das Erfordernis der Fungibilität in folgender Formulierung restriktiv gefaßt wird: „. . . wenn sie auf einem Markt gehandelt werden können, der von staatlich anerkannten Stellen geregelt und überwacht wird, regelmäßig stattfindet und für das Publikum unmittelbar oder mittelbar zugänglich ist". Die entscheidende Erweiterung erfolgt schließlich in zweifacher Weise: Dieser Wertpapierbegriff verlangt nicht, daß Urkunden ausgestellt sind, trägt also der vorgenannten Entmaterialisierung Rechnung, und dem Wertpapier werden als Tatbestandsmerkmal für die Wertpapierdienstleistung (oben Rdnr. 1) die Derivate, definiert in § 2 Abs. 2, an die Seite gestellt (§ 2 Abs. 3). Diese Derivate sind unverbriefte Rechte, deren Börsen- oder Marktpreis in bestimmter Weise an denjenigen von Wertpapieren u. ä. gekoppelt ist. Für ihre Einbeziehung in einen erweiterten Effektenbegriff gilt m. E. dasselbe wie für die soeben erwähnten Optionsrechte. 14

c) Reformüberlegungen. Keine Einigkeit besteht hinsichtlich der **Zukunft des Effektenwesens** in Deutschland. Die rechtspolitische Frage, ob es sich empfiehlt, generell auf Bucheffekten umzustellen oder an der Einrichtung der Globalurkunde festzuhalten bzw. deren Verwendung auszuweiten, wird vom Schrifttum unterschiedlich beantwortet. Die h. M.[26] tritt dafür ein, unter Abschaffung des bislang staatlichen Privilegs allen Emittenten die Möglichkeit zur Begebung unverbriefter Kapitalanlagewerte einzuräumen. Begründet wird dies zum einen mit praktischen Erwägungen[27] wie der Möglichkeit weiterer Rationalisierung, zum anderen mit einer grundsätzlichen Kritik an der Sammelurkunde, die ohnehin keine Wertpapierfunktionen mehr erfülle.[28] Nicht unumstritten ist in diesem Zusammenhang die Frage, ob die generelle Zulässigkeit von Wertrechten eine Gesetzesänderung erfordert (so die überwiegende Meinung) oder im Wege der Rechtsfortbildung mittels Analogie zu bewerkstelligen ist.[29] 15

Eine neuere Mindermeinung,[30] die die wertpapierrechtlichen „Restfunktionen" der Globalurkunde in den Vordergrund stellt und von einer allgemeinen Einführung von Bucheffekten keinen weiteren Rationalisierungseffekt erwartet bzw. ein weiteres Rationalisierungsbedürfnis der Praxis überhaupt verneint, plädiert demgegenüber für eine Abschaffung der staatlichen Wertrechte und die Einführung einer obligatorischen Sammelurkunde für alle Emittenten. 16

3. Der Begriff des Effektengeschäfts. Das Effektengeschäft i. S. des KWG ist ein **Bankgeschäft,** das die Anschaffung und Veräußerung von Effekten für andere zum Gegenstand hat. Der Effektenhandel i. S. des § 1 Abs. 1 Satz 2 Nr. 4 KWG begründet zusammen mit dem Erfordernis eines in kaufmännischer Weise eingerichteten Geschäftsbe- 17

---

[26] *Hueck/Canaris,* Recht der Wertpapiere, S. 17; *Zöllner,* Festschrift für Raiser, S. 258; *Fabricius* AcP 162 (1969) 481 f.; MünchKomm./*Vallenthin,* BGB, vor § 793 Rdnr. 37; *Canaris,* Bankvertragsrecht, 1981, Rdnr. 2042; *Drobing,* Tagung für Rechtsvergleichung, Innsbruck 1987; *Peters,* Rechtliche Entwicklungsmöglichkeiten, S. 33 m. w. N. in Fn. 85, wenngleich mit i. e. unterschiedlichen Ansätzen.

[27] *Peters,* Rechtliche Entwicklungsmöglichkeiten, S. 40 f.; a. A. *Kümpel* WM 1982, 737; zweifelnd *Canaris,* Bankvertragsrecht, 1981, Rdnr. 2051. S. ferner *Staudinger/Marburger,* BGB, Vorbem. zu §§ 793–808 a Rdnr. 38 m. w. N.

[28] Insbesondere *Fabricius* AcP 162 (1969) 481; *Zöllner,* Festschrift für Raiser, S. 255; *Canaris,* Bankvertragsrecht, 1981, Rdnr. 2042; *Baumbach/Hefermehl,* WG und ScheckG, WPR Rdnr. 92.

[29] *Peters,* Rechtliche Entwicklungsmöglichkeiten, S. 38; a. A. insbesondere *Opitz,* DepG, § 42 Anm. 12; zur allgemeinen Diskussion in dieser Frage *Staudinger/Marburger,* BGB, Vorbem. zu §§ 793–808 a Rdnr. 38 ff.

[30] *Koller,* Gutachten und Vorschläge II, S. 1491 ff.; *Kümpel* WM 1982, 737; *ders.* § 13 Rdnr. 37 ff.

triebs die Eigenschaft als Kreditinstiut.[31] Neben dieser juristischen Terminologie wird der Begriff „Effektengeschäft" auch in einem weiteren, nämlich bankwirtschaftlichen Sinne verwendet.[32] **Bankwirtschaftlich betrachtet,** umfaßt das Effektengeschäft außer dem Effektenhandel gemäß Nr. 4 auch das Emissions- und Depotgeschäft, die beide mit dem Effektenhandel in engem Zusammenhang stehen.

18 Unter **„Anschaffung"** versteht man allgemein einen abgeleiteten, entgeltlichen, rechtsgeschäftlichen Eigentumserwerb unter Lebenden.[33] Keine Effektengeschäfte i. S. des KWG sind somit z. B. die Wertpapierverwahrung oder die Übernahme von Wertpapieren aufgrund einer Verpfändung (sog. Lombardgeschäft).[34] Vom Effektengeschäft im Rechtssinn ist ferner das Emissionsgeschäft abzugrenzen, das kein Bankgeschäft i. S. des KWG ist.[35] Wie auch immer der Emissionsvorgang rechtlich ausgestaltet ist bzw. man ihn rechtlich deutet, nach h. M. erfüllt er jedenfalls nicht die Tatbestandsvoraussetzungen der „Anschaffung für andere" i. S. des § 1 KWG.[36]

19 **„Veräußerung"** ist ein auf Übertragung des Eigentums gerichtetes, entgeltliches Rechtsgeschäft unter Lebenden. Die Verpfändung von Wertpapieren oder deren Eigentumsübergang durch Erbfolge sowie die Eigentumsaufgabe i. S. von § 959 BGB begründen dementsprechend kein Effektengeschäft.[37]

20 Geschäfte eigener Art sind schließlich auch die **Wertpapierleihe** und das **Wertpapierpensionsgeschäft,** bei denen Wertpapiere nur für eine bestimmte Zeit einem anderen überlassen werden. In beiden Fällen wird zwar ebenfalls das Eigentum übertragen – die Wertpapier-"leihe" ist rechtlich als Sachdarlehen zu qualifizieren –, aber schuldrechtlich und der wirtschaftlichen Finalität nach liegt kein oder kein typisches Kaufgeschäft zugrunde. Bei der Wertpapierleihe handelt es sich schon formell nicht um einen Kauf, es werden keine Kaufpreise gezahlt, Wertrisiko und Fruchtgenuß verbleiben wirtschaftlich dem Darlehensgeber. Der Darlehensnehmer hat lediglich ein „Leih-" oder Nutzungsentgelt zu entrichten.[38] Das – echte – Pensionsgeschäft verbindet Verkauf und Rückverkaufsverpflichtung zu einem vorher bestimmten Preis, im Vordergrund steht die Sicherungsfunktion für das als Gegenleistung gewährte Geld, deshalb wird das Wertpapier auch in der Zwischenzeit wirtschaftlich dem Pensionsgeber zugerechnet.[39] Wertpapierpensionsgeschäfte sind daher ebenfalls keine Effektengeschäfte.[40] Der wirtschaftliche Zweck ist bei der Wertpapierleihe, daß der Nehmer die Wertpapiere zeitweilig zur Verfügung hat, z. B. zur Glattstellung von Options- oder Termingeschäften, ohne sie erwerben zu müssen, während der Geber eine Rendite erlangt. Beim Pensionsgeschäft erhält umgekehrt der Geber Liquidität und der Nehmer dafür eine Rendite.[41]

21 Beide Geschäftstypen können auch von einer Bank im Auftrag eines Effektenkunden vorgenommen werden, und dann kann die Bank dies ebenso wie beim echten Effektengeschäft in der Rechtsform tun, daß sie das Geschäft in eigenem Namen, aber für Rechnung

[31] *Reischauer/Kleinhans,* KWG, § 1 Rdnr. 27: Eigene Geschäfte für eigene Rechnung begründen unahbängig von ihrem Umfang keine Kreditinstitutseigenschaft.

[32] *Hopt,* Kapitalanlegerschutz, S. 75; *Schlegelberger/Hefermehl,* HGB, Anh. § 406 Rdnr. 1; *Hagenmüller/Diepen,* Der Bankbetrieb, S. 559.

[33] RGZ 31, 18.

[34] *Schönle,* Bank- und Börsenrecht, § 16 II.

[35] Münchener Rechtslexikon I, S. 1055.

[36] So *Schönle,* Bank- und Börsenrecht, § 16 II; vgl. aber RGZ 104, 20, wo auf eine abschließende Erörterung, wie die Anleihezeichnung rechtlich zu konstruieren ist, verzichtet wird.

[37] *Schönle,* Bank- und Börsenrecht, § 16 II a. E.

[38] Näher *Kümpel,* WM 1990, 909; *Häuselmann/Wiesenbart,* DB 1990, 2129; *Dörge,* Rechtliche Aspekte der Wertpapierleihe, 1992; *Kümpel/Peters,* AG 1994, 525; *Gesell,* Wertpapierleihe und Repurchase Agreements, 1995; *Claussen,* Bank- und BörsenR § 9 Rdnr. 207.

[39] S. § 340 b HGB; *Budde/Karig,* Beck Bilanz-Komm. § 246 HGB Rdnr. 22.

[40] Münchener Rechtslexikon, Bd. 2, Pensionsgeschäfte.

[41] S. *Baumbach/Hopt,* HGB, (7) Bankgeschäfte Rn. J/5 und T.

des Kunden abschließt. Dafür gelten die §§ 383 ff HGB i. V. m. § 406 Abs. 1 S. 1. Die AGB für Effektengeschäfte (Sonderbedingungen v. 1995) sind allerdings nicht unmittelbar anwendbar, doch fragt sich, ob die Bank für den Vertragspartner auch hier entsprechend Nr. 8 der Sonderbedingungen haftet. Jedenfalls gilt § 384 Abs. 3 HGB.

Bei einer Übertragung von Wertpapieren zum Zwecke des **Dividendenstripping** (steuerrechtlich hierzu § 50 c EStG) kann es sich um eine echte Veräußerung oder um ein dem Pensionsgeschäft strukturähnliches Geschäft (s. § 50 c Abs. 10 lit. b EStG) handeln. Möglich ist auch eine Wertpapierleihe (s. soeben) oder eine Veräußerung nur des Dividendenscheins (unten Rdnr. 29).[42] 22

Der Effektenhandel muß ferner **„für andere"** vorgenommen werden, um ein Effektengeschäft nach dem KWG zu sein. „Für andere" wird die Bank einmal dann tätig, wenn sie als Stellvertreter[43], also in fremdem Namen und für fremde Rechnung, oder als Kommissionär, d. h. in eigenem Namen für fremde Rechnung handelt. Zum zweiten gehört hierher aber auch noch die besondere Ausführungsform des Kommissionsgeschäfts per Selbsteintritt (§§ 400 ff. HGB), die nach den alten Banken-AG (bis Ende 1994) von größter Bedeutung war. Und drittens gilt auch das Eigenhändlergeschäft der Bank, bei dem sie dem Kunden von vornherein als Verkäufer bzw. Käufer gegenübertritt – jetzt in den neuen Sonderbedingungen für Wertpapiergeschäfte (SBW) Festpreisgeschäfte genannt –, als Effektengeschäft „für den Kunden" i. S. d. KWG. 23

Schließlich resultiert aus dem Regelungsansatz des KWG für dessen Effektengeschäftsbegriff eine territoriale Beschränkung: I. S. des KWG liegt ein Effektengeschäft nur vor (und ist bankaufsichtlich relevant), wenn das Wertpapiergeschäft **im Inland durchgeführt** wird, d. h. Anschaffung bzw. Veräußerung und Erstellung der Abrechnung im Inland erfolgen.[44] Für eine privatrechtliche Erörterung des Effektengeschäfts ist demgegenüber die international-privatrechtliche Anknüpfung des den Vertrag beherrschenden Rechts maßgeblich, die mit der vorerwähnten des KWG nicht identisch sein muß (s. näher oben § 10 Rdnr. 24 ff.). Das IPR orientiert sich grundsätzlich am Ort der Niederlassung des Kreditinstituts, mit der der Effektenkunde kontrahiert.[45] Unterschiede können sich angesichts dessen vor allem bei Geschäften über ausländische Effekten ergeben, wenn diese von der beauftragten inländischen Bank bzw. Niederlassung als Auslandsgeschäft durchgeführt werden. Papiere ausländischer Emittenten können nämlich an deutschen Börsen zum amtlichen Handel oder am Geregelten Markt eingeführt sein, andernfalls werden sie aber grundsätzlich im Land des Emittenten angeschafft, aufbewahrt und wieder veräußert.[46] Näher zu ausländischen Effekten nachfolgend Rdnr. 32 und 55. Die neuen SBW der Banken gelten auch für ausländische Wertpapiere und für die Ausführung des Geschäfts im Ausland; sie regeln die Wahl des Ausführungsorts in Nr. 2 Abs. 2. 24

4. Einzelne Effekten. *a) Aktien.* Die unter dem Gesichtspunkt des Effektengeschäfts wichtigste Gruppe der Effekten sind die **Aktien.**[47] Aktien verbriefen das Mitgliedschaftsrecht an einer AG. Hinsichtlich der Ausstattung mit Rechten wird zwischen **Stammaktien,** die dem Inhaber alle nach dem AktG zustehenden Rechte wie Dividenden-, Bezugsrecht, Stimmrecht in der Hauptversammlung etc. verschaffen, und **Vorzugsaktien** unterschieden. Diese gewähren dem Inhaber gewisse Vorrechte, z. B. bei der Verteilung des Gewinns oder des Liquidationserlöses, zugleich aber werden sie häufig stimmrechtslos ausgegeben. Für den Börsenhandel wichtiger ist die Unterscheidung hinsichtlich der Über- 25

---

[42] Zu den unterschiedlichen rechtlichen Gestaltungen *Bippus,* RIW 1994, 945, 949; *Eyles,* WiB 1994, 894.

[43] H. M. *Canaris,* Bankvertragsrecht, 1981, Rdnr. 1821.

[44] *Reischauer/Kleinhans,* KWG, § 1 Rdnr. 27 a.

[45] MünchKomm./*Martiny,* BGB, vor Art. 12 EGBGB Rdnr. 274; vgl. auch Nr. 26 Banken-AGB, § 38 österr. IPRG.

[46] S. u. § 12 Rdnr. 102 ff.

[47] Hierzu allgemein *Roth,* Wertpapierrecht, S. 121 ff.; Münchener Rechtslexikon I S. 92.

tragbarkeit der Aktien: **Inhaberaktien,** die in Deutschland gängige Form der Aktien, werden durch Einigung und Übergabe übertragen. Die in Deutschland seltenen **Namensaktien,** deren Ausgabe gesetzlich vorgeschrieben ist, wenn der Nennbetrag der Aktien nicht voll eingezahlt ist (§ 10 Abs. 2 AktG), werden als Orderpapiere durch Indossament und Übergabe der Urkunde (§ 68 AktG) übertragen. Die Ausübung der Aktienrechte der AG gegenüber setzt ferner eine Eintragung ins Aktienbuch der Gesellschaft voraus (§ 67 Abs. 2 AktG). Praktische Bedeutung haben die Namensaktien in Deutschland nur bei Versicherungsaktien (Mindesteinzahlung 25%, Nachforderung bei großen Schadensfällen).[48] Bei **vinkulierten Namensaktien** ist die Übertragung zusätzlich an die Zustimmung der Gesellschaft geknüpft (§ 68 Abs. 2 AktG). Dennoch können auch vinkulierte Namensaktien Gegenstand gewerbsmäßiger Umsatzgeschäfte an der Börse sein, wenn der Veräußerer auf die Aktien ein Blankoindossament setzt sowie einen Blankoantrag auf Umschreibung im Aktienbuch und Genehmigung durch die Gesellschaft stellt.[49]

26 Bei einer Kapitalerhöhung steht den Aktionären kraft Gesetzes (§ 186 Abs. 1 AktG) das Recht auf den Bezug neuer Aktien (sog. junger Aktien) im Verhältnis ihrer Beteiligung am bisherigen Grundkapital zu. Das **Bezugsrecht** ist ein selbständiges Recht, das im Gewinnanteilschein oder Erneuerungsschein verbrieft ist und bei börsennotierten Aktiengesellschaften während der Bezugsfrist (14 Tage bis 3 Wochen) an der Börse gehandelt wird. Die **Interims-(Zwischen-)Scheine,** die als vorläufige Wertpapiere vor der endgültigen Ausgabe der Aktien ausgegeben werden (§ 8 Abs. 4, § 10 Abs. 3 AktG), erfüllen als Orderpapiere ebenfalls die Voraussetzungen des Effektenbegriffs; nicht hingegen die **Jungscheine,** denen die Funktion zukommt, in der Zeit zwischen Gründung bzw. Kapitalerhöhung und der effektiven Lieferung der Wertpapiere das eingezahlte Kapital im Weg des Jungscheingiroverkehrs wirtschaftlich zu nutzen.[50]

27 *b) Schuldverschreibungen.* Die zweite wichtige Hauptgruppe der Effekten neben den Aktien sind die **festverzinslichen Wertpapiere**[51], die meist als Inhaber- oder Orderschuldverschreibungen ausgestaltet sind. **Öffentliche Anleihen** werden vom Bund, den einzelnen Bundesländern, den Sondervermögen und Gesellschaften des Bundes (z. B. Deutsche Bundesbahn, Deutsche Bundespost und Nachfolgeorganisationen) sowie von Gemeinden (sog. **Kommunalanleihen**) ausgegeben. Seit 1972 werden Bundesanleihen nur noch als Wertrechte (vgl. oben Rdnr. 10) ausgegeben. Weitere wichtige Kapitalmarktinstrumente des Bundes sind die **Bundesobligationen** (5jährige Publikumstitel mit Börsenhandel, die auch Banken erwerben können, obgleich sie vom Ersterwerb ausgeschlossen sind), die **Kassenobligationen** (von der öffentlichen Hand ausgegebene mittelfristige Papiere mit einer Laufzeit von 1–4 Jahren) und die **Bundesschatzbriefe.** Die Bundesschatzbriefe sind Sammelschuldbuchforderungen (Wertrechte) gegenüber dem Bund, bei denen die Zinsen entweder jährlich ausgezahlt werden (sog. Typ A) oder dem Kapital jährlich zugeschlagen und mit ihm verzinst werden (sog. Typ B). Sie werden nicht an der Börse eingeführt, ansonsten aber gehandelt.[52] Kurz- oder mittelfristige Schuldverschreibungen der öffentlichen Hand sind die sog. **Schatzanweisungen,** eine Sonderform die **Finanzierungsschätze.**

28 Die Kreditinstitute verschaffen sich langfristige Mittel durch die Ausgabe von **Bank-** bzw. **Sparkassenobligationen.** Von großer Bedeutung sind dabei **Pfandbriefe und Kom-**

---

48 *Ashauer/Gugler,* Das Wertpapiergeschäft, S. 31.

49 *Schönle,* Bank- und Börsenrecht, § 16 I 1 a a. E.

50 Im Jungschein verpflichtet sich der Emittent, die Wertpapiere oder einen Teil von ihnen nach ihrem Erscheinen unmittelbar an die Wertpapiersammelbank zu liefern. Der Jungschein ist kein Wertpapier, sondern lediglich ein abstraktes Schuldversprechen i. S. von § 780 BGB (*Canaris,* Bankvertragsrecht, 1981, Rdnr. 2060; *Staudinger/Marburger,* BGB, Vorbem. zu §§ 793–808 a Rdnr. 62); für Deutung als bloßen Schuldschein i. S. von §§ 371, 952 BGB: *Schönle,* Bank- und Börsenrecht, § 16 I 1 d a. E.; unklar *Canaris,* Bankvertragsrecht, 1981, Rdnr. 1814.

51 Allgemein *Roth,* Wertpapierrecht, S. 111 ff.; ausführlich *Hagenmüller/Diepen,* Der Bankbetrieb, S. 563 ff.

52 *Wessely* WM 1969, 1094.

munalobligationen, die von privaten und öffentlich-rechtlichen Realkreditinstituten ausgegeben werden. Pfandbriefe sind hypothekarisch gesicherte Schuldverschreibungen, Kommunalobligationen durch Darlehen an Gemeinden und andere Körperschaften öffentlichen Rechts gesichert. **Industrieobligationen** sind private, häufig durch Grundpfandrechte gesicherte Anleihen, die von großen Unternehmungen am Kapitalmarkt begeben werden.

c) Sonderformen. Zu den Effekten zählen ferner **Nebenpapiere**[53] wie **Zinsscheine** (zur 29
Geltendmachung der Zinsen bei festverzinslichen Wertpapieren), **Gewinnanteil- oder Dividendenscheine** (das aktienrechtliche Äquivalent zu den Zinsscheinen) und die **Erneuerungsscheine** (Talons), die zum Empfang neuer Zins- oder Gewinnanteilscheine berechtigten.

Gegenstand von Effektengeschäften sind auch die aktienrechtlichen Sonderformen der 30
Schuldverschreibungen (§ 221 Abs. 1 AktG): **Wandelanleihen** (convertible bonds) räumen dem Gläubiger das Recht ein, seine Obligationen gegen Aktien einzutauschen; **Optionsanleihen** gewähren neben einer festen Zinszahlung ein Bezugsrecht auf Aktien, das in einem eigenen Optionsschein (warrant) verbrieft ist. Die Option kann von der Schuldverschreibung getrennt und innerhalb der Bezugsfrist als selbständiges Papier gehandelt werden. **Gewinnschuldverschreibungen** sind Anleihen, die dem Gläubiger zusätzlich zu einer festen Verzinsung eine Beteiligung am Gewinn verschaffen. **Genußscheine** sind börsenfähige Wertpapiere, die im Gegensatz zu Aktien keine Mitgliedschaftsrechte, sondern als Gläubigerpapiere meist den Anspruch auf Teile des Gewinns bzw. Liquidationserlöses verbriefen.[54]

Effekten sind auch die **Investmentzertifikate,** die von Kapitalanlagegesellschaften über 31
Anteile an Investmentfonds ausgegeben werden.

d) Ausländische Wertpapiere. Ausländische Wertpapiere (= Wertpapiere ausländischer 32
Emittenten, s. SBW Nr. 2 Abs. 2) können ebenfalls Gegenstand von Effektengeschäften nach deutschem Recht sein, wenn sie der vorgenannten Effektendefinition genügen, also nach dem jeweiligen ausländischen Recht (oben § 10 Rdnr. 48) fungibel sind und der Kapitalanlage dienen.[55] Praktisch handelt es sich um Papiere, die bestimmten inländischen Effekten funktionell entsprechen. Hinsichtlich der Durchführung des Effektengeschäfts ist von Bedeutung, ob die Papiere eines ausländischen Emittenten auch im Inland gehandelt werden, vor allem an einer deutschen Börse zum amtlichen Handel oder Geregelten Markt zugelassen sind (zum Ausführungsort s. § 12 Rdnr. 102 ff.). § 41 BörsG bestimmt, daß Schuldverschreibungen, die von einem anderen Mitgliedstaat der EG ausgegeben werden, an jeder inländischen Börse zur amtlichen Notierung zugelassen sind (vgl. § 74 BörsG für den Geregelten Markt). Neben Anleihen, auch aus Nicht-EG-Staaten, die in der Bundesrepublik plaziert sind, sind vor allem die an den deutschen Börsen zum amtlichen Handel zugelassenen Aktien von Bedeutung. Die dabei häufig in Form von Namensaktien verbrieften Werte anglo-amerikanischer Länder werden durch die Ausstellung von Zertifikaten, die die Aktien vertreten, an den deutschen Börsen handelbar gemacht.[56]

e) Finanzinnovationen. Finanzinnovationen am Effektenmarkt[57] sind unter anderem die 33
Anleihen mit variabler Verzinsung (sog. Floating-Rate-Notes), deren Zins regelmäßig an die aktuelle Zinssituation angepaßt wird. Die variable Verzinsung orientiert sich üblicherweise entweder am Referenzzinssatz LIBOR (London Interbank Offered Rate) oder FIBOR (Frankfurt Interbank Offered Rate). Die Floater können verschieden ausgestaltet sein: Als **Cap-Floater** bezeichnet man Anleihen, bei denen die Zinsanpassung nur bis zu

---

[53] *Canaris,* Bankvertragsrecht, 1981, Rdnr. 1814; *Schönle,* Bank- und Börsenrecht, § 16 I 1 d.

[54] S. *Thielemann,* Das Genußrecht.

[55] Vgl. *Baumbach/Duden/Hopt,* HGB, (13) DepG 1 Anm. 1, wonach ausländische Papiere der in Abs. 1 bezeichneten Kategorien Wertpapiere i. S. des DepG sind.

[56] *Reischauer/Kleinhans,* KWG, § 1 Rdnr. 29.

[57] Dazu *Schoreit/Heck,* Aktien, S. 60 ff.; *Harter/Franke/Hogrefe/Seger,* Wertpapiere, S. 175 ff.

einem vorher vereinbarten Höchstzins erfolgt; als **Floor-(Dropback-)Floater** Anleihen mit vereinbartem Mindestzins, der in jedem Fall zu zahlen ist. Bei gleichzeitiger Vereinbarung von Mindest- und Höchstzinssatz spricht man von einem **Collar-(Minimax-)Floater.** Beim **Convertible Floater** hat der Anleger das Recht, ab einem bestimmten Zeitpunkt den variablen Zins in einen festen Satz zu tauschen. Neuere Kapitalmarktinstrumente sind ferner die **Null-Kupon-Anleihen** (zero-bonds)[58], bei denen keine Zinszahlungen erfolgen (daher Null-Kupons), sondern deren Verzinsung in der Differenz zwischen Nominal- und niedrigerem Emissionskurs liegt, und die **Doppelwährungsanleihen** (Dual Currency Issues), die in einer anderen Währung ausgegeben und verzinst, als getilgt werden. **DM-Einlagen-Zertifikate** (Certificates of Deposits, CD) sind kurzfristige Schuldverschreibungen von Banken mit einer Laufzeit von maximal einem Jahr. Eine Sonderform der Optionsanleihen sind **Anleihen mit Zinsoptionsscheinen,** die mit dem Recht ausgestattet sind, eine weitere Anleihe des Emittenten zu vorher festgelegten Konditionen zu erwerben. Zum Handel mit **Optionen** bzw. Optionsscheinen sowie allgemein zum Termingeschäft s. § 16.

II. Grundstruktur des Effektengeschäfts

34 **1. Die konkurrierenden Rechtsformen.** Als „Anschaffung oder Veräußerung von Wertpapieren für andere" (oben Rn. 1) ist das Effektengeschäft durch die typische Dreipersonenkonstellation gekennzeichnet, daß zwischen die wirtschaftlichen Partner des Austauschgeschäfts die Bank als Mittelsperson tritt. Das Austauschgeschäft soll grundsätzlich über den Effektenmarkt ausgeführt werden (vgl. nur SBW Nr. 1 Abs. 1 Satz 2), und hierzu ist die Einschaltung einer Mittelsperson schon deswegen eine Notwendigkeit, weil der Käufer oder Verkäufer selbst in der Regel keinen unmittelbaren Marktzugang hat. Außerdem bietet sich die Einschaltung der Bank als Mittelsperson für den Kunden als praktische Vereinfachung sowie im Hinblick darauf an, daß die Bank für den Kunden in der Regel auch die Verwahrung der Effekten übernimmt. Praktisch treten sogar mehrere Mittelspersonen zwischen die wirtschaftlichen Partner des Austauschgeschäfts, weil jeder der beiden eine eigene Bank beauftragen wird und auch die beiden Banken unter Umständen nicht selbst am relevanten Effektenmarkt agieren. Aus der Sicht des einzelnen Kunden ist aber jeweils nur die von ihm beauftragte Bank als Mittelsperson des Effektengeschäfts von Interesse.

35 Damit ist die dem Handelsrecht auch in anderen Fällen nicht fremde Aufgabe gestellt, geeignete rechtliche Strukturen für die Einschaltung einer Mittelsperson zur Verfügung zu stellen.[59]

36 Für die rechtliche Gestaltung des Effektengeschäfts kommen insgesamt vier Varianten in Betracht, von denen aber nur zwei von praktischer Bedeutung sind.

37 *a) Offene Stellvertretung.* Möglich, wenngleich in der Praxis äußerst selten, ist zunächst daß die **Bank als Stellvertreterin** im Namen des Kunden Effekten kauft oder verkauft. Das Rechtsverhältnis zum Bankkunden bestimmt sich in einem solchen Fall nach Geschäftsbesorgungsrecht und den §§ 164 ff. BGB. Der Kunde ist Geschäftsherr und Vollmachtgeber. Da die Rechtswirkungen des Effektengeschäfts im Fall der Stellvertretung unmittelbar in der Person des Vertretenen eintreten, erübrigen sich grundsätzlich weitere Abwicklungsgeschäfte. Andernfalls ist die Bank dem Kunden gegenüber nach §§ 675, 667 BGB verpflichtet, alles, was sie aus der Geschäftsbesorgung erlangt hat, herauszugeben.

38 *b) Kommission.* Eine für die Ausführung von Effektengeschäften besonders geeignete rechtliche Struktur ist diejenige des Kommissionsgeschäfts (§§ 383 ff. HGB), bei dem die Bank im eigenen Namen, aber für Rechnung des Kunden tätig wird. Auf diese Weise wird der Vorteil der größeren Handlungsfreiheit der Mittelsperson mit der gewünschten

---

[58] S. *Zehner,* Zero-Bonds.

[59] Vgl. *Roth,* Handels- und Gesellschaftsrecht^4 § 32/1, § 33/1.

Zuordnung des Geschäftsrisikos allein zum Auftraggeber verbunden. Deshalb war die kommissionsweise Erledigung schon in den früheren Banken-AGB (Nr. 29) als die wichtigste Form und ist sie in noch stärkerem Maße in den neuen AGB (Sonderbedingungen für Wertpapiergeschäfte = SBW Nr. 1) als die Regelform der Erledigung von Kundenaufträgen vorgesehen.

Für die Rechtsbeziehungen zwischen der Bank und dem Kunden sind dann die kommissionsrechtlichen Bestimmungen der §§ 383 ff. HGB maßgeblich. Subsidiär gelangen die §§ 675, 611 BGB oder die §§ 631 ff. BGB zur Anwendung, je nachdem, ob man das Effektenkommissionsgeschäft als einen auf Dienstleistung gerichteten Geschäftsbesorgungsvertrag oder als Werkvertrag qualifiziert. Für die **Einkaufskommission** gelten die Sonderbestimmungen der §§ 18 ff. DepG, erst subsidiär die §§ 383 ff. HGB und §§ 675, 611 BGB bzw. 631 ff. BGB. Die **Effektenverkaufskommission** ist meist mit einer Verfügungsermächtigung gemäß § 185 BGB gekoppelt, die es der Bank, obgleich sie Nichteigentümerin der an sie zwecks Ausführung des Verkaufsauftrags übergebenen Effekten ist, ermöglicht, das Eigentum daran an Dritte zu übertragen.[60] 39

Im Verhältnis zum Kunden ist die Bank auch beim Kommissiongeschäft in starkem Maße dessen Anordnungen und Interessen untergeordnet, § 384 Abs. 1 HGB. Gemäß § 384 Abs. 2 ist nicht nur das wirtschaftliche Ergebnis des Geschäfts unverkürzt dem Auftraggeber zuzuführen, sondern ihm zu diesem Zweck auch über das Ausführungsgeschäft **Rechenschaft** abzulegen. Dazu gehört auch (Abs. 3), daß die Bank ihm zugleich mit der Anzeige von der Ausführung des Geschäfts dessen Vertragspartner namhaft macht. Letzteres ist als Bestandteil der Rechenschaftslegung echte und durchsetzbare Rechtspflicht, nicht etwa nur eine Obliegenheit, deren Befolgung sich mit der Übernahme der Erfüllungshaftung i. S. v. Abs. 3 erledigt hätte.[61] 40

Jedoch ist beim Börsengeschäft als anonymisiertem Massengeschäft ein konkreter Vertragspartner zwar allenfalls individualisierbar, aber seine Namhaftmachung kaum von Interesse und zumeist mit unerwünschten und eigentlich sinnlosen Erschwernissen verbunden. Das gilt selbst dann, wenn man annimmt, daß auf der Vertragsgegenseite ebenfalls ein Kommissionsauftrag erledigt wird und daher nur die dort auftretende Bank als Kommissionärin zu benennen wäre. Deshalb kann die Ausschaltung von § 384 Abs. 3 HGB erstrebenswert erscheinen, und dafür bietet das Kommissionsrecht die Variante der Erledigung durch Selbsteintritt an (§ 400 HGB). 41

c) Effektenkommission mit Selbsteintritt oder Selbsthaftung. Bei der **Effektenkommission mit Selbsteintritt** schließen Bank und Bankkunde zwar einen Kommissionsvertrag ab; die Bank aber hat das Recht, die Effekten, die sie einkaufen soll, selbst als Verkäuferin zu liefern bzw. die Effekten, die sie verkaufen soll, selbst als Käufer zu erwerben. Mit Vollzug des Selbsteintritts kommt zum Kommissionsvertrag ein Kaufvertrag hinzu; es tritt dann die für die Kommission mit Selbsteintritt typische Rechtslage ein, daß die kommissionsrechtlichen Elemente des Rechtsverhältnisses von kaufrechtlichen Elementen überlagert (und auch teilweise durch diese modifiziert) werden.[62] 42

Ein Recht des Kommissionärs zum Selbsteintritt folgt von Gesetzes wegen aus § 400 Abs. 1 HGB; durch diese Tatbestandsmerkmale sind bereits weite Bereiche des Effektengeschäfts erfaßt. Allerdings kann nach dem Gesetz der Kunde als Kommittent den Selbsteintritt auch untersagen. Angesichts dessen hatten die Banken bisher bereits in ihren AGB die Ausführung „als Kommissionär durch Selbsteintritt" für den wichtigsten Teilbereich des Effektengeschäfts von vornherein festgeschrieben, nämlich für Aufträge betreffend Wertpapiere, die an der Börse des Ausführungsplatzes zum amtlichen Handel oder zum geregelten Markt zugelassen sind (Nr. 29 Abs. 1 S. 1). Damit wurde einerseits der Anwendungsbereich des Selbsteintrittsrechts noch über den tatbestandlichen Rahmen des § 400 Abs. 1 43

[60] *Schönle,* Bank- und Börsenrecht, § 17 II 2 a. E.
[61] *Baumbach/Hopt,* HGB § 384 Rdnr. 12.
[62] *Canaris,* Bankvertragsrecht, 1981, Rdnr. 1822, 1908.

HGB hinaus erweitert, andererseits für eine Untersagung durch den Kunden kein Raum mehr gelassen. Eine solche privatautonome Erweiterung des § 400 Abs. 1 ist grundsätzlich zulässig.[63]

44 Das zweite FinanzmarktförderungsG und die in dessen Folge neu formulierten Sonderbedingungen für Wertpapiergeschäfte haben insoweit eine neue Situation geschaffen. § 34 WpHG verpflichtet das Unternehmen, über den Wertpapierauftrag bestimmte Aufzeichnungen aktenkundig zu machen und zu halten, wozu auch „die Ausführung des Auftrags" gehört. Der neue § 10 BörsG verpflichtet dazu, in dem hier bezeichneten Bereich die Aufträge „über den Handel an der Börse" und im Zweifel im Präsenzhandel auszuführen. Außerdem stellt § 10 all dies unter den Vorbehalt, daß der Auftraggeber keine abweichenden Weisungen erteilt. Die AGB verzichten nunmehr auf jede eigenständige Regelung zum Selbsteintritt; vielmehr sagt Nr. 1 Abs. 1 S. 2 SBW, daß die Bank für Rechnung des Kunden mit einem anderen Marktteilnehmer ein Ausführungsgeschäft abschließt.

45 Damit lautet jetzt die Frage, ob durch diese neuen Vorschriften sogar der gesetzliche **Selbsteintritt** des § 400 HGB **ausgeschlossen** ist. Die §§ 34 WpHG, 10 BörsG sind zumindest insofern relevant, als sie den Grund für die beschriebene Änderung der AGB abgegeben haben sollen.[64] Das ist jedoch nicht unbedingt einsichtig. Denn zwar schreibt § 10 BörsG die Ausführung über den Börsenhandel vor, aber daß eine solche Regelung auch im Rahmen eines Selbsteintritts noch ihren Platz hätte, erweisen gerade die alten Banken-AGB, in denen die Bank sich auch schon verpflichtete (Nr. 29 Abs. 1 S. 2), die Kundenaufträge „über die Börse zu leiten" – eine fast gleichlautende Formulierung, im Vergleich mit welcher der neue § 10 BörsG m. E. nicht zwingend etwas Abweichendes aussagt, insbes. keinen Unterschied zwischen der alten Ausführungsweise eines Selbsteintritts mit Deckungsgeschäft (vgl. hierzu § 401 HGB und Voraufl. Rn. 35) und der Ausführung für fremde Rechnung i. S. d. §§ 383, 387 HGB festschreibt. Auch den Vorbehalt abweichender Weisungen hatten bereits die alten AGB dem Kunden eingeräumt. Die Aufzeichnungspflicht des § 34 WpHG schließlich sagt weder über die Rechtsform der Ausführung etwas aus, noch ist sie mit der Rechenschaftspflicht gemäß § 384 Abs. 3 HGB in der Weise identisch, daß die Ausschaltung der letzteren Vorschrift durch eine Selbsteintrittsvariante nunmehr ohne Interesse wäre. Richtig erscheint zwar, daß diese Aufzeichnungspflicht bei einer Ausführung nach AGB Nr. 29 alt auch das Deckungsgeschäft erfaßte, und das wohl auch in der Weise, daß die Bank ein konkretes Deckungsgeschäft auf eine nachprüfbare Weise jeweils dem auftraggebenden Kunden zuzuordnen hätte[65], aber die Pflicht geht inhaltlich nicht weiter, als die Umstände der marktmäßigen Erledigung es erlauben, und sie zwingt nicht zu einer bestimmten Erledigungsmodalität, sondern verringert allenfalls die Versuchung, unter Verletzung der §§ 400, 401 HGB einen Kursschnitt zu Lasten des Kunden zu versuchen, und mag damit die Attraktivität der Selbsteintrittsvariante für die Banken geschmälert haben. Umgekehrt könnte aus § 37 Abs. 2 WpHG allenfalls der Gegenschluß gezogen werden, daß durch eine nicht kommissionsmäßige Ausführung die Bank der Pflicht zu entkommen vermöchte, das Deckungsgeschäft zu dokumentieren.

46 Es verbleibt die Regelung in den neuen AGB selbst, und diese ist in der Tat so zu verstehen, daß die Banken sich mit der Festlegung auf den Abschluß eines Ausführungsgeschäfts **für Rechnung des Kunden** den einseitigen Selbsteintritt auch nach § 400 HGB selbst versperrt haben.[66] Allenfalls können die Parteien für den Einzelfall die Maßgeblichkeit dieser AGB-Klausel ausschalten und das gesetzliche Selbsteintrittsrecht in Kraft setzen oder sogar einen darüber hinausgehenden Selbsteintritt vereinbaren, was für den Kunden im Vergleich zum Festpreisgeschäft der Sonderbedingungen Nr. 9 immerhin potentielle Preisvorteile aus §§ 400, 401 HGB mit sich brächte.

---

[63] S. u. Rdnr. 78 ff. Zu Nr. 29 AGB alt vgl. Rdnr. 54 ff.

[64] Vgl. *Kümpel,* WM 1995, 137.

[65] *Kümpel* aaO. 138; *ders.,* BankR Rdnr. 8.195, 8.232.

[66] *Kümpel* BankR Rdnr. 8.81, 8,185; *Claussen,* Bank- und BörsenR § 9 Rdnr. 214.

Ansonsten hat der Ausschluß des Selbsteintritts für den Kunden den Vorteil, daß nicht er den (praktisch kaum möglichen) Nachweis erbringen muß, bei der **Kursberechnung** benachteiligt worden zu sein, sondern daß die Bank die Ordnungsmäßigkeit der Effektenabrechnung zumindest auf Verlangen des Kunden nach kommissions- bzw. auftragsrechtlichen Regeln dartun muß.[67] 47

Es bleibt das Problem der **Namhaftmachung des Geschäftspartners** gemäß § 384 Abs. 2 HGB, und ich gehe davon aus, daß diese – gleichgültig ob sie der Bank nach den ihr übermittelten Angaben überhaupt möglich ist – in der Praxis jedenfalls auch weiterhin unterbleibt. Insoweit übernehmen die Banken ohnehin schon nach Nr. 8 SBW die **Erfüllungshaftung,** die sie auch nach § 384 Abs. 3 trifft. Beide Vorschriften besagen praktisch dasselbe. Nr. 8 geht davon aus, daß ein Ausführungsgeschäft mit einem Dritten abgeschlossen wurde; § 384 Abs. 3 knüpft an die Anzeige des Ausführungsgeschäfts an. Die Rechtsfolge ist nach beiden Vorschriften, daß die Bank für die Erfüllung des tatsächlich abgeschlossenen oder als abgeschlossen angezeigten Ausführungsgeschäfts[68] haftet. Die Haftung nach SBW Nr. 8 ist eine vereinbarte Delkredere-Haftung i. S. v. § 394 HGB; diejenige nach § 384 Abs. 3 entspricht ihr ebenfalls in den wesentlichen Zügen.[69] Damit ist auf dem Wege der Selbsthaftung des Kommissionärs eine Rechtsfolge hergestellt, die im Ergebnis derjenigen eines Selbsteintritts gleichwertig ist. Die Selbsthaftung wird regelmäßig wie der Selbsteintritt abgewickelt, nämlich dadurch, daß der Kommissionär die aus dem Ausführungsgeschäft geschuldete Leistung erbringt, seine Provision abzieht bzw. in Rechnung stellt und die Gegenleistung des Kommittenten abnimmt. Zwar ist dies für den Kommittenten nicht die einzige Modalität, den Kommissionär auf Selbsthaftung in Anspruch zu nehmen; aber praktisch wird es speziell bei der Effektenkommission so ablaufen und auch dem Interesse des Kunden entsprechen, und wenn er sich konkludent darauf eingelassen hat, muß er sich auch daran festhalten lassen.[70] Deshalb wird es den Parteien häufig gar nicht bewußt, ob eine Ausführung durch Selbsteintritt oder durch Selbsthaftung erfolgt.[71] Allerdings ist (s. oben Rdnr. 40) mit der Bejahung der Haftung nach § 384 Abs. 3 HGB noch nicht die Verpflichtung zur Rechenschaftslegung einschließlich Benennung des Geschäftspartners ausgeräumt, denn auch die Übernahme und selbst die Inanspruchnahme dieser Haftung stellt noch keinen Benennungsverzicht dar,[72] aber auch das dürfte ohne praktische Bedeutung sein. Im übrigen wäre der zu benennende Vertragspartner auf der Gegenseite in der typischen Konstellation, daß auf beiden Seiten Effektenkommissionsgeschäfte über Banken getätigt werden, nicht der andere Bankkunde, sondern dessen kommissionsweise tätige Bank, so daß immerhin Probleme des Bankgeheimnisses auszuschalten wären. 48

d) Festpreisgeschäft. Der Alternative zum soeben behandelten Kommissionsgeschäft ist nach den neuen SBW das Festpreisgeschäft der Nr. 9. Nach den früheren AGB war dies das Eigenhändlergeschäft der Nr. 29 Abs. 2, auch Eigen- oder Eigenhandelsgeschäft genannt. Beim Festpreis- wie beim früheren Eigenhändlergeschäft tritt die Bank dem Kunden unmittelbar als Verkäufer bzw. Käufer gegenüber, sie verkauft ihm die gewünschten Wertpapiere oder kauft sie ihm ab. Demgemäß kommt weder Kommissions- noch Geschäftsbesorgungsrecht zur Anwendung, sondern grundsätzlich nur Kaufrecht.[73] Die §§ 18 ff. DepG über die Erfüllung beim Effektenankauf gelten allerdings gemäß § 31 DepG auch hier, also wenn die Bank dem Kunden die Effekten verkauft. Schließlich ist 49

[67] *Kümpel* WM 1995, 138; *ders.,* BankR Rdnr. 8.188 ff.

[68] *Schlegelberger/Hefermehl,* § 384 HGB Rn. 69, 75.

[69] *Schlegelberger/Hefermehl* aaO. Rdnr. 71, 76.

[70] *Schlegelberger/Hefermehl* aaO. Rdnr. 57.

[71] *Schlegelberger/Hefermehl* aaO.

[72] *Heymann/Hermann* § 384 HGB Rdnr. 14.

[73] RGZ 94, 65, 66; 114, 9, 10 f.; BGHZ 8, 222, 226; statt anderer *Schlegelberger/Hefermehl,* HGB, Anh. § 406 Rdnr. 113.

das Festpreisgeschäft von derselben Vertrauensbeziehung geprägt wie die kommissionsrechtliche Variante, so daß im Ergebnis – wenngleich teilweise mit abweichender rechtlicher Konstruktion – die gleichen Prinzipien des **Kundenschutzes,** vor allem sein Recht auf Aufklärung und Beratung, zum Tragen kommen müssen (i. e. s. u. § 12 Rdnr. 1 ff.).

50 Terminologisch ist vom Festpreis-, Eigenhändler- oder Propergeschäft das **Eigen- oder Nostrogeschäft** der Bank zu unterscheiden; Es bezeichnet den Fall, daß die Bank für sich selbst, also mit Wirkung für ihr eigenes Effektenvermögen bzw. aus eigenem Spekulationsinteresse, Effektengeschäfte tätigt, vor allem also selbst (ohne Zusammenhang mit einem Kundenauftrag) über die Börse Papiere kauft oder verkauft.

51 In diesem Sinne gewinnt dann auch das Festpreisgeschäft (ebenso wie der Selbsteintritt bei der Kommission) für die Bank den Charakter eines Nostrogeschäfts, wenn sie den Kauf oder Verkauf zugunsten oder zu Lasten ihres Eigenbestandes ausführt. Ebensogut kann sie aber auch beim Festpreisgeschäft ein korrespondierendes Deckungsgeschäft abschließen und damit das wirtschaftliche Ergebnis des Geschäfts wieder (mehr oder minder) von sich abwälzen; wirtschaftlich stellt sich dann auch in der Festpreisvariante dieses Deckungsgeschäft als Anschaffung oder Weiterveräußerung „für andere" i. S. von § 1 KWG, § 2 Abs. 3 WpHG dar.[74] Von den Konditionen dieses Deckungsgeschäfts kann der Inhalt des Kaufgeschäfts mit dem Kunden, vor allem der hier geschuldete Preis, mehr oder weniger abhängig gemacht sein (hierzu § 12 Rdnr. 122 ff.), und schließlich kann die Bank u. U. sogar den Abschluß des Kundengeschäfts (die Annahme des Antrags) von der Möglichkeit bzw. dem Abschluß eines korrespondierenden Deckungsgeschäfts abhängig machen (vgl. Rdnr. 90 ff.).

52 Trotz dieser Möglichkeit, eine Abhängigkeit zwischen dem Festpreisgeschäft mit dem Kunden und einem Deckungsgeschäft an der Börse bzw. am Markt herzustellen, ist aber der Fall mit demjenigen einer Kommission mit Selbsteintritt nach den alten Banken-AGB (Nr. 29 Abs. 1) oder gar mit einer normalen Kommission nicht vergleichbar; im Prinzip geht Nr. 9 SBW davon aus, daß die Bank mit dem Kunden sogleich und unabhängig von den Ergebnissen eines eventuellen Deckungsgeschäfts einen Festpreis vereinbart und ihm diesen dann auch (nach Maßgabe von Nr. 9 S. 2) berechnet. Deshalb stellt das Festpreisgeschäft keine Ausführung des Auftrags über den Handel an der Börse i. S. v. § 10 BörsG dar. Dennoch steht § 10 auch in seinem Geltungsbereich dem Abschluß von Festpreisgeschäften nicht entgegen.[75] Denn zum einen erteilt der Kunde hier eben der Bank keinen Auftrag zum Kauf/Verkauf, sondern schließt mit ihr unmittelbar den Kauf/Verkauf ab; zum anderen stellt auch § 10 seine Anordnung unter den Vorrang eines erklärten abweichenden Willens des Auftraggebers. Sicherzustellen ist jedoch, daß der Kunde sich auf die Alternative des Festpreisgeschäfts in freier Willensbildung nach ausreichender Aufklärung einläßt. Insofern muß die Festpreisvariante vor dem Hintergrund von § 10 BörsG als atypische Geschäftsgestaltung erscheinen und die Aufklärung hierüber sowie über die Besonderheiten des Festpreisgeschäfts zu den Informationspflichten nach § 31 Abs. 2 Nr. 2 WpHG gerechnet werden.

53 **Das neue Festpreisgeschäft** soll sich vom früheren Eigenhändlergeschäft hauptsächlich dadurch unterscheiden,[76] daß das Festpreisgeschäft nun sogleich verbindlich abgeschlossen wird, während beim Eigenhändlergeschäft in der Praxis die Bank häufig die Annahme des Kundenantrags vom korrespondierenden Deckungsgeschäft abhängig machte.[77] Doch kann das Festpreisgeschäft ohne weiteres in gleicher Weise unter eine entsprechende Bedingung gestellt werden, und in Ermangelung ausdrücklicher Festlegungen ist dies, wie stets, eine Frage der Auslegung des rechtsgeschäftlichen Verhaltens unter Berücksichtigung der Ver-

---

[74] *Schönle,* Bank- und Börsenrecht, § 16 III.

[75] S. auch *Kümpel* WM 1995, 139; Begr. Reg.-Entw. zu § 10 BörsG, BT-Drucks. 12/6679 S. 69. Widersprüchlich *Kümpel,* BankR Rdnr. 8.198.

[76] *Kümpel* WM 1995, 139; *ders.,* BankR Rdnr. 8.215 ff.

[77] *Canaris,* Bankvertragsrecht 1981 Rdnr. 1843; *Roth,* Voraufl. § 12 Rdnr. 73.

kehrssitte. Wenn ein weiterer Unterschied darin gesehen wird, daß beim Festpreisgeschäft der Preis zwischen den Parteien vereinbart wird, während ihn beim Eigenhändlergeschäft die Bank einseitig bestimmte,[78] so dürfte das für praktische Zwecke ebensoviel oder -sowenig einen Unterschied machen wie allgemein bei den Kaufgeschäften des Alltags. Freilich hat die Bank beim Eigenhändlergeschäft den Preis zumeist erst nachträglich bestimmt, aber sie war darin nicht frei, sondern im wesentlichen an die Konditionen des Deckungsgeschäfts gebunden.[79] Dieser Umstand wiederum kann sich für den Kunden durchaus vorteilhafter auswirken als eine vorherige Preisvereinbarung, bei der die Bank ihr Angebot ebenfalls im Hinblick auf ein beabsichtigtes Deckungsgeschäft kalkuliert, aber größere Unsicherheitsmargen einrechnen muß. Deshalb kann sich auch beim Festspreisgeschäft u. U. eine Preisabsprache empfehlen, die eine Abhängigkeit zum Preis eines Deckungsgeschäfts herstellt. Gegen die Zulässigkeit solcher Absprachen auch unter der Herrschaft von Nr. 9 der Sonderbedingungen bestehen keine Bedenken,[80] auch wenn dieses Geschäft dann kein Festpreisgeschäft im Wortsinne mehr ist. Insoweit kommt freilich in den neuen SBW der grundsätzliche Wille der Banken zum Ausdruck, Geschäfte, bei denen der Preis nicht sogleich definitiv fixiert werden kann oder soll, dann nicht mehr als Eigenhändler-, sondern als Kommissionsgeschäfte nach Nr. 1 abzuschließen und auszuführen.

2. Abgrenzung zwischen Kommissions- und Festpreisgeschäft. *a) AGB-Regelung.* 54
Ob ein Auftrag zum Kauf bzw. Verkauf von Effekten von der Bank durch Kommission oder durch ein Festpreisgeschäft erledigt wird, richtet sich nach der Vereinbarung – da insoweit die Privatautonomie nicht eingeengt ist –, und dabei sind wiederum in erster Linie die AGB maßgeblich, sofern sie wirksam Vertragsbestandteil geworden sind. Doch geben die neuen SBW keine objektiven Abgrenzungskriterien mehr vor, wie dies die früheren AGB der Banken und Sparkassen in Nr. 29 bzw. 39 a taten. Diese differenzierten danach, an welchem Marktsegment die betreffenden Effekten zum Handel zugelassen waren. Waren sie an der Börse des Ausführungsplatzes zum amtlichen Handel (§§ 36 ff. BörsG) oder zum Geregelten Markt (Börsenhandel mit nicht-amtlicher Notierung, §§ 71 ff. BörsG) zugelassen, so lag i. d. R. ein Kommissionsgeschäft mit Selbsteintritt der Bank vor (Nr. 29 Abs. 1 Satz 1 AGB-Banken). Bei Geschäften mit weder zum amtlichen Handel noch zum geregelten Markt (§ 78 BörsG) zugelassenen Effekten, also Freiverkehrswerten, sowie bei amtlich zugelassenen Werten, deren Notiz durch Bekanntmachung der Börsenorgane ausgesetzt war, war ein Eigenhändlergeschäft der Bank (Nr. 29 Abs. 2 Satz 1 AGB) anzunehmen. (Die Sparkassen behielten es sich in diesen Fällen vor, entweder als Eigenhändler oder als Kommissionär mit Selbsteintritt abzuschließen, Nr. 39 a AGB.) Wertpapiere, die zwar an einer Börse, aber nicht an derjenigen des Ausführungsplatzes zugelassen waren, wurden weder von Abs. 1 noch von Abs. 2 erfaßt; im Zweifel sollten ihre Aufträge daher im Wege der einfachen Effektenkommission erledigt werden.[81]

Außerdem ergab sich ein Unterschied zwischen **in- und ausländischen Effekten** zu- 55
mindest insoweit, als die Effekten eines ausländischen Emittenten nicht an einer deutschen Börse eingeführt waren. Denn dann waren die Sonderbedingungen für Auslandsgeschäfte maßgeblich, die allerdings zu den rechtsgeschäftlichen Ausführungsmodalitäten keine unmittelbare Aussage trafen (hierzu Voraufl. Rdnr. 41). Nunmehr ist auch dieser Regelungsunterschied entfallen; die neuen Sonderbedingungen gelten gleichermaßen für inländische wie ausländische Effekten und enthalten eine differenzierende Regelung in Nr. 2 hinsichtlich des Ausführungsplatzes und des Marktsegments. Hinsichtlich der rechtsgeschäftlichen Ausführungsmodalität hingegen erfaßt die Grundregel der Nr. 1 ausdrücklich die Ausführung im In- und Ausland gleichermaßen.

[78] *Kümpel* WM 1995, 139.

[79] *Roth,* Voraufl. § 12 Rdnr. 92.

[80] *Kümpel,* WM 1995, 140; *ders.,* BankR Rdnr. 8.219; a. A. *Claussen,* Bank- und BörsenR § 9 Rdnr. 217.

[81] *Canaris,* Bankvertragsrecht, 1981, Rdnr. 1826; s. bereits oben Rdnr. 38 f.

56 Inhaltlich besagt die Grundregel, daß die Kundenaufträge im Weg des **normalen Kommissionsgeschäfts,** d. h. mit Abschluß eines Ausführungsgeschäfts für Rechnung des Auftraggebers – unmittelbar oder über Zwischenkommissionär –, ausgeführt werden. Diese apodiktische Aussage in Nr. 1 ist allerdings im Zusammenhang mit Nr. 9 zu lesen, wonach statt dessen der Kunde und die Bank auch einen Kaufvertrag i. S. eines Festpreisgeschäfts abschließen können. Es kommt demnach darauf an, ob der Kunde der Bank einen Auftrag i. S. von Nr. 1 erteilt oder mit ihr einen Kaufvertrag i.S. von Nr. 9 abschließt. Unter welchen Voraussetzungen das eine oder das andere gelten oder im Zweifel anzunehmen sein soll, dazu sagen die neuen SBW nichts mehr aus; und auf den ersten Blick besteht hier ja auch kein weiterer Klärungsbedarf, weil das typische Festpreisgeschäft an seiner ausdrücklichen Festpreisvereinbarung unschwer erkennbar sein sollte. Die Abgrenzungsfrage kann aber spätestens dann zum Problem werden, wenn man die Vereinbarung eines Festpreises auch in anderer Weise als durch ausdrückliche Bezifferung eines Geldbetrags anerkennt (unten Rdnr. 61, 88 ff.). Für eine solche Abgrenzung ist allenfalls aus dem Kontext der SWB zu entnehmen, daß im Zweifel das an erster Stelle genannte und ausführlicher behandelte Kommissionsgeschäft vereinbart sein soll. Ein Kommissionsgeschäft ist also nur dann nicht anzunehmen, wenn greifbare Anhaltspunkte für die Vereinbarung des Festpreisgeschäfts sprechen. Hierfür kommt es aber allein auf die Auslegung der Vereinbarung nach allgemeinen Auslegungsgrundsätzen an, und die abweichende Vereinbarung kann in jeder rechtsgeschäftlich gültigen Form, demnach auch konkludent, getroffen werden. Außerdem ist auch im Rahmen der neuen Sonderbedingungen die Vereinbarung anderer Ausführungsmodalitäten als der beiden hier genannten weiterhin für zulässig zu erachten; hierzu sogleich.

57 *b) Allgemeine Grundsätze.* Schon bisher hat man ganz generell, also auch ohne Geltung der AGB, zumindest bei *an der Börse zugelassenen Papieren* angenommen, daß **im Zweifel** eine **Kommission** und kein Eigenhändlergeschäft vorliegt.

58 Begründet wird dies mit der **Schutzbedürftigkeit des Kunden:** Dem privaten Anleger, der keinen Zutritt zur Börse hat, bietet sich für den Effektenerwerb i. d. R. nur der Weg über die Banken an; den Banken kommt daher als Mittler de facto eine Monopolstellung zu.[82] Der Kunde, dem der rechtliche Unterschied zwischen Kommission und Eigenhändlergeschäft regelmäßig ohnehin nicht geläufig ist, sieht in dem Bankier einen Vertrauensmann, der seine Interessen bestmöglich wahrnehmen soll,[83] was für die Annahme eines Kommissionsverhältnisses spricht. Die für das Effektengeschäft charakteristische Interessenkonstellation hat die Rechtsprechung[84] schon dazu veranlaßt, auch einer allgemeinen Eigenhändlerklausel nur die Wirkungen einer Selbsteintrittsvereinbarung beizumessen. Dies schließt allerdings angesichts des Grundsatzes der Privatautonomie nicht aus, auch bei amtlich notierten Werten ein Eigenhändlergeschäft zu vereinbaren; nur hat dies im Einzelfall eben eindeutig zu erfolgen. Bei der Auslegung ist nicht am Wortlaut der vertraglichen Vereinbarung zu haften, sondern auf den tatsächlichen Vertragsinhalt abzustellen.[85]

59 Bei *nicht an der Börse zugelassenen Wertpapieren* wurde allerdings bisher, unabhängig von der Geltung der AGB, im Zweifel ein Eigenhändlergeschäft der Bank angenommen.[86] Ein Selbsteintritt der Bank als Kommissionärin kommt bei nicht zum amtlichen Handel zugelassenen Werten von Gesetzes wegen nicht in Betracht, da ein Börsenpreis i. S. des § 400 Abs. 1 HGB nicht ermittelt wird.[87] Argumentiert wurde auch, daß man der Bank angesichts der häufig engen Märkte im außerbörslichen Handel quasi als Risikoabsicherung

---

[82] Zutreffend *Schlegelberger/Hefermehl,* HGB, Anh. § 406 Rdnr. 18.
[83] Vgl. RGZ 43, 111; 114, 11.
[84] RGZ 114, 13 f., 15; RG LZ 1928, 625.
[85] RGZ 94, 66; 114, 10.
[86] RG BankArch. 26, 184; RGZ 106, 301.
[87] *Schlegelberger/Hefermehl,* HGB, Anh. § 406 Rdnr. 50 f., 101.

weitgehend Preisgestaltungsfreiheit einräumen müsse.[88] Doch für die Alternative normale Kommission oder Festpreisgeschäft haben diese Argumente ein geringeres Gewicht. Vielmehr gilt insoweit auch hier, daß die bestmögliche Wahrung des Kundeninteresses ebenso wie die Minimierung des Eigenrisikos der Bank für ein Kommissionsgeschäft sprechen, und eine **Vermutung zugunsten des Festpreisgeschäfts** ist allenfalls insoweit anzuerkennen, als dieses sich bereichspezifisch in der Praxis zum Regeltypus entwickelt. Zu erwarten ist dies einerseits in Sonderfällen wie bei Wertpapieren ohne funktionsfähigen Markt, bei Paketverkäufen etc., andererseits auf breiterer Ebene bei Neuemissionen, Eigenemissionen und sonstigem Direktvertrieb, beim Tafelgeschäft, auch bei größerem Auftragsvolumen, wenn die Bank sich ihrerseits unmittelbar eindecken kann (s. auch § 13 Rdnr. 22). Soweit außerhalb der Börsenhandelszeiten ein sofortiger Abschluß im **elektronischen Wertpapierhandel** möglich ist, wird dies regelmäßig auch dem besten Interesse des Kunden entsprechen; die dafür geeignetste und übliche Modalität ist aber, wie es scheint, diejenige des Festpreisgeschäfts.[89] (Vgl. hierzu § 12 Rdnr. 116.)

Einen zweiten Anhaltspunkt für die Einordnung zwischen Kommission und Eigenhänd- 60
lergeschäft leitete man schon immer von der **Art der Preisbestimmung** ab. Ein limitierter Auftrag, also die Angabe des Kunden, daß er höchstens zu diesem Kurs kaufen bzw. mindestens zu diesem Kurs verkaufen will, und erst recht ein Bestens-Auftrag, bei dem sich die Bank zur Ausführung zu dem am Abschlußtag geltenden günstigsten Kurs verpflichtet, spricht für die Annahme eines Kommissionsverhältnisses.[90] Denn – so das RG[91] – für ein Eigenhändlergeschäft ist i. d. R. die feste Preisvereinbarung charakteristisch. Selbst die Angabe eines bestimmten Preises durch den Kunden läßt nicht unbedingt den Schluß zu, daß ein Eigenhändlergeschäft vorliege, sondern kann auch als Limitierung seines Auftrages gemeint sein.[92] Die aus der Preisbestimmung abgeleitete Vermutung kann ebenso bei nicht börsennotierten Werten ins Spiel kommen, wenn dort nicht von vornherein ein Preis definitiv festgesetzt, sondern dieser von einem Deckungsgeschäft abhängig gemacht wird. Das RG und eine daran anknüpfende Lehre[93] gaben dann im Zweifel diesem Auslegungsgesichtspunkt den Vorrang, nahmen also auch bei nicht an der Börse zugelassenen Werten eine Kommission an.

In der Alternative zwischen Kommission und echtem Festpreisgeschäft i. S. v Nr. 9 der 61
neuen AGB müßte an sich die Art der Preisbestimmung noch eindeutigere Schlußfolgerungen zulassen. Denn Nr. 9 geht davon aus, daß bei Vertragsabschluß ein Preis definitiv festgesetzt wird, und das wäre dann ein klarer Gegensatz zur Erteilung eines Kommissionsauftrags. Doch können weiterhin Unklarheiten daraus resultieren, daß einerseits die Einordnung eines genannten Preises als Festpreis oder Preislimit auslegungsbedürftig sein, andererseits der Abschluß von Eigenhändlergeschäften „zum Tageskurs", „zum morgigen Börsenkurs" auch zukünftig vorkommen kann. Für solche Zweifelsfälle haben die vorgenannten Erwägungen weiterhin Gültigkeit.

c) AGB und abweichende Vereinbarung. Die erwähnten **Vermutungen** greifen zunächst 62
einmal ein, wenn die Banken-AGB nicht Vertragsbestandteil geworden sind oder die Regelung der Nr. 1 SBW abbedungen wurde.[94] In diesem Fall ist weiter zu beachten, daß dann bei der Kommissionsvariante auch das gesetzliche Selbsteintrittsrecht des § 400 HGB zum Zuge kommt, dessen Tatbestandsvoraussetzungen beim Effektengeschäft naturgemäß sehr weitgehend vorliegen. Die **AGB** werden dann **nicht Vertragsbestandteil,** wenn die Bank den Kunden nicht ausdrücklich, zumindest aber durch einen deutlich

---

[88] *Schwark,* Anlegerschutz, S. 111.
[89] S. *Kümpel,* BankR Rdnr. 8.117, 8.126, 8.212.
[90] RGZ 114, 9; RGZ 94, 66. *Canaris,* Bankvertragsrecht, 1981, Rdnr. 1830.
[91] RGZ 94, 66.
[92] RGZ 114, 11; anders RGZ 97, 138, wo die betreffenden Papiere nicht amtlich notierten.
[93] RG BankArch. 26, 1984; *Canaris,* Bankvertragsrecht, 1981, Rdnr. 1834.
[94] Vgl. *Canaris,* Bankvertragsrecht, 1981, Rdnr. 1827.

sichtbaren Aushang auf die Einbeziehung der AGB in den Vertrag hinweist und ihm nicht die Möglichkeit eröffnet, in zumutbarer Weise Kenntnis zu erlangen, bzw. der Kunde mit deren Geltung nicht einverstanden ist (§ 2 Abs. 1 AGBG; für Kaufleute ist § 24 AGBG zu beachten, wonach die Anwendung von § 2 AGBG ausgeschlossen ist). Die Einbeziehungserklärung des Kunden kann auch konkludent erfolgen.[95] Sind aber die AGB bei Abschluß eines Einzelvertrages zwischen Bank und Kunde einmal Vertragsbestandteil geworden, so erstreckt sich die Vereinbarung nach § 2 Abs. 2 AGBG auf alle in den Banken-AGB geregelten Bankgeschäfte.[96] Was die an die Einbeziehungskontrolle anschließende Inhaltskontrolle der hier interessierenden AGB-Bestimmungen anbelangt, so ließen sich schon gegen die alte Regelung des Nr. 29 keine durchgreifenden Bedenken erheben,[97] und dies noch weniger gegen die neuen Sonderbedingungen, die mit der Grundsatzentscheidung für die normale Kommission früherer Kritik Rechnung tragen und die Situation für den Kunden allenfalls verbessern, die Alternative des Festpreisgeschäfts aber von freier Vereinbarung abhängig machen und daher auch insoweit, sofern die Willensentscheidung des Kunden in freiem Entschluß zustande kommt, jedenfalls im Prinzip nicht angreifbar sind.

63 Ferner können die Parteien auch unter der grundsätzlichen Geltung der AGB eine **andere Ausführungsmodalität** als die beiden hier genannten **vereinbaren,** beispielsweise eine Kommission mit Selbsteintritt oder ein Eigenhändlergeschäft ohne definitive Preisbestimmung. Zwar gehen die neuen Sonderbedingungen ersichtlich davon aus, daß eine der beiden in ihnen geregelten Modalitäten zum Zuge kommt – s. vor allem Einleitungssatz vor Nr. 1 –, aber die Vereinbarung anderer Modalitäten wird nicht geradezu ausgeschlossen, und im übrigen wäre auch eine solche Ausschließlichkeitsklausel wieder (und unausschließbar) der parteiautonomen Derogation unterworfen. Selbst eine ausdrückliche Vereinbarung, wie nach Nr. 29 Abs. 3 AGB-alt, ist nicht mehr gefordert, so daß Individualabreden in jeder rechtsgeschäftlich gültigen Form, auch konkludent, zulässig sind und vor der AGB-Regelung Vorrang beanspruchen können.[98]

64 Speziell für die Kommission mit Selbsteintritt bedeutet dies, daß unter der Herrschaft von Nr. 1 der neuen AGB zwar das gesetzliche Selbsteintrittsrecht des § 400 HGB durch das ausdrückliche Bekenntnis zum Ausführungsgeschäft (Nr. 1 Abs. 1 S. 2) ausgeschlossen, die Vereinbarung eines Selbsteintrittsrechts aber weiterhin möglich ist. Im Falle eines solchen Stelbsteintritts muß die Bank dann nach Maßgabe von § 10 BörsG grundsätzlich ein Deckungsgeschäft am Markt abschließen; doch kann der Kunde sie auch davon freistellen oder von vornherein zu einer Übernahme des Auftrags mit Wirkung für ihren eigenen Bestand – also zu einem Nostrogeschäft – ermächtigen.[99]

65 Im übrigen ist es ganz allgemein die Frage, von welcher **praktischen Relevanz** die Einordnung als Kommission oder als Eigenhändlergeschäft ist. In der rechtlichen Konstruktion des Rechtsverhältnisses natürlich ist diese Weichenstellung von grundsätzlicher Bedeutung, und das schlägt sich in wichtigen Einzelheiten nieder, beispielsweise in den Abrechnungsmodalitäten.[100] Vor allem aber scheint hinter all dem der prinzipielle Unterschied zu stehen, daß nur der Kommissionär auf eine fremdnützige Interessenwahrung verpflichtet, der Bank als Eigenhändler hingegen die Verfolgung eigener Interessen freigestellt ist.[101] Jedoch muß das schon auf den ersten Blick vom Ergebnis her befremdlich er-

---

[95] *Wolf/Horn/Lindacher,* AGBG, § 2 Rdnr. 43.

[96] *Schlegelberger/Hefermehl,* HGB, Anh. § 406 Rdnr. 19.

[97] *Canaris,* Bankvertragsrecht, 1981, Rdnr. 1832 f.; *Schlegelberger/Hefermehl,* HGB, Anh. § 406 Rdnr. 51; punktuelle Kritik beispielsweise bei *v. Dalwigk zu Lichtenfels,* Das Effektenkommissionsgeschäft, S. 112 ff.; *Schlegelberger/Hefermehl,* HGB, Anh. § 406 Rdnr. 116.

[98] *Baumbach/Hopt,* HGB, (8) AGB-Banken Nr. 1 Rdnr. 2.

[99] S. *Kümpel,* BankR Rdnr. 8.197 ff.

[100] S. *Obst/Hintner,* Geld-, Bank- und Börsenwesen, S. 485.

[101] BGH WM 1959, 999, 1001.

scheinen, ist doch im Einzelfall die Einordnung unter die eine oder die andere Rechtsform nicht selten unklar, insgesamt eher zufällig, vor allem aber ist es den Parteien zumeist weder bewußt noch messen sie ihm Wichtigkeit bei. In der Tat ist die Vertrauensstellung der Bank zumeist dieselbe, muß sie dann gleichermaßen unter dem Gebot von Treu und Glauben stehen und erkennt sie dies ja auch in der Vorbemerkung ihrer AGB als generelle Grundlage des Rechtsverhältnisses an. Zu den Konsequenzen i. e. s. § 12.

III. Abschluß und Ausführung des Effektengeschäfts

1. Ausführungs- bzw. Deckungsgeschäft. Nach § 384 Abs. 1 HGB trifft die Bank bei der einfachen Effektenkommission eine **Pflicht zur Ausführung** des übernommenen Geschäfts, d. h. sie hat sich um den Abschluß eines Vertrags mit einem Dritten zu bemühen, wobei sie in eigenem Namen, aber für Rechnung des Kunden auftritt. Nr. 1 Abs. 1 S. 2 SBW hat vor diesem gesetzlichen Hintergrund zunächst einmal nur die Bedeutung, daß er die gesetzliche Verpflichtung wiederholt; darüber hinaus ist seinem ersten Halbs. allerdings auch die Bedeutung beizumessen, daß die Erledigung per Selbsteintritt und damit auch das gesetzliche Selbsteintrittsrecht ausgeschlossen wird. Wie im einzelnen das Ausführungsgeschäft über den Markt geleitet wird, sagt Nr. 2; zur Beauftragung eines Zwischenkommissionärs (Halbs. 2) unten Rdnr. 84. 66

Bei der Kommission durch Selbsteintritt und beim Festpreisgeschäft wird sich die Bank, 67 wenn sie nicht zugunsten oder zu Lasten ihres Eigenbestands zu erfüllen beabsichtigt, durch den Abschluß eines **Deckungsgeschäfts** absichern. Im Unterschied zum Ausführungsgeschäft bei der einfachen Effektenkommission schließt die Bank das Deckungsgeschäft nicht nur **in eigenem Namen,** sondern auch **für eigene Rechnung ab.** Daraus folgt unter anderem, daß § 392 HGB unanwendbar ist, da sich diese Vorschrift nur auf für Rechnung des Kommittenten geschlossene Geschäfte bezieht.[102] Dennoch ist das Deckungsgeschäft auch für das Verhältnis zum Kunden rechtlich von **Bedeutung.** Bei der Kommission mit Selbsteintritt ist die Bank nicht ohne weiteres zum Selbsteintritt verpflichtet; eine Pflicht zur Abgabe der Selbsteintrittserklärung entsteht grundsätzlich erst, wenn die Bank die Chance zum Abschluß eines entsprechenden Deckungsgeschäfts hat.[103] Allein die Tatsache, daß die Bank häufig über eigene Bestände verfügt, vermag i. d. R. keine Selbsteintrittspflicht zu begründen.[104] Auch der Abschluß des Festpreisgeschäfts kann davon abhängig gemacht werden, ob die Bank ein korrespondierendes Deckungsgeschäft abzuschließen vermag.

In der kommissionsgeschäftlichen Ausführungsvariante ist die Bank ausnahmslos zum 68 Abschluß eines entsprechenden Ausführungsgeschäfts **verpflichtet;** sie hat dies „mit einem anderen Marktteilnehmer" nach Maßgabe von Nr. 2 zu tun. Sie darf also den Auftrag weder durch Leistung aus ihrem Eigenbestand noch durch schlichte Kompensation mit gegenläufigen Kundenaufträgen erledigen. Sie darf auch nicht abweichend von Nr. 2 nun ihrerseits ein Festpreisgeschäft außerhalb des Markes abschließen. Allerdings hatten die Banken und Sparkassen sich in den alten AGB (Nr. 29 Abs. 1 S. 2 bzw. Nr. 39a Abs. 1 S. 2) auch bei der Kommission mit Selbsteintritt für die wichtigsten Fälle bereits verpflichtet, Kundenaufträge über die Börse zu leiten und nach Maßgabe des Börsenkurses abzurechnen (sog. „Börsenzwang"). Doch wirkt die Selbstbindung zum Abschluß eines Deckungsgeschäfts auf fremde Rechnung vermutlich noch zuverlässiger darauf hin, daß eine größtmögliche Konzentration des Aktienumsatzes an der Börse gewährleistet wird:[105] Die Börsenkurse sollen den tatsächlichen Geschäftsverlauf widerspiegeln; eine Abrechnung zu

[102] Großkomm./*Koller,* HGB, § 400 Rdnr. 59; *Canaris,* Bankvertragsrecht, 1981, Rdnr. 1901.

[103] *Canaris,* Bankvertragsrecht, 1981, Rdnr. 1092; *Schlegelberger/Hefermehl,* HGB, Anh. § 406 Rdnr. 30; KG WM 1989, 1276.

[104] Großkomm./*Koller,* HGB, § 400 Rdnr. 69; *Schlegelberger/Hefermehl,* HGB, Anh. § 406 Rdnr. 110.

[105] Dazu *Schlegelberger/Hefermehl,* HGB, Anh. § 406 Rdnr. 53ff.

einem nicht repräsentativen Zufallskurs soll dadurch verhindert werden.[106] Sanktioniert wird die Pflicht zum Abschluß des Deckungsgeschäfts, und zwar zu einem Geschäftsabschluß im besten Interesse des Kunden (§ 384 Abs. 1 HGB), nach Maßgabe von dessen Weisungen (§§ 384 Abs. 1, 385 HGB) und der näheren AGB-Regelung (Sonderbedingungen Nr. 2ff.), durch die Verpflichtung, darüber Rechenschaft zu legen (§ 384 Abs. 2 HGB), woraus der Kunde ggf. – mit Beweisvorteil – die Rechte ableiten kann, das Geschäft **zurückzuweisen** (§ 385 Abs. 1 HGB) oder **Schadenersatzansprüche** (Umfang nach § 249 BGB) geltend zu machen.

69 Praktisch freilich kann der Ablauf auch unter der Herrschaft der neuen Sonderbedingungen so aussehen, daß die Bank dem Kunden eine Ausführung des Auftrags zu den Börsenkonditionen des fraglichen Tages ohne Benennung eines Vertragspartners anzeigt und sodann zu diesen Konditionen mit dem Kunden und mit dessen konkludentem Einverständnis das Geschäft abwickelt. Ob das dann eine Abführung des aus dem konkreten Ausführungsgeschäft Erlangten, eine Erfüllung der Verpflichtung aus Selbsthaftung oder die Erfüllung einer Verpflichtung aus Selbsteintritt nach altem Muster ist, wird für den Kunden weder unterscheidbar noch relevant sein, solange ihm „sein" Preis korrekt in Rechnung gestellt wird.

70 Demgegenüber läßt sich beim Festpreisgeschäft gegen eine Abwicklung zugunsten oder zu Lasten des Eigenbestandes der Bank grundsätzlich nichts einwenden. Im Prinzip geht es hier den Kunden nichts mehr an, wie die Bank sich in die Lage versetzt, ihre Pflichten als Käufer oder Verkäufer zu erfüllen. Eine **Pflicht** zur Vornahme eines **Deckungsgeschäfts** setzt eine besondere Vereinbarung zwischen Anleger und Bank voraus.[107] Wenn jedoch die Bank von der Vornahme eines Deckungsgeschäfts absieht, zugleich aber das mit dem Eigengeschäft verbundene Risiko von Kursschwankungen finanziell nicht tragen kann oder unerfahrene Anleger in der Absicht, Deckungsgeschäfte zu unterlassen, zur Erteilung spekulativer Aufträge veranlaßt (sog. bucket shops), so war bereits beim alten Eigenhändlergeschäft nach Auffassung der h. L.[108] eine Anfechtung wegen arglistiger Täuschung sowie eine zum Schadensersatz verpflichtende Vertragsverletzung und unerlaubte Handlung (§§ 823 Abs. 2, 826 BGB) in Betracht zu ziehen, und dies gilt ebenso im Anwendungsbereich von Nr. 9 der neuen Sonderbedingungen. Den **Konditionen** des Deckungsgeschäfts kann auch beim Festpreisgeschäft evtl. für die Preisbestimmung (vgl. § 12 Rdnr. 122ff.), ferner in der Frage des Bereicherungsausgleichs und Schadensersatzes bei Anfechtung bzw. Nichtigkeit sowie bei Widerruf (Rdnr. 93) Bedeutung zukommen.[109]

71 **2. Das Zustandekommen der vertraglichen Bindung.** Der **Abschluß** eines Effektengeschäfts erfolgt grundsätzlich nach den allgemeinen Regeln (§§ 145ff. BGB), also durch Angebot und Annahme. Aufträge über Kauf und Verkauf von Effekten können formlos erteilt werden;[110] in der Praxis geschieht dies vielfach schriftlich, bei mündlichen Aufträgen ist eine schriftliche Bestätigung üblich.[111] Telefonische, telegraphische, drahtlose oder fernschriftliche Aufträge bestätigt die Bank spätestens am folgenden Tag selbst oder läßt sie sich bestätigen, um Übermittlungsfehler auszuschalten.[112]

---

[106] *Canaris,* Bankvertragsrecht, 1981, Rdnr. 1905.

[107] Großkomm./*Koller,* HGB § 400 Rdnr. 37.

[108] *Canaris,* Bankvertragsrecht, 1981, Rdnr. 1906; *Schlegelberger/Hefermehl,* HGB, Anh. § 406 Rdnr. 26; *Schmidt-Rimpler,* Das Kommissionsgeschäft, S. 1031; a. A. Großkomm./*Koller,* HGB, § 400 Rdnr. 37, der darauf hinweist, daß mit der Annahme einer Pflichtverletzung infolge Nichtvornahme eines Deckungsgeschäfts dem Anleger nicht besser gedient ist als mit einer Anwendung von § 279 BGB.

[109] Vgl. *Canaris,* Bankvertragsrecht, 1981, Rdnr. 1907.

[110] *Schlegelberger/Hefermehl,* HGB, Anh. § 406 Rdnr. 21.

[111] *Hagenmüller/Diepen,* Der Bankbetrieb, S. 600.

[112] S. dazu Großkomm./*Koller,* HGB, § 383 Rdnr. 54.

Der Kauf- bzw. Verkaufsauftrag muß **inhaltlich** hinsichtlich der Art der Wertpapiere, der Stückzahl bzw. des Nennwerts hinreichend **bestimmt** sein.[113] Fehlt beim Kommissionsauftrag eine zeitliche Befristung, so gelangt Nr. 4 der Sonderbedingungen zur Anwendung (s. dazu unten § 12 Rdnr. 115 ff.). Schließlich hat der Kunde anzugeben, zu welchem Preis der Auftrag ausgeführt werden soll. Dies erfolgt bei unlimitierten Aufträgen durch den Vermerk „bestens" oder „billigst", der die Bank zur Ausführung zu dem am Abschlußtag geltenden günstigsten Kurs verpflichtet, bei limitierten Aufträgen durch Setzung eines Höchspreises bei Kauf- und eines Mindestpreises bei Verkaufsaufträgen (SBW Nr. 3). Ein Preislimit muß klar und zweifelsfrei bestimmt werden.[114] Bei Circa-Limiten kann der als Limit genannte Kurs je nach Kursstand geringfügig über- bzw. unterschritten werden.[115] Bei Aufträgen über einen längeren Zeitraum oder über erhebliche Beträge ist der Vermerk „Interesse wahrend" gebräuchlich, der die Bank zu einem vorsichtigen, Kursausschläge vermeidenden Kauf bzw. Verkauf über mehrere Börsentage hinweg verpflichtet. Wird kein Kommissionsauftrag erteilt, sondern unmittelbar an die Bank verkauft bzw. von der Bank gekauft, so gehen die SBW davon aus, daß die Parteien sogleich einen definitiven Preis vereinbaren (Nr. 9: Festpreisgeschäft), doch kann dies auch anders geschehen, wie bereits erwähnt. 72

Was die Modalitäten und Wirkungen der rechtsgeschäftlichen **Annahme** angeht, so gilt es, zwischen Kommissions- und Festpreisgeschäft zu **differenzieren.** Im ersteren Fall wird zunächst nur der Kommissionsauftrag angenommen, der die Bank zunächst nur dazu verpflichtet, sich um die Ausführung zu bemühen, nicht schon zur kaufrechtlichen Erfüllung. Bei der Effektenkommission wird die Annahme des Auftrags vielfach **konkludent,** also durch schlüssiges Verhalten, wie durch den Beginn der Ausführung durch die Bank, erfolgen, ohne daß eine Annahmeerklärung dem Kunden zugehen muß (§ 151 Abs. 1 BGB).[116] Im übrigen kann der Kommissionsvertrag auch durch **Schweigen** der Bank zustande kommen, wenn die Bank den Auftrag gegenüber dem Kunden, mit dem sie in Geschäftsverbindung steht, nicht unverzüglich ablehnt (§ 362 HGB). Bei Börsengeschäften hat eine **Ablehnung** des Auftrags durch die Bank in der Regel telefonisch bzw. telegraphisch zu erfolgen, ansonsten geht der Kunde der Möglichkeit verlustig, eine andere Bank am selben Börsentag mit der Ausführung zu betrauen.[117] 73

Demgegenüber wird **beim Festpreisgeschäft** sogleich und ausschließlich ein Kaufvertrag abgeschlossen, und es fragt sich daher, ob dieser Vertragsschluß auf derselben Ebene wie der Abschluß des Kommissionsvertrags in der Kommissionsvariante anzusiedeln ist oder die kaufrechtliche Bindung auch hier aufgeschoben und insbesondere mit dem Abschluß eines Deckungsgeschäfts in Zusammenhang gebracht werden kann (unten Rdnr. 87 ff.). 74

Im übrigen ist die Bank, ungeachtet der vertraglichen Konstruktion, nicht schlechthin frei, ob sie den Auftrag annehmen (ausführen) will oder nicht. Nicht nur resultiert in der Kommissionsvariante eine Pflicht zum Abschluß des Ausführungsgeschäfts unter den erwähnten Umständen aus dem (bereits bestehenden) Kommissionsvertrag, sondern die Bank kann auch zum Abschluß des Kommissionsvertrags unter bestimmten Umständen verpflichtet sein. Denn die Bank unterliegt nach allgemeiner Auffassung im Effektenhandel einem gewissen **Kontrahierungszwang.**[118] Das gegenseitige Vertrauensverhältnis, das die Geschäftsbeziehungen zwischen Bank und Kunden prägt, verbietet der Bank die willkürliche Ablehnung von Aufträgen für Kunden, mit denen sie in Geschäftsverbindung steht. 75

---

[113] S. hierzu Großkomm./*Koller,* HGB, § 383 Rdnr. 51; *Schlegelberger/Hefermehl,* HGB, Anh. § 406 Rdnr. 24.

[114] OLG Köln WM 1989, 402.

[115] *Hagenmüller/Diepen,* Der Bankbetrieb, S. 600.

[116] *Schlegelberger/Hefermehl,* HGB, Anh. § 406 Rdnr. 22; *Canaris,* Bankvertragsrecht, 1981, Rdnr. 1838.

[117] *Canaris,* Bankvertragsrecht, 1981, Rdnr. 1839.

[118] *Canaris,* Bankvertragsrecht, 1981, Rdnr. 1840; Großkomm./*Koller,* HGB, § 383 Rdnr. 53.

Eine sachlich nicht gerechtfertigte Ablehnung einer Kundenorder kann im Fall des Kommissionsgeschäfts Schadenersatzansprüche zur Folge haben.[119] Hingegen kann die Bank nicht für verpflichtet erachtet werden, zum Festpreis abzuschließen, sondern ihr ist immer das Recht eröffnet, auf die Kommissionsvariante zu verweisen. Umgekehrt dürfte ihr allerdings auch das Recht abzusprechen sein, gegen den Wunsch des Kunden auf das Festpreisgeschäft auszuweichen, wenn man einmal einen Kontrahierungszwang bejaht hat.[120]

76 Eine besondere **Einschränkung d**er Abschluß- bzw. Ausführungspflicht enthalten dann wiederum die Nr. 6 und 7 der Sonderbedingungen. Die Bank braucht Aufträge weder entgegenzunehmen noch auszuführen, wenn die Kurse des betreffenden Papiers an der Börse ausgesetzt wurden, und sie braucht sich nicht weitergehend zu binden, als der Auftrag durch ein Guthaben bzw. den Depotbestand des Kunden gedeckt ist (hierzu näher § 12 Rdnr. 114 ff.).

77 Wird der Antrag zum Kauf bzw. Verkauf von einem dazu bevollmächtigten **Bankangestellten** angenommen, so ist – abgesehen von der Vollmacht – für eine wirksame Verpflichtung der Bank gegenüber dem Kunden ein Handeln im Namen der Bank erforderlich. Nach Auffassung des BGH[121] ist im Zweifel ein Handeln im Namen der Bank anzunehmen, wenn ein bevollmächtigter Bankangestellter eine ihm in den Geschäftsräumen, auch fernmündlich, erteilte Kundenorder annimmt. Für Bestand und Umfang einer Vollmacht sind § 54 HGB und ggf. die Rechtsscheinsgrundsätze maßgeblich; demzufolge kann das in der Wertpapierabteilung einer Bank bzw. – bei Fehlen einer erkennbaren ressortmäßigen Aufteilung – das allgemein im Schalterraum die Kunden betreuende Personal i. d. R. die Bank auch zu Effektengeschäften verpflichten.[122]

78 **3. Selbsteintritt und Selbsthaftung der Bank.** Der eigentliche Selbsteintritt spielt angesichts der neuen AGB-Regelung nur noch eine Rolle, wenn er in Abweichung hiervon vereinbart wird (oben Rdnr. 64). Zu verstehen ist eine solche Vereinbarung im Unterschied zum Abschluß eines Eigenhändler- bzw. Festpreisgeschäfts als Einräumung des entsprechenden Rechts an die Bank. Eine Pflicht trifft die Bank aber zunächst einmal lediglich i. S. einer **Bemühungspflicht,**[123] die Kommission im besten Interesse des Kunden entweder durch kommissionsrechtliches Ausführungsgeschäft oder durch Selbsteintritt auszuführen. Erscheint letzteres angezeigt, so ist die Bank zum Vollzug des Selbsteintritts grundsätzlich erst verpflichtet, wenn sie die Möglichkeit zur Vornahme eines entsprechenden Deckungsgeschäfts hat.

79 Von der Vereinbarung des Selbsteintritts als Ausführungsart ist der **Vollzug** des Selbsteintritts, d. h. der Zeitpunkt, zu dem der Selbsteintritt wirksam wird, zu unterscheiden.[124] Nach dem Wirksamwerden des Selbsteintritts beurteilt sich, ob zusätzlich zu den kommissionsrechtlichen auch die kaufrechtlichen Bestimmungen zur Anwendung gelangen. Im übrigen ist der Vollzug des Selbsteintritts für die Möglichkeit des Widerrufs des Kundenauftrags von Bedeutung.

80 Die Frage, zu welchem **Zeitpunkt** der Selbsteintritt der Bank **wirksam** wird, ist im Schrifttum streitig.[125] Allgemein einig ist man sich lediglich darin, daß der Selbsteintritt **nicht** bereits **mit Abschluß** des Kommissionsvertrages erklärt wird, da die Bank zuerst die Möglichkeit der Vornahme eines entsprechenden Deckungsgeschäfts zu prüfen hat.[126] Die

---

[119] *Canaris,* Bankvertragsrecht, 1981, Rdnr. 1840.

[120] *Schlegelberger/Hefermehl,* HGB, Anh. § 406 Rdnr. 23; ebenso *Canaris,* Bankvertragsrecht, 1981, Rdnr. 1843.

[121] BGH WM 1984, 197.

[122] Vgl. BGH NJW 1980, 2410; *Roth,* Handels- und GesellschaftsR[4] § 28/2.

[123] Dazu Großkomm./*Koller,* HGB, § 400 Rdnr. 42.

[124] Vgl. *Schlegelberger/Hefermehl,* HGB, Anh. § 406 Rdnr. 64.

[125] *Schlegelberger/Hefermehl,* HGB, Anh. § 406 Rdnr. 65.

[126] *Canaris,* Bankvertragsrecht, 1981, Rdnr. 1913.

ältere Lehre[127] vertritt die Auffassung, daß der Selbsteintritt erst mit dem **Zugang** einer Erklärung seitens der Bank, wobei es sich i. d. R. um die Ausführungsanzeige handeln wird, gegenüber dem Anleger wirksam wird. Demgegenüber haben der OGH[128] und *Canaris*[129] die Auffassung vertreten, daß der Selbsteintritt bereits mit Vornahme des Dekkungsgeschäfts Wirksamkeit erlange (der OGH außerdem auch: mit einer entsprechenden Umbuchung). Die Frage ist für die Risikoverteilung zwischen der Vornahme des Dekkungsgeschäfts und dem Zugang der Ausführungsanzeige beim Kunden von Bedeutung. Wenn der Kunde erst mit dem Zugang der Anzeige kaufrechtlich verpflichtet wird, trägt die Bank in der Zwischenzeit das Risiko aus dem Deckungsgeschäft, und Bedeutung könnte das vor allem für einen Widerruf des Kundenauftrags haben. Denn nach § 405 Abs. 3 HGB kann der Anleger grundsätzlich seinen Auftrag bis zur Absendung der Ausführungsanzeige widerrufen, und der Kommissionär geht dann des Selbsteintrittsrechts verlustig. Der Kunde könnte dabei zu Lasten der Bank spekulieren, indem er die Kursentwicklung verfolgt und bei einem für ihn ungünstigen Kurs seine Order per Telefon gegenüber der Bank widerruft.[130]

Sachgerechter erscheint es daher, den Selbsteintritt bereits **mit Vornahme des Dekkungsgeschäfts** wirksam werden zu lassen und somit einem Widerruf nach Abschluß des Deckungsgeschäfts, aber vor Absendung der Ausführungsanzeige die Wirksamkeit zu nehmen.[131] Lediglich bis zur Vornahme eines Deckungsgeschäfts durch die Bank kann der Anleger das Recht auf Widerruf erfolgreich ausüben: Die Bank hat dabei den Nachweis zu führen, daß sie bereits zum Zeitpunkt des Widerrufs ein Deckungsgeschäft vorgenommen hat.[132] 81

Bei der **einfachen Kommission,** dem Regelfall nach den neuen Sonderbedingungen, tritt eine der Verpflichtung nach erfolgtem Selbsteintritt vergleichbare Erfüllungshaftung der Bank als **Selbsthaftung** gemäß SBW Nr. 8 ein. Sie bedarf allerdings über den Abschluß des Kommissionsvertrags hinaus keiner eigenen rechtsgeschäftlichen Grundlage, sondern wird allein durch den Abschluß des Ausführungsgeschäfts als eine zu der hieraus resultierenden Verbindlichkeit des Geschäftspartners akzessorische Verbindlichkeit des Kommissionärs zur Entstehung gebracht.[133] Die Normierung in Nr. 8 ist als Vereinbarung der Delkrederehaftung gemäß § 394 Abs. 1 HGB zu verstehen. Unabhängig vom tatsächlichen Abschluß eines Ausführungs- oder Deckungsgeschäfts wird schließlich eine Selbsthaftung nach § 384 Abs. 3 HGB begründet, wenn die Bank dem Kunden eine (angebliche) Ausführung anzeigt, ohne einen Geschäftspartner zu benennen. Praktisch stellt sich vor dem Hintergrund dieser Vorschriften die Rechtslage nunmehr so dar, daß die Bank dem Kunden für den nach SBW Nr. 4 maßgeblichen Ausführungszeitpunkt eine Ausführungsanzeige ohne Benennung des Vertragspartners zusenden wird. Dann ist mit dem der Anzeige entsprechenden Abschluß des Ausführungsgeschäfts die Delkrederehaftung, andernfalls mit Zugang der Anzeige die gesetzliche Selbsthaftung eingetreten. 82

Ein **Widerruf** des Kommissionsauftrags durch den Kunden ist allgemein bis zum Abschluß des Ausführungsgeschäfts möglich.[134] Etwas genauer wird man ihn auf den Zeitpunkt begrenzen müssen, von dem an die Bank gemäß den üblichen Ausführungsmoda- 83

---

127 *Schlegelberger/Hefermehl,* HGB, Anh. § 406 Rdnr. 19; *Schönle,* Bank- und Börsenrecht, § 17 II 3 c 2.

128 OGHZ 4, 214 ff.; KG WM 1989, 1276.

129 Bankvertragsrecht, 1981, Rdnr. 1913.

130 *Canaris,* Bankvertragsrecht, 1981, Rdnr. 1914.

131 Bedenken gegen die Auffassung von *Canaris* bestehen nur insofern, als es im Interesse des Kunden liegt, daß die Bank die Ausführungsanzeige unmittelbar nach Vornahme des Deckungsgeschäfts absendet, um nämlich Kursschnitte zu vermeiden (Großkomm./*Koller,* HGB, § 405 Rdnr. 18).

132 *Canaris,* Bankvertragsrecht, 1981, Rdnr. 1914 a. E.

133 S. zur Delkrederehaftung Großkomm./*Koller* § 394 Rdnr. 7.

134 Großkomm./*Koller* § 383 Rdnr. 82; *Kümpel,* BankR Rdnr. 8.169.

litäten den Abschluß nicht mehr stoppen kann, vgl. auch RGZ 107, 139. Doch resultiert nun ein zusätzliches Problem – wenn auch vielleicht nur von theoretischer Bedeutung – aus den ab 1. 1. 1995 neu bestimmten Ausführungsmodalitäten: Hieraus könnte sich eine Ausstiegsmöglichkeit für den Kunden ergeben, die zeitlich noch über die Vornahme des Ausführungsgeschäfts **und** über deren Anzeige hinausreicht. Der Kunde ist daraufhin nicht sogleich auf die Hinnahme der Erfüllung seitens der Bank beschränkt; er kann sich hierauf zwar konkludent bindend einlassen und in derselben Weise auf eine Namhaftmachung des Dritten verzichten, aber das muß nicht der Fall sein. Sondern er kann, wenn man die gefestigte Auffassung zu § 384 HGB uneingeschränkt auf die Effektenkommission überträgt, statt dessen auf einer buchstabengetreuen Abwicklung nach § 384 Abs. 2 bestehen und widrigenfalls das Geschäft zurückweisen.[135] Da in dieser Phase, wenn die Bank das Ausführungsgeschäft tatsächlich abgeschlossen hat, dieses regelmäßig auch bereits ordnungsgemäß erfüllt wurde, braucht die Bank zwar in Erfüllung ihrer Verpflichtungen aus § 384 Abs. 2 wiederum nur die Leistung an den Kunden weiterzuleiten. Aber der Kunde könnte dessenungeachtet auf der Benennung eines Dritten bestehen und, wenn die Bank dazu nicht willens oder fähig ist, evtl. mit Fristsetzung das Geschäft zurückweisen und den Auftrag widerrufen – sofern man einem solchen Vorgehen nicht als rechtsmißbräuchlich (= mangels der Verfolgung schutzwürdiger Interessen)[136] die Gültigkeit abspricht.

84 **4. Einschaltung eines Zwischenkommissionärs.** Der Kommissionär kann, anstatt das Ausführungsgeschäft selbst abzuschließen, zu diesem Zweck eine weitere Mittelsperson einschalten. Diese kann wiederum in Rechtsform des Kommissionsgeschäfts tätig werden und kann hierbei Zwischen- oder Unterkommissionär sein. Im ersteren Fall schließt der Kommissionär mit dem Zwischenkommissionär seinerseits einen Kommissionsvertrag ab und haftet dem Kommittenten nur für sorgfältige Auswahl und Instruktion des Zwischenkommissionärs, wenn er die Erledigung zulässigerweise delegiert. Im übrigen haftet ihm der Zwischenkommissionär aus §§ 384 ff., und die daraus resultierenden Rechte und Vorteile hat er nach § 384 Abs. 2 dem Kommittenten zugute kommen zu lassen. Demgegenüber ist ein Unterkommissionär Erfüllungsgehilfe des ersten Kommissionärs (§ 278 BGB). Es gilt dasselbe wie beim Spediteur, wo der Zwischenspediteur gesetzlich geregelt ist, §§ 408, 411 HGB.[137]

85 In den Sonderbedingungen haben die Banken sich das Recht vorbehalten, den Auftrag an einen Zwischenkommissionär weiterzugeben, Nr. 1 Abs. 1 S. 2 2. Halbs. Nr. 8 S. 2 stellt lediglich die aus allgemeinem Recht sich ergebende Haftungsfolge klar, außerdem übernimmt die Bank auch in diesem Fall die Delkrederehaftung für das Ausführungsgeschäft. Hingegen trifft die Selbsthaftung aus § 384 Abs. 3 nun den Zwischenkommissionär; sie trifft m. E. aber ebenfalls die erstbeauftragte Bank, wenn diese mit dem Zwischenkommissionär unter Umständen abgeschlossen hat, unter denen sie mit einer Nichtbenennung des Dritten rechnen mußte. Ferner wird man aus der zitierten AGB-Vorschrift ableiten dürfen, daß die Bank bei der Beauftragung eines Zwischenkommissionärs ebenfalls sicherstellen muß, daß ein Ausführungsgeschäft über den Markt abgeschlossen wird, also ein Selbsteintrittsrecht des Zwischenkommissionärs ausschließen muß.

86 **5. Abschluß des Festpreisgeschäfts.** Im Unterschied zur Effektenkommission verpflichtet sich die Bank beim Festpreisgeschäft nicht nur zum Bemühen um den Abschluß eines Ausführungsgeschäfts, sondern unmittelbar zur **Erfüllung des Kaufvertrags.**[138] Angesichts dessen spielen Möglichkeit und Abschluß eines Deckungsgeschäfts von vornherein keine dem Kommissionsfall vergleichbare Rolle; als Normalfall hat zu gelten, daß der Inhalt des Geschäfts (einschließlich Preis) wie bei einem typischen Kaufvertrag zwischen der

---

[135] S. *Schlegelberger/Hefermehl* § 384 Rdnr. 69; Großkomm./*Koller* § 384 Rdnr. 81.
[136] Münchener Komm./*Roth* § 242 BGB Rdnr. 452 ff.
[137] Hierzu *Baumbach/Hopt* § 408 Rdnr. 2.
[138] *Canaris,* Bankvertragsrecht, 1981, Rdnr. 1841.

Bank und dem Kunden frei und verbindlich festgesetzt wird, unabhängig von einem etwaigen Deckungsgeschäft. Dabei könnte die Bank dann auch jede wirtschaftliche Chance des Geschäfts für sich nutzen.[139] Die neuen Sonderbedingungen für Wertpapiergeschäfte fassen allein diesen Fall ins Auge.

In der Praxis dürfte aber auch in der rechtlichen Einkleidung als Festpreisgeschäft häufig nichts anderes beabsichtigt sein als eine Ausführung für den Kunden (i. S. von § 1 KWG) durch Abschluß eines Deckungsgeschäfts, so wie dies beim Eigenhändlergeschäft früherer Prägung der Fall war. Eine Ausnahme gilt freilich, wenn die Bank das Geschäft als sog. Nostrogeschäft übernehmen will (s. o. Rdnr. 51), was hier eine größere Rolle spielen wird. Ansonsten jedoch müssen auch beim Festpreisgeschäft Abschluß und Inhalt des Vertrags zum Deckungsgeschäft in Beziehung gesetzt und von ihm abhängig gemacht werden können. Im einzelnen sind die folgenden **Fallgestaltungen** zu unterscheiden: 87

(1) Das Festpreisgeschäft als individuelle Transaktion zwischen Bank und Kunden *ohne unmittelbare Beziehung zu irgendeinem Marktgeschehen.* Hier wird die Bank das Vertragsangebot des Kunden in aller Regel sogleich verbindlich annehmen, die Konditionen werden frei vereinbart bzw. festgesetzt. Es ist dabei auch im Hinblick auf SBW Nr. 9 gleichwertig, ob der Festpreis in einem Betrag beziffert oder als der heutige (morgige etc.) Tageskurs bestimmt wird. 88

(2) Der Vertrag wird zwar unbedingt abgeschlossen, sein Inhalt eigenständig fixiert, die *Parteien orientieren* sich dabei aber – ausdrücklich oder stillschweigend, jedenfalls übereinstimmend – *an der Marktsituation,* etwa am Tageskurs bei Auftragserteilung, an den Transaktionsdaten des elektronischen Handelssystems IBIS. Hier kommt dem Deckungsgeschäft zwar nicht dieselbe Bedeutung zu wie bei der Kommission, vor allem kann ein solches auch ganz unterbleiben. Die angenommene Marktsituation wird aber die Geschäftsgrundlage sein, ihre wesentliche Veränderung bis zum Abschluß eines Deckungsgeschäfts – oder die Unmöglichkeit, ein solches überhaupt abzuschließen – kann als Änderung der Geschäftsgrundlage zu berücksichtigen sein.[140] 89

(3) Es handelt sich ebenso um eine *marktbezogene Order* wie in den Fällen von Nr. 1 SBW, aber die Parteien wollen keine Ausführung der konkreten Order über den Markt oder jedenfalls keinen Zwang hierzu festlegen, möglicherweise trauen sie dem fraglichen Marktsegment auch keine ausreichende Funktionsleistung zu, z. B. bei Freiverkehr oder ausländischen Börsen (s. auch SBW Nr. 2 Abs. 3). Im Hinblick darauf kann der Kunde seine Order ebenfalls limitiert oder „bestens" erteilen. Wird ein Bestens-Auftrag erteilt, so soll dies zwar,[141] es muß aber nicht für eine Kommission sprechen (s. o. Rdnr. 60 ff.). Ist dennoch ein Eigenhändlergeschäft, nunmehr ohne Festpreisvereinbarung, anzunehmen, so muß in dieser 3. Fallgruppe dem Deckungsgeschäft dieselbe rechtliche Relevanz zukommen wie in der kommissionsgeschäftlichen Variante, und zwar für das Zustandekommen der kaufvertraglichen Bindung der Bank ebenso wie für den Vertragsinhalt, insbesondere die Preisbestimmung (hierzu näher § 12 Rdnr. 122 ff.). Die Bank wird also den Auftrag des Kunden vorläufig nur entgegennehmen, annehmen wird sie ihn erst dann, wenn sie ein entsprechendes Deckungsgeschäft tätigen konnte. Das gilt selbst bei einem Kundenauftrag, der ihr aufgrund eines „freibleibend" gemachten Angebots (sog. invitatio ad offerendum) zugeht.[142] Diese Vertragsvariante muß auch unter der Herrschaft der neuen Sonderbedingungen neben einer Festpreisvereinbarung nach Nr. 9 zulässig bleiben[143]; freilich sprechen die neuen AGB noch nachdrücklicher da- 90

[139] So BGH WM 1959, 999.

[140] Zu Geschäftsgrundlage und Risikosphären einschl. spekulativer Risikoübernahme Münch-Komm./*Roth,* BGB, § 242 Rdnr. 537, 541.

[141] *Canaris,* Bankvertragsrecht, 1981, Rdnr. 1834.

[142] *Canaris,* Bankvertragsrecht, 1981, Rdnr. 1842.

[143] *Kümpel,* WM 1995, 137, 140.

für, im Zweifel ein solches Geschäft als Kommissionsgeschäft gemäß Nr. 1 aufrechtzuerhalten.

91 Auch der Eigenhändlervertrag sollte in einem solchen Fall aber nicht erst mit Anzeige der Bank an den Kunden,[144] sondern wie der Selbsteintritt bereits mit Ausführung des Deckungsgeschäfts wirksam werden. Dadurch ist den Interessen der Bank, die infolge der Unsicherheit über die Möglichkeit eines Deckungsgeschäfts bei Abschluß eines Eigenhändlergeschäfts erhöht schutzwürdig sind, hinreichend Rechnung getragen; mit Ausführung des Deckungsgeschäfts hingegen besteht keine Veranlassung mehr, sie gegenüber dem Kunden nicht in Pflicht zu nehmen. Und vor allem soll von diesem Zeitpunkt an auch der Kunde der Bank gegenüber definitiv gebunden sein.

92 Dogmatisch ist das Zustandekommen eines solchen Eigenhändlervertrages als unter eine aufschiebende Bedingung gestellt zu verstehen. Die Bank nimmt den Auftrag des Kunden unter der aufschiebenden Bedingung an, daß die Vornahme eines passenden Deckungsgeschäfts möglich ist. Dann wird mit Abschluß des Deckungsgeschäfts die Annahme wirksam (§ 158 Abs. 1 BGB).[145]

93 Schließlich erscheint es auch hinsichtlich der Widerrufsmöglichkeit des Kunden in dieser Variante des Eigenhändlergeschäfts interessengerecht, es nicht bei der schlichten Anwendung des § 145 BGB bewenden zu lassen, sondern in Gleichstellung mit der Selbsteintrittskommission dem Kunden den Widerruf bis zur Vornahme des Deckungsgeschäfts zu eröffnen. Bisher hat die Praxis beim Eigenhändlergeschäft ein solches Widerrufsrecht anerkannt (§ 29 Satz 1 der Freiverkehrsusancen, die nach den alten AGB für den Handel in nichtamtlich notierten Werten zu beachten waren); die Bank konnte einen Widerruf mißachten, wenn sie sich bereits aufgrund des Auftrags einem Dritten gegenüber gebunden hatte und von diesem Befreiung durch ihrerseits unverzüglich erklärten Widerruf nicht mehr erlangen konnte. Die Bank ist allerdings verpflichtet, den Kunden schnellstmöglich davon in Kenntnis zu setzen, daß sie den Widerruf des Auftrags nicht annehmen kann.[146]

94 **6. Unwirksamkeit des Effektengeschäfts.** Die **Nichtigkeit** bzw. **Anfechtbarkeit** eines Kommissions- oder Festpreisgeschäfts beurteilt sich nach den allgemeinen Nichtigkeits- und Anfechtungsgründen (§§ 134, 138, 119, 123 BGB usw.). Praktisch von sehr geringer Bedeutung ist hingegen die **Sach-** und **Rechtsmängelhaftung** beim Effektengeschäft;[147] § 437 BGB begrenzt die Haftung für Rechtsmängel von vornherein auf den Bestand des veräußerten Rechts. Ein Mangel des Unternehmens, der die Wertlosigkeit der erworbenen Papiere zur Folge hat, wie z. B. die Unergiebigkeit der Grubenfelder eines Bergwerksunternehmens,[148] ist nicht als Sachmangel anzusehen. Denkbar ist allenfalls, daß der Kauf von Effekten bzw. eines größeren Pakets von Effekten sich im Einzelfall als Unternehmenskauf darstellt und insofern Gewährleistungsansprüche bestehen.

95 *a) Unwirksamkeitsgründe.* Im einzelnen sind insbesondere folgende Fälle zu unterscheiden: Irrtum über den Börsenkurs eines Papiers, Irrtum über kursbeeinflussende Faktoren sowie arglistige Täuschung.

96 Bei einem **einseitigen Irrtum** über den **Kurs** eines Papiers kommt eine Anfechtung nach § 119 BGB von vornherein nicht in Betracht, da der Börsenkurs nicht als Eigenschaft i. S. des § 119 Abs. 2 BGB anzusehen ist. Ein Irrtum über den Kurswert gehört vielmehr zum typischen Vertragsrisiko, das man der Partei nicht abnehmen kann.[149] Bei einem erkennbaren Irrtum über den Kurs kann die Bank dem Kunden gegenüber allenfalls wegen

[144] So aber *Schlegelberger/Hefermehl,* HGB, Anh. § 406 Rdnr. 103.

[145] Ebenso *Kümpel,* WM 1995, 140; *ders.,* BankR Rdnr. 8.219.

[146] *Schlegelberger/Hefermehl,* HGB, Anh. § 406 Rdnr. 104.

[147] *Canaris,* Bankvertragsrecht, 1981, Rdnr. 1897 f.

[148] RGZ 59, 240, 243.

[149] MünchKomm./*Kramer,* BGB, § 119 Rdnr. 114; vgl. ferner *Canaris,* Bankvertragsrecht, 1981, Rdnr. 1848; *Schlegelberger/Hefermehl,* HGB, Anh. § 406 Rdnr. 46.

culpa in contrahendo zum Schadenersatz verpflichtet sein, da hierin eine Verletzung allgemeiner vorvertraglicher Aufklärungspflichten zu sehen ist.[150] Anders verhält es sich jedoch, wenn sowohl Kunde wie Bankangestellter **gemeinsam** von einem falschen Kurs ausgegangen sind. Das RG hat in solchen Fällen vielfach eine Anfechtung über § 119 BGB zugelassen.[151] Das Schrifttum[152] befürwortet demgegenüber eine Anwendung der Regeln über das Fehlen der subjektiven Geschäftsgrundlage, wonach die aufgrund des Irrtums benachteiligte Partei sich vom Vertrag lösen kann, wenn die andere Partei nicht bereit ist, zu den für sie ungünstigeren Bedingungen zu erfüllen. Das gilt grundsätzlich unabhängig davon, ob ein Festpreis- oder ein Kommissionsgeschäft vorliegt.[153] Jedoch ist schon bei dem Eigenhändlergeschäft und bei der Kommission mit Selbsteintritt ein Deckungsgeschäft der Bank unter dem Gesichtspunkt der Zumutbarkeit in die Abwägung mit einzubeziehen, und bei der Kommission mit Ausführungsgeschäft liegen die Dinge noch wesentlich komplizierter. Denn auf der einen Seite wird das Ausführungsgeschäft zwischen der Bank als Kommissionär und dem Geschäftspartner abgeschlossen, und nach der Person dieser beiden Vertragspartner bemessen sich die hier relevanten subjektiven Kriterien; auf der anderen Seite sind im Verhältnis zwischen Kommittent und Kommissionär die Konditionen durch das Ausführungsgeschäft vorgegeben, das für Rechnung des Kommittenten wirken soll. In die Interessenabwägung zwischen diesen beiden Parteien ist also stets der Umstand einzubeziehen, daß der Kommissionär nach Abschluß des Ausführungsgeschäfts grundsätzlich an dessen Konditionen gebunden ist und nur besondere Umstände es rechtfertigen können, das hieraus resultierende Risiko auf ihn zu überwälzen.

Im Unterschied zum Irrtum über den Wert kann der Irrtum über Tatsachen, die den Kurs beeinflussen können (sog. **Irrtum über wertbildende Faktoren**)[154] zur Anfechtung nach § 119 Abs. 2 BGB berechtigen. Nicht alle *kursbeeinflussenden Faktoren* aber sind beachtlich i. S. des § 119 Abs. 2 BGB; angesichts des mehr oder weniger spekulativen Charakters der meisten Effektengeschäfte ist an das Vorliegen einer unmittelbaren Beziehung zwischen dem fraglichen Merkmal und dem betreffenden Gegenstand ein strenger Maßstab anzulegen.[155] Unbeachtlich, also nicht als Irrtum über die Eigenschaft i. S. des § 119 Abs. 2 anzusehen, ist infolge der bloß mittelbaren Auswirkungen ein Irrtum über die Ertragslage einer AG,[156] oder auch ein Irrtum über die Bonität des Schuldners.[157] Im Fall eines beiderseitigen Motivirrtums sind die Regeln über das Fehlen der Geschäftsgrundlage anzuwenden.[158] Zur Anfechtung nach § 119 Abs. 2 BGB kann hingegen ein Irrtum über die Höhe der Dividende einer Aktie oder den Zinsfuß einer Schuldverschreibung[159] als gegenwärtige Merkmale des verbrieften Rechts berechtigen, wobei frei- 97

---

[150] *Canaris,* Bankvertragsrecht, 1981, 1852; s. u. § 12 Rdnr. 30 f.

[151] RGZ 94, 65, 67; 97, 138, 140; 101, 51, 53; 116, 15, 17. Dabei sind i. e. zwei Fallgestaltungen zu unterscheiden (dazu MünchKomm./*Roth,* BGB, § 242 Rdnr. 667 f.; ebenso *Flume,* Das Rechtsgeschäft, 3. Aufl., § 26, 4 b): Vom Kauf zu einem fälschlich angenommenen Börsenkurs ist der Fall zu unterscheiden, in dem zum Tageskurs abgeschlossen wurde, die Parteien aber von einem falschen Tageskurs ausgingen (RGZ 116, 15).

[152] *Canaris,* Bankvertragsrecht, 1981, Rdnr. 1850; *Larenz,* Allgemeiner Teil, 5. Aufl. § 20 II a; dogmatisch zum Teil anders, aber im Ergebnis ähnlich *Flume* aaO (Fn. 150), § 26/4 b; ferner MünchKomm./*Kramer,* BGB § 119 Rdnr. 124; *Roth* aaO (Fn. 150).

[153] *Canaris,* Bankvertragsrecht, 1981, Rdnr. 1850, wonach dies „zumindest" für den Regelfall der Kommission durch Selbsteintritt gilt, die typologisch dem Kaufvertrag sehr nahekommt; a. A. *Flume* aaO (Fn. 150), § 26 4 b, der den Auftraggeber die Folgen seines Irrtums tragen läßt.

[154] MünchKomm./*Kramer,* BGB, § 119 Rdnr. 114.

[155] *Canaris,* Bankvertragsrecht, 1981, Rdnr. 1853.

[156] RGZ 59, 240, 243.

[157] *Canaris,* Bankvertragsrecht, 1981, Rdnr. 1854.

[158] Vgl. RG SeuffArch. 85 Nr. 120, das allerdings § 119 Abs. 1 BGB anwendet; MünchKomm./*Roth,* BGB, § 242 Rdnr. 690 ff.; auch OLG Köln WM 1989, 402.

[159] *Canaris,* Bankvertragsrecht, 1981, Rdnr. 1855.

lich Beweislast und § 122 BGB den praktischen Nutzen des Rechtsbehelfs schmälern. Wegen versteckten Dissenses (§ 155 BGB) ist der Kommissionsvertrag unwirksam, wenn Kunde und Bankangestellter eine Einkaufskommission über bestimmte Aktien vereinbaren, ohne klarzustellen, ob es sich bei den betreffenden Aktien um Stamm- oder Vorzugsaktien der AG handeln soll und die eine Partei von Stamm-, die andere von Vorzugsaktien ausgeht.[160]

98 In Betracht kommt ferner eine Anfechtung wegen **arglistiger Täuschung** gemäß § 123 BGB, wobei zwischen arglistiger Täuschung durch positives Tun und durch Unterlassen zu unterscheiden ist.[161] Um eine arglistige Täuschung durch positives Tun handelt es sich, wenn der Kunde auf Empfehlung der Bank Wertpapiere kauft, die Bank ihrerseits aber bereits um den (bevorstehenden) Kurssturz des betreffenden Papiers weiß, sei es aufgrund der Ausnutzung von Insider-Kenntnissen[162] oder aus einer jedermann zugänglichen Zeitung.[163] Eine erfolgreiche Anfechtung im letztgenannten Fall setzt allerdings voraus, daß die Bank nicht annehmen durfte, der Kunde kenne die fragliche Tatsache bereits, da es ansonsten an dem für § 123 BGB erforderlichen Vorsatz fehlte. Praktisch von größerer Bedeutung sind die Fälle der Täuschung durch Verschweigen von Tatsachen, die allerdings jeweils das Bestehen einer Rechtspflicht zur Aufklärung voraussetzen[164] (hierzu unten § 12 Rdnr. 1 ff. und 15 ff.).

99 Hinsichtlich der **Rechtsfolgen** von Nichtigkeit und Anfechtung gelangen die allgemeinen Regeln zur Anwendung.[165] Bei Nichtigkeit bzw. erfolgreicher Anfechtung des Kommissions- oder Festpreisgeschäfts erfolgt die Abwicklung nach Bereicherungsrecht (§§ 812 ff. BGB). Ferner kommen Schadenersatzansprüche nach den §§ 823 Abs. 2, 826, 122 BGB sowie nach den Regeln über die culpa in contrahendo in Betracht. Diese Ansprüche lauten grundsätzlich auf Wiederherstellung des Zustandes, der bestünde, wenn das schadenersatzverpflichtende Ereignis nicht eingetreten wäre (§ 249 BGB). Die Frage, ob die Bank bereichert oder geschädigt ist, beurteilt sich insbesondere nach dem Ausführungs- bzw. Deckungsgeschäft der Bank[166] und aus diesem Grund werden bei der normalen Kommission häufig allein Schadensersatzansprüche dem Kunden Abhilfe versprechen.

100 *b) Geltendmachung und Rückabwicklung.* Die **Geltendmachung** eines Willens- oder sonstigen Mangels sowie die **Rückabwicklung** dürfen nicht dazu führen, daß das Risiko des Geschäfts in unangemessenem Umfang auf die Gegenpartei überwälzt wird.[167] Der Börsenpreis kann sich im Zeitablauf wesentlich verändert haben, und es muß verhindert werden, daß der zur Anfechtung oder sonstigen Vertragsauflösung Berechtigte mit der Ausübung seines Rechts zu Lasten des anderen Teils spekuliert. Diesem Umstand tragen bei der Rückabwicklung vor allem §§ 818 Abs. 3, 819 BGB Rechnung. Eine Anfechtung nach § 119 BGB ist unverzüglich nach Kenntnis des Anfechtungsgrunds geltend zu machen (§ 121 Abs. 1 BGB), außerdem schützt § 122 BGB die Gegenpartei. In anderen Fällen, in denen es vergleichbare gesetzliche Vorkehrungen nicht gibt, kann das Rechtsinstitut der Verwirkung abhelfen.[168] Das gilt für Nichtigkeitsgründe, ebenso in den Fällen der §§ 123, 177 BGB und schließlich auch für die Erhebung von Schadenersatzansprüchen.[169] So darf der Getäuschte nicht die Jahresfrist des § 124 Abs. 1 BGB abwarten, sondern hat

---

[160] BGH WM 1970, 892.

[161] MünchKomm./*Kramer,* BGB, § 123 Rdnr. 11.

[162] Vgl. *Schlegelberger/Hefermehl,* HGB, Anh. § 406 Rdnr. 45; *Canaris,* Bankvertragsrecht, 1981, Rdnr. 1857.

[163] Vgl. RG JW 1904, 167.

[164] MünchKomm./*Kramer,* BGB, § 123 Rdnr. 13.

[165] *Schlegelberger/Hefermehl,* HGB, Anh. § 406 Rdnr. 47.

[166] S. dazu *Schlegelberger/Hefermehl,* HGB, Anh. § 406 Rdnr. 48; *Canaris,* Bankvertragsrecht, 1981, Rdnr. 1847.

[167] *Canaris,* Bankvertragsrecht, 1981, Rdnr. 1846.

[168] Allgemein hierzu MünchKomm./*Roth,* BGB, § 242 Rdnr. 360 ff.

[169] *Canaris,* Bankvertragsrecht, 1981, Rdnr. 1846.

sein Recht, will er dessen nicht verlustig gehen, unverzüglich auszuüben, da der Kunde sonst die Kursentwicklung abwarten und zuungunsten der Bank spekulieren könnte. Im übrigen kann der Mangel auch der allgemeinen Reklamationspflicht nach Nr. 11 Abs. 4 AGB-Banken (hierzu § 12 Rdnr. 159f.) unterliegen, sofern die Einbeziehung der AGB von dem Mangel unberührt bleibt und es sich um einen bankgeschäftsspezifischen Mangel handelt, z. B. bei Annahme eines falschen Kurses, nicht dagegen bei arglistiger Täuschung.[170]

§ 12 Rechte und Pflichten der Bank und des Kunden

Übersicht

---

[170] *Canaris,* Bankvertragsrecht, 1981, Rdnr. 1846 a. E. und ausführlich Rdnr. 1934 zu der früheren Nr. 32 AGB-Banken. Allgemein gilt: Darf die Bank nach Treu und Glauben keine Genehmigung seitens des Kunden erwarten, kann sie sich auch nicht auf das Unterbleiben einer Reklamation berufen.

Schrifttum: s. § 11.

I. Beratungs- und Aufklärungspflichten

1 **1. Begründung der Pflichten.** *a) Im allgemeinen.* Die wechselseitigen Rechte und Pflichten der Bank und des Kunden beim Effektengeschäft resultieren aus dem zugrundeliegenden Rechtsverhältnis. Ihre juristische Ableitung unterscheidet sich daher schon im Ansatz danach, ob es sich um ein Kommissions- oder ein Festpreisgeschäft handelt.

2 **Die Hauptansprüche auf Erfüllung** beruhen in den beiden Varianten, die im folgenden allein interessieren – der Kommission mit Ausführungsgeschäft und dem Festpreisgeschäft – auf unterschiedlichen Rechtsgrundlagen. Beim Festpreisgeschäft ist dies der Kaufvertrag, der zwischen Bank und Kunden zustande kommt; aus ihm ist die Bank beim Effektenverkauf zur Zahlung des Kaufpreises, beim Einkauf zur Verschaffung des Eigentums am Wertpapier – nach Maßgabe der depotrechtlichen Vorschriften – verpflichtet, und entsprechend umgekehrt der Kunde. Beim Kommissionsgeschäft liegen die Dinge komplizierter. Der Erfüllungsanspruch resultiert zunächst einmal aus dem Ausführungsgeschäft, und dieses ist zwar auch ein Kaufvertrag, aber ein solcher zwischen dem Kommissionär und dem Dritten. Der Kommittent kommt in den Genuß dieser Ansprüche erst nach Abtretung seitens des Kommissionärs – vom Sonderfall des § 392 Abs. 2 HGB einmal abgesehen – und hat gegen den Kommissionär den Anspruch auf Abtretung aus § 384 Abs. 2 HGB. Im Regelfall dürfte aber bei der Effektenkommission das Ausführungsgeschäft unmittelbar zwischen dem Kommissionär und dem Dritten erfüllt werden, und der Anspruch des Kunden gegen die Bank auf die Leistung ist dann ein Herausgabeanspruch nach § 384 Abs. 2. Hinzu kommt indessen vor wie nach Leistung des Dritten an den Kommissionär der Erfüllungsanspruch des Kunden gegen die Bank aus deren Delkrederehaftung gemäß Nr. 8 AGB, § 394 HGB bzw. – bei Anzeige ohne Abschluß eines Ausführungsgeschäfts – aus der Selbsthaftung nach § 384 Abs. 3 HGB (§ 11 Rdnr. 82). Die Gegenverpflichtung des Kunden besteht immer im Verhältnis zur Bank und beruht auf dem Kommissionsvertrag, inhaltlich ist sie darauf gerichtet, der Bank die auftragsgemäße Gegenleistung verfügbar zu machen bzw. ihre Aufwendungen und Provisionsansprüche zu vergüten (§§ 396 HGB, 670, 675 BGB).

3 Schließlich gibt es für die Preisbestimmung beim Kommissionsgeschäft eigene gesetzliche Grundlagen (§§ 386, 387 und bei Selbsteintritt §§ 400, 401 HGB), denen zufolge der Preis aus dem Ausführungsgeschäft bzw. der Börsen- oder Marktpreis nicht uneingeschränkt auf den Kunden durchschlägt. Beim Festpreisgeschäft andererseits sollte es zwar die Regel sein, daß die Parteien bereits bei Vertragsabschluß einen festen Preis vereinbaren, aber auch insoweit ist noch für abweichende Gestaltungen Raum (s. o. § 11 Rdnr. 88 ff.).

4 Spezifische **Nebenverpflichtungen** regelt das Kommissionsrecht ausdrücklich, vor allem in § 384 HGB, hier wieder insbesondere die Rechenschaftspflicht; darüber hinaus ist eine allgemeine Pflicht des Kommissionärs zur Treue und Interessenwahrung als für den Kommissionsvertrag charakteristisch anerkannt.[1] Hieraus lassen sich unschwer Konkretisierungen für typische Problemgruppen des Effektengeschäfts wie Aufklärungspflichten, Kollision mit Eigeninteressen etc. ableiten. Beim normalen Kaufgeschäft hingegen ist es

[1] Großkomm./*Koller,* HGB § 384 Rdnr. 1; *Koller* BB1978, 1733.

grundsätzlich legitim, daß jede Partei ihre Eigeninteressen auf Kosten des Gegners verfolgt.[2]

Jedoch könnte ein Ergebnis schwer plausibel erscheinen, bei dem wesentliche Unterschiede von einer juristischen Klassifikation des Einzelfalls abhängen, die einigermaßen zufällig ist, in der Praxis kaum zur Kenntnis und mit Sicherheit nicht wichtig genommen wird. Und in der Tat erlaubt es das dogmatische Instrumentarium auch bei Festpreis- und anderen Eigen(händler)geschäften, weitgehend dieselben Rechtsfolgen ohne die spezifischen gesetzlichen Ansatzpunkte des Kommissionsrechts abzuleiten. Zum einen sind in besonderen Ausprägungen des Kaufgeschäfts **Treuepflichten** vielfältiger Art anerkannt, und überaus weitgehend gerade im Bereich der Kapitalanlage.[3] Zum zweiten und vor allem aber ist das Rechtsverhältnis zwischen Bank und Kunden bei allen bankmäßigen Rechtsgeschäften von der besonderen **Vertrauensstellung** der ersteren geprägt,[4] und diese schlägt auf die Rechte und Pflichten im Effektengeschäft nach Maßgabe der Interessenlage grundsätzlich in gleicher Weise durch, ohne Rücksicht darauf, um welche rechtskonstruktive Variante es sich handelt. Solche Nebenpflichten können dann nach allgemeinen Grundsätzen bereits vor Vertragsabschluß, während dessen Abwicklung und noch nach Erfüllung zum Tragen kommen und Sanktionen gemäß den anerkannten Regeln der culpa in contrahendo und der positiven Vertragsverletzung auslösen.[5] 5

Um dieses Ergebnis zu begründen, braucht man nicht auf die Vorstellung von einem „allgemeinen Bankvertrag" zu rekurrieren,[6] der als allgemeines Schuldverhältnis die Geschäftsbeziehung Bank – Kunde ohne Rücksicht auf deren typusspezifische Ausprägung bestimmen soll. Es bedarf m. E. aber insoweit auch nicht des Rückgriffs auf eine eigene bankrechtliche **Vertrauenshaftung** „kraft Geschäftsverbindung"[7] mit bestimmten Verhaltens-(Schutz-)Pflichten unabhängig von der Begründung eines konkreten bankvertraglichen Rechtsverhältnisses – jedenfalls solange nicht, als nicht das konkrete Effektengeschäft aus Rechtsgründen unwirksam ist.[8] 6

Lassen sich mithin Nebenpflichten treue- und schutzrechtlichen Inhalts im Grundsatz unabhängig vom Rechtstypus des konkreten Bankgeschäfts und sogar unabhängig vom rechtswirksamen Zustandekommen eines solchen konstituieren, so spielt allerdings die Wirksamkeit der rechtsgeschäftlichen Einigung für eine andere Frage eine Rolle, die für den Inhalt der Rechte und Pflichten im Effektengeschäft teilweise bestimmend ist: die Geltung der **Banken-AGB** und sonstiger spezieller Vertrags-(Klausel-)Abreden (s. bereits oben § 11 Rdnr. 62 ff.). 7

b) Aufklärungs- und Beratungspflichten im besonderen. Vor bzw. bei Erteilung des Effektenauftrags ist die Bank zur **sachdienlichen Aufklärung** und **Beratung** des Kunden verpflichtet. Diese Leistung kann im Einzelfall ausdrücklich erbeten und/oder zugesagt worden sein; unabhängig davon entspringen solche Nebenpflichten aber aus dem Schuldverhältnis, und zwar in wortlautgemäßer Anwendung des § 242 BGB[9] und unter Berücksichtigung des Umstandes, daß dem Rechtsverhältnis zwischen Bank und Kunden eine ausgeprägte **Vertrauensbeziehung** und die Aufgabe einer **fremdnützigen Interessenwahrung** (seitens der Bank) immanent sind. Entsprechende **Schutzpflichten,** die dem Erhaltungs- oder In- 8

---

[2] MünchKomm./*Roth,* BGB, § 242 Rdnr. 215.

[3] MünchKomm./*Emmerich,* BGB, vor § 275 Rdnr. 136 ff.

[4] Zutreffend *Canaris,* Bankvertragsrecht, 1981, Rdnr. 1944; *Kümpel,* BankR Rdnr. 8.220 ff.; *Koller* in *Assmann/Schneider,* WpHG vor § 31 Rdnr. 19. So ausdrücklich auch von den Banken anerkannt und festsgeschrieben in den AGB, vor Nr. 1.

[5] MünchKomm./*Roth,* BGB, § 242 Rdnr. 109 ff.

[6] Hierzu *Baumbach/Hopt,* HGB (7) Rdnr. A/6; kritisch *Canaris,* Bankvertragsrecht, 1981, Rdnr. 1 ff.

[7] So *Canaris,* Bankvertragsrecht, 1988, Rdnr. 12 ff.

[8] Hierzu MünchKomm./*Roth,* BGB, § 242 Rdnr. 132; s. auch *Baumbach/Hopt,* HGB, § 347 Anm. 3 E.

[9] S. MünchKomm./*Roth,* BGB, § 242 Rdnr. 2, 107.

tegritätsinteresse der Gegenpartei dienen und zur haftungsrechtlichen Überwälzung von bei dieser eingetretenen Schäden (auch durch nachteilige Dispositionen) führen, lassen sich aber auch aus dem gesetzlichen Schuldverhältnis der Vertragsanbahnung (culpa in contrahendo) herleiten, wenn das angestrebte Vertragsverhältnis nicht rechtsgültig begründet wurde oder im Vorfeld seiner Begründung ein bankgeschäftlicher Kontakt stattfand.[10] Das gilt beispielsweise, wenn der Kunde sich durch unrichtige Beratung von einem Effektenauftrag abhalten läßt, den er andernfalls erteilt hätte. Insbesondere besteht die Pflicht zur Aufklärung und Beratung also unabhängig davon, ob der dann erteilte Effektenauftrag im Wege der Kommission oder des Festpreisgeschäfts ausgeführt wird.

9 Von der Interessenlage her lassen sich diese Pflichten nicht nur unter Berufung auf das schutzwürdige Individualinteresse des Anlegers rechtfertigen, der typischerweise nach Informationsstand und Fachverstand benachteiligt ist, sich der Bank anvertraut, von ihrem Anerbieten zur Interessenwahrung (AGB vor Nr. 1) Gebrauch macht etc.[11] Denn damit sind solche Nebenleistungspflichten ohne besonderes Entgelt noch nicht ohne weiteres auch dort in allen Einzelheiten zu begründen, wo dem ein anerkennenswertes Interesse der Bank an Rationalisierung ihres Geschäftsgebarens, Kosteneinsparung etc. gegenübersteht. Den Ausschlag gibt in einem solchen Widerstreit gegenläufiger Individualinteressen vielmehr das allgemeine Interesse an einem **funktionsfähigen Kapitalmarkt** in dem doppelten Sinn, daß einerseits das Vertrauen der Bevölkerung in dessen Zuverlässigkeit und Integrität ein vorrangig schutzwürdiges Ziel ist, daß andererseits die Rechtsordnung zur Senkung von Transaktionskosten (hier: Informationskosten) am Markt beizutragen hat (s. dazu auch oben § 1 Rdnr. 22 ff.).[12]

10 Im konkreten Vertragsverhältnis ist es grundsätzlich möglich, die allgemeinen Aufklärungs- und Beratungspflichten sowohl zu präzisieren als auch einzuschränken. Die Banken und Sparkassen haben allerdings in den derzeit gültigen **AGB** der Versuchung widerstanden, sich von Pflicht und/oder Haftung formularmäßig **freizuzeichnen,** was rechtlich auch nur in sehr engen Grenzen zulässig wäre.[13] Zu Nr. 11 der alten Banken-AGB s. Vorauf. Rdnr. 9. Eine gewisse Bedeutung gewinnt indessen neuestens die Variante des beratungslosen Anlageservice, womit die Frage aufgeworfen wird, ob im Effektengeschäft die Aufklärungs- und Beratungspflichten der Bank überhaupt bzw. in AGB abdingbar sind. Hierzu unten Rdnr. 62 ff.

11 Ebenso kann eine weitergehende, **entgeltliche Beratung oder Vermögensverwaltung** vereinbart werden bzw. für deren Inanspruchnahme gemäß § 354 Abs. 1 HGB ein übliches Entgelt geschuldet sein, und im Einzelfall ist es dann u. U. schwierig, eine solche weitergehende Leistung von der Erfüllung der normalen Nebenpflicht abzugrenzen.[14] M. E. spricht ohne weitergehende Absprachen die Vermutung dafür, daß die Bank auch bei intensiverer Beratung nur ihre Nebenpflicht erfüllen bzw. in deren Rahmen freiwillige Mehrleistungen erbringen will. Diese allgemeine Aufklärungs- und Beratungspflicht braucht aber nicht aus einem eigenen, ggf. konkludent abgeschlossenen Beratungsvertrag hergeleitet zu werden, s. oben Rdnr. 4 ff. und unten Rdnr. 18. Und umgekehrt ist dort, wo die Rspr. auf einen eigenen Beratungsvertrag rekurriert, damit ohne konkrete Anhaltspunkte im Sachverhalt nicht schon ohne weiteres ein höheres Intensitäts- oder Sorgfaltsniveau vorgegeben als nach dem allgemeinen Standard der Neben- oder Schutzpflicht, oder anders gewendet: dieser allgemeine Standard ist nicht schlechthin niedriger als der eines

---

[10] MünchKomm./*Kramer,* BGB, vor § 241 Rdnr. 72 ff.; *Breidenbach,* Die Voraussetzungen von Informationspflichten beim Vertragsabschluß, 1989; *Canaris* JZ 1965, 475 ff.

[11] *Hopt,* Kapitalanlegerschutz, S. 88 ff., 414 ff.

[12] So bereits *Kübler* ZHR 145 (1981), 204, 206; allgemein zum Transaktionskostenaspekt auch *Roth,* Handels- und Gesellschaftsrecht, 4. Aufl., § 1/3 und NJW 1989, 1467, 1470; zum WpHG *Koller* aaO. Rdnr. 8 ff.

[13] *Baumbach/Hopt,* HGB (8) AGB-Banken Nr. 3 Rdnr. 1.

[14] Vgl. OLG München ZIP 1994, 125.

zusätzlich abgeschlossenen bzw. angenommenen Beratungsvertrags, und wird letzterer in concreto verneint, so bewirkt das nicht schon zwangsläufig ein niedrigeres Schutzniveau. Es wäre nicht richtig, prinzipiell zwischen zwei unterschiedlich strengen Pflichtenstandards zu differenzieren, einem allgemeinen bzw. gesetzlichen und einem vertraglich begründeten.[15]

c) Gesetzliche Informationspflicht gemäß WpHG. Das WpHG hat in seinem 5. Abschnitt mit Wirkung vom 1. 1. 1995 bestimmte Verhaltensregeln für Wertpapierdienstleistungsunternehmen und darunter in § 31 Abs. 2 Nr. 2 auch eine Pflicht zur Information des Kunden kodifiziert. Adressat dieser Pflicht sind gemäß § 2 Abs. 4 mit 3 auch die Banken im Rahmen der von ihnen getätigten Effektengeschäfte. Ein kleiner, wohl nur theoretischer Unterschied im Anwendungsbereich besteht allenfalls insofern, als das Kreditinstitut, bei dem das Wertpapierdienstleistungsgeschäft nur einen so bescheidenen Umfang erreicht, daß es für sich allein keiner kaufmännischen Einrichtung bedürfte (wohl aber die Geschäftstätigkeit insgesamt, § 1 Abs. 1 S. 1 KWG), nach dem Wortlaut des WpHG dessen Regelung nicht unterfällt. 12

§ 31 verwendet den Begriff der Informationen zur Bezeichnung des Gegenstands der Pflicht, womit aber m. E. inhaltlich nichts anderes gemeint ist als mit Aufklärung und Beratung in dem noch zu erörternden Sinn. Weitere Tatbestandsmerkmale sind die Erforderlichkeit der Informierung „zur Wahrung der Interessen der Kunden und im Hinblick auf Art und Umfang der beabsichtigten Geschäfte“ sowie die Zweckdienlichkeit der Information. Auch damit ist m. E. nichts anderes ausgesagt, als was schon bisher zum Inhalt der Aufklärungs- und Beratungspflichten festzustellen war, s. sogleich. In neuer Gestaltung stellt sich allenfalls die Frage nach dem Beratungsverzicht, insofern nämlich, als die Verhaltensregeln des WpHG an sich unabdingbar sind, unter dem Gesichtspunkt des Interesses des Kunden aber dessen Eigendetermination (i. S. v. subjektivem Interesse) ins Spiel kommen kann. Hierzu unten Rdnr. 63. 13

Insgesamt stellt sich damit die Informationspflicht des § 31 WpHG für das Effektengeschäft der Banken als gesetzliche Festschreibung der bisher in der vorgenannten Weise zu begründenden Aufklärungs- und Beratungspflichten dar.[16] Es gilt allerdings zu präzisieren, welcher Stellenwert diesen gesetzlichen Verhaltenspflichten im Rahmen des Rechtsverhältnisses zwischen der Bank und dem Kunden zukommt. Denn der Ausgangspunkt des WpHG ist ein aufsichtsrechtlicher, seine Zweckrichtung gleichwohl anlegerschützend.[17] Daraus wird die Konsequenz gezogen, die §§ 31, 32 WpHG als Schutzgesetze iSv. § 823 Abs. 2 BGB und damit als Grundlage deliktischer Schadensersatzansprüche anzuerkennen.[18] ME ist es zulässig, diese Vorschriften darüber hinaus als unmittelbare Konkretisierung der kraft der Sonderrechtsbeziehung geltenden Neben- bzw. Schutzpflichten zu verstehen.[19] Das ist nach dem zuvor Gesagten zwar weniger für die Inhaltsbestimmung dieser Pflichten, wohl aber für ihre Unabdingbarkeit von Bedeutung. 14

2. Inhalt der Pflichten. *a) Aufklärung, Auskunft, Falschauskunft.* Terminologisch unterscheidet man üblicherweise zwischen Aufklärungs- und Beratungspflichten einerseits und der Pflicht zur Erteilung von Auskunft andererseits.[20] Die ersteren sind durch eine retrospektive, die letztere durch eine zukunftsorientierte Betrachtung charakterisiert. Der Anspruch auf **Auskunft** zielt auf die Erlangung bestimmter Informationen ab und ist als solcher durchsetzbar; bei der **Aufklärungspflicht** geht es um ausgebliebene Informationen, an denen der andere Teil sein früheres Verhalten ausgerichtet hätte und durch deren Ausblei- 15

[15] A. A. wohl *Kümpel,* BankR Rdnr. 8.270.
[16] So wohl auch *Kümpel,* BankR Rdnr. 8.251 ff.
[17] *Hopt,* ZHR 159, 135, 159 (1995); *Koller,* aaO. vor § 31 Rdnr. 17; *Kümpel,* Rdnr. 8.228.
[18] Vgl. *Hopt,* und *Koller* aaO.
[19] Ähnlich wohl *Koller,* aaO. Rdnr. 19 („Ausstrahlung“) m. Nachw.
[20] Hierzu MünchKomm./*Roth,* BGB, § 242 Rdnr. 210 ff.

ben ihm Nachteile entstanden sind. Mittlerweile ist die Erteilung der Information nicht mehr aktuell, begehrt wird vielmehr der Ausgleich des Schadens. Aus der Sicht des Kapitalanlegers bietet sich hier eine Möglichkeit, Vermögensverluste, die er aus einer bestimmten unvorteilhaften Anlage erlitten hat, nachträglich unter dem Gesichtspunkt der mangelhaften Aufklärung und Beratung auf die Bank zu überwälzen. In diesem Sinne ist dann Aufklärung und Beratung hauptsächlich als Warnung vor den Risiken gemeint, die ex ante unerkannt blieben oder unterschätzt wurden.

16 Diese **Risikoüberwälzung** auf die Bank ist das eigentliche Wertungsproblem bei den Aufklärungspflichten im Effektengeschäft. Es geht nicht an, daß der Kunde das mit der Anlage verbundene Wertrisiko in dem Sinne auf die Bank überwälzt, daß er sie für eventuelle Verluste verantwortlich macht, während eventuelle Gewinne ihm verbleiben.[21] Deshalb haftet die Bank zunächst einmal nur für schuldhafte Pflichtverletzungen; doch läßt auch dabei die Eingrenzung des Pflichteninhalts und die Bemessung des objektiven Sorgfaltsstandards für eine Risikozuordnung Raum. In diesem Rahmen ist eine Risikobelastung der Bank ökonomisch insoweit zu rechtfertigen, als sie unter den Gesichtspunkten der Risikobeherrschung und der Risikoabsorption der bessere Risikoträger ist.[22] Dabei fällt ins Gewicht, daß sie einerseits über das überlegene Informationspotential und Professionalität verfügt, andererseits in bestimmtem Umfang Verlustrisiken innerhalb ihres großen Geschäftsvolumens besser kalkulatorisch erfassen und absorbieren kann.

17 Davon wiederum zu unterscheiden ist die Schädigung durch positive **Falschinformation.** Sie macht (bei Verschulden) grundsätzlich auch dort ersatzpflichtig, wo eine Aufklärungs- oder Beratungspflicht nicht bestand; denn die Schädigung durch Falschinformation ist nur ausnahmsweise nicht rechtswidrig. Sofern aber eine Aufklärungspflicht bejaht werden kann, ist die Unterscheidung zwischen vorenthaltener bzw. unvollständiger und falscher Information müßig, weil in jedem Fall die – vertragliche oder vorvertragliche – Schutzpflicht verletzt wurde.

18 Die Rechtsprechung leitet die Haftung für positive Falschinformation häufig aus einem (ggf. konkludent geschlossenen) eigenen **Auskunftsvertrag,** ebenso die Haftung für unzureichende Risikoaufklärung aus einem eigenen **Beratungsvertrag** her.[23] Diese Konstruktion ist im Bereich der Kapitalanlage in manchen Fällen sicher notwendig, oftmals jedoch fiktiv[24] und im Bereich des bankmäßigen Effektengeschäfts angesichts der ohnehin bestehenden Aufklärungs- und Beratungspflichten vom Ergebnis her unnötig – es sei denn, die Parteien hatten konkrete Absprachen über eine Auskunftserteilung getroffen, welche gegenüber dem allgemeinen Pflichtenstandard der Bank eine inhaltliche Verschärfung der Informationspflicht erlauben. Das betrifft dann aber wiederum weniger den Fall der positiven Falsch- als vielmehr denjenigen der unzureichenden Information. Ein ausdrücklich oder stillschweigend, allein oder zusätzlich abgeschlossener Auskunfts- oder Beratungsvertrag kann die Bank noch weitergehend zur Information verpflichten und für unzureichende Information haftbar machen, als dies aus einer allgemeingültigen Nebenpflicht im Effektengeschäft abzuleiten wäre. Dies gilt im übrigen nicht nur in puncto Aufklärung und Beratung, sondern ebenso für die anderen, später zu erörternden Nebenpflichten aus dem Effektengeschäft: Stets können spezielle Vereinbarungen den allgemeingültigen Standard verschärfen oder auch einmal umgekehrt abmildern.[25]

---

[21] S. OLG Frankfurt WM 1994, 2106; 1995, 245.

[22] Vgl. *Koller,* Die Risikozurechnung bei Vertragsstörungen in Austauschverträgen, 1979; zur AGB-Kontrolle *Kötz,* in: *Walz,* Sozialwissenschaften im Zivilrecht, 1983, 76, 82 ff.

[23] MünchKomm./*Roth,* BGB, § 242 Fn. 579; *Heinsius* ZHR 145 (1981) 177, 180; BGHZ 100, 117; BGH NJW 1993, 2433; OLG Celle WM 1993, 191; LG Hamburg WM 1993, 196; vgl. oben § 5 Rdnr. 69.

[24] Vgl. BGHZ 70, 356 (Börseninformationsdienst); MünchKomm./*Roth,* BGB, § 242 Rdnr. 211.

[25] Vgl. BGH ZIP 1981, 719 zur „Überwachung" der Kursentwicklung bezüglich des Kundendepots.

Andererseits kann eine Konkretisierung und Erweiterung der Beratungspflicht aber auch bereits aus **konkreten Fragen des Kunden** resultieren, die stets richtig, genau und vollständig, ggf. mit Nichtwissen bzw. unter Offenbarung eines ungenügenden oder zweifelhaften Wissensstandes beantwortet werden müssen, ohne daß man deshalb aus jeder derartigen Frage schon eine eigene Auskunftsvereinbarung herleiten sollte oder müßte. 19

b) Aufklärung – Beratung – Information. Gemeinhin werden im Hinblick auf die Pflichten der Bank die Begriffe Aufklärung und Beratung gleichgesetzt und zu der Gesamtbezeichnung „Aufklärungs- und Beratungspflichten der Banken" verschmolzen. Deshalb sollte man auch terminologisch, etwa in Vertragsklauseln, die beiden Begriffe grundsätzlich als gleichbedeutend und austauschbar behandeln. Dem Wortsinne nach allerdings ließe sich wohl ein kleiner, durchaus beachtenswerter Bedeutungsunterschied herausarbeiten. Der Begriff Beratung dürfte mehr auf die umfassende und laufende, gewissermaßen routinemäßige Information abzielen, Aufklärung demgegenüber mehr den spontanen Hinweis auf außergewöhnliche Umstände, die Warnung vor unerwarteten oder überraschenden Risikomomenten im Sinne einer Warnpflicht ansprechen. In dieser Interpretation ist dann die Aufklärung von noch grundsätzlicherer und unverzichtbarerer Bedeutung; sie hat auch noch dort zu erfolgen, wo eine Beratung in dem vorgenannten Sinne nicht stattfindet und nicht stattzufinden braucht. Richtigerweise sollte man dies aber nicht als terminologischen Unterschied, sondern als zwei inhaltliche Elemente einer einheitlich verstandenen Aufklärungs- und Beratungspflicht behandeln. Der Begriff der Information (oben Rdnr. 13) kann als Oberbegriff zu Aufklärung und Beratung verstanden werden und ist damit wiederum mit der vorerwähnten Gesamtbezeichnung inhaltsgleich. 20

c) Praktische Bedeutung. Die Haftung für Vermögensverluste der Kunden aus fehlgeschlagenen Kapitalanlagen unter dem Gesichtspunkt der unzureichenden Aufklärung und Beratung spielt in der Rechtsprechung eine immer größere Rolle. Aufmerksamkeit erfuhren in jüngster Zeit hauptsächlich zwei Fallgruppen: die Haftung von Anlagevermittlern und -beratern (Finanzinstituten) wegen der besonderen Risiken und Kosten bei Warentermin- und Optionsgeschäften[26] und die Verantwortung von Banken im Zusammenhang mit den australischen Bond-Anleihen.[27] In der Rechtsprechung zu dem letztgenannten Komplex wurden die Anforderungen an Aufklärung und Beratung beim Effektengeschäft verfeinert und präzisiert, damit insgesamt einerseits verschärft und andererseits ins allgemeine Bewußtsein gerufen. Eine Folge davon ist, daß im Bankensektor Strategien zur Vermeidung dieser Haftungsrisiken entwickelt wurden, nämlich zum einen eine detailliertere und beweiskräftig festgehaltene, teilweise allerdings auch nur formelhafte Information, zum anderen Entwicklungen in Richtung auf rechtsgeschäftlichen Beratungsverzicht und beratungslose Formen der Kapitalanlage (hierzu unten Rdnr. 61 ff.). 21

d) Allgemeine Kriterien. Zu **Inhalt** und **Reichweite** der Aufklärungs- und Beratungspflicht läßt sich in allgemeiner Form noch sagen, daß sie erstens grundsätzlich nur die **„Objektsphäre"** der zur Diskussion stehenden Anlagemöglichkeiten (im Unterschied zur persönlichen Sphäre des Kunden) betrifft, zweitens von der (der Bank erkennbaren) subjektiven Aufklärungsbedürftigkeit des Kunden abhängt. 22

Mit dem Kriterium der Objektsphäre ist gemeint, daß die Bank über die *speziellen Eigenschaften und Risiken der Effekten,* der in ihnen verkörperten Rechte, der Unternehmen, an denen diese Rechte bestehen etc., zu informieren hat, soweit diese für die Anlageentscheidung wesentlich sind, hingegen über die Auswirkungen auf die *persönliche Sphäre des* 23

---

[26] Münchener Komm./*Roth,* BGB § 242 Rdnr. 251; *Potthoff,* WM 1993, 1319; BGH WM 1994, 149 und 453 s. auch hier §§ 15 f.

[27] BGH NJW 1993, 2433; OLG Braunschweig ZIP 1992, 1463; 1993, 1462; OLG Celle ZIP 1993, 181; OLG Frankfurt WM 1993, 1030; LG Frankfurt WM 1992, 1768; LG Hamburg WM 1993, 196; LG Hannover ZIP 1992, 319; WM 1993, 201; LG Itzehoe WM 1993, 205; LG Traunstein WM 1993, 207; LG Wiesbaden WM 1993, 209; *Arendts,* WM 1993, 229 und ÖBA 1994, 251; zur Prospekthaftung OLG Frankfurt WM 1994, 291.

Kunden (z. B. steuerlicher Art), die von dessen besonderer Situation abhängen, nur auf Befragen. Letzteres dürfte, jedenfalls im Grundsatz, selbst dann gelten, wenn die besonderen Verhältnisse des Kunden der Bank bekannt sind. Denn die Bank wird durch das Effektengeschäft noch nicht zum persönlichen Rechts-, Steuer- oder Vermögensberater des Kunden. Die schwierigere Frage ist jedoch, was für Umstände gilt, die gewissermaßen zwischen diesen beiden Polen der Objektsphäre einerseits, der Kundensphäre andererseits anzusiedeln sind, etwa die allgemeinen Risiken von Effekten der betreffenden Art (Aktien, Investmentzertifikate), mutmaßliche Börsentrends, die kapitalmarktrelevante Konjunkturlage und politische Gegebenheiten, allgemeine steuerrechtliche Entwicklungen etc.[28] Hierzu wird eine apodiktische Aussage nicht möglich sein – sicher kann man von dem Bankangestellten weder profunde volkswirtschaftliche Diskurse noch auch nur die Befähigung hierzu erwarten –, vielmehr wird man gerade in diesem Punkt entscheidend auf die individuelle Aufklärungsbedürftigkeit des Kunden abzustellen haben. Umgekehrt werden die persönlichen Verhältnisse des Kunden insofern objektrelevant, als seine Vermögenssituation und seine konkreten Anlageziele mit den Eigenschaften und Risiken der in Frage stehenden Effekten in Übereinstimmung gebracht werden müssen.

24 Die individuelle **Aufklärungsbedürftigkeit** richtet sich zum einen nach *Informationsstand* und *Risikogeneigtheit des Kunden,* zum anderen nach der speziellen *Risikobelastung der in Frage stehenden Effekten.* Ersteres bezieht sich also auf den beruflichen und sozialen Hintergrund des Kunden, Bildungsstand, Fachwissen, Erfahrung, Alter, Vermögenslage etc., letzteres auf die besonderen Risiken der Vermögensanlage, deren allgemeine Erkennbarkeit bzw. vorauszusetzenden Bekanntheitsgrad etc. (zum insoweit deutlichsten Beispielsfall des Börsentermingeschäfts s. § 2 Rdnr. 113 ff., §§ 15, 16),[29] ferner auch das Volumen des konkreten Auftrags und seine Außergewöhnlichkeit, gemessen an den Verhältnissen des Kunden. Eine Rolle spielen insoweit also die Kaufmannseigenschaft des Kunden,[30] der mehr oder weniger spekulative Charakter seines Interesses,[31] seine bisherigen Erfahrungen mit vergleichbaren Effektengeschäften[32] und ähnliches, ohne daß aber eines dieser Kriterien für sich eine generelle Bejahung oder Verneinung von Beratungspflichten rechtfertigen könnte. Eine wesentliche Rolle spielt, ob der Kunde bereits dezidierte Vorstellungen hat, etwa eine Beratung dezidiert ablehnt, oder sich unentschlossen und für Rat empfänglich zeigt oder gar diesen ausdrücklich erbittet; denn die Bank braucht ihren Rat nicht geradezu aufzudrängen.

25 **Zur Ermittlungspflicht insbesondere:** § 31 Abs. 2 Nr. 1 WpHG verpflichtet die Wertpapierdienstleistungsunternehmen ausdrücklich, sich von der Aufklärungsbedürftigkeit der Kunden ein Bild zu machen, indem sie von diesen Angaben „über ihre Erfahrungen und Kenntnisse" in den beabsichtigten Geschäften sowie über ihre finanziellen Verhältnisse und Anlageziele verlangen.[33] Freilich kann damit die Bank nicht verpflichtet werden, sich effektiv Informationen hierüber zu verschaffen, sondern der Kunde ist frei, sich mehr oder minder kooperativ zu verhalten; und die Bank kann m. E. auch nicht verpflichtet sein, die Geschäftsbesorgung abzulehnen, wenn der Kunde

---

[28] Vgl. *Canaris,* Bankvertragsrecht, 1981, Rdnr. 1885; OLG München ZIP 1994, 125; *Hopt,* Kapitalanlegerschutz, S. 432 unterscheidet: Spezialwissen – Marktwissen – Grundwissen.

[29] Die strengeren Grundsätze für Börsentermingeschäfte sind eben deswegen nicht ohne weiteres für das normale Effektengeschäft verallgemeinerungsfähig; *Schwark* ZHR 151 (1987), 325, 336. – Eine spezielle Aufklärung hinsichtlich der Ausübung des Optionsrechts verlangt beim Kauf von Aktienoptionen BGH v. 18. 4. 1989 (ZIP-aktuell Nr. 295).

[30] Hierzu *Hopt,* Kapitalanlegerschutz, S. 417; *Canaris,* Bankvertragsrecht, 1981, Rdnr. 1881; BGH NJW 1981, 1440.

[31] Hierzu *Hopt,* Kapitalanlegerschutz, S. 419; BGH WM 1987, 531; OLG Köln WM 1989, 402, 404; OLG Frankfurt WM 1994, 2106; 1995, 245.

[32] Vgl. LG Darmstadt WM 1984, 332; OLG Köln WM 1989, 404.

[33] Zur Fragepflicht vor Inkrafttreten des WpHG BGH NJW 1993, 2433; vgl. auch BGH WM 1967, 1077; 1980, 284; 1987, 531; *Hopt,* Kapitalanlegerschutz 437.

unzureichende Angaben macht, oder ihn durch Insistieren vor den Kopf zu stoßen bzw. die banktypische Diskretion im Umgang mit dem Kunden preiszugeben.[34] Sondern dann ist die Verweigerung der Auskunft in der Gesamtbeurteilung der Aufklärungsbedürftigkeit mit zu würdigen. Dasselbe gilt, wenn die gemachten Angaben unglaubwürdig oder widersprüchlich erscheinen. Wiederum braucht aber die Bank die Angaben grundsätzlich nicht mittels anderer Erkenntnisquellen zu überprüfen. Schließlich braucht die Bank einem Kunden, der sich nicht beraten lassen will, weder die Beratung aufzudrängen noch die Geschäftsbesorgung zu verweigern; besonders wichtige Hinweise in kurzer Form sollten allerdings auch unter solchen Umständen noch möglich und demgemäß geboten sein.

In der praktischen Handhabung der Vorschrift dürfte die schwierigste Frage sein, in 26 welcher Ausführlichkeit die Angaben einzuholen sind. Allgemein ist hierzu festzuhalten, daß die gesetzliche Erkundigungspflicht der Nr. 1 ihrer Geltung und ihrer Intensität nach ebenso wie die Informationspflicht der Nr. 2 daran geknüpft wurde, daß die Erkundigung zur Wahrung der Interessen des Kunden und im Hinblick auf Art und Umfang der beabsichtigten Geschäfte erforderlich ist; s. oben Rdnr. 13. Speziell wird insoweit ins Gewicht fallen, ob das Geschäft seiner Art nach besondere Kenntnisse oder Erfahrungen voraussetzt oder ernsthafte Risiken mit sich bringt, seinem Umfang nach den Kunden – evtl. unter Berücksichtigung seiner bekannten Vermögensverhältnisse – spürbar berührt, ferner unter dem Gesichtspunkt der Selbstbestimmung des Interesses wohl auch die Bereit- oder Unwilligkeit des Kunden, seine Verhältnisse zu offenbaren. Ferner sind der Intensität durch die praktischen Erfordernisse der Geschäftsabwicklung Grenzen gesetzt. Eine standardisierte Erhebung, etwa mittels Fragebogen, ist grundsätzlich empfehlenswert und – bei entsprechend sorgfältiger Ausgestaltung – ausreichend, bietet auch Beweisvorteile, darf aber nicht zur bloßen Formalität erstarren. Beispielsweise ist die Frage „Verfügen Sie über Kenntnisse und Erfahrungen im Effektengeschäft: Ja/Nein" noch zu wenig aussagekräftig. Ferner muß die Erhebung dem Verständnishorizont des Kunden angepaßt sein, dies ebenso wie der Aussagegehalt der Antwort ist ggf. durch weitere Erkundigungen zu verifizieren. Schließlich muß gewährleistet sein, daß das Befragungsergebnis tatsächlich ausgewertet und zur Grundlage der nachfolgenden Information gemacht, nicht einfach schlicht zu den Akten gelegt wird. Als nachahmenswerte Praxis erscheint es, zu Beginn der Geschäftsbeziehungen auf Grund von Fragebögen und zusätzlichem Gespräch ein Kundenprofil in Schriftform anzulegen und dieses ggf. – zu Beweiszwecken – vom Kunden unterschriftlich bestätigen zu lassen.[35] Denn das Ergebnis der Ermittlungen gemäß § 31 Abs. 2 Nr. 1 WpHG hat die Tatbestandsmerkmale auszufüllen, die gemäß Nr. 2 Inhalt und Umfang der gebotenen Informationen bestimmen. Dabei dürften die Erfahrungen und Kenntnisse in den einschlägigen Geschäften mehr für die Informationsbedürftigkeit im allgemeinen, die Geschäftsziele und Vermögensverhältnisse mehr für die konkrete Anlageberatung, d. h. die Beurteilung der in Frage kommenden Anlageobjekte, relevant sein. Im Rahmen einer ständigen Geschäftsbeziehung sind die Angaben nicht bei jeder Gelegenheit neu zu erheben, jedoch darf ihre Aktualisierung nicht vernachlässigt werden. Das gilt insbesondere für Anlageziele und Vermögensverhältnisse. Als zeitliches Höchstintervall wird häufig 1 Jahr genannt.

Auf der Objektseite dürfte typischerweise ein Unterschied zwischen **inländischen** und 27 **ausländischen Aktien,** zwischen DM- und Fremdwährungsanleihen, wohl auch zwischen amtlichem Börsenhandel, geregeltem Markt und nichtzugelassenen Wertpapieren ins Gewicht fallen. Schließlich reicht die Verantwortung der Bank weiter, wenn sie von sich aus

---

[34] Gewisse Einschränkungen bei *Koller,* aaO. Rdnr. 92.

[35] Hierzu *Schnarrenberg,* Sparkasse 1995, 108.

bestimmte Dispositionen empfiehlt, als wenn der Kunde bereits konkrete Aufträge im Sinne hat.[36]

28 All diese Gesichtspunkte gehen aber nur als Elemente in ein **bewegliches System** der Gesamtwürdigung des Einzelfalles ein.[37] Kaum jemals wird ein Element ausreichen, um eine Informationspflicht a priori zu verneinen. Selbst gegenüber einem vollkaufmännischen Kunden hat die Rspr. bei bestimmten und besonders gefährlichen Anlageformen (Warentermingeschäften) eine Aufklärungspflicht bejaht.[38] Und auch im Geschäft unter zwei Banken kann ein Informationsgefälle bestehen, das die eine Bank der anderen gegenüber zur Aufklärung verpflichtet. Das gilt beispielsweise im Falle der Bond-Anleihen für eine dem Emittenten nahestehende Großbank im Verhältnis zu einem kleinen Provinzinstitut.[39] Auf diese Weise kann dann eine vom Kunden in Anspruch genommene Bank ihrerseits Rückgriffsansprüche gegen die im Vertriebswege vorgeschaltete Bank haben – aus abgetretenem oder auch aus eigenem Recht –, wobei der unterschiedlich gute Informationszugang m. E. bei der Anrechnung von Mitverschulden zu würdigen ist. Schließlich läßt sich die früher verbreitete Auffassung, daß die Bank zur unaufgeforderten Aufklärung und Beratung nicht verpflichtet sei,[40] so zwar gewiß nicht aufrechterhalten, aber Intensität und Umfang der geschuldeten Information hängen auch unter der Herrschaft von § 31 WpHG entscheidend von den Umständen des Einzelfalles ab.

29 Nicht richtig erscheint es mir, von Rechts wegen Abstufungen nach **Intensität und Dauer der Kundenbeziehung** vorzunehmen.[41] Vielmehr ist bereits der Kunde des Einzelfallgeschäfts uneingeschränkt schutzwürdig, der Dauerkunde mit Effektenerfahrung hingegen tendenziell sogar weniger schutzbedürftig. Ein faktischer Unterschied wird freilich daraus resultieren, daß der Bank bei ständiger Geschäftsbeziehung die konkreten Informationsbedürfnisse besser erkennbar sind, und schließlich ist von der Frage nach der Intensität des effektengeschäftlichen Kontakts die andere Frage zu unterscheiden, ob eine über den allgemeinen Pflichtenstandard hinausgehende spezielle Beratung (stillschweigend) erbeten bzw. vereinbart oder sogar eine umfassende Depot- oder Vermögensverwaltung mit entsprechend gesteigerten Pflichten der Bank abgesprochen wurde.[42]

30 **3. Einzelheiten.** *a) Preis oder Kurs.* Der gegenwärtige oder letzte bzw. voraussichtliche **Preis** oder **Kurs** eines Papiers steht an erster Stelle in der Rangskala wesentlicher Informationen. Der Bankangestellte wird ihn grundsätzlich immer zur Sprache zu bringen haben, wenn nicht der Kunde ihn bereits nennt oder zeigt, daß er ihn kennt. Das gilt bei einem Auftrag „bestens" wie bei der Vereinbarung eines Eigenhändlergeschäfts zum Festpreis, zusätzliche Beratung ist regelmäßig bei einer limitierten Order angebracht. Dasselbe gilt schließlich für auffällige, ungewöhnliche oder sonst entscheidungserhebliche Kursentwicklungen in der Vergangenheit. Konnte die (limitierte) Order nicht alsbald ausgeführt werden, ist u. U. auch über unerwartete Kursentwicklungen in der Folgezeit aufzuklären.[43] Der unerfahrene Kunde ist von vornherein über die Möglichkeiten von Preislimits zu beraten.

31 *b) Ertragskraft.* Die Ertragskraft des Unternehmens ist bei Effekten mit gewinnabhängiger Rendite (v. a. Aktien) wesentlich, alle diesbezüglichen Informationen sind daher relevant.

---

[36] Vgl. BGH WM 1972, 281; zu § 32 Abs. 1 Nr. 1 WpHG *Koller* ebd. Rdnr. 6.

[37] S. auch *Schwark* ZHR 151 (1987), 325, 334 zur Kasuistik der Rechtsprechung.

[38] BGH WM 1984, 552 und 960; 1987, 103; *Rümker,* in: *Hadding u. a.*, Aufklärungs- und Beratungspflicht der Kreditinstitute, 1993, 29, 42; *Gößmann/Wagner-Wieduwilt/Weber,* AGB der Banken, Rdnr. 1/89. Einschränkend BGH NJW 1995, 321.

[39] Vgl. OLG Frankfurt WM 1994, 291; dort allerdings abgetretener Kundenanspruch aus Prospekthaftung. A. A. wohl *Koller* aaO. § 31 Rdnr. 120.

[40] Z. B. *Heinsius* ZHR 145 (1981), 187.

[41] *Hopt,* Kapitalanlegerschutz S. 421.

[42] Beispiel: BGH ZIP 1981, 719. S. auch *Hopt,* Kapitalanlegerschutz, S. 104, 427.

[43] Zum Ganzen auch *Canaris,* Bankvertragsrecht, 1981, Rdnr. 1886 mit graduell weniger strengen Anforderungen.

c) Wertentwicklung, Sicherheit. Die Wertentwicklung bzw. die für die Kursbildung relevanten Faktoren stehen natürlich bei Aktien im Mittelpunkt der Aufklärung- und Beratungspflicht. Bei Nominalschuldverschreibungen geht es mehr um die Kreditwürdigkeit des Schuldners,[44] doch kann bei längerfristigen Papieren auch die Kursentwicklung ins Gewicht fallen.[45] Bei ausländischen Papieren kommt noch das Fremdwährungsrisiko hinzu. Typischerweise besteht das spekulative Risiko gerade darin, daß Ungewißheiten nicht ausräumbar sind. Dann ist je nach der Person des Kunden in unterschiedlichem Maße der Hinweis auf diese Unsicherheitsmomente und die zu schätzenden Risikomargen geboten. 32

d) Marktgängigkeit und praktische Veräußerlichkeit. Sie sind überall dort besonders hinweisbedürftige Faktoren,[46] wo sie hinter dem Normalfall eines im Inland amtlich notierten Papiers zurückbleiben, und zwar gerade deswegen, weil der Privatanleger sich über sie häufig am wenigsten Gedanken machen wird. Eine besondere Marktenge wird vor allem bei umfangreicherem Portefeuille-Bestand immer einen Hinweis verdienen. 33

e) Erhöhte Kosten. Über erhöhte Kosten der Transaktion oder der späteren Depotverwaltung, z. B. bei ausländischen Papieren, ist aufzuklären, sofern die Kenntnis beim Kunden nicht vorausgesetzt werden kann.[47] 34

f) Besondere Eigenschaften. Dasselbe gilt für besondere Eigenschaften oder Risiken eines Papiers oder der speziellen Art von Papieren, vor allem natürlich für den besonders spekulativen Charakter einer Anlage in ausländischen Explorations-(Erdöl- etc.) Unternehmen, venture oder sonstigem high-risk-Kapital. Den individuellen Anlagezwecken des Kunden hat die Bank Rechnung zu tragen, soweit sie erkennbar sind oder durch nicht offenbar unerwünschte Rückfragen aufgehellt werden können.[48] Insbes. sind Sicherheitsbedürfnis und Risikoeignung des Kunden zu ermitteln und ist die Aufklärung und Anlageempfehlung darauf abzustimmen.[49] Dazu gehört immer auch die Einbeziehung alternativer Anlageobjekte (bei Kauf-, aber auch bei Verkaufsabsichten aus einem diversifizierten Depot), sofern Alternativen sich anbieten. 35

Bei **ausländischen** („exotischen") **Werten** können weiter erhöhte Unsicherheiten in der Substanzerhaltung oder auch gegen wertpapierrechtliche Manipulationen ins Gewicht fallen.[50] All dies spielt angesichts der zunehmenden Internationalisierung des Effektengeschäfts eine wachsende Rolle; eine zunehmende Vertrautheit des durchschnittlichen Kunden mit diesen Gegebenheiten kann nicht im gleichen Maße vorausgesetzt werden. 36

Bei **Investmentzertifikaten** ist – deutlicher als das üblicherweise geschieht – auf die Kostenbelastung aus der Fondsverwaltung, bei offenen Fonds auf Preisabschläge beim Rückkauf,[51] bei geschlossenen Fonds auf die Probleme der Veräußerbarkeit hinzuweisen. Bei kreditfinanzierten Spekulationsgeschäften erhöht der **leverage**-Effekt die Gewinnaussichten, aber eben auch das Verlustrisiko.[52] 37

g) Rating. Bei Anleihen ist die Einstufung hinsichtlich der Sicherheit des Schuldners und anderer Risikofaktoren durch eine anerkannte Ratingagentur für die Beurteilung des Anlagerisikos von ausschlaggebender Bedeutung und sollte dem Kunden grundsätzlich, jedenfalls aber bei auffälligen Besonderheiten, bekanntgegeben werden.[53] Dieser Umstand spielte 38

---

[44] OLG Braunschweig ZIP 1993, 1457; zum Komplex der Bond-Anleihen Fn. 27.

[45] Ebenso *Canaris,* Bankvertragsrecht, 1981, Rdnr. 1882.

[46] Vgl. BGHZ 8, 222, 235.

[47] S. OLG München WM 1986, 1217, zum sog. „spread" am amerikanischen OTC-Markt (das Urteil stellt hier m. E. zu geringe Anforderungen); allg. *Koller* aaO., WpHG § 31 Rdnr. 105.

[48] S. auch *Canaris,* Bankvertragsrecht, 1981, Rdnr. 1882; *Hopt,* Kapitalanlegerschutz, S. 437.

[49] BGH WM 1987, 531 und 1038; 1985, 993.

[50] Vgl. BGH WM 1978, 611.

[51] Vgl. auch OLG München WM 1986, 1217, zu „Penny-Aktien".

[52] Vgl. zur Warnpflicht der Bank auch den besonders gelagerten Fall BGH WM 1988, 895.

[53] S. *Arendts,* WM 1993, 229: zwar keine Rechtspflicht, aber Unterlassung kann Haftung auslösen.

bei den Bond-Anleihen eine wesentliche Rolle;[54] bei ausländischen Effekten ist das ausländische Rating relevant, auch wenn es sich ggf. um keine der international oder in Europa bekannten Agenturen handelt.

39 *h) Atypische Auswirkungen.* Atypische Auswirkungen bestimmter Effekten oder Arten auf die Vermögenssphäre des Kunden sind hinweispflichtig, wenn ihre Kenntnis nicht ohne weiteres vorausgesetzt werden kann, aber mutmaßlich entscheidungsrelevant wäre. Beispiele: die steuerliche Behandlung von Zero-Bonds, Besonderheiten bei ausländischen Papieren, etwa aufgrund von Doppelbesteuerungsabkommen, sonstige steuerliche Begünstigungen oder Nachteile,[55] devisenrechtliche Restriktionen, Probleme einer Rechtsausübung im Ausland etc. Auf Änderungen der Rechtslage (Beispiel: Körperschaftsteuerreform 1977) sollten jedenfalls Kunden mit Dauerbeziehung bei geeigneter Gelegenheit hingewiesen werden, sofern die Kenntnis nicht vorausgesetzt werden kann.

40 *i) Marktentwicklungen.* Auf besondere Marktentwicklungen, günstige Gelegenheiten oder umgekehrt drohende Gefahren braucht die Bank allein aufgrund laufender Geschäftsverbindung, aber ohne konkreten Anlaß, den Kunden grundsätzlich nicht aufmerksam zu machen.[56] Etwas anderes gilt, wie bereits erwähnt, bei besonderen Absprachen oder Vereinbarung einer aktiven Vermögensverwaltung (dynamischen Depotbetreuung).

41 *j) Bankguthaben und Depotbestand des Kunden.* Besondere Fragen wirft im Hinblick auf Nr. 7 der Sonderbedingungen (SBW) die Situation auf, daß das Bankguthaben oder der vorhandene Depotbestand des Kunden das Volumen seines Kauf- bzw. Verkaufsauftrags nicht voll abdecken. Auch insoweit besteht m. E. grundsätzlich eine Hinweis- und Erörterungspflicht (s. auch unten Rdnr. 155).[57]

42 Zu wiederholen bleibt allerdings, daß die konkrete Aufklärungspflicht hinsichtlich der vorstehend getroffenen Einzelaussagen stets auch von den zuvor genannten allgemeinen Kriterien (Aufklärungsbedürftigkeit des Kunden) abhängt; außerdem treten in der Kasuistik der Rechtsprechung und den Äußerungen des Schrifttums nicht selten großzügigere Maßstäbe zutage, als sie hier befürwortet werden.

43 **4. Durchführung der Beratung.** *a) Form und Umstände der Beratung.* Im Normalfall einer persönlichen Erteilung des Auftrags in den Geschäftsräumen der Bank hat ein **Beratungsgespräch** in der gebotenen Ausführlichkeit stattzufinden. Bei **telefonischer** Erteilung des Auftrags liegt es in der Natur der Sache, daß die Beratung regelmäßig weit weniger detailliert und genau sein kann. Im selteneren Fall einer Erteilung per **Brief, Telegramm** oder **-fax, E-Mail** ist eine unmittelbare Aufklärung unmöglich, eine Rücksprache oder Aufforderung zur Rücksprache häufig unmöglich, zumeist untunlich und nur unter besonderen Umständen geboten. Auch beim **persönlichen Gespräch** in den Geschäftsräumen der Bank können Zeitdruck oder momentane Arbeitsüberlastung Abstriche von einer umfassenden Aufklärung und Beratung rechtfertigen, dies allerdings wohl nur mit der Einschränkung, daß die besondere Situation dem Kunden erkenntlich ist oder verständlich gemacht und ihm gleichzeitig ein Aufschub des Geschäfts, soweit nicht untunlich, mit späterer ordentlicher Beratung anheimgegeben wird. Im einzelnen ist zwischen der Dringlichkeit des Geschäfts und der Wichtigkeit gründlicherer Information abzuwägen; die Aufklärungspflicht ist nicht verletzt, wenn der Kunde selbst weitere Beratung in Kenntnis von deren möglicher Relevanz ausschlägt.

44 Ein Sonderproblem ist die *mündliche Beratung in Ergänzung schriftlichen (gedruckten) Informationsmaterials.* Einerseits trägt die Bank die Verantwortung für die schriftlichen Informationen in demselben Maße wie für diejenigen, die sie mündlich weitergibt. Andererseits kann sie den Kunden in gewissen Grenzen auf schriftliches Material verweisen, und die Vollständigkeit der Beratung beurteilt sich dann nach einer Gesamtbetrachtung der auf

---

[54] S. oben Fn. 27; ferner *Arendts,* WM 1993, 229; *Ebenroth/Daum,* WM 1992, Sonderbeil. 5.

[55] Ebenso *Canaris,* Bankvertragsrecht, 1981, 1884.

[56] *Hopt,* Kapitalanlegerschutz, S. 426; *Heinsius* ZHR 145 (1981) 192.

[57] Näher *Kümpel,* BankR Rdnr. 8.145 ff., 8165.

schriftlichem *und* mündlichem Wege vermittelten Information.[58] Die erwähnten Grenzen aber ergeben sich daraus, daß das gedruckte Material nach Maßgabe von Umfang und Darstellungsweise einerseits, des Verständnishorizonts des jeweiligen Kunden andererseits zur Aufklärung tauglich sein muß; d. h. der Bankangestellte muß u. U. wichtige Informationen aus einem Prospekt hervorheben, näher erläutern etc. Ganz allgemein gilt, daß die Art und Weise der Beratung dem Verständnis-(Bildungs-)Horizont des Kunden angepaßt sein muß.

Eine standardisierte Information durch Verwendung von **Vordrucken,** die allgemein das Effektengeschäft und seine typischen Risiken erklären, kann als Ausgangsbasis für die Aufklärung und Beratung nützlich sein,[59] genügt für sich allein aber allenfalls beim Normalkunden in einfachen Fällen. Ansonsten vermag sie die individuelle Beratung nach Maßgabe der persönlichen Bedürfnisse des Kunden, des konkreten Anlageziels und der in Frage kommenden Effekten nicht zu ersetzen.[60] 45

Andererseits verlangt die Rspr. bei komplizierten Sachzusammenhängen eine Aufklärung in **Schriftform,** weil und wenn die bloß mündliche Erläuterung hier den Zweck nicht erfüllen könne. Anwendungsfälle: Warentermingeschäft, Optionserwerbsgeschäft, Stillhalteroptionsgeschäft.[61] Diese Grundsätze können – ausnahmsweise – auch einmal beim Effektengeschäft eine schriftliche Information erforderlich machen; jedenfalls verschafft die Schriftform, wenn durch mündliche Beratung ergänzt, zusätzliche Sicherheit und für die Bank auch Beweissicherheit. 46

b) Der Wissensstand des Bankpersonals. Es ist klar, daß die verfügbaren Informationen **wahrheitsgemäß** und **vollständig** weitergegeben werden müssen (sog. Wahrheitspflicht).[62] Bei wertenden Empfehlungen,[63] die zumeist ebenso unerläßlich sind wie die schlichte Tatsachenmitteilung, kann der Bank zwar kein Erfolgsrisiko auferlegt werden, aber es ist eine sorgfältige Beurteilung nach bestem Wissen und Gewissen, auf der Grundlage des erforderlichen Tatsachenwissens und der erforderlichen Fachkompetenz zu verlangen. Nachträgliche Erkenntnisse hat der Berater ebenfalls weiterzugeben, seine ursprünglichen Auskünfte also zu korrigieren bzw. zu ergänzen, sofern dies nach Lage der Dinge möglich und sinnvoll ist.[64] 47

Die schwierigere Frage ist, welches Niveau an *Fachkompetenz* und *Informiertheit* des **Bankpersonals** man der Bank abverlangen muß. Es scheint das Hauptproblem der Bankpraxis zu sein, daß ausreichend qualifizierte Effektenberater nicht immer in ausreichender Zahl zur Verfügung stehen. Zunächst gehört es noch zur Wahrheitspflicht, daß der Bankangestellte die Grenzen seiner Kenntnis und andere Unsicherheitsfaktoren ggf. offenbart.[65] Die nächste Stufe der Anforderungen besteht darin, daß er fallweise andere Informationsquellen, die im eigenen Hause verfügbar sind, ausnutzt, also etwa den besser unterrichteten Kollegen beizieht. Inwieweit muß aber der einzelne Angestellte sich selbst allgemein auf dem laufenden halten,[66] inwieweit im Einzelfall weitere Nachforschungen betreiben und die vorhandenen Informationen kritisch überprüfen? Es gilt hier, den spezifischen Sorgfaltsstandard eines „ordentlichen Effektenberaters" zu bestimmen, wobei aber 48

---

[58] *Schwark* BB 1979, 897; *Kleinwächter* BB 1987, 1541.

[59] Vgl. *Steuer,* WM 1995, 281.

[60] Vgl. auch LG Düsseldorf ZIP 1994, 1933. Großzügiger BGH ZIP 1995, 553 für Informationsschrift über Börsentermingeschäfte und § 53 Abs. 2 BörsG.

[61] BGHZ 105, 108, 110; BGH NJW 1992, 1879; 1993, 257; einschränkend *Drygala,* WM 1992, 1213; BGH ZIP 1994, 1924 = NJW 1995, 321.

[62] *Hopt,* Kapitalanlegerschutz, S. 431; *Heinsius* ZHR 145 (1981) 188.

[63] *Kübler* ZHR 145 (1981) 212; *Koller* aaO. WpHG § 32 Rdnr. 3 ff.

[64] Zutreffend *Hopt,* Kapitalanlegerschutz, S. 436.

[65] Zutreffend *Hopt,* Kapitalanlegerschutz, S. 435; aber dadurch noch keine Totalentlastung: *Koller* aaO. § 31 Rdnr. 110.

[66] *Hopt,* Kapitalanlegerschutz, S. 436: „regelmäßige Durchsicht der Kurs-, Börsen- und Wirtschaftsblätter, Studium der Bilanzen, Hauptversammlungsberichte, Börsenbriefe etc."

mit der allgemeinen Formel noch nichts gewonnen ist, diese vielmehr der einzelfallbezogenen Konkretisierung bedarf.[67] Das allgemein Branchenübliche gibt dafür zwar eine gewisse Orientierungshilfe ab, doch gilt, wie stets, daß verbreiteter Schlendrian den normativ zu bestimmenden Standard nicht aufzuweichen vermag.

49 Letztlich ist all dies eine Frage der **bankinternen Organisation,** und es geht mithin darum, welchen Standard an Sachkunde, welche qualitative und quantitative Kapazität, welche Informationsquellen und Fortbildungsmöglichkeiten eine Bank in ihrer Effektenabteilung gewährleisten muß, widrigenfalls ihr ein **Organisationsverschulden** zur Last fällt. Sicherlich stecken hier das faktisch Mögliche und das finanziell Tragbare gewisse Grenzen ab, vermutlich sind ohnehin die Marktkräfte – nämlich der Wettbewerbsvorteil, der aus leistungsfähigem Personal resultiert – als Korrektiv wirkungsvoller als rechtliche Standards und Sanktionen. Von Rechts wegen festzuhalten bleibt aber, daß einerseits zwar das berechtigte Interesse der Bank unter dem Gesichtspunkt einer vernünftigen Kostenkalkulation in die Abwägung einfließen muß,[68] daß andererseits aber die zu leistende Aufklärung und Beratung nicht etwa unter dem Gesichtspunkt der Unentgeltlichkeit oder gar Gefälligkeit zu bemessen ist; sondern es handelt sich um vollwertige Nebenpflichten aus einem entgeltlichen Rechtsverhältnis bzw. aus der Anbahnung eines solchen, und der gebotene Standard ist, wie erwähnt, letztlich aus dem Interesse der Allgemeinheit an einem funktionsfähigen Kapitalmarkt abzuleiten. Das WpHG hat in § 31 Abs. 1 Nr. 1 die Pflicht, die erforderliche Sachkenntnis bereitzuhalten, und in § 33 weitere Organisationspflichten kodifiziert,[69] womit dem Rechtsanwender zwar die inhaltliche Bewertung und Konkretisierung des zu verlangenden Standards noch nicht abgenommen ist, aber doch immerhin die Erfordernisse als solche akzentuiert sind.

50 Eine Aufgabe der **Informationsbeschaffung** und –distribution für die Bank ist es insbesondere, die relevanten Informationen für die Beurteilung von Effekten, Marktsituationen etc. einzubeziehen und zu einem Gesamtbild zu verarbeiten. Im Präzedenzfall der australischen Bond-Anleihen zeigte sich, daß die Gefahr weniger darin besteht, daß die Bank die ihr bekannten Informationen nicht weitergibt, als vielmehr darin, daß sie sie selbst nicht kennt (so die Einstufung durch die australische Rating-Agentur) oder nicht hinreichend bzw. nicht rechtzeitig beachtet bzw. in ihrer Bedeutung falsch einschätzt (so die kritischen Medienberichte). Die Rspr. stellt strenge Anforderungen an die Erkundigungs- und Prüfungspflicht der Bank und an ihre Fähigkeit, sich die Informationsquellen zu erschließen und Informationen zutreffend zu bewerten.[70] Der Bank wird in dieser Hinsicht sehr weitgehend das Risiko aufgebürdet, und das rechtfertigt sich auch bei einem kleineren Institut mit der in Anspruch genommenen Professionalität und Vertrauensstellung. Im Verhältnis zwischen Banken allerdings kann der unterschiedliche Informationszugang zugunsten der kleineren berücksichtigt werden (s. oben Rdnr. 28). Die Grenze für jegliche Risikobelastung der Bank ist aber stets dort erreicht, wo die Bank auch bei Anwendung der von ihr erwarteten Sorgfalt die später als relevant zutage tretenden Risikomerkmale vorher nicht erkennen konnte; denn eine Garantenhaftung für den Erfolg der Anlage fällt ihr beim normalen Effektengeschäft nicht zu.[71]

51 **5. Haftung.** *a) Verschuldensmaßstab.* Grundsätzlich haftet die Bank mithin für ihre Organisation und für ihre Erfüllungsgehilfen (§ 278 BGB) im Rahmen des vertragli-

---

[67] S. auch oben § 5 Rdnr. 25 zur gesteigerten Sorgfaltspflicht bei Inanspruchnahme persönlichen Vertrauens.

[68] *Hopt,* Kapitalanlegerschutz, S. 425.

[69] Hierzu *Kümpel,* BankR Rdnr. 8.285.

[70] BGH NJW 1993, 2433; OLG Celle WM 1993, 191; LG Frankfurt, Hamburg, Hannover aaO. (oben Fn. 27); großzügiger einige andere Instanzgerichte. Allerdings spielt bei der Beurteilung der Bond-Fälle der Zeitfaktor eine große Rolle, weil die Informationen im Zeitablauf wechselten.

[71] OLG Frankfurt WM 1994, 2106 (Polly Peck).

chen oder allenfalls vorvertraglichen Schuldverhältnisses (oben Rdnr. 5, 8) nach einem **fachspezifisch** zu bestimmenden **Sorgfaltsmaßstab** (§ 276 Abs. 1 Satz 2 BGB). Dieser Standard steht allerdings im Rahmen von §§ 276 Abs. 2 BGB, 11 Nr. 7 AGBG (gegenüber Kaufleuten: § 242 BGB) zur Disposition der Parteien. Unter den früheren Banken-AGB war angesichts dessen die Frage, ob er durch deren etwas unscharf gefaßte Formulierung wirksam abgemildert wurde (s. Voraufl.). Die neuen Banken-AGB vom 1. 1. 1993 verzichten auf eine derartige Klausel. Das neue WpHG verpflichtet die Wertpapierdienstleistungsunternehmen ausdrücklich auf die „erforderliche . . . Sorgfalt und Gewissenhaftigkeit" bei der Erbringung ihrer Wertpapierdienstleistungen (§ 31 Abs. 1 Nr. 1), womit freilich kein neuer Sorgfaltsstandard oder eine schärfere Präzisierung geschaffen, sondern allenfalls seine fachspezifische Konkretisierung noch pointierter auf die Erbringung von Wertpapierdienstleistungen ausgerichtet wurde. Zur Haftungsgrundlage bei Verletzung der im WpHG normierten Verhaltenspflichten oben Rdnr. 14.

Bedeutsamer dürfte jedoch sein, daß die Verhaltensregeln des WpHG grundsätz- 52
lich zwingend vorgegeben sind (das ergibt sich m. E. aus der zugrundeliegenden EG-Richtlinie)[72] und damit insbes. auch der gesetzliche Verschuldensmaßstab nicht abding- oder abmilderbar ist. Will man sich indessen darüber hinwegsetzen, so gewinnt die früher maßgebliche Argumentation zur Dispositivität der Verschuldenshaftung, insbes. in AGB, wieder Bedeutung. Demnach war die Gültigkeit der **Freizeichnung** für die Aufklärungs- und Beratungspflichten im Effektengeschäft in mehrfacher Hinsicht eingeschränkt.

Zunächst einmal müssen die **AGB** wirksam Vertragsbestandteil geworden sein. Die 53
Freizeichnung entfällt also von vornherein für Pflichtverletzungen im Stadium der Vertragsanbahnung (s. o. Rdnr. 7), wenn in der Folge kein Vertrag zustande kommt; aber auch bei späterem Vertragsschluß wirkt die Freizeichnung m. E. grundsätzlich nicht zurück.[73]

Sofern allerdings der einzelne Effektenauftrag im Rahmen einer bestehenden Geschäfts- 54
verbindung erteilt wird, könnten die AGB bereits vorher für die gesamten Beziehungen in Geltung gesetzt worden sein, nämlich durch den Abschluß des allgemeinen Bankvertrags, (s. o. Rdnr. 1 ff.) bzw. durch eine generelle Einbeziehungsvereinbarung.[74] Jedoch hat die Rechtsprechung wiederum für die Aufklärungs- und Warnpflichten, die aus dem gesetzlichen Schuld-(Vertrauens-)Verhältnis kraft bestehender Geschäftsverbindung resultieren, die Freizeichnung verworfen;[75] auch wird bei der berufsmäßigen Inanspruchnahme einer besonderen Vertrauensstellung häufig die Beschränkung auf grobe Fahrlässigkeit abgelehnt oder die bankmäßige Beratung u. U. als Zusicherung i. S. von § 11 Nr. 11 AGBG verstanden.[76]

Letztlich ausschlaggebend ist indessen m. E. die Einschränkung, die sich aus § 9 Abs. 2 55
Nr. 2 AGBG ergibt. Daraus folgert die h. M., daß bei vertragswesentlichen oder sog. **Kardinalpflichten** die Haftung auch für einfache Fahrlässigkeit in AGB nicht oder nicht ohne weiteres ausgeschlossen werden kann.[77] Angesichts des Stellenwerts, der diesen Ne-

---

[72] *Koller,* aaO. § 31 Rdnr. 126.

[73] S. *Wolf/Horn/Lindacher,* AGBG, § 11 Nr. 7 Rdnr. 9; MünchKomm./*Kötz,* BGB, § 11 AGBG Rdnr. 59.

[74] *Baumbach/Hopt,* HGB, (7) Bankgeschäfte Rdnr. A/8; *Canaris,* Bankvertragsrecht, 1988, Rdnr. 10.

[75] BGH WM 1976, 474; 1978, 896; *Baumbach/Duden/Hopt,* HGB, 28. Aufl., (8) AGB-Banken 10 Anm. 3 B; vgl. auch oben § 5 Rdnr. 110 ff., ferner *Assmann,* Prospekthaftung, S. 371. Anders LG Stuttgart WM 1988, 620.

[76] Vgl. *Köndgen* JZ 1978, 389; *Hopt,* Festschrift Fischer, S. 237 (1979).

[77] *Canaris,* Bankvertragsrecht, 1981, Rdnr. 2613; *Wolf/Horn/Lindacher,* AGBG § 11 Nr. 7 Rdnr. 29; *Baumbach/Duden/Hopt,* 28. Aufl., (8) AGB-Banken Nr. 10 Anm. 3 B; BGHZ 71, 226; BGH BB 1992, 2460.

benpflichten der Bank im Rahmen des Effektengeschäfts zukommt (s. o. Rdnr. 9), sollte man sie hier generell als sog. **Kardinalpflichten** einstufen.[78]

56 Demgegenüber kann dann auch eine **objektspezifische Abmilderung** des Verschuldensstandards nicht verfangen, wie sie für Börsentips und ähnliches vertreten wird.[79] Richtig ist freilich, daß Anlageempfehlungen in Wertpapieren zwangsläufig mit teilweise erheblichen Unsicherheitsfaktoren belastet sind und das Spekulationsrisiko nicht über den Haftungsrückgriff einseitig dem Berater auferlegt werden kann; richtigerweise folgt daraus aber nicht, daß die Bank bei solchen Empfehlungen zu geringerer Sorgfalt verpflichtet wäre, sondern daß hier weite Beurteilungsspielräume anzuerkennen sind, innerhalb derer ein im Ergebnis nachteiliger Rat noch längst keine Sorgfaltspflichtverletzung konstituiert.[80]

57 Ein **Mitverschulden** des Kunden ist gemäß § 254 BGB zu berücksichtigen.[81] Der Kunde kann sich also nicht unbesehen auf die Bank verlassen bzw. im nachhinein ihr die alleinige Verantwortung zuschieben. Jedoch wird die Bank meistens den besseren Informationszugang und die höhere Professionalität haben.

58 *b) Schadensersatz.* Typischerweise macht der Kunde geltend, er hätte bei pflichtgemäßer Aufklärung die nachteilige Anlage nicht vorgenommen. Dann ist sein **negatives Interesse** zu ersetzen, er also so zu stellen, als hätte er die betreffende Disposition nicht getroffen, der Bank nicht vertraut etc.[82] Dies geschieht durch Rückabwicklung der Transaktion oder Geldausgleich der Vermögensverluste. Der Kunde kann dann aber nicht gleichzeitig die Vorteile ersetzt verlangen, die ihm bei erfolgreicher Anlage erwachsen wären (d. h. Erfüllungsinteresse), z. B. Ersatz von Steuervorteilen, die wegen Fehlschlagens des Anlageprojekts oder Rückabwicklung der Anlage entfallen.

59 Die unterlassene Aufklärung oder falsche Beratung muß für den Schaden kausal sein; die Ersatzpflicht entfällt also, wenn der Kunde bei Aufklärung ebenso gehandelt hätte. Hierfür trägt nach allgemeinen Grundsätzen er die Beweislast, doch kommt ihm im Sinne eines Anscheinsbeweises die Vermutung „aufklärungsrichtigen" Verhaltens zu Hilfe.[83] Diese ist beispielsweise widerlegt, wenn er nach (verspätet) erteilter Belehrung seine Spekulationsgeschäfte aus freiem Entschluß noch ausweitet.[84]

60 Ausnahmsweise kann der Kunde das Erfüllungsinteresse ersetzt verlangen, wenn bei pflichtgemäßer Aufklärung und Beratung eine andere bzw. erfolgreichere Anlage zustande gekommen wäre. Im übrigen ist der Haftungsumfang durch Schutzzweck der Informationspflicht und Pflichtwidrigkeit der Information begrenzt.[85] Wenn beispielsweise der Kunde eine hochriskante Aktienanlage erwägt und gleichzeitig Sicherheit verlangt, die Bank ihm daraufhin Anleihen empfiehlt und in der Folge diese Anleihen wertlos werden, die fraglichen Aktien aber im Kurs steigen, so haftet die Bank für den Wertverlust der Anleihen, wenn sie deren Risiko hätte erkennen müssen, hingegen nicht für den entgangenen Aktiengewinn, da es nach Lage der Dinge nicht fehlerhaft war, hiervon abzuraten.

61 **6. Beratungsfreie Kapitalanlage.** Neuerdings gewinnt die Frage an Bedeutung, ob im Einverständnis von Bank und Kunden Anlagemodalitäten gewählt werden können, bei denen eine Beratung nicht stattfindet. Hierfür können unterschiedliche Überlegungen

---

[78] Ähnlich *Canaris,* Bankvertragsrecht, 1981, Rdnr. 2613; a. A. *Baumbach/Duden/Hopt,* HGB, (8) AGB-Banken 10 Anm. 3 B; *Kleinwächter* BB 1987, 1541, 1546.

[79] Vgl. oben § 5 Rdnr. 38; BGH NJW 1971, 2126; BGHZ 70, 356; OLG Karlsruhe WM 1988, 411.

[80] Zutreffend *Canaris,* Bankvertragsrecht, 1988, Rdnr. 101; mißverständlich OLG Köln WM 1989, 402, 405. Zur Offenbarung der Unsicherheit oben Rdnr. 32, 48. Zu weiteren Haftungsvoraussetzungen und zum Umfang der Haftung s. o. § 5 Rdnr. 68 ff., 91 ff.

[81] OLG Braunschweig ZIP 1993, 1457, 1461; str., näher oben § 5 Rdnr. 100, § 7 Rdnr. 84.

[82] Näher *Assmann,* FS *Lange,* 1992, 345; *Werner/Machunsky,* Rechte und Ansprüche geschädigter Kapitalanleger, 3. Aufl. 1991.

[83] BGH NJW 1984, 1688; 1990, 1907, 1909; 1991, 694; 1992, 2146; 1993, 257 und 3259.

[84] OLG Köln NJW-RR 1995, 112; WM 1996, 18.

[85] Münchener Komm./*Roth,* BGB § 242 Rdnr. 231.

maßgeblich sein: Bei bestimmten Formen der Auftragserteilung (E-Mail, Fax etc.) sind zeitgerechte Rückäußerungen der Bank nicht oder nur schwer möglich. Ein Kreditinstitut kann sein Effektengeschäft generell in rationalisierter, vereinfachter und damit eventuell auch kostengünstigerer Form anbieten wollen (Discount-Geschäft, Direktanlage-Service). Die beratungsfreie Anlage kann dem Kunden als Alternative zum traditionellen Schaltergeschäft angeboten werden, die eventuell die Vorteile schnellerer Abwicklung und niedrigerer Provisionssätze bietet. Oder die Bank will durch den rechtsgeschäftlichen Beratungsverzicht den vorerwähnten Haftungsrisiken aus dem Weg gehen, die durch die neuere Rechtsentwicklung zunehmend ins Bewußtsein gerückt wurden. Solche Anlageformen sind so lange unproblematisch, als sie unter Voraussetzungen stattfinden, unter denen nach den vorgenannten Grundsätzen zumindest die allgemeine Beratungspflicht ohnehin entfiele, also bei Kunden und Anlagerisiken, bei denen sich im konkreten Fall das Beratungsbedürfnis auf Null reduzierte. Eine Aufklärungspflicht im Sinne einer Warnung vor besonderen, unerwarteten Umständen wäre dann allerdings auch hier noch zu bejahen. Im übrigen jedoch begegnet die Rechtsgültigkeit der beratungsfreien Kapitalanlage in verschiedener Hinsicht Bedenken.

a) Zwingende Geltung des § 31 WpHG. Die allgemeinen Verhaltensregeln des WpHG 62 sind grundsätzlich zwingendes Recht. Dies ergibt sich, wenn nicht schon unmittelbar aus dem Text des § 31, aus der gebotenen EG-konformen Interpretation im Licht der EG-Richtlinie über Wertpapierdienstleistungen, deren Vorgaben so zu verstehen sind, daß die Mitgliedstaaten sie den Normadressaten als zwingendes Recht auferlegen. Es ist daher alles andere als selbstverständlich, daß § 31 Abs. 2 für ein Effektengeschäft ohne Beratungsleistungen noch Raum läßt, wie die ersten Stellungnahmen im Schrifttum dies anzunehmen scheinen.[86] Vielmehr wurde im Hinblick auf das Ermittlungsgebot gemäß § 31 Abs. 2 Nr. 1, das ja bei einer beratungsfreien Kapitalanlage u. U. ebenfalls entfallen sollte, zutreffend seine zwingende Natur und nicht zu unterschätzende Tragweite hervorgehoben.[87]

Allerdings schränkt § 31 Abs. 2 die Informationspflicht (Nr. 2) in der doppelten Weise 63 ein, daß die Informationen „zweckdienlich" und ihre Mitteilung „zur Wahrung der Interessen der Kunden" erforderlich sein muß. Damit ist ein Spielraum belassen, der m. E. auch durch eine freie und eigenverantwortliche Selbstbestimmung des Kunden darüber, was für ihn zweckdienlich und was zur Wahrung seiner Interessen erforderlich ist, ausgefüllt werden kann. Der Kunde wird sich demnach ebenso generell für eine beratungsfreie Kapitalanlage entscheiden können, wie er in der konkreten Situation eine (weitere) Beratung ablehnen kann (s. oben Rdnr. 24, 43). Der Finanzausschuß des Deutschen Bundestags hat in seiner Begründung zu § 31 WpHG das Discount-Geschäft grundsätzlich für zulässig erachtet, macht dies im Einzelfall aber von der individuellen Schutzbedürftigkeit des jeweiligen Kunden und vom Risiko der konkreten Anlage abhängig.[88]

b) Der Beratungsverzicht als Haftungsausschluß. Erkennt man die Aufklärungspflicht als 64 Mittel der Zuordnung von Schadensrisiken (oben Rdnr. 15 f.), so liegt es nahe, den rechtsgeschäftlichen Ausschluß von Aufklärungs- und Beratungsleistungen unter dem Gesichtspunkt der Haftungsfreizeichnung für Pflichtverletzungen zu beurteilen und die rechtlichen Schranken, die für eine Haftungsbeschränkung gelten, gleichermaßen auf den Ausschluß der Primärpflicht zu erstrecken.[89] Dann könnte mit dem vereinbarten Beratungsverzicht nicht mehr erreicht werden als durch Haftungsbeschränkungsklauseln, wobei ins-

---

[86] *Weber,* NJW 1994, 2849; *Schütt,* Die Bank 1995, 101, problematisiert die Frage der rechtlichen Zulässigkeit überhaupt nicht. Zweifelnd demgegenüber *Kümpel,* BankR Rdnr. 8.275; wie hier *Koller* aaO. § 31 Rdnr. 135.

[87] *Arendts,* ÖBA 1994, 257; *Rümker* aaO. (unten Fn. 94) 61.

[88] BT-Drucks. 12/7918 zu § 30 a Abs. 2 WpHG.

[89] So ausdrücklich *Heinrichs,* in: *Köndgen,* Neue Entwicklungen im Bankhaftungsrecht, 1987, S. 115, 117; vgl. auch *Vortmann,* Aufklärungs- und Beratungspflichten der Banken, 2. Aufl. 30; *Thamm/Pilger,* BB 1994, 729, 732.

besondere die verschärften Ansprüche an AGB zu beachten sind. Demnach kann die Haftung für eigenen Vorsatz bzw. für vorsätzliches Handeln der Organmitglieder juristischer Personen generell nicht ausgeschlossen werden, § 276 Abs. 2 BGB. In AGB kann die Haftung für grobe Fahrlässigkeit überhaupt nicht (§ 11 Nr. 7 AGB-Gesetz) und für einfache Fahrlässigkeit bei Kardinalpflichten oder besonderem Vertrauenstatbestand nicht ausgeschlossen werden.[90] Die Folge wäre, daß ein vereinbarter Beratungsverzicht zumindest in AGB sehr weitgehend oder wegen des Verbots einer geltungserhaltenden Reduktion von AGB sogar insgesamt unwirksam wäre. Dabei kann sich die streitige Frage stellen, ob auch der Fall einer AGB-Kontrolle unterliegt oder als freies Aushandeln dagegen immun ist, daß der Kunde zwischen dem traditionellen Effektengeschäft und einer beratungsfreien Variante wählen kann. Je nach den konkreten Umständen wird man aber auch hier ein freies Aushandeln nicht oder nicht ohne weiteres bejahen können.[91]

65 Jedoch erscheint es nicht richtig, die vertragliche Bestimmung von Aufklärungs- und Beratungsleistungen gleich einer Haftungsfreizeichnung zu behandeln. Denn es gehört zum Wesen der Privatautonomie, daß die Parteien für ihr Schuldverhältnis Art und Umfang der zu erbringenden Leistungen einschließlich der Nebenleistungen frei vereinbaren können. Das gilt auch für Inhalt und Umfang des geschuldeten Vertrauensschutzes.[92] Insbesondere muß es grundsätzlich möglich sein, für die Modalitäten der Auftragserteilung Alternativen zum klassischen Effektengeschäft zu entwickeln, und wenn diese für einen diskursiven Kommunikationsprozeß zwischen dem Bankangestellten und dem Kunden keinen Raum mehr lassen, sind damit für Aufklärung und Beratung zwangsläufig neue Voraussetzungen geschaffen. Damit ist freilich die Frage noch nicht beantwortet, inwieweit der Kunde dagegen geschützt werden muß, sich auf die Risiken einer beratungsfreien Kapitalanlage einzulassen.

66 *c) Unverzichtbarer Anlegerschutz.* Anlegerschutz dürfte beim Effektengeschäft als unverzichtbares Prinzip einzustufen sein, die Schutzpflichten der Bank gegenüber dem Kunden wiederum gehören untrennbar zum Anlegerschutz und zum bankgeschäftlichen Vertrauensverhältnis. Auf dieser Grundlage kann ein vereinbarter Verzicht auf Aufklärung und Beratung sogar in individueller Abrede als rechtsunwirksam erscheinen.[93] Eine weniger weitgehende Ansicht stuft die Aufklärungs- und Beratungspflichten der Bank im Effektengeschäft als Kardinalpflichten ein, so daß sie jedenfalls in AGB nicht derogierbar sind (§ 9 Abs. 2 Nr. 2 AGB-Gesetz).[94] Teilweise wird auch diese Aussage noch nach einzelnen Ausprägungen der Pflicht und konkreten Situationen abgeschwächt.[95]

67 Zur entscheidenden Frage wird damit, ob es zulässig ist, alternative Formen der beratungsfreien Kapitalanlage privatautonom zu schaffen, in denen der übereinstimmende Parteiwille der Beratung die Qualität einer Kardinalpflicht abspricht, oder ob beim Effektengeschäft die typusbedingten Risiken so groß sind, daß dem Kapitalanleger der Schutz durch Aufklärung und Beratung erhalten bleiben muß. M. E. läßt sich das erstere bejahen, wenn der erforderliche Schutz des Kapitalanlegers gegenüber dieser Variante des Effektengeschäfts in anderer Weise hinreichend sichergestellt ist.

68 *d) Interessenschutz bei beratungsfreier Kapitalanlage.* Der Kunde muß sich in freier und wohlinformierter Entscheidung auf die beratungsfreie Variante einlassen. Dazu gehört, daß er über die spezifischen Risiken dieser Form der Auftragserteilung in verständlicher Weise

---

[90] *Wolf/Horn/Lindacher,* AGB-Gesetz § 11 Nr. 7 Rdnr. 29; oben Rdnr. 55.

[91] *Wolf* aaO. AGB-Gesetz § 1 Rdnr. 38; BGH ZIP 1985, 1272; vgl. auch *Heinrichs* aaO. 117; *Roth,* ÖZW 1977, 37; *Fitz* in *Krejci,* Handbuch zum Konsumentenschutzgesetz (1981) 249, 265.

[92] *v. Heymann,* oben § 5 Rdnr. 111; *Canaris,* Bankvertragsrecht (1988) Rdnr. 31.

[93] So wohl *Hopt,* Kapitalanlegerschutz im Recht der Banken (1975) 424.

[94] *Canaris,* Bankvertragsrecht, (1981) Rdnr. 2613; *Arendts,* ÖBA 1994, 251, 252; *Rümker* in *Hadding,* Aufklärungs- und Beratungspflicht der Kreditinstitute (1993) 29, 58.

[95] *Baumbach/Duden/Hopt,* HGB 28. Aufl., Banken-AGB Nr. 10 Anm. 3 B; *Kleinwächter,* BB (1987) 1541, 1546.

aufgeklärt wird.[96] Dafür sowie für die Beurteilung der eigenverantwortlichen Entscheidung des Kunden spielt dessen Verständnishorizont in ähnlicher Weise eine Rolle, wie dies oben Rdnr. 24 für die individuelle Aufklärungsbedürftigkeit des Kunden ausgeführt wurde. Bei hinreichend sachverständigen Kunden ist die beratungsfreie Anlage relativ unproblematisch; auf der anderen Seite des Spektrums gibt es Kunden, die die Bank m. E. zu einer beratungsfreien Kapitalanlage überhaupt nicht zulassen darf.[97] Diese Beurteilung ist Sache der Bank, und insoweit ist die Ermittlungspflicht des § 31 Abs. 2 Nr. 1 WpHG unverzichtbar.

Auch eine beratungsfreie Anlageform enthebt nicht von jeglicher Aufklärungs- und Warnpflicht. So ist auf besonders hohe oder ungewöhnliche Anlagerisiken je nach den konkreten Umständen weiterhin hinzuweisen, eventuell kommen bestimmte Anlageobjekte für eine beratungsfreie Variante von vornherein nicht in Frage. Der Bundesverband deutscher Banken empfiehlt zu diesem Zweck die Bildung von Kundengruppen einerseits, von Produktgruppen andererseits, und ihre Koordinierung in der Weise, daß jeder Kunde nur mit solchen Anlageobjekten in Berührung kommt, deren Risiko seiner Schutzbedürftigkeit entspricht. Ferner ist die Bank ihrer Warnpflicht nicht enthoben, wenn sie besondere Risikofaktoren kennt oder positive Anlageempfehlungen gegeben hat. 69

Ungeklärt erscheint mir, ob generell oder zumindest bei einem Beratungsausschluß in AGB zusätzlich die Angemessenheit des Verzichts auf Beratungsleistungen in dem Sinne ins Gewicht fällt, daß dem Beratungsverzicht entsprechende Vorteile für den Kunden korrespondieren müssen. Denn auf der einen Seite kann die Ersparnis von Kosten und Mühen ein Äquivalent für die entfallende Beratung sein, auf der anderen Seite besteht die Gefahr, daß der Kunde durch den Preisvorteil zu einer voreiligen Option für den Beratungsverzicht verführt wird. 70

Jedenfalls ist darauf zu achten, daß das beratungsfreie und das traditionelle Effektengeschäft nicht miteinander vermischt werden, sondern der Kunde sich stets bewußt ist, in welcher Risikokategorie er sich befindet. 71

II. Interessenkonflikte

1. Behandlung des Interessenkonflikts im allgemeinen. Grundsätzlich ist zu unterscheiden: Interessenkollisionen können im Stadium der Auftragserteilung und Beratung (a) sowie danach bei der Ausführung des Geschäfts (b) auftreten; die Interessen eines bestimmten Kunden können mit Eigeninteressen der Bank (c) oder mit den Interessen anderer Kunden (d) kollidieren. Folgende **Beispiele** sollen dies veranschaulichen: Zu (a) und (c): Die Bank will den Kurs einer bestimmten Aktie stützen, weil sie hiervon selbst Bestände besitzt bzw. vorteilhaft abstoßen will, und empfiehlt deswegen den Kauf dieser Aktie. Zu (b) und (d): Der Bank liegen von zwei Kunden umfangreiche Kauf- (oder Verkaufs-)Orders vor, und sie bedient den einen Kunden vor dem anderen zu dem noch günstigeren Kurs. 72

Rechtlich ist für all diese Konstellationen dasselbe **Prinzip** maßgeblich. Der Bank sind die Interessen des Kunden *treuhänderisch* anvertraut und daher vorrangig zu schützen. Das folgt im Kommissionsrecht aus § 384 Abs. 1 HGB,[98] beim Festpreisgeschäft aus der Selbstverpflichtung in den Banken-AGB, vor Nr. 1 Satz 1 und 3, gemäß WpHG aus dessen §§ 31 Abs. 1 Nr. 2, 32 Abs. 1 Nr. 1. Das Prinzip bedeutet für den Fall der Kollision mit Eigeninteressen der Bank, daß diese letzteren zurückstehen müssen; mehrere anvertraute Kundeninteressen sind untereinander als gleichwertig zu behandeln und gleichrangig bzw. nach einer objektiv determinierten Rangfolge zu berücksichtigen. 73

Die „Ideallinie" für die **Bereinigung von Interessenkonflikten** wäre der konsequente Ausschluß der Konfliktlage als solcher in der Person dessen, der Entscheidungen zu treffen 74

---

[96] *Kümpel,* BankR Rdnr. 8.274.

[97] Ebenso wohl auch der Finanzausschuß, aaO. (oben Fn. 76); *Koller* aaO. § 31 Rdnr. 136 f.

[98] Hierzu RG JW 1901, 408; Großkomm./*Koller,* HGB, § 384 Rdnr. 1 und passim; *Schlegelberger/Hefermehl,* HGB, § 384 Rdnr. 10, 14.

hat und dessen Entscheidungen wegen des Konflikts von Parteilichkeit bedroht sind.[99] Die Bank dürfte also überhaupt keine Eigeninteressen in Konkurrenz zum Kundeninteresse verfolgen bzw. dort, wo solche bestehen, für den Kunden nicht tätig werden. Theoretisch müßte es freilich bereits genügen, wenn in der Person des jeweiligen Sachbearbeiters der Konflikt ausgeschaltet ist, also durch eine entsprechende bankinterne Organisation der Effektenberater bzw. seine Abteilung gegen die kollidierenden Interessen abgeschirmt sind; die Frage ist aber, ob dies auch praktisch zuverlässig gewährleistet werden kann.

75 Hingegen tritt die gleiche Gefährdung eines objektiven und sachgerechten Entscheidungsprozesses – Kennzeichen und Grundübel des Interessenkonflikts – bei Kollision mehrerer anvertrauter (Kunden-)Interessen nicht zwangsläufig ein, sondern erst dann, wenn auch hier subjektive Präferenzen oder sonstiges Eigeninteresse ins Spiel kommen. Allgemein aber ist das Problem hier eher ein solches der sachgerechten **Interessenabwägung,** und dies um so mehr, je weniger objektive Richtlinien verfügbar sind.[100]

76 Die h. M. freilich erblickt in der Inkompatibilität von treuhänderischer Interessenwahrung und Eigeninteresse einen unrealistischen und überzogenen Rigorismus[101] und begnügt sich statt dessen damit, im Einzelfall eine angemessene bzw. ausreichende Berücksichtigung des Kundeninteresses (nach inhaltlichen Kriterien) sicherzustellen. Das mag theoretisch befriedigen, praktisch läßt sich eine solche Kontrolle aber kaum zuverlässig durchführen. Andererseits ist einzuräumen, daß sich beim Effektengeschäft und speziell unter der Herrschaft des Universalbankensystems die Möglichkeit einer Kollision mit Eigeninteressen nicht schlechthin ausräumen läßt (s. auch unten Rdnr. 100); der Bank immer dann aber ein Tätigwerden für den Kunden zu verbieten, wäre letztlich auch nicht in dessen Interesse.

77 Man wird daher eine bestmögliche **Kombination der** verschiedenen **Lösungswege** versuchen müssen: In gewissen Fällen kann man der Bank verbieten, daß sie überhaupt eigene Interessen verfolgt; sie darf dann z. B. in bestimmten Situationen keine Geschäfte auf eigene Rechnung tätigen (z. B. Kursveränderungen für sich ausnutzen, die aus eigenen Anlageempfehlungen resultieren = sog. scalping,[102] s. auch zum sog. Vorlaufen, Mitlaufen, Gegenlaufen unten Rdnr. 90 ff.). In anderen Fällen muß die Bank den Kunden über ihr Eigeninteresse aufklären oder seinen Auftrag ablehnen (z. B. wenn sie selbst eine Kurspflege betreibt, die den Absichten des Kunden zuwiderläuft).[103] In der Mehrzahl der Fälle aber bleibt es – jedenfalls nach geltendem Recht und h. M. – dabei, daß das Geschäft seinem Inhalt nach dem Kundeninteresse im Verhältnis zum Eigeninteresse der Bank ausreichend Rechnung tragen muß (s. beispielsweise zur Preisbestimmung unten Rdnr. 120 ff.). Die **Konkurrenz mehrerer Kundeninteressen** schließlich läßt sich in wichtigen Fallgruppen durch allgemeine Leitlinien bewältigen: Priorität, Gleichbehandlung, Repartierung beschränkter Gelegenheiten.[104]

78 § 33 Nr. 2 WpHG verpflichtet die Bank auch, in ihrer internen Organisation geeignete Vorkehrungen zu treffen, um Interessenkollisionen beider Fallgruppen möglichst gering zu halten, also Tätigkeitsbereiche zu koordinieren, wo dies zu einer gleichwertigen Berücksichtigung von Interessen beiträgt, sie gegeneinander abzuschirmen, wo die Querverbindung Kundeninteressen gefährden kann (zum letzteren ausführlich *Koller* in *Assmann/Schneider,* WpHG § 33 Rdnr. 17 ff.).

79 **2. Interessenkonflikte bei der Beratung.** *a) Vorrang des Kundeninteresses.* Es ist klar, daß die Bank ihre positiven Empfehlungen **im besten Interesse des Kunden** erteilen muß und

---

99 *Roth,* Treuhandmodell, §§ 40, 43.

100 *Roth,* Treuhandmodell, § 41/6.

101 S. statt anderer *Hopt,* Kapitalanlegerschutz, S. 503; zum Universalbankensystem *Kümpel,* BankR Rdnr. 8.240 ff.; *Hopt,* FS *Heinsius* 289, 314.

102 *Hopt,* Kapitalanlegerschutz, S. 486; *Kümpel,* BankR Rdnr. 8.279. § 32 Abs. 1 Nr. 2 WpHG.

103 *Koller* BB 1978, 1733, 1788.

104 *Hopt,* Kapitalanlegerschutz, S. 484.

nicht hierbei vorrangig eigene Interessen verfolgen darf (§ 32 Abs. 1 Nr. 1 WpHG). Sie darf ihm nicht ein Papier deswegen zum Kauf vorschlagen,[105] weil sie an dessen Verkauf oder Kursstützung interessiert ist; sie darf ihm eine Umschichtung seines Depots nicht zu dem Zweck vorschlagen, daran Provisionen zu verdienen (sog. churning). So ausdrücklich § 32 Abs. 1 Nr. 2, Abs. 2 Nr. 1 WpHG sowie § 1 Satz 1 a der Händler- und Beraterregeln.[106] Hingegen ist ihr ein Eigeninteresse nicht verboten, wenn nur ihr Rat auch aus der Perspektive des Kunden sachdienlich erscheint. Sie ist also nicht allein deswegen gehindert, bestimmte Papiere zu empfehlen, weil sie an deren Emission beteiligt ist. Theoretisch überzeugt das gewiß, praktisch freilich läßt sich der Mißbrauch dann häufig unschwer verschleiern.

Problematisch ist beispielsweise, daß Banken regelmäßig in erster Linie die Investment- 80
zertifikate und Anleihen empfehlen, die sie selbst oder verbundene Institute emittieren oder vertreiben, evtl. auch die eigenen Aktien. Häufig wird der Markt dafür sorgen, daß der Kunde nicht schlechter steht als bei alternativen Papieren. Zumindest sollte die Bank aber über die Existenz der Alternative und evtl. sachliche Unterschiede sowie über die Beschränktheit ihres eigenen Angebots aufklären.

Was soeben für das Interesse „der Bank“ als Unternehmen ausgeführt wurde, gilt glei- 81
chermaßen für die Individualinteressen einzelner Personen, die als Gesellschafter, Geschäftsführer oder Angestellte des Unternehmens sich oder Dritten persönliche Vorteile verschaffen wollen (§ 32 Abs. 2 WpHG).

Noch schwieriger wird die Frage, inwieweit die Bank den Kunden über Umstände 82
aufklären muß, an denen sie ein eigenes Interesse trägt, um ihn ggf. vor beabsichtigten Dispositionen zu **warnen.** Beispiel: Sie betreibt Kursstützung, die sie aber in absehbarer Zeit einstellen muß. Sie beabsichtigt den Verkauf eines größeren Pakets, der den Kurs nachhaltig drücken kann. Dieser Problemkreis wird unterschiedlich beurteilt.[107] Noch zurückhaltender ist die überwiegende Meinung in der Frage, ob die Bank ihr Eigeninteresse als solches offenbaren muß.[108] Zuzugeben ist, daß man die Bank nicht schlechthin verpflichten kann, alle derartigen Umstände offenzulegen und sich so z. B. ihren eigenen Handlungsspielraum auch dort de facto zu beschneiden, wo man ihr das Eigengeschäft als solches erlaubt. Der Vorrang des Kundeninteresses darf deswegen aber nicht preisgegeben werden, und so muß die Bank m. E. je nach Lage des Einzelfalls verpflichtet sein, den Kunden in mehr oder minder spezifischer Form zu informieren oder zu warnen, den Auftrag zurückzuweisen oder zumindest in allgemeiner Form auf das Bestehen eines Interessenkonflikts bzw. die Unmöglichkeit umfassender Aufklärung hinzuweisen. Generell bedarf es der Aufklärung, wenn der gegenwärtige Kurs nach Wissen oder Einschätzung der Bank – mit oder ohne ihre Mitwirkung – bereits manipuliert ist. Die zwei wichtigsten Fallgruppen werden nachfolgend behandelt.

b) Bankgeheimnis. Soweit die Bank von Gesetzes wegen gebunden ist, Tatsachen nicht zu 83
offenbaren, verletzt sie auch ihre Aufklärungs- und Beratungspflicht gegenüber dem Bankkunden nicht, denn vertragliche Verpflichtungen entfalten sich nur im Rahmen des zwingenden Gesetzesrechts. Das Problem in bezug auf das Bankgeheimnis ist jedoch, daß dieses nicht oder jedenfalls nicht in seinen konkreten Umrissen von Gesetzes oder Verfassung wegen abgesichert[109] und nach überwiegender Meinung auch nicht gewohnheitsrechtlich

---

[105] Oder entsprechend umgekehrt eine Verkaufsempfehlung unterlassen, s. RG BankArch. 1935, 490.

[106] Abgedruckt in *Baumbach/Duden/Hopt,* HGB, (17) Händlerregeln. Zur Geltung dieser Regeln s. § 1 Satz 2 i. V. m. § 3 der HBR.

[107] Strenger *Hopt,* Kapitalanlegerschutz, S. 441; weniger streng *Canaris,* Bankvertragsrecht, 1981, Rdnr. 1889.

[108] *Canaris,* Bankvertragsrecht, 1981, Rdnr. 1890; *Hopt,* Kapitalanlegerschutz, S. 446; *Schwark,* BörsG, Anh. Händler- und Beraterregeln Anm. 7. Strenger *Koller* aaO. § 31 Rdnr. 36 ff.

[109] Ausführlich *Canaris,* Bankvertragsrecht, 1988, Rdnr. 36 ff. m. w. N.

verankert ist,[110] sondern die **Geheimhaltungspflicht** der Bank als – vertragliche oder vorvertragliche – Schutzpflicht aus dem Schuldverhältnis zwischen den Parteien hervorgeht.[111] Auf diese Weise sind die Geheimhaltungspflichten gegenüber dem einen und die Aufklärungspflichten gegenüber dem anderen Kunden im Prinzip gleichrangig.

84 Geht ein Schuldner **vertragliche Verpflichtungen** ein, die miteinander **unvereinbar** sind, so fällt dies grundsätzlich in seine Verantwortung, von der er sich nicht durch eine inhaltliche Reduktion der kollidierenden Pflichten entlasten kann. Etwas anderes gilt aber, wenn die mehrfache Verpflichtung des Schuldners und die daraus resultierende Möglichkeit von Pflichtenkollissionen der Natur des Geschäfts immanent und allen Beteiligten ersichtlich sind; dann sind Inhalt und Reichweite jeder Pflicht von vornherein durch die Notwendigkeit eines Interessenkompromisses begrenzt. Die Grenzlinie ist durch Interessenabwägung zu bestimmen, wobei aber fraglich (und strittig) ist, ob diese einzelfallbezogen oder typisierend zu erfolgen hat.[112]

85 Vorweg zu berücksichtigen ist allerdings die inhaltliche Beschränkung des Bankgeheimnisses, die die Banken diesem in den AGB Nr. 2 selbst verordnet haben. Soweit hiernach Bankauskünfte erlaubt sind, hat auch die Aufklärungspflicht gegenüber dem Effektenkunden Vorrang. Darüber hinaus sollten unspezifische Hinweise und insbesondere Warnungen des Effektenkunden häufig ohne Verletzung der Geheimhaltungspflicht gegenüber dem anderen Kunden möglich sein.

86 Im übrigen meine ich aber – im Gegensatz zum neueren Schrifttum, das tendenziell eher die Aufklärungspflicht in den Vordergrund rückt[113] –, einen gewissen **Vorrang des Bankgeheimnisses** aus einer typisierten Verkehrsanschauung ableiten zu können. Der Effektenkunde wird, wenn er Beratung erbittet oder erwartet, nicht damit rechnen, daß ihm vertrauliche Informationen aus anderweitiger Geschäftsbeziehung weitergereicht werden, jeder Bankkunde umgekehrt eine Geheimhaltung erwarten, die nicht in der Beratung anderer Kunden durchbrochen wird. Das gilt schon bei einer Beratung aus konkretem Anlaß bzw. auf Initiative des Kunden; erst recht ausgeschlossen ist, daß die Bank aufgrund vertraulichen Wissens von sich aus an andere Kunden mit Empfehlungen herantritt, etwa einem Depotkunden den Verkauf bestimmter Papiere vorschlägt, weil sie um die kritische Lage des Unternehmens weiß.

87 Im Einzelfall kann freilich trotzdem ein schutzwürdiges Interesse an Geheimhaltung entfallen.[114] Wenn schließlich die Interessen des Effektenkunden in gravierender Weise bedroht sind und dem auch nicht durch allgemein gehaltene Hinweise Rechnung getragen werden kann, kann die Bank verpflichtet sein, auf den Umstand hinzuweisen, daß sie relevante Informationen zurückhalten muß, oder sich des fraglichen Geschäfts zu enthalten.

88 *c) Insiderwissen.* Zu Begriff und rechtlicher Behandlung des Insiderwissens eingehend unten § 14. Dieser Problemkreis, der sich mit dem des Bankgeheimnisses teilweise überschneidet, ist nunmehr in den §§ 12ff. WpHG gesetzlich geregelt, und in den Verboten des § 14 ist auch der für die Interessenwahrung im Effektengeschäft relevante Grundsatz erfaßt, daß ein für Effektengeschäfte relevanter Informationsvorsprung von **Insidern** nicht selektiv ausgenutzt und weitergegeben werden darf.[115] Vielmehr hat eine effektive Publizität dafür zu sorgen, daß solches Geheimwissen alsbald Allgemeingut, das Informationsge-

---

[110] *Hopt,* Kapitalanlegerschutz, S. 466.

[111] *Baumbach/Duden/Hopt,* HGB, (7) Bankgeschäfte I 4; *Canaris,* Bankvertragsrecht, 1988, Rdnr. 42 (wiederum auf das gesetzliche Schuldverhältnis der Geschäftsverbindung abstellend, hierzu oben Rdnr. 6); *Kümpel,* BankR Rdnr. 2.136, 2.145; *Claussen,* Bank- und BörsenR § 6 Rdnr. 5.

[112] S. *Canaris,* Bankvertragsrecht, 1988, Rdnr. 60 mit Abweichungen gegenüber der Vorauflage; ferner BGH WM 1991, 85.

[113] Vgl. *Hopt,* Kapitalanlegerschutz, S. 466ff.; *Canaris,* Bankvertragsrecht, 1988, Rdnr. 60 unter Berufung auf BGH WM 1986, 1409.

[114] Zutr. *Canaris,* Bankvertragsrecht, 1988, Rdnr. 60 und zum Gesichtspunkt der Nothilfe ders., 1981, Rdnr. 1894; *Kümpel,* BankR Rdnr. 2.155 ff.; *Koller* aaO. § 31 Rdnr. 45.

[115] S. statt anderer *Roth* RabelsZ 38 (1974) 720, AG 1978, 113 und öRdW 1987, 219.

fälle also abgebaut wird; bis dahin aber ist unter den Teilnehmern am Effektengeschäft Waffengleichheit auf der niedrigeren Informationsstufe sicherzustellen. Für die Aufklärungs- und Beratungspflicht der Banken im Rahmen des Effektengeschäfts gilt demnach, daß sie inhaltlich von vornherein durch die insiderrechtlichen Restriktionen determiniert ist und sich nur in deren Rahmen entfalten kann.[116] Allerdings wird man es weder zulassen noch der Bank zumuten können, daß sie den Kunden, den sie nicht aufklären darf, sehenden Auges ins Unglück laufen läßt; wenn gravierende Nachteile drohen, hat sie äußerstenfalls wiederum den Auftrag zurückzuweisen.

3. Ausführung des Geschäfts. Die **Interessenkollisionen** bei der Ausführung des Geschäfts betreffen hauptsächlich das Zusammentreffen mehrerer Orders am Markt (an der Börse), deren Einwirkung auf die Kursentwicklung und deren Rückwirkung auf den Preis, der dem einzelnen Kunden berechnet wird. Angesprochen ist damit also in erster Linie die Kommission, während das Eigenhändlergeschäft von den meisten hier zu behandelnden Problemen nur insoweit berührt wird, als auch bei ihm ausnahmsweise eine Preisbestimmung nach der Marktlage vereinbart wurde (unten Rdnr. 124). 89

Die **kollidierenden Orders** können aus mehreren Kundenaufträgen resultieren, es handelt sich dann jeweils um das Ausführungsgeschäft der Bank. Hinzutreten können aber auch die sog. Nostrogeschäfte der Bank, also Eigengeschäfte auf eigene Rechnung und zur eigenen Kapitalanlage bzw. Spekulation, ohne Zusammenhang mit einem Kundenauftrag. Eine **Konkurrenz** mit gleichlaufenden weiteren Geschäften in dem fraglichen Wertpapier, seien es Aufträge anderer Kunden oder Nostrogeschäfte der Bank, ist grundsätzlich unter den Gesichtspunkten von **Gleichbehandlung** und **Priorität** zu lösen. Innerhalb des üblichen Geschäftsgangs (und unter Berücksichtigung des Gebots schnellstmöglicher Abwicklung, s. u. Rdnr. 115 ff.) können mehrere Aufträge zu einheitlicher Erledigung zusammengefaßt werden, ansonsten sind sie in der Reihenfolge ihres Eingangs auszuführen. S. auch zu Organisationspflichten § 33 Nr. 2 WpHG.[117] Nach Maßgabe dieser beiden Grundsätze trifft dann also jeden Kunden der Nachteil, der aus der Konkurrenz gleichlaufender Orders resultieren kann; nur unter besonderen Umständen ist die Bank nach Treu und Glauben schlechthin gehindert, gleichlaufende Nostrogeschäfte zu tätigen oder gar weitere Kundenaufträge entgegenzunehmen.[118] Aber sie darf ihre eigenen Geschäfte oder diejenigen besonderen Kunden nicht bevorzugt ausführen (sog. „Vorlaufen"). 90

Dies jedenfalls ist auch der Sinn des Verbots aus § 32 Abs. 1 Nr. 3, Abs. 2 Nr. 2 WpHG sowie § 1 Satz 1 b der Händler- und Beraterregeln. Darüber hinaus untersagt die Vorschrift es der Bank ebenfalls, sich aufgrund des Kundenauftrags zu Nostrogeschäften zu entschließen (oder anderen Kunden Entsprechendes zu empfehlen), wenn sie sich von dem ersteren Auftrag eine bestimmte Kursbeeinflussung erwartet und daran zum Nachteil dieses Kunden partizipieren will (das kann man „Mitlaufen" nennen – Terminologie strittig). Allerdings dürfte die letztgenannte Anwendung des Verbots praktisch kaum durchsetzbar sein.[119] 91

Ein Zusammentreffen mit gegenläufigen Aufträgen sollte normalerweise für alle Beteiligten eher von Vorteil sein; denn jede zusätzliche Order auf der Marktgegenseite verbessert tendenziell die Marktlage für den eigenen Auftrag. Allerdings kann die Bank u. U. auch mit Gegengeschäften auf Kosten der Kunden profitieren, indem sie beispielsweise unter- 92

---

[116] Ähnlich bereits *Canaris,* Bankvertragsrecht, 1981, Rdnr. 1893; *Schlegelberger/Hefermehl,* HGB, § 406 Anh. Rdnr. 34; zum WpHG *Koller* aaO. § 31 Rdnr. 44.

[117] Zu den modernen elektronischen Ausführungsinstrumenten *Kümpel,* BankR Rdnr. 8.142.

[118] Näher *Hopt,* Kapitalanlegerschutz, S. 484; *Koller* BB 1978, 1733, 1735; *Canaris,* Bankvertragsrecht, 1981, Rdnr. 1937 ff.

[119] S. Anm. 5 zu § 1 bei *Baumbach/Duden/Hopt,* HGB, (17) und in WM 1988, 1109. Strenger daher *Koller* BB 1978, 1737. Zum Vorlaufen ferner *Kümpel,* BankR Rdnr. 8.282, zum Mitlaufen *Koller,* WpHG § 32 Rdnr. 11.

schiedliche Limits gezielt zum eigenen Vorteil ausnutzt (sog. **„Gegenlaufen"**); und damit verletzt sie ihre Pflicht zur bestmöglichen Wahrung des Kundeninteresses.[120]

93 Unter besonderen Voraussetzungen kann allerdings das **Gegengeschäft** schon an sich unerwünscht und nachteilig sein, etwa wenn der Auftraggeber mit seinen Geschäften eine bestimmte Kursentwicklung in Gang setzen – durch Käufe den Kurs hochtreiben, durch Verkäufe einen Kursverfall auslösen – will.[121] Die generelle Regel hätte auch insoweit zu lauten, daß die Bank an der Ausführung anderer Kundenaufträge und von Nostrogeschäften, sofern unabhängig davon geplant, nicht gehindert ist, daß sie aber nicht den Kundenauftrag zum Anlaß nachteiliger Gegengeschäfte nehmen darf. Im speziellen Fall muß allerdings m. E. weiter die zweifelhafte Schutzwürdigkeit des Kundeninteresses an Kursmanipulation ins Gewicht fallen, so daß die Bank an einer dieser Manipulation entgegenwirkenden Kurspflege nicht grundsätzlich gehindert sein sollte, allerdings wohl den Kunden darauf hinzuweisen hätte.[122]

94 In dem vorgenannten Rahmen könnte die Bank grundsätzlich auch **Geschäft** und **Gegengeschäft** selbst zur **Deckung** bringen, anstatt die Abwicklung über die Börse zu vollziehen, es sei denn, daß davon eine abweichende Kurs- bzw. Preisbildung zu erwarten wäre, die Kundeninteressen benachteiligte. Letzteres ist aber normalerweise nicht der Fall; insbesondere wenn die Bank durch Selbsteintritt einen Auftrag in ihrem eigenen Effektenbestand „auffängt", anstatt ihn über die Börse zu leiten, müßte dies tendenziell für den Kunden eher von Vorteil sein. Jedoch haben die Banken sich generell verpflichtet, bei der Kommission ein Ausführungsgeschäft an der Börse bzw. am bestgeeigneten Marktsegment zu vollziehen (SBW Nr. 1, 2, s. bereits oben § 11 Rdnr. 68).

95 Wenn schließlich ein Kunde **besondere Weisungen** erteilt oder Bedingungen gestellt hat, mit denen sich die Ausführung weiterer Kunden- oder Nostrogeschäfte nicht verträgt, so sind diese Weisungen vorrangig;[123] kann oder will die Bank sich nicht daran halten oder verletzte sie damit ihre Pflichten gegenüber anderen Kunden, so hat sie den Auftrag abzulehnen.

96 **4. Nachwirkender Interessenschutz.** Besonders problematisch erscheint die Frage, ob die Bank durch ihre Treuhänderstellung gehindert ist, **nach Ausführung** des Kundengeschäfts in dem betreffenden Papier **eigene Vorteile** zu erzielen. Beispiel: Der Kunde kauft zu steigenden Kursen, danach stößt die Bank ihre eigenen Bestände ab, daraufhin Kursverfall, evtl. ausgelöst durch diese Verkäufe.

97 Klar ist, daß die Bank bereits ihre Beratungspflicht gröblich verletzt hat, wenn sie dem Kunden den Erwerb in der Absicht empfahl, damit die Kurse zu manipulieren und daraus eigenen Gewinn zu ziehen. Ebenso klar erscheint aber der h. M., daß die Bank durch frühere Kundengeschäfte und auch durch frühere eigene Empfehlungen nicht gehindert wird, später gegenläufige Nostrogeschäfte zu tätigen.[124] Auch die frühere Empfehlung war nicht pflichtwidrig, wenn sie nach damaligem Stand der Dinge korrekt war. Zulässig ist demnach selbst eine **„Gewinnmitnahme"** seitens der Bank, wenn sie vorher zusammen mit dem Kunden zu steigenden Kursen gekauft hat; und aus dem normalen Effektengeschäft (ohne fortdauernde Depotverwaltung) wird man sie nicht einmal ohne weiteres für verpflichtet erachten können, den Kunden darauf hinzuweisen.

98 All dies ist nur konsequent, wenn man das Nostrogeschäft der Bank einem anderweitigen Kundenauftrag gleichstellt; denn in der Tat wird man es der Bank schwerlich verwehren können, später gegenläufige Kundenaufträge entgegenzunehmen. Für die Abgrenzung

---

[120] *Hopt,* Kapitalanlegerschutz, S. 488; *Schmidt,* Börsenorganisation S. 49 und S. 211. Auch diese Variante wird vom Verbot der Händler- und Beraterregeln (§ 1 Satz 1 b) und des § 32 WpHG erfaßt, zutr. *Koller* aaO. Rdnr. 11.

[121] Hierzu *Koller* BB 1978, 1738.

[122] Teilweise strenger *Koller* BB 1978, 1738.

[123] *Canaris,* Bankvertragsrecht, 1981, Rdnr. 1936.

[124] *Canaris,* Bankvertragsrecht, 1981, Rdnr. 1939.

werden dann subjektive Kriterien entscheidend: Die Bank darf nicht schon bei der Kundenberatung die *Absicht* verfolgt haben, sich eigenen Nutzen zu verschaffen, noch darf sie sich durch das Kundengeschäft zu eigenen Dispositionen *anregen* lassen. Die späteren Geschäfte sind insoweit also ebenso zu beurteilen wie das gleichzeitig-gleichlaufende (s. zu § 1 Satz 1 b der Händler- und Beraterregeln oben Rdnr. 91).

Das Problem ist nun aber, daß diese subjektiven Kriterien sich weitgehend der **Kontrolle** entziehen, und ebenso die diesbezüglichen Pflichtverletzungen der Sanktionen. Auch eine Umkehr der Beweislast – die Bank hätte zu beweisen, daß diese Absichten oder Beweggründe nicht vorlagen – verspräche hier m. E. nur begrenzt Abhilfe. Dies ist an sich die Situation, die nach dem generellen und präventiven Ausschluß des Interessenkonflikts ruft: wenn die Benachteiligung des anvertrauten Interesses im Einzelfall gut möglich, aber kaum sanktionierbar ist.[125] Wollte man auf diese Weise nachwirkenden Interesseschutz sicherstellen, so hätte dies jedoch zu bedeuten, daß der Bank generell Effektengeschäfte im wirtschaftlichen Eigeninteresse untersagt sein müßten. Sie dürfte dann Effektengeschäfte nur noch als Deckungsgeschäfte für entsprechende Festpreisgeschäfte tätigen, hätte sich im übrigen nicht nur jeglicher Nostrogeschäfte und eigener Kapitalanlage, sondern auch eigener Bestände und Geschäfte zwecks Eigenhandels zu enthalten. 99

Akzeptiert man aber einmal die Stellung der Bank im Emissionsgeschäft nebst Kurspflege, als Großaktionärin bzw. Kapitalanlegerin kraft eigenen Vermögens etc., als vorgegeben bzw. sogar wünschenswert, so bleibt die Gefahr von Interessenkollisionen im Effektengeschäft und daraus resultierender Benachteiligung des Kunden im Prinzip unausräumbar. Man kann sich zwar dabei beruhigen, daß für den durchschnittlichen, kleineren Kundenauftrag die meisten der krasseren Mißbrauchsgefahren nicht aktuell werden, andererseits begegnet man auf Schritt und Tritt Situationen, in denen die Bank (zugegebenermaßen auf weniger gravierende Weise, aber dafür mit größter Selbstverständlichkeit) ihren eigenen Interessen Rechnung trägt, beispielsweise zum Ersterwerb von Schuldverschreibungen oder „jungen" Aktien nur solche Papiere anbietet, die sie selbst emittiert etc. 100

III. Ausführung des Effektengeschäfts

1. Allgemeines. Es ist das Wesen des Kommissionsgeschäfts, daß noch nicht die Erteilung des Kundenauftrags an die Bank (= der Kommissionsvertrag), sondern das daraufhin von der Bank abgeschlossene Ausführungsgeschäft mit einem Dritten den beabsichtigten Leistungsaustausch zustande bringt und damit das wirtschaftliche Ziel des Kundenauftrags verwirklicht; es wird für Rechnung des Kunden abgeschlossen. Das bedeutet auch, daß die Bank jeweils ein konkretes, am Markt getätigtes Wertpapiergeschäft dem Kundenauftrag zuordnen[126] und in dieser Eigenschaft aufzeichnen (§§ 34 Abs. 1, 37 Abs. 2 S. 2 WpHG) muß. Die Fragen von Ausführungsart, Ausführungsort, Ausführungszeit, Weisungsrecht und Rechenschaftspflicht betreffen dieses Ausführungsgeschäft, der dem Kunden in Rechnung zu stellende Preis hängt von ihm ab. Im Gegensatz hierzu ist all dies beim Festpreisgeschäft für den Kunden irrelevant, sofern nicht auch bei ihm ausnahmsweise Abschluß oder Preis von einem Deckungsgeschäft der Bank abhängig gemacht werden. Die neuen SBW der Banken regeln die Ausführungsmodalitäten für das Kommissionsgeschäft in Nr. 2–6; dies gilt nunmehr für inländische und ausländische Wertpapiere gleichermaßen. 101

2. Ausführungsort und -art. Unter den Begriffen Ausführungsplatz und Ausführungsart liefert **Nr. 2 SBW** Determinanten für die in einem sachlichen Zusammenhang stehenden Fragen, an welchem geographischen Ort, in welchem Marktsegment und in welcher Handelsart das Ausführungsgeschäft abzuschließen ist. Denn Effekten können an Börsen gehandelt werden oder auch außerbörslich, vor allem im sog. Telefonhandel oder bei bestimmten Banken als Market Makers. An den Börsen wiederum gibt es die drei 102

[125] In diesem Sinne *Koller* BB 1978, 1737 gegen gleichzeitige Abwicklung von Eigengeschäften.
[126] *Kümpel,* WM 1995, 137, 138; zur technischen Durchführung *ders.,* BankR Rdnr. 8.99 ff.

Marktsegmente der Amtlichen Notierung, des Geregelten Marktes und des Freiverkehrs; schließlich stehen für viele Effekten mehrere deutsche Börsen zur Wahl. Ferner vollzieht sich der Börsenhandel als Präsenzhandel zur Börsenzeit im Börsensaal und als elektronischer Handel, und beim Präsenzhandel ist nochmals zu unterscheiden zwischen der Ausführung im variablen Handel, d. h. nach Maßgabe der Kursschwankungen, die aus der fortlaufenden Notierung während der Handelszeit resultieren, und derjenigen zum Einheitskurs des fraglichen Handelstags. Ausführlich zum Ganzen oben § 2 II. Endlich kommen neben inländischen Börsen und außerbörslichen Märkten ausländische in Betracht.[127] Der Regelung der SBW waren dabei die Grundsatzentscheidungen des **§ 10 Abs. 1 und 2 BörsG** vorgegeben, wonach *erstens,* soweit möglich, einer inländischen Börse vor anderen Märkten und im Zweifel dem Präsenzhandel vor anderen Handelsformen der Vorzug zu geben ist, *zweitens* die Bestimmung des Auftraggebers aber immer Vorrang genießt und *drittens* hinsichtlich Ausführungsplatz und Handelsform die Bank die Interessen des Kunden bestmöglich zu wahren hat.

103 *a) Weisung und Interesse des Kunden.* Weisungen des Kunden haben auch nach den SBW (Nr. 2 Abs. 1) generell den Vorrang; er kann sie allgemein für die Geschäftsbeziehung oder speziell für ein Einzelgeschäft erteilen. Freilich wird man gerade für diesen Fall die Aufklärungs- und Beratungspflicht der Bank dahingehend zu konkretisieren haben, daß sie den Kunden von unsachgemäßen Weisungen möglichst abzuhalten hat. Sie muß ihm auch nachteilige Kostenfolgen – die sie ihm in Rechnung stellt (SBW Nr. 1 Abs. 3) – vor Augen halten. Befolgen muß sie die Weisungen aber; allenfalls kann sie einen noch nicht angenommenen Auftrag ablehnen, sofern nicht der Kontrahierungszwang (§ 11 Rdnr. 75) ins Spiel kommt. Ferner gilt § 665 BGB hier ebenso wie bei § 385 HGB. Der Kunde kann auch während der Geschäftsbeziehung seine Weisungen umstoßen, sofern die neuen Anordnungen im Geschäftsablauf noch befolgt werden können. Allgemein zu Weisungen im Kommissionsgeschäft unten Rdnr. 133 ff.).

104 Das wohlverstandene Interesse des Kunden, zu beurteilen von der Bank nach besten Kräften, steht an zweiter Stelle. Es bildet schon den Maßstab für die Bemühungen der Bank, den Kunden von interessewidrigen Weisungen abzubringen, sowie für das ausnahmsweise bestehende Recht, von Weisungen abzuweichen (§ 665 BGB). Ansonsten gibt es für die Bank stets das Beurteilungs- und Entscheidungskriterium ab, soweit keine Weisungen bestehen. In den SBW wird dieser Tatbestand an verschiedenen Stellen, teilweise der Vorgabe des § 10 BörsG folgend, unterschiedlich formuliert: „. . . das Interesse des Kunden gebietet . . .“, „. . . unter Wahrung des Interesses des Kunden . . .“, „. . . nach pflichtgemäßem Ermessen . . .“. M. E. ist damit dem Maßstab des Kundeninteresses kein unterschiedliches Gewicht verliehen, sondern seine umfassende Würdigung ist stets gleichermaßen die Richtschnur, die Einbeziehung anderer Interessen kann ihn nicht relativieren.

105 Lediglich für den Fall, daß Wertpapiere an einer inländischen Börse gehandelt werden, läßt § 10 BörsG hinsichtlich des Ausführungsplatzes der Interessenabwägung keinen Raum. Die SBW greifen das in zwei verschiedenen Bestimmungen auf: Nr. 2 Abs. 2 bestimmt die Ausführung im Inland, Abs. 3 S. 1 die Ausführung über den Börsenhandel. Eine merkwürdige Abweichung hiervon trifft jedoch Nr. 2 Abs. 3 S. 2 SBW für Wertpapiere, die im Inland im Freiverkehr gehandelt werden. Zudem steht diese Klausel in merkwürdigem Widerspruch mit Nr. 2 Abs. 2 S. 3, wo im Ergebnis dasselbe mit Beschränkung auf ausländische Wertpapiere ausgesagt wird. Gültig allerdings dürfte diese Ausnahme der SBW dennoch sein; denn wenn abweichende Weisungen des Kunden beachtlich sind, dann auch die Weisung, gemäß seinen Interessen zu verfahren, und wenn Weisungen, dann wohl auch die privatautonome Unterwerfung unter entsprechende AGB der Bank. Andererseits ist die Bank, wenn eine Ausführung im Ausland für den Kunden günstiger ist, in jedem Fall als gehalten anzusehen, ihn zu entsprechenden Weisungen zu ermutigen, die dann auch im Rahmen von § 10 Abs. 1 S. 1 BörsG vorgehen.

[127] Vgl. auch *Kümpel,* WM 1995, 137, 140 und ausführlicher in BankR Rdnr. 8.105 ff.

b) Inländische Börse. Den Vorrang inländischer Börsen stellt das Gesetz in der soeben beschriebenen Weise nur unter den Vorbehalt abweichender Weisungen. Wenn mehrere inländische Börsen miteinander konkurrieren, wählt die Bank den Ausführungsplatz im Inland, wenn keine inländische Börse in Frage kommt, eine Börse im Ausland oder einen anderen Markt im In- oder Ausland gemäß den vorgenannten Kriterien (Nr. 2 Abs. 4, Abs. 1 S. 2 und 5). Der Freiverkehr ist dabei den amtlichen oder stärker geregelten Marktsegmenten nicht von vornherein nachrangig.[128] Grundsätzlich verdient die Börse den Vorzug, an der solche Aufträge üblicherweise ausgeführt werden bzw. die den größten Umsatz in dem fraglichen Papier oder allenfalls auch generell aufweist.[129] 106

Eine Ausnahme vom Börsenzwang des Abs. 1 statuieren § 10 Abs. 3 und ihm folgend SBW Nr. 2 Abs. 3 S. 2 für Schuldverschreibungen, bei denen auch die Börse keinen hinreichend funktionsfähigen Markt gewährleistet. Die Begründung zum Regierungsentwurf rechnet zu den festverzinslichen Schuldverschreibungen i. S. dieser Vorschrift auch Zerobonds und Floater, nicht Genußscheine und Optionsscheine.[130] 107

c) Präsenzhandel. Insoweit wiederholt Nr. 2 Abs. 5 sinngemäß § 10 Abs. 2 BörsG; die Vorschrift drückt aus, daß im Zweifel der Präsenzhandel Vorrang verdient, hingegen nicht, daß davon erst bei einem ausgeprägteren Interessenübergewicht („. . . gebietet . . .") abgewichen werden dürfte, s. oben. Tatsächlich wird unter bestimmten Voraussetzungen grundsätzlich der elektronische Wertpapierhandel den Vorzug verdienen.[131] 108

d) Variabler Handel und Einheitskurs. Gemäß den Gegebenheiten und Usancen der Börse ist der variable Handel nur Kundenaufträgen eines bestimmten Volumens zugänglich, dann aber auch unter dem Gesichtspunkt der schnellstmöglichen Auftragserledigung (unten Rdnr. 116) grundsätzlich vorzugswürdig. Diesem Gesichtspunkt wird der Vorrang vor der Überlegung zuerkannt, daß der Einheits- oder Kassakurs die gesamte Marktlage des betreffenden Börsentages zutreffender widerspiegelt, andererseits dem letzteren Gesichtspunkt wiederum genügend Gewicht zuerkannt, um eine Zusammenfassung mehrerer kleiner Aufträge zur Ausführung im variablen Handel für unzweckdienlich zu erklären.[132] 109

In Nr. 2 Abs. 6 verpflichten sich die Banken, über die getroffene Wahl hinsichtlich Ausführungsplatz und Ausführungsart den Kunden unverzüglich (§ 121 BGB) zu unterrichten. Nicht gemeint ist damit eine Unterrichtung vor Ausführung – s. aber zum Einholen sachdienlicher Weisungen unten Rdnr. 136 –, grundsätzlich genügend daher die Angabe in der Ausführungsanzeige. 110

Bereits nach **allgemeinem Kommissionsrecht,** also vor Inkrafttreten des neuen § 10 BörsG und außerhalb von AGB, ist die freie Wahl der Bank dahingehend eingeschränkt, daß die Bank sie nach pflichtgemäßem Ermessen im Interesse des Kunden zu treffen hat, also nicht etwaige Kursdifferenzen zwischen verschiedenen Börsenplätzen zu ihrem Vorteil ausnutzen oder sich auch nur die Möglichkeit hierzu (deren Wahrnehmung im Einzelfall dann schwer beweis- oder widerlegbar wäre) verschaffen darf. Das Interesse des Kunden ist natürlich bestens gewahrt, wenn ihm der insgesamt günstigste Kurs zugute kommt; da aber der in diesem Sinne günstigste unter mehreren möglichen Ausführungsplätzen zumeist vorher nicht zuverlässig absehbar ist, hat die Bank grundsätzlich den üblichen bzw. mit dem betreffenden Papier hauptsächlich befaßten oder ansonsten den nächstliegenden und daher kostengünstigsten Ausführungsort zu wählen und zu dessen Bedingungen abzurechnen.[133] 111

---

[128] *Kümpel,* WM 1995, 141; *ders.,* BankR Rdnr. 8.118 ff.

[129] *Kümpel,* WM 1995, 137, 140; KG WM 1989, 1276.

[130] BT-Drucks. 12/6679 S. 69.

[131] S. oben § 11 Rdnr. 59, *Kümpel,* BankR Rdnr. 8.126.

[132] *Kümpel,* WM 1995, 142. Zu den Einzelheiten der beiden Ausführungsmodalitäten *Kümpel,* BankR Rdnr. 8.127 ff.

[133] *Canaris,* Bankvertragsrecht, 1981, Rdnr. 1922; *Baumbach/Duden/Hopt,* HGB, 28. Aufl., (8) AGB-Banken 30 Anm. 1.

112 Wenn allerdings besondere Anhaltspunkte dafür gegeben sind, daß ein anderer Ausführungsort für den Kunden günstiger sein wird, hat die Bank diesen Ort zu wählen – u. U. selbst in Abweichung von Kundenweisungen (§§ 385 Abs. 2 HGB, 665 BGB) – und zu dessen günstigerem Kurs abzurechnen. Erfüllen sich diese Erwartungen dann doch nicht, hat die Bank aber pflichtgemäß gehandelt, muß der Kunde sich freilich auch den ungünstigeren Kurs des unüblichen Ausführungsplatzes gefallen lassen. Umgekehrt kann der Kunde nicht verlangen, daß ihm der günstigere Kurs eines weniger üblichen Platzes berechnet wird, wenn die Bank diesen Platz (pflichtgemäß) nicht gewählt hat.[134]

113 Bei **ausländischen Effekten** kann in besonderer Weise der Gesichtspunkt des hauptsächlichen und daher präsumtiv kursgünstigsten Marktes mit demjenigen des nächstgelegenen und daher kostengünstigsten kollidieren. Insofern mag die Differenzierung der SBW für Freiverkehrswerte hier interessengerechter sein. Zumindest hat die Bank den Kunden im Hinblick auf mögliche Kostenersparnis auf die verfügbaren Alternativen hinzuweisen und ihm ggf. eine abweichende Gestaltung des Geschäfts nahezulegen.

114 Nach dem Ausführungsplatz richtet sich gemäß SBW Nr. 1 Abs. 2 die Geltung der **Börsenusancen** bzw. der **Usancen für den Freiverkehr,** die auf diese Weise vom Dekkungsgeschäft aus inhaltlich in das Effektengeschäft zwischen Kunden und Bank hineinwirken.

115 **3. Ausführungszeit.** Das Bedürfnis nach möglichst **schneller Ausführung** ist in der Natur des Effektengeschäfts angelegt; ihm Rechnung zu tragen, gehört daher auch zu den geschäftstypischen Pflichten der Bank.[135] In den alten Banken-AGB (Nr. 31 Abs. 1 Satz 3) verpflichtete die Bank sich, einen über die Börse abzuwickelnden Auftrag noch am selben Tag an die Börse zu bringen, wenn er ihr eine entsprechende Zeitspanne vor Börsenbeginn zugeht, andernfalls am nächsten Tag. In den neuen SBW hat dies immerhin noch in der Gültigkeitsdauer von Aufträgen ohne Preislimit seinen Niederschlag gefunden (Nr. 4 Abs. 1).

116 Daraus läßt sich für die bankmäßige Erledigung von Effektenorders ein **Unverzüglichkeitsstandard** ableiten, der an strengen Maßstäben orientiert ist. Vorausgesetzt wird, daß die Bank von der Entgegennahme des Auftrags bis zur Übermittlung an die Börse schnelle Kommunikationswege und -techniken benutzt (unter denen sie im Prinzip zu wählen hat) und ihre interne Organisation der Eilbedürftigkeit angepaßt ist. Der „ordnungsgemäße Arbeitsablauf" (SBW Nr. 4 Abs. 1) hat in diesem Sinne organisiert zu sein, und die modernen elektronischen Übermittlungssysteme müssen ausgenutzt werden.[136] Gegebenenfalls hat die Bank bei der Entgegennahme des Auftrags zwischen einer marktmäßigen Kommissionsausführung und einer sofortigen Abwicklung im elektronischen Fernhandel (und dann regelmäßig als Festpreisgeschäft, § 11 Rdnr. 59) im besten Interesse des Kunden abzuwägen. Hierfür haftet die Bank – nunmehr ohne vertragliche Haftungsmilderung (im Unterschied zu Nr. 31 Abs. 1 S. 3 der alten AGB). Erleidet der Kunde durch die schuldhafte Verzögerung Kursnachteile, so trifft die Preisdifferenz die Bank (§ 384 Abs. 1 HGB). Der Kontrolle und Beweiserleichterung dient die Aufzeichnungspflicht hinsichtlich Uhrzeit der Erteilung und der Ausführung des Auftrags nach § 34 Abs. 1 Nr. 2 WpHG.

117 Eine börsenmäßige Ausführung an demselben oder am folgenden Tag ist nicht möglich, wenn dieser kein Börsenhandelstag ist. Ist der Tag ein regionaler oder auch nationaler Feiertag, an dem ein Handel an auswärtigen oder ausländischen Börsen aber stattfindet, so ist dies im Regelfall kein Grund, deswegen (abweichend von vorstehend Ziffer 2) auf einen anderen Ausführungsplatz überzugehen.[137]

---

[134] *Canaris,* Bankvertragsrecht, 1981, Rdnr. 1922; *Baumbach/Duden/Hopt,* HGB, (8) AGB-Banken 30 Anm. 1. Zur Notwendigkeit der Standardisierung der Ausführungsmodalitäten *Kümpel,* BankR Rdnr. 8.115.

[135] *Canaris,* Bankvertragsrecht, 1981, Rdnr. 1922.

[136] Hierzu *Kümpel,* BankR Rdnr. 8.99, 8.142.

[137] Näher *Canaris,* Bankvertragsrecht, 1981, Rdnr. 1923.

Eine schnelle Ausführung kann ferner deswegen unmöglich sein, weil die im Auftrag vorgegebenen **Preislimits** (hierzu unten Rdnr. 120) an der Börse nicht erreichbar sind. Die Banken-AGB (SBW Nr. 4 Abs. 2) lassen für derartige Fälle den Auftrag bis zum letzten Börsentag des laufenden Monats gültig, abweichende Weisungen und vorheriger Widerruf sind möglich. Zur Auftragserteilung am letzten Börsentag eines Monats s. SBW Nr. 4 Abs. 2 S. 2 und 3. Die Bank ist dann verpflichtet, sich innerhalb dieser Gültigkeitsdauer nach Maßgabe ihrer geschuldeten Sorgfalt und des Unverzüglichkeitsgebots beständig um die Ausführung des Auftrags zu bemühen. Bei extremer Marktenge kann es ferner geschehen, daß eine Bank trotz eines dem Limit gemäßen Tageskurses mit ihrer Order nicht (auch nicht teilweise) zum Zuge kam;[138] allerdings hat unter diesen Umständen m. E. die Bank sich zu entlasten, daß ihr trotz pflichtgemäßer Sorgfalt die Ausführung nicht möglich war.[139] **118**

Selbst eine nicht limitierte Order kann schließlich (zeitweilig) unausführbar sein, wenn auf der Marktgegenseite entsprechende Angebote nicht oder nicht in ausreichender Anzahl vorliegen.[140] Im Hinblick auf die Pflicht der Bank zur **Repartierung** eines insgesamt unzureichenden Deckungskontingents (Fall des bezahlt-Geld- oder bezahlt-Brief-Kurses) unter mehreren Kunden ohne Priorität (s. o. Rdnr. 90) wollen manche Autoren der Bank größere Freiheit in der vorzugsweisen Bedienung bestimmter Kunden zuerkennen.[141] Problematisch erscheint die Auffassung,[142] daß bei der Aufteilung der Kunde mit dem engeren Limit bevorzugt wird, derjenige mit dem weiteren Limit sich einen ungünstigeren Kurs gefallen lassen muß. (Und die nicht limitierten Orders müssen hierbei konsequenterweise wohl an letzter Stelle kommen!). Die moderne elektronische Auftragsbearbeitung scheint aber das Problem der Gleichzeitigkeit konkurriernder Kundenaufträge auf der Ebene der Bank weitgehend entschärft zu haben.[143] Zur Gültigkeitsdauer von Kundenaufträgen bei Bezugsrechten und bei Kursaussetzung an der Börse s. SBW Nr. 5 und 6 und hierzu *Kümpel,* WM 1995, 142. **119**

4. Preisbestimmung. *a) Bei der Kommission.* Hier hängt die Preisberechnung von dem Preis ab, zu dem die Bank das Ausführungsgeschäft abgeschlossen hat (§ 383 HGB), und damit beim Effektengeschäft typischerweise vom maßgeblichen **Börsenkurs**. Der Kommissionsauftrag enthält entweder überhaupt keine Aussage zum Preis („bestens"), oder es wird ein **Limit** gesetzt mit der Folge, daß die Kommission nur dann zur Ausführung gelangt, wenn ein Ausführungsgeschäft innerhalb des Limits abgeschlossen und demgemäß ein Preis innerhalb des Limits berechnet werden kann (s. o. Rdnr. 118).[144] Hat die Bank allerdings ein gesetztes Preislimit nicht eingehalten, so gilt auch unter der Herrschaft der SBW § 386 HGB, d. h. die Abweichung ist genehmigt, wenn der Kunde nicht unverzüglich auf die Ausführungsanzeige hin widerspricht.[145] Der Ausführungspreis muß hierbei unmißverständlich angegeben werden,[146] einen besonderen Hinweis auf die Preisabweichung wird man von der Bank grundsätzlich nicht verlangen können. Ein vorteilhafterer Preis jenseits des Limits kommt uneingeschränkt dem Kunden zugute, §§ 383, 387 HGB. **120**

Die Frage, welcher von mehreren nach Platz und Zeit verschiedenen Kursen maßgeblich ist, hat bei der normalen Kommission nicht dieselbe Bedeutung wie beim Selbsteintritt (§§ 400, 401 HGB, hierzu Voraufl. Rdnr. 83 ff.); denn dem Kundenauftrag muß zumin- **121**

---

138 Vgl. LG Aachen WM 1988, 864.

139 Abweichend LG Aachen WM 1988, 864.

140 *Canaris,* Bankvertragsrecht, 1981, Rdnr. 1924.

141 Weitere Nachweise bei *Koller* BB 1978, 1734 Fn. 7–10.

142 *Canaris,* Bankvertragsrecht, 1981, Rdnr. 1925.

143 Vgl. *Kümpel,* BankR Rdnr. 8.99 ff., 8142 ff.

144 Zur Geltung der §§ 400 Abs. 2–5, 401 HGB bei Setzung eines Limits *Schlegelberger/Hefermehl,* HGB, § 400 Rdnr. 71.

145 Zur Reklamationspflicht nach AGB Nr. 11 Abs. 4, 5 s. *Kümpel,* BankR Rdnr. 8.175 ff. und unten Rdnr. 159 f.

146 Großkomm./*Koller,* § 386 HGB Rdnr. 6.

dest theoretisch ein konkretes Ausführungsgeschäft zuzuordnen sein, dessen Preis ist dann zu verrechnen, und alles weitere ist nur noch die Frage, ob die Bank ihren Verpflichtungen hinsichtlich Ausführungsort, -art und -zeit (oben Rdnr. 102ff.) gerecht geworden ist. Freilich wird die Bank häufig für mehrere gleichartige Kundenaufträge mehrere Ausführungsgeschäfte abgeschlossen haben, und wenn diese dann selbst am gleichen Tag Kursdifferenzen aufweisen, muß die Zuteilung an die mehreren Kunden den oben genannten Kriterien für die Gleichbehandlung der Kunden entsprechen. Eine gleiche Abrechnung mehrerer Kundenaufträge zu einem errechneten Durchschnittskurs aus unterschiedlichen Ausführungsgeschäften wäre zwar vielleicht interessengerechter, entspricht aber nicht dem Prinzip der konkreten Zuordnung, das seinerseits Ausdruck des § 383 HGB ist. Hat die Bank beim Abschluß oder bei der Zuteilung des Ausführungsgeschäfts gegen ihre Pflichten verstoßen, so ist trotzdem das definierte Geschäft als Ausführung des Auftrags für Rechnung des Kunden auch für die Abrechnung maßgeblich. Aber der Kunde hat darüber hinaus Schadensersatzansprüche, wobei freilich deren praktische Realisierung auf einem anderen Blatt steht. Denn selbst eine ordnungsgemäße Rechenschaftslegung nach § 384 Abs. 2 HGB wird den Kunden nicht alle evtl. vorgefallenen Benachteiligungen erkennen lassen. Einer Abrechnung gegenüber allen vergleichbaren Kunden zum schlechtesten von mehreren Ausführungskursen und Einbehaltung des Vorteils aus den günstigeren Kursen, die nach dem alten Ausführungssystem möglich war, sollte nunmehr die Pflicht zur individuellen Zuordnung, abgesichert durch die Aufzeichnungspflicht des § 34 WpHG, in Verbindung mit den neuzeitlichen Ausführungstechniken (oben Rdnr. 119) einen Riegel vorschieben.

122 *b) Beim Festpreisgeschäft.* Schließt der Kunde mit der Bank unmittelbar einen Kaufvertrag, so ist hinsichtlich der **Preisbestimmung** danach zu unterscheiden, ob zwischen Bank und Kunden bereits ein Preis definitiv **vereinbart** wurde oder ob die Bank sich die Abrechnung nach Ausführung des Geschäfts **vorbehalten,** also lediglich einen Auftrag „bestens" oder limitiert entgegengenommen hat (s. bereits § 11 Rdnr. 90). Nunmehr, nach den neuen SBW (Nr. 9), soll anders als beim früheren Eigenhändlergeschäft die feste Preisbestimmung sogleich bei Vertragsschluß die Regel sein.

123 Bei der **Preisvereinbarung** (im Geschäft auf eigene Rechnung) ist die Bank zwar im Prinzip frei, wie jede andere Vertragspartei ihren Vorteil zu verfolgen.[147] Eine besondere Vertrauensbeziehung besteht aber auch hier (s. o. Rdnr. 5), und sie berechtigt den Kunden zu der Erwartung, die Bank werde unter Berücksichtigung auch seiner Interessen einen dem Wert und der Marktlage angemessenen Preis festsetzen. Daraus folgt in Anwendung allgemeiner vertragsrechtlicher Regeln: Will die Bank diese Normalsituation nicht gelten lassen, so muß sie das deutlich machen, andernfalls kommen die §§ 123, 138 BGB in Betracht, im übrigen auch § 242 BGB (s. § 11 Rdnr. 89).[148]

124 Bleibt der **Preis** vorerst noch **offen,** so handelt es sich im Eigenhändlergeschäft vertragsrechtlich um einen Fall des § 315 BGB: Die Bank bestimmt den Preis nach **billigem Ermessen.**[149] Regelmäßig hat dies aber zu bedeuten, daß der Kunde von der berechtigten Erwartung ausgeht, die Bank werde ihm den Preis ihres Deckungsgeschäfts oder, falls ein Marktpreis ermittelt wird oder zu ermitteln ist, diesen Kurs berechnen. Dann gilt im Ergebnis nahezu dasselbe, wie oben für die kommissionsweise Erledigung ausgeführt, abgesehen von dem Unterschied, der sich zwischen Brutto- und Nettoabrechnung ergibt (s. Nr. 1 Abs. 3 SBW und unten Rdnr. 166 f.). Daraus folgt m. E., daß für das Eigenhändlergeschäft, sofern die Preisberechnung nachträglich erfolgt, hinsichtlich der **Preisbestimmung** letztlich ebenfalls die kommissionsrechtlichen Grundsätze gelten: Maßgeblich ist

---

147 BGH WM 1959, 999; *Canaris,* Bankvertragsrecht, 1981, Rdnr. 1943.

148 *Schlegelberger/Hefermehl,* HGB, Anh. § 406 Rdnr. 113; *Canaris,* Bankvertragsrecht, 1981, Rdnr. 1944.

149 Zutreffend *Schlegelberger/Hefermehl,* HGB, Anh. § 406 Rdnr. 113; *Canaris,* Bankvertragsrecht, 1981, Rdnr. 1945.

entweder der konkrete Preis des Deckungsgeschäfts (nebst Rechenschaftspflicht der Bank) oder der im fraglichen Zeitpunkt bestehende Marktpreis wie bei der Kommission mit Selbsteintritt (§ 400 Abs. 2 i. V. m. § 401 HGB). Die Frage ist lediglich in der juristischen Ableitung des Ergebnisses, ob man in dieser Vertragsvariante dem Eigenhändlergeschäft auf die beschriebene Weise die kommissionsrechtlichen Grundsätze zu inkorporieren hat, oder ob nicht vielmehr diese Art der Auftragserteilung als stillschweigende Vereinbarung eines Kommissionsgeschäfts mit oder sogar ohne Selbsteintritt zu interpretieren ist (s. hierzu oben § 11 Rdnr. 61).

5. Benachrichtigungs- und Rechenschaftspflicht. *a) Kommissionsrechtliche Rechenschafts-* 125
pflicht. Die Rechenschaftspflicht des § 384 Abs. 2 HGB war der hauptsächliche Grund, weshalb die Banken früher beim Effektengeschäft die Erledigung per Selbsteintritt vorzogen und in ihren alten AGB zum kommissionsrechtlichen Regelfall erhoben. Umgekehrt wird die Preisgabe des Selbsteintritts in den neuen SBW damit erklärt, daß nunmehr der Kunde in den Genuß einer umfassenden Effektenabrechnung kommen soll.[150] Diese Rechenschaftspflicht besteht an erster Stelle in einer umfassenden **Rechnungslegung** gemäß § 259 BGB. Demgemäß hat die Bank eine vollständige und nicht saldierte Aufstellung aller ihrer den Auftrag betreffenden Einnahmen und Ausgaben vorzulegen, was praktisch heißt, daß sie als wichtigsten Posten den Preis für die gekauften bzw. den Erlös für die verkauften Effekten zu beziffern hat. § 259 Abs. 1 BGB verpflichtet darüber hinaus aber auch zur Vorlage der Belege über das Ausführungsgeschäft, was bedeutet, daß sie dem Kunden die schriftlichen Unterlagen hierfür zumindest in Kopie zu überlassen hätte.[151] Dies ist das konkrete Ausführungsgeschäft, das die Bank dem Kundenauftrag zuordnen können und das sie in ihrer Rechenschaftslegung tatsächlich zuordnen muß. Drittens schließlich müßte sich aus diesen Belegen auch der **Name des Vertragspartners** ergeben, oder er müßte eigens benannt werden (zum Vertragspartner des Ausführungsgeschäfts § 11 Rdnr. 66). Daß der Vertragspartner namhaft gemacht werden muß, ergibt sich aus § 384 Abs. 3, und dies wird als Bestandteil der Rechenschaftspflicht nach Abs. 2 verstanden.[152] Zwar entfällt diese Notwendigkeit, wenn die Benennung nach der Verkehrssitte unüblich ist oder die Parteien darauf verzichten.[153] Aber eine relevante Verkehrssitte hierzu kann sich bislang nicht gebildet haben, weil das Effektengeschäft bisher in Deutschland nicht in Form der Ausführungskommission gehandhabt wurde. Und eine vertragliche Freistellung kann nicht schon durch Umkehrschluß aus dem SBW entnommen werden, die in verschiedenen anderen Punkten Pflichten zur Unterrichtung und Benachrichtigung ausdrücklich statuieren (Nr. 2 Abs. 6, Nr. 4 Abs. 1 und 2 sowie Nr. 7, jeweils letzter S.). Es bleibt der Gesichtspunkt der praktischen Unmöglichkeit oder Unzumutbarkeit, wobei aber die modernen elektronischen Ausführungssysteme, wie es heißt, die Zuordnung eines konkreten Ausführungsgeschäfts zu jedem Auftrag jederzeit nachvollziehbar machen[154] und damit auch alle relevanten Daten über das Ausführungsgeschäft unmittelbar verfügbar machen müßten.

Die genannte Rechnungslegung nach § 384 Abs. 2 hat grundsätzlich unaufgefordert zu 126
erfolgen,[155] also nicht erst ausnahmsweise auf Verlangen des Kunden;[156] zumindest die Namhaftmachung des Vertragspartners muß bereits in oder zugleich mit der Ausführungsanzeige vorgenommen werden, wenn der Kommissionär die Haftung aus Abs. 3 vermeiden will. Diese freilich hat die Bank in den SBW (Nr. 8) als Delkrederehaftung ohnehin auf sich genommen.

---

150 *Kümpel,* WM 1995, 138.
151 Großkomm./*Koller,* § 384 Rdnr. 49.
152 *Koller* aaO. Rdnr. 69; oben § 11 Rdnr. 48.
153 *Koller* aaO. Rdnr. 31.
154 *Kümpel,* BankR Rdnr. 8.99 ff., 8.143.
155 *Koller* aaO. Rdnr. 51.
156 Wie *Kümpel* WM 1995, 138 zu meinen scheint.

127 Die **Anzeige von der Ausführung** der Kommission ist von der Rechenschaftslegung zu unterscheiden; sie hat gemäß § 384 Abs. 2 1. Halbs. unverzüglich (§ 121 BGB) nach der Ausführung zu erfolgen. Gemeint wird damit der Abschluß, nicht erst die Abwicklung des Ausführungsgeschäfts,[157] so daß also nicht auf die Depotgutschrift (hierzu unten § 12) zu warten ist. Die Übersendung des Stückeverzeichnisses bei der Einkaufskommission (§ 18 DepotG) kann dann normalerweise nicht mit der Ausführungsanzeige zusammenfallen. Andererseits verlangt das Schrifttum bereits in der Anzeige weitere Angaben über die Ausführung, so über die Konditionen des Abschlusses sowie die Benennung des Dritten.[158] Auf diese Weise werden gerade beim Effektengeschäft wesentliche Punkte der Rechenschaftslegung, möglicherweise alle von der Bank aus eigener Initiative gemachten Angaben, in einem Akt mit der Ausführungsanzeige zu erledigen sein. Dies ist die von der Bank üblicherweise formularmäßig erstellte Abrechnung über die Erledigung des Auftrags (Wertpapier- oder Kundenabrechnung).

128 Wenn hingegen die Bank entsprechend bisheriger Übung dem Kunden in dieser Abrechnung mitteilt, welchen Preis sie ihm in Rechnung stellt, auf welchem Kurs dieser beruht und woher (von welchem Markt, zu welchem Zeitpunkt) dieser Kurs stammt – Selbstverpflichtung zur Angabe von Ausführungsplatz und -art in SBW Nr. 2 Abs. 6 –, dann sind dies noch nicht alle das Ausführungsgeschäft charakterisierenden Fakten und wird dem Kunden insbesondere kein Unterschied zwischen Ausführungskommission, Selbsteintritt und Vollzug der Selbsthaftung deutlich (§ 11 Rdnr. 48), ebensowenig bei der Erfüllung zwischen einer Weiterleitung des Empfangenen (Herausgabe gemäß § 384 Abs. 2) und einer Leistung aus eigenem Vermögen der Bank. Soweit bis jetzt schon erkennbar, zeichnet sich unter den neuen SBW ein Berichtsmodus ab, der die soeben genannten und auch nach alter Rechtslage überwiegend bereits gemachten Angaben lediglich um den Hinweis erweitert, daß der Auftrag „in Kommission" ausgeführt wurde. Der Kunde kann dann eine Ergänzung der Rechenschaftslegung im vorbeschriebenen Sinne verlangen oder aber es bei der rudimentären Information – die immerhin alle für ihn bei korrekter Erledigung relevanten Fakten enthält – bewenden lassen.

129 *b) Aufzeichnungspflicht nach WpHG.* § 34 Abs. 1 verpflichtet die Bank, auch über die Ausführung des Kundenauftrags Aufzeichnungen zu führen. Gemäß Abs. 3 sind diese mindestens sechs Jahre aufzubewahren. Das gilt nach § 37 Abs. 2 S. 2 auch für Börsengeschäfte zwischen zwei Wertpapierdienstleistungsunternehmen, wenn das jeweilige Unternehmen das Geschäft als Kommissionär, d. h. für fremde Rechnung (§ 383 HGB), abschließt. Diese gesetzliche Aufzeichnungs- und Aufbewahrungspflicht steht insofern mit der Rechenschaftspflicht gegenüber dem Kunden in Zusammenhang, als sie die Informationsgrundlage sicherstellt, aus der die Rechenschaft geleistet werden kann. Außerdem besteht eine Meldepflicht nach § 9 WpHG, die auch Eigengeschäfte an Börsen erfaßt. Allerdings werden diese Normen nicht als Schutzvorschriften zugunsten des Kunden verstanden, sondern sollen nur der Kontrolle durch die Aufsichtsbehörde dienen (Bericht des Finanzausschusses, BT-Drucks. 12/7918, S. 105; *Koller,* WpHG § 34 Rdnr. 1). Der Kunde kann daraus unmittelbar keine Rechte herleiten.

130 Inhaltlich spezifiziert das WpHG – vorbehaltlich einer Konkretisierung nach § 34 Abs. 2 – nicht, **welche** Daten über die Ausführung des Auftrags zu erfassen sind, abgesehen von der Uhrzeit der Erteilung und Ausführung (Abs. 1 Nr. 2). Deshalb ist die Bank auch nicht von Gesetzes wegen verpflichtet, bestimmte Daten zu ermitteln oder sich zu beschaffen; wohl aber wird man die Aufzeichnungspflicht so zu verstehen haben, daß sie alle Angaben betrifft, die der Bank im ordnungsgemäßen Geschäftsgang über das Ausführungsgeschäft zugehen, also insbesondere alle ihr aus der Marktabwicklung zugehenden Mitteilungen einschließlich derjenigen über die Identifikation der Vertragsgegenseite. Bereits bisher hatten die Kreditinstitute gemäß einer Verlautbarung des Bundesaufsichts-

---

[157] Großkomm./*Koller,* § 384 Rdnr. 29.

[158] *Koller* aaO Rdnr. 30; *Baumbach/Hopt* § 384 HGB Rdnr. 12.

amts für das Kreditwesen auf dieser Grundlage für jedes einzelne Geschäft „die Bezeichnung des Kontrahenten, die Bezeichnung des Wertpapiers, den Betrag, die Valuta, den Kurs und den Abschlußtag mit Uhrzeit“ in ihren Unterlagen festzuhalten.[159] Zur Übermittlung der notwendigen Informationen aus den elektronischen Ausführungssystemen oben Rdnr. 125.

c) Sonstige **Benachrichtigungspflichten** gemäß § 384 Abs. 2 HGB betreffen hauptsächlich Vorfälle, die vor Abschluß oder Abwicklung des Ausführungsgeschäfts eintreten und den Vollzug des Auftrags gefährden oder verzögern, neue Entscheidungsgrundlagen schaffen etc. Die SBW nennen insoweit ausdrücklich die Nichtausführung eines unlimitierten, also am selben oder nächsten Tag auszuführenden Auftrags (Nr. 4 Abs. 1 S. 2), das Erlöschen des Auftrags wegen Kursaussetzung (Nr. 6 S. 1 2. Halbs.), die Nichtausführung mangels Konto- oder Depotdeckung (Nr. 7 S. 2). Die Unterrichtung über die Gültigkeitsdauer limitierter Aufträge (Nr. 4 Abs. 2 S. 3) ist der Sache nach Aufklärung über die gemäß den SBW bestehende Rechtslage. 131

d) Beim Festpreisgeschäft entfällt schon der kommissionsrechtliche Ansatz des § 384 Abs. 2 HGB für eine Rechenschaftspflicht, und grundsätzlich besteht auch eine solche ebensowenig wie bei jedem anderen Kaufgeschäft unter den Vertragspartnern. Ist allerdings die Preisbestimmung der Bank vorbehalten und ist dies so zu verstehen, daß sie sich dabei an der Marktsituation oder dem konkreten Deckungsgeschäft orientieren muß (s. o. Rdnr. 124), so hat sie im Rahmen der Beweislast, die sie für die Angemessenheit der Preisbestimmung trifft,[160] über diese Faktoren Rechenschaft abzulegen, und zwar m. E. aufgrund der Vertrauensbeziehung auch schon vorprozessual dem Kunden gegenüber, wenn er dies (im Rahmen einer Bruttoberechnung) erfragt – sofern man nicht ohnehin im Einzelfall hier statt eines Eigenhändlergeschäfts ein Kommissionsgeschäft anzunehmen hat. 132

6. Weisungen. Im Kommissionsgeschäft folgt die **Weisungsgebundenheit des Kommissionärs** unmittelbar aus § 384 Abs. 1 HGB; Rechtsfolgen eines Verstoßes hiergegen ergeben sich aus § 385 HGB. Wenn sich demgegenüber in der **Festpreisvariante** die Beziehungen rein nach Kaufrecht bestimmten, so hätte der Kunde auch kein Weisungsrecht. Insoweit ist jedoch zu unterscheiden: Hauptsächlich wird der Kunde seine Weisungen (hinsichtlich Ausführungsart, Ausführungszeit, Preislimit etc.) bei Auftragserteilung aussprechen, und somit sind sie in allen rechtlichen Varianten Teil des Vertragsangebots und werden Vertragsinhalt, wenn die Bank den Auftrag so annimmt. 133

Erteilt umgekehrt der Kunde noch **nachträglich Weisungen,** so wird – wiederum unabhängig von der rechtlichen Variante – bereits die praktische Möglichkeit, sie zu befolgen, sehr häufig mit dem Prinzip schnellstmöglicher Erledigung kollidieren, m. a. W.: Die Weisung wird verspätet sein. Die Situation ist insofern ähnlich wie beim Widerruf des Auftrags (§ 11 Rdnr. 83). Praktisch werden nachträgliche Weisungen hauptsächlich dann in Betracht kommen, wenn die Ausführung sich länger hinzieht, weil ein erteiltes Limit nicht erreicht wird oder – bei nicht börsennotierten Effekten – das Ausführungsgeschäft aus anderen Gründen nicht alsbald abgeschlossen werden kann. Im letzteren Fall ist aber auch beim Eigenhändlergeschäft (wenn es inhaltlich vom Abschluß eines Deckungsgeschäfts abhängig gemacht wurde) die Bank für weisungsgebunden zu erachten, weil sie eben auch hier nicht bloß die Funktion einer Kaufvertragspartei wahrnimmt, sondern diejenige eines Mittlers und Wahrers der Kundeninteressen.[161] 134

Angesichts der typischerweise gegebenen Eilbedürftigkeit der Erledigung wirft auch die **Abweichung von Weisungen** besondere Probleme auf. Hierzu ist die Bank u. U. berechtigt (§ 665 BGB) und dann im Interesse des Kunden auch verpflichtet. Die Bank wird im Rahmen von § 665 BGB (mit § 385 Abs. 2 HGB) häufig abzuwägen haben zwischen den 135

[159] Bericht des Finanzausschusses zu § 30 d Abs. 1 WpHG, BT-Drucks. 12/7918; *Kümpel,* BankR Rdnr. 8.289.

[160] *Baumgärtel,* Handbuch der Beweislast, zu § 315 BGB.

[161] Vgl. *Schlegelberger/Hefermehl,* HGB, Anh. § 406 Rdnr. 111 i. V. m. 108.

möglichen Nachteilen einer weisungsgetreuen Ausführung, denjenigen von eigenmächtigen Abweichungen und denjenigen aus einem Aufschub, um die Entscheidung des Kunden einzuholen (sofern letzteres überhaupt möglich ist). Bei dieser Abwägung wird man ihr – nicht zuletzt im Interesse des Kunden, allerdings auch begrenzt durch den ihr bekannten oder mutmaßlichen Willen des Kunden – einen relativ weiten Beurteilungsspielraum einräumen müssen;[162] freilich ist sie insoweit rechenschafts- und erklärungspflichtig. Bei nicht zu rechtfertigender Mißachtung von Weisungen ist die Bank schadenersatzpflichtig, dies freilich auch nur, wenn daraus tatsächlich ein Schaden entstanden ist.[163]

136 Umgekehrt kann die Bank aus dem Gebot der Interessewahrung u. U. verpflichtet sein, den Kunden bei Auftragserteilung zu bestimmten Weisungen zu ermutigen (zur Aufklärungs- und Beratungspflicht s. o. Rdnr. 8 ff.) oder auch noch nachträglich Weisungen einzuholen, wenn der damit verbundene Aufschub nicht untunlich ist. Beispiel: Es zeichnet sich eine Kursentwicklung ab, die das Setzen eines Limits ratsam erscheinen läßt.

IV. Erfüllungs- und Nebenansprüche

137 **1. Pflicht zur Ausführung.** *a) Kommissionsgeschäft.* Aus dem Kommissionsvertrag ist die Bank zunächst einmal nur dazu verpflichtet, sich um die Ausführung des Effektengeschäfts (in dem vorgenannten Sinne) nach Maßgabe von § 384 Abs. 1 HGB **zu bemühen.** Sie hat also auf den Abschluß eines dem Auftrag inhaltlich entsprechenden Ausführungsgeschäfts bedacht zu sein. Wenn die Voraussetzungen hierfür gegeben sind, muß sie diese ausnutzen. Wenn z. B. der Auftrag unter einem Limit erteilt wurde, hat sie das Ausführungsgeschäft abzuschließen, sobald das am Markt unter Einhaltung des Limits möglich ist, und sie hat die nötigen Vorkehrungen dafür zu treffen, daß die Marktchancen dementsprechend wahrgenommen werden (s. o. Rdnr. 115 ff.). Das gilt auch bei der Kommission mit Selbsteintritt,[164] d. h. die Bank hat sich hier darum zu bemühen, daß der Selbsteintritt vollzogen wird und die Voraussetzungen hierfür geschaffen werden. Wenn diese vorliegen, ist sie zum Selbsteintritt verpflichtet. Da die Voraussetzung für den Selbsteintritt i. d. R. der Abschluß des Deckungsgeschäfts ist (die Möglichkeit von dessen Abschluß die Pflicht zum Selbsteintritt aktualisiert, der Abschluß als solcher u. U. gleichzeitig den Selbsteintritt vollzieht, s. o. § 11 Rdnr. 78 ff.), hat sie sich in erster Linie um den Abschluß des Deckungsgeschäfts zu bemühen. Verletzt die Bank schuldhaft die vorgenannten Pflichten, so ist sie dem Kunden kommissionsrechtlich zum Schadensersatz verpflichtet; das hier geschuldete Erfüllungsinteresse kann, muß aber nicht mit dem Interesse an der Erfüllung des (nicht zustande gekommenen) Kaufvertrags identisch sein.[165] Zur Frage einer Deckung des Kundenauftrags durch ausreichenden Konto- oder Depotbestand oder Vorschußleistungen unten Rdnr. 154 f.

138 Eine Erfüllungspflicht kaufvertraglichen Inhalts entsteht für den Kommissionär erst mit dem Abschluß des Ausführungsgeschäfts, nämlich als Delkrederehaftung nach SBW Nr. 9, § 394 HGB, oder durch Vollzug eines Selbsteintritts nach § 400 HGB. Ohne Abschluß des Ausführungsgeschäfts kann die Selbsthaftung des § 384 Abs. 3 HGB aus der Ausführungsanzeige resultieren.

139 *b) Festpreisgeschäft.* Im Normalfall eines Kaufabschlusses zwischen Kunde und Bank zu einem bezifferten Preis entstehen für beide Parteien sogleich die kaufrechtlichen Erfüllungspflichten (§ 433 BGB). Einen zweiaktigen Geschehensablauf entsprechend dem soeben beschriebenen gibt es hier nur ausnahmsweise, wenn das Eigenhändlergeschäft der Bank vom Abschluß eines Deckungsgeschäfts abhängig gemacht ist (s. § 11 Rdnr. 90 ff.).

---

[162] Wohl enger *Schlegelberger/Hefermehl,* HGB, Anh. § 406 Rdnr. 60.

[163] OLG Frankfurt WM 1989, 711.

[164] *Schlegelberger/Hefermehl,* HGB, Anh. § 406 Rdnr. 64; im Ergebnis ebenso *Canaris,* Bankvertragsrecht, 1981, Rdnr. 1902. S. bereits § 11 Rdnr. 66 ff.

[165] Vgl. *Canaris,* Bankvertragsrecht, 1981, Rdnr. 1902 und 1905, aber auch LG Aachen WM 1988, 864.

Dann werden auch hier die kaufrechtlichen Erfüllungsansprüche nicht bereits mit der Entgegennahme des Effektenauftrags begründet, sondern erst mit dem Wirksamwerden des Eigenhändler(kauf)vertrags – sei es, daß man die Annahme erst nach der Ausführung als erklärt ansieht, sei es, daß man die Annahmeerklärung unter die aufschiebende Bedingung der Ausführung gestellt sieht. Vorher ist die Bank ebenfalls (nur, aber immerhin) dazu verpflichtet, den Kaufvertrag zustande zu bringen und die Voraussetzungen hierfür herbeizuführen. Freilich beruht diese Verpflichtung hier nicht auf einem Kommissionsvertrag, sondern wird aus der bestehenden Geschäftsverbindung bzw. dem vorvertraglichen Vertrauensverhältnis hergeleitet.[166] Die Rechtsfolge der Pflichtverletzung ist dieselbe, wie oben dargelegt, die Beweislage hier für den Kunden allerdings regelmäßig schwieriger.[167]

2. Erfüllung des Kaufvertrags. Aus dem einfachen Kommissionsvertrag ist **die Bank** 140
nicht gleich einer Kaufvertragspartei zur Erbringung der auftragsgegenständlichen Leistung verpflichtet. Sondern die kaufvertraglichen Pflichten werden durch das Ausführungsgeschäft, das die Bank im eigenen Namen abschließt, im Verhältnis zwischen ihr und dem Dritten begründet, und die Bank verpflichtet sich hier zu der Leistung, die auftragsgemäß der Kunde aufbringen soll; der Dritte verpflichtet sich zu der Leistung, die der Kunde zu erhalten begehrt, aber er verpflichtet sich hierzu nicht dem Kunden, sondern der Bank gegenüber. Der Kunde erhält diesen Erfüllungsanspruch nur, wenn er ihm von der Bank abgetreten wird (§ 392 Abs. 1 HGB), was bei der Effektenkommission ganz unüblich sein dürfte. Im Normalfall aber erfüllt der Dritte seine Verpflichtung gegenüber der Bank, und diese erwirbt die Leistung zu eigenem Recht. Ihre Verpflichtung, dessen Leistung an den Kunden weiterzuleiten, ist dann der Rechtsnatur nach eine solche zur Herausgabe des Erlangten und beruht auf § 384 Abs. 2 HGB. Zu erfüllen ist diese Pflicht freilich grundsätzlich in derselben Weise wie die inhaltlich entsprechende Pflicht aus einem unmittelbar zwischen der Bank und dem Kunden abgeschlossenen Kaufvertrag, sie ist lediglich dadurch konditioniert, daß erst der Partner des Ausführungsgeschäfts seine Pflicht erfüllt haben muß; denn mehr zu erbringen, als er empfangen hat, ist der Kommissionär aus dem einfachen Kommissionsvertrag grundsätzlich nicht verpflichtet.

Hinzu kommt bei einem Effektengeschäft gemäß den SBW jedoch noch die Delkre- 141
derehaftung. Sie wird überwiegend als eigenständige Haftungsform des Handelsrechts verstanden,[168] die inhaltlich der selbstschuldnerischen Bürgschaft gleicht und wie diese der Hauptverbindlichkeit entspricht, für die gehaftet wird. Sie ist zu dieser nach Entstehung und Bestand akzessorisch,[169] d. h. die Bank schuldet dem Kunden aus der Delkrederehaftung die Erfüllung ebenso wie der Dritte sie aus dem Ausführungsgeschäft der Bank schuldet (§ 394 Abs. 2). Die Delkrederehaftung verpflichtet die Bank dem Kunden so, wie wenn das Ausführungs-(Kauf-)Geschäft zwischen diesen beiden Parteien abgeschlossen worden wäre; ausgelöst wird sie aber erst durch den Abschluß des Ausführungsgeschäfts der Bank am Effektenmarkt (§ 394 Abs. 1).

Falls die Delkrederehaftung nicht eingreift (mangels Geltung der AGB oder mangels 142
Abschlusses eines Ausführungsgeschäfts), kann die ihr inhaltlich gleichwertige[170] Selbsthaftung aus § 384 Abs. 3 HGB dadurch zur Entstehung gelangen, daß die Bank dem Kunden die Ausführung anzeigt, ohne ihm einen Dritten namhaft zu machen.

Schließlich können zwischen der Bank und dem Kunden unmittelbar die Verpflichtun- 143
gen aus dem Kaufvertrag entstehen, wenn das Effektengeschäft als Festpreisgeschäft abge-

---

[166] *Schlegelberger/Hefermehl,* HGB, Anh. § 406 Rdnr. 23, 110; *Canaris,* Bankvertragsrecht, 1981, Rdnr. 1903. Hierbei einen terminologischen oder gar sachlichen Unterschied zur kommissionsrechtlichen Bemühungspflicht zu machen, erscheint mir allerdings nicht überzeugend.

[167] Zutreffend *Canaris,* Bankvertragsrecht, 1981, Rdnr. 1903.

[168] *Baumbach/Hopt,* § 394 HGB Rdnr. 2; Großkomm./*Koller,* § 394 Rdnr. 2.

[169] *Baumbach/Hopt,* § 394 Rdnr. 4.

[170] Großkomm./*Koller,* § 384 Rdnr. 78; *Schlegelberger/Hefermehl,* § 384 Rdnr. 71, 76; oben § 11 Rdnr. 48.

schlossen oder in der zuvor beschriebenen Weise durch Bedingungseintritt verbindlich wird, ferner in der kommissionsgeschäftlichen Variante, wenn die SBW nicht gelten und die Bank den gesetzlichen oder einen vertraglichen Selbsteintritt wahrnimmt.

144 Im Ergebnis bedeutet dies, daß in den hier interessierenden Varianten des Effektengeschäfts die Bank immer gleich einem Verkäufer oder Käufer dem Kunden zur Erfüllung verpflichtet ist, lediglich das auslösende Moment hierfür ist unterschiedlich zu bestimmen. Beim Festpreisgeschäft geschieht dies bereits mit der Begründung des Rechtsverhältnisses, in anderen Fällen mit dem Abschluß des Ausführungs- oder Deckungsgeschäfts, spätestens aber mit der Ausführungsanzeige nach § 384 Abs. 3.

145 **Der Kunde** allerdings ist in kaufvertraglicher Art nur dort verpflichtet, wo tatsächlich ein Kaufvertrag mit der Bank zustande kommt. Ansonsten hat er der Bank kommissionsrechtlich die von ihr im Ausführungsgeschäft zu erbringende Leistung verfügbar zu machen, z. B. durch Ermächtigung bezüglich seines Konto- oder Depotbestands, die in der Erteilung des Kommissionsauftrags zumindest konkludent enthalten ist[171] (s. auch SBW Nr. 7), oder er schuldet ihr Aufwendungsersatz gemäß §§ 670, 675 BGB.

146 **3. Die Erfüllung der Pflichten im einzelnen.** *a) Effektenkauf.* (aa) Lieferpflicht der Bank. Die Pflicht der Bank zu **Übereignung** und **Übergabe** ist durch die depotrechtlichen Besonderheiten modifiziert. Demgemäß erhält der Kunde normalerweise die Wertpapiere nicht ausgehändigt (Ausnahme: Tafelgeschäft), sondern die Bank verschafft ihm das Eigentum an den im Depot lagernden Papieren, und d. h. praktisch zumeist: Miteigentum an einen Sammelbestand oder an einer Sammelurkunde (hierzu i. e. nachfolgend § 13).

147 Spezielle und **unabdingbare Pflichten** erlegen im Zusammenhang damit die §§ 18–31 DepG dem Kreditinstitut auf, und zwar gilt dies gleichermaßen für einfache Kommission, Kommission mit Selbsteintritt und Eigenhändlergeschäft. Im Mittelpunkt der gesetzlichen Regelung steht die Pflicht zur **Übersendung des Stückeverzeichnisses** (§ 18 Abs. 1 DepG), die den doppelten Zweck verfolgt, *erstens* dem Kunden zuverlässig das Wertpapiereigentum zu verschaffen (§ 18 Abs. 3 DepG), wenn er es nicht schon vorher auf andere Weise erlangt hat (s. § 13 Rdnr. 1, 28), und *zweitens* ihn schnell von der Ausführung zu benachrichtigen, ihn inhaltlich zu informieren und ihm Beweismittel an die Hand zu geben.[172] Die Pflicht aus § 18 DepG besteht ebenso wie die allgemeine kaufvertragliche Pflicht zur Eigentumsverschaffung unabhängig davon, ob die Bank selbst Eigentümerin der fraglichen Papiere ist (s. nachfolgend), und demgemäß knüpft auch § 18 Abs. 3 DepG allein an die Verfügungsbefugnis an. Die Versendung hat unverzüglich, spätestens binnen einer Woche von dem in § 18 Abs. 2 DepG bestimmten Zeitpunkt an, zu erfolgen. Diese Frist wird durch die Banken-AGB nebst Usancen noch weiter verkürzt (s. § 13 Rdnr. 6 ff.). Eine besondere – und insoweit ausschließliche[173] – Sanktion dieser **Pflichtverletzung legt** § 25 DepG fest. Die i. e. komplizierte Regelung[174] läuft im Ergebnis darauf hinaus, dem Kunden eine Verbindung von Rücktritt und Schadensersatz wegen Nichterfüllung zu erlauben, während die Bank durch eine Nachholungsbefugnis sowie gegen Spekulationen zu ihren Lasten durch die kurze Befristung in Abs. 2 geschützt wird.

148 Die Pflicht zur **Übersendung des Stückeverzeichnisses entfällt** gemäß § 24 DepG bei Sammelverwahrung, Sammelurkunde (§ 9 a DepG) und Schuldbuchforderungen;[175] hier sind andere Modalitäten der Verschaffung des Miteigentums vorgesehen (§ 24 Abs. 2 Satz 1 DepG), und die Bank unterliegt lediglich einer Mitteilungspflicht nach § 24 Abs. 2 Satz 2 i. V. m. Abs. 3 DepG. Die Käuferbank soll bei der Weiterleitung des Miteigen-

---

[171] *Roth,* Handels- und Gesellschaftsrecht § 32/3 a.

[172] *Schlegelberger/Hefermehl,* HGB, Anh. § 406 Rdnr. 119; *Canaris,* Bankvertragsrecht, 1981, Rdnr. 1949 ff.

[173] *Schlegelberger/Hefermehl,* HGB, Anh. § 406 Rdnr. 192.

[174] Näher *Canaris,* Bankvertragsrecht, 1981, Rdnr. 1963 ff.; *Schlegelberger/Hefermehl,* HGB, Anh. § 406 Rdnr. 185 ff.

[175] *Schlegelberger/Hefermehl,* HGB, Anh. § 406 Rdnr. 149.

tumsanteils, den sie aus einem Ausführungs- oder Deckungsgeschäft bezieht, auch kein Durchgangseigentum hieran erwerben (§ 13 Rdnr. 84). Da aber diese Fälle mittlerweile in der Praxis die Regel darstellen, spielt die Erfüllungspflicht nach § 18 DepG nur noch eine untergeordnete Rolle.[176] **Weitere Ausnahmen** von der Pflicht zur Übersendung des Stückeverzeichnisses statuieren die §§ 19–23 DepG. Aus § 22 DepG folgt, daß beim Auslandsgeschäft der Übereignungsanspruch des Käufers überhaupt erst durch ein entsprechendes Verlangen aktualisiert werden muß, ehe die Bank zu seiner Erfüllung verpflichtet ist. Zur Übung der Praxis in diesen Fällen s. § 13 Rdnr. 106. Zum erforderlichen **Inhalt** eines Stückeverzeichnisses kann auf anderweitige Darstellungen verwiesen werden.[177]

Die nachgewiesenen Wertpapiere (die i. S. von § 18 DepG „gekauften Stücke") müssen **149**
bei Selbsteintrittskommission und Eigenhändlergeschäft nicht mit denjenigen aus dem Deckungsgeschäft der Bank **identisch** sein, da eine solche unmittelbare Zuordnung eben gerade nicht besteht. Komplizierter ist die Rechtslage bei der einfachen Kommission. Prinzipiell hat der Kommissionär nach § 384 Abs. 1 HGB gerade den Leistungsgegenstand herauszugeben, den er aus dem Ausführungsgeschäft erlangt hat.[178] Doch einerseits tritt zu dieser Herausgabepflicht regelmäßig in der vorbeschriebenen Weise die eigene Erfüllungspflicht der Bank hinzu, die nicht subsidiär ist, und dem Kunden könnte es normalerweise gleichgültig sein, ob die Bank die erlangten Stücke an ihn abführt oder ihm die entsprechende Art und Menge aus eigenem Bestand liefert. Andererseits versucht man in der rechtlichen Konstruktion aber bereits den Empfang der Leistung durch den Kommissionär zum Schutz des Kunden so auszugestalten, daß der Kommittent möglichst früh und möglichst reibungslos – und nach Möglichkeit sogar ohne Durchgangserwerb des Kommissionärs – die Leistung erhält, und benutzt hierfür gerade bei der Effektenkommission gern die Rechtsfigur der Übereignung an den, „den es angeht". Es geht aber nicht an, daß der Kunde nach bürgerlichem Recht und nach DepG zweimal an verschiedenen Stücken Eigentum erwirbt. Bei der praktisch weit wichtigeren Übertragung von Girosammel- (GS-) Anteilen schließlich wäre eigentlich die Identität des Miteigentumsanteils für den Kunden von vornherein ohne Bedeutung, ginge es nicht wiederum darum, einen Durchgangserwerb der Käuferbank auszuschließen. Im Hinblick darauf kann man jedoch nur entweder den Erwerb eines beliebigen Anteils annehmen, dann aber aus dem Vermögen der Bank, oder einen Erwerb unmittelbar vom Veräußerer, dann aber mit nachweisbarer dinglicher Zuordnung, wofür ja auch die Aufzeichnung gemäß § 34 WpHG die praktischen Voraussetzungen schafft (näher bei § 13).

(bb) Zahlungspflicht des Kunden. Der Kunde schuldet als Käufer den Kaufpreis gemäß **150**
der obenerwähnten Preisberechnung (zum Provisionsanspruch der Bank sowie Brutto- und Nettoabrechnung beim Eigenhändlergeschäft s. nachfolgend Rdnr. 161 ff.). Zumeist wird die Abbuchung von einem Guthaben des Kunden oder Einstellung des Kaufpreises in ein Kontokorrent vereinbart. Im übrigen resultiert aus § 19 DepG eine Vorleistungspflicht des Kunden.[179]

b) Effektenverkauf. Hier hat die **Übereignung der Effekten** aus dem Vermögen (Depot- **151**
bestand) des Kunden zu erfolgen. Die rechtsgeschäftliche Eigentumsübertragung ist im wesentlichen mittels konkludenter Willenserklärungen zu konstruieren, wobei der Kunde seine Verfügungsermächtigung oder sein Übereignungsangebot zusammen mit der Erteilung des Auftrags abgibt.

---

[176] Ausführlich zu den §§ 18, 25 DepG *Schlegelberger/Hefermehl,* HGB, Anh. § 406 Rdnr. 119 ff.; *Canaris,* Bankvertragsrecht, 1981, Rdnr. 1949 ff.; *Heinsius/Horn/Than,* DepG.

[177] *Canaris,* Bankvertragsrecht, 1981, Rdnr. 1953 ff.; *Schlegelberger/Hefermehl,* HGB, Anh. § 406 Rdnr. 125 ff.; *Heinsius/Horn/Than,* DepG, Anm. zu § 18.

[178] *Canaris,* Bankvertragsrecht, 1981, Rdnr. 1954.

[179] *Schlegelberger/Hefermehl,* HGB, Anh. § 406 Rdnr. 161; *Canaris,* Bankvertragsrecht, 1981, Rdnr. 1958.

152 Die h. M. bemüht sich im Zuge dieser rechtsgeschäftlichen Auslegungen und Unterstellungen, dem **Schutzinteresse des Kunden** gegen die Risiken eines Eigentumsverlustes ohne Erhalt der Gegenleistung und insbesondere eines Verlusts im Konkurs der Bank möglichst weitgehend Rechnung zu tragen. Deshalb wird zum einen ein **Zwischenerwerb** der Bank jedenfalls bei der Ausführungskommission und selbst bei der Kommission mit Selbsteintritt und beim Eigenhändlergeschäft verneint, wenn sie die Effekten per Ausführungsgeschäft an einen Dritten weiterveräußert hat. Dann soll dieser Dritte bzw. beim Weg über die Börse der wirtschaftliche Letzterwerber unmittelbar vom veräußernden Bankkunden das Eigentum erlangen. Konstruiert wird dies wie im Normalfall der einfachen Kommission mittels Verfügungsermächtigung.[180] Der Kunde ist dann also in diesem Fall der Bank überhaupt nicht zur Eigentumsverschaffung verpflichtet, sondern lediglich dazu, ihr die Erfüllung ihrer Leistungspflichten aus dem Deckungsgeschäft zu ermöglichen, und er gibt kein Übereignungsangebot, sondern nur eine Ermächtigungserklärung ab. Zum anderen soll mit dem **Zug-um-Zug-Prinzip** des § 320 BGB ernst gemacht werden und der Kunde sein Eigentum erst im Gegenzug gegen die Kaufpreisgutschrift verlieren. Zu diesem Zweck stellt *Canaris* das Übereignungsangebot bzw. die Ermächtigungserklärung unter die aufschiebende Bedingung der entsprechenden Gutschrift.[181]

153 Die **Bank** schuldet als Kommissionär mit Delkredere- oder Selbsthaftung oder unmittelbar als Käufer die **Zahlung des Kaufpreises** (Zug um Zug, wie soeben erwähnt), wobei sie dies regelmäßig durch Gutschrift auf ein Konto des Kunden erfüllt.

154 **4. Teilweise Ausführung und Nichtausführung.** *a) Teilannahme, Teilerfüllung.* Besondere Regeln über die nur **teilweise Ausführung** von Kundenaufträgen enthalten die SBW in Nr. 7. Wenn demnach das Guthaben des Kunden (beim Kauf) oder sein Depotbestand (beim Verkauf) das Auftragsvolumen nur zu einem Teil abdeckt, darf die Bank zum Schutz ihrer Interessen die Ausführung auf diesen Teil beschränken. Umgekehrt ist sie aber prinzipiell nicht verpflichtet, zum Schutz der Kundeninteressen die erteilten Aufträge nur im Rahmen eines vorhandenen Guthabens oder Depotbestands auszuführen, sondern sie kann ihm auch durch vollständige Ausführung einen Debetsaldo verschaffen.

155 Aus der allgemeinen Treue- und Interessenwahrungspflicht sowie der speziellen Hinweis- und Beratungspflicht der Bank folgen in mehrfacher Hinsicht **Einschränkungen** und **Ergänzungen** der **AGB-Regelung.** Zunächst einmal ist eine nur teilweise Ausführung grundsätzlich erlaubt, wenn sie im Interesse des Kunden angezeigt erscheint, in Abweichung von einem eindeutig erteilten Auftrag aber nur, wenn es unmöglich oder untunlich erscheint, neue Weisungen des Kunden einzuholen (vgl. oben Rdnr. 133 ff.). Umgekehrt hat sich die Bank nicht von der allgemeinen Verpflichtung freigezeichnet, die ihr unter Umständen im Interesse des Kunden gebieten kann, einen Auftrag nur nach Maßgabe der vorhandenen Deckung auszuführen. Vor allem aber ist die Bank normalerweise für verpflichtet zu erachten, den Kunden auf eine erkennbar unzureichende Deckung hinzuweisen und die weitere Vorgangsweise mit ihm abzuklären. Dabei kann sie auch und muß ggf. bei Kaufaufträgen einen Vorschuß (§ 669 BGB) einfordern.[182]

156 Schließlich bestehen unter diesen Gesichtspunkten auch die Befugnisse aus Nr. 7 SBW nicht uneingeschränkt, vielmehr kann sich etwas anderes zum ersten daraus ergeben, daß die Interessen der Bank in concreto nicht gefährdet sind, etwa im Ankaufsfalle bei zweifelsfreier Kreditwürdigkeit des Kunden, zum zweiten daraus, daß sie den Auftrag ohne den gebotenen Hinweis entgegengenommen oder gar schon verbindlich angenommen hatte.

157 Im übrigen gehen **abweichende Vereinbarungen,** wie stets, vor, und sie können auch konkludent getroffen werden. Ansonsten sind nach allgemeinen Grundsätzen eine nur teil-

---

180 S. *Canaris,* Bankvertragsrecht, 1981, Rdnr. 1998 f. und näher § 13 Rdnr. 81.

181 Bankvertragsrecht, Rdnr. 2000.

182 Hierzu *Kümpel,* BankR Rdnr. 8.145 ff. Zu den speziellen Problemen bei nicht gedeckten Verkaufsaufträgen *ders.,* BankR Rdnr. 8.149 ff.

weise Annahme des Kundenangebots und eine nur teilweise Erfüllung der Selbsteintrittspflicht unzulässig, sofern der Kunde nicht zustimmt.

b) Nichtausführung. Unter denselben Voraussetzungen, unter denen die Bank nach Nr. 7 SBW die Ausführung bei nur teilweiser Deckung im übrigen verweigern kann, entfällt die Ausführungspflicht schlechthin, wenn eine teilweise Ausführung unmöglich oder untunlich ist oder eine Deckung überhaupt fehlt. Allerdings wird der letztere Fall kaum praktisch werden; denn wenn die Bank trotz dieses Umstandes den Auftrag entgegennimmt, bringt sie i. d. R. zum Ausdruck, ihn dessenungeachtet ausführen zu wollen. **158**

c) Beanstandung nicht auftragsgemäßer Ausführung.. Für Einwendungen des Kunden gegen die Ausführung oder auch Nichtausführung des Auftrags gelten auch beim Effektengeschäft Nr. 11 Abs. 4 und 5 der (allgemeinen) Banken-AGB, die Wertpapierabrechnungen ausdrücklich erwähnen, während eine eigenständige Regelung für das Effektengeschäft (früher Nr. 32 AGB) in den SBW nicht mehr enthalten ist. Nr. 11 statuiert eine Reklamationspflicht, die an die von der Bank üblicherweise erstellte Abrechnung über die Auftragserledigung (oben Rdnr. 127) anknüpft. Zu beanstanden ist sowohl die erhaltene Abrechnung, wenn hiergegen Einwendungen bestehen (Abs. 4), als auch das Ausbleiben einer zu erwartenden Abrechnung (Abs. 5), und zwar „unverzüglich" (§ 121 BGB, vgl. auch § 376 HGB).[183] Nr. 11 gilt auch für das Festpreisgeschäft. **159**

Als Rechtsfolge einer Verletzung der Reklamationspflicht ist – wohl mit Rücksicht auf § 10 Nr. 5 AGBG (Vorauf. Rdnr. 120) – anders als nach den alten AGB (und § 376 HGB) nicht mehr eine Genehmigungsfiktion aufgestellt, so daß in erster Linie eine Schadensersatzpflicht gegenüber der Bank bzw. eine Minderung eigener Ansprüche wegen Mitverschuldens in Betracht kommt.[184] Für möglich gehalten wird allerdings auch im Einzelfall die Wertung des Schweigens als stillschweigende Genehmigung mit der Folge des Rechtsverlustes für den Kunden,[185] freilich wohl nur im Rahmen von Nr. 11 Abs. 4 und bei ausdrücklichem Hinweis hierauf entsprechend AGB Nr. 7 Abs. 2 S. 3 – aber der Unterschied ist eben gerade, daß Nr. 11 anders als Nr. 7 das nicht vorsieht. **160**

5. Provision und Aufwendungsersatz. Bei Provision und Aufwendungsersatz wird der unterschiedliche rechtliche Ansatzpunkt zwischen Kommissions- und Festpreisgeschäft vielleicht am deutlichsten; trotzdem kann das Ergebnis nur davon abhängen, welche wirtschaftlichen Risiken die Bank vertragsgemäß übernommen hat. **161**

a) Kommissionsrechtliche Ansprüche. Der Kommissionär hat die üblichen kommissionsrechtlichen Provisionsansprüche des § 396 HGB auch gemäß SBW Nr. 1 Abs. 3. Daraus folgt, daß auch die in § 396 Abs. 1 HGB genannten Anspruchsvoraussetzungen gelten, insbesondere das Geschäft zur Ausführung gekommen sein muß. Gemeint ist damit, daß das Ausführungsgeschäft zur Erfüllung gekommen sein muß.[186] Doch genügt auch, daß die Bank unabhängig davon ihrerseits an den Kunden leistet bzw. einen vorgenommenen Selbsteintritt erfüllt (§ 403).[187] Allerdings kann damit die Vorleistungspflicht des Kunden aus § 19 DepG kollidieren.[188] Auch § 396 Abs. 1 Satz 2, 2. Halbs. HGB gilt. **162**

Die Provision wird üblicherweise mit einem **markt-** oder **branchenüblichen** oder von der Bank festgesetzten **Prozentsatz** (1%) vom Kaufpreis berechnet, auch degressive Prozentsätze, betragsmäßige Mindestprovisionen und Sondervereinbarungen kommen vor. Kostengerecht aus der Sicht der Bank mag ein Provisionssystem sein, das kleine Transaktionen relativ stärker belastet; damit werden aber gerade alle Bemühungen konterkariert, Effekten – speziell Aktien – auch beim kleinen Kapitalanleger zu popularisieren.[189] Die **163**

---

[183] Näher hierzu *Kümpel*, BankR Rdnr. 8.176.
[184] *Baumbach/Hopt*, HGB (8) AGB-Banken Nr. 11 Rdnr. 9, 10.
[185] *Baumbach/Hopt* aaO. Rdnr. 9.
[186] *Baumbach/Hopt*, § 396 HGB Rdnr. 2.
[187] *Schlegelberger/Hefermehl*, HGB, Anh. § 406 Rdnr. 98.
[188] *Canaris*, Bankvertragsrecht, 1981, Rdnr. 1926.
[189] *Roth*, FS Ostheim, 1990, S. 345 Fn. 22.

Provisionsbelastung für kleine Transaktionen ist jedenfalls dann zu hoch, wenn dem Kunden auch noch eine flexible Portefeuillegestaltung ermöglicht werden soll. Das verbilligte Discountgeschäft andererseits (oben Rdnr. 61 ff.) ist ebenfalls nicht für den Kleinanleger gedacht und geeignet.

164 Eine **zusätzliche Vergütung** für Beratung (Beratungsprovision) oder Depotbetreuung (neben den allgemeinen Depotgebühren) kann der Bank zustehen, wenn die vereinbarten oder in Anspruch genommenen Leistungen über das Maß des als Nebenpflicht Geschuldeten hinausgehen[190] (s. bereits oben Rdnr. 11). Zusätzlich zur Provision kann die Bank gemäß § 396 Abs. 2 die ihr angefallenen Kosten (vgl. auch beim Selbsteintritt § 403 HGB)[191] in Rechnung stellen, das sind bei Abwicklung über die Börse die Maklergebühren und Börsenumsatzsteuer. Dazu gehören auch im Einzelfall angefallene **außergewöhnliche Aufwendungen.** Eine zusätzliche Delkredereprovision für ihre Haftung nach Nr. 8 SBW kann sie hingegen nicht verrechnen, da sie diese Haftung als Regelbestandteil ihrer Rechtsposition und vergütungsunabhängig konstruiert hat.

165 Praktisch **realisiert** die Bank all diese Ansprüche dadurch, daß sie die entsprechenden Positionen vom Kaufentgelt abzieht bzw. zusätzlich zum Kaufpreis in Rechnung stellt.

166 *b) Abrechnung beim Eigenhändlergeschäft.* Da die Eigenhändlervariante eine rein kaufrechtliche Beziehung darstellt, **entfallen** eigene **Provisions-** und **Aufwendungsersatzansprüche.** (Für spezielle Beratungsprovisionen gilt dasselbe wie vorstehend.) Wird der Preis im Vertrag eigenständig festgesetzt, so ist es Sache der Bank, im Gesamtentgelt ihre Kosten entsprechend einzukalkulieren. Lediglich die aufgelaufenen Stückzinsen bei festverzinslichen Schuldverschreibungen braucht die Bank gemäß Nr. 9 SBW nicht sogleich in den Festpreis einzurechnen, sondern kann sie bzw. (beim Verkauf) muß sie nach allgemein üblicher Berechnung hinzuschlagen.

167 Etwas **anderes** gilt aber, wenn auch im Eigenhändlergeschäft der Preis direkt oder indirekt vom Marktpreis oder Preis des Deckungsgeschäfts abhängig gemacht ist, die Bank ihn nachträglich gemäß § 315 BGB in Anlehnung an diese Parameter zu bestimmen hat (s. o. Rdnr. 124). Dann wird und darf sie ebenso wie ein Kommissionär eine **angemessene** oder **übliche Provision** sowie tatsächliche oder übliche Kosten und **außergewöhnliche Aufwendungen** in Ansatz bringen. Die Frage ist nur, inwieweit sie hierbei mehr Spielraum hat als im Rahmen von §§ 396, 403 HGB – ebenso wie bei der Preisberechnung in diesem Fall streitig ist, wie streng die Bank an die vorgenannten Parameter und die Grundsätze der §§ 400, 401 HGB gebunden ist.[192]

§ 13 Abwicklung der Effektengeschäfte

Übersicht

---

[190] *Canaris,* Bankvertragsrecht, 1981, Rdnr. 1927.

[191] Hierzu näher Großkomm./*Koller,* HGB, § 403 Rdnr. 5; *Schlegelberger/Hefermehl,* HGB, Anh. § 406 Rdnr. 5; *Canaris,* Bankvertragsrecht, 1981, Rdnr. 1929.

[192] S. hierzu *Schlegelberger/Hefermehl,* HGB, Anh. § 406 Rdnr. 113 und *Canaris,* Bankvertragsrecht, 1981, Rdnr. 1945 f. gegen *Schönle,* Bank- und Börsenrecht, § 18 II 3 c; für weitgehende Gleichstellung mit der kommissionsrechtlichen Rechtslage bereits oben Rdnr. 123 f.

Schrifttum: *Baumbach/Hopt,* Handelsgesetzbuch, 29. Aufl. 1995; *Baumbach/Hefermehl,* Wechselgesetz und Scheckgesetz, 16. Aufl. 1988; *Breuer,* Euro-Clear, ZfK 1986, 348; *Brink,* Rechtsbeziehungen und Rechtsübertragung im nationalen und internationalen Effektengiroverkehr, 1976; *Bruns/Rodrian/Stoeck,* Wertpapier und Börse; *Büchner,* Die treuhandrechtliche Organisation des Effektengiroverkehrs, 1956; *Canaris,* Bankvertragsrecht, 2. Aufl. 1981; *Coing,* Bemerkungen zum Treuhandkonto im deutschen Recht, Festschrift für Ernst J. Cohn, 1975, S. 23 ff.; *Coing,* Die „Aufbewahrung" von Wertpapieren im Ausland als Treuhandgeschäft, WM 1977, 466 ff.; *Delorme,* Die Wertpapiersammelbanken, 1970; *Delorme,* Vom Wertpapier zum Wertrecht, Die Bank 1981, 431 ff.; *Delorme,* Zur Rationalisierung des Wertpapierverkehrs, ZfK 1980, 604 ff.; *Fabricius,* Zur Theorie des stückelosen Effektengiroverkehrs, AcP 162 (1963) 456 ff.; *Heinsius,* Der deutsche Auslandskassenverein, ZfK 1971, 21 ff.; *Heinsius/Horn/Than,* Depotgesetz, 1975; *Hueck/Canaris,* Recht der Wertpapiere, 11. Aufl. 1977; *Israel,* Internationale Bankenkooperation in der Wertpapierverwaltung, ZfK 1980, 172 ff.; *Kessler,* Vom Jungschein zur Globalurkunde, ZfK 1964, 830 ff.; *Kessler,* Über die Zukunft der effektiven Stücke, ZfK 1978, 104ff.; *Keßler,* Deutscher Auslandskassenverein AG – Zehn Jahre zentrale Auslandswertpapierverwaltung, Die Bank, 1981, 52 ff.; *Keßler,* Wertpapiersammelbanken im internationalen Effektengeschäft, Die Bank 1985, 443 ff.; *Koller,* Der gutgläubige Erwerb bei der Übertragung von Miteigentumsanteilen, JZ 1972, 646 ff.; *Koller,* Der gutgläubige Erwerb von Sammeldepotanteilen an Wertpapieren im Effektengiroverkehr, DB 1972, 1857 ff.; *Koller,*Gutachten und Vorschläge zur Überarbeitung des Schuldrechts, hrsg. v. Bundesminister der Justiz 1981, BAnz. Köln; *Kümpel,* Ablösung der „Wertrechte" durch (Dauer)Globalurkunden? - Zu den Reformvorschlägen für das Wertpapierrecht -, WM 1982, 730 ff.; *Kümpel,* Depotgeschäft, in: Bankrecht und Bankpraxis, Teil 8 (Stand

1979); *Kümpel,* Der Bestimmtheitsgrundsatz bei Verfügungen über Sammeldepotguthaben – Zur Theorie des Bruchteilseigentums sui generis, WM 1980, 422 ff.; *Kümpel,* Die Internationalisierung der deutschen Girosammelverwahrung – Unter Beachtung der Rechtsgrundsätze des deutschen Effektengiroverkehrs, WM 1976, 942 ff.; *Kümpel,* Grenzüberschreitender Giroverkehr durch Internationalisierung der deutschen Girosammelverwahrung – Zum Inkrafttreten der Depotgesetznovelle vom 17. 7. 1985, WM 1985, 1381 ff.; *Kümpel,* Neuregelungen für ausländische Wertpapiergeschäfte, ZfK 1973, 170 ff. (I), 213 ff. (II); *Opitz,* Depotgesetz, 2. Aufl. 1955; *Opitz,* Der Effekten-Ferngiroverkehr, Sammelband; *Opitz,* Effektengiroverkehr und Sammeldepots, Sammelband; *Opitz,*Durchgangshandel und Eigentum im Wertpapiergeschäft, ZfK 1959, 965ff.; *Paul,* Kundenpapiere im Ausland bei Insolvenz der inländischen Depotbank, WM 1975, 1 ff.; *Peters,* Bucheffekten – Eine Alternative zum Wertpapier? Möglichkeiten einer Weiterentwicklung des Effektenwesens, WM 1976, 890 ff.; *Peters,* Wertpapierfreies Effektensystem, 1978; *Philipp,* Rechtsfragen zur Ersetzung des Jungscheins durch eine Globalurkunde, WM 1965, 214; *Pleyer/Schleiffer,* Neue Entwicklungen im Depotrecht, DB 1972, 77 ff.; *Räbel,* Aktuelle Fragen des Depotrechts im Auslandsgeschäft, ZfK 1968, 816 ff.; *Samm,* Börsenrecht; *Schindelwick,* Der Erwerb des Eigentums an Wertpapieren nach deutschem und ausländischem Recht, WM 1960, Sonderbeil. Nr. 10; *Scholtz,* Die Verwahrung von Globalurkunden, Diss. Hamburg 1967; *Scholze,* Das Konsortialgeschäft der deutschen Banken, 1973; *Schönle,* Bank- und Börsenrecht, 2. Aufl., 1976; *Schwark,* Das neue Kapitalmarktrecht, NJW 1987, 2041 ff.; *Wessely,* Der Bundesschatzbrief als Sammelschuldbuchforderung und seine Emission, WM 1969, 1094 ff.; *Ziganke,* Die Sonderbedingungen für Auslandsgeschäfte in Wertpapieren, WM 1961, 226ff.; *Zöllner,* Die Zurückdrängung des Verkörperungselements bei den Wertpapieren, Festschrift für Raiser, 1974, S. 279 ff.

I. Allgemeines

1 Beim Wertpapiergeschäft der Kreditinstitute nimmt die Abwicklung der Effektengeschäfte eine rechtliche Sonderstellung ein. Das Kreditwesengesetz (§ 1 Abs. 1 Nr. 4) definiert das Effektengeschäft als die Anschaffung und Veräußerung von Wertpapieren für die Kundschaft; es handelt sich also um den kundenbezogenen Teil des Wertpapiergeschäfts. Dabei ist die Anschaffung von Wertpapieren im Interesse des Anlegerschutzes einer ausführlichen Regelung im Depotgesetz (§§ 18 ff.) unterworfen worden. Hierdurch soll vor allem gewährleistet sein, daß dem Anleger eine insolvenz- und vollstreckungsrechtlich gesicherte Rechtsposition an den für ihn gekauften Wertpapieren verschafft wird. Eine weitere wesentliche Schutzvorkehrung enthält das Depotgesetz mit seinem Gebot einer möglichst schnellen liefermäßigen Geschäftsabwicklung. Diese kurzfristige Erfüllungsfrist gilt mittelbar auch für die geschuldete Gegenleistung in Gestalt des Kaufpreises; auch hier ist das generell für gegenseitige (synallagmatische) Verträge geltende Zug-um-Zug-Prinzip anwendbar (§ 320 BGB).

2 **1. Gesetzliche Lieferfrist.** Die Verpflichtung der Kreditinstitute zu einer kurzfristigen Verschaffung des Wertpapiereigentums ist in § 18 Abs. 2 DepG geregelt; diese Leistungspflicht kann wie auch die anderen gesetzlichen Pflichten der Kreditinstitute als Einkaufskommissionäre durch Rechtsgeschäft weder ausgeschlossen noch eingeschränkt werden (§ 28 DepG). Nach dieser gesetzlichen Regelung ist dem Kunden nach Ausführung einer Kauforder unverzüglich, spätestens **binnen einer Woche** ein Verzeichnis der gekauften Wertpapiere zu übersenden; spätestens mit dieser Absendung geht das Eigentum an den Wertpapieren kraft Gesetzes auf den Kunden über (§ 18 Abs. 3 DepG). Zum Schutz des Kunden soll hierdurch eine „möglichst schnelle Verschaffung des Eigentums an den gekauften Wertpapieren gewährleistet sein" und der Schwebezustand zwischen der Auftragsausführung und der Eigentumsübertragung verkürzt werden.[1]

3 Die Wochenfrist beginnt mit dem Ablauf des Zeitraums, innerhalb dessen die Bank nach ihrer Ausführungsanzeige die Stücke bei ordnungsgemäßem Geschäftsgang ohne schuldhafte Verzögerung beziehen konnte (§ 18 Abs. 2 DepG). Die Frist beginnt also ohne Rücksicht darauf zu laufen, ob die Bank ihrerseits die Stücke bereits erworben

[1] Amtliche Begründung, abgedruckt bei *Opitz,* DepG, S. 259; RGZ 104, 120.

hat.[2] Dies entspricht der gesetzlichen Selbsthaftung des Kommissionärs, wenn die Bank – wie im Effektengeschäft üblich – ihren (Verkaufs)Kontrahenten in der Ausführungsanzeige nicht namhaft gemacht hat (§ 384 Abs. 3 HGB). Die Verknüpfung der Wochenfrist mit dem „ordnungsgemäßen Geschäftsgang" führt jedoch in der Praxis zu keiner wesentlichen Verschiebung des Fristbeginns. Für das Eindeckungsgeschäft mit den anderen Kreditinstituten als Marktteilnehmer (sog. Interbankenhandel) gelten die hierfür geschaffenen Usancen, die ihrerseits kurze Erfüllungsfristen (im Regelfall zwei Börsentage) vorsehen.

Dieser gesetzlich vorgegebene Zeitrahmen ist auch einzuhalten, wenn die Bank dem Kunden kein Alleineigentum an bestimmten Wertpapierurkunden verschafft, sondern statt dessen eine sog. **Girosammeldepotgutschrift** erteilt. In diesem Regelfall der Geschäftsabwicklung erwirbt der Kunde Miteigentum an dem Sammelbestand einer Wertpapiersammelbank in Höhe der für ihn gekauften Wertpapiere[3] (vgl. Rdnr. 17 ff.). 4

Dieser zeitliche Rahmen für die Abwicklung gilt gleichermaßen für alle Varianten der Auftragsausführung ungeachtet dessen, daß die Geschäftsbeziehung hierbei von unterschiedlicher Rechtsqualität ist (vgl. § 31 DepG). So schuldet die Bank beim Auftreten als **einfache** Kommissionärin die Lieferung der angeschafften Wertpapiere allein nach auftragsrechtlichen Grundsätzen (§ 667 BGB); hier liegt der Geschäftsbeziehung ein gewöhnlicher Geschäftsbesorgungsvertrag i. S. des § 675 BGB zugrunde. Bei der bislang von der Praxis bevorzugten Ausführungsvariante des kommissionsrechtlichen **Selbsteintritts** (§ 400 HGB) wird dagegen die zunächst rein kommissionsrechtliche Rechtsbeziehung durch eine zusätzliche kaufvertragliche Beziehung „überlagert".[4] Mit diesem Selbsteintritt übernimmt die Bank die Lieferpflicht eines gewöhnlichen Verkäufers (§ 433 BGB), die die auftragsrechtliche Herausgabepflicht des nicht selbst eintretenden Kommissionärs verdrängt. Die Bank kann schließlich die Kundenorder als **Eigenhändler** abwickeln. In diesen Fällen gilt weder das Geschäftsbesorgungsrecht des BGB, noch das Kommissionsrecht des HGB; dem Eigenhändlergeschäft liegt nur ein Kaufvertrag i. S. des § 433 BGB zugrunde.[5], [6] Im Zuge der Einführung der Sonderbedingungen für Wertpapiergeschäfte zum Jahresbeginn 1995 wurde der Selbsteintritt abgeschafft und das Eigenhändlergeschäft auf das sog. Festpreisgeschäft zurückgeführt (Rdnr. 13 a). 5

2. Usancemäßige Belieferung. Die gesetzlich bestimmten Lieferfristen werden durch die AGB der Kreditinstitute wesentlich verkürzt. Hiernach gelten die Usancen des Interbankenhandels mit ihrer Verpflichtung zur kurzfristigen Vertragserfüllung grundsätzlich auch für die Abwicklung der Effektengeschäfte mit der Kundschaft.[7] Dabei handelt es sich um die „Usancen des jeweiligen Ausführungsplatzes" und die „Usancen der Ständigen Kommission für Angelegenheiten des Handels in amtlich nicht notierten Werten" (sog. **Freiverkehrsusancen**).[8] Mit dieser AGB-Regelung wird den verschiedenen Segmenten 6

---

[2] Dagegen knüpft dieser Fristbeginn an den Erwerb der Wertpapiere durch die Bank, soweit sie bei ihrer Ausführungsanzeige eine andere Bank als Verkäufer benannt hat; eine solche Offenlegung des Verkaufskontrahenten der Bank ist in der Praxis jedoch unüblich.

[3] *Heinsius/Horn/Than,* DepG, § 24 Rdnr. 8.

[4] BGH WM 1988, 404; *Baumbach/Hopt,* HGB; § 400 Rdnr. 5.

[5] Beim Abschluß des Eigenhändlergeschäfts ist das Angebot des Kunden unmittelbar auf Abschluß eines Kaufvertrages gerichtet (*Canaris,* Bankvertragsrecht, Rdnr. 1842).

[6] In der Praxis des Effektengeschäfts sind der kommissionsrechtliche Selbsteintritt und das Eigenhändlergeschäft die normale Ausführungsart für Kauforder der Kundschaft. Nach den AGB der Kreditinstitute werden Aufträge in zum Amtlichen Markt oder Geregelten Markt zugelassenen Wertpapieren als Kommissionär durch Selbsteintritt ausgeführt, während die Bank bei sonstigen Kundenaufträgen stets als Eigenhändler auftritt. Abweichungen von diesen beiden Ausführungsarten müssen ausdrücklich vereinbart werden (Nr. 29 AGB Privatbanken und Volksbanken; Nr. 39 a AGB Sparkassen).

[7] Nr. 30 Abs. 2 AGB Privatbanken und der Volksbanken; Nr. 37 Abs. 1 AGB der Sparkassen.

[8] Die „Ständige Kommission" bestand bis zum Herbst 1988 beim Bundesverband deutscher Banken e. V. und setzte sich aus Vertretern der einzelnen bei den Wertpapierbörsen gebildeten Freiverkehrsausschüssen zusammen. Die Kommission beendete ihre Tätigkeit, nachdem der von ihr betreute

des inländischen Kapitalmarktes Rechnung getragen, wo die Kreditinstitute die Wertpapierorder ihrer Kunden ausführen.[9] Diese verschiedenen Marktabschnitte haben eine Neuordnung durch das Börsenzulassungsgesetz vom 16. 12. 1986[10] erfahren, mit dem wesentliche Bestimmungen des BörsG geändert wurden.[11] Der im Vordergrund des börsenmäßigen Markgeschehens stehende Markt mit amtlicher Notierung **(amtlicher Markt)** ist ab 1. 5. 1987 um ein zweites **öffentlichrechtlich** strukturiertes Segment in Gestalt des **Geregelten Marktes** ergänzt worden (§§ 71–78 BörsG),[12] der die Eigenkapitalausstattung der deutschen Wirtschaft durch eine erleichterte Börsenzulassung von kleineren und mittleren Unternehmen verbessern soll. Für beide Marktabschnitte der Wertpapierbörsen finden die einheitlichen „Bedingungen für Geschäfte an den deutschen Wertpapierbörsen" **(amtliche Usancen)**[13] Anwendung.

7 Diese amtlichen Usancen gelten weitgehend auch für den an den Wertpapierbörsen stattfindenden **Freiverkehr,** der durch das Börsenzulassungsgesetz neu geordnet worden ist. Es handelt sich hierbei im Kern um den bisherigen sog. ungeregelten Freiverkehr. Der frühere sog. geregelte Freiverkehr ist im Zuge dieser Neuordnung faktisch in den neugeschaffenen geregelten Markt aufgegangen;[14] auch künftig sollte sich der Wertpapierhandel an den deutschen Wertpapierbörsen im Interesse der erwünschten Transparenz auf drei Marktabschnitte beschränken.[15] Die weitgehende Anwendbarkeit der amtlichen Usancen auf den Freiverkehr an den Wertpapierbörsen ist auf rechtsgeschäftlichem Wege herbeigeführt worden. Dies ist in den sog. Richtlinien für den Freiverkehr geschehen, wie sie von dem hierfür verantwortlichen (privatrechtlich organisierten) Gremium an der jeweiligen Wertpapierbörse aufgestellt worden sind.[16] Diese Richtlinien bestimmen, daß für den Handel in Freiverkehrswerten und für die Preisfeststellung einschließlich deren Beaufsichtigung die Regelungen des amtlichen Marktes gelten, soweit nicht Besonderheiten zu beachten sind.

8 Die Anwendbarkeit der amtlichen Usancen auf den Freiverkehr an den Wertpapierbörsen bedurfte eines solchen rechtsgeschäftlichen Aktes. Dieser Marktabschnitt soll nach dem erklärten Willen des Gesetzgebers auch künftig privatrechtlich geregelt und daher „nach wie vor in der Obhut der ihn tragenden Kräfte der Wirtschaft sein".[17] Dem Börsenvorstand fehlt mithin auch nach neuem Recht die erforderliche Kompetenz zum Erlaß von Usancen für den Freiverkehr an der Börse.[18] An dieser Rechtslage hat auch die Neufassung

---

geregelte Freiverkehr in den bisherigen ungeregelten Freiverkehr an den Wertpapierbörsen aufgegangen ist (vgl. Fn. 14).

[9] *Kümpel,* WM 1985, Sonderbeil. Nr. 5.

[10] BGBl. I S. 2478; dieses Gesetz ist im wesentlichen zum 1. Mai 1987 in Kraft getreten.

[11] *Schwark,* NJW 1987, 2042; *Schäfer,* ZIP 1987, 953 ff.

[12] *Mülhausen,* Die Bank 1988, 342.

[13] Abgedruckt in WM 1984, 76 ff.

[14] *Schäfer,* ZIP 1987, 954; *Mülhausen,* Die Bank 1988, 342. Mit Einführung des Geregelten Marktes im Mai 1987 erhielten die Emittenten, deren Wertpapiere bisher im geregelten Freiverkehr gehandelt wurden, die Möglichkeit ohne besonderes Verfahren innerhalb einer Frist von einem Jahr in den Geregelten Markt überwechseln zu lassen (§ 97 Abs. 2 BörsG). Die Wertpapiere, für die kein solcher Antrag gestellt wurde, sind nach Ablauf der Frist ab Mai 1988 mit den im bisherigen ungeregelten Freiverkehr gehandelten Wertpapieren in das neue Marktsegment Freiverkehr zusammengefaßt worden (*Franke,* Gesetzesnovelle bringt Schwung in den Freiverkehr, Handelsblatt Nr. 166 vom 30. 8. 1988).

[15] Dieses Drei-Segment-Prinzip gilt auch für eine Reihe von ausländischen Börsen; *Schmidt,* Die Bank 1987, 288 ff.

[16] Vgl. z. B. die Richtlinien für den Freiverkehr an der Frankfurter Wertpapierbörse (abgedruckt in WM 1988, 1183 f.) und die Richtlinien für den Freiverkehr an der Bayerischen Börse (abgedruckt in WM 1988, 1247).

[17] Amtliche Begründung des Börsenzulassungsgesetzes, BT-Drucks. 10/4296, S. 11.

[18] Im Unterschied zur bisherigen börsengesetzlichen Regelung (§ 43 a. F.) sind jedoch dem Börsenvorstand bestimmte Kompetenzen auch für diesen privatrechtlichen Marktabschnitt eingeräumt

des § 78 BörsG durch das Zweite Finanzmarktförderungsgesetz nichts geändert. Danach kann die Börse für Wertpapiere, die weder zum Amtlichen Handel noch zum Geregelten Markt zugelassen sind, einen Freiverkehr zulassen, wenn durch Handelsrichtinien eine ordnungsgemäße Durchführung des Handels und der Geschäftsabwicklung gewährleistet erscheint. Mit dieser Neufassung sollte klargestellt werden, daß es sich bei dem Freiverkehr um keinen Markt handelt, der von staatlich anerkannten Stellen, wie sie auch eine Wertpapierbörse darstellen kann, reglementiert wird. Denn eine solche Reglementierung verwendet das Wertpapierhandelsgesetz (§ 2 Abs. 1) in Anlehnung an die Definition des Marktes im Sinne der EG-Insiderrichtlinie (Art. 1) als marktmäßiges Abgrenzungskriterium für die Wertpapiere, die der neugeregelten Ad-hoc-Publizität (§ 15 Abs. 1 WpHG) unterworfen sind. Würde der Freiverkehr an den Börsen dieses Kriterium der Reglementierung durch eine staatlich anerkannte Stelle erfüllen, so unterlägen also auch die Emittenten der in diesem Marktsegment gehandelten Wertpapiere der Pflicht zur Ad-hoc-Publizität. Dies würde zu einem kapitalmarktpolitisch unerwünschten „Austrocknen" des Freiverkehrs führen[19] und daher die internationale Wettbewerbsfähigkeit der deutschen Börsen wesentlich einschränken. Denn die Einbeziehung in den Freiverkehr bedarf keiner Zustimmung des Emittenten und erfolgt häufig nur im Interesse erleichterter Handelsmöglichkeiten. Wegen der weitreichenden Konsequenzen der Ad-hoc-Publizität wäre zu befürchten gewesen, daß sich insbesondere die ausländischen Emittenten aus dem Freiverkehr zurückgezogen hätten. Bei der Neufassung des § 78 BörsG durch das Zweite Finanzmarktförderungsgesetz hat der Gesetzgeber zugleich bestimmt, daß die Zulassung zum Freiverkehr die schon bisher praktizierten Handelsrichtlinien voraussetzt,[20] die u. a. die Usancen des Amtlichen Marktes mit ihrer kurzen Erfüllungsfrist auf den Freiverkehr für anwendbar erklären.

Für den **außerbörslichen** Wertpapierhandel der Kreditinstitute – er vollzieht sich vorwiegend vor- und nachbörslich im Telefonverkehr –[21] gelten die bereits erwähnten „Freiverkehrsusancen" fort. Sie erfassen alle Wertpapiergeschäfte, auf die die amtlichen Usancen nicht anwendbar sind. Die Freiverkehrsusancen gelten daher auch für Geschäfte in Wertpapieren, die zwar zum Amtlichen oder Geregelten Markt zugelassen, aber außerhalb der Börse geschlossen worden sind.[22] 9

a) Zweitägige Erfüllungsfrist. Die kurzfristige Abwicklung der Effektengeschäfte beruht auf der Anwendbarkeit der für die sog. **Kassa**geschäfte geltenden Usancen. Diese Geschäfte sind dadurch gekennzeichnet, daß der Zeitpunkt der sofortigen Abwicklung nur soweit hinausgeschoben worden ist, als dieser Zeitraum für die technische Vorbereitung der ordnungsgemäßen Lieferung der geschuldeten Wertpapiere benötigt wird.[23] Die amtlichen 10

---

worden, um den Amtlichen und Geregelten Markt als die beiden Segmente der Wertpapierbörse im rechtlichen Sinn vor negativen Entwicklungen des sich an ihm vollziehenden Freiverkehrs zu schützen. Der Anleger vermag oft die unterschiedliche Struktur des öffentlichrechtlichen Börsenhandels und des privatrechtlichen Freiverkehrs an der Börse nicht zu unterscheiden. Preisveröffentlichungen für die Freiverkehrswerte sind daher nur statthaft, wenn ein ordnungsgemäßer Handel an der Börse gewährleistet erscheint (§ 78 BörsG). Der Börsenvorstand kann im übrigen den Handel untersagen, wenn Mißstände zu befürchten oder eingetreten sind (vgl. z. B. § 59 Börsenordnung der Frankfurter Wertpapierbörse; *Schwark* NJW 1987, 2043). Diese beschränkten Eingriffsbefugnisse legitimieren den Börsenvorstand jedoch nicht zur Schaffung von Geschäftsbedingungen für den Freiverkehr.

[19] Begründung des Regierungsentwurfs des Zweiten Finanzmarktförderungsgesetzes, BT-Drucksache 12/6679, 76.

[20] Begründung des Regierungsentwurfs des Zweiten Finanzmarktförderungsgesetzes, BT-Drucksache 12/6679, 76.

[21] *Schwark,* a. a. O., Rdnr. 4; *Samm,* Börsenrecht, S. 100.

[22] Die amtlichen Usancen gelten nach ihrem § 1 nur bei Geschäften, die *an* der Wertpapierbörse *während* der Börsenzeit getätigt werden.

[23] *Samm,* Börsenrecht, S. 102.

Usancen wie die Freiverkehrsusancen bestimmen daher, daß (Kassa)Geschäfte am **zweiten Börsentag** nach dem Tage des Geschäftsabschlusses abzuwickeln sind.[24]

11 Mit dieser sehr kurzfristigen Geschäftsabwicklung kann bei den Kassageschäften das Bonitätsrisiko des Vertragspartners weitgehend vermieden werden. Insoweit besteht ein wesentlicher Unterschied zu den Zeit(Termin)Geschäften, die im Unterschied zum Kassageschäft erst zu einem späteren Zeitpunkt zu erfüllen sind. Bei diesen Zeitgeschäften entfällt freilich das Risiko eines späteren Unvermögens zur Lieferung der geschuldeten Wertpapiere, wenn diese Lieferung wie bei den Zeitgeschäften in Gestalt der Börsentermingeschäfte ausgeschlossen ist.[25]

12 Die Anwendbarkeit dieser zweitägigen Lieferfrist auf die Effektengeschäfte beruht darauf, daß die AGB der Kreditinstitute die Usancen des Interbankenhandels generell auch auf die Geschäfte mit der Kundschaft für verbindlich erklären (Nr. 1 Abs. 2 AGB Wertpapiergeschäfte). Im Vergleich zur gesetzlichen Regelung wird die Rechtsposition des Anlegers durch diese Handelsusance wesentlich verbessert. Hierdurch wird die gesetzliche 1-Wochen-Frist für die Geschäftsabwicklung auf eine zweitägige Frist verkürzt.[26] Darüber hinaus beginnt diese kurze Lieferfrist sofort nach der Ausführung des Kundenauftrages zu laufen; die 1-Wochen-Frist des DepG beginnt dagegen erst mit Ablauf des Zeitraumes, innerhalb dessen die Bank ihrerseits die Wertpapiere bei ordnungsgemäßem Geschäftsgang ohne schuldhafte Verzögerung beziehen konnte.

13 *b) Lieferung gegen Zahlung (Zug-um-Zug-Prinzip).* Gegen das Bonitätsrisiko des Vertragspartners schützt schließlich auch das für das Effektengeschäft in Form von AGB vereinbarte Zug-um-Zug-Prinzip. Amtliche Usancen (§ 15 Abs. 2) wie Freiverkehrsusancen (§ 12) bestimmen, daß Wertpapierlieferung und Zahlung des Kaufpreises Zug um Zug zu erfolgen haben. Dies entspricht dem gesetzlichen Leitbild für den Leistungsaustausch bei gegenseitigen Verträgen, zu denen auch die Effektengeschäfte gehören. Mit Rücksicht auf die wechselseitige Abhängigkeit von Leistung und Gegenleistung sollen beide Leistungen grundsätzlich zum selben Zeitpunkt erwirkt werden; die geschuldete Leistung kann daher grundsätzlich bis zur Bewirkung der Gegenleistung verweigert werden (§ 320 BGB). Diesem gesetzlichen Leitbild wird mit dem Zug-um-Zug-Prinzip der Usancen des Interbankenhandels Rechnung getragen, die auch für die Effektengeschäfte mit dem Anleger gelten.[27]

14 **3. Sonderbedingungen für Wertpapiergeschäfte.** Im Zuge der Neufassung der AGB der Kreditinstitute zum 1. Januar 1993 wurde es erforderlich, für das Effekten- und Depotgeschäft eigenständige AGB-Regelungen zu entwickeln. Dabei war auch dem Zweiten Finanzmarktförderungsgesetz mit seinen Anlegerschutzbestimmungen Rechnung zu tragen. Dies führte zu einer tiefgreifenden Neugestaltung der bisherigen AGB-Klauseln für das Effekten- und Depotgeschäft, die in den Sonderbedingungen für Wertpapiergeschäfte (nachfolgend auch AGB Wertpapiergeschäfte) zusammengefaßt worden sind. Dabei sollte nicht nur die Verständlichkeit und Lesbarkeit der Klauseln verbessert werden. Im Interesse der Übersichtlichkeit ging es auch um mehr Transparenz der Grundstruktur der AGB-Klauseln. Im Unterschied zu der bisherigen Regelung sind nunmehr auch die im Ausland

---

24 § 15 Abs. 2 amtliche Usancen; § 11 Abs. 1 Freiverkehrsusancen, abgedruckt in WM 1973, 1036.

25 Zum Begriff und spezifischen Risiko der Börsentermingeschäfte und zur Abgrenzung vom schlichten Zeitgeschäft vgl. BGH WM 1984, 1599 und 1988, 324; *Kümpel,* Zur Abgrenzung des Börsentermingeschäfts vom Zeitgeschäft am Beispiel der Effektenkommission für Auslandsbörsen, WM 1982, Sonderbeil. Nr. 6, S. 6. Der moderne Börsenterminhandel tendiert zum Ausschluß einer wertpapiermäßigen Belieferung der Geschäfte, wie es für die inländischen Kassageschäfte zwingend vorgeschrieben ist (*Kümpel,* Rechtsfragen des Differenzgeschäfts in der Bankpraxis, WM 1988, 1321 ff).

26 *Heinsius/Horn/Than,* DepG, § 18 Rdnr. 25.

27 Vgl. BGH WM 1987, 654, wonach der § 320 BGB Leitbildcharakter hat und daher die Vereinbarung einer Vorleistungspflicht der Bankkunden in den AGB aus der Sicht des AGB-Gesetzes problematisch wäre.

getätigten Wertpapiergeschäfte in demselben Bedingungswerk geregelt. Damit wird zugleich ein wesentlicher Unterschied zwischen dem Inlands- und Auslandsgeschäft bei der Abwicklung der Wertpapiergeschäfte transparenter. Bei einer inländischen Anschaffung der Wertpapiere erhält der Kunde regelmäßig eine GS-Gutschrift, hinter der sich Miteigentumsrechte an einem Girosammelbestand der Deutscher Kassenverein AG verbergen (Rdnr. 51). Werden dagegen die Wertpapiere im Ausland angeschafft, erwirbt die Bank im wohlverstandenen Interesse ihrer Kunden Treuhandeigentum an den im Ausland aufbewahrten Wertpapieren. Hier werden dem Kunden Gutschriften in Wertpapierrechnung (WR-Gutschriften) erteilt (Rdnr. 85).

Ein Schwerpunkt der inhaltlichen Neugestaltung der AGB-Klauseln liegt in der Abschaffung des kommissionsrechtlichen Selbsteintrittsrechts und der Einschränkung der bisherigen Eigenhändlergeschäfte auf die sog. Festpreisgeschäfte. Mit dieser Neuregelung sind die Vertragsbeziehungen zwischen Effektenkunden und Bank wesentlich modifiziert worden. Dies ist bei der rechtlichen Darstellung der Abwicklung der Effektengeschäfte zu berücksichtigen. 15

a) Abschaffung des Selbsteintrittsrechts. Beim gesetzlich geregelten Selbsteintritt führt die Bank den Kommissionsauftrag dadurch aus, daß sie die anzuschaffenden Wertpapiere selbst als Verkäuferin liefert oder die zu veräußernden Wertpapiere als Käuferin übernimmt (vgl. § 400 Abs. 1 HGB). Die Bank tätigt deshalb ihr Deckungsgeschäft mit ihrem Marktkontrahenten für eigene Rechnung, wenn sie die Wertpapiere zwecks Ausführung des Kundenauftrages am Markt kauft oder verkauft. Beim Selbsteintritt braucht die Bank daher über ihre Deckungsgeschäfte im Markt keinerlei Rechenschaft zu geben. Sie muß bei einer Reklamation ihres Kunden nur nachweisen, daß der berechnete Kurs dem Börsen- oder Marktpreis im Zeitpunkt der Auftragsausführung entspricht (§ 400 Abs. 2 HGB). Das Selbsteintrittsrecht wird daher seit langem im Schrifttum kritisiert,[28] obwohl der Bankkunde nach der gesetzlichen Regelung nicht schlechter gestellt werden darf als bei der Auftragsausführung ohne Selbsteintritt (§ 401 BGB). 16

Nach den neuen AGB Wertpapiergeschäfte führt deshalb die Bank die kommissionsrechtlichen Kauf- und Verkaufsaufträge ohne Selbsteintritt aus. Die Bank hat daher zur Ausführung des Kundenauftrages stets ein Wertpapiergeschäft an der Börse oder – soweit zulässig – außerbörslich mit einem anderen Marktteilnehmer abzuschließen. Beim weggefallenen kommissionsrechtlichen Selbsteintritt steht es dagegen im Belieben der Bank, ob sie ein solches Marktgeschäft tätigt oder statt dessen die Wertpapiere aus den eigenen Beständen selbst als Verkäuferin liefert oder dorthin als Käuferin übernimmt. 17

Das Wertpapiergeschäft, das zur Ausführung des Kommissionsauftrages im Markt getätigt wird, schließt die Bank im eigenen Namen ab. Anders als beim Deckungsgeschäft anläßlich eines Selbsteintritts wird jedoch das marktmäßige Ausführungsgeschäft bei einer Orderausführung ohne Selbsteintritt für Rechnung des Kunden als Auftraggeber abgeschlossen. Dies bedeutet, daß dem Kunden alle Vorteile aus dem Ausführungsgeschäft zugutekommen. Dem Kunden fallen aber auch die Verluste und sonstigen Nachteile dieses Geschäfts zur Last.[29] 18

Nach diesen kommissionsrechtlichen Grundsätzen hätte daher der Kunde auch das Risiko der Insolvenz des Kontrahenten seiner Bank zu tragen. Dieser gravierende Nachteil der kommissionsrechtlichen Auftragsausführung ist bei der zum Teil heftigen Kritik an dem Selbsteintrittsrecht übersehen worden. Bei der Neugestaltung der AGB Wertpapiergeschäfte ist jedoch zugunsten der Effektenkunden geregelt worden, daß die Bank auch ohne gesetzliche Verpflichtung für die ordnungsgemäße Erfüllung des Ausführungsgeschäfts durch ihren Vertragspartner haftet, wenn die Bank wie insbesondere im Auslandsgeschäft eine 19

---

[28] *v. Dalwigk zu Lichtenfels,* Das Effektenkommissionsgeschäft, S. 133/134; *Schneiders,* Anlegerschutz im Recht der Effektenkommission, 1977, S. 82/83; *Koller,* in: Staub, Großkomm. HGB, 4. Aufl., 1985, § 300 Rdnr. 10.

[29] *Schlegelberger/Hefermehl* § 383 Rdnr. 21, 32; Großkomm. HGB/*Koller* § 383 Rdnr. 6, 15.

ausländische Korrespondenzbank zur Ausführung der ihr erteilten Effektenorder einschaltet (Nr. 8 S. 1 AGB Wertpapiergeschäfte). Der Ausschluß des Selbsteintrittsrechts sollte zu keiner Verschlechterung der bisherigen Rechtsstellung der Effektenkunden führen.

20 Nach Ausführung der Effektenorder hat die Bank nach auftragsrechtlichen Grundsätzen die aus dem Ausführungsgeschäft erhaltenen Wertpapiere oder Verkaufserlöse an den Effektenkunden herauszugeben (§ 667 BGB). Die Bank kann im übrigen für ihre Dienstleistung die vereinbarte Vergütung in Gestalt der Effektenprovision in Rechnung stellen und die Erstattung ihrer Aufwendungen verlangen (§ 670 BGB). Diese auftragsrechtlichen Grundsätze kommen zur Anwendung, weil zwischen Bank und Kunde ein entgeltliches Geschäftsbesorgungsverhältnis zustandekommt, auf das das Auftragsrecht anzuwenden ist (§ 675 BGB).

21 Beim Selbsteintritt kommt dagegen zwischen Bank und Kunde eine den Regeln des Kaufrechts unterliegende Vertragsbeziehung zustande. Diese kaufvertragliche Rechtsbeziehung tritt jedoch nur ergänzend neben die schon bei Auftragserteilung begründete kommissionsrechtliche Vertragsbeziehung. Die kommissionsrechtlichen Rechte und Pflichten der Vertragsparteien bleiben also bestehen, soweit sie nicht mit dem fortan dominierenden Kaufrecht unvereinbar sind. Bank und Kunde befinden sich mithin in einer rechtlichen Doppelstellung, auf die teils Kaufrecht und teils Kommissionsrecht anwendbar ist.[30]

22 *b) Festpreisgeschäfte.* Häufig wird zwischen Bank und Kunden schon im Verlauf des Anlagegesprächs ein Kaufvertrag über die Lieferung oder Abnahme von Wertpapieren abgeschlossen. Hier ist also kein Raum für Erteilung eines komissionsrechtlichen Kauf- oder Verkaufsauftrages, aufgrund dessen sich die Bank lediglich um die Anschaffung oder Veräußerung von Wertpapieren im Markt zu bemühen hätte. Nach den AGB Wertpapiergeschäfte (Nr. 9) kommen solche Kaufverträge zustande, wenn Bank und Kunde einen „festen" Preis vereinbaren, wie dies für den Kaufvertrag typisch ist. Solche Festpreisgeschäfte werden häufig beim Erwerb von festverzinslichen Wertpapieren oder Investmentzertifikaten im sog. „Tafelgeschäft" der Banken abgeschlossen. Festpreisgeschäfte kommen aber regelmäßig auch mit institutionellen Anlegern zustande, wenn das jeweilige Geschäftsvolumen die Mindestabschlußmenge des elektronischen Handelssystems IBIS erreicht.[31] Hier kann die Bank ohne Eindeckungsrisiko sofort eine sie bindende Lieferverpflichtung gegenüber ihrem Effektenkunden eingehen.

23 Die Festpreisgeschäfte weichen wesentlich von den bisherigen Eigenhändlergeschäften ab, wie sie in den bisherigen AGB-Klauseln für das Effektengeschäft und im Depotgesetz (§ 31) erwähnt werden. Nach der Nr. 29 Abs. 2 AGB Banken a. F. war die Bank bei der Abwicklung einer Effektenorder stets als Eigenhändlerin tätig, wenn die zugrundeliegenden Wertpapiere nicht zum Amtlichen Handel oder zum Geregelten Markt einer inländischen Wertpapierbörse zugelassen waren.

24 Auch bei den bisherigen Eigenhändlergeschäften wurden wie bei den Festpreisgeschäften keine kommissionsrechtlichen, sondern allein kaufvertragliche Rechtsbeziehungen zum Kunden begründet. Denn beim Abschluß des Eigenhändlergeschäfts ist nach allgemeiner Meinung das Angebot des Kunden unmittelbar auf Abschluß eines Kaufvertrages gerichtet.[32] Beim Eigenhändlergeschäft konnte die Bank im Unterschied zu den künftigen Festpreisgeschäften den Preis einseitig bestimmen. Das Eigenhändlergeschäft ist deshalb von einem Teil des Schrifttums noch heftiger als das kommissionsrechtliche Selbsteintrittsrecht kritisiert worden.[33]

---

[30] BGH WM 1988, 404; *Schlegelberger/Hefermehl,* § 400 Rdnr. 32; *Baumbach/Hopt,* HGB, § 400 Rdnr. 5; Großkomm. HGB/Koller § 400 Rdnr. 20, § 403 Rdnr. 1; *Canaris,* Bankvertragsrecht [2] Rdnr. 1908.

[31] *Kümpel,* WM 1991, Sonderbeil. 4, 22.

[32] *Canaris,* Bankvertragsrecht, 2. Bearbeitung, Rdnr. 1842; *Roth,* Handbuch des Kapitalanlagerechts, 1990, § 11 Rdnr. 37.

[33] *von Dalwigk zu Lichtenfels,* Das Effektenkommissionsgeschäft, 1975, S. 134; *Schneiders,* Anlegerschutz im Recht der Effektenkommission, 1977, S. 111.

c) Ungewisser Vertragsabschluß. Ein weiterer Unterschied zum künftigen Festpreisgeschäft besteht darin, daß das bisherige Eigenhändlergeschäft nicht schon dadurch zustande kam, daß die Bank auf das Kauf- oder Verkaufsangebot des Kunden schwieg. Diesem Schweigen konnte nach allgemeiner Meinung regelmäßig nicht die Bedeutung der Annahme dieses Kauf- oder Verkaufsangebotes durch die Bank beigemessen werden. Das Wertpapiergeschäft mit dem Kunden sollte vielmehr im Regelfall wie bei einer Auftragsausführung durch Selbsteintritt erst zustandekommen, wenn die Bank ein korrespondierendes Deckungsgeschäft im Markt getätigt hatte.[34] Auch beim Eigenhändlergeschäft blieb es daher für den Kunden wie bei Erteilung einer kommissionsrechtlichen Effektenorder zunächst ungewiß, ob es letztlich zur Durchführung des Wertpapiergeschäfts überhaupt kommen würde. 25

Trifft dagegen die Bank wie bei den Festpreisgeschäften mit dem Kunden eine Preisabsprache, so liegt hierin regelmäßig auch der konkludente Abschluß eines Kaufvertrages. Die Bank hat daher die Wertpapiere in jedem Fall dem Kundendepot gutzuschreiben oder vom Kunden zu übernehmen. Will daher die Bank bei den künftigen Festpreisgeschäften ausnahmsweise ihre Liefer- oder Übernahmepflicht von der Möglichkeit eines anschließenden Deckungsgeschäfts im Markt abhängig machen, so muß eine solche aufschiebende Bedingung (§ 158 Abs. 1 BGB) ausdrücklich vereinbart werden. 26

II. Inlandsgeschäfte

Vorrangiges Anliegen der kommissionsrechtlichen Bestimmungen des DepG ist der Schutz der Depotkunden vor dem Risiko, daß in das Vermögen ihrer depotführenden Kreditinstitute andere Gläubiger vollstrecken oder hierüber ein Insolvenzverfahren eröffnet wird. Die Kreditinstitute sind daher zu einer kurzfristigen Verschaffung von (Mit)Eigentum verpflichtet worden, wenn die Wertpapiere vereinbarungsgemäß im Inland angeschafft und aufbewahrt werden (**Inlands**geschäfte). Erfolgt dagegen diese Anschaffung und Aufbewahrung im Ausland (**Auslands**geschäfte), so braucht das inländische depotführende Kreditinstitut dem Kunden nur auf Verlangen (Mit)Eigentum zu verschaffen (§ 22 DepG). Der Gesetzgeber hat hierdurch auf die Besonderheiten des am Aufbewahrungsort geltenden ausländischen Rechts Rücksicht nehmen wollen; nach den Grundsätzen des internationalen Privatrechts gilt für die Übereignung von Wertpapieren als bewegliche Sachen das **Recht des Aufbewahrungsortes** (lex cartae sitae). Im Interesse eines gleichwertigen Anlegerschutzes haben aber die inländischen depotführenden Kreditinstitute ein Abwicklungsmodell in Gestalt von sog. Gutschriften in Wertpapierrechnung (WR-Gutschriften) geschaffen, bei denen sie selbst die im Ausland aufbewahrten Wertpapiere treuhänderisch erwerben. Hierdurch sind die Depotkunden als Treugeber wirtschaftliche Eigentümer der Wertpapiere und als solche gegen das Vollstreckungs- und Insolvenzrisiko ihres depotführenden Kreditinstitutes geschützt. 27

1. Verschaffung von Alleineigentum (§ 18 DepG). Das DepG geht nach seiner Grundkonzeption noch davon aus, daß dem Kunden im Regelfall (Allein)Eigentum an bestimmten Wertpapierurkunden verschafft wird. Hierzu hat die Bank dem Kunden ein Verzeichnis der für ihn angeschafften Wertpapiere („Stücke") zu übersenden. In diesem sog. Stückeverzeichnis sind die Wertpapiere nach Gattung, Nennbetrag, Wertpapiernummern oder sonstigen Merkmalen zu bezeichnen.[35] Die besondere rechtliche Bedeutung des Stückeverzeichnisses liegt darin, daß spätestens mit seiner **Absendung** das Eigentum an den darin genannten Papieren auf den Kunden kraft Gesetzes übergeht (§ 18 Abs. 3 28

---

[34] *Canaris,* Bankvertragsrecht, 2. Bearbeitung, Rdnr. 1843.

[35] Das Depotgesetz gestattet, unter bestimmten im Gesetz geregelten Voraussetzungen die Übersendung des Stückeverzeichnisses auszusetzen. Diese Aussetzung kommt beispielsweise in Betracht, wenn das Kreditinstitut wegen der Forderungen, die ihm aus der Auftragsausführung erwachsen sind, nicht befriedigt ist und auch keine Stundung bewilligt hat (§ 19 DepG).

DepG). Ein zeitlich früherer Rechtserwerb ist jedoch aufgrund der bürgerlich-rechtlichen Vorschriften über den Eigentumserwerb durch **Rechtsgeschäft** möglich, so wenn das Kreditinstitut die Wertpapiere vor Absendung des Stückeverzeichnisses zu Gunsten des Kunden verbucht und ihm hiervon Mitteilung gemacht hat.

29 **2. Erteilung einer Girosammeldepotgutschrift.** Anstelle der Verschaffung von **Alleineigentum** gestattet das DepG den Kreditinstituten, sich von ihrer Verpflichtung als Einkaufskommissionärin zur Eigentumsverschaffung dadurch zu befreien, daß sie ihren Kunden in Höhe der angeschafften Wertpapiere **Miteigentum** an einem Sammelbestand aus Wertpapieren derselben Art übertragen (§ 24 Abs. 1). Dabei steht im Vordergrund der gesetzlichen Regelung das Miteigentum an Sammelbeständen, die von der Wertpapiersammelbank als hierfür gegründeter Spezialbank gebildet werden. Diese Miteigentumsanteile können im rationellen „stückelosen" Effektengiroverkehr geliefert werden. Diese Sammelverwahrung der Wertpapiersammelbanken wird, weil der Giroverkehr hierdurch überhaupt erst ermöglicht wird, auch als **Girosammelverwahrung** und dementsprechend die hierauf basierenden Miteigentumsanteile kurz als GS-Anteile bezeichnet.

30 Das DepG gestattet im übrigen, anstelle solcher GS-Anteile Miteigentum an Wertpapieren zu verschaffen, die von den Kreditinstituten in eigenen Haustresoren sammelverwahrt werden (sog. **Haussammelverwahrung**). Die Übertragung solcher Haussammel-Anteile ist jedoch für die Belieferung der Effektengeschäfte unpraktikabel; der Bankkunde müßte einer solchen Geschäftsabwicklung in jedem Einzelfall ausdrücklich und schriftlich zustimmen (§ 24 Abs. 1 DepG). Die Praxis macht hiervon wegen des damit verbundenen Zeit- und Kostenaufwandes keinen Gebrauch.

31 Die gesetzliche Konzeption der liefermäßigen Abwicklung der Effektengeschäfte steht daher in auffälliger Diskrepanz zur Praxis. Hiernach ist die Verschaffung von Alleineigentum an bestimmten Wertpapierurkunden die Regel, während die Lieferung von Girosammeldepotanteilen (GS-Anteilen) als Leistung an Erfüllungs Statt (§ 364 Abs. 1 BGB) konzipiert worden ist.[36] In der heutigen Praxis ist jedoch die Lieferung von GS-Anteilen der Regelfall und die Absendung eines Stückeverzeichnisses die seltene Ausnahme.

32 *a) Rationalisierung des Depotgeschäfts durch Sammelverwahrung der Deutsche Kassenverein AG.* Die Diskrepanz zwischen gesetzlicher Regelung und praktischer Handhabung bestand bis zum Zweiten Finanzmarktförderungsgesetz auch bei der bankmäßigen Aufbewahrung von Wertpapierurkunden. Nach dem Leitbild des aus dem Jahre 1937 stammenden Depotgesetzes ist die Regelform der depotgeschäftlichen Aufbewahrung die Sonder(Streifband)verwahrung (§ 2 Nr. 1 DepG) gewesen. Hier werden die Wertpapiere des Depotkunden gesondert von den eigenen Beständen der Depotbank und von denen anderer Depotkunden in Streifbändern oder sonst geeigneten Hüllen aufbewahrt. Dieses gesetzgeberische Leitbild ist durch die zwischenzeitliche Entwicklung des Wertpapierverkehrs überholt. Die Regelform in der Praxis ist heute die wesentlich kostengünstigere, gleichermaßen sichere und abwicklungstechnisch viel einfachere Girosammelverwahrung (GS-Verwahrung). Zu einer Streifbandverwahrung kommt es regelmäßig nur auf ausdrücklichen Wunsch des Depotkunden. Dieser Entwicklung hat das Zweite Finanzmarktförderungsgesetz im Interesse der Rationalisierung des Effekten- und Depotgeschäfts dadurch Rechnung getragen, daß der Regel-Ausnahme-Grundsatz für die Verwahrart umgekehrt wurde.[37] Nach dem neugefaßten § 5 Abs. 1 S. 1 DepG darf die Bank die ihr anvertrauten Wertpapiere in die GS-Verwahrung geben, wenn sich die Wertpapiere hierfür eignen und der Depotkunde auch

---

[36] Vgl. § 24 Abs. 1, 1. Halbsatz DepG: „Der Kommissionär kann sich von seiner Verpflichtung, dem Kommittent Eigentum an bestimmten Stücken zu verschaffen, dadurch befreien, daß er ihm Miteigentum an den zum Sammelbestand der Wertpapiersammelbank gehörenden Wertpapieren verschafft" (*Heinsius/Horn/Than,* DepG, § 24 Rdnr. 7; *Schlegelberger/Hefermehl,* HGB, 5. Aufl. Anh. § 406, Rdnr. 146, wonach die Bank eine facultas alternativa hat).

[37] Begründung des Regierungsentwurfs des Zweiten Finanzmarktförderungsgesetzes, BT-Drucksache 12/6679, 37, 38, 86.

keine Streifbandverwahrung verlangt hat. Dementsprechend kommt eine Streifbandverwahrung nur auf Verlangen des Kunden oder in den Fällen in Betracht, in denen der Kassenverein die Wertpapiere nicht zur GS-Verwahrung zugelassen hat (vgl. § 2 S. 1 DepG).

(aa) Gesetzliche Privilegierung der GS-Verwahrung. Bislang durften die Depotbanken die ihnen anvertrauten Wertpapiere in die GS-Verwahrung nur geben, wenn sie von ihren Kunden eine globale schriftliche GS-Ermächtigung eingeholt hatten. Gesetzgeberischer Anlaß für diese Ermächtigung war, daß bei der Einlieferung der Wertpapierurkunden in eine Sammelverwahrung, wie sie auch der GS-Verwahrung zugrundeliegt, das bisherige Alleineigentum des Kunden kraft Gesetzes in Miteigentum umstrukturiert wird (§ 6 Abs. 1 DepG).[38] Mit der Novellierung des Depotgesetzes durch das Zweite Finanzmarktförderungsgesetz ist dieses Ermächtigungserfordernis für die GS-Verwahrung entfallen, weil diese Verwahrart nunmehr die gesetzliche Regelform darstellt und sie auch grundsätzlich im Kundeninteresse liegt. Hinzu kommt, daß eine Gefährdung der materiellen Rechte der Depotkunden praktisch ausgeschlossen erscheint. Auch hat die Erfahrung gezeigt, daß bei der GS-Verwahrung insbesondere aufgrund der Spezialisierung der Deutscher Kassenverein AG auf das Depotgeschäft ein hoher Sicherheitsstandard geleistet ist.[39] 33

Für die Haussammelverwahrung verbleibt es dagegen bei der bisherigen Regelung. Hiernach muß sich die Depotbank für jedes Verwahrgeschäft eine gesonderte schriftliche Sammelverwahrermächtigung von ihrem Depotkunden erteilen lassen (§ 5 Abs. 1 S. 2, 3 DepG). Für eine Erleichterung der Haussammelverwahrung besteht nach Meinung des Gesetzgebers kein wesentliches praktisches Bedürfnis.[40] 34

Einer Kundenermächtigung zur Sammelverwahrermächtigung bedarf es dagegen nicht in den Fällen, in denen die inländische Depotbank vereinbarungsgemäß die Wertpapiere im Ausland anschafft und aufbewahren läßt, selbst wenn dies üblicherweise in Gestalt der auch im Ausland weitverbreiteten Sammelverwahrung geschieht. Im Unterschied zur Einlieferung in eine inländische Sammelverwahrung kommt es hier nicht zu der Umwandlung von Alleineigentum in Miteigentum des Depotkunden, weil dieser bei einer Anschaffung im Ausland kein Eigentum erwirbt. Nach dem Depotgesetz (§ 22) braucht der inländische Effektenkommissionär in diesen Fällen das Eigentum nur auf Verlangen des Kunden zu verschaffen. Hier erteilt die Bank eine WR-Gutschrift, bei der sie und nicht ihr Kunde (Treuhand)Eigentum erwirbt. Es kann daher zu keiner Umstrukturierung von Kundeneigentum kommen, an die die Sammelverwahrermächtigung des § 5 DepG anknüpft. 35

(bb) Konzentration der Girosammelverwahrung. Mit der inländischen Girosammelverwahrung waren bis zu ihrer Fusionierung sechs Wertpapiersammelbanken betraut worden, die aus traditionellen Gründen überwiegend als Kassenvereine firmierten.[41] Zum 1. Januar 1990 wurden alle Wertpapiersammelbanken auf die Frankfurter Kassenverein AG verschmolzen, die entsprechend ihrer erweiterten Aufgabenstellung in Deutscher Kassenverein AG (nachfolgend auch Kassenverein) umfirmierte. Die fusionierten Wertpapiersammelbanken sind in nunmehr rechtlich unselbständige Niederlassungen der Deutscher Kassenverein AG umgewandelt worden.[42] Der Kassenverein ist, weil mit der Wertpapierverwahrung Bankgeschäft betrieben wird, (Spezial)Kreditinstitut (§ 1 KWG); er unterliegt daher der allgemeinen Bankaufsicht und der speziellen Depotprüfung (§ 30 KWG). 36

(cc) Bildung von Sammelbeständen. Bei der Sammelverwahrung werden alle Wertpapiere derselben Wertpapiergattung für sämtliche Depotkunden, die Wertpapiere dieser Gattung hinterlegt haben, ungetrennt in einem **einheitlichen Sammelbestand** verwahrt. Die 37

---

[38] Amtliche Begründung zum Depotgesetz, abgedruckt bei *Opitz,* Depotgesetz, 2. Aufl., S. 119.

[39] Begründung des Regierungsentwurfs des Zweiten Finanzmarktförderungsgesetzes, BT-Drucks. 12/6679, 86.

[40] Begründung des Regierungsentwurfs des Zweiten Finanzmarktförderungsgesetzes, BT-Drucks. 12/6679, 86.

[41] *Delorme,* Die Wertpapiersammelbanken, 1970, S. 13.

[42] *Jeck,* Die Bank 1990, 437 ff.

Sammelverwahrung ist gegenüber der Sonderverwahrung wegen ihres geringeren Arbeits- und Kostenaufwandes wesentlich rationeller. Heute werden über 80% der zur Sammelverwahrung geeigneten Wertpapiere vom Kassenverein aufbewahrt. Diese Sammelbestände bilden zugleich die wertpapiermäßige Grundlage für den vom Kassenverein vermittelten „stückelosen" Effektengiroverkehr. Die Sammelverwahrung des Kassenvereins vermeidet nicht nur die aufwendige Sonderverwahrung der Wertpapierurkunden, sondern ermöglicht weitere Rationalisierungsmaßnahmen für die Verwahrung und Verwaltung der wertpapiermäßig verbrieften Rechte. Hierzu hat das DepG (§ 9 a) dem Kassenverein gestattet, auch Sammelurkunden zur Girosammelverwahrung entgegenzunehmen (vgl. Rdnr. 30 ff.). Hierdurch werden die für eine sichere Aufbewahrung benötigten Tresorräume entlastet und Kosten für den aufwendigen Druck fälschungssicherer Wertpapierurkunden erspart. Die Girosammelverwahrung durch den besonders zuverlässigen Kassenverein ermöglicht im übrigen auch Rationalisierungsmaßnahmen bei der Verwaltung der sammelverwahrten Wertpapiere. Die Emittenten verzichten zunehmend auf die körperliche Vorlage der fälligen Zins- und Dividendenscheine (Kupons) und begnügen sich statt dessen zum Legitimationsnachweis mit sog. Verwahrbestätigungen des Kassenvereins.[43] In vielen Fällen wird diese körperliche Vorlage von Kupons schon dadurch vermieden, daß die Zinsansprüche nicht wie bisher in abtrennbaren Zinsscheinen verbrieft, sondern in den Sammelurkunden mit verbrieft werden, die die Kapitalforderung wertpapiermäßig verkörpern.[44]

38 *b) Rechtsposition des Depotkunden (§ 6 DepG).* Die Rechtsposition des Depotkunden wird bei der (Giro)Sammelverwahrung durch zwei Umstände geprägt. Die Wertpapierurkunden werden von dem depotführenden Kreditinstitut nicht selbst, sondern von dem in der Verwahrkette nachgeordneten Kassenverein aufbewahrt. Es liegt mithin ein Fall der sog. Drittverwahrung vor (aa). Der Depotkunde hält im übrigen kein Alleineigentum, sondern nur **Mit**eigentum (bb).

39 (aa) Drittverwahrung (§ 3 DepG). Die (Giro)Sammelverwahrung begründet einen mehrstufigen mittelbaren Besitz des Depotkunden i. S. des § 871 BGB. Der Kassenverein als Drittverwahrer ist unmittelbarer Besitzer der bei ihm ruhenden Wertpapiere, während das depotführende Kreditinstitut als Zwischenverwahrer mittelbarer Besitzer der ersten Stufe und sein Depotkunde mittelbarer Besitzer der zweiten Stufe ist. Es entsteht hierdurch eine **Besitzleiter,** die weitere Stufen hat, wenn der Verwahrkette weitere Zwischenverwahrer angehören. Dies ist in der depotgeschäftlichen Praxis nicht ungewöhnlich. Werden Wertpapiere bei einem Kreditinstitut eingeliefert, das nicht mit eigenen Filialen an den 8 inländischen Börsenplätzen vertreten ist und daher kein eigenes Konto beim Kassenverein unterhält, werden die Kundenpapiere über ein anderes dem Kassenvereinssystem angeschlossenes Kreditinstitut zur Girosammelverwahrung eingeliefert. Der Depotkunde ist hier mittelbarem Besitzer der **dritten** Stufe. Zwischen dem Kassenverein als unmittelbarer Besitzer der Wertpapiere und dem Kunden stehen zwei Kreditinstitute als Zwischenverwahrer der ersten und der zweiten Stufe.[45]

40 Bei einer solchen Drittverwahrung bestehen vertragliche Beziehungen nur zwischen der Depotbank und ihrem Kunden einerseits und andererseits zwischen der Depotbank und dem Kassenverein bzw. des weiteren in der Verwahrkette stehenden Kreditinstitutes. Gleichwohl kann auch der Depotkunde als entfernterer mittelbarer Besitzer unter bestimmten Voraussetzungen aus eigenem Recht die Herausgabe der Wertpapiere vom Kas-

---

[43] *Delorme* ZfK 1980, 610.

[44] *Kümpel* WM 1982, 737.

[45] Dasselbe gilt, wenn die Wertpapiere bei der Zweigstelle oder Filiale einer Filialbank eingeliefert werden und die Papiere von der Zweigstelle oder der Filiale im eigenen Namen der Hauptfiliale zur Verwahrung gegeben werden. Solche Zweigstellen und Filialen gelten depotrechtlich sowohl untereinander als auch in ihrem Verhältnis zur Hauptfiliale als verschiedene Verwahrer, wenn sie die Wertpapiere im eigenen Namen zur Verwahrung weitergeben. Dies gilt selbst dann,wenn sich Zweigstelle und Hauptfiliale am selben Ort befinden (§ 3 Abs. 1 Satz 2 DepG).

senverein als Drittverwahrer und damit unter Umgehung seiner zwischenverwahrenden Depotbank verlangen. Dem Depotkunden stehen hierbei zwei Anspruchsgrundlagen zur Verfügung. Ein **dinglicher** Herausgabeanspruch als Miteigentümer der sammelverwahrten Wertpapiere (§ 985 BGB i. V. m. §§ 7 Abs. 1, 8 DepG); solche dinglichen Ansprüche richten sich gegen jeden Besitzer einer Sache. Daneben hat der Depotkunde den **schuldrechtlichen** Herausgabeanspruch analog §§ 556 Abs. 3, 604 Abs. 4 BGB).[46] Nur auf diesen schuldrechtlichen Herausgabeanspruch kann sich der Depotkunde stützen, wenn er nicht zugleich auch Eigentümer der von ihm eingelieferten Wertpapiere ist und ihm daher der dingliche Herausgabeanspruch gegen den drittverwahrenden Kassenverein fehlt.

Dinglichem wie schuldrechtlichem Herausgabeanspruch des Depotkunden gegen den Kassenverein kommen freilich keine große praktische Bedeutung zu. Beide Herausgabeansprüche setzen voraus, daß die Depotbank als Zwischenverwahrerin gegenüber ihrem Depotkunden nicht mehr zum Besitz der von ihr zwischenverwahrten Wertpapiere befugt ist. Die §§ 556 Abs. 3 und 604 Abs. 4 BGB gewähren den Rückforderungsanspruch erst nach **Beendigung** des Vertragsverhältnisses. Solange das verwahrungsrechtliche Rechtsverhältnis zwischen Depotkunden und seiner (zwischenverwahrenden) Depotbank besteht, kann daher der Depotkunde gegen den Kassenverein weder seinen schuldrechtlichen noch dinglichen Herausgabeanspruch geltend machen (vgl. § 986 Abs. 1 Satz 1 BGB). Praktisch bedeutsam können jedoch die eigenen Herausgabeansprüche des Depotkunden gegen den Kassenverein werden, wenn die Gläubiger der Depotbank in deren Depot beim Kassenverein vollstrecken, in das die von den Depotkunden hinterlegten Wertpapiere eingebucht sind. Gegenstand solcher Vollstreckungsmaßnahmen können nur solche Rechte sein, die der Depotbank selbst hinsichtlich des von ihr beim Kassenverein unterhaltenen Depots zustehen. Hierzu gehören Miteigentumsrechte, soweit in diesem Depot eigene Wertpapiere verbucht sind. Im übrigen stehen der Depotbank aus ihrer verwahrungsvertraglichen Beziehung beim Kassenverein eigene **schuldrechtliche** Auslieferungsansprüche zur Seite. Nicht erfaßt werden jedoch von solchen Vollstreckungsmaßnahmen der dem Depotkunden zustehende dingliche Herausgabeanspruch und der schuldrechtliche Herausgabeanspruch analog den §§ 556 Abs. 3, 604 Abs. 4 BGB. Gegenüber diesem dinglichen und schuldrechtlichen Herausgabeanspruch kann der Kassenverein die Einrede des Rechtes zum Besitz nicht mehr geltend machen, sobald der Depotkunde seine verwahrungsrechtliche Beziehung zur Depotbank aufgekündigt hat, weil er von ihr die Rückgabe der Wertpapiere verlangt hat. Kann sich der Depotkunde mit Hilfe einer entsprechenden Bestätigung seiner Depotbank gegenüber dem Kassenverein als Berechtigter legitimieren, so muß der Kassenverein die Wertpapiere unmittelbar an den Depotkunden der zwischenverwahrenden Depotbank ausliefern.[47] Auf die Ausstellung eines solchen urkundlichen Legitimationsnachweises hat der Depotkunde einen (neben)vertraglichen Anspruch, wenn seine Depotbank an der eigenen Auslieferung der Wertpapiere infolge der gegen sie gerichteten Vollstreckungsmaßnahmen gehindert ist.[48] 41

---

[46] *Canaris,* Bankvertragsrecht, Rdnr. 2119.

[47] Zur Schadensersatzpflicht des gegen den Zwischenverwahrer vollstreckenden Gläubigers wegen Eigentumsverletzung (§ 823 Abs. 1 BGB), wenn dem Drittverwahrer durch die Vollstreckung eine Herausgabe an den Hinterleger als (Mit)Eigentümer unmöglich gemacht wird, vgl. BGH WM 1977, 78. *Schütz,* JR 1957, 433.

[48] Mit dieser unmittelbaren Auslieferung der Wertpapiere an den Depotkunden leistet die Wertpapiersammelbank mit befreiender Wirkung gegenüber der zwischenverwahrenden Depotbank als ihrer Depotkundin. Die Depotbank und ihre Depotkunden können jeder für sich die entsprechende Anzahl von Wertpapieren von der Wertpapiersammelbank verlangen. Diese ist zugleich Schuldnerin des verwahrungsrechtlichen Rückforderungsanspruches der zwischenverwahrenden Depotbank einerseits und andererseits des dinglichen bzw. schuldrechtlichen Herausgabeanspruches der Kunden der zwischenverwahrenden Depotbank. Die Wertpapiersammelbank braucht jedoch die von ihr geschuldete Rückgabe nur einmal zu bewirken. Es liegt ein Gesamtgläubigerverhältnis i. S. des § 428 BGB vor (vgl. *Canaris,* Bankvertragsrecht, Rdnr. 2120).

42 Das Risiko solcher Vollstreckungsmaßnahmen ist durch den Maßnahmekatalog geringer geworden, den die KWG-Novelle vom 24. 3. 1976 für das Bundesaufsichtsamt für das Kreditwesen geschaffen hat (§ 46 a KWG). Hiernach kann die Aufsichtsbehörde bei drohender Insolvenz eines Kreditinstitutes ein Veräußerungs- und Zahlungsverbot erlassen und die vorübergehende Schließung des Kreditinstitutes für den Verkehr mit der Kundschaft anordnen. Für die Dauer der Anordnung solcher Maßnahmen sind sodann Zwangsvollstreckungen, Arreste und einstweilige Verfügungen in das Vermögen des hiervon betroffenen Kreditinstituts nicht zulässig (§ 46 a Abs. 1 Satz 4 KWG).

43 (bb) Bruchteilseigentum (§ 6 DepG). Die zum Sammelbestand gehörenden Wertpapiere stehen im **Mit**eigentum der hieran beteiligten Depotkunden, die untereinander eine Gemeinschaft nach Bruchteilen bilden (§§ 1008, 741 BGB).[49] Das gemeinschaftliche Eigentum ist also **Bruchteils**miteigentum und kein Gesamthandseigentum wie z. B. im Falle einer BGB-Gesellschaft. Dabei besteht das Miteigentumsrecht in Gestalt einer bestimmten einheitlichen **Bruchteils**quote an jedem einzelnen Wertpapier des Sammelbestandes (vgl. § 6 Abs. 1 Satz 1 DepG). Das Miteigentumsrecht, das dem Depotkunden gleichmäßig an jeder sammelverwahrten Wertpapierurkunde zusteht, kann ziffernmäßig genau bestimmt werden.[50] Der Bruchteil errechnet sich aus dem Verhältnis der vom Depotkunden eingelieferten Menge zur Gesamtzahl der in dem betreffenden Sammeldepot vereinigten Wertpapiermengen. Der Bruchteils**nenner** bestimmt sich also aus der Anzahl der im Sammelbestand vorhandenen Wertpapiere und der Bruchteils**zähler** aus der vom Depotkunden eingelieferten Wertpapiere. Sind z. B. von den 100 Wertpapieren eines Sammelbestandes 10 Stück von einem Depotkunden zur (Giro)Sammelverwahrung eingeliefert worden, so steht diesem an jedem der im Sammelbestand vereinigten 100 Stück ein Eigentumbruchteilsrecht in Höhe von 10/100 = 1/10 zu. Diese Bruchteilsrechte wechseln ihre Größe bei jeder Veränderung des Gesamtbestandes durch Ein- und Auslieferungen für andere Kunden im Wege der sog. An- und Abwachsung.[51] Wenn die Praxis von Sammeldepotanteilen spricht, so ist hiermit die **Summe** aller einem Depotkunden zustehenden Miteigentumsrechte an sämtlichen Wertpapieren des Sammelbestandes gemeint. Der Sammeldepotanteil wird hier also i. S. eines Sammeldepot**guthabens** verstanden. Dieser Sprachgebrauch steht auch im Einklang mit der Rechtswirklichkeit. Die Miteigentumsrechte an den einzelnen Wertpapierurkunden spielen keine eigenständige rechtliche Rolle, sondern sind für rechtsgeschäftliche Verfügungen zu einer untrennbaren Einheit gebündelt. Der Depotkunde verfügt daher, wenn er einen Teil seines Depotguthabens veräußert, nicht nur über einen Teil der ihm an den zum Sammelbestand gehörenden Wertpapierurkunden zustehenden gleichgroßen Bruchteilsrechte, sondern gleichmäßig über sämtliche seiner Miteigentumsrechte. Nach der Konzeption des Depotgesetzes (§ 6) hält der Depotkunde an den zum Sammelbestand gehörenden Wertpapierurkunden stets eine solche einheitliche Bruchteilsquote, deren Zähler durch die von ihm rückforderbare Anzahl von Wertpapieren bestimmt wird. Bei Teilverkäufen kommt es daher kraft Gesetzes zu einer entsprechenden Ermäßigung der bisherigen Bruchteilsquote an allen Wertpapierurkunden; hierdurch wird eine „heillose Zersplitterung und eine unerträgliche Rechtsunsicherheit" bei Vergütungen über sammelverwahrte Wertpapiere vermieden.

44 Die an demselben Wertpapiersammelbestand beteiligten Depotkunden bilden im Innenverhältnis eine Bruchteilsgemeinschaft. Im Interesse der Praktikabilität hat das Depotgesetz dieses Innenverhältnis gegenüber der gesetzlichen Regelung der Bruchteilsgemeinschaft i. S. der §§ 741 ff. BGB tiefgreifend abgewandelt.[52] Die Sammeldepotgemeinschaft wird

---

[49] *Opitz,* DepG, S. 151; *Canaris,* Bankvertragsrecht, Rdnr. 2022, 2115; *Heinsius/Horn/Than,* DepG, § 6 Rdnr. 16; *Kümpel,* WM 1980, 422 ff. m. w. N.

[50] *Opitz,* Der Effekten-Ferngiroverkehr, S. 86 f.

[51] *Canaris,* Bankvertragsrecht, Rdnr. 2117; *Schulze-Osterloh,* „Das Prinzip der gesamthänderischen Bindung", 1972, S. 150.

[52] *Canaris,* Bankvertragsrecht, Rdnr. 2115, 2117.

daher zu Recht als eine Bruchteilsgemeinschaft eigener Art bezeichnet. So kann der Depotkunde die Auslieferung von Wertpapieren entsprechend seinem Sammeldepotguthaben an sich selbst verlangen; bei der gewöhnlichen Bruchteilsgemeinschaft kann dagegen der einzelne Gemeinschafter die Herausgabe des gemeinschaftlichen Eigentums nur an alle Gemeinschafter oder Hinterlegung beim zuständigen Amtsgericht fordern (§§ 432, 741, 1011 BGB).[53] Hierzu ist auch der Sammelverwahrer ermächtigt worden, dem einzelnen Depotkunden eine seinem Sammeldepotguthaben entsprechende Anzahl von Wertpapieren auszuliefern (§ 6 Abs. 2 Satz 1 DepG); mit dieser Bestimmung ist der für die Bruchteilsgemeinschaft geltende § 747 Satz 2 BGB mit seiner gemeinschaftlichen Verfügungsbefugnis modifiziert worden. Diese gesetzliche Ermächtigung ermöglicht es dem Sammelverwahrer, Auslieferungsansprüche der Depotkunden ohne Mitwirkung der anderen Miteigentümer und damit in einer den praktischen Bedürfnissen der Sammelverwahrung gerecht werdenden Weise zu erfüllen.[54] Dem Depotkunden ist es im übrigen verwehrt, die Aufhebung der Bruchteilsgemeinschaft zu verlangen, wie dies § 749 BGB bei gewöhnlichen Bruchteilsgemeinschaften zuläßt. Eine solche Aufhebung wäre unvereinbar mit der Funktion der Sammelverwahrung als einer auf Dauer angelegten Einrichtung des bankmäßigen Depotgeschäfts. Statt dessen kann der Depotkunde die ihm aus der Hinterlegung „gebührende Menge" insgesamt oder in Teilbeträgen fordern (§§ 7 Abs. 1, 6 Abs. 2 DepG); hierdurch wird der bei einer Sonderverwahrung bestehende Anspruch des § 695 BGB auf Herausgabe der hinterlegten Sache abgewandelt.[55] Mit Zweck und Ziel der Sammelverwahrung wäre es unvereinbar, wenn der Hinterleger die von ihm eingelieferten Wertpapierurkunden herausverlangen könnte, weil sodann zur späteren Identifizierung des Berechtigten eine nach Kundennamen geordnete Sonderverwahrung erforderlich wäre.[56] Daneben erwächst dem Depotkunden als Miteigentümer ein **dinglicher** Herausgabeanspruch,[57] der im Interesse der Funktionsfähigkeit der Sammelverwahrung wie der schuldrechtliche Rückforderungsanspruch nicht auf bestimmte Wertpapierurkunden, sondern auf Auslieferung einer bestimmten **Menge** aus dem betreffenden Sammelbestand gerichtet ist.

c) Sammelurkunden. Zur weiteren Rationalisierung des Depotgeschäftes hat der Gesetzgeber die Sammelurkunde für die Girosammelverwahrung (GS-Verwahrung) zugelassen. **45**
Unter einer Sammelurkunde ist ein Wertpapier zu verstehen, das mehrere Rechte verbrieft, die jedes für sich in vertretbaren Wertpapieren einer und derselben Art verbrieft sein könnten (§ 9 a Abs. 1 Satz 1 DepG).[58] Durch die globale Verbriefung in einer einzigen Urkunde verlieren die davon erfaßten Einzelrechte nicht ihre rechtliche Selbständigkeit; sie werden nur in einer einheitlichen Urkunde zusammengefaßt. Abgesehen von der globalen Verbriefung unterscheidet sich die Sammelurkunde somit nicht von den Wertpapieren, die gleichartige Einzelrechte verbriefen. In der Praxis werden für die Sammelurkunden unterschiedliche Bezeichnungen verwendet wie Sammelzertifikat, Globalaktie, Sammelaktie, Sammelschuldverschreibung, Globalschuldverschreibung.[59] Dabei fallen unter die Sammelurkunde des § 9 a DepG nur solche Urkunden, in denen wertpapiermäßig verbriefbare Einzelrechte zusammengefaßt sind, nicht jedoch Beweisurkunden wie etwa ein Global-GmbH-Anteilschein.[60]

---

[53] *Palandt/Thomas,* BGB, 54. Aufl., § 741 Rdnr. 10.

[54] Amtliche Begründung, abgedruckt bei *Opitz,* DepG, S. 150; *Canaris,* Bankvertragsrecht, Rdnr. 2121.

[55] *Opitz,* DepG, S. 166; *Canaris,* Bankvertragsrecht, Rdnr. 2119; *Schlegelberger/Hefermehl,* HGB, 5. Aufl. 1977, Rdnr. 289.

[56] *Canaris,* Bankvertragsrecht, Rdnr. 2119.

[57] Die gesetzliche Grundlage dieses Herausgabeanspruchs ist § 985 BGB (vgl. hierzu *Kümpel,* Depotgeschäft, Rdnr. 8/49).

[58] Von der Sammelurkunde zu unterscheiden ist das Großstück, das eine Einzelurkunde über einen hohen Nennbetrag darstellt.

[59] Vgl. die Zusammenstellung bei *Scholtz,* Die Verwahrung von Globalurkunden, S. 9.

[60] *Heinsius/Horn/Than,* DepG, § 9 a Rdnr. 9.

46 Sammelurkunden konnten bislang nur dem Kassenverein zur Aufbewahrung anvertraut werden. Nach der Neufassung des § 9 a Abs. 1 S. 1 DepG durch das Zweite Finanzmarktförderungsgesetz kann der Depotkunde auch seine Bank mit der Aufbewahrung betrauen. Dies darf jedoch nur in Form der Sonder(Streif)bandverwahrung geschehen. Ohne ein solches Verlangen nach Streifbandverwahrung hat die Depotbank die Sammelurkunden beim Kassenverein zur Girosammelverwahrung einzuliefern.

47 (aa) „Technische" Sammelurkunde. Das Depotgesetz (§ 9 a) gestattet die **nachträgliche** Herstellung von Sammelurkunden über die beim Kassenverein verwahrten Einzelstücke. Hierdurch kann Tresorraum eingespart und die Bearbeitung der Kupons (Trennen, Entwerten, Zählen, Versenden, Prüfen, Vernichten) durch den Kassenverein im Rahmen seiner Verwaltung der verwahrten Wertpapiere vermieden werden. Von dieser Globalverbriefung kann jederzeit und ohne Zustimmung der übrigen Beteiligten Gebrauch gemacht werden; hierzu ersetzt der Aussteller (Emittent) die einzelnen Wertpapiere des Sammelbestandes durch eine Sammelurkunde.

48 Mit der Einverleibung der Globalurkunde in den Sammelbestand erwerben die Sammeldepot-Beteiligten kraft Gesetzes entsprechende Miteigentumsrechte an der Globalurkunde (§ 9 a Abs. 2 DepG). Die ersetzten Einzelurkunden verlieren zur Vermeidung einer Doppelverbriefung ihre Wertpapiereigenschaft, selbst wenn sie nicht vernichtet, sondern von der Emittentin oder von deren Beauftragten zur späteren Wiederverwendung in sichere Obhut genommen werden.[61]

49 Für die Verwahrung der Sammelurkunde sind, auch wenn sie allein den Sammelbestand verkörpert, die Grundsätze sinngemäß anwendbar, die für die Sammelverwahrung von Einzelurkunden gelten.[62] Eine Sonderregelung besteht jedoch insofern, als der Kassenverein die von einem Hinterleger gewünschte Auslieferung von Wertpapierurkunden bis zum Ausdruck der hierfür benötigten Einzelstücke verweigern darf (befristetes gesetzliches Leistungsverweigerungsrecht).[63] Der Aussteller ist dem Kassenverein gegenüber verpflichtet, bei der Geltendmachung von Auslieferungsansprüchen die Sammelurkunde insoweit durch einzelne Wertpapiere zu ersetzen, als dies für die Auslieferung erforderlich ist (§ 9 a Abs. 3 Satz 1 DepG). Das gesetzliche Leistungsverweigerungsrecht des Kassenvereins wirkt auch zugunsten der zwischenverwahrenden Kreditinstitute.[64]

50 Der Kassenverein besteht zur Aufrechterhaltung seiner Lieferbereitschaft regelmäßig darauf, daß im Interesse des Ansehens der deutschen Girosammelverwahrung ein Handbestand von Einzelurkunden („Wechselgeld") vorhanden ist; hierdurch soll dem erfahrungsgemäß zu erwartenden Auslieferungsbegehren unverzüglich Rechnung getragen werden können.[65]

51 Die girosammelverwahrte Sammelurkunde braucht in ihrer äußeren Gestaltung nicht den Druck-Richtlinien der Wertpapierbörsen zu entsprechen, weil sie börsenmäßig nicht lieferbar ist.[66] Wegen der fehlenden Lieferbarkeit wird die girosammelverwahrfähige Sammelurkunde als eine technische Globalurkunde bezeichnet, an deren Ausstellung wegen des geringeren Fälschungsrisikos schwächere Anforderungen gestellt werden können.[67] Die Sammelurkunde braucht daher nur auf fälschungssicherem Papier unter Verwendung einer Schreibmaschine hergestellt zu werden. Gleichwohl stellen die technischen Globalurkunden Wertpapiere i. S. des Depotgesetzes dar. Dies war schon vor der Depot-

---

[61] *Pleyer,* WM 1979, 852.

[62] *Pleyer/Schleiffer,* DB 1972, 78; *Canaris,* Bankvertragsrecht, Rdnr. 2159. Zur Rechtsnatur der Ersetzungsbefugnis des Ausstellers vgl. im übrigen *Heinsius/Horn/Than,* DepG, § 9 a Rdnr. 30.

[63] *Pleyer/Schleiffer,* DB 1972, 78; *Heinsius/Horn/Than,* DepG, § 9 a Rdnr. 53.

[64] Eine hierdurch verzögerte Erfüllung ist infolge der gesetzlichen Regelung rechtmäßig, so daß kein Verzug vorliegt (§ 285 BGB), auch entfällt insoweit die in den AGB der Kreditinstitute übernommene Haftung für die Wertpapiersammelbanken.

[65] *Kümpel,* Depotgeschäft, Rdnr. 8/92.

[66] *Pleyer/Schleiffer,* DB 1972, 77; *Heinsius/Horn/Than,* DepG, § 9 a, Rdnr. 16.

[67] *Delorme,* Die Wertpapiersammelbanken, S. 47.

gesetznovelle vom 27. 5. 1972 unbestritten;[68] hierdurch ist jedoch die bisherige Verwendung technischer Sammelurkunden zur Rationalisierung der GS-Verwahrung legalisiert worden.[69]

(bb) „Interimistische" Sammelurkunde. Das Gesetz gestattet nicht nur die nachträgliche Globalverbriefung eines Sammelbestandes des Kassenvereins. Zulässig ist auch die Einlieferung einer schon emittierten Sammelurkunde in die Girosammelverwahrung (§ 9 a Abs. 1 Satz 1 DepG).[70] Mit dieser gesetzlichen Regelung hat die von den Börsenaufsichtsbehörden der Länder schon früher gebilligte Übung der Wertpapiersammelbanken, bei Neuemissionen interimistische Globalurkunden entgegenzunehmen, eine einwandfreie Rechtsgrundlage erhalten.[71] Die interimistische Sammelurkunde, die regelmäßig die gesamten neu emittierten Rechte verbriefte, wurde als Deckung für den Giroverkehr vor der Druckfertigstellung der Einzelstücke für einen auf vier Monate befristeten Zeitraum hereingenommen. Hierdurch sollte die Börseneinführung und Aufnahme der amtlichen Notierung bereits vor Lieferung der Einzelstücke ermöglicht werden.[72] 52

(cc) Dauer-Globalurkunde. Von der technischen und interimistischen Sammelurkunde ist die Sammelurkunde zu unterscheiden, bei der die Auslieferung von Einzelstücken für alle Zukunft ausgeschlossen ist (Dauer-Globalurkunde).[73] Praktische Beispiele aus der Vergangenheit sind die Kassenobligationen der öffentlichen Hand, die Bundesschatzbriefe und die Dauer-Globalurkunden zwecks Einführung wertpapiermäßig nicht verbriefter ausländischer Werte in inländischen Wertpapierbörsen. Im letzteren Falle emittiert der Deutsche Auslandskassenverein jeweils über die von ihm als Deckung gehaltenen ausländischen Rechte in girosammelverwahrfähiges Sammelzertifikat, in dessen Bedingungen die Auslieferung von Einzelstücken ausgeschlossen ist; statt dessen kann nur die Auslieferung der ausländischen Originalrechte verlangt werden. 53

Die Dauer-Globalurkunde ist girosammelverwahrfähig. Hierzu bestimmt § 9 a Abs. 3 DepG ausdrücklich, daß der Inhaber von GS-Anteilen gegen den Kassenverein keinen Lieferungsanspruch auf Einzelstücke geltend machen kann, wenn die Emittentin nach dem zugrundeliegenden Rechtsverhältnis zum Ausdruck solcher Einzelurkunden nicht verpflichtet ist. Der Gesetzgeber hat hierdurch die Dauer-Globalurkunde legalisiert. Sie wird als eine Vorstufe auf dem Wege zu unverbrieften Bucheffekten bezeichnet.[74] Auch bei diesen Wertpapierurkunden ist wie ein den unverbrieften Bucheffekten eine Eigenverwahrung durch die (Mit)Eigentümer ausgeschlossen. Der Erwerb von Miteigentumsrechten ist daher nur im Wege des Effektengiroverkehrs durch Gutschrift von Girosammeldepotanteilen auf dem Depotkonto der Anleger möglich. Die Praxis verwendet deshalb hierfür den Begriff „Zwangsgiro",[75] während das Schrifttum von „de facto" Bucheffekten spricht.[76] Für deutsche Aktien ist jedoch dieses Zwangsgiro bislang unzulässig gewesen; nach h. M. hat der Aktionär einen Anspruch auf Ausstellung von Aktienurkunden.[77] Das Gesetz für 54

---

[68] *Scholtz,* Die Verwahrung von Globalurkunden, S. 28.

[69] *Heinsius/Horn/Than,* DepG, § 9 a Rdnr. 16.

[70] Das Publikum gelangt – abgesehen von Großaktionären oder Großanlegern – nicht in den Besitz solcher technischen Urkunden; sie sind wegen ihrer fehlenden börsenmäßigen Lieferbarkeit für die Eigenverwahrung ungeeignet.

[71] *Heinsius/Horn/Than,* DepG, § 9 a Rdnr. 15.

[72] *Kessler,* ZfK 1964, 830; *Philipp* WM 1965, 214.

[73] *Delorme,* Die Wertpapiersammelbanken, S. 45; *Pleyer/Schleiffer,* DB 1972, 78; *Heinsius/Horn/Than,* DepG, § 9 a Rdnr. 17.

[74] *Peters,* Wertpapierfreies Effektensystem; *Peters,* WM 1976, 890 ff.; *Zöllner,* Festschrift für Raiser, S. 279 ff.; *Baumbach/Hefermehl,* Wechselgesetz und Scheckgesetz, WPR Rdnr. 90 ff.

[75] *Heinsius/Horn/Than,* DepG, § 9 a Rdnr. 55; *Schmidtgall,* ZfK 1972, 863; *ders.* Bank-Betrieb 1973, 426.

[76] *Koller,* Gutachten und Vorschläge, S. 1503.

[77] *Heinsius/Horn/Than,* DepG, § 9 a Rdnr. 17, 60; nach *Canaris,* Bankvertragsrecht, Rdnr. 2135 kann dieses Recht auf Einzelverbriefung in der Gesellschaftssatzung ausgeschlossen werden.

kleine Aktiengesellschaften und zur Deregulierung des Aktienrechts vom 2. August 1994 hat jedoch dem bisherigen § 10 AktG einen neuen Absatz 5 angefügt. Danach kann in der Satzung der Emittentin der Anspruch auf Einzelverbriefung der Aktien angeschlossen oder eingeschränkt werden.

55 Die Dauer-Globalurkunde hat anders als die unverbrieften Bucheffekten aufgrund der Verbriefungsform Wertpapiercharakter.[78] Sie kann daher sämtliche wertpapierrechtlichen Funktionen wahrnehmen: die Inkassolegitimation der sie verwahrenden Wertpapiersammelbank gegenüber der Emittentin als Schuldner der verbrieften Rechte (§ 793 Abs. 1 Satz 1 BGB), die Liberationswirkung zugunsten der Emittentin (§ 793 Abs. 1 Satz 2 BGB), die skripturale Haftung entsprechend dem Wortlaut der Dauer-Globalurkunde und den weitgehenden Ausschluß von Einwendungen der Emittentin (§ 796 BGB).[79]

56 Die Umstellung des derzeit auf wertpapiermäßiger Verbriefung ruhenden deutschen Effektenwesens auf unverbriefte Bucheffekten (sog. **Entmaterialisierung**) würde keine nennenswerten Rationalisierungseffekte bewirken. Räumliche Anforderungen und die Kosten einer sicheren Aufbewahrung für die Dauer-Globalurkunden durch den Kassenverein sind minimal. Die Registrierung der Bucheffekten verursacht im übrigen wegen des damit verbundenen personellen und sachlichen Aufwandes der Registerführung nicht unbeträchtliche Kosten, wie insbesondere die ausländischen Beispiele der Namensaktien-Register zeigen. Die Entmaterialisierung würde zudem die Änderung einer Vielzahl von gesetzlichen Bestimmungen erfordern, wenn die unverbrieften Bucheffekten denselben Rechtsschutz wie wertpapiermäßig verbriefte Rechte genießen sollen.[80] In der Praxis zeigt sich auch ein Bedürfnis nach zumindest teilweiser Verbriefung in umlauffähigen Wertpapierurkunden; es besteht nach wie vor ein beträchtliches Interesse eines Teiles der Anleger an eigener Verwahrung.[81]

57 *d) Unverbriefte Schuldbuchforderungen (Wertrechte).*[82] Für die Girosammelverwahrung eignen sich auch die Wertrechte im engeren Sinne des Wortes. Wertrechte sind unverbriefte, sammelverwaltete Rechte, die kraft gesetzlicher Anordnung sammelverwahrten Wertpapieren gleichgestellt sind.[83] Hierzu gehören nach geltendem Recht nur die Sammelschuldbuchforderungen, die auf den Kassenverein im Bundes- oder in einem Landesschuldenbuch gemäß den einschlägigen Gesetzesvorschriften eingetragen worden sind. Dabei handelt es sich um die „Verordnung über die Verwaltung und Anschaffung von Reichsschuldbuchforderungen" vom 5. 1. 1940[84] und die Verordnungen über die „Behandlung von Anleihen des Deutschen Reichs im Bank- und Börsenrecht" vom 31. 12. 1940[85] und vom 18. 4. 1942.[86]

---

[78] *Delorme,* Die Bank 1981, 433.

[79] *Kümpel,* WM 1982, 730; *Baumbach/Hefermehl,* Wechselgesetz und Scheckgesetz, WRP Rdnr. 92.

[80] *Peters,* Wertpapierfreies Effektensystem, S. 136, 156; *ders.* WM 1976, 896. *Koller* hat sich daher gegen die Einführung der Wertrechte ausgesprochen und eine Ablösung der unverbrieften Schuldbuchforderungen durch nicht auflösbare Dauer-Globalurkunden befürwortet (Gutachten und Vorschläge, S. 1491 ff.). Nach *Baumbach/Hefermehl,* Wechselgesetz und Scheckgesetz, WPR Rdnr. 93 ist daher die Zukunft der unverbrieften Bucheffekten ungewiß.

[81] *Keßler,* 1978, 104; *Delorme,* Die Bank 1981, 437; *Kümpel,* WM 1982, 738.

[82] *Büchner,* Effektengiroverkehr; *Fabricius,* AcP 162 (1963) 456 ff.; *Meder-Ernst,* Schuldbuchrecht des Bundes und der Länder, 1970; *Müncks,* ZfK 1971, 944 ff.; *Peters* WM 1976, 890 ff.; *Schmidtgall,* Bank-Betrieb 1973, 426 ff.; *Wessely,* WM 1969, 1094 ff.

[83] *Heinsius/Horn/Than,* DepG, § 42 Rdnr. 29. Nach *Canaris,* könne statt des Begriffs Wertrecht der Begriff Bucheffekten als Gegensatz zu den Briefeffekten (Wertpapiere) verwendet werden (Bankvertragsrecht, Rdnr. 2045). Vgl. hierzu *Peters,* WM 1976, 890 ff.; *Kümpel,* WM 1982, 730 ff.; *Delorme,* Die Bank 1981, 431 ff.

[84] RGBl. I S. 30, abgedruckt bei *Heinsius/Horn/Than,* DepG S. 682; *Bruns/Rodrian,* Wertpapier und Börse, Nr. 310.

[85] BGBl. III Folge 65, S. 17, abgedruckt bei *Heinsius/Horn/Than,* DepG, S. 684 ff.

[86] BGBl. III Folge 65, S. 18, abgedruckt bei *Heinsius/Horn/Than,* DepG, S. 685 ff. Die Fortgeltung dieser drei Verordnungen ist vorsorglich in dem Anleihe-Gesetz von 1950 vom 29. 3. 1951, BGBl. I,

Aufgrund dieser Verordnungen dürfen Wertpapiersammelbanken Schuldbuchforderungen und Schuldverschreibungen zu einem einheitlichen Sammelband vereinigen. Zugleich wurde angeordnet, daß die in den Sammelbestand eingegliederten Schuldbuchforderungen den zu diesem Sammelbestand gehörenden Schuldverschreibungen „gleichstehen" (§ 2 der Verordnung vom 31. 12. 1940).[87]

Praktische Beispiele bilden die seit 1969 aufgelegten **Bundesschatzbriefe**[88] und sämtli- 58
che seit 1970 begebenen **Kassenobligationen** der öffentlichen Hand.[89] Seit Mitte 1971 sind die Emissionen der Bundesrepublik Deutschland, der Bundesbahn und der Bundespost als solche Wertrechtsanleihen begeben worden.[90] Mit der Depotgesetznovelle von 1972 können Wertrechtsanleihen auch von den Bundesländern begeben werden; hiernach gelten die drei erwähnten Verordnungen sinngemäß für Anleiheforderungen, die in Schuldbüchern der Länder eingetragen sind. Für jede Emission wird ein eigenes Schuldbuch angelegt, wobei für jeden einzelnen Gläubiger ein besonderes Konto (Schuldbuchblatt) eingerichtet wird; auf diesem werden der Nennbetrag sowie weitere Merkmale der Anleihe vermerkt.[91]

(aa) Rechtsstellung der Anteilsinhaber. Der Schuldbuchverkehr ist treuhandrechtlich or- 59
ganisiert. Die Treuhandstellung des Kassenvereins beruht auf keiner Vollrechtstreuhand (fiduziarische Treuhand), bei welcher der Treuhänder Inhaber des Rechts ist und nur im Innenverhältnis zum Treugeber schuldrechtlichen Bindungen unterworfen ist.[92] Der Kassenverein ist vielmehr nur ermächtigter Treuhänder. Sie ist also lediglich zu Verfügungen über das Treuhandgut im eigenen Namen ermächtigt (§ 185 BGB), während die Anleger als Treugeber Vollrechtsinhaber sind[93] (§ 2 Abs. 1 der Verordnung vom 5. 1. 1940). Der Kassenverein ist mithin wie der im Aktionärsbuch eingetragene Nichtaktionär[94] nur formell legitimierter (Buch)Gläubiger[95]. Die Anteilsgläubiger bilden eine Bruchteilsgemeinschaft i. S. der §§ 741 ff. BGB.[96]

(bb) Analoge Anwendung der sachen- und depotrechtlichen Vorschriften. Die Rechts- 60
natur der Anteilsrechte an Sammelschuldbuchforderungen (Wertrechte) ist umstritten. Überwiegend wird dem Wertrecht sachenrechtlicher Charakter beigemessen.[97] Nach *Ca-*

S. 218, ausgesprochen worden (abgedruckt bei *Heinsius/Horn/Than,* DepG, S. 681 ff.); *Büchner;* Effektengiroverkehr, S. 158.

[87] Im Wege der gesetzlichen Fiktion wurde auch die für den Effektengiroverkehr unverzichtbare Möglichkeit eines gutgläubigen Erwerbs geschaffen (*Canaris,* Bankvertragsrecht, Rdnr. 2052).

[88] LG Konstanz WM 1988, 818 und Anmerkung von *Welter,* EWiR 1988 (Bundesschatzbriefe, § 1280 BGB); *Wessely,* WM 1969, 1094.

[89] Dieser Begriff hat sich für Schuldverschreibungen mit einer Laufzeit von nicht länger als vier Jahren eingebürgert (*Rieger,* ZfK 1959, 775).

[90] *Peters,* WM 1976, 893. Mit Auslaufen der 6,5%igen Postanleihe 1968 im Juni 1988 ist keine wertpapiermäßig verbriefte Anleiheforderung der Bundesrepublik mehr im Umlauf (*Hölbüng,* Bundeswertpapiere nicht mehr „zum Anfassen", Börsen-Zeitung vom 4. 2. 1988, S. 7). Nach § 14 Abs. 3 des Gesetzes über die Lastenausgleichsbank – BGBl. I 1954, S. 293 ff. – kann dieses Institut für seine Anleihen ein Schuldbuch von der Bundesschuldenverwaltung führen lassen; auf die in dem Schuldbuch der Bank eingetragenen Anleiheforderungen sind die für Bundesschuldbuchforderungen jeweils geltenden Bestimmungen anzuwenden.

[91] *Peters,* WM 1976, 892.

[92] *Palandt/Bassenge,* BGB, 54. Aufl., § 903 Rdnr. 34.

[93] *Heinsius/Horn/Than,* DepG, § 42 Rdnr. 25; *Canaris,* Bankvertragsrecht, Rdnr. 2036. Insolvenzrechtlich kann die Frage nach der Art der Treuhandstellung der Wertpapiersammelbank dahingestellt bleiben (vgl. *Peters,* WM 1976, 895).

[94] Vgl. *Lutter,* Kölner Kommentar zum Aktiengesetz, 1970, § 67 Anm. 14.

[95] *Büchner,* Effektengiroverkehr, S. 165.

[96] *Heinsius/Horn/Than,* DepG, § 42 Rdnr. 23; *Büchner,* Effektengiroverkehr, S. 167; vgl. weiter *Canaris,* Bankvertragsrecht, Rdnr. 2055.

[97] *Opitz,* DepG, S. 448; *Büchner,* Effektengiroverkehr, S. 197; vgl. weiter BGHZ 5, 27 ff., wonach die Anteilsrechte im Wege der Fiktion zur beweglichen Sache geworden sind, und zwar mindestens

naris verfolgt die gesetzliche Fiktion der beiden Verordnungen vom 31. 12. 1940 und vom 18. 4. 1942 nicht den Zweck, für die Anteilsrechte an Sammelschuldbuchforderungen im Verhältnis zu Miteigentumsrechten an girosammelverwahrten Wertpapieren eine Gleichheit vor dem Gesetz herbeizuführen. Bei dieser Fiktion handele es sich „um nicht mehr als um eine verdeckte Verweisung auf einen bestimmten Normenkomplex bzw. um die Anordnung der analogen Anwendung dieser Vorschriften".[98] Dieser Theorienstreit hat indessen keine nennenswerten praktischen Auswirkungen. Die Depotkunden verfügen insbesondere über ein Aussonderungsrecht (§ 43 KO)[99] und die Drittwiderspruchsklage (§ 771 ZPO). Die **Gleichstellung** der Anteilsrechte (Wertrechte) mit Sammeldepotanteilen und (GS) Sammelbeständen aus Wertpapierurkunden gilt auch für die Börsenzulassung, die Mündelsicherheit, die Lombardfähigkeit und die Verwendung als Deckung durch Versicherungen und Realkreditinstitute.[100]

61 Die Reichweite dieser Gleichstellungsfiktion ist im Hinblick auf die fragliche Norm im Einzelfall zu überprüfen und zu bestimmen, wobei im Zweifel die Anwendbarkeit der Vorschriften über bewegliche Sachen zu bejahen ist.[101] Insbesondere richtet sich die Übertragung, Verpfändung und die Pfändung der Anteilsrechte an Sammelschuldbuchforderungen nach den einschlägigen Vorschriften für Girosammelanteile an Sammelbeständen aus Wertpapierurkunden (§§ 929 ff., 1205 ff. BGB; §§ 857, 829, 835 ZPO).[102]

62 Sammelschuldbuchforderungen sind daher auch wie bewegliche Sachen zu verpfänden und unterliegen mithin dem AGB-Pfandrecht der Kreditinstitute.[103] An die Stelle des an solchen Buchrechten nicht möglichen Besitzes tritt die depotmäßige Gutschrift, die der im Schuldbuch eingetragene Kassenverein dem zwischen „verwahrenden" Kreditinstitut als Pfandgläubigerin erteilt hat. Das depotführende Kreditinstitut ist aufgrund dieses beim Kassenverein unterhaltenen Guthabens schon vor der Verpfändung „Besitzerin" des Bundesschatzbriefes; es bedarf deshalb in entsprechender Anwendung des § 1205 Abs. 1 Satz 2 BGB keines weiteren Publizitätsaktes für die Entstehung des Pfandrechts.[104] Demzufolge können die Anteilsrechte an Sammelschuldbuchforderungen auch gutgläubig erworben werden.

63 Haben die Kreditinstitute für ihre Depotkunden Wertrechte anzuschaffen, so sind wie bei den wertpapiermäßig verbrieften Rechten die kommissionsrechtlichen Bestimmungen der §§ 18–31 DepG anwendbar; es ist daher auch die Möglichkeit eines gesetzlichen Erwerbs durch Depotgutschriften gegeben (vgl. § 24 Abs. 2 DepG).[105]

64 (cc) Einzelschuldbuchforderungen. Keine Wertrechte sind die Forderungen, die im Bundes(Landes)schuldbuch auf den Namen des Anlegers eingetragen werden. Solchen Schuldbuchforderungen fehlt das für Wertrechte wesentliche Begriffsmerkmal der Sammelverwaltung durch den Kassenverein. Es ist daher irreführend, wenn für diese auf den einzelnen Anleger eingetragenen Forderungen der Ausdruck „Einzel"-Wertrechte ver-

---

soweit es sich um ihre verwahrungsrechtliche Behandlung handelt. Nach *Schönle,* Bank- und Börsenrecht, S. 303, ist das Anteilsrecht durch die Sammelverwahrung „verdinglicht". Ähnlich *Fabricius,* AcP 162 (1963) 475.

[98] Bankvertragsrecht, Rdnr. 2053.

[99] *Böhle/Stamschräder,* KO, 12. Aufl., § 43 Anm. 6.

[100] *Müncks,* ZfK 1971, 945; *Heinsius/Horn/Than,* DepG, § 42 Rdnr. 34.

[101] *Canaris,* Bankvertragsrecht, Rdnr. 2057; *Heinsius/Horn/Than,* DepG, § 42 Rdnr. 30.

[102] *Canaris,* Bankvertragsrecht, Rdnr. 2055; *Heinsius/Horn/Than,* DepG, Rdnr. 30 ff. Wegen weiterer Einzelheiten, insbesondere der Pfandrechtsverwertung, vgl. *Büchner,* Effektengiroverkehr, S. 189, 203.

[103] LG Konstanz WM 1988, 818.

[104] *Welter,* EWiR 1988 (Bundesschatzbriefe, § 1280 BGB).

[105] § 6 Abs. 2 der Verordnung vom 5. 1. 1940, die sich an § 24 Abs. 2 DepG angelehnt hat (vgl. Amtliche Begründung abgedruckt bei *Opitz,* DepG, S. 523; *Müncks* ZfK 1971, 945). Dem Anteilsgläubiger steht im übrigen der Schadensersatzanspruch wie ein Eigentümer gemäß § 823 Abs. 1 BGB zu (*Canaris,* Bankvertragsrecht, Rdnr. 2057; *Heinsius/Horn/Than,* DepG, § 42 Rdnr. 34).

wendet wird.[106] Mit Rücksicht darauf, daß auf diese Forderungen die Fiktion der Gleichstellung mit den Sammelschuldbuchforderungen nicht anwendbar ist, sollte hier der schuldbuchrechtliche Begriff „Einzelschuldbuchforderungen" verwendet werden.[106a]

Einzelschuldbuchforderungen werden wie die Sammelschuldbuchforderungen durch die Eintragung im Bundes(Landes)schuldbuch begründet. Die Eintragung erfolgt hier jedoch auf den Namen der Anleger, während die Sammelschuldbuchforderungen (Wertrechte) auf den Namen des sie verwaltenden Kassenvereins im Schuldbuch registriert werden. Als einfache Buchforderungen sind die Einzelschuldbuchforderungen für die Belieferung von Börsengeschäften ungeeignet. Nach den Börsenusancen sind nur Girosammeldepotanteile (GS-Anteile) lieferbar. Bei Veräußerungen über die Börse bedarf es daher zuvor der **Umwandlung** der Einzelschuldbuchforderungen in solche GS-Anteile.[107] Hierzu wird in Höhe des Forderungsbetrages eine entsprechende GS-Gutschrift durch eine hierfür eingeschaltete Bank erteilt;[108] fehlt eine solche Weisung, so erfolgt die Gutschrift zugunsten der deutschen Bundesbank. Nach der Gutschrift kann die eingeschaltete Bank bzw. die Bundesbank die mit der Umwandlung entstandenen GS-Anteile börsenmäßig verkaufen. 65

Außerhalb der Börse kann die Einzelschuldbuchforderung jederzeit ohne Umwandlung nach zessionsrechtlichen Grundsätzen veräußert oder verpfändet werden (§§ 398 ff., 1273 ff. BGB).[109] Für Rechtsveränderungen sind anders als im Grundbuchrecht entsprechende Eintragungen im Bundesschuldbuch nicht erforderlich; sie haben nur deklaratorische Wirkung.[110] Gleichwohl empfiehlt sich die Umschreibung auf den Erwerber. Eingetragener und damit formell legitimierter (Buch)Gläubiger sowie materieller Forderungsinhaber können auseinanderfallen.[111] Bei Verfügungen, insbesondere bei Veräußerungen oder Verpfändungen durch einen Buchgläubiger, wird der gutgläubige Erwerber geschützt, wenn eine entsprechende Eintragung im Schuldbuch vorgenommen wird.[112] Das Schuldbuch als öffentliches Register genießt öffentlichen Glauben.[113] 66

e) Übertragung von Girosammeldepotguthaben. Miteigentumsanteile an den von Kassenverein gebildeten (Giro)Sammelbeständen (GS-Anteile) können nach denselben Vorschriften übertragen werden, wie sie für die Veräußerung von im Alleineigentum stehender Wertpapiere gelten (§§ 929 ff. BGB).[114] Der sachenrechtliche **Bestimmtheitsgrundsatz** ist daher auch hier zu beachten; dieser fordert für die Wirksamkeit der Veräußerung eine ausreichende Individualisierung der zu übereignenden Sachen. Hierzu kann bei sammelverwahrten Wertpapieren nicht auf die sammelverwahrfeindliche[115] Wertpapier-Stückenummer 67

---

[106] *Müncks,* ZfK 1971, 945; *Schmidtgall,* Bank-Betrieb 1973, 426.

[106a] *Heinsius/Horn/Than,* DepG, § 42 Rdnr. 29; vgl. weiter das von der Bundesschuldenverwaltung, Bad Homburg v. d. H. herausgegebene Informationsblatt „Wertpapierverwaltung durch Eintragung in das Bundesschuldbuch" – BSV Vordr. 710 v. 03.73, das bei allen Landeszentralbanken der Deutschen Bundesbank oder der Bundesschuldenverwaltung angefordert werden kann. Wegen des Rechtsverhältnisses dieser Einzelschuldbuchforderungen vgl. *Kümpel,* Depotgeschäft, Rdnr. 8/117 ff.

[107] *Müncks,* ZfK 1971, 946; *Schmidtgall,* Bank-Betrieb 1973, 427.

[108] Informationsblatt der Bundesschuldenverwaltung a. a. O. (Fn. 24).

[109] *Heinsius/Horn/Than,* DepG, § 42 Rdnr. 4.

[110] *Heinsius/Horn/Than,* DepG, § 42 Rdnr. 4.

[111] *Heinsius/Horn/Than,* DepG, § 42 Rdnr. 4.

[112] *Heinsius/Horn/Than,* DepG, § 42 Rdnr. 4.

[113] *Heinsius/Horn/Than,* DepG, § 42 Rdnr. 4; *Fabricius* AcP 162 (1963) 461; *Müncks* ZfK 1971, 946. Die Regelung des § 11 a des Reichsschuldbuchgesetzes ist auf Eintragungen im Landesschuldbuch analog anzuwenden. Der Depotgesetznovelle 1972 ist der gesetzgeberische Wille zu entnehmen, im Interesse des Rechtsverkehrs eine weitgehende rechtliche Gleichbehandlung von Bundes- und Landesschuldbuchforderungen zu erreichen.

[114] *Heinsius/Horn/Than,* DepG, § 6 Rdnr. 35; *Canaris,* Bankvertragsrecht, Rdnr. 2125.

[115] Bei der GS-Verwahrung kann der Hinterleger nur die ihm gebührende Menge an Wertpapieren herausverlangen (§ 7 Abs. 1 Satz 1 DepG). Hierdurch kann auf die nummernmäßige Zuordnung der Wertpapierurkunden zu bestimmten Hinterlegern verzichtet werden, wie sie die aufwendige Sonderverwahrung fordert.

zurückgegriffen werden, wie sie bei einer Veräußerung von gesondert verwahrten und damit im Alleineigentum stehenden Wertpapierurkunden zur Verfügung steht. Dem Bestimmtheitsgrundsatz kann jedoch bei Verfügungen über GS-Anteile dadurch Rechnung getragen werden, daß der Nennbetrag der veräußerten GS-Anteile beziffert und die Wertpapiergattung bezeichnet werden. In diesem Fall ist eine depotmäßige Separierung der von der Verfügung erfaßten Sammeldepotanteile selbst dann nicht erforderlich, wenn nur über einen Teil des insgesamt unterhaltenen Sammeldepotguthabens verfügt wird.[116]

68 Bei der Veräußerung von GS-Anteilen stehen theoretisch sämtliche sachenrechtlichen Übereignungformen zur Verfügung. Der Depotkunde hat an den sammelverwahrten Wertpapieren Besitz in Gestalt des mittelbaren (Mit)Besitzes und verfügt daher auch über einen abtretbaren Herausgabeanspruch. Dementsprechend können GS-Anteile übertragen werden durch Einigung über den Übergang des Miteigentums und

- Anweisung der Verkäuferbank an den Kassenverein als unmittelbarem Besitzer, mit der Käuferbank ein neues Besitzmittlungsverhältnis zu vereinbaren (§ 929 Satz 1 BGB). Die für die Übereignung erforderliche Übergabe kann, wenn sich die zu übereignenden Sachen wie bei den girosammelverwahrten Wertpapieren im unmittelbaren Besitz eines Dritten (Kassenverein) befinden, auch dadurch erfolgen, daß der Dritte auf Anweisung des Veräußerers den Besitz nicht mehr diesem, sondern dem Erwerber vermittelt (sog. **„Geheiß“**erwerb);[117]
- Vereinbarung eines Besitzkonstituts (§§ 930, 868, 688 BGB), sofern der veräußernde Depotkunde weiterhin als zwischenverwahrender Besitzmittler fungieren will, wie etwa bei einer Sicherungsübereignung an seinen Gläubiger außerhalb des Effektengiroverkehrs;
- Abtretung des Herausgabeanspruchs (§§ 931 BGB i. V. m. § 7 Abs. 1 DepG) bei einer Weiterveräußerung außerhalb des Effektengiroverkehrs.

69 Der Regelfall der Praxis ist dagegen die Übertragung der GS-Anteile nach dem gesetzlichen Grundtatbestand des § 929 Satz 1 BGB.[118] Regelmäßig werden die bankverwahrten Wertpapiere unter Mitwirkung der Depotbank als Verkaufskommissionärin veräußert, die ihrerseits korrespondierende Ausführungsgeschäfte mit anderen Kreditinstituten abschließt. Nach den Usancen des Interbankenhandels sind diese Geschäfte aus Rationalisierungsgründen möglichst in dem hierfür geschaffenen Effektengiroverkehr abzuwickeln.[119]

70 Diese drei Übereignungsformen stehen theoretisch auch bei der Übertragung von GS-Anteilen an nicht auflösbaren (Dauer)Globalurkunden zur Verfügung. Auch hier sind die Inhaber der GS-Anteile mittelbare (Mit)Besitzer der vom Kassenverein aufbewahrten Dauerglobalurkunden und können daher ein Besitzmittlungsverhältnis zum Erwerber begründen (§ 930 BGB) oder diesem einen entsprechenden Herausgabeanspruch abtreten (§ 931 BGB). Der Kassenverein nimmt auch diese Dauerglobalurkunden im Rahmen seines Depotgeschäfts entgegen, das das Kreditwesengesetz (§ 1) als „die **Verwahrung** und die Verwaltung von Wertpapieren für andere“ definiert. Solche Verwahrverhältnisse begründen kraft Gesetzes für den hinterlegenden Vertragskontrahenten (Depotbanken) mittelbaren Besitz (§ 870 BGB), den die Depotbanken ihren Depotkunden als mittelbaren Besitz der 2. Stufe weitervermitteln können (§ 871 BGB). Aufgrund dieser Verwahrver-

---

[116] *Kümpel,* WM 1980, 422 f. Insoweit besteht ein wesentlicher Unterschied zur Sicherungsübereignung von Warenlagern, bei der eine nur „mengen- oder wertmäßige Bezeichnung“ häufig gegen den Bestimmtheitsgrundsatz verstößt. Nach *Canaris* dürfte der Bestimmtheitsgrundsatz praktisch durch den für Verfügungen über Rechte geltende Bestimmbarkeitsgrundsatz verdrängt sein (Bankvertragsrecht, Rdnr. 2022.).

[117] *Canaris,* Bankvertragsrecht, Rdnr. 2021 a; *Palandt/Bassenge,* BGB, 54. Aufl., § 929 Rdnr. 17.

[118] *Opitz,* DepG, S. 169; *Heinsius/Horn/Than,* DepG, § 6 Rdnr. 84 ff.; *Canaris,* Bankvertragsrecht, Rdnr. 2020; *Koller,* DB 1972, 1859 Fn. 35 m. w. N.; *Brink,* Rechtsbeziehungen und Rechtsübertragung, S. 98.

[119] Vgl. z. B. Nr. 15 Abs. 1 der „Bedingungen für Geschäfte an der Frankfurter Wertpapierbörse“ und § 9 der „Neuen Usancen der Ständigen Kommission für Angelegenheiten des Handels in amtlich nicht notierten Werten“.

hältnisse bestehen entsprechende Herausgabeansprüche, die auf die Verschaffung eines (abgestuften) mittelbaren Besitzes an der Dauerglobalurkunde gerichtet sind.[120] Der Herausgabeanspruch fällt auch nicht unter § 9 a Abs. 3 Satz 2 DepG, der den Kassenverein bei Dauerglobalurkunden von der sonst bestehenden Verpflichtung zur Auslieferung von Einzelurkunden (§ 7 Abs. 1 DepG) freistellt. Dieser Anspruch kann daher für die bei einer Übereignung erforderliche Besitzverschaffung an den Erwerber abgetreten werden.[121]

3. Inländischer Effektengiroverkehr. Die Belieferung der Wertpapiergeschäfte im In- 71
terbankenhandel und der Effektengeschäfte mit der Depotkundschaft erfolgt regelmäßig in dem vom Kassenverein vermittelten Effektengiroverkehr, der die Übertragung von Wertpapiereigentum „stückelos", d. h. ohne körperliche Bewegung von Wertpapierurkunden ermöglicht. Diese rationelle Geschäftsabwicklung wird dadurch gefördert, daß heute über 80% der sammelverwahrfähigen Wertpapierurkunden in den Tresoren des Kassenvereins ruhen und dort ungeachtet der Übertragung der an ihnen bestehenden (Mit)Eigentumsrechte verbleiben. Die für die Übereignung erforderlichen besitzrechtlichen Voraussetzungen werden dadurch geschaffen, daß der Kassenverein als unmittelbarer Besitzer im Zuge der Geschäftsabwicklung seinen Besitzwillen dahingehend ändert, daß die Bank, die die Wertpapiere für eigene Rechnung oder für Rechnung eines Depotkunden gekauft hat (Käuferbank), mittelbaren (Mit)Besitz erlangt. Dies geschieht dadurch, daß der Kassenverein dem bei ihm unterhaltenen Konto der Käuferbank eine Gutschrift erteilt und das Konto der Verkaufskontrahentin der Käuferbank entsprechend belastet. Diese **stückelose Belieferung** ermöglicht eine Abwicklung der Wertpapiergeschäfte nach dem Vorbild des bargeldlosen Zahlungsverkehrs.[122] Die rechtliche Beurteilung des Effektengiroverkehrs kann sich daher weitgehend an den vertragsrechtlichen Grundsätzen des Geldgiroverkehrs orientieren, soweit nicht der Besonderheit Rechnung zu tragen ist, daß beim Effektengiroverkehr nicht nur obligatorische Rechte, sondern (Mit)Eigentumsrechte und damit auch dingliche Rechte „geliefert" werden.[123]

a) „Platz"giroverkehr. Bei der Abwicklung der Wertpapiergeschäfte war bis zur Fusionie- 72
rung der bisherigen sieben deutschen Wertpapiersammelbanken zur Deutscher Kassenverein AG (Rdnr. 21) zwischen dem sog. „Platz"giroverkehr und dem platzüberschreitenden Giroverkehr („Fern"giroverkehr) zu unterscheiden. Im letzteren Fall haben die Vertragskontrahenten der im Interbankenhandel getätigten Wertpapiergeschäfte ihren Geschäftssitz nicht an demselben Börsenplatz wie beim Platzgiroverkehr; sie mußten daher ihr Konto bei der für sie regional zuständigen Wertpapiersammelbank unterhalten. Bei einem solchen Ferngiroverkehr konnte sich die stückelose Lieferung nicht mehr allein in den Büchern derselben Wertpapiersammelbank vollziehen. Es bedurfte vielmehr auch der Mitwirkung der Wertpapiersammelbank, bei der der Vertragskontrahent sein Depotkonto unterhält. Eine solche (börsen)platzüberschreitende Lieferung wird dadurch ermöglicht, daß die früheren sechs deutschen Wertpapiersammelbanken ihrerseits untereinander Depotkonten unterhielten. Diese Kontoverbindungen ermöglichten es, die für den platzüberschreitenden Effektengiroverkehr erforderlichen depotmäßigen Buchungen vorzunehmen. Hierzu erteilte die Wertpapiersammelbank der Verkäuferbank in ihren Büchern der Wertpapiersammelbank der Käuferbank eine den zu liefernden Wertpapieren entsprechende GS-Gutschrift. Mit dieser Gutschrift wurden die zu liefernden Wertpapiere in den Sammelbe-

---

[120] RGZ 69, 41; *Kümpel,* Depotgeschäft, Rdnr. 8/100.

[121] *Canaris* verneint wegen § 9 Abs. 3 Satz 2 DepG einen abtretbaren Herausgabeanspruch und bejaht statt dessen eine Übereignung durch schlichte Einigung über den Eigentumsübergang nach den Grundsätzen der Übertragung „besitzloser" Sachen (Bankvertragsrecht, Rdnr. 2124 f.). Nach heute h. M. genügt die bloße Einigung bei besitzlosen Sachen, weil hier keine besitzrechtliche Beziehung des Veräußerers zum übereigneten Gegenstand mehr besteht (*Staudinger/Wiegand,* BGB, 12. Aufl., 1987, § 931 Rdnr. 17; *Palandt/Bassenge,* BGB, 54. Aufl., § 931 Rdnr. 2).

[122] *Koller,* DB 1972, 1857; *Delorme,* Die Wertpapiersammelbanken, S. 29.

[123] *Canaris,* Bankvertragsrecht, Rdnr. 2009.

stand der Wertpapiersammelbank der Käuferbank „eingeschleust". Hierdurch kam es zu einer rechtlichen Umstrukturierung der der Kontogutschrift zugrundeliegenden GS-Anteile. Die hierdurch aufgeworfenen komplizierten Rechtsfragen haben auch künftig noch aktuelle Bedeutung im Rahmen der Internationalisierung der deutschen GS-Verwahrung, aufgrund derer der Kassenverein mit vergleichbaren Sammelverwahrinstituten des Auslandes Kontoverbindungen unterhielt (Rdnr. 79), wie sie zwischen den deutschen Wertpapiersammelbanken bis zu ihrer Fusionierung zwecks Ermöglichung des Ferngiroverkehrs bestanden.

73 Gegenstand des Effektengiroverkehrs ist nicht als Alleineigentum an bestimmten Wertpapierurkunden, sondern **Miteigentumsrechte** an (Giro)Sammelbeständen des Kassenvereins (GS-Anteile). Auf die Übertragung dieser GS-Anteile im Effektengiroverkehr sind die sachenrechtlichen Übereignungsbestimmungen der §§ 929 ff. BGB ungeachtet dessen anwendbar, daß den GS-Anteilen nur **Mit**eigentum an den sammelverwahrten Wertpapieren zugrundeliegt; die Übertragung eines Miteigentumrechts erfolgt nach denselben Regeln wie die Übertragung des Vollrechts. Für die Übereignung der GS-Anteile sind also erforderlich die Einigung über den Übergang des Miteigentums und die Verschaffung des für den Eigentumserwerb erforderlichen Besitzes.

74 (aa) Rechtsgeschäftlicher Eigentumserwerb. Das Depotgesetz (§ 24 Abs. 2) sieht zum Schutz des Depotkunden einen gesetzlichen Übergang der GS-Anteile vor. Danach geht das Miteigentum kraft Gesetzes auf den Kunden spätestens mit der ihm von seiner Depotbank erteilten Gutschrift der GS-Anteile (GS-Gutschrift) über, soweit diese ihrerseits gegenüber dem Kassenverein als unmittelbarer Besitzer zugrundeliegenden Wertpapiere verfügungsberechtigt ist. Diese gesetzliche Eigentumsverschaffung ist jedoch in der Praxis regelmäßig nicht gewollt. Im Interesse einer rechtswirksamen Belieferung der Wertpapiergeschäfte und damit der Sicherheit des Kapitalmarktes muß der **gutgläubige** Erwerber geschützt werden, denn im Regelfall ist die Käuferbank außerstande, die Verfügungsberechtigung des (meist anonymen) Veräußerers zu überprüfen. Diesem Schutzbedürfnis kann nur durch eine rechtsgeschäftliche Übereignung Rechnung getragen werden; beim gesetzlichen Eigentumserwerb wird der gute Glaube des Käufers nicht geschützt.[124]

75 Die rechtsgeschäftliche Übertragung der GS-Anteile führt gegenüber der gesetzlichen Eigentumsverschaffung auch zu keiner zeitlichen Verzögerung. Nach der allgemein anerkannten Rechtskonstruktion der Übertragung der GS-Anteile geht das Miteigentum auf den Anleger über, sobald der Kassenverein seiner Depotbank eine entsprechende Gutschrift auf das bei ihr unterhaltene Depotkonto erteilt hat. Vor Erteilung dieser (besitzverschaffenden) Depotgutschrift des Kassenvereins kann sich jedoch auch kein gesetzlicher Eigentumserwerb nach § 24 Abs. 2 DepG vollziehen. Diese Gesetzesbestimmung erfordert für den Eigentumsübergang, daß die Käuferbank über ein entsprechendes Depotguthaben beim Kassenverein „verfügungsberechtigt" ist. Diese Verfügungsberechtigung setzt aber voraus, daß der Kassenverein der Käuferbank eine entsprechende GS-Gutschrift schon erteilt hat. Mit dieser Gutschrift sind jedoch auch die besitzrechtlichen Voraussetzungen für einen rechtsgeschäftlichen Erwerb geschaffen, der wegen des nur hier gegebenen Gutglaubensschutzes dem gesetzlichen Eigentumserwerb vorzuziehen ist.

76 (bb) Besitzverschaffung. Der für die Übereignung erforderliche Besitz wird dadurch übertragen, daß die Verkäuferbank im Rahmen der Geschäftsabwicklung den Kassenverein als unmittelbaren Besitzer anweist, mit der Käuferbank ein entsprechendes Besitzmittlungsverhältnis zu vereinbaren – sog. **Geheißerwerb** –[125] (vgl. Rdnr. 51 f.). Damit erfolgt die Besitzverschaffung durch eine Übergabe i. S. des gesetzlichen Grundtatbestandes für die Übereignung beweglicher Sachen (§ 929 Abs. 1 BGB).[126] Die Verkäuferbank könnte zwar

---

[124] *Heinsius/Horn/Than,* DepG, § 24 Rdnr. 39; *Koller* 1972, 1857 ff., 1905 ff.

[125] BGH NJW 1959, 1539; *Palandt/Bassenge,* BGB, 54. Aufl., § 929 Rdnr. 17; *Canaris,* Bankvertragsrecht, Rdnr. 2020, 2021 a.

[126] *Canaris,* Bankvertragsrecht, Rdnr. 2020.

als bisherige mittelbare Besitzerin der zu übertragenden GS-Anteile die besitzrechtlichen Voraussetzungen für die Übereignung auch dadurch schaffen, daß sie mit der Käuferbank ein Besitzmittlungsverhältnis begründet (§ 930 BGB) oder ihren gegen den Kassenverein gerichteten Herausgabeanspruch an die Käuferbank abtritt (§ 931 BGB). Praktische Bedürfnisse lassen jedoch diese beiden gesetzlichen Besitzsurrogate für den Effektengiroverkehr ungeeignet erscheinen. Dieser Giroverkehr basiert darauf, daß der Kassenverein das Konto der Verkäuferbank belastet und der Käuferbank über die gelieferten GS-Anteile eine entsprechende Gutschrift erteilt. Diese Gutschrift verschafft der Käuferbank auf ihrem Konto beim Kassenverein jederzeit verfügbares GS-Guthaben, das die erwünschte einfachere Geschäftsabwicklung bei späterer Weiterveräußerung ermöglicht. Mit dieser Kontobelastung verliert die Verkäuferbank ihren bisherigen mittelbaren Besitz, den sie aber benötigt, wenn sie der Käuferbank im Wege eines Besitzmittlungsverhältnisses den erforderlichen (nachgeordneten) mittelbaren Besitz verschaffen will. Ebenso unpraktisch wäre es, wenn die Verkäuferbank zur Besitzverschaffung ihren verwahrungsrechtlichen Herausgabeanspruch an die Käuferbank abtreten würde. Bei späteren Verfügungen müßte diese Abtretung dem Kassenverein als Schuldner des Herausgabeanspruchs ordnungsgemäß nachgewiesen werden, wenn dieser nicht Gefahr laufen will, daß er bei einer späteren Auslieferung der Wertpapiere an den vermeintlichen Erwerber ohne befreiende Wirkung leistet. Dieser **Legitimationsnachweis** könnte nach zessionsrechtlichen Grundsätzen nur durch eine umständliche und aufwendige Vorlage einer Abtretungserklärung geführt werden (§ 410 BGB). Es ist daher wesentlich praktikabler, wenn die Verkäuferbank zur Geschäftsabwicklung den Kassenverein anweist, entsprechende GS-Anteile von ihrem Konto auf das der Käuferbank umzubuchen.

Gegen eine Besitzverschaffung durch Begründung eines Besitzmittlungsverhältnisses **77** oder durch Abtretung eines Herausgabeanspruchs spricht schließlich, daß hier keine Möglichkeit des erwünschten sofortigen gutgläubigen Erwerbs besteht. Denn hier kann bei fehlendem Eigentum des Veräußeres das Eigentum gutgläubig erst dann erworben werden, wenn der Erwerber Besitz erlangt hat (§§ 933, 934 BGB).[127] Hierzu hat der Kassenverein der Käuferbank eine Gutschrift zu erteilen; mit dieser Gutschrift kann jedoch im Wege des „Geheiß"erwerbs auch dem Übergabeerfordernis i. S. des § 929 Satz 1 BGB Rechnung getragen werden.

Die Besitzverschaffung im Wege des „Geheiß"erwerbs erfordert, daß der Kassenverein **78** aufgrund der Anweisung der Verkäuferbank ein entsprechendes Besitzmittlungsverhältnis mit der Käuferbank begründet. Dies geschieht konkludent durch die GS-Gutschrift auf dem Konto der Käuferbank.[128] Der Kassenverein tätigt hierbei ein **Insichgeschäft,** das ihm aufgrund der Vermittlungsfunktion beim Effektengiroverkehr gestattet ist (§§ 688, 164, 181 BGB).[129]

Für die erforderliche Verlautbarung des Selbstkontrahierens genügt jedoch nicht schon **79** die Erteilung der Gutschrift auf dem Konto der Käuferbank. Nach den AGB Kassenverein (Nr. 36) geht der Mitbesitz mit Abschluß des Buchungsvorganges, spätestens jedoch mit dem Ablauf des jeweiligen Buchungstages, über. Mit dieser Regelung ist dem verstärkten Einsatz von EDV-Anlagen Rechnung getragen worden, bei dem die Verbuchung zunächst unabhängig von der Gegenleistung erfolgt, so daß es ohne weiteres möglich sein muß, die

---

[127] BGH WM 1959, 1815; *Palandt-Bassenge,* BGB, 54. Aufl., § 934 Rdnr. 4.

[128] In der Erteilung dieser Gutschrift auf dem Depotkonto der Käuferbank manifestiert sich notwendigerweise zugleich der Wille des Kassenvereins, insoweit das Besitzmittlungsverhältnis zur Verkäuferbank zu beenden (*Canaris,* Bankvertragsrecht, Rdnr. 2020). Die Übergabe i. S. des § 929 Satz 1 BGB erfordert, daß der Veräußerer „nicht mehr den geringsten Rest eines Besitzes in der Hand behalten darf" (RGZ 137, 25; *Palandt/Bassenge,* BGB, 46. Aufl., § 929 Anm. 3 a).

[129] *Opitz,* Effektengiroverkehr und Sammeldepots, S. 59; *Canaris,* Bankvertragsrecht, Rdnr. 2020, läßt es dahingestellt, ob als Rechtsgrundlage des Besitzmittlungsverhältnisses nicht bereits die Kontoverbindung i. V. m. der sich in der Umbuchung manifestierenden Willensänderung der Wertpapiersammelbank in Betracht kommt.

Verbuchung wieder rückgängig zu machen, wenn die usancemäßige Anschaffung der Gegenleistung unterbleibt.[130] Mit Rücksicht auf diesen rechtsgeschäftlichen Willen des Kassenvereins ist das für den Eigentumserwerb erforderliche Besitzmittlungsverhältnis also nicht schon stets mit der GS-Gutschrift begründet, sondern erst bei Vorliegen der für die Besitzumstellung weiteren in AGB bestimmten Voraussetzungen. Mit Hilfe dieser AGB-Regelung kann der Kassenverein die Zug-um-Zug-Abwicklung von Wertpapiergeschäften gewährleisten.

80 Bis zur Neufassung der Nr. 36 HGB Kassenverein ging der Mitbesitz erst mit Absendung oder Aushändigung des Depottagesauszuges auf den Begünstigten über, spätestens jedoch mit Ablauf des Tages, der dem in dem Depottagesauszug vermerkten Buchungsdatum entsprach. Diese Regelung stand nicht mehr im Einklang mit den praktischen Bedürfnissen nach kürzeren Fristen für die Geschäftsabwicklung. Häufig liegt es im Interesse der Marktteilnehmer, daß Geschäfte noch im Laufe des Handelstages selbst oder sogar unmittelbar nach übereinstimmender Eingabe der Zahlungs- und Lieferungsinstruktionen im System reguliert werden („same-day-settlement" und realtime-settlement"). Beim same-day-settlement erfolgt die Wertpapier- und Geldregulierung am Tag der Auftragserteilung. Der Mitbesitz der Wertpapiere geht nach der Verrechnung des Kaufpreises in dem Clearing der zuständigen Landeszentralbank über. Im realtime-settlement wird ebenfalls die gleichtägige Erfüllung von Wertpapiergeschäften durchgeführt unter der Voraussetzung, daß die Geschäftseingaben übereinstimmen, der Verkäufer ein ausreichendes Wertpapierguthaben und der Käufer ein ausreichendes Geldguthaben beim Kassenverein unterhält. Realtime-settlement ist ganztägig von morgens bis abends möglich. Auch hier ist die Zug-um-Zug-Regulierung (Wertpapiere gegen Geld) gewährleistet.[131]

81 (cc) Kein Durchgangserwerb der Käuferbank. Neben dieser Besitzverschaffung bedarf es für die Übertragung der GS-Anteile einer **Einigung** zwischen Veräußerer und Erwerber über den Eigentumsübergang. Die hierzu erforderliche Übereignungsofferte gibt nicht der veräußernde Depotkunde selbst ab, sondern seine mit dem Verkauf beauftragte Depotbank. Die Verkäuferbank erwirbt hierbei kein Durchgangseigentum;[132] sie macht vielmehr von einer Ermächtigung i. S. des § 185 BGB Gebrauch, die ihr der Depotkunde **konkludent** mit seiner Verkaufsorder erteilt hat.

82 Zur ordnungsgemäßen Ausführung dieser Verkaufsorder gehört auch die Übereignung der verkauften GS-Anteile, denn nach Kommissionsrecht ist die Bank als Verkaufskommissionärin „zur Ausführung des übernommenen Geschäfts verpflichtet" (§ 384 Abs. 1 HGB). Mit Rücksicht auf diese Ausführungspflicht wird der Kommissionär als verpflichtet angesehen, auch das mit einem Dritten getätigte Ausführungsgeschäft abzuwickeln und die hierfür notwendigen Erfüllungshandlungen und damit insbesondere die Übereignung vorzunehmen.[133]

83 Die Übereignungsofferte erklärt die Verkäuferbank konkludent dadurch, daß sie den Kassenverein mit der **Umbuchung** der zu übertragenden GS-Anteile auf das Konto der Käuferbank beauftragt. Die erforderliche Annahme dieser Übereignungsofferte erfolgt nach herrschender Meinung durch den Kassenverein als bevollmächtigten Vertreter der Käuferbank.[134] Diese Annahmeerklärung braucht aber zu ihrer Wirksamkeit keiner Übermittlung an die Verkäuferbank und ist nach der üblichen Handhabung des Effektengiroverkehrs auch nicht zu erwarten (§ 151 BGB).

---

[130] *Heinsius/Horn/Than,* DepG, § 6 Rdnr. 87.

[131] *Jeck,* Die Bank 1990, 473, 439.

[132] *Canaris,* Bankvertragsrecht, Rdnr. 1975, 1998; *ders.,* Aktuelle insolvenzrechtliche Probleme des Zahlungsverkehrs und des Effektenwesens in „Einhundert Jahre Konkursordnung 1877–1977", 1977, S. 103.

[133] *Schlegelberger/Hefermehl,* HGB, 5. Aufl., § 384 Rdnr. 4.

[134] *Canaris,* Bankvertragsrecht, Rdnr. 2019 m. w. N.

Die bei der Übertragung der GS-Anteile im Effektengiroverkehr mitwirkende Käuferbank erwirbt nach ganz h. M. kein Durchgangseigentum.[135] 84

Damit steht auch nicht im Widerspruch, daß bei einem Festgeschäft (Rdnr. 14) ein Wertpapiergeschäft (§ 433 BGB) zwischen dem Kunden und seiner Depotbank zustandekommt. Diese Regelung betrifft nur die schuldrechtlichen Beziehungen und besagt nichts über die Willensrichtung der Bank in dinglicher Hinsicht; hierdurch sollen allein schuldrechtliche Aspekte, wie z. B. der Umfang der Rechenschaftspflicht und die Preisgestaltung geregelt werden.[136] 85

Das aus Anlegerschutzgründen unerwünschte Durchgangseigentum der mitwirkenden Depotbanken läßt sich im Effektenkommissionsgeschäft auch vermeiden, weil hier die Voraussetzungen einer Übereignung an den, den es angeht, gegeben sind.[137] Der Verkäuferbank ist bei Abgabe der Übereignungsofferte die Person des Erwerbers gleichgültig. Die Käuferbank hat regelmäßig kein Interesse an einem Durchgangserwerb; sie will daher das Eigentum nicht für sich selbst, sondern für ihren Depotkunden als Auftraggeber erwerben.[138] Dies hat zur Folge, daß der Anleger das Eigentum bereits im Zeitpunkt erwirbt, in dem seine Depotbank eine entsprechende Gutschrift vom Kassenverein erhält. Für diesen Eigentumserwerb bedarf es also **keiner zusätzlichen** Handlung der Käuferbank, um ihren Erwerbswillen für den Depotkunden nach außen in Erscheinung treten zu lassen.[139] Aus diesem Erwerbswillen der Käuferbank folgt zugleich, daß sie den durch die Gutschrift des Kassenvereins erlangten Mitbesitz nicht als Eigen-, sondern als Fremdbesitz ausüben will. Damit sind auch die besitzmäßigen Voraussetzungen der Übereignung an den, den es angeht, gegeben. 86

(dd) Schutz des gutgläubigen Erwerbers. Auch bei der Lieferung von GS-Anteilen im Effektengiroverkehr wird der gutgläubige Erwerber dieser Anteile geschützt. Der Gutglaubensschutz ist freilich nicht ganz unproblematisch. Den GS-Anteilen liegt Miteigentum zugrunde; der Veräußerer hat daher keinen Allein-, sondern nur **Mit**besitz. Ein solcher Mitbesitz wird außerhalb des Effektengiroverkehrs als keine ausreichende Rechtsscheingrundlage für einen gutgläubigen Erwerb angesehen,[140] denn Mitbesitz begründet keine Vermutung über die **Höhe** der **Quote** des Miteigentümers und ist wegen dieser Vieldeutigkeit als schutzwürdiger Vertrauenstatbestand ungeeignet. Andererseits besteht nach übereinstimmender Meinung für den Effektengiroverkehr ein unabweisbares Bedürfnis für einen Gutglaubensschutz; hiervon hängt seine Funktionsfähigkeit ab,[141] denn die deutschen Wertpapierbörsen verlangen im Interesse der Rechtssicherheit des Kapitalmarktes, daß der Erwerber in seinem guten Glauben geschützt wird. Das Schrifttum bejaht daher den gutgläubigen Erwerb im Rahmen des Effektengiroverkehrs.[142] Danach kann der gutgläubige Erwerb von Miteigentumsrechten bejaht werden, wenn neben dem Mitbesitz ein weiteres Vertrauenselement für den Gutglaubensschutz vorhanden ist.[143] Dieses zusätzliche Rechtsscheinelement wird in den Buchungen der zwi- 87

[135] Nach *Heinsius/Horn/Than,* DepG, § 24 Rdnr. 36 ist anders als bei der Verschaffung von Alleineigentum (§ 18 DepG) bei der Lieferung von GS-Anteilen der Direkterwerb der Regelfall; *Opitz,* ZfK 1951, 566 und ZfK 1959, 965; *Büchner,* Effektengiroverkehr, S. 108 ff.; *Schindelwick,* WM 1960, Sonderbeil. Nr. 10, S. 10; *Canaris,* Bankvertragsrecht, Rdnr. 2025.

[136] Vgl. hierzu *Canaris,* Bankvertragsrecht, Rdnr. 1979.

[137] *Canaris,* Bankvertragsrecht, Rdnr. 1979; *Heinsius/Horn/Than,* DepG, § 6 Rdnr. 84.

[138] *Opitz,* DepG, S. 268.

[139] *Canaris,* Bankvertragsrecht, Rdnr. 1979; *Wessel,* WM 1954, 78.

[140] *Canaris,* Bankvertragsrecht, Rdnr. 2026; *Palandt/Bassenge,* BGB, 54. Aufl., § 932 Rdnr. 1 a. E.; *Koller,* JZ 1972, 649; offen gelassen durch BGH WM 1962, 818.

[141] *Canaris,* Bankvertragsrecht, Rdnr. 2026; *Hueck/Canaris,* Recht der Wertpapiere, S. 15 f.

[142] *Koller,* DB 1972, 1859; *Canaris,* Bankvertragsrecht, Rdnr. 2026; *Heinsius/Horn/Than,* DepG, § 6 Rdnr. 91; *Becker,* Das Problem des gutgläubigen Erwerbs im Effektengiroverkehr, 1981.

[143] *Koller,* JZ 1972, 649.

schenverwahrenden Kreditinstitute in den Depotbüchern zugunsten der Kundschaft gesehen.[144]

88 **4. Grenzüberschreitender Effektengiroverkehr.** Die Möglichkeit der Belieferung von Wertpapiergeschäften im Ferngiroverkehr besteht in Teilbereichen auch für die Belieferung grenzüberschreitender Wertpapiergeschäfte mit im Ausland ansässigen Banken. Seit der Depotgesetznovelle vom 17. 7. 1985 dürfen die deutschen Wertpapiersammelbanken gegenseitige Kontoverbindungen auch mit vergleichbaren Sammelverwahrinstituten des Auslandes unterhalten. Die bisherige Beschränkung der gegenseitigen Kontoverbindung auf inländische Wertpapiersammelbanken und des hierauf basierenden platzüberschreitenden Effektengiroverkehrs auf das Inland entsprach nicht mehr den Bedürfnissen der ständig wachsenden Kapitalverflechtung mit dem Ausland. Mit der Aufnahme grenzüberschreitender Kontoverbindungen zu vergleichbaren ausländischen Sammelverwahrinstituten wurde zugleich das frühere inländische Verbundsystem der Wertpapiersammelbanken internationalisiert. Nach den Gesetzesmaterialien sollten den Anlegern die Vorteile eines internationalen Effektengiroverkehrs verschafft werden, der den Erwerb des Wertpapiereigentums auf sichere und kostengünstige Weise innerhalb kurzer Zeit gewährleistet.[145] Ein weiterer Vorteil für den Anleger liegt in der Ermöglichung einer effizienten Arbitrage für deutsche Kreditinstitute, mit der etwaige Kursdifferenzen zwischen den in- und ausländischen Börsenplätzen durch Käufe und Verkäufe ausgeglichen werden können. Die hierbei getätigten grenzüberschreitenden Wertpapiergeschäfte erfordern einen entsprechenden grenzüberschreitenden Effektengiroverkehr. Hierdurch kann den berechtigten Interessen der inländischen Anleger Rechnung getragen werden, eine an einer deutschen Börse notierte ausländische Aktie zu einem Kurs zu erwerben oder zu veräußern, der nicht wesentlich von dem der ausländischen Heimatbörse abweicht.[146] Zum Schutz der inländischen Hinterleger war die Unterhaltung von GS-Gutachten durch den Kassenverein im Ausland zunächst nur insoweit gestattet worden, als hierfür ein zwingendes Bedürfnis wie beim grenzüberschreitenden Arbitragehandel besteht, um praktische Erfahrungen mit der Internationalisierung der deutschen GS-Verwahrung zu sammeln. Ausländischen Sammelverwahrinstituten konnten daher in der Anfangsphase zur Drittverwahrung nur solche Wertpapiere anvertraut werden, die sowohl im Inland als auch im Sitzstaat des ausländischen Verwahrers zum amtlichen Handel an einer Börse zugelassen oder in den geregelten Freiverkehr oder einen vergleichbaren geregelten Markt einbezogen sind.

89 Mit der Novellierung des Depotgesetzes durch das Zweite Finanzmarktförderungsgesetz ist der Kreis der in den internationalen Effektengiroverkehr einbezogenen Wertpapiere wesentlich erweitert worden. Hierfür sprachen, daß sich der bisherige grenzüberschreitende Effektengiroverkehr bewährt hat. Zudem hat die Globalisierung der nationalen Kapitalmärkte zugenommen; dies hat zu einem verstärkten Angebot an ausländischen Wertpapieren im Inland geführt.[147] Im übrigen kann davon ausgegangen werden, daß die ausländischen Sammelverwahrinstitute in ihre Verwahrung nur solche Wertpapiere einbeziehen,

---

[144] *Koller,* DB 1972, 1905; nach *Heinsius/Horn/Than,* DepG, § 6 Rdnr. 91, gilt der Gutglaubensschutz im Giroverkehr schlechthin, also auch bei Lieferung von Haussammeldepotanteilen; ebenso *Canaris,* Bankvertragsrecht, Rdnr. 2027, der die Buchung in einem Verwahrungsbuch stets als Rechtsscheinelement ansieht; vgl. weiter *Pleyer/Schleiffer,* DB 1972, 80. Auch die Anteilsrechte an Sammelschuldbuchforderungen können gutgläubig erworben werden (*Kümpel,* Depotgeschäft, Rdnr. 8/116).

[145] Amtliche Begründung des Regierungsentwurfs, BT-Drucks. 10/1904, S. 6 sowie Empfehlungen des Rechtsausschusses des Bundestages, BT-Drucks. 10/3443, S. 9.

[146] BT-Drucks. 10/1904, S. 7; hierbei ist auch auf die Empfehlung der EG-Kommission vom 25. 7. 1977 betreffend europäische Wohlverhaltensregeln für Wertpapiere hingewiesen worden, nach denen unterschiedliche Preise auf den verschiedenen nationalen Wertpapiermärkten möglichst vermieden werden sollen.

[147] Begründung des Regierungsentwurfs des Zweiten Finanzmarktförderungsgesetzes, BT-Drucks. 12/6679, 87.

die im Hinblick auf die Sicherheitsinteressen der Anleger dem Freiverkehr an den deutschen Börsen zumindest gleichwertig sind. Es liegt daher auch im Interesse der Anleger, daß bei der Abwicklung grenzüberschreitender Wertpapiergeschäfte der schnelle, sichere und kostengünstigere Effektengiroverkehr weitestmöglich genutzt wird.

Nach der Neufassung des § 5 Abs. 4 Nr. 4 DepG können vom Kassenverein grenzüber- 90
schreitende Girosammelbestände aus Wertpapieren gebildet werden, wenn sie
- im Inland zum Amtlichen Handel oder zum Geregelten Markt zugelassen oder in den Freiverkehr eingezogen sind oder
- im Sitzstaat des ausländischen Verwahrers zum Amtlichen Handel oder zum Handel an einem anderen Markt zugelassen sind, der von staatlich anerkannten Stellen geregelt und überwacht wird, regelmäßig stattfindet und für das Publikum unmittelbar oder mittelbar zugänglich ist (sog. organisierter Markt).[148]

Einbezogen werden können auch Anteilscheine, die nach den Vorschriften des Gesetzes 91
über Kapitalanlagegesellschaften oder von einer Investmentgesellschaft mit Sitz im Ausland nach den Bestimmungen der Richtlinie 85/611/EWG des Rates vom 20. Dezember 1985 zur Koordinierung der Rechts- und Verwaltungsvorschriften betreffend bestimmte Organismen für gemeinsame Anlagen in Wertpapieren[149] ausgegeben werden.

Mit dieser Einbeziehung der Anteilscheine, die nicht an einer Börse gehandelt werden, 92
wurde einem praktischen Bedürfnis entsprochen; ihr Absatz im Ausland hat erheblich zugenommen. Die Anknüpfung der gesetzlichen Regelung an die Richtlinie 85/611/EWG des Rates vom 20. 12. 1985 bezweckte, auch Staaten außerhalb der Europäischen Gemeinschaft einzubeziehen, welche diese Richtlinie in ihr Recht übernommen haben.[150]

a) Internationalisierung der deutschen Girosammelverwahrung (§ 5 Abs. 4 DepG). Nach der 93
Fusionierung der deutschen Wertpapiersammelbanken beschränken sich die Kontoverbindungen mit ausländischen Sammelverwahrinstituten auf den Kassenverein. Infolge dieses kontomäßigen Verbundsystems unterhält der Kassenverein Teile seiner Sammelbestände im Ausland und bildet hierdurch „grenzüberschreitende“ Sammelbestände. Mit dieser Internationalisierung der deutschen Girosammelverwahrung[151] werden zugleich die wertpapiermäßigen Voraussetzungen dafür geschaffen, daß der Kassenverein einen grenzüberschreitenden Giroverkehr vermitteln kann. Bei diesem Giroverkehr können auch im Ausland aufbewahrte Wertpapierurkunden in Gestalt von GS-Anteilen und dadurch in einer Rechtsform geliefert werden, die sich für eine ordnungsgemäße Belieferung der Wertpapiergeschäfte des inländischen Interbankenhandels eignet. Erst damit sind die Voraussetzungen geschaffen, daß die erwünschten Arbitragegeschäfte in Gestalt von Wertpapierkäufen im Ausland und eines gleichtägigen Verkaufs im Inland innerhalb der hier geltenden Lieferfrist von zwei Börsentagen ordnungsgemäß durchgeführt werden können. Eine solche äußerst knappe Lieferfrist läßt sich bei einer körperlichen Verbringung der durchgehandelten Wertpapiere vom Ausland ins Inland nicht einhalten.

b) Rechtskonstruktion der Belieferung. Für die Übertragung des mittels des grenzüberschrei- 94
tenden Effektengiroverkehrs ins Inland gelieferten Sammeldepotguthabens ergibt sich eine Parallele zu dem platzüberschreitenden Giroverkehr, wie er in dem früheren deutschen Kassenvereinssystem als sog. Ferngiroverkehr praktiziert worden ist (Rdnr. 56). Zwischen den sechs deutschen Wertpapiersammelbanken bestanden bis zu ihrer Fusionierung zur Deutsche Kassenverein AG gegenseitige Kontoverbindungen, über die Wertpapiergeschäfte zwischen Kontoinhabern verschiedener Wertpapiersammelbanken im Giroverkehr „platzüberschreitend“ abgewickelt werden konnten. War z. B. die Verkäuferbank Konto-

---

[148] Dasselbe Anforderungsprofil für die in Betracht kommenden Märkte gilt für die Legaldefinition des Wertpapierbegriffs im Wertpapierhandelsgesetz (§ 1 Abs. 1).

[149] abgedruckt ABl. EG Nr. L 375, S. 3 ff.

[150] Begründung des Regierungsentwurfs des Zweiten Finanzmarktförderungsgesetzes, BT-Drucks. 12/6679, 87.

[151] *Kümpel,* WM 1976, 942 ff.; *ders.,* WM 1985, 1381 ff.; *Keßler,* Die Bank 1985, 443 ff.

inhaber der Düsseldorfer Wertpapiersammelbank (WSB) und hatte die Käuferbank ihr Konto beim Frankfurter Kassenverein (FKV), so konnte das GS-Guthaben der Verkäuferbank bei der WSB zwecks Erfüllung der Lieferverbindlichkeit zur Gutschrift auf dem Konto der Käuferbank beim FKV verwendet werden. Hierzu hatte die WSB dem FKV auf dem bei ihr geführten Konto eine entsprechende GS-Gutschrift zu erteilen. Damit waren die gutgeschriebenen GS-Anteile, deren Summe der vom Verkäufer zu liefernden Anzahl von Wertpapieren entsprach, in den vom FKV gebildeten GS-Bestand „eingeschleust".[152]

95 (aa) Rechtliche Umstrukturierung der GS-Anteile auf dem Lieferwege. Diese Einschleusung in den GS-Bestand der FKV führte zwangsläufig zu einer Umstrukturierung der Rechtsposition des Verkäufers hinsichtlich der umgebuchten GS-Anteile. Die Einschleusung der bisher in dem Düsseldorfer Sammelbestand bestehenden GS-Anteile in den Sammelbestand des FKV durch die Gutschrift auf dessen Konto bei der WSB war rechtlich als eine Einlieferung beim FKV im Sinne des § 6 Abs. 1 DepG zu qualifizieren. Die sich sodann kraft Gesetzes vollziehende Umgestaltung („Umstrukturierung") der bisherigen Eigentumsverhältnisse erfaßte daher die dem FKV von der WSB gutgeschriebenen GS-Anteile.[153] Die Miteigentumsrechte der anderen Kontoinhaber der WSB an dem von dieser unterhaltenen Sammelbestand blieben dagegen hiervon unberührt.[154]

96 Die mit dieser Gutschrift verbundene Einschleusung in den Sammelbestand des FKV hatte also kraft Gesetzes (§ 6 Abs. 1 DepG) zur Folge, daß die Kontoinhaber des FKV bei eigenem GS-Guthaben und deren Depotkunden auch an diesen dem FKV gutgeschriebenen Sammeldepotanteilen am Düsseldorfer Sammelbestand beteiligt wurden. Als Ausgleich für diesen Rechtsverlust wurde dagegen der Verkäufer an den beim FKV schon vor dieser Einschleusung gebildeten Sammelbestand beteiligt.[155] Die GS-Gutschrift der WSB auf dem bei ihr unterhaltenen FKV-Konto konnte daher wirtschaftlich gesehen der körperlichen Einlieferung einer entsprechenden Anzahl von Wertpapieren unmittelbar beim FKV zur Integrierung in den betreffenden Sammelbestand gleichgestellt werden.

97 Durch diese rechtliche Umstrukturierung der GS-Anteile anläßlich der GS-Gutschrift der WSB war auch die im Schrifttum umstrittene Frage nach der Identität der im Ferngiroverkehr gelieferten GS-Anteile mit dem vom Käufer erworbenen GS-Anteilen gegenstandslos. Denn der Eigentumserwerb vollzieht sich nicht schon mit der zeitlich vorgeschalteten GS-Gutschrift der WSB auf dem FKV-Konto, sondern erst, wenn in unserem Beispiel der FKV als nächsten Schritt auf dem Lieferwege den (mittelbaren) Besitz an den zugrundeliegenden Wertpapieren auf seinen Kontoinhaber (Käuferbank) umgestellt hat – erst hierdurch erlangt die Käuferbank den erforderlichen (mittelbaren) Mitbesitz an den im FKV-Sammelbestand vereinigten Wertpapieren und auswärtigen GS-Guthaben. Schon vor diesem Erwerbszeitpunkt wurde jedoch der Verkäufer durch die WSB-Gutschrift auf dem Konto des FKV am Sammelbestand des FKV vorübergehend beteiligt (§ 6 Abs. 1 DepG). Die so auf dem Lieferwege „umstrukturierten" GS-Anteile gingen sodann durch die Besitzumstellung des FKV auf die Käuferbank über. Gelieferte und erworbene GS-Anteile waren daher rechtlich identisch.[156] Der Eigentumsübergang kann sich also im Ferngiroverkehr nach den gleichen Grundsätzen vollziehen wie in den Fällen, in denen Verkäuferbank und Käuferbank ihr Konto bei derselben Wertpapiersammelbank unterhalten.[157] Dieselben Grundsätze kommen aus der Sicht des deutschen Rechts zur Anwendung, wenn GS-

---

[152] Text der 1. Auflage.

[153] Die gesetzlich angeordnete Umstrukturierung gilt unabhängig davon, ob der Empfänger Alleineigentum, Miteigentum oder Gesamthandseigentum inne hat; *Kümpel,* WM 1976, 942, 949; vgl. *Canaris,* Bankvertragsrecht, 2. Bearbeitung, Rdnr. 2104.

[154] *Canaris,* Bankvertragsrecht, 2. Bearbeitung, Rdnr. 2104.

[155] *Canaris,* Bankvertragsrecht, 2. Bearbeitung, Rdnr. 2023.

[156] *Kümpel,* Depotgeschäft, 2. Aufl., (1988) in Bankrecht und Bankpraxis Rdnr. 8/60, 8/340.

[157] *Heinsius/Horn/Than,* Depotgesetz, 1975, § 6 Rdnr. 93; *Brink,* Rechtsbeziehungen und Rechtsübertragung, S. 100. Dies verkennt LG München, WM 1954, 726.

Anteile im Rahmen des grenzüberschreitenden Ferngiros aus einem Sammelbestand eines ausländischen Giroverwahrers an einen Kontoinhaber des Kassenvereins geliefert werden.

(bb) Maßgeblichkeit ausländischen Rechts. Für die Übertragung der im grenzüberschrei- 98
tenden Ferngiro in das Inland gelieferten GS-Anteile ist neben dem deutschen Recht auch das ausländische Recht maßgeblich, das für den ausländischen Sammelverwahrer als Kooperationspartner des Kassenvereins gilt.[158] Die zum deutschen Ferngiroverkehr entwickelten Grundsätze der rechtlichen Umstrukturierung der GS-Anteile auf dem Lieferwege des Effektengiroverkehrs kann dem hiernach maßgeblichen ausländischen Recht fremd sein. Hiermit ist jedoch keine Ungewißheit über den Eigentumserwerb durch den deutschen Käufer verknüpft. Die im Giroverkehr gelieferten Miteigentumsrechte gehen jedenfalls zumindest kraft Gesetzes (§ 24 Abs. 2 Satz 1 DepG) spätestens auf den Käufer über, wenn ihm seine inländische (zwischenverwahrende) Depotbank eine entsprechende GS-Gutschrift erteilt hat. Erfahrungsgemäß steht diese eigentumsverschaffende Wirkung der GS-Gutschrift im Einklang mit der Rechtsordnung der für einen grenzüberschreitenden Effektengiroverkehr in Betracht kommenden Kapitalmarktländer.[159]

c) Anlegerschutz. Im Interesse eines ausreichenden Hinterlegerschutzes hat der neu einge- 99
fügte Abs. 4 des § 5 DepG Rahmenbedingungen für die Internationalisierung der deutschen Girosammelverwahrung aufgestellt. Soweit die inländischen Wertpapiersammelbanken Depotguthaben bei ausländischen Sammelverwahrinstituten unterhalten, liegen diesen Guthaben Wertpapiere zugrunde, die der dortigen Gesetzgebung unterworfen sind.

Die Internationalisierung der deutschen GS-Verwahrung darf auch nicht die Rechts- 100
position der Depotkunden gefährden. Der Kassenverein darf daher GS-Guthaben bei ausländischen Sammelverwahrern nur unterhalten, wenn die Rechtsstellung der inländischen Depotkunden hinsichtlich der im Ausland unterhaltenen Guthaben derjenigen funktional **gleichwertig** ist, die sich bei inländischer Verwahrung aus dem Depotgesetz ergibt. Dieses Erfordernis bedeutet nach den Gesetzesmaterialien,[160] „daß nach der Rechtsordnung des Staates, auf den sich der Effektengiroverkehr der Wertpapiersammelbanken erstrecken soll, dem Depotkunden ein konkurs- und vollstreckungssicheres Miteigentum an den sammelverwahrten Beständen eingeräumt werden muß". Hierdurch kann bei der Aufnahme einer grenzüberschreitenden Kontoverbindung auf die Besonderheiten der ausländischen Rechtsordnung Rücksicht genommen werden.[161]

Die ausländischen Kooperationspartner des Kassenvereins müssen in ihrem Sitzstaat die 101
Aufgaben einer Wertpapiersammelbank wahrnehmen und einer öffentlichen Aufsicht oder einer anderen für den Hinterlegerschutz gleichwertigen Aufsicht unterliegen (§ 5 Abs. 4 Satz 1 Nr. 1 DepG).[162] Des weiteren muß gewährleistet sein, daß einer Auslieferung der bei dem ausländischen Verwahrinstitut verwahrten Wertpapiere in das Inland keine devisenrechtlichen oder sonstigen öffentlichrechtlichen Beschränkungen entgegenstehen.[163] Der Kassenverein haftet schließlich für ein Verschulden des ausländischen Kooperationspartners ohne die Möglichkeit einer Haftungsbeschränkung (§ 5 Abs. 4 Satz 2 DepG).

---

[158] Nach deutschem Internationalen Privatrecht gilt für sachenrechtliche Verfügungen, also insbesondere für die Veräußerung kraft Gewohnheitsrecht, das Recht des Lageortes – sog. Statut der Belegenheit – (lex rei sitae). Maßgebend für den bei Abwicklung eines Kaufvertrages eintretenden Eigentumswechsel ist daher dasjenige Recht, in dessen Geltungsbereich sich die Kaufsache in dem in Betracht kommenden Zeitpunkt körperlich befindet (BGH WM 1980, 410, 411; *Palandt/Heldrich,* IPR Anh. II zu Art. 38 EGBGB Rdnr. 2).

[159] *Kümpel,* WM 1985, 1381, 1385.

[160] Amtliche Begründung des Regierungsentwurfs, BT-Drucks. 10/1904, S. 7.

[161] *Kümpel,* Depotgeschäft, Rdnr. 8/61 c.

[162] Auch insoweit kann den ausländischen Verhältnissen Rechnung getragen werden, wenn dort anstelle einer öffentlichrechtlich organisierten Aufsicht effiziente privatrechtliche Kontrollmaßnahmen vorgesehen sind, wie dies in der Schweiz der Fall ist (*Kümpel,* WM 1985, 1386 unter Hinweis auf die Einschaltung privater Wirtschaftsprüfer bei der deutschen Depotprüfung).

[163] Amtliche Begründung des Regierungsentwurfs, BT-Drucks. 10/1904, S. 7.

102 *d) Kooperation des Kassenvereins mit ausländischen Sammelverwahrinstituten.* Unmittelbar nach Inkrafttreten der Depotgesetznovelle hatte die Düsseldorfer Wertpapiersammelbank den für eine gegenseitige Kontoverbindung erforderlichen Kooperationsvertrag mit dem niederländischen Girosammelverwahrer NECIGEF (Amsterdam) abgeschlossen. Zwischenzeitlich ist dieser internationale Effektengiroverkehr auch mit Sicovam (Paris), Österreichische Kontrollbank (Wien) und New York Depository Trust Company (DTC) eröffnet worden. Mit den Vorarbeiten für die Ausdehnung dieses grenzüberschreitenden Giroverkehrs auf Belgien und Japan ist begonnen worden.[164]

103 Auch ausländische Girosammelverwahrinstitute unterhalten zunehmend grenzüberschreitende Kontoverbindungen, wie dies seit geraumer Zeit für die nationalen Girosammelverwahrer in Frankreich, Belgien und in den Niederlanden gilt. Das kanadische Girosammelverwahrinstitut (The Canadian Depository for Securities Ltd.) unterhält eine Kontoverbindung zu dem US-amerikanischen Girosammelverwahrer.

104 Als nächster Schritt ist die Aufnahme eines die Kontinente verbindenden Effektengiroverkehrs zu erwarten. So unterhält der französische Girosammelverwahrer eine Kontoverbindung zum japanischen Girosammelverwahrer. Angesichts dieser Entwicklung und den unbestreitbaren Vorteilen des grenzüberschreitenden Effektengiroverkehrs steht zu erwarten, daß sich das Netz gegenseitiger Kontoverbindungen der nationalen Girosammelverwahrer weltweit verdichten wird.

III. Auslandsgeschäfte

105 Bei der Abwicklung der Effektengeschäfte ergeben sich aus rechtlicher Sicht deutliche Unterschiede, wenn die Wertpapiere für den Depotkunden nicht im Inland, sondern im Ausland angeschafft und dort wie im Regelfall auch aufbewahrt werden (Auslandsgeschäfte). Der Kunde erwirbt hier kein Allein- oder Miteigentum, sondern nur wirtschaftlich die Stellung eines Eigentümers.[165] Die inländische Depotbank hält vielmehr regelmäßig das (Mit)Eigentum an den angeschafften Wertpapieren zugunsten ihrer Depotkunden als uneigennützige **(fiduziarische) Treuhänderin.**[166]

106 **1. Eigentumsverschaffung auf Verlangen des Depotkunden (§ 22 DepG).** Diese von der Abwicklung der Inlandsgeschäfte abweichende Praxis fußt auf einer gesetzlichen Sonderregelung für das Auslandsgeschäft. Nach dem Depotgesetz (§ 22) braucht die inländische Depotbank als Kommissionärin das Wertpapiereigentum ihrem Depotkunden erst auf dessen Verlangen zu verschaffen, wenn die Wertpapiere nach den mit dem Kunden getroffenen Vereinbarungen im Ausland anzuschaffen und aufzubewahren sind. Diese Vereinbarungen sind durch die „Sonderbedingungen für Auslandsgeschäfte in Wertpapieren" getroffen worden, die die Geschäftsbeziehung zwischen inländischer Depotbank und ihren Depotkunden regeln[167] und die zu Beginn des Jahres 1995 mit den AGB-Klauseln für das inländische Effekten- und Depotgeschäft zu den neuen Sonderbedingungen für das Wertpapiergeschäft (AGB Wertpapiergeschäfte) – Rdnr. 12 – zusammengefaßt worden sind. Danach haben die Kreditinstitute ausländische Wertpapiere, die nicht zum Amtlichen Handel oder Geregelten Markt im Inland zugelassen oder in den Freiverkehr einer inländischen Börse einbezogen sind, regelmäßig im Ausland anzuschaffen (Nr. 2 Abs. 2 AGB Wertpapiergeschäfte). Damit wird der üblichen Ausführung solcher auslandsbezogenen Kundenaufträge Rechnung getragen. Beim Kauf ausländischer Wertpapiere ist es für den inländischen Kunden schon wegen einer späteren Weiterveräußerung vorteilhafter, die an-

---

[164] *Jeck,* Die Bank 1990, 437, 440.

[165] *Heinsius/Horn/Than,* DepG, § 22 Rdnr. 44; *Coing,* WM 1977, 466, 470.

[166] Anders als bei der Ermächtigungstreuhand (§ 185 BGB) ist hier formaler (Mit)Eigentümer die Depotbank als Treuhänder und nicht der Depotkunde als Treugeber; *Palandt/Bassenge,* BGB, 54. Aufl., § 903 Rdnr. 34.

[167] *Heinsius/Horn/Than,* DepG, § 22 Rdnr. 26.

geschafften Wertpapiere auch im Ausland aufbewahren zu lassen. Mit der gesetzlichen Sonderregelung sollte im übrigen den Besonderheiten des am Aufbewahrungsort geltenden ausländischen Rechts (lex cartae sitae) und dem Umstand Rechnung getragen werden, daß dem Depotkunden beim Auslandsgeschäft an einem sofortigen formalen Eigentumserwerb häufig nicht gelegen ist.[168]

Die inländischen Depotbanken erfüllen mit dem Erwerb des Treuhandeigentums keine **107** gesetzliche, sondern eine freiwillig übernommene vertragliche Verpflichtung gegenüber ihrem Depotkunden. Die depotgesetzliche Sonderregelung für das Auslandsgeschäft hat nur die dem inländischen Effektenkommissionär obliegende Pflicht zur unverzüglichen Eigentumsverschaffung (§§ 18, 24 DepG) suspendiert, solange der Depotkunde die Eigentumsübertragung nicht verlangt. Der Gesetzgeber hat es dagegen offen gelassen, ob die inländische Depotbank selbst im Kundeninteresse (Mit)Eigentum an den auslandsaufbewahrten Wertpapieren zu erwerben hat.[169] Die Kreditinstitute haben diese Regelungslücke zum Schutz ihrer Depotkunden geschlossen. Nach den AGB Wertpapiergeschäfte (Nr. 12 Abs. 3) sind sie verpflichtet, sich nach bestem Ermessen unter Wahrung der Interessen des Kunden das **„Eigentum** oder das **Miteigentum** an den Wertpapieren oder eine andere im Lagerland übliche, **gleichwertige Rechtsstellung"** zu verschaffen.[170] Dabei richtet sich die Gleichwertigkeit der zu erwerbenden Rechtsstellung nach den Möglichkeiten des jeweiligen ausländischen Rechts und der im Ausland geltenden Usancen.[171]

2. Gutschrift in Wertpapierrechnung (WR-Gutschrift). Rechtsgeschäftliche Grundlage der Treuhänderfunktion der inländischen Depotbank ist das zum Kunden bestehende **108** **Treuhandverhältnis.** Dieses stellt einen Geschäftsbesorgungsvertrag i. S. des § 675 BGB dar,[172] der durch die Sonderbedingungen eine weitere vertragliche Ausgestaltung erfahren hat.[173] Danach wird dem Depotkunden eine Gutschrift in Wertpapierrechnung (WR-Gutschrift) erteilt. Der WR-Gutschrift liegt der auftragsrechtliche Herausgabeanspruch in Gestalt eines Übereignungsanspruches zugrunde (§§ 667, 675 BGB).

Der Treuhandvertrag tritt im übrigen an die Stelle des Verwahrungsvertrages (§§ 688 ff. **109** BGB), wie er bei einer im Inland ausgeführten Kauforder mit der Übertragung des Wertpapiereigentums auf den Kunden entsteht (§ 29 DepG).[174] Bei einer solchen Auslandsaufbewahrung von Wertpapieren scheidet eine eigene verwahrungs- oder verwaltungsmäßige Tätigkeit der inländischen Depotbank von vornherein aus; es fehlt daher an den faktischen Voraussetzungen für eine verwahrungsvertragliche Rechtsbeziehung.[175] Entsprechend dem

[168] *Opitz,* DepG, S. 304; *Ziganke,* WM 1961, 227. Die Vorschrift des § 22 DepG spricht zwar nur von der Aussetzung der Übersendung des Stückeverzeichnisses; sie ist aber dahingehend auszulegen, daß eine Pflicht zur Übereignung an den Depotkunden (Kommittenten) auch nicht nach den bürgerlich- oder handelsrechtlichen Bestimmungen besteht; *Räbel,* ZfK 1968, 186; *Schlegelberger/Hefermehl,* HGB, 4. Aufl. 1966, Anh. zu § 383 Anm. 49; *Schindelwick,* WM 1960, Sonderbeil. Nr. 10, S. 24; *Paul,* WM 1975, 2.

[169] *Paul,* WM 1975, 2.

[170] Nach *Staudinger/Weber,* BGB, 11. Aufl., 1967, § 243 Anm. 22 besteht eine Verpflichtung zum Eigentumserwerb auch ohne vertragliche Absprache.

[171] *Coing,* WM 1977, 468.

[172] *Coing,* WM 1977, 468. Bei entgeltlichem Tätigwerden ist der Treuhandvertrag ein Geschäftsbesorgungsverhältnis gemäß § 675 BGB, bei Unentgeltlichkeit schlichter Auftrag i. S. des § 662 BGB; BGH WM1969, 935.

[173] *Heinsius/Horn/Than,* DepG, § 22 Rdnr. 26; *Coing,* WM 1977, 468; *Paul,* WM 1975, 4.

[174] Amtliche Begründung, abgedruckt bei *Opitz,* DepG, S. 335; vgl. weiter *Heinsius/Horn/Than,* DepG, § 29 Rdnr. 1, wonach der Kommissionär kraft Gesetzes in die Stellung eines Verwahrers einrückt, sobald der Kommittent (Depotkunde) Eigentümer, der Kommissionär (Depotbank) aber noch Besitzer ist. Dieser alsbaldige (Mit)Eigentumserwerb des Depotkunden, an den § 29 DepG anknüpft, entfällt bei der Treuhand-WR-Gutschrift.

[175] *Coing,* WM 1977, 472. Etwaige verwahrungs- und verwaltungsrechtliche Regelungen im Treuhandvertrag würden auf eine unwirksame protestatio facto contrario hinauslaufen (Enneccerus/ Nipperdey, BGB, Allgemeiner Teil, 14. Bearb. 1952, § 153 V, S. 647).

mit dem Depotkunden geschlossenen Geschäftsbesorgungsvertrag beschränken sich die Pflichten der inländischen Kreditinstitute auf die sorgfältige Auswahl eines geeigneten ausländischen Aufbewahrers oder eines geeigneten Zwischenverwahrers und die Überwachung seiner Eignung während der (Zwischen)Aufbewahrungsdauer sowie auf die in den AGB Wertpapiergeschäfte (Nr. 169) erwähnten oder nach dem Gesetz bestehenden Benachrichtigungspflichten (§ 666 BGB).

110 *a) Vorteile der WR-Gutschrift.* Der treuhänderische Erwerb des (Mit)Eigentums durch die inländische Depotbank hat mehrere Vorteile für den Kunden. So werden bei den im Ausland weitverbreiteten Namensaktien Umschreibungskosten und Übertragungssteuern beim Erwerb und Zeitverluste beim Verkauf vermieden, die das schnelle Ausnutzen einer günstigen Kurssituation verhindern könnten.[176] Die WR-Gutschrift ist zudem im Todesfall günstiger, als wenn den Depotkunden Eigentum an den im Ausland aufbewahrten Wertpapieren verschafft worden wäre. Mit Rücksicht auf das Treuhandeigentum der inländischen Depotbank fällt keine ausländische Erbschaftssteuer an. Für die **Nachlaßabwicklung** brauchen auch keine zusätzlichen Legitimationsurkunden beigebracht zu werden; diese müßten zudem in eine Fremdsprache übersetzt und legalisiert werden.[177] Im übrigen ist die WR-Gutschrift im Inland leichter **verpfändbar** als im Eigentum des Depotkunden stehende auslandsaufbewahrte Wertpapiere. Statt der Bestellung eines Pfandrechts an den Wertpapieren selbst kann der kreditsuchende Depotkunde die ihm aufgrund der WR-Gutschrift zustehenden auftragsrechtlichen Herausgabeansprüche verpfänden. Hierfür ist allein deutsches Recht maßgeblich, das mit Rücksicht auf den inländischen Geschäftssitz der Depotbank als Schuldnerin auf den Herausgabeanspruch anwendbar ist. Bei der Verpfändung im Ausland aufbewahrter Wertpapiere wären dagegen die häufig nur schwer zugänglichen Bestimmungen der hierfür maßgeblichen ausländischen Rechtsordnung zu beachten.[178]

111 *b) Treuhandeigentum der inländischen Depotbank.* Das (Mit)Eigentum, das die inländische Depotbank an den auslandsaufbewahrten Wertpapieren als wertpapiermäßige Deckung für die von ihr erteilten WR-Gutschriften erwirbt, hat treuhänderischen Charakter.[179] Die Depotkunden können daher Zwangsvollstreckungen von Gläubigern ihrer Bank in diese ausländischen Deckungsbestände mit der Drittwiderspruchsklage abwehren (§ 771 ZPO) und bei einer etwaigen Insolvenz ihrer Bank Aussonderungsrechte (§§ 43 KO, 26 VerglO) oder die entsprechenden ausländischen Rechtsbehelfe geltend machen. Für die Begründung eines solchen konkurs- und vollstreckungssicheren Treuhandeigentums fordern zwar ein Teil des Schrifttums und die Rechtsprechung grundsätzlich den unmittelbaren Erwerb des Treuhandeigentums durch den Treuhänder (inländische Depotbank) vom Treugeber (Depotkunde). Diesem **Unmittelbarkeitsprinzip** kann bei den auslandsaufbewahrten Wertpapieren nicht Rechnung getragen werden. Bei der Abwicklung des (grenzüberschreitenden) Wertpapiergeschäfts, das die inländische Depotbank im Zuge der Ausführung des Kaufauftrages des Kunden mit ihrem ausländischen Verkaufskontrahenten abschließt, wird ihr regelmäßig Eigentum an den im Ausland aufbewahrten Wertpapieren verschafft. Zur Begründung eines konkurs- und vollstreckungssicheren Treuhandeigentums ist jedoch nach der Rechtsprechung des BGH dieser unmittelbare Erwerb vom Treugeber dort nicht erforderlich, wo der Treuhandcharakter des erworbenen Eigentums offenkundig ist – hier verdrängt das **Offenkundigkeitsprinzip** das sonst für Treuhandei-

---

[176] *Räbel,* ZfK 1968, 817; *Ziganke,* WM 1961, 227; *Heinsius/Horn/Than,* DepG, § 22 Rdnr. 30; *Brink,* Rechtsbeziehungen und Rechtsübertragung S. 125.

[177] In Betracht kommen letztwillige Verfügungen, Sterbeurkunden und sonstige vom Transfer Agent geforderte Unterlagen, wie etwa eine Wohnsitzbestätigung; vgl. weiter *Ziganke,* WM 1961, 227; *Heinsius/Horn/Than,* DepG, § 22 Rdnr. 30; *Kümpel,* ZfK 1973, 214.

[178] *Maier,* WM 1961, 621 und Bank-Betrieb 1967, 137.

[179] *Heinsius/Horn/Than,* DepG, § 22 Rdnr. 44; *Coing,* WM 1977, 468; *Paul,* WM 1975, 3 f.; *Kümpel,* WM 1976, 945; *Brink,* Rechtsbeziehung und Rechtsübertragung, S. 132.

gentum geltende Unmittelbarkeitsprinzip.[180] Dies trifft insbesondere auf offene Treuhandkonten zu.[181] Dasselbe hat für **Treuhanddepots** zu gelten. Im rechtlichen Sinne macht es keinen Unterschied, ob das Treugut in Wertpapieren oder in Forderungen besteht.[182] Auch das Ausland erkennt den Treuhandcharakter der Deckungsbestände für WR-Gutschriften an.[183] Die WR-Gutschrift ist wegen ihres Treuhandcharakters und des damit verbundenen insolvenz- und vollstreckungsrechtlichen Schutzes den sachenrechtlichen (Giro)Sammeldepotanteilen an inlandsverwahrten Wertpapieren rechtlich gleichwertig ungeachtet dessen, daß ihr nur ein schuldrechtlicher Herausgabeanspruch (§§ 667, 675 BGB) zugrundeliegt.[184]

Wie das von der inländischen Bank zu erwerbende Treuhandeigentum beschaffen ist, **112** bestimmt sich nach den Möglichkeiten des anzuwendenden ausländischen Rechts[185] sowie den jeweiligen ausländischen Usancen und den effektentechnischen Gegebenheiten. Hierbei hat sich die Bank nach bestem Ermessen unter Wahrung der Interessen des Kunden das Eigentum oder das Miteigentum an den Wertpapieren sowie eine andere im Lagerland übliche, gleichwertige Rechtsstellung zu verschaffen (Nr. 1 Abs. 2 Satz 3 Sonderbedingungen). Die Entscheidung der Bank hat sich an zwei Gesichtspunkten zu orientieren: Sicherheit für den Kunden einerseits und andererseits schnelle Verfügungsmöglichkeit für den Kunden sowie kostensparende Aufbewahrung.[186]

Im Kundenschutzinteresse hat die inländische Depotbank vertraglich sicherzustellen, daß **113** dem ausländischen Drittverwahrer an den von ihm verwahrten Wertpapieren Pfand- und Zurückbehaltungsrechte nur wie einem inländischen Drittverwahrer zustehen. Zu diesem Zweck bestätigt der ausländische Aufbewahrer in der sog. **Drei-Punkte-Erklärung,** daß er davon Kenntnis genommen hat, daß es sich bei den von ihm aufbewahrten Deckungsbeständen um Kundenbestände der inländischen Depotbank handelt. Hierdurch soll Vorsorge für den Fall getroffen werden, daß in dem jeweiligen Land des ausländischen Aufbewahrers eine den Anleger schützende Regelung fehlt, wie sie das deutsche Depotgesetz kennt (vgl. § 4 Abs. 1 Satz 1). Der ausländische Aufbewahrer verpflichtet sich daher in der Drei-Punkte-Erklärung, daß er Pfand-, Zurückbehaltungs- und ähnliche Rechte an den Deckungsbeständen nur wegen solcher Forderungen geltend machen wird, die sich aus der Anschaffung, Verwaltung und Verwahrung der Bestände ergeben.

Die Verwahrung der Wertpapiere unterliegt den Rechtsvorschriften und Usancen des **114** Verwahrungsortes und den für den oder die ausländischen Verwahrer geltenden Geschäftsbedingungen (Nr. 12 Abs. 2 AGB Wertpapiergeschäfte). Mit zunehmender Tendenz führt das Ausland besondere Auskunftspflichten für die Eigentümer von Wertpapieren ein. So sind die Aktiengesellschaften in einigen ausländischen Staaten wie z. B. in Großbritannien, Australien und Malaysia berechtigt, von den Depotbanken die Bekanntgabe der Namen und Anschrift ihrer Kunden als Aktionäre sowie den Umfang des Anteilbesitzes verlangen zu können. Auskunftsersuchen können auch der Überprüfung dienen, ob den inländischen Depotkunden der günstigere Steuersatz für die Quellensteuer nach dem jeweiligen Doppelbesteuerungsabkommen zusteht. Schließlich kennen einige ausländische Staaten Auskunftspflichten bei Straftaten und dem Mißbrauch von Insider-Informationen, wie dies insbesondere für die USA und für die Befugnisse der dortigen Securities and Exchange

---

[180] *Heinsius/Horn/Than,* DepG, § 22 Rdnr. 44; *Canaris,* Bankvertragsrecht, Rdnr. 280, 2036; *Paul,* WM 1975, 4; *Kümpel,* WM 1976, 945; *Obermüller,* DB 1973, 1834, Fn. 32.

[181] BGH WM 1973, 895; WM 1959, 586; WM 1955, 372; *Coing,* Festschrift für Cohn, S. 23 ff.

[182] Den Treugut-Charakter bejaht ausdrücklich *Coing,* WM 1977, 468; vgl. weiter *Canaris,* Bankvertragsrecht, Rdnr. 2099.

[183] *Coing,* WM 1977, 469 Fn. 17.

[184] *Paul,* WM 1975, 5.

[185] Maßgeblich ist das Personalstatut der ausländischen Emittenten oder, soweit es sich um Inhaberpapiere oder Orderpapiere mit Blankoindossament handelt, das Recht des belegenen Ortes (lex cartae sitae); *Coing,* WM 1977, 468 Fn. 12.

[186] *Coing,* WM 1977, 467.

Commission (SEC) gilt.[187] Die Auskunftsersuchen werden von den ausländischen Lagerstellen an die inländische Depotbank weitergeleitet. Bei der Beantwortung dieser Auskunftsersuchen sind die deutschen Kreditinstitute an das Bankgeheimnis gebunden. Danach sind grundsätzlich alle Tatsachen geheimzuhalten, die der inländischen Depotbank im Zusammenhang mit der Geschäftsverbindung zu ihren Kunden bekanntgeworden sind. Von dieser **Geheimhaltungspflicht** sind die Kreditinstitute nach allgemeiner Meinung nur insoweit befreit, als sie an der Offenlegung der geheimhaltungspflichtigen Tatsachen ein überwiegendes Interesse haben.[188] Ein solches Offenbarungsrecht kann in Betracht kommen, wenn die inländische Bank im Ausland zur Mitteilung einer geheimhaltungspflichtigen Tatsache verurteilt wird und ihr bei Mißachtung des Urteils eine Bestrafung oder sonstige Nachteile für ihre ausländische Niederlassung oder Tochtergesellschaft drohen.[189] Die AGB Wertpapiergeschäfte (Nr. 20 Abs. 1) enthalten im übrigen eine Sonderregelung für Auskunftsersuchen ausländischer Aktiengesellschaften. Danach wird die inländische Depotbank ihren Depotkunden unterrichten, wenn sie im Einzelfall gegenüber der ausländischen Emittentin zur Auskunftserteilung unter Offenlegung des Kundeninteresses verpflichtet ist.

115 *c) Rechtsstellung des Depotkunden.* Die Rechtsstellung der Depotkunden bei WR-Gutschriften ist dadurch gekennzeichnet, daß sie untereinander keine Rechtsgemeinschaft bilden, sondern schlichte Teilgläubiger i. S. des § 420 BGB sind. Im übrigen besteht eine Gefahrengemeinschaft aller Depotkunden hinsichtlich der im Ausland aufbewahrten Dekkungsbestände für die ihnen in derselben Wertpapiergattung erteilten WR-Gutschriften.

116 (aa) Teilgläubigerschaft der Depotkunden. Die für den Kunden im Ausland angeschafften Wertpapiere befinden sich regelmäßig in Sammelverwahrung, die zwischenzeitlich auch weitgehend im Ausland praktiziert wird.[190] Die inländische Depotbank hält daher die in ihrem Treuhandeigentum stehenden auslandsaufbewahrten Wertpapiere für alle Depotkunden mit gattungsmäßig gleichartigem WR-Guthaben, ohne daß einzelne Wertpapiere und das hieran bestehende Treuhandeigentum einem bestimmten Depotkunden zugeordnet sind. Ungeachtet dieser ungetrennten Aufbewahrung im Ausland besteht kein einheitlicher Geschäftsbesorgungsvertrag zwischen der inländischen Depotbank und ihren an dem ausländischen Deckungsbestand beteiligten Kunden. Das Treuhandverhältnis des Kunden zu seiner Depotbank wird durch den wirtschaftlich im Vordergrund stehenden auftrags-

---

[187] OLG München RIW/AWD 1981, 554 und 556. Zu den Rechtsfragen bei Ersuchen US-amerikanischer Gerichte zur Vorlage von Beweisurkunden schon vor Eröffnung der Hauptverhandlung (pre-trial discovery of documents) vgl. *Junker,* Discovery im deutsch-amerikanischen Rechtsverkehr, 1987; *ders.,* IPRax 1986, 197 ff. m. w. N.; RIW/AWD 1981, 73; *Martens,* RIW/AWD 1981, 725 ff. m. w. N.; *Kleiner,* Privatrechtliche Aspekte der Informationspreisgabe der Bank aus eigenem Interesse, Festschrift für Bärmann, 1975, S. 523 ff. Zum US-amerikanischen Insiderrecht vgl. *Dingeldey,* RIW/AWD 1983, 81 ff. Auf diese nach den ausländischen Rechtsordnungen bestehenden Auskunftspflichten braucht die inländische Depotbank im Regelfall nicht besonders hinzuweisen. Der Depotkunde wird anläßlich der Anschaffung der Wertpapiere in der ihm übermittelten Geschäftsabrechnung über den ausländischen Aufbewahrungsort in Kenntnis gesetzt.

[188] *Canaris,* Bankvertragsrecht, Rdnr. 65; *Sichtermann/Feuerborn/Kirchherr/Terdenge,* Bankgeheimnis und Bankauskunft, 3. Aufl. 1984, S. 180; *Baumbach/Hopt,* HGB, Bankgeschäfte, Anm. 4, S. 1131; *Kleiner* a. a. O. (Fn. 169), S. 529.

[189] *Canaris,* Bankvertragsrecht, Rdnr. 65; vgl. weiter die Entscheidung des U. S. Court of Appeals vom 26. Juni 1968 zu der Frage, inwieweit sich die US-amerikanische Filiale eines deutschen Kreditinstituts gegenüber einem Auskunftsersuchen nach amerikanischem Recht auf das deutsche Bankgeheimnis stützen kann. Für die hiernach erforderliche Interessenabwägung kommt es vor allem darauf an, ob die Auskunftserteilung strafrechtliche oder strafrechtsähnliche Konsequenzen hat. Die Gefahr einer Schadensersatzpflicht der Bank sei, wenn dieses Risko „ganz gering" und „theoretisch" erscheint, allein nicht ausreichend, der Bank ein Recht zur Auskunftsverweigerung zuzubilligen. Vgl. den auszugsweisen Abdruck der Entscheidungsgründe bei *Eisner* WM 1969, 198 ff.; *Kleiner,* a. a. O. (Fn. 169), S. 523 ff.

[190] Zu den ausländischen Girosammelsystemen vgl. *Kümpel,* Depotgeschäft Rdnr. 8/153 ff.

rechtlichen **Herausgabeanspruch** i. S. des § 667 BGB geprägt. Dieser Anspruch geht auf Übereignung einer entsprechenden Anzahl von Wertpapieren sowie auf Herausgabe der auf sie entfallenden Erträgnisse und Bezugsrechte; er ist daher auf teilbare Leistungen gerichtet. In diesen Fällen bilden die Gläubiger untereinander regelmäßig keine Bruchteilsgemeinschaft (§§ 741 ff. BGB). Nach der gesetzlichen Vermutung (§ 420 BGB) besteht vielmehr eine schlichte **Teilgläubigerschaft** (Gläubigermehrheit).[191] Bei solchen teilbaren Forderungen wird zudem eine Bruchteilsgemeinschaft nur anerkannt, wenn sie entweder gesetzlich vorgesehen ist oder zwischen den Gläubigern zumindest eine echte Interessengemeinschaft besteht.[192] Hieran fehlt es jedoch bei den an einem bestimmten ausländischen Deckungsbestand beteiligten Depotkunden; die Aufbewahrung in einem einheitlichen Deckungsbestand im Ausland beruht ganz überwiegend auf Rationalisierungserwägungen. Die Depotkunden sind daher bei Treuhand-WR-Gutschriften schlichte Teilgläubiger (§ 420 BGB),[193] die untereinander in keinem Gemeinschaftsverhältnis stehen. Es liegt vielmehr eine Vielzahl von parallelen Treuhandaufträgen zur inländischen Depotbank i. S. des § 675 BGB vor. Jeder Depotkunde kann daher über seinen der WR-Gutschrift zugrundeliegenden auftragsrechtlichen Anspruch auf Übereignung einer entsprechenden Anzahl von Wertpapieren selbständig verfügen.[194]

(bb) Erfüllung des Eigentumsverschaffungsanspruches des Kunden durch die WR-Gutschrift. Die Erteilung einer WR-Gutschrift führt zu der Frage, ob hierdurch der Anspruch des Effektenkunden auf Übereignung der von ihm georderten Wertpapiere erlischt. Nach dem Depotgesetz (§ 22 Abs. 1) wird dieser Übereignungsanspruch suspendiert, bis der Effektenkunde die Übereignung verlangt. Bei diesem Übereignungsanspruch handelt es sich, wenn die Bank wie im Regelfall als Kommissionär ohne Selbsteintritt tätig geworden ist, um den kommissionsrechtlichen Herausgabeanspruch im Sinne des § 384 Abs. 2 HGB. Hat dagegen die Bank über die im Ausland anzuschaffenden Wertpapiere mit den Effektenkunden ein Festgeschäft (Rdnr. 14) getätigt, so ist der hierdurch begründete „Übereignungs"anspruch des Kunden als kaufrechtlicher Lieferanspruch im Sinne des § 433 Abs. 1 S. 1 BGB zu qualifizieren. 117

Bis zum Inkrafttreten der AGB-Wertpapiergeschäfte Anfang 1995 verblieb es bei der Suspendierung des auftrags- bzw. kaufrechtlichen Übereignungsanspruches mit der Folge, daß dieser Anspruch neben dem auftragsrechtlichen Herausgabeanspruch aus dem Treuhandverhältnis (§§ 667, 675 BGB) fortbestand.[195] Dies war in den früheren Sonderbedingungen für Auslandsgeschäfte in Wertpapieren (Nr. 1 Abs. 2 S. 4) ausdrücklich klargestellt. Infolgedessen war die Erteilung der WR-Gutschrift, die den auftragsrechtlichen Herausgabeanspruch des Effektenkunden aufgrund des Treuhandverhältnisses mit seiner Bank dokumentierte, nur eine Leistung erfüllungshalber (§ 364 Abs. 2 BGB) mit der Folge, daß der kommissions- bzw. kaufvertragliche „Übereignungs"anspruch des Depotkunden aus der Anschaffungsphase bestehen blieb. Auf diesen „Übereignungs"anspruch konnte der Depotkunde aber so lange nicht zurückgreifen, als er sich aus dem ihm als Treugeber zustehenden auftragsrechtlichen Herausgabeanspruch, der ebenfalls auf Übereignung der gutgeschriebenen Wertpapiere gerichtet ist, hätte befriedigen können.[196] 118

Bei der Schaffung der AGB Wertpapiergeschäfte, in die die früheren Sonderbedingungen für Auslandsgeschäfte in Wertpapiere integriert worden sind, ist dagegen die WR-Gutschrift zu einer Leistung an Erfüllungs Statt (§ 364 Abs. 1 BGB) ausgestaltet worden 119

---

[191] *Enneccerus/Lehmann,* Schuldrecht, 14. Bearb. 1954, S. 738.
[192] *Enneccerus/Lehmann* a. a. O. (Fn. 173), S. 343.
[193] *Paul,* WM 1975, 4; vgl. weiter *Kindermann,* WM 1975, 786 ff.
[194] *Palandt/Thomas,* BGB, 54. Aufl., § 741 Rdnr. 11.
[195] BGH WM 1988, 402, 404.
[196] *Köhler,* WM 1977, 242, 247 ff.

mit der Folge, daß der kommissions- bzw. kaufvertragliche Übereignungsanspruch aus der Anschaffungsphase erlischt. Denn es widerspricht auch nach dem Schrifttum einer natürlichen Betrachtungsweise, diesen Übereignungsanspruch aus der Anfangsphase rechtsformal über Jahre hinaus als unerfüllt zu betrachten.[197]

120 Bei den Wertpapiergeschäften, die mit Erteilung einer WR-Gutschrift abgewickelt werden, wird also bei einer kommissionsmäßigen Auftragsausführung zunächst ein Übereignungsanspruch begründet, der aus dem entgeltlichen Geschäftsbesorgungsverhältnis entspringt, das dem Kommissionsverhältnis aufgrund der Auftragserteilung in der Anschaffungs(Ausführungs)phase zugrundeliegt (§§ 667, 675 BGB). Dieser auftragsrechtliche Herausgabeanspruch wird durch Erteilung der WR-Gutschrift als einer AGB-mäßig vereinbarten Leistung an Erfüllungs Statt erfüllt. Bei dem der WR-Gutschrift zugrundeliegenden „Übereignungs"anspruch handelt es sich wie bei jedem Treuhandverhältnis zwar auch um einen auftragsrechtlichen Herausgabeanspruch (§§ 667, 675 BGB). Dieser später begründete Herausgabeanspruch hat aber eine andere Rechtsqualität als der Übereignungsanspruch aus der Anschaffungsphase, weil er aufgrund des Treuhandcharakters der depotgeschäftlichen Vertragsbeziehung den Effektenkunden vollen insolvenz- und vollstreckungsrechtlichen Schutz vermittelt. Bei einer WR-Gutschrift hat sich die inländische Depotbank als Treuhänderin ihres Effektenkunden das Eigentum oder Miteigentum an den gutgeschriebenen Wertpapieren oder eine andere im Lagerland übliche, gleichwertige Rechtsstellung zu verschaffen (Nr. 12 Abs. 3 AGB Wertpapiergeschäfte).

121 Die konkludente Vereinbarung einer solchen Leistung an Erfüllungs Statt ist auch mit dem Grundsatz der Unabdingbarkeit der Eigentumsverschaffungspflicht des Einkaufskommissionärs (§ 28 DepG) vereinbar. Nur den Effektenkunden benachteiligende Vereinbarungen sind durch diese Gesetzesbestimmung untersagt. Zulässig sind dagegen vertragliche Regelungen, die die Rechtsstellung des Effektenkunden günstiger gestalten,[198] wie dies auf den depotmäßig gutgeschriebenen auftragsrechtlichen Herausgabeanspruch aus dem Treuhandverhältnis zwischen Bank und Kunde zutrifft. Während diese dem Effektenkunden erteilte WR-Gutschrift konkurs- und vollstreckungssicher ist – Rdnr. 88 –, gewährt der kommissions- und kaufvertragliche Anspruch aus der Anschaffungsphase nur ein Konkursvorrecht (§ 32 DepG). Mit Rücksicht auf den Treuhandcharakter eignet sich daher die WR-Gutschrift als Erfüllungssurrogat. Wird daher mit der WR-Gutschrift der Anspruch des Effektenkunden aus der Anschaffungsphase getilgt, so liegt darin auch keine Umgehung des § 28 DepG, der eine rechtsgeschäftliche Abbedingung der Pflicht der Depotbank zur Eigentumsverschaffung ausschließt.[199] Dies um so weniger, als der Effektenkunde aufgrund seines auftragsrechtlichen Herausgabeanspruches als rechtliches Substrat der WR-Gutschrift die Übereignung der zugrundeliegenden Wertpapiere von seiner Depotbank verlangen kann.

122 (cc) Gefahrengemeinschaft der Depotkunden. Der Depotkunde trägt bei einer WR-Gutschrift anteilig[200] alle wirtschaftlichen und rechtlichen Nachteile und Schäden, die den WR-Deckungsbestand der Bank als Folge von höherer Gewalt, Aufruhr, Kriegs- und Naturereignissen oder durch sonstige von der Bank nicht zu vertretende Zugriffe Dritter im Ausland oder im Zusammenhang mit Verfügungen von hoher Hand des In- und Auslandes treffen sollten (Nr. 12 Abs. 4 S. 3 AGB Wertpapiergeschäfte). Bei dieser Haftungsbegrenzung handelt es sich rechtlich um eine Klarstellung. Die in dieser AGB-Klausel erwähnten Fälle führen zu einem Erlöschen des der WR-Gutschrift zugrundeliegenden auftragsrechtlichen Herausgabeanspruchs kraft Gesetzes (§ 275 BGB). Denn dieser Anspruch erfaßt nur solche Wertpapiere, über die die Bank als Geschäftsbesorger verfügen kann

---

[197] *Brink,* Rechtsbeziehungen und Rechtsübertragungen im nationalen und internationalen Effektengiroverkehr, 1976, S. 310.

[198] *Heinsius/Horn/Than* § 28 Rdnr. 6.

[199] *Coing,* WM 1977, 466, 470.

[200] Text der 1. Aufl.

(§ 667 BGB). Die AGB-Wertpapiergeschäfte (Nr. 12 Abs. 4 S. 1) haben hierzu die Auslieferungsansprüche der Depotkunden ausdrücklich auf den Deckungsbestand beschränkt. Hierdurch wird klargestellt, daß die Lieferungspflicht der Bank eine begrenzte (beschränkte) Gattungs- oder Vorratsschuld darstellt.[201] Damit geht die Leistungsgefahr von der inländischen Depotbank auf ihren Depotkunden über (§§ 243 Abs. 2, 275 BGB).[202] Zur Begründung dieser beschränkten Gattungsschuld dient der Begriff „Deckungsbestand". Nach den AGB Wertpapiergeschäfte (Nr. 12 Abs. 4 S. 2) besteht der Deckungsbestand aus den im Lagerland für die Depotkunden und für die Bank verwahrten Wertpapiere derselben Gattung.

Für den Fall des Eintritts eines Verlustes am Deckungsbestand bestimmen die AGB **123**
Wertpapiergeschäfte (Nr. 12 Abs. 5), daß die inländische Depotbank nicht verpflichtet ist, den Kaufpreis wieder herauszugeben, den sie als Gegenwert der den Kunden erteilten WR-Gutschrift vereinnahmt hat. Diese Klarstellung ist vor allem für die Fälle getroffen worden, in denen die Bank die Wertpapiere nicht als Einkaufskommissionärin anzuschaffen hat, sondern mit dem Effektenkunden ein sog. Festgeschäft (Rdnr. 14) tätigt, das für die Bank eine kaufvertragliche Lieferverbindlichkeit begründet. Wird die Bank infolge der am Deckungsbestand eingetretenen Verluste durch die AGB-mäßige Haftungsbegrenzung der AGB von ihrer Auslieferungspflicht frei, so könnte sich ohne gegenteilige Absprache mit den Depotkunden die Frage der Anwendbarkeit des für solche Austauschverhältnisse geltenden § 323 BGB stellen, der bei einem Freiwerden des Lieferungsschuldners den Anspruch auf den Kaufpreis als Gegenleistung entfallen läßt. Diese sog. Vergütungsgefahr haben die Depotkunden als Gefahrengemeinschaft zu tragen.

Die durch die AGB Wertpapiergeschäfte begründete Gefahrengemeinschaft der Depot- **124**
kunden steht im Einklang mit der Generalklausel des AGBG (§ 9). Denn die inländischen Kreditinstitute könnten an die Stelle dieser vertraglichen Risikoverteilung die gleichartige gesetzliche Regelung (§ 7 Abs. 2 Satz 1 DepG) dadurch treten lassen, daß sie dem Kunden (Mit)Eigentum nach Verbringung der Wertpapiere ins Inland verschaffen; damit würden diese Depotkunden aber die Vorteile der WR-Gutschrift verlieren. Der Depotkunde ist im übrigen bei einer WR-Gutschrift wirtschaftlicher (Mit)-Eigentümer.[203] Es ist daher auch angemessen i. S. der Generalklausel des AGBG (§ 9), wenn er das Eigentümerrisiko trägt.

3. Treuhandgiroverkehr des Deutschen Auslandskassenvereins. Ähnlich dem vom **125**
Kassenverein vermittelten Effektengiroverkehr in GS-Anteilen an den von ihnen gebildeten Sammelbeständen besteht ein Giroverkehr in Treuhandeigentum, das den WR-Gutschriften zugrunde liegt (sog. Treuhandgiroverkehr). Hierdurch kann auch solches WR-Guthaben in Gestalt von WR-Gutschriften ohne körperliche Bewegung der im Ausland aufbewahrten Wertpapiere zur Belieferung von Wertpapiergeschäften verwendet werden. Mit der Vermittlung dieses Treuhandgiroverkehrs ist der Deutsche Auslandskassenverein in Frankfurt (AKV) betraut.[204] Der AKV wurde durch die deutschen Wertpapiersammelbanken gegründet. Er ist Kreditinstitut mit einer, seiner Aufgabenstellung entsprechend eingeschränkten Geschäftserlaubnis, aber keine Wertpapiersammelbank i. S. des Depotgesetzes (§ 1 Abs. 2). Der AKV vewahrt die Wertpapiere, für die er den inländischen Depotbanken auf den bei ihm unterhaltenen Konten entsprechende WR-Gutschriften erteilt hat, grundsätzlich nicht selbst, sondern bedient sich hierzu ausländischer **Verwahrstellen.** Neben dieser Verwahr- und Clearingfunktion obliegt dem AKV die Mitwirkung bei der Einführung ausländischer Werte an inländischen Börsen.

Gegenstand des Treuhandgiroverkehrs ist anders als bei dem vom Kassenverein vermit- **126**
telten Effektengiroverkehr nicht die Rechtsstellung des Depotkunden, sondern das Treu-

---

[201] Text der 1. Aufl.

[202] Text der 1. Aufl.

[203] *Coing* WM 1977, 467; *Räbel* ZfK 1968, 818.

[204] *Heinsius* ZfK 1971, 24 f.; *Keßler,* Die Bank 1981, 52 f.

handeigentum, das die zwischenverwahrende inländische Depotbank für ihn treuhänderisch hält und über das sie vom AKV eine entsprechende WR-Gutschrift erhalten hat. Insoweit ergibt sich eine Parallele zum bargeldlosen Geldgiroverkehr, bei dem der Kontoinhaber zu Lasten seines Guthabens Überweisungsaufträge erteilen kann. Hier steht dem Bankkunden ein entsprechender Zahlungsanspruch aus der Kontogutschrift zu, der nach der BGH-Rechtsprechung[205] ein Schuldversprechen i. S. des § 780 BGB zugrundeliegt; die WR-Gutschrift dokumentiert dagegen den auftragsrechtlichen Herausgabeanspruch des Kunden aus dem Treuhandverhältnis zu seiner Depotbank (§ 667 BGB).

127 Für den Treuhandgiroverkehr gelten daher die gleichen Rechtsgrundsätze wie für das Geldgiro.[206] Die Depotbank des Käufers erwirbt mithin entsprechendes WR-Guthaben, sobald ihr der AKV in seinen Büchern eine korrespondierende WR-Gutschrift erteilt hat. Die Gutschrift ist wie beim Geldgiroverkehr rechtserzeugend.[207] Mit dieser Gutschrift erbringt der AKV zugleich eine Leistung an Erfüllungs Statt (§ 364 Abs. 2 BGB) an die Verkäuferbank als seiner Auftraggeberin, deren Konto dementsprechend belastet wird.[208] Fehlerhafte Buchungen des AKV sind nach den gleichen Grundsätzen wie versehentliche Gutschriftserteilungen oder Fehlüberweisungen im Geldgiro zu behandeln.[209]

128 Die im Treuhandgiroverkehr erteilten WR-Gutschriften des AKV haben den gleichen rechtlichen **Treuhandcharakter** wie die WR-Gutschriften, die der AKV seinen Kontoinhabern erteilt, wenn ihm im Ausland aufbewahrte Wertpapiere als Zwischenverwahrer nach Maßgabe der AGB Wertpapiergeschäfte (Nr. 12 Abs. 3) anvertraut werden. Nach der Rechtsprechung des BGH[210] liegt ein konkurs- und vollstreckungssicher Forderungsrechte begründendes Treuhandkonto vor, wenn der Wille zur Errichtung eines echten Treuhandkontos erkennbar geworden ist.[211] Diese Voraussetzung ist beim Treuhandgiroverkehr gegeben, weil der AKV zur Vermittlung solcher WR-Gutschriften von den inländischen Kreditinstituten gegründet worden ist (vgl. § 1 Abs. 2 AGB des AKV).

129 **4. Internationale Clearingsysteme.** Das Bedürfnis für einen schnellen, sicheren und kostensparenden Effektengiroverkehr zeigt sich verstärkt beim grenzüberschreitenden Wertpapierhandel, bei dem die Kontrahenten ihren Geschäftssitz in verschiedenen Ländern haben. So wurden insbesondere auf dem europäischen Markt für festverzinsliche Werte **(Euro-Bond-Handel)** mit Euro-Clear[212] und Cedel[213] zwei internationale Buchungs- und Clearingsysteme geschaffen. Sie ermöglichen die stückelose liefer- und geldmäßige Abwicklung grenzüberschreitender Wertpapiergeschäfte im Effekten- und Geldgiroverkehr.[214]

---

205 WM 1988, 322.

206 *Brink,* Rechtsbeziehungen und Rechtsübertragung, S. 135.

207 *Brink,* Rechtsbeziehungen und Rechtsübertragung, S. 136 ff.

208 Diese Belastungsbuchung könnte nicht mit einer Aufrechnung gegen das dem lieferungspflichtigen Kontoinhaber zustehende Treuhand-WR-Guthaben begründet werden; denn der AKV würde aus der Depotgutschrift zugunsten des kaufenden Kontoinhabers keinen gleichartigen, mithin aufrechenbaren Gegenanspruch gegen den lieferungspflichtigen Kontoinhaber erwerben können, da ein auftragsrechtlicher Erstattungsanspruch des AKV (§ 670 BGB) auf Wertersatz, also auf Geld gerichtet wäre (*Staudinger/Wittmann,* BGB, 12. Aufl. 1980, § 670 Anm. 3; *Steffen* in RGRK-BGB, 12. Aufl. 1978, § 670 Anm. 24). Dieselben Grundsätze gelten bei schlichter Depotübertragung (vgl. Nr. 6 Sonderbedingungen für Auslandsgeschäfte in Wertpapieren); insoweit mißverständlich *Coing,* WM 1977, 468, wonach die neue Bankverbindung „das Treugut regelmäßig von dem bisherigen Treuhänder des Kunden erhält".

209 *Brink* , Rechtsbeziehungen und Rechtsübertragung, S. 136 ff.

210 WM 1973, 895; s. auch *Coing* WM 1977, 468.

211 *Canaris,* Bankvertragsrecht, Rdnr. 263, 280; *Paul,* WM 1975, 4.

212 *Breuer,* ZfK 1986, 348.

213 *Israel,* ZfK 1980, 172.

214 *Breuer,* ZfK 1986, 348; *Scholze,* Das Konsortialgeschäft der deutschen Banken, II. Halbband, S. 866 f.

Euro-Clear wurde 1968 von der Morgan Guaranty Trust Company, New York, als eine Abteilung ihrer Brüsseler Niederlassung gegründet. Rechtsträger ist heute die in Großbritannien registrierte Tochtergesellschaft „Euro-Clear Clearance System Publik Limited Company" mit Sitz in Zürich; das Clearing-System wird weiterhin von der Brüsseler Niederlassung der Morgan Guaranty Trust Company aufgrund eines Geschäftsbesorgungsvertrages betrieben. Bei den zugelassenen Wertpapiergattungen handelte es sich ganz überwiegend um festverzinsliche Titel wie insbesondere Eurobonds, Wandel- und Optionsanleihen sowie international gehandelte „Inlands"anleihen.[215] Euro-Clear läßt die Wertpapiere bei verschiedenen Depotbanken in den für den Effektenhandel wichtigsten europäischen Ländern (Amsterdam, Basel, Brüssel, Frankfurt, Genf, London, Luxemburg, Mailand, Paris, Zürich) sowie in New York verwahren. Dies entspricht dem bewährten Grundsatz der Bankpraxis, Wertpapiere möglichst im Land des Emittenten und der Hauptzahlstelle aufbewahren zu lassen. 130

Die inländischen Depotkunden erhalten auch bei den in Euro-Clear einbezogenen Wertpapieren die übliche WR-Gutschrift. Soweit die im Euro-Clear-System befindlichen Wertpapiere nicht im Ausland, sondern vom Kassenverein als deutscher Lagerstelle der Euro-Clear sammelverwahrt werden, kann Euro-Clear als Zwischenverwahrer seinen Kontoinhabern die im Inland üblichen GS-Anteile gutschreiben. Denn maßgeblich für die Rechtsposition an einem Wertpapiersammelbestand ist nach dem **Grundsatz der Belegenheit der Sache** die am Aufbewahrungsort geltende Rechtsordnung und daher bei im Inland ruhenden Beständen das deutsche Depotgesetz (§ 6).[216] Dementsprechend können die deutschen Kreditinstitute als Kontoinhaber von Euro-Clear in diesen Ausnahmefällen ihren Depotkunden ungeachtet der Zwischenschaltung dieses ausländischen Clearingsystems reguläre GS-Gutschriften erteilen. 131

Die Centrale de Livraison de Valeurs Mobilières **(Cedel)** wurde im Jahre 1970 mit ähnlicher Zielsetzung wie Euro-Clear in Luxemburg gegründet; der größte Teil der Eurobond-Anleihen wird an der Luxemburger Börse notiert. Auch Cedel verwahrt als internationale Buchungs- und Clearingzentrale die einbezogenen Wertpapiere nicht selbst, sondern konzentriert die Eurobond-Anleihen bei einer einheitlichen Lagerstelle in dem jeweiligen Land, auf dessen Währung die Wertpapiere lauten.[217] Wie Euro-Clear kann daher auch Cedel seinen Kontoinhabern reguläre GS-Anteile gutschreiben, wenn die Wertpapiere vom Kassenverein als ihrer deutschen Lagerstelle sammelverwahrt werden. Soweit die Wertpapiere im Ausland verwahrt werden, erhalten die Kontoinhaber von Cedel wie beim Deutschen Auslandskassenverein kein (Mit)Eigentum an den gutgeschriebenen Werten, sondern lediglich eine Gutschrift in Wertpapierrechnung. Hierdurch ist die Voraussetzung für die gegenseitige Kontoverbindung des Deutschen Auslandskassenvereins mit Cedel im Rahmen des deutschen Treuhandgiroverkehrs geschaffen.[218] Cedel unterhält auch zu Euro-Clear eine gegenseitige Geschäftsverbindung, um Wertpapierlieferungen von dem einen System in das andere zu ermöglichen.[219] 132

IV. Konkursvorrecht der Depotkunden bei fehlender Eigentumsverschaffung (§ 32 DepG)

Für die Einkaufskommission enthält das Depotgesetz eine Schutzbestimmung, die im Falle des Konkurses der Depotbank als Einkaufskommissionärin zum Tragen kommt. Hat der Kunde seine Verpflichtungen aus dem Kommissionsauftrag erfüllt, die Bank ihm jedoch das Eigentum noch nicht vor Konkurseröffnung verschafft, so kann der Kunde seine Forderungen als Bevorrechtigter aus einer Sondermasse befriedigen. Diese Sondermasse 133

[215] *Breuer,* ZfK 1986, 349.

[216] Dieser Grundsatz (lex rei sitae) ist auch vom deutschen Internationalen Privatrecht anerkannt.

[217] *Israel,* ZfK 1980, 172; *Kümpel,* ZfK 1973, 214.

[218] *Heinsius,* ZfK 1971, 24f.; *Kümpel,* ZfK 1973, 214, vgl. weiter *ders.,* WM 1976, 942.

[219] Bank-Betrieb 1971, 301; *Heinsius/Horn/Than,* DepG § 5 Rdnr. 10.

wird aus den in der Konkursmasse vorhandenen Wertpapieren derselben Art und aus den Ansprüchen der insolventen Bank gegen ihre Handelskontrahenten auf Lieferung solcher Wertpapiere gebildet (§ 32 DepG). Die Depotkunden sind daher im Effektengeschäft konkursrechtlich besser gestellt als die sonstigen Gläubiger der insolventen Bank.

§ 14 Insidergeschäfte

Übersicht

Schrifttum: *Assmann,* Das künftige deutsche Insiderrecht, AG 1994, 196 ff. (I), 237 ff. (II); *ders.,* Das neue deusche Insiderrecht, ZGR 1994, 494 ff.; *Assmann/Uwe H. Schneider,* Wertpapierhandelsgesetz, Kommentar, 1995; *Bähre/Schneider,* Kreditwesengesetz, Kommentar, 3. Aufl. 1986; *Benner-Heinacker,* Kollidiert die Auskunftspflicht des Vorstands mit dem Insidergesetz?, Der Betrieb 1995, S. 765 ff.; *Burgard,,* Die Berechnung des Stimmrechtsanteils nach §§ 21–23 Wertpapierhandelsgesetz, Betriebsberater 1995, S. 2070 ff.; *Caspari,* Die geplante Insiderregelung in der Praxis, ZGR 1994, 630 ff.; *Claußen,* Neues zur kommenden Insidergesetzgebung, ZBB 1992, 73 ff. (I), 267 ff. (II); *ders.,* Das neue Insiderrecht, DB 1994, S. 27 ff.; *ders.,* Bank- und Börsenrecht, 1996, § 9 Rdnr. 89–107; Deutsche Börse AG (Hrsg.), Insiderhandelsverbote und Ad hoc-Publizität nach dem Wertpapierhandelsgesetz, 1994 = Wertpapiermitteilungen 1994, 2038 ff.; *Eisele,* Insiderrecht und Compliance, WM 1993, 1021 ff.; *Götz,* Die unbefugte Weitergabe von Insidertatsachen, Der Betrieb 1995, S. 1949 ff.; *Hopt,* Europäisches und deutsches Insiderrecht, ZGR 1991, 17 ff.; *ders.,* Insiderwissen und Interessenkonflikte im europäischen und deutschen Bankrecht, Festschrift für Heinsius, 1991, S. 289 ff.; *ders.,* Auf dem Weg zum deutschen Insidergesetz - Die Vorüberlegungen vom Herbst 1992, Festschrift für Beusch, 1993, S. 393 ff.; *ders.,* Rechtsprobleme des europäischen und deutschen Insiderrechts, BFuP 1994, 85 ff.; *Joussen,* Auskunftspflicht des Vorstands nach § 131 AktGes und Insiderrecht, Der Betrieb 1994, S. 2485 ff.; *Kappers,* Weitergabe von Insidertatsachen, NJW 1995, S. 2832 ff.; *Kiem/Kotthoff,* Adhoc-Publizität bei mehrstufigen Entscheidungsprozessen, Der Betrieb 1995, S. 1999 ff.; *Kümpel,* Zum Begriff der Insidertatsache, WM 1994, S. 2137 ff.; *ders.,* Bank- und Kapitalmarktrecht, 1995, Rdnr. 14.068–14.322; *Maiwald,* Anmerkung zu BayObLG v. 28. 10. 83, NStZ 1984, 169 f.; *Möller,* Das neue Insiderrecht - Eckpfeiler funktionsfähiger Wertpapiermärkte, BFuP 1994, 99 ff.; *Peltzer,* Die neue Insiderregelung im Entwurf des Zweiten Finanzmarktförderungsgesetzes, ZIP-Report, 1994 746 ff.; *Pfitzer,* Bestimmungen über die Unternehmenspublizität im Rahmen des Wertpapierhandelsgesetzes, Betriebsberater 1995, S. 1947 ff.; *Renner,* Der Schutz des Kapitalanlegers gegen die Ausnützung von Insidervorteilen im Aktienhandel, Diss. Mannheim 1976; *Schleifer/Kliemt,* Einschränkung betriebsverfassungsrechtlicher Unterrichtungspflichten durch Insiderrecht? Der Betrieb 1995, S. 2214 ff.; *Schork,* Gesetz über das Kreditwesen, Stand 1983; *Schwark,* Börsengesetz, Kommentar, 2. Aufl. 1994, Einl. Rdnr. 32–47; *Schwarze,* Insiderregelungen im Spannungsfeld der Praktikabilität, BFuP 1994, 124 ff.; *Siebel,* Der Sekundär-Insider, Festschrift für *Semler,* 1993, S. 955 ff.; *Siebold,* Das neue Insiderrecht – von der freiwilligen Selbstkontrolle zum internationalen Standard, Diss. Münster 1994; *Ulsenheimer,* Zur Strafbarkeit des Mißbrauchs von Insiderinformationen, NJW 1975, 1999 ff.; *Weber M.,* Deutsches Kapitalmarktrecht im Umbruch – Das zweite Finanzmarktförderungesetz, NJW 1994, S. 2849 ff.; *Weber U. A.,* Das neue deutsche Insiderrecht, Betriebsberater 1995, S. 157 ff.; *Wilsing,* Wiederaufleben des Stimmrechts aus Vorzugsaktien und Mitteilungspflicht nach § 21 Abs. 1 WpHG, Betriebsberater 1995, S. 2277 ff.

I. Die Insiderproblematik im Wertpapierhandel

1. Verwerflichkeit des Insiderhandelns. Die Aktie, die bei Betrachtung der Insider- 1
problematik am ehesten ins Blickfeld gerät, bietet dem Anleger die Möglichkeit des Einsatzes von Kapital in der Erwartung einer guten Anlage: Kurzfristig mit spekulativen Vorstellungen, langfristig mit der Hoffnung auf Wertsteigerung, mindestens aber Werterhaltung und angemessene Dividende. Aus der Sicht der Aktiengesellschaften oder der Kommanditgesellschaften auf Aktien (Gesellschaften) ist sie ein Mittel der Kapitalbeschaffung. Aktionäre und Gesellschaften haben demnach ein gemeinsames Interesse daran, daß der Handel mit Aktien nicht durch vermeidbare Unwägbarkeiten und Risiken belastet wird.

Zwar sind dem Anleger das für die Börse typische Auf und Ab der Aktienkurse und die 2
damit verbundene Gefahr für sein Kapital bekannt. Doch kann er erwarten, daß dieses Risiko alle in gleicher Weise trifft. Das aber ist deshalb nicht sicher, weil es Aktionäre gibt, die aufgrund ihrer beruflichen Stellung (Insider) früher über kursrelevantes Wissen verfügen als die Allgemeinheit und dies durch rechtzeitigen Kauf oder Verkauf ihrer Aktien zu ihrem Vorteil verwerten können. Damit wäre die Chancengleichheit beim Wertpapiersparen nicht gewährleistet und das Vertrauen in die Aktie als Kapitalanlage gefährdet. Das kann weder im Interesse der Aktionäre noch der Gesellschaften liegen.

Die eigennützige Ausnutzung von Insiderwissen wird jetzt – von einzelnen Ausnahmen 3
abgesehen[1] – nahezu weltweit nicht mehr nur als verpöntes und verwerfliches Verhalten gegen „selbstverständliche Gebote honorigen kaufmännischen Verhaltens“[2] angesehen, sondern wird mit Strafgesetzen bekämpft, seit dem 1. August 1994 auch in Deutschland (Rdnr. 10 ff.).

2. Historische Entwicklung. Schon im 19. Jahrhundert wurde der Mißbrauch von In- 4
siderwissen angeprangert[3] und durch *von Strombeck* gefordert,[4] im Zusammenhang mit einer Reform des Rechts der Aktiengesellschaften Regelungen zur Behebung solcher Mißstände zu erlassen. Dem wurde ebensowenig entsprochen, wie der allgemeine Appell von *v. Nell-Breuning*[5] an die Börsenmoral aus dem Jahre 1928 Erfolg hatte.

Erst Ende der sechziger Jahre wurde ein Regelungsbedarf weitgehend anerkannt.[6] Da es 5
in Deutschland spezielle Gesetze gegen das Insiderhandeln nicht gab und vorhandene allgemeine Straf- und Zivilgesetze dem Problem nicht gerecht wurden,[7] man aber neue gesetzliche Bestimmungen nicht für erforderlich hielt, beschlossen die Arbeitsgemeinschaft

[1] *Schneider,* Wider Insiderhandelsverbot und die Informationseffizienz des Kapitalmarkts, DB 1993, 1429 ff.

[2] *Walther,* Festschrift für Werner, S. 935 m. w. N.

[3] *Hopt/Will,* Europäisches Insiderrecht, S. 19 m. w. N.

[4] *Wojtek,* Insidertrading, S. 12 m. w. N.

[5] *v. Nell-Breuning,* Grundzüge der Börsenmoral, S. XVIII f.

[6] *Walther,* Festschrift für Werner, S. 934 ff.

[7] Vorauflage § 14 Rdnr. 4–9.

der deutschen Wertpapierbörsen und die Spitzenverbände der Wirtschaft auf der Grundlage von Empfehlungen einer beim Bundesminister für Wirtschaft gebildeten Sachverständigenkommission Anfang der siebziger Jahre Insiderregeln, die weitgehend Zustimmung fanden und zur Bildung von Prüfungskommissionen an den Wertpapierbörsen führten. Nach mehrfachen Änderungen erhielten die Regeln die Fassung vom Juni 1988 (BAnz 1988 S. 2883 ff.).

6 **3. Die Insiderregeln.** Die Regeln – bestehend aus den Insiderhandels-Richtlinien (IHR), den Händler- und Beraterregeln (HBR) und der Verfahrensordnung – werden für eine Übergangszeit in den Fällen, die sich vor Inkrafttreten der gesetzlichen Regelung ereigneten, noch praktische Bedeutung haben. Deshalb sollen sie noch in kurzer Zusammenfassung dargestellt werden. Wegen Einzelheiten wird auf die erste Auflage dieses Handbuchs verwiesen (§ 14 Rdnr. 13–73).

7 Die Insiderregeln, deren Verbindlichkeit privatrechtlich durch Rechtsgeschäft – die Anerkennung – hergestellt werden mußte, enthalten in den IHR Begriffsbestimmungen für Insider, Insiderpapiere und Insiderinformationen, sowie zwei Verbote: Sie verbieten den – gesellschaftsbezogen und damit eng definierten – Insidern, unter Ausnutzung von Insiderinformationen Geschäfte in Insiderpapieren abzuschließen, und sie verbieten ihnen weiterhin, Insiderinformationen an Personen weiterzugeben, die keine Insider sind. Die HBR verbieten Kreditinstituten und deren Mitarbeitern, namentlich Händlern und Anlageberatern, Anlageempfehlungen aus Gründen zu geben, die nicht im Interesse des Kunden liegen, sowie Eigengeschäfte aufgrund von Kundenaufträgen zu tätigen.

8 Die Aufklärung von Verstößen gegen die Verbote erfolgt durch die Prüfungskommissionen, denen die in Betracht kommenden Personen Auskünfte erteilen und Einblick in die Depots gewähren müssen.

9 An Sanktionen stehen der Kommission zur Verfügung: Feststellung des Verstoßes durch Beschluß, der Verpflichtung zur Abführung des erlangten Vorteils und zur Tragung der Verfahrenskosten, sowie in schweren Fällen Veröffentlichung der Entscheidung.

II. Das neue Insiderstrafrecht

10 **1. Rechtsgrundlage.** Durch die EG-Richtlinie vom 13. November 1989 – 89/592/EWG, Abl. EG vom 18. 11. 1989, Nr. L 334/30 – sind alle Mitgliedstaaten der EG verpflichtet worden, unter Beachtung der Vorgaben der Richtlinie weitgehend einheitliche gesetzliche Regelungen zur wirksamen und grenzüberschreitenden Bekämpfung der Insidergeschäfte zu erlassen. Dem ist durch das Gesetz über den Wertpapierhandel und zur Änderung börsenrechtlicher und wertpapierrechtlicher Vorschriften (Zweites Finanzmarktföderungsgesetz) vom 26. 7. 1994 (BGBl I 1994 S. 1749 ff.) entsprochen worden. Die Bestimmungen über das Insiderstrafrecht im engeren Sinne sind am 1. 8. 1994, die übrigen Vorschriften am 1. 1. 1995 in Kraft getreten.

11 **2. Das Insiderhandelsverbot.** Das Zweite Finanzmarktförderungsgesetz regelt in Art. I den Wertpapierhandel unter der Überschrift „Gesetz über den Wertpapierhandel (**Wertpapierhandelsgesetz** – WpHG)". Kern des Insiderstrafrechts sind die §§ 14 Abs. 1 und 2, 38 d. G. § 14 enthält die **Verbote des Insiderhandelns,** § 38 die **Strafvorschrift.**

12 Nach § 14 Abs. 1 WpHG ist es Insidern verboten,

- a) unter Ausnutzung ihrer Kenntnis von Insidertatsachen für eigene oder fremde Rechnung oder für andere Insiderpapiere zu erwerben oder zu veräußern (Erwerbs- und Veräußerungsverbot),
- b) anderen Insidertatsachen unbefugt mitzuteilen oder zugänglich zu machen (Mitteilungsverbot) oder
- c) anderen auf der Grundlage der Kenntnis von Insidertatsachen den Erwerb oder die Veräußerung von Insiderpapieren zu empfehlen (Empfehlungsverbot).

13 Für andere Personen, die Kenntnis von Insidertatsachen haben („Dritte"), gilt lediglich das Erwerbs- und Veräußerungsverbot (§ 14 Abs. 2 WpHG).

Vorsätzliche Verstöße gegen diese oder entsprechende **ausländische Verbote** können mit **Geldstrafe** bis zu 360 Tagessätzen (§ 40 Abs. 1, 2 StGB) oder mit **Freiheitsstrafe** bis zu fünf Jahren bestraft werden (§ 38 Abs. 1, 2 WpHG). 14

Als Grund für die gesetzliche Regelung und damit als **geschütztes Rechtsgut** wird in den Erwägungsgründen der Richtlinie der Schutz des reibungslosen Funktionierens des Marktes , in der Gesetzesbegründung dementsprechend die Funktionsfähigkeit der Wertpapiermärkte innerhalb der Europäischen Gemeinschaft genannt, nicht dagegen der Schutz des Anlegers vor Insidergeschäften und auch nicht der Schutz seines Vermögens. Wegen der sich hieraus ergebenden Frage, ob dem durch Insidergeschäfte sich benachteiligt fühlenden Anleger ein Schadensersatzanspruch gegen den Insider oder andere zusteht, siehe Rdnr. 59. 15

3. Ausnahmen. Nach § 20 WpHG gelten die §§ 1–19 d. G. – also auch das Verbot des § 14 – nicht für Geschäfte, die vom Bund, einem seiner Sondervermögen, einem Land, der Deutschen Bundesbank, einem ausländischen Staat, dessen Zentralbank und entsprechender Einrichtungen oder Organisationen aus geld- oder währungspolitischen Gründen oder im Rahmen der öffentlichen Schuldenverwaltung vorgenommen werden. 16

4. Die Tatbestandsmerkmale der Verbote. *a) Insiderpapiere* sind nach § 12 WpHG **Wertpapiere** im Sinne von § 2 Abs. 1 WpHG, also Aktien, Zertifikate, die Aktien vertreten, Schuldverschreibungen, Genußscheine, Optionsscheine sowie solche Wertpapiere, die mit Aktien oder Schuldverschreibungen vergleichbar sind, z. B. Liquidationsanteilscheine, also solche, die Mitgliedschaftsrechte verkörpern. Nicht erforderlich ist, daß für die Wertpapiere Urkunden ausgestellt sind. 17

Voraussetzung ist aber, daß die Wertpapiere an einer inländischen Börse zum **Handel zugelassen** oder in den **Freiverkehr** einbezogen sind, oder in einem anderen Mitgliedstaat der Europäischen Gemeinschaften oder in einem anderen Vertragsstaat des Abkommens über den Europäischen Wirtschaftsraum zum Handel an einem Markt zugelassen sind, der von staatlich anerkannten Stellen geregelt und überwacht wird, regelmäßig stattfindet und für das Publikum unmittelbar oder mittelbar zugänglich ist (§ 12 Abs. 1, § 2 Abs. 1 WpHG). Es genügt, daß der Antrag auf Zulassung zum Handel oder zur Einbeziehung in den Freiverkehr gestellt oder öffentlich angekündigt ist (Handel per Erscheinen). 18

Nicht Wertpapiere in diesem Sinne sind Papiere/Titel, die nicht zirkulationsfähig sind, also nicht an einem organisierten Markt (Börse) gehandelt werden können, z. B. Namensschuldverschreibungen oder Schuldscheindarlehen. 19

Insiderpapiere sind auch Rechte (**Derivate** vergl. § 2 Abs. 2 WpHG) auf Zeichnung, Erwerb oder Veräußerung von Wertpapieren sowie auf Zahlung eines Differenzbetrages, der sich an der Wertentwicklung von Wertpapieren mißt (z. B. eines Aktienkorbes); ferner Terminskontrakte (Finanzterminskontrakte), sowie Rechte auf Zeichnung, Erwerb oder Veräußerung solcher Finanzterminskontrakte, die Wertpapiere zum Gegenstand haben oder sich auf einen Index beziehen, in den Wertpapiere einbezogen sind; schließlich Terminskontrakte, die zum Erwerb oder zur Veräußerung von Wertpapieren verpflichten. Auch hier ist Voraussetzung, daß diese Rechte und die Papiere, auf die sie sich beziehen, zum Handel an einem Markt i. S. v. Rdnr. 18 zugelassen oder in den Freiverkehr einbezogen sind; Antragstellung oder öffentliche Ankündigung genügt.[8] 20

Die Einordnung der Rechte und Terminskontrakte unter den Begriff „Insiderpapiere" soll der Umgehung des Verbots von Insiderhandeln durch Ausweichen auf Finanzinstrumente, deren Wert von Wertpapieren abhängig ist, entgegenwirken.[9] 21

b) Insidertatsachen (§ 13 Abs. 1 letzter Satzteil WpHG) sind nicht öffentlich bekannte Tatsachen, die sich auf einen oder mehrere Emittenten von Insiderpapieren oder auf Insiderpapiere beziehen und die geeignet sind, im Falle ihres öffentlichen Bekanntwerdens den Kurs der Insiderpapiere erheblich zu beeinflussen. 22

---

[8] *Assmann* ZGR 1994, 517; amtl. Begründung, BT-Drucks. 12/6679, S. 46.

[9] Amtl. Begründung, BT-Drucks. 12/6679, S. 45 f.

23 Der – neue – Begriff Insidertatsache deckt sich mit dem bislang üblichen der **„Insiderinformation“**. Durch Verwendung des Begriffsteils „Tatsache“ wird deutlich gemacht, daß subjektive Wertungen wie Meinungsäußerungen, Rechtsansichten, Gerüchte u. ä. nicht darunter fallen.

24 Eine Tatsache ist **„öffentlich bekannt“**, wenn unbestimmte Teile der Allgemeinheit die Möglichkeit haben, von ihr Kenntnis zu nehmen.[10] Dies ist nicht nur dann der Fall, wenn die Insidertatsache entsprechend den Bestimmungen des § 15 WpHG (Rdnr. 72 ff.) veröffentlicht ist, sondern auch schon dann, wenn die Marktteilnehmer Kenntnis haben können, etwa durch Verbreitung über allgemein zugängliche Informationssysteme (sog. **Bereichsöffentlichkeit**). Dann – so wird in der Gesetzesbegründung angenommen – wird sich nämlich die Insidertatsache schnell in den Kursen niederschlagen, so daß der dem Insiderhandelsverbot zu Grunde liegende Schutzzweck – Funktion der Wertpapiermärkte im Europäischen Wirtschaftsraum – gewahrt bleibt.

25 Die Insidertatsache muß – wenn sie öffentlich bekannt wird – geeignet sein, den Kurs erheblich **zu beeinflussen.** Tatsachen dieser Art sind solche, die für die wirtschaftliche Lage des Emittenten – namentlich für die Vermögens- und Ertragslage – von Bedeutung sind. Beispiele für solche Insidertatsachen siehe Rdnr. 28 ff.

26 Nicht jede denkbare Kursbeeinflussung erfüllt aber die verlangten Voraussetzungen: Die mögliche Beeinflussung muß vielmehr **erheblich** sein. Von einer näheren Erläuterung der Erheblichkeit – etwa von einer zahlenmäßigen Festlegung auf einen Prozentsatz, wie z. B. *Claußen* vorgeschlagen hat[11] – sieht der Gesetzgeber ab. Die Entscheidung darüber, was erheblich ist, wird der Rechtsprechung überlassen. Man kann den Erwägungen in der Gesetzesbegründung zustimmen, sich daran zu orientieren, unter welchen Voraussetzungen Kursmakler erwartete Kursschwankungen mit Plus- oder Minuszeichen versehen, was nach den Geschäftsbedingungen der Börsen vorgeschrieben ist und was auf mehr als übliche Schwankungen hindeutet und von den Marktteilnehmern auch so angesehen wird. Solche Zeichen sind bereits bei erwarteten Bewegungen von 5% an zu machen, so daß im Aktienhandel in der Regel für die Erheblichkeit auch hiervon ausgegangen werden kann. Doch kann auch eine andere Beurteilung in Betracht kommen: So wird man bei Aktien mit sehr niedrigem Kurswert – etwa bis 5 DM – die Erheblichkeit erst bei 10%, bei festverzinslichen Papieren dagegen schon bei 1,5% annehmen können.[12]

27 **Bewertungen** – wie sie z. B. von Analysten oder in den Wirtschaftsteilen von Tageszeitungen, Magazinen oder besonderen Börseninformationsdiensten vorgenommen werden –, die ausschließlich aufgrund öffentlich bekannter Tatsachen erstellt werden, sind nach ausdrücklicher gesetzlicher Bestimmung (§ 13 Abs. 2 WpHG) **keine Insidertatsachen.** Wer jedoch weiß, daß eine solche Bewertung, die also selbst keine Insidertatsache ist, zu einem bestimmten Zeitpunkt veröffentlicht wird und erhebliche Kursbewegungen davon erwartet, kann aus diesem Wissen durch entsprechende Vorgeschäfte Vorteile ziehen. Deshalb wird angenommen, daß das Wissen um die bevorstehende Veröffentlichung eine Insidertatsache sein kann.[13] Doch wird nach dem Wortlaut des § 13 Abs. 2 WpHG („auch wenn dadurch die Kurse beeinflußt werden“) aus dem Wissen um die Veröffentlichung keine Insidertatsache werden können, zumal es sich bei der Erwartung größerer Umsätze mit Kursbewegungen eher um eine Spekulation mit ungewissem Ausgang handeln dürfte.

28 Als Insidertatsachen kommen –**beispielhaft** – in Betracht, wobei aber die Erheblichkeit der Kursbeeinflussung von den Umständen des Einzelfalles abhängen kann: Änderungen des Dividendensatzes, wesentliche Vermögens-, Ertrags- oder Liquiditätsveränderungen,

---

10 vergl. *Schönke/Schröder/Lenckner,* StGB, 24. Aufl., § 186, Rdnr. 19.

11 *Claußen,* ZBB 1992, S. 267, 270; ebenso *Hopt,* ZGR 1991, S. 17, 36 f.

12 *Assmann* ZGR 3/1994 S. 515, Fn. 79; *Caspari,* ZGR 3/1994, S. 540 f.; a. A. *Claußen,* DB 1994, S. 27, 30: 10% ; abwägend: *Möller* BFuP 2/1994, S. 105 f.

13 *Assmann* ZGR 3/1994, S. 510 Fn. 56, S. 516; *Claußen* ZBB 1992, S. 267, 276; *Hopt* ZGR 1991, S. 17, 34; ders., FS *Beusch* S. 393, 410; differenzierend: *Schwarze,* BFuP 2/1994, S. 128 f.

auch Umstände, die hierauf von Einfluß sein können wie Veränderungen im Vorstand, Erfindungen, Entdeckungen, Regierungsaufträge großen Umfangs u. ä.; Kapitalherabsetzung oder -beschaffung einschließlich Kapitalerhöhung aus Gesellschaftsmitteln; Abschluß eines Beherrschungs- oder Gewinnabführungsvertrages; Übernahme- und Abfindungsangebot; Eingliederung, Verschmelzung, Vermögensübertragung, Umwandlung und Auflösung; Veränderungen in der Aktionärstruktur;[14] Aktientransaktionen durch Großaktionäre; Wertpapieremissionen; Ergebnisse, auch vorläufige und Zwischenergebnisse; Massenentlassungen.

Auch Tatsachen, die nur mittelbar Insiderpapiere betreffen **(Marktinformationen),** 29
können Insidertatsachen sein, wie umfangreiche Verkäufe von Papieren oder die Absicht, Aktien einer AG aufzukaufen (siehe hierzu aber Rdnr. 44), aber auch Beschlüsse des Zentralbankrats über Änderungen des Diskontsatzes oder der Leitzinsen und ebenfalls Nachrichten über bedeutende politische Ereignisse wie Kriegsausbruch, Exportverbote durch die Regierung, Anschließung an ein Embargo,[15] wohl auch Nachrichten über das plötzliche Absetzen des Vorstandsvorsitzenden ins Ausland oder die Einleitung von Ermittlungsverfahren mit Erlaß von Haftbefehlen und Durchsuchungsanordnungen; eher selten aber nicht undenkbar: ein beschlossenes, aber noch nicht öffentlich verkündetes Gerichtsurteil in Wirtschaftsprozessen (etwa über die Anfechtung von Hauptversammlungsbeschlüssen).

Als Insidertatsache kann auch das Wissen um die **Orderlage** angesehen werden.[16] Das 30
kann Bedeutung haben für die Beurteilung des Verhaltens von Wertpapierhändlern, die den Kundenauftrag für ein Eigengeschäft ausnutzen. Allerdings werden solche Praktiken im Falle ihres öffentlichen Bekanntwerdens nur in Ausnahmefällen – etwa bei engem Markt oder Großaufträgen – zu erheblichen Kursbewegungen führen können, so daß das Frontrunning in der Regel von dem Insiderverbot nicht erfaßt sein wird.[17] Wegen des Verhaltens von Anlageberatern, die ihre Anlageempfehlung nicht nach den Interessen des Kunden, sondern aufgrund ihrer Kenntnis der Orderlage mehr nach eigenen oder denen ihres Unternehmens ausrichten, siehe Rdnr. 91, 92.

Letztlich muß für die Beurteilung der Erheblichkeit einer kursrelevanten Nachricht 31
auf die Umstände jedes Falles abgestellt werden, besonders auch auf die Beurteilungsfähigkeit des handelnden Insiders. Allerdings wird man in der Regel bei ihm von der notwendigen Sachkunde, die er sich aufgrund seiner Stellung beschaffen muß, ausgehen können.

c) *Insider* (§ 13 WpHG) sind Personen, die 32
- als Mitglied des Geschäftsführungs- oder Aufsichtsorgans oder als persönlich haftender Gesellschafter des Emittenten oder eines mit ihm verbundenen Unternehmens,
- aufgrund ihrer Beteiligung am Kapital des Emittenten oder eines mit ihm verbundenen Unternehmens oder
- aufgrund ihres Berufs oder ihrer Tätigkeit oder ihrer Aufgabe bestimmungsgemäß Kenntnis von einer Insidertatsache (Rdnr. 22–30) haben (Primärinsider).

Bei der ersten dieser drei Gruppen handelt es sich um einen Personenkreis, der dem 33
Emittenten oder dem mit ihm gemäß § 15 AktG verbundenen Unternehmen besonders nahesteht, der deshalb meist unmittelbaren Zugang zu den entscheidenden Informationen hat und der sie z. T. auch selbst produziert.

Dazu gehören demnach Mitglieder von **Vorstand** und **Aufsichtsrat** von Aktiengesell- 34
schaften und verbundenen Unternehmen (§ 15 AktG), also auch GmbH-Geschäftsführer, persönlich haftende Gesellschafter und gegebenenfalls Aufsichtsratmitglieder von KGaA, aber auch Leitungspersonen anderer Unternehmen – welcher Rechtsform auch immer –,

---

[14] *Caspari* ZGR 3/1994, S. 539.

[15] *Hopt* BFuP 2/1994, S. 90.

[16] *Assmann* ZGR 3/1994, S. 510 Fn. 56; *Caspari* ZGR 3/1994, S. 540.

[17] *Assmann* ZGR 3/1994, S. 510 Fn. 56.

die selbst Emittenten sind oder mit ihnen verbunden sind. Beiratsmitglieder, die nur beratend tätig werden, also keine Aufsichts- oder Geschäftsführungsaufgaben wahrnehmen, gehören nicht zu dieser Gruppe.[18]

35 Zur zweiten Gruppe gehören **alle Aktionäre** aber auch alle, die an verbundenen Unternehmen beteiligt sind, ohne Begrenzung durch den Beteiligungsanteil; jedoch nur dann, wenn sie aufgrund ihrer Beteiligung am Kapital Kenntnis von Insidertatsachen haben. Ursächlich für das Erlangen der Kenntnis muß also die Beteiligung sein.[19] Das wird auf Kleinaktionäre nur selten zutreffen.

36 Die dritte Gruppe schließlich betrifft einen weitgefaßten Kreis von Personen, deren Tätigkeit sie **bestimmungsgemäß** mit Insidertatsachen in Berührung bringt, also: Angestellte in entsprechender Position – leitende Angestellte, aber auch solche im Schreib- und Vorzimmerdienst, in der Poststelle, in der Registratur, im Einzelfall wohl auch im Hausbotendienst u. ä. –, auch Händler und Anlageberater in Kreditinstituten, Börsenmakler, Freiberufler wie Wirtschaftsprüfer, Steuerberater, Rechtsanwälte, Notare, von Handwerkern wohl am ehesten Drucker, aber auch Beiratsmitglieder, deren beratende Tätigkeit die Kenntnis von Insidertatsachen erfordert, sowie Personen, die in Behörden (Beamte und Angestellte) und auf Regierungs- und Parlamentsebene (Minister, Abgeordnete) im Zusammenhang mit ihren Aufgaben Insidertatsachen erfahren.

37 Auch **Journalisten** und **Analysten** können zu dem Personenkreis, der bestimmungsgemäß durch seine berufliche Tätigkeit Kenntnis von Insidertatsachen erhält, gehören. Sie werden durch Teilnahme an Pressekonferenzen, Analystenbesprechungen, Werksbesichtigungen und Vorstandsinterviews sowie durch Empfang von Presseerklärungen oder anderen zur Veröffentlichung bestimmten Unterlagen zu Primärinsidern, die bis zur öffentlichen Bekanntmachung der ihnen so bekannt gewordenen Insidertatsachen den Insiderverboten (Rdnr. 12) unterliegen.

38 Insider sind – ohne daß sie im Gesetz so genannt werden – auch Personen, die, gleich auf welche Weise, „Kenntnis von einer Insidertatsache" haben (§ 14 Abs. 2 WpHG). Sie werden im Gesetz als **„Dritte"**, im Schrifttum als **Sekundärinsider**[20] bezeichnet. Es kommt nicht darauf an, woher die Kenntnis stammt und wie der Dritte Kenntnis erlangt hat. Die Vorschrift geht über die Vorgabe der EG-Richtlinie hinaus, die darauf abstellt, daß der Sekundärinsider die Herkunft von einem Primärinsider kennt, was ihm im Strafverfahren nachgewiesen werden müßte. Die im Verzicht auf dies Nachweiserfordernis liegende Verschärfung des Verbotstatbestandes soll der sachgerechteren Abgrenzung der sanktionswürdigen Insiderverstöße dienen.[21]

39 Als „Dritte" kommen demnach die **Zufalls- und Gelegenheitsinsider** in Betracht, also Personen, die nur zufällig oder bei Gelegenheit Kenntnis von Insidertatsachen erhalten, wie Taxi- und Dienstwagenfahrer, Reinigungskräfte, in der Regel auch Boten, Handwerker, Ärzte, Psychotherapeuten u. ä. Hierhin gehören auch die, denen ein Primärinsider oder auch ein Sekundärinsider – bewußt oder gedankenlos – die Insidertatsache weitergegeben, zugänglich gemacht oder die Kenntnisnahme ermöglicht hat, wie Familienangehörige, Lebensgefährten, Freunde, Bekannte, Berufskollegen. Auch wer sich die Information auf unlautere Weise (Werkspionage, Bestechung) für sich selbst oder für andere beschafft oder beschaffen läßt, wird dadurch zum Sekundärinsider.[22]

40 **Beiratsmitglieder** (Rdnr. 34), zu deren Tätigkeit nicht die bestimmungsgemäße Kenntnis von Insidertatsachen gehört, die auch keine Aufsichts- und Geschäftsführungs-

---

18 *Assmann* ZGR 3/1994, S. 505.

19 *Assmann* ZGR 3/1994, S. 506: *Caspari,* ZGR 3/1994, S. 537; *Claußen* DB 1994, S. 27; amtl. Begründung BT-Drucks. 12/6679 S. 46.

20 *Siebel* FS *Semler* S. 955 ff.

21 Amtl. Begründung BT-Drucks. 12/6679 S. 47.

22 *Assmann,* Die Aktiengesellschaft, 6/1994, S. 241; *Caspari,* ZGR 3/1994, S. 546, *Siebel* FS Semler, S. 974.

aufgaben haben, können – wenn sie zufällig oder gelegentlich ihrer Tätigkeit oder auf andere Weise Insiderinformationen erhalten – „Dritte" sein.

41 *d) Die verbotenen Handlungen.* (aa) Das Erwerbs- und Veräußerungsverbot. Insidern und Dritten (also Primär- und Sekundärinsidern) ist der Erwerb oder die Veräußerung von Insiderpapieren für eigene oder fremde Rechnung oder für andere dann verboten, wenn sie unter Ausnutzung ihrer Kenntnis von Insidertatsachen handeln.

42 Das Handeln für andere kann in offener oder verdeckter Vertretung geschehen.[23] Für andere handelt der Täter auch dann, wenn er **Organ einer Gesellschaft** ist und das Geschäft für diese abschließt. Zwar handeln Gesellschaften durch ihre Organe, doch entspricht es dem erkennbaren und in der amtlichen Begründung herausgestellten Sinn und Zweck des Verbots gem. § 14 Abs. 1 Nr. 1 WpHG, nicht nur eigennützige Geschäfte, sondern auch solche im fremden Interesse zu untersagen.[24]

43 Seine Kenntnis von einer Insidertatsache nutzt aus, wer seinen Informationsvorsprung in der Hoffnung oder Erwartung mit dem Ziel zur Grundlage des Geschäfts macht, einen wirtschaftlichen Vorteil für sich oder andere zu erlangen, den er ohne die Kenntnis der Insidertatsache nicht erreichen könnte. Er strebt gegenüber den nicht informierten Anlegern einen Sondervorteil an, der diesen verschlossen bleibt. Das setzt voraus, daß er die Eigenschaft seines Wissens als Insidertatsache kennt. Damit mischen sich in dem Tatbestandsmerkmal „Ausnutzung" objektive und subjektive Elemente. Es ist nicht erforderlich, daß der angestrebte Vorteil tatsächlich erreicht wird. Entscheidend ist, daß durch eigen- oder fremdnützige Verwertung der Insidertatsache unter Erwartung des Vorteils gegen den Grundsatz der Chancengleichheit der Aktionäre oder anderer Anleger verstoßen wird. Von Ausnutzen kann daher nur gesprochen werden, wenn durch den Verstoß das Vertrauen der Anleger in die Funktionsfähigkeit des Wertpapiermarktes beeinträchtigt und damit der Schutzzweck des Verbots gefährdet wird.[25] Die **Ausnutzung** der Kenntnis von Insidertatsachen liegt deshalb in folgenden Fällen **nicht** vor:

- 44 Ausführung von **unternehmerischer Planung** und Entscheidung, worin nicht das Streben nach Vorteilen, die nicht zu billigen sind, gesehen werden kann; es darf aber nicht Insiderwissen anderer Art einfließen;[26] wenn die unternehmerische Planung auf den Erwerb eines Aktienpakets oder den Aufbau einer Beteiligung gerichtet ist und umgesetzt wird, so sind aber die Mitteilungspflichten nach § 21 Abs. 1 WpHG zu beachten (vergl. Rdnr. 103), deren Nichtbeachtung bei Fortführung der unternehmerischen Planung durch Vermeidung des sonst zu erwartenden Kursanstiegs dann doch zu einer Ausnutzung führen kann;[27]
- 45 **interessenwahrende** Ausführung von Kundenaufträgen durch **Wertpapierhändler,** und zwar auch dann, wenn der Händler Insidertatsachen zwar kennt, dies Wissen aber die Auftragsausführung nicht beeinflußt; dem möglichen Konflikt zwischen Interessewahrung und Insiderverbot kann der Händler, der Anregung in der amtlichen Begründung entsprechend, dadurch entgehen, daß er mit der Ausführung einen nicht informierten Makler beauftragt;[28]
- 46 Tätigkeit der **Marketmaker,** nämlich: Kurse für die Nachfrage- und Angebotsseite stellen und auf deren Grundlage Geschäfte abschließen;[29]
- 47 Kursfeststellung im amtlichen Handel durch **Kursmakler,** Feststellung des Börsenpreises im geregelten Markt und Ermittlung des Preises im Freiverkehr durch **skontoführende Makler,** solange sie sich an die Regeln ihres Berufs halten (§§ 29 Abs. 3, 32 Abs. 2, 72

---

[23] *Assmann,* ZGR 3/1994, S. 517.
[24] *Caspari,* ZGR 3/1994, S. 541.
[25] *Caspari,* ZGR 3/1994, S. 542.
[26] *Caspari,* ZGR 3/1994, S. 542.
[27] *Caspari,* ZGR 3/1994, S. 543.
[28] *Caspari,* ZGR 3/1994, S. 543.
[29] *Caspari,* ZGR 3/1994, S. 543 f.

Abs. 2 Nr. 4 BörsG), neutral bleiben und sich nicht aufgrund ihrer Kenntnis der Orderlage selbst Vorteile verschaffen;[30]

48 – **Kurspflegemaßnahmen,** die nur eine Glättung der Kursentwicklung bewirken sollen, nicht dagegen die Kurspflege gegen den Markttrend, wenn die bei Änderung oder Einstellung der Kurspflege zu erwartende Kursänderung durch die kurspflegende Stelle ausgenutzt wird.[31]

49 Das Erwerbs- und Veräußerungsverbot des § 14 Abs. 1 Nr. 1 WpHG erfaßt, wie der Gesetzeswortlaut eindeutig erkennen läßt, nur den Erwerb und die Veräußerung, nicht jedoch das Absehen von diesen Geschäften, mag es auch Insiderwissen sein, das den Insider zum Unterlassen eines Geschäftes veranlaßt. Mit Recht weist *Assmann* darauf hin, daß unter das Erwerbs- und Veräußerungsverbot nur die Ausnutzung der Kenntnis von Insiderwissen für Wertpapiergeschäfte fällt, nicht jedoch andere Verwendungsarten des Insiderwissens.[32]

50 (bb) Das Mitteilungsverbot. Nach § 14 Abs. 1 Nr. 2 WpHG ist es Primärinsidern untersagt, Insidertatsachen anderen unbefugt mitzuteilen oder zugänglich zu machen. Zugänglich machen ist auch eine Form der Mitteilung. Dadurch soll auch eine nur mittelbare Kenntnisverschaffung erfaßt werden, wie z. B. die Offenbarung eines Kennwortes, das den Zugang zu einem elektronischen Informationssystem ermöglicht.[33] Auch wer Schriftstücke, die Insidertatsachen enthalten, offen liegen läßt in dem Bewußtsein, daß ein anderer Einblick nehmen soll und auch nimmt, macht ihm damit die Insidertatsache zugänglich.

51 **Unbefugt** ist die Mitteilung, wenn sie – entsprechend der Vorgabe in Art. 3 a der EG-Richtlinie – „nicht in einem normalen Rahmen in Ausübung ihrer Arbeit oder ihres Berufes oder in Erfüllung ihrer Aufgaben geschieht". Danach ist die Weitergabe befugt, die aufgrund gesetzlicher Regelung erfolgt (siehe Rdnr. 63, 72 betr. Veröffentlichungs- und Mitteilungspflichten) oder die betrieblicher Übung und Notwendigkeit entspricht. Da das Mitteilungsverbot dazu dient, den Kreis von Wissenden möglichst klein zu halten, wird an die Befugnis zur Verbreitung ein strenger Maßstab anzulegen sein. Die Weitergabe nicht öffentlich bekannter Informationen an Journalisten und Analysten – sie werden dadurch zu Primärinsidern – darf daher nur zum Zwecke der Publikation erfolgen (siehe aber § 15 Abs. 3 Satz 2 WpHG – Rdnr. 80 ff.), während die Information von Wirtschaftsprüfern, Steuerberatern, Rechtsanwälten u. a. Personen zur Erfüllung von deren Aufgaben für den Emittenten rechtlich unproblematisch sein wird.[34]

52 (cc) Das Empfehlungsverbot. Nach § 14 Abs. 1 Nr. 3 WpHG ist es Primärinsidern verboten, auf der Grundlage ihrer Kenntnis von Insidertatsachen anderen den Erwerb oder die Veräußerung von Insiderpapieren zu empfehlen. Dies Verbot soll vor allem verhindern, daß das Mitteilungsverbot durch bloßes Tip-Geben ohne Weitergabe der Insidertatsache umgangen wird, indem – etwa nach Absprache über die Teilung des zu erwartenden Gewinns – nur der Tip-Empfänger tätig wird, während der Tip-Geber der Strafe dadurch zu entgehen glaubt, daß er sich im Hintergrund hält.

53 Für Sekundärinsider (Rdnr. 38–40) gilt nur das Erwerbs- und Veräußerungsverbot des § 14 Abs. 1 Nr. 1, Abs. 2 WpHG (Rdnr. 41–49). Allerdings kann sich der **Sekundärinsider,** der seine Kenntnis von einer Insidertatsache weitergibt oder auf ihrer Grundlage eine Empfehlung gibt, gegebenenfalls einer **Anstiftung** oder einer **Beihilfe** zur Tat des Empfängers der Mitteilung oder der Empfehlung strafbar machen, jedoch nur dann, wenn der Empfänger sich durch sein Tun selbst strafbar macht. Das könnte etwa dann nicht der Fall sein, wenn der Sekundärinsider – ohne die Information selbst preiszugeben – nur ei-

---

[30] *Caspari,* ZGR 3/1994, S. 545.

[31] *Caspari,* ZGR 3/1994, S. 544.

[32] *Assmann,* ZGR 3/1994, S. 519.

[33] *Assmann,* ZGR 3/1994, S. 519; amtl. Begründung BT-Drucks. 12/6679, S. 48

[34] *Assmann,* ZGR 3/1994, S. 520.

nen Tip gibt, den der im übrigen unwissende und damit gutgläubige Tip-Empfänger verwertet, es sei denn, es gäbe genug Umstände, die den Schluß auf Komplizenschaft zulassen.[35]

(dd) Über den **Verschuldensgrad** besagen die Verbots- und Strafvorschriften der §§ 14, 38 WpHG nichts, so daß der subjektive Tatbestand der Vorschriften nur durch **vorsätzliches** Tun erfüllt wird (§ 15 StGB). 54

(ee) Als **Täter** der verbotenen Handlungen kommen demnach nur Primär- und – in den Grenzen des § 14 Abs. 2 WpHG – Sekundärinsider in Betracht. In der EG-Richtlinie wird ausdrücklich bestimmt, daß Straftäter nur natürliche Personen sein können. Das entspricht auch ohne besondere Regelung dem deutschen Strafrecht.[36] 55

5. Die Sanktionen. *a)* Die **Strafe,** die auch bei Verstößen gegen entsprechende ausländische Verbote verhängt wird, kann in **Geldstrafe** und/oder **Freiheitsstrafe** bis zu fünf Jahren bestehen. Die Geldstrafe beträgt, da kein Betrag genannt ist, höchstens 360 Tagessätze, also praktisch ein Jahreseinkommen (§ 40 Abs. 1 und 2 StGB). 56

b) Der **Verfall** des durch das verbotene Geschäft erzielten Vorteils ist nicht ausdrücklich geregelt. Es gelten die allgemeinen Vorschriften (§§ 73 ff. StGB), wonach der Verfall (Zahlung an die Staatskasse) nicht angeordnet werden kann, wenn dem Verletzten Eratzansprüche gegen den Täter oder Teilnehmer zustehen. Da das aus den Gründen, die bei Rdnr. 59 behandelt sind, nur ganz selten der Fall sein wird, muß der Verfall des erlangten Gewinns als Nebenfolge der Strafe in der Regel verhängt werden. Die Anordnung des Verfalls kann sich auch gegen andere richten, für die der Täter gehandelt hat, wenn diese dadurch etwas erlangt haben (§ 73 Abs. 3 StGB, §§ 430 ff., 442 StPO). 57

c) Auch ein **Berufsverbot** nach §§ 70 ff. StGB kann in Betracht kommen, da wohl meist unter Mißbrauch des Berufs oder grober Verletzung beruflicher Pflichten gehandelt wird. Die Dauer eines solchen Berufsverbots kann bis zu fünf Jahren betragen. Nachträgliche Aussetzung des Verbots zur Bewährung ist bei günstiger Prognose möglich. 58

d) Zivilrechtliche **Schadensersatzansprüche** des Anlegers gegen den verbotswidrig handelnden Insider sieht das Gesetz nicht vor. Aus den allgemeinen Vorschriften läßt sich wohl nur sehr selten ein Schadensersatzanspruch des Anlegers herleiten, etwa bei dem Geschäft, das nicht über die Börse und damit nicht anonym, sondern unmittelbar zwischen dem Insider und dem Anleger geschlossen wurde (Face to face – Geschäft). Dann kann ein Anspruch aus der Verletzung einer Aufklärungspflicht beim Kaufvertrag hergeleitet werden; auch der Schaden ist dann leicht zu ermitteln.[37] Dagegen käme ein vertraglicher Anspruch bei dem Geschäft über die Börse wohl kaum jemals in Betracht. Auch ein Anspruch aus § 823 BGB läßt sich kaum begründen. Zweifelhaft und damit umstritten ist schon, ob die Insiderverbote des WpHG Schutzgesetz im Sinne von § 823 Abs. 2 StGB sind, da das geschützte Rechtsgut nicht das Vermögen des Anlegers oder etwa das der Gesellschaft ist (Rdnr. 15). Aber auch wer die Eigenschaft als Schutzgesetz bejaht, kommt in kaum lösbare Schwierigkeiten wegen der Nachweise des Täters, des Schadens und seiner Berechnung sowie des Kausalzusammenhangs.[38] 59

III. Die Verfolgung von Insiderstraftaten

Für die Strafverfolgung gelten die allgemeinen Vorschriften der StPO und des GVG. Diese haben durch das WpHG keine Änderung erfahren. Das Gesetz enthält aber besondere Vorschriften für die Aufsicht, die Beobachtung und die Überwachung des Wertpapierhandels; diese Aufgaben werden durch das neu geschaffene Börsenaufsichtsamt wahrgenommen. 60

---

[35] *Assmann,* ZGR 3/1994, S. 521.

[36] *Assmann,* ZGR 3/1994, S. 522.

[37] *Assmann,* ZGR 3/1994, S. 524 f. m. w. N.

[38] *Assmann,* ZGR 3/1994, S. 525 m. w. N., vergl. auch *Soergel,* BGB-Komm., 11. Aufl. § 823 Rdnr. 252.

61 **1. Das Börsenaufsichtsamt.** Das „Börsenaufsichtsamt für den Wertpapierhandel", das seinen Sitz in Frankfurt am Main hat, ist eine Bundesbehörde, an der die Länder durch einen Wertpapierrat mitwirken (§§ 3 ff. WpHG). Neben dem Amt werden auch die Aufsichtsbehörden der Länder (Rechtsaufsicht über die Börsen) und die Börsen selbst durch Überwachung des Handels tätig.

62 Zur Wahrnehmung seiner **Aufgaben,** die der ordnungsmäßigen Durchführung des Wertpapierhandels dienen, Mißständen entgegenwirken und die das Aufspüren von Anhaltspunkten für Insiderverstöße ermöglichen sollen, bestehen dem Amt gegenüber Melde-, Auskunfts-, Vorlage- und Duldungspflichten (§ 16 WpHG).

63 **2. Meldepflichten.** Nach § 9 WpHG trifft inländische Kreditinstitute, die Zweigstellen ausländischer Kreditinstitute sowie andere inländische Unternehmen, die an einer inländischen Börse zur Teilnahme am Handel zugelassen sind, die Verpflichtung, dem Amt alle Geschäfte zu melden, die sie in Wertpapieren und Derivaten (Rdnr. 16) tätigen, und zwar im Grunde sofort, spätestens am nächsten Werktag.

64 **3. Auskunftspflichten.** Wenn das Amt – namentlich durch die Beobachtung und Überwachung des Wertpapierhandels – Anhaltspunkte für Verstöße gegen die Verbote nach § 14 WpHG hat, sind diese Unternehmen ihm nach § 16 WpHG zur Auskunft über diese Geschäfte und zur Angabe der Identität der Beteiligten, die ihrerseits auskunftspflichtig über ihre Geschäfte sind, verpflichtet. Darüber hinaus müssen Emittenten, verbundene Unternehmen und alle Personen, die Kenntnis von einer Insidertatsache haben, dem Amt hierüber Auskunft erteilen. Den zur Auskunft Verpflichteten steht im Konflikt zwischen Wahrheitspflicht und Gefahr der Selbstbelastung sowie der Belastung von Angehörigen ein **Auskunftsverweigerungrecht zu** (§ 16 Abs. 6 WpHG).

65 **4. Vorlage und Duldungspflichten.** Das Amt kann auch die Vorlage von Unterlagen verlangen, und seine Mitarbeiter haben das Recht zum Betreten des Grundstücks und der Geschäftsräume, soweit dies zur Wahrnehmung der Aufgaben des Amts erforderlich ist (§ 16 Abs. 2, 3 WpHG).

66 **5. Sanktionen.** Dem Amt stehen zur Durchsetzung seiner Aufgaben und Rechte die Zwangsmittel des Verwaltungs-Vollstreckungsgesetzes zur Verfügung (§ 10 WpHG). Verstöße gegen die vollziehbaren Anordnungen des Amts sind Ordnungswidrigkeiten und können mit Geldbußen bis zu 100 000 DM belegt werden (§ 39 Abs. 1, Nr. 1 a, Abs. 2, Abs. 3 WpHG).

67 **6. Rechtsbehelfe.** Die Maßnahmen des Bundesaufsichtsamts können als Verwaltungsakte im Verwaltungsgerichtsverfahren angefochten werden. Nach ausdrücklicher gesetzlicher Vorschrift (§ 16 Abs. 7 WpHG) haben **Widerspruch** und **Anfechtungsklage** keine aufschiebende Wirkung.

68 **7. Staatsanwaltschaft.** Tatsachen, die den **Verdacht einer Straftat** nach § 38 WpHG begründen, hat das Amt der zuständigen Staatsanwaltschaft anzuzeigen. Das weitere Verfahren richtet sich nach der StPO, über dessen Ausgang das Amt unterrichtet wird (§ 18 WpHG).

69 **8. Internationale Zusammenarbeit.** Zur Bekämpfung grenzüberschreitender Insidervergehen arbeiten das Bundesaufsichtsamt und die entsprechenden zuständigen Stellen anderer Mitgliedstaaten der EG oder anderer Vertragsstaaten des Abkommens über den Europäischen Wirtschaftsraum zusammen (§ 19 WpHG), namentlich durch Übermittlung von erforderlichen Informationen.

70 **9. Verschwiegenheitspflicht und Verwertungsverbot.** Nach § 8 WpHG sind die Mitarbeiter des Bundesaufsichtsamts und vom Amt besonders beauftragte Personen zur Verschwiegenheit über ihnen bekanntgewordene Tatsachen verpflichtet. Sie dürfen diese Tatsachen auch nicht verwerten. Das gilt nicht im Rahmen der Erfüllung der Aufgaben des Amtes, besonders der Mitteilung an die Staatsanwaltschaft und an Gerichte, die für Strafsachen und Bußgeldsachen zuständig sind. Gegenüber Finanzbehörden gelten die

Verbote auch, es sei denn, die Verfolgung der Steuerstrafverfahren läge im zwingenden öffentlichen Interesse. Doch soll auch bei Vorliegen dieser Ausnahme der internationale Informationsaustausch nicht gefährdet werden. Für Verstöße gelten – mangels besonderer Strafvorschriften im WpHG – die §§ 353 b, 203 ff. StGB (Rdnr. 107, 108).

10. Datenschutz. Nach § 17 WpHG dürfen personenbezogene Daten nur zur Prüfung, 71 ob ein Verstoß gegen die Verbote des § 14 WpHG vorliegt und im Rahmen der internationalen Zusammenarbeit gespeichert, verändert und genutzt werden. Sie müssen gelöscht werden, wenn sie für diese Zwecke nicht mehr benötigt werden.

IV. Vorbeugende Maßnahmen

1. Veröffentlichungspflichten (Ad hoc-Publizität) *a) Pflichten der Emittenten.* Neben 72 den Vorschriften über die Bestrafung von Insiderhandeln gegen die Verbote des § 14 WpHG und über die Überwachung des Wertpapierhandels durch das Bundesaufsichtsamt soll auch auf andere Weise möglichen Verstößen entgegengewirkt werden, namentlich dadurch, daß durch schnelle Veröffentlichung von Insidertatsachen der Handlungsspielraum potentieller Insider zeitlich eingeengt und dadurch die Ausnutzung erschwert wird. So schreibt § 15 Abs. 1 WpHG, der dem bisherigen § 44 a Börsengesetz weitgehend entspricht und diesen ersetzt, dem Emittenten von Wertpapieren, die zum Handel an einer inländischen Börse zugelassen sind, vor, neue Tatsachen, die in seinem Tätigkeitsbereich eingetreten und nicht öffentlich bekannt sind, **unverzüglich zu veröffentlichen,** wenn zwei Voraussetzungen vorliegen:

– Die Tatsachen müssen Auswirkungen auf die Vermögens- und Finanzlage oder auf den allgemeinen Geschäftsverlauf des Emittenten haben und
– geeignet sein, den Börsenpreis der zugelassenen Wertpapiere erheblich zu beeinflussen.

Bei zugelassenen **Schuldverschreibungen** gibt es eine Sonderregelung: Für diese besteht 73 die Veröffentlichungspflicht, wenn durch die Tatsache die Fähigkeit des Emittenten, seinen Verpflichtungen nachzukommen, beeinträchtigt wird, ohne daß es auf die Möglichkeit erheblicher Kursbewegungen ankommt.

Bei **berechtigten Interessen** des Emittenten – etwa begründete Befürchtung von Wett- 74 bewerbsnachteilen – ist Befreiung von der Pflicht zur Veröffentlichung durch das Bundesaufsichtsamt möglich. Nach der amtlichen Begründung verletzt der Emttitent die Veröffentlichungspflicht nicht, wenn er unverzüglich einen – nicht rechtsmißbräuchlichen – Befreiungsantrag stellt und die Veröffentlichung nach einer Ablehnung unverzüglich nachholt.

Die Veröffentlichungspflicht betrifft „die zum Handel an einer inländischen Börse zuge- 75 lassenen Wertpapiere", also nicht den Handel im Freiverkehr. Tatsachen, die bereits – auf welche Art auch immer – durch die Medien öffentlich geworden sind, bedürfen keiner Veröffentlichung nach § 15 WpHG.

Für die Tatsachen, die als kurserheblich zu veröffentlichen sind, nennt die amtliche Be- 76 gründung **beispielhaft:** Kündigung von besonders bedeutsamen Patent-, Liefer- oder Abnahmeverträgen, auch die Einstellung umsatzwichtiger Produktionszweige nach Unglücksfällen oder auch den Abschluß von neuen Verträgen, die für die Entwicklung des Unternehmens erhebliche Bedeutung haben und vorteilhaft sind. Keine Tatsachen sind danach Umstände, deren Konsequenzen noch nicht feststehen. Auch selbst entwickelte Wettbewerbsvorsprünge müssen nicht vorzeitig der Konkurrenz preisgegeben werden, und nicht für alle Entwicklungen im Unternehmen müssen Befreiungsanträge gestellt werden. Im übrigen soll auf den Einzelfall und die allgemeine Lebenserfahrung abgestellt werden. Vom Emittenten wird erwartet, daß er sich die notwendige Sachkunde verschafft. Wegen der Erheblichkeit der zu erwartenden Kursbewegung kann auf die Ausführungen bei Rdnr. 26 verwiesen werden.

Für das Vorliegen der ersten in Rdnr. 72 genannten Voraussetzungen der Veröffentli- 77 chungspflicht hat die **Deutsche Börse AG** in einer im Oktober 1994 veröffentlichten

Schrift **beispielhaft Tatsachen** genannt, die hierunter fallen können: Für Veränderungen der Vermögens- und Finanzlage können in Betracht kommen: Veräußerung satzungsmäßiger Kernbereiche; Verschmelzungsverträge, Eingliederungen, Ausgliederungen, Umwandlungen, Spaltungen und andere wesentliche Strukturmaßnahmen; Beherrschungs- und/oder Gewinnabführungsverträge; Erwerb oder Veräußerung von wesentlichen Beteiligungen; Übernahme- und Abfindungs-/Kaufangebote, Kapitalmaßnahmen einschl. Kapitalberichtigung; Änderung des Dividendensatzes; bevorstehende Zahlungseinstellung, Überschuldung, Verlustanzeige nach § 92 AktG; erhebliche außerordentliche Aufwendungen (etwa nach Großschäden oder Aufdeckung krimineller Machenschaften) oder außerordentliche Erträge.

78 Für Veränderungen im allgemeinen Geschäftsverlauf werden genannt: Rückzug aus oder Aufnahme von neuen Kerngeschäftsfeldern; Abschluß, Änderung oder Kündigung besonders bedeutender Vertragsverhältnisse einschl. Kooperationsabkommen; bedeutende Erfindungen, Erteilung bedeutender Patente und Gewährung wichtiger (aktiver/passiver) Lizenzen; maßgebliche Produkthaftungs- oder Umweltschadensfälle; Rechtsstreitigkeiten und Kartellverfahren von besonderer Bedeutung; Veränderungen in Schlüsselpositionen des Unternehmens.

79 Diese Aufzählung ist weder abschließend noch erschöpfend. Die aufgeführten Beispiele, denen man beitreten kann, sollen als Empfehlung an die Emittenten dienen, bei Vorliegen einer dieser Sachverhalte zu prüfen, ob eine Pflicht zur Veröffentlichung besteht. Der Umstand, daß die genannten Tatsachen z. T. auch bei der Aufzählung von Beispielen für Insidertatsachen genannt werden, bedeutet nicht schlechthin Identität, da die Insidertatsachen einen Bezug zu Emittenten und Insiderpapieren haben, während die Veröffentlichungspflicht nur für Vorgänge im Tätigkeitsbereich des Emittenten besteht (Rdnr. 72).

80 Vor der Veröffentlichung ist die zu veröffentlichende Tatsache der **Geschäftsführung der Börsen,** an denen die Wertpapiere oder gegebenenfalls die Derivate, deren Gegenstand die Wertpapiere sind, zum Handel zugelassen sind, und dem **Bundesaufsichtsamt mitzuteilen** (§ 5 Abs. 2 Nr. 1–3 WpHG). Die Geschäftsführung hat auf der Grundlage dieser Mitteilung nur zu prüfen, ob die Kursfeststellung auszusetzen oder einzustellen ist.

81 Die Veröffentlichung muß nach § 15 Abs. 3 Satz 1 WpHG in mindestens einem **überregionalen Pflichtblatt** oder über ein **elektronisches Informationssystem,** das bei Kreditinstituten und anderen Unternehmen weit verbreitet ist, erfolgen.

82 Vor dieser Veröffentlichung ist eine Veröffentlichung in anderer Weise **unzulässig** (§ 15 Abs. 3 Satz 2 WpHG).

83 Den Geschäftsführungen der Börsen und dem Bundesaufsichtsamt, das bei umfangreichen Angaben die Veröffentlichung einer Zusammenfassung gestatten darf, ist die Veröffentlichung nach Rdnr. 81 zu **übersenden** (15 Abs. 4 WpHG).

84 Ein Hinweis auf die Veröffentlichung nach Rdnr. 81 ist unverzüglich im Bundesanzeiger **bekanntzumachen** (§ 15 Abs. 3 Satz 3 WpHG).

85 *b) Überwachung und Sanktionen.* Das **Bundesaufsichtsamt** überwacht die Einhaltung dieser Pflichten des Emittenten. Es kann von ihm Auskünfte und Vorlage von Unterlagen verlangen; seine Bediensteten und besonders beauftragte Personen haben das Recht, Grundstücke und Geschäftsräume des Emittenten zu betreten (§ 15 Abs. 5 WpHG).

86 **Verstöße** gegen diese Pflichten des Emittenten sind **Ordnungswidrigkeiten** und können mit hohen Geldbußen belegt werden (§ 39 Abs. 3 WpHG): Bei Verstoß gegen das Publizitätsgebot (Rdnr. 72 ff.) und bei einer Verletzung des Verbots der Veröffentlichung in „anderer Weise" (Rdnr. 82) bis zu 3 000 000 DM; bei einem Verstoß gegen das Mitteilungsgebot (Rdnr. 80) bis zu 500 000 DM; bei Verletzung des Übersendungsgebots (Rdnr. 83) und der Bekanntmachungspflicht (Rdnr. 84) bis zu 100 000 DM.

87 **Schadensersatzansprüche** können aus Verstößen gegen die Pflichten des § 15 WpHG nach ausdrücklicher Vorschrift des Abs. 6 nicht hergeleitet werden. Die denkbare Möglichkeit von Ansprüchen aus anderen Rechtsgründen bleibt davon aber unberührt.

2. Verhaltensregeln *a) Wertpapierdienstleistungsunternehmen.* Präventiv – namentlich gegenüber Kreditinstituten – sollen auch die Verhaltensregeln für Wertpapierdienstleistungsunternehmen (WpDU) wirken (Abschn. 5 §§ 31–37 WpHG). Diese Regeln, die erst während der parlamentarischen Beratungen in das Gesetz gekommen sind, enthalten die Pflichten von WpDU sowie Verbote bestimmten Verhaltens, und sie regeln die Überwachung und Sanktionen. Mit den darin enthaltenen Empfehlungs- und Eigengeschäftsverboten werden die bisher in den Händler- und Beraterregeln enthaltenen, weitgehend übereinstimmenden Verbote (Rdnr. 6, 7) Gesetz. 88

Wertpapierdienstleistungsunternehmen (WpDU) sind nach § 2 Abs. 4 WpHG 89
- inländische Kreditinstitute sowie Zweigstellen von gleichgestellten oder freigestellten Unternehmen (§§ 53 Abs. 1 Satz 1, 53 b Abs. 1 Satz 1, RVO gem. § 53 c Kreditwesengesetz) sowie
- andere inländische Unternehmen, die an einer inländischen Börse zur Teilnahme am Handel zugelassen sind,

die Wertpapierdienstleistungen erbringen.

b) Wertpapierdienstleistungen (WpDL) sind nach § 2 Abs. 3 WpHG 90
- Anschaffung und Veräußerung von Wertpapieren oder Derivaten für andere oder im Wege des Eigenhandels für andere und
- Vermittlung von solchen Geschäften,

wenn der Umfang der WpDL einen in kaufmännischer Weise eingerichteten Geschäftsbetrieb erfordert.

c) Verbote. Wertpapierdienstleistungsunternehmen und verbundenen Unternehmen ist es nach § 32 Abs. 1 Nr. 1–3 WpHG verboten, 91
- (Nr. 1) Kunden den Ankauf oder Verkauf von Wertpapieren oder Derivaten zu **empfehlen,** wenn und soweit die Empfehlung nicht mit den **Interessen der Kunden** übereinstimmt,
- (Nr. 2) ihnen solche Geschäfte zu dem Zweck zu empfehlen, für **Eigengeschäfte** des WpDU oder des verbundenen Unternehmens Preise in eine bestimmte Richtung zu lenken sowie
- (Nr. 3) **Eigengeschäfte** aufgrund der Kenntnis von einem **Auftrag eines Kunden** des WpDU zum Ankauf oder Verkauf von Wertpapieren oder Derivaten abzuschließen, die Nachteile für den Auftraggeber zur Folge haben können.

Geschäftsinhabern von WpDU, Geschäftsführungs- und Vertretungsberechtigten, sowie im Wertpapierhandel und in der Anlageberatung tätigen **Angestellten** ist es verboten (§ 32 Abs. 2 Nr. 1 u. 2 WpHG), 92
- (Nr. 1) Kunden des WpDU den Ankauf oder Verkauf von Wertpapieren oder Derivaten ohne Übereinstimmung mit dem Kundeninteresse oder zu dem Zweck zu empfehlen, für den Abschluß von Geschäften für sich oder Dritte Preise von Wertpapieren oder Derivaten in eine bestimmte Richtung zu lenken sowie
- (Nr. 2) aufgrund der Kenntnis von einem Auftrag eines Kunden des WpDU zum Ankauf oder Verkauf von Wertpapieren oder Derivaten Geschäfte für sich oder einen Dritten abzuschließen, die Nachteile für den Auftraggeber zur Folge haben können.

Die Verbote (Rdnr. 91, 92) gelten auch für **Unternehmen** mit dem Sitz **im Ausland,** wenn sie WpDL gegenüber inländischen Kunden erbringen, es sei denn, die Leistungen und Nebenleistungen werden ausschließlich im Ausland erbracht (§ 31 Abs. 3, § 32 Abs. 3 WpHG). 93

d) Organisationspflichten. Die WpDU sind nach § 33 WpHG zur Vorhaltung und zum Einsatz der für die ordnungsmäßige Durchführung der WpDL erforderlichen Mittel und Verfahren verpflichtet. Sie müssen so organisiert sein, daß **Interessenkonflikte** zwischen dem Unternehmen und dem Kunden sowie zwischen den Kunden möglichst **gering sind.** Und sie müssen über angemessene **Kontrollverfahren** verfügen, um Verstößen gegen die Verpflichtungen aus dem WpHG **entgegenzuwirken,** also nicht nur Verstößen gegen die Verbote nach Rdnr. 91, 92, sondern auch gegen verbotenes Insiderhandeln (Rdnr. 11). 94

95 Geeignete Maßnahmen zur Geringhaltung von Interessenkonflikten sind **„Informationsblockaden“**[39] zwischen den verschiedenen Abteilungen der WpDU, namentlich zwischen den Wertpapierhändlern und den Anlageberatern („chinese walls“), was in Zweigstellen von WpDU zu Schwierigkeiten praktischer Art führen wird.

96 **Interne Kontrollverfahren** sind schon heute üblich und namentlich unter der Bezeichnung **„Compliance“** bekannt geworden.[40] Sie werden bei allen WpDU eingerichtet werden müssen.

97 Die WpDU sind nach § 34 WpHG weiter verpflichtet, **Aufzeichnungen** zu machen über die Aufträge und Anweisungen des Kunden und die Ausführung, sowie den Namen des Angestellten und die Uhrzeiten der Erteilung und der Ausführung des Auftrags. Durch Rechtsverordnung können weitere Aufzeichnungspflichten geschaffen werden. Für die Aufzeichnungen bestehen **Aufbewahrungspflichten** (6 Jahre, § 34 WpHG, § 257 Abs. 3 und 5 HGB).

98 *e) Überwachung und Sanktionen.* Das **Bundesaufsichtsamt** überwacht auch die Einhaltung dieser Verhaltensregeln und hat die Rechte auf Auskunftserteilung, Vorlage von Unterlagen und Betreten von Grundstücken und Geschäftsräumen. **Verstöße** gegen die diesen Rechten entsprechenden Pflichten sowie gegen die Aufzeichnungs- und Aufbewahrungspflichten können **Ordnungswidrigkeiten** sein und mit Geldbußen bis zu 100 000 DM belegt werden (§ 39 Abs. 3 WpHG).

99 Für Verstöße gegen die Verbote nach § 32 WpHG (Rdnr. 91, 92) sind **keine Sanktionen** vorgesehen. Solche Verstöße lassen sich unter den Voraussetzungen des § 14 WpHG als Vergehen gegen das **Verbot des Insiderhandelns** ansehen, wenn eine Insidertatsache bei dem Eigengeschäft ausgenutzt oder als Grundlage für die Empfehlung genommen wird (siehe Rdnr. 12, 30, 41 ff., 52 ff.). In geeigneten Fällen kann in dem Verhalten auch **Betrug** und/oder **Untreue** liegen.

100 **Schadensersatzansprüche** des Kunden ergeben sich aus dem der Empfehlung und dem Auftrag zugrundeliegenden **Beratungs- und Kaufvertrag,** gegebenenfalls auch aus **unerlaubter Handlung.**

101 *f) Ausnahmen.* Von den Pflichten der §§ 31–34 WpHG sind ausdrücklich ausgenommen
- die Unternehmen, die WpDL ausschließlich im Bereich von Mutter- und Tochterunternehmen erbringen sowie
- die öffentliche Schuldenverwaltung, des Bundes, seiner Sondervermögen, der Länder, der Mitgliedstaaten der EG und der Vertragsstaaten des EWR, die Deutsche Bundesbank und die Zentralbanken der anderen Mitgliedstaaten und Vertragsstaaten (§ 37 Abs. 1 WpHG).

Sondervorschriften für die Einschränkung der Ausnahmen enthält § 37 Abs. 2 WpHG.

102 **3. Pflichten betr. Stimmrechtsanteile.** Dem Mißbrauch von Insiderinformationen kann auch mehr Transparenz über die Stimmrechtsanteile und damit die Zusammensetzung des Aktionärskreises und seine Veränderung entgegenwirken. Deshalb begründen die §§ 21–30 WpHG Mitteilungspflichten für Anleger und Veröffentlichungspflichten für Gesellschaften bei Erreichen bestimmter Stimmrechtsanteile an börsennotierten Aktiengesellschaften oder deren Veränderung. Für Investoren und namentlich für institutionelle Anleger sind die Zusammensetzung des Aktionärskreises und seine Veränderung wichtige Kriterien, die erheblichen Einfluß auf die Kursentwicklung haben können. Eine durch umfassende Information der Öffentlichkeit hergestellte Transparenz kann geeignet sein, verbotenem Insiderhandeln entgegenzuwirken.

103 *a) Mitteilungspflichten.* Der inländischen Gesellschaft, deren Aktien zum amtlichen Handel an einer Börse in einem Mitgliedstaat der EG oder einem anderen Vertragsstaat des EWR zugelassen sind, sowie dem Bundesaufsichtsamt ist von jedem – natürliche oder juristische

---

[39] *Claußen,* Der Betrieb, 1/1994, S. 28.

[40] *Eisele,* Insiderrecht und Compliance, WM 1993, S. 1021 ff.

Person –, der **Stimmrechte** an einer börsennotierten Gesellschaft in Höhe von 5, 10, 25, 50 oder 75% erreicht, überschreitet oder unterschreitet, **unverzüglich,** spätestens innerhalb 7 Kalendertagen, dieser Anteil **mitzuteilen** (§ 21 Abs. 1 und 2 WpHG). Dem meldepflichtigen Aktionär sind nach § 22 WpHG bestimmte Stimmrechte zuzurechnen, die ihm nicht oder wirtschaftlich nicht gehören, z. B. bei treuhänderischer Verwaltung, Sicherungsübereignung, Nießbrauch und anderen Fällen. Das Bundesaufsichtsamt kann zulassen, daß Stimmrechtsanteile unberücksichtigt bleiben können, wenn es sich bei dem Meldepflichtigen z. B. um ein WpDU handelt, oder wenn der Aktionär darlegt, daß er nicht beabsichtigt, auf die Geschäftsführung der Gesellschaft Einfluß auszuüben (§ 23 WpHG).

b) Veröffentlichungspflichten. Die Gesellschaft, der die Mitteilungen nach Rdnr. 103 zuge- **104**
gangen sind, hat diese nach § 25 WpHG **unverzüglich,** spätestens neun Kalendertage nach Zugang der Mitteilung, in einem **überregionalen Börsenpflichtblatt** in deutscher Sprache zu **veröffentlichen** und darüber einen Hinweis im Bundesanzeiger bekanntzumachen. Wenn die Aktien dieser Gesellschaft an einer Börse in einem anderen EG-Mitgliedstaat oder einem anderen Vertragsstaat der EWR zugelassen sind, so muß die Veröffentlichung auch in einem Börsenpflichtblatt dieses Staates unter Beachtung von dessen Vorschriften über Form und Sprache der Veröffentlichung erfolgen. Die Veröffentlichungspflicht gilt nach § 26 WpHG auch für Gesellschaften, die ihren Sitz im Ausland haben, deren Aktien aber zum amtlichen Handel an einer inländischen Börse zugelassen sind.

c) Überwachung und Sanktionen. Das **Bundesaufsichtsamt,** das nach § 25 Abs. 4 WpHG **105**
auch von der Pflicht zur Veröffentlichung **befreien** kann, **überwacht** die Einhaltung dieser Pflichten und hat die Rechte auf Auskunft und Vorlage von Unterlagen. Mit den zuständigen Stellen im Ausland arbeitet das Amt zusammen, um darauf hinzuwirken, daß die Pflichten auch im Ausland und von Ausländern gewahrt werden (§ 30 WpHG). **Verstöße** gegen die Pflichten sind **Ordnungswidrigkeiten** und können mit Geldbußen belegt werden: Im Fall Rdnr. 103 bis 500 000 DM; im Fall Rdnr. 104 bis zu 100 000 DM. Außerdem ruht das Stimmrecht für Aktien so lange, bis die Mitteilungspflichten nach § 21 Abs. 1 WpHG erfüllt sind (§ 28 WpHG).

V. Insidergeschäfte in anderen Bereichen.

Insiderwissen kann auch dort wirtschaftlich genutzt werden, wo **behördliche und po- 106**
litische Entscheidungen, geplant, vorbereitet und getroffen werden, wie in Ministerien, Parlamenten, Behörden und Gemeinden. Soweit sich solches Wissen auf die Kursentwicklung von Insiderpapieren bezieht, wird seine Ausnutzung und Verwertung von dem Verbot des Insiderhandelns erfaßt (Rdnr. 36). Nicht jedoch fällt darunter die Nutzung von Insiderwissen, das sich auf die für den Kapitalanleger ebenfalls interessanten **Kurse von Devisen** und **Wertentwicklungen von Immobilien** bezieht. Über Entschließungen in der **Währungs- und Finanzpolitik** über **Auf- und Abwertungen von Währungen** sowie über Stützungsmaßnahmen für Fremdwährungen sind Regierungsmitglieder, Abgeordnete, Beamte, Behördenangestellte und Mitarbeiter der Bundesbank und der Landeszentralbanken in der Regel früher unterrichtet als die Allgemeinheit. Von **Planungsvorhaben in Gemeinden** haben dort tätige Personen eher als die Bevölkerung Kenntnis und können dies Wissen bei **Grundstücksgeschäften** zum eigenen Vorteil oder dem anderer Personen nutzen. Solche denkbaren Verhaltensweisen werden von der Öffentlichkeit als unvereinbar mit Beamtenpflichten und dem Vertrauen, das Ministern und Abgeordneten entgegengebracht wird, angesehen.

Regierungsmitglieder, Beamte und **Behördenangestellte** in Bund, Ländern und Ge- **107**
meinden unterliegen als **Amtsträger** und für den öffentlichen Dienst besonders Verpflichtete (§ 11 Abs. 1 Nr. 2 und 4 StGB) speziellen Strafvorschriften. Nach § 353 b Abs. 1 StGB ist die Offenbarung – nicht aber auch die Verwertung – von Dienstgeheimnissen, die ihnen anvertraut oder bekanntgeworden sind, dann strafbar, wenn dadurch wichtige öffentliche Interessen gefährdet werden. Neben der Strafe kann die Fähigkeit, öffentliche

Ämter zu bekleiden, aberkannt werden (§ 358 StGB). Die Strafverfolgung bedarf besonderer Ermächtigung (§ 353 b Abs. 4 StGB). Außerdem kommt die Anwendung von §§ 203, 204 StGB in Betracht. Danach ist es strafbar, wenn die genannten Personen ein fremdes Geheimnis, namentlich ein zum persönlichen Lebensbereich gehörendes Geheimnis oder ein Betriebs- oder Geschäftsgeheimnis (Privat- oder Individualgeheimnis), das ihnen anvertraut oder sonst bekanntgeworden ist, offenbaren oder **verwerten,** also wirtschaftlich nutzen. [41] Die Ausübung des Antragsrechts (§§ 205, 77 a StGB) unterliegt der dienstlichen und öffentlichen Kontrolle. Dieses strafrechtliche Verwertungsverbot gilt auch für die Mitarbeiter der Bundesbank, auf die daneben noch das – nur im Rahmen der Bankenaufsicht wirksame – Verbot der wirtschaftlichen Nutzung eines Geheimnisses des § 9 KWG Anwendung findet.[42]

108 **Beamte** unterliegen zudem besonderen **disziplinarrechtlichen Vorschriften.** Nach § 36 BRRG, § 53 BBG und den entsprechenden Ländergesetzen muß der Beamte sein Amt uneigennützig verwalten; sein – auch außerdienstliches – Verhalten muß der Achtung und dem Vertrauen gerecht werden, die dieser Beruf erfordert. Mit diesen Pflichten ist die eigennützige wirtschaftliche Ausnutzung dienstlich erlangten Wissens nicht vereinbar und damit – ebenso wie der Verstoß gegen die den Beamten obliegenden Verschwiegenheitspflichten (§ 61 BBG, § 32 BBkG, § 9 KWG) – ein **Dienstvergehen,**[43] das disziplinarrechtlich Folgen – bis zur Entfernung aus dem Dienst – nach sich ziehen kann. Bei Angestellten kann eine Verletzung des Arbeitsvertrags vorliegen, gegebenenfalls mit der Möglichkeit der Kündigung.

109 **Parlamentsmitglieder** im Bund und in den Ländern fallen nicht unter das Offenbarungs- und Verwertungsverbot der §§ 203, 204 StGB. Sie sind keine Amtsträger i. S. von § 11 StGB[44] und gehören auch nicht zu dem in § 203 Abs. 2 Nr. 4 StGB genannten Personenkreis („für" und nicht „in" einem Gesetzgebungsorgan oder Ausschuß). Unter die **Strafvorschrift** des § 353 b StGB können Bundes- oder Landtagsabgeordnete nur dann fallen, wenn sie aufgrund des Beschlusses eines Gesetzgebungsorgans des Bundes oder eines Landes oder eines seiner Ausschüsse zur Geheimhaltung verpflichtet wurden und durch die Offenbarung („einen Gegenstand oder eine Nachricht an einen anderen gelangen läßt oder öffentlich bekanntmacht") wichtige öffentliche Interessen gefährden. Neben der Strafe kann auch Abgeordneten die Fähigkeit, öffentliche Ämter zu bekleiden, aberkannt werden (§ 358 StGB). Die Strafverfolgung bedarf besonderer Ermächtigung durch den Präsidenten des Gesetzgebungsorgans (§ 353 b Abs. 4 StGB). Die praktische Bedeutung dieser Vorschrift, die zudem kein Verwertungsverbot enthält, wird gering sein. Für Parlamentsmitglieder, die das Wissen, das sie durch ihre Tätigkeit erlangt haben, selbst wirtschaftlich nutzen, ohne gegen das Offenbarungsverbot zu verstoßen, gibt es demnach keine strafrechtlichen Sanktionen. (siehe aber Rdnr. 36).

110 Einige Länderverfassungen enthalten Bestimmungen, die bei **Mißbrauch** der Abgeordnetenstellung in **gewinnsüchtiger Absicht** oder zur Verschaffung **persönlicher Vorteile** den Verlust des Mandats vorsehen. Baden-Württemberg: Art. 42 durch Anklage vor dem Staatsgerichtshof; Brandenburg Art. 61: durch Anklage vor dem Verfassungsgericht; Bremen: Art. 85 durch Beschluß der Bürgerschaft; Hamburg: Art. 13 durch Beschluß der Bürgerschaft; Niedersachsen: Art. 13 durch Anklage vor dem Staatsgerichtshof; Saarland: Art. 85 durch Anklage vor dem Verfassungsgerichtshof. In Bremen und Hamburg ist der Ausschluß aus der Bürgerschaft auch bei einem Verstoß gegen die Pflicht zur Verschwiegenheit möglich.

---

[41] *Ulsenheimer* NJW 1975, 2004; BayObLG NStZ 1984, 169 f. (betr. Finanzbeamte) mit ablehnender Anmerkung von *Maiwald* ebd.; *Rudolphi/Horn/Samson,* StGB, § 204 Rdnr. 2; a. A. *Schönke-Schröder/Lenckner,* StGB, § 204 Rdnr. 5 f (betr. Wirtschaftsprüfer und Notare).

[42] *Schork,* KWG, § 9 Rdnr. 7; *Bähre/Schneider,* KWG, § 9 Rdnr. 2, 5.

[43] *Renner,* Ausnutzung von Insidervorteilen, S 171; Maiwald NStZ 1984, 169 f.

[44] *Schönke/Schörder/Eser,* StGB, § 11 Rdnr. 23.

Auf Mitglieder von **Gemeindevertretungen** können nur im Einzelfall die Strafbestimmungen der §§ 203, 204, 353 b Abs. 1 StGB Anwendung finden, wenn Abgeordneten- und Verwaltungstätigkeit sich in einer Person vereinen.[45] Das für sie in den Gemeindeordnungen der Länder[46] vorgesehene Verbot der Mitwirkung in Angelegenheiten, die ihnen, ihren Angehörigen oder ihnen nahestehenden Einrichtungen einen persönlichen Vor- oder Nachteil bringen können, kann nicht verhindern, daß der einzelne Gemeindevertreter für ihn nützliches Wissen gleichwohl erfährt und verwerten kann. Immerhin kennen die Gemeindeordnungen für Gemeindevertreter (und auch ehrenamtlich tätige Bürger) eine Verschwiegenheitspflicht für alle durch ihre Tätigkeit – auch nur gelegentlich – erlangten Kenntnisse, z. T. verbunden mit einem Verwertungsverbot. Baden-Württemberg § 17; Bayern Art. 20; Brandenburg Art. 27, 38; Mecklenburg-Vorpommern § 22; Niedersachsen § 25; Nordrhein-Westfalen § 22; Saarland § 26; Sachsen § 19; Sachsen-Anhalt § 30; Thüringen § 12. Als Sanktionen sind – nicht überall – die Behandlung als Ordnungswidrigkeit oder die Verhängung von Ordnungsgeld vorgesehen. Baden-Württemberg: Ordnungsgeld, Bayern: Ordnungsgeld; Brandenburg: Ordnungsgeld; Hessen (nur Schweigepflicht): Ordnungswidrigkeit; Mecklenburg-Vorpommern (nur Schweigepflicht): keine Sanktionen; Niedersachsen: Ordnungswidrigkeit; Nordrhein-Westfalen: Ordnungsgeld; Rheinland-Pfalz (nur Schweigepflicht): Ordnungsgeld, Saarland: Ordnungswidrigkeit; Sachsen: Ordnungsgeld; Sachsen-Anhalt: Ordnungswidrigkeit; Schleswig-Holstein (nur Schweigepflicht): keine Sanktionen; Thüringen (nur Schweigepflicht): Ordnungsgeld. 111

Einer unerwünschten Verwertung von Wissen, das durch die Tätigkeit in Regierungen, Behörden sowie Volks- und Gemeindevertretungen erlangt wird, kann – wie im Wertpapierhandel (Rdnr. 72 ff.) – am wirksamsten durch eine frühzeitige Offenlegung von Plänen und Absichten begegnet werden. Im übrigen sollte die Kontrolle durch die Öffentlichkeit nicht unterschätzt werden. Sie kann erhebliche Auswirkungen auf Amt und Mandat sowie die berufliche und politische Zukunft haben. 112

---

[45] *Schönke/Schröder/Eser*, StGB, § 11 Rdnr. 23.

[46] GemO Baden-Württemberg i. F. v. 3. 10. 1983, BWGBl. S. 578; GemO Bayern i. d. F. vom 26. 10. 1982, GVBl S. 903; GemO Brandenburg vom 15. 10. 1993, GVBl. I S. 398; GemO Hessen i. d. F. vom 1. 4. 1993, GVBl. 1992, S. 534; Kommunalverf. Mecklenburg-Vorpommern vom 18. 2. 1994, GVOBl. S. 249; GemO Niedersachen i. d. F. vom 22. 6. 1982, GVBl. S. 230; GemO Nordrhein-Westfalen i. d. F. vom 13. 8. 1984, GVBl. S. 476; GemO Rheinland-Pfalz i. d. F. vom 14. 12. 1973, GVBl. S. 419; KommunalselbstverwaltungsG. Saarland vom 1. 9. 1978 Abl. S. 801; GemO Sachsen i. d. F. vom 19. 4. 1994, GVBl. 1993 S. 301; GemO Sachsen-Anhalt i. d. F. vom 3. 2. 1994, GVBl. 1993 S. 568, 1994 S. 165; GemO Schleswig-Holstein i. d. F. vom 11. 11. 1977, GVBl. S. 410; GemO Thüringen vom 16. 8. 1993, GVBl. S. 501.

4. Kapitel. Börsentermingeschäfte

§ 15 Rechtsentwicklung und wirtschaftliche Bedeutung der Börsentermingeschäfte

Übersicht

Schrifttum: *Aatz,* Die Besteuerung der Wertpapier-Optionsgeschäfte von Privaten, BB 1974, 879 ff.; *Alexander,* Der Differenzeinwand im Warenterminhandel, ZHR 97 (1932), 398; *André,* Die Verbindlichkeit von Optionsscheingeschäften, 1991; *Arendts,* Aufklärungs- und Beratungspflichten bei der Anlageberatung, DZWir 1994, 185; *Arndt/Muhler,* Optionsanleihen im Ertragssteuerrecht, DB 1988, 2167 ff.; *von Arnim,* Differenzgeschäft, Börsentermingeschäft und Einkommensteuer, JZ 1982, 843 ff.; *ders.,* Die Option im Waren- und Aktienbereich, AG 1983, 29 ff., 68 ff.; *Assmann,* Börsentermingeschäftsfähigkeit, Festschrift für Heinsius, 1991, 1; *Bauer, K.-H.,* Börsentermingeschäfte im Einkommensteuerrecht, BB 1978, 348 ff.; *Bauer, T.,* Börsenmäßige Termingeschäfte und Differenzeinwand im schweizerischen und deutschen IPR, 1988; *Beer,* Änderungen im deutschen Optionsgeschäft, WM 1986, 693 ff.; *ders.,* Die deutsche Terminbörse, 3. Aufl. 1990; *Beer/Müller/Niehoff,* Grundlagen und Praxis des inländischen Optionsgeschäfts, 1989; *Beyer-Fehling/Bock,* Die deutsche Börsenreform und Kommentar zur Börsengesetznovelle, 1975; *Bernstein,* Das Börsenprivatrecht nach der Novelle von 1908, ZHR 62 (1908), 137 ff.; *Bletz,* Börsentermingeschäft, Termin- und Differenzeinwand, BB 1987, 627 ff.; *Bork/Stöve,* Schiedsgerichtsbarkeit bei Börsentermingeschäften, 1992; *Bosch,* Finanztermingeschäfte in der Insolvenz, WM 1995, 365 ff. und 413 ff.; *Brändl,* Internationales Börsenprivatrecht, 1925; *Brandes,* Der Börsenterminhandel unter besonderer Berücksichtigung der Rechtsprechung des Bundesgerichtshofs, in: Claussen/Hübl/Schneider (Hrsg.), 200 Jahre Geld und Brief, Herausforderungen an die Kapitalmärkte, Festgabe an die Niedersächsische Börse zu Hannover aus Anlaß ihres 200-jährigen Bestehens, 1987, S. 287 ff.; *Breit,* Einschuß und Sicherheitsleistung (§§ 54, 55 BörsG), ZHR 72 (1912), 442 ff.; *Bremer,* Grundzüge des deutschen und ausländischen Börsenrechts, 1969; *ders,* Die Börsensachverständigenkommission, 1976; *ders.,* Vier Jahre Tätigkeit der Börsensachverständigenkommission, WM 1972, 898 ff.; *Brunkow,* Börsentermingeschäfte mit Auslandsbezug: Verbrauchergerichtsstand nach Art. 13, 14 EuGVÜ und Gerichtsstand der unerlaubten Handlung gem. § 32 ZPO-EuGH, ZIP 1994, 16, JuS 1996, 294 ff.; *Bruns/Rodrian/Stoeck,* Wertpapier und Börse, ergänzbares Handbuch für den Effektenverkehr, Stand November 1990; *Bundschuh,* Die Haftung für die Verletzung der Aufklärungspflicht beim Vertrieb von Warenterminoptionen, WM 1985, 249 ff.; *ders.,* Die Rechtsprechung des Bundesgerichtshofes zum Börsenterminhandel, WM 1986, 725 ff.; *Canaris,* Börsentermingeschäft und Kontokorrent, ZIP 1985, 592 ff.; *ders.,* Die Auswirkungen der Anerkennung eines aktiven Kontokorrentsaldos auf unverbindliche Börsentermingeschäfte, ZIP 1987, 885 ff.; *ders.,* Die Verbindlichkeit von Optionsscheingeschäften, WM 1988, Sonderbeil. Nr. 10; *Carl,* Zulassung von Optionen auf Aktien an der Londoner Börse, in: Wertpapier-Börsentermingeschäfte in den USA und in Großbritannien, 1985, S. 149 ff.; *Commandeur,* Termin- und Differenzeinwand: veraltete Anlegerschutzinstrumente, 1989; *Dannhoff,* Das Recht der Warentermingeschäfte, 1993; *ders.,* Die Börsengesetznovelle 1989 und Börsentermingeschäfte in Waren, DWiR 1992, 273 ff.; *ders.,* Vor einer Renaissance des deutschen Warenterminrechts?, WM 1994, 485;

Decker, Zinssatz und Währungsswaps unter rechtlichen Aspekten, WM 1990, 1001 ff.; *Degner,* Optionshandel - Glücksspiel oder Kunstspiel, AG 1970, 253 ff.; *Dittmann,* Der rechtliche Charakter von Einschüssen bei Warentermingeschäften, BB 1977, 1332 ff.; *Drygala,* Gesetzliches Schriftformerfordernis bei der Anlegeraufklärung?, WM 1992, 1213; *ders.,* Termingeschäftsfähigkeit und Aufklärungspflicht beim Handel mit Optionsscheinen, ZHR 159 (1995), 686 ff.; *Düringer/Hachenburg/Breit,* HGB, Bd. V./1., 3. Aufl. 1932, Anh. I: Das Differenzgeschäft, Anh. II: Das Börsentermingeschäft; *Ebenroth,* Die international privatrechtliche Anknüpfung von Finanzinnovationen aus deutscher und schweizerischer Sicht, Festschrift für Keller, 1989, S. 391 ff.; *Ebenroth/Einsele,* Rechtliche Hindernisse auf dem Weg zur „Goffex", ZIP 1988, 205 ff.; *Ebenroth/Messer,* Die vorzeitige Beendigung von Zins- und Währungsswaps bei Eintritt von Vertragsverletzungen auf Grund vertraglicher Lösungsklauseln, ZVglRWiss 87 (1988), 1 ff.; *Forstmoser/Pulver,* Der Optionshandel in der Schweiz, WM 1988, Sonderbeil. Nr. 6; *Franke,* Börsentermingeschäfte und short-sales, AWD/BB 1972, 508 ff.; *ders.,* Die rechtlichen Risiken der Devisentermingeschäfte, DB 1975, 1541 ff.; *ders.,* Zur Rechtswirksamkeit der Aktien-Börsentermingeschäfte mit Auslandsberührung, WM 1976, 730 ff.; *Franke/Röhr,* Rechtliche und wirtschaftliche Aspekte des Optionsgeschäfts, DB 1976, 1207 ff.; *Franke/Imo,* Anlegerschutz an der deutschen Terminbörse, ZBB 1990, 104 ff.; *Gottschalk/Weissenberger,* Management von Swap-Portfolios, Die Bank 1988, 542 ff.; *Gömmel,* Entstehung und Entwicklung der Effektenbörsen im 19. Jahrhundert bis 1914, in: Pohl (Hrsg.), Deutsche Börsengeschichte, 1992, S. 133 ff.; *Göppert,* Zur „Begriffsbestimmung" des Börsentermingeschäfts, Bank-Archiv XII (1912/13), 271 ff.; *ders.,* Über das Börsentermingeschäft in Wertpapieren, 1914; *ders.,* Börsenfragen, Bank-Archiv XX (1921), 139; *ders.,* Zur Reform des Börsengesetzes, Bank-Archiv XXIV (1924/25), 480 ff.; *ders.,* Das Recht der Börsen, 1932; *ders.,* § 59 des Börsengesetzes und das Reichsgericht, Zentralblatt für Handelsrecht (ZHB) 1933, 169 ff.; *ders.,* Nochmals Warenterminhandel und Differenzeinwand, ZHR 99 (1934), 259 ff.; *Gottwald,* Grenzen internationaler Gerichtsstandsvereinbarungen, Festschrift für Firsching, 1985, S. 89 ff.; *v. Gronau,* Die Börsentermingeschäfte mit Auslandsberührung nach der Kodifizierung des internationalen Vertragsrechts im IPR-Gesetz vom 25. 7. 1986, 1990; *Grün,* Abstandnahme vom Vertragsschluß als Ziel anlegergerechter Aufklärung bei hohen Prämienaufschlägen des Terminoptionsvermittlers, NJW 1994, 1330 ff.; *Grunewald,* Die Börsentermingeschäftsfähigkeit, WM 1988, 1077 ff.; *Gruson,* Börsenzugelassene Optionen auf Aktien in den Vereinigten Staaten, in: *Gruson/Carl,* Wertpapier-Börsentermingeschäfte in den USA und in Großbritannien, 1985, S. 16 ff.; *Hadding/Wagner,* Börsentermingeschäfte an ausländischen Börsen und in ausländischen Wertpapieren, WM 1976, 311 ff.; *Hadding/Häuser,* Börsentermingeschäfsfähigkeit der persönlich haftenden Gesellschafter einer OHG, KG oder KGaA, WM 1980, 1278 ff.; *Häuselmann/Wiesenbart,* Wertpapier-Leihgeschäfte: Fragen der rechtlichen, bilanziellen und steuerlichen Behandlung, in: Coopers & Leybrand (Hrsg.), Wertpapier-Leihgeschäfte, 1990; *dies.,* Fragen zur bilanzsteuerlichen Behandlung von Geschäften an der Deutschen Terminbörse (DTB), DB 1990, 641 ff.; *Häusele,* Sind Geschäfte mit Optionsscheinen Börsentermingeschäfte?, DB 1992, 667 ff.; *Häuser,* Der Börsenterminhandel in der neueren Rechtsprechung, ZIP 1981, 933; *ders.,* Börsenmäßiges Optionsgeschäft und Differenzeinwand, DB 1985, 1169; *ders.,* Der Rückforderungsausschluß nach § 55 BörsG bei unverbindlichen Börsentermingeschäften, WM 1988, 1285; *ders.,* Die Rechtsprechung des BGH zum Börsenterminhandel bis 1985, WuB I G 5; *ders.,* Außerbörsliche Optionsgeschäfte (OTC-Optionen) aus der Sicht des novellierten Börsengesetzes, ZBB 1992, 249 ff.; *Häuser/Welter,* Nationale Gestaltungsschranken bei ausländischen Börsentermingeschäften, WM 1985, Sonderbeil. Nr. 8; *Hahn, O.,* Erlaubte und verbotene Termingeschäfte, DB 1960, 971 ff.; *Hammen,* Bemerkungen zur Dogmatik des Aktienoptionsgeschäfts, ZIP 1987, 151 ff.; *Hartmann/Martens,* Der Börsenterminhandel in der Bundesrepublik, 1970; *Hartung,* Das Wertpapieroptionsgeschäft in der Bundesrepublik Deutschland, 1989; *ders.,* Termin- und Differenzeinwand beim Optionsscheinhandel, BB 1989, 2411 ff.; *ders.,* Termineinwand bei Warentermingeschäften an Auslandsbörsen, ZIP 1991, 1185 ff.; *Hauser,* Spekulative Warentermingeschäfte, Zürich 1987; *Heeb,* Börsentermingeschäftsfähigkeit und Aufklärungspflichten, 1994; *Heinsius,* Termin- und Differenzeinwand – zum rechtlichen Strukturrahmen für Kurssicherungs- und Spekulationsgeschäfte in Deutschland –, Europa-Institut der Universität des Saarlandes 1989; *Hellwig/de Lousanoff,* Die Verbindlichkeit sogenannter Hedge-Geschäfte, Festschrift für Stiefel, 1987, S. 309 ff.; *Henning,* Börsenkrisen und Börsengesetzgebung von 1914 bis 1945 in Deutschland, in: Pohl (Hrsg.), Deutsche Börsengeschichte, 1992, S. 209 ff.; *Henssler,* Anlegerschutz durch Information, ZHR 153 (1989), 611; *ders.;* Risiko als Vertragsgegenstand, 1994; *Herrler/Prohl,* Wertpapieroptionsgeschäfte im Einkommensteuerrecht, WM 1982, 810 ff.; *Hey,* Zur Verbindlichkeit von Hedge-Geschäften unter dem Börsengesetz, ZIP 1989, 824 ff.; *v. Hoffmann,* Das EWG-Übereinkommen über die gerichtliche Zuständigkeit und die Vollstreckung gerichtlicher Entscheidungen in Zivil- und Handelssachen – Anwendungsbereich und internationale Zuständigkeit, RIW/AWD 1973, 57 ff.; *ders.,* Inländische Sachnormen mit zwingendem internationalen Anwendungsbereich, IPRax 1989, 261 ff.; *Zu Hohenlohe-Oehringen,* Warenterminoptionen und Spiel- bzw. Differenzeinwand, BB 1980, 1667; *Holzheimer,* Die Besteuerung der börsenmäßigen Optionsgeschäfte in Wertpapieren, AG 1970, 297 ff.; *ders.*, Die steuerliche Behandlung von Optionsanleihen, insbesondere beim Erwerber, WM 1986, 1169 ff.; *Honsell,* Der Differenzeinwand im Börsenterminhandel, Festschrift für Ostheim, 1990, S. 263 ff.; *Hopt,* Kurssicherung und Differenzgeschäft nach §§ 764, 762 BGB – Zur rechtlichen Problematik der pauschalen Kurssicherung im Börsen- und Devisenterminhandel, Festschrift für W.Werner, 1984, S. 339 ff.; *ders.*, Börsentermingeschäft und Differenzeinwand nach §§ 764, 762 BGB, BB 1984, 417 ff.; *Horn, A.*, Das Börsentermingeschäft in Wertpapieren mit dem Ausland, Bd. 17 der Bankrechtlichen Sonderveröffentlichungen des Instituts für Bankwirtschaft und Bankrecht an der Universität zu Köln, 1974; *Horn, N.*, Börsentermingeschäfte nach neuem Recht, ZIP 1990, 2; *Imo,* Börsentermin- und Börsenoptionsgeschäfte, Bd. I und II, 1988; *Jacusiel,* Der Börsenterminhandel in Wertpapieren unter dem neuen Börsengesetz, LZ 1908, Sp. 570 ff.; *Jäger,* Aktienoptionen und Optionsscheine, 1990; *dies.*, Handel mit Optionsscheinen – Ein Börsentermingeschäft, ZBB 1991, 82 ff.; *Jaskulla,* Die Einführung derivativer Finanzinstrumente an den deutschen Wertpapierbörsen als Regelungsproblem, 1995; *Jayme,* Kollisionsrecht und Bankgeschäfte mit Auslandsberührung, 1977; *Kaligin,* (Nicht-) Besteuerung des Profispekulantentums, DStZ 1987, 183 ff.; *Keuk,* Die Einkünfte aus sonstigen Leistungen (§ 22 Ziff. 3 EStG), DB 1972, 1130 ff.; *Kienle,* Die Give-up-Vereinbarung beim Clearing im Börsenterminhandel, WM 1993, 1313 ff.; *Kindermann,* Rechtliche Strukturen der Deutschen Terminbörse, WM 1989, Sonderbeil. Nr. 10; *Kindermann/Beswick,* Das Wertpapier-Börsentermingeschäft in den USA und in Großbritannien und der Begriff des offiziellen Börsenterminhandels, in: *Gruson/Carl,* Wertpapier-Börsentermingeschäft in den USA und in Großbritannien, 1985, S. 9 ff.; *Kleinschmitt,* Das Informationsmodell bei Börsentermingeschäften, 1992; *Koller,* Die Klagbarkeit von Prämienforderungen aus Aktienoptionen, WM 1985, 593 ff.; *ders.*, Informationsobliegenheiten bei Börsentermingeschäften, BB 1990, 2202; *Kümpel,* Zur Sicherheitsleistung beim börsenmäßigen Optionsgeschäft mit Auslandsberührung, DB 1973, 755 ff.; *ders.*, Änderungen der Bedingungen für den Optionshandel, WM 1975, 342 ff.; *ders.*, Schutz ausländischer Börsentermingeschäfte vor dem deutschen Differenzeinwand, WM 1978, 862 ff.; *ders.*, Der deutsche Optionshandel im Spiegel der sonstigen Terminhandelsarten, ZfK 1981, 308 ff., 352 ff., 464 ff.; *ders.*, Zur Abgrenzung des Börsentermingeschäfts vom Zeitgeschäft am Beispiel der Effektenkommission für Auslandsbörsen, WM 1982, Sonderbeil. Nr. 6 = Festschrift für Coing, Bd. II, 1982, S. 211 ff.; *ders.*, Der Optionskauf beim deutschen börsenmäßigen Optionsgeschäft – Ein unwirksames Kassageschäft?, WM 1985, 73 ff.; *ders.*, Unwirksame Nebengeschäfte zu erlaubten Börsentermingeschäften und verbotene Börsentermingeschäfte, WM 1985, 1121; *ders.*, Zur Termingeschäftsfähigkeit nach dem Börsengesetz, ZfK 1986, 558 ff.; *ders.*, Zum Termin- und Differenzeinwand bei Zinsterminkontrakten und Zinsswapgeschäften, WM 1986, 661 ff.; *ders.*, Zum Wirksamwerden unverbindlicher Optionsgeschäfte durch liefermäßige Erfüllung (§ 57 BörsG), WM 1987, 669 ff.; *ders.*, Rechtsfragen des Differenzgeschäfts in der Bankpraxis, WM 1987, 1321 ff.; *ders.*, Zum Rückgriff auf Spekulationsgewinne bei Termin- und Differenzeinwand des Kunden, WM 1989, 81; *ders.*, Börsengesetznovelle 1989, Teil I, WM 1989, 1313 ff., Teil II, WM 1989, 1485 ff.; *ders.*, Die neuen AGB für Börsentermingeschäfte, WM 1990, 449 ff.; *ders.*, Sonderbedingungen für Börsentermingeschäfte, WM 1991, Sonderbeil. Nr. 1; *ders.*, Bank- und Kapitalmarktrecht, 1995; *Kümpel/Häuser,* Börsentermingeschäfte – Termin- und Differenzeinwand, 1986; *Koch,* Novellierung des Börsengesetzes – Perspektiven für den Terminhandel, DB 1989, Beil., 14, 10 ff.; *Künzel,* Börsentermingeschäfte in zivil- und steuerrechtlicher Sicht, AG 1961, 133; *Lackner/Imo,* Zum Vermögensschaden bei betrügerischen Manipulationen mit Warenterminoptionen, MDR 1983, 969 ff.; *Lau,* Sonderbereiche des Wertpapiergeschäfts, in: Bankrecht und Bankpraxis (BuB), Stand 1983, Rz. 7/210-363; *Laubscher,* Praktische Erfahrungen bei Devisen-Kurssicherungsgeschäften, WM 1987, 125 ff.; *van de Loo,* Devisentermingeschäft, ZIP 1988, 352; *Loos,* Steuerliche und handelsrechtliche Einstufung von Aufgeld und Unterverzinslichkeit bei Optionsanleihen, BB 1988, 369 ff.; *ders.*; Nochmals: Optionsanleihen im Ertragssteuerrecht, DB 1989, 552 ff.; *de Lousanoff,* Neues zum Termin- und Differenzeinwand bei ausländischen Börsentermingeschäften, Festschrift für Nirk, 1992, S. 607 ff.; *ders.*, Börsentermingeschäftsfähigkeit von Privatanlegern, ZHR 159 (1995), 229; *Lüer,* Börsentermingeschäftsfähigkeit und Differenzeinwand, JZ 1979, 171; *ders.*, Devisenhandel und Bankenaufsicht, WM 1977, Sonderbeil. Nr. 1; *Mann,* Börsentermingeschäfte und internationales Privatrecht, in: Festschrift für v. Caemmerer, 1978, S. 737 ff.; *Maier-Reimer,* Der Börsentermin- und Differenzeinwand im Optionsscheinhandel, AG 1988, 317 ff.; *Marthaler,* Das Termingeschäft an den europäischen Aktienbörsen, AG 1961, 320 ff.; *Maser,* Der Termin- und der Differenzeinwand bei Börsentermingeschäften in Wertpapieren, Diss. Tübingen 1987; *Mauritz,* Derivative Finanzinstrumente beim Privatanleger – Steuerliche Behandlung und Überlegungen zur Steuerpflanung, DB 1995, 698 ff.; *Meier, J. Chr.*, Die Entstehung des Börsengesetzes vom 22. Juni 1896, 1992; *Meier, N.*, Sind Einkünfte aus privaten Devisentermingeschäften steuerlich irrelenvant?, FR 1985, 610 ff.; *Meyer/Bremer*, Börsengesetz, 4. Aufl. 1957; *Menninger*, Börsen- und zivilrechtlicher Charakter von Financial Futures, WM 1994, 970 ff.; *Möhring/Klingelhöffer*, Zur rechtlichen Bedeutung des Warentermingeschäfts, BB 1974, 1096; *Mühl, M.*, Zum Problem der kollisionsrechtlichen Beachtung zwingender Vorschriften gem. § 12 AGBG und Art. 7 des Europäischen Übereinkommens über das auf vertragliche Schuldverhältnisse anzuwendende Recht, Festschrift für O. Mühl, 1981, S. 449 ff.; *Müller, T.-F.*, Hedgegeschäfte 1990; *Müller/Steuer*, Rentenoptionshandel und Neuerungen bei Aktienoptionen, Die Bank 1986, 182 ff.; *dies.*, Das börsenmäßige Optionsgeschäft auf einen Blick, 1986; *Müller-Schwerin*, Der Börsenterminhandel mit Wertpapieren, 1975; *Niehoff*, Der Termin- und Differenzeinwand beim deutschen börsenmäßigen Optionsgeschäft, Sparkasse 1987, 26 ff.; *Nußbaum*, Kommentar zum Börsengesetz für das Deutsche Reich, 1910; *ders.*, Der Spieleinwand beim Kassageschäft, Bank-Archiv XI (1911/12), 295 ff.; *ders.*, Zum Begriff des offiziellen Börsentermingeschäfts (§ 58 BörsG), Bank-Archiv XIII (1912/13), S. 215 ff.; *ders.*, Erfüllungsannahme bei Börsentermingeschäften, ZHR 72 (1912), 52 ff.; *ders.*, Die Börsengeschäfte, 1918 = Ehrenbergs Handbuch des gesamten Handelsrechts, Bd. IV/2, S. 541 ff.; *Obermüller, M.*, Devisentermingeschäfte im Konkurs des Bankkunden, WM 1984, 325; *Offermann*, Der Spieleinwand beim Devisentermingeschäft nach deutschem und englischem Recht, Diss. Köln 1982; *Paus*, Börsentermingeschäfte, 1995; *Peglow*, Rahmenbedingungen für Terminbörsen: Eine Untersuchung des deutschen und englischen Börsenorganisationsrechts, 1990; *Piper*, Termin- und Differenzeinwand gegenüber Saldoanerkenntnis und Verrechnung, ZIP 1985, 725 ff.; *Pohl*, Swapvereinbarungen – Juristisches Neuland?, AG 1992, 425 ff.; *ders.*, Neue Generation derivativer Finanzinstrumente, WM 1995, 957 ff.; *Polt*, Ausländisches Börsentermingeschäft und Differenzeinwand, Diss. Göttingen 1985; *Pook*, Fragen des Effektenterminhandels in Theorie und Praxis, Bankbetrieb 1967, 140 ff.; *Potthoff*, Aufklärungs- und Beratungspflichten bei Optionsscheingeschäften – Anmerkung zu OLG Frankfurt/M. v. 10. 12. 1992 – 16 U 169/91 –, WM 1993, 1319 ff.; *Pulver*, Börsenmäßige Optionsgeschäfte, 1987; *Raeschke-Kessler*, Binnenmarkt, Schiedsgerichtsbarkeit und Ordre public, EuZW 1990, 145 ff.; *ders.*, Bankenhaftung bei der Anlageberatung über neue Finanzprodukte, WM 1993, 1830; *Rauscher*, Prozessualer Verbraucherschutz im EuGVÜ, IPRax 1995, 289 ff.; *Rehm/Trumpler/Dove/Neukamp/Schmidt-Ernsthausen/Breit*, Kommentar zum Börsengesetz (Centralverbandskommentar), 1909; *Reithmann/Martiny*, Internationales Vertragsrecht, 4. Aufl. 1988; *Rönitz*, Die ertragssteuerrechtliche Behandlung von Optionsgeschäften, WM 1971, Sonderbeilage Nr. 2; *Rössner/Weber*, Warenterminoptionen: Erlaubter Betrug?, BB 1979, 1049; *Rössner/Lachmair*, Die Wirksamkeit von Einschüssen bei Börsentermingeschäften, BB 1986, 1377; *dies.*, Rechtliche Durchsetzbarkeit von Forderungen aus Optionsscheinkäufen, BB 1989, 1990 ff.; *Rössner/Arendts*, Die Haftung wegen Kontoplünderei durch Spesenschinderei (Churning), WM 1996, 1517; *Rogers/Markham*, The application of West German statutes to United States commodity futures contracts: An unnecessary Clash of Policies, Law and Policy in International Business (19) 1987, 273 ff.; *Rollinger*, Aufklärungspflichten bei Börsentermingeschäften, 1990; *Roth, G.*, International zwingender Rechtsschutz: Materiell und prozessual, IPRax 1985, 198 ff.; *Roth, W.-H.*, Termingeschäfte an ausländischen Börsen und § 63 Börsengesetz, IPRax 1987, 147 ff.; *Rümker*, Anleihen mit Tilgungswahlrechten des Emittenten unter besonderer Berücksichtigung der Tilgung durch Lieferung von Aktien, Festschrift für Beusch, 1993, S. 739 ff.; *Rüskamp*, Besteuerung der Einkünfte aus privaten Aktienoptionsgeschäften an der Deutschen Terminbörse, DB 1991, 1243 ff.; *Rudolph*, Effekten und Wertpapierbörsen, Finanztermin- und Devisenbörsen seit 1945, in: Pohl (Hrsg.), Deutsche Börsengeschichte, 1992, S. 291 ff.; *Samm*, Börsenrecht, 1978; *Samtleben*, Schiedsklauseln bei internationalen Warentermingeschäften, BB 1974, 1616 ff.; *ders.*, Prorogationsbeschränkungen und Schiedsklauseln im internationalen Geschäftsverkehr, IPRax 1981, 43; *ders.*, Das internationale Privatrecht der Börsentermingeschäfte und der EWG-Vertrag, RabelsZ 45 (1981), 218 ff.; *ders.* Warentermingeschäfte im Ausland – ein Glücksspiel?, IPRax 1989, 148 ff.; *ders.*, Termingeschäfte an Auslandsbörsen – zur Neuregelung des Börsengesetzes, NJW 1990, 2670 ff.; *ders.*, Warentermingeschäfte im Ausland und Schiedsverfahren – Neues Recht für alte Fälle, IPRax 1992, 362 ff.; *Sandrock/Steinschulte*, Handbuch der internationalen Vertragsgestaltung, 1980; *Schäfer*, Zinsswap- und Zinscaps als Differenzgeschäfte gemäß §§ 762, 764 BGB, ZIP 1986, 1304 ff.; *ders.*, Novellierung des Börsengesetzes, ZIP 1989, 1103 ff.; *Scheurle*, Mißbrauchsbekämpfungs- und Steuerbereinigungsgesetz: Änderungen der Besteuerung von Kapitaleinkünften (Teil I), DB 1994, 445 ff.; *Schlicht*, Börsenterminhandel in Wertpapieren, 1972; *Schlosser*, Sonderanknüpfungen von zwingendem Verbraucherschutzrecht und europäisches Prozeßrecht, Festschrift für Steindorff, 1990, S. 1379 ff.; *Schlütter/Lüer*, Steuerliche Aspekte der Devisen-, Gold- und Warenterminspekulation, DB 1976, 1253 ff.; *dies.*, Zur Einkommensbesteuerung von Devisen-, Gold- und Warenterminspekulationsgeschäften, BB 1978, 606 ff.; *Schmidt, H.*, Wertpapierbörsen, 1988; *Schmidt, U.*, Warentermingeschäfte – Optionen und Direktgeschäfte Möglichkeiten der betrügerischen Manipulation, Kriminalistik 1981, 18 ff.; *Schmitte,* Aufklärungs- und Beratungspflichten der Kreditinstitute bei Börsentermingeschäften, Diss. Bonn 1994; *Schödermeier,* Verspätete Aufklärung bei Börsentermingeschäften, Die Bank 1996, 166 ff.; *Schönle,* Bank- und Börsenrecht, 2. Aufl. 1976; *Schottelius,* Die Bedeutung des Warentermingeschäfts für die Wirtschaft BB 1956, 452 ff.; *Schröder,* Risiken von Over-The-Counter-Geschäften, in: Aktuelle Probleme des Wertpapiergeschäftes, 1993, S. 113 ff.; *Schütze,* Zur Wirksamkeit von internationalen Schiedsvereinbarungen und zur Wirkungserstreckung ausländischer Schiedssprüche über Ansprüche aus Börsentermingeschäften, Jahrbuch für die Praxis der Schiedsgerichtsbarkeit, Bd. 1 (1987), S. 94; *Schulz,* Das deutsche Börsengesetz, 1994; *ders.,* Hundert Jahre modernes Börsenrecht, AG 1996, 260 ff.; *Schwark,* Börsentermingeschäfte von Inländern an ausländischen Plätzen, DB 1975, 2261 ff.; *ders.,* Börsengesetz, 2. Aufl. 1994; *ders.,* Zur Durchsetzung inländischen Rechts gegenüber Gerichsstandsvereinbarungen ausländischer Gerichte bei Börsentermingeschäften, ZGR 1975, 466 ff.; *ders.,* Zivilrechtliche Grundfragen bei Börsengeschäften, JURA 1985, 342; *ders.,* Die Börsentermingeschäfte, JURA 1985, 403; *ders.,* Aktuelle Probleme des bankmäßigen Wertpapierhandels, in: Hadding/Schneider (Hrsg.), Beiträge zum Börsenrecht, 1987, S. 23 ff.; *ders.,* Neues Recht für Börsentermingeschäfte – Das Gesetz zur Änderung des Börsengesetzes, NJW 1989, 2675 ff.; *ders.,* Der Börsentermin- und Differenzeinwand im Optionsscheinhandel, WM 1988, 921 ff.; *ders.,* Spekulation – Markt – Recht, Festschrift für Steindorff, 1990, S. 473 ff.; *Schwintowski,* Das Optionsscheinsgeschäft: Naturalobligation oder vollkommene Verbindlichkeit?, ZIP 1988, 1021 ff.; *Seeberg,* Der Termin- und Differenzeinwand und die internationale Zuständigkeit bei Geschäften mit ausländischen Banken nach der Börsengesetznovelle 1989, ZIP 1992, 600 ff.; *Starp,* Die Börsentermingeschäfte an Auslandsbörsen, Bd. 37 der Bankrechtlichen Sonderveröffentlichungen des Instituts für Bankwirtschaft und Bankrecht an der Universität zu Köln, 1985 (dazu *Häuser,* WM 1986, 1130); *Stauber,* Der Spieleinwand („Differenzeinwand") – insbesondere bei Trade Options Financial Futures und Devisenterminkontrakten, Zürich 1988; *Stein,* Das neue Modell des deutschen Optionshandels, WM 1983, Sonderbeil. Nr. 4; *Steindorff,* Termingeschäfte an ausländischen Börsen, IPRax 1982, 49 ff.; *ders.,* Europäisches Gemeinschaftsrecht und deutsches internationales Privatrecht, EuR 1981, 426 ff.; *Steuer,* Devisentermingeschäfte und Differenzeinwand, Die Bank 1980, 87 ff.; *ders.,* Risiken bei Termingeschäften mit Auslandsberührung, Die Bank 1982, 37 ff.; *ders.,* Neue Entwicklungen im deutschen Optionsgeschäft, Die Bank 1983, 80 ff.; *ders.,* Börsenreform – Startschuß für den Terminhandel, Die Bank 1989, 364 ff.; *Stoll,* Kollisionsrechtliche Fragen beim Kommissionsgeschäft unter Berücksichtigung des internationalen Börsenrechts, RabelsZ 24 (1959), 601 ff.; *Thoden,* Börsentermingeschäfte in Deutschland und der Schweiz, Diss. Münster 1975; *Thorn,* Grenzüberschreitende Gerichtsstandsvereinbarungen in Kreditverträgen zur Finanzierung von Börsenspekulationen, IPRax 1995, 294 ff.; *Tilp,* Die Unverbindlichkeit von Geschäften in Optionsscheinen und Bezugsrechten, DB 1989, 2365 ff.; *ders.,* Aufklärungspflichten bei Devisentermingeschäften, ZIP 1993, 1843 ff.; *Triebel/Peglow,* Positivfunktionen des ordre public bei Termingeschäften?, ZIP 1987, 613 ff.; *Vögele,* Zins-Swapverträge und die Vermeidung von gewerbesteuerlichen Dauerschulden, DB 1987, 1060 ff.; *Vosshenrich,* Devisentermingeschäft: Kurssicherungsinstrument und Spekulationsvehikel, Die Bank 1987, 447 ff.; *Wach,* Rechtstatsächliche Probleme beim Warenterminoptionshandel, in: Chiotellis/Fikentscher (Hrsg.), Rechtstatsachenforschung, 1985, S. 491 ff.; *ders.,* Der Warenterminhandel in Recht und Praxis, 2. Aufl. 1991; *ders.,* Termingeschäftsfähigkeit und Verbindlichkeit von Börsentermingeschäften nach dem sogenannten „Informationsmodell", AG 1992, 384 ff.; *Wach/Weberpals,* Inländischer Gerichtsstand für Bereicherungsklagen gegen ausländische Brokerfirmen aus unverbindlichen Termin- und Differenzgeschäften, AG 1989, 193 ff.; *Walter,* Die Rechtsnatur des Börsenoptionsgeschäfts, 1990 *Weber, A.,* Geld und Kredit, Banken und Börsen, 6. Aufl. 1959; *Weber, M.,* Die Ergebnisse der deutschen Börsenenquete (Effekten-Terminhandel und Börsenspiel), ZHR 45 (1896), 100 ff.; *ders.,* Die technische Funktion des Terminhandels, DJZ 1896, 207 ff.; *Weber, D./Crewett,* Zulässigkeit des Differenzeinwands bei ausländischen Börsengeschäften, BB 1972, 595 ff.; *Welcker/Ulrich,* Der Hebel als Maßstab zur Beurteilung der Kurssteigerungschancen von Kauf- und Verkaufsoptionen sowie Optionsscheinen, ZZB 1990, 21 ff.; *Welter,* Kreditvergabe und Kreditsicherung über die Grenze, in: Hadding/Welter (Hrsg.), Rechtsfragen bei Bankdienstleistungen im europäischen Binnenmarkt, 1994, 25 ff.; *ders.,* Zwangsvollstreckung und Arrest in Forderungen – insbesondere Kontenpfändung – in Fällen mit Auslandsberührung (WM-Script, 1988); *Wengler,* Sonderanknüpfung, positiver und negativer ordre public, JZ 1979, 175 ff.; *Werner/Machunsky,* Rechte und Ansprüche geschädigter Kapitalanleger, 3. Aufl., 1991; *Wiener,* Das Differenzgeschäft vom Standpunkte der jetzigen Rechtsprechung, 1893; *Windmöller,* Zinstermingeschäfte der Kreditinstitute, Festschrift für W. Scholz, 1985, S. 208 ff.; *Winter,* Der Termin- und Differenzeinwand bei Zinsbegrenzungsvereinbarungen, WM 1994, 2143; *Winterfeld,* Zur Sicherheitsleistung nach § 54 BörsG beim Börsen- und Devisengeschäft, Sparkasse 1980, 29 ff.; *Worms,* Zur Erneuerung der Termingeschäftsfähigkeit gem. § 53 Abs. 2 Börsengesetz, WM 1991, 81 ff.; *Wolter*, Termingeschäftsfähigkeit kraft Information, 1991 (dazu *Schröder* ZBB 1992, 81); *Ziganke*, Zur bevorstehenden Aufnahme des Optionsgeschäfts in Aktien, WM 1969, 1290 ff.

I. Rechtsentwicklung des Terminhandels in Deutschland

1 Die Entwicklung des Börsenterminhandels in Deutschland seit der Jahrhundertwende[1] läßt sich als Abfolge gesetzlicher Beschränkungen oder Verbote beschreiben. Nur kurzen Phasen eines geordneten börsenmäßigen Terminhandels folgten immer wieder längere Abschnitte, in denen Börsentermingeschäfte untersagt waren oder aufgrund von Entscheidungen der zuständigen Börsenorgane nicht stattfanden. Dafür gaben oft nicht einmal ungünstige Erfahrungen mit dem praktizierten Terminhandel den entscheidenden Ausschlag, sondern es handelte sich nicht selten um Notmaßnahmen mit Rücksicht auf allgemein-politische oder besondere wirtschaftliche Entwicklungen, die außerhalb der Börse ihren Ausgangspunkt genommen hatten, sich aber auch nachteilig auf das Börsengeschehen auswirkten. Besteht – wenigstens in groben Zügen – Klarheit über diese Rechtsentwicklung, so kann dies dazu beitragen, die gegenwärtige Rechtslage zu verstehen.

2 **1. Börsengesetz von 1896 und Novelle von 1908.** *a)* Die Reichsgründung im Jahre 1871 löste eine stürmische wirtschaftliche Entwicklung aus, die auch das Aktien- und Börsenwesen erfaßte[2]. Als eine überhitzte Börsenspekulation zu **größeren Verlusten auch beim Publikum** führte, machte man das Zeitgeschäft und seine unzureichende börsengesetzliche Regelung für diese Entwicklung verantwortlich[3]. Andere Vorstöße, die auf eine einschränkende Gesetzgebung zielten, waren **agrarpolitisch** beeinflußt und bekämpften vor allem den Terminhandel in Getreide und Mehl[4]. Schließlich hatte eine umstrittene Rechtsprechung des RG das Verhältnis des Spieleinwands zu den Börsentermingeschäften ins Zwielicht gerückt[5]; auch in dieser Rechtsfrage wurde Klärungsbedarf durch den Gesetzgeber gesehen.

Obwohl zur Vorbereitung eines Börsengesetzes im Jahre 1892 eine **Börsen-Enquete-Kommission**[6] berufen worden war, wurde von einer „Gelegenheitsgesetzgebung" gesprochen, die den Übelständen in kritischen Zeiten abhelfen sollte, sich einmal gegen die Börse richtete oder ein andermal ihren Schutz bezweckte, je nachdem wie die öffentliche Meinung gerade zur Börse stand[7].

---

[1] Zu Beschränkungen des börsenmäßigen Zeitgeschäfts wegen spekulativer Auswüchse in ausländischen Anleihen und in Eisenbahnaktien in Preussen während der ersten Hälfte des 19. Jahrhunderts vgl. *Hopt*, Ideelle und wirtschaftliche Grundlagen der Aktien-, Bank- und Börsenrechtsentwicklung im 19. Jahrhundert, in: Wissenschaft und Kodifikation des Privatrechts im 19. Jahrhundert, Bd. V, Geld und Banken, hrsg. von *Coing/Wilhelm*, 1980, S. 156 ff.; *Gömmel*, in: Deutsche Börsengeschichte, S. 133, 139, 163; *Wolter*, Termingeschäftsfähigkeit kraft Information, S. 20; ferner zur Entwicklung des Börsenrechts in Preußen *Göppert*, Das Recht der Börsen, S. 9 ff.

[2] Vgl. *Stollper/K. Häuser/Borchardt*, Deutsche Wirtschaftsgeschichte seit 1870, 2. Aufl. 1966, S. 19 ff.; *Nipperdey*, Deutsche Geschichte 1866–1918, 1. Bd., 1990, S. 284; *Bremer*, Grundzüge des deutschen und ausländichen Börsenrechts, S. 62 ff.; *Schulz*, Das Deutsche Börsengesetz, S. 50 ff.; *Meier*, Die Entstehung des Börsengesetzes vom 22. Juni 1896, S. 7 ff.

[3] Vgl. *Göppert*, Das Recht der Börse, S. 34.

[4] Vgl. dazu *Schulz*, Das Deutsche Börsengesetz, S. 60 ff.; *Meier*, Die Entstehung des Börsengesetzes vom 22. Juni 1896, S. 56 ff.; *Nußbaum*, Börsengesetz, Einl. S. XVI f.; *Göppert*, Das Recht der Börse, S. 33.

[5] Vgl. dazu *Wiener*, Das Differenzgeschäft vom Standpunkt der jetzigen Rechtsprechung, 1893, und den Überblick bei *Wolter*, Termingeschäftsfähigkeit kraft Information, S. 43 ff.

[6] Zu ihren Beratungen und Ergebnissen aus jüngerer Zeit *Schulz*, Das Deutsche Börsengesetz, S. 72 ff.; *Meier*, Die Entstehung des Börsengesetzes vom 22. Juni 1896, S. 89 ff.; *Wolter*, Börsentermingeschäftsfähigkeit kraft Information, S. 91.

[7] Zum unterschiedlichen öffentlichen Meinungsbild *Schulz*, Das Deutsche Börsengesetz, S. 46 ff.; *Meier*, Die Entstehung des Börsengesetzes vom 22. Juni 1896, S. 32 ff.

Da die Mehrheit im Reichstag **börsenfeindlich** eingestellt war, wurde im **Börsengesetz vom 22. 6. 1896** (RGBl. S. 157)[8], das am 1. 1. 1897 in Kraft trat, der Terminhandel in den wichtigsten Spekulationspapieren (Aktien von Bergwerks- und Fabrikunternehmen) und in Getreide und Mehl **verboten.** 3

Die gebührenpflichtige Eintragung in einem **Börsenregister** als Voraussetzung für den Abschluß rechtsverbindicher Börsentermingeschäfte im übrigen bezweckte, „Personen vom Börsenterminhandel fernzuhalten, welche ihn lediglich zur Befriedigung ihrer Spiellust benutzen"[9]. Die von der Eintragung im Börsenregister abhängige, vor allem auch Rechtssicherheit gewährleistende zivilrechtliche Verbindlichkeit bot aber offenbar nicht den erwarteten Anreiz. Das Register stieß vielmehr auf Ablehnung und wurde von Börsenkreisen und dem Publikum als „Spielregister" diskriminiert[10].

Der gleichwohl in starkem Ausmaß stattfindende Terminhandel suchte die beschränkenden Vorschriften, für die eine **gesetzliche Definition des Börsentermingeschäfts** (§ 48 BörsG 1896) maßgeblich war, zu umgehen und bediente sich zu diesem Zweck neuer von der Legaldefiniton abweichender Gestaltungsformen. Da die wirtschaftlichen Folgen des Terminhandels nicht von der äußeren Form, sondern von dem materiellen Gehalt der Geschäfte abhängen, machte diese Praxis den vom Gesetz angestrebten Zweck weitgehend illusorisch. Das RG steuerte entgegen und erstreckte in umkämpfter Rechtsprechung den Anwendungsbereich des Gesetzes auch auf die von der gesetzlichen Definition abweichenden Formen[11].

Nach wie vor bestand aber eine unerwünschte **Rechtsunsicherheit**[12], was für den Terminhandel wegen der damit verbundenen unkontrollierbaren Entwicklungen ein zusätzliches nachteiliges Risiko bedeutete. Die untragbare Situation[13] führte zu mehreren Reformansätzen[14], die schließlich in die **Novelle des Börsengesetzes vom 18. 5. 1908** (RGBl., S. 183)[15], die am 1. 6. 1908 in Kraft trat, mündeten[16]. 4

Das novellierte Börsengesetz stellte den Terminhandel in Aktien von Bergwerks- und Fabrikunternehmen abweichend von dem bisherigen generellen Verbot unter einen **Erlaubnisvorbehalt** (§ 63 Abs. 1 BörsG 1908); das besondere handelsrechtliche Lieferungsgeschäft in Getreide und Mehl hingegen blieb anerkannt (§ 67 BörsG). Wegen „kaum überwindlicher Schwierigkeiten" sah der Gesetzgeber nunmehr davon ab, das Börsentermingeschäft zu definieren; er überließ es vielmehr den Gerichten, „das Wesen des Börsentermingeschäfts zutreffend zu erfassen"[17].

---

[8] Die Entstehungsgeschichte der einzelnen Vorschriften über den Terminhandel ist ausführlich geschildert bei *Schulz,* Das Deutsche Börsengesetz, S. 431 ff.; *ders.,* AG 1996, 260 ff.

[9] Entwurf eines Börsengesetzes, Sonderdruck, Berlin 1895, S. 58.

[10] Zum Versagen des Börsenregisters *Gömmel,* in: Deutsche Börsengeschichte, S. 133, 177; *Schulz,* Das Deutsche Börsengesetz, S. 503 ff.; *Meier,* Die Entstehung des Börsengesetzes vom 22. Juni 1896, S. 338 ff.; *Wolter,* Termingeschäftsfähigkeit kraft Information, S. 150 ff.

[11] Vgl. vor allem RGZ 42, 43; RGZ 44, 103; RGZ 47, 104; dazu *Schulz,* Das Deutsche Börsengesetz, S. 506 ff.; *Wolter,* Termingeschäftsfähigkeit kraft Information, S. 137 ff.

[12] Zur Kritik z. B. *Dove,* DJZ 1900, 425.

[13] Vgl. nur *Müller* Bank-Archiv, 1924, 124. Zum Streit über die Auswirkungen des Börsengesetzes auf die Berliner Produktenbörse vgl. das berühmte „Feenpalast"-Urteil des prOVG vom 26. 11.1898 (PrOVGE Bd. 34, 335); dazu *Meier,* Die Entstehung des Börsengesetzes vom 22. Juni 1896, S. 328 ff.; ferner *Nußbaum,* Börsengesetz, Einl. S. XXII f.; *Bremer,* Grundzüge des Börsenrechts, S. 29 f.

[14] Vgl. die Entwürfe der Änderungsgesetze vom 19. 2. 1904, 28. 11. 1906, 22. 11. 1907; dazu *Schulz,* Das Deutsche Börsengesetz, S. 537 ff.; *Wolter,* Termingeschäftsfähigkeit kraft Information, S. 153 ff.; *Nußbaum,* Börsengesetz, Einl. S. XXVI f.

[15] Die Paragraphenzählung ergibt sich aus der Fassung der Bekanntmachung des Gesetzes vom 27. 5. 1908 (RGBl. S. 215).

[16] Zu dem Änderungsgesetz vgl. *Schulz,* Das Deutsche Börsengesetz, S. 542 ff.; *Meier,* Die Entstehung des Börsengesetzes vom 22. Juni 1896, S. 342 ff.

[17] Begründung des RegE, Verh. des RT, 1908, Aktenstück Nr. 483, S. 2606.

An die Stelle der mißlungenen Selbstqualifikation durch das Börsenregister trat eine gesetzliche Umschreibung der nicht schutzbedürftigen Personenkreise (§ 53 BörsG; sog. **Börsentermingeschäftsfähigkeit**). Mit der Gruppe der eingetragenen Vollkaufleute (§ 53 Abs. 1 BörsG) löste das Handelsregister das Börsenregister ab. Als Schutzzweck stand der Gedanke im Vordergrund, für den beruflichen Terminhandel Rechtssicherheit vor der ungesunden Spekulation des privaten Publikums zu gewährleisten[18]. Um das nichttermingeschäftsfähige Publikum nicht gänzlich auf die Spekulation in Kassageschäften zu verweisen, wurde diesem Personenkreis die Beteiligung am Terminhandel in Wertpapieren mit einer **qualifizierten Sicherheitsleistung** (§ 54 BörsG 1908) ermöglicht. Auf dieser Grundlage entwickelte sich ein geordneter Terminhandel[19].

5 **2. Erster Weltkrieg und danach.** Entgegen einer offiziell propagierten Kriegseuphorie führte schon der drohende Krieg zu einem **Kurseinbruch** an den Börsen. Am 29. Juli 1914 stellte der Vorstand der Berliner Börse den Terminhandel ein[20], um die Baisse-Spekulation durch Leerverkäufe zu unterbinden; später wurde es gänzlich untersagt, Termingeschäfte abzuschließen.

Während die meisten ausländischen Börsen nach dem Krieg bereits 1919 den Effektenterminhandel wieder aufnahmen, blieb es in Deutschland zunächst bei Absichtsbekundungen. Das Änderungsgesetz vom 23. 12. 1920 (RGBl. S. 2317) faßte den § 96 BörsG neu und unterstellte den **Terminhandel in Devisen** den börsengesetzlichen Regelungen über den Terminhandel in Wertpapieren. Dieses Änderungsgesetz gab Anlaß, die Wiederaufnahme des Terminhandels in Wertpapieren zu fordern. Die unsichere Wirtschaftslage und die ungewisse politische Situation standen diesem Schritt aber ebenso im Wege wie die Geldentwertung in den Jahren 1921 und 1922, die speziell für Termingeschäfte das Risiko steigerten. Nachdem die Marktverhältnisse sich nach Inflation und Währungskrise Ende 1923 stabilisiert hatten, etablierte sich durch inoffizielle Geschäfte ein „Schwarzer Terminhandel"[21].

6 Nach elfjähriger Pause nahm die Berliner Börse am 1. Oktober 1925 den **offiziellen Effektenterminhandel** – wenn auch mit Einschränkungen – wieder auf[22]. Der Effektenterminhandel sollte als Schrittmacher das Vertrauen in die deutsche Wirtschaft wiederherstellen. Die inoffiziellen Geschäfte hatten ein wirtschaftliches Bedürfnis signalisiert, das der gebotenen Kontrolle unterworfen werden sollte. Wachsender Kapitalbedarf sollte mit Hilfe der Termingeschäfte befriedigt und auch ausländisches Kapital der deutschen Wirtschaft über die Börse zugeführt werden. Dazu bedurfte es der Termingeschäfte, die an den ausländischen Börsen wieder üblich waren. Die börsengesetzlichen Vorschriften blieben zwar unverändert. Um das herrschende Mißtrauen zu überwinden, wurde aber die Abwicklung der Geschäfte an der Börse neu gestaltet. Die bislang üblichen Laufzeiten wurden halbiert (Medioliquidation). Die Liquidationskassen übernahmen die Überwachung und Sicherstellung der aus den Termingeschäften erwachsenden Risiken.

Nur zwei Jahre nach der Wiederaufnahme des offiziellen Effektenterminhandels erfaßt die Börse eine **schwere Krise.** Am 12. Mai 1927 kündigte die Berliner Bankiersvereinigung an, die mit Effekten gesicherten Kredite erheblich zu vermindern. Die Wirkung war schockartig und führte zu Kursstürzen von erheblichem Ausmaß. Der 13. Mai 1927 ging als **„Schwarzer Freitag"** in die Börsengeschichte ein[23]. Die Börsen wurden zwar nicht geschlossen, die Spekulation aber nachhaltig geschwächt. Man war der Ansicht gewesen,

---

[18] *Göppert,* BankArchiv XX (1920), 139; *ders.,* ZBH 1933, 169, 172.

[19] *Göppert,* BankArchiv XXIV (1924), 480, 481.

[20] *Henning,* in: Deutsche Börsengeschichte, S. 209, 219.

[21] *Veesenmeyer* Die Bank 1925, S. 669.

[22] Vgl. *Henning,* in: Deutsche Börsengeschichte, S. 209, 243; zu den Gründen auch *A. Weber,* Geld und Kredit, Banken und Börsen, S. 338 ff.

[23] Vgl. *Bremer,* Grundzüge des Börsenrechts, S. 37; *Benning,* Der Schwarze Freitag, Eine Untersuchung des Börseneingriffs vom 13. Mai 1927, in: Effektenbörse und Volkswirtschaft, 1929, S. 95 f.

die Börsenspekulation begünstige den Zustrom des Auslandskapitals durch Zinssätze, die das übliche Zinsniveau des Geldmarktes überstiegen. Außerdem wurde eine sich bedrohlich verringernde Kassaliquidität der deutschen Banken als Grund angeführt. Die Maßnahme wurde später überwiegend kritisch beurteilt; der Stimmungsumschwung war nämlich ausgeblieben.

3. Einstellung des Effektenterminhandels 1931. Die weltwirtschaftliche Krise erreichte im Jahre 1931 in Deutschland ihren Höhepunkt und setzte dem Terminhandel erneut ein Ende. Mitte 1931 war die deutsche Kreditwirtschaft durch starke Geldabflüsse des Auslands tiefgreifend gestört[24]. Die Geldverknappung führte zu Bankenschließungen und katastrophalen Kursrückgängen an den Aktienmärkten. Ein Effektenterminhandel ließ sich nicht mehr aufrechterhalten, da Prolongationen unmöglich wurden. Durch Notverordnung vom 13. 7. 1931 (RGBl. I, S. 359) wurden die Börsen geschlossen und der Effektenterminhandel durch die Börsenvorstände eingestellt[25]. Der Effektenterminhandel sollte danach „bis auf weiteres" nicht wieder aufgenommen werden[26]. 7

4. Nach dem Zweiten Weltkrieg.[27] *a)* Im August 1954 nahm die Zuckerterminbörse in Hamburg den Handel wieder auf, im März 1956 folgte der Terminhandel in Kaffee[28]. Beide Börsen haben ihre Aktivitäten inzwischen wieder eingestellt, so daß es in der Bundesrepublik Deutschland gegenwärtig keinen Terminhandel in Waren an einer Börse gibt[29]. Es wurden allerdings in einem erheblichen Umfang und mit manchen Unzuträglichkeiten Warentermingeschäfte an ausländischen Plätzen vom Inland aus vermittelt. 8

Seit Ende der 50er Jahre erörterten die deutschen Wertpapierbörsen die Wiederaufnahme des Terminhandels in Effekten[30]. Nach mehr als 30 Jahren fehlender Praxis des Terminhandels bemühten sich vor allem die deutschen Wertpapierbörsen, durch Studienkommissionen – zuletzt im Jahre 1966 – unterstützt, die rechtlichen, organisatorischen und technischen Vorbedingungen für die Wiederaufnahme des börsenmäßigen Terminhandels zu schaffen[31].

b) Auf der Grundlage einer Empfehlung der im Jahre 1968 eingesetzten **Börsensachverständigenkommission**[32] genehmigte das Bundeswirtschaftsministerium nach umfangreichen Vorarbeiten durch VO vom 26. 6. 1970 (BGBl. I., S. 993), gestützt auf § 63 Abs. 1 BörsG a. F., die Aufnahme des Terminhandels in einer Reihe von Aktien und zwar in der risikoarmen Form des in Deutschland bis dahin nicht bekannten **Optionsgeschäfts**[33]. Der Optionshandel konnte am 1. Juli 1970 an den Börsen aufgenommen werden. 9

Die Ermächtigungsgrundlage für Erlaubnisverordnungen in § 63 Abs. 1 BörsG erhielt durch die Novelle des Gesetzes vom 28 4. 1975 (BGBl. I, S. 1013) eine neue Fassung. Sie

---

[24] Vgl. dazu *Bremer,* Grundzüge des Börsenrechts, S. 37/38.

[25] Vgl. dazu *Meyer* Bank-Archiv XXXI (1931), 69; *A. Weber* Bank-Archiv 1941, 301.

[26] *Henning,* in: Deutsche Börsengeschichte, S. 209, 278.

[27] Diese Entwicklung ist ausführlich beschrieben bei *Hartung,* Das Wertpapieroptionsgeschäft in der Bundesrepublik Deutschland, S. 37 ff.

[28] *Schottelius* BB 1956, 452. Zu der vorausgegangenen außenwirtschaftsrechlichen Genehmigung vgl. *Maser* BB 1952, 109.

[29] Vgl. *Wach,* Der Terminhandel in Recht und Praxis, Rz. 10; *Dannhoff,* Das Recht der Warentermingeschäfte, S. 154 ff.

[30] Vgl. *Brestel* AG 1959, 132, mit dem Hinweis, daß deutsche Anleger bis dahin von den außenwirtschaftsrechtlich zulässigen Möglichkeiten des Terminhandels an ausländischen Börsen keinen Gebrauch gemacht hätten.

[31] Vgl. dazu *Rudolph,* in: Deutsche Börsengeschichte, S. 291, 315; *Pook* Bank-Betrieb 1967, 140; *Schlicht,* Börsenterminhandel in Wertpapieren, S. 73 ff.

[32] Vgl. dazu *Rudolph,* in: Deutsche Börsengeschichte, S. 291, 316; *Bremer* WM 1972, 898, 900; *ders.* AG 1969, 141, 142.

[33] Vgl. dazu *Ziganke* WM 1969, 1290; *Kulke,* Nach vier Jahrzehnten wieder Terminhandel, ZfgKW 1970, 308; *Beyer-Fehling/Bock,* Börsenreform, S. 42. Zum Optionsgeschäft in Effekten zuvor schon *Ramenken* AG 1967, 230; *Pook* Bank-Betrieb 1967, 140, 145 f.

erstreckte sich seitdem allgemein auf Aktien, die Beschränkung auf Anteile an Bergwerks- und Fabrikunternehmen war entfallen[34]; die Möglichkeit, die Erlaubnis „zum Schutz des Publikums" auf risikoarme Geschäfte zu beschränken, wurde ausdrücklich in den Text des § 63 Abs. 1 Satz 2 BörsG a. F. aufgenommen.

Die ersten Erfahrungen mit dem Optionshandel erschienen zunächst als günstig[35], das wirtschaftliche Ergebnis des deutschen Aktienoptionshandels nach 10 Jahren wurde aber als unbefriedigend angesehen[36]. Diese Entwicklung wurde darauf zurückgeführt, daß das spekulativ-händlerische Element beim deutschen Publikum nicht besonders stark ausgeprägt sei, so daß man entgegen der ursprünglichen Vorstellung wenig Anlaß sah, durch Schaffung neuer Geschäftsformen die Spekulationsmentalität anzuheizen[37]. Zur Belebung des Handels verzichtet man seit 1975 auf eine kongruente Volldeckung des Stillhalters bei Kaufoptionen[38]; 1978 wurden die Fälligkeitstermine standardisiert, um die Möglichkeiten des Sekundärmarktes zu verbessern.

10 Eine nachhaltige Belebung erfuhr der Optionshandel im Zuge der seit dem 1.4.1983 wirksamen Änderung der „Sonderbedingungen für Optionsgeschäfte" der Kreditinstitute[39]. Seit der damit eingeführten **handelstechnischen Modifikation** durch eine Standardisierung der Basispreise und der weiteren Verringerung auf vier Fälligkeitstermine pro Kalenderjahr (jeweils 15. des Monats nach Quartalsende) konnte man von einem nennenswerten **Sekundärmarkt** sprechen, der es erlaubte, einen Gewinn durch Veräußerung der laufenden Option, also ohne deren kostenintensive Ausübung, zu realisieren. In Verbindung mit den starken Kursentwicklungen an den deutschen Aktienbörsen brachte dies steigende Umsätze in Aktienoptionen mit sich[40]. Zum 1. 4. 1986 wurden die erwähnten Sonderbedingungen[41] erneut geändert und die zulässigen Basispreise weiter eingeschränkt (nur noch drei Basispreise über oder unter dem letzten amtlichen Frankfurter Kurs vom Vortag), um „Mondpreise" zu vermeiden[42]. Gleichzeitig wurde auf Anregung der Börsensachverständigen-Kommission ein offizieller Optionshandel in **festverzinslichen Wertpapieren** aufgenommen[43], der aber bereits im 2. Halbjahr 1987 wieder zum Erliegen kam[44].

11 **5. Aktuelle Entwicklung.** Der Börsenterminhandel in der Bundesrepublik Deutschland ist mit dem „Gesetz zur Änderung des Börsengesetzes" vom 11. 7. 1989 (BGBl. I, S. 1412)[45] in ein neue **Phase** getreten. Das Gesetz ist am 1. 8. 1989 in Kraft getreten und hat das Recht der Börsentermingeschäfte in entscheidenden Punkten modifiziert. Der Gesetzgeber bezweckte mit der Novellierung, die rechtlichen Rahmenbedingungen für die Errichtung einer **deutschen Terminbörse für Optionen und Futures** zu verbessern, um den Finanzplatz Deutschland in der Konkurrenz mit den anderen internationalen Börsenplätzen insgesamt zu stärken[46]. Das überraschend große Interesse an „Bund-Futures" der LIFFE verdeutlichte eine Nachfrage nach Kurssicherungsinstrumenten für DM-Werte[47].

---

[34] Kritisch dazu *Degner* WM 1975, Sonderbeilage Nr. 3, 23.

[35] Vgl. *Zahn* ÖBA 1971, 2, 4.

[36] *Rudolph,* in: Deutsche Börsengeschichte, S. 291, 316.

[37] So *Zahn* ZGR 1981, 101, 121.

[38] Dazu *Kümpel* WM 1975, 342.

[39] Vgl. dazu *Stein* WM 1983 Sonderbeilage Nr. 4; *Steuer* Die Bank 1983, 80.

[40] Vgl. dazu *Hauck,* 400 Jahre Frankfurter Wertpapierbörse, Börsen-Zeitung, Supplement August 1985, S. 50, 52.

[41] Vgl den Abdruck in WM 1986, 506.

[42] Vgl. zur Geschäftsabwicklung *H. Schmidt,* Wertpapierbörsen, S. 83 ff.

[43] Vgl. dazu *Beer* WM 1986, 693; *Müller/Steuer* Die Bank 1986, 182; *Breuer* Die Bank 1985, 272.

[44] Vgl. Jahresbericht 1987 der Arbeitsgemeinschaft der Deutschen Wertpapierbörsen, S. 37, dort auch zu den Gründen. Die Wirtschaftspresse sprach von einem „fatalen Flop".

[45] Der Reg.Entw. (BR-Drs. 40/89) ist auch abgedruckt in ZIP 1989, 266 ff., 337 ff.; vgl. dazu den Jahresbericht 1988 der Arbeitsgemeinschaft der Wertpapierbörsen, S. 91 f.

[46] BT-Drs. 11/4177, S. 9.

[47] Vgl. Jahresbericht 1988 der Arbeitsgemeinschaft der deutschen Wertpapierbörsen, S. 44.

Die Terminbörsen in London (LIFFE) und in Paris (MATIF) waren seinerzeit bestrebt, den Handel in auf DM bezogenen Kontrakten auszuweiten.

a) Deutsche Terminbörse. Im Juli 1988 ist mit Sitz in Frankfurt a.M. die **Deutsche Terminbörse** als DTB Deutsche Terminbörse GmbH von 17 Kreditinstituten als Gesellschaftern gegründet worden[48]. Mit der DTB[49] ist auch eine Änderung der Börsenstruktur verbunden. Sie ist nämlich nicht, wie herkömmlich, als eine Präsenzbörse mit Anwesenheit der Händler im Börsensaal konzipiert, sondern als **elektronische Börse.** Es wird auch nicht, wie bisher an den deutschen Börsen üblich, nach dem sog. „Auktionsverfahren" unter Vermittlung der Geschäfte durch besondere Börsenmakler und amtlicher Kursfeststellung gehandelt, sondern bestimmte **Market-Maker** (Marktmacher) verpflichten sich, auf Anfrage laufend verbindliche Kurse zu stellen[50]. Der Handel wird ausschließlich und bundesweit zugänglich mit Hilfe von Computern (Bildschirmterminals) abgewickelt. 12

b) Bisheriger Optionshandel. Die Aufnahme des Optionshandels an der DTB hatte nicht zur unmittelbaren Konsequenz, daß der bisherige Handel in Aktienoptionen an den Wertpapierbörsen aufgegeben wurde. Eine Einstellung des Handels war vor allem deshalb nicht angezeigt, weil der Kreis der veroptierten Basiswerte im bisherigen Optionshandel weiter gezogen ist als an der DTB. Die Kurskommission der Düsseldorfer Wertpapierbörse hat allerdings den Handel in unverbrieften Aktienoptionen mit Wirkung vom 10. 9. 1992 inzwischen eingestellt[51]. 13

c) Gesetz zur Änderung des Börsengesetzes vom 11. 7. 1989 (BGBl. I, S. 1412). Das Änderungsgesetz berührt mehrere terminrechtliche Fragenbereiche. Es erweitert den **Begriff des Börsentermingeschäfts,** ohne ihn freilich umfassend zu definieren (§ 50 Abs. 1 Satz 2 BörsG). Einbezogen werden als Börsentermingeschäfte wirtschaftlich gleichen Zwecken dienende Geschäfte, auch wenn sie nicht auf Erfüllung ausgerichtet sind. In die **Börsentermingeschäftsfähigkeit** (§ 53 BörsG) werden – zunächst noch mit Ausnahme für Warentermingeschäfte (§ 53 Abs. 3 BörsG 1989) – auch Personen aufgenommen, die von einem eingetragenen Kaufmann vor Geschäftsabschluß schriftlich über bestimmte aufgezählte Risiken aus Börsentermingeschäften informiert worden sind **(Termingeschäftsfähigkeit kraft Information).** Der **Differenzeinwand** ist nicht länger nur bei offiziellen Geschäften an deutschen Börsen ausgeschlossen, sondern immer schon dann, wenn das Geschäft nach dem Börsengesetz verbindlich ist (§ 58 BörsG). Das deutsche Börsenrecht verdrängt nicht mehr generell ansonsten **anwendbares ausländisches Recht,** sondern es schränkt dessen Wirkung nur insofern ein, als ein Partner gegenüber einer nicht termingeschäftsfähigen Person mit gewöhnlichem Aufenthaltsort im Inland, die auch im Inland ihre Vertragserklärung abgegeben hat, keine weitergehenden Rechte hat als nach deutschem Recht (§ 61 BörsG). 14

d) Erweiterung des Kreises der institutionellen Marktteilnehmer. Ergänzend zur Änderung des Börsengesetzes ist der Kreis der institutionellen Teilnehmer am Terminhandel ausgedehnt worden[52]. Die Anlagevorschriften des KAGG und des VAG wurden erweitert, um es auch Kapitalanlagegesellschaften und Versicherungsgesellschaften als bedeutenden institutionellen Anlegern zu gestatten, Finanztermingeschäfte abzuschließen. Nach dem „Investment-Richtlinien-Gesetz" vom 22. 2. 1990 (BGBl. I, S. 266) dürfen Kapitalanlagegesell- 15

---

[48] *Von Rosen* Bankinformation 11/88, 27; *Vollmar* Sparkasse 1988, 544; *Breuer* Die Bank 1987, 368; ferner Jahresbericht 1988 der Arbeitsgemeinschaft der deutschen Wertpapierbörse, S. 95 f.

[49] Dazu ausführlich *Kindermann,* Rechtliche Strukturen der DEUTSCHEN TERMINBÖRSE, WM 1989, Sonderbeilage Nr. 10; ferner *H. Schmidt,* Werpapierbörsen, S. 94.

[50] Vgl. zu den unterschiedlichen Handelsformen *H. Schmidt,* Wertpapierbörsen, 1988, S. 21, 24. Wegen der angesprochenen Strukturfragen war das Änderungsgesetz nicht unumstritten. So wurde z.B. von den Kursmaklern aus ordnungspolitischen Gründen gefordert, in § 1 BörsG den Begriff „Börse" zu definieren. Vgl. dazu das unveröffentlichte Gutachten von *Schwark,* Zur künftigen Struktur des deutschen Börsenwesens.

[51] Börsen-Zeitung vom 27. 8. 1992, Nr. 164, S. 3.

[52] Vgl. zu den gegenwärtigen Beschränkungen *Maser,* Diss., S. 19 ff.

schaften, um ihnen eine größere Flexibilität für ihre Anlagestrategien zu verschaffen, sich begrenzt auf 10% des Sondervermögens künftig am Optionshandel in Aktien und Rentenwerten beteiligen, und zwar sowohl als Erwerber von Optionen als auch als Stillhalter. Es sollen ihnen künftig auch Devisentermingeschäfte und Finanzterminkontrakte (Terminkontrakte auf Aktien-Indices und Zinstermingeschäfte) erlaubt sein.

16 *e) Zweites Finanzmarktförderungsgesetz.* Das Zweite Finanzmarktförderungsgesetz vom 26. 7. 1994 (BGBl. I., S. 1749)[52a] hat als Artikelgesetz u.a. die Vorschriften des BörsG über den Terminhandel teilweise geändert. Es erstreckt die „Termingeschäftsfähigkeit kraft Information" nunmehr auch auf den bisher ausgeklammerten Warenterminhandel (§ 53 Abs. 2 Satz 2 BörsG) und gestaltet die Wiederholung der grundsätzlich zeitlich befristeten Aufklärung als Voraussetzung der Termingeschäftsfähigkeit kraft Information praktikabler (§ 53 Abs. 2 Satz 4 Halbs. 2 BörsG). Die Erstreckung der „Termingeschäftsfähigkeit kraft Information" auf den Warenterminhandel mit einem speziellen Risikohinweis und die Aufhebung der Verbotsvorschriften über Termingeschäfte in Getreide und Mehl (§§ 65–68 BörsG 1908) sollen als erklärtes Ziel des Gesetzes das Projekt einer Warenterminbörse in Deutschland günstig beeinflussen[53].

II. Wirtschaftliche Bedeutung des Terminhandels

17 **1. Gegenstände des Terminhandels.** Auf Termin werden heute die unterschiedlichsten Gegenstände börsenmäßig gehandelt. Die Bandbreite reicht soweit, daß es bei manchen Geschäften sogar an einem physischen Handelsgegenstand fehlt und an seine Stelle eine hergestellte Bezugsgröße, etwa ein Index, tritt.

18 *a) Waren und Wertpapiere.* Das bisherige Börsengesetz kannte nur die klassischen Gegenstände des Terminhandels, nämlich **Waren** und **Wertpapiere,** insbesondere **Aktien.** Diese beiden Gattungen konnten auch offiziell gehandelt werden, wenn eine Zulassung durch den Börsenvorstand vorlag (§ 50 Abs. 1 BörsG). Der kapitalmarktrechtliche **Begriff des Wertpapiers** ist jetzt in § 2 Abs. 1 WpHG definiert.

19 *b) Devisen.* Hinzu kommen als Handelsgegenstand die **Devisen.** Darunter versteht man im Ausland zahlbare Forderungen in ausländischer Währung gegen einen ausländischen Schuldner[54]. Die Fremdwährungsforderung kann z. B. in einem Wechsel verbrieft sein. Vorherrschend sind **Guthaben bei ausländischen Banken** in der dortigen, aber auch einer anderen fremden Währung; sie bilden die Grundlage des Devisenhandels[55]. Ausländisches Bargeld in Münzen und Banknoten sind keine Devisen, sie sind Gegenstände des sog. Sortenhandels[56]. In Deutschland gibt es keinen offiziellen Devisenterminhandel. Allerdings fand schon bisher ein inoffizieller Handel im Telefonverkehr statt, der hinsichtlich der börsenprivatrechtlichen Seite mit dem Ausschluß des Differenzeinwands einem offiziellen Handel gleichgestellt war (§ 96 Abs. 3 BörsG a. F.).

20 *c) Finanztermingeschäfte.* Als Finanzinnovationen sind in den letzten Jahren, ausgehend von den USA, die **Finanztermingeschäfte** (financial futures) als Geschäftsformen des Terminhandels hinzugekommen[57]. Die standardisierten Musterverträge (Kontrakte) beziehen sich auf festverzinsliche Wertpapiere (interest rate futures), Aktienindices (stock index futures) und Währungen (currency futures). Bei diesen Geschäften ist die Transaktion regelmäßig nicht auf ein bestimmtes Gut, z. B. die Lieferung einer Ware gegen Geld gerichtet, sondern es findet meistens ein reines Cash-Settlement statt[58]. Meistens kommt ver-

---

[52a] Dazu *M. Weber* NJW 1994, 2849.
[53] Vgl. dazu *Dannhoff* WM 1994, 485.
[54] Vgl. *Schwark,* BörsG, § 96 Rdn. 3; *Offermann,* Diss., S. 48.
[55] Vgl. *Offermann,* Diss., S. 48; *Schönle,* Bank- und Börsenrecht, S. 403.
[56] Vgl. *Schönle,* Bank- und Börsenrecht, S. 403.
[57] Vgl. dazu *H. Schmidt,* Wertpapierbörsen, S. 88 f., 90 ff.
[58] Vgl. *Büschgen,* Zinstermingeschäfte, 1988, S. 22

einbarungsgemäß oder schon wegen der Art der Bezugsgröße nur ein Barausgleich zustande, der sich aus den Kurs- oder Zinsschwankungen errechnet[59]. International gewinnen solche innovativen Sicherungsinstrumente gegen Wechselkurs- und Zinsänderungsrisiken offenbar zunehmend an Bedeutung. Deutschland war wegen der rechtlichen Risiken aus Termin- und Differenzeinwand in diesem Markt ins Hintertreffen geraten. Die Deutsche Terminbörse und das novellierte Börsengesetz haben hier abgeholfen.

2. Geschäftszwecke. Mit Börsentermingeschäften können unterschiedliche Geschäftszwecke verfolgt werden. 21

a) Handel. In den Hintergrund ist heute der nach wie vor grundsätzlich auch mögliche Handel in den vereinbarten Gegenständen durch tatsächliche liefermäßige Erfüllung getreten. Ein derartiger tatsächlicher Handel ist allerdings bei Geschäftstypen ausgeschlossen, die sich an nicht lieferbaren Bezugsgrößen (Indices) orientieren; bei diesen Geschäften steht der Barausgleich von Differenzen im Vordergrund. 22

b) Kurs-(Preis-)sicherung. Die volkswirtschaftlich günstige Bedeutung der Börsentermingeschäfte liegt schwerpunktmäßig darin, daß sie als Sicherungsmittel gegen extreme oder häufige Kurs- oder Preisschwankungen dienen können. Solche Sicherungsinstrumente, die man als **Hedge-Geschäfte** bezeichnet, sind vor allem für stark exportorientierte oder rohstoffarme Volkswirtschaften, wie diejenige der Bundesrepublik Deutschland, von überragendem wirtschaftlichen Gewicht. Unter diesem Gesichtspunkt spielen vor allem Devisentermingeschäfte eine große Rolle[60], seit das System fester Wechselkurse des Bretton-Woods-Abkommens aufgegeben wurde und der US-Dollar als internationale Leitwährung starken Kursschwankungen ausgesetzt ist. Ferner werden beim sog. Portfolio-Management vermehrt Wertpapiertermingeschäfte abgeschlossen, um die Bestände vor Werteinbußen zu bewahren. Auch Warentermingeschäfte werden getätigt, um einem Preisverfall während des Zeitraums, in dem der Marktteilnehmer als Produzent oder als Händler (z. B. Importeur) das Preisänderungsrisiko trägt, vorzubeugen[61]. 23

c) Spekulation. Termingeschäfte bilden seit jeher einen starken Anreiz auch für die Spekulation, was die Terminmärkte nicht selten in ein ungünstiges Licht rückt. Der demgegenüber volkswirtschaftlich meistens als nützlich einzuschätzende Stellenwert der Spekulation für die Terminmärkte erwächst aus dem Umstand, daß die wirtschaftlich erwünschten Sicherungsgeschäfte nur dann in dem gebotenen Maße abgeschlossen werden können, wenn sich Teilnehmer am Terminhandel finden, die bereit sind, die abzusichernden Risiken zu übernehmen. An funktionierenden Terminmärkten steht notwendig der Gruppe sog. Hedger eine entsprechende Anzahl von Spekulanten gegenüber, welche die erwartete Kursentwicklung gegenläufig einschätzen und deshalb bereit sind, den Sicherungsinteressenten als Partner zu dienen. Die Spekulation trägt daher in der erforderlichen Weise dazu bei, die fraglichen Märkte liquide zu helfen. Auch in Deutschland wird auf der politischen Ebene zunehmend das steigende Bedürfnis nach Absicherungsmöglichkeiten im Finanzbereich gesehen. Ferner wird erkannt, daß mit Rücksicht auf die internationale Verflechtung der Volkswirtschaften der Stellenwert und die Wettbewerbsfähigkeit des **Finanzplatzes Deutschland** gefährdet ist, wenn im Inland keine Möglichkeiten bestehen, einerseits auch die modernen Erscheinungsformen der Sicherungsgeschäfte abzuschließen und andererseits das Risikokapital in Spekulationsabsicht zu plazieren. Geschieht dies nicht, unterbleiben diese Geschäfte nicht etwa, sondern sie wandern in das Ausland ab. 24

---

[59] Vgl. *Barth,* Financial futures: Neue Risiken für Kreditinstitute?, Kredit und Kapital 1984, 120, 123

[60] Vgl. dazu aus praktischem Blickwinkel *Laubscher* WM 1987, 125; *Vosshenrich* Die Bank, 1987, 447.

[61] Vgl. *P. Breuer,* Die volkswirtschaftliche Bedeutung der Rohstoffbörse, DB 1981, Beilage Nr. 28, S. 11; *Schottelius* BB 1956, 452; *Maser* BB 1952, 709.

§ 16 Rechtlicher Regelungsrahmen der Börsentermingeschäfte

Übersicht

Schrifttum: s. § 15

An den Vorschriften des Börsengesetzes über den Terminhandel i.d.F. von 1908 ist häufig beanstandet worden, sie seien unübersichtlich und deshalb nur schwer verständlich[1]. Nach der Novelle des Gesetzes im Jahre 1989 soll die Rechtslage „im Grunde genau so kompliziert" geblieben sein wie zuvor[2]. Auf die unbefriedigende Gesetzeslage dürfte es u.a. zurückzuführen sein, daß die Gerichte sich in der Vergangenheit mit keinem anderen Abschnitt des Börsengesetzes häufiger befaßt haben als mit seinem IV. Abschnitt über den Börsenterminhandel, und dies, obwohl in Deutschland während eines langen Zeitraums kein börsenmäßiger Terminhandel stattfand[3]. So konnte das RG zu manchen Fragen der Börsentermingeschäfte nicht mehr und der BGH noch nicht Stellung nehmen[4]. Die folgende Darstellung der Rechtslage der Börsentermingeschäfte orientiert sich an der seit dem 1. August 1989 geltenden Fassung des Börsengesetzes durch das „Gesetz zur Änderung des Börsengesetzes" vom 11. Juli 1989 (BGBl. I, S. 1412). Da die vorausgegangene Gesetzesfassung wegen der bis dahin geschlossenen Börsentermingeschäfte (Altverträge) noch für geraume Zeit zu berücksichtigen sein wird[5], wird auch darauf noch eingegangen. Eine Reihe von Vorschriften über den Terminhandel, z. B. §§ 55, 56, 57, 60 BörsG, hat das ÄnderungsG 1989 redaktionell auch nur insoweit angepaßt, als der Wortlaut dieser Bestimmungen künftig berücksichtigt, daß die Sicherungsmöglichkeit nach § 54 BörsG weggefallen ist. 1

I. Allgemeine Kennzeichnung

1. Börsengesetz und § 764 BGB. *a) Gesetzestechnik seit der BörsG-Novelle 1989.* Das Börsengesetz i.d.F. von 1908 regelte die Verbindlichkeit von Börsentermingeschäften nach h. M. nicht abschließend[6]. Die nicht verbotenen Geschäfte waren einmal nach den Vorschriften über den Terminhandel des IV. Abschnitts des Börsengesetzes (§§ 50 ff. BörsG), die schon für sich genommen nicht einfach gefaßt waren, zu beurteilen; es konnte zum anderen aber auch geboten sein, das Augenmerk darauf zu richten, ob ein Differenzgeschäft vereinbart war und deshalb die Verbindlichkeit des Geschäfts mit Rücksicht auf den sog. Differenzeinwand (§§ 764, 762 BGB) in Frage stand. Aus dieser Zweispurigkeit der gesetzlichen Regelung ergab sich eine überwiegend als unbefriedigend empfundene „Dissonanz zwischen BGB und BörsG"[7], die das Verständnis des geltenden Börsenprivatrechts in hohem Maße belastete. 2

[1] Vgl. *Schwark* JURA 1985, 403, 404; *Göppert* Bank-Archiv XXIV (1924), 480, 486: „Das am schwersten verständliche und am wenigsten übersichtliche deutsche Gesetz".

[2] So *Wolter*, Termingeschäftsfähigkeit kraft Information. S. 181.

[3] Vgl. dazu § 15 Rdnr. 2 ff.

[4] Vgl. *Brandes*, Festgabe an die Niedersächsische Börse, S. 287.

[5] Bereicherungsansprüche wegen der Rückforderung von Leistungen auf unverbindliche Börsentermingeschäfte verjähren gemäß § 195 BGB in dreißig Jahren; vgl. *Wach* AG 1992, 384, 386.

[6] Vgl. dazu nur BGH WM 1981, 711, 712 = NJW 1981, 1897; *Wolter*, Termingeschäftsfähigkeit kraft Information, S. 182; *Brandes*, Festgabe an die Niedersächsische Börse, S. 287, 298.

[7] So *Nußbaum*, BörsG, Vorbem. §§ 50 ff., Abs. 18.

3 Werden Börsentermingeschäfte unter nicht termingeschäftsfähigen Personen geschlossen, so sind sie unverbindlich (§§ 52, 53 BörsG; sog. **Termineinwand**[8]), und zwar unabhängig davon, ob damit spekulative Zwecke verfolgt werden. Es handelt sich folglich gegenüber dem Einwand des Differenzgeschäfts (§ 764 BGB; sog. **Differenzeinwand**) um den zwar schneidigeren, aber auch klareren Rechtsbehelf[9]. Ein Börsentermingeschäft erfüllt aber nach h. M. nicht notwendig oder stets auch die Merkmale eines Differenzgeschäfts im Sinne des § 764 BGB[10]. Nicht wenige Schwierigkeiten der bisherigen Rechtslage waren aber darauf zurückzuführen, daß Börsentermingeschäfte häufig oder sogar meistens in der Absicht geschlossen werden, die Geschäfte nicht tatsächlich durch Lieferung von Wertpapieren oder Waren zu erfüllen, sondern einen bloßen Differenzausgleich vorzunehmen, so daß regelmäßig auch der sog. Differenzeinwand (§§ 764, 762 BGB) erhoben werden konnte.

4 Früher standen sog. **verdeckte Differenzgeschäfte**[11] im Vordergrund; heute kommen wegen der innovativen Finanztermingeschäfte zunehmend auch **offene Differenzgeschäfte**[12] vor, bei denen die tatsächliche Erfüllung nicht nur erwartungsgemäß ausbleibt, sondern ein bloßer Differenzausgleich entweder wegen der betroffenen Gegenstände (z. B. Indices) oder sogar vereinbarungsgemäß stattfindet.

5 Ausgangs des vorigen Jahrhunderts sind Börsentermingeschäfte in der Rechtsprechung ausschließlich unter dem Gesichtspunkt des Spiel- oder Differenzeinwands gewürdigt und beanstandet worden. Die Ergebnisse dieser Rechtsprechung waren freilich äußerst umstritten. Deshalb hatte das Börsengesetz von 1908, allerdings nur für inländische Börsentermingeschäfte in Waren oder Wertpapieren, die zum Terminhandel an der Börse amtlich zugelassen waren (§ 50 BörsG; sog. **offizielle Geschäfte**), eine eigenständige Regelung geschaffen und folgerichtig den **Differenzeinwand ausgeschlossen**, soweit das Geschäft nach Börsenrecht durchsetzbar war (§ 58 BörsG a. F.)[13]. § 58 BörsG a. F. war somit gleichzeitig ein Beleg dafür, daß bei inoffiziellen Börsentermingeschäften nach wie vor der Differenzeinwand zu berücksichtigten war[14].

6 Die Neufassung des § 58 BörsG durch die Novelle von 1989 macht die Ausnahme vom Differenzeinwand nicht länger von dem zusätzlichen Merkmal abhängig, daß es sich um ein offizielles Börsentermingeschäft handelt. Der Differenzeinwand ist vielmehr immer schon dann ausgeschlossen, wenn das Börsentermingeschäft börsenrechtlich verbindlich ist. Fehlt es hieran, z. B. mangels Termingeschäftsfähigkeit (§ 53 BörsG) eines Beteiligten, so kann zwar theoretisch außerdem der **Differenzeinwand** (§ 764 BGB) einschlägig sein, er führt aber zu keiner weitergehenden Rechtsfolge und ist damit **praktisch bedeutungslos** geworden[15]. Der Stellenwert des Differenzeinwands kann allerdings wachsen, wenn bei spekulativen Termingeschäften die Eigenschaft als Börsentermingeschäft zu verneinen ist.

7 Ob die so gefundene Regelung geglückt ist, darüber läßt sich streiten; ein Bedürfnis, die Verbindlichkeit solcher Geschäfte zu beschränken, ist nämlich nach wie vor nur dann anzuerkennen, wenn Motiv des Handelns die Differenzspekulation ist, wenn also keine wirtschaftlich berechtigten Zwecke verfolgt werden. Bei geschäftserfahrenen Personen mag es zwar angehen, trotz einer Spekulationsabsicht ein Schutzbedürfnis durch den Differenzeinwand zu verneinen und damit eine Ausnahme auch im Interesse der Belebung des

---

[8] So die Terminologie seit *Nußbaum*, BörsG, § 55 Anm. III, die sich allgemein durchgesetzt hat.

[9] So z. B. *Nußbaum*, BörsG, Vorbem. §§ 50 ff., Abs. 18.

[10] Vgl. nur BGHZ 105, 263 = WM 1988, 1717, 1718 = NJW 1989, 300; BGH WM 1987, 1153, 1154 = NJW 1987, 3193; a.A. z. B. *Kümpel* WM 1982, Sonderbeilage Nr. 6, S. 11.

[11] Vgl. dazu Rdnr. 173.

[12] Vgl. dazu Rdnr. 169.

[13] Vgl. zu den gleichgestellten, inoffiziellen Devisentermingeschäften unten Rdnr. 421, 525 ff.

[14] Vgl. BGH WM 1981, 711, 712 = NJW 1981, 1897; *Brandes*, Festgabe an die Niedersächsische Börse, S. 287, 298.

[15] *Schwark*, Festschrift für Steindorff, 1990, S. 473, 480 ff.; *Wolter*, Termingeschäftsfähigkeit kraft Information. S. 184.

Börsenterminhandels zu rechtfertigen. Fragwürdig erscheint aber, daß vor allem die bisherige Regelung sich auf der anderen Seite dahin auswirken konnte, daß Börsentermingeschäfte selbst dann unverbindlich waren, wenn der entscheidende Umstand, der die gesetzgeberische Initiative ausgelöst hatte, nämlich die wirtschaftlich nicht berechtigte und risikoreiche Differenzspekulation, fehlte[16]. Auch die Novelle von 1989 hat diese Differenzierungsmöglichkeit nicht aufgegriffen, sondern nur zusätzlich die „Börsentermingeschäftsfähigkeit kraft Information" (§ 53 Abs. 2 BörsG) geschaffen (vgl. dazu Rdnr. 224ff.).

b) Tatbestandsseite und Rechtsfolgen. Die seit der Novelle von 1989 bedeutungslose Zwei- 8
spurigkeit der gesetzlichen Regelung führt zu Unterscheidungen auf der **Tatbestandsseite**, nicht aber auch bei den **Rechtsfolgen**.

(aa) Die Termingeschäftsregelung des Börsengesetzes reicht gegenüber § 764 BGB inso- 9
fern weiter, als sie keine spekulative Absicht verlangt, sondern das Börsentermingeschäft in den Mittelpunkt rückt, das unterschiedlichen Zwecken, wirtschaftlich berechtigten, aber auch spekulativen dienen kann[17]. Für die börsenrechtliche Verbindlichkeit der Geschäfte kommt es – läßt man ministerielle Verbote (§§ 63 ff. BörsG) einmal außer acht – nach §§ 52 ff. BörsG im Ausgangspunkt allein darauf an, ob die Vertragspartner bestimmte Qualifikationsmerkmale aufweisen, die man als **Börsentermingeschäftsfähigkeit** bezeichnet (§ 53 BörsG).

(bb) Die börsengesetzliche Regelung i.d.F. von 1908 machte nur für bestimmte Ge- 10
schäfte, nämlich die zum amtlichen Terminhandel an der Börse zugelassenen, eine Ausnahme vom Differenzeinwand (§ 58 BörsG a. F.). Außerhalb des amtlichen inländischen Terminhandels galt diese Privilegierung nicht, und zwar – vielleicht überraschend – selbst dann nicht, wenn die Vertragspartner börsentermingeschäftsfähig waren. Der Differenzeinwand war außerdem für sich genommen weiter, weil er sich entgegen § 54 BörsG a. F. auch gegenüber eingeräumten Sicherheiten durchsetzte.

§ 58 BörsG in der Fassung der Novelle von 1989 knüpft die Ausnahme vom Diffe- 11
renzeinwand nicht länger daran, daß Geschäfte des amtlichen inländischen Terminhandels betroffen sind. Die Verbindlichkeit hängt danach praktisch allein von der Termingeschäftsfähigkeit ab, selbst wenn es um Differenzspekulation geht.

c) Abweichende Auffassungen. Im Schrifttum wurden unterschiedliche Auffassungen vertre- 12
ten, um den bisher ungünstigen Auswirkungen aus dem Nebeneinander von Termin- und Differenzeinwand abzuhelfen. Sie haben sich nicht durchzusetzen vermocht und ihren rechtspraktischen Stellenwert durch den mit § 58 BörsG 1989 erzielten Gleichklang von verbindlichem Börsentermingeschäft und Ausnahme vom Differenzeinwand eingebüßt. Das Meinungsspektrum war breit. Börsentermingeschäfte sollten immer Differenzgeschäfte sein (aa) oder immer vom Differenzeinwand ausgenommen sein (cc). Ferner wurde vertreten, das Börsengesetz regele die Unverbindlichkeit nicht selbst, sondern schaffte nur Ausnahmen von der Unverbindlichkeit wegen des Differenzeinwands (bb).

(aa) Auf der begrifflichen Ebene ist *Kümpel*[18] mit der Auffassung hervorgetreten, zu ei- 13
nem Börsentermingeschäft gehöre als subjektives Merkmal auch die **Absicht der Differenzspekulation**. Börsentermingeschäfte seien immer auch Differenzgeschäfte[19]. Der Kreis der Börsentermingeschäfte und damit der Anwendungsbereich des Börsengesetzes wird damit enger gezogen. Termingeschäfte zu Anlagezwecken fallen heraus, möglicherweise auch Börsentermingeschäfte in Differenzabsicht, aber mit wirtschaftlich berechtigter Zielsetzung.

---

[16] Vgl. dazu BGHZ 105, 263 = WM 1988, 1717 = NJW 1989, 300 m. krit. Anm. *Kümpel* WuB I G 5.- 3.89, dem freilich nur aus rechtspolitischer Perspektive zugestimmt werden kann.

[17] Vgl. nur BGHZ 105, 263 = WM 1988, 1717 = NJW 1989, 300.

[18] Während er zunächst vertrat, es müsse auch ein wirtschaftlich berechtigtet Zweck fehlen (so WM 1982, Sonderbeil. Nr. 6, S. 11), hat er dies später wohl aufgegeben (WM 1986, 661, 663).

[19] Vgl. dazu Rdnr. 88ff.

14 (bb) Auf der Ebene der Gesetzessystematik haben *Hellwig/de Lousanoff*[20] eine abweichende Konzeption über das Verhältnis des Börsengesetzes zum Differenzeinwand entwickelt. Erlaubten Börsentermingeschäften solle nur mit dem Differenzeinwand (§§ 764, 762 BGB) begegnet werden können. Die terminrechtlichen Vorschriften des Börsengesetzes würden allein den Differenzeinwand einschränken; eine weitergehende Wirkung komme ihnen nicht zu. Die §§ 52 ff. BörsG regeln nach dieser Auffassung nur solche Gestaltungen, in denen der Differenzeinwand ausnahmsweise nicht greift.

15 Diese Überlegungen zur Tragweite der terminrechtlichen Vorschriften und zur damit verbundenen Gesetzestechnik widersprechen dem Börsengesetz und seiner Entstehungsgeschichte. Dem naheliegenden Einwand, daß nicht in § 52 BörsG, sondern erst in § 58 BörsG die Ausnahme vom Differenzeinwand vorgesehen ist, begegnen *Hellwig/de Lousanoff* (a.a.O.) mit dem Argument, § 58 BörsG habe gegenüber § 52 BörsG nur deklaratorische Wirkung. § 58 BörsG a. F. schloß den Differenzeinwand aber nur aus, wenn das Börsentermingeschäft Waren und Wertpapiere betraf, die zum Terminhandel an der Börse zugelassen sind (§ 50 BörsG). Davon hing die Wirksamkeit der erlaubten Geschäfte nach §§ 52 ff. BörsG hingegen nicht ab. Außerdem schließt § 55 BörsG – nach wie vor – eine Rückforderung erbrachter Leistungen aus, obwohl gerade nach §§ 52–54 BörsG eine Verbindlichkeit nicht besteht. §§ 52–54 BörsG und nicht erst §§ 764, 762 BGB regeln also die Unverbindlichkeit. Andernfalls würde § 55 BörsG in überflüssiger Weise eine Frage ansprechen, die an sich schon in §§ 764, 762 Abs. 1 Satz 2 BGB beantwortet ist. Der Gesetzgeber hat gerade diesen Zusammenhang wohl gesehen und § 55 BörsG in § 58 BörsG beim Ausschluß des Differenzeinwands nicht zusätzlich erwähnt. Die Entstehungsgeschichte ergibt, daß das Börsengesetz zum Schutze des offiziellen inländischen Terminhandels den Differenzeinwand ausräumen wollte und ihn deshalb dann ausgeschlossen hat (§ 58 BörsG a. F.), wenn sich allgemein geschäftserfahrene oder im Terminhandel berufserfahrene Personen am Terminhandel beteiligen (§ 53 BörsG)[21].

16 (cc) Die bisher genannten Auffassungen verstärken die Nähe des Börsentermingeschäfts zum Differenzeinwand. Es mehren sich aber auch Stimmen, die umgekehrt davon ausgehen, Börsentermingeschäfte seien von vornherein keine Differenzgeschäfte i. S. des § 764 BGB[22]. Diese Meinungsgruppe knüpft daran an, daß nach st. Rspr. und h. M. wirtschaftlich berechtigte Kurssicherungsgeschäfte nicht dem Differenzeinwand des § 764 BGB unterfallen[23]. Als wirtschaftlich berechtigt wird von dieser Seite aber auch das spekulative Börsentermingeschäft gewürdigt, weil es aus volkswirtschaftlicher Sicht ebenfalls erforderlich sei; denn ohne spekulative Geschäfte könnten die Terminmärkte ihre Aufgabe nicht effektiv erfüllen[24].

17 *d) Grobraster der Fallprüfung.* Legt man die zutreffend und überwiegend geteilte Auffassung über das Verhältnis von Termineinwand zu Differenzeinwand zugrunde, so ist die Verbindlichkeit von Börsentermingeschäften nach einem Grobraster in folgenden Schritten zu prüfen:

- Börsenrechtlich ist im Ausgangspunkt zu fragen, ob das Börsentermingeschäft erlaubt ist oder ob Geschäfte der fraglichen Art aufgrund ministerieller Rechtsverordnung verboten sind (§§ 63 ff. BörsG). Ist es verboten, folgt die Unverbindlichkeit aus § 64 Abs. 1 BörsG.
- Ist ein **erlaubtes** Börsentermingeschäft zu beurteilen, kann die Verbindlichkeit mit Rücksicht auf die Börsentermingeschäftsfähigkeit (§ 52 BörsG) fraglich sein.

---

[20] Festschrift für Stiefel, S. 309, 328.

[21] Vgl. dazu RGZ 140, 132, 135 und *Soergel/Häuser*, § 764 BGB Rz. 11.

[22] Vgl. *Imo*, Börsentermin- und Börsenoptionsgeschäfte, Bd. I, Rz. 318, 355; *Starp*, Die Börsentermingeschäfte an Auslandsbörsen, S. 144 ff.; *Wach*, Der Terminhandel in Recht und Praxis, S. 272 ff.

[23] Dazu Rdnr. 180 ff.

[24] Dazu Rdnr. 189 ff.

– Ist dieses börsenrechtliche Hindernis überwunden, kommt auf der allgemeinen zivilrechtlichen Ebene der Differenzeinwand (§ 764 BGB) nicht mehr ins Spiel; ein möglicher Differenzeinwand ist nämlich börsengesetzlich ausgeschlossen (§ 58 BörsG).

2. Regelungszwecke des Gesetzes. Das Verständnis der börsengesetzlichen Regelung des Terminhandels wird erleichtert, wenn man sich über die Schutzzwecke Klarheit verschafft, die der Gesetzgeber im einzelnen verfolgt. 18

a) Rechtsentwicklung. Aus heutiger Sicht liegt es nahe, vor allem den Gesichtpunkt des **Anlegerschutzes** zu betonen. Man muß sich allerdings bewußt machen, daß das Anliegen, geschäftsunerfahrene oder hinsichtlich des Terminhandels berufsunerfahrene Personen vor den Risiken hoch spekulativer Geschäfte zu schützen, nicht immer im Vordergrund der rechtspolitischen Erwägungen des Gesetzgebers stand. Vielmehr ist von sachkundiger Seite[25] zu den Teilen des Gesetzes aus dem Jahre 1908, die bis zum 1. August 1989 im wesentlichen unverändert galten, immer wieder betont worden, daß der Schutz des Publikums vor den Gefahren des Terminhandels, der in der ursprünglichen Fassung des Gesetz von 1896 eine unberechtigt große Rolle gespielt habe, bei der Reform des Jahres 1908 völlig in den Hintergrund getreten sei. Das Gesetz sei vielmehr als ein **Schutzgesetz für den Terminhandel** gegen eine ungesunde Spekulation des Publikums gedacht gewesen[26]; mit § 58 BörsG a. F. habe es sich auch **gegen eine Gefährdung der Rechtssicherheit im Terminhandel** durch den Differenzeinwand (§§ 764, 762 BGB) gewandt. 19

Mit der Novelle des Jahres 1975, die die Erlaubnisermächtigung für den Aktienterminhandel in § 63 Abs. 1 BörsG neu faßte, bezweckte der Gesetzgebers nach seiner erklärten Absicht, den Schutz der Anleger zu verstärken[27]. Demgegenüber hatte das RG § 63 BörsG a. F. einschränkend dahin ausgelegt, die Verbotsregelung schütze nur **inländische Unternehmen** und ihre Arbeitnehmer[28]. Im Gegensatz zu dem herkömmlichen börsenrechtlichen Anlegerschutz bestand die Besonderheit des § 63 Abs. 1 BörsG 1975 allerdings darin, daß er unterschiedslos offenbar auch diejenigen Personen begünstigte, die börsentermingeschäftsfähig i. S. des § 53 BörsG waren. 20

Als rechtspolitische Leitgedanken lassen sich die folgenden, auch ineinandergreifenden Schutzzwecke unterscheiden: 21

b) Anlegerschutz. (aa) Das heute nicht selten als vorrangig betonte Bedürfnis, das unerfahrene Publikum vor den Verlustrisiken aus spekulativen Börsentermingeschäften zu schützen, hat das RG[29] aus drei Aspekten des Terminhandels hergeleitet, die nach wie vor angeführt werden können, um die besondere Reglementierung des Terminhandels rechtspolitisch zu rechtfertigen: 22

– Der börsenmäßige Terminhandel diene nicht nur berechtigten wirtschaftlichen Zwekken, sondern werde auch zur Befriedigung des „reinen Spielbedürfnisses" eingesetzt.
– Die besondere Ausgestaltung des börsenmäßigen Terminhandels ermögliche es, daran mit geringen Mitteln teilzunehmen[30].

---

[25] *Göppert* ZBH 1933, 169, 172; *ders.* Bank-Archiv XX (1921), 139. *Göppert* (a.a.O.) erläutert, der Anlegerschutz sei in der Regierungsbegründung nur insoweit erwähnt, als es die parlamentarische Lage aus taktischen Gründen erfordert habe.

[26] Vgl. auch Verh. des RT, 1907/1908, Aktenstück Nr. 483, S. 2597, 2602, die Mäßigung unerfahrener und kapitalschwacher Kreise sei erforderlich, weil andernfalls die Vorzüge des Terminhandels nicht zur ungestörten Betätigung kommen könnten.

[27] BT-Drs. 7/101, S. 13; abgedruckt auch bei *Beyer-Fehling/Bock*, Die deutsche Börsenreform und Kommentar zur BörsG-Novelle, S. 210.

[28] Deshalb seien – entgegen der bundesrätlichen Praxis – Anteile an ausländischen Gesellschaften nicht betroffen; so RGZ 136, 106; kritisch allerdings *Göppert* ZHR 99 (1934), 258, 281.

[29] Insbesondere RGZ 44, 103, 109.

[30] Vgl. zu dem damit angesprochene Kreditelement anschaulich *Max Weber*, Die technische Funktion des Terminhandels, DJZ 1896, 207 und *ders.*, Die Ergebnisse der deutschen Börsenenquete (Effekten- und Börsenspiel), ZHR 45 (1896), 100, 108 f.

– „Personen aus dem großen Privatpublikum" würden dadurch zum börsenmäßigen Terminhandel verleitet, obwohl sie die erforderlichen Fachkenntnisse nicht besitzen und regelmäßig Partnern gegenüberstehen, die mit dem Börsenwesen vertraut und ihnen daher überlegen sind.

23 Die vom RG als Anknüpfung für die terminrechtliche Regelung erwähnte „besondere Ausgestaltung des börsenmäßigen Terminhandels", die der Spekulation zustatten kommt, besteht darin, daß ein die Spekulation eröffnendes Geschäft mit herausgeschobener Lieferungs- und Zahlungspflicht durch ein Gegengeschäft „glattgestellt" werden kann, so daß im Ergebnis nur die Differenz der Preise aus den beiden Geschäften auszugleichen ist. Eine börsenmäßige Terminspekulation kann deshalb im Grundsatz ohne aktuellen Einsatz von Vermögen oder ohne eine Kreditaufnahme stattfinden. Der Spekulant verläßt sich darauf, die eingegangene Verbindlichkeit mit Hilfe eines Gegengeschäfts und wegen einer erhofften günstigen Kursentwicklung gewinnbringend erfüllen zu können. Hierin liegt die **besondere Gefährlichkeit der Spekulation mit Börsentermingeschäften**; es entsteht nämlich der trügerische Anschein eines leicht zu erzielenden Gewinns, während dem Spekulanten bei einer anderen als der erwarteten Entwicklung der Marktpreise ein in seinem Umfang nicht kalkulierbarer Verlust aus dem Glattstellungsgeschäft zu dem ungünstigen Marktpreis droht[31].

24 Nach Ansicht des Börsengesetzgebers war es deshalb geboten, mäßigend einzuwirken, weil „mit der großen Handlichkeit des Börsentermingeschäfts und der Möglichkeit, große Umsätze mit verhältnismäßig geringen Mitteln zu bewirken, die Gefahr einer Beteiligung unerfahrener und kapitalschwacher Kreise in besonders hohem Maße verbunden" ist[32].

25 (bb) Aus Gründen des Anlegerschutzes können Börsentermingeschäfte verboten oder beschränkt oder nur unter risikomindernden Einschränkungen gestattet werden (§ 63 BörsG). Das Anlegerschutzkonzept des § 63 Abs. 1 BörsG erscheint aber nicht als folgerichtig. Es macht den „Schutz des Publikums" zur Entscheidungsmaxime des Verordnungsgebers, führt aber zu der merkwürdigen Konsequenz, daß verbotene Börsentermingeschäfte auch von börsentermingeschäftsfähigen, also vom Gesetz grundsätzlich als nicht schutzbedürftig eingestuften Personen nicht rechtsverbindlich abgeschlossen werden können (§ 64 Abs. 1 Satz 1 BörsG).

26 Soweit der Terminhandel erlaubt ist, werden unerfahrene Bevölkerungskreise dadurch geschützt, daß die Geschäfte nur bei besonderer persönlicher Qualifikation oder bei einer Risikoinformation verbindlich sind (§ 53 BörsG; **Börsentermingeschäftsfähigkeit** oder auch Börsenmündigkeit)[33]. „Der Termineinwand", so der BGH[34], „dient dem Schutz des Nichttermingeschäftsfähigen vor Verlusten aus risikoreichen Börsentermingeschäften, zu denen er sich in der Hoffnung auf hohen Gewinn hat verleiten lassen".

27 Aus dem Blickwinkel des Anlegerschutzes war die ursprüngliche Unterscheidung des Gesetzes zwischen **Börsentermingeschäften in Wertpapieren**, bei denen sich das Publikum gemäß § 54 BörsG a. F. mit beschränktem Risiko beteiligen konnte, und **Termingeschäften in Waren**, bei denen diese Möglichkeit nicht gegeben war, nicht darauf zurückzuführen, daß der Warenterminhandel als gefährlicher für das Publikum eingeschätzt wurde. Hier wie dort hätte sich das Risiko auf den Verlust der Sicherheit beschränkt. *Göppert*[35] hat zu dieser Differenzierung erläutert, man habe es einerseits wegen der besonderen wirtschaftlichen Funktion des Warenterminhandels für geboten gehalten, das Publikum hier

---

[31] BGHZ 103, 85, 88 = WM 1988, 323 = NJW 1988, 1592; *Kümpel* WM 1982, Sonderbeil. Nr. 6, 7.

[32] Verh. des RT (1907/1908) Aktenstück Nr. 483, S. 2597, 2602.

[33] Vgl. zu den verschiedenen Personengruppen unten Rdnr. 195 ff.

[34] WM 1991, 1367, 1368 = WuB I G 5.-10.91 *Wolter* = NJW 1991, 2705 = LM BörsG Nr. 31 *Koller* im Anschluß an BGHZ 103, 84, 88 = WM 1988, 323, 324 = WuB I G 5.-8.88 *Kindermann*.

[35] ZBH 1933, 169, 172; ferner *Göppert*, Über das Börsentermingeschäft in Wertpapieren, S. 21 ff., 71 ff.

völlig auszuschalten. Hinsichtlich der meistens spekulativen Wertpapiertermingeschäfte habe man, wiederum nach *Göppert*[36], mit § 54 BörsG a. F. dem Publikum die technisch vollkommenste Form der Spekulation in Gestalt des Börsentermingeschäfts nicht vorenthalten wollen, weil sich ohnehin nicht vermeiden lasse, daß die Börse auch Umsatzstelle für das am Wertpapier interessierte Publikum ist[37].

Auch die Novelle des BörsG von 1989 schloß die Warentermingeschäfte mit Ausnahme von Geschäften in Edelmetallen von der „Termingeschäftsfähigkeit kraft Information“ zunächst aus. Erst die Änderung des § 53 Abs. 2 BörsG durch Art. 2 Nr. 27 des 2. Finanzmarktförderungsgesetzes hat 1994 den Warenterminhandel insoweit gleichgestellt (vgl. § 15 Rdnr. 16). **28**

Das Gesetz schützt aber nicht ganz allgemein vor Risiken aus spekulativen Geschäften. Es hat zum Beispiel nicht das Verlustrisiko desjenigen im Blick, der Wertpapiere nicht als dauernde Kapitalanlage erwirbt, sondern kauft, um die Papiere alsbald bei einer günstigen Kursentwicklung wieder mit Gewinn zu veräußern[38]. **29**

b) Verkehrsschutz. Das Börsengesetz bezweckt nicht nur Sozialschutz. Der primäre Regelungszweck des Gesetzes aus der Sicht des historischen Gesetzgebers (1908) zielte sogar darauf ab, dort, wo kein Bedürfnis nach Anlegerschutz bestand, also grundsätzlich bei börsentermingeschäftsfähigen Personen, aus Gründen des Verkehrsschutzes Rechtssicherheit „für den legitimen Handel“ zu schaffen und sonstige Hindernisse für Börsentermingeschäfte auszuräumen. Insoweit ist von der Bewahrung von Treu und Glauben auch in diesem Geschäftsverkehr, speziell von der Bindung an einmal in Kenntnis der Sachlage abgegebene Erklärungen die Rede[39]. Dies betrifft auch einen möglichen Differenzeinwand (§ 764 BGB), den § 58 BörsG a. F. nur bei Geschäften in solchen Werten, die zum amtlichen Börsenterminhandel an der Börse zugelassen sind (§ 50 BörsG), ausschloß[40]. Der Gesetzgeber wollte also insoweit eine **eigenständige „Börsenrechtssphäre“** schaffen, innerhalb derer „dem Börsenterminhandel volle Freiheit einzuräumen sei“[41]. **30**

c) Unternehmensschutz. Zu § 63 BörsG a. F. hatte sich, wie eingangs erwähnt, in der Rechtsprechung des RG die Auslegung durchgesetzt, daß der Genehmigungsvorbehalt bei Börsentermingeschäften in Anteilen von Bergwerks- und Farbikunternehmen entgegen der Genehmigungspraxis des Bundesrats **nur inländische Unternehmungen** betreffe[42]. **31**

Für diese einschränkende Interpretation war maßgebend, daß der Genehmigungsvorbehalt nicht den Schutz des Publikums bezwecke. Um das Publikum zu schützen hätte es nämlich genügt, den Börsenterminhandel in den erwähnten Gesellschaftsanteilen den allgemeinen, die Spekulation des Publikums beschränkenden Vorschriften des Gesetzes zu unterstellen. Vielmehr sei das Genehmigungserfordernis im Interesse der beteiligten **Unternehmungen** erlassen worden[43]. Da somit der Schutz der Unternehmungen und ihrer Arbeitnehmer im Vordergrund stünden, sei es selbstverständlich, daß der deutsche Gesetzgeber nur inländische Unternehmungen und ihre Arbeitnehmer im Auge habe[44]. **32**

---

[36] ZHR 99 (1934), 259, 281.

[37] Vgl. dazu auch *Kümpel* WM 1986, 661, 663; *ders.* WM 1982, Sonderbeil. Nr. 6, S. 11.

[38] Vgl. dazu nur RG Bank-Archiv 1940, 253; RGZ 147, 112, 114.

[39] Vgl. *Jacusiel* LZ 1908, Sp. 570.

[40] Dazu auch *Kümpel* WM 1986, 661, 663.

[41] Verh. RT (1907/1908) Aktenstück Nr. 483, S. 2602; wiedergegeben auch in RGZ 140, 132, 135 und bei *Nußbaum*, BörsG, § 53 Anm. 1, S. 253; dazu BGHZ 105, 263 = WM 1988, 1717, 1719 = NJW 1989, 300; ferner *Hopt* BB 1984, 417, 418; *Soergel/Häuser*, § 764 BGB, Rz. 11.

[42] Vgl. RGZ 88, 91, 93; RGZ 136, 106, 108; ebenso *Bernstein* ZHR 62 (1908), 137, 141; *Düringer/Hachenburg/Breit*, HGB, Anh. II Anm. 209 m. Nachw.; a.A. *Göppert* ZHR 99 (1934), 258, 281, es sei auch bezweckt gewesen, zusammen mit § 50 BörsG die Auswahl der zum Terminhandel zuzulassenden Wertpapiere zu kontrollieren.

[43] Vgl. RGZ 47, 104, 109; RGZ 52, 178, 190.

[44] RGZ 88, 91, 93.

33 Seit der Neufassung des § 63 BörsG im Jahre 1975 hat der Gedanke des Unternehmensschutzes an Bedeutung eingebüßt. Demzufolge hat der Verordnungsgeber auch Börsentermingeschäfte in **Aktien ausländischer Gesellschaften** ausdrücklich zugelassen.

34 „Inländische Erwerbsgesellschaften" sind freilich auch heute noch dadurch geschützt, daß die Aufnahme eines offiziellen Börsenterminhandels in ihren Anteilen gem. § 50 Abs. 5 Satz 1 BörsG ihrer Zustimmung bedarf.

35 **3. Regelungsstruktur des Börsengesetzes betreffend den Terminhandel.** Die börsengesetzliche Regelung des Terminhandels stuft im Grade der Verbindlichkeit der Geschäfte ab und knüpft dafür an unterschiedliche Merkmale an. Ursprünglich wurde auf der jeweiligen Regelungsstufe jeweils noch einmal hinsichtlich der gehandelten Gegenstände, also Wertpapieren (vor allem Aktien), Waren und ausländischen Zahlungsmittel (Devisen) unterschieden. Diese Unterscheidung ist mit dem ÄnderungsG 1989 und dem 2. FinanzmarktförderungG 1994 entfallen.

36 Das Gesetz erfaßt nicht nur die unmittelbar auf den Terminhandel an oder außerhalb der Börse gerichteten Geschäfte, sondern es gilt auch für die sog. **Nebengeschäfte** (§ 60 BörsG), insbesondere also für Geschäftsbesorgungsverhältnisse, die auf den Abschluß von Börsentermingeschäften gerichtet sind.

37 *a) Verbotene, inoffizielle erlaubte und offizielle Börsentermingeschäfte.* Zur Erläuterung der Gesetzeslage hat sich im börsenrechtlichen Schrifttum eine Terminologie durchgesetzt, die durch zwei Begriffspaare geprägt ist. Auf der einen Seite werden verbotene und erlaubte Börsentermingeschäfte unterschieden und auf der anderen Seite offizielle und inoffizielle[45]. Diese Unterscheidungen hatten zivilrechtliche Konsequenzen; sie wirken sich auch börsenverwaltungsrechtlich aus (§§ 50, 51 BörsG). Die börsenprivatrechtliche Bedeutung der Unterscheidung zwischen den offiziellen und den inoffiziellen Geschäften ist mit der Neufassung des § 58 BörsG entfallen; der Ausschluß des Differenzeinwands hängt nämlich nicht mehr davon ab, daß es sich um ein offizielles Geschäft handelt.

38 Börsentermingeschäfte sind erlaubt, wenn sie nicht durch eine ministerielle Rechtsverordnung verboten sind (§ 63 BörsG)[46]. Erlaubte Geschäfte bezeichnet man als offiziell, wenn die gehandelten Waren oder Wertpapiere nach § 50 BörsG vom Börsenvorstand zum Terminhandel an der Börse zugelassen sind.

39 Hinsichtlich der Verbindlichkeit stehen in aufsteigender Reihe zunächst die verbotenen (§§ 63 ff. BörsG), dann die erlaubten (§§ 52, 58 BörsG) Börsentermingeschäfte.

40 *b) Innengeschäfte, Außengeschäfte und Nebengeschäfte.* Eine Besonderheit des Börsenterminhandels gegenüber dem Börsenhandel in Form des usancemäßig zu erfüllenden Kassageschäfts besteht darin, daß die einschränkenden gesetzlichen Vorschriften sich nicht nur auf diejenigen Geschäfte beziehen, die unmittelbar an einer inländischen oder ausländischen Börse zwischen den dort zugelassenen Börsenbesuchern geschlossen werden. Sie erfassen vielmehr auch **außerhalb der Börse** zustande kommende Geschäfte. In diesem Bereich liegt sogar der forensische Schwerpunkt des Rechts der Börsentermingeschäfte. Darauf geht die folgende Unterscheidung[47] zurück:

41 (aa) Innengeschäfte. Darunter versteht man die Termingeschäfte, die zwischen Börsenbesuchern **unmittelbar an der Börse** geschlossen und nach Maßgabe der Börsenbedingungen abgewickelt werden. Sie sind rechtlich nicht von besonderem Interesse, zumal die Beteiligten regelmäßig im Sinne einer „geborenen" Termingeschäftsfähigkeit[48] (§ 53 Abs. 1 BörsG) die Voraussetzungen erfüllen, von denen nach dem Gesetz die Fähigkeit, Börsentermingeschäfte verbindlich abschließen zu können, abhängt. Diese Geschäfte treten forensisch nicht in Erscheinung; im Streitfalle entscheiden nicht die ordentlichen Gerichte,

---

[45] Vgl. dazu *Schwark* JURA 1985, 403, 404; *Häuser* ZIP 1981, 933, 934.

[46] Vgl. dazu im einzelnen Rdnr. 442 ff.

[47] Vgl. dazu *Nußbaum*, Die Börsengeschäfte, 1918, S. 14 f.; *Düringer/Hachenburg/Breit*, HGB, Anh. II Anm. 11; *Häuser* ZIP 1981, 933, 937.

[48] So jetzt *Schwark*, NJW 1989, 2675, 2676.

sondern dafür sind bedingungsgemäß **Börsenschiedsgerichte** berufen (vgl. § 37 der Bedingungen für Geschäfte an den deutschen Wertpapierbörsen[49] i.V.m. § 17 der besonderen Bedingungen für Optionsgeschäfte an den deutschen Wertpapierbörsen[50]).

Für die gegenwärtig an den Wertpapierbörsen in Deutschland stattfindenden **Optionsgeschäfte in Aktien** gelten als maßgebende Geschäftsbedingungen (vgl. § 50 Abs. 2 BörsG) die „Besonderen Bedingungen für Optionsgeschäfte an den deutschen Wertpapierbörsen"[51], die durch das Regulativ der Lombardkasse/Liquidationskassen für den Optionshandel ergänzt werden. 42

An der DTB finden besondere Bedingungen Anwendung. 43

(bb) Außengeschäfte. Sie stehen im Mittelpunkt des rechtlichen Interesses und werden **außerhalb** der Börse meistens zwischen einem Kreditinstitut und einem Kunden geschlossen. Sie sind ihrerseits Börsentermingeschäfte im Sinne des Gesetzes. Das ÄnderungsG von 1989 hat mit Rücksicht darauf dem IV. Abschnitt des BörsG eine neue Überschrift gegeben. Bisher war vom „Börsenterminhandel" die Rede, nunmehr heißt es nur noch „Terminhandel". Dies soll den **sachlichen Anwendungsbereich** dieses Abschnitts auch terminologisch deutlicher klarstellen als bisher, also einem denkbaren Mißverständnis entgegengetreten, als bezögen sich die zivilrechtlichen Vorschriften nur auf Börsentermingeschäfte, die ummittelbar an einer Börse abgeschlossen werden[52]. Die Vorschriften über Börsentermingeschäfte (§§ 50 ff. BörsG) sind also nach wie vor auch bei **Termingeschäften** anzuwenden, die **außerhalb der Börse** zustande kommen oder für die es gar keine lokale Börse, wohl aber einen Terminmarkt gibt[53]. Auch § 50 Abs. 1 Satz 2 BörsG („..., soweit sie...") berücksichtigt, daß Börsentermingeschäfte nicht notwendig an der Börse geschlossen werden. Der Gesetzgeber[54] hatte vor allem die „Devisentermingeschäfte" im Auge. Es handelt sich bei diesen Geschäften nach der st. Rechtspr. des BGH[55] um Börsentermingeschäfte, obwohl in Deutschland an keiner örtlichen Börse Devisen auf Termin gehandelt werden. 44

Im offiziellen deutschen Optionshandel an den Wertpapierbörsen oder im Terminhandel an der DTB ergeben sich solche Außengeschäfte, weil Kreditinstitute gem. Nr. 5 der Sonderbedingungen für Optionsgeschäfte als „Eigenhändler" auftreten[56] und also meistens selbst die Funktion des „Stillhalters" gegenüber ihrem Kunden übernehmen. Kommunalen Sparkassen ist der Eigenhandel in Wertpapieren landesrechtlich teilweise untersagt; sie vereinbaren deshalb regelmäßig mit ihren Kunden ein Kommissionsverhältnis (§§ 383, 400 ff. HGB) oder ähnliche Gestaltungen[57]. 45

(cc) Nebengeschäfte. Zu den Außengeschäften werden häufig unterschiedslos auch die Nebengeschäfte gezählt. Sie sind aber nicht selbst Börsentermingeschäfte, sondern als **Geschäftsbesorgungsverhältnisse** (z. B. als Kommissionsverhältnis) oder Gesellschaftsverhältnisse vermittelnd auf den Abschluß von Börsentermingeschäften gerichtet. Das Gesetz erstreckt auf diese Geschäfte sowohl die Beschränkungen der zivilrechtlichen Verbindlichkeit aus Verboten (§ 70 BörsG) als auch das Erfordernis der Börsentermingeschäftsfähigkeit einschließlich der darauf bezogenen weiteren Vorschriften (§ 60 BörsG). 46

Entgegen einer mißverständlichen Bemerkung des BGH[58] hängt die Verbindlichkeit eines Nebengeschäfts allerdings nicht von derjenigen des Hauptgeschäfts ab, sondern sie ist, 47

---

[49] Vgl. den Abdruck in WM 1984, 76.

[50] Vgl. den Abdruck der seit 1. April 1986 gelten Fassung in WM 1986, 505.

[51] I.d.F von 1. 4. 1986, abgedr. in WM 1986, 507.

[52] Vgl. BT-Drs. 11/4177, S. 18.

[53] *Assmann*, Festschrift Heinsius, 1991, S. 1, 8, nennt das nichtbörsliche Börsentermingeschäft ein „(begriffliches) Paradoxon".

[54] Vgl. BT-Drs. 11/4177, S. 18.

[55] Vgl. BGH WM 1988, 1717, 1718 = NJW 1989, 300; BGH WM 1988, 857 = NJW 1988, 2039; BGH WM 1979, 1381 = NJW 1980, 380; vgl. dazu *Bundschuh* WM 1986, 725, 726.

[56] Vgl. BGHZ 92, 317, 325 = WM 1984, 1598, 1600 = NJW 1985, 634.

[57] Vgl. zur Stellung als „Botensparkasse" BGHZ 94, 262 = WM 1985, 744 = NJW 1985, 1956.

[58] WM 1980, 768, 769 = NJW 1980, 1957.

insbesondere hinsichtlich der Börsentermingeschäftsfähigkeit, jeweils unabhängig davon selbständig zu prüfen[59].

48 **4. Stellenwert des Differenzeinwands (§ 764 BGB).** Das Börsengesetz verfolgt die Absicht, Börsentermingeschäfte weitgehend eigenständig zu regeln. Die Intention ging ursprünglich dahin, die Rechtslage berechenbar zu gestalten und die Börsentermingeschäfte aus der als unbefriedigend empfundenen Rechtsprechung des RG zu den Differenzgeschäften zu lösen.

49 Diese Regelungsabsicht hat das Gesetz bis vor kurzem nur für einen Teilbereich verwirklicht, nämlich für die sog. offiziellen an der Börse zugelassenen Geschäfte (§ 58 BörsG a. F.) und die ihnen gleichgestellten Devisentermingeschäfte. § 58 BörsG a. F. verdeutlichte zugleich, daß die Verbindlichkeit der inoffiziellen Geschäfte nicht abschließend geregelt war[60]. Als Grund für diese nur unvollkommene Verwirklichung des gesetzgeberischen Anliegens wurden protektionistische Argumente angeführt. Wirtschaftliche Gesichtspunkte hätten nur für den Schutz des offiziellen und daher auch nur des **deutschen** Börsenterminhandels gesprochen[61]. Ansprüchen aus inoffiziellen Börsentermingeschäften, zu denen die wirtschaftlich wichtige Gruppe der **im Ausland getätigten Geschäfte** gehörte, konnte daher nach bisheriger Rechtslage auch der Differenzeinwand entgegen gehalten werden. Es mußten freilich die Voraussetzungen eines unverbindlichen Differenzgeschäfts im einzelnen Fall erfüllt sein, was bei einem Börsentermingeschäft häufig, aber nicht notwendig gegeben ist[62]. Praktisch wurde diese unbefriedigende Gesetzeslage vor allem dann, wenn die Geschäftspartner börsentermingeschäftsfähig (§ 53 BörsG) waren[63] oder wenn der nicht termingeschäftsfähige Teil eines inoffiziellen Wertpapiertermingeschäfts eine Sicherheit bestellt hatte.

50 Seit der Differenzeinwand durch das ÄnderungsG 1989 nicht mehr nur bei offiziellen Geschäften ausgeschlossen ist, sondern immer schon dann, wenn das Börsentermingeschäft börsenrechtlich verbindlich ist (§ 58 BörsG), ist der Differenzeinwand für Börsentermingeschäfte „praktisch bedeutungslos“ geworden. Die Neuregelung weist damit aber dem Begriff des Börsentermingeschäfts ersichtlich einen größeren Stellenwert zu. Während bei den offiziellen Geschäften nicht in Zweifel stand, daß es sich um Börsentermingeschäfte handelte, verlangt der Ausschluß des Differenzeinwands nach der Neufassung, daß bei den auch in Frage kommenden inoffziellen Geschäften jeweils die (z.Tl. umstrittenen) Merkmale eines Börsentermingeschäfts bejaht werden können. Bei dieser Würdigung dürfen die Intention des Gesetzgebers nicht ohne Auswirkung bleiben, den Differenzeinwand gegenüber der börsenrechtlichen Regelung zurückzudrängen.

II. Begriff des Börsentermingeschäfts

51 Der Begriff des Börsentermingeschäfts ist für das Recht des Terminhandels von zentraler Bedeutung. Die gesetzliche Verbotsregelung knüpft hieran an (§§ 63 ff. BörsG, vgl. Rdnr. 442 ff.); die besonderen Vorschriften über die Rechtsverbindlichkeit gelten nur für solche Geschäfte (§§ 52 ff. BörsG). Schließlich ist der Differenzeinwand nach § 58 BörsG nur bei einem Börsentermingeschäft ausgeschlossen. Beim **inländischen offiziellen Optionshandel** an den Wertpapierbörsen und an der DTB dürfte dies unproblematisch sein, weil er voraussetzt, daß nach zugelassenen Geschäftsbedingungen gehandelt wird. Bei inoffiziellen Termingeschäften kann es aber im Einzelfall fraglich sein, ob ein Börsentermingeschäft vorliegt und somit gleichzeitig der Differenzeinwand ausgeschlossen ist.

---

[59] Vgl. dazu klarstellend *Brandes*, Festgabe an die Niedersächsische Börse, S. 287, 294; *Bundschuh* WM 1986, 725, 730; *Häuser* ZIP 1981, 933, 937.

[60] So BGH WM 1981, 711, 712 = NJW 1981, 1897; *Brandes*, Festgabe an die Niedersächsische Börse, S. 287, 298.

[61] Vgl. *Göppert* ZHR 99 (1934), 258, 283.

[62] Vgl. BGH WM 1987, 1153, 1154 = NJW 1987, 3193.

[63] Vgl. *Brandes*, Festgabe an die Niedersächsische Börse, S. 287, 296.

1. Gesetzliche und rechtssystematische Ausgangslage. Die erforderlichen Begriffsmerkmale des Börsentermingeschäfts sind gesetzlich nicht festgelegt. Es kann deshalb nicht überraschen, daß hierüber unterschiedliche Auffassungen vertreten werden. 52

a) Verzicht auf eine gesetzliche Definition. (aa) Scheitern der Definition in § 48 BörsG 1896. Wegen schlechter Erfahrungen mit der Definition in § 48 BörsG 1896 hat der Gesetzgeber bei der Novellierung des Gesetzes im Jahres 1908 davon abgesehen zu bestimmen, was unter einem Börsentermingeschäft zu verstehen ist. Er hat dies mit folgender Begründung der Rechtsprechung überlassen: „Die Gerichte haben es bisher vermocht, auch ohne gesetzliche Begriffsbestimmung das Wesen des Börsentermingeschäfts zutreffend zu erfassen. Es würde die Durchführung des Gesetzes gefährden, wenn der Rechtsprechung für die zu beantwortende Frage, ob ein Börsentermingeschäft vorliegt, nicht freie Hand gelassen würde. Denn nur bei völliger Freiheit wird die Rechtsprechung in der Lage sein, den wechselnden Formen des Handels zu folgen“[64]. Die Novellierung bezweckte auf der anderen Seite, „eine endgültige und klare Regelung des börsenmäßigen Zeitgeschäfts herbeizuführen“. Wegen dieser Zielsetzung ist der Verzicht auf eine Legaldefinition als „paradox“ bezeichnet worden[65]. 53

Die Definition § 48 BörsG 1896 hatte folgenden Wortlaut: 54

„Als Börsentermingeschäfte in Waren oder Wertpapieren gelten Kauf oder sonstige Anschaffungsgeschäfte auf eine festbestimmte Lieferzeit oder mit einer festbestimmten Lieferungsfrist, wenn sie nach Geschäftsbedingungen geschlossen werden, die von dem Börsenvorstande für den Terminhandel festgesetzt sind, und wenn für die an der betreffenden Börse abgeschlossenen Geschäfte solcher Art eine Feststellung von Terminpreisen (§§ 29, 35) erfolgt“. 55

Das RG hatte sich genötigt gesehen, diese Definition weitgehend aufzugeben, um Geschäftsgestaltungen zu erfassen, mit denen die Vertragspartner von einzelnen Merkmalen der Definition abwichen. Es erwies sich als eine Schwäche dieser Definition, daß sie nur auf das offizielle Geschäft abzielte, das gleichzeitig vom Differenzeinwand ausgenommen sein sollte[66]. 56

Wenn die Börsenpraxis damals versuchte, die Definition durch davon abweichende Vertragsgestaltungen zu umgehen, so wollte sie in erster Linie damit die Verbindlichkeit der Geschäfte herstellen und sie nicht an der fehlenden Eintragung eines Partners im sog. **Börsenregister** scheitern lassen. Die freiwillige, aber gebührenpflichtige Eintragung der Vertragspartner in einem Börsenregister des fraglichen Geschäftszweiges (Waren, Wertpapiere) war nach dem Börsengesetz 1896 nämlich Voraussetzung dafür, daß die Börsentermingeschäfte verbindlich waren (System der Selbstqualifikation)[67]. Mißlich war nun, daß selbst die interessierten Kreise in Ablehnung des Gesetzes das Register boykottiert und sich überwiegend nicht hatten eintragen lassen[68]. Man diskriminierte das Börsenregister als „Spielregister“[69]. 57

---

[64] Verh. des RT. 1907/1908, Aktenstück Nr. 483 (Gesetzentwurf, betr. die Änderung des Börsengesetzes), S. 2597, 2606.

[65] Vgl. *Bernstein,* ZHR 62 (1908), 137, 148, *Göppert* Bank-Archiv XII (1913), 271, 273, sprach von einem „Blankettgesetz“.

[66] RGZ 47, 104, 110; RGZ 52, 178, 180; zu diesem Aspekt auch *Riesser,* Die handelsrechtlichen Lieferungsgeschäfte, 1900, S. 16.

[67] Vgl. dazu § 15 Rdnr. 3; ferner *Göppert,* Über das Börsentermingeschäft in Wertpapieren, S. 7. Zu den Erwägungen des Börsengesetzgebers zum Börsenregister und insbesondere zu der schutzbezogenen Erwartung, daß Personen, deren gewerbliche Stellung ein Bedürfnis zur Eingehung von Börsentermingeschäften nicht mit sich bringt, von einer Eintragung in das Register absehen würden, vgl. RGZ 42, 43, 46.

[68] In RGZ 44, 103, 111 wird deutliche Kritik an den Börsenkreisen geübt, denen vorgeworfen wird, das Gesetz illusorisch zu machen.

[69] Nach *Düringer/Hachenburg/Breit,* HGB, Bd. V/1, Anh. II, Anm. 3 war dieses Börsenregister ein „vollständiges Fiasko“. Zum „Mißerfolg des Börsenregisters“ vgl. die statistischen Angaben bei *Riesen-*

58 An die Stelle der Eintragung im Börsenregister trat mit der Novelle von 1908 als Schranke für die Verbindlichkeit von Börsentermingeschäften die besondere **Börsentermingeschäftsfähigkeit** (§ 53 BörsG; System der gesetzlichen Qualifikation)[70]. Diese Lösung der Novelle wurde damals im Schrifttum[71] als Fortschritt auf dem Wege zu einer „endgültigen und klareren Regelung des börsenmäßigen Zeitgeschäfts" begrüßt.

59 (bb) Argumente aus der Begründung der Novelle 1908. Wenn auch die Börsengesetznovelle 1908 auf eine Definition des Börsentermingeschäfts verzichtete, so lassen sich der Gesetzesbegründung[72] gleichwohl weiterführende Hinweise entnehmen. Für das Börsentermingeschäft sollte nicht eine bestimmte Geschäftsform im Sinne eines Vertragstypus kennzeichnend sein, sondern man ging davon aus, es liege eine **spezielle Handelsform** vor, die von vornherein darauf angelegt sei, durch Benutzung eines Gegengeschäfts für das eingegangene Engagement Deckung zu suchen. Der Geschäftsinhalt habe zu diesem Zweck alles Individuelle abgestreift und sei auf typische Bedingungen zurückgeführt.

60 Es erscheine – so die Gesetzesbegründung – nicht unbedingt erforderlich, daß die Geschäfte auf eine festbestimmte Lieferzeit oder mit einer festbestimmten Lieferfrist geschlossen werden[73]. Als Besonderheit der Börsentermingeschäfte komme die Beziehung zu einem Terminmarkt hinzu, auf dem jederzeit ein völlig gleiches (Gegen-) Geschäft abgeschlossen werden könne.

61 Betont wird außerdem, daß das Geschäft nicht unmittelbar auf einem Terminmarkt, dem es seiner Konstruktion nach angehört, zustande kommen müsse und daß es nicht erforderlich sei, das Geschäft zu einem Börsenpreis abzuschließen[74].

62 (cc) ÄnderungsG 1989. Der Gesetzgeber des ÄnderungsG 1989 hat zwar ebenfalls davon Abstand genommen, das Börsentermingeschäft zu definieren. Der Begriff wird allerdings klarstellend dadurch erweitert, daß künftig auch solche Geschäfte dazugehören, die wirtschaftlich gleichen Zwecken dienen, auch wenn sie vereinbarungsgemäß nicht auf Erfüllung gerichtet sind (§ 50 Abs. 1 S. 2 BörsG). Damit sollen z. B. **Indexoptionen, Futures-Geschäfte und auch sog. Short-Sales** dem Geltungsbereich des Gesetzes unterfallen[75]. Nach der Regierungsbegründung[76] handelt es sich bei der Erweiterung des Begriffs des Börsentermingeschäfts um eine aus ökonomischen Gründen gebotene Sachgerechtigkeit.

63 Der Grund für diese Erweiterung dürfte in folgender Überlegung zu suchen sein, die sich an der vorgeschlagenen Einbeziehung der „short sales" verdeutlichen läßt. Der BGH[77] hatte es als zweifelhaft bezeichnet, ob „short sales" Börsentermingeschäfte sind. Er bejahte aber den Differenzeinwand für diese inoffiziellen Geschäfte. Die Novelle schließt den Dif-

---

feld Holdheims Monatsschrift, Bd. 7 (1898), 157; zur Kritik auch die Hinweise bei *Hadding/Häuser* WM 1980, 1279, 1281.

[70] Vgl. dazu *Göppert*, Über das Börsentermingeschäft in Wertpapieren, S. 8; im einzelnen Rdnr. 219 ff.

[71] So *Wildhagen* DJZ 1907, Sp. 1273 f.; ebenso *Weber* DJZ 1908, Sp. 609, 613; *Neukamp* Bank-Archiv VII (1908), 209; *Düringer* Bank-Archiv VII (1908), 113.

[72] Vgl. Verh. des RT 1907/1908, Aktenstück Nr. 483 (Gesetzentwurf, betr. Änderung des Börsengesetzes), S. 2597, 2606 f. Vgl. zum besonderen Stellenwert dieser, wenn auch knappen Begründung *Göppert* Bank-Archiv XII (1913), 271, 274.

[73] Nach *Göppert* Bank-Archiv XII (1913), 271, 274, richtet sich diese Bemerkung gegen die verbreitete Ansicht, ein Börsentermingeschäft müsse ein Fixgeschäft sein. Nach *Göppert* (a.a.O.) wäre das nur dann der Fall, wenn ausschließlich ein Fixgeschäft der technischen Funktion des Terminhandels dienen könne.

[74] Diese Bemerkung richtete sich gegen RGZ 47, 104, 112, das den Abschluß zu einem Börsenpreis verlangt hatte; vgl. dazu *Göppert* Bank-Archiv XII (1913), 271, 275.

[75] *Bauer*, Börsenmäßige Termingeschäfte und Differenzeinwand im schweizerischen und deutschen IPR, S. 397.

[76] BT-Drs. 11/4177, S. 9.

[77] BGH WM 1978, 1203 = NJW 1979, 488 = LM Nr. 30 zu Art. 30 EGBGB.

ferenzeinwand nun nicht länger nur bei offiziellen Geschäften aus, wie nach dem bisherigen § 58 BörsG, sondern auch bei inoffiziellen. Soll diese „Privilegierung" z. B. auch den „short sales" zugute kommen, müssen sie Börsentermingeschäfte sein; denn nur damit beschäftigt sich das BörsG in der geänderten Fassung. Dasselbe gilt für die anderen in der Begründung genannten modernen Geschäftstypen, die wegen des Erfüllungsausschlusses sogar als offene Differenzgeschäfte zu qualifizieren sind[78].

Diese Erweiterung des Begriffs des Börsentermingeschäfts wirkt sich privatrechtlich also 64
in erster Linie dahingehend aus, daß auch bei diesen Geschäften der Differenzeinwand ausgeschlossen ist, soweit sie börsenrechtlich verbindlich sind.

b) Rechtssystematischer Aspekt. (aa) Wenn es heute erforderlich ist, die Merkmale des 65
Börsentermingeschäfts ohne Anknüpfung an eine gesetzliche Definition zu bestimmen, muß man aus rechtssystematischem Blickwinkel zunächst die **Funktion des Börsentermingeschäfts** im Regelungssystem des IV. Abschnitts des Gesetzes berücksichtigen[79]: Einmal geht es um die Tatbestandsseite einer Verbotsermächtigung (§ 63 BörsG); ferner ist mit dem Börsentermingeschäft die Anknüpfung eines zivilrechtlichen Wirksamkeitshindernisses (Börsentermingeschäftsfähigkeit) zu bestimmen. In beiden Zusammenhängen gebietet es der Gesetzeszweck nicht, den Inhalt des Börsentermingeschäfts vollständig zu umreißen. Es ist vielmehr ausreichend, diejenigen Eigentümlichkeiten herauszustellen, die das Verbot oder eine besondere Geschäftserfahrung der Partner als Voraussetzung der Verbindlichkeit rechtfertigen.

Anders erscheint hingegen die Ausgangslage, soweit das Börsentermingeschäft von Ge- 66
setzes wegen eine Privilegierung erfährt. Dies gilt für den Ausschluß des Differenzeinwands (§ 58 BörsG). Soweit es sich um offizielle Geschäfte handelt, wird der Geschäftsinhalt freilich durch die erforderliche Zulassung des Börsenvorstandes und die dafür vorausgesetzten Geschäftsbedingungen festgelegt (§ 50 Abs. 2 BörsG)[80]. Schwierigkeiten können sich bei den nunmehr gleichfalls privilegierten inoffiziellen Termingeschäften ergeben, wie das Beispiel der Devisentermingeschäfte im Falle der Vereinbarung marktabweichender Kurse deutlich macht[81].

(bb) *Göpperts*[82] hatte vertreten, beim Börsentermingeschäft handele es sich um einen 67
wirtschaftlichen Begriff und nicht um einen Rechtsbegriff[83]. Auch heute wird im Schrifttum vermehrt vertreten, das Börsentermingeschäft lasse sich nicht exakt als klassifikatorischer Rechtsbegriff definieren, sondern es sei zur Umschreibung auf die „Denkform des Typus"[84] zurückzugreifen[85]. Mit diesem methodischen Weg will man dem Umstand Rechnung tragen, daß für das Börsentermingeschäft kein abschließender Kreis von Merk-

---

[78] Vgl. nur *Kümpel* WM 1986, 661, 666.

[79] Ansatzweise bei *Bernstein* ZHR 62 (1908), 137, 149/150; vgl. auch RGZ 42, 43, 47f.; RGZ 47, 104, 110; RGZ 52, 178, 180.

[80] Vgl. dazu insb. RGZ 86, 406, 410 und Verh. des RT (1907/1908), Aktenstück Nr. 483, S. 2597, 2607.

[81] Vgl. dazu *Häuser* WuB I G 5.-2.86, Anm. zu OLG München WM 1986, 586 = NJW-RR 1986, 586; dazu Rdnr. 87.

[82] Über das Börsentermingeschäft in Wertpapieren, S. 46 f.; *ders.* Bank-Archiv XII (1913), 271, 273; ebenso *Düringer/Hachenburg/Breit*, Bd. V/1, Anh. II. Anm. 8.

[83] Dagegen aber *Nußbaum*, Börsengeschäfte, S 18 Fn. 12.

[84] So *Larenz*, Festschrift für Wilburg, 1975, S. 217; kritisch dazu aus dem Blickwinkel einer teleologischen Gesetzesanwendung *Bydlinski*, Juritische Methodenlehre und Rechtsbegriff, 1982, S. 543 ff.; kritisch auch *Koch/Rüßmann*, Juristische Begründungslehre, 1982, S. 73 ff.

[85] Vgl. *Koller* WM 1985, 593; *Rössner/Lachmair*, BB 1986, 1384; *Canaris* WM 1988, Sonderbeil. Nr. 10, S. 5, aber eher zurückhaltend; *Hartung*, Das Wertpapieroptionsgeschäft, S. 186 f.; ; *Kümpel*, WM 1990, 449, 451; *ders.*, WM 1991, Sonderbeil. Nr. 1, S. 3; *Wolter*, Termingeschäftsfähigkeit kraft Information, 1991, S. 177; ausführlich i. S. eines „Typus" *Jaskulla*, Die Einführung derivativer Finanzinstrumente an den deutschen Wertpapierbörsen als Regelungsproblem, S. 115 ff.; anders *Kleinschmitt*, Das Informationsmodell bei Börsentermingeschäften, S. 42 ff.

malen angegeben werden kann, sondern daß auf bestimmte prägende Elemente abzustellen ist, die im Rückgriff auf den Regelungszweck des Gesetzes zu konkretisieren sind[86]. Eine gewisse Beliebigkeit der typologischen Betrachtungsweise zeigt sich aber schon darin, daß sie sowohl für eine Erweiterung als auch für eine Einschränkung des Börsentermingeschäfts herangezogen wird. Der Fortschritt dieser methodischen Überlegung, die ersichtlich ebenfalls nicht ohne einen Rückgriff auf die gesetzlichen Wertungen auskommt[87], wird gegenüber einer **teleologischen Gesetzesanwendung,** die zu bestimmten Begriffsmerkmalen führt, nicht ohne weiteres deutlich[88].

68 **2. Abgrenzung gegenüber dem (spekulativen) Kassageschäft.** Das Börsengesetz unterscheidet hinsichtlich der Börsengeschäfte zwischen Kassageschäften und Börsentermingeschäften (vgl. §§ 29, 50 ff. BörsG). Für diese Abgrenzung ist der vereinbarte Erfüllungszeitpunkt maßgebend. Ein Kassageschäft ist grundsätzlich sofort, d.h. innerhalb der in den Bedingungen für diese Geschäfte an den deutschen Wertpapierbörsen vorgesehenen **abwicklungstechnisch** bedingten Fristen von beiden Seiten zu erfüllen[89], während bei einem Börsentermingeschäft die Erfüllung auf einen späteren Zeitpunkt hinausgeschoben ist. Das Börsentermingeschäft ist demnach ein sog. **Zeitgeschäft**. Auf Kassageschäfte finden die Vorschriften über den Terminhandel keine Anwendung[90], und zwar weder in der rechtsbeschränkenden (§ 52 BörsG) noch in der privilegierenden Ausrichtung (§ 58 BörsG)[91].

69 *Nußbaum*[92] hat an der unterschiedlichen Rechtslage beanstandet, daß bei Kassageschäften auch ein termingeschäftsfähiger Partner den Spieleinwand erheben kann, daß beim spekulativen Kassageschäft in Wertpapieren eine dem § 54 BörsG a. F. vergleichbare Sicherungsmöglichkeit fehlt und daß schließlich keine dem § 56 BörsG entsprechende, erweiterte Aufrechnungsmöglichkeit gegeben ist. Dies sei auf die verfehlte Anlage des Gesetzes zurückzuführen, das sich gegen das Termingeschäft als solches wende, aber als besondere Geschäftsform wirtschaftlich berechtigten wie wirtschaftlich unberechtigten Zwecken dienen könne[93]. *Nußbaum* meinte, daß die Erwägungen, die den Gesetzgeber zu § 57 BörsG geführt hätten, dem Börsengesetz insgesamt eine andere Wendung hätten geben müssen, und zwar in dem Sinn, daß der Spiel-(Differenz-) Einwand in den Mittelpunkt des Gesetzes hätte gerückt werden müssen; es wäre dann auch das Nebeneinander von Termin- und Differenzeinwandes und die widersprüchliche Behandlung der Termin- und Kassa-Spielgeschäfte vermieden worden.

70 *a) Unterscheidungsgrund.* Die unterschiedliche Regelung der Kassageschäfte beruht nicht auf dem Gedanken, mit einem Kassageschäft könne nicht spekuliert werden. Zu einer **Spekulation auf steigende Kurse** (Hausse) eignet sich vielmehr sowohl das Kassa- als auch das Börsentermingeschäft, während die **Spekulation auf fallende Kurse** (Baisse) sich regelmäßig des Terminhandels in Form sog. Leerverkäufe bedient. Bei einer Baisse-Spekula-

---

[86] Vgl. *Hartung*, Das Wertpapieroptionsgeschäft, S. 187.

[87] Zu dem teleologischen Aspekt bei rechtlichen Typusbegriffen *Wank*, Die juristische Begriffsbildung, 1985, S. 131.

[88] Vgl. auch *Canaris*, WM 1988, Sonderbeil. Nr. 10, S. 5, der für einen Kernbereich eine begriffliche Festlegung befürwortet. Kritisch gegenüber einer „typologischen Methode der Rechtsanwendung" z. B. auch *Staudinger/Richardi*, 12 Aufl. 1989, Vorbem zu §§ 611 ff., Rdnr. 36, 150. Vgl. auch *Canaris* WM 1988, Sonderbeil. Nr 10, S. 5, der in einem Kernbereich von einer begrifflichen Festlegung des Börsentermingeschäfts ausgeht.

[89] Nach § 15 der „Bedingungen für Geschäfte an den deutschen Wertpapierbörsen" (abgedr. in WM 1984, 76) sind Kassageschäfte am zweiten Börsentag nach Geschäftsabschluß zu beliefern (Abs. 1) und zu bezahlen (Abs. 2).

[90] Vgl. BGHZ 103, 84, 87 = WM 1988, 323, 324 = NJW 1988, 1592 = EWiR § 764 BGB 1/88 *Welter* BGH WM 1989, 675, 676; *Schwark*, BörsG, 2. Aufl. 1995, Einl. §§ 50–70 Rdnr. 34.

[91] Vgl. dazu RGZ 147, 112, 119.

[92] Bank-Archiv XI (1911), S. 295, 296

[93] Vgl. demgegenüber die Verteidigung des Gesetzes bei *Göppert*, Über das Börsentermingeschäft in Wertpapieren, S. 16 f.

tion durch Kassageschäft müßte der Spekulant zuvor ein Wertpapierdarlehen aufnehmen, was das Geschäft wegen der befristeten Rückerstattungspflicht in die Nähe des Terminhandels rückt[94].

Die unterschiedliche börsengesetzliche Behandlung von Kassa- und Termingeschäft ist **71** vielmehr darauf zurückzuführen, daß der Kunde bei einem Kassageschäft die gekauften Waren oder Wertpapiere wegen der kurzen Erfüllungsfristen sofort abnehmen und bezahlen muß. Die Kassaspekulation erfordert daher den Einsatz von Barvermögen oder die Aufnahme eines Bankkredits, für den üblicherweise Sicherheiten zu bestellen sind. Bei der Kassaspekulation machen es also diese **faktischen Barrieren** entbehrlich[95], besondere gesetzliche Schutzvorkehrungen für nicht termingeschäftsfähige Personen zu schaffen[96].

Bei der **Terminspekulation** können demgegenüber Gewinne ohne oder mit nur gerin- **72** gem Einsatz von eigenem Vermögen oder Kredit erzielt werden, wenn das die Spekulation eröffnende Geschäft mit einem späteren Gegengeschäft zu einem erwarteten Marktpreis glattgestellt wird. Entwickeln die Marktpreise sich allerdings nicht in die erwünschte Richtung, können in ihrem Umfang schwer voraussehbare Verluste entstehen. Vor diesem Risiko soll der Nicht-Termingeschäftsfähige durch die Vorschriften des Börsengesetzes geschützt werden[97].

b) Scheinkassageschäfte. Die Vorschriften über den Terminhandel sind aber dann anzu- **73** wenden, wenn das Kassageschäft nur zum Schein geschlossen worden ist und damit ein Börsentermingeschäft verdeckt werden soll (§ 117 Abs. 2 BGB). Für diese Annahme reicht allein eine Spekulationsabsicht freilich nicht aus; eine solche Situation kann aber gegeben sein, wenn schon bei Abschluß des Anschaffungsgeschäfts die Wiederveräußerung zu einem bestimmten späteren Zeitpunkt in Aussicht genommen worden ist[98].

3. Festgeschäfte und „bedingte" Geschäfte. Mit Rücksicht auf typische inhaltliche **74** Merkmale werden Börsentermingeschäfte in Festgeschäfte und „bedingte" Geschäfte unterteilt[99]. Damit wird auf die unterschiedliche Risikostruktur der Geschäfte abgestellt.

Bei einem **Festgeschäft** kann im vereinbarten Erfüllungszeitpunkt unbedingte Lieferung **75** und Zahlung von beiden Vertragspartnern verlangt werden. Festgeschäfte sind meistens zu einem einheitlichen Zeitpunkt (Liquidationstag) zu erfüllen, z. B. zum Monatsende (Ultimo), und können deshalb durch ein im Laufe des Monats abgeschlossenes Termingeschäft ohne Kapitaleinsatz glattgestellt werden. In der Bundesrepublik Deutschland gibt es gegenwärtig keinen amtlichen Handel in solchen Festgeschäften.

Demgegenüber ist für das **„bedingte" Geschäft** eine entgeltliche Wahlmöglichkeit zu- **76** gunsten eines Teils und damit eine Risikobegrenzung auf den Verlust einer Prämie kennzeichnend. Wo börsenmäßige Festgeschäfte üblich sind, kommen als Ergänzung regelmäßig die sog. **Prämiengeschäfte** vor. Weder das eine noch das andere ist gegenwärtig in Deutschland der Fall. Bei einem **Vorprämiengeschäft** erhält der Begünstigte das Recht, vom Verkäufer (Stillhalter in Wertpapieren) Lieferung der Papiere zu einem vereinbarten Basiskurs (Vorprämienkurs) zu verlangen oder aber bei für ihn ungünstiger Kursentwick-

---

[94] Zu den US-amerikanischen „short-sales" unten 158.

[95] Bei Börsentermingeschäften müssen sie z. B. durch § 54 BörsG a. F. gesetzlich erst errichtet werden.

[96] BGHZ 103, 84, 87 = WM 1988, 323, 324 = NJW 1988, 1592 = EWiR § 764 BGB 1/88 *Welter*, im Anschluß an *Kümpel/Häuser*, Börsentermingeschäfte, S. 44. Zustimmend *Canaris* WM 1988, Sonderbeil. Nr. 10, S. 8.

[97] BGHZ 103, 84, 88 = WM 1988, 323, 324 = NJW 1988, 1592 = EWiR § 764 BGB 1/88 *Welter*.

[98] So BGHZ 103, 84, 90 = WM 1988, 323, 324 = EWiR § 764 BGB 1/88 *Welter*, BGH WM 1989, 675, 676 im Anschluß an RG, HRR 1937, Nr. 855; zust. *Baumbach/Hopt*, HGB, (14) vor § 50 BörsG, Anm. 1 B; *Meyer/Bremer*, BörsG, § 50 Anm. 3; *Schwark*, BörsG, Einl. §§ 50–70 Rz. 6. Erforderlich dürfte aber in dem angegebenen Beispielsfall zusätzlich sein, daß der Kaufpreis des Anschaffungsgeschäfts *gestundet* worden ist.

[99] Vgl. *H. Schmidt*, Wertpapierbörsen, S. 62 ff., 68 ff.; *Schwark* JURA 1985, 403; *ders.*, BörsG, 2. Aufl. 1995, Einl. §§ 50–70 Rdnr. 46 ff.; *Starp*, Die Börsentermingeschäfte an Auslandsbörsen, S. 33 ff.

lung gegen Zahlung der Prämie als Reuegeld zurückzutreten. Bei dem **Rückprämiengeschäft** kann der Begünstigte von dem anderen Teil (Stillhalter in Geld) verlangen, die Wertpapiere zu dem vereinbarten Rückprämienkurs abzunehmen, oder er kann bei ungünstiger Kursentwicklung gegen Zahlung der Rückprämie als Reuegeld zurücktreten. Das entgeltliche Wahlrecht begrenzt einen maximalen Verlust des Berechtigten auf die Einbuße der betragsmäßig feststehenden Prämie.

77 Beim **Optionsgeschäft** zahlt der Begünstige die Prämie als Ausgleich für den Optionsvorbehalt i. S. eines Bindungsgeldes an den Stillhalter. Bei einer **Kaufoption** (call) kann er dann innerhalb einer bestimmten Frist vom Verkäufer (Stillhalter in Wertpapieren) jederzeit die Lieferung der Wertpapiere zu dem bei Abschluß vereinbarten Kurs (Basispreis) verlangen oder aber das Optionsrecht verfallen lassen. Bei einer **Verkaufsoption** (put) ist er innerhalb der Optionsfrist jederzeit berechtigt, von dem anderen Teil (Stillhalter in Geld) die Abnahme der Wertpapiere zu dem vereinbarten Basispreis zu verlangen. Kann der Berechtigte, wie im deutschen Optionshandel an den Wertpapierbörsen üblich, die Option innerhalb der Optionsfrist zu jedem Zeitpunkt ausüben, so spricht man von „amerikanischen Optionen". Ist dies nur zum Ende der Optionsfrist zulässig, nennt man sie „europäische Optionen".

78 **4. Merkmale des Börsentermingeschäfts nach Rechtsprechung und Schrifttum.** *a) Rechtsprechung, insbesondere des BGH.* Der BGH hatte noch nicht häufig Gelegenheit, zu den einzelnen Merkmalen des Börsentermingeschäfts oder des börsenmäßigen Zeitgeschäfts Stellung zu nehmen. Er hat sich insoweit auch nicht festgelegt, sondern sich mit Rücksicht auf neue Entwicklungen eine jeweilige Überprüfung mit dem vielsagenden Hinweis vorbehalten: „Die Rechtsprechung hat von jeher abweichende Geschäftsgestaltungen dann als Börsentermingeschäft angesehen, wenn sie wirtschaftlich dem gleichen Zweck dienten"[100].

79 Im allgemeinen orientiert der BGH sich an der Judikatur des RG. Es kann deshalb aufschlußreich sein, sich zu vergegenwärtigen, daß das RG[101] für die Geschäfte des börsenmäßigen Terminhandels den „schablonenhaften Charakter" als kennzeichnend angesehen hat, den sie dadurch erhielten, „daß sie nach vorher an der Börse für alle Geschäfte dieser Art festgesetzten gemeinsamen Bedingungen auf dieselbe fest bestimmte Zeit, über feste Mengeneinheiten geschlossen und daß für sie an der Börse fortdauernd Terminpreise amtlich festgestellt und veröffentlicht werden. Auf dieser **Gleichartigkeit** aller Geschäfte nach Menge, Termin und Terminpreis beruht in erster Linie die Möglichkeit der Deckung jedes Kontrahenten durch ein Gegengeschäft, der Lösung durch bloße Differenzzahlung und die Möglichkeit der Beteiligung weiter Kreise an diesen Geschäften ohne den Besitz der Mittel zur Effektiverfüllung und schließlich die Möglichkeit, diese Geschäfte zu einfachen Differenz- und Spielgeschäften zu benutzen".

80 (aa) Im Urteil vom 22. Oktober 1984[102], das die Qualifizierung des offiziellen **inländischen Aktienoptionsgeschäfts** betrifft, ist der II. Zivilsenat auf die charakteristischen Merkmale des Börsentermingeschäfts eingegangen. Im Anschluß an die überwiegend vertretenen Umschreibungen definiert er als Börsentermingeschäfte „Verträge über Wertpapiere, vertretbare Waren oder Devisen nach gleichartigen Bedingungen, die von beiden Seiten erst zu einem bestimmten späteren Zeitpunkt zu erfüllen sind. Sie müssen ferner eine Beziehung zu einem Terminmarkt haben, der es ermöglicht, jederzeit ein Gegengeschäft abzuschließen"[103].

81 Der zumeist zusätzlich geforderte Fixcharakter der Geschäfte habe die Grundform des Börsentermingeschäfts als sog. Festgeschäft im Auge, sei aber kein unabdingbares Erfor-

---

[100] BGHZ 92, 317 = WM 1984, 1598 = NJW 1985, 634.
[101] RGZ 44, 103, 111.
[102] BGHZ 92, 317 = WM 1984, 1598 = NJW 1985, 634.
[103] Bestätigt in BGH WM 1988, 289, 290 = NJW 1988, 1086; BGHZ 114, 177, 179 = WM 1991, 982.

dernis des Börsentermingeschäfts. Auch insoweit konnte der BGH an die Rechtsprechung des Reichsgerichts[104] anknüpfen.

Ist vertragsgemäß die Erfüllung ausgeschlossen, liege kein Börsentermingeschäft vor[105]. 82

(bb) Im Urteil vom 21. 6. 1965[106] war fraglich, ob Zwei-Monats-Silberkaufverträge mit 83 einem englischen Broker als Börsentermingeschäfte zu qualifizieren sind. Problematisch war dies deshalb, weil der Londoner Edelmetallmarkt (London Bullion Market) nach herkömmlichem Verständnis **keine Börse** ist[107]; denn dort werden keine Geschäfte geschlossen, sondern nur Kassa- und Terminpreise festgelegt.

Das Börsentermingeschäft umschreibt der BGH in diesem Zusammenhang in nahezu 84 wortgetreuer Anlehnung an eine Entscheidung des RG[108] als ein Geschäft zu typischen Bedingungen über Waren und Wertpapiere, das in Beziehung zu einem Terminmarkt steht, der es ermöglicht, jederzeit ein völlig gleiches Gegengeschäft abzuschließen. Diese Eigentümlichkeit ermöglicht es dem Publikum, sich an einem leicht zu Spielzwecken zu mißbrauchenden Umsatzverkehr zu beteiligen. Die damit verbundenen wirtschaftlichen Gefahren wolle das BörsG eindämmen.

Der BGH bejaht die Eigenschaft der Zwei-Monats-Silberkaufverträge als börsenmäßige 85 Termingeschäfte und erachtet als ausreichend, daß an dem Londoner Edelmetallmarkt eine Preisbildung nach Art einer Börse, also aufgrund von Angebot und Nachfrage stattfinde, obwohl es dort selbst nicht zu Abschlüssen kommt. Es überrascht, daß der BGH die börsenmäßige Preisbildung in den Vordergrund rückt und nicht darauf eingeht, ob unter den Bedingungen des Londoner Edelmetallmarktes ein gleichartiges Gegengeschäft möglich ist. Man wird die Entscheidung dahin zu verstehen haben, daß für ein Börsentermingeschäft nicht unbedingt eine örtliche Börse für Termingeschäfte erforderlich ist, wohl aber ein **Terminmarkt**. Hieran knüpft auch das Urteil vom 15. Oktober 1979[109] an, das Gewinne aus Devisentermingeschäften betraf. Der BGH qualifiziert die üblichen Devisentermingeschäfte als Börsentermingeschäfte, obwohl es in der Bundesrepublik Deutschland dafür keine Börse im technischen Sinne gibt. Die betonte Beziehung zu einem Terminmarkt, der jederzeit ein völlig gleiches Gegengeschäft ermöglicht, wird durch den Telefonhandel hergestellt, der die Verbindung zu den internationalen Handelsplätzen und Devisenterminmärkten schafft.

(cc) Diese Beziehung zu den Terminmärkten sah der BGH in der vorgenannten Ent- 86 scheidung durch die Behauptung in Frage gestellt, die Parteien hätten für die fraglichen Devisentermingeschäfte **marktabweichende Kurse** vereinbart. Damit war erneut die auch früher diskutierte Frage aufgeworfen, ob ein Börsentermingeschäft zu aktuellen Marktkursen zustande kommen muß. Wie inzwischen klargestellt[110], ist der Hinweis des Gerichts nicht in diesem Sinne zu verstehen. Vielmehr habe der Parteivortrag der beklagten Bank den Gedanken nahe gelegt, es seien wegen der marktabweichenden Kurse in Wirklichkeit keine **echten Risikogeschäfte** geschlossen worden, sondern eine verkappte Zuwendung zum Nachteil der beklagten Bank beabsichtigt gewesen.

Das Problem marktabweichender Kurse wird vor allem praktisch, wenn Devisentermin- 87 geschäfte zu Alt- oder Mischkursen prolongiert werden. Hierzu hat das OLG München[111]

---

[104] Vgl. RGZ 47, 105, 112; ebenso RG Holdheims Monatsschrift, 26. Jg. (1917), 184.

[105] BGH WM 1988, 289, 290 = NJW 1988, 1086. Diese Einschränkung hat § 50 Abs 1 Satz 2 BörsG 1989 ausdrücklich aufgehoben.

[106] BGH WM 1965, 766 = AG 1965, 365; vgl. hierzu als Berufungsgericht KG WM 1963, 629.

[107] Vgl. zu den Merkmalen des Börsenbegriffs *Kümpel* WM 1985, Sonderbeilage Nr. 5.

[108] RGZ 101, 361, 362.

[109] BGH WM 1979, 1381 = NJW 1980, 390; dazu *Steuer* Die Bank 1980, 87; *Häuser* ZIP 1981, 933, 936.

[110] Vgl. *Bundschuh* WM 1986, 725, 726; *Brandes*, Festgabe an die Niedersächsische Börse, S. 287, 288.

[111] WM 1986, 586 = NJW-RR 1986, 586 = WuB I G 5–2.86 *Häuser.*

in einer rechtskräftigen Entscheidung zutreffend festgestellt, daß es für die Beziehung zu einem Terminmarkt ausreiche, wenn die neuen Kurse des prolongierten Geschäfts, die als Mischkurse unter Berücksichtigung von Deport und Report gebildet worden seien, sich auf die ursprünglichen marktkonformen Kurse zurückführen lassen. Man darf daraus folgern, daß die notwendige Beziehung zu einem Terminmarkt, der hinsichtlich der Devisentermingeschäfte insbesondere die Privilegierung gegenüber dem Differenzeinwand im Sinne der geschützten „Börsenrechtssphäre" rechtfertigt (§ 96 Abs. 3 BörsG a. F. i.V.m. VO 1925), fehlt, wenn die Devisentermingeschäfte wegen der vereinbarten marktabweichenden Kurse von vornherein nicht darauf gerichtet sind, Differenzen aus den Schwankungen nur der Marktpreise zu erzielen[112]. Die Verbindlichkeit solcher Geschäfte ist dann mit Rücksicht auf den Differenzeinwand (§§ 764, 762 BGB) in Frage gestellt.

88 (dd) Im Urteil vom 11. Oktober 1988[113] hat es der BGH abgelehnt, den Begriff des Börsentermingeschäfts durch Aufnahme eines **subjektiven Merkmals** einzuschränken. Das Börsentermingeschäft sei eine bloße Handelsform, die volkswirtschaftlich berechtigten, aber auch rein spekulativen Zwecken dienen kann. Das Differenzgeschäft (§ 764 BGB) bezeichne demgegenüber einen materiellen Begriff, „es ist das Spiel im Gegensatz zu dem wirtschaftlich berechtigten Geschäft"[114]. Deshalb sei z. B. ein auf bloßen Differenzausgleich gerichtetes Kurssicherungsgeschäft als wirtschaftlich berechtigtes Geschäft kein Differenzgeschäft i. S. des § 764 BGB. Bei einem Börsentermingeschäft hingegen, das der Kurssicherung dient, ändert sich dadurch an der Handelsform nichts, d.h. es müssen alle Voraussetzungen vorliegen, die das BörsG für die Wirksamkeit des Börsentermingeschäfts verlangt, also insbesondere auch die Börsentermingeschäftsfähigkeit beider Vertragspartner[115].

89 In den Begriff des Börsentermingeschäfts die Absicht der Differenzspekulation aufzunehmen, widerspricht nach Ansicht des BGH dem Zweck des Gesetzes, für börsentermingeschäftsfähige Personen eine rechtlich geschützte „Börsenrechtssphäre" zu schaffen und deshalb nicht danach zu fragen, ob es sich um wirtschaftlich berechtigte oder um spekulative Geschäfte handelt. Nach Ansicht des BGH zeigt auch die Heilung durch Erfüllungsannahme nach § 57 BörsG, daß ein wirtschaftlich berechtigter Zweck ein Börsentermingeschäft nicht ausschließt, weil andernfalls die Vorschrift entbehrlich wäre[116].

90 *b) Meinungsstand im Schrifttum.* (aa) Das neuere Schrifttum[117] sieht weitgehend übereinstimmend folgende Merkmale für ein Börsentermingeschäft als kennzeichnend an:

(1) Es muß sich um ein **Zeitgeschäft** handeln. Die Erfüllung der beiderseitigen Vertragspflichten ist deshalb vereinbarungsgemäß hinausgeschoben. Entsprechend der histori-

---

[112] Vgl. *Soergel/Häuser,* § 764 BGB, Rz. 23.

[113] BGHZ 105, 263 = WM 1988, 1717 = NJW 1989, 300 = WuB I G 5.-3.89 *Kümpel* = EWiR § 50 BörsG 1/89 *Schwark.*

[114] *Nußbaum,* Die Börsengeschäfte, S. 90; ebenso BGHZ 105,263 = WM 1988, 1717, 1718 = NJW 1989. 300.

[115] BGHZ 105, 263 = WM 1988, 1717, 1718 unter Bezugnahme auf *Brandes,* Festschrift für die Niedersächsische Börse, S. 287, 297; *Häuser/Welter* WM 1985, Sonderbeilage Nr. 8, S. 6/7; *Soergel/Häuser,* § 764 BGB Rz. 12.

[116] Nach *Göppert,* Über das Börsentermingeschäft in Wertpapieren, S. 9, kann die Vermutung der wirtschaftlichen Zwecklosigkeit bei Beteiligung nicht termingeschäftsfähiger Personen *nur* durch die einverständliche Leistungserbringung (§ 57 BörsG) widerlegt werden.

[117] Vgl. *Kümpel,* Bank- und Kapitalmarktrecht, S. 1037 ff.; *Paus,* Börsentermingeschäft, 1995; *Brandes,* Festgabe an die Niedersächsische Börse, S. 287; MünchKomm-*Pecher,* BGB, 2. Aufl. 1985, § 764 Rz.8; *Häuser/Welter* WM 1985, Sonderbeilage Nr. 8, S. 5; *Soergel/Häuser,* § 764 Rz. 22; *Hopt* BB 1984, 417, 420; *Samtleben* RabelsZ 45 (1981), 218, 222; *Canaris,* Bankvertragsrecht, 2, Bearb., Rz. 1872. Vgl. auch *Imo,* Börsentermin- und Börsenoptionsgeschäft, Bd. I, S. 198 ff.

schen Entwicklung des Börsentermingeschäfts aus § 376 HGB, seinen Vorläufern und wegen der mit der Erfüllung des glattstellenden Gegengeschäfts unverträglichen Nachfristsetzung wird meistens ein **Fixgeschäft** vorliegen[118]. Dabei soll es sich allerdings nicht um ein notwendiges Merkmal handeln[119].

(2) Die gehandelten Gegenstände sind **gattungsmäßig** bestimmt, die Vertragsbedingungen in standardisierter Form und **entindividualisiert** ausgestaltet.

(3) Das Geschäft muß nicht unmittelbar an einer Börse zustande kommen; es muß aber aufgrund seines standardisierten Inhalts zu einem **Terminmarkt** in einer Beziehung stehen, der gleichartige Gegengeschäfte ermöglicht. Daß aufgrund der konkreten Ausgestaltung des fraglichen Termingeschäfts ein Differenzausgleich auch durch ein Gegengeschäft im Kassageschäft möglich ist, wie z. B. bei dem inländischen Optionsgeschäft in Wertpapieren, ist unschädlich.

(4) Ein Abschluß zu Börsenkursen wird heute als Erfordernis überwiegend verneint[120]. Bei marktabweichenden Kursen kann sich allerdings die Frage stellen, ob es deshalb als ausgeschlossen erscheint, daß mit einem solchen Geschäft Differenzen aufgrund der Schwankungen der Marktpreise erzielt werden sollen. Mit diesem Argument kann die Privilegierung dieser Geschäfte gegenüber dem Differenzeinwand gem. § 58 BörsG in Frage gestellt werden.

(5) Neuerdings wird noch als weiteres eigenständiges Merkmal genannt, daß der zu er- 91
bringende Einsatz nur einen Bruchteil des Wertes der Gegenstände ausmacht, auf die das Börsentermingeschäft sich bezieht[121]. Wegen der damit angesprochenen **„Hebelwirkung" („leverage"-Effekt)** sei die Terminspekulation besonders reizvoll, aber auch besonders gefährlich; denn schon Marktbewegungen von einigen Prozentpunkten, wie sie nicht selten im Verlauf eines Börsentages geschehen, könnten zum Verlust des gesamten Einsatzes führen[122].

Dem Gesetzgeber war bewußt, daß der spekulative Börsenterminhandel wegen des zu- 92
meist nur geringen Kapitaleinsatzes breiten Bevölkerungsschichten wirtschaftlich offenstand[123]. Der Zweck des Gesetzes ist aber nicht primär darauf gerichtet, vor dem Verlust der begrenzten Einlage zu schützen. Der Gesetzgeber hatte nämlich Festgeschäfte im Auge, deren „Zukunftsverpflichtungsrisiko"[124] in einem der Höhe nach wegen der Kursschwankungen nicht voraussehbaren Verlust besteht. Das „Einsatzverlustrisiko"[125] ist erst durch Börsentermingeschäfte mit beschränktem Risiko, wie z. B. Optionsgeschäften, ins Blickfeld gerückt

(bb) *Kümpel*[126] ist dafür eingetreten, den Begriff des Börsentermingeschäfts um ein sub- 93
jektives Merkmal zu erweitern. Für ein Börsentermingeschäft soll nicht schon die objektive, aus der Beziehung zu einem Termingeschäft sich ergebende Möglichkeit des Differenzausgleichs genügen, sondern es soll außerdem eine hierauf gerichtete **Differenzabsicht** des Bankkunden als zusätzliches subjektives Merkmal erforderlich sein[127]. Während er zunächst außerdem vertrat, ein Börsentermingeschäft sei immer auch Differenzgeschäft, d.h.

---

[118] RGZ 44, 103, 110; RGZ 47, 104, 111.

[119] Vgl. auch BGHZ 92, 317 = WM 1984, 1598 = NJW 1985, 634; OLG München WM 1986, 586 = NJW-RR 1986, 586.

[120] Vgl. *Brandes*, Festgabe an die Niedersächsische Börse, S. 287 f.; *Bundschuh* WM 1986, 725, 726; *Hopt* BB 1984, 417, 421; *Häuser* WuB I G 5.-2.86.

[121] Vgl. *Wach*, Der Terminhandel in Recht und Praxis, Rz. 642; zustimmend *Hartung*, Das Wertpapieroptionsgeschäft, S. 188.

[122] Vgl. *Wach*, Der Terminhandel in Recht und Praxis, Rz. 642.

[123] Vgl. dazu § 16 I. 2. a.

[124] So *Canaris* WM 1988, Sonderbeil. Nr. 10, S. 10.

[125] So wiederum *Canaris* WM 1988, Sonderbeil. Nr. 10, S. 10.

[126] WM 1982, Sonderbeil. Nr. 6, S. 6 ff.; *ders.* WM 1986, 661, 662; *ders.* WuB I G 5.-3.89

[127] Ablehnend zuletzt *Imo*, Börsentermin- und Börsenoptionsgeschäfts, Bd. II, Anm. 583; MünchKomm-*Pecher*, § 764 BGB, Rz. 7.

mit ihm würden keine wirtschaftlich berechtigten Zwecke verfolgt[128], hat er diese zusätzliche Zweckkomponente aufgegeben.[129]

94 Nach dem jüngsten Vorschlag von *Kümpel* sind Börsentermingeschäfte als „nach gleichartigen Bedingungen geschlossene Geschäfte über Wertpapiere, vertretbare Waren oder Devisen mit hinausgeschobenem Erfüllungszeitpunkt, die in der Absicht zumindest eines Kontrahenten getätigt werden, das Geschäft durch ein zum selben Zeitpunkt geschlossenes oder unter Zugrundelegung eines fingierten Geschäfts zu erfüllen", anzusehen.[130] Mit dieser Definition sollen vor allem Geschäfte mit einem ausländischen Ausführungsplatz, z. B. London, ausgenommen werden, für die erheblich längere börsenmäßige Erfüllungsfristen als im Inland gelten und die das RG[131] in st. Rspr. als Börsentermingeschäfte behandelt hat.[132]

95 Die beabsichtigte, wenigstens teilweise Harmonisierung mit dem Differenzeinwand begegnet Bedenken aus der Gesetzeslage. Die Begriffe des Börsentermingeschäfts und des Differenzgeschäfts sind auseinanderzuhalten. Der BGH hat deshalb den Vorschlag *Kümpels,* in den Begriff des Börsentermingeschäfts die Absicht der Differenzspekulation aufzunehmen, zurückgewiesen.[133] Dies widerspreche dem Zweck des Börsengesetzes, für den börsentermingeschäftsfähigen Personenkreis eine rechtlich gesicherte „Börsenrechtssphäre" zu schaffen. Diese Intention verbiete es, danach zu fragen, ob es sich bei einem Börsentermingeschäft um ein wirtschaftlich berechtigtes oder aber ein spekulatives Geschäft handelt.

96 Die Beschränkung der Verbindlichkeiten der Börsentermingeschäfte bezweckte zwar, das börsenmäßige Differenzgeschäft zu treffen. Der Gesetzgeber hat hierzu aber den Umweg über das Termingeschäft gewählt[134]. An die Stelle des sachlichen Moments tritt deshalb die formale Ausgestaltung. Der Rechtsmangel, der lediglich dem spekulativen Börsentermingeschäft anhaftet, ergreift somit auch das berechtigten wirtschaftlichen Zwecken dienende Geschäft. Dieses Verständnis des Gesetzes wird durch § 57 BörsG, der die Heilung durch einverständliche Erfüllungsannahme betrifft, bestätigt. Ein wirtschaftlich berechtigter Zweck, nämlich die beabsichtigte tatsächliche Erfüllung, schließt danach ein Börsentermingeschäft nicht aus, andernfalls wäre die Vorschrift überflüssig[135].

97 Auch § 58 BörsG läßt sich entnehmen, daß es von der Regelungsabsicht des Gesetzgebers gedeckt ist, wenn wirtschaftlich berechtigte Differenzgeschäfte den beschränkenden Vorschriften über den Terminhandel unterfallen. Der Gesetzgeber hatte nämlich in der bis 1989 geltenden Gesetzesfassung nicht einfach den Differenzeinwand bei Börsentermingeschäften in Waren oder Wertpapieren, die zum Börsenterminhandel nach Maßgabe des § 50 BörsG zugelassen sind, ausgeschlossen, sondern er verlangte zusätzlich, daß das Geschäft börsenrechtlich z. B. nach § 53 BörsG, verbindlich ist. Damit wird aber vorausgesetzt, daß beide Vertragsteile börsentermingeschäftsfähig sind. Vergegenwärtigt man sich dazu, daß der Gesetzgeber in § 57 BörsG eine Heilungsmöglichkeit geschaffen hat, weil Börsentermingeschäfte nicht nur in spekulativer Absicht, sondern auch aus wirtschaftlich berechtigten Gründen abgeschlossen würden, so ergibt sich daraus, daß er auch wirtschaft-

---

[128] So *Kümpel* WM 1982, Sonderbeil. Nr. 6, S. 11; dazu kritisch *Häuser/Welter* WM 1985, Sonderbeil. Nr. 8, S. 5 Fn. 6.

[129] Vgl. *Kümpel* WM 1986, 661, 662; anders aber offenbar wieder *ders.* WuB I G 5.-3.89.

[130] *Kümpel* WM 1986, 661, 663.

[131] RG Bank-Archiv XI (1912), 263 mit krit. Anm. der Schriftleitung; RG Bank-Archiv XII (1913), 130; RG Holdheims Monatsschrift Bd. 26 (1917), 170.

[132] Dazu vor allem *Nußbaum* LZ 1912, 337; *ders.* LZ 1912, 834. *Brandes*, Festgabe an die Niedersächsische Börse, S. 287, 289, ist der Ansicht, es handele sich deshalb nicht um Börsentermingeschäfte, weil die hinausgeschobene Erfüllungsfrist nicht auf der Parteivereinbarung, sondern auf den markttechnischen Gegebenheiten des ausländischen Ausführungsplatzes beruhten. Ohne Parteivereinbarung wird die hinausgeschobene Erfüllungsfrist aber nicht Geschäftsinhalt.

[133] BGHZ 105, 263 = WM 1988, 1717, 1718 = NJW 1989, 300.

[134] Vgl. dazu *Düringer/Hachenburg/Breit*, HGB, Bd. V/1 Anh. II Anm. 8.

[135] Vgl. auch *Düringer/Hachenburg/Breit*, HGB, Bd. V/1, Anh. II Anm. 8, 32 Abs. 1 a.E., 78 Abs. 3

lich berechtigte Börsentermingeschäfte nur dem börsentermingeschäftsfähigen Personenkreis vorbehalten wollte.

5. Tragweite des Änderungsgesetzes vom 11. 7. 1989 für den Begriff des Börsentermingeschäfts. *a) „Terminhandel" statt „Börsenterminhandel".* Durch das Änderungsgesetz vom 1. Juli 1989 (BGBl. I, S. 1412) hat zunächst der IV. Abschnitt des Börsengesetzes eine neue Überschrift erhalten. Bisher war vom „Börsenterminhandel" die Rede, nunmehr lautet die Überschrift kurz und bündig „Terminhandel". Die neue Überschrift soll den **sachlichen Anwendungsbereich** dieses Gesetzesabschnitts auch terminologisch deutlicher klarstellen als bisher, freilich im Einklang mit der hierzu schon bisher herrschenden Rechtsauffassung (vgl. auch Rdnr. 44). Es soll einem denkbaren Mißverständnis entgegengetreten werden, als bezögen sich die zivilrechtlichen Vorschriften dieses Gesetzesabschnitts nur auf Börsentermingeschäfte, die an einer Börse selbst abgeschlossen werden[136]. Die gesetzlichen Vorschriften über Börsentermingeschäfte (§§ 50 ff. BörsG) sind also nach wie vor auch bei **Termingeschäften** anzuwenden, die **außerhalb der Börse** zustande kommen oder für die es gar keine lokale Börse, wohl aber einen Terminmarkt gibt[137]. Auch der Text des § 50 Abs. 1 Satz 2 BörsG („..., soweit sie...") berücksichtigt, daß Börsentermingeschäfte nicht notwendig an der Börse geschlossen werden müssen. Der Gesetzgeber hatte vor allem die „Devisentermingeschäfte" im Auge[138]. Zu der Gruppe von Börsentermingeschäften ohne inländische Terminbörse gehören nämlich heute insbesondere die im Inland üblichen Termingeschäfte in Devisen. Es handelt sich nach der ständigen Rechtsprechung des BGH[139] um Börsentermingeschäfte, obwohl in Deutschland an keiner örtlichen Börse Devisen auf Termin gehandelt werden. Für die Eigenschaft als Börsentermingeschäft ist ausreichend, daß der inländische Devisenterminhandel, der vorwiegend im sogenannten Telefonverkehr abgewickelt wird, mit den internationalen Zentren des Devisenterminhandels in einer Weise in Verbindung steht, die es erlaubt, ein eingegangenes Terminengagement jederzeit durch ein glattstellendes Gegengeschäft zu lösen. 98

b) Änderung des § 50 BörsG. Die Novelle des Börsengesetzes von 1989 hat sodann – wie bereits erwähnt – den herkömmlichen Begriff des Börsentermingeschäfts zwar erweitert, ihn jedoch nicht definiert. Der offizielle Börsenterminhandel ist in § 50 Abs. 1 BörsG nicht länger auf bestimmte Gegenstände (Waren oder Wertpapiere) beschränkt und ein Erfüllungsausschluß steht einem Börsentermingeschäft nicht entgegen. 99

(aa) Keine Beschränkung des Terminhandels auf bestimmte Gegenstände. Da in der Neufassung des § 50 Abs. 1 BörsG „Waren und Wertpapiere" nicht mehr als Gegenstände des offiziellen Börsenterminhandels erwähnt sind, können künftig Geschäfte über sogenannte synthetische, fiktive Wertpapiere, wie z. B. **Financial Futures** über eine idealtypische, aber nicht emittierte Bundesanleihe (sog. Bund-Futures), und auch über **Index-Terminkontrakte** an der Terminbörse zugelassen werden. In diesem Zusammenhang wird zugleich die **doppelte Funktion** deutlich, die dem Begriff des Börsentermingeschäfts nach dem Konzept des Gesetzes zukommt. Einmal wird damit nämlich **börsenverwaltungsrechtlich** umschrieben, welche Geschäfte der Börsenvorstand zum Terminhandel an der Börse zulassen darf, und zum anderen werden damit die Geschäfte benannt, für deren rechtliche Verbindlichkeit die Vertragspartner aus Schutzgesichtspunkten bestimmte **börsenprivatrechtliche** Voraussetzungen erfüllen müssen. 100

(bb) Erfüllungsausschluß. Bei den erwähnten Beispielen, die der Begriff des Börsentermingeschäfts nunmehr in sich aufnimmt, ist die herkömmliche Definition des Börsentermingeschäfts auch deshalb erweitert, weil bei diesen Geschäften eine **Vertragserfüllung** 101

---

[136] Vgl. BT-Drs. 11/4177, S. 18.

[137] *Assmann*, in: Festschr. f. Heinsius, 1991, S. 1, 8, nennt das nichtbörsliche Börsentermingeschäft ein „(begriffliches) Paradoxon".

[138] Vgl. BT-Drs. 11/4177, S. 18.

[139] Vgl. BGH, WM 1988, 1717, 1718 = NJW 1989, 300; BGH, WM 1988, 857 = NJW 1988, 2039; BGH, WM 1979, 1381 = NJW 1980, 380; vgl. dazu *Bundschuh*, WM 1986, 725, 726.

ausgeschlossen ist. Bisher wurde bei einem vertraglichen Erfüllungsausschluß ein Börsentermingeschäft meistens verneint[140]. § 50 Abs. 1 Satz 2 BörsG a.E. stellt jetzt ausdrücklich klar, daß die Erfüllung der an sich übernommenen Verbindlichkeiten ausgeschlossen sein kann. Auch sog. **offene Differenzgeschäfte,** die der oft gescholtene Wortlaut des § 764 BGB umschreibt und von denen man in der zivilrechtlichen Erläuterungsliteratur zu § 764 BGB meistens lesen konnte, sie kämen in der Praxis nicht vor[141], können also Börsentermingeschäfte sein.

102 (cc) Wirtschaftliche Betrachtungsweise. Nach dem Gesetz sind Börsentermingeschäfte auch solche Geschäfte, „die wirtschaftlich gleichen Zwecken dienen" (§ 50 Abs. 1 Satz 2 BörsG)[142]. Diese Ergänzung ist zunächst aus börsenverwaltungsrechtlichen Gründen getroffen, um einen amtlichen Börsenterminhandel in solchen Geschäften zu ermöglichen. Der zivilrechtliche Stellenwert ergibt sich aus einer Bemerkung des Bundesgerichtshofs, der wie erwähnt formuliert hatte: „Die Rechtsprechung hat von jeher abweichende Geschäftsgestaltungen dann als Börsentermingeschäfte angesehen, wenn sie wirtschaftlich dem gleichen Zweck dienen"[143]. Als Beispiele für die Erweiterung nennt die Regierungsbegründung[144] die modernen Geschäftsformen der Indexoptionen, Futures-Geschäfte und die „Short-Sales" als amerikanische Erscheinungsformen des Leerverkaufs, also eine Terminspekulation a la baisse.

103 **6. Stellungnahme.** *a) Historische Bedingtheit der herkömmlichen Definition.* Börsentermingeschäfte sind nach der herkömmlichen Definition, Verträge über Wertpapiere, vertretbare Waren oder Devisen nach gleichartigen Bedingungen, die von beiden Seiten erst zu einem späteren Zeitpunkt zu erfüllen sind und eine Beziehung zu einem Terminmarkt haben, der es ermöglicht, jederzeit ein solches Gegengeschäft abzuschließen[145]. Um sich den Stellenwert dieser Begriffsdefinition klarzumachen, muß man sich vergegenwärtigen, daß damit eine Technik des auch spekulativen Terminhandels umschrieben wird, wie er zur Zeit der Schaffung des Börsengesetzes (1896) und seiner ersten Novellierung (1908) anzutreffen war[146]. Dies kommt deutlich in der Regierungsbegründung zur Novelle des Jahres 1908[147] zum Ausdruck, wenn es dort heißt: Das Börsentermingeschäft sei nicht durch eine bestimmte Geschäftsform im Sinne eines Vertragstypus gekennzeichnet, sondern es liege eine spezielle **Handelsform** vor, die von vornherein darauf angelegt sei, durch Benutzung eines Gegengeschäfts für das eingegangene Engagement Deckung zu suchen. Der Geschäftsinhalt habe zu diesem Zweck alles Individuelle abgestreift und sei auf typische Bedingungen zurückgeführt. Um auf Termin zu spekulieren, mußte man zwei korrespondierende Kaufverträge schließen: Zunächst ein (Eröffnungs-) Geschäft mit hinausgeschobenem Erfüllungszeitpunkt und später auf denselben Erfüllungszeitpunkt ein Gegengeschäft, um das erste Kaufgeschäft, das die Terminspekulation eröffnete, glattzustellen. Es handelte sich dabei also um ein sogenanntes **verdecktes Differenzgeschäft** i. S. des § 764 BGB[148]. Kann der wirtschaftliche Erfolg mit nur einem Börsentermingeschäft erzielt werden, das im Er-

---

[140] Vgl. nur BGH, WM 1988, 289, 290 = NJW 1988, 1086.

[141] Vgl. nur *Soergel/Häuser*, BGB, 11. Aufl. 1985. § 764 Rdn. 4; diese Geschäfte unterfallen bei näherem Zusehen wohl schon dem § 762 BGB.

[142] Kritisch zur „wirtschaftlichen Betrachtungsweise" *Rittner*, Die sogenannte wirtschaftliche Betrachtungsweise in der Rechtsprechung des BGHs, 1975, nach dem die Formel sich für **eine** Aufgabe der Rechtsprechung eignet, „nämlich das Vortasten in positivrechtlich ungesichertem Gebiet" (S. 50). Kritisch auch *Henssler*, ZHR 153 (1989), 611, 633: neuer Unsicherheitsfaktor.

[143] BGHZ 92, 317, 320 = WM 1984, 1598 = NJW 1985, 634.

[144] BT-Drs. 11/4177, S. 9.

[145] So auch zuletzt wieder BGHZ 114, 177, 179 = WM 1991, 982 = WuB I G 5.-891 *Schwark* = EWiR § 52 BörsG 1/91 *Canaris*. Vgl. auch *Kümpel*, WM 1987, 1322/3.

[146] Zum Folgenden insbesondere *Kümpel*, WM 1991, Sonderbeil. Nr. 1, S. 2 ff.

[147] Verh. des RT. 1907/1908, Aktenstück Nr. 483 (Gesetzentwurf, betr. die Änderung des Börsengesetzes), S. 2597, 2606).

[148] Vgl. dazu *Soergel/Häuser*, BGB, 11. Aufl. § 764 Rdn. 4.

gebnis zum Ausgleich einer Kurs- oder Preisdifferenz führt, so ist ein derartiges glattstellendes Gegengeschäft entbehrlich. Es ist dann ein „offenes" Differenzgeschäft, wie es tatbestandlich in § 764 BGB umschrieben ist, vereinbart. Ausländische Terminmärkte kennen Geschäftstypen, deren Usancen eine effektive Erfüllung der Verträge durch Belieferung ausschließen[149]. Bei Index-Terminkontrakten ist ein glattstellendes Gegengeschäft im übrigen schon wegen seines Gegenstandes, des sog. Basiswertes, auf den das Geschäft sich bezieht, ausgeschlossen; ein Basiswert kann nämlich gar nicht geliefert werden. Aus diesen Gründen können die Definitionen, die das Börsentermingeschäft auf eine Terminspekulation betreffend verdeckte Differenzgeschäfte beschränken, nicht länger befriedigen.

b) Begriffsbestimmung nach Maßgabe des Schutzzweckes des Termineinwands. Offenbar hat auch in den Augen des Gesetzgebers die herkömmliche Definition an Überzeugungskraft eingebüßt. Damit stellt sich die Abgrenzungsfrage neu. Sie ist mit Rücksicht auf die Rechtsfolgen nicht zu umgehen und kann nicht ohne Rückbesinnung auf den **Schutzzweck des Termineinwandes** getroffen werden. Dies gilt insbesondere hinsichtlich § 50 Abs. 1 Satz 2 BörsG n. F., der darauf abstellt, ob das zu beurteilende Geschäft „wirtschaftlich gleichen Zwecken" dient wie ein Börsentermingeschäft. Rückt man nämlich als Zweck eines Börsentermingeschäfts in den Vordergrund, daß damit aus den Schwankungen der Marktpreise für bestimmte Güter Kursdifferenzen erzielt werden sollen, so kann diesem wirtschaftlichen Zweck auch das **Kassageschäft** dienen, wenn der Erwerber z. B. Wertpapiere nicht als Kapitalanlage, sondern in spekulativer Absicht erwirbt. Durch diese Zweckrichtung wird ein spekulatives Kassageschäft aber nicht zum Börsentermingeschäft[150]. Die Begriffsbestimmung kann deshalb nicht ausschließlich auf die „wirtschaftlich gleichen Zwecken" abstellen. 104

(aa) Hinausgeschobene Fälligkeit als unverzichtbares Merkmal des Termingeschäfts. Unverzichtbar ist das Kriterium der „hinausgeschobenen Erfüllung", das auch weiterhin das Kassageschäft vom Börsentermingeschäft abgrenzt[151]. Diese Abgrenzung ist aus Gründen der systematischen Gesetzesanwendung geboten; denn auch das novellierte BörsG unterteilt die Börsengeschäfte in Kassageschäfte und Börsentermingeschäfte (vgl. §§ 29 Abs. 1, 50 ff. BörsG)[152]. Die „hinausgeschobene Erfüllung" ist für den Begriff des Börsentermingeschäfts, wie schon der Name sagt, geschäftstypisch, aber auch unter Berücksichtigung des Schutzzweckes des Termineinwandes (§ 53 BörsG) nicht entbehrlich. Aus den Schwankungen des Marktes läßt sich nur ein Kursgewinn erzielen, wenn für das Vertragsverhältnis eine bestimmte Laufzeit vereinbart worden ist. Die Kassaspekulation erfordert demgegenüber den Einsatz von Barvermögen oder die Inanspruchnahme von Bankkredit, für den der Kreditnehmer üblicherweise in Höhe des Kurswertes der gekauften Wertpapiere Sicherheiten zu stellen hat. Bei der Kassaspekulation besteht also schon wegen der Kaufpreisleistung eine faktische Hürde für den Nicht-Termingeschäftsfähigen, die zusätzliche Schutzvorkehrungen, z. B. in Gestalt des Termineinwands, entbehrlich machen[153]. Deshalb ist die zeitliche Komponente ein notwendiges Begriffselement für das Börsentermingeschäft; nach einhelliger Meinung ist das Börsentermingeschäft im Unterschied zum Kassageschäft ein **Zeitgeschäft**. Die Fälligkeit der Leistungspflichten muß in einer Weise hinausgeschoben sein, die über erfüllungstechnisch bedingte Fristen des Kassageschäfts hinausgeht. Auf Kassageschäfte finden die Vorschriften über den Terminhandel aber unstreitig keine Anwendung[154]. 105

---

[149] *Kümpel*, WM 1991, Sonderbeil. Nr. 1, S. 2; *ders*, WM 1987, 1322/3.

[150] Vgl. *Soergel/Häuser*, BGB, 11. Aufl. § 764 Rdn. 9 m. Nachw. aus der Rechtsprechung.

[151] *Kümpel*. WM 1991, Sonderbeil. Nr. 1, S. 4; *Drygala*, ZHR 159 (1995), 686, 693.

[152] Vgl. dazu *Horn*, ZIP 1990, 2, 9; *Kümpel/Häuser*, Börsentermingeschäfte, 1986, S. 28.

[153] Vgl. dazu BGHZ 103, 84, 87 = WM 1988, 323, 324 = NJW 1988, 1592, im Anschluß an *Kümpel/Häuser*, Börsentermingeschäfte, 1986, S. 44; zustimmend *Canaris*, WM 1988, Sonderbeilage Nr. 10. S. 8; *Kleinschmitt*, Das Informationsmodell bei Börsentermingschäften, 1992, S. 36.

[154] Vgl. dazu BGHZ 103, 84, 87 = WM 1988, 323, 324 = NJW 1988, 1592; BGH, WM 1989, 675, 676.

106 (bb) Beziehung zu einem Terminmarkt. Seit der Novelle umfaßt der Begriff des Börsentermingeschäfts auch solche Zeitgeschäfte, die in **offener, bloßer Differenzabsicht** geschlossen werden. Damit büßt das Merkmal der Beziehung zu einem Terminmarkt, der das glattstellende Gegengeschäft ermöglicht, wohl für diese Geschäftsarten seine Funktion ein. Es hat mithin, insbesondere gegenüber der Rechtsprechung des Reichsgerichts, aufgrund der wirtschaftlichen Entwicklung ein entscheidender **Wandel in der Begriffsbestimmung** stattgefunden, den der Gesetzgeber übernommen hat.

107 (cc) Art des Verlustrisikos. Der Schutzzweck des Termineinwandes ist nach wie vor darauf ausgerichtet, den unerfahrenen, nicht termingeschäftsfähigen Vertragspartner vor einem **spezifischen Verlustrisiko** aus Börsentermingeschäften zu bewahren. „Der Termineinwand", so der BGH[155], „dient dem Schutz des Nichttermingeschäftsfähigen vor Verlusten aus risikoreichen Börsentermingeschäften, zu denen er sich in der Hoffnung auf hohe Gewinne hat verleiten lassen". Den geschäftstypischen Risiken wird im Schrifttum mit unterschiedlicher Akzentuierung für die Abgrenzung des Börsentermingeschäfts Aufmerksamkeit geschenkt.

108 **(1)** Die sogenannte Hebelwirkung („leverage"-Effekt). In neuerer Zeit wird als spezifische Verlockung der Börsentermingeschäfte in den Vordergrund gerückt, daß mit einem nur geringen Einsatz hohe Gewinne erzielt werden können[156]. Diese sogenannte **Hebelwirkung** beruht auf dem Umstand, daß man schon durch die Einzahlung eines Bruchteils des Vertragswertes an den Kursveränderungen der Vertragsgegenstände (Aktien, festverzinsliche Wertpapiere oder Indices) teilnehmen kann. Nur geringe Bewegungen im Kurs der Basiswerte können im Verhältnis zu dem eingesetzten Kapital einen beachtlichen Gewinn erbringen, aber auch einen hohen, nicht selten Total-Verlust herbeiführen. Deshalb ist mit der Zahlung der Optionsprämie infolge des Hebeleffektes ein überproportionales Risiko verbunden[157].

109 Auch dem Gesetzgeber war bewußt, daß der spekulative Börsenterminhandel gerade wegen des meistens nur geringen Kapitaleinsatzes auch von breiten Bevölkerungsschichten genutzt werden kann. Ist hingegen das Risiko betragsmäßig begrenzt und damit für den Kunden von vornherein erkennbar, so fehlt es aus der Sicht des Schutzzweckes an einer entscheidenden Voraussetzung für den Termineinwand. Das gilt auch dann, wenn der mit Termingeschäften verbundene Hebeleffekt vorliegt. Das Gesetz bezweckt nicht, vor dem Verlust einer begrenzten Einlage zu schützen. Dieser Grundgedanke des Gesetzes kam in der bisherigen Regelung deutlich dadurch zum Ausdruck, daß auch der Nicht-Termingeschäftsfähige seinem kaufmännischen Vertragspartner **wirksam** Sicherheiten bestellen konnte, die bei ungünstiger Kursentwicklung für ihn verloren waren (vgl. dazu § 54 BörsG a. F.), ohne daß deshalb die Einordnung als Börsentermingeschäft in Frage gestellt worden ist[158]. Der Termineinwand kommt daher nicht schon dann zum Tragen, wenn der Nicht-Termingeschäftsfähige einem Hebeleffekt ausgesetzt ist.

110 **(2)** Schutz vor unbegrenzten Risiken. Das Gesetz hatte in erster Linie die Festgeschäfte im Auge, deren Risiko in der Höhe nach wegen des Umfangs von Kursschwankungen **nicht voraussehbaren Verlusten** besteht[159]. Der Termineinwand soll mithin nur greifen, wenn sich eine bei Vertragsschluß betragsmäßig nicht feststehende und regelmäßig unüberschaubare Verpflichtung ergeben kann. Zwar lassen die in der Regel verhältnismäßig ge-

---

[155] BGH, WM 1991, 1367 im Anschluß an BGHZ 103, 84, 88 = WM 1988, 323.

[156] *Wach*, Der Terminhandel in Recht und Praxis, 1986, Rdnr. 642; zustimmend *Hartung*, Das Wertpapieroptionsgeschäft, 1989, S. 188; *Kleinschmitt*, Das Informationsmodell bei Börsentermingeschäften, 1992, S. 44.

[157] Vgl. dazu *Welcker/Ulrich*, Der Hebel als Maßstab zur Beurteilung der Kurssteigerungenschancen von Kauf- und Verkaufsoptionen sowie Optionsscheinen, ZZB 1990, 21 ff.

[158] Ebenso *Wolter*, Termingeschäftsfähigkeit durch Information, 1991, S. 178; *Kümpel*, WM 1990, 449, 451 f.

[159] Vgl. dazu *Kümpel*, WM 1991, Sonderbeil. Nr. 1, S. 5.

ringen Einschüsse beim Börsenterminhandel den wahren Umfang der Verpflichtungen, die sich einstellen können, nicht deutlich vor Augen treten[160]. Bei nicht erwarteter Entwicklung der Marktpreise droht ein schwer voraussehbarer Schaden. Vor dieser gefährlichen Verlockung aus Börsentermingeschäften soll der Nicht-Termingeschäftsfähige durch den Termineinwand geschützt werden[161].

Das unbegrenzte und regelmäßig unüberschaubare Risiko ist **auch bei Optionsgeschäften** gegeben, wenn auch allein für den stillhaltenden Vertragsteil (dazu Rdnr. 112ff.). Das nur den Stillhalter treffende, nicht begrenzte Risiko reicht allerdings aus, um Optionsgeschäfte als Börsentermingeschäfte zu qualifizieren, und zwar selbst dann, wenn der nicht termingeschäftsfähige Vertragspartner nicht Stillhalter, sondern Optionserwerber mit bloßem Prämienrisiko ist. In der Bundesrepublik Deutschland hatte man sich seinerzeit für das bis dahin nicht bekannte Optionsgeschäft zur (schrittweisen) Wiedereinführung des offiziellen Börsenterminhandels entschieden, weil der Optionserwerber sein Risiko von vornherein auf die von ihm zu entrichtende Optionsprämie begrenzen kann. Es ist daher nur folgerichtig, wenn die termingeschäftlichen Bestimmungen des Börsengesetzes auf Optionsgeschäfte angewendet werden, obwohl nur der Optionsveräußerer wegen der Stillhalterposition ein unbegrenztes Risiko übernimmt. 111

7. Abgrenzungsfälle. *a) Börsenmäßiges Optionsgeschäft.* In Deutschland findet gegenwärtig ein offizieller Börsenterminhandel in Wertpapieren an einigen Wertpapierbörsen und an der DTB vor allem in der Form des weniger riskanten Optionsgeschäfts statt. Nach Nr. 1 der Sonderbedingungen für Optionsgeschäfte der deutschen Kreditinstitute[162] handelt es sich bei einer **Kaufoption** um den Erwerb des Rechts, innerhalb der Laufzeit der Option jederzeit vom Verkäufer (Stillhalter in Aktien oder in festverzinslichen Wertpapieren) die Lieferung bestimmter, zum Optionsgeschäft zugelassener Aktien oder festverzinslicher Wertpapiere zu dem vereinbarten Basispreis zu fordern. Bei einer **Verkaufsoption** wird das Recht erworben, innerhalb der Laufzeit der Option jederzeit vom Verkäufer (Stillhalter in Geld) die Abnahme bestimmter zum Optionshandel zugelassener Aktien oder festverzinslicher Wertpapiere zu dem vereinbarten Basispreis zu fordern[163]. 112

Danach kann der Kunde im Verhältnis zur Bank durch ein Optionsgeschäft vier verschiedene Rechtsstellungen[164] einnehmen: 113

(1) Er kann, wenn er einen Kursanstieg erwartet, eine Kaufoption erwerben, bei der die Bank die Position des Stillhalters in Wertpapieren einnimmt.

(2) Er kann eine Kaufoption veräußern, wenn er davon ausgeht, daß die Kurse etwa gleichbleiben oder fallen. In diesem Fall ist der Kunde Stillhalter in Wertpapieren, der dafür die Optionsprämie erhält.

(3) In Betracht kommt ferner, daß der Kunde, weil er eine Baisse-Entwicklung vermutet, eine Verkaufsoption erwirbt, bei der die Bank dann Stillhalter in Geld ist.

(4) Schließlich kommt in Frage, daß der Kunde eine Verkaufsoption veräußert, weil er von gleichbleibenden oder steigenden Kursen ausgeht. Er übernimmt also die Rolle des Stillhalters in Geld und erhält dafür die Prämie.

Als Gegenleistung für das eingeräumte Optionsrecht hat der Erwerber die vereinbarte Prämie zu entrichten. 114

Obwohl die auf § 63 Abs. 1 BörsG a. F. gestützten Zulassungsverordnungen das **Optionsgeschäft als Börsentermingeschäft** bezeichneten und auch die „besonderen Bedin- 115

---

[160] Auf diesen Umstand hatte schon RGZ 44, 103, 111 hingewiesen.

[161] Vgl dazu *Kümpel*, WM 1990, 449, 452.

[162] Abgedr. in WM 1986, 505; dazu die Erläuterung der mit dieser Fassung verbundenen Änderungen bei *Beer* WM 1986, 693.

[163] Die Umschreibung stimmt mit § 3 der besonderen Bedingungen für Optionsgeschäfte an den deutschen Wertpapierbörsen überein; vgl. den Abdruck in WM 1986, 505.

[164] Vgl. zu den damit verbunden spezifischen Gewinn- und Verlustmöglichkeiten *H. Schmidt*, Wertpapierbörsen, S. 72 ff.

gungen für Optionsgeschäfte an den deutschen Wertpapierbörsen" gem. § 50 Abs. 2 BörsG festgesetzt worden sind, ist bestritten worden, daß auf diese Geschäfte die Vorschriften über den Terminhandel in vollem Umfang anzuwenden sind[165].

116 Dies hängt damit zusammen, daß das Optionsgeschäft, wenn es nach Ausübung des Optionsrechts zur Lieferung oder Abnahme der Wertpapiere kommt, in zwei Phasen abgewickelt wird. Zunächst wird das Optionsrecht gegen Entrichtung der Prämie erworben, und nach Ausübung dieser Option sind die Wertpapiere gegen Zahlung des ursprünglich vereinbarten Basispreises zu übereignen. Der Optionsinhaber ist also in der Lage, Kursschwankungen dadurch zur Gewinnerzielung auszunutzen, daß er bei Ausübung der Option zugleich ein kursgünstigeres Gegengeschäft abschließt, indem er bei einer Kaufoption die zu liefernden Wertpapiere zu einem höheren Tageskurs veräußert oder bei einer Verkaufsoption die von ihm geschuldeten Wertpapiere zu einem günstigeren Tageskurs kauft.

117 Seit die Bedingungen für den Optionshandel mit Wirkung vom 1. 4. 1983 und erneut mit Wirkung vom 1. 4. 1986 geändert und die Geschäfte dadurch in noch stärkerem Maße standardisiert worden sind, erlaubt es auch der damit belebte Sekundärmarkt, eingetretene Wertsteigerungen kostengünstig durch Veräußerung der laufenden (fungiblen) Option zu realisieren [166].

118 (aa) Primärmarkt. Im Schrifttum ist vertreten worden, daß das bei wirtschaftlicher Betrachtung einheitliche Terminengagement des Optionsgeschäfts rechtlich **in zwei selbständige Kaufverträge** zerfalle und daß deshalb insbesondere die Vereinbarung über die Einräumung des Optionsrechts als ein Kassageschäft anzusehen sei[167]. Wäre diese Ansicht zutreffend, dann würden für dieses Kassageschäft die terminrechtlichen Beschränkungen nicht gelten, also weder die Verbotsvorschrift (§ 63 Abs. 1 BörsG) noch die Vorschriften über die Börsentermingeschäftsfähigkeit (§§ 52, 53 BörsG). Einräumung und Übertragung des Optionsrechts wären ohne Einschränkung erlaubt, erst bei Ausübung des Optionsrechts kämen die Vorschriften über den Terminhandel zum Zuge.

119 Der BGH hat diese **„Doppelvertragsthese"**[168] in seinem grundlegenden Urteil zum inländischen Optionsgeschäft in Aktien vom 22. Oktober 1984[169] verworfen und das Optionsgeschäft rechtlich zutreffend als **einheitliches Börsentermingeschäft** qualifiziert. Er hat folgerichtig die Vorschriften über den Terminhandel auch auf die erste Phase des Optionsgeschäfts angewandt und deshalb die Prämienverbindlichkeit als nicht durchsetzbar angesehen, wenn der Partner des Kreditinstituts nicht börsentermingeschäftsfähig ist. Nach Ansicht des BGH ist das Optionsgeschäft deshalb kein Kassageschäft, weil die Erfüllung auf den Zeitpunkt der Ausübung der Option hinausgeschoben ist. Die Optionsgeschäfte ermöglichten dadurch und bezweckten häufig auch die für Börsentermingeschäfte typische Ausnutzung von Kursschwankungen zur Gewinnerzielung. Sie seien inhaltlich standardisiert und stünden zu Terminmärkten in Beziehung, die entsprechende Gegengeschäfte ermöglichten.

120 Wegen des Zeitmoments und des möglichen spekulativen Elements sei auch ein **wirtschaftliches Risiko** gegeben. Der Optionserwerber könne zwar in der Regel nur die feststehende Prämie verlieren; das BörsG unterscheide aber nicht zwischen Geschäften mit unbeschränktem oder eingeschränktem Risiko. Der BGH weist ferner auf das bei einem Festgeschäft gleiche Risiko des Stillhalters hin, das sich lediglich um die erhaltene Prämie verringere.

---

165 Vgl. nur *Kümpel* WM 1982, Sonderbeil. Nr. 6, S. 17; ferner ders. WM 1985, 73; *Maser*, Diss., S. 103 ff.; *Hartung*, Das Wertpapieroptionsgeschäft, S. 144.; *Wach*, Der Terminhandel in Recht und Praxis, S. 258 ff.; *Imo*, Börsentermin- und Börsenoptionsgeschäft, Bd. I, S. 223 ff., 237 ff.

166 Vgl. *Stein* WM 1983, Sonderbeil. Nr. 3; *Steuer* Die Bank 1983, 80; *Beer* WM 1986, 693; *Müller/Steuer*, Das börsenmäßige Optionsgeschäft auf einen Blick.

167 *Kümpel* WM 1982, Sonderbeil. Nr. 6, S. 17; im Anschluß daran OLG Köln WM 1983, 1072; ähnlich schon *Rössner/Weber* BB 1979, 1049, 1054.

168 Vgl. *Häuser* DB 1985, 1169, 1170.

169 BGHZ 92, 317 = WM 1984, 1598 = NJW 1985, 634.

Der BGH hat seine Auffassung inzwischen mehrfach bestätigt[170], und auch bei ausländischen Optionsgeschäften in Aktien[171] und bei Optionsgeschäften in Waren[172] zugrunde gelegt. **121**

Während die übrige zivilgerichtliche Rechtsprechung dem BGH gefolgt ist[173], hat der BFH[174] sich **zwiespältig** geäußert. Er qualifiziert das Optionsgeschäft zwar ebenfalls als Börsentermingeschäft, verneint aber den Differenzeinwand (§ 764 BGB) unter Hinweis auf die Doppelvertragsthese des OLG Köln[175], das von BGHZ 93, 317[176] gerade wegen dieses Arguments aufgehoben worden war. Trotz dieses Widerspruchs in der Begründung hat der BGH[177] davon abgesehen, den Gemeinsamen Senat der obersten Bundesgerichte anzurufen, weil der BGH im Gegensatz zum BFH nicht zur Anwendung des Differenzeinwands (§ 764 BGB) Stellung genommen habe. **122**

Die Auffassung des BGH hat im Schrifttum sodann überwiegend Zustimmung erfahren[178]. Der „Doppelvertragsthese" wird die Einheitlichkeit des rechtsgeschäftlichen Tatbestands entgegengehalten, der das entgeltliche Optionsrecht als Inhalt eines Optionsvorbehalts des bereits vereinbarten Wertpapiergeschäfts erscheinen läßt[179]. Ferner wird argumentiert[180], es handele sich bei dem Börsentermingeschäft um einen „Typus"[181], weshalb nicht die rechtliche Konstruktion der beiden Phasen des Optionsgeschäfts sondern deren vom BGH zutreffend betonte wirtschaftliche Einheit im Vordergrund stünde. Auch für die erste Phase des Optionsgeschäfts seien die Elemente des Börsentermingeschäfts gegeben; sie sei nämlich termin- und auch hinsichtlich der Prämie börsenbezogen. Sie eigne sich außerdem zur Differenzspekulation, weil auf dem Kassamarkt ein Gegengeschäft geschlossen werden könne. Dem Einwand, § 54 BörsG mache deutlich, daß ein Schutzbedürfnis bei feststehendem, beschränktem Risiko nicht anzuerkennen sei[182], wird mit den rechtlichen und tatsächlichen Unterschieden zwischen der Übernahme der Prämienverbindlichkeit und der Sicherheitenbestellung begegnet[183]. Im übrigen kann die Qualifikation als Börsentermingeschäft nicht davon abhängen, wer im einzelnen Falle als Stillhalter ein nicht beschränktes Risiko übernimmt. **123**

Gegen die vom BGH behauptete funktionale Beziehung zu einem Terminmarkt wird eingewandt, beide Phasen des Optionsgeschäfts seien Kassageschäfte[184]. Das Argument trägt freilich inversive Züge, weil es voraussetzt, daß das Optionsgeschäft zuvor in Kassageschäfte zerlegt worden ist. Im übrigen werden Optionsgeschäfte vor allem vom Stillhalter auch durch Gegenoptionen glattgestellt. Die Verbindung zu einem Terminmarkt als Merkmal des Börsentermingeschäfts spielt bei Optionsgeschäften freilich nicht dieselbe Rolle wie bei den Festgeschäften. Bei den Festgeschäften hat die Möglichkeit, in diesem Terminmarkt **124**

---

[170] Vgl. BGHZ 102, 204, 205 = WM 1988, 144, 146 = NJW 1988, 1083.; BGH WM 1989, 807.
[171] Vgl. BGHZ 93, 307 = WM 1985, 563.
[172] BGHZ 94, 226 = WM 1985, 744; so schon, aber noch ohne Begründung BGHZ 80, 80 = WM 1981, 374 = NJW 1981, 1266; BGH WM 1980, 768 = NJW 1980, 1957.
[173] Vgl. KG WM 1989, 173; OLG Düsseldorf WM 1988, 1404; OLG München WM 1988, 257; OLG Köln WM 1988, 116 (zweites Berufungsurteil zu BGHZ 92, 317 = WM 1984, 1598); LG Würzburg WM 1988, 1559; LG Frankfurt WM 1988, 1332; LG Mönchengladbach WM 1987, 681, 682; LG Mannheim WM 1987, 253.
[174] WM 1985, 621, 622.
[175] WM 1983, 1072.
[176] = WM 1984, 1598 = NJW 1985, 634.
[177] Vgl. BGHZ 93, 307 = WM 1985, 563.
[178] Vgl. statt vieler *Canaris* ZIP 1985, 592; *Schwark* JURA 1985, 403, 406; abl. allerdings nach wie vor *Kümpel* WM 1985, 79.
[179] *Häuser* DB 1985, 1169, 1170.
[180] *Koller* WM 1985, 593, 594 gegen *Kümpel* WM 1985, 73.
[181] Vgl. dazu Rdnr. 67.
[182] So *Kümpel* WM 1985, 73, 74.
[183] *Koller* WM 1985, 593, 594.
[184] So *Hartung*, Das Wertpapieroptionsgeschäft, S. 148 und öfters.

ein Gegengeschäft abzuschließen, auch die wirtschaftliche Bedeutung eines risikobegrenzenden Faktors[185]. Diese Funktion übernimmt beim Optionsgeschäft der Optionsvorbehalt, während das Gegengeschäft als Mittel der Erzielung von Differenzgewinnen im Kassamarkt ausgeführt werden kann. Mit der zunehmenden Fungibilität der Optionen ist aber offenbar auch der vermißte Terminmarkt gegeben[186].

125 Trotz dieser Kritik an der fehlenden Beziehung zu einem Terminmarkt und der Qualifizierung des Optionsgeschäfts als zwei Kassageschäfte soll eine typologische Betrachtung allerdings dazu führen, daß von **zwei Börsentermingeschäften** auszugehen sei[187]. Die drei wesentlichen Züge eines Börsentermingeschäfts[188] seien jeweils gegeben, nämlich die jederzeitige **Glattstellungsmöglichkeit**, die Möglichkeit des Geschäftsabschlusses ohne oder mit geringem Vermögenseinsatz **(Hebel-Effekt)** und schließlich die **zeitliche Begrenzung der Spekulation**.

126 (bb) Sekundärmarkt. Die Belebung des Sekundärmarktes in laufenden Optionen durch die Änderung der Optionsbedingungen in den Jahren 1983 und 1986, jeweils zum 1. April, hat die Frage aufgeworfen, ob auch das Geschäft über die Veräußerung einer laufenden (fungiblen) Option in Wertpapieren ein Börsentermingeschäft ist, das dann bei fehlender Termingeschäftsfähigkeit keinen durchsetzbaren Anspruch auf die versprochene Leistung begründet. Gemäß Nr. 4 der Sonderbedingungen für Optionsgeschäfte, die dem § 6 der besonderen Bedingungen für Optionsgeschäfte an den deutschen Börsen entspricht, kann der Inhaber einer Option seine Rechte aus einer Option frei übertragen, ohne an die Mitwirkung des Partners gebunden zu sein.

127 Das LG Mönchengladbach[189] hat ohne Begründung ein Börsentermingeschäft angenommen[190]. Das OLG Düsseldorf[191] hat diesen Standpunkt im Ergebnis bestätigt und einen durchsetzbaren Anspruch des Bankkunden hinsichtlich der Erlöse aus der Veräußerung laufender Optionen verneint. Nach Ansicht des OLG Düsseldorf steht ebenso wie bei dem Optionsprämiengeschäft dem auf Veräußerung gerichteten Geschäftsbesorgungsverhältnis der Termineinwand gem. § 60 BörsG entgegen. *Schwark*[192] hat die Anwendung des § 60 BörsG auf die Veräußerung fungibler Optionen beanstandet. Der Auftrag sei nämlich nicht auf Abschluß eines Börsentermingeschäfts gerichtet, denn der Veräußerer gebe seine termingeschäftsspezifischen Risiken damit gerade auf[193]. Ein Börsentermingeschäft könne zwar deshalb vorliegen, weil der Erwerber eine termingeschäftsspezifische Risikolage eingehe und die Risikoposition des Stillhalters aufrechterhalten bleibe[194]. Schließlich meint *Schwark*, die Weiterveräußerung sei kein Börsentermingeschäft, weil eine Glattstellung auch durch kassamäßiges Gegengeschäft erfolgen könne. Dabei wird übersehen, daß eine Glattstellung unter Ausübung der Option nur verbindlich ist, wenn § 57 BörsG beachtet wird. Es kann im übrigen für den Erwerb einer laufenden Option im Sekundärmarkt nicht darauf ankommen, ob dieses Geschäft selbst die Merkmale eines Börsentermingeschäfts erfüllt, da eine wertende Betrachtung nicht an § 60 BörsG vorbeigehen kann. Das Geschäftsbesorgungsverhältnis, das auf Vermittlung von Börsentermingeschäften gerichtet ist, ist nämlich unverbindlich, obwohl es für den Geschäftsbesorger nur um das Provisionsinteresse,

---

185 *Schwark* JURA 1985, 403.

186 Vgl. *von Arnim* AG 1983, 49, 71, für den die Eigenschaft als Börsentermingeschäft bei fungiblen Optionen außer Zweifel steht.

187 Vgl. *Hartung*, Das Wertpapieroptionsgeschäft, S. 187.

188 Im Anschluß an *Wach*, Der Terminhandel in Recht und Praxis, 1986, Rdnr. 636 ff.

189 WM 1987, 681, 682 = WuB I G 5.-5.87 *Kümpel*.

190 Zuvor schon MünchKomm-*Pecher*, § 764 BGB Rz. 22.

191 WM 1988, 1404, 1406 = WuB I G 5.-1.89 *Schwark*.

192 WuB I G 5.-1.89; zurückhaltend aber ders. WuB I G 5.-13.89.

193 Ebenso *Kümpel* WM 1987, 669, 674.

194 *Schwark* (WuB I G 5.-1.89) scheint das OLG Düsseldorf allerdings mißzuverstehen, denn es war wohl nicht auszuschließen, daß die Veräußerung der laufenden Optionen im Sekundärmarkt durch Vermittlung des Kreditinstituts an Dritte geschehen ist.

nicht aber um ein typisches Termingeschäftsrisiko geht. Würde man anders entscheiden, könnte die nach Ansicht des BGH auch für die erste Phase des Optionsgeschäfts bestehende Verbindlichkeitsbeschränkung durch jeweils abgeleiteten Erwerb bedeutungslos werden. Zutreffend weist *Kümpel*[195] auch darauf hin, daß der BGH ein Schutzbedürfnis des Erwerbers einer Option betont habe, obwohl er zunächst nur den Verlust der feststehenden Prämie riskiert. Ob die Veräußerung einer laufenden Option durch den Ersterwerber (Sekundärhandel) ebenso wie die ursprüngliche Vereinbarung der Aktienoption (Primärhandel) als ein Börsentermingeschäft oder ein Kassageschäft zu qualifizieren ist, ist im Schrifttum umstritten[196].

Nach zutreffender Auffassung des BGH[197] sind auch Sekundärgeschäfte bei Optionsgeschäften Börsentermingeschäfte. Der BGH unterscheidet bei näherem Zusehen drei Fallgestaltungen: 128

(1) Fehlende Termingeschäftsfähigkeit des Erwerbers der laufenden Option. Ist der Erwerber einer laufenden Option nicht termingeschäftsfähig, ist es für das typische termingeschäftliche Risiko, Kursschwankungen des Marktes während der Laufzeit der Option zur Gewinnerzielung zu nutzen, unerheblich, daß der Käufer einer bereits begründeten Option dieses Recht nicht gegenüber seinem Verkäufer, sondern gegenüber einem Dritten als Stillhalter der erworbenen Option ausüben muß[198]. Es kann deshalb nicht darauf ankommen, ob bei einer isolierten Betrachtung die Merkmale eines Börsentermingeschäfts vorliegen; die Anwendung des Termineinwands ist nämlich in einer entsprechenden Anwendung des § 60 BörsG geboten[199].

(2) Fehlende Termingeschäftsfähigkeit des Veräußerers der laufenden Option. Schwieriger zu begründen ist die Anwendung des Termineinwands, wenn der **Veräußerer der laufenden Option** nicht termingeschäftsfähig ist. Der BGH bejaht dies mit folgender Überlegung: Ein Optionsersterwerber, der nicht termingeschäftsfähig ist, schuldet dem Stillhalter keine Prämie, erwirbt aber von ihm auch kein klagbares Optionsrecht. Er ist deshalb nicht in der Lage, ein von ihm geschlossenes Sekundärgeschäft durch Übertragung des veräußerten Optionsrechts nach §§ 413, 398 BGB auf den Käufer zu erfüllen. Wollte man das Sekundärgeschäft als verbindliches Kassageschäft ansehen, hätte der Ersterwerber dem Zweiterwerber Schadenersatz wegen Nichterfüllung zu leisten (§§ 437, Abs. 1, 440 Abs. 1, 325, Abs. 1 BGB). Der nichttermingeschäftsfähige Ersterwerber hätte mit Rücksicht auf die verschuldensunabhängige kaufrechtliche Rechtsmängelhaftung im Ergebnis daher das unbegrenzte Risiko des Stillhalters zu tragen, was mit dem Schutzzweck des § 53 nicht vereinbar ist. Gegen diese Argumentation besteht das Bedenken, daß die Rechtsmängelhaftung nicht greift, wenn der Käufer den Mangel der Option wegen der fehlenden Termingeschäftsfähigkeit beim Abschluß des Kaufvertrags kennt (§ 439 Abs. 1 BGB). Es wäre ungewöhnlich, wenn der mit dem Termineinwand beabsichtigte Schutz von der Kenntnis des Partners abhinge, zumal Kreditinstitute, die typischerweise als Erwerber in Betracht kommen, im Zweifel wissen, ob der Kunde termingeschäftsfähig ist. Gleichwohl ist das Ergebnis zutreffend. Man muß sich nämlich vergegenwärtigen, daß es bei der Veräußerung einer laufenden Option darum geht, ohne Ausübung der Option Differenzgewinne zu erziehen, die sich aus den Schwankungen der Aktienkurse ergeben haben. Wäre die Kaufpreisforderung verbindlich, würde sich ein Wertungswiderspruch zu § 57 BörsG ergeben, der nur unter qualifizierten Voraussetzungen eine ver-

---

[195] WM 1987, 669, 674.

[196] Für Börsentermingeschäft noch *Soergel/Huber*, BGB, 12. Aufl. 1991, Rdn. 328 vor § 433; *Hartung*, Das Wertpapieroptionsgeschäft in der Bundesrepublik Deutschland, 1989, S. 191.

[197] BGH WM 1992, 479 – WuB I G 5.-6.92 *Häuser*; BGHZ 92, 317, 324 = WM 1984, 1598. BGH, WM 1990, 94 als Revisionsurteil zu OLG Düsseldorf, WM 1988, 1404 mußte sich dazu nicht äußern, da die Beklagte keine Revision eingelegt hatte.

[198] So *Kümpel*, WM 1987, 669, 674.

[199] Dazu ausführlich *André*, Die Verbindlichkeit von Optionscheingeschäften, 1991, S. 129 ff.

bindliche Erzielung von Gewinnen ermöglicht und bei Aktienoptien nach der Ausübung die effektive Lieferung der Aktien oder die Erbringung der Gegenleistung in Geld verlangt [200].

(3) Aufhebung der laufenden Option oder Rückübertragung an den Stillhalter. An der Unverbindlichkeit von Sekundärgeschäften ändert sich auch dann nichts, wenn die Optionen vom Stillhalter selbst zurückgekauft werden. Auch Sekundärgeschäfte in Form der Rückübertragung oder der Aufhebung von Optionen sind als Börsentermingeschäfte anzusehen. Andernfalls wäre der Stillhalter einem klagbaren Anspruch auf Zahlung des Rückkaufpreises ausgesetzt, ohne seinerseits die Optionsprämie, den Einstandspreis des Optionserwerbers beanspruchen zu können. Dieses Ergebnis, vor dem der Stillhalter durch § 56 BörsG nicht geschützt würde, wäre um so befremdlicher, als der Stillhalter durch die Rückübertragung oder die Aufhebung einer nach § 53 BörsG unverbindlichen Option nichts Substantielles erhält. Die Unverbindlichkeit von Sekundärgeschäften wird auch nicht durch die Übertragung der Option auf den Zweiterwerber des § 56 BörsG geheilt. Eine solche Übertragung stellt keine effektive Leistungsbewirkung im Sinne dieser Vorschrift dar. Wirksam werden solche Geschäfte auch nicht mit der Bezahlung des Optionspreises, sondern erst mit der effektiven Lieferung der den Gegenstand des Geschäfts bildenden Aktien oder der Bezahlung des Aktienkaufpreises[201]. Auch hinsichtlich dieser Geschäftsabwicklung ist dem BGH zuzustimmen, wenngleich die Begründung nur auf das andernfalls unbefriedigende Ergebnis hinweist. Bei einer Übertragung auf den Stillhalter oder einer Aufhebungsvereinbarung mit ihm steht auf seiten des Stillhalters die Risikobeschränkung, beim Inhaber des Optionsrechts die Gewinnrealisierung im Vordergrund, so daß die Erwägung zu (2) sich auf diese Fallgestaltung übertragen lassen.

129 *b) Geschäfte in Optionsscheinen.* Optionsscheine (engl. warrant) sind an der Börse kassamäßig handelbare Wertpapiere, die ein Optionsrecht verbriefen. Der Inhalt dieses Rechts geht dahin, innerhalb einer festgelegten, meistens längeren Optionsfrist z. B. Aktien einer bestimmten Gesellschaft zu einem festgelegten Bezugspreis erwerben zu können. Ihren Ursprung haben die Optionsscheine in der Bundesrepublik Deutschland in § 221 Abs. 1 AktG und der dort mitgeregelten „Optionsanleihe". Dabei handelt es sich um Inhaberschuldverschreibungen (§ 793 BGB), die für den Inhaber mit dem Recht auf Bezug von Aktien zu einem festliegenden Kurs verbunden sind, das innerhalb einer bestimmten Frist ausgeübt werden muß[202].

130 Das tatsächliche Erscheinungsbild der Optionsscheine ist ungemein vielfältig, vor allem wenn man auch das Ausland im Blick hat[203]. Die Bandbreite unterschiedlicher Ausgestaltungen von Optionsscheinen ist groß. Gegenüber verallgemeinernden rechtlichen Aussagen ist daher Vorsicht geboten. So werden, ursprünglich in der Schweiz, von Kreditinstituten als **Stillhalter** Optionsscheine auf Aktien dritter Gesellschaften emittiert, bei denen die Parallele zu den inländischen unverbrieften Aktienoptionen nicht fraglich sein kann[204]. Das gilt auch bei Währungs- und Edelmetalloptionsscheinen. Sie sind also nicht immer mit einer Anleihe verbunden, beziehen sich auch auf Währungen (Dollar-Optionsscheine) oder Edelmetalle und werden auch von Kreditinstituten emittiert.

---

200 BGHZ 92, 317, 324 = WM 1984, 1598, 1599; BGH, WM 1990, 94, 95.

201 BGH WM 1992, 479; BGHZ 92, 317, 324 = WM 1984, 1598.

202 Vgl. *Wegner*, Optionsscheine als Anlagealternative, 1985, S. 11 ff.; *Kramer* ZfgKW 1984, 890; vgl. auch *Martens*, Die mit Optionsrechten gekoppelte Aktienemission, AG 1989, 69.

203 Vgl. die Marktübersicht zum deutschen Optionsscheinmarkt bei *Fusenig* ÖBA 1991, 125; *ders.* ÖBA 1990, 551; ferner den Überblick bei *Drygala*, ZHR 159 (1995), 686, 687 ff.

204 In der Schweiz sind auch verbriefte Kaufoptionen und Verkaufsoptionen auf den FAZ-Aktienindex emittiert worden, mit einem Ausübungszeitraum vom 11. Januar 1989 bis 22. August 1991. Es sei die Schweiz als Emissionsplatz gewählt worden, um Einwänden aus der deutschen Rechtslage vorzubeugen (FAZ v. 18. 11. 1988/Nr. 169, S. 20).

Aus bankwirtschaftlicher Sicht werden die unverbrieften und die verbrieften Optionen als „Formen des Termingeschäfts" betrachtet[205], obwohl die Optionsscheine als Wertpapiere kassamäßig gehandelt werden. Ferner wird der Kauf einer Optionsanleihe als nichts anderes als der Kauf einer langlaufende Kaufoption angesehen[206]. Wie diese Parallele sich freilich börsenprivatrechtlich auswirkt, ist umstritten. 131

(aa) Im Urteil vom 16. November 1987[207] stellte sich dem BGH erstmals die Frage, ob der Kauf von „Warrants" als Börsentermingeschäft anzusehen ist. Das Berufungsgericht hatte die Warrants als **spekulative Optionsscheine für festverzinsliche Wertpapiere** bezeichnet und in Anlehnung an die deutschen börsenmäßigen, unverbrieften Optionsgeschäfte in Aktien als Börsentermingeschäfte behandelt. 132

Der BGH hat sich demgegenüber ohne weitere tatsächliche Feststellungen über die Herkunft und Art dieser Warrants außerstande gesehen, abschließend zu entscheiden. Er weist darauf hin, daß Warrants, anders als inländische Aktienoptionen, wertpapiermäßig **verbrieft** sind, ohne sich hinsichtlich der Tragweite dieses Unterschieds festzulegen. Allein der **spekulative Charakter der Optionsscheine** reiche aber für die Eigenschaft als Börsentermingeschäft nicht aus, weil es auch spekulative Kassageschäfte gebe, die weder dem Termin- noch dem Spieleinwand unterliegen. 133

(bb) Die **instanzgerichtliche Rechtsprechung** betrachtete zunächst Geschäfte in Optionsscheinen, anknüpfend an die Rechtsprechung zu den unverbrieften Wertpapieroptionen, als Börsentermingeschäfte und unterwarf sie dem Termin- und dem Differenzeinwand. Nach LG Würzburg[208] erlangt der Erwerber der Optionsscheine, die zunächst mit einer Schuldverschreibung verbunden sind oder es waren (sog. Optionsanleihe) das Recht, innerhalb der Optionsfrist Lieferung der Aktien von dem Emittenten zu verlangen. Das LG Würzburg verneint einen Unterschied zum Handel in unverbrieften Optionsrechten[209]. Die Ausgabe von Optionsscheinen sei dafür rechtlich nicht von Bedeutung, weil auch aufgrund des verbrieften Optionsrechts während der Laufzeit der Option nur die Lieferung der bestimmten Wertpapiere (Aktien) verlangt werden könne[210]. 134

Das Gericht sieht das Geschäft in Optionsscheinen entgegen der Abwicklungstechnik nicht als Kassageschäft an, denn Gegenstand des Geschäfts seien die erst bei Optionsausübung zu erwerbenden Aktien[211]. Schließlich verweist das Gericht darauf, daß bei Ausübung der Option eine Glattstellungsmöglichkeit gegeben sei. Auch bei den unverbrieften Optionen werde kein „fixer" Lieferzeitpunkt verlangt[212]. 135

---

[205] So *Schwilling* Handelsblatt/Magazin Nr. 5 v. 8.11.1985, S. 71; ebenso *Unger* Handelsblatt v. 17. 5. 1983/Nr. 94, S. 23; *ders* Handelsblatt v. 6. 10. 1981/Nr. 191, S. 25; o.V. Der Volkswirt 1970, Nr. 34, S. 55.

[206] Vgl. *Hauck*, 400 Jahre Frankfurter Wertpapierbörse, Börsen-Zeitung Supplement August 1985, S. 5o, 52.

[207] WM 1988, 144 = WuB I G 5.-8.88 *Häuser* = EWiR § 55 BörsG 1/88 *Welter* insoweit nicht in BGHZ 102, 204.

[208] WM 1988, 1409 = WuB I G 5.-13,88 *Maier-Reimer.*

[209] ZIP 1989, 230, 231 = WM 1989, 568.

[210] Kaum verständlich ist es, daß das Gericht sich hierfür auf eine so nicht mehr geltende Bestimmung in den besonderen Bedingungen für Optionsgeschäfte an den deutschen Börsen beruft, die sich damit befaßt, wem als Nebenrechte Bezugsrechte (§ 186 AktG) zustehen, die mit den veroptierten Aktien verbunden sind. Vgl. jetzt § 11 der besonderen Bedingungen, abgedr. in WM 1986, 505 und die Neuregelung ab 1. 4. 1987, Die Bank 1987, 157. Die dort vorgesehene Lieferung von Ausweisen für die Bezugsrechte, wenn das Optionsrecht rechtzeitig ausgeübt worden ist, hat mit dem Recht auf Lieferung der vereinbarten Aktien bei Ausübung der Option nichts zu tun.

[211] Hierzu unterläuft dem Gericht ein weiterer Fehler, wenn es mit Rücksicht auf Nr. 5 Abs. 1 der Sonderbedingungen für Optionsgeschäfte vertritt, das Geschäft in Optionsscheinen komme mit der Bank als Stillhalterin/Emittentin zustande. Diese Sonderbedingungen regeln nur die Geschäfte in unverbrieften Optionen. Die Vereinbarung über Optionsscheine ist ausschließlich auf die Verschaffung dieser Wertpapiere gerichtet.

[212] Vgl. BGHZ 92, 317 = WM 1984, 1598, 1599 = NJW 1985, 634.

136 Das OLG Bamberg[213] hat das Urteil des LG Würzburg aufgehoben und Geschäfte in Optionsscheinen über Aktien als **Kassageschäfte** qualifiziert. Gegen eine Übertragung der Rechtsprechung des BGH zu den unverbrieften Aktienoptionen (Rdnr. 112ff.) führt das OLG Bamberg (a.a.O.) als „grundlegenden juristischen Unterschied" das vordergründige Argument an, Vertragsgegenstand der unverbrieften Optionen sei ein „Recht", während bei den Optionsscheinen eine „Sache" veräußert werde, die einen eigenen Marktwert habe. Außerdem sei die veräußernde Bank nicht Stillhalter, sondern das emittierende Unternehmen. Schließlich fehle es an einer Beziehung zu einem Terminmarkt. Es habe auch eine entsprechende Anwendung der §§ 53, 60 BörsG auszuscheiden[214].

137 Der BGH[215] hat einen Antrag auf Prozeßkostenhilfe für das Revisionsverfahren gegen das Urteil des OLG Bamberg mit der knappen Begründung zurückgewiesen, die Rechtsverfolgung biete keine hinreichende Aussicht auf Erfolg, weil das Berufungsgericht die Geschäfte, die Gegenstand des Rechtsstreits waren, zutreffend als verbindlich angesehen hat. Dieser Beschluß erweckte zunächst den Eindruck, als qualifiziere der BGH Optionsscheinsgeschäfte durchgängig als Kassageschäfte.

138 (cc) Der BGH hat sodann in weiteren Entscheidungen differenziert:

(1) Abgetrennte Aktienoptionsscheine. Geschäfte in abgetrennten Aktienoptionsscheinen aus Wandelschuldverschreibungen i. S. des § 211 AktG qualifiziert der BGH[216] nicht als Börsentermingeschäfte, sondern als Kassageschäfte, weil diese Geschäfte nicht die Merkmale eines Börsentermingeschäfts hätten. Es handele sich um Inhaberschuldverschreibungen (§ 793 BGB); der darauf gerichtete Vertrag sei nicht zu einem bestimmten späteren Termin zu erfüllen. Der Verkäufer habe vielmehr einen fälligen Anspruch auf Bezahlung des vereinbarten, häufig börsennotierten Preises, der Käufer einen Anspruch auf Übertragung der von ihm gekauften abgetrennten Scheine. Die Stellung des Emittenten sei mit der eines Stillhalters wirtschaftlich und rechtlich nicht vergleichbar, weil der Emittent kein Kursrisiko trage. Diese Scheine seien ein in § 211 AktG vorgesehenes Instrument der Kapitalbeschaffung. Der BGH (WM 1996, 1620, 1622) hat diese Auffassung auf Geschäfte mit Optionsscheinen aus Anleihen ausländischer AG übertragen und auch darin keine Börsentermingeschäfte gesehen (ebenso OLG Karlsruhe WM 1995, 1994).

139 **(2)** Ohne nähere Begründung hat der BGH[217] sodann in Scheinen auf einen Aktienindex mit dem Deutschen Aktienindex (DAX) als Bezugsgröße Börsentermingeschäfte gesehen. Fehlerhaft hat LG Stuttgart (WM 1996, 1446 m. Anm. *Müller-Deku/Schuster*) die Eigenschaft als Börsentermingeschäft bei Optionsscheinen auf einen Aktienkorb verneint.

140 **(3)** Zuletzt hat der BGH[218] in einem ausführlich begründeten Nichtannahmebeschluß selbständige Optionsscheine, die unabhängig von einer anderen Emission angeboten werden, als Börsentermingeschäfte gesehen. Obwohl auch Geschäfte in diesen Inhaberschuldverschreibungen nach Kassagrundsätzen abgewickelt würden, dienten diese selbständigen Optionsscheine ähnlich wie die unverbrieften Aktienoptionen sowohl der Spekulation als auch der Kurssicherung. Es komme ihnen anders als den abgetrennten Aktienoptionsscheinen keine Finanzierungsfunktion für den Emittenten zu. Es handele sich um Börsentermingeschäfte, wenn sie sich im wesentlichen nur durch eine wertpapiermäßige Verbriefung von den unverbrieften börsenmäßigen Optionen unterschieden. Der Schutzzweck des § 53 BörsG fordere diese Gleichbehandlung.

---

[213] WM 1989, 745 = WuB I G 5.-7.89 *Kümpel*.

[214] Ebenso wie das OLG Bamberg (a.a.O.) LG Frankfurt WM 1989, 750 = WuB I G 5.-8.89 *Maier-Reimer;* LG Frankfurt WM 1989, 909 = WuB I G 5.-14.89 *Häuser;* LG Stuttgart WM 1989, 984, 990, 993 = WuB I G 5.-13.89 *Schwark*.

[215] WM 1989, 1181.

[216] BGHZ 114, 177 = WM 1991, 982 = WuB I G 5.-8.91 *Schwark*; BGH WM 1994, 834, 937.

[217] WM 1994, 834, 837; BGH WM 1995, 2026 = WuB I G 7.-3.96 *Wach*.

[218] WM 1994, 2231.

(dd) Das Schrifttum hat sich mit der aufgeworfenen Frage früher nur beiläufig beschäftigt[219]. So wurde zwar betont[220], die unverbrieften Aktienoptionsgeschäfte seien streng von den Optionsscheinen (Warrants) zu unterscheiden. Warrants hätten aber einen **termingeschäftsähnlichen** Charakter. Erst die Auswirkungen des Zusammenbruchs der Aktienmärkte am 19. 10. 1987 haben zu mehreren Stellungnahmen geführt, die überwiegend die Anwendbarkeit der Bestimmungen über den Terminhandel ablehnen[221] oder vermittelnd erst ab einer Restlaufzeit von neun Monaten anwenden[222]. 141

Canaris[223] gelangt in einer ausführlichen Untersuchung zu dem Ergebnis, das Geschäft in Optionsscheinen sei ein Kassageschäft und daher grundsätzlich voll verbindlich. Die Einheitstheorie des BGH zu den unverbrieften Aktienoptionen lasse sich auf Geschäfte in Optionsscheinen nicht übertragen, weil das Kreditinstitut als Veräußerer der Optionsscheine und der Emittent der Optionen (Stillhalter) verschiedene Rechtspersonen seien. 142

Anders als bei der Frage nach der Termingeschäftseigenschaft des Erstgeschäfts in unverbrieften Optionen gehe es aber nicht darum, ob das Optionsgeschäft aufgespalten werden könne, um die erste Phase wegen des begrenzten Risikos aus den §§ 50 ff. BörsG herauszunehmen. Bei den Optionsscheinen sei fraglich, ob verschiedene Geschäfte, nämlich dasjenige mit dem Emittenten als Stillhalter und das Veräußerungsgeschäft, zusammenzufassen sind und das Kassageschäft mit dem Veräußerer der Optionsscheine im Wege der Analogie als Börsentermingeschäft zu behandeln seien. Nach *Canaris* muß eine solche Analogie ausscheiden, weil beim Geschäft in Optionsscheinen das Stillhalterrisiko nicht relevant werde. Der mögliche Verlust der Optionsprämie allein könne die entsprechende Anwendung der §§ 50 ff. BörsG nicht rechtfertigen. Schutzzweck des Gesetzes sei mit Rücksicht auf § 54 BörsG nämlich nicht, den Verlust eines begrenzten Einsatzes, der wegen eines erhofften Hebel-Effekts erbracht werde, zu vermeiden[224]. Der Nichttermingeschäftsfähige solle vielmehr vor einer in ihrer Höhe unerwarteten Verbindlichkeit geschützt werden. 143

Es habe auch eine Analogie zu § 60 BörsG auszuscheiden, mit dessen Hilfe dürfe der materielle Schutzumfang des Gesetzes nicht ausgeweitet werden. Auch eine typologische Gesamtbetrachtung führe nicht zu einem anderen Ergebnis. Das Geschäft in Optionsscheinen sei ein atypisches Sekundärgeschäft in verbrieften Rechten, bei dem Stillhalter und Veräußerer personenverschieden seien, es fehle das Stillhalterrisiko, zudem handele es sich um ein Instrument der Kapitalbeschaffung gem. § 221 AktG, wenn auch mit spekulativem Einschlag. Es liege weder ein Fixgeschäft noch der Bezug zu einem Terminmarkt vor[225]. 144

c) Geschäfte in OTC-Optionen. Als **Over-The-Counter-(OTC)-Optionen** bezeichnet man üblicherweise Optionen, die außerbörslich im Freiverkehr per Telefon oder per Telefax vereinbart werden[226]. Die Geschäfte in OTC-Optionen unterliegen im Inland keiner bestimmten Organisation[227]. Es findet insbesondere keine börsenmäßige Konzentration von Angebot und Nachfrage, etwa an einem zentralen Ort, statt. Folglich geschieht die Preisbildung nicht wie im Börsenhandel auf Auktionsbasis, sondern die Optionspreise (Prämien) werden im Wege unmittelbarer Verhandlungen zwischen den Vertragspartnern vereinbart. Kennzeichnend für OTC-Optionen ist ferner, daß auch die Laufzeiten der Optionen sowie die Basispreise der veroptierten Werte im Gegensatz zu den börsenmäßig gehandelten Optio- 145

---

219 Vgl. aber jetzt *André*, Die Verbindlichkeit von Optionsscheingeschäften, 1991; *Paus*, Börsentermigneschäfte, 1995, S. 229 ff.

220 *Müller-Schwerin*, Der Börsenterminhandel in Wertpapieren, 1975, S. 20 in Fn. 11.

221 *Schwark* WM 1988, 921; *Maier-Reimer* AG 1988,317; *Canaris* WM 1988, Sonderbeilage Nr. 10.

222 So *Schwintowski* ZIP 1988, 1021.

223 WM 1988, Sonderbeil. Nr. 10.

224 And. Ans. *Koller* EWiR § 50 BörsG 2/89.

225 Darauf stellt insb. *Schwark* WM 1988, 921, ab.

226 Im englisch-sprachigen Raum bezeichnet man die außerbörslichen Finanzterminkontrakte (Festgeschäfte) als „forwards" und die börsenmäßig gehandelten als „(financial) futures".

227 Vgl. zu den OTC-Märkten in Aktien in USA und Großbritannien die Kurzdarstellung bei *Rössner/Lachmair*, BB 1986, 336, 337.

nen nicht standardisiert sind. Auch diese Vertragsbestandteile werden individuell zwischen Käufer und Verkäufer der Option als Ergebnis von Verhandlungen jeweils im Einzelfall festgelegt[228]. Wegen der fehlenden Standardisierung sind die OTC-Optionen nur sehr eingeschränkt fungibel, so daß sich kein Sekundärmarkt in laufenden OTC-Optionen bilden kann[229]. Es kommen als OTC-Optionen sämtliche Ausgestaltungen des Optionsgeschäfts in Betracht: Also zum einen sowohl **Verkaufsoptionen** (puts) als auch **Kaufoptionen** (calls). Hinsichtlich des Zeitpunkts der Ausübung des eingeräumten Optionsrechts werden sowohl sogenannte **„europäische" Optionen** mit einem Ausübungszeitpunkt am Ende der Laufzeit der Option vereinbart als auch sogenannte **„amerikanische" Optionen** mit Ausübungsmöglichkeiten während der gesamten Laufzeit der Option. Die anzutreffenden Handelsstrategien umfassen auch sogenannte **Strangles** oder **Spreads**. Darunter versteht man den Kauf oder Verkauf einer Kauf- und Verkaufsoption desselben Basiswertes zu unterschiedlichen Basispreisen und/oder Verfallsterminen der Optionen[230]. Auch bei OTC-Optionen liegen die beiden, zuletzt anhand des Schutzzweckes des Börsengesetzes herausgearbeiteten Merkmale vor, daß es sich wie bei anderen Optionsgeschäften um Termingeschäfte, also Geschäfte mit hinausgeschobener Fälligkeit handelt und daß zumindest einen der Partner, den Stillhalter, ein nicht von vornherein betragsmäßig begrenztes Verlustrisiko trifft. Hinsichtlich dieser beiden Punkte kann uneingeschränkt auf die Rechtsprechung des Bundesgerichtshofs zum börsenmäßigen Optionshandel in Aktien verwiesen werden.

146 (aa) Problem der fehlenden Standardisierung. Demgegenüber scheint die fehlende inhaltliche Standardisierung der OTC-Optionen in einem Konflikt mit dem bisherigen Merkmal des Börsentermingeschäfts zu stehen, daß eine Beziehung zu einem Terminmarkt in der Weise gegeben sein müsse, die jederzeit den Abschluß eines deckungsgleichen Gegengeschäfts ermöglicht. Ob damit eine entscheidende Weichenstellung angesprochen ist, kann erst gesagt werden, wenn man sich den Zusammenhang zwischen der Standardisierung der Geschäfte und dem Terminmarkt deutlich gemacht hat. Die Standardisierung und die Beziehung zu einem Terminmarkt stehen nach dem bisherigem Verständnis in einem funktionalen Zusammenhang zueinander, wie er in der zitierten Umschreibung insbesondere des Reichsgerichts[231] deutlich hervortritt. Die Standardisierung des Geschäfts ist zum einen die Voraussetzung dafür, daß ein Ausgangsengagement durch ein Gegengeschäft glattgestellt werden kann, und die Existenz eines entsprechenden Terminmarktes zum anderen legt die verlockende Vorstellung nahe, mit Rücksicht auf die Glattstellungsmöglichkeit ohne nennenswerten Kapitaleinsatz Gewinn erzielen zu können.

147 Der Wirtschaftspresse[232] ist zu entnehmen, daß die „Abkehr vom Prinzip der Standardisierung" nicht nur bei den OTC-Optionen festzustellen ist, sondern daß z. B. auch die Chicago Board Options Exchange (CBOE) sog. **„Flex-Options"** kreiert hat, die insbesondere auf die Bedürfnisse der institutionellen Marktteilnehmer maßgeschneidert werden können. Die Philadelphia Stock Exchange (PHCX) hat für Währungsoptionen maßgeschneiderte Lösungen in einem „United Currency Options Market" eingeführt, was als eine „Revolution"[233] oder als ein „Quantensprung im Devisenhandel"[234] bezeichnet worden ist. Wer gleichwohl an der Standardisierung als eines unverzichtbaren Merkmals der Börsentermingeschäfte festhält, der dürfte folgerichtig diese an Börsen gehandelten „Flex-

---

[228] Vgl. *Imo-Gith*, Einführung in den Optionshandel, 1989, S. 7 f.; *Kessel/Kunz/Sienel*, Millionen mit Optionen, Handel mit neuen Finanzinstrumenten, 1989, S. 165.

[229] Vgl. *Franke/Hidding/Padberg* (Hrsg.), Per Termin in die Kasse, 1989, S. 143; *Kessel/Kunz/Sienel*, a.a.O., S. 165.

[230] Vgl. dazu *Ebneter*, Strategien mit Aktienoptionen, 1987, S. 73 ff. Zu derartigen Optionskombinationen aus steuerlicher Sicht BFH, WM 1991, 627, 631 = WuB I G 5.-5.91 *Hamacher* = EWiR § 22 EStG 1/91 *Hammen*.

[231] So grundlegend RG, Urt. v. 28. 10. 1899, RGZ 44, 103, 111.

[232] Quelle: Handelsblatt v. 12. 9. 1995/Nr. 176, S. 46.

[233] So Frankfurter Allgemeine Zeitung vom 14. 5. 1994/Nr. 111, S. 17.

[234] So Börsenzeitung vom 14. 5. 1994/ Nr. 92, S. 4 und S. 1.

Options" nicht als Börsentermingeschäfte qualifizieren und sähe sich der Frage gegenübergestellt, ob der Verbindlichkeit solcher Optionen, wenn mit ihnen auf Differenzen spekuliert wird, der Differenzeinwand (§ 764 BGB) entgegensteht.

(bb) Schrifttum. Im Schrifttum finden sich zu der aufgeworfenen Frage nur wenige Stellungnahmen. Einmal ist der Hinweis bei *Schwark*[235] zu nennen, die **Grenze** der Qualifizierung von Optionsgeschäften als Börsentermingeschäfte sei bei sog. **Privatoptionen** erreicht, bei denen nach Lage des Falles gar kein Handel an der Börse beabsichtigt sei, sondern der Vermittler des Geschäfts selbst als Stillhalter fungiere. Solchen Geschäften fehlt nach Ansicht von *Schwark* die für den Begriff des Börsenterminhandels erforderliche Verbindung mit einem Terminmarkt. Dieser Argumentationszusammenhang ist fragwürdig, denn noch nie ist ein Börsentermingeschäft mit dem Argument verneint worden, daß z. B. ein Kreditinstitut als Eigenhändler aufgetreten ist und kein kongruentes Deckungsgeschäft abgeschlossen hat. 148

Anders als die Rechtsprechung des Bundesgerichtshofs und die herrschende Meinung im Schrifttum vertritt *Imo*[236] die Auffassung, daß die **Termingeschäfte des interbankmäßigen Devisenterminhandels**, wie sie auch in der Bundesrepublik Deutschland geschlossen werden, **keine Börsentermingeschäfte** im Sinne des BörsG seien. Diese Auffassung ist hier deshalb von Interesse, weil Parallelen in der Marktstruktur von Devisenterminhandel und OTC-Optionen bestehen. Gegen die Qualifizierung der Geschäfte im Devisenterminhandel als Börsentermingeschäfte spricht nach *Imo* die Tatsache, daß für diese Termingeschäfte keine feststehenden Kontraktgrößen und keine feststehenden Liefertermine fixiert sind, sondern daß Betragshöhe und Laufzeit individuell vereinbart werden. Die „Fungibilität und Typisierung der Kontrakte" sei deshalb eingeschränkt und lasse eine jederzeitige Glattstellungsmöglichkeit als zweifelhaft erscheinen. Schließlich beanstandet *Imo*, daß es im Devisenmarkt – ebenso wie gegenwärtig im OTC-Bereich – keine organisatorischen Vorkehrungen hinsichtlich der Skontration oder Liquidation der Kontrakte gebe; das **Erfüllungsrisiko** liege vielmehr allein beim Vertragspartner. Als individuelle Vertragskomponente komme also noch die Finanzkraft des Partners hinzu. Eine funktionale oder wirtschaftliche Betrachtungsweise zwinge aber dazu, für Börsentermingeschäfte eine hohe Organisationsstufe des Terminmarktes in der Weise zu verlangen, daß lediglich der Preis selbst noch Gegenstand der Individualvereinbarung bleibt. Die Sicherung der Geschäftsabwicklung sei dafür ebenso Voraussetzung wie die Fungibilität der Güter und die Typisierung der Kontrakte. Diese gleichsam „institutionelle" Betrachtungsweise begegnet grundlegenden Einwänden. Der Gesetzgeber war nämlich früher und ist auch heute ersichtlich anderer Auffassung. So hat das Änderungsgesetz vom 23. 12. 1920 (BGBl. S. 1217) in § 96 Abs. 3 BörsG eine Verordnungsermächtigung geschaffen, nach der der Ausschluß des Differenzeinwands (§ 58 BörsG) auch bei den inoffiziellen Devisentermingeschäften **als Börsentermingeschäften** gilt. Damit sollte aus aktuellem wirtschaftlichen Anlaß der inoffizielle Terminhandel in Devisen gefördert werden, weil damals nicht abzusehen war, wann ein offizieller Handel sich einrichten lasse. Die Regierungsbegründung[237] des Änderungsgesetzes vom 1. 7. 1989 (BGBl. I, S. 1412) rechtfertigt die sprachliche Klarstellung in § 50 Abs 1 Satz 2 BörsG damit, daß es auch außerbörsliche Börsentermingeschäfte gebe mit dem Hinweis auf „Devisentermingeschäfte". Die Stellungnahme bei *Imo* läßt im übrigen jede **schutzzweckbezogene** Argumentation vermissen. 149

Koller[238] hat in einer zustimmenden Besprechung des wiedergegebenen Urteils des BGH vom 22. Oktober 1984[239] betreffend die inländischen börsenmäßigen Aktienoptionen erläu- 150

---

[235] JURA 1985, 403, 407.

[236] Börsentermin- und Börsenoptionsgeschäft, 1988, Bd. II, Fußn. 599; zustimmend *Walter*, Die Rechtsnatur des Börsenoptionsgeschäfts, 1990, S. 139.

[237] BT-Drs. 11/4177, S. 18.

[238] WM 1985, 593, 594.

[239] BGHZ 92, 317 = WM 1984, 1598 = NJW 1985, 634; vgl. dazu auch *Bundschuh*, WM 1986, 725.

ternd ergänzt, ein solches Optionsgeschäft sei „in Art eines Vorvertrags auf die Lieferung von Wertpapieren gerichtet, für die auch bei nicht schablonisierten Optionen auf dem Aktienkassamarkt jederzeit ein Gegengeschäft getätigt werden und so die Kursdifferenz eingestrichen werden kann". Daß die Vertragsbedingungen eines Optionsgeschäfts nicht schablonisiert sind, ist für *Koller* mit Rücksicht auf die Glattstellungsmöglichkeit im Kassamarkt **kein** Hinderungsgrund für ein Börsentermingeschäft. Vielmehr betont er im Fortgang seiner Untersuchung, daß der Erwerber einer Option, wenn die Kursentwicklung sich über den Rahmen des wahrscheinlichen Durchschnitts, der in der Höhe der Prämie zum Ausdruck kommt, entwickelt, „dank des schablonisierten Aktienhandels auf dem Kassamarkt jederzeit ein Gegengeschäft schließen und so die Kursdifferenz liquidieren kann". *Koller* kennzeichnet sowohl den vertraglich vereinbarten Lieferpreis, also den sog. Basispreis, als auch die Optionsprämien, deren Höhe u.a. von der Laufzeit der Option, der Schwankungsbreite der jeweiligen Aktienkurse und der Höhe der Zinsen abhängt, als „börsenbezogen".

151 (cc) Stellungnahme[240]. Bei näherem Hinsehen ist die Beziehung der Geschäfte zu einem Terminmarkt, die durch die Standardisierung hergestellt werden soll, bei den modernen Geschäftsformen und insbesondere bei Optionen freilich alles andere als eindeutig[241]. Die Problematik wird augenfällig, wenn *Schwark*[242] z. B. ausführt, die erforderliche Beziehung zu einem Terminmarkt (!) lasse sich bei einem Optionsgeschäft grundsätzlich auch dadurch herstellen, daß der Anleger sein Optionsrecht ausübt und die effektiv erworbenen Stücke am Kassamarkt (!) weiterveräußert. Das glattstellende Gegengeschäft müsse nicht zwingend als Termingeschäft erfolgen. Sei der Anleger imstande, sein Terminengagement jederzeit, wenn ihm der günstige Zeitpunkt gekommen erscheine, auch durch ein Kassageschäft zu beenden, so liege nach dem **Schutzzweck des Gesetzes** auch hier ein Börsentermingeschäft vor.

152 Die ursprünglich mit der Standardisierung verbundene Vorstellung, daß dadurch ein gewinnsicherndes oder risikobegrenzendes glattstellendes Gegengeschäft in einem Terminmarkt ermöglicht werde[243], ist bei den Optionsgeschäften durch die Vertragsstruktur abgelöst worden. Die Risikobegrenzung findet nämlich schon durch die keinen Schwankungen unterworfene Prämienverbindlichkeit statt, und die Gewinnrealisierung geschieht bei der herkömmlichen Abwicklung nach Ausübung der Option im **Kassamarkt**[244]. Bei den modernen Geschäften mit vereinbartem oder durch den Geschäftsgegenstand vorgegebenen Erfüllungsausschluß entfällt das Bedürfnis zur Glattstellung in einem Terminmarkt in diesem Sinne gänzlich. *Horn*[245] weist zwar zutreffend darauf hin, daß auch bei einem vereinbarten Erfüllungsausschluß die Schließung einer offenen Position durch ein Gegengeschäft im Terminmarkt möglich sei. Dies hat aber mit der ursprünglichen Funktion des Gegengeschäfts beim Festgeschäft wenig zu tun. Es bedeutet nämlich nur, daß ein vorhandener Terminmarkt es ermöglicht, Geschäfte mit gegenläufiger Kurserwartung zu schließen[246]. Die Schließung offener Positionen in diesem Sinne ist auch bei OTC-Optionen durch Abschluß gegenläufiger börsenmäßiger Optionen möglich.

153 Es ist augenfällig, daß gerade der Merkmalskomplex Standardisierung-Terminmarkt die frühere Technik des Börsenterminhandels im Auge hat. Die modernen Geschäftstypen des

---

240 Vgl. schon *Häuser*, ZBB 1992, 249, 262; zustimmend *Winter* WM 1994, 2143, 2147; *Kümpel*, Bank- und Kapitalmarktrecht, S. 1054 ff.; ablehnend *Schwartz*, BörsG, 2. Aufl., Einl. §§ 50–70, Rdnr. 16.

241 Vgl. dazu nur *Horn*, ZIP 1990, 2, 9 f.

242 WM 1988, 921, 924.

243 Entgegen *Häusele*, DB 1992, 667, 669, besteht bei den herkömmlichen Geschäftstypen ein Zusammenhang zwischen dem Schutzzweck des Termineinwands und der Glattstellungsmöglichkeit im Terminmarkt, da die Glattstellungsmöglichkeit die verführerische Vorstellung erweckt, trotz hoher Volumina der Geschäfte ohne besonderes Risiko spekulieren zu können.

244 *Kümpel*, WM 1990, 449, 450 Fn. 15; *Horn*, ZIP 1990, 2, 10; *Tilp*, BB 1989, 2365, 2366; *Soergel/Häuser*, BGB, 11. Aufl. 1985, § 764 Rdn. 4.

245 ZIP 1990, 2, 10.

246 Vgl. *Tilp*, DB 1989, 2365, 2366 Fn. 47; *Müller-Deku/Schuster,* WM 1996, 1448, 1450.

Börsenterminhandels sind auf eine solche Verknüpfung nicht mehr angewiesen. Die Situation hat sich entscheidend dadurch verändert, daß auch der börsenmäßige Terminhandel sich des offenen Differenzgeschäfts bedient oder Geschäfte auf solche Bezugsgrößen abschließt, die gar nicht lieferbar sind. Der Börsengesetzgeber hat sich dieser Entwicklung dadurch angepaßt, daß er in einem Erfüllungsausschluß kein Hindernis mehr für ein Börsentermingeschäft sieht (§ 50 Abs. 1 Satz 2 a.E. BörsG). Nicht zu verkennen ist ferner, daß hinsichtlich des Bezugspunktes der Standardisierung der Geschäfte eine Blickverschiebung stattgefunden hat. Bei näherem Zusehen ist nämlich heute festzustellen, daß die fehlende Standardisierung z. B. der OTC-Optionen einem **Terminmarkt in laufenden Optionen**, also einem Sekundärmarkt, im Wege steht. Das Erfordernis eines solchen Sekundärmarktes als Voraussetzung für die Anerkennnung bestimmter Geschäft als Börsentermingeschäfte ist, soweit ersichtlich, bisher nicht vertreten worden. Vielmehr ist gerade umstritten, ob die Geschäfte des Sekundärmarktes Börsentermingeschäfte sind[247]. Dies zeigt sich auch bei einem Rückgriff auf die Entwicklung des deutschen Wertpapieroptionsgeschäfts.

(1) Rückgriff auf die Situation der unverbrieften börsenmäßig gehandelten Aktienoption und der nicht-fungiblen Londoner Warenterminoptionen. Die durch die Verordnung vom 25. Juni 1970 (BGBl. I, S. 993) in der Bundesrepublik Deutschland erlaubten Optionen auf bestimmte Aktien waren zunächst **nicht handelbar** und nicht vertretbar, da für jede einzelne Option ein anderer Ausübungstag und ein anderer Börsenkurs, nämlich der jeweilige Tageskurs am Tag des Vertragsschlusses, galt. Erst die Standardisierung der Ausübungstermine und die Standardisierung der Optionskurse im April 1983 schufen die Voraussetzungen für eine hinreichende Markttiefe eines sekundären Handels von Optionen. Dieser Hinweis besitzt deshalb Gewicht, weil der BGH die Einordnung auch der Aktienoptionsgeschäfte als Börsentermingeschäft bejaht hat, die vor der Änderung der Handelsbedingungen geschlossen worden sind, für Geschäfte also, die im Schrifttum als „Individualgeschäfte" bezeichnet werden[248]. 154

Für die Struktur des deutschen Optionsmarktes war ursprünglich die Verbindung zum Aktienmarkt bestimmend. Die Konzeption des Optionsgeschäfts im Jahre 1970 war nämlich von einem besonderen Sicherheitsdenken geprägt. Dies führte zu einer starken Anbindung der Option an das eigentliche Aktien-Umsatzgeschäft. Die Option wurde in ihrer wirtschaftlichen Bedeutung, ihrer Funktion und Struktur als eine Vorstufe zum eigentlichen Kauf- oder Verkaufsgeschäft in dem der Option zugrundeliegenden Papier verstanden. Die Ausübung eines Optionsrechts führte zwangsläufig zu einem Aktien-Umsatzgeschäft. Die Gewinnmöglichkeiten lagen deshalb für den Käufer des Optionsrechts in erster Linie darin, daß er bei Ausübung durch Kauf oder Verkauf der Optionspapiere aus dem Unterschied seines eigenen Einstands- und Verkaufspreises einen Vorteil erzielte oder einen Nachteil vermied. Als Folge der Philosophie, das Optionsrecht als Vorstufe des eigentlichen Aktienumsatzgeschäftes anzusehen, ließen die Bedingungen für das Optionsgeschäft zunächst die Übertragbarkeit laufender Optionen nur mit ausdrücklicher Zustimmung der Bank zu. Auch bei den früheren **Londoner Warenterminoptionen** handelte es sich um nicht standardisierte und deshalb nicht fungible Geschäfte[249]. 155

Obwohl also sowohl bei den deutschen Aktienoptionen als auch den frühen Londoner Warenterminoptionen die „typische, schablonenmäßige" Geschäftsform fehlte, sind sie mit Rücksicht auf die Fungibiliät der veroptierten Gegenstände als Börsentermingeschäfte qualifiziert worden[250]. 156

(2) Wirtschaftliche Betrachtungsweise. Für eine Qualifizierung der OTC-Optionen als Börsentermingeschäfte spricht aus heutiger Sicht die schon erwähnte, nunmehr in § 50 157

[247] Im Sinne eines Börsentermingeschäfts jetzt BGH, WM 1992, 479 = WuB I G 5.-6.92 *Häuser* = EWiR § 50 BörsG 1/92 *Nassall*; *Tilp*, DB 1989, 2365, 2367.

[248] Vgl. *Tilp*, DB 1989, 2365.

[249] *von Arnim*, AG 1983, 29, 32 f.

[250] *von Armin*, AG 1983, 67, 70 ff.

Abs. 1 Satz 2 BörsG aufgenommene wirtschaftliche Betrachtungsweise. Zwar kann die Berücksichtigung der wirtschaftlichen Zwecke der Geschäfte nicht dazu führen, den Unterschied zwischen einem Termingeschäft und einem Kassageschäft, von dem die börsengesetzliche Regelung offensichtlich nach wie vor ausgeht, zu verwischen. Der wirtschaftliche Gesichtspunkt darf aber dann nicht vernachlässigt werden, wenn es darum geht, innerhalb des Kreises der Termingeschäfte die Reichweite des Börsentermingeschäfts auszumessen. Zum Zweck der OTC-Optionen kann auf die an dem wirtschaftlichen Sachverhalt orientierte Umschreibung des Geschäftstyps der OTC-Optionen verwiesen werden. Dort ist insbesondere hervorgehoben, daß in OTC-Optionen nicht nur spekuliert wird, sondern daß sie in besonderer Weise auch zur Kurssicherung geeignet sind.

158 **(3)** Wandel der gesetzgeberischen Bewertung des Börsenterminhandels. Schließlich läßt sich zeigen, daß die Qualifizierung der OTC-Optionen als Börsentermingeschäfte auf der rechtspolitischen Linie des Gesetzgebers liegt. Die Novelle des Börsengesetzes im Jahre 1908 bezweckte nicht primär den Schutz unerfahrener Bevölkerungskreise vor Risiken des Terminhandels; ihr Anliegen ging vor allem dahin, eine „geschützte Börsenrechtssphäre" zu schaffen, um aus Gründen des **Verkehrsschutzes „für den legitimen Handel"** Rechtssicherheit zu schaffen und sonstige Hindernisse für Börsentermingeschäfte auszuräumen (Rdnr. 22ff.). Die privilegierte Börsenrechtssphäre sollte nur den offiziellen Handel umfassen, wie die allein auf offizielle Geschäfte bezogene Ausnahme vom Differenzeinwand (§ 58 BörsG a. F.) deutlich machte. Demgegenüber hat die Novelle des Jahres 1989 eine **Öffnung der Börsentermingeschäfte für das private Publikum** zum Ziel, um den Terminmärkten die „notwendige Markttiefe und Marktbreite"[251] zu verleihen, und zwar unter der Voraussetzung einer besonderen Risikoaufklärung (§ 53 Abs. 2 BörsG). Börsentermingeschäfte sollen also nicht länger nur einem gesetzlich umschriebenen, insbesondere kaufmännischen oder mit der Börse vertrauten Personenkreis vorbehalten bleiben. Gleichzeitig ist die Privilegierung gegenüber dem Differenzeinwand nicht mehr davon abhängig, ob es sich um offizielle Geschäfte handelt (§ 58 BörsG n. F.). Beides zusammen läßt als gesetzgeberisches Regelungskonzept erkennen, daß die Verbindlichkeit von Börsentermingeschäften künftig möglichst **ausschließlich den Vorschriften des Börsengesetzes** unterstellt sein soll[252]. So heißt es in der Regierungs-Begründung[253], wenn auch in erster Linie mit Blick auf den organisierten nationalen Terminhandel: „Zu einem wirksamen Terminmarkt gehören die Ausweitung des Begriffs des Börsentermingeschäfts und die Einschränkung der Berufungsmöglichkeit von Privatpersonen auf den Differenz- und Termineinwand". Auch unter diesem Aspekt erscheint die Lösung folgerichtig, den Kreis der Börsentermingeschäfte zu Lasten des Differenzeinwands möglichst weit zu fassen[254].

159 *d) US-amerikanische „Short-Sales".* Der BGH[255] hat es im Urteil vom 12. 6. 1978 als zweifelhaft bezeichnet, ob ein sogenanntes „Short-Sale" an der New Yorker Börse die Merkmale des Börsentermingeschäfts aufweist. Bei einem short-sale spekuliert der Kunde à la baisse, und zwar in der Weise auf Kredit, daß er sich für die Erfüllung des als Kassageschäft getätigten „Leerverkaufs" die erforderlichen Aktien von einem beauftragten Broker leiht. Da der Kunde diesem zu einem späteren, nicht festliegenden Zeitpunkt die ausgeliehenen Aktien zurückerstatten muß, tätigt der Broker dann für Rechnung des Kunden den

---

[251] BT-Drs. 11/4177, S. 9.

[252] Als Argument für eine Aufhebung des § 764 BGB bei *Wolter*, Termingeschäftsfähigkeit kraft Information, 1991, S. 182.

[253] BT-Drs. 11/4177. S. 9.

[254] Widersprüchlich *Henssler*, ZHR 153 (1989), 611, 634 f., der einmal die Einbeziehung der „short sales" beanstandet, weil es sich um Kassageschäfte handele, andererseits aber wegen des Normzwecks der §§ 50 ff. BörsG eine weitgehende Privilegierung gegenüber § 764 BGB verlangt und dabei übersieht, daß der BGH (WM 1978, 1203 = NJW 1979, 488) „short sales" wegen § 764 BGB für unverbindlich erklärt hatte.

[255] WM 1978, 1203 = NJW 1979, 488.

Deckungskauf erneut als Kassageschäft[256]. Short-sales zählen zu den sogenannten Margin-Geschäften, bei denen nach amtlicher Festlegung Sicherheit zu leisten ist[257].

Das OLG Frankfurt hatte als Berufungsgericht zu der erwähnten Entscheidung des BGH 160
angenommen, ein short-sale stehe einem Börsentermingeschäft gleich. Die Meinungen im Schrifttum gehen hierzu auseinander[258]. Wirtschaftlich erfüllt das short-sale ohne Zweifel die Funktion eines Börsentermingeschäfts[259]. Die Besonderheit besteht darin, daß nicht die Kontrahenten der zugrunde liegenden Kassageschäfte einander kreditieren, sondern daß der Stückekredit von dritter Seite eingeräumt wird. Es überzeugt nicht, wenn auf die Abwicklung durch Kassageschäfte entscheidendes Gewicht gelegt wird[260], da kein einzelnes Kassageschäft vorliegt. Die beiden Kassageschäfte werden nicht mit den Partnern des Termingeschäfts getätigt, vielmehr schließt der Broker die Kassageschäfte, um deren Wirksamkeit es gar nicht geht, an Stelle des Kunden. Es handelt sich dabei um Ausführungsgeschäfte eines wirtschaftlich einheitlichen Terminengagements.

Es wird ferner darauf hingewiesen, daß es an einer Beziehung zu einem Terminmarkt 161
fehle[261]. Die damit verbundene Funktion der Risikobegrenzung und Gewinnrealisierung aus dem Zeitgeschäft läßt sich aufgrund der Rechtskonstruktion des Terminengagements hier aber im Kassageschäft verwirklichen.

Im Ergebnis konnte es nach bisher geltendem Recht dahinstehen, ob short-sales 162
Börsentermingeschäfte sind. Der BGH hat sie zutreffend als Differenzgeschäfte (§ 764 BGB) behandelt. Als ausländische Geschäfte sind es inoffizielle Börsentermingeschäfte, so daß § 58 BörsG nicht greifen würde und der Differenzeinwand deshalb auch bei einem termingeschäftsfähigen Partner zulässig wäre. Mit § 50 Abs. 1 Satz 2 des „Gesetzes zur Änderung des Börsengesetzes" vom 11. Juli 1989 (BGBl. I, S. 1412) sollen auch wirtschaftlich gleichen Zwecken dienende Geschäfte unter die Börsentermingeschäfte fallen. Ausdrücklich erwähnt die Begründung hierzu „short-sales"[262].

III. Begriff des Differenzgeschäfts

Börsentermingeschäft und Differenzgeschäft sind grundsätzlich zu unterscheidende Be- 163
griffe, weil es rechtlich weder zwingend noch selbstverständlich ist, daß ein Börsentermingeschäft zugleich ein Differenzgeschäft ist.[263] Der Gesetzgeber wollte mit den Vorschriften über den Börsenterminhandel zwar in erster Linie die Differenzspekulation reglementieren[264]. Er hat dafür aber eine formale Anknüpfung gewählt und sich auf das Börsentermingeschäft als diejenige Handelsform konzentriert, die sich in der Praxis für die Differenzspekulation als besonders geeignet erwiesen hatte[265].

Das Börsentermingeschäft erfüllt freilich meistens zugleich die Voraussetzungen eines 164
Differenzgeschäfts[266], vor allem dann, wenn nicht tatsächlich geliefert werden soll, son-

256 Diese Form der Spekulation auf Kredit als Angliederung von Leihgeschäften an Kassakäufe ist schon bei *Max Weber* DJZ 1896, 207, 208; *ders.* ZHR 45 (1896), 100, 105 ff., beschrieben, der diese Art der Kreditintervention noch als eine ziemlich „rohe" bezeichnet; dazu ferner *Göppert*, Über das Börsentermingeschäft in Wertpapieren, S. 34 f.

257 *Brandes*, Festgabe an die Niedersächsische Börse, S. 287, 290; *Kümpel* ZfgKW 1981, 466; *Kümpel* WM 1982, Sonderbeil. Nr. 6, S. 17/18.

258 Vgl. *Kümpel/Häuser*, Börsentermingeschäfte, S. 71 ff.; *Häuser* ZIP 1981, 933, 936.

259 Dies hält *Samtleben* RabelsZ 45 (1981), 218, 235, für entscheidend.

260 So aber *Lüer* JZ 1979, 181, 182; *Brandes*, Festgabe an die Niedersächsische Börse, S. 287, 291

261 *Brandes*, Festgabe an die Niedersächsische Börse, S. 287, 291.

262 Vgl. dazu unten IX.3.a.

263 H.M., vgl. nur BGH, WM 1987, 1153, 1154 = NJW 1987, 3193; *Bundschuh*, WM 1986, 728, 729; *Palandt/Thomas*, § 764 BGB Rdnr. 9; a.A. *Kümpel* WM 1982, Sonderbeil. Nr. 6, S. 9.

264 Vgl. *Düringer/Hachenburg/Breit*, HGB, Bd. V/1, Anh. II Anm. 8.

265 Kritisch zu diesem Regelungsansatz *Nußbaum* Bank-Archiv XI (1911/1912), 295; zur Verteidigung des Gesetzes demgegenüber *Göppert*, Über das Börsentermingeschäft in Wertpapieren, S 17.

266 Vgl. nur MünchKomm-*Pecher*, § 764 BGB Rdnr. 7.

dern die erkennbare Absicht auch nur eines Partners darauf gerichtet ist, ohne konkrete Beziehung zum Gütermarkt aus den Schwankungen der Marktpreise einen Gewinn zu erzielen.

165 In der gerichtlichen Praxis kann es häufig dahinstehen, ob ein bestimmtes Börsentermingeschäft auch als Differenzgeschäft gem. § 764 BGB unverbindlich ist, und zwar dann, wenn der Rechtsverbindlichkeit schon entgegensteht, daß ein Beteiligter nicht börsentermingeschäftsfähig ist (§ 53 BörsG), was sich meistens unschwer ermitteln läßt[267].

166 Auf den Differenzeinwand kam es bis zur Novelle 1989 vor allem dann an, wenn Vertragspartner termingeschäftsfähig waren, der Differenzeinwand aber nicht nach § 58 BörsG a. F. ausgeschlossen war, etwa weil das Börsentermingeschäft Waren oder Wertpapiere betraf, die nicht zum offiziellen Terminhandel an einer deutschen Börse zugelassen waren[268]. § 58 BörsG schließt den Differenzeinwand jetzt auch bei inoffiziellen Börsentermingeschäften aus, wenn die Geschäfte börsenrechtlich verbindlich sind. Der praktische Stellenwert des Differenzeinwands liegt heute außerhalb des Börsenterminhandels, insbesondere bei spekulativen Kassageschäften[269] oder bei Termingeschäften, die man nicht als Börsentermingeschäfte qualifizieren kann.

167 Die Merkmale eines unverbindlichen Differenzgeschäfts zu bestimmen stößt auf ähnliche Schwierigkeiten wie der Versuch, das Börsentermingeschäft überzeugend zu definieren[270]. Zwar hat der Gesetzgeber das Differenzgeschäft in § 764 Satz 1 BGB umschrieben. Die gewählte Formulierung[271] gilt aber von der Sache her allgemein als mißlungen, vor allem wenn man sich die Zielrichtung des Gesetzgebers vergegenwärtigt, der in erster Linie das börsenmäßige Differenzgeschäft treffen wollte. Es sollte im Grunde nur das Ergebnis der Rechtsprechung wiedergeben werden; über den aktuellen Stand seit dem Jahre 1892 war man aber offenbar nur unzureichend informiert[272].

168 Nachteilig hat sich die parallele Gesetzgebung zum BGB und HGB einerseits und zum Börsengesetz andererseits ausgewirkt. So ist § 764 BGB gegen Widerstände erst durch die Reichstagskommission, und zwar als „vorläufig" in das Gesetz aufgenommen worden[273].

169 **1. Offenes Differenzgeschäft.** Ein Differenzgeschäft liegt vor, wenn Waren oder Wertpapiere, über die der Vertrag geschlossen ist, nicht wirklich geliefert werden sollen, sondern wenn lediglich der aus Marktschwankungen sich ergebende Unterschied bestimmter Preise für diese Waren oder Wertpapiere ausgeglichen werden soll.

170 Dabei geht die Formulierung in § 764 S. 1 BGB davon aus, daß ein einziges Zeitgeschäft über die Lieferung von Waren und Wertpapieren abgeschlossen wird, gleichzeitig aber die Absicht wenigstens eines Vertragsteils (§ 764 S. 2 BGB) erkennbar ist, daß nicht tatsächlich geliefert, sondern nur die Differenz zwischen dem vereinbarten Vertragspreis und dem Börsen- oder Marktpreis der Lieferzeit von dem verlierenden Teil als Gewinn an den anderen gezahlt werden soll. Die Beteiligten schließen also weder wirklich noch dem bloßen Schein nach (§ 117 S. 1 BGB) einen Kaufvertrag, die Vereinbarung ist vielmehr allein auf die Zahlung des sich ergebenden Differenzbetrages gerichtet. Von der ungewissen Preisentwicklung hängt es im Ergebnis ab, wer an wen zahlen muß. Die Vertragsform des Kaufes, in die das Differenzgeschäft gekleidet ist, dient folglich nur dazu, den „Vertragspreis" und die „Lieferzeit" festzulegen[274]. Dieses sog. offene (oder reine) Differenzgeschäft stellt § 764 S. 1 BGB dem Spielvertrag gleich, so daß es nach § 762 BGB unver-

---

[267] So schon BGH WM 1965, 766, 767.

[268] Dies betraf deshalb vor allem Geschäfte an ausländischen Börsen; dazu unten 529.

[269] Vgl. dazu 191.

[270] Vgl. dazu ausführlich *Henssler*, Risiko als Vertragsgegenstand. S. 527 ff.

[271] Sie geht auf den Gegenentwurf zum BGB von *Bähr* und auf RGZ 34, 91 zurück; vgl. dazu *Göppert*, Über das Börsentermingeschäft in Wertpapieren, S. 14 f.

[272] Vgl. dazu *Düringer/Hachenburg/Breit*, HGB, Bd. V/1, Anh. I Anm. 2.

[273] Vgl. Rdnr. 163; *Soergel/Häuser*, § 764 BGB Rdnr. 1.

[274] Vgl. *Kümpel* WM 1987, 1321, 1322.

bindlich ist. Auch ohne § 764 BGB würde man freilich in solchen Fallgestaltungen § 762 Abs. 1 BGB anwenden[275].

E I zum BGB sah keine solche Vorschrift vor. Die 1. Kommission meinte, daß solche offenen Differenzgeschäfte „im praktischen Leben nicht die geringste Rolle spielen“[276]. Erst in der Reichstagskommission fand sich eine Mehrheit für § 764 BGB, um die Frage, wie man damals meinte, „vorläufig zu ordnen“[277]. **171**

Auch das Schrifttum ging bislang meistens davon aus, solche offenen Differenzgeschäfte kämen im Rechtsleben nicht vor[278]. Die Entwicklung auf in- und ausländischen Terminmärkten zeigt aber, daß zunehmend auch offene Differenzgeschäfte anzutreffen sind, die für wirtschaftlich sinnvolle Terminspekulationen eingesetzt werden können. Als Beispiel sind sog. „Financial Futures“ in Gestalt sog. **Index-Terminkontrakte** zu nennen. Bei diesen Termingeschäften ist schon von ihrem Gegenstand her, der die Bemessungsgrundlage für die „Preise“ liefert, eine Erfüllung nicht möglich[279]. Deshalb ist nur die Zahlung von Differenzen gewollt. Es sind im Ausland aber auch Termingeschäfte anzutreffen, bei denen eine effektive Lieferung vom Vertragsgegenstand her möglich wäre, im Interesse einer vereinfachten Geschäftsabwicklung aber durch einbezogene Geschäftsbedingungen ausgeschlossen wird[280]. **172**

2. Verdecktes Differenzgeschäft. Ein immer währender Streitpunkt liegt in der Frage, ob auch sog. verdeckte Differenzgeschäfte, die bisher allein in der forensischen Praxis eine Rolle gespielt haben, von § 764 BGB erfaßt werden. **173**

a) Sachverhalt des verdeckten Differenzgeschäfts. Die Vertragspartner schließen hier zunächst ein die Spekulation eröffnendes Termingeschäft als sog.Grundgeschäft ab. Die tatsächliche Erfüllung dieses Geschäfts bleibt deshalb aus, weil in einem als günstig erscheinenden Zeitpunkt ein gleichartiges Gegengeschäft auf denselben Termin vereinbart und im Ergebnis nur die Differenz der Preise aus diesen beiden Geschäften ausgeglichen wird. Beide Geschäfte verbindet die auch nur bei einem Teil erkennbar vorhandene Absicht, daß nicht tatsächlich geliefert, sondern dies durch das Gegengeschäft vermieden und nur die Preisdifferenz ausgeglichen werden soll[281]. *Breit*[282] hat anschaulich von einem „Kauf mit offenkundigem Differenzmotiv“ gesprochen. **174**

b) Anwendbarkeit des § 764 BGB. Unstreitig erfaßt der Tatbestand des § 764 BGB die beschriebene verdeckte Differenzspekulation nicht. Es sind nämlich zwei Geschäfte erforderlich, die tatsächliche Erfüllung ist nicht vertragsgemäß ausgeschlossen und über die auszugleichende Differenz entscheidet nicht ein Börsen- oder Marktpreis der Lieferungszeit, sondern der Preis des Gegengeschäfts. Ebenso unstreitig ist aber auch, daß der Gesetzgeber sich an der Rechtsprechung des RG[283] orientieren und die börsenmäßige Differenzspekulation treffen wollte, die sich schon damals der Form des verdeckten Differenzgeschäfts bediente. **175**

Die redaktionelle Umschreibung der börsenmäßigen Differenzspekulation ist folglich mißglückt. Die Fassung des Gesetzes ist daher nicht als eine einengende Legaldefinition zu **176**

---

[275] Vgl. *Soergel/Häuser,* § 764 BGB Rz. 3 a.E.; ebenso *Kümpel* WM 1987, 1321, 1323; MünchKomm-*Pecher,* § 764 BGB Rdnr. 2; *Palandt/Thomas,* § 764 BGB Rdnr. 2.

[276] Mot. Bd. II, S. 648.

[277] Kommissionsbericht, Mugdan Bd.II, S. 1294/1295.

[278] Vgl. *Staudinger/Engel,* § 764 BGB, Rdnr. 3; *Palandt/Thomas,* § 764 BGB, Rdnr. 2; *Soergel/Häuser,* § 764 BGB, Rdnr. 3.

[279] Vom Wortsinn des § 764 BGB aus gesehen könnte man an der Anwendbarkeit deshalb zweifeln, weil der „Index-Kontrakt“ nicht auf Lieferung „lautet“. Dies würde sich aber nur dahin auswirken, § 762 BGB unmittelbar anzuwenden.

[280] *Kümpel* WM 1987, 1321, 1323; *ders.* WM 1986, 661, 664; zum Differenzeinwand bei Geschäften im Ausland vgl. unten 550ff.

[281] *Soergel/Häuser,* § 764 BGB Rdnr. 4; *Kümpel* WM 1987, 1321, 1322.

[282] Vgl. *Düringer/Hachenburg/Breit,* HGB V/1, Anh. I Anm. 10.

[283] Vgl. RGZ 34, 82, 85; RG SeuffA 43, 167, 169.

verstehen, denn die äußere Einkleidung des Differenzgeschäfts wurde vor und nach Inkrafttreten des BGB als unerheblich betrachtet[284]. Da die Regelungsintention des Gesetzgebers feststeht, werden auch verdeckte Differenzgeschäfte zutreffend vom § 764 BGB erfaßt[285].

177 Auf dieser Linie liegt es, wenn der BGH[286] den Differenzeinwand bei „Short Sales"[287] anwendet und dies damit begründet, das Interesse des Bankkunden sei allein darauf gerichtet, mit Hilfe der entliehenen Wertpapiere Kursdifferenzen auszunützen. „Die dafür notwendigen effektiven Umsatzgeschäfte sind nur das technische Mittel zur Erzielung der Differenzen"[288].

178 *c) Rechtsfolgen.* Das Grundgeschäft, das die verdeckte Differenzspekulation eröffnet, ist danach dem Differenzeinwand ebenso ausgesetzt wie das spätere glattstellende Gegengeschäft. Da beide Geschäfte gem. §§ 764, 762 BGB unverbindlich sind, ist auch die aus der Verrechnung der Kaufpreise sich ergebende Differenzschuld unverbindlich [289].

179 *d) Indizien für die Differenzabsicht.* Hinsichtlich der für den anderen Teil erkennbaren Absicht der bloßen Differenzspekulation des Partners hat das RG[290] eine umfangreiche **Indizienlehre** entwickelt. Ursprünglich sollte diese Lehre dazu dienen, einen Spielvertrag zu ermitteln. Sie konnte dann auf die nach § 764 S. 1 BGB nur noch bei einem Teil erforderliche Differenzabsicht übertragen werden[291]. Danach spielt es z. B. eine Rolle, daß zwischen der Warengattung des Termingeschäfts und dem Berufskreis des Vertragspartners keine sachliche Beziehung besteht[292], daß ein auffälliges Mißverhältnis zwischen dem Vermögen des Spekulanten und der Höhe des eingegangenen Engagements besteht[293], daß in der Geschäftsverbindung bisher effektive Erfüllung unterblieben ist und ausnahmslos Differenzen berechnet worden sind[294] oder daß regelmäßig nur Differenzen verbucht worden sind [295].

180 **3. Wirtschaftlich berechtigte Differenzgeschäfte.** *a) Ausnahme vom Differenzeinwand für (Kurs-) Sicherungsgeschäfte* [296]. Differenzgeschäfte werden nicht nur in spekulativer Absicht geschlossen. Ein auf bloßen Differenzausgleich gerichtetes Geschäft kann auch dem wirtschaftlich berechtigten Interesse eines Vertragspartners dienen, sich gegen die Schwankungen irgendwelcher Marktpreise abzusichern.

181 (aa) Interessenlage. Wer als exportierender Hersteller den ihm geschuldeten Kaufpreis in ausländischer Währung vereinbart hat und ihn in bestimmten Abständen als Teilbeträge (z. B. Anzahlung bei Auftragserteilung, erste Rate bei Probelauf, zweite Rate bei Inbetriebnahme der Anlage) erhält, dem kann daran gelegen sein, seine Kalkulationsgrundlage vor Wechselkurseinbußen zu schützen und sich den gegenwärtigen Kurs der ausländischen Währung durch Termingeschäfte auf den jeweils vereinbarten Zahlungseingang zu sichern. In der für solche Sicherungsgeschäfte grundlegenden Entscheidung des RG vom 28. März 1923[297] ging es um Termingeschäfte in Baumwolle, die der Inhaber einer Baumwollspin-

---

[284] RGZ 34, 82, 86 einerseits, RGZ 79, 234, 238 andererseits.

[285] Vgl. BGHZ 58, 1, 3 = NJW 1972, 382 = WM 1972, 178; RGZ 117, 267, 268; kritisch zur Anwendung des § 764 BGB über den Wortlaut hinaus *Schönle*, Bank- und Börsenrecht, § 47 III, 3 b, S. 478; *Franke* DB 1975, 1541, 1543; *Hopt*, Festschrift für Werner, S. 339, 340.

[286] BGH WM 1978, 1203, 1204 = NJW 1979, 488; dazu auch *Bundschuh*. WM 1986, 725, 729

[287] Vgl. dazu 159 ff.

[288] Dazu kritisch *Lüer* JZ 1979, 171, 173.

[289] *Düringer/Hachenburg/Breit*, HGB, Bd. V/1, Anh. I Anm. 12; *Kümpel* WM 1987, 1321, 1322.

[290] Ausführlich *Düringer/Hachenburg/Breit*, HGB, Bd. V 1, Anh. I, Anm. 25 ff.; dazu auch *Franke* DB 1975, 1541, 1544.

[291] MünchKomm-*Pecher*, § 764 BGB Rdnr.15.

[292] RGZ 146, 192; RGZ 117, 270; RGZ 107, 269.

[293] RG, WarnR 1914, Nr. 157.

[294] RGZ 79, 387.

[295] RGZ 79, 236.

[296] Vgl. dazu *Müller*, Hedgegeschäfte, 1990.

[297] RGZ 107, 22 ff.

nerei geschlossen hatte, um einen befürchteten Wertverlust seiner Garnvorräte wegen Preisrückgangs auszugleichen und die gegenwärtigen Rohstoffpreise als verläßliche Grundlage der Kalkulation zu behalten.

(bb) Einschränkung des § 764 BGB. Es ist nicht angebracht, solche Geschäfte, mit de- 182
nen nicht aus Schwankungen von Marktpreisen Gewinn erzielt werden soll, sondern die geschlossen werden, um Verluste aus nachteiligen Preisentwicklungen zu vermeiden, gem. § 764 BGB dem Spielvertrag (§ 762 BGB) gleichzustellen[298]. Das RG hat deshalb in seit 1923 st. Rspr. solche wirtschaftlich berechtigten **Hedge-Geschäfte** als verbindlich anerkannt und von dem Differenzeinwand ausgenommen. Nach der Rechtsprechung erfaßt also § 764 BGB wirtschaftlich berechtigte Geschäfte nicht, bei denen die Gegendeckung nur dem Zweck einer Sicherung gegen Verluste aus nicht vorhersehbaren Schwankungen der Marktlage dient[299].

Das Charakteristische dieser Geschäfte liegt in der Verbindung eines auf tatsächliche 183
Lieferung, z. B. einer Ware gerichteten Hauptgeschäfts, mit einem daneben laufenden Termingeschäft, das grundsätzlich nur das in dem Hauptgeschäft liegende Risiko aus nicht vorhersehbaren Kurs- oder Preisschwankungen in einer geeigneten Weise ausgleichen soll[300]. Versteht man unter einem Differenzgeschäft einen materiellen Begriff in dem Sinne, „daß es sich dabei um das Spiel im Gegensatz zu dem wirtschaftlich berechtigten Geschäft handelt“[301], dann folgt daraus, daß ein auf bloßen Differenzausgleich gerichtetes Kurssicherungsgeschäft als wirtschaftlich berechtigt schon begrifflich kein (verdecktes) Differenzgeschäft i. S. des § 764 BGB sein kann.

(cc) Beweislast. Ob im einzelnen Fall ein ernst gemeintes, wirtschaftlich berechtigtes 184
Geschäft vereinbart ist, wird in der Rechtsprechung nicht selten im Sinne einer tatsächlichen Vermutung danach beurteilt, ob das Geschäft mit den **berufsmäßigen Geschäften** des Vertragspartners in Verbindung steht[302]. Nach dem RG[303] muß grundsätzlich eine Beziehung der „Preisspekulation“ zu anderen auf tatsächliche Lieferung gerichteten Hauptgeschäften bestehen; es reicht nicht aus, daß nur abstrakt ein Zusammenhang zwischen dem Terminmarkt und der fraglichen Geschäftstätigkeit besteht[304].

Damit ist nicht die heute vorwiegend diskutierte Frage zu verwechseln, ob es ge- 185
rechtfertigt ist, anstelle der erwähnten Einzelgeschäftsbetrachtung danach zu fragen, ob das Differenzgeschäft aus einer **betriebsbezogenen** Sicht wirtschaftlich berechtigt ist[305].

Ergibt sich im Einzelfall, daß trotz einer Berufs- oder Geschäftszugehörigkeit der eine 186
Teil in Spekulationsabsicht gehandelt hat, kommt es für den Differenzeinwand darauf an, ob der andere Teil dies kannte oder kennen konnte (§ 764 S. 2 BGB)[306].

(dd) Praktische Bedeutung der Ausnahme. Die den Anwendungsbereich des § 764 BGB 187
einschränkende Rechtsprechung zu den wirtschaftlich berechtigten Differenzgeschäften wirkt sich bei solchen Börsentermingeschäften nicht aus, die ohnehin vom Differenzein-

---

[298] Vgl. das Zitat aus *Kohler*, Das Börsenspiel, 1894, bei *Göppert*, Über das Börsentermingeschäft in Wertpapieren, S. 22: „... nur eine ganz formale Jurisprudenz könnte in solchen Versicherungsgeschäften eine Spiel erblicken“.

[299] BGHZ 105, 263 = WM 1988, 1717/1718 unter Bezugnahme auf RGZ 117, 267, 269.

[300] BGH WM 1988, 1718; ferner BGHZ 58, 1, 5 = WM 1972, 178; RGZ 146, 190; RGZ 117, 267, 269; RGZ 107, 22, 24.

[301] So *Nußbaum*, Börsengeschäfte, S. 90.

[302] RGZ 146, 190, 193; RGZ 117, 268, 269; RG, JW 1923, 964, 965; RGZ 134, 67; RG SeuffA Bd. 86, 299.

[303] RGZ 146, 190, 193; RG JW 1936, 2067.

[304] Weitergehend wohl aber RG, JW 1938, 946.

[305] So *Hellwig/de Lousanoff*, Festschrift für Stiefel, S. 325; *Hopt*, Festschrift für Werner, S. 339, 345; MünchKomm-*Pecher*, § 764 BGB Rdnr. 19; großzügig auch *Göppert*, Das Börsentermingeschäft in Wertpapieren, S. 23.

[306] Dazu aus dem Blickwinkel eines Kreditinstituts *Hopt*, Festschrift für Werner, S. 339, 342.

wand ausgenommen sind. Dies galt für die offiziellen Börsentermingeschäfte nach § 58 BörsG a. F.[307] sowie für die inoffiziellen Devisentermingeschäfte, die den offiziellen Börsentermingeschäften aufgrund der VO vom 7. März 1925 gleichgestellt waren[308], und gilt seit dem 1. 8. 1989 für alle börsenrechtlich verbindlichen Börsentermingeschäfte. Den gesetzlichen Ausnahmen vom Differenzeinwand kommt selbst bei wirtschaftlich berechtigten Geschäften eine praktische Bedeutung zu, weil sie im Einzelfall die andernfalls klärungsbedürftige Frage nach dem Zweck des Börsentermingeschäfts entbehrlich machen[309].

188 Umgekehrt ergibt sich die Rechtslage, daß die Einschränkung des Differenzeinwands bei Hedge-Geschäften sich dann nicht auswirkt, wenn einer der Beteiligten nicht börsentermingeschäftsfähig i. S. des § 53 BörsG ist; in diesem Fall scheitert die Verbindlichkeit des in Sicherungsabsicht geschlossenen Geschäfts. Die dazu geäußerte Kritik führt als Beispiel, an dem die Unangemessenheit dieses Ergebnisses deutlich werden soll, meistens Währungsrisiken ins Feld, von denen auch Privatpersonen in zunehmendem Maße betroffen sein können und die das Bedürfnis nach sichernden Devisentermingeschäften wegen erwarteter ausländischer Zahlungseingänge oder später zu erbringender ausländischer Zahlungen belegen sollen[310]. Es war nun bis zum ÄnderungsG 1989 keineswegs so, daß Private generell von Devisentermingeschäften ausgeschlossen waren; eine rechtlich gesicherte Position gegen den Partner erlangten sie freilich nur, wenn sie ihm eine formgerechte Sicherheit bestellt hatten (§§ 96 Abs. 1, 54 BörsG a. F. i.V.m. § 2 VO 1925). Das Gesetz wollte es offenbar nicht auf die oft nur schwer zu beurteilende wirtschaftliche Berechtigung eines solchen Devisentermingeschäfts ankommen lassen, sondern stellt für die Ernsthaftigkeit auf das handgreifliche Moment der Sicherheitsleistung ab. Seit dem ÄnderungsG 1989 können auch Privatpersonen Devisentermingeschäfte rechtsverbindich abschließen, wenn sie entsprechend von dem kaufmännischen und einer Bankaufsicht unterliegenden Partner informiert worden sind (§ 53 Abs. 2 BörsG). Dann ist auch für diese Geschäfte der Differenzeinwand ausgeschlossen.

189 *b) Generelle Ausnahme vom Differenzeinwand für Börsentermingeschäfte?* Es mehren sich die Stimmen, die § 764 BGB auch auf in spekulativer Absicht getätigte Börsentermingeschäfte tatbestandlich nicht anwenden wollen[311]. Dafür wird auf die Ausnahme vom Differenzeinwand bei wirtschaftlich berechtigten Kurssicherungsgeschäften hingewiesen und ergänzend angeführt, auch spekulative Geschäfte seien für das Funktionieren der Terminmärkte wirtschaftlich notwendig. Ferner erfasse der Wortlaut des § 764 BGB das börsenmäßige Differenzgeschäft nicht, für das ein glattstellendes Gegengeschäft und nicht ein vereinbarter Erfüllungsausschluß ausschlaggebend sei.

190 Die vorgetragene Argumentation überzeugt nicht. Zwar hat auch der BGH[312] ausdrücklich anerkannt, daß spekulative Geschäfte eine für das Funktionieren der Terminmärkte notwendige Aufgabe erfüllen. Die Differenzspekulation ist aber aus der Sicht des Einzelnen gleichwohl nach wie vor gefährlich und nicht etwa ohne weiteres rechtsschutzwürdig. Im Ergebnis ist der Börsengesetzgeber der erwähnten Argumentation entgegengetreten. Ursprünglich hat er nur unter den Voraussetzungen des § 54 BörsG a. F. eine Teilnahme des Publikums am Terminhandel in Wertpapieren eröffnet und den Differenzeinwand in § 58 S. 2 BörsG a. F. insoweit eingeschränkt. Nur in diesem engen Rahmen erkannte er also die wirtschaftliche Funktion der Spekulation an, was die neueren Auffassungen meistens übersehen haben[313]. Nunmehr setzt der Ausschluß des Differenzeinwands generell voraus,

---

[307] Vgl. dazu Rdnr. 367 ff.

[308] Vgl. dazu Rdnr. 371, 473 ff.

[309] Vgl. *Häuser/Welter* WM 1985, Sonderbeilage Nr. 8, S. 6; zust. *Kümpel* WuB I G 5.-3.89.

[310] Vgl. auch BGHZ 105, 263 = WM 1988, 1717 = NJW 1989, 300.

[311] Vgl. *Imo*, Börsentermin- und Börsenoptionsgeschäfte, Bd. I, Rz. 318, 355; *Starp*, Die Börsentermingeschäfte an Auslandsbörsen, S. 144; *Wach*, Der Terminhandel in Recht und Praxis, S. 272.

[312] WM 1985, 81, 82.

[313] Vgl. dazu schon *Häuser* WM 1986, 1130, 1131.

daß Termingeschäftsfähigkeit besteht, bei Beteiligung des Publikums also die „Termingeschäftsfähigkeit kraft Information" (§ 53 Abs. 2 BörsG).

4. Differenzeinwand und spekulatives Kassageschäft. Nach seiner Wortfassung setzt 191
§ 764 BGB voraus, daß eine Lieferzeit vereinbart ist. Deshalb steht vor allem die Rechtsprechung auf dem Standpunkt, der Differenzeinwand gelte nur für Zeitgeschäfte und scheide bei ernst gemeinten Kassageschäften aus[314]. Die Literatur ist dem weitgehend gefolgt[315], obwohl nicht zu übersehen ist, daß schon bei dem verdeckten Differenzgeschäft die vereinbarte Lieferzeit keine entscheidende Bedeutung für die Spekulation mehr hat, weil die Differenz sich aus dem Unterschied zweier Vertragspreise ergibt[316].

Zwar wird auch ein Kassageschäft an der Börse nicht taggleich erfüllt, sondern nach den 192
Börsenusancen gegenwärtig am zweiten Tag nach Geschäftsabschluß. Diese Zeitspanne eignet sich aber nicht für eine reine Differenzspekulation. Mit einem späteren Gegengeschäft zur Kasse ist nämlich auch jeweils ein späterer Erfüllungszeitpunkt verbunden. Etwas anderes gilt nur, wenn Eröffnungsgeschäft und Gegengeschäft **an demselben Tag** getätigt worden sind. Dies kommt in der Praxis des Devisenterminhandels vor, der nicht an bestimmte Börsenzeiten gebunden ist und im Verlauf eines einzelnen Tages zum Teil beachtliche Kursschwankungen kennt.

Anders ist die Rechtslage, ein Differenzeinwand also möglich, wenn das **Kassageschäft** 193
simuliert worden ist (§ 117 Abs. 1 BGB), etwa in Verbindung mit einer Stundung der beiderseitigen Leistungspflichten.

Der Verbindlichkeit eines spekulativen Kassageschäfts kann aber der **Spieleinwand** ent- 194
gegenstehen[317]. Voraussetzung ist, daß die Parteien sich darüber **einig** sind, daß nicht geliefert und der vereinbarte Preis nicht gezahlt oder geschuldet werden soll, sondern daß irgendein Umstand darüber entscheiden soll, was und von wem zu zahlen ist[318]. Diese unterschiedliche Voraussetzung gegenüber dem Differenzeinwand erscheint nicht ganz unproblematisch, wenn man sich vergegenwärtigt, daß bei einem Kassageschäft dann ein Spielvertrag vorliegen muß, zu § 764 S. 2 BGB aber schon die erkennbare Absicht der Differenzspekulation eines Beteiligten ausreicht; andererseits greift § 58 BörsG beim Kassageschäft nicht[319].

IV. Börsentermingeschäftsfähigkeit

Mit der Börsentermingeschäftsfähigkeit ist die personelle Abgrenzung der „Börsen- 195
rechtssphäre" angesprochen, innerhalb derer dem Börsenterminhandel weitgehende Freiheit eingeräumt sein soll[320]. Das ÄnderungsG 1989 hat an diesem Regelungskonzept festgehalten[321]. Besonders qualifizierte oder aus anderen Gründen nicht schutzbedürftige Personen sollen ungeachtet zivilrechtlicher[322] und börsenrechtlicher Schranken Verbindlich-

---

[314] BGHZ 114, 177, 182 = WM 1991, 982; BGHZ 103, 84, 86 = WM 1988, 323, 325 = NJW 1988, 1592 = EWiR § 764 BGB 1/88 *Welter*; BGH WM 1989, 675, 676; RG HRR 1937, Nr. 855.

[315] Vgl. *Staudinger/Engel*, § 764 BGB Rdnr. 21; *Palandt/Thomas*, § 764 BGB Rdnr. 2; *Nußbaum*, Börsengeschäfte, S. 98 f.

[316] Krit. deshalb *Soergel/Häuser*, § 764 BGB, Rdnr. 6 m.Nw.; ferner *Düringer/Hachenburg/Breit*, HGB, Bd. V/1, Anh. I, Anm. 45.

[317] BGHZ 114, 177, 182 = WM 1991, 982; BGHZ 103, 84, 86 = WM 1988, 323, 325 = NJW 1988, 1592 = EWiR § 764 BGB 1/88 *Welter*; BGH WM 1988, 289, 230 = NJW 1988, 1086; BGH WM 1989, 675 676; im Anschluß an RG HRR 1937, Nr. 855.

[318] Vgl. *Soergel/Häuser*, § 764 BGB Rz. 6 mit Nachträgen.

[319] Vgl. dazu kritisch *Nußbaum* BankArch XI (1911/12), 195; ebenso *Düringer/Hachenburg/Breit*, HGB, Bd. V/1, Anh.I, Anm. 45. Dazu Rdnr. 566.

[320] Vgl. Verh. des RT (1907/1908) Aktenstück Nr. 483, S. 2597, 2602.

[321] Vgl. dazu *Assmann*, Festschrift für Heinsius, 1991, S. 1, 11.

[322] Differenzeinwand gem. § 764 BGB.

keiten aus Börsentermingeschäften wirksam begründen können. Insoweit hat sich das ÄnderungsG für ein „eigenwilliges zweigleisiges System“[323] entschieden. Neben die bisherige Gruppe der Kauf- und Börsenleute (§ 53 Abs. 1 BörsG) treten alle diejenigen, die über die Risiken aus Börsentermingeschäften in formalisierter Weise informiert worden sind (Börsentermingeschäftsfähigkeit „kraft Information“; § 53 Abs. 2 BörsG).

196 **1. Kritik an der personellen Abgrenzung.** Wer die seinerzeit übliche Abgrenzung im Lichte der neueren Rechtsprechung und literarischen Diskussion betrachtet, gewinnt ein eher ungünstiges Bild. Berücksichtigt man die Änderungen durch die Gesetzesnovelle 1989, ist dieser Eindruck nur zum Teil zu korrigieren. Jüngere Entscheidungen verdeutlichen, daß die verwendeten Begriffe[324] kaum überzeugungskräftig und anhand einer konsensfähigen ratio legis anzuwenden sind[325]. Darstellungen, die den Belangen der Praxis dienen sollen, vermitteln einen Eindruck von der dort anzutreffenden Unsicherheit[326]. Auch der **II. Zivilsenat** des BGH[327] hatte die bisherige Regelung schon vor einigen Jahren in verschiedenen Punkten als rechtspolitisch fragwürdig und reformbedürftig beanstandet.

197 Der BGH[328] hat in einem Fall beanstandet, daß Personen ohne Wohnsitz oder gewerbliche Niederlassung im Inland einschränkungslos termingeschäftsfähig sind (§ 53 Abs. 2 Nr. 2 BörsG a. F.; sog. „Domizil-“ oder „Börsenausländer“); dies entspreche nicht „den Anforderungen eines abgewogenen Rechtsschutzes“[329]. Das ÄnderungsG 1989 hat diese Fallgruppe abgeschafft. Aber auch die nach wie vor unterschiedslose Einbeziehung der im Handelsregister eingetragenen Kaufleute (§ 53 Abs. 1 BörsG) ist nach Ansicht des BGH[330] nicht gerechtfertigt, da die Börsentermingeschäfte sich vor allem in der Form des (ausländischen) Warentermingeschäfts in anderer Weise entwickelt hätten, als es bei Schaffung des Börsengesetzes voraussehbar gewesen sei. Heute würden Bevölkerungskreise angesprochen, an die man damals nicht gedacht habe.

198 In einem weiteren Urteil wiederholt der BGH[331] seine Kritik; die Abgrenzung zwischen börsentermingeschäftsfähigen, also weniger schutzbedürftigen und nicht termingeschäftsfähigen Personen entspreche nicht mehr den veränderten tatsächlichen Verhältnissen und den Anforderungen an einen angemessenen Rechtsschutz[332]. Der BGH hat es deshalb zutreffend als eine rechtspolitische Aufgabe des Gesetzgebers angesehen, eine sachgerechtere Abgrenzung zu finden.

199 Ob das rechtspolitische Anliegen des BGH sich in dem „Gesetz zur Änderung des Börsengesetzes“ von 1989, vor allem in der Beibehaltung der eingetragenen Kaufleute und der „Termingeschäftsfähigkeit kraft Information“ (§ 53 Abs. 2 BörsG) wiederfindet, unterliegt begründeten Zweifeln[333]. Dagegen spricht, daß der BGH[334] es nicht bei der erwähnten rechtspolitischen Kritik belassen, sondern es auch abgelehnt hatte, einen im Handelsregister

---

[323] So *Assmann*, Festschrift für Heinsius, 1991, S. 1, 11.

[324] Z.B. „berufsmäßig“.

[325] Vgl. BGHZ 104, 205 = WM 1988, 857 = NJW 1988, 2039 = WuB I G 5.–11.88 *Kümpel* = EWiR § 53 BörsG 1/88 *Häuser*, dazu ausführlich *Grunewald* WM 1988, 1077 ff.

[326] Vgl. vor allem *Kümpel/Häuser*, Börsentermingeschäfte, S. 84 ff. und die hiervon in wesentlichen Punkten abweichende Stellungnahme von *Grunewald* WM 1988, 1077 ff.

[327] Vgl. BGH WM 1981, 711 = NJW 1981, 1897; BGH WM 1981, 758 = NJW 1981, 1898; dazu ausführlich *Häuser* ZIP 1981, 933, 937 f.

[328] BGH WM 1981, 711 = NJW 1981, 1897.

[329] BGH WM 1981, 711 = NJW 1981, 1897.

[330] BGH WM 1981, 711 = NJW 1981, 1897; dazu ferner *Brandes*, Festgabe an die Niedersächsische Börse, 1987, S. 287, 298; *Bundschuh* WM 1986, 725, 728.

[331] BGH WM 1981, 758 = NJW 1981, 1898.

[332] Kritisch gegenüber dem Gesetz auch *Assmann*, Festschrift für Heinsius, 1991, S. 1, 12; *Wach* AG 1992, 384, 385.

[333] Kritisch *Assmann*, Festschrift für Heinsius, 1991, S. 1, 12.

[334] Vgl. BGH WM 1981, 552 = NJW 1981, 1440.

eingetragenen, also börsentermingeschäftsfähigen Kaufmann aus dem Schutzbereich vorvertraglicher Aufklärungspflichten bei einem Warentermingeschäft auszunehmen. Bei einem mittelständischen Unternehmer, der beruflich nicht mit Warentermingeschäften befaßt ist, könnten, so der BGH, keine Kenntnisse z. B. über Warenterminoptionen an ausländischen Börsen vorausgesetzt werden, weil solche Geschäfte im gewöhnlichen Geschäftsleben keine Rolle spielten.

2. Eingetragene Kaufleute und gleichgestellte Personen. Wer als Kaufmann im Han- 200
delsregister eingetragen ist, ist grundsätzlich, also unabhängig von seiner tatsächlichen geschäftlichen Erfahrung in Börsentermingeschäften, termingeschäftsfähig (§ 53 Abs. 1 Satz 1 Nr. 1 BörsG). Dazu reicht auch die freiwillige Eintragung eines Landwirts nach § 3 Abs. 2 HGB[335]. Entsprechendes gilt nach § 53 Abs. 1 Satz 1 Nr. 1 BörsG für eingetragene Genossenschaften. Diese Grundregel kennt Ausnahmen, aber auch Erweiterungen.

a) (Bisherige) Ausnahmen. Trotz einer Eintragung im Handelsregister waren gemäß § 53 201
Abs. 1 Satz 2 BörsG a. F. bis zum ÄnderungsG 1989 Kaufleute nicht termingeschäftsfähig, deren Gewerbebetrieb über den Umfang eines Kleingewerbes nicht hinausgeht (Minderkaufleute). Anders als nach § 5 HGB führte die (unrichtige) Eintragung im Handelsregister also nicht zu einer unwiderleglichen Vermutung der Eigenschaft als Vollkaufmann. Dies galt auch dann, wenn der ursprünglich vollkaufmännische Betrieb bei Abschluß des Termingeschäfts zu einem Kleingewerbebetrieb geschrumpft war[336]. Im Interesse der Rechtssicherheit hat das ÄnderungsG 1989 diese Ausnahme beseitigt. Auch eingetragene Minderkaufleute sind seitdem termingeschäftsfähig. Folgerichtig wird sich der (unzutreffend) Eingetragene auch nicht darauf berufen können, er betreibe gar kein Gewerbe[337], ein Einwand, der ihm sonst durch § 5 HGB nicht abgeschnitten ist[338].

b) Erweiterungen. Termingeschäftsfähig sind nach § 53 Abs. 1 Satz 1 Nr. 2 BörsG auch, 202
und zwar ohne Eintragung, Unternehmen öffentlicher Körperschaften (§ 36 HGB). Dasselbe gilt für Kaufleute, die deshalb nicht ins Handelsregister eingetragen werden können, weil sie ihren Sitz außerhalb Deutschlands unterhalten (§ 53 Abs. 1 Satz 1 Nr. 3 BörsG), was sich aus der Sicht des deutschen Rechts beurteilt[339]. Mit dieser Ergänzung hat das ÄnderungsG eine unbefriedigende Gesetzeslücke geschlossen[340].

c) Einzelfragen zur Abgrenzung. (aa) Handelsgesellschaften gem. § 6 Abs. 1 HGB (OHG, 203
KG, GmbH[341], AG, KGaA, EWIV) sind börsentermingeschäftsfähig. Entsprechendes gilt für die persönlich haftenden Gesellschafter einer OHG oder KG[342]. Vorstandsmitglieder einer AG und Geschäftsführer einer GmbH sind hingegen als solche mangels Kaufmannseigenschaft nicht termingeschäftsfähig[343]. Termingeschäftsfähigkeit kann sich für diesen Personenkreis ergeben, wenn sie Börsentermingeschäfte berufs- oder gewerbsmäßig betreiben (§ 53 Abs. 1 Satz 2 BörsG).

(bb) Der Vollkaufmann, der zu Unrecht nicht im Handelsregister eingetragen ist, ist 204
nicht börsentermingeschäftsfähig; insofern sind die formalen Voraussetzungen maßgeb-

---

[335] BGH WM 1994, 834 = NJW 1994, 1861.

[336] Kritisch aus dem Blickwinkel der Rechtssicherheit *Hadding/Häuser* WM 1980, 1282. Die frühere Eigenschaft als eingetragener Vollkaufmann mit einem größeren Gewerbebetrieb reicht jedenfalls nicht aus; vgl. *Kümpel/Häuser,* Börsentermingeschäfte, S. 86 mwN.

[337] So *Assmann,* Festschrift für Heinsius, S. 1, 13/14.

[338] *Baumbach/Hopt,* § 5 HGB Rdnr. 4.

[339] *Assmann,* Festschrift für Heinsius, S. 1, 14.

[340] *Wach* AG 1992, 384, 387.

[341] Zur GmbH vgl. BGH WM 1991, 576; BGH WM 1981, 711 = NJW 1981, 1897 und *Kümpel/Häuser,* Börsentermingeschäfte, S. 84, 86.

[342] Vgl. RG BankArch 1930, 52; *Assmann,* Festschrift für Heinsius, S. 1, 24; *Wach* AG 1992, 384, 387; *Hadding/Häuser* WM 1980, 1278, 1285; *Kümpel/Häuser,* Börsentermingeschäfte, S. 84; a.A. *Baumbach/Hopt,* (14) § 53 BörsG Rdnr. 3.

[343] BGHZ 104, 205 = WM 1988, 857, 858; LG Düsseldorf WM 1985, 1164 = WuB I G 5.-5.85 *Kindermann*; *Assmann,* Festschrift für Heinsius, S. 1, 24; *Wach* AG 1992, 384, 387.

lich[344]. Auch wer sich nur als Vollkaufmann ausgibt (Scheinkaufmann), wird dadurch nicht börsentermingeschäftsfähig[345].

205 Vor der Änderung des BörsG im Jahre 1989 hatte sich die Diskussion um die Frage belebt, ob der Termineinwand nur entfällt, wenn das Börsentermingeschäft ein Handelsgeschäft i. S. der §§ 343 ff. HGB ist[346]. Bejaht man dies, könnte der eingetragene Kaufmann sich bei privaten Börsentermingeschäften auf den Termineinwand berufen. Während *Canaris* i.S. einer teleologischen Reduktion das Erfordernis des Handelsgeschäfts in § 53 Abs. 1 BörsG „hineininterpretiert"[347], stützt sich *Grunewald*[348] darauf, daß das Kaufmannssonderrecht des HGB nur für Handelsgeschäfte gelte. Diese Argument verfängt hier nicht, weil die Anwendung des HGB gar nicht zur Debatte steht. Das BörsG trifft vielmehr mit Blick auf den Termineinwand eine eigene Abgrenzung[349], die nur partiell auf dem Kaufmannsbegriff des HGB beruht. Das Börsengesetz wich schon bisher von den Regeln des HGB ab, weil es den fälschlich eingetragenen Minderkaufmann entgegen § 5 HGB ausnahm. Gegen eine Angleichung an die handelsrechtliche Abgrenzung spricht im übrigen auch die Entstehungsgeschichte der Vorschrift. An die Stelle sog. Selbstqualifikation durch freiwillige, aber gebührenpflichtige Registereintragung sollte eine gesetzliche Qualifizierung mit vergleichbarer Publizitätswirkung treten. Das Handelsregister sollte das Börsenregister ablösen[350]. Auch die Regierungsbegründung[351] zum ÄnderungsG 1989 stellt klar, daß es für die kaufmännische Termingeschäftsfähigkeit nach wie vor nicht darauf ankommt, ob das Geschäft außerdem ein Handelsgeschäft i. S. der §§ 343 ff. HGB ist[352].

206 **3. Sog. Börsenleute.** Wer zur Zeit des Geschäftsabschlusses oder früher gewerbsmäßig oder berufsmäßig Börsentermingeschäfte betrieben hat, ist nach § 53 Abs. 1 Satz 2 BörsG termingeschäftsfähig. Geschäftliche Erfahrungen sollen den Schutz des Börsengesetzes entbehrlich werden lassen[353]. In stärkerem Maße als bei eingetragenen Vollkaufleuten stellen die Tatbestandsmerkmale auf konkrete Erfahrungen und nicht auf einen formalen Status ab. Bis zum ÄnderungsG 1989 reichte es schon aus, wenn allgemein Bankiersgeschäfte betrieben wurden, während gewerbsmäßiges Handeln nicht genügte. Heute sind ausschlaggebend die Merkmale der **Gewerbsmäßigkeit** oder **Berufsmäßigkeit**. Nur wer seine Erfahrungen in Börsentermingeschäften gewerbsmäßig oder berufsmäßig gesammelt hat, wird dadurch termingeschäftsfähig.

207 *a) Berufsmäßigkeit.* Berufsmäßig handelt, wer sich mit dieser Tätigkeit seine Lebengrundlage schafft und erhält[354]. Die Abgrenzung zwischen berufsmäßiger und privater Tätigkeit ist vor allem mit Blick auf das Betreiben von Börsentermingeschäften praktisch bedeut-

---

344 OLG Frankfurt ZIP 1993, 1855; *Assmann*, Festschrift für Heinsius, S. 1, 24; *Wach* AG 1992, 384, 387; *Hadding/Häuser* WM 1980, 1278, 1281; *Schwark*, BörsG, § 53 Rdn. 3; *Starp*, Die Börsentermingeschäfte an Auslandsbörsen, S. 89; *Baumbach/Hopt*, (14) § 53 BörsG Rdnr. 3; a.A. *Canaris*, Bankvertragsrecht, 2. Aufl. 1981, Rdnr. 1875; *Grunewald* WM 1988, 1077, 1081.

345 BGH, WM 1984, 1245, 1246; KG WM 1963, 629, 632; *Assmann*, Festschrift für Heinsius, S. 1, 13; *Wach* AG 1992, 384, 387. *Häuser/Welter*, WM 1985, Sonderbeil. Nr. 8, *4; Schwark*, BörsG, § 53 Rdnr. 5; *Grunewald* WM 1988, 1077, 1081; zur Frage des Schadensersatzes vgl. *Canaris*, Bankvertragsrecht, 2. Aufl. 1981, Rdnr. 1876.

346 Gegen diese Einschränkung *Schwark*, BörsG 2. Aufl. 1995, § 53 Rdnr. 4; *Wach* AG 1992, 384; *Hadding/Häuser* WM 1980, 1278, 1282.

347 *Canaris*, Bankvertragsrecht, 2. Aufl. 1981, Rdnr. 1875.

348 *Grunewald* WM 1988, 1077, 1081; ähnlich *Hönn*, Zum persönlichen Anwendungsbereich von Verbraucherschutznormen, Gedächtnisschrift für Schultz, 1987, S. 79, 95.

349 Vgl. auch § 8 AbzG; s. ferner BT-Drucks. 11/4177, 19.

350 *Hadding/Häuser* WM 1980, 1278, 1280 f.

351 BT-Drucks. 11/4177, S. 12.

352 Ebenso *Assmann*, Festschrift für Heinsius, S. 1, 13.

353 *Nußbaum*, BörsG, § 53 Anm. IV, S. 256.

354 *Schwark*, BörsG, § 53 Rdnr. 9.

sam[355]. Wer im Rahmen seiner eigenen Vermögensverwaltung ständig Börsentermingeschäfte abschließt, mag hierbei vielfältige Erfahrungen sammeln; solange sich seine Tätigkeit nicht als berufsmäßig darstellt, wird er hierdurch nicht termingeschäftsfähig. Grenzfälle werden in jüngerer Zeit wieder in der Literatur diskutiert[356], nachdem der BGH hierzu Stellung genommen hat[357].

Der **II. Zivilsenat** des BGH[358] hält in dieser Entscheidung fest, daß eine außerhalb des Berufs begründete Gewohnheitsmäßigkeit nicht genüge. Als Abgrenzung, die auch dem Schutz der Vertragspartner und dem Interesse der Rechtssicherheit Rechnung trage, müsse das Merkmal eines **planmäßigen Geschäftsbetriebs** dienen. Hierfür müßten bestimmte Umstände – wie etwa die Unterhaltung eines Büros oder einer Organisation zur Durchführung der Börsentermingeschäfte – gegeben sein. *Wach*[359] vertritt einschränkend, es dürfe sich bei den getätigten Geschäften nicht nur um Spekulationen gehandelt haben, weil diese nicht geeignet seien, als berufliche Tätigkeit eine Lebensgrundlage zu schaffen. **208**

Andererseits reichte es nach der Rechtspr.[360] aus, wenn ein Organ oder ein Angestellter im Rahmen eines solchen Geschäftsbetriebes gehandelt hat[361]. Hierbei ist nicht erforderlich, daß die berufliche Tätigkeit hauptsächlich oder auch nur wesentlich Börsentermingeschäften gewidmet sei. Erforderlich erscheint aber, daß jedenfalls ein als Erfahrungsbasis geeigneter Teil der beruflichen Tätigkeit in dem Abschluß derartiger Geschäfte bestanden hat[362]. Ohne Bedeutung ist hingegen die rechtliche Stellung der fraglichen Person im Rahmen des Geschäftsbetriebs; die Tätigkeit als faktischer Geschäftsführer einer GmbH ist ausreichend. Die Berufsmäßigkeit scheiterte im konkreten Fall der BGH-Entscheidung[363] schließlich auch nicht daran, daß ein anderer Hauptberuf (Konkursrichter) ausgeübt werde. **209**

Grunewald[364] hat vor dem Hintergrund dieser Rechtsprechung eine Auslegung vorgeschlagen, die sich weit von dem bisherigen Ansatz entfernt. Der Termineinwand soll nicht bestehen, wenn die betreffende Person aufgrund umfangreicher Termingeschäfte Erfahrungen im Börsenterminhandel gesammelt hatte. Hierbei seien ungefähr (?) drei größere, bereits abgerechnete Geschäfte ausreichend[365]. Im Gesetzgebungsverfahren habe man zwar bewußt davon Abstand genommen, den Termineinwand jedem zu versagen, der gewohnheitsmäßig Börsentermingeschäfte tätige. Man sei aber nicht auf den Gedanken gekommen, demjenigen den Termineinwand zu versagen, der bereits Erfahrungen im Börsenterminhandel gesammelt hatte. **210**

Dieser Vorschlag ist sowohl methodischen als auch praktischen Einwänden ausgesetzt[366]. **211**
Die Entscheidung des Gesetzgebers, nicht auf die Gewohnheitsmäßigkeit abzustellen, weil

---

355 Der früher in § 53 Abs. 2 Nr. 1 BörsG a. F. auch angesprochene Betrieb von Bankgeschäften dürfte schon aus aufsichtsrechtlichen Gründen stets berufsmäßig gewesen sein.

356 Vgl. *Grunewald* WM 1988, 1077 ff.

357 BGHZ 104, 205 = WM 1988, 857 = WuB I G 5. – 11.88 *Kümpel* EWiR § 53 BörsG 1/88 *Häuser*, vgl. auch LG Mannheim WM 1992, 911, 913.

358 BGHZ 104, 205 = WM 1988, 857 = WuB I G 5. – 11.88 *Kümpel* EWiR § 53 BörsG 1/88 *Häuser*. Bestätigt durch BGH WM 1996, 1620, 1621.

359 AG 1992, 384, 388.

360 BGHZ 104, 205 = WM 1988, 857 = WuB I G 5.–11.88 *Kümpel* = EWiR § 53 BörsG 1/88 *Häuser*, zustı. *Wach* AG 1992, 384, 388.

361 Zur Frage, ob die Börsentermingeschäfte intern erlaubt sein müssen, vgl. bejahend *Kümpel/Häuser*, Börsentermingeschäfte, S. 90 und OLG Hamburg, Bankarchiv XV (1915/1916), 324; anders jetzt *Grunewald* WM 1988, 1077, 1079 und schon *Starp*, Die Börsentermingeschäfte an Auslandsbörsen, S. 93.

362 BGH WM 1996, 1620, 1621; LG Mannheim WM 1992, 911, 913; *Wach* AG 1992, 384, 388; *Schwark*, BörsG, § 53 Rdn. 7.

363 BGHZ 104, 205 = WM 1988, 857 = WuB I G 5.-11.88 *Kümpel* = EWiR § 53 BörsG 1/88 *Häuser*, zust. *Wach* AG 1992, 384, 388.

364 WM 1988, 1077 ff.

365 *Grunewald* WM 1988, 1077, 1078.

366 Kritisch auch *Kümpel* WuB I G 5.-11.88; *Wach* AG 1992, 384, 388. Vgl. auch die Ablehnung durch BGH WM 1996, 1620, 1621.

dieser Begriff zu dehnbar sei[367] und stattdessen nur berufsmäßige Erfahrungen genügen zu lassen, kann nicht im Wege der Auslegung in ihr Gegenteil verkehrt werden[368]. Auch ist es fragwürdig, nach drei abgerechneten umfangreichen Geschäften von ausreichenden Erfahrungen auszugehen. Wer als Laie und Neuling aufgrund einer günstigen Börsenentwicklung und mit etwas Glück dreimal hintereinander Gewinne erzielt hat, wird dadurch nicht erfahren, vielmehr wird er in höchstem Maße gefährdet sein, bei dem nächsten Geschäft größere Verluste zu erleiden. Auch ist offen, in welchem Zeitraum diese drei Geschäfte getätigt sein müssen. Liegen sie zeitlich weit auseinander, bleiben die Anforderungen hinter bloßer Gewohnheitsmäßigkeit ersichtlich zurück. Jedenfalls wird man dann nicht sagen können, die Geschäfte dienten der Erhaltung der Lebensgrundlage und damit einem Beruf[369]. Insbesondere wenn die Geschäfte vor längerer Zeit und mit verschiedenen Partnern getätigt wurden, ergeben sich Schwierigkeiten im Hinblick auf den Nachweis der Termingeschäftsfähigkeit. Auch weil es sich um „umfangreiche" Geschäfte gehandelt haben muß, bestehen größere Unsicherheiten als bei einer Auslegung des Merkmals der Berufsmäßigkeit i. S. der Rechtsprechung.

212 *b) Bankberufsmäßige Tätigkeit als Angestellter.* Praktische Bedeutung hat der Erwerb der Börsentermingeschäftsfähigkeit durch eine Tätigkeit als Angestellter. Nach der bis zum ÄnderungsG 1989 geltenden Gesetzesfassung, bei der eine jede bankgeschäftliche Tätigkeit ausreichte, kam ein beachtlicher Personenkreis, für den die Teilnahme an Termingeschäften ohnehin naheliegt, hierdurch als börsentermingeschäftsfähig in Betracht[370]. Auch wenn im Ausgangpunkt Einigkeit herrscht, daß eine Tätigkeit als Angestellter ausreicht[371], sind Einzelheiten umstritten.

213 Es liegt auf der Hand, daß entsprechende Tätigkeiten als Angestellter in unterschiedlichem Maße geeignet sind, einschlägige Erfahrungen zu vermitteln. Vielfach findet man deshalb die Stellungnahme, es komme auf die Umstände des Einzelfalls an[372]. Unstreitig dürfte jedoch sein, daß jeweils zwei Maßstäbe ausschlaggebend sind, die mit etwa gleicher Gewichtung auf die Börsentermingeschäftsfähigkeit hindeuten:

– Eigenverantwortlichkeit des Angestellten (Geschäftsführung, Prokura bis zu nicht zeichnungsberechtigten Mitarbeitern);
– Betreiben von Börsentermingeschäften. Der Abschluß von Börsentermingeschäften muß nicht die überwiegende Tätigkeit ausmachen. Es reicht vielmehr aus, wenn der Betreffende sich in einem solchen Maße am Börsenterminhandel beteiligt, daß er die notwendige Erfahrungsbasis und Geschäftserfahrung besitzt[373]

214 In der Regel wird man davon ausgehen können, daß die Stellung als Vorstandsmitglied oder als Prokurist einer Universalbank ausreicht[374]. Zweifel werden dagegen bei Spezialinstituten, wie z. B. Hypothekenbanken, geäußert[375]. Börsentermingeschäftsfähig ist auch, wer unterhalb dieser Ebene, aber eigenverantwortlich im Bereiche der Börsentermingeschäfte tätig ist[376].

---

367 Verh. des RT (1907/1908) Aktenstück Nr. 483, S. 2597, 2610 i.V.m. Verh. des RT (1905/7) Aktenstück Nr. 587, S. 5353, 5359.

368 Die Ansicht von *Grunewald*, ihre Anforderungen gingen über gewohnheitsmäßiges Handeln hinaus, ist nicht näher begründet.

369 *Grunewald* WM 1988, 1077, 1079; dies ist ohnehin fraglich, wenn die drei Geschäfte mit Verlusten oder einem geringen Gewinn abgeschlossen haben.

370 Dazu auch *Wach* AG 1992, 384, 389.

371 Vgl. *Kümpel/Häuser*, Börsentermingeschäfte, S. 91 mwN.

372 Vgl. *Düringer/Hachenburg/Breit*, HGB, Bd. V/1 Anh. II Anm. 69; *Nußbaum*, Die Börsengeschäfte, S. 107.

373 LG Mannheim WM 1992, 911, 913; BGH WM 1988, 857 = NJW 1988, 2039.

374 Vgl. *Düringer/Hachenburg/Breit*, Anh. II Anm. 67; *Grunewald* WM 1988, 1077, 1080; *Kümpel/Häuser*, Börsentermingeschäfte, S. 92, 98.

375 *Schwark*, BörsG, 53 Rdnr. 7; anders *Düringer/Hachenburg/Breit*, Anh. II Anm. 67.

376 Vgl. *Grunewald* WM 1988, 1077, 1080.

Die Zeichnungsberechtigung, z. B. als Handlungsbevollmächtigter, ist ein Beleg für die Eigenverantwortlichkeit, aber keine notwendige Bedingung für die Börsentermingeschäftsfähigkeit[377]. Vorsichtshalber wird mit Blick auf hausinterne Richtlinien von Kreditinstituten empfohlen, nur zeichnungsberechtigte Personen als termingeschäftsfähig anzusehen[378]. 215

b) Gewerbsmäßigkeit. Die Novelle von 1989 hat die Termingeschäftsfähigkeit auf gewerbsmäßiges Handeln ausgedehnt. Gewerbsmäßig ist ein Handeln, das auf Dauer angelegt ist und der Gewinnerzielung dient[379]. Die Begründung[380] des Änderungsgesetzes rechtfertigt diese Erweiterung mit dem Hinweis, das bisherige Merkmal der Berufsmäßigkeit allein erlaube keine sachgerechte Abgrenzung. Die Gesetzesbegründung nennt freilich die Fallgestaltungen nicht, die mit dem gewerbsmäßigen Handeln zusätzlich erfaßt werden sollen. Ebenso wie bei der Abgrenzung des „beruflichen" gegenüber dem nur „gewohnheitsmäßigen" Handeln wird man auch beim „gewerblichen" Handeln einen planmäßigen Geschäftsbetrieb verlangen müssen[381]. Auch bei gewerbsmäßigem Handeln reicht eine Tätigkeit des Betreffenden aus, die in einem als Erfahrungsbasis geeigneten Umfang im Abschluß von Börsentermingeschäften besteht. Es reicht auch ein Handeln als Organ einer Gesellschaft oder als Angestellter aus. Gewerbsmäßiger und berufsmäßiger Terminhandel nähern sich damit einander an[382]. Es wird allerdings kein Anlaß gesehen, auf einen nach außen erkennbaren Gewerbebetrieb abzustellen. Parallelen werden zur jüngeren finanzgerichtlichen Rechtsprechung gezogen. Zur gewerblichen Betätigung grenzt der BFH[383] die private und die gewerbliche Tätigkeit danach ab, ob sich diese als Teilnahme am allgemeinen wirtschaftlichen Verkehr darstellt. Hierfür müsse eine Tätigkeit am Markt gegen Entgelt und für Dritte äußerlich erkennbar angeboten werden. 216

Im Unterschied zur Berufsmäßigkeit ist bei gewerbsmäßigem Handeln allerdings nicht erforderlich, daß es der Schaffung und Sicherung der Lebensgrundlagen dient[384]. 217

4. Zulassung zum Börsenhandel. Personen, die „zur Teilnahme am Börsenhandel dauernd zugelassen waren", sind nach § 53 Abs. 1 Satz 2 a.E. BörsG termingeschäftsfähig. Es kommt die Zulassung an einer inländischen oder einer ausländischen Börse in Betracht[385]. Im Inland richtet sich die Zulassung nach § 7 BörsG. Ob an der fraglichen Börse ein Terminhandel stattfindet und ob sich die Zulassung ggf. hierauf bezieht, ist unerheblich[386]. Ebensowenig kommt es nach dem Wortlaut des Gesetzes darauf an, ob der Betreffende von der Zulasung Gebrauch gemacht hat[387] Es genügt, wenn die betreffende Person zum unselbständigen Wertpapierhandel zugelassen ist (Wertpapierhändler der Kreditinstitute)[388]. 218

In der Literatur wird die praktisch wohl nicht relevante Frage diskutiert, unter welchen Voraussetzungen eine Person **dauernd** zum Börsenbesuch zugelassen ist[389]. Als Hintergrund muß man sich vergegenwärtigen, daß nach den deutschen Börsenordnungen nur die Kreditinstitute selbst, nicht aber ihre Händler unbefristet zugelassen werden[390]. Man sollte 219

---

[377] Vgl. *Düringer/Hachenburg/Breit*, Anh. II Anm. 68 (nur Lehrlinge als Ausnahme); *Grunewald* WM 1988, 1077, 1080; *Kümpel/Häuser*, Börsentermingeschäfte, S. 93.

[378] *Kümpel/Häuser*, Börsentermingeschäfte, S. 93.

[379] *Schwark*, BörsG, § 53 Rdnr. 8.

[380] BT-Drs. 11/4177, S.19.

[381] *Assmann*, Festschrift für Heinsius, S. 1, 16.

[382] *Schwark*, BörsG, § 53, Rdnr. 8.

[383] BFH WM 1989, 493 ff.; dazu auch *Wach* AG 1992, 384, 389.

[384] *Schwark*, BörsG, § 53, Rdnr. 8.

[385] *Düringer/Hachenburg/Breit*, HGB, Bd. V/1 Anh. II Anm. 74; *Grunewald* WM 1988, 1077, 1080; *Schwark*, BörsG, § 53 Rdnr. 8; a.A. *Meyer/Bremer*, BörsG, § 53 Anm. 9.

[386] *Wach* AG 1992, 384, 390; *Düringer/Hachenburg/Breit*, Bd. V/1 Anh. II Anm. 72; *Kümpel/Häuser*, Börsentermingeschäfte, S. 99.

[387] *Wach* AG 1992, 384, 389; a.A. *Schwark*, BörsG, § 53 Rdnr. 10.

[388] *Kümpel/Häuser*, Börsentermingeschäfte, S. 99

[389] *Düringer/Hachenburg/Breit*, Bd. V/1 Anh. II Anm. 71; *Nußbaum*, Die Börsengeschäfte, S. 108.

[390] Vgl. im einzelnen *Kümpel/Häuser*, Börsentermingeschäfte, S. 101

darauf abstellen, daß der Gesetzgeber nur den **vorübergehenden** Besuch nicht ausreichen lassen wollte[391]. Die üblichen Befristungen, die einen beachtlichen Zeitraum umfassen und bei denen grundsätzlich von einer Verlängerung ausgegangen wird, sind also unschädlich[392].

220 Im übrigen verfügen Personen, die als Wertpapierhändler zugelassen werden, im Regelfall über Erfahrungen aus eigenverantwortlicher Tätigkeit im Wertpapierhandel und sind deshalb schon als „Börsenleute" termingeschäftsfähig[393].

221 **5. „Börsenausländer".** Bis zum 1. 8. 1989 war auch börsentermingeschäftsfähig, wer zur Zeit des Geschäftsabschlusses im Inland weder einen Wohnsitz (§ 7 BGB) noch eine gewerbliche Niederlassung hatte (§ 53 Abs. 2 Nr.2 BörsG a. F.). Die Staatsangehörigkeit war dafür unbeachtlich[394]. Die pauschale Börsentermingeschäftsfähigkeit von sog. „Domizil"- oder „Börsenausländern", die der BGH kritisiert hatte[395], ist durch das ÄnderungsG 1989 beseitigt worden. Für diesen Personenkreis soll es künftig darauf ankommen, ob im Ausland eine dem deutschen Kaufmannsbegriff vergleichbare erwerbswirtschaftliche Tätigkeit ausgeübt wird und Termingeschäftsfähigkeit nach § 53 Abs. 1 Nr. 3 BörsG gegeben ist.

222 § 53 Abs. 2 Nr. 2 BörsG a. F. galt auch für EG-Inländer. Darin lag nach Ansicht des BGH[396] keine Diskriminierung i. S. Art. 7, 52, 59 EWGV. Nach der im Kern gefestigten Rechtsprechung des EuGH ist wesentliche Voraussetzung einer Diskriminierung im Sinne der Artikel 52, 59 EWGV die Ungleichbehandlung eigener und fremder Staatsangehöriger[397]. Daran fehlt es, weil nach § 53 Abs. 2 Nr. 2 BörsG a. F. auch im Ausland ansässige Deutsche termingeschäftsfähig waren.

223 Man muß diesen Anwendungsfall der Börsentermingeschäftsfähigkeit im Zusammenhang mit der bisherigen Geltung des Börsengesetzes bei Auslandsgeschäften sehen[398]. Auch wenn sich das deutsche Recht in Fällen mit Auslandsberührung vor allem nach der Rechtslage bis zum 31. 7. 1989 kollisionsrechtlich weitgehend durchsetzte, milderte sich diese Wirkung im Ergebnis ab, weil im Ausland ansässige Personen ohne weiteres börsentermingeschäftsfähig waren, denen mit dieser Vorschrift der Zugang zu einem deutschen Terminmarkt ermöglicht werden sollte[399]. Allerdings kam dann nach bisheriger Rechtslage entgegen der Vorstellung, für einen qualifizierten Personenkreis gebe es eine „geschützte Börsensphäre", noch der Differenzeinwand zum Tragen[400].

224 **6. „Börsentermingeschäftsfähigkeit kraft Information".** *a) Ausgangslage.* (aa) Das ÄnderungsG 1989 hat die Börsentermingeschäftsfähigkeit um die „Börsentermingeschäftsfähigkeit kraft Information" als weitere Fallgruppe ergänzt (§ 53 Abs. 2 BörsG). Die Beteiligung auch privaten Kapitals soll die Voraussetzung für einen funktionseffizienten Terminmarkt in Optionen und „Futures" schaffen[401]. Der Gesetzgeber hat in diesem Zusammenhang § 54 BörsG a. F. aufgehoben, der es schon bisher Nichtkaufleuten ermöglichte, in einem auf eine qualifizierte Sicherheitsleistung beschränkten Umfang, Termingeschäfte in Wertpapieren abzuschließen.

---

391 *Wach* AG 1992, 384, 390; *Nußbaum*, BörsG, § 53 Anm. IV. S. 258; *Kümpel/Häuser*, Börsentermingeschäfte, S. 101.

392 *Kümpel/Häuser*, Börsentermingeschäfte, S. 102; *Grunewald* WM 1988, 1077, 1080.

393 *Kümpel/Häuser*, Börsentermingeschäfte, S. 102; *Grunewald* WM 1988, 1077, 1080.

394 *Düringer/Hachenburg/Breit*, Anh. II Anm. 75; *Kümpel/Häuser*, Börsentermingeschäfte, S. 102.

395 Vgl. dazu oben bei § 16 IX 1. a.

396 WM 1992, 1974.

397 Vgl. EuGH RIW/AWD 1978, 801, 802; EuGH NJW 1985, 2891; EuGH NJW 1991, 3084, 3085.

398 Vgl. dazu Rdnr. 533 ff.

399 *Düringer/Hachenburg/Breit*, Anh. II Anm. 75; *Häuser/Welter* WM 1985, Sonderbeil. Nr. 8, 6 Fn. 30 mwN.

400 Vgl. dazu Rdnr. 491 ff.

401 BT-Drs. 11/4177, S. 9 ff. Vgl. die Kritik an den dafür ausgewählten Maßnahmen bei *Assmann*, Festschrift für Heinsius, S. 1, 17.

Termingeschäftsfähig ist nach § 53 Abs. 2 BörsG, wer von einem eingetragenen Kaufmann, der einer Bank- oder Börsenaufsicht unterliegt, vor Abschluß des Geschäfts über einzelne, im Gesetz aufgeführte und das Risiko aus Börsentermingeschäften kennzeichnende Aspekte schriftlich informiert worden ist[402]. Die sich daran anknüpfende Termingeschäftsfähigkeit ist nicht umfassend wie diejenige eines eingetragene Kaufmanns (§ 53 Abs. 1 Nr 1 BörsG), sondern nur relativ in dem Sinne, daß sie zur Rechtsverbindlichkeit der Börsentermingeschäfte mit dem ordnungsgemäß informierenden Kaufmann führt. **225**

(bb) Gegenstände der Information. Gemäß der vier Spiegelstriche des § 53 Abs. 2 BörsG soll schriftlich darauf hingewiesen werden, (1) daß **befristete Rechte** aus Börsentermingeschäften **verfallen oder in ihrem Wert gemindert** werden können, (2) daß **Verlustrisiken nicht bestimmbar** sein und über gestellte Sicherheiten hinausgehen können, (3) daß ein **risikobeschränkendes Deckungsgeschäft** möglicherweise **nicht** oder nur verlustbringend **getätigt** werden kann und (4) daß sich das **Verlustrisiko erhöht**, wenn **Kredit** in Anspruch genommen wird oder die Verpflichtung aus dem Börsentermingeschäft auf eine **ausländische Währung** lautet. **226**

(cc) Form der Information. Das Gesetz macht die Erlangung der Termingeschäftsfähigkeit kraft Information ausschließlich von der Erfüllung formaler Kriterien abhängig. Die Informationsschrift muß über die im Gesetz genannten Grundrisiken informieren. Sie darf keine weiteren Erklärungen enthalten und ist von dem Kunden zu unterschreiben (§ 53 Abs. 2 Satz 2 BörsG). Das Informationsblatt muß die mit Options- und Festgeschäften verbundenen Risiken zutreffend, informativ und für den durchschnittlichen Anleger verständlich darstellen[403]. Eine bloße Wiedergabe des Gesetzeswortlauts stellt keinen ausreichenden Schutz der Anleger sicher. Andererseits widerspricht das Verlangen, auch unterdurchschnittlich Erfahrenen und wenig auffassungsbegabten Anlegern müßten die in § 53 Abs. 2 Satz 1 BörsG angesprochenen Risiken zur Herstellung der Termingeschäftsfähigkeit einsichtig gemacht werden[404], der Rechtssicherheit. **227**

Das Gesetz verlangt nicht, daß der Kunde die Informationsschrift inhaltlich zur Kenntnis genommen und die Information tatsächlich verstanden hat. Daran mag man aus dem Blickwinkel eines effektiven Anlegerschutzes Kritik üben; mit Rücksicht auf die vom Gesetz bezweckte Rechtssicherheit ist aber keine andere Auslegung möglich[405]. Der Anleger ist freilich in einer solchen Situation nicht schutzlos; denn individuelle Umstände mit Rücksicht auf die konkreten Geschäfte oder die konkreten Umstände des Kunden können im Einzelfall Beratungs-, Auskunfts- oder Warnpflichten begründen, deren Verletzung zum Schadenersatz (c.i.c.) verpflichtet, die Rechtsverbindlichkeit der Geschäfte insgesamt bleibt dann aber unberührt. Unabhängig von dieser konkreten Fragestellung können weitergehende Aufklärungs-, Beratungs- und Warnpflichten, deren schuldhafte Verletzung Schadensersatzpflichten auslöst, die Termingeschäftsfähigkeit des Anlegers aber unberührt läßt, nach allgemeinen Grundsätzen aufgrund der besonderen Situtation im Einzelfall oder der individuellen Umstände in der Person des Anlegers bestehen[406]. **228**

Schriftlichkeit der Information bedeutet nicht Schriftform i. S. des § 126 Abs. 1 BGB, sondern schließt nur eine mündliche Information über die genannten Grundrisiken aus. Der Kunde seinerseits muß die Unterrichtungsschrift, die sich auf Informationen über **229**

---

[402] Zu dieser Lösung ist kritisch an die im Rahmen der Novelle von 1908 erfolglos gebliebenen Vorstöße zu erinnern, entgegen § 59 BörsG Schuldanerkenntnisse über bereits eingetretene Verluste als klagbar anzuerkennen. Man lehnte diesen Vorschlag damals ab, weil andernfalls den §§ 53 ff. BörsG jede praktische Bedeutung entzogen werde. „Der Verkehr der Börsenkreise mit dem spekulierenden Publikum würde sehr bald Mittel und Wege gefunden haben, um wenigstens in der großen Mehrzahl der Fälle ausreichende Differenz- und Terminschuldanerkenntnisse zu schaffen"; so *Düringer/Hachenburg/Breit*, HGB, Bd. V./1., Anh. II Anm. 176.

[403] BGH WM 1995, 658.

[404] So *Koller* BB 1990, 2202, 2206, 2209.

[405] *de Lousanoff*, ZHR 159 (1995), 229, 237; *Kleinschmitt*, S. 109 ff.

[406] BGH WM 1995, 658; BGH WM 1996, 1260, 1261.

Börsentermingeschäfte und ihre Risiken beschränkt, unterschreiben (§ 53 Abs. 2 Satz 3 BörsG). Nur unter diesen Voraussetzungen können sich auch Privatpersonen rechtsverbindlich am Börsenterminhandel beteiligen, wobei nach § 53 Abs. 2 Satz 5 BörsG die Beweislast bei dem kaufmännischen Partner liegt, ob oder wann er den anderen Teil entsprechend informiert hat.

230 (dd) Anwendungsbereich. Die „Börsentermingeschäftsfähigkeit kraft Information" galt nach § 53 Abs. 3 BörsG a. F. **zunächst nicht für Warentermingeschäfte** mit Ausnahme von Geschäften in Edelmetallen. Art. 2 Nr. 27 des 2. FinanzmarktförderungsG vom 26. 7. 1994 (BGBl. I S. 1749) hat mit Wirkung vom 1. 1. 1995 die Warentermingeschäfte auch insoweit gleichgestellt, verlangt allerdings in § 53 Abs. 2 Satz 2 BörsG ergänzend eine Information über die speziellen Risiken von Warentermingeschäften. Der Gesetzgeber will damit die Errichtung einer deutschen Warenterminbörse begünstigen[407].

231 *b) Neue Rechtsfigur.* Die „Termingeschäftsfähigkeit kraft Information" ist eine neue Rechtsfigur ohne Vorbild in der deutschen Privatrechtsgeschichte.[408]

232 Auch bei anderen neueren, vor allem verbraucherschützenden gesetzlichen Vorschriften liegt als rechtspolitische Schutzkonzeption ein sog. Informationsmodell zugrunde. Nach der Regierungsbegründung zu der Börsengesetznovelle[409] werden Informationspflichten sogar als ein „allgemeines Prinzip der neueren Rechtsentwicklung" dargestellt, mit deren Hilfe erreicht werden soll, daß der Verbraucher oder Anleger eine verantwortliche eigene Entscheidung treffen kann. Allerdings sind die angeführten Beispiele (BDSG, AGBG, AbzG, HWiG, EG-Verbraucherkredit-Richtlinie) in ihrer Tragweite mit der „Termingeschäftsfähigkeit kraft Information" kaum vergleichbar. Es geht in den anderen Fällen nämlich regelmäßig um eine Erweiterung des Rechtsschutzes im Verhältnis zu der nach allgemeinen Zivilrecht gegebenen Rechtslage[410].

233 *c) Kaufmannseigenschaft des anderen Vertragsteils.* Der informierende Vertragsteil muß eingetragener Kaufmann i. S. des § 53 Abs. 1 Nr. 1 BörsG sein, der zusätzlich einer „gesetzlichen Bank- oder Börsenaufsicht" unterliegt. Damit kommen in erster Linie Kreditinstitute und Börsenmakler (§ 8a BörsG) in Betracht. Das Erfordernis zusätzlicher Qualifikation geht auf einen Vorschlag des Finanzausschusses[411] zurück und soll sicherstellen, daß es zur „Termingeschäftsfähigkeit kraft Information" nur im Rahmen einer qualifizierten Beratung kommt. Nach h. M.[412] reicht auch eine ausländische Aufsicht aus, wenn sie von ihrer Aufgabenstellung der inländischen entspricht, was im Einzelfall zu prüfen ist[413]. Nach *Assmann*[414] scheidet eine derartige Überprüfung der Äquivalenz einer ausländischen Aufsicht bei Unternehmen aus einem europäischen Mitgliedstaat aus. Handelt der informie-

---

[407] Vgl. dazu *Dannhoff* WM 1995, 485.

[408] So findet sich in den Motiven der 1. Kommission des BGB (Mot. I, S. 208 = Mugdan Bd. I, S. 467) im Zusammenhang mit der Erörterung der Anfechtbarkeit einer Willenserklärung wegen Betrugs (§ 103 E I BGB = § 123 Abs. 1 BGB [Anfechtbarkeit wegen arglistiger Täuschung]) als Begründung für einen Verzicht auf die nähere Bestimmung des Betrugsbegriffs der Hinweis: „Die für die Tragweite desselben maßgebende Frage, inwieweit eine Rechtspflicht besteht, dem anderen Theile Umstände mitzutheilen, von denen vorauszusetzen ist, daß sie auf seine Entschließung von Einfluß sein würden, entzieht sich der gesetzlichen Lösung" (Vgl. dazu als Ausgangspunkt seiner Untersuchung, *Breidenbach*, Die Voraussetzungen von Informationspflichten beim Vertragsschluß, 1989, S. 1). Für den Teilbereich der Börsentermingeschäfte hat der Gesetzgeber nunmehr, wenn auch nicht in der Einkleidung der Aufklärungspflicht als Ausschluß einer Täuschung, einen abweichenden Standpunkt eingenommen.

[409] BT-Drucks. 11/4177, S. 19.

[410] Kritisch zu § 53 Abs. 2 BörsG *Wach* AG 1992, 384, 390; *Schwark*, Festschrift für Steindorff, 1990, S. 473, 383.

[411] BT-Drs. 11/4721, S. 21.

[412] *Kümpel* WM 1989, 1487; *Seeberg* ZIP 1992, 601; *Wach* AG 1992, 384, 391, *Schwark*, BörsG, § 53, Rdnr. 19.

[413] *Schwark*, BörsG § 53, Rdnr. 19.

[414] Festschrift für Heinsius, 1991, S. 1, 27.

rende Teil durch einen Stellvertreter oder Boten, kommt es für diese Qualifikation auf die Person des Vertretenen an[415].

d) Wirkung der Information. Im Falle ordnungsgemäßer Information kann das Börsentermingeschäft (nur) mit dem informierenden Kaufmann rechtsverbindlich abgeschlossen werden. Die Regierungsbegründung[416] weist erläuternd darauf hin, daß Ansprüche aus solchen verbindlichen Börsentermingeschäften bei einer entsprechenden Vereinbarung **auch im Kontokorrent** verrechnet werden können und daß zur Erfüllung solcher Ansprüche Kredit in Anspruch genommen werden kann. **234**

Wer danach börsentermingeschäftsfähig ist, kann nach dem geänderten § 58 S. 1 BörsG auch den Differenzeinwand nicht mehr erheben, und zwar im Gegensatz zur bisherigen Rechtslage unabhängig davon, ob es sich um ein offizielles Geschäft handelt oder nicht. Die Zulassung der Geschäfte zum Börsenterminhandel an der Börse hat ihre privatrechtliche Bedeutung eingebüßt. **235**

Die Möglichkeit, sich durch Vereinbarung der Zuständigkeit eines Börsenschiedsgerichts zu unterwerfen, bleibt nach § 28 BörsG n. F. trotz der Ausweitung der Börsentermingeschäftsfähigkeit durch § 53 Abs. 2 BörsG n. F. im Ausgangspunkt auf die in § 53 Abs. 1 BörsG n. F. zusammengefaßten Personengruppen beschränkt, d.h. auf eingetragene Kaufleute und auf sog. Börsenleute[417]. Wer nur „kraft Information" börsentermingeschäftsfähig ist, kann sich der Zuständigkeit eines Börsenschiedsgerichts nur nach der Entstehung des Steitfalles unterwerfen. **236**

e) Rechtswirksamkeit der aktuell praktizierten Informationsschrift. Die von der deutschen Kreditwirtschaft entworfene Informationsschrift unterrichtet nach Auffassung des BGH[418] in ausreichender Form über Funktionsweise und Risiken der verschiedenen Arten von Börsentermingeschäften. Sie gibt den Wortlaut des § 53 Abs. 2 Satz 1 BörsG wieder und widmet allen dort angesprochenen Risiken einen oder mehrere gesonderte Abschnitte. In knapper und informativer Form und ohne Beschönigung werden die Risiken näher dargestellt und verständlich erläutert. Ob dies auch für die sog. Hebelwirkung in vollem Umfange gilt, kann nach Ansicht des BGH[419] offen bleiben. Die Hebelwirkung zählt nämlich nicht zu den in § 53 Abs. 2 Satz 1 BörsG abschließend aufgeführten Risiken, über die private Anleger zur Herbeiführung der Termingeschäftsfähigkeit zu informieren sind. **237**

f) Zeitpunkt der Information. Nach dem insoweit eindeutigen Wortlaut des § 53 Abs. 2 BörsG hat die schriftliche Information **vor Geschäftsabschluß** zu erfolgen. Wenn es in der Regierungsbegründung[420] stattdessen heißt, das Informationsblatt sei „vor oder bei Abschluß des ersten Geschäftes" zu unterzeichnen, so geht dies wohl darauf zurück, daß in einer frühen Fassung des Referentenentwurfs noch eine Information alternativ „vor oder bei Abschluß" des Geschäfts vorgesehen war[421]. Ob ein **Überlegungszeitraum** für die Information „vor Abschluß des Geschäfts" einzuräumen ist[422], ist umstritten. Würde man darauf abstellen, welche Zeit der Kunde benötigt, um sich mit dem Inhalt des Informationsmerkblattes vertraut zu machen, brächte dies eine „adressatenbezogene" Anforderung in die Informationserteilung, die der gesetzlichen Regelung an sich fremd ist[423]. Hat der **238**

---

415 *Wach* 1992, 384, 391; *Schwark*, BörsG, § 53, Rdnr. 21.

416 BT-Drucks. 11/4177, S. 20.

417 Vgl. BT-Drucks. 11/4177, S. 16.

418 WM 1994, 834, 835 = NJW 1994, 997 = WuB I G 5.-5.94 *Schäfer*; BGH WM 1995, 658 = WuB I G 7.-4.95 *Schäfer* = LM BörsG Nr. 39 *Koller* = EWiR 1995, 567 *Schwartz*; BGH WM 1996, 1260, 1261.

419 BGH WM 1995, 658, 659.

420 BT-Drs. 11/4177, S. 20.

421 *Koller*, BB 1990, 2202, 2208; zum Zeitpunkt der erstmaligen Unterrichtung auch *Assmann*, in: Festschr. f. Heinsius, 1991, S. 1, 29 f.

422 Vgl. dazu *Kümpel*, WM 1989, 1485, 1489.

423 *Assmann*, Festschrift für Heinsius, 1991, S. 1, 29.

Kunde unterschrieben, obwohl die Bank ihm zuwenig Zeit zum Durchlesen des Informationsblattes gegeben hat, kommt ein Schadenersatzanspruch wegen c.i.c. in Betracht[424].

239 *g) Folgewirkung bei Aufklärungsmängeln beim Abschluß des ersten Geschäfts?* Das LG Mannheim[425] geht ersichtlich davon aus, daß eine den Anforderungen des § 53 Abs. 2 BörsG genügende Unterrichtung, die während des Laufs einer auf Abschluß von (Devisen-) Termingeschäften gerichteten Geschäftsverbindung erteilt wird, dazu führt, daß die Geschäfte, die nach der Unterrichtung vorgenommen worden sind, rechtsverbindlich sind, während die vorausgegangenen Geschäfte unverbindlich bleiben. Demgegenüber vertritt OLG Zweibrücken[426] die unzutreffende Ansicht, daß eine Information i. S. des § 53 Abs. 2 BörsG, die erst nach zunächst gewinnbringenden (unverbindlichen) Geschäften erfolgt, die Termingeschäftsfähigkeit für Folgegeschäfte nicht herbeiführen kann[427]. Das OLG Zweibrücken[428] bezieht sich dafür auf die Rechtsprechung des BGH[429] zur Kausalitätvermutung bei vorvertraglichen Aufklärungsmängeln und verwechselt dies mit der „Termingeschäftsfähigkeit kraft Information", die nur die formalisierten Anforderungen des § 53 Abs. 2 BörsG erfüllen muß. Der BGH (WM 1996, 1260, 1261) hat das Urteil des OLG Zweibrücken (a. a. O.) aus den aufgeführten Gründen zutreffend aufgehoben.

240 *h) Sachliche Reichweite der Information.* (aa) Die Termingeschäftsfähigkeit kraft Information galt gem. § 53 Abs. 3 BörsG *nicht bei Warentermingeschäften* mit Ausnahme von Geschäften in Edelmetallen. Darunter versteht man allgemein Gold, Silber und Platin. Dies entspricht der Begriffsbestimmung in dem inzwischen aufgehobenen Gesetz über den Verkehr mit unedlen Metallen vom 23. 7. 1926 (RGBl. I, S. 415). Das 2. FinanzmarktförderungsG hat § 53 Abs. 3 BörsG aufgehoben und damit die Ausnahme von der „Termingeschäftsfähigkeit kraft Information" bei Warentermingeschäften mit Wirkung zum 1. 1. 1995 beseitigt.

241 (bb) Die Regierungsbegründung[430] geht davon aus, daß das Informationsblatt sich an den derzeit am Markt vorkommenden Vertragstypen orientieren und hierauf die Risikobeschreibung abstellen kann. Entwickeln sich an den Terminmärkten **neue Vertragstypen oder Terminkontraktarten**, deren Risikostruktur im Merkblatt nicht mehr zutreffend erfaßt ist, müßte dieses aktualisiert und von dem in Betracht kommenden Anlegerkreis, wohl als erste Unterrichtung, erneut unterschrieben werden. Andererseits muß über alle in § 53 Abs. 2 BörsG angesprochen Fragen informiert werden, selbst wenn in dem abzuschließenden konkreten Geschäft nicht alle der im Gesetz genannten Risiken auftauchen, z. B. nicht kreditfinanziert wird oder auch keine Fremdwährungsrisiken bestehen.

242 *i) Termingeschäftsfähigkeit kraft Information und Nebengeschäft.* § 60 BörsG erstreckt die §§ 52 bis 59 BörsG auf Auftrags- oder Geschäftsbesorgungsverhältnisse, die auf den Abschluß von Börsentermingeschäften gerichtet sind. Ein derartiges sog. Nebengeschäft ist für einen nichtkaufmännischen Partner nur verbindlich, wenn er entsprechend § 53 Abs. 2 BörsG informiert worden ist. Dafür reicht es nicht aus, daß der Partner des Ausführungsgeschäfts beaufsichtigter Kaufmann ist und entsprechend § 53 Abs. 2 BörsG informiert hat. Die rechtswirksame Information muß vielmehr von dem beaufsichtigten kaufmännischen Partner des Nebengeschäfts selbst ausgehen[431].

243 *j) Dauer der „Termingeschäftsfähigkeit kraft Information".* Die Unterrichtung wirkt nicht nur für den ersten auf die Information folgenden Geschäftsabschluß mit dem informierenden Kaufmann. Sie erstreckt sich vielmehr auf einen **Zeitraum von drei Jahren** (§ 53 Abs. 2

---

424 *Baumbach/Hopt*, HGB, (14) § 53 BörsG Rdnr. 10; *Assmann*, Festschrift für Heinsius, 1991, S. 1, 30.

425 WM 1992, 911, 913.

426 WM 1995, 1272 = ZIP 1995, 1251 = WuB I G 1.-11.95 *Jütten/Baur*; a. A. OLG Hamm, ZIP 1996, 1864.

427 Dagegen zutreffend *Drygala* ZIP 1995, 1255; *ders.*, ZHR 159 (1995), 686, 712; *Schödermeier*, Die Bank 1996, 166.

428 WM 1995, 1272 = ZIP 1995, 1251.

429 WM 1993, 1457, 1458 = NJW 1993, 2434 = ZIP 1993, 1152.

430 BT-Drs. 11/4177, S. 20.

431 *Assmann*, Festschrift für Heinsius, 1991, S. 1, 30.

Satz 3, 1. Halbsatz BörsG)[432]. Nach der ersten Unterrichtung ist die Information allerdings schon nach einem Jahr zu wiederholen (§ 53 Abs. 2 Satz 3, 2. Halbsatz BörsG). Für die ordnungsgemäße Unterrichtung und ihren Zeitpunkt ist der kaufmännischen Partner beweispflichtig (§ 53 Abs. 2 Satz 5 BörsG).

(aa) Nicht ausdrücklich geregelt ist, wie es sich auswirkt, wenn eine Erneuerung der Information unterblieben ist. Zu beantworten ist in diesem Fall, ob eine Information nach einer zeitlichen Lücke rechtlich als Erstinformation nur ein Jahr wirkt oder ob auch dann der Zeitraum von drei Jahren gilt. Im Interesse der Rechtssicherheit spricht viel für die Auffassung, daß die Unterrichtung nach einer Lücke als Erstinformation nur ein Jahr wirkt und deshalb schon nach Ablauf eines Jahres zu wiederholen ist[433]. Es läßt sich nämlich der Zeitraum nicht eingrenzen, während dessen der Privatkunde nicht termingeschäftsfähig war, weil die Wiederholung versäumt worden ist. **244**

(bb) Die Kreditinstitute waren aus Gründen der Praktikabilität bemüht, den Zeitpunkt für die Wiederholung der Unterrichtung zu vereinheitlichen, denn die Erstinformation findet naturgemäß jeweils zu einem individuellen Zeitpunkt statt. Eine Vereinheitlichung würde erleichtert, wenn die erste Wiederholung unterjährig erfolgen kann. Aus dem bisherigen Wortlaut des Gesetzes war abgeleitet worden, die erste Wiederholung müsse zwingend nach einem Jahr erfolgen, während erst bei den weiteren Wiederholungen auch kürzere Fristen gewählt werden könnten. Die Argumentation erschien nicht überzeugend[434]. Da der Gesetzgeber den längeren Wiederholungszeitraum erst nach einen Jahr eintreten lassen will, hätte man an eine erneute Information innerhalb des ersten Jahres eine weitere *nur einjährige* Wirkungsdauer[435] knüpfen können. Mit Art. 2 Nr. 27 des 2. FinanzmarktförderungsG ist diese Frage nunmehr in § 53 Abs. 2 Satz 4, 2. Halbs. BörsG in der Weise gesetzlich geregelt, daß nach der ersten Unterrichtung eine Wiederholung **vor** dem Ablauf von zwölf Monaten zu geschehen hat, aber frühestens nach dem Ablauf von zehn Monaten (§ 53 Abs. 2 Satz 4 Halbsatz 2 BörsG). **245**

k) Beteiligung von Dritten. (aa) Aufklärung durch Dritte. Es stellt sich die Frage, ob die Information immer vom Vertragspartner des beabsichtigten Börsentermingeschäfts auszugehen hat oder ob auch eine dritte, nicht als Stellvertreter des beaufsichtigten Kaufmanns beteiligte *Person* mit der Wirkung des § 53 Abs. 2 BörsG informieren kann. Dies kann vor allem beim Wechsel einer Bankverbindung praktisch werden. Nach dem Gesetz kommt nur eine Information durch den kaufmännischen Vertragspartner in Betracht[436]. Dafür spricht nicht nur der Wortlaut des Gesetzes, insbesondere die Formulierung der Beweislastregelung in § 53 Abs. 2 Satz 2, 2. Halbsatz BörsG, sondern auch die rechtssystematische Einordnung der „Termingeschäftsfähigkeit kraft Information". Die Aufklärung wirkt nur relativ und nicht etwa dahin, daß der Partner damit einen dem eingetragenen Kaufmann vergleichbaren Status erhält, der sich auch im Verhältnis zu Dritten auswirken kann. Die Aufklärung beseitigt (nur) ein rechtliches Hindernis für die Verbindlichkeit eines Rechtsgeschäfts mit demjenigen, der informiert hat[437]. Die stattgefundene Information erstreckt sich über das einzelne Börsentermingeschäft nur in zeitlicher Hinsicht. Daraus ist aber keine auch personelle Erweiterung des begünstigten Personenkreises herleitbar. **246**

---

[432] Vgl. zu dem Problem einer „taggenauen" Unterrichtung *Worms*, WM 1991, 81, 82.

[433] Ebenso *Kleinschmitt*, Das Informationsmodell bei Börsentermingeschäften, 1992, S. 114; *Wach* AG 1992, 384, 397; *Assmann*, Festschrift für Heinsius, 1991, S. 1, 29 f.; *Schäfer* ZIP 1989, 1103, 1104.

[434] Vgl. dazu *Worms* WM 1991, 81.

[435] So auch *Kümpel* WM 1989, 1485, 1489 Fn. 37.

[436] BGH WM 1995, 658 = NJW 1995, 1554 = ZIP 1995, 553; BGH WM 1994, 834, 838; *Assmann*, Festschrift für Heinsius, 1991, S. 1, 29 f.; *Wach* AG 1992, 384, 390; *Horn*, ZIP 1990, 2, 8; and. Ans. *Schäfer* ZIP 1989, 1103, 1105; *Kleinschmitt*, Das Informationsmodell bei Börsentermingeschäften, 1992, S. 115.

[437] *Wach* AG 1992, 384, 390.

247 Ob sich ein beaufsichtigter Kaufmann zur Weiterleitung der Informationsschrift an den künftigen Vertragspartner eines **selbständigen Boten**, der keiner Aufsicht unterliegt, bedienen kann, hat der BGH[438] offengelassen[439]. Entscheidend sollte weniger die Selbständigkeit oder Unselbständigkeit des Boten als vielmehr die Tatsache sein, ob die Informationsschrift aus der Sicht des Partners von dem beaufsichtigten Kaufmann[440] stammt. Die Informationsschrift kann auch durch die Post übermittelt werden (OLG Hamm, ZIP 1996, 1864).

248 (bb) Aufzuklärender Personenkreis. Bei **gewillkürten Vertretungsverhältnissen** auf Seiten des nichtkaufmännischen Partners stellt einmal sich die Frage, ob Termingeschäftsfähigkeit des handelnden Vertreters ausreicht oder ob zur Wirksamkeit des Vertreterhandelns gehört, daß auch der Vertretene aufgeklärt worden ist. Diese Frage ist weniger danach zu beantworten, ob ein Vertreter die geforderte Unterschrift unter dem Informationsblatt leisten kann[441], maßgebend muß vielmehr sein, ob eine „Stellvertretung in der Information" möglich ist[442]. Dies ist unter Berücksichtigung des Zwecks der Information abzulehnen, weil nicht den Stellvertreter die Wirkungen des Börsentermingeschäfts und damit dessen Risiken treffen, sondern den Vertretenen als Vertragspartner, der deshalb in die Lage versetzt werden soll, eine verantwortliche eigene Entscheidung zu treffen[443]. Offengelassen hatte der BGH[444] bisher die Frage, ob der Vertreter eines nur kraft Information Börsentermingeschäftsfähigen selbst termingeschäftsfähig sein muß. Obwohl bei der Stellvertretung die Willensbildung beim Vertreter liegt, verlangt der BGH (WM 1996, 1260, 1262) nunmehr keine Information des Vertreters, weil auch bei einem termingeschäftsfähigen Kaufmann (§ 53 Abs. 1 BörsG) der Vertreter nicht termingeschäftsfähig sein müsse. Das Börsentermingeschäft für den Nichtkaufmann ist auch dann verbindlich, wenn der Vertreter nicht entsprechend informiert worden ist[445].

249 Der BGH[446] hat zutreffend festgestellt, daß sich dem § 53 Abs. 2 Satz 1 BörsG nicht entnehmen lasse, daß Termingeschäftsfähigkeit kraft Information stets nur durch unmittelbaren Kontakt des Kreditinstituts mit dem Anleger persönlich herbeigeführt werden könne. Auf Seiten des Bankkunden kann das Informationsblatt also auch ein Empfangsbote entgegennehmen.

250 **7. Zusätzliche Beratungs- und Warnpflichten.** Mit der Börsentermingeschäftsfähigkeit „kraft Information" (§ 53 Abs. 2 BörsG) erlangt die Frage, in welchem Umfang der gesetzliche Schutz des Termineinwands durch zusätzliche vorvertragliche Beratungs- und Aufklärungspflichten ergänzt wird, besondere Aktualität[447].

251 *a) Ausgangslage.* Das Informationsblatt entbindet den kaufmännischen Partner des Börsentermingeschäfts nicht per se von Beratungs- Auskunfts- oder Warnpflichten, die sich aus dem vorvertraglichen Schuldverhältnis oder als Schutzpflichten aus dem wirksam begründeten Börsentermingeschäft ergeben. Die Unterrichtung durch das Informationsblatt

---

[438] BGH WM 1995, 658 = NJW 1995, 1554 = ZIP 1995, 553; BGH WM 1996, 1260, 1261.

[439] Gegen diese Möglichkeit *Horn* ZIP 1990, 2, 8f.; *Heeb*, Börsentermingeschäftsfähigkeit und Aufklärungspflichten nach der Börsengesetznovelle, S. 100; *Schmitte*, Aufklärungs- und Beratungspflichten der Kreditinstitute bei Bösrsentermingeschäften, Diss. Bonn 1994, S. 91.

[440] So wohl auch *Schwark*, BörsG § 53 RdNr. 21; *Wach* AG 1992, 385, 396; *Dannhoff* DWiR 1992, 273, 276; *Koller* LM BörsG Nr. 35/36.

[441] So aber *Kümpel* WM 1989, 1485, 1488; dagegen BGH WM 1996, 1260, 1262.

[442] Ablehnend *Kleinschmitt*, Das Informationsmodell bei Börsentermingeschäften, 1992, S. 131.

[443] *Assmann*, Festschrift für Heinsius, 1991, S. 1, 31.

[444] BGH WM 1995, 658 = NJW 1995, 1554 = ZIP 1995, 553.

[445] And. Ans. *Assmann*, Festschrift für Heinsius, 1991, S. 1, 31; *Kümpel* WM 1989, 1485, 1489; a. A. *Kleinschmitt*, Das Informationsmodell bei Börsentermingeschäften, 1992, S. 134 Wach AG 384, 396 Fn. 133.

[446] BGH WM 1995, 658 = NJW 1995, 1554 = ZIP 1995, 553; BGH WM 1996, 1260, 1261.

[447] *Assmann*, Festschrift für Heinsius, 1991, S. 1, 22 ff.; *Wach* AG 1992, 384, 394; zutreffend BGH WM 1996, 1260, 1261.

bewirkt zunächst (nur), daß der Partner nunmehr und für einen bestimmten Zeitraum verbindlich Börsentermingeschäfte abschließen kann. Die „Termingeschäftsfähigkeit kraft Information" darf also nicht mit vorvertraglichen Aufklärungpflichten identifiziert werden[448].

Die Regierungsbegründung[449] spricht ausdrücklich von „zusätzlichen Aufklärungspflichten", die allerdings mündlich erteilt werden könnten. Während die Regierungsbegründung[450] im übrigen meint, aufgrund der besonderen Situation im Einzelfall oder der individuellen Umstände in der Person eines Kunden könnten Kreditinstitute gegenüber Privatkunden gehalten sein, zusätzliche Beratungs-, Auskunfts- oder Warnpflichten zu erfüllen. Gegenüber dem durch diese Formulierung erweckten Anschein des Ausnahmecharakters zusätzlicher Aufklärungsspflichten über die spezifische Kapitalanlage und wegen der besonderen Situation des Anlegers ist allerdings Vorsicht geboten[451]. Im Schrifttum wird auf die Rechtsprechung des Bundesgerichtshofs zu den Londoner Warenterminoptionen hingewiesen[452], die eine Aufklärung über die wirtschaftlichen Grundlagen und Zusammenhänge dieser Geschäfte verlangt und die, soweit ich es sehe, die Aufklärung in den bisher entschiedenen Fällen nie als ausreichend angesehen hat. 252

Schon bisher ging die Rechtsprechung außerdem davon aus, daß sogar gegenüber einem börsentermingeschäftsfähigen eingetragenen Kaufmann eine vorvertragliche Aufklärungspflicht bestehen kann. Vergegenwärtigt man sich allerdings die Begründung, mit der das Gericht in diesem Fall zusätzliche Aufklärungspflichten rechtfertigt, daß man nämlich auch bei einem eingetragenen Kaufmann keine Kenntnisse über branchenfremde Termingeschäfte voraussetzen könne, dann läßt sich diese Argumentation auf die „Börsentermingeschäftsfähigkeit kraft Information" nicht unbesehen übertragen. Es besteht nämlich insofern eine Unterschied, als die „Termingeschäftsfähigkeit kraft Information" gerade durch eine dem Gesetz entsprechende Aufklärung über die typischen Verlustrisiken aus Börsentermingeschäften erworben wird. Soweit sich daher die Gegenstände, über die eine Aufklärung in Betracht kommt, überschneiden, kann die durch ordnungsgemäße Information erworbene Termingeschäftsfähigkeit und damit die Rechtsverbindlichkeit getätigter Börsentermingeschäfte nicht durch einen Schadensersatzanspruch wegen Verschuldens bei Vertragsschluß wieder in Frage gestellt werden. Die Rechtsfigur der „Börsentermingeschäftsfähigkeit kraft Information" macht vielmehr nur dann einen Sinn, wenn die Gegenstände, über die mit Rücksicht auf die Erlangung der Börsentermingeschäftsfähigkeit aufgeklärt worden ist, nicht erneut und zusätzlich unter dem Gesichtspunkt der culpa in contrahendo ins Spiel gebracht werden können. 253

b) Zu unterscheidende Adressatengruppen. Hinsichtlich der vorvertraglichen Aufklärungspflichten wird man sorgfältig zwischen folgenden, als Adressaten in Betracht kommenden Personenkreisen unterscheiden müssen: 254

Keine geschäftsspezifischen Aufklärungspflichten dürften gegenüber denjenigen Vertragspartnern bestehen, denen das Gesetz mit Rücksicht auf ihre spezielle Berufserfahrung nach § 53 Abs. 1 Satz 2 BörsG Termingeschäftsfähigkeit verleiht. Es handelt sich dabei vielmehr um Marktteilnehmer, die selbst als Schuldner von Aufklärungspflichten in Betracht kommen. Das gilt, wie gesagt, schon nach der bisherigen Rechtsprechung nicht in gleichem Maße gegenüber einem kaufmännischen Geschäftspartner. 255

Auch gegenüber demjenigen, der durch gesetzeskonforme Information termingeschäftsfähig geworden ist, können außerdem Aufklärungspflichten bestehen. 256

---

[448] So aber offenbar OLG Köln WM 1995, 697 = WuB I G 1.-8.95 *van Look.*

[449] BT-Drucks. 11/4177, S. 19; ebenso BGH WM 1995, 658 = WuB I G 7.-4.95 Schäfer = LM BörsG Nr. 39 *Koller*; BGH WM 1996, 1260, 1261.

[450] BT-Drucks. 11/4177, S. 19.

[451] *Assmann*, Festschrift für Heinsius, 1991, S. 1, 24 f.

[452] So *Schwark* NJW 1989, 2675, 2676.

V. Anbahnung und Abwicklung erlaubter Börsentermingeschäfte

257 Das Börsengesetz regelt die verbotenen und die erlaubten Börsentermingeschäfte auch auf der Ebene des Börsenprivatrechts unterschiedlich. An dieser Stelle wird zunächst die **Rechtslage der erlaubten Geschäfte** (§§ 52 ff. BörsG) erörtert[453], und zwar weitgehend unabhängig davon, auf welche Handelsobjekte sich die Geschäfte beziehen. Es lag schon immer in der Absicht des Gesetzgebers, die erlaubten Geschäfte aus Gründen der rechtstechnischen Vereinfachung möglichst einheitlich zu regeln und nur dort zwischen den verschiedenen Märkten zu unterscheiden, wo es sich nicht vermeiden ließ. Das ÄnderungsG 1989 hat die börsenprivatrechtlichen Unterscheidungen nach Handelsobjekten mit Wirkung vom 1. 8. 1989 beseitigt. Soweit sich im Laufe der Rechtsentwicklung bei den einzelnen Handelsgegenständen Besonderheiten ergeben haben, wird darauf gesondert eingegangen[454].

258 **1. Aufklärungs- und Informationspflichten.** *a) Ausgangslage.* Besondere gesetzliche Vorschriften über die Information des anlagesuchenden Publikums oder eine spezialgesetzliche Regelung der Prospekthaftung, die den §§ 45, 46 BörsG entspricht[455], gibt es für Börsentermingeschäfte nicht[456]. Insofern hat zwar die „Börsentermingeschäftsfähigkeit kraft Information" (§ 53 Abs. 2 BörsG) eine Änderung gebracht[457]; eine gesetzeskonforme Information bewirkt aber mit der Börsentermingeschäftsfähigkeit allein die Rechtsverbindlichkeit der Geschäfte, schließt aber zusätzliche Aufklärungs- und Informationspflichten nicht aus (Rdnr. 250 ff.)[458]. Insoweit bestimmt sich die Rechtslage nach den **allgemeinen Rechtsgrundsätzen zur Anlageberatung und Anlagevermittlung**[459], die stets vor dem Hintergrund der Besonderheiten von Termingeschäften gesehen werden müssen.

259 (aa) Mit Blick auf diese allgemeinen Rechtsgrundsätze zur Anlageberatung steht vor allem das **„Bond"-Urteil des BGH**[460] im Vordergrund des Interesses. Die Beratungspflicht hat sich danach einerseits an der Person des Anlageinteressenten auszurichten („anlegergerechte" Beratung) und sie ist andererseits unter Berücksichtigung dieses Umstands vom Anlageobjekt her zu bestimmen („objektgerechte" Beratung). Was die Person des Anlegers betrifft, so gehören dazu sein Wissensstand und seine Risikobereitschaft. Es kommt also auf sein Fachwissen und sein Anlageziel an. Die „anlegergerechte" Beratung hat zu berücksichtigen, ob er eine sichere Geldanlage beabsichtigt oder ob ein Spekulationsinteresse im Vordergrund steht. Zu dem Objekt der Anlage sind diejenigen Risiken und Eigenschaften des Anlageobjekts zu berücksichtigen, die für die Entscheidung eine wesentliche Bedeutung haben können. Mit diesen Überlegungen hat der BGH den Inhalt der allgemeinen Verhaltenspflichten von Wertpapierdienstleistungsunternehmen vorweggenommen; solche Unternehmen müssen sich nämlich seit dem 1. 1. 1995 nach § 31

---

[453] Vgl. zu den verbotenen Geschäften (§§ 63 ff. BörsG) Rdnr. 442 ff.

[454] Vgl. zu den Warentermingeschäften Rdnr. 457 ff.; zu den Wertpapiertermingeschäften Rdnr. 477 ff.; zu den Devisentermingeschäften Rdnr. 510 ff.

[455] Vgl. auch § 13 VerkProspG.

[456] *Schwark* JURA 1985, 403. Vgl. zur Prospekthaftung oben § 7 und *Schwark* JURA 1985, 342, 345 f. m.w.N.

[457] Zur neuen Börsentermingeschäftsfähigkeit kraft Information (§ 53 Abs. 2 BörsG) vgl. Rdnr. 224 ff.

[458] Vgl. z. B. BGH WM 1993, 658; OLG Schleswig WM 1993, 503, 504; OLG Frankfurt WM 1993, 684; *Potthoff* WM 1993, 684; *Baumbach/Hopt*, HGB, 29. Aufl. 1995, § 53 BörsG Rdnr. 17.

[459] Vgl. dazu ausführlich oben § 5.

[460] BGHZ 123, 126 = WM 1993, 1455 = WuB I G 4.-9.93 *Schwark* = ZIP 1993, 1448 = EWiR 1993, 857 *Köndgen* = DZWir 1994, 197 m. Anm. *Kunz* = JZ 1994, 102 m. Anm. *Escher-Weingart*; dazu ferner *Raeschke-Kessler* WM 1993, 1830 = *Heinsius* ZBB 1994, 47; *Arendts* DZWir 1994, 185; *Vortmann* ÖBA 1994, 579. Ebenso OLG Braunschweig WM 1994, 59 = ZIP 1993, 1457, 1459; OLG Köln WM 1995, 381, 384; OLG Köln WM 1995, 697, 698 = WuB I G 1.-8.95 *van Look*.

Abs. 2 WpHG über die Kenntnisse des Kunden betreffend die von ihm beabsichtigten Geschäfte sowie über den von ihm mit der Anlage verfolgten Zweck informieren[461].

(bb) Die Verletzung der Aufklärungspflicht begründet nur dann einen Schadenersatzanspruch, wenn sie für den eingetretenen Schaden ursächlich ist. Nach den allgemeinen Regeln über die Verteilung der Beweislast bei Vertragsverletzungen müßte an sich der geschädigte Anleger als haftungsbegründende Kausalität beweisen, daß er bei einer ordnungsgemäßen Aufklärung die verlustbringenden Geschäfte nicht abgeschlossen hätte. Nach ständiger Rechtsprechung des BGH[462] ist derjenige, der vertragliche oder vorvertragliche Aufklärungspflichten verletzt, dafür beweispflichtig, daß der Schaden auch eingetreten wäre, wenn er sich pflichtgemäß verhalten hätte, der Geschädigte also den Rat oder den Hinweis nicht befolgt hätte. Es handelt sich dabei um eine Kausalitätsvermutung. Die Rechtsprechung hilft also mit einer tatsächlichen Vermutung für ein aufklärungsrichtiges Verhalten. Es ist grundsätzlich davon auszugehen, daß der Kunde bei gehöriger Aufklärung die Option nicht erworben hätte. 260

Nach der Rechtsprechung soll sich die Vermutungswirkung sogar auf Folgegeschäfte erstrecken, denen im einzelnen selbst eine ordnungsgemäße Aufklärung vorausgegangen ist[463]. Als Schranke der Aufklärungspflicht hat der BGH (WM 1996, 1214, 1214) zuletzt die **Aufklärungsbedürftigkeit** betont, die bei ausreichenden Erfahrungen des Kunden fehlt, aber auch dann, wenn er keine Beratung wünscht oder sich als erfahren ausgibt. 261

b) Bedeutung neben Termin- und Differenzeinwand. (aa) Bei Börsentermingeschäften wird der Schutz des Publikums im Ausgangspunkt auf andere Weise als durch Aufklärungs- und Informationspflichten verwirklicht; Termineinwand und Differenzeinwand bilden ein abgestuftes und differenziertes System spezifischer Schutzmechanismen. Beratungs-, Aufklärungs- und Informationspflichten erfüllen dazu also eine ergänzende Funktion[464]. 262

Termin- und Differenzeinwand stehen auf der anderen Seite einer Haftung aus c.i.c. wegen der Verletzung vorvertraglicher Aufklärungspflichten nicht entgegen[465]; die Vorschriften über den Terminhandel und der § 764 BGB schließen nämlich zusätzliche, anlegerschützende Nebenpflichten nicht aus[466]. 263

Bei den Aufklärungspflichten kann man zwischen zwei Zielrichtungen unterscheiden: 264

– Auch wenn unverbindliche Termingeschäfte unter bestimmten Voraussetzungen gemäß § 55 BörsG einen **Rückforderungsausschluß** bewirken[467] oder gemäß § 57 BörsG eine Heilung eintritt, können einzelne Beteiligte nach allgemeinen Maßstäben als schutzwürdig erscheinen, um nicht durch Unkenntnis oder Fehlinformation geschädigt zu

---

[461] Vgl. dazu nur *Kümpel* WM 1995, 789; *Hopt* ZHR 159 (1995), 135, 140. Die Kreditinstitute verwenden zur Dokumentation ihrer entsprechenden Bemühungen neuerdings einen Fragebogen; dazu *Jütten* Die Bank 1995, 221.

[462] Vgl. BGHZ 124, 151, 159 f. = WM 1994, 149, 151 f. = WuB I G 4.-3.94 *Wach* = NJW 1994, 512; BGH WM 1992, 1935, 1937 = NJW 1993, 257; BGH WM 1992, 770, 773 = NJW 1992, 1879; BGH WM 1991, 127, 130; BGH WM 1984, 221; BGH WM 1983, 554; BGH WM 1981, 552; OLG Düsseldorf WM 1995, 1488, 1495; OLG Hamburg WM 1989, 1241, 1243; OLG Düsseldorf WM 1988, 566 = WuB I G 5.– 10.88 *Welter,* im Anschluß an BGHZ 61, 118 = WM 1973, 1015; dazu *Grün* NJW 1994, 1330; abl. *Stodolkowitz* VersR 1994, 11, 14; *Häuser,* WM 1989, 841, 844; *Baumgärtel,* Handbuch der Beweislast im Privatrecht, Bd. 1, 2. Aufl. 1991, Anh. § 282 BGB Rdnr. 65. Für einen Beweis des ersten Anscheins in derartigen Fällen BGH (IX. ZS) WM 1994, 78, 80 = NJW 1993, 3259; *Baumbach/Hopt,* HGB, § 347, Rdnr. 37.

[463] BGH WM 1993, 1457 = WuB I G 4.-10.93 *Rössner* = NJW 1993, 2434.

[464] Vgl. hierzu umfassend *Wach,* Der Terminhandel in Recht und Praxis, Rdnr. 196 ff.

[465] Vgl. BGH WM 1991, 127, 130 = ZIP 1991, 87; BGHZ 80, 80, 86 = WM 1981, 374 = NJW 1981, 1266 hinsichtlich des *Termineinwands*; BGH WM 1981, 552, 553 hinsichtlich des *Differenzeinwands.*

[466] Vgl. zu Nebenpflichten Rdnr. 318 ff.

[467] Z.B. für „Erfüllungsleistungen" (vgl. § 55 BörsG und § 764 Abs. 1 Satz 2 BGB) insbesondere BGHZ 107, 192 = WM 1989, 807 = NJW 1989, 212 = WuB I G 5.-12.89. *Welter,* dazu Rdnr. 359 ff.; Rdnr. 441.

werden. Aufklärungspflichten mit der Sanktion des Schadenersatzes können also deshalb Bedeutung gewinnen, weil ein Börsentermingeschäft auch mit einem nicht termingeschäftsfähigen Partner für diesen die Rechtsfolgen im Bereich der §§ 55, 57 BörsG bewirken kann. Für einen Schadenersatzanspruch wegen c.i.c. gewinnen dann gerade auch die Umstände, über die mit Rücksicht auf den Erwerb der Termingeschäftsfähigkeit aufzuklären ist (§ 53 Abs. 2 BörsG), Bedeutung. Es wäre jedenfalls überraschend, wenn die Rechtsprechung den gesetzlichen Katalog in § 53 Abs. 2 Satz 1. BörsG n. F. nicht auch zur Konkretisierung vorvertraglicher Aufklärungspflichten heranziehen würde. Wer also z. B. über die Risiken von Optionsgeschäften nicht aufgeklärt worden ist, ist deshalb zwar nicht termingeschäftsfähig. Erfüllungsansprüche können gegenüber ihm nicht durchgesetzt und Sicherheitsleistungen zurückgefordert werden. Hat er aber eine dem Rückforderungsaussschluß (§ 55 BörsG) unterliegende (Erfüllungs-) Leistung erbracht, kann er diese grundsätzlich im Wege des Schadensersatzes wegen unterbliebener Aufklärung zurückverlangen. Er wird nämlich behaupten, daß er diese (Erfüllungs-) Leistung bei ordnungsgemäßer Aufklärung nicht erbracht hätte.

– Termineinwand und Differenzeinwand schützen zwar nicht nur davor, von dem Geschäftspartner auf Erfüllung in Anspruch genommen zu werden. Praktisch besonders bedeutsam sind auch Bereicherungsansprüche auf Rückerstattung schon erbrachter Einschüsse und sonstiger Sicherheiten. Wirtschaftlich ist dieser Schutz allerdings dann wertlos, wenn der Geschäftspartner – wie nicht selten bei einer GmbH mit Mindeststammkapital – insolvent ist. Gegen beteiligte **Dritte** kommen in einer solchen Situation im Einzelfall Ansprüche aus einer vertraglichen oder deliktischen Haftungsgrundlage wegen der Verletzung von Informations- und Aufklärungspflichten in Betracht.

265 In der Rechtsprechung lag zunächst ein deutlicher Schwerpunkt bei Geschäften über **Londoner Warenterminoptionen**[468]. Neuerdings rücken auch inländische Wertpapieroptionsgeschäfte und moderne Finanzinstrumente ins Blickfeld[469].

266 (bb) Schon bisher ging die Rechtsprechung[470] außerdem davon aus, daß sogar **gegenüber einem börsentermingeschäftsfähigen Kaufmann** eine vorvertragliche Aufklärungspflicht bestehen kann, und zwar mit der Begründung, man könne auch bei einem eingetragenen Kaufmann keine Kenntnisse über branchenfremde Termingeschäfte voraussetzen. Hinsichtlich der vorvertraglichen Aufklärungspflichten wird man sorgfältig zwischen folgenden, als Adressaten in Betracht kommenden Personenkreisen unterscheiden müssen:

267 (cc) Keine geschäftsspezifischen Aufklärungspflichten dürften gegenüber denjenigen Vertragspartnern bestehen, denen das Gesetz mit Rücksicht auf ihre spezielle Berufserfahrung nach § 53 Abs. 1 Satz 2 BörsG Termingeschäftsfähigkeit verleiht. Es handelt sich dabei vielmehr um Marktteilnehmer, die selbst als Schuldner von Aufklärungspflichten in Betracht kommen.

268 (dd) Das gilt, wie bereits gesagt, schon nach der bisherigen Rechtsprechung nicht in gleichem Maße gegenüber einem kaufmännischen Geschäftspartner.

269 *c) Bedeutung neben der „Börsentermingeschäftsfähigkeit kraft Information"*. Das Informationsblatt entbindet den Partner des Börsentermingeschäfts nicht per se von Beratungs-, Auskunfts- oder Warnpflichten, die sich aus dem vorvertraglichen Schuldverhältnis oder als Schutzpflichten aus dem wirksam begründeten Börsentermingeschäft ergeben (Rdnr. 251 ff.).

270 Die Regierungsbegründung[471] spricht ausdrücklich von „zusätzlichen Aufklärungspflichten", die allerdings mündlich erfüllt werden könnten. Im übrigen meint die Regierungs-

---

[468] Hierzu ausführlich *Bundschuh* WM 1985, 249 ff.; ferner *Hartung*, Das Wertpapieroptionsgeschäft, S. 153, 154.

[469] BGHZ 107, 192 = WM 1989, 807 = NJW 1989, 2120 = WuB I G 5.-12.89 *Welter* = EWiR § 276 BGB 2/89 *Canaris*; KG WM 1989, 173 f. = WuB I G 5.-4.89 *Häuser*, vgl. dazu ausführlich Rdnr. 447 ff.

[470] BGH WM 1981, 758 = NJW 1981, 1898; BGH WM 1981, 711 = NJW 1981, 1897.

[471] BT-Drucks. 11/4177, S. 19.

begründung[472], aufgrund der besonderen Situation im Einzelfall oder der individuellen Umstände in der Person eines Kunden könnten Kreditinstitute gegenüber Privatkunden gehalten sein, zusätzliche Beratungs-, Auskunfts- oder Warnpflichten zu erfüllen (Rdnr. 252). Im Schrifttum[473] wird auf die Rechtsprechung des Bundesgerichtshofs zu den Londoner Warenterminoptionen hingewiesen, die eine Aufklärung über die wirtschaftlichen Grundlagen und Zusammenhänge dieser Geschäfte verlangt und die eine Aufklärung in den bisher entschiedenen Fällen meistens als ausreichend angesehen hat.

Die „Termingeschäftsfähigkeit kraft Information" (§ 53 Abs. 2 BörsG) wird andererseits **271**
gerade durch eine dem Gesetz entsprechende Aufklärung über die typischen Verlustrisiken aus Börsentermingeschäften erworben. Soweit sich daher die Gegenstände, über die eine Aufklärung in Betracht kommt, überschneiden, kann die durch ordnungsgemäße Information erworbene Termingeschäftsfähigkeit und damit die Rechtsverbindlichkeit getätigter Börsentermingeschäfte nicht durch einen Schadensersatzanspruch wegen Verschuldens bei Vertragsschluß wieder in Frage gestellt werden. Die Rechtsfigur der „Börsentermingeschäftsfähigkeit kraft Information" macht vielmehr nur dann einen Sinn, wenn die Gegenstände über die mit Rücksicht auf die Erlangung der Börsentermingeschäftsfähigkeit aufgeklärt worden ist, nicht erneut und zusätzlich unter dem Gesichtspunkt der culpa in contrahendo ins Spiel gebracht werden können (Rdnr. 253).

d) Einzelne Geschäftstypen. Die bekannten „unrühmlichen Entwicklungen" im Waren- **272**
terminhandel[474] haben etwa ab Mitte der siebziger Jahre zu einer Flut von Haftungsprozessen geschädigter Anleger geführt. Hierbei hat der BGH mit Blick auf die Besonderheiten des Warenterminoptionsgeschäfts umfassende **Informations- und Aufklärungspflichten** entwickelt. Nach der ständigen Rechtsprechung des BGH sind gewerbliche Anbieter oder Vermittler von Terminoptionen verpflichtet, die Kaufinteressenten vor Vertragsschluß schriftlich in unmißverständlicher Form über die wirtschaftlichen Zusammenhänge und die Risiken derartiger Geschäfte sowie über den Umfang des ihnen aufgebürdeten Verlustrisikos und die durch die Höhe der Vermittlungsprämie eingetretene Verringerung der Gewinnchancen aufzuklären. Dies gilt wegen der gleichermaßen hohen Risiken und der typischen Unerfahrenheit der in der Regel telefonisch geworbenen Kunden für Optionen an den Londoner Rohstoffbörsen wie für die fungiblen „modernen" Optionen. Der Optionsprämie und der gravierenden Verringerung der Gewinnchancen durch Prämienaufschläge kommt in allen Fällen im Ergebnis dieselbe Bedeutung zu[475].

(aa) Warenterminoptionen. Überwiegend hatte der **II. Zivilsenat** des BGH sich mit **273**
sog. Londoner Warenterminoptionen zu befassen. Diese Optionen werden in Deutschland von selbständigen Vertriebs- und Vermittlungsgesellschaften angeboten, die den Kunden meistens Gesamtprämien (Inklusivprämien) in Rechnung stellen. Diese Gesamtprämien enthalten neben der eigentlichen Börsenprämie (z. B. „Londoner Prämie") Provisionen und sonstige **Aufschläge des Vermittlers** in vielfach gleicher Höhe. Der Kunde, der nicht mit den Eigenarten des Warenterminoptionshandels vertraut ist, läuft dabei Gefahr, seine mit der Zahlung der Gesamtprämie erworbenen Gewinnchancen unzutreffend einzuschätzen. Der Erwerber von Warenterminoptionen muß über die wirtschaftlichen Zusammenhänge und Risiken des Optionsgeschäftes aufgeklärt werden, sofern er nicht ausnahmsweise als erfahrener Anleger einer Aufklärung nicht bedarf[476].

---

[472] BT-Drucks. 11/4177, S. 19.

[473] So *Schwark* NJW 1989, 2675, 2676.

[474] So BGH WM 1981, 758 = NJW 1981, 1898 im Anschluß an *Hadding/Häuser* WM 1980, 1278 Fn.1. Vgl. i.e. *Wach*, Der Terminhandel in Recht und Praxis, Rdnr. 10 ff., insbesondere zur Kriminalitätsrate und zum Schadensvolumen von mehreren Milliarden. Nach der sog. *Schimmelpfeng-Studie* kamen nur ca. 1/5 aller Anleger ungeschoren davon. Dazu auch *Häuser* ZIP 1981, 933.

[475] BGH WM 1994, 1746, 1747.

[476] OLG Düsseldorf WM 1995, 1488, 1491; BGH WM 1992, 1770 = NJW 1992, 1879, 1880; BGH WM 1991, 1410, 1411; *Dannhoff*, Das Recht der Warentermingeschäfte, S. 31 ff.

274 Die Grundsätze über die vorvertragliche Aufklärungspflicht bei Warenterminoptionsgeschäften an den Londoner Rohstoffbörsen gelten auch für die in den USA und anderswo gehandelten „modernen" Warenoptionen. Auch bei den modernen Börsenoptionen bildet sich die Börsenprämie am Markt, so daß sich auch hier ein Prämienaufschlag gleich zweifach negativ für den Optionsnehmer auswirkt, nämlich indem der Prämienaufschlag einerseits die Prämie als vom Optionsnehmer zu zahlenden Preis erhöht und sich andererseits die Gewinnchance als Gegenleistung verringert, die der Optionsnehmer für die Prämie erhält.

275 **(1)** Aus dem vorvertraglichen Vertrauensverhältnis hat der **II. Zivilsenat** des BGH es abgeleitet, daß der Vermittler in jedem Fall verpflichtet ist, den Kunden über die **wirtschaftlichen Zusammenhänge** aufzuklären. Es kommt nicht darauf an, ob sich die Vertriebsgesellschaft zu umfassender Beratung bereit erklärt hat[477]. Unbeachtlich für die vorvertragliche Aufklärungspflicht ist es auch, ob die Vertriebsgesellschaft vermittelnd oder als Eigenhändler auftritt[478].

276 Wer **Eigenoptionen** „schreibt", für die er an der Londoner Börse synchrone Deckungsgeschäfte abschließt, steht hinsichtlich der Aufklärungspflichten einem Vermittler gleich[479]. Auch derjenige vermittelt Börsentermingeschäfte im Sinne der Rechtsprechung und muß deshalb entsprechend aufklären, der zur Durchführung solcher Geschäfte seine Verbindungen zu einem Broker oder zu einer Depotstelle zur Verfügung stellt[480].

277 Zur Aufklärung über die wirtschaftlichen Zusammenhänge gehört in einem **ersten Schritt**, daß er die Gesamtprämie aufschlüsselt, um es so dem Kunden zu ermöglichen, den Umfang der zusätzlichen Kosten nachzuvollziehen[481]. Es muß nämlich deutlich werden, in welchem Verhältnis die (z. B. Londoner) Optionsprämie zur Gesamtprämie steht (z. B. Aufschlag 100%)[482]. Die Aufschlüsselung darf den eigenen Anteil an den anfallenden Provisionen nicht beschönigen[483].

278 Offen geblieben ist bisher die Frage, wann ein Aufschlag als geringfügig angesehen werden kann und deshalb eine Aufklärungspflicht nicht auslöst. Während *Bundschuh*[484] einen Anhaltspunkt für die Bestimmung einer Geringfügigkeitsgrenze bei 5 % sieht, die auch nach der amerikanischen Praxis keine Hinweispflicht auslöst, setzt nach Auffassung des BGH[485] die Aufklärungspflicht spätestens bereits dann ein, wenn die vom Vermittler neben der Optionsprämie verlangte Vergütung 11 % der Optionsprämie übersteigt.

279 Auch wenn für den Kunden die Kosten damit transparent gemacht sind, reicht dies für die gebotene umfassende Aufklärung noch nicht aus. Der Kunde kann seine Gewinnchancen nämlich nur dann **zutreffend einschätzen**, wenn ihm klar ist, wie sich die Zuschläge auf die Börsenprämie im einzelnen auf sein Spekulationsrisiko auswirken.

280 Da die Höhe der **Börsenprämie** sich aus Angebot und Nachfrage bildet, spiegelt sie nach der Rspr. die als realistisch angesehenen, wenn auch bereits weitgehend spekulativen Kurserwartungen des Börsenfachhandels wider. Der Vermittler muß deshalb den Kunden

---

[477] Vgl. BGHZ 80, 80 = WM 1981, 374 = NJW 1981, 1266 = BB 1981, 695 m. Anm. *Rössner* = DB 1981, 1132; BGH WM 1982, 738, 739 = NJW 1982, 2815 sowie *Wach*, Der Terminhandel in Recht und Praxis, Rdnr. 242.

[478] Vgl. BGHZ 80, 80; WM 1982, 738; BGH WM 1987, 103, 104 = WUB I G 4.-2.87 *Schwark* = NJW 1987, 641.

[479] OLG Frankfurt WM 1987, 1191 = NJW-RR 1988, 1131.

[480] OLG Düsseldorf WM 1995, 1710, 1712; BGH WM 1992, 1770 = NJW 1992, 1879, 1880.

[481] Vgl. *Soergel/Häuser*, § 764 BGB Nachträge zu Rdn. 29; BGH WM 1982, 738, 739 f.; BGH WM 1982, 1374, 1375; BGH WM 1983, 300, 301; BGH WM 1984, 221, 222; BGH WM 1984, 961, 962; BGH WM 1985, 81 = NJW 1986, 123 = BB 1985, 886 = DB 1985, 331 = ZIP 1985, 272 = WuB I G 4.-1.85 *Kümpel*; BGH WM 1987, 7 = WuB I G 4.-1.87 *Hammen* = NJW 1987, 641.

[482] *Bundschuh* WM 1985, 249, 250.

[483] BGHZ 105, 108 = WM 1988, 1255, 1257 = WuB I G 4. -6.88 *Wandt* = NJW 1988, 2882.

[484] WM 1985, 249, 250.

[485] BGH WM 1991, 128, 129; BGH WM 1994, 149; in BGH WM 1994, 837 ist eine Vermittlungsgebühr von 6% nicht beanstandet worden.

darauf hinweisen, daß die Börsenprämie den Rahmen eines **Risikobereichs** markiert, der vom Markt noch als vertretbar angesehen wird, weil die Option nach Einschätzung des Fachhandels eine Gewinnchance hat, die den Optionspreis wert ist[486].

Der Kunde ist ferner darüber aufzuklären, daß jeder **Aufschlag** auf die Börsenprämie seine Gewinnaussichten verschlechtert, weil ein höherer Kursausschlag als der vom Börsenfachhandel für realistisch angesehene notwendig ist, um in die Gewinnzone zu kommen[487]. 281

(2) Zeitpunkt der Aufklärung. Die Informationen, die für eine sachgerechte Entscheidung über eine Beteiligung an Optionsgeschäften erforderlich sind, müssen dem Kunden bereits in dem Zeitpunkt schriftlich vorliegen, in dem er sich mit Bindungswillen für den Erwerb einer Option entscheidet. Maßgeblich ist danach grundsätzlich der Zeitpunkt der Auftragserteilung[488]. 282

Wird der Erwerber einer Option vor der ersten Auftragserteilung nicht wirksam über die Risiken aufgeklärt, so soll dieser Mangel nicht nur für das Erst-, sondern auch für alle Folgegeschäfte ursächlich sein können[489]. Es unterliegt tatrichterlicher Würdigung, ob die durch Aufklärungspflichtverletzung vor Abschluß des ersten Optionsgeschäfts begründete Kausalitätsvermutung in Bezug auf Folgegeschäfte widerlegt ist, wenn der Kunde vor diesen Geschäften gehörig aufgeklärt worden ist. Es ist möglich, daß er die Aufträge für die Folgegeschäfte unter dem Einfluß des Erstgeschäfts erteilt hat, er diese Geschäfte aber ohne das auf Aufklärungsmängeln beruhende Erstgeschäft nicht abgeschlossen hätte. Wartet der Kunde den Ausgang des Erstgeschäfts ab, bevor er weitere Aufträge erteilt, und endet dieses mit einem Gewinn, so liegt ein ursächlicher Zusammenhang zwischen dem auf Aufklärungsmängeln beruhenden Erstgeschäft und den Folgeaufträgen nahe[490]. 283

(3) Art der Aufklärung. An die äußere Form der Aufklärung sind hohe Anforderungen zu stellen. Die Aufklärungspflicht, wenn sie ihren Zweck nicht verfehlen soll, kann grundsätzlich **nur schriftlich** und nicht ausschließlich fernmündlich erfolgen[491]. Diese schriftlichen Hinweise müssen in einer für den flüchtigen Leser auffälligen Form erfolgen, wobei die Hinweise weder durch Beschönigungen noch durch Werbeaussagen noch auf andere Weise beeinträchtigt werden dürfen[492]. Wichtige Hinweise, z. B. auf die geschäftsspezifischen Risiken und auf die Verschlechterung der Gewinnaussichten durch höhere als die üblichen Gebühren, dürfen drucktechnisch oder durch ihre Platzierung nicht in den Hintergrund treten[493]. Die Darstellung muß zutreffend, vollständig, gedanklich geordnet und auch von der Gestaltung her geeignet sein, einem Unbefangenen, mit derartigen Geschäften nicht vertrauten Leser einen realistischen Eindruck von den Eigenarten und Risiken solcher Geschäfte vermitteln[494]. Zweck der schriftlichen Aufklärung ist es, gerade dem flüchtigen Leser in unmißverständlicher Weise und in auffälliger Form deutlich zu ma- 284

---

[486] BGH WM 1983, 554, 555; BGH WM 1983, 1235; BGH WM 1984, 961; BGH WM 1985, 81 f. = WuB I G 4.- 1.85 *Kümpel*; BGH WM 1986, 734 = WuB IV A. § 826 BGB 7.86 *Kindermann*; BGH WM 1986, 1383, 1384 = WuB I G 4.-4.87 *Rössner/Worms* = VersR 1986, 1242; BGH WM 1988, 291, 293 = WuB I G 4.-2.88 *Assmann*; BGH WM 1994, 149; BGH WM 1994, 453; BGH WM 1994, 492; *Bundschuh* WM 1985, 249, 250 f. Vgl. zur strafrechtlichen Seite OLG München WM 1986, 1141 = WuB I G 5.-7.86 *Kindermann*.

[487] WM 1984, 81, 82.

[488] BGH WM 1993, 1437, 1458 = BGH NJW 1993, 2434.

[489] BGH WM 1993, 1457, 1458; BGH WM 1992, 1935, 1937.

[490] BGH WM 1993, 1457, 1458.

[491] BGH WM 1994, 492; BGH WM 1992, 770 = NJW 1992, 1879, 1880; BGH WM 1991, 667 = NJW 1991, 1947, 1948; BGHZ 105, 1087 = WM 1988, 1255 = WuB I G 4.–6.88 *Wandt*; dazu kritisch *Drygala* WM 1992, 1213, 1217; *ders.*, ZHR 159 (1995), 686, 731.

[492] BGH WM 1994, 1746, 1747; BGH WM 1994, 492, 493; BGH WM 1994, 453, 454 = NJW 1994, 997; BGH WM 1994, 149, 150 = NJW 1994, 512.

[493] BGH WM 1992, 770 = NJW 1992, 1879, 1880; BGHZ 105, 108 = WM 1988, 1255 = WuB I G 4. -6.88 *Wandt*.

[494] BGH WM 1992, 770 = NJW 1992, 1879; BGH WM 1991, 1410, 1411.

chen, daß z. B. die Aufschläge auf die Optionsprämie das Chancen-Risiko-Verhältnis aus dem Gleichgewicht bringen und die verbliebene, mit höheren Aufschlägen geringe Chance, insgesamt einen Gewinn zu erzielen, mit jedem Optionsgeschäft abnimmt[495].

285 Für eine erforderliche Aufklärung reicht es nicht aus, wenn der Text entsprechender Informationsschriften Formulierungen aus den entsprechenden gerichtlichen Urteilen gedrängt und verkürzt wiederholt[496]. Die in den Urteilen verwendeten Formulierungen dienen nämlich nicht dem Zweck, den Text festzulegen, mit dem unerfahrene Optionsinteressenten ausreichend aufgeklärt werden können.

286 Die Formulierung des Aufklärungstextes ist Sache der Optionsvermittler[497]. Diese haben sich dabei an den Durchschnittserwartungen und -erkenntnismöglichkeiten des Publikums zu orientieren, daß sie unaufgefordert anzurufen pflegen und für Optionsgeschäfte zu interessieren suchen. Sachkenntnisse oder gar Erfahrungen in Optionsgeschäften aus ausländischen Börsen sind bei diesem Personenkreis in aller Regel nicht vorhanden. Sie wissen deshalb insbesondere nicht, daß Aufschläge auf die Börsenoptionsprämie nicht nur zu einem höheren Preis für dasselbe Objekt führen, sondern daß damit das Verhältnis von Chancen und Risiken aus dem Gleichgewicht gebracht wird. Die gewählten Formulierungen müssen geeignet sein, einem **Laien** die wirtschaftlichen Zusammenhänge verständlich zu machen. Aufzuklären sind aber **auch börsentermingeschäftsfähige Personen** (z. B. eingetragene Kaufleute), wenn sie im Einzelfall mit den Eigenarten der Warenterminoptionen nicht vertraut sind[498].

287 Es liegt auf der Hand, daß die Vermittler wegen dieser Anforderungen ungewöhnlich weitgehend verpflichtet sind, die **wirtschaftliche Fragwürdigkeit** des angebotenen Geschäfts zu offenbaren. Den Vorwurf, eine solche Aufklärung wirke prohibitiv, hat die Rechtsprechung zurückgewiesen: Dies sei kein Argument gegen die Aufklärungspflicht, sondern gegen die Geschäfte selbst[499].

288 **(4)** Werden diese Aufklärungspflichten verletzt, führt dies zu einer Schadensersatzverpflichtung der aufklärungspflichtigen Vermittlungsgesellschaft wegen Verschuldens bei Vertragsschluß (c.i.c.), wobei ein fahrlässiges Verhalten genügt[500]. Der Schaden des Kunden besteht in den für den Erwerb der Option gemachten Aufwendungen, wenn er bei gehöriger Aufklärung die Option nicht erworben hätte (§ 249 BGB)[501]. Zu dem Schaden gehören insbesondere auch die bereichrungsrechtlich nicht zurückforderbaren „Erfüllungsleistungen" im Sinne des § 55 BörsG.

289 Eine Beschränkung der Haftung in allgemeinen Geschäftsbedingungen auf grobe Fahrlässigkeit oder Vorsatz verstößt gegen § 9 Abs. 2 Nr 2a AGBG[502]. Eine weitgehende Freizeichnung der Haftung für einfache Fahrlässigkeit ist nämlich nicht zulässig, wenn der Verwender dadurch wesentliche Rechte und Pflichten so einschränkt, daß der Vertragszweck gefährdet wird. Gerade bei Waren- und Börsentermin- sowie Optionsgeschäften gehört es zu den wesentlichen Pflichten des Anlagevermittlers, den Kunden über die Verlustrisiken ausreichend aufzuklären.

---

[495] BGH WM 1994, 1746, 1747; BGH WM 1994, 492, 493.

[496] BGHZ 129, 151 = WM 1994, 149, 150; BGH WM 1992, 1935, 1936; BGHZ 105, 108 = WM 1988, 1255 = WuB I G 4.–6.88 *Wandt*; die Vorinstanz hatte dagegen den Versuch akzeptiert, durch Aufkleber und nachträglich eingedrucktem Text mit gleichsam „wörtlichen Zitaten" aus neueren Urteilen, den Anforderungen der Rechtsprechung zu genügen; ebenso OLG Frankfurt WM 1987, 1191 = NJW-RR 1988, 1131.

[497] BGHZ 129, 151 = WM 1994, 149, 150; BGH WM 1992, 1935, 1936.

[498] BGH WM 1981, 552 = NJW 1981, 1440; BGH WM 1984, 960; *Bundschuh* WM 1985, 249, 250.

[499] *Bundschuh* WM 1985, 249, 250

[500] BGH WM 1991, 1410, 1411. Den Vertriebsgesellschaften muß bekannt sein, welche Bedeutung die Kenntnis der Börsenprämie für den Erwerber hat; vgl. BGH WM 1981, 374; BGH WM 1981, 552; BGH WM 1982, 738 = NJW 1982, 2815.

[501] *Wach*, Der Terminhandel in Recht und Praxis, Rdnr. 257 f.

[502] OLG Düseldorf WM 1995, 1488, 1495.

(bb) Aktien und Aktienindexoptionen. Die Grundsätze der Rechtsprechung, wonach die Anbieter oder Vermittler von Börsentermingeschäften ihre in die Einzelheiten der Geschäftsabwicklung nicht eingeweihten Kunden über die wirtschaftlichen Zusammenhänge und die Risiken derartiger Geschäfte sowie über Höhe und Bedeutung der börsenmäßigen Optionsprämie und etwaige Aufschläge auf die Prämie schriftlich aufzuklären haben, sind in der Rechtspr. für Londoner Warenterminoptionen entwickelt, dann aber auch auf **Aktien- und Aktienindex-Optionen** übertragen worden[503]. In beiden Geschäftssparten ist eine vom Vermittler in Rechnung gestellte, zu der börsenmäßigen Optionsprämie hinzutretende Vergütung in gleicher Weise geeignet, die Gewinnerwartungen entscheidend zu verschlechtern, weil sie dazu führt, daß bei dem Basiswert der Option ein höherer Kursausschlag als der vom Börsenfachhandel als realistisch angesehene notwendig ist, um in die Gewinnzone zu kommen[504]. 290

(cc) Stillhalteroptionsgeschäfte. Die genannten Rechtsgrundsätze sind auch auf Anbieter oder Vermittler von Stillhalteroptionsgeschäften anzuwenden[505]. Der Stillhalter beim Optionsgeschäft ist der Vertragspartner des Optionserwerbers; er erhält die Prämie dafür, daß er eine Option ausgibt, d.h. sich verpflichtet, zu einem bestimmten Termin eine bestimmte Menge des Basiswerts zu einem bestimmten Kurs zu liefern oder abzunehmen. Das Risiko ist vertraglich nicht begrenzt. Während der Erwerber einer Option im ungünstigsten Fall die investierte Optionsprämie verliert, im günstigen Fall ein vielfaches davon als Gewinn erzielen kann, erhält der Stillhalter im günstigsten Fall – wenn der Kurs des Basiswerts sich so entwickelt, daß der Optionsinhaber die Option nicht ausübt – die Prämie als Gewinn, muß aber im ungünstigsten Fall mit Verlusten rechnen, die ein vielfaches der Prämie ausmachen und bei einer Lieferverpflichtung theoretisch sogar unbegrenzt hoch sein können. Das gilt jedenfalls dann, wenn für den Stillhalter ein Beschaffungsrisiko gegeben ist, er die jeweiligen Basiswerte nicht im Besitz hat. Die Übernahme der Stillhalterposition kann mithin ein hochriskantes Geschäft sein, dessen Gefahren über die des Optionserwerbs hinausgehen. 291

Der nicht eingeweihte Kunde bedarf daher auch beim Stillhaltergeschäft einer intensiven Aufklärung über die wirtschaftlichen Zusammenhänge und über die Funktionsweise der jeweils in Betracht kommenden Terminmärkte und muß auf die besonders großen Stillhalterrisiken eher noch nachdrücklicher hingewiesen werden. Ähnlich wie beim Optionserwerbergeschäft die Prämienzuschläge des gewerblichen Vermittlers das Verhältnis von Chancen und Risiken aus dem Gleichgewicht bringen und den Kunden häufig im Ergebnis praktisch chancenlos machen[506], tritt dieser Effekt beim Stillhaltergeschäft dann ein, wenn der Stillhalter die erhaltenen Prämien mit dem gewerblichen Vermittler teilen muß. 292

(dd) Direktgeschäfte des Warenterminhandels. Unter einem Direktgeschäft versteht man die im Warenterminhandel gebräuchliche Form des **standardisierten Festgeschäfts**[507]. Die handelbaren Warenterminkontrakte lauten zwar auf Lieferung einer bestimmten Ware, aber im Ergebnis abstrahieren sie von der physischen Ware[508]. An Stelle einer Lieferung werden die eingegangenen Terminkontrakte an der Terminbörse „glattgestellt“, und im Rahmen eines Clearing-Systems wird allein die Kursdifferenz durch Zahlung eines Geldbetrages ausgeglichen[509]. Der Kunde zahlt bei Direktgeschäften **keine Prämie**, sondern er erbringt **Einschüsse** (margins), die bei ungünstiger Kurs- oder Preisentwicklung als Sicherheit dienen. Die Höhe der Einschüsse bestimmt sich u.a. danach, welcher Betrag an der 293

---

[503] BGH WM 1991, 127, 128.
[504] BGH WM 1991, 127, 128.
[505] BGH WM 1992, 1935, 1936.
[506] BGH WM 1991, 1410, 1411.
[507] *Wach*, Der Terminhandel in Recht und Praxis, Rdnrn. 21 ff.
[508] *Wach*, Der Terminhandel in Recht und Praxis, Rdnr. 35.
[509] *Wach*, Der Terminhandel in Recht und Praxis, Rdnr. 35.

Börse für den fraglichen Kontrakt auf dem Sicherungskonto zu hinterlegen ist (margin account)[510].

294 Zunächst verlangte das OLG Düsseldorf[511] mit Blick auf die Rechtsprechung des BGH zu Optionsgeschäften eine **entsprechende Aufklärung auch beim Direktgeschäft,** weil es auch beim Direktgeschäft ein außerordentliches Risiko gebe, über das der Anleger unter Berücksichtigung der Auswirkung der Provision auf die Gewinnchance und der „Hebelwirkung" zu informieren sei. Es erscheint allerdings fragwürdig, auf diese Weise an die Rechtsprechung zur Optionsprämie anzuknüpfen. Dort steht nämlich im Mittelpunkt jeweils die vom Anleger vielfach unzutreffend eingeschätzte Auswirkung der Optionsprämie und der hinzukommenden Kosten auf sein Spekulationsrisiko: Dem Kunden müsse deutlich gemacht werden, daß es sich bei dem **Aufschlag** auf die Börsenprämie **nicht bloß um einen höheren Preis** für dasselbe Objekt handele, sondern daß sich dadurch die **Risikogrundlagen** des Geschäfts entscheidend verändern und zu seinem Nachteil verschlechtern können[512]. Bei einem Direktgeschäft versteht es sich demgegenüber von selbst, daß sämtliche Kosten durch eine günstige Kursentwicklung erst „verdient" werden müssen. Die „Hebelwirkung" kann in diesem Zusammenhang nicht Grundlage für eine Warnung sein[513]; hierauf stützt sich gerade die spekulative Erwartung des Kunden, die anfallenden Kosten vernachlässigen zu können.

295 Bei Direktgeschäften sind daher Aufklärungspflichten nach eigenen Regeln zu entwikkeln, die sich nicht zu eng am Optionsgeschäft orientieren[514]. Nach inzwischen herrschender Auffassung[515] ist aufgrund des vorvertraglichen Vertrauensverhältnisses der Vermittler des Warentermindirektgeschäfts verpflichtet, den Anleger über weitere Termindirektgeschäfte ungefragt so umfassend schriftlich zu informieren, daß dieser eine sachgerechte Entscheidung über seine Beteiligung treffen kann. Es handelt sich also um eine den Gegebenheiten von Warentermindirektgeschäften angepaßte Aufklärungspflicht.

296 Auch der BGH[516] geht davon aus, daß Termindirektgeschäfte dem im Warenterminhandel typischerweise unerfahrenen Personenkreis, den Vermittler unaufgefordert anzurufen pflegen, ebenso fremd sind wie Optionsgeschäfte. Beide Geschäfte erfordern weitreichende Fachkenntnisse und einen Überblick über die wirtschaftlichen Zusammenhänge.

297 An die Aufklärung sind nach der Rechtspr. ähnlich hohe Anforderungen wie bei Warenterminoptionen zu stellen. Sie können grundsätzlich schriftlich und nicht ausschließlich fernmündlich erfolgen[517]. Nur durch eine schriftliche Belehrung kann erreicht werden, daß Kaufinteressenten in die Lage versetzt werden, ein zutreffendes Bild von solchen Geschäften zu gewinnen. Die schriftliche Information hat die wesentlichen Grundlagen von Termindirektschäften, die wirtschaftlichen Zusammenhänge, die damit verbundenen Risiken und die Verminderung der Gewinnchancen durch höhere als die üblichen Provisionen zu enthalten[518]. Die Darstellung muß zutreffend, vollständig, gedanklich geordnet und auch von der Gestaltung her geeignet sein, einem Unbefangenen, mit Warentermindirektgeschäften nicht betrauten, flüchtigen Leser einen realistischen Eindruck von den Eigenar-

---

510 *Wach*, Der Terminhandel in Recht und Praxis, Rdnr. 45.

511 OLG Düsseldorf WM 1989, 175, 177 = WuB I G 4.-5.89 *Welter*.

512 BGH WM 1985, 81, 82.

513 So aber OLG Düsseldorf WM 1989, 175, 177 = WuB I G 4.-5.89 *Welter*.

514 Vgl. auch *Wach*, Der Terminhandel in Recht und Praxis, Rdnr. 238 ff., der das Aufklärungsbedürfnis anhand der Umstände des konkreten Falls bestimmen will.

515 BGH WM 1992, 770, 771; OLG Düsseldorf DB 1990, 475; WM 1990, 846; WM 1990, 176, 177; WM 1989, 175, 177; WM 1988, 566, 570; *Horn* ZIP 1990, 2, 17; *Tilp* DB 1992, 204; Vgl. LG Düsseldorf WM 1988, 1557 = WuB I G 5.–15.88 *Graf* = ZIP 1988, 1387 = EWiR § 826 BGB 1/89 Welter; OLG Düsseldorf WM 1989, 175, 177 = WuB I G 4.-5.89 *Welter*; s. auch schon OLG Düsseldorf WM 1988, 566 = WuB I G 5.–18.88 *Welter* sowie OLG Frankfurt WM 1985, 477, 478.

516 WM 1996, 1214; BGH WM 1992, 770, 771; BGH WM 1990, 61.

517 BGH WM 1992, 770, 771; BGH WM 1991, 1410.

518 BGH WM 1992, 770, 771; BGH WM 1991, 1410.

ten und Risiken solcher Geschäfte zu vermitteln. Dies muß in auffälliger Form erfolgen, wobei die Hinweise weder durch Beschönigungen noch durch Werbeaussagen noch auf andere Weise beeinträchtigt werden dürfen. Wichtige Informationen, wie etwa Hinweise auf die geschäftsspezifischen Risiken oder auf die Verschlechterung der Gewinnaussichten durch höhere als die üblichen Gebühren, dürfen drucktechnisch oder durch ihre Plazierung nicht in den Hintergrund treten[519].

Die Kausalitätsvermutung ist bei Fortsetzung der Spekulation trotz eingetretener Verluste nicht ausgeräumt. 298 Die Fortsetzung einer Spekulation trotz eingetretener Verluste erlaubt nicht den Schluß, daß der Kläger den Einschuß auch bei gehöriger Aufklärung über die Risiken von Warentermindirektgeschäften geleistet hätte. Näher liegt es, das Verhalten des Klägers darauf zurückzuführen, daß er sich wegen der unzureichenden irreführenden Hinweise insbesondere in der Kundenbroschüre trotz der Verluste über die erheblichen Risiken und verminderten Gewinnchancen der empfohlenen Warentermindirektgeschäfte nicht im klaren war[520].

Auf jeden Fall muß der Kunde zutreffend über **alle Kosten** informiert werden, und 299 zwar auch über die Bestandteile, die notwendigerweise anfallen (z. B. Brokerprovision)[521]. Es ist auch darzulegen, daß bei einem intensiven Handel die geleisteten Einsätze allein durch die Provisionen aufgezehrt werden (BGH WM 1996, 1214, 1215). Im Vordergrund steht bei Direktgeschäften freilich das Risiko des Kunden, über einen erbrachten Einschuß hinaus bei ungünstiger Kursentwicklung **weitere Verluste** zu erleiden[522]. Insofern wird der Kunde aber schon durch den **Termineinwand und den Differenzeinwand** geschützt. Daneben dürfte kaum Raum für zusätzliche Aufklärungspflichten sein.

Die jüngere Rechtspr. geht im übrigen aber – wie gezeigt – davon aus, daß Termindi- 300 rektgeschäfte dem im Terminhandel typischerweise unerfahrenen Personenkreis ebenso fremd sind wie Optionsgeschäfte und gewerbliche Vermittler von Börsentermingeschäften deshalb bereits im Vorfeld vertraglicher Beziehungen verpflichtet sind, dem potentiellen Kunden ein zutreffendes Bild von Termingeschäften zu verschaffen, ihm vor Vertragsschluß also die Kenntnis zu vermitteln, die ihn in die Lage versetzt, den Umfang des ihm aufgebürdeten Verlustrisikos und die durch die Höhe von Vermittlungsprämien und Gebühren eingetretene Verringerung seiner Gewinnchancen zutreffend einschätzen zu können[523]. An dieser Aufklärung sind hohe Anforderungen zu stellen, sie kann grundsätzlich nur schriftlich und nicht ausschließlich mündlich erfolgen[524]. Es reicht zu einer gehörigen Aufklärung auch nicht aus, Broschüren, Informationsblätter oder sonstige Unterlagen zu übersenden und es dem Kunden zu überlassen, die darin verstreut enthaltenen Risikohinweise zusammenzusuchen (BGH WM 1996, 1214, 1215).

(ee) Inländische Optionen an Wertpapierbörsen. Wie bereits erwähnt, sind die Bera- 301 tungs- und Informationspflichten auch bei Optionsgeschäften an den inländischen Wertpapierbörsen ins Blickfeld geraten. Unhaltbar ist hierzu der Standpunkt des Kammergerichts[525], vorvertragliche Beratungspflichten würden es verbieten, daß Kreditinstitute nicht termingeschäftsfähigen Kunden den Erwerb von inländischen Aktienoptionen vorschlagen. Auch der BGH[526] ist dieser Auffassung entgegengetreten. Denn das KG hatte verkannt, daß gerade zum Schutz des Publikums Termingeschäfte in Aktien zunächst nur in der risikoarmen Form des Optionsgeschäfts erlaubt sind[527]. Vor allem setzte sich ein solcher

---

519 BGH WM 1992, 770 = NJW 1992, 1879, 1880; BGHZ 124, 151, 156 = WM 1994, 149 = NJW 1994, 512; BGH WM 1994, 453 = NJW 1994, 997.

520 BGH WM 1992, 770, 773.

521 BGH WM 1992, 770, 771.

522 Vgl. die Risikoanalyse bei *Hartung*, Das Wertpapieroptionsgeschäft, S. 32.

523 OLG Düsseldorf WM 1995, 1710, 1711.

524 BGH WM 1992, 770 = NJW 1992, 1879, 1880; BGHZ 105, 108, 110 = WM 1988, 1255.

525 KG WM 1989, 173 = WuB I G.5.-4.89 *Häuser*, dazu ferner § 16 VII.2.b, aa.

526 BGHZ 107, 193 = WM 1989, 807.

527 *Hartung*, Das Wertpapieroptionsgeschäft, S. 41 m. w. N.; *Häuser* WuB I G.5.–4.89.

Standpunkt pauschal über den differenzierten und durchaus wirksamen Anlegerschutz des Börsengesetzes hinweg[528]. Es ist bezeichnend, daß das Kammergericht unzutreffend angenommen hat, der Schutz durch den Termineinwand sei wegen „Erfüllung" (§ 55 BörsG) entfallen[529].

302 Zutreffend macht der BGH[530] eine Pflicht der Bank zur ungefragten Aufklärung über die Risiken der spekulativen Aktienoptionsgeschäfte in erster Linie davon abhängig, ob der Erwerber der Optionen aufklärungsbedürftig ist, und stellt insoweit ebenfalls zutreffend darauf ab, ob der Bankkunde bereits praktische Erfahrung mit den fraglichen Geschäften sammeln konnte. Im übrigen entspricht es der ständigen Rechtsprechung, daß Inhalt und Intensität von Beratungspflichten im Effektengeschäft entscheidend von den „Umständen des Einzelfalles" bestimmt werden[531]. Verallgemeinern läßt sich die Erwägung des BGH[532], daß eine Aufklärungspflicht auch gegenüber einem erfahrenen Anleger dann in Betracht kommt, wenn dem Kreditinstitut kaufentscheidende risikoerhöhende Umstände bekannt sind (Wissensvorsprung). Für die hier angesprochene Ausgabe von Gratisaktien verneint der BGH überzeugend einen derartigen risikoerhöhenden Umstand, zumal Nr. 12 Abs. 1 der Sonderbedingung für Optionsgeschäfte die Ausgabe von Gratisaktien gerade zum Vorteil des Optionsinhabers berücksichtigt.

303 (ff) Geschäfte in Optionsscheinen. Optionsscheine sind Wertpapiere, die das Recht beinhalten, bei Ablauf eines bestimmten Optionstermins eine bestimmte Aktie zu einem festgelegten Kurs zu erwerben (vgl. Rdnr. 129ff.). Sie unterliegen erheblichen Kursschwankungen und sind deshalb hochspekulative Wertpapiere mit dem Risiko eines Totalverlustes während der Laufzeit[533]. Dem Erwerb von Optionsscheinen von einer Bank liegt ein Effektenkommissionsvertrag zugrunde, der als Geschäftsbesorgungsvertrag (§ 675 BGB) die Bank zur sorgfältigen Beratung verpflichtet. Ein beratungsbedürftiger Kunde darf von seiner langjährigen Hausbank bei einer Anlageentscheidung grundsätzlich Aufklärung und Beratung verlangen[534].

304 Beim Erwerb von Optionsscheinen muß einem unerfahrenen Kunden regelmäßig verdeutlicht werden, daß sein eingesetztes Kapital der Gefahr des (Total-) Verlustes ausgesetzt ist[535]. Inhalt und Umfang der Beratungspflicht bestimmen sich auch hier aus der Person des Anlegers und aus dem Anlageobjekt[536].

305 Nach Ansicht des BGH[537] besteht bei der Anbahnung von Geschäften in Optionsscheinen **nicht** notwendig die Pflicht, einen börsentermingeschäftsfähigen Kaufmann **schriftlich** aufzuklären. Die Grundsätze über die Aufklärungspflicht der gewerblichen Vermittler von Options- oder Termindirektgeschäften sind nämlich nicht ohne weiteres übertragbar.

306 Bei spekulativen Geschäften, in denen während einer kurzen Zeit hohe Gewinne gemacht werden sollen, kann die allgemeine Beratungspflicht der Bank über alle für den Anleger wichtigen Informationen nicht dahin verstanden werden, daß die Bank prüft, ob Tatsachen und Erfahrungswerte vorliegen, kraft derer mit Wahrscheinlichkeit ein hoher Gewinn erzielt wird. Dies würde nämlich bedeuten, das Risiko von Spekulationsgeschäften auf die Bank zu verlagern[538]. Bei hochspekulativen Geschäften konzen-

[528] *Häuser* WuB I G.5.–4.89.
[529] *Häuser* WuB I G.5.–4.89.
[530] BGH WM 1992, 479.
[531] Vgl. *Schwark* ZHR 151 (1987), 325, 334.
[532] BGH WM 1992, 479.
[533] LG Osnabrück WM 1995, 483, 485.
[534] OLG Köln WM 1995, 381, 384 = WuB I G 1.-2.96 *Christoffel.*
[535] OLG Köln WM 1995, 381, 384 = WuB I G 1.-2.96 *Christoffel.* Vgl. dazu auch *Potthoff* WM 1993, 1319; ausführlich dazu *Drygala* ZHR 159 (1995), 686, 713ff.
[536] OLG Köln WM 1995, 381, 384; OLG Oldenburg WM 1996, 255; ebenso *Drygala,* ZHR 159 (1995), 686, 714.
[537] WM 1994, 2231, 2232.
[538] *Vortmann* WuB I G 5.-5. 93; *Drygala,* ZHR 159 (1995), 686, 717.

triert sich die Beratungspflicht der Bank daher mehr auf die persönliche Seite (anlegergerechte Beratung), dem Kunden überhaupt das hohe Spekulationsrisiko zu nennen, sofern der Kunde aufklärungsbedürftig ist[539]. Nach LG Osnabrück[540] soll eine Bank, die Optionsscheine auf Wertpapiere bestimmter Firmen in ihr Anlageprogramm aufnimmt, diese Firmen selbst in Sinne einer gewissen Schlüssigkeitsprüfung überprüfen müssen[541].

e) Eigene Verpflichtung von Geschäftsführern und Verkäufern. Schadensersatzansprüche gegen Vermittlungsgesellschaften in der Rechtsform der GmbH oder AG[542] sind angesichts der „Schnellebigkeit der Branche"[543] nicht selten wirtschaftlich wertlos. Ansprüche gegen das Verkaufspersonal und gegen Geschäftsführer sind daher von großer Bedeutung. **307**

(aa) Verkaufspersonal. Eine eigene Haftung aus c.i.c., die nach allgemeinen Grundsätzen bestehen kann, wenn der Vertreter in besonderem Maße Vertrauen für sich in Anspruch genommen und der Verhandlungspartner ihm dies auch entgegengebracht hat[544], spielt in der Rechtsprechung keine große Rolle[545]. Im Vordergrund stehen deliktische Ansprüche. Sie stützen sich auf § 826 BGB und auf § 823 Abs. 2 BGB i.V.m. § 89 BörsG n. F. **308**

Wer beim Vertrieb z. B. von ausländischen Warenterminoptionen die geforderten Aufklärungspflichten verletzt (s.o.), haftet dem geschädigten Anleger persönlich aus § 826 BGB[546]. Im Einzelfall müssen allerdings die erforderlichen subjektiven Voraussetzungen festgestellt werden können, insbes. Kenntnis der Pflicht zu eigener Aufklärung und Schädigungsabsicht[547]. **309**

Neuerdings ist § 89 BörsG n. F. als Schutzgesetz i. S. des § 823 Abs. 2 BGB ins Blickfeld gerückt. Mit Wirkung ab 1. 8. 1986[548] erfaßt diese Vorschrift auch ausländische Börsentermingeschäfte[549]. Noch nicht zu übersehen ist, ob diese Anspruchsmöglichkeit die zivilrechtliche Haftung verschärft hat[550]. Auf jeden Fall sind aber die strafrechtlichen Konsequenzen von Bedeutung. **310**

(bb) Geschäftsführer, Gesellschafter und sog. Initiatoren. Eine deliktische Haftung aus § 826 BGB wegen mangelhafter Aufklärung bei Warenterminoptionen (s.o.) kommt nicht nur für das Verkaufspersonal in Betracht. Betroffen sind sämtliche Personen (insbes. Geschäftsführer), die auch nur mittelbar die Geschäftsabwicklung der GmbH steuern und dazu beitragen, daß die erforderliche Aufklärung unterbleibt[551]. Diesen Personenkreis trifft **311**

---

539 LG Osnabrück WM 1995, 483, 485; *Drygala,* ZHR 159 (1995), 686, 719.

540 WM 1995, 483, 485; bestätigt durch OLG Oldenburg WM 1996, 255.

541 BGH WM 1993, 1455 = ZIP 1993, 1148; BGHZ 100, 117 = WM 1987, 495.

542 Vgl. *Bundschuh* WM 1985, 249, 251.

543 Vgl. *Wach,* Der Terminhandel in Recht und Praxis, Rdnr. 18 ff.

544 *Bundschuh* WM 1985, 249, 251; BGH WM 1988, 1888 = WuB IV A. § 276 BGB 2.89 *Emmerich* mwN.

545 Vgl. BGH WM 1983, 554; BGH WM 1984, 221; zu den Gründen im einzelnen *Bundschuh* WM 1985, 249, 251.

546 Vgl. BGH WM 1982, 738; BGH WM 1982, 1374; BGH WM 1983, 300; BGH WM 1983, 555; OLG Düsseldorf WM 1989, 175, 177, 179.

547 OLG Düsseldorf WM 1989, 175, 177, 179 = WuB I G 4.-5.89 *Welter* betreffend einen Telefonverkäufer, dem die erforderlichen Kenntnisse fehlten.

548 2. WiKG v. 15. 5. 1986 BGBl. I 1986, 721.

549 Vgl. zur früheren Rechtslage BGH WM 1984, 1127, 128; BGH WM 1983, 300 und *Bundschuh* WM 1985, 249, 251.

550 Vgl. LG Düsseldorf WM 1988, 1557 = WuB I G 5.- 15.88 Graf = ZIP 1988, 1387 = EWiR § 826 1/89; OLG Düsseldorf WM 1989, 175, 179 ff. = WuB I G 4.-5.89 *Welter.* Hier scheinen sich die Maßstäbe mit denen zu decken, die auch im Rahmen des § 826 BGB angewandt werden; anders aber *Graf* (a.a.O.) der den Tatbestand des § 89 BörsG wohl eng auslegen will.

551 BGH WM 1982, 738, 739 f.; BGH WM 1982, 1416; BGH WM 1983, 554, 555; BGH WM 1984, 221 = NJW 1984, 1688; BGH WM 1984, 960; BGH WM 1986, 734; BGH WM 1988, 291;

eine Verpflichtung zu ordnungsgemäßer Organisation des Vertriebs, und dies umfaßt auch die erforderliche Schulung des Verkaufspersonals[552].

312 Nach ständiger höchstrichterlicher Rechtsprechung fügt der Geschäftsführer der Gesellschaft, die Aktienoptionen vermittelt, dem Optionserwerber in einer gegen die guten Sitten verstoßenden Weise vorsätzlich Schaden zu, wenn er veranlaßt oder bewußt nicht verhindert, daß die Gesellschaft den in die Einzelheiten nicht eingeweihten Optionserwerber über die wirtschaftlichen Zusammenhänge und die Risiken des Optionsgeschäftes nicht ausreichend aufklärt[553]. Dasselbe gilt für Geschäftsführer einer Gesellschaft, die Termindirektgeschäfte vermittelt[554].

313 Für diese notwendigerweise schriftliche Aufklärung hat der Geschäftsführer einer Optionsvermittlungs-GmbH, die hohe Aufschläge verlangt, Sorge zu tragen. Ein Geschäftsführer, der Optionsgeschäfte ohne gehörige Aufklärung der Kunden abschließt, den Abschluß veranlaßt oder bewußt nicht verhindert, mißbraucht seine geschäftliche Überlegenheit in sittenwidriger Weise und haftet den Optionserwerbern deshalb gem. § 826 BGB auf Schadenersatz[555].

314 **2. Unverbindlichkeit erlaubter Börsentermingeschäfte (§§ 52, 59 BörsG) und Nebengeschäfte (§ 60 BörsG).** *a) Tragweite der Unverbindlichkeit.* Börsentermingeschäfte, die nicht gegen ein ministerielles Verbot verstoßen, die also **erlaubt** sind, sind nur nach Maßgabe der §§ 52 ff. BörsG rechtsverbindlich. Dabei macht es keinen Unterschied, ob es sich um offizielle Geschäfte in Gegenständen handelt, die zum Terminhandel an der Börse amtlich zugelassen sind[556]. Diese Unterscheidung spielt seit dem ÄnderungsG 1989 auch keine Rolle mehr, soweit es darum geht, ob zusätzlich der Differenzeinwand zu berücksichtigen ist (vgl. § 58 BörsG)[557].

315 Ist auch **nur einer der Partner** eines erlaubten Börsentermingeschäfts nicht börsentermingeschäftsfähig i. S. des § 53 BörsG[558], so ist das Geschäft **insgesamt rechtlich unverbindlich**[559]. Weder für den einen noch für den anderen Teil entstehen daraus durchsetzbare Forderungen. Der „kürzende Eingriff des Gesetzes in die rechtsgeschäftlich intendierten Rechtsfolgen“[560] hat allerdings keine Auswirkungen auf den rechtsgeschäftlichen Entstehungstatbestand. Wenn aber z. B. jemand als Vertreter ohne Vertretungsmacht (§ 177 Abs. 1 BGB) ein Börsentermingeschäft abschließt, haftet er nur dann aus § 179 Abs. 1 BGB auf Erfüllung oder Schadensersatz, wenn er selbst börsentermingeschäftsfähig ist[561]. Der BGH[562] umschreibt die Rechtslage meistens wie folgt: „Die Unverbindlichkeit der Börsentermingeschäfte hat zur Folge, daß gegenseitige Ansprüche nur insoweit bestehen, als erbrachte Leistungen grundsätzlich zurückzuzahlen sind“[563].

316 (aa) Schuldverhältnis minderer Wirkung. Die Vereinbarung über ein Börsentermingeschäft ist aber nicht etwa wie beim Verstoß gegen ein gesetzliches Verbot (§ 134 BGB)

Bundschuh WM 1985, 249, 251 f.; neuerdings OLG Düsseldorf WM 1989, 45 = WuB I G 4.-5.89 *Welter* und BGH WM 1989, 1047, 1050.

[552] BGHZ 105, 108 = WM 1988, 1255 = NJW 1988, 2882; OLG Düsseldorf WM 1989, 177, 179; vgl. auch die Übersicht bei *Soergel/Häuser*, § 764 BGB Nachträge zu Rdnr. 31.

[553] OLG Düsseldorf WM 1995, 1710, 1715.

[554] BGH WM 1990, 61; OLG Düsseldorf WM 1995, 1710, 1715.

[555] BGH WM 1994, 1746, 1747; BGH WM 1994, 453.

[556] Vgl. *Jacusiel* LZ 1908, Sp. 570, 572; and. Ans. offenbar *Hellwig/de Lousanoff*, Festschrift für Stiefel, 1987, S. 331

[557] Dazu Rdnr. 415 ff. und 428 ff.

[558] Vgl. dazu Rdnr. 195 ff.

[559] Vgl. nur RGZ 129, 106, 108 = BankArchiv XXX (1930), 16. *Düringer/Hachenburg/Breit*, Anh. II Anm. 78: „Diese Regelung ist offensichtlich verfehlt.“

[560] So *Gernhuber*, Das Schuldverhältnis, 1989, § 5 IV, 1a, S. 101.

[561] OLG Düsseldorf LZ 1917, 1007.

[562] Z.B. BGHZ 105, 263 = WM 1988, 1717, 1719 = NJW 1989, 300 = WuB I G 5.-3.89 *Kümpel*.

[563] Ebenso BGH WM 1987, 581, 582 = NJW-RR 1987, 880; BGH WM 1984, 1245.

nichtig. Es entsteht vielmehr ein **Schuldverhältnis minderer Wirkung**, aufgrund dessen die bereicherungsrechtliche Rückforderung erbrachter Leistungen als **schlichter Erwerbs- oder Behaltensgrund** ausgeschlossen sein kann (vgl. § 55 BörsG)[564]. Die Rechtslage ist hinsichtlich Erwerbs- oder Behaltensgrund ähnlich wie bei sog. Handgeschäften, bei denen eine bloße Rechtsgrundabrede getroffen wird[565]. Nicht selten ist auch von „Naturalobligationen" oder unvollkommenen Verbindlichkeiten die Rede, die zwar nicht durchsetzbar, wohl aber erfüllbar seien[566].

(bb) Keine Erfüllungspflichten. Die Unverbindlichkeit des Börsentermingeschäfts hat 317
zunächst zur Folge, daß **kein Anspruch auf Auszahlung eines** etwa entstandenen **Gewinns** (Differenz) gegen den Partner entsteht, aber auch ein **Verlustausgleich** nicht durchgesetzt werden kann. Es können deshalb auch keine Schadensersatzansprüche wegen Nichterfüllung entstehen[567]. Häufig sind außerdem die erbrachten „Einschüsse" nach Bereicherungsrecht zurückzuzahlen, wenn weder die Voraussetzungen des § 54 BörsG a. F.[568] vorlagen noch diejenigen des § 55 BörsG[569] erfüllt sind.

(cc) Nebenpflichten. Als Schuldverhältnis minderer Wirkung entstehen aus einem 318
Börsentermingeschäft, wie gesagt, zwar keine durchsetzbaren Leistungspflichten. Wohl aber können sich, wie bei anderen vertraglichen Schuldverhältnissen auch, aus § 242 BGB **Nebenpflichten** ergeben. Es ist allerdings auch insoweit eine Einschränkung geboten, die sich an der unterschiedlichen Funktion der in Betracht kommenden Nebenpflichten orientiert. Aus dem Blickwinkel des verfolgten Zwecks lassen sich nämlich **leistungsbezogene Nebenpflichten** und Obliegenheiten von **Schutzpflichten** unterscheiden[570].

(1) Vergegenwärtigt man sich, daß die **leistungsbezogenen Pflichten** darauf abzielen, 319
das sog. Leistungsinteresse der Beteiligten in dem Sinne zu sichern, daß der von ihnen beabsichtigte Geschäftszweck interessengerecht erreicht wird, so kommen bei Börsentermingeschäften solche Nebenpflichten nicht in Betracht[571], da der Gesetzgeber schon dem Interesse an der Hauptleistung durch Versagung des Rechtszwangs den Schutz versagt hat.

(2) Anders ist die Rechtslage hinsichtlich der **Schutzpflichten** zu beurteilen, die sich aus 320
der auch durch die Sonderbeziehung bei Börsentermingeschäften herbeigeführten gesteigerten Einwirkungsmöglichkeit auf die Rechtsgüter des jeweils anderen ergeben[572]. Hier steht die Sicherung des Erhaltungsinteresses des anderen Teils im Vordergrund. Solche als besondere Verhaltenspflichten zu verstehenden Schutzpflichten, die zu einem Schadenersatzanspruch wegen positiver Forderungsverletzung führen können, entstehen auch aus einem Schuldverhältnis minderer Wirkung wie einem Börsentermingeschäft[573]; sie zielen vor allem auf die Vermeidung sog. Begleitschäden und würden auch bestehen, wenn die Leistungsvereinbarung nicht nur unverbindlich, sondern gänzlich rechtsunwirksam wäre[574].

---

[564] *Gernhuber*, Das Schuldverhältnis, 1989, § 5 IV, 1a, S. 101.

[565] Vgl. dazu *Larenz/Canaris*, Schuldrecht, Bd. 2 BT, 2. Halbbd., 13. Aufl. 1994, § 67 III, 1b, S. 137. Ein Unterschied besteht freilich insoweit, als bei Handgeschäften anders als bei Börsentermingeschäften Ansprüche wegen Leistungsstörungen oder Gewährleistungsansprüche entstehen können.

[566] Vgl. zu dieser Frage der Rechtssystematik m.Nw. *Häuser* WM 1988, 1286; ferner *Maser*, Diss., S. 43 f.

[567] Vgl. dazu *Maser*, Diss., S. 46.

[568] Vgl. dazu Rdnr. 345 ff.

[569] Vgl. dazu Rdnr. 359 ff.

[570] Vgl. *Soergel/Teichmann*, § 242 BGB, Rdnr. 133.

[571] OLG Köln ZIP 1989, 838, 840.

[572] Vgl. dazu *Soergel/Teichmann*, § 242 BGB, Rdnr. 178 ff.

[573] Ebenso *Maser*, Diss., S. 47. Dem entspricht es, wenn nach BGHZ 80, 80, 86 = WM 1981, 374 = NJW 1981, 1266, der Termineinwand Ansprüche aus c.i.c. nicht ausschließt. Im Zusammenhang mit § 656 BGB ebenso BGHZ 25, 124; zustimmend *E. Wolf* JuS 1961, 28, 30, 32; *Medicus*, Bürgerliches Recht, 15. Aufl. 1990, Rdn. 42; *Gernhuber*, Das Schuldverhältnis, 1989, § 5 IV, 4d, S. 105.

[574] Vgl. *Soergel/Teichmann*, § 242 BGB, Rdnr. 181.

321 (dd) Prozessuales. Die Unverbindlichkeit eines Börsentermingeschäfts wegen fehlender Termingeschäftsfähigkeit (§§ 52, 53 BörsG) beruht auf zwingendem Recht und ist deshalb **von Amts wegen** zu beachten[575]. Es steht den Beteiligten also nicht frei, ein Börsentermingeschäft auf einem anderen als dem im Gesetz vorgezeichneten Weg verbindlich zu machen[576].

322 Die **Beweislast** für die Verbindlichkeit eines Börsentermingeschäfts liegt mit Rücksicht auf das Regel-Ausnahme-Verhältnis in § 52 BörsG bei demjenigen, der daraus Rechte herleiten möchte; das Gesetz geht grundsätzlich von der Unverbindlichkeit der Geschäfte aus[577]. Für die Termingeschäftsfähigkeit kraft Information ist dies in § 53 Abs. 2 Satz 5 BörsG festgehalten.

323 *b) Erweiterung durch § 59 BörsG.* § 59 BörsG erstreckt die Vorschriften über die Unverbindlichkeit eines erlaubten Börsentermingeschäfts (§§ 52–58 BörsG) auch auf solche Verbindlichkeiten, die **zum Zwecke der Erfüllung** zusätzlich eingegangen worden sind; ausdrücklich ist insoweit das Schuldanerkenntnis (§ 781 BGB) hervorgehoben.

324 (aa) Unverbindliche Terminschuld. Voraussetzung des § 59 BörsG ist immer, daß die eigentliche **Terminschuld unverbindlich** ist. Ist die Terminschuld rechtlich durchsetzbar, greift § 59 BörsG nicht ein. Ist bei unverbindlicher Terminschuld der Schuldner im Zeitpunkt der späteren Anerkennung termingeschäftsfähig geworden, scheidet § 59 BörsG ebenfalls aus, da die Parteien jetzt ein verbindliches Börsentermingeschäft hätten abschließen oder das frühere hätten bestätigen können (§ 141 BGB)[578].

325 § 59 BörsG erfaßt aber nur **Schuldanerkenntnisse, die der verlierende Teil** zum Zwecke der Erfüllung eines Börsentermingeschäfts gegenüber dem anderen Vertragsteil eine Verbindlichkeit eingeht. Unberührt, also rechtsverbindlich, bleiben **Anerkenntnisse gegenüber dem Verlierer**, die wegen der Rückerstattung erbrachter Leistungen des Verlierers erteilt worden sind. Solche Anerkenntnisse sind unabhängig davon rechtsverbindlich, ob diese Leistungen außerdem nach § 812 Abs. 1 Satz 1 BGB zurückgefordert werden könnten oder ob diese Möglichkeit gemäß §§ 55 BörsG; 764, 762 Abs. 1 S. 2 BGB ausgeschlossen wäre[579].

326 § 59 BörsG hindert die Durchsetzbarkeit eines Schuldanerkenntnisses auch dann nicht, wenn ein **Dritter** sich vertraglich verpflichtet, dem verlierenden Teil die Verluste aus unverbindlichen Börsentermin- oder Differenzgeschäften zu ersetzen und diese Verluste bereits eingetreten waren[580].

327 (bb) Abstrakte Verbindlichkeiten. Nach der Rechtsprechung ist für § 59 BörsG ein hauptsächlicher Anwendungsfall gegeben, wenn das Kreditinstitut dem Kunden Gewinne aus Börsentermingeschäften gutschreibt, um sie damit bargeldlos auszuzahlen[581]. Denn die **Gutschrift auf dem Girokonto** ist ein abstraktes Schuldversprechen (§ 780 BGB) oder

---

[575] BGHZ 86, 115, 117 = WM 1983, 82 = NJW 1983, 940; RGZ 44, 52 f.; RGZ 49, 61; RGZ 129, 206, 207; MünchKomm-*Pecher*, § 764 BGB Rdnr. 10.

[576] Vgl. RGZ 129, 206, 207; RG Bank-Archiv XXX (1930), 16.

[577] Vgl. BGH WM 1992, 682; BGH WM 1995, 2026; BGH WM 1996, 1620, 1621; *Schwark*, BörsG, § 58 Rz. 7; *Nußbaum* JW 1911, 297, 298; *ders.*, Börsengeschäfte, S. 124; vgl. auch MünchKomm-*Pecher*, § 764 BGB, Rdn. 10, der den Terminus „Termineinwand" deshalb zutreffend als irreführend bezeichnet.

[578] LG Mannheim WM 1992, 911, 914 = WuB I G 5.-5.92 *Hammen*; *Nußbaum*, Die Börsengeschäfte, S. 128; a.A. *Düringer/Hachenburg/Breit*, HGB, Bd. V./1., Anh. II Anm. 184. Vgl. zur Verbindlichkeit eines Anerkenntnisses, das nach Inkrafttreten der VO vom 7. 3. 1925, die den Differenzeinwand bei inoffiziellen Devisentermingeschäften ausschloß, für ein vorher getätigtes Geschäft erteilt worden war, RG SeufA Bd. 83, 93.

[579] Vgl. BGH WM 1988, 289 = NJW 1989, 1086 = WuB I G 5.- 7.88 *Preusche*.

[580] BGHZ 101, 296 = WM 1987, 1156 = NJW 1987, 3181 = EWiR § 55 BörsG 1/87 *Häuser*.

[581] Vgl. dazu BGHZ 105, 263 = WM 1988, 1717, 1719 = NJW 1989, 300 = WuB I G 5.- 3.89 *Kümpel*.

Schuldanerkenntnis (§ 781 BGB) der Bank gegenüber ihrem Kunden[582]. Die Bank bewirkt dadurch eine Ersatzerfüllung. Es handelt sich nach der Rechtsprechung deshalb wegen § 59 BörsG wiederum nur um eine „Naturalobligation", durch welche die nicht einklagbare Schuld nicht endgültig getilgt wird[583].

Auch das **kontokorrentrechtliche Saldoanerkenntnis**, das Habenposten aus Börsentermingeschäften berücksichtigt, fällt als Schuldanerkenntnis unter § 59 BörsG und ist deshalb unverbindlich[584]. Dasselbe gilt für eine **Wechselverbindlichkeit** (Art. 28 WG). **328**

Soll die unvollkommene Verbindlichkeit durch **Scheckzahlung** erfüllt werden und bleibt die Einlösung des Schecks durch die bezogene Bank aus, weil etwa der Aussteller den Scheck hatte sperren lassen (Art. 32 ScheckG) oder sein Konto keine ausreichende Deckung aufwies, steht der Termineinwand gem. § 59 BörsG auch dem **scheckrechtlichen Rückgriffsanspruch** gegen den Aussteller (Art. 12, 40 ff. ScheckG) entgegen[585]. **329**

Hatte ein Dritter im Auftrag des Terminschuldners den Scheck für eine unverbindliche Terminschuld ausgestellt, so steht auch ihm der Termineinwand in entsprechender Anwendung des § 59 BörsG zu, um dadurch eine Gesetzeslücke in einem wesentlichen Punkt zu vermeiden[586]. **330**

(cc) Darlehen. § 59 BörsG gilt nicht nur für abstrakte Verbindlichkeiten. Praktische Bedeutung erlangt auch die Vertragsgestaltung, daß Debetposten aus unklagbaren Börsentermingeschäften in **Darlehen** umgeschuldet werden (vgl. § 607 Abs. 2 BGB). Die Rückerstattungsforderung ist dann wegen § 59 BörsG nicht durchsetzbar[587]. Dasselbe gilt, wenn der Partner des Börsentermingeschäfts zur Finanzierung von Verlusten ein Darlehen gewährt[588]. **331**

Werden Gewinne des Kunden aus einem erlaubten Börsentermingeschäft vom Girokonto auf ein **Festgeldkonto** umgebucht, so kann auch durch diese Festgeldanlage keine verbindliche Rückerstattungspflicht der Bank gegenüber dem Kunden begründet werden[589]. **332**

(dd) Verbindlichkeit eines nicht termingeschäftsfähigen Dritten bei rechtswirksamer Terminschuld. Dem Wortlaut des § 59 BörsG läßt sich nicht ohne weiteres entnehmen[590], ob er auch Verbindlichkeiten erfaßt, die von einem Dritten zum Zwecke der Erfüllung einer verbindlichen Terminschuld eingegangen worden sind[591]. Das RG[592] hat für eine **Bürgschaft**, die zur Sicherung einer **rechtswirksamen Hauptverbindlichkeit** aus einem Börsentermingeschäft übernommen worden war, wegen § 59 BörsG Termingeschäftsfä- **333**

---

[582] Dazu grundlegend BGHZ 103, 143 = WM 1988, 321 und erläuternd *Hadding/Häuser* WM 1988, 1149 ff.; ferner *Häuser/Welter* WM 1994. 775 ff.

[583] BGHZ 105, 263 = WM 1988, 1717, 1719 = NJW 1989, 300 = WuB I G 5.-3.89 *Kümpel*; BGH WM 1979, 1381, 1383 = NJW 1980, 390 (zu §§ 764, 762 Abs. 2 BGB); BGHZ 93, 307, 311 = WM 1985, 563 = NJW 1985, 1706 = WuB I G 5.- 2.85 *Schwark*. Die Geltung des § 59 BörsG gegenüber der Gutschrift wegen eines (unverbindlichen) Anspruchs auf den Erlös aus der Veräußerung laufender Optionen im Sekundärmarkt hat OLG Düsseldorf WM 1988, 1404, 1406 übersehen.

[584] BGHZ 93, 307, 311 = WM 1985, 563 = NJW 1985, 1706 = WuB I G 5.–2.85 *Schwark*; BGH WM 1979, 1381 = NJW 1980, 390; zur Abwicklung im Kontokorrent ferner unten § 16 V. 8.

[585] So für den Differenzeinwand (§§ 764, 762 Abs. 2 BGB) BGH WM 1981, 758 = NJW 1981, 1898.

[586] So zu §§ 764, 762 Abs. 2 BGB BGH WM 1981, 758 = NJW 1981, 1898.

[587] BGHZ 92, 317, 325 = WM 1984, 1598 = NJW 1985, 634; so schon *Nußbaum* JW 1911, 298, 299; BGH WM 1979, 1381, 1383 = NJW 1980, 390 zu §§ 764, 762 Abs. 2 BGB.

[588] Vgl. BGHZ 93, 307 = WM 1985, 563, 564 = NJW 1985, 1706 = WuB I G 5.- 2.85 *Schwark*; LG Mönchengladbach WM 1987, 681, 682. Wird das Darlehen von dritter Seite gewährt, scheidet § 59 BörsG aus, es sei denn, es liege mit dem Börsentermingeschäft eine wirtschaftliche Einheit vor (vgl. *Kümpel* WM 1985, 1121,1125).

[589] BGH WM 1979, 1381, 1383 = NJW 1980, 390 zu §§ 764, 762 Abs. 2 BGB.

[590] And. Ans. *Meyer/Bremer*, BörsG, § 59 Anm. 1.

[591] Dazu ausführlich und ablehnend *Düringer/Hachenburg/Breit*, HGB, Bd. V./1., Anh.II Anm. 185.

[592] RGZ 140, 132 = JW 1933, 1317 m. Anm. *Göppert* = Bank-Archiv 1932, 399; vgl.auch *Maser*, Diss., S. 90 f.

higkeit verlangt. Dieses Urteil ist im Schrifttum[593] kritisiert worden, weil der Schutzzweck des Gesetzes, nicht termingeschäftsfähige Personen vom Börsenterminhandel fernzuhalten, von einer solchen Bürgschaft nicht berührt werde. Es werde nämlich vorausgesetzt, daß der Partner des Termingeschäfts börsentermingeschäftsfähig ist.

334 Eine ähnliche Gestaltung kann sich ergeben, wenn über ein **„Oder-Konto"** Börsentermingeschäfte eines Kontoinhabers, der termingeschäftsfähig ist, abgewickelt werden, und es um die gesamtschuldnerische Einstandspflicht (§ 428 BGB) eines anderen Kontoinhabers geht, der nicht börsentermingeschäftsfähig ist.

335 Ein Börsentermingeschäft mit dem Bürgen selbst soll allerdings vorliegen, wenn er nur auf den Namen eines Dritten, in Wirklichkeit wegen der vereinbarten Bürgschaft aber auf eigene Rechnung spekuliert[594].

336 *c) Einbeziehung von Nebengeschäften (§ 60 BörsG).* Daß § 60 BörsG die Unverbindlichkeit auch auf die sog. **Nebengeschäfte** erstreckt, soll in erster Linie einer Umgehung der Vorschriften über den Terminhandel vorbeugen. Derartige Umgehungen wären nämlich z. B. dann zu besorgen, wenn Unbefugte sich am Terminhandel in der Weise beteiligten, daß sie die Geschäfte durch dritte, termingeschäftsfähige Personen auf ihre Rechnung abschließen lassen[595]. Um ein Nebengeschäft i. S. des § 60 BörsG handelt es sich insb. bei Aufträgen (§ 662 BGB) oder entgeltlichen Geschäftsbesorgungen (§ 675 BGB), die darauf gerichtet sind, im eigenen Namen, aber für Rechnung des Auftraggebers Börsentermingeschäfte durchzuführen[596]. Die Vor- und insbesondere die Nachteile aus einem verbindlichen Börsentermingeschäft könnten dann den nicht termingeschäftsfähigen Auftraggeber über die Vorschriften des Auftrags- oder Geschäftsbesorgungsrechts treffen (§§ 667, 670; 675 BGB)[597].

337 Entgegen einer Bemerkung des BGH[598] richtet die Verbindlichkeit des Nebengeschäfts sich nicht danach, ob das Börsentermingeschäft des Beauftragten, meistens eines Kreditinstituts, verbindlich ist; die Geschäfte sind vielmehr unabhängig voneinander auf ihre Verbindlichkeit nach §§ 52 ff. BörsG zu prüfen[599]. Auch der BGH[600] folgt inzwischen ersichtlich, wenn ohne ausdrückliche Klarstellung, dieser Auffassung.

338 (aa) Ein unverbindliches Nebengeschäft liegt vor, wenn ein Kreditinstitut nicht wie üblich als Eigenhändler[601] oder als Kommissionär[602] tätig wird, sondern wenn es den Kundenauftrag zum Kauf von Aktienoptionen als Bote an ein anderes Institut weiterleitet, die Forderung dieses Instituts gegen den Kunden selbst befriedigt und anschließend dessen Konto wegen dieser Aufwendungen belastet[603]. Mit Rücksicht auf den Umgehungsgedan-

---

593 So *Göppert* ZBH 1933, 169; abl. auch *Simonson* Bank-Archiv 1932, 390; a.A. *Schwark*, BörsG, § 59 Rz. 3.

594 *Göppert* ZBH 1933, 169 ff.

595 Vgl. *Nußbaum*, BörsG, § 60 Anm. I.

596 BGH WM 1995, 189, 190; BGH WM 1994, 834, 837.

597 Dementsprechend ist § 60 BörsG weit auszulegen; vgl. *Düringer/Hachenburg/Breit*, HGB, Bd. V./1., Anh. II Anm. 188; *Kümpel* WM 1985, 1121; *Maser*, Diss., S. 83.

598 WM 1980, 768 = NJW 1980, 1957; ebenso OLG Karlsruhe WM 1984, 21 m.abl. Anm. *Häuser* ebenda.

599 So *Häuser* ZIP 1981, 933, 937/938; *ders.* WM 1984, 23; zust. *Bundschuh* WM 1986, 725, 730; *Brandes*, Festgabe an die Niedersächsische Börse, S. 287, 294. Dem BGH zustimmend aber *Kienle* WM 1993, 1313, 1316, wenn auch unverständlich, weil er gleichzeitig voraussetzt, daß „alle an einem Nebengeschäft i. S. des § 60 BörsG Beteiligten termingeschäftsfähig" sind.

600 WM 1995, 189 = WuB IV A. § 181 BGB 1.95 *Hermann/Ortmann* = EWiR 1995, 247 *Müller*.

601 In diesem Falle liegt kein Nebengeschäft, sondern ein primäres Börsentermingeschäft vor.

602 Das Kommissionsverhältnis wird meistens Nebengeschäft i. S. d. § 60 BörsG sein, es sei denn, der Kommissionär führe die Kommission durch Selbsteintritt aus; a.A. *Bletz* BB 1987, 627, 631: immer primäres Börsentermingeschäft.

603 Zur sog. „Botensparkasse" vgl. BGHZ 94, 262 = WM 1985, 744, 745 = NJW 1985, 1956 = WuB I G 5.–4.85 *Kümpel*; dazu noch *Brandes*, Festgabe an die Niedersächsische Börse, S. 287, 294; krit. *Kümpel* WM 1985, 1121.

ken ist entscheidend, ob der eingeschalteten Person ein Anspruch auf Ersatz der Aufwendungen für das Börsentermingeschäft (§§ 675, 670 BGB) zustehen soll.

Eine Umgehungsgefahr, der § 60 BörsG vorbeugen will, droht nur, wenn ein nicht Börsentermingeschäftsfähiger einen Dritten in einer Weise beauftragt, daß der Dritte ganz oder teilweise zwischen ihn und den eigentlichen Geschäftspartner tritt und aus der Abwicklung des Termingeschäftes eigene Ansprüche gegen den Nichtbörsentermingeschäftsfähigen ableiten kann. Fehlt diese Voraussetzung, so ist der Nichtbörsentermingeschäftsfähige bereits dadurch geschützt, daß Ansprüche des eigentlichen Geschäftspartners dem Termineinwand unterliegen. Unter § 60 BörsG fallen daher Aufträge, im eigenen Namen aber für Rechnung des Auftraggebers Börsentermingeschäfte abzuschließen, sowie andere Aufträge, die auf Abschluß eines Börsentermingeschäfts mit einem Dritten gerichtet sind und bei denen dem Beauftragten aus der Abwicklung des Geschäfts eigene Ansprüche gegen den Auftraggeber zustehen sollen[604]. Dagegen fallen Aufträge, bei denen der Beauftragte nur in offener Stellvertretung für den Auftraggeber handeln soll, sowie die entsprechenden Vollmachten nicht in den Anwendungsbereich des § 60 BörsG[605]. 339

Nicht unter § 60 BörsG sollen Aufträge an Dritte fallen, die unklagbare Verbindlichkeit aus einem Börsentermingeschäft zu erfüllen (Tilgungsaufträge), weil sie nicht auf „Abschluß eines Börsentermingeschäfts“ gerichtet seien[606]. Dem wird man zustimmen können, wenn die Verluste bei Auftragserteilung schon entstanden waren. § 60 BörsG soll auch Geschäftsbesorgungsverhältnisse nicht erfassen, die auf die Bestellung von Sicherheiten an den Partner gerichtet sind[607]. 340

(bb) Bei der in § 60 BörsG vorgeschriebenen Anwendung der §§ 52 ff. BörsG auf die Nebengeschäfte kann es geboten sein zu berücksichtigen, daß diese Geschäfte nur auf die Vermittlung von Termingeschäften gerichtet sind. Hat z. B. ein nicht termingeschäftsfähiger Kunde gegenüber dem Geschäftsbesorger, z. B. dem Vermittler ausländischer Börsentermingeschäfte, Zahlungen erbracht, so kann es fraglich sein, ob damit eine möglicherweise rückforderbare **Sicherheitsleistung** oder aber eine **Vorauserfüllung** bezweckt ist. Nach Ansicht des BGH[608] kann diese Frage nur mit Blick auf das angestrebte Hauptgeschäft mit dem ausländischen Broker beurteilt werden; denn andernfalls könnten sogar eindeutig für das Hauptgeschäft nur als Sicherheit erbrachte Leistungen als Vorschüsse i. S. des § 669 BGB wegen § 55 BörsG nicht zurückverlangt werden[609]. 341

Wird an den Vermittler ein Vorschuß i. S. des § 669 BGB erbracht, so reicht im übrigen das Geschäftsbesorgungsverhältnis allein nach Ansicht des BGH[610] als Rechtsgrund für einen Rückforderungsausschluß nicht aus, sondern es muß hinzukommen, daß der Vermittler im Sinne des erteilten Auftrags tatsächlich tätig geworden ist, obwohl er dazu rechtlich nicht verpflichtet war. Ist der Vermittler untätig geblieben, so hat er den erhaltenen Vorschuß gem. § 812 BGB zurückzuerstatten, wozu er auch bei Verbindlichkeit des Geschäftsbesorgungsverhältnisses nach §§ 675, 667 Fall 1 BGB verpflichtet wäre[611]. 342

(cc) § 60 BörsG gilt auch für **Gesellschaftsverhältnisse**, deren Zweck auf den Abschluß von Termingeschäften gerichtet ist (GbR, StiG, OHG, KG)[612]. 343

---

604 BGH WM 1994, 834, 837 = LM BörsG Nr. 35/36 *Koller*, BGHZ 94, 262, 266 = WM 1985, 262.

605 BGH WM 1994, 834, 838; erneut BGH WM 1996, 1260, 1262; a.A. *Kleinschmidt*, Das Informationsmodell bei Börsentermingeschäften, Diss. iur Berlin, 1991, S. 140 ff.; *Wach* AG 1992, 384, 396.

606 Vgl. *Kümpel* WM 1985, 1121, 1123; *Maser*, Diss., S. 84.

607 Vgl. dazu *Kümpel* WM 1985, 1121, 1123; *Maser*, Diss., S. 84.

608 BGHZ 86, 115, 118 = WM 1983, 82 = NJW 1983, 940.

609 *Häuser* WM 1988, 1285, 1288.

610 BGH WM 1985, 449 = WuB I G 5.-1.86 *Kümpel*; ebenso OLG Frankfurt WM 1986, 701, 704 = WuB I G 5.-3.86 *Häuser/Welter*.

611 Dazu *Häuser* WM 1988, 1285, 1286.

612 Vgl. dazu *Maser*, Diss. S. 83.

344 Die an einem sog. **Warenterminsammelkonto** Beteiligten bilden nach der Rechtsprechung[613] allerdings keine Gesellschaft bürgerlichen Rechts; vielmehr werden zwischen dem Verwalter des Kontos und den Anlegern **Geschäftsbesorgungsverhältnisse** vereinbart, die deshalb §§ 60, 53 BörsG unterfallen.

345 **3. Einschränkung der Unverbindlichkeit durch Sicherheitsleistung (§ 54 BörsG a. F.).** Bis zum ÄnderungsG 1989 gestattete es § 54 BörsG a. F. dem Privatpublikum, in eingeschränktem Umfang am Terminhandel in Wertpapieren und Devisen (vgl. § 96 Abs. 1 BörsG a. F.) teilzunehmen. Der Änderungsgesetzgeber hat diese Möglichkeit beseitigt. Bei **Geschäften, die vor dem 1. 8. 1989** zustandegekommen sind, ist allerdings § 54 a. F. BörsG nach wie vor zu berücksichtigen. Schloß ein eingetragener Vollkaufmann (vgl. § 53 Abs. 1 BörsG) mit einem nicht termingeschäftsfähigen Partner ein Börsentermingeschäft in **Wertpapieren**ab, schränkte § 54 BörsG a. F. die Unverbindlichkeit in besonderer Weise ein, wenn der nicht termingeschäftsfähige Teil Sicherheiten in qualifizierter Form, aber unabhängig von ihrem Umfang bestellte[614]. Der eingetragene Vollkaufmann war dann (nur) berechtigt, sich wegen seiner nicht durchsetzbaren Forderung aus der Sicherheit zu befriedigen, während das Börsentermingeschäft für ihn selbst **verbindlich** war (§ 54 Abs. 1 BörsG a. F.; **halbseitige Verbindlichkeit**)[615]. Die Vorschrift über die Bestellung einer qualifizierten Sicherheit sollte gewährleisten, daß sich nicht jeder Unberufene am Börsenterminhandel beteiligte. Wegen der Sicherheit wurde dem Interessenten die Tragweite seines Risikos bei der Hingabe der Sicherheit spürbar vor Augen geführt, weshalb er nach den Vorstellungen des Gesetzgebers keines weiteren Schutzes bedurfte[616].

346 Hatte sich z. B. ein Kreditinstitut bei Geschäften in **inländischen unverbrieften Aktienoptionen** eine formgerechte Sicherheit bestellen lassen, waren die **Kontogutschriften**, die das Kreditinstitut dem Kunden über entstandene Gewinne erteilte, **verbindlich**; ergaben sich für den Kunden Verluste, so konnte das Kreditinstitut sich (nur) an die Sicherheit halten.

347 Aufgrund der Verweisung in § 96 Abs. 1 BörsG a. F. galt § 54 BörsG a. F. auch für **Devisentermingeschäfte**, während bei Börsentermingeschäften in **Waren** solche Sicherungsmöglichkeiten nicht bestanden, weshalb vor allem in diesem Marktsegment versucht wurde, mit dem Rückforderungsausschluß für „Erfüllungsleistungen“ i. S. des § 55 BörsG eine gewisse Abhilfe zu schaffen[617].

348 *a) Regelungsanlaß.* Diese unterschiedlich ausgestaltete Regelung der Wertpaptiertermingeschäfte gegenüber den Warentermingeschäften war darauf zurückzuführen, daß der Gesetzgeber meinte, man könne dem Publikum die technisch vollkommenste Form des Spekulationsgeschäfts nicht vorenthalten, wenn sich schon eine (Kassa-) Spekulation des am Wertpapier interessierten Publikums an der Wertpapierbörse nicht verhindern lasse[618].

349 Der Warenterminhandel sollte hingegen auf den Personenkreis des § 53 BörsG beschränkt bleiben, wobei aber nicht der Schutz des Publikums vor besonderen Risiken des Warenterminhandels bezweckt war, sondern es stand ein möglichst ungestörtes Funktionieren dieses Terminmarktes im Vordergrund[619]. Man befürchtete andernfalls eine Entfremdung des börsenmäßigen Zeitgeschäfts in Waren gegenüber seinem Wesen als Hilfsgeschäft des Effektivgeschäfts[620].

350 Die Überlegungen des Gesetzgebers sind freilich erst vollständig erfaßt, wenn man hinzunimmt, daß eine bestellte Sicherheit bei spekulativen Geschäften grundsätzlich auch we-

---

[613] Vgl. BGH WM 1987, 581, 582 = NJW-RR 1987, 880; BFH DB 1988, 266.

[614] Vgl. nur BGHZ 92, 317 = WM 1984, 1598 = NJW 1985, 634.

[615] Vgl. RGZ 79, 382.

[616] Vgl. zum „gesetzgeberischen Gedanken der Vorschrift über Gegenstand und Form der Sicherheitsbestellung“ nach wie vor grundlegend RGZ 87, 18, 20; ferner *Weber* DJZ 1908, Sp. 609, 613.

[617] Vgl. dazu unten § 16 V. 4.

[618] Vgl. dazu *Göppert* ZHR 99 (1934), 289, 291.

[619] Vgl. *Göppert* Bank-Archiv XX (1921), 139.

[620] *Göppert* Bank-Archiv XII (1913), 271, 273.

gen des Differenzeinwands (§§ 764, 762 BGB) zurückgefordert werden konnte. Ergänzend ist deshalb schon hier auf **§ 58 Satz 2 BörsG** a. F. hinzuweisen. Danach konnte eine Befriedigung aus einer gem. § 54 BörsG a. F. formgerecht bestellten Sicherheit nicht mit dem Differenzeinwand in Frage gestellt werden, wenn es sich um ein offizielles Geschäft handelte, die gehandelten Wertpapiere also zum Börsenterminhandel amtlich zugelassen waren (§ 50 BörsG). § 54 BörsG a. F. ermöglichte also die Teilnahme von **Privatpersonen** mit einem auf die Sicherheit beschränkten Risiko nur an einem inländischen offiziellen Wertpapierterminmarkt[621].

b) Bestellung der Sicherheit. Die Sicherheit mußte nicht für ein bestimmtes einzelnes Geschäft bestellt sein, sondern es reichte aus, wenn sie für den Börsentermingeschäftsverkehr vereinbart war[622]. Die folgenden Voraussetzungen mußten erfüllt sein: **351**

(aa) Als Sicherungsgut kamen nur Geld oder Wertpapiere, die einen, wenn auch nicht notwendig amtlich festgestellten Kurswert haben, in Frage (§ 54 Abs. 2 BörsG a. F.). Das Maß des Einsatzes des Nicht-Termingeschäftsfähigen sollte für den ungünstigsten Fall „klar erkennbar und fest begrenzt sein“[623]. **352**

Geld i. S. des § 54 Abs. 2 BörsG a. F. ist auch ein von Gegenansprüchen freies bestimmtes **Guthaben**[624] bei einem anderen Kreditinstitut und als **Wertpapiere** reicht ein entsprechendes Wertpapierguthaben aus[625]. **353**

Die Verpfändung einer Kreditvaluta hatte hingegen nicht die beabsichtigte Wirkung[626]; denn die Sicherheit mußte **aus dem Vermögen des Kunden** stammen, um ihm die Gefahr des Verlustes klar vor Augen zu führen[627]. Deshalb schied auch eine Verpfändung von Wertpapieren aus, die mit einem Kredit angeschafft worden waren, der zur Erfüllung unverbindlicher Terminschulden eingeräumt worden war[628]. **354**

Eine Grundschuld war keine zulässige Sicherheit[629]. **355**

(bb) Der Vertrag über die Sicherheitenbestellung mußte **schriftlich** geschlossen werden; er mußte als Sicherungszweck den **ausdrücklichen Hinweis** enthalten, daß die Sicherheit zur Deckung von Verlusten aus Börsentermingeschäften dienen sollte. Wegen der geforderten Form für die Bestellung reichte eine allgemeine Pfandklausel in einem Formularvertag nicht aus[630]. **356**

§ 54 BörsG a. F. sprach allgemein nur von „Sicherheitsleistung“ und äußerte sich nicht zu der Rechtsform, in der diese zu bestellen war. Anerkannt war zuletzt, daß eine **Verpfändung** (§§ 1204, 1273 BGB), aber auch eine **fiduziarische Rechtsübertragung** (Sicherungsübereignung oder Sicherungsabtretung) in Betracht kam[631]. **357**

(cc) Der schriftliche Vertrag über die Sicherheitsleistung durfte keine andere Erklärung des Bestellers der Sicherheiten enthalten. **358**

4. Rückforderungsausschluß (§ 55 BörsG). Die Unverbindlichkeit eines erlaubten Börsentermingeschäfts schließt durchsetzbare gegenseitige Ansprüche aus. Unabhängig davon, auf welche Gegenstände das Börsentermingeschäft sich bezieht, sind erbrachte Leistungen deshalb grundsätzlich wegen ungerechtfertigter Bereicherung (§ 812 Abs. 1 BGB) zurückzuerstatten. Von dieser bereicherungsrechtlichen Rückforderungsmöglichkeit macht **359**

---

621 BGH WM 1989, 807, 808.

622 Vgl. zur Sicherheitenbestellung *Kümpel/Häuser*, Börsentermingeschäfte, S. 104 ff.; *Maser*, S. 187 ff; *Jacusiel* LZ 1908, Sp. 570, 577.

623 RGZ 87, 18, 20; *Meyer/Bremer*, BörsG, § 54 Anm. 3.

624 Vgl. RGZ 87, 18, 23.

625 Vgl RGZ 153, 197, 199.

626 OLG Hamm Bank-Archiv XIII (1913/14), 137; *Schwark*, BörsG, § 54 Rdnr. 5.

627 Vgl. RGZ 87, 18, 20.

628 Vgl. dazu im einzelnen *Kümpel/Häuser*, Börsentermingeschäfte, S. 106 ff.

629 BGHZ 94, 262 = WM 1985, 744, 745 = NJW 1985, 1956 = WuB I G 5.- 4.85 *Kümpel*.

630 BGHZ 94, 262 = WM 1985, 744, 745 = NJW 1985, 1956 = WuB I G 5.- 4.85 *Kümpel*.

631 RGZ 153, 197, 198; RGZ 87, 18, 22; LG Mannheim WM 1987, 253 = WuB I G 5.-3.87 *Häuser*, gegen eine Sicherungsübertragung freilich *Jacusiel* LZ 1908, Sp. 570, 578.

§ 55 BörsG eine Ausnahme, indem er für freiwillig erbrachte Leistungen mit einem Rückforderungsausschluß einen **Behaltensgrund** festlegt. §§ 764, 762 Abs. 1 Satz 2 BGB sehen bei Differenzgeschäften eine parallele Regelung vor[632].

360 *a) „Erfüllungsleistung".* Nach § 55 BörsG ist die Rückforderung nur solcher Leistungen ausgeschlossen, die unwiderruflich zur „Erfüllung" eines **bestimmten Börsentermingeschäfts** erbracht worden sind, das damit ganz oder teilweise endgültig seine Erledigung finden soll[633]. „Im voraus abgegebene Aufrechnungs- und Tilgungserklärungen oder Zahlungen auf künftige, noch ungewisse Verbindlichkeiten aus noch unbekannten Geschäften erfüllen die Voraussetzungen nicht"[634]. Bei nur teilweiser Leistung ist die Rückforderung nur für den erbrachten Teil ausgeschlossen. Da es wegen der Unverbindlichkeit der Geschäfte keine geschuldete Leistung gibt[635], kann es sich in einem strengen Sinne nicht um eine Erfüllungsleistung mit tilgender Wirkung (§ 362 Abs. 1 BGB) handeln – wenngleich in Rechtsprechung und Schrifttum meistens dieser unzutreffende Sprachgebrauch vorherrscht.

361 § 55 BörsG findet grundsätzlich zwar auch bei einer Leistung **an Erfüllungs Statt** (§ 364 Abs. 1 BGB) Anwendung; dies setzt aber voraus, daß hinsichtlich der erbrachten Leistung keine weitere persönliche Verbindlichkeit des Terminschuldners zurückbleibt[636]. Die einschränkende Auslegung wird durch § 59 BörsG bestätigt. So sind insbesondere **Gutschriften**, die eine Bank ihrem Kunden auf dem Girokonto erteilt, um erzielte Gewinne auszugleichen, **keine Leistungen** i. S. des § 55 BörsG[637]. Diese Gutschriften dokumentieren ein abstraktes Schuldversprechen (§ 780 BGB) oder abstraktes Schuldanerkenntnis (§ 781 BGB) der Bank gegenüber dem Kunden, das die Bank zum Zwecke der Erfüllung der Terminschuld eingeht. Gemäß § 59 BörsG liegt darin aber wiederum nur eine unklagbare Verbindlichkeit[638]. Eine endgültige Erfüllungsleistung i. S. des § 55 BörsG wird nach Ansicht des BGH[639] auch nicht dadurch bewirkt, daß das Kreditinstituts den Kontoinhaber über die Gewinngutschriften auf dem im Kontokorrent geführten Konto insbesondere durch eine Barabhebung verfügen läßt[640].

362 Aber auch dann, wenn das Konto des Bankkunden wegen einer unverbindlichen Terminschuld von dem Kreditinstitut **belastet** wird, führt dies nicht zu einer Leistung des Kunden i. S. des § 55 BörsG, denn eine solche Belastungsbuchung hat nur rechtsbekundende (deklaratorische) Bedeutung hinsichtlich der betroffenen Verbindlichkeit[641]. Dies ändert sich selbst dann nicht, wenn der Kunde die Belastung anerkennt oder damit eine rechtsgeschäftliche Verpflichtung, z. B. als Darlehen, verbunden sein sollte; denn wegen § 59 BörsG würde auch hieraus keine durchsetzbare Verbindlichkeit entstehen[642].

363 In der Regel wird bei einer „Erfüllungsleistung" i. S. des § 55 BörsG zu beantworten sein, ob der Bankkunde eine Geldschuld bargeldlos gezahlt hat. Hat der Bankkunde bei ei-

---

632 Vgl. dazu 441.

633 Vgl. BGH WM 1995, 189, 190; BGH WM 1991, 1367 = WuB I G 5.-10.91 *Wolter*, BGHZ 102, 205 = WM 1988, 144, 147 = NJW 1988, 1083 = WuB I G 5.-9.88 *Häuser*; BGHZ 101, 296 = WM 1987, 1156, 1159 = NJW 1987, 3181 = EWiR § 55 BörsG 1/87 *Häuser*.

634 So BGH WM 1991, 1367 = NJW 1991, 2705 = LM BörsG Nr. 31 *Koller*.

635 Vgl. RGZ 76, 81, 83.

636 BGHZ 105, 263 = WM 1988, 1717, 1719 = NJW 1989, 300 = WuB I G 5.-3.89 *Kümpel*; BGH WM 1979, 1381, 1383 = NJW 1988, 390 zu §§ 764, 762 Abs. 1 Satz 2, Abs. 2 BGB.

637 Dies hat OLG Düsseldorf WM 1988, 1404, 1406 offenbar übersehen.

638 BGHZ 117, 135, 140 = WM 1992, 479, 480 = WuB I G 5.–6.92 *Häuser*, BGHZ 105, 263 = WM 1988, 1717, 1719 = NJW 1989, 300 = WuB I G 5.-3.89 *Kümpel*; BGHZ 93, 307, 311 = WM 1985, 563 = NJW 1985, 1706 = WuB I G 5.- 2.85 *Schwark*.

639 BGHZ 117, 135, 140 = WM 1992, 479, 480 = WuB I G 5.–6.92 *Häuser*.

640 Vgl. zur Abwicklung im Kontokorrent Rdnr. 397 ff.

641 Vgl. BGHZ 107, 192, 199 = WM 1989, 807, 809 = NJW 1989, 2120 = WuB I G 5.-12.89 *Welter*, BGH WM 1988, 1717, 1719; LG Berlin WM 1995, 430 = WuB I G 7.-3.95 *Hammen*; *Canaris*, Bankvertragsrecht, 3. Bearb., Rdn. 345; ferner *Hadding/Häuser* ZHR 145 (1981), 138, 151.

642 BGHZ 105, 263 = WM 1988, 1717, 1719 = NJW 1989, 300 = WuB I G 5.-3.89 *Kümpel*.

nem Aktienoptionsgeschäft freilich die Rolle des Stillhalters in Wertpapieren übernommen, kann auch fraglich sein, ob er nach Ausübung der Option die entsprechenden Wertpapiere ordnungsgemäß geliefert hat[643].

LG München[644] und OLG München [645] haben es als Leistung i. S. des § 55 BörsG anerkannt, wenn die Optionsprämie von dem Kunden auf ein **Sparkonto** überwiesen worden ist, von dem dann offenbar zugunsten des Kreditinstituts abgebucht wurde. Erforderlich ist in einem solchen Fall aber außerdem das Einverständnis des Kunden mit der Belastung des Sparkontos[646]; denn die Überweisung auf das Sparkonto läßt zunächst einmal nur ein Guthaben zugunsten des Sparers entstehen. 364

Bezweckte die Leistung des Kunden keine „Erfüllung", sondern sollte sie den Partner wegen des Ausgleichs künftiger Verluste nur **sicherstellen**, erwarb dieser nur dann ein Verwertungsrecht, wenn die Voraussetzungen des § 54 BörsG a. F. vorlagen. Fehlte es daran, etwa weil es sich um ein Warentermingeschäft handelte, wurde eine **unwirksame Sicherheitsleistung** nach Ansicht des BGH[647] auch dann nicht zu einer Erfüllungsleistung i. S. des § 55 BörsG, „wenn sie später einseitig vom Sicherungsnehmer mit Verlusten verrechnet wird". Eine vielleicht beabsichtigte Aufrechnung der Verluste aus dem Termingeschäft gegen den Bereicherungsanspruch des Kunden wegen der unwirksamen Sicherheitsleistung kann sich nicht auf § 56 BörsG stützen, denn zu den darin angesprochenen „Forderungen aus Börsentermingeschäften" zählen bereicherungsrechtliche Rückerstattungsansprüche nicht[648]. 365

b) „Vorauserfüllung". In der Praxis werden bei Börsentermingeschäften häufig sog. **Einschüsse** vereinbart. Diese Beträge dienen zur Deckung künftig entstehender Verluste; dieser Zweck läßt sich mit einer vorweggenommenen Erfüllung, aber auch mit einer bloßen Sicherheitsleistung erreichen. 366

Zu § 55 BörsG war in der Rechtsprechung des RG[649] der Grundsatz anerkannt, daß „auch Vorausleistungen auf künftige Verbindlichkeiten aus bestimmten Börsentermingeschäften Leistungen aufgrund des einzelnen bestimmten Geschäfts" sein können. Auch solche „Erfüllungsleistungen", die der Kunde in einem Zeitpunkt erbringt, in dem noch ungewiß ist, ob das Börsentermingeschäft für ihn verlustbringend sein wird, unterliegen nach dieser Rechtsprechung dem Rückforderungsausschluß[650]. Auch der BGH[651] hat **Vorausleistungen** auf künftige Verbindlichkeiten aus **bestimmten Börsentermingeschäften** als Leistungen „auf das Geschäft" i. S. des § 55 BörsG ebenfalls anerkannt. 367

---

643 Vgl. *Häuser* WuB I G 5.-2.87 zu LG Mannheim WM 1987, 253, 255, das diesen Fall insoweit unter dem Gesichtspunkt des § 57 BörsG geprüft hat, obwohl die Bank ihre Gegenleistung schon gutgebracht hatte.

644 WM 1987, 752 = WuB I G 5.-7.87 *Häuser.*

645 WM 1988, 287 = WuB I G 5.-8.88 *Kindermann.*

646 Vgl. *Häuser* WuB I G 5.-7.87.

647 BGH WM 1984, 421; so auch OLG Frankfurt WM 1985, 477, 478; OLG Düsseldorf NJW-RR 1989, 432, 433.

648 Vgl. *Nußbaum*, Börsengesetz, § 56 Anm. II b; *Baumbach/Hopt*, (14) BörsG § 56 Anm. 1. Bei einem unverbindlichen Geschäft stünde der Aufrechnung außerdem der Differenzeinwand (§ 764 BGB) entgegen (arg. e § 58 Satz 2 BörsG a. F.; vgl. BGH WM 1981, 711 = NJW 1981, 1897). Dies gilt nicht mehr seit dem ÄnderungsG 1989, das auch bei inoffiziellen Geschäften den Differenzeinwand bei einer Aufrechnung ausschließt (§ 58 Satz 2 BörsG).

649 Seit RGZ 79, 403 = Bank-Archiv XI (1912), 323; RG Bank-Archiv 1914, 417; anders noch RGZ 77, 279.

650 Vgl. dazu im einzelnen *Häuser* WM 1988, 1285, 1287.

651 BGH WM 1992, 770, 772; BGH WM 1992, 479; BGH WM 1991, 1397 = WuB I G 5.-3.93 *Wolter* = EWiR 1992, 467 *Schwintowki*; BGHZ 107, 192, 197 = WM 1989, 807, 809 = NJW 1989, 2120 = WuB I G 5.-12.89 *Welter*, BGHZ 101, 296, 305 = WM 1987, 1156; insbesondere BGHZ 86, 115, 118 = WM 1983, 82 = NJW 1983, 940; ferner das sorgfältig begründete Berufungsurteil OLG Düsseldorf WM 1982, 751; ebenso BGH WM 1984, 421; OLG Frankfurt WM 1986, 701 = WuB I G 5.-3.86 *Häuser/Welter*, OLG Frankfurt WM 1986, 499 = WuB I G 5.-1.86 *Schwark* = NJW-RR 1986, 1377; LG Frankfurt WM 1988, 1331 = WuB I G 5.- 14.88 *Welter.*

368 Es stellt sich damit die **Abgrenzungsfrage gegenüber Sicherheitsleistungen**; nach Ansicht des BGH[652] kann nämlich bei einer als Einschuß bezeichneten Zahlung nicht danach unterschieden werden, was die erbrachte Leistung bezweckt. Künftig entstehende Verluste abzudecken, lasse sich mit einer vorweggenommenen Erfüllung, aber auch mit einer bloßen Sicherheitsleistung erreichen. Entscheidend soll nach Ansicht des BGH sein, was die Vertragsparteien hinsichtlich des Einschusses vereinbart haben. Bei Auslegungszweifeln spreche eine **tatsächliche Vermutung** dafür, daß die erbrachten Einschüsse den Partner **nur sicherstellen** sollen und daß sie nicht dafür bestimmt sind, künftige Schulden zu tilgen. Diese Auslegungsregel entspreche der „Tendenz des Gesetzes" und dem mutmaßlichen Willen des Kunden, für den eine bloße Sicherheitsleistung günstiger sei.

369 Bei einem **geschäftsbesorgungsrechtlichen Nebengeschäft**[653] ist hinsichtlich der Einordnung als Erfüllungs- oder Sicherheitsleistung auf das von dem Geschäftsbesorger abzuschließende Börsentermingeschäft abzustellen; andernfalls könnten sogar eindeutig für das Hauptgeschäft erbrachte Sicherheitsleistungen als Vorschüsse i. S. des § 669 BGB wegen § 55 BörsG von dem Geschäftsbesorger nicht zurückverlangt werden[654].

370 *c) (Vorformulierte) pauschale Vorauserfüllungsvereinbarung.* In der grundlegenden Entscheidung des BGH[655] vom 13. Juli 1987 war über die Klausel in einer vorformulierten Kundenerklärung zu entscheiden, daß der Kunde seine Bereitschaft zur Zahlung auf ein Warenterminkonto erklärt und bestätigt, „daß jegliche solche Zahlung als Vorauserfüllung bestehender oder künftiger Verbindlichkeiten anzusehen ist, die sich aus welchen Gründen auch immer aus Warentermingeschäften über mein Konto ergeben". Nach Ansicht des BGH scheitert die beabsichtigte Wirkung eines Rückforderungsausschlusses daran, daß es sich **nicht um Leistungen i. S. des § 55 BörsG** handele[656]. Die Vorauserfüllungsvereinbarung beziehe sich nämlich nicht auf ein oder mehrere **bestimmte Börsentermingeschäfte**, sondern auf künftige, noch ungewisse Verbindlichkeiten aus einer noch unbekannten Zahl von Geschäften[657].

371 Die tatsächliche Vermutung für Sicherheitsleistungen kann folglich nicht durch pauschale Vorauserfüllungsvereinbarungen widerlegt werden, weil diese Abreden sich nicht auf Vorausleistungen für bestimmte Geschäfte beziehen. Es muß aber gerade für die einzelne Leistung festgelegt sein, ob sie als Erfüllungs- oder als Sicherheitsleistung gewollt ist.

372 Festzuhalten ist auch, daß die Erwägungen des BGH nicht darauf abheben, ob die Vorauserfüllungsabrede **formularmäßig** getroffen worden ist. Entscheidend ist vielmehr, daß die Vorauserfüllung **pauschal** vereinbart war. Daraus folgt, daß die Rückforderung nach § 55 BörsG auch bei einer entsprechenden **Individualvereinbarung über pauschale Vorauserfüllung** nicht ausgeschlossen wäre.

373 Offen ist in der Rechtsprechung bisher, ob eine Vorauserfüllungsabrede, die sich auf **bestimmte Börsentermingeschäfte** bezieht und die **formularmäßig** getroffen worden ist, gegen § 9 Abs. 2 Nr. 1 AGBG verstößt. Dafür spricht, daß andernfalls der Schutzzweck aus der Unverbindlichkeit illusorisch würde[658]. Nach der zutreffenden Einschätzung des BGH[659] bezwecken nämlich auch Vorausleistungen, künftig entstehende Verluste abzudecken. Ferner entspricht es nach Ansicht des BGH[660] „der Tendenz des Gesetzes", bei

---

[652] BGHZ 86, 115 = WM 1983, 82 = NJW 1983, 940; BGHZ 101, 192, 199 = WM 1989, 807, 809 = NJW 1989, 2120 = WuB I G 5.-12.89 *Welter.*

[653] Vgl. dazu schon Rdnr. 336.

[654] So BGHZ 86, 115, 118 = WM 1983, 82 = NJW 1983, 940.

[655] BGHZ 101, 296 = WM 1987, 1156, 1159 = NJW 1987, 3181 = EWiR § 55 BörsG 2/87 *Häuser.*

[656] Ebenso BGHZ 117, 135, 141 = WM 1992, 479, 481 = WuB I G 5.-6.92 *Häuser;* BGHZ 102, 204, 205 = WM 1988, 144 = NJW 1988, 1083 = WuB I G 5.-9.88 *Häuser;* BGH WM 1987, 1153, 1155 = NJW 1987, 3193 = EWiR § 764 BGB 1/87 *Welter.*

[657] Zustimmend auch *M. Wolf,* in: Wolf/Lindacher/Horn, § 9 AGBG Rdn W 2.

[658] Ebenso *M. Wolf,* in: Wolf/Lindacher/Horn, § 9 ABGB Rdn. W 2.

[659] BGHZ 86, 115, 119 = WM 1983, 82 = NJW 1983, 940.

[660] BGHZ 86, 115, 119 = WM 1983, 82 = NJW 1983, 940.

Auslegungszweifeln eine Sicherheitsleistung anzunehmen. Eine Sicherheitsleistung war nach § 54 BörsG a. F. aber nur unter qualifizierten förmlichen Voraussetzungen wirksam. Der auch damit verbundene Schutzzweck würde mit einer formularmäßigen Vorauserfüllungsabrede unterlaufen[661].

d) Verrechnungsvereinbarung. Als Leistung im Sinne des § 55 BörsG kommt auch eine vertragliche Verrechnung in Betracht, die eine Rückforderung in gegenüberstehender Höhe der Forderungen insofern ausschließt, als sich die Forderungen der Höhe nach gegenüberstehen.[662] Meistens wird es sich darum handeln, daß unverbindliche und deshalb rückforderbare Sicherheitsleistungen des Kunden mit Verlusten, die gegenüber ihm nicht durchgesetzt werden können, vertraglich verrechnet werden sollen. Bei dieser Fallgestaltung ist nämlich die erweiterte Aufrechnungsmöglichkeit nach § 56 BörsG nicht einschlägig, denn zu den dort vorausgesetzten „Forderungen aus Börsentermingeschäften" zählt der bereicherungsrechtliche Rückerstattungsanspruch des Kunden gerade nicht[663]. 374

(aa) Die Gleichstellung eines Aufrechnungsvertrags mit einer freiwilligen Leistung i. S. des § 55 BörsG wird allgemein nicht in Zweifel gezogen[664]. Um aber als Leistung i. S. des § 55 BörsG anerkannt zu werden, muß auch die Verrechnung „aufgrund des Geschäfts" geschehen, d.h. sie muß sich auf ein **bestimmtes Börsentermingeschäft** beziehen, und in dem Bewußtsein getroffen worden sein, dadurch eigene Vermögenspositionen zur Tilgung von Verbindlichkeiten aus diesen Börsentermingeschäften aufzugeben[665]. Von dem Kunden blanko unterzeichnete, antizipierte Aufrechnungs- und Tilgungserklärungen, die bei Abgabe keinen konkreten Bezug auf bestimmte Börsentermingeschäfte haben, reichen dafür nicht aus; sie erfolgen nicht „auf Grund" bestimmter Geschäfte, sondern im Hinblick auf künftige noch ungewisse unklagbare Forderungen des Kreditinstituts aus noch unbekannten Börsentermingeschäften[666]. Auch die Grundsätze über die Wirksamkeit vereinbarungsgemäß ergänzter Blanketterklärungen führen nicht zum Erfolg. Der BGH[667] greift insoweit auf einen Wertungsvergleich zu § 54 BörsG a. F. zurück. Der dort mit der Aussonderung von Vermögensgegenständen verbundene Warneffekt werde durch bloße Blankettverrechnungsabreden nicht erreicht. Mit dem ÄnderungsG 1989 ist § 54 BörsG a. F. zwar zugunsten der „Termingeschäftsfähigkeit kraft Information" aufgehoben worden. Dies bleibt aber ohne Einfluß auf die Auslegung des § 55 BörsG. 375

Gegenüber **stillschweigend geschlossenen Verrechnungsvereinbarungen** ist der BGH zurückhaltend[668]. So reicht ein Schweigen auf einen übersandten Kontoauszug nicht aus, um eine vertragliche Verrechnung herbeizuführen. Die Zurückhaltung des Gerichts steht mit der Rechtsprechung in Einklang, die das Schweigen eines Bankkunden auf einen übersandten kontokorrentrechtlichen Rechnungsabschluß einschließlich der darin enthaltenen Saldenmitteilung nicht als rechtsgeschäftliche Annahme des Angebots auf Abschluß eines Saldoanerkenntnisses ausreichen läßt[669]. Im Urteil vom 25. 6. 1991 hat der BGH[670] 376

---

[661] Vgl. dazu *Häuser* WM 1988, 1285, 1289.

[662] Zur Verrechnung im Kontokorrent s. Rdnr. 397 ff.

[663] Vgl. *Nußbaum*, BörsG, § 56 Anm. II b; *Baumbach/Hopt*, (14) BörsG § 56 Anm. 1; *Häuser* WM 1988, 1285, 1289.

[664] Vgl. m.Nw. *Häuser* WM 1988, 1285, 1289.

[665] BGHZ 117, 135, 141 = WM 1992, 479, 481 = WuB I G 5.-6.92 *Häuser*; BGH WM 1991, 1367, 1368 = WuB I G 5.-10.91 *Wolter*.

[666] BGH WM 1991, 1367 = WuB I G 5.-10.91 *Wolter* = NJW 1991, 2705 = LM BörsG Nr. 31 *Koller*.

[667] BGH WM 1991, 1367, 1368 = WuB I G 5.-10.91 *Wolter* = NJW 1991, 2705 = LM BörsG Nr. 31 *Koller*.

[668] Vgl. nur BGH WM 1987, 1156, 1159 = NJW 1987, 3181 = EWiR § 55 BörsG 1/87 *Häuser*, insoweit nicht in BGHZ 101, 296.

[669] Vgl. nur BGH WM 1973, 1014.

[670] BGH WM 1991, 1367 = WuB I G 5.-10.91 *Wolter* = NJW 1991, 2705 = LM BörsG Nr. 31 *Koller*.

für eine Leistung durch nachträgliche Auf- oder Verrechnung mit eigenen Forderungen eine ausdrückliche Erklärung, die sich auf Ansprüche aus bestimmten Börsentermingeschäften bezieht, verlangt. Dies hat der BGH (a.a.O.) für die Fallgestaltung verneint, daß der Kunde nach einer mangels Bestimmtheit unwirksamen antizipierten Verrechnungsvereinbarung lediglich weitere Aufträge erteilt oder wiederum unwirksame Vereinbarungen für die Zukunft trifft.

377 Es ist wohl aber auf eine **konkludent getroffene Verrechnungsvereinbarung** zurückzuführen, wenn der BGH[671] in folgender Fallgestaltung eine Erfüllungsleistung annimmt. Der Kunde war über eingetretene Verluste unterrichtet worden und hatte dann jeweils Anweisung gegeben, diese Verluste dadurch auszugleichen, daß ein entsprechender Betrag von seinem Sicherheitskonto auf das den Verlust ausweisende Warenterminkonto umgebucht wurde.

378 (bb) Im Urteil vom 16. 11. 1987 ist der BGH[672] dem Versuch entgegen getreten, solche Verrechnungen durch **formularmäßig vereinbarte Erklärungsfiktionen** des Kunden zustande zu bringen. Er hat nämlich die Klausel beanstandet, daß Kontoauszüge endgültig seien, wenn sie von dem Kunden nicht binnen 5 Tagen nach Zusendung durch die Post beanstandet werden. Nach Ansicht des Gerichts ist eine die Wirkung des § 55 BörsG herbeiführende nachträgliche Verrechnung von Verlusten mit Einzahlungen des Kunden auch unter Berücksichtigung der erwähnten Klausel nicht dadurch zustande gekommen, daß der Kunde auf die übersandten Kontenauszüge geschwiegen, sie also nicht beanstandet hat.

379 Der BGH begründet dieses Ergebnis im wesentlichen mit einer Parallele zu den Voraussetzungen einer Erfüllungsannahme i. S. des § 57 BörsG[673]. Hierzu hatte das RG[674] verlangt, daß das Einverständnis des anderen Teils mit der Bewirkung der vereinbarten Leistung sich aus den tatsächlichen Vorgängen des einzelnen Geschäfts ergebe. Dem werde nicht genügt, wenn in Geschäftsbedingungen nur allgemein und von vornherein einem bestimmten Verhalten des Kunden die Wirkung als Einverständnis beigelegt werde.

380 *e) Wertungsvergleich mit § 54 BörsG a. F. und Rückforderung der Leistung aus anderen Gründen.* (aa) § 55 BörsG schließt allein die Rückforderung erbrachter Leistungen aus, während das Geschäft im übrigen offenbar unverbindlich bleibt, also keine Heilung eintritt.[675] Diese nur beschränkte Wirkung der Leistungserbringung überrascht, wenn man damit die weitergehende Rechtswirkung vergleicht, die sich bisher mit einer (bloßen) Sicherheitsleistung i. S. des § 54 BörsG a. F. verband. Für den als eingetragenen Kaufmann termingeschäftsfähigen Sicherungsnehmer war das Geschäft nämlich rechtsverbindlich, gegen ihn gerichtete Ansprüche also durchsetzbar.

381 Für Börsentermingeschäfte in **Wertpapieren** (vgl. § 54 BörsG a. F.) und für **Devisentermingeschäfte** (vgl. §§ 96 Abs. 1 BörsG a. F., 54 BörsG a. F.) lag deshalb die Argumentation nahe, daß auch eine nicht rückforderbare Leistung i. S. des § 55 BörsG das Geschäft jedenfalls für den kaufmännischen Partner verbindlich mache. Es wäre damit kein Widerspruch zu der heilenden Wirkung nach § 57 BörsG verbunden, der eine einvernehmliche Leistung voraussetzt. Bei § 57 BörsG kommt es nämlich nicht auf die Börsentermingeschäftsfähigkeit des einwilligenden Leistungsempfängers an. Mit der Streichung des § 54 BörsG durch das ÄnderungsG 1989 ist der Bezugspunkt des Wertungsvergleichs entfallen.

382 (bb) Ist der Empfänger einer Leistung i. S. des § 55 BörsG nicht termingeschäftsfähig, bleibt das Geschäft für ihn unverbindlich. Es fragt sich dann, welche rechtlichen Möglichkeiten der Leistende hat, wenn der Partner die von ihm versprochene Leistung mit Rück-

---

[671] BGH WM 1987, 1153, 1155 = NJW 1987, 3193 = EWiR § 764 BGB 1/87 *Welter.*; dazu schon *Häuser* WM 1988, 1285, 1289. Dasselbe gilt wohl für OLG Köln ZIP 1989, 838, 842.

[672] BGHZ 102, 204, 205 = WM 1988, 144 = NJW 1988, 1083 = WuB I G 5.-9.88 *Häuser*, dazu auch *Welter* EWiR § 55 BörsG 1/88.

[673] So auch *Canaris* ZIP 1987, 885, 886.

[674] RGZ 87, 221, 226.

[675] Vgl. *Nußbaum*, Die Börsengeschäfte, S. 118.

sicht auf die Unverbindlichkeit des Versprechens nicht erbringt. Ein Leistungsstörungsrecht für nicht durchsetzbare Verbindlichkeiten gibt es nicht. Im Schrifttum wird für den geschilderten Fall gleichwohl ein Rücktritt gem. § 326 BGB erwogen[676]. Vorzugswürdig dürfte ein Bereicherungsanspruch wegen Ausbleibens des mit der erbrachten Leistung bezweckten Erfolgs (§ 812 Abs. 1 Satz 2, Fall 2 BGB) sein[677]. § 55 BörsG steht einem solchen Bereicherungsanspruch nicht entgegen, denn die befürwortete Rückforderung stützt sich nicht auf die Unverbindlichkeit der eigenen Terminschuld, sondern auf das Ausbleiben der Gegenleistung[678].

5. Erweiterung der Aufrechnung (§ 56 BörsG). Die Tragweite der Unverbindlichkeit der „Forderung" aus einem Börsentermingeschäft wird in § 56 BörsG dadurch gemildert, daß mit einer solchen „Forderung", obwohl nicht selbständig durchsetzbar[679], gegen eine Forderung aus einem Börsentermingeschäft (einseitig) aufgerechnet werden kann. 383

a) Gesetzlicher Regelfall. Gemäß §§ 387, 390 BGB setzt das einseitige Aufrechnungsrecht an sich eine klagbare Gegenforderung des aufrechnenden Schuldners voraus. Es erschien dem Gesetzgeber aber offenbar als unbillig[680], daß es bei einer Geschäftsverbindung über Börsentermingeschäfte dazu kommen kann, z. B. nach § 54 BörsG a. F. oder aber nach § 57 BörsG, daß einem der Beteiligten eine durchsetzbare Forderung zusteht, ohne daß der andere Teil sich mit einer nicht durchsetzbaren Forderung dagegen verteidigen kann. 384

Der Stellenwert des § 56 BörsG wird freilich erst deutlich, wenn man sich vergegenwärtigt, daß die erweiterte Aufrechnungsmöglichkeit bei spekulativen Geschäften nur dann wirksam ist, wenn ihr der Differenzeinwand nicht entgegensteht. § 58 Satz 2 BörsG stellt klar, daß eine solche Aufrechnung nicht am Differenzeinwand scheitert[681]. 385

Bei der Hauptforderung, gegen die aufgerechnet wird, muß es sich um einen Anspruch „aus Börsentermingeschäften" handeln. Bereicherungsrechtliche Ansprüche auf Rückforderung erbrachter, unwirksamer Sicherheitsleistungen gehören nach der Rechtsprechung nicht dazu[682]. 386

b) Entsprechende Anwendung. § 56 BörsG hat nach seinem Wortlaut die Verteidigung gegenüber verbindlichen Terminforderungen im Auge. Zwar wird in der Regierungsbegründung zu § 56 BörsG auf die Klagbarkeit der Hauptforderung hingewiesen[683]. Ein Aufrechnungsbedürfnis gegen eine nicht durchsetzbare Hauptforderung hat man offenbar deshalb nicht gesehen, weil sie ihrerseits nicht durchsetzbar ist. Aber auch gegenüber nicht klagbaren Forderungen erscheint eine Aufrechnung mit solchen Forderungen in entsprechender Anwendung des § 56 BörsG geboten[684]. Die Interessenlage gebietet es aber, die Aufrechnungsmöglichkeit auf eine unverbindliche Hauptforderung zu erweitern, und zwar mit dem Ziel, daß diese Hauptforderung verbraucht wird und nicht später damit gegen verbindliche Forderungen aus Börsentermingeschäften aufgerechnet werden 387

---

676 *Nußbaum*, Die Börsengeschäfte, S. 121; offenbar auch *Gernhuber*, Das Schuldverhältnis, 1989, § 5 IV, 4c, S. 104.

677 Vgl. zu diesem Bereicherungsanspruch *Weber* JZ 1989, 25.

678 Vgl. *Nußbaum* JW 1911, 297, 298. Zur Rechtslage bei § 656 Abs. 1 Satz 2 BGB ebenso BGH WM 1989, 757, 759 = NJW 1989, 1479, 1480.

679 Es liegt eine dem § 390 Satz 2 BGB ähnliche Ausnahme vor.

680 *Gernhuber*, Das Schuldverhältnis, 1989, § 5 IV, 6, S. 107: „Billigkeitskorrektur".

681 Vgl. zu § 58 Satz 2 BörsG a. F. BGH WM 1981, 711 = NJW 1981, 1897; dazu *Kümpel* WM 1989, 81, 86; *ders.* WM 1987, 669, 675 f. Fehlzitat bei *Palandt/Heinrichs*, § 387 BGB Anm. 6, wo BGH (a.a.O.) für die Hauptforderung zitiert wird.

682 *Nußbaum*, BörsG, § 56 Anm. II b; *Baumbach/Duden/Hopt*, (14) BörsG § 56 Anm. 1; *Häuser* WM 1988, 1285, 1289.

683 Verh. des RT, 1908, Aktenstück Nr. 483, S. 2597, 2611; *Meyer/Bremer*, BörsG, § 56 Anm. 1.

684 And. Ans. LG Mönchengladbach WM 1987, 681, 682 = WuB I G 5.-5.87 *Kümpel*; ebenso *Nußbaum*, Börsengesetz, § 56 Anm. I.

kann[685]. Man wird diese entsprechende Anwendung des § 56 BörsG umso eher befürworten, als schon nach § 387 a.E. BGB die Hauptforderung nur erfüllbar sein muß[686].

388 **6. Heilung durch Erfüllungsannahme (§ 57 BörsG).** Ein erlaubtes, aber gem. §§ 53 ff. BörsG unverbindliches Börsentermingeschäft gilt nach § 57 BörsG von Anfang an, also **rückwirkend**, als **verbindlich**, wenn der eine Teil bei oder nach dem Eintritt der Fälligkeit sich gegenüber dem anderen Teil mit der Bewirkung der vereinbarten Leistung einverstanden erklärt hat und der andere Teil diese Leistung erbringt.

389 Ob das Geschäft Waren oder Wertpapiere betrifft, spielt seit jeher keine Rolle; ebenso wenig ist erheblich, ob die Sachleistung des Veräußerers oder die Geldleistung des Erwerbers erbracht wird[687].

390 *a) Regelungszweck.* Die Vorschrift hat ihren Grund darin, daß Börsentermingeschäfte vereinzelt auch zu Anlagezwecken oder zur tatsächlichen Verwendung der vereinbarten Waren geschlossen werden. Es erschien dem Gesetzgeber deshalb geboten, solche wirtschaftlich dem Kassahandel nahestehenden Geschäfte unter den genannten Voraussetzungen wirksam werden zu lassen, weil sie wirtschaftlich berechtigten Zwecken dienen[688].

391 Wegen der erforderlichen Fälligkeit der Leistungsverpflichtungen können die Kontrahenten im fraglichen Zeitpunkt außerdem absehen, wie das Geschäft sich inzwischen auch unter wirtschaftlichen Gesichtspunkten entwickelt hat[689].

392 Trotz des erwähnten gesetzgeberischen Motivs ist es nicht gerechtfertigt, Fallgestaltungen von der heilenden Wirkung des § 57 BörsG auszunehmen, in denen die Abwicklung **nicht zu Anlagezwecken**, sondern in Spekulationsabsicht geschieht. Zwar hat das LG Mönchengladbach[690] die Anwendbarkeit des § 57 BörsG verneint, wenn der Bankkunde die vereinbarten Wertpapiere nicht zu Anlagezwecken erwirbt und nicht für eine nennenswerte Dauer im Depot behält, sondern unmittelbar in Spekulationsabsicht im Kassamarkt weiterveräußert. Das OLG Düsseldorf[691] hat diese Einschränkung aber mit dem zutreffenden Argument zurückgewiesen, die genannten Gesichtspunkte lieferten kein taugliches Abgrenzungskriterium, weil sie sich einer der Rechtssicherheit dienenden, hinreichend fundierten Feststellung entziehen würden.

393 Im Tatbestand des § 57 BörsG ist die genannte Einschränkung nicht vorgesehen. Deshalb hat schon das RG[692] festgestellt, „auch auf die Art und den Zweck des Geschäfts kann es nicht ankommen; § 57 BörsG schützt die Kapitalanlage wie die Spekulation". Auch der BGH[693] legt § 57 BörsG dahin aus, daß es für die Heilung allein darauf ankommt, ob die vereinbarte Leistung effektiv bewirkt wird, und hält es nicht zusätzlich für erforderlich, daß das Geschäft Anlagezwecken dient. Dafür läßt sich als gesetzessystematisches Argument ergänzend anführen, daß § 57 BörsG nicht nur den Mangel der Termingeschäftsfähigkeit heilt, sondern gem. § 58 Satz 1 BörsG auch der Differenzeinwand ausgeschlossen ist. Der Differenzeinwand setzt aber gerade voraus, daß zumindest ein Beteiligter (§ 764 Satz 2

---

685 Nach *Düringer/Hachenburg/Breit*, HGB, Bd. V./1., Anh. II Anm. 146, handelt es sich bei der entsprechenden Anwendung, wie bei § 56 BörsG überhaupt, um ein „Gebot der Billigkeit". Vgl. dazu mit Nw. *Kümpel* WM 1987, 669, 673; *ders.* WM 1989, 81, 86.

686 Darauf zielt auch die Beanstandung an der Regierungsbegründung bei *Nußbaum*, BörsG, § 56 Anm. 1.

687 RGZ 87, 223; RGZ 81, 175.

688 BGH WM 1990, 94, 95; BGH WM 1989, 807, 808 = NJW 1989, 2120 = WuB I G 5.-12.89 *Welter*, BGHZ 105, 263 = WM 1988, 1717, 1719 = NJW 1989, 300 = WuB I G 5.-3.89 *Kümpel*; BGHZ 92, 317, 324 = WM 1984, 1598 = NJW 1985, 634; BGH WM 1984, 94, 95; vgl. dazu auch *Nußbaum* ZHR 72 (1912), 52 ff.

689 Vgl. zu diesem Argument *Jacusiel* LZ 1908, Sp. 570, 576.

690 WM 1987, 681 = WuB I G 5.-5.87 *Kümpel*; ferner *Kümpel* WM 1987, 669.

691 WM 1988, 1405 = WuB I G 5.-1.89 *Schwark*.

692 RGZ 82, 175, 182 = Bank-Archiv XII (1912/1913), 298, 300; ebenso *Düringer/Hachenburg/Breit*, HGB, Bd. V./1., Anh. II Anm. 153.

693 WM 1990, 94, 95.

BGB) in der erkennbaren Absicht der Differenzspekulation handelt. Wäre § 57 BörsG bei einer Spekulation gar nicht anwendbar, würde der offenbar aber beabsichtigte Ausschluß des Differenzeinwands leerlaufen.

b) Einverständliche Leistungsbewirkung. Es muß eine **tatsächliche Leistungsbewirkung** stattfinden, die zugleich die fragliche Verbindlichkeit einer endgültigen Erledigung zugeführt hat.[694] Ein Weiterverkauf i. S. einer Glattstellung noch gar nicht gelieferter Papiere reicht z. B. hierfür nicht aus[695]. An einer derartigen Leistungsbewirkung fehlt es vor allem, wenn es im Zuge der Abwicklung nur zu Buchungsvorgängen kommt[696]. 394

Das erforderliche Einverständnis des Leistungsempfängers kann zwar auch **stillschweigend** erteilt werden[697], sein Verhalten muß aber erkennen lassen, daß der Geschäftspartner mit der Leistung so, wie sie tatsächlich erfolgt, einverstanden ist. Das Einverständnis muß sich aus den das einzelne Geschäft betreffenden tatsächlichen Vorgängen ergeben[698]. Deshalb reicht dafür **nicht** aus, wenn nach **Geschäftsbedingungen** im allgemeinen und von vornherein einem bestimmten Kundenverhalten die Wirkung eines Einverständnisses beigelegt ist[699]. 395

7. Ausschluß des Termineinwands wegen Treu und Glauben (§ 242 BGB). In der Prozeßpraxis wird nicht selten versucht, der Unverbindlichkeit von Börsentermingeschäften mit dem Einwand unzulässiger Rechtsausübung zu begegnen[700]. Ein derartiger Einwand wird „in besonderen Ausnahmefällen" für möglich angesehen[701]. Ebenso wie beim Differenzeinwand (§ 764 BGB), wo diese Frage häufiger erörtert wird[702], wird gegen eine unzulässige Rechtsausübung der Schutzgesetzcharakter der börsengesetzlichen Vorschriften ins Feld geführt[703]. Es reicht jedenfalls nicht aus, daß jemand dem Geschäftspartner eine nicht vorhandene Termingeschäftsfähigkeit vorspiegelt[704] oder sonst den Eindruck erweckt, er sei Vollkaufmann und deshalb termingeschäftsfähig[705]. Der Schutz des Termineinwands wird auch dann nicht versagt, wenn das Kreditinstitut sich auf Wunsch des Anlegers mit einer Gestaltung der Geschäftsabwicklung (Unterzeichnung von Blankoformularen) einverstanden erklärt hat, die nicht zu einem Behaltensgrund i. S. des § 55 BörsG führte[706]. Der Schutz wird allerdings dem Syndikusanwalt eines Bankenverbands, der mit Börsentermingeschäften beruflich befaßt ist, versagt (OLG Köln, ZIP 1996, 1740). 396

8. Abwicklung im Periodenkontokorrent (§ 355 HBG). Bei der **bankmäßigen Geschäftsverbindung** mit einem inländischen Kreditinstitut ist die regelmäßig mit der Kontoeröffnung getroffene **Kontokorrentabrede** zu beachten (vgl. Nr. 2 Abs. 1 AGB-Banken; § 355 HGB)[707]. Deshalb ist es wichtig zu wissen, ob und unter welchen Voraussetzungen 397

---

[694] Vgl *Düringer/Hachenburg/Breit,* HGB, Bd. V./1., Anh. II Anm. 158.

[695] OLG Düsseldorf WM 1988, 1404, 1405 und schon RGZ 82, 175; RG Holdheims Monatsschrift, 27. Jg. (1918), 59.

[696] OLG Köln WM 1988, 116, 119.

[697] RGZ 75, 81.

[698] RGZ 87, 221; RG Holdheims Monatsschrift, 27. Jg. (1918), 167; RGZ 91, 42, 46.

[699] RGZ 87, 221, 222; als Argument gegen formularmäßige Verrechnungsklauseln bei § 55 BörsG herangezogen in BGHZ 102, 204, 207 = WM 1988, 144, 147 = NJW 1988, 1083 = WuB I D 5.-9.88 *Häuser.*

[700] Zu diesem Versuch der „Milderung durch Richterrecht" vgl. *Gernhuber,* Das Schuldverhältnis, 1989, § 5 IV, 3, S. 102.

[701] So BGH WM 1991, 1367, 1368 = WuB I G 5.-10.91 *Wolter.*

[702] Vgl. dazu Rdnr. 422 ff.

[703] Vgl. LG Würzburg WM 1988, 1559, 1561 = WuB I G 5.-2.89 *Kümpel; Schwark,* BörsG, § 55 Rz. 12.

[704] BGH WM 1965, 766.

[705] LG Würzburg WM 1988, 1559, 1560 = WuB I G 5.-2.89 *Kümpel;* BGHZ 92, 317 = WM 1984, 1245 = NJW 1985, 634.

[706] BGH WM 1991, 1367, 1368 = WuB I G 5.-10.91 *Wolter.*

[707] Bei Geschäftsbeziehungen mit ausländischen Brokern ist dies offenbar nicht der Fall; vgl. BGH WM 1987, 1156, 1159 = NJW 1987, 3181 = EWiR § 55 BörsG 1/87 *Häuser* (insoweit nicht in BGHZ 101, 296); BGH WM 1987, 1153, 1154 = NJW 1987, 3193 = EWiR § 764 BGB 1/87 *Welter.*

auch unvollkommene Verbindlichkeiten aus Börsentermingeschäften i. S. der §§ 55 BörsG; 764, 762 Abs. 1 Satz 2 BGB erfüllt werden, wenn sie in die kontokorrentrechtliche Abwicklung einbezogen sind. Früher war die angesprochene Frage in den AGB der Kreditinstitute geregelt[708]; heute fehlt eine solche Formularbestimmung. Die Kreditinstitute werden sicher gern den Hinweis in der Regierungsbegründung[709] des ÄnderungsG 1989 aufgreifen, daß Forderungen aus einem mit Rücksicht auf die seit dem 1. 8. 1989 in Betracht kommende „Termingeschäftsfähigkeit kraft Information" (§ 53 Abs. 2 BörsG n. F.) verbindlichen Börsentermingeschäft bei einer entsprechenden Vereinbarung wie andere Ansprüche aus der bankrechtlichen Geschäftsverbindung im Kontokorrent (§ 355 HGB) verrechnet werden können, so daß das z. B. für die kontokorrentrechtliche Verrechnung bisher eingerichtete Sonderkonto[710] entbehrlich wird.

398 *a) Fehlen eines Rechnungsabschlusses.* Wird das Kontokorrentverhältnis, z. B. durch Konkurs des Bankkunden (§ 23 KO)[711], beendet, ohne daß ein periodischer Rechnungsabschluß und ein Saldoanerkenntnis zustande gekommen sind, wirkt die Kontokorrentabrede sich nicht aus. Es muß dann auf die in das Kontokorrent aufgenommenen und rechtlich fortbestehenden Einzelposten zurückgegriffen werden[712]. Bei der Geltendmachung des Überschusses nach § 355 Abs. 3 HGB kann sich der Kläger im Prozeß darauf beschränken, das letzte Saldoanerkenntnis und etwaige danach eingetretene Änderungen darzutun[713]. War ein nicht anerkannter Kontokorrentsaldo für einen bestimmten Zeitpunkt vorprozessual nicht steitig, so kann der Kläger sich (zunächst) darauf beschränken, diesen Saldo und danach sich ergebende Änderungen darzutun[714]. Ein Kläger muß die Aktivposten und die von ihm akzeptierten Passivposten vortragen, so daß das Gericht die eingeklagte Saldoforderung rechnerisch nachvollziehen und überprüfen kann[715]. Wer in einem solchen Fall einen Überschuß geltend macht, hat im Falle des Bestreitens die Aktivposten zu beweisen, der Gegner die Passivposten[716].

399 Finden sich unter den **Aktivposten** Gutschriften, die die Bank zum Ausgleich für Gewinne aus unverbindlichen Börsentermingeschäften als bargeldlose Zahlung erteilt hat, so sind diese als „Ersatzerfüllung" bei der Errechnung eines rechtlich durchsetzbaren Überschusses nicht zu berücksichtigen[717]. Es handelt sich bei diesen neuen Verbindlichkeiten des Kreditinstituts gem. § 59 BörsG wiederum um „Naturalobligationen", durch die unverbindliche Gewinnansprüche nicht endgültig getilgt werden. Es kommt nach Ansicht des BGH[718] auch nicht dadurch zu einer Erfüllungsleistung i. S. des § 55 BörsG, daß das Kreditinstitut den Kontoinhaber über die gutgeschriebenen Beträge „effektiv", insbesondere durch Barabhebungen, verfügen läßt; denn im Kontokorrent erfolgen Zahlungen der einen oder anderen Partei regelmäßig nicht, um bestimmte kontokorrentgebundene Forde-

---

[708] Vgl. dazu *Schaudwet*, Bankkontokorrent und Allgemeine Geschäftsbedingungen, Berlin 1967, S. 133; *Koch*, Allgemeine Geschäftsbedingungen der Banken, Berlin 1932, S. 101 ff.

[709] BT-Drs. 11/4177, S. 20.

[710] Vgl. dazu *Kümpel/Häuser*, Börsentermingeschäfte, S. 164 ff.; dazu auch BGHZ 107, 192, 199 = WM 1989, 807, 809 = WuB I G 5.- 12.89 *Welter*.

[711] Vgl. BGH WM 1985, 969, 971.

[712] BGH WM 1990, 94, 95; BGHZ 105, 263 = WM 1988, 1717, 1718 = NJW 1989, 300 = WuB I G 5.-3.89 *Kümpel*; BGHZ 93, 307, 311 = WM 1985, 563 = NJW 1985, 1706 m.w.N. = WuB I G 5.- 2.85 *Schwark*.

[713] BGH WM 1991, 1294, 1295 = NJW 1991, 2908.

[714] BGH WM 1991, 1294, 1295 = NJW 1991, 2908.

[715] BGH WM 1991, 1294, 1295 = NJW 1991, 2908.

[716] Vgl. BGH WM 1991, 1294, 1295 = NJW 1991, 2908 mit Klarstellung zu BGHZ 105, 263 = WM 1988, 1717, 1718 = NJW 1989, 300 = WuB I G 5.-3.89 *Kümpel*; BGH WM 1990, 94, 95;BGH WM 1990, 94, 95; BGH WM 1988, 1298.

[717] BGHZ 117, 135, 140 = WM 1992, 479, 480 = WuB I G 5.-6.92 *Häuser*, BGHZ 105, 263 = WM 1988, 1717, 1718 = NJW 1989, 300 = WuB I G 5.-3.89 *Kümpel*; BGHZ 93, 307, 311 f = WM 1985, 563.

[718] BGHZ 117, 135, 140 = WM 1992, 479, 480 = WuB I G 5.-6.92 *Häuser*.

rungen zu tilgen, sondern diese Zahlungen bilden Rechnungsposten, die in die nächste periodische Verrechnung und Saldierung eingehen.

Ebensowenig werden **Passivposten** aus Belastungsbuchungen wegen unverbindlicher Börsentermingeschäfte berücksichtigt. Eine Belastungsbuchung auf dem Girokonto hat nämlich nur rechtsbekundende (deklaratorische) Bedeutung[719]. Eine Leistung i. S. des § 55 BörsG kommt darin nicht zum Ausdruck. Erkennt der Kunde die Kontobelastung zusätzlich an und könnte man dies im Sinne einer rechtsgeschäftlichen Verpflichtung auslegen, müßte die Belastungsbuchung gleichwohl wegen § 59 BörsG außer Ansatz bleiben[720]. 400

b) Periodenkontokorrent. Das Bankkontokorrent ist als ein Periodenkontokorrent i. S. der §§ 355 ff. BGB auszulegen[721]. Die sich aus der einschlägigen Geschäftsverbindung ergebenden Ansprüche und Leistungen werden nicht jeweils sofort staffelmäßig verrechnet, sondern in die laufende Rechnung gestellt. Während des Laufs einer Rechnungsperiode stehen die beiderseitigen Forderungen und Leistungen nur zur Verrechnung, sind also einer selbständigen Erfüllung entzogen[722]. Vor allem bewirkt die bloße Verbuchung der Soll- und Habenposten für sich allein keine Erfüllung der auf der anderen Seite in das Kontokorrent eingestellten Forderungen und Verbindlichkeiten[723]. Zahlungen eines Beteiligten erfolgen nicht zur Tilgung bestimmter Forderungen oder Forderungsteile, sondern bilden Habenposten, die sich erst bei der periodischen Gesmtabrechung auswirken[724]. Soll es zu einer vorrangigen Tilgung einer bestimmten Einzelforderung, etwa mit Rücksicht auf § 356 Abs. 1 HGB kommen, so bedarf es dazu einer gesonderten Vereinbarung[725]. 401

Das Kreditinstitut hat in den vereinbarten Abständen dem Kunden einen Rechnungsabschluß zu erteilen, auf dessen Grundlage der errechnete Saldo als neue Rechtsgrundlage anerkannt werden soll[726]. 402

Die allgemeinen Kontokorrentwirkungen i. S. einer Durchsetzungssperre und eines Abtretungsausschlusses[727] dürften sich bei unvollkommenen Verbindlichkeiten aus Börsentermingeschäften nicht auswirken. 403

c) Saldoanerkenntnis und periodische Verrechnung. Sind auch unvollkommene Verbindlichkeiten und nicht klagbare Forderungen aus Börsentermingeschäften in die periodische Verrechnung und den anerkannten Saldo einbezogen, so ergibt sich die Frage, ob auch insoweit die Tilgungswirkung stattfindet und das Anerkenntnis durchsetzbar ist. 404

(aa) Der BGH legt in st. Rspr. das **Saldoanerkenntnis als ein abstraktes Schuldanerkenntnis** (§ 781 BGB) aus, das gem. § 59 BörsG unverbindlich ist, wenn es zugunsten des Überschußgläubigers Habenposten berücksichtigt, denen der Termineinwand (§§ 52, 53 BörsG) oder der Differenzeinwand (§§ 764, 762 BGB) entgegengehalten werden kann, und zwar unabhängig davon, ob der anerkannte Saldo sich ausschließlich[728] 405

---

[719] BGHZ 105, 263 = WM 1988, 1717, 1718 = NJW 1989, 300 = WuB I G 5.-3.89 *Kümpel*, im Anschluß an *Canaris*, Bankvertragsrecht, 3. Aufl., Rdnr. 345; vgl. auch *Hadding/Häuser* ZHR 145 (1981), 138, 153 ff. Zur Belastungsbuchung im Überweisungsverkehr mißverständlich KG WM 1989, 173 = WuB I G 5.-4.89 *Häuser*.

[720] BGHZ 105, 263 = WM 1988, 1717, 1718 = NJW 1989, 300 = WuB I G 5.-3.89 *Kümpel*.

[721] BGH WM 1985, 969, 970; BGHZ 50, 277 = WM 1968, 967.

[722] BGH WM 1991, 495, 497; *Canaris*, Handelsrecht, 22. Aufl. 1995, § 25 II, 1a, S. 375.

[723] BGHZ 93, 307, 311 = WM 1985, 363, 364 = NJW 1985, 1706 = WuB I G 5.- 2.85 *Schwark*; dies hat möglicherweise KG WM 1989, 173 = WuB I G 5.-4.89 *Häuser* verkannt.

[724] BGH WM 1991, 495, 497.

[725] BGH WM 1991, 495, 497.

[726] BGH WM 1985, 1098, 1099.

[727] BGH WM 1988, 147, 148; BGH, WM 1987, 677, 678.

[728] So etwa in BGHZ 94, 262, 266 = WM 1985, 744, 745 = NJW 1985, 1956 = WuB I G 5.– 4.85 *Kümpel*; BGHZ 92, 317, 325 = WM 1984, 1598 = NJW 1985, 634; BGH WM 1979, 1381, 1382 = NJW 1980, 390; zust. *Canaris* ZIP 1985, 592, 593.

oder nur teilweise[729] aus Habenposten wegen unverbindlicher Börsentermingeschäfte zusammensetzt.

406 Das Saldoanerkenntnis ist ferner unabhängig davon unverbindlich, wie man sein Verhältnis zu dem nicht anerkannten kausalen Saldo als dem Ergebnis der Verrechnung betrachtet, ob man also dem Anerkenntnis mit dem BGH[730] hinsichtlich des kausalen Saldos eine „novierende" (schuldumschaffende) Wirkung beimißt oder ob man mit der im Schrifttum überwiegend vertretenen Meinung davon ausgeht, daß das Saldoanerkenntnis nur **erfüllungshalber** (§ 364 Abs. 2 BGB) eingegangen wird[731]. In beiden Varianten liegt der in § 59 BörsG vorausgesetzte „Zweck der Erfüllung einer Schuld aus einem nicht verbotenen Börsentermingeschäft" vor.

407 (bb) Ist also das Saldoanerkenntnis gem. § 59 BörsG unverbindlich, wenn es Habenposten aus unverbindlichen Börsentermingeschäften berücksichtigt, so fragt es sich, ob eine Tilgungswirkung gem. § 55 BörsG, §§ 764, 762 Abs. 1 Satz 2 BGB auf die **periodische Verrechnung** gestützt werden kann.

408 Die periodische Tilgung geschieht im Kontokorrent durch eine Verrechnung, und zwar nach umstrittener Rechtsprechung[732] nicht in entsprechender Anwendung der §§ 366, 367, 396 BGB, sondern nach dem Prinzip der **verhältnismäßigen Gesamtaufrechnung**. Der kausale Saldo setzt sich aus zahlreichen durch die Verrechnung noch nicht getilgten Teilforderungen zusammen[733]. Im übrigen kommt es aber zur Tilgung. Demgegenüber sollen nach *Canaris*[734] in Fortbildung des § 366 Abs. 2 BGB die unverbindlichen Posten aus Börsentermingeschäften erst nach den verbindlichen verrechnet werden, weil dies dem Parteiwillen und der verminderten Schutzwürdigkeit dieser Forderungen entspreche.

409 Nach Ansicht des BGH[735] ist auch der Weg einer tilgenden Verrechnung als „Erfüllung" i. S. des § 55 BörsG bei **debitorischem Saldo** verbaut; Anerkenntnis und Verrechnungsvertrag seien nämlich als ein **einheitliches Rechtsgeschäft** anzusehen, so daß die Unverbindlichkeit des Anerkenntnisses sich auch auf die Verrechnung erstrecke. Diese Auffassung des BGH ist auf berechtigte Kritik gestoßen[736]. Sie steht nämlich schon im Ausgangspunkt im Widerspruch zur Rechtsprechung desselben Senats[737], nach der die periodische Verrechnung auf einem mit der Kontokorrentabrede geschlossenen „antizipierten" Verrechnungsvertrag beruht[738]. Sie kann auch von den herangezogenen Vorschriften nicht überzeugen; denn für die Wirksamkeit der Verrechnung gibt § 59 BörsG nichts her.

410 Ob eine Verrechnung tilgende Wirkung hat, wenn unverbindliche Börsentermingeschäfte betroffen sind, ist allein mit Rücksicht auf § 55 BörsG zu beurteilen. Bei der periodischen Verrechnung im Kontokorrent kann deshalb **nicht** auf die sonst maßgebliche **antizipierte Verrechnungsvereinbarung**[739] zurückgegriffen werden, da sie sich nicht auf

---

729 BGH WM 1995, 2026 = WuB I G 7.-3.96 *Wach*; BGHZ 93, 307, 312 = WM 1985, 563, 564 = NJW 1985, 1706 = WuB I G 5.- 2.85 *Schwark*; OLG Karlsruhe WM 1984, 21, 23 m. Anm. *Häuser.*

730 BGHZ 93, 307, 315 = WM 1985, 563, 564 = NJW 1985, 1706 = WuB I G 5.- 2.85 *Schwark*; BGH WM 1985, 936, 937; BGH NJW 1985, 1307, 1309.

731 *Canaris*, Handelsrecht, 22. Aufl. 1995, § 25 IV, 1a, S. 382; § 25 VIII, S. 391.

732 BGHZ 117, 135, 141 = WM 1992, 479, 480 = WuB I G 5.-6.92 *Häuser*; BGH WM 1991, 495, 497; BGHZ 77, 257, 261 = WM 1980, 863, 864; a.A. *Canaris* DB 1972, 421, 425; dazu auch *Häuser* WM 1984, 24.

733 Vgl. dazu *Soergel/Häuser*, §§ 780, 781 BGB Rz. 82, 83.

734 Handelsrecht, 22. Aufl. 1995, § 25 III, 2b, S. 380; § 25 VIII, S. 391; *ders.* DB 1972, 421, 425; *Baumbach/Hopt*, HGB, § 355 Rdnr. 10.

735 BGHZ 93, 307, 312 = WM 1985, 563 = NJW 1985, 1706 = WuB I G 5.-2.85 *Schwark* .

736 Vgl. nur *Canaris* ZIP 1985, 592, 593; *Canaris*, Handelsrecht, 22. Aufl. 1995, § 25 III, 1b, S. 377.

737 BGHZ 74, 253, 255 = WM 1979, 719, 720; ebenso BGHZ 93, 315, 323 = WM 1985, 344; BGHZ 107, 192, 197.

738 Vgl. zu den sonstigen kontokorrentrechtlichen Ungereimtheiten der BGH-Entscheidung *Canaris* ZIP 1985, 592, 593.

739 *Canaris*, Handelsrecht, 22. Aufl. 1995, § 25 III, 1b, S. 377.

ein **bestimmtes** Geschäfts i. S. des § 55 BörsG bezieht[740]. Erforderlich ist mithin eine **nachträgliche Verrechnungsvereinbarung**, die zusammen mit dem periodischen Saldoanerkenntnis vereinbart werden kann. *Canaris*[741] fordert außerdem, daß sie unmißverständlich auf die Tilgung der unklagbaren Verbindlichkeit gerichtet ist, ohne aber ein Bewußtsein von der Unklagbarkeit für §§ 55 BörsG; 764, 762 Abs. 1 Satz 2 BGB zu verlangen. Diese Anforderung ist beim Kontokorrent deshalb regelmäßig erfüllt, weil es sich an den getroffenen Abreden orientiert, welche Verbindlichkeiten einbezogen sind. Bei den häufig vorgesehenen **Sonderkonten** für die Abwicklung von Termingeschäften können insofern keine Zweifel aufkommen[742]. OLG Hamm (WM 1996, 669 = WuB I G 1. – 8.96 *Jaskulla*) zieht eine Aufklärungspflicht der Bank über die Wirkung des § 55 BörsG in Erwägung.

Eine nachträgliche, für § 55 BörsG ausreichende Verrechnungsvereinbarung kommt **411** nicht mit Hilfe von Nr. 15 AGB-Banken a. F. = Nr. 12 AGB-Sparkassen a. F. zustande; danach würde das **Schweigen** auf einen übersandten Rechnungsabschluß dessen Genehmigung bedeuten. Dies hat hier auszuscheiden, weil nach Ansicht des BGH[743] eine Verrechnungsvereinbarung, die auf Erklärungs- oder Zugangsfiktionen des Bankkunden beruht, nicht den Rückforderungsausschluß nach § 55 BörsG bewirken kann[744]. Es erübrigt sich deshalb darauf einzugehen, ob ein übersandter Rechnungsabschluß eine Erklärung von besonderer Bedeutung i. S. des § 10 Nr. 6 AGB-Gesetz ist, was die Zugangsfiktion nach Nr. 1 Abs. 2 AGB-Banken a. F. = Nr. 6 AGB-Sparkassen a. F. ausschließen würde[745].

In der Vereinbarung über die Aufhebung eines Girokontos kann zugleich ein individuell **412** getroffener Rechnungsabschluß mit der Verrechnung der offenen Soll- und Debetposten, also auch der Belastungsbuchung wegen unverbindlicher Termingeschäfte liegen[746].

(cc) Ist der anerkannte periodische Saldo mit Rücksicht auf verbindliche Habenposten **413** **kreditorisch**, ist für eine unmittelbare Anwendung des § 59 BörsG kein Raum. Man glaubte aus BGHZ 93, 307[747] ohne weiteres herleiten zu können, daß deshalb sowohl das Anerkenntnis als auch die Verrechnung dann nicht beanstandet werden könnten, obwohl der Bankkunde auf diese Weise klagbare Habenposten durch Sollposten aus unverbindlichen Termingeschäften verlieren würde[748]. Dieses Ergebnis ist offenkundig unbefriedigend, weil danach die Rechtslage vom Zufall des Kontostandes im Verrechnungszeitpunkt abhängen würde[749]. Es würde vor allem die entscheidende Frage vernachlässigt, ob die kontokorrentrechtliche Verrechnung den Voraussetzungen des § 55 BörsG genügt. Für deren Zustandekommen können nämlich hinsichtlich der Wirkung des § 55 BörsG auch bei kreditorischem Kontostand keine anderen Anforderungen als bei einem debitorischen

---

740 BGHZ 117, 135, 141 = WM 1992, 479, 480 = WuB I G 5.-6.92 *Häuser*; BGHZ 101, 296, 305 = WM 1987, 1156 = NJW 1987, 3181 = EWiR § 55 BörsG 1/87 *Häuser*; BGHZ 107, 192, 197 f. = WM 1989, 807, 809 = NJW 1989, 2120 = WuB I G 5.-12.89 *Welter*.

741 ZIP 1985, 592, 594; zustimmend BGHZ 107, 192, 197 f.= WM 1989, 807, 809 = NJW 1989, 2120 = WuB I G 5.-12.89 *Welter*.

742 Dazu *Kümpel/Häuser*, Börsentermingeschäfte, S. 166 f.; *Häuser* WM 1988, 1285, 1290.

743 BGHZ 102, 204, 208 = WM 1988, 144 = NJW 1988, 1083 = WuB I G 5.-9.88 *Häuser*; BGHZ 107, 192, 199 = WM 1989, 807, 809 = NJW 1989, 2120 = WuB I G 5.-12.89 *Welter*.

744 OLG Karlsruhe WM 1989, 1380; OLG Düsseldorf WM 1988, 1404, 1406; LG Frankfurt WM 1988, 1331 = WuB I G 5.- 14.88 *Welter*, ebenso *Canaris* ZIP 1987, 885; *Häuser* WM 1988, 1285, 1292. And. Ans. LG Tübingen WM 1987, 34 = NJW-RR 1987, 492 = WuB I G 5.- 1.87 *Niehoff*; *Piper* ZIP 1985, 727; *Koller* WM 1985, 593, 596; *Kümpel* WM 1989, 81, 85.

745 Dazu BGH WM 1985, 1098, 1099; OLG Hamburg WM 1986, 384, 385; OLG Düsseldorf WM 1987, 1215, 1216.

746 LG Berlin WM 1995, 430 = WuB I G 7.-3.95 *Hammen*; LG Düsseldorf WM 1991, 404 = WuB I G 5.-2.91 *Häuser*.

747 = WM 1985, 563 = NJW 1985, 1706 = WuB I G 5.-2.85 *Schwark*.

748 *Piper* ZIP 1985, 725, 727; *Koller* WM 1985, 593, 596; *Schwark* WuB I G 5.-2.85; LG Tübingen, WM 1987, 34 = NJW-RR 1987, 492 = WuB I G 5.-1.87 *Niehoff*.

749 Dagegen vor allem *Canaris* ZIP 1985, 592, 593; *ders.* ZIP 1987, 885; *ders.*, Handelsrecht, 22. Aufl. 1995, § 25 III, 2b, S. 381.

gestellt werden[750]. Erforderlich ist also auch bei kreditorischem Kontostand eine **nachträgliche Verrechnungsvereinbarung**, die sich aber nicht auf Nr. 15 AGB der Banken a. F. = Nr. 12 AGB-Sparkassen a. F. stützen kann.

414 Fehlt eine Verrechnungsvereinbarung, ist auch das negative Schuldanerkenntnis (§ 397 Abs. 2 BGB) des Bankkunden, daß weitere als die berücksichtigten Forderungen zu seinen Gunsten nicht bestehen, fehlerhaft und kann von ihm gem. § 812 Abs. 1 BGB kondiziert werden[751]. *Canaris*[752] hält eine Kondiktion sogar für entbehrlich und schlägt stattdessen vor, auf das negative Schuldanerkenntnis §§ 59 BörsG, 764, 762 Abs. 2 BGB entsprechend anzuwenden.

415 **9. Ausschluß des Differenzeinwands.** Börsentermingeschäfte sind, wie schon ausgeführt[753], nicht rechtsnotwendig, wohl aber häufig auch spekulative Differenzgeschäfte, weil sie meistens in der Absicht geschlossen werden, aus Schwankungen von Kursen Gewinne zu erzielen; die tatsächliche Erfüllung wird dann durch Abschluß eines deckungsgleichen Gegengeschäfts vermieden.

416 Während früher ausschließlich solche verdeckten Differenzgeschäfte[754] vorkamen, geht die Entwicklung an den in- und ausländischen Terminmärkten in Richtung auf offene Differenzgeschäfte[755], bei denen die Erfüllung schon wegen der gehandelten Gegenstände (Indices) oder wegen ausdrücklicher Vereinbarung ausgeschlossen ist. Das praktische Interesse konzentriert sich zunächst auf die Frage, in welchen Fällen der **Differenzeinwand** bei erlaubten Börsentermingeschäften **ausgeschlossen** ist.

417 *a) § 58 BörsG.* Der Ausschluß oder die Einschränkung des Differenzeinwands nach § 58 BörsG a. F. knüpft daran an, daß das Börsentermingeschäft Waren oder Wertpapiere betrifft, die vom Börsenvorstand zum Handel an der Börse amtlich zugelassen worden sind. Es handelte sich um die sog. **offiziellen Geschäfte**. Diese Geschäfte unterlagen gem. § 58 BörsG a. F. über die börsenrechtlichen Restriktionen hinaus keinen Beschränkungen.

418 Verständnisschwierigkeiten bereitet manchmal § 58 S. 2 BörsG[756], weil das Gesetz die Einschränkung des Differenzeinwands in Satz 1 und Satz 2 des § 58 BörsG unterschiedlich regelt.

419 Nach § 58 S. 1 BörsG kann von demjenigen, für den ein Börsentermingeschäft börsenrechtlich verbindlich ist, weil (1) beide Parteien börsentermingeschäftsfähig sind (§ 53 BörsG) oder (2) das Geschäft durch einverständliche Bewirkung der Leistung gem. § 57 BörsG geheilt worden ist, der **Differenzeinwand** nicht erhoben werden; er ist also **ausgeschlossen**. Dasselbe galt für eine Sicherheit, die einem eingetragenen Vollkaufmann unter den Voraussetzungen des § 54 BörsG a. F. bestellt worden war.

420 Nach § 58 Satz 2 BörsG ist der Differenzeinwand zwar nicht in dieser Weise ausgeschlossen, seine **Wirkung** wird aber dadurch **eingeschränkt**, daß der nicht termingeschäftsfähige Teil eine entsprechend § 54 BörsG a. F. wirksam bestellte Sicherheit nicht zurückfordern kann und daß einer Aufrechnung mit der unverbindlichen Forderung entsprechend § 56 BörsG nicht mit dem Differenzeinwand begegnet werden kann. Nach § 58 Satz 2 BörsG kann der Differenzeinwand zwar erhoben werden, z. B. wenn ein Anspruch auf Erfüllung geltend gemacht wird, eine Sicherheit und die Aufrechenbarkeit wird davon aber nicht berührt. Mit der Bezugnahme in Satz 2 auf „die bezeichneten Ansprüche“ wur-

---

[750] BGHZ 107, 192, 199 = WM 1989, 807, 809 = NJW 1989, 2120 = WuB I G 5.-12.89 *Welter.*

[751] BGHZ 51, 346, 348 = WM 1969, 1075; BGH WM 1971, 726; BGH WM 1958, 1157, 1158; *Soergel/Häuser,* §§ 780, 781 BGB Rz. 72.

[752] ZIP 1987, 885, 888.

[753] Vgl. Rdnr. 48 ff.; ferner BGH WM 1987, 1153, 1154 = NJW 1987, 3193 = EWiR § 764 BGB 1/87 *Welter*; BGHZ 105, 263 = WM 1988, 1717 = NJW 1989, 300 = WuB I G 5.-3.89 *Kümpel*; vgl. auch *Bundschuh* WM 1986, 728, 729.

[754] Vgl. dazu § 16 III. 2.

[755] Vgl. § 16 III. 1.

[756] Vgl. *Brändl,* Internationales Börsenprivatrecht, S. 184.

de außerdem bis zum ÄnderungsG 1989 klargestellt, daß Satz 2 ebenso wie Satz 1 **nur für offizielle Börsentermingeschäfte** galt[757].

b) § 96 Abs. 3 BörsG a. F. i. V. m. der VO vom 7. März 1925. Aufgrund der Ermächtigung in § 96 Abs. 3 BörsG a. F. und der VO vom 7. März 1925 schloß § 58 BörsG den Differenzeinwand bei inoffiziellen Devisentermingeschäften termingeschäftsfähiger Personen aus[758]. Die Verbindlichkeit der Devisentermingeschäfte richtet sich daher ausschließlich nach den Vorschriften des Börsengesetzes über die erlaubten Börsentermingeschäfte in Wertpapieren (vgl. §§ 96 Abs. 1 a. F., 52 ff. BörsG)[759]. Das ÄnderungsG hat die Ermächtigungsgrundlage in § 96 Abs. 1 BörsG a. F. beseitigt und mit Art. 2 des ÄnderungsG die VO vom 7. 3. 1925 aufgehoben. Die Rechtlage hat dadurch keine Änderung erfahren, weil § 58 Satz 1 BörsG i.d.F. des ÄnderungsG 1989 den Differenzeinwand auch bei inoffiziellen Geschäften ausschließt. 421

c) Ausschluß wegen Treu und Glauben (§ 242 BGB). Ebenso wie hinsichtlich des Termineinwandes (Rdnr. 396) wird nicht selten versucht, die Erhebung des Differenzeinwandes als Verstoß gegen Treu und Glauben darzustellen. 422

Die Rechtsprechung, vor allem des BGH[760], steht dem ablehnend gegenüber. Der BGH[761] zählt nämlich § 764 BGB zu den „Schutzgesetzen, die gleichzeitig der Ordnung des innerstaatlichen Soziallebens dienen" und gestattet daher bei den inoffiziellen Geschäften im Ausland auch termingeschäftsfähigen Personen, den Differenzeinwand zu erheben. Aus der Rechtsprechung läßt sich darauf hinweisen, daß auch ein geschäftskundiger und nicht schutzbedürftiger Bankkunde den Differenzeinwand grundsätzlich geltend machen kann[762]. 423

Unbeachtlich ist ferner, daß der Geschäftspartner aufgrund der Dauer der Geschäftsverbindung, in der auch Gewinne ausbezahlt worden sind, in den Glauben versetzt worden ist, er brauche die Geltendmachung des Differenzeinwands nicht zu befürchten[763]. 424

Auch die Bezahlung eines Teilbetrags der Terminschuld schließt eine Berufung auf den Differenzeinwand wegen des Restes nicht aus[764]. 425

Es begründet auch keine unzulässige Rechtsausübung, wenn schon bei Geschäftsabschluß die Absicht bestand, den Differenzeinwand geltend zu machen[765]. 426

Eine unzulässige Rechtsausübung wurde hingegen **bejaht**, wenn die Erhebung des Differenzeinwands als Mißbrauch einer Vertrauensstellung durch einen Rechtsanwalt als Rechtsberater und als Genosse der an den Börsentermingeschäften beteiligten Genossenschaftsbank erhoben worden ist[766] oder wenn dies durch ein Aufsichtsratsmitglied einer solchen Bank geschieht[767]; ferner wenn ein ungewöhnlich hoher Kredit für Termingeschäfte an den Oberbürgermeister im Hinblick auf seine einflußreiche amtliche Stellung gewährt worden ist[768]; ferner wenn ein Bevollmächtigter des nicht termingeschäftsfähigen Partners die Börsentermingeschäftsfähigkeit vortäuscht[769]. 427

---

[757] *Göppert* ZHR 99 (1934), 259, 277; *Jacusiel* LZ 1908, Sp. 570, 577; zur Neuregelung s. Rdnr. 417.

[758] BGH WM 1992, 1974 = WuB I G 5.-2.93 *Schäfer.*

[759] Dazu im einzelnen Rdnr. 314 ff.

[760] Vgl. BGHZ 58, 1, 6 = WM 1972, 178, 179; BGH WM 1980, 768, 770 = NJW 1980, 1957; ferner LG Paderborn WM 1979, 1110, 1111; LG Frankfurt WM 1989, 365, 366 = WuB I 5 5.-9.89 *Graf;* LG Würzburg WM 1989, 1559 = WuBI G 5.-2.89 *Kümpel* m.w.N.; zust. *Schwark* JURA 1985, 403, 406.

[761] BGH WM 1978, 1204; BGH WM 1981, 758.

[762] RGZ 101, 361-Technischer Direktor und Prokurist einer Zuckerfabrik; RGZ 146, 190-Kaufmann; RG Bolze 22 Nr. 467-Reichsbankdirektor.

[763] RGZ 79, 387; vgl. weiter RG JW 1937, 2659.

[764] BGHZ 58, 1, 6 = WM 1972, 178, 179.

[765] Vgl. RGZ 146, 194; RG JW 1935, 297; RG SeufA 85 Nr. 5; RG SeufA 73 Nr. 72.

[766] RGZ 144, 242.

[767] RGZ 148, 357.

[768] RG JW 1938, 238.

[769] RG JW 1937, 2455.

428 **10. Differenzeinwand beim unverbindlichen Börsentermingeschäft.** Bis zum ÄnderungsG 1989 war bei den **inoffiziellen Börsentermingeschäften** mit Ausnahme der inoffiziellen Devisentermingeschäfte[770] der Differenzeinwand gesetzlich nicht ausgeschlossen oder eingeschränkt (arg. e. § 58 BörsG a. F.), wenn auch nur einer der Vertragspartner in der für den anderen erkennbaren Absicht der Differenzspekulation handelte. Es fanden auch die Sicherungs- und Heilungsmöglichkeiten der §§ 54 a. F., 56, 57 BörsG gegenüber dem Differenzeinwand bei solchen Geschäften keine Anwendung (arg. e. § 58 Satz 2 BörsG a. F.)[771]. Praktische Bedeutung hatte dieses zusätzliche Hindernis für die Verbindlichkeit von Börsentermingeschäften vor allem bei **Auslandsgeschäften** und soweit die gesetzliche Ausgestaltung des Differenzeinwands gegenüber der börsengesetzlichen Regelung des Termineinwands Unterschiede aufwies[772].

429 Das ÄnderungsG 1989 schließt nunmehr den Differenzeinwand bei allen Börsentermingeschäften aus, die nach Börsenrecht verbindlich sind. Ist das Börsentermingeschäft wegen des Termineinwands (§ 53 BörsG) unverbindlich, kann „theoretisch" auch noch der Differenzeinwand zum Tragen kommen, ohne allerdings zu einer weitergehenden Rechtsfolge zu führen. Dessen Stellenwert konzentriert sich künftig freilich auf Termingeschäfte, bei denen aus der einen oder anderen Erwägung heraus die Eigenschaft als Börsentermingeschäft zu verneinen ist.

430 Der Differenzeinwand ist **von Amts wegen** zu berücksichtigen[773]. Die **Beweislast** liegt bei demjenigen, der sich wegen der Unverbindlichkeit auf § 764 BGB beruft[774].

431 *a) Unverbindlichkeit.* Nach § 764 Satz 1 BGB ist das spekulative Differenzgeschäft als Spiel anzusehen mit der Folge, daß § 762 BGB anzuwenden ist. Ebensowenig wie der Regelung über den Spielvertrag liegt damit § 764 BGB der Gedanke zugrunde, daß Differenzgeschäfte sittenwidrig seien[775]. Der BGH[776] neigt wohl der Auffassung zu, ein Differenzgeschäft begründe unvollkommene Verbindlichkeiten (Naturalobligationen), die zwar nicht durchsetzbar (klagbar) seien, wohl aber erfüllt werden können. Der Begriff der „Naturalobligation" ist allerdings schillernd; stattdessen sollte auch das Differenzgeschäft als ein **„Schuldverhältnis minderer Wirkung"** verstanden werden, das für vereinbarungsgemäß erbrachte Leistungen einen Erwerbsgrund bewirkt, der die bereicherungsrechtliche Rückforderung (§ 812 Abs. 1 Satz 1 BGB) ausschließt[777].

432 Ein Differenzgeschäft begründet also **keine primären Leistungspflichten**. Ein Anspruch auf Gewinnherausgabe ist z. B. nicht durchsetzbar[778]. Auch Ansprüche wegen Leistungsstörungen scheiden aus. Dies hat z. B. das BAG[779] übersehen und den Differenzeinwand gegenüber einem Schadensersatzanspruch verneint, der wegen einer weisungswidrigen Verwaltung eines der Terminspekulation dienenden Kundenkontos geltend gemacht worden war. Das Schuldverhältnis minderer Wirkung schließt allerdings **Schutzpflichten**, die das Integritätsinteresse des anderen Teils wahren sollen, nicht aus.

---

[770] Dazu soeben Rdnr. 421, 525 ff.

[771] Rdnr. 420; *Baumbach/Duden/Hopt,* (14) vor § 50 BörsG Anm. 3 C; a.A. *Schönle,* Bank- und Börsenrecht, S. 478.

[772] Vgl. dazu 533 ff.

[773] Vgl. nur BGH WM 1987, 1153, 1154 = NJW 1987, 3193 = EWiR § 764 BGB 1/87 *Welter;* BGH WM 1981, 711 = NJW 1981, 1897.

[774] *Schwark,* BörsG, Einl. §§ 50 ff. Rz. 31; *Hopt,* Festschrift für Werner, S. 339, 342.

[775] Zu § 762 BGB vgl. die Bemerkung in BGHZ 87, 309 = WM 1983, 1134, 1135.

[776] Z.B. BGHZ 87, 309 = WM 1983, 1134, 1135 zu dem rechtssystematisch vergleichbaren § 656 BGB.

[777] Vgl. dazu im Zusammenhang mit §§ 52 ff. BörsG *Häuser,* WM 1988, 1285, 1286; *Soergel/Häuser,* § 762 BGB, Rdnr. 1 m. Nachträgen.

[778] Vgl. nur LG Paderborn WM 1979, 1110, 1111; BGH WM 1983, 1309, 1310.

[779] WM 1986, 997 = NJW 1986, 2669 = WuB I G 5.-4.86 *Häuser.*

Der Differenzeinwand wirkte sich bis zum ÄnderungsG 1989 bei inoffiziellen Börsentermingeschäften insbesondere dort aus, wo er zu weitergehenden Rechtsfolgen als der Termineinwand führte: 433

- Anders als nach § 54 BörsG a. F. konnte jede Sicherheitsleistung, gestützt auf den Differenzeinwand, zurückverlangt werden.
- Eine Aufrechnung mit einer unverbindlichen Forderung aus einem Differenzgeschäft ist anders als nach § 56 BörsG gem. §§ 387, 390 BGB ausgeschlossen[780].
- Ebensowenig ist beim Differenzeinwand eine dem § 57 BörsG entsprechende Heilungsmöglichkeit vorgesehen. Insoweit wird man allerdings berechtigt fragen, ob die Leistungsannahme über den Rückforderungsausschluß nach §§ 764, 762 Abs. 1 Satz 2 BGB hinaus nicht in Anknüpfung an den Rechtsgedanken der §§ 141, 144 BGB als heilende Bestätigung angesehen werden muß[781].

b) Reichweite der Unverbindlichkeit. (aa) Schreibt eine Bank dem Kunden Gewinne aus einem unverbindlichen Börsentermingeschäft gut, so kann der Kunde sich hinsichtlich dieser **Gutschrift** nicht auf den Behaltensgrund aus §§ 764, 762 Abs. 1 Satz 2 BGB berufen. Die Gutschrift als abstraktes Schuldversprechen (§ 780 BGB) bewirkt nach Ansicht des BGH[782] lediglich eine Ersatzerfüllung, in dem die Bank zum Zwecke der Erfüllung eine neue Verbindlichkeit eingeht. Der Gutschrift steht gem. §§ 764, 762 **Abs. 2** BGB ebenfalls der Differenzeinwand entgegen. Eine rechtsverbindliche bargeldlose Zahlung durch die Bank selbst scheidet also deshalb aus. 434

Ist die unverbindliche Gutschrift in ein kontokorrentrechtliches **Saldoanerkenntnis** eingegangen, entsteht auch dadurch keine klagbare Forderung, weil hinsichtlich des Saldoanerkenntnisses ebenfalls die §§ 764, 762 Abs. 2 BGB greifen[783]. 435

Hat der verlierende Teil über den Verlustbetrag einen **Scheck** ausgestellt, steht der Differenzeinwand (§§ 764, 762 Abs. 2 BGB) auch dem scheckrechtlichen Rückgriffsanspruch (Art. 12, 40 ff. SchG) entgegen[784]. 436

Sind Gewinne aus einem unverbindlichen Börsentermingeschäft auf einem **Festgeldkonto** als Termingelder des Bankkunden angelegt worden, so wird auch durch diese Vereinbarung kein verbindlicher schuldrechtlicher Rückzahlungsanspruch des Kunden gegen die Bank begründet. Auch in umgekehrter Richtung entsteht kein verbindlicher Rückerstattungsanspruch, wenn der Kunde vereinbart, einen **Debetsaldo als Darlehen** zu schulden (§ 607 Abs. 2 BGB)[785]. 437

Einem Schuldanerkenntnis (§ 781 BGB) kann der Differenzeinwand aber nur dann entgegen gehalten werden, wenn der verlierende Teil sich damit zum Zwecke der Erfüllung der Differenzschuld dem gewinnenden Teil gegenüber verpflichtet. Ein Anerkenntnis, das die **Rückerstattung erbrachter Zahlungen an den Verlierer** bezweckt, ist demgegenüber verbindlich, und zwar unabhängig davon, ob die Leistungen des Verlierers mit Behaltenswirkung (§§ 764, 762 Abs. 1 Satz 2 BGB) erbracht waren[786]. Auch wenn sich ein Dritter gegenüber dem verlierenden Teil verpflichtet, entstandene Verluste auszugleichen, ergibt sich aus § 764 BGB kein Hindernis für die Durchsetzbarkeit[787]. 438

(bb) Bei § 764 BGB fehlt zwar eine dem § 60 BörsG entsprechende ausdrückliche gesetzliche Vorschrift, die den Differenzeinwand auf sog. **Nebengeschäfte erstreckt**. Die Rechtsprechung hat aber insbesondere **Geschäftsbesorgungsverhältnisse**, die auf Diffe- 439

---

[780] Vgl. BGH WM 1981, 711.

[781] Vgl. dazu auch *Düringer/Hachenburg/Breit*, HGB, Bd. V./1., Anh. II Anm. 166.

[782] BGH NJW 1980, 390 = WM 1979, 1381, 1383.

[783] BGH WM 1979, 1381, 1383 = NJW 1980, 390 unter Bezugnahme auf RGZ 132, 218.

[784] Erwogen in OLG Frankfurt WM 1981, 567, 568.

[785] BGH NJW 1980, 390 = WM 1979, 1381, 1383; RG Bank-Archiv XIV, 417, 418.

[786] BGH WM 1988, 289, 291 = NJW 1988, 1086 = WuB I G 5.- 7.88 *Preusche*.

[787] BGHZ 101, 296 = WM 1987, 1187, 1158 = NJW 1987, 3181, 3182 = EWiR § 55 BörsG 1/87 *Häuser*.

renzgeschäfte gerichtet sind, dem § 764 BGB unterworfen[788]. Der Schutzzweck des Differenzeinwands gebiete es, auch solche Geschäfte zu erfassen. Dies gilt, wie gesagt, vor allem für Geschäftsbesorgungsverhältnisse (§ 675 BGB), die eine Vermittlung von unverbindlichen Börsentermingeschäften zum Gegenstand haben[789]. Der Differenzeinwand steht mithin auch einem Anspruch gegen den Vermittler von Warentermingeschäften entgegen, der auf Herausgabe des Spielgewinns gerichtet ist[790].

440 Nach OLG Düsseldorf[791] soll der Differenzeinwand nicht eingreifen, wenn der Auftrag anders als vereinbart ausgeführt worden ist und die erhaltenen Mittel nicht weitergeleitet worden sind; die gezahlte Optionsprämie sei deshalb nach §§ 675, 667 Fall 1 BGB zu erstatten. Diese Auffassung ist nur im Ergebnis zutreffend. Die Prämie ist nach § 812 Abs. 1 Satz 1 BGB zurückzuerstatten, weil es wegen der abredewidrigen Ausführung der Geschäftsbesorgung an einem Behaltensgrund im Sinne der §§ 764, 762 Abs. 1 Satz 2 BGB fehlt[792]. Kein unverbindliches Nebengeschäft ist allerdings der **Arbeitsvertrag** mit einem Unternehmen, das ausländische Aktienoptionen vermittelt[793].

441 *c) Rückforderungsausschluß.* Ebenso wie bei § 55 BörsG kommt nach der Rechtsprechung[794] ein Rückforderungsausschluß nach §§ 764, 762 Abs. 1 Satz 2 BGB nur zum Tragen, wenn die Leistung „aufgrund des Differenzgeschäfts endgültig und unbedingt erbracht worden ist" und insoweit keine weiteren persönlichen Verbindlichkeiten zurückbleiben;[795] denn nach §§ 764, 762 Abs. 2 BGB werden auch zum Zwecke der Erfüllung eingegangene Verbindlichkeiten vom Differenzeinwand erfaßt. Außerdem muß die Leistung auf ein bestimmtes Geschäft bezogen sein. Diese Voraussetzung ist bei **pauschalen Vorauserfüllungsvereinbarungen**, die keinen Bezug auf ein bestimmtes Geschäft haben, nicht erfüllt[796], wohl aber kann dies bei der Zahlung von betragsmäßig feststehenden Brokergebühren gegeben sein[797].

VI. Rechtsfragen verbotener Börsentermingeschäfte

442 Die gesetzliche Regelung der verbotenen Börsentermingeschäfte spielt in der Praxis keine besondere Rolle. Die zivilrechtlichen Fragen, die sich bei Börsentermingeschäften stellen, betreffen regelmäßig die erlaubten Börsentermingeschäfte (§§ 52 bis 61 BörsG; §§ 764, 762 BGB).

443 **1. Entwicklung der Rechtsmaterie.** Die Regelung der Verbote oder Erlaubnisse von Börsentermingeschäften blickt auf eine wechselvolle Geschichte zurück. Sie spiegelt anschaulich die unterschiedlichen, z.Tl. zeitgebundenen Wertungen über den Terminhandel wider. Seit jeher waren der börsenmäßige Terminhandel in **Getreide und Mehl** verboten (§ 50 Abs. 3 BörsG 1896; §§ 65 ff. BörsG 1908). Daran hatte auch das ÄnderungsG von 1989 nichts geändert[798]. Erst Art. 2 Nr. 28 des 2. Finanzmarktföderungsgesetz vom 26. 7. 1994 hat die §§ 65 ff. BörsG 1908 mit Wirkung zum 1. 1. 1995 aufgehoben. Der Börsenterminhandel in **Anteilen von Bergwerks- und Fabrikunternehmungen** war zunächst allgemein untersagt (§ 50 Abs. 2 BörsG 1896). 1908 wurde dieses Verbot unter einen **Er-**

---

[788] Vgl. BGH WM 1974, 876; *Brandes*, Festgabe an die Niedersächsische Börse, S. 287, 299.
[789] Vgl. LG Paderborn WM 1979, 1110, 1111; LG Frankfurt WM 1989, 365.
[790] BGH WM 1980, 768 = NJW 1980, 1957; BGH WM 1981, 711 = NJW 1981, 1897; BGH WM 1983, 1309, 1310; LG Paderborn WM 1979, 1110; a.A. OLG Frankfurt WM 1979, 1251.
[791] WM 1980, 1300 = NJW 1980, 1966.
[792] Vgl. dazu Rdnr. 441.
[793] So BAG WM 1986, 997 = NJW 1986, 2663; dazu im übrigen kritisch *Häuser* WuB I G 5.-4.86.
[794] Vgl. OLG Düsseldorf WM 1988, 566, 568 = NJW-RR 1988, 1260 = WuB I G 5.-10.88 *Welter.*
[795] BGH NJW 1980, 390 = WM 1979, 1381, 1383.
[796] Vgl. OLG Düsseldorf WM 1988, 566, 569 = NJW-RR 1988, 1260 = WuB I G 5.-10.88 *Welter.*
[797] Vgl. OLG Düsseldorf WM 1988, 566, 568 = NJW-RR 1988, 1260 = WuB I G 5.-10.88 *Welter.*
[798] Kritisch deshalb *Henssler* ZHR 153 (1989), 611, 636.

laubnisvorbehalt gestellt (§ 63 Abs. 1 BörsG 1908)[799], der im Jahre 1975 auf alle Börsentermingeschäfte **in Aktien** erstreckt wurde (§ 63 Abs. 1 BörsG i.F. von 1975). Seit 1970 sind dann Börsentermingeschäfte in Aktien bestimmter in- und ausländischer Gesellschaften erlaubt worden, allerdings nur in der Rechtsform des Optionsgeschäftes (BörsTerminZulV)[800]. Festgeschäfte in Aktien waren somit verboten.

Soweit andere Wertpapiere, Waren und Devisen (§ 96 Abs. 1 BörsG a. F.) betroffen waren, konnte durch Rechtsverordnung ein Verbot ausgesprochen werden (§ 63 Abs. 2 BörsG a. F.). Entsprechende Verbote bestanden allerdings nicht. 444

2. ÄnderungsG 1989. Das ÄnderungsG 1989 hat die gesetzlichen Verbotsbestimmungen für Börsentermingeschäfte – mit Ausnahme der Geschäfte in Getreide und Mehl (vgl. §§ 65 ff. BörsG) – in einem neugefaßten § 63 BörsG vereinheitlicht und insbesondere **unabhängig von dem Gegenstand der Börsentermingeschäfte** ausgestaltet. **Börsentermingeschäfte** sind danach **grundsätzlich erlaubt**, können aber durch ministerielle Rechtsverordnung mit Zustimung des Bundesrats (vgl. Art. 80 Abs. 2 i.V. mit Art. 83 GG) verboten oder beschränkt oder von Bedingungen zum Schutze des Publikums abhängig gemacht werden. Als unmittelbare Auswirkung der Neuregelung sind die mehreren Börsentermingeschäfts-Zulassungsverordnungen (BörsTermZulV), die für Geschäfte in Aktien seit 1970 erlassen worden waren, mit dem 1.August 1989 obsolet geworden. Für die Aufnahme des Terminhandels in Aktien an der DTB bedurfte es daher keiner Erlaubnisverordnung[801]. 445

In der Regierungsbegründung[802] wird die **Deregulierungsmaßnahme** damit gerechtfertigt, daß die börsenverwaltungsrechtliche Zulassung von Börsentermingeschäften in § 50 BörsG geregelt und das Verfahren der Erlaubnisverordnungen für Aktien zeit- und arbeitsaufwendig gewesen sei. „Grundgedanke" des bisherigen Verbots mit Erlaubnisvorbehalt hinsichtlich der Börsentermingeschäfte in Aktien war, „den Schutz der Anleger" zu verstärken[803]. Warum diesem Schutzgesichtspunkt künftig offenbar eine geringere Bedeutung zukommt als bisher oder warum das Instrumentarium für diesen gleichbleibenden Schutz nicht erforderlich ist, wird nicht erläutert. Der Hinweis auf die Zulassung zum Börsenhandel nach § 50 BörsG deckt nämlich nur die offiziellen Geschäfte. 446

Die **bisherige Regelung** war allerdings aus zwei Gründen **verfehlt**: Soweit die Erlaubnisverordnungen Börsentermingeschäfte in Aktien zuließen, „weil eine Gefährdung des Publikums" nicht zu besorgen war – so die tatbestandliche Anknüpfung in § 63 Abs. 1 S. 2 BörsG a. F. –, waren die damit angesprochenen, nicht termingeschäftsfähigen Personen gleichwohl wegen des Termineinwands nicht in der Lage, Börsentermingeschäfte rechtsverbindlich abzuschließen. Ungereimt war auch, daß die Erlaubnisermächtigung sich in ihrem Regelungszweck, wie gesagt, an der „Gefährdung des Publikums" orientierte oder uneingeschränkt den „Schutz des Publikums" im Auge hatte, während das Gesetz auf der Ebene der Verbindlichkeit der erlaubten Geschäfte zwischen termingeschäftsfähigen und nicht termingeschäftsfähigen Personen unterschied. Die Erlaubnisregelung bezog in ihren Schutz also Personen ein, für die dasselbe Gesetz an anderer Stelle ein Schutzbedürfnis verneinte. 447

Die Beseitigung des Verbots des Börsenterminhandels in Aktien legalisiert in der Praxis vorkommende Geschäfte in Aktien, soweit die Gesellschaften nicht in einer Börsentermingeschäfts-Zulassungverordnung aufgenommen waren, die von beiden Seiten erst zu einem 448

---

[799] Vgl. zu früheren, heute obsoleten Zulassungen die Nachweise bei *Schwark*, BörsG, 2. Aufl., 1995, § 63 Rdnr. 2.

[800] Zu den inzwischen obsoleten BörsTerminZulVen die Nachweise bei *Schwark*, BörsG, 2. Aufl., 1995, § 63 Rdnr. 2.

[801] *Schwark*, BörsG. 2. Aufl., 1995, § 63 Rdnr. 2.

[802] BT-Drucks. 11/4177, S. 21.

[803] RegBegr. zum ÄnderungsG von 1975 (BT-Drucks. 7/101, S. 13; abgedr. auch bei *Beyer-Fehling/Bock*, Börsenreform, 1975, S. 211).

späteren Zeitpunkt zu erfüllen sind. Kommt es zu einem Telefonhandel unter Kreditinstituten in diesen Aktien, der es als temporärer Terminmarkt auch den Bankkunden gestattet, vor dem Valutierungszeitpunkt Gegengeschäfte in diesen Werten zu tätigen, so sind die Merkmale eines Börsentermingeschäfts erfüllt, ohne daß in der Vergangenheit immer gewährleistet war, daß der Terminhandel in diesen Aktien durch eine Erlaubnisverordnung gestattet war[804]. Dasselbe gilt, wenn von der Kreditwirtschaft als Kassageschäfte abgewickelte und auch so qualifizierte Geschäfte aufgrund anderer Beurteilung als Börsentermingeschäfte eingeordnet werden, wie dies z.Tl. für Geschäfte in Optionsscheinen über Aktien geschieht[805].

449 **3. Geschäfte in Getreide und Mehl.** Die Sonderregelung für Geschäfte in Getreide und Mehl (vgl. §§ 65 ff. BörsG) war zunächst aufrechterhalten geblieben und ist erst durch Art. 2 Nr. 28 des 2. FinanzmarktförderungsG aufgehoben worden. Börsentermingeschäfte in Getreide und Mehl sind also seit dem 1. 1. 1995 erlaubt.

450 **4. Ausländische Aktien und ausländische Börsentermingeschäfte.** Die Verbotsermächtigung ist nicht auf inländische Aktien beschränkt, sondern sie kann mit Rücksicht auf den Anlegerschutz auch ausländische Unternehmen einbeziehen[806].

451 Dem in der Literatur vertretenen Standpunkt[807], die Vorschriften des BörsG über Verbote von Börsentermingeschäften könnten auch für **ausländische Börsentermingeschäfte** gelten, ist die Rspr. nicht gefolgt[808]. Die Börseninnengeschäfte, die unmittelbar an einer ausländischen Börse geschlossenen werden, werden danach nicht erfaßt[809]. Entsprechendes gilt aber auch für *inländische Nebengeschäfte*, die der Vorbereitung und der Abwicklung der ausländischen Geschäfte dienen[810].

452 Werden allerdings die Geschäfte mit inländischen Kreditinstituten abgeschlossen, die als Eigenhändler auftreten, handelt es sich um inländische Börsentermingeschäfte in Aktien, für die § 63 Abs. 1 BörsG a. F. gilt[811].

453 **5. Verbotsfolgen.** *a) Allgemein.* Verbotene Geschäfte sind von der Benutzung der Börseneinrichtungen ausgeschlossen (§ 51 Abs. 1 BörsG).

454 Die zivilrechtlichen Folgen verbotswidrig abgeschlossener Geschäfte hat das ÄnderungsG 1989 unverändert gelassen (§§ 64, 69 und 70 BörsG). Verbotene Geschäfte sind, unabhängig vom Termineinwand, nicht gemäß § 134 BGB nichtig, sonden unverbindlich (§ 64 Abs. 1 Satz 1 BörsG). Die Unverbindlichkeit erfaßt auch zum Zwecke der Erfüllung eingegangene Verbindlichkeiten (§ 69 BörsG)[812] und sog. Nebengeschäfte (§ 70 BörsG)[813]. Anders als beim Termineinwand nach bisheriger Rechtslage (§ 54 BörsG a. F.) lassen Verbote keine Sicherheitsleistung zu (§ 64 Abs. 1 Satz 2 BörsG). Ebensowenig ist eine Auf-

---

804 Vgl. dazu *Kümpel* WM 1989, 1458, 1496.

805 Vgl. z.B. LG Würzburg WM 1988, 1409 = WuB I G 5.-13.88 *Maier-Reimer* und LG Hamburg WM 1988, 548; beide Gerichte haben § 63 BörsG a. F. übersehen. Als Kassageschäfte qualifizieren Geschäfte in Optionsscheinen zuletzt OLG Bamberg WM 1989, 745 = WuB I G 5.-7.89 *Kümpel*; LG Frankfurt WM 1989, 750 = WuB I G 5.-8.89 *Maier-Reimer*, LG Stuttgart WM 1989, 984, 990, 998 = WuB I G 5.-13.89 *Schwark*; LG Frankfurt WM 1989, 909 = WuB I G 5.-14.89 *Häuser*.

806 *Schwark*, BörsG, 2. Aufl. 1995, § 63 Rdnr. 3.

807 Vgl. *Hadding/Wagner* WM 1976, 310, 316; dagegen *Franke* WM 1976, 730, 731; im einzelnen zum Stand des Diskussion mwN. *Hartung*, Das Wertpapieroptionsgeschäft, S. 196 und *Kümpel/Häuser*, Börsentermingeschäfte, S.77.

808 BGHZ 94, 262, 264 = WM 1985, 744 = WuB I G 5.- 4.85 *Kümpel* = EWiR § 60 BörsG 1/85 *Schwark*; zustimmend *Kümpel* WM 1985, 1121, 1127.

809 *Schwark*, BörsG, 2. Aufl. 1995, § 61 Rdnr. 28; § 63 Rdnr. 1.

810 BGHZ 94, 262, 265 = WM 1985, 744 = WuB I G 5.- 4.85 *Kümpel* = EWiR § 60 BörsG 1/85 *Schwark*; *Kümpel/Häuser*, Börsentermingeschäfte, S. 78; *Kümpel* WM 1985, 1121, 1127.

811 *Kümpel/Häuser*, Börsentermingeschäfte, S.79.

812 Parallele zu § 59 BörsG.

813 Parallele zu § 60 BörsG.

rechnungsmöglichkeit[814] oder eine Heilung durch einvernehmliche Erfüllung[815] möglich. In Parallele zu § 55 BörsG bewirken die verbotenen Geschäfte allerdings eine wirksame **Rechtsgrundabrede**, d.h. eine bereits erbrachte „Erfüllungsleistung" kann nicht zurückgefordert werden (§ 64 Abs. 2 BörsG).

b) Bisherige Sonderregelung für Börsentermingeschäfte in Getreide und Erzeugnissen der Getreide- 455
müllerei. Ein in besonderer Weise ausgeprägtes Verbot galt für bestimmte Warentermingeschäfte, nämlich in Getreide und Erzeugnissen der Getreidemüllerei (§ 65 BörsG a. F.)[816]. Insbesondere war es innerhalb bestimmter Frist möglich, bereits erbrachte Erfüllungsleistungen zurückzufordern (§ 66 Abs. 2 BörsG a. F.). Die Sondervorschriften für einen inländischen Börsenhandel in diesen Erzeugnissen (§§ 67 f. BörsG) waren allerdings praktisch ohne Bedeutung[817]; sie sind durch Art. 2 Nr. 28 des 2. FinanzmarktförderungsG aufgehoben worden.

VII. Rechtliche Besonderheiten der herkömmlichen Börsentermingeschäfte

Bis zu dem ÄnderungsG 1989 war die Rechtslage der Börsentermingeschäfte insbeson- 456
dere dadurch gekennzeichnet, daß der Gesetzgeber z.Tl. unterschiedliche Regelungen für die verschiedenen Gegenstände des herkömmlichen Terminhandels (Waren, Wertpapiere, Devisen) geschaffen hatte. Das ÄnderungsG 1989 hat mit Wirkung vom 1. 6. 1989 diese Unterschiede im wesentlichen beseitigt. Die nachfolgende Darstellung gibt daher vor allem die Rechtsentwicklung wider, soweit sie noch von Interesse ist.

1. Warentermingeschäfte. In Deutschland besteht gegenwärtig (noch) keine Waren- 457
terminbörse[818]. Gleichwohl haben Warentermingeschäfte, und zwar solche, die sich auf ausländische Börsen[819] beziehen, in jüngerer Zeit eine beachtliche Rolle gespielt[820]. Der Schwerpunkt der Aktivitäten liegt dabei in der Spekulation und nicht bei der Kurssicherung[821]. Durch teilweise aggressive Werbung und durch zweifelhafte Vertriebsmethoden sind zahlreiche Anleger veranlaßt worden, erhebliche Beträge einzusetzen. Oft genug sind sie, unabhängig von dem eigentlichen Spekulationsrisiko, Opfer krimineller Machenschaften geworden[822]. Die Rechtsprechung der Zivilgerichte hat hierauf mit Aufklärungspflichten reagiert, die nicht nur die Gesellschaften als Vertragspartner, sondern auch die beteiligten Personen (Verkäufer, Geschäftsführer und Initiatoren) selbst treffen[823].

a) Anbieter. Die Erfahrung zeigt, daß sich in Deutschland ein anlagewilliges und risikobe- 458
reites Publikum ansprechen läßt. Amerikanische und englische Brokerfirmen sind deshalb in vielfältiger Weise auf diesem Teil des Kapitalmarktes tätig. Es finden sich neben Repräsentanzen,[824] Niederlassungen[825] und der Zusammenarbeit mit deutschen Vermittlungsfirmen auch grenzüberschreitende Aktivitäten aus dem Ausland[826] (insbes. London). In jün-

---

814 Anders als beim Termineinwand nach § 56 BörsG.

815 Anders als beim Termineinwand nach § 57 BörsG.

816 Dazu im einzelnen *Staub/Koller*, Großkommentar zum HGB, § 383 Rdnr. 55; ferner *Göppert*, Das Recht der Börsen, S. 270 ff.

817 *Staub/Koller*, Großkommentar zum HGB, § 383 Rdnr. 55.

818 Vgl. Rdnr. 20.

819 Chicago, New York und London.

820 Vgl. *v. Arnim* AG 1983, 29; *Samtleben* IPRax 1989, 148.

821 Vgl. *Wach*, Der Terminhandel in Recht und Praxis, Rdnr. 98 zur Warenterminoption.

822 Vgl. Rdnr. 228 ff.; ferner *v. Arnim* AG 1983, 29, 30; *Hadding/Häuser* WM 1980, 1278 Fn. 1; *Wach*, Der Terminhandel in Recht und Praxis, Rdnr. 10 ff.

823 Vgl. i.e. Rdnr. 228 ff.

824 Vgl. OLG Frankfurt WM 1985, 477 = WuB I G 5.-3.85 *Kindermann*; *Samtleben* IPRax 1989, 148, 150.

825 Vgl. OLG Düsseldorf WM 1989, 50 = WuB VII A. § 21 ZPO 1.89 *Welter*, *Samtleben* IPRax 1989, 148, 150.

826 Vgl. BGH WM 1987, 1153 = WuB I G 5.–2.88 *Rössner/Lachmair* = ZIP 1987, 1153 = EWiR § 764 1/87, 1083 *Welter*.

gerer Zeit wird die Gestaltung der betrieblichen Organisation von Überlegungen bestimmt, die einen möglichen Gerichtsstand in Deutschland zu vermeiden suchen[827].

459 Inländische Vermittlungsfirmen haben in der Regel die Rechtsform der GmbH[828], die nicht selten mit ausländischen Gesellschaften verflochten sind[829]. Ihre Kapitalausstattung geht meistens nicht über das gesetzliche Mindeststammkapital hinaus und steht deshalb vielfach in keinem angemessenen Verhältnis zu den getätigten Umsätzen[830]. Auffällig ist die Kurzlebigkeit der Unternehmen[831] und die große Fluktuation in der Zusammensetzung der Geschäftsführung und im Mitarbeiterstab[832]. Vor dem Hintergrund zahlreicher Strafverfahren gegen verantwortliche Personen und des hierbei aufgedeckten Geschäftsgebarens ist die aufschlußreiche Bezeichnung „fly-by-night-company"[833] geprägt worden.

460 *b) Geschäftstypen.* Als Grundtypen des Warentermingeschäfts sind das Direktgeschäft und das Optionsgeschäft zu unterscheiden

461 (aa) Direktgeschäft. Das Direktgeschäft ist ein **Festgeschäft**, das von der physischen Ware abstrahiert. Der Terminkontrakt, der an der Börse abgeschlossen wird, ist standardisiert und fungibel. Er wird in der Regel nach einer gewissen Laufzeit durch ein Gegengeschäft „glattgestellt", wodurch sich der jeweilige Gewinn/Verlust ergibt.

462 Zum Handel an der Börse sind nur Börsenmitglieder zugelassen. Der Handel spielt sich de facto, aber nicht hinsichtlich der Vertragsstruktur zwischen den Mitgliedern ab, sondern stets über Verrechnungsstellen der jeweiligen Börse (clearing houses). Der Kunde erteilt dem Broker unmittelbar oder durch einen Vermittler die jeweiligen Aufträge. Mit einer „Stop-Loss-Order" kann er den Verlust von vorneherein begrenzen. Er muß dem Broker einen Einschuß leisten, der sich an dem Betrag orientiert, der an der Börse für die Transaktion als Sicherheit zu hinterlegen ist (margin account). Da dieser Einschuß nur einen Bruchteil des Kontraktwertes ausmacht, ergibt sich ein Hebeleffekt[834], der eine wirkungsvolle Spekulation ermöglicht.

463 Allerdings verringern nicht selten weit überhöhte Provisionen und Gebühren der Vermittler[835] die Gewinnchancen ganz erheblich; schließlich kann der Vermittler bewußt darauf hinarbeiten, das Kapital des Kunden durch Transaktionskosten an sich zu bringen (churning)[836].

464 (bb) Optionsgeschäft. Das **Optionsgeschäft** ermöglicht für den Erwerber der Option eine Spekulation mit begrenztem Risiko[837], aber – theoretisch unbegrenzter – Gewinnchance[838]. Für die Optionsprämie[839] erhält der Optionsnehmer gegenüber dem Stillhalter das Recht, die betreffende Ware[840] zu einem bestimmten vereinbarten Preis (Basispreis) zu

---

827 „Flucht vor einem internationalen Gerichtsstand in der Bundesrepublik"; vgl. unten Rdnr. 576 ff.

828 *Wach*, Der Terminhandel in Recht und Praxis, Rdnr. 172.

829 Vgl. z. B. OLG Frankfurt WM 1989, 57 ; OLG Düsseldorf WM 1988, 566 = WuB I G 5.-10.88 *Welter* und BGH WM 1987, 1089 = WuB VII A. § 21 ZPO 1.88 *Rössner/Lachmair*

830 *Wach*, Der Terminhandel in Recht und Praxis, Rdnr. 174.

831 Im Durchschnitt weniger als zwei Jahre; vgl. *Wach*, Der Terminhandel in Recht und Praxis, Rdnr. 175 mit dem Hinweis auf die sog. Schimmelpfeng- Studie.

832 *Wach*, Der Terminhandel in Recht und Praxis, Rdnr. 178.

833 *Wach*, Der Terminhandel in Recht und Praxis, Rdnr. 175 m. w. N.

834 *Wach*, Der Terminhandel in Recht und Praxis, Rdnr. 51.

835 Vielfach verschleiert als „Brutto-Margin"; vgl. *Wach*, Der Terminhandel in Recht und Praxis, Rdnr. 464.

836 Dazu jetzt BGH WM 1995, 100, 102; Rdnr. 476; ausführlich *Wach*, Der Terminhandel in Recht und Praxis, Rdnr. 461 ff.

837 S. Rdnr. 110 ff.

838 *Wach*, Der Terminhandel in Recht und Praxis, Rdnr. 73; kritisch *v. Arnim* AG 1983, 29, 33.

839 Zur Bemessung s. *v. Arnim* AG 1983, 29, 31.

840 Zur Unterscheidung zwischen Optionen auf Terminkontrakte (Warenterminoption) und auf Kassapositionen (Rohstoffoption) s. *v. Arnim* AG 1983, 29, 30; *Wach*, Der Terminhandel in Recht und Praxis, Rdnr. 57

kaufen (Call-Option) oder zu verkaufen (Put-Option). Ergeben sich Kursdifferenzen zum Basispreis, kann der Optionsnehmer durch die Ausübung der Option[841] einen entsprechenden Gewinn erzielen[842] oder die noch laufende Option zu einem höheren Preis veräußern. Allerdings ist ungeachtet der auch hier gegebenen Hebelwirkung[843] vielfach jede reelle Gewinnchance dadurch ausgeschlossen, daß der Vermittler eine Bruttoprämie verlangt, die weit über der Börsenprämie liegt[844].

Ohne jede Begrenzung ist dagegen der Partner, der dem Optionsberechtigten gegenübersteht (Stillhalter), den Kursbewegungen ausgesetzt[845]. Bei fehlender Deckung ergibt sich daher ein unvertretbares Risiko („nackte" Option)[846]. An den Optionsbörsen wird daher eine entsprechende Sicherheit verlangt (margin account). Entsprechendes gilt für das Stillhaltergeschäft bei großen Händlerfirmen[847]. Außerhalb dieses Bereichs (sog. Privatoptionen)[848] ist es dem Stillhalter überlassen, sich im Gegenzug durch Erwerb entsprechender Börsen- oder Händleroptionen abzusichern[849]. Ist der Stillhalter kapitalschwach und fehlt die Deckung, wird die Gewinnchance des Optionsberechtigten wirtschaftlich wertlos[850]. **465**

(cc) Abwicklung über Sammelkonten („pools"). Sowohl bei Direkt- und Optionsgeschäften spielt die Abwicklung über sog. Sammelkonten eine gewisse Rolle[851]. Die Anleger zahlen aufgrund standardisierter und nur hinsichtlich der Beträge individuell vereinbarter Verträge Beträge auf Warenterminsammelkonten. Mit diesem Geld wickeln professionelle Verwalter Termingeschäfte für Rechnung der Kunden ab. An den Aufwendungen und am Gesamtergebnis sind die Anleger im Verhältnis ihrer Einlagen beteiligt. **466**

Die Rspr. hat sich mit der rechtlichen Beurteilung dieser Sammelkonten aus Anlaß eines Falles befaßt, in dem der Fondsverwalter Schadensersatzansprüche zugunsten der Kunden geltend gemacht hat, die durch das Verhalten eines einzelnen Anlegers geschädigt worden sind. Der II. Zivilsenat des BGH[852] lehnt es in dieser Entscheidung ab, daß die Anleger eine (Innen-) Gesellschaft bürgerlichen Rechts bildeten. Statt einer „actio pro socio" des einzelnen Gesellschafters komme daher nur eine Drittschadensliquidation in Betracht. **467**

c) Vertragsanbahnung. In der Regel treten Vermittlungsfirmen durch Telefonanrufe an mögliche Interessenten heran. Allein der Umstand, daß sie die Inhaber von Privatanschlüssen[853] anrufen, zu denen vorher keine geschäftlichen Beziehungen bestehen, macht die Werbung anreißerisch und damit **unlauter** i. S. des § 1 UWG[854]. Die teilweise aggressive Telefonwerbung ist begleitet von der Übersendung vielfach aufwendiger Werbebroschüren. Aus zivilrechtlicher Sicht sind in dieser Phase der Geschäftsanbahnung die **Aufklärungspflichten** von Bedeutung, die die Rspr. anfangs insbesondere für Optionsgeschäfte entwickelt hat, dann aber auf die gesamte Palette der Termingeschäfte immer weiter ausgedehnt hat[855]. **468**

---

841 Zum Verkauf der (fungiblen) Option s. *v. Arnim* AG 1983, 29, 32.

842 Zu technischen Einzelheiten vgl. *v. Arnim* AG 1983, 29, 30; *Wach*, Der Terminhandel in Recht und Praxis, Rdnr. 61.

843 *Wach*, Der Terminhandel in Recht und Praxis, Rdnr. 99.

844 Vgl. dazu *v. Arnim* AG 1983, 29, 33; eingehend oben § 16 V.1.b.aa.

845 Zur sog. Stillhalter-Option 291 ff.

846 *v. Arnim* AG 1983, 29, 36.

847 *Wach*, Der Terminhandel in Recht und Praxis, Rdnr. 83.

848 In der Bundesrepublik kann jedermann Optionen auf Rohstoffe und Rohstoffkontrakte schreiben; vgl. *Wach*, Der Terminhandel in Recht und Praxis, Rdnr. 124.

849 *Wach*, Der Terminhandel in Recht und Praxis, Rdnr. 124.

850 *Wach*, Der Terminhandel in Recht und Praxis, Rdnr. 355 ff.

851 *Wach*, Der Terminhandel in Recht und Praxis, Rdnr. 131 ff.

852 BGH WM 1987, 581 = WuB I G 5.- 6.87 *Rössner/Lachmair* = NJW-RR 1987, 880.

853 Wettbewerbswidrig sind grundsätzlich auch Anrufe, die sich nicht auf die eigentliche geschäftliche Tätigkeit des Anschlußinhabers beziehen.; vgl. oben § 4.

854 Vgl. § 4 Rdnr. 29 ff.

855 Vgl. dazu ausführlich oben Rdnr. 258 ff.

469 *d) Fragen der Abwicklung.* Rechtlich wird die Abwicklung der Geschäfte dadurch bestimmt, daß es sich um inoffizielle, aber erlaubte[856] Börsentermingeschäfte handelt. Die Verträge, einschl. der Nebengeschäfte[857], sind grundsätzlich unverbindlich. Bei **ausländischen Geschäften** wird seit dem ÄnderungsG 1989 unter bestimmten Voraussetzungen der Schutz des deutschen Rechts durch eine sog. Sonderanknüpfung gewährleistet (§ 61 BörsG n. F.)[858]. Es wird nicht länger die Geltung deutschen Börsenrechts in dem bisherigen Umfang (vgl. § 61 BörsG a. F.) durchgesetzt[859].

470 (aa) Nicht termingeschäftsfähige Kunden. Für Kunden, die nicht termingeschäftsfähig sind, ergibt sich dies aus § 53 BörsG[860]. Auch eine Sicherheitsleistung nach § 54 BörsG a. F. wegen der dort vorgesehenen Beschränkung auf Wertpapiere kam nicht in Betracht. Die Bemühungen der Vermittler, Einschüsse und Prämien wirksam zu vereinnahmen, konzentrierten sich daher auf **„Erfüllungsleistungen"** i. S. des § 55 BörsG.

471 Der Versuch, Einschüsse in Allgemeinen Geschäftsbedingungen als **pauschale Vorauserfüllungen** zu qualifizieren, sind allerdings gescheitert[861]. Auch Verrechnungsvereinbarungen sind nur in engen Grenzen möglich[862]. Eine nicht rückforderbare „Erfüllungsleistung" i. S. des § 55 BörsG ist nur in einem Fall angenommen worden, in dem der Kunde, der über die eingetretenen Verluste unterrichtet worden ist, die Weisung gegeben hat, diese Verluste durch eine Umbuchung von seinem Sicherheitskonto auf das Warenterminkonto auszugleichen[863]. Wird das Konto des Kunden im Kontokorrent geführt, ergeben sich die schon angesprochenen Problemstellungen der Tilgungswirkung im Kontokorrent[864].

472 Es ist börsenrechtlich unbeachtlich, ob das Geschäft berechtigten Interessen (hedging) des Kunden dient. Auch wenn deshalb kein Differenzgeschäft vorliegt[865], bleibt der Termineinwand hiervon unberührt[866].

473 Der Differenzeinwand spielt im übrigen für den Kreis der nicht termingeschäftsfähigen Personen keine Rolle. Der Ausschluß des Termineinwands gem. § 55 BörsG läuft mit §§ 764, 762 Abs. 1 2. Hs. BGB parallel[867].

474 (bb) Termingeschäftsfähige Kunden. Für termingeschäftsfähige Kunden waren Warentermingeschäfte (einschließlich Nebengeschäfte) bis zum ÄnderungsG 1989 grundsätzlich wegen des Differenzeinwands (§§ 764, 762 BGB) unverbindlich[868]. § 58 BörsG a. F. schloß nämlich auf keinen Fall den Differenzeinwand aus, da es sich regelmäßig um Auslandsgeschäfte, d.h. nicht um offizielle Geschäfte handelte[869]. Seit dem 1. 8. 1989 erstreckt § 58 BörsG n. F. den Ausschluß des Differenzeinwands auch auf inoffizielle börsenrechtsverbindliche Geschäfte.

---

[856] Vgl. oben Rdnr. 314 ff.

[857] Vgl. oben Rdnr. 336 ff.

[858] Vgl. Rdnr. 541 ff.

[859] Vgl. Rdnr. 535 ff.

[860] *Wach*, Der Terminhandel in Recht und Praxis, Rdnr. 574, 608 und 626 ff.

[861] Vgl. eingehend oben Rdnr. 370; ferner *Häuser* WM 1988, 1285, 1288. Zu einer Ausnahme s. LG Düsseldorf WM 1988, 1557 = WuB I G 5.- 15.88 *Graf* = ZIP 1988, 1387 = EWiR § 826 BGB 4/89, 149 *Welter*

[862] Vgl. eingehend oben Rdnr. 374.

[863] BGH WM 1987, 1153, 1155 = NJW 1987, 3193.

[864] Vgl. eingehend Rdnr. 397 ff.

[865] Vgl. Rdnr. 180 ff.

[866] BGHZ 105, 263 = WM 1988, 1717 = WuB I G 5.- 3.89 *Kümpel*, für die parallele Frage bei Devisentermingeschäften.

[867] Vgl. Rdnr. 359.

[868] *Wach*, Der Terminhandel in Recht und Praxis, Rdnr. 575 ff. und (kritisch) Rdnr. 666 ff.

[869] Vgl. *v. Arnim* AG 1983, 29, 47 und *Wach*, Der Terminhandel in Recht und Praxis, Rdnr. 577; zur Neuregelung s. Rdnr. 417.

Deshalb spielt der Ausschluß des Differenzeinwands durch Erfüllung (§§ 764, 762 Abs. 1 2. Hs. BGB) und die Einschränkung des Differenzeinwands bei wirtschaftlich berechtigten Geschäften (hedging) keine Rolle mehr. 475

(cc) „churning". Unter „churning" im engeren Sinne versteht man den durch das Interesse des Kunden nicht gedeckten häufigen Umschlag eines Anlagekontos, durch den der Broker oder der Vermittler oder beide sich zu Lasten der Gewinnchancen des Kunden Provisionseinnahmen beschaffen[870]. Ein solches Verhalten begründet einen Schadenersatzanspruch des Kunden aus § 826 BGB, u.U. auch aus § 823 Abs. 2 BGB i.V.mit § 266 StGB[871]. 476

2. Börsentermingeschäfte in Wertpapieren, insbesondere inländisches Optionsgeschäft. *a) Ausgangslage des inländischen Optionshandels in Wertpapieren.* Die Ausgangsfrage, ob und in welchem Umfang das **börsenmäßige Optionsgeschäft** als ein Börsentermingeschäft qualifiziert werden kann, ist oben eingehend erörtert[872]. Nach dem Stand insbesondere auch der Rechtsprechung des BGH ist für die Rechtsanwendung davon auszugehen, daß das offizielle inländische Optionsgeschäft in Wertpapieren, aber auch Optionsgeschäfte an ausländischen Börsen als jeweils **einheitliches Börsentermingeschäft** anzusehen ist, das auch schon in der Phase vor Ausübung der Option den §§ 52 ff. BörsG unterfällt. Nach der Rechtsprechung des BGH[873] ist ferner davon auszugehen, daß auch für die **Veräußerungsgeschäfte des sog. Sekundärmarktes** die börsenprivatrechtlichen Vorschriften über den Terminhandel gelten[874]. 477

§ 61 BörsG a. F. erstreckte diese Vorschriften auch **auf Auslandsgeschäfte in Optionen**, und zwar unabhängig davon, ob im übrigen deutsches oder ausländisches Recht anzuwenden war[875]. Nach dem seit 1. 8. 1989 geltenden § 61 BörsG n. F. wird bei ausländischen Geschäften unter bestimmten Voraussetzungen der Schutz des deutschen Rechts durch eine Sonderanknüpfung gewährleistet[876]. 478

(aa) Rechtsgrundlagen. Für die Aufnahme des inländischen Optionshandels in **Aktien** im Jahre 1970 bedurfte es einer ministeriellen Erlaubnisverordnung gem. § 63 Abs. 1 BörsG a. F. Dies galt nicht für den Optionshandel in **festverzinslichen Wertpapieren**, die seit 1986 amtlich zugelassen sind (vgl. § 63 Abs. 2 BörsG). Die VO vom 16. 6. 1970 (BGBl. I, S. 993) erging noch aufgrund der alten Fassung des § 63 BörsG durch den Bundeswirtschaftsminister, beschränkte die Erlaubnis aber schon auf Optionsgeschäfte[877]. 479

Ursprünglich betraf der Erlaubnisvorbehalt in § 63 Abs. 1 Satz 1 BörsG 1908 nur „Anteile von Bergwerks- und Fabrikunternehmungen", und zwar nach einschränkender Rechtsprechung nur von inländischen Gesellschaften. Die Novelle des Börsengesetzes von 1975 erstreckt den Vorbehalt einheitlich auf Börsentermingeschäfte in Aktien, unabhängig davon, ob inländische oder ausländische Gesellschaften betroffen waren; sie gestattet es, die Zulassung auf bestimmte Börsentermingeschäfte zu beschränken, „soweit dies zum Schutze des Publikums" geboten war (§ 63 Abs. 1 Satz 2, 2. Halbs. BörsG a. F.). Nicht erfaßt wurden hingegen, wie auch früher schon, ausländische Börsentermingeschäfte in Aktien[878]. 480

Der Erlaubnisvorbehalt bezweckte bis zur Gesetzesnovelle 1975 nur den Schutz inländischer Aktiengesellschaften; demgegenüber hatte § 63 Abs. 1 BörsG in der bis zum 31. 7. 1989 geltenden Fassung eine deutlich **anlegerschützende** Zielrichtung. Es war aber nicht wertungskonform, daß der damit angesprochene nicht termingeschäftsfähige Personenkreis privater Anleger börsenrechtlich gar nicht in der Lage war, das ihm offenbar zugetraute 481

---

870 BGH WM 1995, 100, 102; ausführlich dazu *Rössner/Arendts* WM 1996, 1517.

871 BGH WM 1995, 100, 102 m.w.N.

872 Vgl. Rdnr. 112 ff.

873 WM 1992, 479.

874 Vgl. Rdnr. 126 ff.

875 Vgl. dazu im einzelnen Rdnr. 533 ff.

876 Vgl. Rdnr. 541 ff.

877 Was einer Empfehlung der Börsensachverständigenkommission beim Bundesfinanzministerium entsprach; vgl. dazu *Bremer* WM 1972, 898, 900.

878 Vgl. dazu Rdnr. 443 ff.; ferner *Soergel/Häuser*, § 764 BGB, Rdn. 29 f.

beschränkte Risiko, z. B. hinsichtlich der Optionsprämie, rechtsverbindlich zu übernehmen[879]. Nach der Rechtslage bis zum 31. 7. 1989 traten nämlich neben den Schutz durch die risikoarme Geschäftsform des Optionsgeschäfts die anlegerschützenden Vorschriften des Börsengesetzes (§§ 52 ff. BörsG). Das ÄnderungsG 1989 hat das gesetzliche Verbot für Börsentermingeschäfte in Aktien abgeschafft und an seine Stelle mit § 63 BörsG n. F. eine Ermächtigung für ministerielle Verbotsverordnungen treten lassen. Der Optionshandel an der DTB konnte deshalb ohne eine besondere Erlaubnisverordnung aufgenommen werden. Von der Ermächtigung in § 63 BörsG ist bisher nicht Gebrauch gemacht worden.

482 (bb) Bedingungswerke. Bei den inländischen Optionsgeschäften an den Wertpapierbörsen handelt es sich um Geschäfte in Wertpapieren, die zum Terminhandel an der Börse gemäß § 50 Abs. 1 BörsG zugelassen sind (offizielle Geschäfte). Deshalb ist als weitere Rechtsgrundlage auf die „Besonderen Bedingungen für Optionsgeschäfte" hinzuweisen, die als Geschäftsbedingungen für den Börsenterminhandel gem. § 50 Abs. 2 BörsG vor der Zulassung zum Terminhandel festgesetzt worden sind. Diese Regeln über die Optionsgeschäfte unmittelbar an der Börse zwischen den zum Börsenhandel zugelassenen Personen (Innengeschäfte) sind im Verhältnis zu dem Anleger weniger bedeutsam.

483 Das Verhältnis des Kreditinstituts zu seinen Kunden ist in den „Sonderbedingungen für Optionsgeschäfte" geregelt, die als Sonderbedingungen in Nr. 1 Abs. 1 Satz 2 AGB der Banken angesprochen sind. Für die Geschäfte an der DTB gelten die „Sonderbedingungen für Börsentermingeschäfte"[880].

484 *b) Börsenmäßiges Optionsgeschäft in Wertpapieren als Börsentermingeschäft.* (aa) Vorvertraglicher Pflichtenkreis. Zu Londoner Warenterminoptionen hat die Rechtsprechung unter Führung des BGH strenge Anforderungen an vorvertragliche Aufklärungspflichten gewerblicher Vermittler formuliert, insbesondere über den Einfluß der zu entrichtenden Prämien auf das Geschäftsrisiko und der Konsequenzen für die Gewinnaussichten, wenn der Vermittler Aufschläge (Vermittlungsprovisionen) auf diese Londoner Prämie vereinbart[881].

485 Die inländischen Wertpapieroptionsgeschäfte haben bisher nicht zu einer vergleichbaren Rechtsprechung geführt. Das OLG Frankfurt[882] hat eine Aufklärungspflicht des Vermittlers gegenüber einem Anleger dahin verneint, daß er bei Aktienoptionen „per Saldo" stets verliere.

486 Demgegenüber hatte das Kammergericht im Urteil vom 28. 6. 1988[883] einen weitreichenden, freilich vereinzelt gebliebenen Standpunkt eingenommen. Es hat einem Kreditinstitut vorgeworfen, seine vorvertragliche Beratungspflicht gegenüber einer Kundin allein dadurch verletzt zu haben, daß es inländische Aktienoptionen für eine Kapitalanlage vorschlug. Das Kreditinstitut habe den Schutzzweck der börsengesetzlichen Vorschriften ferner dadurch unterlaufen, daß die Kundin auf seine Anregung zur Finanzierung der Optionsprämie ein Kontoguthaben unterhielt, was eine gem. § 55 BörsG verbindliche Verrechnung ermöglicht habe. Das Kreditinstitute sei deshalb wegen Verschuldens bei Vertragsschluß zur Rückzahlung des vereinnahmten Bankguthabens verpflichtet.

487 Das KG setzt sich mit dieser Auffassung in auffälliger Weise über die gesetzliche Ausprägung des Anlegerschutzes im Börsengesetz hinweg[884]. Optionsgeschäfte sind als risikoarme Form des Börsentermingeschäfts gerade „zum Schutze des Publikums" (vgl. § 63 Abs. 1 Satz 2, 2. Halbs. BörsG a. F.) erlaubt, um den Anlegerschutz zu verstärken[885]. Es kann einem

---

[879] Vgl. dazu *Häuser* WuB I G 5.-7.87; ferner *Schwark*, in: Beiträge zum Börsenrecht, S. 23, 38.

[880] Dazu *Kümpel* WM 1991, Sonderbeilage Nr. 1.

[881] Vgl. dazu Rdnr. 273 ff.; 468 ff.

[882] WM 1987, 899 = WuB I G 5.-4.87 *Hammen.*

[883] WM 1989, 173 = WuB I G 5.-3.89 *Häuser.*

[884] Vgl. zum folgenden *Häuser* WuB I G 5.-3.89. Allgemein kritisch zur Ausweitung vorvertraglicher Aufklärungspflichten und der damit einhergehenden Abwälzung bewußt übernommener Geschäftsrisiken *Lieb*, Festschr. der rechtswiss. Fakultät zur 600-Jahrfeier der Universität zu Köln, 1988, S. 251 f.

[885] Vgl. dazu BT-Drucks. 7/101, S. 13 und schon Rdnr. 22 ff.

Kreditinstitut unter diesen Voraussetzungen nicht versagt sein, seinen Kunden solche Geschäfte vorzuschlagen, zumal als Partner des Publikums nur Kreditinstitute in Frage kommen.

Es kommen die folgenden Erwägungen hinzu: Auf unverbriefte Wertpapieroptionen sind in beiden Phasen der Geschäftsabwicklung die §§ 52 ff. BörsG anzuwenden[886]. § 54 BörsG a. F. sollte es dem Publikum gerade ermöglichen, sich am Terminhandel in Wertpapieren als der technisch vollkommensten Form des Spekulationsgeschäfts zu beteiligen[887]. Nach dieser inzwischen aufgehobenen Vorschrift war das Geschäft für den termingeschäftsfähigen Partner verbindlich, während sich das Risiko des privaten Spekulanten auf den Verlust der Sicherheit beschränkte, die er in qualifizierter Form zu bestellen hatte. Dadurch sollten Unerfahrene fühlbar auf die Risiken des Börsenterminhandels hingewiesen werden, bevor sie sich zu solchen Geschäften entschließen[888]. Das ÄnderungsG 1989 hat § 54 BörsG aufgehoben und damit dieses Sicherheitenmodell zugunsten der „Termingeschäftsfähigkeit kraft Information" (§ 53 Abs. 2 BörsG) beseitigt. Es kann deshalb unter dem Gesichtspunkt des vorvertraglichen Anlegerschutzes nicht beanstandet werden, wenn der gewerbliche Partner die Möglichkeiten nutzt, die § 55 BörsG für die Vereinnahmung von Optionsprämien bietet. Ob der zur Vereinnahmung im einzelnen Fall eingeschlagene Weg mit dem Schutzzweck der §§ 54 a. F., 55 BörsG kollidiert und deshalb der erwünschte Erfolg versagt bleibt, ist eine andere Frage[889]. 488

Der **XI. Zivilsenat** des BGH hat im Urteil vom 18. 4. 1989[890] die Rechtsmeinung des Kammergerichts zutreffend beanstandet. Aus der Konzeption der §§ 53, 54 a. F., 55, 57 BörsG hinsichtlich der Börsentermingeschäfte in Aktien ergebe sich, daß der Nichttermingeschäftsfähige im Rahmen dieser Vorschriften zwar von der besonderen Gefährlichkeit des Börsenterminhandels geschützt wird, dadurch aber keinesfalls generell davon ausgeschlossen werden soll. Ein Kreditinstitut verletze deshalb seine vorvertragliche Beratungspflicht nicht, wenn es auf Aktienoptionsgeschäfte als Anlageform hinweist. Als vorvertragliche Aufklärung bei Aktienoptionen verlangt der BGH (a.a.O.) aber einen erläuternden Hinweis auf die folgenden zwei Punkte: Das Kreditinstitut muß den Kunden darüber informieren, daß die erworbenen **Optionen ausgeübt** werden müssen, um bei erwarteter Kursentwicklung der Aktien einen Gewinn zu erzielen, und die **Optionsprämien bei Nichtausübung verloren** sind. Schließlich ist ein Hinweis darauf geboten, daß das Kreditinstitut nach den „Sonderbedingungen für Optionsgeschäfte" den Kunden nicht auf den **Ablauf der Optionsfrist** aufmerksam machen wird. 489

Aufträge zum Erwerb von Aktienoptionen zu Spekulationszwecken begründen für das beauftragte Kreditinstitut keine generelle Pflicht zu umfassender Aufklärung[891]. Es hängt vielmehr von der Person des Optionserwerbers, insbesondere von seiner Erfahrung mit solchen Geschäften, und von den besonderen Umständen des Einzelfalles ab, ob Aufklärungs- und Hinweispflichten bestehen und welchen Inhalt und Umfang sie haben[892]. Ein in Optionsgeschäften erfahrener Anleger ist ohne seine Rückfrage nur über risikoerhöhende besondere Umstände aufzuklären, die erkennbar für seinen Kaufentschluß von wesentlicher Bedeutung sind, etwa weil sie die Erfolgsaussichten der beabsichtigten Spekulation erheblich beeinträchtigen können, und über die er nach Treu und Glauben und der Verkehrsauffassung einer Aufklärung erwarten darf[893]. 490

---

886 Vgl. Rdnr. 112 ff.; BGH WM 1989, 807 = NJW 1989, 2120.

887 Vgl. *Göppert* ZHR 99 (1934), 289, 291; *ders.* Bank-Archiv XX (1921), 139.

888 Vgl. *Jacusiel* LZ 1908, Sp. 569, 570.

889 Diesem Aspekt des Falles hat das KG WM 1989, 173 keine Aufmerksamkeit geschenkt; auch deshalb krit. *Häuser* WuB I G 5.-3.89.

890 WM 1989, 807, 808 = NJW 1989, 2120 = WuB I G 5.-12.89 *Welter.*

891 BGHZ 117, 135, 142 = WM 1992, 479, 481 = WuB I G 5.-6. 92 *Häuser*, BGH WM 1991, 982, 984.

892 BGHZ 117, 135, 142 = WM 1992, 479, 481 = WuB I G 5.-6. 92 *Häuser.*

893 BGHZ 117, 135, 142 = WM 1992, 479, 481 = WuB I G 5.-6. 92 *Häuser*, BGH WM 1991, 982, 984.

491 (bb) Folgen der Unverbindlichkeit inländischer Aktienoptionsgeschäfte. Für die Anwendung des Börsengesetzes auf Optionsgeschäfte kann nur selten auf frühere Rechtsprechung zurückgegriffen werden; denn es handelt sich um eine dem deutschen Börsenwesen bisher nicht bekannte, aus den USA übernommene Geschäftsform. Von der Risikostruktur her besitzt das Optionsgeschäft allerdings Ähnlichkeiten mit den früheren Prämiengeschäften[894], was anfangs zu Verwechselungen geführt hat[895].

492 Handelt es sich bei dem börsenmäßigen Optionsgeschäft um ein einheitliches Börsentermingeschäft, so ergibt sich daraus als unmittelbare Folge, daß der Anspruch des Stillhalters auf die Optionsprämie nicht durchsetzbar ist, wenn der Erwerber der Option nicht termingeschäftsfähig ist (§§ 52, 53 BörsG)[896].

493 (cc) Veräußerungsgeschäft im Sekundärmarkt. Trotz der eingetretenen Belebung des Sekundärmarktes in laufenden Optionen,[897] vor allem durch die Änderung der Ausgestaltung der Optionsbedingungen seit 1983,[898] wurden die terminrechtlichen Konsequenzen einer Veräußerung der Option zunächst kaum erörtert. Vor allem fragte es sich, ob das Geschäft über die Veräußerung einer laufenden Wertpapieroption ein Börsentermingeschäft ist, so daß bei fehlender Termingeschäftsfähigkeit kein durchsetzbarer Anspruch auf den vereinbarten Erlös begründet wird. Das LG Mönchengladbach[899] hat dies ohne nähere Begründung bejaht und das OLG Düsseldorf[900] sich dieser Auffassung angeschlossen. Der BGH[901] hat diese Rechtsansicht bestätigt.

494 *c) Anwendung des Börsengesetzes auf Optionsgeschäfte.* (aa) Sicherheitsleistung (§ 54 BörsG a. F.). Die in dem Leitfaden für das börsenmäßige Optionsgeschäft der Kreditwirtschaft[902] vorgeschlagene und praktizierte formularmäßige Bestellung von Sicherheiten bei inländischen Aktienoptionen hat LG Mannheim[903] gebilligt.

495 Optionsrechte selbst scheiden als Gegenstände für eine Sicherheit aus, weil sie nicht in einem Wertpapier verbrieft sind[904]. Die Möglichkeit, mit der Rechtswirkung des § 54 BörsG a. F. Sicherheiten zu bestellen ist mit dem ÄndrungsG 1989 entfallen. Wegen der erwünschte Beteiligung des privaten Publikums hat der Gesetzgeber sich statt desse für die „Termingeschäftsfähigkeit kraft Information“[905] entschieden.

496 (bb) Ausschluß der Rückforderung von Erfüllungsleistungen (§ 55 BörsG). Zu § 55 BörsG wird vor allem die Frage praktisch, ob Zahlungen des Bankkunden auf die **Prämienverbindlichkeit** nicht zurückgefordert werden können[906]. Werden solche Zahlungen nämlich als „Einschüsse“ erbracht, stellt sich das Auslegungsproblem, ob damit eine Sicherheitsleistung oder eine (Voraus-) Erfüllung beabsichtigt ist.

497 Während allgemein bei „Einschüssen“ auf Börsentermingeschäfte vermutet wird, daß sie nur als Sicherheitsleistung gewollt sind und nicht der Tilgung (künftiger) Schulden die-

---

[894] Vgl. dazu *Nußbaum*, Börsengeschäfte, S. 38 ff.

[895] Nicht ohne Grund werden Prämiengeschäfte und Optionsgeschäfte als „bedingte“ Börsentermingeschäfte zusammengefaßt.

[896] So BGHZ 92, 317 = WM 1984, 1598 = NJW 1985, 634; BGHZ 93, 307 = WM 1985, 563 = NJW 1985, 1706 = WuB I G 5.-2.85 *Schwark*; BGH WM 1989, 807, 808 = NJW 1989, 2120 = WuB I G 5.-12.89 *Welter*; LG Mönchengladbach, WM 1987, 681, 682.

[897] *Schwark* JURA 1985, 403, 406.

[898] Vgl dazu § 15 Rdnr. 13 ff.

[899] WM 1987, 681, 682 = WuB I G 5.-5.87 *Kümpel*.

[900] WM 1988, 1404, 1406 = WuB I G 5.-1.89 *Schwark*; vgl. dazu § 16 Rdnr. 94 ff.

[901] WM 1992, 479; dazu Rdnr. 128.

[902] 5. Aufl. 1983, S. 10 f., und Anlage IV „Formulare“.

[903] WM 1987, 253 = WuB I G 5.-3.87 *Häuser*.

[904] So *Hartung*, Das Wertpapieroptionsgeschäft, S. 205; *Baumbach/Duden/Hopt*, (14) BörsG § 54 Anm. 1.

[905] Dazu Rdnr. 224 ff.

[906] Vgl. BGH WM 1989, 807, 808 = NJW 1989, 2120 = WuB I G 5.-12.89 *Welter*, OLG Karlsruhe WM 1984, 21, 23 m.Anm. *Häuser* ebenda. Zur Anwendung des § 55 BörsG beim früheren Prämiengeschäft vgl. *Nußbaum*, Börsengeschäfte, S. 41.

nen[907] sollen, ist beim Optionsgeschäft zu berücksichtigen, daß das begrenzte Risiko des Kunden in Höhe der Prämie bei der Zahlung meistens feststeht. Ist die Prämienverbindlichkeit bereits entstanden, kann daher regelmäßig eine Tilgungsleistung angenommen werden[908].

Wird wegen künftiger Prämienverbindlichkeit geleistet, kann aber nicht schlechterdings von einer (Voraus-) Erfüllung ausgegangen werden[909], sondern es ist außerdem zu prüfen, ob die Leistung auf bestimmte Optionsgeschäfte erfolgt. 498

Ist ein **Kontokorrentverhältnis** (§§ 355 ff. HGB) vereinbart, ist ferner zu berücksichtigen, daß Leistungen des Kunden zum Ausgleich eines debitorischen Saldos während des Laufs einer Rechnungsperiode meistens nicht auf ein bestimmtes einzelnes Geschäft erfolgen[910] und somit als Erfüllungsleistungen hinsichtlich der im Kontokorrent einbezogenen Prämienverbindlichkeit ausscheiden[911]. 499

Um den damit aufgezeigten Problemen Rechnung zu tragen, wickeln Kreditinstitute die Wertpapieroptionsgeschäfte meistens nicht über das allgemeine Zahlungsverkehrskonto des Kunden ab, sondern über ein als Kontokorrent geführtes sog. **Option-Sonderkonto**[912]. Das Sonderkonto wird ausschließlich wegen der Optionsprämien belastet und in kürzeren Fristen als sonst üblich über das laufende Konto ausgeglichen und anschließend kontokorrentmäßig verrechnet[913]. 500

(cc) Heilung durch einvernehmliche Erfüllung (§ 57 BörsG). In der Rechtsprechung ist anerkannt, daß die einvernehmliche **Leistung der Optionsprämie keine Heilung des Optionsgeschäfts** insgesamt i. S. des § 57 BörsG herbeiführt[914]. § 57 BörsG kommt nur zum Tragen, wenn die Option ausgeübt wird und Leistungen aus dem Wertpapiergeschäft einvernehmlich bewirkt werden[915]. Bei einem Optionsgeschäft in Aktien liegt effektive Bewirkung der vereinbarten Leistungen vor, wenn die Aktien dem Optionserwerber zu Eigentum übertragen werden[916]. Dafür reicht es aus, wenn die erworbenen und später wieder verkauften Aktien durch das Kreditinstitut in ein Sammeldepot übernommen und dort für den Kunden verwahrt werden. Dies entspricht der Abwicklung der ausgeübten Option im inländischen offiziellen Optionshandel. Die durch Optionsausübung zustandekommenden Wertpapiergeschäfte werden wie reguläre (Kassa-) Wertpapiergeschäfte abgerechnet und durch eine entsprechende depotmäßige Buchung abgewickelt. Der Kunde erhält bei einer ausgeübten Kaufoption über die zugrundeliegenden Aktien die übliche GS (Girosammeldepot)-Gutschrift[917]. Dadurch erlangt er gem. § 24 Abs. 2 DepotG Miteigentum an dem Girosammelbestand. Selbst wenn die Papiere noch taggleich wieder veräußert werden, steht dies der Anwendung von § 57 BörsG nicht im Wege, da diese Käufe und 501

---

[907] BGHZ 86, 115 = WM 1983, 82 = NJW 1983, 940.

[908] *Häuser/Welter* WuB I G 5.-3.86; *Canaris* ZIP 1985, 592, 593.

[909] So wohl aber OLG Frankfurt WM 1986, 701 = WuB I G 5.-3.86 *Häuser/Welter*; wohl auch *Canaris* ZIP 1985, 592, 593.

[910] Vgl. nur 401 ff.

[911] Vgl. BGH WM 1989, 807, 808 = NJW 1989, 2120 = WuB I G 5.-12.89 *Welter*; OLG Karlsruhe WM 1984, 21, 22 m. Anm. *Häuser*; *Häuser/Welter* WuB I G 5.-3.86. Die Kritik an OLG Karlsruhe bei *Canaris* ZIP 1985, 592 f. verkennt den kontokorrentrechtlichen Zusammenhang. Zur vereinbarten isolierten Tilgung während der Rechnungsperiode *Kümpel* WM 1982, Sonderbeil. Nr. 6, 23.

[912] Nach einem Vorschlag des Arbeitskreises für Wertpapiergeschäfte des Bundesverbandes deutscher Banken; vgl. dazu *Kümpel/Häuser*, Börsentermingeschäfte, S. 166 f.; *H.Schmidt*, Wertpapierbörsen, S. 83.

[913] Zu einem Vorschlag der Verrechnung *ohne Kontokorrent* vgl. *Häuser* WM 1988, 1285, 1290.

[914] Vgl. nur BGHZ 92, 317 = WM 1984, 1598 = NJW 1985, 634; LG Würzburg WM 1988, 1560; zustimmend *Koller* WM 1985, 593, 593; krit. *Kümpel* WM 1985, 73, 77; a.A. KG NJW 1989, 2314; dazu insgesamt *Hartung*, Das Wertpapieroptionsgeschäft, S. 210 ff.

[915] Vgl. BGH WM 1989, 807, 808 = NJW 1989, 2120 = WuB I G 5.-12.89 *Welter*, LG Mannheim WM 1987, 253 = WuB G 5.-3.87 *Häuser*.

[916] BGH WM 1990, 94, 95.

[917] BGH WM 1990, 94, 95 im Anschluß an *Kümpel* WM 1987, 1321, 1324.

Verkäufe über das Depot des Kunden durch Verschaffung des Eigentums und Wiederausbuchung der Papiere abgewickelt werden.

502 *d) Börsenmäßiges Optionsgeschäft und Differenzeinwand (§ 764 BGB).* Entgegen einer Bemerkung des BAG[918] hat der BGH bisher nicht dazu Stellung genommen, ob und in welchem Umfang die Verbindlichkeit eines Optionsgeschäfts mit dem **Differenzeinwand** in Frage gestellt werden kann[919]. Der BGH[920] hat es vielmehr gerade abgelehnt, den Gemeinsamen Senat der obersten Bundesgerichte anzurufen, weil er, anders als der BFH[921], nicht darüber entschieden habe, ob der Differenzeinwand auch bei Optionsgeschäften anwendbar ist.

503 Auch im Zusammenhang mit dem Differenzeinwand spielt die besondere Vertragsstruktur des Optionsgeschäfts eine Rolle. So verneint der BFH[922] den Differenzeinwand bei nicht ausgeübter Option, weil der „Kauf des Optionsrechts" als selbständiges Kassageschäft zu qualifizieren sei[923].

504 (aa) Für den inländischen offiziellen Optionshandel hat diese Frage allerdings keine praktische Bedeutung, weil die Verbindlichkeit allein vom Termineinwand (§§ 52, 53 BörsG) abhängt[924]. Sind die Partner nämlich börsentermingeschäftsfähig, schließt § 58 Satz 1 BörsG den Differenzeinwand aus.

505 Hatte ein nicht termingeschäftsfähiger Partner dem anderen, kaufmännischen Teil nach § 54 BörsG a. F. eine Sicherheit geleistet, setzte sich dies (bis zu dem ÄnderungsG 1989) auch gegenüber dem Differenzeinwand durch (§ 58 **Satz 2** BörsG a. F.), während für den termingeschäftsfähigen Partner der Differenzeinwand nach § 58 **Satz 1** BörsG ausgeschlossen war.

506 Wer allerdings in dem entgeltlichen Erwerb des Optionsrechts (erste Phase) **kein Börsentermingeschäft** sieht, der muß folgerichtig auch zum Differenzeinwand Stellung nehmen[925].

507 (bb) Schließt man sich der rechtlichen Bewertung an, die das Optionsgeschäft als ein einheitliches Börsentermingeschäft betrachtet, dann kann je nach Lage des Falles auch ein Differenzgeschäft vorliegen[926]. Bedeutung erlangte die Frage (bis zum ÄnderungsG 1989) vor allem für im Ausland geschlossene oder dort zu erfüllende Optionsgeschäfte, weil sie zu den inoffiziellen Geschäften zählen, so daß die bisherige, nur für offizielle Geschäfte geltende Einschränkung des Differenzeinwands nach § 58 BörsG a. F. hier nicht galt. Ob und in welchem Umfang gegenüber Ansprüchen aus solchen ausländischen Optionsgeschäften der Differenzeinwand erhoben werden konnte, stellte sich vor allem auch dann, wenn der inländische Partner börsentermingeschäftsfähig war[927]. Da der Differenzeinwand durch das ÄnderungsG 1989 bei börsenrechtlich verbindlichen Optionsgeschäften immer ausgeschlossen ist (§ 58 Satz 1 BörsG), hat die Frage nur noch dann eine (theoretische) Bedeutung, wenn ein Partner nicht termingeschäftsfähig, das Geschäft also schon börsenrechtlich nicht verbindlich ist. Sobald allerdings die Eigenschaft als Börsentermingeschäft verneint wird, steht der Differenzeinwand im Vordergrund der Prüfung.

508 Im Schrifttum wird auch gegenwärtig mit der Unterscheidung zwischen einem Optionsvertrag und dem Hauptvertrag der Differenzeinwand des § 764 BGB insgesamt abge-

---

918 NJW 1986, 2663 = WM 1986, 997 = WuB I G 5.-4.86 *Häuser.*

919 Vgl. dazu *Brandes,* Festgabe an die Niedersächsische Börse, 1987, S. 287, 295 f.; *Häuser* DB 1985, 1169, 1171. Die Einordnung des IVa Senats des BGH (WM 1985, 188) als „verdecktes Differenzgeschäft" geschah nur beiläufig.

920 BGHZ 94, 262 = WM 1985, 744, 754 = NJW 1985, 1956 = WuB I G 5.-4.85 *Kümpel.*

921 WM 1985, 621.

922 WM 1985, 621, 622.

923 Im Anschluß an OLG Köln WM 1983, 1072, das BGHZ 92, 317 = WM 1984, 1598 = NJW 1985, 634 wegen des parallelen Arguments zur Eigenschaft als Börsentermingeschäft aufgehoben hatte.

924 Vgl. *Lau* BuB 7/264.

925 Vgl. OLG Köln WM 1983, 1072, 1073; BFH WM 1985, 621, 622; dazu *Maser,* Diss., S. 138 f.

926 *Schwark* JURA 1985, 403, 406; *Maser,* Diss., S. 139; *Häuser* DB 1985, 1169 ff.

927 *Maser,* Diss., S. 139.

lehnt[928]. Unabhängig davon, daß der BGH diese „Doppelvertragsthese“ abgelehnt hat, überrascht diese Argumentation gerade beim Differenzeinwand; denn dafür ist **nicht die formale Geschäftsform** ausschlaggebend, sondern der **materielle Geschäftszweck.** Daß aber mit dem börsenmäßigen Optionsgeschäft nicht nur eine Kapitalanlage in den betreffenden Wertpapieren beabsichtigt sein muß, sondern daß es regelmäßig vor allem dazu dient, um aus Kursschwankungen Differenzgewinne zu erzielen, dürfte außer Frage stehen.

Geht man mit der h. M. davon aus, daß § 764 BGB auch die Fallgestaltung des verdeckten Differenzgeschäfts erfaßt[929], so ist auch das börsenmäßige Optionsgeschäft als ein Differenzgeschäft zu qualifizieren, wenn es in der erkennbaren Absicht auch nur eines der Beteiligten geschlossen wird, Gewinne in Form der Differenz zwischen dem sog. Basispreis und dem Börsenkurs eines Gegengeschäfts in dem Zeitpunkt, in dem der Berechtigte die Option ausübt, zu erzielen[930]. Erfaßt wird von der Unverbindlichkeit auch die Prämie als Entgelt für den Optionsvorbehalt, mit dem die Spekulation eingeleitet wird und der deshalb denselben Verbindlichkeitsschranken unterliegt wie das gleichzeitig vereinbarte, aber erst mit der Optionsausübung wirksam werdende Wertpapiergeschäft[931]. 509

3. Devisentermingeschäfte. Die Vorschriften des IV. Abschnitts über den Börsenterminhandel in Wertpapieren galten nach der Verweisung in § 96 Abs. 1 BörsG a. F. auch für Wechsel und ausländische Zahlungsmittel. Seit das ÄnderungsG 1989 den Anwendungsbereich der terminrechtlichen Vorschriften von dem Gegenstand der Geschäfte unabhängig gestaltet hat (vgl. § 50 Abs. 1 BörsG), sind sie auf Devisentermingeschäfte unmittelbar anwendbar. Der BGH[932] versteht unter einem **Devisentermingeschäft** „die vereinbarte Anschaffung gegenseitig verkaufter Devisen für einen späteren Zeitpunkt als am zweiten Werktag nach dem Abschluß, üblicherweise per ein oder drei Monate oder – seltener – per sechs Monate“. 510

a) Ausländische Zahlungsmittel. Den Begriff des Zahlungsmittels versteht § 96 Abs. 2 BörsG in einem umfassenden Sinne. Dazu gehören Sorten, vor allem aber Devisen als Ansprüche auf Zahlung in fremder Währung gegen einen Schuldner (regelmäßig ein Kreditinstitut) an einem ausländischen Platz, aber auch Anweisungen, Schecks und Wechsel, die auf fremde Währung lauten. Nicht zu den ausländischen Zahlungsmitteln zählen Edelmetalle. Die gegenteilige Auffassung[933] mag nach Ansicht des BGH[934] zu einer Zeit berechtigt gewesen sein, als die Währungen weitgehend noch auf Golddeckung beruhten. Heute sind dagegen Edelmetalle Gegenstand von Warentermingeschäften. Das ÄnderungsG von 1989 hat dieses Verständnis bestätigt; von der „Termingeschäftsfähigkeit kraft Information“ waren Warentermingeschäfte mit Ausnahme von Edelmatallen zunächst nicht einbezogen. Das 2. FinanzmarktförderungsG hat mit Wirkung vom 1. 1. 1995 diese Unterscheidung beseitigt (vgl. § 53 Abs. 2 Satz 2 BörsG). 511

Es ist ferner die Frage gestellt worden, ob auch inoffzielle Zinstermingeschäfte in Titeln über fremde Währungen zu den Devisentermingeschäften gezählt werden können[935]. Im Vordergrund stand dabei die Erwägung, auf diese Weise durch § 96 Abs. 3 BörsG a. F. i.V.m. der VO 1925[936] einen möglichen Differenzeinwand auszuschließen. Auch diese Frage hat sich mit dem ÄnderungsG 1989 erledigt, weil seitdem der Differenzeinwand ge- 512

---

[928] Vgl. *Starp*, Die Börsentermingeschäfte an Auslandsbörsen unter besonderer Berücksichtigung des Spiel- und Differenzeinwands, S. 169.

[929] Vgl. dazu Rdnr. 175 ff.

[930] Vgl. nur OLG Frankfurt OLGZ 1966, 400; LG Paderborn WM 1979, 1110; LG Frankfurt WM 1989, 365; LG Würzburg WM 1988, 1559, 1560.

[931] So *Brandes*, Festgabe an die Niedersächsische Börse, S. 287, 295/6; *Schwark* JURA 1985, 403, 403; *Häuser* DB 1985, 1169; MünchKomm-*Pecher*, § 764 BGB Rdn. 22.

[932] Vgl. BGHZ 75, 120, 124 = WM 1979, 934.

[933] Vgl. *Staub/Heinichen*, HGB, Anh. § 376, Anm. 208.

[934] WM 1987, 1153, 1155 = NJW 1987, 3193 = EWiR § 764 BGB 1/87 *Welter*.

[935] Vgl. *Kümpel* WM 1987, 1321, 1328.

[936] Dazu unten Rdnr. 421, 525.

nerell, d.h. auch bei inoffiziellen Börsentermingeschäften nach § 58 Satz 1 BörsG ausgeschlossen ist.

513 Im Zusammenhang mit Spread-Geschäften in Terminkontrakten über US-treasury-Bonds und über „Ginnie Maes“ (staatlich garantierte verzinsliche Hypothekenbriefe)[937] hat der BGH[938] zwar die Frage angesprochen, ob es sich dabei um Börsentermingeschäfte in Wertpapieren oder aber um Devisentermingeschäfte i. S. von § 96 Abs. 1 BörsG handele, er konnte eine Antwort jedoch offenlassen, da die Verbindlichkeit der Geschäfte schon an der fehlenden Termingeschäftsfähigkeit eines Beteiligten scheiterte.

514 Ausschlaggebend für eine Qualifizierung in dem einen oder anderen Sinne kann nicht sein, ob vereinbart ist, daß die zinstragenden Titel nicht geliefert werden sollen, sondern nur eine errechnete Differenz ausgeglichen werden soll, was durch eine Kontogutschrift in fremder Währung erfolgt[939]. Die Zinstermingeschäfte auf ausländische Titel betreffen nicht nur das Wechselkursrisiko, sondern auch die Schwankungen des Zinsniveaus in bestimmten Anlageformen[940]. Das unterschiedliche ausländische Zinsniveau wird bei Devisentermingeschäften durch einen Terminauf- oder abschlag auf den Wechselkurs berücksichtigt.

515 *b) Devisentermingeschäfte als Börsentermingeschäfte.* Die Rechtsprechung geht davon aus, daß es sich bei den in Deutschland üblichen Devisentermingeschäften um Börsentermingeschäfte handelt[941]. Zwar findet in Deutschland **kein offizieller Terminhandel in Devisen** an einer Börse statt[942]. Trotzdem ist die für das Börsentermingeschäft notwendige Beziehung zu einem Terminmarkt, der es ermöglicht, ein glattstellendes Gegengeschäft zu schließen, dadurch gegeben, daß der inländische Devisenterminhandel, der vorwiegend im Telefonhandel abgewickelt wird, zu den internationalen Handelsplätzen und Terminmärkten in Verbindung steht, die es erlaubt, ein eingegangenes Terminengagement jederzeit durch ein glattstellendes Gegengeschäft zu lösen[943]. Das ÄnderungsG 1989 hat mit Rücksicht darauf dem IV. Abschnitt des BörsG eine neue Überschrift gegeben. Die neue Überschrift „Terminhandel“ soll den sachlichen Anwendungsbereich des Gesetzesabschnitts auch terminologisch deutlicher zum Ausdruck bringen als bisher, also einem denkbaren Mißverständnis entgegentreten, als bezögen sich die zivilrechtlichen Vorschriften nur auf Börsentermingeschäfte, die ummittelbar an einer Börse abgeschlossen werden[944]. Die Vorschriften über Börsentermingeschäfte (§§ 50 ff. BörsG) sind bei **Termingeschäften**, die **außerhalb der Börse** zustande kommen oder für die es gar keine lokale Börse, wohl aber einen Terminmarkt gibt, nach wie vor auch anzuwenden[945]. Auch der Wortlaut des § 50 Abs. 1 Satz 2 BörsG („..., soweit sie ...“) berücksichtigt, daß Börsentermingeschäfte nicht notwendig an der Börse geschlossen werden. Der Gesetzgeber[946] hatte dabei vor allem die „Devisentermingeschäfte“ im Auge.

---

[937] Vgl. zu diesen Geschäften o. V., WiWo 1982, 185.

[938] BGHZ 102, 204, 205 = WM 1988, 144, 145 = NJW 1988, 1083 = WuB I G 5.-9.88 *Häuser.*

[939] So aber *Kümpel* WM 1987, 1321, 1328.

[940] Vgl. *Häuser* WuB I G 5.-9.88.

[941] BGHZ 105, 263 = WM 1988, 1717, 1718 = NJW 1989, 300 = WuB I G 5.-3.89 *Kümpel*; BGHZ 104, 205 = WM 1988, 857 = NJW 1988, 2039 = WuB I G 5.-11.88 *Kümpel* = EWiR § 53 BörsG 1/88 *Häuser*; BGH WM 1979, 1381 = NJW 1980, 390 = LM Nr. 5 zu § 762 BGB; OLG Karlsruhe WM 1989, 1380; vgl. dazu *Bundschuh* WM 1986, 725, 726; and. Ans. nur *Imo*, Börsentermin- und Börsenoptionsgeschäfte, Bd. II Anm. 599.

[942] Vgl. nur *Offermann*, Der Spieleinwand bei Devisentermingeschäften nach deutschem und englischem Recht, Diss. S. 76, 83; *Lüer* WM 1977, Sonderbeil. Nr. 1, S. 7; *Franke* DB 1975, 1542.

[943] Vgl. dazu BGH WM 1979, 1381 = NJW 1980, 390.

[944] Vgl. BT-Drs. 11/4177, S. 18.

[945] *Assmann*, in: Festschr. f. Heinsius, 1991, S. 1, 8, nennt das nichtbörsliche Börsentermingeschäft ein „(begriffliches) Paradoxon“.

[946] Vgl. BT-Drs. 11/4177, S. 18.

Aus Anlaß einer Entscheidung über Devisentermingeschäfte hatte der BGH[947] gefragt, ob noch von einem Börsentermingeschäft gesprochen werden könne, wenn die Vertragspartner den Geschäften **marktabweichende Kurse** zugrunde gelegt haben. *Bundschuh*[948] hat die hierzu geäußerten Befürchtungen zurückgewiesen, der BGH verlange als zusätzliches Merkmal des Börsentermingeschäfts, daß es zu einem Marktpreis abgeschlossen worden ist[949]. Der Bezug zu einem Terminmarkt fehlt allerdings, wenn Phantasiepreise vereinbart werden oder wenn einem der Partner über den vereinbarten Preis verdeckte Vorteile zugewandt werden sollen[950]. 516

Auf dieser Linie liegt es, wenn das OLG München[951] entschieden hat, daß auch bei einer **Prolongation** von Devisentermingeschäften **zu Alt- oder Mischkursen**[952] Börsentermingeschäfte vorliegen, weil die Prolongationskurse auf die ursprünglichen Marktkurse zurückgeführt werden können. Man wird in diesem Zusammenhang allerdings zu berücksichtigen haben, daß nur deshalb danach gefragt wird, ob ein Börsentermingeschäft vorliegt, weil es um den daran anknüpfenden Ausschluß des Differenzeinwandes geht[953]. Soweit das Börsengesetz mit dieser Wirkung Börsentermingeschäfte privilegiert, hat es nur solche Geschäfte im Auge, die sich an Differenzen orientieren, die sich aus den Schwankungen der Marktpreise ergeben können. Werden marktabweichende Kurse vereinbart, ist dieser ökonomisch orientierte Risikobereich verlassen und deshalb eine Ausnahme vom Differenzeinwand nicht gerechtfertigt[954]. 517

Ebenfalls aus Anlaß eines Devisentermingeschäfts ist der BGH[955] der Auffassung[956] entgegengetreten, ein Börsentermingeschäft sei rechtsnotwendig zugleich ein spekulatives Differenzgeschäft. Geschäfte, mit denen ein Kurssicherungszweck verfolgt wird, werden zwar nicht von § 764 BGB erfaßt, können aber als Börsentermingeschäft unverbindlich sein[957]. 518

c) Vorvertragliche Pflichten und börsengesetzliche Regelung. Mit Rücksicht auf die Verweisung in § 96 Abs. 1 BörsG a. F. zählten die Devisentermingeschäfte ebenso wie die Börsentermingeschäfte in Wertpapieren schon bisher zu den **erlaubten Geschäften** (vgl. § 63 Abs. 2 BörsG a. F.). Mit der Vereinheitlichung der Verbotsbestimmung in einer Ermächtigungsgrundlage (§ 63 BörsG) durch das ÄnderungsG 1989 ist es dabei geblieben. 519

Da in Deutschland Devisen nicht amtlich auf Termin gehandelt werden, liegen inoffizielle Geschäfte vor, die aber gem. § 96 Abs. 3 BörsG a. F. i.V.m. der VO vom 7. März 1925 schon bisher den offiziellen Geschäften hinsichtlich des Ausschlusses vom Differenzeinwand gleichgestellt waren[958]. Der Differenzeinwand spielte folglich bei Devisentermingeschäften, wenn es sich um verbindliche Börsentermingeschäfte handelte, keine nennenswerte Rolle. Dies gilt erst recht, seit § 58 Satz 1 BörsG den Differenzeinwand generell auch bei inoffiziellen Börsentermingeschäften ausschließt. Zu pauschal ist es aber, wenn der BFH[959] ausführt, Devisentermingeschäfte könnten zwar äußerlich in die Form 520

---

947 BGH WM 1979, 1381 = NJW 1980, 390.

948 WM 1986, 725.

949 Vgl. zur Diskussion *Hopt* BB 1984, 417; *ders.*, Festschr. f. Werner, 339; *Göppert* Bank-Archiv XII (1913), 271, 274, hatte darauf aufmerksam gemacht, daß die Bemerkung in der Regierungsbegründung, der Abschluß zu einem Börsenpreis sei kein notwendiges Merkmal eines Börsentermingeschäfts, gegen die gegenteilige Entscheidung RGZ 47, 112 gerichtet gewesen sei.

950 So *Brandes*, Festgabe an die Niedersächsische Börse, S. 287, 288.

951 WM 1986, 586 = NJW-RR 1986, 1374 = WuB I G 5.-2.86 *Häuser.*

952 Vgl. dazu das Schreiben des Bundesaufsichtsamts für das Kreditwesen vom 20.7.1978, abgedr. bei *Fischer-Erlach*, Handel und Kursbildung am Devisenmarkt, 2. Aufl. 1988, S. 147.

953 Vgl. dazu Rdnr. 417 ff.

954 *Häuser* WuB I G 5.-2.86.

955 BGHZ 105, 263 = WM 1988, 1717, 1719 = NJW 1989, 300 = WuB I G 5.-3.89 *Kümpel.*

956 Vgl. *Kümpel* WM 1982, Sonderbeil. Nr. 6, S. 6 f.; *ders.* WM 1986, 661, 662.

957 Abl. *Kümpel* WuB I G 5.-3.89.

958 Vgl. dazu Rdnr. 421, 525 ff.

959 WM 1988, 111, 112.

von Kaufverträgen gekleidet sein, nach ihrem materiellen Gehalt stellten sie aber Spielgeschäfte dar, sofern der Wille der Vertragsparteien auf die Kursdifferenz gerichtet sei. Dies ist namentlich unzutreffend, wenn die Devisentermingeschäfte, wie nicht selten, zum Zwecke der Kurssicherung abgeschlossen worden sind.

521 (aa) Vorvertraglicher Pflichtenkreis. Da Devisentermingeschäfte nicht zu den verbotenen Geschäften zählen, dürfen Kreditinstitute und ihre Mitarbeiter – unabhänigig davon, ob der jeweilige Kunde börsentermingeschäftsfähig ist – auf derartige Geschäftsmöglichkeiten ebenso hinweisen wie auf den Abschluß von erlaubten Aktienoptionsgeschäften (Rdnr. 488)[960]. Handelt es sich um ein Devisendirektgeschäft in Dollar ergibt sich auch sonst kein Aufklärungsbedürfnis, wenn der Partner keine unverhältnismäßig hohe Provision berechnet. Allein das jedem Devisentermindirektgeschäft innewohnende Spekulationsrisiko rechtfertigt keine fachkundige Beratung, vor allem wenn der Kunde ein im Umgang mit Währungen erfahrener Mann in einer gehobenen beruflichen Stellung ist[961].

522 (bb) Devisentermingeschäfte sind börsenrechtlich unverbindlich (§ 52 BörsG), wenn nicht beide Teile börsentermingeschäftsfähig i. S. des § 53 BörsG sind[962]. Insoweit hat der BGH[963] entschieden, daß börsentermingeschäftsfähig i. S. des § 53 Abs. 2 Nr. 1 BörsG a. F. (= § 53 Abs. 1 Satz 2 BörsG) ist, wer für eine GmbH in eigener Zuständigkeit Devisentermingeschäfte über einen längeren Zeitraum und in nicht unerheblichem Umfang abgeschlossen hat[964]. **Berufsmäßig** i. S. des § 53 Abs. 2 Nr. 1 BörsG a. F. (= § 53 Abs. 1 Satz 2 BörsG) ist nicht tätig, wer nur gewohnheitsmäßig handelt. Der gewohnheitsmäßige Börsenspekulant ist danach nicht termingeschäftsfähig, mag er in Börsentermingeschäften auch noch so bewandert sein.

523 Börsentermingeschäftsfähigkeit ist auch dann erforderlich, wenn die Devisentermingeschäfte nicht in spekulativer Absicht geschlossen worden sind, sondern zum Zwecke der Kurssicherung. Die allgemein für solche Geschäfte geltende Ausnahme vom Differenzeinwand läßt sich auf den Begriff des Börsentermingeschäfts nicht übertragen[965].

524 Die rechtliche Gleichbehandlung der Devisentermingeschäfte mit den Börsentermingeschäften in Wertpapieren wirkte sich schon nach bisheriger Rechtslage vor allem dahin aus, daß über § 54 BörsG a. F. auch eine Teilnahme des Publikums mit auf die eingeräumte Sicherheit begrenztem Risiko möglich war. Das Geschäft war in diesem Fall für den Kaufmann rechtsverbindlich, während der nicht termingeschäftsfähige Partner den Verlust seiner qualifizierten Sicherheit riskierte. Wegen dieser Konsequenzen ist die Gleichbehandlung mit den Wertpapiergeschäften auf Termin kritisiert worden[966]. Der Terminhandel in Devisen spiele sich nämlich auf vulkanischem Boden ab, der deshalb nur mit Vorsicht betreten werden dürfe. Mit dem ÄnderungsG 1989, das § 54 BörsG aufgehoben hat, ist auch für Devisentermingeschäfte an die Stelle des Sicherheitenmodells die „Börsentermingeschäftsfähigkeit kraft Information" (§ 53 Abs. 2 BörsG) getreten.

525 *d) Verordnung vom 7. März 1925.* § 96 Abs. 3 BörsG a. F. ermächtigte die Bundesregierung (Art. 129 Abs. 1 GG) zu bestimmen, daß § 58 BörsG, der den Differenzeinwand nur bei offziellen Geschäften ausschloß, auch bei inoffiziellen Devisentermingeschäften gilt.

526 (aa) Diese Ermächtigungsgrundlage geht auf das Änderungsgesetz vom 23. 12. 1920 (RGBl., S. 2317) zurück. Auslöser waren heftige Schwankungen der Wechselkurse im

---

[960] BGH WM 1992, 682, 683 im Anschluß an BGHZ 107, 192, 193 = WM 1989, 807.

[961] BGH WM 1992, 682, 683.

[962] BGHZ 102, 204, 205 = WM 1980, 144, 146; BGH WM 1988, 1717, 1718 = NJW 1989, 300 = WuB I G 5.-3.89 *Kümpel*; BGHZ 104, 205 = WM 1988, 857, 858 = NJW 1988, 2039 = WuB I G 5.-11.88 *Kümpel* = EWiR § 53 BörsG 1/88 Häuser; BGH WM 1979, 1381 = NJW 1980, 390.

[963] BGHZ 104, 205 = WM 1988, 857, 858 = NJW 1988, 2039 = WuB I G 5.-11.88 *Kümpel* = EWiR § 53 BörsG 1/88 *Häuser.*

[964] Ähnlich schon RG Holdheims Monatsschrift 26.Jg. (1917), 67.

[965] BGHZ 105, 263 = WM 1988, 1717, 1718 = NJW 1989, 300 = WuB I G 5.-3.89 *Kümpel*; zustimmend *Baumbach/Duden/Hopt*, (14) BörsG vor § 50 Anm. 1a.

[966] *Göppert* Bank-Archiv XX (1921), 139.

Jahre 1920, die den grenzüberschreitenden Handel stark beeinträchtigten und deshalb zur Anregung eines offiziellen Devisenterminhandels geführt hatten, um Kurssicherungsgeschäfte dort abzuschließen. Man ging davon aus, daß bei einem offiziellen Devisenterminhandel auch der Differenzeinwand ausgeschlossen werden müsse. Da nicht abzusehen sei, wann sich ein offizieller Handel verwirklichen lasse, sollte der bestehende inoffizielle Handel durch Ausschluß des Differenzeinwands zunächst gefördert werden[967].

Während es zu einem offiziellen Devisenterminhandel nicht gekommen ist, ist von der Ermächtigung durch mehrere Rechtsverordnungen Gebrauch gemacht worden, zuletzt durch die VO vom 7. März 1925. Die Verordnung galt nach h. M. gem. Art. 123 Abs. 1 GG fort[968] und schloß daher gem. § 1 durch Verweisung auf § 58 BörsG a. F. den Differenzeinwand bei inoffiziellen Devisentermingeschäften aus[969]. Das ÄnderungsG 1989 hat die Ermächtigungsgrundlage in § 96 Abs. 3 gestrichen und mit Art. 2 die VO vom 7. 3. 1925 aufgehoben[970]. Die Rechtslage hat sich damit nicht geändert. Die Vorschriften über den Terminhandel unterscheiden nämlich börsenprivatrechtlich nicht mehr zwischen den Gegenständen des Terminhandels, so daß § 58 Satz 1 BörsG den Differenzeinwand auch bei Devisentermingeschäften (unmittelbar) ausschließt. 527

(bb) Es ist vertreten worden[971], die bisherige Ausnahme vom Differenzeinwand durch die VO vom 7. März 1925 sei in ihrer Reichweite nicht klar, weil dort nur auf § 58 BörsG verwiesen werde, aber nicht auch auf § 60 BörsG, der die einbezogenen Nebengeschäfte betrifft. Der Ausschluß des Differenzeinwands sei daher zweifelhaft bei Devisentermingeschäften zwischen Bank und Kunde, wenn die Bank keine Eigengeschäfte tätige. Dieser Gedankengang übersah, daß der Umfang, in dem das BörsG auf Devisentermingeschäfte anzuwenden war, sich aus § 96 Abs. 1 BörsG a. F. ergab. Danach wurden auch die Nebengeschäfte des § 60 BörsG erfaßt. Die durch § 1 der VO vom 7. 3. 1925 mit der Verweisung auf § 58 BörsG bestimmte Ausnahme vom Differenzeinwand galt für alle vom § 96 Abs. 1 BörsG a. F. betroffenen Fälle, also folgerichtig auch für die Nebengeschäfte. 528

VIII. Rechtsfragen ausländischer Börsentermingeschäfte

1. Praktische Bedeutung. Aufgrund günstiger rechtlicher und wirtschaftlicher Gegebenheiten konnten sich in der Vergangenheit die Terminmärkte im Ausland besser entwickeln als in Deutschland[972]. Freizügige Regelungen des Kapitalverkehrs haben es ermöglicht, daß sich in zunehmendem Maße auch Inländer am ausländischen Börsenterminhandel beteiligt haben[973]. Bei den hieraus entstehenden Rechtstreitigkeiten sind die unterschiedlichen in- und ausländischen Regelungssysteme aufeinandergestoßen; das deutsche Recht beschränkt sich nämlich seit jeher nicht darauf, nur inländische Börsentermingeschäfte zu regeln, sondern es hatte immer auch Auslandsgeschäfte im Auge. In der deutschen Rechtsprechung haben anfangs sogar die ausländischen Börsentermingeschäfte eine wesentlich größere Rolle gespielt als die inländischen[974]. 529

Zunächst waren Fälle zu entscheiden, in denen deutsche Staatsbürger während eines Auslandsaufenthaltes an den dortigen Börsen Termingeschäfte tätigten, und zwar im Er- 530

---

967 Verh.des RT, 1910, Aktenstück Nr. 1159, S. 800; wiedergegeben auch in RGZ 112, 8, 12.

968 BGH WM 1979, 1381; *Soergel/Häuser,* § 764 BGB Rz. 25; *Hadding/Häuser* WM 1980, 1278, 1280.

969 BGHZ 104, 205 = WM 1988, 857 = NJW 1988, 2039 = WuB I G 5.-11.88 *Kümpel* = EWiR § 53 BörsG 1/88 Häuser; BGH WM 1987, 1153, 1155 = NJW 1987, 3193, 3195 = EWiR § 764 BGB 1/87 *Welter,* OLG Düsseldorf WM 1988, 566, 569 = NJW-RR 1988, 1260 = WuB I G 5.-10.88 *Welter.*

970 BGH WM 1992, 1974 = WuB I G 5.-2.93 *Schäfer; Schwark,* BörsG, 2. Aufl. 1995, § 96 Rz. 6, geht davon aus die VO sei „obsolet" geworden.

971 *Schwark,* BörsG, § 96 Rz. 6; zust. *Hellwig/de Lousanoff,* Festschrift für Stiefel, S. 309, 319.

972 Vgl. *Polt,* Ausländisches Börsentermingeschäft und Differenzeinwand, Diss. Göttingen 1985, S. 4f.

973 Vgl. *Polt,* Diss., S. 3 f.

974 Vgl. *Brandes,* Festgabe an die Niedersächsische Börse, S. 287; *Schwark* JURA 1985, 403, 405.

gebnis mit hohen Verlusten. Nach ihrer Rückkehr nach Deutschland sollten sie die entsprechenden Fehlbeträge ausgleichen, was dann aber auch nicht anhand europarechtlicher Erwägungen möglich war[975].

531 Zunehmend haben sich dann Fallgestaltungen ergeben, in denen Inländer über Vermittler an ausländischen Terminbörsen tätig wurden[976]. Als Vermittler traten ausländische Brokergesellschaften[977] auf, teilweise mit inländischen Niederlassungen oder Repräsentanzen[978]. Bei Warentermingeschäften spielten inländische Vermittlungsfirmen eine besondere Rolle[979]. Im Bereich der Wertpapiergeschäfte trifft man herkömmlich auch Geschäftsverbindungen zwischen Inländern und ausländischen Kreditinstituten an, die auf den Abschluß von Börsentermingeschäften gerichtet sind.

532 Ohne Zweifel werden die modernen Kommunikationstechniken ebenso wie der EG-Binnenmarkt dazu beitragen, daß grenzüberschreitende Termingeschäfte weiter an Bedeutung gewinnen werden. Um so mehr wird wichtig sein, zu wissen, wie deutsche Gerichte, soweit sie international zuständig sind,[980] Streitigkeiten aus diesen Geschäften beurteilen.

533 **2. Anwendung deutschen Börsenrechts bei Auslandsgeschäften als rechtspolitisches Problem und als Anlaß der Reform von 1989.** *a) Entstehung des Reformbedarfs.* Die Beurteilung von Fällen mit Auslandsbezug bereitete im deutschen Recht seit jeher Schwierigkeiten aufgeworfen und gab zu Kontroversen Anlaß. Sie haben sich in den achtziger Jahren zugespitzt, als die höchstrichterliche Rechtsprechung immer nachdrücklicher das deutsche Recht zum Tragen brachte. Mehr und mehr setzte sich daher die Überzeugung durch, daß die Rechtslage überaus kompliziert und schwer zu durchschauen ist. Insbesondere im Ausland wandte man sich vehement dagegen, daß das deutsche Börsenrecht weltweite Geltung beanspruchte[981]. Schließlich war zu befürchten, das deutsche Publikum (und zwar auch das börsentermingeschäftsfähige!) werde durch die restriktive Rechtsprechung auch des BGH von dem internationalen Terminhandel nach und nach abgeschottet; wegen der rechtlichen Risiken würden sich vor allem seriöse Broker von dem deutschen Markt zurückziehen[982].

534 *b) Neuregelung in Grundzügen.* Die Börsenrechtsreform von 1989 hat § 61 BörsG entscheidend geändert; anders als nach der früheren Fassung[983] ist in Fällen mit Auslandsberührung nicht ohne weiteres das deutsche Börsengesetz anzuwenden. Die Neufassung sieht vielmehr nur zugunsten bestimmter Personen vor, daß ohne Rücksicht auf das anwendbare Recht gegen sie aus einem Börsentermingeschäft keine weitergehenden Ansprüche gel-

---

[975] OLG Köln IPRspr. 1979, Nr. 12 a; EuGHRspr. 1978, 1971 = RIW/AWD 1978, 801; vgl. aber auch schon BGH NJW 1975, 1600 = MDR 1975, 926; dazu *Samtleben* RIW 1975, 500 und (ablehnend) *D. Weber* BB 1974, 1410 sowie neuerdings *Remien* JZ 1994, 349, 353. Zum gegenwärtigen Stand der deutschen höchstrichterlichen Rechtprechung BGH NJW 1993, 1205=WM 1992, 1974=WuB I G 5. Börsenrecht 2.93 *Schäfer* (gemeinschaftsrechtlich unbedenklich); anders *Raeschke-Kessler* EuZW 1990, 145, 150.

[976] Vgl. auch oben Rdnr. 458.

[977] Vgl. BGHZ 101, 269 = NJW 1987, 3181 = WM 1987, 1156 = WuB I G 5.- 3.88 *Rössner/Lachmair* = ZIP 1987, 1170; zum Begriff „broker“ *Triebel*, Englisches Handels- und Wirtschaftsrecht, 1978, Rdnr. 47.

[978] Vgl. BGHZ 102, 204 = NJW 1988, 1083 = WM 1988, 144 = WuB I G 5.- 9.88 *Häuser* = ZIP 1988, 297; LG Düsseldorf WM 1988, 1557 = WuB I G 5.- 15.88 *Graf;* sowie eingehend *Samtleben* IPRax 1989, 148, 150 und *Rauscher* IPRax 1995, 289.

[979] Vgl. oben Rdnr. 459; *Dannhoff*, Das Recht der Warentermingeschäfte, S. 31.

[980] Anknüpfend am Sitz/Wohnsitz des jeweiligen Beklagten, am Sitz seiner Niederlassung und teilweise an der Belegenheit von Vermögen; vgl. dazu im einzelnen Rdnr. 598 ff.

[981] Vgl. insbesondere *Rogers/Markham* Law and Policy in International Business (19) 1987, S. 273: Unnecessary Clash of Policies; zu inländischen Stellungnahmen *Häuser/Welter*, WM 1985, Sonderbeil. Nr. 8, S. 1 ff..

[982] *Schwark* JURA 1985, 403, 406.

[983] „Die Vorschriften der §§ 52 bis 60 finden auch Anwendung, wenn das Gesechäft im Auslande geschlossen oder zu erfüllen ist“.

tend gemacht werden können, als nach deutschen Recht begründet sind. Das deutsche Recht regelt also anders als bisher nicht aktiv die Rechtslage gegenüber anderslautendem ausländischen Recht. Es sichert nur *defensiv* den im Inland gewährten Schutz gegenüber Ansprüchen, die auf ausländisches Recht gestützt sind[984], und zwar zugunsten folgender Personen:

– die nicht börsentermingeschäftsfähig (§ 53) sind
– die ihren gewöhnlichen Aufenthalt zur Zeit des Geschäftsabschlusses im Inland haben
– und die im Inland die für den Abschluß des Geschäfts erforderliche Willenserklärung abgegeben haben.

Eine wesentliche Neuerung besteht ersichtlich darin, daß es nun auf einen besonderen Inlandsbezug ankommt. Geschäfte, die im Ausland abgeschlossen werden, liegen anders als bisher von vorneherein nicht im Anwendungsbereich von § 61 BörsG n. F. Damit ist einem wichtigen Kritikpunkt Rechnung getragen, andererseits sind neue Unklarheiten entstanden[985]. 535

Es greift nämlich zu kurz, die Rechtslage in Fällen mit Auslandsberührung allein anhand 536
von § 61 BörsG zu beurteilen. Auch und gerade bei Auslandsgeschäften muß man vielmehr zwischen der Tragweite der **börsengesetzlichen Regelungen** (§§ 52 ff. BörsG) und derjenigen des **bürgerlich-rechtlichen Differenzeinwands** (§§ 764, 762 BGB) unterscheiden. Diese Zweispurigkeit hatte vor der Reform nicht nur zu einer komplizierten Rechtslage geführt, sondern hatte nach dem Verständnis der Rechtsprechung auch erhebliche praktische Auswirkungen. Hierauf – und nicht auf § 61 BörsG a. F. – ist z.B zurückzuführen, daß deutsches Recht (§§ 764, 762 BGB) auch zugunsten börsentermingeschäftsfähiger Personen anwendbar war. Jenseits von § 61 BörsG liegt deshalb auch mit Blick auf ausländische Börsentermingeschäfte ein Schwerpunkt der Reform darin, daß sie dieser Zweispurigkeit die Spitze genommen hat. Um die Tragweite der Börsenrechtsreform von 1989 für Termingeschäfte mit Auslandsberührung zu erfassen, ist es daher zunächst erforderlich, sich die Einzelheiten der Rechtslage vor 1989 vor Augen zu führen, die in Altfällen auch noch praktisch von Bedeutung sein kann.

3. Hintergrund und Tragweite der Börsenrechtsreform von 1989. Schon mit Blick 537
auf die **börsengesetzlichen** Regelungen ist nicht allein § 61 BörsG und seine Neufassung von Bedeutung.

a) Reichweite der börsengesetzlichen Regelung. Ausländische Börsentermingeschäfte können 538
in erster Linie mit Rücksicht auf den **Termineinwand** (§ 52 BörsG) unverbindlich sein. Nach dem Gesetzeswortlaut können sie aber auch als **verbotene Geschäfte** aufgrund einer entsprechenden **Rechtsverordnung** i. S.d. § 63 BörsG unverbindlich sein (§ 64 BörsG). Da das Börsengesetz nicht definiert, was unter einem Börsentermingeschäft zu verstehen ist, kann fraglich werden, ob ein ausländisches Geschäft als Börsentermingeschäft anzusehen ist; dies gilt vor allem dann, wenn die ausländische Betrachtung von der Sicht des Inlandes abweicht. Da es jeweils um die Erstreckung inländischer Vorschriften geht, wird man die ausländischen Geschäfte anhand derselben Merkmale zu prüfen haben, die man auch für das Inland heranzieht[986].

aa) § 63 BörsG a. F. und n. F. **Börsentermingeschäfte in Aktien** waren nach § 63 539
Abs. 1 BörsG a. F. nur statthaft, wenn sie durch Rechtsverordnung des Bundesministers der Finanzen **zugelassen** waren. Diese Voraussetzung konnte für ausländische Börsentermingeschäfte nicht (oder nur bei einer entsprechenden Anwendung dieser Vorschrift)[987]

---

[984] *Dannhoff,* Das Recht der Warentermingeschäfte, S. 37; *de Lousanoff,* Festschrift für Nirk, 1982, 607, 613.

[985] Zur Geltung des Differenzeinwands vgl. unten Rdnr. 563 ff.

[986] Vgl. *Polt,* Diss., S. 19 f.

[987] Diese forderten *Hadding/Wagner* WM 1976, 310, 317: Eine Zulassung, die der deutschen gleichwertig ist, müsse anerkannt werden. Diese Gleichwertigkeitsprüfung lehnte die Rechtsprechung als nicht praktikabel ab; vgl. BGHZ 94, 262, 264 = NJW 1985, 1956 = WM 1985, 744, 745 = WuB I G 5.-4.85 *Kümpel* = EWiR § 60 BörsG 1/85, 589 *Schwark* = ZIP 1985, 727 und ausführlich unten Rdnr. 546.

gegeben sein. Der historische Gesetzgeber wollte mit der Verbotsnorm nur den Terminhandel an **deutschen**, nicht aber an **ausländischen** Börsen ordnen[988]. Der BGH[989] hat entgegen Stellungnahmen in der Literatur[990] diese Auslegung des § 63 BörsG a. F. bestätigt. **Ausländische Börsentermingeschäfte** waren also **erlaubt**. Für ausländische Börsentermingeschäfte ist es daher auch ohne Bedeutung, daß der Erlaubnisvorbehalt für Börsentermingeschäfte in Aktien durch die Reform entfallen ist. An seine Stelle ist das im Einzelfall zu verhängende Verbot getreten. (§ 63 BörsG n. F.).

540 Offen und nach wie vor bedeutsam ist die Frage, wie **inländische** und **ausländische** Börsentermingeschäfte in Grenzfällen zu unterscheiden sind. Tritt ein inländisches Kreditinstitut in Werten, die unter § 63 BörsG a. F. nicht erlaubt waren oder die nun durch eine ministerielle VO, gestützt auf § 63 n. F., verboten sind, als **Eigenhändler** auf[991], wird man ein (verbotenes) inländisches Börsentermingeschäft annehmen müssen, selbst wenn die Papiere einen Bezug zu einer ausländischen Börse haben[992].

541 bb) § 61 BörsG a. F. In Fällen mit **Auslandsberührung** entscheidet das deutsche internationale Privatrecht (Kollisionsrecht) darüber, ob und inwieweit deutsches oder ausländisches Zivilrecht (Sachrecht) anzuwenden ist. Um die privatrechtlichen Vorschriften des Börsengesetzes (§§ 52 ff.) anzuwenden, bedarf es also einer entsprechenden kollisionsrechtlichen Verweisung. Das internationale Schuldrecht stellt in den Art. 27 ff. EGBGB vorrangig auf die **Privatautonomie**, also auf die freie Rechtswahl ab[993]. Fehlt eine Rechtswahl, kommt es darauf an, mit welchem Staat das Rechtsgeschäft im Sinne einer objektiven Anknüpfung die „engste Verbindung" aufweist (Art. 28 EGBGB). Eine solche Verbindung kann z. B. mit der Durchführung des Börsentermingeschäfts im Ausland oder mit Rücksicht auf den Sitz des Kommissionärs im Ausland gegeben sein[994].

542 Da das Börsenprivatrecht auch öffentliche Interessen berührt, sind die **Schranken** zu beachten, die der Privatautonomie und der Anknüpfung anhand der „engsten Verbindung" gesetzt sind. Statt ausländisches Recht haben deutsche Gerichte nach Art. 34 EGBGB deutsches Recht anzuwenden, wenn die einschlägigen Bestimmungen den Sachverhalt **ohne Rücksicht auf das auf den Vertrag anwendbare Recht** zwingend regelt.[995]

543 Meistens ist es schwierig, den kollisionsrechtlich zwingenden Charakter einer zivilrechtlichen Bestimmung zu ermitteln[996]. In § 61 BörsG a. F. war allerdings ausdrücklich be-

---

[988] RGZ 55, 183 ff.; *Brändl*, Internationales Börsenrecht, 1925, S.186 f.; *W.-H. Roth* IPrax 1987, 147 f.

[989] BGHZ 94, 262, 264 = NJW 1985, 1956 = WM 1985, 744 = WuB I G 5.- 4.85 *Kümpel* = EWiR § 60 BörsG 1/85, 589 *Schwark* = ZIP 1985 727; vgl. auch *Bundschuh* WM 1986, 725, 727; *Kümpel* WM 1985, 1121, 1127; *Häuser* WM 1986, 1130, 1131 und *W.-H. Roth* IPRax 1987, 147.

[990] *Hadding/Wagner* WM 1976, 310, 316; einschränkend *Horn, A.*, Das Börsentermingeschäft in Wertpapieren mit dem Ausland, S. 139 (nur für Aktien deutscher Unternehmen); anders *Franke* WM 1976, 730; *Kümpel* WM 1978, 862; *W.-H. Roth* IPRax 1987, 147, 148 f. m.w.N. und *Starp*, Die Börsentermingeschäfte an Auslandsbörsen, S. 121 f.

[991] Vgl. Nr. 29 Abs. 2 AGB-Banken.

[992] So *Kümpel/Häuser*, Börsentermingeschäfte, 1986, S. 79.

[993] *Welter*, Kreditvergabe und Kreditsicherung über die Grenze, S. 25, 31.

[994] *Nußbaum*, Die Börsengeschäfte, 1918, S. 145 = Ehrenbergs Hdb. Bd. IV/2, S. 685; ebenso *W.-H. Roth* IPRax 1987, 147, 149 für Termingeschäfte „an ausländischen Börsen", anders aber für Aufträge deutscher Kunden an deutsche Kreditinstitute (mangels Rechtswahl deutsches Recht); ausführlich *Bauer*, Börsenmässige Termingeschäfte und Differenzeinwand im schweizerischen und deutschen IPR, S. 281 ff. m.w.N.

[995] Vgl. dazu *Schurig* RabelsZ 54 (1990), 217, 226 ff.; *Schlosser*, Festschrift für Steindorff, 1990, S. 1379, 1387; *Sonnenberger*, Festschrift für Kurt Rebmann zum 65. Geburtstag, 1989, 819, 821 ff. m. w. N.; ausführlich *Welter*, Kreditvergabe und Kreditsicherung über die Grenze, S. 25, 34.

[996] Vgl. *Palandt/Heldrich*, Art. 34 EGBGB Rdnr. 1 : z. B. Kartellrecht, Wohnraummietrecht; ferner grundsätzlich *Margarete Mühl*, Festschrift für O. Mühl, 1981, S. 449, 455 und ausführlich *v. Hoffmann* IPRax 1989, 261, 264 ff.

stimmt[997], daß die §§ 52-60 BörsG auch dann anzuwenden sind, wenn das Geschäft im Ausland geschlossen oder dort zu erfüllen ist. Schon aus § 61 BörsG a. F. ließ sich also schließen, daß in Fällen mit der erwähnten Auslandsbeziehung die Verbindlichkeit des Geschäfts sich nach §§ 52 ff. BörsG richtet, selbst wenn aufgrund einer Vereinbarung oder des „Schwerpunktes" sonst ausländisches Recht anzuwenden wäre[998]. Schon bevor Art. 34 EGBGB durch das Gesetz zur Neuregelung des IPR[999] in Kraft trat[1000], hat die überwiegende Ansicht im Schrifttum[1001] und die Rechtsprechung des BGH[1002] § 61 BörsG a. F. als **einseitige Kollisionsnorm** des deutschen Börsenrechts ausgelegt. Zu gleichen Ergebnissen kam die Auffassung, daß es sich um eine kollisionsrechtliche **Sonderanknüpfung** handele[1003].

Nach der Rechtslage bis zum 31.7.1989 konnte man also zum Termineinwand[1004] davon ausgehen, daß in sämtlichen Fällen der Auslandsberührung die §§ 52 ff. BörsG galten. 544
Zur Tragweite dieser kollisionsrechtlichen Feststellung muß man sich freilich vergegenwärtigen, daß es sachrechtlich, nämlich im Rahmen der Termingeschäftsfähigkeit, sehr wohl auf einen Inlandsbezug ankam. Derjenige, der im Inland zur Zeit des Geschäftsabschlusses weder einen Wohnsitz noch eine gewerbliche Niederlassung unterhielt („Börsenausländer")[1005], war nämlich unabhängig von seiner Staatsangehörigkeit börsentermingeschäftsfähig (§ 53 Abs. 2 Nr. 2 BörsG a.F.)[1006]. § 61 BörsG a.F. i.V.m. Art. 34 EGBGB wirkte sich deshalb nur aus, wenn an dem ausländischen Börsentermingeschäft ein nicht börsentermingeschäftsfähiger Partner mit inländischem Wohnsitz, wiederum unab-

---

[997] Anders *F.A. Mann*, Börsentermingeschäfte und internationales Privatrecht, Festschrift für v. Caemmerer, S. 737, 741: Nach § 61 BörsG sei bei den Geschäften mit Auslandsberührung die Börsentermingeschäftsfähigkeit erforderlich, wenn deutsches Recht nach den allgemeinen Regeln (jetzt Art. 27 ff. EGBGB) anwendbar sei; dazu ausführlich *Bauer*, Börsenmässige Termingeschäfte und Differenzeinwand im schweizerischen und deutschen IPR, S. 302. Anders schon RGZ 44, 52 unter Hinweis auf die Regierungsbegründung zum Entwurf des Gesetzes vom 3. 12. 1895; dazu ferner *Schwark*, JURA 1985, 403, 405; *Starp*, Die Börsentermingeschäfte an Auslandsbörsen, S. 187 ff.

[998] Nach der Vorstellung des historischen Gesetzgebers sollen die beschränkenden Vorschriften des Börsengesetzes über den Terminhandel „ohne Rücksicht darauf, welchem örtlichen Recht ein Börsentermingeschäft unterworfen ist", für Vertragsschließende mit Wohnsitz im Inland gelten; vgl. Separatdruck der Regierungsbegründung zum Börsengesetz, Berlin 1895, S. 66.

[999] BGBl. 1986 I, 1142.

[1000] Am 1.09.1986.

[1001] Vgl. m.w.N. *Hadding/Wagner* WM 1976, 310, 318; *Polt*, Diss., S. 38 und *Bauer*, Börsenmässige Termingeschäfte und Differenzeinwand im schweizerischen und deutschen IPR, S. 307 f. sowie § 10 Rdnr. 80. Kritisch gegenüber der h. M. *Jayme*, Kollisionsrecht und Bankgeschäfte mit Auslandsberührung, 1977, S. 22 ff. sowie schon *Stoll* RabelsZ 24 (1959), 601, 638.

[1002] BGHZ 102, 204 = NJW 1988, 1083 = WM 1988, 144 = WuB I G 5.- 9.88 *Häuser* = ZIP 1988, 297; BGHZ 101, 296 = NJW 1987, 3181 = WM 1987, 1156 = WuB I G 5.- 3.88 *Rössner/Lachmair* ZIP 1987, 1170; BGHZ 94, 262, 264 = NJW 1985, 1956 = WM 1985, 745 = WuB I G 5.- 4.85 *Kümpel* = EWiR § 60 BörsG 1/85, 589 *Schwark* = ZIP 1985 727; BGHZ 93, 307, 309 = NJW 1985, 1706 = WM 1985, 563, 564 = WuB I G 5.- 2.85 *Schwark* = ZIP 1985, 599; BGH NJW 1984, 2037 = WM 1984, 1245 = LM Nr. 24 zu § 38 ZPO = ZIP 1984, 1461 = RIW 1985, 78, 80; BGHZ 86, 115, 117 = NJW 1983, 940 = WM 1983, 82 = ZIP 1983, 144; BGH WM 1975, 676; BGH NJW 1979, 488 = WM 1978, 1203, 1204 = LM Nr. 30 zu Art. 30 EGBGB; BGH NJW 1975, 1600 = MDR 1975, 926; vgl. auch schon RGZ 129, 206 und RG BankArch XV (1915/16), 98.

[1003] Vgl. *Schwung* WM 1984, 1301, 1306; *Samtleben* RabelsZ 45 (1981), 218, 219; *ders.* RIW 1975, 502 und IPRax 1989, 148, 150; *Steindorff* EuR 1981, 426, 428; *ders.* IPRax 1982, 49; *Sandrock/Steinschulte*, Handbuch der internationalen Vertragsgestaltung, 1980, Rdnr. 150.

[1004] Der kollisionsrechtlich nicht einheitlich beurteilte Fall, daß keine der beiden Parteien im Inland ansässig ist (vgl. *W.-H. Roth* IPRax 1987, 147, 150), kann außer Betracht bleiben, da unter dieser Voraussetzung der Termineinwand nicht eingreift (§ 53 Abs. 2 Nr. 2 BörsG).

[1005] Vgl. Rdnr. 221 ff.

[1006] Vgl. hierzu im einzelnen *Häuser/Welter* WM 1985, Sonderbeil. Nr. 8, S.6 Fn. 30; nach BGH NJW 1993, 1205=WM 1992, 1974=WuB I G 5. Börsenrecht 2.93 *Schäfer* liegt hierin keine europarechtlich unzulässige Diskriminierung.

hängig von seiner Staatsangehörigkeit, beteiligt war[1007]. Im übrigen läßt sich festhalten, daß § 61 BörsG a. F. hinsichtlich des Termineinwands ausländische Börsentermingeschäfte gegenüber inländischen nicht benachteiligt[1008]. Der Termineinwand hatte hier wie dort die gleiche Tragweite; insbesondere konnte der termingeschäftsfähige Partner sich bei einem Börsentermingeschäft in Wertpapieren oder Devisen (vgl § 96 Abs. 1 BörsG a. F.) durch eine Sicherheitsleistung nach § 54 BörsG a. F. schützen[1009].

545 cc) Leerlaufen des § 58 BörsG a. F. Überaus umstrittene Folgen ergaben sich bei der Frage, wie aufgrund § 61 BörsG a. F. die Ausnahme vom Differenzeinwand nach § 58 BörsG a. F. anzuwenden war.

546 Bei **inländischen offiziellen Geschäften** stellte § 58 BörsG a. F. sicher[1010], daß der Differenzeinwand keine weitergehende Tragweite als der Termineinwand hatte: Waren die Beteiligten börsentermingeschäftsfähig oder konnte der Termineinwand nicht[1011] (mehr)[1012] geltend gemacht werden, sollte auch der Differenzeinwand gem. § 762, 764 BGB ausgeschlossen sein[1013]. Voraussetzung war, daß es sich um Börsentermingeschäfte in Waren und Wertpapiere handelt, die zum Terminhandel an einer **deutschen**[1014] Börse zugelassen waren. War § 58 BörsG a. F. wegen § 61 BörsG a. F. so auf Auslandsgeschäfte anzuwenden, schied eine Ausnahme vom Differenzeinwand aus; eine entsprechende Anwendung, bei der eine gleichwertige Zulassung genügen würde, kam nach der Rechtsprechung – in Übereinstimmung mit dem Willen des historischen Gesetzgebers[1015] – nicht in Betracht[1016]. Kritische Stimmen, nach denen § 58 Satz 1 BörsG a. F. über § 61 BörsG a. F. bei Auslandsgeschäften nur entsprechend angewandt werden könne, so daß eine dem § 50

[1007] *Häuser/Welter* WM 1985, Sonderbeil, Nr. 8 S. 6.

[1008] *Kümpel/Häuser*, Börsentermingeschäfte, S. 80, 81.

[1009] Bei Börsentermingeschäften in Wertpapieren und Devisen (vgl. § 96 Abs. 1 BörsG); *Häuser/Welter* WM 1985, Sonderbeil., Nr. 8 S. 6.

[1010] Mit Blick auf die Sicherheitsleistung nach § 54 BörsG a. F. und die einverständliche Annahme als Erfüllung gem. § 57 BörsG.

[1011] Bei der Vereinbarung einer Sicherheit gem. § 54 Abs. 1 BörsG a. F.

[1012] Nach der einverständlichen Annahme der Gegenleistung als Erfüllung (§ 57 BörsG).

[1013] Das Börsengesetz verfolgt im Hinblick auf die Verbindlichkeit wirtschaftlich erwünschter Spekulationsgeschäfte das Ziel, eine „geschützte Börsenrechtssphäre" zu schaffen, in der der Differenzeinwand aufgrund objektiver Merkmale nicht zum Tragen kommt; vgl. hierzu die Materialien der Novelle zum Börsengesetz von 1908, wiedergegeben in RGZ 140, 132, 135; ferner *Soergel/Häuser*, § 764 BGB Rdnr. 11; *Hopt* BB 1984, 417 und *Häuser/Welter* WM 1985, Sonderbeil. Nr. 8, S. 4, 7 Fn. 36 und 37.

[1014] *Polt*, Diss., S. 7 f.; *A. Horn*, Das Börsentermingeschäft in Wertpapieren mit dem Ausland, S. 87 ff. Nach RGZ 89, 358, 360 sollte es für § 58 Satz 1 BörsG a. F. nicht einmal ausreichen, daß die gehandelten Waren – oder Wertpapiere – an irgendeiner deutschen Börse zugelassen sind, sondern entscheidend sei die (deutsche) Zulassung an der Börse des Abschlußortes. Zuletzt kritisch *Samtleben* IPRax 1989, 148, 150.

[1015] Vgl. *Göppert* BankArchiv XXIV (1924), 480, 486; *ders.* ZHR 99 (1934), 259, 276 f.; *A. Horn*, Das Börsentermingeschäft im Ausland, S. 104; kritisch aber schon *Brändl*, Internationales Börsenprivatrecht, S. 176; *Düringer/Hachenburg/Breit*, HGB, Bd. V/1 Anh. II Anm.172 und *Alexander* ZHR 97 (1932), 398, 402 Anm. 11.

[1016] BGHZ 94, 262, 264 = NJW 1985, 1956 = WM 1985, 745 = WuB I G 5.- 4.85 *Kümpel* = EWiR § 60 BörsG 1/85, 589 *Schwark* = ZIP 1985, 727; BGH WM 1985, 449 = WuB I G 5.- 1.85 *Kümpel*; BGHZ 86, 115, 117 = NJW 1983, 940 = WM 1983, 82 = ZIP 1983, 144; BGH NJW 1981, 1898 = WM 1981, 758 = LM Nr. 7 zu § 762 BGB = ZIP 1981, 843; BGH NJW 1981, 1897 = WM 1981, 711 = LM Nr. 6 zu § 762 BGB = ZIP 1981, 721 (dazu *Rogers/Markham* Law and Policy in International Business (19) 1987, S. 273, 293); BGHZ 80, 80 = WM 1981, 374, 375 m. Anm. *Dannhoff*, Das Recht der Warentermingeschäfte, S. 28; *Rössner*, BB 1981, 696; ferner schon RGZ 76, 371, 372 und RGZ 79, 381, 386. Vgl. dazu *Häuser* ZIP 1981, 933, 936; *Bundschuh*, WM 1986, 725, 727; *Häuser/Welter* WM 1985, Sonderbeil. Nr. 8, S. 7 mit ausführlichen Nachw. (Fn. 38); *Hellwig/de Lousanoff*, Festschrift für Stiefel, S. 309, 314 m.w.N.; *Kümpel/Häuser*, Börsentermingeschäfte, S. 81; *Polt*, Diss., S. 60 ff.; zur Regelungsabsicht des Gesetzgebers *Göppert*, ZHR 99 (1934), 259, 275.

BörsG a. F. vergleichbare und gleichwertige Zulassung an einer ausländischen Börse ausreichen müßte[1017], konnten sich nicht durchsetzen. Im Ergebnis lief also § 58 BörsG a. F.[1018] bei Auslandsgeschäften leer; der Differenzeinwand war trotz Börsentermingeschäftsfähigkeit stets anwendbar[1019]. Der Schutz dieser Personen mußte insbesondere in Extremfällen fragwürdig erscheinen[1020].

Gesondert mußte man allerdings Auslandstermingeschäfte in **Devisen** betrachten[1021]. Sie waren als inoffizielle Geschäfte gem. § 96 Abs. 3 BörsG a. F. [1022] den offiziellen Geschäften i.S.d. § 58 BörsG a. F. gleichgestellt[1023], so daß der Differenzeinwand entfiel. Inländische und ausländische Devisentermingeschäfte waren daher nach den selben Regeln zu beurteilen[1024]. **547**

Um ein zutreffendes Gesamtbild aus dem „Leerlaufen" des § 58 BörsG a. F. zu erhalten, muß man noch berücksichtigen, daß § 764 BGB nicht anwendbar ist, wenn ein Börsentermingeschäft zwar in der Absicht eines bloßen Differenzausgleichs geschlossen wird, dies aber nicht geschieht, um zu spekulieren, sondern um auf diese Weise zu befürchtende **Risiken aus Kursschwankungen** abzuwehren[1025]. Andererseits scheitern Börsentermingeschäfte nicht termingeschäftsfähiger Personen grundsätzlich schon am Termineinwand. Das Leerlaufen von § 58 BörsG a. F. betraf also ausschließlich die Börsentermingeschäfte **termingeschäftsfähiger Personen**[1026] in Waren und Wertpapieren, die als offizielle inländische Geschäfte stets, als ausländische Geschäfte (nach deutschem Recht) aber nur wirksam waren, wenn sie zur Kurssicherung und nicht spekulativ abgeschlossen wurden. **548**

dd) Schutz börsentermingeschäftsfähiger Personen bei spekulativen ausländischen Börsentermingeschäften als Ergebnis des Zusammenspiels von §§ 58 und 61 BörsG a. F. **549**
Rechtspolitisch erschien vor allem bedenklich, daß **börsentermingeschäftsfähige** Personen entgegen der Rechtslage bei inländischen Geschäften im Rahmen **spekulativer ausländischer Börsentermingeschäfte** geschützt wurden. Als nachteilig wurde beurteilt, daß hier die Schwierigkeiten der Abgrenzung und des Beweises auftreten, die der Gesetzgeber

---

1017 Vgl. *Bauer*, Börsenmässige Termingeschäfte und Differenzeinwand im schweizerischen und deutschen IPR, S. 316; *Baumbach/Duden/Hopt*, (14) § 61 BörsG Anm. 2 B; *Häuser* ZIP 1981, 933, 938; *A. Horn*, Das Börsentermingeschäft im Ausland, S. 140 ff. m.w.N.; *Samtleben* RabelsZ 45 (1981), 218, 233; *ders.* IPRax 1989, 148, 150; *Lüer* JZ 1979, 171, 174; *Kümpel* WM 1978, 862; *Schwark*, Börsengesetz, 1976, Einl. §§ 50-70 BörsG Rdnr. 34; *ders.* DB 1975, 2261; *Schlegelberger/Hefermehl*, HGB, 5. Aufl. Bd. IV, 1976, § 355 HGB Rdnr. 80; *Hadding/Wagner* WM 1976, 310, 313; *Franke* WM 1976, 730; *A. Horn*, Das Börsentermingeschäft im Ausland, S. 138 ff.; *D. Weber/Crewett* BB 1972, 565; *Polt*, Diss., S. 60 ff.: *Steindorff* EuR 1981, 426 ff.; *ders.* IPRax 1982, 49, 50; vgl. aber schon zur Regelungsabsicht des Gesetzgebers *Göppert* ZHR 99 (1934), 259, 275.

1018 Auch die Bestellung einer Sicherheit schafft entgegen einer mißverständlichen Bemerkung in BGHZ 58, 1, 6 = WM 1972, 178 keine Abhilfe, da § 58 Satz 2 BörsG in seiner tatbestandlichen Anknüpfung nicht weiter reicht als Satz 1 dieser Vorschrift; vgl. die Klarstellung bei *Bundschuh* WM 1986, 725, 733 und *Häuser/Welter* WM 1985, Sonderbeil. Nr. 8, S. 7.

1019 *de Lousanoff*, Festschrift für Nirk, 1992, 607, 610; *Samtleben* NJW 1990, 2670, 2671; *ders.* IPRax 1992, 363.

1020 Vgl. *de Lousanoff*, Festschrift für Nirk, 1992, 607, 619 zur Klage eines Inhabers mehrer in- und ausländischer Warenterminvermittlungsfirmen auf Ausgleich erlittener Verluste.

1021 Vgl. *Bauer*, Börsenmässige Termingeschäfte und Differenzeinwand im schweizerischen und deutschen IPR, S. 323 f.

1022 I.V.m. der Verordnung vom 7. März 1925, RGBl. I, S. 20; vgl. dazu BGH WM 1979, 1381; RGZ 112, 8; *Hopt* BB 1984, 417, 419; *Franke* DB 1975, 1542, 1544; *Hellwig/de Lousanoff*, Festschrift für Stiefel, S. 315 f.; *Lüer* WM 1977, Sonderbeil. Nr. 1, S.7.

1023 Zur Entstehungsgeschichte vgl. *Göppert* BankArch 1921, 139.

1024 Vgl. BGH NJW 1987, 3193 = WM 1987, 1153 = WuB I G 5.- 2.88 *Rössner/Lachmair* = EWiR § 764 BGB 1/87, 1083 *Welter* = ZIP 1987, 1373; *Häuser/Welter* WM 1985, Sonderbeil. Nr. 8, S. 7.

1025 Vgl. Rdnr. 180 ff.; ferner *Häuser/Welter* WM 1985, Sonderbeil. Nr. 8, S. 5; *Hellwig/de Lousanoff*, Festschrift für Stiefel, S. 309, 317 ff.; *Soergel/Häuser*, § 764 BGB Rdnrn. 7 und 12.

1026 Für nicht termingeschäftsfähige gilt das gleiche, wenn das Geschäft nach § 54 BörsG (Sicherheitsleistung) oder § 57 BörsG (einverständliche Erfüllung) verbindlich ist.

durch die börsenrechtliche Regelung („geschützte Börsenrechtssphäre") vermeiden wollte[1027]. Stattdessen kam es jetzt im Einzelfall darauf an, ob ein Differenzgeschäft vorlag und ob der Differenzeinwand ungeachtet der Auslandsberührung nach deutschem Recht (§ 764 BGB) zum Tragen kam.

550 *b) Reichweite des Differenzeinwands bis zur Börsenreform.* Galt ausländisches Recht kraft Vereinbarung (Art. 27 Abs. 1 EGBGB) oder verwies die objektive Anknüpfung (Art. 28 EGBGB) auf das Ausland, so kam in Betracht, daß § 764 BGB durch die ausländische Regelung verdrängt wurde. Vielfach[1028] wären die Geschäfte entgegen der deutschen Rechtslage verbindlich gewesen. Ebenso wie zu § 61 BörsG a. F. stellte sich die Frage, ob die §§ 764, 762 BGB kollisionsrechtlich zwingend sind. Da diese Frage auch nach der Reform von 1989 noch von Bedeutung sein kann (wenn auch für andere Fallgruppen)[1029], verdient sie immer noch näherer Betrachtung.

551 aa) Verbraucherschutz (Art. 29 EGBGB). Art. 29 Abs. 1 EGBGB sichert dem Verbraucher unter bestimmten Voraussetzungen den gesetzlichen Schutz des Staates, in dem er seinen gewöhnlichen Aufenthalt hat. Trifft er **keine Rechtswahl**, gilt aufgrund einer **objektiven Anknüpfung** für Verbraucherverträge das Recht des Wohnsitzstaates (Art. 29 Abs. 2 EGBGB). Die zwingenden Vorschriften dieses Rechts können sich aber auch gegenüber einer **Rechtswahl** durchsetzen, wenn der Vertrag im Wohnsitzstaat des Verbrauchers **angebahnt** worden ist (z. B. Angebot und Werbung in diesem Staat; Art. 29 Abs. 2 EGBGB). Bei Verträgen über **Dienstleistungen** greift der kollisionsrechtliche Verbraucherschutz nur ein, wenn die Dienstleistungen nicht ausschließlich im Ausland erbracht werden (Art. 29 Abs. 4 Nr. 2 EGBGB)[1030].

552 Kommissionsverträge zwischen einem ausländischen Vermittler und einem inländischen Partner werden nicht selten i. S.d. Art. 29 Abs. 1 EGBGB im Inland angebahnt. Die zwingenden Bestimmungen des deutschen Rechts zu Börsentermingeschäften (§§ 764, 762 BGB) wären mithin auch kollisionsrechtlich unabdingbar, wenn es sich um „Verbraucherverträge" im Sinne dieser Vorschrift handelte. Art. 29 EGBGB umschreibt den Verbrauchervertrag als Vertrag über „die Erbringung von Dienstleistungen zu einem Zweck, der nicht der beruflichen oder gewerblichen Tätigkeit des Verbrauchers zugerechnet werden kann."

553 Seit einigen Jahren steht die deutsche höchstrichterliche Rechtsprechung deshalb vor der Frage, ob **Kommissionsverträge**[1031] im Zusammenhang mit Börsentermingeschäften

---

[1027] Vgl. Rdnr. 30ff.; zur Abgrenzung zwischen Spekulation und Kurssicherung bei Devisentermingeschäften vgl. *Hopt*, Festschrift für W. Werner, 1984, S. 339, 349: Keine einzelgeschäftsbezogene Betrachtung, sondern Anerkennung pauschaler Kurssicherungsgeschäfte; ferner *Hellwig/de Lousanoff*, Festschrift für Stiefel, S. 309, 322 ff. Zur Reform vgl. Rdnr. 563ff.

[1028] Vgl. zur Rechtslage in New York OLG München WM 1982, 80, 82; BGH NJW 1987, 3193 = WM 1987, 1153 = WuB I G 5.- 2.88 *Rössner/Lachmair* = EWiR § 764 BGB 1/87, 1083 *Welter* = ZIP 1987, 1373; zum Staat Missouri vgl. BGH NJW 1981, 1898 = WM 1981, 758 = LM Nr. 7 zu § 762 BGB = ZIP 1981, 843; zum englischen Recht vgl. BGH NJW 1984, 2037 = WM 1984, 1245 = LM Nr. 24 zu § 38 ZPO = ZIP 1984, 1461 = RIW 1985, 78, 80 und OLG Frankfurt WM 1986, 701 = WuB I G 5.- 3.86 *Häuser/Welter* sowie *Triebel/Peglow* ZIP 1987, 613, 619 f. und ausführlich *Offermann*, Diss.; zur Rechtslage in der Schweiz *Forstmoser/Pulver* WM 1988, Sonderbeil. Nr. 6, S. 13 m.w.N. und *Bauer*, Börsenmässige Termingeschäfte und Differenzeinwand im schweizerischen und deutschen IPR, S. 167 ff., 187 ff.; zur Entwicklung und Rechtslage in den USA, Canada, Australien und England *Rogers/Markham* Law and Policy in International Business (19) 1987, S. 273, 280ff. S. ferner *A. Horn*, Das Börsentermingeschäft im Ausland, S. 100 ff. und die Übersichten zu verschiedenen Staaten *Bauer*, Börsenmässige Termingeschäfte und Differenzeinwand im schweizerischen und deutschen IPR, S. 360 ff. (USA, Großbritannien, Frankreich, Belgien, Luxemburg, Österreich, Italien).

[1029] Vgl. unten Rdnr. 566.

[1030] Hier ausführlich mit Blick auf die Tätigkeit US-amerikanischer Broker mit Repräsentanz in Deutschland *de Lousanoff*, Festschrift für Nirk, 1992, 607, 630.

[1031] Zu Eigengeschäften *v. Gronau*, Die Börsentermingeschäfte mit Auslandsberührung, S. 59 (keine Dienstleistung iSd Art 29 EGBGB).

Verbrauchergeschäfte sind.[1032] In erster Linie war dies klärungsbedürftig, um über die Tragweite des Verbrauchergerichtsstands gem Art 13 und Art 14 EuGVÜ entscheiden zu können[1033]. Die Grenzen der Rechtswahlfreiheit gem Art 5 EVÜ hängen aber ebenfalls hiervon ab[1034].

Zwar dienen diese Verträge im Regelfall, jedenfalls bei engerem Verständnis, nicht **der beruflichen oder gewerblichen Tätigkeit** des Kunden. Es ist aber fraglich, ob Kommisionsverträge auf eine **Dienstleistung** gerichtet sind[1035], und speziell bei Termingeschäften mögen sie bei unbefangener Betrachtung auch nicht ohne weiteres als Verträge eines Verbrauchers[1036] anzusehen sein. Der Bundesgerichtshof hat deshalb dem EuGH diese Frage neben anderen[1037] zur Auslegung des Art 13 EuGVÜ vorgelegt.[1038] Der EuGH[1039] hat sich mit ihnen allerdings aus Gründen des Einzelfalls nicht auseinandergesetzt.[1040] Auch eine weitere Vorlage[1041] brachte insofern keinen größeren Ertrag.[1042] Das OLG Düsseldorf hat in jüngerer Zeit angenommen, daß die Durchführung von Börsentermingeschäften jedenfalls iSd Art 29 EGBGB (Art 5 EVÜ) als Dienstleistung an einen Verbraucher zu beurteilen sei[1043]. **554**

Zur Tragweite ist zu beachten, daß der Verbraucher seinen gewöhnlichen Aufenthalt im Inland haben müßte; zusätzlich müßte der Vertrag im Inland angebahnt oder abgeschlossen worden und wenigstens teilweise dort zu erfüllen sein (Art. 29 Abs. 4 Nr. 2 EGBGB). Nicht erfaßt wären vor allem die Fälle, in denen der Verbraucher zwar im Inland ansässig ist, aber ohne inländische Werbemaßnahmen mit dem ausländischen Anbieter Verbindung aufgenommen hat[1044]. Insoweit bliebe die Frage zu beantworten, ob § 764 BGB unabhängig von den speziellen Regeln zum Verbraucherschutz kollisionsrechtlich zwingend ist. **555**

bb) Sonderanknüpfung (Art. 34 EGBGB). Schon vor Inkrafttreten des Art. 34 EGBGB ist *Wengler*[1045] für eine kollisionsrechtliche Sonderanknüpfung des § 764 BGB eingetreten. **556**

[1032] Vgl. schon BGH NJW 1987, 3193 = WM 1987, 1153 = WuB I G 5.- 2.88 *Rössner/Lachmair* = EWiR § 764 BGB 1/87, 1083 *Welter* = ZIP 1987, 1373.

[1033] Vgl. dazu unten Rdnr. 588.

[1034] Zur jedenfalls im Grundgedanken bestehenden Parallelität von Art 5 EVÜ und Art 13 EuGVÜ *Rauscher* IPRax 1995, 289, 291 und *Thode* WuB VII B.1. Art 13 EuGVÜ 1.91.

[1035] Bejahend *v. Gronau,* Die Börsentermingeschäfte mit Auslandsberührung, S. 65; *Dannhoff,* Das Recht der Warentermingeschäfte, S. 210.

[1036] Gegen Verbrauchereigenschaft in diesen Fällen *Triebel/Peglow* ZIP 87, 613, 616 und *de Lousanoff,* Festschrift für Nirk, 1992, 607, 629 jeweils mit ausführlicher Begründung; *Schlosser,* Festschrift für Steindorff, 1990, 1379, 1383 hält eine teleologische Reduktion für denkbar, aber als Ergebnis Vorlage zum EuGH für wenig wahrscheinlich; anders *Dannhoff,* Das Recht der Warentermingeschäfte, S. 210; *v. Gronau,* Die Börsentermingeschäfte mit Auslandsberührung, S. 61 und *Wach/Weberpals* AG 89, 196; vgl. ferner *Brunkow* JuS 1996, 294 m.w.N.

[1037] Vgl. dazu im einzelnen *Brunkow* JuS 1996, 294.

[1038] BGH NJW 1991, 1632 = WM 1991, 360 = WuB VII B.1. Art 13 EuGVÜ 1.91 *Thode* = EWiR Art. 13 EuGVÜ 1/91, 369 *Geimer* = ZIP 1991, 1209.

[1039] EuGHE I 1993, 139 = NJW 1993, 1251 = ZIP 1993, 826; IPRax 1995, 92 = EWiR Art. 14 EuGVÜ 2/93, 1077 *Heinemann.*

[1040] *Koch* IPRax 1995, 71.

[1041] BGH NJW 1993, 2640 = EuZW 1993, 518 = WM 1993, 1215 = WuB VII B.1. Art. 13 EuGVÜ 1.93 *Nassall* = ZIP 1993, 993.

[1042] EuGHE I 1994, 4275 = WM 1995, 99 = RIW 1994, 1045 = ZIP 1994, 16 = WuB VII B. Art. 13 EuGVÜ 1.95 *Nassall* mit einer Entscheidung der vorgreiflichen Frage, ob Art. 14 EuGVÜ voraussetzt, daß der Anbieter in einem Vertragsstaat seinen Sitz hat oder dort wenigstens eine Zweigstelle unterhält; dazu ausführlich *Rauscher* IPRax 1995, 289 ff und *Brunkow* JuS 1996, 294 ff.

[1043] OLG Düsseldorf WM 1994, 376 = WuB I G 5. Börsenrecht 4.94 *Rauscher;* vgl auch schon OLG Düsseldorf WM 1989, 50 = WuB I G 5.- 1.89 *Welter,* ebenso OLG Köln ZIP 1989, 838 = EWiR § 61 BörsG 1/89, 681 *Schütze*; ferner MünchKomm-*Martiny* Art 28 EGBGB RdNr 9 und ausführlich *Wach/Weberpals* AG 1989, 193, 196.

[1044] Das Angebot des Verbrauchers darf auch nicht im Inland angenommen worden sein (Art. 29 Abs. 1 Nr. 2 EGBGB).

[1045] *Wengler* JZ 1979, 175 ff.

In der Literatur fand diese Auffassung Widerstand[1046]. Der Bundesgerichtshof hat statt einer Sonderanknüpfung den Weg beschritten, § 764 BGB zum ordre public i. S. des Art. 30 EGBGB zu zählen[1047]. In der Folge hat sich das Schrifttum mit diesem Standpunkt auseinandergesetzt[1048], so daß die Diskussion um den kollisionsrechtlichen Stellenwert von § 764 BGB sich auf diese Ebene verlagert hat.

557 cc) Ordre public (Art. 6 EGBGB). Nach Art. 6 EGBGB sind Rechtsnormen eines anderen Staates nicht anzuwenden, wenn dies zu einem Ergebnis führt, das mit wesentlichen Grundsätzen des deutschen Rechts, insbesondere mit den Grundrechten, offensichtlich unvereinbar ist. Art. 6 EGBGB schreibt ebenso wie schon Art. 30 EGBGB a. F. die in der Rechtsprechung entwickelte Formel fort[1049], nach der es darauf ankommt, „ob das Ergebnis der Anwendung des ausländischen Rechts zu den Grundgedanken der deutschen Regelung und der in ihnen liegenden Gerechtigkeitsvorstellungen in so starkem Widerspruch steht, daß es von uns für unerträglich gehalten wird“[1050].

558 Unter der Geltung von Art. 30 EGBGB a. F. hat die Entscheidung des BGH vom 12.06.1978[1051] den Differenzeinwand gem. § 764 BGB aufgrund des ordre public gegenüber abweichendem ausländischen Recht durchgesetzt. Die §§ 764, 762 BGB seien als Gesetze zum Schutz vor den wirtschaftlichen Gefahren von Differenzgeschäften zu verstehen. Diese Gefahren bestünden bei der Spekulation im Ausland ebenso wie bei entsprechenden Geschäften im Inland. Der einzelne solle auch nicht nur individuell, sondern auch mit Blick auf die Ordnung des innerstaatlichen Soziallebens geschützt werden. Diese Erwägung erinnert an die Gründe, die den historischen Gesetzgeber bewogen haben, mit Blick auf den Termineinwand eine einseitige Kollisionsnorm einzuführen (§ 61 BörsG a. F.), um die Anwendbarkeit deutschen Rechts sicherzustellen, wenn nichtbörsentermingeschäftsfähige Personen im Ausland spekulieren[1052].

[1046] *Sandrock/Steinschulte*, Handbuch der internationalen Vertragsgestaltung, 1980, Rdnr. 151; MünchKomm/*Sonnenberger*, EGBGB, Einl. IPR, Rdnr. 38; ebenfalls betont kritisch OLG München WM 1982, 80, 81 = NJW 1981, 2706: „... vereinzelt und unklar vertretene Gegenmeinung“; dazu aber *Häuser/Welter* WM 1985, Sonderbeil. Nr. 8, S. 8, Fn. 46.

[1047] BGH WM 1978, 1203 = NJW 1979, 488 = LM Nr. 30 zu Art. 30 EGBGB; BGH NJW 1981, 1898 = WM 1981, 758 = LM Nr. 7 zu § 762 BGB = IPRax 1982, 69 = ZIP 1981, 843; ebenso OLG Frankfurt WM 1985, 477, 478; vgl. *Reithmann/Martiny*, Internationales Vertragsrecht, 4. Aufl. 1988, Rdnr. 299, S. 301 und *W.-H. Roth* IPRax 1987, 147, 150, der aus der Entscheidung des BGH vom 25.05.1981 (WM 1981, 758) eine Neigung des BGH ableitet, die §§ 764, 762 BGB gesondert anzuknüpfen, wenn der Vertragspartner seinen Wohnsitz im Inland hat.

[1048] *Samtleben* RabelsZ 45 (1981), 218, 231; *ders.* RIW 1975, 500 sowie IPRax 1989, 148, 150; *Häuser* ZIP 1981, 933, 940; *Lüer* JZ 1979, 171, 174; *Kümpel* WM 1978, 863; *Hadding/Wagner* WM 1976, 310, 315; zur Sonderanknüpfung dagegen *Reithmann/Martiny*, Internationales Vertragsrecht, 4. Aufl. 1988, Rdnr. 299, S. 302 einerseits und *Triebel/Peglow* ZIP 1987, 613, 616 andererseits.

[1049] BT-Drucks. 10/504, 43; anders wohl *Bauer*, Börsenmässige Termingeschäfte und Differenzeinwand im schweizerischen und deutschen IPR, S. 337 f. Nach *Reithmann/Martiny*, Internationales Vertragsrecht, 4. Aufl. 1988, Rdnr. 274, S. 279 wehrt Art. 6 EGBGB n. F. fremdes Recht ab, d.h. es gehe nun nicht mehr um die Durchsetzung eigenen Rechts. Eigene zwingende Bestimmungen seien schon nach Art. 34 EGBGB anzuwenden, so daß für Art. 6 EGBGB nur Raum bleibe, wo eigene zwingende Bestimmungen fehlten. Auch nach dieser Auffassung hat sich aber, wie bereits zu Art. 34 angesprochen, der Blickwinkel nur formal vom ordre public (Art. 6) zur Sonderanknüpfung (Art. 34) verschoben, ohne daß hierdurch die grundlegenden Wertungen berührt würden.

[1050] BGHZ 50, 370, 375 = NJW 1969, 369; *Triebel/Peglow* ZIP 1987, 613, 616.

[1051] BGH WM 1978, 1203; vgl. *Maser*, Der Termin- und der Differenzeinwand bei Börsentermingeschäften in Wertpapieren, Diss. Tübingen 1987, S. 237.

[1052] Vgl. Separatdruck der Regierungsbegründung zum Börsengesetz, Berlin 1895, S. 66: „Daß ... nicht der Inländer unter Umgehung der Eintragung seine Börsentermingeschäfte nach dem Ausland verlege“.

Die BGH-Entscheidung vom 25.05.1981[1053] hat diesen Ansatz allerdings verlassen. Der II. Zivilsenat hat seine Rechtsprechung nämlich auch auf Differenzgeschäfte **börsentermingeschäftsfähiger** Personen erstreckt. Das Leerlaufen des § 58 BörsG[1054] a. F. gewann hierdurch eine Tragweite, die fragwürdig erscheinen mußte: 559

Unabhängig davon, welches Recht im übrigen anwendbar war, waren ausländische Partner stets dem Differenzeinwand zwingend ausgesetzt, d.h. auch wenn sie mit Personen Geschäfte abschlossen, die im Inland als börsentermingeschäftsfähig nicht geschützt sind. Aus ausländischer Sicht lag hierin eine Diskrimierung, die sich durch den kollisionsrechtlichen Verbraucherschutz nicht erklären ließ, wie er international zugunsten so oder so umschriebener Verbraucher üblich ist. Sogar der inländische Vermittler ausländischer Börsentermingeschäfte konnte sich auf den Differenzeinwand berufen, wenn er aus dem Ausland Kundenaufträge entgegengenommen hatte[1055]. 560

Kollisionsrechtlich blieben wichtige Fragen offen; so herrschte z. B. Unklarheit darüber, ob die §§ 764, 762 BGB stets anzuwenden waren, wenn deutsche Gerichte aufgrund ihrer internationalen Zuständigkeit mit entsprechenden Geschäften befaßt sind[1056] oder ob es einer besonderen Verknüpfung mit dem Inland[1057] bedarf. Das naheliegende Kriterium des Wohnsitzes im Inland kam allerdings nicht mehr in Betracht, nachdem die Rechtsprechung es mit Blick auf die Börsentermingeschäftsfähigkeit als ungeeignet bezeichnet hatte.[1058] 561

Es kann daher im nachhinein nicht überraschen, daß diese Rechtsprechung im Inland[1059] und im Ausland[1060] auf Kritik gestoßen ist. Der BGH hat jedoch gegenüber dieser Kritik an seinem Standpunkt festgehalten[1061]. Zu erwarten war auch der Versuch, mit Hilfe prozessualer Gestaltungen die internationale Zuständigkeit deutscher Gerichte auszuschalten[1062]. Auch für **Altfälle** ist freilich von Bedeutung, daß der XI. Senat die Börsenreform von 1989 zum Anlaß genommen hat, den Schutz börsentermingschäftsfähiger Personen sogar rückblickend nicht mehr zu den elementaren Grundlagen der deutschen Rechtsordnung zu zählen[1063]. 562

[1053] BGH NJW 1981, 1898 = WM 1981, 758 = LM Nr. 7 zu § 762 BGB = IPRax 1982, 69 = ZIP 1981, 843; dazu *Bauer*, Börsenmässige Termingeschäfte und Differenzeinwand im schweizerischen und deutschen IPR, S. 329.

[1054] Rdnr. 545 ff.

[1055] Vgl. BGH WM 1981, 711: Vermittler von Londoner Warentermingeschäften mit Sitz in der Bundesrepublik, der einem italienischen Kunden die Auszahlung von Gewinnen verweigert; dazu *Rogers/Markham* Law and Policy in International Business (19) 1987, S. 273 , 292.

[1056] Vgl. BGH WM 1981, 711.

[1057] Z.B. Wohnsitz des Partners im Inland oder die deutsche Staatsangehörigkeit (vgl. *Wengler* JZ 1979, 176, 177 ff.). Stellt man auf den Wohnsitz ab, kann man sich in Grenzfällen darüber auseinandersetzen, ob es ausreicht, sich beim Einwohnermeldeamt, aber nicht bei den Finanzbehörden registrieren zu lassen; vgl. illustrativ *Rogers/Markham* Law and Policy in International Business (19) 1987, S. 273, 296 zu einem unveröffentlichten Urteil des OLG Frankfurt (27.3.1986 – III ZR 105/86); vgl. aber zur Einschätzung des Wohnsitzes als ungeeignetes Kriterium BGH WM 1981, 758, 759.

[1058] BGH WM 1981, 758, 759; vgl zur Fragwürdigkeit dieses Merkmals auch *Häuser/Welter* WM 1985, Sonderbeil. Nr. 8, S. 8; anders *W.-H. Roth* IPRax 1987, 147, 150, und ausführlich *Bauer*, Börsenmässige Termingeschäfte und Differenzeinwand im schweizerischen und deutschen IPR, S. 303, 304: Mindestens eine Partei muß ihren Wohnsitz oder ihre gewerbliche Niederlassung in Deutschland haben.

[1059] *Häuser* ZIP 1981, 933, 940; *Starp*, Die Börsentermingeschäfte an Auslandsbörsen, S. 204; *Häuser/Welter* WM 1985, Sonderbeil. Nr. 8, S. 8 m.w.N.; *Kümpel/Häuser*, Börsentermingeschäfte, S. 121; ferner oben § 10 Rdnr. 83 ff.

[1060] *Rogers/Markham* Law and Policy in International Business (19) 1987, S. 273 ff.; *Bauer*, Börsenmässige Termingeschäfte und Differenzeinwand im schweizerischen und deutschen IPR, S. 332 ff.

[1061] BGH WM 1987, 1153 = WuB I G 5.- 2.88 *Rössner/Lachmair*, ferner OLG Köln ZIP 1989, 838.

[1062] Hierzu ausführlich *Häuser/Welter* WM 1985, Sonderbeil. Nr. 8, S. 8 und unten Rdnr. 598.

[1063] Vgl. BGH NJW-RR 1991, 757 = WM 1991, 576 = WuB VII B 3. § 1044 ZPO *Schütze* = EWiR § 764 BGB = EWiR § 764 BGB 1/91, 559 *Koller* zur Anerkennung ausländischer Schiedssprüche; dazu ausführlich *de Lousanoff*, Festschrift für Nirk, 1992, 607, 621 ff.

563 *c) Tragweite des Differenzeinwands nach der Börsengesetzreform 1989.* aa) Bedeutungsverlust durch die Änderung des § 58 BörsG. Der Umfang der nach deutschem Recht begründeten Abwehrrechte bei Auslandsgeschäften ist gegenüber der früheren Rechtslage durch die Änderung des § 58 BörsG entscheidend eingeschränkt worden. Die vorher bei ausländischen Börsentermingeschäften auch für einen termingeschäftsfähigen Partner gegebene Möglichkeit, den Differenzeinwand zu erheben, wird dadurch beseitigt, daß der Differenzeinwand nach § 58 S. 1 BörsG n. F. auch bei **inoffiziellen** Geschäften ausgeschlossen ist, zu denen vor allem die Geschäfte mit Bezug auf ausländische Börsen gehören[1064]. Diese Rechtslage besteht, wenn kraft Vereinbarung (Art. 27 EGBGB) oder wegen der engsten Berührung (Art. 28 EGBGB) deutsches Recht anwendbar ist. Sie besteht erst recht bei Geltung ausländischen Rechts, so daß sich nur aus diesem im Einzelfall die Unverbindlichkeit ergeben kann[1065].

564 Damit bleibt das Nebeneinander von Termin- und Differenzeinwand im theoretischen Ergebnis zwar erhalten, der Differenzeinwand entfaltet aber praktisch keine Bedeutung mehr[1066]: Wer termingeschäftsfähig ist, der kann sich auch nicht auf den Differenzeinwand berufen; wer nicht termingeschäftsfähig ist, für den ist das Geschäft schon deshalb unverbindlich. Die Frage, ob unter Geltung ausländischen Rechts zusätzlich der Differenzeinwand gegeben ist[1067], ist also theoretisch, zumal § 54 BörsG a. F. ersatzlos gestrichen worden ist. Die Vereinfachung der Rechtslage findet also nicht auf dem Niveau des bisherigen Schutzstandards statt, sondern es wird auf das mit der Börsenzulassung verbundene Schutzinstrument verzichtet.

565 Um zu ermessen, welchen Geschäften diese „Wohltat" vor allem zugute kommt, muß man berücksichtigen, daß Differenzgeschäfte, mit denen wirtschaftlich berechtigte Kurssicherungszwecke verfolgt werden, schon vorher nicht vom Differenzeinwand erfaßt wurden. Die Neuregelung betrifft also Geschäfte, die in der Absicht der Differenzspekulation geschlossen werden. Sie sind unter Berücksichtigung der erweiterten Börsentermingeschäftsfähigkeit (§ 53 Abs. 2 BörsG) verbindlich, wenn der kaufmännische Partner den anderen Teil über bestimmte Risiken aus Börsentermingeschäften informiert hat, und zwar dann auch mit Wirkung für den Differenzeinwand.

566 bb) Abschluß im Ausland als ungeregelter Fall. Die Neuregelung hat zu Fällen mit Auslandsberührung nicht alle Zweifelsfragen beseitigt. Fraglich ist die Rechtslage, wenn der nicht termingeschäftsfähige Partner seine **Willenserklärung im Ausland** abgegeben hat[1068]. Aus § 61 BörsG ergibt sich zwar auf jeden Fall im Sinne eines Umkehrschlusses, daß ihm dann der Termineinwand nicht zusteht. Für die hM, die § 61 BörsG ungeachtet des weiten Wortlauts nur auf die deutschen börsen*gesetzlichen* Regelungen bezieht[1069], steht zum **Differenzeinwand** nach § 764 BGB mangels einer ausdrücklichen Regelung noch

---

[1064] *Bauer*, Börsenmässige Termingeschäfte und Differenzeinwand im schweizerischen und deutschen IPR, S. 401; *Dannhoff*, Das Recht der Warentermingeschäfte, S. 36; *Hartung* ZIP 1991, 1185; *Kümpel* WM 1989, 1485, 1495; *de Lousanoff*, Festschrift für Nirk, 1992, 607, 613; *Samtleben* NJW 1990, 2670, 2671; *ders.* IPRax 1992, 362, 363.

[1065] *Dannhoff*, Das Recht der Warentermingeschäfte, S. 172

[1066] *Dannhoff*, Das Recht der Warentermingeschäfte, S. 173.

[1067] Sie ist zu bejahen, wenn man § 61 BörsG so versteht, daß nicht nur die kollisionsrechtliche Tragweite der börsen*gesetzlichen*, sondern auch der *börsenprivatrechtlichen Regelungen des BGB* erfaßt sind. Ungeachtet des weiten Wortlauts sieht die wohl hM dies meistens ohne nähere Begründung nicht so, vgl. zB *Baumbach/Duden/Hopt*, (14) § 61 BörsG Anm. 3 B und *Horn*, ZIP 1990, 2, 15; ausführlich zu einer in diesem Sinne berichtigenden Auslegung *Dannhoff*, Das Recht der Warentermingeschäfte, S. 170. Für eine solche berichtigende Auslegung besteht allerdings mangels praktischer Auswirkungen kein Anlaß. Sie steht vielmehr einer angemessenen Lösung entgegen, wenn die Abschlußmodalitäten des § 61 BörsG nicht gegeben sind.; vgl. dazu unten Rdnr. 566.

[1068] Speziell zu Warentermingeschäften *Raeschke-Kessler*, EuZW 1990, 145, 150.

[1069] Vgl. oben Rdnr. 564.

im Raum, daß er sich jedenfalls zugunsten nicht termingeschäftsfähiger[1070] Personen als Teil des deutschen ordre public (Art. 6 EGBGB), gem. Art. 29[1071] oder 34 EGBGB durchsetzt[1072]. Eine solche gespaltene Lösung entspricht offenbar nicht dem mit § 61 BörsG verfolgten Regelungszweck und dem dort festgelegten Schutzbereich[1073]. § 61 BörsG sollte daher sowohl als Sonderanknüpfung des Termin- als auch des Differenzeinwands und somit als abschließende Regelung verstanden werden[1074]. Selbst die Stimmen, die § 61 BörsG sonst mittels berichtigender Auslegung auf den Termineinwand beschränken[1075], wollen in dieser Fallgestaltung den Differenzeinwand durchaus ausgeschlossen sehen[1076].

Das Verständnis von § 61 BörsG als abschließende Regelung von Termin und Diffe- **567** renzeinwand entspricht auch der höchstrichterlichen Rechtsprechung zum Verhältnis von Art. 29 und Art. 34 EGBGB[1077]. Sie sieht nämlich den Schutz des Verbrauchers gem Art. 29 EGBGB gegenüber allgemeinen Eingriffsnormen iSd Art. 34 EGBGB zumindest hinsichtlich der Abschlußmodalitäten als abschließend an. § 61 BörsG nF ist Art. 29 EGBGB nachgebildet[1078], so daß eine parallele Beurteilung naheliegt.

4. Sonstige Schranken gegenüber der Anwendung ausländischen Rechts (AGBGB **568** **und Art. 31 Abs. 2 EGBGB).** Das OLG Düsseldorf hat in jüngerer Zeit gegenüber der Wahl englischen Rechts bei Börsentermingeschäften Art. 29 Abs. 1 EGBGB iVm § 3 AGBG angewandt[1079], um die Rechtswahlklausel als überraschend zurückzuweisen[1080]. Diese Entscheidung geht im konkreten Fall sicherlich zu weit[1081]. In Fällen mit sehr schwacher Auslandsberührung[1082] kommt eine solche Schranke aber durchaus in Betracht[1083]. Soweit sich das OLG Düsseldorf zusätzlich auf § 9 AGBG stützt, ist dies abzulehnen. Die Grenzen einer Rechtswahl in AGB waren bis zum zur IPR-Reform 1989 in § 10 Nr. 8 AGBG geregelt. Diese Vorschrift ist aufgehoben worden, um insofern die Art. 27 ff. EGBGB zum Tragen kommen zu lassen[1084]. Entscheidend ist mithin, ob im Einzelfall eine relevante Auslandsberührung gegeben ist (Art. 27 Abs. 3 EGBG).

Im übrigen kann einer einseitigen Rechtswahlerklärung Art. 31 Abs. 2 EGBGB entge- **569** genstehen[1085]; unter den dort genannten Voraussetzungen kann sich die betroffene Partei für die Behauptung, sie habe den AGB nicht zugestimmt, auf ihr Aufenthaltsrecht berufen.[1086]

[1070] Weitergehend *v. Gronau,* Die Börsentermingeschäfte mit Auslandsberührung, S. 30, der es auch für möglich hält, daß termingeschäftsfähige Personen den Differenzeinwand erheben; dagegen aber schon BGH NJW-RR 1991, 757=WM 1991, 576=WuB VII B 3. § 1044 ZPO – 1.91 *Schütze.*

[1071] S. oben Rdnr. 551.

[1072] Vgl zur Rechtsprechung vor der Reform des IPR BGH NJW 1987, 3193 = WM 1987, 1153 = WuB I G 5.- 2.88 *Rössner/Lachmair* = EWiR § 764 BGB 1/87, 1083 *Welter* = ZIP 1987, 1373.

[1073] *de Lousanoff,* Festschrift für Nirk, 1992, 607, 632.

[1074] Vgl schon *Häuser/Welter* in der Vorauflage, § 16 Rdnr. 587 und oben Rdnr. 564.

[1075] *Dannhoff,* Das Recht der Warentermingeschäfte, S. 170.

[1076] Vgl. *Dannhoff,* Das Recht der Warentermingeschäfte, S. 171.

[1077] BGHZ 123, 380, 387 = NJW 1994, 262 = WM 1994, 14 = WuB IV E Art. 29 EGBGB – 1.94 *Thode* = ZIP 1993, 1881.

[1078] Vgl. nur *Samtleben* NJW 1990, 2670, 2671.

[1079] So schon *Meyer-Sparenberg* RIW 89, 347, 350.

[1080] OLG Düsseldorf WM 1994, 376 = WuB I G 5. Börsenrecht 4.94 *Rauscher,* allerdings gestützt auf Artt. 29 und 31 Abs. 2 EGBGB; ausführlich zur Überprüfung von Rechtswahlklauseln am AGBG *Rauscher,* ZZP 104 (1991), 271, 314.

[1081] Vgl die angeführte Anm von *Rauscher.*

[1082] Zu reinen Inlandsfällen vgl Art. 27 Abs. 3 EGBGB (Geltung der zwingenden Vorschriften).

[1083] Rechtsverhältnis zwischen deutschem Vermittler und deutschem Anleger bei Vertrieb ausländischer Börsentermingeschäften; vgl. *Rauscher* WuB I G 5. Börsenrecht 4.94.

[1084] *Rauscher* WuB I G 5. Börsenrecht 4.94.

[1085] *v. Bar,* IPR Bd. 2 RdNr 476, auch zum Sprachenrisiko.

[1086] *Mankowski* RIW 93, 453, 455; *Meyer-Sparenberg* RIW 89, 347, 350.

570 **5. Aufklärung durch Partner, die ausländischer Aufsicht unterstehen.** In Fällen mit Auslandsberührung stellt sich nach der reformierten Rechtslage die Frage, ob auch der ausländische Vertragsteil die Verbindlichkeit des Geschäfts herbeiführen kann, indem er seinen nicht börsentermingeschäftsfähigen Vertragspartner gem. § 53 Abs. 2 BörsG über die Risiken informiert.

571 Die erforderliche **Kaufmannseigenschaft** ist – abgesehen von der Registereintragung[1087] – nach deutschem Recht zu bestimmen[1088]. Im übrigen kommt es darauf an, ob die in § 53 Abs. 2 BörsG vorausgesetzte gesetzliche Banken- oder Börsenaufsicht auch eine ausländische sein kann. Die h. M. bejaht dies, wenn sie von ihrer Aufgabenstellung her im Einzelfall der inländischen entspricht[1089]. Innerhalb der EU wird man die Äquivalenz allgemein voraussetzen müssen[1090]. *Samtleben*[1091] hat mit Recht kritisch darauf hingewiesen, daß in diesem Punkt nun auf eine Würdigung ankommt, die der BGH zu § 58 BörsG a. F. nicht für durchführbar angesehen hatte. Führt ein Stellvertreter oder ein Bote die Information durch, müssen die genannten Merkmale in der Person des Vertretenen gegeben sein[1092].

572 Nach der Reform von 1989 war es im Hinblick auf **Termingeschäfte in Waren** (mit der Ausnahme von Edelmetallen) zunächst nicht möglich, die Verbindlichkeit durch entsprechende Information herbeizuführen[1093]. Für inländische Dependancen ausländischer Broker kam dies bei Edelmetallgeschäfte nur in Betracht, wenn sie wegen gleichzeitig betriebener Effektengeschäfte zumindest als Zweigstelle iSd § 53 KWG der deutschen Bankenaufsicht unterlagen (§ 1 Abs. 1 Nr. 4 KWG)[1094]. Zur Tätigkeit ausländischer Broker hat sich sogleich auch die schwierige Frage gestellt, aus welchem Blickwinkel die nicht immer eindeutige Entscheidung zwischen Warentermin- und Wertpapiertermingeschäften zu treffen ist[1095].

573 Art. 2 Nr. 27 des 2. FinanzmarktförderungsG vom 26.7.1994 (BGBl. I S. 1749) hat mit Wirkung vom 1.1.1995 das Informationsmodell auf Warentermingeschäfte erstreckt, verlangt allerdings in § 53 Abs. 2 Satz 2 BörsG ergänzend eine Information über die speziellen Risiken von Warentermingeschäften[1096]. Diese Neuregelung ändert aber nichts daran, daß die erforderliche Banken- oder Börsenaufsicht bestehen muß. Sie kann sich als deutsche Aufsicht ergeben, wenn gleichzeitig Wertpapiertermingeschäfte betrieben werden; im übrigen kommt es wie bisher auf die ausländische Aufsicht an. Angesichts zusätzlicher vorvertraglicher Aufklärungspflichten bleibt auch die Unterscheidung zwischen Warentermin- und Wertpapiertermingeschäften von Bedeutung.

574 **6. Börsentermingeschäfte im internationalen Prozeßrecht.** Nach der Rechtslage bis zur Börsenreform 1989 war es von entscheidender Bedeutung, ob Rechsstreitigkeiten über Termingeschäfte vor deutschen Gerichten ausgetragen wurden. In Fällen mit Auslandsbe-

---

[1087] Vgl. § 53 Abs. 1 Nr. 3 BörsG.

[1088] *Baumbach/Duden/Hopt,* (14) § 53 BörsG Rdnr. 5; *de Lousanoff,* Festschrift für Nirk, 1992, 607, 611; zu sonst bestehenden Zweifelsfragen bei der Bestimmung der Kaufmannseigenschaft *Reithmann/Martiny*, Internationales Vertragsrecht, 4. Aufl. 1988 Rdnr. 170.

[1089] Vgl. oben Rdnr. 233; noch weitergehend *Dannhoff,* Das Recht der Warentermingeschäfte, S. 166: jedwede gesetzliche Aufsicht genügt.

[1090] So *Assmann*, Festschrift für Heinsius, 1991, S. 1, 27.

[1091] *Samtleben* NJW 1990, 2670, 2671.

[1092] Vgl. oben Rdnr. 233; nach *Dannhoff,* Das Recht der Warentermingeschäfte, S. 166 ist eine Übermittlung durch einen nicht qualifizierten Boten nur zulässig, wenn deutlich auf den wahren Vertragspartner hingewiesen wird; dagegen hält *Horn* ZIP 1990, 2, 8 es für erforderlich, daß der Bote entsprechend qualifiziert ist.

[1093] Vgl. oben Rdnr. 28; *Samtleben* NJW 1990, 2670, 2672.

[1094] *Dannhoff,* Das Recht der Warentermingeschäfte, S. 165; anders noch *Rössner/Weber* BB 1979, 1049, 1056: Vermittlung als Einlagengeschäft iSd § 1 Abs. 1 Nr. 1 KWG.

[1095] Vgl. dazu im einzelnen *Dannhoff,* Das Recht der Warentermingeschäfte, S. 167, der trotz gewisser Bedenken letztlich für den deutschen Blickwinkel plädiert.

[1096] Vgl. oben Rdnr. 240.

rührung konnten eingetretene Verluste jedenfalls durch den Differenzeinwand auf den Vertragspartner abgewälzt werden. Wie es so deutlich wohl in keinem anderen Zusammenhang ausgeprägt war[1097], hing der Ausgang entsprechender Prozesse von der internationalen Zuständigkeit ab. Vor diesem Hintergrund hat sich gleichsam ein internationales Prozeßrecht der Termingeschäfte entwickelt. Die Gestaltungsphantasie der Beteiligten und die intensive Befassung der Gerichte hat nämlich dazu geführt, daß Feinheiten des einschlägigen nationalen und europäischen Prozeßrechts unter dem Vorzeichen von Termingeschäften herausgearbeitet wurden.

Die Börsenreform von 1989 hat die materiellrechtliche Ausgangslage zwar erheblich entschärft. Gleichwohl bleibt es für die Beteiligten gerade bei Termingeschäften mit Auslandsberührung von großem Interesse, vor den Gerichten welchen Staates ihr Streit ausgetragen werden kann. Die Kette der Entscheidungen zu prozessualen Vorfragen ist daher keineswegs abgerissen, und zwar schon deswegen nicht, weil Rückforderungen wegen ungerechtfertigter Bereicherung innerhalb der regelmäßigen Verjährungsfrist von 30 Jahren (§ 195 BGB) geltend gemacht werden können. Die alte Rechtslage wirkt also noch lange nach. **575**

a) Gerichtsstandsvereinbarung. Wenn deutsche Gerichte den Weg zu einer Rechtswahl versperren, richtet sich das Augenmerk internationaler Vertragsgestaltung darauf, durch Gerichtsstandsklauseln die Zuständigkeit anderer Gerichte sicherzustellen, vor denen etwaige Streitigkeiten ausgetragen werden können, ohne daß deutsches Kollisionsrecht zum Tragen kommt. **576**

aa) Vereinbarung ausländischer Zuständigkeit. Ob und unter welchen Voraussetzungen ausländische Gerichte ihre internationale Zuständigkeit auf eine Gerichtsstandsvereinbarung stützen, entscheidet sich nach der jeweiligen lex fori. Grundsätzlich wird man davon ausgehen können, daß ausländische Partner vereinbaren können, daß die Gerichte in ihrem Wohnsitz-/Sitz-Staat zuständig sind. **577**

Mit Rücksicht auf den Verbraucherschutz kann sich allerdings ein Vorbehalt für die Vertragsstaaten des EuGVÜ ergeben. Wenn die bereits oben[1098] angesprochene Frage zu bejahen ist, daß **Kommissionsverträge** im Zusammenhang mit Börsentermingeschäften Verbrauchergeschäfte sind, ist die Wahl eines internationalen Gerichtsstands erheblich eingeschränkt. Der Verbraucher, der in seinem Heimatstaat durch Werbung oder ein ausdrückliches Angebot angesprochen worden ist und hier auch die erforderliche Abschlußhandlung vorgenommen hat, kann nicht vor die Gerichte eines ausländischen Staates gezwungen werden. Art. 14 läßt iVm Art. 15 EuGVÜ eine Klage gegen ihn nur in seinem Heimatstaat zu, während er selbst den anderen Teil auch an dessen ausländischem Sitz verklagen und hierfür auch weitere Gerichtsstände vereinbaren kann. Selbst nachdem der BGH dazu zwei Vorlagen an den EuGH gerichtet hat, ist die Rechtslage insofern nicht geklärt[1099]. **578**

bb) Vollstreckung ausländischer Urteile und Schiedssprüche. Unabhängig davon, ob die Vollstreckung eines ausländischen Titels nach einem bilateralen Abkommen[1100], nach dem EuGVÜ[1101] oder nach autonomem Recht[1102] zu beurteilen ist, muß die Anerkennung mit **579**

1097 Parallelen ergeben sich zu Produkthaftungsprozessen in den USA, bei denen ebenfalls die Entscheidung durch US-amerikanische Gerichte den Ausgang im Hinblick auf den Umfang von Ersatzansprüchen entscheidend bestimmt.

1098 Rdnr. 551.

1099 Vgl. dazu oben Rdnr. 554.

1100 Vgl. *Welter*, Zwangsvollstreckung und Arrest in Forderungen – insbesondere Kontenpfändung – in Fällen mit Auslandsberührung, WM-Script, 1988, S. 60, 63.

1101 Vgl. Art. 27 Nr. 1 EuGVÜ; dazu *Welter*, Zwangsvollstreckung und Arrest in Forderungen – insbesondere Kontenpfändung – in Fällen mit Auslandsberührung, WM-Script, 1988, S. 54 m.w.N. und *Häuser/Welter* WM 1985, Sonderbeil. Nr. 8, S. 15 m.w.N.; aus der jüngeren Rechtsprechung BGH NJW 1993, 3269.

1102 Vgl. § 328 Abs. 1 Nr. 4 ZPO; dazu *Welter*, Zwangsvollstreckung und Arrest in Forderungen – insbesondere Kontenpfändung – in Fällen mit Auslandsberührung, WM-Script, 1988, S. 48 m.w.N.; *Häuser/Welter* WM 1985, Sonderbeil. Nr. 8, S. 8.

dem inländischen ordre public vereinbar sein. Der BGH hat ab 1975[1103] den mittlerweile allerdings auch für Altfälle aufgegebenen[1104] Standpunkt entwickelt, daß sowohl der Termineinwand als auch der Differenzeinwand[1105] in diesem Sinne zu den elementaren Grundlagen der deutschen Rechtsordnungs zu zählen ist.

580 Die Praxis hat daraufhin zu vermeiden gesucht, obsiegende ausländische Urteile in Deutschland zu vollstrecken. Hierfür waren im Ausland belegene Sicherheiten (z. B. Verpfändung von Depots) geeignet. Alle diese Vorkehrungen erwiesen sich aber schließlich als nutzlos, wenn der in Deutschland ansässige Kunde seinen ausländischen Geschäftspartner im Inland verklagen und ein Urteil auf Freigabe von Sicherheiten oder Rückzahlung hier[1106] auch vollstrecken konnte[1107]. Der BGH hat nämlich den kollisionsrechtlich zwingenden Termin- und Differenzeinwand ohne weiteres dafür herangezogen, entsprechende bereicherungsrechtliche Ansprüche zu begründen[1108].

581 Diese Rechtsprechung zu den Bereicherungsansprüchen hat damit den zuständigkeitsrechtlichen Blickwinkel verschoben: Es reichte nicht aus, einen ausländischen Gerichtsstand nach den dort geltenden Regeln wirksam zu vereinbaren (Prorogation); es mußte nach den Regeln des deutschen internationalen Zivilprozeßrechts auch die inländische Zuständigkeit ausgeschlossen sein (Derogation).

582 cc) Ausschluß inländischer Zuständigkeit außerhalb des Anwendungsbereichs des EuGVÜ. Die internationale Zuständigkeit inländischer Gerichte ist nicht gegeben, wenn eine Gerichtsstandsvereinbarung dazu führt, daß ein **ausländisches** Gericht **ausschließlich** zuständig ist.

583 Für Vollkaufleute gilt § 38 Abs. 1 ZPO, d.h. es ist sogar unabhängig von der Auslandsberührung eine stillschweigende Vereinbarung ausländischer Zuständigkeit zulässig. Hat ein Vertragspartner keinen Sitz/Wohnsitz im Inland, können auch andere Personen[1109] eine solche Abrede treffen (schriftlich oder schriftlich bestätigt; § 38 Abs. 2 ZPO)[1110]. Soweit Allgemeine Geschäftsbedingungen betroffen sind, sind Gerichtsstandsvereinbarungen am AGBG zu messen[1111].

[1103] BGH NJW 1975, 1600 = MDR 1975, 926; dazu *Polt*, Diss., S. 118 ff.; *Samtleben* RIW 1975, 500 und *D. Weber* BB 1974, 1410.

[1104] Vgl. BGH NJW-RR 1991, 757=WM 1991, 576=WuB VII B 3. § 1044 ZPO – 1.91 *Schütze* = EWiR § 764 BGB 1/91, 559 *Koller* zum Differenzeinwand; vgl. auch schon LG Wuppertal WM 1993, 103. Ausführlich dazu *de Lousanoff*, Festschrift für Nirk, 1992, 607, 621. Für Fälle fehlender Börsentermingeschäftsfähigkeit ist diese Frage allerdings noch offen; vgl. *Koller*, EWiR § 764 BGB 1/91, 559, der sogar davon ausgeht, daß der BGH zugunsten nicht-börsentermingeschäftsfähiger Beteiligter anders entschieden hat.

[1105] Vgl. z. B. BGH NJW 1987, 3193 = WM 1987, 1153 = WuB I G 5.- 2.88 *Rössner/Lachmair* = EWiR § 764 BGB 1/87, 1083 *Welter* = ZIP 1987, 1373, dazu im einzelnen *Häuser/Welter* WM 1985, Sonderbeil. Nr. 8, S. 8.

[1106] Eine Vollstreckung z. B. in den USA kam nicht in Betracht, da dies dem US-amerikanischen ordre public widersprechen würde; *Rogers/Markham* Law and Policy in International Business (19) 1987, S. 273 , 274, 298 Fn. 2.

[1107] Mißverständlich daher *Maser*, Diss., S. 238.

[1108] BGHZ 102, 204 = NJW 1988, 1083 = WM 1988, 144 = WuB I G 5.- 9.88 *Häuser* = ZIP 1988, 297; BGHZ 101, 296 = NJW 1987, 3181 = WM 1987, 1156 = WuB I G 5.- 3.88 *Rössner/Lachmair* ZIP 1987, 1170; BGH NJW 1979, 488 = WM 1978, 1203, 1204 =LM Nr. 30 zu Art. 30 EGBGB; kritisch dazu *Triebel/Peglow* ZIP 1987, 617; vgl. auch schon aus ausländischer Sicht *Rogers/Markham* Law and Policy in International Business (19) 1987, S. 273 , 294.

[1109] Minderkaufleute und Nichtkaufleute.

[1110] Vgl. BGH NJW 1986, 1438 = WM 1985, 1507, 1509; BGH WM 1986, 400 = WuB VII A. § 38 Abs. 2 ZPO 1.86 *Welter.*

[1111] Vgl. *Landfermann* RIW 1977, 445, 448; vgl. auch OLG Düsseldorf WM 1988, 566 = WuB I G 5.- 10.88 *Welter*: Gerichtsstandsvereinbarung bei Börsentermingeschäften als *überraschende Klausel* nach § 3 AGBG, wenn der Kunde davon ausgehen kann, daß er mit einem inländischen Partner kontrahiert; zur parallelen Frage der Wahl ausländischen Rechts OLG Düsseldorf WM 1994,

Jedenfalls außerhalb von Allgemeinen Geschäftsbedingungen können Parteien, wenn eine von ihnen keinen allgemeinen Gerichtsstand im Inland hat, somit auch im nichtkaufmännischen Bereich durch Gerichtsstandsvereinbarungen die Zuständigkeit ausländischer Gerichte begründen. Schranken, die aus dem inländischen ordre public abgeleitet sind, ergeben sich aus § 38 ZPO nicht. § 40 Abs. 2 ZPO schließt eine Vereinbarung nur aus, wenn der Rechtsstreit andere als vermögensrechtliche Ansprüche betrifft oder wenn für die Klage ein ausschließlicher Gerichtsstand begründet ist[1112]. 584

Ein anderes Bild ergibt sich, wenn man berücksichtigt, daß nach h. M. die Schranken, die einer Wahl ausländischen Rechts gesetzt sind, sich auch auf die Derogation der internationalen Zuständigkeit deutscher Gerichte auswirken[1113]. Auf dieser Grundlage hat der **II. Zivilsenat** des BGH einer derogierenden Gerichtsstandvereinbarung mit einem nicht börsentermingeschäftsfähigen Inländer die Anerkennung versagt, weil sie gegen zwingende Vorschriften des Börsengesetzes verstoße[1114]. § 61 BörsG a. F. stehe der Anwendung ausländischen Rechts und der Anerkennung hierauf gestützter ausländischer Entscheidungen entgegen. „Aus demselben Grund" müsse auch einer Gerichtsstandsklausel „die Wirksamkeit versagt werden, die bei ihrer Anwendung in Verbindung mit einer Rechtswahlklausel zur Folge hätte, daß die zur Entscheidung berufenen Gerichte den Termineinwand nicht beachten"[1115]. 585

Dieser Rechtsprechung ist insbesondere entgegenzuhalten, daß im Rahmen der internationalen Zuständigkeit die nationalen Eigenheiten an Gewicht verlieren. Auf europäischer Ebene gilt insofern vereinheitlichtes Recht (EuGVÜ). Wenn das europäische Zivilprozeßrecht es nicht zuläßt, mit Blick auf die internationale Zuständigkeit auf den inländischen ordre public zurückzugreifen, läßt es sich schwerlich begründen, daß dies außerhalb des EuGVÜ nach wie vor möglich sein soll. Sind – wie hier – Fragen betroffen, die innerhalb und außerhalb der europäischen Gemeinschaft nicht anders beurteilt werden, käme man andernfalls zu einem **gespaltenen zwingenden Kollisionsrecht** und zu einem **gespaltenen ordre public**[1116]. Auch außerhalb seines Anwendungsbereichs rückt somit ins Blickfeld, welche Schranken für Gerichtsstandsvereinbarungen sich nach dem EuGVÜ noch aus dem nationalen Recht ergeben können. 586

dd) Ausschluß deutscher Zuständigkeit im Anwendungsbereich des EuGVÜ. Das EuGVÜ ist auf die Gerichtsstandwahl anwendbar, wenn nach der Gerichtsstandsvereinbarung ein Gericht in einem Vertragsstaat zuständig sein soll (Art. 17 EuGVÜ). Wenn zB der deutsche Kunde mit einem amerikanischen Broker die internationale Zuständigkeit Lon- 587

376=WuB I G 5. Börsenrecht 4.94 *Rauscher,* allerdings gestützt auf Art. 31 Abs. 2 EGBGB; ausführlich zur Überprüfung von Rechtswahlklauseln am AGBG *Rauscher* ZZP 104 (1991), 271, 314.

[1112] Z.B. § 6 a AbzG oder § 29 a ZPO; für Börsentermingeschäfte gilt kein entsprechender ausschließlicher Gerichtsstand im Inland.

[1113] *Reithmann/Hausmann,* Internationales Vertragsrecht, 4, Aufl, Rdnr. 1266; BGH WM 1974, 242 m. Anm. *Geimer;* BGH WM 1975, 910 = AWD 1974, 221 m. Anm. *v. Hoffmann* = ZZP 80 (1975), 318 m. Anm. *Walchshöfer; Gottwald,* Festschrift für Firsching, 1985, S. 89, 95; zur Derogation ferner *Geimer,* Internationales Zivilprozeßrecht, 2. Aufl., Rdnr. 1057, 1770; *Staudinger/Firsching,* BGB, 12. Aufl. 1978, Rdnrn. 187 ff. vor Art. 12 EGBGB.

[1114] BGH NJW 1984, 2037 = WM 1984, 1245 = LM Nr. 24 zu § 38 ZPO = ZIP 1984, 1461 = RIW 1985, 78, 80; dazu ausführlich *Häuser/Welter* WM 1985, Sonderbeil. Nr. 8, S. 9 ff.; *Schwark,* ZGR 1985, 466 und *G. Roth,* IPRax 1985, 198.

[1115] Zu den Einwänden gegen diese Rechtsprechung *Häuser/Welter* WM 1985, Sonderbeil. Nr. 8, S. 9 ff.

[1116] *Häuser/Welter* WM 1985, Sonderbeil. Nr. 8, S. 15; gegenüber New York könnte sich der ordre public durchsetzen, aber nicht (mehr) gegenüber London, obwohl sich die dortige Rechtslage und auch die jeweilige Beurteilung der deutschen Rechtslage nicht unterscheiden. Eine solche „Spaltung" ist im übrigen schon deswegen fragwürdig, weil auch US-amerikanische Geschäftspartner nur eine internationale Zuständigkeit in einem Vertragsstaat des EuGVÜ vereinbaren müßten, um für ein deutsches Gericht das EuGVÜ anwendbar werden zu lassen (siehe dazu zugleich im folgenden Text). Ebenso wie ein Gericht in New York würde aber auch ein Gericht in Paris oder London ohne weiteres das Recht des Staates New York anwenden.

doner Gerichte vereinbart, gilt hierfür nach Art. 17 Abs. 1 Satz 1 EuGVÜ ohne jeden Zweifel das EuGVÜ.

588 Nach Art. 17 EuGVÜ muß die Gerichtstandsvereinbarung schriftlich oder mit schriftlicher Bestätigung[1117] geschlossen werden. Im internationalen Handelsverkehr genügt auch eine Form, die den internationalen Handelsbräuchen entspricht[1118]. Art. 17 EuGVÜ gibt allerdings keine Auskunft, welche Grenzen der Derogation inländischer Zuständigkeit gesetzt sind. Hier rückt die Vorschrift des Art. 14 EuGVÜ ins Blickfeld, die iVm Art. 13 den Verbraucherschutz auf der Ebene internationaler Zuständigkeit sicherstellt. Wie bereits erwähnt, ist allerdings trotz mehrer Vorlagen an den EuGH offen, ob Kommissionsverträge, die auf die Durchführung von Börsentermingeschäften gerichtet sind, im Sinne des Art. 13 Nr. 3 EuGVÜ die „Erbringung einer Dienstleistung zum Gegenstand haben"[1119].

589 Je nachdem, ob man diese Frage bejaht oder verneint, eröffnet sich ein kleinerer oder ein umfassender Bereich, in dem sich die Derogationsfreiheit allein nach den allgemeinen Regeln des EuGVÜ richtet.

590 Auch wenn man Art. 13 EuGVÜ auf Börsentermingeschäfte und entsprechende Nebengeschäfte anwendet, werden nur Fälle erfaßt, in denen der Anbieter im Wohnsitzstaat des Verbrauchers werbend tätig geworden ist. Hat sich der Verbraucher „auf eigene Faust" an den im Ausland ansässigen Anbieter gewandt, bleibt der zuständigkeitsrechtliche Verbraucherschutz des Art. 13 EuGVÜ außer Betracht.

591 Beurteilt man Börsentermingeschäfte mit ihren Nebengeschäften dagegen nicht als Verbrauchersache im Sinne des Art. 13 EuGVÜ, läßt sich nur Art. 17 EuGVÜ heranziehen, d.h. insbesondere auch in Fällen grenzüberschreitender Werbung. Nach dieser Vorschrift führt eine Gerichtstandsvereinbarung dazu, daß das vereinbarte Gericht ausschließlich zuständig ist. Art. 17 EuGVÜ begünstigt also die Derogation, um mehrfache Zuständigkeiten möglichst zu vermeiden[1120]. Hierin kommt zum Ausdruck, daß das EuGVÜ die Gerichte in den einzelnen Vertragsstaaten grundsätzlich als gleichwertig behandelt.

592 Auch wenn zu den Grenzen der Prorogations- und Derogationsfreiheit nach Art. 17 EuGVÜ im In- und Ausland noch nicht stets die gewünschte Klarheit herrscht[1121], so besteht mittlerweile wohl Einigkeit darüber, daß nationale Derogationsverbote neben Art. 17 EuGVÜ nicht weiter gelten[1122]. Dasselbe gilt für Schranken einer Prorogation, die aus zwingendem materiellen Recht abgeleitet werden[1123]. Wie eine jüngere instanzgerichtliche

---

[1117] Vgl. dazu EuGH WM 1986, 752 = WuB VII B 1. Art. 17 EuGVÜ 2.86 *Welter.*

[1118] Wenn dieser Handelsbrauch den Parteien bekannt ist oder als ihnen bekannt angesehen werden muß (Art. 17 Abs. 2 Satz 2 EuGVÜ).

[1119] Vgl. Rdnr. 554.

[1120] *Kropholler*, Europäisches Zivilprozeßrecht, 5. Aufl., Art. 17 Rdn. 96.

[1121] In den ersten Jahren nach Inkrafttreten des EuGVÜ beruhte dies vor allem darauf, daß das Übereinkommen keine Sondervorschriften für arbeitsrechtliche Streitigkeiten enthält. Der Vorentwurf hatte für arbeitsrechtliche Streitigkeiten ausschließliche Gerichtsstände vorgesehen; vgl. im einzelnen *Häuser/Welter* WM 1985, Sonderbeil. Nr. 8, S. 13 Fn. 111.

[1122] Vgl. *Häuser/Welter* WM 1985, Sonderbeil. Nr. 8, S. 13 m.w.N. aus dem inländischen und ausländischen Schrifttum.; *Kropholler*, Europäisches Zivilprozeßrecht, 5. Aufl. 1996, Art. 17 Rdnr. 20.

[1123] *Häuser/Welter* WM 1985, Sonderbeil. Nr. 8, S. 13 m.w.N. in Fn. 113. Die Diskussion hat sich inzwischen weitgehend auf die Frage verlagert, inwieweit das derogierte Forum die Derogation im Einzelfall mit der Begründung außer acht lassen kann, daß es zusätzliche Anforderungen an eine „Vereinbarung" i.S.d. Art. 17 EuGVÜ stellt. Die „Vereinbarung" selbst soll nämlich nach der jeweiligen lex fori oder lex causae zu beurteilen sein, die über das EuGVÜ hinaus nach allgemeinen Regeln über das Zustandekommen und die Wirksamkeit von Verträgen die Derogation zu Fall bringen können; vgl. sehr weitgehend *Jung*, Vereinbarungen über die internationale Zuständigkeit nach dem EWG-Gerichtsstands- und Vollstreckungsabkommen und nach § 38 Abs. 2 ZPO, 1980, S. 125; ferner *v. Hoffmann* RIW/AWD 1973, 57, 63 und *Pocar* RabelsZ 42 (1978), 405, 413. Nach anderer Auffassung soll eine „europäische Mißbrauchskontrolle" stattfinden, die aufgrund eines „vertragsautonomen Maßstabs" nur solche Abreden als „Vereinbarung" anerkennt, die ohne mißbilligten Druck, d.h. ohne Mißbrauch wirtschaftlicher Macht und ohne andere unlautere Mittel zustande kommen;

Entscheidung[1124] unterstreicht, hat man nämlich zutreffend die Vorstellung aufgegeben, die nationalen Rechtsordnungen könnten durch prozessuale oder materielle Regelungen die Grundentscheidung des EuGVÜ, auf der Ebene der Zuständigkeit alle Gerichte in den Vertragsstaaten als gleichwertig zu erachten, in ihrer Wirkung abmildern[1125].

c) Schiedsvereinbarung. Die internationale Zuständigkeit deutscher Gerichte läßt sich auch **593** nicht nur dadurch verdrängen, daß ein ausschließlicher Gerichtsstand im Ausland vereinbart wird. Die gleiche Wirkung hat die Vereinbarung eines ausländischen[1126] Schiedsgerichts (§ 1027 a ZPO)[1127]. In Verbindung mit einer Rechtswahlklausel führt diese Gestaltung an sich dazu, daß über Streitigkeiten ohne Rücksicht auf den deutschen Termin- und Differenzeinwand entschieden würde. Es war daher folgerichtig, daß der BGH im Urteil vom 15. 6. 1987[1128] seine Rechtsprechung zu Gerichtsstandsklauseln auf **Schiedsvereinbarungen** übertragen hat[1129]. Danach war die Vereinbarung eines ausländischen Schiedsgerichts aus einem Vertrag über Termingeschäfte an ausländischen Börsen, die zugleich Differenzgeschäfte sind, nicht anzuerkennen, wenn sie in Verbindung mit einer Rechtswahlklausel zur Folge gehabt hätte, daß das Schiedsgericht den Termin- und Differenzeinwand nicht beachtet.

Diese Entscheidung ging über die Rechtsprechung zu Gerichtsstandsklauseln insofern **594** hinaus, als nun auch ausdrücklich der **Differenzeinwand** als Schranke für prozessuale Gestaltungen angeführt wurde[1130]. Auch für Streitigkeiten mit börsentermingeschäftsfähigen Personen ließ sich danach die Zuständigkeit deutscher Gerichte nicht ausschließen.

In der angeführten Rechtsprechung ist § 28 nicht erwähnt, der die Zulässigkeit von **595** Schiedsvereinbarungen betrifft: § 28 BörsG[1131]. Danach ist eine Vereinbarung, mit der sich die Beteiligten im voraus der Entscheidung eines Börsenschiedsgerichts unterwerfen, nur verbindlich, wenn beide Teile gem. § 53 Abs. 1 BörsG börsentermingeschäftsfähig sind. Der Bundesgerichtshof[1132] hat mittlerweile die Tragweite dieser Vorschrift ausdrücklich erheblich eingeschränkt, indem er sie nur anwendet, wenn die Schiedsrichter mit Rücksicht auf ihre Tätigkeit an der Börse berufen sind; auch eine entsprechende Anwendung komme auf andere Schiedsgerichte nicht in Betracht[1133]. Damit ist die im Schrifttum[1134]

---

vgl. *Kohler* IPRax 1985, 265, 270; *Kropholler*, Europäisches Zivilprozeßrecht, 5. Aufl. 1996, Art. 17 Rdnr. 82 f. auch zur Geltung von § 138 BGB und § 1025 ZPO.

[1124] LG Darmstadt NJW-RR 1994, 684=WM 94, 1565, 1568; dazu *Thorn* IPRax 95, 294 ff.

[1125] *Kropholler*, Europäisches Zivilprozeßrecht, 5. Aufl., Art. 17 Rdnr. 20 f.; *Schlosser*, Festschrift für Steindorff, 1990, S. 1379, 1389; diese Entwicklung bedauern *Kohler* IPRax 1983, 265, 272 und noch schärfer *Basedow*, IPRax 1985, 133.

[1126] Ein *inländischer* Schiedsspruch verdrängt insofern nicht die Zuständigkeit deutscher Gerichte, als die Aufhebung des Schiedsspruchs verlangt werden kann, z. B. wenn die Anerkennung gegen den ordre public verstoßen würde (§ 1041 Abs. 1 Nr. 2 ZPO); zur Abgrenzung zwischen ausländischen und inländischen Schiedssprüchen vgl. *Welter* WuB VII A. § 1044 ZPO 1.87.

[1127] Vgl. *Samtleben* IPRax 1981, 43, 45; *Rahmann*, Ausschluß staatlicher Gerichtszuständigkeit, S. 49 f.; vgl. ausführlich zur internationalen Schiedsgerichtsbarkeit § 29 Rdnr. 3 ff. und 52 ff.

[1128] BGH NJW 1987, 3193 = WM 1987, 1153 = WuB I G 5.- 2.88 *Rössner/Lachmair* = EWiR § 764 BGB 1/87, 1083 *Welter* = ZIP 1987, 1373.

[1129] Ebenso schon OLG Frankfurt WM 1986, 701 = WuB I G 5.- 3.86 *Häuser/Welter* = ZIP 1986, 497; dazu *Raeschke-Kessler* EuZW 1990, 145, 149 und ausführlich *de Lousanoff*, Festschrift für Nirk, 1992, 607, 613.

[1130] Vgl. schon *Häuser/Welter* WM 1985, Sonderbeil. Nr. 8, S. 9.

[1131] Vgl. aber schon *Häuser/Welter* WuB I G 5.- 3.86; ausführlich *de Lousanoff*, Festschrift für Nirk, 1992, 607, 636.

[1132] BGH NJW 1991, 2215 = WM 1991, 1248 = EWiR § 1025 ZPO 1/91, 1039 *Welter*; ausführlich dazu *Samtleben* IPRax 1992, 362.

[1133] Dazu mit Recht kritisch *Samtleben* IPRax 1992, 362, 364.

[1134] *Brändl*, Internationales Börsenprivatrecht, 1925, S. 210; *Samtleben*, BB 1974, 1616, 1618; *Schütze*, Jahrbuch für die Praxis der Schiedsgerichtsbarkeit, Bd. 1 (1987), S. 94, 97 und unten § 29 Rdnr. 14.

entwickelte Auffassung in Frage gestellt, nicht börsentermingeschäftsfähigen Personen fehle die subjektive Schiedsfähigkeit für Ansprüche aus Börsentermingeschäften. Gleiches gilt damit auch für die kollisionsrechtliche Überlegung, zur Tragweite sei Art. 7 EGBGB heranzuziehen, da die subjektive Schiedsfähigkeit sich aus der Geschäftsfähigkeit ergebe[1135].

596 Die angeführte Rechtsprechung zur Tragweite des § 28 BörsG hat andererseits zur Folge, daß auch nicht börsentermingschäftsfähige Parteien nicht durch diese Vorschrift gehindert sind, Schiedsvereinbarungen zu treffen. Auch keine weiteren Grenzen hat der BGH[1136] für den Fall gesehen, daß ein deutsches Schiedsgericht nach deutschem Recht entscheiden soll.

597 Die Börsenrechtsreform hat unterstrichen, daß es § 28 BörsG fragwürdig erscheinen läßt, börsentermingeschäftsfähigen Personen zu verwehren, die Zuständigkeit eines ausländischen Schiedsgerichts[1137] zu vereinbaren. *Schütze*[1138] hat schon zur alten Rechtslage mit Recht hervorgehoben, daß das UN-Übereinkommen über die Anerkennung und Vollstreckung ausländischer Schiedssprüche vom 10.06.1958[1139] zwar für die **Anerkennung** von Schiedssprüchen den Vorbehalt des ordre public kennt[1140]. Schiedsvereinbarungen sind dagegen nach Art. II des UN-Übereinkommens anzuerkennen, ohne daß ein Vorbehalt des ordre public vorgesehen ist [1141]. Der Bundesgerichtshof ist im Ergebnis nun sogar noch weitergegangen, indem er mit Rücksicht auf die Börsenrechtsreform Schiedsvereinbarungen zwischen börsentermingeschäftsfähigen Personen anerkannt hat; der Differenzeinwand gehöre nach heutigem Verständnis nicht mehr zu den wesentlichen Grundsätzen des ordre public[1142]. Für Fälle fehlender Börsentermingeschäftsfähigkeit ist diese Frage allerdings noch offen.[1143]

598 *d) Flucht aus der internationalen Zuständigkeit deutscher Gerichte.* Nachdem die höchstrichterliche Rechtsprechung alle Wege versperrt hat, die internationale Zuständigkeit deutscher Gerichte durch eine Vereinbarung auszuschließen, hat die Praxis versucht, die tatsächlichen Verhältnisse so zu gestalten, daß die Tatbestandsvoraussetzungen für eine inländische Zuständigkeit nicht vorliegen[1144]. Hierbei ist danach zu unterscheiden, ob die internationale Zuständigkeit aufgrund der ZPO[1145] oder dem EuGVÜ[1146] in Betracht kommt.

[1135] *Schütze*, Jahrbuch für die Praxis der Schiedsgerichtsbarkeit, Bd. 1 (1987), S. 91, 97; danach bestimmt das jeweilige Heimatrecht über die Grenzen der subjektiven Schiedsfähigkeit. § 28 BörsG würde also dazu führen, daß nichtbörsentermingeschäftsfähige Deutsche für Ansprüche aus Börsentermingeschäften nicht schiedsfähig sind.

[1136] BGH NJW 1991, 2215 = WM 1991, 1248 = EWiR § 1025 ZPO 1/91, 1039 *Welter*.

[1137] Zur Geltung dieser Vorschrift für ausländische Schiedsgerichte vgl. *Bauer*, Börsenmässige Termingeschäfte und Differenzeinwand im schweizerischen und deutschen IPR, S. 359 m.w.N.; anders *de Lousanoff*, Festschrift für Nirk, 1992, 607, 637.

[1138] *Schütze*, Jahrbuch für die Praxis der Schiedsgerichtsbarkeit, Bd. 1 (1987), S. 91, 98; zustimmend *de Lousanoff*, Festschrift für Nirk, 1992, 607, 618.

[1139] BGBl. 1961 II, 222.

[1140] Art. 5 Abs. 2 lit. b.

[1141] *Schütze*, Jahrbuch für die Praxis der Schiedsgerichtsbarkeit, Bd. 1 (1987), S. 91, 98.

[1142] Vgl. BGH NJW-RR 1993, 1519 = WM 1993, 2121 = WuB I G 5. Börsenrecht 2.92 *Thode* unter Berufung auf BGH NJW-RR 1991, 757 = WM 1991, 576 = WuB VII B 3. § 1044 ZPO 1.91 *Schütze* = EWiR § 764 BGB 1/91, 559 *Koller*.

[1143] Vgl. *Koller*, EWiR § 764 1/91, 559 BGB, der sogar davon ausgeht, daß der BGH zugunsten nicht-börsentermingeschäftsfähiger Beteiligter anders entschieden hat; ebenso *Lousanoff*, Festschrift für Nirk, 1992, 607, 625.

[1144] *de Lousanoff*, Festschrift für Nirk, 1992, 607, 620.

[1145] § 23 ZPO und im übrigen die Regelungen zur örtlichen Zuständigkeit, die „doppelfunktional" auch die internationale Zuständigkeit begründen; vgl. *Welter*, Zwangsvollstreckung und Arrest in Forderungen – insbesondere Kontenpfändung – in Fällen mit Auslandsberührung, WM-Script, 1988, S. 35 m.w.N.; vgl. auch *Wach/Weberpals* AG 1989, 193, 194 ff.

[1146] Personen, die ihren Wohnsitz in dem Hoheitsgebiet eines *Vertragsstaats* haben, können vor den Gerichten eines anderen Vertragsstaats nur aufgrund einer internationalen Zuständigkeit nach dem

aa) Vermeidung inländischer Zuständigkeit außerhalb des EuGVÜ. Um die inländische Zuständigkeit zu vermeiden, darf sich kein Vermögen innerhalb Deutschlands befinden. Wie sich dennoch Konten in der Bundesrepublik Deutschland unterhalten lassen, zeigt eine Entscheidung des OLG Düsseldorf[1147]. Bei Forderungen ergibt sich nach § 23 Satz 2 ZPO die Belegenheit aus dem Sitz/Wohnsitz des Schuldners. Wird also das Konto bei einem Kreditinstitut unterhalten, das im Inland nur mit einer **unselbständigen Zweigstelle** vertreten ist und seinen Sitz im Ausland hat, scheidet nach OLG Düsseldorf der inländische Gerichtsstand des Vermögens aus. Es komme nicht in Betracht, die Belegenheit mit Rücksicht auf § 21 ZPO zu erweitern. 599

Die Entscheidung des OLG Düsseldorf weist auch einen Weg, wie die inländische Zuständigkeit nach § 23 ZPO vermieden werden kann, die sich auf den Sitz einer Tochtergesellschaft in der Bundesrepublik Deutschland stützt. Eine Beteiligung wäre zwar i. S.d. § 23 ZPO inländisches Vermögen; da aber eine (ausländische) Tochtergesellschaft zwischengeschaltet sei, fehle es an dieser Voraussetzung. 600

In ähnlicher Weise haben ausländische Partner von Börsentermingeschäften versucht, den Gerichtsstand der Niederlassung nach § 21 ZPO zu vermeiden. Eine Repräsentanz, die nicht als Niederlassung im Sinne dieser Vorschrift zu bewerten ist, führt nicht zur inländischen Zuständigkeit. Eine Niederlassung liegt nur vor, wenn ihre Leitung das Recht hat, aus eigener Entscheidung Geschäfte abzuschließen. Agenturen zur bloßen Vermittlung von Vertragsofferten genügen nicht[1148]. Zurückgewiesen hat der BGH allerdings den Vortrag, die Niederlassung sei nicht von der Beklagten errichtet und sie werde nicht auf ihre Rechnung betrieben. Insofern reiche der **Anschein** aus, der durch die Werbung und auch dadurch entstanden sei, daß die Beklagte die Dienste der fraglichen GmbH in Anspruch genommen habe. Das OLG Düsseldorf hat diesen Standpunkt auch auf das Kriterium der selbständigen Entscheidungsbefugnis übertragen: Entsprechende Aufgabenbeschränkungen seien ohne Bedeutung, denn Dritte könnten sie nicht erkennen[1149]. Es bleibt abzuwarten, ob auch der Bundesgerichtshof dieser Auffassung folgt. 601

bb) Anwendungsbereich des EuGVÜ. Im Rahmen des EuGVÜ kommt der Gerichtsstand des Vermögens nicht zum Tragen (Art. 3 EuGVÜ). Der Gerichtsstand der Niederlassung ist in Art. 5 Nr. 5 EuGVÜ geregelt. Er umfaßt auch die Agentur und es reicht aus, daß die Niederlassung als Außenstelle eines übergeordneten Stammhauses hervortritt. Aufgrund einer jüngeren Entscheidung des EuGH folgt hieraus ein weiter Anwendungsbereich, da auf den äußeren Anschein abzustellen sei. Auch selbständige Gesellschaften können danach als Niederlassung zu beurteilen sein, und zwar sogar die Muttergesellschaft mit Blick auf ihr ausländisches Stammhaus (Tochtergesellschaft)[1150]. Im Rahmen des EuGVÜ läßt sich angesichts dieser Rechtsprechung wohl kaum der Gerichtsstand der Niederlassung vermeiden, indem man nur „Repräsentanzen" unterhält. 602

Im Bereich des EuGVÜ haben sich bei Börsentermingeschäften Auseinandersetzungen um den Gerichtsstand der Streitgenossenschaft (Art. 6 Nr. 1 EuGVÜ) ergeben. In der Praxis war schon vor einiger Zeit zu beobachten, daß gleichzeitig Klage gegen eine im Inland ansässige Person erhoben wurde, die gem. Art. 6 Nr. 1 EuGVÜ die Zuständigkeit für 603

EuGVÜ verklagt werden (Art. 3 EuGVÜ). Eine Erweiterung bringt Art. 13 Abs. 2 EuGVÜ für die Zuständigkeit in Verbrauchersachen; es ist nicht der Sitz in einem Vertragsstaat erforderlich, sondern es genügt eine Zweigniederlassung, Agentur oder sonstige Niederlassung; vgl. dazu unten Rdnr. 601. Ausführlich zur Abgrenzung der europäischen Zuständigkeitsordnung gegenüber Drittstaaten schon *Kropholler*, Festschrift für Murad Ferid zum 80. Geburtstag, 1988, S. 239 ff. und jetzt *Kropholler*, Europäisches Zivilprozeßrecht, 5. Aufl. 1996, vor Art. 2 Rdnr. 7 f.

[1147] OLG Düsseldorf WM 1989, 50 = WuB VII A. § 21 ZPO 1.89 *Welter*.

[1148] Vgl. BGH NJW 1987, 3081 = WM 1987, 1089 = WuB VII A § 21 ZPO 1.88 *Rössner/Lachmair* = ZIP 1987, 1167.

[1149] OLG Düsseldorf WM 1989, 50, 53 = WuB VII A. § 21 ZPO 1.89 *Welter*, ferner oben § 10 Rdnr. 58.

[1150] EuGH RIW 1988, 136 m. Anm. *Geimer* RIW 1988, 220.

ausländische Beteiligte eröffnen sollte. Es war bezeichnend, daß die Ansprüche gegen die inländischen Beteiligten nicht substantiiert dargelegt wurden[1151]. Der BGH hat daher in einem Rechtsstreit um Silbertermingeschäfte in Luxemburg dem EuGH die Frage vorgelegt, welche Anforderungen an die Streitgenossenschaft i. S. des Art. 6 Nr. 1 EuGVÜ zu stellen sind[1152]. Nach der darauf ergangenen Enscheidung des EuGH müssen die Klagen gegen verschiedene Beklagte in der Weise zusammenhängen, daß eine gemeinsame Entscheidung „geboten" ist, um zu vermeiden, daß in getrennten Verfahren widersprechende Entscheidungen ergehen können. Hiermit ist wohl nicht gemeint, daß notwendige Streitgenossenschaft im Sinne der deutschen ZPO (§ 62) vorliegen muß. Mit guten Gründen läßt sich annehmen, daß es ausreicht, wenn der Tatsachenstoff (wie z. B. bei einem Gesamtschuldverhältnis) gleichartig ist[1153]. Offen ist nach wie vor, ob die Zuständigkeitserschleichung, die nur in Art. 6 Nr. 2 EuGVÜ ausdrücklich aufgeführt ist, eine Schranke für die Zuständigkeit bildet[1154]. Vertragspartner, die ihren Sitz in einem Vertragsstaat des EuGVÜ haben, müssen daher wohl nach wie vor damit rechnen, daß sie über den Gerichtsstand der Streitgenossenschaft gem. Art. 6 Nr. 1 EuGVÜ in der Bundesrepublik gerichtspflichtig werden können.

604 Für **Anbieter aus Drittstaaten** ist bedeutsam, daß sie entgegen Art. 4 EuGVÜ in den Anwendungsbereich dieses Übereinkommens gelangen können, wenn sie in einem Vertragsstaat eine Niederlassung betreiben, die dort[1155] oder grenzüberschreitend tätig wird[1156]. Wenn man davon ausgeht, daß Dienstleistungen an Verbraucher erbracht werden[1157], ist dieser Anbieter nach Art. 13 Abs. 2 EuGVÜ für Streitigkeiten aus dem Betrieb dieser Niederlassung so zu behandeln, wie wenn er im fraglichen Staat ansässig wäre. Auf eine Vorlage des BGH hat der EuGH präzisiert[1158], daß die Niederlassung in den Abschluß oder die Durchführung des Vertrages eingeschaltet sein muß[1159]. Je nachdem ob die Grenzen einer bloßen Werbung überschritten werden oder nicht, gilt also für die internationale Zuständigkeit das EuGVÜ (Art. 14) oder die ZPO (insbesondere § 23)[1160]. Im Einzelfall kommt der Gerichtsstand der unerlaubten Handlung (§ 32 ZPO) in Betracht[1161].

IX. Steuerliche Fragen

605 Die steuerliche Beurteilung von Termingeschäften bereitet nicht unerhebliche Schwierigkeiten; die steuerrechtlichen Vorschriften sind auch nach Inkrafttreten des Mißbrauchsbekämpfungs- und Steuerbereinigungsgesetzes (StMBG) von 1994[1162] nicht auf die Beson-

---

[1151] Vgl. OLG Frankfurt WM 1986, 701 = WuB I G 5.-3.86 *Häuser/Welter.*

[1152] BGH WM 1987, 883 = WuB VII B 1 Art. 5 EuGVÜ 2.87 *Hafke* = RIW/AWD 1987, 623.

[1153] Vgl. *Welter* WuB VII B 1. Art. 5 EuGVÜ 1.89 m.w.N.

[1154] *Geimer* WM 1979, 350, 359; *Kropholler*, Europäisches Zivilprozeßrecht, 5. Aufl. 1996, Art. 6 Rdnr. 10.

[1155] Zur Frage, ob dies ausreicht oder ob ein weiterer Auslandsbezug erforderlich ist *Rauscher* IPRax 95, 289, 293.

[1156] Z. B. amerikanische Brokerfirma in der Bundesrepublik oder in Frankreich, die mit Kunden aus der Bundesrepublik Geschäfte abschließt.

[1157] Dazu oben Rdnr. 588; ferner *Wach/Weberpals* AG 1989, 193, 198.

[1158] Zu einem anderen Interpretationsversuch *Nassall* WuB VII B.1. Art 13 EuGVÜ 1.93.

[1159] EuGHE I 1994, 4275 WM 1995, 99 = RIW 1994, 1045 = ZIP 1994, 16 = WuB VII B. Art. 13 EuGVÜ 1.95 *Nassall.*

[1160] Dazu kritisch *Rauscher* IPRax 95, 289 ff.; der Art. 13 Abs. 2 im Lichte des Abs. 1 Nr. 3 und im Gleichklang mit dem andwendbaren Recht (Art. 5 Abs. 2 EVÜ=Art. 29 Abs. 1 EGBGB ein Angebot oder eine Werbung der Niederlassung ausreichen lassen möchte; dagegen *Kropholler*, Europäisches Zivilprozeßrecht, 5. Aufl. 1996, Art. 13 Rdnr. 16.

[1161] BGH NJW 1995, 1225 = WM 1995, 100 = WuB VII B. Art. 13 EuGVÜ 1.95 *Nassall.*

[1162] BGBl. I 1990. 2310 = BStBl I 1994, 50 ff.; vgl. dazu ausführlich *Dahm/Hamacher*, WM 1994, Sonderbeilage 3; *Scheurle*, DB 1994, 445 ff. und 502 ff.

derheiten solcher Geschäfte zugeschnitten. Bei ihnen fällt es besonders schwer, die einkommensteuerlich entscheidende Trennlinie zwischen Veränderungen im Privatvermögen und steuerpflichtigem Ertrag zu ziehen[1163]. Auch sonst geht es um schwierige Randbereiche der herkömmlichen Einkunftsarten, in denen überzeugende Abgrenzungen kaum zu finden sind. An dieser Stelle können allerdings die steuerlichen Folgen von Termingeschäften nur in Grundzügen erörtert werden[1164]. Zur Vollständigkeit sei aber auch erwähnt, daß Termingeschäfte dazu dienen können, Steuerpflichten zu vermeiden, die bei Kassageschäften entstehen würden[1165].

1. Einkommensteuer. Erörterungsbedürftig sind allein Termingeschäfte im **privaten** Bereich. Wenn Gewinne oder Verluste im Rahmen einer **gewerblichen** Tätigkeit (s. § 15 Abs. 2 EStG) anfallen, sind sie ohne weiteres bei der Ermittlung der Einkünfte zu berücksichtigen[1166]. 606

Im Einzelfall kann allerdings fraglich sein, ob spekulative Geschäfte, die in beachtlichem Umfang betrieben werden, als solche zu einem **Gewerbebetrieb** führen. Eine Entscheidung des BFH aus dem Jahr 1989[1167] hält hierzu fest: Der Steuerpflichtige beteilige sich nur dann am wirtschaftlichen Verkehr, wenn seine Tätigkeit am Markt und für Dritte äußerlich erkennbar auf einen Leistungs- oder Güteraustausch gerichtet sei. Wenn ein Differenzgeschäft weder einen Anschaffungs- oder Veräußerungsvorgang noch eine sonstige Leistung beinhalte, bleibe für die Annahme wenig Raum, durch den Abschluß eines solchen Geschäfts werde dem Partner eine Tätigkeit gegen Entgelt angeboten. Differenzgeschäfte, die der Kunde mit seinem Kreditinstitut als Eigenhändler tätigt[1168], können danach von vorneherein nicht zu einem Gewerbebetrieb führen. Im übrigen müssen die Grenzen einer privaten Vermögensverwaltung überschritten sein[1169]. 607

Im **privaten Bereich** muß man zwischen den **verschiedenen Formen des Termingeschäfts** unterscheiden. Sie sind in jüngerer Zeit in einem Schreiben des Bundesfinanzministeriums[1170] aufgegriffen und in einkommensteuerlicher Hinsicht gewürdigt worden. 608

a) Festgeschäfte. Soweit ersichtlich hat sich die Rechtsprechung mit dem Festgeschäft nur im Rahmen von **Devisentermingeschäften** auseinandergesetzt[1171]. Der BFH hat sowohl eine Steuerpflicht nach § 22 Nr. 3 EStG als auch nach § 22 Nr. 2 iVm. § 23 Abs. 1 Nr. 1 lit. b und Nr. 2 EStG verneint[1172]. 609

1163 *Mauritz* DB 1995, 698, 702.

1164 Vgl. auch die Übersicht bei *Dahm/Hamacher,* WM 1994, Sonderbeilage 3, S. 14; *Harenberg/Irmer,* NWB Fach 3, S. 9229 ff. und bei *Mauritz* DB 1995, 698 ff.

1165 Vgl. *Kaligin* DStZ 1987, 183; z.B. statt Verkauf vor Ablauf der Spekulationsfrist Erwerb einer Verkaufsoption; zu solchen „synthetischen Verkäufen" ausführlich *Mauritz* DB 1995, 698.

1166 Vgl. *Ebenroth/Einsele* ZIP 1988, 205, 217; zu Zweifelsfragen bei Optionsanleihen *Lutter* DB 1986, 1607 f. und *Krüger* FR 1987, 389 f.; zur bilanzsteuerlichen Behandlung von Geschäften an der DTB *Häuselmann/Wiesenbart,* DB 1990, 641 mwN.

1167 WM 1989, 493, 494 = WuB I G 5. Börsenrecht 6.89 *Crezelius.*

1168 Ein anderes Ergebnis scheint mithin möglich, wenn das Kreditinstitut *für Rechnung des Kunden* am Devisenmarkt tätig geworden wäre.

1169 Vgl. in einzelnen BFHE 140, 82, 86 = BStBl. II 1984, 132 = WM 1984, 485; BFHE 162, 236 = BStBl. II 1991, 466 = BB 1991, 330 = DB 91, 476.

1170 BMF-Schreiben vom 10. 11. 1994 – IV B 3 – S 2256 – 34/94, BStBl. I, 816 = DB 1994, 2315; dazu ausführlich *Mauritz* DB 1995, 698 ff.

1171 Allerdings ist entgegen *Ebenroth/Einsele* ZIP 1988, 205, 217 die Besteuerung nicht nur für Devisentermingeschäfte praktisch relevant, da andere Geschäfte in der Bundesrepublik nicht getätigt würden. Auch Einnahmen aus **ausländischen** Termingeschäften in Wertpapieren oder Waren sind bei unbeschränkt steuerpflichtigen Personen (§ 1 Abs. 1-3 EStG) zu berücksichtigen.

1172 BFHE 151, 132 = BStBl. II 1988, 248 = WM 1988, 11 = WuB I G 5.- 4.88 *Crezelius*; vgl. auch schon BFHE 135, 426 = BStBl. II 1982, 618 = WM 1982, 831 und BFHE 140, 82 = BStBl. II 1984, 132 = WM 1984, 485; ausführlich dazu *Heuer* StuW 1992, 313, 317 ff. Anders dagegen FG Düsseldorf EFG 1984, 454.

610 § 23 EStG erfasse nur Spekulationsgewinne aus dem Umsatz von **Wirtschaftsgütern**. Devisentermingeschäfte als (verdeckte) Differenzgeschäfte stellten „ihrem materiellen Gehalt nach" aber Spielgeschäfte dar. Eine Analogie komme schon mangels einer planwidrigen Lücke nicht in Betracht. Auch Einkünfte aus Leistungen iS des § 22 Nr. 3 EStG[1173] lägen nicht vor[1174]; zwar räumten sich die Partner gegenseitig eine Gewinnchance ein, hierfür werde jedoch kein Entgelt gezahlt.

611 Im Schrifttum hat diese Rechtsprechung Zustimmung[1175], aber auch Ablehnung[1176] erfahren. Die Argumentation des BFH, es liege keine planwidrige Lücke vor, kann jedenfalls in dieser Kürze nicht überzeugen. Die Steuerpflicht gem. § 22 Nr. 2 iVm. § 23 EStG knüpft wohl weniger am Erwerb und der Veräußerung als an der **Kurzfristigkeit** (§ 23 Abs. 1 Nr. 1 EStG) oder **vorhergehenden Veräußerung** (§ 23 Abs. 1 Nr. 2 EStG) an, die den Vermögenszuwachs in besonderer Weise qualifiziert. Der Blick auf die zivilrechtliche Beurteilung verdeckter Differenzgeschäfte offenbart die Fragwürdigkeit der Argumentation des BFH. Im Zivilrecht werden solche Geschäfte zu Spekulationszwecken, bei denen die Erfüllung zwar nicht ausdrücklich ausgeschlossen, aber von den Parteien nicht gewollt ist, offenen Differenzgeschäften gleichgestellt. Der nur scheinbar mögliche Umsatz bleibt also außer Betracht; gleiches sollte auch im Steuerrecht gelten, maßgeblich ist dann nur die Spekulationsabsicht, die für eine Steuerpflicht nach § 22 Nr. 2 iVm. § 23 EStG spricht.

612 Das erwähnte Schreiben des BMF vom 10. 11. 1994 überträgt diese Rechtsprechung auf **sämtliche Finanztermingeschäfte** (Financial Futures). Gewinne aus dem ausdrücklich angeführten Kauf und Verkauf von Bund- und Dax-Futures sind danach steuerlich unbeachtlich. Ein steuerpflichtiges Spekulationsgeschäft nach § 23 Abs. 1 Satz 2 EStG komme nur in Betracht, wenn es entgegen der ursprünglichen Differenzerzielungsabsicht ausnahmweise zu einer Lieferung von Bundesanleihen komme[1177].

613 Keine höchstrichterliche Rspr. liegt zu **Kurssicherungsgeschäften** im privaten Bereich vor. Im Schrifttum legt man die Maßstäbe der angeführten Urteile zu Differenzgeschäften an und folgt hieraus, daß Einnahmen nach § 23 EStG wohl steuerpflichtig seien[1178]. Bei näherem Zusehen kann diese Beurteilung aber nicht überzeugen. Wenn man der Rspr. des BFH zu verdeckten Differenzgeschäften folgt, kommt es darauf an, daß **keine Umsatzgeschäfte** stattgefunden haben, sondern daß ein anderer Zweck verfolgt wurde. Dies trifft aber auch bei einer Kurssicherung zu. Es ist nicht zu sehen, warum der Zweck einer Kurssicherung einkommensteuerlich anders beurteilt werden sollte als die Differenzabsicht.

614 *b) Optionsgeschäfte.* Bei Optionsgeschäften ist zwischen verschiedenen Fallgestaltungen zu unterscheiden[1179]. Man muß nicht nur Verkaufs- und Kaufoptionen und die beiden Seiten des Optionsvertrags auseinanderhalten (Stillhalter und Optionserwerber), sondern es ist auch zu berücksichtigen, daß der Optionsberechtigte seine Option in unterschiedlicher Weise verwerten kann.

[1173] Zur Fragwürdigkeit dieser Einkunftsart *Welter,* Wiederkehrende Leistungen im Zivilrecht und im Steuerrecht (Schriften zum Steuerrecht, Bd. 27), 1984, S. 215; vgl. auch die einschränkende Auslegung bei *Keuk* DB 1972, 1130.

[1174] So auch schon BFHE 135, 426 = BStBl. II 1982, 618 = WM 1982, 831.

[1175] *v. Arnim* AG 1983, 67, 73; *Ebenroth/Einsele* ZIP 1988, 205, 218 ff.; vgl. auch schon *Flume* DB 1978, 1097; *Schlütter/Lüer* DB 1976, 1253, 1257; *Bauer* BB 1978, 348.

[1176] *Herrmann/Heuer/Raupach,* EStG und KStG, Loseblatt, § 23 EStG Rdnr. 41; *Littmann/Bitz/Meincke,* EStR, 14. Aufl. 1985, § 23 Rdnr. 38.

[1177] BMF-Schreiben vom 10.11.1994 – IV B 3 – S 2256 – 34/94 unter III. Rdnr. 20; ebenso *Harenberg/Irmer,* NWB Fach 3, S. 9229, 9237; zu Vermeidungsstrategien *Mauritz* DB 1995, 698, 701

[1178] Vgl. schon *v. Arnim* AG 1983, 67, 74; *Ebenroth/Einsele* ZIP 1988, 205, 219.

[1179] Vgl. die Übersichten bei *Aatz,* BB 1974, 879 ff., *Herrler/Prohl* WM 1982, 810 ff.; *Rönitz,* JbFfSt 1980/81, S. 38 ff.; speziell zur DTB *Hamacher* Die Bank 1989, 507 ff.; *Harenberg/Irmer,* NWB Fach 3, S. 9229 ff. und BMF-Schreiben vom 10. 11. 1994 – IV B 3 – S 2256 – 34/94, BStBl. I, 816 = DB 1994, 2315; *Mauritz* DB 1995, 698, 698 ff.

aa) Ausübung der Option. Wird die Option ausgeübt und behält der Berechtigte aus einer **Kaufoption**[1180] die Gegenstände über die Spekulationsfrist[1181] hinaus, kann bei ihm keine Einkommensteuerpflicht entstehen. Bei einer Veräußerung innerhalb von sechs Monaten kommt dagegen eine Besteuerung nach § 22 Nr. 2 iVm. § 23 Abs. 1 Nr. 1 lit b EStG in Betracht[1182], wobei die Optionsprämie die Anschaffungskosten[1183] erhöht. 615

Indem der BFH sich zur Begründung dieser Ergebnisse auf die Doppelvertragsthese stützt[1184], ergibt sich allerdings ein Widerspruch zur Rechtsprechung des BGH, der das Optionsgeschäft als **einheitliches** Börsentermingeschäft qualifiziert[1185]. Auf der Grundlage der Rechtsprechung des BGH kann man eigentlich nicht mehr zwischen Festgeschäften und Optionsgeschäften differenzieren[1186]. Läßt man also mit dem BFH Gewinne aus Differenzgeschäften steuerfrei, kann dies nicht nur für Festgeschäfte gelten, sondern müßte konsequent auch für Optionsgeschäfte zum Tragen kommen[1187]. Um die steuerlich nachteiligen Folgen der Rechtsprechung zu vermeiden, wird vorgeschlagen, den Verkauf dadurch zu ersetzen, daß der Privatanleger eine Kaufoption und eine Verkaufsoption mit einem Basispreis in Höhe des aktuellen Kassapreises erwirbt. Dies führt zu einem steuerunschädlichen „synthetischen Verkauf", da der Wert des Gesamtportfolios (put, call und Aktie) nicht mehr von der weiteren Kursentwicklung der Aktie beeinflußt wird[1188]. 616

Führt die Ausübung der Kaufoption auf Seiten des **Stillhalters** dazu, daß er Aktien veräußert, die er erst erwerben muß oder innerhalb der letzten sechs Monate erworben hat, unterliegen bei ihm eintretende Gewinne[1189] der Steuerpflicht nach § 23 Abs. 1 Satz 1 Nr. 1 lit b EStG[1190]. 617

Steht statt eines Lieferanspruchs nur ein Anspruch auf Barausgleich zur Debatte (Optionen auf Namensaktien und den DAX), kommt eine solche Steuerpflicht nach § 23 Abs. 1 Satz 1 Nr. 1 EStG von vorneherein nicht in Betracht[1191]. Angesichts des jeweils gleichen wirtschaftlichen Gehalts der Geschäfte erscheint die unterschiedliche Behandlung fragwürdig[1192]. 618

bb) Verfall der Option. Läßt der Berechtigte seine (Kauf- oder Verkaufs-)Option verfallen, stellt sich die Frage, ob er die Optionsprämie als Verlust aus Spekulationsgeschäften im Rahmen des § 23 Abs. 4 EStG geltend machen kann. Dies kommt auf der Grundlage der BFH-Rechtsprechung zu Optionen allenfalls in Betracht, wenn davon aus- 619

1180 Zur Ausübung einer **Verkaufsoption** s. *Aatz* BB 1974, 879. 881 und *Mauritz* DB 1995, 698, 699.

1181 Diese beginnt erst mit der Ausübung der Option; vgl. *Beer/A. Müller/Niehoff*, Grundlagen und Praxis des inländischen Optionsgeschäfts, S. 97 und *Schmidt/Heinicke*, EStG, 15. Aufl. 1996, § 23 Anm. 4 b (6) .

1182 BMF-Schreiben vom 10. 11. 1994 – IV B 3 – S 2256 – 34/94, BStBl. I, 816 = DB 1994, 2315 Rdnr. 6; *Harenberg/Irmer*, NWB Fach 3, S. 9229, 9235; *Mauritz* DB 1995, 698, 698.

1183 FG Köln EFG 1987, 508, 509; *Aatz* BB 1974, 879 f.; *Ebenroth/Einsele* ZIP 1988, 205, 217 sowie das angeführte BMF-Schreiben.

1184 Vgl. BFHE 143, 28 = WM 1985. 621, 622= BStBl II 1985, 264 = BB 1985, 1180 = NJW 85, 95.

1185 Vgl. BGHZ 92, 317 = WM 1984, 1598 = NJW 1985, 634; dazu ausführlich oben Rdnr. 119.

1186 So ausdrücklich *Heuer*, StuW 1992, 313, 320.

1187 So *Ebenroth/Einsele* ZIP 1988, 205, 218.

1188 *Mauritz* DB 1995, 698 mit einzelnen Berechnungsbeispielen und Vorschlägen anhand verschiedener Szenarien.

1189 Zur Abzugsfähigkeit von Verlusten s. unten Rdnr. 622 (kein Abzug nach höchstrichterlicher Rechtsprechung)

1190 BMF-Schreiben vom 10. 11. 1994 – IV B 3 – S 2256 – 34/94, BStBl. I, 816 = DB 1994, 2315 Rdnr. 14; *Harenberg/Irmer*, NWB Fach 3, S. 9229, 9236.

1191 BMF-Schreiben vom 10. 11. 1994 – IV B 3 – S 2256 – 34/94, BStBl. I, 816 = DB 1994, 2315 Rdnr. 17; *Harenberg/Irmer*, NWB Fach 3, S. 9229, 9236.

1192 So überzeugend *Mauritz* DB 1995, 698, 700 f.

zugehen ist, daß es bei günstiger Kursentwicklung zu einem Spekulationsgschäft i.S. des § 23 EStG gekommen wäre[1193]. Das BMF-Schreiben geht dagegen ohne jeden Vorbehalt davon aus, daß die gezahlte Optionsprämie steuerlich keine Berücksichtigung finden kann[1194].

620 cc) Glattstellung durch ein Gegengeschäft des Optionskäufers. Stellt der Inhaber einer **Kaufoption** durch Verkauf einer entsprechenden Kaufoption glatt (im Rahmen des DTB Kaufoption der gleichen Serie mit Closing-Vermerk), so sollen die §§ 22 Nr. 2 iVm. § 23 Nr. 1 EStG gelten (Steuerpflicht vor Ablauf von 6 Monaten)[1195]. Entsprechendes gilt bei Glattstellung einer **Verkaufsoption**[1196]. Hieraus ergibt sich im Gegenzug die Strategie, bei negativer Entwicklung die Option nicht verfallen zu lassen, sondern kurz vor dem Fälligkeitstermin zu veräußern, um steuersparende negative Einkünfte zu erzielen[1197].

621 dd) Prämie des Stillhalters. Nach der Rspr. des BFH[1198] ist das an den Stillhalter gezahlte Bindungsgeld (Optionsprämie) steuerpflichtig gem. § 22 Nr. 3 EStG[1199]. Der Stillhalter erbringe eine Leistung iS dieser Vorschrift[1200]; er halte die betroffenen Aktien lieferbereit vor[1201], und hierbei handele es sich noch nicht um einen Veräußerungsvorgang oder um einen veräußerungsähnlichen Vorgang, der – einkommensteuerlich neutral – nur die Vermögenssphäre berühren würde[1202]. Das Schreiben des BMF folgt ohne weiteres dieser Auffassung[1203]. Im Schrifttum findet sich demgegenüber der Vorschlag, statt einer herkömmlichen Abrede über eine Stillhalterprämie ein reines Wettgeschäft abzuschließen, bei dem keine Seite Leistungen erbringt, die unter § 22 Nr. 3 EStG fallen könnten[1204].

622 Übt der Inhaber die Option aus und entstehen beim Stillhalter **Verluste** aus dem Ausführungsgeschäft, kann der Stillhalter diese nach der Rechtsprechung des BFH nicht als Werbungskosten bei seinen Einkünften aus § 22 Nr. 3 EStG geltend machen[1205].

1193 Z.B. bei einer Verkaufsoption mit einer Laufzeit von unter 6 Monaten, wenn der Berechtigte die betroffenen Wertpapiere nicht hat. Unter dieser Voraussetzung kommt es bei der Ausübung der Option auf jeden Fall zu einem Spekulationsgeschäft; vgl. FG Köln FR 1987, 508, 509 und auch schon *Aatz* BB 1974, 879, 880 f.

1194 BMF-Schreiben vom 10. 11. 1994 – IV B 3 – S 2256 – 34/94, BStBl. I, 816 = DB 1994, 2315 Rdnr. 7 und 11; ebenso *Harenberg/Irmer*, NWB Fach 3, S. 9229, 9235.

1195 FG Hamburg EFG 1985, 21; FG Baden Württemberg, EFG 1993, 582; *Aatz* BB 1974, 879 880; *Ebenroth/Einsele* ZIP 1988, 205, 217 mwN; BMF-Schreiben vom 10. 11. 1994 – IV B 3 – S 2256 – 34/94, BStBl. I, 816 = DB 1994, 2315 Rdnr. 8 und im Anschluß daran *Harenberg/Irmer*, NWB Fach 3, S. 9229, 9235 sowie *Mauritz* DB 1995, 698.

1196 BMF-Schreiben vom 10. 11. 1994 – IV B 3 – S 2256 – 34/94, BStBl. I, 816 = DB 1994, 2315 Rdn. 12.

1197 *Mauritz* DB 1995, 698.

1198 BFHE 163, 175 = BStBl. II 1991, 300 = DB 1991, 997 = BB 1991, 1027; NJW 91, 1320 = WM 91, 627; vgl. auch BFHE 171, 500 = BStBl II 1994, 96 = BB 93, 2506 = DB 94, 73; ferner schon BFHE 143, 38, 40 = BStBl. II 1985, 264 = BB 1985, 1180 = WM 1985, 621, 622; dazu ausführlich *Hamacher* Die Bank 1989, 507, 508 ff. und *Rüskamp*, DB 1991, 1243.

1199 In diesen Entscheidungen legt der BFH allerdings die Doppelvertragsthese zugrunde, die der BGH bereits verworfen hatte (s.o. Rdnr. 119). Auch hier ist also fraglich, ob dieser Standpunkt vor dem Hintergrund der zivilrechtlichen Beurteilung und der sonst geltenden Würdigung von Differenzgeschäften zu halten ist.

1200 Dazu mit guten Gründen kritsich *Mauritz* DB 1995, 698, 700.

1201 Bei einer **Kaufoption**; zur **Verkaufsoption** s. *Aatz* BB 1974, 879, 881: Ebenfalls Steuerpflicht gem. § 22 Nr. 3 EStG.

1202 Vgl. *Harenberg/Irmer*, NWB Fach 3, S. 9229, 9236 mit Hinweisen zur Gegenmeinung.

1203 BMF-Schreiben vom 10. 11. 1994 – IV B 3 – S 2256 – 34/94, BStBl. I, 816 = DB 1994, 2315 Rdnr. 13; gegen eine Übertragung der BFH Rechtsprechung auf Stillhaltergeschäfte in DTB-Aktienoptionen *Harenberg/Irmer*, NWB Fach 3, S. 9229, 9236.

1204 *Mauritz* DB 1995, 698, 699.

1205 BFHE 163, 175 = BStBl. II 1991, 300=DB 1991, 997=BB 1991, 1027; kritisch *Harenberg/Irmer*, NWB Fach 3, S. 9229, 9236.

Stellt der Stillhalter dagegen durch ein Gegengeschäft[1206] glatt, kann er die anfallende Optionsprämie als Werbungskosten bei seinen Einkünften aus § 22 Nr. 3 EStG absetzen[1207]. 623

ee) Capped warrants. Eine Variante der Optionsgeschäfte besteht darin, daß zwei gegenläufige Optionsscheine[1208] in der Weise verbunden werden, daß der Käufer unabhängig von der Entwicklung der Bezugsgröße (Währung, Aktienkorb, Index) am Ende der Laufzeit einen festen Betrag erhält. Die Finanzverwaltung vertritt dazu den Standpunkt, daß der so gesicherte Ertrag nach § 20 Abs. 1 Nr. 7 EStG steuerpflichtig ist[1209]. Nach anderer Auffassung ist dies mit dem Gesetzeswortlaut nicht zu vereinbaren[1210]. Insbesondere liege keine Kapitalüberlassung auf Zeit gegen Entgelt iSd § 20 Abs. 1 Nr. 7 EStG vor. 624

Bedenken werden auch gegen den Standpunkt der Finanzverwaltung geäußert, daß der Steuerpflichtige steuerpflichtigen Kapitalertrag nach § 20 Abs. 2 Satz 1 Nr. 4 lit a EStG erziele, wenn er die „Optionscheine" zusammen verkaufe[1211]. Eine getrennte Veräußerung erfüllt die Voraussetzungen dieser Vorschrift jedenfalls nicht[1212], so daß hieraus Vermeidungsstrategien abgeleitet werden[1213]. 625

Das Schreiben der Finanzverwaltung geht davon aus, daß capped warrants als solche zu erkennen sind. Dies trifft zu, wenn die Emission durch eine Bank stattfindet und dies offenbart. Wie ohne diese Voraussetzungen entsprechende Kombinationen im Portfolio für die Finanzverwaltung erkennbar sein sollen, erscheint dagegen überaus zweifelhaft[1214]. 626

ff) Range warrants. Bei „range warrants" handelt es sich um ein Paket von Optionsscheinen, die meist auf Indices lauten. Liegt der Basiswert am Fälligkeitstag innerhalb der vereinbarten Bandbreite eines bestimmten Optionsscheins, hat der Emittent zusätzlich zu dem eingezahlten Kapital den sog. Ausübungsbetrag zu zahlen[1215]. Im übrigen erhält der Kapitalanleger nur sein eingesetztes Kapital (Optionspreis) zurück. Die zusätzlichen Beträge sind als steuerpflichtiger Ertrag iSd § 20 Abs. 1 Nr. 7 EStG anzusehen[1216]. Bei einer Veräußerung des gesamten Pakets oder einzelner Optionsscheine fälllt steuerpflichtiger Kapitalertrag nach § 20 Abs. 2 Satz 1 Nr. 4 EStG an[1217]. Entsprechendes gilt für den Fall der Einlösung eines getrennten Optionsscheins (§ 20 Abs. 2 Satz 1 Nr. 4 Satz 4 EStG)[1218]. 627

[1206] Kauf einer Kaufoption oder einer Verkaufsoption.

[1207] BMF-Schreiben vom 10. 11. 1994 – IV B 3 – S 2256 – 34/94, BStBl. I, 816 = DB 1994, 2315 Rdnr. 15 und 16; *Mauritz* DB 1995, 698, 700.

[1208] Call und Put, die jeweils aufeinander abgestimmt sind; vgl. die Beispiele bei *Harenberg/Irmer*, NWB Fach 3, S. 9229, 9237 und bei *Loy*, Besteuerung von Finanzinnovationen, S. 16.

[1209] BMF-Schreiben vom 10. 11. 1994 – IV B 3 – S 2256 – 34/94, BStBl. I, 816 = DB 1994, 2315 Rdnr. 22; ebenso *Dahm/Hamacher*, WM 1994, Sonderbeilage 3, 15; *Loy*, Besteuerung von Finanzinnovationen, S. 60 f.; ausführlich *Scheurle*, DB 1994, 445, 446.

[1210] *Harenberg/Irmer*, NWB Fach 3, S. 9229, 9238.

[1211] BMF-Schreiben vom 10. 11. 1994 – IV B 3 – S 2256 – 34/94, BStBl. I, 816 = DB 1994, 2315 Rdnr. 22.

[1212] *Harenberg/Irmer*, NWB Fach 3, S. 9229, 9238.

[1213] *Mauritz* DB 1995, 698, 702.

[1214] *Mauritz* DB 1995, 698, 702; vgl auch schon *Dahm/Hamacher*, WM 1994, Sonderbeilage 3, S. 15 f.

[1215] *Harenberg/Irmer*, NWB Fach 3, S. 9229, 9238; *Loy*, Besteuerung von Finanzinnovationen, S. 17; *Scheurle* DB 1994, 445, 447.

[1216] BMF-Schreiben vom 10.11.1994 – IV B 3 – S 2256 – 34/94, BStBl. I, 816 = DB 1994, 2315 Rdnr. 23; *Scheurle* DB 1994, 445, 447; *Loy* Besteuerung von Finanzinnovationen, S. 96.

[1217] *Scheurle* DB 1994, 445, 449.

[1218] BMF-Schreiben vom 10.11.1994 – IV B 3 – S 2256 – 34/94, BStBl. I, 816 = DB 1994, 2315 Rdnr. 23; *Harenberg/Irmer* NWB Fach 3, S. 9229, 9238; zur Zwischenveräußerung *Loy* Besteuerung von Finanzinnovationen, S. 96.

628 gg) Hamster-Optionsscheine. Bei dieser Variante erhält der Anleger jeweils einen bestimmten Betrag, wenn sich der Kurs oder Index an einem festgelegten Tag der Woche innerhalb einer vorab festgelegten Bankbreite bewegt. Hier kommt es wohl darauf an, ob der Anleger aufgrund der Bedingungen wirklich Gefahr läuft, sein eingesetzes Kapital zu verlieren. Andernfall besteht keine Steuerpflicht[1219].

629 *c) Optionsanleihen.* Die bilanzielle und steuerliche Behandlung von Optionsanleihen ist vor einigen Jahren lebhaft diskutiert worden[1220]. Aus der Sicht eines Anlegers ist vor allem von Interesse, ob und inwieweit über zufließenden Zins hinaus die **Option** zu **steuerpflichtigen Einkünften** aus Kapitalvermögen führt.

630 Keine Bedeutung mehr haben frühere Überlegungen der Finanzverwaltung, den Wert der Option als steuerpflichtigen Ertrag der Anleihe zu behandeln[1221]. Es hat sich allgemein die Auffassung durchgesetzt, der Anleger erhalte auch bei der niedrigverzinslichen Pari-Emission[1222] zwei Wirtschaftsgüter[1223], für die sich jeweils ein Entgelt bestimmen lasse (Zwei-Wirtschaftsgütertheorie)[1224].

631 Vor diesem Hintergrund ergibt sich am Beispiel der besonders problematischen niedrigverzinslichen Optionsanleihe[1225] das folgende Verfahren.

632 Dieniedrigen Zinsen sind jeweils bei Zufluß (§ 11 Abs. 1 EStG) zu versteuern. Ferner ist für die Ermittlung eines weiteren Kapitalertrags vom Erwerbspreis der Optionsanleihe der Anteil abzuziehen, der auf das Optionsrecht entfällt[1226]. Ergibt sich zwischen diesem rechnerischermittelten Entgelt für die Anleihe und den Einnahmen aus der Einlösung eine Differenz,soist diese als Kapitalertrag nach § 20 Abs.1 Nr. 7 EStG steuerpflichtig[1227]. Dies entspricht dem Verfahren bei abgezinster Kapitalforderung, die gleichsam in der Optionsanleiheverborgensein kann[1228]. Gleiches gilt auch bei der Weiterveräußerung der Anleihe[1229].

633 **2. Sonstige Steuern.** Zur **Börsenumsatzsteuer**, die am 1. 1. 1991 abgeschafft worden ist (Aufhebung des KVStG)[1230], ist auf die Vorauflage zu verweisen[1231].

634 Für die **Umsatzsteuerpflicht** sind die Befreiungstatbestände des § 4 Nr. 8 und Nr. 9 UStG zu beachten. Soweit **Wertpapiere** betroffen sind, kommt Umsatzsteuer nach § 4 Nr. 8 lit. e UStG („Umsätze im Geschäft mit Wertpapieren") nicht in Betracht. Dies gilt sowohl für den Abschluß von Optionsgeschäften als auch für die Übertragung eines Optionsrechts[1232]. Entsprechendes gilt für Umsatzgeschäfte mit **Geldforderungen**, § 4 Nr. 8 lit. c UStG („Umsätze im Geschäft mit Geldforderungen")[1233]. Hierunter fallen etwa Devi-

---

1219 Vgl. *Loy* Besteuerung von Finanzinnovationen, S. 83.

1220 Vgl. *Martens*, Festschrift für Stimpel, 1985, S. 621 ff.; *Lutter* DB 1986, 1607; *Koch/Vogel* BB 1986, Beilage Nr. 10; *Döllerer* AG 1986, 237 ff.; *Holzheimer* WM 1986, 1169; *Pöllath/Rodin* DB 1986, 2094 ; *Arndt/Muhler* DB 1988, 2167 ff.; *Loos* BB 1988 369 ff. und *ders.* DB 1989, 552.

1221 Dieser wäre beim Ersterwerber der Anleihe zu versteuern; vgl. dazu *Holzheimer* WM 1986, 1169, 1176 ff. und *Arndt/Muhler* DB 1988, 2167, 2173.

1222 Sog. **Abgeldmodell** im Gegensatz zum **Aufgeldmodell**, bei dem ein marktüblicher Zins vorliegt und der Erwerber ein zusätzliches Aufgeld für die Option zahlt.

1223 Anleihe und Option.

1224 *Scheurle*, DB 1994, 445, 446; *Dahm/Hamacher*, WM 1994, Sonderbeilage Nr. 3, S. 7.

1225 Sog. **Abgeldmodell.**

1226 Zur Berechnung des Anleihewerts anhand der Emissionsrendite *Dahm/Hamacher*, WM 1994, Sonderbeilage 3, 7.

1227 *Scheurle* DB 1994, 445, 446; *Loy* Besteuerung von Finanzinnovationen, S. 91.

1228 Vgl. *Scheurle* DB 1994, 445; *Dahm/Hamacher*, WM 1994, Sonderbeilage Nr. 3, S. 7.

1229 Vgl. schon *Holzheimer* WM 1986, 1169, 1178; zur Rechtslage nach dem Gesetz zur Bekämpfung des Mißbrauchs und zur Bereinigung des Steuerrechts (StMBG) ausführlich *Dahm/Hamacher*, WM 1994, Sonderbeilage Nr. 3, S. 7 und *Scheurle* DB 1994, 445, 448 m.w.N.

1230 Art. 4 Finanzmarktförderungsgesetz, BGBl. I 1990, 281 f.

1231 § 16 Rdnr. 610.

1232 Vgl. UStR 1996, Abschn. 64 Abs. 1.

1233 Vgl. UStR 1996, Abschn. 60 Abs. 4.

sentermingeschäfte, aber auch **Financial Futures**[1234]. Geschäfte über **nicht börsengängige Optionen** sind allerdings stets umsatzsteuerpflichtig[1235]. Im übrigen soll die Umsatzbesteuerung bei **Differenzgeschäften** stets daran scheitern, daß kein Leistungsaustausch stattfindet[1236]. Etwas anderes gilt allerdings nach der Rspr. für die **Prämie** bei **Warenterminoptionen**: Die Leistung des Stillhalters liege darin, daß er ein „Spiel mit Gewinnmöglichkeiten" veranstalte, hierfür erhalte er als Gegenleistung die Prämie[1237]. Eine Befreiung nach § 4 Nr. 9 lit. b UStG komme mangels eines Spielplanes nicht in Betracht, es handele sich um ein umsatzsteuerpflichtiges Glücks- oder Geschicklichkeitsspiel[1238]. Derartige Geschäfte sind demnach umsatzsteuerpflichtig, § 1 Abs. 1 Nr. 1 UStG („Lieferungen und sonstige Leistungen gegen Entgelt")[1239].

§ 17 Financial Futures

Übersicht

[1234] Vgl. Schreiben des Bundesministers der Finanzen v. 19. 12. 89 IV A 3 – S 7160 – 55/89 = UStR 1990, 63.

[1235] BFH/NV 1986, 183.

[1236] Verfügung der OFD Hamburg v. 4. 12. 1974, StEK UStG 1967 § 1 Nr. 227 und UStR 1975, 80; *v. Arnim,* JZ 1982, 843 N. 4 m.w.N; *Rau/Dürrwächter/Flick/Geist/Husmann,* Umsatzsteuergesetz, § 1 Rdnr. 307; Vgl. auch BFH WM 1989, 493, 494 = WuB I 5. Börsenrecht 6.89 *Crezelius* (zur Steuerpflicht gemäß EStG); zu Besorgungsleistungen vgl. Schreiben des Bundesministers der Finanzen v. 12. 7. 1989 IV A 2 – S 7110 – 40/89, RIW 1989, 667.

[1237] BFHE 145, 253, 254f. = BStBl. II 1986, 160; *Rau/Dürrwächter/Flick/Geist/Husmann,* § 1 Rdnr. 375.

[1238] BFHE 145, 253, 255 m.w.N.

[1239] Vgl. auch *Plückebaum/Malitzky/Köhler,* Umsatzsteuergesetz, § 4 Rdnr. 135; *Sölch/Ringleb/List/Klenk,* Umsatzsteuergesetz, § 4 Nr. 8 Rdnr. 42.

Schrifttum: *André,* Die Verbindlichkeit von Optionsscheingeschäften, 1991; *Arnold/Burg,* Swaps und Ricardos Theorem der komparativen Kosten, Bank 1987, 194 ff.; *Assmann,* Börsentermingeschäftsfähigkeit, Festschr. Heinsius, S. 1 ff.; *Berger,* Zur Wirksamkeit von Lösungsklauseln für den Konkursfall, ZIP 1994, 173 ff.; *Borchers,* Swapgeschäfte im Zivil- und Steuerrecht, 1993; *Bosch,* Finanztermingeschäfte in der Insolvenz, WM 1995, 365 ff., 413 ff.; *Büschgen,* Zinstermingeschäfte: Instrumente und Verfahren zur Risikoabsicherung an Finanzmärkten, 1988; *ders.,* Zum Wesen der Finanzinnovation, ZfB 56 (1986), 301 ff.; *Dahm/Hamacher,* Neues Einkommensteuerrecht für moderne Finanzinstrumente, WM 1994, Sonderbeilage 3; *Dannhoff,* Das Recht der Warentermingeschäfte, 1993; *Decker,* Zinssatz- und Währungsswaps unter rechtlichen Aspekten, dargestellt anhand des Muster-Rahmenvertrages für Swapgeschäfte, WM 1990, 1001 ff.; *Diwald,* Zinsfutures und Zinsoptionen, 1994; *Drygala,* Termingeschäftsfähigkeit und Aufklärungspflicht beim Handel mit Optionsscheinen, ZHR 159 (1995), 686 ff.; *Ebenroth/Messer,* Die vorzeitige Beendigung von Zins- und Währungsswaps bei Eintritt von Vertragsverletzungen aufgrund vertraglicher Lösungsklauseln, ZfvglRW 1987, 1 ff.; *Erne,* Die Swapgeschäfte der Banken, 1992; *Franke/Imo,* Anlegerschutz an der Deutschen Terminbörse, ZBB 1990, 104 ff.; *Fülbier,* Zivilrechtliche Einordnung von Zins- und Währungsswaps, ZIP 1990, 544 ff.; *ders.* Swap-Verträge – Internationale Standardisierung, ZIP 1990, 680 ff.; *Gajo,* Die DTB-Bilanz nach 3 Jahren, AG 1993, S. R. 106 ff.; *Gleske,* Finanzinnovation aus Sicht der Notenbanken und der Bankenaufsichtsbehörden, Bank 1986, 280 ff.; *Häuselmann,* Bilanzierung und Besteuerung von Zinsbegrenzungsverträgen, BB 1990, 2149 ff.; *Häuser,* Außerbörsliche Optionsgeschäfte (OTC-Optionen) aus der Sicht des novellierten Börsengesetzes, ZBB 1992, 249 ff.; *Hahn,* Währungsrecht, 1990; *Hamacher,* Steuerliche Behandlung der DTB-Geschäfte im Privatbereich, WM 1995, 777 ff.; *Hartung,* Das Wertpapieroptionsgeschäft in der Bundesrepublik Deutschland, 1989; *Henssler,* Risiko als Vertragsgegenstand, 1994; *ders.,* Anlegerschutz durch Information, ZHR 153 (1989), 611 ff.; *Imo,* Börsentermin- und Börsenoptionsgeschäfte, 1988; *Jahn,* Klauseln internationaler Swapverträge Bank 1989, 395 ff.; *Jander/Plecher,* Risikomanagement bei Finanzderivaten, WiB 1995, 137 ff.; *Jaskulla,* Die Einführung derivativer Finanzinstrumente an den deutschen Wertpapierbörsen als Regelungsproblem, 1995; *Kindermann,* Rechtliche Strukturen der deutschen Terminbörse, WM 1989, Sonderbeilage Nr. 2; *Kienle,* Die Give-up-Vereinbarungen beim Clearing im Börsenterminhandel, WM 1993, 1313 ff.; *Kleinschmitt,* Das Informationsmodell bei Börsentermingeschäften, 1992; *Koenig,* Zur Anwendbarkeit der Ultra-vires-Lehre im Falle des Überschreitens der gesetzlich begrenzten Aufgaben öffentlicher Kreditanstalten am Beispiel einer Landesbank, WM 1995, 317 ff.; *Kopp,* Der Zinsswap - Ein deutsch-US-amerikanischer Rechtsvergleich, 1995; *Krumnow,* Derivative Instrumente als Herausforderung für Bank-Controlling und Bankorganisation, ZBB 1993, 133 ff.; *Kümpel,* Bank- und Kapitalmarktrecht, 1995; *ders.,* Die allgemeinen Verhaltensregeln des Wertpapierhandelsgesetzes, WM 1995, 689 ff.; *ders.,* Sonderbedingungen für Börsentermingeschäfte, WM 1991, Sonderbeilage 1; *ders.,* Börsengesetznovelle 1989, WM 1989, 1313 ff., 1485 ff.; *ders.,* Der Termin- und Differenzeinwand bei Zinsterminkontrakten und Zinsswapgeschäften, WM 1986, 661 ff.; *Ledermann,* Die Rechtstellung des Kursmaklers an den deutschen Wertpapierbörsen, 1990; *Lehnhoff,* Die Problematik von Netting-Vereinbarungen bei Swap-Verträgen, in: WM Festgabe für Hellner, 1995, S. 41 ff.; *Menninger,* Financial Futures und deren bilanzielle Behandlung, 1993; *dies.,* Die Abbildung der Financial Futures im Jahresabschluß, RIW 1994, 43 ff.; *dies.,* Börsen- und zivilrechtlicher Charakter von Financial Futures, WM 1994, 970 ff.; *Niemann,* Finanzinnovationen im Binnenmarkt, WM 1993, 777 ff.; *Paus,* Börsentermingeschäfte, 1995; *Pohl,* Innovative Finanzinstrumente im gemeinsamen europäischen Bankenmarkt, 1994; *ders.,* Neue Generation derivativer Finanzinstrumente – Anlaß zu juristischer Nachstellung?, WM 1995, 957 ff.; *Polt,* Ausländisches Devisentermingeschäft und Differenzeinwand, 1985; *Rümker,* Anleihen mit Tilgungswahlrecht des Emittenten, in: Aktuelle Probleme des Wertpapiergeschäftes, 1993, S. 91 ff.; *Schäfer,* Haftung für fehlerhafte Anlageberatung und Vermögensverwaltung, 2. Aufl., 1995; *ders.,* Zinsswaps und Zinscaps als Differenzgeschäfte gem. §§ 762, 764 BGB, ZIP 1986, 1304 ff.; *Schäfer/Triebel,* The Second Banking Directive and the Proposed Directive on Investment Services and Implementation into German Law, European Business Law Review 1992, 108 ff.; *Schmidt,* Möglichkeiten und Risiken von Floatern, in: Aktuelle Probleme des Wertpapiergeschäftes, 1993, S. 9 ff.; *Schneider/Busch,* Swapgeschäfte der Landesbanken, WM 1995, 326 ff.; *Schulz,* Börsengehandelte Finanzmarktinstrumente mit Ausübungsrechten, Bank 1993, 476 ff.; *Schwark,* Börsengesetz, 2. Aufl., 1994; *ders.,* Spekulation-Markt-Recht, Festschr. Steindorff, 473 ff.; *ders.,* Neues Recht für Börsentermingeschäfte, NJW 1989, 2675 f.; *Schulte-Mattler,* Entwicklungstendenzen in der europäischen und internationalen Bankenaufsicht, ZBB 1994, 333 ff.; *Tilp,* Die Unverbindlichkeit von Geschäften in Optionsscheinen und Bezugsrechten, DB 1989, 2365 ff.; *Tintelnot,* Vereinbarungen für den Konkursfall, 1991; *Uhlir,* Financial Futures im Brennpunkt, ÖBA 1992, 342 ff., 435 ff., 526 ff. und

912 ff.; *van de Loo,* Devisentermingeschäft – Rücktrittsrecht der Bank nach Antrag auf Eröffnung des Vergleichs- oder Konkursverfahrens über das Vermögen des Bankkunden?, ZIP 1988, 352 ff.; *Wach,* Termingeschäftsfähigkeit und Verbindlichkeit von Börsentermingeschäften nach dem sog. „Informationsmodell", AG 1992, 384 ff.; *Waldeck,* Die Haftung aus Anlageberatung, in: Cramer/Rudolph, Handbuch für Anlageberatung und Vermögensverwaltung, 1995, S. 647 ff.; *Winter,* Der wirtschaftliche und rechtliche Charakter von Zinsbegrenzungsverträgen, WM 1995, 1169 ff.; *Zahn,* Handlexikon zu Futures, Optionen und innovativen Finanzinstrumenten, 1991.

I. Finanzderivate

1. Begriffsbestimmung. *a) Finanzderivate als Begriff.* Finanzderivate erfreuen sich in den letzten Jahren einer zunehmenden Publizität. Einen vorläufigen Höhepunkt erreichte diese Anfang 1995 mit dem Konkurs der alten englischen Privatbank Barings, der durch Verluste von über Pfund Sterling 1,2 Mrd. durch fehlgegangene Spekulationen in Financial Futures verursacht wurde. Darüber hinaus haben eine Reihe von internationalen Konzernen und sogar von staatlichen Einrichtungen durch Geschäfte in Finanzderivaten Schlagzeilen gemacht[1]. In dieser allgemeinen Berichterstattung werden die Begriffe häufig nicht präzise verwendet. Unter dem Begriff der **„derivativen Finanzinstrumente"** oder kürzer „Finanzderivate" werden so unterschiedliche Instrumente wie Futures, Options, Swaps, Caps, Floors, Collars, Forward Rate Agreements und eine schier unübersehbare Anzahl von Kombinationen von diesen Instrumenten mit herkömmlichen Finanzinstrumenten zusammengefaßt. Allen derivativen Instrumente ist gemeinsam, daß ihre Bewertung und damit auch ihre Wertentwicklung nicht originär erfolgt, sondern abgeleitet wird von einem Basiswert[2]. Der Preis des Derivates hängt ab von der Preisentwicklung des Basiswertes. Basiswerte sind häufig Aktien, Anleihen, Devisen oder auf diese bezogene Indizes. Im einzelnen unterscheiden sich die verschiedenen Derivate jeoch nicht unerheblich. 1

b) Futures. Bei einem Future handelt es sich – insbesondere im Gegensatz zu einer Option – um ein **Festgeschäft.** Bei einem Festgeschäft[3] vereinbaren die Parteien eine feste Abnahme oder Lieferung der vereinbarten Ware (z. B. Gold oder Devisen) zu einem vorher bestimmten in der Zukunft liegenden Termin zu einem gleichfalls vorher festgelegten Preis. Wird eine derartige Vereinbarung individualvertraglich außerhalb einer Börse (over the counter – OTC) getroffen, spricht man von einem **Forward.** Werden diese Forwards zu standardisierten Bedingungen[4] an einem börsenmäßig organisierten Terminmarkt gehandelt, spricht man von Futures bzw. Futuregeschäften[5]. Bestehen die zugrundeliegenden „Waren" aus Aktien, Anleihen, Devisen oder Indizes, spricht man von **„Financial Futures"**[6]. 2

---

[1] Zu nennen sind insbesondere Procter & Gambel (Verluste von US- 102 Mio); Glaxo (Verluste von Pfund Sterling 103 Mio); Dell Computer; Gibson Greatings (Verluste von US- 23 Mio); der im Staate Californien gelegene Landkreis Orange County (Verluste von US- 1,7 Mrd.); vgl. zu weiteren Beispielen *Pohl,* WM 1995, 957, 964 m. w. N.

[2] *Kümpel,* Bank- und Kapitalmarktrecht, 13.60; *Jaskulla,* S. 16 ff.; dementsprechend definiert § 2 Abs. 2 WpHG „Derivate" als die „an einem inländischen oder ausländischen Markt i. S. d. Abs. 1 gehandelten Rechte, deren Börsen- oder Marktpreis unmittelbar oder mittelbar von Wertpapieren oder ausländischen Zahlungsmitteln oder der Veränderung von Zinssätzen abhängt" – Wertpapierindizes werden zwar nicht ausdrücklich genannt, jedoch durch den Zusatz „mittelbar" erfaßt.

[3] Synonym: Direktgeschäft, Fixgeschäft.

[4] Die Standardisierung betrifft insb. die Art des Finanzinstruments, die Mindestgröße der Handelseinheit, den Erfüllungszeitpunkt und die Preisnotierung.

[5] *Uhlir,* ÖBA 1992, 342 f.; *Menninger,* Financial Futures, S. 15 ff.; *Jander/Plecher,* WiB 1995, 137, 138; *Kümpel,* Bank- und Kapitalmarktrecht, 13.97 f.

[6] In Abgrenzung insb. zu den Warentermingeschäften. Vgl. dazu *Dannhoff,* Das Recht der Warentermingeschäfte, S. 52 ff. sowie S. 32 Fn. 2 u. S. 53 Fn. 77 zu der (abweichenden) amerikanischen Begrifflichkeit, die aus aufsichtsrechtlichen Erwägungen z. B. auch Anleihen als „commodities" erfaßt, sowie *Henssler,* Risiko als Vertragsgegenstand, S. 686 Fn. 259, dazu, daß auch Aktienindexkontrakte als „commodities" angesehen werden.

3 *c) Optionen.* Während beim Festgeschäft die Abnahme bzw. Lieferung zu einem vorher bestimmten Termin „fest" vereinbart wird, hat bei einem Optionsgeschäft der Käufer der Option das Wahlrecht, das vereinbarte Geschäft durchzuführen oder es verfallen zu lassen. Hierfür zahlt er an den Verkäufer der Option eine Optionsprämie. Optionsgeschäfte unterscheiden sich daher von den Festgeschäften dadurch, daß erst der Eintritt einer Voluntativbedingung[7] das Termingeschäft zur Durchführung bringt[8]. Optionsgeschäfte können sich auf alle Arten von Vermögenspositonen einschließlich eines Financial Future beziehen. In letzterem Falle führt die Ausübung einer Option dazu, daß zwischen den Vertragsparteien ein Financial Future zustande kommt, der dann wie ein normaler Future zu behandeln ist. Mit der Einräumung eines Wahlrechtes des Optionskäufers gegen Zahlung einer Prämie ähnelt das Optionsgeschäft dem früher gängigen Prämiengeschäft, bei dem ein Future abgeschlossen wurde und eine Partei sich gegen Zahlung einer Prämie, dem sog. Reuegeld, das Recht einräumen ließ, von dem Future zurückzutreten[9].

4 *d) Swaps, Caps, Floors und Collars.* Die wohl erfolgreichste **Finanzinnovation** der 80iger Jahre dürfte der Swap sein[10]. Ausgangspunkt der weitreichenden Entwicklung des Swaps war der **Devisenswap.** Bei diesem wurden ursprünglich Devisen am Kassamarkt gekauft und gleichzeitig mit dem Kauf ein Verkauf mit hinausgeschobenem Liefertermin als kompensierendem Gegengeschäft unter verbindlicher Festsetzung des Abrechnungskurses für das Termingeschäft vereinbart[11]. Neben dem Devisenswap entwickelte sich bald der **Zinsswap.** Bei diesem vereinbaren die Parteien den periodischen Austausch von Zahlungen während der Laufzeit des Swap. Die Höhe der Zahlungen errechnen sich durch Multiplikation eines – regelmäßig fiktiven – Nominalbetrages mit einem festen oder variablen Zinssatz[12]. Der Zinsswap entstand als „Tausch" der Zinsverpflichtungen der beiden Vertragspartner jeweils gegenüber dritten Kreditgebern. Darüber hinaus finden sich heute praktisch alle denkbaren Kombinationsmöglichkeiten aus Devisen-, Index- und Zinssatzswaps[13]. Unter den über die Kombination dieser Grundformen hinausgehenden Swaps ist insb. die **Swaption** zu nennen, die eine Kombination aus Swapvereinbarung und Optionsvereinbarung darstellt. Der Käufer der Swaption erhält das Optionsrecht, innerhalb einer bestimmten Frist von dem Verkäufer der Swaption zu einem in der Zukunft liegenden Zeitpunkt die Eingehung eines Swaps zu bereits fest vereinbarten Konditionen zu verlangen[14]. Eine Swaption ist damit die Parallele zu einer Option auf einen Future.

5 Während bei einem Währungs-, Zinssatz- oder kombinierten Swap die Vertragsparteien der Vereinbarung – z. B. in unterschiedlichen Währungen feste gegen variable – Zins- oder Devisenzahlungen „tauschen", vereinbaren die Parteien bei einem **Cap,** daß die den Cap verkaufende Partei der den Cap kaufenden Partei Zahlungen in der Höhe leistet, in der ein vereinbarter Referenzzinssatz eine bestimmte Marke überschreitet[15]. Die spiegel-

---

[7] Zu den rechtlichen Qualifikationsmöglichkeiten eines Optionsrechtes vgl. *Erne,* Swapgeschäfte, S. 66 ff. m. w. N.; *Pohl,* Innovative Finanzinstrumente, S. 71 f.

[8] *Diwald,* Zinsfutures, S. 46; *Kümpel,* Bank- und Kapitalmarktrecht, 13.89; *Jander/Plecher,* WiB 1995, 137, 138.

[9] *Hartung,* Wertpapieroptionsgeschäft, S. 33 ff.; *Diwald,* Zinsfutures, S. 46; *Kümpel,* ZfgK 1981, 464; *ders.,* Bank- und Kapitalmarktrecht, 12.51.

[10] *Büschgen,* ZfB 56 (1986) 301, 321 ff.; *Arnold/Burg,* Bank 1987, 194 ff.

[11] *Erne,* Swapgeschäfte, S. 13 ff.; *Borchers,* Swapgeschäfte, S. 4 ff.; *Schönle,* Bank- und Börsenrecht, § 35 VII 1 c); *Pohl,* Innovative Finanzinstrumente, S. 32 f.

[12] *Kopp,* Zinsswap, S. 18 ff.; *Decker,* WM 1990, 1001 ff.; *Fülbier,* ZIP 1990, 544; *Schäfer,* ZIP 1986, 1304 ff.

[13] Vgl. die Übersicht bei *Erne,* Swapgeschäfte, S. 18 ff.; *Pohl,* Innovative Finanzinstrumente, S. 33 f., sowie 134 f.; *Bosch,* WM 1995, 365, 370 ff.

[14] Vgl. *Erne,* Swapgeschäfte, S. 63 ff.; *Zahn,* Handlexikon, S. 285 f.

[15] Die Vereinbarung kann z. B. lauten: Immer wenn LIBOR 6% überschreitet, wird die Differenz zwischen 6% und dem darüber liegenden LIBOR-Satz multipliziert mit einem Nominalbetrag ge-

bildliche Vereinbarung ist der **Floor.** Hier verpflichtet sich der Verkäufer des Floor, dem Käufer des Floor die Differenz zwischen dem vereinbarten Floor-Satz und einem den Floor-Satz unterschreitenden Referenzzinssatz (z. B. LIBOR) multipliziert mit einem Nominalbetrag zu zahlen. Der „Käufer" des Cap bzw. Floor zahlt dem Verkäufer für die Eingehung seiner Verpflichtung eine Prämie. – Caps und Floors entsprechen somit wirtschaftlich einer Sequenz von Optionen mit zunehmend langer Vorlaufzeit auf Zinssätze in der Zukunft[16].

Ein **Collar** kombiniert die Instrumente von Cap und Floor. Die Kombination kann 6
zum einen so erfolgen, daß der „Verkäufer" des Collar dem „Käufer" immer Zahlungen leistet, wenn ein Referenzzinssatz, z. B. LIBOR, über oder unter einer vereinbarten Bandbreite liegt, also z. B. über 7% oder unter 4%. Derartige Vereinbarungen sind jedoch selten. Der Grund dafür liegt in der gegenläufigen wirtschaftlichen Funktion eines Cap bzw. Floor. Der Käufer eines Cap sichert sich gegen ein Ansteigen des Zinssatzes über ein bestimmtes Maß hinaus. Der Käufer eines Floors sichert sich gegen das Fallen eines Zinssatzes unter einen bestimmten Satz. Das Interesse an einer Absicherung gegen ein Ansteigen über ein bestimmtes Maß geht regelmäßig nicht einher mit einem Interesse an einer Absicherung gegen das Fallen unter ein bestimmtes Maß. Der Käufer eines zu Absicherungszwecken erworbenen Caps hat zinsvariable Verbindlichkeiten, deren möglichen Anstieg er der Höhe nach begrenzen möchte. Der einen Floor zu Absicherungszwecken erwerbende Käufer hat – genau gegenteilig zu dem Erwerber des Caps – zinsvariable Anlagen, bei denen er das Absinken des Ertrages unter ein bestimmtes Maß absichern möchte. Collars werden daher regelmäßig in der Form vereinbart, daß zwischen denselben Parteien gleichzeitig ein Verkauf eines Caps und der Kauf eines Floors vereinbart werden. Der Käufer des Caps sichert sich gegen ein Ansteigen der Zinsen durch Zahlung einer Prämie. Gleichzeitig verkauft der Käufer des Caps einen Floor an den Verkäufer des Caps und erzielt so eine Prämieneinnahme. Diese Prämie fließt ihm jedoch nicht zu, sondern wird mit seiner Prämienzahlungspflicht als Käufer des Caps verrechnet. Zielsetzung derartiger Collars ist somit die Reduzierung der Kosten für den Erwerb des Caps[17]. Durch den gleichzeitigen Verkauf eines Floors kann der Käufer des Caps von möglichen Zinssenkungen jedoch nur bis zu der durch den Floor gesetzten Grenze profitieren, da für ihn bei tiefer sinkenden Zinsen eine Zahlungspflicht an den Käufer des Floors/Verkäufer des Caps entsteht.

Bei Swaptions, Caps, Floors und Collars ist unmittelbar ersichtlich, daß es sich um **Fi-** 7
nanzderivate handelt. Die Swaption ist als Option auf einen Swap in ihrem Wert abhängig von der Entwicklung des Wertes des Swaps. Caps, Floors und Collars sind wirtschaftlich Optionen auf einen zukünftigen Zinssatz[18]. Nichts anderes gilt auch für die Swaps selbst. Devisenswaps sind in ihrer Bewertung abhängig von dem Terminkurs der jeweiligen „getauschten" Devisen und Zinsswaps von den zugrundeliegenden Zinssätzen. Jeder Cap und Floor läßt sich grundsätzlich auch als Swap ausdrücken. Der „Käufer" des Cap kann statt der einmalig zu Beginn der Vereinbarung gezahlten Prämie (dem „Kaufpreis" für den Cap) regelmäßige Zahlungen zu bestimmten Zeitpunkten an den Verkäufer des Caps vereinbaren. Damit ist er der Festsatzzahler eines Zinssatzswaps, bei dem feste gegen variable Zinsen „getauscht" werden[19]. Wie bei den sonstigen Finanzderivaten ist somit die Wertentwicklung auch eines Swap abgeleitet von einem Basiswert.

---

zahlt; vgl. *Schäfer,* ZIP 1986, 1304 ff.; *Jaskulla,* Derivative Finanzinstrumente, S. 36 ff.; *Häuselmann,* BB 1990, 2149 ff.

[16] *Jaskulla,* Derivative Finanzinstrumente, S. 38; *Häuselmann,* BB 1990, 2149, 2150 m. w. N.

[17] *Häuselmann,* BB 1990, 2149, 2150 m. w. N.; *Büschgen,* Zinstermingeschäfte, S. 143; *Pohl,* Innovative Finanzinstrumente, S. 134; *Zahn,* Handlexikon, S. 131.

[18] *A. A. Pohl,* Innovative Finanzinstrumente, S. 135 m. w. N., der jedoch nicht zwischen wirtschaftlicher Funktion und rechtlicher Beurteilung differenziert; wie hier *Assmann,* in Assmann/Schneider, WpHG, § 2 Rdnr. 14.

[19] Vgl. *Kümpel,* WM 1986, 661, 667 f.

8 *e) Forward Rate Agreement (FRA).* Ein FRA ist die Vereinbarung zwischen seinem Verkäufer und Käufer, daß eine Zinsausgleichszahlung für eine in der Zukunft beginnende Periode bezogen auf einen fiktiven Nominalbetrag zwischen dem vereinbarten FRA-Zinssatz und einem aktuellen Zinssatz vorgenommen wird[20]. Zwischen den Parteien eines FRA wird somit z. B. vereinbart, daß für eine in drei Monaten beginnende Zinsausgleichsperiode von 6 Monaten ein Referenzzinssatz, z. B. LIBOR, einen bereits bei Abschluß des FRA festgesetzten Zinssatz nicht über- bzw. unterschreitet. Liegt der Referenzzinssatz in drei Monaten über dem vereinbarten FRA-Zinssatz, erhält der Käufer des FRA eine Ausgleichszahlung. Wenn jedoch der Referenzzinssatz unter dem vereinbarten FRA-Zinssatz liegt, hat der Verkäufer des FRA an dessen Käufer eine Ausgleichszahlung zu leisten. Die Zinsdifferenz ist zu beziehen auf einen vereinbarten fiktiven Nominalbetrag und wird regelmäßig für die jeweils anstehende Periode auf deren Beginn diskontiert mit dem jeweils zu dem Beginn der Periode geltenden Referenzzinssatz.

9 *f) Kombinaton mit herkömmlichen Instrumenten.* Neben Futures, Optionen, Swaps, Caps und Floors haben sich eine Vielzahl von Kombinationen zwischen diesen Derivaten entwickelt[21]. Darüber hinaus sind auch eine Vielzahl von Kombinationen von Derivaten mit originären Finanzinstrumenten wie Anleihen, Schuldscheinen oder Aktien entwickelt worden. Als Beispiele können hier die Caped Floater (Anleihe mit variablem Zinssatz, der in der Höhe begrenzt ist), Collared Floater (Anleihe mit variablem Zinssatz innerhalb einer festgelegten Zinsschwankungsbreite), Convertible Floater (zinsvariable Anleihe wandelt sich in Festzinsanleihe), Reverse Floater (der variable Zinssatz einer Anleihe bestimmt sich als die Differenz aus einem Festzinssatz abzüglich einem variablen Zinssatz)[22] dienen. Weiter können genannt werden die Anleihen mit Tilgungswahlrechten, die den Emittenten berechtigen, dem Anleger statt des aufgenommenen Anleihebetrages eine bestimmte Anzahl von Aktien zur Verfügung zu stellen, oder bei denen sich die Höhe des Tilgungsbetrages an einem Aktien- oder Zinsindex bemißt[23]. Viele dieser Kombinationen aus originären und derivativen Finanzinstrumenten basieren darauf, daß der Anleger eine Stillhalterposition übernimmt, für die er – im wirtschaftlichen Sinne – durch seine Anlage bereits eine Sicherheitenbestellung vorgenommen hat. Besonders deutlich wird dies bei den Anleihen mit Tilgungswahlrecht, bei denen dem Anleger statt des gezeichneten Anleihebetrages bei Endfälligkeit Aktien oder Devisen angedient werden können oder bei denen sich der zurückzuzahlende Anleihebetrag entsprechend der Entwicklung eines Index vermindert. Derartige Finanzprodukte können entstehen durch ein „analytisches Auseinanderbrechen“ von bisher ganzheitlich gehandelten originären Produkten[24] oder durch die Kombination bisher einzeln gehandelter Elemente[25]. Ursache für die Entstehung der komplexen Instrumente können sowohl Arbitragegründe sein wie auch die Intention, die Kalkulation der Kombinationsprodukte für die übrigen Marktteilnehmer zu erschweren[26].

10 **2. Verbriefung von Derivaten.** Ein Teil der **Finanzderivate** wird nicht nur als schuldrechtlicher Vertrag, sondern sachenrechtlich als **Wertpapier** gehandelt. In diesen Fällen ist das Derivat verbrieft worden[27]. In der wirtschaftlichen Funktionsweise tritt dadurch keine

---

[20] Vgl. *Diwald,* Zinsfutures und Zinsoptionen, S. 386 ff.; *Kümpel,* Bank- und Kapitalmarktrecht, 13.105.

[21] Vgl. die Übersicht bei *Schulz,* Bank 1993, 476 ff. und *Jaskulla,* Derivative Finanzinstrumente, S. 16 ff. – der insoweit inkonsequent Optionen obwohl als Derivate (S. 20) als auch als „originäre Finanzinstrumente“ (S. 73) bezeichnet.

[22] Vgl. *Schmidt,* Möglichkeiten und Risiken von Floatern, S. 9, 13 ff.

[23] Vgl. *Rümker,* Anleihen mit Tilgungswahlrecht des Emittenten, S. 91 ff.

[24] Vgl. z. B. die sog. „Stars and Stripes“, bei denen die Festzinszahlungen aus einer Anleihe separat von dem Anleihebetrag selbst gehandelt werden.

[25] Beispiel dafür sind die vorgenannten Anleihen mit sog. „imbedded options“.

[26] Vgl. *Niemann,* WM 1993, 777, 778.

[27] Vgl. allgemein zur Verbriefung *Einsele,* Wertpapierrecht als Schuldrecht, 1995, S. 1 mit Fn. 1 m. w. N.

Änderung ein. Bei nicht standardisierten Derivaten wird durch die Verbriefung jedoch eine **erhöhte Fungibilität** durch die Möglichkeit des Kaufs bzw. Verkaufs des Wertpapieres an einer Wertpapierbörse erhöht[28]. Neben der Verbriefung der Derivate durch eine Kombination mit einem herkömmlichen Instrument[29] erfolgte eine Verbriefung insb. in Form von **Optionsscheinen.** Deren einzelne Ausformungen sind nahezu unübersehbar geworden[30].

II. Art und Umfang von Financial Futures

1. Arten. *a) Aktienindex-Futures.* Bei einem Future als Festgeschäft vereinbaren die Parteien grundsätzlich die Lieferung der vereinbarten Ware zu einem vorher bestimmten Termin zu einem festgelegten Preis. Als „Ware" werden in Deutschland – obwohl theoretisch denkbar – keine einzelnen Aktien gehandelt, sondern nur ein Index. Ist die in Bezug genommene „Ware" jedoch ein Index, der sich aus einer Vielzahl von Aktien zusammensetzt, haben die vertragschließenden Parteien regelmäßig kein Interesse an einer physischen Lieferung sämtlicher im Index enthaltener Aktien[31]. Bei Aktienindex-Futures erfolgt daher an keiner Börse der Welt eine effektive Lieferung (Physical Settlement), sondern die Preisdifferenzen zwischen dem vereinbarten Terminpreis und dem im Fälligkeitszeitpunkt aktuellen Kassapreis werden durch Barzahlungen ausgeglichen (Cash-Settlement)[32]/[33]. Ein Aktienindex-Future kann zur Absicherung von bestehenden oder künftigen Portefeuilles, zur Erhöhung bzw. Reduktion des systematischen Risikos eines Portefeuilles, der Arbitrage sowie der Spekulation auf steigende oder fallende Kurse dienen[34]. – An deutschen Börsen wird als Aktienindex-Future z. Z. lediglich ein **Future auf den DAX** gehandelt. Dem DAX liegen derzeit 30 Standardwerte zugrunde, die für den deutschen Kapitalmarkt repräsentativ sind. Die im DAX enthaltenen Aktien sind nach bestimmten Kriterien gewichtet. Der DAX-Future hat als Basiswert einen Kontrakt von DM 100,– pro Punkt des DAX, so daß z. B. beim Stand des DAX von 2100 Punkten der Basiswert des Futures DM 210 000,– beträgt. Erfüllungszeitpunkt („Liefermonate") sind jeweils der letzte Börsentag vor dem dritten Samstag im März, Juni, September und Dezember eines jeden Jahres. Die Kontrakte haben eine Laufzeit von bis zu 9 Monaten. – Obwohl bei einem Aktienindex-Future von vornherein nur ein Differenzausgleich (= Cash-Settlement) vereinbart wird, spricht die Praxis doch von „Käufer" und „Verkäufer" des Future[35]. Der Verkäufer eines DAX-Futures ist nach Handelsschluß des Kontraktes, also bei Fälligkeit verpflichtet, die Differenz zwischen dem vereinbarten Preis und dem höheren Schlußabrechnungspreis an den Käufer zu zahlen, während der Käufer verpflichtet ist, die Differenz zwischen dem vereinbarten Preis und dem niedrigeren Schlußabrechnungspreis zu zahlen[36]. 11

b) Zins-Futures. Bei einem Zins-Future wird als die in der Zukunft zu einem bereits festgelegten Preis zu liefernde „Ware" nicht ein „Zins" vereinbart, wie die Bezeichnung zu indizieren scheint. Vielmehr vereinbaren die Parteien grundsätzlich bei einem Zins-Future, daß eine bestimmte Anleihe oder Festgeldanlage, d. h. ein sog. „Zinstitel" als effektives Geld- oder Kapitalmarktpapier zu liefern sein soll. Der dem Termingeschäft zu- 12

[28] BGH ZIP 1994, 1924, 1926 sub 1 c).

[29] S. o. bei Rdnr. 9.

[30] Vgl. den Überblick bei *Jaskulla,* Derivative Finanzinstrumente, S. 43 bis 72; *André,* Optionsscheingeschäfte, S. 24 ff.; zu den rechtlichen Konsequenzen hinsichtlich des Termin- und Differenzeinwandes vgl. BGH ZIP 1994, 1924 ff. m. w. N. sowie *Drygala,* ZHR 159 (1995), 686, 692 ff.

[31] Was zudem faktische Probleme der Teilbarkeit mit sich bringen könnte.

[32] *Uhlir,* ÖBA 1992, 526 ff.; *Menninger,* Financial Futures, S. 24 ff.

[33] Zu der rechtlichen Qualifikation vgl. unten bei Rdnr. 25 ff.

[34] Vgl. *Menninger,* Financial Futures, S. 62 f., 68 ff.; *Uhlir,* ÖBA 1992, 526.

[35] Vgl. *Kümpel,* Bank- und Kapitalmarktrecht, 13.111.

[36] Vgl. Bedingungen für den Handel an der Deutschen Terminbörse, Ziff. 2.1.3.1 Abs. (2).

grundeliegende Zinstitel bildet daher das wesentliche Unterscheidungskriterium für Zins-Futures[37]. In Deutschland werden an der Deutschen Terminbörse derzeit vier Zins-Futures gehandelt. Diese sind der langfristige Bund-Future auf eine fiktive Schuldverschreibung der Bundesrepublik Deutschland mit einer Laufzeit von 8½ bis 10 Jahren und einem Zinssatz von 6%[38], der mittelfristige Bund-Future auf eine fiktive Schuldverschreibung der Bundesrepublik Deutschland mit einer Laufzeit von 3½ bis 5 Jahren und einem Zinssatz von 6%[39], der besonders langfristige Bund-Future auf eine fiktive Schuldverschreibung der Bundesrepublik Deutschland mit einer Laufzeit von 15 bis 30 Jahren und einem Zinssatz von 6%[40] sowie der FIBOR-Future, der als Terminkontrakt auf den Zinssatz für ein 3-Monats-Termingeld in DM ausgelegt ist[41]. Der Nominalwert der drei erstgenannten Kontrakte beträgt jeweils DM 250 000,–, der des FIBOR-Future DM 1 Mio. – Da bei dem besonders langfristigen Bund-Future, dem langfristigen Bund-Future und dem mittelfristigen Bund-Future fiktive Schuldverschreibungen gehandelt werden, sehen die Bedingungen für den Handel an der deutschen Terminbörse vor, daß äquivalente Anleihen der Bundesrepublik Deutschland mit gleicher Laufzeit, jedoch anderem Zinssatz geliefert werden können, die mittels eines von der DTB bestimmten Konvertierungsfaktors an die dem Handel zugrundeliegende fiktive Anleihe angepaßt werden. Für den FIBOR-Future sehen die Bedingungen für den Handel an der deutschen Terminbörse vor, daß bei Fälligkeit des Kontraktes zwischen Veräufer und Käufer ein Barausgleich in Höhe der Differenz zwischen dem vereinbarten Preis und einem höheren bzw. niedrigeren Schlußabrechnungspreis vorzunehmen ist[42]. – Zins-Futures auf DM-Anleihen werden nicht nur in Deutschland an der DTB, sondern auch an ausländischen Märkten, z. B. der Londoner LIFFE mit großen Umsätzen gehandelt. Den an ausländischen Börsen gehandelten Zins-Futures liegen typischerweise Zinstitel zugrunde, die charakteristisch für das Heimatland der jeweiligen Börse sind[43].

13 *c) Devisen-Futures.* Bei einem Währungs-Future (Currency Future) liegt dem Termingeschäft die Lieferung von Fremdwährungen zugrunde. Aufgrund der überragenden Marktstellung des International Money Market, einer Unterabteilung der Chicago Mercantile Exchange und eines (derzeit noch) als gering eingeschätzten Bedarfs an Devisen-Futures in Deutschland wurde an der DTB ein Handel mit Devisen-Futures bisher[44] nicht aufgenommen. Damit korrespondiert, daß der – nicht standardisierte – Devisenterminhandel zwischen Kunden und Banken ein erhebliches Ausmaß besitzt[45]. Von erheblicher Bedeutung ist in Deutschland darüber hinaus der Handel von **Währungsoptionsscheinen,** also verbrieften nicht standardisierten Devistentermingeschäften[46].

14 **2. Entwicklung und Bedeutung des Future Handels.** *a) Die weltweite Entwicklung des Future Handels*[47]. In der Zeit von August 1971 bis März 1973 brach das System feste Wechselkurse zwischen den internationalen Währungen, das sog. System von Bretton

---

[37] Vgl. *Menninger,* Financial Futures, S. 27 ff.; *Pohl,* Finanzinstrumente, S. 50 f.; *Diwald,* Zinsfutures, S. 63 ff.; *Kümpel,* Bank- und Kapitalmarktrecht, 13.99 ff.

[38] Vgl. Bedingungen für den Handel an der deutschen Terminbörse, Ziff. 2.1.1.1.

[39] Vgl. Bedingungen für den Handel an der deutschen Terminbörse, Ziff. 2.1.2.1.

[40] Vgl. Bedingungen für den Handel an der deutschen Terminbörse, Ziff. 2.1.5.1; dessen Abschaffung aufgrund relativ geringer Marktbreite wird derzeit diskutiert.

[41] Vgl. Bedingungen für den Handel an der deutschen Terminbörse, Ziff. 2.1.4.1.

[42] Zu den Konsequenzen für die zivilrechtliche Qualifikation der Verträge vgl. unten bei Rdnr. 25 f.

[43] Vgl. Übersicht bei *Menninger,* Financial Futures, S. 27 ff.

[44] Für das 4. Quartal 1995 ist vorgesehen, eine US-$/DM-Option an der DTB einzuführen, vgl. DTB Reporter Juli 1995, S. 1; das Einführungsdatum wurde auf Januar 1997 verschoben.

[45] Vgl. *Menninger,* Financial Futures, S. 30 ff. mit Hinweisen zu weiteren ausländischen Börsen.

[46] Vgl. *André,* Optionsscheingeschäfte, S. 32 ff.; *Jaskulla,* Derivative Finanzinstrumente, S. 51 ff., beide m. w. N.

[47] Vgl. allg. zur geschichtlichen Entwicklung des Terminhandels *Imo,* Börsentermin- und Börsenoptionsgeschäfte Bd. I, S. 18 ff.; *Häuser/Welter,* oben § 15 Rdnr. 1 ff., beide m. w. N.

Woods, zusammen[48]. Die dadurch einsetzende Volatilität an den Devisenmärkten führte zu einer Nachfrage nach Devisen-Futures zur Absicherung der Devisenkursrisiken. Die nach Diversifikationsmöglichkeiten Ausschau haltenden amerikanischen Warenterminbörsen griffen dieses Bedürfnis auf und die Chicago Mercantile Exchange eröffnete durch ihre Abteilung International Monetary Market den ersten Financial Future Handel in Form eines Devisen-Futures[49]. Im Jahre 1975 folgten an dem International Monetary Market der erste Zins-Future, der sich binnen kürzester Zeit großer Beliebtheit erfreute. Die Erfolge der Chicago Mercantile Exchange führten zur Gründung weiterer Terminbörsen, insb. die Sydney Futures Exchange (1979), die London International Financial Futures Exchange (1982), die Aktienindex-Futures an der Kansas City Board of Trade (1982), der Marché à Terme International de France (1986) sowie der Swiss Options and Financial Futures Exchange (1988/1990). Das Kontraktvolumen vieler Futures Börsen übersteigt das Kontraktvolumen auch großer Kassamärkte bei weitem. Noch heute dürfte die Chicagoer Terminbörse die größte Terminbörse der Welt sein[50]. – Die weltweit außergewöhnliche Entwicklung der Financial Futures dürfte auf die stark gestiegene Volatilität im Bereich der Devisen und Zinssätze seit Beginn der 70iger Jahre zurückzuführen sein. Mit dem Zusammenbruch des Systems von Bretton Woods und der stark inflationären Entwicklung in vielen Industrieländern und den damit einhergehenden Verschiebungen in der Zahlungsbilanz vieler Länder ergab sich ein erhöhter Absicherungsbedarf, der letztlich nur über Financial Futures gedeckt werden konnte[51].

b) Die Entwicklung des Future Handels in Deutschland. Trotz weltweiter Gründungseuphorie für Terminbörsen zögerte man in Deutschland noch Mitte der 80iger Jahre damit, eine Terminbörse zu gründen. Ausschlaggebend hierfür waren die Bedenken der Deutschen Bundesbank, die in Zins-Futures eine Gefahr für ihre Geldpolitik sah und eine Destabilisierung der Kassamärkte durch Aktienindex-Futures befürchtete. Schließlich gab jedoch der **Konkurrenzdruck** durch die Erfolge der ausländischen Terminbörsen den Ausschlag für die Gründung einer Terminbörse in Deutschland. Bereits seit September 1988 wurde an der LIFFE ein langfristiger Bund-Future und seit April 1989 an der MATIF ein DM-Geldmarkt-Future mit großem Erfolg gehandelt. Für die Gründung einer deutschen Terminbörse war letztlich ausschlaggebend, daß mit der Aufnahme des Handels von auf DM lautenden Financial Futures an ausländischen Börsen der Finanzplatz Deutschland ins Hintertreffen zu geraten drohte. Seit 1990 findet daher an der DTB ein sich ständig erweiternder und umfangreicher werdender Terminhandel statt. Dieser begann zunächst im Januar 1990 mit Optionen auf 14 Aktien, im September 1990 folgten als erste Financial Futures der langfristige Bund-Future und der DAX-Future, seit August 1991 werden Optionen auf den DAX und den langfristigen Bund-Future gehandelt und seit Oktober 1991 gibt es den mittelfristigen Bund-Future. Optionen auf den DAX-Future werden seit Januar 1992 und auf den mittelfristigen Bund-Future seit Januar 1993 gehandelt. Im August 1994 folgte der kurzfristige Bund-Future[52]. 15

III. Wirtschaftliche Risiken von Futures

1. Markt-(Preisänderungs-)Risiko. Die spektakulären Verluste angesehener Banken und international tätiger Konzerne haben vermehrt das Augenmerk auf die mit einer Teilnahme am Handel in Finanzderivaten verbundene Risiken gerichtet. Die beiden Hauptrisiken sind das Markt- oder Preisänderungsrisiko sowie das Kredit- oder Adressenausfallrisiko. Als weitere Risiken sind zu nennen das operative Risiko der Abwicklung sowie in 16

---

[48] Vgl. *Hahn,* Währungsrecht, § 13 Rdnr. 5 ff. m. w. N.

[49] Vgl. dazu sowie zu der geschichtlichen Entwicklung der Financial Futures vor dieser Zeit *Menninger,* Financial Futures, S. 5 ff.; *Imo,* Börsentermin- und Börsenoptionsgeschäft Bd. I, S. 54 ff.

[50] Vgl. *Menninger,* Financial Futures, S. 8 f. m. w. N.

[51] Vgl. *Gleske,* Bank 1986, 280 ff., 284.

[52] Zu den Umsätzen vgl. *Gajo,* AG 1993, S. R. 106 ff.

gewissem Umfange ein Rechtsrisiko insofern, als – nicht unwichtige – Randfragen noch keiner abschließenden Klärung zugeführt sind[53]. Die in der Öffentlichkeit stark beachteten Verluste großer Unternehmen waren in den letzten Jahren regelmäßig bedingt durch den Einsatz von Financial Futures nicht zu Absicherungszwecken, sondern zu Zwecken der Spekulation. Da bei Finanzterminkontrakten beide Parteien nur geringe Beträge als Sicherheitsleistung („Margin") einsetzen müssen[54], sind die **Finanzterminkontrakte** mit einer großen **Hebelwirkung**[55] ausgestattet. Dies bedeutet, daß bereits relativ kleine Veränderungen der Preise der vereinbarten „Waren"[56] eine erhebliche Auswirkung auf die Bewertung der Positionen der Parteien des Future haben. Anders als bei den Optionsvereinbarungen ist das aus der Veränderung der Preise der zugrundeliegenden Waren resultierende Risiko bei den Financial Futures symmetrisch verteilt. Dies heißt, das „Käufer" und „Verkäufer" des Financial Future von Preisänderungen der kontraktierten Waren gleichermaßen betroffen werden können[57].

17 **2. Kredit-(Adressenausfall-)Risiko.** Neben dem sehr bedeutsamen Marktrisiko trägt jede Partei eines Financial Futures auch das grundsätzlich jedem Vertrag inhärente Kredit- oder Adressenausfallrisiko. Wie bei praktisch jeder anderen rechtlich bindenden Vereinbarung muß jede Partei eines Financial Future grundsätzlich damit rechnen, daß die Gegenseite ihren Verpflichtungen aus dem Vertrag nicht nachkommen will oder kann. Aufgrund der mit einem Financial Future Kontrakt verbundenen Hebelwirkung sind die **Auswirkungen eines Adressenausfalls** jedoch regelmäßig erheblicher als bei sonstigen Verträgen. Der Zusammenbruch eines Marktteilnehmers könnte dazu führen, daß weitere Marktteilnehmer ihren Verpflichtungen nicht nachkommen können und ein derartiger **Domino-Effekt** sich zu einer umfassenden Finanzkrise ausweitet[58]. Das Risiko eines Domino-Effektes versucht man von zwei unterschiedlichen Ansatzpunkten zu lösen. Der eine Regelungsansatz will die jederzeitige Zahlungsfähigkeit eines jeden Marktteilnehmers durch private bzw. staatliche Risikokontrollen bei dem einzelnen Marktteilnehmer sicherstellen[59]. Der andere Regelungansatz will die Auswirkungen einer etwaigen trotz der Risikolimitierungen eintretenden Zahlungsunfähigkeit eines einzelnen Marktteilnehmers auf andere Marktteilnehmer durch Sicherung der jederzeitigen Solvabilität des Systems durch Sicherstellung der Erfüllung durch eine Art „Garantiesystem" begrenzen. Letzteres ist jedoch nur möglich, soweit die Geschäfte in Derivaten über eine organisierte Börse abgewickelt werden. Die Abwicklung eines Geschäftes in Financial Futures über eine Börse hat daher für die Marktteilnehmer gegenüber Geschäften in Derivaten, die nicht über eine Börse, sondern individualvertraglich (OTC) abgewickelt werden, den erheblichen Vorteil, daß das Adressenausfallrisiko bei sichergestellter Zahlungsfähigkeit des Gesamtsystems nahezu nicht existiert[60].

---

53 Vgl. z. B. die konträren Stellungnahmen von *Schneider/Busch,* WM 1995, 326 ff., und *König,* WM 1995, 317 ff., zu der Frage der Möglichkeit des Abschlusses von Swapverträgen durch öffentlich-rechtliche Girozentralen sowie zu der parallelen Fragestellung der Anwendung der Ultra-Vires-Lehre auf englische Körperschaften öffentlichen Rechts die Entscheidung des House of Lords vom 24. 1. 1991 – vgl. dazu Börsen-Zeitung vom 26. 1. 1991, S. 1 und 5.

54 Vgl. dazu sogleich unten bei Rdnr. 23 f.

55 Vgl. dazu *Häuser,* ZBB 1992, 249, 260; *Paus,* Börsentermingeschäfte, S. 179 ff.; *Kümpel,* Bank- und Kapitalmarktrecht, 12.38 ff.; *Menninger,* WM 1994, 970, alle m. w. N.

56 Vgl. dazu oben Rdnr. 11 ff.

57 Vgl. *Jander/Plecher,* WiB 1995, 137, 139 f.

58 Vgl. *Jander/Plecher,* WiB 1995, 137, 141 m. w. N.

59 Zur Behandlung von Future-Geschäften als anrechnungspflichtige Risikoaktiva i. S. d. „Adressenausfallrisiko-Grundsatzes" I des § 10 Abs. 1 KWG, den Ausnahmen und der Pflicht zur Unterlegung mit Eigenkapital, vgl. *Pohl,* WM 1995, 957, 962 m. w. N.

60 Vgl. zum Aufbau der DTB Rdnr. 18 ff. sowie zur konkursrechtlichen Behandlung Rdnr. 32.

IV. Organisation des Future-Handels in Deutschland

1. Aufbau der DTB. Financial Futures können in Deutschland nur an der DTB Deutsche Terminbörse gehandelt werden. Träger der DTB war ursprünglich die „DTB Deutsche Terminbörse GmbH", Frankfurt, die 1994 auf die Deutsche Börse AG, Frankfurt, verschmolzen wurde. Von dieser ist die DTB nicht als Parkett-, sondern **vollelektronische Börse** mit Zentralrechner in Frankfurt organisiert worden. Das nur elektronisch erreichbare System speichert Aufträge, führt bei übereinstimmenden Aufträgen automatisch die Handelsabschlüsse herbei und leitet die Abschlüsse weiter an eine Clearing-Stelle zur Abwicklung[61]. Zunächst bestehende Unsicherheiten darüber, ob eine vollelektronische Börse noch dem Begriff der „Börse" in § 1 BörsG entspricht, sind spätestens seit der Novellierung von § 7 Abs. 1 BörsG beseitigt, der nunmehr nicht nur mehr den „Besuch der Börse", sondern auch die „Teilnahme am Börsenhandel" regelt und bestimmt, daß „zum Börsenhandel auch Geschäfte gehören, die durch Übermittlung von Willenserklärungen durch elektronische Datenübertragung börsenmäßig zustande kommen"[62]. 18

Wesentliche Grundlagen der Regelung des Terminhandels in Deutschland sind neben dem Börsengesetz die öffentlich-rechtlich fundierten „Börsenordnung der DTB" und die „Bedingungen für den Handel an der DTB" sowie die ausschließlich privatrechtlich ausgestalteten „Clearing-Bedingungen für den Terminhandel" und die „Kundenvereinbarung"[63]. Der – nicht mit den AG-Vorständen identische – Börsenvorstand der DTB läßt aufgrund der Börsenordnung Teilnehmer zum Börsenterminhandel durch Verwaltungsakt zu. Zugelassen werden darf nur, wer Börsentermingeschäfte gewerbsmäßig für eigene Rechnung oder im eigenen Namen für fremde Rechnung vornimmt und dessen Gewerbebetrieb nach Art und Umfang einen in kaufmännischer Weise eingerichteten Geschäftsbetrieb erfordert[64]. Abweichend von der herkömmlichen Struktur und Abwicklung von Geschäften an Wertpapierbörsen sieht die DTB neben den **Börsenteilnehmern** die Ernennung von **Clearing-Mitgliedern** vor. Während bei einer als Präsenzbörse organisierten Wertpapierbörse die Geschäfte durch die Zuordnung der Kontrahenten durch den Kursmakler zustande kommen[65], hat die DTB das System gewählt, daß sämtliche Verträge nicht zwischen den einzelnen Börsenteilnehmern geschlossen werden, sondern ausschließlich mit der zwischen den Börsenteilnehmern stehenden Deutsche Börse AG selbst[66]. Da die AG jedoch als Clearing-Stelle nicht mit jedem Börsenteilnehmer, sondern nur mit einigen bonitätsmäßig besonders qualifizierten Teilnehmern die Geschäfte abwickeln möchte, stehen neben den normalen Börsenteilnehmern sog. Clearing-Mitglieder, über die die von den Börsenteilnehmern intendierten Verträge abgeschlossen und abgewickelt werden. Eine Clearing-Lizenz wird von der DTB auf schriftlichen Antrag privatrechtlich erteilt entweder als General-Clearing-Lizenz oder als Direct-Clearing-Lizenz. Letztere berechtigt lediglich zum Clearing eigener Geschäfte, während erstere auch zum Clearing von Geschäften anderer Börsenteilnehmer ohne Clearing-Lizenz berechtigt[67]. Dadurch, daß die deutsche Börse AG bei jedem an der DTB geschlossenen Kontrakt Vertragspartner wird, wird das Adressenausfallrisiko für jeden Börsenteilnehmer nahezu eliminiert. Zu einem Kreditausfall kann es bei Financial Futures Kontrakten daher nur noch kommen, wenn das gesamte 19

---

[61] Vgl. ausführlich *Kindermann,* WM 1989, Sonderb. Nr. 2, S. 1, 9 ff.

[62] Vgl. *Schwark,* BörsG, § 1 Rdnr. 4–6, § 7 Rdnr. 6; *Kümpel,* Bank- und Kapitalmarktrecht, 14.483 ff.

[63] Vgl. *Kindermann,* WM 1989, Sonderb. 2, S. 1, 10 f.

[64] Vgl. zu weiteren Erfordernissen *Kindermann,* WM 1989, Sonderb. 2, S. 1, 13 f.

[65] Vgl. *Ledermann,* Die Rechtsstellung des Kursmaklers an den deutschen Wertpapierbörsen, S. 55 f. m. w. N.

[66] Vgl. dazu ausführlich zugleich unter Rdnr. 20.

[67] Vgl. ausführlich *Kindermann,* WM 1989, Sonderb. 2, S. 1, 22 ff. sowie zu den weiteren Voraussetzungen für die Erlangung einer Clearing-Lizenz.

Börsensystem zahlungsunfähig wird und zusammenbricht, nicht mehr jedoch bei dem Ausfall eines einzelnen Börsenteilnehmers[68].

20 **2. Abschluß und Durchführung (Clearing) der Verträge.** *a) Abschluß der Verträge.* Die Teilnehmer an der DTB lassen sich grafisch wie folgt darstellen[69]

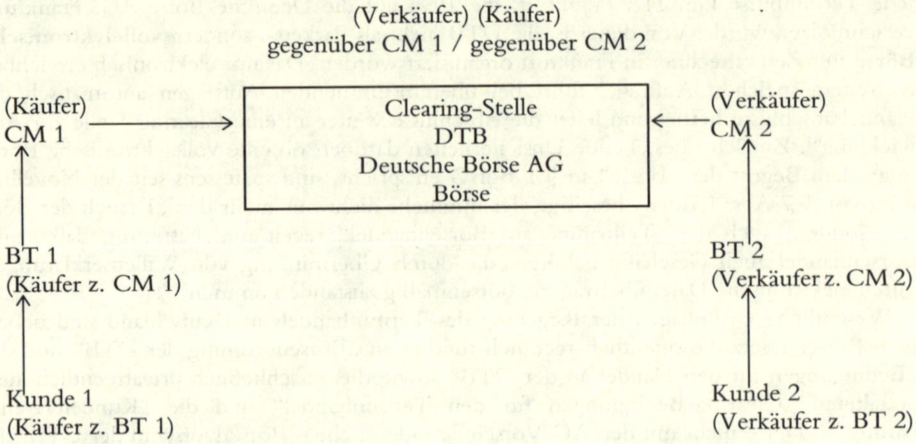

BT = Börsenteilnehmer (ohne Clearing-Funktion = Nicht-Clearing-Mitglied)
CM = Clearing-Mitglied

Die **Börsenteilnehmer** geben elektronisch Aufträge in das EDV-System der DTB ein. Stellt die EDV fest, daß gegenläufige Aufträge übereinstimmen, kommt zwischen den beiden Börsenteilnehmern noch kein Vertrag zustande. Vielmehr sehen die Bedingungen für den Handel an der DTB sowie die Clearing-Bedingungen für den Terminhandel vor, daß bei übereinstimmenden gegenläufigen Eingaben von Börsenteilnehmern jeweils ein **Vertrag** zwischen der **DTB mit dem General-Clearing-Mitglied** des kaufenden Börsenteilnehmers und ein weiterer Vertrag mit dem General-Clearing-Mitglied des verkaufenden Börsenteilnehmers zustande kommt[70]. Gleichzeitig mit dem Zustandekommen der zwei Verträge zwischen der DTB und dem kaufenden und dem verkaufenden General-Clearing-Mitglied werden zwei Verträge abgeschlossen zwischen dem jeweiligen General-Clearing-Mitglied und dem Börsenteilnehmer. Ist der Börsenteilnehmer selbst Clearing-Member, fallen die Funktionen des Börsenteilnehmers und des Clearing-Members zusammen[71]. Börsenteilnehmer ohne Clearing-Funktion (sog. Non-Clearing-Member) müssen bereits bei ihrer Zulassung angeben, über welches General-Clearing-Mitglied sie ihre Geschäfte abwickeln werden. Um einen reibungslosen Ablauf des Systems zu gewährleisten ist erforderlich, daß eine **Rahmenvereinbarung** zwischen dem Börsenteilnehmer und dem General-Clearing-Mitglied dahingehend besteht, daß immer dann, wenn der Börsenteilnehmer ein Geschäft an der DTB tätigt, dieses über das General-Clearing-Mitglied zustande kommen darf und abgewickelt werden kann[72]. – Der einen Financial Future kaufende oder verkaufende Anleger bleibt von dem Abschluß dieser bis zu vier Verträge unberührt. Sein Verhältnis zu dem von ihm beauftragten Kreditinstitut wird bestimmt durch die „Sonderbedingungen für Börsentermingeschäfte“, wonach das Kreditinstitut seinen Auf-

---

[68] Zu den Sicherungen des Systems vgl. unten Rdnr. 23 ff.

[69] Nach *Kindermann,* WM 1989, Sonderb. 2, S. 1, 11.

[70] Vgl. Zif. 2.1.1.1. (1) „Clearing-Bedingungen für den Handel an der Deutschen Terminbörse“ sowie Ziff. 1.2.2 der „Bedingungen für den Handel an der DTB“.

[71] Vgl. *Kindermann,* WM 1989, Sonderb. 2, S. 1, 19 f.

[72] Vgl. den Musterentwurf der DTB für eine derartige Vereinbarung, abgedr. u. a. in *Kümpel/Ott,* Kapitalmarktrecht (früher: *Bruns/Rodrian,* Wertpapier und Börse), Nr. 473 S. 38 ff.

trag an der DTB als Kommissionär durch Selbsteintritt ausführt. Allerdings gelten über Ziff. 1 Abs. 1 der Sonderbedingungen für Börsentermingeschäfte die Clearing-Bedingungen der DTB auch gegenüber dem Anleger[73].

b) Clearing der Verträge. Die Abwicklung der Verträge erfolgt jeweils in den von den schuldrechtlichen Vereinbarungen vorgegebenen Verhältnissen. Zu diesem Zweck unterhält jedes Clearing-Mitglied interne Geld- und Wertpapierverrechnungskonten bei der DTB. Auf diesen werden Prämien, Entgelte, Verzugsentgelte sowie sonstige Barverpflichtungen aus dem Clearing-Verfahren verrechnet. Die täglichen Salden dieser Konten werden dem von dem Clearing-Mitglied bei der Landeszentralbank unterhaltenen Konto belastet bzw. gutgebracht bzw. zu- oder abgebucht dem Konto des Clearing-Mitgliedes bei dem Deutschen Kassenverein, soweit Wertpapiere betroffen sind. Auch die Abwicklung der Verträge wird ausführlich durch die Clearing-Bedingungen für den Handel an der Deutsche Terminbörse geregelt[74]. 21

c) Give-Up-Geshcäfte. Das feste Schema des Verhältnisses des Börsenteilnehmers zur DTB über ein Clearing-Mitglied stieß insb. bei ausländischen Kunden auf Unbehagen. Besonders institutionelle Anleger als Kunden haben aus vielfältigen Gründen den Wunsch, über einen bestimmten Börsenteilnehmer Geschäfte zunächst abzuschließen, diese jedoch über einen anderen Clearer abzuwickeln, als dies regelmäßig von dem Börsenteilnehmer vorgenommen wird. Nach Änderungen der Handels- und Clearing-Bedingungen der DTB sind daher seit 1993 auch sog. Give-Up-Geschäfte an der DTB möglich. Bei diesen beauftragt der Kunde einen sog. „Executing-Broker" mit dem Abschluß eines Geschäftes und einen von dem Kunden gewünschten „Clearing-Broker" mit dem Clearing des von dem Executing-Broker abgeschlossenen Geschäftes[75]. Zur Durchführung überträgt der Executing-Broker dem Clearing-Broker das von ihm abgeschlossene Geschäft im Sinne einer umfassenden Vertragsübernahme. Voraussetzung hierfür ist der Abschluß einer Rahmenvereinbarung zwischen dem Kunden, dem Executing-Broker und dem Clearing-Broker, die die „Weitergabe" sämtlicher von dem Executing-Broker für den Kunden abgeschlossenen Geschäfte an den Clearing-Broker vorsieht. Sind Executing-Broker und Clearing-Broker beide von der DTB als Clearing-Mitglieder zugelassen, wird die Position eines Clearing-Mitgliedes gegenüber der DTB auf ein anderes Clearing-Mitglied übertragen. Ist der Executing-Broker jedoch nicht auch Clearing-Mitglied, kommt durch die Durchführung eines Geschäfts im Auftrage seines Kunden ein Vertrag zwischen dem regelmäßig für ihn handelnden Clearing-Mitglied und der DTB zustande. Ist das regelmäßig für ihn handelnde Clearing-Mitglied nicht auch der vom Kunden gewünschte Clearing-Broker, muß die Give-Up-Vereinbarung auch die Position des regelmäßig für den Executing-Broker handelnden Clearing-Mitgliedes regeln, da letztlich ein anderes Clearing-Mitglied die Abwicklung der Geschäfte vornehmen soll. 22

3. Sicherheitenbestellungen. *a) Clearing-Mitglieder gegenüber der DTB.* Wie vorstehend dargelegt ist Partei jedes Kaufes bzw. Verkaufes eines Financial Future an der DTB immer die Deutsche Börse AG als Clearing-Stelle. Dadurch wird das für den Anleger grundsätzlich bestehende Kredit- bzw. **Adressenausfallrisiko** immer auf die **Clearing-Stelle** übertragen und der Anleger trägt nur noch das **Bonitätsrisiko** der **Clearing-Stelle.** Unterstellt man die jederzeitige Solvenz der DTB als Clearing-Stelle, ist die Erfüllung sämtlicher an der DTB eingegangenen Verpflichtungen sichergestellt[76]. Zur Sicherstellung der **finanziel-** 23

---

[73] Vgl. OLG Köln, WM 1991, 2098, 2099 = WuB I G 5.-1.92 van Look; *Kümpel,* WM 1991, Sonderb. 1, S. 1, 11.

[74] Vgl. Zif. 1.4., 2.1. ff. der Clearing-Bedingungen.

[75] Vgl. *Kienle,* WM 1993, 1313 f. sowie Zif. 1.2.2. (3) der Clearing-Bedingungen und Zif. 1.4.5(7) der Handelsbedingungen.

[76] Vgl. *Franke/Imo,* ZBB 1990, 104, 112 f.; ein „Restrisiko" besteht für den Anleger jedoch noch insoweit, als er das Konkursrisiko des von ihm beauftragten Börsenmitgliedes (auch wenn es General-Clearing-Mitglied ist) trägt; das von ihm beauftragte Börsenmitglied führt seinen Auftrag gem. Zif. 1

len Integrität des Clearing-Systems sehen die Börsenordnung für die DTB, die Bedingungen für den Handel an der DTB sowie die Clearing-Bedingungen eine Reihe von **Sicherheitenbestellungen** vor. Neben den hohen Anforderungen an die Voraussetzungen für den Erhalt einer Clearing-Lizenz[77] muß jedes Clearing-Mitglied seine Kontraktverpflichtungen börsentäglich in von der DTB festgelegter und täglich an die Kursentwicklung angepaßter[78] Höhe mit Sicherheiten in Geld oder Wertpapieren unterlegen. Die Einzelheiten hierzu werden von Zif. 1.3. der Clearing-Bedingungen für den Handel an der DTB geregelt. Insbesondere sind Sicherheiten zu leisten für Futures-Kontrakte, Stillhalterpositionen in Optionen sowie sonstige Zahlungsverpflichtungen. Neben diesen als **„Margins"** bezeichneten Sicherheiten hat ein Clearing-Institut mit einer General-Clearing-Lizenz der DTB als allgemeine Unterlegung sämtlicher Verpflichtungen des Institutes gegenüber der DTB eine auf erstes Anfordern zahlbare Clearing-Garantie über DM 10 Mio eines anderen inländischen Kreditinstitutes beizubringen[79]. Diese Clearing-Garantie sichert in erster Linie die Verbindlichkeiten des die Garantie beibringenden Clearing-Instituts. Sollten jedoch im Verzugsfalle weder die von dem Clearing-Mitglied gestellten Margins noch die Clearing-Garantie ausreichen, um die Verbindlichkeiten des fallierenden Institutes zu decken, kann die DTB auf die von anderen Clearing-Mitgliedern gestellten Clearing-Garantien zurückgreifen[80]. Die Clearing-Mitglieder haften – wenn auch nur subsidiär – mit den von ihnen beigebrachten Clearing-Garantien somit füreinander solidarisch[81].

24 *b) Sicherheitenbestellungen der Kunden gegenüber den Clearing-Mitgliedern.* Zif. 1.3.1. (5) der Clearing-Bedingungen für den Handel an der DTB und § 34 Abs. 1 BöO DTB verpflichten die General-Clearing-Mitglieder, von ihren Nicht-Clearing-Mitgliedern Sicherheiten mindestens in der sich nach der Berechnungsmethode der DTB ergebenden Höhe in Geld oder in Wertpapieren zu verlangen[82]. Nach § 1 Abs. 1 Satz 3 der Sonderbedingungen für Börsentermingeschäfte gelten die Clearing-Bedingungen unmittelbar in dem Verhältnis zwischen der beauftragten Bank und dem Bankkunden. Ist die beauftragte Bank auch Clearing-Mitglied, ergibt sich die Verpflichtung des Bankkunden zur Sicherheitenbestellung somit bereits aus der Kombination der Sonderbedingungen für Börsentermingeschäfte und den Clearing-Bedingungen. Ist die beauftragte Bank selbst nicht Clearing-Mitglied, muß sie ihrerseits gegenüber ihrem Clearing-Mitglied Sicherheiten bestellen und ihr Kunde wiederum ihr gegenüber. Durch die Verpflichtung des Clearing-Mitgliedes und Börsenteilnehmers, von dem den Vertrag letztlich initiierenden Kunden Sicherheiten zu verlangen, wird die Sicherheit des Gesamtsystems weiter erhöht. Mittelbar wird so der absichernde oder spekulierende Kunde gezwungen, die grundsätzlich an der Höhe des täglichen Preisänderungsrisikos orientierte Sicherheit zu erbringen und dadurch für seine eigene Zahlungsunfähigkeit vorzusorgen.

V. Rechtliche Qualifizierung der Financial Futures

25 **1. Zivilrechtliche Einordnung.** *a) Vertrag sui generis.* Die zivilrechtliche Qualifikation des Financial Futures kann noch nicht als abschließend geklärt angesehen werden. Zum

der Sonderbedingungen für Börsentermingeschäfte der deutschen Banken i. d. Fassung von Januar 1993 als Kommission mit Selbsteintritt aus, so daß der Konkursschutz des § 392 Abs. 2 HGB keine Anwendung findet – vgl. unten bei Rdnr. 32.

[77] Nach Zif. 1.1.2. der Clearing-Bedingungen muß ein Clearing-Mitglied für den Erhalt einer General-Clearing-Lizenz ein haftendes Eigenkapital i. S. v. § 10 KWG von mindestens DM 250 Mio aufweisen – zu insoweit erforderlich werdenden Änderungen vgl. *Kindermann,* WM 1989, Sonderb. 2, S. 3, 23.

[78] Vgl. *Menninger,* WM 1994, 970 m. w. N. sowie Zif. 1.3.1. (1) der Clearing-Bedingungen.

[79] Vgl. Zif. 1.6. der Clearing-Bedingungen für den Handel an der DTB.

[80] Vgl. Zif. 1.6.2. (2) Clearing-Bedingungen für den Handel an der DTB.

[81] Vgl. *Kindermann,* WM 1989, Sonderb. 2, S. 3, 27 f.

[82] Vgl. zu den Einzelheiten der Sicherheitenbestellung das Rundschreiben Nr. 31/95 der DTB vom 16. August 1995.

Teil wird die Ansicht vertreten, es handele sich um einen unter § 433 BGB zu subsumierenden **Kaufvertrag**[83]. Für Verträge über Devisen ist dies ohne weiteres ersichtlich. Schwierig wird die Bestimmung des Kaufgegenstandes bei den Zins-Futures, bei denen fiktive Bundesanleihen gehandelt oder – wie im Falle des FIBOR-Future – von vornherein nur ein Differenzausgleich vereinbart wird. Läßt sich bei den fiktiven Bundesanleihen noch über die Konvertierung in eine tatsächlich existente Anleihe ein Wertpapier als Kaufgegenstand entfernt ausmachen, entfällt diese Möglichkeit bei dem FIBOR-Future. Ebenso liegt bei dem gleichermaßen auf eine reine Differenzzahlung ausgerichteten DAX-Future kein Wertpapier mehr als Kaufgegenstand vor. Hier auf einen Hoffnungskauf (emptio spei) zu rekurrieren[84] dürfte kaum möglich sein. Der „Käufer" eines DAX-Future erhält von dem „Verkäufer" eine DAX-Future eine Differenzzahlung, wenn der DAX zum vereinbarten Zeitpunkt über dem vereinbarten Preis liegt, und falls der DAX darunter liegt, leistet der „Käufer" an den „Verkäufer" eine Zahlung. Hierin zwei in einem Vertrag zusammengefaßte Hoffnungskäufe sehen zu wollen, überdehnt die Grenzen des § 433 BGB. – Näherliegend erscheint es, in diesen Vereinbarungen **Verträge sui generis** zu sehen, deren Vertragsgegenstand die beiderseitige Eingehung einer Zahlungsverpflichtung für den Fall einer bestimmten Entwicklung eines in Bezug genommenen Index ist[85]. Dies gilt auch, soweit grundsätzlich lieferbare Waren noch feststellbar sind wie bei den synthetischen Bundesanleihen, da die Parteien auch hier zu nur rd. 1%[86] eine tatsächliche Lieferung vornehmen, d. h. i. d. R. Zahlungen leisten wollen. Bei den – in Deutschland nicht gehandelten[87] – Devisen-Futures sind die Vereinbarungen als Kaufverträge zu qualifizieren. – Letztlich ist die Qualifikation eines Futures als Kaufvertrag jedoch nur von geringer Bedeutung, da die Kaufvertragsregelungen, insb. die über die Mängelgewährleistungsrechte, bei der völligen Standardisierung der Produkte und des Handels bedeutungslos bleiben. Von größerer Bedeutung ist dagegen, ob Futures Differenzgeschäfte i. S. v. §§ 764, 762 BGB sind.

b) Differenzgeschäft[88]. Grundsätzlich gibt es keinen Vertragstypus als Grundlage für Diffe- 26
renzgeschäfte. Kaufverträge können sich daher ebenso wie Tausch, Kommission oder Auftrag als Differenzgeschäfte darstellen[89], oder auch Verträge sui generis. § 764 S. 1 BGB definiert Differenzgeschäft als einen „auf Lieferung von Waren oder Wertpapieren lautenden Vertrag, der in der Absicht geschlossen wird, daß der Unterschied zwischen dem vereinbarten Preis und dem Börsen- oder Marktpreis der Lieferungszeit von dem verlierenden Teil an den gewinnenden gezahlt werden soll". Bezüglich des damit umschriebenen sog. **offenen Differenzgeschäftes** wurde bis vor kurzem die Auffassung vertreten, daß derartige Vereinbarungen kaum jemals vorkämen[90]. Hinsichtlich der Index-Futures wie dem DAX-Future und dem FIBOR-Future ist in der Literatur streitig, ob diese offene Differenzgeschäfte i. S. d. § 764 S. 1 BGB sind. Z. T. wird dies verneint, da es sich bei einem Index nicht um „Waren oder Wertpapiere", sondern um einen unkörperlichen, abstrakten Wert handele[91]. Z. T. wird die Eigenschaft als Differenzgeschäft auch deshalb verneint,

[83] *Kümpel,* WM 1989, 1313, 1319 f. sowie Bank- und Kapitalmarktrecht, 13.111 ff.; ihm folgend: *Menninger,* Financial Futures, S. 80 ff. sowie WM 1994, 970, 972 f.

[84] Vgl. *Kümpel,* a. a. O.

[85] I. E. ebenso *Pohl,* WM 1995, 957, 960.

[86] Vgl. *Henssler,* Risiko als Vertragsgegenstand, S. 615 m. w. N.

[87] Vgl. oben Rdnr. 13.

[88] Zum Begriff des Differenzgeschäftes und der Notwendigkeit für eine Unterscheidung vom Begriff des Börsentermingeschäftes vgl. umfassend oben *Häuser/Welter,* § 16 Rdnr. 154 ff.

[89] *Palandt/Thomas,* § 764 Rdnr. 6; *Erman/Seiler,* § 764 Rdnr. 2; RGZ 147, 117; – dies verkennt *Menninger,* WM 1994, 970, 973 sowie Financial Futures, S. 83, wenn sie in § 764 BGB einen „eigenständigen Vertragstyp der vom Zufall abhängenden aleatorischen Verträge" sieht.

[90] Vgl. *MünchKomm/Pecher,* § 764 Rdnr. 2 unter Verweis auf die Mot. II, 647, 648; *Palandt/Thomas,* § 764 Rdnr. 2; *Erman/Seiler,* § 764 Rdnr. 2.

[91] So insb. *Kümpel,* Bank- und Kapitalmarktrecht, 13.117.

weil durch das Eintreten der Clearing-Stelle als Kontrahent zwischen Anbieter und Nachfrager kein Differenzausgleich zwischen dem ursprünglichen Käufer und dem Verkäufer eines Futures stattfindet[92]. Die letztgenannte Auffassung muß sich entgegenhalten lassen, daß es unerheblich ist, zwischen welchen Kontrahenten der Index-Future geschlossen wird, ob zwischen der Clearing-Stelle und dem General-Clearing-Member, der als Kommissionär mit Selbsteintritt tätig werdenden Bank und dem Kunden oder unmittelbar zwischen dem „kaufenden" und dem „verkaufenden" Kunden. Durch die Zwischenschaltung weiterer Personen in die Vertragskette geht lediglich eine Duplizierung der Verträge einher, nicht jedoch eine Änderung ihrer Qualität[93]. – Zutreffend ist jedoch, daß es sich bei einem Index nicht um „Waren oder Wertpapiere" handelt. Insoweit stellt sich die Frage nach einer **erweiternden Auslegung** bzw. **Analogie** zu § 764 S. 1 BGB. Die bisher wohl herrschende Meinung lehnte eine analoge Anwendung des § 764 BGB ab[94]. Dem wird von einer im Vordringen befindlichen Meinung entgegengehalten, daß es letztlich keinen Unterschied machen könne, ob zwei Parteien ein offenes Differenzgeschäft an den Kurs einer einzelnen Aktie oder an den von dreißig Aktien anknüpften. Statt des Abschlusses eines offenen Differenzgeschäftes unter Bezugnahme auf einen dreißig Aktien beinhaltenden Aktienindex könnten ebensogut dreißig einzelne offene Differenzgeschäfte unter Vereinbarung einer Saldierung der Ergebnisse geschlossen werden[95]. Dieser Auffassung ist zuzustimmen, denn sie steht im Einklang mit Normzweck und Entstehungsgeschichte von § 764 BGB. Die nach allgemeiner Auffassung unzulängliche Tatbestandsbeschreibung des § 764 BGB wird verständlich, wenn man ihre Entstehung im Zusammenhang mit dem ersten Börsengesetz von 1896 berücksichtigt. Beiden Regelungen liegt die gemeinsame Intention zugrunde, bei nicht auf einen Güterumsatz des Wirtschaftslebens ausgerichteten Verträgen den Verlierer von Differenzgeschäften vor dem meist versierteren Gewinner zu schützen[96]. Diese Zielsetzung gilt unabhängig davon, ob der Differenzspekulant auf einzelne Aktienwerte oder einen Aktienindex spekultiert. **Index-Futures,** wie der DAX-Future oder der FIBOR-Future sind daher als **offene Differenzgeschäfte** i. S. d. § 764 S. 1 BGB zu qualifizieren.

27 Mit der Qualifizierung von Index-Futures als offene Differenzgeschäfte ist jedoch noch nichts gesagt über die Qualifizierung von Zins- oder Devisen-Futures. Bei Zins-Futures sollen grundsätzlich Wertpapiere (Bundesanleihen) geliefert werden, auch wenn zunächst nur eine synthetische Anleihe in Bezug genommen worden ist. Vom Vertragsgegenstand her können daher Zins-Futures grundsätzlich Differenzgeschäfte darstellen. Gleiches gilt bezüglich der Devisen-Futures, da Devisen bereits durch die Verordnung des Reichswirtschaftsministers Waren und Wertpapieren gleichgestellt wurden[97]. Der Wortlaut der Bedingungen für den Handel an der Deutschen Terminbörse sowie die korrespondierenden Clearing-Bedingungen[98] sehen bei den Zinsterminkontrakten (mit Ausnahme des FIBOR-Futures) grundsätzlich nicht die Zahlung einer Differenz, sondern eine effektive Lieferung vor. Anders als bei den Index-Terminkontrakten kann daher bei diesen Financial Futures nicht auf den ausdrücklichen Wortlaut der vertraglichen Vereinbarung rekurriert werden, um eine Qualifizierung als (offenes) Differenzgeschäft i. S. d. § 764 S. 1 BGB zu begründen. Um ein offenes Differenzgeschäft kann es sich dann nur noch handeln, wenn die

---

[92] So *Menninger,* WM 1994, 970, 972 und Financial Futures, S. 81.

[93] Ebenso *Henssler,* Risiko als Vertragsgegenstand, S. 546.

[94] Vgl. *Kümpel,* WM 1986, 661, 669; *Polt,* Börsentermingeschäft, S. 26 FN 33; *Staudinger/Engel,* § 764 Rdnr. 14.

[95] Vgl. *Henssler,* Risiko als Vertragsgegenstand, S. 535 ff.; oben *Häuser/Welter,* § 16 Rdnr. 161 ff.; *Schwark,* BörsG, § 58 Rdnr. 4, *Paus,* Börsentermingeschäfte, S. 204; *Tilp,* DB 1989, 2365, 2368 mit FN 89, 2370 mit FN 164; *Schäfer,* ZIP 1986, 1304 ff. (zu Zinsswaps).

[96] *MünchKomm/Pecher,* § 764 Rdnr. 1; *Henssler,* Risiko als Vertrasgegenstand, S. 529 ff.

[97] VO v. 17. 3. 1925, RGBl I, S. 20; zu ihrer heutigen Redundanz vgl. *Schwark,* BörsG, § 96 Rdnr. 6.

[98] Vgl. oben Rdnr. 11 ff., 19 ff.

Parteien zwar formal eine Lieferung vereinbarten, zusätzlich jedoch die Abrede trafen, daß statt einer Lieferung nur eine Preisdifferenz ausgeglichen werden soll[99]. Bereits das Reichsgericht[100] hatte den Bereich des offenen Differenzgeschäftes vorsichtig erweitert für den Fall, daß zwar keine ausdrückliche Zusatzabrede über den Unwillen zur Lieferung der Waren oder Wertpapiere getroffen, jedoch vereinbart wurde, daß während der Laufzeit des Geschäftes dieses durch ein Gegengeschäft glattgestellt werden sollte. Da weder bei einem Zins- noch bei einem Devisen-Future eine Zusatzabrede noch eine Abrede über den Abschluß eines Gegengeschäftes getroffen wird, sind diese Arten von Financial Futures jedenfalls nicht als offene Differenzgeschäfte zu qualifizieren.

Auch ohne daß eine ausdrückliche Vereinbarung über die ausschließliche Differenzzahlung getroffen wird, kann es sich bei einem Vertrag um ein Differenzgeschäft handeln. **28** § 764 S. 2 BGB erweitert den Begriff des Differenzgeschäftes um die Verträge, bei denen sich nur bei dem einen Teil die Absicht auf die Zahlung eines Unterschiedsbetrages richtet, der andere Vertragspartner jedoch diese Absicht kennt oder kennen muß. Man spricht hier von den sog. **verdeckten Differenzgeschäften.** Durch die Erweiterung des Begriffs des Differenzgeschäfts im subjektiven Tatbestand wird – ohne daß dies ausdrücklich angesprochen wird, also als Reflexwirkung – auch der objektive Tatbestand geändert. Während dieser bei dem offenen Differenzgeschäft die Vereinbarung eines Waren- oder Wertpapierumsatzgeschäftes ohne ernsthaften Erfüllungswillen, also als simuliertes und damit nach § 117 BGB nichtiges Geschäft enthält[101], wollen die Parteien bei dem verdeckten Differenzgeschäft **grundsätzlich** eine **klagbare Leistungspflicht** vereinbaren, also einen echten Kaufvertrag abschließen[102]. Erst die Absicht einer Partei, die von der anderen Partei erkannt wird oder jedenfalls erkannt werden mußte, macht aus dem Warenumsatzgeschäft ein Differenzgeschäft. Dabei muß sich die Absicht der einen Partei grundsätzlich darauf erstrecken, daß mit der anderen Partei ein **glattstellendes Gegengeschäft** geschlossen und nur die Differenz gezahlt oder die Nichterfüllung des Vertrages als Zahlung von Schadensersatz wegen Nichterfüllung abgerechnet wird, was bei Waren oder Wertpapieren mit einem Börsen- oder Marktpreis relativ leicht zu errechnen ist. Durch das glattstellende Gegengeschäft stehen sich zwei **gegenläufige Geschäfte** aufrechenbar gegenüber, so daß durch die Aufrechnung ein Differenzzahlungsanspruch entsteht[103]. Festzustellen ist jedoch, wann sich die **Absicht einer Partei auf Differenzerzielung** richtet und die andere Partei dies erkennen muß. Absicht und Kenntnis bzw. Kennenmüssen sind den Umständen zu entnehmen und anhand von **Indizien** zu bestimmen. Als solche können dienen ein Mißverhältnis zwischen dem Vermögen und dem übernommenen Börsenengagement[104], die Berufsfremdheit des Spekulationsobjektes, das Erfüllungsverhalten bei früheren Geschäften[105], die Geringfügigkeit der gegebenen Sicherheitsleistung[106] sowie die Eignung des Vertragsgegenstandes zu Spielzwecken[107], um nur einige Indizien zu nennen[108].

---

[99] Vgl. *Erne,* Swapgeschäfte der Banken, S. 72 ff.; *Henssler,* Risiko als Vertragsgegenstand, S. 538 f.; *Paus,* Börsentermingeschäfte, 202 ff.

[100] RGZ 79, 234.

[101] Vgl. *Schönle,* Bankrecht, § 47 III 3. b 2.

[102] Darauf weist zu Recht hin *Henssler,* Risiko als Vertragsgegenstand, S. 540.

[103] Streitig ist, ob auch Glattstellungsgeschäfte mit Dritten wie die Veräußerung des zur Erfüllung angedienten Gegenstandes den Tatbestand des verdeckten Differenzgeschäftes verwirklichen. Dagegen die wohl h.L., vgl. *Henssler,* Risiko als Vertragsgegenstand, S. 543 f.; dafür *Polt,* Ausländisches Börsentermingeschäft und Differenzeinwand, S. 83; *Paus,* Börsentermingeschäfte, S. 206 ff.

[104] RGZ 34, 264; RG JW 1898, 420.

[105] RGZ 117, 267; *MünchKomm/Pecher,* § 764 Rdnr. 15.

[106] RGZ 34, 268; *Hopt,* Festschrift Werner, S. 339, 345.

[107] RGZ 91, 45.

[108] Vgl. dazu die umfassende Zusammenstellung bei *Henssler,* Risiko als Vertragsgegenstand, S. 554 ff. m. w. N.

29 Für Zins- und Devisenfutures ist charakteristisch, daß Sicherheiten (Margin) gestellt werden müssen. Dies ist bei grundsätzlich Zug um Zug zu erfüllenden Verpflichtungen nur angezeigt, wenn die Parteien mit Kursschwankungen rechnen und davon ausgehen, daß keine effektive Lieferung erfolgt. Da eine anderweitige Deckung am Markt jederzeit möglich ist, sichert das Margin letztlich nur den Anspruch auf Schadensersatz wegen Nichterfüllung in Höhe der Differenz zwischen dem vereinbarten und dem Marktpreis. Die Höhe des Margins richtet sich dementsprechend auch börsentäglich nach den aktuellen Kursen[109]. Diese Vereinbarung indiziert daher sowohl die Differenzerzielungabsicht der einen Partei und die Kenntnis der anderen Partei von dieser Absicht. In die gleiche Richtung gehen die geradezu ideale Eignung von Futures für Differenzgeschäfte und die auf den Gesamtmarkt gesehen minimale faktische Erfüllungsquote. Die h. M. geht daher zu Recht davon aus, daß bei **Zins- und Währungsfutures** eine Vermutung für die fehlende Erfüllungsabsicht besteht und diese als **verdeckte Differenzgeschäfte** anzusehen sind[110].

30 *c) Konsequenzen der Qualifizierung der Financial Futures als Differenzgeschäft.* Die Konsequenzen der Qualifizierung von Financial Futures als Differenzgeschäft sollten jedoch nicht überbewertet werden. Financial Futures sind gleichzeitig Börsentermingeschäfte i. S. v. § 50 BörsG[111]. Nach § 58 BörsG kann von demjenigen, für den ein Börsentermingeschäft nach §§ 53, 57 BörsG verbindlich ist, der Differenzeinwand gemäß §§ 764, 762 BGB nicht erhoben werden. Die Rechtsfolge der Differenzgeschäfte, der Differenzeinwand, kann somit von demjenigen nicht erhoben werden, für den das Differenzgeschäft, das gleichzeitig ein Börsentermingeschäft darstellt, wirksam ist, weil er als Partei börsentermingeschäftsfähig ist. Da Financial Futures gleichzeitig Börsentermingeschäfte sind, kann ihnen der Börsentermineinwand entgegengehalten werden, wenn eine Partei nicht börsentermingeschäftsfähig ist. Sind jedoch beide Parteien börsentermingeschäftsfähig, kann auch der Differenzeinwand nicht erhoben werden. Für Financial Futures ist daher der Differenzeinwand praktisch nicht mehr von eigenständiger Bedeutung[112].

31 **2. Financial Futures als Börsentermingeschäfte**[113]. Bis zur Börsengesetznovelle 1989 wurden Börsentermingeschäfte von der Rechtsprechung und h. L. definiert als „nach gleichartigen Bedingungen geschlossene Geschäfte über Wertpapiere, vertretbare Waren oder Devisen mit hinausgeschobenem Erfüllungszeitpunkt, die in der Absicht zumindest eines Kontrahenten getätigt werden, das Geschäft durch ein zum selben Zeitpunkt geschlossenes oder unter Zugrundelegung eines fingierten Gegengeschäftes zu erfüllen“[114]. Durch die Börsengesetznovelle 1989 wurde der gesetzlich nicht definierte Begriff des Börsentermingeschäfts durch § 50 Abs. 1 S. 2 BörsG erweitert um „Geschäfte, die wirtschaftlich gleichen Zwecken dienen, auch wenn sie nicht auf Erfüllung ausgerichtet sind“[115]. Die Novellierung hat Anlaß gegeben zu einer umfassenden Diskussion der Methodik der Bestimmung des Begriffs und der einzelnen Begriffselemente[116]. Unabhängig

---

[109] Variation Margin – vgl. Zif. 1.3.2. (6) der Clearing-Bedingungen der DTB.

[110] *Henssler,* Risiko als Vertragsgegenstand, S. 561 ff.; *Pohl,* Innovative Finanzinstrumente, S. 64 f.; *Paus,* Börsentermingeschäfte, S. 202 ff.; wohl auch *Kümpel,* Bank- und Kapitalmarktrecht, 13.103 f.; a. A. wohl *Menninger,* Financial Futures, S. 82.

[111] Vgl. unten Rdnr. 31.

[112] Vgl. *Kümpel,* Bank- und Kapitalmarktrecht, 13.104; *Pohl,* Innovative Finanzinstrumente, S. 64 f.; *Schwark,* NJW 1989, 2675 f.; *Henssler,* ZHR 153 (1989), 611, 631 ff.

[113] Zum Begriff des Börsentermingeschäftes vgl. umfassend *Häuser/Welter,* § 16 Rdnr. 51 ff.

[114] *Kümpel/Häuser,* Börsentermingeschäfte, S. 52; *Kümpel,* WM 1986, 661, 663; *Baumbach/Duden/Hopt,* HGB, 28. Aufl., vor § 50 BörsG Anm. 1 A; *Horn,* ZIP 1990,2, 9; zur geschichtlichen Entwicklung der Begriffselemente des Börsentermingeschäfts vgl. ausführlich *Paus,* Börsentermingeschäfte, S. 75 ff.

[115] Diese Gesetzgebungsmethodik hat in der Literatur nicht unberechtigte Kritik erfahren, vgl. *Henssler,* ZHR 153 (1989), 611, 633 ff., *Horn,* ZIP 1990, 1, 9.

[116] Vgl. dazu umfassend oben *Häuser/Welter,* § 16 Rdnr. 103 ff.; *Paus,* Börsentermingeschäfte, S. 113 ff.

von der Diskussion um den Begriff des Börsentermingeschäftes[117] besteht aufgrund der Gesetzesmaterialien[118] Einigkeit darüber, daß **Futures Börsentermingeschäfte** darstellen[119].

32 **3. Financial Futures im Konkurs.** Börsenteilnehmer brauchen bei Geschäften in Financial Futures ein Adressenausfallrisiko nicht zu fürchten, da ihre Gegenseite jeweils immer die Clearing-Stelle der Börse ist[120]. Insolvenzrechtlich relevant werden kann ein Future-Geschäft nur insoweit, als ein Konkurs außerhalb des Einzugsbereichs der Clearing-Stelle eintritt. Dies kann grundsätzlich sowohl eine Insolvenz des Anlegers (Adressenausfallrisiko des Kreditinstitutes) wie auch der von ihm beauftragen Bank (Adressenausfallrisiko des Anlegers) sein. Bis August 1994 war fraglich, wie Future-Geschäfte in der Insolvenz zu behandeln waren. Denkbar war sowohl eine Behandlung als zweiseitiger Vertrag, der von dem Gemeinschuldner und von dem anderen Teile nicht vollständig erfüllt war, mit der Folge des Wahlrechts des Konkursverwalters nach § 17 KO, oder aber der Qualifizierung als Fixgeschäft über die Lieferung von Waren mit Markt- oder Börsenpreis, mit der Folge der automatischen Glattstellung zwei Tage nach Eröffnung des Konkursverfahrens nach § 18 KO. Beide Vorschriften erwiesen sich jedoch als problematisch. § 18 KO war allenfalls analog anwendbar, da offene Differenzgeschäfte unter Anknüpfung an Indizes nicht mehr als Geschäfte anzusehen waren, die „die Lieferung von Waren" zum Gegenstand hatten. Die isolierte Anwendung von § 17 KO hätte dazu geführt, daß der Konkursverwalter bei Future-Geschäften, die für den Gemeinschuldner günstig standen, Erfüllung gewählt hätte und bei den für den Gemeinschuldner ungünstigen Futures die Erfüllung abgelehnt und dem Gläubiger eine für ihn günstige Position entzogen und ihn insoweit auf die Konkursquote verwiesen hätte. Im Rahmen des § 18 KO war zusätzlich problematisch, ob die Future Geschäfte als Fixgeschäfte i. S. v. §§ 361 BGB, 376 HGB anzusehen waren[121].

33 Im Rahmen der Insolvenzrechtsreform wurden diese und weitere Zweifelsfragen durch die Einführung von § 104 InsO beseitigt. § 104 InsO erfaßt nunmehr nicht mehr nur wie § 18 KO Fixgeschäfte, sondern auch **Finanztermingeschäfte.** Als Finanzleistungen definiert § 104 Abs. 2 S. 2 Nr. 4 InsO „Geldleistungen, deren Höhe unmittelbar oder mittelbar durch den Kurs einer ausländischen Währung oder einer Rechnungseinheit, durch den Zinssatz von Forderungen oder durch den Preis anderer Güter oder Leistungen bestimmt wird". Hierdurch werden sämtliche in Deutschland gehandelten **Financial Futures** erfaßt. Soweit sich der Future auf einen Index bezieht, wird die Geldleistung „mittelbar . . . . . durch den Preis anderer Güter" bestimmt[122]. Nach § 104 Abs. 2 S. 1 InsO kann nicht Erfüllung verlangt, sondern nur eine Forderung wegen der Nichterfüllung geltend gemacht werden, wenn für Finanzleistungen, die einen Markt- oder Börsenpreis haben, eine bestimmte Zeit oder eine bestimmte Frist vereinbart war und die Zeit oder der Ablauf der Frist erst nach der Eröffnung des Verfahrens eintritt. Die Forderung wegen der Nichterfüllung richtet sich auf den Unterschied zwischen dem vereinbarten Preis und dem Markt- oder Börsenpreis, der am zweiten Werktag nach der Eröffnung des Verfahrens am Erfüllungsort für einen Vertrag mit der vereinbarten Erfüllungszeit maßgeblich ist. § 104 Abs. 3

---

[117] Vgl. dazu insb. *Assmann,* Festschr. Heinsius, S. 1, 7 ff.; *Häuser,* ZBB 1992, 249, 259 ff.; *Henssler,* ZHR 153 (1989), 611, 633 ff.; *Kleinschmitt,* Informationsmodell, S. 28 ff.; *Kümpel,* Bank- und Kapitalmarktrecht, 12.15 ff.; *Paus,* Börsentermingeschäfte, S. 113 ff.; *Schwark,* BörsG, Einleitung §§ 50–70, Rdnr. 1 ff.

[118] Begründung zum Regierungsentwurf des BörsG, BT-Drucks. 11/4177, S. 18.

[119] Vgl. nur *Assmann,* Festschr. Heinsius, S. 1, 8; *Schwark,* BörsG, Einleitung §§ 50 bis 70, Rdnr. 27; *Kümpel,* Bank- und Kapitalmarktrecht, 13.103; *Henssler,* Risiko als Vertragsgegenstand, S. 680; *Pohl,* Innovative Finanzinstrumente, S. 59 ff.

[120] Vgl. oben Rdnr. 23 mit FN 76.

[121] Für Zinsswaps verneinend etwa *Erne,* Swapgeschäfte, S. 51 f. m. w. N.; vgl. auch *Lehnhoff,* WM Festgabe Hellner, S. 41 ff.

[122] *Bosch,* WM 1995, 413, 421 f.

InsO entspricht im Ergebnis somit § 18 Abs. 2 KO. Sowohl im Falle des Konkurses der Bank wie des Kunden wird ein Future Geschäft somit zwei Tage nach Konkurseröffnung „glattgestellt" und der hierfür erforderliche Betrag als Forderung wegen Nichterfüllung geltend gemacht. Werden in dieser Form mehrere Future-Geschäfte glattgestellt, die teilweise zugunsten und teilweise zu Lasten des Gemeinschuldners gehen, so können sie nach § 94, 95 InsO gegeneinander aufgerechnet werden[123]. – Die Insolvenzordnung tritt nach Art. 110 Abs. 1 EGInsO am 1. Januar 1999 in Kraft. Um die Unklarheiten um §§ 17, 18 KO in Bezug auf Finanztermingeschäfte nicht bis zu diesem Zeitpunkt andauern zu lassen, hat der Gesetzgeber eine § 104 Abs. 2, 3 InsO entsprechende Übergangsregelung in Art. 105 EGInsO verabschiedet, die am 19. Oktober 1994 in Kraft trat. Da die Verabschiedung der Insolvenzrechtsreform rechtzeitig vor der Bundestagswahl im Oktober 1994 jedoch nicht sichergestellt war, wurde eine weitere wortgleiche Übergangsregelung in Art. 15 des am 1. August 1994 in Kraft getretenen 2. Finanzmarktförderungsgesetzes aufgenommen[124].

34 §§ 103, 104 InsO gelten grundsätzlich nur für **gegenseitige Verträge,** die zur Zeit der Eröffnung des Insolvenzverfahrens weder vom Schuldner noch von dem anderen Teile nicht oder nicht vollständig erfüllt sind. Dies hat zur Folge, daß bei Verträgen, die von dem einen Teile bereits voll erfüllt worden sind, die Beendigungsregelung des § 104 Abs. 2 InsO grundsätzlich nicht gilt. § 104 Abs.2 S. 3 InsO erlaubt daher ausdrücklich die Zusammenfassung von Geschäften über Finanzleistungen in einem **Rahmenvertrag,** der vorsehen kann, daß er bei Vertragsverletzungen nur einheitlich beendet werden kann, mit der Rechtsfolge, daß die Gesamtheit dieser Geschäfte als ein gegenseitiger Vertrag i. S. d. §§ 103, 104 InsO anzusehen sind. Auch wenn Financial Futures regelmäßig die Anforderungen des § 103 Abs. 1 InsO erfüllen werden, können sie über diese Regelung doch einbezogen werden in einen Rahmenvertrag, der die Saldierung ihrer Einzelpositionen zusätzlich erleichtert. – Durch § 104 Abs. 2 S. 3 InsO wird gleichzeitig ein Meinungsstreit weitgehend beendet, der für die Praxis von erheblicher Bedeutung war. Da § 18 KO bzw. nunmehr § 104 InsO auf die Eröffnung des Konkursverfahrens abstellt, diese jedoch meist erst lange nach Eintritt der Krise erfolgt, hatten sich **vertragliche Vereinbarungen** entwickelt, die bereits für den Eintritt der Illiquidität oder der Stellung eines Konkursantrages für die andere Partei das Recht vorsahen, sämtliche zwischen den Parteien bestehende Verträge aus wichtigem Grund zu beenden. Hierdurch sollte die häufig lange Phase des Abwartens zwischen dem Eintritt der Krise und der Verfahrenseröffnung verkürzt und ein möglicher sich durch Marktpreisentwicklungen vergrößernder Schaden vermieden werden. Ihnen war entgegengehalten worden, daß sie eine unzulässige Umgehung der Regelung des § 17 KO darstellten und die Konkursmasse unzulässig schmälerten[125], während die h. M.[126] im Anschluß an eine knappe Stellungnahme des BGH[127] derartige Klauseln als im Einklang mit § 17 KO sah. Da die umstrittenen Klauseln lediglich die nunmehr in § 104 Abs. 2 S. 3 InsO für den Fall der Eröffnung des Konkurses vorgesehenen Regelungen auf einen früheren Zeitpunkt vorverlagern, kann eine Konkurszweckwidrigkeit für den Anwendungsbereich des § 104 InsO nicht mehr ernsthaft begründet werden[128]. Bei einer reinen Vorverlagerung der gesetzlichen Regelung auf einen früheren Zeitpunkt dürfte nunmehr unstreitig sein, daß die Vereinbarung eines „Netting by Close-Out"[129] im Einklang mit der neuen gesetzlichen Regelung steht.

---

[123] Vgl. *Bosch,* WM 1995, 413, 419.

[124] Vgl. *Bosch,* WM 1995, 365, 375 und 413, 415.

[125] *Van de Loo,* ZIP 1988, 352 ff.; *Tintelnot,* Vereinbarungen für den Konkursfall, S. 46 ff.; 116 ff.; *Berger,* ZIP 1994, 173 ff.; *Ebenroth/Messer,* ZfvglRW 1987, 1, 24 ff.

[126] *Obermüller,* Insolvenzrecht für die Kreditwirtschaft, Anm. 1979; *Decker,* WM 1990, 1001, 1014; *Fülbier,* ZIP 1990, 680, 685; *Erne,* Swapgeschäfte der Banken, 110 ff., 114 ff.

[127] ZIP 1994, 40 ff.

[128] Vgl. *Bosch,* WM 1995, 413, 422.

[129] Vgl. zum Begriff und seiner Abgrenzung *Bosch,* WM 1995, 365, 368; zu den aufsichtsrechtlichen Konsequenzen vgl. *Schulte-Mattler,* ZBB 1994, 333, 335 f.

Soweit ein Kunde einer Bank in Konkurs geht, können die von ihm der beauftragten Bank gemäß den Bestimmungen der DTB gestellten Sicherheiten[130] verwertet werden. Die Sicherheitenverwertung ist durch § 104 InsO insoweit unverändert geblieben. 35

VI. Aufklärungs- und Beratunspflichten der Bank bei der Eingehung von Financial Futures

1. Allgemeine Aufklärungs- und Beratungspflichten. *a) Allgemeine Informationspflichten.* Financial Futures sind Börsentermingeschäfte[131]. Diese sind nach § 53 BörsG gültig für Kaufleute, Börsenleute und Nichtkaufleute, soweit diese die Termingeschäftsfähigkeit kraft Information erlangt haben[132]. Soweit die Termingeschäftsfähigkeit durch Information herbeizuführen ist, hat die Information schriftlich zu erfolgen. Das diesbezügliche von den Bankenverbänden ausgearbeitete Informationsblatt genügt den gesetzlichen Anforderungen[133]. Von der für die Herbeiführung der Börsentermingeschäftsfähigkeit erforderlichen Information zu unterscheiden ist die allgemeine Aufklärungs- und Informationspflicht im Zusammenhang mit der Eingehung von Börsentermingeschäften. Daß diese nicht durch die Informationsschrift zur Herbeiführung der Börsentermingeschäftsfähigkeit abgedeckt wird, dürfte heute im wesentlichen unstreitig sein[134]. Aufklärungs- und Beratungspflichten treffen dabei grundsätzlich das mit der besseren Information ausgestattete Kreditinstitut. Anders als die Informationspflichten zur grundsätzlichen Herbeiführung der Börsentermingeschäftsfähigkeit sind jedoch die Aufklärungs- und Beratungspflichten individueller ausgestaltet. Unabhängig von der dogmatischen Begründung dieser Aufklärungs- und Beratungspflichten[135] besteht Einigkeit darüber, daß diese Informationspflichten wesentlich stärker durch die Vorkenntnisse des Anlegers, seine Anlageziele und sonstige parteiabhängige Einflüsse bestimmt sind. Soweit eine umfassende allgemeine Aufklärung über die Spezifika von Financial Futures erfolgen kann, wird diese durch die „Basisinformation für Börsentermingeschäfte" der Bankenverbände erreicht. Eine entsprechende Information des Anlegers hat grundsätzlich unabhängig davon zu erfolgen, ob er institutionell börsentermingeschäftsfähig ist oder die Börsentermingeschäftsfähigkeit erst kraft Information erlangt. Das Informationsbedürfnis des Anlegers bestimmt Inhalt und Umfang der Information. Auch ein kraft Eintragung im Handelsregister börsentermingeschäftsfähiger Kaufmann kann aufklärungsbedürftig sein. Dagegen kann ein erst kraft Information die Börsentermingeschäftsfähigkeit erlangender Anleger nicht zusätzlich informationsbedürftig sein aufgrund seiner umfangreichen Erfahrungen mit Spekulationsgeschäften in der Vergangenheit. Seitens der Banken wird typischerweise jedoch aus Gründen der Sicherheit und Beweisbarkeit eine zusätzliche Information durch dokumentierte Übergabe der Informationsschrift „Basisinformationen über Börsentermingeschäfte" unabhängig von der zusätzlichen Aufklärungsbedürftigkeit des Anlegers vorgenommen. Diese Informationsschrift erklärt umfänglich die verschiedenen mit Financial Futures verbundenen Risiken[136]. Besonders wird ein Anleger darauf hinzuweisen sein, daß die von ihm geforderte Sicherheitsleistung (Margin)[137] ein 36

---

[130] Vgl. dazu oben Rdnr. 24.

[131] Vgl. dazu oben Rdnr. 31.

[132] Vgl. dazu im einzelnen *Häuser/Welter,* § 16 Rdnr. 224 ff.; *Wach,* AG 1992, 384 ff.

[133] Vgl. BGH WM 1995, 658; die Informationsschrift ist abgedruckt in WM 1989, 1193 ff. = ZIP 1989, 1158 f.

[134] Vgl. nur *Horn,* ZIP 1990, 2, 6 ff.; *Schwark,* Festschr. Steindorff, S. 473, 484; *Kümpel,* WM 1989, 1485, 1491; *Henssler,* Risiko als Vertragsgegenstand, S. 715 ff.; *Kleinschmitt,* Informationsmodell, S. 127 f.

[135] Vgl. dazu *Kleinschmitt,* Informationsmodell, S. 76 ff.; *Schäfer,* Haftung für fehlerhafte Anlageberatung, S. 8 ff.; *Henssler,* Risiko, S. 704 ff.

[136] Vgl. zu den aufklärungsbedürftigen Risiken *Henssler,* Risiko als Vertragsgegenstand, S. 684 ff. m. w. N.

[137] Vgl. dazu oben Rdnr. 24.

Risiko abdeckt, das vom Markt als zur Zeit adäquat angesehen wird, es jedoch keinesfalls als Risikoobergrenze verstanden werden darf.

37 *b) Verhaltenspflichten nach WpHG.* Neben den vertraglichen bzw. quasi vertraglichen allgemeinen Informationspflichten obliegen dem mit dem Anleger Financial Futures abschließenden Kreditinstitut allgemeine und besondere Verhaltenspflichten nach dem WpHG[138]. Insoweit gelten auch für Financial Futures die allgemeinen Grundsätze von „Know your customer" und „Know your product". Besonderes Augenmerk wird die ihren Verpflichtungen nach §§ 31, 32 WpHG nachkommende Bank beim Abschluß von Financial Futures darauf zu richten haben, daß die im Verhältnis zu Optionen aufgrund des unbegrenzten Verlustrisikos besonders gefährlichen Financial Futures ihrem Umfang nach im Einklang stehen mit dem Vermögen des Anlegers (suitability doctrin). Das Kreditinstitut wird mit dem Anleger Financial Futures daher regelmäßig erst nach umfassender Kenntnis des Vermögens des Anlegers abschließen. Nur wenn der Anleger endgültig Auskunft über sein Vermögen verweigert, ist das Kreditinstitut frei von der Pflicht, dem Anleger über die Eignung der Eingehung von Financial Futures im Verhältnis zu seinem Vermögen zu beraten, da die Basis für die Beratung über die Eignung entfällt. – Aufgrund der Schutzgesetzeigenschaft der §§ 31, 32 WpHG ist ihre schuldhafte Verletzung mit der Pflicht zur Leistung von Schadenseratz bewehrt.

38 **2. Schriftformerfordernis.** In der Literatur und Rechtssprechung ist streitig, ob die vertraglichen oder quasi vertraglichen Informationspflichten bei an der Börse gehandelten Börsentermingeschäften, also auch bei Financial Futures, schriftlich zu erfolgen hat. Das Landgericht Berlin hat dies in einer vereinzelt gebliebenen Entscheidung angenommen.[139] Demgegenüber hält die ganz herrschende Lehre[140] an der grundsätzlichen Formfreiheit für eine allgemeine Information außerhalb der Herbeiführung der Börsentermingeschäftsfähigkeit fest. Aufgrund der standardisierten Kundenaufklärung bei Börsentermingeschäften durch die „Basisinformation über Börsentermingeschäfte" durch die Kreditinstitute dürfte der Streit für Börsentermingeschäfte, die an deutschen Börsen abgeschlossen werden, insbesondere auch für Financial Futures an Bedeutung verlieren.

---

[138] Vgl. dazu in diesem Buch, *Schäfer,* § 28 Rdnr. 15 ff. und *von Heymann,* § 5 Rdnr. 18 ff.; *Kümpel,* WM 1995, 689 ff.

[139] LG Berlin, WM 1992, 1993; dazu *Koller,* WuB IG4.-2.92; zustimmend insbesondere *Raeschke-Kessler,* WM-1993, 1830, 1836.

[140] *Kümpel,* WM 1995, 689, 692 f.; *Drygala,* WM 1992, 1213, 1217 ff.; *ders.,* ZHR 159 (1995), 686, 729 ff.; *Assmann,* Festschr. Heinsius, S. 1, 24; *Kindermann,* WM 1989, Sonderb. Nr. 2, S. 1, 32; *Kleinschmitt,* Informationsmodell, S. 94 f.; *Schäfer,* Haftung für fehlerhafte Anlageberatung, S. 59 ff.; für Geschäfte in selbständigen Optionsscheinen BGH, WM 1994, 2231 = ZIP 1994, 1924.

5. Kapitel. Investmentgeschäfte

§ 18 Inländische Investmentanteile

Übersicht

Schrifttum: *Abromeit-Kremser,* Offene Immobilienfonds, Betriebswirtschaftliche Aspekte ihres Managements, 1986; *Apitz/Bruschke,* Kapitalanlagen und ihre steuerlichen Auswirkungen, 2. Aufl. 1993, S. 85 ff.; *Balk/Eller/Gutmann,* Investmentfonds, Praxisleitfaden für Kapitalanleger, 1991; *Baltzer,* Novellierung der gesetzlichen Vorschriften für Wertpapierfonds, ZfK 1988, 322; *Barocka,* Investment-Sparen und Investment-Gesellschaften, Eine volkswirtschaftliche und rechtspolitische Betrachtung, 1956; *Baum,* Schutz und Sicherung des Investmentsparers bei Kapitalanlage-Gesellschaften und Investment-Trusts, Diss. Mainz 1959; *Baur,* Investmentgesetze, Kommentar zum Gesetz über Kapitalanlagegesellschaften (KAGG) und zum Gesetz über den Vertrieb ausländischer Investmentanteile (AuslInvestmG), 1970 (2. Aufl. 1996 in Vorber.); *Beckmann/Scholtz,* Investment, s. Investment-Handbuch; *Berger,* Probleme der Besteuerung deutscher Immobilienfonds, 1970; *Bergmann,* Investmentwissen für Versicherungs-Kaufleute, Wertpapierfonds für Versicherungen, 2. Aufl. 1990; *Berndt,* Strukturen und Funktionen des Marktes für Investmentzertifikate in der Bundesrepublik Deutschland, Eine Marktanalyse unter besonderer Berücksichtigung des Wettbewerbsaspektes, 1975; *Betsch/Otto* (Hrsg.), Vertriebshandbuch für Finanzdienstleistungen, 1989; *Bone-Winkel,* Das strategische Management von offenen Immobilienfonds, 1994; *Boveri,* Über die rechtliche Natur der Investmenttrusts und die Rechtsstellung des Zertifikatsinhabers, Diss. Zürich 1945; *Bracker,* Die Auswirkungen der Körperschaftsteuerreform, ZfK 1978, 800; *Bracker,* Ablauffonds - eine sinnvolle Zusammenarbeit zwischen Kapitalanlagegesellschaften und Versicherungen, LfK 1987, 416; *Breuer,* Deutsche Wertpapierfonds im europäischen Wettbewerb, ZfK 1990, 752; *Broermann,* Der Geltungsbereich der Investmentgesetzgebung, 1970; *Büschgen,* Rentabilität und Risiko der Investment-Anlage, 1971; *Büschgen,* Geldmarktfonds, ZfK 1986, 990, 1036; *BVI,* Jahrbücher Investment, 1972 ff.; *BVI,* Zinsabschlagsteuer und Deutsche Investmentfonds - Ein Leitfaden, 3. Aufl. (Stand: Juni 1996); *Canaris,* Bankvertragsrecht, 2. Aufl., 1981, S. 1177; *Carl/Förster,* Das Recht der Investmentfonds, Europarechtlicher Rahmen und nationale Gesetzgebung, 2. Aufl., 1994; *Clemm/Huber,* Die Prüfung von Spezialfonds, WPg 1989, 289; *Demuth/Bustorf/Thiel,* Investmentfonds, Produkte, Fakten, Strategien, 1995; *Deutsche Bundesbank,* Entwicklung und Bedeutung der Geldanlage in Investmentzertifikaten, MBerBBk. Oktober 1994, S. 49; *Dürr,* Gedanken zur Bezeichnung von Investmentfonds und deren Anlagegrundsätze, WM 1989, 933; *ders.,* „Eigene Investmentfonds" einer Nicht-Kapitalanlagegesellschaft? WM 1990, 621; *ders.,* „Ethische Investmentfonds" in Deutschland? ZIP 1991, 286; *DWS* (Hrsg.), 35 Jahre wie ein Tag, 18 Kapitel zum Thema Investmentfonds, 1992; *Eberstadt,* Spezialfonds: eine optimale Form der Vermögensverwaltung - eine Betrachtung aus der Sicht der Kapitalanlagegesellschaften, LfK 1987, 400; *Ebner von Eschenbach,* Die Rechte des Anteilinhabers nach dem Gesetz über Kapitalanlagegesellschaften, Diss. Erlangen 1959; *Eller,* Kapitalanlagen in Investmentfonds, 1993; *Fehrenbach,* An Investmentfonds verdienen, Chancen, Risiken, Anlagestrategien, 2. Aufl. 1994; *Fintelmann,* Investment-Konten: neue Formen der Anteilverwahrung, ZfK 1978, 810; *Gburek,* Investmentfonds, Wege zum Reichtum, 1991; *ders.,* Fit für Fonds, Ein Branchenspiegel für Anleger und Insider, 1996; *Gerke/Schöner,* Die Auswirkungen von Risikonormen auf die Finanzierung von Innovationen - eine Analyse am Beispiel der Gesetze über Unternehmensbeteiligungsgesellschaften und Beteiligungssondervermögen, Festschrift für Fritz Philipp, 1988, 187; *Gerke/Rapp,* Strukturelle Neugestaltung des deutschen Investmentrechts, ZBB 1992, 85; *Gericke,* Rechtsfragen zum Investmentsparen, DB 1959,

1276; *Geßler,* Das Recht der Investmentgesellschaften und ihrer Zertifikatsinhaber, WM 1957, Sonderbeilage 4 zu Teil IV B Nr. 20, S. 10; *Gläbe,* Der Schutz der Zertifikatsinhaber von Investmentgesellschaften, 1975; *von Gronau,* Spezialfonds in der Bundesrepublik Deutschland, 1985; *Grundmann,* Europäisches und deutsches Investmentrecht, ZBB 91, 242; *Hahn,* Struktur der Bankwirtschaft, Bd. 2 Spezialbanken und internationale Banken, 1. Teilbd., 1984, 273; *Häuselmann,* Zur Bilanzierung von Investmentanteilen, insbesondere von Anteilen an Spezialfonds, BB 1992, 312; *Harprecht,* Die Auswirkungen der EG-Investment-Richtlinie auf die Anlagepolitik deutscher Investmentgesellschaften, 1991; *Hartmann,* Ökonomie des Investmentsparens, Eine Analyse für die Bundesrepublik Deutschland unter Berücksichtigung des Investmentrechts in Japan, 1990; *Heilmaier,* Schutz der Bezeichnung „Investmentgesellschaft" und „Kapitalanlagegesellschaft", Die Bank 1991, 393; *Harter/Franke/Hogrefe/Seger,* Wertpapiere in Theorie und Praxis, 3. Aufl. 1990, S. 439 ff.; *Homolka,* Umweltfonds: Spezialität mit Zukunft, Die Bank 1991, 80; *ders.,* Umweltfonds, Investieren in die Zukunft, 2. Aufl. 1991; *Hoppenstedt* (Hrsg.), Vademecum der Investmentfonds, 1993; *Immenga,* Ordnungspolitische Möglichkeiten des Investmentprinzips, 1982; Investment-Handbuch, Beckmann/Scholtz, ergänzbares Handbuch für das gesamte Investmentwesen, 1970 ff. (zit. Investment-Handbuch/*Verfasser*); *Jahnel,* Wissenswertes über deutsche Investmentfonds, 2. Aufl., 1988; *Jacob,* Investmentfonds, Möglichkeiten ihrer Ausgestaltung unter besonderer Berücksichtigung einer neuen Anlegerschutzkonzeption, 1996; *Jung,* Die steuerrechtlichen Vorschriften der neuen Investmentgesetzgebung, WM 1969, Sonderbeilage 2, S. 19; *Kandlbinder,* Der Spezialfonds als Instrument für das Vermögensgeschäft der Assekuranz, LfK 1987, 404; *ders.,* Spezialfonds als Anlageinstrument – Ein Leitfaden –, 1991; *Kempf/Tratz,* Die Novellierung des Investmentrechts 1994 nach dem Zweiten Finanzmarktförderungsgesetz (Hrsg.: C & L Deutsche Revision/Coopers & Lybrand GmbH), 1994; *Klenk,* Die rechtliche Behandlung des Investmentanteils unter Berücksichtigung der Anteilberechtigung des Investmentratensparers, 1967; *Kröger,* Das Gesetz über Kapitalanlagegesellschaften, NWB Fach 21, S. 773; *Kümpel,* Investmentfonds als Wertpapierverleiher im Rahmen des geltenden Rechts, WM 91, Sonderheft Heinsius, S. 31; *Kuntze,* „Ethische" Investmentfonds, WM 1991, 929; *Laux,* Wem nutzt die Zweite Stufe? Aspekte aus der Sicht von Politik, Wirtschaft und Anlegern, LfK 1986, 713; *ders.,* Zur Umsetzung der Richtlinie zur Harmonisierung des europäischen Investmentrechts in das deutsche Investmentrecht, WM 1990, 1093; *ders.,* Investmentrecht der 90er Jahre: Tabus werden aufgebrochen, Die Bank 1993, 384, 461; *Laux/Ohl,* Grundstücks-Investment, – Die offenen Immobilienfonds –, 2. Aufl., 1988; *Laux/Päsler,* Wertpapier-Investmentfonds, 1992; *Lütgerath,* Die Erweiterung des Anlagekataloges von Investmentgesellschaften, 1984; *Martini,* Rechtliche Probleme eines Immobilienzertifikates, 1967; *Mertens/Ekkenga,* Buchbesprechung zu Beckmann/Scholtz und Schäfer, AG 1988, 178; *Mol,* Versicherungsfonds – Ein Leitfaden für den Versicherungsaußendienst –, 1989; *ders.,* Investmentfonds – ABC: Vermögensaufbau für jedermann, 1991; *Mühlbradt,* Die Leistungen von Wertpapier-Investmentfonds in Deutschland, Überlegungen zur Neukonzipierung eines Beurteilungskalküls, AG 1986, 36; *Mülhaupt/Kandlbinder* (Hrsg.), Die deutschen Spezialfonds, 1979; *Klaus Müller,* Die Überwachung der Geschäftstätigkeit der Kapitalanlagegesellschaft durch die Depotbank, DB 1975, 485; *Münch,* Kosten für die Verwaltung des Sondervermögens der offenen Immobilienfonds, Ein Vergleich, Bilanz & Buchhaltung 1989, 151; *Münchener Institut für Regional- und Wirtschaftsforschung,* Investment- und Immobilienfonds in der Bundesrepublik Deutschland unter dem Aspekt des gemeinsamen europäischen Kapitalanlagemarktes, 1989; *Nickel,* Staatlich geförderte Vermögensbildung, Das zweite Vermögensbeteiligungsgesetz in der Praxis, 1988; *Nissen,* Neue gesetzliche Regelungen zur Besteuerung inländischer und ausländischer Investmentzertifikate, Rechts- und Wirtschafts-Praxis, 14 (D) Investmentzertifikate I; *Obermann,* Investmentfonds auf dem Prüfstand, Anlegerentscheidungen anhand der Rechenschaftsberichte, 1975; *Ohl,* Die Rechtsbeziehungen innerhalb des Investmentdreiecks, 1989; *Päsler,* Handbuch des Investmentsparens, 1991; *Päsler/Kleinert,* Zinsabschlagsteuer bei deutschen Investmentfonds, Die Bank 1993, 118; *dies.,* Freistellungsaufträge bei Investment-Konten, Die Bank 1993, 229; *Pelzl/Betz,* Beurteilung von Geldmarktfonds, 1989; *Philipp,* Die Idee von Branchenfonds, 1980; *Poschadel,* Rentabilität und Risiko als Kriterien für die Bewertung der Managementleistung deutscher Investmentgesellschaften, Methodische und empirische Aspekte der zweidimensionalen Leistungsbewertung, 1981; *Prager,* Marktstrategie der Investmentgesellschaft, Der Wettbewerb zwischen deutschen und ausländischen Investmentgesellschaften, 1971; *Pürsten/Stolzenburg,* Aufsichts-Aspekte zur kleinen KAGG-Novelle, ZfK 1987, 188; *Reuter,* Investmentfonds und die Rechtsstellung der Anteilinhaber, Diss. Frankfurt 1965; *Roos,* Für eine große KAGG-Novelle statt Gesetzesänderung auf Raten, DB 1986, 116; *Roth,* Das Treuhandmodell des Investmentrechts, Eine Alternative zur Aktiengesellschaft? 1972; *Ruda,* Ziele privater Kapitalanleger, 1988; *Rueber,* Bestimmungsfaktoren der Anlagepolitik deutscher Aktienfonds, 1977; *Schäcker,* Entwicklung und System des Investmentsparens, 1961; *Schanze,* Anlegerschutz bei Aktienfonds: Das Indexfonds-

Konzept, AG 1977, 102; *Schäfer,* Anlegerschutz und die Sorgfalt eines ordentlichen Kaufmanns bei der Anlage der Sondervermögen durch Kapitalanlagegesellschaften: Unter besonderer Berücksichtigung der Theorien zur Aktienkursprognose und zur Zusammenstellung von Portefeuilles, 1987; *von Schenck,* Die Tätigkeit deutscher Wertpapier-Investmentgesellschaften in den USA, zugleich ein Beitrag zum Anlegerschutz in der Bundesrepublik Deutschland und in den USA, 1982; *Schmidt,* Die Vertriebspublizität der Investmentgesellschaften und weitere gesetzlich vorgesehene Informationspflichten gegenüber Kapitalanlegern, 1988; *Schneider,* Geldmarktfonds, 1987; *Schönle,* Bank- und Börsenrecht, 2. Aufl., 1976; *Scholtz,* Beteiligungs-Sondervermögen, Festschrift für Georg Döllerer, 1988, 553; *ders.,* Das Anrechnungsverfahren bei Investmentgesellschaften, FR 1977, 105; *ders.,* Besteuerung der Investmenterträge, Änderungen aufgrund des Steuerreformgesetzes 1990, FR 1989, 192; *ders.,* Kapitalanlagegesellschaft und Sondervermögen FR 1991, 198; *Schuster* (Hrsg.), Investmenthandbuch, 1971 (zit.: *Schuster/Verfasser,* Investmenthandbuch); *Schwebler* (Hrsg.), Vermögensanlagepraxis in der Versicherungswirtschaft, Kommentare, Gesetze, Rundschreiben, 2. Aufl. 1991; *Seidel* in: Steuerpraxis für Kreditinstitute, Kennzahl 4600 „Investmentgeschäft", Loseblatt; *Siara/Tormann,* Gesetz über Kapitalanlagegesellschaften vom 16. 4. 1957, 1957; *Siepe,* Die besten Konzepte für Ihre Geldanlage in Fonds, 1993; *Sigg,* Zur Methodik der Leitungsmessung und -analyse beim Aktienanlagefonds, 1979; *Sögtrop,* Investment-Innovationen: Was können Beteiligungsfonds leisten? LfK 1992, 17; *Steder,* Die neue Investmentgesetzgebung, WM 1969, Sonderbeilage Nr. 2; *ders.,* Optionsgeschäft der Investment-Gesellschaften? ZfK 1970, 654; *Steiner/Kromschröder* (Hrsg.), Spezialfonds zur Vermögenssicherung und Vermögensmehrung für institutionelle Anleger, Unternehmerseminar der Universität Passau, 1986; *Stolte,* Investmentfonds, Geldanlage mit Zukunft, 1993; *Stolzenburg,* Anlegerschutz, ZfK 1978, 826; *Stolzenburg,* Zur Aufsicht über Wertpapier-Spezialfonds, ZfK 1985, 277; Südprojekt Gesellschaft für Regional- und Wirtschaftsforschung mbH (Hrsg.), Investmentfonds der Versicherungsunternehmen in Deutschland, Analyse des Status quo, Strategien zur Auflegung eines Versicherer-Investmentfonds, 1984; *Stucki,* Beschreibende Methode zur Messung der Performance von Aktienportfolios, Diss. St. Gallen 1988; *Sykora,* Investmentsparen und Investmentgesellschaften, 1976; *Tegethoff,* Das Treuhandgeschäft der westdeutschen und amerikanischen Banken, 1963; *Thiel,* Der Schutz der Anleger von Wertpapierfonds im deutschen und amerikanischen Recht, 1982; *Thomann,* Anlagefonds aus der Sicht des Kapitalgebers, 1980; *Tormann,* Die Investmentgesellschaften, 5. Aufl., 1978; *ders.,* Zum Anlegerschutz im Investmentbereich, ZfK 1979, 137; *ders.,* Die Anordnungsbefugnisse des Bundesaufsichtsamtes gegenüber den Kreditinstituten, ZfK 1977, 375; *ders.,* Die Auflagenbefugnisse des Bundesaufsichtsamtes gegenüber den Kreditinstituten, ZfK 1977, 734; *ders.,* in: Hermann/Heuer/Raupach, Kommentar zum Einkommensteuer- und Körperschaftsteuergesetz mit Nebengesetzen, Köln 1950/82, Bd. 14, Abschnitt Auslands-Investmentgesetz und Gesetz über Kapitalanlagegesellschaften (zit.: *Tormann,* KAGG oder AuslInvestmG) – aussortiert –; *Tratz,* Die Novellierung des Gesetzes über Kapitalanlagegesellschaften (Hrsg.: Treuarbeit), 1990; *Tübke,* Anlegerrisiko und Anlegerschutz bei Investmentgesellschaften, Diss. Berlin 1974; *Tullius,* Neue steuerrechtliche Vorschriften zu Investmenterträgen, DB 1969, 1715; Vandamme, Auf dem Wege zu einem Europäischen Markt für die Organismen für gemeinsame Anlagen in Wertpapieren – Bemerkungen zu den Bestimmungen der Richtlinie 85/611/EWG vom 20. Dezember 1985 (Hrsg.: EG-Kommission), 1988; *Wachtendorf,* Reich mit Fonds, Optimale Investmentfonds-Depots, Höchste Renditen, Erfolgreiche Strategien, 1994; *Waldmann,* Offene Immobilienfonds – Liberalisierung der Anlagevorschriften, ZfK 1988, 326; *Weigel,* Die Rechte der Inhaber von Anteilen an Immobilienanlagegesellschaften, Diss. Erlangen-Nürnberg 1966; *Wendt,* Treuhandverhältnisse nach dem Gesetz über Kapitalanlagegesellschaften, Diss. Münster 1968; *Wernicke,* Die Jahresabschlußprüfung bei Kapitalanlagegesellschaften, Diss. München, 1969; *Wisner,* Steuerliche Probleme des Investmentsparens und der Investmentgesellschaften, Diss. Köln 1967; *Wolff,* Das Management von Umweltfonds, 1995; *Zeyer* (Hrsg.), Investmentfonds-Management: Analysestrategie – Performanceanalyse – Marketing, 1993.

I. Investmentbegriff und Investmentidee

1 In den angelsächsischen Ländern hat der Begriff „Investment" eine weitere Bedeutung. Er bezeichnet allgemein die **Anlage von Geldkapital.**[1] Der Sprachgebrauch, der dem Begriff des Investmentfonds zugrunde liegt und der in das Gesetz über Kapitalanlagegesellschaften (KAGG) Eingang gefunden hat, dort auch in § 7 der Bezeichnungsschutz für das Wort „Investment", geht von einer engeren Bedeutung aus. Die Anlage von Geld, die

[1] *Büschgen,* Das kleine Börsen-Lexikon, 1989, S. 366, Wort „investment"

Risikoverteilung bei der Anlage und die Streuung des Anteilbesitzes sind tragende Elemente der Investmentidee in diesem engeren Sinne. Investment i. d. S. ist eine in ihrem Risiko geminderte Form der Verwaltung von Vermögen, die sich an einen größeren Kreis von Anlegern wendet und im Hinblick auf die gemeinsame Anlage keine eigene unternehmerische Zielsetzung kennt. Weiter kennzeichnet den Investmentbegriff die Effektensubstitution, die Ausgabe von Wertpapieren in Vertretung anderer Wertpapiere.[2] Dies gilt heute nur noch bedingt, da, abgesehen von den Wertpapierfonds, die Investmentfonds überwiegend auch aus anderen Vermögensgegenständen als Wertpapieren bestehen können (Bankguthaben, Derivative Finanzinstrumente, Schuldscheindarlehen, Liegenschaften, Beteiligungen). Als Ziel der Investmentanlage werden neben der Risikostreuung heute auch genannt die „Losgrößentransformation", die eine Beteiligung mit kleinen Anlagebeträgen an Großengagements gestattet, und als deren Begleiteffekt die niedrigeren Transaktionskosten, ferner die „Informationskostendegression" über den Einsatz eines professionellen Fondsmanagements sowie die „Fristentransformation" durch die Verpflichtung zur grundsätzlich jederzeitigen Rücknahme oder, in den Fällen der als Gesellschaft organisierten Investmentfonds, durch den börsentäglichen Handel der Anteile.[3] Mit der Möglichkeit, sich schon mit einem geringen Kapitaleinsatz weltweit zu beteiligen, verwirklicht sich in der Investmentidee zugleich eine „Chancengleichheit aller an allen Anlagemärkten".[4]

Als erste Investmentgesellschaften werden die 1822 gegründete Société Générale des Pays-Bas, daneben der 1852 gegründete Crédit Mobilier in Paris, genannt.[5] In den ab 1860 in Schottland und in England gegründeten **„Investment Trusts"** taucht als zusätzliches Element neben der Risikostreuung und der Beteiligung des größeren Anlagekreises die Treuhänderschaft auf. Damit sind die wesentlichen Elemente des engeren Investmentbegriffes beisammen, so daß mit diesem „Schottenmuster" der erste Abschnitt der wechselvollen Geschichte des Investmentwesens beginnt.[6] Aus dieser Zeit stammt der wiederholt zitierte Gründungsprospekt des 1868 ins Leben gerufenen „Foreign and Colonial Government Trust", der eine Million Pfund Kapital in 18 ausländischen Anleihen angelegt hatte.[7] Der Prospekt betont als Ziel der Gesellschaft, den kleinen Sparern dieselben Vorteile wie den großen Kapitalanlegern zu verschaffen und das Risiko durch Streuung der Kapitalanlage zu vermindern.[8] **1a**

In Deutschland gibt es einen ersten Versuch im Jahre 1923.[9] Nach dem Krieg und der 48er Währungsreform wird der Investment-Gedanke erneut 1949 mit der Gründung der **1b**

---

2 *Baehring,* Investment in Deutschland, Schrift der Union-Investment-Gesellschaft mbH zum 25jährigen Jubiläum, 1981, S. 53.

3 Vgl. *Gerke,* in: Handwörterbuch des Bank- und Finanzwesens, 2. Aufl., 1995, S. 1031 f., Wort „Investmentsparen".

4 *Laux/Päsler,* Wertpapier-Investmentfonds, S. 9; *Laux,* ZfK 96, 18.

5 *Baehring* (Fn. 2); *Liefmann,* Beteiligungs- und Finanzierungsgesellschaften, 5. Aufl. 1931; *Senn,* Die westdeutschen Investmentgesellschaften als Mittel zur Förderung der Kapitalmarktpolitik, Diss. Nürnberg 1959, S. 31; *Plenge,* Gründung und Entwicklung des Crédit Mobilier, 1903.

6 Vgl. *Baehring* (Fn. 2) S. 54 ff.; *Linhardt,* Die Britischen Investment Trusts, 1935 (Nachdruck 1980), S. 50 ff.; *Baur,* Investmentgesetze, 2. Aufl., Einl. I Rdn. 1, Einl. III Rdn. 56.

7 *Linhardt* (Fn. 6) S. 51; *Jörgens,* Finanzielle Trustgesellschaften, Münchner Volkswirtschaftliche Studien 1902 S. 16; *Liefmann* (Fn. 5) S. 15.

8 Economist 1868, 346 f., zitiert bei *Liefmann* a. a. O. (Fn. 5) S. 169: „to give the investor of moderate means the same advantages as the large capitalists in diminishing the risk of investing in foreign and colonial Government stocks and reserving a portion of the extra interest as a sinking fund to pay off the original capital"; vgl. auch *Beyer-Fehling,* Investmentsparen – eine Sparform für Jedermann, Bulletin des Presse- und Informationsamtes der Bundesregierung 1957, 669; *Geßler* WM 1957 Sonderbeilage Nr. 4, S. 10; *Otto* ZfK 1978, S. 1.

9 *Offner,* Die kapitalwirtschaftliche Funktion der Holdinggesellschaften und Investment Trusts unter besonderer Berücksichtigung ihrer Besteuerung, Diss. Frankfurt 1933, S. 77; *Kilgus,* Kapitalanlagegesellschaften, insbesondere die rechtliche Stellung der Inhaber von Anteilscheinen, Diss. Erlangen 1953, S. 70 f; *Baur,* Investmentgesetze, 2. Aufl., Vor § 1 KAGG Rdn. 1.

„Allgemeine Deutsche Investment-Gesellschaft-m.b.H." (heute ADIG Allgemeine Deutsche Investment-Gesellschaft-mbH) aufgegriffen.[10] Dieser Gesellschaft folgten 1956, nachdem unter dem Eindruck des im Bundestag behandelten Entwurfs des KAGG günstigere steuerliche Regelungen durch die Finanzbehörden erlassen worden waren, vier weitere Gesellschaften. Es handelte sich dabei sämtlich um Wertpapier-Kapitalanlagegesellschaften, die sich an das allgemeine Publikum richteten. Das Ziel, das der Gesetzgeber mit dem am 17. 4. 1957 verkündeten KAGG[11] verfolgte, war gleichermaßen auf eine Verbesserung der Struktur des Kapitalmarktes wie auf die Förderung eines breitgestreuten Eigentums gerichtet. Zu diesem Zweck will das KAGG den KAG und ihren Anteilinhabern eine sichere Rechtsgrundlage verschaffen, das diesen Gesellschaften anvertraute Fremdvermögen vor Mißbrauch und riskanten Geschäften schützen und den Besitzer von Investmentanteilen dem Besitzer anderer Wertpapiere steuerrechtlich gleichstellen.[12]

1 c 1959 gesellte sich zu den inländischen Wertpapier-Investmentgesellschaften mit der **„Internationales Immobilien-Institut AG"** die erste Immobilien-Investmentgesellschaft. Da das KAGG zu diesem Zeitpunkt nur auf das Wertpapier-Investment Anwendung fand, mußte zunächst eine rechtlich und steuerlich abweichende Gestaltung gewählt werden.[13] Die Novelle '69 zum KAGG unterstellte das Immobilien-Investment dem KAGG. Artikel 2 des Gesetzes zur Änderung und Ergänzung des Gesetzes über Kapitalanlagegesellschaften und der Gewerbeordnung[14] – ÄndG KAGG/GewO – verpflichtete die seinerzeit bestehenden drei Immobilienfondsgesellschaften ihre Rechtsverhältnisse an das KAGG für die nach dem 1. 11. 1969 beginnenden Geschäftsjahre anzupassen. Mit dem Einzug der Immobilienfonds unter das Investment-Dach ist das Merkmal einer fehlenden unternehmerischen Zielsetzung für diesen Investment-Teilbereich tangiert. Der Investmentfonds wird partiell Gegenstand unternehmerischer Tätigkeiten. Dies gilt vor allem für Projektentwicklungen einer Grundstücks-KAG und deren Center-Management bei großen Einkaufszentren.

1 d Ende 1995 bestehen 53 inländische Wertpapier-KAG und 12 inländische reine Grundstücks-KAG, die sich mit ihren Wertpapier, Geldmarkt- und Immobilienfonds (auch **Publikumsfonds** genannt) an ein breites Publikum wenden.[15] Sie verwalten teilweise gleichzeitig Spezialfonds, die sich an institutionelle Anleger und Unternehmen richten und nach der Definition in § 1 Abs. 2 KAGG nicht mehr als 10 Anteilinhaber haben dürfen. Diese müssen „nicht natürliche Personen" sein. Es gibt weiterhin KAG, die ausschließlich Wertpapier- oder Immobilienspezialfonds verwalten. Durch das am 1. 1. 1987 in Kraft getretene Zweite Vermögensbeteiligungsgesetz vom 19. 12. 1986[16] wurde das Wertpapier- und Grundstücks-Investment um das Beteiligungs-Investment erweitert, das auf investmentrechtlicher Basis eine Beteiligung an nicht börsennotiertem Produktivvermögen ermöglicht und erstmals im Investmentfonds eine Bewertung unternehmerischer Risiken

---

[10] *Baur,* Investmentgesetze, (Fn. 9), Rdn. 10.

[11] BGBl. I 378.

[12] *Dürre,* Die gesetzliche Regelung der Investmentgesellschaften, in: Allgemeine Deutsche Investment-Gesellschaft m. b. H., 10 Jahre Investment in Deutschland, 1959, S. 29 f.

[13] Näheres s. *Martini,* Rechtliche Probleme eines Immobilienzertifikates, 1967, S. 20 ff.; *Kruhme,* Die rechtliche Einordnung der Immobilienfondsgesellschaften und das Erfordernis einer gesetzlichen Sonderregelung, 1968, S. 21 ff.; *Weigel,* Die Rechte der Inhaber von Anteilen an Immobilienanlagegesellschaften, Diss. Erlangen-Nürnberg 1966, S. 91 ff.; *Wechsler,* Immobilienfonds, 1968, S. 63 ff.; *Baur,* Investmentgesetze, S. 294 f.

[14] BGBl. I 999 = Zweiter Teil des Gesetzes über den Vertrieb ausländischer Investmentanteile, über die Besteuerung ihrer Erträge sowie zur Änderung und Ergänzung des Gesetzes über Kapitalanlagegesellschaften vom 28. 7. 1969 – BGBl. I 986.

[15] S. Statistische Beihefte zu den Monatsberichten der Deutschen Bundesbank. Zur Entwicklung des Mittelaufkommens und Vermögen an Investmentanteilen s. Deutsche Bundesbank, Monatsbericht Oktober 1994, S. 49 ff.; *dies.,* Monatsbericht August 1995, S. 57 ff.

[16] BGBl. I 2595.

verlangt (§ 25 d KAGG; vgl. Rdnr. 56 ff.). Nach ausländischem Vorbild sind durch das Zweite Finanzmarktförderungsgesetz vom 26. 7. 1994[17] (2. FMFG) Vorschriften über Geldmarktfonds in das KAGG aufgenommen worden, die in Geldmarktinstrumenten aber auch teilweise oder vollständig das eingelegte Geld in Bankguthaben anlegen (Cash-Fonds). Hierdurch hat die Investmentidee eine weitere Variante erfahren (dazu Rdnr. 62 ff.).

Jede neue Anlagemöglichkeit erweitert die Investmentidee, gibt andererseits die eingangs genannten tragenden Elemente teilweise auf und nähert sich dem allgemeinen Begriff, der im Investment nur die Anlage von Geldkapital sieht. Hier stellt sich die Frage, ob es der Investmentidee nicht förderlicher ist, wenn sich die Tätigkeit der Investmentfonds auch künftig auf die das „Schottenmuster" tragenden Elemente beschränkt. Mit der Zulassung weiterer Geschäftsmöglichkeiten für Investmentgesellschaften durch das 1. und 2. FMFG, z. B. des Optionshandels, der Devisentermingeschäfte, des Handels in Finanzterminkontrakten (Financial Futures), in Geldmarktpapieren oder mit der Öffnung der Wertpapierfonds für Kapitalmarkt-Innovationen, die sich von den typischen Aktien- und Rentenwerten entfernen, sind im Interesse der Investmentidee und des Schutzes der Anleger die den zusätzlichen Geschäftstätigkeiten innewohnenden besonderen Risiken durch ausreichende Sicherungen einzugrenzen, um vor allem einen Totalverlust, sei es auch eines solchen auf Raten, zu vermeiden. Dies gilt insbesondere dann, wenn mit der Investmentanlage typischerweise ein breites Publikum angesprochen wird, das Eigentum bilden und eine Altersversorgung aufbauen soll. Auf Dauer dürfte es für eine Investmentindustrie, die sich dem engeren Investmentbegriff verschrieben hat und dies als Argument in ihrer Werbung einsetzt, von Nachteil sein, wenn sie das Investmentangebot mit Anlagen überfrachtet, die für den Anleger mit erhöhten, für ihn mangels Sachkenntnis nicht mehr überschaubaren Risiken verbunden sind. Ein anderes Thema ist jedoch die Frage, ob nicht der Gesetzgeber aufgerufen ist, aus Gründen des Anlegerschutzes auch solche Formen kollektiver Geldanlage wie „Futures Funds" (Fonds für Optionen und Terminkontrakte) oder Warenfonds unter eine Aufsicht zu stellen. Als Investmentfonds brauchten sie deshalb nicht bezeichnet zu werden. Sachgemäß wäre eine Bezeichnung wie „Fonds mit erhöhtem Risiko".[18] 1e

II. Gesetzliche Grundlagen des Investmentgeschäftes

Das inländische Investmentgeschäft hat eine umfassende gesetzliche Regelung durch das Gesetz über Kapitalanlagegesellschaften (KAGG) i. d. F. der Bekanntmachung vom 14. 1. 1970,[19] zuletzt geändert durch Art. 45 des Einführungsgesetzes zur Insolvenzordnung (EG InsO) vom 5. 10. 1994[20] erfahren. Das KAGG ist Organisations-, Aufsichts- und Vertriebsgesetz.[21] Es ist hinsichtlich der Besteuerung der Investmentanteile Spezialgesetz.[22] Für ausländische Investmentanteile wurden durch das AuslInvestmG nur eine Vertriebsregelung und steuerrechtliche Regelungen für die Erträge ausländischer Investmentanteile geschaffen. 1f

1. Gesetz über Kapitalanlagegesellschaften (KAGG). Als 1957 das KAGG verkündet wurde, gab es eine seit 1949 tätige inländische Wertpapier-Investmentgesellschaft (4 weitere Gesellschaften sind 1956 gegründet worden). Erfahrungen in anderen Ländern, insbesondere in den USA, ließen es den Gesetzgeber geraten erscheinen, nicht auf die vertrag- 2

---

[17] BGBl I 1749, 1770.

[18] S. auch den Vorschlag von *Gerke/Rapp* eines Risikoklassenkonzepts, ZBB 92, 85; ferner Beispiel Luxemburg unten § 19 Rdn. 143 und 145, Schweiz unten § 19 Rdn. 158 b.

[19] BGBl. I 127.

[20] BGBl. I 2911, 2929.

[21] Investment-Handbuch/*Beckmann* 424 Rdnr. 3.

[22] *Tormann* KAGG, Einf. Anm. 16.

lich zwischen Investmentgesellschaft und Anleger vereinbarten Rechtsbeziehungen zu vertrauen, sondern durch ein Gesetz den **Schutz des Investmentsparers** sicherzustellen.[23] Auch sollten durch das Gesetz die steuerlichen Nachteile, die sich aus der Zwischenschaltung der KAG ergeben, beseitigt werden.[24]

3 Im Investmentsparen sah man ein Mittel, den Wertpapierbesitz auf eine breitere Basis zu stellen. „Hierdurch wird einerseits die private Eigentumsbildung und damit das Gefühl der Mitbeteiligung und Mitverantwortung am wirtschaftlichen Geschehen gefördert. Zum anderen ist zu erwarten, daß bei einer Ausweitung des Investmentsparens auch neue Kapitalquellen für Investitionen und Rationalisierungsmaßnahmen der Wirtschaft erschlossen werden."[25]

4 Aufgrund mehrfacher Änderungen ist das KAGG inzwischen Rechtsgrundlage für Wertpapierfonds (Wertpapier-Sondervermögen), offene Immobilienfonds (Grundstücks-Sondervermögen), Beteiligungsfonds (Beteiligungs-Sondervermögen) und Geldmarktfonds (Geldmarkt-Sondervermögen) (dazu Rdnr. 26 ff.). Zu den im Rahmen des geplanten 3. Finanzmarktförderungsgesetzes vorgeschlagenen Erweiterungen des KAGG s. Rdnr. 24 f.

5 Das KAGG ist in 7 Abschnitte geteilt. Der 1. Abschnitt enthält Vorschriften, die die Organisation und die Aufsicht regeln. Der 2., 3., 4. und 5. Abschnitt befassen sich mit den Besonderen Vorschriften jeweils für Geldmarkt-Sondervermögen, Wertpapier-Sondervermögen, Beteiligungs-Sondervermögen und Grundstücks-Sondervermögen. Im 3. Abschnitt sind außerdem für alle Formen der Sondervermögen wesentliche Bestimmungen u. a. über den Schutz des Sondervermögens (§ 9 Abs. 3 – Schutz vor Rechten Dritter, § 10 Abs. 2 – Schutz vor Verpflichtungsgeschäften der KAG, § 13 Abs. 3 Satz 2 – nicht zugehörig zur Konkursmasse [ab 1. 1. 1999: Insolvenzmasse] der KAG), über die Depotbank (§§ 12 bis 12 c), über die Risikomischung und Anlagevorschriften bei Wertpapieren (§ 8) bei Anteilen an anderen Sondervermögen (§ 8 b), bei Wertpapier-Optionsgeschäften (§ 8 d), bei Devisentermingeschäften, Devisen- und Devisenterminkontrakt-Optionsgeschäften (§ 8 e), Finanzterminkontrakten, Finanzterminkontrakt- und Wertpapierindex-Optionsgeschäften (§ 8 f), über die Gewährung von Wertpapier-Darlehen (§§ 9 a bis 9 d) über den Inhalt der Vertragsbedingungen zwischen KAG und Anleger (§§ 11 Abs. 2, 15, 16), über die Anteilscheine (§§ 11 Abs. 2, 18, 21, 24), über die erforderliche Publizität gegenüber Anlegern und Aufsichtsbehörde (§ 24 a), über Vorschriften über den Vertrieb (§ 19 – Verkaufsprospekt, § 20 – Prospekthaftung, § 22 – Kostenvorausbelastung, § 23 – Widerrufsrecht) und über den Vertrieb in EG-/EWR-Staaten (§§ 24 b, 25) enthalten. Der 6. Abschnitt bringt die steuerlichen Vorschriften, die die einzelnen Sondervermögen als Zweckvermögen i. S. des Steuerrechts fingieren und sie von der Körperschaftsteuer, der Gewerbesteuer und der Vermögensteuer befreien. Es gilt das Transparenzprinzip. Die Anteilinhaber haben die Erträge aus den Sondervermögen – von einigen Ausnahmen abgesehen – so zu versteuern, wie wenn sie ihnen unmittelbar zugeflossen wären. In den Fällen der thesaurierenden Fonds gilt eine Zuflußfiktion für das Endes des Geschäftsjahres. Der 7. Abschnitt enthält die Bußgeld-, Übergangs- und Schlußvorschriften.

6 2. **Kreditwesengesetz (KWG).** Weitere gesetzliche Grundlage für das inländische Investmentgeschäft ist das Gesetz über das Kreditwesen i. d. F. der Bekanntmachung vom 22. 1. 1996,[26] geändert u. a. zuletzt durch die 5. KWG-Novelle[27] und Art. 10 UmwBerG

---

[23] S. auch die ausdrückliche Regelung in dem Schweizer Anlagefondsgesetz von 18. 3. 1994, Art. 1 „Dieses Gesetz bezweckt den Schutz des Anlegers.".

[24] Bericht des Abgeordneten Neuburger BT-Drucks. II/2973 (neu), abgedruckt in: Investment-Handbuch 582 S. 2; s. a. *Baur,* Investmentgesetze, (Fn. 9), Rdn. 17 f.

[25] Bericht des Abgeordneten Neuburger a. a. O. (Fn. 24) S. 1.

[26] BGBl. I 64.

[27] Fünftes Gesetz zur Änderung des Gesetzes über das Kreditwesen = Art. 1 des Gesetzes vom 28. 9. 1994 (BGBl. I 2735).

vom 28. 10. 1994.[28] Die KAG, die ausschließlich das Investmentgeschäft betreibt, zählt zu den Spezialkreditinstituten. Das KWG ist das allgemeine **Aufsichtsgesetz** für alle Kreditinstitute. Es enthält für sie Aufsichtsvorschriften mit teils materiellem, teils formellem Charakter und unterstellt sie der laufenden Aufsicht durch das BAK in Berlin – Umzug nach Bonn vorgesehen[29] – (§ 6 KWG). Das BAK ist die in den Vorschriften des KAGG genannte Bankaufsichtsbehörde. Die materiellen Vorschriften des KWG sind in erster Linie auf Geschäftsbanken zugeschnitten, die das Einlagengeschäft und das Kreditgeschäft betreiben. Für Kapitalanlagegesellschaften enthält das KAGG die wichtigsten materiellen Aufsichtsvorschriften. Dagegen sind die formellen Bestimmungen des KWG auf die KAG fast uneingeschränkt anwendbar. Sie werden teilweise durch Vorschriften des KAGG ergänzt.[30] Das KAGG ist im Verhältnis zum KWG lex specialis.

Aus dem KWG sind von Bedeutung die Regelungen über die Aufsicht, die durch das 7
BAK wahrgenommen wird (§ 6 KWG) und bei der BAK und BBk. zusammenarbeiten (§ 7 KWG). Nur bedingt anwendbar sind die Vorschriften über Eigenkapital und Liquidität (§§ 10 bis 12 a KWG). Der aufgrund von § 10 Abs. 1 Satz 2 KWG erlassene Eigenkapitalgrundsatz (Grundsatz I) gilt nicht für KAG.[31] Das dem § 10 Abs. 1 KWG zugrunde liegende Prinzip, daß Kreditinstitute ein angemessenes haftendes Eigenkapital haben müssen, gilt jedoch auch für KAG (dazu unten Rdnr. 98). Ebenso finden Anwendung die Vorschriften des § 10 Abs. 2 bis 3 KWG über die Berechnung des haftenden Eigenkapitals. In den Zuordnungsvorschriften des § 10 Abs. 4 a KWG werden stille Reserven bei inländischen Invesmentanteilen und Investmentanteilen i. S. der OGAW-Richtlinie mit 35% des Unterschiedsbetrages zwischen dem Buchwert und dem Rücknahmepreis berücksichtigt. Von dem Konsolidierungskreis des § 10 a KWG sind KAG, da sie kein Kreditrisiko zu tragen haben, ausdrücklich ausgenommen (§ 10 a Abs. 4 Satz 4 KWG). Auf KAG ist ferner anzuwenden das in § 11 KWG angesprochene allgemeine Prinzip der Liquidität, so daß sie ihre Mittel so anlegen müssen, daß jederzeit eine ausreichende Zahlungsbereitschaft gewährleistet ist.[32] Dagegen sind die aufgrund des § 11 KWG erlassenen Liquiditätsgrundsätze (Grundsätze II und III) auf KAG nicht anzuwenden.[33]

§ 12 KWG ist anwendbar, wonach bestimmte Anlagen der KAG (u. a. in Grund- 8
stücken, Gebäuden, Betriebs- und Geschäftsausstattung, Anteilen an Kreditinstituten und an sonstigen Unternehmen sowie in Forderungen aus Vermögenseinlagen als stiller Gesellschafter), nach den Buchwerten berechnet, zusammen das haftende Eigenkapital (insbes. Grund- oder Stammkapital zuzüglich Rücklagen) nicht übersteigen dürfen. Zu beachten ist, daß nach § 2 Abs. 2 Buchst. c KAGG außer dem Investmentgeschäft nur Geschäfte zur Anlage des eigenen Vermögens und die mit dem Investmentgeschäft unmittelbar verbundenen Nebentätigkeiten betrieben werden dürfen.

Die Vorschriften für das Kreditgeschäft (§§ 13 bis 20 KWG) kommen bei KAG nur 9
eingeschränkt zum Tragen, da ihnen das eigentliche Kreditgeschäft nicht gestattet ist. Die Vorschriften über die Großkredite, Millionenkredite und Organkredite sind auch von KAG zu beachten. Näheres über die Bemessung der Kredit- und Anrechnungsbeträge nach §§ 13 bis 14 KWG regelt die Kreditbestimmungsverordnung vom 1. 2. 1996.[34] Die KAG haben jährlich eine Sammelaufstellung der **Großkredite** nach § 13 KWG dem BAK einzureichen, ggf. auch eine Anzeige nach § 13 Abs. 1 KWG zu machen, wenn sie im

---

[28] BGBl. I 3210.

[29] § 5 Abs. 1 KWG i. d. F. des Berlin/Bonn-Gesetzes v. 26. 4. 94 (BGBl. I 918).

[30] Investment-Handbuch/*Beckmann* 425, § 2 Rdnr. 2, 3.

[31] Absatz 5 der Präambel zur Bekanntmachung Nr. 1/69 des BAK betreffend die Grundsätze über das Eigenkapital und die Liquidität der Kreditinstitute v. 20. 1. 1969, BAnz. Nr. 17 v. 25. 1. 1969, zuletzt geändert durch Bekanntmachung v. 8. 2. 1996, BAnz. Nr. 37.

[32] Vgl. Investment-Handbuch/Beckmann 425 § 2 Rdnr. 7.

[33] Absatz 5 der Präambel a. a. O. (Fn. 31).

[34] BGBl. 1996 I 146.

Rahmen ihrer Vermögensanlage einen Großkredit i. S. des § 13 Abs. 1 KWG gewähren. Dabei handelt es sich um einen Kredit, der insgesamt 10% des haftenden Eigenkapitals des Kreditinstituts beträgt oder übersteigt. Zu den Großkrediten zählen seit 1. 1. 1996 auch (kurzfristige) Einlagen bei anderen Kreditinstituten (§ 19 Abs. 1 Satz 2 Nr. 4 KWG). Wenn eine KAG u. a. ihren eigenen Geschäftsleitern, Aufsichtsratsmitgliedern, leitenden Mitarbeitern (Prokuristen und zum gesamten Geschäftsbetrieb ermächtigte Handlungsbevollmächtigte), ferner Gesellschaftern mit einer Beteiligung von mehr als 10% Kredite gewährt, ist § 15 KWG zu beachten, der solche Kredite i. d. R. von einem einstimmigen Geschäftsleiterbeschluß und der ausdrücklichen Zustimmung des Aufsichtsrates abhängig macht (sog. **Organkredite**). Organkredite, die 5% des haftenden Eigenkapitals und 250 000 DM übersteigen, sind dem BAK und der BBk. unverzüglich anzuzeigen (§ 16 KWG). Lt. Erlaß des BAK zum 1. AnzVÄndV ist keine Großkreditanzeige bei Dreimonatseinlagen erforderlich, wenn diese als Millionenkredite gemeldet werden. Bei Anzeigen über Großkredite, Millionenkredite, ebenso Organkredite sind ergänzend zu berücksichtigen die Verordnung über die Bemessung der Kredit- und Anrechnungsbeträge nach den §§ 13 bis 14 des Gesetzes über das Kreditwesen (Kreditbestimmungsverordnung – KredBestV) vom 1. 2. 1996,[35] die Anzeigenverordnung vom 6. 7. 1993[36] i.d.F. der Ersten Verordnung zur Änderung der Anzeigenverordnung vom 19. 3. 1996[37]und die Befreiungsverordnung vom 20. 8. 1985.[38] Anwendbar ist ebenfalls § 23 KWG, nach dem das BAK, um Mißständen bei der Werbung der Kreditinstitute zu begegnen, bestimmte Arten der Werbung untersagen kann.[39] Keine Anwendung findet § 23 c KWG, der nur Kreditinstitute betrifft, die das Einlagengeschäft betreiben.

10 Anwendbar sind einzelne Vorschriften aus dem Abschnitt der besonderen Pflichten der Kreditinstitute und ihrer Geschäftsleiter, der Finanzholding-Gesellschaften und der gemischten Unternehmen (§§ 24 bis 25 KWG). Dies gilt zunächst für die Anzeigepflichten nach § 24 KWG, nach dem u. a. anzuzeigen sind: Die Bestellung eines Geschäftsleiters oder dessen Ausscheiden, die Übernahme und die Aufgabe einer Beteiligung an einem anderen Unternehmen, die Änderung der Rechtsform, der Firma, des Gesellschaftsvertrages oder der Satzung, ein Verlust in Höhe von 25% des haftenden Eigenkapitals, Kapitalveränderungen, die Verlegung der Niederlassung oder des Sitzes, die Errichtung, die Verlegung oder die Schließung einer Zweigstelle, die Einstellung des Geschäftsbetriebes, die Aufnahme und Einstellung des Betreibens von Geschäften, die nicht Bankgeschäfte sind, der Erwerb oder die Aufgabe einer bedeutenden Beteiligung an dem anzeigenden Kreditinstitut, die Änderung der Höhe bestimmter Beteiligungsquoten sowie jährlich der Namen und die Anschrift des Inhabers einer bedeutenden Beteiligung. Für Geschäftsleiter bestehen Anzeigepflichten bei Aufnahme und Beendigung einer Tätigkeit als Geschäftsleiter oder als Aufsichtsrats- oder Verwaltungsmitglied eines anderen Kreditinstitutes oder eines anderen Unternehmens und bei Übernahme und Aufgabe einer Beteiligung an einem Unternehmen sowie Veränderungen in der Höhe der Beteiligung (§ 24 Abs. 3 KWG). Bei den Anzeigen sind die Anzeigenverordnung des BAK vom 6. 7. 1993 i.d.F. der Änderungsverordnung vom 19. 3. 1996 (vgl. Rdnr. 9) zu beachten. Eine Erweiterung der anzeigenpflichtigen Sachverhalte hat das BAK für KAG mit seiner Allgemeinverfügung vom 18. 7. 1990[40] vorgenommen.

---

[35] BGBl. I 146.

[36] BGBl. I 1141.

[37] BGBl. I 514.

[38] BGB. I 1713.

[39] Vgl. Schreiben des BAK vom 20. 3. 1985, abgedruckt in: Investment-Handbuch 438 Nr. 38; Schreiben des BAK vom 18. 6. 1980, abgedruckt in: Investment-Handbuch 438 Nr. 20 a betr. Werbung mit Zahlenangaben für die Rendite; Schreiben des BAK vom 28. 3. 1990 an den BVI zur Ausgestaltung des Verkaufsprospekts.

[40] Abgedruckt in: Investment-Handbuch 438 Nr. 54 und *Baur,* Investmentgesetze, 2. Aufl., Anhang § 2, Nr. 2.

11 Von Pflicht zur Einreichung von Monatsausweisen (§ 25 KWG) sind die KAG durch § 11 Abs. 1 Nr. 1der Befreiungsverordnung des BAK vom 20. 8. 1985[41] freigestellt. An die BBk. sind jedoch monatlich Meldungen für die Wertpapierstatistik zu erstatten (s. Rdnr. 112).

12 Die besonderen Vorschriften über die **Rechnungslegung,** Prüfer und Prüferbestellung (§§ 26 bis 30 KWG) sind im wesentlichen anzuwenden. Zu berücksichtigen ist, daß die auf dem Jahresabschluß bezogenen Vorschriften durch das Bankbilanzrichtlinie-Gesetz vom 30. 11. 1990[42] in die allgemeinen Gesetze – HGB und AktG – aufgenommen und demgemäß im KWG (§§ 25 a, 25 b) gestrichen wurden. Nach § 26 hat die KAG den Jahresabschluß in den ersten drei Monaten des Geschäftsjahres für das vergangene Geschäftsjahr aufzustellen und den aufgestellten sowie später den festgestellten Jahresabschluß (Feststellung unverzüglich nach der Prüfung, § 340 k Abs. 1 Satz 3 HGB) und den Lagebericht dem BAK und der BBk. jeweils unverzüglich einzureichen. Der Jahresabschluß muß mit dem Bestätigungsvermerk des Abschlußprüfers versehen sein. Der Abschlußprüfer hat den Bericht über die Prüfung des Jahresabschlusses (Prüfungsbericht) unverzüglich nach Beendigung der Prüfung dem BAK und der BBk. einzureichen. Die KAG unterliegt der Jahresabschlußprüfung nach den Vorschriften des § 340 k HGB i. V. m. §§ 316 bis 324 HGB. Der Prüfer hat festzustellen, ob ein KAG die Anzeigepflichten nach dem KWG und die Verpflichtungen nach § 14 GwG erfüllt hat (§ 29 Abs. 1 KWG). Die Prüfungsanforderungen sind Gegenstand der Verordnung über den Inhalt der Prüfungsberichte zu den Jahresabschlüssen und Zwischenberichten der Kreditinstitute vom 21. 7. 1994.[43] Nach § 24 a Abs. 4 KAGG erstreckt sich die Prüfung auch auf die verwalteten Sondervermögen. (dazu Rdn. 124). Bei Spezialfonds ist zusätzlich zu prüfen, ob die Vertragsbedingungen mit dem KAGG übereinstimmen (§ 24 Abs. 6 Satz 3 KAGG i. d. F. des 1. FMFG). Die Depotprüfung (§ 30 KWG) findet hinsichtlich des verwalteten Sondervermögens bei der Depotbank statt. Soweit KAG das Depotgeschäft als Nebengeschäft betreiben – dies ist der Fall bei der Führung von Investmentkonten (dazu Rdnr. 140) –, unterliegen sie der jährlichen Depotprüfung. Nach Nr. 2 der Richtlinien für die Depotprüfung v. 16. 12. 1970[44] müssen alle KAG, wenn sie nicht das Depotgeschäft betreiben, am 1. 4. eines jeden Jahres gegenüber dem BAK und unter Übersendung einer Durchschrift an die zuständige LZB eine Negativerklärung abgeben.

13 Die in §§ 32 bis 38 KWG enthaltenen Vorschriften über die Zulassung zum Geschäftsbetrieb gelten in vollem Umfange auch für die KAG. Die Vorschrift über die **Erlaubniserteilung** in § 32 KWG wird ergänzt durch § 2 Abs. 2 KAGG. Die Erlaubnis zum Betreiben des Investmentgeschäftes wird durch das BAK schriftlich erteilt. Zu den Erlaubnisvoraussetzungen gehört ein ausreichend haftendes Eigenkapital (§ 33 Abs. 1 Nr. 1 KWG und § 2 Abs. 2 Buchstabe a KAGG). Die Geschäftsleiter (§ 1 Abs. 2 Satz 1 KWG) müssen zuverlässig sein und die zur Leitung einer KAG erforderliche fachliche Eignung besitzen. Außerdem muß die KAG mindestens zwei Geschäftsleiter haben. Dem Antrag auf Erlaubnis muß ein Geschäftsplan beigefügt sein, aus dem die Art der geplanten Geschäfte, der organisatorische Aufbau und die geplanten internen Kontrollverfahren der KAG hervorgehen (§ 32 Abs. 1 Nr. 5 KWG i. V. m. § 13 Abs. 7 AnzV).

14 § 33 Abs. 1 KWG begründet für die KAG einen Rechtsanspruch auf Erlaubniserteilung, wenn keiner der in dieser Vorschrift aufgeführten Versagungsgründe vorliegt und die in § 2 Abs. 2 KAGG enthaltenen speziellen Voraussetzungen erfüllt sind. Das BAK ist nicht befugt, die Erlaubnis aus anderen Gründen zu versagen. Sofern sich die Beanstandungen (z. B. Verstöße gegen gesetzliche Vorschriften, gravierende organisatorische Mängel usw.) nicht unter einen der gesetzlichen Versagungsgründe subsumieren lassen, kann den Män-

[41] Fn. 38.
[42] BGBl I 2570; Darstellung bei *Rixen,* WM 1991, 841.
[43] BGBl. I 1803.
[44] BAnz. Nr. 239 v. 23. 12. 1970; abgedruckt bei *Reischauer/Kleinhaus,* KWG, 490 u. *Consbruch/Möller/Bähre/Schneider,* Kreditwesengesetz, 20.

geln nur mit späteren Aufsichtsmitteln begegnet werden.[45] Anwendbar ist § 35 Abs. 2 KWG, der es dem BAK ermöglicht, ohne das VwVfG zu bemühen, unter bestimmten Voraussetzungen die Erlaubnis zum Betreiben des Investmentgeschäftes aufzuheben. I. d. R. kann es ausreichen, die Abberufung von Geschäftsleitern zu verlangen oder ihnen die Ausübung ihrer Tätigkeit zu untersagen (§ 36 KWG).

15 An die Stelle der Vorschriften des KWG über den **Bezeichnungsschutz** (§§ 39 bis 43) tritt bei der KAG die Spezialvorschrift des § 7 KAGG. Hiernach sind besonders geschützt die Bezeichnungen „Kapitalanlagegesellschaft“ und „Investmentgesellschaft“ oder eine Bezeichnung, in der das Wort „Kapitalanlage“ oder „Investment“ oder „Investor“ oder „Invest“ allein oder in Zusammensetzungen mit anderen Worten vorkommt. Durch § 7 Abs. 4 KAGG i. d. F. des 1. FMFG sind die §§ 42 und 43 KWG ausdrücklich für entsprechend anwendbar erklärt. Hiernach entscheidet das BAK in Zweifelsfällen über die Befugnis, geschützte Bezeichnungen zu führen. Die Registergerichte werden angewiesen, Eintragungen in die Register nur vorzunehmen, wenn vom Antragsteller die Erlaubnis des BAK nachgewiesen ist (s. Rdnr. 113).

16 Das in § 44 KWG enthaltene Recht zur **Auskunftsanforderung** sowie zur **Einsichtnahme** in die Bücher und Schriften durch das BAK gilt auch für die KAG. Sonderprüfungen sind bei KAG nicht ungewöhnlich. Sie dienen i. d. R. dazu, festzustellen, ob die Organisation und Durchführung der Investmentgeschäfte ordnungsgemäß sind. Das BAK kann zu Hauptversammlungen oder Gesellschafterversammlungen oder zu den Sitzungen der Aufsichtsorgane Vertreter entsenden. Auch kann das BAK Auskünfte von anderen Unternehmen verlangen, bei denen der begründete Verdacht besteht, daß sie die Geschäfte einer KAG unzulässigerweise betreiben (§ 44 Abs. 2 KWG). Bei einer Beteiligung eines Unternehmens mit Sitz in einem anderen Staat an einer KAG von mindestens 20% bestehen zu Aufsichtszwecken bei der Übermittlung von Daten Einschränkungen für das BDSG (§ 44 a KWG). Die Eingriffsrechte des BAK in besonderen Fällen (§§ 45 bis 48 KWG Maßnahmen bei unzureichendem Eigenkapital oder unzureichender Liquidität, Maßnahmen bei Gefahr, Maßnahmen bei Konkursgefahr [ab 1. 1. 1999: Insolvenzgefahr], Bestellung vertretungsbefugter Personen, Konkursantrag [Insolvenzantrag]) finden ebenfalls Anwendung bei der KAG. Schließlich gelten auch die besonderen Vorschriften über die sofortige Vollziehbarkeit von Maßnahmen des BAK, über Zwangsmittel, Kosten und Gebühren (§§ 49 bis 51 KWG), ferner die Straf- und Bußgeldvorschriften (§§ 54 bis 60 KWG). Keine Anwendung finden die Regelungen über inländische Zweigstellen eines ausländischen Unternehmens (§§ 53, 53 b, 53 c KWG), da KAG im Inland nicht als Zweigstelle begründet werden können und das Investmentgeschäft nicht in dem Katalog der Dienstleistungen in § 53 b Abs. 1 KWG genannt ist. Für ausländische Unternehmen, die das Investmentgeschäft betreiben gilt – jedoch ausschließlich für den Vertrieb im Inland – die Sondervorschrift des AuslInvestmG.

17 **3. Sonstige Gesetze.** Neben dem KAGG und dem KWG gibt es eine Reihe gesetzlicher Vorschriften, die bei der Organisation und Durchführung des Investmentgeschäftes zu beachten sind. Es handelt sich zunächst um den Bereich des Wirtschaftsrechts mit u. a. aufsichtsrechtlichen Bestimmungen, darunter auch für Versicherungsunternehmen, denen der Erwerb von Investmentanteilen unter bestimmten Voraussetzungen gestattet ist (dazu Rdnr. 233):

- Verordnung über die Rechnungslegung der Kreditinstitute **(RechKredV)** vom 10. 2. 1992[46]
- Gesetz über die Deutsche Bundesbank **(BBkG)** i. d. F. der Bekanntmachung vom 22. 10. 1992,[47] zuletzt geändert durch Art. 80 EGInsO vom 5. 10. 1994[48]

---

[45] OVG Berlin, Urteil v. 8. 8. 1975, abgedruckt in: *Beckmann/Bauer,* Bankaufsichtsrecht, Nr. 2 zu § 33 Abs. 1; s. a. Investment-Handbuch/*Beckmann* 425 § 2 Rdnr. 17.

[46] BGBl. I 203.

[47] BGBl. I 1782.

[48] BGBl. I 2911, 2943.

– Außenwirtschaftsgesetz **(AWG)** v. 28. 4. 1961;[49] zuletzt geändert durch das Verbrechensbekämpfungsgesetz vom 28. 10. 1994[50]
– Verordnung zur Durchführung des Außenwirtschaftsgesetzes (Außenwirtschaftsverordnung – **AWV**) i. d. F. der Bekanntmachung vom 22. 11. 1993,[51] geändert durch die 37. Verordnung zur Änderung der Außenwirtschaftsverordnung v. 1. 12. 1995[52]
– Gesetz über das Aufspüren von Gewinnen aus schweren Straftaten (Geldwäschegesetz – **GWG**) v. 25. 10. 1993.52a[52a]
– Sozialgesetzbuch **(SGB),** 4. Sozialgesetzbuch **(SGB IV)** – Gemeinsame Vorschriften für die Sozialversicherung – v. 23. 12. 1976,[53] zuletzt geändert durch Art. 2 des Gesetzes vom 10. 5. 1995[54]
– Gesetz über die Beaufsichtigung der Versicherungsunternehmen (Versicherungsaufsichtsgesetz – **VAG**) i. d. F. der Bekanntmachung vom 17. 12. 1992,[55] zuletzt geändert durch Art. 87 EGInsO vom 5. 10. 1994[56]

Zu beachten sind im Rahmen des Investment-Vertriebs gewerberechtliche Vorschriften und das allgemeine Wettbewerbsrecht (s. a. § 19 Rdnr. 11): **18**
– Gewerbeordnung **(GewO)** i. d. F. der Bekanntmachung vom 1. 1. 1987,[57] zuletzt geändert durch das Gesetz vom 23. 11. 1994[58] (§ 34 c Abs. 1 Nr. 1 Buchst. b GewO, Abschluß von Verträgen über den Erwerb von Anteilscheinen; § 56 Abs. 1 Nr. 1 Buchst. h GewO, Verbot u. a. des Anteilscheinverkaufs im Reisegewerbe)
– Verordnung über die Pflichten der Makler, Darlehns- und Anlagevermittler, Bauträger und Baubetreuer (Makler- und Bauträgerverordnung – **MaBV**) i. d. F. der Bekanntmachung vom 7. 11. 1990,[59] geändert durch die 2. Änderungsverordnung vom 6. 9. 1995[60]
– Gesetz gegen Wettbewerbsbeschränkungen **(GWB)** i. d. F. der Bekanntmachung vom 20. 2. 1990,[61] zuletzt geändert durch das UmwBerG vom 28. 10. 1994 (§§ 1, 102 GWB)[62]
– Gesetz gegen den unlauteren Wettbewerb **(UWG)** v. 7. 6. 1909,[63] zuletzt geändert durch Markenrechtsreformgesetz vom 25. 10. 1994[64]
– Gesetz über den Schutz von Marken und sonstigen Kennzeichen **(MarkenG)** vom 25. 10. 1994[65]

Bei der Organisation des Investmentgeschäftes und aufgrund von Verweisungen im KAGG sind zu beachten: **19**
– Gesetz zur Regelung des Rechts der Allgemeinen Geschäftsbedingungen **(AGB-Gesetz)** v. 9. 12. 1976,[66] zuletzt geändert durch das Postneuordnungsgesetz v. 14. 9. 1994[67]

---

[49] BGBl. I 481.
[50] BGBl. I 3186.
[51] BGBl. I 1934.
[52] BAnz. Nr. 230 vom 7. 12. 1995.
[52a] BGBl. I 1770
[53] BGBl. I 3845.
[54] BGBl. I 678, 680.
[55] BGBl. 1993 I 2.
[56] BGBl. I 2911, 2945.
[57] BGBl. I 425.
[58] BGBl. I 3475.
[59] BGBl. I 2479.
[60] BGBl. I 1134
[61] BGBl. I 235.
[62] BGBl. I 3210; s. auch *Berndt,* Strukturen und Funktionen eines Marktes, S. 1.
[63] RGBl. 499; zum UWG s. a. oben ausführlich § 4.
[64] BGBl. I 3082.
[65] BGBl. I 3082.
[66] BGBl. I 3317.
[67] BGBl. I 2325.

- Aktiengesetz **(AktG)** v. 6. 9. 1965,[68] zuletzt geändert durch UmwBerG vom 28. 10. 1994[69] (Verweisung auf das AktG in §§ 3, 8 Abs. 1, § 9 a Abs. 1, §§ 18, 25 Buchst. b Abs. 2 KAGG)
- Bürgerliches Gesetzbuch **(BGB)** v. 18. 8. 1896,[70] zuletzt geändert durch Jahressteuergesetz 1996 vom 11. 10. 1995[71] (Hinweis in § 24 Abs. 2 KAGG)
- Gesetz über die Verwahrung und Anschaffung von Wertpapieren (Depotgesetz – **DepotG**) i. d. F. der Bekanntmachung vom 11. 1. 1995[72] (Hinweis in den § 9 Abs. 5, § 12 Abs. 1, § 12 a Abs. 1 KAGG)
- Gesetz betreffend die Gesellschaften mit beschränkter Haftung **(GmbHG)** vom 20. 4. 1892,[73] zuletzt geändert durch UmwBerG vom 28. 10. 1994[74]
- Handelsgesetzbuch **(HGB)** v. 10. 5. 1897,[75] zuletzt geändert durch UmwBerG vom 28. 10. 1994[76] (Hinweis in den §§ 25 a, 25 b Abs. 1 b, § 25 c Abs. 1 Buchst. e, f KAGG)
- Insolvenzordnung (**InsO**) vom 5. 10. 1994[77] (Hinweis in § 13 Abs. 3 KAGG n. F); tritt am 1. 1. 1999 im Kraft
- Konkursordnung **(KO)** v. 10. 2. 1877,[78] zuletzt geändert durch Art. 5 des Gesetzes vom 25. 7. 1994,[79] aufgehoben zum 1. 1. 1999 durch Art. 2 Nr. 4 des Einführungsgesetzes zur Insolvenzordnung (EGInsO) vom 5. 10. 1994[80] (Hinweis in § 13 Abs. 3 KAGG)
- Wechselgesetz **(WG)** v. 21. 6. 1933,[81] zuletzt geändert durch Art. 52 EGInsO vom 5. 10. 1994[82] (Hinweis in § 18 Abs. 1 KAGG i. V. m. § 68 Abs. 1 AktG)
- Zivilprozeßordnung **(ZPO)** i. d. F. der Bekanntmachung vom 12. 9. 1950,[83] zuletzt geändert durch Gesetz vom 4. 11. 1994[84] (Hinweis in § 12 c Abs. 2 Satz 1 Nr. 2 KAGG)

20 Im Rahmen der Verwaltung der Sondervermögen sind für einzelne Geschäftsbereiche besonders zu beachten:

- bei der Anlage in Wertpapieren –
- Börsengesetz **(BörsG)** v. 22. 6. 1896 i. d. F. der Bekanntmachung vom 27. 5. 1908,[85] zuletzt geändert durch Art. 2 Zweites Finanzmarktförderungsgesetz vom 26. 7. 1994[86]
- Gesetz über den Wertpapierhandel (Wertpapierhandelsgesetz – **WpHG** vom 26. 7. 1994[87] zuletzt geändert durch Art. 22 JStErgG 1996[88] (§ 9 Meldepflichten bei Eigenschaften, § 21 Mitteilungspflicht durch § 10 Abs. 1 a KAGG auf 10% angehoben, § 14 Insidertatbestand, § 31 Wohlverhaltensregeln nicht unmittelbar, unten Rdnr. 112 a)
- Verordnung über die Meldepflichten beim Handel mit Wertpapieren und Derivaten (Wertpapierhandel – Meldeverordnung) vom 21. 12. 1995[89] (betr. nur das Eigenvermögen der KAG)

---

[68] BGBl. I 1089.
[69] BGBl. I 3210.
[70] RGBl. 195.
[71] BGBl. I 1250.
[72] BGBl. I 34.
[73] RGBl. I 477.
[74] BGBl. I 3210.
[75] RGBl. 219.
[76] BGBl. I 3210.
[77] BGBl. I 2866.
[78] RGBl. 351.
[79] BGBl. I 1744.
[80] BGBl. I 2911, 2913.
[81] RGBl. I 399.
[82] BGBl. I 2911, 2937.
[83] BGBl. I 533.
[84] BGBl. I 3346.
[85] RGBl. 215.
[86] BGBl. I 1749, 1760.
[87] BGBl. I 1749.
[88] BGBl. I 1959, 1966.
[89] BGBl. I 2094.

– Hypothekenbankgesetz **(HypBG)** i. d. F. der Bekanntmachung vom 19. 12. 1990,[90] zuletzt geändert durch Art. 85 EGInsO vom 5. 10. 1994[91]
– Gesetz über die Pfandbriefe und verwandten Schuldverschreibungen öffentlich-rechtlicher Kreditanstalten **(ÖPG)** i. d. F. der Bekanntmachung vom 8. 5. 1963,[92] zuletzt geändert durch Art. 54 EGInsO vom 5. 10. 1994[93]

21 – bei Grundstücksanlagen –
– Baugesetzbuch **(BauGB)** i. d. F. der Bekanntmachung vom 8. 12. 1986,[94] zuletzt geändert durch Gesetz vom 23. 11. 1994[95]
– Verordnung über das Erbbaurecht **(ErbbauVO)** vom 15. 1. 1919,[96] zuletzt geändert durch Art. 37 EG InsO vom 5. 10. 1994[97]
– Verordnung über Grundsätze für die Ermittlung des Verkehrswertes vom Grundstücken (Wertermittlungsverordnung – **WertV**) v. 6. 12. 1988[98]
– Richtlinien für die Ermittlung der Verkehrswerte von Grundstücken (Wertermittlungs-Richtlinien 1991 – **WertR 91**), Teil I vom 11. 6. 1991 und Teil II i. d. F. vom 31. 5. 1976[99]
– Gesetz über das Wohnungseigentum und das Dauerwohnrecht (Wohnungseigentumsgesetz– **WEG**) vom 15. 3. 1951,[100] zuletzt geändert durch Art. 35 EGInsO vom 5. 10. 1994[101]

22 Folgende Steuergesetze und Gesetze zur Vermögensbildung sind im Rahmen des Investmentgeschäftes besonders zu berücksichtigen:
– Gesetz über die Besteuerung bei Auslandsbeziehungen (Außensteuergesetz **[AStG]**) vom 8. 9. 1972,[102] zuletzt geändert durch Gesetz vom 28. 10. 1994[103] (Hinzurechnungsbesteuerung nach §§ 7 bis 14 AStG)
– Bewertungsgesetz **(BewG)** i. d. F. der Bekanntmachung vom 1. 2. 1991,[104] zuletzt geändert durch das Jahressteuergesetz 1996 vom 11. 10. 1995[105] (§ 11 Abs. 4 BewG, Bewertung des Anteilscheins mit dem Rücknahmepreis)
– Einkommensteuergesetz 1990 (**EStG 1990**) i. d. F. der Bekanntmachung vom 7. 9. 1990,[106] zuletzt geändert durch JStErgG 1996 vom 18. 12. 1995[107] (nach § 19 a Abs. 3 Nr. 4 bis 6 EStG Befreiung der unentgeltlichen oder verbilligten Überlassung von Vermögensbeteiligungen in der Form von Anteilscheinen an Arbeitnehmer in bestimmtem Umfang von der Einkommensteuer – mehrfache Hinweise in den §§ 37a ff. KAGG)
– Lohnsteuer-Durchführungsverordnung **(LStDV 1990)** i. d. F. der Bekanntmachung vom 10. 10. 1989[108] zuletzt geändert durch das Jahressteuergesetz 1996 vom 11. 10. 1995[109]

---

[90] BGBl. I 2898.
[91] BGBl. I 2911, 2944.
[92] BGBl. I 312.
[93] BGBl. I 2911, 2938.
[94] BGBl. I 2253.
[95] BGBl. I 3486.
[96] BGBl. I 72, ber. 122.
[97] BGBl. I 2911, 2926.
[98] BGBl. I 2209.
[99] Teil I und Teil II nachrichtlich veröffentlicht im BAnz Nr. 86 a vom 8. 5. 1992 S. 17 i. V. m. der Bekanntmachung des ergänzenden Hinw. zu den WertR 91 für das Gebiet der neuen Länder vom 17. 3. 1992, aaO, S. 3.
[100] BGBl. I 175.
[101] BGBl. I 2911, 2926.
[102] BGBl. I 1713.
[103] BGBl. I 3267, 3277.
[104] BGBl. 230.
[105] BGBl. 1250, 1400.
[106] BGBl. 1898, 1991 I 808.
[107] BGBl. 1959.
[108] BGBl. I 1848.
[109] BGBl. I 1250, 1387.

(§§ 5 ff. zu Festlegung von Vermögensbeteiligungen u. a. i. S. des § 19 a Abs. 3 Nr. 4 bis 6 EStG, Aufzeichnungs- und Anzeigepflichten, schädliche Verfügungen)

- Körperschaftsteuergesetz 1996 **(KStG 1996)** i. d. F. v. 22. 2. 1996[110] (mehrfach Hinweise in den §§ 37 a ff. KAGG)
- Umsatzsteuergesetz 1993 **(UStG 1993)** vom 27. 4. 1993,[111] zuletzt geändert durch Art. 12 JStErgG 1996 vom 18. 12. 1995[112] (nach § 4 Nr. 8 Buchst. h UStG Befreiung von der Umsatzsteuer, soweit es sich um die Verwaltung von Sondervermögen nach dem KAGG handelt)
- Fünftes Gesetz zur Förderung der Vermögensbildung der Arbeitnehmer (Fünftes Vermögensbildungsgesetz – **5. VermGB**) i. d. F. der Bekanntmachung vom 4. 3. 1994,[113] geändert durch das Gesetz vom 21. 7. 1994[114] (nach § 2 Abs. 1 Nr. 2 Buchst. c bis e 5. VermBG Gewährung einer Sparzulage für Arbeitnehmer bei Erwerb bestimmter Investmentanteilscheine)
- Vermögensteuergesetz **(VStG)** i. d. F. der Bekanntmachung vom 14. 11. 1990,[115] zuletzt geändert durch Art. 13 JStErgG 1996 vom 18. 12. 1995[116] (Hinweis in § 38 Abs. 1 KAGG)

23 Aus dem Recht der Europäischen Gemeinschaften sind im Hinblick auf eine Harmonisierung und Liberalisierung des europäischen Investmentrechts von besonderer Bedeutung (s. auch § 19 Rdnr. 118 ff.):

- Richtlinie des Rates zur Koordinierung der Rechts- und Verwaltungsvorschriften betreffend bestimmte Organismen für gemeinsame Anlagen in Wertpapieren **(OGAW)** – **OGAW-Richtlinie/Investment-Richtlinie** – v. 20. 12. 1985 (85/611/EWG)[117]
- Empfehlung des Rates zu Artikel 25 Abs. 1 zweiter Unterabsatz der Richtlinie 85/611/EWG v. 20. 12. 1985 (85/612/EWG)[118]
- Richtlinie des Rates v. 22. 3. 1988 zur Änderung der Richtlinie 85/611/EWG zur Koordinierung der Rechts- und Verwaltungsvorschriften betreffend bestimmte Organismen für gemeinsame Anlagen in Wertpapieren (OGAW) in bezug auf die Anlagepolitik bestimmter OGAW v. 19. 4. 1988 (88/220/EWG)[119]
- Richtlinien 95/26/EG des Europäischen Parlamentes und des Rates v. 29. 6. 1995 **(BCC-Richtlinie)** zur Änderung u. a. der Richtlinie 85/611/EWG (Änderung von Art. 50 und Einfügung von Art. 50 a)[120]
- 3. Änderungs-Richtlinie des Rates v. 24. 6. 1988 zur Durchführung von Art. 67 des Vertrages – **Liberalisierung des Kapitalverkehrs** – (88/361/EWG)[121]
- Richtlinie des Rates zur Koordinierung der Bedingungen für die Erstellung, Kontrolle und Verbreitung des Prospekts, der im Falle öffentlicher Angebote von Wertpapieren zu veröffentlichen ist – **Verkaufsprospekt-Richtlinie** vom 17. 4. 1989 (89/298/EWG)[122] – betr. nicht die OGAW sondern nur geschlossene Fonds.

---

[110] BGB. I 340.

[111] BGBl. I 565, ber. BGBl. I 1160.

[112] BGBl. I 1959, 1964.

[113] BGBl. I 406.

[114] BGBl. I 1630, 1665.

[115] BGBl. I 2467.

[116] BGBl. I 1959, 1964.

[117] ABl. 1985 L 375, 3; Investment-Handbuch 820; CMBS 22.03 *Baur*, Investmentgesetz, 2. Aufl., Anhang Nr. 15.

[118] ABl. 1985 L 375, 19; Investment-Handbuch 821; CMBS 22.04 *Baur*, Investmentgesetz, 2. Aufl., Anhang Nr. 15.

[119] ABl. 1988 L 100, 31.

[120] ABl. 1995 L 168, 7.

[121] ABl. 1988 L 178, 5.

[122] ABl. 1989 L 124, 8; Investment-Handbuch 830.

4. Geplante Gesetzesänderungen und Änderungsvorschläge. Soweit die Wertpapierdienstleistungs-Richtlinie (93/22/EWG),[123] von der die KAG als Emittenten von Wertpapieren nicht betroffen sind,[124] noch nicht vollständig durch das Zweite Finanzmarktförderungsgesetz in das deutsche Recht umgesetzt wurde,[125] ist dies im Rahmen eines Dritten Finanzmarktförderungsgesetzes (3. FMFG) vorgesehen. Zu diesem 3. FMFG, das Mitte 1997 in Kraft treten soll, hat die deutsche Investmentbranche eine Reihe von Petita in der Form von Änderungsvorschlägen zum KAGG vorgetragen, die die Wettbewerbsfähigkeit des deutschen Investmentplatzes verbessern sollen. 24

Die Vorschläge betreffen i. e. als ausdrücklich zuzulassende Nebentätigkeiten der KAG 25
die Verwahrung von Anteilscheinen auch von „verbundenen" Unternehmen und nicht nur von 100%igen Tochterunternehmen, ferner die Verwaltung fremder Vermögen sowohl in Form fondsgebundener Vermögensverwaltung als auch in der Form freier Vermögensverwaltung (z. B. der Wertpapiere von Pensionsfonds). Sie betreffen weiter die Zulassung von Wertpapier-Pensionsgeschäften für Geldmarktfonds, Wertpapierfonds und offene Immobilienfonds, die Zulassung von OTC-Optionen für Investmentfonds, die Erweiterung erwerbbarer Geldmarkttitel um Anteile an Geldmarktfonds, die Zulassung einer Überschreitung der Liquiditätsgrenze von 49% bei Wertpapierfonds und offenen Immobilienfonds in den Fällen umstandsbedingter zusätzlich gehaltener Liquidität, die Absicherung von Währungsrisiken nicht nur über direkte Devisentermingeschäfte sondern auch mittelbar über eine andere Währung, die Streichung der 10%-Grenze pro Darlehensnehmer bei institutionalisierten Leihsystemen, die Zulassung der Auflegung von Laufzeitfonds auf Aktien. Künftig sollte es möglich sein, bei der Bewertung in Sondersituationen statt auf den „Kurswert" auf den „Marktwert" abzustellen. Immobilienfonds sollte auch gestattet werden, unbebaute Grundstücke zu vermieten oder zu verpachten, ferner Grundstücke mit einem Erbbaurecht zu belasten, der Erwerb von Beteiligungen an Grundstücks-Gesellschaften/-gemeinschaften für Grundstücks-Sondervermögen sollte zugelassen werden, die Zulassung von Sonderabschreibungen für Immobilieninvestitionen z. B. nach dem Fördergebietsgesetz, die Zulassung von Zuführungsfonds (Feeder-Fonds), eine Überarbeitung der Anlagegrenzen für den Einsatz derivativer Instrumente, die Zulassung von nicht-notierten (OTC-)Optionen sowie die pauschale Zulassung des Einsatzes derivativer Instrumente zu Absicherungszwecken. Statt einer detaillierten Beschreibung der Techniken und Instrumente im KAGG sollten diese in den Vertragsbedingungen aufgezählt und in dem Verkaufsprospekt näher beschrieben werden. Zur Förderung privater Vorsorgemaßnahmen sollten spezielle Pensions-Sondervermögen aufgelegt werden können, für die ein umfassender Anlagekatalog gilt. Seitens der Bundesregierung bestehen zusätzlich Überlegungen im Rahmen des KAGG Dachfonds als Instrument einer standardisierten Vermögensverwaltung für den privaten Anleger zuzulassen sowie, was wegen des Gütesiegels „Investment" problematisch erscheint, auch Investmentgesellschaften als Aktiengesellschaften.[125a]

III. Investmentfonds (Sondervermögen) nach dem KAGG

1. Wertpapierfonds (Wertpapier-Sondervermögen). Es gelten die besonderen Vorschriften im 3. Abschnitt des KAGG (§§ 8 bis 25) sowie die besonderen steuerrechtlichen Vorschriften im 6. Abschnitt, 2. Titel des KAGG (§§ 38 bis 43) (s. Rdnr. 189 ff.). Das KAGG verwendet nur den Begriff des Werpapier-Sondervermögens und differenziert nicht zusätzlich nach Anlageschwerpunkten. In den Vertragsbedingungen eines Wertpa- 26

---

[123] ABl. 1993 L 141, 27 vom 11. 6. 1993; s. auch unten § 19 Rdnr. 122 b.

[124] Mittelbare Auswirkungen u. a. durch die Aufnahme der Anteile an Organismen für gemeinsame Anlage in den Katalog der Instrumente auf die sich die Dienstleistungen beziehen, ferner durch die in Art. 10, 11 vorgeschriebene Wohlverhaltensregeln.

[125] Vgl. auch *Carl/Förster,* Recht der Investmentfonds, 2. Aufl., 1994, S. 47.

[125a] BT-Drucks. 13/3601 S. 27 Punkt 21

pier-Sondervermögens ist gem. § 15 Abs. 3 Buchst. a KAGG anzugeben, nach welchen Grundsätzen die Auswahl der zu beschaffenden Wertpapiere erfolgt. Hierunter fällt auch die Benennung von Anlageschwerpunkten. Einen Hinweis auf Anlageschwerpunkte enthält häufig bereits die Bezeichnung des jeweiligen Wertpapierfonds. Das 1. FMFG und erweiternd das 2. FMFG gestatten der KAG zusätzlich Geschäfte auf dem Gebiet der Derivate und die Beteiligung an Wertpapier-Darlehen. Derartige Geschäfte müssen ausdrücklich in den Vertragsbedingungen vorgesehen sein (§ 9 a Abs. 1 Satz 1, § 15 Abs. 3 Buchst. j KAGG). Auch bedarf es einer Darstellung dieser Geschäftsmöglichkeiten und der damit verbundenen Risiken im Verkaufsprospekt.[126] I. e. gestattet das KAGG Wertpapier-, Devisen-, Devisenterminkontrakt-, Finanzterminkontrakt- und Wertpapierindex-Optionsgeschäfte ferner Devisentermingeschäfte und den Abschluß von Finanzterminkontrakten (Futures).[127]

27 *a) Aktienfonds.* [128] Für statistische Zwecke unterscheiden BBk. und BVI bei Wertpapier-Sondervermögen zwischen Aktien- und Rentenfonds. Aktienfonds sind Fonds mit ausschließlich oder überwiegend Aktien-Anteilen am Grundkapital von Aktiengesellschaften ferner mit Anlagen in Optionsscheinen, Optionen sowie Futures (Terminkontrakte) auf Aktien bzw. auf Aktienindizes. Die Vertragsbedingungen enthalten in diesen Fällen z. B. die Aussage, daß für den Fonds „grundsätzlich" Aktien erworben werden, oder es werden Grenzen für den Erwerb festverzinslicher Wertpapiere genannt (z. B. 20 oder 30%). Wegen der mit Wandelschuldverschreibungen oder Optionsanleihen verbundenen Möglichkeiten des Bezugs von Aktien werden in diese Grenzen in der Regel auf Grund ausdrücklicher Festlegung in den Vertragsbedingungen die Wandelschuldverschreibungen und Optionsanleihen nicht mit einbezogen. Einen Sonderfall bilden Aktienfonds, die sich zur Anlage im Rahmen der staatlichen Förderung der Vermögensbildung eignen. Bei ihnen darf der Aktienanteil 70% des Wertpapieranteils nicht unterschreiten (vgl. unten Rdnr. 220 f. und 225).

28 Bei Aktienfonds wird weiter differenziert, ob den Anlageschwerpunkt Aktien deutscher Unternehmen (Aktienfonds – Deutschland –) oder solcher mit Sitz im Ausland (Aktienfonds – international –) bilden. Im letzteren Fall werden – je nach Anlagestrategie – Aktien von Unternehmen aus mehreren Ländern, aus Ländergruppen (Europa, Pazifischer Raum) oder aus bestimmten Ländern, z. B. USA, Kanada, Japan, in unterschiedlicher Mischung erworben. Da Aktien ausländischer Unternehmen überwiegend nicht an einer deutschen Börse amtlich, im geregelten Markt oder im Freiverkehr notiert werden, müssen – soweit es sich nicht um EG/EWR-Staaten handelt – die jeweiligen ausländischen Börsen oder organisierten Märkte in den Vertragsbedingungen besonders genannt werde (§ 8 Abs. 1 Nr. 3 KAGG). Aktien, deren Zulassung an einer Börse oder Einbeziehung in einen organisierten Markt innerhalb eines Jahres bevorsteht, können unter den gleichen Voraussetzungen wie bereits notierte Aktien erworben werden (§ 8 Abs. 1 Nr. 2 und 4 KAGG). Die früher aus Gründen des Anlegerschutzes bestehende Regelung, nach der das BAK die Anlage auf Wertpapiere beschränken kann, die an bestimmten, von ihr bezeichneten Börsen zugelassen sind oder gehandelt werden (§ 15 Abs. 2 Satz 2 KAGG a. F.), ist durch das 1. FMFG entfallen. Es ist nunmehr bei der Genehmigung der Vertragsbedingungen durch das BAK nur noch zu prüfen, ob es sich um eine Börse oder um einen anderen organisierten Markt handelt, der anerkannt und für das Publikum offen ist und dessen Funktionsweise ordnungsgemäß ist (Definition des organisierten Marktes in § 8 Abs. 1 Nr. 1 KAGG). Die Liste der Börsen und organisierten Märkte außerhalb der EG/EWR-Staaten wird vom BVI und BAK erstellt. Sie findet sich i. d. R. in einem Anhang der Vertragsbedingungen der international anlegenden Investmentfonds. Die durch das 1. FMFG zum Einsatz bei Aktienfonds möglich gewordenen und durch das 2. FMFG erweiterten Sicherungsinstrumente (Optionen, Optionsgeschäfte, Devisentermingeschäfte, Finanzterminkontrakte) ha-

---

[126] Schreiben des BAK vom 30. 5. 1990, abgedruckt in: Investment-Handbuch 438 Nr. 52.

[127] S. auch unten Rdnr. 167 c ff.

[128] S. auch *Ochner,* in: Handwörterbuch des Bank- und Finanzwesens, 3. Auf., 1995, Sp. 36, Wort „Aktienfonds".

ben zum Angebot der **Aktienfonds mit Absicherung** geführt. Die Absicherung erlaubt eine systematische Begrenzung von Rückschlagsrisiken am Aktienmarkt. Zur Absicherung gegen rückläufige Aktienkurse stehen insbesondere zwei Instrumente zur Verfügung: Verkaufsoptionen auf die einzelnen in Anlagevermögen enthaltenen Aktien sowie Verkaufsoptionen auf Aktienindizes.[129] Der Preis der Absicherung nach unten ist eine gewisse Dämpfung der Kursbewegung nach oben.[130] Eine neuartige Form der Absicherung bilden Fonds, die allein den Absicherungsteil aufnehmen. Sie reagieren gegenläufig zu den Aktienkursen, da sie vor allem in Verkaufsoptionen mit fester Endfälligkeit investieren, wobei das übrige Fondsvermögen verzinslich angelegt wird. Diese Fonds können einem normalen Aktienfonds oder auch einem sonstigen Aktienportfolio als Absicherung zur Seite gestellt werden.[131] Als Sonderform der Aktienfonds sind die Index-Fonds zu nennen.[132] Es handelt sich um Fonds, deren Wertpapiervermögen sich aus einer Vielzahl von Aktien zusammensetzt, die – gesamtheitlich betrachtet – in Struktur und Gewichtung einem Aktienindex, z. B. dem DAX (Deutschland), CAC 40-Index (Frankreich), FT-SE 100 (London), Nikkei Stock Index 300 (Japan) oder Standard & Poor's 500 (USA) entsprechen.[133]

b) Rentenfonds. [134] Dies sind Investmentfonds mit Anlageschwerpunkt in festverzinslichen 29
Wertpapieren – Schuldverschreibungen mit fester Verzinsung. Die Anlage kann erfolgen in Anleihen der öffentlichen Hand, in Pfandbriefen, Kommunalobligationen, Bankschuldverschreibungen, Kassenobligationen, Industrieanleihen, Optionsanleihen, Wandelanleihen, DM-Auslands-Anleihen, Fremdwährungsanleihen. Wegen des mit Wandel- und Optionsanleihen verbundenen Rechts des Erwerbs von Aktien wird ggf. in den Vertragsbedingungen die Zulässigkeit des Erwerbs von Wandel- und Optionsanleihen besonders betont. Ergänzend findet sich die Regelung, daß – soweit die Investmentgesellschaft von ihrem Wandelungs- und Optionsrecht Gebrauch macht – für die daraus hervorgehenden Aktien kein Verkaufszwang besteht.

Rentenfonds können national oder international ausgerichtet sein. Entsprechend sehen 30
die Vertragsbedingungen vor, daß z. B. nur an einer Börse der Bundesrepublik Deutschland notierte oder gehandelte, auf DM lautende festverzinsliche Wertpapiere erworben werden. Daneben wird differenziert zwischen Schuldverschreibungen in- und ausländischer Aussteller. Dies hatte Bedeutung in Zusammenhang mit der durch das Steuerreformgesetz 1990 v. 25. 7. 1988[135] eingeführten, inzwischen wieder aufgehobenen 10%igen Kapitalertragsteuer (Quellensteuer) auf Schuldverschreibungen inländischer Aussteller. Zinserträge aus Schuldverschreibungen ausländischer Aussteller waren nicht mit der Quellensteuer belastet. Hierauf beruhende Ausschüttungen der Fonds unterlagen ebenfalls nicht dem Quellensteuerabzug. Im Rahmen des seit dem 1. 1. 1993 durch das Zinsabschlaggesetz vom 9. 11. 1992[136] vor allem auf Zinsertragsanteile von Investmentanteilen eingeführten Zinsabschlags (ZASt.) sind ebenfalls Erträge aus ausländischen Anleihen ZASt.-pflichtig. Lediglich Erträge aus Termingeldanlagen deutscher Fonds bei unselbständigen ausländischen Niederlassungen der Depotbank unterliegen nicht dem Zinsabschlag (s. auch Rdnr. 194). Für auf ausländische Währung lautende Schuldverschreibungen können in den Besonderen Vertragsbedingungen unter den dort genannten Anlagegrenzen solche in der Form eines v. H.-Satzes des Wertes des Fondsvermögens vorgesehen sein, um das mit diesen Anlagen verbundene Währungsrisiko zu begrenzen. Fonds, die überwiegend in ausländischer

---

[129] BVI, Jahrbuch Investment 1994, S. 33 ff.

[130] Fn. 129, S. 37.

[131] Fn. 129, S. 36.

[132] *Mühlbradt,* ZfK 1978, 182; *Gießelbach,* Strategien mit Aktienkursindex-Instrumenten, 1989, S. 48 f.

[133] *Siepe,* Konzepte für Ihre Geldanlage in Fonds, 1993, S. 174.

[134] S. auch *Behrenwaldt,* in: Handwörterbuch des Bank- und Finanzwesens, 2. Aufl., 1995, Sp. 1626, Wort „Rentenfonds".

[135] BGBl. I 1093, 1122.

[136] BGBl. I 1853, 1857.

Währung investieren, betreiben für bestimmte Phasen eine Währungssicherungspolitik (§ 8 e KAGG), deren Kosten als Bestandteil einer zulässigen Geschäftsmöglichkeit auch ohne besondere Erwähnung in den Vertragsbedingungen dem Fonds belastet werden können.

31 Für Schuldverschreibungen hatte bereits die kleine KAGG-Novelle von 1986[137] Erleichterungen bei den Anlagegrenzen gebracht. § 8 a Abs. 1 Satz 2 KAGG privilegiert Schuldverschreibungen bestimmter öffentlicher Aussteller. Hierunter fallen der Bund, die Bundesländer, die Europäischen Gemeinschaften, deren Mitgliedstaaten, die Vertragsstaaten des EWR sowie die OECD-Staaten. Schuldverschreibungen dieser Aussteller sind bei Berechnung der Anlagegrenzen nur mit der Hälfte ihres Wertes anzusetzen. Somit können Wertpapiere eines einzelnen der vorgenannten Aussteller bis zu 20 (statt 10) % und von mehreren zusammen bis zu 80 (satt 40) % des Fondsvermögens erworben werden.[138]

32 Eine weitere Erleichterung brachte die Novelle '86 für Anlagen in Pfandbriefen und Kommunalobligationen sowie zusätzlich das 1. FMFG für gedeckte Schuldverschreibungen von Kreditinstituten mit Sitz in einem EG-/EWR-Staat (Art. 22 Abs. 4 OGAW-Richtlinie-Papiere). Zunächst waren nur die von Konzernunternehmen (dies ist die Regel bei Ausstellern von Pfandbriefen und Kommunalobligationen)[139] ausgegebenen Pfandbriefe und Kommunalobligationen mit der Hälfte ihres Wertes anzusetzen. Dieses Privileg wurde durch das 1. FMFG allgemein auf Pfandbriefe und Kommunalobligationen unter Fortfall der Konzernklausel erweitert.[140] Eine gleiche Anrechnungsklausel führte das 1. FMFG für gedeckte Schuldverschreibungen von Kreditinstituten mit Sitz in einem Mitgliedstaat der EG/des EWR ein (§ 8 a Abs. 1 Satz 3 KAGG). Die Neuregelung entspricht Art. 22 Abs. 4 der OGAW-Richtlinie i. d. F. der Änderungs-Richtlinie 88/220/EWG. Letztere hat durch die Präzisierung der Anforderung an die zur hälftigen Anordnung zugelassenen Schuldverschreibungen zugleich den EU-Standard für Pfandbriefe vorgegeben.[141]

32a Als Neuerung ermöglicht das 2. FMFG den **Ein-Emittenten-Fonds** oder Staatsanleihenfonds. Voraussetzung für einen solchen Rentenfonds ist, daß die Vertragsbedingungen dies ausdrücklich vorsehen und den betreffenden staatlichen Aussteller benennen (§ 8 a Abs. 1 a KAGG). Die Neuregelung beruht auf Art. 23 Abs. 1 OGAW-Richtlinie, nach der die Mitgliedstaaten den OGAW gestatten können, nach dem Grundsatz der Risikostreuung bis zu 100% ihres Sondervermögens in Wertpapieren verschiedener Emissionen anzulegen, die von einem Mitgliedstaat oder seinen Gebietskörperschaften, von einem Drittstaat oder von internationalen Organismen öffentlich-rechtlichen Charakters, denen ein oder mehrere Mitgliedstaaten angehören, begeben oder garantiert werden. Als öffentliche Emittenten nennt das KAGG den Bund, die Bundesländer, die EG, die Mitgliedstaaten der EG, die Vertragsstaaten des EWR und die OECD-Staaten. In diesen Fällen kann die sonst übliche Grenze von 20% des Sondervermögens, bezogen auf einen staatlichen Aussteller (s. § 8 a Abs. 1 Satz 1 und 2 KAGG) überschritten werden. Bis zu 30% des Sondervermögens darf in einer Emission eines der genannten öffentlichen Emittenten angelegt werden. Das gesamte Sondervermögen muß, um ein Minimum an Risikomischung aufzuweisen, Schuldverschreibungen aus mindestens sechs verschiedenen Emissionen enthalten (§ 8 a Abs. 1 a Satz 2 Halbs. 2 KAGG). Die Ein-Emittenten-Fonds dürften vor allem

---

[137] Art. 2 des Gesetzes zur Verbesserung der Rahmenbedingungen für institutionelle Anleger v. 16. 12. 1986, BGBl. I 2485.

[138] Dazu *Baltzer* ZfK 1988, 323; *Pürsten/Stolzenburg* ZfK 1987, 190.

[139] S. *Baltzer* ZfK 1988, 324.

[140] Hierdurch erledigte sich die Frage, ob die hälftige Anrechnung von Pfandbriefen und Kommunalobligationen auch dann gilt, wenn diese Wertpapiere nur von einem Konzernunternehmen ausgestellt sind, so *Baltzer* ZfK 1988, 324; a. A. *Pürsten/Stolzenburg* ZfK 1987, 191, für die sich durch die Neuregelung keine Änderung der Erwerbsgrenzen für den einzelnen Emittenten ergibt, da andernfalls für Wertpapiere eines Konzerns ein größerer Anlagespielraum als ohne Bestehen einer Konzernbeziehung geschaffen würde.

[141] Zu Art. 22 Abs. 4 OGAW-Richtlinie ausführlich Hypothekenverband bei der EG (Hrsg.), Die Hypothekenbanken und der Pfandbrief, 1993, Kapitel IV.

als Spezialfonds (unten Rdnr. 225 ff.) von Interesse sein, z. B. für Kreditinstitute, die Eigenbestände in Investmentanteilscheinen anlegen. Sie sind vorläufig entsprechend der tatsächlichen Fondszusammensetzung ggfs. mit Null Eigenkapital zu unterlegen (vgl. Grundsatz I Abs. 12; BAK-Schreiben v. 29. 12. 92, abgedruckt in CMBS 3.49 und BAK-Schr. v. 30. 6. 93, abgedruckt in CMBS 3.55).

Da bei einem Rentenfonds ein wesentliches Anlageziel der laufende Ertrag darstellt, 33
wird er häufig als **Renditefonds** bezeichnet. In den Vertragsbedingungen wird das Anlageziel dahin umschrieben, daß die Wertpapiere unter Beachtung von Sicherheit und Rendite ausgewählt werden, um langfristig einen möglichst hohen und stetigen Ertrag zu erzielen. Das 1. FMFG, das in § 15 Abs. 3 Buchst. k **KAGG** die Anforderungen an die Vertragsbedingungen eines Rentenfonds mit begrenzter Laufzeit regelte, gestattete erstmals diese Art von Rentenfonds (Aktienfonds mit begrenzter Laufzeit sind nach Ansicht des BAK z. Zt. nicht zulässig; eine gesetzliche Regelung soll im Rahmen des geplanten 3. FMFG erfolgen). Bei diesen Rentenfonds wird nach einer bestimmten Frist der Verkauf von Anteilen eingestellt und der Fonds bei Endfälligkeit aufgelöst. Ein solcher Fonds bietet dem Anleger den Vorteil einer zeitlich überschaubaren Anlage mit erkennbarem Renditeziel.[142]

c) Gemischte Fonds. Entsprechend den in den Vertragsbedingungen genannten Anlagezie- 34
len investieren Gemischte Fonds das Geld ihrer Anleger mal stärker in Aktien, mal mehr in festverzinslichen Wertpapieren. Der jeweilige Anteil am Fondsvermögen ist abhängig von der aktuellen Markteinschätzung durch die Fondsverwaltung. In den Vertragsbedingungen können Mindest- oder Maximalgrenzen für die eine oder andere Anlageform festgelegt sein. Solche **Mischfonds** können zusätzlich nach ihren Anlagezielen deutsche und ausländische Wertpapiere in ihr Portefeuille aufnehmen. Im Vergleich zu den reinen Aktien- oder Rentenfonds spielen bei Publikumsfonds die Mischfonds vom Volumen her nur eine untergeordnete Rolle am Markt. Sie dominieren dagegen bei den Spezialfonds, da die institutionellen Anleger zu einer Risikobegrenzung und auch dahin verpflichtet sind, laufende Erträge in möglichst konstanter Höhe zu erwirtschaften. Gemischte Fonds verbinden die für Aktienfonds typische Wachstumsphilosophie mit der für Rentenfonds typischen Ertragsphilosophie. Diese Kombination ist zugleich ihr Handikap, da sie in ihrer Wertentwicklung unter bestimmten Marktkonstellationen nicht so gut wie reine Aktienfonds, andererseits in ihrem ausschüttungsfähigen Ertrag nicht so gut wie reine Rentenfonds sein können.

d) International anlegende Fonds. Aktien-, Renten- oder Gemischte Fonds können ihre 35
Anlageschwerpunkte in inländischen oder in ausländischen Wertpapieren haben. Im letzteren Fall spricht man von international anlegenden Fonds. Diese Fonds beziehen häufig alle wichtigen europäischen und außereuropäischen Wertpapiermärkte in ihre Anlagestrategie mit ein. Schwerpunkte können sein Europa, die USA, Kanada sowie der pazifische Raum mit Australien und Japan, die „Tiger-Länder" im Fernen Osten oder sog. Schwellenländer „Emerging Markets" u. a. in Südamerika (s. auch Rdnr. 39). Von diesen international anlegenden Fonds sind besonders zu berücksichtigen die in den Vertragsbedingungen festzulegenden Beschränkungen auf bestimmte Börsen und organisierte Märkte außerhalb des Gebietes der Europäischen Union und des EWR (s. Rdnr. 28). Der Vorteil international anlegender Aktienfonds liegt darin, daß sie nicht auf den teilweise engen nationalen Markt angewiesen sind und die unterschiedlichen Entwicklungen einzelner Aktienmärkte im Rahmen ihrer Anlagestrategie nutzen können. International anlegende Rentenfonds – der erste wurde 1968 aufgelegt – hatten Ende 1995 im Inland mit 54 Mrd. DM Fondsvermögen ein etwas stärkeres Gewicht als in Deutschland anlegende Rentenfonds (52 Mrd. DM). Bei Luxemburger Fonds deutscher Provenienz überwiegen die Rentenfonds Deutschland mit 80 Mrd. DM gegenüber den Rentenfonds International mit 34 Mrd. DM.[143] Für den Direktanleger in den internationalen Anleihemärkten sind oft die gefor-

---

[142] BVI, Jahrbuch Investment 1994, S. 26 f.
[143] Quelle: BVI-Statistik.

derten Mindestanlagebeträge ein Hindernis. Bei der Anlage in international anlegenden Rentenfonds ist der Anleger der Schwierigkeit enthoben, die Entwicklung der stark schwankenden Wechselkurse zu berücksichtigen und die Bonität des jeweiligen Emittenten zu prüfen.[144]

36 Für den Erfolg international anlegender Fonds ist die **Währungs-Kurssicherungspolitik** von maßgebender Bedeutung. Reine Devisen-Termingeschäfte, die nicht der Absicherung von Vermögensgegenständen dienen (dazu gehören jedoch in den nächsten 12 Monaten fällige Zinsansprüche), sind den KAG für ihre Fonds nicht gestattet (vgl. § 8e KAGG). Währungs-Kurssicherungsgeschäfte wurden vom BAK auch ohne gesetzliche Regelung als Hilfsgeschäfte zur Kurssicherung von in Fremdwährung gelhaltenen Anlagen als zulässig angesehen.[145] Dieser Praxis entsprach der durch das 1. FMFG eingefügte § 8e KAGG, der Devisenverkäufe auf Termin gestattet. Durch das 2. FMFG wurden die Absicherungsmöglichkeiten erweitert und ebenso die möglichen Sicherungsinstrumente. Es besteht nunmehr die Möglichkeit, in 12 Monaten fällige Zinsansprüche aus zum Sondervermögen gehörenden Schuldverschreibungen, Bankguthaben und anderen verzinslichen Vermögensgegenständen gegen Währungsrisiken abzusichern. Im Zusammenhang mit noch nicht erfüllten Geschäften und unter der Voraussetzung, daß die Devisen zur Erfüllung dieser schwebenden Verpflichtungsgeschäftes benötigt werden, ist der Kauf von Devisen auf Termin ebenfalls zulässig. Außer durch Kauf von Devisen auf Termin kann die KAG die Kurssicherung auch durch den Erwerb von Optionen auf Devisen und auf Devisenterminkontrakte durchführen (§ 8e Abs. 2 KAGG). Diese Optionsrechte müssen börsenmäßig gehandelt werden. Dies gestattet z. Zt. nur den Erwerb von Devisenoptionsrechten und Devisenterminkontrakten an ausländischen Börsen, weil derartige Rechte in Deutschland noch nicht an Börsen gehandelt werden (nur OTC-Handel).[146] Soweit von KAG Devisengeschäfte abgeschlossen werden, ist ergänzend die Verlautbarung des BAK v. 23. 10. 1995 über Mindestanforderungen an das Betreiben von Handelsgeschäften der Kreditinstitute zu berücksichtigen, die auch die Mindestanforderungen für bankinterne Kontrollmaßnahmen bei Devisengeschäften nennt.[147] Kurssicherungen über eine Drittwährung (insbesondere US-Dollar) werden als nicht zulässig angesehen. Übersicherungen sind abzubauen, sobald die abgeschlossene Währungssicherung die ausländische Vermögensanlage in der jeweiligen Währung um mehr als 10% überschreitet und die Überschreitung im genannten Ausmaß länger als eine Woche anhält.[148] Nicht nur in den Fällen der Übersicherung sondern allgemein ist es möglich, die durch Devisenverkäufe oder durch Optionen begründete Absicherung durch Gegengeschäfte glattzustellen (§ 8e Abs. 1 Satz 3 i. d. F. des 2. FMFG).

37 Der Nachteil einer Währungssicherung kann darin liegen, daß sie den jeweiligen Zinsvorteil kostet, den die gesicherte Währung bietet. Auch nimmt der Fonds nicht an möglichen gegenläufigen Bewegungen teil. Eine Verpflichtung zur Währungssicherung besteht für die Fondsverwaltung nur dann, wenn sie in den Vertragsbedingungen und in den Verkaufsunterlagen entsprechende Aussagen gemacht hat. Durch die relativ starken Bewegungen der international wichtigen Anlagewährungen ist die von den Fondsverwaltungen betriebene Währungssicherungspolitik zu einem unumgänglichen Bestandteil der Anlagepolitik geworden. Unterschiedliche Einschätzungen der Währungspolitik führen zu einer unterschiedlichen Kurssicherungspolitk, deren Ergebnisse die Wertentwicklung stark beeinflussen können.

---

144 BVI, Jahrbuch Investment 1988, S. 44f.

145 Schreiben des BAK v. 30. 9. 1975 – A2/Cd 03 – 1/75 – 951 – an alle KAG, abgedruckt in: Investment-Handbuch 438 Nr. 11.

146 *Kempf/Tratz,* Die Novellierung des Investmentrechts 1994 nach dem Zweiten Finanzmarktförderungsgesetz, 1994, S. 45.

147 Abgedruckt in: *Baur,* Investmentgesetze, 2. Aufl. Anh. § 2 Nr. 5.

148 Schreiben des BAK v. 30. 9. 1975 (Fn. 145).

e) Sonstige Wertpapierfonds. Überwiegend sind die Vertragsbedingungen der Wertpapierfonds so gefaßt, daß das Management in seiner Anlagepolitik beweglich sein kann. Einzelne Fonds wenden sich bestimmten Marktsegementen zu. Diese Fonds werden auch mit den Bezeichnungen „Spezielle Fonds" oder **„Spezialitätenfonds"** versehen.[149] Nicht verwechselt werden dürfen die Spezialitätenfonds mit dem Spezialfonds für einen begrenzten Kreis von Anlegern (Näheres Rdnr. 225 ff.). Die Spezialitätenfonds eignen sich für Anleger, die kurzfristig die Marktchancen der speziellen Bereiche nutzen wollen und bereit sind, die höheren Risiken, die mit der einseitigen Gewichtung eines solchen Fonds verbunden sein können, in Kauf zu nehmen. Entsprechend der Marktentwicklung ist bei diesen Spezialitätenfonds ggfs. eine schnellere Neuorientierung auf seiten des Anlegers angebracht. 38

Soweit es sich um Anlagen in Aktien spezieller Branchen (Brauereien, Versicherungen, Banken), im Rohstoff-, Energie- oder Technologiebereich handelt, hat sich der Begriff **Branchenfonds** eingebürgert. Fonds mit überwiegend Anlagen im Rohstoffbereich werden auch als **Rohstoffonds,** solche mit Anlagen im Technologiebereich (Computerindustrie, Kommunikationstechnik, Raumfahrt) als **Technologiefonds** bezeichnet. Fonds, die in Aktien bestimmter Länder anlegen, z. B. die für die Anlage in Spanien und Portugal aufgelegten Ibero-Fonds, werden als **Länderfonds** bezeichnet. Soweit sich solche Fonds auf Schwellenländer, d. h. mit niedrigem Pro-Kopf-Einkommen und erkennbaren Ansätzen für Wirtschaftsreformen, konzentrieren, werden sie als **Emerging-Markets-Fonds** bezeichnet.[150] Den Spezialitätenfonds i. w. S. sind auch die **Ethikfonds** und/oder **Ökofonds** zuzuordnen. Es handelt sich um Investmentfonds mit sozialer und/oder ökologischer Zielsetzung. Es gibt sie in den USA seit Anfang der 70er Jahre und in Europa insbesondere in Großbritannien.[151] Die Vertragsbedingungen eines Umwelttechnologiefonds wurden vom BAK genehmigt, da nur Begriffe verwandt wurden, die eindeutig erkennen lassen, daß mit dem Fonds moralisch-ideologische Ansprüche nicht verbunden werden können.[152] Die Vertragsbedingungen ethischer Investmentfonds hat das BAK bisher nicht genehmigt, da es an Anlagegrundsätzen mit objektiven Auswahlkriterien für den Erwerb der Wertpapiere und einer nachvollziehbaren Darstellung der KAG fehlte, wie sie den Erwerbsbeschränkungen gerecht werden will.[153] 39

Bei den Rentenfonds hat sich in den letzten Jahren das Angebot von Fonds entwickelt, die sich in ihrer Anlagepolitik auf Rentenpapiere mit kürzeren Laufzeiten konzentrieren **(Kurzläuferfonds)**. Bei ihnen ist das Kursrisiko geringer, sie bringen jedoch i. d. R. weniger Erträge als die Langläufer. Die Fonds wenden sich an Anleger, die das Kursrisiko eingrenzen wollen, das bei steigenden Zinsen in Erscheinung tritt. Der Kursstabilisierung wird bewußt Vorrang vor der Ausschüttung eingeräumt.[154] 40

Eine weitere Gruppe der Wertpapierfonds bilden die **Thesaurierungsfonds** (früher auch **Wachstumsfonds** genannt). Diese schütten die in den Fonds einfließenden Erträge und Veräußerungsgewinne grds. nicht aus, sondern verwenden sie zur Wiederanlage. Der besondere Vorteil der Thesaurierungsfonds liegt in dem Zinseszinseffekt der Anlage ohne jegliche Kostenbelastung. Ein gleiches Ergebnis kann über die Einrichtung eines Investmentkontos erreicht werden (s. Rdnr. 142). Der Charakter des Thesaurierungsfonds ist in den Vertragsbedingungen festzulegen (§ 15 Abs. 3 Buchst. i KAGG). Thesaurierende Fonds enthalten häufig in den Vertragsbedingungen den Vorbehalt, in besonderen Fällen nach besonderer Bekanntmachung innerhalb einer bestimmten Frist nach Ablauf eines Geschäftsjahres eine Ausschüttung vornehmen zu können. 41

---

149 *Bihr/Gerlach/Knapp/Papst,* Vorteilhafte Geldanlagen, Gruppe 3/2 S. 2.

150 *Waldhoff,* HB vom 10. 3. 1994, S. 27.

151 *Homolka,* Umweltfonds, 2. Aufl., 1991, S. 31 und 36; s. auch *Wolff,* Das Management von Umweltfonds, 1995.

152 Vgl. *Dürr,* ZIP 1991, 289 f.; *Homolka* (Fn. 151), S. 54.

153 Vgl. *Dürr* (Fn.152, 296 f.; *Kuntze,* WM 1991, 930.

154 BVI, Jahrbuch Investment 1988, 43.

42 Steuerlich wird die Thesaurierung als Ausschüttung behandelt (§§ 37 a, 37 b Nr. 2 Buchst. b, § 38 a Abs. 2, § 38 b Abs. 2 und 3, §§ 39, 39 a Abs. 2, §§ 39 b, 42, § 43 Abs. 4, 5, 6 Nr. 3 und 4, 8 Nr. 3 und 4, §§ 43 a, 43 b Nr. 3, §§ 44, 45 Abs. 1, §§ 48, 49, 50 Abs. 2 KAGG). Thesaurierte steuerpflichtige Einnahmen, die in der Gesetzesterminologie als „nicht zur Kostendeckung oder Ausschüttung verwendete Einnahmen/Erträge" bezeichnet werden, gelten mit Ablauf des Geschäftsjahres als zugeflossen, in dem sie vereinnahmt worden sind (§§ 37 a, 39 Satz 2, §§ 43 a, 45 Abs. 1 Satz 3, § 49 KAGG).

43 Die Körperschaftsteuerreform 1977, das inzwischen hinsichtlich der „Kleinen Kapitalertragsteuer" oder „Quellensteuer" auf Zinsen wieder rückgängig gemachte Steuerreformgesetz 1990 und erneut das Zinsabschlaggesetz vom 9. 11. 1992[155] haben die Thesaurierungsfonds zu teilweise ausschüttenden Fonds gemacht. Ebenso wie bei anderen Wertpapierfonds erhält der Thesaurierungsfonds zusammen mit den inländischen Dividenden die Körperschaftsteuer zunächst durch Zahlung an die Depotbank vergütet (§ 38 Abs. 2 KAGG). Auf die thesaurierten Erträge aus inländischen Dividenden ist jedoch eine Körperschaftsteuerbelastung anteilig herzustellen. Die einbehaltene Körperschaftsteuer ist an das Finanzamt abzuführen (§ 38 a Abs. 2 i. V. m. Abs. 1 KAGG). Dies galt vorübergehend im Rahmen des Steuerreformgesetzes 1990 auch für die Kapitalertragsteuer (Quellensteuer), die zur Erstattung an die Depotbank berechtigte. Die KAG hatte auf die diesbezüglichen thesaurierten Erträge den Steuerabzug von 10% vorzunehmen. Hinsichtlich des als Zahlstellensteuer ausgestalteten, seit dem 1. 1. 93 erhobenen Zinsabschlages ist die KAG verpflichtet, bei thesaurienden Fonds die ZASt. von 30% zu erheben (§ 38 b Abs. 3 KAGG). Dies gilt jedoch nur für voll-thesaurierende Fonds, da bei teil-thesaurierenden Fonds die ZASt. von dem ausgeschütteten Betrag durch die auszahlende Stelle erhoben wird (§ 38 b Abs. 2 KAGG). Soweit die Anteilscheine in einem Depot bei einem inländischen Kreditinstitut verwaltet werden, z. B. im Rahmen eines Investmentkontos, kann die KAG dem Anteilinhaber direkt oder dem verwaltenden Kreditinstitut auf Antrag bei Vorlage eines Freistellungsauftrages,[156] einer Nichtveranlagungs-Bescheinigung oder eines gleichgestellten Nachweises die ZASt. erstatten (§ 39 b Abs. 1 i. V. m. § 44 b Abs. 1 Satz 1 EStG). Die Erstattungsbeträge werden bei der Verwahrung in der Form von Investmentkonten in weiteren Fondsanteilen angelegt. Sind die Voraussetzungen für eine Erstattung nicht erfüllt, hat die depotführende Stelle auf Verlangen des Anteilinhabers diesem eine Steuerbescheinigung nach amtlich vorgeschriebenem Muster auszustellen (§ 45 a EStG). Eine solche Bescheinigung als Einzelsteuerbescheinigung oder Jahressteuerbescheinigung nach Abschn. 100 Abs. 2 KStR erhält der Anteilinhaber auch über die auf ihn entfallende Körperschaftsteuer, um auch diese Steuer im Rahmen seiner Einkommensteuerveranlagung geltend machen zu können.[157]

44 Als **Ablauffonds** werden solche Wertpapierfonds bezeichnet, die speziell zum Vertrieb über den Außendienst einer Versicherung geschaffen wurden. Dieses in den 80er Jahren entwickelte Angebot, das eine Kooperation zwischen KAG und Versicherung voraussetzt, beruht auf der Erfahrung, daß der Begünstigte aus einem Lebensversicherungsvertrag nach Fälligkeit in der Regel nicht noch einmal eine gleiche längerfristige Bindung durch Abschluß eines neuen Lebensversicherungsvertrages eingehen will. Ablauffonds sind bisher überwiegend als Rentenfonds aufgelegt worden. Ihre Bezeichnung weist auf die jeweilige Versicherungsgesellschaft hin.[158]

45 **2. Offene Immobilienfonds (Grundstücks-Sondervermögen).** Diese wurden erst durch die Novelle '69 dem KAGG unterstellt (s. Rdnr. 1 c). Für sie gelten der Fünfte Ab-

---

[155] BGBl. I 1853, 1857.

[156] *Päsler/Kleinert,* Prüfung der Freistellungsaufträge (Zinsabschlagsteuer bei deutschen Investmentfonds), Die Bank 1993, 118; *dies.,* Freistellungsaufträge bei Investment-Konten, Die Bank 1993, 229.

[157] *Bracker* ZfK 1978, 802; s. a. Rdnr. 200.

[158] Näheres s. *Bracker* LfK 1987, 416.

schnitt (§ 26 bis 37 KAGG) sowie der 4. Titel des Sechsten Abschnittes (§§ 44 bis 50 KAGG). § 26 KAGG und jeweils einzelne Vorschriften der §§ 44 ff. KAGG verweisen auf eine sinngemäße Anwendung der für Wertpapier-Sondervermögen geltenden Vorschriften. Die sinngemäße Anwendung bedeutet, daß bei Anwendung der betreffenden Vorschrift den Besonderheiten des Grundstück-Sondervermögens Rechnung getragen werden muß, ohne daß der Grundgedanke der betreffenden Vorschrift aufgegeben wird.

Die offenen Immobilienfonds sind die investmentrechtliche Ausprägung der Immobili- **46** enfonds. Von den offenen Immobilienfonds sind zu unterscheiden die geschlossenen Immobilienfonds (s. unten §§ 20 dort insbes. Rdnr. 204 ff. ferner § 22 Rdnr. 120 ff.). Entsprechend der investmentrechtlichen Ausprägung werden bei offenen Immobilienfonds laufend neue Fondsanteile ausgegeben und zurückgenommen. Nur im Ausnahmefall kann die KAG zum Schutz der Gesamtheit der Anleger die Rücknahme befristet verweigern (§ 36 KAGG sowie die in den Besonderen Bedingungen der Vertragsbedingungen offener Immobilienfonds getroffenen Regelungen). Dieses Open-end-Prinzip gilt nicht für geschlossene Immobilienfonds, die auf gesellschaftsrechtlicher Basis zumeist als KG oder BGB-Gesellschaft gegründet sind. Bei diesen muß entweder durch Vermittlung der Initiatoren oder am Markt ein Interessent gefunden werden, der in die gesellschaftsrechtliche Stellung des bisherigen Anteilinhabers eintritt.

Für offene Immobilienfonds ist eine Risikomischung der Anlage gesetzlich vorgeschrie- **47** ben (§ 28 KAGG). Abgesehen von der auf vier Jahre begrenzten Gründungsphase (§ 29 KAGG) muß das Grundstücks-Sondervermögen aus mindestens zehn Grundstücken bestehen, von denen keines zur Zeit seines Erwerbs den Wert von 15% des Wertes des Sondervermögens übersteigen darf.

Das Vermögen der offenen Immobilienfonds setzt sich zusammen aus dem Grund- **48** stücksvermögen und sonstigem Vermögen. Für das **Grundstücksvermögen** dürfen nur die in § 27 KAGG näher genannten Gegenstände im Rahmen der dort weiter aufgeführten Begrenzungen erworben werden. Dies sind in erster Linie in Deutschland oder in einem Mitgliedstaat der EG oder Vertragsstaat des EWR (d. h. Staaten der Europäischen Union sowie Island, Norwegen und Liechtenstein) belegene **Mietwohngrundstücke, Geschäftsgrundstücke** und **gemischtgenutzte Grundstücke.** Die Terminologie stimmt mit der des § 75 BewG überein. Das KAGG ist entsprechend auszulegen.[159] Zusätzlich erworben werden dürfen bestimmte Rechte wie Erbbaurechte (§ 27 Abs. 1 Nr. 4 KAGG) und, wenn dies die Vertragsbedingungen vorsehen, Rechte in der Form des Wohnungseigentums, Teileigentums, Wohnungserbbaurechts und Teilerbbaurechts, letztere Rechte jedoch nur bis zur Höhe von insgesamt 10% des Fondsvermögens (§ 27 Abs. 2 Satz 1 Nr. 1 i. V. m. Satz 2 KAGG).

Nicht erworben werden dürfen Beteiligungsrechte, seien es solche an Immobilienge- **49** sellschaften, seien es Miteigentumsrechte an Grundstücken unmittelbar,[160] auch wenn dies in der Praxis wünschenswert wäre.[161] Bei unzulässigen Erwerbsvorgängen ist davon weder das dingliche noch das obligatorische Rechtsgeschäft berührt (§ 27 Abs. 5 KAGG).[162] Die KAG haftet jedoch dem Sondervermögen auf Schadensersatz (Haftung aus positiver Forderungsverletzung und aus § 823 Abs. 2 BGB i. V. m. § 27 KAGG).[163] Auch ist mit einem Eingreifen des BAK nach dem KWG zu rechnen. Gehäufte Verstöße können Anlaß zu der Annahme sein, daß die Geschäftsleiter der KAG nicht zuverlässig sind.[164]

---

[159] Investment-Handbuch 425, § 27 Rdnr. 4; *Baur,* Investmentgesetze, S. 299.

[160] Investment-Handbuch 425, § 27 Rdnr. 2 a.

[161] Zu den Petita für das geplante 3. FMFG gehört in einer ersten Stufe die Zulassung des Erwerbs von Mehrheitsbeteiligungen an Grundstücksgesellschaften.

[162] *Baur,* Investmentgesetze, S. 306.

[163] *Canaris,* Bankvertragsrecht, Rdnr. 2435.

[164] Investment-Handbuch 425, § 27 Rdnr. 26.

50 Die offenen Immobilienfonds i. S. des KAGG investierten ebenso wie die geschlossenen Immobilienfonds zunächst überwiegend im Mietwohnungsbau. Mit Rücksicht auf die einengenden Vorschriften des Wohnungsmietrechts und die kostenintensivere Wohnraumverwaltung, die sich nachteilig auf die Ertragssituation auswirken, hat sich seit den 70er Jahren der Anlageschwerpunkt auf gewerblich genutzte Grundstücke (Bürohäuser, innerstädtische Geschäftshäuser, Kaufhäuser, Einkaufszentren und -passagen, Dienstleistungszentren, Lagerhallen) verlagert. Dies hat zur Folge, daß mit Rücksicht auf die höhere Mietsumme des einzelnen gewerblichen Mietverhältnisses, ferner auf die Anforderungen der gewerblichen Mieter an Standort und Ausstattung, die Verwaltung und technische Betreuung des Grundstücksvermögens mit einer größeren Verantwortung als bei der reinen Wohnungsverwaltung belastet ist. Die erheblichen Mittelzuflüsse der letzten Jahre bei offenen Immobilienfonds[165] haben ferner dazu geführt, daß der Anlagetrend zu Bauprojekten geht.[166] Um das Ertragsrisiko in Grenzen zu halten und die Performance (= Wertzuwachsergebnis je Anteil) und Ausschüttung des Immobilienfonds nicht zu gefährden, wird eine zumindest teilweise Vorvermietung vor Baubeginn angestrebt. Der umfangreichen Bautätigkeit der Grundstücks-KAG hat das 1. FMFG dadurch Rechnung getragen, daß die Erwerbsgrenzen für **Grundstücke im Zustand der Bebauung** und für **unbebaute Grundstücke** von jeweils 10% auf 20% angehoben wurden (§ 27 Abs. 1 Nr. 2 und Nr. 3 KAGG).

51 Erwerbsgrenzen bestehen auch für die nicht unter die Hauptkategorien Mietwohngrundstücke, Geschäftsgrundstücke und gemischtgenutzte Grundstücke fallenden **„andere(n)"** im Inland belegenen **Grundstücke**. Sie dürfen nur erworben werden, wenn sie einen dauernden Ertrag erwarten lassen und nur bis zur Höhe von 10%, die sie sich zudem noch mit Rechten wie Wohnungseigentum und Teileigentum teilen müssen (§ 27 Abs. 2 Satz 1 Nr. 1 mit Satz 2 KAGG). Hierunter fallen Ein- und Zweifamilienhäuser, Schulgebäude, Sporthallen, Klubhäuser, selbständige Garagengrundstücke und i. d. R. Sozialimmobilien.[167]

52 Beschränkende Vorschriften gelten auch für **Grundstücke außerhalb der EG und des EWR.** Hier muß der Erwerb in den Vertragsbedingungen vorgesehen sein. Es ist nur zulässig der Erwerb von Grundstücken der sog. Hauptkategorien in Höhe von insgesamt 20%, von Grundstücken im Zustand der Bebauung und unbebaut nur in Höhe von bis zu 4% des Wertes des Sondervermögens (§ 27 Abs. 2 Satz 1 Nr. 2, Satz 3 und Satz 4 KAGG; Wortlaut von Satz 4 nicht eindeutig, 4% der Auslandsgrundstücke in Drittstaaten). Bei Erwerb von Grundstückswerten im Ausland sind die abweichenden Rechtspositionen zu berücksichtigen. Das von der KAG erworbene Recht muß seinem Inhalt nach einem der in § 27 KAGG genannten Rechte gleichwertig sein. So läßt sich z. B. das in England übliche Long Leasehold (ein langjähriger Pachtvertrag mit einer Dauer von mindestens 50 Jahren) mit dem Erbbaurecht vergleichen. In der Praxis ergeben sich Hemmnisse für den Aufbau eines im Ausland belegenen Anteils des Grundvermögens aus den unterschiedlichen steuerlichen Vorschriften. Dies betrifft vor allem die im Ausland nicht anerkannte Steuerfreiheit der Mieterträge des Fonds (fehlende steuerliche Transparenz) und eine dadurch zunächst entstehende doppelte steuerliche Belastung der Fondsanleger (teilweise Anrechnung nach § 40 Abs. 4 KAGG; vgl. Rdnr. 203). Anlagen in ausländischen Immobilien sind deshalb derzeit nur bei vergleichsweise höheren Erträgen, einer nicht zu hohen steuerlichen Belastung (teilweise durch Kreditaufnahme erreichbar), ferner unter dem Gesichtspunkt eines nicht steuerpflichtigen überdurchschnittlichen Wertzuwachses (im Ausland teilweise ebenso wie realisierte Veräußerungsgewinne steuerpflichtig) oder im Hinblick auf etwaige Währungskursgewinne von Interesse.

53 Das sonstige Vermögen des Immobilienfonds dient der Liquiditätsvorsorge, hat jedoch auch Auswirkungen auf den Anlageerfolg durch das Zinsniveau der Bankguthaben und

---

[165] Vgl. *Otto* LfK 1988, 383; BVI, Jahrbuch-Investment 1994, 9 f, 61.
[166] *Meyer* LfK 1981, 10.
[167] Vgl. *Rössler-Troll,* § 75 BewG Erl. 15; *Baur,* Investmentgesetze, S. 303.

festverzinslichen Wertpapiere sowie durch Zinsänderungen und die damit verbundenen Kursänderungen der festverzinslichen Wertpapiere.[168] Die **Liquidität** ist erforderlich, um bei Rücknahmeverlangen von Anlegern den jeweiligen Anteil am Fondsvermögen auszahlen zu können. Eine Veräußerung von Immobilien oder eine Kreditaufnahme unter gleichzeitiger Beleihung des Grundvermögens stehen bei größeren Rücknahmebegehren erst in zweiter Linie zur Verfügung (§ 36 KAGG). Aus der Liquidität werden ferner Neuerwerbungen und Baumaßnahmen finanziert, die im Rahmen der Unterhaltung des Grundstücksbestandes eingegangenen Verpflichtungen beglichen und die Ertragsausschüttungen vorgenommen.

Es ist eine Mindestliquidität von 5% des Wertes des Sondervermögens vorgeschrieben 54
(§ 35 Satz 1 KAGG), in die jedoch Beträge zur Sicherstellung einer ordnungsgemäßen laufenden Bewirtschaftung, Verpflichtungen aus Baumaßnahmen, aus Grundstücksankäufen, innerhalb eines Jahres fällige Verpflichtungen und vorzunehmende Ausschüttungen nicht einbezogen werden können, so daß die erforderliche Mindestliquidität häufig 10% des Wertes des Sondervermögens überschreitet. In den Vertragsbedingungen des Immobilienfonds ist ebenso wie bei Wertpapierfonds eine Angabe über die Höchstliquidität zu machen (§ 26 i. V. m. § 15 Abs. 3 Buchst. c KAGG). Als Höchstliquidität wird vom BAK in Anwendung des § 8 Abs. 3 KAGG ein Betrag von 49% des Wertes des Sondervermögens zugestanden.

Die Liquidität kann in Bankguthaben bei der Depotbank, die längstens 1 Jahr befristet 55
sind, oder in von der Deutschen Bundesbank (BBk.) zum Lombardverkehr zugelassenen festverzinslichen Wertpapieren (einschl. der kraft Gesetzes lombardfähigen Wertpapiere) oder deren Zulassung nach den Emissionsbedingungen beantragt wird und auch innerhalb eines Jahres nach ihrer Abgabe erfolgt, angelegt werden (§ 35 Satz 1 KAGG, § 19 Abs. 1 Nr. 3 Buchstaben d und e BBkG sowie § 6 Abs. 2 Buchst. b Allgemeine Vertragsbedingungen für Grundstücks-Sondervermögen). Die festverzinslichen Wertpapiere werden jedoch nur mit 75% ihres Kurswertes auf die Mindestliquidität angerechnet. Die sonstige Liquidität kann bis zu einem Betrag von 5% in an einer deutschen Börse amtlich notierten Aktien und nicht in den Lombardverkehr einbezogenen festverzinslichen Wertpapieren gehalten werden (§ 35 Satz 3 KAGG). Für die festverzinslichen Wertpapiere wird die durch den Gesetzeswortlaut nicht eindeutig gedeckte Auffassung vertreten, daß sie ebenfalls an einer deutschen Börse amtlich notiert sein müssen.[169]

3. Beteiligungsfonds (Beteiligungs-Sondervermögen). Die wirtschaftsrechtlichen und 56
steuerrechtlichen Grundlagen für die Bildung von Beteiligungsfonds (Beteiligungs-Sondervermögen) wurden durch Art. 3 des Zweiten Vermögensbeteiligungsgesetzes vom 19. 12. 1986 geschaffen.[170] Es handelt sich dabei im Investmentfonds, bei denen das einge-

---

[168] Dazu *Süberling* LfK 1988, 384; BVI, Jahrbuch Investment 1994, S. 55 ff. zum Liquiditätsmanagement bei Offenen Immobilienfonds.

[169] Investment-Handbuch 425, § 35 Rdnr. 4; vgl. auch Schreiben BAK v. 30. 5. 1980 – V1/Cd 03 – 1/80 –, abgedruckt in: Investment-Handbuch 438 Nr. 19 – Wertpapiere des Abschnitts IV des Lombardverzeichnisses können auch dann erworben werden, wenn sie nicht an einer deutschen Börse amtlich notiert oder im geregelten Freiverkehr gehandelt werden.

[170] BGBl. I 2595, 2605, für das Folgende s. vor allem *Scholtz,* Festschrift Döllerer, S. 553 ff.; Näheres zur Entstehungsgeschichte: *Steder* in: Das Deutsche Bundesrecht, III H 28 Einf. vor § 1, Vorbem. vor § 25 a; Investment-Handbuch/*Beckmann* 425 vor § 25 a Rdnr. 1 ff.; *Hesse* DB 1987, Beilage 1, S. 2; *Hesse* ZfK 1985, 186 – Zu dem auf der Initiative des Landes Niedersachsen beruhenden Entwurf des Bundesrates eines Gesetzes zur Förderung von Arbeitnehmerbeteiligungen am Produktivvermögen – BT-Drucks. 10/3955; vgl. auch *Lütgerath,* Anlagekatalog, S. 151; *Bilstein,* Beteiligungs-Sondervermögen und Unternehmensbeteiligungs-Gesellschaften, in: Festschrift für Günter Wöhe, 1989, S. 49; *Gerke/Schöner,* Die Auswirkungen von Risikonormen auf die Finanzierung vor Innovationen – eine Analyse am Beispiel der Gesetze über Unternehmensbeteiligungsgesellschaften und Beteiligungssondervermögen, Festschrift für Fritz Philipp 1988, S. 187; *Sögtrop,* Investment-Innovationen: Was können Beteiligungsfonds leisten? LfK 1992, 17.

legte Geld nach dem Grundsatz der Risikomischung in Wertpapieren und stillen Beteiligungen angelegt wird. Für die Beteiligungsfonds gelten der Vierte Abschnitt (§§ 25 a bis 25 j) sowie der 3. Titel des Sechsten Abschnittes (§§ 43 a, 43 b) des KAGG. Ebenso wie bei Geldmarktfonds und offenen Immobilienfonds finden die Vorschriften für Wertpapierfonds sinngemäß Anwendung (§§ 25 a und 43 a KAGG).

57 Die stille Beteiligung ist eine Beteiligung als stiller Gesellschafter i. S. des § 230 HGB (§ 25 a KAGG). Sie setzt die Beteiligung am Handelsgewerbe eines Kaufmannes voraus. Kaufmann i. S. dieser Vorschrift ist jeder Kaufmann kraft Gewerbebetriebs nach § 1 Abs. 2 HGB, also auch ein Minderkaufmann nach § 4 HGB (h. M.), der in das Handelsregister eingetragene sog. Soll-Kaufmann nach § 2 HGB oder Kann-Kaufmann nach § 3 HGB, ferner Handelsgesellschaften nach § 6 HGB. Auch wenn die §§ 230 ff. HGB analog auf andere Unternehmen angewandt werden, wie z. B. auf handwerkliche Unternehmen, Betriebe der Land- und Forstwirtschaft oder sonstige nicht unter den Gewerbebegriff nach § 1 Abs. 2 HGB fallende Unternehmen, z. B. künstlerische oder freiberufliche Unternehmen, die nicht nach § 2 oder § 3 HGB in das Handelsregister eingetragen worden sind, kann an diesen Unternehmen keine stille Beteiligung für ein Beteiligungs-Sondervermögen erworben werden.[171] Gedacht ist dagegen vor allem an Beteiligungen bei mittelständischen Unternehmen, denen ihre Größe oder, im Fall von Neugründungen, die Zeit ihres Bestehens noch nicht den Gang an die Börse gestattet. Unternehmen mit einem sehr hohen Innovationsgrad[172] scheiden ebenso wie Unternehmen mit stark spekulativen Charakter[173] für eine Beteiligung aus. Die stille Beteiligung gewährt dem Kapitalgeber Informations- und Kontrollrechte sowie – je nach Ausgestaltung des Beteiligungsvertrages – im Einzelfall bestimmte Zustimmungsrechte (§ 25 c KAGG), jedoch kein generelles Mitbestimmungsrecht. Die KAG kann nur eine typische stille Beteiligung für ein Sondervermögen eingehen. Eine atypische stille Beteiligung, die eine Mitunternehmerschaft begründet, kommt für ein Sondervermögen nicht in Betracht.[174] Eine Vereinbarung, nach der die KAG bei der Auseinandersetzung der stillen Gesellschaft an Veränderungen des Wertes des Vermögens des Beteiligungsunternehmens beteiligt sein soll, ist unwirksam (§ 25 c Abs. 2 KAGG).

58 Die Zusammensetzung des Vermögens der Beteiligungsfonds ist mit Ausnahme des Anteils der stillen Beteiligungen vergleichbar der der Wertpapierfonds. Für den Erwerb der stillen Beteiligungen ist nach Ablauf der Anlaufzeit von 8 Jahren eine Untergrenze von stillen Beteiligungen an mindestens 10 Beteiligungsunternehmen vorgesehen, deren Wert mindestens 10% des Wertes des Sondervermögens beträgt (§ 25 e Abs. 1 KAGG). Die Obergrenze für den Wert der stillen Beteiligungen liegt bei 30% des Wertes des Sondervermögens (§ 25 b Abs. 3 KAGG). Ebenso ist eine Obergrenze von 30% für festverzinsliche Wertpapiere vorgeschrieben (§ 25 b Abs. 4 KAGG). Für die stillen Beteiligungen gelten weitere Beschränkungen. Es kommen nur stille Beteiligungen an einem nicht emissionsfähigen Unternehmen in Betracht (§ 25 b Abs. 1 Nr. 2 Buchstabe a KAGG). Diese Beschränkung ist politisch gewollt. Unternehmen, die aufgrund Größe und Rechtsform bisher keinen Zugang zum organisierten Kapitalmarkt hatten, können über das Beteiligungs-Sondervermögen Kapital zu angemessenen Bedingungen erhalten.[175] Die Beschränkung auf diese nicht emittierenden Unternehmen verhindert zudem, daß durch den Erwerb von stillen Beteiligungen und Wertpapieren desselben Unternehmens die Risikobegrenzungsvorschriften nach § 25 b Abs. 2 und 3 KAGG zu Lasten der Risikostreuung im Sondervermögen umgangen werden können.[176] Der Wert der stillen Beteiligung an einem

---

[171] Investment-Handbuch/*Beckmann* 425, § 25 b Rdnr. 7.

[172] *Gerke/Schöner,* Festschrift Philipp, S. 204 f.

[173] Vgl. *Moxter/Ballwieser,* Gutachten über die Bewertung stiller Beteiligungen in Beteiligungssondervermögen im Auftrag des Bundesministers für Arbeit und Sozialordnung, Sept. 1986, S. 44, 49.

[174] Investment-Handbuch/*Beckmann* 425, § 25 b Rdnr. 6.

[175] *Scholtz,* Festschrift für Döllerer, S. 554.

[176] Investment-Handbuch/*Beckmann* 425, § 25 b Rdnr. 3.

Beteiligungsunternehmen darf zum Zeitpunkt des Erwerbs zusammen mit etwa bereits vorhandenen stillen Beteiligungen an diesem Unternehmen 5% des Wertes des Sondervermögens nicht übersteigen (§ 25b Abs. 2 Satz 1 KAGG). Durch diese Regelung soll das Risiko einer zu hohen stillen Beteiligung des Sondervermögens an einem einzelnen Unternehmen begrenzt werden. Andererseits gibt es keine Begrenzung der Höhe des Beteiligungskapitals an dem Beteiligungsunternehmen. § 8a Abs. 3 KAGG, der bei Aktienerwerb eine Beherrschung von Unternehmen ausschließt, wird ausdrücklich als nicht anwendbar bezeichnet (§ 25b Abs. 5 KAGG). Stille Beteiligungen an einem Konzernunternehmen i. S. des § 18 AktG gelten als stille Beteiligung an demselben Unternehmen (§ 25b Abs. 2 Satz 2 KAGG). Werden neben der stillen Beteiligung Wertpapiere eines Konzernunternehmens gehalten, gilt, wenn auch nicht ausdrücklich vorgeschrieben, die Grenze von 10% für den Konzern (§ 8a Abs. 1 Satz 1 und 4 KAGG).[177]

Für den Anleger sind steuerliche Vorteile bei einer Anlage in Beteiligungsfonds im **59**
Rahmen der Vermögensbildung vorgesehen (§ 2 Abs. 1 Nr. 2 Buchst. d des 5. VermBG, § 19a Abs. 3 Nr. 5 EStG; s. Rdnr. 220, 224). Hierdurch ist eine interessante Kombination dergestalt möglich, daß ein Unternehmen seinen Arbeitnehmern steuerbegünstigt den Erwerb von Anteilscheinen an einem Beteiligungs-Sondervermögen gemäß § 19a EStG anbietet und im Gegenzug das Unternehmen und die KAG eine stille Beteiligung in Höhe der von den Arbeitnehmern erworbenen Anteilscheine vereinbaren.[178] Der Kreis der Anleger ist nicht auf den kleinen Geldgeber beschränkt. Aufgrund der Ergänzung des § 54a Abs. 2 Nr. 13 VAG durch Art. 6 des Zweiten Vermögensbeteiligungsgesetzes v. 19. 12. 1986[179] können Versicherungsgesellschaften ihr gebundenes Vermögen auch in Beteiligungs-Sondervermögen anlegen und sich damit indirekt an mittelständischen, nicht emissionsfähigen Unternehmen beteiligen.

Die durch das Zweite Vermögensbeteiligungsgesetz ermöglichten Beteiligungsfonds ha- **60**
ben eine Parallele in den **Unternehmensbeteiligungsgesellschaften (UBG)** (dazu ausführlich unten § 27 Rdnr. 60ff.). Der notwendige Organisationsrahmen und die Anforderungen an ihre Tätigkeit sind im Gesetz über Unternehmensbeteiligungsgesellschaften – UBGG – v. 17. 12. 1986[180] festgelegt. Das UBGG wurde geändert durch Art. 9 des 2. FMFG[181] sowie Art. 50 EGInsO vom 5. 10. 1994.[182] Die UBG ist von der Vermögensteuer (§ 3 Nr. 19 VStG) und Gewerbesteuer (§ 3 Nr. 23 GewStG) befreit. Sie darf nur in der Rechtsform einer AG betrieben werden (§ 2 Abs. 1 UBGG). Die Anteilinhaber sind folglich an ihr als Aktionäre beteiligt. Der Erwerb der Aktien von UBG durch Investmentfonds ist unter den Voraussetzungen des KAGG zulässig. Eine UBG darf im wesentlichen nur Aktien von Unternehmen mit Sitz oder Geschäftsleitung in der EG/dem EWR, deren Anteile im Zeitpunkt des Erwerbs weder an einer Börse zum amtlichen Handel zugelassen sind noch in einen organisierten Markt einbezogen sind, ferner GmbH-Anteile, Kommanditanteile sowie Beteiligungen als stiller Gesellschafter an entsprechenden Unternehmen erwerben (§ 2 Abs. 2, § 3 UBGG). Anteile oder stille Beteiligungen können eingeschränkt auch i. S. einer „Nachpflege" an ehemaligen Beteiligungsunternehmen, ferner bis 20% der Bilanzsumme der UBG an Drittstaatenunternehmen erworben werden (§ 3 Abs. 1 Satz 1 Nr. 6 und Satz 3 UBGG). Die UBG darf nur Minderheitsbeteiligungen halten und soll Anteile oder stille Beteiligungen an mindestens 10 Unternehmen besitzen. Der Buchwert der Beteiligung an einem Unternehmen darf sich einschließlich bereits gehaltener Beteiligungen auf nicht mehr als 20% der Bilanzsumme der UBG belaufen (§ 4 UBGG).

---

[177] Dazu Investment-Handbuch/*Beckmann* 425, § 25b Rdnr. 19.
[178] *Schardt* DB 1987, Beilage 19, S. 15.
[179] BGBl. I 2595, 2608.
[180] BGBl. I 2488 – dazu *Scholtz,* Festschrift für Döllerer, S. 555f.; *Menzel* WM 1987, 705.
[181] BGBl. I 1749, 1780.
[182] BGBl. I 2911, 2936.

61 Sowohl die Beteiligungsfonds als auch die UBG sollen auf marktwirtschaftlicher Basis ordnungspolitische Konflikte lösen. Diese bestehen darin, daß einerseits möglichst breite Teile der Bevölkerung am Produktivkapital beteiligt werden sollen, andererseits aber einseitige Zusammenballungen wirtschaftlicher Macht vermieden werden.[183] Bei einem Vergleich zwischen der UBG und dem Beteiligungs-Sondervermögen ist festgestellt worden, daß der Organisationsrahmen der UBG flexibler und kostengünstiger ist. Zur Finanzierung von Innovationen in kleinen und mittleren Unternehmen stellt das UBGG das bessere Instrument dar, da die Verträge der Investmentlösung einen starken Fremdkapitalcharakter besitzen. Zudem eignet sich die Festlegung der Beteiligungs-Sondervermögen auf typische stille Beteiligungen mit möglichst hohen laufenden Gewinnanteilen nicht für alle finanziellen Situationen der Beteiligungsunternehmen.[184] Dem Anlegerschutzprinzip kommt dagegen das Beteiligungs-Sondervermögen entgegen, so daß dort auf Seiten des Anlegers mit einer größeren Akzeptanz gerechnet werden kann. Während eine Reihe von UBG gegründet worden sind, wurde bisher kein Beteiligungs-Sondervermögen aufgelegt. Mit dem BAK wurde der Entwurf von Vertragsbedingungen für Beteiligungs-Sondervermögen bereits erörtert. Der neuralgische Punkt der Bewertung der stillen Beteiligung[185] dürfte auf Grund einer authentischen Interpretation, durch die der Finanzausschuß des BT das „Laux-Modell" in die KAGG-Bewertungsverordnung[186] integriert hat, als überwunden anzusehen sein.[187]

62 **4. Geldmarktfonds (Geldmarkt-Sondervermögen).** Bereits 1988 wurde eine Erweiterung des KAGG um Regelungen für Geldmarkt-Sondervermögen erörtert.[188] Das 1. FMFG, bei dessen Vorbereitung ebenfalls die Zulassung von Geldmarktfonds diskutiert wurde,[189] erweiterte nur allgemein die Möglichkeit der Anlage in liquiden Mitteln. Nach § 8 Abs. 3 KAGG kann ein Anteil von bis zu 49% des Wertes des Sondervermögens in Bankguthaben oder in näher bezeichneten Geldmarktpapieren angelegt werden. Dies hatte zur Folge, daß sogen. geldmarktnahe Investmentfonds aufgelegt wurden, die, ebenso wie die bereits seit 1983 bestehenden Kurzläufer-Rentenfonds, außer in Bankguthaben und in Geldmarktpapieren in Wertpapieren mit kürzeren Laufzeiten oder mit kurzen Restlaufzeiten sowie in die durch das 1. FMFG nach § 8 Abs. 2 Nr. 1 KAGG als nicht-notierte Wertpapiere bis zu 10% für den Erwerb zugelassenen Commercial Paper investieren.[190]

---

[183] *Scholtz,* Festschrift für Döllerer, S. 556; Hinweis auf das „Tariffonds-Konzept" in: BT-Drucks. 10/474, das die Schaffung von Arbeitnehmerbeteiligungsgesellschaften in der Rechtsform der AG vorsah; *Hesse* DB 1986, 1210; kritisch zum Tariffonds-Konzept *Immenga,* Investmentprinzip, S. 28; *Lütgerath,* Anlagekatalog, S. 146.

[184] *Bilstein,* Festschrift Wöhe, S. 70.

[185] Zu dem neuralgischen Punkt der Bewertung s. *Scholtz,* Festschrift für Döllerer, S. 559; *Schneider* BB 1985, 16; *Bering* VW 1987, 973, Begr. RegEntw. – BT-Drucks. 10/5981, 33 ff.; Schriftl. Bericht des Ausschusses für Arbeit und Sozialordnung, BT-Drucks. 10/6462, 9 u. 11 f.; *Laux* DB 1985, 849; s. a. den Entwurf der Verordnung über die Bewertung stiller Beteiligungen gem. § 25 d Abs. 3 des Gesetzes über Kapitalanlagegesellschaften (KAGG-Bewertungsverordnung), BR-Drucks. 117/88 v. 10. 3. 1988; *Laux,* KAGG-Bewertungsverordnung – ein kritischer Beitrag, Die Bank 1989, 515.

[186] Verordnung über die Bewertung stiller Beteiligungen gemäß § 25 a Abs. 3 des Gesetzes über Kapitalanlagegesellschaften (KAGG-Bewertungsverordung) vom 14. 12. 1988 (BGBl. I 2237).

[187] Vgl. BT-Drucks. 11/6262, S. 29; BVI, Jahrbuch Investment 1990, S. 29; a. A. BFM.

[188] S. Entwurf des Landes Niedersachsen für ein Gesetz zur Änderung des Gesetzes über Kapitalanlagegesellschaften, BR-Drucks. 199/88 vom 2. 5. 1988; zu Geldmarktfonds s. auch *Behrenwaldt,* Geldmarktfonds in Europa, Die Bank 1991, 305; *Büschgen,* Geldmarktfonds, ZfK 1986, 990 und 1036; *Gerke/Schöner,* Interessengegensätze bei der Zulassung von Geldmarktfonds, ZfK 1989, 1045; *Hesse,* Gesetzesinitiative Geldmarktfonds, DB 1988, 1149; *Laux,* Geldmarktfonds in Europa ZfK 1988, 330; *Mansfeld,* Geldmarktfonds, 1989; *Pelzl/Betz,* Beurteilung von Geldmarktfonds, 1989; *Remsperger/Angenendt,* Geldmarktfonds und Geldpolitik, in: Zeyer (Hrsg.), Infestmentfonds-Management, 1993, S. 201; *Schneider,* Geldmarktfonds, 1987.

[189] Vgl. Vorauflage § 18 Rdnr. 64.

[190] BVI, Jahrbuch Investment 1991, 56 f.

Nachdem Anfang 1994 die BBk. trotz fortbestehender Vorbehalte ihren Widerstand gegen die Einführung von Geldmarktfonds aufgegeben hatte, beschloß der federführende Finanzausschuß des BT am 20. 4. 1994, im Rahmen des 2. FMFG die gesetzlichen Voraussetzungen für die Zulassung von Geldmarktfonds zu schaffen, einschließlich der sog. Cash-Fonds, die bis zu 100% in Bankguthaben anlegen. Für Geldmarktfonds gilt der durch das 2. FMFG in das KAGG eingefügte Zweite Abschnitt (§§ 7 a bis 7 d KAGG) sowie der 1. Titel des Sechsten Abschnittes (§§ 37 a, 37 b KAGG). Ebenso wie im Fall der offenen Immobilienfonds und der Beteiligungsfonds finden die Vorschriften für Wertpapierfonds sinngemäß Anwendung (§ 7 a Abs. 1 und § 37 a KAGG).

Die Zulassung von Geldmarktfonds eröffnet auch jenen Anlegern den Zugang zum 63
Geldmarkt, die die Mindestbeträge für eine Direktanlage nicht aufbringen können. Dem Erwerber von Geldmarktfondsanteilen wird die zeit- und kostenaufwendige Aufgabe der ständigen intensiven Überwachung der eingegangenen direkten Engagements am Geldmarkt – Anlage- und Wiederanlageentscheidung, Zinsgutschrift und Fälligkeitsüberwachung –, abgenommen. Die Aufgabe der Geldmarktfonds besteht darin, bei geringerem Kapitalrisiko und Aufrechterhaltung einer hohen Liquidität, die Zinseinnahmen der Anleger zu maximieren.[191] Auch wenn nur Geldmarktpapiere mit kurzen Laufzeiten erworben werden, bleibt ein Ausstellerrisiko und bei stark schwankendem Geldmarktzins ein Kapitalrisiko. Da es teilweise, auch mit Rücksicht auf die ablehnende Haltung der BBk., nicht in ausreichendem Maße kurzfristige inländische Staatstitel gab, erfolgte die Anlage außer in Bankguthaben auch in Commercial Paper, Floating Rate Notes, Certificates of Deposit, Schuldscheindarlehen und Restläufer.[192] Seit Juli 1996 werden 6-monatige Bubills begeben.

Nach der Definition des Geldmarkt-Sondervermögens in § 7 a Abs. 1 KAGG be- 64
steht dieses aus Geldmarktinstrumenten und Bankguthaben. Die anteilmäßige Beschränkung der Anlagewerte im Hinblick auf das Fondsvermögen ist bei staatlichen Ausstellern, bei staatlich garantierten Geldmarktinstrumenten und bei Kreditinstituten als Aussteller weitgehend aufgehoben (§ 7 b Abs. 1 und § 7 c Abs. 1 KAGG). Beschränkungen gelten bei Unternehmen. Unternehmen als Aussteller von Geldmarktinstrumenten, den Commercial Paper, müssen entweder mit Wertpapieren an einer inländischen oder ausländischen Börse zum amtlichen Handel zugelassen sein oder über ein Eigenkapital von mindestens 10 Mio. DM verfügen. Soweit nur letzteres zutrifft, gelten Beschränkungen von 5% je Aussteller (Schuldner) und bei solchen mit einem niedrigeren Eigenkapital als 50 Mio. DM von 1% des Fondsvermögens. Außerdem darf in den vorgenannten Fällen in Geldmarktinstrumenten nur bei zu 15% des Wertes des Geldmarktfonds angelegt werden.

Als Geldmarktinstrumente bezeichnet das Gesetz kurzlaufende verzinsliche Wertpapiere 64 a
oder Schuldscheindarlehen. Es kann sich dabei um solche mit fester Laufzeit handeln. In diesem Fall darf die Laufzeit/Restlaufzeit im Zeitpunkt des Erwerbs nicht mehr als 12 Monate betragen. Bei Wertpapieren, deren Verzinsung regelmäßig angepaßt wird (Floater), ebenso bei Schuldscheindarlehen, muß diese Zinsanpassung mindestens alle 12 Monate marktgerecht erfolgen (§ 7 a Abs. 2 KAGG). Bei Bankguthaben beträgt die maximale Laufzeit ebenfalls 12 Monate. In Bankguthaben können bis zu 100% des Geldmarktfonds angelegt werden (§ 7 d Abs. 1 Satz 1 KAGG). Die maximale Höhe der Bankguthaben ist in den Vertragsbedingungen anzugeben (§ 7 d Abs. 3 KAGG). Die Bankguthaben brauchen nicht, wie sonst vorgeschrieben (§ 12 a Abs. 1 Satz 3 KAGG),[193] nur auf einem Sperrkonto der Depotbank unterhalten zu werden. Zulässig ist auch die Einrichtung von Sperrkonten bei anderen Kreditinstituten, sofern die Guthaben in vollem Umfang durch eine entsprechende inländische Sicherungseinrichtung in einem EU-/EWR-Staat geschützt sind (§ 7 d Abs. 1 Satz 2).

---

[191] Vgl. BR-Drucks. (Fn. 188), S. 5.

[192] Zur Diskussion um ein Rating der Geldmarktfonds, *Narat* in HB 10./11. 2. 1995, S. 48.

[193] Ausnahme: § 12 a Abs. 3 KAGG.

64b Für die Bewertung von Geldmarkt-Sondervermögen gilt über § 7a der § 21 Abs. 2 bis 4 KAGG sinngemäß.[194] Zu unterscheiden ist zwischen der Bewertung der Geldmarktinstrumente und der Bankguthaben. Geldmarktinstrumente sind als Wertpapiere grundsätzlich mit dem Kurswert zu bewerten. Bei nicht realistischen Börsenkursen duldet das BAK eine Bewertung nach dem Marktkurs, der anhand der Laufzeit und der Rendite errechnet wird. Dies erfordert eine Erläuterung im Prüfungsbericht durch den Abschlußprüfer. Eine Bewertungsregelung für Bankguthaben fehlt. Es gilt grundsätzlich der Nominalwert. Soweit Festgelder vorzeitig kündbar sind und die Rückzahlung bei der Kündigung zum Renditekurs erfolgt, ist eine Renditebewertung vorzunehmen. Auch bei nicht kündbaren Festgeldern und volatilen Geldmärkten entspricht nur eine Bewertung nach Marktsätzen dem Anlegerinteresse.[195] Mit Rücksicht auf die zweitägige Valutierungspraxis bei Ausgabe und Rücknahme von Anteilscheinen wird bei Geldmarkt-Sondervermögen, deren Anteilscheinausgabe ohne Ausgabeaufschlag erfolgt, die Anteilspreisberechnung unter Hinzurechnung künftiger Zinsen und Zinsbestandsteile bis einschließlich des Kalendertages vor dem Valutatag vorgenommen.[196]

IV. Vertragliche Organisation des Investmentgeschäftes

65 **1. Gesellschaftsvertrag (Satzung) der Kapitalanlagegesellschaft.** Als Rechtsform der KAG ist zwingend die Gesellschaftsform der Aktiengesellschaft **(AG)** oder der Gesellschaft mit beschränkter Haftung **(GmbH)** vorgeschrieben (§ 1 Abs. 3 KAGG). Mit Ausnahme einer Immobilien-KAG, die bereits vor Einbeziehung der offenen Immobilienfonds in das KAGG die Rechtsform der AG besaß, sowie einer Wertpapier-KAG sind alle deutschen Investmentgesellschaften in der Rechtsform der GmbH organisiert. Hierfür sprechen praktische Gründe. Die KAG sind überwiegend von Kreditinstituten gegründet worden. Eine Streuung des Gesellschaftskapitals außerhalb der Gründungsgesellschafter ist nicht beabsichtigt. Der enge Gesellschafterkreis und die bei der AG bisher ausnahmslos erforderliche Aufnahme von Arbeitnehmervertretern in den Aufsichtsrat bei einem in der Regel kleinen Mitarbeiterkreis und den speziellen Aufgaben des Aufsichtsrates, der sowohl die Interessen der Gesellschafter als auch der Anleger wahrzunehmen hat (s. Rdnr. 102 und 114), empfehlen nicht die Rechtsform der AG.[197]

66 Bei der Ausgestaltung des Gesellschaftsvertrages (GmbH) oder der Satzung (AG) sind zunächst die allgemeinen Regeln des GmbHG oder des AktG zu beachten. Auf die entsprechenden Kommentierungen und Vertragsmuster wird verwiesen.[198]

67 Im Gesellschaftsvertrag (Satzung) werden zweckmäßigerweise folgende Punkte geregelt.

§ 1 Firma und Sitz
§ 2 Gegenstand des Unternehmens (s. Rdnr. 72)
§ 3 Dauer und Geschäftsjahr

---

[194] Vgl. § 8 Abs. 1 Mustervertragsbedingungen, Allgemeine Vertragsbedingungen der Geldmarkt-Sondervermögen.

[195] Hinzuweisen ist auf die nach § 7a KAGG nur sinngemäße Anwendung der Bewertungsgrundsätze in § 21 Abs. 2 bis 4 KAGG.

[196] Zustimmendes Schreiben des BAK vom 4. 12. 1995.

[197] Art. 2 des Gesetzes für kleine Aktiengesellschaften und zur Deregulierung des Aktienrechts vom 2. 8. 1994 (BGBl. I 1961, 1962) änderte § 76 Abs. 6 BetrVerfG dahin, daß bei weniger als 500 Arbeitnehmern in den Fällen von Neugründungen die Verpflichtung entfallen ist, daß der Aufsichtsrat zu einem Drittel aus Vertretern der Arbeitnehmer besteht.

[198] Vgl. u. a. Münchener Vertragshandbuch, Band 1, Gesellschaftsrecht, 1985, S. 293 ff., 555 ff.; Münchener Handbuch des Gesellschaftsrechts, Band 3, Gesellschaft mit beschränkter Haftung, 1996, §§ 18 ff.; *Schachner,* Rechtsformularbuch für das Unternehmen, 1987, S. 69 ff. (GmbH); *Baumbach/Hueck,* GmbH-Gesetz, 16. Aufl., 1996; *Meyer-Landrut/Miller/Niehus,* Gesetz betreffend die Gesellschaften mit beschränkter Haftung (GmbHG) einschließlich Rechnungslegung, 1987; Kölner Kommentar zum AktG 1985.

§ 4 Bekanntmachungen
§ 5 Stammkapital (s. Rdnr. 73 und 98)
§ 6 Veräußerung, Teilung, Belastung und Einziehung von Geschäftsanteilen (s. Rdnr. 68)
§ 7 Organe
§ 8 Zusammensetzung der Geschäftsführung und Vertretung der Gesellschaft
§ 9 Zahl und Wahl der Aufsichtsratsmitglieder (s. Rdnr. 102 und 114 ff.)
§ 10 Vorsitz im Aufsichtsrat
§ 11 Einberufung, Beschlüsse und Ausschüsse des Aufsichtsrates
§ 12 Rechte und Pflichten des Aufsichtsrates
§ 13 Anwendung aktienrechtlicher Vorschriften
§ 14 Gesellschafterversammlung und Gesellschafterbeschlüsse
§ 15 Zuständigkeit der Gesellschafterversammlung
§ 16 Jahresabschluß und Ergebnisverwendung

Die Übertragung von Aktien (Geschäftsanteilen) einer KAG ist zustimmungspflichtig (Vorstand oder Geschäftsführer, s. § 1 Abs. 5 KAGG). Nur bei der **Rechtsform der GmbH** kann bei entsprechender Regelung im Gesellschaftsvertrag die Zustimmung statt durch die Geschäftsführung auch durch ein anderes Organ (Aufsichtsrat, Gesellschafterversammlung) vorgesehen sein. 68

Durch § 3 KAGG ist bei der GmbH ein **Aufsichtsrat** zwingend vorgeschrieben. Anders als bei fakultativen GmbH-Aufsichtsräten sind bestimmte, in § 3 KAGG genannte Bestimmungen des AktG anzuwenden (vgl. auch Rdnr. 115). Die Mitglieder des Aufsichtsrates werden von der Gesellschafterversammlung gewählt (§ 101 AktG). Die Amtszeit beträgt vier Jahre (§ 102 Abs. 1 AktG). Änderungen sind bekanntzumachen (§ 106 AktG). Der Aufsichtsrat hat einen Vorsitzenden und mindestens einen Stellvertreter zu wählen (§ 107 Abs. 1 AktG). Der Aufsichtsrat besteht aus mindestens drei Mitgliedern. Die Zahl der Mitglieder muß durch drei teilbar sein (§ 95 Abs. 1 AktG). 69

Der Aufsichtsrat ist beschlußfähig, wenn mindestens die Hälfte der Mitglieder, mindestens jedoch drei, an der Beschlußfassung teilnehmen (§ 108 Abs. 2 AktG). Der Aufsichtsrat muß einmal im Kalenderhalbjahr zu einer Sitzung einberufen werden (§ 110 Abs. 3 KAGG). Soweit nicht auf Bestimmungen des AktG in § 3 KAGG Bezug genommen ist, hat der Aufsichtsrat der KAG in der Rechtsform der GmbH keine ihm sonst im AktG zugewiesenen Aufgaben, es sei denn, daß sie ihm durch den Gesellschaftsvertrag zugewiesen sind. Da auf § 84 AktG nicht Bezug genommen ist, werden bei fehlender Bestimmung im Gesellschaftsvertrag die Geschäftsführer durch die Gesellschafterversammlung bestellt (§ 46 Nr. 5 GmbHG). 70

Bei der Satzung einer KAG in der **Rechtsform der AG** sind außer den allgemeinen Bestimmungen des AktG der § 1 Abs. 4 KAGG (es werden zwingend Namensaktien vorgeschrieben, um für das BAK erkennbar zu machen, wer Gesellschafter ist) und der § 1 Abs. 5 KAGG (Zustimmungserfordernis bei Übertragung von Aktien der KAG; die Zustimmung erteilt der Vorstand) zu beachten. 71

Das KAGG stellt an den Gesellschaftsvertrag (Satzung) allgemein die Anforderung, vorzusehen, daß nur die Investmentgeschäfte i. S. des § 1 Abs. 1 KAGG und im übrigen nur Geschäfte betrieben werden, die zur Anlage des eigenen Vermögens der KAG erforderlich sind, sowie die mit den Investmentgeschäften unmittelbar verbundenen Nebentätigkeiten (§ 2 Abs. 2 Buchst. c KAGG). Die Nebentätigkeiten sind nicht detailliert genannt, obwohl dies wünschenswert wäre. Dazu gehören mindestens die bisher anerkannten Hilfstätigkeiten, wie die Führung von Kundendepots bzw. Anlagekonten über Investmentanteilscheine eigener Fonds (str. ist dies hinsichtlich fremder Fonds außer in den Fällen 100%iger Tochtergesellschaften der KAG) und die durch die Vertragsabwicklung von Investmentkonten bedingte Entgegennahme von Anlagegeldern. Als zulässige Nebentätigkeiten sind ferner anerkannt die Vermietung freier Computer-Kapazitäten, die Beteiligung an Unternehmen, die investmentspezifische Software entwickeln oder vertreiben und die Beteiligung an an- 72 deren Investmentgesellschaften mit Sitz in einem EU-Staat (dies ist vor allem bei Luxemburger Investmentgesellschaften geschehen). In den Gesellschaftsverträgen (Satzungen) der KAG wird bei Festlegung des Gegenstandes des Unternehmens der Wortlaut des § 1 Abs. 1 KAGG wiederholt, jeweils verbunden mit dem Hinweis, daß Geldmarkt-Sondervermögen, Wertpapier-Sondervermögen, Beteiligungs-Sondervermögen oder Grundstücks-Sondervermögen oder auch eine Kombination dieser Sondervermögen verwaltet werden. Daneben kann die Satzung einen Hinweis darauf erhalten, ob sich die KAG bei ihrem Angebot an das allgemeine Publikum wendet oder, wie im Fall der Spezialfonds (s. Rdnr. 225 ff.), nur an einen bestimmten Anlegerkreis.

73 Bei den Angaben über die **Höhe des Gesellschaftskapitals** im Gesellschaftsvertrag ist zu berücksichtigen, daß durch § 2 Abs. 2 Buchst. a KAGG ein voll eingezahltes Mindestnennkapital von 5 Mio. DM vorgeschrieben ist.

74 Die Aufnahme des Investmentgeschäftes bedarf der schriftlichen Erlaubnis des BAK (§§ 32 Abs. 1 i. V. m. 1 Abs. 1 Nr. 6 KWG). Mit dem Antrag auf Erlaubniserteilung ist u. a. der Gesellschaftsvertrag (die Satzung) dem BAK einzureichen. Da dieses Änderungen verlangen kann, empfiehlt es sich, bereits den Entwurf mit dem BAK abzustimmen.

75 **2. Vertragsbedingungen der Investmentfonds (Sondervermögen) und Sondervereinbarungen.** Das Rechtsverhältnis zwischen der KAG und den Anlegern wird bestimmt durch das allgemeine Vertragsrecht, durch die Spezialvorschriften des KAG und die Vertragsbedingungen. Die Vertragsbedingungen sind vor Ausgabe der Anteilscheine schriftlich festzulegen (§ 15 Abs. 1 KAGG). Sie bedürfen ebenso wie deren Änderung, sofern es sich nicht um einen Spezialfond handelt (s. Rdnr. 225 ff.), der Genehmigung des BAK (§ 15 Abs. 2 Satz 1 KAGG). Mit Rücksicht auf diese Genehmigung werden die Vertragsbedingungen auch ohne eine ausdrückliche Vereinbarung Gegenstand des Investmentvertrags.[199] Der Mindestinhalt der Vertragsbedingungen für Wertpapier-Sondervermögen wird in § 15 Abs. 3 KAGG vorgeschrieben. Dies gilt entsprechend für Geldmarkt-Sondervermögen (§ 7 a Abs. 1 KAGG) mit der Ergänzung in § 7 d Abs. 3 (Angabe des Höchstbetrages der Anlage in Bankguthaben), für Beteiligungs-Sondervermögen (§ 25 a KAGG) mit der Ergänzung durch § 25 j Abs. 1 KAGG (Angaben, welche Informations-, Kontroll- und Zustimmungsrechte die KAG in allen Beteiligungsverträgen vereinbaren wird), ferner für Grundstücks-Sondervermögen (§ 26 KAGG) mit Ergänzungen, die teils Mindestanforderungen enthalten, teils für bestimmte Rechtshandlungen voraussetzen, daß sie in den Vertragsbedingungen genannt werden, durch § 27 Abs. 2 KAGG (Erwerb bestimmter Grundstücksrechte und ausländischer Grundstücke außerhalb der EG/des EWR nur zulässig, wenn dies in den Vertragsbedingungen vorgesehen ist), § 32 Abs. 1 KAG (Zuständigkeit des Sachverständigenausschusses für Bewertung in bestimmten Fällen durch Regelung in den Vertragsbedingungen, soweit sich seine Zuständigkeit nicht schon aus dem Gesetz ergibt), § 33 KAGG (Anforderungen an die Regelungen zur Ertragsverwendung), § 36 Satz 1 und 4 KAGG (Frist zur Verweigerung der Rückzahlung, Verlängerung der Rücknahmefrist auf 2 Jahre), § 37 Abs. 1 KAGG (Zulässigkeit der Veräußerung von Liegenschaften), § 37 Abs. 4 KAGG (Zulässigkeit der Belastung von Liegenschaften).

76 *a) Mustervertragsbedingungen.* Für Geldmarkt-Sondervermögen, Wertpapier-Sondervermögen und Grundstücks-Sondervermögen haben sich aus der Genehmigungspraxis des BAK und den Erörterungen zwischen dem BVI und dem BAK Mustervertragsbedingungen entwickelt. Soweit es sich um Vertragsbedingungen von Investmentfonds handelt, in denen private Versicherungsunternehmen oder Träger der Sozialversicherungen anlegen, waren an der Entwicklung der Mustervertragsbedingungen auch das Bundesaufsichtsamt für das Versicherungswesen, der Gesamtverband der Deutschen Versicherungswirtschaft e. V. und ggfs. das Bundesversicherungsamt beteiligt. Diese Mustervertragsbedingungen sind nicht verbindlich. Nach Änderung des KAGG durch das 1. FMFG und

---

[199] S. die Ausnahmevorschrift in § 23 Abs. 3 AGBG.

2. FMFG wurden, vor allem um die zusätzlichen Geschäftsmöglichkeiten wahrnehmen zu können und zur vereinfachten Anpassung, die Mustervertragsbedingungen neu gefaßt, nachdem entsprechende Konsultationen vorausgegangen waren. Die Mustervertragsbedingungen gliedern sich jeweils in Allgemeine Vertragsbedingungen, die für alle Fonds einer bestimmten Gattung derselben KAG gleich sind und in Besondere Vertragsbedingungen, für die bestimmte Bausteine entwickelt wurden.[200] I. e. wurden Mustervertragsbedingungen für Geldmarktfonds, für Wertpapier-Publikums- und -Spezialfonds, für Wertpapier-Spezialfonds für das gebundene Vermögen von Versicherungsgesellschaften, für Wertpapier- und für Geldmarkt-Spezialfonds für Sozialversicherungsträger, für Immobilienfonds, ferner für Hypothekenbanken-Spezialfonds gem. § 5 Abs. 3 Nr. 5 HypBG und für Bausparkassen-Spezialfonds gem. § 4 Abs. 3 Nr. 7 BSG entwickelt.

Einen Entwurf für Mustervertragsbedingungen für Beteiligungs-Sondervermögen hat der BVI ebenfalls vorgelegt. Das BAK hat jedoch die Absicht geäußert, mit interessierten KAG zunächst bilateral Vertragsbedingungen zu entwickeln.[201] 77

b) Rechtsnatur der Vertragsbedingungen. Seiner Rechtsnatur nach ist der Investmentvertrag ein **Geschäftsbesorgungsvertrag** i. S. von § 675 BGB, der auf eine Dienstleistung i. S. der §§ 611 ff. BGB gerichtet ist.[202] Mit Rücksicht auf die weitgehende Ausgestaltung des Vertragsverhältnisses durch die Vertragsbedingungen haben die §§ 611 ff. BGB nur subsidiäre Bedeutung. Anwendbar ist z. B. § 663 BGB, der die KAG verpflichtet, einem interessierten Anleger unverzüglich Mitteilung zu machen, falls keine Fondsanteile mehr ausgegeben werden.[203] Der Investmentvertrag ist zusätzlich geprägt durch das Treuhandverhältnis. Es handelt sich um eine Verwaltungstreuhand, da die KAG ihre Sondervermögen ausschließlich zum Zwecke der Verwaltung fremden Kapitals auflegt. Da der Treuhandvertrag ohnehin unter § 675 BGB fällt, ändert sich dadurch an der rechtlichen Qualifikation des Investmentvertrages nichts.[204] Der Investmentvertrag trägt keine kaufrechtlichen Züge. Der vom Anleger zu entrichtende Ausgabepreis ist ein Vorschuß i. S. von §§ 675, 669 BGB bzw. ein Aufwendungsersatz i. S. von §§ 670, 675 BGB für die Werte, die mit Hilfe seiner Einlage anzuschaffen sind; zugleich handelt es sich um den Beitrag des Anlegers zu dem Sondervermögen, da das von ihm gezahlte Geld gemäß § 6 Abs. 1 KAGG ipso iure Bestandteil des Sondervermögens wird.[205] Rechtlich anders zu beurteilen ist der Zweiterwerb eines bereits begebenen Anteils; diesem liegt ein Kaufvertrag zugrunde.[206] 78

c) Sondervereinbarungen mit Anlegern. In den Fällen der Spezialfonds (s. Rdnr. 225 ff.) war es üblich und ist durch die Definition des Spezialfonds in § 1 Abs. 2 i. d. F. des 1. FMFG praktisch vorgeschrieben, die Vertragsbedingungen durch Sondervereinbarungen mit den institutionellen Anlegern (Versicherungsgesellschaften, Pensionskassen u. a.) zu ergänzen. In diesen Sondervereinbarungen regeln KAG und Anleger solche Punkte, die in dem auf Publikumsfonds konzipierten KAGG keine den besonderen Bedürfnissen der Spezialfonds entsprechende Regelung erfahren haben. Die Entscheidung, ob einzelne Bestimmungen des KAGG dispositiver Natur sind, ist durch die Deregulierung im Rahmen des 1. FMFG 79

---

200 Texte unter Berücksichtigung des 1. FMFG in: Investment-Handbuch, 425 Anhang 1, 2 und 3 zu § 15; *Päsler,* Handbuch des Investmentsparens, S. 269 ff; unter Berücksichtigung des 2. FMFG bei *Baur,* Investmentgesetze, 2. Aufl. 1996, Anhang Nr. 1 ff.

201 Text bei *Päsler* (Fn. 200), S. 321; *Baur* (Fn. 200), Anhang Nr. 6.

202 *Geßler* WM 1957, Sonderbeilage Nr. 4, S. 20; *Schäcker,* Investmentsparen, S. 56 f.; *Reuter,* Investmentfonds, S. 109; *Weigel,* Inhaber von Anteilen, S. 94; *Baur,* Investmentgesetze, S. 202 m. w. N.; *Schönle,* Bank- und Börsenrecht, § 24 I 1; *Canaris,* Bankvertragsrecht, Rdnr. 2352.; Investment-Handbuch/*Beckmann* 425, § 15 Rdnr. 1.

203 Vgl. *Schäcker,* Investmentsparen, S. 57 f.; *Baur,* Investmentgesetze, S. 202; teilw. entsprechend § 11 Abs. 2 Satz 5 KAGG.

204 *Canaris,* Bankvertragsrecht, Rdnr. 2352.

205 *Canaris,* Bankvertragsrecht, Rdnr. 2354; *Reuter,* Investmentfonds, S. 108; *Klenk,* Investmentanteil, S. 12; a. A. *Gericke* DB 1959, 1277.

206 *Canaris,* Bankvertragsrecht, Rdnr. 2354.

(s. unten Rdnr. 229) erleichtert worden. Gegenstand solcher Sondervereinbarungen sind Verpflichtungen zur Übernahme von Anteilen durch den Anleger, die frühzeitige Ankündigung von Rückgaben, die Regelung der Kündigung der Verwaltung des Sondervermögens durch die KAG, die Verpflichtung, das Sondervermögen ggf. auf eine andere KAG zu übertragen, die Sachauskehrung,[207] die Einrichtung und Zusammensetzung des Anlageausschusses und dessen Aufgaben (Anlageempfehlung und Kontrolle, jedoch ohne Bindung der Geschäftsführung der KAG).[208] In diese Sondervereinbarung ist nach Änderung des KAGG durch das 1. FMFG, das in § 1 Abs. 2 KAGG eine Rechtsgrundlage für Spezialfondsgesellschaften hat, die Bestimmung aufzunehmen, daß die Anteilscheine nur mit Zustimmung der KAG von den Anteilinhaber übertragen werden dürfen (§ 1 Abs. 2 Satz 2 KAGG).

80 **3. Vereinbarungen mit der Depotbank.** Die Aufgaben der Depotbank werden in vielen Punkten bereits durch das KAGG festgelegt. Ergänzend lassen sich die Tätigkeiten der Depotbank im Rahmen von Vereinbarungen regeln. Grundlage bildet zumeist der zwischen der KAG und der Depotbank geschlossene **Depotbankvertrag,** der durch eine Kostenvereinbarung, Arbeitsanweisungen, welche die praktische Durchführung des Depotbankvertrages regeln, und eine Zahlstellenvereinbarung ergänzt wird. Letzterer Vertrag kann auch mit weiteren Kreditinstituten geschlossen werden, die Zahlstellenfunktionen übernommen haben (dazu Rdnr. 86). Bei Geldmarktfonds, die Guthaben auf Sperrkonten bei anderen Kreditinstituten als die Depotbank unterhalten (s. § 7 d Abs. 1 Satz 2 KAGG) bedarf es einer entsprechenden Sperrkontovereinbarung der KAG mit dem betreffenden Kreditinstitut. Diese bedarf der Zustimmung der Depotbank (§ 7 d Abs. 2 Satz 1 KAGG). Bereits anläßlich der Genehmigung der Vertragsbedingungen sind dem BAK die genannten Vereinbarungen mit Ausnahme der Arbeitsanweisungen vorzulegen. Von den Vertragstexten und ihren Änderungen sind Kopien dem BAK und der zuständigen LZB unverzüglich einzureichen.[209]

81 Die gesetzlichen Aufgaben der Depotbank werden für alle Investmentfonds umschrieben mit der Verwahrung von Sondervermögen sowie der Ausgabe und Rücknahme von Anteilscheinen (§ 12 Abs. 1 Satz 1 KAGG). Dies wird für Geldmarkt-Sondervermögen ergänzt durch die Verpflichtung, daß die Anlagen von Mitteln des Sondervermögens in Bankguthaben sowie diesbezügliche Verfügungen der Zustimmung der Depotbank bedürfen, bei Beteiligungs-Sondervermögen wird dies ergänzt durch die Aufgabe, den Bestand an stillen Beteiligungen laufend zu überwachen und die stille Beteiligung zu bewerten (§ 25 g Abs. 1 Satz 1 KAGG). Bei Grundstücks-Sondervermögen wird die zusätzliche Aufgabe dahin umschrieben, daß die Depotbank mit der laufenden Überwachung des Bestandes an Grundstücken neben den sonst üblichen Aufgaben der Depotbank von der KAG zu beauftragen ist (§ 31 Abs. 1 KAGG).

82 *a) Depotbankvertrag.* Es hat sich als zweckmäßig erwiesen, im Rahmen des Depotbankvertrages, der durch Arbeitsanweisungen ergänzt werden kann, folgende Bereiche anzusprechen:

(1) Aufgabenbereiche für alle Fondsarten

– Ausgabe und Rücknahme von Anteilscheinen (§ 12 Abs. 1 Satz 1, § 12 a Abs. 1 Satz 3, Abs. 2, § 12 b Nr. 1, §§ 21, 25 h, 31 Abs. 1 und 7 KAGG)
– Unterzeichnung der Anteilscheine (§ 18 Abs. 1 Satz 4 KAGG)
– Bewertung des Sondervermögens einschl. von Optionsrechten und Zurechnung geleisteter Einschüsse und Berechnung der Ausgabe- und Rücknahmepreise (§ 12 b Nr. 1, § 21 Abs. 2, 4 und 6, § 25 g Abs. 1 KAGG)

---

[207] Dazu *von Gronau,* Spezialfonds, S. 124 ff.

[208] Zur Problematik s. Steiner/Kronschröder/*Bierbaum,* Vermögensanlage durch Spezialfonds aus der Sicht der Versicherungswirtschaft: Praktische Erfahrungen der jüngsten Vergangenheit, S. 348 f.

[209] Dazu Allgemeinverfügung BAK vom 18. 7. 1990 Nr. 1, abgedruckt in: Investment-Handbuch 438 Nr. 54; *Baur,* Investmentgesetze, 2. Aufl. 1996, Anh. § 2 Nr. 2.

- Kontrolle und Mitwirkung bei der Abwicklung der Wertpapiergeschäfte, bei Geschäften in Schuldscheindarlehen, Geldmarktpapieren und bei Wertpapier-Darlehen (§ 12a Abs. 1, 2 und 5, § 12b Nr. 2 KAGG)
- Überwachung der Bestellung und des Vorhandenseins ausreichender Sicherheiten bei Wertpapier-Darlehen (§ 9b Abs. 1 Satz 6 KAGG)
- Zustimmung zur Verfügung über Schuldscheindarlehen (§ 12a Abs. 4 KAGG)
- Kontrolle bei der Abwicklung der Wertpapier-, Devisen-, Devisenterminkontrakt-, Finanzterminkontrakt- und Wertpapierindex-Optionsgeschäfte sowie Devisentermingeschäfte und Finanzterminkontrakte (§ 12a Abs. 1, 2 und 5; s. auch die Unterrichtungspflicht der KAG in § 8d Abs. 5, § 8e Abs. 3, § 8f Abs. 5 KAGG)
- Führung der Sperrkonten und der Sperrdepots (§ 12a Abs. 1, 2 und 3, § 12c Abs. 1, § 25g Abs. 3, § 31 Abs. 6 und 7 KAGG)
- Bestätigung der Vermögensaufstellungen in den auf Anforderung dem BAK und der BBk. einzureichenden Zwischenberichten (§ 24a Abs. 3 Satz 4 a. E. KAGG)[210]
- Rechtsverfolgung und Drittwiderspruchsklage nach § 771 ZPO (§ 12c Abs. 2 KAGG)
- Durchführung der Ausschüttungen (§ 12a Abs. 2 a. E., § 12b Nr. 3, § 31 Abs. 7 Satz 1 KAGG)

(2) Besondere Aufgaben für Geldmarktfonds

- Zustimmung zur Anlage in Bankguthaben sowie zu Verfügungen über zu Geldmarkt-Sondervermögen gehörenden Bankguthaben (§ 7d Abs. 2 KAGG)

(3) Besondere Aufgaben für Beteiligungsfonds 83

- Überwachung, daß die Regelungen des Beteiligungsvertrages dem § 25c Abs. 1 Satz 1 KAGG entsprechen (§ 25c Abs. 1 Satz 2 KAGG)
- Kontrolle beim Erwerb der stillen Beteiligung (§ 12a Abs. 2 i. V. m. § 25a, 25b Abs. 1 Nr. 2 KAGG)
- Überwachung des Bestandes an stillen Beteiligungen und Bewertung der stillen Beteiligungen (§ 25g Abs. 1 i. V. m. § 25d KAGG)
- Zustimmung zu Verfügungen über stille Beteiligungen und zu Änderungen des Beteiligungsvertrages (§ 25g Abs. 2 KAGG)

(4) Besondere Aufgaben für offene Immobilienfonds 84

- Kontrolle beim Erwerb von Grundstücken und grundstücksgleichen Rechten (§ 12a Abs. 2 i. V. m. §§ 26, 27 Abs. 1 bis 4)
- Überwachung der Eintragung der Verfügungsbeschränkung nach § 31 Abs. 2 Satz 1 KAGG (§ 31 Abs. 4 Satz 2 KAGG)
- Zustimmung zu Verfügungen über zum Grundstücks-Sondervermögen gehörende Gegenstände nach § 27 Abs. 1 und 2 KAGG (§ 31 Abs. 2 Satz 1 KAGG)
- Geltendmachung von Ansprüchen der Anteilinhaber gegen den Erwerber eines Gegenstandes des Sondervermögens (§ 31 Abs. 8 KAGG)
- Zustimmung zu Belastungen von zum Grundstücks-Sondervermögen gehörenden Gegenständen nach § 27 Abs. 1 und 2 KAGG (§ 37 Abs. 3 KAGG)

b) Kostenvereinbarung. Die Höhe des an die Depotbank aus dem Sondervermögen zu 85 zahlenden Entgeltes ist in den Vertragsbedingungen zu regeln (§ 15 Abs. 3 Buchst. e KAGG). Die Vergütung darf die Depotbank nur mit Zustimmung der KAG aus dem Sondervermögen entnehmen (§ 12c Abs. 1 Satz 2 KAGG). Die Vergütung ist in den Vertragsbedingungen nicht immer als ein fester Prozentsatz des Wertes des Sondervermögens genannt. Häufig bildet der angeführte Prozentsatz nur eine Höchstgrenze. Unter welchen Voraussetzungen das Entgelt an die Depotbank sowie Auslagen und ein angemessenes Entgelt bei den Tätigkeiten nach § 12c Abs. 2, § 31 Abs. 8 KAGG gezahlt werden, wird in einer separaten Vereinbarung geregelt. Sofern die Depotbank neben der Ausgabe und Rücknahme der Anteilscheine auch die Führung der Investmentkonten (dazu Rdnr.

[210] Vgl. Schreiben BAK v. 29. 1. 1970 zu II a. E. „Bestätigung der Depotbank, daß alle Vermögensgegenstände richtig und voll erfaßt sind", abgedruckt in: Investment-Handbuch 438 Nr. 3.

140 ff.) übernommen hat, wird das dafür zu zahlende Entgelt häufig in der Kostenvereinbarung geregelt, obwohl dies keine Depotbanktätigkeit i. S. des KAGG, sondern eine separate Depotverwaltung der Anteilscheine betrifft.

86 *c) Zahlstellenvertrag.* Zu den gesetzlichen Aufgaben der Depotbank gehören nach § 12 a Abs. 1 Satz 3 KAGG die Entgegennahme des Ausgabepreises, nach § 12 a Abs. 2, § 31 Abs. 7 Satz 1 KAGG die Zahlung des Rücknahmepreises und die Ausschüttung der Gewinnanteile (Erträge) an die Anteilinhaber. Soweit die Depotbank diese Aufgabe unmittelbar wahrnimmt, kann das Verfahren einschließlich einer bei Ausschüttungen evtl. zu berücksichtigender KSt.-Erstattung im Rahmen des Depotbankvertrages und diesen ergänzenden Arbeitsanweisungen geregelt werden. Sofern Depotbank und KAG weitere Kreditinstitute, zumeist andere Gesellschafterbanken der KAG, einschalten, werden mit diesen Kreditinstituten von der Depotbank zusätzlich Zahlstellenvereinbarungen geschlossen (s. a. die nach Abschnitt I Nr. 13 und 14 des Merkblattes für Anzeigen nach § 7 und § 15 c AuslInvestmentG von ausländischen Investmentgesellschaften geforderten Angaben und Unterlagen).[211] In diesen Zahlstellenvereinbarungen muß sichergestellt sein, daß die für den Fonds und die Anteilinhaber bestimmten Geldbeträge unverzüglich weitergeleitet werden.[212]

87 *d) Rechtsnatur des Depotbankvertrages.* Mit der Beauftragung der Depotbank durch die KAG entstehen rechtliche Beziehungen zwischen der KAG und der Depotbank einerseits und der Depotbank und den Anlegern andererseits. Da die Anleger wiederum in einem vertraglichen Verhältnis zur KAG stehen, wird von einem **„Investment-Dreieck"** gesprochen.[213] Über die rechtliche Qualifikation des Depotbankvertrages besteht weitgehend Einigkeit, daß es ein gemischttypischer Vertrag ist.[214] Zunächst liegen typologisch die Elemente eines auf eine Dienstleistung gerichteten Geschäftsbesorgungsvertrages i. S. der §§ 675, 611 ff. BGB vor.[215] Geschäftsbesorgungen sind z. B. die Verpflichtungen zur Ausgabe und Rücknahme der Anteilscheine, die Berechnung des Wertes der Anteile, die Kontrolltätigkeit, die Bewertung der stillen Beteiligungen, die Überwachung des Bestandes an stillen Beteiligungen oder des Grundstücksbestandes. Die Führung der für das Sondervermögen gesperrten Konten bringt in den Depotbankvertrag Elemente des Girovertrages, der seinerseits einen Geschäftsbesorgungsvertrag i. S. von § 675 BGB darstellt. Schließlich enthält der Depotbankvertrag darüber hinaus Elemente eines Verwahrungs- bzw. eines Depotvertrages.[216]

88 Nicht eindeutig ist die rechtliche Qualifikation des Depotbankvertrages, soweit darin auch die **Anleger** eingebunden sind. Nach der h. L. wird der Vertrag zwischen der KAG und der Depotbank als Vertrag zugunsten der Anteilinhaber i. S. von § 328 BGB qualifiziert.[217] Nach anderer Auffassung soll ein selbständiger Vertrag zwischen der Depotbank und den Anteilinhabern entstehen u. a. mit der Begründung, daß die Depotbank gem. § 18 Abs. 1 Satz 4 KAGG die Anteilscheine mitzuunterzeichnen hat.[218] Nach neuerer Auffassung handelt es sich um ein gesetzliches Schuldverhältnis zwischen der Depotbank

---

[211] *Baur,* Investmentgesetze, 2. Aufl. 1996, Anhang Nr. 8.

[212] Vgl. die Anforderung in § 2 Nr. 3 AuslInvestmG.

[213] *Schäcker,* Investmentsparen, S. 40.

[214] *Canaris,* Bankvertragsrecht, Rdnr. 2355; abw. *Ohl,* Die Rechtsbeziehungen innerhalb des Investment-Dreiecks, 1989, S. 71, der die Rechtsquellen der Verwaltungsbefugnis der Depotbank nur im Gesetz sieht; aaO, S. 93, daß die banktypischen Tätigkeiten der Depotbank nicht Gegenstand vertraglicher Absprachen zwischen der KAG und der Depotbank sein können.

[215] *Canaris,* Bankvertragsrecht, Rdnr. 2355; vgl. auch *Geßler* WM 1957, Sonderbeilage Nr. 4, S. 20; *Schäcker,* Investmentsparen, S. 68; *Reuter,* Investmentfonds, S. 152; *Baur,* Investmentgesetze, S. 179; *Schönle,* Bank- und Börsenrecht, § 243 II 1.

[216] *Canaris,* Bankvertragsrecht, Rdnr. 2355.

[217] *Geßler* WM 1957, Sonderbeilage Nr. 4, S. 22; *Tegethoff,* Treuhandgeschäft, S. 114; *Baum,* Investmentsparen, S. 143; *Schäcker,* Investmentsparen, S. 69 f.; *Reuter,* Investmentfonds, S. 152; *Baur,* Investmentgesetze, S. 180; *Schönle,* Bank- und Börsenrecht, § 24 III 1 vor a.

[218] *Klenk,* Investmentanteil, S. 15; *Boveri,* Investmenttrust, S. 17; hierzu Bedenken von *Baur,* Investmentgesetze, S. 180; *Canaris,* Bankvertragsrecht, Rdnr. 2463.

und den Anteilinhabern.[219] Depotbank und die Anteilinhaber stehen sich nicht als „unverbundene Rechtsgenossen" gegenüber, sondern es besteht auf Grund der Pflichten, die das KAGG der Depotbank im Interesse der Anteilinhaber auferlegt, ein „rechtsgeschäftlicher Kontakt".[220] M. E kann die Wirkung eines gesetzlichen Schuldverhältnisses nur so weit gehen, wie durch das KAGG Schutzregeln zugunsten der Anleger aufgestellt sind. Nimmt man ein gesetzliches Schuldverhältnis an, so dürfte dieses dennoch von einem Vertrag zugunsten Dritter i. S. des § 328 BGB überlagert sein, so daß in den Bereichen, in denen keine gesetzliche Pflichten der Depotbank gegenüber dem Anteilinhabern betroffen sind, die Depotbank den Anteilinhabern Mängel der Beauftragung entgegenhalten kann (§ 334 BGB)[221] Auch sollte der KAG ein eigenes Forderungsrecht gegenüber der Depotbank zugunsten der Anteilinhaber zustehen (§ 335 BGB; s. auch die gesetzliche Prozeßstandschaft der KAG in § 12c Abs. 3). Inhaltlich ist das Rechtsverhältnis als Treuhand zugunsten der Anteilinhaber zu qualifizieren. Die Depotbank muß ihre Funktionen grundsätzlich im eigenen Namen, aber im Interesse der Anteilinhaber erfüllen[222] (s. a. § 12c Abs. 2 KAGG).

4. Investmentkonto-Vertrag. Die verschiedenen Arten des Investmentkontos (Investment-Einzahlplan, Investmentanlagekonto, Investment-Auszahlplan, Investment-Einzelplan mit Versicherungsschutz, fondsgebundene Vermögensverwaltung) (dazu unten Rdnr. 140ff.) begründen vertragliche Beziehungen zwischen dem Inhaber des Investmentkontos und der kontoführenden Stelle. Letztere kann die KAG sein, wenn sie das Depotgeschäft als Nebentätigkeit betreibt. Trotz der Bezeichnung Investmentkonto handelt es sich im Rechtssinne um eine Verwahrung i. S. der §§ 688ff. BGB, auf die vorrangig die Spezialregelungen des Depotgesetzes Anwendung finden, da die Investmentanteilscheine vertretbare Wertpapiere sind (§ 1 Abs. 1 DepotG, § 18 Abs. 1 KAGG).[223] 89

Die **Eröffnung** eines Investmentkontos ist standardisiert. In dem Antrag auf Vertragsabschluß, dessen Durchschrift dem Antragsteller auszuhändigen ist (Anwendung des § 19 Abs. 1 Satz 3 KAGG, da sich die [Depot-]Kontoeröffnung auch auf den Erwerb der Investmentanteile bezieht), werden alle für die vertraglichen Beziehungen wesentlichen Vereinbarungen genannt. Vom Gesetz ist der Hinweis auf die Höhe des Ausgabeaufschlags und auf die jährlich zu zahlende Vergütung vorgeschrieben. Für die Bindung der Vertragsparteien ist es gleichgültig, ob die Rechtsbeziehungen ausdrücklich als Investmentkonto-Vertrag bezeichnet werden oder im Antragsvordruck lediglich die technische Abwicklung der gewählten Art des Investmentkontos beschrieben wird. Auch in letzterem Fall sind die zur technischen Abwicklung abgegebenen Erklärungen der kontoführenden Stelle (Verwahrbank) bindend. Anders als bei den Vertragsbedingungen der Sondervermögen gibt es keine Musterbedingungen für die Abwicklung von Investmentkonten. Dies betrifft auch die jüngste Variante, die fondsgebundene Vermögensverwaltung, bei der nicht nur der Anleger die Möglichkeit hat, die Gewichtung einzelner Fondskomponente z. B. Aktien- oder Rentenfonds am Investmentkonto durch Umtausch zu verschieben, sondern diese Aufgabe gegen eine zusätzliche Vergütung von der KAG als Verwalter übernommen wird. Die Regelungen des Investmentkontos sind als Allgemeine Geschäftsbedingungen i. S. des AGB-Gesetzes anzusehen, da sie für eine Vielzahl von Investmentkonto-Verträgen 90

[219] *Canaris,* Bankvertragsrecht, Rdnr. 2464; ähnlich *Müller, Klaus* DB 1975, 487; zustimmend auch *Ohl* (Fn. 214), S. 64.

[220] *Canaris,* Bankvertragsrecht, Rdnr. 2464; eine weitergehende, von dem Trustgedanken beeinflußte Lösung besitzt das Schweizer Anlagefondsgesetz von 1994, das die Depotbank zusammen mit der Fondsleitung das Fondsreglement aufstellen läßt und zum Fondsreglement erklärt, daß es die Rechte und Pflichten von Fondsleitung, Depotbank und Anleger umschreibt (Art. 7 Abs. 1 und 2 AFG).

[221] *Müller, Klaus* DB 1975, 487 Fn. 20 verweist demgegenüber auf das überragende Schutzbedürfnis der Kapitalanleger; vgl. auch *Ohl* (Fn. 214), S. 71.

[222] *Canaris,* Bankvertragsrecht, Rdnr. 2465.

[223] Vgl. *Heinsius/Horn/Than,* Depotgesetz, § 1 Rdnr. 18.

vorformulierte Vertragsbedingungen darstellen (§ 1 Abs. 1 AGBG). Entsprechend sind die Anforderungen des AGB-Gesetzes zu beachten. Da es sich nicht um vom BAK genehmigte Vertragsbedingungen handelt, findet die Ausnahmevorschrift des § 23 Abs. 3 AGBG keine Anwendung. Es bedarf folglich des ausdrücklichen Vertragsabschlusses.

91 **5. Beteiligungsvertrag nach § 25 c KAGG.** Für Beteiligungs-Sondervermögen werden im Rahmen des § 25 b KAGG stille Beteiligungen an einem inländischen Unternehmen erworben (s. Rdnr. 57). Die stille Gesellschaft entsteht mit Abschluß des Beteiligungsvertrages, sofern nicht die Entstehung in einem späteren Zeitpunkt oder unter einer aufschiebenden Bedingung vereinbart ist.[224] Aufgrund investmentrechtlicher Besonderheiten sowie zum Schutz der Anleger sind in gewissem Umfang gesetzliche Vorgaben an den Inhalt des Beteiligungsvertrages, der die Grundlage für die stille Beteiligung bildet, unerläßlich.[225] § 25 c KAGG setzt, ohne daß es im Gesetz ausdrücklich gesagt ist, Schriftform voraus,[226] da andernfalls die Depotbank ihre nach § 25 c Abs. 1 Satz 2 KAGG vorgeschriebene Kontrolltätigkeit nicht ordnungsgemäß ausüben könnte. Es ist nicht erforderlich, daß alle Beteiligungsverträge einer KAG den gleichen Inhalt haben. § 25 c Abs. 1 KAGG schreibt einen Mindestinhalt vor, dessen Vorhandensein die Depotbank bei Abschluß und späteren Änderungen (dazu § 25 g Abs. 2 KAGG) zu prüfen hat. Im Rahmen des BVI ist ein Muster für einen Beteiligungsvertrag entwickelt worden. Zu den **Mindestinhalten** gehören nach § 25 c Abs. 1 KAGG die Dauer der stillen Beteiligung, die Fälligkeit der Erträge, die Verpflichtung diese unverzüglich an die Depotbank zu zahlen, die Verfügungsvoraussetzungen, bereits erteilte Zustimmung zur Übertragung bei Wechsel der KAG, erweiterte Rechnungslegungsvorschriften für das Beteiligungsunternehmen (m. E. ein erhebliches Hindernis für die Bereitschaft, stille Beteiligungen zu vereinbaren), Prüfungsmöglichkeit für den Abschlußprüfer der KAG, im Gesetz nur allgemein genannte Informations-, Kontroll- und Zustimmungsrechte der KAG zur Wahrung der Interessen der Anteilinhaber.

92 § 25 c Abs. 2 KAGG legt ausdrücklich fest, daß keine Vereinbarung getroffen werden darf, nach der die KAG bei der Auseinandersetzung der stillen Gesellschaft an Veränderungen des Wertes des Vermögens des Beteiligungsunternehmens beteiligt sein soll. Diese Beschränkung erschien erforderlich, „weil eine Beteiligung des stillen Gesellschafters an der Substanz des Unternehmens kaum lösbar erscheinende Bewertungsschwierigkeiten bereiten würde: Bereits für die Ermittlung des Einbringungswertes wäre eine Bewertung des Beteiligungsunternehmens mit der eventuellen Aufdeckung stiller Reserven und des Firmenwertes erforderlich".[227]

93 Über die Mindestinhalte des Beteiligungsvertrages hinaus wird es zweckmäßig sein, weitere Vereinbarungen zu treffen, so für welches Beteiligungs-Sondervermögen die KAG die Gesellschafterfunktion ausübt, der Hinweis, daß es sich nicht um eine Mitunternehmerschaft handelt, die Festlegung des Geschäftszweiges, falls selbständige Geschäftszweige des Handelsgeschäftes abgrenzbar sind. Grundsätze, nach denen der Gewinn ermittelt wird, ob eine Mindestverzinsung garantiert wird, ob und in welchem Umfang eine Teilnahme am laufenden Verlust stattfindet.[228]

94 **6. Richtlinien und Geschäftsordnungen der Organe und Ausschüsse.** In den Auflagen des BAK bei der Erteilung der Erlaubnis zum Betreiben des Investmentgeschäftes ist die Aufforderung enthalten, die für Organe und Ausschüsse geltenden Richtlinien und Geschäftsordnungen dem BAK und der LZB zur Kenntnis zu bringen. Dies gilt auch für eine spätere Vereinbarung oder Änderung der Richtlinien und Geschäftsordnungen. Diese Statuten werden ebenso wie die einzelnen Mitglieder der Organe und Ausschüsse in den

---

[224] Investment-Handbuch/*Beckmann* 425, § 25 c Rdnr. 1.

[225] Reg. Begr. z. Entw. d. 2. Vermögensbeteiligungsgesetzes, BT-Drucks. 10/5981, zu § 25 c, abgedruckt in: Investment-Handbuch 582.

[226] Investment-Handbuch/*Beckmann* 425, § 25 c Rdnr. 1.

[227] BT-Drucks. 10/5981 (Fn. 225).

[228] Vgl. Investment-Handbuch/*Beckmann* 425, § 25 c Rdnr. 16.

Berichten des Abschlußprüfers genannt. Weder vom Gesetz noch durch das BAK sind derartige Richtlinien und Geschäftsordnungen vorgeschrieben. Verpflichtungen können sich jedoch aus dem Gesellschaftsvertrag (Satzung), den Vertragsbedingungen des Sondervermögens oder den Sondervereinbarungen mit den Anlegern ergeben. Muster für Richtlinien und Geschäftsordnungen sind mit Ausnahme des Mustergeschäftsordnung für den Sachverständigenausschuß nach § 32 KAGG[229] und der Richtlinien für die Wertermittlungsgutachten[230] nicht entwickelt worden. Über die Geschäftsordnung für den oder die Sachverständigenausschüsse sowie deren Änderung sind das BAK und die BBk. unverzüglich zu unterrichten.[231] Richtlinien und Geschäftsordnungen kommen für folgende Gremien in Betracht:
– Aufsichtsrat der KAG
– Arbeitsausschuß des Aufsichtsrates der KAG
– Geschäftsführung der KAG
– Anlageausschuß für das/die Sondervermögen
– Sachverständigenausschuß nach § 32 KAGG für Grundstücks-Sondervermögen
– Beirat, Anlegerbeirat (im KAGG nicht vorgesehen und nicht praktiziert)

7. Beratungs- und Vertriebsverträge. Das Investmentgeschäft ist reich an vertraglichen 95
Beziehungen.[232] Bei der Tätigkeit der inländischen Wertpapier-KAG gibt es, anders als teilweise im Ausland, keine Verwaltungsgesellschaft, die für die KAG die einzelnen Transaktionen des Investmentfonds durchführt. Dies schließt nicht aus, daß sich die KAG bei der Auswahl von Wertpapieren von einer auf die Wertpapieranalyse spezialisierten Gesellschaft beraten läßt und mit dieser einen Beratungsvertrag abschließt.[233] Umfangreicher kann die Einschaltung Dritter bei Grundstücks-KAG sein, so bei der Verwaltung des Grundvermögens durch eigenständige Liegenschaftsverwaltungen – derzeit jedoch nicht praktiziert, Ausnahme: Center-Management bei Einkaufszentren –, durch Einschaltung von Projektentwicklungsgesellschaften (oder eines Generalunternehmens) bei der Durchführung einzelner Baumaßnahmen. Inwieweit eine Mitteilungspflicht an BAK und LZB im Einzelfall besteht, ist nicht eindeutig.[234] M. E. gilt dies nur für Beratungsverträge, die überwiegende Teile des Fondsvermögens betreffen.

Besondere Verträge sind bei der Einschaltung von selbständigen Vertriebsgesellschaften 96
in den Verkauf der Anteilscheine (s. u. Rdnr. 155) erforderlich. Bei einem Vertrieb über Kreditinstitute kann sich die Vertriebsvereinbarung weitgehend auf die Regelung der Bonifikationen oder Provisionen beschränken, da der Verkauf der Anteilscheine den Wertpapier- oder Effektengeschäften (§ 1 Abs. 1 Nr. 4 KWG) zuzurechnen ist. Inländische Vertriebsgesellschaften unterstehen keiner staatlichen Aufsicht, sondern nur den allgemeinen Bestimmungen der GewO (dort § 34c Abs. 1 Nr. 1 Buchst. b) und den besonderen Regeln der Makler- und Bauträgerverordnung – MaBV – i. d. F. vom 7. 11. 1990[235] (s. a. Rdnr. 155). Hieraus ergeben sich Pflichten zur Leistung von Sicherheiten und Abschluß von Versicherungen, getrennten Vermögensverwaltung, allgemeine Aufzeichnungspflichten und Pflichten zur Aushändigung bestimmter Unterlagen. Im Hinblick auf die weitergehenden Anforderungen des § 19 KAGG an das Zurverfügungstellen bestimmter

---

[229] Schreiben BVI an BAK v. 16. 10. 1976; Text Investment-Handbuch 425 Anhang 2 zu § 32.

[230] Schreiben BVI an BAK v. 29. 6. 1977; Text Investment-Handbuch 425 Anhang 1 zu § 32.

[231] Allgemeinverfügung des BAK vom 18. 7. 1990 Nr. 3, abgedruckt in: Investment-Handbuch 438 Nr. 54; *Baur,* Investmentgesetze, 2. Aufl. 1996, Anh. § 2 Nr. 2.

[232] S. dazu die nach dem Merkblatt für Anzeigen nach § 7 und § 15c AuslInvestmG, Fassung vom 1. 10. 1994, abgedruckt bei: *Baur,* Investmentgesetze, 2. Aufl. 1996, Anhang Nr. 8, von ausländischen Investmentgesellschaften geforderten Unterlagen.

[233] (Zur Berechnung einer Vergütung haben die Vertragsbedingungen sich zu äußern, § 15 Abs. 3 Buchst. e KAGG).

[234] S. Allgemeinverfügung des BAK vom 18. 7. 1990, Nr. 2, abgedruckt in: Investment-Handbuch 438 Nr. 54.

[235] BGBl. I 2479.

Unterlagen, ferner im Hinblick auf die Prospekthaftung des § 20 KAGG, das Widerrufsrecht nach § 23 KAGG, die Anforderungen der GewO (§ 34 c Abs. 1 Nr. 1 Buchst. b, § 56 Abs. 1 Nr. 1 Buchst. h) und der MaBV muß die KAG durch die Vertriebsvereinbarung die Einhaltung der gesetzlichen Vertriebsregelungen und eine ordnungsgemäße Beratung der Investmentanleger sicherstellen und sich vor allem Eingriffsmöglichkeiten bei unzulässiger Werbung vorbehalten.

V. Anforderungen an den Geschäftsbetrieb

97 Das Investmentgeschäft in seinen verschiedenen Ausprägungen (Geldmarktfonds, Wertpapierfonds, Beteiligungsfonds, offene Immobilienfonds) ist Teil des Bankgeschäftes. Durch die fondsgebundene Lebensversicherung (s. Rdnr. 150 ff.), den Investment-Einzahlplan mit Versicherungsschutz (s. Rdnr. 149), die Ablauffonds (s. Rdnr. 44) und die Spezialfonds (s. Rdnr. 225 ff.) ist es eine Symbiose mit dem Versicherungsgeschäft eingegangen. Die offenen Immobilienfonds als Anbieter von kleingestückeltem Haus- und Grundbesitz tragen dem Bauträger- und i. w. S. dem Bauspargeschäft verwandte Züge (keine Verbindung besteht zum Hypotheken- und Pfandbriefgeschäft, da, anders als bei geschlossenen Immobilienfonds, Beleihungen nicht üblich sind [Ausnahme: Anlagen im Ausland]). Dies erklärt, daß Gesellschafter der KAG überwiegend Kreditinstitute, daneben Versicherungsunternehmen, Bauträgergesellschaften und Bausparkassen sind. Trotz formaler Unabhängigkeit der KAG ist davon auszugehen, daß die jeweilige Institutsgruppe auf die Geschäftspolitik, die Betriebsorganisation der KAG, die Besetzung des Aufsichtsrates, der Anlageausschüsse, der Auswahl leitender Mitarbeiter und die Wahl des Abschlußprüfers Einfluß nimmt.[236]

98 **1. Rechtsform, Kapitalausstattung und -verwendung.** Die KAG werden fast ausschließlich in der Rechtsform der GmbH gegründet (s. Rdnr. 65). Besondere Anforderungen an den GmbH-Vertrag ergeben sich dadurch, daß ein Aufsichtsrat zu bestellen ist (§ 3 KAGG), das Stammkapital voll eingezahlt sein muß und ein Stammkapital von mindestens 5 Mio. DM vorgeschrieben ist (§ 2 Abs. 2 Buchst. a KAGG), nur die Investmentgeschäfte i. S. des § 1 Abs. 1 KAGG und die damit unmittelbar verbundenen Nebentätigkeiten betrieben werden dürfen und Geschäfte, die zur Anlage des eigenen Vermögens erforderlich sind (§ 2 Abs. 2 Buchst. c KAGG). Als Nebentätigkeit, früher Hilfsgeschäft, zum Investmentgeschäft ist die Führung von Investmentkonten für Anleger anerkannt[237] (s. a. Rdnr. 72 und 140).

99 Bei den Geschäften zur Anlage des **eigenen Vermögens** war vor dem 1. 3. 1990 die durch das 1. FMFG aufgehobene Liquiditätsvorschrift in § 17 KAGG zu beachten. Hiernach waren mindestens 20% des Eigenkapitals i. S. des § 10 Abs. 2 Nr. 2 KWG (Stammkapital und Rücklagen) in Guthaben bei einem geeigneten Kreditinstitut oder in Wertpapieren zu unterhalten, die von der BBk. zum Lombardverkehr zugelassen sind. Nach Ansicht des Gesetzgebers kann davon ausgegangen werden, daß die KAG auch ohne eine spezielle Verpflichtung die erforderlichen Mittel zur Bedienung von Ansprüchen der Anleger und sonstiger Gläubiger bereithalten werden.[238] Bei der Anlage des eigenen Vermögens können alle Anlagen getätigt werden, die der Funktion des Eigenkapitals entsprechen, den laufenden Geschäftsbetrieb aufrechterhalten und als Haftungsgrundlage für etwaige Ansprüche von Gläubigern und Anteilinhaber dienen.[239] Letzteres ist besonders zu

---

[236] Vgl. *Breuer,* Mütter und Töchter, in: DWS Deutsche Gesellschaft für Wertpapiersparen mbH (Hrsg.), 35 Jahre wie ein Tag, 18 Kapitel zum Thema Investmentfonds; s. auch Gesetzentwurf u. a. der SPD-Bundestagsfraktion vom 21. 4. 1994: Neuer § 3 a Abs. 3 KWG und § 54 Abs. 4 VAG, nach denen sowohl für Kreditinstitute als auch Versicherungsgesellschaften eine Beteiligung an KAG unzulässig ist (BT-Drucks. 12/7350).

[237] Schreiben BAK v. 30. 12. 1966, abgedruckt in: Investment-Handbuch 438 Nr. 1.

[238] Reg. Begr. z. Entw. d. Investment-Richtlinie-Gesetz, BT-Drucks. 11/5411, S. 33.

[239] Vgl. Investment-Handbuch/*Beckmann* 425 § 2 Rdnr. 20.

beachten, da nach § 10 Abs. 2 KAGG die Sondervermögen nicht für Rechtsgeschäfte der KAG haften, so daß z. B. Gläubiger bei einem unzulässigen Wertpapier- oder Grundstückskauf nur bei der KAG Regreß nehmen können. Zulässig ist der Erwerb von Investmentanteilen, dabei auch solcher der eigenen Fonds,[240] der Erwerb von Grundstücken, Gebäuden, Betriebs- und Geschäftsausstattung (sie dürfen, nach Buchwerten berechnet, zusammen das nach § 10 KWG berechnete haftende Eigenkapital nicht übersteigen, § 12 Abs. 1 KWG). Der Erwerb von Beteiligungen an anderen Unternehmen dürfte in bestimmten Grenzen zulässig sein.[241] Als nicht zulässig werden die Gründung von Tochtergesellschaften und die Vergabe von Darlehen, die nicht Guthaben bei Kreditinstituten oder Mitarbeiterdarlehen sind, angesehen.[242] In der Praxis sind jedoch Beteiligungen und Gründungen von Tochtergesellschaften festzustellen und nicht beanstandet, die sich im investmentspezifischen Raum bewegen, so Gesellschaften zur Nutzung eigener Rechenprogramme, zum Vertrieb von Fondsanteilen, ferner Investmentgesellschaften in Luxemburg.

2. Personelle Voraussetzungen. Nach § 33 Abs. 1 Satz 1 Nr. 3 KWG müssen die **Geschäftsleiter** (Geschäftsführer oder Mitglieder des Vorstandes) die zur Leitung der KAG erforderliche Eignung haben. Dies setzt voraus, daß sie in ausreichendem Maße theoretische und praktische Kenntnisse in Bankgeschäften sowie Leitungserfahrung haben. Eine fachliche Eignung wird regelmäßig angenommen, wenn eine dreijährige leitende Tätigkeit bei einer KAG vergleichbarer Größe und Geschäftsart nachgewiesen wird (§ 33 Abs. 2 Satz 2 KWG). Erforderlich sind mindestens zwei Geschäftsleiter (§ 33 Abs. 1 Satz 1 Nr. 4 KWG). Nach § 12 Abs. 1 Satz 4 KAGG dürfen Geschäftsleiter, Prokuristen und die zum gesamten Geschäftsbetrieb ermächtigten Handlungsbevollmächtigten der KAG nicht gleichzeitig Angestellte der Depotbank sein. Ein Geschäftsleiter hat die Aufnahme und Beendigung einer Tätigkeit als Geschäftsleiter oder als Aufsichtsratsmitglied oder Verwaltungsratsmitglied eines anderen Kreditinstituts oder eines anderen Unternehmens dem BAK und der BBk. unverzüglich anzuzeigen, ebenso größere Beteiligungen (§ 24 Abs. 3 KWG). 100

Bei der Bestellung von **Prokuristen** und **Handlungsbevollmächtigten** i. S. der §§ 48 ff. HGB sind ggf. Zustimmungserfordernisse des Gesellschaftsvertrages oder der Geschäftsordnung für die Geschäftsführung zu beachten. Geschäftsleiter, Prokuristen und die zum gesamten Geschäftsbetrieb ermächtigten Handlungsbevollmächtigten der Depotbank dürfen nicht gleichzeitig Angestellte der KAG sein (§ 12 Abs. 1 Satz 4 KAGG). 101

Die Mitglieder des mindestens dreiköpfigen **Aufsichtsrates** (§ 95 Satz 1 AktG i. V. m. § 3 Satz 2 KAGG) sollen ihrer Persönlichkeit und ihrer Sachkunde nach die Wahrung der Interessen der Anteilinhaber gewährleisten (§ 4 Abs. 1 Satz 1 KAGG). Persönlichkeit und Sachkunde müssen die Gewähr dafür bieten, daß die Anlagetätigkeit der KAG erfolgreich kontrolliert und durch entsprechende Beratung korrigiert wird. Daher sollte das Aufsichtsratsmitglied auch über praktische Erfahrungen auf dem jeweiligen Anlagegebiet der KAG (Geldmarkt-, Wertpapier- und Grundstücksgeschäft, bei Beteiligungsfonds u. a. im Industriekreditgeschäft) verfügen. Die Anforderungen an die Mitglieder des Aufsichtsrates stellen einen Ersatz dafür dar, daß die Anteilinhaber auf die Besetzung des Aufsichtsrates keinen Einfluß haben.[243] Aufgabe der Aufsichtsratsmitglieder ist es auch, die Interessen der Anteilinhaber (in billiger Abwägung mit den Interessen der Gesellschafter) zu wahren.[244] 102

---

240 Investment-Handbuch/*Beckmann* 425 § 2 Rdnr. 21; a. A. *Canaris,* Bankvertragsrecht, Rdnr. 2451; s. auch FG Düsseldorf vom 26. 1. 1993, EFG 93, 641 = BB 93, 2124 und BFH vom 18. 5. 1994, BStBl. II 1995, S. 54 zur Aktivierung von Ansprüchen aus Erträgen eigener Sondervermögen, deren Anteile im Gesellschaftsvermögen gehalten werden.

241 Investment-Handbuch/*Beckmann* 425 § 2 Rdnr. 22.

242 Investment-Handbuch/*Beckmann* 425 § 2 Rdnr. 23, 24.

243 *Geßler* WM 1957, Sonderbeilage Nr. 4, S. 13; Investment-Handbuch/*Beckmann* 425 § 4 Rdnr. 1.

244 Vgl. auch *Stolzenburg* ZfK 1978, 826; Investment-Handbuch/*Beckmann* 425 § 4 Rdnr. 4.

103 **3. Betriebsorganisation.** Zu unterscheiden sind die allgemeine Organisation der KAG entsprechend ihrer Rechtsform (GmbH oder AG) in personeller und sachlicher Hinsicht und die Organisation der Verwaltung der einzelnen Sondervermögen, letztere auch in personeller und sachlicher Hinsicht, so daß die Kostenzuordnung und Kontrolle erleichtert werden. Eine zusätzliche Organisation ist erforderlich, wenn das Depotgeschäft als Nebentätigkeit in der Form der Verwaltung von Investment-Konten betrieben wird. Schließlich kann die Durchführung des Vertriebs der Fondsanteile einen eigenen Organisationsbereich erfordern.

104 Die **Leitung** der KAG (GmbH) obliegt der Geschäftsführung mit mindestens zwei Geschäftsführern. Sie werden unterstützt durch Sekretariat und Stabsabteilungen (Recht, Steuern, Personal, Organisation, Öffentlichkeitsarbeit, Werbung und Innenrevision – dazu Rdnr. 118 –). Ggf. befaßt sich mit dem Passivgeschäft eine besondere Verkaufs- und Vertriebsabteilung. Eine weitere Abteilung bildet das „Rechnungswesen", in der die Gesellschaftsbuchhaltung und davon getrennt die buchhalterischen Vorgänge sowie Geld- und Überweisungsverkehr der Sondervermögen bearbeitet werden (Fondsbuchhaltung). Entsprechend der Verlautbarung des BAK vom 23. 10. 1995 über die Mindestanforderungen an das Betreiben von Handelsgeschäften des Kreditinstituts, Abschnitt 4, ist die funktionelle und organisatorische Trennung des Handels von den anderen Bereichen (Abwicklung und Kontrolle, Rechnungswesen, Überwachung) bis einschl. der Ebene der Geschäftsleitung zu gewährleisten.

105 *a) Wertpapier-KAG.* Die Verwaltung der Wertpapier-Sondervermögen, ebenso von Geldmarkt-Sondervermögen, erfordert eine eigene, von dem Gesellschaftsvermögen der KAG getrennte Verwaltung. Die Geld- und Wertpapierdispositionen werden nach Anordnung der Geschäftsleitung und entsprechend den Vorgaben des Anlageausschusses von den **Fondsverwaltern** (Fondsmanagern) getroffen. Fondsverwalter werden teils für einzelne Fonds, teils für bestimmte Bereiche (Aktien, Renten, inländische und nach Ländern ausgewählte ausländische Wertpapiere sowie die Cash-Positionen) eingesetzt. Sie werden durch Finanzanalytiker (-analysten), ggf. einer eigenen Analyseabteilung, unterstützt.

106 An- und Verkauf der Wertpapiere für die Fonds erfolgen, sofern nicht die Wertpapierabteilungen der Gesellschafterbanken eingeschaltet sind, ebenso die Dispositionen am Geldmarkt, durch eine eigene Handelsabteilung mit ggf. Zulassung an einer deutschen Wertpapierbörse. Bei der Verwaltung einer größeren Zahl von Wertpapierfonds, insbesondere bei Wertpapier-Spezialfonds, lassen sich Dispositionen im Hinblick auf die gesetzlichen und vertraglichen Aufgaben nur noch EDV-gestützt vornehmen.[245] Bei der Organisation sind auch zu berücksichtigen die Anforderungen des BAK an Regelungen der Kreditinstitute für Mitarbeitergeschäfte und deren Umsetzung durch die Leitsätze für Mitarbeiter von Investmentgesellschaften, die Verlautbarung des BAK vom 26. 10. 1994 über Maßnahmen der Kreditinstitute zur Bekämpfung und Verhinderung der Geldwäsche, und die oben (Rdnr. 105) genannte Verlautbarung des BAK vom 23. 10. 1995 über Mindestanforderungen an das Betreiben von Handelsgeschäften der Kreditinstitute, die u. a. das Geldmarktgeschäft, das Wertpapiergeschäft, das Devisengeschäft und das Geschäft in Derivaten betreffen.

107 Die Dispositionen werden verarbeitet durch die **Fondsbuchhaltung** und parallel durch eine entsprechende Abteilung der Depotbank. In der Fondsbuchhaltung werden, EDV-gestützt, börsentäglich die Bestandslisten erstellt und die Inventarwertberechnung, die zu den Aufgaben der Depotbank gehört (§ 21 Abs. 2 Satz 3 KAGG), vorbereitet und mit der Depotbank abgestimmt. Außerdem werden die Daten für das interne und externe (statistische) Meldewesen aufbereitet. Neben der Fondsbuchhaltung besteht die Anteil-

---

[245] Beispiel bei Steiner/Kromschröder/*Wiemann,* EDV-gestützte Planung und Verwaltung von Spezialfonds, S. 108; zur Leistungsbewertung s. *Poschadel,* Rentabilität und Risiko; *Mühlbradt,* AG 1986, 36.

scheinverwaltung, die in den seltenen Fällen der Namensanteilscheine (§ 18 Abs. 1 Satz 3 KAGG) zugleich das Anteilscheinregister führt.

b) Grundstücks-KAG. [246] Für die Geld- und Wertpapierdispositionen gilt gleiches wie bei Wertpapierfonds. Der Dispositionsumfang der vor allem aus Liquiditätsgründen gehaltenen Anlagen in Festgeldern und festverzinslichen Wertpapieren ist geringer, ebenso sind Umschichtungen seltener. Das Schwergewicht der Fondsverwaltung im sog. Aktivgeschäft liegt in der **Immobilienakquisition** einschließlich der Durchführung von **Baumaßnahmen** und in der laufenden **Verwaltung** und **technischen Betreuung** des Liegenschaftsbesitzes. Entsprechend verfügen Grundstücks-KAG über eine Abteilung „Objektaquisition/Vertragswesen“, eine Abteilung „Liegenschaftsverwaltung“ (laufende Verwaltung, Abschluß von Mietverträgen, Hausmeister) und eine Abteilung „Bautechnik“ (Bauplanung, -vorbereitung, -durchführung, -überwachung, Instandhaltung und Instandsetzung der Liegenschaften). Im Rahmen des Rechnungswesens der Fondsbuchhaltung besteht für das Sondervermögen eine getrennte Mietbuchhaltung mit Kontrolle der Mieteingänge, Abrechnung der Nebenkosten, Mahn- und Klagewesen, ggf. eine Baubuchhaltung. 108

VI. Aufsicht, Kontrolle und Beratung

1. Staatliche Aufsicht und Kontrolle. *a) Bundesaufsichtsamt für das Kreditwesen.* Inländische KAG sind Kreditinstitute. Sie unterliegen den für Kreditinstitute geltenden gesetzlichen Vorschriften (§ 2 Abs. 1 KAGG). Sie unterstehen der Aufsicht des BAK (§ 6 Abs. 1 i. V. m. § 1 Abs. 1 Satz 1 Nr. 6 KWG). Die Aufsichtstätigkeit ist im KWG (s. Rdnr. 6) näher geregelt.[247] 109

Zu den wesentlichen **Aufgaben** des BAK gehören folgende: die Erteilung der Erlaubnis, das Investmentgeschäft zu betreiben (§ 32 KWG); die Genehmigung der Vertragsbedingungen der Publikums-Investmentfonds (Sondervermögen) (§ 15 Abs. 2 Satz 1 KAGG); die Entgegennahme und Prüfung der Rechenschafts- und Halbjahresberichte der Sondervermögen sowie der Prüfungsberichte betr. die Sondervermögen (§ 24 a Abs. 3 Satz 1 und Abs. 4 Satz 4 KAGG) und der Zwischenberichte zu den Quartalstichtagen (§ 24 a Abs. 3 Satz 4 KAGG),[248] sowie des Jahresabschlusses, des Lageberichtes und des Prüfungsberichtes betr. die KAG (§ 26 Abs. 1 KWG); die Entgegennahme von im KWG festgelegten Anzeigen sowie von Mitteilungen über wesentliche Vorgänge bei den Sondervermögen;[249] Anforderung von Auskünften der KAG; Veranlassung von Sonderprüfungen; Teilnahme durch Vertreter an Sitzungen der Aufsichtsorgane; Veranlassung von Sitzungen der Aufsichtsorgane (§ 44 Abs. 1 KWG); Untersagung bestimmter Arten der Werbung (§ 23 Abs. 1 KWG) (s. a. Rdnr. 176). 110

Das BAK ist auch berufen, den Bezeichnungsschutz nach § 7 KAGG zu gewährleisten. Zu diesem Zweck kann es bei Gesellschaften, die nicht KAG sind und unzulässigerweise eine in § 7 KAGG geschützte Bezeichnung in ihrem Firmennamen führen, beim Regi- 111

---

[246] S. *Laux/Ohl,* Grundstücks-Investment, S. 87; *Abromeit-Kremser,* Offene Immobilieninvestmentfonds; zur Leistungsbewertung s. *Münch,* Anlagestrategien der offenen Immobilienfonds und ihre Erfolge, Economia 1984, 24; *ders.* LfK 1984, 302; kritische Anmerkung *Müller-Trudrung* LfK 1984, 480.

[247] Zu den Anordnungs- und Auflagenbefugnissen des BAK s. *Tormann* ZfK 1977, 375, 734; zur Aufsicht durch das BAK s. a. *Stolzenburg* ZfK 1978, 826; *ders.* in: Mühlhaupt/Kandlbinder S. 189; *Schneider,* Praxis der Bankenaufsicht, 1978, S. 70.

[248] Für die Schreiben des BAK, die früher zu der Vorschrift über die Vermögensanzeigen in § 25 Abs. 2 KAGG a. F. ergangen sind, ist die Rechtsgrundlage entfallen. Wesentliche Anforderungen an die Vermögensaufstellungen, die in diesen Schreiben enthalten waren, haben in die vom BAK und BVI ausgearbeiteten Muster der Rechenschaftsberichte gem. § 24 a KAGG für Wertpapier- und Grundstücks-Publikumsfonds Eingang gefunden.

[249] Dazu Allgemeinverfügung BAK v. 18. 7. 1990, abgedruckt in: Investment-Handbuch 438 Nr. 54; *Baur,* Investmentgesetze, 2. Aufl. 1996, Anh. § 2 Nr. 2.

stergericht das amtl. Löschungsverfahren nach § 7 Abs. 4 KAGG i. V. m. § 43 Abs. 2 KWG, § 7 KAGG, §§ 142, 143 FGG beantragen (§ 43 Abs. 3 KWG).[250]

112 *b) Deutsche Bundesbank.* Das BAK und die BBk. arbeiten nach Maßgabe des KWG zusammen (§ 7 Abs. 1 KWG). In der Regel hat deshalb die KAG **Anzeigen** und **Mitteilungen** auch an die nach ihrem Sitz zuständige Hauptverwaltung der BBk., die Landeszentralbank (LZB), zu richten. Die LZB erhält ebenso Kopien von allen wesentlichen Vertragsunterlagen, die die KAG und ihre Sondervermögen betreffen.[251] Dies gilt nach § 19 Abs. 5 und § 24 a Abs. 3 und 4 KAGG auch für die Verkaufsprospekte, Rechenschafts-, Halbjahres-, ggf. Zwischen- und die Prüfungsberichte. Gestützt auf § 18 BBkG hat die BBk. eine Anordnung erlassen,[252] nach der die KAG auf speziellen Vordrucken bei Auflegung eines Fonds sowie monatlich Zahlen über Fondsvermögen, Anteilumlauf, Ausgabe- und Rücknahmepreis, ferner über den Anteilabsatz netto und das Mittelaufkommen netto und ggfs. Bankguthaben bei gebietsfremden Kreditinstituten an das BBk. zu melden hat. Die Meldungen sind bis zum 12. Geschäftstag des auf den Berichtsmonat folgenden Monats grundsätzlich nach vorgegebenem Format auf Diskette der BBk. einzureichen. Die Zahlen werden von der BBk. im Rahmen ihrer Wertpapierstatistik veröffentlicht.

112 a *c) Bundesaufsichtsamt für den Wertpapierhandel.* Das Gesetz über den Wertpapierhandel (Wertpapierhandelsgesetz – WpHG) vom 26. 7. 1994[253] hat die Einrichtung des Bundesaufsichtsamtes für den Wertpapierhandel (BAWe) als Kapitalmarktaufsicht für wesentliche Segmente des Kapitalmarktes neu geschaffen.[254] Das BAWe hat im Rahmen der ihm nach dem WpHG zugewiesenen Aufgaben Mißständen entgegenzuwirken, welche die ordnungsmäßige Durchführung des Wertpapierhandels beeinträchtigen oder erhebliche Nachteile für den Wertpapiermarkt bewirken können. Zu den Aufgaben des BAWe gehört vor allem die Überwachung des börslichen und außerbörslichen Geschäfts in Insiderpapieren (Insiderüberwachung) (§§ 12 ff. WpHG), die Überwachung bestimmter Stimmrechtsanteile an börsennotierten Gesellschaften (§§ 21 ff. WpHG) und die Überwachung der Wohlverhaltensregeln für Wertpapierdienstleistungsunternehmen (§§ 31 WpHG). Für KAG ist die Zuständigkeit des WpHG weitgehend auf die Eigengeschäfte beschränkt. Obwohl KAG Kreditinstitute sind gehören sie, da sie keine Wertpapierdienstleistungen i. S. von § 2 Abs. 3 WpHG erbringen,[255] nicht zu den Wertpapierdienstleistungsunternehmen i. S. des WpHG. Daher finden die Wohlverhaltensregeln des WpHG keine Anwendung auf die KAG. Hier ist das KAGG Spezialgesetz im Verhältnis zu Kunden und Anlegern. Die Meldepflicht nach § 9 WpHG gilt nicht für Wertpapiergeschäfte, die für Rechnung der Sondervermögen abgeschlossen wurden, wohl aber für Geschäfte in Wertpapieren und Derivaten, die die KAG als Eigengeschäfte abschließt. Ggfs. zu melden sind von der KAG, soweit es das Eigenvermögen betrifft, das Erreichen, Überschreiten oder Unterschreiten bestimmter Schwellen der Beteiligung (5%, 10%) an einer börsennotierten Gesellschaft (§ 21 WpHG). Hinsichtlich der Sondervermögen bleiben Stimmrechte aus Aktien bei der Berechnung des Stimmrechtsanteils nach § 21 Abs. 1 WpHG unberücksichtigt, wenn der Stimmrechtsanteil einschl. Eigenbesitz der KAG unter 10% liegt (§ 10 Abs. 1 a Satz 3 KAGG).[256] Gem. § 10 Abs. 1 a Satz 1 KAGG gilt die KAG in bezug auf die von ihr verwalteten Sondervermögen nicht als kontrolliertes Unternehmen i. S. von § 22

---

[250] S. a. Beschluß BayObLG v. 24. 2. 1988, WM 1988, 664 = BAR § 7 KAGG Nr. 17; ferner div. Urteile in BAR § 7 KAGG.

[251] Dazu Allgemeinverfügung BAK vom 18. 7. 1990 (Fn. 249).

[252] Anordnung v. 19. 8. 1994, BAnz. Nr. 161 v. 26. 8. 1994 = MBBk. Nr. 8001/94 v. 18. 9. 1994.

[253] BGBl. I 1749.

[254] Näheres oben § 1 Rdnr. 33 ff, § 2 Rdnr. 208 ff.

[255] Schreiben BMF vom 6. 7. 1994 m. Hinw. auf BT-Drucks. 12/7918, S. 100.

[256] § 8 a Abs. 3 KAG verbietet der KAG einen Stimmrechtsanteil von mehr als 10% zu erwerben. Werden exakt 10% Stimmrechtsanteil für die Sondervermögen erworben, so ist dies statthaft, doch auch nach § 21 Abs. 1 WpHG meldepflichtig.

Abs. 1 Nr. 2 WpHG, so daß Gesellschaftern der KAG die Stimmrechte aus den Sondervermögen nicht zuzurechnen sind. Der durch das WpHG neu geschaffene Straftatbestand für Insidervergehen (§ 38 i. V. m. § 14 WpHG)[257] findet auch Anwendung auf KAG, deren gesetzliche Vertreter, Mitglieder des Aufsichtsrates oder Mitarbeiter. Die KAG darf folglich einen Informationsvorsprung, der eine Insidertatsache i. S. des WpHG betrifft, solange nicht in An- oder Verkaufsentscheidungen umsetzen, wie die Insidertatsache nicht veröffentlicht oder allgemein bekannt ist. Eine Bewertung aufgrund öffentlich bekannter Tatsachen ist keine Insidertatsache (§ 13 Abs. 2 WpHG).

d) Registergericht. Vor Eintragung einer KAG in das Handelsregister muß das Registergericht prüfen, ob die Erlaubnis zur Aufnahme des Investmentgeschäftes nach § 32 KWG der KAG erteilt worden ist (§ 43 Abs. 1 KWG). Das Registergericht hat auf Antrag des BAK in bestimmten Fällen einen Abschlußprüfer zu bestellen (§ 28 Abs. 2 KWG). Dem Registergericht ist der Jahresabschluß nebst Lagebericht und Bericht des Aufsichtsrates einzureichen (§ 325 Abs. 1 HGB).[258] Das Registergericht bestellt auf Antrag des BAK Abwickler (§ 38 Abs. 2 KWG). Das Registergericht hat den Bezeichnungsschutz in § 7 Abs. 1 KAGG bei Anmeldung eines Unternehmens zum Handelsregister von Amts wegen zu berücksichtigen.[259] Ist im Handelsregister eine Firma oder ein Zusatz eingetragen, deren Gebrauch nach § 7 Abs. 1 KAGG unzulässig ist (Verwendung der Bezeichnungen „Kapitalanlagegesellschaft" oder „Investmentgesellschaft" oder einer Bezeichnung, in der das Wort „Kapitalanlage" oder „Investment" oder „Investor" oder „Invest" allein oder in Zusammensetzung mit anderen Worten vorkommt), so kann die Löschung von Amts wegen erfolgen.[260] 113

2. Zuordnung zur KAG. *a) Aufsichtsrat.* Ein Aufsichtsrat ist für die KAG obligatorisch, gleichgültig ob sie in der Rechtsform der AG oder GmbH gegründet wird (§ 3 KAGG). Durch das 1. FMFG ist seit dem 1. 3. 1990 die Verpflichtung entfallen, die Bestellung des Aufsichtsrates und jeden Wechsel der Aufsichtsratsmitglieder dem BAK unverzüglich anzuzeigen (§ 4 Abs. 1 Satz 2 KAGG a. F.). Die Information im Rahmen der allgemeinen Berichterstattung wird als ausreichend angesehen. Die Mitglieder des Aufsichtsrates sollen ihrer Persönlichkeit und ihrer Sachkunde nach die Wahrung der Interessen der Anteilinhaber gewährleisten (§ 4 Abs. 1 KAGG). Sie vertreten folglich nicht nur die Interessen der Gesellschafter der KAG (s. a. Rdnr. 102). Ein Wechsel bedarf der Bekanntmachung (§ 106 AktG). 114

Die Zusammensetzung sowie die Rechte und Pflichten des Aufsichtsrates bestimmen sich im Falle der Rechtsform der GmbH nach den in § 3 Satz 2 KAGG genannten Vorschriften des AktG. Zu den besonderen Kontrollrechten des Aufsichtsrates gehört, daß er das Recht besitzt, von der Geschäftsführung jederzeit einen Bericht über jede Angelegenheit der Gesellschaft zu verlangen (§ 90 Abs. 3 AktG). Der Aufsichtsrat hat die Geschäftsführung zu überwachen und kann Prüfungen vornehmen. Der Gesellschaftsvertrag (Satzung) kann vorsehen, daß bestimmte Arten von Geschäften nur mit seiner Zustimmung vorgenommen werden (§ 111 Abs. 1, 2 u. 4 AktG). Dieses Zustimmungserfordernis kann auch für bestimmte Arten von Investmentgeschäften festgelegt werden, so beim Erwerb von Liegenschaften für ein Grundstücks-Sondervermögen ab einer bestimmten Größenordnung.[261] Das Zustimmungserfordernis darf jedoch nicht so weit gehen, daß es den Charakter einer Geschäftsführung annimmt.[262] 115

---

[257] Näheres oben § 14 Rdnr. 10ff.

[258] Da die Bilanzsumme der KAG i. d. R. 300 Mio. DM nicht überschreitet, kann sie sich auf eine Hinweisbekanntmachung in BAnz. beschränken, bei welchem Handelsregister und unter welcher Nummer die Abschlußunterlagen eingereicht wurden (§ 340l Abs. 4 Satz 1 i. V. m. § 325 Abs. 1 Satz 2 HGB).

[259] Vgl. §§ 8 HGB, 12 FGG; *Siara/Tormann,* § 23 KAGG Anm. 1.

[260] §§ 142, 143 FGG, dazu auch Urteil BayObLG v. 18. 8. 1969, WM 1969, 1184; ferner Beschluß BayObLG v. 4. 2. 1988, WM 1988, 664; s. auch Fn. 250.

[261] Dazu auch *Stolzenburg* ZfK 1978, 826.

[262] Vgl. Investment-Handbuch/*Beckmann* 425 § 3 Rdnr. 3.

116 Der Aufsichtsrat hat den Jahresabschluß, den Lagebericht der KAG und den Vorschlag über die Verwendung des Bilanzgewinns zu prüfen, ferner in seinem Bericht an die Gesellschafterversammlung auch zu dem Ergebnis der Abschlußprüfung Stellung zu nehmen (§ 171 AktG). Aus seiner Verantwortung für die Interessen der Anteilinhaber der Sondervermögen hat er die Berichte und Prüfungsberichte der Sondervermögen zu prüfen. Maßnahmen der Geschäftsführung können dem Aufsichtsrat nicht übertragen werden (§ 111 Abs. 4 Satz 1 AktG). Bei einer KAG in der Rechtsform der AG wird der Vorstand vom Aufsichtsrat bestellt und abberufen (§ 84 AktG). Diese Bestimmung ist nicht für den Aufsichtsrat einer GmbH obligatorisch (vgl. § 3 Satz 2 KAGG, § 52 Abs. 1 GmbHG). Die Bestellung und Abberufung kann nach dem Gesellschaftsvertrag der GmbH durch die Gesellschafterversammlung erfolgen.

117 Der Aufsichtsrat kann aus seiner Mitte einen oder mehrere Ausschüsse bestellen, namentlich um seine Verhandlungen und Beschlüsse vorzubereiten oder die Ausführung seiner Beschlüsse zu überwachen (§ 107 Abs. 3 Satz 1 AktG). Derartige Arbeitsausschüsse werden üblicherweise für allgemeine Fragen und davon getrennt für den Personalbereich bestellt. Ein solcher Arbeitsausschuß kann die Funktion eines Anlageausschusses übernehmen, der die Geschäftsführung bei der Auswahl der Geldmarktanlagen, Wertpapiere, Grundstücke oder stillen Beteiligungen berät und kontrolliert.

118 *b) Innenrevision.* Das BAK verlangt, daß die Betriebsabläufe eines jeden Kreditinstituts, mithin auch der KAG, durch eine funktionsfähige Innenrevision überprüft werden.[263] Für die Betriebsgröße der KAG sieht das BAK das Volumen der verwalteten Sondervermögen als bestimmend an.[264] Schon im Hinblick auf die Betriebsgröße der KAG kann die Funktion eines Innenrevisors nicht von einem Geschäftsleiter erfüllt werden.[265] Nach Ansicht des BAK ist die Innenrevision organisatorisch als ein integriertes geschlossenes System der **Überwachung** des Kreditinstituts anzusehen. Sofern Aufgaben der Innenrevision ganz oder teilweise auf Außenstehende übertragen werden, muß die Koordination der Prüfungsbereiche sichergestellt sein.[266] Im Regelfall sind die Aufgaben der Innenrevision durch eine institutseigene Einrichtung wahrzunehmen.[267] Die Kontrolle muß permanent sein. Prüfungshandlungen, die im Abstand von ca. zwei Jahren vorgesehen sind, erfüllen diese Voraussetzungen nicht.[268] Die Innenrevision steht in der Verantwortung der gesamten Geschäftsleitung. Sie soll über die Ordnungsmäßigkeit des Betriebsablaufs, aufgetretene Mängel sowie über Gefahren für das Kreditinstitut hinreichend Aufschluß geben.[269] Der Abschlußprüfer hat im Prüfungsbericht darzulegen, ob die quantitative und qualitative Ausgestaltung der Innenrevision den besonderen Anforderungen des geprüften Geschäftsbetriebes entspricht (§ 5 Nr. 13 Verordnung über den Inhalt der Prüfungsberichte zu den Jahresabschlüssen und Zwischenabschlüssen der Kreditinstitute vom 21. 7. 1994).[270]

119 *c) Anlageausschuß und Beirat.* Die KAG kann sich bei der Auswahl der für das Sondervermögen anzuschaffenden oder zu veräußernden Werte des Rates eines Anlageausschusses bedienen.[271] Eine gesetzliche Verpflichtung zur Bildung eines Anlageausschusses besteht nicht. Die Aufgabe der Anlageausschüsse besteht in der **Beratung und Kontrolle,** nicht jedoch in der Entscheidung.[272]

---

263 Schreiben BAK v. 28. 5. 1976, abgedruckt in: Investment-Handbuch 438 Nr. 12.

264 Schreiben BAK v. 24. 6. 1977, abgedruckt (Fn. 263) Nr. 16; Schreiben BAK v. 5. 10. 1977, abgedruckt (Fn. 263) Nr. 17.

265 Vgl. Fn. 264.

266 Schreiben BAK v. 4. 8. 1983, abgedruckt (Fn. 263) Nr. 34.

267 Schreiben BAK vom 12. 6. 1990, abgedruckt CMBS 4.234.

268 Schreiben BAK v. 22. 8. 1983, abgedruckt (Fn. 263) Nr. 35.

269 Schreiben BAK v. 28. 5. 1976, abgedruckt (Fn. 263) Nr. 12.

270 BGBl. I 1803, 1805.

271 S. § 4 Abs. 3 Allgemeine Vertragsbedingungen der Muster-Vertragsbedingungen für Wertpapier-Sondervermögen, abgedruckt in: *Baur,* Investmentgesetz, 2. Aufl. 1996, Anhang Nr. 2.1.

272 Zur Problematik Steiner/Kromschröder/*Steiner,* Bankaufsicht und Spezialfonds, S. 226.

Bei Publikumsfonds setzen sich die Mitglieder des Anlageausschusses entweder aus Mitgliedern des Aufsichtsrates oder sachverständigen Vertretern der Gesellschafter(banken) zusammen. Bei Spezialfonds dominieren die Anleger im Anlageausschuß. Gilt für die Anleger das VAG oder SGB, kommt es zwangsläufig zu einer Kollision zwischen den Vermögensverwaltungsvorschriften des VAG und des SGB, die keine Übertragung der Vermögensverwaltung auf Dritte zulassen,[273] und dem KAGG, das die Verantwortlichkeit der KAG zuweist (§ 10 Abs. 1 KAGG).[274] BAV und Bundesversicherungsamt fordern, daß den Versicherungsunternehmen und den Sozialversicherungsträgern die Möglichkeit eingeräumt wird, auf die Anlagepolitik Einfluß zu nehmen.[275] 120

Bei Publikumsgesellschaften wurde vereinzelt die Einrichtung eines **Beirates, Anlegerbeirates** erwogen. Dieser hätte lediglich eine allgemein beratende Funktion, die sich auf die Geschäftspolitik der KAG bezieht. Durch seine Zusammensetzung könnte der Beirat ein Mittel sein, den Verkauf der Fondsanteile zu fördern. Eine gesetzliche, satzungsmäßige oder durch den Investmentvertrag bestimmte Funktion hat der Beirat nicht. 121

d) Sachverständigenausschuß. Für die Bewertung von Vermögensgegenständen der Grundstücks-Sondervermögen hat die KAG einen aus mindestens drei Mitgliedern bestehenden Sachverständigenausschuß zu bestellen (§ 32 Abs. 1 Satz 1 KAGG). Die Mitglieder des Ausschusses müssen unabhängige, zuverlässige und fachlich geeignete Persönlichkeiten mit besonderen Erfahrungen auf dem Gebiet der Bewertung von Grundstücken sein (§ 32 Abs. 2 KAGG). Das BAK verlangt, daß es sich überwiegend um öffentlich bestellte und vereidigte Sachverständige für die Bewertung von bebauten und unbebauten Grundstükken handelt. Die Unabhängigkeit des Sachverständigenausschusses von der KAG muß gewährleistet sein. 122

Grundstücke und grundstücksgleiche Rechte i. S. von § 27 Abs. 1 und 2 KAGG dürfen nur erworben werden, wenn der Sachvertändigenausschuß sie zuvor bewertet hat (§ 27 Abs. 3 KAGG). Die **Bewertung** ist für die einzelne Liegenschaft mindestens jährlich zu wiederholen (§ 34 Abs. 1 Satz 4 KAGG). Bei Veräußerungen ist der vom Sachverständigenausschuß ermittelte Verkehrswert als Untergrenze für die zu vereinbarende Gegenleistung maßgebend (§ 37 Abs. 1 KAGG). Mit der Einsetzung des Sachverständigenausschusses wollte der Gesetzgeber die fehlende Börsenpreisfeststellung bei Grundstückswerten ersetzen.[276] Im Rahmen der jährlich wiederkehrenden Bewertung der einzelnen Grundstükke kommt dem Sachverständigenausschuß eine große Verantwortung zu. Er muß praktisch gewährleisten, daß zu den von ihm angesetzten Werten die Grundstücke des Immobilienfonds tatsächlich veräußerbar sind. Andererseits soll die Bewertung keine stillen Reserven enthalten. Sowohl Erwerber als auch Veräußerer von Fondsanteilen sollen sich auf die zutreffend ermittelten Verkehrswerte der Immobilien verlassen können. Die Sachverständigen müssen also nicht nur über technische, sondern auch über Marktkenntnisse verfügen. Chancen und Risiko der Liegenschaften müssen in der Bewertung ihren Niederschlag finden. Anhaltspunkte für die Bewertung der Verkehrswerte geben die Wertermittlungsverordnung (WertV 1988; s. Rdnr. 21) und die Wertermittlungs-Richtlinien 1991.[277] Die Wertermittlung orientiert sich in erster Linie an dem Ertragswert. Eine wesentliche Rolle spielt der Liegenschaftszinssatz (aus dem sich der Kapitalisierungsfaktor errechnet) (zum Verkehrswert s. auch § 6 Rdnr. 36). 123

---

[273] Vgl. *von Gronau,* Spezialfonds, S. 63.

[274] Dazu auch *von Gronau,* Spezialfonds, S. 107.

[275] *Von Gronau,* Spezialfonds, S. 108; s. auch Rundschreiben des Bundesversicherungsamtes v. 14. 3. 1980 „Gegen die Stimmen der beteiligten Versicherungsträger darf der Anlageausschuß keine Empfehlungen aussprechen"; dazu Steiner/Kromschröder/*Schwelm,* Gründung und Verwaltung von Spezialfonds für Sozialversicherungsträger, S. 163.

[276] Bericht des Abgeordneten *Schmidhuber* in: zu BT-Drucks. V/4414, 6.

[277] Teil I vom 11. 6. 1991 und Teil II i. d. F. vom 31. 5. 76, Teil I und II veröffentlicht im BAnz. Nr. 86 a vom 8. 5. 1992, S. 17; vgl. auch Richtlinien für Wertermittlungsgutachten, Schreiben BVI an BAK v. 29. 6. 1977, Text im Investment-Handbuch 425 Anhang 1 zu § 32.

124 *e) Wirtschaftsprüfer.* [278] Da KAG Kreditinstitute sind, müssen unabhängig von der Frage der Rechtsform (AG, GmbH) der Jahresabschluß und die erläuternde Anlage unter Einbeziehung der Buchführung und des Lageberichtes durch einen Abschlußprüfer (Wirtschaftsprüfer) geprüft werden. Die Prüfung ist spätestens vor Ablauf von 5 Monaten nach dem Bilanzstichtag vorzunehmen (§ 340k Abs. 1 Satz 2 HGB). Die Prüfung des Jahresabschlusses der KAG ist auf die Sondervermögen und den Rechenschaftsbericht sowie darauf zu erstrecken, ob bei der Verwaltung der Sondervermögen die Vorschriften des KAGG und die Bestimmungen der Vertragsbedingungen beachtet worden sind. Bei Spezialfonds ist die Prüfung zusätzlich auf die Übereinstimmung der Vertragsbedingungen mit dem KAGG zu erstrecken (§ 24a Abs. 6 Satz 3 KAGG). Das Ergebnis der Prüfung der Sondervermögen hat der Wirtschaftsprüfer in einem besonderen Vermerk festzulegen; der Vermerk ist mit dem vollen Wortlaut im Rechenschaftsbericht wiederzugeben (§ 24a Abs. 4 Satz 3 KAGG). Entsprechend diesen Regelungen wird der Wirtschaftsprüfer bei abweichenden Geschäftsjahren der KAG und der Sondervermögen mindestens zweimal jährlich bei der KAG tätig. Beim Prüfungsbericht betr. die KAG ist die Verordnung über den Inhalt der Prüfungsberichte zu den Jahresabschlüssen und Zwischenabschlüssen der Kreditinstitute vom 21. 7. 1994[279] zu beachten. Für die Prüfungsberichte betr. die Sondervermögen ist nach § 24a Abs. 5 KAGG eine spezielle Rechtsverordnung vorgesehen, jedoch noch nicht erlassen. Der Wirtschaftsprüfer wird i. d. R. durch die Gesellschafter in der Gesellschafterversammlung bestellt. Die Bestellung ist dem BAK unverzüglich anzuzeigen (§ 28 Abs. 1 Satz 1 KWG). Bei mangelnden Spezialkenntnissen kann das BAK innerhalb eines Monats nach Zugang der Anzeige die Bestellung eines anderen Prüfers verlangen (vgl. § 28 Abs. 1 Satz 2 KWG).

125 **3. Depotbank.** Mit der Verwahrung von Sondervermögen sowie mit der Ausgabe und Rücknahme von Anteilscheinen hat die KAG ein anderes Kreditinstitut (Depotbank) zu beauftragen (§ 12 Abs. 1 Satz 1 KAGG). Die Auswahl sowie jeder Wechsel der Depotbank bedürfen der Genehmigung des BAK (§ 12 Abs. 3 KAGG). Diese Regelung für Wertpapierfonds wird bei Geldmarktfonds durch die Vorschrift ergänzt, daß die Anlage in Bankguthaben sowie Verfügungen über zum Sondervermögen gehörende Bankguthaben, die auf Sperrkonten bei anderen Kreditinstituten unterhalten werden dürfen, der Zustimmung der Depotbank bedürfen; sie wird bei Beteiligungsfonds durch die Aufgabe ergänzt, den Bestand an stillen Beteiligungen laufend zu überwachen und die stillen Beteiligungen zu bewerten (§ 25g Abs. 1 Satz 1 KAGG); bei Immobilienfonds durch die Aufgabe, den Grundstücksbestand laufend zu überwachen (§ 31 Abs. 1 KAGG) (zu den Tätigkeiten der Depotbank i. e. s. Rdnr. 82ff.).

126 Mit der Bestellung eines weiteren Kreditinstituts als Depotbank, das im allgemeinen das Vollbankgeschäft betreibt und für das ein haftendes Eigenkapital von mindestens 10 Mio. DM vorgeschrieben wird, es sei denn, es handelt sich bei der Depotbank um eine Wertpapiersammelbank i. S. des Depotgesetzes (§ 12 Abs. 1 Satz 5 KAGG), wird der KAG ein i. d. R. gewichtigerer Partner zur Seite gestellt. Damit es nicht trotzdem zu einer unzulässigen Beeinflussung der Depotbank durch die KAG kommt, sind für Geschäftsleiter, Prokuristen und zum gesamten Geschäftsbetrieb ermächtigte Handlungsbevollmächtigte der Depotbank **Inkompatibilitätsvorschriften** aufgestellt. Sie dürfen nicht gleichzeitig Angestellte der KAG sein (§ 12 Abs. 1 Satz 4 KAGG). Eine Reihe von Aufgaben der Depotbank, wie die Führung der Sperrkonten und Sperrdepots der Sondervermögen und die Kontrolle, daß der Gegenwert bei für die Sondervermögen getätigten Geschäften in ihre Verwahrung gelangt, ferner die ihr übertragene Kontrolle bei der Auszahlung von Vergütungen und Aufwendungsersatz an die KAG (§§ 12b und 12c Abs. 1 Satz 1 KAGG), zeigen die Schutzfunktion der Depotbank zugunsten der Sondervermögen und der Anteilinhaber.[280]

---

[278] *Clemm/Huber,* Prüfung, WPg 1989, 289.
[279] BGBl. I 1803.
[280] Vgl. *Canaris,* Bankvertragsrecht, Rdnr. 2472.

Aus der Berechtigung und Verpflichtung der Depotbank, ggf. Ansprüche der Anteilinhaber gegen die KAG geltend zu machen und bei einer Zwangsvollstreckung in das Sondervermögen Drittwiderspruchsklage nach § 771 ZPO zu erheben (§ 12 c Abs. 2 KAGG), läßt sich zusätzlich eine allgemeine Kontrollpflicht und ein entsprechendes Kontrollrecht der Depotbank bezüglich der Tätigkeit der KAG entnehmen.[281] Die Kontrolle erstreckt sich nicht auf die Zweckmäßigkeit des Handelns der KAG, sondern beschränkt sich auf die Recht- und Pflichtmäßigkeit; insoweit ist sie jedoch umfassend und nicht etwa auf einzelne Teilbereiche beschränkt.[282] Folgerichtig muß man der Depotbank auch ein Recht zur Verweigerung pflichtwidriger Geschäfte zugestehen und ihr eine entsprechende Pflicht auferlegen.[283] Schließt z. B. die KAG ein Wertpapiergeschäft ab, das gegen das Gebot der Einhaltung des Tageskurses gem. § 12 a Abs. 5 KAGG verstößt, so ist die Depotbank aufgrund der ihr übertragenen Kontrollfunktion verpflichtet, die Ausführung abzulehnen.[284] 127

VII. Investmentanteilschein

1. Rechtsnatur. Mit der Anlage in einem inländischen Investmentfonds (Geldmarkt-, Wertpapier-, Beteiligungs- oder Grundstücks-Sondervermögen) erwirbt der Anleger entsprechend der Höhe seiner Beteiligung Anteile dieses Fonds. Die Ansprüche des Anteilinhabers werden in Anteilscheinen (Investmentzertifikate) verbrieft (§ 18 Abs. 1 Satz 1 KAGG). I. d. R. handelt es sich um Inhaber-Anteilscheine. Die Ausgabe von Namens-Anteilscheinen ist möglich. In diesem Fall gelten die Vorschriften über die Eintragung im Aktienbuch und die Übertragung von Namensaktien (§§ 67, 68 AktG i. V. m. § 18 Abs. 1 Satz 3 KAGG) entsprechend. Anteilscheine sind Wertpapiere eigener Art.[285] Sie verbriefen nicht nur die Ansprüche der Anteilinhaber aus dem Investmentvertrag auf Anlage und Verwaltung der Gegenstände des Sondervermögens, Ausschüttung der Erträgnisse und Auszahlung bei Rückgabe,[286] sondern auch die Teilhaberschaft am Sondervermögen, das „wirtschaftliche Eigentum" bei der Treuhandlösung – bei Beteiligungsfonds (§ 25 f KAGG) und Immobilienfonds (§ 30 KAGG) obligatorisch – oder die Miteigentumsrechte bei der Miteigentumslösung.[287] 128

Der Investmentanteilschein besteht körperlich aus einem Mantel (= eigentliche Urkunde) und dem Bogen. Der Bogen enthält Ertragsscheine (Kupons), die zum Empfang der jährlichen Ertragsausschüttung berechtigen. Am Ende des Ertragsscheinbogens befindet sich der Erneuerungsschein (Talon), für den der Anteilinhaber einen neuen Bogen ausgehändigt bekommt, wenn alle Ertragsscheine verbraucht sind. Aus praktischen Gründen werden bei Erschöpfung des Ertragsscheinbogens i. d. R. ein neuer Mantel und Bogen ausgegeben. Keinen Ertragsscheinbogen haben die Thesaurierungsfonds. Die Anteilscheine sind von der Depotbank und der KAG zu unterzeichnen. Dies geschieht in der Regel durch mechanische Vervielfältigung (sog. Faksimile).[288] Um zu vermeiden, daß Anteilscheine unrechtmäßig in den Verkehr gesetzt werden, tragen sie zumeist die Unterschrift eines Kontrolleurs.[289] Die Anteilscheine können unterschiedlich gestückelt sein: z. B. in 1, 5, 10, 100, 500, 1000 Anteile (vgl. § 18 Abs. 2 Satz 1 KAGG). Mehrere oder auch sämtliche Anteilscheine können in einer (Dauer-)Globalurkunde zusammengefaßt werden. Diese werden für die Belieferung des Deutschen Kassenvereins im Falle der Girosammelverwahrung verwendet. 129

---

[281] *Canaris,* Bankvertragsrecht, Rdnr. 2474; *Müller* DB 1975, 485.

[282] *Canaris,* Bankvertragsrecht, Rdnr. 2474.

[283] *Canaris,* Bankvertragsrecht, Rdnr. 2475.

[284] Vgl. *Canaris,* Bankvertragsrecht, Rdnr. 2475; *Baur,* Investmentgesetze, S. 189; *Reuter,* Investmentfonds, S. 153; *Schäcker,* Investmentsparen, S. 124.

[285] *Baur,* Investmentgesetze, S. 218 m. w. N.; *Canaris,* Bankvertragsrecht Rdnr. 2373.

[286] Vgl. *Ebner von Eschenbach,* Anteilinhaber, S. 158; *Wendt,* Treuhandverhältnisse, S. 181.

[287] *Baur,* Investmentgesetze, S. 218; *Canaris,* Bankvertragsrecht, Rdnr. 2372.

[288] Dazu § 18 Abs. 1 Satz 5 KAGG.

[289] Vgl. *Baur,* Investmentgesetze, S. 225 und 249.

130 **2. Ausgabe, Rücknahme und Verfügungen.** Die Investmentanteilscheine werden von der Depotbank ausgegeben und zurückgenommen (§ 12 Abs. 1 Satz 1 KAGG). Anteilscheine dürfen nur gegen volle Leistung des Ausgabepreises ausgegeben werden; der Gegenwert ist unverzüglich dem Sondervermögen zuzuführen. Sacheinlagen sind unzulässig (§ 21 Abs. 1 KAGG). Zulässig sind Sachübernahmen, d. h. parallel zu dem Erwerb der Anteilscheine erfolgende Verkäufe von Wertpapieren oder Grundstücken an das Sondervermögen. Steuerlich führt dies bei bilanzierenden Anlegern in den Fällen niedrigerer Buchwerte zu einer Gewinnrealisierung.[290]

131 Ein wesentliches Merkmal des Investmentfonds i. S. des KAGG besteht darin, daß die Anteile laufend ausgegeben und zurückgenommen werden (sog. **open-end-Prinzip**). Ausgabe- und Rücknahmepreise werden in der Regel börsentäglich in den Tageszeitungen veröffentlicht. Der **Ausgabepreis** für den Anteilschein entspricht dem Anteilwert zuzüglich eines in den Vertragsbedingungen festzusetzenden Aufschlags (§ 21 Abs. 2 Satz 1 i. V. m. § 15 Abs. 1 Buchst. f KAGG). Dieser Aufschlag beträgt bei Aktienfonds und offenen Immobilienfonds überwiegend 5%, bei Rentenfonds 3% des Anteilwertes. Bei Geldmarktfonds wird i. d. R. kein Ausgabeaufschlag erhoben. Neben der Verwaltungsvergütung kann auch eine erfolgsabhängige Vergütung vorgesehen sein. Der Ausgabeaufschlag kann auch nach Höhe der Anlagesumme gestaffelt sein. Der Ausgabeaufschlag deckt die Verkaufs- und Vertriebskosten. Er wird überwiegend von der KAG in der Form von Bonifikationen oder Provisionen an in den Verkauf eingeschaltete Kreditinstitute oder Vertriebsgesellschaften weitergegeben.

132 Der Anteilinhaber kann bei **Rückgabe** des Anteilscheins nicht die Aufhebung der Gemeinschaft der Anteilinhaber verlangen (§ 11 Abs. 1 KAGG). Er kann aber verlangen, daß ihm gegen Rückgabe des Anteilscheins sein Anteil an dem Sondervermögen aus diesem ausgezahlt wird (§ 11 Abs. 2 KAGG). In den Vertragsbedingungen sind die Modalitäten der Rücknahme festzulegen (§ 15 Abs. 3 Buchst. g KAGG). Die Rücknahme erfolgt zu dem geltenden **Rücknahmepreis,** der dem Anteilwert entspricht (§ 21 Abs. 5 KAGG). Sofern die KAG oder die Depotbank den Ausgabepreis bekanntgibt, ist sie verpflichtet, auch den Rücknahmepreis bekanntzugeben; wird der Rücknahmepreis bekanntgegeben, so ist auch der Ausgabepreis bekanntzugeben (§ 21 Abs. 6 KAGG).

133 Das 1. FMFG hat die allgemeine Rücknahmeverpflichtung dahin eingeschränkt, daß in den Vertragsbedingungen für Ausnahmesituationen ein abweichendes Rücknahmeverfahren geregelt werden kann, durch das eine Aussetzung der Rücknahme möglich ist.[291] Dies ist verbunden mit einer Anzeigepflicht an das BAK, die BBk. und bei Vertrieb in einem EG-/EWR-Staat mit einer Unterrichtung der zuständigen Stelle. Es besteht eine Informationspflicht hinsichtlich der Anleger. Auch ist die Ausgabe von Anteilscheinen für die Dauer der Aussetzung untersagt (§ 11 Abs. 2 Satz 2 bis 5 KAGG).

134 Eine eigenständige Rücknahmeregelung enthält § 25 h KAGG für Beteiligungs-Sondervermögen. Die Auszahlung des Rücknahmepreises wird in der Reihenfolge der Vorlage der Anteilscheine vorgeschrieben, jeweils sukzessive in dem Umfang beschaffter Barmittel. Da die Vorschrift für die Ermittlung des Rücknahmepreises gleichzeitig auf den Tag der Auszahlung abstellt, ist klargestellt, daß eine ungünstige Wertentwicklung des Fondsvermögens, auch wenn sie durch die zusätzliche Liquidisierung von Anlagewerten entstanden ist, jeweils zu Lasten der erst später ausbezahlten Anteilinhaber geht.[292] Soll dies

---

[290] Dazu *Baur,* Investmentgesetze, S. 248; zur Wertpapierveräußerung Entschließung BayFinMin. v. 24. 3. 1969 – S 2252 – 104 – 11 830 II; veröffentlicht in: DStZ B 1969, 154 und Investment-Handbuch 425 Anhang zu § 38 Nr. 4; OFD Frankfurt a. M., Vfg. v. 25. 6. 1996, BB 1996, 1661; zur Grundstücksveräußerung s. Erlaß d. FinMin. Niedersachsen v. 10. 7. 1973 – S 4521 – 41 – 322.

[291] § 7 Abs. 4 der Mustervertragsbedingungen, Allgemeine Vertragsbedingungen für einen Wertpapier-Publikumsfonds (Fn. 200); zur Zulässigkeit vor der Gesetzesänderung s. *Baur,* Investmentgesetze, S. 174; *Canaris,* Bankvertragsrecht, Rdnr. 2443.

[292] Vgl. Investment-Handbuch/*Beckmann* 425 § 25 h Rdnr. 4.

vermieden werden, so steht über § 25a KAGG auch die Aussetzungsregelung nach § 11 Abs. 2 zur Verfügung, sofern dies in den Vertragsbedingungen vorgesehen ist.

Da die Liquidisierung von Grundstückswerten im allgemeinen nicht kurzfristig möglich 135
ist und um die KAG im Verhältnis zu Kaufinteressenten nicht in einen nachteiligen Zugzwang zu bringen, kann – wenn die liquiden Mittel nicht ausreichen – die Rückzahlung des Rücknahmepreises bei Grundstücks-Sondervermögen bis zum Ablauf einer in den Vertragsbedingungen festzusetzenden Frist verweigert werden.[293] Auch kann die Rücknahme bis zur Veräußerung von Grundstückswerten zu angemessenen Bedingungen auf längstens zwei Jahre verweigert werden (§ 36 KAGG).

Bei **Verfügungen** über Anteilscheine ist zu unterscheiden, ob es sich um den Regelfall 136
der Inhaber-Anteilscheine oder um Namens-Anteilscheine handelt.[294] Rechtsgeschäftliche Verfügungen über Inhaberanteilscheine sind nach sachenrechtlichen Grundsätzen vorzunehmen.[295] Die Übertragung erfolgt durch Einigung und Übergabe gem. §§ 929ff. BGB. Daneben ist auch eine Übertragung nach § 398 BGB durch Abtretung möglich (str.).[296] Als besondere Übertragungsform steht wie bei anderen Wertpapieren die Übereignung durch Absendung des Stückeverzeichnisses gem. § 18 Abs. 3 DepotG zur Verfügung.[297] Im Falle der Sammelverwahrung bei einer Wertpapiersammelbank kann die Übertragung der Anteilscheine, deren Sammeldepotfähigkeit und -eignung durch § 24 Abs. 1 KAGG für Inhaberpapiere und blanko indossierte Namenspapiere ausdrücklich bestätigt wird, außerdem durch Eintragung in das Verwahrungsbuch gem. § 24 Abs. 2 DepotG erfolgen sowie durch Übereignung des Miteigentumsanteils nach den Regeln des Effektengiroverkehrs.[298]

3. Bewertung. Dem Ausgabe- und dem Rücknahmepreis des Anteilscheins liegt der 137
Wert des Anteils am Sondervermögen zu Grunde. Der Anteilwert (auch „Inventarwert – net asset value – je Anteil" genannt) ergibt sich aus der Teilung des Wertes des Sondervermögens durch die Zahl der Anteile (§ 21 Abs. 2 Satz 2 KAGG). Der Wert eines Sondervermögens ist von der Depotbank unter Mitwirkung der KAG börsentäglich zu ermitteln (§ 21 Abs. 2 Satz 3 KAGG). Besondere Bewertungsvorschriften gelten für Beteiligungsfonds (§ 25g Abs. 1 KAGG) und für Immobilienfonds hinsichtlich der Gegenstände des Grundvermögens (§ 34 Abs. 1 Satz 3 KAGG). Die Bewertung der stillen Beteiligungen ist Aufgabe der Depotbank (§ 25g Abs. 1 i. V. m. § 25d Abs. 1 KAGG). Die Bewertung der Vermögensgegenstände des Grundvermögens ist Aufgabe des Sachverständigenausschusses (§ 32 Abs. 1 KAGG) (dazu oben Rdnr. 122 und 123). Keine spezielle Bewertungsvorschriften enthält das KAGG für die durch das 2. FMFG neu eingeführten Geldmarktfonds, obwohl sich für diese Probleme bei der Anwendung des reinen Nominalprinzips auf Bankguthaben ergeben. Kündbare Festgelder werden deshalb zum Renditekurs auf Marktzins bewertet. Auch nicht kündbare Festgelder sollten nach den Marktsätzen bewertet werden, wenn inzwischen erhebliche Zinsabweichungen festzustellen sind. Um die Anleger eines Geldmarktfonds, ebenso die Käufer und Verkäufer von Fondsanteilen nicht zu schädigen, wird die Anteilpreisberechnung unter Hinzurechnung künftiger Zinsen und

---

[293] § 11 Abs. 2 KAGG i. V. m. § 9 Abs. 5 der Mustervertragsbedingungen, Allgemeine Vertragsbedingungen für einen Immobilienfonds (Fn. 200); in der Regel 3 bis 6 Monate.

[294] Bei Namens-Anteilscheinen Übertragung durch Begebungsvertrag und Indossament gem. § 18 Abs. 1 Satz 3 KAGG, § 68 Abs. 1 Satz 1 AktG, Art. 13 WG.

[295] *Geßler* WM 1957, Sonderbeilage Nr. 4 S. 25; zur Bestellung des Nießbrauchs, eines Pfandrechts, zur Pfändung nach der ZPO und im Zwangsverfahren nach der AO, s. *Baur,* Investmentgesetze, S. 219ff.

[296] So *Canaris,* Bankvertragsrecht, Rdnr. 2385; *von Caemmerer* JZ 1958, 72; bei *Hueck/Canaris,* Recht der Wertpapiere, 12. Aufl. 1986, § 1 I, 5b der zutreffende Hinw., daß das Verbriefungselement bei Effekten weitgehend in den Hintergrund getreten ist; a. A. *Klenk,* Investmentanteil, S. 60; ebenso noch *Baur,* Investmentgesetze, S. 224.

[297] Vgl. *Canaris,* Bankvertragsrecht, Rdnr. 2386; *Klenk,* Investmentanteil, S. 74; *Baur,* Investmentgesetze, S. 219.

[298] *Canaris,* Bankvertragsrecht, Rdnr. 2386; s. jedoch Bankrecht und Bankpraxis/*Kümpel,* 8/345.

Zinsbestandteile bis einschließlich des Kalendertages vor dem Valutatag vorgenommen (oben Rdnr. 64 b).

138 Die Ermittlung des Inventarwertes der Geldmarktfonds und der Wertpapierfonds hat außer bei Spezialfonds (unten Rdnr. 225) börsentäglich zu erfolgen. Dies geschieht, nachdem die für diesen Tag geltenden Kurse an der Börse festgestellt wurden. Dabei werden in einer Rechenliste zunächst die durch Kauf oder Verkauf veränderten Wertpapierbestände ermittelt. Diese Bestände werden mit den neuen Kursen multipliziert; es ergeben sich die Kurswerte. Zu den Kurswerten werden die Barguthaben, Forderungen und sonstigen Rechte addiert. Bei Beteiligungs-Sondervermögen ist die Bewertung ebenfalls börsentäglich notwendig (§ 25 a i. V. m. § 21 Abs. 2 Satz 3 KAGG). Für die stillen Beteiligungen schreibt das KAGG die laufende Bewertung vor (§ 25 d Abs. 1 Satz 1 KAGG). Auch wenn die Bewertungsfaktoren, außer bei Vorliegen wichtiger Gründe, spätestens jährlich neu festzustellen sind (§ 25 d Abs. 2 Satz 2 i. V. m. Satz 1 und Satz 3 KAGG), führt die bei der Bewertung zu berücksichtigende Rendite bestimmter umlaufender Anleihen (§ 25 d Abs. 1 Satz 2 KAGG) dazu, daß die stille Beteiligung börsentäglich neu zu bewerten ist.[299] Für Gegenstände des Grundvermögens ist eine mindestens jährliche Bewertung vorgeschrieben (§ 34 Abs. 2 Satz 4 KAGG). Unter Berücksichtigung dieser jährlichen Neubewertungen der einzelnen Gegenstände des Grundvermögens (Grundstücke) durch den Sachverständigenausschuß werden die Grundstücks-Sondervermögen in der Regel dreimal monatlich neu bewertet.[300]

138a An die Verpflichtung zur börsentäglichen Wertermittlung in § 21 Abs. 2 Satz 3 KAGG knüpft die durch das StMBG nach dem 31. 12. 1993 neu geschaffene Verpflichtung der KAG an, börsentäglich den Zwischengewinnen (§ 39 Abs. 1 a KAGG) zu ermitteln (§ 41 Abs. 4 KAGG). Der Zwischengewinn ist das in dem Anteilwert enthaltene Entgelt für die dem Anteilinhaber noch nicht zugeflossenen oder als zugeflossen geltenden (Zins-)-Einnahmen eines Investmentfonds i. S. des § 20 Abs. 1 Nr. 7 und Abs. 2 EStG.[301] Von der börsentäglichen Ermittlung des Zwischengewinns kann in den Fällen des Grundstücks-Sondervermögen dergestalt abgewichen werden, daß der Zwischengewinn ebenso häufig ermittelt und veröffentlicht wird wie der Ausgabe- und Rücknahmepreis.[302]

VIII. Anlageformen

139 **1. Einzelanteile.** Die Konzeption des KAGG geht von voll eingezahlten Anteilscheinen aus (vgl. § 21 Abs. 1 Satz 1 KAGG). Bruchteile an Anteilen sind nicht vorgesehen. Die Anteilscheine, die in der Form effektiver Stücke ausgedruckt sind (s. Rdnr. 129), können erworben werden bei der ausgebenden Depotbank (§ 12 Abs. 1 Satz 1 KAGG), über die KAG, ein anderes Kreditinstitut oder durch Vermittler (s. Rdnr. 155). Die effektiven Stücke werden dem Anleger auf Wunsch ausgehändigt (sog. Tafelgeschäft) oder für den Anleger in einem Wertpapierdepot bei einem Kreditinstitut verwahrt. I. d. R. verwahrt das Kreditinstitut die Anteilscheine nicht selbst, sondern übergibt sie zur Sammelverwahrung einer Wertpapiersammelbank **(Girosammelverwahrung).** Für die Sammelverwahrung muß der Anleger seinem Kreditinstitut keine ausdrückliche Ermächtigung mehr geben (§ 5 Abs. 1 DepotG i. d. F. des 2. FMFG). Anteilscheine sind, soweit es sich um Inhaberanteilscheine oder blanko indossierte Namensanteilscheine handelt, sammelverwahrfähig (§ 24 Abs. 1 KAGG). Da mit Rücksicht auf den höheren Zinsabschlag auf Tafelgeschäfte (Rdnr. 194) das Interesse an effektiven Stücken spürbar zurückgegangen ist, werden die Rechte der Anteilinhaber häufig nur noch in Globalurkunden verbrieft, die bei

---

[299] S. a. Investment-Handbuch/*Beckmann* 425 § 25 d Rdnr. 2.

[300] Vgl. § 10 Abs. 1 der Mustervertragsbedingungen, Allgemeine Vertragsbedingungen für einen Immobilienfonds (Fn. 200), der nur eine Verpflichtung zur mindestens monatlichen Bewertung enthält. Die kürzeren Bewertungsabstände sind im Verkaufsprospekt genannt.

[301] Zur Steuerpflicht des Zwischengewinns s. unten Rdnr. 204 ff.

[302] Vgl. Schreiben BMF vom 29. 3. 1994.

einer Wertpapiersammelbank verwahrt werden. Ein Anspruch auf Auslieferung einzelner Anteilscheine besteht dann nicht. Dies ist ggfs. in den Besonderen Vertragsbedingungen geregelt und zusätzlich im Verkaufsprospekt vermerkt (§ 19 Abs. 2 Satz 3 Nr. 3 KAGG).

2. Investmentkonto. Der große Absatzerfolg ausländischer Investmentgesellschaften, der 1967 begann, beruhte nicht zuletzt darauf, daß mit dem Verkauf der Fondsanteile zusätzliche Dienstleistungen angeboten wurden.[303] Hierzu gehörte die kontoähnliche Führung der Investmentdepots.[304] Hieraus haben sich Gruppen von Anlageformen oder -systemen entwickelt, die von den deutschen Investmentgesellschaften unter wechselnden Bezeichnungen übernommen wurden. Trotz der Bezeichnung „Konto" (Investmentkonto, Anlagekonto) handelt es sich um Wertpapierdepots, auf die das Depotgesetz Anwendung findet (zur Vertragsgestaltung s. Rdnr. 89). Derartige Investmentkonten können außer von Kreditinstituten, die das Depotgeschäft betreiben (§ 1 Abs. 1 Nr. 5 KWG), auch von KAG geführt werden. Das BAK hat, trotz einer zunächst ausschließlichen Beschränkung der Geschäftstätigkeit der KAG auf das Investmentgeschäft (§ 2 Abs. 2 Buchst. c KAGG i. d. F. des 1. FMFG gestattet nunmehr auch die mit dem Investmentgeschäft unmittelbar verbundenen Nebentätigkeiten), die Führung von Kundendepots durch KAG in den Fällen anerkannt, in denen es sich um die Verwahrung von Anteilscheinen aus dem Vertrieb von Anteilen an eigenen Sondervermögen im Rahmen langfristiger Spar- und Auszahlungspläne handelt. Dabei wird vorausgesetzt, daß auf dieses beschränkte Verwahrgeschäft das Depotgesetz Anwendung findet und es der Depotprüfung nach § 30 Abs. 1 KWG unterliegt.[305] Die KAG hat dabei u. a. die vollständige und zeitgerechte Abrechnungserteilung entsprechend den im Effektengeschäft allgemein geltenden Usancen zu beachten.[306] Auch wenn die Kaufabrechnung nur durch Lastschriftträger übermittelt wird, muß dieser dem üblichen Standard einer Wertpapierabrechnung entsprechen.[307] Außer der Verwahrung von Anteilscheinen eigener Sondervermögen und der inzwischen anerkannten Verwahrung von Anteilscheinen 100%iger Tochtergesellschaften sollte auch die Verwahrung von Anteilscheinen anderer Sondervermögen zulässig sein. 140

Zu den Vorteilen des Investmentkontos gehört, daß mit Anteilen und Anteilbruchteilen (bis drei Stellen hinter dem Komma) gerechnet wird. Hierdurch entsteht die Möglichkeit, Beträge anzulegen, die nicht einem vollen Anteil entsprechen. Die **Bruchteilsrechte** werden von der das Investmentkonto führenden Stelle (KAG oder sonstiges Kreditinstitut) in einem Gemeinschaftsdepot verwahrt. Die Anteilscheine dieses Gemeinschaftsdepots können sich wiederum bei dem betreffenden Kreditinstitut in der Streifbandverwahrung oder in der Girosammelverwahrung befinden. Der Anleger ist mit einem Bruchteilsanteil am Sammelbestand beteiligt. Eine Auslieferung der Bruchteilsanteile ist nicht möglich. Es besteht nur ein in den Bedingungen des Investmentkontos vereinbarter Geldanspruch.[308] 141

Zu den weiteren Vorteilen des Investmentkontos gehörte bisher die kostenlose Verwahrung der Anteile (ab 1995 erheben KAG teilw. mit Rücksicht auf den gestiegenen Verwaltungsaufwand, u. a. durch die ZASt., eine Kontoführungsgebühr; bei vermögenswirksamen Sparverträgen wird teilw. am Ende der Laufzeit eine Einmalgebühr erhoben). Die 142

---

303 Vgl. *Prager,* Marktstrategie, S. 83 m. w. Hinweisen.

304 Dazu *Fintelmann* ZfK 1978, 810; vgl. auch *Tormann,* Investmentgesellschaften, S. 51; *Mol,* Versicherungsfonds, S. 75.

305 Schreiben BAK v. 30. 12. 1966, abgedruckt in: Investment-Handbuch 438 Nr. 1.

306 Dazu Schreiben BAK v. 14. 9. 1983, abgedruckt in: Investment-Handbuch 438 Nr. 36.

307 BAK a. a. O. (Fn. 306); s. a. Schreiben BAK v. 12. 7. 1985 im Hinblick auf die durch § 24 Abs. 3 DepG für Investmentkonten u. a. nach den Vermögensbildungsgesetzen geschaffenen Erleichterungen für die Benachrichtigung, abgedruckt in: Investment-Handbuch 438 Nr. 39.

308 Vgl. auch *Heinsius/Horn/Than,* DepG, § 6 Rdnr. 27; *Baur,* Investmentgesetze, S. 255; *Klenk,* Investmentanteil, S. 110.

jährliche Ausschüttung wird automatisch – meist kostenfrei – zum jeweiligen Anteilwert wieder in Fondsanteilen angelegt. Hierdurch tritt ein Zinseszinseffekt ein. Zusätzliche Vorteile können im Angebot eines kostenfreien Wechsels in einen anderen Investmentfonds oder in der Senkung des Ausgabeaufschlages bei Erwerb weiterer Anteile in den Fällen der Absichtserklärung (Letter of Intent) und des Akkumulationsrechts[309] liegen.

143 *a) Investment-Einzahlplan.* Der Investment-Einzahlplan wird auch als Sparprogramm, Anlageplan, Ansammlungsplan, Aufbauplan, Aufbaukonto, Zuwachskonto, contractual accumulation account bezeichnet.[310]

144 Ein solcher Einzahlplan verlangt – wenn auch ohne rechtliche Bindung – monatlich gleichbleibende Anlagen in einer bestimmten Mindesthöhe. Er dient dem planmäßigen Vermögensaufbau. Der Einzahlplan wird für eine bestimmte Plandauer von 10, 15, 20 oder 25 Jahren eröffnet. Aus der Höhe der monatlichen Anlagebeträge und der Plandauer errechnet sich die Plansumme. Einzahlpläne werden auch im Rahmen der Vermögensbildung angeboten (dazu Rdnr. 217 ff.).

145 Der besondere Vorteil gleichbleibender Zahlungen im Rahmen eines Einzahlplanes liegt in der Nutzung der laufenden Preisschwankungen eines Investmentfonds, insbesondere bei Aktienfonds. Bei hohen Kursen werden automatisch wenige und bei niedrigeren Preisen mehr Anteile erworben. Der durchschnittliche Einstandspreis der Anteile wird gesenkt. Dies ist der sog. Durchschnittskosten-Effekt **(Cost-Average-Effekt).**[311] Der Anleger erwirbt auf diese Weise seine Anteile günstiger, als wenn er gleichbleibend eine bestimmte Zahl von Anteilen erwerben würde. Der Vorteil wird dadurch verstärkt, daß die jährlich ausgeschütteten Erträge (teilw.) kostenfrei in weiteren Anteilen angelegt werden.

146 Bei Einzahlplänen werden die Zahlungen des ersten Planjahres mit Kosten der gesamten Plandauer belastet. Diese Kostenvorausbelastung ist auf ein Drittel der für das erste Jahr vereinbarten Zahlungen zu begrenzen. Die restlichen Kosten müssen auf alle späteren Zahlungen gleichmäßig verteilt werden (§ 22 KAGG).

147 *b) Investment-Anlagekonto.* Für das Investment-Anlagekonto finden sich auch die Bezeichnungen Aufbaukonto, Anlagekonto, open account, voluntary plan. Es gibt dem Anleger die Möglichkeit, einmalig in einer Summe, regelmäßig oder unregelmäßig Beträge zur Anlage einzuzahlen. Der Anleger kommt bereits mit einem geringen Anfangskapital in den Genuß der (teilw.) spesenfreien Ertragswiederanlage. Er vermeidet die Kostenvorausbelastung und höheren Ankaufsgebühren der Einzahlpläne.[312]

148 *c) Investment-Auszahlplan.* Der Investment-Auszahlplan wird auch Abhebungsplan, Entnahmeplan, withdrawal plan genannt. Der Anleger schafft zunächst durch Einzahlung ein Anteilguthaben. Dieses kann auch ein bestehendes Anlagekonto oder ein durch einen Einzahlplan geschaffenes Anteilguthaben sein. Durch Verkauf von Anteilen aus dem Bestand fließt dem Anleger eine Geldsumme nach seiner Wahl monatlich oder in anderen Zeitabständen regelmäßig zu. Wenn der Inhaber eines Auszahlplanes seine Einnahmequelle erhalten will, muß er sich in der Höhe der jährlichen Auszahlungen an der Durchschnittsverzinsung seines Anteilguthabens orientieren. Die Zahlungen können andererseits so festgesetzt werden, daß in einem vorbestimmten Zeitraum auch das Vermögen verbraucht wird. Mit Rücksicht auf eine höhere Stabilität in den jährlichen Ausschüttungen und eine höhere Ausschüttungsquote als bei Aktienfonds werden Auszahlpläne unter Verwendung von Rentenfonds und offenen Immobilienfonds bevorzugt.

149 *d) Investment-Einzahlplan mit Versicherungsschutz.* Um die regelmäßigen Zahlungen des Einzahlplanes sicherzustellen, wird dieser häufig in Verbindung mit einer (fallenden) Risi-

---

[309] Dazu *Prager,* Marktstrategie, S. 67.

[310] S. *Prager,* Marktstrategie, S. 84.

[311] Vgl. *Baur,* Investmentgesetze, S. 255; *Prager,* Marktstrategie, S. 84; *Tormann,* Investmentgesellschaften, S. 52.

[312] Vgl. *Prager,* Marktstrategie, S. 84.

ko-Lebensversicherung und eventuell mit einer Unfalltod-Versicherung angeboten.[313] Die Versicherungssumme ist grundsätzlich höher als die Plansumme. Auf diese Weise sind die bei einem Einzahlplan im ersten Jahr entstehenden erhöhten Ausgabekosten im Falle der Beanspruchung der Risiko-Lebensversicherung abgedeckt. Der Versicherungsschutz deckt nicht das Kursrisiko ab, sondern den jeweils noch ausstehenden Restbetrag der Plansumme. Stirbt die versicherten Person während der Plandauer, so wird die Restversicherungssumme fällig und an die Depotstelle zum Erwerb von Fondsanteilen gezahlt. Die Restversicherungssumme erhöht sich ggf. noch um eine Gewinnbeteiligung, sofern nicht bereits der Beitrag um eine angenommene Gewinnbeteiligung ermäßigt ist. Einzahlplan und Versicherungsvertrag sind selbständige Verträge. Ein Versicherungsschutz besteht nur so lange, wie die Folgebeiträge geleistet werden.

3. Fondsgebundene Vermögensverwaltung, Fondspicking.[314] Die für den Anleger inzwischen kaum noch zu überschauende Zahl von Angeboten an Investmentfonds, ferner die Spezialisierung der einzelnen Investmentfonds, insbesondere der Wertpapierfonds nicht nur auf Aktien oder Renten (s. oben Rdnr. 26 ff.), sodann das Angebot von in- und ausländischen Fonds haben eine neue Form der Vermögensverwaltung entstehen lassen, die ganz auf die Investmentanlage setzt, jedoch aus dem Angebot, entsprechend entweder den Vorgaben des Anlegers oder auch als eigenständige Managementleistung eine Auswahl trifft. Diese Auswahl wiederum kann in einem Investmentkonto oder auch in einem speziellen Wertpapierdepot treuhänderisch für den Anleger verwaltet werden. Sofern das Investmentkonto von einer KAG oder einer ausländischen Investmentgesellschaft verwaltet wird, wird dieses nach dem Baukastenprinzip mit verschiedenen Fonds der Eigenproduktion bestückt. Im Ausland ist dies vor allem typisch bei Fonds der Umbrella-Konstruktion,[315] bei denen jede Fondsabteilung eine selbständige Einheit bildet. Die ausgewählten Anteile verschiedener Fonds stehen zunächst zueinander in einem starren Verhältnis. Es besteht jedoch i. d. R. gegen Zahlung von ermäßigten Transaktionskosten (Umtauschgebühr) die Möglichkeit, die Gewichtung zu verändern. Erfolgt die Veränderung durch die Investmentgesellschaft, wird dafür zusätzlich eine jährliche Pauschalgebühr berechnet. Vielfach übernehmen Banken oder unabhängige Unternehmen das Heraussuchen von Fonds (Fondspicking) und füllen damit das treuhänderisch für den Anleger verwaltete Fondsdepot. Für diese Verwaltungsleistung wird entweder ein jährlicher Pauschalsatz oder auch eine Gewinnbeteiligung berechnet. Als Kostenfaktor ist auch der Ausgabeaufschlag beim Erwerb der Fondsanteile zu berücksichtigen, der außer bei der Ursprungsanlage für das Investmentkonto i. d. R. bei jeder Umschichtung neu anfällt. 149 a

4. Fondsgebundene Lebensversicherung.[316] 1969 wurden erstmals durch das BAV Geschäftspläne von Lebensversicherungsunternehmen genehmigt, die die Lebensversicherung und das Investmentsparen kombinieren. Beiträge zur fondsgebundenen Lebensversicherung sind vom Sonderausgabenabzug ausdrücklich ausgeschlossen (§ 10 Abs. 1 Nr. 2 150

313 Vgl. *Fintelmann* ZfK 1978, 810; Schuster/*Koch*, Investmenthandbuch, S. 197.

314 Näheres s. Anlagepraxis 1994 Heft 2, S. 7 ff.; *Andres/Heuft*, Recht und Steuern beim Fondspikking, International Money Marketing, Deutsch, Dezember 1994, S. 8 unterscheiden neben KAG, Banken und Versicherungsgesellschaften als Fondspicker die privaten Vermögensverwalter auf der Grundlage eines Beratervertrages, auf der Grundlage eines Verwaltungsvertrages und die Verwaltung in der Rechtsform der Gesellschaft bürgerlichen Rechts mit dem Anleger als Gesellschafter.

315 S. § 19 Rdnr. 60.

316 Dazu u. a. *Balk/Eller/Gutmann*, Investmentfonds, 1991, S. 122; *Greb*, Fondsgebundene Lebensversicherung, in Handwörterbuch der Versicherung, 1988, S. 427; *Claus/Müller*, VerBAV 1975, 138; *Mol*, Versicherungsfonds, 1989, S. 32; *Pflaum*, Wertpapier-Investmentfonds in Lebensversicherungsunternehmen, 1993, S. 104; *Reuter*, Die fondsgebundene Lebensversicherung BB 1986, 295; *Schneidler*, Die Grundlagen einer fondsgebundenen Lebensversicherung in Deutschland, 1974; *Stolte*, Investmentfonds, 1993, S. 163; *Wunderlich*, LfK 1987, 412; s. a. Schuster/*Koch*, Investment-Handbuch, S. 199.

Satz 2 EStG).[317] Hinsichtlich der Zinsbesteuerung sind die konventionelle und die fondsgebundene Lebensversicherung gleichgestellt (§ 20 Abs. 1 Nr. 6 Satz 4 EStG). Seit 1. 4. 1996 mind. 60% der Beitragssumme als Todesfallschutz. Die Versicherungsleistung ist im Todesfall und Erlebensfall von einem Sachwert, dem Anteilwert des Anlagestocks (= selbständige Abteilung des Deckungsstocks, § 54 b VAG) abhängig. Die Versicherungsleistung wird auch bei einer Geldzahlung statt Sachauskehrung vom Kurswert des zur Deckung der Sparanteile eingerichteten Anlagestocks bestimmt. Im Todesfall wird je nach Geschäftsplan teilweise mindestens eine Leistung in Höhe der Todesfallsumme erbracht, teilweise nimmt der Berechtigte an den Wertschwankungen der Anlagemittel des Deckungsstocks teil. Im Erlebensfall wird das Ergebnis stets von der Werthöhe der Anlagemittel im Deckungsstock bestimmt.

151 Das BAV hat zwei Grundmodelle genehmigt. Bei dem **Modell A**[318] wird eine gleichbleibende laufende oder einmalige DM-Prämie gezahlt. Dieser Beitrag wird aufgeteilt in einen Teil, der der Kostendeckung dient, einen Teil, der für die Risikodeckung bereit gehalten wird, und einen Teil, aus dem das Deckungskapital aufgebaut wird; nur der letzte Teil (Sparteil) geht in eine Kapitalansammlung (Anlagestock), die von der Versicherung in Investmentanteilen, aber auch unmittelbar in für das Sondervermögen einer KAG zugelassenen Werten wie Aktien oder festverzinslichen Wertpapieren angelegt wird (vgl. § 54 b VAG). Überwiegend besteht der Anlagestock aus für die Versicherten erworbenen Anteilen eines oder mehrerer Investmentfonds. Die Anzahl der in diesem „fondsgebundenen Deckungskapital" der Versicherung gutgeschriebenen Investmentanteile erhöht sich mit jeder Beitragszahlung. Bei den Investmentfonds handelt es sich teilweise um speziell für das Versicherungsunternehmen aufgelegte Investmentfonds. Obwohl Anleger eines solchen Fonds zunächst ausschließlich das Versicherungsunternehmen ist, handelt es sich nach Auffassung des BAK nicht um einen Spezialfonds i. S. des § 1 Abs. 2 KAG, sondern um einen Publikumsfonds, da die Versicherungsnehmer das Risiko der Investmentanlage tragen und jederzeit einer Aushändigung der Anteilscheine an die Versicherten möglich ist und verlangt werden kann.[319] Derartige Versicherungsfonds werden von den KAG in enger Zusammenarbeit mit dem Versicherer verwaltet. Bei neueren Angeboten der fondsgebundenen Lebensversicherung kann entweder der Anleger unter mehreren Investmentfonds wählen, die für seinen Sparteil erworben werden (Beitragssplitting) oder es ist die Auswahl dem Versicherungsunternehmen überlassen („Managed Fonds").[320] Im Ablaufzeitpunkt (Erlebensfall) erhält der Versicherte seinen Sparteil, ergänzt um gutgeschriebene sonstige Erträge und Überschüsse. Die Versicherungsleistung kann wahlweise in Wertpapieren entsprechend der Zusammensetzung des Anlagestocks oder in DM zu dem jeweiligen Wert der Anteileinheiten erbracht werden.[321] Der Wert einer Anteileinheit wird in überregionalen Tageszeitungen veröffentlicht. Die Wertfeststellung erfolgt üblicherweise täglich.

152 Bei dem **Modell B** werden bereits die versicherungstechnischen Teile in Anteileinheiten, d. h. i. d. R. in der Anteileinheit eines bestimmten Investmentfonds gerechnet und abgewickelt. Entsprechend ist der Versicherungsbeitrag nicht in DM festgelegt, sondern

---

[317] Vgl. auch BMF-Schreiben v. 19. 8. 1974 – IV B 3 – S 2221 – 33/74, abgedruckt in: Investment-Handbuch 440 Nr. 19; nach *Pflaum* (Fn. 163) ist diese Diskriminierung gegenüber der klassischen Kapitallebensversicherung nicht gerechtfertigt.

[318] Zu den Modellvarianten Näheres bei *Pflaum* (Fn. 163), S. 132.

[319] Schreiben BAK v. 29. 11. 1990, abgedruckt in: Investment-Handbuch 438 Nr. 50; die Auffassung des BAK steht m. E. in Widerspruch zu § 1 Abs. 2 KAGG, der auf die Zahl der Anteilinhaber abstellt und damit auf das formale Prinzip; die Auffassung des BAK wird nicht vom BAV und den Versicherungsunternehmen geteilt, die deshalb dem Versicherten auch nicht die Unterlagen i. S. § 19 KAGG aushändigen, sondern eigene Versicherungsunterlagen.

[320] Vgl. *Mol,* Versicherungsfonds, S. 32; *Balk/Eller/Gutmann,* Investmentfonds, S. 124 f.; *Stolte,* Investmentfonds, S. 165.

[321] Die Versicherungsleistung im Todesfall kann unterschiedlich vereinbart sein; Näheres BMF-Schreiben v. 19. 8. 1974 (Fn. 164).

richtet sich jeweils nach dem Kurs der Anteileinheiten. Die praktischen Schwierigkeiten werden durch die Abbuchung der schwankenden Beträge vom Bankkonto des Versicherten bewältigt. Im Erlebens- wie auch im Todesfall sind die Versicherungsleistungen nach der Anzahl der Anteileinheiten garantiert. Auch die Gewinne aus Untersterblichkeit und Überzins werden in Gutschriften von Anteileinheiten zugeteilt. Chance und Risiko der Anlage in Anteileinheiten liegen ganz beim Versicherungsnehmer. Das Modell B hat nur geringes Interesse in der Praxis gefunden.

IX. Vertriebsformen

1. Unternehmenseigene Absatzformen. Einige KAG besitzen eine eigene Vertriebsabteilung mit angestellten Mitarbeitern. Daneben werden freiberuflich tätige Mitarbeiter engagiert. In diesen Fällen muß sich die KAG das Verhalten der Mitarbeiter z. B. im Rahmen der Prospekthaftung (§ 20 KAGG) zurechnen lassen. Zu der unternehmenseigenen Tätigkeit zählt auch die Werbung der KAG, z. B. durch Anzeigen in führenden Tages- und Wirtschaftszeitungen, in denen Anleger zum Erwerb von Investmentanteilen oder Eröffnung eines Investmentkontos aufgefordert werden. Gründung von Tochtergesellschaften als Anlageberatungs- oder Vertriebsgesellschaften ist der KAG gestattet, da es sich dabei um eine Nebentätigkeit i. S. des § 2 Abs. 2 Buchst. c KAGG i. d. F. des 1. FMFG handelt. Da eine solche Nebentätigkeit kein Bankgeschäft ist, ist sie nach § 24 Abs. 1 Nr. 9 KWG anzeigepflichtig (Ausnahme § 9 BefrV: Voraussichtlicher Umsatz unter 250 000 DM).[322] 153

2. Kooperation mit Banken. Bei der Struktur der Gesellschafter der KAG, die sich ursprünglich ausschließlich aus Kreditinstituten zusammensetzten, lag es nahe, für den Absatz die Gesellschafterbanken einzuschalten. Das Mittelaufkommen blieb mangel aktiver Verkaufsmethoden bis Ende der 60er Jahre – insbesondere im Vergleich zum Spareinlagenzuwachs – relativ bescheiden, obwohl bereits damals KAG und Banken absatzfördernde Maßnahmen (Tafelgeschäft, Sparpläne) und interne „Rennlisten" über das Absatzvolumen der Bank-Effektenberater einführten.[323] Dieser **indirekte Absatzweg** über Banken besserte sich, als durch die Absatzerfolge ausländischer Investmentgesellschaften der geschäftspolitische Stellenwert der Investmentanlage im Bankgeschäft aufgewertet wurde und eine Ausbildungsoffensive mit Investmentbezug für den Bank-Anlageberater begann.[324] Als hilfreich erwies sich der Trend bei Banken und Sparkassen, kleine, mit hohen Kosten verbundene Wertpapierdepots in Depots mit Investmentanteilen umzuschichten. Entscheidend für einen erfolgreichen Absatz wirkte sich auch die Bonifikationspolitik der KAG aus, die den Ausgabeaufschlag ganz oder überwiegend an die Vertriebsbanken weitergeben. Nach den Erfahrungen deutscher KAG werden derzeit 90% der Investmentanteile über Banken und Sparkassen verkauft. Die Kreditinstitute haben die im KAGG geregelte **Vertriebspublizität** (§ 19 Abs. 1) zu beachten. Sie sind verpflichtet, dem Erwerber eines Anteilscheines die Verkaufsunterlagen vor Vertragsabschluß kostenlos zur Verfügung zu stellen, wenn sie aktiv in den Vertrieb der Investmentanteile eingeschaltet sind oder sich eingeschaltet haben, insbesondere öffentlich anbieten und für Investmentanteile öffentlich werben (s. a. oben § 7 Rdnr. 183 ff.).[325] Eine solche Verpflichtung besteht jedoch nicht, wenn ein Kreditinstitut lediglich den Kaufauftrag eines Kunden ausführt.[326] Als Wertpapierdienstleistungsun- 154

[322] Vgl. Investment-Handbuch/*Beckmann* 425 § 2 Rdnr. 34 m. Hinw. auf die Beschlußempfehlung des Finanzausschusses zum Entwurf des Investment-Richtlinie-Gesetzes vom 13. 12. 1989 mit dem Beispiel der Gründung von Vertriebsgesellschaften als zulässige Nebentätigkeit (BT-Drucks. 11/6262 S. 28 li. Hsp.); s. auch Rdnr. 99.

[323] *Prager,* Marktstrategie, S. 88.

[324] Dazu *Mathes* ZfK 1988, 314.

[325] Vgl. *Baur,* Investmentgesetze, S. 231; *Schmidt,* Vertriebspublizität, S. 68.

[326] Zweifelnd *Hopt,* Der Kapitalanlegerschutz im Recht der Banken, 1975, S. 319.

ternehmen treffen das Kreditinstitut jedoch Informations- und Beratungspflichten (§§ 31, 32 WpHG).[327]

155 **3. Selbständige Vertriebsgesellschaften.** Unter dem Eindruck des Absatzerfolges ausländischer Investmentgesellschaften haben deutsche KAG Ende der 60er Jahre die Zusammenarbeit mit selbständigen („freien") Vertriebsorganisationen aufgenommen, die aufgrund ihres umfassenden Finanzangebotes heute oft als Strukturvertrieb bezeichnet werden. Grundlage der Zusammenarbeit sind Vertriebsverträge, in denen die gegenseitigen Verantwortlichkeiten und die finanzielle Beteiligung am Absatzerfolg geregelt werden. Diese selbständigen Vertriebsgesellschaften sind auch Adressat der **Verpflichtung** in § 19 Abs. 1 KAGG, nach der dem Erwerber eines Anteilscheins der Verkaufsprospekt der KAG mit den Vertragsbedingungen und dem Rechenschaftsbericht sowie ggfs. Halbjahresbericht zur Verfügung zu stellen und eine Durchschrift des Antrags auf Vertragsabschluß auszuhändigen ist. Weiter sind zu beachten § 56 Abs. 1 Nr. 1 Buchst. h GewO – Verbot des Verkaufs von Investmentanteilen im Reisegewerbe – und § 34c Abs. 1 Nr. 1 Buchst. b GewO.[328] Hiernach ist die gewerbsmäßige Vermittlung von Verträgen über den Erwerb von Investmentanteilen erlaubnispflichtig. Zuständige Erlaubnisbehörden ist i. d. R. die Wohnsitzgemeinde des Antragstellers bzw. der mit der Leitung des Betriebes oder von Zweigniederlassungen beauftragten Personen.[329] Die Erlaubnis ist zu versagen bei Unzuverlässigkeit und ungeordneten Vermögensverhältnissen (§ 34 c Abs. 2 GewO). Die Erlaubnis kann mit Auflagen versehen werden (auch nachträglich!). Weiter sind § 14 GewO – Anzeigepflicht – und die Makler- und Bauträgerverordnung **(MaBV)** i. d. F. der Bekanntmachung vom 7. 11. 1990 zu beachten.[330] Es gilt u. a. die Pflicht zur Rechnungslegung (§ 8 MaBV), die Pflicht, die mit der Leitung des Betriebes beauftragten Personen der zuständigen Behörde anzuzeigen (§ 9 MaBV), eine Aufzeichnungs-, Aufbewahrungs- und Informationspflicht[331] (je ein Stück der Vertragsbedingungen und des Verkaufsprospektes i. S. § 19 KAGG sind aufzubewahren; Aufbewahrung von Inseraten), Auskunftspflicht gegenüber der zuständigen Behörde und die Pflicht, die Einhaltung der sich aus §§ 2 bis 14 MaBV ergebenden Verpflichtungen für jedes Kalenderjahr spätestens bis zum 30. 9. des darauffolgenden Jahres durch einen geeigneten Prüfer prüfen zu lassen (§§ 10 bis 16 MaBV). KAG sind durch das BAK angehalten, die Vertriebsgesellschaften zur Einhaltung der gesetzlichen Bestimmungen zu verpflichten (s. Rdnr. 96). Nach Ansicht des BAK hat sich die KAG die Unzuverlässigkeit eines Vertriebspartners wie eigene Unzuverlässigkeit anrechnen zu lassen.[332]

156 **4. Sonstige Vertriebsformen.**[333] In den Absatz von Investmentanteilen werden zunehmend Anbieter von anderen Vermögensanlagen eingeschaltet, die mit Investmentanteilen ihr bisheriges Angebot ergänzen. Dazu gehören **Versicherungsgesellschaften,** für die mit

---

[327] Näheres Assmann/Schneider/*Koller,* WpHG §§ 31 und 32; nach *Koller,* a.a.O. § 31 Rdnr. 126 ff. ist die Informationspflicht nicht abdingbar; a. A. *Kümpel,* WM 95, 691, 693.

[328] Diese Vorschrift gilt nicht für inländische Kreditinstitute, § 34 c Abs. 5 Nr. 3 GewO.

[329] Zum Erlaubnisverfahren *Drasdo/Hofbauer,* Gewerberechtliche Vorschriften für Wohnungsunternehmen, Immobilienmakler und Anlagenvermittler, § 34 c und § 144 Gewerbeordnung und Makler- und Bauträgerverordnung, 2. Aufl. 1989; *Marcks,* Makler- und Bauträgerverordnung mit § 34 c GewO, sonstigen einschlägigen Vorschriften und MaBVwV, 5. Aufl. 1991; s. a. Muster einer Erlaubniserteilung bei *Mol,* Versicherungsfonds, S. 40.

[330] BGBl. I 2479.

[331] Zu den Aufzeichnungs- und Nachweispflichten gehört auch, daß dem Auftraggeber die in § 11 MaBV bezeichneten Angaben (dazu gehören der Verkaufsprospekt und die Vertragsbedingungen) rechtzeitig und vollständig mitgeteilt worden sind. Der Kunde kann allerdings auf die Erfüllung der Informationspflicht verzichten; vgl. *Schmidt,* Vertriebspublizität, S. 134.

[332] Vgl. *Sögtrop* LfK 1987, 1071.

[333] Vgl. *Mathes,* in: Handwörterbuch des Bank- und Finanzwesens, 2. Aufl. 1995, Wort: Kapitalanlagegesellschaften und Investmentfonds, Sp. 1077.

Ablauffonds (s. Rdnr. 44) und Investmentkonten kundengerechte Anschlußprodukte für freiwerdende Policen geschaffen wurden,[334] ferner **Bausparkassen,** die freiwerdende Bausparmittel in den Erwerb von Anteilen offener Immobilienfonds lenken. Eine Besonderheit bilden **Versandhäuser,** die Investmentanteile im Rahmen ihrer sonstigen Finanzangebote vertreiben. Zu nennen sind als neue Vertriebsformen auch die **Fondsboutiquen.** Für alle genannten Gruppen gelten die Anforderungen der GewO und der MaBV, ebenso die Anforderungen des BAK, daß die KAG dafür Sorge zu tragen hat, daß bei der Tätigkeit dieser Vertriebsintermediäre den investmentspezifischen Belangen des Anlegers und des KAGG in vollem Umfang Rechnung getragen wird.[335]

X. Anlegerschutz

Aufgaben der gesetzlichen Regelungen für das Investmentgeschäft sind nicht allein dessen Organisation, sondern auch der Schutz der Investmentanleger. Dieser wird durch aufsichtsrechtliche Bestimmungen, Schutzvorschriften für das Sondervermögen, allgemein gehaltene Verpflichtungen der KAG (s. § 10 Abs. 1 KAGG), spezielle Regelungen zur Anlagetätigkeit und zur Publizität in der Form der Rechnungspublizität, der Bekanntmachungsvorschriften und der Vertriebspublizität sichergestellt.[336] Die Anforderungen zur Vertriebspublizität wurden aufgrund der Novelle '69 überwiegend parallel sowohl für inländische als auch ausländische Investmentanteile geschaffen (vgl. auch § 19 Rdnr. 93, ferner oben § 7 Rdnr. 183 ff. zur investmentrechtlichen Prospekthaftung). 157

1. Treuhandkonstruktion des Sondervermögens. Zum Schutz der Investmentanleger trennt das KAGG das Fondsvermögen vom Vermögen der KAG. Das Fondsvermögen bildet ein Sondervermögen. Es setzt sich zusammen aus dem bei der KAG gegen Ausgabe von Anteilscheinen eingelegten Geld und den damit angeschafften Vermögensgegenständen (§ 6 Abs. 1 Satz 1 KAGG). Eine KAG darf mehrere Sondervermögen bilden. Sie haben sich durch ihre Bezeichnung zu unterscheiden und sind getrennt zu halten (§ 6 Abs. 3 KAGG). Die Substanz des Sondervermögens wird durch eine **gesetzliche Surrogationsvorschrift** (dingliche und rechtsgeschäftliche Ersetzung) geschützt. Zum Sondervermögen gehört auch alles, was die KAG aufgrund eines zum Sondervermögen gehörenden Rechts oder durch ein Rechtsgeschäft erwirbt, das sich auf das Sondervermögen bezieht, oder was derjenige, dem das Sondervermögen zusteht, als Ersatz für ein zum Sondervermögen gehörendes Recht erwirbt (§ 6 Abs. 2 KAGG). Die Zuordnung zum und der Erwerb für das Sondervermögen vollziehen sich kraft Gesetzes unabhängig vom Willen der KAG.[337] 158

Das Sondervermögen hat keine eigene Rechtspersönlichkeit. Durch besondere Vorschriften ist es gegen den Zugriff von außen geschützt. § 9 Abs. 3 und 6 KAGG schützen es vor Belastungen und Aufrechnung. § 10 Abs. 2 KAGG befreit es von jeglicher Haftung für Verbindlichkeiten der KAG; das gilt sogar bei Geschäften für Rechnung der Anteilseigner. Nach § 13 Abs. 3 Satz 2 KAGG gehört es nicht zur Konkursmasse [ab 1. 1. 1999: Insolvenzmasse] der KAG. Der Schutz des Sondervermögens gilt im Falle eines Grund- 159

---

[334] Vgl. *Mathes* ZfK 1988, 314.

[335] Schreiben BAK v. 20. 3. 1985, abgedruckt in: Investment-Handbuch 438 Nr. 38.

[336] *Hopt,* Der Kapitalanlegerschutz im Recht der Banken, 1975, S. 317, 324; *Schwark,* Anlegerschutz durch Wirtschaftsrecht, insbes. S. 168, 199, 201, 271; *Schäfer,* Anlegerschutz, insbesondere aus § 10 Abs. 1 KAGG; *Obermann,* Investmentfonds, mit weiter Auslegung der Treuepflicht der KAG; desgl. Investment-Handbuch/*Beckmann* 425 § 10 Rdnr. 2 bis 15; dazu kritisch *Sögtrop* LfK 1987, 1071; *Mertens/Eckenga,* AG 1988, 178; s. auch die Hervorhebung des Anlegerschutzes in Art. 1 (Schweizer) Anlagefondsgesetz „Dieses Gesetz bezweckt den Schutz des Anlegers."

[337] Vgl. *Geßler,* WM 1957, Sonderbeilage Nr. 4, S. 15; *Baur,* Investmentgesetze, S. 126; *Siara/Tormann,* KAGG, § 6 Anm. II 2; *Wendt,* Treuhandverhältnisse, S. 4; *Canaris,* Bankvertragsrecht, Rdnr. 2400, 2402; a. A. *Ebner von Eschenbach,* Anteilinhaber, S. 47.

stücks-Sondervermögens auch gegenüber dem Anspruch des Bauunternehmers aus § 648 Abs. 1 BGB auf Eintragung einer Sicherungshypothek.[338]

160 Rechtsträger des Sondervermögens ist entweder die KAG oder die Gemeinschaft der Anteilinhaber. Im ersten Fall spricht man von der **Treuhandlösung,** im zweiten von der **Miteigentumslösung.** Die Wahl zwischen diesen beiden Möglichkeiten der Zuordnung wird gem. § 6 Abs. 1 Satz 2 KAGG durch die Vertragsbedingungen getroffen; für die Beteiligungs-Sondervermögen und die Grundstücks-Sondervermögen steht gem. § 25 f und § 30 KAGG nur die Treuhandkonstruktion zur Verfügung. Bei Geldmarkt-Sondervermögen und Wertpapier-Sondervermögen hat sich die Praxis überwiegend für die Miteigentumslösung entschieden.[339]

161 Praktische Unterschiede zwischen den beiden Konstruktionen bestehen kaum, da das KAGG sie grundsätzlich gleich behandelt. Insbesondere ist der Schutz vor Zugriffen Dritter bei der Treuhandlösung nicht geringer als bei der Miteigentumslösung; gewisse Unterschiede sind dagegen hinsichtlich der Verfügungsmacht denkbar.[340] Die Treuhandlösung wäre theoretisch dort vorzuziehen, wo steuerliche oder aktienrechtliche Gründe es wünschenswert machen, z. B. bei Rückerstattung ausländischer Steuern auf ausländische Erträge oder wenn das auf ausländische Aktien anzuwendende Recht ein Auseinanderfallen von Legitimation und Aktionärsstellung verbietet.[341]

162 **2. Risikomischung und Anlagevorschriften.** Zu den Wesensmerkmalen eines Investmentfonds gehört die Risikomischung (vgl. § 1 Abs. 1 KAGG, § 1 Abs. 1 AuslInvestmG, Art. 1 Abs. 2 der OGAW-Richtlinie).[342] Risikomischung bedeutet, daß die Anlage in einer größeren Zahl von Gegenständen (Barguthaben, Wertpapieren, stillen Beteiligungen oder Grundstücken) vorgenommen wird. Aufgabe der Risikomischung ist es, zum Schutz der Anleger das Risiko, das mit der einzelnen Anlage verbunden sein kann, zu verringern. Bei der Wertpapieranlage wird durch Streuung das Marktrisiko der Kursgestaltung an der Börse sowie das Risiko des einzelnen Emittenten verringert. Dies gilt in gleicher Weise bei stillen Beteiligungen. Bei Geldmarktfonds ist eine Risikomischung durch unterschiedlich befristete Bankguthaben ferner durch Einsatz unterschiedlicher Geldmarktinstrumente (vgl. § 7 a Abs. 2 KAGG) möglich. Bei Immobilienfonds kann die Risikomischung der Anlage in mehreren Liegenschaften noch unterstützt werden durch eine Streuung nach Objekttypen, nach Mietern, Größe der Mietflächen und Standorte.

163 *a) Geldmarkt-Sondervermögen.*Die durch das 2. FMFG in das KAGG neu eingefügten Vorschriften für Geldmarktfonds (§§ 7 a bis 7 d KAGG) verweisen sowohl hinsichtlich der Risikomischung als auch der Anlagevorschriften grundsätzlich auf die Vorschriften für Wertpapierfonds (§ 7 a Abs. 1 KAGG). Es gelten jedoch folgende Besonderheiten: Statt allgemein in Wertpapieren anlegen zu können, ist die Anlage beschränkt auf Geldmarktinstrumente. Daneben oder ausschließlich ist die Anlage in Bankguthaben zugelassen, die keine längere Laufzeit als zwölf Monate haben (§ 7 d Abs. 1 Satz 1 KAGG). Bei deshalb zulässigen reinen Bankguthabenfonds (Cash-Fonds) kann sich eine Risikomischung z. B. nur noch aus der unterschiedlichen Laufzeit der Festgelder ergeben. Diese müssen nicht bei der Depotbank unterhalten werden. Auch ist eine Anlage in Fremdwährung möglich.

---

338 Dazu LG Köln, Urteil v. 19. 12. 1973 –78 O 498/3 in: *Beckmann/Bauer,* Bankaufsichtsrecht, § 10 KAGG Nr. 1.

339 S. § 1 Abs. 3 Mustervertragsbedingungen, Allgemeine Vertragsbedingungen (Fn. 200); für Spezialfonds sehen dies auf Anforderung des BAV und des Bundesversicherungsamtes bereits die Mustervertragsbedingungen vor. S. die Anforderung des Bundesversicherungsamtes im Rundschreiben v. 14. 3. 1980.

340 Dazu *Canaris,* Bankvertragsrecht, Rdnr. 2394, 2409.

341 *Klenk,* Die rechtliche Behandlung des Investmentanteils, S. 8.

342 Zum Grundsatz der Risikomischung u. a. *Immenga,* Investmentprinzip, S. 15; *Lütgerath,* Anlagekatalog, S. 73; *Gläbe,* Zertifikats-Inhaber, S. 144; kritisch im Hinblick auf den Geltungsbereich des AuslInvestmG *Baur,* Investmentgesetze, S. 442.

Voraussetzung für das Halten von Bankguthaben bei anderen Kreditinstituten als der Depotbank ist, daß diese einer inländischen Sicherungseinrichtung oder einer entsprechenden Sicherungseinrichtung eines anderen EG-/EWR-Staates angehören, die die Bankguthaben im vollen Umfang schützt (§ 7 d Abs. 1 Satz 2 KAGG).

Als **Geldmarktinstrumente** werden bezeichnet „verzinsliche Wertpapiere und Schuld- **164**
scheindarlehen, die im Zeitpunkt ihres Erwerbes für das Sondervermögen eine restliche Laufzeit von höchstens zwölf Monaten haben oder deren Verzinsung nach den Ausgabebedingungen während ihrer gesamten Laufzeit regelmäßig, mindestens aber einmal in zwölf Monaten, marktgerecht angepaßt wird" (§ 7 a Abs. 2 KAGG). Letzteres betrifft die Floating Rate Notes mit variablem Zins, der regelmäßig an Referenz-Zinssätze, z. B. den FIBOR oder LIBOR angepaßt wird.[343] Für Geldmarktinstrumente gelten eine Schuldnerbegrenzung (öffentliche Darlehensnehmer, Kreditinstitute, Unternehmen, deren Wertpapiere an einer inländischen oder ausländischen Börse zum amtlichen Handel zugelassen sind, Unternehmen mit einem Eigenkapital von mindestens 10 Mio. DM – dort zusätzliche Anlagegrenze in § 7 c Abs. 2 KAGG –, oder Gewährleistung durch die vorgenannten Aussteller [§ 7 b Abs. 1 KAGG]) und darüber hinaus die allgemeinen Streuungsvorschriften in Bezug auf einen Aussteller (5%/10% mit Begrenzung auf 40%, nur hälftige Anrechnung bei öffentlichen Ausstellern oder gedeckten Schuldverschreibungen [§ 7 a Abs. 1 i.V.m. § 8 a Abs. 1 KAGG]).

a) Wertpapier-Sondervermögen. Die Risikomischung ist für Wertpapier-Sondervermögen, **165**
soweit es die Wertpapiere, Schuldscheindarlehen und die Liquidität in der Form von Bankguthaben, Einlagenzertifikaten von Kreditinstituten und unverzinslichen Schatzanweisungen und Schatzwechseln bestimmter öffentlicher Aussteller betrifft (bis 49%), in den §§ 8 und 8 a KAGG geregelt. § 8 KAGG enthält zugleich den Katalog der Wertpapiere, die zulässigerweise für einen Wertpapierfonds erworben werden dürfen. Ausdrücklich ausgeschlossen ist der Erwerb von Edelmetallen und Zertifikaten über Edelmetalle, ferner von Optionsscheinen über solche Vermögensgegenstände, deren unmittelbarer Erwerb nicht zulässig ist. Die für die Wertpapieranlage geltenden Vorschriften werden ergänzt durch spezielle Vorschriften über die Staatenanleihenfonds oder sog. Ein-Emittenten-Fonds[344] (8 a Abs. 1 a KAGG i.d.F. des 2. FMFG), durch die Ausnahmeregelung für den Erwerb von in- oder ausländischen Investmentanteilen unter bestimmten Voraussetzungen (bis 5%, § 8 b KAGG), durch Regelungen bei Überschreiten gesetzlich festgelegter Grenzen (z. B. bei neu aufgelegten Fonds § 8 c KAGG)[345] und durch eingehende Vorschriften über den Einsatz von derivativen Instrumenten, die durch das 1. FMFG in das KAGG eingefügt und durch das 2. FMFG erweitert wurden. Inhaltlich umfassendere, aber weniger starre Anlagegrenzen sollte das geplante 3. FMFG vorsehen.[346] Zugleich mit der durch das 2. FMFG den KAG eingeräumten Möglichkeit, für Rechnung des Sondervermögens darlehensweise Wertpapiere auf einen Dritten sowohl im Direktgeschäft (§§ 9 a bis 9 c KAGG) als auch über ein standardisiertes System einer Wertpapiersammelbank oder eines grenzüberschreitend tätigen Zentralverwahres (§ 9 d KAGG) zu übertragen **(Wertpapierleihe)**,[347] sind i. S. einer Risikomischung und zum Schutz der Anleger bestimmte Anforderungen an den Wertpapier-Darlehensnehmer, an die zu stellenden Sicherheiten und an den Inhalt des Darlehensvertrages in das KAGG (§§ 9 a bis 9 b) eingefügt worden. Bei der Teilnahme an

---

343 Vgl. Amtl. Begr. in BT-Drucks. 12/7918, S. 112.

344 Oben Rdnr. 32 a.

345 Schreiben BAK vom 30. 10. 1990, abgedruckt in: Investment-Handbuch 438 Nr. 55 zur Beachtung der Streuungsvorschriften in der Anlaufphase eines Wertpapier-Sondervermögens.

346 Oben Rdnr. 25.

347 Näheres zur Wertpapierleihe *Acker,* Die Wertpapierleihe, 1991; *Beer/Schäfer* Wertpapierleihe, Ein innovatives Marktsegment, 1992; *Kümpel,* Investmentfonds als Wertpapierverleiher im Rahmen des geltenden Rechts, in: WM-Festgabe für Theodor Heinsius vom 25. 9. 1991 bejahte die Zulässigkeit von Wertpapieranleihe-Geschäften bereits ohne eine Gesetzesänderung.

einem institutionalisierten Leihsystem kann von diesen Anforderungen abgewichen werden, wenn die Interessen der Anteilinhaber gewahrt werden (§ 9 d KAGG).

166 Für die Risikomischung bei Wertpapierfonds gilt der Grundsatz, daß Wertpapiere und Schuldscheindarlehen (die ihrerseits einschließlich der nicht-notierten Wertpapiere nur bis zu einem Anteil von 10% des Wertes des Sondervermögens gestattet sind, § 8 Abs. 2 KAGG) desselben Aussteller sich nur bis zu einem Anteil von 5% im Fondsvermögen befinden dürfen (Anlagegrenzen[348]). Soweit die Vertragsbedingungen dies vorsehen und derartige Wertpapiere und Schuldscheindarlehen insgesamt 40% des Wertes des Sondervermögens nicht überschreiten, kann die Ausstellergrenze auf 10% angehoben werden (§ 8 a Abs. 1 Satz 1 KAGG). Bei der Berechnung dieser Grenzen hat die Novelle '86 für Schuldverschreibungen sowie zusätzlich das 1. FMFG für gedeckte Schuldverschreibungen von Kreditinstituten mit Sitz in einem EG-/EWR-Staat Erleichterungen gebracht (dazu Rdnr. 32).

167 Um zu verhindern, daß eine KAG als Gläubigerin gegenüber dem Schuldner eine beherrschende Stellung einnimmt, sind unter Berücksichtigung der OGAW-Richtlinie (Art. 25 Abs. 2 und 3) durch das 1. FMFG Erwerbsgrenzen von 10% des Gesamtnennbetrages der im Umlauf befindlichen Schuldverschreibungen desselben Aussteller festgelegt worden **(Ausstellerklausel).** Diese Grenze braucht bei Emissionen bestimmter öffentlicher Aussteller oder bei von öffentlichen Stellen garantierten Emissionen nicht berücksichtigt zu werden oder auch dann nicht, wenn der Gesamtnennbetrag der in Umlauf befindlichen Schuldverschreibungen desselben Ausstellers von der KAG nicht ermittelt werden kann (§ 8 Abs. 2 KAGG). Um eine der Investmentidee zuwiderlaufende Beherrschung von Unternehmen zu verhindern[349]setzt § 8 a Abs. 3, der damit Art. 25 Abs. 1 OGAW-Richtlinie entspricht, für die KAG ungeachtet der von ihr verwalteten Zahl von Sondervermögen für die mit Aktien desselben Ausstellers verbundenen Stimmrechte eine Erwerbsgrenze bei 10% der gesamten Stimmrechte aus Aktien desselben Ausstellers **(Stimmrechtsklausel).** Diese Grenze, die in der früheren Fassung vom Nennkapital ausging, wurde durch die Novelle '86 von 5 auf 10% des Nennkapitals angehoben, um den Erwerb von Aktien kleinerer und mittlerer Unternehmen in wirtschaftlich vertretbarem Umfange zu ermöglichen und damit zur Eigenkapitalausstattung dieser Unternehmen beizutragen.[349a] Die Stimmrechtsklausel in § 8 a Abs. 3 KAGG sieht eine niedrigere Grenze dann vor, wenn ein EG-/EWR-Staat für den Erwerb von Aktien in seinem Land eine niedrigere Grenze festgelegt hat (z. Zt. nur in Italien, sofern es sich um an Börsen und organisierten Märkten gehandelte Aktien italienischer Aussteller handelt, sonst ebenfalls 10%).

167 a Besondere Anlagegrenzen gelten für **Optionsscheine.** Hier gilt grundsätzlich eine Anlagegrenze von 10%, es sei denn, die Vertragsbedingungen – so bei Wandelanleihen- und Optionsscheinfonds – sehen einen höheren Anteil vor und der Optionsscheinhebel ist für den Zeitpunkt des Erwerbs in den Vertragsbedingungen begrenzt (§ 8 a Abs. 4 KAGG). Dieser Hebel drückt aus, wie oft der Optionsscheinpreis in den Tageskurs des Basiswertes hineinpaßt. Er zeigt an, in welchem Maß ein Optionsschein überproportional, also mit Hebelwirkung gegenüber dem Tageskurs des Basiswertes steigt oder fällt. Da bei der Ausübung einer Option ein fester Bezugspreis für die zugrundeliegenden Vermögensgegenstände bestimmt ist, wirkt sich bei vergleichsweise geringem Kapitaleinsatz für einen Optionsschein der steigende oder fallende Kurs der Vermögensgegenstände, die dem Optionsschein zugrundeliegen, überproportional aus. So bedeutet z. B. ein Hebel von 30 eine

---

[348] Nach der Neufassung durch das 1. FMFG handelt es sich in § 8 a KAGG mit Ausnahme der ausstellerbezogenen Gesamtnennbetragsgrenze in Abs. 2, der Stimmrechtsklausel in Abs. 2 und der für Optionsscheine auf Derivate in den einschlägigen Vorschriften geregelten Streuungsvorschriften nach Abs. 5 – Erwerbsgrenzen – um Bestandsgrenzen; *Tratz,* in: Treuarbeit, Die Novellierung des Gesetzes über Kapitalanlagegesellschaften, 1990, S. 39.

[349] Investment-Handbuch/*Beckmann* 425 § 8 a Rdnr. 9.

[349a] *Pürsten/Stolzenburg* ZfK 1987, 191 f

mögliche Kursveränderung des Optionsscheins um 90%, wenn sich der Kurs der Vermögensgegenstände, die dem Optionsschein zugrundeliegen, um 3% verändert. Für Optionsscheine auf Derivate orientiert sich die Erwerbsgrenze an den speziellen Risikostreuungsvorschriften für diese Derivate (§ 8 a Abs. 5). Diese Vorschriften über die Risikomischung bei Wertpapieren sind aufgehoben für die im Rahmen der allgemeinen Liquiditätsvorschrift (bis 49%) erworbenen Geldmarktpapiere. Für Einlagenzertifikate von Kreditinstituten gilt jedoch auch in diesem Fall eine Begrenzung von 10% (§ 8 a Abs. 6 KAGG).

Die durch das 1. FMFG erweiterte allgemeine Anlagevorschrift für Wertpapier-Sonder- 167 b
vermögen in § 8 erlaubt es der KAG sowohl **in-** als auch **ausländische Wertpapiere** zu erwerben. Sofern es sich um Wertpapiere handelt, die in einem EG-/EWR-Staat an einer Börse zum amtlichen Handel zugelassen sind oder in einem organisierten Markt (z. B. geregelter Markt, Freiverkehr, Computerbörse IBIS) gehandelt werden, reicht in den Vertragsbedingungen ein allgemeiner Hinweis, ohne daß die Börsen und Märkte zu nennen sind. Sofern daneben oder in erster Linie Wertpapiere erworben werden sollen, die ausschließlich an einer Börse in einem Drittstaat (z. B. in der Schweiz oder in den USA) zum amtlichen Handel zugelassen oder dort in einen organisierten Markt einbezogen sind, muß die Wahl dieser Börsen oder organisierten Märkte unter Bezeichnung der jeweiligen Börse oder des Marktes in den Vertragsbedingungen vorgesehen sein (§ 8 Abs. 1 Nr. 3 KAGG). Dies geschieht i.d.R. in einem Anhang zu den Vertragsbedingungen. Über die Genehmigung der Vertragsbedingungen bei Publikumsfonds kann das BAK darauf Einfluß nehmen, daß keine Börsen oder Märkte genannt werden, bei denen die Interessen der Anleger nicht ausreichend gewahrt sind. Gleiches gilt für Neuemissionen, die ebenfalls bereits erworben werden können, sofern die Zulassung zur Börse oder Einbeziehung dieser Wertpapiere in den organisierten Markt innerhalb eines Jahres nach der Ausgabe erfolgt (§ 8 Abs. 1 Nr. 2 und 4 KAGG). Weiter möglich sind Folgeerwerbe (Aktien aus Kapitalerhöhungen aus Gesellschaftsmitteln; Wertpapiere, die in Ausübung von Bezugsrechten erworben werden). Zulässig ist auch die Teilnahme am Bezugsrechtshandel (§ 8 Abs. 1 Nr. 5, 6 und 7 KAGG). Eine wesentliche Neuerung des 1. FMFG stellte die Möglichkeit dar, 10% in **nicht-notierten Wertpapieren** anlegen zu können, d. h. in Wertpapieren, die entweder nur außerbörslich gehandelt werden oder die entgegen den Angaben in den Ausgabebedingungen nicht in den börslichen Zirkulationsmarkt einbezogen wurden, sowie in **Schuldscheindarlehen,** sofern das Darlehen nach dem Erwerb für das Sondervermögen mindestens zweimal abgetreten werden kann, also ein Mindestmaß an Fungibilität besitzt (§ 8 Abs. 2 Nr. 1 und Nr. 2). Das 2. FMFG hat den Emittentenkreis der Schuldscheindarlehen erweitert. Dies betrifft vor allem die Gebietskörperschaften und Regionalregierungen anderer EG-/EWR-Staaten und die Fälle, in denen die i. e. genannten öffentlichen Stellen die Gewährleistung übernommen haben.

Zu den wesentlichen Änderungen des KAGG durch das 1. FMFG zählte die Auswei- 167c
tung der Anlagevorschriften im KAGG auf Wertpapier-Optionsgeschäfte, Devisentermingeschäfte und Finanzterminkontrakte (§§ 8 d, 8 e und 8 f KAGG). Diese Erweiterung sollte den deutschen Wertpapierfonds die Teilnahme an den Options- und Terminmärkten zur Absicherung ihrer Wertpapierbestände und darüber hinaus eine aktive Beteiligung an diesen Märkten in begrenztem Umfang ermöglichen, so daß die Grundsätze des notwendigen Anlegerschutzes nicht beeinträchtigt werden.[350] In der Praxis zeigte sich bald, daß diese neuen Geschäftsmöglichkeiten wegen der mit ihnen verbundenen Restriktionen nur bedingt einsetzbar waren. An den deutschen Wertpapierbörsen hatte zudem der Wertpapier-Optionhandel nur ein geringes Volumen und blieb auf Aktien beschränkt. In den ab 1990 an der Deutschen Terminbörse aufgenommenen Optionshandel wurde nur eine begrenzte

---

[350] Amtl. Begr. in BT-Drucks. 11/5411, S. 23, dort auch der Hinw., daß diese Maßnahme im Einklang mit Art. 21 OGAW-Richtlinie steht, die die Mitgliedstaaten ermächtigt, die Anwendung der Techniken und Instrumente, die Wertpapiere zum Gegenstand haben, im Rahmen der ordentlichen Verwaltung des Wertpapiervermögens zu erlauben.

Zahl von Aktien aufgenommen.[351] Andererseits entwickelte sich im Ausland der Optionshandel vor allem im außerbörslichen Bereich (OTC-Optionen) mit der Möglichkeit, zu Absicherungszwecken maßgeschneiderte Optionen abzuschließen. Für deutsche Wertpapierfonds ergaben sich z. B. im Vergleich zu Luxemburger Investmentfonds, die von einer flexibleren Gesetzgebung profitierten, Wettbewerbsnachteile. Von Nachteil war ebenfalls, daß bei den Währungskurssicherungsgeschäften und bei dem Einsatz von Finanzterminkontrakten (Futures) der Weg über Optionsrechte nicht vorgesehen war. Hierzu brachte das 2. FMFG, auch wenn weiterhin ein Abschluß von OTC-Optionen nicht möglich ist, entscheidende Verbesserungen.

167 d Nach § 8 d KAGG darf die KAG am Optionshandel in Aktien- und Rentenwerten teilnehmen, wenn die **Wertpapier-Optionsrechte** zum Handel an einer in- oder ausländischen Börse zugelassen sind. Die KAG kann sich an dem Optionshandel sowohl als Käufer von Wertpapier-Optionen („long position") als auch als Stillhalter („short position") beteiligen. Zum Schutz der Anleger ist eine Begrenzung dergestalt vorgesehen, daß bei Erwerb unter Berücksichtigung des Bestandes die Basispreise der Wertpapiere, die Gegenstand von Optionsgeschäften sind, 20% des Sondervermögens nicht übersteigen dürfen. Die Begrenzung der Summe der Basispreise in Bezug auf einen Aussteller beträgt 5% / 10% falls auch bei einer Anlage die höhere Grenze gilt. Stillhalterpositionen setzen voraus, daß sich die Wertpapiere bereits im Fondsvermögen befinden. Für Stillhalter-Geschäfte gilt, wie bereits zuvor aus Sicherheitsgründen, eine Ausstellergrenze von 2%. Soweit Gegengeschäfte geschlossen sind, werden beide Geschäfte weder auf die die allgemeine Grenze von 20% noch auf die Ausstellergrenzen angerechnet.

167e Zur Absicherung von Währungsrisiken können **Devisentermingeschäfte** sowohl auf der Verkauf- als auch auf der Kaufseite vorgenommen werden (§ 8e Abs. 1 KAGG). Zu den abzusichernden Vermögensgegenständen zählen auch künftige Zinsansprüche, wenn diese auf den Zeitraum bis zur nächsten (Zins-)Fälligkeit entfallen und es sich um einen Zeitraum von nicht mehr als 12 Monaten handelt. Der Kauf von Devisen auf Termin ist im Zusammenhang mit noch nicht erfüllten Geschäften und unter der Voraussetzung zulässig, daß die Devisen zur Erfüllung dieser schwebenden Verpflichtungsgeschäfte benötigt werden. Der Abschluß von Gegengeschäften ist zulässig. Neben den Devisentermingeschäften sind Devisenoptionsgeschäfte und der Erwerb von Optionen auf Devisenterminkontrakte zulässig. Die Optionsrechte müssen zum Handel an einer inländischen oder ausländischen Börse zugelassen sein (§ 8e Abs. 2 KAG). Hierdurch können die KAG einen äquivalenten Absicherungserfolg mit erheblich geringerem Kapitaleinsatz und unter Vermeidung von Transaktionskosten erzielen als dies bei einem direkten Devisenkauf bzw. -verkauf auf Termin möglich ist.[352]

167 f § 8 f KAGG gestattet den Verkauf von börsengehandelten Terminkontrakten auf einen Aktienindex (z. B. den DAX = DAX-Future) oder von Zinsterminkontrakten (z. B. BUND-Future) – **Finanzterminkontrakte** –.Voraussetzung ist, daß dies der Absicherung von entweder Aktien mit gleichem Kurswert oder von Zinsrisiken dient. Der Abschluß von Gegengeschäften ist zulässig. In einem begrenzten Umfang, d. h. bis zur Höhe von 20% des Sondervermögens können Finanzterminkontrakte ohne Absicherungszweck abgeschlossen werden. Auch in diesem Fall ist der Abschluß von Gegengeschäften zulässig, sodaß die Grenze von 20% dann wieder voll zur Verfügung steht. Durch das 2. FMFG ist ergänzend der Erwerb von Optionsrechten zum Kauf oder Verkauf von Finanzterminkontrakten sowie der Erwerb von Wertpapierindex-Optionen gestattet, sofern diese Optionsrechte zum Handel an einer inländischen oder ausländischen Börse zugelassen sind. Im Vergleich zum direkten Erwerb von Finanzterminkontrakten ermöglichen Optionen auf Finanzterminkontrakte und Wertpapierindex-Optionen, sich zu vorteilhafteren Kon-

---

[351] S. oben § 2 Rdnr. 116 ff.

[352] *Kempf/Tratz,* in: C & L Deutsche Revisions/Coopers & Lybrand GmbH (Hrsg.), Die Novellierung des Investmentrechts 1994 nach dem Zweiten Finanzmarktförderungsgesetz, 1994, S. 45.

ditionen gegen einen ungünstigen Markttrend abzusichern und trotzdem von günstiger verlaufenen Kursentwicklungen zu profitieren. Der Optionsrechtserwerber kann in diesem Fall das Optionsrecht verfallen lassen und den Gewinn am Kassamarkt realisieren.[353] Ein Beispiel für eine Option auf Finanzterminkontrakte ist die an der Deutschen Terminbörse gehandelte Option auf den BUND-Future, ein Beispiel für eine Wertpapierindex-Option ist die DAX-Option. Sowohl die Kontraktwerte direkt abgeschlossener Finanzterminkontrakte als auch die Kontraktwerte der den Optionsgeschäften zugrundeliegenden Termingeschäfte dürfen zusammen mit den Kontraktwerten aus Termingeschäften, auf die sich bereits erworbene Optionsrechte beziehen, 20% des Wertes des Sondervermögens nicht übersteigen. In diese Grenze sind auch die aus Optionsscheinen resultierenden Optionsrechte bzw. Kontraktwerte einzubeziehen (§ 8 a Abs. 5 Satz 2 i. V. m. § 8 f Abs. 3 Satz 2 KAGG).

b) Beteiligungs-Sondervermögen. Die Risikostreuung wird, außer durch die bereits für 168
Wertpapier-Sondervermögen geltenden, sinngemäß anzuwendenden Streuungsvorschriften für Wertpapiere (§ 25 a KAGG), zusätzlich durch die geforderte Zahl von stillen Beteiligungen an mindestens 10 Beteiligungsunternehmen, deren Wert mindestens 10% des Wertes des Fondsvermögens beträgt, hergestellt. Es besteht eine Übergangsfrist von 8 Jahren (§ 25 e Abs. 1 KAGG). Der Anteil der stillen Beteiligungen am Fondsvermögen ist auf höchstens 30% begrenzt (§ 25 b Abs. 3 KAGG; zu den Anlagevorschriften für Beteiligungs-Sondervermögen s. im übrigen Rdnr. 58).

c) Grundstücks-Sondervermögen. Dieses muß, von einer vierjährigen Anlaufzeit abgesehen, 169
aus mindestens 10 Grundstücken bestehen. Keines der Grundstücke darf zur Zeit seines Erwerbs den Wert von 15% des Wertes des Sondervermögens übersteigen (§§ 28, 29 KAGG). Weitere Risikobegrenzungen ergeben sich aus den Höchstgrenzen für Grundstücke im Zustand der Bebauung und unbebaute Grundstücke – jeweils 20% –, ferner für „andere" Grundstücke und Grundstücksrechte, wie Wohnungs- und Teileigentum – insgesamt 10% – sowie für ausländische Grundstücke außerhalb der EG-/EWR-Staaten – 20% – (§ 27 Abs. 1 und 2 KAGG) (zu den Anlagevorschriften für Grundstücks-Sondervermögen s. auch Rdnr. 48).

Neben den Anlagevorschriften haben Schutzfunktion die diese ergänzenden Vorschrif- 170
ten über die Bewertung der Gegenstände des Grundvermögens (§ 27 Abs. 3, §§ 32, 34, 37 Abs. 1 KAGG), die Vorschrift über die Verfügungsbeschränkung bei Grundstücken (§ 31 Abs. 2 KAGG) und die Beschränkung bei Veräußerung und Belastung von Gegenständen des Grundvermögens (§ 37 KAGG).

3. Publizitätsvorschriften. *a) Rechnungslegung.* Die KAG ist der Öffentlichkeit gegen- 171
über zu einer halbjährlichen Berichterstattung durch den jährlichen Rechenschaftsbericht mit Vermögensaufstellung und Ertrags- und Aufwandsrechnung sowie einer weiteren Vermögensaufstellung zur Mitte des Geschäftsjahres verpflichtet. Für die Rechnungslegung handelt es sich um eine abschließende Mindestregelung, die auch im Hinblick auf die durch das 1. FMFG erweiterten Anforderungen an die Rechnungslegung, einen Individualauskunftsanspruch ausschließt.[354] Diese Berichte, die im Rahmen des Vertriebs dem Verkaufsprospekt beizufügen sind (§ 19 Abs. 1 Satz 2 KAGG), werden i. d. R. den der KAG bekannten Anlegern übersandt. Für die Vermögensaufstellung allgemein und die Wertpapier-Sondervermögen im besonderen enthält das KAGG die Mindestanforderungen in § 24 a Abs. 1 Satz 3 Nr. 3 KAGG. Diese Anforderungen werden bei Geldmarkt-Sondervermögen ergänzt durch § 7 d Abs. 4 KAGG (Angaben zu den Bankguthaben), bei Beteiligungs-Sondervermögen durch § 25 j Abs. 2 und 3 KAGG (Angaben zu den stillen Be-

---

[353] *Kempf/Tratz* (Fn. 352), S. 47.

[354] Vgl. zu der engeren a. F. des § 25 KAGG Mühlhaupt/Kandlbinder/*Stolzenburg,* Der Spezialfonds in (bank)aufsichtsrechtlicher Sicht, S. 197; a. A. *Schäfer,* Anlegerschutz, S. 45 mit ausführlicher, auf Grund des eindeutigen Wortlauts des Gesetzes nicht überzeugender Begründung, vgl. dort auch S. 44 Fn. 57, S. 45 Fn. 64; *Obermann,* Investmentfonds, S. 321.

teiligungen) und bei Grundstücks-Sondervermögen durch § 34 Abs. 1 KAGG (Angaben zu den Grundstücken).[355] Der BVI hat Muster für die Rechenschaftsberichte entwickelt.[356] Das BAK hat in mehreren Schreiben die Anforderungen an die Rechnungslegung ergänzt.[357] Bei Spezialfonds entfällt die Anforderung an den Rechenschaftsbericht, eine vergleichende Übersicht der letzten drei Geschäftsjahre anzugeben (§ 24 a Abs. 6 KAGG). Die KAG hat auf Anforderung des BAK und der BBk. diesen zusätzlich einen Zwischenbericht (nur Vermögensaufstellung) zu den fehlenden Quartalsstichtagen einzureichen (§ 24 a Abs. 3 Satz 4 KAGG).

172 *b) Bekanntmachungspflichten.* Diese ergänzen die Rechnungslegungspublizität. Die KAG ist verpflichtet, den Jahres- und Halbjahresbericht der Sondervermögen im Bundesanzeiger bekanntzumachen (§ 24 a Abs. 1 Satz 1 und Abs. 2 Satz 3 KAGG). Gibt die KAG oder die Depotbank den Ausgabepreis bekannt, so ist sie verpflichtet, auch den Rücknahmepreis bekanntzugeben. Wird der Rücknahmepreis bekanntgegeben, so ist auch der Ausgabepreis bekanntzumachen (§ 21 Abs. 6 Satz 1 KAGG). Die Vertragsbedingungen sehen üblicherweise vor, daß Änderungen der Vertragsbedingungen im Bundesanzeiger zu veröffentlichen sind.[358] Für die KAG bestehen die allgemeinen gesellschaftsrechtlichen Bekanntmachungspflichten (vgl. Rdnr. 67, 69).

173 *c) Vertrieb.* Beim Verkauf von Investmentanteilen sind dem Erwerber ein datierter Verkaufsprospekt der KAG, die Vertragsbedingungen, der Rechenschaftsbericht, ggfs. der Halbjahresbericht kostenlos zur Verfügung zu stellen und eine Durchschrift des Antrags auf Vertragsabschluß auszuhändigen (§ 19 Abs. 1 KAGG). Hierdurch soll der Erwerber eines Investmentanteils in die Lage versetzt werden, sich über alle für seinen Kaufentschluß relevanten Umstände zu unterrichten.[359] Diese Anforderung richtet sich an die unmittelbar verkaufenden oder vertreibenden Stellen. Der Wortlaut des § 19 Abs. 1 KAGG wurde in Anlehnung an Art. 33 Abs. 1 OGAW-Richtlinie durch das 1. FMFG dahin geändert, daß, mit Ausnahme des in der OGAW-Richtlinie nicht vorgesehenen Antrags auf Vertragsabschluß, die Unterlagen nicht „auszuhändigen", sondern „zur Verfügung zu stellen" sind. Es reicht folglich aus, wenn die Unterlagen dem Erwerber zur Einsicht vorgelegt werden oder die Aushändigung angeboten wird. Bei entsprechendem Verlangen des Erwerbers sind ihm die Unterlagen „kostenlos" auszuhändigen. Soweit ein Anleger von sich aus tätig wird und den Kaufentschluß schon gefaßt hat, müssen ihm die Unterlagen nicht aufge-

---

[355] S. a. Schreiben BAK v. 28. 3. 1980; Investment-Handbuch 438 Nr. 18 – Berichterstattung über Leerstände bei Liegenschaften.

[356] Rechenschaftsbericht KAGG-Novelle 1994 für Wertpapier-Sondervermögen (Stand 27. 10. 1995), Rechenschaftsbericht KAGG-Novelle 1994 für Geldmarkt-Sondervermögen (Stand 27. 10. 1995), Muster eines Rechenschaftsberichts für Grundstücksfonds (Stand April 1996), ergänzt um das Liegenschaftsverzeichnis gemäß Schreiben BAK vom 27. 4. 1994; s. *Baur* (Fn. 271), Anh. § 24 a Nr. 1–3.

[357] U. a. Schreiben BAK vom 7. 5. 1991 betr. die Preisermittlung zum Ende der Berichtsperiode (abgedruckt Investment-Handbuch 438 Nr. 58); vom 29. 5. 1991 betr. die Untergliederung des Wertpapierbestandes im Rahmen der Vermögensaufstellung; vom 30. 7. 1991 betr. Anforderungen an die Ertrags- und Aufwandsrechnung und an die vergleichende Übersicht der letzten drei Geschäftsjahre (abgedruckt Investment-Handbuch 438 Nr. 61); vom 30. 7. 1991 betr. Prüfung von Sondervermögen bei KAG/Berichterstattung über Wertpapierumsätze; vom 18. 9. 1991 betr. erweitertes Testat der Abschlußprüfer in Rechenschaftsberichten für Spezialfonds (abgedruckt CMBS 10.48); vom 10. 2. 1992 betr. Mindestanforderungen an die Erstellung von Rechenschaftsberichten für Grundstücks-Sondervermögen; vom 26. 4. 94 betr. Angaben im Rechenschafts- und Halbjahresbericht bei Grundstücks-Sondervermögen (abgedruckt CMBS 10.51).

[358] Vgl. § 12 Abs. 2 der Mustervertragsbedingungen, Allgemeine Vertragsbedingungen für einen Wertpapier-Publikumsfonds (Fn. 200); vgl. auch die Überleitungsbestimmung in § 51 Abs. 4 KAGG und die Übergangsvorschriften in § 53b KAGG.

[359] Amtl. Begr. in BT-Drucks. V/3494, 20.

drängt werden.[360] Eine Verpflichtung zur Aushändigung besteht nur noch hinsichtlich der Durchschrift des Antrags auf Vertragsabschluß. Gewerbsmäßige Vermittler von Investmentanteilen müssen die Informationspflicht des § 11 Satz 1 Nr. 2 MaBV beachten.[361] Da § 11 MaBV nicht zu den in § 12 MaBV genannten zwingenden Vorschriften gehört, kann der Kunde auf die Erfüllung der Informationspflicht verzichten; die telefonische Erteilung eines Auftrags ist daher möglich.[362]

An den Verkaufsprospekt werden in § 19 Abs. 2 KAGG neben der allgemeinen Anforderung, daß er alle Angaben enthalten muß, die im Zeitpunkt des Erwerbs für die Beurteilung der Anteilscheine von wesentlicher Bedeutung sind, Mindestanforderungen gestellt, die durch das 1. FMFG mit Rücksicht auf die OGAW-Richtlinie wesentliche Erweiterungen erfahren haben. Die OGAW-Richtlinie schreibt die Angaben in Art. 28 Abs. 1 i. V. m. dem Schema A in Anhang der OGAW-Richtlinie vor. Zu den notwendigen Angaben zählen solche über die KAG, die Depotbank, das Sondervermögen, die Anlageziele, die Ausgabe und Rücknahme der Anteilscheine sowie die Bewertung, die Ertragsermittlung und -verwendung, die für den Anteilinhaber bedeutsamen Steuervorschriften, die eingeschalteten Anlageberater, die Stellen bei denen die Berichte erhältlich sind, den Abschlußprüfer, die Liquidation, Angaben in Zusammenhang mit dem Vertrieb in einem anderen EG-/EWR-Staat, Angaben zu weiteren von der KAG verwalteten Sondervermögen, zum Widerrufsrecht sowie weitere von BAK evtl. verlangte Angaben. Die durch das 1. FMFG geänderten Anforderungen an den Verkaufsprospekt waren Anlaß für die Entwicklung von Mustertexten durch den BVI in Abstimmung mit dem BAK, die als Vorschläge den KAG die Anpassung der Verkaufsprospekte an die gesetzlichen Anforderungen erleichtern.[363] Diese Mustertexte wurden insbesondere aus Anlaß von Gesetzesänderungen, zuletzt i. V. m. dem 2. FMFG überarbeitet. Sie liegen i. e. vor für Geldmarkt-Sondervermögen, für Wertpapier-Sondervermögen und für Grundstücks-Sondervermögen. 174

Dem Verkaufsprospekt ist der zuletzt veröffentlichte, gesetzlich vorgeschriebene jährliche Rechenschaftsbericht beizufügen. Da er spätestens 3 Monate nach Ablauf des Geschäftsjahres im Bundesanzeiger bekanntzumachen ist, darf er nicht älter als 15 Monate sein (vgl. § 24 a Abs. 1 Satz 1 KAGG). Für den Halbjahresbericht gilt eine Frist von 2 Monaten nach dem Stichtag (§ 24 a Abs. 2 Satz 3 KAGG), so daß er spätestens 8 Monate nach dem Stichtag des Rechenschaftsberichtes dem Verkaufsprospekt beizufügen ist. Der Verkaufsprospekt muß eine Belehrung über das Recht des Käufers zum Widerruf nach § 23 KAGG enthalten (s. Rdnr. 177). Auf Anforderung des BAK müssen in den Verkaufsprospekt weitere Angaben aufgenommen werden (§ 19 Abs. 2 Satz 3 Nr. 14 und Abs. 3 KAGG). 175

Während Verkaufsprospekte, Rechenschaftsberichte, Halbjahresberichte dem BAK und der BBk. (LZB) nach erstmaliger Verwendung einzureichen sind (§ 19 Abs. 5, § 24 a Abs. 3 Satz 1 KAGG), gilt dies nicht für sonstige Druckschriften, die für die Fonds herausgegeben werden.[364] Bei der Ausgestaltung von Werbeschriften hat das BAK Anforderungen an die Angaben zur bisherigen Anteilwertentwicklung gestellt. Sie dürfen sich nur auf einen Zeitraum von mindestens 10 Geschäftsjahren oder auf die bisherigen Geschäftsjahre und darüber hinaus nur auf Perioden von 5 Geschäftsjahren beziehen. Erfolgsprojek- 176

---

360 Vgl. auch *Baur,* Investmentgesetze, S. 231; Investment-Handbuch 445 § 3 AuslInvestmG Rdnr. 5; zu den Informations- und Beratungspflichten für Wertpapierdienstleistungsunternehmen (z. B. Vertriebsbanken oder -sparkassen) s. oben Rdnr. 154.

361 S. insbes. *Schmidt,* Vertriebspublizität S. 131 ff.

362 *Schmidt* (Fn. 361), S. 134 m. w. N.

363 Vgl. BVI, Jahrbuch Investment 1991; S. 19 f.; Schreiben BAK vom 30. 5. 1990 zur Darstellung der Wertpapier-Optionsgeschäfte und Finanzterminkontrakte im Verkaufsprospekt, abgedruckt in: Investment-Handbuch 438 Nr. 52.

364 Vgl. Allgemeinverfügung BAK vom 18. 7. 1990, abgedruckt in: Investment-Handbuch 438 Nr. 54.

tionen in die Zukunft sind nicht statthaft.[365] Nach § 24a Abs. 1 Nr. 4 KAGG ist dem Rechenschaftsbericht eine vergleichende Übersicht der letzten 3 Geschäftsjahre beizufügen.

177 **4. Widerrufsrecht, § 23 KAGG.** Negative Erfahrungen mit Vertretern von Vertriebsgesellschaften, die, obwohl bereits die GewO den Vertrieb von Wertpapieren im Reisegewerbe untersagt (§ 56 Abs. 1 Nr. 1 Buchst. h GewO), Kunden ohne vorherige Bestellung zu Hause aufsuchten, haben die Einführung eines Investment-Widerrufsrechts durch die Novelle '69 veranlaßt. In der Begründung wird darauf hingewiesen, daß es in solchen Situationen leicht dazu kommen kann, daß der geschulte, mit den modernen Verkaufsmethoden vertraute und wegen der Provisionseinnahmen persönlich am Zustandekommen eines Verkaufsvertrages interessierte Vertreter seinen Verhandlungspartner zu einem Kauf überredet, der bei genauer Überlegung dessen Interessen nicht entspricht.[366] Das Widerrufsrecht gibt die Möglichkeit des schriftlichen Widerrufs gegenüber der KAG binnen einer Frist von zwei Wochen. Voraussetzung ist, daß es sich um einen Privatkauf handelt, der Kauf außerhalb der ständigen Geschäftsräume des Verkäufers erfolgt ist und der Verkäufer nicht zu den Kaufverhandlungen bestellt worden ist. Die Frist beginnt erst mit der Aushändigung des Verkaufsprospektes[367] Dieser hat eine Belehrung über das Recht des Käufers zum Widerruf zu enthalten (§ 19 Abs. 2 Satz 3 Nr. 14 KAGG). Eine parallele Regelung zu § 23 KAGG enthält § 11 AuslInvestmG (vgl. § 19 Rdnr. 92).[368] Im Verhältnis zum Gesetz über den Widerruf von **Haustürgeschäften** und ähnlichen Geschäften v. 16. 1. 1986[369] gehen § 23 KAGG und § 11 AuslInvestmG als Spezialregelung vor (s. § 5 Abs. 2 HaustürWG).[370]

178 **5. Prospekthaftung, § 20 KAGG.** Durch die Novelle '69 wurde parallel zu der Prospekthaftung für ausländische Investmentanteile eine solche für inländische Investmentanteile eingeführt. (Zur investmentrechtlichen Prospekthaftung s. ausführlich oben § 7, Rdnr. 183 ff., dort auch zum Verhältnis von zivilrechtlichem Gewährleistungsanspruch und Rücktrittsrecht [§§ 462, 467, 346 ff. BGB].[371] Zum Rücktrittsrecht nach § 13a UWG s. o. § 4 Rdnr. 95 ff.). Sofern die Haftungsvoraussetzungen erfüllt sind, hat der Käufer eines Investmentanteilscheins einen **gesetzlichen Rückgabeanspruch.** Dies betrifft nicht nur den Erwerb einzelner Anteilscheine, sondern entsprechend den Erwerb von Investmentanteilen im Rahmen von Investmentkonten. Der Anspruch setzt voraus, daß in einem Verkaufsprospekt (§ 19 KAGG) Angaben, die für die Beurteilung der Anteilscheine von wesentlicher Bedeutung sind, unrichtig oder unvollständig sind (§ 20 Abs. 1 Satz 1 KAGG). Angaben von wesentlicher Bedeutung in diesem Sinne können die in § 19 Abs. 2 Satz 2 und 3 KAGG vorgeschriebenen Prospektangaben (u. a. zur KAG, Depotbank, zum Sondervermögen), ferner die Berichte sein. Diese Aufzählung ist weder zwingend noch

---

365 Schreiben BAK v. 20. 3. 1985 in: Investment-Handbuch 438 Nr. 38; s. a. Schreiben BAK v. 18. 6. 1980 in: Investment-Handbuch 438 Nr. 20a, Unzulässige Werbung mit der „Fonds-Rendite". Die starre 10- bzw. 5-Jahres-Regelung erscheint nicht sachgerecht, wenn aus objektiven Gründen (z. B. Zeitpunkt der Auflegung des Fonds, Festpunkte einer allgemeine Index-Entwicklung) ein anderer Zeitraum gewählt wird.

366 Amtl. Begr. BT-Drucks. V/3494, 23.

367 Der Wortlaut von § 23 KAGG stimmt nicht mehr überein mit § 19 Abs. 1 Satz 1 KAGG i. d. F. des 1. FMFG, der statt Aushändigung nur noch ein „Zurverfügungstellen" verlangt. Der Beginn der Zwei-Wochenfrist in § 23 KAGG setzt weiterhin die Aushändigung voraus.

368 Ausführlich zum Widerrufsrecht *Holschbach,* Das Widerrufsrecht nach § 11 AuslInvestmG in seiner Anlegerschutzfunktion, 1972.

369 BGBl. I 122.

370 Dies sollte auch in den Fällen von Depotkonstruktionen gelten (auch sog. Fondspicking), bei denen entweder der Anleger Vorgaben macht, welche Fondsanteile erworben werden oder der Depotverwaltung als eigenständige Managementleistung die Auswahl von Fondsanteilen überlassen ist.

371 Vgl. auch *Baur,* Investmentgesetze, S. 239.

abschließend.[372] Formelle Unrichtigkeit oder Unvollständigkeit, die bereits einen Verstoß gegen § 19 Abs. 2 Satz 2 KAGG darstellt, kann im Einzelfall noch nicht die Prospekthaftung auslösen. Da die Angaben für die Beurteilung der Anteilscheine von wesentlicher Bedeutung sein müssen, müssen sie, sofern sie richtig oder vollständig wären, objektiv geeignet sein, den Anleger zu einem anderen Entschluß zu bewegen.[373] In praktischer Hinsicht ist die Problematik fehlerhafter Verkaufsprospekte weitgehend durch die vom BVI mit Zustimmung des BAK entwickelten Bausteine für die Verkaufsprospekte (s. auch oben Rdnr. 174) entschärft worden.

Die Anteilscheine müssen „auf Grund des Verkaufsprospektes" gekauft worden sein. Es muß ein ursächlicher Zusammenhang zwischen der Vorlage des Verkaufsprospektes und dem Kauf der Anteilscheine bestehen. Die Ursächlichkeit hat der Käufer zu beweisen. Nach den anwendbaren Grundsätzen über den Beweis des ersten Anscheins dürfte es ausreichen, wenn der Käufer einen fehlerhaften Prospekt vorlegen kann.[374] Das Gesetz stellt nicht das Erfordernis auf, daß die fehlerhafte **Angabe** für die Anlageentscheidung (mit-)ursächlich war.[375] 179

XI. Steuerliche Behandlung der KAG, der Investmentanteile und Investmenterträge

1. Besteuerung der KAG. Für die steuerliche Behandlung der KAG, die nur in der Rechtsform der AG oder GmbH betrieben werden darf (§ 1 Abs. 3 KAGG), sind im KAGG keine Sondervorschriften enthalten. Gleichgültig, ob es sich um eine KAG mit Geldmarkt-Sondervermögen, Wertpapier-Sondervermögen, Grundstücks-Sondervermögen oder Beteiligungs-Sondervermögen handelt, die Besteuerung richtet sich jeweils nach den allgemeinen Grundsätzen des Körperschaftsteuer-, des Gewerbesteuer- und des Vermögensteuerrechts. Die KAG ist nach § 1 Abs. 1 Nr. 1 KStG **körperschaftsteuerpflichtig.** Sie ist nach § 2 Abs. 2 Nr. 2 GewStG **gewerbesteuerpflichtig.** Nach § 1 Abs. 1 Nr. 2 Buchst. a VStG ist sie **vermögensteuerpflichtig.** Die sachliche Steuerpflicht der KAG macht jedoch vor dem von ihr verwalteten Sondervermögen halt. In den Fällen der Treuhandlösung (§ 6 Abs. 1 Satz 2, 1. Alt. KAGG – bei Immobilienfonds und Beteiligungsfonds zwingend vorgeschrieben – §§ 25 f und 30 KAGG –) stehen zwar die Gegenstände des Fonds im Eigentum der KAG, sie gehören jedoch nicht zu deren Betriebsvermögen. Die Einheitswertbescheide bei Grundstücken des Sondervermögens müssen deshalb den Zusatz „Sondervermögen" enthalten.[376] 180

Für die **Umsatzsteuer** gelten ebenfalls die allgemeinen Regelungen. Die Verwaltung von Sondervermögen ist jedoch von der Umsatzsteuer befreit (§ 4 Nr. 8 Buchst. h UStG 1993). Das Entgelt für Leistungen i. S. der Befreiungsvorschrift umfaßt nicht nur die eigentliche Verwaltungsvergütung der KAG, sondern auch den Ersatz von Aufwendungen aus dem Sondervermögen.[377] Für KAG, die Anteilscheine z. B. im Rahmen von Invest- 181

---

[372] Vgl. Investment-Handbuch 445 § 12 AuslInvestmG Rdnr. 7; a. A. *Philipps,* Handbuch des Auslands-Investmentrechts, § 12 Rdnr. 5; noch *Baur,* Investmentgesetze, S. 239.

[373] Vgl. *Baur,* Investmentgesetze, S. 240; *Assmann,* Prospekthaftung als Haftung für die Verletzung kapitalmarktbezogener Informationspflichten nach deutschem und US-amerikanischem Recht, 1985, S. 319.

[374] *Baur,* Investmentgesetze, S. 241; vgl. auch Investment-Handbuch 445 § 12 AuslInvestmG Rdnr. 14; OLG Düsseldorf WM 1969, 976; *Horst,* Kapitalanlegerschutz, Haftung bei Emission und Vertrieb von Kapitalanlagen, 1984, S. 30; zweifelnd *Schmidt,* Vertriebspublizität, S. 61 Fn. 170.

[375] Investment-Handbuch 445 § 12 AuslInvestmG Rdnr. 16.

[376] Erl. Fin. Min. NRW v. 29. 7. 1977 S 3106 – 13 – VA 4/S 3505 – 4 VA = Fin.Beh.Hbg. Erl. v. 9. 8. 1977, StEK VSt 1974 § 3 Nr. 2.

[377] Abschnitt 69 UStR 1992; Vfg. OFD Frankfurt v. 11. 12. 1980 – S 7160 A – 3/80 – StN. 21; *Scholtz,* Festschrift für Döllerer, S. 563; zur früheren Rechtssituation s. *Baur,* Investmentgesetze, S. 33.

mentkonten verwahren, ist seit dem 1. 1. 1991 die Befreiung von der Umsatzsteuer für dieses Depotgeschäft aufgehoben (§ 4 Nr. 8 Buchst. e UStG 1993).

182 Streitig ist, ob § 4 Nr. 8 Buchst. h UStG 1993 auch Anwendung auf das Entgelt für die Depotbank findet. Für diese gelten die allgemein für Kreditinstitute geltenden Befreiungsvorschriften des Umsatzsteuerrechts, insbesondere bei der Führung von Geldkonten (§ 4 Nr. 8 Buchst. d UStG 1993). Hinsichtlich der Kontrolltätigkeit bei Grundstücks-Sondervermögen und Beteiligungs-Sondervermögen ist bei der Finanzverwaltung eine Tendenz zur anteiligen Umsatzsteuerpflicht festzustellen. Nach Abschnitt 69 UStR 1992 Satz 5 und 6 ist nicht steuerbefreit die laufende Überwachung des Grundstücksbestandes durch die Depotbank (§ 31 Abs. 1 KAGG), da sie nicht als Verwaltung des Sondervermögens i. S. d. § 10 KAGG anzusehen ist. Umsatzsteuerpflichtig ist die Verwahrung und Verwaltung von Wertpapieren (§ 4 Nr. 8 Buchst. e UStG 1993). Umsatzsteuerpflichtig ist auch der Versand der Fondsberichte.

183* Die Beteiligung als stiller Gesellschafter an dem Unternehmen eines anderen ist nach dem durch § 30 UBGG[378] neu eingeführten § 4 Nr. 8 Buchst. j UStG (jetzt: UStG 1993) ausdrücklich von der Umsatzsteuer befreit.[379]

186 **2. Besteuerung der Investmentanteile.** *a) Veräußerungsgeschäfte.* Anteile an Investmentfonds sind in Wertpapieren (Anteilscheinen) verbrieft (§§ 1 Abs. 1 und 18 KAGG). Bei dem Erwerb und der Veräußerung von Anteilscheinen war das zum 1. 1. 1992 aufgehobene KVStG zu beachten.[380] Weder die Ausgabe noch die Rücknahme noch die Weiterveräußerung von Anteilscheinen ist heute als solche ein steuerpflichtiger Vorgang. Eine Steuerpflicht kann sich jedoch für den Anleger aus der mit der Veräußerung oder der Rücknahme verbundenen Gewinnrealisierung ergeben. Gewinne aus der Veräußerung oder Rückgabe von in Privatvermögen gehaltenen Anteilscheinen sind, da sie der Vermögenssphäre zugerechnet werden, nicht einkommensteuerpflichtig, es sei denn, daß es sich um ein Spekulationsgeschäft i. S. des § 23 EStG handelt. In diesem Fall muß der Anteilschein innerhalb von 6 Monaten angeschafft und mit Gewinn veräußert worden sein. Bei Veräußerung von Anteilscheinen in einem Sammeldepot sind die Durchschnittswerte zu ermitteln.[381] Schuldzinsen können in diesem Falle berücksichtigt werden.[382] Gehören die Anteilscheine zu einem Betriebsvermögen, sind sie für die Gewinnermittlung nach den allgemeinen Vorschriften des § 6 EStG mit den Anschaffungskosten zu bewerten. Verringert sich der Rücknahmepreis, so ist i. d. R. nach dem Niederstwertprinzip auf den niedrigeren Teilwert abzuschreiben (§ 253 Abs. 3 HGB). Steuerpflichtig ist die durch Rückgabe, Veräußerung oder Entnahme aus dem Betriebsvermögen realisierte Wertsteigerung des Anteilscheins im Verhältnis zu den Anschaffungskosten oder dem niedrigeren Teilwert (Buchwert).

187 Durch das Mißbrauchsbekämpfungs- und Steuerbereinigungsgesetz (StMBG) vom 21. 12. 1993[383] ist der die Rückgabe oder Veräußerung von Anteilscheinen oder die Abtretung von in den Anteilscheinen verbrieften Ansprüche belastende neue Steuertatbestand des **Zwischengewinns** eingeführt worden (Näheres unten Rdnr. 204 ff.). Als Zwischengewinn werden erfaßt die in dem Rücknahmepreis enthaltenen, seit der letzten Ausschüttung oder Thesaurierung von dem Sondervermögen eingenommenen Erträge sowie noch nicht fällige Ertragsansprüche (§ 39 a Abs. 1 a, § 37 c, § 43 a § 49 KAGG). Als Zwischengewinn steuerpflichtig sind in erster Linie Zinsen aus Bankguthaben, festverzinslichen Wertpapieren, Stückzinsen, rechnerische Kapitalerträge aus der Veräußerung oder Abtre-

---

* Rdnr. 184/185 derzeit nicht belegt.

[378] UBGG v. 17. 12. 1986 (BGBl. I 2488).

[379] Ausführlich Investment-Handbuch/*Scholtz* 425 § 43 a Rdnr. 4 b; vgl. auch *Schlienkamp* UR 1987, 71; *Reiß* BB 1986, 140; *Reiß* UR 1987, 153.

[380] Zur früheren Börsenumsatzsteuer s. *Baur,* Investmentgesetze, S. 340 ff.

[381] Vgl. BFH vom 24. 11. 1993, DB 1994, 509.

[382] Vgl. BFH vom 26. 11. 1974, BStBl. 1975 II 331.

[383] BGBl. I 2310, 2330.

tung von abgezinsten/aufgezinsten Papieren und Erträge aus Finanzinnovationen, die unter § 20 Abs. 2 Nr. 4 Buchst. a bis d EStG fallen.

b) Vermögensbesteuerung. Die Anteile an Investmentfonds gehören entweder zum Be- **188**
triebsvermögen oder zum sonstigen Vermögen. Sie unterliegen wie alle Vermögensanlagen der Vermögensteuer, sofern sie zusammen mit den übrigen steuerpflichtigen Vermögenswerten bestimmte Beträge überschreiten. Der Vermögensteuersatz ist durch das FKPG[384] bei Privatpersonen für die überwiegenden Vermögensarten ab 1. 1. 1995 von 0,5% auf 1% verdoppelt worden. Hiervon ausgenommen ist der Steuersatz für das Produktivvermögen. Unter die Wirtschaftsgüter i. S. des § 110 Abs. 1 Nr. 3 BewG fallen ausdrücklich „Anteilscheine". Dies sind nach § 11 Abs. 4 BewG „Wertpapiere, die Rechte der Einleger (Anteilinhaber) gegen eine Kapitalanlagegesellschaft oder einen sonstigen Fonds verbriefen". Dies gilt ausnahmslos für alle Arten von Investmentfonds einschl. der Geldmarktfonds. Bei natürlichen Personen gibt es persönliche Freibeträge[385] von 120 000 DM pro Person (zusammen veranlagte Ehegatten 240 000 DM; je Kind 120 000 DM), die sich ab 60. Lebensjahr bei Behinderung um 50 000 DM erhöhen (§ 6 VStG). Die Vermögensteuerveranlagung erfolgt in der Regel in einem dreijährigen Turnus zum sog. Hauptveranlagungszeitpunkt.[386] Zwischen den Hauptveranlagungszeitpunkten kann es zu einer Nachbzw. Neuveranlagung kommen. Der **Vermögensteuerwert** eines Investmentanteils ist der Rücknahmepreis der Anteile am Ende des dem Veranlagungsstichtag vorausgegangenen Kalenderjahres (§ 11 Abs. 4 BewG).[387] Der maßgebende Rücknahmepreis wird von den Investmentgesellschaften und von der Finanzverwaltung jährlich veröffentlicht (§ 113 BewG). Der Bundesminister der Finanzen hat zuletzt die Rücknahmepreise in- und ausländischer Investment-Anteile in folgenden Besteuerungsübersichten bekanntgegeben:

Stichtag	Tag der Veröffentlichung	Fundstelle
1. 1. 1991	28. 6. 1991	BStBl. I Sondernr. 2/1991
1. 1. 1992	21. 7. 1992	BStBl. I Sondernr. 2/1992
1. 1. 1992	11. 12. 1993	BStBl. 1993 I S. 59
1. 1. 1993	19. 8. 1993	BStBl. I Sondernr. 1/1993
1. 1. 1993	6. 10. 1993	BStBl. I S. 880
1. 1. 1994	15. 8. 1994	BStBl. I Sondernr. 2/1994
1. 1. 1995	22. 11. 1995	BStBl. I Sondernr. 2/1996

3. Besteuerung der Erträge aus inländischen Investmentanteilen. Sie ist geregelt im **189**
KAGG. Dieses hat als lex specialis Vorrang vor den allgemeinen steuerlichen Vorschriften, also vor denen des EStG, GewStG und VStG, soweit es mit ihnen im Widerspruch steht.[388] Von besonderer Bedeutung ist der zwar nicht durchgängig, aber im allgemeinen vom Gesetzgeber beachtete Grundsatz der **steuerlichen Transparenz** (s. Rdnr. 5).[389] Deshalb besteht keine selbständige Steuerpflicht der Investmentfonds (mit Ausnahme der durch die Körperschaftsteuerreform eingeführten Körperschaftsteuer nach § 38 a KAGG;

---

384 Art. 25 Gesetz zur Umsetzung des Förderalen Konsolidierungsprogramms (FKPG) vom 23. 6. 1993 (BGBl. 944, 972).

385 Zuletzt geändert ab 1995 durch Art. 25 FKPG (Fn. 384).

386 Nächste Hauptveranlagung abweichend zum 1. 1. 1995 und 1. 1. 1999; § 2 Gesetz vom 23. 6. 1993 (BGBl. I 944, 973).

387 S. auch Abschn. 3 Abs. 7 und Abschn. 73 Abs. 1 VStR 1995 vom 17. 1. 1995, BStBl. I Sondernummer 2; zur Bewertung bei fondsgebundenen Lebensversicherungen s. Nr. 65 Abs. 6 VStR 1995.

388 *Tormann* KAGG, Einf. Anm. 16; dort ein ausführliches Schrifttumsverzeichnis; ebenso Investment-Handbuch/*Scholtz* 425 vor § 37 a Rdnr. 18; a. a. O. vor § 37 a ebenfalls ein ausführliches Schrifttumsverzeichnis.

389 Ausführlich zu den Ausnahmen vom Grundsatz der Transparenz Investment-Handbuch/*Scholtz* 425 vor § 37 a Rdnr. 11 ff.

im Ergebnis steuerpflichtig, wenn auch ohne eigene Steuerschuld, ist das Sondervermögen bei Voll-Thesaurierung hinsichtlich der nach § 38 b Abs. 3 von der KAGG abzuführenden Kapitalertragsteuer [ZASt.]). Dem Sondervermögen wird sowohl die von inländischen Kapitalgesellschaften einbehaltene Körperschaftsteuer auf Antrag vergütet (§ 38 Abs. 2 KAGG) als auch die von inländischen Dividendenerträgen einbehaltene und an die Steuerverwaltung abgeführte Kapitalertragsteuer von 25% und der darauf erhobene Solidaritätszuschlag von 7,5% auf Antrag erstattet (§ 38 Abs. 3 KAGG). Die Besteuerung der Investmentanteile und ihrer Erträge erfolgt ausschließlich beim Anleger (§ 38 Abs. 1, § 39 Abs. 1, § 45 KAGG sowie die Verweisungsvorschriften in §§ 37 a, 43 a, 44 und 49 KAGG). Der Anleger (Anteilscheininhaber) hat die Erträge aus einem Sondervermögen so zu versteuern, als ob er sie unmittelbar bezogen hätte. Dies gilt sowohl für Erträge aus Wertpapier-Sondervermögen, aus Geldmarkt-Sondervermögen, aus Beteiligungs-Sondervermögen als auch aus Grundstücks-Sondervermögen.

190 Die einzelnen Vorschriften über die Besteuerung der Erträge aus inländischen Investmentanteilen finden sich in den §§ 37 a, 37 b (Geldmarkt-Sondervermögen), §§ 39 bis 43 KAGG (Wertpapier-Sondervermögen), §§ 43 a, 43 b KAGG (Beteiligungs-Sondervermögen) und §§ 45 bis 50 (Grundstücks-Sondervermögen). Die steuerliche Behandlung der Erträge aus Geldmarkt-Sondervermögen, Beteiligungs-Sondervermögen und Grundstücks-Sondervermögen (vgl. unten Rdnr. 208 ff.) folgt den Grundsätzen der steuerlichen Behandlung der Erträge aus Wertpapier-Sondervermögen außer in den Fällen der Sonderregelungen bei Anlage in stillen Beteiligungen und in Grundstücken.

191 *a) Erträge aus Wertpapierfonds (Wertpapier-Sondervermögen).* Von Bedeutung ist, ob die Anteile zum Privatvermögen oder Betriebsvermögen des Anlegers gehören. Befinden sie sich in einem **Privatvermögen,** sind die Erträge Einkünfte aus Kapitalvermögen (§ 39 Abs. 1 KAGG). Die Erträge des Sondervermögens aus Dividenden- und Zinseinnahmen, ggf. aus stillen Beteiligungen bei Beteiligungs-Sondervermögen (z. Zt. noch nicht aufgelegt) und die Mieterträge der Grundstücks-Sondervermögen sind beim Anleger **steuerpflichtig,** gleichgültig, ob sie **ausgeschüttet** oder **thesauriert** wurden.

192 Von den Erträgen werden in Abzug gebracht die Kosten des Sondervermögens (u. a. § 15 Abs. 3 Buchst. e, § 19 Abs. 1 S. 3 KAGG).[390] Die zunächst von der Finanzverwaltung aus Vereinfachungsgründen zugestandene Regelung, daß **Kosten** nur bei steuerpflichtigen Einnahmen abgezogen werden, wurde später aufgegeben. Nach Ansicht der Finanzverwaltung sind die Kosten auf steuerpflichtige und steuerfreie Einnahmen aufzuteilen.[391] Der Begriff der Kosten wird nach Art und Umfang in Anlehnung an den im Einkommensteuerrecht für Aufwendungen maßgeblichen Werbungskostenbegriff bei Einkünften aus Kapitalvermögen interpretiert.[392] Danach rechnen zu den Werbungskosten alle Aufwendungen, die mit den einzelnen Einnahmen unmittelbar zusammenhängen. Ein solcher unmittelbarer Zusammenhang mit den Kapitaleinnahmen ist auch bei Aufwendungen für die einzelne Kapitalanlage und für die Gesamtheit der Kapitalanlagen (allgemeine Verwaltungskosten) insoweit gegeben, als sie zum Erwerb, Sicherung und Erhaltung der Kapitaleinnahmen dienen. Derartige Aufwendungen werden deshalb, auch wenn sie gleichzeitig der Sicherung und Erhaltung des Kapitalstamms dienen, insoweit als Werbungskosten anerkannt.[393] In der Praxis werden Allgemeinkosten des Sondervermögens von den laufenden ordentlichen Erträgen, d. h. Zinsen und Dividenden, abgezogen. Spezielle Kosten,

---

[390] § 9 Mustervertragsbedingungen, Allgemeine Vertragsbedingungen, und §§ 16, 17 Mustervertragsbedingungen, Besondere Vertragsbedingungen für einen Wertpapierfonds (Fn. 200).

[391] Erl. Fin. Min. Niedersachsen v. 13. 8. 1974 – S 1980 a – 10 – 312, DB 1974, 1649; s. auch § 3 c EStG.

[392] Ausführlich dazu *Carl,* Werbungskosten bei Einkünften aus Kapitalvermögen, INF 1993, 196; *Carl/Förster,* Recht der Investmentfonds, S. 149 f.; *Schwarz,* Werbungskosten bei Kapitaleinkünften, NWB F.3, 8007.

[393] Erl. Fin. Min. Niedersachsen v. 20. 5. 1975 – S 1980 a –10 – 312, DB 1975, 1052.

wie z. B. Erwerbsnebenkosten bei Ankauf von Wertpapieren, sind Teil der Anschaffungskosten und werden deshalb erst bei Ermittlung der außerordentlichen Erträge, also Tilgungs- und Veräußerungsgewinnen, berücksichtigt. Dies gilt entsprechend für Veräußerungskosten. Diese Kosten erscheinen nicht in der jährlichen Ertragsrechnung.

Bei lohnsteuerpflichtigen Anteilinhabern, die nicht zur Einkommensteuer veranlagt 193
werden, bleiben Nebeneinkünfte (einschließlich der steuerpflichtigen Investmenterträge), ggfs. gemindert durch einen Altersentlastungsbetrag (§ 24 a EStG; ab Vollendung des 64. Lebensjahres, höchstens 3720 DM), bis zu 800 DM jährlich steuerfrei (§ 46 Abs. 1 und 2 Nr. 1 EStG). Bei Ermittlung der Freigrenze von 800 DM können vorweg von den Einnahmen aus Kapitalvermögen die Werbungskosten, mindestens aber der Werbungskostenpauschbetrag von 100 DM bei Einzelveranlagung bzw. 200 DM bei Zusammenveranlagung von Eheleuten, und ein Sparerfreibetrag von 6000 DM bzw. 12 000 DM abgesetzt werden (§§ 9 a Abs. 1 Nr. 2, 20 Abs. 4 EStG). Die erhöhten Sparerfreibeträge und die Werbungskostenpauschale mit einem Gesamtbetrag von 6100 DM (12 200 DM bei Zusammenveranlagung von Eheleuten) lassen sich in den Fällen der depotverwalteten Investmentanteilscheine bereits dadurch berücksichtigen, daß dem verwaltenden Kreditinstitut ein Freistellungsauftrag (FSA) nach amtlichen Muster erteilt wird (§ 44 a EStG). In Höhe des FSA wird bei ausschüttenden Fonds keine Kapitalertragsteuer (ZASt.) abgezogen (§ 38 b Abs. 1 Satz 2 KAGG i. V. m. § 44 a EStG) und bei vollthesaurierenden Fonds die abgezogene Kapitalertragsteuer (ZASt.) erstattet (§ 39 b Abs. 1 KAGG i. V. m. § 44 b Abs. 1 Satz 1 und § 44 a EStG). Außerdem wird bei inländischen Dividendenwerten dem Anteilinhaber das Körperschaftsteuerguthaben zusammen mit der Barausschüttung gutgeschrieben oder bei thesaurierenden Fonds i. d. R. über eine Anlage in zusätzlichen Fondsanteilen (unten Rdnr. 201).

Das Zinsabschlaggesetz vom 9. 11. 1992[394] hat Ausschüttungen und thesaurierte Erträge 194
von Investmentanteilen, insbesondere soweit sie Zinserträge enthalten, der Kapitalertragsteuer (ZASt.) von 30% (35% bei Ausschüttungen in Nicht-Depotfällen, sog. Tafelgeschäfte) unterworfen.[395] Hierauf wird zusätzlich seit dem 1. 1. 95 nach dem Solidaritätszuschlagsgesetz 1995 vom 23. 6. 1993[396] ein **Solidaritätszuschlag** vom 7,5% erhoben, sodaß sich der Abzug derzeit auf 32,25% (37,625% bei Tafelgeschäften) beläuft. Der **Zinsabschlag**[397] ist materiell eine Kapitalertragsteuer wie der Steuerabzug bei anderen Kapitalerträgen.[398] Dies ist auch unbeschadet der Tatsache anzunehmen, daß der Zinsabschlag nicht vom Schuldner der Kapitalerträge, sondern i. d. R. von der Stelle, die die Kapitalerträge auszahlt, einzubehalten und abzuführen ist.[399] Der zinsabschlagsteuerpflichtige Teil der Kapitalerträge eines Wertpapierfonds ist in § 38 b Abs. 1 KAGG näher definiert. Es handelt sich i. e. um in den Fondserträgen enthaltene Zinsen aus Anleihen, Forderungen und Guthaben, Erträge aus Wandelanleihen, Gewinnobligationen und rentenähnlichen Genußrechten, ausländische Erträge aus Anleihen, Forderungen und Guthaben, um in- und ausländische Stückzinsen, Erträge aus ab- und aufgezinsten Wertpapieren/Geldmarktpapieren. Von der ZASt. werden die Erträge erfaßt, die üblicherweise Rentenfonds erzielen. Um für die Anleger die ZASt. teilweise zu vermeiden, weichen diese Fonds auf niedrigverzinsliche Anleihen mit kurzer Laufzeit aus oder erwerben verstärkt aktienähnliche Genußrechte, deren Erträge ebenso wie Aktienerträge nicht der ZASt. unterworfen sind. Die Freistel-

394 BGBl. I 1853.

395 Näheres s. BVI, Zinsabschlagsteuer und Deutsche Investmentfonds – Ein Leitfaden – 3. Auflage, Stand Juni 1996; *Lindberg,* Das Zinsabschlaggesetz, Die Besteuerung des Kapitalertrags ab 1. 1. 1993, 1992, S. 68 f.; *Päsler/Kleinert,* Prüfung der Freistellungsaufträge (Zinsabschlagsteuer bei deutschen Investmentfonds), Die Bank 1993, 118.

396 BGBl. I 994, 975.

397 Zum Begriff s. § 43 a Abs. 1 Nr. 4 EStG.

398 *Birk* Steuerliche Vierteljahresschrift 1993, 97, 101; *Keßler* BB 1993, 183; Investment-Handbuch/*Scholtz* 425 § 38 b Rdnr. 5.

399 Investment-Handbuch/*Scholtz* (Fn. 398).

lung der Aktienerträge (dazu die Klarstellung in § 39 Abs. 2 KAGG) wird damit begründet, daß diese bereits mit Körperschaftsteuer in Höhe von 30% vorbelastet sind (§ 38 a KAGG).[400] Zu den nicht ZASt.-pflichtigen Erträgen gehören insbesondere Erträge aus Commercial Paper, sofern diese als Schuldscheindarlehen von einem Unternehmen begeben wurden, das nicht ein inländisches Kreditinstitut ist, ferner Bankzinsen, die von einem Kreditinstitut mit Sitz im Ausland bzw. von der ausländischen Zweigstelle eines inländischen Kreditinstituts geschuldet werden. Nicht ZASt.-pflichtig sind die steuerfreien Ertragsanteile, z. B. aus Veräußerungsgewinnen, und der darauf entfallende Ertragsausgleich (§ 38 b Abs. 1 Nr. 4 KAGG).

195 In gleicher Weise wie die Erträge aus Wertpapierfonds sind der ZASt. die Erträge aus den Geldmarktfonds (§ 37 a i. V. m. § 38 b KAGG), aus Beteiligungsfonds (§ 43 a i. V. m. § 38 b KAGG) und aus offenen Immobilienfonds (§§ 44, 45 i. V. m. § 38 b und § 49 i. V. m. § 38 b KAGG) unterworfen. Bei Grundstücks-Sondervermögen ist die ZASt. ausdrücklich auf die Erträge aus Vermietung und Verpachtung und auf Gewinne aus der Veräußerung von Grundstücken innerhalb der Spekulationsfrist von zwei Jahren erweitert worden. Dieser Systembruch bei der Natur nach Erträgen aus Vermietung und Verpachtung wird mit dem Hinweis begründet, daß Erträge aus Anteilscheinen an Investmentfonds bereits nach geltendem Recht der Einkommenbesteuerung unterliegen und zu den Einkünften aus Kapitalvermögen i. S. des § 20 Abs. 1 Nr. 1 EStG gehören, auch soweit es sich um Erträge aus Grundstücks-Sondervermögen handelt.[401]

196 Das Verfahren des Zinsabschlags ist bei Investmentfonds unterschiedlich geregelt, je nachdem ob es sich um ausschüttende, teil-thesaurierende Fonds oder voll-thesaurierende Fonds handelt. Bei ausschüttenden Fonds nimmt den Zinsabschlag die jeweilige Zahlstelle vor, d. h. die Bank oder Sparkasse, bei der der Investmentanteilschein im Depot verwahrt oder der Ertragsschein vorgelegt wird (Einbehalt nach § 38 b Abs. 1 Satz 2 i. V. m. § 43 Abs. 1 Satz 1 Nr. 7 und 8 sowie Satz 2 EStG). Der Einbehalt/Zinsabschlag beträgt 30% des nach § 38 b Abs. 1 KAGG ermittelten und nach § 41 Abs. 1 Nr. 5 KAGG zu veröffentlichenden Teilbetrags der Ausschüttung (§ 43 a Abs. 1 Nr. 4 EStG). In den Fällen der sog. Tafelgeschäfte (Steuerabzug nach § 44 Abs. 1 Satz 4 Nr. 1 Buchst. a Doppelbuchst. bb i. V. m. § 43 a Abs. 1 Nr. 4 EStG) erhöht sich der Zinsabschlag auf 35%. Der Steuerbetrag, den die auszahlende Stelle abzuführen hat, ist auf den nächsten vollen DM-Betrag nach unten abzurunden. Die Abrundung ist über der Endsumme vorzunehmen, d. h. nach Zusammenrechnung aller Steuerbeträge, die von der auszahlenden Stelle zu demselben Zeitpunkt insgesamt abzuführen sind (§ 44 Abs. 1 Satz 4 EStG). Bei teil-thesaurierenden Fonds ist der auf die thesaurierten zinsabschlagsteuerpflichtigen Einnahmen des Sondervermögens zu erhebende Zinsabschlag von der Ausschüttung zu erheben (§ 38 b Abs. 2 KAGG). Bei voll-thesaurierenden Fonds ist nach § 38 b Abs. 3 die KAG mangels einer Zahlstelle verpflichtet, unterschiedslos auf alle Anteilscheine die ZASt. abzuführen, sofern zinsabschlagsteuerpflichtige Erträge thesauriert werden. Die Erstattung oder Anrechnung der einbehaltenen und abgeführten ZASt. wird nach den Sondervorschriften in § 39 b KAGG vorgenommen. Die Erstattung des Zinsabschlags bei voll-thesaurierenden Fonds durch die KAG setzt voraus, daß die Anteilscheine bei einem inländischen Kreditinstitut – dies kann in Fällen der Investmentkonten ebenfalls die KAG sein – verwahrt werden.

197 Von dem Zinsabschlag kann Abstand genommen werden in den Fällen, in denen der Steuerpflichtige der depotführenden bzw. die Investmenterträge auszahlenden Stelle (z. B. der Bank oder KAG als depotführende Stelle) rechtzeitig einen Freistellungsauftrag (FSA) nach amtlichem Muster erteilt (§ 44 a EStG).[402] Die Angaben des FSA stehen der Finanz-

---

[400] Amtl. Begr. in BT-Drucks. 12/2501, S. 22.

[401] Amtl. Begründung (Fn. 400).

[402] Näheres zum FSA s. BVI-Leitfaden (Fn. 395) S. 45 ff.; *Päsler/Kleinert* (Fn. 395); *dies.,* Freistellungsaufträge bei Investment-Konten, Die Bank 1993, 229; Ein FSA kann nicht erteilt werden, wenn

verwaltung zu Kontrollzwecken zur Verfügung. Bei Investmentfonds mit inländischen Aktien und ZASt.-pflichtigen Anlagen wird bei Vorlage eines FSA durch einen Steuerinländer sowohl auf den Abzug von ZASt. verzichtet als auch die Körperschaftsteuer vergütet (§ 36 b Abs. 1 Satz 1, § 44 a Abs. 2 Satz 1 EStG). Letzteres war vor Inkrafttreten des Zinsabschlaggesetzes nur bei Vorlage von NV-Bescheinigungen möglich. Bei diesem Verfahren ist zu beachten, daß im Sammelantragsverfahren gegenüber dem Bundesamt für Finanzen auf Vergütung vorfinanzierter Körperschaftsteuer – anders als bei NV-Bescheinigungen – der Begünstigte namentlich genannt werden muß. Das Bundesamt für Finanzen wird in diesen Fällen ab einer bestimmten Höhe der Einkünfte aus Kapitalvermögen das Wohnsitzfinanzamt unterrichten.[403] Außer bei Vorlage eines FSA ist ein Steuerabzug dann nicht vorzunehmen, wenn der Zahlstelle eine Nichtveranlagungs-Bescheinigung vorgelegt wird (§ 44 a Abs. 2 Satz 1 Nr. 2 EStG). Die Abstandnahme vom Zinsabschlag ist auch in den Fällen möglich, in denen bestimmte Körperschaften oder inländische juristische Personen des öffentlichen Rechts einen Freistellungsbescheid vorlegen (§ 44 a Abs. 4 EStG).

Steuerausländer sind, wenn die inländischen Investmentanteile in einem inländischen 197 a
Depot verwahrt werden, von der ZASt. nicht betroffen, da sie insoweit nicht beschränkt steuerpflichtig sind (§ 49 Abs. 1 Nr. 5 Buchst. a EStG i. d. F. des StMBG, der dies, außer in den Fällen der Tafelgeschäfte, klarstellt).[404] Sofern der Ausländer seine Ausländereigenschaft dem depotführenden Kreditinstitut nicht nachweist, ist der ausländische Anleger gezwungen, im Wege eines Erstattungsverfahrens gemäß § 37 Abs. 2 AO die Erstattung abgeführter ZASt. zu beantragen. Zuständig ist das Betriebsstättenfinanzamt des depotführenden Kreditinstituts.[405] In den Fällen der **Tafelgeschäfte** sind auch bei Steuerausländern die ZASt.-pflichtigen Erträge aus Investmentfonds dem Zinsabschlag unterworfen, außer die Ertragsscheine werden über ein ausländisches Kreditinstitut eingereicht (§ 49 Abs. 1 Nr. 5 Buchst. c Doppelbuchst. cc EStG). Dem Steuerinländer wird in den Fällen der Eigenverwahrung die in Abzug gebrachte ZASt. bei der Veranlagung auf die Einkommensteuer oder Körperschaftsteuer angerechnet (vgl. § 36 Abs. 2 Nr. 2 EStG). Dem Steuerausländer ist der Zinsabschlag auf Antrag nach § 37 Abs. 2 AO von dem Betriebsstättenfinanzamt der Stelle zu erstatteten, die die ZASt. abgeführt hat. Soweit bei Tafelgeschäften die Erstattungsfähigkeit verneint wird, ist die Erstattungsberechtigung des Steuerausländers nach dem jeweiligen DBA zu prüfen.

Bei Investmentanteilen in Privatvermögen besteht **Steuerfreiheit** für die vom Fonds er- 198
zielten **Gewinne aus der Veräußerung von Wertpapieren** und Bezugsrechten auf Anteile an Kapitalgesellschaften (Ausnahme: Freianteile an Kapitalgesellschaften. Dieser Ausschluß der Steuerfreiheit ist jedoch mit Rücksicht auf das Gesetz über steuerrechtliche Maßnahmen bei Erhöhung des Nennkapitals aus Gesellschaftsmitteln i. d. F. vom 10. 10. 1967[406] ohne praktische Bedeutung, da in diesen Fällen, die entsprechend bei ausländischen Gesellschaften Anwendung finden, Steuerfreiheit besteht)[407] (§ 40 Abs. 1 KAGG). Diese Regelung stellt einen Vorteil gegenüber der Direktanlage in Wertpapieren und aus praktischen Erwägungen eine Ausnahme vor dem Transparenzgedanken[408] insoweit dar, als die Steuerfreiheit bei Veräußerungsgewinnen nicht von der Einhaltung der sechsmonatigen Speku-

---

sich die Investmentanteile in einem Betriebsvermögen befinden; der Anleger erhält in diesem Fall eine Bescheinigung über den Zinsabschlag.

403 *Päsler/Kleinert,* (Fn. 402) S. 230.

404 Vgl. Amtl. Begründung BT-Drucks. 12/5630, S. 64; vgl. auch Investment-Handbuch/*Scholtz* 425 § 38 b Rdnr. 78.

405 Schreiben BMF vom 18. 1. 1994, BStBl. I 139; abw. Amtl. Begr. (Fn. 400), S. 21, die auf § 50 d EStG verweist.

406 BGBl. 1978, zuletzt geändert durch Gesetz vom 22. 12. 1983 (BGBl. I 1592).

407 Näheres s. Investment-Handbuch/*Scholtz* 425 § 40 Rdnr. 17; *Baur,* Investmentgesetze, S. 363 f.; *Tormann,* KAGG, Einf. Anm. 14.

408 Vgl. Investment-Handbuch/*Scholtz* (Fn. 407) Rdnr. 10; *Steinberg* DB 1957, 198.

lationssteuerfrist des § 23 Abs. 1 Nr. 1 Buchst. b EStG abhängig ist. Veräußert jedoch der Anteilinhaber innerhalb der Sechsmonats-Frist mit Gewinn den Anteilschein, so trifft ihn, außer bei Rückgabe (str.), die Spekulationssteuer. Ein etwaiger steuerpflichtiger Spekulationsgewinn ist um den vereinnahmten, ebenfalls steuerpflichtige Zwischengewinn zu kürzen (§ 23 Abs. 3 Satz 3 EStG i. d. F. des StMBG). Nur dieser, nicht der Spekulationsgewinn, ist ZASt.-pflichtig.

199 Wenn die Investmentanteile zum **Betriebsvermögen** eines Gewerbetreibenden, eines Land- oder Forstwirtes oder eines selbständig Tätigen gehören, sind die Ausschüttungen darauf Einkünfte aus Gewerbebetrieb (§ 2 Abs. 1 Nr. 2, § 15 EStG), aus selbständiger Arbeit (§ 2 Abs. 1 Nr. 3, § 18 EStG) oder aus Land- und Forstwirtschaft (§ 2 Abs. 1 Nr. 1, § 13 EStG). In diesen Fällen sind Ausschüttungsanteile, die auf Wertpapier- oder Bezugsrechtsveräußerungen entfallen, Betriebseinnahmen und somit steuerpflichtig (§ 40 Abs. 1 Satz 1 KAGG). Dies entspricht der Steuerpflicht von Gewinnen aus der Veräußerung von Gegenständen eines Betriebsvermögens.[409]

200 Die durch die Körperschaftsteuerreform ab 1. 1. 1977 eingeführte **Anrechnung der Körperschaftsteuer** wirkt durch den Fonds hindurch bis zum steuerpflichtigen Anteilinhaber. Der Anteilinhaber kann bei seiner Veranlagung die Anrechnung und außerhalb des Veranlagungsverfahrens die Vergütung von Körperschaftsteuer beanspruchen, soweit es sich um den sog. Dividendenanteil handelt (§ 39 a KAGG). Für die Anrechnung oder Erstattung der Steuergutschrift ist zu unterscheiden, ob sich die Anteilscheine in der Depotverwahrung bei einem Kreditinstitut oder in Eigenverwahrung bei dem Anteilinhaber befinden. Zum Ausschüttungstermin erhält der Anleger im Falle der Depotverwahrung, d. h. auch beim Investmentkonto (s. Rdnr. 140), die sog. Barausschüttung. Dies ist der Teil der Ausschüttung, der dem Anleger in jedem Fall in bar zufließt. Die dem Anleger darüber hinaus noch zustehende Steuergutschrift ($^3/_7$ der in der Barausschüttung enthaltenen körperschaftsteuerpflichtigen inländischen Dividenden)[410] ist aus der Steuerbescheinigung zu entnehmen, die dem Anteilinhaber bei der Ausschüttung von seinem depotführenden Kreditinstitut ausgehändigt wird (§ 39 a Abs. 1 KAGG i. V. m. § 45 KStG). Die Höhe der Barausschüttung und des Steuerguthabens ergeben sich auch aus der vorgeschriebenen Bekanntmachung der KAG (§ 41 Abs. 1 Nr. 1 und 4 KAGG). Handelt es sich um einen thesaurierenden Fonds, so erhält der Anleger die Bescheinigung von dem Kreditinstitut, das am Ende des Geschäftsjahres des jeweiligen Fonds das Wertpapierdepot führt, in dem der betreffende Anteilschein verzeichnet ist (§ 39 a Abs. 2 KAGG i. V. m. § 45 KStG). Zur Geltendmachung der Steuergutschriftsbeträge muß der Anteilinhaber seiner Einkommensteuererklärung einen Abdruck der Bekanntmachung der KAG i. S. des § 42 KAGG beifügen, aus der sich im einzelnen Höhe und Zusammensetzung der steuerpflichtigen thesaurierten Erträge ergibt (§ 39 a Abs. 2 Satz 6 KAGG).

201 Wird der Anteilinhaber aufgrund der Art und Höhe seiner Einkünfte nicht zur Einkommensteuer veranlagt, muß er dem Kreditinstitut, bei dem das Investmentdepot geführt wird, eine Bescheinigung seines Wohnsitzfinanzamtes vorlegen, in der ihm betätigt wird, daß eine Veranlagung zur Einkommensteuer voraussichtlich nicht in Betracht kommt (NV-Bescheinigung). Gleichbehandelt werden die Fälle, in denen der Steuerpflichtige der depotführenden Stelle im Hinblick auf den durch das ZinsabschlagG eingeführten erhöhten Sparerfreibetrag und die Werbungskosten-Pauschale für Einkünfte aus Kapitalvermögen in Höhe von insgesamt 6100 DM (12 200 DM bei Zusammenveranlagung von Eheleuten) einen **Freistellungsauftrag** (FSA) nach amtlichen Muster erteilt.[411] Neben der

---

409 *Tormann,* KAGG, § 40 Anm. 4.

410 Die Steuergutschrift entfällt anteilig in den Fällen, in denen die Dividende der inländischen Kapitalgesellschaft nicht aus im Inland versteuerten Erträgen gezahlt wird; Näheres Investment-Handbuch/*Scholtz* 425 § 38 Rdnr. 23 a.

411 Näheres zum FSA s. BVI, Zinsabschlagsteuer und Deutsche Investmentfonds – Ein Leitfaden – 3. Aufl., 1996; *Päsler/Kleinert,* Die Bank 1993, 118 und 229; über die FSA sind dem Bundesamt für

Barausschüttung (Rdnr. 200) erhält der Anteilinhaber dann auch die Steuergutschrift (Rdnr. 200) bar ausgezahlt oder seinem Konto gutgeschrieben. Als Bestätigung für die in bar ausgezahlte Gesamtausschüttung aus Ausschüttungsbetrag und Steuergutschrift wird dem Anleger von seinem Kreditinstitut eine Ertragsgutschrift ausgehändigt. Eine entsprechende Ertragsgutschrift wird bei thesaurierenden Fonds in den Fällen ausgestellt, in denen der Anleger nicht zur Einkommensteuer veranlagt wird (bei Vorlage der NV-Bescheinigung) oder der Anleger dem Kreditinstitut einen FSA erteilt hat.[412] Der Anleger erhält die Gutschriftsbeträge von dem Kreditinstitut, bei dem das Investmentdepot geführt wird (vgl. § 39 a Abs. 2 Satz 3 KAGG). Die Gutschriftsbeträge werden bei der Verwahrung in der Form von Investmentkonten in weiteren Fondsanteilen angelegt. Eine Gutschrift durch das verwahrende Kreditinstitut ist nur möglich, wenn sich dieses für die bei ihr verwahrten Anteilscheine dem Sammelantragsverfahren (§§ 36 b, 36 c EStG) angeschlossen hat. Die Sammelanträge sind auf maschinell verwertbaren Datenträgern beim Bundesamt für Finanzen zu stellen.[413] Die vom Bundesamt für Finanzen zu erstattenden Beträge werden von dem depotführenden Kreditinstitut im Kulanzweg vorfinanziert. Wird durch das depotführende Kreditinstitut ein Sammelantrag auf Vergütung von KSt. gestellt oder ist die Vergütung bereits durchgeführt worden, so ist die Anrechnung von Körperschaftsteuer in der Einkommensteuerveranlagung ausgeschlossen (vgl. § 36 Abs. 2 Nr. 3 Satz 4 Buchst. c EStG).

Bei **Anteilscheinen in Eigenverwahrung** erhält der Anleger eines ausschüttenden 202
Fonds bei Vorlage der Ertragsscheine von der einlösenden Stelle auf Wunsch über die ihm zustehenden Steuergutschriftsbeträge eine Steuerbescheinigung, die als Schaltereinlösung besonders gekennzeichnet ist. Unter Vorlage dieser Schaltereinlösungsbescheinigung kann der Anteilinhaber bei seiner Einkommensteuerveranlagung die ihm zustehenden Steuergutschriftsbeträge anrechnen lassen. Ein Anleger, der nicht zur Einkommensteuer veranlagt wird, muß, um in den Genuß der Steuergutschriftsbeträge zu kommen, bei seinem Wohnsitzfinanzamt unter Vorlage der als Schaltereinlösung gekennzeichneten Steuerbescheinigung eine Einkommensteuererklärung abgeben. Dies gilt in gleicher Weise für Anteilinhaber, die Anteilscheine von thesaurierenden Fonds selbst verwahren. Sie müssen dabei ihrem Wohnsitzfinanzamt bei Vorlage der Einkommensteuererklärung glaubhaft machen, daß ihnen die Einnahmen aus den Anteilscheinen und die entsprechenden Steuergutschriftsbeträge zuzurechnen sind (§ 39 a Abs. 3 KAGG).[414]

Die von den Wertpapierfonds vereinnahmten Dividenden und Zinsen können zum Teil 203
aus **ausländischen Wertpapieren** stammen und im Ausland einem Quellensteuerabzug unterliegen. Diese ausländische Steuer kann von unbeschränkt steuerpflichtigen Anteilinhabern unter bestimmten Voraussetzungen auf den Teil der deutschen Einkommen- bzw. Körperschaftsteuer angerechnet werden, der auf die entsprechenden ausländischen Einkünfte entfällt (§ 40 Abs. 4 KAGG). Voraussetzung ist, daß die ausländische Steuer festgesetzt und gezahlt ist, und keinem Ermäßigungsanspruch unterliegt. Auch muß die ausländische Steuer der deutschen Einkommensteuer oder Körperschaftsteuer entsprechen.[415] Die aus mehreren ausländischen Staaten stammenden Einkünfte werden zusammengefaßt. Der Höchstbetrag der anrechenbaren ausländischen Steuern wird zusammengefaßt berechnet (§ 40 Abs. 4 Satz 3 KAGG) und den Anlegern bekannt gemacht (§ 41 Abs. 1 Nr. 7 KAGG).

Das Mißbrauchsbekämpfungs- und Steuerbereinigungsgesetz (StMBG) vom 21. 12. 1993[416] 204
hat seit dem 1. 1. 1994 als Steuertatbestand den **Zwischengewinn** eingeführt. Hierdurch sollen die steuerlichen Vorteile des Anteilscheininhabers vor allem gegenüber dem Direktanle-

---

Finanzen von der depotführenden Stelle Mitteilung zu machen (§ 45 a EStG; s. auch die Freistellungsauftrags-Datenträger-Verordnung [FSADV] vom 7. 4. 1994, BGBl. I 768).

[412] S. auch oben Rdnr. 43.

[413] Sammelantrags-Datenträger-Verordnung (SaDV) i. d. F. vom 10. 5. 1995 (BGBl. I 684).

[414] BVI, Broschüre Körperschaftsteuer und Investment, o. J.

[415] Näheres *Tormann,* KAGG, § 40 Anm. 26.

[416] BGBl. I 2310, 2330.

ger in festverzinslichen Wertpapier beseitigt werden, die dann entstehen können, wenn der Investmentanteil entweder vor der Ausschüttung oder, bei thesaurierenden Investmentfonds, vor dem Zeitpunkt zurückgegeben wird, zu dem ein Zufluß fingiert ist. Außer in den Fällen, in denen der bei einer Veräußerung der Investmentanteile gegenüber den Anschaffungskosten erzielte Mehrerlös als Ertrag aus einem Spekulationsgeschäft steuerpflichtig ist (§ 22 Nr. 2, § 23 Abs. 1 Satz 1 Buchst. b EStG: Veräußerung binnen 6 Monate), war bei der Rückgabe von Investmentanteilen als Vorgang in der Vermögensphäre des privaten Anlegers auch dann ein Mehrerlös nicht zu versteuern, wenn in dem Rücknahmepreis die seit der letzten Ausschüttung oder Thesaurierung vom Fonds eingenommenen Erträge sowie noch nicht fällige Ertragsansprüche, darunter bei Wertpapieren im Fonds mit Zinsscheinen die Stückzinsen oder bei ab- oder aufgezinsten Wertpapieren (z. B. Zero-Bonds) die rechnerischen Erträge, enthalten sind. „Die steuerlichen Vorteile des Anteilscheininhabers gegenüber dem Direktanleger sind besonders hoch, wenn er den Anteilschein kurz vor der Ausschüttung oder Thesaurierung, d. h. bei höchstmöglichem Kurs des Anteilscheins zurückgibt, oder wenn der Rücknahmewert des Anteilscheins durch besonders hohe Ertragsansprüche aus zum Fondsvermögen gehörenden Zero-Bonds bestimmt wird.“[417]

205 Als steuerpflichtigen Zwischengewinn bezeichnet das KAGG das Entgelt für die dem Anteilscheininhaber noch nicht zugeflossenen oder als zugeflossen geltenden Einnahmen des Wertpapier-Sondervermögens i. S. des § 20 Abs. 1 Nr. 7 und Abs. 2 mit Ausnahme der Nr. 2 Buchst. a EStG sowie für die angewachsenen Ansprüche des Wertpapier-Sondervermögens auf derartige Einnahmen (§ 39 Abs. 1 a Satz 2 KAGG). Zu dem Zwischengewinn gehören in erster Linie Zinsen aus Einlagen und Guthaben bei Kreditinstituten, aus Darlehen und Anleihen. In der durch das StMBG erweiterten Fassung des § 20 Abs. 1 Nr. 7 EStG fallen darunter auch die Erträge aus sog. Finanzinnovationen. In den Zwischengewinn sind ferner nach § 20 Abs. 2 EStG einzubeziehen die Stückzinsen aus der Veräußerung von Schuldverschreibungen, die rechnerischen Kapitalerträge aus der Veräußerung oder Abtretung von abgezinsten/aufgezinsten Papieren sowie Erträge aus Zero-Bonds und Erträge aus Geldmarktpapieren gem. § 8 Abs. 3 KAGG, soweit es sich um Erträge aus Einlagenzertifikaten von Kreditinstituten, unverzinslichen Schatzanweisungen des Bundes oder der Bundesländer sowie vergleichbaren Papieren anderer OECD-Staaten handelt. Nicht zu dem steuerpflichtigen Zwischengewinn gehören u. a. Dividenden, Einnahmen aus stillen Beteiligungen (nur bei Beteiligungsfonds), Diskontbeträge von Schatzwechseln des Bundes, der Bundesländer sowie von vergleichbaren Papieren anderer OECD-Staaten und Einnahmen aus Investmentanteilscheinen.

206 Die Vorschriften über die Steuerpflicht des Zwischengewinns gelten sinngemäß für Geldmarkt-Sondervermögen (§ 37 a i. V. m. § 39 Abs. 1 a KAGG) und für Beteiligungs-Sondervermögen (§ 43 a Satz 1 i. V. m. § 39 Abs. 1 a KAGG). Für Grundstücks-Sondervermögen gelten sie nur insoweit sinngemäß, als es sich um einen Zwischengewinn aus Guthaben oder Wertpapieren handelt (§ 49 i. V. m. § 39 Abs. 1 a KAGG).[418] Anders als beim Zinsabschlag, der auch die Erträge aus Vermietung und Verpachtung erfaßt, ist der in dem Rücknahmepreis enthaltene Ertrag aus Vermietung und Verpachtung nicht ausdrücklich als Zwischengewinn benannt. Der Zwischengewinn ist von der KAG börsentäglich zu ermitteln und zusammen mit dem Rücknahmepreis zu veröffentlichen (§ 41 Abs. 4 KAGG). Bei Grundstücks-Sondervermögen braucht der Zwischengewinn nur ebenso häufig ermittelt zu werden wie die Ausgabe und Rücknahmepreise.[419] Die Versteuerung des Zwischengewinns erfolgt im steuerlichen Veranlagungsverfahren.

---

[417] Amtl. Begr. 12/5630, S. 77.

[418] Die Finanzverwaltung hält die Verweisung in § 49 KAGG für ausreichend; m. E. hätte es jedoch ebenso wie in §§ 37 a und 43 a und auch insbesondere in § 50 KAGG eines ausdrücklichen Hinweises auf den Steuertatbestand des Zwischengewinns auch für Grundstücks-Sondervermögen bedurft. Die Praxis hat sich jedoch der Auffassung der Finanzverwaltung angeschlossen.

[419] Schreiben BMF vom 29. 3. 1994, veröffentlicht in BVI (Fn. 411), Anhang Nr. 28.

Der Zwischengewinn ist dem Zinsabschlag in Höhe von 30% (35% in Nicht-Depotfällen) unterworfen (§ 38 b Abs. 4 Satz 1 KAGG). Die verfahrensmäßige Abwicklung des Zinsabschlags auf den Zwischengewinn (ZASt. ZwiSt.) richtet sich nach den allgemeinen Regeln für den Zinsabschlag (§ 38 b Abs. 4 Satz 2 i. V. m. Abs. 1 Satz 2 und 3 KAGG). Von einem Zinsabschlag wird abgesehen in den Freistellungs-, Nichtveranlagungs- und gleichgestellten Fällen. Für den Zinsabschlag auf den Zwischengewinn gilt die sog. **Topflösung** (§ 43 a Abs. 2 EStG). Der Steuerabzug erfolgt nur auf den Netto-Zwischengewinn, d. h. nach Abzug von gezahlten Zwischengewinnen. Diese Verrechnung kann unabhängig von den veräußerten bzw. erworbenen Wertpapiergattungen vorgenommen werden. Im Rahmen dieser Topflösung können auch gezahlte bzw. vereinnahmte Stückzinsen berücksichtigt werden. Auf den Zinsabschlag wird z. H. zusätzlich ein SolZ erhoben (oben Rdn. 194). **207**

Ein vom Anleger im Ausgabepreis gezahlter steuerpflichtiger Ertragsbestandteil (gezahlter Zwischengewinn) ist seit dem 1. 1. 94 als negative Einnahme im jeweiligen Kalenderjahr von vereinnahmten Zwischengewinnen oder sonstigen Erträgen, z. B. Ausschüttungen auf die Investmentanteilscheine, abzugsfähig.[420] Die Steuerpflicht des vereinnahmten Zwischengewinns bzw. der in der Ausschüttung enthaltenen Zinserträge oder der thesaurierten Zinserträge erstreckt sich auf die konkrete Besitzdauer des jeweiligen Anlegers (modifizierte Netto-Lösung). Ein vor dem 1. 1. 94 gezahlter Zwischengewinn wird nach einem pauschalierten Verfahren ermittelt. Dieser rechnerisch ermittelte, vom Anleger bei Erwerb des Anteilscheins gezahlte Zwischengewinn kann für Zwecke der Einkommensteuer als negative Einnahme zugrundegelegt werden.[421] **207 a**

Anteilinhaber, die ihre Anteilscheine innerhalb von sechs Monaten mit Gewinn veräußern, unterliegen der Spekulationssteuerpflicht des § 22 Nr. 2 i. V. m. § 23 Abs. 1 Buchst. b EStG. Dies kann jedoch nicht bei Rückgabe des Anteilscheins gem. § 11 Abs. 2 KAGG gelten, da § 23 EStG auf eine „Veräußerung" abgestellt.[422] Im Verhältnis zu den steuerpflichtigen Spekulationsgeschäften gilt seit 1. 1. 94 vorrangig die durch das StMBG eingeführte Besteuerung des Zwischengewinns. Der Vorrang der Zwischengewinnbesteuerung ergibt sich aus § 23 Abs. 2 Satz 3 EStG i.d.F. des StMBG.[423] Dies bedeutet, daß in allen Fällen der Rückgabe oder Veräußerung von Anteilscheinen der in den Einnahmen enthaltene Zwischengewinn, i.d.R. angewachsene Zinserträge, steuerpflichtig ist und auch dem Zinsabschlag unterliegt. Nur soweit nicht schon der Zwischengewinn besteuert wird, ist ein bei der Veräußerung erzielter Spekulationsgewinn i. S. des § 23 Abs. 1 Satz 1 Nr. 1 Buchst. b EStG steuerpflichtig. Dies gilt vor allem für die Aktienfonds, deren angewachsene Dividendenerträge nicht zwischengewinnsteuerpflichtig sind. Bei einer Veräußerung der Anteilscheine nach Ablauf der sechsmonatigen Spekulationsfrist ist nur der zum Veräußerungszeitpunkt erzielte Zwischengewinn zu versteuern. **207 b**

Mit der Besteuerung des Zwischengewinns und der Möglichkeit, einen bei Erwerb von Fondsanteilen gezahlten Zwischengewinn als negative Einnahme aus Kapitalvermögen zu behandeln, haben sich die aus der steuerlichen Behandlung des **Ertragsausgleichs** ergebenden Probleme wesentlich verringert. Die Ausschüttungen der Investmentfonds enthal- **207 c**

---

[420] BReg. in BT-Drucks. 12/5940, die auf § 38 b Abs. 1 Satz 2 i. V. m. § 43 a Abs. 2 EStG verweist.

[421] Näheres Schreiben BMF vom 29. 3. 94 (Fn. 419).

[422] Vgl. u. a. BFH v. 25. 8. 1987, BStBl. II 198, 248, der von einem „engen" Veräußerungsbegriff ausgeht, der einen auf eine Veräußerung gerichteten schuldrechtlichen Vertrag voraussetzt – dieses Urteil ist zur Tilgung fälliger Wertpapiere ergangen. Bei Rückgabe an die KAG erlöschen in ähnlicher Weise wie bei einer Tilgung die Rechte des Anteilinhabers am Sondervermögen; für einen weiten Begriff der Veräußerung *Blümich/Falk* EStG, § 23, Rdnr. 25; Schmidt/*Heinicke* EStG, § 23 Rdnr. 6 und ältere Rspr. u. a. BFH v. 13. 12. 1961, BStBl. 1962 III 127, 128).

[423] Dazu BT-Drucks. 12/6078 S. 124; *Jansen* in: Hermann/Heuer/Raupach EStG § 23, Erl. zu Abs. 2 n. F.; nach I-Hdb./*Scholtz* Vor § 37 a Rdnr. 19 b nur deklaratorische Bedeutung, da sich die Rechtsfolge bereits aus § 23 Abs. 2 Satz 1 EStG ergibt.

ten häufig Ertragsausgleichsbeträge, insbesondere die der durch Mittelzuflüsse wachsenden Fonds. Der Ertragsausgleich verhindert eine Ertragsverwässerung bei der Ausgabe neuer Anteile. Jeder Anteilinhaber erhält am Ausschüttungstag aus praktischen Gründen eine gleich hohe Ausschüttung. Damit durch ein Anwachsen der Zahl der ausschüttungsberechtigten Anteile der Ertrag je Anteil nicht verringert wird, werden bei der Neuausgabe von Anteilen entsprechende Teile des in den Fonds fließenden Gegenwertes für den Anteilwert den einzelnen Erträgniskonten zugeführt, so daß letztere im gleichen Verhältnis anwachsen, wie die Zahl der ausgegebenen Anteile zunimmt.[424] Das Rechnen eines Ertragsausgleichs ist nicht vom Gesetz vorgeschrieben. Die Vertragsbedingungen müssen jedoch eine Aussage dazu enthalten, ob ein Ertragsausgleichsverfahren zur Anwendung kommen kann (§ 15 Abs. 3 Buchst. i KAGG). Soweit der bei der Ausgabe von Investmentanteilen durch den Erwerber mit dem Ausgabepreis bezahlte Ertragsanteil dem nach § 39 Abs. 1 a KAGG steuerpflichtigen Zwischengewinn entspricht, kann er von dem Anleger von der Ausschüttung und damit von dem in der Ausschüttung enthaltenen Ertragsausgleich abgezogen werden, so daß insoweit die Besteuerung des Ertragsausgleichs entfällt. Im übrigen sind die in der Ausschüttung für steuerpflichtige Erträge enthaltenen Ertragsausgleichsbeträge steuerpflichtig.

207 d Abgesehen von der Anrechnungsmöglichkeit eines im Ausgabepreis bezahlten Zwischengewinns, kann der bei der Neuausgabe von Anteilen durch den Erwerber mit dem Ausgabepreis gezahlte Ertragsanteil nicht von den Anteilserträgen abgezogen werden; insbesondere kann er nicht wie in Rechnung gestellte Stückzinsen als negative Einnahme aus Kapitalvermögen behandelt werden.[425] Die den einzelnen Erträgniskonten zugeführten Ertragsausgleichsbeträge sind steuerlich ebenso zu qualifizieren wie die originären Erträge, denen sie zugeführt wurden.[426] Ertragsausgleichsbeträge sind sowohl im Rahmen der Ausschüttungen als auch bei Zurechnung als thesaurierte Erträge steuerpflichtig, es sei denn, sie entfallen auf steuerfreie Erträge. Werden Ertragsausgleichsbeträge nicht ausgeschüttet oder den thesaurierten Erträgen nicht zugerechnet, so unterliegen sie nicht der Besteuerung.[427] In einzelnen Fällen ist der Ertragsausgleich ausdrücklich im Gesetz berücksichtigt: § 15 Abs. 3 Buchst. i KAGG hinsichtlich der Verpflichtung, in den Vertragsbedingungen anzugeben, ob ein Ertragsausgleichsverfahren durchgeführt wird, § 39 a Abs. 1 Nr. 2 KAGG hinsichtlich der Anrechnung oder Vergütung von Körperschaftsteuer, § 38 b Abs. 1 Nr. 1, 2 und 4 KAGG hinsichtlich der Kapitalertragsteuer und §§ 40 Abs. 5, 46 Abs. 3 KAGG hinsichtlich der steuerlichen Qualifizierung bestimmter Ausschüttungsteile.

208 *b) Erträge aus Beteiligungsfonds (Beteiligungs-Sondervermögen).* Diese werden steuerlich nicht anders als die Erträge aus Wertpapierfonds behandelt (s. § 43 a KAGG mit Verweisung auf die §§ 38 bis 42 KAGG allgemein für die Erträge und den durch das StMBG steuerpflichtig gewordenen Zwischengewinn, § 39 Abs. 1 a KAGG). Abweichend von den Wertpapierfonds sind in den Beteiligungsfonds neben den Einnahmen aus Zinsen, Dividenden und Veräußerungsgewinnen aus dem Verkauf von Wertpapieren und Bezugsrechtserlösen auch Einnahmen aus stillen Beteiligungen enthalten. Zu den Einnahmen aus stillen Beteiligungen gehört in erster Linie der **Gewinnanteil.** Die Höhe des Gewinnanteils richtet sich nach dem Beteiligungsvertrag (§ 25 c KAGG). Ist die Höhe dort nicht bestimmt, gilt nach § 231 Abs. 1 HGB ein den Umständen nach angemessener Anteil als bedungen. Zu den Einnahmen gehören auch sonstige Vorteile, die neben oder anstelle der Gewinnanteile gezahlt werden. Die handelsrechtlich vereinbarte Gewinnverteilung ist auch für die steuer-

---

[424] *Tormann,* KAGG, § 39 Anm. 8; vgl. auch Begr. z. RegE-KStRG, BT-Drucks 7/4803, 34 und Bericht des Fin. Aussch., BT-Drucks. 7/5502, II., Zu Artikel 2, Zu Nr. 9 – § 50.

[425] BFH VIII R 48/76 v. 4. 3. 1980, BStBl. 453; bezüglich stückzinsenmäßiger Behandlung ebenfalls ablehnend BFH VIII R 101/71 v. 3. 8. 1976, BStBl. 1977, 65.

[426] *Tormann,* KAGG, § 39 Anm. 8; koord. Ländererlaß NRW v. 10. 1. 1975, abgedruckt FR 1975, 146.

[427] Koord. Ländererlaß NRW v. 10. 1. 1975 (Fn. 426).

rechtliche Erfassung verbindlich, sofern nicht die Steuerbilanz als maßgeblich vereinbart ist.[428] Nicht zu den Einnahmen aus einer stillen Beteiligung gehört der Mehrerlös, der bei einer Veräußerung der stillen Beteiligung an einen Dritten über den Betrag der Einlage hinaus erzielt wird, wohl aber die an den stillen Gesellschafter bei Auflösung der Gesellschaft gezahlte Abfindung, soweit sie den Nennbetrag der Einlage übersteigt.[429]

§ 43 a KAGG enthält in Satz 2 und 3 Sonderregelungen für den Fall, daß die Finanzverwaltung eine stille Beteiligung, die Beteiligungsunternehmen und KAG als eine typische stille Beteiligung ansehen, als **atypische stille Beteiligung,** also als Mitunternehmerschaft beurteilt. Auch in diesem Fall bleibt es bei den Steuerbefreiungen für den Beteiligungsfonds. Die Anrechnung oder Vergütung von Körperschaftsteuer ist ausdrücklich ausgeschlossen, soweit zum Betriebsvermögen des Beteiligungsunternehmens Anteile an einer unbeschränkt steuerpflichtigen Kapitalgesellschaft gehören. Eine nachträgliche Anrechnung oder Vergütung von Körperschaftsteuer bei den Anteilinhabern würde nach Auffassung des Gesetzgebers zu praktischen Schwierigkeiten führen. Diese sollen durch den Ausschluß der Anrechnung und Vergütung vermieden werden.[430] Soweit die Ausschüttungen oder thesaurierten Erträge auf Beteiligungen an inländischen Kapitalgesellschaften beruhen, die nicht mit einer atypischen stillen Gesellschaft zusammenhängen, gilt der Ausschluß nicht; der Anspruch auf Anrechnung oder Vergütung der Körperschaftsteuer bleibt insoweit also bestehen.[431] 209

c) Erträge aus offenen Immobilienfonds (Grundstücks-Sondervermögen). Grundstücks-Sondervermögen erzielen ihre Erträge aus dem Liegenschaftsvermögen und dem sonstigen Vermögen. Sämtliche Erträge werden einheitlich als Einkünfte aus Kapitalvermögen i. S. des § 20 EStG angesehen, es sei denn, es handelt sich um Betriebseinnahmen (§ 45 Abs. 1 KAGG) (s. o. Rdnr. 199). Die Vorschriften über die Besteuerung der Erträge aus Wertpapierfonds finden entsprechend den Verweisungen in den §§ 44 ff. KAGG sinngemäße Anwendung. Dies gilt insbesondere für die Einnahmen aus Guthaben oder Wertpapieren (spezielle Verweisung in § 49 KAGG). Sowohl die ausgeschütteten als auch die thesaurierten Erträge aus dem Grundvermögen sind steuerpflichtig. Soweit ausgeschüttete Erträge Veräußerungsgewinne enthalten, können diese nach § 46 Abs. 1 KAGG steuerfrei sein (dazu Rdnr. 212). 210

Obwohl die durch das ZinsabschlagsG (oben Rdnr. 194) neu eingeführte Kapitalertragsteuer (ZASt.) grundsätzlich die Kapitaleinkünfte mit Zinscharakter erfassen soll und folglich nicht von Dividendenerträgen erhoben wird, findet sie ausdrücklich auf die Einnahmen eines Grundstücks-Sondervermögens auch dann Anwendung, wenn es sich dabei um Erträge aus Vermietung und Verpachtung handelt (§ 44 Abs. 1 Satz 1 mit Verweisung auf § 45 KAGG). Dies galt bereits für die vorübergehend 1989 eingeführte Kleine Kapitalertragsteuer von 10%. Zum Verfahren des Steuerabzugs und der Erstattung bei vollthesaurierenden Fonds wird auf die entsprechenden Vorschriften für die Wertpapier-Sondervermögen verwiesen (§ 45 Satz 3 i. V. m. §§ 38 b und 39 b KAGG). Soweit es sich um die Erträge eines Grundstücks-Sondervermögens aus Guthaben und Wertpapiere handelt, sind die §§ 38 b und 39 b KAGG ebenfalls über § 49 KAGG sinngemäß anzuwenden. 210a

Die Kosten des Sondervermögens werden zur Ermittlung des ordentlichen Nettoertrags im Rahmen der jährlich erstellten Einnahmen und Ausgabenüberschußrechnung von den Erträgen abgezogen. In der jährlichen Aufwands- und Ertragsrechnung werden an Aufwendungen genannt: 1. Kosten der Hausbewirtschaftung (Betriebskosten, Instandhaltungskosten, Liegenschaftsverwaltungskosten und sonstige Aufwendungen), 2. Erbbauzinsen, Leib- und Zeitrenten, 3. Zinsaufwendungen (Fremdkapitalkosten), 4. Kosten der Verwaltung (KAG, Depotbank, Sachverständigenausschuß sowie sonstige Kosten gemäß Angaben 211

[428] Vgl. BFH-Urteil v. 22. 4. 1971, I R 114/70, BFHE 102, 268, BStBl. II 1971, 600; *Scholtz,* Festschrift für Döllerer, S. 566.
[429] Dazu Hinweise bei *Scholtz,* Festschrift für Döllerer, S. 566.
[430] Begr. Reg. Entw., BT-Drucks. 10/5081, 43.
[431] *Scholtz,* Festschrift für Döllerer, S. 567.

in den Vertragsbedingungen), 5. Ausländische Steuern. Zu den Kosten gehören nach § 45 Abs. 1 Satz 2 KAGG auch Absetzungen für Abnutzung (AfA) und Substanzverringerung, soweit diese die nach § 7 EStG zulässigen Beträge nicht übersteigen. Außerdem gehören dazu die Beträge, die aufgrund des § 33 KAGG für künftige Instandsetzungen einbehalten werden müssen.[432] Diese Beträge sind als Rückstellungen für Instandhaltung in der bereits erwähnten Position Instandhaltungskosten enthalten. Der Ausweis der AfA erfolgt nicht in der Ertrags- und Aufwandsrechnung,[433] die mit dem ordentlichen Nettoertrag abschließt, sondern bei der Berechung der Ausschüttung im Rahmen des Einbehalts von Überschüssen und zusätzlich in der Darstellung der einkommensteuerlichen Behandlung der Ausschüttung als steuerfreie negativ thesaurierte Erträge. Da die steuerlich zulässige AfA in der Regel höher ist als die im Rahmen der Berechnung der Ausschüttung vorgenommenen Einbehalte für künftige Instandsetzungen und zum Ausgleich von Wertminderungen nach § 33 Abs. 2 KAGG, ist die in der Ausschüttung enthaltene Differenz zwischen der in Anspruch genommenen und der steuerlich zulässigen AfA steuerfrei.

212 Nicht steuerpflichtig sind die in den Ausschüttungen eines Grundstücks-Sondervermögens enthaltenen **Grundstücksveräußerungsgewinne,** es sei denn, zwischen Anschaffung und Veräußerung liegen weniger als zwei Jahre oder die Ausschüttung gehört zu den Betriebseinnahmen des Anlegers (§ 46 Abs. 1 KAGG). Veräußerungsgewinn ist die Differenz zwischen dem steuerlichen Buchwert, d. h. dem um die steuerlich zulässigen Abschreibungen (§ 7 EStG) verringerten Anschaffungswert, und dem Veräußerungserlös. Bei der Ermittlung des Veräußerungsgewinns sind die anteiligen Unkosten, aktivierte Fremdkapitalzinsen, aktivierte, zulässigerweise berechnete Bauzinsen[434] und aktivierte Instandsetzungsmaßnahmen abzuziehen.[435]

213 Keine Steuerpflicht entsteht hinsichtlich der **Wertsteigerungen** der Gegenstände des Fondsvermögens. Diese Wertsteigerungen, die sich in einer Erhöhung des Anteilwertes niederschlagen, werden nur dann steuerlich erfaßt, wenn bei Fondsanteilen im Privatvermögen die Sechsmonatsfrist des § 23 Abs. 1 Nr. 1 a EStG zwischen Anschaffung und Veräußerung nicht eingehalten wird oder bei Fondsanteilen im Betriebsvermögen diese mit Gewinn veräußert oder zurückgegeben werden.[436] Realisierte Veräußerungsgewinne, die nicht ausgeschüttet werden, sind sowohl bei in Privatvermögen als auch in Betriebsvermögen gehaltenen Fondsanteilen steuerfrei.[437]

213 a *d) Erträge aus Geldmarktfonds (Geldmarkt-Sondervermögen).* Für die Geldmarktfonds gelten die gleichen steuerrechtlichen Verweisungsvorschriften wie für Beteiligungsfonds. Hiernach sind die Vorschriften für Wertpapier-Sondervermögen entsprechend auf die Geldmarkt-Sondervermögen, auf die Erträge aus Anteilscheinen dieser Geldmarkt-Sondervermögen und auf den steuerpflichtigen Zwischengewinn des Anteilscheininhabers eines Geldmarkt-Sondervermögens anzuwenden (§ 37 a KAGG mit Verweisung auf die §§ 38 bis 42 KAGG). Diese Vorschriften traten zeitgleich mit den Anforderungen an die Zulassung von Geldmarkt-Sondervermögen durch das 2. FMFG in Kraft (§ 37 b KAGG).[438] Die Verweisung in § 37 a führt im Ergebnis dazu, daß der Anleger eines Geldmarktfonds steuerrechtlich nicht anders als der Anleger eines Wertpapierfonds behandelt wird, so daß auf die Rdnr. 191 ff. verwiesen werden kann.

---

[432] *Tormann,* KAGG, § 45 Anm. 12.

[433] Vgl. BVI, Muster eines Rechenschaftsberichts für Grundstücksfonds (Stand: April 1996, Fn. 356).

[434] Vgl. § 13 Abs. 3 Mustervertragsbedingungen, Besondere Vertragsbedingungen für einen Immobilienfonds (Fn. 200).

[435] *Tormann,* KAGG, § 46 Anm. 2.

[436] *Tormann,* KAGG, § 45 Anm. 11.

[437] Investment-Handbuch/*Scholtz* 425 § 45 Rdnr. 21.

[438] Die Anwendungsvorschrift des § 37 b KAGG nennt nicht § 38 a KAGG, der die Anlage in inländischen Aktien voraussetzt. Geldmarktfonds sind in ihrer Anlage auf Geldmarktinstrumente und Bankguthaben beschränkt. Nicht anwendbar ist aus den gleichen Gründen § 39 a KAGG, der die Anrechnung oder Vergütung der Körperschaftsteuer regelt.

4. Besteuerungsübersichten. Die OFD Frankfurt veröffentlicht jährlich im BStBl. eine Besteuerungsübersicht der Erträge aus inländischen Investmentanteilen. Die Angaben dienen der Erleichterung der Besteuerung. Sie beziehen sich jeweils auf einen Fondsanteil. Die Besteuerungsübersicht richtet sich im allgemeinen nach dem zu Anfang eines Jahres erscheinenden Steuer-Informationsblatt des BVI. 214

Die Veröffentlichung der OFD Frankfurt hat deklaratorische Bedeutung. Sie wird im Regelfall dazu führen, daß die ermittelten Beträge den Veranlagungen der Anteilhaber zugrunde gelegt werden. Die Bekanntmachung hat jedoch nicht die Bindungswirkung einer gesonderten Feststellung i. S. der §§ 179 ff. AO. Der Anteilinhaber kann deshalb die von der OFD Frankfurt veröffentlichten Beträge im Rahmen seiner Veranlagung anfechten.[439] 215

Zuletzt wurden für inländische Investment-Anteile von der OFD Frankfurt folgende Besteuerungsübersichten veröffentlicht: 216

Jahr	Tag der Veröffentlichung	Fundstelle
1990	8. 4. 1991	BStBl. 1991 I 522
1990	19. 11. 1991	BStBl. 1992 I 12
1990	11. 5. 1992	BStBl. 1992 I 380
1991	8. 5. 1992	BStBl. 1992 I 383
1992	19. 7. 1993	BStBl. 1993 I 667
1993	1. 7. 1994	BStBl. 1994 I 509
1994	28. 7. 1995	BStBl. 1995 I 679

XII. Staatliche Förderung (Vermögensbildung)

Die Förderung der Vermögensbildung wird als ein zentrales Anliegen der Sozial- und Gesellschaftspolitik in der Bundesrepublik Deutschland bezeichnet.[440] Über die Förderung des Wertpapiersparens ist das Investmentsparen frühzeitig in die staatliche Förderung der Vermögensbildung einbezogen worden.[441] Die Förderung erfolgte zunächst über das inzwischen ausgelaufene Spar-Prämiengesetz (SparPG).[442] Zur weiteren Säule der vermögensbildenden Förderung entwickelten sich die Gesetze zur Förderung der Vermögensbildung der Arbeitnehmer (VermBG). Gefördert wurden Anlagebeträge bis 312 DM, später bis 624 DM und zuletzt – jedoch unter eingeschränkten Voraussetzungen – bis 936 DM jährlich (§ 13 Abs. 2 5. VermBG).[443] Die erheblichen Kosten der staatlichen Vermögenspolitik durch Prämien, die Arbeitnehmer-Sparzulagen und die Steuermindereinnahmen, andererseits aufkommende Zweifel, ob die vermögenspolitischen Förderungsmaßnahmen nicht zu reinen Mitnahmeeffekten geführt haben,[444] brachten mit den beiden Vermögensbeteiligungsgesetzen von 1983[445] und 1986[446] sowie durch diese jeweils neu gefaßten Vermögensbildungsgesetze[447] einen Kurswechsel in Richtung einer stärkeren **Beteiligung der Arbeitnehmer am Produktivkapital.**[448] Begründet wurde dies damit, daß die Kapitalbildung der Arbeitnehmer die partnerschaftliche Integration in das Unter- 217

---

439 Investment-Handbuch/*Scholtz* 610 Rdnr. 3 und 425 § 41 Rdnr. 16 ff.
440 *Vogt* LfK 1986, 692.
441 Vgl. *Schaper,* Fonds als Institut der Vermögensbildung, Diss. Berlin 1971.
442 Zuletzt SparPG 1982 i. d. F. der Bekanntmachung vom 10. 2. 1982 (BGBl. I 125), letzte Förderung für die vor dem 13. 11. 1980 abgeschlossenen Verträge.
443 5. VermBG i. d. F. vom 4. 3. 1994, BGBl. I 407.
444 Dazu *Gerke/Schöner* LfK 1986, 684 ff., 689.
445 BGBl. I 1592.
446 BGBl. I 2595; s. dazu a. unten § 22 Rdnr. 107.
447 4. VermBG i. d. F. vom 6. 2. 1984, BGBl. I 201 und 5. VermBG i. d. F. vom 19. 2. 1987, BGBl. I 630 und i. d. F. vom 19. 1. 1989, BGBl. I 137.
448 *Vogt* LfK 1986, 692.

nehmen fördert, die innere Struktur der Unternehmen stabilisiert und durch eine Verbesserung der Eigenkapitalstruktur deren Investitions- und Wettbewerbskraft zu erhöhen vermag.[449] Dieser Wandel hatte für das Investmentsparen zur Folge, daß in die höchste Förderungsstufe nur noch unter bestimmten Voraussetzungen in- und ausländische Aktienfonds sowie die durch das 2. Vermögensbeteiligungsgesetz von 1986 im Rahmen des KAGG neu geschaffene Anlageform des Beteiligungsfonds (s. dazu Rdnr. 56) aufgenommen wurden. Das 2. Vermögensbeteiligungsgesetz verbesserte die steuerliche Begünstigung der verbilligten oder kostenlosen Überlassung von Vermögensbeteiligungen, zu denen auch Anteilscheine vorgenannter Aktien- und Beteiligungsfonds zählen, dadurch, daß der Lohnsteuerfreibetrag nach § 19a EStG vorübergehend von 300 DM auf 500 DM angehoben wurde. Durch das Steuerreformgesetz 1990[450] ist mit dem Fortfall der Förderung des Kontosparens ab 1. 1. 1990 auch die Förderung des Erwerbs von Anteilen an Rentenfonds und offenen Immobilienfonds entfallen. Rentenfonds und offene Immobilienfonds sind jedoch weiterhin im Katalog der vermögenswirksamen Anlageformen (s. § 8 Abs. 4 Nr. 5 und 6 5. VermBG) – tarifrechtlich von Bedeutung – verblieben. Bestehende Sparverträge waren somit fortzuführen, auch wenn keine Sparzulage mehr gewährt wird. Das StBMBG hat ab 1. 1. 1994 die Arbeitnehmer-Sparzulage auf 10% verkürzt. Im Interesse einer Unterstützung der Vermögensbildung sollte diese Kürzung rückgängig gemacht werden, sobald dies die Haushaltslage gestattet. Abzulehnen sind Überlegungen der Anhänger des Investivlohns, das derzeit nach § 12 5. VermBG bestehende Wahlrecht des Arbeitnehmers derart zu modifizieren, daß die Tarifpartner dieses Recht ausüben können.[451]

218 **1. 5. VermBG.** Die staatliche Vermögensbildung knüpft an bestimmte Einkommensgrenzen an. Bei Alleinstehenden darf das zu versteuernde Jahreseinkommen im Jahr der Sparleistung 27 000 DM, bei Eheleuten, die zusammen veranlagt werden, 54 000 DM nicht übersteigen. Die kinderbedingte Erhöhung der Einkommensgrenzen ist durch das Steuerreformgesetz 1990 gestrichen worden.

219 Durch das 5. VermBG werden gefördert Geldleistungen, die der Arbeitgeber für den Arbeitnehmer anlegt (§ 2 Abs. 1 5. VermBG) u. a. aufgrund eines Sparvertrages über Wertpapiere oder einen Wertpapier-Kaufvertrag. Die Geldleistungen, die der Arbeitgeber für den Arbeitnehmer anlegt und für die der Arbeitgeber eine Steuerermäßigung erhält (§ 15 5. VermBG), können zum Erwerb von Anteilscheinen an einem Aktienfonds oder an einem Beteiligungsfonds (§ 2 Abs. 1 Nr. 2 Buchst. c bis Buchst. e 5. VermBG) Verwendung finden.

220 Bei **Aktienfonds**[452] und **Beteiligungsfonds** werden vermögenswirksame Leistungen von jährlich bis zu 936 DM gefördert, wenn nach dem Rechenschaftsbericht für das vorletzte Geschäftsjahr vor dem Jahr des Erhalts des Anteilscheins der Wert der Aktien (der Wert der Aktien und der stillen Beteiligungen) im Aktienfonds (im Beteiligungsfonds) 70% des Wertes der in diesem Sondervermögen befindlichen Wertpapiere (Wertpapiere und stille Beteiligungen) nicht unterschreitet; für neu aufgelegte Sondervermögen ist für das 1. und 2. Geschäftsjahr der erste Rechenschaftsbericht oder der erste Halbjahresbericht nach Auflegung des Sondervermögens maßgebend (§ 2 Abs. 1 Nr. 2 Buchst. c und d 5. VermBG).

---

[449] Vgl. dazu *Vogt* LfK 1986, 692; *Holzheimer* LfK 1986, 710; ferner die in der Ausgabe LfK Nr. 22/23 von 1986 vertretenen unterschiedlichen politischen und verbandspolitischen Auffassungen von *Faltlhauser* (CDU/CSU) S. 695; *Huonker* (SPD) S. 697 (der der Lösung der Arbeitnehmerbeteiligungsgesellschaften – Tariffonds – den Vorzug gibt); *Hirche* (FDP) S. 701; *Hornung-Draus* (Arbeitgeber) S. 704; *Höhnen* (DGB) S. 707; *Laux* (BVI) S. 713; unten § 22 Rdnr. 107.

[450] BGBl. I 1093, 1128.

[451] Vgl. HB vom 7. 4. 1994, S. 3; die im Entwurf des Jahressteuergesetzes 1996 vorgesehene Einführung von Tariffonds über gemeinsame Einrichtungen der Tarifvertragsparteien (vgl. BVI, Investment 95, S. 29) wurde nicht realisiert.

[452] S. auch *Behrenwaldt* Aktienfonds: Erfahrungen und Empfehlungen zum 5. Vermögensbildungsgesetz, Bank 1991, 489.

In gleicher Weise werden gefördert Anlagen in **ausländischen Aktienfonds,** wenn die Anteilscheine nach dem AuslInvestmG vertrieben werden dürfen und der Aktienanteil 70% des Wertes der im ausländischen Fonds befindlichen Wertpapiere nicht unterschreitet (§ 2 Abs. 1 Nr. 2 Buchst. e 5. VermBG). Auch hier gilt die Sonderregelung für neu aufgelegte Fonds, wenn es sich um solche aus EG/EWR-Staaten handelt. 221

Die **Arbeitnehmer-Sparzulage** beträgt seit dem 1. 1. 1994 nur noch 10% (zuvor: 20%) die vermögenswirksame Anlage. Sie wird seit dem 1. 1. 1994 erst fällig mit dem Ablauf der Sperrfrist bzw. in den Fällen unschädlicher Verfügung (§ 14 Abs. 4 5. VermBG). Die Sperrfrist beträgt bei Sparverträgen über Wertpapiere 7 Jahre (§ 4 Abs. 2 Satz 1 Nr. 2 5. VermBG) und bei Wertpapier-Kaufverträgen 6 Jahre (§ 5 Abs. 2 Nr. 2 5. VermBG). Verfügungen innerhalb der Festlegungsfrist haben – falls nicht die gesetzlichen Bestimmungen Ausnahmen zulassen – den Verlust der Arbeitnehmer-Sparzulage zur Folge. Außerdem gilt bei einer vorzeitigen Verfügung der Investment-Sparvertrag als unterbrochen. Für weitere Zahlungen ist dann der Abschluß eines neuen Vertrages erforderlich (dazu §§ 4 und 5 5. VermBG). 222

Der Arbeitnehmer erhält die Sparzulage auf Antrag durch das für die Besteuerung des Arbeitnehmers nach dem Einkommen zuständige Finanzamt. Der Arbeitnehmer hat den Antrag nach amtlichen Muster spätestens bis zum Ablauf des zweiten Kalenderjahres nach dem Kalenderjahr zu stellen, in dem die vermögenswirksamen Leistungen angelegt worden sind (§ 14 Abs. 4 5. VermBG). 223

2. Lohnsteuer-Freibetrag nach § 19 a EStG.[453] Bei unentgeltlicher oder verbilligter Überlassung von Vermögensbeteiligungen an Arbeitnehmer wird ein Lohnsteuerfreibetrag (sozialabgabenfrei) von (ab 1. 1. 1994) 300 DM gewährt. Die Anwendung dieses Freibetrages setzt voraus, daß der vom Arbeitnehmer gewährte Vorteil nicht höher ist als der halbe Wert der Vermögensbeteiligung und insgesamt 300 DM im Kalenderjahr nicht übersteigt. Zu den begünstigten Vermögensbeteiligungen zählen nach § 19a Abs. 3 EStG als außerbetriebliche Beteiligungsform u. a. nach Nr. 4 Anteilscheine an **Aktienfonds** (Aktienanteil mindestens 70%; s. a. Rdnr. 220), nach Nr. 5 Anteilscheine an **Beteiligungsfonds** (Anteil der Aktien und stillen Beteiligungen mindestens 70%; s. a. Rdnr. 56ff., 220), nach Nr. 6 Anteilscheine an **ausländischen Aktienfonds,** die nach dem AuslInvestmG im Inland vertrieben werden dürfen (Aktienanteil mindestens 70%). Der Vorteil der Investmentanteile gegenüber den vor allem durch § 19a EStG geförderten Belegschaftsaktien, denen sie qualitativ entsprechen, liegt in der mit ihnen verbundenen Risikostreuung des angelegten Produktivkapitals. Die Vermögensbeteiligung ist unverzüglich nach ihrer Überlassung bis zum Ablauf einer Frist von 6 Jahren (Sperrfrist) festzulegen. Die Festlegung kann durch Verwahrung beim Arbeitgeber oder einem Kreditinstitut (bei der KAG über Investmentkonten) erfolgen (§ 5 LStDV 1990). Über die Anteilscheine darf bis zum Ablauf der Sperrfrist nicht durch Rückzahlung, Abtretung, Beleihung oder in anderer Weise verfügt werden. Die Verletzung der Sperrfrist führt – abgesehen von den gesetzlich geregelten Ausnahmefällen (u. a. Tod, Erwerbsunfähigkeit, Heirat, Arbeitslosigkeit) – zur Nachversteuerung (§ 19a Abs. 2, § 7 LStDV 1990). Verwaltungsvereinbarungen zu § 19c EStG finden sich in Abschnitt 77 LStR 1993.[454] 224

XIII. Spezialfonds

1. Wirtschaftliche Bedeutung.[455] Die Statistik der BBk. erfaßte bis zur begrifflichen Eingliederung durch das 1. FMFG in das KAGG als Spezialfonds solche Investmentfonds, 225

---

[453] § 19a EStG i. d. F. des Art. 1 Nr. 13 StMBG; s. dazu unten § 22 Rdnr. 108 und Fn. 106.

[454] BStBl. I Sondernummer 3/1992.

[455] *Mühlhaupt/Kandlbinder,* Der Spezialfonds als Anlage-Instrument, S. 7; *Roos,* Wertpapier 1979, 1038; Steiner/Kromschröder/*Kandlbinder,* Die Entwicklung des Spezialfonds seit 1978, S. 6; *von Gronau,* Spezialfonds, S. 8; *Baur* LfK 1986, 380; *Großmann,* Die flexible Finanzierung der betrieblichen Altersversorgung mit Hilfe von Spezialfonds, 1992; *Schweizer,* Wertpapierspezialfonds und ihre Beur-

deren Anteile einem bestimmten Erwerberkreis vorbehalten sind, z. B. institutionellen Anlegern oder Belegschaftsmitgliedern.[456] Spezialfonds gibt es seit 1968. Sie wurden anfangs auch Individualfonds genannt. Aufgrund der Genehmigungspraxis des BAK ist es nicht zur Gründung sog. Millionärsfonds gekommen. Vielmehr blieb die Anwendung des Anlageinstruments Spezialfonds auf das Sozialkapital im weitesten Sinne beschränkt. Die durch das 1. FMFG eingeführte gesetzliche Definition des Spezialfonds setzt voraus, daß es sich um ein Sondervermögen handelt, dessen Anteilscheine von nicht mehr als 10 Anteilinhabern gehalten werden, die nicht natürliche Personen sind. Diese Höchstzahl ist durch eine schriftliche Vereinbarung zwischen den Anteilinhabern und der KAG sicherzustellen. Außerdem ist zu vereinbaren, daß die Anteilscheine nur mit Zustimmung der KAG von den Anteilinhabern übertragen werden dürfen (§ 1 Abs. 2 KAGG). Der Kreis der nicht natürlichen Personen umfaßt auch gesellschaftsrechtliche Zusammenschlüsse natürlicher Personen. Er ist nicht auf inländische nicht natürliche Personen beschränkt, sodaß auch institutionelle Anleger oder Unternehmen mit Sitz im Ausland Anteilinhaber vom Spezialfonds sein können. Heute sind größte Anwendergruppe der Spezialfonds die Versicherungsunternehmen einschl. der Pensionskassen und berufständischen Versorgungswerke (Mitte 1994 mehr als 50%). Nichtfinanzielle Unternehmen und Kreditinstitute partizipierten jeweils zu etwa einem Fünftel. Die restl. 10% verteilten sich auf Großanleger aus dem Bereich der privaten Organisationen ohne Erwerbszweck (Kirchen, Stiftungen und dgl.), auf Sozialversicherungsträger und zu einem geringen Teil auch ausländische institutionelle Anleger.[457] Ende 1995 lag das gesamte Fondsvermögen der 2609 Spezialfonds mit 308,9 Mrd. DM deutlich höher als das der 583 Publikums-Wertpapier- und Geldmarktfonds mit 192,3 Mrd. DM. In der Zahl der Spezialfonds sind 9 Immobilienspezialfonds mit 3,7 Mrd. DM enthalten. Auch unter Berücksichtigung der Luxemburger-Wertpapier-Publikumsfonds deutscher Provenienz beläuft sich das Volumen der Spezialfonds auf 48% des Gesamtmarktes ohne Immobilienfonds. In den Jahren 1990 bis 1995 sind den Spezialfonds mehr als 188 Mrd. DM neue Mittel zugeflossen.[458]

226 Obwohl es den Anschein hat, daß die mittelbare Vermögensverwaltung unter Einschaltung eines Spezialfonds zu einer Verteuerung der Kosten führt, haben Untersuchungen das Gegenteil ergeben.[459] Neben den Kosten**vorteilen** haben Verwaltungsvorteile und Steuervorteile zum Erfolg der Spezialfonds beigetragen. Als Vorteile werden i. e. genannt:[460]

---

teilung aus Sicht deutscher institutioneller Anleger unter besonderer Berücksichtigung der Versicherungsunternehmen, 1992; *Kandlbinder/Rossig,* Anhaltender Wachstumstrend beim Immobilien-Spezialfonds, LfK 1995, 433; *Kandlbinder,* Spezialfonds: Kein Investmentmarkt wächst schneller, ZfK 1996, 733; s. auch Fn. 460.

456 S. die Erläuterungen vor 1990 zu den in der Wertpapierstatistik der Deutschen Bundesbank verwendeten Begriffe, V., in: Deutsche Bundesbank, Statistische Beihefte, Reihe 2, Wertpapierstatistik.

457 Deutsche Bundesbank, Monatsberichte, Oktober 1994, S. 55.

458 Quelle: BVI-Statistik.

459 Vgl. Mühlhaupt/Kandlbinder/*Brög,* Praktische Erfahrungen mit dem Vermögensanlageinstrument Spezialfonds aus der Sicht der Versicherungswirtschaft, S. 203, 214.

460 Dazu auch *Kandlbinder,* Spezialfonds als Anlageinstrument, Ein Leitfaden, 1991; *ders.,* ZfK 1978, 812; *ders.* LfK 1987, 408; *ders.,* ZfK 1991, 689; *ders.,* ZfK 1993, 709; *ders.,* ZfK 1994, 786; *Mühlhaupt/Kandlbinder,* Spezialfonds, S. 22; *Bader,* Spezialfonds aus Anlegersicht, in: *Zeyer* (Hrsg.), Investmentfonds-Management, 1993, S. 145; *Mössle,* Spezialfondsmanagement vor neuen Herausforderungen, in: *Zeyer,* aaO., S. 37; *von Gronau,* Spezialfonds, S. 14; Mühlhaupt/Kandlbinder/ *Eberstadt,* Der „gemischte" Wertpapier-Spezialfonds, S. 99/104; Steiner/Kromschröder/*Roos,* Formen, Entwicklung und aktuelle Probleme der Wertpapier-Spezialfonds, S. 47/54; *Sögtrop,* Die Entwicklung der Spezial-Immobilienfonds, LfK 1991, 414; Deutsche Bundesbank (Fn. 457), S. 55 f.; kritische Stellungnahme bei *Schaber,* Spezialfonds: Maßgeschneidertes Investmentprodukt oder ein Fall für das Gesetz zur Bekämpfung des Mißbrauchs und zur Bereinigung des Steuerrechts? DB 1994, 993.

– Nutzung eines eigenständigen, fachlich versierten Wertpapier-Managements (und entsprechend bei Immobilien-Spezialfonds eines Immobilien-Managements),[461] das im Rahmen der mit dem Anleger vereinbarten Anlageziele hinsichtlich Marktbeobachtung und Dispositionstätigkeit ein wesentliches Element der Arbeitsteilung darstellt.
– Informationsaustausch insbesondere durch die Anlageausschüsse und verbesserte Anlagetransparenz durch Depotaufstellungen, Umsatzmeldungen und Berichtswesen.
– Entlastung des Anlegers in dem Bereich Buchhaltung (bei Einsatz von Immobilien-Spezialfonds Fortfall der umfangreichen Mietbuchhaltung) und EDV
– Eintretende Werterhöhungen machen kein Heraufschreiben des Wertes erforderlich. Solange Kurssteigerungen in ihrer Gesamtheit die Kursrückgänge ausgleichen oder überkompensieren, ist der Anschaffungswert der Fondsanteile nicht zu korrigieren, so daß der Anleger von negativen bilanziellen Auswirkungen verschont bleibt. Dadurch besteht die Möglichkeit, ein Risikopolster aufzubauen, wie dies auch bei direkten Wertpapieranlagen möglich ist.[462]
– Möglichkeit der Ertragsteuerung. Veräußerungsgewinne und sonstige Erträge können im wesentlichen steuerfrei im Fonds gespeichert werden.
– Unternehmen können durch Einsatz von Spezialfonds ihre Pensionsrückstellungen unabhängig von der originären Ertragssituation des Unternehmens gestalten.[463]
– Kostenvorteile durch die bankiersüblichen (niedrigeren) Spesen und höheren Bonifikationen bei Neuemissionen, ferner ermäßigte Depotgebühr. Mittelbarer Kostenvorteil durch Kostentransparenz.[464]
– Der Fonds hat den Vorteil sofortiger Zurückholung der Kapitalertragsteuer einschl. z. Zt. des darauf erhobenen Solidaritätszuschlages (§ 38 Abs. 3 KAGG; s. oben Rdnr. 189) und kann somit diese Mittel bis zur Fondsausschüttung ertragbringend einsetzen. Ein weiterer Vorteil liegt in der Vereinnahmung der Körperschaftsteuer in bar bis zur Fondsausschüttung oder bei thesaurierenden Fonds bis zum Ablauf des Geschäftsjahres (§ 38 Abs. 2, § 38 a KAGG). Einen Sondervorteil haben steuerbefreite Institutionen i. S. des § 5 Abs. 1 Nr. 1 bis 8 oder 10 bis 16 KStG u. a. Pensions-, Sterbe-, Kranken- und Unterstützungskassen i. S. des § 5 Abs. 1 Nr. 3 KStG. Nach geltendem Steuersystem besitzen sie nur die Möglichkeit, die Kapitalertragsteuer bei Einkünften aus Dividenden zu ½ und zurückerstattet zu bekommen (§ 44 c Abs. 2 Nr. 1 EStG). Bei Anlage in einem Spezialfonds verbleibt ihnen die weitere, nicht erstattungsfähige Hälfte der Kapitalertragsteuer.[465] Da ab 1. 1. 1995 als Zuschlag zur Kapitalertragsteuer der Solidaritätszuschlag von 7,5% erhoben wird, erhöht sich der Vorteil entsprechend um den ersparten Solidaritätszuschlag.
– Versicherungsgesellschaften können einer Verwässerung des Aktienbestandes entgegenwirken. Bei der Direktanlage ist die Wiederanlage von Kursgewinnen in Aktien dann nicht mehr möglich, wenn die nach dem VAG bestehende Grenze von jeweils 30% des Deckungsstockvermögens und des übrigen gebundenen Vermögens (§ 54 a Abs. 4 Satz 1 VAG) erreicht ist. Bei Grundstücksanlagen oder Anlagen in Grundstücks-Sondervermögen gilt eine Grenze von jeweils 25% des Deckungsstockvermögens und des übrigen ge-

---

[461] S. dazu Steiner/Kromschröder/*Baur,* Der offene Immobilien-Spezialfonds, S. 68, 76; *Waldmann* LfK 1986, 376; *Sögtrop,* LfK 1989, 14.

[462] Vgl. Mühlhaupt/Kandlbinder/*Brög,* S. 212; *Häuselmann,* Zur Bilanzierung von Investmentanteilen, insbesondere von Anteilen an Spezialfonds, BB 1992, 312; bei Immobilien-Spezialfonds ist im Vergleich zur Direktanlage zu berücksichtigen, daß keine Reservebildung über die Abschreibung auf den Grundbesitz des Fonds möglich ist, da das Grundvermögen im Immobilien-Spezialfonds mit den aktuellen Verkehrswerten in Ansatz gebracht wird. Bei der Vermögensteuer gilt nicht der niedrigere Einheitswert der Liegenschaften, sondern der Rücknahmepreis der Fondsanteile – § 11 Abs. 4 BewG –.

[463] Deutsche Bundesbank, (Fn. 457).

[464] Näheres zu den einzelnen Kostenbereichen *Kandlbinder,* Spezialfonds als Anlageinstrument, S. 155, 157, Kostenvergleiche zur Eigenverwaltung bei Wertpapieranlagen.

[465] *Kandlbinder* (Fn. 464), S. 145.

bundenen Vermögens. Umschichtungen im Spezialfonds brauchen diese Grenze nicht zu beachten. Anlagetransaktionen des Fonds schlagen sich auch nicht in den Büchern des Anlegers nieder.
– Ein Liquiditätsvorteil kann sich aus der gesetzlichen Verpflichtung der KAG zur jederzeitigen Rücknahme der Fondsanteile ergeben. Das besondere Vertrauensverhältnis zwischen KAG und Anleger steht jedoch einem unerwarteten Rücknahmebegehren des Anlegers entgegen.
– Sicherheitsvorteile durch die Anforderungen des KAGG, die Kontroll- und Überwachungsfunktion der Depotbank, die Streuungsanforderungen, die jährliche Prüfung durch den Abschlußprüfer,[466]

227 **2. Aufsichtsrechtliche Anforderungen.** *a) Bankenaufsicht.*[467] Rechtsgrundlage für die Beaufsichtigung des Spezialfonds bilden ebenso wie bei Publikumsfonds das KAGG und KWG. Aus der Definition des § 1 Abs. 1 Satz 1 KAGG, in der von der „gemeinschaftlichen Rechnung der Einleger" die Rede ist, leitete man zunächst ab, daß Fonds für „einen" Anleger unzulässig sind.[468] Man begegnete dem mit einem Analogieschluß zur Ein-Mann-Gesellschaft. Eine positive Einstellung auch zu Spezialfonds nur für einen Anleger ergab sich aus der sog. **„Destinatär-Theorie".** Da der Gesetzgeber ursprünglich eine geschützte Anlageform für breite Volksschichten schaffen wollte, konnte man sie denen nicht verweigern, die mittelbar eine Vielzahl von Berechtigten (Destinatäre) vertreten. Dies betrifft vor allem die Unterstützungskassen, Pensionskassen und Lebensversicherungen. Da aufgrund der Vorteile, die die Spezialfondsanlage bietet, neue Anlegerkreise (z. B. Sach- u. Rückversicherungen, kirchliche Institutionen, Stiftungen, berufsständische Einrichtungen, gemeinnützige Körperschaften, karitative Organisationen bis hin zu gewerblichen Unternehmen – zum Zwecke der Anlage von Pensionsgeldern –) für den Spezialfonds gewonnen wurden, hat das BAK die Vertragsbedingungen von Spezialfonds genehmigt, wenn es sich dabei um Sozialkapital im weitesten Sinne handelt, d. h. Vermögensmassen, die sozialen Zwecken zugunsten vieler Menschen dienen.[469] Mit der Definition des Spezialfonds in § 1 Abs. 2 KAGG durch das 1. FMFG ist die qualitative Anforderung entfallen und eine zahlenmäßige Beschränkung auf 10 nicht natürliche Personen an deren Stelle getreten. Soweit ein Investmentfonds dieser Anforderung genügt, kann er von der KAG aufgelegt werden, ohne daß es einer Genehmigung der Vertragsbedingungen durch das BAK bedarf (§ 15 Abs. 2 Satz 1 KAGG).

228 Die aufsichtsrechtlichen Anforderungen an die Spezialfonds entsprechen überwiegend den Anforderungen an die Publikumsfonds. Mit Rücksicht auf § 10 Abs. 1 KAGG wird die weisungsgebundene Übertragung von Stimmrechten der zum Fonds gehörenden Aktien auf den Anleger nicht akzeptiert.[470]

229 Eine Deregulierung ist durch das 1. FMFG in folgenden Fällen erfolgt:[471]
– Keine Anzeige an das BAK oder die BBk. bei Aussetzung der Rücknahme; keine Unterrichtung der Anteilinhaber bei Aussetzung oder Wiederaufnahme der Rücknahme (§ 11 Abs. 2 Satz 6 KAGG)
– Genehmigung der Auswahl der Depotbank durch das BAK „allgemein", d. h. nicht einzelfondsgebunden (§ 12 Abs. 3 Satz 4 KAGG)

---

466 *Clemm/Huber,* Die Prüfung von Spezialfonds, Wpg. 1989, 289.

467 Dazu näher Mühlhaupt/Kandlbinder/*Stolzenburg,* Der Spezialfonds in (bank)aufsichtsrechtlicher Sicht, S. 189; Steiner/Kromschröder/*Steiner,* Bankenaufsicht und Spezialfonds, S. 219; *Kruppa,* Spezialfonds aus der Aufsicht entlassen? ZfK 1991, 1142.

468 Vgl. Mühlhaupt/Kandlbinder/*Stolzenburg,* S. 193.

469 Vgl. Mühlhaupt/Kandlbinder/*Stolzenburg,* S. 194; *Eberstadt* LfK 1987, 400; vgl. auch die teleologische Schlußfolgerung bei *von Gronau,* Spezialfonds, S. 33, daß es auf die Art des Kapitals und die Zielsetzung ankommt.

470 Mühlhaupt/Kandlbinder/*Stolzenburg,* S. 199.

471 S. auch *Kandlbinder* (Fn. 464), S. 38 ff.

– Kein Genehmigungserfordernis bei Übertragung der Verwaltung eines Spezialfonds auf eine andere KAG (§ 14 Abs. 2 Satz 4 KAGG)
– Kein Genehmigungserfordernis für die Vertragsbedingungen oder deren Änderung (§ 15 Abs. 2 Satz 1 KAGG); die Abschlußprüfung hat die Übereinstimmung der Vertragsbedingungen mit dem KAGG festzustellen (§ 24 a Abs. 6 Satz 3 KAGG)
– Keine Anwendung der Vorschriften über den Verkaufsprospekt und die Verkaufsunterlagen (§ 19 Abs. 7 KAGG)
– Keine zwingende börsentägliche Wertermittlung (§ 21 Abs. 2 Satz 3 Halbs. 2 KAGG)
– Keine Veröffentlichung der Ausgabe- und Rücknahmepreise (§ 21 Abs. 6 Satz 3 KAGG); der Anteilwert kann bei der Erstausgabe auch mehr als 100 DM betragen (§ 21 Abs. 7 Satz 2 KAGG)
– Eine vergleichende Übersicht der letzten 3 Geschäftsjahre ist im Rechenschaftsbericht nicht erforderlich (§ 24 a Abs. 6 Satz 1 KAGG)
– Halbjahresberichte und die Berichte über die Prüfung der Rechenschaftsberichte sind dem BAK und der BBk. nur auf Anforderung einzureichen (§ 24 a Abs. 6 Satz 2 KAGG).

Bei Immobilien-Spezialfonds sind als Besonderheiten zu nennen Auflagen des BAK bei 230 den früher erforderlichen Genehmigungen der Vertragsbedingungen (sie dürften heute nicht mehr gelten), daß keine Grundstücksgeschäfte zwischen den einzelnen, von einer KAG verwalteten Sondervermögen vorgenommen werden dürfen, daß eine Sachauskehrung bei Kündigung und Auflösung des Sondervermögens nicht vereinbart werden darf (zulässig bei Wertpapier-Spezialfonds)[472] und daß das Fondsvermögen nach einer Übergangszeit von 4 Jahren das Volumen von 100 Mio. DM nicht unterschreiten darf.[473]

Bankaufsichtsrechtliche Bedenken werden geäußert in den Fällen, in denen die ord- 231 nungsmäßige Geschäftsführung (vgl. § 10 Abs. 1 KAGG) in der Haupttätigkeit der KAG – nämlich den eigenverantwortlichen Anlageentscheidungen – durch die Verbundenheit der Spezialfonds-Partner in Frage gestellt würde. Insoweit werden die Grenzen der Mitwirkung bei der Anlagepolitik immer dann als überschritten angesehen, wenn über grundsätzliche und tendenzielle Abstimmungen hinausgegangen wird.[474] Kritisch hat sich das BAK zu der festzustellenden Neigung geäußert, Vertragsbedingungen der Spezialfonds öfters zu ändern, eine Überinformation zu fordern, mit Hilfe sog. „Parallelfonds“ bei verschiedenen KAG Markterkenntnisse für eigene Belange zu gewinnen,[475] die Anlagegrenzen bei der Liquiditätsbeschaffung oder Ausschüttung zu überschreiten.[476]

b) Versicherungsaufsicht. Zu unterscheiden sind die Aufsicht über private Versicherungsun- 232 ternehmen durch das Bundesaufsichtsamt für das Versicherungswesen (BAV) und die Aufsicht über die Sozialversicherungsträger durch das Bundesversicherungsamt (BVA). Für private Versicherungsunternehmen gelten die Vermögensanlage-Vorschriften des VAG (insbes. § 7 Abs. 2, §§ 54 bis 54 d). Die Vorschriften für die Anlage der Rücklagen von Sozialversicherungsträgern sind in den §§ 80 bis 86 des 4. Sozialgesetzbuches (SGB IV) enthalten.

Bei **privaten Versicherungsunternehmen** konnten Investmentanteile für den Dek- 233 kungsstock der Versicherungsunternehmen zunächst nur mit Einzelgenehmigung des BAV und für das übrige gebundene Vermögen der Kranken-, Schaden- und Unfall-Versiche-

---

[472] Hierdurch entfällt die Problematik einer evtl. doppelten Grunderwerbsteuer nach dem Treuhanderlaß des BMF v. 25. 5. 84 (BStBl. I 378); dazu Mühlhaupt/Kandlbinder/*Waldmann,* Der offene Spezial-Immobilienfonds als jüngste Form der Vermögensanlage, S. 167; *von Gronau,* Spezialfonds, S. 207; *Kandlbinder* (Fn. 464), S. 112.

[473] Dies ist heute Gegenstand von § 13 Abs. 2 Mustervertragsbedingungen, Allgemeine Vertragsbedingungen für einen Immobilienfonds (Fn. 200).

[474] Mühlhaupt/Kandlbinder/*Stolzenburg* S. 200; s. a. Steiner/Kromschröder/*Steiner* S. 226; *von Gronau,* Spezialfonds, S. 102.

[475] Kritisch zur Auffassung des BAK Steiner/Kromschröder/*Steiner,* S. 226.

[476] Vgl. Mühlhaupt/Kandlbinder/*Stolzenburg* S. 201.

rungsunternehmen aufgrund einer generellen Regelung des BAV erworben werden.[477] Die Anlage in Spezialfonds wurde erstmals 1969 für den Anlagestock der fondsgebundenen Lebensversicherung und 1971 für den Deckungsstock der konventionellen Lebensversicherung genehmigt.[478] Die VAG-Novelle 1974 brachte durch Änderung des § 54a Abs. 2 Nr. 6 eine Gleichstellung der Anteile von Wertpapier-Sondervermögen mit Aktien und zugleich eine Gleichstellung der Anteile von Publikumsfonds mit den Spezialfonds.[479] Auch wurde der Erwerb von Anteilen an Grundstücks-Sondervermögen möglich (§ 54a Abs. 2 Nr. 11 VAG). Bei Beteiligung an einem Immobilien-Spezialfonds bedarf es in der Regel zusätzlich der Ausnahmegenehmigung nach § 54a Abs. 5 VAG, da in der Anlaufphase der Fonds nicht über den nach dem KAGG erforderlichen Mindestbestand von 10 Grundstücken verfügt, der als Anforderung in § 54a Abs. 2 Nr. 11 Satz 1 VAG genannt ist.[480] Die VAG-Novelle 1986[481] gestattete zusätzlich den Erwerb von Anteilen an Beteiligungs-Sondervermögen (§ 54a Abs. 2 Nr. 13 VAG).[482] Die VAG-Novelle 1990[483] erweiterte u. a. die Anlagegrenzen bei Erwerb von Investmentanteilen (§ 54a Abs. 4 VAG). Mit der VAG-Novelle 1994[484] erfolgte eine Gleichstellung der inländischen Vermögensanlagen mit Anlagen aus einem EG-/EWR-Staat, darunter auch von Anteilen an Wertpapier-Sondervermögen einer KAG mit Sitz in einem EG-/EWR-Staat oder von Anteilen einer Wertpapier-Investmentgesellschaft, die dem Recht eines anderen EG-/EWR-Staates untersteht (§ 54a Abs. 2 Nr. 6 VAG). Dies gilt entsprechend für Anteile an Grundstücks-Sondervermögen und an Beteiligungs-Sondervermögen (§ 54a Abs. 2 Nr. 11 und Nr. 13 VAG). Es entspricht einem Petitum des BVI, daß in den Anlagekatalog des § 54a Abs. 2 VAG künftig auch die Anteile an Geldmarkt-Sondervermögen aufgenommen werden, nicht zuletzt auch aus Gründen der Gleichbehandlung von Versicherungsunternehmen mit anderen Kapitalsammelstellen wie z. B. Hypothekenbanken und Bausparkassen.

234 Nach den Anforderungen des BAV haben die Vertragsbedingungen der Spezialfonds, sofern deren Anteile als qualifizierte Vermögensanlagen dem sog. gebundenen Vermögen (Deckungsstock und übriges gebundenes Vermögen) der Versicherungsunternehmen zugeordnet werden sollen, die Mindestanforderungen des VAG (§ 54a Abs. 2 Nr. 6, 11 und 13 VAG) zu erfüllen.[485] Anteile an Spezialfonds mit anderer inhaltlicher Gestaltung können Versicherungsunternehmen nur begrenzt auf 5% des Deckungsstockvermögens und des übrigen gebundenen Vermögens (§ 54a Abs. 2 Nr. 14) oder mit Genehmigung des BAV (§ 54a Abs. 5 VAG) oder aus Mitteln ihres freien Vermögens erwerben. Zu beachten ist allgemeine Anzeigepflicht für Vermögensanlagen in § 54 Abs. 2 VAG, von der nur die Anlagen in Wertpapierfonds i. S. der OGAW-Richtlinie ausgenommen sind (koordinierte Wertpapierfonds, § 54 Abs. 2 Buchst. d VAG).

235 Zu berücksichtigen sind die Anlagegrenzen des § 54 Abs. 4 VAG, die auch für Anteile an Spezialfonds gelten. Anteilscheine an Aktienfonds und gemischten Fonds werden wie Aktien behandelt. Der Anteil dieser Anlagen darf zusammen jeweils 30% des Deckungsstockvermögens und des übrigen gebundenen Vermögens nicht übersteigen. Für ausländische Aktien von Gesellschaften außerhalb des EG-/EWR-Raumes gilt zusammen mit Aktienfonds, die überwiegend solche Aktien enthalten, eine Anlagegrenze von 20% der allgemeinen Anlagegrenzen für Aktien und Aktienfonds, d. h. im Ergebnis eine Anlage-

---

[477] Mühlhaupt/Kandlbinder/*Bering,* Die Spezialfonds der Versicherungswirtschaft in der Sicht des Bundesaufsichtsamtes für das Versicherungswesen, S. 221, 226.

[478] Mühlhaupt/Kandlbinder/*Bering,* S. 222.

[479] Mühlhaupt/Kandlbinder/*Bering,* S. 224.

[480] Dazu Steiner/Kromschröder/*Bering,* Spezialfonds der Versicherungswirtschaft: Die neuere Entwicklung aus der Sicht des Bundesaufsichtsamtes für das Versicherungswesen, S. 133/151.

[481] BGBl. I 2485.

[482] Dazu *Hesse,* Versicherungswirtschaft 1987, 170; *Bering,* Versicherungswirtschaft 1987, 973.

[483] BGBl. I 2864.

[484] BGBl. I 1630.

[485] Vgl. Steiner/Kromschröder/*Bering,* S. 135.

grenze von jeweils 6% des Deckungsstockvermögens und des übrigen gebundenen Vermögens (§ 54 a Abs. 2 Nr. 6 Satz 3 und 4 i. V. m. Abs. 4 Satz 1 VAG). Für reine Rentenfonds gilt im übrigen die Grenze von 50% der Anlagen des Versicherungsunternehmens entsprechend dem Grundsatz, daß keine Anlageart vorherrschen darf.[486]

Neben dem VAG sind die Verwaltungsgrundsätze des BAV betr. die Ausgestaltung der Vertragsbedingungen, Vereinbarungen und Richtlinien zu berücksichtigen.[487] Diesen Verwaltungsgrundsätzen wird der Charakter einer amtlichen Verlautbarung des BAV darüber zugemessen, was bei Anwendung des allgemeinen Grundsatzes als Anlagesicherheit (§ 54 Abs. 1 VAG) bei der Ausgestaltung des Inhaltes der Vertragsbedingungen und der vertraglichen Vereinbarungen als unumgängliche rechtliche Basis für das besondere Verhältnis zwischen Versicherungsunternehmen und KAG bzw. Depotbank angesehen werden muß.[488] Als Mindestanforderungen dürften weiterhin gelten:[489] 236

- Rücknahmeverpflichtung in den Vertragsbedingungen
- Möglichkeit der Sachauskehrung[490]
- Mitwirkung des Versicherungsunternehmens im Anlageausschuß (keine Anlageentscheidung gegen die übereinstimmenden Voten der Versicherungsunternehmens-Mitglieder des Anlageausschusses; BAV-Rundschreiben R 2/75, Buchst. 10.3)
- Verbot der Kreditaufnahme (eine kurzfristige i. S. des § 9 Abs. 4 KAGG wird gestattet)
- Bankobligo bei Verwahrung von ausländischen Wertpapieren im Ausland.

Für die Rücklagen der **Sozialversicherungsträger** bestand zunächst nur nach § 86 SGB IV die Möglichkeit, über eine Ausnahmegenehmigung Rücklagen auch in Investmentanteilen anzulegen. Im Wege der rechtsfortbildenden Auslegung des § 83 SGB IV durch das BVA und die Länder als Aufsichtsbehörde wurde die Anlage in Renten-Spezialfonds zugelassen.[491] Anläßlich des Inkrafttretens der Änderungen des KAGG durch das 1. FMFG hat das BVA mit Rundschreiben vom 10. 7. 1990 detailliert dazu Stellung genommen, welche Anlagearten bzw. Anlagegeschäfte im Einklang mit den §§ 80, 82 f SGB IV stehen. Es wird dabei empfohlen, die Vertragsbedingungen nicht um Wertpapier-Optionsgeschäfte i. S. des § 8 d KAGG zu erweitern und ebenfalls nicht den Abschluß von Zinsterminkontrakten i. S. des § 8 f KAGG in den Vertragsbedingungen vorzusehen. Einlagenzertifikate von Kreditinstituten i. S. des § 8 Abs. 3 sollen nur erworben werden, wenn es sich um solche öffentlich-rechtlicher Kreditinstitute handelt oder sie, wie bei Genossenschaftsbanken, voll besichert sind. Im Regelfall haben die Vertragsbedingungen darauf abzustellen, daß die für den Erwerb vorgesehenen Wertpapiere an einer deutschen Börse gehandelt werden. Die Anlage in Spezialfonds wird für SVT als grundsätzlich geeignet angesehen (BVA-Schr. v. 27. 2. 1995). 237

Das Zweite Gesetz zur Änderung des Sozialgesetzbuches v. 13. 6. 1994[492] hat § 83 Abs. 1 Nr. 5 SGB IV eingefügt, der den Erwerb von Anteilen an Wertpapier-Sondervermögen zuläßt, wenn vertraglich sichergestellt ist, daß für das Sondervermögen nur bestimmte Vermögensgegenstände i. S. dieser Vorschrift erworben werden. Dabei handelte sich i. e. um an Börsen oder organisierten Märkten in der EG gehandelte Schuldverschrei- 238

[486] Vgl. Steiner/Kromschröder/*Bering*, S. 146.

[487] Geschäftsbericht BAV 1970, abgedruckt in: Mühlhaupt/Kandlbinder S. 83; s. a. R 2/75 v. 11. 3. 1975, ebda., S. 75; ersetzt durch R 4/95 v. 2. 10. 1995 (VerBAV 1995, S. 358).

[488] Mühlhaupt/Kandlbinder/*Behring* S. 232.

[489] Vgl. Mühlhaupt/Kandlbinder/*Behring* S. 232.

[490] Hierauf wird bei Grundstücks-Sondervermögen wegen der ungeklärten Steuerproblematik verzichtet (vgl. Fn. 472).

[491] S. dazu auch Steiner/Kromschröder/*Schwelm*, Gründung und Verwaltung von Spezialfonds für Sozialversicherungsträger, S. 164, 166; Steiner/Kromschröder/*Scheidgen*, Spezialfonds als Instrument der Vermögensanlage für Sozialversicherungsträger, S. 192, 199; *Kandlbinder* (Fn. 464), S. 96 und 101f; *Geyer*, Der Wertpapier-Spezialfonds, Neue Wege in der Vermögensanlage bei der BfA, in: Deutsche Angestelltenversicherung 1988 S. 493.

[492] BGBl. I 1229.

bungen oder diesbezügliche Neuemissionen, deren Handel binnen eines Jahres bevorsteht, wenn der Aussteller seinen Sitz in der EG hat, oder Schuldverschreibungen, wenn für die Einlösung eine öffentlich-rechtliche Gewährleistung oder eine Sicherungseinrichtung oder kraft Gesetzes eine besondere Deckungsmasse besteht, ferner Schuldbuchforderungen gegen öffentlich-rechtliche Stellen aus dem Gebiet der EG, ferner um Einlagen bei öffentlichen Stellen und bei privaten Personen oder Gesellschaften, wenn öffentliche Stellen die Gewährleistung übernommen haben oder eine Sicherungseinrichtung der Kreditwirtschaften in die Gewährleistung eintritt. Seitens des BVI wird eine Änderung des Sozialgesetzbuches dahin vorgeschlagen, daß auch Anlagen in Geldmarkt-Sondervermögen ausdrücklich zulässig sein sollten. Außerdem sollten Anteile an Grundstücks-Sondervermögen erworben werden dürfen, wenn diese überwiegend aus Grundstücken und grundstücksgleichen Rechten in Mitgliedstaaten der EG bestehen; zumindest sollte die Anlage in solchen Grundstücks-Sondervermögen zugelassen werden, die nach ihren Vertragsbedingungen in solchen Grundstücken anlegen, die auch im Wege der Direktanlage erworben werden können (dazu § 83 Abs. 1 Nr. 8 SGB IV).

XIV. BVI-Bundesverband Deutscher Investment-Gesellschaften e. V.

239 Der im Jahre 1970 gegründete BVI Bundesverband Deutscher Investment-Gesellschaften e. V. mit Sitz in Frankfurt (Anschrift: Eschenheimer Anlage 28, 60318 Frankfurt, Telefon (069) 15 40 90-0, Telefax (069) 59 71 406) vertritt die Anliegen der Deutschen Investment-Branche gegenüber den zuständigen Bundesressorts und den Parlamentariern, dem BAK sowie den Organen der EU. Er informiert die Öffentlichkeit laufend über das Investmentwesen und unterhält Kontakte zu Verbänden und Wirtschaftsvereinigungen auf nationaler und internationaler Ebene.

240 Von den 65 in der Bundesrepublik Deutschland bestehenden Investment-Gesellschaften gehörten nach dem Stand vom 31. 12. 1995 63 Gesellschaften dem BVI an.

§ 19 Ausländische Investmentanteile

Übersicht

Schrifttum: BAR, s. *Beckmann/Bauer; Baur,* Investmentgesetze, Kommentar zum Gesetz über Kapitalanlagegesellschaften (KAGG) und zum Gesetz über den Vertrieb ausländischer Investmentanteile (AuslInvestmG), 1970 (2. Aufl. 1996 in Vorber.); *Beckmann,* Die „vergleichbare Sicherung" nach dem Auslands-Investment-Gesetz, ZfK 1971, 96/133; *Beckmann,* Der Begriff der „Vertragsbedingungen" i. S. des § 2 Nr. 4 Auslandsinvestmentgesetz, BB 1971, 850; *ders.,* Zwei Jahre Auslandsinvestmentgesetz, ZfK 1972, 904; *ders.,* Die Situation der Auslandsfonds in der Bundesrepublik, DB 1973, 2435; *ders.,* Der gesetzliche Schutz des Investmentanlegers, LfK 1973, 633; *Beckmann/Bauer,* Bankaufsichtsrecht, Entscheidungssammlung, 1984 ff. (zit. BAR); *Beckmann/Scholtz,* Investment, s. Investment-Handbuch; *Betsch/Wiechers* (Hrsg.), Handbuch Finanzvertrieb, 1995; *Carl/Förster,* Das Recht der Investmentfonds, Europarechtlicher Rahmen und nationale Gesetzgebung, 2. Aufl., 1994; *Corner/Stafford,* Open-end investment funds in the EEC und Switzerland, London 1977; *Elsner,* Das Recht der Wertpapier-Investmentunternehmen in den Ländern der Europäischen Gemeinschaft, 1980; *Flachmann,* Zwei Jahre Auslandsinvestmentgesetz, ZfK 1971, 780; *ders.,* Die Spannweite des Auslandsinvestmentgesetzes, ZfK 1972, 59; *ders.,* Neue Fragen zum Auslandsinvestmentgesetz, ZfK 1975, 988; *Fricke,* Die rechtliche Behandlung ausländischer Investmentgesellschaften, Diss. Mainz 1973; *Grundmann,* Europäisches und deutsches Investmentrecht, ZBB 1991, 242; *Heinsius,* Ausländische Investmentzertifikate als Kreditsicherheit, Bank-Betrieb 1970, 218; *Heiss/Samm,* Zur Problematik der „Vertragsbedingungen" und der „vergleichbar sichernden" Depotbank im Auslandsinvestmentgesetz, BB 1971, 19; *Hofmann,* Die ertragssteuerliche Behandlung ausländischer Investmentanteile, AG 1970, 73; *ders.,* Zweifelsfragen bei der ertragssteuerlichen Behandlung ausländischer Investmentanteile, AG 1971, 287; *ders.,* Auslegungs- und Zweifelsfragen bei der Besteuerung der Erträge aus Anteilscheinen inländischer Wertpapier-Sondervermögen, BB 1971, 609; *Hoffmann-Riem,* Der Geltungsbereich der Investmentgesetze BB 1972, 244; *Holschbach,* Das Widerrufsrecht nach § 11 AuslandsInvestmG in seiner Anlegerschutzfunktion, 1972; *International Fiscal Association,* Cahiers de Droit Fiscal International, Volume LVI a, Die steuerliche Behandlung der internationalen Kapitalanlagegesellschaften bzw. Anlagefonds unter Berücksichtigung der wesentlichen kontroll- und währungspolitischen Gesichtspunkte in den verschiedenen Ländern, 1971; Investment-Handbuch, *Beckmann/-Scholtz,* ergänzbares Handbuch für das gesamte Investmentwesen, 1970 ff. (zit.: Investment-Handbuch/*Verfasser*); *Kempf/Tratz,* Die Novellierung des Investmentrechts 1994 nach dem Zweiten Finanzmarktförderungsgesetz (Hrsg.: C & L Deutsche Revision/Coopers & Lybrand GmbH), 1994, S. 78; KPMG, Stokes Kennedy Crowley, Funds and Fund Management, A KPMG International Survey of Taxation and Regulations, 6. Aufl., Dublin 1993; *Kratzer,* Die Besteuerung ausländischer Investmentanteile, NWB Fach 3, 2943; *ders.,* Steuerliche Abzugsfähigkeit von Verlusten bei ausländischen Investmentanteilen NWB Fach 3, 3699; *Laux,* Geldmarktfonds in Europa, ZfK 1988, 330; *ders.,* Zum Entwurf eines „Investment-Richtlinie-Gesetzes", Die Bank 1989, 447; *ders.,* Zur Umsetzung der Richtlinie zur Harmonisierung des europäischen Investmentrechts in das deutsche Investmentrecht, WM 1990, 1093; *ders.,* Zur Umsetzung der Richtlinie zur Harmonisierung des europäischen Investmentrechts, in: Büschgen/Schneider (Hrsg.), Der europäische Binnenmarkt 1992, Beiträge zum Wirtschafts- und Bankrecht, Bd. 2, 1990, S. 243; *ders.,* Investmentrecht der 90er Jahre: Tabus werden aufgebrochen, Die Bank 1993, 384 und 461; *Lohr/Graetz,* (Warth & Klein, Hrsg.), Die Besteuerung ausländischer Investmentfonds bei privaten Kapitalanlegern, 1995; *Lütgerath,* Die Erweiterung des Anlagekataloges von Investmentgesellschaften, 1984; *Meynert,* Die Besteuerung von Erträgen aus ausländischen Investmentanteilen bei Untersagung des öffentlichen Vertriebs der Anteile, DB 1971, 645; *Nissen,* Besteuerung ausländischer Investmentanteile, Änderung des Kapitalanlagegesetzes,

DStZ 1969, 281; *ders.*, Neue gesetzliche Regelungen zur Besteuerung inländischer und ausländischer Investmentzertifikate, Rechts- und Wirtschafts-Praxis 14 (D) Investmentzertifikate I; *Päsler,* Offene Immobilienfonds in Europa – ein Überblick, LfK 1988, 394; *Pfannschmidt,* Die ausländische Investmentgesellschaft und die Vertragsbedingungen nach dem Auslandsinvestmentgesetz (AuslInvestmG), WM 1970, 58; *ders.*, Personelle Verflechtung zwischen Depotbank und Investmentgesellschaften in der Schweiz und ihre Beurteilung nach dem Auslandsinvestmentgesetz, WM 1970, 922; *Philipps,* Handbuch des Auslands-Investmentrechts, 1970; Professional and Business Information PLC/Lipper Analytical Services International Corp. (Hrsg.), European Fund Industry Directory 1995, London/Summit New Jersey 1995; *Rosenberger,* Die steuerlichen Probleme des Auslandsinvestmentgesetzes und Behandlung durch das Bundesamt für Finanzen, StBp; 1972, 245; *Roth,* Das Treuhandmodell des Investmentrechts, Eine Alternative zur Aktiengesellschaft? 1972; *Schmidt, Ch. M.*, Die Vertriebspublizität der Investmentgesellschaften und weitere vorgesehene Informationspflichten gegenüber Kapitalanlegern, 1988; *Schneider,* Geldmarktfonds, 1987; *Scholtz,* Zur Besteuerung der Erträge aus ausländischen Investmentanteilen, DStZ/A 1971, 137; *ders.*, Investmenterträge und deren Besteuerung, in: Neues Steuerrecht von A bis Z, Investment, Darst. 1 und Einzelfragen; *Schuster* (Hrsg.), Investmenthandbuch, 1971 (zit.: *Schuster/Verfasser,* Investmenthandbuch); *Seidel,* in: Steuerpraxis für Kreditinstitute, Kennzahl 4600 „Investmentgeschäft", Loseblatt; *Simon,* Amerikanische Mutual Funds, 1968; *Thiel,* Der Schutz der Anleger von Wertpapierfonds im deutschen und amerikanischen Recht, 1982; *Tormann,* Die neue Investmentgesetzgebung in Deutschland, ZfK 1969, 649; *ders.*, Die Anordnungsbefugnisse des Bundesaufsichtsamtes gegenüber den Kreditinstituten, ZfK 1977, 375; *ders.*, Die Auflagenbefugnisse des Bundesaufsichtsamtes gegenüber den Kreditinstituten, ZfK 1977, 734; *Tormann* in: Hermann/Heuer/Raupach, Kommentar zum Einkommensteuer- und Körperschaftsteuergesetz mit Nebengesetzen, Köln 1950/82, Bd. 14, Abschnitt Auslands-Investmentgesetz und Gesetz über Kapitalanlagegesellschaften (zit.: KAGG oder AuslInvestmG) – aussortiert –; Tullius, Neue steuerrechtliche Vorschriften zu Investmenterträgen, DB 1969, 1715; *Unit Trust Association,* Study of marketing regulation and practice in European Community Countries, 1989; *Vandamme,* Auf dem Wege zu einem Europäischen Markt für die Organismen für gemeinsame Anlagen in Wertpapieren – Bemerkungen zu den Bestimmungen der Richtlinie 85/611/EWG vom 20. Dezember 1985 (Hrsg.: EG-Kommission), 1988; *Werner/Machunsky,* Rechte und Ansprüche geschädigter Kapitalanleger, 1988.

I. Inländische Regelungen für ausländische Investmentanteile

1 Eine fast unkontrollierte Vertriebstätigkeit ausländischer Investmentgesellschaften und mit ihnen verbundener Vertriebsorganisationen in der zweiten Hälfte der 60er Jahre, die – wie sich leider zu spät herausstellte – berechtigte Sorge, daß inländische Investmentanleger im Vertrauen auf falsche Versprechungen ihre Ersparnisse für risikobehaftetes Kapital hergeben, ohne sich der Tragweite ihrer Entscheidung bewußt zu sein,[1] das Ungleichgewicht zwischen regelungsunabhängigen ausländischen Investmentfonds und den in ihrer Vertriebs- und Werbetätigkeit eingeschränkten inländischen Investmentfonds, schließlich steuerliche Vorteile ausländischer Investmentfonds durch die Möglichkeit der steuerfreien Thesaurierung von Erträgen, haben 1969 zu einer gesetzlichen Regelung der Vertriebstätigkeit ausländischer Investmentgesellschaften und der mit ihnen verbundenen Vertriebsgesellschaften sowie zu speziellen steuerrechtlichen Regelungen für die Erträge aus ausländischen Investmentanteilen geführt. Mit einem Gesetz, dem Auslandinvestment-Gesetz (AuslInvestmG),[2] wurde erstmals der Versuch unternommen, den Sparer nicht in erster Linie durch organisationsrechtliche Vorkehrungen, Vorschriften über den zulässigen Geschäftskreis usw. zu schützen, sondern den Schutz auf Bereiche zu verlagern, deren rechtliche Ordnung bisher den allgemeinen Rechtsvorschriften, insbesondere aber den Geschäftsbedingungen des wirtschaftlich stärkeren Marktpartners überlassen war.[3] Die Form einer Vertriebsregelung hat gegenüber der herkömmlichen organisationsrechtlichen Kon-

[1] Zu dem nach Umfang besonders spektakulären Fall IOS s. *Birkholz/Saller,* IOS – Senkrechtstart und Absturz einer Erfolgsidee. Die Insiderstory einer Investmentgesellschaft, 1970; Liquidation des IOS-Komplex – ein Situationsbericht, Wertpapier 1979, S. 734; s. a. Handelsblatt v. 6. 9. 1988 S. 8.

[2] Vgl. unten Fn. 5.

[3] Investment-Handbuch 444.

zeption deutscher Sparerschutzgesetze den entscheidenden materiellen Vorzug, daß der Schutz des Anlegers erheblich weiter gezogen und damit wesentlich effizienter gestaltet werden kann.[4]

1. Auslandsinvestment-Gesetz. Das Gesetz über den Vertrieb ausländischer Investmentanteile und über die Besteuerung der Erträge aus ausländischen Investmentanteilen (Auslandinvestment-Gesetz – AuslInvestmG) vom 28. 7. 1969[5] wurde zuletzt geändert durch Art. 12 des Jahressteuergesetzes 1996 vom 11. 10. 1995.[6] Zwischenzeitlich ergaben sich seit Erscheinen der 1. Aufl. des Hdb.KapitalanlageR Änderungen des AuslInvestmG durch das Gesetz zur Verbesserung der Rahmenbedingungen der Finanzmärkte (Finanzmarktförderungsgesetz) vom 22. 2. 1990[7] – 1. FMFG[8] –, das Steueränderungsgesetz 1992 – StÄndG 1992 vom 25. 2. 1992,[9] das EWR-Ausführungsgesetz vom 27. 4. 1993,[10] das Gesetz zur Umsetzung des Förderalen Konsolidierungsprogramms – FKPG vom 23. 6. 1993,[11] das Standortsicherungsgesetz – StandOG vom 13. 9. 1993,[12] das Mißbrauchsbekämpfungs- und Steuerbereinigungsgesetz – StMBG vom 21. 12. 1993[13] und das Gesetz über den Wertpapierhandel und zur Änderung börsenrechtlicher und wertpapierrechtlicher Vorschriften (Zweites Finanzmarktförderungsgesetz) vom 26. 7. 1994.[14] – 2. FMFG.[15] 2

Das **1. FMFG** setzte durch die Änderung des AuslInvestmG und ebenso durch Änderung des KAG für inländische Investmentgesellschaften die OGAW-Richtlinie (Investment-Richtlinie, UCITS-Richtlinie) für im Inland öffentlich vertriebene ausländische Investmentanteile aus EU-Mitgliedstaaten in deutsches Recht um.[16] Ziel der Änderungen war es, den öffentlichen Vertrieb von Anteilen an Wertpapier-Investmentgesellschaften oder an Wertpapier-Publikumsfonds, die entweder selbst in einem EU-Staat ansässig sind oder durch in anderen EU-Mitgliedstaaten ansässige Investmentgesellschaften verwaltet werden, nur noch den nach der OGAW-Richtlinie zulässigen Anforderungen an den Vertrieb ausländischer Investmentanteile zu unterwerfen. Zu diesem Zweck wurde dem AuslInvestmentG ein neuer Zweiter Abschnitt: „Vorschriften über den Vertrieb von EG-Investmentanteilen gemäß der Richtlinie 85/611/EWG" (§§ 15 bis 15 k AuslInvestmG) eingefügt. Bei den im Inlandsvertrieb bevorrechtigten EG-Investmentanteilen wird vorausgesetzt, daß die vertreibende Investmentgesellschaft im Sitzstaat den durch die OGAW-Richtlinie koordinierten investmentrechtlichen Bestimmungen und einer Aufsicht unterliegt. 2 a

Das **StÄndG 1992** brachte für das AuslInvestmG redaktionelle Änderungen (§ 19 Abs. 1 Satz 2 AuslInvestmG) und die Aufhebung der gegenstandslos gewordenen Berlin-Klausel. Das **EWR-Ausführungsgesetz** diente der Umsetzung des Abkommens vom 2. 5. 1992 über den Europäischen Wirtschaftsraum. Zu den Rechtsakten, die für die Vertragsparteien des EWR-Abkommens verbindlich und Teil des innerstaatlichen Rechts oder in innerstaatlichen Rechts umzusetzen sind, zählt die OGAW-Richtlinie. Mit Inkrafttreten des EWR-Abkommens und des EWR-Änderungsgesetzes am 1. 1. 1994[17] gelten für den öffentlichen Vertrieb von Anteilen an Wertpapier-Publikumsfonds aus den Herkunftsländern 2 b

---

[4] Investment-Handbuch 444.
[5] BGBl. I 986.
[6] BGBl. I 1250, 1387.
[7] BGBl. I 266, 278.
[8] Nichtamtliche Abkürzung.
[9] BGBl. I 297, 312.
[10] BGBl. I 512, 543.
[11] BGBl. I 944, 970.
[12] BGBl. I 1569, 1592.
[13] BGBl. I 2310, 2331.
[14] BStBl. I 1749, 1776.
[15] Nichtamtliche Abkürzung
[16] Näheres s. Rdnr. 118 ff.
[17] Art. 117 EWR-Ausführungsgesetz i. V. m. der Bekanntmachung vom 16. 12. 1993 (BGBl. I 2436).

Finnland, Island, Norwegen, Österreich und Schweden die eingeschränkten Vertriebsanforderungen des Zweiten Abschnitts des AuslInvestmG. Mit dem Beitritt von Finnland, Österreich und Schweden zur Europäischen Union am 1. 1. 1995 haben die Sonderregelungen des EWR-Ausführungsgesetzes für ausländische Investmentanteile aus diesen Staaten ihre praktische Bedeutung verloren und gelten nur noch für Island und Norwegen, sowie seit 1. 5. 95 für Lichtenstein.

2 c Das **FKPG** vom 23. 6. 1993 führte die Zinsabschlagsteuer (ZASt.) auf Ausschüttungen ausländischer Investmentfonds ein, die dem inländischen Anteilinhaber nach dem 30. 6. 1993 zufließen. Die ZASt. vom 30% (in Nicht-Depotfällen von 35%), seit dem 1. 1. 95 zuzüglich des darauf nach dem Solidaritätszuschlaggesetz 1995 vom 24. 6. 1993[18] erhobenen Solidaritätszuschlages von 7,5% (=Gesamtabschlag 32,25% [37,625% bei Tafelgeschäften]), wird bei Steuerinländern von Ausschüttungen auf Anteile an ausländischen Investmentfonds mit (§ 17 AuslInvestmG) und ohne (§ 18 AuslInvestmG) Berechtigung zum öffentlichen Vertrieb der ausländischen Investmentanteile in Deutschland von der auszahlenden Stelle (inländisches Kreditinstitut) erhoben.[19] Steuerausländer bleiben – außer bei Tafelgeschäften – von der ZASt. verschont, weil es sich bei den Ausschüttungen um solche eines ausländischen Schuldners handelt, die nicht zu den beschränkt steuerpflichtigen Einkünften gehören.[20] Abweichend von der Regelung für inländische Investmentanteile, bei denen u. a. Erträge aus Dividenden nicht ZASt.-pflichtig sind, erfaßt der Zinsabschlag bei ausländischen Investmentanteilen i. S. des § 17 AuslInvestmG die gesamten ausgeschütteten Erträge mit Ausnahme der ausgeschütteten Veräußerungsgewinne und einen darauf entfallenden Ertragsausgleich (§ 18 a Abs. 1 AuslInvestmG). Gleiches gilt für thesaurierende ausländische Investmentfonds (s. Rdnr. 2 d). Bei Investmentanteilen i. S. des § 18 AuslInvestmG ist die gesamte Ausschüttung der ZASt. unterworfen.

2 d Die Änderung durch das **StandOG** (§ 19 Abs. 1 Satz 2 und § 20 a AuslInvestmG) berücksichtigt die durch das StandOG eingeführte Tarifbegrenzung auf 47% für gewerbliche Einkünfte. Durch das **StMBG** wird ab 1. 1. 1994 der bei der Rückgabe oder Veräußerung eines ausländischen Investmentanteils erzielte Zwischengewinn der Besteuerung und zugleich der ZASt. unterworfen.[21] Die ausländische Investmentgesellschaft wird verpflichtet, den Zwischengewinn und zusätzlich die Summe der thesaurierten Erträge, die noch nicht der ZASt. unterworfen wurden, börsentäglich zu ermitteln und mit dem Rücknahmepreis für den Anteilschein zu veröffentlichen (§ 17 Abs. 2 a und Abs. 3 Nr. 3 AuslInvestmG). Die ZASt. wird nach dem 31. 12. 1993 erstmals außer auf Zwischengewinne auch auf die thesaurierten Erträge ausländischer Investmentanteile in den Fällen der Rücknahme oder Veräußerung erhoben, jedoch nur wenn eine inländische Verwahr- oder Zahlstelle eingeschaltet ist. Die ZASt. ist beschränkt auf solche thesaurierten Erträge, die während der Besitzzeit des Anteilinhabers thesauriert wurden (§ 18 a AuslInvestmG i. d. F. des StMBG).

2 e Die Änderungen durch das **2. FMFG** erweitern den Anwendungsbereich des AuslInvestmG ab 1. 8. 1994 auf den öffentlichen Vertrieb ausländischer Geldmarkt-/Cash-Fonds in Deutschland. Mangels Anwendbarkeit des AuslInvestmG unterlagen ausländische Fonds, die ausschließlich oder zumindest überwiegend in Bankeinlagen investieren, u. a. nicht der durch das StMBG auch für ausländische Investmentanteile i. S. des AuslInvestmG eingeführten Zwischengewinnbesteuerung. Außer einer steuerrechtlich motivierten Lückenschließung erschien es dem Gesetzgeber aus Gründen des Anlegerschutzes und zur Wahrung der Wettbewerbsgleichheit zwischen in- und ausländischen Anbietern von Fondsprodukten geboten, ausländische Geldmarktfonds (Fonds, deren Vermögen unter Berücksichtigung des Grundsatzes der Risikostreuung in Einlagen oder in Forderungen aus Geld-

---

[18] BGBl. I 944, 975.

[19] Näheres auch § 18 Rdnr. 194 ff.

[20] Vgl. auch BT-Drucks. 12/4401, 100.

[21] Näheres s. unten Rdnr. 107 und 109 f.

darlehen, über die eine Urkunde ausgestellt ist, angelegt wird) dem AuslInvestmG zu unterwerfen.[22] Weitere Änderungen des 2. FMFG betreffen im Zusammenhang mit der Erweiterung des Anwendungsbereiches des AuslInvestmG Vorschriften über den Inhalt des Verkaufsprospektes (§ 3 Abs. 2 Satz 2 Nr. 3 und Satz 4 AuslInvestmG) und Anforderungen an den Rechenschaftsbericht und den Halbjahresbericht (§ 4 Abs. 1 Nr. 1 und 2 AuslInvestmG). Das 2. FMFG erweitert die Ermächtigung des BAK als Aufsichtsbehörde zur Untersagung des weiteren Vertriebs von EG-Investmentanteilen, wenn die ausländische Investmentgesellschaft mit Sitz in einem EG-/EWR-Staat ihrer Verpflichtung zum Einreichen des Rechenschaftsberichts, des Halbjahresberichts oder des Verkaufsprospekts beim BAK nicht nachkommt. Anlaß waren vermehrt aufgetretene Säumnisfälle.[23] In steuerrechtlicher Hinsicht brachte das 2. FMFG klarstellende Ergänzungen für die Zwischengewinnbesteuerung und den Zinsabschlag (ZASt.) bei solchen ausländischen Investmentfonds, die die Besteuerungsgrundlagen nicht einwandfrei nachweisen können (§ 18 Abs. 1 Satz 1 Nr. 3, Abs. 1a und Abs. 2 AuslInvestmG), ferner wurde die für inländische Investmentanteile für das erste Quartal 1994 geltende Pauschalregelung bei der Zwischengewinnbesteuerung auch für ausländische Investmentanteile eingeführt (§ 19a Abs. 3 AuslInvestmG).

Das AuslInvestmG enthält im Ersten Abschnitt Vorschriften über den **Vertrieb.** Erfaßt 3
wird der Vertrieb von Anteilen an einem ausländischen Recht unterstehenden Vermögen aus Wertpapieren, seit Änderung durch das 2. FMFG auch aus Forderungen aus Gelddarlehen, über die eine Urkunde ausgestellt ist oder aus Einlagen, oder aus Grundstücken, das nach dem Grundsatz der Risikomischung angelegt ist (ausländische Investmentanteile). Dabei muß es sich um einen Vertrieb im Wege des öffentlichen Anbietens, der öffentlichen Werbung oder in ähnlicher Weise (§ 1 Abs. 1 Satz 1 AuslInvestmG) handeln. Gleiches gilt seit Änderung durch das 2. FMFG, jedoch mit erleichterten Anforderungen nach dem Zweiten Abschnitt für den Vertrieb von EG-Investmentanteilen.[24] EG-Investmentanteile sind nur Anteile an Wertpapier-Publikumsfonds mit Herkunft aus einem anderen EU-Mitgliedstaat oder einem anderen Vertragsstaat des EWR-Abkommens. Von der Vertriebsregelung (nicht dagegen den steuerrechtlichen Regelungen) des AuslInvestmG sind diejenigen ausländischen Investmentanteile ausgenommen, die an einer deutschen Börse zum amtlichen Handel oder zum geregelten Markt zugelassen sind (§ 1 Abs. 2 AuslInvestmG). Diese Investmentanteile von zumeist Investmentfonds des Gesellschaftstyps können weiter an der Börse gehandelt werden; ein darüber hinausgehender öffentlicher Vertrieb i. S. des AuslInvestmG ist nicht gestattet (s. Rdnr. 94).

Einen Schwerpunkt des Gesetzes bilden die an die Zulässigkeit des Vertriebs ausländi- 4
scher Investmentanteile gestellten Anforderungen. Dies sind – abweichende Regelungen bei EG-Investmentanteilen –: Bestellung eines Repräsentanten im Inland; die Verwahrung des Fondsvermögens durch eine Depotbank, welche die Anleger in einer dem KAGG vergleichbaren Weise sichert (bei Immobilienfonds ergänzt durch die Überwachung des Grundstücksbestandes). Zur Erleichterung des Zahlungsverkehrs und zur Kontrolle und Sicherung des Zahlungsverbleibs müssen inländische Kreditinstitute als Zahlstellen eingerichtet werden. Die Vertragsbedingungen ausländischer Investment-Gesellschaften haben den in § 2 AuslInvestmG näher genannten Mindestanforderungen zu genügen (dies hat zur Folge, daß weder closed-end-Fonds, noch Dach- oder Parallelfonds, noch in Master-Fonds anlegende Feeder-Fonds noch Leverage- oder Hedge-Fonds[25] öffentlich vertrieben werden dürfen). Eine Belastung von Gegenständen des Fonds und eine Kreditaufnahme ist nur bis zu einer Grenze von 10% des Fondsvermögens (abweichend Immobilienfonds) möglich. Nicht statthaft sind Leerverkäufe.

---

[22] BT-Drucks. 12/7918, 118.

[23] Vgl. (Fn. 22) S. 119.

[24] Näheres zu EG-Investmentanteilen unter Rdnr. 94a ff.

[25] Zu diesen Fonds s. *Baur,* Investmentgesetze, S. 9ff.

5 Einen weiteren Schwerpunkt des Gesetzes bilden die **Publizitätsanforderungen** (§§ 3 und 4). Sie gelten dem Verkaufsprospekt, dem vorgeschriebenen Rechenschaftsbericht und dem Halbjahresbericht, den Veröffentlichungen und Werbeschriften. Soweit sie nicht in deutscher Sprache abgefaßt sind, ist zumindest eine deutsche Übersetzung beizufügen (§ 5 AuslInvestmG). Gleichzeitig mit parallelen Bestimmungen im KAGG wurden auch für den Vertrieb ausländischer Investmentanteile solche über die Prospekthaftung (§ 12 AuslInvestmG) und das Widerrufsrecht (§ 11 AuslInvestmG) geschaffen.

6 Die Vertriebsabsicht ist von der ausländischen Investmentgesellschaft dem BAK anzuzeigen. Dies ist verbunden mit der Verpflichtung, dem BAK künftig den Jahresabschluß der Investmentgesellschaft und den Rechenschaftsbericht des Fonds, versehen mit dem Bestätigungsvermerk eines Wirtschaftsprüfers, sowie den Halbjahresbericht einzureichen (§ 7 Abs. 2 Nr. 6 Buchst. a AuslInvestmG). Außerdem hat die ausländische Investmentgesellschaft sich zu verpflichten, das BAK über alle wesentlichen Änderungen im Zusammenhang mit dem Vertrieb zu unterrichten und ihm auf Verlangen zu einem vom BAK bestimmten Stichtag – bisher hat das BAK davon keinen Gebrauch gemacht – eine Aufstellung über die Gegenstände des Fondsvermögens einzureichen, die ebenfalls den Bestätigungsvermerk eines sachkundigen Prüfers tragen muß (§ 7 Abs. 2 Nr. 6 Buchst. b und c AuslInvestmG). Das BAK hat in einem Merkblatt alle Angaben und Unterlagen zusammengestellt, die im Normalfall für Anzeigen nach § 7 und bei EG-Investmentanteilen nach § 15 c AuslInvestmG erforderlich sind.[26] Der Vertrieb von Investment-Anteilen darf erst zwei Monate nach Eingang der **vollständigen** Vertriebsanzeige aufgenommen werden, sofern er nicht vom BAK untersagt worden ist (§ 8 Abs. 1 AuslInvestmG).

7 Das AuslInvestmG enthält eine Reihe von obligatorischen und fakultativen **Untersagungstatbeständen** (§§ 8, 10 AuslInvestmG). Entsprechendes gilt nach dem Zweiten Abschnitt für EG-Investmentanteile (§§ 15 d, 15 g AuslInvestmG). Hierzu zählen u. a. eine nicht ordnungsgemäße oder das Fehlen einer Vertriebsanzeige, der Fortfall einer gesetzlichen Vertriebsvoraussetzung, die Nichterfüllung eines gegenüber der ausländischen Investmentgesellschaft, der Verwaltungsgesellschaft oder der Hauptvertriebsgesellschaft gerichtlich festgestellten Anspruchs eines Anteilinhabers, die nicht ordnungsgemäße Erfüllung der Publizitätsverpflichtungen, erhebliche Verstöße gegen Vertragsbedingungen und der Verstoß gegen Anordnungen des BAK, die Mißständen bei der Werbung für ausländische Investmentanteile begegnen.

8 Der Dritte Abschnitt des AuslInvestmG enthält die **steuerrechtlichen Vorschriften** (§§ 16–20). Sie befassen sich in § 16 zunächst mit der steuerlichen Behandlung des inländischen Repräsentanten oder inländischen Vertreters gegenüber den Finanzbehörden (Steuervertreter). Hierdurch wird sichergestellt, daß durch die Bestellung eines Repräsentanten oder Steuervertreters allein keine Betriebsstätte im Inland begründet wird. Steuerrechtlich werden die Erträge aus ausländischen Investmentanteilen, die im Inland öffentlich vertrieben werden dürfen, den Erträgen aus inländischen Investmentanteilen gleichgestellt. Das gilt auch für ausländische Investmentanteile, die an einer inländischen Börse amtlich notiert sind und für die ein Steuervertreter bestellt wurde (§ 17 AuslInvestmG). In allen Fällen bestehen für die ausländischen Investmentgesellschaften Bekanntmachungs- und Nachweispflichten (§ 17 Abs. 3 Nr. 2 und 3 AuslInvestmG). Diese werden durch das StMBG auf den Zwischengewinn und bei voll-thesaurierenden ausländischen Fonds auf die Summe der thesaurierten, noch nicht der ZASt. unterworfenen Erträge erweitert.

9 Ausländische Investmentanteile, die weder öffentlich vertrieben werden dürfen, noch an einer inländischen Börse amtlich notiert oder zum geregelten Markt zugelassen sind noch für die in diesem Zusammenhang ein Steuervertreter bestellt wurde, erfahren eine gesonderte ertragssteuerliche Behandlung. Sofern für sie allgemein ein Steuervertreter bestellt wurde und die Besteuerungsgrundlagen nachgewiesen werden, sind im Grundsatz die Er-

---

[26] Merkblatt für Anzeigen nach § 7 und § 15 c AuslInvestmG i. d. F. vom 1. 10. 1994; abgedruckt bei *Baur,* Investmentgesetze, 2. Aufl., Anhang Nr. 8; Investment-Handbuch 445 Anhang zu § 7.

träge denen aus inländischen Investmentanteilen gleichgestellt. Jedoch ist die für in Privatvermögen gehaltenen Investmentanteile bestehende Steuerfreiheit der Veräußerungsgewinne sowohl für ausgeschüttete als auch thesaurierte Erträge aufgehoben (§ 18 Abs. 1 und 2 AuslInvestmG).

Eine Art Strafsteuer gilt für diejenigen ausländischen Investmentanteile, für die der Nachweis der Besteuerungsgrundlagen nicht erbracht wird oder/und für die auch kein Steuervertreter bestellt ist. Für diesen Fall ist eine Pauschalbesteuerung der Anteile vorgesehen. Hiernach sind beim Empfänger neben den Ausschüttungen zusätzlich steuerpflichtig 90% des Mehrbetrages zwischen dem ersten Rücknahmepreis und dem letzten Rücknahmepreis eines Kalenderjahres, mindestens aber 10% des letzten im Kalenderjahr festgesetzten Rücknahmepreises. Diese Pauschalbesteuerung ist durch das StMBG erweitert worden, um auch die Steuerpflicht des Zwischengewinns zu erfassen. Es werden bei fehlendem Nachweis oder/und Steuervertreter bei Rückgabe oder Veräußerung von ausländischen Investmentanteilen oder Abtretung von Ansprüchen aus den Anteilen pauschal 20% des Entgelts für die Rückgabe, Veräußerung oder Abtretung als steuerpflichtiger Zwischengewinn angesetzt. Dieser pauschale Zwischengewinn unterliegt auch der ZASt. (§ 18 Abs. 3 Satz 4, § 18 a Abs. 1 Nr. 3 AuslInvestmG). 10

2. Sonstige Gesetze. Ebenso wie bei inländischen Investmentanteilen sind im Rahmen des Vertriebs gewerberechtliche Vorschriften und Anforderungen des allgemeinen Wettbewerbsrechts zu beachten (dazu § 18 Rdnr. 18). Dies sind als spezielle Gesetze die Gewerbeordnung, die Makler- und Bauträgerverordnung, das Gesetz gegen Wettbewerbsbeschränkungen sowie das Gesetz gegen den unlauteren Wettbewerb. 11

Ebenso wie bei inländischen Investmentanteilen sind insbesondere folgende Steuergesetze und Gesetze zur Vermögensbildung zu beachten: Bewertungsgesetz, Einkommensteuergesetz (dort u. a. § 19 a Abs. 3 Nr. 6), 5. Vermögensbildungsgesetz (dort § 2 Abs. 1 Nr. 2 Buchst. e), Vermögensteuergesetz (vgl. dazu § 18 Rdnr. 22, ferner 220 und 225). 12

Aus dem Recht der Europäischen Union sind als spezielle Rechtsakte für Investmentgesellschaften zu nennen die Investment-Richtlinie vom 20. 12. 1985 (85/611/EWG)[27] nebst Empfehlung des Rates (85/612/EWG)[28] und BCCI-Richtlinie (95/26/EG) (dazu auch unten Rdnr. 118 ff.), die Ergänzungsrichtlinie vom 22. 3. 1988 (88/220/EWG) in bezug auf die Anlagepolitik bestimmter OGAW[29] sowie die, die Liberalisierung des Kapitalverkehrs zum Abschluß bringende Liberalisierungsrichtlinie vom 24. 6. 1988 (88/361/EWG).[30] 13

Der Ministerausschuß des Europarats hatte bereits 1972 zwei Resolutionen verabschiedet, die sich mit den Investmentfonds (Resolution [72] 28 v. 19. 9. 1972) und den Organismen für gemeinschaftliche Anlagen (Resolution [72] 50 v. 12. 12. 1972) befassen. In ihnen werden Grundregeln, insbesondere für den Schutz der Sparer, aufgestellt und den Mitgliedstaaten zur Annahme empfohlen.[31] Der Rat der OECD hat am 11. 4. 1972 Grundregeln für die Tätigkeit von Einrichtungen für gemeinschaftliche Anlagen in Wertpapieren beschlossen.[32]

II. Vertrieb ausländischer Investmentanteile im Inland

1. Begriff der Investmentanteile i. S. des AuslInvestmG. Das AuslInvestmG unterscheidet nach Änderung durch das 1. FMFG zwischen den in § 1 Abs. 1 AuslInvestmG genannten „ausländischen Investmentanteilen" und den in § 15 AuslInvestmG genannten 14

[27] ABl. L 375, 3.

[28] ABl. L 375, 19.

[29] ABl. L 100, 31.

[30] ABl. L 178, 5; s. auch die Darstellung zum Recht der Europäischen Union unter Rdnr. 114 ff.

[31] Text abgedruckt bei *Schuster,* Anlagefondsgesetz, 2. Aufl. Zürich 1975, S. 304.

[32] OECD, Committee on Financial Markets, Standard Rules for the Operations of Institutions for Collective Investments in Securities, 1972.

„EG-Investmentanteilen". Die Anforderungen an den öffentlichen Vertrieb sind jeweils unterschiedlich geregelt. Für ausländische Investmentanteile, die nicht EG-Investmentanteile i. S. des § 15 sind, gelten die Vertriebsanforderungen des Ersten Abschnitts des Gesetzes (§§ 1–14 AuslInvestmG). Für EG-Investmentanteile gelten die des Zweiten Abschnitts (§§ 15–15 k AuslInvestmG).[33] EG-Investmentanteile sind ausschließlich unter die Investment-Richtlinie fallende Anteile ausländischer Wertpapier-Publikumsfonds. Der Kreis der ausländischen Investmentanteile i. S. des § 1 Abs. 1 Satz 1 AuslInvestmG ist wesentlich weiter gezogen. Er umfaßt ausländische Cash- oder Geldmarktfonds, ausländische Wertpapierfonds und ausländische Immobilienfonds. Das AuslInvestmG spricht in der Definition in § 1 Abs. 1 Satz 1 von den „Anteilen an einem ausländischen Recht unterstehenden Vermögen aus Wertpapieren, Forderungen aus Gelddarlehen, über die eine Urkunde ausgestellt ist, Einlagen oder Grundstücken, das nach dem Grundsatz der Risikomischung angelegt ist". Dem Begriff der ausländischen Investmentanteile wird eine wirtschaftliche Betrachtungsweise zugrunde gelegt.[34] Auf diese Weise sollen vom Gesetz alle denkbaren Gestaltungsformen erfaßt werden, die materiell dem Investment zuzuordnen sind.[35] Das AuslInvestmG erfaßt nach alledem Investmentanteile ausländischer Investmentgesellschaften, die vergleichbar der Treuhand- oder der Miteigentumsform i. S. des KAGG organisiert sind. Ferner fallen die Investment-Shares von Investment-Companies in seinen Anwendungsbereich, wobei es zunächst unerheblich ist, ob es sich um open-end oder closed-end Gesellschaften handelt. Schließlich findet das Gesetz auf den Vertrieb von Anteilen angelsächsischer Trusts Anwendung.[36] Mit Rücksicht auf die wirtschaftliche Betrachtungsweise hat das AuslInvestmG darauf verzichtet, von den verbrieften Investmentanteilen, den Anteilscheinen, zu sprechen (vgl. dagegen § 1 Abs. 1 KAGG). Anders als bei deutschen KAG, die nach § 1 Abs. 1 KAGG verpflichtet sind, über die Anteile eines Anteilinhabers am Sondervermögen Investmentanteilscheine auszustellen, kann nach dem jeweiligen Heimatrecht einer ausländischen Investmentgesellschaft dies u. U. nicht erforderlich sein (z. B. nicht bei dänischen Investmentfonds).[37] Das Gesetz hat dem in § 2 Nr. 4 Buchst. a AuslInvestmG dadurch Rechnung getragen, daß es nicht die Übertragung von Anteilscheinen, sondern nur von Anteilen auf den Käufer verlangt.

15 Bei dem ausländischen Investmentvermögen[38] muß es sich um ein solches aus Wertpapieren, aus Einlagen oder verbrieften Forderungen aus Gelddarlehen oder aus Grundstükken handeln. **Wertpapiere** sind Urkunden, die ein Vermögensrecht derart verbriefen, daß das Papier für die Ausübung dieses Rechts als sein notwendiger Träger, für seine Übertragung oder Belastung als Träger oder Mitträger erscheint.[39] Zu den Wertpapieren zählen vor allem die mitgliedschaftlichen Papiere wie Aktien (shares, actions, azioni, aandelen) und Zwischenscheine; ferner die Nebenpapiere wie Zins- und Gewinnanteil- und Erneuerungsscheine, sodann Genußscheine, ferner die Schuldverschreibungen (bonds, obligations, obligaziones, obligaties), darunter öffentliche Anleihen, Pfandbriefe und Kommunalobligationen, Industrieobligationen, die Geldmarktpapiere wie Kassenobligationen, schließlich auch Investment-Anteile.[40]

15 a **Einlagen** sind in erster Linie Bankeinlagen. Da im Ausland Unternehmen, die nicht Kreditinstitute sind, das Einlagengeschäft betreiben, z. B. angelsächsische Brokerhäuser,

---

[33] Dazu unten Rdnr. 94 a ff.

[34] Amtl. Begr. BT-Drucks. V/3494, 17; s. a. BVerwG v. 16. 10. 1979 – 1 C 14/75 – NJW 1980, 2482 = WM 1981, 48 = BAR § 1 AuslInvestmG Nr. 1; VG Berlin v. 2. 12. 1986 – VG 14 A 247/86 – BAR § 1 AuslInvestmG Nr. 2; *Baur,* Investmentgesetze, S. 437; *Flachmann* ZfK 1972, 59.

[35] Vgl. *Steder* WM 1969, Sonderbeilage Nr. 2, S. 3.

[36] Amtl. Begr. (Fn. 34).

[37] S. Rdnr. 124.

[38] S. die Klammerdefinition in § 17 Abs. 1 Satz 1 AuslInvestmG.

[39] *Von Gierke, Julius,* Das Recht der Wertpapiere, 1954, S. 3; vgl. auch oben § 11 Rdnr. 4; *Brox,* Handelsrecht und Wertpapierrecht, 9. Aufl., 1991, S. 239.

[40] Vgl. *Baur,* Investmentgesetze, S. 440.

gelten Einlagen bei solchen Instituten ebenfalls als Einlagen i. S. des § 1 Abs. 1 Satz 1 AuslInvestmG.[41] Derartige Einlagen werden von Cash-Fonds ganz oder überwiegend gehalten. Ausländische Geldmarktfonds sind durch diese Vorschrift, soweit sie nicht in kurzfristigen Wertpapieren anlegen und deshalb bereits als Wertpapierfonds erfaßt werden, ebenfalls angesprochen. Solche Geldmarktfonds werden zu Cash-Fonds, wenn die Einlagen überwiegen. **Forderungen aus Gelddarlehen,** über die eine Urkunde ausgestellt ist, bezeichnet Schuldscheindarlehen oder vergleichbare verbriefte Forderungen aus Gelddarlehen. Es sind dies vor allem verbriefte, kurzfristig fällige Forderungen aus Gelddarlehen. Die Abgrenzung lediglich verbriefter Forderungen ohne Wertpapiercharakter von Wertpapieren ist fließend, so daß ausländische Geldmarktfonds bereits unter die in § 1 Abs. 1 Satz 1 AuslInvestmG angesprochenen Vermögen aus Wertpapieren fallen können.[42]

Bei **Grundstücken** wird man ebensowenig wie in § 1 Abs. 1 KAGG den rein sachen- 16
rechtlichen Begriff des Grundstücks zugrunde legen. Mit Rücksicht auf den Schutzgedanken des AuslInvestmG ist der Grundstücksbegriff weit auszulegen. Dabei spielt es keine Rolle, wenn der Immobilienfonds teilweise auch aus anderen Vermögensgegenständen wie Büroeinrichtungen, Bankkonten usw. sowie Forderungen aus abgeschlossenen Verträgen besteht.[43]

Soweit Grundstücke nicht unmittelbar sondern über Tochtergesellschaften erworben 17
werden, die in der Regel Rechtsträger eines bestimmten Grundstückes sind, fallen auch solche Investmentvermögen bei wirtschaftlicher Betrachtungsweise als Immobilienfonds unter das AuslInvestmG.[44] Soweit ein Investmentvermögen außer in Wertpapieren oder Grundstücken auch in anderen Vermögenswerten angelegt ist, kommt es darauf an, ob die Anlage in Wertpapieren/Grundstücken nach der Satzung oder den Vertragsbedingungen und auch den tatsächlichen Verhältnissen überwiegt. Dies gilt entsprechend bei mittelbar über Tochtergesellschaften gehaltenen Investmentvermögen (vgl. § 1 Abs. 1 Satz 2 AuslInvestmG). Unter das AuslInvestmG fallen nicht Gold-, Schiffs-, Briefmarken-, Münzen-, Kunstgegenstände-, Hypotheken- und sonstige Fonds.[45] Derartige ausländische Fonds können nach Maßgabe und im Rahmen des allgemeinen Rechts vertrieben werden.

Das Vermögen muß nach dem Grundsatz der **Risikomischung** angelegt sein. Dies be- 18
deutet, daß das Vermögen in einer Vielzahl von Wertpapieren, verbrieften Forderungen aus Gelddarlehen oder Grundstücken oder beiden angelegt sein muß. Bei Cash-Fonds läßt sich allerdings die Risikomischung nicht verwirklichen, so daß ein solcher Fonds auch dann unter das AuslInvestmG fällt, wenn er die Einlagen z. B. nur bei der Depotbank unterhält. Auf die Zielsetzung des Fonds kommt es nicht an. Es fallen deshalb nicht nur die Anteile solcher Fonds unter die Regelung, bei der die Minderung möglicher Verlustgefahren im Vordergrund steht. Das Gesetz findet vielmehr auch auf Wachstumsfonds Anwendung, bei denen die Wertsteigerung Hauptmotiv der Anlagepolitik ist.[46] Ob ein aus Wertpapieren und/oder Einlagen und/oder verbrieften Forderungen aus Gelddarlehen und/ oder Grundstücken bestehendes Vermögen nach dem Grundsatz der Risikomischung angelegt ist, ist nach objektiven Kriterien zu bemessen, jedoch nicht ausschließlich.[47] Weitere Voraussetzung ist, daß die Bildung des Cash-Vermögens/Geldmarktvermögens, des Wertpapiervermögens oder des Immobilienvermögens die Anlage von Geldvermögen bezweckt, d. h. wenn der Geschäftsbetrieb des Unternehmens, das die Wertpapiere, die Einlagen, die verbrieften Forderungen aus Gelddarlehen und/oder das Immobilienvermögen

---

[41] BT-Drucks. 12/7918, 118.
[42] Zu den Geldmarktfonds s. auch § 18 Rdnr. 62 ff.
[43] Vgl. auch OVG Berlin v. 28. 3. 1973 – OVG I B 69/72.
[44] Investment-Handbuch 445 § 1 Rdnr. 21; s. a. § 1 Abs. 1 Satz 2 AuslInvestmG.
[45] Investment-Handbuch 445 § 1 Rdnr. 19.
[46] Amtl. Begr. (Fn. 34) S. 18.
[47] BVerwG v. 16. 10. 1979 (Fn. 34); s. auch VG Berlin v. 2. 12. 1986 (Fn. 34).

erwirbt und Anteile an dem Fonds ausgibt, nach seiner objektiven Ausgestaltung gerade auf die Anlage von Geldvermögen in Wertpapieren, Bankeinlagen, verbrieften Forderungen aus Gelddarlehen und/oder Grundstücken – nicht auf andere Zwecke – gerichtet ist. Der Grundsatz der Risikomischung dient unmittelbar und nur der Kapitalwertsicherung.[48]

19 Mit Rücksicht auf die Konstruktion der Dachfonds, deren Vertrieb im Inland untersagt ist (vgl. § 2 Nr. 4 Buchst. d AuslInvestmG), und um Umgehungsmöglichkeiten weitgehend auszuschließen, sieht das Gesetz den Grundsatz der Risikomischung auch dann als gewahrt an, wenn das Fondsvermögen „in nicht nur unerheblichem Umfange Anteile an einem oder mehreren anderen Vermögen enthält und diese anderen Vermögen unmittelbar oder mittelbar nach dem Grundsatz der Risikomischung angelegt sind" (§ 1 Abs. 1 Satz 2 AuslInvestmG). Es ist folglich nicht erforderlich, daß bereits das Vermögen, dessen Anteile vertrieben werden, unmittelbar risikogemischt angelegt ist; es genügt, wenn die Risikomischung bei einem – oder dem letzten von mehreren zwischengeschalteten – Unterfonds erreicht wird.[49]

20 **2. Öffentlicher Vertrieb.** Die Vorschriften des AuslInvestmG finden keine Anwendung auf den Verkauf im allgemeinen, sondern nur auf den Vertrieb „im Wege des öffentlichen Anbietens, der öffentlichen Werbung oder in ähnlicher Weise" (§ 1 Abs. 1 Satz 1 AuslInvestmG). Dies gilt im übrigen nur für den Geltungsbereich des Gesetzes, d. h. in Deutschland (s. dazu auch § 7 Abs. 1 und § 15c Abs. 1 AuslInvestmG). Mit dem Wort **Vertrieb** hat der Gesetzgeber ein in der Praxis des Investmentgeschäftes geläufiges Synonym für die Verkaufstätigkeit gewählt. Mit Vertrieb wird vor allem die Ausgabe von Investmentanteilen und deren Unterbringung (Plazierung) beim privaten Publikum umschrieben. Als Vertrieb wird man jede Veräußerung von ausländischen Investmentanteilen im eigenen oder fremden Namen oder auch nur das Angebot hierzu verstehen müssen. Auf den Erfolg eines Angebotes, also auf den Erwerb eines Anteils durch den Anleger, kommt es nicht an. Das Tatbestandsmerkmal des Vertriebs ist folglich bereits erfüllt, wenn von der Investment- oder der Vertriebsgesellschaft die sachlichen und personellen Mittel bereitgestellt werden, die einen Erwerb von Anteilen durch einen Anleger ermöglichen sollen. Hierzu gehören die Werbung ebenso wie sonstige, die spätere Veräußerung der Anteile vorbereitende Maßnahmen.[50] Vertrieb ist auch die namentliche Erwähnung von „Schwesterfonds" in den Verkaufs- und Werbeunterlagen.

21 Der Vertrieb setzt Aktivität von seiten des Vertreibenden voraus. Es muß sich dabei nicht unbedingt um eine auf den Verkauf im rechtstechnischen Sinne gerichtete Aktivität handeln. Der Vertrieb kann auch andere Formen der Veräußerung umfassen, z. B. den Umtausch von Anteilen eines Fonds in die eines anderen Fonds.[51]

22 Es muß sich um einen Vertrieb durch Anbieten, Werbung oder einen Vertrieb in ähnlicher Weise handeln. Das **„Anbieten"** ist einer Aufforderung zum Kauf ausländischer Investment-Anteile gleichzusetzen. Ein Anbieten kann durch persönliche Gespräche mit dem potentiellen Erwerber (Kundengespräch in der Bank, Hausbesuch, telefonischer Anruf) oder auf schriftlichem Wege (Kundenschreiben, Postwurfsendung) erfolgen. Auch ein Zeitungsinserat, das den Kauf bestimmter ausländischer Anteile empfiehlt, stellt eine Form des Anbietens dar. Ausländische Investmentanteile werden auch dann angeboten, wenn unmittelbarer Gegenstand des Angebotes eine Anlage auf einem Investmentkonto (s. dazu oben § 18 Rdnr. 89 und 140) über ausländische Investmentanteile ist oder wenn Depotkon-

---

[48] BVerwG (Fn. 34) mit dem Argument aus § 7 Abs. 3 KAGG, daß bestimmte, sonst geschützte Bezeichnungen dann geführt werden können, wenn der Anschein ausgeschlossen ist, daß der Inhalt des Geschäftsbetriebes auf die Anlage von Geldvermögen gerichtet ist; Aktien ausländischer Ferienfonds werden nicht als ausländische Investmentanteile angesehen, wenn der Geschäftszweck die Befriedigung persönlicher touristischer Bedürfnisse der Aktionäre ist.

[49] S. a. *Onderka* BB 1969, 1019.

[50] *Philipps,* Auslands-Investmentrecht, § 1 Rdnr. 2.

[51] Vgl. *Baur,* Investmentgesetze, S. 432.

struktionen angeboten werden, bei denen erst die ausländische Depotstelle darüber entscheidet, welche Fonds erworben werden (sog. Fondspicking).

Umfassender als der Begriff des Anbietens ist der der **„Werbung"**. Werbung umfaßt alle absatzfördernden Maßnahmen durch planmäßige Beeinflussung von Personen.[52] Der Werbung ist vor allem eigen, daß sie eine günstige Atmosphäre am Markt schafft. Es wird nicht nur dann geworben, wenn ausländische Investmentanteile unmittelbar durch die Massenmedien wie Rundfunk, Fernsehen oder Zeitung oder durch Verteilen von Handzetteln, Prospektversendung, Wandanschläge, Briefe für Anleger oder durch Vortragsveranstaltungen angeboten werden. Die Werbung kann auch mittelbar erfolgen, z. B. durch Schreiben an die Wirtschaftsredaktionen der Tageszeitungen oder durch Einladung an Pressevertreter in der Absicht, daß diese in einer absatzwirksamen Weise über die betreffenden ausländischen Investmentanteile berichten. Die Veröffentlichung von Jahresabschlüssen oder die Notierung von Ausgabe- und Rücknahmepreisen in Tageszeitungen sind, auch wenn sie lediglich der Information vorhandener Anleger dienen, ebenfalls Werbung.[53] 23

Es muß sich um ein öffentliches Anbieten oder eine öffentliche Werbung handeln. **Öffentlich** ist jedes Angebot oder jede Werbung, wenn sie sich an einen unbestimmten Personenkreis richten. Somit fallen u. a. auch alle Werbeverlautbarungen in Presse, Rundfunk, Fernsehen oder durch Postwurfsendungen in den Anwendungsbereich des AuslInvestmG.[54] Die Grenze zwischen öffentlich und nicht mehr öffentlich dürfte dort zu ziehen sein, wo sich das Angebot oder die Werbung an bestimmte Personen richtet, die mit dem Anbietenden oder Werbenden schon zu einem früheren Zeitpunkt in Verbindung getreten sind. Betreut z. B. ein Kreditinstitut einen bestimmten Kundenkreis, so sind an diesen gerichtete Angebote zum Erwerb ausländischer Investmentanteile keine öffentlichen Angebote. Ein dagegen an alle Kunden eines Kreditinstitutes gerichtetes Informationsschreiben oder z. B. entsprechende Hinweise auf Kontoauszügen sind hingegen als öffentlich zu bezeichnen, da es sich um eine stets wechselnde und daher unbestimmte Zahl von Kunden handelt.[55] Dieselben Überlegungen gelten auch für einen selbständigen Anlageberater. Dieser bietet nur dann nicht öffentlich an, wenn er einen kleinen, in der Zusammensetzung unveränderten Kundenkreis dauernd berät. 24

Das Merkmal der Öffentlichkeit wird nicht schon dadurch beseitigt, daß es sich um einen gezielt ausgesuchten und mit Namen angesprochenen Empfängerkreis handelt, wenn andererseits der Anbietende oder Werbende keinen Einfluß auf die Zusammensetzung des Kreises hat. Daher ist öffentlich eine Werbung, die sich an alle Ärzte oder Rechtsanwälte einer Stadt richtet. Ebenfalls öffentlich ist die Werbung eines Investmentverkäufers, der von Haustür zu Haustür zieht.[56] 25

Das Angebot oder die Werbung sind dann nicht öffentlich, wenn die Initiative vom Kunden ausgeht. Bittet z. B. ein Kunde sein Kreditinstitut, ihn über mögliche Investmentanlagen im Ausland zu unterrichten, so können auch solche Anteile empfohlen und für den Kunden beschafft werden, die nach dem AuslInvestmG nicht öffentlich vertrieben 26

---

[52] *Krasensky* Österreichisches Bank-Archiv 1968, 115; vgl. auch *Waldeck/Süssmann* WM 1993, 361, 364 zum VerkaufsprospektG, nach dessen Systematik die öffentliche Werbung eine vom öffentlichen Angebot unterscheidbare, gesteigerte Form der Ansprache des Anlegerpublikums ist.

[53] Vgl. BAK-Schr. v. 20. 1. 82, Investment-Handbuch 448 Nr. 12, das die Einstellung der Bekanntgabe der Ausgabe- und Rücknahmepreise in BAnz. fordert. *Philipps* Wirtschafts- und Investment-Digest 8/1969, 24, bezeichnet den Werbeerfolg als unvermeidliches Nebenprodukt. Vgl. jedoch die Sonderregelung in § 1 Abs. 2 AuslInvestmG für an einer inländischen Börse zum amtlichen Handel oder zum geregelten Markt zugelassene ausländische Investmentanteile.

[54] Amtl. Begr. (Fn. 34) S. 17.

[55] *Baur,* Investmentgesetze, S. 434; Investment-Handbuch 445 § 1 Rdnr. 11.

[56] *Baur,* Investmentgesetze, S. 434; a. A. *Philipps,* Auslands-Investmentrecht, § 1 Rdnr. 4, der darin jedoch einen vom Gesetz erfaßten Vertrieb „in ähnlicher Weise" sieht, ebd. Rdnr. 6; ebenso *Onderka* BB 1969, 1019.

werden dürfen.[57] Für solche Fälle muß das Kreditinstitut Werbeschriften des ausländischen Fonds bereit halten und sie ohne Verletzung des Gesetzes dem einzelnen Kunden am Schalter aushändigen können. Werden dagegen Anlagegespräche mit dem Ziel geführt, dem Kunden Anteile von Fonds zu empfehlen, deren Vertrieb im Inland unzulässig ist, so ist dies nach dem AuslInvestmG nicht gestattet. Daher ist auch nicht zulässig eine offene Auflegung von Prospektmaterial nicht vertiebsberechtigter Investmentfonds am Schalter oder im Schalterraum oder eine Reklame im Schaufenster, z. B. auf Kurstafeln.[58]

27 Neben dem öffentlichen Anbieten und der öffentlichen Werbung nennt das Gesetz noch den **Vertrieb „in ähnlicher Weise"**. Hierdurch soll sichergestellt werden, daß mögliche neue Vertriebswege erfaßt werden, die nicht unter die Begriffe „öffentliches Angebot" oder „öffentliche Werbung" fallen, aber wirtschaftlich eine entsprechende Bedeutung haben. Es wird in diesen Fällen nicht unbedingt darauf ankommen, daß die Vertriebsformen „öffentlich" sind; das Schwergewicht liegt vielmehr auf der wirtschaftlichen Vergleichbarkeit.[59] Soweit das Anbieten oder die Werbung nicht zweifelsfrei als öffentlich angesehen werden kann, wie z. B. bei einer größeren Anzahl Personen, die zwar persönlich angesprochen, in ihrer Zusammensetzung aber nicht mehr durch die persönliche Bekanntschaft mit dem Vertreibenden bestimmt werden, kann es sich wie hier um einen Vertrieb in ähnlicher Weise handeln. Dies gilt auch für den Fall des Kreditinstituts, das über den Bereich der individuellen Anlageberatung hinaus in einer allgemeinen Aktion eine Vielzahl seiner Kunden auf den möglichen Erwerb bestimmter Investmentanteile aufmerksam macht.[60]

28 Der Vertrieb muß im Geltungsbereich des AuslInvestmG erfolgen (vgl. § 7 Abs. 1 und § 15 c Abs. 1 AuslInvestmG). Unter das AuslInvestmG fallen deshalb nicht ein öffentliches Anbieten oder Werben in der ausländischen Presse oder in sonstigen Kommunikationsmitteln, die nicht allgemein oder in erster Linie für das inländische Publikum bestimmt sind, z. B. Werbung in einer Schweizer Tageszeitung. Werden Werbesendungen, z. B. des Rundfunks oder Fernsehens über Satellit, speziell in die Bundesrepublik ausgestrahlt oder Erzeugnisse der Presse (Zeitschriften, Broschüren) und Postwurfsendungen, die für inländische Empfänger bestimmt sind, lediglich im Ausland aufgegeben, so handelt es sich um ein Anbieten oder Werben im Inland.[61] Das AuslInvestmG findet auch Anwendung, wenn die ausländischen Investmentanteile im Inland einem Ausländer angeboten werden.[62]

29 **3. Vertriebsvoraussetzungen.**[62a] Um ausländische Investmentanteile öffentlich im Inland vertreiben zu können, müssen die in §§ 2 ff. AuslInvestmG genannten Voraussetzungen, insbesondere die materiellen Voraussetzungen des § 2 AuslInvestmG, erfüllt sein. Bei EG-Investmentanteilen ist Voraussetzung, daß die Bestimmungen der Investment-Richtlinie erfüllt sind (§ 15 AuslInvestmG). In diesem Falle bedarf es nicht mehr eines inländischen Repräsentanten, sondern nur noch einer inländischen Zahlstelle (§ 15 a AuslInvestmG). Außerdem bedarf es des in §§ 7, 8 i. V. m. § 14 AuslInvestmG (für EG-Investmentanteile in §§ 15 c, 15 d AuslInvestmG) geregelten **Registrierungsverfahrens** beim BAK (s. dazu Rdnr. 74). Diese Vorschriften werden unterstützt durch die Bußgeldandrohung des § 21 AuslInvestmG bei vorsätzlich oder fahrlässig unzulässigem Vertrieb ausländischer Investmentanteile.

---

[57] Vgl. *Flachmann,* Sparkasse 1969, 206; Investment-Handbuch 445 § 1 Rdnr. 10; *Steder* WM 1969, Sonderbeilage Nr. 2 S. 3.

[58] Vgl. *Baur,* Investmentgesetze, S. 435.

[59] Amtl. Begr. (Fn. 34).

[60] Vgl. Investment-Handbuch 445 § 1 Rdnr. 11; *Philipps,* Auslands-Investmentrecht, § 1 Rdnr. 6.

[61] *Baur,* Investmentgesetze, S. 436; vgl. auch oben § 10 Rdnr. 5 zur Anwendung deutschen Wettbewerbsrechts bei Anzeigen in ausländischen Presseerzeugnissen, die im Inland vertrieben werden.

[62] *Baur,* Investmentgesetze, S. 437.

[62a] Erw. vorauss. z. 1. 7. 1997 durch das Richtlinien-Begleitgesetz um die Anforderung, daß die ausländische Investmentgesellschaft und die Verwaltungsgesellschaft im Staat ihres Sitzes oder ihrer Hauptverwaltung einer wirksam öffentlichen Aufsicht zum Schutz der Investmentanteilinhaber unterliegen und keine Tatsachen die Annahme rechtfertigen, daß die zuständigen ausländischen Aufsichtsstellen nicht zu einer befriedigenden Zusammenarbeit mit dem BAK bereit sind.

Nach im Schrifttum vertretener Ansicht ist der Vertrieb ausländischer Investmentanteile in Deutschland grundsätzlich unzulässig.[63] Die Rechtslage sei ähnlich einem Verbot mit Erlaubnisvorbehalt. Dagegen spricht die Systematik des § 8 AuslInvestmG, der bei Unzulässigkeit des öffentlichen Vertriebs eine Untersagung des Vertriebs durch das BAK verlangt. Das Gesetz enthält vielmehr in den §§ 7 und 8 AuslInvestmG eine Anzeigepflicht mit zeitlich beschränktem Verbotsvorbehalt.[64] Das AuslInvestmG, insbesondere dessen § 2, der die materiellen Zulässigkeitsvoraussetzungen enthält, ist seinem Wortlaut nach kein zwingendes staatliches Verbotsgesetz, so daß ein nicht zulässiger Vertrieb nicht zur Nichtigkeit eines Kaufs bestimmter ausländischer Investmentanteile nach § 134 BGB führt. Die Vorschriften über die Vertriebsvoraussetzungen sind jedoch zu Gunsten der Anteilerwerber Schutzgesetze i. S. des § 823 Abs. 2 BGB. Sie dienen nicht nur öffentlichen Interessen, der Ordnung des Investmentmarktes, sondern haben maßgeblich auch den Schutz individueller Erwerber von Investmentanteilen im Auge.[65] 30

a) Repräsentant. Zu den materiellen Vertriebsvoraussetzungen nach § 2 Nr. 1 AuslInvestmG zählt, daß die ausländische Investmentgesellschaft dem BAK ein inländisches Kreditinstitut oder eine zuverlässige, fachlich geeignete Person mit Sitz oder Wohnsitz im Geltungsbereich des AuslInvestmG als Repräsentant benennt. Dieser Repräsentant kann sowohl Inländer als auch Ausländer sein.[66] Die vollkommene Beherrschung der deutschen Sprache in Wort und Schrift ist eine unerläßliche Voraussetzung für die fachliche Qualifikation des Repräsentanten. Das BAK stellt an die fachliche Qualifikation zwar nicht in vollem Umfang die Anforderungen des § 33 Abs. 2 KWG. In Anlehnung an diese Bestimmung dürfte nach Ansicht des BAK die fachliche Eignung i. d. R. allerdings nur dann angenommen werden können, wenn eine dreijährige Tätigkeit in nicht nur untergeordneter Stellung auf dem Gebiet des Effektenwesens nachgewiesen wird (z. B. bei einer Bank, bei einer Wertpapierbörse, im Rahmen einer Investmentvertriebsorganisation). Sofern als Repräsentant eine Gesellschaft benannt wird, die nicht Kreditinstitut i. S. des KWG ist, müssen nach Ansicht des BAK an die Qualifikation ihrer gesetzlichen Vertreter die gleichen Anforderungen gestellt werden wie in den Fällen, in denen als Repräsentant eine natürliche Person benannt wird.[67] Die Tatsachen, auf die sich die Zuverlässigkeit und Sachkunde des Repräsentanten gründet, ist von der ausländischen Investmentgesellschaft darzutun.[68] 31

Die besonderen **Aufgaben** des Repräsentanten sind geregelt in § 6 AuslInvestmG. Der Repräsentant vertritt die ausländische Investmentgesellschaft gerichtlich und außergerichtlich. Er gilt als zum Empfang der für die Verwaltungsgesellschaft und die Vertriebsgesellschaft bestimmten Schriftstücke ermächtigt. Diese Befugnisse können nicht beschränkt werden (§ 6 Abs. 1 AuslInvestmG). Für Klagen gegen eine ausländische Investmentgesellschaft, eine Verwaltungsgesellschaft oder eine Vertriebsgesellschaft, die auf den Vertrieb von Investmentanteilen im Geltungsbereich dieses Gesetzes Bezug haben, ist das Gericht zuständig, in dessen Bezirk der Repräsentant seinen Wohnsitz oder Sitz hat. Dieser Gerichtsstand kann durch Vereinbarung nicht ausgeschlossen werden (§ 6 Abs. 2 AuslInvestmG). Der Name des Repräsentanten und die Beendigung seiner Stellung sind von dem BAK im Bundesanzeiger bekannt zu machen (§ 6 Abs. 3 AuslInvestmG). 32

Durch die weitgehende **Vertretungsbefugnis** des Repräsentanten, die nicht beschränkt werden darf – entgegenstehende Vereinbarungen wären nichtig (§ 134 BGB) – wird zu- 33

---

[63] *Steder* WM 1969, Sonderbeilage 2 S. 4; *Heilmaier* Die Bank 1991, 393.

[64] OVG Berlin v. 21. 2. 1973, BAR § 9 AuslInvestmG Nr. 2; das Argument der Vorauflage aus Art. 12 Abs. 1 GG wird aufgegeben, da dieses Grundrecht nicht für ausländische Gesellschaften gilt; dazu auch *Heilmaier* Fn. 63; zur Zulässigkeitsfrage s. a. Investment-Handbuch 445 § 2 Rdn. 2.

[65] Investment-Handbuch 445 vor § 2 VII.

[66] Schreiben BAK v. 21. 1. 1969, abgedruckt in: Investment-Handbuch 448 Nr. 1.

[67] Fn. 66.

[68] Amtl. Begr. (Fn. 34) S. 18; s. a. Abschnitt I Nrn. 7 und 8 des Merkblattes für Anzeigen nach § 7 und § 15 c AuslInvestmG.

sammen mit der in § 6 Abs. 2 AuslInvestmG enthaltenen **Gerichtsstandsbestimmung** sichergestellt, daß Mitteilungen an und Schritte gegen die ausländische Investmentgesellschaft (die Verwaltungsgesellschaft und die Vertriebsgesellschaft) rechtswirksam im Inland erfolgen können und insbesondere die gerichtliche Verfolgung von Ansprüchen aus dem Vertrieb von Investmentanteilen gegen die ausländische Investmentgesellschaft in der Bundesrepublik gewährleistet ist. Durch die vorgesehene Rechtsstellung soll der Repräsentant in die Lage versetzt werden, rechtswirksame Erklärungen gegenüber der Behörde oder inländischen Anteilinhabern abzugeben. Die weitgehenden Befugnisse des Repräsentanten und die sich daraus ergebenden Folgen für die ausländischen Investmentgesellschaften werden diese veranlassen, bei seiner Auswahl besondere Sorgfalt zu üben.[69]

34 Es gibt keine Beschränkung der Vertretungsmacht des Repräsentanten aus dem Zweck seiner Aufgabe, wie sie z. B. die angelsächsische Ultra-vires-Lehre kennt. Es entspricht dem allgemeinen Grundsatz des deutschen Rechts der Handelsgesellschaft, daß der Verkehr sich auf die unbeschränkte Vertretungsmacht der in Betracht kommenden Organe soll verlassen können, soweit nicht das Gesetz selbst Beschränkungen vorsieht.[70] Mit Ausnahme des § 181 BGB (Verbot des sog. Selbstkontrahierens) gibt es keine gesetzlichen Bestimmungen, die die Vertretungsmacht des Repräsentanten beschränken. Diese weitgehende Vertretungsmacht des Repräsentanten kann auf Schwierigkeiten stoßen, wenn nach der Satzung oder nach der für die Investmentgesellschaft geltenden Rechtsordnung die Bestellung eines solchen Vertreters nicht zulässig ist oder nur die Kollektivvertretung vorgesehen ist. Im letzteren Fall ist die Einschränkung unbeachtlich, da § 6 AuslInvestmG als zwingende Vorschrift z. B. i. S. des Art. 34 EGBGB anzusehen ist. Wird im Ausland die Bestellung eines Vertreters überhaupt untersagt, ist dies im Inland ebenfalls unbeachtlich. Da sich mit Rücksicht auf die Auslandsbeziehung beim Erwerb ausländischer Investmentanteile die Rechte des Anlegers aus den ausländischen Investmentanteilen jedoch nach dem anwendbaren Rechte bestimmen, dem der Investmentfonds unterliegt,[71] kann dies zur Folge haben, daß, bezogen auf den Investmentvertrag, die Bestellung des Repräsentanten die Rechtswirkungen des § 6 AuslInvestmG nicht auslöst. Die wirksame Bestellung des Repräsentanten ist deshalb anläßlich der Vertriebsanzeige zu prüfen.[72]

35 Bei der weitgehenden Vertretungsbefugnis des Repräsentanten empfiehlt es sich, den Umfang an Aufgaben, soweit er nicht vom Gesetz vorgegeben ist, schriftlich in einem Repräsentantenvertrag zu vereinbaren[73] und sich auch der Zustimmung der Verwaltungsgesellschaft und der Hauptvertriebsgesellschaft, deren Empfangsbevollmächtigter der Repräsentant nach § 6 Abs. 1 Satz 2 AuslInvestmG ist, zu vergewissern.

36 Im Vordergrund der Tätigkeit des Repräsentanten steht der Kontakt mit dem BAK. Die Vertriebsanzeige nach § 7 AuslInvestmG ist zwar von der ausländischen Investmentgesellschaft einzureichen. Diese wird jedoch erwarten, daß der Repräsentant ihr bei der Formulierung der Anzeige und der Beschaffung der erforderlichen Unterlagen behilflich ist. Dies gilt entsprechend für die nach § 7 Abs. 2 Nr. 6 Buchst. a AuslInvestmG einzureichenden Unterlagen zur Rechnungslegung und hinsichtlich der nach § 7 Abs. 2 Nr. 6 Buchst. b AuslInvestmG vorgeschriebenen Unterrichtung des BAK über wesentliche Änderungen von bei der Vertriebsanzeige mitgeteilten Umständen sowie Änderungen bei vorgelegten und Informationen über neue Werbeschriften, ferner hinsichtlich der nach § 7 Abs. 2 Nr. 6 Buchst. d AuslInvestmG vorgeschriebenen Meldung an das BAK und die BBk über die Umsätze im Vertrieb.

37 *b) Depotbank.* Die Gegenstände des Fondsvermögens müssen von einer Depotbank verwahrt oder es muß zusätzlich im Falle des Immobilienfonds der Bestand an Grundstücken

---

[69] Amtl. Begr. (Fn. 34) S. 21.

[70] Vgl. *Baumbach/Hueck* § 82 AktG Rdnr. 3.

[71] Vgl. oben § 10 Rdnr. 58.

[72] Die SEC hat die Verpflichtung, einen Repräsentanten zu bestellen, für US-amerikanische Fonds als wirksam angesehen; dazu *Philipps,* Wirtschafts- und Investment-Digest 9/1969, 22.

[73] Zur Übersicht der Aufgaben eines Repräsentanten s. *Baur,* Investmentgesetze, S. 507.

von einer Depotbank überwacht werden, die die Anteilinhaber in einer den Bestimmungen des KAGG vergleichbaren Weise sichert. In den Fällen, in denen das ausländische Fondsvermögen ganz oder teilweise aus Einlagen besteht (d. h. bei Cash-Fonds oder Geldmarktfonds) ist aus Wettbewerbsgründen, analog den Regelungen für inländische Anteile im KAGG, die Möglichkeit vorgesehen, daß die Einlagen nicht nur bei der Depotbank, sondern auch bei anderen Instituten unterhalten werden, sofern die Depotbank diesen Bestand an Einlagen überwacht (§ 2 Nr. 2 AuslInvestmG). Dies hat entsprechend der Kontrollfunktion zu geschehen, wie sie die Depotbank inländischer Geldmarktfonds ausübt (Verweisung auf § 7 d Abs. 2 KAGG). Abweichend von den Regelungen für Inlandsfonds müssen die Einlagen nicht ausschließlich bei Kreditinstituten unterhalten werden. Das AuslInvestmG spricht von Unternehmen, die das Einlagengeschäft betreiben. Dies können z. B. auch angelsächsische Brokerhäuser sein.[74] Die Aufgaben der Depotbank können gegebenenfalls mit Zustimmung des BAK auch von mehreren Depotbanken wahrgenommen werden, wenn dies im Rahmen des Geschäftsbetriebes der ausländischen Investmentgesellschaft erforderlich ist und dadurch die Sicherheit nicht beeinträchtigt wird (§ 2 Nr. 2 AuslInvestmG). An die Voraussetzungen der **„vergleichbaren Sicherung"** werden vom BAK strenge Anforderungen gestellt, da die Depotbank schlechthin diejenige Institution ist, die den deutschen Anlegern – vor allem bei Fehlen einer staatlichen Investment-Aufsicht im Sitzland der ausländischen Investmentgesellschaft – ein Minimum an Sicherung bieten soll.[75]

Es kommt nicht darauf an, daß Stellung und Befugnis der ausländischen Depotbank denen einer inländischen Depotbank in allen Einzelheiten entsprechen. Entscheidend ist vielmehr, daß die ausländische Depotbank unter Würdigung der besonderen Umstände des Einzelfalles insgesamt gesehen, eine vergleichbare Sicherheit bietet.[76] **38**

Bei den Anforderungen an die Depotbank ist, soweit es sich um Wertpapierfonds handelt, von den §§ 12 bis 12 c KAGG auszugehen. Diese Bestimmungen werden im Falle der Immobilienfonds ergänzt durch den Verweis auf § 31 KAGG.[77] Für die Prüfung der vergleichbaren Sicherung ist zunächst der Depotbankvertrag maßgebend. Sofern sich der Inhalt der Rechtsbeziehungen zwischen der Depotbank und der Investmentgesellschaft nicht nur aus dem Depotbankvertrag, sondern auch aus anderen Rechtsquellen ergibt (z. B. Gesetz, allgemeine Geschäftsbedingungen der Depotbank), ist es erforderlich, durch ausdrückliche Vereinbarung mit der Depotbank sicherzustellen, daß hierdurch nicht die vom AuslInvestmG verlangte vergleichbare Sicherung beeinträchtigt wird.[78] **39**

Als Anforderungen im einzelnen sind zu nennen, daß die Depotbank ausdrücklich berechtigt und verpflichtet ist, für einen umfassenden Gewahrsam der Gegenstände des Fondsvermögens Sorge zu tragen, einschließlich des Rechts und der Pflicht, die zum Fondsvermögen gehörenden Ansprüche gegen Dritte auf Aushändigung von Gegenständen des Fondsvermögens (ggf. nach Eigentumsübertragung) geltend zu machen, soweit dies zur Erhaltung des Fondsvermögens notwendig erscheint. Die Gegenstände des Fondsvermögens müssen unverzüglich und ohne Umweg in den Gewahrsam der Depotbank gelangen. Die Aufgabe der Depotbank kann z. B. nicht auf das Vermögen beschränkt werden, soweit es sich in ihrer Verwahrung befindet, oder das von Zeit zu Zeit der Depotbank ausgehändigt wird.[79] **40**

Bei **Kauf** und **Verkauf von Wertpapieren** durch den Fonds wird den genannten Anforderungen dadurch entsprochen, daß die Depotbank die Wertpapiere bzw. den Kaufpreis **41**

---

[74] Fn. 41.

[75] Dazu ausführlich *Beckmann* ZfK 1971, 97, 133.

[76] Amtl. Begr. (Fn. 34) S. 18.

[77] Die Verweisung auf § 31 KAGG ist erst durch das 1. FMFG erfolgt. Von einer solchen Anforderung wurde jedoch bereits vorher ausgegangen. Vgl. *Baur,* Investmentgesetze, S. 454; OVG Berlin v. 14. 1. 1971 – OVG V S 25/70 – BAR § 2 AuslInvestmG Nr. 3 hatte dies offen gelassen.

[78] Dazu *Beckmann* ZfK 1971, 98.

[79] *Beckmann* ZfK 1971, 98.

nur Zug um Zug gegen Erhalt des Gegenwertes freigibt. Zahlungen und Überweisungen über eine Zahlstelle müssen unverzüglich an die Depotbank gelangen, insbesondere ist auszuschließen, daß die Fondsverwaltung oder andere Stellen die Möglichkeit haben, vor Eingang der Beträge bei der Depotbank über diese zu verfügen.

42 Die Depotbank hat die **Verwahrung** des Fondsvermögens selbst durchzuführen, sofern sie nicht Wertpapiere in entsprechender Anwendung von § 12 a Abs. 1 Satz 2 KAGG in Drittverwahrung geben darf. Dies setzt voraus, daß die Drittverwahrung nach dem jeweils für die Depotbank geltenden nationalen Recht grundsätzlich zulässig ist. Mit Rücksicht auf die durch das 2. FMFG geänderte Fassung des § 5 DepotG muß die Depotbank durch die Investmentgesellschaft hierzu nicht ausdrücklich ermächtigt sein.[80] Drittverwahrer im Inland, gesehen aus der Sicht der Depotbank, darf nur eine Wertpapiersammelbank sein. Wertpapiere im Ausland, gesehen aus der Sicht der Depotbank, dürfen bei einer Bank verwahrt werden, die einem deutschen Kreditinstitut i. S. des § 1 KWG vergleichbar ist.[81] Die kontinuierliche Verwahrung des Fondsvermögens durch eine Depotbank muß auch im Falle der Aufhebung des Depotbankvertrages gewährleistet sein. Dem stehen Vereinbarungen entgegen, die vorsehen, daß das Fondsvermögen bei einer Kündigung des Depotbankvertrages von der Depotbank an die Fondsverwaltung oder eine von dieser benannten Stelle auszuhändigen ist.[82]

43 Wird das Fondsvermögen durch unrechtmäßiges Handeln der Fondsverwaltung **geschädigt,** so muß die Depotbank i. S. von § 12 c Abs. 2 Satz 1 Nr. 1 KAGG berechtigt und verpflichtet sein, im eigenen Namen die Ansprüche des Fonds geltend zu machen. Um einem Schaden oder einer Gefährdung des Fondsvermögens vorzubeugen, hat die Depotbank eine Kontrolle der Verfügungen über das Fondsvermögen durchzuführen. Ein Mittel hierzu ist die Konto- und Depotsperre. In diesem Zusammenhang hat die Depotbank die Angemessenheit des Gegenwertes zu kontrollieren, der bei einer Verfügung über das Sperrkonto bzw. Depot in das Fondsvermögen fließt.[83] Ebenso gehört es zu den Aufgaben der Depotbank, eine ständige Kongruenz zwischen dem Inventarwert des Fondsvermögens und dem Wert der umlaufenden Anteile sicherzustellen. Dementsprechend ist die Depotbank im Depotbankvertrag zu verpflichten, durch ständige Kontrollen der die Ausgabe und Rücknahme der Anteile besorgenden Stelle, bei der es sich nicht um ein Kreditinstitut zu handeln braucht, für einen ordnungsgemäßen Ablauf der mit der Ausgabe und Rücknahme zusammenhängenden Vorgänge Sorge zu tragen.[84] Ein Depotbankvertrag würde den Sicherungs- und Kontrollfunktionen der Depotbank nicht gerecht, wenn sich die Depotbank in diesem weitgehend von Haftungen gegenüber den Anlegern freizeichnet.[85]

44 Bei Immobilienfonds hat die Depotbank den Bestand der Grundstücke in einer dem § 31 KAGG vergleichbaren Weise zu überwachen. Dies bedeutet bei Grundstücken, daß die Investmentgesellschaft nur mit Zustimmung der Depotbank über ein Grundstück verfügen darf. Sofern die Eintragung einer Verfügungsbeschränkung i. S. des § 31 Abs. 4 KAGG zugunsten der Depotbank in ein öffentliches Register nicht möglich oder nicht ausreichend ist, ist das Zustimmungserfordernis der Depotbank in anderer geeigneter Form sicherzustellen, z. B. dergestalt, daß die zur Verfügung über ein Grundstück erforderlichen Urkunden von der Depotbank verwahrt werden.[86] Soweit Tochtergesellschaften bei Grundstücksgesellschaften zwischengeschaltet sind, muß auch das gesamte Vermögen der Grundstückstochtergesellschaften von der Depotbank verwahrt und kontrolliert werden.

---

[80] A. A. noch *Beckmann* ZfK 1971, 99.
[81] *Beckmann* ZfK 1971, 99.
[82] Vgl. *Beckmann* ZfK 1971, 100.
[83] Vgl. *Beckmann* ZfK 1971, 133.
[84] Vgl. *Beckmann* ZfK 1971, 133.
[85] Vgl. VG Berlin v. 20. 11. 1970 – VG III A 246/70 – BAR § 2 AuslInvestmG Nr. 2.
[86] *Beckmann* ZfK 1971, 134.

Als Mindestanforderung qualitativer Art an die Depotbank ist zu nennen, daß es sich um ein Kreditinstitut handeln muß. Dieses muß von einer dem BAK vergleichbaren Aufsichtsbehörde überwacht werden. Es muß ferner Bankgeschäfte betreiben und der Umfang dieser Geschäfte einen in kaufmännischer Weise eingerichteten Geschäftsbetrieb erfordern. Ausländische Broker, die sich auf den Effektenhandel spezialisiert haben, kommen als Depotbank nicht in Betracht.[87] Bei ihnen können nur im Fall der Cash-Fonds oder Geldmarktfonds unter der Kontrolle der Depotbank, wenn sie das Einlagegeschäft betreiben, Einlagen der Fonds unterhalten werden.[88] 45

Gleiche Anforderungen wie in § 12 Abs. 1 Satz 5 KAGG hinsichtlich der Eigenkapitalausstattung müssen auch für die Depotbank eines ausländischen Investmentvermögens gelten (mindestens ein haftendes Eigenkapital von 10 Mio. DM). Die Depotbank muß zum Einlagen- und Depotgeschäft zugelassen sein und in ihrem Sitzstaat Mitglied einer geeigneten Einrichtung zur Sicherung der Einlagen sein (§ 12 Abs. 3 Satz 2 KAGG). Das BAK verneint die Notwendigkeit einer vollen Sicherung. Hinzuweisen ist auch auf § 3 Abs. 2 Satz 4 AuslInvestmG i. d. F. des 2. FMFG, durch den nur auf eine ausreichende Publizität im Verkaufsprospekt mit Angaben über den Schutz der Einlagen durch Sicherungseinrichtungen abgestellt wird. 46

Schließlich gilt auch das Verbot der personellen Verflechtung i. S. des § 12 Abs. 1 Satz 4 KAGG. Geschäftsleiter, Prokuristen und die zum gesamten Geschäftsbetrieb ermächtigten Handlungsbevollmächtigten der Depotbank dürfen nicht gleichzeitig Angestellte der Investmentgesellschaft sein (vgl. dazu auch oben § 18 Rdnr. 100 und 101). Dieses **Verbot der personellen Verflechtung,** das eine unzulässige Einflußnahme Außenstehender auf die Kontrolltätigkeit der Depotbank verhindern soll, gilt auch im Verhältnis von Verwaltungs- oder Vertriebs-Gesellschaft zur Depotbank.[89] Sofern die Depotbank die Anteile nicht selbst ausgibt und zurücknimmt, muß die die Ausgabe und Rücknahme der Anteile besorgende Stelle – in gleicher Weise wie die Depotbank – von der Investmentgesellschaft, der Verwaltungsgesellschaft, der Vertriebsgesellschaft sowie von dem Repräsentanten rechtlich und personell unabhängig sein.[90] 47

Die häufig bei der Konstruktion des Fondsvermögens in der Rechtsform eines **Trusts** anzutreffende Vereinigung der Depotbank- und Treuhänderfunktion, die mit dem Eigentum an dem Fondsvermögen verbunden ist, in der Hand einer Bank, steht nicht im Widerspruch zu den Anforderungen des § 12 Abs. 1 Satz 4 KAGG, sofern die Verwaltungs- und Verfügungsbefugnis über das Fondsvermögen nicht bei der Bank, sondern bei einer von der Depotbank rechtlich und personell unabhängigen Verwaltungsgesellschaft liegt.[91] 48

c) Zahlstelle. Um den Zahlungsverkehr zwischen inländischen Anlegern und ausländischen Zahlungsempfängern zu erleichtern, um Zwischenverfügungen sowie Umwege zu Lasten des Anlegers weitgehend auszuschließen und keine unnötigen Verzögerungen im Zahlungs- und Überweisungsverkehr aufkommen zu lassen,[92] müssen ein oder mehrere inländische Kreditinstitute als Zahlstellen benannt werden. Auch inländische Zweigstellen ausländischer Kreditinstitute, auf die § 53 KWG anzuwenden ist, können diese Funktion wahrnehmen. Im Rahmen der Vertriebsanzeige wird eine Darstellung des Zahlungsweges 49

---

[87] Vgl. *Baur,* Investmentgesetze S. 455; ferner *Beckmann* ZfK 1971, 134.

[88] Oben Rdnr. 37.

[89] Vgl. Amtl. Begr. (Fn. 34) S. 19; *Beckmann* ZfK 1971, 136; *Baur,* Investmentgesetze, S. 455; a. A. *Philipps,* Auslands-Investmentrecht § 2 Rdnr. 23 im Hinblick auf die unzulässige Personalunion zwischen Vertriebsgesellschaft und Depotbank; insgesamt ablehnend *Pfannschmidt* WM 1970, 922, 924 „Verbot der Personalunion keine Sicherheitsfrage".

[90] *Beckmann* ZfK 1971, 137.

[91] *Beckmann* ZfK 1971, 137; die früher abweichende Rechtssituation der Investmentgesellschaften in der Schweiz, nach der eine Personalunion zwischen Depotbank und Fondsleitung möglich war und auch teilweise praktisch bestand, rechtfertigte allein ohne Gesetzesänderung keine Ausnahme; a. A. *Pfannschmidt* WM 1970, 925.

[92] Vgl. Amtl. Begr. (Fn. 34) S. 19.

für Zahlungen von den Zahlstellen zur Depotbank und umgekehrt verlangt, ebenso die Bestätigung der einzelnen Zahlstellen über die Übernahme dieser Funktionen.[93] Name oder Firma, Sitz und Anschrift der Zahlstellen sind im Verkaufsprospekt anzugeben (§ 3 Abs. 2 Nr. 2 AuslInvestmG). Der Anleger ist nicht verpflichtet, sich der Zahlstelle zu bedienen.

50 *d) Anforderungen an die Vertragsbedingungen oder die Satzung.*[94] Mit Rücksicht auf den Schutz der inländischen Sparer werden in § 2 Nr. 4 AuslInvestmG Mindestanforderungen an den Inhalt der Vertragsbedingungen oder die Satzung gestellt. Die Vertragsbedingungen oder die Satzung sind nach § 7 Abs. 2 Nr. 2 AuslInvestmG zugleich mit der Vertriebsanzeige einzureichen. Änderungen sind nach § 7 Abs. 2 Nr. 6 Buchst. b AuslInvestmG dem BAK mitzuteilen. Werden Vertragsbedingungen oder der Satzung in der Weise geändert, daß eine der in § 2 Nr. 4 AuslInvestmG aufgezählten Voraussetzungen entfällt, hat das BAK den weiteren Vertrieb nach § 8 Abs. 3 Nr. 2 AuslInvestmG zu untersagen. Verstöße gegen die in den Vertragsbedingungen oder die Satzung übernommenen Verpflichtungen können nach § 8 Abs. 4 Nr. 3 AuslInvestmG, sofern es sich um solche erheblicher Art handelt, zur Untersagung des weiteren Vertriebs führen.

51 Die **Mindestanforderungen** des **§ 2 Nr. 4 AuslInvestmG** an die Vertragsbedingungen oder die Satzung sind teils anleger-, teils fondsbezogen.[95] Dementsprechend sind sie dort zu regeln, wo sie entweder Wirkung für das gesamte Fondsvermögen oder in bezug auf den einzelnen Anleger entfalten. Bereits in der Gesetzesfassung vor Änderung durch das 1. FMFG, die nur den Begriff der Vertragsbedingungen enthielt, wurde dieser nicht nur in dem eingeschränkten Sinn des § 15 Abs. 1, § 6 Abs. 1 Satz 2 KAGG verstanden, sondern differenziert je nach Rechtsform des ausländischen Fondsvermögens, also auch die Satzung umfassend.[96] Im einzelnen sind zu unterscheiden: Bedingungen, welche mit dem Vertrieb von Investmentanteilen zusammenhängen (§ 2 Nr. 4 Buchst. a und c AuslInvestmG), solche, die die mit der Inhaberschaft der Investmentanteile verbundene Rechtsstellung der Anteilinhaber zum Gegenstand haben (§ 2 Nr. 4 Buchst. b AuslInvestmG) sowie jene, welche die Anlagepolitik der Investmentgesellschaft regeln (§ 2 Nr. 4 Buchst. d bis g AuslInvestmG).[97]

52 Da es sich ggf. um Regelungen im Verhältnis zu mehreren Gesellschaften handelt, reicht es nicht aus, wenn lediglich der Wortlaut des § 2 Nr. 4 AuslInvestmG in den Verkaufsprospekt übernommen wird.[98] Soweit in den Verkaufsprospekt die Mindestanforderungen des § 2 Nr. 4 AuslInvestmG ausdrücklich aufgenommen sind, ist ggf. zu prüfen, ob diese mit den sonstigen vertraglichen Rechtsverhältnissen, z. B. mit dem Treuhandvertrag zwischen der Verwaltungsgesellschaft, der Depotbank und den jeweiligen Anteilinhabern übereinstimmen.[99]

53 Bei einer als Aktiengesellschaft verfaßten Investmentgesellschaft ist die für die Rechtsstellung der Anteilinhaber maßgebende kollektive Ordnung die **Satzung**. Deshalb sind die das Rechtsverhältnis zwischen der Aktiengesellschaft und den Anteilinhabern als Aktionären berührenden Anforderungen in § 2 Nr. 4 Buchst. b und d–g AuslInvestmG zum Bestand-

---

[93] Vgl. Abschnitt I Nr. 13 und 14 Merkblatt BAK für Anzeigen nach § 7 und § 15 c AuslInvestmG.

[94] Dazu ausführlich *Beckmann* BB 1971, 850; *Heiss/Samm* BB 1971, 19; *Pfannschmidt* WM 1970, 58.

[95] *Heiss/Samm* BB 1971, 20.

[96] Vgl. *Beckmann* BB 1971, 850 f m. d. Hinw., daß die Vertriebsanzeigen überwiegend von Investmentfonds in der Gesellschaftsform erstattet wurden; zur Gesetzesänderung s. auch Amtl. Begr. in: BT-Drucks. 11/1154, S. 37.

[97] Vgl. *Beckmann* BB 1971, 851.

[98] Vgl. dazu OVG Berlin v. 14. 1. 1971, OVG V S 25/70 – BAR § 2 AuslInvestmG Nr. 3; a. A. *Pfannschmidt* WM 1970, 58; ebenso noch *Baur,* Investmentgesetze, S. 460.

[99] Dazu OVG Berlin (Fn. 98).

teil der Satzung zu machen.[100] Dies gilt entsprechend bei einer Investmentgesellschaft, die die Rechtsform eines rechtlich selbständigen Trusts hat. Da die Gründungsurkunde eines Trusts der Satzung einer Aktiengesellschaft entspricht, sind die Anforderungen in § 2 Nr. 4 Buchst. b und d–g AuslInvestmG in den Trustvertrag aufzunehmen. Entsprechendes gilt auch für einen rechtlich unselbständigen Trust.[101] In den Fällen des Investmentfonds in der Form des **Vertragstyps** oder der **Treuhandlösung,** bei denen der Anleger nicht Gesellschafter der Investmentgesellschaft wird, ist mit dem Begriff „Vertragsbedingungen" das Vertragsverhältnis zwischen dem Anteilinhaber einerseits und der Fondsleitung und der Depotbank andererseits gemeint.[102]

Je nach Konstruktion des Vertragstyps (das Sondervermögen steht im Eigentum der Verwaltungsgesellschaft oder im Eigentum der Anteilinhaber) ist die Auswirkung von Vertragsbedingungen auf die Beteiligten zu prüfen. In den Fällen der Miteigentumslösung bedeutet dies, daß die Gemeinschaftsbedingungen so ausgestaltet sein müssen, daß sie allen gegenwärtigen und zukünftigen Anteilinhabern gegenüber in ihrer jeweiligen Fassung verbindlich sind. Eine Änderung der Gemeinschaftsbedingungen muß auch gegenüber denjenigen Anteilinhabern wirksam werden, die ihre Anteile zu den Gemeinschaftsbedingungen vor deren Änderung erworben haben.[103] **54**

Nach § 2 Nr. 4 Buchst. a AuslInvestmG sind dem Käufer unverzüglich nach Zahlung des Kaufpreises Anteile in entsprechender Höhe zu übertragen. Diese Vorschrift soll nach der Gesetzesbegründung verhindern, daß der Anleger lediglich einen schuldrechtlichen Anspruch auf Lieferung von Anteilen erhält.[104] Dies bedeutet, daß der Anteilerwerber im Falle verbriefter Anteile Eigentum an den Anteilscheinen erwerben soll oder Miteigentum an einem Sammelbestand, verbunden mit einem dem Herausgabeanspruch des § 7 DepotG ähnlichen Anspruch. Falls die Anteile nicht verbrieft sind, muß der Anteilerwerber ein unmittelbares Forderungsrecht gegenüber der ausländischen Investmentgesellschaft erhalten und nicht nur z. B. Ansprüche gegen die Vertriebsgesellschaft.[105] **55**

Das Gesetz verlangt jedoch nur die **Übertragung der Anteile** nicht aber eine Verschaffung des Eigentums. Da es sich bei dem Erwerb ausländischer Investmentanteile um ein Rechtsverhältnis mit Auslandsbezug handelt und i. d. R. eine Rechtswahl fehlt, ist auf das Recht am Sitz der Investmentgesellschaft abzustellen.[106] Es kann deshalb aus dem Gesetz nicht zwingend entnommen werden, daß die Rechtsposition des Anlegers der eines deutschen Eigentümers gleich sein muß. Als ausreichend sind auch ausländische Konstruktionsformen anzusehen, die – wie das angelsächsische Trust-Recht – den Beteiligten eine eigentümerähnliche Stellung vermitteln.[107] Zu berücksichtigen sind auch die Fälle, in denen eine Aushändigung des Anteilscheins zum Rechtserwerb an den Anteilen nicht erforderlich ist.[108] **56**

Die Voraussetzung in § 2 Nr. 4 Buchst. a AuslInvestmG braucht nicht in der Satzung der Investmentgesellschaft geregelt zu sein, doch müssen die Bedingungen in einer Vertragsordnung niedergelegt werden, die von der Vertriebs- bzw. von der Fondsgesellschaft, Allgemeinen Geschäftsbedingungen vergleichbar, den Verträgen mit den Anlegern zugrunde gelegt wird. Diese Vertragsordnung ist vor Ausgabe der Anteilscheine schriftlich **57**

---

[100] *Beckmann* BB 1971, 852; *Heiss/Samm* BB 1971, 20.

[101] *Beckmann* BB 1971, 853.

[102] Vgl. OVG Berlin v. 25. 1. 1972 – OVG V S 4/72 – BAR § 2 AuslInvestmG Nr. 5.

[103] Dazu näher *Beckmann* BB 1971, 854.

[104] Amtl. Begr. (Fn. 34) S. 19.

[105] Vgl. *Steder* WM 1969, Sonderbeilage Nr. 2, S. 6; Investment-Handbuch 445 § 2 Rdnr. 43.

[106] Vgl. oben § 10 Rdnr. 57 f.

[107] Investment-Handbuch 445 § 2 Rdnr. 43, in Rdnr. 44 Näheres zur Plangesellschaft und zum Planzertifikat; ebenso *Baur,* Investmentgesetze, S. 462.

[108] Vgl. *Heiss/Samm* BB 1971, 21; s. die ausführliche Darstellung von *Heinsius,* Bank-Betrieb 1970, 219 ff. zur Rechtsnatur ausländischer Investmentzertifikate.

festzulegen.[109] Bei dem Vertragstyp der Miteigentumskonstruktion sind u. U. Übertragungsverträge zwischen dem Anteilerwerber und sämtlichen Miteigentümern erforderlich.[110]

58 Nach § 2 Nr. 4 Buchst. b AuslInvestmG müssen die Anteilinhaber die Auszahlung des auf den Anteil entfallenden Vermögensteil verlangen können. Hierdurch ist im Grundsatz vorgeschrieben, daß die ausländischen Investmentgesellschaften nach dem **open-end-Prinzip** strukturiert sein müssen.[111] Bei Investmentgesellschaften, die als Aktiengesellschaften organisiert sind, ist erforderlich, daß durch Gründung besonderer Rückkaufgesellschaften rechtlich und faktisch sichergestellt wird, daß die Anteilerwerber über diese Gesellschaften die Anteile jederzeit zum Inventarwert einlösen können.[112] Da es sich bei dem Rückgaberecht um den einzigen Schutz des Anteilinhabers gegen eine ihm nicht zusagende Geschäftspolitik der Leitung einer Investmentgesellschaft oder gegen eine negative Entwicklung des Sondervermögens handelt, müssen an die ausländische Investmentgesellschaft dieselben Anforderungen gestellt werden wie in § 11 Abs. 2 KAGG hinsichtlich eines als Rückgaberecht ausgestatteten Aufhebungsanspruches.[113] Diesen Anforderungen wird nicht gerecht, wenn die Einlösung der Anteile in das Ermessen der Investmentgesellschaft gestellt und nicht an objektive Kriterien, z. B. hinsichtlich der Bewertung des Fondsvermögens, gebunden ist.[114] Das BAK fordert, daß die Rücknahme innerhalb des für ihre unverzügliche Durchführung erforderlichen Zeitraums zum Abschluß gebracht werden muß.[115] Die Verpflichtung zur Rücknahme schließt eine sog. Katastrophenklausel, wie sie das 1. FMFG in § 11 Abs. 2 Satz 2 bis 6 KAGG eingefügt hat, nicht aus. Es kann sich dabei um eine im Sitzstaat der ausländischen Investmentgesellschaft gesetzlich vorgeschriebene Klausel aber auch um eine Klausel auf rein vertraglicher Basis handeln.

59 § 2 Nr. 4 Buchst. c AuslInvestmG setzt ebenso wie bei Abnahme inländischer Investmentanteile (§ 22 KAGG) eine Höchstgrenze für die zulässige **Kostenvorausbelastung** im ersten Jahr. Es handelt sich dabei um den Erwerb von Investmentanteilen im Rahmen von Investmentkonten, speziell in der Form des Investment-Einzahlplanes (s. o. § 18 Rdnr. 143 ff.). Die Vertragsbedingungen, in diesem Falle der Vertrag, der auf den Anteilerwerb gerichtet ist – dies kann auch der Vertrag mit einer im eigenen Namen handelnden Vertriebsgesellschaft sein –,[116] darf nur eine Kostenvorausbelastung von höchstens 33¹/₃% von jeder der für das erste Jahr vereinbarten Sparraten vorsehen. Entsprechend der Praxis geht das Gesetz von gleichmäßigen, in der Regel monatlichen Sparraten aus. Berechnungsgrundlage sind die jeweils vereinbarten Zahlungen. Die restlichen Kosten (es handelt sich dabei um die Ankaufsgebühren, die bei Investment-Einzahlplänen vor allem mit Rücksicht auf die eingeschalteten Vertriebsorganisationen und den größeren Verwaltungsaufwand höher sind als beim Erwerb von Einzelanteilen) sind auf alle späteren Zahlungen gleichmäßig zu verteilen. Die genannte Gesetzesbestimmung richtet sich vor allem gegen die in den USA übliche Praxis einer Kostenerhebung zu Beginn der Sparperiode (front-end-load) von 50%, die zur Folge hat, daß nur 50% der Sparraten der ersten 12 Monate zum Erwerb von Investmentanteilen eingesetzt werden.[117] Art, Höhe und Berechnung sämtlicher Kosten, darunter auch die Art und Weise ihrer Erhebung im Wege der Vorwegbelastung, sind im Verkaufsprospekt bekanntzugeben (§ 3 Abs. 2 Nr. 5 AuslInvestmG).

---

[109] *Beckmann* BB 1971, 853.

[110] Dazu *Beckmann* BB 1971, 853.

[111] Vgl. Investment-Handbuch 445 § 2 Rdnr. 48; s. deshalb auch die Sonderregelung für börsennotierte closed-end Investmentvermögen; dazu unten Rdnr. 94.

[112] Investment-Handbuch 445 § 2 Rdnr. 49; ebenso *Philipps,* Wirtschafts- und Investment-Digest 9/1969, 22.

[113] Vgl. Beschluß des OVG Berlin v. 14. 1. 1971 – OVG S 25/70 – BAR § 2 AuslInvestmG Nr. 3.

[114] Dazu OVG Berlin (Fn. 113).

[115] Schreiben BAK v. 18. 4. 1973, abgedruckt in: Investment-Handbuch 448 Nr. 4.

[116] Vgl. *Beckmann* BB 1971, 851.

[117] Dazu ausführlich Investment-Handbuch 445 § 2 Rdnr. 55.

Ebenso wie bei inländischen Investmentfonds gilt das **Verbot von Dachfonds** (§ 2 Nr. 4 Buchst. d AuslInvestmG; § 8 b Abs. 1 Satz 1 KAGG).[118] Trotz einer Lockerung dieses Verbotes für inländische Fonds auf Grund der OGAW-Richtlinie im Rahmen des 1. FMFG (§ 8 b Abs. 1 Satz 2 KAGG), die eine Anlage in anderen Fondsanteilen bis zu 5% des Wertes des Sondervermögens gestattet, hat es für ausländische Fondsanteile weiterhin Bestand. Das Verbot gilt für alle Arten von Investmentfonds, deren Vertragsbedingungen den Erwerb von Investmentanteilen zulassen oder nicht ausschließen.[119] Es betrifft die „reinen" Dachfonds, deren Vermögen sich aus den Anteilen eines oder mehrerer Unterfonds (Basisfonds, Eigenfonds) zusammensetzt. Darunter fällt auch der Parallelfonds, ein Dachfonds, der z. B. aus steuerlichen Gründen nur Anteile eines einzigen Unterfonds enthält, oder die aus Vertriebsgründen gewählte Master-Feeder-Fondskonstruktion, bei der Feeder-Fonds (Zuführungsfonds), die die Vertriebsanforderungen des jeweiligen Vertriebslandes erfüllen, jeweils als Vermögen die Beteiligung an einem Master-Fonds halten.[120] Ferner sind davon betroffen die „gemischten" Dachfonds, die nur geringe Anteile anderer Investment-Fonds in ihrem Vermögen halten.[121] Keine Dachfonds stellt die Umbrella-Konstruktion dar, die aus einer Gruppe von selbständigen Investmentfonds besteht, auch Unterfonds genannt, die unter einem gemeinsamen „Schirm" gemanaged werden.[122] **60**

In Anlehnung an § 9 Abs. 3 KAGG müssen die Vertragsbedingungen nach § 2 Nr. 4 Buchst. e AuslInvestmG, außer in den Fällen der nach Buchst. f zulässigen Kreditaufnahme, ein **Belastungsverbot** für die zum Fondsvermögen gehörenden Wertpapiere und Forderungen enthalten. Dieses Belastungsverbot ist anders als bei inländischer KAG nicht in den Fällen aufgehoben in denen einem Dritten Optionsrechte eingeräumt oder Finanzterminkontrakte abgeschlossen werden. Ebenso muß eine Sicherungsübereignung oder Sicherungsabtretung ausgeschlossen sein. Diese Bestimmung richtet sich ebenso wie das **Verbot** der Kreditaufnahme in Nr. 4 Buchst. f und **der Leerverkäufe** in Nr. 4 Buchst. g gegen spekulative Anlagetechniken. Im Hinblick auf die deutschen KAG durch das 1. und 2. FMFG eingeräumten Anlagemöglichkeiten sollten vertriebsberichtigten ausländischen Fonds die Absicherungstechniken z. B. über Optionsgeschäfte und Terminkontrakte nicht verwehrt sein. Das Verbot der Leerverkäufe hat in diesem Zusammenhang jedoch zur Folge, daß Wertpapier-Optionsgeschäfte in der Form der Wertpapier-Kaufoption und der Wertpapier-Verkaufsoption (vgl. § 8 d Abs. 3 und 4 KAGG) stets voraussetzen, daß sich entsprechende Wertpapiere im Fondsvermögen befinden.[123] Das Verbot der Kreditaufnahme findet sich entsprechend in § 9 Abs. 4 KAGG. Deutsche KAG sind an Leerverkäufen schon deshalb gehindert, weil sie nach § 10 Abs. 2 KAGG keine Verbindlichkeiten für das Sondervermögen begründen können. Der Leerverkauf (short sales, fixen) gehört ebenso wie die Kreditaufnahme zur Arbeitsweise der Hedge Funds. Wertpapiere, die der Fonds nicht besitzt, werden per Termin verkauft. Sofern die Kurse inzwischen gefallen **61**

---

118 Dazu ausführlich *Flachmann* ZfK 1968, 1132.

119 S. ausführlich VG Berlin v. 7. 12. 1971 – VG III A 284/71 – BAR § 2 AuslInvestmG Nr. 4 und das über die Beschwerde hierzu entscheidende OVG Berlin v. 25. 1. 1972 – OVG V S 4/72 – BAR § 2 AuslInvestmG Nr. 5, die bei schweizerischen Anlagefonds ein eindeutiges Erwerbsverbot im Fondsreglement verlangen. Als nicht eindeutig wird eine Bestimmung angesehen, nach der die Anlage des Fondsvermögens in Anteilen schweizerischer und ausländischer Anlagefonds nicht gestattet ist, da dies den Erwerb von Anteilen der closed-end Investmentgesellschaften nicht ausschließt.

120 S. a. Amtl. Begr. (Fn. 34), 19; Bericht des Abgeordneten *Schmidthuber* in: zu BT-Drucks. V/4414, 3.

121 Dies gilt nach § 15 AuslInvestmG nicht mehr für ausländische Investmentanteile aus EG/EWR-Staaten (EG-Investmentanteile), sofern in dem betr. EG/EWR-Staat von Investmentvermögen Investmentanteile erworben werden dürfen (gem. Art. 19 Abs. 2 Buchst. a oder b der OGAW-Richtlinie bis zu 10% nicht börsennotierte Anteile des geschlossenen Typs und gem. Art. 24 Abs. 2 bis 5% Anteile an Wertpapierfonds des offenen Typs).

122 Näheres *Balk/Eller/Gutmann* Investmentfonds, 1991, S. 118 ff.

123 Vgl. Schreiben BAK v. 4. 8. 1976, abgedruckt in: Investment-Handbuch 448 Nr. 7.

sind, kann sich der Fonds billiger eindecken. Im umgekehrten Falle entstehen für den Fonds Verluste.[124] Das Belastungsverbot steht einer Teilnahme an dem durch das 2. FMFG auch für inländische Investmentfonds zulässig gewordenen Wertpapier-Darlehensgeschäft (§§ 9 a bis 9 d KAGG) nicht entgegen.

62 Das **Kreditaufnahmeverbot** (Nr. 4 Buchst. f) ist aufgehoben, wenn die Kreditaufnahme kurzfristig in Höhe von 10 v. H. des Vermögens mit Zustimmung der Depotbank zu den Darlehensbedingungen geschieht. Die Neufassung von Buchst. f durch das 1. FMFG entspricht ebenso wie § 9 Abs. 4 KAGG dem Art. 36 Abs. 2 OGAW-Richtlinie. Außer der Anforderung, daß die Kreditaufnahme kurzfristig zu erfolgen hat, bestehen keine Hindernisse auch für eine begrenzte spekulative Kreditaufnahme. Revolvierende Kredite dürften auch künftig nicht zulässig sein, da ihnen der Charakter der Kurzfristigkeit abzusprechen ist.[125]

63 Für ausländische Immobilien-Investmentfonds ist entsprechend den für inländische Grundstücks-Sondervermögen geltenden Regelungen (vgl. § 37 Abs. 3 KAGG) eine Kreditaufnahme im Rahmen einer ordnungsmäßigen Wirtschaftsführung und mit Zustimmung der Depotbank zu den Darlehensbedingungen zulässig (Nr. 4 Buchst. f 2. Halbsatz). Die für inländische Fonds vorgesehene Belastungsgrenze von 50% des Verkehrswertes der im Sondervermögen befindlichen Grundstücke gilt nach Änderung durch das 1. FMFG auch für die Vertragsbedingungen ausländischer Immobilien-Investmentfonds.

64 *e) Publizitätsvorschriften.* Nach § 2 Nr. 5 AuslInvestmG ist weitere Vertriebsvoraussetzung, daß die in den §§ 3–5 AuslInvestmG enthaltenen Verpflichtungen zur Unterrichtung der Anteilerwerber ordnungsgemäß erfüllt werden. „Ordnungsgemäß" bedeutet, daß Sinn und Zweck der Publizitätsvorschriften zu beachten sind. Ein Prospekt muß gut lesbar und in sich und für den in Investmentfragen unkundigen Laien verständlich abgefaßt sein; ebenso müssen statistische Angaben, Tabellen und Wertentwicklungskurven klar, übersichtlich und deutlich aufgemacht sein und alles vermeiden, was den Erwerber verwirren und die vom Gesetz angestrebte Offenlegung aller wesentlichen Tatsachen vereiteln könnte.[126] Die Angaben müssen aktuell und richtig sein.[127]

65 Zu den Publizitätsvorschriften gehört i. e. entsprechend § 19 KAGG zunächst die Verpflichtung, dem Anteilerwerber bestimmte Unterlagen, die Vertragsbedingungen, den Verkaufsprospekt und die Durchschrift des Antrags auf Vertragsabschluß mit den Angaben zur Höhe des Ausgabeaufschlags und der jährlich an die Verwaltungsgesellschaft zu zahlende Vergütung auszuhändigen (§ 3 Abs. 1 AuslInvestmG; s. auch oben § 18 Rdnr. 173; die durch das 1. FMFG geänderte Fassung des § 19 KAGG verlangt nur noch das kostenlose Zurverfügungstellen).

66 Zum **Verkaufsprospekt** verlangt das Gesetz neben der allgemeinen Forderung, daß er alle Angaben enthalten muß, die im Zeitpunkt der Antragstellung für die Beurteilung der ausländischen Investmentanteile von wesentlicher Bedeutung sind, bestimmte Angaben über die Verwaltungsgesellschaft, die Vertriebsgesellschaft, die Depotbank, den Repräsentanten und die Zahlstellen, ferner Angaben zur Anlagepolitik, zur Wertermittlung, zu den Kosten und Vergütungen, sowie zu den Rücknahmevoraussetzungen (§ 3 Abs. 2 AuslInvestmG). Die für inländische Fonds in § 19 Abs. 2 geforderten Angaben wurden mit Rücksicht auf die OGAW-Richtlinie durch das 1. FMFG erweitert. Eine Anpassung für ausländische Fonds ist unterblieben. Für EG-Investmentanteile ist § 15 f AusInvestmG Spezialvorschrift. Dieser setzt voraus, daß in dem Herkunftsland die Anforderungen der OGAW-Richtlinie für den Verkaufsprospekt berücksichtigt wurden.

67 In den Verkaufsprospekt ist ein Rechenschaftsbericht gem. § 4 Abs. 1 Nr. 1 AuslInvestmG, dessen Stichtag nicht länger als 16 Monate zurückliegen darf und ggf., wenn der

---

[124] Vgl. Amtl. Begr. (Fn. 34) S. 20.

[125] Vgl. Investment-Handbuch 445 § 2 Rdnr. 82.

[126] *Philipps,* Auslands-Investmentrecht, § 2 Rdnr. 80.

[127] Vgl. Schreiben BAK v. 5. 8. 1976, abgedruckt in: Investment-Handbuch 448 Nr. 8.

Stichtag des Rechenschaftsberichtes länger als 9 Monate zurückliegt, auch ein Halbjahresbericht gem. § 4 Abs. 1 Nr. 2 AuslInvestmG aufzunehmen oder als Anlage beizufügen (bei inländischen Investmentfonds liegen die Fristen jeweils um einen Monat kürzer – vgl. § 19 Abs. 1 Satz 2 i. V. m. § 24 a Abs. 1 Satz 1 und Abs. 2 Satz 3 KAGG). Der Verkaufsprospekt muß eine Belehrung über das Recht des Käufers zum Widerruf nach § 11 AuslInvestmG (s. unten Rdnr. 92) sowie einen ausdrücklichen Hinweis darauf enthalten, daß die ausländische Investmentgesellschaft einer staatlichen Aufsicht durch eine deutsche Behörde nicht untersteht (s. auch das entsprechende Werbeverbot in § 10 Abs. 1 Satz 2 AuslInvestmG). Auf Anforderung des BAK müssen in den Verkaufprospekt weitere Angaben aufgenommen werden.

Der Adressat der Verpflichtung, die Unterlagen i. S. des § 3 Abs. 1 Satz 1 AuslInvestmG 68 dem Anteilerwerber auszuhändigen, ist im Gesetz nicht genannt. Sinngemäß ist es derjenige, der den Erwerber unmittelbar berät, d. h. der Anlageberater oder die Vertriebsgesellschaft, als deren Erfüllungsgehilfe der Anlageberater tätig ist, oder das verkaufende Kreditinstitut. Die Pflicht ist abhängig von der Verantwortung, die den einzelnen im Rahmen des öffentlichen Vertriebs trifft.[128] Die Investmentgesellschaft oder die Hauptvertriebsgesellschaft trifft die Verpflichtung, die Unterlagen des § 3 Abs. 1 AuslInvestmG der Vertriebsgesellschaft oder einem selbständigen Anlageberater, mit dem sie in vertraglicher Beziehung stehen, zur Verfügung zu stellen.[129]

Verstöße gegen die Verpflichtung zur Aushändigung des Informationsmaterials sowie 69 gegen dessen notwendigen Inhalt können ein Verbot des weiteren öffentlichen Vertriebs nach sich ziehen (§ 8 Abs. 4 Nr. 1 AuslInvestmG). Falsche oder unvollständige Angaben im Verkaufsprospekt und in den beizufügenden Berichten begründen unter bestimmten Voraussetzungen eine zivilrechtliche und auch strafrechtliche Haftung der ausländischen Investmentgesellschaft, ihrer Verwaltungs- und Vertriebsgesellschaft sowie sonstiger am Vertrieb beteiligter Personen (zur investmentrechtlichen Prospekthaftung s. unten Rdnr. 93 und oben § 7 Rdnr. 183 ff.; zum eigenständigen zivilrechtlichen Institut der Prospekthaftung und zu den Straftatbestän0den des Betrugs – § 263 StGB –, Kapitalanlagebetrugs – § 264 a StGB – und der strafbaren Werbung – § 4 UWG –, vgl. oben §§ 4, 7 und 8).

§ 4 AuslInvestmG enthält Publizitätsvorschriften zur laufenden Berichterstattung (jährli- 70 cher Rechenschaftsbericht und halbjährliche Vermögensaufstellung) und die Verpflichtung zur Veröffentlichung der Ausgabe- und Rücknahmepreise (täglich in einer deutschen hinreichend verbreiteten Wirtschafts- oder Tageszeitung). Diese Anforderungen sind mit Ausnahme der Verpflichtung zur Preisveröffentlichung den für inländische KAG geltenden Vorschriften nachgebildet (vgl. § 21 Abs. 6, § 7 Abs. 4, §§ 24 a, 34 KAGG). Das StMBG hat entsprechend der für inländische Investmentfonds geltenden Anforderung auch für ausländische Investmentfonds die Verpflichtung geschaffen, zusammen mit dem Rücknahmepreis den Zwischengewinn zu veröffentlichen (§ 17 Abs. 3 Nr. 3 AuslInvestmG und § 41 Abs. 4 KAGG). Die Anforderung richtet sich an die ausländische Investmentgesellschaft. Hiermit korrespondiert ihre Verpflichtung, die Berichte dem BAK einzureichen (§ 7 Abs. 2 Nr. 6 Buchst. a AuslInvestmG). Eine Frist für die in § 4 Nr. 1 AuslInvestmG vorgeschriebene Veröffentlichung des Rechenschaftsberichtes im Bundesanzeiger ist im Gesetz nicht enthalten. Mittelbar ergibt sich eine Frist von 4 Monaten aus § 3 Abs. 2 Satz 3 AuslInvestmG, wonach der Stichtag des dem Verkaufsprospekt beizufügenden Rechenschaftsberichtes nicht länger als 16 Monate zurückliegen darf, ebenso aus der Vorlagefrist des § 7 Abs. 2 Nr. 6 Buchst. a AuslInvestmG. Für den Halbjahresbericht i. S. des § 4 Abs. 1 Nr. 2 AuslInvestmG ergibt sich die Veröffentlichungsfrist mittelbar aus den § 3

[128] S. auch *Schmidt,* Vertriebspublizität, 1988, S. 7; Investment-Handbuch 445 § 8 Rdnr. 4; *Philipps,* Auslands-Investmentrecht, § 3 Rdnr. 6; *Hopt,* Kapitalanlegerschutz, 1975, S. 319.

[129] *Baur,* Investmentgesetze, S. 478; s. Amtl. Begr. a. a. O. (Fn. 34) S. 20, nach der inländische Kreditinstitute zur Weitergabe der Unterlagen an die Kunden gesetzlich nur dann verpflichtet sind, wenn sie selbst die Investmentanteile öffentlich angeboten oder für sie öffentlich geworben haben.

Abs. 2 Satz 3 und § 7 Abs. 2 Nr. 6 Buchst. a AuslInvestmG. Letztere Vorschrift verlangt die Einreichung beim BAK schon nach 2 Monaten (für die Beifügung zum Verkaufsprospekt ist eine Frist von 3 Monaten vorgesehen).

71 Der **Rechenschaftsbericht** hat eine nach der Art der Aufwendungen und Erträge aufgegliederte **Aufwands- und Ertragsrechnung** auszuweisen. Die Aufwendungen sind „auf die einzelnen Kostenarten“[130] aufzuschlüsseln. Das AuslInvestmG enthält ebensowenig wie das KAG ein Gliederungsschema. Die Aufgliederung ist weitgehend in das Ermessen der ausländischen Investmentgesellschaft gestellt, sofern nicht nach dem Sitzland eine Aufgliederung vorgeschrieben ist.[131] Auf der Ertragsseite werden zumindest folgende Positionen gesondert darzustellen sein: in- und ausländische Dividenden; in- und ausländische Zinsen aus festverzinslichen Wertpapieren; Zinsen aus Bankguthaben; ein Haben-Saldo aus (realisierten) Kursgewinnen und Verlusten; ggf. ein Ertragsausgleich; ein Gewinnvortrag; bei Immobilienfonds daneben die Mieterträge und Veräußerungsgewinne. Auf der Aufwandsseite: Verwaltungskosten der Investmentgesellschaft und der Depotbank, sonstige mit der Verwaltung des Fonds verbundene Kosten; ggf. ein Soll-Saldo aus (realisierten) Kursgewinnen und Verlusten; bei Immobilienfonds zusätzlich die Kosten der Hausbewirtschaftung (Abschreibungen, Betriebskosten, Instandhaltungskosten, Liegenschaftsverwaltungskosten). Mittelbare Anforderungen an die Aufgliederung der Aufwendungen und Erträge ergeben sich aus der steuerrechtlichen Bekanntmachungsvorschrift des § 17 Abs. 3 Nr. 2 AuslInvestmG, die die Benennung bestimmter Ertragsarten vorschreibt.

72 Der Rechenschaftsbericht hat zusätzlich eine **Aufstellung der Vermögenswerte** zu enthalten. Die Anforderungen entsprechen denen des KAGG für inländische Investmentfonds. Das 1. FMFG hat jedoch an die Informationspflicht deutscher KAG im Hinblick auf die OGAW-Richtlinie in § 24 a Abs. 1 Satz 3 und Abs. 2 eine Reihe zusätzlicher, detailliert genannter Anforderungen an den Rechenschaftsbericht und den Halbjahresbericht gestellt. Durch das 2. FMFG, das den Anwendungsbereich sowohl des AuslInvestmG als auch des KAGG um die Geldmarktfonds oder Cash-Fonds erweitert hat, wurden jeweils zusätzliche Angaben für den Rechenschafts- und den Halbjahresbericht eingefügt. Für Einlagen wird der Hinweis gefordert, ob und inwieweit die einzelnen Einlagen durch Sicherungseinrichtungen geschützt sind. Da die begrenzte Sicherung dem deutschen Anleger häufig nicht bewußt ist, erleichtern diese Angaben dem inländischen Anleger eine eigenverantwortliche Einschätzung der Vermögensanlagen einschließlich ihres Risikos.[132] In die Aufstellung sind auch die Veränderungen in der Zusammensetzung des Fondsvermögens gegenüber dem letzten Bericht aufzunehmen (§ 4 Abs. 1 Nr. 1 letzter Halbsatz AuslInvestmG). Ferner ist der Unterschied zwischen der Zahl der ausgegebenen und zurückgenommenen Anteile auszuweisen.[133]

73 Eine weitere Vertriebsvoraussetzung ist die Verwendung **deutschsprachigen** Werbe- und Informationsmaterials (§ 2 Nr. 5 i. V. m. § 5 AuslInvestmG).[134] Den Unterlagen ist zumindest eine deutsche Übersetzung beizufügen. Die Verpflichtung richtet sich an alle am Vertrieb beteiligten Personen. Ein Verstoß kann nach § 823 Abs. 2 BGB schadensersatzpflichtig machen und nach § 8 Abs. 4 Nr. 1 AuslInvestmG die Untersagung des weiteren Vertriebs zur Folge haben. Im Interesse der Rechtssicherheit und zur Erleichterung der

---

[130] Amtl. Begr. (Fn. 34) S. 29.

[131] Vgl. die Gliederung der Erfolgsrechnung in Art. 69 (Schweizer) Verordnung über die Anlagefonds vom 19. 10. 1994; dazu Rdnr. 155; s. a. Beispiel E für Wertpapierfonds in Italien, in: *Assofondi,* Il codice dei fondi, S. 216; Investment-Handbuch 445 § 4 Rdnr. 8 hält eine Mindestaufgliederung entsprechend § 17 Abs. 3 Nr. 2 AuslInvestmG nach der steuerlichen Behandlung der Ertragsarten nicht für ausreichend; a. A. noch *Baur,* Investmentgesetze, S. 491.

[132] BT-Drucks. 12/7918, S. 119; *Kempf/Tratz,* Novellierung des Investmentrechts, 1994, S. 83.

[133] Für die Vermögensaufstellung und die Aufwands- und Ertragsrechnung s. auch das Gliederungsschema B der OGAW-Richtlinie.

[134] Die Verpflichtung, sich der jeweiligen Landessprache zu bedienen, ist auch in Art. 47 EG-Investment-Richtlinie enthalten.

Rechtsverfolgung ist nach § 5 2. Halbsatz AuslInvestmG die deutsche Fassung, auch wenn es sich nur um die beigefügte Übersetzung handelt, verbindlich. Übersetzungs- und Druckfehler gehen zu Lasten desjenigen, der das Werbe- und Informationsmaterial verwendet. Abweichende Vereinbarungen zwischen Verkäufer und Erwerber ausländischer Investmentanteile hinsichtlich der Maßgeblichkeit des deutschen Wortlautes sind nichtig (§ 134 BGB) und für deutsche Gerichte unbeachtlich.

4. Vertriebsaufnahme und Untersagung. *a) Vertriebsanzeige an das BAK.* Das AuslInvestmG kennt keine ausdrückliche Vertriebserlaubnis für ausländische Investmentanteile. Formelle Vertriebsvoraussetzung ist eine Art Registrierung. Das Gesetz beschränkt sich darauf, die ausländische Investmentgesellschaft zu verpflichten, die Absicht des Vertriebs vor dessen Aufnahme dem BAK (vgl. § 14 AuslInvestmG) anzuzeigen (§ 7 Abs. 1 AuslInvestmG). Entsprechendes gilt für EG-Investmentanteile (§ 15 c AuslInvestmG).[135] Der Anzeige sind die in § 7 Abs. 2 AuslInvestmG i. e. aufgeführten Angaben, Unterlagen und Nachweise beizufügen und, soweit es sich um fremdsprachige Unterlagen handelt, mit deutschen Übersetzungen zu versehen.[136] Das BAK hat ein Merkblatt für Anzeigen nach § 7 und § 15 c AuslInvestmG veröffentlicht, das ergänzende Unterlagen im Rahmen der Anzeige anfordert.[137] Die Gebühr für die Bearbeitung der Anzeige beträgt 10 000 DM/3000 DM für EG-Investmentanteile (§ 9 Abs. 1 Nr. 1 und § 15 e Abs. 1 Nr. 1 AuslInvestmG). Bei einem Umbrella-Fonds[138] erstreckt sich die Anzeige- und Gebührenpflicht auf jedes Anlage-Portefolio bzw. jede Anteilkategorie/Unterfonds.[139] Für ein kostenfreies Vorprüfungsverfahren, wie es in der Vergangenheit geübt wurde, ist dann kein Platz mehr, wenn während eines solchen Verfahrens eine Anzeige nach § 7 Abs. 1 AuslInvestmG dem BAK eingereicht wird.[140] 74

Das BAK hat den Tag des Eingangs der Anzeige innerhalb von 2 Wochen* zu bestätigen, sofern die nach dem AuslInvestmG erforderlichen Unterlagen vollständig vorliegen **(Vollständigkeitsbestätigung)**. Das BAK ist verpflichtet, innerhalb der 14-Tagesfrist die Vollständigkeit der Unterlagen zu prüfen und evtl. fehlende Unterlagen anzufordern (§ 7 Abs. 3 AuslInvestmG). Hierdurch kommt es zu einem Zwischenverfahren, das sich u. U. über mehrere Monate hinzieht, bis alle erforderlichen Unterlagen dem BAK vorgelegt sind. Das BAK kann Fristen für eine Vorlage der Unterlagen setzen. Die Vollständigkeit der Anzeige ist von Bedeutung für den Beginn der 2-Monatsfrist des § 8 Abs. 1 AuslInvestmG. Bei fehlenden Angaben und/oder Unterlagen beginnt die 2-Monatsfrist des § 8 Abs. 1 AuslInvestmG erst mit dem Eingang der nachgeforderten Angaben und/oder Unterlagen zu laufen. Vertriebsanzeigen, die trotz Nachforderung der Angaben und Unterlagen unvollständig bleiben, werden vom BAK nicht bearbeitet. Der Zeitpunkt, an dem die Angaben und/oder Unterlagen vollständig vorliegen, ist der Investmentgesellschaft zu bestätigen.[141] Läßt das BAK die 2-Wochenfrist für eine Bestätigung des Eingangs der vollständigen Anzeige ohne Abgabe einer Bestätigung verstreichen, bleibt der Investmentgesellschaft das Rechtsmittel der Untätigkeitsklage (§ 42 Abs. 1 VwGO). 75

Wenn seit dem Eingang der **vollständigen** Anzeige beim BAK zwei Monate** verstrichen sind, ohne daß es die Aufnahme des Vertriebs untersagt hat, darf der Vertrieb der ausländischen Investmentanteile im Inland aufgenommen werden (§ 8 Abs. 1 AuslIn- 76

---

* Voraussichtlich ab 1. 7. 1997: 4 Wochen.

** Dsgl. 3 Monate.

135 Vgl. auch Art. 46 OGAW-Richtlinie.

136 § 15 c AuslInvestmG und ebenso Art. 46 OGAW-Richtlinie enthalten für ausländische Investmentgesellschaften mit Sitz in einem EG/EWR-Staat einen verkürzten Katalog.

137 Fassung 1. 10. 1994 bei *Baur,* Investmentgesetze, 2. Aufl., Anhang Nr. 8; ferner Investment-Handbuch 445 Anhang zu § 7.

138 Vgl. oben Rdnr. 60.

139 Merkblatt für Anzeigen nach § 7 und § 15 c AuslInvestmG Abschnitt I Allgemeines.

140 Vgl. OVG Berlin v. 21. 2. 1973 – OVG I B 71/72 – BAR § 9 AuslInvestmG Nr. 2.

141 Amtl. Begr. (Fn. 34). S. 22.

vestmG). Es ist in diesem Falle gleichgültig, ob auch die materiellen Vertriebsvoraussetzungen des § 2 AuslInvestmG erfüllt sind. Die Untätigkeit des BAK kommt materiell einer Vertriebserlaubnis gleich.[142] Das BAK kann jedoch bei fehlenden materiellen Vertriebsvoraussetzungen nach dem allgemeinen Grundsatz des § 8 Abs. 2 AuslInvestmG nachträglich den Vertrieb untersagen (dazu Rdnr. 77).

77 *b) Untersagung der Vertriebsaufnahme durch das BAK.* § 8 Abs. 2 AuslInvestmG verpflichtet das BAK, die Aufnahme des Vertriebs ausländischer Investmentanteile zu untersagen, wenn die ausländische Investmentgesellschaft die Voraussetzungen nach § 2 (dazu i. e. oben Rdnr. 29 ff.) nicht erfüllt oder die Anzeige nach § 7 AuslInvestmG nicht ordnungsgemäß erstattet. Der Erlaß der Untersagungverfügung steht nicht im Ermessen des BAK.[143] Die Anzeige muß in formeller Hinsicht dem § 7 AuslInvestmG entsprechen. Auch muß die ausländische Investmentgesellschafts das Registrierungsverfahren als solches gem. § 8 Abs. 1 AuslInvestmG abwarten, bevor sie ihre Anteile im Inland öffentlich vertreibt oder öffentliche Vertriebshandlungen Dritter zuläßt.[144] Andernfalls begeht sie eine mit Bußgeld bedrohte Ordnungswidrigkeit (§ 21 Abs. 1 Nr. 2 AuslInvestmG).[145]

78 Die Untersagungsverfügung des BAK ist an die ausländische Investmentgesellschaft zu richten. Sie ist ergangen, soweit sie ihr, einem anwaltlichen Vertreter oder einem bereits bestellten inländischen Repräsentanten zugegangen ist. Die Untersagungsverfügung kann als belastender Verwaltungsakt im Verwaltungsstreitverfahren angefochten werden (dazu unten Rdnr. 82 ff.). Daneben besteht die Möglichkeit, nach Beseitigung der vom BAK festgestellten Mängel insbesondere materieller Art, ein neues Anzeigenverfahren einzuleiten. In diesem Falle ist eine erneute Anzeigengebühr nach § 9 Abs. 1 Nr. 1 AuslInvestmG fällig.[146]

79 *c) Untersagung des weiteren Vertriebs durch das BAK.* Unter bestimmten Voraussetzungen muß das BAK **ohne** etwaigen **Ermessensspielraum** den bereits aufgenommenen Vertrieb ausländischer Investmentanteile untersagen (§ 8 Abs. 3 AuslInvestmG). Dies ist der Fall, wenn keine Vertriebsanzeige nach § 7 AuslInvestmG erstattet wurde (Nr. 1), die materiellen Vertriebsvoraussetzungen nach § 2 Nr. 1 bis 4 AuslInvestmG (dazu oben Rdnr. 29 ff.) nachträglich entfallen sind (Nr. 2), die dem BAK gegenüber nach § 7 Abs. 2 Nr. 6 AuslInvestmG übernommenen Informations- und Meldepflichten trotz Mahnung nicht eingehalten werden (Nr. 3), bei erheblichen Gesetzesverstößen im Zusammenhang mit dem Vertrieb (Nr. 4), schließlich, wenn ein durch rechtskräftiges Urteil oder gerichtlichen Vergleich gegenüber der ausländischen Investmentgesellschaft, der Verwaltungsgesellschaft oder der Vertriebsgesellschaft festgestellter Anspruch eines Anteilinhabers nicht erfüllt worden ist (Nr. 5). Im letzteren Fall besteht ein Ermessensspielraum aus Billigkeitsgründen (Nr. 5 letzter Halbsatz).

80 Bei den zur Untersagung führenden Gesetzesverstößen muß es sich um solche gegen deutsche Gesetze handeln. Gedacht ist an andere einschlägige Gesetze, insbesondere die Gewerbeordnung und das UWG.[147] Dazu zählen auch Verstöße gegen die Makler- und Bauträgerverordnung – MaBV – und allgemein gegen straf- und steuerrechtliche Vorschriften.[148] Der Wortlaut des § 8 Abs. 3 Nr. 4 AuslInvestmG schließt nicht aus, daß auch

---

142 Vgl. *Steder* WM 1969, Sonderbeilage Nr. 2, S. 4.

143 Investment-Handbuch 445 § 8 Rdnr. 8.

144 Investment-Handbuch 445 § 8 Rdnr. 9.

145 Nach Investment-Handbuch 445 § 8 Rdnr. 13 hat bereits in diesem Fall das BAK die Aufnahme des Vertriebs nach § 8 Abs. 2 AuslInvestmG zu untersagen. § 8 Abs. 2 AuslInvestmG enthält eine allgemeine Untersagungsverpflichtung für das BAK, die aber erst Platz greift, wenn das BAK nach der 2-Monatsfrist die Untersagung mitteilt oder trotz Fehlens materieller Voraussetzungen die Aufnahme des Vertriebs nicht untersagt hat; vgl. *Baur,* Investmentgesetze, S. 523; Investment-Handbuch 445 § 8 Rdnr. 14 sieht darin praktisch den Widerruf einer Erlaubnis, der nur unter den von Rspr. und Lehre entwickelten Grundsätzen zum Widerruf eines begünstigten Verwaltungsaktes zulässig sei.

146 S. auch OVG Berlin v. 21. 2. 1973 – OVG 1 B 71/72 – BAR § 9 AuslInvestmG Nr. 2.

147 Amtl. Begr. a. a. O. (Fn. 34) S. 22.

148 Vgl. *Steder* WM 1969, Sonderbeilage Nr. 2, 7.

Verstöße gegen das AuslInvestmG selbst unter diese Vorschrift fallen.[149] Die Gesetzesverstöße müssen erheblich sein. Dies ist anhand des besonderen Normzwecks des AuslInvestmG – Sparerschutz und Wettbewerbsgleichheit zwischen in- und ausländischen Gesellschaften – zu messen.[150]

Ein **Ermessensspielraum** bei der Untersagung des weiteren Vertriebs wird dem BAK eingeräumt in den Fällen, in denen die Publizitätsanforderungen des AuslInvestmG (§§ 3–5) nicht ordnungsgemäß erfüllt werden (§ 8 Abs. 4 Nr. 1 AuslInvestmG). Hier sollte das BAK zunächst die Gelegenheit erhalten, die Umstände des Einzelfalles zu prüfen.[151] Eine fakultative Untersagungspflicht besteht für das BAK ferner in den Fällen, in denen die jährliche Prüfungsgebühr von 5000 DM/1000 DM für EG-Investmentanteile – (§ 9 Abs. 1 Nr. 2, § 15 e Abs. 1 Nr. 2 AuslInvestmG) trotz Mahnung nicht gezahlt wird (Nr. 2) oder wenn beim Vertrieb der ausländischen Investmentanteile erheblich gegen die Vertragsbedingungen (s. o. Rdnr. 50) verstoßen worden ist (Nr. 3). 81

d) Rechtsbehelfe und Rechtsmittel. Die Untersagung des Vertriebs ausländischer Investmentanteile kann als belastender Verwaltungsakt mit der Anfechtungsklage angefochten werden (§§ 42 Abs. 1, 79 VwGO). Der Anfechtungsklage muß ein **Widerspruchsverfahren** vorausgehen, in dem die Rechtsmäßigkeit und Zweckmäßigkeit der Untersagung nochmals geprüft wird (§§ 68, 69 VwGO). Der Widerspruch ist binnen eines Monats beim BAK einzulegen (§ 70 VwGO). Hält das BAK den Widerspruch für begründet, so hilft es ihm ab (§ 72 VwGO), andernfalls weist es ihn selbst durch Widerspruchsbescheid zurück, da die nächsthöhere Behörde der Bundesminister der Finanzen eine oberste Bundesbehörde ist (§ 73 Abs. 1 Satz 1 und Satz 2 Nr. 2 VwGO). Ist über den Widerspruch ohne zureichenden Grund in angemessener Frist sachlich nicht entschieden worden, so ist die Klage ohne vorheriges Widerspruchsverfahren zulässig, jedoch grundsätzlich nicht vor Ablauf von drei Monaten (§ 75 VwGO). 82

Die Frist für die Erhebung der **Anfechtungsklage** beträgt einen Monat von der Zustellung des Widerspruchsbescheides an (§ 74 VwGO). Zuständiges Gericht für Klagen gegen die Untersagungsverfügung des BAK ist, solange das BAK noch seinen Sitz in Berlin hat,[152] das Verwaltungsgericht Berlin (§ 52 Nr. 2 VwGO; § 5 Abs. 1 Satz 2 KWG). Die Klage ist gegen die Bundesrepublik Deutschland – vertreten durch das BAK – zu richten; es genügt die Angabe des BAK (§ 78 Abs. 1 Nr. 1 VwGO). Die Urteile des Verwaltungsgerichts Berlin können mit der Berufung an das OVG Berlin angefochten werden (vgl. § 124 VwGO). Gegen dessen Urteil ist unter bestimmten Voraussetzungen die Revision an das BVerwG mit Sitz in Berlin möglich (§ 132 VwGO). 83

Im Widerspruchsverfahren und bei der Anfechtungsklage gegen die Untersagungsverfügung des BAK (§ 8 Abs. 2, 3, 4 und § 10 Abs. 2 AuslInvestmG) ist widerspruchs- und anfechtungsberechtigt allein die ausländische Investmentgesellschaft, ggf. vertreten durch den Repräsentanten nach § 6 Abs. 1 AuslInvestmG. Die ausländische Investmentgesellschaft hat das Registrierungsprivileg und ist deshalb durch die Untersagungsverfügung allein in ihren Rechten beeinträchtigt.[153] Widerspruch und Anfechtungsklage haben nach § 80 Abs. 1 VwGO im allgemeinen **aufschiebende Wirkung.** Nach § 8 Abs. 5 AuslInvestmG (§ 80 Abs. 2 Nr. 3 VwGO) gilt dies zum Schutz des Sparers **nicht** in den Fällen, in denen dem 84

---

[149] Vgl. Investment-Handbuch 445 § 8 Rdnr. 4.

[150] Investment-Handbuch 445 § 8 Rdnr. 30.

[151] Amtl. Begr. (Fn. 34) S. 22.

[152] Nach § 7 Abs. 1 Buchst. c Berlin/Bonn-Gesetz vom 26. 4. 1994 (BGBl. I 918) hat das BAK künftig seinen Sitz in Bonn. Die Sitzentscheidung wird nach § 7 Abs. 4 Berlin/Bonn-Gesetz vollzogen mit Vollzug der Sitzentscheidung der BReg.

[153] Investment-Handbuch 445 § 8 Rdnr. 48; a. A. noch *Baur* hinsichtlich der in § 8 Abs. 3 Nr. 5 genannten Verwaltungsgesellschaft und der Vertriebsgesellschaft; etwas anderes gilt bei Maßnahmen des BAK gegen Werbemißstände – § 10 Abs. 1 AuslInvestmG – und bei Sanktionen nach § 13 AuslInvestmG, die sich auch gegen andere Personen als die ausländische Investmentgesellschaft richten können; vgl. Investment-Handbuch 445 § 10 Rdnr. 33.

BAK hinsichtlich des Erlasses der Untersagungsverfügung kein Ermessensspielraum eingeräumt ist (§ 8 Abs. 2 und 3 AuslInvestmG). Hierdurch soll verhindert werden, daß durch Ausnutzung aller prozessualen Möglichkeiten die Untersagung zeitlich verzögert wird.[154]

85 Das zuständige Verwaltungsgericht – in diesem Falle das VG Berlin – kann auf Antrag gemäß § 80 Abs. 5 VwGO die aufschiebende Wirkung ganz oder teilweise anordnen. Der Antrag kann schon vor Erhebung der Anfechtungsklage gestellt werden. Bei der Entscheidung ist in entsprechender Anwendung des § 80 Abs. 2 Nr. 4 VwGO das öffentliche Interesse an der sofortigen Vollziehung der Verfügung des BAK gegenüber dem Privatinteresse der ausländischen Investmentgesellschaft an der aufschiebenden Wirkung abzuwägen.[155] § 8 Abs. 5 AuslInvestmG allein rechtfertigt noch nicht den Schluß, daß das öffentliche Interesse an der sofortigen Vollziehung grundsätzlich überwiegt und deshalb nur in ganz besonderen Ausnahmefällen unter Anlegung eines strengen Maßstabes die aufschiebende Wirkung vom Gericht angeordnet werden kann. Durch § 8 Abs. 5 AuslInvestmG wird das BAK zunächst nur davon befreit, das besondere Interesse an der sofortigen Vollziehung seiner Maßnahme i. S. des § 80 Abs. 2 Nr. 4 VwGO zu begründen.[156] Bei dem summarischen Verfahren nach § 80 VwGO ist es aber nicht Aufgabe des Gerichts, die dem Hauptverfahren vorbehaltene Sachentscheidung hinsichtlich der Rechtmäßigkeit der Untersagungsverfügung vorwegzunehmen.[157] Nur wenn es offensichtlich ist, daß die Untersagungsverfügung rechtswidrig ist, besteht kein öffentliches Interesse an ihrer sofortigen Vollziehung. Dem Aussetzungsantrag ist alsdann stattzugeben, desgleichen wenn die sofortige Vollziehung für die ausländische Investmentgesellschaft eine unbillige, nicht durch überwiegende öffentliche Interessen gebotene Härte bedeuten würde.[158] Das Interesse an der Erhaltung des inländischen Sparerschutzes muß aber als das höhere gegenüber dem wirtschaftlichen Interesse der ausländischen Investmentgesellschaft angesehen werden. Vernünftige Erwägungen des Allgemeinwohls rechtfertigen die ggf. zeitweilig auftretenden finanziellen Einbußen der ausländischen Investmentgesellschaft.[159]

86 **5. Anlegerschutz nach dem AuslInvestmG.** *a) Allgemein.* Neben der Förderung des Investmentsparens steht sowohl im Falle des AuslInvestmG wie im Falle des KAGG der Schutz des Investmentsparers im Vordergrund der gesetzgeberischen Überlegungen.[160] Aus der Tatsache, daß ausländische Investmentanteile nach erfolgter Registrierung beim BAK in der Bundesrepublik öffentlich vertrieben werden dürfen, kann nicht geschlossen werden, daß die Bonität der Gesellschaften, die Investmentanteile ausgeben, im Inland überprüft worden ist oder laufend überprüft wird. Um die deutschen Sparer dennoch so weit wie möglich zu schützen, wird die Zulässigkeit des Vertriebs an die Einhaltung bestimmter Mindestvoraussetzungen geknüpft.[161] Diese Mindestvoraussetzungen sind teils materieller Art mit u. a. besonderen Anforderungen an die Verwahrung der zu einem Investmentfonds gehörenden Gegenstände (s. o. Rdnr. 37 ff.) und den Inhalt der Vertragsbedingungen (dazu Rdnr. 50 ff.), teils formeller Art vor allem hinsichtlich der Publizität (s. o. Rdnr. 64 ff.). Soweit die gesetzlichen Mindestvoraussetzungen nicht erfüllt sind, untersagt das BAK die Aufnahme des öffentlichen Vertriebs oder untersagt bei schon aufgenomme-

---

[154] Amtl. Begr. (Fn. 34) S. 22.
[155] Dazu die Entscheidungen VG Berlin v. 10. 7. 1970, BAR § 8 AuslInvestmG Nr. 1; VG Berlin v. 12. 8. 1970, BAR ebd. § 2 Nr. 1; VG Berlin v. 20. 11. 1970, BAR § 2 ebd. Nr. 2; OVG Berlin v. 14. 1. 1971, BAR § 8 ebd. Nr. 3; VG Berlin v. 7. 12. 1971, BAR § 2 ebd. Nr. 4; OVG Berlin v. 25. 1. 1972, BAR § 8 ebd. Nr. 4.
[156] OVG Berlin v. 14. 1. 1971, (Fn. 155).
[157] OVG Berlin v. 14. 1. 1971, (Fn. 155).
[158] OVG Berlin v. 14. 1. 1971 und OVG Berlin v. 25. 1. 1972 (Fn. 155).
[159] OVG Berlin v. 14. 1. 1971, a. a. O. (Fn. 155).
[160] Amtl. Begr. (Fn. 34) S. 14.
[161] Vgl. Amtl. Begr. (Fn. 34) S. 15.

nem öffentlichen Vertrieb dessen Fortführung (s. o. Rdnr. 77 ff.). Ein unzulässiger öffentlicher Vertrieb stellt eine mit Geldbuße bis 50 000 DM bedrohte Ordnungswidrigkeit dar (§ 21 AuslInvestmG). Weitere Sparerschutzbestimmungen im Rahmen der vertriebsrechtlichen Regelungen sind die im AuslInvestmG normierte Gerichtsstandsklausel (§ 6 Abs. 2; dazu oben Rdnr. 33), die Eingriffsmöglichkeit des BAK bei Werbemißständen (§ 10), das Widerrufsrecht des Käufers (§ 11) und die Prospekthaftung (§ 12.).

Um ausländische Investmentgesellschaften zu veranlassen, den vertriebsrechtlichen An- 87
forderungen des AuslInvestmG zu entsprechen, ergänzt das Gesetz diese durch **steuerrechtliche Bestimmungen,** die entsprechend den Regelungen für inländische Investmentanteile die Steuerfreiheit von Veräußerungsgewinnen registrierter ausländischer Investmentvermögen einräumen (s. unten Rdnr. 104). Es handelt sich um einen mittelbaren Sparerschutz dergestalt, daß er inländische Investoren mit Rücksicht auf sonst zu versteuernde ausgeschüttete oder thesaurierte Veräußerungsgewinne dazu bringt, keine nichtregistrierten ausländischen Investmentanteile zu erwerben.

b) Schutz vor Werbemißständen, § 10 AuslInvestmG. § 10 Abs. 1 Satz 1 AuslInvestmG 88
entspricht § 23 Abs. 1 KWG. Um Mißständen bei der Werbung für ausländische Investmentanteile zu begegnen, kann das BAK bestimmte Arten der Werbung untersagen. Die Einschaltung des BAK wurde als notwendig erachtet, da das sonst übliche Vorgehen der Wettbewerber entsprechend den Regelungen des UWG gegen unlautere Konkurrenten als nicht wirksam angesehen wurde. Auch für das BAK ist Ausgangspunkt das UWG.[162] Nicht nur der Sparerschutz, auch eine Störung des wettbewerblichen Ordnungsrahmens (ordnungspolitischer Aspekt) kann als Mißstand ein Eingreifen des BAK erforderlich machen.[163]

Als besonderer Mißstand wird in § 10 Abs. 1 Satz 2 AuslInvestmG die Werbung mit 89
Angaben hervorgehoben, die geeignet sind, in irreführender Weise den Anschein eines besonders günstigen Angebotes hervorzurufen, sowie die Werbung mit dem Hinweis auf die Befugnisse des BAK nach dem AuslInvestmG. Mit dem erstgenannten Mißstand wurden in das AuslInvestmG die Tatbestände einbezogen, die in der umfangreichen Rechtsprechung zum UWG, insbesondere dessen § 3, herausgearbeitet worden sind.[164] Sinn und Zweck des § 10 Abs. 1 Satz 2 AuslInvestmG ist es, den Wahrheitsgrundsatz in der Werbung durchzusetzen.[165]

Angaben in diesem Sinne können schriftliche Mitteilungen, bildliche Darstellungen, darunter Graphiken, und auch solche mündlicher Art, etwa im Verkaufsgespräch oder in einer Rundfunk- oder Fernsehwerbung sein. Auch das Verschweigen von Tatsachen kann die gemachten Angaben irreführend erscheinen lassen.[166] Die irreführenden Angaben müssen geeignet sein, den Anschein eines besonders günstigen Angebotes hervorzurufen. Es genügt die Gefahr der Irreführung. Dies braucht sich auch nur auf einen Teil des durch die Werbung angesprochenen Personenkreises zu beziehen.[167] Von einem besonders günstigen Angebot ist dann auszugehen, wenn der Sparer aufgrund der Ankündigung glaubt, beim Werbenden vorteilhafter zu kaufen als nach den sonst üblichen Angeboten. Dies brauchen keineswegs nur andere Investment-Angebote zu sein, sondern kann sich auch auf andere Formen der Kapitalanlage beziehen.[168] Irreführend ist z. B.: die undifferenzierte Behauptung, daß der Erwerb von Investmentanteilen gegen die Gefahren der Inflation

---

[162] Vgl. Amtl. Begr. (Fn. 34) S. 2; *Baur,* Investmentgesetze, S. 534; Investment-Handbuch 445 § 10 Rdnr. 9.

[163] Investment-Handbuch 445 § 10 Rdnr. 9; a. A. *Philipps,* Auslands-Investmentrecht, § 10 Rdnr. 4, der allein auf den Sparerschutz-Aspekt abstellt.

[164] Amtl. Begr. (Fn. 34) S. 22; zum Tatbestand des Irreführungsverbotes s. a. Hdb. WettbewerbsR/*Helm* § 48 Rdnr. 25; zum UWG insbes. § 3 s. auch oben § 4 Rdnr. 43 ff.

[165] Investment-Handbuch 445 § 10 Rdnr. 20.

[166] Hdb. WettbewerbsR/*Helm* § 48 Rdnr. 25.

[167] S. a. *Joecks,* Praxis der steuerbegünstigten Kapitalanlagen, Bd. XVII, Der Kapitalanlagebetrug – Strafrechtliche Risiken beim Vertrieb steuerbegünstigter Kapitalanlagen –, 1987, Rdnr. 349.

[168] Vgl. Investment-Handbuch 445 § 10 Rdnr. 18.

schützt,[169] oder daß die Risikostreuung jedes Risiko der Anlage nimmt;[170] das Fehlen eines Hinweises auf zulässige Rücknahmeverzögerungen insbesondere bei Immobilien-Investmentfonds; das Herausstellen von Bankverbindungen, als handele es sich dabei um die Depotbank; die Angabe der Schweiz statt Panama als Sitzland der Investmentgesellschaft.[171]

91 Wettbewerbsanordnungen nach § 10 Abs. 1 AuslInvestmG können vom BAK als Verwaltungsakte mit den Mitteln des **Verwaltungszwanges** durchgesetzt werden (§ 50 KWG, der ein Zwangsgeld bis zu 50 000 DM vorsieht). Daneben hat das BAK die Möglichkeit, bei Verstößen gegen seine Wettbewerbsanordnungen, sofern die Verstöße erheblich sind und sich trotz Verwarnung wiederholen, den weiteren Vertrieb der ausländischen Investmentanteile zu untersagen (§ 10 Abs. 2 AuslInvestmG). Die Verstöße müssen ausgehen von der ausländischen Investmentgesellschaft, ihrem Repräsentanten i. S. des § 2 Nr. 1 AuslInvestmG oder von einer mit dem Vertrieb befaßten Person. Letzteres ist der Fall, wenn die Person den Vertrieb durch besondere Vereinbarung mit der ausländischen Investmentgesellschaft oder zugehörigen Gesellschaften übernommen hat oder mit deren Duldung die ausländischen Investmentanteile vertreibt.[172] Grundlage des Untersagungsverfahrens sind Verstöße gegen ein Werbeverbot, das sich entweder an alle ausländischen Investmentgesellschaften richtet oder gegen die spezielle Investment-Gruppe.[173]

92 *c) Widerrufsrecht, § 11 AuslInvestmG.* Das Recht des Käufers ausländischer Investmentanteile, unter bestimmten Voraussetzungen die Kauferklärung innerhalb einer Frist von zwei Wochen schriftlich widerrufen zu können und bezahlte Kosten sowie den Gegenwert bereits erworbener Investmentanteile zurückzuerhalten, entspricht inhaltlich voll dem Widerrufsrecht eines Käufers inländischer Investmentanteile (§ 23 KAGG; dazu oben § 18 Rdnr. 177).[174] Bei Kauf ausländischer Investmentanteile ist der Widerruf gegenüber der ausländischen Investmentgesellschaft oder deren Repräsentant i. S. des § 2 Nr. 1 AuslInvestmG zu erklären. Das Widerrufsrecht besteht nicht bei einem Erwerb, der für Zwecke des Gewerbebetriebes des Käufers erfolgt und in den Fällen vorhergehender Bestellung (§ 11 Abs. 3 AuslInvestmG). Im Falle der provozierten Bestellung entfällt das Widerrufsrecht nur ausnahmsweise.[175] Die Entscheidung des Anlegers soll vor allem frei und der Beeinflussung durch die Gegenseite soweit wie möglich entzogen sein.[176]

93 *d) Prospekthaftung, § 12 AuslInvestmG.* Diese Vorschrift hat ihre Parallele in § 20 KAGG (dazu oben § 18 Rdnr. 178; ausführlich zur investmentrechtlichen Prospekthaftung, ferner zur zivilrechtlichen und strafrechtlichen Prospekthaftung oben §§ 7, 8). Die Prospekthaftung des § 12 AuslInvestmG begründet einen Anspruch des Käufers ausländischer Investmentanteile auf Übernahme seiner Anteile gegen die ausländische Investmentgesellschaft, die Verwaltungs- und Vertriebsgesellschaft, ferner gegen die sonst am Vertrieb beteiligten

---

[169] Investment-Handbuch 445 § 10 Rdnr. 18.

[170] Vgl. *Baur,* Investmentgesetze, S. 535.

[171] Vgl. auch OLG Düsseldorf WM 1969, 975.

[172] Investment-Handbuch 445 § 10 Rdnr. 37.

[173] Investment-Handbuch 445 § 10 Rdnr. 39.

[174] Ausführlich *Holschbach,* Das Widerrufsrecht nach § 11 AuslInvestmG in seiner Anlegerschutzfunktion, 1972.

[175] Nach *Holschbach* (Fn. 174) S. 84 rechtfertigt die ausgesprochene Bitte um weitere Informationen noch nicht einen Vertreterbesuch; lt. *Philipps* (Auslands-Investmentrecht, § 11 Rdnr. 29) kein Recht zum Widerruf bei provozierter Bestellung; a. A. Investment-Handbuch 445 § 11 Rdnr. 4; ebenso *Holschbach* ebd.; s. auch BGH v. 25. 10. 1989 Az: VIII 7 R 345/88, nach dem ein Hausbesuch auch dann provoziert ist, wenn er im Verlauf eines von dem Kunden nicht veranlaßten Telefonanrufs vereinbart wurde.

[176] S. die vergleichbare Regelung in § 1 HWiG; dazu BT-Drucks. 10/2876, S. 6 und BT-Drucks 10/4210; BGH WM 88, 624 und WM 89, 1802; ferner in § 7 Verbraucherkreditgesetz, § 4 Fernunterrichtsschutzgesetz; in diesen Fällen besteht bis zum Fristablauf ein dem § 177 BGB entsprechender Schwebezustand, *Holschbach* NJW 1975, 1109; der Widerruf nach § 11 AuslInvestmG, ebenso nach § 23 KAGG ist als Auflösung des wirksamen Kaufvertrags und Umwandlung in ein Abwicklungsverhältnis zu interpretieren, so *Holschbach* (Fn. 174), S. 85 ff., S. 103.

Personen i. S. des § 12 Abs. 4 AuslInvestmG. Alle Genannten haften als Gesamtschuldner,[177] so daß der Käufer die Wahl hat, von wem er die Übernahme der Investmentanteile gegen Erstattung des von ihm gezahlten Betrages verlangen kann.

6. Börsennotierte ausländische Investmentanteile. Eine Sonderstellung räumt das AuslInvestmG den ausländischen Investmentanteilen ein, die an einer deutschen Börse zum amtlichen Handel oder zum geregelten Markt zugelassen sind. Es handelt sich dabei um Anteile an Investment-Aktiengesellschaften, die nach dem „closed-end"-Prinzip organisiert sind. Da bei ihnen keine Rücknahmeverpflichtung besteht, würden sie schon nicht die Anforderungen des § 2 Nr. 4 Buchst. b AuslInvestmG erfüllen. Ein öffentlicher Vertrieb wäre folglich nach dem AuslInvestmG nicht zulässig. Die mit der Börsenzulassung verbundene Pflichtbekanntmachung ist wegen ihrer öffentlichen Werbewirkung als Vertrieb i. S. des AuslInvestmG anzusehen. In dieser Konfliktsituation hat der Gesetzgeber den börsennotierten ausländischen Investmentgesellschaften die Möglichkeit gegeben, die Börsennotierung ihrer Anteile beizubehalten, wenn sie sich auf die börsenrechtlich vorgeschriebenen Pflichtbekanntmachungen beschränken. In diesem Falle gelten für sie nicht die Vorschriften des AuslInvestmG über den Vertrieb (§ 1 Abs. 2). Die Betreuung der Zulassung zum amtlichen Handel durch inländische Kreditinstitute (§ 36 Abs. 2 BörsG [im Falle des geregelten Marktes auch durch andere fachlich geeignete Unternehmen, § 71 Abs. 2 Satz 3 BörsG]) und die Tätigkeit der Zulassungsstellen, die u. a. die Zulassung ausländischer Investmentanteile zur amtlichen Notierung unter bestimmten Voraussetzungen widerrufen können (§ 44 d BörsG), bieten im Bereich der notwendigen Publizität, die inzwischen durch die Anforderungen des WpHG noch verstärkt worden ist, eine den im AuslInvestmG getroffenen Schutzmaßnahmen vergleichbare Sicherheit für den Anleger. Die steuerrechtlichen Vorschriften des AuslInvestmG sind auch auf börsennotierte ausländische Investmentanteile anzuwenden. Sofern diese im Inland einen Steuervertreter bestellt haben, die Ausschüttung oder ausschüttungsgleichen Erträge und ihre steuerlich relevante Zusammensetzung bekanntmachen, den Zwischengewinn und noch nicht der ZASt. unterworfene thesaurierte Erträge börsentäglich ermitteln und mit dem Rücknahmepreis veröffentlichen sowie die Richtigkeit ihrer Angaben auf Anforderung nachweisen (§ 17 Abs. 3 Nr. 1 Buchst. b, 2 und 3 AuslInvestmG), sind sie steuerlich den zum öffentlichen Vertrieb zugelassenen ausländischen Investmentanteilen gleichgestellt (s. unten Rdnr. 101). 94

7. Vertrieb von EG-Investmentanteilen gemäß der Richtlinie 85/611/EWG (OGAW-Richtlinie). Das 1. FMFG fügte in das AuslInvestmG einen Zweiten Abschnitt (§§ 15 ff.) ein, der verkürzte Anforderungen an den öffentlichen Vertrieb solcher ausländischer Wertpapier-Investmentfondsanteile stellt, die von Investmentgesellschaften mit Sitz in einem anderen EG/EWR-Staat ausgegeben worden sind. Von den 5 EWR-Staaten sind Finnland, Österreich und Schweden zum 1. 1. 1995 der Europäischen Union beigetreten, so daß im Investmentvertrieb die Regelungen für EWR-Staaten derzeit nur eine marginale Bedeutung für Island und Norwegen sowie seit 1. 5. 95 für den weiteren EWR-Vertragsstaat Liechtenstein haben. Andererseits ist, bezogen auf das westliche Europa, der Erste Abschnitt des AuslInvestmG nur noch anzuwenden auf Wertpapierfonds aus der Schweiz und Zwergstaaten, ausg. Liechtenstein, die nicht der Europäischen Union angehören. Die verkürzten Vertriebsanforderungen des zweiten Abschnitts entsprechen dem in der OGAW-Richtlinie festgelegten Prinzip der Sitzlandkontrolle, das es einem anderen EG-Staat nur unter eingeschränkten Voraussetzungen gestattet, Regeln für den öffentlichen Vertrieb der aus einem anderen EG-Staat stammenden Investmentanteile von Wertpapier-Investmentgesellschaften oder Wertpapier-Investmentfonds aufzustellen. Das Gesetz bezeichnet solche Anteile als EG-Investmentanteile. Für sie gilt als Voraussetzung, daß die Bestimmungen der OGAW-Richtlinie erfüllt sein müssen (§ 15 AuslInvestmG). Die Anforderungen an OGAW, die ihre Anteile in einem anderen EG-Staat als dem EG-Staat 94 a

---

[177] Investment-Handbuch 445 § 12 Rdnr. 20; *Baur,* Investmentgesetze, S. 545.

vertreiben, in dem sie ansässig sind, sind in Art. 44 ff. OGAW-Richtlinie vorgegeben. Nicht betroffen sind die Rechts- und Verwaltungsvorschriften des Vertriebslandes, die den nicht von der OGAW-Richtlinie geregelten Bereich betreffen, ferner nicht die Vorschriften für die Werbung. Hierfür gilt nach Art. 44 Abs. 3 OGAW lediglich die Anforderung, daß sie der Vertriebsstaat ohne Diskriminierung anzuwenden hat. Entsprechend den Regelungen im Ersten Abschnitt enthält das Gesetz auch für EG-Investmentanteile, ohne daß dies durch die OGAW-Richtlinie vorgeschrieben ist, Regelungen zum Schutz vor Mißständen bei der Werbung (§ 15 g AuslInvestmG), über das Widerrufsrecht (§ 15 h AuslInvestmG) und über die Prospekthaftung (§ 15 i AuslInvestmG),[178] die in gleicher Weise auch für inländische Investmentgesellschaften gelten.[179]

94 b Nach der Definition der EG-Investmentanteile in § 15 AuslInvestmG handelt es sich um „Anteile an einem dem Recht eines anderen Mitgliedstaates der Europäischen Gemeinschaften oder eines anderen Vertragsstaates des Abkommens über den Europäischen Wirtschaftsraum unterstehenden, nach dem Grundsatz der Risikostreuung angelegten Vermögen aus Wertpapieren". Hieraus ergibt sich, ebenso wie in der Präambel Abs. 6 und Art. 1 Abs. 2 1. Spiegelstrich der OGAW-Richtlinie eine Begrenzung auf OGAW, deren einziges Ziel die Anlage in Wertpapieren ist (im wesentlichen Wertpapiere, die an den Wertpapierbörsen amtlich notiert oder auf ähnlich geregelten Märkten gehandelt werden). OGAW, die in Immobilien (Immobilienfonds), in Bankguthaben oder in Geldmarkttiteln, die nicht den Wertpapieren zugerechnet werden (Geldmarktfonds), oder in nicht verbrieften Unternehmensbeteiligungen (z. B. Beteiligungs-Sondervermögen i. S. des KAGG), in nicht verbrieften Optionsrechten (Terminmarktfonds) oder in Edelmetallen oder Waren (Warenfonds) anlegen, fallen damit nicht unter den Zweiten Abschnitt des AuslInvestmG. In diesen Fällen ist jedoch der Erste Abschnitt anzuwenden, wenn es sich um Immobilienfonds oder Geldmarktfonds handelt (s. oben Rdnr. 14 ff.). Von der OGAW-Richtlinie und damit auch von der Anwendung des Zweiten Abschnitts werden die in Art. 2 OGAW-Richtlinie genannten OGAW ausgenommen (geschlossene Fonds; Fonds, die sich nicht an das Publikum wenden, z. B. Spezialfonds vergleichbar denen des § 1 Abs. 2 KAGG; Fonds, die nur an das Publikum außerhalb der EG/des EWR veräußert werden dürfen; Fonds, die den Anforderungen an die Anlagepolitik eines OGAW i. S. der Richtlinie nicht entsprechen, z. B. bei Anlage von mehr als 10% in Wertpapieren, die an nicht organisierten Märkten gehandelt werden, oder bei Überschreiten der nach Art. 36 OGAW-Richtlinie vorgeschriebenem Grenzen für die Kreditaufnahme).

94 c Die verkürzten Vertriebsvorschriften des Zweiten Abschnitts sind nur dann anzuwenden, wenn die Investmentanteile von einer Investmentgesellschaft mit Sitz in einem anderen EG/EWR-Staat ausgegeben wurden. Auch wenn das Gesetz dies nicht ausdrücklich sagt, so gilt bei unselbständigen Investmentfonds eine entsprechende Anforderung an den Sitz der Verwaltungsgesellschaft.[180] Die Verwaltungsgesellschaft ist nach dem Verständnis des AuslInvestmG in diesem Fall die Investmentgesellschaft (vgl. § 2 Nr. 1 AuslInvestmG). Der Sitzstaat ist für die Zulassung der Investmentgesellschaft oder der Verwaltungsgesellschaft zuständig.[181] Die zuständigen Stellen des Sitzstaates erteilen die für das Registrierungsverfahren beim BAK erforderliche Bescheinigung (§ 15 c Abs. 2 Nr. 1 AuslInvestmG). Sie erhalten die Mitteilung des BAK über eine etwaige Untersagung des Vertriebs (§ 15 d Abs. 6 AuslInvestmG). Sie sind auch Empfänger von Auskünften des BAK,

---

[178] S. dazu oben Rdnr. 88 ff.

[179] Näheres s. oben § 18 Rdnr. 9 m. Hinw. auf den gleichlautenden § 23 Abs. 1 KWG und § 18 Rdnr. 177 ff.; vgl. auch die allgemeine Befugnis des BAK nach § 6 Abs. 2 KWG gegenüber u. a. inländischen KAG.

[180] S. auch Art. 3 OGAW-Richtlinie.

[181] S. Art. 4 OGAW-Richtlinie. Bei den zuständigen Stellen handelt es sich im allgemeinen um die Stellen, die auch für die Vertriebsanzeige einer deutschen KAG in einem EG/EWR-Staat zuständig sind (vgl. § 24 b KAGG).

die sich auf die Einhaltung oder ggf. Nichteinhaltung der Vorschriften des AuslInvestmG sowie sonstiger Vertriebsvorschriften durch die ausländische Investment- bzw. Verwaltungsgesellschaft beziehen (§ 15 k AuslInvestmG). Die Angabe des Gesellschaftssitzes zählt zu den notwendigen Angaben im Verkaufsprospekt.[182] Die Zulassung der ausländischen Investmentgesellschaft bzw. Verwaltungsgesellschaft in dem EG/EWR-Sitzstaat und die Erteilung der Bescheinigung durch die zuständige Stelle enthebt das BAK der materiellen Prüfung, ob die Anforderungen der OGAW-Richtlinie erfüllt sind. Die Bescheinigung ist nach § 15 c Abs. 2 Nr. 1 AuslInvestmG der Vertriebsanzeige beizufügen.[183] Das Gesetz trifft keine Regelung für den Fall einer unzutreffend erteilten Bescheinigung. Es besteht dann die in § 15 k Abs. 1 AuslInvestmG vorgesehenen Konsultationspflicht. Probleme können auch allgemein in dem nach Art. 53 OGAW-Richtlinie vorgesehene Kontaktausschuß behandelt werden. Jedoch hat dieser Ausschuß keine Befugnis hinsichtlich einer Entscheidung der zuständigen Stelle, die z. B. den öffentlichen Vertrieb untersagt hat (Art. 53 Abs. 2 OGAW-Richtlinie). Bei unterschiedlichen Auffassungen der zuständigen Stellen der EG/EWR-Staaten finden die Vorschriften des EG-Vertrages[184] oder des EWR-Vertrages[185] über die Streitbeilegung Anwendung.

Die Vertriebsanforderungen bei EG-Investmentanteilen beziehen sich zunächst darauf, **94 d** daß die Anteile die Anforderungen der OGAW-Richtlinie erfüllen müssen. Dies gilt in gleicher Weise für inländische Wertpapier-Investmentfondsanteile, nachdem das 1. FMFG durch entsprechende Änderungen des KAGG die OGAW-Richtlinie in das deutsche Recht umgesetzt hat.[186] Mit dieser allgemeinen Anforderung entfallen andererseits für EG-Investmentanteile die besonderen Vertriebsvoraussetzungen der §§ 2 ff. AuslInvestmG (oben Rdnr. 29 ff.), soweit die §§ 15 ff. AuslInvestmG nicht spezielle Vertriebsvoraussetzungen nennen. Nicht erforderlich ist ein inländischer Repräsentant i. S. des § 2 Nr. 1 AuslInvestmG, auch wenn sich eine Anlaufstelle im Inland empfiehlt, die auch steuerliche Fragen beantworten kann, auch wenn ein inländischer Steuervertreter bei Vertriebsberechtigung nicht zu bestellen ist. Hinsichtlich der Anforderungen an die Depotbank sind ausschließlich die in der OGAW-Richtlinie enthaltenen Mindestanforderungen maßgebend (vgl. dazu Art. 14 ff. OGAW-Richtlinie). Gleiches gilt für die Anforderungen an die Vertragsbedingungen oder die Satzung. Für EG-Investmentanteile gelten jedoch spezielle Anforderungen an die Zahlstelle und die Publizität. Es ist mindestens eine inländische Zahlstelle zu benennen und ein inländischer Informationsdienst für die Anteilinhaber einzurichten (§ 15 a AuslInvestmG). Abweichend von den Anforderungen für Zahlstellen nach § 2 Nr. 3 AuslInvestmG (oben Rdnr. 4), muß die Zahlstelle nicht auf Anforderung des Anlegers Zahlungen an die ausländische Investmentgesellschaft entgegennehmen. Die Anforderung in § 15 a AuslInvestmG ist entsprechend Art. 45 OGAW-Richtlinie darauf beschränkt, daß über die Zahlstelle die für die Anteilinhaber bestimmten Zahlungen geleitet werden und über sie die Abwicklung der Rücknahme der Anteile erfolgt, die ebenfalls mit Zahlungen an die Anleger verbunden sind. Sofern Anteilinhaber andere Wege der Zahlung, z. B. Zahlung unmittelbar in dem betreffenden EG/EWR-Sitzstaat oder die Rückgabe von Anteilen in dem EG/EWR-Sitzstaat wünschen, ist dies nicht ausgeschlossen.[187]

---

[182] OGAW-Richtlinie Anhang Schema A Nr. 1.1; die Erfüllung dieser Anforderung ist Voraussetzung für die Anwendung von § 15 AuslInvestmG.

[183] S. auch Art. 46 Satz 2 1. Spiegelstrich OGAW-Richtlinie.

[184] Art. 169, 170 EG-Vertrag.

[185] Zum Streitbeilegungssystem des EWR-Abkommens s. *Hummer,* in: Hdb. EG-WirtschaftsR, K. III. Rdnr. 233 f.

[186] Ausführlich mit kritischer Stellungnahme *Grundmann,* Europäisches und deutsches Investmentrecht, ZBB 1991, 242; s. auch Amtl. Begr. in: BT-Drucks. 11/5411 zum Investment-Richtlinie-Gesetz, das später Teil des 1. FMFG geworden ist.

[187] Vgl. den insoweit vorrangigen Art. 45 OGAW-Richtlinie, der nur Maßnahmen fordert, um entsprechende Zahlungen oder Rücknahmen sicherzustellen.

94 e Für die ausländische Investmentgesellschaft gilt ferner die Anforderung der Veröffentlichung des Rechenschaftsberichtes, des Halbjahresberichtes, des Verkaufsprospektes, der Ausgabe- und Rücknahmepreise sowie sonstiger Unterlagen und Angaben (z. B. ggfs. Vierteljahresberichte) in Deutschland in deutscher Sprache (§ 15 b Satz 2 AuslInvestmG). Soll die steuerlich günstigere Regelung des § 17 AuslInvestmG Platz greifen (vgl. unten Rdnr. 101 ff.), so ist zusammen mit dem Rücknahmepreis auch der Zwischengewinn und ggfs. die Summe der thesaurierten Erträge zu veröffentlichen (§ 20 i. V. m. § 17 Abs. 3 Nr. 3 AuslInvestmG). Hinsichtlich der Art und Weise der Veröffentlichungen sind ausschließlich die Vorschriften des Sitzstaates maßgebend (§ 15 b Satz 2 AuslInvestmG). Der Rechenschaftsbericht, der Halbjahresbericht und der Verkaufsprospekt sind dem BAK jeweils unverzüglich nach der ersten Verwendung zu übersenden (§ 15 b Satz 3 AuslInvestmG). Geschieht dies nicht, so kann das BAK den weiteren Vertrieb untersagen (§ 15 d Abs. 4 AuslInvestmG i. d. F. des 2. FMFG).

94 f Auch bei EG-Investmentanteilen setzt die Aufnahme des öffentlichen Vertriebs voraus, daß dies dem BAK angezeigt wird (§ 15 c).[188] Der Vertriebsanzeige sind die in § 15 c AuslInvestmG i. e. genannten Unterlagen in deutscher Sprache oder, soweit es sich um fremdsprachige Unterlegen handelt, versehen mit einer deutschen Übersetzung, beizufügen (vgl. auch oben Rdnr. 74). Ferner sind die Angabe über die Vorkehrungen für den Vertrieb zu machen und der Nachweis über die Zahlung der Gebühr für die Bearbeitung der Anzeige (3000 DM, bei Umbrella-Fonds wird diese Gebühr für jede Abteilung einzeln erhoben; § 15 e Abs. 1 Nr. 1 AuslInvestmG) zu führen. Das BAK hat ein Merkblatt für Anzeigen nach § 7 und § 15 c AuslInvestmG herausgegeben, das die im Rahmen der Vertriebsanzeige einzureichenden Unterlagen und die erforderlichen Angaben im einzelnen spezifiziert.[189] Das weitere Verfahren der Vertriebsanzeige entspricht dem auch für andere ausländische Investmentanteile geltenden Verfahren (vgl. oben Rdnr. 75 f.). Der öffentliche Vertrieb der EG-Investmentanteile darf erst aufgenommen werden, wenn seit dem Eingang der **vollständigen** Anzeige beim BAK zwei Monate verstrichen sind, ohne daß es die Aufnahme des Vertriebs untersagt hat (§ 15 d Abs. 1 Satz 1 AuslInvestmG). Die Regelungen hinsichtlich der **Vertriebsuntersagung,** sei es der Aufnahme des Vertriebs oder der Untersagung des weiteren Vertiebs bei EG-Investmentanteilen entsprechen hinsichtlich der Untersagungsgründe nur teilweise den gleichen Anforderungen wie bei sonstigen ausländischen Investmentanteilen (vgl. § 15 d Abs. 2 bis 4 und § 8 Abs. 2 bis 4 AuslInvestmG; s. auch oben Rdnr. 77 ff.). Die Rechtsbehelfe und Rechtsmittel bei Untersagung des Vertriebs, für die das Widerspruchsverfahren und das Verwaltungsgerichtsverfahren nach der VwGO gilt (dazu oben Rdnr. 82 ff.), weisen dagegen keine Unterschiede auf. Zu den speziellen Untersagungsgründen des weiteren Vertriebs von EG-Investmentanteilen in Deutschland zählt der Verlust der Zulassung in dem EG/EWR-Sitzstaat. Das BAK hat die Untersagung nicht nur im Bundesanzeiger bekanntzumachen, falls ein Vertrieb stattgefunden hat, sondern dies auch den zuständigen Stellen in dem EG/EWR-Sitz-Staat mitzuteilen.

III. Besteuerung der Erträge aus ausländischen Investmentanteilen

95 Ziel der steuerrechtlichen Vorschriften des AuslInvestmG ist es, die Unterschiede in der ertragssteuerlichen Behandlung der Anleger inländischer und ausländischer Investmentanteile zu beseitigen. Bei ausländischen Investmentanteilen müssen dazu die Voraussetzungen für den öffentlichen Vertrieb im Inland erfüllt sein (Ausnahme: Börsennotierte ausländische Investmentanteile, s. § 17 Abs. 3 Nr. 1 Buchst. b AuslInvestmG) und die für die Besteuerung erforderlichen Angaben nachgewiesen werden. Von einer Anknüpfung an die steuerliche Behandlung des Investmentvermögens im Ausland wurde abgesehen, weil die

---

188 Vgl. auch Art. 46 OGAW-Richtlinie.

189 Fassung 1. 10. 1994 bei *Baur,* Investmentgesetze, 2. Aufl. Anhang Nr. 8; ferner Investment-Handbuch 445 Anhang zu § 7.

Vorschriften im Ausland zu mannigfaltig und unterschiedlich sind, so daß eine Berücksichtigung dieser Gesichtspunkte den Rahmen einer überschaubaren und praktikablen Regelung gesprengt hätte.[190] Das Gesetz regelt in bezug auf Inländer auch die Anrechenbarkeit von Abzugsteuern (Quellensteuern) auf ausländische Investmentanteile und die Behandlung von Zuflußsteuern bei ausländischen Investmentanteilen (§ 19 AuslInvestmG).[191] Es regelt auf Grund des FKPG die Zinsabschlagsteuer (ZASt.) auf Ausschüttungen (§ 18 a AuslInvestmG) und auf Grund des StMBG die Verpflichtung, den steuerpflichtigen Zwischengewinn und noch nicht der ZASt. unterworfene Erträge zu ermitteln und zu veröffentlichen (§ 17 Abs. 2 a und Abs. 3 Nr. 3, § 18 AuslInvestmG), und diese ebenfalls der ZASt. zu unterwerfen (§ 18 a Abs. 1 Nr. 3 AuslInvestmG).

Das AuslInvestmG befaßt sich ausschließlich mit der Erträgnisseite, soweit diese inländi- 96
schen Anteilinhaber zuzurechnen ist. Veräußerung und Rückgabe der Anteile im Inland werden vom AuslInvestmG steuerlich nicht geregelt. Insoweit gelten die allgemeinen steuerlichen Vorschriften. Im Rahmen des Kapitalverkehrsteuergesetzes (KVStG) unterlagen Anschaffungsgeschäfte über ausländische Investmentanteile der Börsenumsatzsteuer (BUSt.). Die BUSt. ist zum 1. 1. 1991 durch das 1. FMFG abgeschafft worden. Gewinne aus der Rückgabe oder Veräußerung von in Privatvermögen gehaltenen ausländischen Investmentanteilen sind, da sie der Vermögenssphäre zugerechnet werden, nicht einkommensteuerpflichtig, es sei denn, daß es sich um ein Spekulationsgeschäfte i. S. des § 23 EStG handelt, der Investmentanteil innerhalb von 6 Monaten angeschafft und mit Gewinn veräußert worden ist.[192] Steuerpflichtig ist ein Zwischengewinn (Art. 17 Abs. 2 a AuslInvestmG).[193] Ein steuerpflichtiger Spekulationsgewinn wird um vereinnahmte steuerpflichtige Zwischengewinne gekürzt (§ 23 Abs. 3 Satz 3 EStG i. d. F. des StMBG), so daß es nicht zu einer doppelten einkommensteuerlichen Erfassung von Zwischengewinnen kommt.

Vermögensteuerwert der ausländischen Investmentanteile ist der Rücknahmepreis der 97
Anteile am Ende des dem Veranlagungsstichtag vorausgegangenen Kalenderjahres (§ 11 Abs. 4 BewG, Abschn. 3 Abs. 7 VStR 1993; s. oben § 18 Rdnr. 188 zum Steuersatz). Soweit ein Rücknahmepreis fehlt, kann auf den Börsenkurs zurückgegriffen werden.[194] Das Bundesamt für Finanzen veröffentlicht die maßgebenden Rücknahmepreise im Rahmen der von ihm herausgegebenen Besteuerungsübersichten (s. Rdnr. 113).

Die ertragsteuerliche Behandlung nach dem AuslInvestmG setzt voraus, daß es sich um 98
ausländische Investmentanteile oder um ein ausländisches Investmentvermögen handelt. Nach § 1 Abs. 1 Satz 1 AuslInvestmG ist dies ein „einem ausländischen Recht unterstehendes Vermögen aus Wertpapieren, Forderungen aus Gelddarlehen, über die eine Urkunde ausgestellt ist, Einlagen oder Grundstücken, das nach dem Grundsatz der Risikomischung angelegt ist“ (s. o. Rdnr. 14).

Das AuslInvestmG ist lex specialis; seine Vorschriften haben Vorrang vor den allgemei- 99
nen steuerlichen Vorschriften, also vor denen des EStG, KStG und GewStG, soweit sie mit ihnen in Widerspruch stehen.[195] Hierbei ist zu beachten, daß das AuslInvestmG teilweise auf die allgemeinen steuerlichen Bestimmungen zurückverweist, wie z. B. bei Zugehörigkeit der Anteile zu einem Betriebsvermögen (§ 17 Abs. 1 Satz 1, Abs. 2 Nr. 1 Satz 1, § 18 Abs. 1 Satz 1). Bei Gewinnermittlung im Betriebsvermögen durch Vermögensvergleich

---

[190] Amtl. Begr. (Fn. 34), 16.

[191] Dazu näher *Tormann* AuslInvestmG, § 19 [aus dem Kommentar inzwischen aussortiert]; *Baur,* Investmentgesetze, S. 595; Investment-Handbuch/*Scholtz* 445 § 19.

[192] Str. ob dies auch in den Fällen der Rückgabe gilt, da § 23 EStG auf eine „Veräußerung“ abstellt (Näheres *Dahm/Hamacher* WM 1994 Sonderbeil. 3, S. 20 f. m. Hinw. auf u. a. BFH v. 25. 8. 1987, BStBl. II 1988, 248).

[193] Dazu unten Rdnr. 107.

[194] Vgl. *Brosch* BB 1967, 794.

[195] Vgl. auch *Tormann* AuslInvestmG Einf. Anm. 24, dort auch ein ausführliches Schrifttumsverzeichnis zu den steuerlichen Bestimmungen des AuslInvestmG; desgl. bei Investment-Handbuch 445 vor § 16 Rdnr. 7.

beeinflußt der Unterschied zwischen Buchwert und Rücknahmepreis den Gewinn; ferner kommen Teilwertabschreibungen in Betracht (§ 6 Abs. 1 Nr. 1 und 2 EStG).[196] Eine Wertsteigerung der Investmentanteile gegenüber dem Buchwert ist bei der Gewinnermittlung erst anzusetzen, wenn sie durch Rückgabe, Veräußerung oder Entnahme des Anteilscheins realisiert worden ist. Hierdurch können sich bei positiver Wertentwicklung des Anteilwertes stille Reserven bilden. Der nichtrealisierte Wertzuwachs bleibt unversteuert.[197]

100 Im Interesse einer praktikablen Handhabung sind dem Bundesamt für Finanzen (Anschrift: Friedhofstr. 1, 53225 Bonn 3, Tel.: 0228/406-0) zentrale Aufgaben – Nachprüfung und Ermittlung der Erträge aus ausländischen Investmentanteilen, Bekanntgabe des Rücknahmepreises ausländischer Investmentanteile, Entgegennahme des Nachweises, daß ein Steuervertreter bestellt ist – übertragen worden (§ 5 Abs. 1 Nr. 4 Gesetz über die Finanzverwaltung i. d. F. vom 30. 8. 1971[198] – FVG –).

101 **1. Erträge aus registrierten ausländischen Investmentvermögen.** Es handelt sich um den sog. **1. Sachverhalt** nach § 17 AuslInvestmG (dort Abs. 3 Nr. 1 i. V. m. Abs. 1 bis Abs. 2 a). Dieser setzt entweder voraus, daß die ausländische Investmentgesellschaft dem BAK ihre Vertriebsabsicht angezeigt hat, die gesetzliche Zweimonatsfrist seit Eingang der vollständigen Anzeige verstrichen ist und das BAK im Zeitpunkt der Ausschüttung (bei ausschüttungsgleichen Erträgen im Zeitpunkt des Ablaufs des Geschäftsjahres, in dem sie als zugeflossen gelten) den Vertrieb nicht untersagt hat (§ 17 Abs. 3 Nr. 1 Buchst. a AuslInvestmG), oder daß die ausländischen Investmentanteile an einer deutschen Börse zum amtlichen Handel oder zum geregelten Markt zugelassen sind und nicht öffentlich vertrieben werden und in diesem Falle die ausländische Investmentgesellschaft einen Vertreter mit Sitz oder Wohnsitz im Geltungsbereich des AuslInvestmG bestellt hat **(Steuervertreter),** der sie gegenüber den Finanzbehörden und vor den Finanzgerichten vertreten kann (§ 17 Abs. 3 Nr. 1 Buchst. b AuslInvestmG). In beiden Fällen ist weitere Voraussetzung, daß die ausländische Investmentgesellschaft den Inhabern der ausländischen Investmentanteile bei jeder Ausschüttung, bei ausschüttungsgleichen Erträgen (thesaurierten Erträgen) spätestens 3 Monate nach Ablauf des Geschäftsjahres, in dem sie als zugeflossen gelten, jeweils bezogen auf einen ausländischen Investmentanteil in deutscher Sprache die Ausschüttung oder die ausschüttungsgleichen Erträge und ihre steuerlich relevante Zusammensetzung bekanntmacht, ferner den Zwischengewinn und die Summe der seit dem 1. 1. 94 thesaurierten Zinsabschlag(ZASt.)-pflichtigen Erträge börsentäglich ermittelt und mit dem Rücknahmepreis veröffentlicht und die Richtigkeit ihrer Angaben auf Anforderung nachweist (§ 17 Abs. 3 Nr. 2 und Nr. 3 AuslInvestmG).

102 Ausländische Investmentgesellschaften, die Investmentanteile öffentlich vertreiben dürfen, werden außer im Fall der EG-Investmentanteile im Inland gegenüber den Finanzbehörden und -gerichten durch den besonders qualifizierten Repräsentanten i. S. des § 2 Nr. 1 AuslInvestmG vertreten. Das AuslInvestmG stellt dagegen keine besonderen Anforderungen an den **Steuervertreter** i. S. des § 17 Abs. 3 Nr. 1 Buchst. b bei börsennotierten ausländischen Investmentanteilen. Steuervertreter kann demnach jede natürliche oder juristische Person sein. Sie muß jedoch in der Lage sein, die im Rahmen ihrer Vertretungstätigkeit anfallenden Aufgaben zu erledigen.[199] Die Bestellung des inländischen Steuervertreters ist dem Bundesamt für Finanzen nachzuweisen (§ 5 Abs. 1 Nr. 4 Buchst. a FVG). Die Bestellung muß spätestens im Zeitpunkt des fiktiven oder tatsächlichen Zuflusses der Erträge beim Anteilinhaber ausgesprochen und noch wirksam sein.[200]

---

[196] S. auch *Tormann* AuslInvestmG Einf. Anm. 24.

[197] Vgl. Investment-Handbuch/*Scholtz* 425 § 39 Rdnr. 32, 38.

[198] BGBl. I 1426, 1427 zuletzt geändert durch das Jahressteuergesetz 1996 vom 11. 10. 1995 (BGBl. I 1250, 1382); vgl. auch BMW-Erlaß v. 3. 9. 1971 (BStBl. I 401).

[199] Vgl. auch Investment-Handbuch 445 § 17 Rdnr. 100.

[200] Investment-Handbuch 445 § 17 Rdnr. 104; s. zum Steuervertreter nach § 18 Abs. 2 AuslInvestmG *Rosenberger,* Steuerliche Betriebsprüfung 1972, 247.

Soweit die genannten Voraussetzungen des 1. Sachverhaltes erfüllt sind, hat dies für die Besteuerung der Erträge ausländischer Investmentanteile folgendes Ergebnis (zu dem auf Ausschüttungen und thesaurierte Erträge ab 1. 7. 93 erhobenen Zinsabschlag [ZASt.] und ab 1. 1. 95 zusätzlich erhobenen Solidaritätszuschlag s. Näheres oben Rdnr. 2 c f.). 103

Ausländische Wertpapier- und Geldmarktfonds: 104

– Die **Ausschüttungen,** auch wenn sie aus der Substanz erfolgen (z. B. beim Ertragsausgleich),[201] und die vereinnahmten, nicht zur Kostendeckung[202] oder Ausschüttung verwendeten Zinsen, Dividenden sowie sonstigen Erträge (**ausschüttungsgleiche Erträge,** auch thesaurierte Erträge genannt),[203] gehören zu den steuerpflichtigen Einkünften aus Kapitalvermögen i. S. des § 20 Abs. 1 Nr. 1 EStG, wenn sie nicht Betriebseinnahmen des Steuerpflichtigen sind. Steuerpflichtig ist die Bruttoausschüttung, also die Ausschüttung zuzüglich einer im Heimatstaat einbehaltenen Abzugsteuer (Quellensteuer), die auf die deutsche Steuerschuld angerechnet werden kann (vgl. § 19 Abs. 1 AuslInvestmG). Sind die Erträge des ausländischen Investmentfonds in einem Drittland um Abzugsteuern (Zuflußsteuern) gekürzt worden, so sind nur die Nettobeträge vereinnahmt worden und damit steuerpflichtig.[204]

– In den Ausschüttungen enthaltene Kursgewinne und Bezugsrechtserlöse sind **steuerfrei** wie die entsprechenden Teile von Ausschüttungen deutscher Investmentsondervermögen (vgl. § 40 Abs. 1 KAGG; s. a. oben § 18 Rdnr. 198).[205] Diese Steuerfreiheit der genannten Ausschüttungsteile besteht nicht, wenn sich die Investmentanteile in einem Betriebsvermögen befinden (§ 17 Abs. 2 Nr. 1 AuslInvestmG; s. a. oben § 18 Rdnr. 199).

Ausländische Investment-Immobilienfonds: 105

– die Ausschüttungen und ausschüttungsgleichen Erträge, auch wenn sie sich aus Erträgen aus der Vermietung und Verpachtung von Grundstücken und grundstücksgleichen Erträgen zusammensetzen, gehören zu den steuerpflichtigen Einkünften aus Kapitalvermögen i. S. des § 20 Abs. 1 Nr. 1 EStG, wenn sie nicht ebenfalls steuerpflichtige Betriebseinnahmen des Steuerpflichtigen sind.

– In den Ausschüttungen enthaltene Gewinne aus der Veräußerung von Grundstücken und grundstücksgleichen Rechten sind **steuerfrei,** es sei denn, daß es sich um Veräußerungsgeschäfte handelt, bei denen der Zeitraum zwischen Anschaffung und Veräußerung nicht mehr als 2 Jahre betragen hat (§ 23 EStG). Die Steuerfreiheit der genannten Ausschüttungsteile entfällt bei Immobilien-Investmentanteilen im Betriebsvermögen (§ 17 Abs. 2 Nr. 1 AuslInvestmG).

Ausschüttungsgleiche Erträge gelten stets als zugeflossen mit Ablauf des Geschäftsjahres, in dem sie vereinnahmt worden sind (§ 17 Abs. 1 Satz 3 AuslInvestmG). Gegen diese Zuflußfiktion sind, soweit es sich um Erträge von Investmentgesellschaften des Gesellschaftstyps handelt, verfassungsrechtliche Bedenken geltend gemacht worden.[206] Es wird 106

---

[201] S. dazu oben § 18 Rdnr. 207 c f.; auch ausführlich *Scholtz* DStZ A 1972, 334; koord. Ländererlaß NRW v. 10. 1. 1975, FR 1975, 146; *Tormann* AuslInvestmG, § 17 Anm. 7; *Rosenberger,* Steuerliche Betriebsprüfung 1972, 253.

[202] Zu den Kosten s. *Rosenberger,* Steuerliche Betriebsprüfung 1972, 250; Investment-Handbuch 445 § 17 Rdnr. 50; *Tormann* AuslInvestmG § 17 Anm. 9; s. auch Koord. Ländererlaß Nds. v. 20. 5. 1975, abgedruckt in: Investment-Handbuch 440 Nr. 21.

[203] S. dazu ausführlich den koord. Ländererlaß Nds. v. 30. 10. 1970, in: DStZ 1970, 453.

[204] *Tormann,* AuslInvestmG § 17 Anm. 5; s. auch die Sonderregelung in § 19 Abs. 3 AuslInvestmG bei Ermäßigung der ausländischen Abzugsteuer durch eine Zuflußsteuer aus einem Drittland. In diesem Fall ist die ungeminderte Abzugsteuer bei der Anrechnung der ausländischen Abzugsteuer zu berücksichtigen.

[205] Ertragsausgleich, der auf steuerfreie Erträge entfällt, unterliegt nicht der Besteuerung; dazu koord. Ländererlaß NRW v. 10. 1. 1975, a. a. O. (Fn. 201); ebenso *Scholtz* DStZ A 1972, 338.

[206] *Hundertmark* BB 1969, 1263; a. A. zutreffend Investment-Handbuch 445 § 17 Rdnr. 29; *Tormann* § 17 Anm. 9.

jedoch vor der Finanzverwaltung nicht beanstandet, wenn die Ausschüttung für ein Geschäftsjahr, dessen ausschüttungsgleiche Erträge zu ermitteln sind, erst nach Ablauf des betreffenden Geschäftsjahres erfolgt. Sind in den Ausschüttungen Erträge enthalten, die nachweisbar bereits früher als ausschüttungsgleiche Erträge behandelt worden sind, können diese von den Ausschüttungen abgesetzt werden.[207]

107 **2. Erträge aus nicht-registrierten ausländischen Investment-Vermögen.** *a) Investmentgesellschaften mit Steuervertreter.* Investmentgesellschaften, die nicht unter den 1. Sachverhalt fallen, haben zwar nicht die Möglichkeit, nach dem sonst geltenden Transparenzprinzip die Steuerfreiheit von Veräußerungsgewinnen für ihre privaten Anleger herzustellen, sie können jedoch im Rahmen des sog. **2. Sachverhaltes** zumindest der nachteiligen steuerlichen Behandlung nach dem sog. 3. Sachverhalt entgehen. Dazu ist von der ausländischen Investmentgesellschaft ein Steuervertreter zu bestellen. Wie schon bei den börsennotierten ausländischen Investmentanteilen (s. Rdnr. 101), muß es sich dabei um einen Vertreter mit Sitz oder Wohnsitz im Geltungsbereich des AuslInvestmG handeln, der die ausländische Investmentgesellschaft gegenüber den Finanzbehörden und vor den Gerichten der Finanzgerichtsbarkeit vertreten kann (§ 18 Abs. 2 Satz 2). Die Bestellung des inländischen Steuervertreters ist dem Bundesamt für Finanzen nachzuweisen (§ 5 Abs. 1 Nr. 4 Buchst. a FVG). Außerdem sind die Besteuerungsgrundlagen i. S. des § 18 Abs. 1 AuslInvestmG nachzuweisen. Dies bezieht sich auch auf den durch das StMBG steuerpflichtig gewordenen Zwischengewinn i. S. des § 17 Abs. 2a AuslInvestmG. Dies setzt praktisch voraus, daß die ausländische Investmentgesellschaft den Zwischengewinn jeweils börsentäglich ermittelt und entweder für den Steuervertreter oder die Anleger verfügbar hält oder mit dem Rücknahmepreis veröffentlicht. Soweit es sich um den Nachweis thesaurierter Erträge handelt, kann es sich mit Rücksicht auf das Prinzip der Abschnittsbesteuerung nur um die thesaurierten Erträge des jeweils abgeschlossenen Geschäftsjahres handeln, nicht dagegen um eine in § 17 Abs. 3 Nr. 3 genannte Summe der nach dem 31. 12. 1993 dem Inhaber der ausländischen Investmentanteile als zugeflossen geltenden, noch nicht dem Steuerabzug unterworfenen Erträge. Beginnend mit dem 1. 1. 94 hat die ausländische Investmentgesellschaft für jedes Geschäftsjahr den thesaurierten Ertrag gegenüber der Finanzverwaltung nachzuweisen, der dem Zinsabschlag(ZASt.) unterliegt. Die ZASt.-pflichtigen Erträge errechnen sich aus § 18a AuslInvestmG (dazu oben Rdnr. 2c f. Den Nachweis gegenüber der Finanzverwaltung kann auch der Anteilinhaber führen.[208] Die dem Nachweis dienende Unterlagen sind in deutscher Sprache abzufassen oder mit einer deutschen Übersetzung zu versehen (§ 18 Abs. 2 Satz 2 AuslInvestmG).

108 Sofern die genannten Voraussetzungen des sog. **2. Sachverhalts** erfüllt sind, ist für die Besteuerung der Investmenterträge folgendes bestimmt (§ 18 Abs. 1 AuslInvestmG):[209]

Die **Ausschüttung** auf ausländische Investmentanteile sowie die vereinnahmten, nicht zur Kostendeckung oder Ausschüttung verwendeten Zinsen, Dividenden, Erträge aus der Vermietung und Verpachtung von Grundstücken, sonstige Erträge und Veräußerungsgewinne **(als ausgeschüttet zu behandelnde Erträge)** gehören zu den steuerpflichtigen Einkünften aus Kapitalvermögen i. S. des § 20 Abs. 1 Nr. 1 EStG, wenn sie nicht Betriebseinnahmen des Steuerpflichtigen sind. Der wesentliche Unterschied zum 1. Sachverhalt besteht darin, daß bei Ermittlung der als ausgeschüttet zu behandelnden Erträge auch Veräußerungsgewinne anzusetzen und zu versteuern sind. Negative Veräußerungsgewinne (= Veräußerungsverluste) finden Berücksichtigung. Sie können mit der effektiven Ausschüttung aus dem Investmentvermögen verrechnet werden und damit zu steuerfreien Aus-

---

[207] Koord. Ländererlaß Nds. v. 30. 10. 1970, (Fn. 203) dort unter I, 3.

[208] Invetment-Handbuch 445 § 18 Rdnr. 20.

[209] Die unterschiedliche Behandlung der Erträge aus Veräußerungsgewinnen in § 17 und § 18 Abs. 1 AuslInvestmG bei Anteilen in Privatvermögen ist nicht verfassungswidrig – kein Verstoß gegen Art. 3 GG, so BFH VIII R 79/88 v. 7. 4. 1992, BFHE 168, 111 = BStBl. II 192, 786 = WM 1992, 1696.

schüttungen führen oder mit sonstigen positiven Einkünften aus Kapitalvermögen oder, falls solche nicht vorhanden sind, auch mit Einkünften aus anderen Einkunftsarten nach den Vorschriften des EStG ausgeglichen werden.[210]

b) Investmentgesellschaften ohne Steuervertreter. Wenn weder die Voraussetzungen des 1. 109
noch des 2. Sachverhaltes erfüllt sind, insbesondere die ausländische Investmentgesellschaft keinen Steuervertreter bestellt hat oder/und auch die Besteuerungsgrundlagen nicht oder nicht einwandfrei nachgewiesen worden sind, sieht § 18 Abs. 3 AuslInvestmG eine **pauschalierte Mehrbetragsbesteuerung** vor. Diese soll vor allem thesaurierte Erträge ausländischer Investmentvermögen erfassen.[211] Zu versteuern sind die Bruttoausschüttungen, also die Ausschüttungen zuzüglich einer im Heimatstaat einbehaltenen Abzugsteuer (Quellensteuer), die auf die deutsche Steuerschuld angerechnet werden kann (vgl. § 19 Abs. 1 AuslInvestmG).[212] Zusätzlich zur Ausschüttung sind 90% des Mehrbetrages als steuerpflichtig anzusetzen, der sich zwischen dem ersten und dem letzten im Kalenderjahr festgesetzten Rücknahmepreis ergibt. Mindestens sind 10% des letzten im Kalenderjahr festgesetzten Rücknahmepreises oder ggf. des Börsen- oder Marktpreises anzusetzen (§ 18 Abs. 3 Satz 1 2. Halbsatz AuslInvestmG). Dieser Mindestbetrag ist um die in dem betreffenden Kalenderjahr erfolgten Ausschüttungen zu kürzen.[213] Zusätzlich ist auf Grund der durch das StMBG eingeführten Zwischengewinnbesteuerung vorgesehen, daß bei Rückgabe oder Veräußerung oder Abtretung von Ansprüchen aus den Investmentanteilen 20% des Entgelts für die Rückgabe, Veräußerung oder Abtretung als fiktiver Zwischengewinn anzusetzen ist (§ 18 Abs. 3 Satz 4 AuslInvestmG). Auch dieser fiktive Zwischengewinn unterliegt der ZASt. (sog. ZASt. ZwiSt.; § 18a Abs. 1 Nr. 3 Satz 1 AuslInvestmG).

Eine Besteuerung der Anteilinhaber findet durch diese Mindestbesteuerungsvorschrift 110
auch dann statt, wenn der Wert der ausländischen Investmentanteile gesunken ist und keine Ausschüttung vorgenommen wurde. Ferner sind die 20% Zwischengewinn auch bei nur kurzer Verweildauer anzusetzen. Diese Regelung ist m. E. willkürlich und verstößt gegen Art. 3 GG (Gebot gleicher Behandlung von gleichen Sachverhalten) und 14 GG (Eigentumsgarantie).[214] Es gibt keine gesicherte Erkenntnis, daß jährlich Investmenterträge von mindestens 10% anfallen. Z. B. sind bei Immobilien-Investmentfonds die jährlichen Erträge in der Regel niedriger. Der sog. Stubstanzzuwachs liegt oft nur bei 1 bis 2% und bringt allenfalls einen Inflationsausgleich. Bei unveränderten oder verringerten Rücknahmepreisen und fehlendem Ausgleich durch eine Ausschüttung führt dies zur Vermögensvernichtung. Da der Anleger selbst keinen Steuervertreter bestellen kann, kann er sich der für ihn nachteiligen Steuer nur durch Rückgabe/Verkauf seines Anteils entziehen. Der undifferenziert anzuwendenden Prozentsatz von 10% übersteigt m. E. bei der genannten Konstellation die Zulässigkeitsgrenze für die Verfolgung außersteuerlicher Zwecke mit Steuergesetzen.[215] Die gleichen verfassungsrechtlichen Bedenken bestehen hinsichtlich der

---

[210] Dazu *Rosenberger,* Steuerliche Betriebsprüfung 1972, 249.

[211] Vgl. *Tormann* AuslInvestmG § 18 Anm. 24, m. w. N. auch zur Frage, ob diese Regelung verfassungsgemäß ist.

[212] *Tormann* AuslInvestmG § 18 Anm. 22.

[213] *Tormann* AuslInvestmG § 18 Anm. 22; Investment-Handbuch 445 § 18 Rdnr. 64; a. A. offenbar *Philipps,* Auslands-Investmentrecht, § 18 Rdnr. 7.

[214] Nach *Hundertmark* BB 1969, 1264, Verstoß gegen Art. 3 GG und gegen den Grundsatz der Zweckgerechtigkeit von Steuern; im Ergebnis ebenso *Rutkowsky,* NJW 71, 1348; *Tormann,* AuslInvestmG § 18 Anm. 24; *Philipps,* Auslands-Investmentrecht, § 18 Rdnr. 6f.; *Hofmann* AG 1970, 77; *Kratzer* NWB Fach 3, S. 2948 und 3386; a A. Investment-Handbuch 445 § 18 Rdnr. 68ff.; *Nissen* DStZ A 1969, 287; *Kerscher* StuW 1969 Sp. 502; *Söffing* InfStW 1969, 264; *Tullius* DB 1969, 1719; das BFH-Urteil v. 7. 4. 1992, WM 1992, 1695, 1696f. befaßt sich nur mit der Verfassungsmäßigkeit von § 18 Abs. 1 AuslInvestmG – die dort gegebene Begründung läßt sich als Argument für die Verfassungswidrigkeit von § 18 Abs. 3 AuslInvestmG verwenden.

[215] Ebenso *Hundertmark* BB 1969, 1264 mit näherer Begründung; a. A. Investment-Handbuch 445 § 18 Rdnr. 69.

durch das StMBG neu eingeführten Pauschalbesteuerung eines fiktiven Zwischengewinns (§ 18 Abs. 3 Satz 4 AuslInvestmG), da eine Besteuerung unabhängig von der Besitzdauer, ferner der Entwicklung des Anteilwerts und der Erträge vorgenommen wird. Im Kalenderjahr erfolgte Ausschüttungen sollten durch Abzug vom pauschalen Zwischengewinn berücksichtigt werden.[216] Bei rückläufiger Wertentwicklung der Investmentanteile erleidet der Anleger durch den pauschal zu versteuernden Zwischengewinn einen zusätzlichen, sachlich nicht gerechtfertigten Nachteil.

111 **3. Besteuerungsübersichten des Bundesamtes für Finanzen.** Zu den Aufgaben des Bundesamtes für Finanzen zählt u. a. die Nachprüfung der Erträge aus ausländischen Investmentanteilen i. S. der §§ 17 und 18 Abs. 1 AuslInvestmG, ferner die Ermittlung der Erträge aus ausländischen Investmentanteilen i. S. des § 18 Abs. 2 AuslInvestmG (§ 5 Abs. 1 Nr. 4 Buchst. b und c FVG). Aufgrund seiner Feststellungen veröffentlichte das Bundesamt für Finanzen jährliche Besteuerungsübersichten. Diese sind untergliedert in

– Erträge nach § 17 und § 18 Abs. 1 AuslInvestmG
– Erträge nach § 18 Abs. 3 AuslInvestmG.

112 Zusätzlich werden in den Besteuerungsübersichten des Bundesamtes für Finanzen die Rücknahmepreise bzw. Anteilkurse der ausländischen Investmentanteile bekanntgemacht. Sie sind bei der Vermögensteuerveranlagung und bei der Bewertung des Betriebsvermögens zu berücksichtigen (s. auch die Veröffentlichung der Rücknahmepreise durch den BFM, oben § 18 Rdnr. 188).

113 Die Veröffentlichung des Bundesamtes hat für die Besteuerungsübersichten deklaratorische Bedeutung (vgl. auch § 18 Rdnr. 215). Gegen die Bekanntgabe der Rücknahmepreise bzw. Anteilkurse gem. § 113 BewG gibt es kein eigenes Rechtsbehelfsverfahren. Es kann nur zu einer Korrektur offenbarer Unrichtigkeiten kommen.[217] Zuletzt wurden für ausländische Investment-Anteile folgende Besteuerungsübersichten bekanntgemacht:

Jahr/Stichtag	Tag	Fundstelle
1991	5. 1. 1993	BStBl. 1993 I 110
1991	1. 6. 1993	BStBl. 1993 I 416
1991	8. 10. 1993	BStBl. 1993 I 832
1992	31. 1. 1994	BStBl. 1994 I 141
1992	5. 1. 1995	BStBl. 1995 I 89
1993	29. 2. 1996	BStBl. 1996 I 215
1994	30. 4. 1996	BStBl. 1996 I 463

IV. Recht der Europäischen Union[218]

114 Durch den Vertrag zur Gründung der Europäischen Wirtschaftsgemeinschaft vom 25. 3. 1957 (EWGV)[219] sollte ein gemeinsamer Markt verwirklicht werden. Da der Einigungsprozeß Anfang der 80er Jahre fast zum Stillstand gekommen war, entwickelten sich neue Aktivitäten, um einen einheitlichen Binnenmarkt herbeizuführen (u. a. das Weißbuch der Kommission von 1985 und die Einheitliche Europäische Akte vom 29. 6. 1987[220]). Im Rahmen des Binnenmarktes (Art. 7a und 100a EGV) soll auch ein europäischer Finanzraum geschaffen werden, der eine Harmonisierung der Rahmenbedingungen für das Anbieten von Finanzdienstleistungen vorsieht. Hierin eingebunden sind die Investmentgesellschaften in den einzelnen Mitgliedstaaten der Europäischen Union. Den rechtlichen

---

[216] Vgl. Fn. 213.

[217] *Rössler/Troll,* 15. Aufl. § 113 BewG Rdnr. 3.

[218] Zur Schaffung eines europäischen Finanzraums s. die Darstellung bei *Carl/Förster,* Recht des Investmentfonds, S. 32 m. w. Nachw.; s. auch *Hübner,* in: Hdb. EG-WirtschaftsR, E. IV Rdnr. 1; *Hahn/Follack,* in: Hdb. EG-WirtschaftsR, F. II Rdnr. 37.

[219] BGBl. II 766.

[220] ABl. 169.

Rahmen im EGV bilden die Bestimmungen über die Niederlassungsfreiheit und die damit verbundene Rechtsangleichung (Art. 52ff., insbes. 57 Abs. 2 EGV), die Liberalisierung der Dienstleistungen vor allem auf dem Bankensektor (Art. 59ff. EGV) und die Liberalisierung des Kapitalverkehrs (Art. 67ff. EGV). In verschiedenen Bereichen sind gemäß Art. 189 Abs. 3 EGV für die Mitgliedstaaten bereits verbindliche Richtlinien erlassen und teilweise in innerstaatliches Recht umgesetzt worden. Ziel ist heute nicht mehr die Harmonisierung der unterschiedlichen Rechtsvorschriften sondern die gegenseitige Anerkennung und Mindestharmonisierung sowie Ergänzung durch das Heimatlandkontrollprinzip (auch: Herkunftslandkontrollprinzip), d. h. Kontrolle und Überwachung z. B. des Investmentunternehmens nur durch die Behörde des Heimatlandes.[221] Die Kommission ist daneben bestrebt, einen Mindeststandard für den Anlegerschutz einzuführen und die Wettbewerbsbedingungen anzugleichen.[222] Für Investmentgesellschaften sind außer den speziell ihr Tätigkeitsfeld betreffenden Richtlinien auch solche bedeutsam, die sich allgemein an Kreditinstitute und deren Aufsicht richten, da das Investmentgeschäft zu den Bankgeschäften zählt (§ 1 Abs. 1 Satz 2 Nr. 6 KWG) und deutsche KAG häufig zusätzlich als Nebentätigkeit das Depotgeschäft (§ 1 Abs. 1 Satz 2 Nr. 5 KWG) betreiben.

1. Richtlinien betr. das Bankwesen. Gestützt auf Art. 57 EGV wurde die **1. Bankrechts-Richtlinie** vom 12. 12. 1977 (77/78/EWG)[223] zur Koordinierung der Rechts- und Verwaltungsvorschriften über die Aufnahme und Ausübung der Tätigkeit der Kreditinstitute erlassen. Die **2. Bankrechts-Richtlinie** vom 15. 12. 1989 (89/646/EWG)[224] beseitigte die Schranken für die Niederlassungsfreiheit im Bankensektor und führte die volle Dienstleistungsfreiheit ein.[225] Beide Richtlinien finden ebenso wie weitere inzwischen erlassene oder in Vorbereitung befindliche Richtlinien für Kreditinstitute auf KAG keine unmittelbare Anwendung, da die Richtlinien einen eingeschränkten Begriff des Kreditinstituts verwenden. Dennoch sind KAG insbesondere durch die Umsetzung im Rahmen des KWG mittelbar davon betroffen. Zu nennen sind folgende, das Bankwesen betreffende Richtlinien: 115

- Richtlinie über die Eigenmittel von Kreditinstituten vom 17. 4. 1989 [Eigenmittel-Richtlinie] (89/299/EWG);[226]
- Richtlinie zur Koordinierung der Vorschriften betreffend Insider-Geschäfte vom 13. 11. 1989 (89/592/EWG)[227] – Anwendung auch auf KAG als Sekundär-Insider –;
- Richtlinie über einen Solvabilitätskoeffizienten von Kreditinstituten vom 18. 12. 1989 (89/647/EWG)[228] – von praktischer Bedeutung, soweit Kreditinstitute, insbesondere über Spezialfonds, Investmentanteile erwerben; vorbehaltlich einer entgültigen Klärung auf EU-Ebene stellt das BAK auf die tatsächliche Zusammensetzung des Investmentvermögens und auf die durch den Wirtschaftsprüfer der Investmentgesellschaft bestätigte Ermittlung der Risikogewichte (Solvabilitäts-Kennziffer) ab –;
- Richtlinie zur Verhinderung der Nutzung des Finanzsystems zum Zwecke der Geldwäsche vom 10. 6. 1991 (91/308/EWG)[229] – Prüf- und Mitteilungspflichten der KAG ergeben sich bei der Ausgabe von Investmentanteilen und vor allem bei der Führung von Investmentkonten –;

---

221 Fn. 218, S. 34; s. auch *Meyer-Horn* LfK 1988, 172; *Horn* ZBB 1989, 111.
222 Vgl. *Hahn/Follack,* in: Hdb. EG-WirtschaftsR, F II Rdnr. 37.
223 ABl. L 322, 30.
224 ABl. L 386, 1.
225 Dazu auch *Meyer-Horn* LfK 1988, 170, 172.
226 ABl. L 124, 16; vgl. auch *Horn* ZBB 1989, 114.
227 ABl. L 334, 30.
228 ABl. L 386, 14; zum Entwurf *Horn* (Fn. 226) S. 118.
229 ABl. L 166, 77.

– Richtlinie über die Beaufsichtigung der Kreditinstitute auf konsolidierter Basis vom 6. 4. 1992 [2. Konsolidierungs-Richtlinie] (92/30/EWG);[230]
– Richtlinie über die Überwachung und Kontrolle der Großkredite von Kreditinstituten vom 21. 12. 1992 [Großkredit-Richtlinie] (92/121/EWG)[231] – hiernach sind Kredite i. S. des § 13 KWG alle Bilanzaktiva, darunter auch die Investmentanteile (§ 19 Abs. 1 Satz 2 Nr. 6 KWG); Näheres auch BAK-Rdschr. v. 20. 12. 1995 zur Gewichtung der Investmentanteile –;
– Richtlinie über die angemessene Eigenkapitalausstattung von Wertpapierfirmen und Kreditinstituten vom 15. 3. 1993 [Kapitaladäquanz-Richtlinie] (93/6/EWG);[232]
– Richtlinie über Einlagensicherungssysteme vom 30. 5. 1994 (94/19/EG);[233]
– Richtlinie über die Sanierung und Liquidation der Kreditinstitute (in Vorbereitung);[234]
– Richtlinie über die Anlegerentschädigungs-Systeme (in Vorbereitung;[235] es ist u. a. vorgeschlagen worden, daß sich auch OGAW einem Anlegerentschädigungssystem anzuschließen haben)

116 Direkte Auswirkungen auf die Investmentgesellschaften haben die Richtlinien zum Rechnungswesen. Die **4. (Bilanz-)Richtlinie** vom 25. 7. 1978 (78/660/EWG)[236] ist im Inland durch das Bilanzrichtliniengesetz vom 19. 12. 1985[237] umgesetzt worden, das wiederum die Rechnungslegung der Gesellschaften und damit auch die der inländischen Investmentgesellschaften wesentlich geändert hat. Die Bilanzrichtlinie (78/660/EWG), von deren Anwendungsbereich Kreditinstitute ausgenommen werden konnten, wird ergänzt durch die **Bankbilanzrichtlinie** vom 8. 12. 1986 (86/635/EWG).[238] Diese wurde umgesetzt durch das Bankbilanzrichtlinien-Gesetz v. 30. 11. 1990.[239] Im Gefolge dieses Gesetzes ist für KAG durch § 6 Abs. 4 RechKredV vorgeschrieben, daß die Bilanz unter dem Strich einen Hinweis auf die verwalteten Sondervermögen zu enthalten hat. Eine Ergänzung zur Bankbilanz-Richtlinie stellt die Zweigniederlassungs-Richtlinie vom 13. 2. 1989 (89/117/ EWG)[240] dar.

117 Aus der 4. (Bilanz-)Richtlinie (Art. 5) ist für – in anderen EG-Staaten teilweise bestehende – Investmentfonds des Gesellschaftstyps und für die mit Investmentfonds verbundenen Rückkaufgesellschaften bedeutsam, daß Sondergliederungen für den Jahresabschluß vorgesehen werden können, sofern diese Sondergliederungen ein den tatsächlichen Verhältnissen entsprechendes Bild der Vermögens-, Finanz- und Ertragslage der Gesellschaften vermitteln.

118 **2. OGAW/Investment-Richtlinie.** Spezielle und eingehende Regelungen für den gesamten Bereich des Investmentrechts brachte die Richtlinie vom 20. 12. 1985 zur Koordinierung der Rechts- und Verwaltungsvorschriften betreffend bestimmten Organismen für gemeinsame Anlagen in Wertpapieren **(OGAW),** auch als OGAW-Richtlinie, UCITS-Richtlinie oder Investment-Richtlinie bezeichnet.[241] Diese Richtlinie erfaßt die

---

[230] ABl. L 110, 52.

[231] ABl. 29, 1.

[232] ABl. L 141, 1.

[233] ABl. L 135, 5.

[234] S. Vorschlag für eine Richtlinie, ABl. C 36, 1 v. 8. 2. 1988; der Teil betreffend die Einlagensicherungssysteme ist bereits Gegenstand der Richtlinie 94/19/EG (Fn. 233).

[235] Vorschlag für eine Richtlinie, ABl. C 321, 15 v. 27. 11. 1993.

[236] ABl. 222, 11.

[237] BGBl. I 2355; zum Bilanzrichtliniengesetz und der Umsetzung verschiedener EG-Richtlinien in deutsches Recht und die Auswirkungen auf das KWG s. *Reischauer/Kleinhans,* Kreditwesengesetz, 115 § 25 a KWG, Rdnr. 3.

[238] ABl. L 372, 1; Synoptische Darstellung der Entstehung der Richtlinie bei *Mayer/Maiß,* EG-Bankbilanzrichtlinie, 1987.

[239] BGBl. I 2570.

[240] ABl. L 44, 10.

[241] ABl. L 375, 3; ergänzt durch die Empfehlung des Rates vom 20. 12. 1985 zu Art. 25 Abs. 1, 2. Unterabsatz der Richtlinie 85/611/EWG v. 20. 12. 1985 (88/612 EWG), ABl. L 375, 19; s. auch

open-end Wertpapier-Publikumsgesellschaften sowohl des Vertragstyps (so die KAG, die Unit Trusts, die Fonds Communs de Placement) als auch des Gesellschaftstyps (so die Sicav [= Sociétés d'investissement à capital variable], die Investment Companies, Beleggingsmaatschappijen; die Anleger sind als Aktionäre oder Gesellschafter beteiligt), nicht dagegen die Investmentgesellschaften mit Spezialfonds, Geldmarktfonds, Futures und Options-Fonds und offenen Immobilienfonds, ebenso nicht die Beteiligungs-Sondervermögen. Weiterhin betrifft sie nicht die Investmentgesellschaften des geschlossenen Typs (closed-end). Eine Investmentgesellschaft i. S. der OGAW-Richtlinie bedarf zur Ausübung ihrer Geschäftstätigkeit der Zulassung. Die Zulassung, die in einem EU-Mitgliedstaat erteilt wird, gilt zugleich für sämtliche Mitgliedstaaten. Die OGAW-Richtlinie enthält Mindestregelungen hinsichtlich der Struktur der Anlagepolitik sowie der Publizitätspflichten von Investmentgesellschaften. Sie schafft ein Mindestmaß an Sparerschutz.[242] Der Aufgabenbereich der Depotbank wird genau umrissen.

Sofern eine Investmentgesellschaft i. S. der Richtlinie ihre Anteile in einem anderen als **119**
dem Mitgliedstaat, in dem sie ansässig ist, zu vertreiben beabsichtigt, muß sie dies den inländischen Stellen und jeweils der zuständigen Stelle des Mitgliedstaates vorher anzeigen und bestimmte Unterlagen vorlegen. Sie kann mit dem Vertrieb ihrer Anteile in diesem anderen Mitgliedstaat zwei Monate nach Vorlage der Unterlagen beginnen, es sei denn, daß die Stellen des betreffenden Mitgliedstaates durch begründeten Beschluß vor Ablauf von zwei Monaten feststellen, daß die von den OGAW vorgesehenen Vertriebsmodalitäten nicht den Anforderungen der OGAW-Richtlinie entsprechen (Art. 46 OGAW-Richtlinie). Zu beachten ist, daß der OGAW die Wettbewerbs- und Vertriebsvorschriften (also z. B. das AuslInvestmG) des betreffenden Mitgliedstaates beachten muß (Art. 44 und 45 OGAW-Richtlinie). Für den OGAW gelten folglich alle innerstaatlichen Wettbewerbs- und Vertriebsrichtlinien des betreffenden Mitgliedstaates.

Die OGAW-Richtlinie verpflichtete die EU-Mitgliedstaaten bis zum 1. 10. 1989 die in **120**
ihren Ländern ansässigen OGAW den Anforderungen der Richtlinie zu unterstellen (Griechenland und Portugal bis 1. 4. 1992). Die Umsetzung erfolgte nicht immer fristgerecht, zuletzt 1994 in Portugal (in Finnland erst teilweise).[243] In Deutschland wurde die OGAW-Richtlinie durch das Gesetz zur Verbesserung der Rahmenbedingungen der Finanzmärkte (Finanzmarktförderungsgesetz) vom 22. 2. 1990 umgesetzt.[244] Dieses 1. FMFG änderte sowohl das KAGG als auch das AuslInvestmG.[245]

Die OGAW-Richtlinie hat eine Ergänzung erfahren durch die Richtlinie vom 22. 3. **121**
1988 zur Änderung der Richtlinie 85/611/EWG in bezug auf die Anlagepolitik bestimmter OGAW.[246] Aufgrund dieser OGAW-Richtlinie kann die Anlagegrenze von 10% für Schuldverschreibungen privater Emittenten (Art. 22 Abs. 2 OGAW-Richtlinie) auf 25% angehoben werden, wenn es sich um Schuldverschreibungen handelt, die von einem Kreditinstitut ausgegeben werden, das einer besonderen Aufsicht unterliegt und wenn das Deckungsprinzip gewahrt ist. Dies betrifft im Inland Pfandbriefe und Kommunalobligationen.[247] Durch Anh. IX Nr. 30 des EWR-Abkommens vom 2. 5. 1992[248] gilt Art. 57

Vandamme (EG-Kommission, Hrsg.). Auf dem Wege zu einem europäischen Markt für die Organismen für gemeinsame Anlagen in Wertpapieren. Bemerkungen zu den Bestimmungen der Richtlinie 85/611/EWG des Rates vom 20. Dezember 1985, 1988.

242 *Bracker* ZfK 1988, 318; s. a. *Laux* ZfK 1978, 818.

243 Dazu EU Commission, DG XV, Document no. XV/530/95.

244 BGBl. I 266.

245 Ausführlich und mit grundsätzlicher Kritik *Grundmann* ZBB 1991, 242; *Harprecht* Die Auswirkungen der EG-Investment-Richtlinie auf die Anlagepolitik deutscher Investmentgesellschaften; *Laux* WM 1990, 1093.

246 ABl. 100, 31.

247 Ausführlicher Kommentar bei Hypothekenverband bei der EG (Hrsg.), Die Hypothekenbanken und der Pfandbrief, 1993, Kapitel IV.

248 Vgl. BGBl. 1993 II 266.

Abs. 2 OGAW-Richtlinie auf den Zeitpunkt des Inkrafttretens des EWR-Abkommens. Eine Änderung und Ergänzung zum Berufsgeheimnis von Personen in amtlicher Funktion und zum Informationsaustausch der zuständigen Behörden ergab sich aus der BCCI-Richtlinie (95/26/EG) vom 29. 6. 1995 (Änderung von Art. 50 und neuer Art. 50 a).[249]

121 a Derzeit befindet sich eine weitere Änderungsrichtlinie zur OGAW-Richtlinie in Vorbereitung (auch OGAW II-Richtlinie genannt). Ein erster Vorschlag mit 18 Änderungsvorschlägen zur OGAW-Richtlinie wurde von der EU-Kommission am 9. 2. 1993 vorgelegt.[250] Im Mittelpunkt der Überlegungen der EU-Kommission stand die Einbeziehung der Geldmarktfonds in die OGAW-Richtlinie, die notwendige Streuung der Bankguthaben auf mehrere Kreditinstitute ab einem Anteil von 20% des Fondsvermögens und die Zulassung von Dachfonds unter bestimmten Voraussetzungen. Mit dem Änderungsvorschlag hat sich u. a. der Finanzausschuß des Bundestages befaßt und dabei die Bemühungen der EU-Kommission um weitere Harmonisierungen im Bereich der Wertpapier-Investmentfonds und die Anpassung der OGAW-Richtlinie an die fortschreitenden Entwicklungen auf dem Gebiet der Wertpapiermärkte begrüßt. Er erklärte sich mit einer Harmonisierung der Geldmarktfonds einverstanden. Bei „Cash-Fonds" (Anlagen bis zu 100% in Bankeinlagen) sollte dem Gesichtspunkt der Risikostreuung Rechnung getragen werden, sofern die Bankeinlagen nicht durch Einlagensicherungssysteme abgesichert sind. Dachfonds werden als ein geeignetes Mittel angesehen, um spezifische Vorteile hinsichtlich des Vertriebs der Investmentanteile oder der Nutzung zusätzlichen Managements-Know-Hows zu nutzen. Ihre Zulassung erscheint aus Gründen des Anlegerschutzes jedoch nur dann vertretbar, wenn hinreichende Publizitätspflichten bezüglich der Anlagemöglichkeiten und der Gebührenbelastung der Anleger vorgeschrieben werden. Depotbank und Verwaltungsgesellschaft sollten sich in demselben Staat befinden. Prospekte von EU-Investmentfonds sollten aus Gründen des Anlegerschutzes in der Sprache des Staates veröffentlicht werden, in dem die Anteile vertrieben werden.[251] Seitens der EU-Kommission ist im Juli 1994 ein geänderter Vorschlag vorgelegt worden, über den die Beratungen andauern. Kernpunkte diese Vorschlages sind: Die Zulassung von Cash-Fonds als besondere Fonds-Gruppe. Maximal 25% des Fondsvermögens dürfen beim gleichen Kreditinstitut/-Gruppe angelegt werden. Erweiterung der Anlagemöglichkeiten von Wertpapierfonds auf Geldmarktinstrumente. Zulassung der Dachfonds als besondere Fonds-Konstruktion. Zulassung der Master-Feeder-Fonds-Konstruktion. Zwischen dem Master-Fonds und dem Feeder-Fonds, der die Anteile des Master-Fonds erwirbt und diese damit indirekt vertreibt, muß eine Vertragsbeziehung bestehen, die bestimmten Anforderungen genügt. Außer im Fall der Cash-Fonds Begrenzung der Bankguthaben auf maximal 25%. Neben den Bankguthaben darf eine zusätzliche Liquidität in Geldmarktinstrumenten gehalten werden. Ausdrückliche Zulassung von Finanztermingeschäften und Optionsgeschäften, sofern die Risiken aus diesen Geschäften ausreichend abgesichert sind. Die grenzüberschreitende Wahl der Depotbank wird zulässig, sofern die Depotbank u. a. erklärt, daß sie umfassend über die für ihre Tätigkeit als Verwahrstelle im Rahmen des grenzüberschreitenden Dienstleistungsverkehrs anwendbaren Rechtsvorschriften informiert ist, und ein Kooperationsabkommen zwischen den Aufsichtsbehörden besteht.

122 **3. Liberalisierung des Kapitalverkehrs.** Zur Durchführung des Art. 67 EGV (Liberalisierung des Kapitalverkehrs) wurden mehrere Richtlinien erlassen, durch die u. a. der Erwerb und die Veräußerung von Investmentanteilen zunächst bedingt, später in vollem Umfang von devisenrechtlichen Beschränkungen freigehalten werden soll.[252] Den Ab-

---

[249] ABl. L 168, 7.

[250] Kom (93) 37 endg.-SYN 453, Abl. EG Nr. C 59 vom 2. 3. 1993, S. 14; Rats-Dok. 4901/93.

[251] Beschlußempfehlung und Bericht des Finanzausschusses vom 20. 4. 1994, in: BT-Drucks. 12/7670.

[252] Dazu 1. Richtlinie v. 11. 5. 1960 Art. 3 betr. börsennotierte Anteilscheine – ABl. 927/60 –; Richtlinie v. 20. 12. 1985 (85/583/EWG), Art. 2 u. 3 betr. börsennotierte und nicht börsennotierte

schluß bildet die Liberalisierungsrichtlinie vom 24. 6. 1988 (88/361/EWG).[253] Die Nomenklatur dieser Richtlinie (Anhang I Abschn. IV), die die Beseitigung der Beschränkungen des Kapitalverkehrs vorsieht, erfaßt neben den börsennotierten und nicht börsennotierten OGAW i. S. der OGAW-Richtlinie auch solche, die in Geldmarkttiteln oder in anderen Vermögenswerten anlegen. Damit fallen unter diese Liberalisierungsrichtlinie auch die Spezialfonds, die Geldmarktfonds, die offenen Immobilienfonds und Beteiligungs-Sondervermögen. Es galten verlängerte Übergangsfristen bis 1992 für Spanien, Portugal, Griechenland und Irland. Außerdem besteht in Art. 3 der Richtlinie eine währungspolitische Schutzklausel. Zu berücksichtigen ist die Möglichkeit von Schutzmaßnahmen bei Zahlungsbilanzkrisen nach Art. 109 i EGV. Dies gilt bis zur Endstufe der Wirtschafts- und Währungsunion (spätestens 1. 1. 1999), weiterhin jedoch bei Staaten, die nicht an der WWU teilnehmen.

4. Verkaufsprospekt-Richtlinie. Die Richtlinie zur Koordinierung der Bedingungen für die Erstellung, Kontrolle und Verbreitung des Prospekts, der im Falle öffentlicher Angebote von Wertpapieren zu veröffentlichen ist, vom 17. 4. 1989 (89/298/EWG)[254] baut auf der Europäischen Prospekt-Richtlinie (80/390/EWG) auf. Die Verkaufsprospekt-Richtlinie gilt allgemein für Wertpapiere, die zum ersten Mal in einem EG/EWR-Staat Gegenstand eines öffentlichen Angebots sind. Investmentanteilscheine sind ausdrücklich von der Anwendung der Richtlinie ausgenommen (Art. 2 Nr. 2 Buchst. b i. V. m. Art. 3 Buchst. a Verkaufsprospekt-Richtlinie). Dies sind Anteilscheine von Publikums-Investmentgesellschaften und Publikumsfonds, auch von offenen Immobilienfonds, die nach dem Grundsatz der Risikomischung anlegen und die Anteilscheine zu Lasten des Fondsvermögens zurücknehmen oder die Rücknahme sichergestellt haben, z. B. durch eine Rückkaufgesellschaft. Investmentgesellschaften des geschlossenen Typs fallen dagegen unter die Anwendung der Richtlinie. Die Umsetzung der Verkaufsprospekt-Richtlinie ist durch das Wertpapier-Verkaufsprospektgesetz vom 12. 12. 1990[255] erfolgt. § 3 Nr. 3 VerkaufsprospektG sagt ausdrücklich, daß nach diesem Gesetz kein Verkaufsprospekt veröffentlicht werden muß, wenn es sich bei den Wertpapieren um Anteilscheine handelt, die von einer KAG oder ausländischen Investmentgesellschaft ausgegeben werden und bei denen die Anteilinhaber ein Recht auf Rückgabe der Anteilscheine haben. 122 a

5. Wertpapierdienstleistungs-Richtlinie. Die Richtlinie über Wertpapierdienstleistungen vom 10. 5. 1993 (93/22/EWG)[256] ergänzt die 2. Bankrechts-Richtlinie.[257] Geregelt wird u. a. ein Zulassungsverfahren für Personen, die Wertpapierdienstleistungen erbringen und nicht schon unter die 2. Bankrechts-Richtlinie fallen. Die Wertpapierdienstleistungs-Richtlinie bringt den Europa-Paß für die in der Richtlinie Anhang A genannten Tätigkeiten: Maklertätigkeit, Eigenhandel, Portfolio-Verwaltung, Emissionsdienstleistungen sowie als Nebendienstleistungen u. a. gewerbliche Anlageberatung und Verwahrung von u. a. auch Investmentanteilscheinen. Zuständig für die Zulassung ist das Herkunftsland, das auch die einzuhaltenden Aufsichtsregeln erläßt. Die Zuständigkeit für die Wohlverhaltensregeln liegt bei der Behörde des Aufnahmelandes. Deutsche KAG sind als Emittenten von Wertpapieren nicht von der Richtlinie betroffen (Art. 2 Abs. 2 Buchst. h).Vermittler von Investmentanteilen, die weder Geld noch Wertpapiere entgegennehmen, sind aus der Anwendung der Richtlinie ebenfalls ausgenommen worden (Art. 2 Abs. 2 Buchst. g, 3. Spiegelstrich (iv)). Die durch die Richtlinie vorgeschriebenen Wohlverhaltensregeln 122 b

---

Anteilscheine – ABl. L 372, 39 –; Richtlinie v. 17. 11. 1986 (86/566/EWG): Volle Liberalisierung von Transaktionen in Anteilen an Wertpapier-Publikumsfonds, d. h. OGAW i. S. der OGAW-Richtlinie – ABl. L 332 –.

[253] ABl. L 178, 5.

[254] ABl. L 124, 8.

[255] BGBl. I 2749.

[256] ABl. L 141, 27.

[257] Oben Rdnr. 115.

haben Auswirkungen für die Kreditinstitute im allgemeinen.[258] Die Richtlinie zwingt dazu, die traditionelle Bankenaufsicht nach dem KWG durch eine Aufsicht über Anlagevermittler, Vermögensverwalter, Eigenhändler und Emissionshäuser zu ergänzen.[259] Dies ist im Rahmen des 2. FMFG durch das Wertpapierhandelgesetz vom 26. 7. 1994 (WpHG)[260] geschehen, das ein Bundesaufsichtsamt für den Wertpapierhandel (BAWe) einrichtet (§§ 3 ff. WpHG) und auch bereits die Wohlverhaltensregeln (§§ 31 ff. WpHG) enthält. Diese Wohlverhaltensregeln sind jedoch nicht auf KAG anzuwenden, da deren Geschäftstätigkeit nicht unter den Begriff der Wertpapierdienstleistung i. S. des WpHG fällt.[261] Die weitere Umsetzung der Richtlinie dürfte im Rahmen der 6. KWG-Novelle und des 3. FMFG erfolgen.

V. Gesetzliche Regelungen für Investmentanteile im Ausland

123 **1. Mitgliedstaaten der Europäischen Union.** *a) Belgien.*[262] Umsetzung der OGAW-Richtlinie und Rechtsgrundlagen:

- Loi relative aux opérations financières et aux marchés financiers vom 4. 12. 1990, M.b. [= Moniteur belge] vom 22. 12. 1990, S. 23800, insbes. Buch III „Les organismes de placement collectif", S. 23842;
- Arrêté Royal [A. R. = Königl. Erlaß] vom 20. 12. 1990, M.b. vom 29. 12. 1990, S. 24588;
- A. R. vom 9. 1. 1991, M.b. vom 21. 1. 1991 (Definition des öffentlichen Angebots);
- A. R. vom 4. 3. 1991 relatif à certains organismes de placement collectif, M.b., S. 4539 (Ausführungsvorschriften insbesondere zum Buch III des Gesetzes vom 4. 12. 1990);
- A. R. vom 13. 10. 1991, der den A. R. vom 4. 3. 1991 ändert, M.b. vom 7. 11. 1991, S. 24971;
- Gesetz vom 5. 8. 1992 (M.b. vom 9. 9. 1992) ändert das Gesetz vom 4. 12. 1990 im Hinblick auf die Bankforderungenfonds sowohl der Vertragsform („fonds de placement en créances") als auch der Satzungsform („société d'investissement en créances").
- A. R. vom 12. 8. 1994, M.b. vom 16. 9. 1994 (Verwendung von Investmentfonds in der Versicherungswirtschaft, fondsgebundene Lebensversicherung – unit linked business [EFID '95 Teil 6.10]);

Bis zum Erlaß des Gesetzes vom 4. 12. 1990 konnten Investmentfonds nur in der Vertragsform begründet werden. Die Verwaltungsgesellschaft in der Rechtsform der AG, mit zwingender Hauptniederlassung in Belgien, verwaltet den Investmentfonds („fonds communs de placement", neuere Bezeichnung auch „fonds de placement") für Rechnung der Eigentümer („propriétaires indivis"). Die Wertpapiere des Fonds sind einer Verwahrstelle („dépositaire") in Verwahrung zu geben, bei der es sich um ein Kreditinstitut mit Sitz in Belgien handeln muß. Das Gesetz vom 4. 12. 1990, das sich im Buch III Art. 105 ff. mit dem Investmentunternehmen befaßt („instelling voor collectieve belegging" [ICB], „organisme de placement collectif" [OPC]) unterscheidet mehrere Gruppen von Investmentfonds, die nach erteilter Erlaubnis durch die Banken- und Finanzkommission („De Commissie voor het Bank -en Financiewezen", „La Commission Bancaire et Financiére"

---

[258] S. auch *Carl/Förster,* S. 46 f.

[259] *Metzger,* EG-Wertpapierdienstleistungsrichtlinie als Herausforderung für die Wertpapiermärkte, Sparkasse 1993, 363.

[260] BGBl. I 1749.

[261] Dazu Schreiben des BMF vom 6. 7. 1994 m. Hinw. auf BT-Drucks. 12/7918, S. 100.

[262] Älteres Schrifttum: *Baur,* Investmentgesetze, S. 17; *Elsner,* Wertpapier-Investmentunternehmen, S. 48; *Lütgerath,* Anlagekatalog, S. 41. Neueres Schrifttum: Belgische Verenigng van de Instellingen voor Collectieve Belegging, Association Belge des Organismes des Placement Collectif, jährlicher Bericht, Brüssel; European Fund Industry Directory 1995, Teil 6, London; Forthomme, Le marché belge des organismes de placement collectif, Aperçu et perspectives européennes, Revue de la Banque 3/1995, S. 129.

[CBF]), die zugleich die Aufsicht wahrnimmt, ihre Anteile öffentlich vertreiben dürfen. Es handelt sich einmal um die belgischen Investmentfonds, deren Anteile Gegenstand eines öffentlichen Angebots in Belgien oder im Ausland sind, und zum anderen um ausländische Fonds, deren Anteile Gegenstand eines öffentlichen Angebots in Belgien sind oder die in Belgien verkauft werden. Das Gesetz vom 4. 12. 1990 erlaubt bei belgischen Investmentfonds neben der bisher zulässigen Vertragsform – „forme contractuelle" – in der Form der offenen oder geschlossenen Investmentfonds, den **FP** („Fonds de placement de droit belge à nombre variable de parts"/„Fonds ouvert de droit belge"/„belggingsfonds naar Belgisch recht met een veranderlijk aantal rechten van deelneming" – „open fonds naar Belgisch recht" sowie den „fonds de placement de droit belge à nombre fixe de parts"/„besloten fonds naar Belgisch recht", – „fonds fermé de droit belge"/„beleggingsfonds naar Belgisch recht met een vast aantal rechten van deelneming", Art. 110 ff. und Art. 116 ff.) auch die Satzungsform – „forme statutaire" – (**Sicav** = „société d'investissement à capital variable"/**Bevek** = „beleggingsvennootschap met veranderlijk kapitaal" (Art. 114) und **Sicaf** = „société d'investissement à capital fixe"/**Bevak** = „beleggingsvennootschap met vast kapitaal" (Art. 118)). Auf Sicav und Sicaf ist mit Ausnahme von besonderen Anforderungen des Gesetzes vom 4. 12. 1990 das Gesetz über Gesellschaften anzuwenden (vgl. Art. 115 und Art. 119). Das Gesetz vom 5. 8. 1992 führte in das Gesetz vom 4. 12. 1990 die Bankforderungenfonds ein („fonds de placement en créances"/„société d'investissement en créances"). Der A.R vom 4. 3. 1991 enthält gemäß seinen einzelnen Titeln unabhängig von der Rechtsform die speziellen Regelungen für belgische Wertpapier- und Geldmarkt-Investmentunternehmen (Titel I); Investmentunternehmen, die der OGAW-Richtlinie entsprechen (Titel II) und für Umbrella-Fonds, die in Wertpapieren und am Geldmarkt anlegen (Titel III). Der A.R. vom 4. 3. 1991 wird ergänzt entsprechend der OGAW-Richtlinie um Schemata zur Information über den Investmentfonds, die Verwaltungsgesellschaft und ggf. Investmentgesellschaft (Schema A), zu den periodischen Berichten (Schema B) und zu ergänzenden Informationen u. a. zur Depotbank, Zahlstelle, Rücknahme und Kosten (Schema C),. Offene Immobilienfonds, die den deutschen Immobilienfonds i. S. des KAGG vergleichbar sind, gibt es in Belgien derzeit nicht.[263] Ein A. R. vom 10. 4. 1995, M. b. vom 23. 5. 1995 gestattet als Gesellschaften konzipierte Immobilienfonds, deren Anteile an der Börse notiert werden (SICAFI [SICAF immobilière]).

b) Dänemark.[264] Umsetzung der OGAW-Richtlinie und Rechtsgrundlagen: 124

– Lov Nr. 157 vom 15. 3. 1989
– Lov BKG Nr. 85 vom 12. 2. 1990 (Lov om Investeringsforeninger)
– BKG Nr. 618 vom 21. 9. 1989 – LA S. 2138
– BKG Nr. 619 vom 21. 9. 1989 – LA S. 2140
– BKG Nr. 620 vom 21. 9. 1989 – LA S. 2141.
– BGK Nr. 455 (betr. Anlagen in Derivaten und Terminkontrakten)

Die Rechtsgrundlage für dänische Investmentfonds, die sich bereits an dem Entwurf der OGAW-Richtlinie orientierte, bildete das Gesetz Nr. 229 vom 26. 5. 1982 über Investmentvereine **(„investeringsforeninger")**. Dieses Gesetz wurde geändert und an die OGAW-Richtlinie angepaßt durch das Gesetz Nr. 157 vom 15. 3. 1989, sodann neu gefaßt durch das Gesetz Nr. 85 vom 12. 2. 1990. Der dänische Investmentverein, nunmehr auch das Investmentinstitut („investeringsinstitut") bezeichnet, lehnt sich an das dänische Aktienrecht an.[265] Der Investmentverein/-institut kann, ähnlich einem Umbrellafonds, in Teilfonds („afdelinger") geteilt sein, die jeweils ein eigenes Vermögen haben und für die

---

[263] Vgl. *Päsler,* LfK 1988, 396.

[264] *Elsner,* Wertpapier-Investmentunternehmen, S. 89, zur Rechtssituation vor dem Erlaß des Gesetzes betreffend die Investmentvereine von 1982; European Fund Industry Directory 1995, Teil 7; *Engberg,* Investering i aktier, obligationer og andre v ae rdipapirer, Kopenhagen 1994; *Lütgerath,* Anlagekatalog, S. 46.

[265] *Elsner,* Wertpapier-Investmentunternehmen, S. 89 f.

eine unterschiedliche Anlagepolitik betrieben wird. Die Beteiligung an einem Investmentverein erfolgt über den Erwerb von Anteilen ggf. nur solchen an den Teilfonds. Die Anteile haben jeweils gleiche Rechte. In der Hauptversammlung der Anteilinhaber kann das Stimmrecht auf eine bestimmte Anzahl von Anteilen beschränkt werden (vgl. §§ 2 und 10 Gesetz über Investmentvereine). Die Anleger sind Vereinsmitglieder. Die höchste Autorität liegt bei der Hauptversammlung, die von den Anlegern oder von diesen gewählten Delegierten gebildet wird (§ 9). Die Verwaltung ist einem „board of directors" und einem „board of management" übertragen (§ 12), die Angestellte des Investmentvereins sind. Das „board of management", das die tägliche Verwaltung durchführt, wird von dem „board of directors" ernannt. Statt des „board of management" kann auch eine Verwaltungsgesellschaft („management company") mit Sitz in Dänemark und zugelassen durch die Aufsichtsbehörde („finanstilsynet") mit der täglichen Verwaltung beauftragt werden (§ 13). Es muß sich dabei um eine Aktiengesellschaft oder eine Gesellschaft mit beschränkter Haftung handeln, deren ausschließlicher Geschäftszweck die Fondsverwaltung ist. Die Wertpapiere und die liquiden Mittel des Investmentvereins und seiner Teilfonds sind von einer Verwahrgesellschaft („depositary company") treuhänderisch zu verwahren (§ 17). Verwahrstellen müssen eine Bank, eine Sparkasse oder eine speziell dafür zugelassene Gesellschaft sein. Das Gesetz über Investmentvereine in der Fassung vom 12. 2. 1990 wird ergänzt durch die Rechtsverordnung Nr. 618 der Aufsichtsbehörde betreffend den Verkaufsprospekt, die Rechtsverordnung Nr. 619 betreffend den Vertrieb ausländischer Fonds in Dänemark, die Rechtsverordnung Nr. 620 betreffend die Anlagen in Bodenanleihen, Staatsanleihen usw.[266] und die Rechtsverordnung Nr. 445 betreffend die Zulassung der Investmentvereine zu Anlagen in Finanzinstrumenten (Derivaten) und zum Abschluß von Terminkontrakten. Aufgrund eines Gesetzes vom 31. 12. 1987 werden Anteilscheine der Investmentvereine, die an der Börse von Kopenhagen notiert werden, nicht mehr verbrieft, sondern nur noch beim Dänischen Wertpapierzentrum (Værdipapircentralen) elektronisch registriert. Für den Handel an ausländischen Börsen können weiterhin Anteilscheine ausgegeben werden. Offene Immobilienfonds – vergleichbar den offenen Immobilienfonds i. S. des KAGG – gibt es in Dänemark nicht.[267]

124 a *c) Finnland.*[268] Umsetzung der OGAW-Richtlinie und Rechtsgrundlagen:
- Gesetz Nr. 480/87 (Sijoitusrahastolaki – Investmentfondsgesetz) vom 8. 5. 1987
- Gesetz Nr. 748/93 (Investmentfondsgesetz) vom 9. 8. 1993
- Gesetz Nr. 751/93 von 1993 zur Umsetzung der OGAW-Richtlinie
- Gesetz Nr. 943 betr. die Prüfung der Rechnungslegung vom 28. 10. 1994

Wertpapier-Investmentfonds haben in Finnland die Form des offenen Fonds. Auf finnisch lautet die Bezeichnung für einen Investmentfonds „sijoitusrahasto", auf schwedisch „placerningfond".[269] Mit Inkrafttreten des EWR-Abkommens für Finnland am 1. 1. 1994 ist das Gesetz über Investmentfonds Nr. 480/87 durch das Gesetz Nr. 751/93 der OGAW-Richtlinie angepaßt worden (Eine völlige Umsetzung der OGAW-Richtlinie steht noch aus). Das für Investmentfonds maßgebende Gesetz ist derzeit das Gesetz Nr. 748/93. Als Depotbank und Treuhänder der Fonds sind die der öffentlichen Kontrolle unterstehenden Banken, Wertpapierhändler oder die Zweigstelle eines in der EU ansässigen Kreditinstituts zugelassen. Der Fonds kann allein oder zusammen mit anderen Fonds durch eine Verwaltungsgesellschaft verwaltet werden. Das Direktorium der Verwaltungsgesellschaft muß aus mindestens 6 Mitgliedern bestehen, von denen die Hälfte die in Finnland oder in einem EWR-Staat leben müssen. Die Vertragsbedingungen des Fonds einschließlich der Vergü-

---

[266] European Fund Industry Directory 1992, Teil 4.4.

[267] *Päsler,* LfK 1988, 396.

[268] European Fund Industrie Directory 1995, Teil 9; KPMG, Stokes Kennedy Crowley, Funds and Fund Management, KPMG International Survey of Taxation and Regulations, 6. Aufl., Dublin 1993, S. 33.

[269] European Fund Industrie Directory 1995, Teil 9.7.

tungsregelungen bedürfen der Genehmigung durch die Bankaufsichtsbehörde. Es besteht die Verpflichtung zu einer halbjährlichen Berichterstattung. Der Prospekt muß die vom Börsengesetz geforderten Informationen enthalten. Der Prospekt bedarf der vorherigen Zustimmung der Aufsichtsbehörde („Ministry of Finance, Financial Supervision“).

d) Frankreich.[270] Umsetzung der OGAW-Richtlinie und Rechtsgrundlagen: 125

- Loi Nr. 88-1201 vom 23. 12. 1988 (Berichtigung veröffentlicht in J. O. [= Journal Officiel] vom 17. 6. 1989) – J. O., S. 16736 vom 31. 12. 1988
- Loi Nr. 89-531 vom 2. 8. 1989 – J. O. vom 4. 8. 1989 (Änderung des Gesetzes Nr. 88-1201)
- Décr. Nr. 89-623 vom 6. 9. 1989 – J. O., S. 11304 vom 7. 9. 1989 (u. a. Art. 4 zu Staatsanleihenfonds und Art. 13 zu Funds of Funds)
- Décr. Nr. 89-624 vom 6. 9. 1989 – J. O., S. 11305 vom 7. 9. 1989
- AR.M vom 6. 9. 1989 – J. O., S. 11306 vom 7. 9. 1989
- AR.M vom 28. 9. 1989 – J. O., S. 12309 vom 30. 9. 1989 (règlement de la Commission des opérations de bourse [= COB] relatif aux OPCVM)
- Instruction COB relative aux OPCVM pour l'application de son règlement 89–02 vom 27. 7. 1993 (Bull. n° 161, S. 6032.
  Hierin ist u. a. eine Liste der Fondstypen enthalten. Jeder Fonds hat in seiner „notice d'information“ seine Fondsgruppe anzugeben.
- Instruction COB relative aux „missions et moyens du dépositaire d'OPCVM“ vom 9. 11. 1993

In der Europäischen Union ist Frankreich mit Abstand das Land mit dem größten Investmentvermögen insgesamt und – von der Sondersituation in Luxemburg abgesehen – auch pro Kopf der Bevölkerung.[271] Die Ursache dafür liegt nicht zuletzt in einer besonderen steuerlichen Förderung der Fondsanlage. Der Rechtsform nach sind drei Gruppen von Wertpapier-Investmentgesellschaften zu unterscheiden: Die auf dem Aktienrecht beruhende Investmentgesellschaft mit festem Kapital, die Société d'investissement (S. I.), ein closed-end Typ und die beiden Investmentgesellschaften des open-end Typs, die Société d'investissement á capital variable (Sicav), ein Investmentunternehmen der Gesellschaftsform, und die Fonds Communs de Placement (FCP), Investmentfonds der Vertragsform. Letztere waren ursprünglich nur zu Zwecken der Vermögensbildung der Arbeitnehmer zugelassen. Die Sociétés d'investissement **(S. I.)** sind Aktiengesellschaften nach französischem Recht. Sie unterliegen deshalb dem Gesetz Nr. 66-537 vom 24. 7. 1966 und dem Décret vom 23. 3. 1967 betr. die Handelsgesellschaften. Die maßgebende Rechtsgrundlage für die S. I. bildet der inzwischen mehrfach geänderte Abschnitt II der Ordonnance Nr. 45-2710 vom 2. 11. 1945. Investmentanteile der S. I. fallen als Anteile eines geschlossenen Fonds nicht unter die OGAW-Richtlinie. Statt des Begriffs S. I. wird auch der der Sicaf („société d'investissement à capital fixe“) verwandt. Die S. I. können ebenso wie die Sicav und die FCP von einer Verwaltungsgesellschaft („société de gestion“) verwaltet werden.[272]

---

[270] Älteres Schrifttum: *Baur,* Investmentgesetze, S. 18; *Elsner,* Wertpapier-Investmentunternehmen, S. 23; *Kapsch-Winckler,* Die Bank 1983, 128; *Lütgerath,* Anlagekatalog, S. 36; Schuster/*Prager,* Investmenthandbuch, S. 37; *Senn,* Le sociétés d'investissement en droit français et comparé, Diss. Nancy 1956, Paris 1958.

Neueres Schrifttum: Association des Sociétés et Fonds Français d'Investissement, Sociétés d'Investissement à capital variable (S.I.C.A.V.), Paris 1993; *Beyer,* Frankreich: Europas Investmentnation Nummer 1, in: Zeyer (Hrsg.), Investmentfonds-Management, 1993, S. 233; *Boeglin,* OPCVM: Nouvelle Réglementation, La Revue Banque 1989, 999; Dictionnaire Permanent Epargue et Produits Financier, Feuillet 48 (1er janvier 1994): OPCVM (fonds communs de placement, Sicav); European Fund Industry Directory 1995, Teil 10; Gallais-*Hammono,* Sicav et fonds communs de placement, Les OPCVM en France, Paris 1992; *Pflaum,* Wertpapier-Investmentfonds in Lebensversicherungsunternehmen, Ein Leitfaden für Praktiker, 1993, S. 153.

[271] BVI, Jahrbuch Investment 1994, S. 15; European Fund Industry Directory 1992, Teil 5.2.

[272] Art. 12 Gesetz Nr. 88-1201.

126 Die Investmentunternehmen des open-end Typs, die Sicav und die FCP, für die zuvor zwei Einzelgesetze von 1979 galten, haben anläßlich der Umsetzung der OGAW-Richtlinie eine einheitliche Rechtsgrundlage durch das Gesetz Nr. 88–1201 vom 23. 12. 1988 erhalten.[273] Dieses Gesetz, das als Rahmenwerk konzipiert ist, ist am 1. 10. 1989 in Kraft getreten. Es wird durch Ausführungsbestimmungen ergänzt, ferner durch einfache Dekrete, durch Entscheidungen des Wirtschaftsministers und Regelungen der Börsenkommission („Commission des Opérations de Bourse" [COB]); u. a. die die Zulassung betr. Instruktion vom 27. 7. 1993. Das Gesetz vom 23. 12. 1988 wurde inzwischen mehrfach geändert, u. a. durch das Gesetz Nr. 89-531 vom 2. 8. 1989, das Finanzgesetz von 1990, das Gesetz Nr. 89-935 vom 29. 12. 1989, das die steuerlichen Nachteile bei der Fusion von FCPs und Sicav's beseitigte und u. a. die Thesaurierung ermöglichte, ferner durch das Dekret vom Juni 1991, das die neuen Anlagebestimmungen für Geldmarktfonds enthielt, so daß sie sich als Fonds i. S. der OGAW-Richtlinie qualifizieren können.[274] Durch Arrêté vom 6. 5. 1993 wurden neue Rechnungslegungsvorschriften erlassen. Der französische Gesetzgeber hat die durch die OGAW-Richtlinie gegebenen Freiräume bei der Ausgestaltung der allgemeinen Anlage- und Risikostreuungsbestimmungen, der Möglichkeit, Wertpapierdarlehen zu gewähren bzw. Geld- und Wertpapierdarlehen aufzunehmen, in besonderem Maße genutzt.[275]

127 Die **Sicav** sind Aktiengesellschaften. Das Aktienrecht ist anwendbar, soweit es nicht durch das Gesetz Nr. 88-1201 vom 23. 12. 1988 für die Sicav modifiziert wird. Das Mindestkapital einer Sicav beträgt 50 Mio. FF. Ausgabe- und Rücknahmepreise der Investmentanteile (Aktien) werden täglich ermittelt. Auf Verlangen der Anteilinhaber werden die Aktien der Sicav durch die Gesellschaft jederzeit ausgegeben und zurückgenommen. Die Aktien können auch zum Börsenhandel zugelassen werden. Das Vermögen der Sicav ist von einer Verwahrstelle („dépositaire") zu verwahren, die aus einer vom Wirtschaftsminister erstellten Liste zu wählen ist. Die Liste ist Gegenstand des AR.M. vom 6. 9. 1989. Es kann sich dabei um Kreditinstitute, Wertpapierhändler, Versicherungsgesellschaften und spezialisierte Institutionen handeln, ferner um die Bank von Frankreich oder um den Kassenverein. Die Verwahrstelle muß von der Sicav unabhängig sein. Nach ihrer Anlagepolitik werden u. a. unterschieden die „Sicav d'actions", „Sicav d'obligations", „Sicav diversifiées", „Sicav-Monory" mit mind. 60% französischer Aktien und „Sicav de court terme" (einschl. „Sicav monétaires").

128 Die dritte Gruppe der Investmentfonds bilden die **FCP**. Es handelt sich um offene Fonds des Vertragstyps, die als Sondervermögen von einer Verwaltungsgesellschaft („société de gestion de fonds") mit Genehmigung der COB aufgelegt und verwaltet werden. Zulassungsbehörde für die Verwaltungsgesellschaft ist die COB.[276]

129 Nach der gesetzlichen Definition ist der FCP keine juristische Person, sondern ein Miteigentum an Wertpapieren („copropriété de valeurs mobilières"), dessen Anteile auf Verlangen des Inhabers zum Inventarwert jeweils zuzüglich oder abzüglich einer Kommission ausgegeben und zurückgenommen werden.[277] Das Anfangskapital eines FCP muß 2,5 Mio. FF betragen. Anteile des FCP können ebenfalls zum Börsenhandel zugelassen werden. Auch beim FCP gibt es eine Verwahrstelle („dépositaire"), die von der Verwaltungsgesellschaft unabhängig sein muß. Die Verwaltungsgesellschaft und die Verwahrstelle vereinbaren die Vertragsbedingungen des Fonds („règlement des fonds"). Ausschließlicher Geschäftszweck einer Verwaltungsgesellschaft darf nur die Verwaltung von FCP, Sicav oder S. I. sein.[278]

---

273 Loi relative aux organismes de placement collective en valeurs mobilières et portant création des fonds communs des créances, Journal Officiel 1988, 16736.

274 Vgl. European Fund Industry Directory 1992, Teil 5.5.

275 Näheres s. *Pflaum*, S. 157 ff.

276 Vgl. règlement N°89-02 de la COB.

277 Art. 7 Gesetz Nr. 88-1201.

278 Fn. 272.

Das Mittelaufkommen französischer Investmentfonds des Typs Sicav und FCP wurde besonders gefördert durch die Lex Monory vom 13. 7. 1978[279] und Art. 51 des Finanzgesetzes von 1982.[280] Steuererleichterungen bestehen ferner nach der Ordonnance vom 21. 12. 1986 für Arbeitnehmer bei Anlagen in Spezial-FCP oder -Sicav. Außerdem konnte nach einem Vorsorgesparplan von 1988 („Plan d'épargne en vue de la retraite" [PER]) je Person 6000/12 000 FF (ledig/verheiratet) und 1989 8000/16 000 FF vom steuerpflichtigen Einkommen abgezogen werden. Der Ertrag solcher Anlagen war weitgehend steuerfrei. Der PER wurde zum 1. 1. 1990 eingestellt. Er konnte in einen Volkssparplan („Plan d'Epargne Populaire [PEP] umgewandelt werden. Eine neue staatliche Förderung auch des Investmentsparens durch Steuervergünstigungen brachte der Aktiensparplan („Plan d'Epargne en Actions" [PEA] nach dem Gesetz Nr. 92-666 vom 16. 7. 1992.[281] Danach sind, nach Ablauf einer Sperrfrist von 8 Jahren, bis zu einem Förderungs-Höchstbetrag von 600 000 FF (Verheiratete bis 1,2 Mio FF), Kapitalgewinne und Kapitalerträge steuerfrei.[282] Gefördert wird u. a. der Erwerb von Sicav, die 60% ihres Vermögens, und von S. I. und FCP, die 75% ihres Vermögens in inländischen Aktien und ähnlichen Titeln anlegen. Die staatliche Förderung von Geldmarktfonds („fonds de court terme"), die Ende 1994 einen Marktanteil von 47,7% besaßen, ist in den vergangenen Jahren zunehmend abgebaut worden. Zum einen wurde der steuerliche Freibetrag, ab dem eine Kapitalertragsteuer anfällt, gesenkt, außerdem sind die Besteuerungsschwellen durch das Finanzgesetz von 1994 für die Veräußerungsgewinne bei der Veräußerung von Fondsanteilen für 1994 und erneut für 1995 gesenkt worden, um vor allem das längerfristige Sparen zu fördern. **130**

Deutschen offenen Immobilienfonds vergleichbare Immobilienfonds gibt es in Frankreich nicht. Es bestehen geschlossene Immobilien-Aktiengesellschaften („Sociétés immobilières d'investissement"), deren Aktien an der Börse gehandelt werden. Diese Immobilienfondsgesellschaften sind nicht verpflichtet, Anteile zurückzunehmen. Rechtsgrundlage bildet ein Gesetz vom 15. 3. 1963.[283] Für diese Gesellschaften gelten steuerliche Sondervorschriften. 75% der Nutzflächen müssen für die Wohnraumnutzung vorgesehen sein. Inzwischen gibt es einige Immobilienfondsgesellschaften mit variablem Kapital („société civile de placement immobilière" [**SCPI**]), die jedoch nicht unmittelbar in Immobilien investieren[284] sondern nur in Aktien bzw. Anteilen von Immobiliengesellschaften. **131**

e) Griechenland.[285] Umsetzung der OGAW-Richtlinie und Rechtsgrundlagen: **132**

– Gesetz Nr. 1969/91; Gesetzblatt Nr. 167 vom 30. 10. 1991, geändert durch Gesetze Nr. 2065/92, Nr. 2166/93, Nr. 2214/94 = Gesetzblatt vom 11. 5. 1994, Nr. 2275/94

– Dekret des Präsidenten Nr. 433 vom 15. 10. 1993, Gesetzblatt Nr. 183 vom 17. 10. 1993, S. 4639

Unter Aufhebung einer früheren Gesetzesverordnung von 1970[286] wurde 1991 das Gesetz Nr. 1969 betreffend Investmentgesellschaften, Investmentfonds und die Modernisie-

---

279 Gesetz Nr. 78-741; s. BVI, Die Bank 1982, 578.

280 Dazu *Kapsch-Winckler,* S. 128; *Laux,* ZfK 1988, 330.

281 Journal Officiel vom 18. 7. 1992, S. 9641.

282 *Laux,* Die Bank 1993, 466.

283 *Laux/Ohl,* Grundstücks-Investment, 1988, S. 132; *Päsler,* LfK 1988, 395; *Pflaum,* S. 156 Anm. 12.

284 Vgl. *Pflaum,* aaO.

285 Älteres Schrifttum: *Digenopoulos,* Errichtung von Kapitalanlagegesellschaften in Griechenland, AWD 1978, 301; *Elsner,* Wertpapier-Investmentunternehmen, S. 29; *Katsioupis,* Struktur des Bankwesens in Griechenland, 1984, S. 162; *Schinas,* Die Regelung der Kapitalanlagegesellschaften und die Kapitalanlagefonds in Griechenland, Wien 1977.

Neueres Schrifttum: European Fund Industry Directory 1995, Teil 12.3; *Mouzoulas,* Mutual Funds, Athen 1991 (Text nur griechisch); *ders.* „The recent amendments of the Mutual Funds legislation as effected by the Presidential Decree 433/94" in: Hellenic Justice 1/94 (Text nur griechisch); *ders.,* Undertakings for Collective Investment in Greece and the E.U., Athen 1996 (Text nur griechisch).

286 Gesetzesverordnung Nr. 608 vom 12. 8. 1970, abgedr. in Übersetzung bei Schinas, S. 61 ff.

rung und Wiederherstellung des Kapitalmarktes erlassen. Allerdings erfüllte dieses Gesetz nach Ansicht der Europäischen Kommission nicht ausreichend die Anforderungen der OGAW-Richtlinie, so daß zur Umsetzung dieser Richtlinie das dieses Gesetz ändernde Dekret des Präsidenten Nr. 433 vom 15. 10. 1993 erlassen wurde. Nach dem Dekret vom 15. 10. 1993 ist nur noch die Investmentanlage in der Vertragsform zulässig. Der Investmentfonds, der „amivea kefalea" oder „mutual fund", entsteht durch einen Vertrag, der der Genehmigung der Kapitalmarktkommission bedarf.[287] „Eine Aktivengesamtheit in Bargeld, Schuldverschreibungen und Aktien, deren Einzelelemente mehreren Personen ungeteilt zustehen, wird Verwaltungsgegenstand gemäß den Bestimmungen der vorliegenden Gesetzesverordnung (Mutual Funds)".[288] Investmentfonds müssen von einer griechischen Aktiengesellschaft verwaltet werden, deren ausschließlicher Zweck eine solche Verwaltung ist. Die Verwaltungsgesellschaft benötigt zu ihrer Gründung eine ministerielle Entscheidung, die nach Erlaubnis der Kapitalmarktkommission erfolgt.[289] Der Investmentfonds ist verpflichtet, eine Angabe über seine Laufzeit zu machen (Art. 22 Dekret Nr. 433). Anteile eines Investmentfonds dürfen nur über eine Bank, eine Versicherungsgesellschaft oder einen Wertpapierhändler veräußert werden (Art. 20 Dekret Nr. 433). Obwohl im Vergleich zu den anderen EU-Staaten das Investmentvermögen in Griechenland erst ein geringes Volumen hat (Ende 1994 1,4 Bill. Dr.), weist es beachtliche Steigerungsraten auf.[290] 40,5% der Investmentfonds sind Geldmarktfonds, 47,0% Rentenfonds und 9,3% Aktienfonds (Stand Ende 1994).[291]

133 *f) Großbritannien.*[292] Umsetzung der OGAW-Richtlinie und Rechtsgrundlagen:

- Financial Services Act 1986 (CH. 60)
- The Financial Services Act 1986 (commencement) (Nr. 12) order 1989 Statutory Instrument (SI) 1989 Nr. 1583 (O. 54)
- The Financial Services (schemes constituted in other Member States) regulations 1989 – SI 1989 Nr. 1585
- Financial Services (recognized collective investment schemes from other Member States) (Lux) ORD. 88 (recov.) ORD.89 SI 1588
- The Finanical Services (scheme particulars) regulations 1988
- The Financial Services (authorised unit trust schemes) regulations 1988
- The Financial Services (Regulated Schemes) Regulations 1991 (= SIB – Regulations)
- Die Regelbücher („rule books") der für die Investmentfonds zuständigen Selbstkontrolleinrichtungen: „IMRO Rules" und „PIA Rules"

---

[287] European Fund Industry Directory 1995, Teil 12.6.

[288] Art. 10 § 1 Gesetz Nr. 608 vom 12. 8. 1970; zur gleichen aktuellen Definition des Investmentfonds s. Art. 17 a Dekret Nr. 433 vom 15. 10. 1993.

[289] Art. 27 Abs. 1 Gesetz Nr. 1969/91.

[290] BVI Jahrbuch Investment 1995, S. 22.

[291] Information des EIV.

[292] Älteres Schrifttum: *Baur,* Investmentgesetze, S. 21; *Day/Harris,* Unit Trusts, London 1974; *Elsner,* Wertpapier-Investmentunternehmen, S. 13; Schuster/*Krause,* Investmenthandbuch, S. 323; *Linhardt,* Die britischen Investment Trusts, Berlin/Wien 1935 (Nachdruck Frankfurt/Tokio 1980); *Merriman,* Mutual Funds and Unit Trusts, A Global View, London 1965; *Wagner,* Investmentfonds in Großbritannien, Die Bank 1982, 567.

Neues Schrifttum: AUTIF/FT (Association of Unit Trusts and Investment Funds/Financial Times), Unit Trusts Yearbook (erscheint jährlich); European Fund Industry Directory 1995, Teil 26; *Istringhaus,* Financial Services Act in Großbritannien, VW 1988, 1220; *Linklaters and Paines,* Unit Trusts: The Law and Practice, London 1994; *Pflaum,* Wertpapier-Investmentfonds in Lebensversicherungsunternehmen, Ein Leitfaden für Praktiker, 1993, S. 183; *Stopp,* Professional and Business Information PLC (Hrsg.), Unit Trust Industry Review & Directory 1989; London; *Stopp/Root,* Unit Trust Association and Professional and Business Information PLC (Hrsg.); UTA Financial Adviser's Unit Trust Handbook (1990), London 1990; *Turtle,* Entwicklung und Technik der fondsgebundenen Lebensversicherungen in Großbritannien, VW 1993, 63; Unit Trust Association, Unit Trust and the Busy Adviser, London. 1987.

Ende der 60er Jahren des vergangenen Jahrhunderts sind in England und in Schottland die ersten Investmentunternehmen entstanden, bei denen zunächst auf das für die Vermögensverwaltung entwickelte Rechtsinstitut des Trusts zurückgegriffen wurde. Bestehende Zweifel an der Eignung dieser Rechtsform führten bereits in den 80er Jahren zur Umwandlung in Investmentgesellschaften **(„Companies Ltd.")**. Für diese Investmentgesellschaften gilt das allgemeine englische Gesellschaftsrecht, vor allem der Company Act 1948.[293] Es bestehen für die Investmentgesellschaften Steuerprivilegien, sofern sie u. a. nicht mehr als 15% ihrer Aktiva in Wertpapieren eines Unternehmens investieren, mind. 70% der Einnahmen aus Effektenanlagen herrühren und die eigenen Aktien an der britischen Börse notiert sind. Bei den Investmentgesellschaften handelt es sich, da das englische Gesellschaftsrecht der Gesellschaft den Kauf eigener Gesellschaftsanteile untersagt, praktisch um geschlossene („closed-end") Fonds.[294] Neben diesen Investment-Trusts in der Rechtsform der Limited Companies gibt es seit 1931 erneut Unternehmen des Treuhandtyps, die **„Unit Trusts"**. Ihre Rechtsform ist geprägt durch die im Common Law entwickelte Rechtsfigur des Trust. Gesetzliche Grundlagen bilden der „Trustee Act" von 1886 und der „Trustee Investments Act" von 1961.[295] Eine weitere Rechtsgrundlage bildet der Financial Services Act 1986 (FSA 1986), der in Teilen am 14. 3. 1988, im übrigen schrittweise bis 1990 in Kraft getreten ist. Dieses Finanzdienstleistungsgesetz richtet sich nicht nur an die Unit Trusts, sondern an alle Unternehmen, die Finanzdienstleistungen („investment products") anbieten. § 75 FSA 1986 definiert allgemein die OGA. Nach § 75.8 FSA 1986 wird als „unit trust" ein OGA bezeichnet, dessen Vermögen für die Anteilinhaber von einem Trust verwaltet wird (s. auch Rdnr. 135 a). Nach dem FSA 1986 dürfen in Großbritannien Finanzdienstleistungen – bis auf wenige Ausnahmen – nur noch von zugelassenen („authorised") Institutionen angeboten werden.[296]

134 Die aufsichtsrechtliche Situation in Großbritannien ist gekennzeichnet durch eine Reihe von Selbstkontrolleinrichtungen („Self Regulations Organisations [SROs]"), die das FSA 1986 geschaffen hat. Die Oberaufsicht lag zunächst beim Handels- und Industrieministerium, seit 1992 beim Finanzministerium („Treasury"), das seine Aufsichtsbefugnisse über die Finanzdienstleistungsunternehmen einer von der Regierung unabhängigen Kontrollkommission, dem („Securities and Investment Board [SIB]"), einer privatrechtlichen Körperschaft, übertragen hat.[297] Der SIB wiederum hat teils selbst Regelungen („rule books") erlassen, teils die Regelungsbefugnisse auf Selbstkontrolleinrichtungen übertragen. Dies waren im einzelnen die The Securities Association (TSA), die Association of Futures, Brokers & Dealers (AFBD), die Investment Management Regulatory Organisation (IMRO), die Life Assurance and Unit Trust Regulatory Organisation (LAUTRO) und die Financial Intermediaries, Managers and Brokers Regulatory Association (FIMBRA).Die TSA und die AFBD wurden inzwischen zur „Securities and Futures Authority" (SFA) und die LAUTRO und FIMBRA zur „Personal Investment Authority" (PIA) fusioniert.

134 a Die Verwaltungsgesellschaft eines Unit Trust muß Mitglied der IMRO und außerdem der PIA sein. Die IMRO ist die Vereinigung der Investment-Manager, Berater sowie Treuhänder von Investmentunternehmen und Manager von Pensionsfonds. Die aus der Fusion der LAUTRO und der FIMBRA hervorgegangene PIA ist die Vereinigung von Personen und Institutionen, die mit der Vermittlung von Lebensversicherungen und Investmentfonds befaßt sind. Um als Verwaltungsgesellschaft tätig zu sein und einen „Authorised UK Unit Trust" verwalten zu können, bedarf es der Zulassung der Verwaltungsgesellschaft durch die IMRO. Die Zulassung durch die PIA ist erforderlich, wenn die Verwaltungsgesellschaft die Anteile eines Unit Trust öffentlich vertreibt. Statt über eine

---

[293] *Wagner,* Die Bank 1982, 567.

[294] Vgl. auch *Pflaum,* Wertpapier-Investmentfonds, S. 185.

[295] *Wagner* (Fn. 293) 569; *Elsner,* Wertpapier-Investmentunternehmen, S. 21.

[296] *Pflaum,* Wertpapier-Investmentfonds, S. 186.

[297] Fn. 296, S. 185.

Mitgliedschaft bei der IMRO und der PIA kann auch unmittelbar bei der SIB die Genehmigung zur Verwaltungstätigkeit und zum Vertrieb eingeholt werden. Aufgrund des umfangreichen Verfahrens bei der SIB empfiehlt sich dieser Weg nur für große Gesellschaften. Bei der Zulassung durch die SIB gelten für den Vertrieb die „SIB's Conduct of Business Rules“ (COB Rules). Bei Zulassung über eine SRO gelten deren spezielle Verhaltensregeln, die in den „rule books“ enthaltenen „IMRO Rules“ und „PIA Rules“. Der Unit Trust selbst bedarf der Zulassung durch die SIB. Die Auflegung und Verwaltung eines Unit Trust regeln die Bestimmungen des Trust-Vertrages („termes of the trust deed“) und die speziellen Regelungen der SIB gemäß dem FSA 1986.

135 Durch den FSA 1986 und die hierauf beruhenden Regulations von 1988 wurde die OGAW-Richtlinie für die Unit Trusts umgesetzt. Unit Trusts, die der OGAW-Richtlinie entsprechen, sind als **UCITS** („undertakings for collective investment in transferable securities“) bezeichnete offene Wertpapier-Investmentfonds. Die Regulations von 1988 wurden inzwischen weitgehend abgelöst durch „The Financial Services (Regulated Schemes) Regulations 1991“ (FSR 1991), die der „Securities and Investments Board“ (SIB) als Aufsichtsbehörde erlassen hat. Die FSR 1991 regeln u. a. die Zuständigkeit und Verantwortung der Verwalter und Trustees, die Anteilvermittlung und den Vertrieb von Fondsanteilen, die Zulässigkeit von Anlagen und die Kreditaufnahme, die erforderliche Publizität, den Inhalt der Vertragsbedingungen („trust deed“) und die Anforderungen an die Rechnungslegung des Verwalters. Die FSR 1991 gestatten die Anlage in Wertpapieren nur eines staatlichen Ausstellers entsprechend den Anforderungen der OGAW-Richtlinie („gilt funds“).[298] Die FSR 1991 haben zugleich mehrere Arten von Investmentfonds zugelassen, die als nichtharmonisierte Investmentfonds i. S. der OGAW-Richtlinie anzusehen sind und die infolgedessen von der SIB auch keine UCITS-Bescheinigung erhalten können. Im einzelnen die „Money Market Funds“ (Geldmarktfonds),[299] die „Warrant Funds“ (unbegrenzte Anlage in Optionsscheinen), die „Futures and Options Funds“ (FOFs) und „Geared Futures and Options Funds“ (GFOFs) (Terminmarktfonds), die „Real Property Funds“ (Immobilienfonds) sowie die „Feeder Funds“ und „Funds of Funds“ (Dachfondskonstruktionen).[300]

135 a Weder durch den FSA 1986 noch durch die FSR 1991 ist die Rechtskonstruktion des Unit Trust angetastet worden. Der Unit Trust besitzt keine eigene Rechtspersönlichkeit – „is not a seperate legal entity“.[301] Der Trust ist ein Treuhandverhältnis („a legal relationship“) nach dem Common Law. Der Treuhänder („trustee“) hält das Eigentum („legal ownership“), bei mehreren Treuhändern das Gesamthandseigentum („joint ownership“), an dem Vermögen („trust property“) für den oder die Treugeber („beneficiaries“ oder „cestuis que trustent“), zu denen er selber gehören kann.[302] Das Eigentum der Anleger („unit holders“) als Treugeber ist eine „beneficiary ownership“. Dingliche und obligatorische Ansprüche werden nach dem englischen Recht nicht unterschieden. Der Ertrag aus dem treuhänderisch gehaltenen Vermögen fließt den Treugebern zu. In der Praxis wird ein Unit Trust von einer Verwaltungsgesellschaft, einem sog. „Manager“, gegründet. Dieser schließt mit einem Trustee – gewöhnlich eine Bank oder Versicherungsgesellschaft – einen in der Treuhandurkunde („trust deed“) festgelegten Treuhandvertrag ab. Das Treuhandvermögen wird nach Maßgabe der Trust Deed auf den Trustee übertragen. Über die Rechte an dem Treuhandvermögen werden Anteilscheine (Units) ausgestellt und an das Publikum verkauft.

135 b Neben den bestehenden Investment-Trusts in der Gesellschaftsform und den Unit-Trusts sollen künftig auch Investmentgesellschaften des open-end Typs (Sicav) nach konti-

---

[298] Vgl. Fn. 296, S. 188.
[299] S. auch *Laux*, ZfK 1988, 333.
[300] Vgl. auch Fn. 296, S. 187 ff.
[301] European Fund Industry Directory 1995, Teil 26.6.
[302] *Elsner*, Wertpapier-Investmentunternehmen, S. 17.

nentaleuropäischem Muster zugelassen werden.[303] Diese **„OEICs"** („open-end investment companies") sollen ihre Anteile in gleicher Weise wie Unit Trusts dem Publikum anbieten können und die Voraussetzungen von im Rahmen des FSA 1986 anerkannten und von der SIB zugelassenen Organismen erfüllen. Als Gesellschaften müssen sie zusätzlich beim zuständigen Gesellschaftsregister („Registrar of Companies") registriert werden. Mit Einführung der OEICs soll auch das bisher bestehende doppelte Preissystem geändert werden, nach dem Ausgabe- und Rücknahmepreis getrennt ermittelt werden. Künftig soll nur noch der Einheitspreis („single pricing") ermittelt werden. Für den Fondsabsatz in Großbritannien haben besondere Bedeutung die Personal Equity Plans (PEPs). Nach diesen PEPs können z. Zt. jährlich bis 9000 £ angelegt werden. Die investierten Beträge unterliegen weder der Ertragsteuer noch der Kapitalgewinnsteuer.[304]

Offene Immobilienfonds, die sich an das Publikum wenden, sind erst durch die FSR 1991 gestattet worden. Die bisher bestehenden Immobilienfonds („Property Unit Trusts" oder „Real Estate Funds"), die wie Unit Trusts nach dem Vertragstyp aufgebaut sind, haben den Charakter von Spezialfonds. Ihre Anteile können z. Zt. nur für die Anlage von Pensionsfonds, gemeinnützigen Einrichtungen und Stiftungen angeboten werden, denen der Staat eine volle oder teilweise Steuerbefreiung zugestanden hat.[305] Geschlossene Immobilienfonds können an der Londoner Börse notiert werden. Für diese Fonds gelten die üblichen Anforderungen des Gesetzes über Gesellschaften. Der Anleger in geschlossenen Immobilienfonds besitzt keine speziellen steuerlichen Vorteile. 136

g) Irland.[306] Umsetzung der OGAW-Richtlinie und Rechtsgrundlagen: 137

- Unit Trust Act 1990
- Companies Act 1990, Part XIII
- European Communities (Undertakings for Collective Investment in Transferable Securities) Regulations, 1989, Statutory Instruments Nr. 78 von 1989
- Central Bank regulations (betr. UCITS und Non-UCITS)
- The Finance Act 1980 (aktualisiert)
- Criminal Justice (No. 3) Bill, 1993
- Criminal Justice Act 1994 (betr. Geldwäsche-Richtlinie)
- Investment Limited Partnership Act 1994

Die Situation in Irland ist gekennzeichnet durch eine Spaltung des Marktes zwischen den inländischen Investmentfonds („domestic investment funds"), den Lebensversicherungs-Funds, „life funds" oder „unit-linked funds", und den Fonds, die in speziellen steuerbegünstigten Gebieten für nicht in Irland ansässige Personen aufgelegt werden („funds based e. g. in the IFSC for sale to non-Irish residents" [IFSC funds]). Bei diesen, mit Steuerprivilegien ausgestatteten Gebieten, handelt es sich in erster Linie um das internationale Finanz-Dienstleistungs-Zentrum („International Financial Services Centre" [IFSC]), Dublin, ferner die Shannon Customs Free Airport Area („Shannon"). Auf Investmentfonds des IFSC und Shannon sind die für inländische Fonds geltenden Vorschriften der Steuergesetze (z. B. die jährlichen Finanzgesetze) nicht anzuwenden. Die Wahrnehmung der Steuerprivilegien für IFSC-Gesellschaften oder Shannon-Gesellschaften ist mit der Verpflichtung verbunden, eine bestimmte Zahl irischer Arbeitnehmer einzustellen. Die Steuerprivi-

---

[303] Näheres *Greenhalgh,* International Money Marketing, Februar 1994, S. 36; European Fund Industrie Directory 1995, Teil 26.10.

[304] Vgl. *Laux,* Die Bank 1993, 466; *Hunt,* International Fund Investment, 1994, Bd. 4 Nr. 2, S. 22; European Fund Industrie Directory 1995, Teil 26.5.

[305] *Laux/Ohl,* S. 133; *Päsler,* LfK 1988, 396; *Wagner,* Die Bank 1982, 569.

[306] Älteres Schrifttum: *Corner/Stafford,* Open-end investment funds in the EEC and Switzerland, London 1977, S. 20 f. und S. 45; *Elsner,* Wertpapier-Investmentunternehmen, S. 93; *Lütgerath,* Anlagekatalog, S. 39 f.

Neues Schrifttum: European Fund Industry Directory 1995, Teil 8 (Dublin) und Teil 15 (Irland).

legien gelten für die Finanzinstitute, die sich bis 1994 etabliert haben, bis Ende 2005.[307] Die inländischen Fonds unterliegen einer Steuer von 27% auf Ertrag und realisierten und nicht realisierten Kapitalgewinn. Diese Steuer wird statt einer gleich hohen Quellensteuer seit dem 6. 4. 1994 erhoben.[308]

137a Für irische Investmentfonds galt zunächst der „Unit Trusts Act", 1972 (Gesetz Nr. 17/1972). Dieses Gesetz richtet sich an die bestehenden **Unit Trusts** und die **„Unit-Linked Funds"**, von Versicherungsgesellschaften in Verbindung mit Versicherungsverträgen aufgelegte Fonds. Das Gesetz von 1972 ist inzwischen durch den Unit Trust Act 1990 ersetzt worden. Im Hinblick auf die OGAW-Richtlinie hat der Industrie- und Handelsminister, gestützt auf den „European Communities Act, 1972" die „European Communities (Undertakings for Collective Investment in Transferable Securities) Regulations, 1989 (Statutory Instruments Nr. 78 vom 1. 6. 1989)" erlassen. Diese Regulations schlossen ausdrücklich die Anwendung des Unit Trusts Act 1972 für in- und ausländische UCITS i. S. der OGAW-Richtlinie aus. Die Regulations 1989 gelten sowohl für Unit Trusts als auch die verschiedenen Formen der Investment Companies, die in Wertpapieren anlegen. Die Investment Companies können als **„investment companies with fixed capital/cuideachta infheistíochta"** oder als **„investment companies with variable capital/cuideachta infheistíochta le caipiteal athraitheach"** aufgelegt werden. Als Fondstypen, die nicht unter die Regulations 1989 fallen, sind in Irland zusätzlich zugelassen: „funds of funds"; „schemes marketing solely to professional investors"; „venture or develepement capital funds"; „umbrella funds"; „money market funds"; „property funds"; „capital protected futures and options funds"; „leveraged futures and options funds"; „feeder funds"; „closed-ended unit trusts".

137b Unter einem **Unit Trust** verstehen die Regulations ein kollektives Investmentunternehmen, dessen Eigentum treuhänderisch für die Anteilinhaber gehalten wird. Unit Trusts werden durch eine Verwaltungsgesellschaft („management company") mit Sitz in Irland verwaltet, deren ausschließlicher Geschäftszweck die Verwaltung von Unit Trusts oder von Investmentgesellschaften ist. Die Verwahrung des Vermögens eines Unit Trust ist – sofern die Zentralbank keine Befreiung ausspricht – treuhänderisch einem Trustee zu übertragen, der seinen Sitz oder, sofern er in einem anderen EU-Staat registriert ist, eine Niederlassung in Irland haben muß. Verwaltungsgesellschaft und Trustee dürfen nicht dieselbe Gesellschaft sein. Die Pflichten der Verwaltungsgesellschaft und des Trustee ergeben sich aus den Regulations und der Trust Deed. Der Trustee ist sowohl der Verwaltungsgesellschaft als auch den Anlegern („unit-holders") verpflichtet (Regulation 21). Ein Trustee wird ebenfalls für die Investmentgesellschaft vorgeschrieben. Investmentgesellschaften, die mind. 80% ihrer Anteile über den Börsenhandel vertreiben, können mit Zustimmung der Zentralbank von Irland von einem Trustee absehen (s. Regulations 40ff.). Auf Investmentgesellschaften ist zusätzlich anzuwenden der Companies Act 1990. Zulassungsstelle und Aufsichtsbehörde für die Investmentunternehmen ist die Zentralbank von Irland (Central Bank of Ireland – Financial Sector Department –) (Regulation 6). Diese ist befugt, ergänzende Vorschriften zu erlassen (Regulation 98). Die Zentralbank von Irland veröffentlicht mind. jährlich in der „Iris Oifigíuil" die Namen aller UCITS, die von ihr zugelassen wurden oder deren Zulassung widerrufen wurde (Regulation 8 (2)'). Die Zulassung eines Unit Trust setzt voraus, daß die Zentralbank von Irland der Verwaltungsgesellschaft, der Trust Deed, der Wahl des Trustee (Verwahrer) und der Bezeichnung des Unit Trust zugestimmt hat. Teil VI (Regulation 23'ff.) enthält die Bestimmungen für Investmentgesellschaften mit festem und variablem Kapital. Im Fall einer Investmentgesellschaft bedarf es der Zustimmung der Zentralbank von Irland zur Satzung („memorandum and articles") und zur Wahl des Verwahrers (Trustee) (Regulation

[307] European Fund Industry Directory 1995, Teil 8.4.

[308] KPMG, Stokes Kennedy Crowley, Funds and Fund Management, A KPMG International Survey of Taxation and Regulations, 6. Aufl. 1993, S. 198; (Fn. 307) Teil 15.6.

11 (1)). Die Zentralbank von Irland ist ebenfalls zuständig für die Vertriebsanzeige von UCITS i. S. von Art. 46 OGAW-Richtlinie (s. Regulations 86ff.).

h) Italien.[309] Umsetzung der OGAW-Richtlinie und Rechtsgrundlagen: 138

- Decreto legge 8. 4. 1974, Nr. 95, umgewandelt in Legge 7. 6. 1974, Nr. 216
- Legge 23. 3. 1983, Nr. 77 – Instituzione e disciplina dei fondi comuni d'investimento mobiliare G. U. (Gazzetta Ufficiale) Nr. 85 vom 28. 3. 1983, (geändert durch die nachfolgenden Gesetzesdekrete)
- Decreti legislativi Nr. 83 (OICVM), Nr. 84 (Sicav), Nr. 86 (Nicht-OICVM) vom 25. 1. 1992
- Legge Januar 1992, Nr. 1 betr. die Einführung der SIM
- Provvedimenti attuativi: Decreti (due) 27. 6. 1992 (G. U., serie generale, Nr. 160, 9. 7. 1992, S. 23–26)
- Decreto 3. 7. 1992 (G. U., serie generale, Nr. 160, 9. 7. 1992, S. 26)
- Provvedimenti (due) 17. 7. 1992 (G. U., serie generale, Nr. 181, 3. 8. 1992, S. 13–26)
- Deliberazioni Nr. 6426, Nr. 6427, 12. 8. 1992 (G. U. serie generale, Nr. 196, 20. 8. 1992, S. 21–26)
- Deliberazioni Nr. 6430, 26. 8. 1992 (G. U., Nr. 208, 4. 9. 1992, S. 3, serie generale, supplemento ordinario)
- Banca d'Italia: istruzioni di vigilanza riguardanti gli OICVM (fondi comuni e SICAV)
- Legge 14. 8. 1993, Nr. 344 (geschlossene Fonds)
- Legge 25. 1. 1994, Nr. 86 (Immobilienfonds)
- Dekret des Schatzministers vom 27. 7. 1993 betr. das Verfahren zur Genehmigung des Vertriebs von Investmentanteilen in Italien, auf die die OGAW-Richtlinie nicht anzuwenden ist
- Ausführungserlasse der Bank von Italien, u. a. Allgemeine Regeln zum Schutz der Ausübung von Rechten in Italien durch die Inhaber von Anteilen an Vermögen von OGAW mit Sitz in anderen EG-Staaten, auf die die OGAW-Richtlinie anzuwenden ist
- Regelungen der CONSOB zum Vertrieb von Investmentanteilen gem. Art. 10/2 des Gesetzes Nr. 77 (betr. EG-Investmentanteile)

In Italien wurden anfänglich nur Investmentfonds verkauft, die seit 1968 auf Initiative italienischer Banken in Luxemburg aufgelegt worden waren.[310] 1964 wurde ein erster Gesetzentwurf betreffend Investmentfonds im Senat eingebracht. Den Abschluß der langjährigen Beratungen bildete das Gesetz Nr. 77 vom 23. 3. 1983 („Istituzione e disciplina dei fondi comuni d'investimento mobiliare"), das sich mit der Gründung und dem Vertrieb von Wertpapier-Investmentfonds befaßt. Die seinerzeitige Gesetzesfassung berücksichtigte teilweise bereits die OGAW-Richtlinie. Das Gesetz Nr. 77/83 ist in seiner Anforderung detaillierter und geht auch über die Richtlinie hinaus. Die abschließende Umsetzung der OGAW-Richtlinie brachte das Gesetzesdekret Nr. 83 vom 25. 1. 1992, das sich ebenfalls mit dem Vertrieb von EG-Investmentanteilen (Anteilen an OICVM – „organismi di investimento collettivo in valori mobiliari" – aus anderen EG-Staaten) befaßt. Das u. a. durch das Gesetzesdekret Nr. 83/92 geänderte Gesetz Nr. 77/83 behandelt in Kapitel 1 die offenen Wertpapierfonds, die unter dem italienischen Gesetz registriert sind, und in Kapi-

---

[309] Älteres Schrifttum: Assofondi, Il Codice dei Fondi. La disciplina e le disposizioni nel mercato dei valori mobiliari, 1987 (mit ausführl. Literaturverzeichnis, S. 315); *Elsner,* Wertpapier-Investmentunternehmen, S. 95; *Päsler,* Investmentsparen in Italien, Die Bank 1985, 80.

Neueres Schrifttum: Assogestioni, Annuario dei fondi comuni e delle società di gestione 1992, 1993 (erscheint jährlich); *dies.,* L'attoazione delle direttive CEE in materia di organismi di investimento collettivo in valori mobiliari, Rom 1992; *dies.,* The Law Governing mutual funds in Italy, 1994; *dies.,* I fondi communi di investimento mobiliare chiusi, Rom 1994; *dies.,* I fondi comuni di investimento immobiliare chiusi, Rom 1995; European Fund Industry Directory 1995, Teil 17; *Lener,* Le SICAV, Turin 1994.

[310] *Päsler,* Die Bank 1985, 80.

tel 2 den Vertrieb in Italien von OGAW, die der OGAW-Richtlinie entsprechen, mit Sitz in anderen EG-Staaten. Durch die Gesetzesdekrete Nr. 83/92 und Nr. 84/92 vom 25. 1. 1992 werden neben den Investmentfonds der Vertragsform (FCI) solche der Gesellschaftsform (SICAV) zugelassen. Beide Gesetzesdekrete werden durch Ausführungserlasse der Bank von Italien und der CONSOB („Commissione nazionale per le società e la borsa") ergänzt. Das Gesetzesdekret Nr. 86/92 vom 25. 1. 1992 befaßt sich mit dem öffentlichen Vertrieb ausländischer Investmentanteile, die nicht unter die OGAW-Richtlinie fallen.

138 a Als Investmentfonds waren zunächst ausschließlich solche der Vertragsform zugelassen, die „Fondi Comuni di Investimento" (FCI). Ein **FCI** wird von einer Verwaltungsgesellschaft („società di gestione") in der Rechtsform der AG, deren Geschäftszweck auf die Verwaltung von Investmentfonds beschränkt ist, verwaltet. Die Verwaltungsgesellschaft kann einen oder mehrere zeitlich befristete Wertpapier-Investmentfonds („fondi comuni d'investimento mobiliare") auflegen. Die „specialized funds" derselben Gesellschaft müssen unterschiedliche anlagepolitische Ziele verfolgen.[311] Näheres regeln die Vertragsbedingungen („il regolamento del fondo comune"), die von der Banca d'Italia zu genehmigen sind. Die Verwahrung des Fondsvermögens erfolgt durch eine Depotbank („banca depositaria"). Diese führt die Aufträge der Verwaltungsgesellschaft zum Kauf und Verkauf von Vermögenswerten des Fonds aus, verwahrt die Bankguthaben und Wertpapiere des Fonds und überwacht im Rahmen des Abschlußtages die Geschäftstätigkeit der Verwaltungsgesellschaft unter Beachtung der Gesetze, der Verordnungen der Bank von Italien und der Vertragsbedingungen des Fonds.[312] Die Verwaltungsgesellschaft bedarf der Genehmigung durch das Schatzministerium, das zuvor die Banca d'Italia konsultiert, bei der die Verwaltungsgesellschaft registriert wird. Die Banca d'Italia hat die Funktion der Aufsichtsbehörde übernommen. Sie genehmigt die Vertragsbedingungen und überwacht die Geschäftsführer im Hinblick auf die Einhaltung der Gesetze, der Gesetzesdekrete, der von ihr erlassenen Ausführungsbestimmungen und der Vertragsbedingungen des Fonds. Neben den Investmentgesellschaften der Vertragsform sind seit 1992 ebenfalls Investmentfonds der Gesellschaftsform zulässig. Diese werden als SICAV („società di investimento a capitale variabile") bezeichnet. Gesetzliche Grundlage bildet das Gesetzesdekret Nr. 84/92 i. V. m. dem Gesetz Nr. 77/83. Bei den Sicav handelt es sich um Aktiengesellschaften, deren ausschließliche Aufgabe die Anlage in Wertpapieren ist. Eine Sicav muß vom Schatzminister zugelassen werden.

139 Der Vertrieb von Investmentanteilen („quote di partecipazione") einschl. des Inhaltes der Prospekte unterliegt den besonderen Anforderungen und der Kontrolle der CONSOB. Diese hat für EG-Investmentanteile mit Rücksicht auf Art. 10/2 Abs. 11 des Gesetzes Nr. 77/83 spezielle Vertriebsregelungen erlassen. Die Zulassung sonstiger ausländischer Investmentanteile zum öffentlichen Vertrieb in Italien erfolgt gem. dem Dekret des Schatzministers vom 27. 7. 1993.[312a] Die ausländischen Investmentgesellschaften müssen einen ständigen Repräsentanten in Italien bestellen. Die Vertriebsgenehmigung ist bei dem Schatzminister zu beantragen. Seit dem 1. 1. 1992 dürfen Investmentanteile – von Ausnahmen abgesehen – nur noch über Banken oder Wertpapierhäuser („società di intermediazione mobiliàre" [SIM] verkauft werden. Die SIM müssen bei der CONSOB registriert sein. Die Kapitalausstattung der SIM wird von der Banca d'Italia kontrolliert.

140 Der Investmentfonds wird mit einer jährlichen Steuer von 0,05% bis 0,25% auf das Fondsvermögen besteuert. Auf Ausschüttungen inländischer Fonds wird bei Privatpersonen keine Steuer erhoben; desgl. nicht bei Veräußerungsgewinnen bei Verkauf der Fondsanteile. Ausschüttungen ausländischer Fonds einschl. der Veräußerungsgewinne werden

---

[311] *Päsler,* Die Bank 1985, 81.

[312] Art. 2/2 Gesetz Nr. 77; s. auch Assogestioni, The law governing mutual funds in Italy, 1994, S. 8 f.

[312a] Text in Assogestioni (Fn. 303), S. 48 ff.

mit 12,5% besteuert.[313] Inzwischen gibt es in Italien auch Geldmarktfonds,[314] jedoch bisher keine den offenen Immobilienfonds in Deutschland vergleichbare Angebote.[315] Die rechtlichen Voraussetzungen für offene Immobilienfonds wurden mit dem Gesetz Nr. 86 vom 25. 1. 1994 geschaffen.

i) Luxemburg.[316] Umsetzung der OGAW-Richtlinie und Rechtsgrundlagen: 141

– Gesetz vom 30. 3. 1988 – MA (Mémorial A) Nr. 13 S. 140 vom 31. 3. 1988

– Rdschr. IML (Institut Monétaire Luxembourgois) 88/48 vom 8. 4. 1988, ersetzt durch Rdschr. IML 91/75 vom 21. 1. 1991

– Gesetz vom 19. 7. 1991 über OGA, deren Anteile nicht für den öffentlichen Vertrieb bestimmt sind – MA Nr. 49 S. 996 vom 2. 8. 1991

Kennzeichnend für das Luxemburger Investmentrecht sind die liberale Handhabung der Zulassung der verschiedenen Gestaltungsformen und die Vielfalt anlagepolitischer Möglichkeiten für Investmentfonds. Luxemburg konnte sich in den vergangenen Jahrzehnten zur größten Basis für Off-shore-Fonds in Europa entwickeln. Beispiele für den größeren Gestaltungsspielraum im Verhältnis zum deutschen Markt sind die Zulassung von Fonds mit einer Rücknahmepreisgarantie (dies begünstigte die geldmarktnahen Fonds in der Hochzinsphase zu Beginn der 90er Jahre), die Möglichkeit zur Auflegung von Umbrella-Fonds, die Zulässigkeit des Erwerbs von OTC-Optionen bei Einsatz von derivativen Finanzinstrumenten und die Auflegung von Aktienfonds mit begrenzter Laufzeit.[317] Das besondere Interesse an Luxemburger Investmentfonds hat seine Ursache daneben in einer unterschiedlichen steuerlichen Behandlung von Nicht-Gebietsansässigen im Vergleich zu deren jeweiligem Wohnsitzstaat. Ausschüttungen der Investmentfonds unterliegen Luxemburg nicht der Quellensteuer (Art. 105 Abs. 2 Gesetz von 1988) und sind in Luxemburg für Nicht-Gebietsansässige auch nicht steuerpflichtig. Es fallen für Gebietsfremde auch keine Kapitalgewinnsteuer und keine Erbschaftsteuer an.[318] Eine unmittelbare Belastung für Luxemburger Fonds stellt andererseits die jährliche Investitionssteuer („taxe d'abonnement") in Höhe von 0,06% auf das Nettovermögen des Fonds dar, die jeweils anteilig am letzten Tag eines Quartals erhoben wird. Eine Ermäßigung auf 0,03% besteht für Geldmarktfonds und Dachfonds (funds of funds). Nachteilig ist die Tatsache, daß Luxemburg nur mit wenigen Ländern DBA abgeschlossen hat, in deren Genuß nur die Sicav/Sicaf kommen, so daß ausländische Dividenden mit vergleichsweise hohen Quellensteuern belastet sind, die von den Luxemburger Fonds den Anlegern meist nicht speziell aufgeschlüsselt werden.

Die Rechtsgrundlage für Investmentunternehmen in Luxemburg bildet das Gesetz vom 141 a
30. 3. 1988 betreffend die Organismen für gemeinsame Anlagen („organismes de placement collectif" [„opc"]). Dieses Gesetz setzte zugleich die OGAW-Richtlinie in das Lu-

---

[313] European Fund Industry Directory 1995, Teil 17.15 f.

[314] European Fund Industry Directory 1995, Teil 17.9.

[315] *Päsler,* Die Bank 1985, 81.

[316] Älteres Schrifttum: *Baur,* Investmentgesetze, S. 26; *Delvaux,* Les sociétés d'investissement du type ouvert au Grand-Duché de Luxembourg, 1961; *Elsner,* Investmentunternehmen, S. 64; *Lütgerath,* Anlagekatalog, S. 43.

Neueres Schrifttum: Association Luxembourgeoise des Fonds d' Investissement, Directory 1993, 1993; *Bartsch/Wittenberg,* Finanzplatz Luxemburg: Erfolgreiches Investment für den Kapitalanleger, 2. Aufl. 1988, S. 120; European Fund Industry Directory 1995, Teil 19; *Franken,* Kapitalanlagen über Luxemburg aus der Sicht des deutschen Steuerrechts, DStZ 1987, 547; Institut Monétaire Luxembourgeois, Rapport annuel; dass., Bulletin trimestriel; *Kandlbinder,* Neue Investmentfonds-Statistik in Luxemburg, ÖBA 1992, 826; Luxembourg Stock Exchange, The Listed Luxembourg Undertakings for Collective Investment, 1989; *Hoppenstedt,* Vademecum der Investmentfonds, 1993, S. 231.

[317] Beispiele bei *Esswein,* HB vom 3. 11. 1994, S. 48; Esswein weist auch auf die Wahl von Luxemburg durch deutsche Investmentgesellschaften als Standort für fondsgebundene Vermögensverwaltungen hin.

[318] European Fund Industry Directory 1995, Teil 19.18.

xemburger Recht um. Das Gesetz von 1988 hat eine ausführliche Interpretation durch das Rundschreiben des IML (Institut Monétaire de Luxembourgois) – IML 91/75 – vom 21. 1. 1991 erfahren. Dieses Rundschreiben hob zugleich frühere Rundschreiben des IML auf. In dem IML 91/75 wird darauf hingewiesen, daß die Ausübung der Tätigkeiten, die durch das Gesetz vom 30. 3. 1988 abgedeckt werden, ausschließlich jenen Organismen vorbehalten ist, die sich als OGA („opc") qualifizieren. Die OGA werden im einzelnen in dem Rundschreiben IML 91/75, Kapitel B, definiert. Ein Organismus, der nicht die gesamten Anwendungsbedingungen des Gesetzes vom 30. 3. 1988 erfüllt, kann nicht den Status eines OGA beanspruchen, auch wenn er sich freiwillig dem Geltungsbereich dieses Gesetzes unterwirft (IML 91/75, Kapitel A). Um als OGA i. S. des Gesetzes vom 30. 3. 1988 zu gelten, müssen die folgenden Bedingungen erfüllt sein: Es muß eine Gemeinschaftsanlage der Spargelder vorhanden sein; die Spargelder müssen bei der Öffentlichkeit beschaffte Gelder sein; die Anlage muß nach dem Prinzip der Risikostreuung erfolgen. Die OGA, die dem Gesetz von 1988 unterliegen, unterscheiden sich nach den Kategorien Teil I (OGAW) und Teil II (andere OGA) sowie durch die Rechtsform und durch den Gegenstand der Gemeinschaftsanlage. Als Teil III-Fonds bezeichnet die Praxis abweichend vom Gesetz die Spezialfonds („fonds spéciaux") gem. dem Gesetz vom 19. 7. 1991.

141 b Als zulässige Organisationsform eines OGAW (Organismus für gemeinschaftliche Anlage in Wertpapieren) nennt das Gesetz von 1988 zunächst die Wertpapier-Investmentfonds („fonds communs de placement" [FCP]). Die **FCP** werden definiert als „ungeteilte Gesamtheit von Wertpapieren, die nach dem Grundsatz der Risikostreuung aufgebaut ist und für Rechnung einer Gemeinschaft von Eigentümern verwaltet wird, welche nur bis zum Betrag ihrer Einlage haften und deren Rechte durch Anteilscheine dargestellt werden, die durch öffentliches oder privates Angebot plaziert werden sollen" (Art. 4). Die Verwaltung übernimmt eine Verwaltungsgesellschaft („société de gestion"), die i. d. R. als Aktiengesellschaft gegründet wird und ihren Sitz in Luxemburg haben muß. Für die Verwaltung aller OGA, d. h. auch des FCP, gilt die Anforderung, daß sich die Zentralverwaltung und damit auch die Basisdokumentation in Luxemburg befinden muß.[319] Ein Berater („investment adviser") kann seinen Sitz auch außerhalb von Luxemburg haben. Die Verwaltungsgesellschaft erstellt die Vertragsbedingungen des FCP, die im Mémorial zu veröffentlichen sind (Art. 12). Die Verwahrung des Fondsvermögens ist einem Verwahrer („dépositaire") mit Sitz in Luxemburg oder Niederlassung in Luxemburg, vorausgesetzt er hat seinen satzungsmäßigen Sitz in einem anderen Mitgliedstaat der EG, zu übertragen (Art. 16).

142 Eine weitere zulässige Organisationsform ist die der Wertpapier-Investmentgesellschaft mit schwankendem Kapital („sociétés d'investissement à capital variable" [Sicav]). Die **Sicav** sind Aktiengesellschaften Luxemburger Rechts

„– deren ausschließlicher Geschäftszweck es ist, ihre Mittel in Wertpapieren anzulegen mit dem Ziel, das das Risiko zu streuen und ihre Aktionäre in den Genuß des Verwaltungsergebnisses ihres Vermögens kommen zu lassen;

– deren Aktien durch öffentliches oder privates Angebot beim Publikum plaziert werden sollen; und

– deren Satzung bestimmt, daß das Kapital jederzeit dem Wert des Nettovermögens der Gesellschaft entspricht" (Art. 24).

Die Sicav unterliegen den allgemeinen auf die AG anwendbaren Bestimmungen, sofern durch das Gesetz von 1988 nichts anderes vorgeschrieben ist (Art. 25). Sie besitzen einen Verwaltungsrat. Der Anleger ist Aktionär; als solcher besitzt er ein Stimmrecht. Das Gesellschaftskapital entspricht dem Nettofondsvermögen.[320] Als Mindestkapital werden 50 Mio lfr. vorgeschrieben (Art. 26). Die Sicav haben die Verwahrung des Vermögens einem Verwahrer zu übertragen, der für den Verkauf, die Ausgabe, die Rücknahme und die Liquidation der Anteile durch die Gesellschaft oder für ihre Rechnung zuständig ist. Ein

---

319 IML 91/75 Kapitel D, III.

320 European Fund Industry Directory 1995, Teil 19.8.

Verwahrer ist nicht erforderlich, wenn der Vertrieb ausschließlich über eine oder mehrere in der Satzung benannte Wertpapierbörsen erfolgt, an denen die Anteile zur amtlichen Notierung zugelassen sind, oder mindestens 80% der Anteile über eine oder mehrere in der Satzung benannte Wertpapierbörsen vertrieben werden, sofern die Anteile an den Wertpapierbörsen der Mitgliedstaaten der EG, in deren Gebiet sie vertrieben werden, zur amtlichen Notierung zugelassen sind und die außerbörslichen Geschäfte von der Gesellschaft nur zum Börsenkurs getätigt werden (Art. 33).

Als dritte Organisationsform der Investmentunternehmen nennt das Gesetz von 1988 **142 a** die „Anderen Wertpapier-Investmentgesellschaften". Dies sind solche, die nicht Investmentgesellschaften mit schwankendem Kapital sind (Art. 38). Es handelt sich um die **Sicaf** („sociétés d'investissement à capital fixe"). Für sie gelten weitgehend die gleichen Vorschriften wie für die Sicav (Art. 39). Das Gesetz von 1988 enthält eine spezielle Regelung für die Umbrella-Fonds. Nach Art. 111 können OGA (sowohl FCP als auch Sicav oder Sicaf) mit verschiedenen Unter- oder Teilfonds („compartiments multiples") gegründet werden.[321] Diese OGA bilden eine (einzige) juristische Person. Die Gründungsurkunde kann vorsehen, daß bei den Beziehungen der Anteilinhaber untereinander jeder Unter- oder Teilfonds wie eine eigene Person behandelt wird. Der Prospekt muß die spezielle Anlagepolitik jedes Unterfonds beschreiben. Die Vergütung für den Wechsel eines Anlegers von einem Unter-/Teilfonds in einem anderen Unter- /Teilfonds muß, sofern sie überhaupt anfällt, niedriger sein, als die Vergütung bei Rückgabe und Neuanlage.[322]

Das Gesetz von 1988 und das Rundschreiben IML 91/5 haben ebenfalls Geltung für **143** OGA, die nicht den Anforderungen der OGAW-Richtlinie entsprechen. An diese richtet sich Teil II des Gesetzes von 1988 (Art. 58 ff.). Ausdrücklich von der Anwendung des Teil II sind ausgeschlossen: OGAW des geschlossenen Typs; die Nicht-Publikumsfonds; OGAW, die nur an ein Publikum außerhalb der EG-Länder verkauft werden; von dem IML im einzelnen festgelegte OGAW-Kategorien, die nach Anlage- und Kreditpolitik nicht den Vorschriften in Kapitel 5 des Gesetzes von 1988 entsprechen. Letztere sind: Risikokapitalfonds („capitaux à risques élevés", „venture capital funds"); Mischfonds, die 20% oder mehr des Nettovermögens (ohne liquide Mittel) in anderen Werten als in Wertpapieren anlegen; Leveraged Funds, die dauerhaft und zu Investmentzwecken Kredite von mindestens 25% ihres Nettovermögens aufnehmen; Dachfonds („funds of funds"), die 20% oder mehr ihres Nettovermögens in anderen OGA des offenen Typs anlegen; Geldmarktfonds („money market funds"), die 20% oder mehr ihres Vermögens in Geldmarktinstrumenten oder Barbeständen anlegen, vorausgesetzt, daß die Geldmarktinstrumente nicht zu den Wertpapieren zählen, die von den OGAW im Sinne von Teil I erworben werden können; „cash funds", die 50% oder mehr ihres Nettovermögens in Barbeständen halten; bestimmte „umbrella-funds", deren Unterfonds nicht den Anforderungen des Teil I des Gesetzes von 1988 entsprechen.

Nur für die Teil I des Gesetzes von 1988 entsprechenden OGAW gelten die erleichter- **144** ten Vertriebsanforderungen der OGAW-Richtlinie. OGA, die unter Teil II fallen, müssen dagegen in dem jeweiligen EG-Mitgliedstaat die allgemeinen Voraussetzungen für den Vertrieb ausländischer Investmentanteile erfüllen. Für OGAW, die in EG-Mitgliedstaaten ansässig sind und ihre Anteile in Luxemburg vertreiben wollen, sind die der OGAW-Richtlinie entsprechenden Anforderungen in Teil I, Kapitel 7, Art. 54 ff. geregelt. Hiernach muß eine Zahlstelle in Luxemburg benannt werden. Der OGAW muß die notwendigen Maßnahmen treffen, damit die von ihm zu erbringenden Informationen Anteilinhaber in Luxemburg erreichen. Es ist eine Vertriebsanzeige an das IML zu richten (Art. 56). Die Vertriebsunterlagen sind entsprechend den Anforderungen des EG-Herkunftslandes und zumindest in einer der Sprachen luxemburgisch, französisch, deutsch oder englisch zu veröffentlichen (Art. 57).

---

[321] Es gibt Umbrella-Fonds mit mehr als 30 Teilfonds.

[322] European Fund Industry Directory 1995, Teil 19.8.

145 Da das Gesetz von 1988 nicht im einzelnen den Anlagegegenstand von Nicht-OGAW bestimmt, hat das IML im Rahmen des Rundschreibens IML 91/75, Kapitel I, für einzelne OGA, die „Spezialisierten OGA", bestimmte Regeln aufgestellt. Dies betrifft: OGA, die in Kapital mit erhöhtem Risiko („venture capital") anlegen; OGA, die in Termingeschäften (mit Rohstoffen und/oder Finanzinstrumenten) und/oder Optionen anlegen sowie OGA, die in Immobilienwerten anlegen. In allen Fällen wird verlangt, daß entweder die Geschäftsführer der Verwaltungsorgane oder die Anlageberater („investment adviser") besondere Facherfahrung besitzen. Bei OGA mit Anlagen in Immobilien (dies sind Immobilien, die auf den OGA eingetragen sind, Beteiligungen an Immobiliengesellschaften sowie Rechte, die ein langfristiges Genußrecht an Immobiliargütern gewähren, wie Erbbaurechte, Erbpachtrechte sowie Optionsrechte auf Immobilienwerte) gelten besondere Vorschriften für die Risikostreuung. Hiernach darf der betreffende Immobilien-OGA nicht mehr als 20% seines Sondervermögens in einem einzigen Immobilienobjekt anlegen. Dies gilt nicht in der Anlaufphase von 4 Jahren. Die Immobilien sind von einem oder mehreren unabhängigen Immobiliensachverständigen zu schätzen. Zum Abschluß eines Geschäftsjahres sind die Schätzwerte jährlich zu überprüfen. Die Kreditaufnahme ist auf 50% des Schätzwertes aller Immobilien beschränkt. Die Bestandsaufnahme der Immobilien im Jahres- und Halbjahresbericht muß für jede Kategorie von Immobilien, die vom OGA oder seinen Immobiliengesellschaften gehalten wird, den Kauf- oder Selbstkostenpreis, den Versicherungswert und den Schätzwert angeben. Bei Immobilienbeteiligungen muß sich die Rechnungsprüfung auch auf die Tochtergesellschaften erstrecken. Der erste offene Immobilienfonds „Immo-Croissance" wurde 1988 in der Rechtsform einer Sicav gegründet.[323]

146 *j) Niederlande.*[324] Umsetzung der OGAW-Richtlinie und Rechtsgrundlagen:

- Wet toezicht beleggingsinstellingen [WTB] van 27. 7. 1990, Stb. [= Staatsblad] 1990, 380
- Besl. [= Königliches Dekret] van 1995 (besluit toezicht beleggingsinstellingen), Stb. 1995, 504
- Besl. van 14. 6. 1990 houdende overdracht van taken en bevoegdheden ingevolge art. 29 van de wet (Stb. 1990, 380), Stb. 1990, 458 (Übertragung von Aufgaben und Zuständigkeiten gemäß Art. 29 des Gesetzes über die Beaufsichtigung der Investmentinstitution auf De Nederlandsche Bank NV)
- Regeling van 9. 10. 1990 tot uitvoering van art. 7 onderdeel C van de wet toezicht beleggings, Stcrt. [= Staatscourant] 1990, 198
- Regeling van 9. 10. 1990 tot uitvoering van art. 14, Strcrt. 1990, 198
- Regeling van 9. 10. 1990 [betr. die Kostenumlage gem. Art. 28 WTB], Strct. 1990, 198

Das Investmentinstitutionen-Aufsichtsgesetz vom 27. 6. 1990 („wet toezicht beleggingsinstellingen" [WTB]) ist am 15. 10. 1990 in Kraft getreten.[325] Dieses Gesetz setzte die OGAW-Richtlinie in niederländisches Recht um. Es wendet sich an alle Investmentinstitutionen und zwar sowohl an in- als auch ausländische Institutionen. Für diese Institutionen ersetzt das WTB das Wertpapierhandelsgesetz von 1985 (Wet Effectenhandel), das 1992 durch das Wertpapierhandelsaufsichtsgesetz von 1992, jetzt 1995 (Wet toezicht Effectenverkeer 1995) abgelöst worden ist. Das WTB stellt ein Ermächtigungsgesetz dar. Die wesentlichen Regelungen sind in dem Dekret über die Investmentinstitutionen vom 25. 9. 1990, geändert 1995 („Besluit toezicht beleggingsinstellingen") enthalten. Die Aufsicht über

---

[323] HB vom 18. 10. 1988.

[324] Älteres Schrifttum: *Baur,* Investmentgesetze, S. 28; *Corner/Stafford,* Open-end investment funds in the EEC and Switzerland, London 1977, S. 15; *Elsner,* Wertpapier-Investmentunternehmen, S. 56; *Lütgerath,* Anlagekatalog, S. 45.

Neueres Schrifttum: De Nederlandsche Bank, Act on the Supervision of Investment Institutions and other regulations regarding the supervision, o. J.; European Fund Industry Directory 1995, Teil 20; Klompé, Wet toezicht beleggingsinstellingen, Amsterdam 1992.

[325] Dekret vom 25. 9. 1990, Stb. 504; De Nederlandsche Bank, Act on the Supervision of Investment Institutions, S. 5 und 27 ff.

die Investmentinstitutionen ist der De Nederlandsche Bank NV übertragen. Das Wertpapierhandelsaufsichtsgesetz von 1995 regelt u. a. die individuelle Vermögensverwaltung und die Vermittlung von Wertpapieren.

Als Investmentinstitutionen bezeichnet das WTB die Investmentgesellschaften und die Unit Trusts. Eine Investmentgesellschaft ist eine Rechtsperson, die Gelder oder andere Vermögenswerte für eine gemeinsame Anlage nachfragt oder erhalten hat, um den Anteilinhabern eine Beteiligung an den Erträgen einer solchen Anlage zu ermöglichen. Ein Unit Trust ist ein Vermögen, das keine eigene Rechtspersönlichkeit besitzt, für das für eine gemeinsame Anlage Gelder oder andere Vermögenswerte nachgefragt oder erhalten werden, um Anteilinhaber an den Erträgen einer solchen Anlage zu beteiligten (sec. 1 Buchst. a und b WTB). Soweit es sich um einen Unit Trust/Investmentfonds **(„fonds voor gemene rekening")** handelt, finden die Bestimmungen des WTB hinsichtlich der Genehmigungserfordernisse (sec. 5) auf die Verwaltungsgesellschaft Anwendung. Eine Investmentinstitution kann entweder zum offenen oder geschlossenen Typ gehören. Halboffene Investmentinstitutionen, die nicht unbeschränkt Anteile auf Nachfrage der Anteilinhaber zurücknehmen, aber praktisch als offene Institutionen handeln, werden im Rahmen des WTB als offene Institutionen angesehen. 147

Das WTB richtet sich ebenfalls an Investmentinstitutionen aus anderen EG-Staaten, die den Anforderungen der OGAW-Richtlinie entsprechen (sec. 17). Die EG-Investmentinstitutionen haben der De Nederlandsche Bank, der diese Aufgabe des Finanzministers durch Dekret vom 14. 6. 1990 übertragen worden ist, die Vertriebsanzeige einzureichen. Die erforderlichen Informationen, Unterlagen und Berichte sind in holländischer Sprache vorzulegen. Die De Nederlandsche Bank führt das Register, in dem sowohl in- als auch ausländische Investmentinstitutionen, die ihre Anteile in den Niederlanden vertreiben dürfen, registriert werden. Eine Liste der registrierten Investmentinstitutionen wird jährlich zum 31. Dezember im Staatsanzeiger („Staatscourant") veröffentlicht. 148

Die wirtschaftlich bedeutsamste Gruppe unter den Investmentinstitutionen stellen die **Beleggingsmaatschappijen** (Investmentgesellschaften) dar. Es handelt sich um Unternehmen in der Rechtsform der Aktiengesellschaft niederländischen Rechts („Naamloze Vennootschap" [N. V.]). Sie unterliegen Art. 64 bis 174 des niederländischen BGB (Burgerlijk Wetboek).[326] Zur Gründung einer N. V. bedarf es einer notariell beurkundeten Satzung (Art. 64 Abs. 2, Art. 66 Abs. 1). Die Satzung ist dem Justizminister vorzulegen (Art. 68 Abs. 1), der – als weitere konstitutive Voraussetzung für die Entstehung der Gesellschaft – eine Unbedenklichkeitsbescheinigung erteilen muß, sofern bestimmte, gesetzlich festgelegte Voraussetzungen erfüllt sind (Art. 64 Abs. 2).[327] Die „beleggingsmaatschappijen" bieten eigene Aktien („aandelen in beleggingsmijen") dem Publikum zum Kauf an und erwerben mit den dadurch erzielten Erlösen Anlagewerte, insbes. Beteiligungen an anderen Unternehmen (meist Aktien), die den jeweiligen Anlagefonds bilden. Eigentümerin der den Investmentfonds bildenden Werte ist die Anlagegesellschaft. Die Anleger sind an der Gesellschaft als Aktionäre beteiligt. Nach niederländischem Recht bestehen Erleichterungen sowohl bei der Ausgabe weiterer Aktien als auch bei dem Rückkauf eigener Aktien.[328] Eine Verpflichtung der „beleggingsmaatschappijen" zur Rücknahme eigener Aktien wird regelmäßig nicht übernommen. Sie beschränken sich darauf, den Kurs der eigenen Aktien durch Intervention an der Börse zu stützen. Es handelt sich um eine „semi-open-end"-Methode.[329] Anteile der Wertpapier-Investmentgesellschaften ROBECO N. V. und ROLINCO N. V. werden u. a. an deutschen Börsen amtlich notiert.[330] 149

---

[326] *Elsner,* Wertpapier-Investmentunternehmen, S. 57.

[327] *Elsner* (Fn. 326), S. 57 f.

[328] Vgl. *Elsner* (Fn. 326), S. 58.

[329] *Corner/Stafford,* Open-end investment funds, S. 16; *Walter,* Machtzusammenballung und Vermögensbildung durch Investmentgesellschaften, 1963, S. 72; *Elsner,* (Fn. 326), S. 60.

[330] *Hoppenstedt* (Hrsg.), Vademecum der Investmentfonds, 1993, S. 423 f.

150 Immobilien-Investmentinstitutionen sind als Fonds des Gesellschaftstyps konstruiert, als „beleggingsmaatschappijen". Sie unterstehen ebenfalls dem WTB. Der Preis der Immobilienfonds wird – ausgehend von der Bewertung unabhängiger Sachverständiger – täglich von der Investmentgesellschaft ermittelt und kann, soweit Interventionen an der Börse stattfinden, in der Nähe des echten Preises gehalten werden. Anteile der Immobilienfondsgesellschaft Rodamco N. V. werden u. a. an deutschen Börsen amtlich notiert.[331]

151 *k) Österreich.*[332] Umsetzung der OGAW-Richtlinie und Rechtsgrundlagen:

- Bundesgesetz über das öffentliche Anbieten von Wertpapieren und anderen Kapitalveranlagungen und über die Aufhebung des Wertpapier-Emissionsgesetzes (Kapitalmarktgesetz – KMG) sowie über die Abänderung des Aktiengesetzes 1965, des Genosseschaftsgesetzes, des Nationalbankgesetzes 1984, des Kreditwesengesetzes und des Versicherungsaufsichtsgesetzes (BGBl. Nr. 625/1991 vom 6. 12. 1991, S. 2577), geändert durch das Finanzmarktanpassungsgesetz 1993 (BGBl. Nr. 532/1993 vom 30. 7. 1993, S. 3903)
- Bundesgesetz über das Bankwesen (Bankwesengesetz – BWG), kundgemacht als Art. I des Finanzmarktanpassungsgesetzes 1993 (BGBl. Nr. 532/1993 vom 30. 7. 1993, S. 3903)
- Bundesgesetz über Kapitalanlagefonds (Investmentfondsgesetz – InvFG 1993), kundgemacht als Art. II des Finanzmarktanpassungsgesetzes 1993 (BGBl. Nr. 532/1993 vom 30. 7. 1993, S. 3903, 3962), geändert durch Art. VI des Gesetzes (BGBl. Nr. 818/1993 S. 6930) vom 30. 11. 1993
- „II. Investmentfondserlaß" des Bundesministers für Finanzen, Erlaß vom 20. 1. 1993, GZ 14 0602/2-IV/14/93 (InvF-Erl.) betr. steuerliche Behandlung inländischer Investmentfondsanteile
- „I. Investmentfondserlaß" des BMF, Erlaß vom 27. 4. 1994, GZ 14 0602/2-IV/14/94 (AuslInvF – Erl/Auslandsinvestmentfondserlaß) betr. steuerliche Behandlung ausländischer Investmentfondsanteile, veröffentlicht 12. 12. 1994

Dies Rechtsgrundlage für Investmentgesellschaften in Österreich, seit dem 1. 1. 1995 Mitglied der EU, bildete zunächst das wiederholt geänderte Bundesgesetz vom 10. 7. 1963 über Kapitalanlagefonds (Investmentfondsgesetz).[333] Dieses Gesetz war bereits in vielen Teilen mit dem deutschen KAGG vergleichbar. Unter den möglichen Organisationsformen hatte sich Österreich für die Vertragsform entschieden. Die Kapitalanlagegesellschaft (KAG) verwaltet den **Kapitalanlagefonds,** „ein aus Wertpapieren bestehendes Sondervermögen, das in gleiche, in Wertpapieren verkörperte Anteile zerfällt, im Miteigentum der Anteilinhaber steht und nach den Bestimmungen dieses Bundesgesetzes gebildet wird".[334] Das Investmentfondsgesetz i. d. F. der Novelle von 1987[335] wurde im Hinblick auf den Beitritt Österreichs zum EWR durch das Finanzmarktanpassungsgesetz 1993[336] aufgehoben, ebenso die Verordnung des BMF über die Veranlagung von Kapitalanlagefonds in Wertpapieren, und durch das Bundesgesetz über Kapitalanlagefonds (Investmentfondsgesetz – InvFG 1993 –) ersetzt (BGBl. S. 3903, 3962). Die steuerlichen Vorschriften des

---

[331] Vgl. *Päsler,* LfK 1988, 395; *Hoppenstedt* (Fn. 330), S. 629.

[332] Älteres Schrifttum: *Baur,* Investmentgesetze, S. 30; *Karstner/Sixt/Maier,* Investmentfondsgesetz, Juristische Blätter 1963, 549; *dies.* Investmentfondsgesetznovelle, ÖBA 1968, 250; *Lütgerath,* Anlagekatalog, S. 49; *Päsler,* ZfK 1988, 395; Schuster/*Krasensky,* Investmenthandbuch, S. 393.

Neueres Schrifttum: European Fund Industry Directory 1995, Teil 5; *Hardenberg,* Das neue Auslandsinvestment-Gesetz in Österreich (Investmentfondsgesetz 1993), RIW 1994, 70; *Heilmaier/Wetzel,* Österreich gestaltet Investmentrecht EG-konform, RIW 1993, 151; *dies.,* IWBF. 5 Österreich Gr. 5 S. 1; *Heindl,* Investmentfondsgesetz, Wien 1991; *Quantschnigg,* Erlaßregelungen zur Endbesteuerung, Österreichische Steuer-Zeitung 1994, 205, 217; *Klein,* Die steuerliche Behandlung ausländischer Investmentfonds, Portfolio International – deutsche Ausgabe, Dezember 1994/Jan. 1995, S. 9.

[333] BGBl. Nr. 192/1963, zuletzt geändert durch BGBl. Nr. 650/1987.

[334] § 1 InvFG 1963, ebenso § 1 InvFG 1993.

[335] Bundesgesetz vom 16. 12. 1987, BGBl. Nr. 650/1987, S. 4694.

[336] BGBl. Nr. 532/1993, S. 3903.

InvFG 1993 wurden geändert durch Art. VI des Gesetzes BGBl. Nr. 818/1993 (dazu auch InvF-Erl. des BMF v. 20. 1. 1993). Das InvFG 1993 hat weitgehend die bisherige Paragraphenfolge des Investmentfondsgesetzes von 1963 beibehalten. Es regelt in seinem I. Abschnitt (§§ 1 bis 23) die Kapitalanlagefonds und die KAG, in seinem IV. Abschnitt (§§ 40 bis 42) die Steuern und im V. Abschnitt (§§ 43 bis 46) die Werbung und Strafbestimmungen. Neu eingefügt wurden der II. Abschnitt (§§ 24 bis 32) mit den Vorschriften über den Vertrieb von Anteilen ausländischer Kapitalanlagefonds und der III. Abschnitt (§§ 33 bis 39) mit den Vorschriften über den Vertrieb von EWR-Kapitalanlagefondsanteilen.

Die KAG, auch genannt Investmentfondsgesellschaft, sind Kreditinstitute. Zu den **152** Bankgeschäften gehört die Verwaltung von Kapitalanlagefonds nach dem Investmentfondsgesetz (Investmentgeschäft) [§ 1 Abs. 1 Satz 2 Nr. 13 BWG]. Der § 2 Abs. 1 InvFG 1993 bezeichnet als KAG, wer zur Verwaltung von Kapitalanlagefonds (auch Investmentfonds genannt), berechtigt ist. Die Konzession erteilt der BMF als zuständige Aufsichtsbehörde. Die KAG darf nur das Investmentgeschäft und Geschäfte, die damit im Zusammenhang stehen, betreiben. Sie darf mehrere Kapitalanlagefonds mit verschiedenen Bezeichnungen verwalten. Als Rechtsform sind die AG oder die GmbH vorgeschrieben. Mindestens die Hälfte des eingezahlten Grundkapitals (Stammkapitals) muß mündelsicher angelegt werden. Vergleichbar deutschen KAG gelten für leitende Personen der KAG und der Depotbank nach dem InvFG 1993 Inkompatibilitätsvorschriften, die – soweit es die Mitglieder der Aufsichtsräte von KAG und Depotbank betrifft –, über die Anforderungen des KAGG hinausgehen (vgl. § 2 Abs. 9 InvFG 1993). Eine Besonderheit ist, daß der BMF bei jeder KAG einen Staatskommissar und dessen Stellvertreter zu bestellen hat (§ 2 Abs. 10 InvFG 1993).

Die Anteilscheine – früher auch als Zertifikate bezeichnet – verkörpern als Wertpapiere **153** die Miteigentumsanteile an den Vermögenswerten des Kapitalanlagefonds und die Rechte der Anteilinhaber gegenüber der KAG sowie der Depotbank (§ 5 Abs. 1 Satz 1 InvFG 1993). Mit der Ausgabe und Rücknahme der Anteilscheine sowie mit der Verwahrung der zu einem Kapitalanlagefonds gehörenden Wertpapiere und mit der Führung der zum Fonds gehörenden Konten ist von der KAG eine Depotbank zu beauftragen (§ 23 Abs. 1 InvFG 1993). Dies kann nur ein Kreditinstitut sein, das zum Betrieb des Depotgeschäfts berechtigt oder inländische Zweigstelle eines EWR-Kreditinstituts ist. Die Bestellung und ein Wechsel der Depotbank bedarf der Bewilligung des BMF. Die Depotbank wird ausdrücklich gegenüber der KAG und dem Anteilinhaber für jede Schädigung haftbar gemacht, die durch ihre schuldhafte Pflichtverletzung verursacht worden ist (§ 23 Abs. 4 Satz 2 InvFG 1993).

Der Vertrieb von Anteilen ausländischer Kapitalanlagefonds ist unterschiedlich, d. h. im **153 a** II. Abschnitt allgemein geregelt und im III. Abschnitt für EWR-Kapitalanlagefondsanteile. Zusätzlich sind zu berücksichtigen die Erläuterungen der Regelungen für die steuerliche Behandlung von Fondsanteilen ausländischer Investmentfonds im Auslandsinvestmentfonderlaß des BMF vom 27. 4. 1994. Inhaltlich entsprechen die Vertriebsvorschriften denen des deutschen AuslInvestmG. Sie richten sich nicht an den Vertrieb von Anteilen an Veranlagungsgemeinschaften in Immobilien (Immobilienfonds). Die ausländische Investmentgesellschaft hat dem BMF ein Kreditinstitut als Repräsentant (nicht erforderlich bei EWR-Kapitalanlagefondsanteilen) sowie ein oder mehrere Kreditinstitute als Zahlstelle zu benennen und eine Depotbank vorzuweisen (§ 25 InvFG 1993). Der Repräsentant und die Zahlstelle müssen den Anforderungen an eine Depotbank i. S. der InvFG entsprechen. Die Vertriebsanzeige ist an den BMF zu richten (§ 30 InvFG 1993). Der Vertrieb von ausländischen Kapitalanlagefondsanteilen darf erst aufgenommen werden, wenn seit dem Eingang der vollständigen Anzeige vier (bei EWR-Kapitalanlagefondsanteilen zwei) Monate verstrichen sind, ohne daß der BMF die Aufnahme des Vertriebs untersagt hat (§ 31 Abs. 1 Satz 1, § 37 Abs. 1 InvFG 1993). Das InvFG 1993 enthält kein spezielles Widerrufsrecht, da eine Werbung für den Erwerb von Anteilen an in- und ausländischen Kapitalanlagefonds u. a. Einrichtungen, die Vermögenswerte mit Risikostreuung zusammenfassen, nur aufgrund einer Einladung zulässig ist (§ 43 Abs. 2 InvFG 1993). Ebenso kennt das InvFG 1993 keine spezielle Prospekthaftung. Bei unrichtigen vorteilhaften Angaben über erhebliche Umstände oder bei Verschweigen nachteiliger Tatsachen in Prospekten gilt die Strafbestimmung des § 44 Abs. 2 InvFG 1993. Ausländische Fondsanteile unterliegen der ESt. und nicht der Endbesteuerung in Form der KapESt. von 22% (§ 97 Abs. 1 EStG 1988). Steuerpflichtig sind auch die ausschüttungsgleichen (thesaurierten) Erträge. Die steuerliche Behandlung der Auslandsfonds richtet sich ferner danach, ob sie in Österreich zum öffentlichen Vertrieb zugelassen sind und die Herkunft ihrer Erträge gegenüber Finanzbehörden durch einen steuerlichen Vertreter nachweisen können. Nur dann unterbleibt bei im Privatvermögen gehaltenen Fondsanteilen eine Besteuerung von Substanzgewinnen (Gewinne aus der Veräußerung von Vermögenswerten eines Fonds).[337]

153 b Deutschen offenen Immobilienfonds vergleichbare Einrichtungen sind in Österreich nicht bekannt. Es bestanden im Hinblick auf befürchtete mangelnde Fungibilität von Anteilscheinen offener Immobilienfonds, mögliche Bewertungsprobleme und auch mit Rücksicht auf mögliche negative Auswirkungen für den sozialen Wohnungsbau Bedenken, derartige Investmentfonds in das Investmentfondsgesetz zu integrieren.[338] Den Immobilieninvestmentfonds kommen jedoch bestimmte österreichische Immobilien AG sehr nahe.[339] Für das öffentliche Anbieten von Anteilen an Immobilienfonds (Veranlagungsgemeinschaften in Immobilien) gelten die Vorschriften des Kapitalmarktgesetzes (KMG).[340] Danach darf das erstmalige öffentliche Angebot in Österreich nur erfolgen, wenn spätestens einen Werktag davor ein nach den Bestimmungen des Kapitalmarktgesetzes erstellter und kontrollierter Prospekt veröffentlicht wurde (§ 2 KMG).

154 Einen Teilbereich des Investmentgeschäfts i. w. S., auch wenn es nicht mehr als solches bezeichnet wird, regelt das Bundesgesetz vom 18. 2. 1982 über die Errichtung und Verwaltung von **Beteiligungsfonds** (Beteiligungsfondsgesetz [BFG]).[341] Durch dieses Gesetz sollen Unternehmen des mittelbetrieblichen Bereichs durch Bereitstellung von Risikokapital unterstützt werden.[342] Das Gesetz wird ergänzt durch Verordnungen zur Durchführung des Beteiligungsfondsgesetzes.[343] Die Beteiligungsfonds werden durch Beteiligungsfondsgesellschaften in der Rechtsform der AG verwaltet. Die Errichtung oder Verwahrung von Beteiligungsfonds nach dem Beteiligungsgesetz ist ein Bankgeschäft (§ 1 Abs. 1 Satz 2 Nr. 14 BFG). Der Beteiligungsfonds ist ein in einem eigenen Rechnungskreis zusammengefaßtes Vermögen im Eigentum einer Beteiligungsfondsgesellschaft, das durch die Ausgabe von Genußscheinen und zum kleineren Teil durch (Eigen-)Kapital der Beteiligungsfondsgesellschaft finanziert wird und dem Erwerb von Unternehmensbeteiligungen dient (§ 1 BFG). Beteiligungen an einem einzelnen Unternehmen können höchstens bis zu 20% des Fondsvermögens erfolgen (§ 14 Abs. 5 BFG). Die Anlage des Fondsvermögens muß zumindest zu 2/3 in Unternehmen erfolgen, die den Sektionen „Gewerbe", „Industrie" oder „Fremdenverkehr" der Kammern der gewerblichen Wirtschaft angehören (§ 14 Abs. 4 BFG). Nach einem Agreement zwischen dem BMF und den bestehenden Beteiligungsfondsgesellschaften müssen mindestens Beteiligungen zu je 1/3 des Fondsvolumens bei

---

337 *Klein,* Portfolio International, Dez. 94/Jan. 95, S. 9; bei fehlender Vertriebszulassung oder fehlendem Nachweis erfolgt eine bestrafende Pauschalbesteuerung. Eine solche ist auch bei Veräußerung von Auslandsfondsanteilen vorgeschrieben (§ 42 Abs. 2 Nr. 5 InvFG 1993).

338 *Schuster/Krasensky,* Investmenthandbuch, S. 395; *Päsler,* LfK 1988, 395; *Abromeit-Kremser,* Offene Immobilienfonds, 1986, S. 50 ff.

339 *Moisl,* Immobilienaktien und -gewinnscheine in Österreich, 1988, S. 21 ff., S. 49.

340 BGBl. Nr. 625/1991, S. 2577.

341 BGBl. Nr. 111/1982 vom 11. 3. 1982 i. d. F. BGBl. Nr. 312/1987.

342 Vgl. *Lütgerath,* Anlagekatalog, S. 50, m. w. Hinw.; Steiner/Kromschröder/*Swoboda,* Beteiligungsfonds auf der Basis von Genußscheinen in Österreich, S. 378; *Kastner/Kotrnoch,* Beteiligungsfonds-Gesetz, o. J.

343 Nr. 261/1982 und Nr. 505/1982.

Klein- und Mittelbetrieben übernommen werden. Die Beteiligungen können nur in der Rechtsform einer Kommanditbeteiligung, einer stillen Beteiligung oder einer Beteiligung an einer Kapitalgesellschaft erfolgen (§ 14 Abs. 2 BFG). Die ausgegebenen Genußscheine verbriefen einen Anspruch auf einen aliquoten Teil an den Jahresüberschüssen des Beteiligungsfonds. Eine Rückgabe der Genußscheine ist möglich, jedoch besteht kein Anspruch auf Rücknahme. Es erfolgt eine Notierung an der Börse. Die Ausgabe der Genußscheine ist mit steuerlichen Vorteilen für den Erwerber verbunden.

l) Portugal.[344] Umsetzung der OGAW-Richtlinie und Rechtsgrundlagen: 154 a

- Regierungserlaß 41/86 vom 3. 1. 1986
- Gesetzesdekret (Decreto-Lei nº) 17/86 vom 5. 2. 1986
- Regierungserlaß 395/87 vom 11. 5. 1987
- Gesetzesdekret 207/87 vom 18. 5. 1987
- Gesetzesdekret 228/87 vom 11. 6. 1987
- Gesetzesdekret 229-B/88 vom 4. 7. 1988 (gilt nur noch für Immobilienfonds)
- Gesetze 229-C/88 vom 4. 7. 1988 (gilt nur noch für Immobilienfonds)
- Regierungserlaß 422-B/88 vom 4. 7. 1988
- Regierungserlaß 422-C/88 vom 4. 7. 1988
- Gesetzesdekret 111/89 vom 13. 4. 1989
- Gesetzesdekret 142-A/91 vom 10. 4. 1991
- Gesetzesdekret 187/91 vom 17. 5. 1991
- Gesetzesdekret 234/91 vom 27. 6. 1991
- Gesetzesdekret 293/91 vom 13. 8. 1991
- Gesetzesdekret 471/91 vom 26. 10. 1991
- Gesetzesdekret 433/91 vom 7. 11. 1991
- Regierungserlaß 780/92 vom 11. 8. 1992
- Gesetzesdekret 1877/92 vom 25. 8. 1992
- Gesetzesdekret 214/92 vom 13. 10. 1992
- Gesetzesdekret 276/94 vom 2. 11. 1994 betr. Investmentfonds
- Gesetzesdekret 294/95 vom 17. 11. 1995 betr. Immobilienfonds

Eine Fondsgesetzgebung bestand bereits 1965. Die seinerzeit aufgelegten FIDES-Fonds und FIA-Fonds wurden 1976 nationalisiert und die Anleger durch Beteiligungsscheine entschädigt. Die neue Rahmengesetzgebung von 1985 gestattete die Auflegung von Investmentfonds der Vertragsform. Es handelte sich um Investmentfonds („fundos de investimento mobiliário" [Fim]), die von einer Verwaltungsgesellschaft („sociedad gestora dos fundos de investimento mobiliário" [SGFIM]) verwaltet werden. Umfassendere gesetzliche Vorschriften brachte das Gesetz 229-C/88 vom 4. 7. 1988, das die Auflegung von Fonds (Wertpapierfonds und Immobilienfonds, jeweils offen oder geschlossen) und deren Tätigkeit regelte und das Gesetzesdekret 229-B/88 vom 4. 7. 1988, das die Vorschriften für die Risikostreuung enthielt und die Relation zwischen dem Fondsvermögen und dem Kapital der Verwaltungsgesellschaft festlegt. Fim gibt es als Aktienfonds, Rentenfonds, Geldmarkt-/Schatzwechselfonds und Internationale Fonds, ferner durch das Gesetzesdekret 276/94 auch als Funds of Funds und Umbrellafonds. Als geschlossen wird ein Fonds bezeichnet, dessen Kapital bei Auflegung festgelegt wird.

Eine Spezialform der Fim bilden die erstmals 1991 aufgelegten „fundos poupança-reforma" [FPR] (= Pensions Plan Fonds oder Savings/Retirement Funds), die im Rahmen von Spar- und Pensionsplänen erworben werden. Eine portugiesische Besonderheit auf dem Investmentsektor bilden die offenen Pensionsfonds, für die Rechtsgrundlage das Gesetzesdekret 296/86 ist. Das Vermögen dieser Fonds dient ausschließlich der Erfüllung von

---

344 European Fund Industry Directory 1995, Teil 22; KPMG, Stokes Kennedy Crowley, Funds and Fund Management, A KPMG International Survey of Taxation and Regulations, 6. Auflage 1993, S. 88 und 231.

Versorgungsplänen. Pensionsfonds können von Verwaltungsgesellschaften oder von Versicherungsunternehmen der Sparte Leben verwaltet werden.

Durch das Gesetzesdekret 187/91 vom 17. 5. 1991 wurde die Auflegung von Risikokapitalfonds („fundos de investimento de capital de risco“ [FCR]) oder auch Venture Capital Funds gestattet. Eine weitere Fondsgruppe sind die „fundos de investimento de reestruturação é internacionalização empresarial“ [FRIE]. Bei den FRIE muß nach einer Anlaufzeit von 3 Jahren mindestens 60% des Fondsvermögens aus Anteilen von Gesellschaften mit beschränkter Haftung, aus ergänzenden Kapitalzuführungen und nichtnotierten Aktien bestehen. Nicht mehr als 25% des Fondsvermögens darf in einer Gesellschaft investiert werden. An Gesellschaften, bei denen der Hauptgesellschafter einen Anteil von mehr als 50% besitzt, sind die Anlagen des Fonds auf insgesamt 50% des Fondsvermögens begrenzt.[345]

Durch Gesetzesdekret 59/88 vom 27. 2. 1988 wurde zugelassenen Finanzinstitutionen die Erlaubnis erteilt, als Verwahrer und Treuhänder von Fonds tätig zu werden. Als Verwalter von Fonds können tätig sein: In den Fällen der offenen Wertpapier- oder Immobilienfonds sowie der Wertpapierfonds, deren Anteile von Beschäftigten privatisierter Gesellschaften erworben werden, die Verwaltungsgesellschaften; in den Fällen der geschlossenen Wertpapier- oder Immobilienfonds außer Verwaltungsgesellschaften auch Geschäftsbanken, Investmentbanken oder Investmentgesellschaften, ferner verschiedene Finanzinstitutionen; letztere nur aufgrund spezieller Genehmigung des Finanzministers nach Rücksprache mit der Bank von Portugal und der CMVM. Aufsichtsbehörde für die Investmentunternehmen ist gemäß dem Gesetzesdekret 417/91 vom 26. 10. 1991 die „Commissão do Mercado dos Valores Mobiliàrios“ [CMVM]. Die berufsständische Vereinigung der Investmentunternehmen, die ASGFIM, hat 1993 mit Zustimmung der CMVM einen Verhaltenskodex beschlossen, der Art. 655 des Wertpapierhandelsgesetzes entspricht.

154 b Das Gesetz von 1988 setzte die OGAW-Richtlinie noch nicht voll in das portugiesische Recht um.[346] Art. 57 Abs. 3 OGAW-Richtlinie hatte Portugal eine verlängerte Übergangsfrist bis zum 1. 4. 1992 eingeräumt. Die abschließende Umsetzung der OGAW-Richtlinie ist durch das Gesetzesdekret 276/94 vom 2. 11. 1994 „Establece o novo regime juridico dos fundos de investimento mobiliário“ erfolgt. Das bisher für Investmentfonds allein maßgebende Gesetz 229-C/88 vom 4. 7. 1988 ist künftig nur noch auf Immobilienfonds (Rdnr. 154 c) anzuwenden. Aufgabe des Gesetzesdekretes 276/94 ist außer der Umsetzung der OGAW-Richtlinie eine Modernisierung der gesetzlichen Vorschriften durch Zulassung neuer Fondstypen und Anlagetechniken. Ein Investmentfonds muß ein Mindestvermögen haben, das etwa 2 Mio. US-$ entspricht. Es müssen an ihm mindestens 30 Anleger beteiligt sein. Das Gesetzesdekret 276/94 umfaßt in sieben Abschnitten 60 Artikel. Es wird unterschieden zwischen den koordinierten Fonds, die der OGAW-Richtlinie entsprechen, und den nicht koordinierten Fonds. Abschnitt I befaßt sich mit den allgemeinen Vorschriften für OGA. Hiernach sind sowohl offene als auch geschlossene Investmentfonds zulässig, jedoch ausschließlich solche, die von einer Verwaltungsgesellschaft verwaltet werden (keine Gesellschaftsform). Aus Gründen des Wohlverhaltens wird eine gleichzeitige Tätigkeit in der Verwaltungsgesellschaft und in einer Bank untersagt. Für die Verwaltungsgesellschaften gelten Solvabilitätsgrundsätze. Für jeden Fonds darf nur eine Verwahrstelle tätig sein. Derivate dürfen nur zu Absicherungszwecken benutzt werden. Die Werbung mit Zahlen der Vergangenheit wird durch Gesetz geregelt. Statt der bisher üblichen Spanne von plus/minus 5% bei der Bewertung der Anteile wird eine marktorientierte Bewertung vorgeschrieben. In Abschnitt II, der sich mit den offenen Investmentfonds befaßt, werden Anlagevorschriften entsprechend der OGAW-Richtlinie vorgeschrieben. Höchstens 5% des Fondsvermögens darf in einem anderen, der OGAW-Richtlinie entsprechenden Investmentfonds, angelegt werden. Die Kreditaufnahme ist auf

---

345 KPMG, Stokes Kennedy Crowley (Fn. 344), S. 90.

346 European Fund Industry Directory 1992, Teil I 11.4.

10% des Fondsvermögens beschränkt. Abschnitt III befaßt sich mit den geschlossenen Fonds. Abschnitt IV befaßt sich mit den Geldmarktfonds und den Termingeld-Fonds. Diese können bis zu 100% in Liquidität investieren. Der Höchstbetrag der Anlage dieser Fonds bei einer Bankengruppe ist auf 35% beschränkt. Anlagen mit einer Laufzeit von mehr als 6 Monaten sind nach Marktregeln zu bewerten. Höchstens 35% des Fondsvermögens dürfen in Anlagen mit einer Fälligkeit von weniger als 6 Monaten investiert werden. Anlagen in Aktien oder anderen aktiengebundenen Vermögenswerten sind den Geldmarkt- und Termingeld-Fonds untersagt. Nach Abschnitt V, der sich mit den Funds of Funds befaßt, dürfen diese nicht mehr als 20% in einem einzigen Investmentfonds anlegen. Die Investmentfonds müssen der OGAW-Richtlinie entsprechen. Höchstens 30% des Fondsvermögens darf in Fonds angelegt werden, die durch dieselbe Gesellschaft oder Gesellschaftsgruppe verwaltet werden. Abschnitt VI betreffend die Umbrella-Fonds schreibt für diese einen einheitlichen Verwaltungsvertrag und einen einheitlichen Verkaufsprospekt vor.

Das Gesetz 229-C/88 hat die Voraussetzungen zur Auflegung von Immobilienfonds **154 c**
(„fundos de investimento imobiliário" **[FII]**) geschaffen. Es handelt sich um Fonds, die von Hypothekenbanken aufgelegt werden. Die Immobilienfonds können als geschlossene oder offene Fonds aufgelegt werden. Die Immobilienfonds unterliegen folgenden Beschränkungen: Der Anteil des Immobilienvermögens darf 75% des Nettofondsvermögens nicht überschreiten. Nicht mehr als 10% des Fondsvermögens darf in Bauland angelegt werden. Sofern das Bebauungsprogramm nicht innerhalb von 2 Jahren nach Kauf des Baulands verwirklicht wird, muß das Bauland verkauft werden. In einem Unternehmen darf nicht mehr als 20% des Fondsvermögens angelegt werden.[347] Neu ist das Gesetzesdekret 294/95 vom 17. 11. 95 betr. Immobilienfonds.

m) Schweden.[348] Umsetzung der OGAW-Richtlinie und Rechtsgrundlagen: **154 d**

- Companies Act 1975
- Lag om värdepappersrörelse [Wertpapiergesetz/Securities Act (1991: 981)] mit Änderungen
- LAG (1990: 1114) om Värdepappersfonder (Wertpapierfondsgesetz), geändert durch:
- Lag (1992: 556), Lag (1992: 1320), Lag (1992: 1577), Lag (1993: 544), Lag (1994: 806), Lag (1995: 78), Lag (1995: 755) und Lag (1995: 1290) jeweils betr. Änderungen des Wertpapierfondsgesetzes
- LAG (1990: 1115) om ikraftträdande av lagen om värdepappersfonder (betr. das Inkrafttreten des Wertpapierfondsgesetzes),

geändert durch:

- Lag (1992: 1321), Lag (1993: 545), Lag (1994: 1661), Lag (1995: 1290), Lag (1995: 1470) jeweils betr. Änderungen der Gesetze betr. das Inkrafttreten von Gesetzen des Wertpapierfondsgesetzes
- Förordning (1990: 1123) om värdepappersfonder (Verordnung betr. die Wertpapierfonds), geändert durch Förordning 1992: 766, 1992: 1578 und 1993: 539

Finansinspektionens förskrifter (FFFS 1994: 31 und 1995: 22) (Verordnungen der schwedischen Aufsichtsbehörde)

- LAG (1993: 1646) betr. das Inkrafttreten mehrerer Gesetze zum EWR

Die Rechtsgrundlage für offene Wertpapier-Investmentfonds der Vertragsform[349] in Schweden bildeten zunächst das Gesetz über Investmentfonds (1974: 931) und das „Investment Incentive Funds Act" (1978: 428). Diese Gesetze wurden abgelöst zum 1. 1. 1991 durch das Gesetz über Wertpapierfonds (1990: 1114). Dieses Gesetz findet keine Anwendung auf Gesellschaften oder Wirtschaftsvereine, die Wertpapiere oder andere Finanzinstrumente erwerben (§ 2). Die bestehenden Verwaltungsgesellschaften hatten eine

---

[347] KPMG, Stokes Kennedy Crowley (Fn. 344), S. 89 f.

[348] European Fund Industry Directory 1995, Teil 24.3; KPMG, Stokes Kennedy Crowley (Fn. 344), S. 100 und 241.

[349] Nach European Fund Industry Directory 1995, Teil. 24.7 haben die Fonds eine Trust-Struktur.

Erlaubnis der Bankaufsichtsbehörde („Finansinspektionen") einzuholen. Die Bankaufsichtsbehörde ist zuständig sowohl für die Investmentgesellschaften als auch für die Depotbanken. Wertpapierfonds werden üblicherweise in der Vertragsform aufgelegt. Der Investmentfonds wird von einer Verwaltungsgesellschaft verwaltet; für diese gilt das Gesetz über Gesellschaften. Die Verwaltungsgesellschaft muß über ein Mindestkapital gem. den von der Regierung oder der Bankaufsichtsbehörde erlassenen Regelungen verfügen. Die Verwaltungsgesellschaft muß unabhängig von der Depotbank und, ebenso wie diese, ausschließlich im Interesse der Anteilinhaber tätig sein (§ 1 Nr. 4 Abs. 2). Für Investmentfonds ist eine Verwahrstelle (Depotbank) vorgeschrieben. Es muß sich um eine Bank oder ein anderes Kreditinstitut handeln. Soweit ein Fonds ausländische Wertpapiere besitzt, kann die Verwahrung auch einer geeigneten ausländischen Verwahrstelle anvertraut werden (§ 14).

154 e Das Wertpapierfondsgesetz (1990: 1114) bezeichnet als Investmentfonds einen Fonds, der aus Wertpapieren u. a. Finanzinstrumenten besteht, der durch Kapitaleinbringung aus dem Publikum entsteht und Eigentum derer ist, die das Kapital aufgebracht haben (§ 1 Nr. 1). Es gibt Aktienfonds („Aktiefond"), Rentenfonds („Rantefond"), gemischte Fonds und Geldmarktfonds.[350] Der Investmentfonds kann nicht selbständig Rechte erwerben oder sich verpflichten. Der Fonds selbst kann nicht vor Gericht oder einer Behörde auftreten. Das Fondsvermögen kann nicht gepfändet werden. Die Anteilinhaber haften nicht für die Verbindlichkeiten des Investmentfonds (§ 8). Für den Investmentfonds sind durch die Verwaltungsgesellschaft Vertragsbedingungen festzulegen (§ 9). Diese müssen von der Bankaufsichtsbehörde genehmigt werden (§ 10).

154 f Alle Anteilinhaber des Fonds sind von der Verwaltungsgesellschaft in einem Register zu führen oder die Verwaltungsgesellschaft hat sicherzustellen, daß ein solches Register geführt wird. Bei Registern unter Anwendung der EDV findet das Datenschutzgesetz (1973: 289) Anwendung. Jeder Anteilinhaber erhält von der Verwaltungsgesellschaft eine Bestätigung über seine Registrierung. Die Bestätigung enthält bestimmte Informationen über den Fonds, die Verwaltungsgesellschaft, die Depotbank und darüber, an welcher Stelle die Informationen zu Unterlagen erhältlich sind (§ 31). Die jederzeitige Rücknahme von Fondsanteilen wird vorgeschrieben, solange ausreichende Mittel vorhanden sind. Die Rücknahme kann nach Unterrichtung der Bankaufsichtsbehörde ausgesetzt werden (§ 32). Es gelten spezielle Vorschriften bei Beendigung der Fondsverwaltung (§ 30 ff.).

154 g Investmentfonds und Investmentgesellschaften werden mit 30%/28% besteuert. Ausschüttungen können von der Steuer abgezogen werden. Von Nicht-Gebietsansässigen wird eine Quellensteuer von 25% auf die Ausschüttung erhoben. Bei Gebietsansässigen werden sowohl Ausschüttungen als auch Kapitalgewinne mit 30% besteuert (bei öffentlichen Sparprogrammen mit 20%). Wertverluste können steuerlich berücksichtigt werden. Sofern – außer in den Fällen der Rentenfonds und Geldmarktfonds – die Wertverluste den Kapitalgewinn übersteigen, ist die Abzugsmöglichkeit auf 70% des Kapitalverlustes begrenzt. Steuervorteile gelten für Investmentfonds („Allemansfonder"), die im Rahmen des nationalen Sparprogramms („National Savings Scheme" [„allemansparande"]) erworben werden. Der Erwerb von Fondsanteilen wird seit dem 1. 1. 94 zusätzlich durch das steuerbegünstigte Indivuelle Pensions-Sparen (IP „Individuellt Pensionsparande") gefördert.

154 h *n) Spanien.*[351] Umsetzung der OGAW-Richtlinie und Rechtsgrundlagen:
- Ley 46/1984 de 26. 12. 1984 (betr. OGA) – B. O. E. (Boletín Oficial del Estado) Nr. 310 de 27. 12. 1984
- Acuerdo del Consejo de la Comisión nacional del mercado de valores de 4. 10. 1989

---

[350] KPMG, *Stokes Kennedy Crowley,* (Fn. 344), S. 100.

[351] Älteres Schrifttum: *Schuster/López-Casero,* Investmenthandbuch, S. 379; *Krasensky,* Die spanischen Investment Trusts, Wien 1960; *Laux,* Geldmarktfonds in Europa, ZfK 1988, 335.

Neueres Schrifttum: *Beneyto* (Gómez-Acebo & Pombo, Hrsg.), Rechtlicher Rahmen der Immobilien-Investmentfonds, o. J.; European Fund Industry Directory 1995, Teil 23; European Law Press, Tax Letter Europe v. 3. 8. 92, S. 5; KPMG, *Stokes Kennedy Crowley,* (Fn. 344), S. 96 und 238.

– Ley 24/1988 de 28. 7. 1988 del Mercado de Valores – B. O. E. Nr. 181 de 29. 7. 1988 (mit u. a. Änderungen des Gesetzes 46/1984)
– R. D. (Real Decreto) 1393/1990 de 2. 11. 1990 „por el que se a prueba el Reglamento de la Ley 46/1984, de 26 de diciembre, reguladora de las Instituciones de Inversión Colectiva" – B. O. E. Nr. 275 de 16. 11. 1990, S. 33885 (Anwendungserlaß zum Gesetz 46/1984 und Umsetzung der OGAW-Richtlinie)
– Ley de Presupuestos (Haushaltsgesetz) 1991 und Ley de Impuesto Sobre la Renta de Personas Físicas (IRPF) mit einer steuerlichen Begünstigung langfristiger Anlagen.
– Orden 20. 12. 1990 – B. O. E. Nr. 306 de 22. 12. 1990, S. 38260
– Orden 31. 7. 1991 – B. O. E. Nr. 192 de 12. 8. 1991, S. 26689
– Circular des Consejo de Comisión Nacional del Mercado de Valores (CNMV) sobre Inversiones Colectivas 7/1990 de 27. 12. 1990
– Circular 1/1991 de 23. 1. 1991
– Acuerdo (Beschluß) Nr. 64 der CNMV sobre Institutiones de Inversión Colectiva de 26. 3. 1991, B. O. E. Nr. 84 vom 8. 4. 1991, S. 10485
– Orden 6. 7. 1992 – B. O. E. Nr. 174 de 21. 7. 1992, S. 24991
– Orden 30. 7. 1992 – B. O. E. Nr. 221 de 14. 9. 1992, S. 31301
– Ley 19/1992 de 7. 7. 1992 „sobre Régimen de Sociedades y Fondos de Inversión inmobiliaria y sobre Fondos de Titulizaciòn Hipotecaria"
– R. D. 686/1993 de 7. 5. 1993 „por el que se modifica el Reglamento de la Ley 46/1984, de 26 de diciembre, reguladora de las Instituciones de Inversión Colectiva, precisándose el régimen de las Sociedades y Fondos de Inversión Inmobiliaria" – B. O. E. Nr. 124 de 25. 5. 1993, S. 15672
– Orden 24. 9. 1993 „sobre fondos y Sociedades de inversión inmobiliaria", B. O. E. Nr. 238 de 5. 10. 1993, S. 28390
– Rundschreiben der CNMV vom 30. 11. 1994 betr. die Immobilienfonds

Die Entwicklung des spanischen Investmentrechts ist stark beeinflußt von der Entwicklung des Investmentrechts in Frankreich. Investmentgesellschaften waren zunächst Aktiengesellschaften mit einer closed-end Kapitalstruktur („Sociedades de Inversión Mobiliaria de capital fijo" [S. I. M. C. A. F.]). Die gesetzliche Grundlage bildete ein Gesetz vom 15. 7. 1952.[352] Durch Gesetzesdekret von 1964[353] wurde die Möglichkeit zur Gründung von Investmentgesellschaften eröffnet, deren Kapital laufend erhöht oder herabgesetzt werden kann („Sociedades de Inversión Mobiliaria de capital variable" [S. I. M. C. A. V.]). Sowohl auf S. I. M. C. A. F. als auch auf S. I. M. C. A. V. findet Anwendung das Aktiengesetz vom 17. 7. 1951.[354] Neben diesen Investmentunternehmen der Gesellschaftsform ermöglichte das für die Investmentunternehmen grundlegende, noch heute geltende Gesetz 46/1984 vom 26. 12. 1984 „reguladora de las Instituciones de Inversión Colectiva"[355] in Anlehnung an die Fondskonstruktion der Vertragsform in Frankreich die Auflegung von Investmentfonds („fondos de inversión mobiliaria" [F. I. M.]). Das Gesetz 46/1984 wurde mehrfach geändert: Durch das Wertpapierhandelsgesetz 24/1988 vom 28. 7. 1988,[356] das Königl. Dekret 1346/1985 vom 17. 7. 1985,[357] das bereits teilweise die OGAW-Richtlinie berücksichtige, das Königl. Dekret 1393/1990 vom 2. 11. 1990,[358] das die OGAW-Richtlinie abschließend umsetzte, und das Königl. Dekret 686/1993 vom 7. 5. 1993,[359] das die Vorschrift über die Immobilien-Investmentgesellschaften und Immobilien-Investmentfonds eingefügt hat.

---

[352] „Ley sobre Régimen Juridico Fiscal de las Sociedades de Inversión Mobiliaria".
[353] „Decreto-Ley sobre Sociedades y Fondos de Inversión y Bolsas de Comerzio".
[354] „Ley sobre Régimen Juridico de las Sociedades Anónimas".
[355] B. O. E. Nr. 310 vom 27. 12. 1984.
[356] B. O. E. Nr. 181 vom 29. 7. 1988.
[357] B. O. E. Nr. 184 vom 3. 8. 1985.
[358] B. O. E. Nr. 275 vom 16. 11. 1990, S. 33885.
[359] B. O. E. Nr. 124 vom 25. 5. 1993, S. 15672.

154 i Das spanische Investmentgesetz 46/1984, zuletzt i. d. F. des Königl. Dekretes 686/1993, unterscheidet im einzelnen folgende Gruppen von OGA: Die Wertpapier-Investmentgesellschaften („Las Sociedades de Inversión Mobiliaria" **[S. I. M.]**), die Wertpapierfonds und die Geldmarktfonds („Los Fondos de Inversión Mobiliaria y Los Fondos de Inversión en Activos del Mercado Monetario" **[F. I. M.** und **F. I. A. M. M.]**), ferner die sonstigen Fonds, die den Anforderungen des Gesetzes 46/1984 entsprechen.[360] Als Investmenteinrichtungen i. S. der OGAW-Richtlinie sind dabei anzusehen die Wertpapier-Investmentfonds (F. I. M.) und die Geldmarktfonds (F. I. A. M. M.), ferner die Wertpapier-Investmentgesellschaften mit schwankendem Kapital **(S. I. M. C. A. V.).** Aufsichtsbehörde für alle Gruppen der Investmentuntertnehmen ist die nationale Wertpapier- und Börsenkommission („Comísión Nacional del Mercado de Valores" [CNMV]). Die CNMV führt getrennte Register für die S. I. M. C. A. F., die S. I. M. C. A. V., die F. I. M., die F. I. A. M. M., die Verwaltungsgesellschaften, die Verwahrstellen (Depotbanken), andere OGA („Instituciones de Inversión Colectiva"), zu denen auch die Immobilien-Investmentgesellschaften und Immobilien-Investmentfonds zählen, ferner Register der zum Vertrieb in Spanien zugelassenen ausländische OGA („Instituciones de Inversión Colectiva Extranjeras Comercializades en España").[361]

154 j Die Zulassung von Immobilien-Investmentfonds erfolgte erst durch das Gesetz 19/1992 vom 7. 7. 1992 über das Rechtssystem der Gesellschaften und Immobilien-Investmentfonds und über Hypothekenpfandbrieffonds. Das Gesetz 19/1992 wird ergänzt durch das Königl. Dekret Nr. 686 vom 7. 5. 1993 über das Rechtssystem der Gesellschaften und Immobilien-Investmentfonds sowie durch die Verordnung des Wirtschafts- und Finanzministers vom 24. 9. 1993 über Immobilien-Investmentfonds und Immobilien-Investmentgesellschaften. Das Königl. Dekret Nr. 686 änderte zugleich das Gesetz 46/1984 über die OGA, indem es u. a. die Vorschriften über die Nicht-Finanz-OGA einfügte (Art. 71–74). Die Immobilien-Investmentgesellschaften und die Immobilien-Investmentfonds werden in § 72 bezeichnet als „diejenigen gemeinschaftlichen Investitionseinrichtungen ohne Finanzcharakter, deren ausschließlicher Zweck in der Investition in Immobilien zur betrieblichen Nutzung derselben besteht". Diese Ausschließlichkeit gestattet unter bestimmten, im Gesetz festgelegten Voraussetzungen die Anlage in Wertpapieren und liquiden Mitteln. Immobilien-Investmentfonds „Fondos de Inversión Inmobiliaria" **[F. I. I.]** werden in gleicher Weise wie die F. I. M. von einer Verwaltungsgesellschaft „Sociedad Gestora de Instituciones de Inversión Colectiva Inmobiliaria" (Art. 25 Verordnung vom 24. 9. 1993) verwaltet. Die Immobilien-Investmentgesellschaften („Sociedades de Inversión Inmobiliaria" **[S. I. I.]**) haben die Form einer Aktiengesellschaft mit ausschließlich festem Kapital. Das Mindestkapital ist im Gesetz mit 1500 Mio. Pta. vorgeschrieben. Die F. I. I. müssen ebenfalls ein anfängliches Mindestvermögen von 1500 Mio Pta. ausweisen, das wie bei den S. I. I. durch Bareinlagen voll eingezahlt wird.[362] Für Immobilien-Investmentfonds und Immobilien-Investmentgesellschaften gelten spezielle steuerliche Vorschriften, die ebenfalls in das Gesetz 46/1984 (§ 34 b und § 35 b) eingefügt wurden. Hiernach werden steuerlich bevorzugt behandelt Investitionen in Wohnungen (Körperschaftsteuersatz 1%) und Investitionen in Stadtgrundstücken, bei denen die Wohnungen mind. 50% des Anlagevermögens darstellen (Körperschaftsteuersatz 7%).[363] Die Bewertung der Liegenschaften der Immobilien-Investmentfonds und Immobilien-Investmentgesellschaften erfolgt durch Bewertungsgesellschaften („Sociedades de Tasación"), die in einem Register bei der Bank von Spanien („Banco de España") eingetragen sein müssen (Art. 17 Verordnung), die nicht zur selben Gruppe wie die Verwaltungsgesellschaften ge-

---

[360] Las demás, cuyo objeto principal sea la inversión o gestión de activos financieros, en las condiciones y con los limites señalados en el número l del articulo l.

[361] Art. 9 Nr. 3 des Anwendungserlasses gem. Königl. Dekret 1393/1990.

[362] Näheres auch *Beneyto* (Fn. 351), S. 11.

[363] Vgl. *Beneyto* (Fn. 351), S. 2 ff.

hören dürfen (Art. 28 Verordnung). Die Aufsicht über die Immobilien-Investmentfonds und deren Verwaltungsgesellschaft sowie den Verwahrer („el Depositario"), ferner die Immobilien-Investmentgesellschaften führt die CNMV. Nach erfolgter Genehmigung erfolgt die Eintragung in das bei der CNMV geführte Register.

2. Sonstige Staaten. *a) Schweiz.*[364] Die gesetzliche Grundlage für Investmentfonds in der Schweiz bildete zunächst das Bundesgesetz über die Anlagefonds vom 1. 7. 1966[365] – Anlagefondsgesetz [AFG 1967]. Es wurde ergänzt durch die Vollziehungsverordnung zum Bundesgesetz über die Anlagefonds vom 20. 1. 1967[366] – Anlagefondsverordnung – [AFV], die Verordnung über die ausländischen Anlagefonds vom 13. 1. 1971[367] [AuslAFV] und die Verordnung über Geldmarkt-Buchforderungen als Anlagen für Anlagefonds vom 23. 12. 1980.[368] Die zunehmende Abwanderung des schweizerischen Fondsgeschäfts ins Ausland war u. a. Anlaß für eine Totalrevision der schweizerischen Fondsgesetzgebung. 1990 wurde eine Expertenkommission durch den schweizerischen Bundesrat eingesetzt. Deren Vorentwurf vom Dezember 1991 führte zu einem Revisionsentwurf, den der Bundesrat am 14. 12. 1992 an das Eidg. Parlament überwiesen hat.[369] Nach Modifikationen des Nationalrates an dem bundesrätlichen Entwurf hat die Bundesversammlung der Schweizerischen Eidgenossenschaft (Nationalrat und Ständerat) das Bundesgesetz über die Anlagefonds (Anlagefondsgesetz, AFG) vom 18. 3. 1994 beschlossen, das am 1. 1. 1995 in Kraft getreten ist.[370] Der schweizerische Bundesrat hat u. a. zu Konkretisierung der in dem AFG als Rahmengesetz enthaltenen unbestimmten Begriffe und im Hinblick auf die im AFG enthaltene Verordnungskompetenz die Verordnung über die Anlagefonds (AFV) vom 19. 10. 1994 erlassen.[371] Entsprechend der teilweise vom Bundesrat an die Aufsichtsbehörde, die Eidgenössische Bankenkommission (EBK), delegierten Verordnungskompetenz ist die Verordnung der EBK vom 27. 10. 1994 (AFV-EBK) erlassen worden.[372] 155

Das AFG stellt als Aufgabe des Gesetzes in den Vordergrund den Schutz des Anlegers (Art. 1 AFG). Es bezeichnet als Anlagefonds ein Vermögen, das aufgrund öffentlicher 156

---

[364] Älteres Schrifttum: *Ammon,* Das Bundesgesetz über die Anlagefonds, AG 1968, 227, 254; *von Albertini,* Grundlagenforschung zum schweizerischen Anlagefondsgesetz, Zürich 1974; *Baur,* Das Investmentwesen in der Schweiz, Bank-Betrieb 1968, 370; *Corner/Stafford,* Open-end Investmentfunds in the EEC and the Switzerland, London 1977; *Forstmoser,* Zum schweizerischen Anlagefondsgesetz, Bern 1972; *Geiger,* Der zivilrechtliche Schutz des Anlegers, Darstellung nach dem Bundesgesetz über Anlagefonds vom 1. 7. 1966 unter besonderer Berücksichtigung der Wertschriftenanlagefonds, Diss. Zürich 1971; *Lütgerath,* Anlagekatalog, S. 47; Schuster (Hrsg.), Anlagefondsgesetz, Texte m. Verweisungen, Anmerkungen und Sachregister, 2. Aufl., Zürich 1975; Schuster/*Renk,* Investmenthandbuch, Die schweizerischen Immobilien-Anlagefonds, S. 405; *Thomann,* Anlagefonds aus der Sicht des Kapitalgebers, Bern/Stuttgart 1980.

Neueres Schrifttum: BoppISB AG/Bilanz (Hrsg.), Fondsführer Schweiz 1996; European Fund Industry Directory 1995, Teil 14; *Heilmeier/Hess,* Reformbestrebungen im schweizerischen Investmentrecht, ZfK 1992, 1030; KPMG, Stokes Kennedy Crowley, (Fn. 344), S. 102, S. 244; *Küng/Büchi,* AFG – Materialien zum Bundesgesetz über die Anlagefonds, 1995; *Kuhner,* The new Swiss law, comparative analysis with Luxemburg, in: European Fund Industry Directory 1995, Teil 2.25; *Spinnler,* Das neue schweizerische Anlagefondsgesetz und das europäische Investmentgeschäft, Aktuelle Juristische Praxis 1994, 284.

[365] Bundesblatt 1966 I S. 1162 (am 1. 2. 1967 in Kraft getreten), SR 951.31; AS 1967, 115, 1971, 808, 1974, 1857.

[366] SR 951.311; AS 1967, 135, 1971, 141; 1985, 1796.

[367] SR 951.312; AS 1971, 141, 1985, 1796.

[368] SR 951.311.1; AS 1981, 61.

[369] Vgl. Botschaft des Bundesrates zum revidierten Bundesgesetz über die Anlagefonds vom 14. 12. 1992, BBl. 1993 I 217 (92.082); zu dem Revisionsentwurf AFG s. auch *Heilmeier/Hess* (Fn. 364); *Spinnler* (Fn. 364).

[370] BBl. 1994 I S. 209; SR 951.31; AS 1994, 2523.

[371] SR 951.311; AS 1994, 2547.

[372] SR 951.311.1.

Werbung von den Anlegern zur gemeinschaftlichen Kapitalanlage aufgebracht und von der Fondsleitung in der Regel nach dem Grundsatz der Risikoverteilung für Rechnung der Anleger verwaltet wird (Art. 2 Abs. 1 AFG). Das inhaltlich durch die ausschließlich zulässige Vertragsform dem KAGG verwandte, jedoch durch die Konstruktion als Rahmengesetz flexiblere AFG ist ebenso wie das AFG 1967 geprägt durch die bei den ersten Schweizer Investmentfonds gebräuchliche britische Form des Trust. Im Vordergrund steht der **Kollektivanlagevertrag,** durch den sich die Fondsleitung verpflichtet, den Anleger nach Maßgabe der von ihm erworbenen Fondsanteile an einem Anlagefonds zu beteiligen und diesen gemäß den Bestimmungen des Fondsreglements und des Gesetzes selbständig zu verwalten (Art. 6 Abs. 1 AFG). Das AFG kennt keine Miteigentumslösung. Die Fondsgegenstände stehen im Eigentum der Fondsleitung. Dies wird zwar nicht ausdrücklich im AFG vermerkt, ergibt sich aber daraus, daß nach Art. 23 Abs. 1 AFG der Anleger durch seine Einzahlung Forderungen gegen die Fondsleitung auf Beteiligung am Vermögen und am Ertrag des Anlagefonds erwirbt. Die Fondsleitung stellt das Fondsreglement nicht selbständig, wie die KAG (vgl. § 15 KAGG), sondern gemeinsam mit der Depotbank auf und unterbreitet es der Aufsichtsbehörde, der EBK, Kammer für Anlagefonds, zur Genehmigung.[373] Die Depotbank ist damit gleichberechtigt mit der Fondsleitung in das Dreiecksverhältnis von Fondsleitung, Depotbank und Anleger eingebunden. Entsprechend heißt es in Art. 7 Abs. 2 AFG, daß das Fondsreglement die Rechte und Pflichten von Fondsleitung, Depotbank und Anleger umschreibt. Änderungen des Fondsreglements sind nach Prüfung durch die EBK möglich. Bei Einwendungen von Anlegern entscheidet die EBK oder, soweit die EBK ihm die Akten überweist, der zuständige Richter (Art. 8 AFG).

157 Die **Fondsleitung** muß eine AG mit Sitz oder Hauptverwaltung in der Schweiz sein mit dem ausschließlichen Zweck, das Fondsgeschäft auszuüben (Art. 9 AFG). Das Mindestkapital ist mit 1 Mio. Sfr. vorgeschrieben (Art. 11 AFV). Für die Höhe der eigenen Mittel verlangt die AFV einen bestimmten Prozentsatz der verwalteten Fondsvermögen, höchstens 10 Mio Sfr. (Art. 16 AFV). Die Fondsleitung verwaltet den Anlagefonds für Rechnung der Anleger selbständig und in eigenem Namen; sie entscheidet insbesondere über die Ausgabe von Anteilen und die Anlagen. Sie setzt Ausgabe- und Rücknahmepreise sowie Gewinnausschüttungen fest und macht alle zum Anlagefonds gehörenden Rechte geltend (Art. 11 Abs. 1 AFG). Die **Depotbank** muß eine Bank i. S. des Bundesgesetzes über die Banken und Sparkassen[374] sein (Art. 17 Abs. 1 AFG). Sie bedarf ebenso wie die Fondsleitung zur Aufnahme ihrer Geschäftstätigkeit einer Bewilligung durch die EBK (Art. 10 und 18 AFG). Unbeschadet weiterer, im Fondsreglement enthaltener Pflichten, gehört es zu den Aufgaben der Depotbank, das Fondsvermögen aufzubewahren, die Fondsleitung zu kontrollieren, insbesondere hinsichtlich der Anlageentscheide, der Berechnung des Anteilwertes und der Verwendung des Erfolges, ferner die Ausgabe und Rücknahme der Fondsanteile sowie den Zahlungsverkehr für den Anlagefonds zu besorgen (Art. 19 AFG). Das gewerbsmäßige Anbieten oder Vertreiben eines Anlagefonds, soweit es sich nicht um die Fondsleitung oder die Depotbank handelt, bedarf der Bewilligung der EBK. Diese kann Vertriebsträger, die bereits einer anderen staatlichen Aufsicht unterstehen, von der Bewilligungspflicht befreien (Art. 22 AFG). Dies ist für Fondsleitungen, Banken sowie Versicherungseinrichtungen geschehen (Art. 23 AFV).

158 Eine Besonderheit des AFG ist die Zulassung von **bankinternen Sondervermögen.** Mit derartigen Sondervermögen werden insbesondere von Privatbankiers die kostenmäßigen und administrativen Hürden der Gründung und Führung selbständiger Investmentgesell-

---

[373] Die früher mögliche Einheit von Fondsleitung und Depotbank in den Fällen, in denen die Fondsleitung eine Bank ist, hat das AFG in der revidierten Fassung aufgehoben. Es gilt eine Übergangsfrist von zwei Jahren innert deren Fondsleitung und Depotbank getrennt werden müssen (Art. 75 Abs. 6 AFG).

[374] SR 952.0.

schaften überwunden.[375] Über derartige Sondervermögen werden keine Anteilscheine ausgegeben. Die Kunden werden ausschließlich aufgrund eines schriftlichen Vermögensverwaltungsvertrages an einem bankinternen Sondervermögen beteiligt. Für diese Sondervermögen darf nicht öffentlich geworben werden (Art. 4 AFG). Derartige Sondervermögen dürfen nicht als Anlagefonds oder Investmentfonds bezeichnet werden (vgl. Art. 5 AFG).

Das AFG kennt drei Arten von Investmentfonds: Die Effektenfonds, die Immobilienfonds und „übrige Fonds" (vgl. Art. 32, 35 und 36 AFG). Die **Effektenfonds** sind auch EG-kompatible Fonds. Sowohl im Rahmen des AFG als auch der AFV sind bei den Vorschriften für die Effektenfonds die Anforderungen der OGAW-Richtlinie berücksichtigt worden, um damit die Grundlage für mögliche Freizügigkeitsabkommen der Schweiz mit der EU bzw. mit einzelnen europäischen Staaten über den gegenseitigen Marktzutritt von Anlagefonds zu schaffen.[376] Hinsichtlich der zugelassenen Anlagen, der Verteilung der Anlagen sowie der Anlagetechniken und -instrumente enthält das AFG nur globale Bestimmungen (vgl. Art. 32 ff. AFG), die im AFV und ergänzend in der AFV-EBK eine inhaltliche Festlegung erfahren (Art. 31 ff. AFV; Art. 1 ff. AFV-EBK). Unter ebenfalls nur allgemeinen Anforderungen sind im Rahmen der ordentlichen Verwaltung des Fondsvermögens derivative Finanzinstrumente zugelassen. Sie sind erlaubt, wenn die sich daraus ergebenden oder zu erwartenden Risiken durch Vermögenswerte des Fonds gedeckt sind (Art. 36 AFV). Unter eingeschränkten Voraussetzungen ist der Erwerb von Anteilen anderer Effektenfonds zulässig (Art. 40 AFV). Das AFV enthält in Art. 41 ebenfalls Regelungen für Effekten-Dachfonds („funds of ucits"). 158 a

Die **„übrigen Fonds"**, d. h. Fonds, die weder Effektenfonds noch Immobilienfonds sind, dürfen auch in Anlagen investieren, die nur beschränkt marktgängig sind, hohen Kursschwankungen unterliegen, eine begrenzte Risikoverteilung aufweisen oder deren Bewertung erschwert ist. Zulässig sind insbesondere Anlagen in Edelmetallen, Massenwaren (Commodities), Optionen, Terminkontrakten, in Anteilen anderer Anlagefonds sowie in anderen Rechten. Auf das besondere Risiko ist in Verbindung mit dem Fondsnamen sowie im Prospekt und in der Werbung hinzuweisen. Der Verkauf darf nur aufgrund eines schriftlichen Vertrages erfolgen, in welchem auf das besondere Risiko hingewiesen wird (Art. 35 AFG). Der Hinweis auf das besondere Risiko (Warnklausel) bedarf der Genehmigung der EBK (Art. 45 AFV). 158 b

Die Fondsleitung eines **Immobilienfonds** legt die Mittel unter Wahrung des Grundsatzes der Risikoverteilung in Immobilienwerten an (Art. 36 Abs. 1 AFG). Anlagen im Ausland sind in denjenigen Ländern zulässig, in denen eine den schweizerischen Vorschriften entsprechende Verkehrswertschätzung gewährleistet ist (Art. 46 Abs. 3 AFV). Aus Gründen der Risikostreuung müssen Immobilienfonds aus mindestens 10 Grundstücken bestehen. Der Verkehrswert eines Grundstücks darf nicht mehr als 25% des Fondsvermögens ausmachen (Art. 46 Abs. 4 und 5 AFV). Außer Grundstücken dürfen für einen Immobilienfonds auch Beteiligungen an und Forderungen gegen Immobiliengesellschaften erworben werden, deren Zweck einzig Erwerb und Verkauf, Vermietung und Verpachtung eigener Grundstücke ist, sofern mindestens zwei Drittel ihres Kapitals und der Stimmen im Anlagefonds vereinigt sind (Art. 36 Abs. 2 Buchst. b AFG). Miteigentum an Grundstücken ist als Immobilienwert zulässig, sofern die Fondsleitung einen beherrschenden Einfluß ausüben kann (Art. 36 Abs. 3 AFG). 158 c

Der gewerbmäßige **Vertrieb der Anteile ausländischer Anlagefonds** in der Schweiz oder von der Schweiz aus, bedarf einer Bewilligung der EBK (Art. 45 Abs. 1 AFG). Die Bewilligung wird erteilt, wenn der Anlagefonds im Sitzstaat der Fondsleitung oder der Gesellschaft einer dem Anlegerschutz dienenden öffentlichen Aufsicht untersteht und die Organisation sowie die Anlagepolitik hinsichtlich des Anlegerschutzes mit den Bestimmungen des AFG gleichwertig sind (Art. 45 Abs. 2 AFG). Die Bewilligung wird einer na- 158 d

---

375 Vgl. *Spinnler* (Fn. 364), S. 289 f.
376 Vgl. *Spinnler* (Fn. 364), S. 288.

türlichen oder juristischen Person mit Sitz in der Schweiz erteilt (Vertreter), der gewissen Anforderungen entsprechen muß. Bei Banken, Versicherungen und Fondsleitungen werden sie als erfüllt angesehen (Art. 45 Abs. 3 AFG i. V. m. Art. 56 AFV). In Bezug auf die in der Schweiz vertriebenen Anteile müssen Zahlstelle, Erfüllungsort und Gerichtsstand am Sitz des Vertreters begründet werden (Art. 45 Abs. 4 AFG). Statt einer Bewilligung kann auf Grund durch den Bundesrat abgeschlossener, auf Gegenseitigkeit beruhender Staatsverträge eine Vertriebsanzeige ausreichen (Art. 45 Abs. 5 AFG).

159 *b) USA.*[377] Das amerikanische Investmentrecht im weiteren Sinne umfaßt eine Vielzahl von Gesetzen, Verordnungen und Anordnungen des Bundes und der Einzelstaaten.[378] Die Regelungen der Einzelstaaten werden auch als „blue sky laws" bezeichnet.[379] Im Rahmen einer geplanten Reform des Investment Company Act ist eine Vereinheitlichung dieser Blue Sky Laws, die auch die Zulassung zum öffentlichen Vertrieb regeln, geplant. Auf Investmentgesellschaften findet Anwendung das Wertpapiergesetz **(Securities Act)** von 1933.[380] In diesem Gesetz sind u. a. das Registrierungsverfahren für öffentliche Wertpapierangebote bei der Wertpapier- und Börsenkommission (Securities and Exchange Commission – **SEC** –) und die Mindestangaben für den Verkaufsprospekt geregelt. Ohne Registrierung der Investmentgesellschaft bei der SEC ist der öffentliche Verkauf von Investmentanteilen ungesetzlich. Auch für ausländische Investmentgesellschaften gilt die Anforderung einer Registrierung unter dem Securities Act und dem Investment Company Act. Ein wesentliches Hindernis für die Registrierung deutscher Fonds stellt das nach dem Investment Company Act bestehende Verbot von Geschäften des Fonds mit verbundenen Personen, z. B. Gesellschafterbanken, dar. Das Wertpapiergesetz ist auch anzuwenden auf

---

[377] Älteres Schrifttum: *Adami,* Grundlagen der Geschäftspolitik amerikanischer Mutual-Funds, Diss. Hamburg 1969; *A. Marca,* Die Aufsicht bei Anlagefonds in den USA und der Schweiz, Diss. Zürich 1971; *Baur,* Investmentgesetze, S. 34; *Clendenin,* Introduction to Investments, New York/Toronto/-London 3. Aufl. 1960; Commerce Clearing House, Inc., Investment Company Amendments Act of 1970 – Law an Explanation – including full text of Investment Company Act of 1940 as amended, Chicago 1970; *Köster,* Der Schutz der Kapitalanleger im deutschen und nordamerikanischen Wertpapier-Investmentrecht, Diss. München 1974; *Lützgerath,* Anlagekatalog, S. 53; *Maclean,* The Transnational Investment Company and the Federal Securities Laws, Columbia Journal of Transnational Law, Bd. 12, 1973, S. 73; *Roth,* Das Treuhandmodell des Investmentsrechts, Eine Alternative zur Aktiengesellschaft? 1972; Schuster/*Heller,* Investmenthandbuch, Nordamerikanische Investmentfonds, S. 339; Schuster/*Kühner,* Investmenthandbuch, Off-Shore-Investmentfonds, S. 429; *Simon,* Amerikanische Mutual-Funds, Leitfaden für Anlageberater und Anleger, 1968; *Stiefel* (Hrsg. und Übers.), U. S. Investment Company Act 1940/1970, Deutsche Übersetzung des Amerikanischen Gesetzes über Investmentgesellschaften und Anlageberater von 1940 in der Fassung vom 14. 12. 1970, 1971; *Watrin,* Mutual Funds: Their Law and Organization (Thesis), Berkeley 1963:

Neueres Schrifttum: *Bines,* The law of investment management, Boston N. Y. 1978, Ergänzung 1981; *Dunnan,* How to invest $ 50–$ 5000, New York 1987; Investment Company Institute, Mutual Fund Fact Book, Washington (erscheint jährlich, zuletzt 35. Aufl. 1995); KPMG Stokes Kennedy Crowley, Funds and Fund Management, A KPMG International Survey of Taxation and Regulations, 6. Aufl. 1993, S. 116, 254; *Rugg,* The Dow Jones-Irwin Guide to Mutual Funds, Homewood 3. Aufl. 1986; *Schneider,* Geldmarktfonds, 1987; *Schnurr,* Real Estate Investment Trusts – Eine amerikanische Variante des offenen Immobilienfonds, LfK 1994, 680; SEC – Division of Investment Management, Protecting Investors: A Half Century of Investment Company Regulation, CCH Federal Securities Law Reports, Special Reports Nr. 1504, 29. 5. 1992; *Seligman,* Money Market Funds, New York 1983; *Thiel,* Der Schutz der Anleger von Wertpapierfonds im deutschen und amerikanischen Recht, 1982; *Wiesenberger* (Hrsg.), Investment Companies, Mutual Funds and other Types, New York (erscheint jährlich); *Woywode,* Die Besteuerung der US-Kapitalanlagegesellschaften und ihrer Anteilseigner, IWB, Fach 8 USA Gr. 2 S. 675.

[378] Nähere Hinweise bei Thiel, (Fn. 377), S. 18.

[379] Vgl. *Rugg* (Fn. 377) S. 68 f.; *Thiel* (Fn. 377) S. 18 ff. m. w. Hinw.; s. auch Investment Company Institute (Fn. 377) S. 21, S. 49 ff.

[380] 15 U. S. Code §§ 77 a–aa (1964).

Angebote und Verkauf von US-Investmentanteilen außerhalb der Vereinigten Staaten.[381] Als weiteres Gesetz ist zu beachten das Börsengesetz **(Securities Exchange Act)** von 1934.[382] Dieses hat unmittelbare Geltung für die an den Börsen gehandelten Anteile der closed-end Investmentgesellschaften. Die Waffe, auf die sich der Securities Act und der Securities Exchange Act in ihrem Kampf zum Schutz des Investors in erster Linie verlassen, ist die Publizität („full und fair disclosure") aller für den Wert der Investition erheblichen Faktoren im Bereich des Unternehmens.[383] Der Securities Exchange Act eröffnet die Möglichkeit zur Selbstverwaltung. Hiervon wurde durch Gründung des Nationalverbandes der Wertpapierhändler (National Association of Securities Dealers, Inc. – **NASD** –) Gebrauch gemacht. Die NASD hat für den Absatz von Investmentanteilen Regeln über einwandfreies Verhalten **(Rules of Fair Practice)** erlassen.[384] Eine SEC-amtliche Interpretation und Konkretisierung aller Bemühungen der Wertpapiergesetze, die gegen unredliche Machenschaften („fraud") gerichtet sind, enthalten die Richtlinien für die Geschäftspolitik **(Statement of Policy).** Über ihre Einhaltung wachen das Investment Companies Committee der NASD und, soweit die Gesellschaft nicht Mitglied der NASD ist, die SEC unmittelbar. Diese Richtlinien gelten für alle Werbe- und Vertriebshandlungen. Als weitere Rechtsvorschriften sind zu beachten der Insider Trading and Securities Fraud Enforcement Act von 1988 und der Market Reform Act von 1990.

Für Investmentgesellschaften im besonderen gelten der **Investment Company Act** **160**
(ICA) von 1940 i. d. F. vom 4. 6. 1975[385] und der **Investment Advisers Act** (IAA) von 1940 i. d. F. vom 4. 6. 1975.[386] Der ICA kann auch ausländische Investmentgesellschaften betreffen, die Spezialfonds für mehr als 15 US-Kunden verwalten (§ 203 b (3) ICA 1940). Der ICA dient seiner Zielsetzung nach primär dem Anlegerschutz. Er enthält detaillierte Vorschriften über Mindestkapital, Registrierungsverfahren, Vorkehrungen gegen Interessenkollisionen der Beteiligten, Vertrieb der Anteile, Publizität, Buchführung usw.[387]

Der ICA enthält eine weite Begriffsbestimmung der Investmentgesellschaft. Sie umfaßt **161**
nach § 3-a ICA die Anlage und den Handel in Wertpapieren, ferner den Erwerb von Anlagepapieren, die wertmäßig 40% der gesamten Vermögenswerte übersteigen (ausgenommen Staatspapiere und Barmittel). Die Risikomischung bildet kein konstitutives Merkmal. Eine Registrierung der Investmentgesellschaft ist zwingend erforderlich, wenn sie ihre Anteile unter Benutzung der Post oder über die Grenzen ihres Sitz-Bundesstaates hinaus absetzen will. Außerdem besteht nur bei Registrierung Steuerfreiheit für Einkünfte bei der Fondsgesellschaft nach Subchapter M des Internal Revenue Code (dieses verlangt eine Risikomischung und Ausschüttung von mindestens 90% der erzielten Zins- und Dividendeneinnahmen).[388] Wird der Status einer „regulated investment company" (RIC) nicht erreicht, ist die Investmentgesellschaft selbst mit 15% bis 35% steuerpflichtig. Neben dem ICA und dem Subchapter M sind hinsichtlich der Anforderungen an die Mutual Funds zusätzlich die einzelstaatlichen Gesetze zu berücksichtigen. Diese betreffen auch die Besteuerung der Mutual Funds. Nach dem Steuerreformgesetz von 1986 ist der Fonds verpflichtet 98% der Erträge aus Dividenden, Zinsen und Veräußerungsgewinnen auszuschütten, um eine weitere Steuer von 4% zu vermeiden.[389]

---

[381] Investment Company Act Verlautbarung Nr. 6082 der SEC v. 23. 6. 1970, I.

[382] 15 U. S. Code §§ 78 a–jj (1968).

[383] *Roth* (Fn. 377) S. 27 m. w. N.

[384] *Simon,* Amerikanische Mutual Funds, 1968 S. 29; NASD Manual 2011; s. auch Schuster/*Geydan,* Investmenthandbuch, S. 357.

[385] Act of August 22, 1940; 54 Stat. 789, 15 U. S. Code §§ 80 a–1 – 80 a–52, as amended; deutsche Übersetzung bei *Stiefel,* U. S. Investment Company Act 1940/1970, 1971, S. 119 ff.

[386] 54 Stat. 847 as amended, 15 U. S. C. §§ 80 b–1–80 b–21; deutsche Übers. Stiefel (Fn. 385).

[387] Ausführlich zum ICA Roth (Fn. 377) S. 38 ff. *Lütgerath,* (Fn. 370), S. 54.

[388] Investment Company Institute (Fn. 377), S. 49; KPMG, Stokes Kennedy Crowley (Fn. 377), S. 254 ff.; vgl. *Lütgerath,* (Fn. 377), S. 54.

[389] Investment Company Institute (Fn. 377), S. 51.

Die registrierten Investmentgesellschaften teilt § 4 ICA in 3 Hauptgruppen:

162 – **Face Amount Certificate Companies,** gesellschaftsrechtlich organisierte Investmentunternehmen, die die Ausgabe von Nennbetragsanteilscheinen gegen ratenweise Einzahlung betreiben. Sie garantieren eine feste Summe bei Fälligkeit. Sie haben nur geringe praktische Bedeutung.

– **Unit Investment Trusts,** in der Rechtsform des Trusts organisierte Investmentgesellschaften, die Anteile an einem in den Händen eines Treuhänders liegenden, im allgemeinen gleichbleibenden (fixed trust) Wertpapierportefeuille anbieten. Die Mehrzahl der Investmentgesellschaften, die heute noch als Unit Trust organisiert sind, erfüllt Hilfsfunktionen beim Absatz von Anteilen an Mutual Funds im Rahmen sog. Anlagepläne (contractual plans).

– **Management Investment Companies,** bei denen der Geschäftsführung die Möglichkeit einer flexiblen Anlagepolitik eingeräumt ist. Diese Management Investment Companies werden ihrer Struktur nach wie folgt unterteilt (§ 5 ICA):

(a) Diversifizierende (risikostreuende) open-end-Gesellschaften: diese werden auch als **Mutual Funds** bezeichnet. Sie vereinigen 80% des Investmentfondsvermögens in den USA auf sich.[390] Die Interessenvertretung der Mehrzahl der Mutual Funds nimmt das Investment Company Institute, Washington, wahr. Dieses gibt jährlich das Mutual Fund Fact Book mit Angaben zur Entwicklung der Mutual Funds heraus. Die Interessenvertretung der Gruppe der ohne Ankaufsgebühren arbeitenden No-Load Mutual Funds nimmt die No-Load Mutual Fund Association, New York, wahr.

(b) Nicht-diversifizierende open-end Gesellschaften.

(c) Diversifizierende closed-end Gesellschaften.

(d) Nicht-diversifizierende closed-end Gesellschaften.

163 Im ICA findet sich keine Aussage über die Rechtsform oder die rechtliche Struktur der Investmentgesellschaften oder der Investmentfonds.[391] Die Rechtsform der Investmentgesellschaften, insbesondere der Mutual Funds, bestimmt sich nach den in den Einzelstaaten der USA geltenden Regelungen des State Law.[392] Die in der Praxis meist gewählte Rechtsform ist die der Corporation. Daneben gibt es die Rechtsform des Trust, insbesondere des Massachusetts Trust, der in seinem Aufbau der Corporation sehr nahe kommt. Bei der Corporation ist die open-end Struktur dadurch ermöglicht, daß das Corporation Law eine variable Kapitalausstattung zuläßt. Der Rückerwerb eigener Aktien (shares) ist bei Investmentgesellschaften im Gegensatz zur Regelung bei sonstigen Corporations ausnahmsweise zulässig. Die Corporation wird geleitet von dem Board of Directors. Die laufende Geschäftsführung obliegt unter der Kontrolle des Board den Officers (eine Art Vorstand mit „president", „vice presidents", „secretary" und „treasurer"). Die letzte Verantwortlichkeit liegt nach dem vom ICA verfolgten Grundsatz der „corporate democracy"[393] bei den Anlegern, die nach bestimmten gesellschaftsrechtlichen und satzungsmäßigen Kompetenzen Mitwirkungsrechte in grundlegenden und strukturellen Fragen haben.

164 Bei den meisten Investmentgesellschaften ist der Verwaltungsaufbau durch die sog. „externalization of management" gekennzeichnet. Dies bedeutet, daß der Board seine gesetzliche Aufgabe, die Geschäftspolitik des Fonds zu bestimmen, durch eine vertragliche Vereinbarung weitgehend auf einen Investmentberater, den sog. Investment Adviser, delegiert. Der Investment Adviser ist in der Regel der Gründer und Organisator der Investmentgesellschaft. Er ist meist selbst als Corporation organisiert. Es bestehen weitgehende personelle Verflechtungen zwischen dem Investment Adviser und der Investmentgesellschaft, soweit sie nicht durch den ICA beschränkt sind.

165 In dem zwischen dem Investment Adviser und dem Board of Directors der Investmentgesellschaft geschlossenen „advisory agreement" wird die zukünftige Anlagepolitik und die

---

390 *Lütgerath,* (Fn. 377), S. 56.

391 Vgl. auch *Roth* (Fn. 377), S. 39.

392 Hierzu und zu dem Folgenden s. *Thiel,* (Fn. 377), S. 26 ff.

393 Vgl. *Roth* (Fn. 377), S. 39, m. w. N.; vgl. auch *Watrin,* (Fn. 377), S. 6, 10 f. und 56.

an den Adviser zu zahlende Beratergebühr festgelegt. Den Börsenhandel für den Fonds überläßt der Adviser mangels eigener Zulassung häufig personell und wirtschaftlich mit ihm verbundenen Wertpapierhändlern (Broker/Dealer) oder Investment-Banks. Weiterhin sorgt er für den Abschluß eines sog. Underwirter Agreement, durch den er sich vom Board üblicherweise selbst oder ein Tochterunternehmen mit dem Alleinvertrieb der Anteile als Principal Underwriter des Fonds beauftragen läßt. Die Verwahrung übernimmt meist eine rechtlich selbständige Bank (Custodian), die auch die Ausschüttung vornimmt. Besondere gesetzliche Vorschriften für diese nach § 17-f ICA vorgesehene Depotbank gibt es nicht.

Seit Anfang der 70er Jahre haben zunehmend Bedeutung erlangt die Geldmarktfonds.[394] **166** US-Geldmarktfonds, die bei der SEC registriert sind, tragen die Bezeichnung Money Market Funds, Money Market Mutual Funds oder Money Funds.[395] Es handelt sich jeweils um Investmentfonds, die hochrentierliche Geldmarktpapiere (Commercial Paper, Negotiable Certificates of Deposit, Repurchase Agreements, Treasury Bills, Bankers Acceptances, Wertpapiere der „Federal Agencies")[396] erwerben. Ausgabe- und Rücknahmepreise stimmen überein. Jeder Anteil hat in der Regel den Wert eines US-Dollar. Wertzuwächse der Fonds werden den Kunden in Form zusätzlicher Anteile gutgeschrieben. Es werden keine Anteilscheine ausgestellt. Die jeweiligen Anteile werden einem Konto, ähnlich einem Investmentkonto, gutgeschrieben. Mit der Führung des Investmentkontos ist der Transfer Agent beauftragt. Von ihm erhält der Anleger den Kontoauszug.

Das Investmentangebot wird seit 1976 als Folge des in diesem Jahr verabschiedeten **167** Steuerreformgesetzes durch die weitgehend steuerfreien Municipal oder State Bond Funds (Anleihen der Städte oder Staaten) ergänzt. Davon werden auch als steuerfreie Geldmarktfonds die Short-Term National Municipal Bond Funds bezeichnet. Eine weitere Gruppe der Municipal Bond Funds sind die Long-Term State Municipal Bond Funds.[397] Ab 1977 wurde das Investmentangebot ergänzt durch die Option/Income Funds, die Kaufoptionen erwerben können.[398] Anfang der 80er Jahre kamen als neues Produkt die GNMA (Government National Mortgage Association) oder Ginnie Mae Funds auf den Investmentmarkt, die in staatlich garantierten MBS - "mortgage backed securities" – anlegen.[399] Weitere Zuwächse ergaben sich durch den Einsatz von Mutual Funds im Rahmen der steuerbegünstigten Altersvorsorge (Individual Retirement Accounts, Keogh plans, salary reduction plans).[400] Ende 1994 waren 31,1% der Vermögen von Individual Retirement Accounts in Mutual Funds angelegt, deren Anteil an den Mutual Funds wiederum sich auf 31% belief.[401]

VI. Entwicklung des Investmentsparens weltweit

Die Investmentidee hat in der zweiten Hälfte dieses Jahrhunderts, in der das für breite **168** Bevölkerungsschichten verfügbare Geldvermögen insbesondere in den sog. Industrieländern ständig gewachsen ist, allgemein an Interesse gewonnen. Weltweit sind erhebliche Beträge in Investmentanteilen angelegt. Sie beliefen sich Ende 1995 auf mehr als

---

394 Dazu vor allem *Schneider,* Geldmarktfonds, 1987; vgl. auch *Seligmann,* Money Market Funds, New York 1983; *Auf der Springe,* Die Bank 1981, 178; Investment Company Institute, 1995 Annual Report, S. 57 ff.

395 *Schneider,* (Fn. 394), S. 1 Anm. 1; Investment Company Institute (Fn. 394), S. 18.

396 *Schneider,* Fn. (394), S. 21.

397 Investment Company Institute (Fn. 394), S. 18; steuerfrei für Gebietsansässige des US-Staates, dessen Name der Fonds trägt.

398 Investment Company Institute, 1988 Mutual Fact Book, S. 8 und 11.

399 Dazu Investment Company Institute (Fn. 394), S. 17.

400 Zu den Formen der steuerbegünstigten Altersvorsorge über den Erwerb von Investmentanteilen s. *Dunnan* (Fn. 377) S. 5 ff.; Investment Company Institute (Fn. 398), S. 40 ff.; dasselbe (Fn. 394), S. 68 ff.

401 Investment Company Institute (Fn. 394), S. 68.

5,1 Billionen US-Dollar (7,3 Billionen DM). An der Spitze liegen weiterhin die USA mit 2,8 Billionen US-Dollar (4,0 Billionen DM). DM. Es folgt Frankreich mit 0,52 Billionen US-Dollar (0,75 Billionen DM).[402] Nach Japan, Luxemburg und Großbritannien folgt erst an 6. Stelle Deutschland. Werden die Luxemburger Fonds deutscher Provenienz berücksichtigt, nimmt Deutschland den 4. Rang ein. Nach einer von der Europäischen Investment-Vereinigung veröffentlichten Statistik zum Jahresende 1995 gab es in den EU-Ländern 13.173 Wertpapier-Publikumsfonds (Aktienfonds, Rentenfonds) mit einem Vermögen im Gegenwert von 1.486,4 Mrd. US-Dollar, darunter Deutschland mit 583 Fonds (Vermögen 134,2 Mrd. US-Dollar), Frankreich mit 4.878 Fonds (Vermögen 522,1 Mrd. US-Dollar), Großbritannien mit 1.490 Fonds (Vermögen 154,2 Mrd. US-Dollar), Italien mit 459 Fonds (Vermögen 80,0 Mrd. US-Dollar), Luxemburg mit 3.081 Fonds (Vermögen 323,6 Mrd. US-Dollar).

169 Die Rechtsgrundlagen für das Investmentgeschäft weichen in den einzelnen Ländern erheblich voneinander ab. Eine weltweite Harmonisierung dürfte aus praktischen Gründen nicht zu erreichen sein. Dem Investmentgedanken förderlich und auch durchführbar erscheint ein unter Anlegerschutzgesichtspunkten verantwortliches und angemessenes Maß an Liberalisierung im grenzüberschreitenden Vertrieb. Ebenso, wie innerhalb der EU ab 1. 10. 1989 Anteile von Wertpapier-Investmentfonds mit Sitz in einem EU-Staat, sofern sie in einem EU-Staat zugelassen sind, bei geringen zusätzlichen Anforderungen in allen anderen EU-Staaten öffentlich vertrieben werden können, ließe sich dies für Investmentanteile aus anderen Ländern außerhalb der EU erreichen, wenn ein wechselseitiges Interesse an der Liberalisierung des Zugangs zu den Investmentmärkten eines Landes besteht. Hierzu bietet sich die Vereinbarung von Gegenseitigkeitsabkommen zwischen der EU und anderen Ländern an. Dies ist auch ein Thema der inzwischen jährlich tagenden Internationalen Investment-Konferenz der nationalen Verbände. Derzeit sind insbesondere in den insoweit restriktiven Ländern Japan und USA keine Anzeichen für eine Verringerung der Marktzutrittsbeschränkungen zu erkennen.[403]

---

[402] BVI, Jahrbuch Investment 1996, S. 12.
[403] BVI, Jahrbuch Investment 1994, S. 24.

6. Kapitel. Immobilienanlagen

§ 20 Immobilienanlagen im Inland

Übersicht

Schrifttum: *Bihr/Jahrmarkt/Knapp,* Vorteilhafte Geldanlagen; *Boruttau/Egly/Sigloch,* Grunderwerbsteuergesetz, 13. Aufl. 1992; *Bräu,* Verwahrungstätigkeit des Notars, 1992; *Brych/Pause,* Bauträgerkauf und Baumodelle, 1989; *Bulwien/Talkenberger,* Top Know-how rund um den Immobilienstandort, 1. Aufl. 1994; *Bunjes/Geist,* Umsatzsteuergesetz, 3. Aufl. 1990; *Carl/Förster,* Das Recht der Investmentfonds, 2. Aufl. 1994; *Dornfeld/Klumpe/u. a.,* Handbuch der Bauinvestitionen und Immobilienkapitalanlagen – HdB – (früher: Handbuch der Bauherrenmodelle, Bauträgermodelle, Erwerbermodelle, Immobilienfonds und sonstigen Bauinvestitonen); *Elssing,* US-amerikanisches Handels- und Wirtschaftsrecht, 1985; *Falk,* Gewerbehandbuch, 3. Aufl. 1989; *Falk,* Gewerbeimmobilien, 3. Aufl. 1989; *Fleischmann/Röschinger/Meyerhoff,* Steuern, die Vermögen werden?, 8. Aufl. 1984; *Gerlach/Hieronymus/Schwatlo/Tewes/Völker,* Die Gewerbeimmobilie als Kapitalanlage, 4. Aufl. 1994; *Jansen/Matern,* Immobilienanlagen in den USA, 1982; *Kühn/Kutter/Hofmann,* Abgabenordnung, Finanzgerichtsordnung, Nebengesetze, Kommentar, 16. Aufl. 1990; *Kurth/Grass,* Der geschlossene Immobilienfonds, 2. Aufl. 1990; *Kurth/Krükel,* Bauherren-, Bauträger und Erwerbermodell, 2. Aufl. 1984; *Loritz/Wagner,* Konzeptionshandbuch der steuerorientierten Kapitalanlage, Bd. 2 (Gesellschafterliche Beteiligung), 1995; *Reithmann/Meichssner/von Heymann,* Kauf vom Bauträger, 6. Aufl. 1992; *Schmidt,* Kommentar zum Einkommensteuerrecht, 12. Aufl. 1993; *Strohm/Reinelt,* Bauherrenmodell und Bauverträge, in: Münchener Vertragshandbuch Bd. 3, 2. Aufl. 1987; *Tewes,* Steuerlich anerkannte Bauherrenmodelle; *Tewes,* Praxishandbuch Immobilienkapitalanlagen, 1994; *Tipke/Lang,* Steuerrecht, 13. Aufl. 1991; *Töben,* Das Fördergebietsgesetz, 1994; *Turcon/Zimmer,* Grundlagen des US-amerikanischen Gesellschafts-, Wirtschafts-, Steuer- und Fremdenrechts, 1994; *von Heymann,* Die Bankenhaftung bei Immobilienanlagen, 7. Aufl. 1993; *Wagner/Loritz,* Konzeptionshandbuch der steuerorientierten Kapitalanlage, Bd. 1 (Baumodelle), 1993; *Wagner,* Gerwerbebaurecht in den neuen Bundesländern, 2. Aufl. 1992; *Werner/Machunsky,* Immobilienfonds und Erwerbermodelle, 2. Aufl. 1993; *Werner/Machunsky,* Rechte und Ansprüche geschädigter Kapitalanleger, 3. Aufl. 1991; *Wewers/Hoffmann,* Steuerliche Förderinstrumente für die neuen Bundesländer und Berlin, 2. Aufl. 1992; *Winteler,* Kapitalanlagen in den USA, 1990.

I. Rahmenbedingungen privater Immobilienanlagen

Bei Kapitalanlagen in Immobilien wird Geldkapital in bebaute oder unbebaute Grundstücke investiert, mit der Absicht, aus dem Grundbesitz unmittelbar und langfristig geldmäßige Nutzungen zu ziehen. Es wird also kurzfristig verfügbares (oder durch Finanzierung beschafftes) Geldkapital gegen einen langfristigen Nutzungswert (Sachwert) getauscht. Daher werden in diesem Kapitel nicht behandelt kurzfristige Anlagen (Immobilienspekulation), Kapitalanlagen in unbebauten Grundbesitz, ferner nicht Immobilieninvestitionen zur privaten Selbstnutzung oder gewerblichen Nutzung im Betriebsvermögen. Insbesondere **Wagner** hat qualitative, schon im Vorfeld der Konzeption zu beachtende Kriterien herausgearbeitet, mit deren Umsetzung eine Immobilienanlage zu einer professionell konzipierten und durchgeführten **Kapitalanlage in Immobilien** wird.[1] 1

Derartige Kapitalanlagen in Immobilien erfreuen sich nicht erst in neuester Zeit eines ungebrochenen Interesses vieler Kapitalanleger. Kennzeichnend für die Märkte für Immobi lien-Kapitalanlagen, wie sie sich in der Nachkriegszeit seit Ende der 60er Jahre bis heute entwickelt haben, sind aber, jedenfalls in Deutschland, 2

die Öffnung solcher Kapitalanlagemärkte für immer breitere Bevölkerungsschichten;[2]

der immer noch wachsende Raumbedarf bei immer knapperem Boden, vor allem in städtischen Ballungsgebieten;[3]

andererseits weiterhin starke staatliche Eingriffe durch Setzung gesetzlicher und behördlicher Rahmenbedingungen auf den Märkten für das Wirtschaftsgut „Gebäudeimmobilien", vor allem durch das öffentliche Boden- und Baurecht und das Steuerrecht.[4]

Dementsprechend wird diese Darstellung des Kapitalanlagerechts bei Immobilien schwerpunktmäßig behandeln 3
- Kapitalanlagen in zu errichtende oder bebaute Immobilien,
- durch private Anleger, insbesondere Investorengemeinschaften,
- insbesondere im Bereich der sogenannten steuerbegünstigten Kapitalanlagen.[5]

In diesem Bereich haben sich in den letzten Jahrzehnten nicht nur spezialisierte Märkte und spezialisierte Branchen entwickelt, sondern auch ein teilweise spezialisiertes Rechtsgebiet. Zwar kommen auch hier, von einigen wenigen Spezialvorschriften abgesehen, fast ausschließlich Rechtsnormen des allgemeinen Zivilrechts/Handelsrechts und des gängigen Steuerrechts zur Anwendung (Abgabenordnung, Einkommen-, Besitz- und Verkehrssteuerrecht). Die Besonderheit besteht vor allem darin, daß im Rahmen einer regelmäßig sehr komplexen Immobilien-Investition eine Vielzahl zivilrechtlicher und steuerrechtlicher Rechtsvorschriften interdependent zusammentreffen. Schwankende und uneinheitliche Rechtsprechung und Verwaltungspraxis sowie wiederholte gesetzgeberische Eingriffe, einmal als Anreize, dann wieder als Restriktionen wirkend, führen zu zusätzlichen Komplikationen. 4

1. Die Märkte für Immobilienanlagen. *a) Typen und Nutzer fremdgenutzter Immobilien.* Immobilienanlagen unterscheiden sich von den meisten anderen Wirtschaftsgütern, auch vielen anderen Investitionsgütern, deutlich durch die **Langfristigkeit** der Anlage (das ein- 5

---

[1] Grundlegend zur früheren Entwicklung *Fleischmann,* in: *ders.* /u. a., Steuern, S. 29 ff.; vgl. ferner *Wagner/Loritz,* a. a. O., S. 57 ff. und *ders.* in S. 7 f. sowie § 22 Rdnr. 8 ff. und 42 ff.

[2] *Bulwien,* in: Tewes, Bauherrenmodelle, Teil 4 a/2.2, *ders.,* Top-Know-How, a. a. O., S. 13 f und S. 176 ff. (Neue Bundesländer); *Knapp,* in: Bihr/u. a., Geldanlagen, Gruppe 3/D(3), S. 1 ff.; *Meyerhoff, in: Fleischmann/* u. a., Steuern, S. 15 ff.

[3] Hierzu und zur Wertentwicklung mit ausführlichen Statistiken insbesondere *Bulwien,* (FN 1)

[4] Die steuerliche Entwicklung ist ausführlich dargestellt bei *Wagner/Loritz,* a. a. O., S. 341 ff. (Bauherrenmodell und Nachfolger) und bei *Loritz/Wagner,* a. a. O., S. 101 ff. (Geschlossene Immobilienfonds) sowie von *Wagner* in § 22 Rdnr. 8 ff.; zum Bau- und Bodenrecht vgl. etwa *Schwatlo,* in: *Gerlach*/u. a., Gewerbeimmobilie, S. 82 ff.

[5] Grundlegend zur früheren Entwicklung *Fleischmann,* in: *ders.*/u. a., Steuern, S. 29 ff.; vgl. ferner *Wagner/Loritz,* a. a. O., S. 57 ff. und *ders.* in S. 7 f. sowie § 22 Rdnr. 8 ff. und 42 ff.

gesetzte Investitionskapital wird aus dem Nutzungsentgelt erst nach Jahren allmählich in kleinen Teilbeträgen an den Investor zurückbezahlt), durch ihre extreme **Standortabhängigkeit** und die sehr starke, aus rechtlichen oder wirtschaftlichen Gründen kaum noch reversible Bindung an den einmal gewählten **Nutzungszweck.** Eine Immobilie als besonders hochpreisiges Investitionsgut wird dem Investor also nur dann Erfolg bringen, wenn die Wünsche der Nachfrager auf dem Nutzer-Markt für Gebäudeimmobilien langfristig richtig getroffen werden. Diese Nachfrager prägen daher auch das Produkt „Gebäudeimmobilie".[6]

6 aa) Wohnungsbau. Zu den inzwischen klassischen Immobilienanlagen gehören, trotz derzeit eingetretener Ernüchterung, weiterhin Immobilienanlagen im Wohnungsbau, insbesondere im Geschoßwohnungsbau von größeren Wohnanlagen.[7] Hiermit in Recht und Praxis der Immobilien-Kapitalanlagen fast untrennbar verbunden ist der (vorübergehende) Siegeszug des Bauherrenmodells, insbesondere des sog. Kölner Modells (s. u. Rdnr. 86 f.). Hier wurden nicht nur die vom Staat zunächst großzügig gewährten steuerlichen Anreize konsequent verwertet, sondern vor allem auch die Finanzkraft einer Vielzahl privater Kapitalanleger gebündelt und dem frei finanzierten Wohnungsbau zugeführt. Die gesamtwirtschaftliche Erfolgsbilanz kann sich neben der des Wohnungsbaues durch institutionelle Anleger und selbst den Leistungen des sozialen Wohnungsbaus durchaus sehen lassen. Darüber hinaus erwies sich das Bauherrenmodell auch als geeignet für den kleinteiligen Gewerbebau, insbesondere zur Errichtung von **Büros, Praxen, Läden, in gemischt-genutzten Anlagen.**[8]

7 An diesen Erfolg versuchten dann vor allem im Wohnungsbereich anzuknüpfen das sogenannte Bauträgermodell (das auf seit Jahrzehnten entwickelte Organisationsformen des Kaufs vom Bauträger zurückgreifen konnte), das Erwerbermodell für bereits fertiggestellte, oft vermietete Wohnungen und das Erhaltungsmodell mit dem Ziel der Erhaltung und Modernisierung von Altbau-Substanz (s. u. Rdnr. 163 ff. und 181 ff.).

8 bb) Verbraucher- und Fachmärkte, Warenhäuser, Einkaufszentren. Die Bündelung der Investitionskraft einer Vielzahl privater Kapitalanleger als zusätzliche, marktwirtschaftliche Finanzierungsform für solche Objekte erwies sich jedoch auch im Bereich größerer Gewerbeimmobilien als tragfähig, insbesondere im Sektor des **Einzelhandels** (Lebensmittel-SB-Märkte, Verbrauchermärkte, SB-Warenhäuser und Einkaufszentren).[9] Dieser Trend hat sich inzwischen zusammen mit der Expansion der großen Handelsketten im Endverbraucherbereich fortgesetzt bei der Errichtung von **Fachmärkten** (z. B. **Baumärkte, Elektro-Fachmärkte, Drogeriemärkte**). Gerade die großen Filialisten haben inzwischen erkannt, daß es für sie vorteilhafter sein kann, sich bei der Errichtung und dem Betrieb der hierfür erforderlichen Gewerbeimmobilie auf ihre Rolle als – starker – Mietvertragspartner zu beschränken und die Finanzierung der Investition Investorengemeinschaften privater Kapitalanleger zu überlassen, welche steuerliche Anreize aufgreifen. Vor allem für solche Objekte wurden mit der Entwicklung des geschlossenen Immobilienfonds die hierfür erforderlichen organisatorischen, rechtlichen und steuerlichen Voraussetzungen geschaffen (s. u. Rdnr. 214 ff.).

9 Vor allem für diese und für andere Gewerbeobjekte bestehen daneben in der Form der offenen Immobilienfonds (s. u. Rdnr. 207 ff.) Kapitalsammelstellen für den privaten Anleger.

10 cc) Bürogebäude und sonstige Immobilien. Die zuletzt genannten Konzepte werden zunehmend angewandt für andere Gewerbeobjekte, wie insbesondere **Bürohäuser, Hotel-**

---

[6] Vgl. *Bulwien,* in: *Tewes,*Bauherrenmodelle, Teil 4 a/2.3 und *Schwatlo/Frericks,* in: *Gerlach* /u. a., Gewerbeimmobilie, S. 16 ff. und S. 127 ff., insbesondere für Gewerbeimmobilien; vgl. ferner Fn. 6.

[7] Vgl. insbesondere *Bulwien,* in: *Tewes,* Bauherrenmodelle, Teil 4 a/2.2, und Teil 4 a/2.4.2.; *Wagner/Loritz,* a. a. O., S. 7 f.

[8] *Bulwien,* in: *Tewes,* Bauherrenmodelle, Teil 4 a/2.4.3; *Wagner/Loritz,* a. a. O., S. 281

[9] Hierzu ausführlich *Schwatlo,* in: *Gerlach*/u. a., Gewerbeimmobilie, S. 16 f. und S. 127 ff.; *ders.* in *Tewes,* Praxishandbuch, a. a. O., Teil 3/5.

und Gastronomieanlagen bis hin zu **Freizeiteinrichtungen** (z. B. Tennis- und Squash-Zentren) in Ballungsgebieten wie touristisch interessanten Regionen.[10]

dd) Einen enormen Nachholbedarf an allen dieser Objekttypen gibt es naturgemäß derzeit in den **Neuen Bundesländern** verbunden mit besonderen Investitionsförderungsmaßnahmen, insbes. steuerlichen Anreizen (vgl. Rdnr. 67 ff.) gilt diesen Regionalmärkten derzeit das vorrangige Interesse von Initiatoren und Investoren auch privater Kapitalanlagen.

Der Markt, auf dem solche Immobilien von den Endnutzern als Mietern und Betreibern 11 nachgefragt werden, muß insgesamt als der eigentliche **Primärmarkt** auf diesem Gebiet angesehen werden.

b) Kapitalanleger, insbesondere private Investorengemeinschaften. Aus dieser Sicht stellt der 12 Markt, auf dem private Kapitalanleger Anlagemöglichkeiten in Immobilien nachfragen, eigentlich einen Sekundärmarkt dar. Aufgabe dieses Marktes ist es aus volkswirtschaftlicher Sicht, die Mittel zur Finanzierung der Bedienung des Primärmarktes langfristig zu mobilisieren. Dies erfolgt durch Sammlung privaten Sparkapitals und Bündelung der Finanzkraft (und Bereitschaft zur Verschuldung) privater Kapitalanlegerkreise, vor allem hoch verdienender und hoch versteuerter Personen, denen über das Steuerrecht zusätzliche Anreize geboten werden.

aa) Entwicklung des Marktes für Immobilienanlagen. Dieser private und im wesent- 13 lichen gesetzlich kaum geregelte Kapitalanlagemarkt spricht als Nachfrager die gleichen Personenkreise an, die auch für den Erwerb gewerblicher Beteiligungen in Frage kommen. Die Marktentwicklung ist an anderer Stelle (vgl. § 22 f. Rdnr. 42 ff.) ausführlich dargelegt; er hat sich auch für den Immobiliensektor in den letzten Jahrzehnten ganz außerordentlich stark entwickelt und ist trotz einiger Rückschläge immer noch ein **Wachstumsmarkt.** Da starke Konkurrenz zu anderen „klassischen" Kapitalanlageformen besteht (vgl. die Darstellungen unter §§ 11–19), hat sich der Kapitalanlagemarkt für Immobilienanlagen diesen Anlegern gegenüber vor allem dadurch zu profilieren, daß er unter dem Gesichtspunkt der langfristigen Vermögensbildung und der Altersvorsorge eine Ergänzung zu klassischen Kapitalanlageformen bietet. Hierfür, dagegen nicht für kurzfristige Spekulationsgeschäfte, sind Immobilienanlagen als langfristige Anlagen in Sachwerten auch besonders geeignet.[11]

bb) Einfluß des Steuerrechts. Betrachtet man das psychologische Verhalten der für Im- 14 mobilien-Kapitalanlagen zu gewinnenden Anlegerkreise, so ist nicht zu leugnen, daß bei diesen infolge hoher Einkommenbesteuerung steuerliche Anreize besonders wichtig sind, insbesondere das Ziel, über die Zuweisung steuerlich anerkannter Verluste eine Verrechnung mit hoch besteuerten, anderweitigen positiven Einkünften zu erreichen. Das steuerliche Element ist vor allem in der Vergangenheit oft überproportional in den Vordergrund gestellt worden. Andererseits sind steuerliche Überlegungen für jede Immobilien-Kapitalanlage, die regelmäßig Steuerfolgen in den verschiedensten Steuerarten auslöst, grundsätzlich unverzichtbar. Ferner ist heute in Deutschland die normale Immobilienrendite mit 2%–4%, max. 5% vor Steuern so niedrig, daß nur über eine verbesserte Rendite nach Steuern ernsthafte Konkurrenz zu anderen Kapitalanlageformen möglich wird.[12] Darüber hinaus sind der Gesetzgeber selbst, die Praxis der Finanzverwaltung und teilweise auch die Finanzrechtsprechung an dieser **Überbetonung steuerlicher Aspekte** auch bei Immobilien-Kapitalanlagen nicht ganz unbeteiligt: die Hauptaufgabe der Steuerpolitik, nämlich die Erzielung öffentlicher Einnahmen, wird heute in vielen Bereichen, auch und gerade im Immobiliensektor, durch alle möglichen wirtschafts- und gesellschaftspolitischen Nebenaspekte (Vermögensbildung, Investitionsanreize allgemein oder für bestimmte Branchen,

[10] *Schwatlo* (Fn 8)

[11] Vgl. etwa *Völker/Gerlach,* in: *ders.* /u. a., Gewerbeimmobilie, S. 157 ff.; *Kurth,* Immobilienfonds, S. 193 ff.; *Schwatlo,* in: *Tewes,* Praxishandbuch, Teil 3/5 jeweils m. w. N. bzw. statistischen Übersichten.

[12] Vgl. etwa *Hieronymus/Schwatlo,* in: *Gerlach,* a. a. O., Gewerbeimmobilie, S. 309 ff.; *Kurth,* Immobilienfonds, S. 201 f.

regionale Wirtschaftsförderung etc.) teilweise fast bis zur Unkenntlichkeit überlagert. Die Entwicklung des Kapitalanlagemarktes für Immobilien zeigt besonders deutlich, daß neben der allgemeinen wirtschaftlichen Entwicklung des Immobiliensektors immer wieder steuerliche Anreize oder Restriktionen einmal die eine, dann wieder eine andere Kapitalanlageform in Immobilien, gewollt oder ungewollt, teils gefördert, teils gebremst haben, teilweise verbunden mit hoher steuerlicher Rechtsunsicherheit.[13] Besonders deutlich – eigentlich schon als alleiniger Zweck – gilt dies für die Immobilien-Investitionsförderung durch steuerliche Anreize in den **Neuen Bundesländern** und Berlin (Rdnr. 67 ff.).

15 cc) Kapitalanlage-Kriterien bei Immobilien. In der rechtlichen, steuerlichen und wirtschaftlichen Literatur und Fachpresse sind seit Jahren immer wieder Versuche gemacht worden, allgemein gültige oder spezielle Kapitalanlage-Kriterien für Immobilien zu entwickeln. Auf die dabei entstandenen, zum Teil umfangreichen Kriterien-Kataloge, Checklisten und Prüfungsmethoden, kann an dieser Stelle im einzelnen nicht eingegangen werden.[14] Angestrebt wird auch hier eine auf die individuellen Bedürfnisse des Kapitalanlegers abgestimmte Zieloptimierung der Kapitalanlageziele (Werthaltigkeit/Sicherheit/Rentabilität/Fungibilität/Steuerorientierung). Daher muß jede Kapitalanlageentscheidung in Immobilien mindestens folgende Kriterien prüfen und gewichten:
- Standort, Nutzungsart und Ausstattung des Objekts;
- langfristige Entwicklungsprognose zum angesprochenen Nutzerkreis;
- langfristige Rentabilitätsprognose;
- kurz- und mittelfristige Liquiditätsprognose;
- Prüfung der Gesamtkosten (Gesamtaufwand) der Investitionsphase sowie der laufenden künftigen Kosten;
- Prüfung des rechtlichen und steuerlichen Konzepts;
- Überprüfung der vorgesehenen Vertragspartner (Bonität, Referenzen etc.).

16 *c) Anbieter von Immobilienanlagen.* aa) Die Rolle des Initiators. Auf dem inzwischen bedeutenden Markt für Kapitalinvestitionen in Immobilien stellen die Anbieter des erforderlichen Geldkapitals, insbesondere die privaten Kapitalanleger, eine amorphe Masse dar, ähnlich wie auf den Märkten für Kapitalanlagen in Wertpapiere, Sparanlagen aller Art oder in gewerbliche Beteiligungen an Publikumsgesellschaften. Der Markt wird vielmehr strukturiert durch die Anbieter derartiger Immobilien-Kapitalanlagen; hier dominieren bis heute die ehemaligen, zu „Initiatoren“ gewordenen Bauträger und die Kapitalanlage-Vertriebsunternehmen (von denen viele darüber hinaus alle möglichen anderen Kapitalanlagen anbieten), also **mittelständische Unternehmen.**[15] Jedenfalls in Deutschland beteiligen sich die Banken und Sparkassen erst seit einigen Jahren, aber wieder zunehmend, an diesem Geschäft, das allerdings die Fähigkeit voraussetzt, allgemeine rechtliche, steuerliche und wirtschaftliche Grundkenntnisse und spezielles örtliches und regionales Erfahrungswissen mit überregionalen Vertriebserfahrungen verbinden zu können. Anbieter sind insbesondere
- Bauträgerunternehmen (welche auch die Bauerrichtung mit eigenen oder nahestehenden Firmen durchführen, was für den Kapitalanleger Vor- und Nachteile haben kann);
- auf den Kapitalanlagenvertrieb spezialisierte Unternehmen, die sich konkrete Objekte von Bauträgern, Bauunternehmen oder sog. Projektentwicklern aussuchen und vertreiben;
- äußerst selten und nur im Einzelfall gewissermaßen spontan zustandekommende private Investorengemeinschaften.

17 Für diese Anbieter muß, so vielfältig und ungenau der Begriff auch sein mag, weiterhin die Bezeichnung „Initiator“ verwendet werden, dessen Funktionen unter Rdnr. 23 f. und 99 näher dargestellt und an dessen Funktion und Position heute zunehmend rechtliche und steuerliche Folgen angeknüpft werden.

---

[13] Besonders plastisch zu diesem – nicht auf Immobilienanlagen beschränkten – Wechselspiel vgl. *Wagner* in § 22, insbes. Rdnr. 28 ff.

[14] Vgl. insbesondere *Schwatlo* und *Kurth* sowie *Gerlach* (Fn. 3, 9, 10).

[15] Näher analysiert z. B. bei *Bulwien,* in: *Tewes,* Bauherrenmodelle, Teil 4 a/2.2.

bb) Kapitalanlagenvertrieb/Anlageberatung. Ein Kapitalanlagengeschäft in Immobilien ist bisher regelmäßig noch kein Schaltergeschäft, bei dem sich der Kapitalanleger selbst zum Initiator als „Kapitalsammelstelle" bemüht, sondern ein Distanzgeschäft. Durch eine i. d. R. überregionale, mehrfach gestufte Vertriebsorganisation muß der anlagebereite, hoch besteuerte Kapitalanleger erst gefunden und von einer komplexen, langfristigen und meist bedeutenden Investition dieser Art erst überzeugt werden. Im Rahmen solcher Vertriebsorganisationen bewegen sich regelmäßig kleine bis kleinste Unternehmen und Gewerbetreibende, meist Immobilienmakler, freie Anlageberater und/oder Kapitalanlagenvermittler, häufig tätig als Vermittler für mehrere Anbieter und verschiedenste, auch ganz andere Kapitalanlageformen (Versicherungen, Bausparverträge etc).).[16] 18

Die Rechtsverhältnisse dieses Personenkreises sind schon in § 5 näher behandelt und unten bei Rdnr. 97 f. für den speziellen Bereich von Immobilien-Kapitalanlagen anzusprechen. 19

cc) Sonstige Funktionsträger. Typisch für die Anbieterseite des Marktes für Immobilienanlagen ist ferner: dem Kapitalanleger wird zwar seine Beteiligung an einer Immobilien-Kapitalanlage als Gesamtprodukt, organisatorisch und teilweise auch wirtschaftlich „aus einer Hand", angeboten, die vielfältigen Funktionen, welche für eine komplexe Immobilien-Investition erforderlich sind, werden aber typischerweise von einer ganzen Reihe rechtlich verschiedener Unternehmen, den sog. Funktionsträger-Unternehmen, wahrgenommen, durch jeweils einzelne Vertragsbeziehung geregelt und vergütungsmäßig je gesondert abgerechnet. Das hat zum Teil steuerliche Gründe (konsequente Trennung der Kostenarten als Voraussetzung für bestimmte Steuervorteile), zum Teil ergibt sich dies auch aus der Unterschiedlichkeit der hier zu erbringenden Leistungen (Spezialisierung). Zum Kreis solcher Funktionsträger-Unternehmen gehören insbesondere Unternehmen, welche für die Investoren 20

- Konzeption und Marketing organisieren **(Vertriebsunternehmen);**
- bautechnische und wirtschaftliche Betreuungsleistungen erbringen (technische/wirtschaftliche **Baubetreuer**);
- Dienst- und Vermittlungsleistungen im Finanzierungs- und Vermietungsbereich erbringen (**Finanzierungsvermittler**, Mietvermittler, Finanzierungs-, Miet- oder **Kostengaranten**);
- organisatorische oder steuerliche Betreuungsleistungen erbringen (**Projektbetreuer, Treuhänder, Steuerberater,** Mittelverwendungskontrolle etc.)

Üblicherweise nicht diesem engeren Kreis zuzurechnen sind der häufig eingeschaltete *unabhängige* Treuhänder/Objektsteuerberater und vor allem weitere Vertragspartner des Kapitalanlegers, wie Grundstücksverkäufer, Bauunternehmer und weitere Baubeteiligte oder spätere Objekt-Verwalter (was keineswegs ausschließt, daß diese manchmal ebenfalls aus dem Initiatorenbereich kommen).[17] 21

2. Wirtschaftliche und technische Abläufe. Der Verlauf von Kapitalanlagen in Immobilien ist stärker als bei den meisten anderen Kapitalanlageformen dadurch geprägt, daß das Investitionsgut ausführlich vorbereitet (konzipiert) und in einer längeren Investitionsphase oft überhaupt erst geschaffen (neu errichtet) oder doch wesentlich „aufbereitet" werden muß (letzteres gilt meist auch für Erwerbermodelle, s. u. Rdnr. 185). Die nachstehend dargestellten wirtschaftlichen und technischen Abläufe beziehen sich auf den rechtlich und steuerlich komplexesten Fall der Neukonzeption, des erstmaligen Vertriebs und der Neuerrichtung sowie der erstmaligen Verwendung von Immobilien; im Einzelfall können einzelne Phasen teilweise oder ganz fehlen. 22

---

[16] Vgl. hierzu ausführlich § 5.

[17] In der Praxis hat sich heute der unabhängige Treuhänder weitgehend durchgesetzt, auf dessen Bedeutung immer stärker hingewiesen wird, vgl. schon *Kurth/Krükel* RPK Nr. 25/1982; *dies.*, Immobilienfonds, S. 43; *Strohm/Reinelt*, Bauherrenmodell, Anm. 3 ff. zu Form. I.2.; ferner *Wagner/Loritz*, a. a. O., S. 178 f.

23 *a) Konzeptions- und Vertriebsphase.* aa) Gesamtkonzeption und Grundstücksanbindung. Ausgangspunkt in dieser Phase muß für den Initiator bereits ein bestimmtes Immobilienobjekt sein (oder wenigstens ein entwicklungsfähiges Projekt); die betreffende Immobilie muß entweder erworben oder rechtsverbindlich angebunden sein.[18] Nun hat der künftige Anbieter einer Immobilienanlage am Kapitalanlagemarkt zunächst – jedenfalls bei Neuerrichtung oder erheblicher baulicher Umgestaltung – die baubehördlichen und bautechnisch erforderlichen Maßnahmen mindestens einzuleiten. Er muß aber zugleich schon jetzt die konzeptionellen Voraussetzungen wirtschaftlicher, rechtlicher und steuerlicher Art, ggf. unter Hinzuziehung von Beratern, weitgehend festlegen (Wahl der Kapitalanlageform; Rechtsform der Investorengemeinschaft; Ausgestaltung des Vertragswerks im einzelnen, einschließlich der sich hieraus ergebenden Abwicklungsorganisation; steuerliche und wirtschaftliche Grund- und Detailkonzeption).[19]

24 Diese Konzeptionsphase ist mit **erheblichen Vorkosten** für den Initiator verbunden. Eine bereits erfolgte Grundstücksanbindung ist regelmäßig nur unter erheblichen Kosten, eine einmal festgelegte und veröffentlichte Konzeption nur mit großen Schwierigkeiten und Kosten reversibel. Daraus ergibt sich für den Initiator ein ganz erheblicher Plazierungszwang.

25 bb) Prospekt und Vertrieb. Den Übergang zur Vertriebsphase kennzeichnet die Erstellung von Unterlagen, welche als Grundlage der Kapitalanlageentscheidung der künftigen Investoren dienen, i. d. R. ein mehr oder minder ausführlicher **Prospekt.** Ferner ist – im ungünstigsten Fall –eine Vertriebsorganisation aufzubauen oder auf das Objekt einzustellen. Deren Vertriebsbemühungen sind durch Informationsveranstaltungen mit dem Außendienst, mit besonders interessanten Zielgruppen oder Multiplikatoren (hierzu gehören vor allem die Steuerberater) und umfangreiche weitere regionale und überregionale Marketing- und Werbemaßnahmen zu unterstützen.[20]

26 Ziel und Abschluß der Vertriebsphase ist die möglichst rasche, möglichst vollständige **Plazierung** des gesamten Objekts an eine private Kapitalanleger-Investorengemeinschaft. Die Anleger müssen hier, je nach der gewählten rechtlichen Konzeption, durch rechtsverbindliche Verträge mit Funktionsträgerunternehmen des Initiators und/oder dem hierfür ausgewählten unabhängigen Treuhänder bzw. durch Beitritt zu der hierfür gebildeten Objektgesellschaft für die dann folgenden Phasen vertragliche Verpflichtungen eingehen und insbesondere meist umfassende **Vollmachten** erteilen.

27 *b) Investitionsphase.* aa) Grundstücksbeschaffung. Die Anschaffung des Baugrundstücks (oder der bereits errichteten Gebäudeimmobilie) erfolgt in dieser Phase regelmäßig bereits durch die Kapitalanleger selbst, jedenfalls auf deren Rechnung. Schon in dieser Phase wird i. d. R., vor allem bei steuerorientierten Fonds, Fremdkapital aufgenommen, das am Objekt dinglich abzusichern ist. Die Freistellung von Altbelastungen muß dabei sichergestellt werden.[21]

28 bb) Organisation (Vertragswerk und Treuhänder). Zur Organisation der Investorengemeinschaft dient in dieser Phase die Einschaltung eines meist umfassend bevollmächtigten Vertreters der Investoren, heute regelmäßig eines **Treuhänders,** der zugleich die Kapitalanlegerinteressen möglichst unabhängig wahrnehmen soll. Regelmäßig sind bei fast allen marktüblichen Gestaltungsformen, insbesondere steuerorientierten Anlageformen, weitere Dienstleistungsverträge mit Funktionsträgerunternehmen zu schließen und durchzuführen,

---

[18] Vgl. hierzu *Wagner/Loritz,* a. a. O., S. 78 f.; *Strohm,* in: *Tewes,* Praxishandbuch, Teil 5/2.2.

[19] Die Tätigkeiten in der Konzeptionsphase werden häufig auch in Verträge eingebunden und gesondert vergütet, vgl. hierzu auch *Kurth/Krükel,* Erwerbermodell, S. 87 ff.; *Tewes,* in: *Gerlach*/u. a., Gewerbeimmobilie, S. 203 ff; *Wagner/Loritz,* a. a. O., S. 195

[20] Vgl. hierzu §§ 4, 5 m. w. N.

[21] *Strohm/Reinelt,* Bauherrenmodell, Anm. 14, 50 zu Form I. 1 und Anm. 12 zu Form. I. 3.; *Strohm,* in: *Tewes,* Praxishandbuch, Teil 5/6; *Kurth,* Immobilienfonds, S. 214 f., dort speziell auch zu Finanzierungskonzepten bei geschlossenen Immobilienfonds; vgl. auch *Strohm,* in: *Tewes,* Praxishandbuch, Teil 5/5.

und zwar – die Investitionsphase übergreifend – im Bereich der allgemeinen **Verwaltung,** der Buchführung und des **Rechnungswesens** einschließlich Zahlungsverkehr und **Mittelverwendungskontrolle,** der objektbezogenen **Steuerberatung,** aber auch über sonstige **Betreuungs- und Garantieleistungen** für den Kapitalanleger (z. B. wirtschaftliche Betreuung; Kostengarantien). Die hierfür vom Kapitalanleger aufzubringenden Vergütungen werden regelmäßig im voraus erhoben (wegen des im Bereich Vermietung und Verpachtung geltenden Abflußprinzips auch aus steuerlichen Gründen) und erhöhen den sofortigen Finanzierungsbedarf der Investorengemeinschaft deutlich.[22]

cc) Finanzierung. Auch die Finanzierung der Gesamtinvestition (in der Praxis wird meist der Begriff „Gesamtaufwand" für die Summe aller Grundstücksanschaffungs-, Herstellungs- und Werbungskosten/sonstigen Kosten verwendet[23]) muß daher sehr frühzeitig mit der finanzierenden Bank abgeklärt sein. Dabei wird regelmäßig mit einer am Projektfortschritt orientierten **Zwischen**finanzierung und einer diese schließlich ablösenden, langfristigen **End**finanzierung gearbeitet.[24] Für deren Vermittlung und Bearbeitung erhalten Funktionsträgerunternehmen als Finanzierungsvermittler/wirtschaftliche Betreuer zusätzliche Vergütungen; darüber hinaus fällt schon in dieser Phase für den Kapitalanleger Zinsaufwand, spätestens mit Eintritt in die Endfinanzierung auch das steuerlich meist bewußt gewählte Damnum an.[25] 29

dd) Bebauung und Renovierung. Die Finanzierung ist nicht nur mit der finanzierenden Bank und den Vollzugsschritten des Grunderwerbs abzustimmen, sondern jedenfalls bei Immobilien-Kapitalanlagen, die auf Neubau oder größere bauliche Umgestaltungen von Immobilien gerichtet sind, auch mit den rechtlichen, wirtschaftlichen und bautechnischen Abläufen des **Baugeschehens.**[26] Beim Bauen gilt in besonderem Maße, daß hier Zeit Geld ist. Die Fertigstellung des Baues (oder der Umgestaltung/Modernisierung des Objekts) in möglichst plangemäßer Zeit und möglichst zu den prospektierten Kosten in mängelfreiem, für den Endnutzer abnahmefähigen Zustand ist, zusammen mit der planmäßigen Eindeckung einer gesicherten, langfristigen Endfinanzierung des Objekts, Ziel und Abschluß der Investitionsphase. Hierzu wird mit guten Gründen oft auch der Abschluß der objektbezogenen steuerlichen Abwicklung gerechnet, welche allerdings, durch Schlußbetriebsprüfung, oft erheblich später nachfolgt. 30

ee) Bildung von Wohnungs- und Teileigentum. Bei Bauherrenmodellen und ähnlichen, auf die Bildung von **Wohnungs- und Teileigentum** gerichteten Modellen ist Teil des Abschlusses der Investitionsphase ferner die zivilrechtliche und grundbuchmäßige Bildung der von den einzelnen Kapitalanlegern angestrebten Wohnungs- und Teileigentumseinheiten nach dem WEG (**Teilungsmodelle,** vgl. Rdnr. 85 ff.).[27] 31

c) Bewirtschaftungsphase. aa) Verwaltung von Immobilienanlagen. Die wenigsten Anbieter ziehen sich nach Abschluß der Investitionsphase aus dem konkreten Objekt zurück, bieten vielmehr mindestens für eine längere Übergangszeit von 2–5 Jahren weitere, direkt oder indirekt über den ursprünglichen Gesamtaufwand vergütungspflichtige Dienstleistungen für den Kapitalanleger an (was der Kapitalanleger häufig auch erwartet und im Gesamtaufwand zu honorieren bereit ist). Teilweise geschieht dies aufgrund der durch Prospekt und 32

---

[22] Vgl. zunächst Fn. 18 m. w. N.; *Strohm,* in: *Tewes,* Praxishandbuch, Teil 5/2.1 und 5/5; *Kurth/Grass,* Immobilienfonds, S. 201 f. und 265 f.

[23] *Strohm/Reinelt,* Bauherrenmodell, Anm. 13 zu Form. I. 1.; *Hieronymus/Schwatlo,* in: *Gerlach*/u. a. (Fn 5), S. 322

[24] *Strohm,* in: *Tewes,* Praxishandbuch, Teil 5/5

[25] *Strohm,* a. a. O. (Fn 23); *Tewes,* Praxishandbuch, Teil 6/7.4 und 7/2.9; *Kurth/Grass,* Immobilienfonds, S. 237 f. und S. 262 ff.

[26] *Kretzler,* in: *Tewes,* Praxishandbuch, Teil 3/8; *Schwatlo,* in: Gerlach/u. a., Gewerbeimmobilie, S. 82 f.; die Koordination durch planmäßige Konzeption, Überwachung und Steuerung des Mittelbedarfs gehört bei größeren Objekten zur wirtschaftlichen Baubetreuung.

[27] *Strohm/Reinelt,* Bauherrenmodell, Anm. 49 zu Form. I. 1., sowie *Strohm,* in: *Tewes,* Praxishandbuch, Teil 5/3.1; *Wagner/Loritz,* a. a. O., S. 34 ff. und S. 885.

Vertragswerk vorab übernommenen Verpflichtungen (und im Interesse des Nachfolgegeschäfts), teilweise aufgrund der Übernahme von Garantien, z. B. Mietgarantien (um die Risikoquelle selbst im Griff zu behalten). Bei Immobilienanlagen in geschlossenen Immobilienfonds, also auf langfristiger gesellschaftsrechtlicher Beteiligungsbasis (**Fondsmodelle,** vgl. Rdnr. 204 ff.) ist das langfristige Engagement des Initiators oder seiner Funktionsträgerunternehmen sogar die Regel. Zu unterscheiden sind der Tätigkeitsbereich der **Objektverwaltung** (Objektbetreuung) im engeren Sinn, welche beim Bauherrenmodell und ähnlichen auf die Bildung von Wohnungs- und Teileigentum gerichteten Modellen durch den Verwalter i. S. des WEG, bei längerfristig konzipierten Fondsgesellschaften durch die Geschäftsführung des Fonds erfolgt, von der (internen) **Fondsverwaltung** der Investorengemeinschaft (welche bei Bauherren- und ähnlichen Modellen entfällt, bei Fondsgesellschaften aber zwingend und nicht unkompliziert ist).[28]

33 bb) Vermietung und Bewirtschaftung von Wohnungsimmobilien. Auch bei Wohnungsbauobjekten ist Investitionsziel des Kapitalanlegers (also nicht des Selbstnutzers) der Erwerb einer vollständig hergestellten, verwalteten und möglichst günstig **vermieteten** Immobilie. Dienstleistungen und Garantien von Funktionsträgerunternehmen, insbesondere **Mietgarantien,** gegen Vergütung werden daher nicht nur aus steuerlichen Gründen (sofort abzugsfähige Werbungskosten) angeboten, sondern auch wegen des Interesses des Kapitalanlegers an reibungsloser und gesicherter Vermietung erbracht. Hierzu gehören insbesondere die **Vermittlung** der ersten Wohnraummieter, oft auch die Übernahme der sog. Sonder- oder **Mietenverwaltung** des Sondereigentums des Kapitalanlegers (Wohnung oder Teileigentumseinheit) für eine bestimmte Zeit, u. U. einschließlich Neuvermietung bei Mieterwechsel, Mietinkasso und sonstigen wohnungswirtschaftliche Betreuungsleistungen.[29] Die in der Vergangenheit vor allem aus umsatzsteuerlichen Gründen (vgl. unten Rdnr. 81) herausgebildete Form der **gewerblichen Zwischenvermietung** auch von Wohnungsimmobilien ist wegen der mietrechtlichen Problematik (Verstärkung des mietrechtlichen Schutzes des Wohnungsendnutzers, obwohl rechtstechnisch nur Untermieter) und wegen der steuerlichen Restrisiken (Wegfall der USt-Optionsmöglichkeit ab 1. 4. 1985, vgl. Rdnr. 81) hier derzeit kaum mehr anzutreffen.[30]

34 cc) Vermietung und Bewirtschaftung von Gewerbeobjekten. Typisch für den großteiligen Gewerbebau ist dagegen, daß der **gewerbliche Endmieter** (Handelskette, Industrieunternehmen als Anmieter eines Bürogebäudes, Hotelkette etc.), bei einer Anlage mit mehreren Gewerbeeinheiten mindestens der „Magnetmieter" (anchor tenant), oft längst feststeht, mindestens vorvertraglich angebunden ist. Die Gewerbeimmobilie ist häufig bereits in der Konzeption seinen bautechnischen und wirtschaftlichen Bedingungen angepaßt worden. Die Einschaltung eines gewerblichen Zwischenmieters ist hier unüblich (von umfangreichen Gewerbezentren oder Hotelanlagen vielleicht abgesehen, die durch eine besondere **Managementgesellschaft** betrieben werden) und steuerlich meist sinnlos. Dagegen fallen auch hier langfristige Aufgaben der Objektbetreuung und (hier insbesondere) der internen Fondsverwaltung an.[31]

---

[28] Vgl. zunächst Fn. 26; speziell zu Immobilienfonds ferner *Kurth/Grass,* Immobilienfonds, S. 48 f.; *Hieronymus/Schwatlo,* in: *Gerlach*/u. a., Gewerbeimmobilie, S. 322 ff., S. 327; *Strohm/Reinelt,* in: *Tewes,* Bauherrenmodelle, Teil 5 a/4.1.1.

[29] *Strohm/Reinelt,* in: *Tewes,* Bauherrenmodelle, Teil 5/8.3.–5/8.5; *Tewes,* in: *Gerlach*/u. a., Gewerbeimmobilie, S. 289 ff.; *Wagner/Loritz,* a. a. O., S. 246 f. (speziell zu sog. Mietpools).

[30] Vgl. BGH NJW 1982, 1696 und *Reinelt* NJW 1984, 2869 sowie *Seeberger,* in: *Bihr*/u. a., Geldanlagen, Gruppe 7, S. 307 ff.; einen Überblick über die Entwicklung der Mietrechtsprechung geben auch *Strohm/Reinelt,* in: *Tewes,* Bauherrenmodelle, Teil 5/8.3–5/8.5 und die mietrechtl. Speziallit., z. B. *Bub/Treier,* Handbuch der Geschäfts- und Wohnraummiete, 2. Aufl. 1993, S. 1015 ff.

[31] Vgl. Fn. 27 m. w. N.; die hierdurch bewirkte (faktische) Drittorganschaft, welche dem gesetzlichen Leitbild der Personengesellschaft, insbesondere der GbR, an sich nicht entspricht, wird von der Rechtsprechung weitgehend toleriert, vgl. etwa BGH NJW 1982, 1817 und *Löffler* NJW 1983, 2920 m. w. N.

d) Wiederverwertung von Immobilienanlagen. Kapitalanlagen in Immobilien weisen – von der Sonderform der offenen Immobilienfonds abgesehen, vgl. Rdnr. 207 –gegenüber anderen Kapitalanlageformen eine deutlich geringere **Fungibilität** auf; sie sind zur kurzfristigen Wiederverwertung durch Weiterveräußerung – außer vielleicht in Zeiten eines ausgesprochenen Immobilien-Booms –grundsätzlich ungeeignet. Die auch kurzfristige Weiterveräußerung der jeweiligen Immobilienbeteiligung durch den Kapitalanleger wird in der Praxis jedoch vertraglich meist großzügig zugelassen auch in der Investitionsphase (in der sie besonders wenig sinnvoll ist). In der Zeit der Bewirtschaftungsphase danach ist diese Möglichkeit für Bauherrenmodelle und ähnliche auf die Bildung von Wohnungs-und Teileigentum gerichtete Teilungsmodelle zivilrechtlich ohnehin gegeben, für Immobilienfonds jedoch keineswegs selbstverständlich. Hieraus können sich im Einzelfall sowohl für den Initiator und seine Funktionsträgerunternehmen wie insbesondere für den einzelnen Kapitalanleger und seine Mitanleger manchmal nicht unbeträchtliche steuerliche und zivilrechtliche Probleme ergeben, vor allem bei hoher noch bestehender Fremdfinanzierung.[32] 35

3. Steuerliche Rahmenbedingungen. *a) Einkommensteuer (Vermietung und Verpachtung).* 36
aa) Mögliche Steuervorteile aus Immobilienanlagen. Einkünfte aus Immobilien-Kapitalanlagen, insbesondere also die Mieteinnahmen, sind regelmäßig selbst steuerpflichtig (Überschuß-Einkunftsermittlung, § 2 Abs. 2 Nr. 2 EStG) und außerdem im Vergleich zu anderen Kapitalanlageformen vor Steuern nur niedrig rentierlich (ganz besonders im Wohnungsbau!). Daher gewährt der Gesetzgeber schon seit Jahrzehnten aus verschiedenen politischen Motiven (z. B. Wohnraumbeschaffung für sozial schwächere Schichten; Investitionsförderung; Vermögensbildung etc.) dem Investor in Immobilien verschiedene steuerliche Anreize.[33] Dabei kann es sich um eine direkte Förderung, also Subventionen im weitesten Sinne handeln, die – meist – direkt oder indirekt für besonders förderungswürdige Standorte, Branchen oder Objekte gewährt werden (hier und heute besonders wichtig: Immobilien in den Neuen Bundesländern und Berlin, wo aber der Weg über indirekte Steueranreize durch das **Fördergebietsgesetz** derzeit ebenfalls dominiert, s. u. Rdnr. 67 f.), insbesondere durch Investitionszulagen, zinsgünstige Darlehen, Aufwendungszuschüsse und dergleichen, eine Spezialmaterie, die hier nicht näher behandelt werden kann (und den Weg der indirekten Begünstigung über Steuervorteile ausschließen oder einschränken kann).

Die größte Bedeutung für die grundsätzlich frei durch privates Sparkapital von Kapitalanlegern zu finanzierenden Immobilien-Kapitalanlagen hat jedoch die indirekte Förderung, nämlich Steuerbegünstigung solcher Kapitalanlagen durch steuerliche Anreize, die sich auf die **persönliche Besteuerung** der Kapitalanleger auswirken. Als steuerbegünstigte Kapitalanlagen werden solche Vermögensanlagen verstanden, bei denen der Eigenkapitaleinsatz ganz oder teilweise aus ersparten Steuern finanziert werden kann. Das wird grundsätzlich dadurch erreicht, daß dem Kapitalanleger entstandene Kosten in der Investitions- oder auch Bewirtschaftungsphase als **steuerliche Verluste** anerkannt werden, welche nach dem deutschen Steuersystem der Kapitalanleger mit positiven, steuerpflichtigen Einkünften **verrechnen** und dadurch seine persönliche Steuerlast mindern kann. Die Steuerersparnis ist dabei um so größer, je höher die individuelle Steuerbelastung des Kapitalanlegers ist, da eine Minderung der aus verschiedenen Einkunftsarten zu versteuernden Einkünfte und des steuerpflichtigen Gesamteinkommens erzielt wird, damit im Einzelfall auch eine Abmilderung der persönlichen Steuerprogression, insbesondere des Grenz- oder Spitzensteuersatzes.[34] 37

---

[32] Vgl. *Kurth/Grass,* Immobilienfonds, S. 179 ff.; *Hieronymus/Schwatlo,* in: *Gerlach*/u. a., Gewerbeimmobilie, S. 328 f., vgl. auch folgende Rdnr. 264 f.

[33] Es kann erneut verwiesen werden auf die historische Gesamtdarstellung von *Wagner* in § 22 dieses Werks und *Wagner/Loritz,* a. a. O.,.

[34] *Fleischmann,* in: ders./u. a., Steuern, S. 41 ff.; *Kurth/Grass,* Immobilienfonds, S. 91 f. und S. 241 f.; *Wagner/Loritz,* a. a. O., S. 197 f. (Grundlagen), je m. w. Nachw. zu der schier unerschöpflichen steuerlichen Spezialliteratur.

38 Derartige steuerliche Verluste entstehen teilweise als **Buchverluste** (denen ein realer Wertverzehr am Objekt nicht oder nicht im gleichen Maße gegenübersteht), insbesondere durch Abschreibungen (AfA) und Abschreibungsvergünstigungen (Sonderabschreibungen, erhöhte Absetzungen, Bewertungsabschläge), die Gestattung der Bildung steuerfreier Rücklagen sowie Ausnahmen und Einschränkungen der Aktivierungspflicht von Wirtschaftsgütern (s. i. e. hierzu unten Rdnr. 49 ff.) und häufig längerfristig wirksam bleiben.[35] Solche steuerlichen Verluste entstehen aber als **temporäre Steuervorteile** auch dadurch, daß eine Reihe von Vor- und Anlaufkosten der Investition und teilweise der späteren Bewirtschaftung im Veranlagungsjahr der Entstehung als sofort **steuerlich abzugsfähig** anerkannt werden (also i. S. des Unternehmensteuerrechts nicht aktiviert und damit nur langfristig abgeschrieben werden müssen), insbesondere als **Werbungskosten** (bei Einkünften aus Vermietung und Verpachtung, ggf. auch aus Kapitalvermögen) oder als sofort abzugsfähige **Betriebsausgaben** (bei Einkünften aus Gewerbebetrieb). Stehen diesen vom Investor getragenen Kosten echte Leistungen gegenüber, so ergibt sich durch diesen Sofortabzug – vorhandene verrechnungsfähige positive Einkünfte aus anderen Einkommensquellen in entsprechender Höhe vorausgesetzt – eine **mittelfristige Steuerstundung.**[36] Diese ist bei Vorauszahlung solcher Kosten, soweit sie steuerlich anerkannt wird, auch als Instrument der langfristigen **Steuerplanung** einsetzbar.[37] Stehen solchen Kosten keine oder ungenügende Gegenleistungen gegenüber oder entstehen Zusatzkosten ohne wirtschaftlichen Gegenwert (z. B. Baukostenüberschreitungen, die den Wert des Objekts nicht nachhaltig erhöhen; Verluste durch Managementfehler etc.), so gilt allerdings wirtschaftlich, steuerlich und zivilrechtlich stets, daß eingesparte Kosten immer noch besser sind als absetzbare Kosten.[38]

39 Zu steuerlichen Anreizen im Bereich der Besitz- und Verbrauchsteuern s. u. Rdnr. 75–85, zu steuerlichen Maßnahmen, welche diesen Verlust – Verrechnungsausgleich teilweise einschränken, erfolgen die Ausführungen bei den einzelnen Anlageformen.[39]

40 Darüber hinaus stellt auch die steuerliche Behandlung späterer **Gewinne** des Kapitalanlegers aus der **Veräußerung** seiner Kapitalanlage einen steuerlichen Anreiz oder eine steuerliche Restriktion in diesem Sinne dar.[40]

41 bb) Einkünfte aus Vermietung und Verpachtung. Abgesehen von Sonderfällen, in welchen die Immobilien-Kapitalanlage so organisiert wird, daß dies beim Anleger bewußt zu Einkünften aus Kapitalvermögen führt (mit wesentlich geringeren Absetzungsmöglichkeiten für Werbungskosten), wie vornehmlich bei den offenen Immobilienfonds (s. u. Rdnr. 207 ff.), können mit Immobilien-Kapitalanlagen je nach der Organisationsform insbesondere Einkünfte aus Vermietung und Verpachtung **(Überschußeinkünfte)** oder aus Gewerbebetrieb **(Gewinneinkünfte)** erzielt werden, die steuerlich sehr unterschiedlich behandelt werden.[41]

42 Knüpfen bestimmte Steuervorteile, insbesondere Sonderabschreibungen oder erwünschte Subventionen (z. B.Investitionszulagen) daran an, daß die Immobilien-Kapitalanlage im Rahmen eines **Gewerbebetriebs** erfolgt, so wird der Kapitalanleger den Weg über einen Gewerbebetrieb, insbesondere gewerbliche Beteiligungen wählen, wie sie an anderer

---

[35] Vgl. zunächst die Autoren zu Fn. 33, ferner *Tewes,* in: *Gerlach*/u. a., Gewerbeimmobilie, S. 237 ff.

[36] Vgl. zunächst die Autoren zu Fn. 33, ferner *Tewes,* in: *Gerlach*/u. a., Gewerbeimmobilie, S. 237 ff.

[37] *Fleischmann,* in: *ders.*/u. a., Steuern, insbesondere S. 498, 500 f.; ferner die Autoren zu Fn. 33 und 34, m. w. Nachw.

[38] Dieser von allen Autoren betonte Gesichtspunkt wird in der Praxis häufig mißachtet; immerhin hat der BGH (BB 1984, 564) darauf hingewiesen, daß – im Zusammenhang mit u. U. überhöhten Dienstleistungsgebühren – eine Erhöhung der Vergütungen ohne echte Gegenleistung „verfehlt" sein und zivilrechtliche Ansprüche auslösen könne.

[39] Insbesondere zu §§ 15 a, 21 a EStG unten Rdnr. 269 ff. ferner § 23 Rdnr. 174 f. m. w. N.

[40] Vgl. ausführlicher unten Rdnr. 161 f. (Wohnungsbau-Objekte) und Rdnr. 289 (Gewerbeobjekte).

[41] Zur steuerlichen Entwicklung insbesondere § 22 Rdnr. 51 ff. und *Wagner/Loritz,* a. a. O., S. 342 f.; ferner unten Rdnr. 36 ff.

Stelle (vgl. §§ 22 ff.) ausführlich dargestellt sind.[42] Anderenfalls wird der Kapitalanleger diese Formen gerade vermeiden, da dort nach den Gewinnermittlungsvorschriften des deutschen Steuerrechts die steuerpflichtigen Einkünfte regelmäßig durch Bestandsvergleich (mit deutlich geringeren sofortigen Abzugsmöglichkeiten) ermittelt und Veräußerungsgewinne, gleichgültig wann sie realisiert werden, grundsätzlich versteuert werden müssen. Die nach dem Prinzip der Überschußermittlung der Einnahmen über die Werbungskosten (§ 9 EStG) funktionierende Einkunftsart der Einnahmen aus **Vermietung und Verpachtung** dagegen erlaubt außer den nicht an eine bestimmte Wirtschaftsform geknüpften Abschreibungsvorteilen die Möglichkeit, vorweggenommene und laufende Werbungskosten im Jahr des tatsächlichen Abflusses von den im gleichen Jahr tatsächlich zugeflossenen Einnahmen sofort abzuziehen (**Zufluß- und Abflußprinzip,** § 11 EStG), soweit die Ausgaben nicht der privaten Lebensführung zuzurechnen sind (§ 12 EStG). Der Kapitalanleger ist hierbei einkommensteuerlich (zur Umsatzsteuer s. u. Rdnr. 78 ff.) Privatmann, das gebildete Immobilien-Kapitalanlagevermögen gehört zum **Privatvermögen;** werden die steuerlichen Wartefristen zwischen Anschaffung und Wiederveräußerung (Spekulationsfristen; bei Immobilien im Privatvermögen 2 Jahre) eingehalten, so wird ein etwaiger Veräußerungsgewinn auch nicht den sonstigen Einkünften zugerechnet und bleibt steuerfrei (§ 23 Abs. 1 Nr. 1 a EStG).[43]

cc) Abgrenzung zu Gewerbebetrieb und Liebhaberei. Die erwünschte Qualifikation der erzielten Einkünfte als Einkünfte aus Vermietung und Verpachtung kann fehlschlagen, wenn der Kapitalanleger über die für die Vermietung und Verpachtung typischen Tätigkeiten einschließlich unschädlicher Nebengeschäfte hinaus **zusätzliche gewerbsmäßige Tätigkeiten** entfaltet oder für seine Rechnung entfalten läßt, welche über eine rein vermögensverwaltende Tätigkeit hinausgehen, z. B. eine kurzfristige, auf raschen Mieterwechsel ausgerichtete Vermietung oder die Übernahme besonderer zusätzlicher Verpflichtungen gegenüber dem Mieter (z. B. Vermietung von Tennisplätzen, hotelmäßiger Beherbergungsbetrieb, bei dem zusätzliche Leistungen gegenüber dem Hotelgast als „Mieter" in den Vordergrund treten). Derartige zusätzliche Aktivitäten, wie sie insbesondere bei langfristig betriebenen geschlossenen Immobilienfonds naheliegen können, müssen also vermieden werden; erfordert die Nutzung des Objekts solche Zusatzleistungen (z. B. im Rahmen der hotelmäßigen Beherbergung), wird sich die Fondsgesellschaft darauf beschränken, das Objekt insgesamt an eine Betreibergesellschaft lediglich zu vermieten.[44] 43

Noch stärker kann die auf Vermietung und Verpachtung sowie steuerfreie Veräußerungsgewinne gerichtete Einnahmenerzielungsabsicht steuerlich fehlschlagen, wenn die gesamte Tätigkeit des Kapitalanlegers (über das konkrete Objekt hinaus) insgesamt als **gewerblicher Grundstückshandel** eingestuft wird. Ein solcher Gewerbebetrieb liegt stets vor, wenn sich professionelle Grundstückshändler, wie Bauträgergesellschaften, Bauunternehmer und Grundstücksmakler mit Grundstücksankauf- und Verkaufsgeschäften an den allgemeinen Grundstücksmarkt wenden; dann wird deren einkommensteuerpflichtiger Gewinn durch periodischen Bestandsvergleich ermittelt, wobei die durchgehandelten Objekte unabhängig von Größe und Nutzungsart dem **Umlaufvermögen** zugerechnet werden; ferner fällt zusätzlich **Gewerbesteuer** an. Die Finanzverwaltung und ihr mit erheblichen Schwankungen schließlich folgend die Rechtsprechung des BFH hat diese Grundsätze jedoch ausgedehnt auf Immobilien-Kapitalanleger, welche die Grenzen der privaten Vermögensverwaltung zur gewerblichen Tätigkeit dadurch überschreiten, daß in 44

---

[42] Vgl. auch *Fleischmann* und *Wipfler,* in: *Fleischmann*/u. a., Steuern, S. 41 ff. bzw. S. 32, 47 f. und 227 ff., sowie unten Rdnr. 43 ff. und 267 ff.

[43] Vgl. außer Fn. 40, 41 auch *Kurth/Grass,* Immobilienfonds, S. 165 und S. 179 ff. (Fonds) und *Kurth/Krükel,* Erwerbermodell, S. 140 f. (Bauherren- und ähnliche Modelle).

[44] Zur Abgrenzung vgl. *Wipfler,* in: *Fleischmann*/u. a., Steuern, S. 32, 47 f. und 227 f., sowie *Tewes,* in: *Gerlach*/u. a., Gewerbeimmobilie, S. 238 f. und *Tewes,* Praxishandbuch, Teil 6/2 und Teil 6/2.2.

relativ kurzer Zeit eine relativ große Anzahl von Objekten angeschafft und wiederveräußert wird (derzeitige Grenzen: weniger als 5 Jahre zwischen Veräußerung und Erwerb von Einzelobjekten als Beweisanzeichen für gewerbliche Betätigung/Veräußerung von mehr als 6 Objekten innerhalb der letzten 8 Jahre/Errichtung und Verkauf von auch nur 4 Objekten in 5 Jahren, im entschiedenen Falle 4 Eigentumswohnungen). Nach dem BMF-Erlaß vom 20. 12. 1990 soll es bei der Beurteilung dieser sog. „Drei-Objekt-Grenze" dann, wenn die Immobilie (anteilig) als Beteiligung an einer nicht-gewerblichen Grundstücksgesellschaft gehalten wird (BGB-Gesellschaft, vermögensverwaltende KG, vgl. Rdnr. 267 f. und 305 f.), zusätzlich auf eine „10-Prozent-Grenze" ankommen. Ist der Kapitalanleger mit weniger als 10% beteiligt, so zählt die Veräußerung dieser Beteiligung durch ihn (privat) nicht als Objektverbrauch. Andererseits schlägt eine Überschreitung der „Drei-Objekt-Grenze" auf der Ebene der Gesellschaft, auf die abzustellen ist, bei einem mit mindestens 10% beteiligten Gesellschafter als „Objektverbrauch" durch (bei niedrigerer Beteiligung dagegen nicht). Verkäufe durch die Gesellschaft verringern bei einem solchen Gesellschafter also die Zahl der von ihm selbst z. B. privat noch steuerfrei veräußerbaren Objekte. Das ist besonders gefährlich, weil nach diesen Erlaß die u. U. mehreren von der Gesellschaft veräußerten Grundstücksrechte auch als mehrere „Objekte" zählen. Ferner läßt der Erlaß ausdrücklich offen, ob die vom BFH für Eigentumswohnungen und Einfamilienhäuser zu Wohnzwecken entwickelte „Drei-Objekt-Grenze" für Großimmobilien (große Wohnanlagen, Fabrikgebäude, etc.) überhaupt gelten soll. Diese Behandlung von Immobilienkapitalanlagen hinsichtlich der Besteuerung privater Veräußerungsgewinne steht in klarem Gegensatz zur Behandlung der gleichen Frage bei anderen Kapitalanlagen, insbesondere bei Wertpapieren (soweit die 6-Monats-Grenze dort eingehalten wird). [45]

45 Als eine Teilnahme am allgemeinen Wirtschaftsverkehr, welcher die Tätigkeit als gewerbliche Betätigung und die hieraus erzielten Einkünfte steuerlich als Einnahmen aus Gewerbebetrieb erscheinen läßt, wird von der Finanzverwaltung auch die sog. **Betriebsaufspaltung** angesehen. Bei dieser überläßt der Eigentümer die Immobilie einer von ihm gegründeten oder beherrschten Kapitalgesellschaft als Betriebsgesellschaft miet- oder pachtweise zur Betriebsführung. [46]

46 Nach der Entscheidung des großen Senats des BFH vom 28. 6. 1984 und der darauf erfolgten gesetzlichen Änderung in § 15 Abs. 3 EStG (auch als **„Gepräge"-Gesetz** bezeichnet) können Immobilien-Kapitalanlagen privater Investoren heute wieder schon allein dadurch steuerlich zu einem Gewerbebetrieb führen, daß als Rechtsform eine **Kapitalgesellschaft** oder eine Personengesellschaft gewählt wird, bei der ausschließlich eine oder mehrere Kapitalgesellschaften persönlich haftende Gesellschafter sind und nur diese oder gesellschaftsfremde Personen zur Geschäftsführung befugt sind (insbesondere also die GmbH & Co. KG).[47] Diese Gesellschaftsformen sind daher (außer dort, wo gezielt die Einkunftsart „Gewerbebetrieb" gesucht wird, wie z. B. zur Erzielung von Investitionszulagen oder gewerblicher Investitionsförderung in den Neuen Bundesländern)[48] heute nicht mehr anzutreffen oder nur noch in der Variante, daß die Befugnis zur Geschäftsführung einem anderen Gesellschafter als der Kapitalgesellschaft, nämlich einer **natürlichen Person,** übertragen wird.[49]

47 Der große Senat des BFH hatte sich in dieser Entscheidung nicht nur mit der sog. Gepräge-Rechtsprechung zu befassen, sondern grundsätzlich und mit Ergebnissen, welche

[45] *Kurth/Krükel,* Erwerbermodell, S. 142 (Bauherrenmodell); ferner *Wagner/Loritz,* a. a. O., S. 234 ff.; *Kurth/Grass,* Immobilienfonds, S. 186 f. (Fonds), je m. w. Nachw. zu diesem ebenfalls fast unerschöpflichen Thema der steuerlichen Spezialliteratur.

[46] Vgl. *Wipfler,* in: *Fleischmann*/u. a., Steuern S. 232; *Tewes,* Praxishandbuch, Teil 4/2 und Teil 6/2.2 sowie 8/2.1.1.

[47] Hierzu ausführlich § 22, insbesondere Rdnr. 80 ff.

[48] Vgl. unten Rdnr. 67 ff. m. w. N.

[49] Vgl. § 22, insbesondere Rdnr. 82 f.; § 23 (Publikums-KG), Rdnr. 21, 195 f. und § 25 (Publikums-GbR) Rdnr. 44 ff.

den späteren gesetzgeberischen Eingriff überdauert haben und bis heute maßgeblich sind, auch mit Immobilieneinkünften, welche gewissermaßen am anderen Ende des steuerlichen Spektrums von Immobilieneinkünften anzusiedeln sind, der sog. **Liebhaberei.**[50] Hierbei wird angeknüpft an ein weiteres Tatbestandsmerkmal der Besteuerungspflicht, unabhängig von der Art der Einkünfte, nämlich die Gewinn- oder Überschußerzielungsabsicht des Steuerpflichtigen. Fehlt diese, so sind die Immobilieneinkünfte, die der Kapitalanleger aus seiner dann gewissermaßen zweckfreien, rein privaten Beschäftigung mit einer Immobilie erzielt, keiner steuerlichen Einkunftsart zuzurechnen, somit **nicht steuerpflichtig,** andererseits sind aber auch **nicht abzugsfähig** die dabei von ihm gemachten Kosten und Aufwendungen: somit wird gerade bei einer steuerbegünstigten Kapitalanlage der angestrebte Steuervorteil verfehlt.[51]

Die Einzelheiten der Verwaltungspraxis und der Rechtsprechung hierzu, insbesondere der nunmehr von der Finanzverwaltung gemäß BMF-Schreiben vom 23. 7. 1992 angewandten Kriterien (keine negative Vermutung, keine Berücksichtigung von Verlusten aus Sonder-AfA z. B. nach Fördergebietsgesetz, Aufgriff aber bei sog. Beweisanzeichen für „vorprogrammierte" Wiederverwertung nach Abschöpfung kurzfristiger Steuervorteile), unter denen eine solche Betätigung als steuerlich irrelevante Liebhaberei einzustufen ist, werden nachfolgend (§§ 22 ff. Rdnr. 254 f. und 82 f.) ausführlich dargestellt.[52] Im Ergebnis stellt sich jetzt auch für den Immobilien-Kapitalanleger, der Steuervorteile erzielen will oder zur Aufbesserung der Rendite nach Steuern erzielen muß, die Aufgabe, wenigstens langfristig einen Gewinn bzw. Überschuß der Einnahmen über die Ausgaben auch tatsächlich zu erzielen oder jedenfalls deren hohe Wahrscheinlichkeit belegen zu können. Dabei wird i. d. R. auf die gewöhnliche Nutzungsdauer des Objekts als Totalperiode abgestellt (bei Massivbauten laut BMF-Schreiben grundsätzlich 100 Jahre).[53] 48

dd) Herstellungskosten und AfA. Auch für den privaten Kapitalanleger gilt: Aufwendungen, welche er für die erstmalige Herstellung oder wesentliche Umgestaltung eines Immobilienobjekts macht, insbesondere Bau- und Baunebenkosten (nicht aber die Kosten für die Anschaffung von Grund und Boden, welche einkommensteuerlich irrelevant bleiben),[54] können nicht sofort in voller Höhe von Immobilien-oder sonstigen Einkünften abgezogen werden, sondern nur periodenmäßig im Rahmen der jeweils geltenden steuerlichen Vorschriften über Abschreibungen (**AfA;** in der Terminologie des Unternehmensteuerrechts besteht also insoweit „Aktivierungspflicht"). Der temporäre Steuervorteil sofortiger Verrechnung mit anderen Einkünften tritt also pro Periode nur mäßig und insgesamt nur langfristig ein. Das steuerliche Interesse des hoch besteuerten Kapitalanlegers (und des Initiators) ist also darauf gerichtet, die steuerlich irrelevanten **Grundstücksanschaffungskosten** so gering wie irgend möglich, die lediglich abschreibungsfähigen **Herstellungskosten** so niedrig wie steuerlich gerade noch vertretbar und die sofort abzugsfähigen **Werbungskosten** möglichst hoch zu halten. Rechtliche, steuerliche und praktische Voraussetzung hierfür war die zunächst die im Rahmen des Bauherrenmodells entwickelte konsequente Trennung des vom Investor zu erbringenden Gesamtaufwands in diese drei Kostenarten. Insbesondere die Abgrenzung zwischen Werbungskosten einerseits und AfA-fähigen Herstellungskosten andererseits ist ferner ein Hauptgegenstand der Vielzahl von Gerichtsurteilen und Verwaltungsvorschriften zum Einkommensteuerrecht der Immobil- 49

---

[50] Vgl. *Wipfler,* in: *Fleischmann*/u. a., Steuern, S. 233; *Tewes,* Praxishandbuch, Teil 6/3.1 und *Tewes,* in: *Gerlach*/u. a., Gewerbeimmobilie, S. 240 ff.; *Kurth/Grass,* Immobilienfonds, S. 78 ff.

[51] Dies kann heute in verstärktem Maße Bedeutung auch bei Auslandsimmobilien gewinnen, vgl. unten § 22 Rdnr. 21.

[52] GrS BFH vom 25. 6. 1984, hierzu ausführlich § 22 Rdnr. 54 ff. mit zahlreichen Nachweisen.

[53] Vgl. aber einschränkend § 22 Rdnr. 66, 67 m. w. N.

[54] *Strohm/Reinelt,* Bauherrenmodell, Anm. 13, 14 zu Form. I. 1.; *Kurth/Krükel,* Erwerbermodell, S. 130 ff. und *Kurth/Grass,* Immobilienfonds, S. 114 f.; *Tewes* in: *Gerlach*/u. a., Gewerbeimmobilie, S. 294 f.; *ders.,* Praxishandbuch, Teil 6/3.1 und Teil 7/3 und 7/4.

ien-Kapitalanlagen.[55] Bei Bauinvestitionen in den Neuen Bundesländern ist die Problematik durch Gewährung von Sonder-AfA bis zu 50% in den ersten 5 Jahren auf Anschaffungs-, Herstellungs- oder Modernisierungskosten dagegen vorübergehend entschärft (vgl. Rdnr. 67 f.): statt oder neben sofort abzugsfähigen Werbungskosten werden hohe Abschreibungen auf aktivierungspflichtige Kosten vorgezogen gewährt.

50 Angewandt wird bis heute für Bauherrenmodelle und ähnliche Modelle, aber auch für geschlossene Immobilienfonds, der sog. **IV. Bauherrenerlaß** des Bundesministers der Finanzen vom 31. 8. 1990.[56]

51 Daß Herstellungskosten solche Kosten sind, welche direkt oder indirekt für die Bausubstanz verwendet werden, ist zwar ein gewichtiges Indiz, gilt aber nicht unbegrenzt. Denn § 9 EStG definiert andererseits den Begriff der Werbungskosten ebenfalls sehr weit als „Aufwendungen zur Erwerbung, Sicherung und Erhaltung der Einnahmen" (hier: aus Vermietung und Verpachtung eines Immobilienobjekts), bevor dann in § 9 Abs. 1 Satz 3 Legaldefinitionen bestimmter Werbungskostenarten erfolgen. Daher zählen grundsätzlich auch Aufwendungen zu den Werbungskosten und nicht den Herstellungskosten, die der Kapitalanleger machen muß, um die laufende Gebrauchsfähigkeit zur Vermietung zu erhalten, insbesondere also Reparaturen und sonstige Instandhaltungs-und Instandsetzungsmaßnahmen an der Mietsache **(Erhaltungsaufwand).**[57] Dies versuchen im Rahmen der sog. Altbau-Modernisierungsmodelle Konzeptionen auszunutzen, bei denen bautechnisch stark heruntergekommene Altbausubstanz so wie sie steht und liegt übernommen und die auf Seiten des Veräußerers zurückgestauten Arbeiten dieser Art dann vom Kapitalanleger als „Umbauherr" oder „Ausbauherr" im eigenen Namen, auf eigene Rechnung und Gefahr bauherrenmäßig mit erheblichem Kostenaufwand nachgeholt werden. In den Neuen Bundesländern ist das begreiflicherweise sogar ein besonderer (steuerlicher) Förderungstatbestand.

52 Allgemein und einschränkend allerdings behandelt die Finanzverwaltung mit Zustimmung der Rechtsprechung (vgl. Abschnitt 157 Abs. 5 EStR) Aufwendungen, die üblicherweise innerhalb von 3 Jahren im Anschluß an den Erwerb eines Gebäudes getätigt werden als sog. **anschaffungsnahe Aufwendungen.** Diese sind dann als nicht sofort in voller Höhe abzugsfähige Herstellungskosten zu behandeln, wenn sie im Verhältnis zum Kaufpreis hoch sind und dadurch im Vergleich zum Zustand des Gebäudes im Anschaffungszeitpunkt dessen Wesen verändern, den Nutzungswert des Gebäudes erheblich erhöhen oder die Nutzungsdauer des Gebäudes erheblich verlängern. Die Abgrenzung zwischen eindeutigen Herstellungskosten, Herstellungskosten in der Form des anschaffungsnahen Herstellungsaufwands und reinem Erhaltungsaufwand ist je nach Art der einzelnen Maßnahmen außerordentlich umstritten und durch zahlreiche Detailregelungen (insbesondere Prüfgrenzen für die Finanzverwaltung) gekennzeichnet.[58]

---

[55] Hierauf liegt der Schwerpunkt der steuerlichen Darstellung bei praktisch allen im vorangestellten Schrifttumsverzeichnis genannten Autoren; besonders ausführlich bei *Tewes,* Praxishandbuch, Teil 4 (Modell-Grundkonzeptionen) und Teil 6/7 (Werbungskosten-Grundsatzfragen und -Katalog).

[56] Die steuerliche Behandlung bei Immobilienfonds ist nur in Teilbereichen unterschiedlich, vgl. *Tewes,* Praxishandbuch, Teil 7/2.2.2 und 7/2.4 und unten Rdnr. 289, je nachdem, ob eine Außenprovision durch den neubeitretenden Kapitalanleger oder eine Eigenkapitalbeschaffungsprovision durch die emittierende Gesellschaft geschuldet ist: Letztere ist nach den Urteilen des BFH vom 13. 10. 1983 (BStBl. 1984 II S. 101) und erneut vom 24. 2. 1987 (DB 1987, 1229) trotz Widerstands in der Finanzverwaltung regelmäßig sofort werbungskostenabzugsfähig (vgl. auch BdF-Schreiben vom 12. 2. 1988 in BStBl. 1988 I S. 98), vgl. ferner *Tewes,* in: *Gerlach*/u. a., Gewerbeimmobilie, S. 281 f. mit Abgrenzungen.

[57] Vgl. zunächst Abschnitt 157 Anm. 5 EStR; zu den schwierigen Differenzierungen der Verwaltungspraxis und der sehr kasuistischen FG-Rechtsprechung vgl. die Übersichten bei *Kurth/Krükel,* Erwerbermodell, S. 220 f. und bei *Tewes,* Praxishandbuch, Teil 7/4 und Teil 7/4.3; ferner *Wagner/ Loritz,* a. a. O., S. 488 ff., je m. w. Nachw.

[58] Vgl. zunächst die Autoren in Fn. 57 m. w. Nachw.

Auf die so abgegrenzten Herstellungskosten kommen für den Kapitalanleger, welcher ein neuerrichtetes oder grundlegend modernisiertes Gebäude bauen läßt oder erwirbt, nach äußerst verwickelten Grundsätzen u. U. folgende Abschreibungen in Frage: 53

– **Lineare Abschreibung** (§ 7 Abs. 4 EStG) für inländische Gebäude, Wohnungen, Gewerbeeinheiten mit 2% (bei vor dem 1. 1. 1925 fertiggestellten Altbauten: 2,5%) jährlich für Bauherren und Erwerber (für den steuerorientierten Bauherren wegen der weitergehenden folgenden Abschreibungsvorschriften zunächst uninteressant; für Gewerbeobjekte allerdings seit dem 31. 3. 1985 – maßgeblich die Stellung des Baugenehmigungsantrags – auf 4% angehoben, soweit das Objekt zu einem Betriebsvermögen gehört, also kraft Rechtsform (z. B. GmbH & Co. KG) oder aus sonstigen Gründen Einkünfte aus Gewerbebetrieb angestrebt sind);[59] 54

– **Degressive Abschreibung** (§ 7 Abs. 5 EStG, sogenannte Bauherren-AfA für Neubauten, früher das Kernstück der Steuerbegünstigungen in diesem Bereich) in Höhe von nunmehr je 7% für das 1. bis 4. Jahr und je 5% für die darauffolgenden 6 Jahre, je 2% für die Jahre 11–16, dann 1,25% für die Jahre 17–40 (zugänglich für Bauherren und Ersterwerber im Jahre der Fertigstellung bei Bauantrag nach dem 28. 2. 1989; hier seit 31. 3. 1985 wiederum Abschreibungsverbesserungen für Büro- und Gewerbeobjekte im Betriebsvermögen, zeitlich befristet je nach Zeitpunkt des Bauantrags);[60] 55

– **Sonderabschreibungen** für bestimmte Maßnahmen oder Standorte zu Gunsten des Bauherren/Erwerbers nach einkommensteuerlichen Sondervorschriften (§§ 7 c, 7 h, 7 i, 7 k EStG, ferner (jetzt noch) § 14 c BerlinFG und in den Neuen Bundesländern und z. T. noch in Berlin (West) nach dem **Fördergebietsgesetz,** das unter Rdnr. 67 ff. näher behandelt werden muß).[61] 56

ee) Werbungskosten, insbesondere Finanzierungskosten. Die durch § 9 Abs. 1 Satz 3 EStG konkret definierten Aufwendungen „zur Erwerbung, Sicherung und Erhaltung der Einnahmen“ (aus Vermietung und Verpachtung; Werbungskosten) umfassen insbesondere die vom Kapitalanleger selbst getragenen Kosten folgender Art (im Jahr des tatsächlichen Abflusses aus seinem Vermögen): 57

– Zwischen- und Endfinanzierungszinsen;[62] 58

– sonstige Finanzierungskosten im Zusammenhang mit der Kreditaufnahme und Kreditsicherung, also z. B. Finanzierungsvermittlungs- und Bearbeitungsgebühren, Grundbuch- und Notarkosten für die dingliche Kreditsicherung, bei der Bank zusätzlich anfallende Gebühren und Spesen, Disagio, insbesondere auch das vor allem bei der Endfinanzierung anfallende *Damnum*, wobei auch hier die Finanzverwaltung die Prüfgrenzen des IV. Bauherrenerlasses (heute mit Tendenz zu größerer Strenge) im Einzelfall nicht immer gleichartig anwendet;[63] 59

– Steuern vom Grundbesitz, sonstige öffentliche Abgaben und Versicherungsbeiträge auf das Vermietungsobjekt;[64] 60

---

[59] Vgl. die Autoren in Fn. 57 und 58 (jeweils mit Übersichten).

[60] Vgl. insbesondere *Tewes,* Praxishandbuch, Teile 7/3, 7/3.1 und 7/4.1.

[61] Besonders ausführlich und instruktiv zu diesem Thema die Arbeiten von *Görlich* (Vermögensbildung) und *ders.,* in: *Tewes,* Bauherrenmodelle, Teil 4/11, ferner in DB 1988, 1999); zu sog. „Berlinfonds“ vgl. auch *Tewes,* in: *Gerlach*/u. a., Gewerbeimmobilie (3. Aufl. 1992), S. 262; z. T. noch maßgeblich auch *Schmoly,* in: *Fleischmann*/u. a., Steuern, S. 356 ff.

[62] Zur wirtschaftlichen und zivilrechtlichen Bedeutung vgl. *Strohm/Reinelt,* Bauherrenmodell, Anm. 19 ff. zu Form. I. 1. m. w. N.; die steuerlichen Auswirkungen werden in den „Werbungskostenkatalogen“ praktisch aller steuerlichen Autoren ausführlich behandelt (vgl. Fn. 54).

[63] Vgl. Nachweise in Fn. 55. Die Darstellungen vieler aller Autoren behandeln fast ausschließlich den steuerlichen Aspekt der „sofort steuerlich abzugsfähigen Werbungskosten“ dieser meist wirtschaftlich sehr erheblichen Kostenarten (mit besonders hohen Verdienstspannen für Initiatoren, ggf. auch Banken); zu wirtschaftlichen Überlegungen, insbesondere Langzeitprognosen vgl. aber z. B. *Kurth/Grass,* Immobilienfonds, S. 201 f. und 241 ff. mit Berechnungen/Grafiken.

[64] Vgl. § 9 Anm. 1 Nr. 2 EStG; steuerlich insbesondere *Tewes,* Praxishandbuch, Teil 7/2.20 und *Hieronymus/Schwatlo,* in: *Gerlach*/u. a., Gewerbeimmobilie, S. 322 ff.; zur mietrechtlichen Be-

61 – Aufwendungen im Rahmen der Vermietung, insbesondere Mietvermittlungsgebühr und Kosten für Mietgarantien (in von der Finanzverwaltung zunehmend enger gezogenen Grenzen), aber auch laufende Reparaturkosten (z. B. die oben behandelten Erhaltungsaufwendungen), Verwaltungs- und Bewirtschaftungskosten im Zusammenhang mit dem Mietobjekt;[65]

62 – Steuerberatungskosten; Geschäftsführungs- und Haftungsgebühren sowie Vergütungen des Treuhänders (z. T. aber AK/HK);[66]

63 – sonstige, insbesondere die sogenannten Sonderwerbungskosten.[67]

Einen ständigen Zankapfel zwischen Anleger und Finanzverwaltung stellen besonders bei modellartig organisierten Investorengemeinschaften die – wirtschaftlich sehr bedeutenden – **Konzeptionskosten** und **Vertriebskosten** im weitesten Sinne dar, so z. B. Vermittlungsprovisionen, Agio, Eigenkapitalbeschaffungskosten, Konzeptions- und Konzeptionsberatungskosten (vgl. unten Rdnr. 65 ff. und die Rdnr. zu den jeweiligen steuerlichen Besonderheiten der einzelnen Modellformen).

64 Für steuerbegünstigte Immobilien-Kapitalanlagen charakteristisch ist das modelltypische Bemühen, diese Aufwendungen, soweit sie die Investitionsphase betreffen, soweit möglich durch Vorausleistung in das erste Jahr **vorzuverlagern,** in dem, da aus dem Objekt selbst noch keine Mieteinnahmen erzielt und zu versteuern sind, diese Kosten voll zur Verrechnung mit anderen Einkünften eingeplant werden.[68]

65 ff) Besonderheiten bei Investorengemeinschaften. Die vorstehenden einkommensteuerlichen Grundsätze, insbesondere die Abgrenzung zwischen Grundstückskosten, Herstellungskosten und sofort abzugsfähigen Werbungskosten, sind an sich nicht modelltypisch (wenn man davon absieht, daß ihre konsequente Trennung gerade bei steuersparenden Immobilienmodellen entwickelt und immer mehr verfeinert wurden), sondern auch jedem Einzelinvestor als Bauherr zugänglich. Auch die sonstigen Vorschriften des allgemeinen Einkommensteuerrechts machen, wenn die Einkunftsart „Vermietung und Verpachtung" im übrigen feststeht, an sich keine Unterschiede zwischen einzelnen und einer Mehrzahl von Immobilienanlegern.[69]

66 Die wirtschaftliche Abwicklungspraxis von Investorengemeinschaften, bestehend aus einer Vielzahl von weit verstreut und weit vom Objekt entfernt sitzenden Kapitalanlegern, denen durch **zentrale Organisation** im Initiatorenbereich (fast) sämtliche Tätigkeiten durch Funktionsträgerunternehmen abgenommen werden, welche sonst zu den Aufgaben eines Bauherren gehören, läßt aber u. U. aus der Sicht der Finanzverwaltung und der Finanzrechtsprechung die Quantität in (steuerlich anders zu beurteilende) Qualität umschlagen: wenn diese Vielzahl von Investoren in wirtschaftlicher Betrachtung eigentlich nur noch als Erwerber einer (für sie durch andere) fertig angeschafften, errichteten, finanzierten, vermieteten und verwalteten Immobilie erscheinen. Insbesondere wenn sie sich auf-

---

handlung *Hieronymus,* in: *Gerlach*/u. a., Gewerbeimmobilie, S. 355 ff. sowie die mietrechtliche Spezialliteratur.

[65] Steuerlich und zivilrechtlich oft problematisch sind vor allem Umfang der Leistungen (und die Haftung hieraus) in der Erstvermietungsphase im Zeitpunkt der Objekt-Bezugsfertigstellung; die Finanzverwaltung nimmt auf Grund des IV. Bauherrenerlasses vom 31. 8. 1990 (Fn. 55) zunehmend Kürzungen vor und steht Vorauszahlungen besonders kritisch gegenüber, vgl. insbesondere *Tewes,* Praxishandbuch, Teile 6/7 und 7/2.26.

[66] Vgl. *Tewes,* Praxishandbuch, Teile 7/2.21 und 7/2.22 sowie 7/2.23 ff.; *ders.,* ausführlich und speziell auch zu Immobilienfonds, in: *Gerlach*/u. a., Gewerbeimmobilie, S. 283 ff. und S. 292 f. ff. mit Übersicht auch über sonstige Gebühren betreuender/verwaltender Begleit-Tätigkeiten. Zu berufsrechtlichen Fragen s. a. *Strohm/Reinelt,* in: *Tewes,* Bauherrenmodelle, Teil 5/9.6.1.

[67] Diese fallen regelmäßig in der eigenen Sphäre des einzelnen Kapitalanlegers selbst an, werden aber einheitlich mit festgestellt (z. T. strittig), vgl. *Tewes,* Praxishandbuch, Teil 8/2.2.2 und Teil 9/5.1.1 (Verfahrensrecht).

[68] Dem versucht die Finanzverwaltung auch im nichtgewerblichen Bereich z. T. entgegenzutreten, vgl. *Tewes,* Praxishandbuch, Teil 6/7 m. w. Nachw.

[69] Vgl. unten Rdnr. 267 ff., 305 ff.

grund eines von den Projektanbietern vorformulierten Vertragswerks beteiligen und sich dabei von diesen oder von dort eingeschalteten Personen (Treuhänder, Baubetreuer etc.) rechtsgeschäftlich vertreten lassen, fehlt es an der für bestimmte Steuervorteile (insbes. sofortige Abzugsfähigkeit von Werbungskosten) an der sog. „Bauherreneigenschaft". Der IV. Bauherrenerlaßt vom 31. 8. 1990 läßt die steuerliche Behandlung als „Bauherr" nur noch in Einzelfällen und für Einzelanleger zu (Übergangsregelung: Beteiligung ab 1. 6. 1990).[70] Gefordert wird, daß sie wie ein solcher auf die Planung Einfluß nehmen und das Baugeschehen beherrschen (sog. **Bauherreninitiative**) und das wirtschaftliche Risiko selbst tragen (sog. **Bauherrenrisiko**). Anderenfalls droht die Umqualifizierung zum bloßen Erwerber einer fertigen Immobilie (z. B. wie ein Käufer vom Bauträger), der zu einem festgelegten Gesamtpreis (mit nur äußerst eingeschränkter Möglichkeit zur Abspaltung von Werbungskosten) erwirbt, oder gar zum bloßen Bezieher von Einkünften aus (Immobilien-)Kapitalvermögen.[71]

gg) Besonderheiten bei Immobilien in den Neuen Bundesländern[72] und Berlin.[73] Die 67
steuerlichen Besonderheiten bei **Berlin-Immobilien,** bisher eine Spezialmaterie, sind per 30. 6. 1991 infolge der Wiedervereinigung und der daraus resultierenden besonderen Anforderungen an eine Investitionsförderung in den neuen Bundesländern auch im Immobilienbereich fast vollständig abgelöst worden[74] durch steuerliche Förderungsvorschriften, die sich allgemein auf die Beitrittsländer beziehen, unter Einbeziehung von West-Berlin (in nahtloser Ablösung des dort bisher geltenden BerlinFG, Ausnahme: selbstbewohnte Gebäude). Hier gilt nunmehr das **Fördergebietsgesetz** (FörderG; BStBl. I 1991, 674), und zwar zunächst bis 31. 12. 1996 (die Geltungsdauer wurde mit investorenfreundlichen Verbesserungen auf diesen Zeitpunkt bereits verlängert. Das Jahressteuergesetz 1996 verlängert die Geltung des FörderG zwar nochmals bis 31. 12. 1998, reduziert jedoch objektspezifisch die für Kapitalanleger besonders interessanten Sonderabschreibungssätze stark auf 40% (Altbaumodernisierung) bzw. 25% (Wohnungsneubau) und 20% (Gewerbeimmobilien, unter gleichzeitiger Kappung der für diesen Bereich bisher möglichen degressiven AfA. Auch das FörderG arbeitet in bewährter Weise mit steuerlichen Anreizen durch vorgezogene **Sonderabschreibungen** bis zu 50% in den ersten fünf Jahren (Förderzeitraum bzw. Begünstigungszeitraum) – und zwar neben der normalen (linearen) AfA – auf die Investitionskosten der im Gesetz begünstigten, vom Gesetzgeber als besonders dringlich erachteten Maßnahmen. Für hoch besteuerte Kapitalanleger, die mit positiven Einkünften

---

[70] Besonders ausführlich *Tewes,* Praxishandbuch, Teile 6/4 und 6/5 (für Teilungsmodelle und Fonds); ferner *Kurth/Grass,* Immobilienfonds, S. 93 ff.; und vielfach *Wagner/Loritz,* a. a. O., S. 363 ff. und S. 412 f. m. w. zahlr. Nachw. Zum Herstellerbegriff insbesondere bei Sonderabschreibungen, vgl. auch unten Rdnr. 176 ff., 197 ff. (Bauträger- bzw. Erhaltungsmodelle).

[71] Letzteres ist die typische (steuerliche) Einkunftsart z. B. beim offenen Immobilienfonds, s. u. Rdnr. 207 ff.

[72] Zum Fördergebietsgesetz hat sich bereits umfangreiche steuerliche Spezialliteratur entwickelt; die Literatur zu Immobilienkapitalanlagen mit Steuerorientierung geht dementsprechend immer stärker hierauf ein, vgl. etwa *Tewes,* Praxishandbuch, Teil 7/3.4; *ders.,* in: *Gerlach*/u. a., Gewerbeimmobilie, S. 174 f. und S. 296 ff.; sehr ausführlich nunmehr auch *Wagner/Loritz,* a. a. O., S. 210 ff. und *Loritz/Wagner,* a. a. O., S. 135 ff., mit zahlr. Nachw.; dort im Anhang und bei *Tewes,* Praxishandbuch, Teil 12, auch die immer zahlreicheren Erlasse der Finanzverwaltung.

[73] Der Wohnungsbau in Berlin wird seit vielen Jahren durch verschiedene Programme (Förderwege) öffentlich gefördert, wobei für freifinanzierende Investoren vor allem der sog. 2. Förderweg von erheblicher wirtschaftlicher Bedeutung und in seinen verschiedenen, zum Teil inzwischen reduzierten Varianten weiter bedeutsam ist, vgl. hierzu ausführlich mit Nachweisen (insbesondere den zugehörigen Verwaltungsrichtlinien) *Jehl,* in: *Tewes,* Praxishandbuch, Teil 3/7.

[74] Der Wohnungsbau in Berlin wird seit vielen Jahren durch verschiedene Programme (Förderwege) öffentlich gefördert, wobei für freifinanzierende Investoren vor allem der sog. 2. Förderweg von erheblicher wirtschaftlicher Bedeutung und in seinen verschiedenen, zum Teil inzwischen reduzierten Varianten weiter bedeutsam ist, vgl. hierzu ausführlich mit Nachweisen (insbesondere den zugehörigen Verwaltungsrichtlinien) *Jehl,* in: *Tewes,* Praxishandbuch, Teil 3/7.

aus anderen Einkommensquellen verrechnen können, entsteht hierdurch der gewünschte Vorzieheffekt (vgl. Rdnr. 38), der je nach künftiger Entwicklung des steuerpflichtigen Einkommens zu einer zeitweiligen Steuerstundung oder ggf. sogar endgültiger Steuerersparnis führen und damit für die individuelle Steuerplanung nutzbar gemacht werden kann. Damit kann aber auch die Bereitschaft, privates Kapital für dringend benötigte Immobilieninvestitionen in den neuen Bundesländern zu mobilisieren, erhöht werden. Das FörderG begünstigt und verlängert in der heutigen, zuletzt durch das Standortsicherungsgesetz vom 13. 9. 1993 geltenden Fassung im Immobilienbereich folgende Maßnahmen:[75]

- **Anschaffung** oder **Herstellung** von abnutzbaren unbeweglichen Wirtschaftsgütern (Gebäuden) nach dem 31. 12. 1990;
- nachträgliche Herstellungsarbeiten (sog. Modernisierungsmaßnahmen und andere nachträgliche Herstellungsarbeiten) an solchen Wirtschaftsgütern nach dem 31. 12. 1990;
- Teilherstellungskosten und geleistete Anzahlungen auf Anschaffungskosten nach dem 31. 12. 1990 und bis zum 31. 12. 1996.

68 Interessant ist dabei vor allem die volle Einbeziehung von Anschaffungskosten und **Anzahlungen** hierauf, welche die strittige Abgrenzung zu den Werbungskosten vermeidet (s. u.), ferner die Einbeziehung sogenannter Modernisierungskosten (welche vor allem bei Altbausanierungen den anderen steuerlichen Streitpunkt, s. o., zwischen Erhaltungsaufwand und anschaffungsnahen, aktivierungspflichtigen und nur langfristig abschreibbaren anschaffungsnahen Aufwendungen steuerlich entscheidend verringert). Die Immobilienbranche hat hierauf prompt reagiert und bringt derzeit ganz überwiegend hieran anknüpfende Modelle und Objekte in den Neuen Bundesländern auf den Markt. Dabei sind derzeit Wohnungsbauprojekte, gemessen am Bedarf, noch unterrepräsentiert (etwas abweichend: Altbausanierung in Berlin-Ost), dies nicht aus steuerlichen Gründen, sondern wegen der für Investoren deutlich schlechteren **wirtschaftlichen Rahmenbedingungen** (Mietpreisbindung, erweiterter Wohnraummietkündigungsschutz, deutlich niedrigeres Mietpreisniveau).[76,77]

Dem Investor wird durch das FörderG darüber hinaus ein **Wahlrecht** geboten, wie er diese 50%-igen Abschreibungen innerhalb der ersten fünf Jahre (Förderzeitraum) verteilen will. Er kann sie also seiner individuellen Steuersituation an sich individuell anpassen. Charakteristisch für das FörderG – und eine erste Anwendung der „Gepräge"-Rechtsprechung des BFH 1984 – ist aber, daß dieses Wahlrecht im Rahmen einer Investorengemeinschaft nur von allen Gemeinschaftern oder Gesellschaftern gemeinsam und gleichlautend ausgeübt werden kann. Denn bei der Beurteilung der Förderberechtigung wird allein auf die Ebene der Gesellschaft, nicht der einzelnen Gesellschafter, abgestellt (§ 1 Abs. 1 Satz 2 FörderG). Deshalb führt auch ein Wechsel im Gesellschafterbestand folgerichtig beim austretenden Gesellschafter oder Gemeinschafter zum Verlust der Steuerbegünstigung (hierzu u. a. ausführlich der bereits erforderlich gewordene BMF-Erlaß zu „Zweifelsfragen bei der Anwendung des Fördergebietsgesetzes" vom 29. März 1993, BStBl. I 1993,279 ff.).[78] Andererseits wird dadurch die sog. Abschichtungsproblematik bei solchen Immobiliengesellschaften vermieden (vgl. u. Rdnr. 305 ff.). In der Praxis wird derzeit der überwiegende Teil hieran anknüpfender steuerorientierter Immobilienkapitalanlagen in der Form von Fondsmodellen (BGB-Gesellschaft, vermögensverwaltende KG) angeboten.

---

[75] Vgl. die Autoren zu Fn. 72 und dortigen Nachw.; ferner *Wewers/Hoffmann,* Steuerliche Förderinstrumente für die Neuen Bundesländer und Berlin, 2. Aufl. 1992; *Kaligin,* Steuerlich optimale Gestaltungen bei Investitionen in den Neuen Bundesländern; Schriften des BW 1994; ferner die aufblühende steuerliche Spezialliteratur zum Fördergebietsgesetz.

[76] Die Wirtschaftlichkeit solcher Investitionen wird daher zunehmend kritisch beurteilt, zumal sie auch vom politischen Geschehen mitbeeinflußt wird.

[77] Der Abbau des speziellen Berliner Kündigungsschutzes ist wiederholt vorgesehen und angekündigt worden; er ist inzwischen erfolgt, zum Teil mit Ausnahmen, die sich aus Auflagen im Rahmen einer gewährten Förderung (Fn. 76) z. B. durch Belegungsrecht u. a. ergeben.

[78] Nachweis der Erlasse bei *Wagner/Loritz,* a. a. O., S. 746 f. und *Tewes,* Praxishandbuch, Teil 12.

Zum FörderG war zunächst umstritten, ob zur Erzielung der Steuerbegünstigung durch Sonderabschreibungen, insbesondere bei der Altbausanierung und Modernisierung, Investoren oder Investorengemeinschaften auch die seit langem heiß umstrittene sog. „Bauherreneigenschaft“ (vgl. oben Rdnr. 66) haben müßten. Das war nach den insoweit strengen Grundsätzen des IV. Bauherrenerlasses für modellartig konzipierte und vertriebene Immobilienkapitalanlagen (vorformuliertes Vertragswerk, rechtsgeschäftliche Vertretung durch Personen oder Unternehmen der Anbieterseite) bei Teilungsmodellen kaum, bei Fondsmodellen schwer erreichbar und bei Bauträgerfällen und Fertigstellung steckengebliebener Bauvorhaben strittig. Die Neuformulierung von § 3 Satz 2 Nr. 3 FörderG durch das Standortsicherungsgesetz (1993) stellt nunmehr klar, daß die Sonderabschreibungen auch auf Anschaffungskosten auf Modernisierungsmaßnahmen und andere „nachträgliche Herstellungsarbeiten“ vorgenommen werden können, wenn diese von reinen Erwerbern oder Erwerbergemeinschaften **nach** dem rechtswirksamen Abschluß des Erwerbsvertrages vorgenommen werden. In der Praxis zwingt dies allerdings andererseits dazu, den Grundsatz „erst kaufen, dann modernisieren“ einzuhalten, was im Einzelfall wirtschaftlich und technisch schwierig sein kann. Nach wie vor nicht beseitigt ist die Schwierigkeit, daß begünstigt (sonderabschreibungsfähig) sind nur diese nachträglichen Modernisierungskosten – als steuerliche Bemessungsgrundlage für die hohe Sonderabschreibung –, nicht die von den Investoren aufgewandten, oft erheblichen Beträge für den zunächst einmal erforderlichen Erwerb der **Altbausubstanz** (Gebäudeanteil), wenn die Anschaffung durch den Erwerber nicht im Jahr der Fertigstellung erfolgt (soweit Gebäude im Privatvermögen, (bei Betriebsvermögen gilt diese Einschränkung nicht in gleicher Weise). Ferner gilt die logische Einschränkung, daß der Rechtsvorgänger des Erwerbers besondere Abschreibungen, insbesondere die Sonderabschreibung nach FörderG, nicht vorgenommen hat. Der Gesetzgeber wollte also steuerliche Anreize zu Bauinvestitionen geben, bloße Anschaffungen ohne solche aber nicht begünstigen.[79] [80]In der Praxis führt dies zur Aufblähung der nach Erwerb vorzunehmenden und steuerlich begünstigten „Modernisierungskosten“ (neben denen, auch auf die Altbausubstanz, die lineare AfA, allerdings mit sehr niedrigen Sätzen, bestehenbleibt, vgl. oben Rdnr. 54). Die besondere wirtschaftliche und zivilrechtliche Problematik der Altbaumodernisierung wird unten bei den sog. Erhaltungsmodellen (Rdnr. 181 ff.) darzustellen sein. 69

hh) Steuerliches Verfahrensrecht. Die wichtigsten Besonderheiten des steuerlichen Verfahrensrecht bei Immobilien-Kapitalanlagen, insbesondere von Investorengemeinschaften, sind: 70

- die speziell unter dem FörderG zugängliche Möglichkeit, zu erwartende steuerliche Verluste schon im ESt-Vorauszahlungsverfahren geltend zu machen oder auf der **Lohnsteuerkarte vorzutragen** (besonders für hoch verdienende Angestellte als Kapitalanleger);[81] 71
- die grundsätzlich gesondert-einheitlich vorzunehmende **Feststellung des einkommensteuerlichen Ergebnisses** der Investorengemeinschaft (solange sie als solche besteht, am Ort der Betriebsführung, also meist am Ort des zentralen Funktionsträgerunternehmens oder des Treuhänders) gemäß § 180 AO;[82] 72
- die im Ergebnis laufende Unterwerfung der steuerlichen Verhältnisse solcher Investorengemeinschaften unter die Außensteuerprüfung als zunächst vorläufige, dann abschließen- 73

---

[79] Zum Fördergebietsgesetz hat sich bereits umfangreiche steuerliche Spezialliteratur entwickelt; die Literatur zu Immobilienkapitalanlagen mit Steuerorientierung geht dementsprechend immer stärker hierauf ein, vgl. etwa *Tewes*, Praxishandbuch, Teil 7/3.4; *ders.*, in: *Gerlach*/u. a., Gewerbeimmobilie, S. 174 f. und S. 296 ff.; sehr ausführlich nunmehr auch *Wagner/Loritz*, a. a. O., S. 210 ff. und *Loritz/Wagner*, a. a. O., S. 135 ff., mit zahlr. Nachw.; dort im Anhang und bei *Tewes*, Praxishandbuch, Teil 12, auch die immer zahlreicheren Erlasse der Finanzverwaltung.

[80] Nachweis der Erlasse bei *Wagner/Loritz*, a. a. O., S. 746 f. und *Tewes*, Praxishandbuch, Teil 12.

[81] Vgl. *Tewes*, Praxishandbuch, Teil 9/5 und ders., in: *Gerlach*/u. a., Gewerbeimmobilie, S. 305 f.

[82] Darstellungen insbes. bei *Tewes* (Fn. 78) sowie *Wagner/Loritz*, a. a. O., S. 239 f. (Baumodelle) und *Loritz/Wagner*, a. a. O., S. 170 (Immobilienfonds); ferner *Kurth/Grass*, Immoblienfonds, S. 147 f.

de **Betriebsprüfung,** verbunden mit einem vorgeschalteten Glaubhaftmachungsverfahren über die voraussichtlichen, künftigen Verluste, welche über die vom Betriebsfinanzamt dabei zu erstellenden Mitteilungen, die dem Kapitalanleger die ja gerade angestrebte Umsetzung der in der Investorengemeinschaft erzielten steuerlichen Verluste im Rahmen seiner persönlichen Einkommensbesteuerung (gegenüber seinem Wohnsitzfinanzamt) erleichtern.[83]

74 Der Nachteil, daß dabei der steuerorientierte Immobilieninvestor jedenfalls während der Investitionsphase gegenüber dem Finanzamt mit gläsernen Taschen arbeiten muß, wird m. E. einigermaßen aufgewogen dadurch, daß hier, meist durch Funktionsträgerunternehmen oder den Treuhänder/Objektsteuerberater fachkundig betreute, gesicherte Besteuerungsverfahren ablaufen und steuerliche Rechtssicherheit relativ bald eintritt (und zwar auch bei anderen Steuerarten, wie Umsatz- umd Grunderwerbsteuer).[84]

75 *b) Grunderwerbsteuer.* aa) Objekterwerb. Vor allem Bauherrenmodelle und geschlossene Immobilienfonds zur Neuerrichtung von Immobilien konnten auch Grunderwerbsteuervorteile erzielen (vor allem gegenüber dem klassischen Kauf einer fertigen Immobilie vom Bauträger). Die Bauherrengemeinschaft oder die Fondsgesellschaft erwarb nur das unbebaute Grundstück, daher waren nur die eigentlichen Grundstücksanschaffungskosten Bemessungsgrundlage für die Grunderwerbsteuer.[85]

76 Die Grunderwerbsteuerreform 1983 hat solche Sondervorteile weitgehend beseitigt (allerdings den Tarif auch ganz erheblich, auf nunmehr 2%, gesenkt). In Erlassen der Finanzverwaltung, zunächst für Einzelfälle und schließlich durch und nach der vom BFH[86] hierzu aufgestellten **„Vertragsbündel"-Theorie,** wird vielmehr der Investor, insbesondere die Investorengemeinschaft, von welcher lediglich der nackte Grund und Boden angekauft und dann selbst auf eigene Rechnung und Gefahr bebaut wird, im Rahmen dieser Steuerart so behandelt, als habe er auch die Bausubstanz und die mit der Errichtung notwendig verbundenen organisatorischen Nebenleistungen und sonstigen Dienstleistungen „gekauft". Dies gilt inzwischen auch für Finanzierungskosten und Nebenerwerbskosten der Investitionsphase (mit geringfügigen Ausnahmen), jedoch aus Sicht der Finanzverwaltung nicht für Kosten in der Bewirtschaftungsphase (Endfinanzierung, Vermietung, z. T. unklar).[87] Wird das Objekt **mit** Mehrwertsteuer erworben (um nachstehend beschriebene Umsatzsteuervorteile zu erlangen), wird auch die Grunderwerbsteuer, regelmäßig vom Käufer als Teil seiner Gegenleistung zu tragen, nach der Praxis der Finanzverwaltung jedenfalls zur Hälfte in die Bemessungsgrundlage einbezogen, was einer Steuer auf Steuern gleichkommt.

77 bb) Beteiligungswechsel. Bei Modellen, welche auf die Bildung von Wohnungs- oder Teileigentum oder Einzelobjekte in einer Hand gerichtet sind, ergeben sich insoweit keine grunderwerbsteuerlichen Besonderheiten. Wird das Immobilienobjekt in Ausnahmefällen zu Bruchteilen nicht nur erworben, sondern auch gehalten (sog. **Bruchteilsfonds**),[88] fällt Grunderwerbsteuer auch bei der Veräußerung von Bruchteilen an. Dagegen ist die Veräußerung von Beteiligungen an Investoren-Personengesellschaften, welche zivilrechtlich als

---

[83] Regelfall ist heute eine ebenfalls durch Erlaß geregelte (vgl. Nachweise bei *Tewes,* Praxishandbuch, Teil 12) sog. vorläufige Betriebsprüfung mit einem vorläufigen Verlustglaubhaftmachungsverfahren relativ frühzeitig, meist noch in der Investitionsphase, damit der Kapitalanleger vorläufig voraussichtliche Verluste geltend machen kann; dem folgt – u. U. mit abweichenden Ergebnissen – oft ja erst Jahre später die endgültige Betriebsprüfung, die aber für derartige Objekte regelmäßig auch durchgeführt wird.

[84] Andere einschlägige Steuerarten werden i. d. R. durch die Betriebsprüfung miterfaßt (Fn. 80).

[85] Zur älteren Rechtslage und der Entwicklung von Verwaltungspraxis und BFH-Rechtsprechung vgl. etwa *Wagner/Loritz,* a. a. O., S. 345 ff.; ausführlich auch *Kurth/Krükel,* Erwerbermodell, S. 175 m. w. N.; *Tewes,* Bauherrenmodelle, Teil 10/2.2.

[86] BStBl. 1985 II S. 627; zu Konsequenzen und Übergangsrecht vgl. *Tewes,* Bauherrenmodelle, Teil 10/2.2.

[87] Vgl. *Tewes,* Praxishandbuch, Teil 9/2 mit Einzelheiten.

[88] Kurzübersicht bei *Tewes,* Praxishandbuch, Teil 4/2 und Teil 9/2 ff. (Grunderwerbsteuerfragen).

Gesamthandsbeteiligungen ausgestaltet sind (typischer Fall des geschlossenen Immobilienfonds) grundsätzlich grunderwerbsteuerfrei, es sei denn, daß eine vollständige Auswechselung aller Altgesellschafter stattfindet (zu Sonderfragen bei Einschaltung eines sog. Grundbuchtreuhänders s. u. Rdnr. 278 ff. und 305 ff.).[89]

c) Umsatzsteuer. aa) Umsatzsteuer bei Gewerbeobjekten. Im Umsatzsteuerrecht ist der 78
Begriff des „Unternehmers“, welcher seine Einnahmen aus Lieferungen und Leistungen der Umsatzsteuer zu unterwerfen hat, weiter gefaßt als im Einkommensteuerrecht; es reicht die bloße Absicht aus, irgendwie Einnahmen zu erzielen (eine qualifizierte „Gewinnerzielungsabsicht“ ist also nicht erforderlich). Daher ist an sich Unternehmer in diesem umsatzsteuerlichen Sinne auch jeder Kapitalanleger, der eine Wohnung vermietet.[90] Das Umsatzsteuergesetz gewährt jedoch, vornehmlich aus sozialpolitischen Gründen, für zahlreiche unternehmerische Leistungen und Lieferungen automatische und dauernde **Umsatzsteuerbefreiungen,** hier insbesondere aus § 4 a Nr. 12 für Einnahmen aus der Vermietung von Grundstücken und grundstücksgleichen Rechten. Dieser Vorteil (Bruttomieteinnahme = Nettomieteinnahme) wird aber durch den Nachteil erkauft, daß – steuersystematisch folgerichtig –ein derart umsatzsteuerbefreiter Unternehmer auch aus den seinem „Vermietungsunternehmen“ von anderen Unternehmern in Rechnung gestellten Lieferungen und Leistungen die darin enthaltenen Umsatzsteuern (Vorsteuern) nicht im Wege des Vorsteuerabzugs nach § 15 UStG seinerseits vom Finanzamt erstattet oder verrechnet erhalten kann.[91]

§§ 9, 19 UStG gewähren daher die Möglichkeit, daß sich der Kapitalanleger als „Ver- 79
mietungsunternehmer“ freiwillig durch förmliche Erklärung gegenüber dem Finanzamt mit seinen künftigen Mieteinnahmen auf mindestens 10 Jahre (Optionsbindungsfrist) der Umsatzsteuer unterwirft (sogenannte **Mehrwertsteueroption).**[92] Bei Vermietung des Objekts an einen anderen umsatzsteuerlichen Unternehmer, der dort umsatzsteuerpflichtige Umsätze mit seinen Kunden ausführt, läßt sich die Mehrwertsteuer regelmäßig auf diesen abwälzen, für den sie nur einen Vorsteuer-Durchlaufposten darstellt (Lebensmitteleinzelhandel oder sonstige gewerbliche Nutzung; aber auch Büronutzung durch Unternehmen und Gewerbetreibende aller Art, die mit ihren Leistungen an eigene Kunden umsatzsteuerpflichtig sind – ausgenommen also z. B. Ärzte, die nach § 4 a Nr. 8 UStG selbst für die eigenen Umsätze von der Umsatzsteuer befreit sind). Vor allem aber kann der Kapitalanleger als künftiger Vermietungsunternehmer in der Investitionsphase oft hohe Vorsteuerbeträge aus Baurechnungen, Dienstleistungsrechnungen etc., da das Unternehmen „Vermietung“ bereits geschaffen wird, vom Finanzamt auf Antrag und Nachweis in bar erstattet erhalten, was erhebliche Liquiditätsvorteile für die Investitionsphase mit sich bringt.[93]

Allerdings: wird die Immobilie innerhalb der 10-Jahres-Optionsbindungsfrist anderweitig verwendet, insbesondere veräußert, so ist nach den Grundsätzen von § 15 a UStG eine Berichtigung der erlangten Vorsteuerabzüge, sprich: anteilige Erstattung vorzunehmen, die einkommensteuerlich unter § 9 b Abs. 2 EStG fällt. Die Vorteile der Option sind für Neuobjekte (Baubeginn nach dem 11. 11. 1993) weiter eingeschränkt worden dahin, daß das Mieterunternehmen **ausschließlich** vorsteuerabzugsberechtigte Umsätze ausführt (Mischumsätze, die z. T. umsatzsteuerfrei nach dem Katalog des § 4 UStG sind, kommen häufer vor als vielleicht angenommen, z. B. bei Banken, Versicherungen,

---

89 *Tewes,* Praxishandbuch, a. a. O. (Fn. 85); *ders.,* in: *Gerlach*/u. a., Gewerbeimmobilie, S. 301.

90 *Tewes,* Praxishandbuch, Teil 9/3; *ders.,* in: *Gerlach*/u. a., Gewerbeimmobilie, S. 303 f.; *Kurth/Grass,* Immobilienfonds, S. 169; ausführlich *Wagner/Loritz,* a. a. O., S. 373, auch zur Entwicklung der Rechtsprechung zu Gestaltungsmißbrauch und Gestaltungsüberlegungen.

91 Überblick bei den Autoren der Fn. 87; zur geänderten Rechtslage ab 1. 1. 1994 vgl. Rdnr. 79.

92 *Tewes,* Praxishandbuch, Teil 9/3.1–9/3.3; *Wagner/Loritz,* a. a. O., S. 374 ff., jeweils m. w. Nachw.

93 Beispielrechnungen z. B. *Kurth/Krükel,* Erwerbermodell, S. 201 f. In der Praxis wird daher häufig bereits der Grundstücksankauf selbst, an sich kraft Gesetzes von Umsatzsteuer freigestellt, alternativ mit Grunderwerbsteuer belegt (§ 4 Nr. 9 a UStG), der Umstatzsteuer zusätzlich unterworfen, was zu besonderen Regelungen im Grundstückskaufvertrag führt, vgl. hierzu etwa *Eder,* Die Behandlung der Umsatzsteuer im Grundstückskaufvertrag, ZIP 1994, S. 1669 f.

arztnahen Einrichtungen etc.). Andererseits kann nach wie vor getrennt nach Einzelobjekten (Einheiten) und Zeiträumen optiert werden.[94]

80 Die so erlangten Vorsteuererstattungsbeträge sind allerdings im Jahr des Zuflusses an den Kapitalanleger bei diesem ebenfalls als „Einkünfte aus Vermietung und Verpachtung" der *Einkommensteuer* zu unterwerfen (Mehrwertsteuerzahlungen entsprechend als Ausgaben abzugsfähig).[95]

81 bb) Umsatzsteuer bei Wohnungsbauobjekten. In der Vergangenheit boten insbesondere Bauherrenmodelle über Wohnungsbauobjekte den zusätzlichen umsatzsteuerlichen Vorteil, auch hier das gleiche durch Mehrwertsteueroption zu erreichen, obwohl bei Vermietung an den privaten Wohnungsendnutzer jedenfalls eine offene Überwälzung der Mehrwertsteuer auf diesen ausschied. Statt unmittelbar an diesen vermietete der Kapitalanleger seine Wohnung an ein gewerbliches Zwischenvermietungsunternehmen[96] zu einem festen Mietpreis zuzüglich Mehrwertsteuer und überließ diesem das Objekt zur Weitervermietung auf dessen eigene Rechnung und Gefahr an den Wohnungsendnutzer, während der Kapitalanleger Vorsteuererstattung geltend machen konnte. Mißbräuche dieser Gestaltungsform – insbesondere die **Zwischenschaltung** eines formal selbständigen Zwischenmieters, der in Wirklichkeit mehr oder weniger Mietverwaltungsfunktionen hatte und insbesondere im Rahmen der Weitervermietung keine ausreichende Gewinnspanne erzielte – führten dann zu zahlreichen einschränkenden Maßnahmen der Finanzverwaltung[97] und schließlich zum Eingriff des Gesetzgebers dahin, daß diese Mehrwertsteueroptionsmöglichkeit für Wohnungsbauobjekte mit Wirkung zum 31. 3. 1985 beseitigt worden ist.

82 *d) Sonstige Steuern.* aa) Vermögensteuer. Auch im Rahmen der Vermögensteuer ist Steuersubjekt nicht die Investorengemeinschaft, sondern der einzelne Immobilieninvestor, für den daher insoweit keine Besonderheiten gelten, als er seine Beteiligung im Privatvermögen hält. Die noch bestehenden vermögensteuerlichen Vorteile von Immobilienbesitz bei der Bemessungsgrundlage der Vermögensteuer (1,4-faches des regelmäßig sehr niedrigen Einheitswertes per 1. 1. 1964; Einzelheiten gemäß den §§ 68 ff. BewG) dürfen als bekannt vorausgesetzt werden.[98] Bei in einem Betriebsvermögen gehaltenen Immobilienvermögen tritt anstelle des Einheitswerts der des einheitlich festgestellten Betriebsvermögens. Da andererseits Schulden mit dem Nominalwert angesetzt werden, kann es zu negativem Vermögen beim Kapitalanleger kommen, das er mit positivem anderen Vermögen im Rahmen seiner persönlichen Vermögensbesteuerung verrechnen kann.[99]

83 bb) Erbschaft- und Schenkungsteuer. Die obigen Grundsätze gelten jedenfalls bei der Erbschaftsteuer[100] entsprechend; Einschränkungen sind inzwischen zu machen bei der

---

[94] Hierzu allgemein und zu Besonderheiten für Umsatzarten, die zu anderen umsatzsteuerbefreiten Verwendungen führen, *Tewes,* a. a. O., (Fn. 89); zur Übergangsregelung vgl. BMF-Schreiben vom 30. 12. 1994, z. B. DB 1995, 184 f.

[95] Hierzu allgemein und zu Besonderheiten für Umsatzarten, die zu anderen umsatzsteuerbefreiten Verwendungen führen, *Tewes,* a. a. O., (Fn. 89); zur Übergangsregelung vgl. BMF-Schreiben vom 30. 12. 1994, z. B. DB 1995, 184 f.

[96] Zur Problematik der gewerblichen Zwischenvermietung ausführlich z. B. *Wagner/Loritz,* a. a. O., S. 377 ff.

[97] Ausführlich bei *Tewes,* Bauherrenmodelle, Teil 9/3 mit Darstellung der Erlasse.

[98] Vgl. die Übersicht bei *Tewes,* Praxishandbuch, Teil 9/4 und *ders.,* in: *Gerlach*/u. a., Gewerbeimmobilie, S. 304 f. Inzwischen hat das Bundesverfassungsgericht dem Gesetzgeber aufgegeben, diese Ungleichbehandlung bei der Bewertung von Immobilienvermögen bis Ende 1996 zu beseitigen, vermutlich wird es zu Erhöhungen der Bewertungsansätze mit Erhöhung der Freibeträge, nach einigen sogar zur Abschaffung bzw. Umgestaltung der Vermögensteuer selbst kommen.

[99] Vgl. Fn. 94. Für Immobilienvermögen in den Neuen Bundesländern gelten gemäß Teil 4 BewG besondere Übergangsvorschriften, ferner ist die VSt zunächst ausgesetzt, damit natürlich derart gebildetes Negativvermögen jedoch z. Zt. ebenfalls.

[100] *Fleischmann,* in: *Fleischmann*/u. a., Steuern, S. 500 f.; *Tewes,* Praxishandbuch, Teil 9/4 und *ders.,* in: *Gerlach*/u. a., Gewerbeimmobilie, S. 304 f.; Übergangs-Sondervorschriften für Neue Bundesländer greifen über das BewG auch hier ein.

Schenkungsteuer, da hier im Rahmen der sog. gemischten Schenkungen statt des Einheitswerts (der verschenkten Immobilie) dann der Verkehrswert anzusetzen ist, wenn zusammen damit auch die Schulden des schenkenden Investors übernommen werden.[101]

cc) Gemeindliche Grundsteuer. Eine typische Grundbesitzsteuer ist die gemeindliche Grundsteuer mit unterschiedlichen Steuersätzen je nach Art der Nutzung, wobei frühere Grundsteuerbegünstigungen im Wohnungsbau entfallen sind.[102] Die Grundsteuerpflicht knüpft grundsätzlich an bei dem oder den im Grundbuch eingetragenen Eigentümern und löst zwischen mehreren solcher Eigentümer gesamtschuldnerische Haftung aus, wenn und solange der Grundbesitz in einem Gesamthands- oder Bruchteilsvermögen gemeinschaftlich gehalten wird[103] (dagegen gesonderte Grundsteuerbesteuerung bei schon gebildetem Wohnungs- oder Teileigentum). Es handelt sich um eine neben der laufenden Ertragsbesteuerung (und ggf. der Vermögensbesteuerung) bestehende zusätzliche Belastung von Kapitalanlagen in Immobilien, die bei anderen Kapitalanlagen (z. B. Wertpapieren) nicht anfällt und den laufenden Nettobetrag schmälert. 84

II. Teilungsmodelle

Teilungsmodelle sind darauf gerichtet, dem Kapitalanleger zivilrechtlich sofort oder kurzfristig eigenes „Teilungseigentum" an seiner Immobilie zu verschaffen; entsprechend ist die Rechtsform zu wählen (Wohnungs- und Teileigentum u. U. Bruchteile). Sie stehen insoweit im Gegensatz zu den sog. Fondsmodellen (Gesamthandseigentum in BGB-Gesellschaft oder KG, vgl. Rdnr. 204 ff.) und bieten Vorteile hinsichtlich Fungibilität und Finanzierung (führen allerdings u. U. steuerlich zu anderen, u. U. nachteiligeren Konsequenzen). Teilungseigentum ist allerdings nicht für alle Objekt- und Nutzungsarten möglich (Einschränkungen durch öffentliches Baurecht und das WEG, aber auch aus wirtschaftlichen Gründen), so daß Teilungsmodelle vor allem bei Wohnungsbau-Objekten oder gemischt genutzten Objekten (Büros, Praxen, Läden) dominieren. 85

1. Bauherrenmodell (Neubau). *a) Überblick und Formen.* aa) Kölner Modell. Als besonders erfolgreich erwiesen hat sich bis etwa 1985/1986 das Bauherrenmodell in der Form des sog. Kölner Modells. Es spielt derzeit wirtschaftlich keine Rolle, da steuerliche Vorteile fast vollständig beseitigt sind. Die Kenntnis seiner Grundzüge ist aber nach wie vor sehr wichtig, da eigentlich alle späteren Modelle der Branche an seine Strukturen, Terminologie und Erfahrungen anknüpfen (selbst der Erlaß vom 31. 8. 1990, vgl. Rdnr. 50 ff. wird noch „IV. Bauherrenerlaß" genannt). Hierbei schließen sich in der Regel mehrere Kapitelanleger zu einer „Bauherrengemeinschaft" zusammen, um auf der Grundlage der Konzeption und unter der organisatorischen Leitung des Initiators und seiner Funktionsträgerunternehmen gemeinsam eine (meist) größere Immobilie zu errichten. Der Grundstückserwerb erfolgt von Anfang an nach Bruchteilen, welchen später durch Bildung von Wohnungs- und Teileigentum die je einzelnen Baueinheiten (Wohnungen, Läden, Praxen, Büroeinheiten etc.) als Sondereigentum zugeordnet und anschließend nach den Bestimmungen des WEG verwaltet sowie vermietet werden.[104] Die **Finanzierung** erfolgt im Prinzip individuell, jedoch unter Einschaltung von Finanzdienstleistungen der Funktionsträgerunternehmen. Das sich für den Anleger erge- 86

---

[101] Vorschläge z. B. bei *Fleischmann* (Fn. 96).

[102] Vgl. *Schmidt,* in: Münchener Vertragshandbuch, 3. Aufl., Bd. 4, Anm. 69 zu Form. I. 30 m. w. N.

[103] Zu den möglichen Formen s. u. Rdnr. 214 ff. und 290 ff.

[104] So die heute allgemein anerkannte Generaldefinition; vgl. z. B. *Meichssner,* in: *Reithmann*/u. a., Bauträger, S. 169 ff.; ausführlich *Wagner/Loritz,* a. a. O., insbes. S. 271 ff. mit Überblick über die Entwicklung. Der BGH hat erstmals im Urteil vom 17. 1. 1980 (NJW 1980, 992 m. Anm. *Maser*) darauf hingewiesen, daß die verfolgten steuerlichen Interessen –welche eben ein Handeln auf eigene Rechnung und Gefahr voraussetzen – gleichwertig seien und daher, „was steuerlich gewollt ist, auch zivilrechtlich gewollt" sein müsse. Abgrenzung zu anderen Modellformen: s. u. Rdnr. 163 ff. und 181 ff.

bende umfangreiche und komplexe Vertragswerk wird (heute) in der Regel durch einen Treuhänder betreut.[105] Der Kapitalanleger erwirbt also im Ergebnis eine gezielt ausgesuchte, fertig errichtete, verwaltete, finanzierte und vermietete Wohnungs- oder Teileigentumseinheit unterschiedlicher Größe, die ursprüngliche Bauherrengemeinschaft ist eher Beteiligungsmedium als Beteiligungsgegenstand.[106]

87 Eine Kapitalanlage im Bauherrenmodell ist regelmäßig **steuerorientiert.** Die vorläufigen Steuervorteile aus der Einkommensteuer, vor allem in der Investitionsphase, beruhen auf einer strikten Trennung der anfallenden Kostenarten nach Anschaffungskosten (Grundstück), Herstellungskosten (Bauerrichtungs- und Baunebenkosten, AfA-fähig) und im Jahre des Abflusses sofort abzugsfähigen/mit positiven Einkünften verrechenbaren Werbungskosten.[107]

88 Bis Anfang 1985 waren ferner beachtliche – teilweise endgültige – Steuervorteile zu erzielen im Bereich der Grunderwerbsteuer (s. o. Rdnr. 75 ff.) und bei geeigneter Vertragsgestaltung auch über die Umsatzsteuer (Mehrwertsteueroption, vgl. oben Rdnr. 78 ff.; seit 1. 4. 1985 nur noch bei Gewerbeobjekten). Sonstige Steuerbegünstigungen bei anderen Steuerarten, insbesondere bei den Besitzsteuern, sind nicht modelltypisch (vgl. Rdnr. 82 ff.).

89 bb) Sonstige Modelle. Dagegen wurde bei dem heute kaum mehr verbreiteten sog. **Hamburger Modell** die Bauherrengemeinschaft zivilrechtlich als vermögensverwaltende Kommanditgesellschaft organisiert (die einzelnen Wohnungen standen somit zunächst im Gesamthandsvermögen der Gesellschaft). Damit verbunden wurde eine Option des einzelnen Kapitalanlegers für eine bestimmte, im internen Wohnungsbuch der Gesellschaft auf seinen Namen eingetragene Wohnung/Laden/Praxis, die später im Wege der Realteilung in sein individuelles Sondereigentum übergehen konnte. Das Modell entwickelt sich daher (mit steuerlichen Unterschieden, vor allem Nachteilen bei der Grunderwerbsteuer) ähnlich wie ein geschlossener Immobilienfonds in der Rechtsform der KG. Allerdings fehlt die dort gegebene Möglichkeit beliebiger Stückelung der Einzelanteile der Kapitalanleger; attraktiver als beim Immobilienfonds ist das Recht auf Übernahme einzelner Einheiten zu individuellem Sondereigentum.[108]

90 Eine ähnliche zivilrechtliche Gestaltung, allerdings ohne Rechtsanspruch auf Realteilung, mußte vor allem aus steuerlichen Gründen bei bestimmten **Berlin-Immobilieninvestitionen** gewählt werden (sog. Mehrfamilienhausförderung nach dem BFG, nunmehr durch das FörderG abgelöst, vgl. Rdnr. 67 ff.).

91 Dagegen wird das sog. **Mietkaufmodell**[109] heute nicht mehr vertrieben: bei diesem besonderen Bauherrenmodell sollte dem Bauherren die spätere Wiederverwertung seiner Wohnungs- oder Teileigentumseinheit dadurch erleichtert werden, daß er gegen eine vom Mieter zu zahlende Optionsgebühr diesem für die Zeit nach der ersten Bewirtschaftungsphase (meist nach 5 Jahren) zu festgelegten Bedingungen ein Verkaufsangebot annahmereif unterbreitete. Der Wiederverkauf war hierdurch vorprogrammiert, und zwar typischerweise genau dann, wenn der ursprüngliche Kapitalanleger die steuerlich günstigen Verluste der Anfangsphase mitgenommen hatte. Es dürfte daher heute allgemein als sog. Liebhaberei (vgl. Rdnr. 43 f.) eingeordnet und damit steuerlich uninteressant sein.

92 *b) Rechtsfragen bei Konzeption und Vertrieb.* Die wirtschaftliche Ausgangslage des Initiators aus der Konzeptionsphase (hohe Vorlaufkosten/Bedeutung des Zeitmoments bei der Plazierung, vgl. oben Rdnr. 23 ff.) bestimmt auch die Rechtsformen in der Vertriebsphase.

---

[105] *Strohm/Reinelt,* Bauherrenmodell, Anm. 1–6, 38 zu Form. I. 1. und Anm. 3–7 zu Form. I. 2.; *Strohm,* in: *Tewes,* Praxishandbuch, Teil 5/3; ferner Übersichten bei *Kurth/Krükel,* Erwerbermodell, S. 45 f. und *Locher/König,* Bauherrenmodelle, S. 23 ff. sowie *Meichssner,* in: *Reithmann*/u. a., Bauträger, S. 169 f., je m. w. N.

[106] Vgl. hierzu § 22 Rdnr. 24 f.

[107] Völlig übereinstimmende Meinung aller im Schrifttumsverzeichnis genannten Autoren.

[108] Vgl. hierzu *Kurth/Krükel,* Erwerbermodell, S. 67; *Tewes,* Bauherrenmodelle, Teil 4/8; die Modellform ist außer bei bestimmten Berlin-Modellen am Markt praktisch nicht mehr anzutreffen.

[109] Vgl. hierzu *Tewes,* Praxishandbuch, Teil 4/4.

aa) Vertriebsverträge. Der Vertrieb von Bauherrenmodellen und anderen Kapitalanlageformen in Immobilien erfolgt bis heute vorzugsweise (die Banken beginnen sich jedoch stärker zu engagieren) über freie Kapitalanlagenvermittler als **Makler.** Diese werden regelmäßig als Untermakler zu einem dem Initiator nahestehenden Hauptmakler-Unternehmen tätig (Vertriebsbeauftragter). Üblich ist eine rein erfolgsabhängige Maklerprovision als Vergütung. Da eine längerfristige Mitwirkung des Kapitalanlegers und –wegen des hohen Fremdfinanzierungsanteils – entsprechende Bonität erforderlich sind, wird das Entstehen oder die Fälligkeit von Provisionsansprüchen regelmäßig nicht nur an das zu vermittelnde Basis-Rechtsgeschäft geknüpft (i. d. R. den Abschluß des Treuhandvertrages zwischen Kapitalanleger und Objekt-Treuhänder), sondern zusätzlich an weitere Kriterien, insbesondere die Finanzierbarkeit des Kapitalanlegers nach vorangegangener **Bonitätsprüfung.** Für diese hat der Kapitalanlagenvermittler daher häufig zusätzliche Dienstleistungen zu übernehmen. Da den Kapitalanlagenvermittler regelmäßig auch eine Prospekthaftung trifft (s. u. Rdnr. 97 ff.), sind interne vertragliche Risikoverteilungsabreden zwischen dem jeweiligen freien Kapitalanlagenvermittler und dem Initiator/Hauptvertriebsbeauftragten, sowie Abreden über die Verteilung des oft erheblichen Werbeaufwands häufig und üblich.[110] 93

In der Blütezeit des Bauherrenmodells konnten Kapitalanlagenvermittler (unter Berufung auf ihre komplexe Aufgabenstellung) hohe, weit über den üblichen Sätzen der Immobilienmakler liegende Provisionssätze (mehr als 10%) durchsetzen. Diese waren schon früher neben dem Gesamtaufwand für die eigentliche Kapitalanlage nur teilweise zusätzlich auf den Kapitalanleger abwälzbar, jedenfalls nicht durch offene Ausweisung. Die Branche hat daher die im Hinblick auf § 654 BGB nicht ganz unbedenkliche Praxis entwickelt, nur einen Teil der Provision dem Kapitalanleger gegenüber als sog. **Außenprovision** offen auszuweisen (i. d. R. heute 3% + Mehrwertsteuer, die wohl üblichste Immobilienmaklertaxe). Die restliche Provision war und ist zum Teil bis heute aufzubringen in Form von sog. **Innenprovisionen** durch einen oder mehrere der Funktionsträgerunternehmen aus dem Initiatorenbereich. 94

Beides kann zu zivilrechtlichen Problemen führen, insbesondere bei Verflechtung zwischen Kapitalanlagenvermittler und Initiatoren-Unternehmen. Darüberhinaus können gerade solche Innenprovisionen nicht nur beim Initiator, sondern vor allem auch beim Kapitalanleger selbst und zu seinen Lasten erhebliche steuerliche Nachteile auslösen. Die Finanzverwaltung qualifiziert daher, erst recht seit dem IV. Bauherrenerlaß vom 31. 8. 1990 (Rdnr. 50 ff.), solche Kosten nun von Werbungskosten zu Herstellungskosten (AfA-fähig) oder gar Anschaffungskosten für Grund und Boden (nicht absetzbar) um, also zu Lasten der angestrebten steuerliche Verluste des Anlegers. Davon erfährt dieser dann oft erst in der abschließenden Betriebsprüfung.[111] 95

Von manchen „Vertriebsverträgen" besonderer Art, wie sie sich in der Branche leider auch verbreitet haben, erfährt der Kapitalanleger u. U. überhaupt nichts, nämlich von den hier manchmal – und meist **verdeckt – bezahlten Innenprovisionen** an den eigenen Steuerberater des Kapitalanlegers selbst, welcher bei einer derart steuerorientierten Kapitalanlage naturgemäß der ideale Multiplikator für den Vertrieb ist. Die Entgegennahme solcher Innenprovisionen hat, wenn beweisbar, beim Steuerberater selbst nicht nur steuerliche (Gewerbesteuer) und berufsrechtliche (Interessenkonflikt) Konsequenzen; sie kann auch zu zivilrechtlichen Ansprüchen des Kapitalanlegers gegen seinen Steuerberater auf Schadensersatz oder Herausgabe des erlangten Vorteils führen.[112] 96

---

110 *Strohm/Reinelt,* Bauherrenmodell, Anm. 1, 33 zu Form. I. 1; *Strohm,* in: *Tewes,* Praxishandbuch, Teil 5/4; zu zivilrechtlichen Rechtsfragen von Vertriebsverträgen vgl. auch *Dornfeld/u. a.,* HdB Fach 1000–1050.

111 Vgl. *Tewes,* Praxishandbuch, Teil 7/2.2.1; hierzu schon *Lieb* DB 1981, 2415 ff. m. w. N.

112 Zur Unzulässigkeit der Provisionsannahme durch Steuerberater, damit diese ihren Mandanten derartige Kapitalanlagen empfehlen, vgl. *Tewes,* Bauherrenmodelle, Teil 5/9.6.1; BGHZ 95, 81 mit zahlreichen Nachweisen auch zur Rechtsprechungsentwicklung.

97 bb) Prospekthaftung. Das von der Rechtsprechung in nunmehr zwei Jahrzehnten entwickelte Rechtsinstitut der Prospekthaftung hat inzwischen relativ klare Konturen erhalten. Die am 1. 8. 1986 in Kraft getretene neue Vorschrift des § 264 a StGB (vorsätzlicher Kapitalanlagebetrug) gilt allerdings nach h. M. nicht für Bauherrenmodelle, u. U. aber das indirekt über §§ 4, 13 a UWG neu eingeführte Rücktrittsrecht des getäuschten Kunden vom Vertrag. Die Rechtsfragen der Prospekthaftung sind in diesem Handbuch in den §§ 7 und 8 ausführlich dargestellt.

98 Speziell die Bauherrenmodellbranche (einschließlich Vertriebsunternehmen) und mit ihr zusammenarbeitende Gruppierungen (so insbesondere die Wirtschaftsprüfer) haben durch das Verfahren der – freiwilligen, aber empfehlenswerten –**Prospektprüfung** vor Vertriebsbeginn das Prospekthaftungsrisiko zu mindern gesucht. Hierzu sind umfangreiche Richtlinien über Art, Umfang und Inhalt derartiger Prospektprüfungen, und zwar speziell für Immobilien-Kapitalanlagen, entwickelt worden und gebräuchlich. Der hierbei anfallende Prospektprüfungsbericht ist jedenfalls eine wertvolle zusätzliche Prüfungshilfe für den Kapitalanleger geworden, vornehmlich für die rechtlichen und steuerlichen, teilweise aber auch für die wirtschaftlichen Entscheidungskriterien.[113]

99 cc) Sachwalter- und Initiatorenhaftung. Die Rechtsprechung zur Prospekthaftung hatte in den Anfängen nicht immer genau unterschieden, ob und inwieweit die Haftung für falsche oder unvollständige Prospektangaben nun das Unternehmen als Prospektherausgeber oder auch Einzelpersonen trifft. Ferner bestand wohl ein rechtspolitisches Bedürfnis, über das prospektherausgebende Unternehmen hinaus (meist GmbH) und über den einzelnen freien Vermittler hinweg auf die beherrschende Figur im Hintergrund, den Initiator, durchgreifen zu können, insbesondere den oder die maßgeblichen Gesellschafter-Geschäftsführer der Funktionsträger-Unternehmen. Gerade diese Personen treten häufig nicht persönlich in direkte Vertragsbeziehungen zum Kapitalanleger (und sind u. U. im Rahmen der allgemeinen Prospekthaftung durch die kurze Verjährung privilegiert).

100 Die Rechtsprechung hat daher im Bereich der Haftung aus Verschulden bei Vertragsverhandlungen **(culpa in contrahendo)** weitere Fallgruppen gebildet, bei denen neben der Haftung des Prospektherausgebers auch eine Eigenhaftung von Initiatoren und sonstigen maßgeblichen Personen hinter oder neben diesen Unternehmen angenommen wurde, insbesondere
- Eigenhaftung bei **besonderem eigenen wirtschaftlichen Interesse;**
- Eigenhaftung bei der Inanspruchnahme **besonderen persönlichen Vertrauens;**
- selbst dann, wenn der Beteiligte sich nicht direkt in die eigentlichen Vertragsverhandlungen mit dem Kapitalanleger eingeschaltet hat oder gar, wie beim typischen Treuhänder des Bauherrenmodells, formal auf dessen Seite auftritt, die Eigenhaftung als sog. **Sachwalter.**[114]

101 Auch insoweit darf wegen der Einzelheiten auf die Ausführungen in diesem Handbuch unter §§ 7, 8 verwiesen werden. Die große Bedeutung dieser Rechtsentwicklung für die Praxis erklärt sich dabei nicht nur aus **verstärkten Durchgriffsmöglichkeiten,** sondern auch aus der inzwischen sehr stark weiterentwickelten Rechtsprechung zur cic-Haftung allgemein. Ursprünglich eine Haftung für nutzlose Aufwendungen auf einen zu Recht erwarteten, dann aber nicht erfolgten Vertragsabschluß hin, ist die cic-Haftung heute zu einer begleitenden Haftung vertragsähnlicher Art auch für tatsächlich abgeschlossene, aber inhaltlich nachteilige Verträge geworden. Voraussetzung ist, daß ein solcher Vertrag durch eine pflichtwidrige Einwirkung auf die Willensbildung des anderen Teils (Tun oder Unterlassen, Fahrlässigkeit genügt) zustandegekommen ist, und zwar neben dem (regelmäßig

---

[113] Besonders verbreitet als Richtlinie ist die Stellungnahme des Wohnungswirtschaftlichen Fachausschusses im Institut der Wirtschaftsprüfer (IdW) aus 11/87, abgedruckt z. B. in HdB Fach 7011 oder bei *Tewes,* Bauherrenmodelle, Teil 3/2.4, mit ausführlicher Behandlung durch *Herrmann,* in: *Tewes,* ebd., Teil 3/5. Daneben haben private Stellen und Verbände Prüfrichtlinien veröffentlicht.

[114] Vgl. hierzu ausführlich („Prospekthaftung im weiteren Sinne") § 7 Rdnr. 9, 49.

Vorsatz voraussetzenden) Rechtsbehelf der Anfechtung des Vertrages. Gerade bei der Eingehung von Rechtsbeziehungen für Kapitalanlagen bejaht die Rechtsprechung häufig eine derartige pflichtwidrige Einwirkung auf die Willensbildung des Kapitalanlegers, soweit Nebenpflichten zur Aufklärung und/oder Beratung des Kapitalanlegers als künftigem Vertragspartner verletzt werden.[115]

Vorübergehende Einschränkungen dieser Haftung durch verkürzte **Verjährungsfristen** 102 (insbes. auf gesetzlich kürzere Fristen bei Beteiligten, die wie z. B. als Rechtsanwalt, Steuerberater, Wirtschaftsprüfer einem besonderen Berufsrecht unterliegen) sind im einzelnen sehr strittig; eine vertragliche Verkürzung scheitert regelmäßig schon am AGB-Gesetz (vgl. erneut Einzelheiten in den §§ 7, 8 dieses Handbuchs).

dd) Haftung der finanzierenden Bank. Auch im sehr umstrittenen Bereich der Haftung 103 der finanzierenden Bank (bei steuerorientierten Kapitalanlagen von großem wirtschaftlichem Einfluß auf die Investition) hat sich die neuere Rechtsprechung stärker in Richtung auf eine **Verstärkung des Kapitalanlegerschutzes** fortbewegt. Die Rechtsprechung hält zwar immer noch daran fest, daß die den Kapitalanleger durch ihre Darlehen finanzierende Bank jedenfalls aus dem **Darlehensvertrag** dem Kapitalanleger für den wirtschaftlichen Erfolg seiner hiermit finanzierten Investition vertraglich nicht hafte.

Im Anschluß an die Entscheidungen zu den BuM-Fällen ist jedoch inzwischen gerade 104 für Bauherren- und Erwerbermodelle mehrfach entschieden worden, daß im Rahmen von drei speziellen (häufig sehr schwer zu beweisenden) Fallgruppen eine Mithaftung der Bank gegenüber dem Kapitalanleger eingreifen kann, nämlich

- Eigenhaftung der Bank, wenn sie nach außen deutlich erkennbar die Rolle des Initiators oder Mitinitiators übernimmt (bisher äußerst unklar);
- Eigenhaftung der Bank aus cic im Rahmen des Kreditvertrages, wenn und soweit der Anleger speziellen Rat bei der Bank erhalten, jedenfalls erkennbar nachgesucht hat;
- schließlich, hiermit verwandt, aber andererseits auch der allgemeinen Bankhaftung aus § 826 BGB angenähert, Eigenhaftung der Bank dann, wenn diese vor dem hieran erkennbar interessierten Kapitalanleger einen **Wissensvorsprung** hat (insbesondere über nachteilige Voraussetzungen oder Entwicklungen der Kapitalanlage) und diesen Wissenvorsprung eigensüchtig ausnutzt.[116]

Wegen der Einzelheiten im übrigen darf verwiesen werden auf die Ausführungen dieses Handbuchs in §§ 5, 6 mit zahlreichen Nachweisen.

ee) Beitritt von Kapitalanlegern. Die Vertriebsphase des Bauherrenmodells und ähnli- 105 cher Kapitalanlagen wird schließlich abgeschlossen durch den „Beitritt" des Kapitalanlegers (der dem Gesellschaftsrecht entnommene Ausdruck „Beitritt" wird auch beim Bauherrenmodell allgemein verwendet, obwohl der Vertragsabschluß mit dem Kapitalanleger hier zunächst regelmäßig nur im Abschluß des Treuhandvertrages besteht, s. u. Rdnr. 115 ff.). Für Initiatoren, Funktionsträger und Kapitalanleger ist es wichtig, den Zeitpunkt der endgültigen Rechtsverbindlichkeit der angebahnten Vertragsbeziehungen festzustellen. Dies hängt entscheidend ab von der Vorfrage, ob die im Bauherrenmodell mit dem Kapitalanleger zu schließenden Verträge, ggf. welche, dem Formzwang der **notariellen Beurkundung** gemäß § 313 BGB unterliegen. Diese Vorfrage hat die Rechtsprechung und die kaum mehr übersehbare Literatur hierzu seit Jahrzehnten bei sehr vielen Immobiliengeschäften beschäftigt (insbesondere beim typischen Kauf vom Bauträger); sie kann inzwischen als einigermaßen geklärt angesehen werden:

Die Rechtsprechung des BGH hat zunächst für die beiden früher häufigsten Fallgrup- 106 pen, nämlich die Fallgruppen **„verbindlicher Makleralleinauftrag"** und die **„Fertighaus-Fälle"** folgende Grundsätze entwickelt:

---

[115] *Palandt/Heinrichs,* BGB, 54. Aufl., § 276 Rdnr. 22 ff. m. w. Nachw.; ferner § 7 Rdnr. 13 ff.

[116] Ausführliche Darstellung in §§ 5, 6, insbesondere § 5 Rdnr. 23 f., § 6 Rdnr. 126; vgl. *Strohm,* in: *Tewes,* Praxishandbuch, Teil 5/4.3. Die dort dargestellte Rechtsprechungsentwicklung ist m. E. jedenfalls in ihrer Tendenz als zunehmend anlegerfreundlich zu bewerten.

107 – Ist ein Vertrag zwar nicht unmittelbar auf die Veräußerung oder (seit 1974) den Erwerb von Grundstücken gerichtet, löst der Vertrag aber einen **nicht unerheblichen wirtschaftlichen Zwang** zum Erwerb oder zur Veräußerung aus (z. B. durch verlorene Anzahlungen, Vertragsstrafen und dergleichen), so unterliegt auch dieser Vertrag § 313 BGB. Umgekehrt besteht in der Rechtsprechung – regelmäßig zu Gunsten des Kapitalanlegers – eine deutliche Tendenz, im Hinblick auf die Bedeutung des § 313 BGB die normalerweise auch für den Kapitalanleger selbst geltenden Grundsätze der Haftung aus cic deutlich zurückzudrängen.[117]

108 – Ist der vom Kapitalanleger (oder in seinem Namen für ihn durch den bevollmächtigten Treuhänder) abzuschließende Einzelvertrag als solcher zweifellos nicht beurkundungsbedürftig (wie fast alle Folgeverträge im Bauherrenmodell, z. B. sämtliche Bauwerkverträge, Treuhandvertrag, fast alle Dienstleistungsverträge; zur Formbedürftigkeit des Gesellschaftsvertrages s. u. Rdnr. 112 ff.), so greift § 313 BGB dennoch ein, wenn es sich um ein **zusammengesetztes Rechtsgeschäft** handelt. Voraussetzung ist aber, daß die Einzelverträge so aufeinander bezogen und voneinander abhängig sind, daß sie nach dem Parteiwillen miteinander „stehen und fallen" sollen. Für einen solchen Parteiwillen genügt heute, daß dieser auch nur von einer Partei (typischerweise dem Kapitalanleger) ausgeht und dem anderen Vertragsteil irgendwie erkennbar wird.[118]

109 – Auf der Grundlage der gleichen Überlegungen ist es allerdings folgerichtig, dann auch die **Heilungswirkung des § 313 Satz 2 BGB** (Vollzug des auf Erwerb oder Veräußerung von Grundstücken gerichteten Rechtsgeschäfts im Grundbuch) ebenso auf die damit zusammenhängenden Einzel- und Folgeverträge zu erstrecken: diese leiten ja ihre Formbedürftigkeit nur von solchem Zusammenhang mit dem Grundstücksgeschäft ab. Damit – und ggf. mit den allgemein und so auch hier geltenden Vorschriften über die Heilung durch nachträgliche Genehmigung oder aus Treu und Glauben – können Fallgruppen ausgesondert werden, in denen die Rechtsprechung zur Beurkundungsbedürftigkeit zusammengesetzter Rechtsgeschäfte zu praktisch unbilligen Ergebnissen führen würde.[119]

110 Diese Entwicklung hat die praktische Handhabung und Organisation des Vertriebs von Immobilien-Kapitalanlagen, insbesondere Bauherrenmodellen, deutlich beeinflußt, zusammen mit einer spürbar **kapitalanlegerfreundlicheren** Auffassung der hier besonders angesprochenen Notare und ihrer Kammern, welche diese Gesichtspunkte durch berufsrechtliche Überlegungen ergänzt haben. Heute ist mit der gefestigten Rechtsprechung davon auszugehen, daß nicht nur die Treuhandvollmacht, sondern der gesamte Treuhandvertrag im Bauherren- und Erwerbermodell so gut wie immer gemäß § 313 BGB beurkundungsbedürftig sind (neuerdings wohl auch dann, wenn der Treuhandauftrag formal frei widerrufbar bleibt).[120] Diese Grundsätze sind allerdings nicht ohne weiteres übertragbar auf den Beitritt von Kapitalanlegern zu geschlossenen Immobilienfonds und die damit zusammenhängenden Rechtsgeschäfte (vgl. u. Rdnr. 214 ff.).

111 Die Notare haben durch ihre berufs- oder standesrechtlich mehr oder weniger verpflichtenden Merkblätter und Richtlinien, die gerade zum Bauherrenmodell schließlich gezielt entwickelt wurden, dazu beigetragen, auch das Beurkundungsverfahrensrecht (nicht: **was** ist zu beurkunden?, sondern: **wie** ist zu beurkunden?) kapitalanlegerfreundlicher zu

---

[117] Ausführliche Darstellung der Rechtsprechungsentwicklung bei *Strohm/Reinelt,* Bauherrenmodell, Anm. 4 zu Form. I. 1. m. w. N.; *Strohm,* in: *Tewes,* Praxishandbuch, Teil 5/3.2.1. Inzwischen dürfte die BGH-Rspr. beim generellen Beurkundungszwang jedenfalls für Treuhandvertrag und Treuhandvollmacht angelangt sein, vgl. BGHZ 101, 393. Ausführlich zum sehr kompliziert gewordenen Thema *Korte,* Handbuch der Beurkundung von Grundstücksgeschäften, München 1990.

[118] Zur Entwicklung vgl. insbesondere *Reinelt* BB 1981, 706; *Gruner/Wagner* NJW 1983, 193, je mit Nachweisen. Einen gewissen Abschluß – nämlich Beurkundungspflicht als Regel auch bei Einräumung von Rücktrittsrechten – bildet die Entscheidung des BGH vom 24. 9. 1987, BGHZ 101, 393.

[119] In dieser Richtung jetzt auch *Palandt/Heinrichs,* BGB, 54. Aufl., § 313 Rdnr. 45 m. w. N.

[120] So als Regel seit BGHZ 101, 393.

machen. Insbesondere wird das früher häufige Verfahren „umgedreht“, den grundlegenden Treuhandvertrag nebst Treuhandvollmachten zwar notariell zu beurkunden, aber in Form eines ausführlichen notariellen Angebots an den Kapitalanleger, welches dieser bei seinem örtlichen, mit der Immobilie nicht vertrauten Notar lediglich in Kurzform notariell annehmen mußte. Das ausführliche beurkundete Angebot in dieser auf Distanzgeschäfte allerdings weiterhin angewiesenen Branche soll nunmehr i. d. R. vom Kapitalanleger selbst ausgehen, um dem beurkundenden Notar die Erfüllung seiner Belehrungs- und Beratungspflicht zu ermöglichen. Das Verfahren entspricht weitgehend dem Kauf vom Bauträger (z. B. im Bauträgermodell, Rdnr. 163 ff.). Wie dort ist jedoch eine weitgehend Entlastung des Einzel-Beurkundungsvorganges durch § 13 a BeurkG möglich (Vorab-Errichtung von Mutter-, Bezugs- oder Piloturkunden über die allgemeinen Regelungen und Eckdaten des jeweiligen Gesamtobjekts).[121]

c) Rechtsfragen in der Investitionsphase. aa) Bauherrengemeinschaft. Im typischen Fall des 112
Bauherrenmodells schließt sich eine Mehrzahl von Investoren zusammen, um „gemeinsam, im eigenen Namen, auf eigene Rechnung und Gefahr“ auf dem zum Ankauf vorgesehenen Baugrundstück ein bestimmtes Bauvorhaben zu verwirklichen. Wie andernorts ausführlich dargestellt (vgl. § 22 Rdnr. 137 f.), reicht dies nach der jedenfalls bis heute herrschenden Meinung aus, um die betreffenden Kapitalanleger zu einem Zusammenschluß zur „Erreichung eines gemeinsamen Zweckes“ i. S. des § 705 BGB, also zu einer wenn auch nur auf eine Übergangszeit bis zur Bildung der Wohnungs- und Teileigentümergemeinschaft bestehenden **Gesellschaft bürgerlichen** Rechts zu machen. Hieran ist m. E. weiterhin festzuhalten.

Zivilrechtlich (zunächst) unerheblich ist dagegen, ob diese Bauherrengemeinschaft als 113
Gesellschaft bürgerlichen Rechts dann im einzelnen als bloße Innengesellschaft oder als Außengesellschaft konzipiert und organisiert ist, ob und ggf. welches gesamthänderische Gesellschaftsvermögen hierbei gebildet wird oder nicht (beim Kölner Modell erfolgt der Grundstückserwerb jedenfalls regelmäßig durch die Bauherren in Bruchteilsgemeinschaft gemäß § 741 ff. BGB). Für eine ermäßigte Bemessungsgrundlage bei der Grunderwerbsteuer hilft dies seit längerem nicht mehr (vgl. Rdnr. 75 f.).

Einer genaueren **gesellschaftsrechtlichen Regelung** bedürftig war die Materie in 114
Wirklichkeit schon immer, insbesondere bei den für den Kapitalanleger besonders kritischen Bereichen der eigenen Beitragspflichten (und unter Umständen Nachschußpflichten), der Willensbildung, Geschäftsführung und Vertretung der Gesellschafter, des gesellqqschaftsrechtlichen Bestimmtheitsgrundsatzes und der kritischen Frage der Anpassung des Gesellschaftszwecks sowie bei allen Formen des Gesellschafterwechsels (Kündigung, Ausschluß, Übertragung von Beteiligungen). Damit entstand auch hier die Möglichkeit einer richterlichen Inhaltskontrolle des Gesellschaftsvertrages, wie sie von der Rechtsprechung in diesem Bereich, wegen § 23 AGBG als eine Art Pendant zum AGB-Gesetz, immer stärker entwickelt wurde. Hierauf wird bei der Behandlung der geschlossenen Immobilienfonds nochmals einzugehen sein (vgl. unten Rdnr. 220 ff., dort auch zur Frage des Formzwangs nach § 313 BGB); im übrigen darf auch insoweit auf die umfassenden Darstellungen in § 22 verwiesen werden.[122]

bb) Treuhandvertrag und Vertragswerk. Ob im Bauherrenmodell der Gesellschaftsver- 115
trag (der Bauherrengemeinschaft) oder der Treuhandvertrag des einzelnen Kapitalanlegers mit einem bestimmten Treuhänder als seinem Bevollmächtigten das zivilrechtlich Wesentliche sei, kann dahinstehen. Der theoretische Vorrang des Gesellschaftsvertrages der Investorengemeinschaft wird mindestens aufgewogen durch die starke praktische Bedeutung des Treuhandvertrages, vor allem als wesentlichem Organisationsinstrument, in neuerer Zeit auch Sicherungsinstrument und Haftungsgrundlage bei dieser Kapitalanlageform. Um handlungsfähig in einem komplexen Baugeschehen zu sein, bedurften Bauherrengemein-

---

[121] Zum Beurkundungsverfahren vgl. die Schrifttumshinweise in Fn. 113.

[122] Vgl. § 22 Rdnr. 120 ff.

schaften schon immer eines mit **umfassenden Handlungsvollmachten** namens und im Auftrag aller Kapitalanleger ausgestatteten Betreuers, dies schon zu der Zeit, als dieser als „hauseigener Treuhänder“ häufig aus dem Bereich des Initiators/Bauträgers gestellt wurde, insbesondere mit dem wirtschaftlichen und/der technischen Baubetreuer identisch war.

116 Der Streit in der Branche, ob nun ein **hauseigener Treuhänder** oder aber ein jedenfalls rechtlich, möglichst auch wirtschaftlich **unabhängiger Treuhänder,** insbesondere eine einem Berufsrecht unterliegende Person (Steuerberater, Wirtschaftsprüfer etc.) vorzuziehen sei, ist inzwischen durch den Markt selbst weitgehend entschieden: der (möglichst) unabhängige Treuhänder ist jedenfalls zum Standard geworden. Der Treuhandvertrag wird heute, auch im Interesse der Transparenz für den Kapitalanleger, üblicherweise sehr umfangreich ausformuliert, um die Vielfalt der Aufgaben und Befugnisse des Treuhänders im allseitigen Interesse einigermaßen zufriedenstellend zivilrechtlich zu regeln. Durch ihn wird zwischen Kapitalanleger und Treuhänder, regelmäßig durch Angebot und Annahme auf Distanz, ein Geschäftsbesorgungsvertrag mit Dienstleistungscharakter besonderer Art begründet (§ 675 BGB i. V. m. §§ 663, 665–670, 672–674 BGB nebst einigen Vorschriften des Dienstvertragsrechts). Da weitere Regelungen für Verträge über entgeltliche, treuhänderische Geschäftsbesorgung im Gesetz fehlen, stellt die Rechtsprechung bei der Vertragsauslegung i. e., insbesondere der Ermittlung der konkreten Aufgaben, Vertragspflichten und Befugnisse des Treuhänders, zu Recht stark auf den Einzelfall ab.

117 Die höchst **unterschiedliche Ausgestaltung** von Treuhandverträgen im Bauherrenmodell und ähnlichen Kapitalanlageformen reicht daher vom hauseigenen Baubetreuer des Initiators, der daneben auch den Geschäftsbesorger der Kapitalanleger und der Bauherrengemeinschaft darstellt, über den unabhängigen Treuhänder mit umfassender Allzuständigkeit in den zahlreichen hier zu betreuenden Tätigkeitsbereichen bis zu (oft mehreren pro Modell) streng auf einzelne Tätigkeitsbereiche beschränkten Treuhändern, so den reinen Zahlungstreuhänder (Mittelverwendungskontrolle, ggf. Buchführung) oder den reinen Vertragstreuhänder (lediglich Abschluß, ggf. auch Ausgestaltung der notwendigen Folgeverträge, dagegen keine Verfügung über die Eigen- und Fremdmittel des Kapitalanlegers). Der Makler- und Bauträgerverordnung unterliegt ein solcher Treuhänder nach bis heute herrschender Meinung selbst dann nicht, wenn er Zahlungsmittel des Bauherren disponiert. [123]

118 Der Treuhandvertrag wurde in der Vergangenheit regelmäßig auf Zeit fest abgeschlossen, die **Treuhändervergütung** meist im voraus entrichtet und fast immer in einem Prozentsatz vom kalkulierten Gesamtaufwand gemessen (je nach Tätigkeitsumfang zwischen 0,5% und 2% des Gesamtaufwands). Etwa ein Viertel der Treuhandvergütung erkennt die Finanzverwaltung bis heute als (anteilige) Werbungskosten an. Andererseits sind Verschärfungen im wichtigsten Bereich der Einkommensteuer dort eingetreten, wo ein Treuhänder das Treugut (Immobilie) für seinen Treugeber (Kapitalanleger) nicht in offener Stellvertretung erwirbt und hält, sondern im eigenen Namen, wenn auch für fremde Rechnung. Diese Gestaltung ist für das Bauherren- und andere Teilungsmodelle untypisch, kommt aber u. U. vor bei Fondsmodellen (daher siehe dort Rdnr. 204 ff.)[124]

119 In der Vertragspraxis ist gerade anhand des Bauherrenmodells wiederholt versucht worden, über die höchst unterschiedlichen Einzelfallgestaltungen hinweg allgemeine **„Grundsätze ordnungsmäßiger Treuhandtätigkeit“** (GoT) zu entwickeln, insbesondere durch *Kurth/Krükel* und *Pabst.*[125] Dabei ist zweckmäßigerweise zu unterscheiden zwischen dem, was der Treuhänder aufgrund ihm erteilter umfassender Vollmachten (nach außen) tun kann und dem, was er im Innenverhältnis zum Kapitalanleger jedenfalls unbedingt tun muß. Die wichtigsten allgemeinen Treuhänderpflichten sind, soweit sie einzelvertraglich nicht abgeändert oder abbedungen bzw. an andere Funktionsträger übertragen werden.

---

[123] *Strohm/Reinelt,* in: *Tewes,* Bauherrenmodelle, Teil 5/3.3; wohl auch *Marcks,* MaBV, 5. Aufl., 1991, Rdnr. B. 42 c zu § 34 c GewO.

[124] So auch im Bauherrenerlaß vom 31. 8. 1990, vgl. Fn. 55, 63, 64.

[125] Vgl. Fn. 16 und *Pabst* RPK Nr. 36/1983.

– die Pflicht zum **zeitgerechten** Tätigwerden;[126] 120

– die Pflicht zur **Einhaltung** der im Prospekt und Vertragswerk, insbesondere auch der Grundlagenurkunde, vorgegebenen rechtlichen und wirtschaftlichen Vorgaben bei Abschluß der Folgeverträge für den Kapitalanleger (ggf. deren für den Kapitalanleger möglichst günstige Ausgestaltung, falls noch ein Ausgestaltungsspielraum besteht), ggf. Auswahl der Folgevertragspartner (soweit nicht schon im Prospekt vorgegeben);[127] 121

– die Pflicht zur **Überwachung** der Vertragsabwicklung (soweit sie dem Treuhänder übertragen ist);[128] 122

– die ständige, begleitende Aufklärungs- und **Informationspflicht** gegenüber dem Kapitalanleger, ergänzt durch die periodisch, mindestens einmal am Ende zu erfüllende Pflicht zur Auskunftserteilung und **Rechnungslegung** (§ 666 BGB) und zur Herausgabe des etwa Erlangten (§ 667 BGB);[129] 123

– die – im Einzelfall unter Umständen äußerst problematische – allgemeine Pflicht zur **ausschließlichen** Interessenwahrnehmung für den Bauherren gemäß dessen Weisungen (§ 665 BGB).[130] 124

Dem entspricht zunächst die allgemeine **Pflicht des Kapitalanlegers** als Auftraggeber, dem Treuhänder seine Aufwendungen zu ersetzen, ihn auch von persönlicher Haftung gegenüber Vertragspartnern des Kapitalanlegers ggf. freizustellen (§ 670 BGB). Hinzu kommt – und zwar hier modelltypisch – die leider nicht immer deutlich gesehene Pflicht des Kapitalanlegers als Auftraggeber, sein Weisungsrecht im Rahmen der Bauherrengemeinschaft nicht schrankenlos individuell, sondern gemäß dem Gesamtkonzept und im Rahmen von Prospekt, Vertragswerk und insbesondere Gesellschaftsvertrag, auszuüben. 125

Bei einer **Mehrheit** von Auftraggebern muß die weisungsgebundene, ausschließliche Interessenwahrnehmungspflicht des Treuhänders ihre notwendige Grenze finden in der Beachtung der Gesamtinteressen der Bauherrengemeinschaft, soweit sie mit dem Einzelinteresse eines einzelnen Kapitalanlegers in Widerspruch geraten (was bei einer gestörten Modellabwicklung nicht selten vorkommen kann). Dies gilt jedenfalls, solange der Weg über eine mehrheitliche Entscheidung der Bauherren in Bauherrenversammlung oder durch Vertragsbeendigung (Beispiel: Sonderkündigungsrecht des Treuhänders in solchen Fällen) nicht möglich ist. Aus den gleichen Gründen wird häufig in der Vertragspraxis dem Treuhänder (oder einem anderen Funktionsträger) ein eigener, wenn auch für fremde Rechnung auszuübender Anspruch gegen den einzelnen Kapitalanleger auf Erfüllung der von ihm vertraglich übernommenen Beitrags- und Mitwirkungspflichten am Gesamtbauvorhaben eingeräumt (deren Erfüllung der Bauherr zivilrechtlich korrekt allerdings in erster Linie seinen Mitbauherren und Mitgesellschaftern schuldet, die aber als solche selten geschlossen handlungsfähig wären).[131] 126

Für die Nicht- oder Schlechterfüllung seiner im Einzelfall konkret zu ermittelnden Tätigkeitspflichten haftet der Treuhänder dem jeweiligen Auftraggeber – Kapitalanleger – mit der Sorgfalt eines ordentlichen Treuhänders (u. U. ordentlichen Kaufmanns/ordentlichen Steuerberaters etc.). Dabei ist in der Rechtsprechung eine Tendenz zur **Verschärfung des Sorgfaltsmaßstabs** und eine Tendenz zu einer für den Kapitalanleger günstigeren Beweislastverteilung festzustellen.[132] In der Praxis des Bauherrenmodells und dann anderer Modelle hat 127

---

[126] Hierzu auch *Strohm,* in: *Tewes,* Praxishandbuch, Teil 5/3.2.3.

[127] Zweifelnd *Strohm,* in: *Tewes,* Praxishandbuch (Fn. 123)

[128] Die Rechtsprechung ist hier recht unklar, muß allerdings – zu Recht – sich insoweit mit im Einzelfall sehr unterschiedlichen Vertragsgestaltungen auseinandersetzen.

[129] Hierzu allgemein *Strohm,* in: *Tewes,* Praxishandbuch, Teil 5/3.2.3 m. w. N.; OLG München DB 1986, 1970; OLG Köln NJW-RR 1989, 528 und 567, m. w. N.

[130] Vorschläge hierzu bei *Strohm,* in: *Tewes,* Praxishandbuch, Teil 5/3.2.3.

[131] Es dürfte sich um eine vertraglich näher auszugestaltende, zulässige gewillkürte Prozeßstandschaft handeln.

[132] Über die durch § 282 BGB vorgezeichnete Beweislastverteilung geht die Rechtsprechung teilweise dann hinaus, wenn der Pflichtenkreis des Treuhänders abstrakt und umfassend formuliert ist,

sich dabei als besonders bedeutsam erwiesen der Einfluß des allgemeinen Teils des AGB-Gesetzes, da Treuhandverträge typischerweise im Initiatorenbereich (oder auch vom –künftigen – Treuhänder selbst) vorformuliert sind, wobei der Kapitalanleger den Funktionsträgern und dem Treuhänder des Modells als Verwendern gegenübersteht. Die Auswirkungen zeigen sich insbesondere bei der Erweiterung oder Änderung von Tätigkeitspflichten über Individualvereinbarungen (§ 3 AGBG) und bei der Feststellung vertraglich unklar geregelter Tätigkeitspflichten und Befugnisse (§ 5 AGBG), insbesondere aber über § 9 AGBG in der zunehmend beschränkten Zulässigkeit von Haftungsfreizeichnungsklauseln, auch zur **Verjährung.**[133]

128 cc) Verträge im Grundstücks- und Baubereich. Die rechtlich und wirtschaftlich gewichtigsten Folgeverträge, welche für den Kapitalanleger abzuschließen und von ihm zu erfüllen sind, liegen bei allen auf Neubau gerichteten Modellen, insbesondere beim Bauherrenmodell, naturgemäß im **Grundstücks- und Baubereich;** hier werden häufig die entscheidenden Weichen gestellt.

129 – Das für die Bauherren zu erwerbende Baugrundstück ist so gut wie immer bereits in der Konzeptionsphase vom Initiator entweder selbst erworben oder zur Vermeidung zusätzlicher Grunderwerbsteuer, u. U. auch zur Senkung der Vorfinanzierungskosten für die Bauherrengemeinschaft vertraglich angebunden worden, letzteres in der Regel durch einen Grundstücksoptionsvertrag, der in verschiedenen Formen vorkommt (festes, zeitlich befristetes Verkaufsangebot des Verkäufers, welches allerdings nur schwer durch Auflassungsvormerkung dinglich gesichert werden kann/Grundstücksoptionsvertrag mit Erwerber-Benennungsrecht des Initiators als Optionsnehmer/endgültiger Grundstückskaufvertrag mit Rücktrittsrecht des Initiators für den Fall, daß die Bauherrengemeinschaft nicht zustandekommt oder aus sonstigen Gründen, z. B. Versagung der Baugenehmigung, im Ansatz scheitert). Der endgültige **Ankauf des Baugrundstücks** durch die Kapitalanleger, vertreten durch den Treuhänder, erfolgt jedenfalls beim Kölner Modell regelmäßig nach Bruchteilen. Die hierdurch gebildeten Miteigentumsanteile sollen der späteren Wertquote der den einzelnen Kapitalanleger später als Sondereigentum zukommenden Wohnungs- und Teileigentumseinheiten möglichst entsprechen, um bei der späteren WE-Bildung Wertverschiebungen zu vermeiden. Diese Zwischenphase der Bruchteilsgemeinschaft am Baugrundstück (zivilrechtlich problematisch wegen des in dieser Phase kaum ausschließbaren Aufhebungsanspruch gemäß § 749 BGB) wird bei den heute gängigen Teilungsmodellen (Bauträger und Erwerbermodelle, vgl. Rdnr. 163 f. und 181 ff.) im Ergebnis vermieden, in denen die spätere WEG schon im Vorfeld gebildet wird. Im übrigen kann sich der Treuhänder in diesem Bereich an der heute äußerst weit entwickelten notariellen Praxis für Grundstückskaufgeschäfte mit einer großen Anzahl ausgefeilter und meist in Wahrung der Verkäufer – wie der Käuferinteressen gegeneinander abgewogener Sicherungsmittel orientieren, was entsprechende Fachkunde

---

selbst bei sich widersprechenden Pflichten, vgl. BGH BB 1986, 1807 (Auszahlung von Anlegermitteln vor Baugenehmigung, obwohl rein steuerlich geboten); BGH DB 1987, 479 = RPK Nr. U 519/87 (obiter); andererseits BGH NJW 1987, 427 (enger Pflichtenkreis eines Treuhänders in einem NATO-Erwerbermodell, z. T. aus Prospekteinschränkungen hergeleitet). Teilweise hilft die Rechtsprechung dem Anleger durch Annahme zusätzlicher Aufklärungs- oder Informationspflicht, vgl. OLG Stuttgart RPK Nr. U 618/87 (wobei dann den Treuhänder die Beweislast dafür trifft, daß der Anleger trotz Aufklärung sich nicht anders verhalten hätte). A. A. bei positivem Prüfgutachten BGH RPK Nr. U 442/86. Weitere Einzelfälle bei *Strohm,* in: *Tewes,* Praxishandbuch (Fn. 127).

[133] Tendenz der Rechtsprechung: jedenfalls die verschuldensunabhängigen Pflichten aus §§ 666, 667 BGB und die Interessenwahrnehmungs- sowie Aufklärungspflicht, ferner alle ausdrücklich im Vertrag dem Treuhänder auferlegten konkreten Handlungspflichten sind Kardinalpflichten; AGB-mäßige Freizeichnung von leichter Fahrlässigkeit scheitert daher an § 9 Abs. 2 Nr. 2 AGBG, ebenso vertragliche Verkürzungen der Verjährungsfristen, vgl. BGH RPK Nr. U 452/86; BGH NJW 1986, 1171 = BGHZ 91, 21; BGH NJW 1987, 3135 = BGHZ 100, 132. Seine zunächst schwankende Rechtsprechung zur Verjährung (insbesondere bei Berufsträgern wie Wirtschaftsprüfer, Steuerberater) mit an deren jeweiliges Berufsrecht angepaßten (kürzeren) Verjährungsfristen hat der BGH inzwischen aufgegeben, so daß heute generell von der normalen 30-jährigen Verjährung auszugehen ist.

voraussetzt (Mindestvoraussetzungen zum Schutz der Kapitalanleger: Zahlung erst nach Auflassungsvormerkung und Sicherung der Lastenfreistellung seitens des Verkäufers oder gegen an die Makler- und Bauträgerverordnung angelehnte Sicherungsmittel; nach der Rechtsprechung u. U. auch vorherige Sicherstellung der Planungssicherheit, was im Einzelfall zur Vereinbarung vertraglicher Rücktrittsrechte führen kann; angemessene Regelung der Rechts- und Sachmängelhaftung des Verkäufers; Freiheit von Nutzungsrechten Dritter am Grundstück; Sicherung der Finanzierungsmöglichkeit für die Kapitalanleger als Käufer auf dem Grundstück, da jedenfalls im Bauherrenmodell schon die Grundstücksanschaffung selber bereits mit Fremdkapital finanziert wird).[134]

– Bei den Verträgen im **Baubereich** wird in der Praxis der Bauherrenmodelle regelmäßig 130 die Gesamt-Bauvergabe durch Generalunternehmervertrag bevorzugt (welche meist auch die begleitenden Planungsleistungen durch Architekt, Statiker etc. mit abdeckt), und zwar, schon um die kalkulatorischen Vorgaben des Gesamtaufwands laut Prospekt zu wahren, regelmäßig zu einem Pauschalfestpreis.[135] Sehr häufig wird daneben – meist mit einem Funktionsträgerunternehmen aus dem Initiatorenbereich – ein Vertrag über technische Baubetreuung abgeschlossen, um das bei Großbauvorhaben der hier typischen Art komplexe Baugeschehen besser zu überwachen und zu steuern.[136] Seltener ist die Einzelvergabe von Gewerken (und sollte dann in der Regel nicht dem Treuhänder, sondern vom Kapitalanleger direkt einem technisch und kaufmännisch entsprechend versierten Baubetreuer in Vollmacht übertragen werden).

Rechtlich erfordert der Abschluß dieser Verträge für die Vertreter der Kapitalanleger 131 (Baubetreuer/Treuhänder) besondere Fachkenntnisse in den hier einschlägigen Bereichen des allgemeinen und besonderen Bauwerkvertragsrechts einschließlich Architektenrechts und der hier in der Praxis immer noch regelmäßig miteinbezogenen Regelungen der VOB und der HOAI. Mindestkriterien zum Schutz der Kapitalanleger sollten sein eine möglichst genaue – und möglichst umfassende – Beschreibung des Vertragsgegenstands im Vertragswerk, Plänen und Baubeschreibung; angemessen gestaffelter Zahlungsplan nach Baufortschritt (der auch der finanzierenden Bank genehm sein muß); Sicherstellung der Vertragserfüllung durch den Bauunternehmer mit Ausführungs-und Gewährleistungsbürgschaften; möglichst klare und genaue Regelung von Fertigstellungsterminen und Qualitätskriterien sowie eine möglichst weitgehende Gewährleistungsregelung zu Gunsten der Kapitalanleger als Bauherren.[137]

Eine modelltypische Besonderheit, die sog. Bauherreninitiative, also die eigene, aktive 132 Einflußnahme der Kapitalanleger auf das Baugeschehen zu betonen durch Kennzeichnung der Vorarbeiten als „Planungsvorschlag“, über den erst die „Bauherren-Gesellschafterversammlung“ förmlich zu entscheiden habe, bringt seit der „Vertragsbündel-Rechtsprechung“ des BFH und dem hierauf auch ertragsteuerlich aufbauenden IV. Bauherrenerlaß vom 31. 8. 1990 (Rdnr. 50 ff.) keine steuerlichen Vorteile mehr.

An die Festlegungen in Prospekten und Vertragswerken über die vom Initiator **geplante** 133 Bauausführung und deren **kalkulierte** Kosten (Gesamtaufwand) knüpfen Fragaen der Haftung bei Kostenüberschreitung dieses Gesamtaufwands an. Da Mehrkosten aber häufig auch bei sorgfältiger Vorplanung und Kalkulation anfallen können (z. B. durch Eingriffe und Auflagen der Baubehörden), sahen Bauherrenmodelle und sehen bis heute viele Folgemodelle zahlreiche weitere, für den Kapitalanleger einzudeckende Sicherungsmittel vor, insbesondere Höchstpreisgarantien, Baukostengarantien, Baufertigstellungsgarantien Dritter (meist wiederum Funktionsträgerunternehmen aus dem Initiatorenbereich).[138]

---

134 Vgl. insbesondere BGH BB 1986, 1807; LG Köln RPK Nr. U 493/86.

135 Zur Gefahr (auch) für den Treuhänder, hier „aufweichende“ Klauseln zu vereinbaren vgl. BGH DB 1987, 479 = RPK Nr. U 519/87. Zu den zivilrechtlichen Möglichkeiten bei Festpreisvereinbarungen *Reinelt,* in: Münchener Vertragshandbuch, 3. Aufl., 1992, Bd. 4/1, Anm. 10 f zu Form. III. 16.

136 Zu diesem Spezialgebiet vgl. auch *Reinelt,* a. a. O., (Fn. 132).

137 Vgl. Fn. 133 und dortige Nachweise.

138 Vgl. hierzu etwa *Strohm,* in: *Tewes,* Praxishandbuch, Teil 5/5.

134 dd) Verträge im Finanzierungsbereich. Die Praxis, insbesondere die der Banken, unterscheidet zwischen der **Zwischenfinanzierung** und der **Endfinanzierung,** wobei die Übergänge teilweise fließend und Mischformen denkbar sind. Als Zwischenfinanzierung läßt sich jede Investitionsfinanzierung bezeichnen, die nur kurz- oder bestenfalls mittelfristig aufgenommen und die – auch aus Beleihungsgründen seitens der Bank – nicht auf einmal, sondern nach Projektfortschritt (z. B. Baufortschritt) valutiert wird. Als Endfinanzierung gilt eine die im Soll aufgelaufene Zwischenfinanzierung ablösende, langfristige bis sehr langfristige Schlußfinanzierung des gesamten Fremdkapitals, z. B. durch Hypothekendarlehen der Hypothekenbanken und/oder Lebensversicherer oder Bausparmittel.[139]

135 – Da die Finanzierungskosten während der **Investitionsphase** auch nach dem IV. Bauherrenerlaß weiterhin, mindestens zum großen Teil, sofort abzugsfähige Werbungskosten darstellen, wird hier besonders auf die Abgrenzung von sonstigen Kostenarten geachtet: die (beim Bauträger verdeckt eingerechneten) Kosten werden gesondert ausgewiesen und abgerechnet und teilweise nicht unerheblich ausgeweitet. Insbesondere erbringt hier regelmäßig ein Funktionsträgerunternehmen aus dem Initiatorenbereich Finanzierungsvermittlungs- und Finanzierungsdienstleistungen (Makler- und/oder Geschäftsbesorgungsvertrag besonderer Art) für die Vermittlung und Bearbeitung der Finanzierung (einschließlich Vorbereitung von Unterlagen, Vorbereitung der Bonitätsprüfung des Kapitalanlegers etc.). Diese wird häufig ergänzt durch Garantien wie Zinssatzgarantien, Höchstzinsgarantien oder Zwischenfinanzierungsbürgschaften für die zwischenfinanzierende Bank. Bei der modelltypisch hohen Fremdfinanzierung im Bauherrenmodell ergeben sich hier für den Kapitalanleger jedenfalls vorübergehend hohe, mit sonstigen positiven Einkünften verrechenbare steuerliche Verluste.[140]

136 Beim Bauherrenmodell und im Grunde auch bei allen anderen Teilungsmodellen finanziert zwar, bei Abschluß der Kreditverträge vertreten durch den Treuhänder oder Finanzierungsbetreuer, grundsätzlich jeder Kapitalanleger seinen eigenen und besonderen Zwischenfinanzierungsbedarf selbst und haftet der Bank gegenüber auch nur für die in seinem Namen aufgenommenen Kredite. Der Zwischenfinanzierungskredit, der schon der Höhe nach die zulässigen Beleihungsobergrenzen des echten Realkredits übersteigt, somit vor allem **Personalkredit** ist, kann aber gleichwohl in der Regel nur einheitlich für alle Kapitalanleger bei der gleichen Bank zu gleichen Konditionen erfolgen, jedenfalls bei größeren Investorengemeinschaften; insbesondere wird die zwischenfinanzierende Bank eine zusätzliche dingliche Absicherung durch sog. **Globalgrundschulden** am Gesamtobjekt verlangen und erhalten. Schon in dieser Phase ist daher sicherzustellen, daß die Bank verpflichtet wird, zu angemessenen Bedingungen später diese Globalgrundschuld zu löschen oder im Verhältnis der anteiligen Kredite der einzelnen Kapitalanleger auf deren spätere Wohnungs- und Teileigentumseinheit aufzuteilen (Verteilungserklärung). Werden nämlich einzelne Bauherren schon während der Bauphase schwach (oder erweisen sie sich später nicht als endfinanzierungsfähig, so daß die Ablösung ihrer Zwischenkredite über die Endfinanzierung mißlingt) und bestehen solche Abreden nicht, so kann die Bank versucht sein, über die dingliche Quasi-Mithaftung aus der Globalgrundschuld den anderen, vertragstreuen Kapitalanlegern Schwierigkeiten zu machen (auf die möglichen Abreden in dieser Richtung wird bei den geschlossenen Immobilienfonds nochmals eingegangen, da das Problem der Globalgrundschuld dort u. U. ein Dauerproblem sein kann).[141]

137 Die wirtschaftlich wichtigste der Zwischenfinanzierungskreditkonditionen, der **Zinssatz,** orientiert sich hier vor allem am kurzfristigen Geldmarkt, unterliegt daher Schwankungen

---

[139] Vgl. etwa *Strohm,* in: *Tewes,* Praxishandbuch, Teil 5/5.2; ferner allgemein § 6 zur Finanzierung von Kapitalanlagen.

[140] Sog. „Hebelwirkung" (leverage) des Fremdkapitals, vgl. grundlegend schon *Fleischmann,* in: *ders.*/u. a., Steuer, S. 37 ff. und Fn. 33 ff.

[141] Einzelheiten s. u. Rdnr. 230 ff. und *Strohm,* in: *Tewes,* Praxishandbuch, Teil 5/5.1 und 5/5.2 mit Beispielen vertraglicher Schutzregelungen.

und ist in besonderem Maße empfindlich für Bauverzögerungen und damit Verlängerungen der Bauzeit. Bei den meisten Modellen werden demgemäß die im Rahmen des kalkulierten Gesamtaufwands anfallenden Zinskosten nur als kalkulierte Beträge angegeben, Überschreibungen dieser Kostenpositionen sind nicht selten und können nicht immer durch entsprechende Sicherungsmittel im Generalunternehmervertrag aufgefangen werden (z. B. Vertragsstrafen entsprechender Höhe bei Terminsüberschreitungen).[142]

Ganz auf individuelle Eigenfinanzierung jedes Kapitalanlegers für seine Einheit selbst ab- 138
gestellt ist dagegen die (in den Gesamtaufwand regelmäßig nicht mehr eingerechnete, in Prospekten aber häufig für Liquiditäts- und Rentabilitätsprognosen der Folgejahre dargestellte) **Endfinanzierung durch langfristige Darlehensmittel.** Da auch insoweit relativ unstreitige, sofort abzugsfähige Werbungskosten vorliegen, werden auch in diesem Bereich zusätzliche Kosten und Vergütungen für die Vermittlung und Bearbeitung der Endfinanzierung durch Funktionsträgerunternehmen gesondert angesetzt und abgerechnet (Finanzmakler- und Finanzdienstleistungsverträge). Dabei wird wiederum modelltypisch zur Erzielung weiterer Steuervorteile meist mit einem hohen **Damnum** von bis zu 10% der Bruttodarlehensmittel gearbeitet. Hierdurch erhöht sich der beim Bauherrenmodell typischerweise ohnehin hohe Fremdmittelanteil zusätzlich (bei einer Fremdfinanzierung zu 80% mit 10% Damnum z. B. auf 88%). Dies kann, trotz Steuervorteilen und obwohl sich die Endfinanzierungszinssätze am langfristigen Kapitalmarkt orientieren und damit generell niedriger als Zwischenfinanzierungszinsen sind, auf längere Sicht bei unzureichender Rendite aus Mieteinnahmen des Objekts zu dessen völliger Unwirtschaftlichkeit führen. Dies gilt erst recht, wenn das erhöhte Fremdkapital auch noch aus den Mieteinnahmen zu tilgen ist.[143]

Es ist daher nicht nur aus steuerlichen Gründen empfehlenswert (hierfür aufgewandte 139
Gebühren sind wiederum abzugsfähige Werbungskosten), sondern häufig ein eigener Wunsch der endfinanzierenden Banken, auch für die spätere Bewirtschaftungs- und Endfinanzierungsphase über die dingliche Sicherheit am nunmehrigen Einzelobjekt und die persönliche Bonität des Kapitalanlegers hinaus **zusätzliche Sicherheiten** zu erhalten, insbesondere in Form von Ausbietungsgarantien in ihren verschiedenen Formen, abzugeben durch Funktionsträgerunternehmen des Initiators.[144]

ee) Sonstige Dienstleistungsverträge. Nach dem Grundprinzip des Bauherrenmodells, 140
daß der Kapitalanleger zwar steuerlich Bauherr sein sollte, im übrigen aber – da hierzu zeitlich und örtlich gar nicht in der Lage –keinerlei mit der Investition verbundene Tätigkeiten selbst ausführen wollte, sind hier zahlreiche weitere Typen von Dienstleistungsverträgen entstanden, die sich auch bei den heute vertriebenen Folgemodellen häufig wiederfinden. Hierzu gehören, neben dem **eigentlichen Treuhandvertrag,** insbesondere

– Verträge über die **Organisation und Verwaltung** der Bauherrengemeinschaft während 141
dieser Phase, insbesondere zur Erledigung des Zahlungsverkehrs, der Einrichtung und Führung einer Buchhaltung nebst Gesamt- und Einzelabrechnungen;[145]

– Verträge über die sog. **wirtschaftliche (Bau-)Betreuung,** die häufig weniger ein bautech- 142
nisches, als ein kaufmännisches Leistungsbild haben (und häufig bei der Formulierung des Leistungsbildes versuchen, i. S. von § 9 EStG sofort abzugsfähige Werbungskosten-Leistungen zu umschreiben dadurch, daß man sich eng an Tätigkeiten im Finanzierungs- und Vermietungsbereich anlehnt);[146]

---

[142] Beispiele z. B. bei *Reinelt,* in: Münchener Vertragshandbuch, (3. Aufl.), Anm. 24 f. (Fn. 133); ferner *Locher/Koeble,* Bauträgerrecht, Rdnr. 339, 539 f.

[143] Da viele Prospekte mittel- bis langfristige Rendite- und Liquiditätsprognosen enthalten, liegt hier ein besonderes Risikofeld für Prospekthaftung.

[144] Verschiedene in der Praxis verwandte Möglichkeiten (und deren steuerliche Relevanz) sind z. B. dargestellt bei *Strohm,* in: *Tewes,* Praxishandbuch, Teil 5/7.

[145] Vgl. *Tewes,* Praxishandbuch, Teil 7/2.23 ff.

[146] Ausführlich z. B. *Strohm/Reinelt,* Bauherrenmodell, Anm. zu Form. I. 5 (technische und wirtschaftliche Baubetreuung); zur steuerlichen Behandlung *Tewes,* Praxishandbuch, Teil 7/2.6.

143 – schließlich die modelltypisch wichtige **Objekt-Steuerberatung** (also die von der persönlichen Steuerberatung des einzelnen Kapitalanlegers getrennte steuerliche Beratung und Betreuung der Kapitalanleger in bezug auf dieses konkrete Objekt, erforderlich schon im Hinblick auf das besondere steuerliche Verfahrensrecht (vgl. oben Rdnr. 70 ff.).[147]

144 Auch hier liegen zivilrechtlich i. d. R. Geschäftsbesorgungsverträge mit Dienstleistungscharakter (in einzelnen Fällen, z. B. Erstellung von Abrechnungen, auch mit Werkvertragscharakter) vor, die regelmäßig pauschal (ausgedrückt in Prozentsätzen des Gesamtaufwands) vorausvergütet werden.

145 ff) Übergang zur Wohnungseigentümergemeinschaft. Eine weitere modelltypische Aufgabe für die Betreuer des Kapitalanlegers war beim Bauherrenmodell schließlich die im Umfeld der Bezugsfertigstellung durchzuführende Bildung von **Wohnungs-und Teileigentum.** Auch diese Aufgabe stellt sich dem Initiator bzw. dem Treuhänder der Kapitalanleger aber ähnlich in allen anderen Teilungsmodellen. Die Bildung muß hier sachenrechtlich durch notariell zu beurkundende (vertragliche) Teilungsvereinbarung erfolgen (§ 3 WEG; der häufig verwendete Ausdruck „Teilungserklärung" paßt eher für die einseitige Teilung nach § 8 WEG, wie sie typischerweise im Bauträgergeschäft, meist schon vor oder während des Vertriebes, erfolgt). Da hierzu gemäß § 7 Abs. 4 WEG dem Grundbuchamt behördlich zu siegelnde Aufteilungspläne und die von der Behörde auszustellende sog. Abgeschlossenheitsbescheinigung vorzulegen sind, regelt die hierzu ergangene Verwaltungsanweisung eine Mitwirkung der örtlichen Baubehörde, welche bei Neubauten zusätzlich die Übereinstimmung der Aufteilungspläne mit den genehmigten Bauplänen prüft und bescheinigt (sog. Gleichlautbescheinigung). Leider versucht die Baubehörde dabei manchmal – wenn auch auf zweifelhafter Rechtsgrundlage – zusätzliche bauplanungsrechtliche und bauordnungsrechtliche Vorstellungen durchzusetzen.[148] Von der Nutzungsart her ist zwischen Sondereigentum an einer in sich abgeschlossenen **Wohnung** (Wohnungseigentum im engeren Sinne) und an sonstigen, in sich abgeschlossenen, z. B. **gewerblichen Räumen** (z. B. Läden, Büros, Praxen, Lager- und Kellerräume, soweit ins Sondereigentum zu übernehmen etc.) zunächst zu unterscheiden (beide Formen des Wohnungseigentums werden im übrigen aber vom Gesetz dann völlig gleichbehandelt). Regelmäßig wird in diesem Zusammenhang auch eine je nach Größe und Komplexität des Bauobjekts einfache bis umfangreiche **Gemeinschaftsordnung** errichtet, welche in ihren wesentlichen Teilen nach heutiger Rechtslage praktsich nicht oder nur schwer abänderbar ist und daher ganz erhebliche und sehr langfristige rechtliche Fernwirkung entfaltet. Die Zuziehung fachkundiger Betreuer und Berater (Notar, fachkundiger WE-Verwalter etc.) bei ihrer Erstellung ist daher sehr zu empfehlen.[149]

146 Wichtigste Mindestregelungen im Interesse der Kapitalanleger sollten sein eine über den reinen Gesetzeswortlaut hinausgehende, dem Objekt angepaßte Abgrenzung zwischen Gemeinschaft- und Sondereigentum, genaue Festlegung etwaiger Sondernutzungsrechte und Gebrauchsregelungen, Mindestregelungen über die Organisation, das Verfahren und die Befugnis der Wohnungseigentümerversammlung und eines etwaigen Verwaltungsbeirats und insbesondere über den hier regelmäßig unverzichtbaren **Verwalter.** Dieser wird bei den meisten Modellen noch durch den Treuhänder oder Initiator erstmals ausgewählt und im Namen der Kapitalanleger unter (gesonderten) Verwaltervertrag genommen. Die

---

147 *Tewes,* Praxishandbuch, Teil 7/2.22.

148 Beispiele sind etwa die Verweigerung der Abgeschlossenheitsbescheinigung für die Aufteilung von Hotels oder Wohnheimen in Appartements oder gegen die nach WEG eindeutig zulässige Gestaltung von Tiefgaragenstellplätzen als (selbständig veräußerliches) Sondereigentum. Besonders hart wurden solche Bestrebungen in den vergangenen Jahren auch eingesetzt als Mittel gegen die „Umwandlungsspekulation" bei Altbauten, vgl. hierzu unten Rdnr. 191 f. m. w. Nachw.

149 Zu möglichen Gestaltungen vgl. etwa *Schmidt,* in: Münchener Vertragshandbuch, 3. Aufl., Bd. 4/2, Form. IX. 1.–3. mit Beispielen und Anmerkungen.

Bildung von Wohnungs-Sondereigentum ist ferner entscheidende Voraussetzung für die künftige, gesonderte Endfinanzierung.[150]

Notwendig ist auch die Regelung des **Stimmrechts** (nach dem Gesetz nach Köpfen, in 147 der Praxis regelmäßig nach 1000stel Miteigentumsanteilen), ferner die Regelung der Kosten- und Lastenverteilung zwischen den Wohnungseigentümern an den laufenden Bewirtschaftungskosten und künftigen größeren Reparaturen und Instandhaltungs- oder Instandsetzungsmaßnahmen (für die regelmäßig eine Instandhaltungsrücklage vorzusehen und aufzubauen ist). Der Verteilungsschlüssel wird in der Praxis nach zwei verschiedenen Systemen (mit Mischformen) gebildet, entweder nach dem Nutzflächen-System (die 1000stel Miteigentumsanteile werden gebildet nach dem Verhältnis der einzelnen Nutzflächen pro Einheit zu den Gesamtnutzflächen, häufig vor allem beim reinen Wohnungsbau) oder nach dem Wertquoten-System (die 1000stel Miteigentumsanteile werden nach dem anteiligen Gesamtaufwand pro Einheit zum Gesamtaufwand des gesamten Objekts, gewissermaßen kapitalistisch, gebildet, um den Wertunterschieden zwischen Einheiten verschiedener Lage und Ausstattung Rechnung zu tragen).

Beide Schlüssel sind grundsätzlich gesetzlich zulässig auch für die Verteilung der häufig 148 nicht lagebedingten laufenden Bewirtschaftungskosten, bei denen sich aber eine starke Anlehnung an den Flächenschlüssel oder, soweit möglich (bei den Heizkosten sogar teilweise gesetzlich durch die Heizkostenverordnung nunmehr vorgeschrieben) an die tatsächlichen Verbräuche empfiehlt (soweit Meßgeräte eingebaut sind).[151] Über die Einzelheiten solcher Gemeinschaftsordnungen als dem künftigen „Grundgesetz" der Wohnungs- und Teileigentümergemeinschaft läßt sich relativ beliebig streiten. Daher ist hierbei eine einheitliche Betreuung und Vertretung aller Kapitalanleger besonders wichtig.[152]

d) Bewirtschaftungsphase Der Kapitalanleger will im Ergebnis eine fertiggestellte, verwal- 149 tete und vermietete Immobilie erhalten. Daher reicht die Tätigkeit des Initiators und der Funktionsträgerunternehmen sowie des Treuhänders oft in die Bewirtschaftungsphase hinein und damit oft auch über die Umwandlung der ursprünglichen Bauherrengemeinschaft in eine Wohnungs- und Teileigentümergemeinschaft hinaus.

aa) Verwaltung von Wohnungseigentum. Gerade bei zur Vermietung bestimmten Ob- 150 jekten stellt die Verwaltung einen langfristigen, wichtigen Kostenfaktor für die Gesamtrentabilität dar, welcher auch beeinflußt wird durch die **Fachkunde** des auszuwählenden Verwalters bei der Erfüllung seiner Tätigkeiten und Abrechnungen, der langfristigen Betreuung und Instandhaltung der Anlage (in der ersten Zeit auch der Abwicklung von Mängelrügen und Gewährleistungsansprüchen im Gemeinschaftseigentum).

– Auch der WE-Verwaltervertrag ist regelmäßig Geschäftsbesorgungsvertrag mit Dienstleistungscharakter, welcher – da im WEG nur unzureichend geregelt – genauer vertraglicher Formulierung bedarf.[153]

In der Bewirtschaftungsphase, bei Kapitalanlagemodellen auf Neubau stets auch Beginn 151 der Vermietungsphase, zeigt sich, ob das Objekt am Mietmarkt vorbeigebaut wurde oder nicht. Modelltypisch ist ein auch für diese Phase in mehr oder minder großem Umfang durch den Initiator gebotenes **Dienstleistungspaket** für die Vermietung. Die hierfür gesondert ausgewiesenen Gebühren sind ebenfalls regelmäßig als Werbungskosten sofort abzugsfähig. Hierzu gehören

---

[150] Erst ab diesem Zeitpunkt ist statt der realkreditrechtlich problematischen Beleihung von bloßen Bruchteilen über Globalgrundpfandrechte eine gesondert beleihungsfähige Einzelimmobilie (Eigentumswohnung oder Teileigentum) vorhanden, vgl. auch § 6 Rdnr. 7 ff.

[151] Zu den verschiedenen Verteilungsschlüsseln vgl. z. B. *Schmidt* (Fn. 146) oder *Bärmann-Seuss,* Praxis des Wohnungseigentums, Aufl. 1980, Teil A. II. 3. m. w. N. und Formularmustern.

[152] In der Praxis nicht ganz selten sind Versuche von (enttäuschten) Kapitalanlegern, z. B. durch Einwände/Vollmachtsentzug die einheitliche Teilungsvereinbarung nach § 3 WEG zu blockieren, um Sondervorteile oder nachträglichen Schadensausgleich vom Initiator zu erzwingen.

[153] Auf die Spezialliteratur muß verwiesen werden, vgl. etwa *Schmidt* (Fn. 146) m. w. N.; *Bärmann-Seuss* (Fn. 148); *Röll,* Handbuch für Wohnungseigentümer und Verwalter, 3. Aufl. 1983.

152 – die **Vermittlung** des Erstmieters, manchmal auch von Folgemietern über einen bestimmten Zeitraum (Wohnraum-Maklervertrag);[154]

153 – die Übernahme von **Mietgarantien** für bestimmte Zeiträume (unterschiedlich ausgestaltet als Konditionengarantien, z. B. für die Konditionen der erstmaligen Vermietung, oder als längerfristige Bonitätsgarantien dafür, daß bestimmte Mieteingänge erzielbar bleiben werden;[155]

154 – die von der Wohnungseigentumsverwaltung nach dem WEG zu unterscheidenden sog. **Mietverwaltung** (Sondereigentumsverwaltung), die dem hierbei in offener Stellvertretung vertretenen Kapitalanleger während einer längeren Zeit der Bewirtschaftungsphase auch die Mühe der Mietersuche, des Mietinkassos, der Miet- und Nebenkostenabrechnung, der Überwachung von Schönheitsreparaturen, der Kautionsabrechnung und Neuvermietung und sonstiger Tätigkeiten bei Mieterwechsel abnimmt (Geschäftsbesorgungsvertrag mit Dienstleistungscharakter).[156]

155 bb) Gewerbliche Zwischenvermietung. Eine besondere Form der Vermietung ist bereits bei der Umsatzsteuer behandelt worden (vgl. oben Rdnr. 78 ff.), nämlich die sog. **gewerbliche Zwischenvermietung.** Ihre Durchführung hatte besondere mietrechtliche Folgeprobleme bei Wohnraum-Endmietverhältnissen in Fällen der Insolvenz des Zwischenmieters geschaffen, da der Endmieter hier formal nur Untermieter ohne Wohnraumkündigungsschutz ist (§ 556 Abs. 3 BGB). Die Rechtsprechung hat inzwischen den Wohnungsendnutzer, obwohl formal Untermieter, dem Wohnungshauptmieter vom Kündigungs- und Preisschutz her praktisch gleichgestellt. Daher kommen bei Wohnungsimmobilien gewerbliche Zwischenverrmietungen (nach Wegfall auch der USt-Vorteile durch Option) praktsich nicht mehr, bei anderen Immobilien nur bei besonderen Objekttypen und besonderem wirtschaftlichem Interesse an solchen Zwischenstufen noch in Betracht.[157]

156 cc) Mietrecht, insbesondere Wohnraummiete. Gleichgültig, ob sich der Kapitalanleger eines Wohnungsbau-Objektes anschließend selbst um die Vermietung seiner Wohnung kümmert oder diese einem Mietenverwalter oder gar einem gewerblichen Zwischenmieter überläßt, wird er – was schon bei der Investitionsentscheidung vorab zu bedenken ist – mit besonderen rechtlichen und wirtschaftlichen Rahmenbedingungen des Wohnraummietrechts langfristig konfrontiert. Die Vertragsfreiheit ist hier durch eine soziale Mietgesetzgebung in besonderem Maße eingeschränkt und durch eine vielfach äußerst **mieterfreundliche Praxis** in der Rechtsprechung zusätzlich – aus der Sicht des Kapitalanlegers negativ – geprägt. Zudem muß mit Formularverträgen gearbeitet und damit auch der Einfluß des AGB-Gesetzes ständig beachtet werden. Die wichtigsten dieser Rahmenbedingungen, zugleich in deutlicher Unterscheidung zum gewerblichen Mietvertrag (vgl. hierzu näher Rdnr. 243 ff.) sind

157 – der starke **Kündigungsschutz** für den Wohnungsmieter, verstärkt durch Sozialklauseln;

158 – Beschränkung der **Mietpreisbildung** durch die ortsübliche Vergleichsmiete, mit nur wenigen Ausnahmen, in den **Neuen Bundesländern** bis kürzlich sogar strikte **Mietpreisbewirtschaftung** (bei Altobjekten vor dem 3. 10. 1990) über Grundmietenverordnungen, seit 1. 7. 1995 allmählich an das westdeutsche Vergleichsmietensystem heranzuführen;

159 – Einschränkungen, jedenfalls zusätzliche arbeitsaufwendige Anforderungen an den Vermieter bei der Abwälzung der wirtschaftlich immer gewichtiger werdenden **Miet-Nebenkosten** (Bewirtschaftungskosten) und der Abwälzung sonstiger, mit der Gebrauchsüber-

---

[154] *Strohm/Reinelt,* Bauherrenmodell, Anm. 24 zu Form. I. 1. und Anm. 25 zu Form. I. 5., m. w. N.; *Strohm,* in: *Tewes,* Praxishandbuch, Teil 5/8.5

[155] *Strohm/Reinelt,* Bauherrenmodell, Anm. 25 zu Form. I. 1. und Anm. 26 zu Form. I. 5. m. w. N., insbesondere zur Frage des zivilrechtlichen Umfangs solcher Garantien; zur steuerlichen Relevanz vgl. *Tewes,* Praxishandbuch, Teil 7/2.26.

[156] Zu organisatorischen und zivilrechtlichen Überschneidungen führt die nicht unproblematische, in der Praxis aber häufige Personalunion zwischen WE- und Mietenverwaltung. Manche Mietverwalter übernehmen (gegen Vergütung) auch das Mietausfallrisiko (Delcredere).

[157] Vgl. insbesondere die Nachw. in Fn. 29, 92, 93; ferner *Wagner/Loritz,* a. a. O., S. 307 ff.

lassung verbundener Pflichten (z. B. Schönheitsreparaturen, Kleinreparaturen), in den neuen Bundesländern erneut mit noch stärkeren Schranken (Betriebskosten-UmlageVO etc.);

– Einschränkung der **Sicherungsmittel** (z. B. Kautionen) sowie **Rechtsbehelfe** (z. B. sozialer Räumungsschutz) bei Beendigung des Wohnraummietverhältnisses.[158] **160**

Andere Grundsätze, insbesondere noch weitgehende Vertragsfreiheit, gelten dagegen für die **Gewerbemiete.** Diese Grundsätze werden, da dort besonders häufig benötigt, bei den Fondsmodellen dargestellt (vgl. Rdnr. 243 ff.).

e) Wiederverwertung von Wohnungsimmobilien. aa) Bauherrenwechsel in der Investitionsphase. Die meisten Vertragsmodelle sehen vor, daß ein Bauherr grundsätzlich schon in der Investitionsphase aus der Bauherrengemeinschaft ausscheiden und seine Objektbeteiligung auf einen Dritten übertragen kann „wenn dieser in alle Rechten und Pflichten des Bauherren eintritt". Dies bedeutet die Übernahme zahlreicher Rechts- und Vertragsverhältnisse im Rahmen des oben geschilderten komplexen Vertragswerks und ist daher **selten praktikabel,** im übrigen sicherlich auch nicht der Sinn einer grundsätzlich längerfristigen Kapitalanlage in Immobilien. Darüber hinaus riskiert der neu eintretende Ersatz-Bauherr, daß bei ihm die für den Ursprungsbauherren möglichen Steuervorteile nicht oder nur in eingeschränktem Umfang anerkannt werden.[159] **161**

bb) Wiederveräußerung nach Fertigstellung. Spätestens nach Bildung von Wohnungs- und Teileigentum und Bezugsfertigstellung nebst Verteilung der Globalgrundschuld bietet die Rechtsform des Wohnungseigentums im typischen Bauherrenmodell dem Kapitalanleger rein rechtlich ein recht hohes Maß an **Fungibilität.** Da das Objekt im Privatvermögen gehalten wird, sind Wertsteigerungsgewinne nach Ablauf von 2 Jahren einkommensteuerfrei. Auch hier droht jedoch bei allzu rascher Wiederveräußerung die steuerliche Gefahr der Einstufung als Liebhaberei (vgl. Rdnr. 43 f.), bei mehrfacher Veräußerung die der Einstufung als gewerblicher Grundstückshandel (Rdnr. 44). Hinderlich können sich außerdem rein wirtschaftlich auswirken (außerhalb der allgemeinen wirtschaftlichen Entwicklung am Markt) zu hohe Vorkosten aus der Investitionsphase oder auch eine zu hohe, für den Erwerber so nicht interessante Fremdfinanzierung, vor allem wenn diese als Endfinanzierung langfristig unkündbar eingedeckt ist (Gefahr des Verlustes des Damnums, oder der Zahlung von Vorfälligkeitsentschädigungen bei vorzeitiger Ablösung).[160] **162**

2. Bauträgermodell. Seit etwa 1984 hatte zum Teil aufgrund veränderter Marktbedingungen, zum Teil aufgrund der Veränderung einiger steuerlicher Rahmenbedingungen (Wegfall der meisten Grunderwerbsteuervorteile und Auslaufen der Umsatzsteuervorteile für Wohnungen im Bauherrenmodell) das sog. Bauträgermodell am Kapitalanlagemarkt an Boden gewonnen. Dieses Modell versuchte den klassischen Kauf vom Bauträger mit einigen der vom Bauherrenmodell her bekannten Steuervorteile zu kombinieren. Es nahm für sich in Anspruch, den Kapitalanleger vom wirtschaftlichen Bauherrenrisiko freizustellen und mit einem weniger komplizierten Vertragswerk sowie auch ohne Treuhänder auskommen zu können, dennoch aber bestimmte einkommensteuerliche Vorteile weiterhin für den Kapitalanleger nutzbar zu machen. Dies ist seit dem IV. Bauherrenerlaß von 1990 praktisch nicht mehr möglich (vgl. unten und Rdnr. 50 ff.) der Bauträgerkäufer vielmehr reiner Erwerber mit – fast ausschließlich – Anschaffungskosten. Bei Objekten in den **Neu-** **163**

---

[158] Auch das (soziale) Wohnraummietrecht hat sich inzwischen zur Spezialmaterie entwickelt, mit dessen Grundzügen jedenfalls der Einzel-Kapitalanleger in Wohnungsbau-Objekte sich vertraut machen muß, vgl. hierzu das Schrifttum vor und die Form. und Anm. zu „Mietrecht" bei *Blank,* in: Münchener Vertragshandbuch, 3. Aufl., Bd. 4/1.

[159] Vgl. *Tewes,* in: *Gerlach*/u. a., Gewerbeimmobilie, S. 221 (für Fondsanteile); *Kurth/Krükel,* Erwerbermodell, S. 111; zur Abgrenzung gegenüber Erwerbermodellen s. u. Rdnr. 181 ff.

[160] *Tewes,* Praxishandbuch, Teil 4/2; *Kurth/Krükel,* Erwerbermodell, S. 69 ff. (mit Preisvergleichen) und S. 140 f. (jeweils zu steuerlichen Fragen des Spekulationsgewinns und zu den – viel umfassenderen – steuerlichen Risiken der Liebhaberei und des gewerblichen Grundstückshandels); hierzu auch oben Rdnr. 44.

en Bundesländern sind aber auch diese Kosten durch die Sonder-AfA nach dem FörderG gefördert, was Neubauten mit Verkauf vom Bauträger, auch modellmäßig, möglich und verbreitet macht.[161]

164 *a) Rechtliche Unterschiede zum Bauherrenmodell.* aa) Errichtung durch Bauträger. Beim Bauherrenmodell ist der Kapitalanleger nicht selbst Bauherr, kann also – abgesehen von Sonderwünschen in der gewählten Wohnung – auf die Planung und das Baugeschehen keinen Einfluß nehmen (fehlende Bauherreninitiative). Er hat auch nicht im eigenen Namen und für eigene Rechnung die Verträge im Grundstücks- und Baubereich abzuschließen und aus diesen zu haften (teilweise fehlendes Bauherrenrisiko). Bauherr i. S. des öffentlichen Bau- und Gewerberechts wie des Bauherrenerlasses vom 31. 8. 1990 bleibt vielmehr der **Bauträger,** welcher das Wohnungsbau-Objekt oder ein gemischt genutztes Objekt im eigenen Namen, und grundsätzlich auf eigene Rechnung und Gefahr errichtet und die errichteten oder zu errichtenden künftigen Wohnungen (sukzessive) an einzelne Kapitalanleger veräußert. Dabei wird regelmäßig schon auf der Grundlage der genehmigten Baupläne durch den Bauträger selbst in seinem Alleineigentum durch Teilungserklärung nach § 8 WEG das Objekt bereits in Wohnungs-und Teileigentum aufgeteilt. Teilungserklärung, Gemeinschaftsordnung und häufig auch Verwalterbestellung und Verwaltervertrag sind, wie beim klassischen Kauf vom Bauträger, durch den Bauträger vorgeprägt. Zu einem in der Literatur bis heute umstrittenen Zeitpunkt bildet sich zwischen dem ersten Verkauf einer Einheit (frühestens) und der Bezugsfertigstellung (spätestens) zunächst zwischen dem ersten Käufer und dem Bauträger, später zwischen der Gesamtheit der Käufer bereits eine faktische Wohnungs- und Teileigentümergemeinschaft. Dagegen kommt es von vorneherein nicht zur Bildung einer Bauherrengemeinschaft und wegen des Fehlens eines gemeinsamen Zweckes wohl auch nicht zu einer „Erwerbergemeinschaft" in der Rechtsform der Gesellschaft bürgerlichen Rechts.[162]

165 Der Bauträger unterliegt bei dieser Tätigkeit gemäß § 34 c GewO i. V. m. der hierzu ergangenen **Makler- und Bauträgerverordnung** (MaBV) deren besonderen gewerberechtlichen Bestimmungen. Diese haben auch zivilrechtliche Auswirkungen, insbesondere dann, wenn – wie regelmäßig – mit vorformulierten AGB-Verträgen gearbeitet wird.[163]

166 bb) Kauf vom Bauträger. Der abzuschließende Hauptvertrag (notariell insgesamt zu beurkunden) ist der **Bauträgerkaufvertrag** zwischen Bauträger und Kapitalanleger. Er enthält als Hauptpflichten des Verkäufers die Übereignung des Grundstücksanteils (Miteigentumsanteil, verbunden mit dem Sondereigentum an einer bestimmten Wohnung (oder gewerblichen Einheit) und die Bauerrichtungspflicht nach Maßgabe der einzelnen Vertragsformulierungen sowie der sonstigen Plan-und Baubeschreibungsunterlagen. Der Kapitalanleger verpflichtet sich zur Zahlung nach Baufortschritt; der Vertrag enthält meist auch die Unterwerfung des Kapitalanlegers unter die bereits bestehende Teilungserklärung und Gemeinschaftsordnung. Eine Besonderheit des Bauträgerkaufes ist es, daß regelmäßig Kaufvertrag und Auflassung nicht gleichzeitig abgeschlossen werden, sondern die Auflassung erst nach vollständiger Bezahlung des Kaufpreises erfolgt. Der Inhalt dieses Vertrages ist in weiten Teilen vorgeprägt durch die Bestimmungen der **MaBV,** welche im Sicherungsinteresse des Kapitalanlegers/Käufers bekanntlich insbesondere folgende allgemeine und besondere Zahlungsvoraussetzungen regelt:

167 – **Fälligkeit des Kaufpreises** allgemein erst dann, wenn der Bauträgervertrag rechtswirksam zustandegekommen, alle erforderlichen Genehmigungen einschließlich der Bauge-

---

[161] *Tewes,* Praxishandbuch, Teil 4/6.1; *Kurth/Krükel,* Erwerbermodell, S. 230 ff.; hierzu auch oben Rdnr. 69

[162] Zur „faktischen" WE-Gemeinschaft, gerade bei allmählichem Abverkauf vom Plan durch den Bauträger, vgl. statt vieler *Schmidt* (Fn. 146) m. w. N., insbesondere Anm. 27 zu Form. I. 31 und Anm. 23 zu Form I. 32. Ausführlich zum Modell jetzt insbes. *Wagner/Loritz,* a. a. O., S. 400 ff. m. zahlr. w. Nachw.

[163] *Schmidt* (Fn. 146), Anm. zur Form I. 30 und Form. I. 31 („normaler Bauträgerkauf"); *Marcks,* Makler- und Bauträgerverordnung, 5. Aufl. 1991, Rdnr. 7 ff. zu § 12 MaBV.

nehmigung für das Objekt erteilt, die Auflassungsvormerkung für den Kapitalanleger an der vereinbarten Rangstelle im Grundbuch eingetragen oder bewilligt und die Lastenfreistellung des Objekts von allen Altlasten gesichert ist (ferner muß das vertragliche Rücktrittsrecht des Bauträgers ausgeschlossen sein);

– **Kaufpreiszahlung** sodann nach dem normalen Baufortschritt abstrakt angenäherten Raten, nämlich: **168**

– – 30% des Kaufpreises nach Beginn der Erdarbeiten (zugleich Abgeltung des Grund- und Boden-Anteils);

– – 28% des Gesamtkaufpreises (also 40% der Rest-Vertragssumme) nach Rohbaufertigstellung;

– – 17,5% (also 25% der Rest-Vertragssumme) nach Fertigstellung der Rohinstallation einschließlich Innenputz;

– – 10,5% (also 15% der Rest-Vertragssumme) nach Fertigstellung der Schreiner- und Glaserarbeiten;

– – 10,5% (also 15% der Rest-Vertragssumme) nach Bezugsfertigkeit und Besitzübergabe);

– – 3,5% (also 5% der Restvertragssumme) nach vollständiger Fertigstellung.

Abweichungen zu Gunsten des Käufers sind möglich; andererseits ermöglicht § 7 MaBV dem Bauträger Beschleunigung der Zahlungen, wenn er in der Verordnung näher geregelte Sicherheiten (regelmäßig Bankbürgschaft) leistet. **169**

Der Bauträgerkaufvertrag wird von der Rechtsprechung heute im wesentlichen den Regeln des Bauwerkvertragsrechts unterstellt, mit einigen Besonderheiten vor allem für den Fall von **Leistungsstörungen,** welche sich aus der Verbindung von Grundstückserwerb und Bauerrichtung ergeben.[164] Durch die Schutzvorschriften der MaBV und die ergänzenden Schutzvorschriften durch das AGB-Gesetz ist in der Tat das Risiko des Bauträger-Erwerbs gegenüber dem des Bauherren im klassischen Bauherrenmodell stark gemindert. Auf die umfangreiche Rechtsprechung zum Recht des Bauträgerkaufs kann, da nicht modelltypisch, hier nicht näher eingegangen werden; es bestehen jedoch wirtschaftliche Restrisiken, die vom Kapitalanleger nicht außer Acht gelassen werden dürfen: **170**

– Auf der Seite des Bauträgers muß die Gesamtfinanzierung der Gesamtbaumaßnahme gesichert sein, was der einzelne Kapitalanleger anders als beim Bauherrenmodell (wo dies theoretisch über den Treuhänder möglich ist) kaum nachprüfen kann. Durch die obigen Schutzvorschriften gesichert ist also im wesentlichen nur das **Rückabwicklungsinteresse** des Käufers im Falle des Scheiterns der Baumaßnahme, nicht sein bei einem solchen Bauvorhaben auch auf die Gesamtanlage und das Gemeinschaftseigentum gerichtetes **Erfüllungsinteresse** (der Erfolg hängt auch hier davon ab, ob dem Bauträger die Plazierung sämtlicher anderen Einheiten gelingt). Plazierungs- und Fertigstellungsgarantien können also auch hier wirtschaftlich sinnvoll sein. **171**

– Selbst wenn das Bauvorhaben trotz ungenügender Plazierung vom Bauträger noch fertiggestellt werden kann (oder von der Bank), ist der einzelne Kapitalanleger mit dem Bauträger als Groß-Miteigentümer und seiner durch den Mißerfolg nicht immer gestärkten Solvenz konfrontiert. Dies kann nachteilig werden, wenn es nunmehr in der Wohnungs- und Teileigentümergemeinschaft um die anteilige und gleichmäßige Tragung der Kosten und Lasten der laufenden Bewirtschaftung, Instandhaltung und Instandsetzung geht, ferner individuell (Sondereigentum) oder gemeinschaftlich (Gemeinschaftseigentum) um die Erbringung fehlender Restleistungen und die Durchführung der Mängelbeseitigung am Objekt. **172**

– Der einzelne Kapitalanleger steht, u. U. schlechter als im Bauherrenmodell, relativ allein bei der Durchsetzung seiner vertraglichen Ansprüche auf Erfüllung, insbesondere auch auf Gewährleistung, einem ihm fachlich und oft auch finanziell überlegenen Bauträger **173**

---

[164] *Schmidt* (Fn. 160); *Reithmann,* in: *Reithmann*/u. a., Bauträger, S. 47 ff. und S. 225 ff.; strittig vor allem, ob Gewährleistungsansprüche gemeinschaftsbezogen oder individuell geltend zu machen sind, hierfür die Rechtsprechung, vgl. insbesondere BGH NJW 1985, 1551 (dort auch zur hierdurch bewirkten Verlängerung der Verjährungsfristen).

gegenüber. Es wird daher auch bei diesem Modell in der Praxis häufig mit der Einschaltung (seitens des Kapitalanlegers) eines unabhängigen, erfahrenen Treuhänders gearbeitet, der für die Gesamtheit der Kapitalanleger soweit möglich auf Vertragsgestaltung und Vertragsabwicklung Einfluß nehmen und den Zahlungsfluß überwachen kann. Dies kann sich in der Praxis vor allem dann bewähren, wenn – wie hier modelltypisch –zur Erzielung von zusätzlichen Steuervorteilen weitere Dienstleistungsverträge als Folgeverträge mit dem Bauträger oder Funktionsträgerunternehmen aus seinem Bereich abgeschlossen werden. Sinnvoll können auch hier, wenn zur Kapitalanlage erworben, Verträge über Erstvermietung und Mietgarantie sein. [165]

174 cc) Ergänzende Dienstleistungen. In den modelltypischen Dienstleistungs-Folgeverträgen werden konsequenterweise solche Leistungen angeboten, welche entweder den **Finanzierungs-** oder den **Vermietungsbereich** betreffen. Die früher unter älteren Bauherrenerlassen praktizierte Abspaltung aus dem Bauträgerkaufpreis von einzelnen Kostenarten, insbesondere der Bauzeitfinanzierung (Zwischenfinanzierung) ist jedoch unter dem IV. Bauherrenerlaß (Käufer reiner Erwerber, alles Anschaffungskosten) steuerlich nicht mehr sinnvoll. Da Werbungskosten aber in der Bewirtschaftungsphase noch denkbar sind, kommen noch als gesonderte Dienstleistungsverträge in Frage:
– Endfinanzierungsvermittlung und -bearbeitung, ggf. Ausbietungsgarantien;
– Zinsgarantien;
– Erstmietervermittlung und Mietbetreuung bis hin zur Mietenverwaltung und gewerblichen Zwischenanmietung.
– Steuerliche Betreuung.[166]

175 Die Finanzierung des Kapitalanlegers erfolgt auch beim Bauträgermodell grundsätzlich individuell, jedoch auch hier regelmäßig mit einer während der Bauzeit vorgeschalteten Globalgrundschuld zur Absicherung der Gesamt-Zwischenfinanzierung des Bauträgers am Objekt, mit den gleichen Ablösungsproblemen wie beim Bauherrenmodell.

176 *b) Steuerliche Besonderheiten.* aa) Einkommensteuer. Im Bereich der **Einkommensteuer** kann der Bauträgerkäufer als Ersterwerber die nur wenigen, oben genannten Werbungskosten ähnlich wie ein Erwerber geltend machen. Der ursprüngliche Zinsaufwand (beim Bauträger) ist Teil der Anschaffungskosten des Kapitalanlegers und ist nicht mehr gesondert und sofort als Werbungskosten abzugsfähig. Der Ersterwerber kann die gleichen Abschreibungen wie ein Bauherr einkommensteuerlich geltend machen (differenziert nach Zeitpunkt des Bauantrages, vgl. Rdnr. 54, 55).[167]

177 Ein etwaiger Spekulationsgewinn bei **Weiterveräußerung** ist in gleicher Weise wie beim Erwerbermodell (vgl. unten Rdnr. 198 f.) steuerfrei.

178 Stets (originäre und eigene) Werbungskosten für den Bauträgerkäufer sind natürlich die von ihm selbst direkt an seine eigene Bank bezahlten Zwischen- und Endfinanzierungs**zinsen** einschließlich eines etwaigen Damnums.

179 bb) Grunderwerbsteuer. Im Bereich der **Grunderwerbsteuer** ergeben sich gegenüber der Rechtslage beim Bauherrenmodell seit der Änderung des Grunderwerbsteuergesetzes und der seit spätestens 1985 durch den BFH durchgesetzten Vertragsbündel-Betrachtung ebenfalls kaum Besonderheiten; es wird der gesamte Kaufpreis grunderwerbsteuerpflichtig einschließlich der darin enthaltenen Herstellungskosten und etwa vom Bauträger getragener Zwischenfinanzierungskosten oder sonstiger Dienstleistungsgebühren, also unabhängig davon, wie diese beim Bauträger zu beurteilen gewesen wären.

180 cc) Umsatzsteuer. Hinsichtlich der **Umsatzsteuer** gilt das gleiche wie beim Bauherrenmodell (bei Wohnungsbauobjekten sind also seit dem 1. 4. 1985 Umsatzsteuervorteile über Mehrwertsteueroption nicht mehr möglich).

---

[165] Ebenso *Fleischmann,* in: *ders.*/u. a., Steuern, S. 292; *Kurth/Krükel,* Erwerbermodell, S. 232; *Strohm,* in: *Tewes,* Praxishandbuch, Teil 5/8.5.

[166] Zu den zivilrechtlichen und steuerlichen Einzelheiten vgl. die Nachweise in Fn. 158.

[167] Ausführliche Übersichten z. B. bei *Tewes,* Praxishandbuch, Teil 4/7; *Wagner/Loritz,* a. a. O., S. 400 ff. m. zahlr. w. Nachw.

3. Erhaltungsmodelle. *a) Überblick und Formen.* Unter diesem etwas euphorischen Begriff werden Immobilienobjekte (insbesondere Wohnhäuser) zusammengefaßt, an denen sich Kapitalanleger erst mehr oder weniger lange **nach** erstmaliger Bezugsfertigstellung durch Erwerb einzelner Wohnungen (ggf. auch Teileigentumseinheiten) beteiligen. Geschieht der Erwerb im Jahre der erstmaligen, neuen Herstellung des Gebäudes, so spricht man von einem **Ersterwerbermodell,** das sich, auch hinsichtlich der steuerlichen Folgen, heute praktisch vom Bauträgermodell nicht unterscheidet. Bei den eigentlichen Erhaltungsmodellen mit Objekten, die schon **längere Zeit genutzt** werden, ist das speziell aus der Bauphase resultierende wirtschaftliche Risiko des Kapitalanlegers meist ausgeschlossen oder doch ganz erheblich eingeschränkt; ähnlich wie beim Bauträgermodell ist ein Einfluß auf das Baugeschehen (Bauherreninitiative) regelmäßig nicht mehr oder nur mit Einschränkungen gegeben (ggf. noch Sonderwünsche in der einzelnen Wohnung, Ausbau Gewerbeeinheiten). 181

Das Erhaltungsobjekt ist regelmäßig von einem Unternehmen aus dem Kreis des Initiators **bereits erworben** und nach § 8 WEG im eigenen Besitz in Wohnungs- und Teileigentumseinheiten bereits **aufgeteilt,** so daß die vertragliche Abwicklung auch hier schwerpunktmäßig auf dem vom Kapitalanleger mit dem Veräußerer zu schließenden Wohnungskaufvertrag beruht (in der Praxis werden hierbei häufig stattdessen auch Fondsmodelle eingesetzt, vgl. Rdnr. 220 f.). Ähnlich wie bei anderen Modellen besteht auch hier ein wirtschaftliches Erfüllungsrisiko des Kapitalanlegers, wenn der veräußernde Bauträger wegen ungenügender Plazierung der restlichen Einheiten oder aus sonstigen Gründen insolvent wird. Es kommt auch hier meist nicht zur Bildung einer echten „Erwerbergemeinschaft" in der Rechtsform einer GbR, welche gesellschaftsvertraglich geregelt werden müßte. Aus den gleichen Gründen wie beim Bauträgermodell wird jedoch auch bei Erhaltungsmodellen (vor allem den Altbau-Sanierungsmodellen) zum Schutz der Kapitalanleger die Einschaltung eines unabhängigen, fachkundigen Treuhänders empfohlen und teilweise auch praktiziert.[168] 182

Zusätzliche Risiken für den Kapitalanleger können sich jedoch dann ergeben, wenn – wie häufig – das Objekt im Zusammenhang mit der Vermarktung an Kapitalanleger durch den Initiator oder durch die Kapitalanleger umgebaut, ausgebaut, modernisiert oder sonstwie instandgesetzt werden soll, der Kapitalanleger sich also als **„Umbauherr"** betätigt. Vor allem bei denkmalgeschützten Gebäuden sind hier oft schwierige Baugenehmigungsverfahren zusätzlich zu durchlaufen. Ein weiterer, besonderer Risikofaktor ergibt sich aus der jeweiligen Vermietungssituation: diese muß der Kapitalanleger meist so übernehmen und fortführen, wie er sie vorfindet, was sowohl für geplante Um- und Ausbaumaßnahmen oder Modernisierungen wie die wirtschaftliche Ertragsfähigkeit äußerst hinderlich sein kann.[169] 183

Da der Kapitalanleger hier also nicht oder nur in geringem Umfange „Bauherr" wird, werden diese Modelle heute vor allem für Objekte (vornehmlich Wohnungen) in den Neuen Bundesländern mit aus dem FörderG resultierenden Steuervorteilen angeboten. Diese (Sonder-AfA) begünstigt zur Zeit jedoch hier nur Anschaffungskosten bei Erwerb von Neubauten im Jahr der Fertigstellung (Ersterwerbermodell) oder Modernisierungskosten **nach** Erwerb (Altbausanierung). 184

aa) Erwerbermodell. Zu den eigentlichen **Erwerbermodellen** zählen wir hier den Weiterverkauf vornehmlich von Eigentumswohnungen aus bereits bezugsfertiggestellten und in der Vergangenheit bereits vermieteten Wohnanlagen. Der Veräußerer wird dabei regelmäßig versuchen, seinen Gewinn vor allem durch den Verkaufspreis zu realisieren, der eigentlich durch die erzielbaren Wohnungsmieten in einer sonstigen Kapitalanlagen vergleichbarer Form und Frist kaum je gedeckt wird. Solche Erwerbermodelle sind wirt- 185

---

[168] Vgl. die Fn. 162, ferner *Wagner/Loritz,* a. a. O., S. 407 f.; zur Grundstruktur der Erhaltungsmodelle allgemein *Tewes,* Praxishandbuch, Teile 4/5 und 4/6; *Fleischmann,* in: *ders./*u. a., Steuern, S. 289 f., 299 ff. und 335 (Modell-gleiche); *Kurth/Krükel,* Erwerbermodell, S. 211 ff.

[169] Hierzu näher unten Rdnr. 187 f. (bautechnische/-baurechtliche Risiken) und Rdnr. 192 f. (mietrechtliche Risiken).

schaftlich und steuerlich für den Kapitalanleger – anders mag sich dies aus der Sicht des Eigennutzers darstellen – nur bei besonders guter, vorhandener Vermietung, sehr gutem **Bauzustand** und bei optimalem **Standort** und sehr guter **Gebäudelage** zweckmäßig. Etwa mitangebotene Steuervorteile sind nach dem IV. Bauherrenerlaß von 1990 gering, nicht eigentlich modelltypisch und können, u. U. zu niedrigeren Kosten, durch einigermaßen fachkundige oder beratene Kapitalanleger auch am eigentlichen Markt für gebrauchte Eigentumswohnungen direkt erzielt werden.[170]

186 bb) Altbausanierungsmodell. Interessanter kann sich eine solche Kapitalanlage darstellen in sog. **Altbausanierungsmodellen,** wie sie immer häufiger in Innenstadtlagen, vor allem der Ballungsgebiete (grundsätzlich also interessanten Standorten), angeboten werden, manchmal verbunden mit einer auch für die späteren Endnutzer ansprechenden Altbausubstanz. Hier werden regelmäßig im Zusammenhang mit dem Erwerb ein Umbau oder Ausbau, jedenfalls Instandsetzungs- und Modernisierungsmaßnahmen, durchgeführt, welche die vorhandene Altbausubstanz auf heutigen Wohnkomfort bringen und damit langfristig eine bessere Vermietbarkeit, hierdurch u. U. auch eine bessere Gewinnchance bei der Wiederverwertung, sichern sollen. Dies erhöht das Risiko des Bauherren in der Umbauphase und führt auch zu höheren, vom Kapitalanleger an die dann kaum vermeidbaren Funktionsträgerunternehmen zu entrichtenden Vergütungen für den **höheren Arbeits- und Abwicklungsaufwand.** Die Art dieser Maßnahmen orientiert sich wegen der fast immer mitangestrebten Steuervorteile modelltypisch an solchen Maßnahmen, die aufgrund steuerlicher Sondervorschriften, vor allem über erhöhte Abschreibungssätze durch den Steuergesetzgeber, besonders privilegiert sind, also insbesondere Modernisierungsmaßnahmen in städtebaugeförderten Sanierungsgebieten und an Altbauten unter Denkmalschutz (§§ 7 h, 7 i EStG, vgl. Rdnr. 54, 55), vor allem aber nach dem FörderG (vgl. i. e. Rdnr. 67 ff.).

187 Die rechtliche und technische **Fachkunde,** die für solche Maßnahmen benötigt wird, ist oft höher, als es dem Kapitalanleger – das immerhin schon lange bestehende Gebäude vor Augen – manchmal erscheint. **Zeit** und **Kosten** für deren Durchführung in kleinen und kleinsten Gewerken und während dieser Zeit oftmals weiter von Mietern genutzten Gebäuden sind oft höher als angenommen.[171]

188 *b) Rechtliche Unterschiede zum Bauherrenmodell.* aa) Formfragen. Jedenfalls dann, wenn umfangreiche Umbaumaßnahmen durch die Bauherren selbst im eigenen Namen, für eigene Rechnung und Gefahr durchgeführt werden sollen, ist auch hier die Bildung (und vertragliche Regelung durch Gesellschaftsvertrag) einer „Umbauherrengemeinschaft" meist ebenso unverzichtbar wie die Einschaltung eines unabhängigen, fachkundigen Treuhänders durch einen entsprechenden Treuhandvertrag. Jedenfalls dieser, der den Treuhänder zum Erwerb bevollmächtigt und verpflichtet, wegen des untrennbaren Zusammenhangs wohl auch der Gesellschaftsvertrag, bedürfen nach dem letzten Stand der BGH-Rechtsprechung nunmehr wohl stets der **notariellen Beurkundung.** Es gelten insoweit die gleichen Grundsätze wie beim Bauherrenmodell. Beim reinen Erwerbermodell dagegen, das lediglich auf den Kauf der fertigen Wohnung gerichtet ist (auch wenn hiermit durch Treuhandvertrag und entsprechende, mindestens notariell zu beglaubigende Vollmacht, § 29 GBO, ein eingeschalteter Treuhänder betraut wird, der dann auch die aus steuerlichen Gründen erwünschten Dienstleistungsverträge abschließt) erscheint mir eine Beurkundungsbedürftigkeit des Basisvertragswerks (Treuhandvertrag) im Hinblick auf §§ 167, 313 BGB an sich

---

[170] Zu den möglichen Dienstleistungsverträgen vgl. etwa *Kurth/Krükel,* Erwerbermodell, S. 213 f.; Überblick bei *Tewes,* a. a. O., (Fn. 165) sowie *Strohm,* in: *Tewes,* Praxishandbuch, Teil 5/3.1.2.2; ausführlich *Wagner/Loritz,* a. a. O., S. 459 ff. (Sanierungsmodelle) und S. 495 ff. (Erwerbermodelle).

[171] Problematisch kann bereits die Erlangung der Abgeschlossenheitsbescheinigung werden, die für Aufteilung in Wohnungseigentum und deren Vollzug im Grundbuch, damit die Finanzierung etc. unerläßlich ist: viele Baubehörden nutzen das Erteilungsverfahren als eine Art nachträglichen „Baugenehmigungsverfahrens" und machen Anpassung an heutige, weitergehende Bauvorschriften zur Auflage – was wiederum bei verbleibenden Mietern nicht ohne weiteres durchsetzbar ist, vgl. Fn. 145 und unten Rdnr. 191 ff. mit Fn. 172–174.

nicht überzeugend; die äußerst weitgehende Auslegungspraxis des BGH zu § 313 BGB macht diese Form jedoch aus Sicherheitsgründen heute auch hier empfehlenswert.[172]

bb) Kaufvertrag oder Werkvertrag. Der vom Kapitalanleger selbst oder über seinen Treuhänder abzuschließende, wichtigste Vertrag kann beim reinen Erwerbermodell ein echter Immobilienkaufvertrag sein. Dieser kann für den Kapitalanleger nach der Gesetzeslage (§§ 433 ff. BGB) und den eingeschränkten Rechtsbehelfen für den reinen Käufer (nur Wandlung oder Minderung; bei Fehlen vertraglicher Vereinbarung kein Nachbesserungsanspruch; Gewährleistungsfrist nur 1 Jahr) nachteiliger als ein Bauträgerkaufvertrag sein. Jedoch hat der BGH das Recht des Bauträgerkaufes (Bauwerkvertragsrecht mit einigen Besonderheiten, die sich aus der Verbindung mit dem Grundstückserwerb ergeben, vgl. oben zum Bauträger-Modell) inzwischen so stark ausgeweitet, daß selbst geringfügige, vom Veräußerer am Objekt noch vorzunehmende Bauarbeiten ausreichen, um den Vertrag dem Bauwerkvertragsrecht zu unterstellen. Ferner greifen – jedenfalls bei AGB-Verträgen – wiederum zusätzlich die Schutzvorschriften der MaBV zu Gunsten des Kapitalanlegers ein.[173] 189

Wird modellmäßig gearbeitet (vorformuliertes Vertragswerk, Vertretung durch Projektanbieter), so kommt es heute steuerlich (IV. Bauherrenerlaß) auf die Eigenschaft als „Umbauherr" nicht an, da die Anleger regelmäßig als Erwerber eingestuft werden (aber u. U. für den individuellen Kapitalanleger) Wirtschaftlich muß sich die „Altbau-Sanierungsgemeinschaft" aber bei dem oder den Verträgen mit Baubeteiligten besonders vorsichtig verhalten. Eine interessengerechte und für den Kapitalanleger risikoarme Ausgestaltung von Bauverträgen über Altbausubstanzen ist schwierig: der Bauunternehmer wird seine Gewährleistung auf seine eigenen, neuen Leistungen zu beschränken versuchen (im Streitfall: auftretende Mängel und Leistungsstörungen auf die ungenügende, vorgegebene Altbausubstanz schieben wollen), sich besonders bei schwieriger Situation der Haustechnik und der durch vorhandene Mieter eingeschränkten Möglichkeit des Arbeitseinsatzes auf Pauschalfestpreise seltener einlassen und seltener feste Fertigstellungstermine oder gar Vertragsstrafen akzeptieren wollen.[174] 190

Besonders zu prüfen ist, ob die für den Kapitalanleger und seine Finanzierung wichtige Bildung von Wohnungs- und Teileigentum bereits im Grundbuch vollzogen ist oder ob hier, vor allem seitens der Baubehörde im Rahmen der Erteilung der **Abgeschlossenheitsbescheinigung,** Schwierigkeiten zu befürchten sind. Die Phase der Verweigerung aus, verdeckt hinter bautechnischen Gründen, sozialpolitischen Gründen durch viele Kommunen („Mieterschutz gegen Umwandlungsspekulation") ist zwar durch die klärende Entscheidung des Gemeinsamen Senats der Obersten Gerichtshöfe des Bundes vom 30. 6. 1992 auch für die alten Bundesländer beendet worden (vgl. Rdnr. 187 und dort FN 168 m. w. Nachw.). Bei besonderen Objekten (z. B. „Apartment-Hotels") können aber andere Verweigerungsgründe über § 7 Abs. 4 WEG in Frage kommen.[175] 191

---

172 Zur Entwicklung der BGH-Rechtsprechung zu § 313 bei diesen Modellen s. o. Rdnr. 106 ff. m. w. N.

173 Zur Entwicklung der Rechtsprechung vgl. *Reithmann,* in: *Reithmann*/u. a., Bauträger, S. 47 f. und S. 84 ff.; *Schmidt* (Fn. 146), Anm. zu Form. I. 30 und Form. I. 31; *Locher,* Das private Baurecht, 4. Aufl., Rdnr. 406 ff.; jeweils m. w. N. Der BGH wendet im wesentlichen Bauwerkvertragsrecht als dem Erwerber günstiger an (wichtig für Mängelhaftung, Verjährung etc.), und zwar stets schon dann, wenn auch nur geringfügige Bauleistungen noch zu erbringen oder aus einem bereits fertiggestellten Neubauobjekt erstmals erworben wird. Vgl. insbesondere BGH NJW 1982, 2243 und OLG Frankfurt BauR 1985, 323 (für umfassende Altbaumodernisierung). Seit BGH vom 10. 10. 1985 (NJW 1986, 315) kann dabei die VOB/B jedenfalls als Ganzes oder AGB-mäßig nicht mehr wirksam vereinbart werden (sehr str.).

174 Zu Umfang und Grenzen der Vereinbarung von Pauschal- oder Festpreisen im Gegensatz vor allem zu reinen Regiearbeiten vgl. z. B. *Reinelt,* a. a. O., Münchener Vertragshandbuch, 3. Aufl., 1992, Bd. 4/1, Anm. 10 f. zu Form. III. 16 und *Schmidt* (Fn. 146), Anm. zu Form. I. 30 und Form. I. 31 (dort auch zu Vereinbarungen über Fertigstellungstermine).

175 Einzelheiten bei *Strohm/Reinelt,* in: Tewes, Bauherrenmodelle, Teil 8/1. Obwohl § 7 Abs. 4 Nr. 2 WEG und die hierzu ergangene Verwaltungsvorschrift vom 19. 3. 1974 (BAnz Nr. 58) hierzu kaum Handhaben geben, wird die Rechtsprechung der Verwaltungsgerichte in der Tendenz immer

192 cc) Mietrechtliche Fragen. Schwer voraussehbare Verzögerungen der Umbauarbeiten und Kostenrisiken ergeben sich, wenn das zu sanierende Gebäude ganz oder teilweise noch vermietet und mit den Mietern nicht schon durch den Initiator vertraglich entsprechend abgesicherte Vereinbarungen erzielt worden sind. Der alteingesessene Mieter befürchtet – nicht immer zu Unrecht –, daß im Zusammenhang mit der Realisierung eines solchen Altbausanierungsmodells nicht nur seine bisher niedrige Miete deutlich erhöht werden, sondern der Bestand seines Mietverhältnisses, z. B. durch echte oder vorgeschobene **Eigenbedarfskündigung** des Kapitalanlegers oder seines Rechtsnachfolgers, jedenfalls längerfristig gefährdet sein könnte.[176]

193 Der Kapitalanleger als (neuer) Vermieter, auf welchen die bestehenden Mietverhältnisse gemäß § 571 BGB kraft Gesetzes übergehen, ist zwar in der Regel zur Erbringung längst notwendiger Erhaltungsmaßnahmen (z. B. bei Renovierungsstau in den Wohnungen und im Gemeinschaftseigentum) berechtigt (§§ 541 a, 541 b BGB). Eine Duldungspflicht des Mieters besteht insbesondere für bauliche Maßnahmen, die den Gebrauchswert der Mietsache nachhaltig erhöhen, die allgemeinen Wohnverhältnisse auf die Dauer verbessern oder nachhaltig Einsparung von Heizenergie bewirken **(Modernisierung),** ferner für Erhaltungsmaßnahmen. Aber die Durchsetzung dieser recht unscharf formulierten Duldungspflicht gegenüber dem einzelnen Mieter oder gar gegenüber einer organisierten Mietergemeinschaft kann langwierig und schwierig sein, zumal die Vorschriften eine Interessenabwägung auch unter Einbeziehung der Mietfolgen (z. B. aus § 3 MHRG) bei Verbesserungsmaßnahmen vorsehen.

194 Der Vermieter hat die geplanten Maßnahmen zur Durchsetzung schon der Duldung, erst recht der eigentlichen Mieterhöhung nach § 3 MGRG genau zu beschreiben und durch vorherige Erklärung darzulegen (§ 3 Abs. 2 und Abs. 3 MHRG). Ferner schließt die Duldungspflicht nicht aus, daß der Mieter während der Umbauzeit mit den hieraus sich ergebenden Belästigungen Anspruch auf Mietminderung, in schweren Fällen auf zeitweiligen Ersatzwohnraum hat. Der Kapitalanleger muß daher, wenn der Initiator dies nicht bereits geregelt hat, möglicherweise Zugeständnisse machen durch sog. Mietfolgenvereinbarungen (i. d. R. darauf gerichtet, daß die gesetzlichen Ansprüche aus § 3 MHRG nicht voll ausgeschöpft und längere Kündigungsfristen eingeräumt werden); das kann aber mittel- oder langfristig zu wirtschaftlichen Nachteilen sowohl bei den laufenden Mieteinnahmen wie bei der späteren Wiederverwertung führen.[177]

195 Ist das Objekt bereits vermietet, so ist für die Mietvermittlung des klassischen Bauherrenmodells und des Bauträgermodells regelmäßig kein Raum, wohl aber in der Praxis häufig für Mietgarantieverträge. Der typische Ablauf einer solchen Altbau-Modernisierungs- und Sanierungsmaßnahme in vermieteten Wohnhäusern verteilt aber Kosten, Risiken und Erträge der einzelnen Wohnungen oft rein zufällig; die eine Wohnung wird zufällig frei und kann zügig modernisiert und hochpreisig neuvermietet werden – die an-

---

restriktiver (verwaltungsfreundlicher), obwohl ein Anspruch auf Erteilung besteht (BVerwG MittBayNot. 1988/89), Einzelheiten str.: vgl. einerseits OLG Lüneburg vom 30. 6. 1983 (Az. 14 A 6/82 – Appartementfall), BauR 1984, 278, wohl auch VGH vom 11. 8. 1988 (Az. 2 B 87 01962 n. v.), andererseits OVG Lüneburg vom 30. 6. 1983 (Az. 14 A 69/82 –Hotel-Fall –), BauR 1984, 280, hierzu *Trendel* BauR 1984, 215 ff.

[176] Für Erhaltungsmodelle typisch (und nicht zuletzt ihretwegen geschaffen) ist die 3-jährige bzw. 5-jährige Sperrfrist für Eigenbedarfskündigungen des Erwerbers (Kapitalanlegers) gemäß § 564 b Abs. 2 Nr. 2 Satz 2 BGB und das neugeschaffene Vorkaufsrecht des Mieters gemäß § 570 b BGB. Hierzu und zur bisher stark schwankenden, äußerst kasuistischen Rechtsprechung zur Eigenbedarfskündigung vgl. statt vieler die in Fn. 155 genannten Fundstellen; aus der Rechtsprechung zuletzt (wieder stärker vermieterfreundlich) BGH NJW 1988, 904 und insbesondere BVerfG vom 14. 2. 1989, NJW 1989, 970 und 1989, 972.

[177] Wegen der starken Kasuistik muß auf Spezial- und Kommentarliteratur verwiesen werden (vgl. Fn. 155), statt vieler: *Palandt/Putzo,* BGB, 54. Aufl., Anm. zu §§ 541 a, 541 b m. zahlreichen Nachweisen, ferner die bei *Blank* (Fn. 155) zitierte Literatur. Prinzip: nur Erhaltung und bestimmte (privilegierte) Verbesserungs- und Modernisierungsmaßnahmen sollen – nach umfassender Interessenabwägung, welche auch die finanziellen Miethöhefolgen einbezieht – beim Mieter durchgesetzt werden können.

dere wird vom Wohnraummieter trotz Modernisierungsbedarf zur Erhaltung bisher sehr niedriger Miete ggf. jahrelang blockiert. Es liegt daher nahe, wenigstens für eine Übergangszeit von einigen Jahren Risiken und Chancen zu „poolen“, wofür Fondsmodelle (insbes. BGB-Gesellschaft) wesentlich besser geeignet sind (Rdnr. 220 f.).[178]

dd) Finanzierung. Die Finanzierung erfolgt im Erwerber- wie im Altbausanierungsmodell ebenfalls als Einzelfinanzierung; regelmäßig haben die hieraus fließenden Fremdittel eine vom Bauträger her vorhandene, meist durch Globalgrundschuld gesicherte Vor- oder Zwischenfinanzierung abzulösen, mit den sich hieraus ergebenden vertraglichen Sicherstellungsproblemen gegenüber dem Veräußerer und dessen Bank. Wie im Bauherren- und Bauträgermodell werden auch hier ergänzende Dienstleistungsverträge abgeschlossen, so auf Vermittlung und Bearbeitung der Endfinanzierung, Ausbietungsgarantien und Verträge über Organisation und Verwaltung sowie steuerliche und rechtliche Beratung.[179] 196

c) Steuerliche Besonderheiten. aa) Grunderwerb-und Umsatzsteuer. Bei der Grunderwerbsteuer und der Umsatzsteuer ergeben sich gegenüber dem Bauträgermodell grundsätzlich keine Besonderheiten, auch nicht bei sonstigen Steuern (mit Sonderfragen für die Neuen Bundesländer, vgl. Rdnr. 82 f. und dort FN 95). 197

bb) Einkommensteuer. Die Kapitalanleger sind regelmäßig Erwerber im Sinne des IV. Bauherrenerlasses vom 31. 8. 1990 (vgl. Rdnr. 50 ff.), haben also steuerlich insgesamt Anschaffungskosten; für spätere Modernisierungskosten kommt nur in seltenen Ausnahmefällen „Umbauherrengemeinschaft“ in Frage. Da der IV. Bauherrenerlaß insoweit nur für geschlossene Immobilienfonds eine gewisse Erleichterung gewährt (vgl. Rdnr. 267 ff.), kommen die hier behandelten Teilungsmodelle zu Steuervorteilen in der Investitionsphase derzeit wiederum nur in den Neuen Bundesländern über die Sonderabschreibungen des FörderG (vgl. Rdnr. 67 ff.), ferner als sog. Erhaltungsaufwand, soweit durchsetzbar (zur Problematik vgl. Rdnr. 51, 52). 198

In der Bewirtschaftungsphase sind Werbungskosten dagegen nach den allgemeinen Vorschriften (§ 9 EStG) möglich, insbesondere also für Endfinanzierungskosten und Kosten bei der Vermietung. Es gelten die gleichen Grundsätze wie beim Bauträgermodell (vgl. dort Rdnr. 174 und dortige Nachweise).[180] 199

Bei **Erhaltungsmodellen** spielen nach wie vor auch in den alten Bundesländern (in den neuen überlagert vom FörderG) die durch häufig geänderte gesetzliche Vorschriften für bestimmte, als erhaltungs- und sanierungsbedürftig angesehene und damit förderungswürdige Objekte geschaffenen **Sonderabschreibungen** eine Rolle. Im Vordergrund stehen solche für Altbauobjekte in **Sanierungsgebieten** und Altbauten unter **Denkmalschutz** in Form degressiver Abschreibungen (§§ 7 h, 7 i EStG und oben Rdnr. 55 m. Nachw.).[181, 182] 200

III. Fondsmodelle

Von den im II. Kapitel (Rdnr. 92 ff.) behandelten **Teilungsmodellen** zu unterscheiden sind nach der zivilrechtlichen Organisationsform die anschließend behandelten **Fondsmodelle.**[183] Während bei Teilungsmodellen (Bauherrenmodell, Bauträgermodell, Erwerber- 201

---

[178] *Kurth/Krükel,* Erwerbermodell, S. 228 f.; *Tewes,* Praxishandbuch, Teile 4/5 und 4/6 sowie Teil 9/5.1.1 und *Wagner/Loritz,* a. a. O., S. 246 ff.

[179] Zu den Einzelheiten s. o. Rdnr. 134 f. (Finanzierung) und 140 f. (weitere Dienstleistungen).

[180] Vgl. oben Rdnr. 49 ff. (AfA-Fragen) und Rdnr. 57 ff. (sonstige, insbesondere Werbungskosten); ferner *Tewes,* Praxishandbuch, Teil 4/5 und Teil 9/2 ff.; *Wagner/Loritz,* a. a. O., S. 464 f. (Sanierungsmodelle) und S. 506 f. (Erwerber- und Ersterwerbermodelle).

[181] *Tewes,* Praxishandbuch, Teil 4/6 und 7/3.2 sowie 7/4.1–7/4.3 (ausführlich zu den steuerlichen Besonderheiten); *Wagner/Loritz,* a. a. O. (Fn. 177).

[182] Zum Bescheinigungsverfahren (z. B. zur Denkmaleigenschaft) vgl. die Nachweise in Fn. 178.

[183] Übersichten und Einzelheiten bei *Tewes,* Praxishandbuch, Teil 4/2 und Teil 8/1 (steuerliche Besonderheiten) in: *Tewes,* Praxishandbuch, Teil 5/3.1.2.4 und 5/3.1.2.5; *Kurth/Grass,* Immobilienfonds, S. 19 f. und S. 27 ff.; *Tewes,* in: *Gerlach*/u. a., Gewerbeimmobilie, S. 190 f.; *Loritz/Wagner,* a. a. O., S. 17 ff. m. zahlr. w. Nachw.

und Ersterwerbermodell, auf Bildung von Wohnungs- und Teileigentum gerichtete Altbausanierungsobjekte) der Kapitalanleger von Anfang an eine zwar modellmäßig aufbereitete und vertriebene, letztlich aber ihm individuell zukommende, selbständig verkehrsfähige Immobilie in der Form von Wohnungs- oder Teileigentum anstrebt, verbleibt es bei den Fondsmodellen mindestens anfänglich (meist langfristig) bei einer gesamthänderischen Bindung aller Mitglieder der jeweiligen Investorengemeinschaft an einem (theoretisch auch mehreren) Objekten; das fortbestehende rechtliche Band beruht auf gesellschaftsrechtlicher Grundlage (regelmäßig BGB-Gesellschaft oder vermögensverwaltende Kommanditgesellschaft).

202 Diese Unterscheidung nach der zivilrechtlichen Organisation eignet sich zur Beschreibung und Abgrenzung besser als die Unterscheidung nach der Art und Nutzung der jeweiligen Immobilienobjekte. Zwar dominieren bei den Teilungsmodellen, die sich ja das WEG zunutze machen, Objekte im Wohnungsbau (Eigentumswohnungen), es können in dieser Form jedoch auch Gewerbeobjekte oder gemischt genutzte Objekte (z. B. Wohnanlagen mit einem Anteil an Büros, Praxen, Ladeneinheiten etc.) erworben oder errichtet werden. Andererseits dominieren bei den Fondsmodellen die Gewerbeobjekte[184] (Einkaufszentren, Supermärkte etc., vgl. Rdnr. 8 ff.); bei Altbauobjekten im Wohnungsbestand insbesondere sind jedoch auch Fondsmodelle anzutreffen, manchmal sogar zweckmäßiger (z. B. zur Schaffung einer „Pool"-Situation, vgl. Rdnr. 195). Fondsmodelle eignen sich insbesondere in folgenden Situationen besser:

203 – Das Immobilienobjekt ist in sich nicht nach dem WEG teilbar (z. B. einzelner großer Supermarkt);

204 – eine mindestens vorübergehende „Pool-Situation" zur gleichmäßigen Risikoverteilung muß rechtlich gesichert werden (z. B. zu modernisierendes Alt-Wohngebäude, das – oft unterschiedlich – vermietet ist);

205 – statt Aufteilung ist Beibehaltung als Mehrfamilienhaus gesetzlich vorgeschrieben (z. B. bei den zum 30. 6. 1991 ausgelaufenen Bestimmungen des alten Berlin-Förderungsgesetzes, §§ 14 a und 14 b BFG, vgl. Rdnr. 214 in der 1. Auflage);

– eine größere Stückelung nach festen Geldbeträgen (ähnlich den offenen Immobilienfonds, vgl. Rdnr. 207 ff.) wird angestrebt, weil Kapitalanleger oder Vertrieb in meist kleinerer Stückelung oder in einer auf die individuelle Steuerplanung zugeschnittenen finanziellen Größenordnung plazieren bzw. anlegen wollen (z. B. Anleger will DM 1 Mio. investieren, eine entsprechende Gewerbeeinheit, die genau diesen Betrag kostet, gibt es nicht).

206 Bereits im Abschnitt „Steuerliche Rahmenbedingungen" (Rdnr. 36 ff.) wurde auf die grundlegende steuerliche Unterscheidung zwischen den Einkunftsarten „Gewerbebetrieb" einerseits (Immobilie im Betriebsvermögen) und „Vermietung und Verpachtung" (Immobilie im Privatvermögen) andererseits hingewiesen. Im folgenden werden Fondsmodelle dargestellt bei denen die Immobilie oder Immobilienbeteiligung im Privatvermögen gehalten werden soll und ausschließlich Einkünfte aus Vermietung und Verpachtung im Sinne von § 21 EStG angestrebt werden. Denn speziell zu den gewerblichen Immobilienbeteiligungen wird in diesem Handbuch an anderer Stelle (§§ 22 – 26) ausführlich Stellung genommen. An dieser Stelle ist lediglich klarzustellen, daß die Art der gewerblichen Nutzung des Immobilienobjekts grundsätzlich ohne Einfluß auf die Qualifizierung der hieraus dem Kapitalanleger zufließenden Einkünfte ist. Diese bleiben Einkünfte aus Vermietung und Verpachtung (VuV), soweit die vorstehend (Rdnr. 36 ff.) behandelten Grenzen zur gewerblichen Betätigung, somit ertragsteuerlich zum „Gewerbebetrieb" einschließlich seiner Sonderform, des „gewerblichen Grundstückshandels" nicht überschritten werden.

---

[184] Zu den wirtschaftlichen Sachverhalten und Marktbedingungen vgl. insbesondere *Schwatlo,* in: Gewerbeimmobilie, S. 15 ff.; *Bulwien,* in: *Tewes,* Bauherrenmodelle, Teil 4 a/2.3 ; *Kurth/Grass,* a. a. O., S. 25.

1. Offene Immobilienfonds[185] *a) Rechtsgrundlagen und wirtschaftliche Bedeutung.* Das Sonderrecht der offenen Immobilienfonds ist seit 1969 mitgeregelt im Gesetz über Kapitalanlagegesellschaften (KAGG) vom 16. 4. 1957 i. d. F. der Bekanntmachung vom 14. 1. 1970 (BGBl. I S. 127), mehrfach geändert. Das KAGG befaßt sich allgemein mit Kapitalanlagen über Unternehmen (Kapitalanlagegesellschaften), deren Geschäftsbereich darauf gerichtet ist, bei ihnen eingelegtes Geld im eigenen Namen für gemeinschaftliche Rechnung der Anleger nach dem Grundsatz der Risikomischung gesondert vom eigenen Vermögen in bestimmten Kapitalanlageformen „anzulegen und über die hieraus sich ergebenden Rechte der Einleger (Anteilinhaber) Urkunden (Anteilscheine) auszustellen". Derartige Kapitalanlagegesellschaften, die sich gerade an private Kapitalanleger wenden, dürfen nur in der Rechtsform der Aktiengesellschaft oder Gesellschaft mit beschränkter Haftung betrieben werden, unterliegen einer Erlaubnis- und Aufsichtspflicht und werden Kreditinstituten gleichgestellt. Sie haben sich zunächst in anderen Kapitalanlagebereichen (insbesondere für Wertpapiere), seit einigen Jahren aber auch in der Sonderform offener Immobilienfonds (Grundstücks-Sondervermögen) sehr stark entwickelt und sind im Rahmen der **Investmentgeschäfte** an anderer Stelle dieses Handbuches ausführlich behandelt (§§ 17 - 19, insbesondere § 18 Kap. II. 2., dort Rdnr. 45 ff.). 207

Modelltypische Besonderheiten solcher offenen Immobilienfonds, die gerade zur Abgrenzung von den hier behandelten geschlossenen Immobilienfonds herausgestellt werden müssen, sind dabei: 208

- Für offene Immobilienfonds gelten insbesondere **strenge gesetzliche Anlegerschutzvorschriften** hinsichtlich Rechnungslegung, Prospekthaftung, Vertragsgestaltung und Aufsicht.[186]
- Eine **Risikomischung** ist für solche offene Immobilienfonds ebenfalls gesetzlich vorgeschrieben.
- Die Verkörperung der Rechte der Anteilinhaber in Anteilscheinen als Inhaberpapieren, die auf einen bestimmten Prozentsatz am Fondsvermögen gerichtet sind, erlaubt eine fast beliebige **Stückelung** der Höhe der Beteiligung der einzelnen Anleger.
- Die jeweiligen Kapitalanlagegesellschaften sind zur jederzeitigen Rücknahme der Anteile gesetzlich verpflichtet, deren Wert laufend ermittelt und börsennotiert wird (Ausgabe- und Rücknahmepreise der Fonds-Anteilsscheine), was für den Kapitalanleger zu einer hohen **Fungibilität** seiner Immobilienbeteiligung in einem gesicherten Markt führt (anders als bei geschlossenen Immobilienfonds, wo sich der sog. „Zweitmarkt" bisher nur schwach entwickelt hat, vgl. Rdnr. 264 f.).
- Kapitalanlagegesellschaften können die jeweiligen Fonds (Grundstücks-Sondervermögen) 209 jedenfalls theoretisch beliebig erweitern, verringern oder im Bestand umschichten und sind hinsichtlich der Zahl der Anteilsinhaber zahlenmäßig nicht beschränkt, während bei geschlossenen Immobilienfonds jedenfalls die Zahl der ursprünglichen Kapitalanleger zunächst einmal (jedenfalls nach Plazierung) zahlenmäßig beschränkt (eben „geschlossen") ist; meist wird demgemäß – schon um eine baldige Ausplazierung zu erreichen, das Immobilienvermögen je geschlossenen Immobilienfonds auf eines oder wenige Objekte von Anfang an (festgelegt im Gesellschaftsvertrag) begrenzt.[187]
- Wie beim geschlossenen Immobilienfonds nimmt jedoch der Kapitalanleger auch bei 210 offenen Immobilienfonds am Wertzuwachs des Grundstücksvermögens seines Immobilienfonds durchaus, wenn auch indirekt, teil, weil sich bei günstiger Entwicklung die höhere Bewertung des Grundstücks-Sondervermögens des Fonds (regelmäßig Ertragswertbewertung, z. B. dauerhaft steigende Gewerbemieten im Bereich, in dem der Fonds in-

---

185 *Carl/Förster,* Das Recht der Investmentfonds, 2. Aufl., 1994, insbes. S. 10 f. und S. 141/144; zu Einzelheiten vgl. § 18 Rdnr. 26 ff.

186 Vgl. § 18 Rdnr. 26 f.; ferner *Bulwien,* in: *Tewes,* Bauherrenmodelle, Teil 4 a/2.2.4.

187 Nachweise in § 17 Rdnr. 5 ff. und *Bulwien,* in: *Tewes,* Bauherrenmodelle, Teil 4 a/2.2.4.

vestiert) indirekt auf die Notierung der Ausgabe- und Rücknahmepreise der Fonds-Anteilscheine auswirken.[188]

211 *b) Steuerliche Behandlung* Einkommensteuerlich werden die Ausschüttungen solcher Immobilienfonds an Anleger (Anteilinhaber) als **Einkünfte aus Kapitalvermögen** (§ 20 EStG) behandelt und als solche beim Anleger der persönlichen Einkommensteuer unterworfen; die Möglichkeiten, hier steuerliche Verluste zu erzielen, die mit anderen positiven Einkünften einkommensteuerlich verrechnet werden könnten, ist äußerst gering, da insbesondere rein steuerliche Verluste durch **Abschreibungen** sich hier nur bei der Kapitalanlagegesellschaft selbst, nicht beim einzelnen Anteilsinhaber, auswirken. Erst recht kommen vorab abzugsfähige Werbungskosten kaum in Frage. Dem entspricht, daß offene Immobilienfonds in Konkurrenz zu anderen Kapitalanlagen, gerade auch geschlossene Immobilienfonds, eine entsprechend höhere Bruttorendite vor Steuern bieten müssen. Wie andere Einkünfte aus Kapitalvermögen auch werden die Ausschüttungen jedoch mit – auf die Einkommensteuer des Kapitalanlegers anrechenbarer – Kapitalertragsteuer (Zinsabschlagsteuer) belastet; soweit der Fonds Ausschüttungen aus Wertpapieren mit Körperschaftsteuerbelastung erhält und an die Anleger ausschüttet (auch bei Immobilienfonds im Rahmen der Risikomischung möglich), erfolgt auch eine – bei der persönlichen Einkommensteuer des Anteils des Anlegers anrechenbare – Herstellung der Körperschaftsteuer-Ausschüttungsbelastung über die sog. Ausgleichssteuer (§§ 38, 38 a KAGG). Neu – und praktisch problematisch – ist die seit 1. 1. 1994 eingeführte Besteuerung sog. Zwischengewinne auf realisierte Wertsteigerungen bei Wiederveräußerung der Anteile an Dritte oder durch Rückgabe an den Fonds (§ 38 b Abs. 1 Satz 2 und Abs. 4 i. V. m. § 39 Abs. 1 a und § 44 KAGG n. F.).[189, 190]

212 Beim Erwerb der Anteilsscheine entsteht keine Grunderwerbsteuerpflicht des Anlegers, auch wenn das Investement-Sondervermögen im wesentlichen aus Grundbesitz besteht.[191]

213 Auf der Ebene der Kapitalanlagegesellschaft (Fonds) selbst besteht kraft Gesetzes Freiheit von Körperschaftsteuer, Gewerbesteuer und Vermögensteuer, die rechtstechnisch durch Definition des Fonds-Sondervermögens als steuerbefreites Zweckvermögen im Sinne von § 1 Abs. 1 Nr. 5 KStG und § 1 Nr. 2 e) VStG verwirklicht wird (§§ 38, 44 KAGG). Die Vorgänge bei der Verwaltung des Sondervermögens sind auch von der Umsatzsteuer befreit (§ 4 Nr. 8 h UStG).[192]

214 **2. Geschlossene Immobilienfonds als GbR.** *a) Besonderheiten bei Konzeption und Vertrieb.* aa) Konzeptionsfragen. Von den offenen Immobilienfonds (Rdnr. 207–213) unterscheiden sich die geschlossenen Immobilienfonds[193] wirtschaftlich dadurch, daß die Investition jeweils auf ein von der Fondsgesellschaft zu erwerbendes bzw. zu errichtendes Immobilienobjekt von vornherein begrenzt ist (oder einige wenige), somit auf eine nach oben begrenzte Investitionssumme (Gesamtaufwand), welche aus Mitteln der Kapitalanleger zu finanzieren ist; eine spätere Erweiterung des Immobilienfondsvermögens (z. B. durch Zukauf, zu finanzieren durch Kapitalerhöhung) kommt in der Praxis so gut wie nie

---

[188] Zu den steuerlichen Unterschieden vgl. u. Rdnr. 211 f.

[189] Vgl. § 18 Rdnr. 26 f.; ferner *Bulwien,* in: *Tewes,* Bauherrenmodelle, Teil 4 a/2.2.4.

[190] Nachweise in § 17 Rdnr. 5 ff. und *Bulwien,* in: *Tewes,* Bauherrenmodelle, Teil 4 a/2.2.4.

[191] Zu den steuerlichen Unterschieden vgl. u. Rdnr. 211 f.

[192] I. e. vgl. *Holzheimer,* in: *Fleischmann*/u. a., Steuern, S. 442; *Tewes,* in: *Gerlach*/u. a., Gewerbeimmobilie, S. 191 f. 193; *Carl/Förster,* a. a. O., S. 126 f. S. 144, 149 ff. (Ertragsbesteuerung) sowie S. 157 ff. (Vermögen-, Erbschaft- und Schenkung-, Umsatzsteuer); vgl. auch § 18 Rdnr. 26 f. Ausschüttungen an den Fonds unterliegen allerdings im Ausschüttungszeitpunkt der Körperschaftsteuer, die beim Fondszeichner auf die dort erzielten Einkünfte aus Kapitalvermögen anrechenbar ist.

[193] Grundsätzlich *Wipfler,* in: *Fleischmann*/u. a., Steuern, S. 341, 344 ff. (vor dem Geprägegesetz); *Kurth/Grass,* Immobilienfonds, S. 44 f. (GbR) und S. 27 f. (KG); *Tewes,* in: *Gerlach*/u. a., Gewerbeimmobilie, S. 194 ff. und – insbesondere vergleichend zu Fragen des § 15 a EStG – auf S. 247 f.; *ders.,* Praxishandbuch, Teil 4/2 (Überblick) und Teil 8/1–8/3 (Steuerliche Besonderheiten); *Strohm,* in: *Tewes,* Praxishandbuch, Teil 2/4 und 5/3.1.2.4 ff; *Loritz/Wagner,* a. a. O., S. 19 ff. (KG) und S. 179 ff. (GbR).

vor (stattdessen u. U. Auflage eines neuen objektbezogenen Fonds). Die gesetzliche Regelungen für offene Immobilienfonds (KAGG), insbesondere deren Anlegerschutzbestimmungen, gelten also hier nicht (stattdessen andere aus diversen Rechtsquellen). Die rechtliche Organisation von Investorengemeinschaften als geschlossene Immobilienfonds prägt heute sehr stark den Markt, insbesondere der steuerbegünstigten Immobilienkapitalanlagen, wobei in der Praxis aus den vielen theoretisch möglichen Gesellschaftsformen nur die der Gesellschaft bürgerlichen Rechts (GbR) und der vermögensverwaltenden Kommanditgesellschaft Verwendung finden. Vor allem bei großen Gewerbeobjekten (z. B. aber auch bei Altbausanierungsmodellen für Wohnobjekte) haben geschlossene Immobilienfonds spätestens seit Mitte der 80-er Jahre, insbesondere das klassische Bauherrenmodell (für Gewerbeobjekte ohne hinnur bedingt geeignet) ganz und andere Modelle teilweise verdrängt. Obwohl das deutsche Immobiliensteuerrecht in seinen Rahmenbedingungen (vgl. Rdnr. 36 ff.) an sich das gleiche ist oder sein sollte, hat dies vordergründig vor allem steuerliche Gründe, weil das deutsche Immobiliensteuerrecht (von der vorübergehenden Situation in den neuen Bundeslängernd aufgrund des Fördergebietsgesetzes, vgl. Rdnr. 65 ff., teilweise abgesehen) den „Bauherren" einer Immobilie und den bloßen „Erwerber" unterschiedlich behandelt.

Jedoch ist bereits bei der hier vorgenommenen Unterscheidung zwischen Fondsmodellen einerseits, Teilungsmodellen andererseits (Rdnr. 204 ff.) klargestellt worden, daß auch steuerlich und rechtlich Unterschiede bei der konzeptionellen Rechtsformwahl eine wesentliche, teilweise unterschätzte Rolle spielen (für den Initiator wie den Kapitalanleger). Die Unterscheidung ist nicht nur immobilientechnischer (sachenrechtlicher) Natur, z. B. zur Frage der Aufteilbarkeit nach WEG oder möglichen Stückelung (vgl. Rndr. 205). Sie ist auch wichtig bei der Finanzierung, der längerfristigen gesellschaftsrechtlichen Bindung und damit letztlich auch bei der Frage der Fungibilität der Kapitalanlage aus der Sicht des einzelnen Anlegers. Dem entspricht andererseits eine durch gesellschaftsrechtlichen Zusammenschluß in einer Personengesellschaft bewirkte rechtliche und wirtschaftliche Poolbildung von Aufwand, Risiken und – teilweise – Risikohaftung. Bei Teilungsmodellen ist die Finanzierung spätestens ab der Endfinanzierungsphase individuelle Angelegenheit jedes Anlegers für seine Einheit; bei geschlossenen Immobilienfonds erfolgt die Finanzierung entweder nur gemeinsam über die Fondsgesellschaft (Innenfinanzierung) oder wird jedenfalls über diese, spätestens über das Fondsobjekt, gebündelt (Außenfinanzierung und Mischformen, vgl. näher Rndr. 230 ff.). An die Stelle des – vorprogrammierten – alsbaldigen Zerfalls der Bauherren- oder Erwerbergemeinschaft, mit der Möglichkeit, erlangtes Wohnungs- oder Teileigentum alsbald auch individuell wieder veräußern zu können, tritt langfristige gemeinschaftliche Bewirtschaftung des Fondsobjekts im Rahmen einer Art lebenden Unternehmens. Entsprechend erhöhen sich die organisationsrechtlichen Anforderungen (laufende Fondsverwaltung, Willensbildung auf Gesellschafterebene), ergibt sich aber auch Einschränkung der Fungibilität, da Vermögenswert eine Gesellschaftsbeteiligung, nicht ein konkretes Immobilienobjekt alleine ist. 215

Weit weniger scharf sind die Kriterien der Entscheidung zwischen den beiden hauptsächlichen Rechtsformen (KG oder GbR).

Die rein zivilrechtlichen Unterschiede zwischen vermögensverwaltender KG und GbR, 216 insbesondere in den Bereichen Gesamthandsvermögen, Organisation, Willensbildung, Geschäftsführung und Vertretung sowie Außenhaftung der Gesellschafter, sind m. E. in der Vergangenheit gelegentlich zu Lasten der GbR und zu Gunsten der KG überbetont worden (vgl. zu den Einzelheiten §§ 22 ff.). Es dürfen zwar einige wichtige gesetzliche Unterschiede nicht übersehen werden (insbesondere die **Rechtsfähigkeit** und damit Registerfähigkeit und Grundbuchfähigkeit der KG, s. Rdnr. 290 ff.). Die ähnliche Struktur beider Gesellschaftsformen ergibt sich aber schon daraus, daß auch auf die KG über § 161 Abs. 2 i. V. m. § 105 Abs. 2 HGB ergänzend die Vorschriften der §§ 705 ff. BGB für die GbR Anwendung finden. Bei weitgehender Vertragsfreiheit – insbesondere für die Gestaltung der GbR – lassen sich daher Gestaltungswege für das Vertragswerk finden, welche die rechtsformbedingten Nachteile der GbR ausgleichen und – allerdings nur, wenn dies steuerlich auch wirklich erwünscht ist – die Haftung des BGB-Gesellschafters der eines Kommanditisten fast vollständig annähern (in einigen Fällen ist die Haftungssituation des BGB-Gesellschafters sogar etwas günstiger).

217 Die eigentliche konzeptionelle Vorentscheidung[194] wird häufig, obwohl nicht zwingend, verknüpft mit der vornehmlich wirtschaftlichen Grundentscheidung, ob ein eher **renditeorientierter** Immobilienfonds angestrebt wird (dann sei die Rechtsform der vermögensverwaltenden KG vorzuziehen, insbesondere leichter zu handhaben) oder ein stärker **an Steuervorteilen orientierter** Fonds (dann empfehle sich eher die Rechtsform der Publikums-GbR). Maßgeblich beeinflußt wird diese Grundsatzentscheidung durch den – nach vorher unklarer Rechtslage – seit 1980 neu geschaffenen § 15 a EStG, welcher über § 21 Abs. 1 Nr. 1 EStG auch auf Einkünfte aus Vermietung und Verpachtung von Immobilien sinngemäß anzuwenden ist. Dann wird man aber konsequenterweise bei einem stark steuerorientierten BGB-Fonds zivilrechtlich gerade nicht Regelungen wählen, welche die Haftung des BGB-Gesellschafters i. S. von § 15 a Abs. 5 EStG „der eines Kommanditisten vergleichbar" machen; erhöhte Steuervorteile müssen also durch erhöhte Haftungsübernahme erkauft werden.[195]

218 bb) Vertriebskosten und Vertriebsformen. Die beim steuerorientierten BGB-Immobilienfonds angestrebten Steuervorteile, insbesondere durch sofort abzugsfähige Werbungskosten, werden von der Finanzverwaltung seit längerem analog den Regeln der sog. Bauherrenerlasse beurteilt, nunmehr des 4. Bauherrenerlasses vom 31. 8. 1990, welcher Immobilienfonds jetzt auch ausdrücklich erwähnt und behandelt (vgl. hierzu Rdnr. 50 f.). Gewisse Vorteile, jedenfalls eine höhere Rechtssicherheit, bietet im Bereich der sofort abzugsfähigen Werbungskosten der 4. Bauherrenerlaß (nach unklarer Rechtsentwicklung der BFH-Rechtsprechung) nicht nur zur Abgrenzung zwischen „Bauherr" und „Erwerber" (Kostenkataloge). Während der Erlaß für Teilungsmodelle praktisch die (steuerich anerkannte) Bauherrengemeinschaft im Regelfall unerreichbar werden läßt, kann insbesondere ein geschlossener Immobilienfonds dann „Bauherr" sein (mit steuerlich günstigeren Folgen für sofort abziehbare Werbungskosten), wenn „das der Errichtung des Fondsobjekts zugrundeliegende Vertragswerk von einem Gesellschafter der Fondsgesellschaft in seiner Eigenschaft als Gesellschafter entwickelt worden ist" (mit weiteren Regelungen, wann diese von der Praxis natürlich konzeptionell sogleich aufgegriffenen Kriteren vorliegen). Praktisch wichtig ist vor allem die hierdurch für „Bauherren-Fonds" geschaffene Klarstellung,[196] daß die meist erheblichen Aufwendungen der Gesellschaft für den **Vertrieb,** also für die Einwerbung von Kapitalanlegern als Gesellschafter, als sofort abzugsfähig anerkannt werden (allerdings jetzt begrenzt auf bis zu 6% des vermittelten Eigenkapitals). Voraussetzung ist, daß die Gesellschaft rechtzeitig die entsprechenden Verträge über Eigenkapitalbeschaffung mit den Vertriebsunternehmen schließt (also als Gesellschaft zu diesem Zeitpunkt schon existent sein muß). Hiervon sind abzugrenzen die bei der Zeichnung von Fondsanteilen vom Kapitalanleger regelmäßig zusätzlich zu entrichtenden Aufgelder (**Agio;** meist 5% des gezeichneten Kapitals). Diese i. d. R. vom Kapitalanleger zusätzlich aufzubringenden Vergütungen fließen (ggf. über das verteilende Initiatorunternehmen) ebenfalls dem Vertrieb zu. Sie werden – auch als „Gebühren für die Vermittlung des Treuhandvertrages" oder der „Beitrittsvereinbarung" – von der Finanzverwaltung nicht als Werbungskosten angesehen, sondern den Anschaffungs- bzw. Herstellungskosten der Anleger für das Fondsobjekt zugerechnet.[197]

---

[194] Ein weiteres Kriterium gesellschaftsrechtlicher Art kann sich aus der angestrebten Zahl der Anleger ergeben: Gesellschaften mit großem Anlegerkreis sind, vor allem langfristig, in der Form der KG besser zu organisieren.

[195] Vergleichend zur Haftung und Finanzierung etwa *Strohm,* in: *Tewes,* Praxishandbuch, Teil 5/5; *Wagner/Loritz,* a. a. O., S. 196 ff. und S. 189.

[196] BFH BB 1984, 179; BFH BB 1987, 179; hierzu *Tewes,* Praxishandbuch, Teil 7/2.2 (Agio, Konzeptionskosten und Eigenkapitalbeschaffungskosten werden steuerlich durchaus unterschiedlich behandelt); *ders.,* in: *Gerlach*/u. a., Gewerbeimmobilie, S. 277 f.

[197] Nachweise bei *Tewes* (Fn. 191).

Es bestehen fast die gleichen Vertriebs- und Haftungsformen wie bei Teilungsmodellen (insbesondere Prospekthaftung, Initiatoren- und Sachwalterhaftung). Allerdings ist nach dem gesetzlichen Wortlaut die Vorschrift des § 264 a StGB bei Bauherrenmodellen wohl nicht, bei geschlossenen Immobilienfonds aber auch nach der Gesetzesbegründung regelmäßig anwendbar (vgl. hierzu nochmals Rdnr. 97 ff. und i. e. §§ 7 und 8). 219

b) Rechtsfragen bei Investition und Bewirtschaftung. aa) Gesellschaftsvertrag und Beitritt. 220
Schließen sich mehrere Personen zusammen, um gemeinsam ein **bestimmtes** Immobilienobjekt zur (Bebauung und/oder) Verwaltung zu erwerben, so bedarf der hierauf gerichtete Gesellschaftsvertrag nach heute h. M. in der Literatur, welche der exzessiven Ausweitung des Anwendungsbereichs des § 313 BGB durch die Rechtsprechung entspricht, der notariellen Beurkundung.[198] Damit werden auch weitere Rechtsakte und Rechtsgeschäfte, die mit dem gesellschaftsvertraglichen Zusammenschluß „stehen und fallen", nach den gleichen Regeln **beurkundungspflichtig** (insbesondere also die Beitrittserklärung des Kapitalanlegers und deren Annahme sowie Treuhandvertrag und Vollmacht mit einem etwa zwischengeschalteten Treuhänder). Beim immer noch häufigen Vertrieb solcher Beteiligungen auf im wesentlichen privatschriftlicher Grundlage entsteht daher ein ungesicherter Schwebezustand, welcher erst durch die Eintragung der erwerbenden Gesellschafter im Grundbuch geheilt wird (§ 313 Satz 2 BGB). Unangenehm ist, daß der Einwand der Formnichtigkeit gerade in demjenigen Verfahren, das die Heilung bewirken soll, eingewandt werden kann (entweder durch das Grundbuchamt selbst oder durch einen dort intervenierenden, nicht mehr konformen Kapitalanleger). Ist eine Grundstücks-GbR aber einmal rechtswirksam entstanden, so bedarf eine später folgende Abänderung des Gesellschaftsvertrages oder eine Änderung im Gesellschafterwechsel (Übertragung von Beteiligungen/Ausscheiden und Neueintritt von Gesellschaftern) nach immer noch eindeutiger Rechtsprechung des BGH selbst dann nicht der notariellen Beurkundung, wenn das Vermögen der Gesellschaft im wesentlichen aus Grundstücken besteht.[199] Insbesondere bei Wechsel im Gesellschafterbestand vollzieht sich vielmehr auf der Ebene der Gesellschafter gemäß § 738 BGB eine An-, Ab- oder Umwachsung **kraft Gesetzes.** Dies ist einer der klassischen Fälle, in denen das Grundbuch durch materielle Rechtsände-rungen außerhalb des Grundbuchs sachenrechtlich unrichtig wird und über § 894 BGB i. V. m. den Vorschriften des Grundbuchverfahrensrechts zu berichtigen ist (§§ 19, 29 GBO; insoweit genügt dann notarielle Beglaubigung oder eine sonstige öffentliche Urkunde).[200]

Das für einen Publikumsvertrieb solcher Beteiligungen mühsame und auch kostenträchtige Verfahren der notariellen Beurkundung aller Erklärungen der Kapitalanleger (und der Gesellschaft) läßt sich daher in zivilrechtlich zulässiger Weise dann vermeiden, wenn das ins Auge gefaßte Objekt bereits in notariell beurkundeter Form gekauft worden ist, insbesondere durch die (mindestens zwei) Gründungsgesellschafter aus dem Bereich des Initiators oder einen solchen bereits zusammen mit dem (künftigen) Treuhänder der zum späteren Beitritt vorgesehenen Kapitalanleger. Zwischen diesen kommt dann – m. E. schon durch die bloße, im Kaufvertrag abgegebene Erklärung, das Grundstück vom Veräußerer in Gesellschaft bürgerlichen Rechts zur gesamten Hand erwerben zu wollen –, eine GbR wirksam zustande, allerdings zunächst nur mit dem gesetzlichen Regelinhalt. Dieser ist für eine Publikums-GbR in vielerlei Hinsicht völlig unzureichend. Die Gründungsgesellschafter können und müssen daher dann (privatschriftlich) den bestehenden Gesellschaftsvertrag nach Erwerb auf die Bedürfnisse einer Publikums-Gesellschaft hin ändern und ausgestalten.[201] Nun können sich Kapitalanleger durch privatschriftliche Bei- 221

---

[198] Vgl. die Nachweise zu oben Rdnr. 105 f. insbesondere Fn. 114, 115; ferner *Strohm/Reinelt,* Bauherrenmodell, Anm. 4, 5 zu Form. I. 4. m. w. N.

[199] BGH NJW 1983, 1110 und die Nachweise bei Fn. 193.

[200] Vgl. *Strohm/Reinelt,* in: *Tewes,* Bauherrenmodelle, Teil 5 a/3.2.2.3 mit Beispielen; *Tewes,* in: *Gerlach*/u. a., Gewerbeimmobilie, S. 221.

[201] Ausführliche Darstellung mit Formularbeispielen bei *Strohm/Reinelt,* Bauherrenmodell, Form. I. 4. und Anm.; *Strohm,* in: *Tewes,* Praxishandbuch, Teil 5/3.2 und Teil 10; vgl. auch *Tewes,* in: *Gerlach*/u. a., Gewerbeimmobilie, S. 205 f.; *Kurth/Grass,* Immobilienfonds, S. 44 f.

trittserklärung (und Abschluß eines privatschriftlichen Treuhandvertrages, falls ein Treuhänder zwischengeschaltet wird) nebst Vollmacht an die Organe der Gesellschaft beteiligen. Immer zu empfehlen –und in der Praxis auch üblich – ist jedoch mindestens die Erteilung einer für Grundstücksgeschäfte geeigneten, ausreichend weitgefaßten Vollmacht in mindestens notariell beglaubigter Form (§ 29 GBO), mit deren Hilfe sowohl die Grundbuchberichtigung nach Beitritt (falls eine solche angestrebt wird) wie Rechtsgeschäfte im Bereich der Beleihung oder sonstige spätere grundbuchmäßige Änderungen durchgeführt werden können.

Die zivilrechtlichen Gestaltungsmöglichkeiten des Gründungsvorganges sind weiter unten (Rdnr. 279 ff.) im Zusammenhang mit der Grunderwerbsteuer näher behandelt, für welche sie ebenfalls Bedeutung haben können.

222 Nach welchen Grundsätzen der Gesellschaftsvertrag an die Erfordernisse einer Publikumsgesellschaft rechtlich anzupassen ist, um die rechtsformbedingten Nachteile dieser Gesellschaftsform gegenüber der vermögensverwaltenden KG zu vermeiden, ist bereits an anderer Stelle (vgl. § 25) ausführlich dargestellt. Zusammenfassend ist festzuhalten, daß insbesondere Regelungen benötigt werden, welche die **fehlende** formale **Rechtsfähigkeit** der GbR (somit auch keine eigene Grundbuchfähigkeit, Registerfähigkeit, Prozeßfähigkeit) ausgleichen und die für eine Publikumsgesellschaft und deren Handlungsfähigkeit völlig ungeeigneten gesetzlichen Regelungen der Geschäftsführung und Vertretung (§ 709 ff. BGB) durch geeignete Formen ersetzen. Dies erfolgt meist durch die gemäß § 710 BGB ohnehin zulässige Übertragung der ausschließlichen **Geschäftsführungs- und Vertretungsbefugnis** auf einen oder einzelne Gesellschafter (z. B. die Gründungsgesellschafter) oder durch die von der Rechtsprechung in sehr weitem Rahmen zugelassene Einräumung einer rechtsgeschäftlichen Organstellung an dritte Personen oder Unternehmen.[202]

223 Ferner wird regelmäßig das hier nicht taugliche **Stimmrechtsprinzip** nach Köpfen durch ein kapitalistisches Stimmrechtsprinzip nach der Höhe der jeweiligen Beteiligungen ersetzt, verbunden mit typischen Regelungen über die Abgrenzung der Geschäftsführungsbefugnisse einerseits, der Rechte und Formalitäten der Gesellschafterversammlung andererseits wie bei der Publikum-KG.[203] Regelungsbedürftig (fast immer kapitalistisch) ist immer die **Ergebnisverteilung** von Gewinn oder Verlust, nebst Einzelheiten der Ausschüttungsmodalitäten (meist nach geleisteter, gelegentlich auch nach gezeichneter Einlage).[204]

224 Unbedingt regelungsbedürftig ist ferner bei einer auf langfristige Investition und Verwaltung abzielenden Immobiliengesellschaft jede Form des **Wechsels im Gesellschafterbestand,** da nach der gesetzlichen Regelung ein BGB-Gesellschafter sonst die Gesellschaft jederzeit kündigen könnte und hierdurch (wie auch durch Tod oder Konkurs eines Gesellschafters oder Pfändung seiner Beteiligung) nach den gesetzlichen Vorschriften die Gesellschaft aufgelöst würde und zu liquidieren wäre (§ 723 Abs. 1 Satz 1, 725, 727, 728 BGB). In der Praxis wird ferner regelmäßig die mangels ausdrücklicher Regelung ohne Zustimmung der übrigen Gesellschafter sonst unzulässige, jedenfalls zweifelhafte Übertragung von Beteiligungen in weiten Grenzen zugelassen. Die **Kündigung** eines Gesellschafters (mit der Rechtsfolge seines Ausscheidens gegen Abfindungsguthaben) wird nur nach Ablauf längerer Beteiligungsfristen (meist 10 Jahre und mehr) zugelassen. Notwendig ist außerdem eine Regelung, daß die Gesellschaft durch die in §§ 725, 727, 728 BGB aufgeführten Fällen **nicht aufgelöst,** sondern zwischen den verbleibenden Gesellschaftern **fortgesetzt** wird.[205]

---

[202] Vgl. die Nachweise in Fn. 27, 30.

[203] Vgl. die Nachweise in Fn. 196.

[204] Differenzierung nach gezeichneter/geleisteter Einlage kompliziert die Buchhaltung und die – ohnehin schwierige – Abschichtungsproblematik, s. dazu unten Rdnr. 267 f. Andererseits werden bei Maßgeblichkeit nur der gezeichneten Einlage auch solchen Anlegern u. U. steuerliche Verlustanteile – zu Lasten ihrer Mitgesellschafter –zugewiesen, welche später ihre Einlage überhaupt nicht leisten (wollen oder können).

[205] Eine mögliche Variante wäre ein Wahlrecht der verbleibenden Gesellschafter, statt Fortsetzung der Gesellschaft ihrerseits die Liquidation insgesamt zu beschließen.

Eine genaue, gegenüber dem normalen Gesellschaftsrecht erweiterte Möglichkeit des **Ausschlusses von Gesellschaftern,** die sich vertragswidrig verhalten, ist insbesondere mit Rücksicht auf die bei steuerorientierten Fonds vorliegende hohe Fremdfinanzierung und die damit verbundene dingliche Mithaftung aus den Objektgrundschulden geboten (s. u. Rdnr. 236). Der Gesellschaftsvertrag unterliegt (als Pendant zu dem hier wegen § 23 Abs. 1 AGBG nicht unmittelbar anwendbaren AGB-Gesetz) den von der Rechtsprechung entwickelten Grundsätzen richterlicher Inhaltskontrolle der Verträge von Publikumsgesellschaften.[206] 225

bb) Formen der Treuhandschaft. Wegen der **fehlenden** Rechts- und damit **Grundbuchfähigkeit** der GbR besteht allerdings längerfristig gerade im Grundstücksbereich ein Defizit an Handlungsfähigkeit. Werden alle Gesellschafter (im Wege der Berichtigung) ebenfalls ins Grundbuch des Immobilienobjekts eingetragen, dann bedarf unter Umständen jegliche Rechtsänderung im Grundbuch der Zustimmung aller Gesellschafter in mindestens notariell beglaubigter Form. Dies kann bei einer größeren Zahl von Gesellschaftern und bei verstorbenen, unbekannt verzogenen oder auch nur vertragswidrig renitenten (z. B. in der Gesellschafterversammlung formal ordnungsmäßig überstimmten) Gesellschaftern große Schwierigkeiten bereiten. Die Praxis hat hierzu verschiedene Lösungsmöglichkeiten entwickelt: 226

– Es erfolgt ein **„Verzicht auf Grundbuchberichtigung"** der weiter beitretenden Kapitalanleger (problematisch, auch steuerlich, da dann im Grundbuch mit formaler Alleinverfügungsbefugnis lediglich die Gründungsgesellschafter aus dem Initiatorenbereich stehenbleiben);[207] 227

– Es wird ein sog. **Grundbuchtreuhänder** eingeschaltet, welcher aufgrund eines entsprechenden Treuhandauftrages der Kapitalanleger zwar dem Grundstücksveräußerer gegenüber im eigenen Namen, im Innenverhältnis jedoch für Rechnung der Kapitalanleger deren Gesamthandsanteile am Objekt erwirbt und diese, obwohl allein im Grundbuch eingetragen, für die Kapitalanleger treuhänderisch hält (aus Anlegerschutzgründen oft noch verstärkt durch eine für einen weiteren Treuhänder, z. B. die Treuhandbank, treuhänderisch eingetragene Auflassungsvormerkung am Fondsobjekt, welche auch im Konkursfall des Initiators die Herausgabe des Fondsobjekts an die – nunmehr offen auftretenden – Kapitalanleger als Grundstückseigentümer sichern soll; dies ist steuerlich ebenfalls problematisch und führt darüber hinaus m. E. zur Beurkundungspflicht nach § 313 BGB des zugrundeliegenden Treuhandauftrages;[208] 228

– Losgelöst von der formalen Grundbuchposition erfolgt der Erwerb nicht nur des Grundstücksanteils, sondern der Gesellschaftsbeteiligung als solcher durch einen **Beteiligungstreuhänder,** der zwar im eigenen Namen auftritt, jedoch im Treuhandauftrag der Kapitalanleger für deren Rechnung handelt, als Treuhand-Gesellschafter für diese (mit) im Grundbuch eingetragen wird und deren Gesellschaftsbeteiligung weiterhin bis zum Ablauf des Treuhandverhältnisses treuhänderisch für die Kapitalanleger hält.[209] Ebenso wie 229

---

[206] Hierzu ausführlich § 22 Rdnr. 120 f. und § 23 Rdnr. 31 ff. m. w. N. Unterschiede ergeben sich dort, wo die gesetzliche Regelung unterschiedlich detailliert ist, z. B. bei Geschäftsführung und Vertretung sowie der Regelung der Außenhaftung.

[207] Es tritt eine zivilrechtlich u. U. angenehme, steuerlich aber u. U. unerwünschte (§ 15 a EStG) „Abschottung" der Kapitalanleger-Gesellschafter ein, wenn diese über das Grundstück und (oder weitere Verträge mit Dritten nach außen nicht mehr in Erscheinung und damit nicht mehr in Außenhaftungsbeziehungen treten, vgl. unten Rdnr. 267 ff. Schwachstelle außerdem: Eine Grundbuchberichtigung kann u. U. auch von Amts wegen erfolgen.

[208] Vgl. hierzu etwa *Strohm,* in *Tewes,* Praxishandbuch, Teil 5/3.2.2; *Tewes,* in: *Gerlach*/u. a., Gewerbeimmobilie, S. 221 ff.

[209] Dies kommt der Position des Treuhandkommanditisten bei der Publikums-KG sehr nahe, wobei der Beteiligungstreuhänder bei der GbR in seiner Außenhaftung u. U. nicht in gleicher Weise beschränkt ist, dem wiederum Freistellungsansprüche gegen seine Treugeber (Kapitalanleger) erwachsen, § 670 BGB. Aus der Sicht der Finanzverwaltung kann dies jedoch u. U. ebenfalls zur „Abschot-

bei Bauherren-, Bauträger- und Erwerbermodellen ist es auch hier aus einer ganzen Reihe von Gründen (Organisation, Kapitalanlegerschutz) zweckmäßig, für die Kapitalanleger einen unabhängigen, fachkundigen Treuhänder einzuschalten (und die damit verbundene Komplikation des Vertragswerks hinzunehmen). Daher ist m. E. die Lösung mit Hilfe eines solchen **echten Beteiligungstreuhänders,** bei der KG in der Form des Treuhandkommanditisten schon seit langem praktiziert, den anderen Möglichkeiten vorzuziehen. Ebenso wie die Veräußerung seiner Gesellschaftsbeteiligung durch den im Grundbuch eingetragenen BGB-Gesellschafter nach der Rechtsprechung materiellrechtlich einer besonderen Form nicht bedarf (lediglich beim Grundbuchberichtigungsantrag ist die Form des § 29 GBO im Grundbuchverfahren zu wahren), kann auch der zugrundeliegende Treuhandauftrag des Kapitalanlegers an den Treuhänder rein privatschriftlich ausgestaltet sein. Allerdings sind – wie auch bei anderen Formen von Immobilien-Kapitalanlagen – auch hier die steuerlichen Zielsetzungen durch geeignete Maßnahmen sicherzustellen (s. u. Rdnr. 269 f.).

230 cc) Haftung und Finanzierung. Der Immobilien-GbR ist wiederholt entgegengehalten worden, daß sie – in angeblichem Gegensatz zur KG – kraft Rechtsform eine gesamtschuldnerische **Außenhaftung** der Kapitalanleger auslöse. Dabei wird nicht immer hinreichend differenziert zwischen den Fragen, *wer* haftet (die Gesellschaft als solche? die einzelnen Gesellschafter?), *womit* gehaftet wird (nur mit dem Gesellschaftsvermögen oder auch mit dem sonstigen Privatvermögen?), *wie* im Einzelfall gehaftet wird (gesamtschuldnerische oder zwar unbeschränkte, aber lediglich teilschuldnerische quotale Haftung? Haftung mit Beschränkung auf die Gesellschaftsbeteiligung?) und *ab wann* bzw. **bis wann** wofür gehaftet wird (Haftung für Altschulden bei Neueintritt? Weiterhaftung nach Ausscheiden für Neuschulden?). Die verschiedenen Haftungsformen und die Möglichkeiten ihrer Beschränkung sind anderweitig (vgl. § 25 Rdnr. 21 f.) ausführlich dargestellt; hier darf zusammenfassend festgehalten werden:

231 – Ausgehend von der herrschenden Meinung in der Rechtsprechung und Literatur (Theorie der Doppelvertretung im Gegensatz zur Akzessoritätstheorie) ist die Haftung des BGB-Gesellschafters **nicht rechtsformbedingt.** Sie ist vielmehr nach dem jeweiligen konkreten Haftungsgrund (Vertrag? Delikt?) zu bestimmen. Jedenfalls im wichtigsten – vertraglichen – Bereich sind also ausdrückliche, nach der Rechtsprechung sogar im Innenverhältnis bestehende, nach außen wenigstens irgendwie erkennbare Haftungsbeschränkungen möglich und in der Praxis häufig.[210]

232 – Daß den Gläubigern der GbR stets das Gesellschaftsvermögen und damit der darin enthaltene „Anteil“ des einzelnen Gesellschafters haftet, gilt für GbR und KG in gleicher Weise.[211]

---

tung“ der Anleger (Fn. 202) führen, vgl. hierzu etwa *Tewes,* Praxishandbuch, Teil 8/2 m. w. Nachw. und *ders.,* in: *Gerlach*/u. a., Gewerbeimmobilie, S. 247 f., unter Verwertung der Erlasse des Senators Finanzen Berlin vom 11. 12. 1985 und vom 15. 7. 1987. Ausführlich hierzu *Loritz/Wagner,* a. a. O., S. 214 ff., vgl. auch Rdnr. 269 ff. und dortige Fn.

[210] In seiner Entscheidung vom 8. 12. 1988 (BB 1989, 378) grenzt der BGH gegenüber seiner älteren Rechtsprechung zu sog. Aufbauschulden bei Wohnungseigentümergemeinschaften ab (vgl. z. B. BGHZ 75, 26), für welche er die gesetzliche, widerlegbare Vermutung der §§ 421, 427 BGB aus Gesichtspunkten der sozialen Interessenlage (der einzelnen Miteigentümer) als widerlegt ansah: bei GbR-Immobilienfonds sei gemäß § 427 BGB grundsätzlich gesamtschuldnerische Haftung anzunehmen; jedoch wird im Anschluß an die – seinerzeit viel beachtete –Entscheidung BGH NJW 1985, 619 (ferner BGH NJW 1987, 3134) auch im entschiedenen Fall den in Anspruch genommenen Fonds-Gesellschaftern die auf das Gesellschaftsvermögen (Immobilie) gegenständlich beschränkte Haftungsmöglichkeit dadurch erleichtert, daß weiterhin auf die bloße Erkennbarkeit der (intern) gewollten Haftungsbeschränkung beim Vertragspartner (nicht Evidenz oder gar positive Kenntnis) abgestellt wird.

[211] Auch bei der GbR ist jedenfalls ein gegen die Altgesellschafter erwirkter Titel bei Gesellschafterwechsel nur über § 727 ZPO umzuschreiben, vgl. etwa *MünchKomm/Ulmer,* BGB, § 718 Anm. 48 m. w. N. Zwischen gegenständlich (auf die Beteiligung am Gesellschaftsvermögen) beschränkter und un-

– Die gesamtschuldnerische Haftung aus Vertrag ist nach §§ 421, 427 BGB jedenfalls für teilbare Leistungspflichten nur eine gesetzliche, durch vertragliche Vereinbarungen widerlegbare Vermutung (es bleibt die gesamtschuldnerische Haftung für unteilbare Leistungen, z. B. für die Gebrauchsgewährung des Mietbesitzes). Die Innenhaftung der Gesellschafter untereinander ist ohnehin stets auf deren Beteiligungsquoten beschränkt.[212] 233

– Nach h. M. gibt es eine Haftung neu eintretender Gesellschafter für **Altschulden** ohne besonderen, eigenständigen Verpflichtungsgrund (z. B. Schuldbeitritt, Haftungsübernahme) nicht, während eine solche beim Kommanditisten, insbesondere bei Registerfehlern, durchaus entstehen kann. Gleiches gilt umgekehrt für die beim ausscheidenden BGB-Gesellschafter grundsätzlich nicht bestehende Haftung für Neuschulden (seine Weiterhaftung aus mit ihm geschlossenen Verträgen richtet sich nach diesen und nunmehr auch nach § 736 BGB n. F.) in einer gegenüber dem Kommanditisten eher günstigeren Form.[213] 234

– Die Haftung des BGB-Gesellschafters aufgrund gesetzlicher Schuldverhältnisse (zivilrechtlich also insbesondere Delikt und Bereicherung) ist in Rechtsprechung und Literatur umstritten.[214] Die überwiegende Meinung im Zivilrecht verneint sie auch für die ungerechtfertigte Bereicherung, erst recht für die Deliktshaftung, die zivilrechtlich nur eine Haftung für persönliches eigenes oder zurechenbares Handeln sein kann. Sie wird aber für öffentlich-rechtliche Schuldverhältnisse, insbesondere Steuer- und Abgabenschulden, von der Finanzverwaltung und der Finanzrechtsprechung – die dem Zivilrecht nicht besonders befreundet sind – gegen erhebliche Kritik angenommen. Regelmäßig handelt es sich jedoch um Abgabenschulden aus dem Erwerb oder der laufenden Bewirtschaftung des Immobilienobjekts selbst, insbesondere für Grunderwerbsteuer, Umsatzsteuer, Grundsteuern und dergleichen, also Aufwendungen, die i. d. R. in die laufenden Bewirtschaftungskosten einkalkuliert und aus den laufenden Erträgen ohnehin ohne Rückgriff auf das Privatvermögen der Gesellschafter gedeckt werden können.[215] 235

Etwas anderes ergibt sich auch nicht aus dem für geschlossenen Immobilienfonds typischen Umstand, daß die **Finanzierung** des Erwerbs, ggf. der Bauerrichtung und sonstige Aufwendungen für das Immobilienobjekt vor allem bei steuerorientierten Fonds (Hebelwirkung des Fremdkapitals) mit einem hohen Fremdmittelanteil durchgeführt wird. Die hierzu aufgenommenen Kredite müssen zwar regelmäßig am Objekt selbst umfassend durch Grundschulden abgesichert werden. Hieraus resultiert in der Tat eine „globale dingliche Mithaftung" indirekter Art der Gesellschafter dafür, daß diese Kredite von der Gesellschaft und/oder den einzelnen Gesellschaftern, die sie persönlich aufgenommen haben, auch vereinbarungsgemäß in Zins und Tilgungen bedient und zurückgeführt werden. Anderenfalls könnte die Bank, weil ein Gesellschafter nicht bezahlt, aus der Grundschuld in das gesamte Immobilienobjekt, also das Gesellschaftsvermögen, vollstrecken, womit auch alle die Kapitalanleger betroffen sind, die vertragskonform ihren Kapitaldienst lei- 236

---

beschränkter, aber teilschuldnerischer Haftung, u. U. beide im Gegensatz zur unbeschränkten, aber außerdem gesamtschuldnerischen Haftung ist stets zu unterscheiden.

[212] Weitere Beispiele und Nachweise, z. B. bei *Strohm/Reinelt,* Bauherrenmodell, Anm. 15 zu Form. I. 4. Wichtigster Fall: Haftung aus gesetzlichen Schuldverhältnissen (insbesondere für öffentlich-rechtliche Abgabenschulden, z. B. Umsatzsteuer: so gegen zivilrechtliche Kritik, z. B. von *Ulmer* (Fn. 206) und *Prugger* BB 1986, 101 ff., der BFH in BB 1986, 120).

[213] Vgl. etwa *Strohm,* in: *Tewes,* Praxishandbuch, Teil 5/5 m. w. Nachw.; der Unterschied zeigt sich besonders bei Registerfehlern in der KG, vgl. BGH NJW 1983, 2259 und andererseits BGHZ 81, 82; zu beiden *Huber* ZGR 1984, 147 m. w. N.

[214] Weitere Beispiele und Nachweise, z. B. bei *Strohm/Reinelt,* Bauherrenmodell, Anm. 15 zu Form. I. 4. Wichtigster Fall: Haftung aus gesetzlichen Schuldverhältnissen (insbesondere für öffentlich-rechtliche Abgabenschulden, z. B. Umsatzsteuer: so gegen zivilrechtliche Kritik, z. B. von *Ulmer* (Fn. 206) und *Prugger* BB 1986, 101 ff., der BFH in BB 1986, 120).

[215] Die Bildung einer Rücklage („Liquiditätsreserve") wird daher häufig auch im Gesellschaftsvertrag verankert und ist meist sehr zu empfehlen.

sten.[216] Ein wirtschaftlicher Unterschied zur Rechtslage bei der KG ist jedoch nicht ersichtlich; auch dort und dort erst recht haftet das im wesentlichen aus der Immobilie selbst bestehende Gesellschaftsvermögen als solches immer. Auch das Problem der Haftungsverteilung und Haftungsbeschränkung besteht dann, wenn – vor allem aus steuerlichen Gründen, s. u. Rdnr. 269 f. – nicht die Gesellschaft selbst, sondern die einzelnen Gesellschafter die Fremdmittel aufgenommen haben, über das Gesellschaftsvermögen also für fremde Schuld gehaftet wird, in gleicher Weise für GbR und KG (falls diese zur Form dieser sog. Außenfinanzierung greift). Zur Absicherung muß bei beiden Gesellschaftsformen Vorsorge getroffen werden auf zwei verschiedenen Ebenen, nämlich der Ebene der Gesellschafter untereinander (also des Gesellschaftsvertrages) und im Rahmen der Vertragsbeziehungen zur finanzierenden Bank, insbesondere bei der Gestaltung der sog. **Zweckbestimmungserklärung** für die kreditsichernde Objektgrundschuld:

237 – Bei einem mit hoher Fremdfinanzierung arbeitenden, steuerorientierten Fonds mit dinglicher Absicherung der Bank am Objekt muß der Gesellschaftsvertrag insbesondere dort Vorkehrungen treffen, wo das Darlehen nicht von der Gesellschaft, also allen BGB-Gesellschaftern gemeinsam, aufgenommen wird, sondern jeder Gesellschafter seine bar zu erbringende Gesellschaftereinlage **individuell** bei der Bank finanziert und den Kapitaldienst dann individuell bestreitet. Hier ist es erforderlich, die Finanzierbarkeit des einzelnen Gesellschafters und die ordnungsmäßige Erfüllung seiner Zins- und Tilgungsleistungen durch ihn zur Gesellschafterpflicht zu machen, um einen vertragswidrig oder wegen fehlender/entfallender Bonität nicht mehr leistungsfähigen Gesellschafter notfalls aus der Gesellschaft zwangsweise ausschließen zu können. Dies erfolgt mit der Maßgabe, dann eine Zwangsabtretung seiner Beteiligung auf einen von der Gesellschaft zu findenden Dritten herbeizuführen oder eine Umwachsung seiner Beteiligung auf alle übrigen Gesellschafter. Darüber hinaus sollte im Gesellschaftsvertrag im Rahmen der Ergebnisverteilung geregelt werden, daß Ausschüttungen aller Art (einschließlich etwaiger Auseinandersetzungsguthaben) einer strengen **Zweckbindung** unterliegen, solange das Gesellschaftsvermögen für diese Gesellschafterkredite noch dinglich mithaftet. Es können dann jedenfalls die für den Kapitaldienst benötigten Zahlungen von der Gesellschaft unmittelbar an die finanzierende Bank geleistet und die Geschäftsführer der Gesellschaft hierauf auch verpflichtet werden.[217]

238 – Regelmäßig schon in der Konzeptionsphase wichtig ist es für die Gesellschaft oder die von ihr bzw. den Gesellschaftern mit der Finanzierungsvermittlung beauftragten Unternehmen, von Anfang an eine Abänderung der von den Banken hier meist verwendeten, vorformulierten und zum Teil uferlosen vertraglichen Vereinbarungen zu erreichen, insbesondere der sog. Zweckbestimmungserklärung. In dieser wird der Umfang der dinglichen Haftung der Global-Grundschuld meist außerordentlich weit gefaßt. Diese Vereinbarungen sollten (wozu die ein konkretes Objekt beleihende Bank meist auch bereit sein wird) wenigstens eine Mithaftung der Grundschuld für andere als **objektbezogene** Ansprüche ausschließen, insbesondere also für andere (oder neue) sonstige Darlehen oder Verpflichtungen der einzelnen BGB-Gesellschafter gegenüber der finanzierenden Bank (unter Umständen aus Rechtsgründen und Rechtsbeziehungen, die mit der Gesellschaft nichts zu tun haben). In der Praxis schwerer zu erreichen sind Subsidiaritätsklauseln in mehrfacher Richtung, nämlich

---

[216] Die immer noch übliche Bankvertragspraxis verschärft dieses Problem gleich mehrfach durch im Prinzip abstrakte Grundschuld, deren Verbindung mit abstraktem Schuldanerkenntnis und persönlicher Vollstreckungsunterwerfung, erleichterter Erlangbarkeit des Titels, uferlose Ausdehnung des Sicherungszwecks durch Zweckbestimmungserklärung (Sicherungsvereinbarung), gefährliche Zusatzklauseln über der Bank möglichst günstige/bequeme Regelungen zur Erlösverrechnung und Sonderkündigungsrechte. Die AGB-Problematik dieser Praxis nimmt die Rechtsprechung erst allmählich wahr.

[217] Beispiele bei *Strohm,* in: *Tewes,* Praxishandbuch, Teil 5/5.2; *Tewes,* in: *Gerlach*/u. a., Gewerbeimmobilie, S. 217.

– Verpflichtung der Bank, jedenfalls zunächst rückständige Forderungen gegen den persönlichen Kreditnehmer, also den einzelnen Gesellschafter, **außerhalb** des Gesellschaftsvermögens geltend zu machen; 239
– die dingliche Zwangsvollstreckung in das Objekt erst nach Ablauf einer angemessenen **Wartefrist** einzuleiten (um den übrigen Gesellschaftern Gelegenheit zu Vorsorgemaßnahmen, z. B. zum Ausschluß des säumigen Gesellschafters, zu geben);
– im Falle einer etwa doch unvermeidbaren Zwangsvollstreckung den Verwertungserlös anteilig auf alle Gesellschafter im richtigen Verhältnis zu **verteilen** (sonst könnte sich die Bank aus dem Verwertungserlös vorrangig zunächst nur gegen den einen säumigen Gesellschafter zu Lasten der übrigen Gesellschafter voll befriedigen).[218]
– In diesem Zusammenhang haben auch beim geschlossenen Immobilienfonds mit Steuerorientierung zusätzliche, werbungskostenfähige Vergütungen und Dienstleistungen Platz (wie beim Bauherrenmodell), insbesondere Zwischenfinanzierungsbürgschaften, Ausbietungsgarantien und dergleichen (meist durch Funktionsträgerunternehmen).[219] 240
– Häufig wird die Bank als zusätzliche Sicherheit die (meist stille) Vorausabtretung der künftigen Mietzinsansprüche der Gesellschaft fordern, also auch der Mietzinsansprüche, welche für die Gesellschaft **vor** Einleitung von Zwangsvollstreckungsmaßnahmen entstehen, und daher noch nicht voll unter die hypothekarische Haftung fallen (zudem beliebtes Pfändungsobjekt für sonstige Gläubiger wären).[220] 241

Das **Haftungsrisiko** von Kapitalanlegern bei geschlossenen Immobilienfonds, insbesondere BGB-Fonds, soll damit nicht in Abrede gestellt werden: es geht auch hier, wie bei jeder mehr oder minder risikobehafteten Kapitalanlage, vielmehr darum, dieses Risiko kalkulierbar und beherrschbar zu machen. 242

dd) Vermietung, insbesondere **Gewerbemietverträge.** Bei den sonstigen Verträgen, welche die GbR oder ihre Gesellschafter gemeinsam oder individuell mit Funktionsträgerunternehmen abschließen, bestehen gegenüber denen der Teilungsmodelle (Rdnr. 85 ff.) kaum Unterschiede (auf die steuerlichen Unterschiede beim sog. Eigenkapitalbeschaffungsvertrag im Rahmen des Vertriebs wurde oben schon eingegangen). Von ausschlaggebender Bedeutung für den langfristigen wirtschaftlichen Erfolg von Immobilienkapitalanlagen sind vor allem die abgeschlossenen – oder von der Geschäftsführung des Fonds noch abzuschließenden – Mietverträge mit Objekt-Endnutzern und die Vermietungssituation allgemein. Diese wird bei Wohnobjekten (Beispiel: Altbaumodernisierung) sehr stark, oft einschneidend geprägt durch das immer wieder geänderte, aus Kapitalanlegersicht äußerst restruktive **Wohnraummietrecht** (Kündigungsschutz, z. T. Mietpreisschutz), mit zusätzlichen Restriktionen in den neuen Bundesländern; Einzelheiten können hier nicht dargestellt werden (vgl. oben Rdnr. 156 ff.). Da bei Fondsmodellen in der Praxis jedoch gewerblich genutzte Objekte dominieren (oder bei Mischnutzung die Gewerbeteile den entscheidenden Ertragsfaktor bilden), muß besonders eingegangen werden auf die Rechtslage und die in der heutigen Praxis herausgebildeten Formen bei **gewerblichen Mietverträgen.**[221] Das Gewerberaum-Mietrecht ist im Gegensatz zum Wohnraum-Mietrecht noch sehr weitgehend dispositives Recht; Schutzbestimmungen des AGB-Gesetzes, insbeson- 243

---

[218] Die grundsätzlich befriedigende gesetzliche Verteilungsregelung wird von den Banken meist formularmäßig abbedungen.

[219] Hierzu ausführlich z. B. *Kurth/Grass,* Immobilienfonds, S. 51 f., 293; *Tewes,* Praxishandbuch, Teil 5/5.2 und 7/2.13 (zur steuerlichen Relevanz der Vergütungen, insbesondere als Werbungskosten).

[220] Wichtig hierbei erneut die (anteilige) Verrechungsabrede; vorausgesetzt ist, daß der Mieter, der meist die Mietvertragsbedingungen stellt, die Abtretbarkeit nicht vertraglich ausgeschlossen hat.

[221] Auch hier ist – vor allem in der Vertragspraxis der großen Handelsketten – eine Spezialmaterie entstanden, die allmählich von der Rechtsprechung auch AGB-rechtlich ins Visier genommen wird. Einführungen und Übersichten vor allem bei *Wolf/Eckert,* Handbuch des gewerblichen Miet-, Pacht- und Leasingrechts, 6. Aufl., 1991; *Bub/Treier,* Handbuch der Geschäfts- und Wohnraummiete, 2. Aufl., 1993; *Fritz,* Gewerberaummietrecht, 2. Aufl., 1995; vgl. auch *Kurth/Grass,* Immobilienfonds, S. 201 ff. (mit wirtschaftlichen Analysen und Berechnungsbeispielen) sowie *Hieronymus,* in: *Gerlach/* u. a., Gewerbeimmobilie, S. 335 ff.

dere die Generalklausel des § 9, greifen meist nicht ein, weil diese Mietverträge vom Fonds – oft schon im Vorfeld vom Initiator – meist individuell ausgehandelt werden (eher kommt es noch vor, daß die Gewerbemieter, z. B. eine große Handelskette, vorformulierte Mietvertragsbedingungen als Verwender stellt). Abgesehen von der für beide Seiten notwendigen Wahrung der Schriftform für den Mietvertrag einschließlich aller Nebenabreden (§ 566 BGB) sind also die meisten Mietvertragsklauseln durch den Fonds mit einem meist wirtschaftlich mächtigen und rechtlich sehr erfahrenen Mieter auszuhandeln. Dabei haben sich in der Praxis, vor allem bei Mietverträgen mit großen Einzelhandelsfilialunternehmen, folgende Schwerpunkte entwickelt:

244 – Möglichst genaue Definition des **Vertragsgegenstandes** (wenn der Mietvertrag zugleich eine Bauerrichtungspflicht des Vermieters enthält, auch genaue Festlegung der Bauleistungen in Vertrag, Mieterbaubeschreibung und Plänen);

245 – genaue Festlegung des **Mietbeginns,** bei Neubauten zweckmäßig mit Verlängerungsfristen zum Schutze des Vermieters für den Fall der Verzögerung der Baugenehmigung oder Bauerrichtung;

246 – genaue Festlegung der **Mietdauer,** wobei in der Praxis eine Mindestmietdauer von 10 Jahren nicht nur aus währungsrechtlichen Gründen angestrebt werden muß, sondern auch, um auf eine Mindestlaufzeit die Mieteinnahmen zur Deckung der Kosten und des Kapitaldienstes für den Kapitalanleger zu sichern (umso wichtiger, je spezieller für die Bedürfnisse eines konkreten Mieters die Anlage errichtet wird);

247 – Genaue Regelung etwaiger (einmaliger oder mehrmaliger) **Mietverlängerungsoptionen** (meist vom Mieter gefordert);

248 – Regelungen über zulässige Maßnahmen und Kostentragung von **baulichen Veränderungen** am Mietobjekt (während der Vertragszeit) und bei Beendigung des Mietverhältnisses (hier insbesondere Wegnahme von Einbauten und Einrichtungen oder Ablösung zum Zeitwert);[222]

249 – genaue Regelung von **Nebenpflichten des Vermieters** (hier gilt nach der Rechtsprechung eine Konkurrenzschutzzusage, jedenfalls für das Hauptsortiment, als stillschweigend vereinbart, wenn sie nicht ausdrücklich ausgeschlossen wird) und **des Mieters** (z. B. Objektbetreuungspflichten, wie Übernahme der Verkehrssicherungspflicht; insbesondere bei größeren Geschäftszentren u. U. auch eine Betriebspflicht);[223]

250 – genaue Regelung von Zulässigkeit und etwaigen Bedingungen für ein eventuelles Recht des Mieters zur **Untervermietung** und insbesondere zur **Weitervermietung** (sonst kann sich, wenn die Geschäfte vor Ort schlecht gehen, der Fonds plötzlich einer wirtschaftlich unzureichend ausgestatteten Nachfolge-Miet-GmbH gegenübersehen);

251 – angemessene Risikoverteilung bei der **Gewährleistung** wie bei der Pflicht zur **Instandsetzung** und **Instandhaltung** des Objekts, vor allem an Dach und Fach sowie im haustechnischen Bereich;

252 – genaue Regelung der für Gewerbeobjekte (vor allem in Ballungsgebieten) oft entscheidend wichtigen Zusatzflächen, wie insbesondere der **Parkplätze** und der für die Anlieferung und Entsorgung erforderlichen, ausreichenden **Zu-und Abfahrten;**

253 – genaue Festlegung der **Nettomiete** zuzüglich Mehrwertsteuer (falls die Nettomiete nicht als pauschaler Festbetrag, sondern nach der Nutzfläche festgelegt wird, Definition eines raschen und eindeutigen Bestimmungsverfahrens hierfür);

254 – insbesondere genaue Regelung aller denkbaren **Bewirtschaftungsnebenkosten** (Betriebskosten, wie sie für die Wohnraummiete in der Anlage 3 zu § 27 der II. Berechnungsverordnung katalogisiert, hier aber auch darüber hinaus regelungsfähig sind), einschließlich der Regelung angemessener Vorauszahlungen;[224]

---

[222] Vgl. hierzu *Wolf/Eckert* (Fn. 215), S. 123 f. und 213 ff.

[223] *Wolf/Eckert* (Fn. 215), S. 122; OLG Koblenz NJW-RR 1989, 400 (unzureichende Besetzung eines Ladenzentrums als Kündigungsgrund) m. w. N.

[224] Die Regelungen der II. BV werden, sowohl für den öffentlich geförderten Wohnungsbau entwickelt, im freifinanzierten Wohnungs- wie Gewerbebereich heute weitgehend vertraglich rezipiert. Bei

– Vereinbarung einer geeigneten **Wertsicherungsklausel** für die Nettomiete; 255

– ggf. Regelungen über **Mietsicherheiten;** 256

– Regelungen über (meist vom Mieter verlangte) schuldrechtliche und dingliche **Vorkaufsrechte** und die Einräumung grundbuchmäßiger Rechte am Mietbesitz zur **Sicherung des Mieterbetriebes** (beschränkt-persönliche Dienstbarkeiten, welche einer verdeckten „Verdinglichung" des Mietverhältnisses gleichkommen können) sowie für den Fall der Zwangsversteigerung;[225] 257

– Regelungen über beiderseitige **Kündigung,** insbesondere außerordentliche Kündigungsgründe. 258

Besondere Aufmerksamkeit bedarf bei derart langfristiger Investition die Definition der **Wertsicherungsklausel.** Der Kapitalanleger wird eine automatisch (nach beiden Richtungen) wirkende, an einen bestimmten amtlichen Index (meist Lebenshaltungskostenindices) gebundene Wertsicherung bei mindestens 10-jähriger Bindung anstreben, zumal nur dann die Genehmigungsfähigkeit nach § 3 Währungsgesetz sichergestellt ist. Der Mieter wird eine genehmigungsfreie, aber für den Vermieter nicht so leicht durchsetzbare Spannungsklausel oder einen bloßen Leistungsvorbehalt anstreben. Darüber hinaus ist es vor allem bei großen Handelsketten als Anmietern üblich geworden, bestimmte Einschränkungen der Wertsicherungsklausel durchzusetzen, gestützt auf den Umstand, daß die mit dem Namen des Mieters verbundene positive Bonitätsbeurteilung des Fonds den Fondsinitiator und die Fondsanleger zu stärkerem Entgegenkommen zwingt. Vereinbart werden hier insbesondere[226] 259

– 2–5 sog. Freijahre am Anfang (der Index beginnt dann erst nach Ende der Freijahre ex nunc oder ex tunc zu laufen); ferner geminderte Anpassung an den Index, insbesondere dahin, daß eine nach dem Index an sich gegebene Erhöhung nur begrenzt, z. B. mit 50% bis 75%, mieterhöhend wirkt. 260

– Prozentregelung statt Punkteregelung im Rahmen der Index-Stufenregelung: da Indexanpassungen der Miete nicht kontinuierlich, sondern stufenweise greifen, wenn die Indexerhöhung einen gewissen Mindestschwellenwert überschritten hat, kann dieser Schwellenwert je nach Vereinbarung dahin gehen, daß die nächste Mietanpassung erfolgt, wenn sich der Index gegenüber seinem Stand bei der letzten Anpassung um jeweils mehr als z. B. 10 % (Prozentregelung) oder mehr als z. B. 10 Punkte (Punkteregelung) verändert hat; es läßt sich nachrechnen, daß die Punkteregelung zu schnelleren, wenn auch gegenüber der Prozentregelung etwas niedrigeren Anpassungsstufen in kürzerer Zeit und damit mittelfristig zu besseren Mieteinnahmen (und vorgezogener Liquidität) beim vermietenden Fonds führt.[227] 261

Da die Mieteinnahmen mindestens den Fremdkapitaldienst (allermindestens die Zinskosten) der Investition langfristig liquiditätsmäßig decken müssen, sind diese Mietzinsregelungen und das jeweilige Finanzierungskonzept des Fonds so genau wie möglich aufeinander abzustimmen. Vor allem längerfristig ist natürlich die wirtschaftliche Gesamtentwicklung und die ihrer einzelnen Faktoren (hier insbesondere: Zinsniveau und Lebenskostenindex) dennoch nur sehr ungenau prognostizierbar; daher besteht für den Kapitalanleger stets ein 262

Gewerbeobjekten kann zusätzlicher Regelungsbedarf bestehen, z. B. für Hebebühnen, Klimaanlagen, Parkplatzeinrichtungen etc.

[225] Zum dinglich gesicherten Gewerbebetriebsrecht vgl. *Palandt/Bassenge,* BGB § 1018 Anm. 5, 6 m. w. N. zur Auswirkung von Zwangsversteigerung und -verwaltung sowie Konkurs ausführlich *Wolf/Eckert* (Fn. 215), S. 266 ff. m. w. N.

[226] Die Vertragspraxis hat, ausgehend von § 3 Währungsgesetz und den jeweiligen Genehmigungsgrundsätzen der Deutschen Bundesbank hierzu, äußerst differenzierte Wertsicherungsklauseln entwickelt. Vgl. hierzu *Hieronymus,* in: *Gerlach*/u. a., Gewerbeimmobilie, S. 357 ff. (Überblick); *Blank,* (Fn. 155); *Wolf/Eckert,* (Fn. 215), S. 97 ff. Besonders anschaulich die Vergleichsrechnungen bei *Kurth/Grass,* Immobilienfonds, S. 203 f.

[227] *Loritz/Wagner,* a. a. O., S. 305 ff. (Überblick), insbesondere S. 334 f. (Immobilienleasing), m. zahlr. w. Nachw. und Überblick (S. 612). Dort S. 633–656

gewisses dauerndes Risiko. Daher sollten erhoffte spätere Index- und damit Mietensteigerungen nicht oder nur sehr begrenzt als Grundlage für das Finanzierungskonzept mit herangezogen werden. Noch schwerer prognostizierbar und kalkulierbar sind die kostenmäßige Entwicklung der Instandhaltung, welche – mindestens teilweise – auf die Fondsgesellschaft zukommen, ferner die nach Beendigung der Erstmietverträge etwa für bauliche Umgestaltungen zwecks Neuvermietung erforderlichen Kosten für „Revitalisierungsmaßnahmen".

263 ee) Immobilienleasing. Die Vitalität und wirtschaftliche Zweckmäßigkeit von Konzepten geschlossener Immobilienfonds – wenn alle übrigen Parameter stimmen – zeigt sich in den letzten Jahren verstärkt bei Immobilienfondsobjekten, die von einer Fondsgesellschaft, finanziert durch ihre Kapitalanleger-Gesellschafter, für bestimmte Endnutzer nach deren spezifischen Bedürfnissen und Vorgaben als **Bestellbau** entwickelt werden und, bei besonderen und teilweise abweichenden Vertragsgestaltungen, dem „klassischen" Konzept geschlossener Immobilienfonds vergleichbar sind: den **Immobilienleasingmodellen** als Fonds. [228] Auch insoweit handelt es sich nicht um eine Neuheit; die verschiedenen Formen des Immobilienleasing werden seit langem praktiziert. Ihre auch hier unverzichtbare **steuerliche Behandlung** (vereinfachtes Grundprinzip: Aufbesserung der Immobilienrendite des Kapitalanlegers für Steuervorteile) ist ebenfalls seit langem durch Erlasse der Finanzverwaltung mindestens teilweise geregelt (Leasingerlasse 1971–1991).[229] Sie werden aber immer stärker über einen Kreis professioneller Insider hinaus dem allgemeinen freien Kapitalmarkt durch Initiatoren (auch Banken) zugänglich gemacht. Hierbei wird der volkswirtschaftliche Aspekt der **Finanzierungsfunktion** des den Initiatoren und Betreibern solcher Immobilienfonds besonders zugänglichen freien (nicht geregelten) Kapitalmarktes besonders deutlich. Hier investiert der Endnutzer in das für ihn betriebsnotwendige Immobilienobjekt (meist gewerblich oder gewerbeähnlich genutzte Objekte) nicht selbst und direkt, sondern läßt aus verschiedenen besonderen Gründen (Liquidität/Bilanzpolitik etc.) das von ihm längerfristig (in der Regel mindestens 15–25 Jahre) betrieblich zu nutzende Immobilienobjekt (Büro-Verwaltungsgebäude, Fabrikanlage, Hotel, Infrastrukturobjekte jeder Art über Flughafengebäude bis hin zu kommunalen Einrichtungen wie Wasserwerke, Klärwerke, Heizkraftwerke etc.) von einer Fondsgesellschaft mit privatem Anlagekapital errichten und finanzieren, um es von dieser längerfristig zunächst anzumieten. Charakteristisch für Leasingmodelle ist dabei die für den allgemeinen Leasingbegriff typische **Anschlußvereinbarung** dahin, daß der Endnutzer (Leasingnehmer) nach Ablauf der mietvertraglichen Nutzungsdauer ein unterschiedlich ausgestaltbares Recht zur Übernahme des Eigentums am Objekt eingeräumt erhält. Dabei sind schon während der mietvertraglichen Nutzungsdauer seine Verpflichtungen hinsichtlich laufender Kosten einschließlich Instandhaltungs- und Instandsetzungspflichten häufig denen des Objekteigentümers stark angenähert. Das Modell ist betriebswirtschaftlich im Prinzip nicht nur für **private** Endnutzer geeignet, sondern auch für die **öffentliche Hand** (vor allem im Bereich kommunaler Einrichtungen wie genannt). Denn es eröffnet dem privaten oder öffentlichen Leasingnehmer über die Vorteile der Liquiditätsersparnis und der genaueren Kalkulierbarkeit mit festen Beträgen hinaus (Mietzins bzw. Leasingrate) günstige Bilanzierungsaspekte (bei öffentlichen Leasingnehmern: haushaltsrechtliche Vorteile der Abwicklung im Verwaltungs- statt im Vermögens- oder Investitionshaushalt). Außerdem kann sich der Leasingnehmer hierdurch die häufig bessere Sachkunde, Arbeitsintensität (und Risikobereitschaft) privater Initiatoren (und ihrer Kapitalanleger) und deren rechtliches, wirtschaftliches, bautechnisches und finanzierungstechnisches Know-how zu Nutze machen. Für den Kapitalanleger, der sich an einem solchen Projekt über eine Immobilienfonds-Leasinggesellschaft als geschlos-

---

[228] *Loritz/Wagner,* a. a. O., S. 305 ff. (Überblick), insbesondere S. 334 f. (Immobilienleasing), m. zahlr. w. Nachw. und Überblick (S. 612). Dort S. 633–656.

[229] *Loritz/Wagner,* a. a. O., S. 305 ff. (Überblick), insbesondere S. 334 f. (Immobilienleasing), m. zahlr. w. Nachw. und Überblick (S. 612). Dort S. 633–656.

senen Immobilienfonds beteiligt, und für den die rechtliche, wirtschaftliche, bautechnische und finanzierungstechnische Sachkunde der Geschäftsführung seiner Fondsgesellschaft ohnehin auch bei normalen geschlossenen Immobilienfonds ohnehin Voraussetzung ist, bietet sich der Vorteil besonderer Bonität des Mieters/Leasingnehmers (verbunden mit einer langfristigen Vermietungsperspektive) **und** durch das entsprechend gestaltete Erwerbsrecht des Leasingnehmers nach Ablauf der ersten Mietzeit eine u. U. erhöhte Chance der Fungibilität/Weiterverwertung des Fondsobjekts und damit seiner Beteiligung.–

ff) Gesellschafterwechsel. Rechtliche Besonderheiten weisen geschlossene Immobilien- 264
fonds, gleich in welcher Rechtsform, gegenüber Bauherrenmodellen auf bei der Regelung von Fällen des Wechsels im Gesellschafterbestand (vgl. hierzu ausführlich auch § 25 Rdnr. 39 f.). Die freie Verfügbarkeit über Beteiligungen wird im Gesellschaftsvertrag regelmäßig großzügig zugelassen. Dies darf aber nicht darüber hinwegtäuschen, daß bei auf Langfristigkeit angelegten Immobilieninvestitionen kurzfristige Fungibilität wirtschaftlich nicht sinnvoll und bei steuerorientierten Fonds vor allem in den ersten Jahren (also unmittelbar nach Anfall der anfänglich hohen Steuervorteile) sowohl für den Alt- wie den Neugesellschafter meist nicht interessant ist. Dies gilt u. U. auch für die Gesellschaft, vor allem, wenn der neue Gesellschafter den Zins- und Kapitaldienst des Altgesellschafters in noch erheblicher Höhe übernehmen soll und schlechtere Bonität als dieser aufweist. Ein Markt für Immobilienfonds-Beteiligungen „aus zweiter Hand" hat sich bisher nur in Ansätzen etablieren wollen; vertragliche Rücknahmeverpflichtungen etwa des Initiators kommen, anders als die gesetzliche Rücknahmeverpflichtung bei offenen Immobilienfonds, in der Praxis kaum vor.[230]

Sind die Gesellschafter im Grundbuch eingetragen, so kommt es beim Wechsel im Ge- 265
sellschafterbestand zur Um-oder Anwachsung der Beteiligung zwischen den Gesellschafter (§ 738 BGB), wodurch das Grundbuch unrichtig und eine **Grundbuchberichtigung** erforderlich wird. Bei Zwischenschaltung eines die Beteiligungen im eigenen Namen für Rechnung der Kapitalanleger haltenden und somit allein im Grundbuch für diese eingetragenen Gesellschafts- oder Grundbuchtreuhänders wird die Rechtsänderung dagegen vollzogen durch Auflösung des alten Treuhandverhältnisses mit dem ausscheidenden Kapitalanleger (und ggf. Eingehung eines neuen Treuhandverhältnisses mit dem durch Beteiligungsübernahme eintretenden Neugesellschafter).

Empfehlenswert sind besondere Regelungen im Gesellschaftsvertrag, vor allem für die 266
Zeit, ab der erstmals ordentliche Kündigungsrechte der Gesellschafter bestehen: kommt es ab diesem Zeitpunkt zu einer **Massenkündigung,** so können die verbleibenden Gesellschafter Schwierigkeiten haben, für die dann zu leistenden Abfindungsguthaben der Ausscheidenden die erforderliche kurzfristige Liquidität zu beschaffen. Mindestens für diese Fälle sollte der Gesellschaftsvertrag daher ein Recht der verbleibenden Gesellschafter vorsehen, statt Fortführung der Gesellschaft deren Liquidation unter erleichterten Voraussetzungen zu beschließen.[231]

c) Steuerliche Besonderheiten. aa) Abschichtungsproblematik.[232] Besonders bei steuerorien- 267
tierten Immobilienfonds fallen gerade in der Investitionsphase vorgezogene hohe steuerlicher Verluste = Steuervorteile an; das Objekt bzw. das Gesellschaftskapital werden jedoch häufig nicht in einem, sondern in zwei oder gar mehr Veranlagungsjahren plaziert. Daher

---

230 Vgl. hierzu *Strohm,* in: *Tewes,* Praxishandbuch, Teil 5/3.1.2.1 und *ebenda Tewes,* Teil 4/2; *Hieronymus/Schwatlo,* in: *Gerlach*/u. a., Gewerbeimmobilie S. 328 f.

231 Es kann dann – vorhandene Nachfrage vorausgesetzt – das Gesamtobjekt veräußert werden. Besteht das Objekt aus mehreren Teileigentumseinheiten (z. B. Gewerbezentrum mit Mieter-Mix), so kann dies hier – während dieser Mix sonst nachteilig sein kann – die Situation der Gesellschafter erleichtern (teilweise Liquidation möglich).

232 Seit Jahren ein Streitpunkt zwischen Initiatoren/Kapitalanlegern und Finanzverwaltung, welche der steuerlichen Zuweisung von „Luftverlusten" entgegenzutreten versucht. Hierzu allgemein *Kurth/Grass,* Immobilienfonds, S. 116 f.; *Tewes,* Praxishandbuch, Teil 8/3; *Wagner/Loritz,* a. a. O., S. 147 m. w. Nachw. (zur KG, insofern jedoch gegenüber GbR praktisch kein Unterschied).

regeln in der Praxis die meisten Gesellschaftsverträge eine **Gleichbehandlung** der früher beitretenden Kapitalanleger zu den später beitretenden dahin, daß durch besondere Gewinnverteilungsabreden die in diesen Anlaufjahren entstehenden Verluste gleichmäßig auf alle verteilt werden. Die Praxis der Finanzverwaltung ist demgegenüber zunehmend restriktiv; sie vertritt insbesondere die Auffassung, daß einem Neugesellschaft nur Anteile an dem Verlust zugerechnet werden können, die seit seinem Beitritt tatsächlich „erwirtschaftet", also (im Bereich der Einkommensart Vermietung und Verpachtung) ab diesem Zeitpunkt tatsächlich abgeflossen sind. Bei der VuV-Gesellschaft bestätigt andererseits der Beschluß des BFH vom 19. 8. 1986, daß auf den Zahlungszeitpunkt, nicht den Zeitpunkt der zivilrechtlichen Entstehung (z. B. durch Vertragsabschluß) abzustellen ist (gegen die für gewerbliche Fonds verständliche, von der Finanzverwaltung aber auch für vermögensverwaltende Fonds vertretene sog. Entstehungstheorie).

268 Als allgemeiner Grundsatz gilt, daß die Ermittlung des Jahresergebnisses und seiner Zurechnung auf der Ebene der Gesellschaft zu erfolgen hat und eine anteilige Zurechnung nur jeweils einzelner Geschäftsvorfälle jedenfalls steuerlich nicht zulässig ist. Dies schließt nach der in der Finanzverwaltung vertretenen Auffassung derartige ausgleichende Regelungen jedenfalls aus für die Zurechnung der dem Fonds zufließenden Vorsteuern, selbst wenn dies im Gesellschaftsvertrag, wie in der Praxis üblich, analog zur Verlustzurechnungsabrede geregelt ist.

269 bb) Verlustbegrenzung durch § 15 a EStG. [233] Die seit 1980 durch § 15 a EStG gesetzlich geregelte Verlustbegrenzung von Verlusten aus Gewerbebetrieb, welche über § 21 EStG auch für Einkünfte aus Vermietung und Verpachtung entsprechend gilt, ist bereits mehrfach angesprochen worden (vgl. oben Rdnr. 65 und § 22 Rdnr. 61 f.). Sie hängt sehr eng zusammen mit der auf den ersten Blick nur zivilrechtlich bedeutsamen Frage der Regelung der Haftung der Fondsgesellschafter nach außen. Dies ist aber im Grunde nur eine neue Ausformung eines allgemeinen steuerlichen Prinzips, nämlich daß die Geltendmachung steuerlicher Verluste, insbesondere durch Verrechnung mit positiven Einkünften aus anderen Einkunftsarten, eine unternehmerische oder unternehmerähnliche Stellung mit entsprechendem unternehmerischen Risiko voraussetzt, erhöhte Verlustzuweisungen also mit erhöhter zivilrechtlicher Haftung erkauft werden müssen (ähnlich das „Bauherrenrisiko" als Kriterium der steuerlich günstigeren Bauherreneigenschaft bei Bauherrenmodellen und die steuerliche Beurteilung der „Mitunternehmerschaft" bei gewerblichen Beteiligungen, vgl. Rdnr. 65 und § 22 Rdnr. 55 f.).

270 Wie schon oben beim Vergleich der Rechtsformen dargestellt, begibt sich der Kapitalanleger, der sich an einer vermögensverwaltenden KG beteiligt, ins unmittelbare Schußfeld des § 15 a EStG. Denn dieser stellt darauf ab, ob die Haftung des (Mit-) Unternehmers „der eines Kommanditisten vergleichbar" bzw. die Inanspruchnahme des Gesellschafters für Schulden im Zusammenhang mit dem Betrieb „durch Vertrag ausgeschlossen oder nach Art und Weise des Geschäftsbetriebes unwahrscheinlich" ist. Die (doppelt analoge) Anwendung auf GbR-Fonds war im Detail kontrovers[234], wurde jedoch durch die BFH-Urteile vom 17. 12. 1992 und 30. 11. 1993 bejaht, wobei auch noch eine für den Steuerpflichtigen ungünstige Verteilung der Darlegungs- und Feststellungslast anklingt. Die Finanzverwaltung hat daraufhin durch BMF-Erlaß vom 30. 6. 1994[235] wenigstens eine

---

[233] Die Kontroverse zu Anwendbarkeit und Umfang der steuerlichen Auswirkungen der §§ 15 a, 21 a EStG ist seit ihrer Einführung jedenfalls bei steuerorientierten Immobilienfonds ein Dauerthema, die Literatur kaum mehr übersehbar. Vgl. statt vieler *Tewes,* Praxishandbuch, Teil 8/2; *ders.,* in: *Gerlach*/u. a., Gewerbeimmobilie, S. 247 f., m. w. N.; *Kurth/Grass,* Immobilienfonds, S. 131 ff. mit Rechenbeispielen. Ausführlich auch hierzu *Loritz/Wagner,* a. a. O., S. 214 f. (GbR) und S. 151 f. (KG). Wenigstens mehr Rechtssicherheit hat der BMF-Erlaß vom 30. 6. 1994, BStBl. I 1994, 355, abgedruckt z. B. bei *Loritz/Wagner,* a. a. O., S. 667 f.

[234] Vgl. Erlasse Senator Finanzen Berlin vom 11. 12. 1985 und 15. 7. 1987, abgedruckt z. B. bei *Tewes,* Bauherrenmodelle, Teil 14/3.2.8, S. 13 f. und hierzu Teil 7 a/3.2.

[235] Die Kontroverse zu Anwendbarkeit und Umfang der steuerlichen Auswirkungen der §§ 15 a, 21 a EStG ist seit ihrer Einführung jedenfalls bei steuerorientierten Immobilienfonds ein Dauerthema,

gewisse Rechtssicherheit dadurch geschaffen, daß auch bei GbR-Fonds als **Regeltatbestand** von einem „Risiko der Inanspruchnahme nach Art und Weise des Geschäftsbetriebes" auszugehen ist, mit folgenden Maßgaben:

– Inanspruchnahme (Haftungsrisiko) ist nicht unwahrscheinlich nur deswegen, weil die Haftung des BGB-Gesellschafters quotal (teilschuldnerisch) beschränkt ist, also der klassischen Außenhaftungsgestaltung bei GbR-Fonds, dagegen u. U. unwahrscheinlich beim Ausschluß der **Nachschußpflicht** der Gesellschafter (obwohl dies an sich die **gesetzliche Regelung** gemäß § 707 BGB und ferner nicht ein Fall der Außenhaftung, sondern der internen Haftung der Gesellschafter untereinander ist), bei schuldrechtlicher Bindung des Geschäftsbesorgers, den Gesellschafter nur bis zu einer bestimmten Höhe in Anspruch zu nehmen und wohl auch bei einer (demgemäß bei steuerorientierten GbR-Fonds regelmäßig nicht vorgesehenen) gegenständlichen Beschränkung der Außenhaftung auf das Gesellschaftsvermögen (vgl. im einzelnen RdNr. 230 ff. m. w. Nachw.). **271**

– Die Inanspruchnahme ist auch nicht deswegen unwahrscheinlich, weil das dem Immobilienfonds zugrundeliegende Vertragswerk ein **geschlossenes Finanzierungskonzept** vorsieht (voraussichtlicher Finanzbedarf durch Eigenkapital und Aufnahme von dinglich gesichertem Fremdkapital gedeckt/Einnahmen und Ausgaben so kalkuliert, daß nach Beendigung der Bauphase kein Ausgabenüberschuß entsteht); dagegen soll die Inanspruchnahme unwahrscheinlich sein, wenn durch entsprechende vertragliche Gestaltungen ein wirtschaftlich ins Gewicht fallendes Haftungsrisiko des Gesellschafters nicht mehr verbleibt, wobei der Erlaß ausdrücklich als Beispiele die Haftungsbegrenzung der Gesellschafter auf einen bestimmten Höchstbetrag nennt, ferner beispielhaft eine ganze Reihe von in der Praxis üblich gewordenen Verträgen (mit Funktionsträgern aus dem Bereich des Initiators), welche das wirtschaftliche Risiko des Anlegers mindern sollen, insbesondere „Garantie- und vergleichbare Verträge" wie z. B. **272**

– Übernahme von Verkehrssicherungspflichten durch den Bauunternehmen;

– Höchstzinsgarantien während und nach der Bauphase;

– Mietgarantien, sonstige Garantieverträge und vergleichbare Verträge, **soweit** die Haftung des Gesellschafters auf einen bestimmten Höchstbetrag begrenzt wird;

– u. U. sogar Versicherungsverträge.

– Die Inanspruchnahme soll nicht deswegen unwahrscheinlich sein, weil sich die Schulden der Gesellschafter oder der Gesellschaft Dritte gegenüber Gläubigern durch Garantieübernahmen und Bürgschaften verbürgen, dagegen unwahrscheinlich werden, **soweit** ein Rückgriffsanspruch dieser Bürgen und Garanten gegen den Gesellschafter ausgeschlossen sind (zivilrechtlich ist Regreßmöglichkeit des Bürgen oder Garanten der ohne ausdrückliche vertragliche Vereinbarung gegebene Regelfall). **273**

– Im Erlaß wird zu Recht nicht auf Einzelverträge, sondern auf die Gesamtheit der Vereinbarungen und deren Risikoausschlußwirkungen abgestellt. Nicht ausdrücklich wird angesprochen, ob schon die Einschaltung eines Beteiligungstreuhänders oder reinen Grundbuchtreuhänders, der durch Abschluß von Verträgen mit Dritten im eigenen Namen für Rechnung der Gesellschafter diese vor der Außenhaftung „abschotten" könnte, als Indiz für die Unwahrscheinlichkeit der Inanspruchnahme angesehen werden kann (zu den einzelnen Treuhandformen vgl. RdNr. 226 ff.). Daß die Einschaltung von Treuhändern für sich alleine die Inanspruchnahme des Kapitalanlegers nicht unwahrscheinlich macht, ergibt sich m. E. schon daraus, daß – in der Praxis oft übersehen – jedenfalls wirtschaftlich eine solche „Abschottung" des Kapitalanlegers nicht stattfindet. Denn dieser haftet, ganz ähnlich wie gegenüber dem Rückgriffsanspruch eines Bürgen oder Ga- **274**

---

die Literatur kaum mehr übersehbar. Vgl. statt vieler *Tewes,* Praxishandbuch, Teil 8/2; *ders.,* in: *Gerlach*/u. a., Gewerbeimmobilie, S. 247 f., m. w. N.; *Kurth/Grass,* Immobilienfonds, S. 131 ff. mit Rechenbeispielen. Ausführlich auch hierzu *Loritz/Wagner,* a. a. O., S. 214 f. (GbR) und S. 151 f. (KG). Wenigstens mehr Rechtssicherheit hat der BMF-Erlaß vom 30. 6. 1994, BStBl. I 1994, 355, abgedruckt z. B. bei *Loritz/Wagner,* a. a. O., S. 667 f.

ranten, intern seinem Treuhänder auf Ersatz, ggf. sogar anfängliche Freistellung von solchen Inanspruchnahmen durch externe Gläubiger schon aus dem Treuhandvertrag selbst (§ 670 BGB).[236]

275 Die Verlustbegrenzungsregelung der §§ 15 a, 21 EStG gilt für diejenigen Verluste, welche dem Kapitalanleger auf der Ebene der **Gesellschaft** selbst entstehen und ihm von dieser Ebene aus zugerechnet werden; sie gilt grundsätzlich nicht für Verluste, welche originär in der Person des Kapitalanlegers selbst – und gesondert von der Gesellschaft – entstehen (Sonderwerbungskosten). Darauf beruht das in der Praxis inzwischen sehr verbreitete Prinzip, gerade geschlossene Immobilienfonds so zu gestalten, daß wesentliche Teile der nach § 9 EStG sofort abzugsfähigen Werbungskosten nicht innerhalb der Gesellschaft anfallen, sondern beim einzelnen Kapitalanleger-Gesellschafter selbst.[237] Hierfür eignen sich kaum Verluste im Vermietungsbereich, da die Vermietung des Fondsobjekts notwendig gemeinsame Gesellschafterangelegenheit ist, wohl aber und insbesondere Verluste im Bereich der Finanzierung. Nimmt nicht die Gesellschaft durch die Gesamtheit aller Gesellschafter die erforderlichen Fremdmittel auf (oder nur einen geringeren, erstrangigen Teil), sondern jeder einzelne Gesellschafter anteilig selbst, so ist für die hierbei anfallenden Kosten (Zinsen, Damnum, Finanzierungsvermittlungsgebühren etc.) Träger der Verluste von vorneherein der einzelne Kapitalanleger allein. Es entsteht insoweit innerhalb der Gesellschaft kein negatives Kapitalkonto und es findet insoweit keine von Einlage und Haftungsübernahme in der Gesellschaft abhängige Verlustbegrenzung i. S. des § 15 a EStG statt; das unmittelbare persönliche Haftungsrisiko des Kapitalanlegers (gegenüber der ihn finanzierenden Bank) liegt auf der Hand.

276 Das Konzept dieser sog. **Außenfinanzierung,**[238] bei dem der Gesellschafter richtigerweise nicht den Aufwand der Gesellschaft Dritten gegenüber anteilig mitfinanziert – jedenfalls nicht unmittelbar –, sondern seine im Gesellschaftsvertrag festgelegte Bareinlage in die Gesellschaft (anteiliges Gesellschaftskapital), hat auch für die Gesellschaft wirtschaftliche und zivilrechtliche Vorteile: die Gesellschaft als Verband aller Gesellschafter bleibt – insoweit – Kreditinstituten gegenüber schuldenfrei und wird durch Bareinlagen frühzeitig liquide, kann also als Gesellschaft mit reinem Eigenkapital arbeiten. In dem üblicherweise sowohl im Prospekt wie als Anlage zum Gesellschaftsvertrag beigefügten Investitions- und Finanzierungsplan der Gesellschaft sollte allerdings regelmäßig auch eine längerfristig von der Gesellschaft zu haltende Liquiditätsreserve eingeplant sein, welche spätere oder unvorhergesehene Ausgaben am Objekt decken kann (z. B. spätere Reparaturen, Instandhaltungs- oder Instandsetzungsarbeiten, zur besseren Vermietung erforderliche Bestandsverbesserungen etc.) aber auch eine Reserve für den Fall des Ausscheidens von Gesellschaftern und die damit verbundenen Abfindungsverpflichtungen.[239]

277 Die Einschaltung von Treuhändern, die ganz oder teilweise im eigenen Namen, jedoch für fremde Rechnung der Kapitalanleger auftreten, wird steuerlich grundsätzlich anerkannt: in wirtschaftlicher, nicht formaler Betrachtungsweise wird das steuerliche Er-

---

[236] Zum äußerst unklaren Begriff „negatives Kapitalkonto" schon bei der KG vgl. etwa *Loritz/Wagner, a. a. O.,* S. 151 f. und bei der GbR, zu welcher der Begriff schon privatrechtlich – keine Anwendung der handelsrechtlichen Rechnungslegungsvorschriften – nicht paßt, *diess.* S. 214 ff., m. w. Nachw., sowie hierzu den BMF-Erlaß vom 24. 11. 1993, BStBl. I 1993, 934, abgedruckt z. B. bei *Loritz/Wagner,* a. a. O., S. 657 f.

[237] Die Kontroverse zu Anwendbarkeit und Umfang der steuerlichen Auswirkungen der §§ 15 a, 21 a EStG ist seit ihrer Einführung jedenfalls bei steuerorientierten Immobilienfonds ein Dauerthema, die Literatur kaum mehr übersehbar. Vgl. statt vieler *Tewes,* Praxishandbuch, Teil 8/2; *ders.,* in: *Gerlach*/u. a., Gewerbeimmobilie, S. 247 f., m. w. N.; *Kurth/Grass,* Immobilienfonds, S. 131 ff. mit Rechenbeispielen. Ausführlich auch hierzu *Loritz/Wagner,* a. a. O., S. 214 f. (GbR) und S. 151 f. (KG). Wenigstens mehr Rechtssicherheit hat der BMF-Erlaß vom 30. 6. 1994, BStBl. I 1994, 355, abgedruckt z. B. bei *Loritz/Wagner,* a. a. O., S. 667 f.

[238] Vgl. Autoren Fn. 225 und 227.

[239] Vgl. oben Fn. 224 ff. und 226 f.

gebnis, insbesondere der Verlust gleichwohl nicht dem Treuhänder, sondern dem **Treugeber** zugerechnet (§ 39 Abs. 2 Nr. 1 Satz 2 AO). Es muß sich allerdings um ein echtes Treuhandverhältnis handeln, das ernsthaft vereinbart und auch tatsächlich durchgeführt wird. Die Finanzverwaltung hat in einigen einschlägigen Erlassen geäußert, welche Gestaltungen für ein solches echtes Treuhandverhältnis schädlich sein sollen, mit der in diesem Bereich gerade unerwünschten steuerlichen Folge, daß das, was der Kapitalanleger aus seiner treugeberischen Beteiligung erzielt, zu Einkünften aus Kapitalvermögen oder sonstigen Einkünften umqualifiziert wird. Damit gelangt der Anleger also gerade nicht zu den erwünschten Einkünften aus Vermietung und Verpachtung, vor allem aber nicht zu den besonders angestrebten Verlustzurechnungsmöglichkeiten (insbes. AfA). Nach den Erlassen des Finanzsenators Berlin vom 28. 6. 1986 und 15. 7. 1987, mit denen die Praxis konzeptionell noch umgehen konnte, wurde dieses für das gesamte Steuerrecht allgemein geltende Prinzip durch ein BFH-Urteil vom 27. 1. 1993 speziell für einen GbR-Immobilienfonds in Zweifel gezogen (sog. „Treuhandurteil"; ähnlich schon BFH vom 4. 12. 1991, sog. „Unterbeteiligungsurteil"). Dabei wurden besonders strenge Kriterien zu den rechtlichen Einflußmöglichkeiten des Kapitalanlegers als Treugeber auf seinen Treuhänder und die von ihm, wenn auch für Rechnung der Kapitalanleger, ausgeführten Geschäfte aufgestellt, damit die steuerliche Wirkung des Treuhandverhältnisses durchgreife. Als schädlich wurde, wenn auch nur als ein Kriterium unter anderem, der – modelltypische und zivilrechtlich wie praktisch oft gar nicht zu vermeidende – Umstand angesehen, daß das Mietverhältnis über das Fondsobjekt vom Mieter formal nur mit dem Treuhänder und nicht sämtlichen Treugebern abgeschlossen war. Die Finanzverwaltung hat hierauf durch den BMF- Erlaß vom 1. 9. 1994[240] eher im Sinne der Praktikabilität reagiert, jedoch nicht, ohne auch hier die Gelegenheit zu nutzen, steuerliche Einschränkungen speziell für Immobilienfonds mit VuV-Einkünften festzulegen. Jedenfalls im Innenverhältnis müssen demnach die Rechte an und aus dem Treugut allein dem Treugeber zustehen und dieser, nicht der Treugeber, müsse das „Marktgeschehen" jederzeit beherrschen und wirtschaftlich die Rechte und Pflichten aus den Mietverhältnissen tragen. Diese Beherrschung des „Marktgeschehens" durch den Treugeber müsse aber auch durch entsprechende vertragliche Ausgestaltung im Treuhandvertrag, auch mit dem echten Beteiligungstreuhänder, der Weisungsbefugnisse des Kapitalanlegers (insbesondere über Beginn, Ausgestaltung und Beendigung der Mietverhältnisse) und Kündigungsrechte (Kündigungsfrist nicht länger als ein Jahr/keine direkte oder indirekte Erschwerung der Kündigung) dokumentiert werden. Das wirtschaftliche Risiko trage der Treugeber insbesondere durch vollständige Abführung der Einnahmen an ihn, der alle im Zusammenhang mit dem Vermietungsobjekt stehenden Aufwendungen (praktischer Regelfall) auch gegenüber dem Treuhänder zu tragen habe (§ 670 BGB): Aufwendungsersatzanspruch, ggf. Freistellungsanspruch des Treuhänders hinsichtlich aller gemachten Aufwendungen und eingegangenen Verbindlichkeiten). Bei dieser Gestaltung des Treuhandverhältnisses decken sich einerseits hier einmal ausnahmsweise steuerliche Abgrenzungskriterien mit Anlegerschutzkriterien. Andererseits kann gerade bei GbR-Fonds die praktisch jederzeitige Kündbarkeit des Treuhandvertrages auch durch nur einzelne Kapitalanleger zu erheblichen praktischen Schwierigkeiten führen, weil das die Handlungsfähigkeit der Fonds-BGB-Gesellschaft insgesamt (nicht zuletzt gegenüber Objektmietern) u. U. stark beeinträchtigen kann.

cc) Grunderwerbsteuer. Der **erstmalige** Erwerb des Grundstücks durch den Immobilienfonds ist grunderwerbsteuerpflichtig. Grunderwerbsteuerliche Besonderheiten ergeben sich erst dann, wenn die Kapitalanleger als weitere Gesellschafter in einem zweiten Schritt nunmehr an diesem Grundbesitz beteiligt werden. Das Grunderwerbsteuerrecht hat **278**

---

[240] Hierzu ausführlich nunmehr insbes. *Loritz/Wagner,* a. a. O., S. 187 ff. und § 205 f., insbes. zum BFH-Urteil vom 27. 1. 1993 (BStBl. 1994 II S. 615) und den hierzu ergangenen BMF-Erlaß vom 1. 9. 1994 (BStBl. 1994 I S. 604), abgedruckt auch bei *Wagner/Loritz,* a. a. O., S. 670 f.

zunächst an den dabei gewählten, konkreten zivilrechtlichen Vorgang anzuknüpfen. Leider bestehen schon bei der Frage der Grunderwerbsteuerpflicht dem Grunde nach (zur grunderwerbsteuerlichen Bemessungsgrundlage s. u. Rdnr. 285 f.) in der Literatur wie in den Erlassen und Meinungen der Finanzverwaltung Meinungsverschiedenheiten, vor allem in Fällen, in denen mit einem zwischengeschalteten Grundbuchtreuhänder oder – was zivilrechtlich eindeutig etwas anderes darstellt – einem Beteiligungstreuhänder gearbeitet wird, der jeweils im eigenen Namen, jedoch für Rechnung der Kapitalanleger auftritt. Die globale Zusammenfassung beider Formen unter dem Begriff des „fiduziarischen" Treuhänders ist zivilrechtlich nicht zulässig und damit auch grunderwerbsteuerlich m. E. nicht verwendbar.[241]

279 Folgende Gestaltungen sind die praktisch häufigsten:

– Mindestens zwei Gründungsgesellschafter aus dem Initiatorenbereich erwerben das Fondsgrundstück in Gesellschaft bürgerlichen Rechts, also zur gesamten Hand; dieses wird anschließend – zivilrechtlich unscharf – in die Fonds-Gesellschaft „eingebracht", indem die Gründungsgesellschafter entweder das spätere (endgültige) Gesellschaftskapital zunächst voll zeichnen und dann Teile dieser Gesamtbeteiligung an weitere Kapitalanleger veräußern **(Übernahmevereinbarungen)** oder – gesellschaftsrechtlich im Wege der **Kapitalerhöhung** – die Kapitalanleger als weitere Gesellschafter aufnehmen, welche das Erhöhungskapital zeichnen. Dies kann durch direkten Beitritt des Kapitalanlegers oder aus den oben erörterten Gründen zivilrechtlicher Handlungsfähigkeit in der Weise geschehen, daß ein hierzu vom Kapitalanleger beauftragter Treuhänder diese Beteiligungen für Rechnung der Kapitalanleger übernimmt bzw. durch Zeichnung der Kapitalerhöhungen für die einzelnen Anleger beitritt.[242]

280 – Der Treuhänder wird bereits in der Erwerbsphase **miteingeschaltet,** indem er neben dem oder den Gründungsgesellschaftern des Initiators das Grundstück miterwirbt (grunderwerbsteuerlich ein normaler Vorgang, der den Treuhänder unabhängig von bestehenden oder später entstehenden Aufwendungsersatzansprüchen nach § 670 BGB zunächst zum gesamtschuldnerisch mithaftenden Grunderwerbsteuerschuldner macht). Danach treten dann die weiteren Kapitalanleger bei, entweder durch Übernahme von Beteiligungen vom Gründungsgesellschafter und/oder Treuhänder oder – häufiger – durch Beitritt im Wege der Kapitalerhöhung der vorgegründeten GbR. Ihre zusätzlichen Beteiligungen werden vom Treuhänder als echtem Beteiligungstreuhänder im eigenen Namen, jedoch für Rechnung der Kapitalanleger gehalten. Dann liegt hierin m. E. kein (zusätzlicher) Erwerb von Grundstücksanteilen durch Kapitalanleger, der gesondert grunderwerbsteuerpflichtig wäre. Der Fall ist zivilrechtlich und damit grunderwerbsteuerlich dem Fall der Abgabe von Beteiligungen oder der Schaffung neuer Beteiligungen an einem geschlossenen Immobilienfonds (BGB-Fonds oder KG-Fonds) in sonstiger Weise gleichzustellen, der nach allgemeiner Ansicht grunderwerbsteuerfrei ist (Ausnahme: Fälle der vollständigen Anteilsvereinigung, vgl. Rdnr. 283; Besonderheiten ferner bei der Bemessungsgrundlage, vgl. Rdnr. 285).[243]

281 – Der Treuhänder erwirbt zusammen mit dem Gründungsgesellschafter im eigenen Namen nur das Grundstück (echter Grundbuchtreuhänder), hierauf – nicht auf das Halten der Gesellschaftsbeteiligung als solcher – beschränkt sich seine Aufgabe; er ist mit dieser Aufgabe schon vor dem erstmaligen Grundstückserwerb durch Kapitalanleger als weitere Gesellschafter treuhänderisch beauftragt (echte Erwerbstreuhand). Das macht

---

[241] Grundsätzlich vgl. *Boruttau/Egly/Sigloch,* GrEStG, 12. Aufl., § 13 Anm. 76–81; *Martin* DB 1985, 2169. Zur Praxis der Finanzverwaltung vgl. insbesondere *Tewes,* Praxishandbuch, Teil 9/2 (nach Modellarten); *Kurth/Grass,* a. a. O., Immobilienfonds, S. 170.

[242] *Strohm,* in: *Tewes,* Praxishandbuch, Teil 5/3.1.2.4; sehr ausführlich mit zahlreichen Modellvarianten jetzt insbes. *Loritz/Wagner,* a. a. O., S. 180 ff. m. w. Nachw.; vgl. auch *Tewes,* in: *Gerlach*/u. a., Gewerbeimmobilie, S. 221 f.

[243] Vgl. Fn. 236.

m. E. zwar den Treuhandauftrag grundsätzlich beurkundungspflichtig, weil mindestens eine bedingte Erwerbspflicht beim Kapitalanleger, insbesondere aber auch beim Treuhänder selbst begründet wird, löst aber eine erneute Grunderwerbsteuerpflicht nicht aus.[244]

– Der echte Grundbuchtreuhänder erwirbt zusammen mit dem Gründungsgesellschafter das Fondsgrundstück in der Absicht künftige Treuhandaufträge von Kapitalanlegern später entgegenzunehmen und mit deren Abschluß den von ihm neben dem Gründungsgesellschafter erworbenen Grundstücksgesamthandsanteil künftig für solche Kapitalanleger treuhänderisch zu halten: nur in diesen Fällen dürfte Grunderwerbsteuerpflicht in Frage kommen, insbesondere im Hinblick auf den koordinierten Ländererlaß vom 25. 5. 1987. Dieser geht nämlich aus von einem Erwerb zwar nicht des formalen Grundstücks-Gesamthandsanteils, wohl aber im Hinblick auf § 667 BGB (Anspruch auf Herausgabe des Erlangten) vom Erwerb einer wirtschaftlichen Verfügungsbefugnis des Treugebers (GrESt-Pflicht gemäß § 1 Abs. 2 GrEStG), welcher als Gegenleistung im grunderwerbsteuerlichen Sinne der dem Treuhänder zustehende Aufwendungsersatzanspruch (ggf. Freistellungsanspruch) gemäß § 670 BGB gegenübersteht.[245] 282

Eine Einschränkung ist in den Fällen zu machen, in denen entweder die Gründungsgesellschafter aus dem Initiatorenbereich das von ihnen erworbene Fondsgrundstück insgesamt in eine – zivilrechtlich andere –Fondsgesellschaft einbringen oder im Wege der Aufnahme weiterer Kapitalanleger als Gesellschafter schließlich selbst ganz aus der Fondsgesellschaft ausscheiden, sei es auch nach Abwarten einer gewissen grunderwerbsteuerlichen Schamfrist. Hier wird von der Finanzverwaltung entweder unmittelbar der Fall einer Vereinigung aller Gesellschaftsanteile einer Grundbesitzgesellschaft in einer (neuen) Hand angenommen (GrESt-Pflicht nach § 1 Abs. 3 Nr. 2 GrEStG) oder doch ein dem gleichzustellender Umgehungsfall nach § 42 AO angenommen. Da in erster Linie auf das Verbleiben der Altgesellschafter abzustellen ist, soll dies auch dann gelten, wenn sich sämtliche Anteile nicht in der Hand der neuen Kapitalanleger, sondern ihres Grundbuchtreuhänders oder (hier auch) Beteiligungstreuhänders neu vereinigen.[246] 283

Es wird daher allgemein, auch von Stimmen aus der Finanzverwaltung, empfohlen, daß der oder die Gründungsgesellschafter jedenfalls mit sog. Zwerganteilen ständig (das sollte auch im Vertragswerk angelegt sein) weiter in der Fondsgesellschaft verbleiben. Dabei wurden als ausreichender Umfang dieser Zwerganteile früher einheitlich 0,5%–1% genannt. Heute geht man zum Teil von etwas höheren Beteiligungsquoten aus, um der Gefahr der Umgehungsabsicht gemäß § 42 AO vorzubeugen.[247] 284

Für die **Bemessungsgrundlage** des grunderwerbsteuerlichen Vorgangs auf der Ebene des Beitritts der Kapitalanleger wendet die Finanzverwaltung heute durchgehend die Grundsätze an, die sie hierzu bereits beim Bauherrenmodell entwickelt hat und die dort mehrfach auch durch die Rechtsprechung des BFH gebilligt und teilweise sogar erweitert wurde: grunderwerbsteuerlich liege durch die enge Verbindung der aufeinander bezogenen Verträge über Grundstückskauf, Bauerrichtung und sonstige Dienstleistungen ein einheitliches Vertragsbündel vor; in die Bemessungsgrundlage der grunderwerbsteuerlichen Gegenleistung seien daher alle Leistungen der Fondsgesellschaft, welche Erwerb, Bebauung und sonstige Dienstleistungen in der Investitionsphase betreffen, einzubeziehen, dagegen wohl nicht (Rspr. unklar) persönliche, originär in der Person eines Kapitalanlegers entstehende Finanzierungskosten und Finanzierungsaufwendungen.[248] Grunderwerbsteuer löst 285

---

[244] BGH NJW 1981, 1267; BGH NJW 1983, 566 (beides allerdings Strohmann-Fälle).

[245] So der koordinierte Ländererlaß vom 25. 5. 1987, BStBl. 1984 I S. 378; *Boruttau/Eyley/Sigloch,* (Fn. 231), Vorb. 215 und Rdnr. 181 ff. zu § 1; vgl. auch *Tewes,* Praxishandbuch, Teil 9/2.

[246] I. e. *Tewes,* Praxishandbuch, Teil 9/2 mit Varianten und weiteren Nachweisen; vgl. auch die Autoren in Fn. 232.

[247] I. e. *Tewes,* Praxishandbuch, Teil 9/2 mit Varianten und weiteren Nachweisen; vgl. auch die Autoren in Fn. 232.

[248] Einzelheiten hierzu bei *Tewes,* Praxishandbuch, Teil 9/2.3.

dagegen bei Beteiligungswechsel die Beteiligung an einem der (selten gewordenen) **Bruchteilsfonds** aus.

286 dd) Umsatzsteuer. Die früher bei Bauherrenmodellen aufgetretenen **umsatzsteuerlichen** Streitfragen, ob die Bauherrengemeinschaft selbst Umsatzsteuersubjekt sei (was auf die Konstruktion von Bauherrengemeinschaften als Innen-oder Außengesellschaften zivilrechtliche Auswirkungen hatte) gelten für den geschlossenen Immobilienfonds nicht. Dieser ist als BGB-Fonds wie als KG stets selbst Unternehmer i. S. des UStG. Da der einzelne Gesellschafter insoweit nicht selbst Unternehmer ist, kann er allerdings auch keine in seinem Sondervermietungsvermögen anfallenden Vorsteuerbeträge geltend machen.[249]

287 Auch beim geschlossenen Immobilienfonds, dessen Mieteinnahmen unabhängig vom Zweck (Wohnzwecke/Gewerbezwecke) kraft ausdrücklicher gesetzlicher Bestimmung (§ 4 Nr. 12 a UStG) zwar grundsätzlich umsatzsteuerpflichtig, aber von der Umsatzsteuer befreit sind, ist die oben schon behandelte Option zur Mehrwertsteuer jedenfalls bei Gewerbeimmobilien sehr häufig; durch Neufassung der Optionsvorschriften §§ 9, 19 UStG) seit dem 1. 1. 1994 ist diese Möglichkeit allerdings praktisch eingeschränkt worden auf Mietverträge mit Mietern, welche „ausschließlich" (nach Finanzverwaltung: mindestens 95%) umsatzsteuerpflichtige Geschäfte tätigen (vgl. auch Rdnr. 78 ff.). Soweit dahin gestaltbar, können dann auch jetzt noch erhebliche Liquiditäts- und Finanzierungsvorteile in der Investitionsphase über die Vorsteuererstattung der in den Rechnungen an den Fonds enthaltenen Vorsteuern erzielt werden. Die damit gleichzeitig verbundene Pflicht zur Umsatzversteuerung der Mieter kann als nur geringfügige und langfristige Liquiditätsbelastung demgegenüber meist in Kauf genommen werden. Dies gilt insbesondere, wenn die Vermietung eines Gewerbeobjekts an Unternehmer i. S. des UStG erfolgt, auf welche die Mehrwertsteuer auf die Miete ohnehin regelmäßig problemlos abgewälzt werden kann. Bei reinen Gewerbeobjekten bedarf es dabei nicht der Einschaltung eines sog. gewerblichen Zwischenvermieters (s. o. Rdnr. 81, 155).[250]

288 Die Emission, Vermittlung und Veräußerung von Fondsanteilen ist ebenfalls nach gesetzlicher Vorschrift (§ 4 Nr. 8 f UStG) umsatzsteuerbefreit.

289 ee) Sonstige Steuerfragen. Bei der **Vermögen-, Erbschaft- und Schenkungsteuer** unterliegt der Steuerpflicht nicht der Fonds selbst, sondern jeder einzelne Gesellschafter. Wird ein Treuhänder zwischengeschaltet und sind die Voraussetzungen für die steuerliche Zurechnung des Treuhandguts auf den Treugeber gemäß § 39 AO gewahrt, so wird das Fondsvermögen im Wege eines gesonderten Feststellungsverfahrens dem Kapitalanleger unmittelbar zugerechnet. Solange die Bewertung des Grundbesitzes nach wie vor nur nach dem 1,4-fachen des niedrigen Grundstückseinheitswerts erfolgt, ergibt sich hier bei hoch fremdfinanzierten Fonds für den Kapitalanleger ein negatives – mit positiven Vermögensteilen verrechenbares – Vermögen, somit ein Vermögensteuervorteil, der sich auf dem gleichen Wege auch für die Erbschaftsteuer auswirkt (vgl. auch Rdnr. 82 und 83). Bei der Schenkungsteuer gilt dies neuerdings nur eingeschränkt (Problem der sog. gemischten Schenkungen), wenn mit der Schenkung des Fondsanteils auch die anteiligen Schulden aus der Finanzierung übernommen werden, was zum Ansatz mit dem anteiligen Verkehrswert führen soll.[251] In den Neuen Bundesländern gelten – vorübergehend – Besonderheiten. Das allen diesen Steuerarten zugrundeliegende Bewertungsgesetz (BewG) regelt derzeit die Bewertung von Vermögen in diesen Ländern durch einen eigenen Gesetzesteil (§§ 125 – 137 BewG) grundsätzlich steuerlich günstiger (so wird gerade bei Grundvermögen an die Einheitswerte per 01.01.**1935** angeknüpft). Für Vermögensteuerzwecke gilt ferner derzeit

---

[249] *Tewes,* Praxishandbuch, Teil 9/3.1–9/3.3 m. w. Nachw.; *Kurth/Grass,* a. a. O., Immobilienfonds, S. 169f.; ausführlich *Wagner/Loritz,* a. a. O., S. 373ff. und näher in Rdnr. 78ff. mit dortigen Fn.

[250] *Tewes,* Praxishandbuch, Teil 9/3.1–9/3.3 m. w. Nachw.; *Kurth/Grass,* a. a. O., Immobilienfonds, S. 169 f.; ausführlich *Wagner/Loritz,* a. a. O., S. 373 ff. und näher in Rdnr. 155f. mit dortigen Fn.

[251] Vgl. allgemein auch *Tewes,* Praxishandbuch, Teil 9/4 m. w. Nachw.; *ders.,* in: *Gerlach*/u. a., Gewerbeimmobilie, S. 304; *Kurth/Grass,* a. a. O., Immobilienfonds, S. 171 ff.

(einschließlich 1995, Verlängerung denkbar) sogar eine sachliche Steuerbefreiung, auch für Grundbesitz (§ 136 Nr. 4 BewG). Dies hat allerdings auch zur Folge, daß mit solchem steuerbefreiten Grundbesitz zusammenhängende Schulden ebenfalls derzeit nicht abgezogen werden können.

3. Geschlossene Immobilienfonds als KG. *a) Überblick und Formen* [252] Bei der Wahl der Rechtsform eines geschlossenen Immobilienfonds sollte weniger auf zivilrechtliche Aspekte abgestellt werden (die zivilrechtlichen Unterschiede zwischen KG und GbR sind zweifellos vorhanden, insbesondere bedingt durch die bei der KG gegebene eigene Rechtsfähigkeit, durch geeignete zivilrechtliche Gestaltungen aber fast ganz auszugleichen, vgl. oben Rdnr. 230 ff.), sondern mehr auf steuerliche und wirtschaftliche Aspekte. Die KG eignet sich insbesondere für weniger steuer- als ausschüttungsorientierte Fonds (sog. Renditefonds), bei denen der Kapitalanleger Steuervorteile von mehr als 100% seiner Einlage nicht anstrebt, die Verlustbegrenzung des § 15 a EStG daher nicht zu fürchten hat und somit regelmäßig mit einem Finanzierungskonzept arbeitet, welches nur eine wesentlich niedrigere Fremdfinanzierung als beim steuerorientierten Fonds vorsieht (je nach Konzeption 40% bis maximal 60% Fremdkapitalanteil). Eine Rechtswahl ist jedoch zu treffen zwischen den verschiedenen möglichen Formen der KG, und zwar in erster Linie wiederum aus steuerlicher Sicht. 290

An anderer Stelle (§ 22 Rdnr. 51 ff.) wird durch *Wagner* die Entwicklung der Praxis der Finanzverwaltung und die des Beschlusses des Großen Senats vom 28. 6. 1984 dargestellt, durch den die frühere sog. **Gepräge-Rechtsprechung** aufgehoben, dann aber aufgrund gesetzgeberischen Eingriffs mit der Neufassung von § 15 Abs. 3 Nr. 2 EStG wieder zum Gesetz erhoben wurde.[253] Daher hängt heute von der Wahl der Rechtsform wieder die Qualifizierung der vom Fonds erzielten Einkünfte als Einkünfte aus Vermietung und Verpachtung oder als Einkünfte aus Gewerbebetrieb ab, zugleich die Entscheidung für oder gegen Gewerbesteuerpflicht und die Entscheidung für oder gegen die (typische) GmbH & Co. KG. Die besonderen Übergangsvorschriften für Berlin-Immobilien, wo die GmbH & Co. KG lange Tradition hat, liefen auch dort jedenfalls Ende 1989 aus. Ein geschlossener Immobilienfonds muß also jedenfalls für solche privaten Kapitalanleger entweder als KG mit einer natürlichen Person als persönlich haftenden Gesellschafter organisiert sein oder bestenfalls als GmbH & Co. KG mit der atypischen (ernsthaft zu vereinbarenden und tatsächlich durchzuführenden) Maßgabe, daß mindestens eine weitere natürliche Person ebenfalls persönlich haftender Gesellschafter und diese – also nicht eine Kapitalgesellschaft oder ein Nichtgesellschafter – zur Geschäftsführung befugt wird. Ferner ist bei der Gestaltung und tatsächlichen Ausführung des Unternehmenszwecks darauf zu achten, daß sich dieser auf die reine Vermögensverwaltung beschränkt und nicht durch Aufnahme zusätzlicher gewerblicher Tätigkeiten doch zum Gewerbebetrieb wird (vgl. Rdnr. 43 f.). 291

Zu den hier früher auftretenden Gestaltungsformen gehört auch das. sog. Hamburger Modell, das heute nur noch wenig verbreitet ist (vgl. oben Rdnr. 88). Bei diesem Modell besteht die Gefahr erneuter Grunderwerbsteuerpflicht, wenn die Realteilung des Gesamthandseigentums der KG in Wohnungseigentum für die einzelnen Gesellschafter vor Ablauf von 5 Jahren ab Anteilserwerb erfolgt (vgl. insbesondere § 7 Abs. 3 GrEStG).[254] 292

---

[252] Insbesondere diese Kapitalanlageform ist ausführlicher und übergreifend dargestellt in diesem Werk bei *Wagner,* § 23 Rdnr. 10 f. und Rdnr. 40 ff. m. w. Nachw.; vgl. ferner *Loritz/Wagner,* a. a. O., S. 19 ff. m. zahlr. Nachw.; *Kurth/Grass,* a. a. O., Immobilienfonds, S. 27 ff.; *Tewes/Strohm,* Praxishandbuch, a. a. O., Teil 4/2 und 5/3.1.2.4; *Tewes,* in: *Gerlach*/u. a., Gewerbeimmobilie, S. 197, 203 ff.

[253] Insbesondere diese Kapitalanlageform ist ausführlicher und übergreifend dargestellt in diesem Werk bei *Wagner,* § 23 Rdnr. 10 f. und Rdnr. 40 ff. m. w. Nachw.; vgl. ferner *Loritz/Wagner,* a. a. O., S. 19 ff. m. zahlr. Nachw.; *Kurth/Grass,* a. a. O., Immobilienfonds, S. 27 ff.; *Tewes/Strohm,* Praxishandbuch, a. a. O., Teil 4/2 und 5/3.1.2.4; *Tewes,* in: *Gerlach*/u. a., Gewerbeimmobilie, S. 197, 203 ff.

[254] S. a. *Fleischmann* BB 1980, 199; vgl. zu diesem Modell auch *Tewes,* Praxishandbuch, Teil 4/3.

293 *b) Rechtliche Unterschiede zum BGB-Fonds.* Nach der hier vertretenen Auffassung spielen die rechtlichen Unterschiede zwischen KG und GbR jedenfalls in der Praxis der geschlossenen Immobilienfonds nur eine geringe Rolle. Die gesetzliche Regelung der KG durch das HGB ist allerdings gegenüber dem als „Allerweltstyp" ausgestalteten gesetzlichen Normaltyp der GbR bereits stärker kapitalistisch ausgestaltet, insbesondere hinsichtlich Ergebnisbeteiligung, Stimmrecht und Geschäftsführungs- und Vertretungsregelungen. Der gesellschaftsvertragliche Regelungsbedarf ist daher für eine dem gesetzlichen Normalfall angenäherte vermögensverwaltende KG gegenüber dem Gesellschaftsvertrag des BGB-Fonds sicherlich geringer. In der Praxis zeigt sich aber, daß schon aus Darstellungsgründen im Publikumsvertrieb weit über den gesetzlichen Regelbedarf hinaus umfangreiche Regelungen auch in diesen Bereichen üblich und häufig sind. So werden detailliert vertraglich geregelt: Formalitäten und Befugnisse der Gesellschafterversammlung und eines eventuellen Kapitalanleger-Kommanditisten-Beirats, Umfang und Einschränkungen der Geschäftsführungs- und Vertretungsbefugnisse (auch hier oft ausgelagert auf Drittunternehmen), Ergebnisverteilung (insbesondere Ziel der Gleichbehandlung in der Investitionsphase mit ihren unterschiedlich anfallenden Verlusten), Regelungen über die verschiedenen Arten des Gesellschafterwechsels (einschließlich Ausgestaltung der Abfindungsguthaben) und der Liquidation.[255]

294 Hinsichtlich der Formbedürftigkeit des KG-Gesellschaftsvertrages gelten die gleichen Grundsätze wie bezüglich der GbR (Rdnr. 220 f.), ebenso zur Gestaltung des Beitritts von Kapitalanlegern als neuen Gesellschaftern (Beteiligungsübernahme oder Beitritt durch Kapitalerhöhung).

295 Auch bei der KG ist die oben beschriebene Außenfinanzierung grundsätzlich denkbar. Die daraus entstehende dingliche Mithaftung des Gesellschaftsvermögens (Fondsobjekt) für die Leistung des Kapitaldienstes der einzelnen Gesellschafter sollte durch gleiche oder ähnliche Maßnahmen auf der Ebene des Gesellschaftsvertrages wie auf der Ebene der Vereinbarung mit der finanzierenden Bank oder Dritten einschränkend geregelt werden. Besser, wenn schon nicht ganz vermeidbar, wäre auch hier der Einsatz der Kommanditbeteiligung selbst als Sicherungsmittel (Verpfändung).

296 Auch bei der vermögensverwaltenden Immobilienfonds-KG ist die Zwischenschaltung eines Treuhänders (Treuhandkommanditisten) als Beteiligungstreuhänder verbreitet, zum Teil gewohnheitsmäßig fortgeschrieben aus dieser im Bereich der gewerblichen Beteiligungen seit langem verbreiteten Gestaltungsform. Einer der Gründe, die bei der GbR die Einschaltung eines Beteiligungstreuhänders empfehlenswert machen, nämlich die Erhaltung der Handlungsfähigkeit der bei späteren Verfügungen über den Grundbesitz, entfällt hier allerdings. Denn die KG ist rechtsfähig und damit selbst grundbuchfähig und im Grundbuch allein für das Fondsobjekt eingetragen. Ein Regelungsbedarf besteht jedoch auch hier bei **Gesellschafterwechsel.** Denn dem Handelsregister ist bei Änderungen im Gesellschafterbestand oder sonstigen registerfähigen Änderungen, welche die Gesellschaft betreffen, grundsätzlich die Zustimmung aller Gesellschafter, also auch jedes Kapitalanleger-Kommanditisten, in qualifizierter, notariell beglaubigter Form nachzuweisen. Die Praxis behilft sich seit langem damit, daß der Kapitalanleger-Kommanditist hier meist zeitlich unbeschränkte notariell beglaubigte Handelsregistervollmacht (auf den Komplementär oder den Treuhänder) zu erteilen hat.[256]

297 Eine Besonderheit – und erhebliche zivilrechtliche Schwierigkeiten – bei einer KG-Konzeption können sich aus der gesetzlichen Anforderung des § 161 Abs. 1 HGB ergeben, wonach der Zweck einer KG auf dem Betrieb eines **Handelsgewerbes** gerichtet sein muß, anderenfalls kraft Gesetzes eben nur eine GbR vorliegt: eine etwa doch erfolgte Registere-

---

[255] Hierzu ausführlich *Wagner* in diesem Werk unter § 23 Rdnr. 40 ff. m. w. N. und *Loritz/Wagner,* a. a. O., S. 19 ff. m. zahlr. Nachw.

[256] Vgl. *Wagner* in diesem Werk unter § 23, insbesondere Rdnr. 60 ff. m. w. N.; *Strohm,* in: *Tewes,* Praxishandbuch, Teil 5/3.1.2.5.

intragung wird unrichtig und ist damit (ggf. von Amts wegen) zu löschen. Im schlimmsten Falle sind die an die Registereintragung anknüpfenden typischen gesetzlichen Haftungsbeschränkungen des Kommanditisten in Frage gestellt. In einem solchen Amtslöschungsverfahren gegen eine derartige Immobilien-Verwaltungs-KG hat etwa das BayObLG die Löschung dieser KG durch das Registergericht bestätigt, weil sie den an einen in kaufmännischer Weise eingerichteten nach dem Gesamtbild des Betriebes zu beurteilenden Geschäftsbetrieb selbst unter Zubilligung einer gewissen Anlaufzeit in der Gründungsphase nicht (mehr) erfülle; abgestellt wird dabei nicht nur auf Ertrags- und Umsatzvolumen, Kapital und Investitionsvolumen, sondern auch auf die Anzahl der Beschäftigten, Art und Führung eines Geschäftslokals, Art und Umfang der Geschäftsbeziehungen, Bestehen einer kaufmännischen Buchführung mit regelmäßiger Inventurerstellung und der Aufstellung von Jahresabschlüssen sowie der sonstigen Teilnahme am Kreditverkehr, sogar auf die Vielfalt der von der KG in ihrem Geschäftsbetrieb erbrachten Leistungen (was nach obigen Ausführungen, Rdnr. 46, gerade zur Umqualifizierung als Gewerbebetrieb mit den hier nicht erwünschten steuerlichen Nachteilen führen kann).[257]

Der gegenüber dem BGB-Fonds immer wieder in den Vordergrund gerückte Aspekt **298** der gewissermaßen gesetzlich garantierten **Haftungsbeschränkung** des Kommanditisten ist dagegen vielschichtiger als zunächst anzunehmen, zumal entscheidend auf die (richtige) Handhabung der Handelsregistervorgänge abgestellt werden muß: an diese knüpft das Gesetz die Haftungsbeschränkung fast ausschließlich an. Außerdem enthalten nicht die gesetzlichen Vorschriften zur GbR, wohl aber die der KG aus Gründen des Gläubigerschutzes zwingende Vorschriften über das Wiederaufleben der Haftung des Kommanditisten (§ 172 HGB). Gefahrenquellen, die wiederum erheblichen vertraglichen Regelungsbedarf auslösen, sind insbesondere:[258]

– Es besteht unbeschränkte Haftung des Kommanditisten **vor** vollzogener **Eintragung** im **299** Handelsregister, sowohl bei Gründung wie bei Neueintritt (§ 176 HGB); in der Praxis wird daher der Beitritt des Kapitalanleger-Kommanditisten i. d. R. als durch die Registereintragung aufschiebend bedingt gestaltet.
– Es besteht unbeschränkte persönliche Haftung des Kommanditisten, wenn und soweit er **300** die durch das Handelsregister verlautbarte **Hafteinlage** (noch) nicht voll geleistet hat. Nach der Rechtsprechung besteht auch Gefahr für den die Beteiligung übernehmenden neuen Kommanditisten, wenn die Sonderrechtsnachfolge im Register nicht ordnungsgemäß verlautbart wird ebenso wie für den Altkommanditisten, wenn die Registrierung seines Ausscheidens unterbleibt.
– Das Recht der KG regelt ferner das Wiederaufleben der persönlichen Haftung des **301** Kommanditisten durch Ausschüttungen, die durch Gewinne zunächst nicht gedeckt sind (negatives Kapitalkonto); hier arbeitet die Praxis mit zusätzlichen, oft nicht unkomplizierten, Konstruktionen, insbesondere durch Unterscheidung zwischen einer im Handelsregister eingetragenen – bewußt niedrigeren –**Hafteinlage** und einer nur im Innenverhältnis der Gesellschafter bestehenden – höheren – für die Finanzierung des Fondsaufwands aber auch erforderlichen **Pflichteinlage.**

Eine **Nachschußpflicht** besteht auch hier nur dann, wenn sie in einer mit dem Bes- **302** timmtheitsgrundsatz zu vereinbarenden Weise ausdrücklich vereinbart ist. Ein Haftungsvorteil gegenüber der GbR (jedenfalls nach der von der Zivilrechtsliteratur kritisierten BFH-Rechtsprechung) liegt darin, daß eine unmittelbare, persönliche Außenhaftung des Kapitalanlegerkommanditisten (soweit nicht die obigen Ausnahmefälle eingreifen) auch

---

[257] Beschluß des BayObLG DB 1985, 271; näher *Wagner,* WM 1995, 561 ff. und ausführlich *Wagner/Loritz* a. a. O., S. 38 ff. mit allerdings etwas allzu pessimistischer Tendenz; zu haftungsrechtlichen Konsequenzen vgl. etwa *Wegmann,* DStR 1994, 941 ff. m. w. Nachw.

[258] Vgl. statt vieler *Strohm,* in: *Tewes,* Praxishandbuch, Teil 5/3.1.2.5; *Riegger,* Münchener Vertragshandbuch, 3. Aufl., Bd. 1, Anm. zu Form. III. 1 ff; ausführlich *Wagner* in diesem Werk bei § 23 Rdnr. 69 ff. m. w. N. und *Loritz/Wagner,* a. a. O., S. 36 ff.

aus gesetzlichen Schuldverhältnissen, insbesondere Steuer- und Abgabeschulden, nicht angenommen werden kann.[259]

303 Ein gewisser Vorteil bei Gesellschafterwechsel in der Form des Ausscheidens (ordnungsmäßiger Vollzug der Handelsregistervorgänge vorausgesetzt) gemäß § 159 HGB auch für den – aus besonderen Gründen – persönlich haftenden Kommanditisten durch die dort für Altschulden der KG geregelte 5 jährige Verjährung ab Eintragung des Ausscheidens im Handelsregister gilt inzwischen durch Neufassung von § 736 BGB durch das sog. Nachhaftungsgesetz auch für BGB-Gesellschafter.

304 Für die Bemessung des **Abfindungsguthabens** gelten die gleichen Rechtsgrundsätze. Die Rechtsprechung zur richterlichen Inhaltskontrolle der Angemessenheit gesellschaftsvertraglicher Regelungen gilt hier natürlich ebenfalls, ist sie doch vor allem am Beispiel der Publikums-KG entwickelt worden.[260]

305 *c) Steuerliche Besonderheiten.* Die rein vermögensverwaltende KG erzielt **einkommensteuerlich** Einkünfte aus Vermietung und Verpachtung, die einschließlich der damit verbundenen Verluste im Ergebnis den Kapitalanleger-Gesellschaftern (ggf. über ihren Treuhandkommanditisten bei ordnungsmäßiger Ausgestaltung des Treuhandverhältnisses) steuerlich zugerechnet werden. Die KG steht daher über § 15 a i. V. m. § 21 EStG der steuerlichen Verlustbegrenzung als gewissermaßen geborenem Problem gegenüber (während dies bei der GbR stärker von der Vertragsgestaltung abhängt, vgl. oben Rdnr. 269 f.). Theoretisch besteht gesellschaftsvertraglich die Möglichkeit, durch zusätzliche Haftungsübernahmen der Kommanditisten das Verlustausgleichsvolumen zu erhöhen; dann wird aber handelsrechtlich die Wahl der KG statt einer anderen Form der Personengesellschaft wiederum wenig überzeugend.[261] Im übrigen darf auf die Ausführungen in § 23 Rdnr. 174 und 179 zu den auch hier einschlägigen Steuerfragen verwiesen werden.

306 Auch die **grunderwerbsteuerliche** Behandlung der vermögensverwaltenden Immobilien-KG deckt sich beim Erwerb des Fondsgrundstücks wie bei Einbringungsvorgängen seitens der Gründungsgesellschafter und der Einschaltung von Treuhändern weitgehend mit der Behandlung der GbR. Auch hier muß auf die Sperrfrist des § 7 Abs. 3 GrEStG besonders hingewiesen werden. Probleme können sich ergeben, wenn der aus der Gründungsphase übrigbleibende Komplementär über einen Zwerganteil schon von Anfang an nicht verfügt, weil seine in der Gründungsphase vereinbarte Beteiligung – wie in der Praxis häufig – ganz ohne Bareinlage oder sonstige gesellschaftsrechtliche Beitragsleistung gestaltet worden (z. B. nur mit einer reinen Haftungsvergütung oder Geschäftsführervergütung ausgestattet) ist.[262]

307 Auch bei den **sonstigen Steuerarten** (Umsatzsteuer, Vermögen-, Erbschaft- und Schenkungsteuer) gelten, solange kein Gewerbebetrieb vorliegt, im wesentlichen die gleichen Grundsätze wie für die GbR. Insbesondere ist die KG selbst Unternehmer und Umsatzsteuersubjekt. Im Rahmen der Grundbesitzbesteuerung werden auch hier die anteiligen Vermögenswerte den Gesellschaftern zugerechnet.[263]

---

[259] Vgl. oben Fn. 207 und dort im Text Rdnr. 233.

[260] Ausführlich hierzu *Wagner* n diesem Werk unter § 23 Rdnr. 49 ff. m. w. N.

[261] I. e. näher *Wagner* in diesem Werk unter § 23 Rdnr. 163–184, m. w. N. (Einkommensteuer).

[262] *Tewes,* Praxishandbuch, Teil 9/2; *Kurth/Grass,* a. a. O., Immobilienfonds, S. 170.

[263] *Tewes,* Praxishandbuch, Teil 9/3 (Umsatzsteuer) und 9/4 (Vermögen-, Erbschaft-, und Schenkungsteuer), ferner im einzelnen Rdnr. 286 ff. und dortige Fn.

§ 21 Immobilienanlagen im Ausland

Übersicht

Schrifttum: Vgl. Verzeichnis zu § 20 (Inland).

I. Rahmenbedingungen ausländischer Immobilienanlagen

1 **1. Wirtschaftliche Rahmenbedingungen.** *a) Typen und Nutzer von Auslandsimmobilien.*[1] Auch bei Investitionen deutscher Kapitalanleger in ausländische Immobilien ist der Markt für solche Kapitalanlagen ein Sekundärmarkt, welcher dem (ausländischen) *Primärmarkt* – Nachfrage nach Finanzierungskapital für dortige Immobilieninvestitionen – folgen muß. Aus der Sicht des deutschen Kapitalanlegers gelten insoweit Besonderheiten, als diesem zugemutet wird, eine beträchtliche Hemmschwelle zu überspringen: die Investition von Kapital in ausländischen, nicht jederzeit erreichbaren Grundbesitz unter ganz anderen sprachlichen, rechtlichen, steuerlichen, wirtschaftlichen und sonstigen Verhältnissen.

2 aa) Ferienimmobilien im Ausland. Private Investitionen deutscher Kapitalanleger in ausländischen Grundbesitz haben sich daher seit den 60er Jahren zunächst vor allem entwickelt in Ländern, mit denen aufgrund von Ferienaufenthalten eine gewisse Vertrautheit bestand, also den typischen **„Urlaubsländern"** aus deutscher Sicht, so insbesondere Italien, Frankreich, Spanien und Portugal. Der Grundgedanke, hier private eigene Feriennutzung mit einer Immobilien-Kapitalanlage zu verbinden, hatte zunächst beträchtlichen Erfolg, prägte zugleich auch die gewählten Typen von Immobilien. Die genannten „Ferienländer", insbesondere Spanien und Portugal, hatten darüber hinaus selbst Interesse, solche ausländischen Investitionen zur Förderung ihrer touristischen Infrastruktur durch geeignete rechtliche Rahmenbedingungen zu fördern; teilweise hat dazu auch der deutsche Steuergesetzgeber durch zusätzliche steuerliche Anreize beigetragen (s. u. Rdnr. 23). Bei der Schweiz und Österreich kam – außer einer niedrigeren Sprachbarriere – noch hinzu, daß

[1] Marktsituation und Typologie werden im Schrifttum regelmäßig bei den einzelnen „Ferien"-Ländern behandelt, vgl. etwa *Fehrenbach,* in: *Tewes,* Bauherrenmodelle; *ders.,* in: Bihr/u. a., Geldanlagen; Haus- und Grundbesitz im Ausland (HUG-A), Haufe Verlag (Loseblatt); ferner z. B. *Jansen/Matern,* Immobilienanlagen, S. 131 f. (USA); hierzu i. e. Rdnr. 28 ff. m. w. N.

diese Länder, insbesondere die Schweiz, als wirtschaftlich besonders sicher und stabil galten und durch ein weitgehendes Steuer- und Bankgeheimnis zusätzliche Anreize boten.

3 Obwohl eine Reihe dieser Anreize heute ganz weggefallen oder stark eingeschränkt worden sind, wurden und werden zum Teil bis heute gerade in diesen Ländern Ferienimmobilien verschiedener Art bevorzugt für Ausländer, nicht zuletzt finanzkräftige deutsche Kapitalanleger, aufbereitet und angeboten, insbesondere Ferienhäuser (häufig im Rahmen organisierter Freizeitanlagen und Freizeitparks), **Ferienwohnungen, Hotels** und Time-Sharing-Objekte. Gewählt werden oft touristisch ohnehin bevorzugte Standorte.

4 bb) Gewerbeimmobilien im Ausland.[2] Spätestens seit Ende der 70er Jahre mußte sich jedoch auch Initiatoren in Ländern, welche damals für den Massentourismus aus Deutschland noch weniger erschlossen waren – insbesondere also den überseeischen Ländern USA und Kanada – ebenso wie deutschen Kapitalanlagevertriebsgesellschaften wegen des ständig wachsenden Marktes privater Immobilien-Kapitalanlagen die Überlegung geradezu aufdrängen, hier für den deutschen Immobilien-Kapitalanleger Alternativen anzubieten. Dieser Markt war und ist zum großen Teil bis heute geprägt durch den Immobilientyp „Gewerbeimmobilie" (**Bürogebäude, Hotels, Supermärkte, Kleinlagerhäuser** etc.). Außer auf steuerlichem Gebiet (s. dazu unten Rdnr. 13 ff.) ergaben sich zusätzliche Anreize für den deutschen Kapitalanleger daraus, daß in diesen Ländern Kapitalanlagen in Immobilien traditionsgemäß wesentlich stärker unter **Renditegesichtspunkten** gesehen und gehandelt werden, während in Europa, insbesondere in Deutschland, eine vergleichsweise niedrige und nur langfristig sinnvolle Immobilienrendite akzeptiert wird. Dagegen muß sich etwa in den USA und Kanada ein Immobilienangebot viel stärker an den Renditen und Wertsteigerungschancen anderer Kapitalanlageformen orientieren, um konkurrenzfähig zu sein. Eine große Rolle spielten ferner die diesen Ländern zugeschriebene Wirtschaftskraft, ihr nach wie vor großes Wachstumspotential und ihre größere wirtschaftliche Bewegungsfreiheit.

5 *b) Marktentwicklung.* [3] Insgesamt läßt sich seit den 70er Jahren ebenso wie bei inländischen Immobilien-Kapitalinvestitionen immer noch eine deutliche Entwicklung und Erweiterung des Volumens ausländischer Immobilien-Kapitalanlagen feststellen. Dabei sind allerdings sowohl zeitlich wie von Land zu Land erhebliche Schwankungen zu beobachten. Sie beruhen zum Teil auf unterschiedlicher Einschätzung der zukünftigen wirtschaftlichen Entwicklung im jeweiligen Investitionsland (vor allem unter dem Gesichtspunkt der wirtschaftlichen Stabilität, des jeweiligen Wechselkurses und der Preisentwicklung für Immobilien). Zu diesen Schwankungen beigetragen haben aber auch Veränderungen der deutschen steuerlichen Rahmenbedingungen über das **deutsche Außensteuerrecht** (s. u. Rdnr. 13 ff.).

6 Darüber hinaus mußte die vergleichsweise rege Investitionstätigkeit ausländischer (deutscher) Kapitalanleger in Grundbesitz des eigenen Landes, vor allem bei kleineren Investitionsländern, politische Reaktionen hervorrufen. Als Gegenbewegung zur ursprünglich vor allem in den südeuropäischen Ländern verbreiteten Förderung von Tourismusinvestitionen hat dies vor allem in den hierauf nicht angewiesenen Ländern (Schweiz, Österreich, zum Teil Frankreich) zu ausländerrechtlichen **Erwerbs- und Veräußerungsbeschränkungen** geführt. In einigen Ländern kamen ferner – oft als Auswirkung allgemei-

---

[2] Historischer Vorreiter dürften Immobilienanlagen in den USA gewesen und geblieben sein, vgl. *Jansen/Matern,* Immobilienanlagen, S. 25 f. und 81 ff.; *Winteler,* Kapitalanlagen, S. 79 f.; ferner *Fehrenbach* (Fn. 1), insbesondere unter Berücksichtigung steuerlicher Aspekte; ebenso *Wollny* HdB, Fach 1510; ferner *Meyerhoff* und *Müller-Welser,* in: *Fleischmann*/u. a., Steuern, S. 399 ff.

[3] Auf die Marktentwicklung gehen die in Fn. 1 und 2 genannten Autoren jeweils zu den einzelnen Ländern ein, wobei genauere Gesamtzahlen fehlen. Gemessen an der Gesamtsumme (privater) Kapitalanlagen im Ausland in allen Kapitalanlageformen nimmt aber offenbar die Kapitalanlage deutscher privater Investoren in ausländische Immobilien trotz bedeutender absoluter Zahlen immer noch, auch in den USA, einen relativ geringen Anteil ein.

ner außenwirtschaftlicher Probleme –Einschränkungen durch die jeweilige nationale **Devisenbewirtschaftung** hinzu.

c) Besondere Risiken bei Auslandsimmobilien. aa) Standortrisiko. Aus der Sicht des deutschen Kapitalanlegers sind ausländische Immobilien-Kapitalanlagen mit einem besonderen, zusätzlichen **Standortrisiko** ausgestattet. Dies gilt sowohl für sog. Ferienimmobilien wie reine Gewerbeimmobilien auf Renditebasis. Ferienimmobilien sind in besonderem Maße davon abhängig, daß der gewählte Immobilienstandort **touristisch attraktiv** ist und bleibt; viele nicht zuletzt auch durch deutsche Kapitalanleger dem Tourismus baulich erschlossene Feriengebiete sind aber inzwischen stark überbaut und touristisch teilweise entwertet. Jedenfalls werden zunehmend höhere Qualitätsanforderungen an Standort und bauliche Qualität und Ausstattung gestellt. 7

Bei Gewerbeimmobilien. z. B. in den USA und Kanada, scheint dieser Grundsatz der Standortabhängigkeit aus konventioneller europäischer Sicht auf den ersten Blick nicht zu gelten. Gerade in diesen Ländern mit immer noch enormen Raumreserven besteht jedoch ein anderes psychologisches Verhältnis zu Grund und Boden, ferner gibt es – im Rahmen der insgesamt größeren unternehmerischen Freiheit – eine höhere Bereitschaft, zunächst durchaus akzeptierte Immobilienstandorte wegen anderer wirtschaftlicher Entwicklungen einfach aufzugeben und Bauinvestitionen zu verlagern. Das führt im Einzelfall zu wesentlich stärkeren Ausschlägen der für das Immobiliengeschehen entscheidenden Preisfaktoren (Grundstückspreise, Mieten etc.), als dies der deutsche Kapitalanleger hier, in einem Land mit immer knapperem Grund und Boden, gewohnt ist. 8

bb) Erwerbs- und Verkaufsbeschränkungen. Der deutsche Immobilien-Kapitalanleger kann sich im Inland auf einen festen rechtlichen Rahmen weitgehend verlassen. Bei Auslandsinvestitionen ist dagegen stets zu berücksichtigen, daß der ausländische Investitionsstaat – gerade bei Erwerb und Veräußerung des politisch heiklen Grundbesitzes –jederzeit politische und rechtliche **Restriktionen** für solche ausländischen Investitionen einführen, ändern oder verschärfen kann, und zwar weitgehend unabhängig von der Meinung des Kapitalanlegerlandes. Dies gilt vor allem für Nicht-EU-Länder. Für den deutschen Kapitalanleger bedeutet dies eine zusätzliche Risikoquelle vor allem dann, wenn seine Immobilien-Kapitalanlage, gemessen am internen, nationalen Preisniveau, überteuert ist und wegen solcher Restriktionen an Inländer des jeweiligen Investitionslandes nicht auf gleichem Niveau wiederverwertet werden kann. Darüber hinaus werden durch solche zusätzlichen rechtlichen Komplikationen Erwerbs- und Veräußerungsvorgänge – einschließlich der vielfach versuchten Umgehungsmöglichkeiten – erschwert und verteuert. Innerhalb der EU-Länder macht sich das Diskriminierungsverbot (Artt. 6, 7 EG-Vertrag) in den nationalen Rechtsordnungen zunehmend bemerkbar, auch wenn ein völlig freier EU-Immobilienmarkt noch nicht verwirklicht ist. Vor allem wird statt auf die Staatsangehörigkeit zunehmend abgestellt auf das Residenz-Prinzip, nach dem jeweils Inländer und residente EU-Ausländer gleichgestellt (und nicht – residente EU-Ausländer, deren Situation hier im Vordergrund der Betrachtung steht, häufig nur noch mit besonderen Melde- und Registrierpflichten belegt) werden. 9

cc) Devisenbeschränkungen und Kursrisiko. Die laufenden Einkünfte, aber auch Veräußerungserlöse und Kosten für Nachinvestitionen, unterliegen für den deutschen Kapitalanleger bei solchen Investitionen in ausländische Immobilien zusätzlich dem jeweiligen **Wechselkursrisiko.** Das hat sich in den letzten Jahren vor allem bei USA-Immobilien-Investitionen, wegen der engen Verbindung des kanadischen zum US-Dollar ebenso auch in Kanada, mehrfach gezeigt. Aber auch in europäischen Ländern mit klassisch hoher Inflationsrate (z. B. Italien, Frankreich, Spanien) wird die an sich inflationsschützende Funktion der Sachwertanlage in Immobilien durch den starken Kursverfall oft beeinträchtigt. 10

In einzelnen Ländern kommt hinzu, daß hier nach wie vor in Einzelfällen Systeme der **Devisenbewirtschaftung** bestehen. Diese können den Transfer von deutschem Immobilien-Investitionskapital sowohl beim Erwerb wie beim Transfer laufender Einkünfte oder 11 eines späteren Veräußerungserlöses stark erschweren. Innerhalb der EU-Länder setzt sich auch hier zunehmend das Residenz-Prinzip durch.

12 dd) Sonstige Risiken. Schließlich muß der deutsche Investor in Auslandsimmobilien mit wirtschaftlichen und rechtlichen Verhältnissen, auch und gerade am Immobilien- und Mietmarkt, rechnen, die er noch weniger als im Inland kennen und für die Zukunft abschätzen kann. Er muß sich abfinden mit einer selbst in deutschsprachigen Ländern (Österreich, z. T. Schweiz) in jedem Fall fremden Rechtssprache und einer weitgehend **fremden Rechtsordnung;** dies gilt insbesondere für die Länder, die nicht dem Rechtskreis des civil law angehören. Die Kontrolle der Investition und der Bewirtschaftung wird zusätzlich erschwert und, weil weitere Betreuungsorganisationen zwischengeschaltet werden müssen, auch verteuert. Jedenfalls muß sich der deutsche Immobilieninvestor bei Kapitalanlageberatung und Vertrieb von Auslandsimmobilien noch stärker als im Inland auf Bonität und Seriösität seiner (deutschen oder ausländischen) Partner verlassen können. Dies gilt erst recht, wenn mit der Auslandsimmobilieninvestition auch steuerliche Zwecke verfolgt werden, die mit einem ausländischen, oft ganz **anderen Steuerrechtssystem** in Einklang zu bringen sind.[4]

13 **2. Steuerliche Rahmenbedingungen.** *a) Deutsches Außensteuerrecht (Einkommensteuer).* aa) Probleme der Doppelbesteuerung.[5] Im Rahmen dieses Kapitels stehen ausländische Immobilieneinkünfte aus privater Vermögensverwaltung im Vordergrund, die vom deutschen Steuerrecht als Einkünfte aus **Vermietung und Verpachtung** qualifiziert werden. Dabei wird unterstellt, daß der deutsche Immobilienanleger im jeweiligen Auslandsstaat nicht resident, also in Deutschland unbeschränkt einkommensteuerpflichtig ist (§ 1 Abs. 1–3 EStG). Das deutsche Steuerrecht geht für inländische Steuerpflichtige steuersystematisch, jedenfalls für Steuern vom Einkommen und Vermögen, zunächst vom sog. **Welteinkommensprinzip** aus. Alle inländischen und ausländischen, negativen oder positiven Einkünfte werden insgesamt im Inland der Besteuerung unterworfen; damit wären zunächst auch ausländische **Verluste** stets zu berücksichtigen. Der Belegenheitsstaat der ausländischen Immobilie verfolgt jedoch meist ein ähnlich weites Besteuerungsprinzip (Ursprungsprinzip), womit die gleichen positiven oder negativen inländischen und ausländischen Einkünfte doppelt besteuert würden. Zur Vermeidung der Doppelbesteuerung werden daher mit ausländischen **Staaten Doppelbesteuerungsabkommen (DBA)** geschlossen mit dem (theoretischen, im hier behandelten Bereich aber durchaus nicht immer erreichten) Ziel, eine Doppelbesteuerung nach bestimmen Prinzipien zu vermeiden oder einzuschränken.

14 Solche DBA bestehen derzeit zwischen der Bundesrepublik Deutschland und allen westlichen Industrieländern sowie einer wachsenden Zahl weiterer Länder in der Form bilateraler völkerrechtlicher Verträge, die in der Bundesrepublik Deutschland unmittelbaren Gesetzesrang haben. Diese DBA sind meist beschränkt auf einzelne Steuerarten, der weitaus größere Teil auf den Bereich der Einkommen- und Vermögensteuer bzw. ihrer ausländischen Äquivalente; sie weisen auch sonst untereinander eine Reihe von Abweichungen und Besonderheiten auf, die durch historische, politische oder wirtschaftliche Besonderheiten zwischen den jeweiligen Vertragsstaaten bedingt sind. Jedoch lehnen sich die heute bestehenden oder in Abschlußverhandlungen befindlichen DBA der Bundesrepublik Deutschland weitgehend an das hierzu geschaffene OECD-Muster-Abkommen an, welches für unbewegliches Vermögen und Einkünfte hieraus das Besteuerungsrecht für die jeweilige Steuerquelle (Immobilie) dem Belegenheitsstaat der Immobilie zuweist (sog. **Belegenheitsprinzip** oder **„Quellenstaatsprinzip"**); dem folgen derzeit alle deutschen DBA. Lediglich im Verhältnis zu Ländern, mit denen kein DBA besteht (Nicht-DBA-Länder,

---

[4] Vgl. Rdnr. 14 ff.: insoweit ist auch innerhalb der EU die Harmonisierung noch wenig fortgeschritten.

[5] Grundsätzlich und zur Rechtslage bis 1984 *Fleischmann,* in: *ders.*/u. a., Steuern, S. 88 ff.; *Fehrenbach,* in: *Tewes,* Bauherrenmodelle, und in: *Bihr*/u. a., Geldanlagen, mit Übersichten; *Richter* HdB, Fach 1500; *Eicher,* in: HUG-A, dort auch je in den einzelnen Länderberichten, mit Übersicht über den Stand der jeweiligen Doppelbesteuerungsabkommen.

z. B. Monaco) wird eine gewisse Entlastung von einer Doppelbesteuerung unmittelbar über die innerstaatlichen Vorschriften des § 34 c EStG i. V. m. §§ 68 a ff. EStDV geschaffen; danach wird die auf ausländische Einkünfte im Nicht-DBA-Staat bezahlte Steuer auf die im Inland zu entrichtende Steuer **angerechnet** (§ 34 c Abs. 1 EStG) oder auf Antrag bei der Ermittlung des Gesamtbetrages der in- und ausländischen Einkünfte nach näherer Maßgabe dieser Vorschriften **abgezogen** (§ 34 c Abs. 2 und ggf. Abs. 3 EStG).

Die nähere Regelung des bilateralen Steuerausgleichs erfolgt in einigen wenigen Einkom- 15 mensteuer-DBA (vor allem mit der Schweiz und Spanien) nach der sog. **Anrechnungsmethode.** Die ausländischen Einkünfte werden wie aus einem Nicht-DBA-Land der inländischen Besteuerung unterworfen, die hierauf entrichtete ausländische Steuer jedoch unmittelbar über die Regelungen des jeweiligen DBA im Inland angerechnet. Wesentlich weiter verbreitet sind die mit einer Vielzahl von Ländern, welche für Immobilien-Kapitalanlagen deutscher Anleger interessant sind, bestehenden DBA mit **Freistellungsmethode** (Zuteilungsverfahren): Hier werden die Einkünfte aus Steuerquellen, die dem anderen Vertragsstaat zugewiesen sind, von der inländischen Besteuerung – jedenfalls zunächst – überhaupt freigestellt; damit ist aber auch eine Abzugsfähigkeit **ausländischer Verluste** aus solchen Staaten von anderen, inländischen positiven Einkünften ausgeschlossen und auch die inländische Anrechenbarkeit im Ausland bezahlter Steuern. Verbleibt es im jeweiligen DBA endgültig bei dieser Regelung, so wirken sich weder positive noch negative Einkünfte im Ausland auf die inländische Besteuerung des deutschen Kapitalanlegers aus. Damit scheiden dann allerdings auch inländische Verlustabzugsaspekte bei einer solchen Auslandsinvestition aus.[6]

bb) Progressionsvorbehalt. Trotz der bestehenden DBA mit Freistellungsmethode sieht 16 das deutsche Einkommensteuerrecht aber eine indirekte Berücksichtigung ausländischer Einkünfte im deutschen Steuerinland über den **Progressionsvorbehalt** vor, welcher sich unmittelbar aus der inländischen Steuervorschrift des § 32 b EstG ergibt und fiskalpolitisch den Zweck einer Berücksichtigung ausländischer Einkünfte über den inländischen Steuertarif verfolgt. Die dem anderen Vertragsstaat zugewiesenen ausländischen Einkünfte werden zwar nicht nochmals der deutschen Besteuerung als solcher unterworfen, jedoch bei der Ermittlung des Steuersatzes anderen, inländischen Einkünften fiktiv zugerechnet. Das führt bei positiven ausländischen Einkünften zu einer Erhöhung der fiktiven inländischen Besteuerungsgrundlage und damit, soweit die inländische Steuerprogression reicht, zu einer Erhöhung des persönlichen Steuersatzes (positiver Progressionsvorbehalt), bei negativen ausländischen Einkünften (Auslandsinvestitionsverlusten) zu einer Ermäßigung des fiktiven inländischen Gesamteinkommens, der persönlichen Besteuerungsgrundlage und damit des persönlichen Steuersatzes (negativer Progressionsvorbehalt).

Der positive Progressionsvorbehalt kann also bei niedrigem innerdeutschem Einkom- 17 men und Einkommensteuersatz zu einer zusätzlichen Erhöhung des deutschen Steuersatzes führen, soweit der inländische Investor noch in der Progressionszone ist; dagegen kann der negative Progressionsvorbehalt bei hohen ausländischen Verlusten und nicht wesentlich höherem inländischem Einkommen zu einer starken Entlastung, ggf. sogar zur Freistellung von inländischer Einkommensteuer führen.[7] Diese Wirkung ist früher bei steuerorientierten Kapitalanlagen in Auslandsimmobilien häufig bewußt konzipiert und angestrebt worden. Nunmehr soll allerdings nach Auffassung der Finanzverwaltung das Verlustabzugsverbot des § 2 a EStG (n. F.) auch dem § 32 b EStG **vorgehen;** damit verliert der negative

[6] *Fleischmann,* in: *ders.*/u. a., Steuern, S. 105, weist darauf hin, daß damit andererseits die Streitfrage der steuerlich schädlichen Liebhaberei, insbesondere bei ausländischen Ferienimmobilien, an Bedeutung verliert.

[7] Vgl. zunächst *Fleischmann,* in: *ders.*/u. a., Steuern, S. 88 ff.; zur heutigen Rechtslage insbesondere *Fehrenbach,* in: *Tewes,* Bauherrenmodelle, Teil 4/9.1. Die Auffassung der Finanzverwaltung, daß das Verlustabzugsverbot des § 2 a EStG (neu) auch § 32 b EStG vorgehe, ist in der Literatur verschiedentlich bezweifelt worden, so von *Fleischmann* ebd. *Dedner,* in: *Bihr*/u. a., Geldanlagen, dürfte sich aber in der Praxis durchgesetzt haben.

Progressionsvorbehalt bei derartigen ausländischen Verlusten, wenn diese aus den im Katalog von § 2 a Abs. 1 EStG genannten Einkunftsquellen stammen, wieder seine steuermindernde Wirkung im Inland. Liegen Einkünfte aus einer ausländischen **gewerblichen Betriebsstätte** vor, welche die Voraussetzungen der Produktivitätsklausel erfüllen und nicht unter den Negativkatalog des § 2 a Abs. 2 EStG fallen, greift dagegen u. U. der negative Progressionsvorbehalt ein.[8]

18 cc) Begrenzung von Auslandsverlusten (§ 2 a EStG). Die Steuersystematik des Welteinkommensprinzips hat der deutsche Gesetzgeber jedoch mit Auswirkungen auch und gerade auf ausländische Immobilien-Kapitalanlagen durch Einführung des neuen § 2 a EStG ab dem 1. 1. 1983 durchbrochen und hierdurch die Berücksichtigung ausländischer Immobilienverluste in einschneidender Weise **eingeschränkt.** Negative ausländische Einkünfte aus Ländern ohne DBA oder aus Ländern, mit denen ein DBA mit Anrechnungsmethode besteht,[9] welche an sich im Inland abzugsfähig wären, dürfen jetzt nur noch mit ausländischen (positiven) Einkünften der jeweils gleichen Art (Verluste aus Vermietung und Verpachtung also nur mit positiven Einkünften aus Vermietung und Verpachtung etc.) und inbesondere nur mit solchen aus dem gleichen Auslandsstaat verrechnet werden. Sie dürfen auch nicht nach § 10 d EStG im Rahmen der deutschen Besteuerung abgezogen werden, soweit es sich um negative ausländische Einkünfte aus dem sehr umfassenden Katalog in § 2 a Abs. 1 Nr. 1–7 EStG handelt. Dieser Katalog umfaßt außer Einkünften aus ausländischen land- und forstwirtschaftlichen Betriebsstätten und aus in einem ausländischen Staat belegenen gewerblichen Betriebsstätten (z. B. gewerbliche Betriebsstätten mit Immobilieneinkünften aus Hotelbetrieb und dergleichen) sowie bestimmten gewerblichen Beteiligungen gerade auch negative ausländische Einkünfte aus der Vermietung oder Verpachtung von unbeweglichem, im ausländischen Staat belegenen Vermögen.

19 § 2 a EStG n. F. als bloßes Verlustabzugsverbot ändert andererseits nichts daran, daß positive ausländische Einkünfte aus solchen Einkunftsquellen in Nicht-DBA-Ländern oder DBA-Ländern mit Anrechnungsmethode gleichwohl nach dem Welteinkommensprinzip im Inland zu versteuern sind; § 2 a Abs. 1 Satz 2 EStG läßt lediglich eine eingeschränkte Verrechnung zwischen positiven und negativen ausländischen Einkünften derselben Art im selben Staat in den folgenden (bis 1991 sogar beschränkt auf sieben) Veranlagungszeiträumen zu.[10] Nach Auffassung der Finanzverwaltung geht diese Neuregelung selbst § 32 b EStG vor, der vor allem im Verhältnis zu DBA-Ländern mit Freistellungsmethode über den sog. negativen Progressionsvorbehalt dem inländischen Steuerpflichtigen noch eine gewisse, geringe Entlastung gebracht hätte (s. o. Rdnr. 16 f.).

20 Nach dem deutschen Außensteuerrecht gilt ferner allgemein, daß ausländische (positive oder negative) Einkünfte, soweit sie im Inland positiv oder negativ steuerlich berücksichtigt werden, nach den Vorschriften des **deutschen Einkommensteuerrechts** zu ermitteln sind. Das ausländische steuerliche Ergebnis wird also nicht etwa einfach übernommen, die ausländischen steuerlichen Tatbestandsmerkmale vielmehr in das innerdeutsche Steuerrecht transponiert und nach dessen Vorschriften unter Umständen erheblich abweichend neu ermittelt. Dies kann günstige Auswirkungen haben dort, wo das ausländische Steuersystem bestimmte Verluste nicht oder nicht voll anerkennt (z. B. Abschreibungen auf Immobilien in der Schweiz) oder eine Aktivierungspflicht enthält (also die sofortige Abzugsfähigkeit bestimmter Ausgaben als Werbungskosten ausschließt), die das deutsche Steuerrecht nicht kennt. Andererseits sind auf derart ermittelte ausländische Einkünfte auch alle anderen einschlägigen **Verlustausschlußvorschriften,** von mehreren die jeweils weitergehenden, anzuwenden; das sind insbesondere, soweit die sonstigen Merkmale vorliegen, die Verlustbegrenzungsvorschriften des § 15 a EStG (vgl. § 20 Rdnr. 269 f.) und die zeitlichen Ver-

---

[8] So schon *Fleischmann,* in: *ders.*/u. a., Steuern, S. 104.

[9] Zur Zeit außer Brasilien insbesondere Spanien, Rdnr. 48 f. und die Schweiz Rdnr. 76 f.

[10] Hierzu kritisch *Fleischmann,* in: *ders.*/u. a., Steuern, S. 99 ff. Die Verfassungsmäßigkeit von § 2 a EStG ist sehr umstritten, vom BFH jedoch bejaht worden.

lustverwendungsbegrenzungen des § 10 d EStG sowie u. U. des § 3 c EStG (für Ausgaben, welche in unmittelbarem wirtschaftlichem Zusammenhang mit – auch durch DBA – steuerfrei gestellten Einnahmen stehen).[11]

Damit sind seit dem 1. 1. 1983 die vor allem in der Schweiz und zum Teil in Spanien verbreiteten ausländischen Bauherrenmodelle, aber auch vermögensverwaltende ausländische Immobilienfonds, unter steuerlichen Verlustabzugsaspekten für Nicht-DBA-Länder oder DBA-Länder mit Anrechnungsmethode praktisch uninteressant geworden. Jedoch wirkt sich § 2 a EStG, soweit er den negativen Progressionsvorbehalt verdrängt, auch einschränkend aus gegenüber DBA-Ländern mit Freistellungsmethode. Dies gilt für fast alle Kapitalanlageformen im Immobilienbereich, so z. B. den Erwerb, die Errichtung und den Betrieb von Hotel- oder Freizeitanlagen oder den Erwerb privat oder gewerblich genutzter Mietobjekte mit Umwandlung in Eigentumswohnungen oder in Teileigentum. Dies gilt u. U. selbst dann, wenn anschließende Veräußerungen systematisch betrieben werden und damit aus der Sicht des deutschen Steuerrechts gewerblicher Grundstückshandel gegeben ist, oder wenn bei Beteiligungen an Gewerbeimmobilien (z. B. Einkaufszentren oder sog. Kleinlagerhäuser) wegen umfangreicher Nebenleistungen nach deutschem Steuerrecht an sich Einkünfte aus **Gewerbebetrieb** vorlägen, somit auch für Immobilienanlageformen, wie sie deutschen Anlegern insbesondere in den USA und Kanada angeboten werden.[12] 21

Eine gewisse Erleichterung bringt der neue § 2 a EStG lediglich solchen Anlegern in Auslandsimmobilien, die (z. B. bei Investition in Ferien-Zweitwohnungen) bisher mit der steuerlichen Berücksichtigung dortiger Verluste im Inland unter dem Gesichtspunkt der sog. **Liebhaberei**zu kämpfen hatten (vgl. § 20 Rdnr. 47): Da der Investor wegen § 2 a Abs. 1 EStG solche ausländischen Verluste ohnehin im Rahmen der deutschen Besteuerung nicht mehr durchbringen kann, kann es für ihn günstiger sein, sich nunmehr seinerseits auf Liebhaberei zu berufen, womit eine inländische Besteuerung auch etwaiger positiver Einkünfte im Inland ausscheidet.[13] 22

dd) Verbliebene Steuerbegünstigungen. Der deutsche Gesetzgeber hatte früher durch das AuslInvestmG vom 18. 9. 1969, insbesondere dessen § 2, die inländischen Steuerabzugsmöglichkeiten für Verluste aus Auslandsinvestitionen für bestimmte Investitionsarten verbessern wollen, insbesondere für (negative) Einkünfte aus gewerblicher Tätigkeit in ausländischen Betriebsstätten. Steuerliche Abzugsmöglichkeiten sollten auf Antrag des im Inland unbeschränkt steuerpflichtigen Investors auch dann gewährt werden, wenn die fraglichen Einkünfte, somit auch aus dieser Einkunftsart entstandene Verluste, an sich durch DBA mit Freistellung der Berücksichtigung im Inland entzogen waren. Diese steuerliche Verbesserung ist trotz Auslaufens des AuslInvestmG zwar durch die fast gleichlautende Einführung des § 2 a Abs. 2 EStG übernommen, jedoch weiter eingeschränkt worden (sog. **Produktivitätsklausel**). Auslandsverluste können bei der inländischen Besteuerung in dem ohnehin engen, oben dargestellten Rahmen nur noch dann abgezogen werden, wenn sie aus einer ausländischen gewerblichen Betriebsstätte stammen, die ausschließlich oder fast ausschließlich (regelmäßig 90% und mehr) die Herstellung oder Lieferung von Waren (außer Waffen), die Gewinnung von Bodenschätzen sowie die Bewirkung gewerblicher Leistungen zum Gegenstand hat. Es muß sich um eine typische gewerbliche Tätigkeit handeln; Einordnung als Gewerbebetrieb kraft Rechtsform über § 15 Abs. 3 EStG (Geprägegesetz, vgl. § 20 Rdnr. 46 f.) genügt nicht. Hiervon werden jedoch gerade wieder ausgenommen (somit der steuerlichen Verbesserung des AIG ganz entzogen und dem Verlustabzugsverbot des § 2 a Abs. 1 EStG wieder unterworfen) gewerbliche Leistungen, soweit diese die Errichtung oder den Betrieb von Anlagen betreffen, die dem **Fremdenverkehr** dienen, oder in der Vermietung oder Verpachtung von Wirtschaftsgütern ein- 23

[11] Hierzu *Schmidt,* EStG, § 2 a Anm. 6 m. w. N.

[12] Vgl. *Schmidt,* EStG, § 2 a Anm. 4 a; *Fehrenbach* (Fn. 1) und *Wollny* HdB, Fach 1510 (speziell zu den USA); *Richter* HdB, Fach 1500 Rdnr. 50 ff. m. w. N.

[13] Vgl. *Fleischmann,* in: *ders.*/u. a., Steuern, S. 105 f.; *Schmidt,* EStG, § 2 a Anm. 18.

schließlich der Überlassung von Rechten bestehen. Damit sind gerade die typischen ausländischen Immobilieninvestitionen privater deutscher Kapitalanleger steuerlich betroffen. In Zukunft werden daher rein **renditeorientierte** Anlageformen dominieren.[14]

24 *b) Sonstige Steuerarten.* aa) Grundbesitz-Verkehrssteuern. In diesem Bereich bestehen im internationalen Vergleich besonders große Unterschiede zwischen den jeweiligen staatlichen Steuer- und Abgabensystemen. Viele andere Länder kennen aus Anlaß des Erwerbs oder der Veräußerung von Grundbesitz abgabenähnliche Belastungen, welche der deutschen Regelsteuer **(Grunderwerbsteuer)** nicht oder nur teilweise entsprechen (z. B. Registersteuern, Hypothekensteuern) oder unterwerfen diese Vorgänge anderen Verkehrssteuern, die im deutschen Regelfall nicht oder nur ausnahmsweise Anwendung finden würden (z. B. der allgemeinen oder einer besonderen **Mehrwertsteuer**). In diesem Bereich besonders häufig sind ferner Steuern und Abgaben für andere Steuergläubiger als den Staat, insbesondere **lokale** Verkehrssteuern der Gemeinden oder sonstiger Gebietskörperschaften. Besonderheiten können nur bei den nachstehend behandelten einzelnen Ländern kurz erwähnt werden. Ein inländisches Besteuerungsrecht des deutschen Fiskus hinsichtlich solcher ausländischer Immobilienverkehrsvorgänge besteht grundsätzlich nicht.[15]

25 bb) Erbschaft- und Schenkungsteuer. Soweit der betroffene Kapitalanleger im Inland steuerpflichtig ist, besteht ein steuerlicher Zugriffsanspruch des deutschen Fiskus. Das Verhältnis zum steuerlichen Zugriffsrecht des Staates, in welchem der von Erbschaft oder Schenkung erfaßte Grundbesitz liegt, ist nur in einigen Doppelbesteuerungsabkommen geregelt.[16]

26 cc) Sonstige, insbesondere lokale Steuern. Die deutsche **Vermögensteuer** findet in einer Reihe anderer Länder keine unmittelbare Entsprechung. Soweit Doppelbesteuerungsabkommen das Recht zur Vermögensbesteuerung von Grundbesitz dem ausländischen Belegenheitsstaat zuweisen, bleibt es bei Vermögensteuerfreiheit im deutschen Inland auch dann, wenn der ausländische Belegenheitsstaat keine oder nur eine wesentliche geringere Vermögensteuer kennt. Allerdings kennen andere Staaten häufig Äquivalente zur deutschen Vermögensteuer (z. B. in Form höherer **Grundsteuern** und sonstiger Grundbesitzabgaben, die oft lokalen Steuergläubigern zugewiesen sind). Eine zusätzliche Vermögensteuerlast durch ausländisches Immobilienvermögen kann in Deutschland jedoch auch im Einbeziehungsfall nicht entstehen, weil die deutsche Vermögensteuer nicht mit einem progressiven, sondern mit einem durchgehend proportionalen Tarif ausgestattet ist.[17]

27 Auf besondere sonstige, insbesondere lokale Steuern, wird bei den nachstehend behandelten einzelnen Ländern jeweils kursorisch hingewiesen. Hervorzuheben ist allgemein, daß insbesondere **die Besteuerung von Veräußerungsgewinnen** in anderen Staaten oft systematisch und inhaltlich ganz anders geregelt ist.[18]

II. Einzelne Länder (Auswahl)

28 **1. Frankreich.**[19] Auf dem französischen Immobilienmarkt für ausländische Kapitalanleger dominieren Ferienimmobilien in der Form von Ferienhäusern oder Ferienwohnungen, vor allem in den bevorzugten Feriengebieten an der Mittelmeerküste (Cote d'Azur) und Atlantikküste und in den Skigebieten der französischen Alpen. Aber auch das Immobilienangebot in den eher ländlich geprägten, häufig vom internationalen Tourismus noch wenig

---

[14] Überwiegende Meinung aller Autoren (Fn. 1, 2) für die Zeit nach 1984.

[15] Hierzu stellt z. B. § 1 des deutschen GrEStG ausdrücklich auf inländische Grundstücke ab

[16] Hierzu muß auf die Länderberichte der genannten Loseblatt-Sammlungen, insbes. jetzt in HUG-A, verwiesen werden; instruktiv auch noch die Übersicht bei *Fehrenbach,* in: *Bihr* u. a., Geldanlagen.

[17] Vgl. § 10 des deutschen VStG

[18] Auf die erwähnten Länderberichte wird erneut verwiesen. Die Steuerfreiheit privater Veräußerungsgewinne (nach Ablauf der zweijährigen Spekulationsfrist) in Deutschland ist im internationalen Vergleich eher die Ausnahme geworden.

[19] Ausführlich zu Zivilrecht, Devisenrecht, Bau- und Nachbarrecht jetzt *Böhner,* in: HUG-A, Gruppe 4/G/S. 1 ff. und S. 39 f. (Devisenrecht) sowie S. 75 f. (Mietrecht).

berührten Regionen im Inneren Frankreichs wird als außerordentlich vielfältig bezeichnet. I. d. R. werden solche Ferienimmobilien von ausländischen Kapitalanlegern vor allem im Hinblick auf eigene Nutzung erworben; als Renditeanlage und zur Erzielung von Wertsteigerungen sind sie wegen des Kursrisikos zum französischen Franc und der immer noch als zurückhaltend bezeichneten inländischen Immobiliennachfrage wohl weniger geeignet.

Gesetzliche **Beschränkungen,** welche unmittelbar beim Erwerb oder der Veräußerung von französischen Immobilien durch Ausländer ansetzen, bestehen derzeit nicht. Restriktionen können sich jedoch aus der in Frankreich z. T. immer noch bestehenden **Devisenbewirtschaftung** ergeben.[20] 29

Das französische **Immobiliarsachenrecht** [21] (romanischer Rechtskreis) schreibt im Gegensatz zum deutschen Recht die öffentliche Beurkundung von Grundstücksgeschäften an sich nicht zwingend vor; auch wird zwischen Grund- und Vollzugsgeschäft nicht streng unterschieden (an die Stelle der Auflassung tritt i. d. R. die bloße Grundbesitzübergabe). In der Praxis wird differenziert nach optionsartigen Reservierungsverträgen, Vorverträgen (vor allem über erst im Bau befindliche Immobilien), einseitigen Verkaufsversprechen (promesse de vente) des Verkäufers und Kaufverträgen im engeren Sinne (contrat de vente). Das französische „Grundbuch" ist aus deutscher zivilrechtlicher Sicht einem bloßen **Eigentümer-Register** i. S. einer Beweishilfe vergleichbar. Allerdings entfalten privatschriftliche Kaufverträge ohne Registrierung im Eigentumsregister keine Drittwirkung, Gutglaubensschutz tritt vielmehr erst mit Registrierung ein. Zum Schutz der Beteiligten ist daher notarielle Beurkundung und Registereintrag zu empfehlen. 30

Auch Frankreich kennt **Wohnungs- und Teileigentum** ähnlich wie das deutsche Recht und mit ähnlichen Regelungen zu Sonder- und Gemeinschaftseigentum, Wohnungseigentümergemeinschaft, Eigentümerversammlungen und Verwaltung. Die Einzelheiten der jeweiligen Eigentumsanlage sind wie in Deutschland häufig über die gesetzlichen Vorschriften hinaus oder in teilweiser Abweichung von diesen in Gemeinschaftsordnungen (reglement de copropriete) näher geregelt und vorsorglich zu überprüfen. Das französische **Mietrecht** kann gegenüber dem deutschen als etwas liberaler angesehen werden.[22] 31

Je nach Objektart fallen als **Grundbesitz-Verkehrssteuern** entweder an eine sog. Registersteuer oder die Mehrwertsteuer (TVA). Mehrwertsteuerpflichtig (Steuerschuldner ist der Veräußerer) ist der Verkauf von Bauland sowie der erstmalige Verkauf von Gebäuden innerhalb von 5 Jahren nach Fertigstellung an Privatpersonen. Insbesondere Ferienimmobilien, welche Wohnzwecken dienen und bestimmte Grundstücksgrößen nicht übersteigen, können dagegen der vom Käufer zu tragenden Registersteuer unterliegen, die in einem bestimmten Aufteilungsverhältnis dem Departement, der Gemeinde und der Regierung als Steuergläubigern zustehen.[23] 32

An den Grundbesitz knüpfen ferner auch in Frankreich gemeindliche Grundsteuern an, die nach einem katastermäßigen Mietwert berechnet werden und örtlich und zeitlich unterschiedlich hoch sein können (taxe fonciere und taxe d'habitation). Eine in Frankreich seit dem 1. 1. 1982 eingeführte, mit progressivem Steuersatz und Freigrenzen ausgestaltete **Vermögensteuer** ist mit Wirkung zum 1. 1. 1987 wieder abgeschafft worden. 33

Die französische **Erbschaft- und Schenkungsteuer** –beide Steuervorgänge werden im wesentlichen gleich behandelt – ist dem deutschen System ähnlich, insbesondere ebenfalls mit Freibeträgen für Übertragungen zwischen Verwandten in direkter Linie und unter 34

---

[20] Ausführlich zu Zivilrecht, Devisenrecht, Bau- und Nachbarrecht jetzt *Böhner,* in: HUG-A, Gruppe 4/G/S. 1 ff. und S. 39 f. (Devisenrecht) sowie S. 75 f. (Mietrecht).

[21] Ausführlich zu Zivilrecht, Devisenrecht, Bau- und Nachbarrecht jetzt *Böhner,* in: HUG-A, Gruppe 4/G/S. 1 ff. und S. 39 f. (Devisenrecht) sowie S. 75 f. (Mietrecht).

[22] Ausführlich zu Zivilrecht, Devisenrecht, Bau- und Nachbarrecht jetzt *Böhner,* in: HUG-A, Gruppe 4/G/S. 1 ff. und S. 39 f. (Devisenrecht) sowie S. 75 f. (Mietrecht).

[23] Ausführlich zu Zivilrecht, Devisenrecht, Bau- und Nachbarrecht jetzt *Böhner,* in: HUG-A, Gruppe 4/G/S. 1 ff. und S. 39 f. (Devisenrecht) sowie S. 75 f. (Mietrecht).

Ehegatten ausgestattet, ferner mit unterschiedlichen, progressiven Steuersätzen je nach dem Verwandtschaftsgrad zwischen den Beteiligten.[24]

35 Das französische **Einkommensteuerrecht** ist ähnlich wie das deutsche progressiv aufgebaut, mit einer unteren und mittleren Tarifzone sowie einem Spitzensteuersatz und häufiger Inflationsanpassung der Progressionsstufen. Deutsche, die mit Immobilienvermögen in Frankreich beschränkt steuerpflichtig sind, sind Franzosen hierbei gleichgestellt. Zu versteuern sind also auch bei Immobilien die Einkünfte aus Vermietung und Verpachtung, ermittelt als Überschuß der Mieteinnahmen über die Ausgaben (die Steuerfreiheit der Eigennutzung von Immobilien, für französische Steuerinländer steuerfrei, gilt über das deutsch-französische DBA auch für Personen mit Wohnsitz in Deutschland). Dabei bestehen gegenüber den deutschen Vorschriften etwas verbesserte Bedingungen bei der Ermittlung dieser Einkünfte, insbesondere durch Pauschalisierung abzugsfähiger Kosten, so durch eine Pauschale in Höhe von 15% der Brutto-Mieteinnahmen zur Abgeltung von Verwaltungskosten, Versicherungsprämien, aber auch der steuerlichen Abschreibung, ferner durch Abzugsfähigkeit von Schuldzinsen (bei Mietobjekten), von örtlichen Steuern und von Reparatur-, Unterhalts- und Verbesserungsaufwand.[25]

36 Veräußerungsgewinne werden einer besonderen **Veräußerungsgewinnsteuer** unterworfen. Bei Ausländern wird ein **Quellensteuerabzug** auf laufende einkommensteuerpflichtige Einkünfte wie auf Veräußerungsgewinne vorgenommen.

37 Mit Frankreich bestehen **Doppelbesteuerungsabkommen** vom 21. 7. 1959/9. 6. 1969 und 28. 9. 1969, die für Einkünfte aus Grundbesitz eine Freistellungsmethode mit Progressionsvorbehalt vorsehen.[26]

38 **2. Italien.**[27] Deutsche Staatsangehörige haben in Italien vor allem in Ferienimmobilien (Ferienhäuser, Ferienwohnungen, Teile von Hotel- oder Freizeitanlagen) investiert, also wiederum in erster Linie zur Eigennutzung und bestenfalls teilweisen kurzfristigen Vermietung. Dabei ist über die klassischen Tourismus-Gebiete (Mittelmeerküsten, Alpen) hinaus ein Trend auch zu ländlichen Regionen im Inneren des Landes feststellbar. Die stark inflationäre Entwicklung der italienischen Lira in den letzten Jahrzehnten und die vergleichsweise schwache inländische Eigennachfrage lassen wie in Frankreich Kapitalanlagen zu reinen Rendite- oder Wertgewinnzwecken derzeit noch nicht als besonders interessant erscheinen.

39 Auch in Italien bestehen derzeit keine an Erwerb oder Veräußerung von Grundbesitz mit Ausländerbeteiligung unmittelbar anknüpfenden gesetzliche **Beschränkungen.** Die früher für Ausländer sehr strengen **Devisenbewirtschaftungsvorschriften** sind sehr gelokkert worden (im wesentlichen: Umtauschzwang).

40 Das **Immobiliarsachenrecht** Italiens[28] (romanischer Rechtskreis) ist dem Frankreichs sehr ähnlich (Eigentumsregister statt voll ausgebautem Grundbuch; privatschriftliche Übertragung ohne Differenzierung zwischen Grund- und Vollzugsgeschäft möglich, wegen des öffentlichen Glaubens und des Schutzes vor Doppelverkauf jedoch gegenüber dem notariell beurkundeten Vertrag ungünstiger). In einigen zu Österreich gehörenden nördlichen Provinzen gelten rechtshistorisch bedingte Sondervorschriften. Besondere Vorschriften bestehen beim Erwerb oder der Veräußerung landwirtschaftlicher Grundstücke.

---

[24] Ausführlich zu Zivilrecht, Devisenrecht, Bau- und Nachbarrecht jetzt *Böhner,* in: HUG-A, Gruppe 4/G/S. 1 ff. und S. 39 f. (Devisenrecht) sowie S. 75 f. (Mietrecht).

[25] Ausführlich zu Zivilrecht, Devisenrecht, Bau- und Nachbarrecht jetzt *Böhner,* in: HUG-A, Gruppe 4/G/S. 1 ff. und S. 39 f. (Devisenrecht) sowie S. 75 f. (Mietrecht).

[26] BStBl. I 1961, 343/BStBl. I 1970, 902/BStBl. I 1990, 413; im übrigen muß auf die steuerliche Spezialliteratur verwiesen werden.

[27] *Trabucchi,* in: HUG-A Gruppe 4/C/S. 1 ff. und S. 10 f. (Immobiliarsachenrecht), S. 85 f. (Mietrecht) sowie S. 99 f. (Steuern und Abgaben); *De Grandi,* in: *HUG-A* Gruppe 4/C/S. 201 ff.

[28] *Trabucchi,* in: HUG-A Gruppe 4/C/S. 1 ff. und S. 10 f. (Immobiliarsachenrecht), S. 85 f. (Mietrecht) sowie S. 99 f. (Steuern und Abgaben); *De Grandi,* in: *HUG-A* Gruppe 4/C/S. 201 ff.

Auch das italienische Recht kennt, eingebaut in das Bürgerliche Gesetzbuch (codice civile), **Wohnungs- und Teileigentum** mit ähnlichen Regelungen zu Sonder- und Gemeinschaftseigentum, Eigentümergemeinschaft und Verwaltung wie nach dem deutschen WEG. 41

Außerhalb rein touristisch und kurzfristig vermieteter Objekte besteht für Wohnobjekte in Italien seit Jahren eine relativ strenge **Mieterschutzgesetzgebung,** die vor allem in einer aus der Sicht des Investors zum Teil unwirtschaftlich erscheinenden Weise in die Mietpreisbildung und Mietpreiserhöhung durch ein „objektives Bewertungssystem eingreift.[29] 42

Im Rahmen des Erwerbs oder der Veräußerung italienischer Immobilien fallen als Grundbesitz-Verkehrssteuern an sog. Registersteuern (Hypothekensteuer und Katastersteuer), wobei der Marktwert Bemessungsgrundlage ist.[30] 43

Erbschaft- und Schenkungsteuer auf diesen Vorgängen zugrundeliegenden italienischen Grundbesitz sind mit progressiven Steuersätzen, Freigrenzen und Staffelung der Steuersätze (je nach dem Verwandtschaftsgrad der Beteiligten) ausgestaltet. Daneben unterliegt jedoch auch der unentgeltliche Übergang von Immobilienvermögen ggf. noch der gemeindlichen Wertzuwachssteuer (INVIM, s. u. Rdnr. 46).[31] 44

Italien kennt derzeit keine **Vermögensteuer** im deutschen Sinne, wohl aber regional unterschiedliche gemeindliche **Grundsteuern** und unter Umständen zusätzliche **lokale Besitzsteuern.**[32] 45

Einkünfte aus italienischem Immobilienvermögen unterlagen bisher sowohl der dort besonderen, lokalen Einkommensteuer (ILOR) wie der zentralen, staatlichen **Einkommensteuer** für natürliche Personen (IRPEF), die mit einem progressiven Steuertarif, unteren Freibeträgen und mehreren Tarifzonen ausgestaltet ist. Fremdeinkünfte aus Vermietung und Verpachtung werden auch hier durch Vergleich der Brutto-Mieteinnahmen mit den Aufwendungen, so für Schuldzinsen, Versicherungsprämien und lokale Steuern, ermittelt. In Italien wurden bisher **Immobilien-Veräußerungsgewinne** durch eine besondere Steuer (INVIM; eine Art Wertzuwachssteuer) erfaßt, die der Verkäufer schuldet und die, mit der Folge entsprechender lokaler Unterschiede, den Gemeinden auf der Grundlage der Differenz zwischen Ankaufs- und Verkaufswert zusteht. Mit Wirkung ab 1. 1. 1993 sind die gemeindlichen Grundbesitzsteuern für die Zukunft vereinheitlicht und unter der Kommunalen Grundsteuer (ICI) zusammengefaßt, wobei Wertzuwächse ab diesem Datum nicht mehr steuerlich erfaßt werden.[33] 46

Mit Italien besteht nunmehr ein neues Einkommensteuer-**Doppelbesteuerungsabkommen** vom 18. 10. 1989 nach der Freistellungsmethode mit Progressionsvorbehalt.[34] 47

3. Spanien.[35] Spanische Immobilien, in erster Linie Ferienimmobilien wie Ferienhäuser, Ferienwohnungen oder Beteiligungen an Ferien-Freizeitanlagen, Hotels und dergleichen, spielen seit langen Jahren eine Rolle bei Immobilienangeboten für deutsche Anleger. Dabei haben steuerliche Anreize aus deutschen Auslands-Investitions-Fördergesetzen, insbe- 48

---

29 *Trabucchi,* in: HUG-A Gruppe 4/C/S. 1 ff. und S. 10 f. (Immobiliarsachenrecht), S. 85 f. (Mietrecht) sowie S. 99 f. (Steuern und Abgaben); *De Grandi,* in: *HUG-A* Gruppe 4/C/S. 201 ff.

30 Zur teilweise neu gefaßten Grundbesitzbesteuerung in Italien seit 1. 1. 1993 vgl. insbes. *De Grandi* a. a. O (Fn 21). Dort auch zu Sonderfragen der Behandlung von Eigennutzung, Einkommensermittlung und Veränderungen bei der Wertzuwachssteuer (INVIM).

31 *Trabucchi,* in HUG-A Gruppe 4/C/S. 1 ff. und S. 10 f. (Immobiliarsachenrecht), S. 85 f. (Mietrecht) sowie S. 99 f. (Steuern und Abgaben); *De Grandi,* in: *HUG-A* Gruppe 4/C/S. 201 ff.

32 Zur teilweise neu gefaßten Grundbesitzbesteuerung in Italien seit 1. 1. 1993 vgl. insbes. *De Grandi* a. a. O (Fn 21). Dort auch zu Sonderfragen der Behandlung von Eigennutzung, Einkommensermittlung und Veränderungen bei der Wertzuwachssteuer (INVIM).

33 vgl. Einzelheiten bei *De Grandi* (Fn 21).

34 BStBl. I 1990, 396 für Steuern vom Einkommen und vom Vermögen, dessen rückwirkende Ablösung des alten DBA-Italien 1925 (ohne Progressionsvorbehalt) strittig ist, vgl. etwa *Lüdicke,* DB 1991, 1491 f. Auf dem Gebiet der Erbschaftsteuern weiterhin kein DBA (§ 21 ErbStG).

35 Ausführlich hierzu *Daxl,* in: *Tewes,* Bauherrenmodelle, Teil 4/9.6; ferner *Kneip/Löber,* in: HUG-A Gruppe 4/D/S. 1 ff. und S. 100 f. (Mietrecht) und S. 124 ff. (Steuern und Abgaben).

sondere das AuslInvestmG in früherer Fassung, eine wichtige Rolle gespielt; diese hat aber auch zu vielen wirtschaftlich dann nicht sinnvollen Fehlinvestitionen deutscher Kapitalanleger in spanische **Hotel- oder Ferienimmobilien** geführt. Der spanische Immobilienmarkt ist derzeit von starker Rezession und niedrigem Preisniveau gekennzeichnet. Auch hier ergeben sich jedenfalls für reine Renditeanlagen und Anlagen auf Wertzuwachs enge Grenzen aus der relativ schwachen inländischen und stark gesunkenen ausländischen Nachfrage und dem Kursrisiko der spanischen Peseta.

49 Wegen des früh erwachten Interesses von Ausländern an spanischen Immobilien hat Spanien zunächst ein relativ kompliziertes System von **Erwerbs- und Veräußerungsbeschränkungen** entwickelt (ferner Erwerbsbeschränkungen unter militärischen Gesichtspunkten). Fast alle Beschränkungen, durch die Ausländer (jedenfalls EU-Ausländer) gegenüber Spaniern schlechtergestellt wurden, sind durch den Beitritt Spaniens zur EG für deutsche Investoren entfallen und gelten daher nur noch für natürliche oder juristische Personen, die nicht einem anderen EU-Staat angehören. Die verbliebenen Regulierungen beschränken sich im wesentlichen auf Melde- und Umtauschpflichten, vor allem nach dem Gesetz Nr. 31/1990. Jedoch bestehen weiterhin Ausfuhrbeschränkungen.[36]

50 In diesem Bereich ist auch die lange Zeit strenge **Devisenbewirtschaftung** gelockert worden.[37]

51 Auch das spanische **Immobiliarsachenrecht**[38] geht wie andere Länder des romanischen Rechtskreises von der Wirksamkeit auch formloser Grundstücksverträge aus, wobei hier für die Verbindlichkeit des Vertrages nicht einmal die Einhaltung der privatschriftlichen Form erforderlich ist. Durch Einigung und folgende formlose Übergabe geht das Eigentum ohne weiteres über, und zwar außerhalb des auch in Spanien existierenden, aber dem deutschen Grundbuch nicht voll entsprechenden Eigentumregisters. Die – häufig erst nach Abschluß des mündlichen oder privatschriftlichen Grundstückskaufvertrages, Einigung über die sonstigen Wirksamkeitsvoraussetzungen und Bezahlung des Kaufpreises – durchgeführte notarielle Beurkundung (genauer: öffentliche Niederschrift, escritura publica) ist allerdings für den Ausländer schon deshalb zu empfehlen, weil sie zum einen die förmliche Übergabe ersetzt und zum anderen Voraussetzung für die Eintragung des Eigentumswechsels im Eigentumsregister ist. Beide Formvoraussetzungen (escritura und Eintragung im Eigentumsregister) haben zwar zunächst nur beweissichernde Wirkung, genießen aber im Ergebnis öffentlichen Glauben, wenn auch nicht in gleichem Maße wie etwa das deutsche Grundbuch. Eine Besonderheit des spanischen Rechts ist die sog. **Neubauerklärung** (declaracion de obra nueva). Diese muß bei Grundstücken, die als unbebaut im Register eingetragen sind, nach Errichtung eines Gebäudes zu notarieller Urkunde (mit genauer Beschreibung) abgegeben und zur Eintragung beim Eigentumsregister angemeldet werden und kann (u. U. auch nachträglich) Steuerpflicht auslösen.

52 Auch Spanien hat **Wohnungs- und Teileigentum** an bebautem Grundbesitz gesetzlich geregelt (ley sobre propiedad horizontal vom 21. 7. 1960). Die Regelungen sind in den meisten Punkten dem deutschen WEG sehr ähnlich (Regelungen über Sonder- und Gemeinschaftseigentum, Eigentümergemeinschaft und -versammlung, mit der Möglichkeit zu vom Gesetz abweichenden Gemeinschaftsordnungen); etwas anders sind die Organisationsformen über die Vertretung und Verwaltung der Gemeinschaft.[39]

53 Die spanische **Mieterschutzgesetzgebung** mußte bis 1985 (Ley de Arrendamientos Urbanos – LAU) als relativ streng bezeichnet werden. Die Bestimmungen dieses Gesetzes

---

[36] Kritisch allerdings *Kneip/Löber,* a. a. O., S. 10 ff., unter Hinweis auf das Gesetz über ausländische Investitionen in Spanien vom 27. 6. 1986 (BOE vom 28. 6. 1986) und hierzu ergangene Ausführungsbestimmungen.

[37] Hierzu *Daxl,* in: *Tewes,* Bauherrenmodelle, Teil 4/9.6; a. a. O.

[38] Einzelheiten bei *Kneip/Löber* a. a. O (Fn 25) ab S. 10 ff. (Immobiliarsachenrecht) und S. 100 f. (Mietrecht) sowie S. 105 f. (Wohnungseigentum)

[39] Einzelheiten bei *Kneip/Löber* a. a. O. (Fn 25) S. 105 f.

(vor allem Kündigungsschutz, Vorkaufsrecht des Mieters und Einschränkungen bei der Mieterhöhung) sind für Verträge ab 1985 stark gelockert worden.[40]

Im privaten Grundbesitzbereich fällt hier in der Regel eine **Vermögensübertragungssteuer** (ITP) an, die im Immobilienbereich der deutschen Grunderwerbsteuer ähnlich ist. Als unklar kritisiert wird dabei vor allem die von der spanischen Steuerbehörde oft sehr frei vorgenommene Schätzung des „wahren Wertes" der Immobilie. Wird, wie in der Vergangenheit häufig, in der Notarurkunde eine Unterverbriefung vorgenommen und aufgedeckt, so steht innerhalb bestimmter Fristen dem spanischen Staat als Sanktion u. U. ein Vorkaufsrecht zu dem (unter Preis) verbrieften Kaufpreis zu.[41] 54

Außer den den Gemeinden zustehenden, meist niedrigen **Grundsteuern** wird seit Ende der 70er Jahre in Spanien eine allgemeine **Vermögensteuer** erhoben, die in der Regel auf den sog. Katastermietwert (abstrakt ermittelt) erhoben wird. 55

In Spanien steuerpflichtig ist ferner der Übergang von spanischem Grundbesitz im **Nachlaßwege** nach dem Verkehrswert, ggf. einem von der Gemeinde geschätzten, i. d. R. unterhalb des Verkehrswerts liegenden Wert. Der Erbschaftsteuertarif ist progressiv gestaltet und nach Objektwertklassen sowie nach Klassen gemäß dem Verwandtschaftsgrad gestaffelt.[42] Hinzu kommt u. U. die in Spanien eingeführte Wertzuwachssteuer (Plusvalia, s. u. Rdnr. 58). 56

Der laufenden spanischen allgemeinen **Einkommensteuer** unterliegen insbesondere Eigentümer von mehr als 3 Wohnungen und Eigentümer mit Einnahmen aus gewerblicher Vermietung, niedrigere Sätze werden inzwischen auch auf die Eigennutzung erhoben. Der Einkommensteuertarif ist progressiv ausgestaltet. [43]Grundsätzlich ist auch der **Veräußerungsgewinn** der laufenden allgemeinen Einkommensteuer unterworfen. 57

Denn auch Spanien hat ähnlich wie Italien neben der staatlichen Einkommensteuer eine gemeindliche **Wertzuwachssteuer** aufzuweisen (Plusvalia); die Steuersätze variieren lokal zwischen 25% bis zu 40% und fallen nicht nur bei entgeltlicher, sondern auch bei unentgeltlicher Übertragung an. Der Wertzuwachs wird berechnet aus der Differenz zwischen ursprünglichem und derzeitigem Schätzwert. Bei Mithaftung des Grundstücks haftet hierfür bei unentgeltlichem Erwerb stets der Erwerber, bei entgeltlichem gesetzlich der Verkäufer, vertraglich aber häufig ebenfalls der Erwerber. 58

Mit Spanien besteht ein Einkommensteuer-**Doppelbesteuerungsabkommen** vom 5. 12. 1966,[44] und zwar mit Besteuerungsrecht für den Belegenheitsstaat (auch für Veräußerungsgewinne) und Anrechnungsmethode. Das Abkommen umfaßt auch die Vermögensteuer. Für die Erbschaftsteuer besteht, da in diesem DBA nicht geregelt, Anrechnungsmöglichkeit auf Antrag der in Spanien gezahlten Erbschaftsteuer auf die deutsche gemäß § 21 Erbschaftsteuergesetz. 59

4. Portugal.[45] Auch in Portugal kommen für den deutschen Kapitalanleger hauptsächlich Ferienimmobilien in Küstengebieten, vor allem an der Algarve, in Frage; nur hier, kaum in den touristisch und strukturmäßig wenig erschlossenen Gebieten im Inneren des Landes, dürften auch Wiederveräußerungschancen bestehen. Das Preisniveau ist zwar vergleichsweise niedriger als in mitteleuropäischen Ländern, vor allem rezessionsbedingt, die Ertragsfähigkeit (bei touristischer Vermietung) allerdings als ebenfalls eingeschränkt zu bezeichnen, zumal auch der Escudo Kursrisiken birgt. 60

Erwerbs- und Veräußerungsbeschränkungen für Ausländer, jedoch mit Erleichterungen für den Erwerb portugiesischer Immobilien zur Eigennutzung (außer zur Kapitalanlage 61

---

[40] Einzelheiten vgl. bei *Daxl* a. a. O., S. 20 ff. und *Kneip/Löber* a. a. O., S. 100 f. (zur Rechtslage bis 1985)

[41] vgl. hierzu *Daxl* a. a. O., S. 31 f. und näher *Kneip/Löber* a. a. O., S. 124 f.

[42] *Daxl,* in: *Tewes,* Bauherrenmodelle, Teil 4/9.6, S. 28 f. und *Kneip/Löber* a. a. O., S. 126 f.

[43] *Daxl,* in: *Tewes,* Bauherrenmodelle, Teil 4/9.6 und *Kneip/Löber* a. a. O., S. 131 ff.

[44] BStBl. I 1968, 297

[45] *Schwarz,* in: *HUG-A* Gruppe 4/K/S. 1 ff. (Immobiliarsachenrecht) und S. 63 f. (Mietrecht) sowie S. 70 f. (WEG), ferner S. 75 ff. (Steuern und Abgaben)

oder zur Vermietung und Verpachtung zu Gewerbezwecken) regelte nach der Revolution des Jahres 1975 neu der „Codex für Auslandsinvestitionen" (1977), der 1986 grundlegend geändert wurde. Für EU-Ausländer sind seit 1991 viele dieser Beschränkungen entfallen (ggf. noch Meldepflichten bei der portugiesischen Zentralbank – Banco do Portugal – in Funktion des früher zu Kontrollzwecken eingesetzten Instituts für ausländische Investitionen). Der EG-Beitritt wird hier möglicherweise zusätzliche Erleichterungen bringen. Indirekte Beschränkungen ergeben sich wiederum aus der fortbestehenden **Devisenbewirtschaftung** in Portugal. Insbesondere müssen für den Erwerb von Immobilien durch Ausländer ausländische Devisen eingesetzt und deren Einfuhr einer Deviseneinfuhrgenehmigung durch den Banco do Portugal unterworfen werden, was im Rahmen der notariellen Verträge geprüft wird. Bei devisenrechtlich ordnungsgemäßem Erwerb ist allerdings der Rücktransfer etwa erzielter Veräußerungserlöse nach 5 Jahren i. d. R. zwar genehmigungspflichtig, aber genehmigungsfähig.[46]

62 Das portugiesische **Immobiliarsachenrecht** folgt zwar dem Prinzip der anderen Länder des romanischen Rechtskreises, wonach Vertragsabschluß und Übergabe für den Übergang des Eigentums genügen und das Eigentumsregister vor allem Beweissicherungsfunktion hat; allerdings ist es ähnlich wie in Spanien mit Schutzfunktionen gegen Doppelverkauf ausgestattet. Jedoch ist für das kaufvertragliche Verpflichtungsgeschäft notarielle Beurkundung vorgeschrieben, privatschriftliche Vorverträge entfalten nur eine begrenzte Bindungswirkung.[47]

63 Portugal erhebt auf die entgeltliche Übertragung von Immobilienvermögen eine **Grunderwerbsteuer** mit gestaffelten Sätzen zwischen 8% (landwirtschaftliche Grundstücke) bis zu 17,25%. Verschiedene Befreiungsmöglichkeiten können Ausländer meist nicht wahrnehmen. Unterverbriefung ist wie in Spanien wegen der nachteiligen Folgen für die Devisen-Wiederausfuhr dem ausländischen Käufer nicht zu empfehlen.[48]

64 Portugal kennt keine allgemeine Vermögensteuer, wohl aber wiederum gemeindliche **Grundsteuern** auf der Grundlage der von Zeit zu Zeit angepaßten Katasterwerte. Die Grundsteuerlast wird trotz Steuersätzen zwischen 12 und 18% wegen niedriger Katasterwerte als relativ gering bezeichnet. Auch die **Erbschaft- und Schenkungsteuer** bemißt sich nach der Höhe der Katasterwerte und staffelt die Steuersätze nach dem Verwandtschaftsgrad mit Freibeträgen, wobei die Sätze von 4% bis zu 75% reichen.[49]

65 Die portugiesische **Einkommensteuer** erfaßt sowohl eine nach einem fiktiven Mietwert geschätzte Steuer auf die Eigennutzung (18%) wie die Besteuerung des Überschusses von Mieteinnahmen über Werbungskosten und werterhaltende Aufwendungen mit dem gleichen Satz. Hinzu kommen in bestimmten Regionen lokale Zuschläge in Höhe von bis zu 12%. **Veräußerungsgewinne** werden nur besteuert bei der Veräußerung unbebauter Grundstücke oder von Grundstücken, die einer Betriebsstätte dienen, also i. d. R. nicht bei privaten Mietobjekten.[50]

66 Mit Portugal besteht seit dem 1. 1. 1983 ein nur im Bereich der Einkommen- und Vermögensteuer geltendes **Doppelbesteuerungsabkommen** vom 15. 7. 1980[51] nach der Freistellungsmethode mit Progressionsvorbehalt. Im Rahmen der Erbschaft- und Schenkungsteuer ist dagegen lediglich die Anrechnung der portugiesischen Steuer über § 21 Erbschaftsteuergesetz möglich.

---

[46] Einzelheiten bei *Schwarz* a. a. O. (Fn 35); *Fehrenbach* in: *Tewes,* Bauherrenmodelle, Teil 4/9.5.4.3, 4/9.5.4.4 und 4/9.5.3.1.

[47] Einzelheiten bei *Schwarz* a. a. O. (Fn 35); *Fehrenbach* in: *Tewes,* Bauherrenmodelle, Teil 4/9.5.4.3, 4/9.5.4.4 und 4/9.5.3.1.

[48] Einzelheiten bei *Schwarz* a. a. O. (Fn 35); *Fehrenbach* in: *Tewes,* Bauherrenmodelle, Teil 4/9.5.4.3, 4/9.5.4.4 und 4/9.5.3.1.

[49] Einzelheiten bei *Schwarz* a. a. O. (Fn 35); *Fehrenbach* in: *Tewes,* Bauherrenmodelle, Teil 4/9.5.4.3, 4/9.5.4.4 und 4/9.5.3.1.

[50] Einzelheiten bei *Schwarz* a. a. O. (Fn 35); *Fehrenbach* in: *Tewes,* Bauherrenmodelle, Teil 4/9.5.4.3, 4/9.5.4.4 und 4/9.5.3.1.

[51] BStBl. I 1982, 348

5. Österreich.[52] Österreichische Immobilien, an denen traditionell gerade in Deutschland stärkeres Interesse besteht, werden an Ausländer immer noch überwiegend als Ferienimmobilien in Tourismusgebieten abgegeben. Die Preise liegen zum Teil auf hohem, deutsche Verhältnisse erreichenden Niveau, mit sehr starken regionalen Unterschieden. Zur Wertschätzung dürften das geringe Kursrisiko und die günstigen österreichischen Regelungen zum Schutze des Steuer- und Bankgeheimnis beitragen. 67

Die in den Grundverkehrsgesetzen der einzelnen Bundesländer geregelten **Ausländererwerbsbeschränkungen** bestehen inzwischen seit vielen Jahren und sind formal recht streng. I. d. R. bedurften bisher alle Ausländer-Erwerbe der Genehmigung, die versagt wird, wenn sich der Immobilienerwerb als Kapitalanlage (z. B. bei Erwerb von Mietwohnungen) und nicht als Erwerb zur privaten Eigennutzung darstellt. Damit wurden teilweise sog. Überfremdungsklauseln verbunden, welche eine Kontingentierung in einzelnen Regionen oder Gemeinden bewirken sollen. In fast allen österreichischen Bundesländern (Ausnahme vor allem: Tirol) bestehen aber legale Umgehungsmöglichkeiten dieser Erwerbsbeschränkungen durch Erwerb über die Beteiligung an Gesellschaften oder „Vereinen". Diese Ausnahmebestimmungen wurden bisher in den einzelnen Bundesländern unterschiedlich gehandhabt. Nunmehr ist mit dem Beitritt Österreichs zur EU ab 1. 1. 1995 mit einer deutlichen, derzeit verhandelten Liberalisierung zu rechnen, wobei sich Erwerbsbeschränkungen künftig wohl nur noch auf einzelne Regionen beziehen oder das Residenzprinzip (teilweise) durchsetzen dürfte.[53] Die bisher bestehende österreichische **Devisenkontrolle,** die insbesondere beim Erwerb österreichischer Immobilien durch Ausländer eine Deviseneinfuhrgenehmigung der österreichischen Nationalbank erforderte, wurde schon bisher als sehr freizügig bezeichnet, sie dürfte nach dem Beitritt bald gegenstandslos werden. 68

Das österreichische **Immobiliarsachenrecht** fordert zwar für die Wirksamkeit von Immobilienkaufverträgen keine besondere Form, insbesondere keine Einigung der Parteien in notarieller oder sonstiger Urkunde, knüpft aber anders als die romanischen Rechte den Eigentumswechsel an die Eintragung im Grundbuch, das ähnlich wie in Deutschland mit konstitutiver Wirkung und Gutglaubensschutz ausgestattet ist. Da die Grundbucheintragung (Einverleibung) notariell errichtete Urkunden voraussetzt, führt dies zu einem indirekten Formzwang.[54] 69

Auch das österreichische Recht kennt gesetzlich ähnlich wie in Deutschland geregeltes **Wohnungs- und Teileigentum** (Stockwerkseigentum). Im Vermietungsbereich besteht in Österreich seit 1982 eine relativ strenge **Mieterschutzgesetzgebung,** welche durch Festsetzung von Höchstmieten für Wohnungen einzelner Ausstattungskategorien stark in die Mietpreisbildung und die Möglichkeiten von Mieterhöhungen eingreift.[55] 70

Österreich erhebt **Grunderwerbsteuer** auf entgeltliche Grundstücksübertragungen, ermäßigt beim Erwerb von nahen Angehörigen, mit Steuerbefreiungen in bestimmten Fällen.[56] 71

In Österreich besteht sowohl eine allgemeine **Vermögensteuer** wie die Unterwerfung des Grundbesitzes unter gemeindliche, ähnlich wie in Deutschland über Steuermaßzahlen und Hebesätze geregelte **Grundsteuern.** Bemessungsgrundlage ist der von der Steuerbehörde festgestellte Einheitswert der Immobilie. Auch das **Erbschaft- und Schenkungsteuersystem** ist dem deutschen System ähnlich durch die Einteilung in nach dem Ver- 72

---

[52] *Bolik,* in: *Tewes,*Bauherrenmodelle, Teil 4/9.4; *Meyer,* in: *HUG-A* Gruppe 4/B/S. 1 ff. und S. 84 f. (Mietrecht) S. f. (Wohnungseigentum) und ferner S. 95 ff. (Steuern und Abgaben)

[53] Ausführlich zur bisherigen Rechtslage die Autoren zu Fn 38.

[54] *Meyer,* a. a. O. (Fn 38)

[55] vgl. insbes. *Meyer* a. a. O., S. 86 ff. (Fn 38)

[56] *Meyer,* in: *HUG-A* (Fn 38) Gruppe 4/B/S. 100 f.; *Bolik,* a. a. O. (Fn 38), auch zum internationalen steuerlichen Vergleich. Nach *Meyer* a. a. O. (S. 100 a) unterliegen Vermietungserlöse der – abwälzbaren – Umsatzsteuer (Stand: 1989); zu laufenden steuerartigen Belastungen mit Gebühren auf Mietverträge, Kreditverträge und Hypothekarverschreibungen vgl. *Bolik,* a. a. O. (Fn 38).

wandtschaftsgrad gestaffelte Steuerklassen und mit dem Wert des Vermögensübergangs steigende Steuersätzen, die bei niedrigen Werten zwischen 2% und 5% liegen, darüber hinaus jedoch relativ stark bis auf 60% ansteigen.

73 Die österreichische **Einkommensteuer,** dem deutschen System sehr ähnlich, ist mit einem progressiv bis zu 50% steigenden Steuersatz in 5 Progressionsstufen ausgestaltet. Für Einkünfte aus Vermietung und Verpachtung erfolgt die Ermittlung durch Vergleich der Brutto-Mieteinnahmen mit den Aufwendungen einschließlich Schuldzinsen und steuerlichen Abschreibungen. Für Eigennutzung wird ein steuerpflichtiger Mietwert nicht angesetzt.

74 **Veräußerungsgewinne** werden wie in Deutschland im Rahmen der allgemeinen Einkommensteuer dann als steuerpflichtige Spekulationsgewinne behandelt, wenn bestimmte Spekulationsfristen zwischen Ankauf und Verkauf nicht eingehalten werden (im Normalfall 10 Jahre, gilt nicht bei Veräußerung von Eigenheimen).

75 Mit Österreich bestehen im Bereich der Einkommensteuer und Vermögensteuer die **Doppelbesteuerungsabkommen** vom 4. 10. 1954 und vom 8. 7. 1992[57] nach der Freistellungsmethode mit Progressionsvorbehalt. Auf dem Gebiet der Erbschaftsteuern besteht mit Österreich (eines der wenigen) DBA vom 4. 10. 1954.[58]

76 **6. Schweiz.**[59] Immobilienanlagen deutscher Anleger in der Schweiz erfreuten sich bereits vor Jahrzehnten großer und steigender Beliebtheit. Im Vordergrund stand auch hier die Ferienimmobilie (Ferienhaus, Ferieneigentumswohnung, Beteiligung an einem sonstigen Freizeitobjekt), manchmal nicht nur als Ferienzweitwohnung, sondern auch als Zweitwohnung zur Alterssicherung. Ausschlaggebend waren und sind dabei nicht nur touristische Überlegungen, sondern auch das Vertrauen in die wirtschaftliche und politische Stabilität der Schweiz und ihre besonders harte Währung, bisweilen auch das Vertrauen in die früher recht strengen Vorschriften zum Schutze des schweizerischen Bank- und Steuergeheimnisses. Im Vordergrund des Kapitalanlegerinteresses steht auch heute noch die Ferienimmobilie. Das liegt nunmehr allerdings wohl vor allem daran, daß die inzwischen strengen Erwerbsbeschränkungen für Ausländer in der Schweiz heute praktisch nur noch diese Art der Immobilienanlage in Grenzen ermöglichen.

77 Bis zur Einführung des neuen § 2 a EStG war die Schweiz ferner eines der wenigen Länder, in denen auch steuerorientierte Kapitalanlagen, insbesondere **Bauherrenmodelle,** eine gewisse wirtschaftlich bedeutsame Verbreitung am deutschen Kapitalanlegermarkt erreichten. Hierzu hatte auch das mit der Schweiz bestehende DBA (mit Anrechnungsmethode) beigetragen, das bis zur Einführung von § 2 a EStG auf diesem Wege die Berücksichtigung ausländischer (Schweizer) Immobilienverluste im Rahmen der deutschen Besteuerung ermöglichte. Unter diesem Aspekt ist mit § 2 a EStG das Bauherrenmodell in der Schweiz allerdings praktisch uninteressant geworden.

78 Die relativ große Nachfrage deutscher Kapitalanleger nach Schweizer Immobilien hat vor allem in den begehrten Tourismusgebieten (Graubünden, Tessin, Wallis) mit dazu beigetragen, daß das Preisniveau für solche Immobilien bis heute als hoch anzusehen ist, wobei deutsche Kapitalanleger oft höhere Preise als Schweizer Inländer zu zahlen bereit waren; das führt heute unter der Geltung der **Erwerbsbeschränkungen** für Ausländer oft zu Schwierigkeiten bei der Wiederverwertung solcher Objekte. Darüber hinaus sind die Lebenshaltungskosten in der Schweiz durchgängig hoch, somit auch die Kosten der Bewirtschaftung und Betreuung solcher Immobilien.

---

[57] BStBl. I 1955, 370 und BStBl. I 1994, 227. Erbschaftsteuer-DBA in BStBl. I 1955, 376.

[58] BStBl. I 1955, 370 und BStBl. I 1994, 227. Erbschaftsteuer-DBA in BStBl. I 1955, 376.

[59] *Knapp,* in: *Bihr*/u. a. Geldanlagen, Gruppe 3/D (2), S. 76 ff. bezeichnet die Schweiz sogar als „das beliebteste Zweitanlageland der Welt", vgl. im einzelnen *Steuber,* in HUG-A Gruppe 4/A S. 1 ff., insbesondere S. 9 ff. (Erwerbsbeschränkungen für ausländische Käufer) und S. 68 f. (Mietrecht/WEG) sowie S. 73 ff. (Besteuerung), ferner *Schmidt,* in: *Tewes,* Bauherrenmodelle a. a. O., Teil 4/9.5

Erste Maßnahmen, den Erwerb von Schweizer Grundstücken durch Ausländer bewilligungspflichtig zu machen und damit den „Ausverkauf der Heimat" einzuschränken, wurden in der Schweiz als zeitlich begrenzte Teilregelungen bereits seit 1961 ergriffen und in der Folgezeit mehrfach erweitert und verlängert („lex Furgler"/"lex Friedrich"). Seit dem 1. 1. 1985 besteht auf unbefristete Dauer das Bundesgesetz über den Erwerb von Grundstücken durch Personen im Ausland (BewG) vom 16. 12. 1983 (sog. „lex Friedrich"), sowie die zugehörige Verordnung über den Erwerb von Grundstücken durch Personen im Ausland (BewV) vom 1. 10. 1984. Art. 3 des BewG ermächtigt allerdings ausdrücklich die einzelnen Schweizer Kantone, „zur Wahrung ihrer unterschiedlichen Interessen zusätzliche Bewilligungsgründe und weitergehende Beschränkungen" im Rahmen dieses Gesetzes zu erlassen, wovon eine Reihe von Kantonen Gebrauch gemacht haben mit der Folge, daß die **zusätzlichen kantonalen Regelungen** stets ergänzend zu beachten sind. Insgesamt besteht bis heute ein der stark föderalistischen Struktur der Schweiz entsprechendes kompliziertes System von **Bewilligungspflichten und Kontingentierungen** mit erheblichen lokalen Unterschieden. Ein Versuch der Schweizer Bundesregierung, das System zu liberalisieren und zum Residenz-Prinzip überzugehen (auch mit Rücksicht auf internationale Verpflichtungen), ist im Juni 1995 in Volksabstimmung gescheitert.[60] 79

Das Zivilrecht der Schweiz,[61] insbesondere das Schweizerische Zivilgesetzbuch (ZGB) und das hierzu als ergänzendes Bundesgesetz erlassene Gesetzbuch zum Obligationenrecht (OR), eingeführt in den Jahren 1904 bis 1909, sind bekanntlich in vielen Teilen stark durch die Rechtsdogmatik und Rechtssystematik des zum 1. 1. 1900 in Kraft getretenen BGB und die damalige deutsche Rechtslehre beeinflußt worden. Das Schweizer **Immobiliarsachenrecht** unterscheidet ebenso wie das deutsche Recht zwischen dem obligatorischen Kausalgeschäft und dem dinglichen Vollzugsgeschäft, das allerdings in der Form gegenüber der deutschen Auflassung stark vereinfacht ist und auch privatschriftlich erfolgen kann. Das obligatorische Kausalgeschäft (Kauf, Schenkung, Tausch etc.) bedarf grundsätzlich der öffentlichen Beurkundung. Wie in Deutschland ist Wirksamkeitsvoraussetzung für den Eigentumsübergang ebenfalls die Eintragung im Grundbuch. Die Schweiz hat 1963 ebenfalls die nunmehr sehr verbreitete Form des **Wohnungseigentums** (Stockerwerbseigentum) in ihr ZGB eingefügt (Artt. 712 a – 712 t ZGB). Die Verfahrensregelungen für die Führung der Grundbücher und die öffentliche Beurkundung sind in den einzelnen Kantonen zum Teil unterschiedlich ausgestaltet (nicht in allen Schweizer Kantonen muß diese zwingend vor einem Notar erfolgen). Im Rahmen der Grundbucheintragung prüft der Grundbuchbeamte auch das Vorliegen einer etwa erforderlichen Bewilligung nach dem BewG. 80

Das Schweizer Zivilrecht kennt inzwischen eine Reihe von **Mieterschutzbestimmungen.** Zwar besteht nicht der strenge Wohnraumkündigungsschutz, wie er seit 1974 als Dauerrecht im BGB verankert ist, wohl aber eine mietrechtliche Sozialklausel (Anspruch des Mieters auf Verlängerung des Mietverhältnisses durch das Gericht im Falle besonderer Härte). Der Grundsatz „Kauf bricht nicht Miete" gilt nur sehr eingeschränkt, da dem Erwerber Kündigungsmöglichkeit zum nächstzulässigen gesetzlichen Termin eingeräumt wird (Artt. 259 OR). 81

Der Erwerb und die Veräußerung von Grundstücken in der Schweiz unterliegt der kantonalen, der deutschen Grunderwerbsteuer sehr ähnlichen **Handänderungsteuer** (i. d. R. proportional, Steuersatz zwischen 1 und 2%). Hier wie bei den sonstigen Steuerarten ist zu beachten, daß die Schweiz als besonders stark gegliederter Bundesstaat Steuern teilweise als Bundessteuern, insbesondere aber als Kantonalsteuern und Gemeindesteuern (so die Handänderungsteuer) erhebt.[62] 82

---

[60] Zur Rechtslage aufgrund der „lex Friedrich" und den Auswirkungen auf den Markt vgl bereits *Annasohn,* in: *Bihr*/u. a., Geldanlagen, Gruppe 4, S. 1271 ff., ferner die Vorauflage dieses Werks (§ 21 Rnr. 79–87) und *Steuber* a. a. O. (Fn 44), S. 9 ff. sowie *Bolik* a. a. O., Teil 4/9.5, S. 4 f.

[61] *Steuber* S. 48 ff. und *Bolik* a. a. O., Teil 4/9.5. S. 9 f. (Fn 44)

[62] *Steuber* a. a. O. (Fn 44) ab S. 73 ff.; *Bolik* a. a. O. (Fn 44), S. 11. Die Handänderungsteuer fällt auch im Erbgang an, vgl. *Steuber* a. a. O.

83 Nicht auf Bundesebene, jedoch durchgehend auf Kantonalebene wird eine für Schweizer Grundstückseigentümer meist am sog. Steuer- oder Katasterwert, nicht am reinen Verkehrswert, ermittelte **Vermögensteuer** mit verschiedenen Freibeträgen und i. d. R. progressiv ausgestalteten Tarifen erhoben.[63] Für schweizerische Immobilien in deutschem Eigentum bestehen aufgrund einer Verständigungsvereinbarung zum deutsch-schweizerischen DBA besondere Wertermittlungsvorschriften. In vielen Kantonen, meist von den Gemeinden, wird ferner zusätzlich eine lokale **Grundsteuer** erhoben (Bemessungsgrundlage: Verkehrswert, Katasterwert oder Steuerwert ohne Schuldenabzug; proportionaler Steuersatz zwischen 0,5% bis 2,0%).

84 Auch in der Schweiz wird fast überall auf kantonaler **Ebene Erbschaft- und Schenkungsteuer** erhoben. In den einzelnen Kantonen bestehen sehr unterschiedliche Ausgestaltungen, Steuersätze und Tarifstaffelungen, je nach Verwandtschaftsgrad und Höhe des steuerpflichtigen Betrages.[64]

85 Der laufenden **Einkommenbesteuerung** in der Schweiz unterliegen sowohl Mieteinkünfte aus Schweizer Immobilien wie die nach dem sog. Eigenmietwert (Nutzungswert) zu ermittelnden Vorteile durch Eigennutzung. Als Werbungskosten sind abzugsfähig insbesondere Verwaltungskosten, laufende Betriebskosten, öffentliche Abgaben, außerdem Teile der effektiv bezahlten Schuldzinsen auf das Fremdkapital (mit Pauschalierungsmöglichkeiten), dagegen „Abschreibungen" nur über kantonal unterschiedlich zugelassene Kostenpauschalen. Erhoben wird eine direkte **Bundessteuer** („Wehrsteuer") als progressive Einkommensteuer, ferner die **kantonale** Einkommensteuer („einfache Staatssteuer") und – oft in Form von Zuschlägen zu der für den Kanton ermittelten Steuerbemessungsgrundlage – **gemeindliche** Einkommensteuern. Die Kantonal- und Gemeinde-Einkommensteuern sind nicht nur generell wirtschaftlich bedeutender als die Bundessteuer; sie sind auch von Kanton zu Kanton und von Gemeinde zu Gemeinde aufgrund der diesen Gebietskörperschaften in der Schweiz eingeräumten starken Steuerautonomie oft sehr unterschiedlich hoch. Bei Immobilienanlagen in der Schweiz ist daher auch das starke interkantonale und interkommunale Steuergefälle stets zusätzlich zu berücksichtigen.[65]

86 Alle Schweizer Kantone unterwerfen ferner den Veräußerungsgewinn von Immobilien einer gesonderten **Grundstücksgewinnsteuer** als Sondereinkommensteuer. Besteuerungsgrundlagen und Steuersätze sind von Kanton zu Kanton sehr verschieden; im Grundsatz wird meist ein progressiver Tarif angewandt, bei dem die Eigentumsdauer des Veräußerers wiederum steuermindernd berücksichtigt wird, was zu einer starken Spreizung des Tarifs führt.[66]

87 Zwischen der Bundesrepublik Deutschland und der Schweiz bestehen Vermögen- und Einkommensteuer-**Doppelbesteuerungsabkommen** vom 11. 8. 1971/30. 11. 1978, vom 17. 10. 1989 und vom 21. 12. 1992 als DBA mit Anrechnungsmethode. Wegen der dabei aufgetretenen erheblichen Wertermittlungsschwierigkeiten (die Wertermittlung nach Schweizer Recht ist gegenüber der nach deutschem Immobiliensteuerrecht nicht gleichartig, insbesondere im Bereich der Abschreibungen) besteht hierzu eine Verständigungsvereinbarung über schweizerischen Grundbesitz.[67] Für den Bereich der Erbschaftsteuer (nicht: Schenkungsteuer) gilt das DBA vom 30. 11. 1978.[68]

---

[63] vgl. *Meyer* a. a. O., (Fn 44) ab S. 86 f. mit Tabelle; *Bolik* a. a. O., Teil 4/9.5, S. 17.

[64] *Meyer* a. a. O. (Fn 44) ab S. 29; *Bolik* a. a. O. (Fn 44) ab S. 17 f.

[65] vgl. die Autoren wie Fn 47, insbes. *Meyer* a. a. O. S. 82 f. und *Bolik* a. a. O. S. 11. f.

[66] vgl. im einzelnen *Meyer* a. a. O., S. 74 ff. (mit Darstellung zu den einzelnen Kantonen) und *Bolik* a. a. O., S. 14 f.

[67] BStBl. I 1972, 520 und BStBl. I 1980, 399; BStBl. I 1990, 409; BStBl. I 1993, 927; vgl. hierzu *Meyer* a. a. O. (Fn 47) ab S. 87 ff. und S. 119 f. Zum Erbschaftsteuer-DBA vom 30. 11. 1978 vgl. BStBl. I 1990, 244.

[68] BStBl. I 1972, 520 und BStBl. I 1980, 399; BStBl. I 1990, 409; BStBl. I 1993, 927; vgl. hierzu *Meyer* a. a. O. (Fn 47) ab S. 87 ff. und S. 119 f. Zum Erbschaftsteuer-DBA vom 30. 11. 1978 vgl. BStBl. I 1990, 244.

7. USA.[69] Deutsche Kapitalanlagen in die USA haben seit den 70er Jahren insgesamt erhebliche Mittel deutscher Kapitalanleger mobilisiert und starke Steigerungsraten erfahren, von denen zwar nur ein geringer – bemessen an sonstigen Auslandsinvestitionen deutscher Kapitalanleger aber immer noch sehr bedeutender – Teil in USA-Immobilien investiert wurde. Dabei standen zunächst und bis heute **Gewerbeobjekte** im Vordergrund; das Angebot wurde dann aber auch auf **Wohnungsbauobjekte** und in letzter Zeit auch auf **Freizeitimmobilien** erweitert. Die Bereitschaft zu derartigen Investitionen hat sich nach vorübergehender Rezession vor allem mit dem niedrigen Kurs des US-Dollars zur DM wieder deutlich belebt. Die USA gelten nach wie vor als ein Land mit politischer Stabilität und starker wirtschaftlicher Dynamik, unternehmerischer Bewegungsfreiheit und günstigen Renditen bei einem – auch nach der Steuerreform 1986 – immer noch vergleichsweise günstigen Steuerniveau ohne Schwierigkeiten mit Devisen- und Erwerbsbeschränkungen. Starken Einfluß auf die bisherige Entwicklung des deutschen Anlegermarktes in USA-Immobilien hatte allerdings der in den letzten Jahren starken Schwankungen unterworfene **Dollarkurs,** welcher – zusammen mit dem gegenüber Deutschland unabhängigen, z. T. höheren US-Zinsniveau – das Geschehen auf diesem Anlagemarkt und dessen Schwankungen stark beeinflußt.[70] 88

Der deutsche US-Immobilieninvestor muß sich in den USA mit einem besonders **stark abweichenden Zivil- und Steuerrechtssystem** gegenüber europäischen Investitionsländern abfinden. Auch die wirtschaftlichen Rahmenbedingungen der USA-Immobilienmärkte unterscheiden sich, wie in der Literatur immer wieder betont wird, teilweise erheblich von europäischen, insbesondere deutschen Gepflogenheiten: 89

- In den USA stehen nach wie vor riesige unbebaute, aber entwicklungsfähige **Grundstücksflächen** zur Verfügung; das Preisniveau für Grund und Boden ist daher derzeit im Durchschnitt gesehen eher niedrig. 90
- In den USA wird regelmäßig rationeller und **billiger gebaut,** zumal bei Wohn- wie Gewerbeobjekten eine Nutzungsdauer von maximal 40–50 Jahren als ausreichend angesehen wird, durch die Gebietskörperschaften vergleichsweise geringerer Einfluß auf Baugestaltung und Bauausführung durch die behördliche Genehmigungspraxis genommen und auch bei der Infrastruktur deutlich geringerer Aufwand getrieben wird, insbesondere bei der Entwicklung von Einrichtungen der Ver- und Entsorgung und des Massenverkehrs, mit einigen Ausnahmen für besondere Ballungsgebiete und Regionen im trockenen Süden und Westen. 91
- Zwar wird an bestimmten Standorten in den Zentren der Ballungsgebieten (New York, Chicago, San Francisco, Los Angeles) der dort ausnahmsweise überdurchschnittlich knappe Baugrund durch vielstöckige Hochbauten äußerst intensiv genutzt; in den übrigen Bereichen dominiert jedoch eine relativ niedrige, bautechnisch anspruchslose und in der Fläche enorm **ausgedehnte Bebauung,** vor allem im Wohnungsbereich, der in den USA noch immer vornehmlich von kleinen, einfachen Eigenheimen in den Vororten geprägt ist (die Eigentumsquote im Wohnbereich ist in den USA mit ca. 70% deutlich höher als z. B. in Deutschland). 92

---

[69] vgl. *Wollny* HdB, Fach 1510, vor allem zu wirtschaftlichen und steuerlichen Fragen (mit Tabellen und Statistiken); *Heiss,* in: *HUG-A,* Gruppe 5 A/I S. 1 ff., insbesondere zu S. 3 f. (Erwerbsbeschränkungen für ausländische Käufer) und S. 79 ff. (Mietrecht/WEG) sowie S. 93 ff. (Steuern und Abgaben); *Turcon/Zimmer,* Grundlagen des US-Amerikanischen Gesellschafts-, Wirtschafts-, Steuer- und Fremdenrecht, München 1994, insbes. S. 274 ff. (Erwerbsbeschränkungen) und S. 393 ff. (Grundlagen des US-Amerikanischen Steuerrechts).

[70] vgl. *Wollny* HdB, Fach 1510, vor allem zu wirtschaftlichen und steuerlichen Fragen (mit Tabellen und Statistiken); *Heiss,* in: *HUG-A,* Gruppe 5 A/I S. 1 ff., insbesondere zu S. 3 f. (Erwerbsbeschränkungen für ausländische Käufer) und S. 79 ff. (Mietrecht/WEG) sowie S. 93 ff. (Steuern und Abgaben); *Turcon/Zimmer,* Grundlagen des US-Amerikanischen Gesellschafts-, Wirtschafts-, Steuer- und Fremdenrecht, München 1994, insbes. S. 274 ff. (Erwerbsbeschränkungen) und S. 393 ff. (Grundlagen des US-Amerikanischen Steuerrechts).

93 • Aus verschiedenen Gründen ist andererseits die psychologische Bindung der Amerikaner an einmal gewählte Standorte wesentlich geringer und die Bereitschaft zur **Mobilität** für Privatpersonen wie Unternehmen wesentlich höher als in Europa. Nach dem statistischen Durchschnitt zieht z. B. ein US-Amerikaner im Laufe seines Lebens ca. siebenmal um, US-Amerikaner ohne Eigenheime, also Nutzer von Mietwohnungen, noch häufiger. Er folgt damit der Mobilitätsbereitschaft auch der amerikanischen Unternehmen, die leichter als europäische bereit sind, in zum Teil enormen Wanderungsbewegungen neue Standorte zu suchen und die alten mit den dortigen Immobilien kurzfristig zu verlassen.

94 • Die amerikanischen Immobilienmärkte sind daher viel deutlicher als europäische von **spekulativen** Elementen beeinflußt (welche in den USA nicht unbedingt als anrüchig gelten); darüber hinaus herrscht gegenüber Europa eher nüchternes Ertragswert-Denken vor, verbunden mit der in den USA schon fast traditionell höheren Bereitschaft, sich zu verschulden.

95 • Diese verschiedenen Faktoren im Zusammenspiel haben zur Folge, daß es in den USA praktisch ausschließlich **Regional-und Lokal-Immobilienmärkte** gibt, die sich, unter Umständen im gleichen Zeitraum, völlig unterschiedlich entwickeln. Das lokale Immobiliengeschehen unterliegt ferner viel stärkeren Schwankungen nach oben oder unten als vergleichbare europäische Märkte: Immobilien-Baugebiete, die heute äußerst attraktiv erscheinen, können morgen kurzfristig veröden, andere, schon aufgegebene, plötzlich wieder an Attraktivität gewinnen.

96 Die außerordentlich vielfältigen und dynamischen US-Immobilienmärkte für deutsche Kapitalanleger mit ihren von Europa stark abweichenden wirtschaftlichen, steuerlichen und rechtlichen Rahmenbedingungen können im Rahmen dieses Handbuchs nicht erschöpfend dargestellt werden; insoweit muß auf die allerdings hier inzwischen in beträchtlichem Umfang vorhandene Spezialliteratur verwiesen werden.[71] Zusammengefaßt ergeben sich für deutsche Kapitalanleger folgende Objekttypen:

97 • **Bürogebäude,** vor allem in den Zentren von Ballungsgebieten, wobei entscheidendes wirtschaftliches Gewicht dem Mietvertrag mit dem Hauptmieter zukommt;

98 • **Einkaufsmärkte** und Einkaufszentren (Shopping Centers) unterschiedlicher Größe, mit ähnlichen Kriterien, wobei hier die Standorte durchaus auch in den Regionen um die Ballungsgebiete oder in Vorstädten liegen können;

99 • **Lagerhäuser,** insbesondere sog. self-storage-Anlagen/Mini-warehouses (Selbstbedienungs-Lagereinheiten für Mieter aller Art);

100 • in engen Grenzen auch **Wohnbauobjekte** wie Einfamilienhäuser und – in den USA seit Ende der 70er Jahre allmählich stärker verbreitet – Eigentumswohnungen in Mehrfamilienhäusern im Geschoßwohnungsbau (Apartements), zum Teil auch durch Umwandlung vorhandener Einzelbestände (sog. condominium conversions);

101 • in Tourismusgebieten inzwischen auch **Ferienimmobilien** wie Ferienbungalows, Ferienwohnungen und Freizeitanlagen (resorts) wie Marinas, Tennis- und Golfcentren.

102 Solche Objekte wird ein deutscher Kapitalanleger im Direkterwerb wegen der Entfernung und der zusätzlichen, qualifizierten Beratung und Betreuung in einem fremden Rechts- und Steuersystem nur anstreben, wenn gewisse Mindest-Investitionssummen überschritten werden können. Für die Anlagen kleinerer Beträge entwickelt wurden daher auch hier **Immobilienfonds**-Konstruktionen, bei denen sich der deutsche Kapitalanleger an einer US-Immobilie durch direkte oder indirekte Beteiligung an einer US-Personen-

---

[71] vgl. zunächst die Autoren zu Fn 53 und zu Fn 56. Aus der älteren vor allem in Beschreibung der wirtschaftlichen Abläufe nach wie vor verwendbare Literatur vgl. etwa *Meyerhoff/Müller-Welser,* in: *Fleischmann*/u. a., Steuern, S. 399 ff.; *Winteler,* Kapitalanlagen, S. 65 ff.. Die in den USA – auch für deutsche Kapitalanleger – häufig in diesem Zusammenhang behandelte Landspekulation ist hier nicht zu behandeln.

gesellschaft (meist in der Rechtsform der limited partnership, vergleichbar der deutschen KG) beteiligt. Beteiligungen über Kapitalgesellschaften (corporations) sind dagegen wegen der Doppelbesteuerung der Einkünfte von Kapitalgesellschaften über US-Körperschaftssteuer bei der Gesellschaft und BRD-Einkommensteuer auf die Dividende beim Anleger nur in Ausnahmefällen interessant.[72]

In den USA bestehen auf Bundesebene keine direkten **Erwerbsbeschränkungen** für ausländische Immobilienanleger, jedenfalls außerhalb des Bereichs der Landwirtschaft. Eine Reihe von Bundesstaaten hat jedoch solche Erwerbsbeschränkungen eingeführt.[73] Eine indirekte, etwas schlechtere Behandlung ausländischer Anleger kann sich aus den steuerlichen Regelungen zum Quellensteuerabzug in den USA und dem Foreign Investment in Real Property Tax·Act (FIRPTA) mit seinen Meldepflichten ergeben (s. u. Rdnr. 126). **Devisenbeschränkungen** bestehen derzeit nicht. **103**

Das dem Rechtskreis des angelsächsischen common law entstammende **US-Zivilrecht** (jedenfalls in den meisten US-Bundesstaaten) ist wie schon das ursprünglich englische Grundstücksrecht ein „Recht für Schwindelfreie", erfordert jedenfalls für den am mitteleuropäischen civil law geschulten Juristen starkes Umdenken. Erschwerend kommt hinzu, daß in den hier einschlägigen Rechtsgebieten (Immobiliarsachenrecht, Mietrecht etc.) ein einheitliches US-Bundeszivilrecht mit einer einheitlichen, übergreifenden Kodifikation fehlt, wenn auch die gemeinsame Tradition des common law zu einer gewissen Vereinheitlichung, jedenfalls Ähnlichkeit der Rechtsinstitute führt. Die einzelnen Bundesstaaten waren und sind berechtigt, diese Rechtsmaterien in ihrem Staat teilweise selbst zu regeln und machen hiervon auf der Ebene der Bundesstaaten, zum Teil bis hinunter zu den Gemeinden, auch Gebrauch (gleiches gilt für das US-Steuerrecht, s. u. Rdnr. 114 f.). **104**

Zum **Immobiliarsachenrecht** (Grundstücksrecht, law of real property) der USA muß auf die Spezialliteratur und auf Länderbeschreibungen für Kapitalanleger verwiesen werden.[74] Jedenfalls sind folgende Besonderheiten gegenüber dem europäischen, jedenfalls deutschen Immobiliarsachenrecht – und die Möglichkeit unterschiedlicher Regelungen von Bundesstaat zu Bundesstaat der USA – besonders im Auge zu behalten: **105**

- Ein **Grundbuchwesen** nach Organisation und Rechtswirkungen im deutschen Sinne gibt es in den USA nicht. Fast alle Bundesstaaten haben aber die Registrierung von Grundstücksgeschäften oder Zertifikaten (land title) über Grundstücksregisterbehörden inzwischen gesetzlich (recording acts) näher geregelt und im Interesse der Rechtssicherheit an die Registrierung (z. T. unterschiedliche) Rechtsfolgen für Veräußerer und Erwerber geknüpft. Die Registrierung gewährt jedoch je nach Bundesstaat keinen oder nur geringen Gutglaubensschutz gegen Erwerb vom Nichtberechtigten und gegen Doppelverkäufe. Eine Hilfe bietet das typisch US-amerikanische Institut der title insurance, also einer Versicherung, mit der sich der Erwerber oder Gläubiger gegen Mängel des Eigentumsrechts beim Vertragspartner und gegen sonstige Rechtsmängel finanziell absichert. **106**
- Das **Immobiliarsachenrecht** des common law der USA kennt keinen numerus clausus der Sachenrechte im deutschen Sinn und nur begrenzt die für das deutsche Recht typische Bedingungsfeindlichkeit dinglicher Verfügungen. Rechte am Grundstück (estate) können als eigentumsähnliche Rechte (freehold estates), insbesondere als Volleigentum (fee simple), als nießbrauchsähnliches, lebenslanges Nutzungsrecht (life estate) oder als bedingtes, insbesondere zeitlich begrenztes Recht, verbunden mit Rückerwerbsrechten des Veräußerers oder Dritter (defeasible estates)[75] begründet oder übertragen werden. **107**

---

[72] vgl. im einzelnen *Wollny* a. a. O., Rdnr. 368 ff

[73] *Elsing,* Wirtschaftsrecht, S. 114 m. w. N.; *Seemann* RIW 1984, 372; *Wollny* HdB, Fach 1510 Rdnr. 339 ff.; *Turcon/Zimmer* a. a. O., S. 274 ff. (detailliert zu den einzelnen Bundesstaaten) und S. 280 f., insbesondere zum FIRPTA (Rdnr. 126 m. w. Nachw.)

[74] *Wollny* HdB, Fach 1510 Rdnr. 181 ff.; *Elsing,* Wirtschaftsrecht, S. 104 ff.; *Heiss* a. a. O. (Fn 53) ab S. 18 ff.

[75] *Wollny* HdB, Fach 1510 Rdnr. 185 f.; . a. O., S. 18 ff. mit Übersichten.

108 – Zur Verfügung stehen wie in Europa auch **Gesamthandseigentum** (joint tenancy), **Bruchteilseigentum** (tenancy in common) und inzwischen auch fast überall **Wohnungs- und Teileigentum** (condominium). Weitere Formen der Einräumung von Rechten an Grundbesitz (insbesondere die sog. non-freehold-estates) erlauben zeitlich beschränkte dingliche Besitzrechte, die nach deutscher Rechtsauffassung eher einer Grundstücksmiete entsprechen, wobei das Mietrecht traditionell als Teil des Grundstücksrechts verstanden, z. T. auch die Registrierung langfristiger Mietverträge zugelassen wird.

109 – Nach der common-law-Tradition und den Gesetzen der Einzelstaaten bedürfen Kaufverträge über Grundstücke und über Grundstücksrechte grundsätzlich zwar (nach dem statute of frauds) der **Schriftform,** wobei der Formmangel nach Grundsätzen, welche deutschen Grundsätzen von Treu und Glauben nahekommen, geheilt werden kann. Ein indirekter, gesteigerter Formzwang durch „notarielle" Beglaubigung von Grundstücksdokumenten (wobei die USA ein Notarwesen wie in Deutschland nicht kennen, notary public vielmehr fast jeder sein kann) wird jedoch dadurch erzeugt, daß die – für ausländische Investoren empfehlenswerte – Registrierung solche notariell beglaubigten Urkunden (warranty deeds und ähnliche Formen) voraussetzt. Beides ist jedoch nicht Wirksamkeitsvoraussetzung für den Eigentumsübergang, für den grundsätzlich die formale Übertragung des Besitzrechts (**delivery**), die auch in der bloßen Übergabe des deed als solchem bestehen kann, ausreichend ist.[76]

110 – Die common-law-Tradition des Kaufrechts allgemein und bis heute insbesondere des Immobiliarkaufrechts ist nach wie vor stark verkäuferfreundlich ausgestaltet; auch wenn im Grundstückskaufrecht immerhin außer Schadensersatz auch Erfüllung (specific performance) verlangt werden kann (was im common-law-Kaufrecht keineswegs selbstverständlich ist), besteht ohne genaue, in der Rechtspraxis der USA außerordentlich detaillierte Vereinbarungen (covenants, warranties) vertraglicher Art meist nur eine eingeschränkte Rechtsmängelhaftung (marketable title) und grundsätzlich ohne vertragliche Vereinbarungen kaum eine **Sachmängelhaftung** (Caveat-Emptor-Prinzip); sie entfällt praktisch ganz nach dem sog. closing.[77]

111 – Der **Eigentumserwerb** vollzieht sich typischerweise in Phasen, nämlich durch Abschluß eines Kaufvertrages, der eher ein Optionsvertrag ist, bei dem aber regelmäßig eine Anzahlung (Reugeld, earnest money) zu leisten ist und, zu einem späteren Zeitpunkt, meist in einem umfangreichen Verfahren der Vertragserfüllung und des Vertragsvollzugs *(closing)*; dabei werden nicht nur die Übergabe förmlicher Urkunden einschließlich delivery, sondern auch Finanzierungsfragen und die Endabrechnung zwischen Verkäufer und Käufer geregelt und urkundlich festgehalten.

112 – Einige Besonderheiten weist auch das US-Realkreditsystem aus. Die US-amerikanischen Bundesstaaten kennen zwar alle in verschiedenen **dingliche Sicherungsrechte,** insbesondere Hypotheken (mortgage). Sie regeln die Rechte des Hypothekengläubigers aber zum Teil sehr unterschiedlich hinsichtlich der Wirkungen, vor allem für den Fall der Zwangsvollstreckung (foreclosure).[78] Andererseits ist in den USA stärker als in Deutschland – wo dies rechtlich zwar möglich, praktisch aber unüblich ist – ein Beleihungssystem bekannt, das mit rein objektbezogener Finanzierung unter Ausschluß des Rückgriffs auf den Kreditnehmer persönlich arbeitet (non-recourse loan).

---

[76] Zu den verschiedenen Vertragsformen und umfangreichen Vertragsregelungen in diesem Bereich vgl. insbesondere *Wollny* HdB, Fach 1510 Rdnr. 181 f. und 194 ff. sowie *Heiss* a. a. O., S. 24 ff. und S. 36 f., speziell zum closing (Rdnr. 201).

[77] Zu den verschiedenen Vertragsformen und umfangreichen Vertragsregelungen in diesem Bereich vgl. insbesondere *Wollny* HdB, Fach 1510 Rdnr. 181 f. und 194 ff. sowie *Heiss* a. a. O., S. 24 ff. und S. 36 f., speziell zum closing (Rdnr. 201).

[78] vgl. ausführlich *Heiss* a. a. O., S. 57 ff.; *Wollny* a. a. O., Rdnr. 138 ff.

– Die common-law-Tradition behandelt auch das Mietrecht über Grundstücke weitgehend als Teil des Grundstücksrechts (landlord and tenant law, lease), nämlich als zeitlich begrenztes Nutzungsrecht am Grundstück (non-freehold estate). Das – grundsätzlich einzelstaatliche – Mietrecht gilt zwar aus deutscher Sicht als sehr liberal, was für Geschäftsraummiete wohl weiterhin zutrifft; zu beachten ist aber, daß eine ganze Reihe von Städten (Vorreiter New York) inzwischen zum Teil **Mieterschutzbestimmungen** (rent control) auf lokaler Ebene eingeführt haben.[79] 113

Das **US-Steuerrecht** ist bis heute stark geprägt durch den betont föderalistischen Staatsaufbau mit sehr weitgehender Autonomie der einzelnen Bundesstaaten auch in der Steuergesetzgebung und zum Teil auch der unteren Gebietskörperschaften. Im Bereich der Einkommensteuer gibt es erst seit 1939 ein bundesweit geltendes **US-Einkommensteuerrecht** durch den Internal Revenue Code (IRC) mit dem Internal Revenue Service (IRS) als Bundes-Steuerverwaltung. Die Bundes-Einkommensteuer (Federal Income Tax) ist in den Jahren 1986 und 1987 tiefgreifend reformiert worden. Die Behandlung von Immobilien-Kapitaleinkünften ausländischer Anleger in den USA hat sich aus der Sicht der Federal Income Tax zwar gegenüber dem früheren steuerlichen Rechtszustand insgesamt etwas verschlechtert, vor allem im Bereich der Ermittlung der Immobilieneinkünfte, bei denen Veräußerungsgewinne in erhöhtem Umfange steuerpflichtig und die bisherigen Abschreibungsmöglichkeiten eingeschränkt worden sind. Damit ist allerdings eine vor allem für den privaten Kapitalanleger gegenüber deutschen Verhältnissen doch spürbare Ermäßigung des maßgeblichen Steuersatzes verbunden worden, der in nur wenigen Tarifstufen von 15% bis 35% (Durchschnittssteuersatz) reicht. Dabei können die daneben selbständig erhobenen Einkommensteuern an den jeweiligen Bundesstaat und die Geminde in der Regel abgezogen werden.[80] 114

Für den ausländischen Immobilien-Kapitalanleger (non resident alien) ist bei der **laufenden** Einkommensbesteuerung vor allem wichtig: 115

– Einkünfte aus reiner Vermietung und Verwaltung von Immobilien, auch solche, die aus einer Immobilien-Kommanditgesellschaft erzielt werden (sog. passive activities) können nur noch begrenzt mit anderen Einkünften **verrechnet** werden. 116

– Die früher sehr hohen **Abschreibungssätze** –Abschreibung in Zeiträumen von 15–19 Jahren ermöglichten inländischen und ausländischen Immobilien-Kapitalanlegern teilweise steuerfreie oder fast steuerfreie Immobilieneinkünfte – sind stark gestreckt worden, aber wegen niedriger Nutzungsdauer-Ansätze (maximal 39 Jahre) für Immoblien gegenüber Deutschland immer noch etwas günstiger. 117

– Ferner werden – was für ausländische Kapitalanleger allerdings aufgrund des Foreign Investment in Real Property Tax Act (FIRPTA) teilweise schon bisher galt –**Veräußerungsgewinne** nunmehr vollständig zur Bundeseinkommensteuer herangezogen, unterliegen also der Behandlung als steuerpflichtige sog. capital gains (reduzierte Bemessungsgrundlage je nach Haltedauer).[81] 118

– Zu beachten ist, daß darüber hinaus auch die meisten Bundesstaaten zusätzlich (vom Steuersatz her meist niedrigere) **staatliche Einkommensteuern** auch auf Immobilieneinkünfte erheben. 119

Diese Einkommensbesteuerung wird durch eine Reihe von **Quellensteuern** sichergestellt. Auf laufende US-Immobilieneinkünfte ausländischer Anleger, soweit diese Einkünfte nicht tatsächlich mit einer Geschäftstätigkeit in den USA verbunden sind („not effectively connected with US-trade or business") wird eine Quellensteuer von (in der Regel) 30% 120

---

[79] *Elsing,* Wirtschaftsrecht, S. 109 f., 117 ff.; vgl. auch *Heiss* a. a. O., S. 79 f..

[80] Zu den Einzelheiten, auch zum bisherigen Steuerrecht, *Heiss,* in: *HUG-A,* Gruppe 5 A/I S. 94 ff.; ferner *Wollny* HdB, Fach 1510 Rdnr. 227 ff.; speziell zu Gesellschaften mit Immobilienbesitz vgl. auch *Turcon/Zimmer* a. a. O., S. 394 f. und S. 419 ff. (Personengesellschaften).

[81] *Wollny* HdB, Fach 1510 Rdnr. 232 ff. und 284 f. (Veräußerungsgewinne); *Heiss* a. a. O., S. 102 f.; *Turcon/Zimmer* a. a. O., S. 400 f. m. Nachw.

erhoben, berechnet auf die Brutto-Mieteinnahmen ohne Abzug von Abschreibungen und Betriebskosten. Auch auf Veräußerungsgewinne werden Quellensteuern erhoben (Regelsatz 10%). Besonderheiten können sich im Rahmen des deutsch-amerikanischen DBA ergeben (vgl. Rdnr. 124).

121 **Grunderwerbsteuern** gibt es in den USA weder auf der Ebene des Bundes noch der einzelnen Bundesstaaten. Es fallen allerdings u. U. **Dokumentensteuern** für Erwerbsdokumente, Registrierung und etwaige Hypotheken je nach einzelstaatlicher Regelung in geringer Höhe an.

122 In den USA wird weder auf der Ebene des Bundes noch (mit Ausnahmen) der einzelnen Bundesstaaten eine **Vermögensteuer** erhoben. Eine im Vergleich zu Europa erhebliche wirtschaftliche Bedeutung haben jedoch andere an den Grundbesitz anknüpfende **Besitzsteuern,** welche den Bundesstaaten oder den Gemeinden zustehen und unter dem Obergriff der Grundsteuern zusammengefaßt werden können (real property tax). Insbesondere die Gemeinden und Kreise haben oft nur geringe andere Einkommensquellen, da ein kommunaler Lastenausgleich vertikal oder horizontal selten besteht; sie müssen daher ihre Ausgaben aus den örtlichen Steuern decken. Dementsprechend übersteigen die jeweiligen Grundsteuersätze oft 10% der jeweiligen, teils an Schätzwerten, teils an Einkünften ermittelten Bemessungsgrundlagen.[82]

123 Dagegen wird in den USA **Erbschaft- und Schenkungsteuer** auch als Bundessteuer erhoben, und zwar als objektbezogene, echte Nachlaßsteuer. Darüber hinaus erheben zahlreiche Bundesstaaten eigene staatliche Erbschaft- und Schenkungsteuern, die mindestens z. T. auf die Bundessteuer angerechnet werden. Die Steuersätze sind, obwohl gestaffelte Sätze und Grundfreibeträge bestehen, relativ hoch, zumal regelmäßig vom Verkehrswert ausgegangen wird (zum hierzu bestehenden DBA vom 3. 12. 1980 vgl. Rdnr. 124).[83]

124 Das **Doppelbesteuerungsabkommen** BRD/USA im Berich der Einkommen- und Vermögensteuer vom 29. 8. 1989 beruht auf dem Prinzip der Freistellungsmethode mit Progressionsvorbehalt. Für beide Steuerarten wird das Besteuerungsrecht von Einkünften und Vermögen in US-Immobilien den USA zugewiesen.[84] Auf dem Gebiet der Erbschaft- und Schenkungsteuer ist das zwischen den USA und der BRD am 3. 12. 1980 abgeschlossene DBA schließlich (1986) mit rückwirkender Anwendung ratifiziert worden; es beruht auf dem Prinzip der Anrechnungsmethode. Die US-Nachlaßsteuer wird also auf die ebenfalls erhobene deutsche Erbschaftsteuer angerechnet, soweit sie diese nicht übersteigt.[85]

125 **8. Kanada.** Aus der Sicht des deutschen Kapitalanlegers weisen Immobilien-Investitionen in Kanada mit solchen in den USA verschiedene Ähnlichkeiten auf. Dies gilt sowohl hinsichtlich der wirtschaftlichen, psychologischen und bautechnischen Gepflogenheiten, auch der größeren Mobilität und der stärkeren Betonung des Ertragswert-Denkens und spekulativer Elemente, wie hinsichtlich der Einschätzung des Investitionslandes Kanada als politisch stabile und wirtschaftlich dynamische Wirtschaftszone. Die frei konvertierbare Währung ist allerdings faktisch stark an dem US-Dollar gekoppelt, wie überhaupt Kanadas Wirtschaft stark beeinflußt wird durch die enge Verflechtung mit dem Wirtschaftsraum USA. Die Angebote und Investitionsmöglichkeiten für deutsche Kapitalanleger entsprechen daher vom Objekttyp her weitgehend denjenigen in den USA. Dabei dominieren **Gewerbeobjekte,** gefolgt von **Wohn-** und gelegentlich auch **Freizeitimmobilien.** Gesucht sind vor allem die wirtschaftlich besonders dynamischen Regionen der beiden östlichen Provinzen Ontario (Großraum Toronto) und Quebec (Großraum Mont-

---

[82] Hierzu *Wollny* HdB, Fach 1510 Rdnr. 217 ff.; *Heiss* a. a. O. (Fn 53) S. 93 f. und S. 110.

[83] Hierzu *Wollny* HdB, Fach 1510 Rdnr. 266 ff.; *Fehrenbach,* in: *Tewes,* Bauherrenmodelle, Teil 4/9.4.8, S. 21 f.; ders., in: *Bihr*/u. a., Geldanlagen, Gruppe 10, S. 424 ff.

[84] BStBl. I 1991, 94; hierzu vgl. im einzelnen *Wollny* HdB, Fach 1510 Rdnr. 227 ff. und *Heiss* a. a. O., S. 105 ff. und S. 109 (auch in Abgrenzung zu FIRPTA)

[85] Erbschaftsteuer-DBA vom 3. 12. 1990 in BStBl. I 1982, 764; hierzu *Wollny* HdB, Fach 1510 Rdnr. 270 f.; *Heiss* a. a. O., S. 112.

real) und in der Provinz British Columbia (insbesondere die Hafenstadt Vancouver am Pazifik); gewisse Bedeutung hatten bisher auch Edmonton und Calgary in der westlichen Provinz Alberta (Ölförderung).[86]

In den verschiedenen Bundesstaaten Kanadas existieren teilweise **Erwerbsbeschränkungen** für Ausländer, die jedoch in erster Linie auf land- und forstwirtschaftliche Grundstücke abzielen. Als indirekte Erwerbsbeschränkungen kann man auch die in einzelnen Bundesstaaten erhobenen Grunderwerbsteuern ansehen, soweit diese besonders hohe Steuersätze für ausländische Erwerber enthalten z. B. in den Provinzen Ontario und Quebec. Dagegen greifen die durch die Bundesgesetzgebung, insbesondere durch den Investment Canada Act (betr. vor allem Meldepflichten) bewirkten Erschwerungen in der Regel dann nicht ein, wenn Kanada-Immobilien lediglich zum Zwecke der bloßen Vermietung und nicht als Grundlage einer unternehmerischen Betätigung erworben werden.[87] 126

Das **Zivilrecht Kanadas** kommt heute – trotz unterschiedlicher Rechtsquellen und Rechtsgeschichte vor allem in den französischsprachigen Provinzen – dem der USA einigermaßen nahe, da sich die common-law-Tradition des angelsächsischen Rechts auch in Kanada weitgehend durchgesetzt hat. Ähnlich wie in den USA wird diese einheitliche common-law-Tradition jedoch auch in Kanada erheblich beeinflußt durch den stark föderalistischen Staatsaufbau mit gegenüber europäischen Ländern außer der Schweiz weitergehenden Gesetzgebungskompetenzen im Zivilrecht (wie auch im Steuerrecht). Aus der unterschiedlichen Rechtsgeschichte haben sich teilweise noch Unterschiede im Grundbuchwesen erhalten, mit hieraus abgeleiteten Konsequenzen für die Rechtsformen und Abläufe bei Immobilienübertragungen; so gilt teilweise unterschiedliches Grundbuch- und Übertragungsrecht nach dem Registry-System (ähnlich dem System der USA) einerseits und dem Land Title-System (Torrens-System) mit einer europäischen Rechten nahekommenden Ausgestaltung der Organisation und der Wirkungen des Grundbuchs in unterschiedlichen Landesteilen. Die vergleichsweise milde Verkäuferhaftung (Caveat-Emptor-Prinzip) entspricht dagegen wie in den USA wieder der common-law-Tradition. 127

Auch das kanadische Immobiliarsachenrecht kennt dem deutschen **Wohnungs- und Teileigentum** vergleichbare Rechtsformen („condominium“). 128

Mieterschutzbestimmungen kennen die Bundesstaaten Kanadas in zunehmendem Maße im Wohnraumvermietungsbereich.[88] 129

Grunderwerbsteuern werden in Kanada nur auf der Ebene der Provinzen (Bundesstaaten) in sehr unterschiedlicher Höhe erhoben, in den meisten Provinzen als eine Art Registersteuer in sehr geringem Umfang, in Ontario und Quebec für Ausländer jedoch mit 20% bis 33% des Grundstückswerts in einer bei den Erwerbsbeschränkungen schon behandelten prohibitiven Höhe.[89] 130

In Kanada wird eine allgemeine Vermögensteuer nicht erhoben. Ähnlich wie in den USA und aus ähnlichen Gründen fallen jedoch die auf kommunaler Ebene erhobenen Besitzsteuern (Grundsteuern, darüber hinaus weitere Sachsteuern und kommunale Abgaben) relativ hoch aus und sind im Einzelfall sehr verschieden.[90] 131

Eine spezielle Erbschaft- oder Schenkungsteuer wird in Kanada nur von einigen Provinzen erhoben. Allerdings ist zu beachten, daß das kanadische Steuerrecht auch den Übergang von Vermögen wie Grundbesitz oder Anteilen an kanadischen Grundbesitzgesellschaften im Erbgang oder durch Schenkung als (fiktive) Veräußerung ansieht und damit in ähnlicher Weise 132

---

[86] *Köbler/Hering,* in: *HUG-A,* Gruppe 5 A/II S. 1 ff., S. 5 f. (Erwerbsbeschränkungen) und S. 99 f. (Mietrecht/WEG) sowie Seite 105 ff. (Steuern und Abgaben); vgl. noch Bihr/u. a., Geldanlagen, Gruppe 10, S. 383 f., 402 f. und 414; allgemein auch *Fleischmann,* in: ders./u. a., Steuern, S. 416 f. (teilweise zum alten Steuerrecht).

[87] *Köbler/Hering* a. a. O. (Fn 68), ab S. 5 f.

[88] *Köbler/Hering* a. a. O. (Nn 68) ab S. 99 ff.

[89] vgl. *Köbler/Hering* a. a. O. (Fn 68) ab S. 105 ff.; S. 112 f. (zum DBA)

[90] vgl. *Köbler/Hering* a. a. O. (Fn 68) ab S. 105 ff.; S. 112 f. (zum DBA)

der Einkommensbesteuerung für Veräußerungsgewinne unterwirft wie entgeltliche Übertragungen. Diese unterschiedliche Qualifikation führt zu Schwierigkeiten im Verhältnis zu Ländern mit spezieller Erbschaft- und Schenkungsteuer, wie Deutschland.[91]

133 Kanada kennt ähnlich wie die USA aufgrund der stark föderalistischen Struktur eine Bundes-**Einkommensteuer** (federal tax) mit ursprünglich progressivem Steuersatz[72] neben den meist in Form von Hebesätzen an der Bundeseinkommensteuer orientierten Einkommensteuern der einzelnen Provinzen (mit der stärksten Spitzensteuer-Progression für die Provinz Quebec). Kanada hat sich wegen der engen wirtschaftlichen Verflechtung mit den USA der grundlegenden Reform des US-Bundes-Einkommensteuerrechts im Jahre 1986 anschließen müssen und seit dem 1. 1. 1988 eine ähnliche **Steuerreform** durchgeführt. Es gibt nun ebenfalls nur noch wenige Progressionsstufen mit gegenüber Deutschland eher niedrigen Steuersätzen. Die Mehrfachbelastung mit Einkommensteuer auf mehreren Ebenen ist allerdings zu beachten.[92]

134 **Veräußerungsgewinne** (und zwar auch bei unentgeltlichem Eigentumswechsel, z. B. durch Schenkung oder im Erbgang) wurden in Kanada bereits bisher den jeweiligen Einkommensteuern zusätzlich unterworfen, jedoch nur mit Teilen des erzielten Veräußerungsgewinns, wobei allerdings bisher vorgenommene Abschreibungen als Erhöhung des Veräußerungsgewinns eingerechnet wurden (recapture of deprecation); im Rahmen der Steuerreform wurde der steuerpflichtige Anteil des Veräußerungsgewinns deutlich erhöht.[93]

135 Beibehalten wurden die Regelungen über die **Quellenbesteuerung** von Einkünften ausländischer Investoren mit ihrer Unterscheidung zwischen „aktiven" und „passiven" Einkünften, wobei bei „passiven" Einkünften der in Kanada beschränkt steuerpflichtige ausländische Investor ebenfalls wählen kann zwischen einem endgültigen Quellensteuerabzug (25% der Bruttoeinkünfte) oder der Nettobesteuerung im förmlichen Veranlagungsverfahren.[94]

136 Zwischen der Bundesrepublik Deutschland und Kanada besteht seit dem 1. 1. 1983 im Bereich der Einkommen und Vermögensteuer das **Doppelbesteuerungsabkommen** vom 17. 7. 1981. Das Besteuerungsrecht sowohl für Einkünfte aus unbeweglichen Vermögen wie hinsichtlich der Vermögenssteuer für in Kanada belegenen Grundbesitz wird Kanada zugewiesen; das DBA ist nach der Freistellungsmethode mit Progressionsvorbehalt ausgestaltet.[95]

137 Im Bereich der **Erbschaft- und Schenkungsteuer** besteht ein Qualifikationsproblem, weil aus der Sicht des deutschen Steuerrechts die in Kanada auf den Vermögensübergang durch Schenkung oder Erbfolge erhobene Einkommensteuer auf den (fiktiven) Veräußerungsgewinn nicht als Erbschaftsteuer i. S. von § 21 ErbStG qualifiziert wird, mangels DBA auf diesem Gebiet. Nach innerdeutschen Steuervorschriften kann die kanadische Steuer also auf die deutsche Erbschaftsteuer nicht angerechnet werden, ist allerdings wohl als Nachlaßverbindlichkeit zu berücksichtigen.[96]

---

[91] vgl. *Köbler/Hering* a. a. O. (Fn 68) ab S. 105 ff.; S. 112 f. (zum DBA)

[92] vgl. *Köbler/Hering* a. a. O. S. 106 f.

[93] vgl. *Köbler/Hering* a. a. O. S. 106 ff., auch zu den Einkunftsarten sowie zur Brutto- und Nettomethode und zur Quellenbesteuerung vgl. *Fleischmann,* in: ders./u. a., Steuern, S. 416 ff.

[94] vgl. die Autoren der Fn 73

[95] BStBl. I 1982, 753; vgl. auch *Köbler/Hering* a. a. O., S. 112 ff.

[96] *Köbler/Hering* a. a. O., S. 112 und S. 118, vgl. bereits *Fleischmann,* in: ders./u. a., Steuern, S. 425.

7. Kapitel. Beteiligungen an Gesellschaften

§ 22 Entwicklungen am freien Kapitalanlagemarkt

Übersicht

Schrifttum: *Bälz,* Treuhandkommanditist, Treuhänder der Kommanditisten und Anlegerschutz, ZGR 1980, 1; *Eggesiecker,* Liquidation von Abschreibungsgesellschaften, HdB Fach 3550; *Fleischmann/Röschinger/Meyerhoff,* Steuern die Vermögen werden?, 8. Aufl. 1984; *Fleischmann;* Immobilienfonds: Widersprüchliche BFH-Rechtsprechung – ausgewogene Reaktionen der Finanzverwaltung, DStR 1994, 1065; *Görlich,* Grundbuchtreuhand im geschlossenen Immobilienfonds, DB 1988, 1102; *Goldbeck/Uhde,* Das Bauherrenmodell in Recht und Praxis, 1984; *Hergarten,* Die Konzeption des Ansparfonds, HdB Fach 3534; *Kaligin,* Das Geprägegesetz, HdB Fach 3536; *ders.,* Nachversteuerung von negativen Kapitalkonten bei insolventen Abschreibungsgesellschaften, HdB Fach 3551; *ders.,* Novellierung des Fördergebietsgesetzes, HdB Fach 3213; *Kurth,* Der geschlossene Immobilienfonds, 1986; *Kurth/Krükel,* Bauherren- und Erwerbermodell, Immobilieneigentum als Kapitalanlage mit Steuervorteilen, 1983; *Loritz,* Die angeblich erst später einsetzende Gewinnerzielungsabsicht der Personengesellschaft und die steuerorientierten Kapitalanlagen, DB 1992, 1156; *Loritz/Wagner,* Fördergebietgesetz und Steuerorientierte Immobilienkapitalanlagen, WM 1993, 489 und 533; *Priester,* Ausschüttungen bei Abschreibungsgesellschaften und Wiederaufleben der Kommanditistenhaftung, BB 1976, 1004; *Schelnberger,* Pro und Contra – offene und geschlossene Immobilienfonds, BB 1987, Beilage 19, S. 21; *Schmider,* Verlustverteiungsprobleme bei gewerblichen Abschreibungsgesellschaften und geschlossenen Immobilienfonds, HdB Fach 3530; *L. Schmidt,* Einkommensteuergesetz, Kommentar, 15. Aufl. 1996; *Söffing,* Die Auswirkungen des Beschlusses des Großen Senates des Bundesfinanzhofes vom 25. 6. 1984 auf „steuerbegünstigte Kapitalanlagen", HdB Fach 3532; *Tipke,* Steuerrecht, 14. Aufl. 1994; *Uelner,* Steuerliche Probleme bei kapitalistisch verfaßten Kommanditgesellschaften, JbFfSt 1980/1981, 359; *Wagner,* Die Außengesellschaft im Bauherrenmodell, BlGBW 1981, 201; *Wagner,* Entschädigungspflichtige Praxis von Finanzverwaltung und Finanzrechtsprechung, dargestellt am Beispiel der gewerblichen Zwischenvermietung im Bauherrenmodell, RPK U 240/84; *Wagner,* Die Massenkommanditgesellschaft als Mittel zur Vermögensbeteiligung der Arbeitnehmer, 1985; *Wagner,* Arbeitnehmervermögensbeteiligung an geschlossenen Immobilienfonds?, HdB Fach 3537; *Wagner,* Sonderrechtsprechung des Bundesverfassungsgerichtes zum Immobilienkapitalanlagerecht?, KaRS 1989, 1; *Wagner,* „Sonderrechtsprechung" des BFH und BVerfG zu Lasten von Modellanbietern und Anlegern steuerorientierter Immobilienkapitalanlagen, DStR 1996, 569 und 609, *Wagner/Loritz,* Konzeptionshandbuch, Bd. 1, 1993; *Loritz/Wagner,* Konzeptionshandbuch, Bd. 2, 1995; *Worms,* Anlegerschutz durch Strafrecht, 1987.

I. Die Entwicklung der steuerbegünstigten Kapitalanlage

1 Seit Anfang der 50er Jahre nahm die Sparfähigkeit weiter Bevölkerungskreise in Folge stetiger Einkommensverbesserungen erheblich zu.[1] Als jedoch durch immer größere Steuerbelastungen der Anstieg der Nettoeinkommen den Bruttolöhnen nicht mehr folgen konnte, wandten besser verdienende Bevölkerungskreise sich seit Mitte der 60er Jahre auch neuen Anlagenformen zu, in denen u. a. Steuerbegünstigungen durch erhöhte Absetzungen, Sonderabschreibungen und Verlustzuweisungen als Investitionsanreiz dienten. Es begann die Zeit der **Abschreibungs- bzw. Verlustzuweisungsmodelle,** deren Ziel es war, den Eigenkapitaleinsatz ganz oder zum Teil aus vermeintlich ersparten Steuern zu finanzieren.

2 Bei gewerblichen Beteiligungen wurden sog. Negativeinkünfte mittels Abschreibungen, Bewertungsabschlägen, steuerfreien Rücklagen, nicht aktivierungspflichtigen (geringwertigen) Wirtschaftsgütern sowie das Einbeziehen von Vor- und Anlaufkosten avisiert, während bei privaten Vermögensanlagen Negativeinkünfte der Einkunftsart Vermietung und Verpachtung im wesentlichen durch vorweggenommene und laufende Werbungskosten sowie Abschreibungsvergünstigungen angestrebt wurden.[2]

3 Folglich bezog sich seinerzeit das Werben mit Verlustzuweisungen schwerpunktmäßig auf drei Bereiche:

4 – Den Erwerb von Beteiligungen an „gewerblichen" Personengesellschaften, insbesondere an der GmbH & Co. KG bzw. mittels sog. atypisch stiller Beteiligungen;

5 – den Erwerb von Beteiligungen an sog. vermögensverwaltenden Personengesellschaften;

6 – den Kauf bzw. die Errichtung von Eigentumswohnungen und Einfamilienhäusern.

7 Sieht man einmal von steuerlichen Sonderabschreibungen[3] bzw. Sondervergünstigungen ab, dann waren die anfänglich gepriesenen Steuervorteile lediglich temporäre Steuer- und Liquiditätsvorteile, die nur selten in einem angemessenen Verhältnis zur höheren Gesamtbelastung sowie hohen Folgekosten standen.[4]

8 **1. Die steuerliche Entwicklung bis 1980.** *a) Konzeptionen.* (aa) Gewerbliche Verlustzuweisungsmodelle. Bei den gewerblichen Verlustzuweisungsmodellen strebte der Kapitalanleger ausgleichsfähige steuerliche Verluste aus Gewerbebetrieb an, um diese mit Gewinnen aus sonstigen Einkünften saldieren zu können. Zu diesem Zweck beteiligten sich Kapitalanleger entweder als Kommanditisten an einer GmbH & Co. KG oder, in Aufspaltung der Beteiligung in Darlehen und Einlage, als atypisch stiller Gesellschafter bzw. mittels mehrstöckiger Gesellschaftskonstruktionen.

9 Das Grundmodell ging von der Beteiligung als Kommanditist an einer GmbH & Co. KG aus, in welcher das Haften für Schulden der Komplementär-GmbH aufgebürdet wurde, steuerliche Verluste dagegen den Kommanditisten (= Kapitalanlegern) zugewiesen

---

[1] *Worms,* Anlegerschutz, S. 1.

[2] *Fleischmann,* Steuern die Vermögen werden?, S. 29; Berechnungsbeispiele im Bericht des Presse- und Informationsamtes der Bundesregierung in DStZ 1982, 199 f.

[3] Z. B. nach § 1 Abs. 1 Entwicklungshilfe-Steuergesetz, § 3 Zonenrandförderungsgesetz oder z. B. die durch die Finanzverwaltung gestatteten entsprechenden Anwendungen der Sonderabschreibung gem. § 82 f. EStDV auf Schiffe – Nieders. FM, Erlaß vom 26. 6. 1986 – BB 1986, 862 unter Hinweis auf BFH 25. 11. 1965 BStBl. III 1966, 90.

[4] *Tipke,* Steuerrecht, S. 358.

wurden. Hierbei handelte es sich im wesentlichen um Abschreibungsverluste – die besagter Konzeption den Namen **„Abschreibungsgesellschaft"** gaben –, die unabhängig von Art und Höhe der gewählten Finanzierung nach den tatsächlichen Anschaffungs- bzw. Herstellungskosten bemessen wurden. Die Haftung der Kapitalanleger-Kommanditisten gemäß § 171 HGB war auf die Höhe der Einlagen begrenzt bzw. entfiel bei voll eingezahlter Einlage ganz, wenngleich im letzteren Fall der Verlust der Einlage riskiert wurde.

Überstieg ein dem einzelnen Kommanditisten Anteil zugewiesener Verlust die ihm zugeordnete Einlage, so entstand für ihn ein negatives Kapitalkonto, das nach dem Urteil des BFH vom 13. 3. 1964[5] folgende Wahlrechte ermöglichte: **10**

Entweder man behandelte das negative Kapitalkonto des Kommanditisten als reinen Rechnungsposten, dann war es steuerlich nicht zu beanstanden, der persönlichen Haftung der Komplementär-GmbH Rechnung tragend den auf den jeweiligen Kommanditisten rechnerisch entfallenden Verlustanteil sofort und endgültig dem Komplementär zuzuweisen, wobei bei künftigen Gewinnen steuerlich entsprechend verfahren werden konnte. **11**

Oder man entschied sich, den Kommanditisten während des Bestehens der KG unbegrenzt am Gewinn und Verlust zu beteiligen, dann wurde der Kommanditist steuerlich wie ein Komplementär behandelt. Schied der Kommanditist aus und übernahm ein Mitgesellschafter dessen negatives Kapitalkonto, ohne daß ein Ausgleich geleistet wurde, dann entstand für den ausscheidenden Kommanditisten in Höhe des negativen Kapitalkontos ein Gewinn, der nach den §§ 16, 34 EStG zu versteuern war. **12**

Kommanditisten, die mithin Verlustzuweisungen anstrebten, erhielten in Abschreibungsgesellschaften durch die zweite Variante die Möglichkeit, das negative Kapitalkonto mit künftigen Gewinnanteilen[6] zu verrechnen, solange solches noch in Betracht kam. **13**

Dieses vorgenannte Grundmodell sah sich jedoch seinerzeit einer höchstrichterlich nicht entschiedenen und in der Literatur höchst umstrittenen Streitfrage ausgesetzt, die für den Kapitalanlagevertrieb gravierende Auswirkungen hatte: Würden Ausschüttungen an Kommanditisten von Abschreibungsgesellschaften bei noch bestehendem negativem Kapitalkonto zu einem **Wiederaufleben der Kommanditistenhaftung** gemäß § 172 Abs. 4 Satz 2 HGB führen?[7] **14**

Die Streitfrage entstand, weil dem Wortlaut des § 172 Abs. 4 Satz 2 HGB nicht zu entnehmen ist, ob die Begriffe „Gewinnanteil", „Kapitalanteil" und „Verlust" auch unter Berücksichtigung steuerlicher Wirkungen zu werten waren. So schloß ein aufgrund steuerlicher Sonderabschreibungen entstandenes negatives Kapitalkonto nicht aus, daß im Vermögen der Gesellschaft liquide Mittel vorhanden waren, die z. B. aus Werbegesichtspunkten an Kommanditisten als vermeindliche „Gewinne" ausgeschüttet wurden. Solche Ausschüttungen waren dann bedeutsam, wenn der Verlustzuweisungs- die Gewinnzuweisungsphase folgte, was insbesondere dann der Fall war, wenn die Gesellschaft mit Gewinn arbeitete, nachdem die Umsatzerlöse die nach Vornahme der Sonderabschreibungen verbliebenen Restabschreibungen überstiegen und solche Gewinne dann zudem in vollem Umfange der Einkommensteuer unterlagen, unabhängig davon, ob das Kapitalkonto besagter Kommanditisten noch negativ war oder nicht.[8] Sollten besagte Kommanditisten dann in Anbetracht negativer Kapitalkonten aufgrund vorgenommener Ausschüttungen plötzlich persönlich haften? Dieser Problematik suchte man konzeptionell durch die Aufspaltung der Beteiligung des Kapitalanlegers in eine Kommanditbeteiligung und eine Darlehensbeteiligung zu entgehen, indem Zinszahlungen auf das Darlehen an Kapitalanleger den nur die Kommanditbeteiligung betreffenden § 172 Abs. 4 Satz 2 HGB nicht berührten. Vergleich- **15**

[5] BStBl III 1964, 359 sowie später BFH 25. 8. 1966 BStBl. III 1966, 69.
[6] *Schmidt,* EStG, § 15 a Rdn. 10–12.
[7] *Priester* BB 1976, 1004 mwN.
[8] *Priester* BB 1976, 1004 f.

bare Überlegungen spielten bei der kombinierten Beteiligung von Kapitalanlegern als (atypisch) still Beteiligte mit Darlehensgewährungen eine Rolle.[9]

16 Doppel- und mehrstöckige Gesellschaftskonstruktionen, bei welchen sich beispielsweise GmbH & Co. KGs oder atypisch stille Gesellschafter an anderen GmbH & Co. KGs als Kommanditisten beteiligten bzw. andere atypisch stille Beteiligungen eingingen, die sich wiederum an anderen Personengesellschaften, ausländischen Limited Partnerships beteiligten oder Joint Ventures eingingen, hatten den gleichen oben geschilderten steuerlichen Ausgangspunkt. Nur ließen diese Gesellschaftskonstruktionen eher Kooperationen mit ausländischen Partnern zu.[9]

17 Diese Entwicklung der sog. Abschreibungs- bzw. Verlustzuweisungsgesellschaften wurde im wesentlichen von folgenden Grundpfeilern getragen:

18 – Anerkennung des nicht begrenzten steuerlichen Kapitalkontos;[10]

19 – Allein die Absicht, Steuern zu sparen, sollte aufgrund der sog. Baupatenrechtsprechung des BFH[11] das Merkmal der Gewinnerzielungsabsicht auch ausfüllen können;

20 – Eine Reihe gesetzlicher Vorschriften, die gewerbliche Verluste als Investitionsanreize geradezu erst ermöglichten,[12] machten Verlustzuweisungsmodelle erst hoffähig.

21 Die heute abwertende Beurteilung der sog. „Abschreibungsbranche" verdankt jedenfalls insoweit ihre Geburt, Marktentwicklung und Marktbedeutung in erster Linie dem Gesetzgeber, der Steueranreize als Invesititionsanreize einsetzte, unterstützt durch die Rechtsprechung des BFH. Dies sollte nicht vergessen werden, wenn heute die Finanzverwaltung und der BFH dazu übergehen, mit Rückwirkung bis in jene Zeiträume hinein Steuervorteile wieder abzuerkennen, nur können die damals vom Staat gewollten Investitionen der Kapitalanleger durch diese heute nicht mehr rückgängig gemacht werden, was zu einer Ungleichgewichtslage führt, wenn der Staat steuerlich einmal eingeräumte Investitionsanreize zurücknimmt, der Kapitalanleger auf seinen Investitionen aber sitzen bleibt.

22 (bb) Private Verlustzuweisungsmodelle. Unter privaten Verlustzuweisungsmodellen zählten je nach steuerlicher Einkunftsart Finanzanlagen (= Einkünfte aus Kapitalvermögen gemäß § 20 EStG) oder Immobilienanlagen (= Einkünfte aus Vermietung und Verpachtung gemäß § 21 EStG). Die bekanntesten Immobilienanlagen waren das **Bauherrenmodell** in der Form des sog. Kölner Modells bzw. als sog. Hamburger Modell und der geschlossene Immobilienfonds.

23 Um Beteiligungen an Gesellschaften handelte es sich dabei nur bedingt:

24 Beim Bauherrenmodell schlossen sich Kapitalanleger in einer Bauherrengemeinschaft zusammen, sei es als Innen- oder Außengesellschaft,[13] um das Bauvorhaben gemeinsam zu finanzieren und zu errichten. Erstrebtes Ziel war für den einzelnen Bauherrn die von ihm gewählte Eigentumswohnung, die nach Aufteilung in Sondereigentum dem einzelnen Bauherrn zugewiesen wurde. Beim Bauherrenmodell als **Kölner Modell**[14] handelte es sich mithin nicht um eine steuerlich orientierte Beteiligung an einer Gesellschaft, vielmehr war die Gesellschaft bürgerlichen Rechts, an der der Bauherr beteiligt war, nur Medium, um die Zweckverwirklichung der Baurichtung – auch im Finanzierungsbereich – sicherzustellen. Die steuerlichen Verlustfaktoren waren in der Regel keine aus der gesellschafterlichen Beteiligung abgeleiteten, sondern originär beim Kapitalanleger entstandene. Hierzu zählten

---

[9] Presse- und Informationsamt der Bundesregierung DStZ 1982, 199, 201.

[10] S. Fn. 5.

[11] BFH 17. 1. 1972 GrS BStBl II 1972, 700.

[12] Beispiele: § 3 Zonenrandförderungsgesetz; § 82 EStDV für Seeschiffe; steuerliche Rücklagen gem. § 1 Abs. 1 des früheren Entwicklungshilfe-Steuergesetzes; Aktivierungswahlrecht: z. B. Bewertungsfreiheit gem. § 6 Abs. 2 EStG für geringwertige Wirtschaftsgüter – „Bierkästen"- oder „Sherry-Fässer"-Gesellschaften; Aktivierungsverbote: z. B. Abs. 2 für selbstgeschaffene immaterielle Anlagegüter – Spielfilm-KG –.

[13] *Wagner* BlGBW 1981, 201. Zur Bauherrengemeinschaft als Innengesellschaft siehe BGH WM 1979, 774; WM 1988, 661; WM 1996, 1004.

[14] Zu Einzelheiten s. § 20 Rdnr. 86.

neben den normalen Gebäudeabschreibungen gesetzliche Abschreibungsvergünstigungen wie etwa § 7 b EStG, §§ 82 a und i EStDV sowie §§ 14 a ff. BerlinFG. Während jedoch die abschreibungsfähigen Investitionen im Grundsatz nur verteilt über die wirtschaftliche Nutzungsdauer der Immobilie steuerlich zu berücksichtigen waren,[15] konnten ferner je nach rechtlicher und tatsächlicher Gestaltung weitere Vergütungen den sofort abzugsfähigen Werbungskosten zugewiesen werden, wie es auch durch Befreiungsvorschriften von der Grunderwerbsteuer und durch die Mehrwertsteueroption Steuervorteile gab, die aber in der Regel unabhängig von der Beteiligung als Gesellschafter in der Bauherrengemeinschaft als Gesellschaft bürgerlichen Rechts gewährt wurden. Die Beteiligung an einer Gesellschaft war mithin im Bauherrenmodell nicht das notwendige Medium zur Erlangung von Steuervorteilen, so daß das Bauherrenmodell hier nicht weiter vertieft werden soll.

Beim **Hamburger Modell** stand zunächst die Beteiligung an einem geschlossenen Im- 25
mobilienfonds in der Rechtsform der Kommanditgesellschaft im Vordergrund. Besagte KG, nicht der einzelne Bauherr, erwarb das Grundstück, um darauf als Bauherr das Gebäude zu errichten. Der einzelne Kapitalanleger erhielt sodann eine Option, um als Gesellschafter zum gesellschaftsvertraglich vorgesehenen Zeitpunkt der Gesellschaftsauflösung im Wege der Realteilung eine bestimmte Wohneinheit übereignet zu erhalten.[16] Anders als beim klassischen Kölner Modell erzielte beim Hamburger Modell die KG Einkünfte aus Vermietung und Verpachtung und auch die KG war es, die Abschreibungen bzw. Abschreibungsvergünstigungen in Anspruch nahm und Gewinne bzw. Verluste nach dem Überschuß bzw. der Unterdeckung der Einnahmen zu den Werbungskosten (= Überschußrechnung) ermittelte. Beim Hamburger Modell sollte ebenso wie beim Kölner Modell dem Kapitalanleger die Möglichkeit gegeben werden, seinen Kapitaleinsatz übersteigende Werbungskosten bereits während der Bauzeit als Verluste einkommensteuerlich ermitteln zu lassen,[17] nur waren es hier von der vermögensverwaltenden KG abgeleitete, steuerrechtlich zu berücksichtigende Verluste durch Bildung eines negativen Kapitalkontos des Anleger-Kommanditisten.

Der Unterschied zwischen **geschlossenem Immobilienfonds** und Hamburger Modell 26
bestand im wesentlichen darin, daß die Rechtsform des Fonds nicht auf die KG begrenzt war, sondern Fonds statt in der Rechtsform der KG auch in der der Gesellschaft bürgerlichen Rechts konstituiert sein konnten. Ferner entfiel beim geschlossenen Immobilienfonds ein fester Beendigungszeitpunkt der Gesellschaft mit Optionen auf bestimmte Wohnungs- oder Teileigentumseinheiten, vielmehr handelte es sich bei dem Engagement des Kapitalanlegers um ein reines Beteiligungsengagement, um in der Investitionsphase der Fondsgesellschaft an einer Reduzierung der steuerlichen Belastung und damit an einer Reduzierung der Belastungswirkung seines Eigenkapitaleinsatzes zu partizipieren, während in der Bewirtschaftungsphase (= Vermietungsphase) Ausschüttungen vollständig oder teilweise steuerfrei vereinnahmt werden sollten.[18]

Der Gesellschafter eines geschlossenen Immobilienfonds erzielte grundsätzlich einkom- 27
mensteuerlich Einkünfte aus Vermietung und Verpachtung. Steuerliche Gewinne, aber auch Verluste, wurden dem Kapitalanleger anteilig zugeordnet, was für ihn in der Investitionsphase zu Steuervorteilen – insbesondere im Bereich der Einkommensteuer – führte, da zu jenem Zeitpunkt getätigten Aufwendungen noch keine Mieterträge gegenüberstanden, so daß der Kapitalanleger seine ihm aus diesem Immobilienengagement zugewiesenen Verluste grundsätzlich mit anderen positiven Einkünften im Rahmen des horizontalen bzw. vertikalen Verlustausgleichs verrechnen konnte, um so eine Einkommensteuerentlastung zu erreichen. Auch in der Vermietungsphase wurden Folgeverluste durch laufende Abschreibungen, Fremdkapitalzinsen, Fondskosten usw. angestrebt, so daß über Jahre hin-

---

[15] *Kurth/Krükel,* Bauherren- und Erwerbermodelle, S. 27.
[16] *Goldbeck/Uhde,* Das Bauherrenmodell, Rdnr. 57.
[17] Presse- und Informationsamt der Bundesregierung DStZ 1982, 199, 204.
[18] *Kurth,* Der geschlossene Immobilienfonds, S. 19.

weg Ausschüttungen der Fondsgesellschaft nur gering oder überhaupt nicht mit Steuern belastet wurden.[19]

28 *b) Maßnahmen der Finanzverwaltung und des Gesetzgebers.* Die zuvor dargestellten Verlustzuweisungsmodelle bauten auf gesetzlichen Vorgaben auf und wurden teilweise durch die Rechtsprechung des BFH gestützt, wenn man an die Zulässigkeit des negativen Kapitalkontos oder an die mögliche Gleichstellung von Steuerersparnis- und Gewinnerzielungsabsicht denkt. Steuervorteile sollten Investitionsanreiz sein, private Kapitalanleger zu Kapitalaufbringungen für Vorhaben zu veranlassen, die der Staat als förderungswürdig ansah – sonst hätte er nicht entsprechende gesetzliche Abschreibungsmöglichkeiten eingeräumt –, wofür er aber keine Mittel aufbringen konnte bzw. wollte.

29 Aber dieses do ut des sollte nicht bleiben, und so stellte man seitens des Staates Überlegungen an, wie man verhindern könne, daß nach getätigten Investitionen Abschreibungsvergünstigungen insbesondere von Steuerpflichtigen mit höherem Einkommen weiterhin als Instrument eigener, bevorzugter Vermögensbildung genutzt werden könnten.[20] Investitionen privater Kapitalanleger waren zwar erwünscht, ein ihnen als Gegenleistung zu gewährender Steuervorteil sollte jedoch eingegrenzt werden.

30 Bereits 1971 wurden vom Gesetzgeber steuerliche Gestaltungsmöglichkeiten durch sog. **Verlustklauseln** eingeschränkt,[21] wonach Sonderabschreibungen nicht zu Verlusten führen durften.[22] Durch ein weiteres Änderungsgesetz vom 30. 12. 1974 wurden Investitionen im Touristik-Bereich von gesetzlichen Vergünstigungen ausgeschlossen.[23] Im ersten Bauherrenerlaß vom 27. 7. 1972[24] wurden die ersten Abgrenzungskriterien für die Anerkennung von Verlusten bei den Einkünften aus Vermietung und Verpachtung aufgrund der Errichtung von Eigentumswohnungen vom Bundesminister der Finanzen vorgegeben.

31 Soweit der Gesetzgeber keine Verlustbegrenzung dem Grunde oder der Höhe nach vorgenommen hatte, ging die Finanzverwaltung dazu über, ohne daß ein gesetzlicher Bezug – wie es Art. 20 Abs. 3 GG aber fordert – erkennbar gewesen wäre, Verlustbegrenzungen vorzunehmen. Während der BFH in seiner Entscheidung vom 13. 3. 1964[25] noch zugelassen hatte, daß die einem Kommanditisten zugerechneten Verlustanteile zu einer Minderung seiner sonstigen Einkünfte auch dann noch führen könnten oder können, wenn sich durch die Verlustzurechnung für den Kommanditisten in der Handelsbilanz ein negatives Kapitalkonto ergebe oder ein schon vorhandenes weiter erhöht werde, ließ der Bundesminister der Finanzen dies jedenfalls bei Personengesellschaften mit Einkünften aus Vermietung und Verpachtung nicht gelten; dort sollte – ohne gesetzliche Grundlage – ein nicht nachschußpflichtiger Kommanditist Werbungskosten maximal bis zur Höhe seiner Einlage berücksichtigen können (sog. **100%-Erlaß**).[26] Auch wurde die Art und Weise der Verlustberücksichtigung bei Beteiligungen an Abschreibungsgesellschaften oder Bauherrengemeinschaften vorgegeben.[27]

32 Nachdem der Gesetzgeber bereits steuerliche Vergünstigungen gestrichen bzw. eingeschränkt hatte und die Finanzverwaltung – wenngleich ohne Gesetzesgrundlage – einen Vorstoß zur steuerlichen Verlustanteilsbegrenzung von Kapitalanlegern, die sich an Abschreibungs- und Verlustzuweisungsgesellschaften beteiligt hatten, vorgenommen hatte, war der Gesetzgeber aus zwei Gründen gefragt: zum einen konnte der 100%-Erlaß des

---

[19] *Kurth,* Der geschlossene Immobilienfonds, S. 20.

[20] Presse- und Informationsamt der Bundesregierung DStZ 1982, 199, 202.

[21] Z. B. § 3 Abs. 3 Zonenrandförderungsgesetz v. 5. 8. 1971 und § 1 Abs. 7 des damals noch laufenden Entwicklungshilfe-Steuergesetzes durch das 2. Steueränderungsgesetz v. 10. 8. 1971.

[22] *Priester* BB 1976, 1004 f.

[23] Nachweis bei Presse- und Informationsamt der Bundesregierung DStZ 1982, 199, 202.

[24] BMF v. 31. 8 1972 BStBl I 1972, 486.

[25] BStBl III 1964, 359.

[26] BMF 2. 1. 1975 BStBl II 1975, 79.

[27] BMF 10. 4. 1975 BStBl I 1975, 515; 14. 5. 1976 BStBl I 1976, 320; 26. 4. 1978 BStBl I 1978, 194.

Bundesministers der Finanzen wegen der Gesetzesbindung der Finanzverwaltung im Steuerrecht als **öffentlichrechtlichem Eingriffsrecht** keine gesetzliche Ermächtigungsgrundlage für Kapitalanleger belastende Steuerbescheide ersetzen.[28] Zum anderen war es auch im Hinblick auf den Gleichheitsgrundsatz des Art. 3 Abs. 1 GG bedenklich, den Anlagekommanditisten gewerblicher Verlustzuweisungs- oder Abschreibungsmodelle wegen der Entscheidung des BFH vom 13. 3. 1964[29] ein nicht begrenztes negatives Kapitalkonto zuzulassen, Anlagekommanditisten von Verlustzuweisungs- bzw. Abschreibungsgesellschaften, die sich steuerlich in der Einkunftsart Vermietung und Verpachtung bewegten, aufgrund des 100%-Erlasses dies aber zu verwehren.

Der Bundesrat wurde daraufhin in seiner Sitzung vom 3. 6. 1977[30] durch Annahme einer Entschließung initiativ, worin die Bundesregierung aufgefordert wurde, baldmöglichst einen Gesetzesentwurf vorzulegen, durch den die steuerliche Anerkennung eines negativen Kapitalkontos ausgeschlossen werden sollte. Erklärtes Ziel war es, die Tätigkeit sog. Verlustzuweisungsgesellschaften einzuschränken. 33

Durch Änderungsgesetz vom 20. 8. 1980 wurde durch den neu in das Einkommensteuergesetz eingefügten § 15 a die Verrechnung von Verlusten mit anderen Einkünften bei beschränkt haftenden Unternehmern begrenzt.[31] Dabei wurde von folgenden Grundzügen ausgegangen: 34

Verluste mit anderen positiven Einkünften zu verrechnen, wurde bei beschränkt haftenden Unternehmern auf den Betrag der geleisteten Einlage begrenzt, wobei weitergehende Verluste in späteren Jahren nur mit Gewinnen aus der Einkunftsquelle verrechnet werden durften, aus der die Verluste stammten. Ausnahmsweise sollten Verluste trotz eines entsprechend negativen Kapitalkontos jedoch ausgeglichen werden können, soweit der Kommanditist aufgrund von § 171 Abs. 1 oder von § 172 Abs. 4 HGB unmittelbar einer Haftung ausgesetzt wäre.[32] Kommanditbeteiligungen an gewerblichen und vermögensverwaltenden KG wurden gleich behandelt[33] wie auch gemäß § 21 Abs. 1 Satz 2 EStG der neue § 15 a EStG bei Einkünften aus Vermietung und Verpachtung sinngemäß gelten sollte, womit u. a. auch Bauherrengemeinschaften angesprochen wurden.[34] 35

c) Der Beschluß des Großen Senats des BFH vom 10. 11. 1980. [35] Quasi parallel zur dargestellten Entwicklung war auch in die Rechtsprechung des BFH Bewegung geraten. Während noch der VI. Senat des BFH in seiner Entscheidung vom 13. 3. 1964[36] die Auffassung vertrat, das negative Kapitalkonto sei einkommensteuerrechtlich anzuerkennen, so daß ein ausscheidender Kommanditist in Höhe des negativen Kapitalkontos einen Gewinn versteuern müsse, wollte der IV. Senat des BFH in seinem Vorlagebeschluß vom 26. 3. 1979[37] davon abweichen. Dem Großen Senat oblag es damit, in seiner Entscheidung vom 10. 11. 1980 in Kenntnis des neuen § 15 a EStG eine für die Vergangenheit aufgrund der unterschiedlichen Auffassungen des IV. und VI. Senats abschließende Entscheidung zur Anerkennung des negativen Kapitalkontos zu treffen. 36

---

[28] BVerfGE 13, 318, 328; was dort für die Rechtsprechung gesagt ist, gilt wegen Art. 20 Abs. 3 GG erst recht auch für die Finanzverwaltung; s. a. *Wagner* KaRS 1989, 1.

[29] BStBl II 1964, 359.

[30] BR-Drucks. 694/76.

[31] Zur Verfassungsmäßigkeit des § 15 a EStG: BFH 19. 5. 1987 BStBl II 1988, 55; *Jacob* BB 1988, 887.

[32] S. dazu auch zu Zweifelsfragen bei der Anwendung des § 15 a EStG BMF 8. 5. 1981 BStBl I 1981, 308.

[33] Presse- und Informationsamt der Bundesregierung DStZ 1982, 199, 203.

[34] Presse- und Informationsamt der Bundesregierung DStZ 1982, 199, 204; s. zur sinngemäßen Anwendung des § 15 a EStG bei Einkünften aus Vermietung und Verpachtung BMF 9. 2. 1981 BStBl I 1981, 75 und 14. 9. 1981 BStBl I 1981, 620.

[35] GrS BStBl II 1981, 164.

[36] BStBl III 1964, 359.

[37] BFH 26. 4. 1979 BStBl II 1979, 414.

37 Der Große Senat bestätigte die bisherige **Anerkennung des negativen Kapitalkontos,** da für die steuerliche Verteilung von Gewinn und Verlust in der Gesellschaft handelsrechtliche Maßstäbe anzuwenden seien. § 167 Abs. 3 HGB bringe nur zum Ausdruck, daß diese Norm für die Verteilung eines sich aus der Liquidationsschlußbilanz ergebenden Verlustes gelte, hindere aber nicht das Entstehen eines negativen Kapitalkontos.

38 Sei ein negatives Kapitalkonto vorhanden, dann könne, solange der Kapitalanteil negativ sei, die Auszahlung künftiger Gewinne nicht gefordert werden, vielmehr müßten die Gewinnanteile zur Deckung des negativen Kapitalanteils verwendet werden. Dies gelte auch dann, wenn die Verluste, die das negative Kapitalkonto des Kommanditisten erzeugt hätten, auf hohen steuerrechtlichen Sonderabschreibungen beruht hätten, denn in späteren Jahren würden durch das Fehlen verbrauchter Abschreibungen die Gewinne der KG entsprechend steigen, so daß dann die Verlusteinstandspflicht mit künftigen Gewinnanteilen eintrete. Dies gelte nur dann nicht, wenn feststehe, daß das negative Kapitalkonto mit künftigen Gewinnanteilen nicht mehr ausgeglichen werden könne.[38]

39 Der Große Senat des BFH machte mithin deutlich, daß seine Auffassung, soweit sie sich mit der Vergangenheit befaßte, auf den Grundsätzen der Rechtssicherheit und Rechtsbeständigkeit beruhe,[39] so daß es geboten sei, an der durch die Entscheidung des BFH vom 13. 3. 1964[40] seinerzeit eingeleiteten Rechtsentwicklung festzuhalten.

40 Damit waren inzwischen auch – wenngleich nicht ausgesprochen – dem 100%-Erlaß der Finanzverwaltung – auch wenn sich dieser nur mit vermögensverwaltenden und der Einkunftsart Vermietung und Verpachtung zuzuordnenden Kommanditgesellschaften befaßte – zugleich zwei rechtliche Lücken aufgezeigt: zum einen, weil die Rechtsprechung des BFH zum negativen Kapitalkonto[40] bestätigt wurde. Zum anderen, weil auf den Grundsatz der Rechtssicherheit und Rechtsbeständigkeit verwiesen wurde, ein Grundsatz, an dem es besagtem 100%-Erlaß[41] ersichtlich ermangelte.

41 Der Große Senat sah sich in der Richtigkeit seiner Rechtsauffassung durch die Einführung des § 15 a EStG bestätigt, da der Gesetzgeber der Anerkennung des negativen Kapitalkontos von Kommanditisten für die Vergangenheit durch die Übergangsvorschrift des seinerzeitigen § 52 Abs. 2 a EStG[42] habe Rechnung tragen wollen.

42 **2. Steuerliche Entwicklung nach 1980.** *a) Marktreaktionen.* Während bis 1980 durch gesetzliche Sonderabschreibungsregelungen sowie die Rechtsprechung des BFH zum negativen Kapitalkonto wie auch der **Baupatenrechtsprechung** eine gewisse Kontinuität zu verzeichnen war, änderte sich dies grundlegend nach 1980. Aus der Zeit vor 1980 war von den drei zuvor genannten Komponenten lediglich die Feststellung des BFH aus der Baupatentenrechtsprechung[43] übrig geblieben auch das Streben nach steuerlichen Verlusten erfülle noch das Merkmal der Gewinnerzielungsabsicht, was es im Hinblick auf die Abgrenzung zur sog. „Liebhaberei" zu beachten galt.

43 Die Marktentwicklung der steuerorientierten Kapitalanlage wurde nach 1980 in immer stärkerem Maße davon bestimmt, daß nicht Finanzverwaltung und Rechtsprechung auf Marktgegebenheiten reagierten, sondern umgekehrt konzeptionelle Gestaltungen bzw. Erscheinungsformen sich in immer kürzeren Abständen auf Äußerungen und Hinweise aus der Finanzverwaltung und Rechtsprechung anzupassen suchten. Gesetzliche Regelungen traten – mit Ausnahmen – immer mehr in den Hintergrund, und Verfügungen, Erlasse und Meinungen der Finanzverwaltung sowie vereinzelte BFH-

---

[38] So bereits BFH 19. 11. 1964 BStBl III 1965, 111.

[39] BFH 10. 11. 1980 GrS BStBl II 1981, 164, 169 unter Hinweis auf 26. 11. 1973 GrS BStBl II 1974, 132.

[40] BStBl III 1964, 359.

[41] BMF 2. 1. 1975 BStBl I 1975, 79.

[42] IdF des Gesetzes v. 20. 8. 1980.

[43] BFH 17. 1. 1972 GrS BStBl II 1972, 700.

Entscheidungen nahmen als Orientierungspunkte immer mehr gesetzesvertretende Positionen ein. Zudem hatte die bis 1980 eingetretene steuerliche Entwicklung auch Erblasten zur Folge:

Durch Wegfall von Sonderabschreibungsvergünstigungen und durch die Neufassung des § 15 a EStG verschwand der Anreiz, weiterhin Abschreibungsgesellschaften zu vermarkten. Bereits bestehende Abschreibungsgesellschaften wurden teilweise der Liquidation zugeführt[44] oder gerieten aus sonstigen Gründen in Konkurs.[45] 44

Im Sog der dadurch entstehenden Imageverluste verlor auch das Hamburger Modell an Anziehungskraft und es fand ab 1980 eine verstärkte Hinwendung zu **Bauherrenmodellen** mit steuerlich attraktiv erscheinenden **Verlustzuweisungen, Grunderwerbsteuerfreiheit** und **Mehrwertsteueroption** statt, bei welchen, wie ausgeführt, die Bauherrengemeinschaft nicht Beteiligungsobjekt, sondern mehr Beteiligungsmedium war. 45

Mit Auslaufen der Bauherrenmodelle in den Jahren 1984 und 1985 aufgrund gestrichener Grunderwerbsteuerfreiheit[46] und zum 31. 3. 1985 im wesentlich ausgelaufener Mehrwertsteueroption[47] sowie „zusammengestrichener" Werbungskostenvorteile fand etwa ab Ende 1984 wieder eine stärkere Hinwendung zu **gesellschaftsrechtlich orientierten Beteiligungen von Kapitalanlegern** statt, die sich grob in steuerorientierte und renditeorientierte Beteiligungen aufteilen läßt. 46

b) Weitere Entwicklungen in der Rechtsprechung und durch die Finanzverwaltung bis 1984. 47
Durch die aufgezeigten, teilweise mit Rückwirkung durchgesetzten, steuerlichen Änderungen war in Kreisen der Kapitalanleger eine Verunsicherung eingetreten die sich auch auf die Schnelligkeit des Vertriebs auswirkte, Kapitalanlagegesellschaften vertriebsmäßig rechtzeitig zu schließen. Dies führte zwangsläufig zu Fragen der steuerlichen Behandlung sukzessiv beitretender Kapitalanleger über das jeweilige Jahresende hinaus und damit zu Gewinn- und Verlustverteilungsproblemen, die sich wiederum auch bei der Schwierigkeit der richtigen gesellschaftsvertraglichen Gestaltung bemerkbar machten.

Bereits im Verlustverteilungserlaß vom 24. 3. 1975[48] sahen die Einkommensteuerreferenten des Bundes und der Länder in Vertragsgestaltungen einen Rechtsmißbrauch iS des § 6 StAnpG (jetzt § 42 AO), wenn Neugesellschaftern die Ergebnisse künftiger Wirtschaftsjahre unter Ausschluß der Altgesellschafter in der Höhe zugerechnet werden sollten, die den Altgesellschaften in den Vorjahren zugerechnet worden waren. Diese Gestaltungen würden, auch wenn gesellschaftsrechtlich zulässig, dazu führen, das Verbot zu umgehen, vertragliche Vereinbarungen steuerlich mit rückwirkender Kraft zu treffen. Dieser Erlaß stieß auf den Widerspruch zweier Finanzgerichte[49] und des BFH.[50] Die Rechtsprechung ging nämlich im Gegensatz zum Verlustverteilungserlaß der Finanzverwaltung davon aus, daß aufgrund der in § 15 Abs. 1 Nr. 2 EStG vorhandenen Verweisung auf das Handelsrecht in erster Linie die gesellschaftsvertraglichen Vereinbarungen für die Ermittlung der Gewinn- und Verlustanteile der Gesellschafter maßgeblich seien.[51] Steuerlich nicht anzuerkennen seien rückwirkende Gewinnverteilungsabsprachen, z. B. wenn neue Gesellschafter während eines Wirtschaftsjahres beitreten, ihnen aber ein Anteil am Gewinn bzw. Verlust bereits vom Beginn des Wirtschaftsjahres an nach den Regelungen des Beitritts-, bzw. Gründungs- oder Gesellschaftsvertrages zustehen sollten. Nach besagten Urteilen lag aber keine rückwirkende Gewinnverteilungsabsprache vor, wenn Gewinne bzw. Verluste 48

---

[44] *Eggesiecker* HdB, Fach 3550.

[45] *Kaligin* HdB, Fach 3551.

[46] Die landesrechtlichen Grunderwerbsteuergesetze mit Befreiungsvorschriften wurden durch das GrEStG 1983 ersetzt.

[47] 2. Haushaltsstrukturgesetz v. 22. 12. 1981 BGBl I S. 1523 = BStBl I 1982, 235 (Auszug).

[48] BMF 24. 3. 1975 BB 1975, 408.

[49] BerlinFG EFG 1981, 290; Niedersächsisches FG EFG 1982, 620.

[50] BFH 7. 7. 1983 BStBl. II 1984, 53. Inzwischen bestätigt durch BFH 17. 3. 1987 BStBl II 1987, 558.

[51] So bereits BFH GrS 10. 11. 1980 BStBl II 1981, 164.

ab dem Beitrittszeitpunkt den in Zukunft neu beitretenden Gesellschaftern in einem höheren Maße zugerechnet wurden, als schon vorhandenen Gesellschaftern, um damit z. B. eine gleichmäßige Verteilung der Anlaufverluste zu gewährleisten.[52] Folglich rückte in der Folgezeit auch die Finanzverwaltung von ihrem ursprünglichen Verlustverteilungserlaß wieder ab,[53] ausgenommen waren Fälle des Rechtsmißbrauchs bzw. der außerbetrieblichen Veranlassung.

49 Während damit die zuvor dargestellten Fragen der Gewinn- und Verlustverteilung bei gewerblichen Abschreibungsgesellschaften geklärt waren, wurde in der Folgezeit die für die gesellschaftsvertragliche Gestaltung wichtige Frage diskutiert, ob die dargestellten Grundsätze auf Gewinn- und Verlustverteilungsgestaltungen bei geschlossenen Immobilienfonds der steuerlichen Einkunftsart Vermietung und Verpachtung zu übertragen seien[54] und ob man zwischen dem vermögensverwaltenden Fonds in der Rechtsform der Gesellschaft bürgerlichen Rechts und dem in das Handelsregister eingetragenen KG-Fonds unterscheiden müsse.[55] Das Problem lag darin, daß es sich bei den gewerblichen Einkünften der Gesellschafter um die diesen zuzurechnenden Gewinn- bzw. Verlustanteile handelte, während es bei den Einkünften aus Vermietung und Verpachtung eines Gesellschafters eines geschlossenen Immobilienfonds nicht um Gewinn- und Verlustanteile, sondern um die Anteile am Überschuß der Einnahmen über die Werbungskosten – oder umgekehrt – ging. Waren diese dem Gesellschafter analog § 39 Abs. 2 Nr. 2 AO direkt oder über die Gesellschaft indirekt zuzurechnen?

50 Der Entscheidung des BFH vom 13. 10. 1983[56] kann entnommen werden, daß er sich an der neueren Rechtsprechung des BFH zu gewerblich tätigen Gesellschaften auch bei der Einkunftsart Vermietung und Verpachtung orientieren möchte, so daß keine direkte Zuordnung gemäß **§ 39 Abs. 2 Nr. 2 AO** vorzunehmen sei, sondern dem einzelnen Gesellschafter auch hier anteilig nur das zugerechnet werden könne, was sich aus der Handelsbilanz der Gesellschaft als abgeleitetes Ergebnis für den Gesellschafter ergebe. Damit wurde deutlich, daß auch hier rückwirkende Vereinbarungen steuerlich nicht anzuerkennen waren, wohl aber in die Zukunft gerichtete oder eben geschilderten Art. Dem schloß sich die Finanzverwaltung an.[57]

51 **3. Die steuerliche Situation ab 1984.** Die steuerliche Situation bis 1984 wirkte sich für die Beteiligungen an Gesellschaften im Kapitalanlagenmarkt nicht gravierend aus. Lediglich gesellschaftsvertragliche Feinheiten wurden berührt, galt es, sich vom Verlustverteilungserlaß abwendend im Hinblick auf die zuvor dargestellte Rechtsprechung mit Verlust- bzw. Gewinnverteilungsklauseln so zu beschäftigen, daß trotz unterschiedlicher Beitrittszeitpunkte von Kapitalanlegern diese doch entsprechend dem jeweiligen Umfang ihrer Beteiligung relativ gleiche Verlust- bzw. Gewinnbeteiligungen erhielten.

52 Aus der Zeit der Abschreibungs- bzw. Verlustzuweisungsmodelle war quasi als einziges Relikt die Baupatenrechtsprechung[58] übrig geblieben, wonach das Merkmal der Gewinnerzielungsabsicht durch das Streben nach steuerlichen Verlusten nicht beeinträchtigt wurde.

53 Eine bis in die Gegenwart reichende, auch für den Kapitalanlagemarkt gravierende, Entscheidung war die des Großen Senats vom 25. 6. 1984.[59]

---

[52] Diese Rechtsprechung wurde durch den BFH mit Urteil vom 17. 3. 1987 DB 1987, 1515 nochmals bestätigt.

[53] BMF 30. 1. 1984 DB 1984, 325.

[54] *Schmider* HdB, Fach 3530, Rdnr. 75 ff.; *Loritz/Wagner,* Konzeptionshandbuch, Bd. 2, Rdn. 329 ff.

[55] *Schmider* HdB, Fach 3530, Rdnr. 79 unter Hinweis auf die gegensätzlichen Entscheidungen des FG Rhl-Pfalz v. 11. 5. 1983 RPK U 76/83 und 23. 9. 1982 RPK U 13/82.

[56] BStBl II 1984, 101, 105.

[57] BMF 15. 2. 1984 BStBl I 1984, 157.

[58] BFH 17. 1. 1972 GrS BStBl II 1972, 700.

[59] GrS BStBl II 1984, 751.

a) Der Beschluß des Großen Senats des BFH vom 25. 6. 1984. Für den Kapitalanlagebereich hatte dieser Beschluß, Beteiligungen an Gesellschaften betreffend, in folgenden Bereichen Bedeutung:[60] 54

(aa) Publikums-Personengesellschaften. Insbesondere gewerblich orientierte Abschreibungs- bzw. Verlustzuweisungsgesellschaften waren in der Regel als GmbH & Co. KG konzipiert,[61] was *Uelner* vom Bundesministerium der Finanzen veranlaßte, darin eine nicht rechtsfähige körperschaftsteuerlich verfaßte Personenvereinigung zu sehen, die gemäß § 1 Abs. 1 Nr. 5 i V. m. § 3 Abs. 1 KStG unbeschränkt körperschaftsteuerpflichtig sei[62] wie dies sonst nur bei Kapitalgesellschaften der Fall ist. 55

Der Große Senat des BFH machte jedoch deutlich, daß der Begriff der für den Bereich der Körperschaftsteuer relevanten Kapitalgesellschaften sich nach den zivilrechtlichen Rechtsformen bestimme und insoweit die GmbH & Co. KG als Personengesellschaft iS des § 15 Abs. 1 Nr. 2 EStG zu behandeln sei.[63] 56

Dies war um so bemerkenswerter, als der Große Senat des BFH sich mit einer Publikums-GmbH & Co. KG, also einer Gesellschaft zu befassen hatte, die zur Kapitalsammlung eine unbestimmte Vielzahl rein kapitalistisch beteiligter Kommanditisten als Anlagegesellschafter aufnahm und der BGH zu jener Zeit in Anlehnung an Grundsätze des Kapitalgesellschaftsrechts der Aktiengesellschaft ein dem Anlegerschutz dienendes Sonderrecht herauszubilden begann.[64] 57

Während sich also im Gesellschaftsrecht die Rechtsprechung des BGH zum Publikums-Personengesellschaftsrecht vom Personengesellschaftsrecht zum Recht der Kapitalgesellschaft, insbesondere dem der Aktiengesellschaft, hinwandte, nahm der Große Senat des BFH eine – auch aus anderen BFH-Entscheidungen schon deutlich gewordene – Rückbesinnung von wirtschaftsrechtlichen Betrachtungsweisen zurück zum Zivilrecht und dort zum Personengesellschaftsrecht vor. Dabei verdeutlichte er, daß seine Ausführungen auch für die sog. doppelstöckige GmbH & Co. KG, die Schein-KG[65] sowie die sog. kupierte GmbH & Co. KG,[66] bei der also Kapitalanleger mittelbar über Treuhandkommanditisten an einer Publikums-GmbH & Co. KG beteiligt sind, gelten würden. 58

Damit trat der Große Senat des BFH zugleich der These entgegen, eine Publikums-GmbH & Co. KG sei, wenn schon keine Kapitalgesellschaft, dann doch ein nicht rechtsfähiger Verein, da eine solche Intention dem Gesetzgeber nicht unterstellt werden könnte.[66] 59

(bb) Mitunternehmerschaft bei mittelbaren Beteiligungen. Teils, weil Kapitalanleger bei der Publikums-GmbH & Co. KG nicht gerne als Kommanditisten ins Handelsregister eingetragen werden wollen, aber auch, weil es aus vielerlei sonstigen Gründen praktikabler ist, Kapitalanleger nicht zu Gesellschaftern der Publikums-Personengesellschaften zu machen, ging die Praxis in immer stärkerem Maße dazu über, Kapitalanleger nur noch mittelbar an Publikums-Personengesellschaften zu beteiligen. Dies geschah z. B. dadurch, daß die Kapitalanleger mit einem zwischen sich und die Publikums-Personengesellschaft geschaltetem **Treuhänder** Treuhandverträge, Unterbeteiligungsverträge, individualrechtlich, in Gemeinschaft oder in Gesellschaft bürgerlichen Rechts abschlossen. 60

Hier war steuerlich abschließend zu klären wie § 15 Abs. 1 Nr. 2 EStG zu interpretieren war: 61
Mußten die Kapitalanleger steuerlich Gesellschafter sein, um Mitunternehmer sein zu können oder konnten sie auch nur Mitunternehmer sein, ohne selbst Gesellschafter zu sein, wenn sie auch Rechte, vergleichbar einem Gesellschafter, hatten?

---

[60] *Söffing* HdB, Fach 3532.

[61] S. auch Bericht des Finanzausschusses des Deutschen Bundestags v. 10. 6. 1980 zum Entwurf eines Gesetzes zur Änderung des EStG und KStG sowie anderer Gesetze in BT-Drucks. 8/4157.

[62] *Uelner* JbFfSt 1980/1981, 359.

[63] BFHE 25. 6. 1984 GrS BStBl II 1984, 751, 757.

[64] Z. B. BGH NJW 1977, 2311 und BGH BB 1982, 1400.

[65] BFH 25. 6. 1984 GrS BStBl II 1984, 751, 578.

[66] BFH 25. 6. 1984 GrS BStBl II 1984, 751, 760.

62 Der Große Senat des BFH stellte klar, daß auch der z. B. an einem Treuhandkommanditisten einer Publikums-GmbH & Co. KG angebundene Kapitalanleger, der selbst nur Treugeber – nicht aber Gesellschafter – war, Mitunternehmer sein könne, wenn nämlich der Treuhänder als Gesellschafter und Träger aller Rechte und Pflichten aus dem Gesellschaftsverhältnis heraus agiere und dabei auf Rechnung des Treugebers handele und dessen Weisungen unterworfen sei, sofern der Treugeber aufgrund seines Weisungsrechts gegenüber dem Treuhänder bei der Willensbildung in der Gesellschaft mitwirken könne und über den Treuhänder einen Gesellschaftsbeitrag leiste. Ferner müßte der Treugeber die eine Mitunternehmerstellung kennzeichnenden Merkmale erfüllen, nämlich Mitunternehmerrisiko und Mitunternehmerinitiative.[67]

63 Damit war für die Praxis – auch der gesellschaftsvertraglichen Gestaltung – für die Vergangenheit und Zukunft eine wichtige Klarstellung erfolgt, die deutlichen Einfluß auf mittelbare Beteiligungen nahm.

64 (cc) Aufgabe der Baupatenrechtsprechung. Das letzte Relikt aus der Zeit der durch Rechtsprechung und Gesetzgebung ermöglichten Abschreibungs- und Verlustzuweisungsmodelle fiel: Der Große Senat korrigierte in seinem Beschluß vom 25. 6. 1984 seine eigene Auffassung aus dem Jahre 1972:[68] nunmehr sollte es nicht mehr für die Annahme einer Gewinnerzielungsabsicht ausreichen außerhalb seines Betriebes liegende Steuervorteile anzustreben. Vielmehr sei nach Auffassung des Großen Senats des BFH eine Personengesellschaft, insbesondere eine GmbH & Co. KG; nicht mit Gewinnabsicht tätig, wenn sie keine **Betriebsvermögensmehrung** mehr beabsichtige. Sie handele nur dann mit Gewinnabsicht, wenn sie einen betrieblichen Totalgewinn erstrebe.[69]

65 Da der Große Senat des BFH diese Grundsätze nicht auf gewerblich tätige Personengesellschaften begrenzt wissen wollte, sondern damit auch Personengesellschaften der Einkunftsart Vermietung und Verpachtung[70] sowie stille Beteiligungen ansprach,[71] war die letzte Stütze der früher möglichen Abschreibungs- bzw. Verlustzuweisungsmodelle entfallen: gesetzliche Sonderabschreibungsnormen, die nicht begrenzte steuerliche Anerkennung des negativen Kapitalkontos und nunmehr das Streben nach steuerlich relevanten Verlusten als Merkmal der Gewinnerzielungsabsicht waren weggefallen und hatten das Aus für eine in der Vergangenheit vom Gesetzgeber und von der Rechtsprechung erst ermöglichte und gewollte steuerbegünstigte Kapitalanlagenbranche zur Folge.

66 Die Entscheidung des Großen Senats des BFH vom 25. 6. 1984 wird heute dahingehend interpretiert, als ob damit generell das Streben nach Totalgewinn zur Dokumentation der Gewinnerzielungsabsicht notwendig geworden wäre.[72] Diese generalisierende Betrachtungsweise selbst bei einzelnen Senaten des BFH übersieht jedoch einen gewichtigen Teil dieser Entscheidung.

67 Die Entscheidung des Großen Senats vom 17. 1. 1972[73] war allgemein dahingehend interpretiert worden, der Große Senat habe auch das Streben nach steuerlichen Verlusten generell dem Tatbestand der „Gewinnerzielungsabsicht" zugeordnet. Folglich sah sich der Große Senat in seiner Entscheidung vom 25. 6. 1984 mit der Frage konfrontiert, ob er sich insoweit bezüglich seiner Entscheidung vom 17. 1. 1972 nicht selbst aufheben müsse, wenn er nunmehr anders entscheiden wolle. Der Große Senat des BFH ging der Beantwortung dieser Frage dadurch aus dem Wege, daß er darauf hinwies, in seiner früheren

---

[67] BFH 25. 6. 1984 GrS BStBl II 1984, 751, 768 f.

[68] BFH 17. 1. 1972 GrS BStBl II 1972, 700; zuvor schon BFH 7. 4. 1967 BStBl III 1967, 467; 13. 7. 1967 BStBl III 1967, 690; 18. 9. 1969 BStBl II 1969, 578.

[69] BFH 25. 6. 1984 GrS BStBl II 1984, 751, 765.

[70] BFH 25. 6. 1984 GrS BStBl II 1984, 751, 766.

[71] BFH 25. 6. 1984 GrS BStBl II 1984, 751, 770.

[72] Z. B. Entscheidungen des BFH zum sog. Mietkaufmodell: BFH 31. 3. 1987 BStBl II 1987, 668 und BFH 11. 8. 1987 NV 1988, 292.

[73] BStBl II 1972, 700.

Entscheidung habe es sich um die Frage der „Gewinnabsicht als Merkmal eines Einzelunternehmens" gehandelt, während es sich nunmehr um die ertragsteuerliche Behandlung von Personengesellschaften und ihrer Gesellschafter handele, mithin eine Rechtsfrage, die der Große Senat noch nicht entschieden habe.[74]

68 Dies bedeutet aber konkret – was allgemein übersehen wird –, daß für Einzelunternehmen die Entscheidung des Großen Senats des BFH vom 17. 1. 1972 maßgeblich ist, da diese Entscheidung ja nicht berührt werden sollte, so daß bei Einzelunternehmen nach wie vor auch das Streben nach steuerlichen Verlusten das Merkmal der Gewinnerzielungsabsicht ausfüllt. Daran sind die einfachen Senate des BFH gemäß § 11 Abs. 3 FGO und soweit man in besagter Entscheidung des Großen Senats rechtsfortbildendes Richterrecht sieht, auch die Finanzgerichte und die Finanzverwaltung so lange gebunden, bis der Große Senat des BFH sich insoweit selbst korrigiert, was er nach eigenem Bekunden in seiner Entscheidung vom 26. 6. 1984 insoweit noch nicht getan hat.[74]

69 Der Große Senat des BFH hat mithin mit der Entscheidung vom 25. 6. 1984 eine bis dahin für Personengesellschaften noch nicht entschiedene – wenngleich praktizierte – Rechtslage erstmals entschieden, die entsprechende Frage nach der Anerkennung des Strebens nach Verlusten für Einzelunternehmen im Hinblick auf seine Entscheidung vom 17. 1. 1972 dagegen nicht berührt, so daß die allgemein vorherrschende Auffassung unzutreffend ist, die Baupatenrechtsprechung sei insgesamt aufgehoben worden.[75] Diese gilt vielmehr für Einzelunternehmen fort und ist lediglich für Personengesellschaften in der Entscheidung des Großen Senats vom 25. 6. 1984 dahingehend behandelt worden, daß für Gesellschaften und gesellschafterliche Beteiligungen das Streben nach steuerlichen Verlusten nicht mehr das Merkmal der Gewinnerzielungsabsicht ausfüllt.

70 (dd) Befristete Beteiligungen an Personengesellschaften. Dem Idealbild des Kapitalanlagenvertriebs entsprach es, Kapitalanlegern Beteiligungen an Gesellschaften zu vermitteln, die zwecks Minderung der Steuerlast steuerliche Verluste zuließen. Solche Beteiligungen sollten nach Möglichkeit befristet sein: Ehe dem steuerlichen Verlust ein wirklicher Verlust folgte, sollte der Kunde (= Kapitalanleger) sich von seiner Beteiligung wieder trennen können, was zudem den Vorteil hätte, neue Beteiligungen mit neuen steuerlichen Verlusten honorarträchtig vermitteln zu können.

71 Der Große Senat des BFH zog auch für solche Gestaltungen befristeter Beteiligungen an Personengesellschaften einen steuerlichen Schlußstrich: Ein an einer Personengesellschaft Beteiligter sei steuerlich **kein Mitunternehmer,** wenn seine Beteiligung rechtlich oder tatsächlich befristet sei und deshalb eine Teilhabe an der von der Gesellschaft zu erstrebenden Betriebsvermögensmehrung (= Streben nach betrieblichem Totalgewinn) nicht erwartet werden könne. Wenn daher bei befristeter Beteiligung weder ein entnahmefähiger Gewinn, noch ein die erbrachte Einlage übersteigendes Abfindungsguthaben, noch ein Gewinn bei Veräußerung der Beteiligung zu erwarten sei, dann liege eine Mitunternehmerstellung nicht vor.[76]

72 (ee) Aufgabe der Geprägerechtsprechung. Aufgrund der vom BFH im Jahre 1966 selbst begründeten Geprägerechtsprechung[77] galt z. B. die vermögensverwaltende Tätigkeit einer OHG bzw. KG einkommen- und gewerbesteuerlich als gewerbliche Tätigkeit, wenn an besagter Personengesellschaft entweder nur Kapitalgesellschaften beteiligt waren,[78] oder wenn neben beteiligten natürlichen Personen eine beteiligte Kapitalgesellschaft besagter Personengesellschaft quasi das „Gepräge" gab. Letzteres wurde angenommen, soweit per-

---

[74] BFH 25. 6. 1984 GrS BStBl II 1984, 751, 765.

[75] Daher wurde die Überschrift auch in Anführungszeichen gesetzt. Diese Differenzierung wird auch in BFH/NV 1994, 243 u. H. a. BFH 10. 11. 1977 BStBl II 1978, 15 deutlich.

[76] BFH 25. 6. 1984 GrS BStBl II 1984, 751, 768.

[77] BFH 17. 3. 1966 BStBl III 1966, 171.

[78] BFH 22. 11. 1972 BStBl II 1973, 405.

sönlich haftende Gesellschafter nur Kapitalgesellschafter bzw. keine natürlichen Personen waren.[79]

73 Aufgrund dieser Geprägerechtsprechung des BFH hatten sich für den Kapitalanlagenbereich Gestaltungsmöglichkeiten, aber auch Gestaltungszwänge, ergeben: Wollte man sich z. B. mit geschlossenen Immobilienfonds in der Einkunftsart Vermietung und Verpachtung bewegen, durfte die Publikums-KG sicherheitshalber keine Kapitalgesellschaft als Komplementär haben. Wollte man die Einkunftsart ändern, um sich im gewerblich tätigen Bereich zu bewegen, so wechselte man den Komplementär (= natürliche Person) aus und ersetzte ihn durch eine Kapitalgesellschaft, da ja für die unterschiedlichen Einkunftsarten aufgrund besagter Geprägerechtsprechung des BFH nur maßgebend war, wer Komplementär war und nicht allein, in welchem Tätigkeitsbereich die Personengesellschaft sich bewegte.

74 Nunmehr entschied der Große Senat des BFH, daß bei einer GmbH & Co. KG, deren alleiniger Komplementär eine GmbH sei, nicht allein wegen dieser Rechtsform alle Einkünfte mit Wirkung für alle Gesellschafter (= Mitunternehmer) als Einkünfte aus Gewerbebetrieb zu qualifizieren seien. Die Art der Einkünfte der Gesellschafter einer Personengesellschaft würden in erster Linie durch die Tätigkeit der Gesellschafter in ihrer **gesamthänderischen Verbundenheit** bzw. der Gesellschaft bestimmt werden.[80]

75 *b) Bericht der Bundesregierung.* Ein weiterer Einschnitt der steuerorientierten Kapitalanlage wurde durch zuvor genannten Bericht der Bundesregierung[81] deutlich, womit in Form eines Fahrplans aufgezeigt wurde, wie eine ehemals vom Gesetzgeber und der Rechtsprechung geförderte Steuersparbranche in ihr Gegenteil verkehrt wurde. An bereits verwirklichten Maßnahmen wurden angesprochen:

76 – Einführung des § 15 a EStG;
– Wegfall der Möglichkeit der Umsatzsteueroption;
– Einschränkung des Einkommensteuer-Vorauszahlungsverfahrens;
– Änderung des § 15 Abs. 2 EStG;
– Div. Maßnahmen gegen Betätigungen im Ausland;
– Änderungen im Verfahrensrecht bezüglich § 180 Abs. 2 AO;
– Restriktive Verwaltungsanweisungen zur einkommensteuerlichen und umsatzsteuerlichen Behandlung von Bauherrengemeinschaften;
– Extensive Rechtsprechung des BFH zur Grunderwerbsteuer bei Bauherrenmodellen;

77 Als weitere gesetzgeberische Maßnahmen wurden zum seinerzeitigen Zeitpunkt geplant:
– Nichtberücksichtigung bestimmter negativer Einkünfte bei der Ermittlung der zu entrichtenden Einkommensteuer;
– Nichtberücksichtigung bestimmter negativer Einkünfte bei der Ermittlung der Einkünfte;
– Verteilung des Abzuges bestimmter Werbungskosten auf mehrere Jahre;
– Erweiterte Einbeziehung von Veräußerungsgewinnen in die Besteuerung;
– Einschränkung der Inanspruchnahme ermäßigter Steuersätze bei außerordentlichen Einkünften (z. B. bei § 34 EStG);
– Einschränkung der Werbung mit Steuervorteilen.

78 Durch diesen Bericht, aber auch durch die Verwaltungspraxis und Rechtsprechung, die sich in ihrer negativen Einstellung gegenüber Abschreibungs- und Verlustzuweisungsgesellschaften immer mehr vom Gesetz absentierten und eine Eigendynamik entwickelten, entstand im Kreis von Initiatoren und Kapitalanlegern bzw. deren steuerlichen Beratern eine starke Verunsicherung. Diese wurde dadurch gesteigert, daß Verwaltung und Rechtsprechung ihre neuen „Erkenntnisse" auch mit Rückwirkung belastend auf Steuerpflichtige

[79] BFH 17. 3. 1966 BStBl III 1966, 171; 3. 8. 1972 BStBl II 1972, 799.
[80] Zum Übergangserlaß des BMF v. 10. 1. 1984 s. BStBl I 1984, 48.
[81] BT-Drucks. 10/1927 = HdB, Fach 0030.

anwandten; die Gesetzesbindung des Art. 20 Abs. 3 GG mußte gewandelten fiskalischen Interessen weichen.[82]

Dies führte zu einer verstärkten Hinwendung der ehemaligen „steuerbegünstigten", später „steuerorientierten" Kapitalanlagenbranche und der Kapitalanleger zu renditeorientierten Kapitalanlagen und damit auch entsprechenden **Beteiligungen an Fonds-Gesellschaften,** sei es gewerblich tätigen Fonds-Gesellschaft oder vermögensverwaltenden geschlossenen Immobilienfonds, wobei die Anteilsfinanzierungen, „verstärkt" durch Lebensversicherungen, auf den gleichzeitig prosperierenden Markt der sog. Finanzdienstleistungen stießen. 79

c) Das Gepräge-Gesetz vom 19. 12. 1985. Mit dem Steuerbereinigungsgesetz 1986 vom 19. 12. 1985[83] führte der Gesetzgeber mittels § 15 Abs. 3 Nr. 2 EStG die frühere Geprägerechtsprechung des BFH rückwirkend im wesentlichen wieder ein.[84] Verfassungsrechtliche Bedenken, insbesondere mit der damit verbundenen Rückwirkung, wurden vom BFH inzwischen für unbegründet erachtet.[85] 80

Der Grund für das sogenannte Gepräge-Gesetz lag darin, daß der Beschluß des Großen Senats des BFH vom 25. 6. 1984 erhebliche Rechtsunsicherheit sowie Vor- und Nachteile mit sich gebracht hatte.[86] Gleichwohl ließ auch das neue Gepräge-Gesetz Raum für Gestaltungsmöglichkeiten, um die steuerliche Gewerblichkeit entweder zu vermeiden oder abzusichern.[87] 81

d) Stand der steuerbegünstigten Kapitalanlage bei Beteiligungen an Gesellschaften bis 1990. Die dargestellte Entwicklung hatte im Fondsbereich zur Folge, daß nunmehr zwischen steuerorientierten (statt früher steuerbegünstigten) und renditeorientierten Fonds unterschieden wurde. 82

Von steuerorientierten Fonds spricht man insbesondere bei Fonds in der Rechtsform der Gesellschaft bürgerlichen Rechts, auf die zwar § 15 a EStG aufgrund dessen Abs. 5 Nr. 2 auch anwendbar ist, andererseits aber Anteile an steuerlichen Verlusten so weit zugerechnet werden können, wie Schulden im Zusammenhang mit dem Betrieb durch Vertrag nicht ausgeschlossen sind/werden oder nach Art und Weise des Geschäftsbetriebs nicht unwahrscheinlich sind. Allerdings muß auch hier der Kapitalanleger Gesellschafter bzw. Mitunternehmer sein, wie auch das Streben nach Totalgewinn plausibel darstellbar sein muß. 83

Diese Art von steuerorientierten Fonds in der Gesellschaft bürgerlichen Rechts gibt es mit oder ohne vorgeschalteten Treuhänder,[88] wobei letztere Beteiligungsform dahingehend konzipiert ist, daß Kapitalanleger einen Treuhänder mittels Treuhandvertrag beauftragen, in eigenem Namen, aber intern auf Rechnung der Gesellschaft bürgerlichen Rechts der Treugeber, tätig zu werden, womit Außenhaftungen der Kapitalanleger vermieden werden und im Innenverhältnis die Haftung der Kapitalanleger in der Regel quotal auf ihre Beteiligungsverhältnis, der Höhe nach auf ihr Zeichnungsvolumen, und gegenständlich auf das Gesamthandsvermögen beschränkt werden. Bei solchen Fonds-Konstruktionen hatten die Einkommensteuerreferenten in ihrer Besprechung vom 19. bis 21. 10. 1983 § 15 a EStG auch auf solche Fonds in der Rechtsform der Gesellschaft bürgerlichen Rechts entsprechend angewandt.[89] 84

---

[82] Zur verfassungsrechtlichen Bedenklichkeit der Praxis der Finanzverwaltung und der BFH Rechtsprechung zur rückwirkenden Versagung der MwSt.-Option: *Wagner* RPK U 240/84; *Wagner* DStR 1996, 569 und 609. Zur verfassungsrechtlichen Bedenklichkeit der Praxis der Finanzverwaltung und der BFH-Rechtsprechung zur rückwirkenden Erhebung bzw. Erweiterung von Grunderwerbsteuer: *Wagner* HdB, Fach 1811; *Wagner* KaRS 1989, 1.

[83] BStBl I 1985, 735.

[84] *Kaligin* HdB, Fach 3536.

[85] BFH 10. 7. 1986 BStBl II 1986, 811.

[86] *Hennerkes/Binz* BB 1985, 2161, 2164; *Kaligin* HdB, Fach 3536, Rdnr. 5 ff.

[87] *Hennerkes/Binz* BB 1985, 2161, 2165 f.

[88] *Görlich* DB 1988, 1102; *Wagner* DStR 1996, 1008.

[89] ESt-Ref.-Bespr. VI/1983 v. 19.–21. 10. 1983 Niederschrift v. 2. 2. 1984, HdB, Fach 7535.

85 Der Senator für Finanzen in Berlin hatte ferner mit Schreiben vom 15. 7. 1987[90] die Voraussetzungen festgelegt, die erfüllt sein müssen, um bei durch einen Treuhänder vermittelten Beteiligungen eine steuerliche Zurechnung des wirtschaftlichen Eigentums zuzulassen. Danach muß der Treuhänder zwar im eigenen Namen, aber auf Rechnung und Weisung der Treugeber handeln, so daß die Rechte am Treugut im Innenverhältnis den Treugeber zustehen, die auch wirtschaftlich die Chancen und Risiken voll tragen müssen.

86 Die 1988 verstärkt begonnene Diskussion um die sog. Quellensteuer wirkte sich auch mittelbar auf die Beteiligungen an renditeorientierten Gesellschaften aus. Oft nahezu steuerfrei ausgeschüttete Gewinne bei geschlossenen Immobilienfonds wurden nach dem damaligen Stand der Diskussion von der Quellensteuer nicht erfaßt, wohl aber Lebensversicherungserträge, wodurch die Einstiegserleichterungen der Anteilsfinanzierungen betroffen waren.

II. Neuere Entwicklungen

87 Mit Wegfall steuerlicher Investitionsanreize und einer immer größeren Verunsicherung von Kapitalanlegern, weil Finanzverwaltung und Finanzrechtsprechung entgegen dem Gesetzesbindungsgebot des Art. 20 Abs. 3 GG mit immer neuen rechtschöpferischen Interpretationen mit Rückwirkung besagte Kapitalanleger dort mit steuerlichen Lasten belegten, wo zum Zeitpunkt der Investitionen noch steuerliche Begünstigungen anstanden, wandte sich die Kapitalanlagenbranche neuen Konzeptionen zu. Diese zeichneten sich durch neue Produktlinien aus wie auch die Renditeaussage als Investitionsanreiz prospektiv in den Vordergrund gerückt wurde, ohne daß sich der Renditebegriff definitorisch bis heute eindeutig hat festlegen lassen.

88 Folgende Beispiele „neuere Produktlinien" seien dargestellt, bei welchen Kapitalanleger durch Beteiligungen an Gesellschaften Vorteile suchen. Dabei stehen statt Steuervorteilen nunmehr die Komplexe **Altersversorgung, Arbeitsplatzsicherung** und **Vermögensbildung** im Vordergrund. Während in den Zeiten der Abschreibungs- und Verlustzuweisungsmodelle Steuervorteile die Personenkreise ansprachen, die sie aufgrund hoher sonstiger Steuerbelastungen nutzen konnten, werden mit Altersversorgung, Arbeitsplatzsicherung und Vermögensbildung alle interessierten Bevölkerungskreise angesprochen, und zwar unabhängig von der Höhe ihres Einkommens.

89 Diese neue Entwicklung hat zur Folge, daß ein – auch gesellschaftsvertraglich – erheblich schutzbedürftigerer Personenkreis Kapital anlegt bzw. investiert und damit zum „Kapitalanleger" wird, dem, da teilweise nur über geringere Einkommen verfügend, erstmals Zutrittsmöglichkeiten zu solchen Beteiligungen eröffnet werden, wobei Eigenkapital oft nicht vorhanden und klassische Fremdfinanzierungen von Beteiligungen oft an entsprechendem Bonitätsnachweis scheitern.

Und bedingt durch die Wiedervereinigung besann sich der Gesetzgeber plötzlich wieder der bis dahin verteufelten Abschreibungsmodelle, um mit Sonder-AfA bis zu 50% Kapitalanleger zu Investitionen in den neuen Bundesländern zu veranlassen. Es wird von Interesse sein, zu verfolgen, ob Kapitalanleger nach getätigten Investitionen erneut staatlicherseits ihrer steuerlichen Investitionsanreize rückwirkend entledigt werden.

90 **1. Ansparfonds.** Quasi nahtlos an das Auslaufen der steuerbegünstigten Kapitalanlage wird seit 1985 am sog. freien Kapitalanlagemarkt als neue Anlagevariante der „Ansparfonds" angeboten.[91] Zielgruppe sind Kapitalanleger, die neben der staatlichen *Rente* sich mittels einer in der Regel 12jährigen Ansparzeit eine zusätzliche sachwertgesicherte und damit möglichst krisen- und konjunkturunabhängige weitere Rente sichern

[90] HdB, Fach 7644 = KTS 1987, 641.

[91] *Hergarten* HdB, Fach 3534; *Loritz/Wagner,* Konzeptionshandbuch, Bd. 2, Rdn. 65–67.

wollen. Investitionsgegenstand sind vornehmlich Immobilienfonds in der Form von Ansparfonds, die vergleichsweise geringen konjunkturellen Schwankungen unterworfen sind.[92]

Gängigste Fonds-Konzeptionen sind die **Publikums-KG** bzw. **Publikums-GbR,** wobei letztere dann im Hinblick auf § 15 a Abs. 5 Nr. 2 EStG steuerlich wie eine KG behandelt wird, wenn den Kapitalanlegern ein Treuhandgesellschafter vorgeschaltet wird. 91

Die konzeptionelle Besonderheit liegt in der Finanzierung der Fondsgesellschaft bzw. der Fondsbeteiligung, die *Hergarten*[93] wie folgt beschreibt: 92

Die Fondskonzeption wird in der Regel so angelegt, daß die aufgenommenen Fremdmittel nach einer z. B. 12jährigen Ansparphase komplett aus den dann laufenden Liquiditätsüberschüssen getilgt sind. Um einerseits dieses Ziel zu erreichen und andererseits für die Fondsgesellschaft von Anfang an finanzielle Mittel zu haben, um die Immobilie überhaupt kaufen zu können, ist es wichtig, abzuklären, ob sich nachfolgend beschriebene Eckdaten realisieren lassen: 93

Liegen übliche Finanzierungskonditionen und Anfangsmieteinnahmen von 5% des Gesamtaufwandes vor, die aufgrund von Indexklauseln oder entsprechender sonstiger vertraglicher Regelungen langfristige Mietzinssteigerungen zulassen, so können sich **Eigen-/Fremdmittelrelationen** von $^2/_3$ zu $^1/_3$ ergeben. 94

In Anbetracht des relativ geringen Fremdmittelanteils ist zum einen eine rein dingliche Absicherung des Kredits ohne persönliche Mitverpflichtung der Fonds-Sparer möglich, zum anderen kann auch mittels der genannten Anfangsmieteinnahmen des Fonds der Fremdmittelkredit mit einer Anfangstilgung von rund 4% versehen werden, so daß der Fremdmittelanteil nach 12 Jahren getilgt ist. 95

Da der größere Eigenmittelanteil in der Regel von Kapitalanlegern nicht erbracht werden kann, nehmen Kapitalanleger zu diesem Zweck bei einem Kreditinstitut einen persönlichen Kredit auf, um damit für den Fonds das noch fehlende Kapital – bezogen auf den eigenen Anteil – vorzufinanzieren. Das „Sparen" des Kapitalanlegers, nämlich das Rückführen dieses persönlichen Kredites, kann dabei auf zweierlei Weise vorgenommen werden: 96

Der Kapitalanleger tilgt die von ihm aufgenommenen Fremdmittel und hat damit insoweit sich und das für den Fonds vorfinanzierte Eigenkapital anteilig entschuldet. 97

Oder die Eigenkapitalvorfinanzierung, die in Wirklichkeit eine persönliche Fremdfinanzierung des Kapitalanlegers ist, wurde dem Kapitalanleger (nur) deshalb gegeben, weil die Kreditgewährung an den Abschluß einer Lebensversicherung durch den Kapitalanleger gebunden war; dann hat der Kapitalanleger neben der jährlichen Versicherungsprämie über den gesamten Ansparzeitraum die Zinsen (keine Tilgung) auf den vollen Darlehensbetrag aufzubringen. Mit Ablauf der „Ansparphase" wird dann die Eigenkapitalvorfinanzierung durch die dann ebenfalls fälligen Lebensversicherungsmittel getilgt.[94] 98

Wirtschaftlich soll damit erreicht werden, daß die Kapitalanleger nach 12 Jahren aus einer entschuldeten Immobilie die dann steigenden Mieten zu ihrer freien Verfügung haben und bei Verkauf der Immobilie aufgrund des lastenfreien Verkaufs den dann durch zudem erhoffte Wertsteigerungen höheren Kaufpreis für sich verwenden können, ohne noch weitere Kredite zurückführen zu müssen. 99

Zudem ließ eine solche Fondskonzeption auch steuerliche Effekte zu, da das vom BFH geforderte Streben nach Totalgewinn[95] vorliegt. 100

Erzielt ein vermögensverwaltender Ansparfonds in der Rechtsform der GbR oder KG Einkünfte aus Vermietung und Verpachtung, dann entstehen **anerkennungs- und aus-** 101

---

[92] *Hergarten* HdB, Fach 3534, Rdnr. 1.
[93] HdB, Fach 3534, Rdnr. 5–8.
[94] *Hergarten* HdB, Fach 3534, Rdnr. 6–8.
[95] BFH 26. 6. 1984 GrS BStBl II 1984, 751, 765.

gleichsfähige Werbungskosten. Für Werbungskosten in der Investitionsphase des Fonds galten die Grundsätze des Bauherrenerlasses vom 13. 8. 1981[96] gelten,[97] während in der Ansparphase das steuerliche Ergebnis der Fondsgesellschaft durch den Überschuß der Mieteinnahmen über die Zinsaufwendungen, Abschreibungen und die nicht umlagefähigen Kosten des Fonds bestimmt werden, wie auch die Zinsaufwendungen für die Eigenkapitalvorfinanzierung als Sonderwerbungskosten ebenfalls in die einheitliche und gesonderte Feststellung der Einkünfte für die Fondsgesellschaft eingehen.[98]

102 Je nach der gewählten Rechtsform des Fonds und der gewählten Finanzierung ist gemäß § 21 Abs. 1 Satz 2 EStG iVm. § 15 a EStG auch eine Ausgleichsfähigkeit steuerlicher Anfangsverluste gegeben.[99]

102a Aber dieses so sinnvoll konzipierte Modell gehört heute dort, wo mit Lebensversicherungen finanziert wird, der Vergangenheit an:

– Für Werbungskosten in der Investitionsphase des Fonds gelten nicht mehr die Grundsätze des Bauherrenerlasses vom 13. 8. 1991, vielmehr ist rechtliche Verwirrung eingetreten. Der IX. Senat des BFH hat in seinem Beschluß vom 14. 11. 1989[100] bei Bauherrenmodellen Kapitalanleger als Erwerber qualifiziert. In einem AdV-Beschluß vom 4. 2. 1992[101] deutete der BFH an, dies auch beim Immobilienfonds so zu sehen (es handelte sich um ein Modernisierungsmodell), was er inzwischen in seiner Entscheidung vom 11. 1. 1994 bestätigte.[102]

Da damit erhebliche Investitionsanreize für Fondsbeteiligungen verloren gingen, versuchte die Finanzverwaltung, Schäden und Risiken einzugrenzen. Im 4. Bauherrenerlaß vom 31. 8. 1990[103] wird ausgeführt, daß dann, wenn das der Errichtung des Fonds-Objektes zugrunde liegende Vertragswerk von einem Initiator entwickelt worden sei, der selbst Fondsgesellschafter sei, dies die Bauherreneigenschaft des Fonds nicht tangiere. Indem jedoch der BFH sich von diesem Erlaß der Finanzverwaltung distanzierte, ist Rechtsunsicherheit gegeben.[104]

102b – Hinzu kommt, daß durch das Steueränderungsgesetz 1992[105] in § 10 Abs. 2 Satz 2 EStG ein Sonderausgabenabzugsverbot von Beiträgen zu Lebensversicherungen für Finanzierungsmodelle vorgesehen wurde, mit der Folge, daß damit auch die Steuerfreiheit der Zinsen (§ 20 Abs. 1 Ziff. 6 EStG) entfällt.[106] Verschärfende Anforderungen der Finanzverwaltung[107] schließen es heute nahezu aus, steuerwirksam Ansparfonds mit Lebensversicherungen zu finanzieren.[108]

103 **2. Arbeitnehmervermögensbeteiligungen.** Abschreibungs- bzw. Verlustzuweisungsmodelle hatten – wie gesagt – deshalb eine Existenzberechtigung, weil Gesetzgebung und BFH-Rechtsprechung steuerliche Sonderabschreibungen und Verlustzuweisungen erst er-

---

96 BStBl I 1981, 604.

97 *Hergarten* HdB, Fach 3534, Rdnr. 14; *Schmider* HdB, Fach 3530, Rdnr. 101.

98 *Hergarten* HdB, Fach 3534, Rdnr. 24.

99 *Hergarten* HdB, Fach 3534, Rdnr. 26–39.

100 BFH BStBl. II 1990, 229.

101 BFH BStBl. II 1992, 883.

102 BFH DStR 1994, 931.

103 BMF BStBl. I 1990, 366.

104 *Loritz/Wagner*, Konzeptionshandbuch, Bd. 2, Rdnr. 300–305.

105 BGBl. I 1992, 297 = BStBl. I 1992, 146.

106 BT-Drucks. 12/1109, S. 55, 56.

107 BMF 21. 12. 1992 BStBl. I 1993, 10; 12. 3. 1993 BStBl. 1993, 277; 19. 5. 1993 BStBl. I 1993, 406; 14. 6. 1993 BStBl. I 1993, 484; BMF Presseerklärung v. 13. 10. 1993 BB 1993, 2137; 6. 5. 1994 NJW 1994, 1714.

108 *Dahm* DStZ 1993, 385; *Horlemann* BB 1993, 2129 und 2201 und 2273; *ders.*, DStR 1993, 1725; *ders.* DStZ 1993, 515; *ders.* DB 1993, 2096; *Pfalzgraf/Meyer* DB 1993, 2353; *Meyer-Scharenberg*, Finanzierung mit Lebensversicherungen, 1993; *ders.* DStR 1993, 1768; *Loritz/Wagner*, Konzeptionshandbuch, Bd. 2, Rdnr. 64, 65, 765 ff.

möglichten und sie förderten. Steuervorteile waren mithin von Gesetzgebung und Rechtsprechung ein gewolltes Lenkungsinstrument, um mit diesen Investitionsanreizen Investitionen von Privatpersonen bzw. Unternehmen in Gang zu bringen.

Mit Auslaufen dieser Phase durch Entfallenlassen gesetzlicher Regelungen, die z. B. Sonderabschreibungen erst eingeführt hatten, und durch die Änderung der BFH-Rechtsprechung war vorübergehend neues gewolltes politisches Ziel der Bundesregierung, privates Kapital zu Investitionen in Unternehmen zu veranlassen, um damit zu einer Stärkung der Eigenkapitalstruktur vornehmlich der mittelständischen Unternehmen beizutragen, was einerseits der Stärkung der Wettbewerbsfähigkeit solcher Unternehmen und andererseits der Sicherung von Arbeitsplätzen dienen sollte. Diesem Ziel sollte mittels des am 31. 12. 1986 in Kraft getretenen 2. Vermögensbeteiligungsgesetzes[109]auf folgenden Wegen gedient werden: 104

Zum einen durch Aufbringung von Risikokapital, das vornehmlich Investmentgesellschaften oder Unternehmensbeteiligungsgesellschaften zugeführt werden soll, die sich dann ihrerseits damit an Unternehmen unter Zurverfügungstellung von Kapital beteiligen können. Zum anderen durch investive Beteiligungen von Arbeinehmern, sei es durch unmittelbare oder mittelbare betriebliche Beteiligungen, sei es durch außerbetriebliche Beteiligungen von Arbeitnehmern an besagten Investmentgesellschaften oder Unternehmensbeteiligungsgesellschaften. 105

Der Komplex der investiven Beteiligung von Arbeitnehmern wird unter den Schlagworten **„Mitarbeiter-Kapital-Beteiligung“** bzw. „Arbeitnehmervermögensbildung“ geführt und da diese Art der Arbeitnehmerbeteiligung zugleich dem Ziel dienen sollen, den dualistischen Interessengegensatz von Kapital und Arbeit abbauen zu helfen, würden sie auch steuerlich gefördert. Wieder einmal waren steuerliche Vergünstigungen Investitionslenkungsinstrumente und Investitionsanreize: 106

Aufgrund des **5. VermBG,**[110] der Verordnung zur Durchführung des 5. VermBG[111] sowie des Anwendungsschreiben des Bundesministers der Finanzen[112] erhielten die begünstigten Arbeitnehmer Sparzulagen für **vermögenswirksame Leistungen** bis zu 936,– DM,[113]die der Arbeitgeber dem Betrag zu entnehmen hat, den er für den Arbeitnehmer ansonsten an Lohnsteuer zu zahlen hätte.[114] 107

Aufgrund des **§ 19 a EStG**[115] konnte der Arbeitgeber dem Arbeitnehmer zudem bei unentgeltlicher bzw. verbilligter Überlassung von Beteiligungen bis zu 500,– DM p. a. steuer- und sozialversicherungsfrei Vorteile zuwenden. 108

Diese Möglichkeiten fanden auch am freien Kapitalanlagenmarkt Resonanz, indem man mit dem Slogan „mit dem Vater Staat Vermögen bilden“ sich an Arbeitnehmer mit geringerem Einkommen als neuer Zielgruppe wandte, um diese unter Einbeziehung der Steuervorteile nach dem 5. VermBG sowie § 19 a EStG für Beteiligungen an Publikums-KG einzuwerben, sei es für gewerblich tätige, sei es für vermögensverwaltende geschlossene Immobilienfonds.[116] 109

Da die Fördermöglichkeiten des 5. VermBG bzw. § 19 a EStG bei vielen Beteiligungsformen in den dortigen Beteiligungskatalogen davon abhingen, daß sie vom Arbeitgeber gewährt werden bzw. Beteiligungsformen betreffen, die für Publikums-Personengesellschaften nicht in Frage kommen, setzte sich anfänglich die stille Beteiligung solcher Ar- 110

---

[109] V. 19. 12. 1986 BGBl I S. 2595; Gesetzesmaterialien: BT-Drucks. 10/5981 v. 8. 9. 1986; BT-Drucks. 10/6280 v. 29. 10. 1986; BT-Drucks. 10/6438 v. 12. 11. 1986; BT-Drucks. 10/6462 v. 13. 11. 1986.

[110] V. 19. 12. 1986, BGBl I S. 2595.

[111] VermBDV 1987 v. 23. 10. 1987 BGBl I, S. 2327.

[112] BMF v. 31. 8. 1987 BStBl I 1987, 639.

[113] § 13 5. VermBG.

[114] § 13 Abs. 6 5. VermBG.

[115] In der Neufassung v. 19. 12. 1986, BGBl I S. 2602; s. a. BMF v. 31. 8. 1987 BStBl I 1987, 632.

[116] *Wagner* HdB, Fach 3537.

beitnehmer-Kapitalanleger an entsprechenden Publikums-KG als Beteiligungsform durch, da diese keinen einengenden Voraussetzungen unterlag.

111 Mit *Wagner* war jedoch von folgenden Problempunkten solcher Beteiligungen auszugehen:

112 Nach der Zivilrechtsjudikatur[117] sind vermögensverwaltende Immobilien-KG nur in eng begrenzten Ausnahmefällen möglich, vom BFH[118] dagegen werden sie generell als **Schein-KG** und mithin als Gesellschaften bürgerlichen Rechts eingestuft. Da es bei der Arbeitnehmervermögensbildung um die steuerliche Anerkennung solcher stillen Beteiligungen iS des 5. VermBG bzw. § 19 a EStG ging, nach der steuerlichen Betrachtungsweise des BFH vermögensverwaltende Immobilien-KG rechtlich jedoch Gesellschaften bürgerlichen Rechts sind, an denen aber mangels Vorliegen eines Handelsgewerbes stille Beteiligungen nicht begründet werden können, müßte befürchtet werden, daß bei solchen Konzeptionen die Finanzverwaltung bezüglich der Arbeitnehmerbeteiligungen dieselben nicht als stille, sondern als sonstige, dann nicht dem 5. VermBG bzw. § 19 a EStG unterfallende, schuldrechtliche Beteiligungen ansehen wird.[119]

113 Inzwischen haben sich aufgrund von Gesetzesänderungen und mangelhafter wirtschaftlicher Attraktivität auch diese Modellformen für den Kapitalanlagemarkt erledigt:

– Steuerlich geförderte Mitarbeiterkapitalbeteiligungen, die über den freien Kapitalmarkt gehandelt bzw. vertrieben werden könnten, sind im Förderkatalog des § 2 des 5. VermBG[120] und des § 19 a Abs. 3 EStG[121] nicht mehr enthalten.

– Im übrigen ist durch die Herabsetzung der Sparzulage auf 10%[122] sowie des steuerfreien Vorteils auf nur noch DM 300,– p. a.[123] auch kein sonderlich großer wirtschaftlicher Anreiz mehr vorhanden.

114 **3. Fördergebietsgesetz** Aufgrund der Wiedervereinigung Deutschlands erledigte sich die Berlinförderung,[124] so daß diesbezügliche Darstellungen hier entbehrlich werden.[125] An deren Stelle ist die der Förderung des Wirtschaftsaufschwunges für die neuen Bundesländer durch die bis zu 50% reichende Sonderabschreibung (§ 4 Abs. 1 FörderGG) getreten. Im Rahmen dieses Kapitels ist eine Begrenzung auf gesellschaftsrechtliche Beteiligungskonzeptionen vorzunehmen.[126]

115 In der Ursprungsfassung des FörderGG konnte die Sonderabschreibung für Gebäude im Privatvermögen nur in Anspruch genommen werden, wenn der Steuerpflichtige das Ge-

---

[117] BGH DB 1960, 917; OLG Frankfurt BB 1983, 335; OLG Celle BB 1983, 659; BayObLG NJW 1985, 983.

[118] 19. 8. 1986 BStBl II 1987, 212, 214; zur Schein-KG als gewerblich geprägte Gesellschaft bürgerlichen Rechts BFH 11. 12. 1986 BStBl II 1987, 553; zur vermögensverwaltenden Schein-KG als Gesellschaft bürgerlichen Rechts BFH 7. 4. 1987 DB 1987, 1872.

[119] *Wagner* HdB, Fach 3537, Rdnr. 17.

[120] IdF vom 19. 1. 1989 (BGBl I. S. 137), geändert durch das Finanzmarktförderungsgesetz vom 22. 2. 1990 (BGBl I S. 226), Gesetz über Wertpapier-Verkaufsprospekte vom 13. 12. 1990 (BGBl I S. 2749) und Mißbrauchsbekämpfungs- und Steuerbereinigungsgesetz vom 21. 12. 1993 (BGBl I S. 2310).

[121] Zuletzt geändert durch das Mißbrauchsbekämpfungs- und Steuerbereinigungsgesetz vom 21. 12. 1993 (BGBl I S. 2310).

[122] § 13 Abs. 2 5. VermBG.

[123] § 19 a Abs. 1 Satz 1 EStG.

[124] § 31 BerlinFG.

[125] Siehe dazu *Wagner* in: Assmann/Schütze (Hrsg.), Handbuch des Kapitalanlagerechts, 1. A., § 22 Rdnr. 115–119.

[126] Zu Einzelheiten siehe *Best* BB 1993, 1568; *Breuninger/Prinz* FR 1993, 350; *Fleischmann/Haas* DStR 1993, 533; *Kaligin* HdB, Fach 3213; *ders.* Wpg. 1992, 377; *Loritz/Wagner* WM 1993, 533; *Meisenheimer* DB 1992, 1753; *Richter* HdB, Fach 0018; *Söffing* FR 1991, 577; *Stuhrmann* DStR 1993, 123; *ders.* DStR 1993, 1125; *Wewers* DB 1991, 1539; *ders.* DB 1993, 1487; *Wagner/Loritz,* Konzeptionshandbuch, Bd. 1, Rdnr. 643 ff.; *Loritz/Wagner* Konzeptionshandbuch, Bd. 2, Rdnr. 306 ff.; 463 ff.; *Zitzmann* DB 1992, 1543.

bäude selbst herstellte oder bis zum Jahr der Fertigstellung anschaffte. Da mit oben dargelegtem[127] der BFH aber verdeutlicht hatte, auch Kapitalanleger in Immobilienfonds seien keine Bauherren, sondern Erwerber,[128] hätte dies zur Folge gehabt, daß mit Geldern von Kapitalanlegern z. B. per geschlossenem Immobilien-Fonds die Sonder-AfA des FörderGG nicht hätte erreicht werden können.[129] Dringend benötigtes privates Kapital erheblichen Umfanges hätte mithin für Investitionen in den neuen Bundesländern nicht zur Verfügung gestanden. Gleiches galt für Modernisierungs-Fonds; denn die Ursprungsfassung des Gesetzes ging davon aus, Modernisierungsmaßnahmen seien steuerlich Herstellungsmaßnahmen,[130] und da nach Meinung des BFH die von Kapitalanlegern veranlaßten *tatsächlichen* Herstellungsmaßnahmen *steuerlich* als Anschaffungsvorgang gewertet wurden, war auch hier keine Sonderabschreibung möglich, wenn Kapitalanlegern investieren wollten.

Die Skurilität deutschen Steuerrechts wurde offensichtlich: BFH und Finanzverwaltung **116** hatten abseits des Gesetzes (Verstoß gegen Artikel 20 Abs. 3 GG) Personen, die *tatsächlich* bauten, *steuerrechtlich* zu Erwerbern deklariert bzw. fingiert, um Kapitalanlegern als „Erwebern" die Steuervorteile (Werbungskosten) vorzuenthalten, die ihnen als Bauherren eigentlich zustanden. Und nun hatte der Gesetzgeber des FörderGG dies völlig übersehen, war doch der Gesetzgeber offenbar davon ausgegangen, ein Bauherr sei ein Bauherr und wer modernisiere, stelle her. Plötzlich erkannte man, *nachdem* das FörderGG in Kraft getreten war, daß besagte Rechtsprechung des BFH, die Kapitalanlegern Steuervorteile gesetzwidrig vorenthielt, dies auch beim FörderGG tat. Dort war dies aber politisch nicht gewollt, benötigte man doch auch das Investitionskapital von Kapitalanlegern in den neuen Bundesländern. Und um der gesetzwidrigen Rechtsprechung des BFH – jeden bauenden Kapitalanleger zu einem steuerlichen Erwerber zu fingieren – zu begegnen, änderte nicht etwa der BFH seine Rechtsprechung, sondern der Gesetzgeber das Gesetz, indem nunmehr die Sonder-AfA gemäß § 4 Abs. 1 FörderGG auch auf Anschaffungskosten gewährt wird. Auch geschlossene Immobilienfonds können nunmehr die Sonder-AfA für Bau- bzw. Modernisierungsmaßnahmen in Anspruch nehmen, kommt es insoweit doch auf die Unterscheidung von Anschaffungs- und Herstellungskosten nicht mehr an.[131]

Damit ist *diese* steuerliche Hürde für geschlossene Immobilienfonds in den neuen Bun- **117–119** desländern im Hinblick auf das FörderGG überwunden. Es verbleiben aber die allgemeinen steuerlichen Unsicherheiten geschlossener Immobilienfonds, so daß zu befürchten steht, daß wie schon bei den Abschreibungsgesellschaften, dem Mietkauf- und dem Bauherrenmodell, die Kapitalanleger steuerlicher Investitionsanreize durch Finanzverwaltung und Finanzrechtsprechung verlustig gehen, wenn sie nur erst einmal ihre Investitionen getätigt haben.

4. Geschlossene Immobilienfonds. [132] Die Beteiligung an geschlossenen Immobilien- **120** fonds dient heute dem Ziel, an der prosperierenden und durch entsprechenden Nachfragebedarf ausgelösten Wertsteigerungsentwicklung von Büro- bzw. sonstigen Gewerbeimmobilien zu partizipieren.

Die Beteiligung an geschlossenen Immobilienfonds ist daher Ausdruck des gewachsenen **121** Strebens nach privater Vermögensbildung, wobei die Attraktivität dieser Anlagemöglichkeit darin liegt, mit relativ geringen Beteiligungen an hohen Investitionsvolumen geschlossener Fonds zu partizipieren,[133] wobei allerdings die Höhe des Investitionsvolumens keine Rückschlüsse auf den Wert des Fondsobjektes zuläßt.

---

[127] S. o. § 22 Rdnr. 102 a.

[128] BFH 14. 11. 1989 BStBl II 1990, 299 und BFH 4. 2. 1992 BStBl II 1992, 883.

[129] *Loritz/Wagner* WM 1993, 489, 494 f.

[130] § 4 Abs. 1 Satz 1 FörderGG sprach insoweit von *anderen* Herstellungsmaßnahmen.

[131] *Loritz/Wagner* Konzeptionshandbuch, Bd. 2, Rdnr. 314 ff.

[132] Zu den Einzelheiten s. § 20 Rdnr. 214 ff. und 290 ff.

[133] *Wappenhaus,* Geschlossener Immobilienfonds, S. 6.

122 Im Gegensatz zu offenen Immobilienfonds werden geschlossene Immobilienfonds durch folgende Merkmale gekennzeichnet:[134] begrenzte Anzahl von Immobilienobjekten, relativ geringe Liquiditätsvorhaltung, kein bzw. maximal einmaliger Anteilsverkauf, in der Regel kein organisierter Zertifikatshandel, keine Rücknahmeverpflichtung der Beteiligung, objektbezogene begrenzte Dauer des Fonds, keine öffentlich geregelte Überwachung, Anlageform nach Handelsrecht, freiwillige (beschränkte) Publizitäts- und Berichtspflicht, keine öffentlichrechtlich geregelte Qualifikation für das Management, gelegentlich private Garanten und freiwillige Bewertungen, in der Regel Fremdfinanzierung und Fondsverwaltung durch Initiator-Unternehmen.

123 Welche steuerliche Einordnung des geschlossenen Immobilienfonds gilt, ist weitgehend gestaltbar.

124 Soll es sich beispielsweise steuerlich um eine gewerbliche Publikums-KG handeln, wird die Rechtsform der GmbH & Co. KG gewählt, bei welcher nur eine GmbH geschäftsführungsbefugte und vertretungsberechtigte Komplementärin ist. Soll dagegen die Publikums-KG einkommensteuerlich Einkünfte aus Vermietung und Verpachtung haben, wird entweder eine natürliche Person als Komplementär eingesetzt oder eine GmbH, der zwar die Vertretungsmacht, nicht aber die Geschäftsführungsbefugnis zusteht, indem letztere z. B. den Anleger-Kommanditisten oder deren Treuhandkommanditist zugeordnet wird.[135]

125 Geschlossene Immobilienfonds haben seit 1990 einen starken Aufschwung erlebt, insbesondere in den neuen Bundesländern. Dabei ist ihre steuerliche Einordnung aber alles andere als sicher wie folgende Beispiele zeigen, die unten noch zu vertiefen sind:

126 *a) Wohnimmobilienfonds als Hamburger Modell.* [136]Da das Bauherrenmodell nicht mehr vermarktbar ist und für viele der Bau oder Erwerb einzelner Wohnungen zu teuer geworden ist, werden am Kapitalanlagemarkt Wohnimmobilien-Fonds angeboten, mit welchen ein schrittweiser Erwerb von Wohnungseigentum angeboten wird. So erwirbt der Kapitalanleger an einem Wohnimmobilien-Fonds zunächst einen Gesellschaftsanteil von z. B. DM 100 000,–. Eine Erhöhung durch Zukauf weiterer Gesellschaftsanteile von dem Initiator als Mitgesellschafter ist möglich, bis der Kapitalanleger Beteiligungen am entsprechenden Fonds im Wert einer Wohnung erworben hat. Nach frühestens 12 Jahren kann der Kapitalanleger aus dem Wohnimmobilien-Fonds ausscheiden und erhält statt einer Abfindung in bar im Wege der Realteilung die von ihm avisierte Wohnung.

127 Diese Modelle waren in den 70-iger Jahren daran gescheitert, daß damals die Finanzverwaltung die Verlustbegrenzungen eingeführt hatte[137] und im Sog des seinerzeit neu eingeführten § 15 a EStG das **Hamburger Modell** seine Anziehungskraft verlor.[138] Hinzu kam, daß der vorprogrammierte Ausstieg aus der KG – und die Realteilung als Abfindungssurrogat war ja nur eine Folge davon – beim Hamburger Modell mit Problemen im Hinblick auf die Entscheidung des Großen Senats des BFH vom 25. 6. 1984 zu kämpfen hatte, wonach ein an einer Personengesellschaft Beteiligter steuerlich kein Mitunternehmer sei, wenn seine Beteiligung rechtlich oder tatsächlich befristet sei und deshalb eine Teilhabe an der von der Gesellschaft zu erstrebenden Betriebsvermögensmehrung (= Streben nach betrieblichem Totalgewinn) nicht erwartet werden könne.[139]

128 Nunmehr am Kapitalanlagemarkt „neu“ angebotene Wohnimmobilien-Fonds als Hamburger Modell haben in Kenntnis dieser Entwicklung neuen steuerlichen Mut durch die Entscheidung des BFH vom 7. 3. 1989[140] erhalten. Dort führte der BFH aus, für die Frage, ob ein Gesamtüberschuß der Einnahmen über die Werbungskosten erzielt werde, sei nicht

---

[134] *Schelnberger* BB 1987, Beilage 19, S. 21.
[135] BFH 11. 12. 1986 BStBl II 1987, 553 f.; FG Münster EFG 1993, 719 m. w. N.
[136] Zum Hamburger Modell s. o. § 22 Rdnr. 25–27.
[137] S. o. § 22 Rdnr. 31.
[138] S. o. § 22 Rdnr. 45.
[139] BFH 25. 6. 1983 GrS BStBl II 1984, 751, 768; s. o. § 22 Rdnr. 70, 71.
[140] BFH/NV 1990, 26.

nur auf den Zeitraum bis zur Auflösung der GbR abzustellen, vielmehr sei auch die anschließende Vermietung der einzelnen Eigentumswohnungen durch Kapitalanleger als Alleineigentümer (nach Realteilung) einzubeziehen. Dies sei die Konsequenz daraus, daß nach der Rechtsprechung des BFH die Überschußerzielungsabsicht sowohl auf der Ebene der Gesellschaft wie auch auf der Ebene des Gesellschafters zu prüfen sei.[141] Beim Hamburger Modell ist mithin die Vermietungstätigkeit der Gesellschaft und die anschließende Vermietung durch den Gesellschafter als Einheit zu beurteilen.

Ausgehend von dem Umstand, daß seit der Entscheidung des BFH vom 14. 11. 1989[142] **129**
und dem 4. Bauherrenerlaß vom 31. 8. 1990[143] die Werbungskosten ohnehin stark eingeschränkt wurden und bei Fonds inzwischen der Grad der Fremdfinanzierung mit daraus resultierenden Schuldzinsen (= Werbungskosten) „zurückgefahren" wird, ist es durchaus gestaltbar geworden, unter Berücksichtigung der Vorgaben der Rechtsprechung des BFH[144] die oben angesprochenen steuerlichen Probleme[145] zu meistern, weshalb die Wiedergeburt des Hamburger Modells als Wohnimmobilien-Fonds am Kapitalanlagemarkt – wenngleich dieses mal in der Rechtsform eines GbR-Fonds – nicht überraschen mußte.

Steuerliche Unsicherheit droht bei dieser Fonds-Konzeption denn auch aus einer ande- **130**
ren Richtung:

Der BFH nimmt in einer Fülle von Entscheidungen[146] Gewerblichkeit an, wenn innerhalb von 5 Jahren *mehr* als 3-Wohnobjekte veräußert werden. Auch die Finanzverwaltung geht davon aus.[147] Ist die Veräußerungsabsicht bereits von vornherein vorhanden, kann Gewerblichkeit bereits ab dem ersten Objekt gegeben sein.[148] Steuerliche Unsicherheiten drohen dem Wohnimmobilien-Fonds als Hamburger Modell aus folgenden Richtungen:

Bei einer Personengesellschaft – wie es der geschlossene Immobilienfonds als KG oder **131**
GbR nun einmal ist – ist bezüglich der Veräußerereigenschaft auf die Gesellschaft als solche abzustellen.[149] Da beim Wohnimmobilien-Fonds das Hamburger Modell von vornherein auf die Übertragung der Eigentumswohnungen eines Mehrfamilienhauses abstellt, könnte darin die zur Annahme der Gewerblichkeit liegende Nachhaltigkeit der Betätigung gesehen werden.[150]

Sollten Gedanken in diese Richtung entwickelt werden, so ist diesen m. E. aus folgen- **132**
den Gründen entgegenzutreten, so daß *keine* Gewerblichkeit anzunehmen ist: Rechtsprechung, Finanzverwaltung sowie Literatur haben sich mit Fragen der Gewerblichkeit stets nur dann befaßt, wenn ein oder mehrere Objekte *„veräußert"* wurden. Die Veräußerung war insoweit stets ein *rechtsgeschäftlicher* Vorgang, ausgelöst aufgrund *schuldrechtlicher* Verträge. Davon zu trennen sind jedoch solche Übertragungen, die nicht rechtsgeschäftlich be-

---

[141] BFH/NV 1990, 22, 27 u. H. a. BFH/NV 1986, 332; BFH 7. 4. 1987 BStBl II 1987, 707; BFHE 102, 101.

[142] BFH BStBl II 1990, 299; s. o. § 22 Rdnr. 115.

[143] BMF BStBl I 1990, 366.

[144] BFH/NV 1990, 26.

[145] S. o. § 22 Rdnr. 127.

[146] Zur neuesten Rechtsprechung siehe: BFH 22. 3. 1990 BStBl II 1990, 637; 16. 4. 1991 BStBl II 1991, 844; 18. 9. 1991 BStBl II 1992, 135; BFH/NV 1993, 656; BFH/NV 1994, 20; BFH GrS DStR 1995, 1339; BFH DStR 1995, 1828; BFH/NV 1996, 202; BFH NJW 1996, 616.

Kein gewerblicher Grundstückshandel, wenn nicht mehr als 3 Wohnobjekte binnen 4 Jahren veräußert werden: BFH 18. 1. 1989 BStBl II 1990, 1051; 14. 3. 1989 BStBl II 1990, 1053; BFH/NV 1994, 20.

[147] BMF 20. 12. 1990 BStBl I 1990, 884.

[148] BFH 23. 10. 1987 BStBl II 1988, 293; BFH/NV 1994, 20, 21 BFH/NV 1996, 202; BFH 13. 12. 1995 BStBl. II 1996, 232. Zum gesamten siehe *Wagner/Loritz,* Konzeptionshandbuch, Bd. 1, Rdnr. 700–706.

[149] BFH 20. 11. 1990 BStBl. II 1991, 345; BMF 20. 12. 1990 BStBl. I 1990, 884 Tz. 12; *Wagner/-Loritz,* Konzeptionshandbuch, Bd. 1, Rdnr. 707.

[150] BFH 23. 10. 1987 BStBl II 1988, 293; BFH/NV 1994, 20, 21.

gründet sind, sondern *gesellschaftsrechtlich* angelegt sind. Denn dort handelt es sich nicht um eine nachhaltige Betätigung mit Gewinnabsicht, die sich als Beteiligung am allgemeinen wirtschaftlichen Verkehr darstellt.

Bringt etwa jemand eine oder mehrere Immobilien als seine (Sach-)Einlage in eine Gesellschaft gegen Gewährung von Gesellschaftsanteilen ein, dann ist darin keine gewerbliche Betätigung zu sehen, selbst wenn mehrere Immobilien eingebracht werden. Scheidet umgekehrt jemand aus einer Gesellschaft aus und erhält statt einer Barabfindung im Wege einer gesellschaftsvertraglich vereinbarten Realteilung eine oder mehrere Immobilien (-Einheiten), so ist auch dieses Spiegelbild der Einbringung keine gewerbliche Tätigkeit. Es handelt sich in beiden Fällen nicht um rechtsgeschäftliche Veräußerungen, sondern um gesellschaftsvertraglich begründete Einbringungs- oder Abfindungsvorgänge.

133 Eine andere steuerliche Unsicherheit droht dem Wohnimmobilien-Fonds als Hamburger Modell aus Tendenzen in der Rechtsprechung des BFH, auch Gesellschaftsbeteiligungen (z. B. an einer GbR) im Rahmen der zuvor angesprochenen Objektbetrachtung als jeweils ein Objekt anzusehen.[151] Objekt für die Beurteilung der Gewerblichkeit ist mithin nicht nur die Immobilie oder Eigentumswohnung als solche, sondern auch der einzelne Gesellschaftsanteil an einer Personengesellschaft als geschlossenem Immobilienfonds. Da sich die Rechtsprechung in diese Richtung entwickelt hat, hat dies über die Beteiligung an einem Wohnimmobilien-Fonds hinaus weitgehende Bedeutung für Fondsbeteiligungen insgesamt. Denn eine Gesellschaftsbeteiligung ist keine Wohnungsimmobilie, selbst wenn es sich um eine Beteiligung an einem Wohnimmobilien-Fonds handelt, so daß bereits die Veräußerung einer Fondsbeteiligung zur Gewerblichkeit des gesamten Immobilienangagements eines Kapitalanlegers führen kann.

134 Da sich die Rechtsprechung des BFH in diese Richtung entwickelt hat, handelt es sich um Richterrecht ohne *Gesetzes*qualität,[152] welches ohne *gesetzliche* Grundlage steuerbelastende Wirkungen hat. Dies geht mit der Rechtsprechung des BVerfG nicht konform. Denn Steuerbürger müssen sich auf *gesetzliche* Regelungen einstellen können[153] wie ja auch steuerbegründende rechtschöpferische Interpretationen verfassungswidrig sind.[154]

135 *b) Unklarheiten bei der Gewinnerzielungsabsicht.* Zwar ist mit der Entscheidung des Großen Senats vom 25. 6. 1984[155] davon auszugehen, daß für die Beurteilung der Gewinnerzielungsabsicht nicht auf einzelne Veranlagungszeiträume sondern auf den über mehrere Jahre hinweg gehenden Zeitraum der steuerlichen Betätigung abzustellen ist, wobei zudem auf die Ebene der Gesellschaft abzustellen ist. Ohne Anrufung des Großen Senats des BFH weicht aber inzwischen der VIII. Senat des BFH davon ab.[156] Er geht davon aus, es bestehe eine Vermutung gegen die Gewinnerzielungsabsicht für alle die Veranlagungszeiträume, für die mit Wahrscheinlichkeit kein Totalgewinn zu erwarten sei. Dies hätte zur Folge, daß Anlaufverluste in den ersten Jahren nicht berücksichtigt würden und nur die Folgejahre steuerlich berücksichtigt würden, wenn dort Gewinn erzielt würde, so daß dann steuerliche Verluste auf diese Weise nicht mehr geltend gemacht werden könnten.

Sollte diese Rechtsprechung, die nicht zu geschlossenen Immobilienfonds erging, auf solche übertragen werden,[157] so besteht das Risiko, daß die gesetzlich gewollte Sonder-

[151] BFH 2. 9. 1992 BStBl II 1993, 668 (Vorlage an den Großen Senat des BFH) so nun BFH GrS DstR 1995, 1339 (ablehnend BFH/NV 1994, 17); BFH HFR 1996, 490; BFH 7. 3. 1996 BStBl. II 1996, 369.

[152] BVerfGE 84, 211, 226, 227; BVerfG DZWiR 1993, 239.

[153] BVerfG HFR 1988, 177.

[154] BVerfGE 13, 318, 320; 21, 1, 4; 69, 188, 203; BVerfG BB 1988, 1716; BB 1989, 615.

[155] BFH BStBl II 1984, 751, 766.

[156] BFH 21. 8. 1990 BStBl II 1991, 564; 10. 9. 1991 BStBl II 1992, 328; 12. 12. 1995 BStBl. II 1996, 219; dazu *Loritz* DB 1982, 1156; *Loritz/Wagner,* Konzeptionshandbuch, Bd. 2, Rdnr. 284; *Kohlhaas* DStR 1996, 945.

[157] Ähnliche Gedanken finden sich in der Mietkaufmodellrechtsprechung des IX. Senates BFH 9. 2. 1993 BStBl II 1993, 658, 659; ferner siehe BFH/NV 1996, 395.

AfA nach § 4 Abs. 1 FördGG bei geschlossenen Immobilienfonds mit Investitionsgegenstand in den neuen Bundesländern in frage gestellt werden könnte.

c) Übertragung der steuerlichen Bauherrenmodell-Rechtsprechung auf geschlossene Immobilien-Fonds. Mit seiner Entscheidung vom 14. 11. 1989[158] hatte der IX. Senat des BFH Kapitalanleger, die tatsächlich und zivilrechtlich Bauherren waren, für den Fall ihrer Beteiligung an einem Bauherrenmodell steuerrechtlich zu „Erwerbern" umdeklariert/fingiert. Damit verfolgte der IX. Senat ohne jede gesetzliche Grundlage und gegen die Rechtsprechung des BVerfG, wonach steuerbegründende rechtschöpferische Interpretationen ohne gesetzliche Grundlage verfassungswidrig sind,[159] die Absicht, den Werbungskostenabzug für Kapitalanleger bei Beteiligungen an Bauherrenmodellen einzuschränken. In seinem AdV-Beschluß vom 4. 2. 1992[160] deutete er bereits an, diese Rechtsauffassung auf geschlossene Immobilienfonds zu übertragen.[161] Zu welchen Skurilitäten dies bezüglich der steuerlichen Würdigung bei der Sonder-AfA des FördGG ausartete, wurde oben schon dargestellt.[162] **136**

Nunmehr besteht seit der Entscheidung des BFH vom 11. 1. 1994[163] endgültig Klarheit. **137** Die Bauherrenmodell-Rechtsprechung des BFH ist grundsätzlich auch auf geschlossene Immobilienfonds anzuwenden. Alle auf die Errichtung bzw. Modernisierung eines Gebäudes seitens Kapitalanlegern geleisteten Aufwendungen stellen damit nur noch Anschaffungskosten dar. Dies auch dann, wenn Initiatoren zu den Gesellschaftern der Fondsgesellschaft gehören[164] und wenn es sich um sogenannte Modernisierungsfonds handelt.[165]

Damit bestätigen sich oben angesprochene Vermutungen,[166] Ziel dieser Rechtsprechung des IX. Senats des BFH könnte es – wie schon beim Bauherrenmodell[167] – sein, ohne gesetzliche Grundlage und unter Negierung der Rechtsprechung des BVerfG[168] auch für geschlossene Immobilienfonds, ein nachteiliges Steuersonderrecht zu schaffen. Zutreffend vermittelt *Fleischmann*[169] den Eindruck, der IX. Senat des BFH habe es sich zum Ziel gesetzt, „es würde ein persönlicher Krieg gegen die Abschreibungsbranche geführt", während gleichzeitig der Gesetzgeber sogar gesetzliche Regelungen des FördGG ändert, um privates Investitionskapital der sogenannten Abschreibungsbranche für die neuen Bundesländer zu gewinnen.[170] Dieser Eindruck wird auch dadurch bestätigt, daß der IX. Senat des BFH in besagter Entscheidung vom 11.1. 1994[171] zu erwähnen „vergißt", daß er noch in seiner Entscheidung vom 24. 2. 1987[172] gegenteilig entschieden hatte und auch der IV. Senat des BFH gegenteilig judiziert,[173] worauf *Fleischmann* zutreffend verweist.[174]

Die Finanzverwaltung hatte in ihrem 4. Bauherrenerlaß geschlossenen Immobilienfonds **138** dann die Bauherreneigenschaft zugestanden, wenn ein Gründungsgesellschafter die erforderliche Bauherreninitiative entwickelt und das konkrete Vertragswerk des Fonds entwikkelt hatte,[175] so daß sich die Bauherreneigenschaft des Gründungsgesellschafters auf die

[158] BFH BStBl II 1990, 299.
[159] S. o. Fn. 154.
[160] BFH BStBl II 1992, 883.
[161] S. o § 22 Rdnr. 115.
[162] S. o § 22 Rdnr. 116.
[163] BFH DStR 1994, 931.
[164] BFH 7. 8. 1990 BStBl II 1990, 1024.
[165] BFH DStR 1994, 931, 932 u. H. a. BFH 4. 2. 1992, BStBl II 1992, 883; BFH/NV 1992, 648.
[166] S. o. § 22 Rdnr. 117–119; *Wagner* DStR 1996, 609, 613.
[167] BFH 14. 11. 1989, BStBl II 1990, 299; s. o. § 22 Rdnr. 115 und 129.
[168] S. o. Fn. 154.
[169] *Fleischmann* DStR 1994, 1065, 1068; ähnlich *Wagner* DStR 1996, 569 und 609.
[170] S. o. § 22 Rdnr. 116.
[171] BFH DStR 1994, 931.
[172] BFH BStBl II 1987, 810.
[173] BFH 13. 10. 1983, BStBl II 1984, 101; 23. 10. 1986, BStBl II 1988, 128; BFH/NV 1994, 370.
[174] *Fleischmann* DStR 1994, 1065, 1066.
[175] BMF 31. 8. 1990, BStBl I 1990, 366 Tz. 6.

Fondsgesellschaft übertrug. In Anbetracht der Entscheidung des BFH vom 4. 2. 1992[176] reagierte sie mit einem Nichtanwendungserlaß.[177] Ob sie in Anbetracht der neuerlichen Entscheidung des BFH vom 11. 1. 1994[178] mit einem weiteren Nichtanwendungserlaß reagieren wird, ist derzeit offen. Da aber nicht davon ausgegangen werden kann, daß BFH und Finanzverwaltung auf Dauer sich konträr verhalten werden und für den Kapitalanleger steuerlich keine Rechtssicherheit besteht, wenn seitens eines Finanzamtes erst einmal der Finanzrechtsweg beschritten worden ist, sind auch hier negative steuerliche Entwicklungen für geschlossene Immobilienfonds vorprogrammiert.

139 *d) Unklarheiten i. V. m. § 15 a EStG.* Haftet ein Kapitalanleger als Kommanditist Gläubigern der KG gemäß § 171 Abs. 1 HGB, so können Verluste des Kommanditisten steuerlich auch insoweit ausgeglichen oder abgezogen werden, wie die im Handelsregister eingetragene Haftsumme die geleistete Einlage übersteigt (§ 15 a Abs. 1 Satz 2 EStG). Die Haftung darf aber nicht „nach Art und Weise des Geschäftsbetriebes unwahrscheinlich" sein (§ 15 a Abs. 1 Satz 3 EStG). Man nennt dies „erweiterter Verlustausgleich". Diese Regelung gilt gemäß § 15 a Abs. 5 Ziff. 2 EStG bei Fonds-GbR's entsprechend.

Dabei ist aber zu beachten, daß § 15 a Abs. 5 Ziff. 2. EStG eine *Alternative* anspricht: der erweiterte Verlustausgleich des § 15 a Abs. 1 Satz 3 EStG ist auf Gesellschafter einer GbR dann entsprechend anwendbar, wenn *entweder* „die Inanspruchnahme des Gesellschafters für Schulden im Zusammenhang mit dem Betrieb durch Vertrag ausgeschlossen" ist, *oder* „nach Art und Weise des Geschäftsbetriebes unwahrscheinlich" ist. Über § 21 Abs. 1 Satz 2 EStG ist die Regelung auf Gesellschafter von GbR-Fonds der steuerlichen Einkunftsart Vermietung und Verpachtung entsprechend anzuwenden und das Wort „Betrieb" durch „Vermietungstätigkeit" zu ersetzen.

140 Der VIII. Senat des BFH hatte am 14. 5. 1991 entschieden,[179] der erweiterte Verlustausgleich des § 15 a Abs. 1 Satz 2 EStG sei gemäß Satz 3 nur dann ausgeschlossen, wenn eine finanzielle Inanspruchnahme des Kommanditisten nicht zu erwarten sei. Mit der Eintragung der Haftsumme in das Handelsregister sei in der Regel jedoch ein echtes wirtschaftliches Risiko für Kommanditisten verbunden.[180] Der Ausnahmefall des entfallenen erweiterten Verlustausgleichs gemäß § 15 a Abs. 1 Satz 3 EStG ist/war mithin vom Finanzamt zu beweisen.[181] Das Finanzamt hat unter Zugrundelegung dieser Rechtsprechung zu beweisen, daß und warum eine Vermögensminderung des Kommanditisten aufgrund Haftung nach Art und Weise des Geschäftsbetriebes unwahrscheinlich ist.

141 Legt man für GbR-Fonds diese Rechtsprechung des VIII. Senats des BFH, die ja zu einem KG-Fonds ergangen ist, bezüglich § 15 a Abs. 5 Ziff. 2 2. Alt. EStG zugrunde, so wäre, wenn/weil Gesellschafter einer GbR in der Regel persönlich und unbeschränkt haften, im Zweifel davon auszugehen, daß ein erweiterter Verlustausgleich gegeben wäre und es würde wiederum dem Finanzamt im Einzelfall obliegen, nachzuweisen, daß und warum eine Vermögensminderung eines GbR-Gesellschafters aufgrund Haftung nach Art und Weise des Geschäftsbetriebes unwahrscheinlich wäre.

142 Der IX. Senat des BFH hat jüngst zur Frage der Anwendbarkeit und den Voraussetzungen des erweiterten Verlustausgleichsvolumens des § 15 a Abs. 1 Satz 3 EStG bei GbR-Fonds entschieden,[182] jedoch gegenüber dem VIII. Senat gänzlich gegensätzlich. Der IX. Senat verwies auf folgendes:

---

[176] BFH BStBl II 1992, 883.

[177] BMF 5. 10. 1992, BStBl I 1992, 585.

[178] BFH DStR 1994, 931.

[179] BFH BStBl II 1992, 164.

[180] BFH 14. 5. 1991, BStBl II 1992, 164, 166; so auch BMF 20. 2. 1992, BStBl I 1992, 123 Tz. 2.1.

[181] BFH 14. 5. 1991, BStBl II 1992, 164, 167 spricht davon, daß ein erweiterter Verlustausgleich „im Zweifel . . . zulässig" sei.

[182] BFH 17. 12. 1992, BStBl II 1994, 490; 17. 12. 1992, BStBl II 1994, 492; 30. 11. 1993, BStBl II 1994, 497. Hierzu siehe *Loritz/Wagner,* Konzeptionshandbuch, Bd. 2, Rdnr. 335 f.; *Fleischmann* DStR 1994, 1065, 1067 f.

Hätten GbR-Gesellschafter durch Gesellschaftsvertrag ihre Haftung auf das Gesellschaftsvermögen beschränkt, seien sie aber auf schuldrechtlicher Grundlage Gläubigern gegenüber persönlich haftbar, dann sei dies kein Fall des §15a Abs. 5 Ziff. 2. 1. Alt. EStG und es komme dann darauf an, ob mit § 15a Abs. 5 Ziff. 2 2. Alt. EStG die Haftung des Gesellschafters der GbR nach Art und Weise des Geschäftsbetriebes nicht unwahrscheinlich sei, um das erweiterte Verlustausgleichsvolumen über den durch die gesellschaftsvertragliche Haftungsbegrenzung vorgegebenen Betrag zu erhalten.[183] Ob die Haftung eines Gesellschafters der GbR nach Art und Weise eines Geschäftsbetriebes unwahrscheinlich sei oder nicht, hänge davon ab, ob „insbesondere" der Gesellschafter als Haftender in Anspruch genommen worden sei oder „doch konkret damit rechnen mußte".[184] Da das von Fachleuten ausgestaltete Fonds-Vertragswerk auch in seiner prospektmäßigen Darstellung davon ausgehe, daß Kapitalanleger bei Fonds-GbR's über das prospektmäßige Fonds-Investitionsvolumen nicht konkret mit persönlichen Haftungen rechnen müßten, wie ja auch evtl. Risiken zusätzlich durch Bürgschaften oder Garantien abgedeckt würden, seien dies Indizien gegen ein konkretes Haftungsinanspruchnahmerisiko. Mithin müßten die Fonds-Gesellschafter (nicht das Finanzamt) darlegen, daß für das jeweilige Streitjahr (also für jedes Veranlagungsjahr gesondert) persönliche Haftungsrisiken konkret bestanden hätten.[185]

Damit wird deutlich, daß der IX. Senat des BFH für GbR-Fonds und der VIII. Senat 143
des BFH für KG-Fonds sich eklatant widersprechen, ohne daß der IX. Senat es für nötig befand, sich auch nur im geringsten mit der ihm wohl bekannten Rechtsprechung des VIII. Senats auseinanderzusetzen.[186]

e) Unsicherheiten bei mittelbaren Beteiligungen. Aus Gründen einer größeren Praktikabilität 144
und einer von Kapitalanlegern gewünschten Registeranonymität hat sich in den letzten Jahren ein Trend zu Fonds-Konzeptionen mit mittelbarer Beteiligung von Kapitalanlegern entwickelt.

Erheblich Unruhe hat eine weitere Entscheidung des IX. Senats des BFH vom 27. 1. 1993[187] ausgelöst, in welcher der BFH mittelbar über einen Grundbuchtreuhänder beteiligten Kapitalanlegern die Zurechnung von Steuervorteilen trotz § 39 Abs. 2 Nr. 2 AO – den er bei Einkünften aus Vermietung und Verpachtung für nicht anwendbar erklärte – aberkannte, weil die Kapitalanleger keinen Einfluß auf die Bildung des Fonds, den Erwerb und die Bebauung des Grundstückes sowie dessen Vermietung gehabt hätten und die Treuhänderin maßgeblichen Einfluß auf den Fonds gehabt hätte, ohne daß die Kapitalanleger wiederum Einfluß auf das Treuhandverhältnis hätten nehmen können.[188]

Steuerliche Unsicherheit besteht deshalb, weil unklar ist, ob es sich um eine Einzelfall- 145
entscheidung bezüglich eines bestimmten GbR-Fonds mit Grundbuchtreuhänderschaft handelte, die nicht so ohne weiteres auf GbR-Fonds mit Beteiligungstreuhänderschaft und KG-Fonds übertragbar ist.

Wenn aber vorgenannte Merkmale dahingehend verstanden werden müßten, auf jede 146
Art mittelbarer Beteiligung von Kapitalanlegern bei geschlossenen Immobilienfonds übertragen zu werden, dann besteht das Risiko, daß steuerliche Zuordnungen bei allen mittelbaren Fondsbeteiligungen notleidend werden, einerlei ob es ich um GbR- oder KG-Fonds handeln würde. Dies würde, auch unter Berücksichtigung von Fondsbeteiligungen mit Sondergebiets-AfA nach dem FörderGG zu Lasten von Kapitalanlegern zu einem ungeahnten Steuerschaden führen, dem gegenüber der von Finanzverwaltung und BFH-Recht-

---

[183] BFH 17. 12. 1992, BStBl II 1994, 490, 492; 17. 12. 1992, BStBl II 1994, 492, 495.

[184] BFH 17. 12. 1992, BStBl. II 1994, 492, 495.

[185] BFH 17. 12. 1992, BStBl II 1994, 492, 496; 30. 11. 1993, BStBl II 1994, 496, 498.

[186] Zur Kritik siehe *Fleischmann* DStR 1994, 1065, 1067 f. Im übrigen siehe *Loritz/Wagner,* Konzeptionshandbuch, Bd. 2, Rdnr. 355.

[187] BFH DB 1993, 1166.

[188] BFH DB 1993, 1166, 1167. Hierzu siehe *Loritz/Wagner,* Konzeptionshandbuch, Bd. 2, Rdnr. 363 ff.; 482 ff.; *Wagner* DStR 1996, 1008, 1012 f.

sprechung bei Bauherrenmodellen zu Lasten von Kapitalanlegern verursachte Steuerschaden sich als „peanuts" darstellen würde.

147 *f) Fazit:* Im Jahre 1993 haben Kapitalanleger in 126 Fonds an Eigenkapital als Investitionsvolumen DM 4 255 700 000,– plaziert und damit unter Einschluß aufgenommenen Fremdkapitals ein Investitionsvolumen in Höhe von DM 8 578 200 000,– bewegt.[189] Die Marktbedeutung geschlossener Immobilienfonds wird deutlich. Darin enthalten sind erhebliche Investitionsvolumen, die entsprechend den gesetzlichen Vorgaben des FördGG in den neuen Bundesländern investiert wurden.

148 Bedenkt man, mit welcher Akrebie in Anbetracht des zuvor aufgezeigten die Rechtsprechung des BFH – hier vorrangig der IX. Senat – bemüht ist, steuerliche Unsicherheit zu schaffen, der dann, wenn die Finanzverwaltung gewährte Steuervorteile (wie bei Abschreibungsgesellschaften, Mietkauf- und Bauherrenmodellen schon vorgeführt) unter Berufung auf diese BFH-Rechtsprechung später mit Rückwirkung aberkennen sollte, ein individueller Schaden der Kapitalanleger und ein immenser volkswirtschaftlicher Schaden nachfolgen kann, so wird deutlich, welche verstärkte Bedeutung zukünftig im Kapitalanlagerecht zwei bisher (noch) untergeordnete „Instrumente" erlangen werden, um sich seitens Kapitalanlegern wehren zu können:
- Überprüfung der BFH-Rechtsprechung auf ihre Verfassungsmäßigkeit per Verfassungsbeschwerde.
- Zivilgerichtliche Verfolgung von Steuerschäden durch Kapitalanleger aufgrund von Amtshaftungsklagen.[190]

§ 23. Die Beteiligung an Publikums-Kommanditgesellschaften

Übersicht

[189] *Loritz/Wagner,* Konzeptionshandbuch, Bd. 2, Rdnr. 2 u. H. a. die Zeitschrift cash 6/93, S. 38.
[190] S. u. § 29 IX; siehe auch *Wagner* DStR 1996, 569 und 609.

Schrifttum: *Bälz,* Treuhandkommanditisten, Treuhänder der Kommanditisten und Anlegerschutz – Für eine organschaftliche Publikumstreuhand –, ZGR 1980, 1; *v. Bar,* Vertragliche Schadensersatzpflichten ohne Vertrag?, JuS 1982, 637; *Behr,* Der Ausschluß aus der Personengesellschaft im Spannungsfeld zwischen Vertrag und Status, ZGR 1985, 475; *Blaurock,* Unterbeteiligung und Treuhand an Gesellschaftsanteilen, 1981; *Bodden,* Die einkommensteuerliche Subjektfähigkeit der Personengesellschaft, DStZ 1996, 73; *Bopp,* Probleme des Zu- und Abflusses und der Gewinnverteilung bei geschlossenen Immobilienfonds, JbFfSt 1986/1987, 229; *Bordewin,* Verlustausgleich und Verlustabzug in der Rechtsprechung des BFH, DStR 1994, 673; *Brandes,* Die Rechtsprechung des BGH zur GmbH & Co. KG und zur Publikumsgesellschaft; WM 1987, Beilage; *ders.* WM 1990, 1221 und WM 1994, 569; *Brandenburg,* Verrechnungsverbot für verrechenbare Verluste, DB 1993, 2301; *Brüggmann,* Rechtsbehelfe des Treugeber-Kommanditisten, DStZ 1994, 141; *Coing,* Zur Auslegung der Verträge von Personengesellschaften, ZGR 1978, 659; *Crezelius,* Zum Mitunternehmerbegriff, FS für L. Schmidt, S. 355; *Damm,* Einstweiliger Rechtsschutz im Gesellschaftsrecht, ZHR 154 (1990), 413; *Dauner-Lieb,* Abfindungsklauseln bei Personengesellschaften, ZHR 158 (1994), 271; *Dautzenberg/Heyeres,* Steuerliche Behandlung des nicht-unternehmerischen Gesellschafters, BB 1994, 903; *Dietrich,* Die Publikumskommanditgesellschaft und die gesellschaftsrechtlich geschützten Interessen, 1988; *Döllerer,* Die Maßgeblichkeit des Zivilrechts für das Ertragssteuerrecht in der neueren Rechtsprechung des Bundesfinanzhofes, JbFfSt 1986/1987, 37; *Ebenroth/Autenrieth,* Die Gesellschafter in der Publikums-KG, JA 1980, 181; *Eden,* Treuhandschaft an Unternehmen und Unternehmensanteilen, 1981; *Fleischmann,* Finanzverwaltung regelt Treuhandverhältnisse neu, DStR 1994, 1303; *ders.,* Einkommensteuerliche Einordnung der Vermittlungsprovision bei Immobilienfonds, DStR 1995, 749; *Gieseke,* Besondere Probleme bei der „mittelbaren Beteiligung" an einer Publikums-KG durch einen Treuhand-Kommanditisten, DB 1984, 970; *Goette,* Fehlerhafte Personengesellschaftsverhältnisse in der jüngeren Rechtsprechung des BGH, DStR 1996, 266; *Gransweid,* Zur Auslegung des Gesellschaftsvertrages bei der Publikumspersonengesellschaft, JA 1980, 52; *Groh,* Das Steuerrecht als unerwünschte Quelle des Gesellschaftsrechts, BB 1984, 304; *ders.,* Ausscheiden eines Gesellschafters in der Bilanz der Personengesellschaft, BB 1994, 540; *Grünewald,* Auslegung von Gesellschaftsverträgen und Satzungen, ZGR 1995, 68; *Haack,* Renaissance der Abfindung zum Buchwert?, GmbHR 1994, 437; *Hadding,* Mehrheitsbeschlüsse in der Publikumskommanditgesellschaft, ZGR 1979, 636; *Hadding,* Rückgriff des haftenden Kommanditisten, Festschrift für Fleck, 1988, S. 71; *Happ,* Stimmbindungsverträge und Beschlußanfechtung, ZGR 1984, 168; *Heid,* Die Inhaltskontrolle des Vertrages der Publikumspersonengesellschaft nach AGB Grundsätzen, DB 1985, Beilage 4; *Heid,* Mehrheitsbeschluß und Inhaltskontrolle als Instrumentarien des Kapitalanlegerschutzes in der Publikums GmbH & Co. KG, Ein Beitrag zur gesellschaftsrechtlichen Lösung des Problems des Kapitalanlegerschutzes in der Abschreibungsgesellschaft, 1986; *Heidner,* Behandlung von Treuhandverhältnissen in der AO, DB 1996, 1203; *Heinze,* Offenkundigkeitsprinzip bei der Publikumskommanditgesellschaft, ZGR 1979, 196; *Holzmann/Gurke,* Anlegerschutz am grauen Kapitalmarkt, DB 1983, 29; *Hopt,* Handelsgesellschaften ohne Gewerbe und Gewinnerzielungsabsicht, ZGR 1987, 145; *Hopt,* Zur Abberufung des GmbH-Geschäftsführers bei der GmbH & Co., insbesondere der Publikumskommanditgesellschaft, ZGR 1979, 1; *Hopt,* Gutachten G für den 51. Deutschen Juristentag 1976, G 9–133, Inwieweit empfiehlt sich eine allgemeine gesetzliche Regelung des Anlegerschutzes?; *Huber,* Vermögensanteil, Kapitalanteil und Gesellschaftsanteil an Personengesellschaften des Handelsrechts, 1970; *Huber,* Gesellschafterkonten in der Personengesellschaft, ZGR 1988, 1; *Hüffer,* Die Publikumspersonengesellschaft und das Problem des Anlegerschutzes, JuS 1979, 457; *Hüffer,* Organpflichten und Haftung in der Publikums-Personengesellschaft, ZGR 1981, 348; *Hüffer,* 100 Bände BGHZ: Personengesellschaftsrecht, ZHR 15 (1987), 396; *Hüffer,* Der Aufsichtsrat in der Publikumsgesellschaft, ZGR 1980, 320; *Janssen,* Die verdeckte Mitunternehmerschaft, BB 1994, 1757; *Joost,* Eigenkapital ersetzende Kommanditistenleistungen, ZGR 1987, 370; *Junker,* Anwendung von Kapitalgesellschaftsrecht bei der GmbH & Co. KG DStR 1993, 1786; *Kaligin,* Rechtsprechung des BFH zugeschlossenen Immobilienfonds, NJW 1994, 1456; *Kellermann,* Die Publikums-KG in der Rechtsprechung des Bundesgerichtshofes, 1980; *Kellermann,* Zur Anwendung körperschaftsrechtlicher Grundsätze und Vorschriften auf die Publikums-Kommanditgesellschaft, Festschrift für Stimpel, 1985, S. 295 ff.; *Kohlhaas,* Fehlende Gewinnerzielungsabsicht bei Verlustzuweisungsgesellschaften, DStR 1996, 945; *Knobbe-Keuk,* Das Steuerrecht - eine unerwünschte Rechtsquelle des Gesellschaftsrechts?, 1986; *Koch,* Die Entwicklung des Gesellschaftsrechts in den Jahren 1984/1985, NJW 1986, 1651; *Kraft,* Die Rechtsprechung des BGH zur Publikums-KG zwischen Vertragsauslegung und Rechtsfortbildung, Festschrift für Robert Fischer, 1979, S. 321; *Kraft,* Beendigung des Treuhandverhältnisses bei der treuhänderisch organisierten Publikums-KG, ZGR 1980, 399; *Kraft/Kreutz,* Gesellschaftsrecht, 5. Aufl.; *Kreutz,* Hinauskündigungsklauseln im Recht der Personenhandelsgesellschaften, ZGR 1983, 109; *Krieger,* Gesetzgeberische Perspektiven auf dem Gebiet des Gesellschaftsrechts. Zwischenbilanz und Ausblick, ZHR 159 (1986), 182; *Krieger,* Empfiehlt sich eine gesetzliche Regelung der Publikums-KG?, Festschrift für Stimpel, 1985, S. 307 ff.; *Kurth,* der geschlossene Immobilienfonds, 1986; *Lang,* Zur Subjektfähigkeit von Personengesellschaften im Einkommensteuerrecht, FS für L. Schmidt, S. 291; *Loritz,* Arbeitnehmerbeteiligung und Verbandssouveränität. Ein Beitrag zu den Möglichkeiten und Grenzen unternehmerischer Mitspracherechte kapitalbeteiligter Belegschaftsangehöriger ohne Gesellschafterstellung, ZGR 1986, 310; *Loritz,* Die angeblich erst später einsetzende Gewinnerzielungsabsicht der Personengesellschaft und die steuerorientierten Kapitalanlagen, DB 1992, 1156; *Loritz,* Die steuerlich wirksame Verlusttragung bei Gesellschaftsbeitritt und Begründung von stillen Gesellschaften im Verlauf eines Wirtschaftsjahres, DStR 1994, 87; *Loritz/Wagner,* Konzeptionshandbuch der steuerorientierten Kapitalanlage, Bd. 2, 1995; *Lutter,* Zur inhaltlichen Begründung von Mehrheitsentscheidungen, ZGR 1981, 171; *Martens,* Das Bundesverfassungsgericht und das Gesellschaftsrecht, ZGR 1979, 493; *Maulbetsch,* Die Unabhängigkeit des Treuhandkommanditisten von der Geschäftsführung bei der Publikumspersonengesellschaft, DB 1984, 2232; *Meßmer,* Die Gesellschafter und der Mitunternehmer des § 15 Abs. 1 Nr. 2 EStG, Festschrift für Döllerer, 1988, S. 429 ff.; *Mincke,* Kreditsicherung und kapitalersetzende Darlehen - Zugleich ein Vorschlag zur dogmatischen Einordnung kapitalersetzender Darlehen, ZGR 1987, 521; *Mundry,* Kommanditistendarlehen: Eigenkapital im Sinne des § 15 a EStG?, DB 1993, 1741; *Nasall,* Die Inhaltskontrolle des Gesellschaftsvertrages der „kupierten" Publikums-Kommanditgesellschaft, BB 1988, 286; *Nitschke,* Die körperschaftlich strukturierte Personengesellschaft, 1970; *Pabst,* Die Mitwirkungspflicht bei der Abänderung der Grundlagen von Personengesellschaften, 1976; *Pick,* Die normierte atypische Kommanditgesellschaft – Bemerkungen zur Wohnsitz-KG im Rahmen des Gesellschaftsrechts, ZGR 1978, 698; *Piltz,* Rechtspraktische Überlegungen zu Abfindungsklauseln in Gesellschaftsverträgen, BB 1994, 1021; *Priester,* Faktische Mitunternehmerschaft, FS für L. Schmidt, S. 331; *Rasner,* Abfindungsklauseln bei Personengesellschaften, ZHR 158 (1994), 292; *Reichert/Winter,* Die „Abberufung" und Ausschließung des geschäftsführenden Gesellschafters der Publikums-Personengesellschaft, BB 1988, 981; *Reuter,* Die Mitarbeiterbeteiligung – Modell für die zukünftige Verfassung der deutschen Unternehmen? Kritische Bemerkungen zur jüngeren Vermögenspolitik, ZRP 1986, 8; *Rödder,* Persönliche Zurechnung und sachliche Qualifikation von Einkünften bei der Treuhandschaft, DB 1988, 195; *Sarrazin,* Mehrstöckige Personengesellschaften, FS für L. Schmidt, S. 393; *Sauer,* Die Publikumskommanditgesellschaft, 1982; *Schmider,* Geschlossene Immobilienfonds, 1987; *K. Schmidt,* Zur Prospekthaftung der Gründerkommanditisten bei Publikumsgesellschaften, JuS 1979, 745; *K. Schmidt,* Zur Treuepflicht bei Gesellschafterbeschlüssen, JuS 1985, 554; *K. Schmidt,* Gesellschaftsrecht, 2. Aufl. 1991; *K. Schmidt,* Zur Bareinlage durch Verrechnung und Aufrechnung in der Kommanditgesellschaft, ZGR 1986, 152; *K. Schmidt,* Die sanierende Kapitalerhöhung im Recht der Aktiengesellschaft, GmbH und Personengesellschaft, ZGR 1982, 519; *Schneider,* Die Inhaltskontrolle von Gesellschaftsverträgen, ZGR 1978, 1; *Schneider,* Sonderrecht für Publikumspersonengesellschaften, ZHR 142 (1978) 228; *Schneider,* Die Haftung von Mitgliedern des Beirates einer Personengesellschaft, DB 1973, 953; *Söffing,* Neuere Rechtsprechung zu § 15 a EStG, DStR 1993, 1541; *Schulze,* Grundprobleme der Dritthaftung bei Verletzung von Auskunfts- und Beratungspflichten in der neueren Rechtsprechung, JuS 1983, 81; *Schwanecke,*

Formzwang des § 313 S. 1 BGB bei Druchgangserwerb von Grundeigentum, NJW 1984, 1585; *Schwintowski,* Grenzen der Anerkennung fehlerhafter Gesellschaften, NJW 1988, 937; *Stimpel,* Anlegerschutz durch Gesellschaftsrecht in der Publikums-Kommanditgesellschaft, Festschrift für Robert Fischer, S. 771 ff.; *Teichmann,* Gestaltungsfreiheit in Gesellschaftsverträgen, 1970; *Theis,* Zur Herabsetzung der Beteiligungssumme an einer Publikums-KG durch Vereinbarung zwischen Komplementär und Beitretenden, JA 1983, 449; *Thomsen,* Die Unterbeteiligung an einem Personengesellschaftsanteil, 1978; *Timm,* Die Mitwirkung des Aufsichtsrates bei unternehmensstrukturellen Entscheidungen, DB 1980, 1210; *Uelner,* Steuerliche Probleme bei der kapitalistisch verfaßten Kommanditgesellschaft, JbFfSt 1980/81, 359 ff.; *Ulbrich,* Die Unterbeteiligungsgesellschaft an Personengesellschaftsanteilen, 1982; *Ulmer,* Festschrift der Juristischen Fakultät zur 600-Jahr-Feier der Ruprecht-Karls-Universität Heidelberg, 1986, S. 389 ff., Höchstrichterliche Rechtsfortbildung im Gesellschaftsrecht 1971–1985; *Wagner,* Die Massenkommanditgesellschaft als Mittel zur Vermögensbeteiligung der Arbeitnehmer, 1985; *Wagner,* Arbeitnehmervermögensbildung an geschlossenen Immobilienfonds?, HdB Fach 3537; *Wagner,* Voraussetzungen und Grenzen rechtsfortbildenden Richterrecht, BB 1986, 465; *Wagner/Sommer,* Kredit- und Sicherheitenverlustrisiko für Kreditinstitute bei Finanzierungen mit geschlossenen Immobilien und Leasing-Fonds als Schein-KGs? WM 1995, 561; *Wagner/Nonnenmacher,* Die Abfindung bei der Ausschließung aus einer Personengesellschaft, ZGR 1981, 674; *Wangler,* Steuerorientierte Gestaltung von Abfindungsklauseln – Ein kollektives Planungsproblem, DB 1994, 1432; *Walz,* Steuergerechtigkeit und Rechtsanwendung, 1980; *Werner/Machunsky,* Rechte und Ansprüche geschädigter Kapitalanleger, 1988; *v. Westphalen,* Richterliche Inhaltskontrolle von Standardklauseln bei der Publikums-KG und der Prospekthaftung, DB 1983, 2745; *H. P. Westermann,* Vertragsfreiheit und Typengesetzlichkeit im Recht der Personengesellschaften, 1970; *H. P. Westermann,* Kapitalersetzende Darlehen bei Publikums-Personengesellschaften - Skizze eines Sonderrechts im Sonderrecht, Festschrift für Fleck, 1988, S. 423 ff.; *Wiedemann,* Gesellschaftsrecht I, 1980; *Wiedemann,* Das Abfindungsrecht - ein gesellschaftsrechtlicher Interessenausgleich, ZGR 1978, 477; *Wiedemann/Schmitz,* Kapitalanlegerschutz bei unrichtiger oder unvollständiger Information, ZGR 1980, 129; *Wiesner,* Beurkundungspflicht und Heilungswirkung bei Gründung von Personengesellschaften und Unternehmensveräußerungen, NJW 1984, 95; *Zacharias/Kleinjohann/Rinnewitz,* Die Gründung von immobilienverwaltenden Personengesellschaften als steueroptimales Gestaltungsmittel zur Vermeidung gewerblicher Veräußerungsgewinne, 1987.

I. Die gesellschaftsrechtliche und steuerrechtliche Einordnung der Publikums- und Massen-KG

Gesetzliche Abschreibungen und sonstige Steuervergünstigungen sowie die Rechtsprechung des BFH förderten das Entstehen sowie die Verbreitung der Publikums-KG.[1] Während das Gesellschaftsrecht die gerechte Sachordnung und das Steuerrecht eine darauf angepaßte Besteuerung erreichen soll,[2] verkehrten sich im Kapitalanlagenbereich die Verhältnisse ins Gegenteil, oder wie *Wiedemann* es ausdrückte: das Steuerrecht wurde zur unerwünschten Rechtsquelle des Gesellschaftsrechts sowie einer prosperierenden Marktentwicklung.[3] Weil Steuergesetzgebung und Rechtsprechung des BFH Abschreibungs- und Verlustzuweisungsgesellschaften in dem 60/70gern Jahren förderten, prosperierte die Marktentwicklung und weil dadurch immer neue Sonderformen der gesellschaftsvertraglichen Gestaltung praktiziert wurden, kam Anfang der 70er Jahre zunächst die literarische Diskussion um die Publikums-KG in Bewegung,[4] ehe sich dem der BGH Ende 1974[5] mit einer in der Folgezeit zu diesem Thema stark zunehmenden Rechtsprechung anschloß. 1

Groh[6] meint, das Steuerrecht habe zwar den Anstoß bewirkt, sei jedoch für die weitere sich entwickelnde Eigendynamik nicht verantwortlich zu machen. Der rote Fa- 2

[1] S. o. § 22 Rdnr. 1–28.

[2] *Wiedemann,* Gesellschaftsrecht I, S. 23.

[3] Zur geschichtlichen Entwicklung der Publikums-KG s. *Groh* BB 1984, 304 f.

[4] S. folgende Habilitationen: *Huber,* Vermögensanteil, Kapitalanteil und Gesellschaftsanteil an Personengesellschaften des Handelsrechts, 1970; *Nitschke,* Die körperschaftlich strukturierte Personengesellschaft, 1970; *Teichmann,* Gestaltungsfreiheit in Gesellschaftsverträgen, 1970; *H. P. Westermann,* Vertragsfreiheit und Typengesetzlichkeit im Recht der Personengesellschaften, 1970.

[5] BGHZ 63, 338.

[6] BB 1984, 304, 308.

den der rechtlichen Entwicklung der Beteiligung an Publikumskommanditgesellschaften läßt sich denn auch wie folgt ausmachen und wird unten im Detail zu verdeutlichen sein:

3 Zivilrechtlich entwickelte sich ein durch die Rechtsprechung geformtes neues **Sonderrecht der Publikums-KG,** das aufgrund der Maßgeblichkeit des Zivilrechts für das Ertragssteuerrecht nicht ohne Einfluß auf die steuerliche Entwicklung blieb.[7] Dabei entstanden Sonderprobleme, die zu Sonderentwicklungen führten wie beispielsweise das im Rahmen der Baupatenrechtsprechung[8] zugelassene Streben nach steuerlichen Verlusten als Merkmal der Gewinnerzielungsabsicht zu der gesellschaftsrechtlichen Frage führte, inwieweit Handelsgesellschaften ohne Gewinnerzielungsabsicht überhaupt ein Handelsgewerbe betreiben und folglich handelsrechtlich anzuerkennen sind.[9] Die Tatsache, daß das Erlangen steuerlicher Effekte eine **Mitunternehmerstellung,** nicht aber unbedingt eine Gesellschafterstellung erfordert, begünstigte in der Praxis die rasante Ausbreitung der Treuhandbeteiligungen.[10] Schließlich förderte die Meidung der steuerlichen Gewerblichkeit das Entstehen sog. Objektgesellschaften,[11] um nur einige Beispiele zu nennen.

4 Während das Recht der Kommanditgesellschaft bis zum Zeitpunkt der Ausbreitung der Publikums-KG mehr von dogmatischen Fragen der Rechtsbeziehungen der Gesellschafter zu- und untereinander sowie von Fragen des Minderheitenschutzes bestimmt waren, traten in der Folgezeit in der Rechtsentwicklung der Publikums-KG die Rechtskomplexe der **Inhaltskontrolle gesellschaftsvertraglicher Regelungen,** der mittelbaren Beteiligung sowie insbesondere der Haftung in der den Vordergrund.

5 Im folgenden werden diese Entwicklungslinien im Detail nachvollzogen, wobei jedoch vorab der Stellenwert dieser Rechtsentwicklung zu fixieren ist, um feststellen zu können, welche Tendenzen sich hinter diesen Entwicklungslinien verbergen:

6 Das BVerfG hat in seinem **Mitbestimmungsurteil vom 1. 3. 1979**[12] ausgeführt, mit dem Recht, u. a. Gesellschaften zu bilden (Art. 9 Abs. 1 GG), sei nicht nur die Freiheit gewährleistet, sich mit anderen zu jedem erlaubten Zweck zusammenzuschließen – wozu die Gründungs- und Beitrittsfreiheit, die Austrittsfreiheit und die Freiheit zähle, sich keiner Gesellschaft anzuschließen –, vielmehr gehöre dazu auch die Freiheit der inneren Organisation und Willensbildung. Allerdings sei diese Freiheit nicht frei von gesetzgeberischen Vorgaben, denen durch die gesetzlichen Rechtsformen entsprochen worden sei, um bei aller individuellen Freiheit die Sicherheit des Rechtsverkehrs zu gewährleisten, die Rechte der Mitglieder einer Gesellschaft, aber auch die schutzbedürftigen Belange Dritter zu sichern sowie öffentlichen Interessen Rechnung zu tragen.

7 Folglich ist das Gesellschaftsrecht Grenzen unterworfen, wozu der numerus clausus der Gesellschaftsformen, die Grenzen der Privatautonomie, aber auch die Grenzen des Richterrechts gehören, denn wenn der ausgestaltende Gesetzgeber Bindungen unterliegt, dann im Hinblick auf Art. 20 Abs. 3 GG erst recht auch die Rechtsprechung.[13]

8 Sieht man in den gesetzlichen Regelungen nur Auslegungshilfen und von einem bestimmten Sachverhalt getragene Wertentscheidungen des Gesetzgebers, die aufgrund der sozialen Wirklichkeit und der gewandelten Bedürfnisse fortentwickelt werden dürfen,[14] dann sind die Grenzen eines solchen sich fortentwickelnden Richterrechts bei einer „normalen" Gesellschaft enger zu ziehen, als bei einer solchen, bei der das perso-

---

[7] *Döllerer* JbFfSt 1986/1987, 37, 39 ff.; *Uelner* JbFSft. 1980/1981, 359.

[8] BFH 17. 1. 1972 GrS BStBl II 1972, 700; s. o. § 22 Rdnr. 19, 66–69.

[9] *Hopt* ZGR 1987, 145.

[10] *Blaurock,* Unterbeteiligung; *Wagner* DStR 1996, 1008.

[11] *Zacharias/Kleinjohann/Rinnewitz,* Die Gründung von immobilienverwaltenden Personengesellschaften.

[12] BVerfGE 50, 290, 353–356.

[13] Überblick zur Abgrenzung von Typenzwang, Privatautonomie und rechtsfortbildendem Richterrecht: *Wagner,* Die Massenkommanditgesellschaft, S. 19–28; *Weber* WM 1996, 49.

[14] *Wagner,* Die Massenkommanditgesellschaft, S. 27 mwN.

nale Element fast bis zur Bedeutungslosigkeit zurücktritt,[15] wie es beispielsweise bei der Publikums-KG der Fall ist. Gerade bei solchen Gesellschaften ist nicht nur den schutzbedürftigen Belangen Dritter und dem öffentlichen Interesse Rechnung zu tragen, vielmehr bedürfen auch hier die beitretenden Mitglieder eines besonderen Schutzes.

Der BGH trägt besonders in seiner Rechtsprechung zur Inhaltskontrolle von Gesellschaftsverträgen diesen vom BVerfG angestellten Überlegungen weitestgehend Rechnung, wenn er gerade bei seiner Rechtsprechung zur Publikums-KG **den Schutz der Kapitalanleger,** die **Funktionsfähigkeit** der Publikums-KG sowie den **Gläubigerschutz** vor Augen hat.[16] 9

1. Rechtsnatur von Publikums- und Massen-KG. Die in der Literatur so streitige Frage, was die Kommanditgesellschaft ihrer Rechtsnatur nach sei, ob **Rechtssubjekt** oder **Gesamthand,** der nur durch § 124 Abs. 1 HGB gestattet sei, unter ihrem Namen Rechte und Pflichten zu haben,[17] wurde vom BGH dahingehend beantwortet, die Kommanditgesellschaft bei Rechtssubjekt.[18] 10

Von der Rechtsprechung und Literatur werden die Begriffe „Publikums-KG" und Massen-KG" gleichermaßen gebraucht, so daß man den Eindruck gewinnen kann, es handele sich nur um unterschiedliche Begriffe, die dasselbe meinen. Dem ist jedoch nicht so: 11

Während bei der Publikums-KG die Öffentlichkeit, also das breite Publikum, angesprochen wird, sich als Kapitalanleger zu beteiligen,[19] ist dieses finale Kriterium bei der Massen-KG nicht in jedem Fall gegeben. Für letztere reicht es definitorisch aus, auf die Beteiligung einer Vielzahl von Gesellschaftern bzw. Teilhabern ausgerichtet zu sein, die Öffentlichkeit muß aber nicht angesprochen sein.[20] Beide Begriffe grenzen sich von der normalen KG und auch untereinander wie folgt ab: 12

– Der Gesellschaftsvertrag geht von der Aufteilung nach Gründungsgesellschaftern einerseits und Anlegern andererseits aus. 13

– Die Gesellschaft ist nicht auf einen festen Mitgliederbestand, sondern auf eine Vielzahl von Mitgliedern angelegt, wobei die genaue Anzahl offenbleiben kann.

– Bei der Publikums-KG werden die Beteiligungen öffentlich bzw. der Öffentlichkeit angeboten, während bei der Massen-KG dies nicht der Fall sein muß und statt dessen eine Vielzahl von Beteiligungen einem bestimmbaren und eingegrenzten Personenkreis angeboten werden. 15

– Sowohl bei der Publikums- wie auch bei der Massen-KG sind die Anleger, anders als bei der normalen KG, an der Gestaltung des Gesellschaftsvertrages nicht beteiligt.[21] 16

Der praktische Unterschied zwischen Publikums- und Massen-KG wird deutlich, wenn man die Feststellungen der Rechtsprechung zur Publikums-KG und die von *Wagner* etwa zur Arbeitnehmerbeteiligung an arbeitgebenden Kommanditgesellschaften vergleicht: 17

Der BGH[22] hat die Publikums-KG dahingehend charakterisiert, sie sei darauf angelegt, zur Kapitalansammlung eine unbestimmte Vielzahl von Kommanditisten aufzunehmen, die sich als Anlagegesellschafter untereinander nicht kennen und zu den Unternehmensgesellschaftern in **keinerlei persönlichen** oder sonstigen **Beziehungen** stehen. In der Öffentlichkeit geworben, könnten sie, wenn sie beitreten wollten, nur einen fertigen Gesellschaftsvertrag akzeptieren, ohne auf ihn Einfluß nehmen zu können. 18

Die Massen-KG z. B. mit Arbeitnehmerkommanditbeteiligung – quasi als Gegenpart zur Publikums-KG – zeigt dagegen stark **personenbezogene Komponenten.** Wenngleich auch hier der Gesellschaftsvertrag vorgegeben ist und auf eine Vielzahl von beitretenden 19

---

[15] BVerfGE 50, 290, 355.

[16] BGHZ 64, 238; 84, 11, 84, 383, 386.

[17] Zusammenfassende Übersicht bei *K. Schmidt,* Gesellschaftsrecht S. 167–185 und 1117–1132.

[18] BGHZ 10, 91, 100; BGH BB 1973, 1506 f. *Loritz/Wagner,* Konzeptionshandbuch, Bd. 2, Rdnr. 115.

[19] *Dietrich,* Die Publikums-KG, S. 3.

[20] *Wagner,* Die Massenkommanditgesellschaft, S. 9.

[21] *Wagner,* Die Massenkommanditgesellschaft, S. 9 und 10 mwN.

[22] Stellvertretend BGHZ 64, 238, 241.

Arbeitnehmergesellschaftern ausgerichtet ist, bestehen aufgrund des neben dem Gesellschaftsverhältnis fortbestehenden Arbeits- bzw. Anstellungsverhältnisses arbeitsrechtliche Rechtsbeziehungen wie auch die Arbeitnehmergesellschafter neben den gesellschaftsrechtlichen Rechtsbeziehungen untereinander aufgrund ihrer daneben bestehenden Zugehörigkeit zur Betriebsgemeinschaft in einer weiteren horizontalen Rechtsbeziehung stehen.[23]

20 Dieses Beispiel mag genügen, zu verdeutlichen, daß jede Publikums-KG auch eine Massen-KG, nicht aber jede Massen-KG eine Publikums-KG sein muß, so daß beim Gebrauch dieser Begriffe differenziert werden sollte, um nicht der Versuchung zu unterliegen, das Sonderrecht des BGH zur Publikums-KG undifferenziert auch auf jede Massen-KG zu übertragen.

21 **2. Publikums- und Massen-KG im Steuerrecht.** Die auch im Steuerrecht insbesondere in der Literatur streitige Frage nach der Rechtsnatur der Publikums-KG, ob nämlich damit eine Kapitalgesellschaft, ein wirtschaftlicher Verein oder eine nicht rechtsfähige Personenvereinigung gegeben sei,[24] ist inzwischen vom Großen Senat des BFH in seiner Entscheidung vom 25. 6. 1984[25] für die Praxis verbindlich geklärt worden.

22 Der Große Senat orientiert sich steuerrechtlich am Gesellschaftsrecht und bezeichnet die Publikums-KG **„in begrenztem Umfang** als **Steuerrechtssubjekt“,**[26] mit der Folge, daß z. B. im Hinblick auf § 15 Abs. 1 Nr. 1 Satz 1 EStG alle ein gewerbliches Unternehmen kennzeichnenden Merkmale wie auch das Merkmal der Gewinnerzielungsabsicht bei der Gesellschaft und nicht bei den Gesellschaftern vorliegen müssen,[27] was gleichermaßen sogar für die Schein-KG gelten soll.

23 Den Großen Senat des BFH verbindet mit der gesellschaftsrechtlichen Literatur zur Rechtsnatur der KG, daß beide von der Einheit der Gesellschafter in ihrer gesamthänderischen Verbundenheit, also von der Rechtszuständigkeit der Gesamthand, ausgehen.[28] Mit der gesellschaftsrechtlichen Judikatur des BGH ist ihm gemeinsam, die Personengesellschaft in der Rechtsform der KG als (Steuer-) Rechtssubjekt zu bezeichnen,[29] so daß die Frage angebracht ist, ob es nicht anstelle des Begriffes „Steuerrechtssubjekt“ richtiger wäre, entsprechend der gesellschaftsrechtlichen Einordnung des BGH von der KG als Rechtssubjekt zu sprechen, von der die Steuerpflicht begrifflich zu trennen ist.[30]

24 **3. Publikums-KG als Handelsgesellschaft ohne Gewerbe und Gewinnerzielungsabsicht?** Die Historie der Publikums-KG, angefangen von den Abschreibungs- bzw. Verlustzuweisungsgesellschaften bis zu den geschlossenen Immobilienfonds, hat gezeigt, daß sich Kommanditgesellschaften am Markt verfestigt hatten und haben, bei denen die Frage des Gewerbebetriebs und der Gewinnerzielungsabsicht trotz ihrer gesellschaftsrechtlich und steuerrechtlich relevanten Auswirkungen bis in die Neuzeit eigentlich eine eher untergeordnete Bedeutung haben.

25 § 161 Abs. 1 HGB geht bei der KG von einer Gesellschaft aus, deren Zweck auf den Betrieb eines Handelsgewerbes gerichtet ist. Der BGH hat definitorisch unter Gewerbebetrieb zunächst die berufsmäßige Tätigkeit in der Absicht dauernder Gewinnerzielung verstanden,[31] später jedoch für den Gewerbebetriebsbegriff auch auf die Verkehrsanschauung abgestellt, die ebenso betriebliche, organisatorische und wirtschaftliche Gesichtspunkte wie z. B. Aufbau und Ausgestaltung der jeweiligen Tätigkeit zu berücksichtigen habe. Dem so definitorisch ebenfalls gewichteten äußeren Erscheinungsbild stellt der BGH nunmehr das Er-

---

[23] *Wagner,* Die Massenkommanditgesellschaft, S. 299, 303 mwN.
[24] Nachweise bei *Döllerer* JbFfSt 1986/1987, 37, 39, dort Fn. 10.
[25] BStBl II 1984, 751, 756–760.
[26] BFH 25. 6. 1984 GrS BStBl II 1984, 751, 762; Bodden DStZ 1996, 73.
[27] BFH 25. 6. 1984 GrS BStBl II 1984, 751, 765.
[28] BFH 25. 6. 1984 GrS BStBl II 1984, 751, 764.
[29] BFH 25. 6. 1984 GrS BStBl II 1984, 751, 762; s. o. Fn. 18.
[30] *Wagner* BB 1986, 465, 467.
[31] BGHZ 33, 321, 324 f.; 36, 273, 276; 49, 258, 260; 53, 222 f.; 57, 191, 199.

werbsstreben iS der Absicht der **Erzielung dauernder Einnahmen** zur Seite,[32] so daß statt einer Gewinnerzielungsabsicht eine Einnahmenerzielungsabsicht zivilrechtlich ausreicht.

Ob und inwieweit bei den Abschreibungs- bzw. Verlustzuweisungsgesellschaften die vorgenannten Merkmale eines Handelsgewerbes vorlagen, ist weder mit dem steuerlichen Ansatzpunkt einer gewerblich geprägten KG – weil Komplementär nur eine GmbH war – noch mit der Absicht der Gesellschafter,[33] sondern einzig und allein aus den tatsächlichen Gegebenheiten bei der Gesellschaft zu klären. Wenn man auch die Gewinnerzielungsabsicht jenen Abschreibungs- bzw. Verlustzuweisungsgesellschaften absprechen muß, da das Streben nach steuerlichen Verlusten im Vordergrund stand, wird jedoch wohl das Merkmal der Einnahmenerzielungsabsicht nicht zu verneinen sein, so daß folgende interessante Entwicklung zu verzeichnen ist: Die aufgrund der Baupatenrechtsprechung des BFH[34] steuerlich früher zugelassene Gleichsetzung des Erstrebens steuerlicher Verluste mit dem Merkmal der Gewinnerzielungsabsicht wurde vom Großen Senat des BFH in seiner Entscheidung vom 25. 6. 1984 für Personengesellschaften durch das nunmehr notwendige Merkmal des **Strebens nach Totalgewinn**[35] ersetzt, während der BGH, jedenfalls in seiner Entscheidung vom 2. 7. 1985,[36] das Merkmal der Erwerbsabsicht nicht mehr iS einer Gewinnerzielungsabsicht definiert, sondern eine Einnahmenerzielungsabsicht nebst entsprechendem äußeren Auftreten genügen läßt. 26

Während bei den Abschreibungs- und Verlustzuweisungsgesellschaften das Merkmal der Gewinnerzielungsabsicht in Frage stand, bis der BGH die Voraussetzung der Einnahmenerzielungsabsicht ausreichen ließ,[37] ist die Problematik beim geschlossenen Immobilienfonds als Publikums-KG gänzlich anders gelagert.[38] 27

Ankauf, Errichtung bzw. Vermietung von Immobilien erfüllen nicht die Voraussetzungen des Handelsgewerbes gemäß § 1 Abs. 2 HGB. Da eine Publikums-*KG* aber auf den Betrieb eines Handelsgewerbes gerichtet sein muß, um überhaupt eine Kommanditgesellschaft sein zu können (§ 161 Abs. 1, § 1 Abs. 1 HGB), kann von einer Immobilien-*KG* nur dann die Rede sein, wenn die Voraussetzungen des § 2 HGB eingehalten sind. Dazu müssen jedoch *drei* Voraussetzungen erfüllt werden:

(1) Die Immobilien-KG muß die *Gewerbebetriebseigenschaft* erfüllen. Dies ist dann der Fall, wenn die Immobilien-KG einen „Gewerbebetrieb" bzw. ein „gewerbliches Unternehmen" ausweist. Ein geschlossener Immobilien-Fonds als Publikums-KG, zumal in der steuerlichen Einkunftsart Vermietung und Verpachtung, wird jedoch in aller Regel diese Voraussetzungen nicht erfüllen, weil seine hauptsächliche Tätigkeit Vermietung und Verpachtung sein wird. Man spricht insoweit von einer „nicht gewerblichen Kapitalanlage",[39] weil – so der BGH – diese Vermietungstätigkeit in der Regel nicht von der Absicht getragen sei, sich eine „berufsmäßige Erwerbsquelle" zu schaffen.[40] Mithin füllt der geschlossene Immobilien-Fonds die *Gewerbebetriebseigenschaft* im Rahmen des § 2 HGB nur dann aus, wenn zwar mit der Vermietung keine berufsmäßige Erwerbsquelle geschaffen wird, wohl aber die Verwaltung der Immobilie eine besonders umfangreiche *berufsmäßige Tätigkeit* erfordert.[41] 28

---

[32] BGHZ 95, 155, 159.

[33] *Hopt* ZGR 1987, 1, 154–159.

[34] BFH 17. 1. 1972 GrS BStBl II 1972, 700.

[35] BFH GrS 26. 6. 1984 BStBl II 1984, 751, 766.

[36] BGHZ 95, 155, 159.

[37] BGHZ 95, 155, 159.

[38] Im Detail dazu *Loritz/Wagner,* Konzeptionshandbuch, Bd. 2, Rdnr. 276 ff.; *Wagner/Sommer* WM 1995, 561.

[39] BGHZ 63, 32, 33; 74, 273, 276; BGH NJW 1963, 1397; NJW 1986, 1962; *Loritz/Wagner,* Konzeptionshandbuch, Bd. 2, Rdnr. 83; *Wagner/Sommer,* WM 1995, 562.

[40] BGH NJW 1963, 1397; NJW 1967, 2353; 1968, 1962; BGHZ 49, 258, 260; 53, 222, 223; 58, 251, 255; 63, 32, 33; 74, 273, 276.

[41] BGH NJW 1967, 2353 Nr. 2; BGHZ 74, 273, 276; *Loritz/Wagner,* Konzeptionshandbuch, Bd. 2, Rdnr. 83; *Wagner/Sommer,* WM 1995, 561, 562.

29 (2) Die Immobiliengesellschaft muß nach ihrem *Gesamtbild* nach Art und Umfang wie ein kaufmännischer Betrieb geführt werden. Hauptmerkmale dazu sind: Zahl der Beschäftigten, Art ihrer Tätigkeit, Umsatz, Anlage- und Betriebskapital, Vielfalt der Geschäftsverbindungen sowie der erbrachten Leistungen, Inanspruchnahme von Krediten, Teilnahme am Wechsel- und Scheckverkehr, Größenordnung der Einnahmen etc.[42]

Leicht überschaubare und einfach strukturierte Betriebe erfordern keinen nach Art und Umfang in kaufmännischer Weise eingerichteten Geschäftsbetrieb.[43]

30 (3) Die Immobiliengesellschaft muß als Kommanditgesellschaft im *Handelsregister eingetragen* sein.[44] Diese Eintragung begründet bei Vorliegen *beider* zuvor genannten Voraussetzungen dann *konstitutiv* die Kaufmannseigenschaft der KG gemäß § 2 HGB,

30 a Ist mindestens eine der zuvor genannten *drei* Voraussetzungen des § 2 HGB nicht gegeben, so ist § 2 HGB nicht mehr einschlägig. Statt dessen gilt:

30 b – Fehlt die *Gewerbebetriebseigenschaft*[45] und ist die Immobilien-Fonds-KG gleichwohl im Handelsregister eingetragen, so spricht man von einer *Schein-KG* kraft *registerlichen Anscheins.* In diesem Fall handelt es sich bei fehlender Gewerbebetriebseigenschaft *nicht* um eine KG kraft Eintragung, da § 5 HGB die Gewerbebetriebseigenschaft voraussetzt.[46]

Eine solche Schein-KG kraft registerlichen Anscheins ist formal- und materiellrechtlich eine Gesellschaft bürgerlichen Rechts (GbR).[47] Nur haftungsmäßig wird sie wie eine KG behandelt.[48]

Eine Schein-KG kraft registerlichen Anscheins ist stets mit dem Risiko der Löschung im Handelsregister behaftet. Wird sie gelöscht, gerriert sich aber weiter als KG, so spricht man von einer *Schein-KG* durch den *Rechtsschein des Auftretens.*[49]

Eine Schein-KG ist, da materiellrechtlich GbR, kein Rechtssubjekt.

30 c – Weist eine Immobilien-Fonds-KG der Einkunftsart Vermietung und Verpachtung zwar die Gewerbebetriebseigenschaft aus, weil z. B. bei einem größeren Fonds die Verwaltung der Immobilien eine umfangreiche berufsmäßige Tätigkeit erfordert,[50] der Immobiliengesellschaft ermangelt es aber an dem dargestellten *Gesamtbild,*[51] dann ist eine solchermaßen im Handelsregister eingetragene KG eine solche kraft Eintragung gemäß § 5 HGB, nicht aber eine solche gemäß § 2 HGB. Sie ist bei dieser Konstellation für die Dauer ihrer Eintragung KG und mithin nicht Schein-KG. Folglich ist sie für die Dauer ihrer Eintragung als KG auch Rechtssubjekt und nicht GbR.[52]

Aber da sie die Voraussetzungen des § 2 HGB nicht erfüllt, unterliegt auch sie dem Risiko registerlicher Löschung. Wird sie gelöscht und gerriert sich dann weiter als KG, so wandelt sie sich von einer KG kraft Eintragung (§ 5 HGB) zu einer Schein-

---

[42] BGH DB 1960, 1097 = BB 1960, 917; BayObLG DB 1985, 271; OLG Celle NJW 1963, 540, 541; BB 1975, Beilage 12, S. 4 f. unter 9.; BB 1983, 658 f.; OLG Frankfurt BB 1983, 335; OLG Hamm WM 1993, 1797; OLG München NJW 1988, 1036; LG Heidelberg BB 1982, 142; LG Nürnberg-Fürth BB 1980, 1549; *Binz,* Die GmbH & Co. KG, 8. A., S. 342; *Brandmüller* BB 1976, 641, 642; *Sudhoff* DB 1979, 437, 439; *Teil* BB 1982, 142; *Loritz/Wagner,* Konzeptionshandbuch, Bd. 2, Rdnr. 80–82.

[43] OLG Celle BB 1983, 658.

[44] *Loritz/Wagner,* Konzeptionshandbuch, Bd. 2, Rdnr. 87.

[45] So § 23 Rdnr. 28.

[46] BGHZ 32, 307, 313 f.

[47] BGHZ 61, 59, 67; 69, 95, 97.

[48] BGHZ 61, 59, 65 ff.; 69, 95, 99; *Loritz/Wagner,* Konzeptionshandbuch, Bd. 2, Rdnr. 90; kritisch *K. Schmidt,* Gesellschaftsrecht, S. 1340 f.; ferner siehe *Wagner/Sommer,* WM 1995, 561, 562.

[49] *Brüggemann* in: Staub, GK-HGB, 9. A., § 2 Rdnr. 14; *Loritz/Wagner,* Konzeptionshandbuch, Bd. 2, Rdnr. 93.

[50] S. o. § 23 Rdnr. 28.

[51] S. o. § 23 Rdnr. 29.

[52] *Loritz/Wagner,* Konzeptionshandbuch, Bd. 2, Rdnr. 97.

KG durch den Rechtsschein des Auftretens, mit den bereits beschriebenen Konsequenzen.[53]

– Wenn mithin der BFH die Immobilien-Fonds-KG als Schein-KG = GbR bezeichnet,[54] dann *kann* dies so sein.[55] Dies ist aber dann nicht der Fall, wenn es sich um eine KG kraft Eintragung (§ 5 HGB) handelt[56] oder bei Erfüllung aller drei Voraussetzungen des § 2 HGB[57] eine „echte" KG gegeben ist.[58] Da in letzteren beiden Fällen die Fonds-KG materiellrechtlich eine KG, im Falle der Schein-KG dagegen eine GbR ist, sind diese Unterschiede zivilrechtlich und steuerrechtlich bezüglich ihrer Voraussetzungen jeweils gesondert zu würdigen. **30 d**

II. Das Sonderrecht der Publikums-Kommanditgesellschaft

1. Gründungsrechtliche Publizität. Während für Aktiengesellschaften das AktG selbst die Voraussetzungen vorgibt, die bei Gründung einer solchen Gesellschaft zu beachten sind,[59] hat bei Publikumspersonengesellschaften diesen Part die **Prospekthaftungsrechtsprechung** übernommen, wonach alles, was für den Entschluß eines Kapitalanlegers von Bedeutung sein kann, im Prospekt zum Ausdruck zu bringen ist. Diese richterrechtliche Prospektpublizitätspflicht wird inzwischen durch die strafrechtlichen Sanktionsnormen des § 264 a StGB sowie des § 4 UWG verstärkt. **31**

Für die Aktiengesellschaft als Publikumskapitalgesellschaft ist die gründungsrechtliche Publizität gesetzlich normiert und ist dort registerliche Eintragungsvoraussetzung, hingegen fehlt es bei der Publikumspersonengesellschaft an vergleichbaren registerlichen Eintragungsvoraussetzungen; diese werden durch die Drohung von Haftungs- und Strafrechtssanktionen quasi ersetzt,[60] wobei insbesondere folgende **gründungsrechtliche Publizität** zu beachten ist: **32**

– Beitretende Kommanditisten haben nur solche gesellschaftsvertraglichen Umstände gegen sich gelten lassen, von denen sie zum Zeitpunkt ihres Beitrittes Kenntnis erlangen konnten.[61] **33**

– „Grundsätzlich (müssen) alle gesellschaftsrechtlichen Verpflichtungen, die der Gesellschaft gegenüber Gründungsgesellschaftern auferlegt werden und diesen Vorteile verschaffen sollen, in dem schriftlich festgelegten Gesellschaftsvertrag oder in einem ordnungsgemäß zustande gekommenen und protokollierten Gesellschafterbeschluß aufgenommen werden . . . anderenfalls die entsprechenden Vereinbarungen und die zu ihrer Ausführung vorgenommenen Rechtshandlungen unwirksam sind."[62] *Dietrich* möchte dies auch auf Vorteile bezogen wissen, die Dritten gewährt werden sollen.[63] **34**

– Die Offenbarungspflicht betrifft auch Vereinbarungen, durch die Gründer von Verpflichtungen gegenüber der Gesellschaft freigestellt werden.[64] **35**

– Im Interesse potentieller Anleger ist es erforderlich, Sacheinlagen von Gründungsgesellschaftern bzw. Initiatoren zu offenbaren,[65] wobei in der Literatur erwogen wird, ob diese Offenbarungspflicht nicht sogar analog § 27 AktG im Gesellschaftsvertrag erfolgen müsse[66] und Angaben über den Wert der Sacheinlage gemacht werden müßten.[67] **36**

---

[53] § 23 Rdnr. 30.2.
[54] BFH 19. 8. 1986 BStBl II 1987, 212, 214; 7. 4. 1987 BStBl II 1987, 707, 708.
[55] S. o. § 23 Rdnr. 30.2.
[56] S. o. § 23 Rdnr. 30.3.
[57] S. o. § 23 Rdnr. 28–30.
[58] *Loritz/Wagner,* Konzeptionshandbuch, Bd. 2, Rdnr. 98–100.
[59] §§ 23, 25, 26, 32–34, 37–40 AktG.
[60] *Dietrich,* Die Publikums-KG, S. 44.
[61] BGH WM 1976, 446; 1978, 87.
[62] BGH WM 1976, 446 f.; siehe auch BGH DB 1995, 921
[63] *Dietrich,* Die Publikums-KG, S. 43.
[64] BGH WM 1978, 87 f.
[65] *Dietrich,* Die Publikums-KG, S. 47.
[66] *Schneider* ZHR 142 (1978) 228, 254.
[67] *Dietrich,* Die Publikums-KG, S. 48 f.

37 – Während die Sacheinlage Teil des Gründungsvorganges ist, ist die Sachübernahme ein gewöhnlicher schuldrechtlicher Vertrag (z. B. Kauf-, Miet-, Werkvertrag etc.).[68] Auch solche Verträge, insbesondere dann, wenn sie mit Gründungsgesellschaftern bzw. Initiatoren geschlossen werden, sind – auch bezüglich ihrer Werthaltigkeit – offenbarungspflichtig.[69] Dies gilt erst recht dann, wenn Vertragskonstellationen Mißbrauchsgefahren von Gründungsgesellschaftern bzw. Initiatoren in sich bergen.[70]

38 – Kapitalmäßige und personelle Verflechtungen sind offenzulegen.[71]

39 Schlagwortartig läßt sich mithin sagen: bei Publikumspersonengesellschaften ist der Emissionsprospekt das, was für die Aktiengesellschaft der Gründungsbericht ist,[72] wenngleich mit noch weitergehenden Aufgaben.

40 **2. Der Gesellschaftsvertrag.** *a) Form.* Insoweit ist zwischen der Schriftform und dem Formerfordernis der notariellen Beurkundung zu unterscheiden.

41 Soweit die Meinung vertreten wird, der Gesellschaftsvertrag bedürfe grundsätzlich keiner Form, auch wenn Schriftform üblich sei,[73] ist dies insoweit zutreffend, als das Gesetz für Gesellschaftsverträge einer Publikums-KG **keine besonderen Formvorschriften** vorgibt. Andererseits muß jedoch deutlich werden, ob bzw. ab wann man von einem Gesellschaftsvertrag sprechen kann, auf den das Sonderrecht der Publikums-KG Anwendung findet. So kann insbesondere der Gesellschaftsvertrag der Gründungsgesellschafter entweder als normaler Kommanditgesellschaftsvertrag ausgestaltet sein, wobei die Gründungsgesellschafter sich vorbehalten, bei Schließung eines Fonds nach Vorliegen des entsprechenden Zeichnungsvolumens dem ursprünglichen Gesellschaftsvertrag vor Beitritt der Anleger per Beschluß den Inhalt zu geben, wie er aus dem Kapitalanlageprospekt ersichtlich ist, oder aber der Gesellschaftsvertrag der Gründungsgesellschaft ist von vornherein auf die Einbeziehung einer Vielzahl von Kapitalanlegern angelegt und hat bereits die Fassung, die aus dem Prospekt ersichtlich ist. Im ersten Falle liegt bis zur Beschlußfassung über die Satzungsänderung ein die Rechtsbeziehung der Gründungsgesellschafter untereinander regelnder normaler Kommanditgesellschaftsvertrag vor, dem sich ein Publikums-Kommanditgesellschaftsvertrag anschließt, während in der zweiten Variante ein Publikums-Kommanditgesellschaftsvertrag von vornherein gegeben ist.

42 Es ist daher überlegenswert, die Schriftform zwingend vorzusehen, um nicht nur Klarheit über den Inhalt des Gesellschaftsvertrages zu erhalten, sondern auch um Abgrenzungsproblemen zwischen gründungs- und publikumsgesellschaftsvertraglichen Rechtsbeziehungen zu begegnen, so daß die Frage, ab wann das Sonderrecht der Publikumspersonengesellschaft gelten soll, unschwer zu beantworten ist. Zudem fordert die Prospekthaftungsrechtsprechung des BGH,[74] im Kapitalanlagebereich habe ein Prospekt wahr und vollständig zu sein, wozu auch der Ausweis des in Schriftform gefaßten, für die Kapitalanleger relevanten, Gesellschaftsvertrages gehört.

43 Während das Schriftformerfordernis in vorgenannten Fällen Beweiserleichterungen schafft, hat die Rechtsprechung des BGH für die Publikums-KG rechtsfortbildend in **Analogie zu § 26 AktG** Vereinbartes wegen Formmangels als nichtig angesehen, weil bzw. wenn im Gesellschaftsvertrag nichts schriftlich über Sondervorteile von Gründungsgesellschaftern ausgesagt war, so daß in diesen Fällen das Schriftformerfordernis sogar zum Formzwang wird.[75]

44 Sind solche im Gesellschaftsvertrag nicht schriftlich niedergelegte Regelungen folglich unwirksam, so kann mangels Ausweises solcher Rechtsbeziehungen, solange den Grün-

---

[68] *Dietrich,* Die Publikums-KG, S. 51.
[69] *Dietrich,* Die Publikums-KG, S. 52.
[70] BGHZ 79, 331.
[71] BGHZ 79, 331, 345.
[72] *Dietrich,* Die Publikums-KG, S. 56.
[73] *Brandes* WM 1987, Beilage 1, S. 7; *Kurth,* Der geschlossene Immobilienfonds, S. 26.
[74] S. o. § 7.
[75] BGH WM 1976, 446 f.; 1978, 87 f.; s. o. Rdnr. 34.

dungsgesellschaftern die Vorteile noch nicht zugewandt wurden, bereits gesellschaftsvertraglich der Einwand der Unwirksamkeit mündlich getroffener Abreden erhoben werden, während, sollten besagte Vorteile bereits zugewandt worden sein, Kapitalanlegern u U. auch Bereicherungsansprüche neben Schadensersatzansprüchen zustehen können.

Vorgenannter Schriftformzwang gilt unabhängig davon, ob sich Kapitalanleger bei Publikums-KGs direkt oder über einen Treuhandkommanditisten indirekt beteiligt haben,[76] wobei das Schriftformerfordernis auch durch ein privatschriftliches Protokoll der Gesellschafterversammlung gewahrt werden kann.[77] **45**

Sofern, wie üblich, im Gesellschaftsvertrag einer Publikums-KG für die Wirksamkeit von Änderungen oder Ergänzungen desselben Schriftform vorgesehen ist, reicht es, den vertragsändernden Beschluß in einem privatschriftlichen Protokoll über die Gesellschafterversammlung zu dokumentieren, das vom Versammlungsleiter, nicht aber von allen Gesellschaftern, zu unterzeichnen ist.[78] Für vertragsändernde Individualerklärungen eines Gesellschafters soll jedoch dessen mündliche Erklärung in der Gesellschafterversammlung samt Protokollierung derselben nicht ausreichen.[79] **46**

Vom Schriftformerfordernis zu trennen ist die Frage der **Beurkundungsbedürftigkeit des Gesellschaftsvertrages.** Eine solche wird derzeit nur dann angenommen, wenn Gesellschafter sich im Rahmen der Zweckbestimmung gesellschaftsvertraglich verpflichten, beispielsweise eine bestimmte Immobilie zu erwerben oder einzubringen,[80] nicht aber, wenn der Gesellschaftszweck allgemein darauf gerichtet ist, Immobilien zu erwerben.[81] **47**

Da das Beurkundungserfordernis vom BGH sehr eng gezogen ist,[82] wird man eine Beurkundungsbedürftigkeit von Treuhandverträgen, die im Falle mittelbarer Beteiligungen Kapitalanleger mit dem Treuhandkommanditisten abschließen, grundsätzlich verneinen müssen, da der Formzwang des für das Grundstücksrecht gedachten § 313 BGB mittelbare Beteiligungen an einer Publikums-KG nicht erfaßt. Eine Ausnahme wird allenfalls dann gelten können, wenn der Gesellschaftsvertrag, sofern auf den Erwerb einer bestimmten Immobilie gerichtet, beurkundungsbedürftig ist[83] und die Treuhandbeteiligung von Anlegern – wie in der Entscheidung des BGH vom 30. 3. 1987[84] veranschaulicht – so ausgestaltet ist, daß Kapitalanleger als Treugeber gemäß Gesellschafts- und Treuhandvertrag im Innenverhältnis unter den Gesellschaftern so gestellt werden sollen, als ob sie Kommanditisten seien,[85] da hier kein Anlaß besteht, bezüglich der Warnfunktion des § 313 BGB zwischen Kommanditisten und „als ob Kommanditisten" zu unterscheiden. **48**

Getrennt von beurkundungsrechtlichen Fragen des *Abschlusses* eines Gesellschaftsvertrages sind die des *Beitritts* zu einer Gesellschaft bzw. die des *Anteilserwerbs* zu sehen: **48 a**

– *„Beitritt"* ist die verkürzte Form eines Gesellschaftsvertragsabschlusses.[86] Folglich ist der „Beitritt" zu einer Immobilien-Fonds-KG/GbR nicht stets beurkundungsbedürftig, nur weil er *wirtschaftlich* auf Immobilieneigentum gerichtet ist,[87] sondern nur dann, wenn zum Zeitpunkt des Beitritts auch ein Gesellschaftsvertragsabschluß beurkundungsbedürftig wäre. **48 b**

---

[76] BGH WM 1978, 87 f.

[77] BGHZ 66, 82, 86 f.; *Brandes* WM 1987, Beilage 1, S. 7 f.

[78] BGHZ 66, 82, 87.

[79] BGHZ 66, 82, 88.

[80] BGHZ 22, 312, 317; BGH WM 1978, 752, 753. Münchener Kommentar/*Kanzleitner,* BGB, 2. A., § 313 Rdnr. 39; *ders.* DNotZ 1984, 421; Münchener Kommentar/*Ulmer,* BGB, 2. A., § 705 Rdnr. 35.

[81] BGH NJW 1978, 2505. *Schwanecke* NJW 1984, 1585; *Lortiz/Wagner,* Konzeptionshandbuch, Bd. 2, Rdnr. 819; *Wiesner* NJW 1984, 95.

[82] Zu Beurkundungsfragen: *Wiesner* NJW 1984, 95; *Schwanecke* NJW 1984, 1585.

[83] BGHZ 22, 312, 317.

[84] BGH DB 1987, 1527.

[85] BGHZ 10, 44, 49 f.

[86] S. u. § 23 Rdnr. 60–68; *Loritz/Wagner,* Konzeptionshandbuch, Bd. 2, Rdnr. 819.

[87] So aber *Reithmann* NJW 1992, 649, 653.

Dies ist aber entsprechend dem schon dargelegten[88] nur dann der Fall, wenn zum Zeitpunkt des Beitritts der Gesellschaftsvertrag auf den Erwerb einer bestimmten Immobilie gerichtet ist *und* dieser Erwerb noch nicht stattgefunden hat.[89] Hatte dagegen der Immobilienerwerb schon stattgefunden und bestehen keine weitergehenden Bindungen zum Immobilienerwerb, so ist der Beitritt nicht beurkundungsbedürftig.[90]

48 c – Tritt der Kapitalanleger dagegen dadurch einer Immobilien-Fonds-KG bei, daß ihm z. B. eine Kommanditbeteiligung (anteilig) abgetreten wird, so bedarf diese Abtretung nicht der notariellen Beurkundung.[91]

49 *b) Auslegung und Inhaltskontrolle.* Während bei der „normalen" KG unter den Gesellschaftern der Grundsatz der Vertragsfreiheit gilt,[92] was zur Folge hat, daß die Vertragsparteien die Freiheit haben, für sie nachteilige Regelungen zu vereinbaren, und daß bei Auslegungsfragen nach der sog. subjektiven Auslegungsmethode vorzugehen ist, gelten bei der Publikums-KG andere Grundsätze:

50 Die einer Publikums-KG beitretenden Anleger haben keine Einflußnahmemöglichkeit auf den bereits vorliegenden Gesellschaftsvertrag, unabhängig davon, ob sie sich unmittelbar oder mittelbar an der Pubikums-KG beteiligen.[93] Die Vertragsfreiheit ist mithin durch die Freiheit des Beitritts ersetzt worden, so daß der Gesellschaftsvertrag objektiv nach **Kriterien der Sachgerechtigkeit und Angemessenheit** auszulegen ist. Während die Rechtsprechung dies insbesondere rechtsformabhängig bei den Gesellschaften bejaht, die Körperschaften sind oder – wie die Publikums-KG – körperschaftlichen Charakter haben, neigt die Literatur zum Teil dazu, dies weder von der Rechtsform noch vom körperschaftlichen Typus der Gesellschaft abhängig zu machen, sondern vom materiellen Satzungscharakter der jeweils auszulegenden Klausel.[94]

51 Bei der ergänzenden Vertragsauslegung, die bei Gesellschaftsverträgen von Publikums-Gesellschaften durch die Rechtsprechung nach objektiven und damit revisiblen Grundsätzen vorgenommen wird,[95] handelt es sich nicht um eine „Änderung des Gesellschaftsvertrages durch richterliche Entscheidung",[96] sondern um die Feststellung und Anerkennung des Vertragsinhaltes.[97] Für die Anerkennung des Vertragsinhaltes wiederum nimmt sich die Rechtsprechung das Recht der Inhaltskontrolle heraus, d. h. nach Feststellung des Vertragsinhaltes quasi in einer zweiten Stufe zu überprüfen, ob und inwieweit für eine vom Gesetz abweichende Regelung ein sachlicher Grund gegeben ist.[98] Die zwangsläufige Folge ist in einer dritten Stufe die Herausbildung eines besondere Rechtsgrundsätze bildenden Richterrechts,[99] dessen Legitimität nach wie vor in der Diskussion ist.[100]

---

[88] S. o. § 23 Rdnr. 47.

[89] *Reinelt* NJW 1992, 2052, 2053; *Loritz/Wagner,* Konzeptionshandbuch, Bd. 2, Rdnr. 819.

[90] OLG München OLGR 1993, 253 = IBR 1994, 78 Anm. *Wagner; Loritz/Wagner,* Konzeptionshandbuch, Bd. 2, Rdnr. 819.

[91] BGHZ 86, 367; *Reinelt* NJW 1992, 2052, 2054; *Loritz/Wagner,* Konzeptionshandbuch, Bd. 2, Rdnr. 820.

[92] BGHZ 8, 35, 39; *Grünewald* ZGR 1995, 68.

[93] *Nassall* BB 1988, 286.

[94] *K. Schmidt,* Gesellschaftsrecht, S. 78 f. m. w. N.

[95] BGH, WM 1978, 87, 88; WM 1978, 1399, 1400; WM 1979, 672; „WM 1982, 40, 41; WM 1989, 786, 788; WM 1990, 714, 715; *Brandes* WM 1987, Beilage 1, S. 8; *ders.* WM 1990, 1221, 1230.

[96] BGHZ 44, 40, 42; noch nicht entschieden ist, was bei einem relevanten Ausnahmefall zu gelten hat, wenn sich mit Hilfe der ergänzenden Vertragsauslegung kein zulässiger Vertragsinhalt feststellen ließe und es sich mithin doch anbieten würde, in den Gesellschaftsvertrag einzugreifen; *Brandes* WM 1987, Beilage 1, S. 8; *R. Fischer* Anm. zu LM § 114 HGB Nr. 3.

[97] *Flume,* Die Personengesellschaft, 1977, S. 36.

[98] BGHZ 68, 212, 215; zur Kritik an dieser Rechtsprechung und Darstellung des Meinungsstandes *Kreutz* ZGR 1983, 109.

[99] *Kraft,* Festschrift für Fischer, S. 321; *Wagner,* HdB, Fach 4310.

[100] *Kraft,* Festschrift für Fischer, S. 321, 334 ff.; *Wagner* BB 1986, 465; zu dem, was de lege ferenda umgesetzt werden könnte s. *Hopt,* Gutachten, G 77 ff.; zum Spannungsverhältnis zwischen innerer

(aa) Auslegung. Eine objektive Auslegung muß von dem ausgehen, was beitretenden Gesellschaftern bzw. Anlegern – wie auch für den Fall der gründungsrechtlichen Publizität[101] – erkennbar ist, so daß, ähnlich wie bei der Gesetzesauslegung, die Rechtsprechung nur auf solche Regelungen abstellt, die aufgrund des schriftlich niedergelegten Inhalts des Gesellschaftsvertrages eindeutig ermittelbar sind.[102] Ausnahmsweise sollen nur dann allgemeine Auslegungsgrundsätze gemäß **§§ 133, 157 BGB** gelten, wenn es um die Auslegung von mit Anlegern getroffenen Individualvereinbarungen geht.[103] 52

(bb) Inhaltskontrolle. Kapitalanleger können entweder direkt Kommanditisten einer Publikums-KG werden oder mittelbar über einen Treuhandkommanditisten beteiligt werden. Im zweiten Fall hält der Treuhandkommanditist die Beteiligung aufgrund eines mit dem Kapitalanleger als Treugeber abgeschlossenen Treuhandvertrages. 53

Die mittelbare Anbindung von Kapitalanlegern kann auf unterschiedliche Weise erfolgen. 54
Wird sie aufgrund eines offenen Treuhandverhältnisses so gestaltet, daß im Innenverhältnis der Gesellschafter der Publikums-KG die – nur über einen Treuhandvertrag mit den Treuhandkommanditisten mittelbar an die Publikums-KG angeschlossenen – Treugeber so gestellt werden, als ob sie Kommanditisten seien, dann werden diese Treugeber wie Kommanditisten in das Gesellschaftsverhältnis mit einbezogen, soweit ihre Rechtsstellung tangiert ist.[104] Dies hat zur Folge, daß für die Feststellung und Anerkennung des Vertragsinhaltes des Gesellschaftsvertrages bei solchen Konstellationen nicht mehr danach zu differenzieren ist, ob der Anleger mittelbar oder unmittelbar an der Publikums-KG beteiligt ist, mit der Ausnahme, daß für den mittelbar Beteiligten zusätzlich auch noch der Treuhandvertrag in die Betrachtung mit einzubeziehen ist.[105] Folglich werden auch bei der „kupierten" Publikums-KG von der Rechtsprechung für die Anerkennung der zu beurteilenden Regelungen vergleichbare Kriterien der Sachgerechtigkeit und Angemessenheit zur Vermeidung von Mißbräuchen der Vertragsfreiheit nach den Grundsätzen von Treu und Glauben herangezogen, wie dies ansonsten bei allgemeinen Geschäftsbedingungen und Formularverträgen der Fall ist.[106]

Wenngleich die Rechtsprechung für die Publikums-KG ein Sonderrecht kreiert hat, das in vielen Bereichen am Recht der Aktiengesellschaft ausgerichtet ist, hat man sich mit dem Hinweis, eine sklavische Übernahme aktienrechtlicher Vorschriften komme nicht in Betracht,[107] Freiräume vorbehalten, um nicht in Vergessenheit geraten zu lassen, daß es sich bei der Publikums-KG letztlich doch um eine Personenhandelsgesellschaft handelt.[108] Folglich hat der BGH dort, wo die Anwendung aktienrechtlicher Rechtsgrundsätze zu einer Beeinträchtigung des **Gläubigerschutzes** führen würde, personengesellschaftsrechtlichen Normen den Vorrang eingeräumt.[109] Folgende Inhaltskontrollentscheidungen sind zu beachten: 55

Die Verjährungsfrist für Schadensersatzansprüche gegen Gesellschafter als Mitglieder des Aufsichtsrates kann analog §§ 93 Abs. 6, 116 AktG, 52 Abs. 3 GmbHG, 41 iVm. 34 Abs. 6 GenG nicht unter 5 Jahre herabgesetzt werden.[110] 56

Gestaltungsfreiheit und gesetzlicher Typenregelungen: *Teichmann,* Gestaltungsfreiheit, S. 127 ff.; *H. P. Westermann,* Vertragsfreiheit.

[101] BGH WM 1976, 446 f.

[102] BGH WM 1978, 87 f.; 1978, 1399 f.; 1979, 672.

[103] BGH WM 1979, 612 f.

[104] BGH DB 1987, 1527.

[105] So auch *Nasall* BB 1988, 286, 289.

[106] BGHZ 64, 238, 241 f.; 84, 11, 13 f.; BGHZ 102, 172, 173; 104, 50, 52; BGH NJW 1988, 1729; 1730; LG Kassel DB 1990, 1227, 1228. Zur stillen Publikumsbeteiligung OLG Hamburg WM 1994, 499, 501.

[107] BGHZ 69, 207, 220.

[108] So auch BFH 25. 6. 1984 GrS BStBl II 1984, 751, 758, 760.

[109] § 172 Abs. 5 HGB ist nicht durch eine entsprechende Anwendung des § 62 Abs. 1 und 3 AktG einzuschränken; BGHZ 84, 383, 386.

[110] BGHZ 64, 238, 244.

57 Gesellschaftsvertragliche Regelungen, die dem Komplementär einseitig das Recht einräumen, Kommanditbeteiligungen auf Dritte zu übertragen, sind unwirksam.[111]

58 Ebenfalls unwirksam sind solche Regelungen, die den Gründungsgesellschaftern eine Sperrminorität sichern, wenn es gilt, den von ihnen bestellten Geschäftsführer zu ersetzen oder bei der Wahl des Aufsichtsrates Einfluß zu nehmen.[112]

59 Sieht ein Gesellschaftsvertrag einer Publikumspersonengesellschaft vor, daß der (Gesellschafter-)Geschäftsführer nur mit Zustimmung aller Gesellschafter abberufen werden kann, so ist dieses Erfordernis aufgrund einer Inhaltskontrolle gemäß § 242 BGB nichtig; es genügt die einfache Mehrheit.[113] Gleiches gilt nach dieser Entscheidung, wenn der Gesellschaftsvertrag ein Einstimmigkeitserfordernis für die Abberufung des Treuhänders vorsieht.

60 *c) Beitritt.* Die Formulierung des „Beitritts" zur Publikums-KG kann nicht verdecken, daß es um die Aufnahme in den Kreis der Gesellschafter geht, so daß es zunächst nicht um einen Vertragsabschluß der Publikums-KG mit dem „Beitretenden", sondern um einen Vertragsabschluß aller Gesellschafter mit diesem geht. Da es aber bei der Vielzahl von Gesellschaftern einer Publikums-KG unpraktikabel wäre, für jeden „Beitritt" alle Gesellschafter zwecks Abschlusses eines Gesellschaftsvertrages zusammenkommen zu lassen, hat der BGH eine **Ermächtigung des Komplementärs** für zulässig erachtet, in Vollmacht für die Mitgesellschafter[114] oder im eigenen Namen – aber mit Wirkung für alle Gesellschafter – abzuschließen.[115] Diese Ermächtigung kann sogar einem Nichtgesellschafter erteilt werden.[116]

61 Für die Rechtsprechung zur Ermächtigung des Komplementärs bzw. eines Nichtgesellschafters hätte es ausgereicht, seitens des BGH festzustellen, der Komplementär oder ein Nichtgesellschafter könnten von den übrigen Gesellschaftern bevollmächtigt werden, in offener oder mittelbarer Stellvertretung mit dem „Beitretenden" den Gesellschaftsvertrag abzuschließen. Wenn darüber hinaus in der Entscheidung vom 14. 11. 1977[117] sogar die Kommanditgesellschaft selbst – vertreten durch ihren Komplementär – von den Gesellschaftern ermächtigt werden kann, in mittelbarer Stellvertretung für die Gesellschafter den Gesellschaftsvertrag mit dem „Beitretenden" abzuschließen, dann wird dies verständlich, wenn man sich in Erinnerung ruft, daß die Kommanditgesellschaft aufgrund der Rechtsprechung des BGH[118] als selbständiges Rechtssubjekt eingestuft wird und es folglich konsequent ist, den Gesellschaftern die Möglichkeit einzuräumen, auch der Gesellschaft als Rechtssubjekt die Ermächtigung zu übertragen, für sie - die Gesellschafter – den Gesellschaftsvertrag mit dem „Beitretenden" abzuschließen.

62 Dem **Praktikabilitätsargument,** nicht mit allen schon vorhandenen Gesellschaftern jeweils den Gesellschaftsvertrag abschließen zu müssen, hat die Rechtsprechung durch eine Vereinfachung des Vertragsabschlusses Rechnung getragen. Die Abgabe einer schriftlichen Beitrittserklärung wird als ausreichende Dokumentation des Willens zum Abschluß eines Gesellschaftsvertrages angesehen, was aber nicht ausschließt, daß der Beitretende seine Beitrittserklärung mit Nebenabreden,[119] Vorbehalten und Bedingungen[120] versehen kann. Diese können auch mündlich getroffen sein, da das im Gesellschaftsvertrag ggf. geregelte Schriftformerfordernis, sofern nichts anderes normiert ist, nur Änderungen und Ergänzun-

---

[111] BGHZ 84, 11. Soweit der Leitsatz dieser Entscheidung von der Übernahme von Kommanditbeteiligungen durch die Komplementär-GmbH spricht, ist dies mißverständlich, da nach der gesellschaftsvertraglichen Regelung der Komplementärin nur das Optionsrecht eingeräumt war, benannte Dritte Kommanditanteile erwerben zu lassen. BGH WM 1988, 939, 942.

[112] BGH WM 1983, 1407.

[113] BGH BB 1982, 886; 1988, 159; *Reichert/Winter* BB 1988, 981.

[114] BGH WM 1976, 15; 1985, 258.

[115] BGH NJW 1978, 1000.

[116] BGH DB 1982, 218 f.

[117] BGH NJW 1978, 1000.

[118] BGHZ 10, 91, 100; BGH BB 1973, 1506 f.

[119] BGH WM 1983, 118, 120; 1985, 125 f.

[120] BGH WM 1979, 612 f.; 1985, 125.

gen des Gesellschaftsvertrages selbst erfaßt, nicht aber Erklärungen, mit denen die Gesellschafterstellung erst begründet werden soll.

Nicht abschließend geklärt scheint die Frage, ob und wann es zu einem verbindlichen Gesellschaftsvertragsabschluß aufgrund „Beitritts“ kommt. Denn gesteht der BGH dem beitretenden Anleger zu, beispielsweise unter der aufschiebenden Bedingung der Anerkennung der Verlustzuweisung durch das Finanzamt[121] oder unter dem Vorbehalt der vollen Einlagenfinanzierung beizutreten,[122] so bestehen insoweit keine sich deckenden Willenserklärungen von Beitretendem und Erklärungsempfänger, mit der Rechtsfolge des Dissenses bzw. des §150 Abs. 2 BGB. In einem solchen Fall ist die Annahme einer fehlerhaften Gesellschaft ausgeschlossen.[123] Ob das durch die die Gesellschafter vertretende Person durch Zustimmung zu diesen Bedingungen vermieden werden kann, dürfte von deren Vollmachtsumfang bzw. der gegebenen Ermächtigung abhängen, wobei nur in begründeten Ausnahmefällen die Grundsätze der **Anscheins- und Duldungsvollmacht** weiterhelfen werden. 63

Für diese zuvor genannten Fälle von seiten beitretender Anleger erklärter Vorbehalte fehlt es zudem an dem schlüssigen Aufzeigen, am Gesellschaftsverhältnis auf der Grundlage und im Umfang des von der Gesellschaft ansonsten für wirksam erachteten Vertrages festhalten zu wollen,[124] womit der BGH bei der Publikums-KG bei nicht inhaltsgleichen Willenserklärungen im Rahmen des Beitrittsvertrages eine Wirksamkeitsreduktion auf den inhaltsgleichen Teil gesellschaftsvertraglicher Bindungen vornimmt. 64

Zum Zwecke des Beitritts eingeschaltete Vermittler werden als **Empfangsboten** angesehen, so daß insoweit vom Beitretenden abgegebene Erklärungen als gegenüber dem die Gesellschafter für den Beitritt Vertretenden direkt abgegeben gelten.[125] 65

Eine Besonderheit gilt für den Beitritt eines **Geschäftsunfähigen,** da aus Gründen des Allgemeininteresses der Beitritt desselben als von Anfang an nichtig angesehen wird und die Grundsätze der fehlerhaften Gesellschaft hier keine Gültigkeit besitzen.[126] 66

Sieht man vom zuvor genannten Fall des Beitrittes eines Geschäftsunfähigen einmal ab, dann können bei fehlerhaftem Beitritt die Grundsätze der **fehlerhaften Gesellschaft** nur dann Anwendung finden, wenn ein – auch fehlerhaftes – rechtsgeschäftliches Handeln aller Gesellschafter gegeben ist. Daran fehlt es jedoch, wenn entweder nur ein Teil der Gesellschafter mitgewirkt oder der für den Gesellschaftern Bevollmächtigte seine Vollmacht überschritten hat.[127] In Korrektur dieses Ergebnisses sollen gleichwohl die Grundsätze der fehlerhaften Gesellschaft gelten, wenn der Beitretende und die für den Beitritt stimmenden Gesellschafter in Unkenntnis des Mangels den Beitritt für wirksam gehalten und vollzogen haben.[128] Dies stellt eine Weiterführung der Rechtsprechung dar, wonach die Grundsätze der fehlerhaften Gesellschaft auch für den fehlerhaften Beitritt zu einer fehlerfreien Gesellschaft gelten.[129] 67

In weiterer Fortführung der zuvor genannten Rechtsprechung, die die Grundsätze der fehlerhaften Gesellschaft auf das fehlerhafte Ausscheiden eines Gesellschafters anwendet,[130] wendet der BGH diese Grundsätze auch dann an, wenn jemand aufgrund Rechtsnachfolge durch Abtretungserwerb eines Gesellschaftsanteils in die Gesellschaft einrückt, so- 68

---

[121] BGH WM 1979, 612 f.

[122] BGH WM 1985, 125.

[123] BGHZ 3, 285, 288; *Brandes* WM 1994, 569.

[124] BGH WM 1986, 321 f.

[125] BGH WM 1985, 125 f.

[126] BGHZ 55, 5, 9.

[127] BGH WM 1962, 1353, 1354; WM 1988, 413 = WuB II F. § 130 HGB 1.88 *Messer; Brandes* WM 1994, 569.

[128] BGH NJW 1988, 1321.

[129] BGHZ 26, 330, 334 f.; 44, 235 f.; 63, 338, 344; BGH NJW 1975, 536 f.; NJW 1977, 1820; NJW 1988, 1321, 1323; NJW 1988, 1324; *Brandes* WM 1994, 596.

[130] BGH WM 1969, 791 f.; WM 1975, 512, 513 f.; WM 1992, 693, 694; *Brandes* WM 1994, 596.

fern dies mit Zustimmung aller Gesellschafter erfolgt,[131] sogar dann, wenn dieser Gesellschafterwechsel durch Abtretung des Gesellschaftsanteiles an einem Rechtsmangel leidet.[132]

69 *d) Ausscheiden.* Das Sonderrecht der Rechtsprechung zur Publikums-KG bezüglich des Ausscheidens eines Gesellschafters umfaßt

- das Ausscheiden wegen fehlerhaften Beitritts z. B. aufgrund arglistiger Täuschung und aus sonstigem wichtigem Grund,
- die sog. Hinauskündigungsklauseln,
- das Ausscheiden des nur mittelbar beteiligten Anlegers und
- die Abwicklung des Ausscheidens.

70 (aa) Ausscheiden wegen fehlerhaften Beitritts und aus sonstigem wichtigen Grund. Ist ein Anleger bei Beitritt zur Publikums-KG arglistig getäuscht worden, gibt ihm dies kein Anfechtungsrecht gemäß § 123 BGB mit der Rechtsfolge der rückwirkenden Nichtigkeit des Beitritts von Anfang an (§ 142 Abs. 1 BGB). Die Rechtsprechung hat statt dessen darin einen wichtigen Grund gesehen, der den getäuschten Anleger berechtigt, auch ohne gesonderte gesellschaftsvertragliche Grundlage seine Mitgliedschaft in der Gesellschaft **fristlos** zu **kündigen,** ohne daß es für das Ausscheiden einer Gestaltungsklage bedarf.[133] Die Grundsätze wie sie zur fehlerhaften Gesellschaft bei Beitritt zu derselben entwickelt wurden,[134] gelten mithin auch beim fehlerhaften Ausscheiden.[135] Die Kündigung wird mit Zugang der Anfechtungs- bzw. Kündigungserklärung gegenüber dem Komplementär wirksam,[136] wenn dieser auch berechtigt war, mit Wirkung für alle Gesellschafter die Beitrittserklärung von Kommanditisten entgegenzunehmen.[137] Sollte eine solche Berechtigung gesellschaftsvertraglich *nicht* gesondert geregelt sein, dann gilt es, folgendes zu beachten:

Ebenso wie der Beitritt zu einer KG die verkürzte Form eines Gesellschaftsvertragsabschlusses des Beitretenden mit allen übrigen Gesellschaftern ist,[138] ist die Kündigung als „negatives Spiegelbild" allen Mitgesellschaftern gegenüber auszusprechen. Also muß in dieser Konstellation die Kündigung eines Gesellschafters allen seinen Mitgesellschaftern zugehen. Es reicht dann nicht, daß die Kündigung alleine dem Komplementär zugeht, denn dieser vertritt die KG und ist nicht automatisch Bevollmächtigter der Gesellschafter der KG.[139] Aber die Rechtsprechung hat in diesen Fällen Erleichterungen zugelassen: Eine an den Komplementär gerichtete und ihm zugegangene Kündigung wird ausnahmsweise doch und dann wirksam, sobald alle Gesellschafter von ihr Kenntnis erhalten haben.[140] Dazu soll die Weitergabe des Kündigungsschreibens durch den Komplementär an die Mitgesellschafter ausreichen wie es auch genügen soll, daß der Kündigende einen der Gesellschafter von der den Anderen gegenüber ausgesprochenen Kündigung benachrichtigt haben soll.[141]

71 Dieses Kündigungsrecht des arglistig Getäuschten beruht darauf, daß es ihm im Gegensatz zu den nicht Getäuschten nicht weiter zuzumuten ist, gegen seinen Willen in der Gesellschaft

---

[131] BGH WM 1968, 892 f.

[132] BGH NJW 1988, 1324 f.; zu den Grenzen der Anerkennung fehlerhafter Gesellschaften *Schwintowski* NJW 1988, 937; *Goette* DStR 1996, 266.

[133] BGHZ 63, 338, 345.

[134] BGHZ 26, 330, 334; 63, 338, 344; WM 1973, 863; WM 1974, 318; WM 1988, 414, 416 = WuB II F. § 130 HGB 1.88 *Messer; Brandes* WM 1994, 569.

[135] BGH WM 1969, 791; WM 1975, 512, 513 f.; WM 1992, 693, 694; *Brandes* WM 1994, 569.

[136] BGH WM 1975, 536 f.; 1976, 447.

[137] BGH WM 1975, 536 f.; 1976, 355, 357; 1976, 447; s. o. § 23 Rdnr. 60 Fn. 91–92.

[138] S. o. § 23 Rdnr. 60.

[139] *Brandes* WM 1994, 569, 572.

[140] RGZ 21, 93, 95; BGH WM 1993, 460, 461; Münchener Kommentar/*Ulmer,* BGB, 2. A., § 723 Rdnr. 6; *Schlegelberger/K. Schmidt,* HGB 5. A., § 132 Rdnr. 14; *Westermann,* Handbuch der Personengesellschaft I., Rdnr. 635.

[141] BGH WM 1993, 460, 461.

zu verbleiben. Diese Interessenlage endet dann, wenn die Gesellschaft in das Auflösungsstadium getreten ist, um nicht durch Sonderabwicklungen eine zügige Liquidation zu behindern.[142]

Während im Falle der arglistigen Täuschung dem getäuschten Gesellschafter ein außer- 72
ordentliches Kündigungsrecht auch dann zusteht, wenn der Gesellschaftsvertrag dies nicht vorsieht, erfordert ansonsten ein Kündigungsrecht die entsprechende **Regelung im Gesellschaftsvertrag.**

Das Streben nach Erweiterung des Kündigungsrechts aus wichtigem Grund ohne geson- 73
derte gesellschaftsvertragliche Regelung, wenn etwa der Gesellschaftszweck nicht mehr erreicht werden kann, hat der BGH verneint,[143] weil sonst gerade dann, wenn die Risikogemeinschaft der Gesellschafter sich bewähren muß, jeder durch Kündigung die Last der Verantwortung den verbleibenden Gesellschaftern aufbürden könnte.

Folglich hat der BGH das Recht zur fristlosen Kündigung mit der Folge, daß der kündi- 74
gende Gesellschafter ausscheidet, die Gesellschaft im übrigen aber fortbesteht, nur dann bejaht, wenn die Gesellschafterversammlung zuvor mit $^{3}/_{4}$-Mehrheit beschlossen hatte, die Gesellschaft fortzusetzen.[144]

In allen übrigen Fällen muß ein Gesellschafter, der aus wichtigem Grund vorzeitig aus 75
der Gesellschaft ausscheiden möchte, ohne daß der Gesellschaftsvertrag dafür etwas gesondert regelt, gemäß §§ 133, 161 Abs. 2 HGB den Weg der **Auflösungsklage** gehen.[145]

(bb) Hinauskündigungsklauseln. Bereits mit Urteil vom 13. 7. 1981,[146] eine einfache KG 76
betreffend, hatte der BGH sog. Hinauskündigungsklauseln für den Regelfall für nichtig erklärt, die dem Komplementär das Recht einräumten, auch ohne wichtigen Grund Kommanditisten aufgrund gesellschaftsvertraglich in das freie Ermessen gestellter Kündigung zum Ausscheiden aus der Gesellschaft zu veranlassen.

Für die Publikums-KG hat der BGH[147] darüber hinaus im Wege der Inhaltskontrolle ei- 77
ne Vertragsklausel für unangemessen angesehen, die dem Komplementär gestattete, Kommanditisten zu verpflichten, ihre Kommanditbeteiligung durch Dritte erwerben zu lassen, selbst wenn dafür eine angemessene Abfindung vorgesehen war.[148]

Der BGH bestätigt damit seine schon im Urteil vom 13. 7. 1981 deutlich gewordene 78
Auffassung, daß die Frage der Angemessenheit sog. Hinauskündigungsklauseln nicht an der Ausgestaltung der Abfindungsregelung gemessen wird, da die **Abfindung** nur die Rechtsfolge des Ausscheidens anspricht, während die Angemessenheit der Hinauskündigungsklausel als solcher die Voraussetzungen des Ausscheidens betrifft.[149] Allerdings hat der BGH in seiner jüngeren Rechtsprechung gegenteilig judiziert und die Wirksamkeit der Kündigung sehr wohl von der Abfindungsregelung abhängig gemacht.[150]

Einer abschließenden Klärung bedarf der Stellenwert dieser Rechtsprechung gegen- 79
über dem Urteil des BGH vom 29. 5. 1978,[151] in welchem der BGH erstmals eine vertragliche Abfindungsregelung für sittenwidrig und nichtig ansah, die dem ohne wichtigen Grund hinausgekündigten Gesellschafter nur eine Buchwertabfindung zugestand. Zu Recht weist *Kreutz*[149] darauf hin, daß dieses Urteil nur dann schlüssig ist, wenn man von der Rechtswirksamkeit der Hinauskündigungsklausel ausginge. Wenn aber wie in den Entscheidungen vom 13. 7. 1981[146] und 3. 5. 1982[147] bereits die Hinauskündigungsklausel selbst unwirksam sei, stelle sich die Frage der Wirksamkeit der Abfindungsregelung nicht mehr.

---

[142] BGH WM 1979, 160 f.
[143] BGHZ 69, 160, 163.
[144] BGHZ 69, 160, 165.
[145] BGHZ 70, 61, 66 f.
[146] BGHZ 81, 263.
[147] BGHZ 84, 11.
[148] BGHZ 84, 11, 15.
[149] *Kreutz* ZGR 1983, 109, 121.
[150] BGH NJW 1985, 192; NJW 1993, 2102; für die GmbH BGHZ 116, 359, 369.
[151] BGH NJW 1979, 104.

Und so fällt auf, daß in jüngster Zeit der **BGH** sich weniger mit der Wirksamkeit der Hinauskündigungsklausel als vielmehr mit der Unwirksamkeit unangemessener Abfindungsklauseln befaßt.[152]

80 (cc) Das Ausscheiden des nur mittelbar beteiligten Anlegers. Für den Fall der mittelbaren Beteiligung an einer Publikums-KG über einen Treuhandkommanditisten hat der BGH es zugelassen, sich seitens des Treugebers auch dann aus wichtigem Grund von seiner Beteiligung zu lösen, wenn eine **Pflichtverletzung** des Treuhandkommanditisten vorliegt.[153] Welche Rechtsverhältnisse zwischen Treuhandkommanditist und Treugebern in einem solchen Fall bestehen, wurde vom BGH nicht weiter untersucht,[154] der sich statt dessen mit der Feststellung begnügte, in einem solchen Falle könne die Treuhandkommanditistin zwar die Herabsetzung der Kommanditeinlage gegenüber der Kommanditgesellschaft verlangen, sie sei deshalb aber nicht berechtigt, die vom kündigenden Treugeber noch nicht geleistete Einlage zu verlangen.

81 Zu den Rechtsverhältnissen zwischen Treuhandkommanditist und Treugeber im Falle der Kündigung des Treuhandvertrages aus wichtigem Grund weist *Kraft*[155] darauf hin, Abwicklungsfragen müßten sich primär aus dem Treuhandvertrag heraus beantworten lassen, sofern dieser selbst entsprechende Aussagen mache, und nur sekundär aus dem Gesellschaftsvertrag. Lasse sich aber z. B. dem Treuhandvertrag nicht entnehmen, die Gesellschaft zu kündigen – was wiederum auch ein entsprechendes Kündigungsrecht im Gesellschaftsvertrag voraussetze – und den Anspruch auf das Abfindungs- und Auseinandersetzungsguthaben an den Treugeber auskehren zu dürfen, dann sei es auch problematisch, aufgrund vermeintlicher Abfindungsansprüche seitens des Treugebers in den Gesellschaftsanteil des Treuhandkommanditisten gemäß § 859 Abs. 1 Satz 1 ZPO zu vollstrecken und nach §§ 135, 161 Abs. 2 HGB die Gesellschaft zu kündigen. Anders sei dies nur dann, wenn durch Verknüpfung von Treuhandvertrag und Gesellschaftsvertrag der Treugeber im Innenverhältnis wie ein ausscheidender Gesellschafter zu behandeln sei.

82 Daß im Falle einer Verknüpfung von Treuhandvertrag und Gesellschaftsvertrag ein an der Publikums-KG mittelbar beteiligter Treugeber im Innenverhältnis unter den Gesellschaftern so zu stellen ist, als ob er Kommanditist sei, wurde inzwischen vom BGH durch Urteil vom 30. 3. 1987 nochmals bestätigt,[156]

83 Die sich im Falle außerordentlicher Kündigung des Treuhandverhältnisses ergebenden Rechtsverhältnisse zwischen Treugeber und Treuhandkommanditist, insbesondere dann, wenn der Treugeber aufgrund der Verknüpfung von Treuhandvertrag und Gesellschaftsvertrag im Innenverhältnis wie ein Kommanditist einzuordnen ist, wurden in der Entscheidung des BGH vom 28. 1. 1980[157] behandelt. Steht dem ausscheidenden Treugeber ein Abfindungsbetrag zu, der aufgrund gesellschaftsvertraglicher Regelung von der Gesellschaft oder ihrem Komplementär für diese gezahlt wird, so ist darin eine **Einlagenrückgewähr gemäß § 172 Abs. 4 Satz 1 HGB** gegenüber der Treuhandkommanditistin zu sehen, mit der Folge des Wiederauflebens ihrer Haftung gegenüber den Gläubigern. Dies wiederum führt, soweit sie Gläubiger befriedigt hat, zu einem Erstattungsanspruch der Treuhandkommanditistin gegenüber dem Treugeber, da nach Feststellung des BGH dem Treuhand- und Gesellschaftsvertrag nicht zu entnehmen war, daß die Treuhandkommandi-

---

[152] BGH NJW 1985, 192; NJW 1993, 2101, 2103; NJW 1993, 3193; BGH DB 1994, 873; 875; BGH ZIP 1994, 1173; BGH DStR 1994, 1858; DStR 1995, 461 *Anm. Goette*; *Dauner-Lieb* ZHR 158 (1994), 271; *Haack* GmbHR 1994, 437; *Piltz* BB 1994, 1021; *Rasner* ZHR 158 (1994), 292; *Wangler* DB 1994, 1432; *Ulmer/Schäfer* ZGR 1995, 134; *Priester* JFAfSt 1994/95, 236; *Müller* ZIP 1995, 1561; *Kort* DStR 1995, 1961.

[153] BGHZ 73, 294.

[154] BGHZ 73, 294, 301.

[155] ZGR 1980, 399, 405.

[156] BGH DB 1987, 1527; zuvor schon BGHZ 10, 44, 49 f.

[157] BGHZ 76, 127.

tistin im Verhältnis zum ausgeschiedenen Treugeber die aufgrund der Einlagenrückgewähr begründete originäre Haftung gegenüber Gläubigern hätte selbst tragen sollen.

(dd) Die Abwicklung des Ausscheidens. Zum Zeitpunkt des Ausscheidens eines Kommanditisten bzw. Anlegers ist eine **Abschichtungsbilanz** aufzustellen, in der alle Vermögensgegenstände mit dem Wert zum Zeitpunkt des Ausscheidens aufzunehmen sind, sofern der Gesellschaftsvertrag nichts anderes regelt, was oftmals im Hinblick auf die Unterschiedlichkeit der Anlässe des Ausscheidens der Fall ist. Die in die Bilanz aufzunehmenden Forderungen – auch offene Einlageforderungen – und Verbindlichkeiten sind nur unselbständige und nicht mehr gesondert geltend zu machende Rechnungsposten.[158] **84**

Der ausscheidende Gesellschafter hat die Wahl, ob er erst, *nachdem* die Abschichtungsbilanz erstellt wurde, die dazugehörigen Unterlagen prüfen möchte[159] oder ob er schon *bei Aufstellung* der Abschichtungsbilanz mitwirken möchte.[160] **84a**

Ergibt sich in der Abschichtungsbilanz ein negativer Kapitalanteil, so ist der ausgeschiedene Anleger der Gesellschaft nur dann und insoweit zum Verlustausgleich verpflichtet, als er nach dem Gesellschaftsvertrag an dem Verlust teilnimmt[161] und die Regelung der Verlustteilnahme nicht nur die Bedeutung hat, für die Dauer der Verlustteilnahme an Gewinnausschüttungen nicht zu partizipieren. **85**

Die Tatsache, daß der Anleger etwa seitens des Komplementärs bei Eintritt arglistig getäuscht wurde, ändert nach Auffassung des BGH[162] an diesem Ergebnis nichts, so daß sich die Wirkung einer Anfechtung wegen arglistiger Täuschung wie folgt zusammenfassen lassen: **86**

Ist ein Anleger aufgrund arglistiger Täuschung zum Beitritt veranlaßt worden, so bleibt dieser entsprechend den für die fehlerhafte Gesellschaft geltenden Grundsätze nicht nur im Verhältnis zu den Gesellschaftsgläubigern, sondern auch im Verhältnis der Gesellschafter untereinander rechtlich wirksam;[163] sie ist für den getäuschten Anleger folglich nur mit Wirkung für die Zukunft kündbar.[164] Folglich bleibt auch der arglistig Getäuschte zur Zahlung der Einlage verpflichtet, die, sofern sie nicht erbracht wird, im Falle der Kündigung in der Abschichtungsbilanz zum Rechnungsposten wird. **87**

Noch unscharf ist die Rechtsprechung des BGH insoweit, einerseits den Einwand der arglistigen Täuschung des Komplementärs seitens des Getäuschten allen Gesellschaftern und damit auch den Kommanditisten gegenüber nicht zuzulassen, so daß die Einlageverpflichtung bestehen bleibt, weil nämlich die Täuschung des Komplementärs den Kommanditisten nicht zugerechnet werden könne,[165] während andererseits für den Fall der Prospekthaftung das Verhalten des Komplementärs sehr wohl den Kommanditisten zugerechnet wird.[166] Daß es sich im ersteren Fall vorwiegend um andere Anlegerkommanditisten handelte, die der BGH schützen wollte, während es sich im letzteren Falle um – wohl nicht so schutzbedürftige – Gründungskommanditisten handelte, ist kein ausreichender Ansatz für eine fehlende methodisch saubere Begründung dieser Differenzierung. **88**

3. Informationen. In seinem Beitrag zur Rechtsprechung des BGH zur GmbH & Co. KG und zur Publikums-Gesellschaft führt *Brandes* unter der Überschrift **„Verletzung von Informationspflichten"** aus, im Interesse eines rechtlich gebotenen Kapitalanlegerschutzes dürfe ein Anleger erwarten, ein zutreffendes Bild über das Beteiligungsobjekt zu erhalten, **89**

---

158 BGH WM 1974, 129; 1981, 452 f.; BFH DB 1995, 406.

159 BGH DB 1965, 1438; OLG Hamburg MDR 1964, 511. In diesem Falle sind ihm gem. § 810 BGB alle Bücher und Belege zur Prüfung vorzulegen (BGHZ 26, 25, 31; OLG Hamburg MDR 1964, 511), die er dann im Klageantrag genau bezeichnen muß.

160 OLG Hamburg MDR 1964, 511.

161 BGHZ 63, 338, 346; 73, 294, 302.

162 WM 1973, 863, 865 f.; BGHZ 63, 338, 344 ff.; BGH WM 1975, 536, 538; 1976, 447 f.

163 BGHZ 55, 5, 8; 63, 338, 344.

164 S. o. Rdnr. 67 und 68.

165 BGHZ 63, 338, 348.

166 BGH DB 1985, 165 f.

also über alle Umstände, die für seine Entschließung von wesentlicher Bedeutung seien oder sein könnten, sachlich richtig und vollständig unterrichtet zu werden.[167] Damit wird einerseits auf allgemeine Grundsätze in der Rechtsprechung des BGH eingegangen:[168]

– Inhalt und Umfang vorvertraglicher Aufklärungspflichten bestimmen sich nach den konkreten Umständen, insbesondere den Gefahren, die dem Vertragspartner aus dem Vertragsabschluß typischerweise drohen;[169]

– auch ist auf die Lebens- und Geschäftserfahrung abzustellen;[170]

– Aufklärungspflichten hängen auch davon ab, wenn sie nach Treu und Glauben unter Berücksichtigung der Verkehrsanschauung im Einzelfall erwartet werden dürfen;[171]

– Und aufzuklären ist insbesondere dann, wenn die Vereitelung des Vertragszwecks droht und nach der Verkehrsanschauung eine solche wesentliche Mitteilung erwartet werden darf.[172]

Andererseits wird das vom BGH entwickelte Sonderrecht zum Kapitalanlegerschutz, insbesondere zur Prospekthaftung, angesprochen,[173] das inzwischen die Voraussetzungen gründungsrechtlicher Publizität vorgibt.[174]

90 Geht man mithin davon aus, daß die aus dem Aspekt des Kapitalanlegerschutzes gebotenen Informationspflichten nur bedingt spezifisch gesellschaftsrechtlicher Natur sind, dann verbleibt für den als Kommanditisten einer Publikums-KG sich anschließenden Kapitalanleger gesellschaftsrechtlich zunächst das **Widerspruchsrecht** des § 164 HGB sowie das **Kontrollrecht** des § 166 HGB.

91 Kommanditisten und damit Anlegerkommanditisten steht, soweit sie im Regelfall von der Geschäftsführung ausgeschlossen sind, gemäß § 164 HGB lediglich für ungewöhnliche Geschäfte ein Widerspruchsrecht zu. Diese gesetzliche Vorgabe wurde aber seitens des Reichsgerichts[175] sowie aufgrund kritischer Stimmen in der Literatur[176] inzwischen in ein **Zustimmungserfordernis** umgedeutet, da, wenn die typische Verwaltungsbefugnis eines Komplementärs nur so weit reiche wie der gewöhnliche Geschäftsbetrieb, die Vorgabe eines Zustimmungserfordernisses bei ungewöhnlichen Geschäften wirkungsvoller als ein Widerspruchsrecht sei.[177] Die Folge ist, daß bei ungewöhnlichen Geschäften Komplementäre nicht ohne Zustimmung der Kommanditisten handeln können,[178] woraus sich eine direktere Notwendigkeit zur Information ergibt, als es bei der nur nachträglichen Information im Hinblick auf ein Widerspruchsrecht der Kommanditisten der Fall ist. Es wird abzuwarten bleiben, ob sich dem der BGH für die Publikums-KG anschließt.

92 Werden über einen Treuhandkommanditisten mittelbar an einer Publikums-KG angebundene Kapitalanleger als Treugeber aufgrund der Verknüpfung von Treuhandvertrag und Gesellschaftsvertrag im Innenverhältnis wie Kommanditisten gestellt,[179] sind zuvor angestellte Überlegungen auch auf diesen Personenkreis zu erstrecken.

93 Die typische GmbH & Co. KG ist steuerlich wegen § 15 Abs. 3 Nr. 2 EStG eine gewerblich geprägte Personengesellschaft. Dies führt insbesondere bei geschlossenen Immobilienfonds in der Praxis dazu, die Haftungsbeschränkung der GmbH & Co. KG zu nutzen, gleichwohl steuerlich aber die Einkunftsart Vermietung und Verpachtung verwirklichen zu wollen. Die ist im Hinblick auf § 15 Abs. 3 Nr. 2 EStG dadurch mög-

[167] *Brandes* WM 1987, Beilage 1, s. 16.
[168] *Brandes* WM 1994, 569, 578.
[169] BGHZ 72, 92, 103.
[170] BGH WM 1974, 512, 514.
[171] BGH WM 1970, 132.
[172] BGH WM 1987, 1562; WM 1993, 1277, 1278.
[173] S. o. § 7.
[174] S. o. Rdnr. 23; 31–39.
[175] RGZ 158, 302.
[176] *Kraft/Kreutz,* Gesellschaftsrecht, S. 181; *H. P. Westermann,* Vertragsfreiheit, S. 254.
[177] *Wagner,* Die Massenkommanditgesellschaft, S. 79 mwN.
[178] *Baumbach/Hopt,* HGB, 29. A. § 164 Rdnr. 2.
[179] BGHZ 76, 127.

lich, daß nicht nur die Komplementär-GmbH geschäftsführungsbefugt ist, sondern z. B. auch dem Treuhandkommanditisten rechtsgeschäftlich Mitgeschäftsführungsbefugnis eingeräumt wird.[180] Sind aber die über einen Treuhandkommanditisten mittelbar an der Publikums-KG beteiligten Anleger (= Treugeber) damit zugleich auch an der Geschäftsführung beteiligt, wenngleich idR durch einen Repräsentanten, ist § 164 HGB nicht mehr einschlägig, so daß der Umfang der seitens der Komplementäre zu erteilenden Informationen von dem gesellschaftsvertraglich geregelten Grad der Mitgeschäftsführung abhängig ist.

Soweit Kapitalanleger, seien sie unmittelbar oder mittelbar an einer Publikums-KG beteiligt, von einer wie auch immer denkbaren Mitgeschäftsführung ausgeschlossen sind, hat der Gesetzgeber mit **§ 166 HGB** ein Mindestmaß an Kontrollrechten zur Verfügung gestellt. Die Rechtsprechung zum Kapitalanlegerschutz bzw. zur Prospekthaftung sollte nicht zu sehr von der noch zu klärenden Frage ablenken, wie weit diese Kontrollrechte abbedungen oder eingeschränkt werden können.[181] Es bleibt abzuwarten, ob in Anbetracht der Rechtsprechung des BGH zur Prospekthaftung,[182] umfassend zu informieren, es von der Interessenlage her noch gerechtfertigt ist, die Kontrollrechte des § 166 HGB einzuschränken und entziehen zu können, wobei bekanntlich derzeit die Grenze der Reduktion beim Verdacht unredlicher Geschäftsführung angesiedelt ist.[183] **94**

Wünschenswert wäre, über die insbesondere den Beitrittszeitraum erfassende Prospekthaftungsrechtsprechung hinaus seitens der Rechtsprechung insbesondere auch unter Berücksichtigung der Gleichsetzung von mittelbarer und unmittelbarer Beteiligung[184] für die Publikums-KG die §§ 164, 166 HGB mit Leben zu erfüllen. Dem Umfang an Informationspflichten gegenüber denen einer Publikums-KG beitretenden Kapitalanlegern hat der BGH mit seiner Prospekthaftungsrechtsprechung Konturen verliehen, für die §§ 164, 166 HGB steht Vergleichbares noch aus. **95**

4. „Organe" der Gesellschaft. Der Gesetzgeber ging für die Kommanditgesellschaft von dem Grundsatz aus, wer hafte solle herrschen.[185] Folglich sind im HGB die Rechte persönlich haftender Gesellschafter umfangreich geregelt, die von Kommanditisten relativ gering. Bereits durch die Möglichkeit, die Haftung des Komplementärs durch die Einschaltung einer juristischen Person (z. B. GmbH, AG) zu entschärfen, ist obiger Grundsatz in der Sache verändert worden. Im Zuge kapitalintensiver Publikums-KGs hat beispielsweise die Prospekthaftungsrechtsprechung verdeutlicht, daß nicht nur die Haftung mit Risiko verbunden ist, sondern auch der Verlust oft nicht unbeträchtlicher Einlagen drohen kann,[186] zumal diese in der Regel von Personen erbracht werden, die sich untereinander nicht kennen, auf den Gesellschaftsvertrag keinen Einfluß nehmen konnten und Gründungsgesellschaftern, Initiatoren und Managern mehr oder weniger ausgeliefert sind. Dem hat die Rechtsprechung mit dem weiteren Grundsatz zu entsprechen versucht, daß der Kapitalanleger einer solchen Publikums-KG – aufgrund vorgenannter Gründe im Hinblick auf die gegebene Einlage besonderen Risiken ausgesetzt – im Vorfeld seiner Beteiligung auch umfassend zu informieren sei. **96**

Diese Grundsätze, wer hafte solle herrschen und wer viel zu verlieren habe sei umfassend zu informieren, werden aber durch Aufgabenteilungen in Publikums-KGs begleitet, die ebenfalls ein Sonderrecht zur Folge haben. Während beispielsweise das (Fonds-)Management in der Regel bei den Komplementären liegt, ist der Komplex der **Anteilsver-** **97**

---

[180] FG Münster EFG 1993, 719.

[181] *Wagner,* Die Massenkommanditgesellschaft, S. 80.

[182] S. o. Nachweise bei § 7.

[183] *Baumbach/Hopt,* HGB, 29. A.; 166 Rdn. 1; *Huber* ZGR 1982, 539; *Grünewald* ZGR 1989, 545; *Binz/Freudenberg/Sorg* BB 1991, 785.

[184] BGHZ 76, 127.

[185] BGHZ 45, 204 f.; Überblick bei *Wiedemann,* Gesellschaftsrecht I, S. 543 ff.

[186] *Wagner,* die Massenkommanditgesellschaft, S. 195.

waltung in der Regel bei Treuhandkommanditisten als einem gewichtigen Gegenpart angesiedelt, der in eigener Verantwortung zu den Kapitalanlegern steht. Da aber in der Regel aus der Sicht der Kapitalanleger auch der Treuhandkommanditist vorgegeben ist, also kein persönlicher Vertrauter ist, ist oft der Beirat das Gremium, in dem Kapitalanleger durch eigene Repräsentanten direkter die Geschäftsführung kontrollieren können, als dies über eine Gesellschafter- bzw. Treugeberversammlung oder über den Treuhandkommanditisten der Fall ist. Folglich bleibt für die Gesellschafter- bzw. Treugeberversammlung die Frage, welche Mindestrechte dann dort noch verbleiben müssen.

98 Im folgenden wird darzustellen sein, wie weit die Rechtsprechung sich zu diesen neuen Grundsätzen und Aufgabenteilungen bisher geäußert hat und wo noch sog. weiße Flecken vorhanden sind.

99 *a) Komplementäre.* Nach dem gesetzlichen Normalbild obliegt gemäß §§ 114, 125, 161 Abs. 2 HGB bei der Publikums-KG die Geschäftsführungsbefugnis und Vertretungsmacht den Komplementären, während der Kommanditist gemäß § 164 HGB von der Geschäftsführung und nach § 170 HGB von der Vertretung der Gesellschaft ausgeschlossen ist.

100 Wird die Geschäftsführungsbefugnis des Komplementärs auf einen Dritten übertragen, um z. B. damit trotz Vorliegens einer GmbH & Co. KG im Hinblick auf den Wortlaut des § 15 Abs. 3 Nr. 2 EStG bei geschlossenen Immobilienfonds steuerlich die Einkunftsart Vermietung und Verpachtung zu erhalten,[187] so hängt die Wirksamkeit einer solchen Gestaltung von der gesellschaftsvertraglichen Ausgestaltung ab.

101 Würde man das Ziel verfolgen wollen, die Geschäftsführungsbefugnis des Komplementärs als dessen gesellschafterliches Verwaltungsrecht abzubedingen und auf einen Dritten übertragen zu wollen, so läge darin, ähnlich wie bei der unzulässigen **Stimmrechtsabspaltung,** eine unzulässige Abspaltung der Geschäftsführungsbefugnis vom Gesellschaftsanteil des Komplementärs,[188] was zur Unwirksamkeit einer solchen Regelung führen würde.

102 Erhält dagegen der Dritte eine rechtsgeschäftliche Mitgeschäftsführungsbefugnis, dann ist dies zulässig und wirksam, sei es, daß es sich um eine neben die gesellschafterliche Geschäftsführungsbefugnis des Komplementärs tretende rechtliche Mitgeschäftsführungsbefugnis des Dritten handelt, oder gar, daß der Komplementär den Dritten in weitem Umfang mit Geschäftsführungsaufgaben betraut, ohne dabei der eigenen Geschäftsführungsbefugnis verlustig zu gehen.[189]

103 Mit dem Verbot der **Drittorganschaft** würde dies zudem nicht kollidieren, wird damit doch nur verboten, daß sämtliche Gesellschafter von Geschäftsführung und Vertretung ausgeschlossen, weil auf Dritte übertragen, werden, nicht aber, daß Dritte Mitgeschäftsführungsbefugnis erhalten, sie mit Geschäftsführungsaufgaben betraut werden und ihnen sogar rechtsgeschäftliche Vertretungsbefugnis eingeräumt wird.[190]

104 Wenn der BGH in seiner Entscheidung vom 22. 1. 1979[191] von einem Grundsatz spricht, der Treuhänder müsse von der Geschäftsführung unabhängig sein, so kann damit nur gemeint sein, daß für das Verhalten des Treuhandkommanditisten lediglich die gesellschafts- und treuhandvertraglichen Regelungen maßgebend sein können, so daß er als Treuhandgesellschafter nicht von Weisungen der Geschäftsführung abhängig sein dürfe. Damit ist aber nicht gemeint, einem Treuhandkommanditisten könne nicht Mitgeschäftsführungsbefugnis eingeräumt werden oder ihm könnten nicht Geschäftsführungsaufgaben übertragen werden, ohne daß sich deshalb für ihn Fragen der unbeschränkten Haftung stellen müßten.[192]

---

[187] S. o.; 23 Rdnr. 93

[188] BGHZ 36, 292 f.

[189] BGHZ 36, 292, 294.

[190] BGHZ 36, 292, 295.

[191] BGHZ 73, 294, 299.

[192] BGHZ 45, 204, 206–208.

Mitgeschäftsführungsbefugnis von Dritten kann nicht nur aus dargestellten steuerlichen Gründen sinnvoll sein; vielmehr kann damit auch dem Umstand Rechnung getragen werden, daß ansonsten nichtgeschäftsführungsbefugte Gesellschafter von geschäftsführungsbefugten Gesellschaftern nicht die Unterlassung von Geschäftsführungsmaßnahmen verlangen können,[193] sondern auf die nachträgliche Durchsetzung eventueller Schadensersatzansprüche angewiesen sind. Bei Mitgeschäftsführungsbefugnis und einer gegenseitigen Abstimmungspflicht können solche Nachteile vermieden werden. 105

Nicht immer handelt der Komplementär in Geschäftsführung für und als Vertreter der Gesellschaft, vielmehr ist er oft auch als Vertreter der Gesellschafter tätig. So hat der BGH[194] zu Recht darauf verwiesen, daß Beitrittsverhandlungen und -abschlüsse mit neu zu werbenden Gesellschaftern nicht als **Geschäftsführungsmaßnahmen** zu qualifizieren sind. Der Eintritt in eine Gesellschaft bedürfe grundsätzlich des Vertragsabschlusses mit allen Gesellschaftern, so daß aufgrund gesellschaftsvertraglicher Ermächtigung beschlossen werden könne, die Beitrittsvertragsabschlüsse dem Komplementär als Gesellschafteraufgabe zu übertragen. 106

Auch die **Kündigungserklärung** betreffend die Beendigung der gesellschafterlichen Mitgliedschaft erfolgt dann gegenüber dem Komplementär als Vertreter der Gesellschafter, nicht als Vertreter der Gesellschaft.[195] 107

Je nach Ausgestaltung des Gesellschaftsvertrages ist selbst das dem Komplementär eingeräumte Recht der Herabsetzung der Beteiligungssumme ein für die Gesellschafter und nicht für die Gesellschaft ausgeübtes Recht.[196] 108

Kann mithin insoweit der Komplementär nur Vertreter der Gesellschaft oder der Gesellschafter sein, dann wird verständlich, warum ihm nicht das Recht eingeräumt werden kann, über den Bestand von Mitgliedschaften eigenständig zu entscheiden,[197] da die Auflösung einer Mitgliedschaft nicht die Ausübung eines Vertretungs-, sondern eines Gestaltungsrechts ist, ohne daß es der Inhaltskontrolle unter dem Blickwinkel des Interessenausgleichs bedurft hätte. 109

Wenngleich der BGH[198] ein allgemeines Eingriffsrecht des Kommanditisten gegenüber dem Komplementär auf Untersagung von Geschäftsführungsmaßnahmen verneint hat[199] und insoweit auf den Weg der Schadensersatzklage verwiesen hat, hat er gerade für den Fall einer Komplementär-GmbH den Schutzbereich des zwischen der GmbH und deren Geschäftsführer bestehenden Dienstverhältnisses hinsichtlich der Haftung des letzteren aus § 43 Abs. 2 GmbHG auch auf die Kommanditgesellschaft erstreckt, ohne daß der Komplementär-GmbH oder deren Geschäftsführer der Einwand der eigenüblichen Sorgfalt gemäß § 708 BGB zugestanden wurde.[200] 110

b) Beirat. In der Praxis wird oft ein Verwaltungs- oder Beirat gesellschaftsvertraglich integriert, dem u. a. das Recht und die Pflicht zugeordnet wird, die Geschäftsführung in wichtigen Angelegenheiten zu beraten, bei wichtigen Geschäftsführungsmaßnahmen als Zustimmungsorgan zu fungieren – womit das oben[201] geschilderte Problem des Wandels des in § 164 HGB angesprochenen Widerspruchsrechts in ein Zustimmungsrecht dispositiv entschärft wird –, weitergehende Kontrollrechte auszuüben, die Gesellschafterversammlung einzuberufen und durchzuführen und im Einzelfall den Gesellschaftsvertrag zu ändern, 111

---

[193] BGHZ 76, 160.

[194] BGHZ 76, 160, 164.

[195] BGHZ 63, 338, 346; s. o. § 23 Rdnr. 60–68 und 70 mwN.

[196] BGH DB 1983, 489 f.

[197] BGHZ 84, 11, 15.

[198] BGHZ 75, 160.

[199] Zu der davon zu trennenden Frage, inwieweit dem einzigen Komplementär die organschaftliche Vertretungsmacht entzogen werden kann, siehe BGHZ 51, 198, 201; *Damm* ZHR 154 (1990), 413, 425; *K. Schmidt,* Gesellschaftsrecht, S. 335 f.; *Semler* BB 1979, 1534.

[200] BGHZ 75, 321.

[201] S. o. § 23 Rdnr. 89–92.

wenn die Gesellschafterversammlung daneben für Vertragsänderungen zuständig bleibt.[202] Die Mitglieder des Beirats stehen in einem Rechtsverhältnis zur Gesellschaft – nicht zu den Gesellschaftern –, aufgrund dessen sie der Gesellschaft gegenüber für die Erfüllung übernommener Pflichten einzustehen haben.[203]

112 Folglich finden sich in vielen Gesellschaftsverträgen Regelungen, die vieles, was früher dem **Zustimmungsvorbehalt** der Gesellschafterversammlung zugeordnet war, nunmehr dem Zustimmungsvorbehalt des Beirats übertragen. Dies ist Ausdruck einer Entwicklung, Anlegergesellschaftern über einen, oft von ihnen mit beeinflußten, Beirat mehr als das aus § 164 HGB zu entnehmende Widerspruchsrecht zu geben, während die Geschäftsführungsbefugnis der Komplementärseite, also das Management, für in der Regel enumerativ aufgezählte Fälle einer besonderen Kontrolle unterworfen wird.[204]

113 Während der BGH in seiner Entscheidung vom 14. 5. 1956[205] den Grundsatz formulierte, im Falle einer Publikums-KG sei es trotz erheblicher **Parallelen zur Aktiengesellschaft** nicht möglich, „Vorschriften des Aktienrechts unter Aufgabe der für die Personenhandelsgesellschaft geltenden Grundsätze entsprechend anzuwenden“, konnte dies für den Beirat, Verwaltungs- oder Aufsichtsrat jedenfalls deshalb nicht gelten, weil dieses Institut gesetzlich im Personen- bzw. Personenhandelsgesellschaftsrecht nicht geregelt ist. So verwundert es nicht, wenn sich ob dieser gesetzlichen Regelungslücke gerade hier der BGH sehr wohl an aktienrechtlichen Vorgaben in entsprechender Anwendung anlehnt.

114 Nimmt etwa der Aufsichtsrat einer Publikums-KG Funktionen der Geschäftsführung – teils an deren Stelle, teils im Zusammenwirken mit der Komplementär-GmbH – sowie Gesellschafterrechte und -pflichten wahr, die dem Kommanditisten genommen sind, so kann nach der Rechtsprechung des BGH[206] die Verjährungsfrist für Schadensersatzansprüche, die sich gegen Gesellschafter als Mitglieder des Aufsichtsrats richten, in Rechtsanalogie zu §§ 93 Abs. 6, 116 AktG 1965 = §§ 84 Abs. 6, 99 AktG 1937, § 42 Abs. 3 GmbHG, §§ 41 iVm. 34 Abs. 6 GenG nicht unter 5 Jahre herabgesetzt werden. Dabei kann sich besagtes Aufsichtsratsmitglied auch nicht auf den Einwand eigenüblicher Sorgfalt gemäß § 708 BGB berufen, vielmehr haftet es analog §§ 93, 116 AktG nach aktienrechtlichen Grundsätzen, sofern nicht analog § 93 Abs. 2 Satz 2 AktG dargelegt und bewiesen werden kann, was seitens des Aufsichtsratsmitgliedes alles unternommen wurde, eigene Pflichten gewissenhaft zu erfüllen bzw. warum es trotz aller Pflichterfüllung nicht möglich war, ein Fehlverhalten der Geschäftsführung zu erkennen und zu verhindern.[207] Der Nachweis eines der Gesellschaft entstandenen Schadens setzt bei dieser wiederum voraus, daß eine Wiedereinziehung des entsprechenden Betrages entweder nicht möglich oder unter kaufmännischen Gesichtspunkten nicht lohnend erscheint.[208]

115 Der BGH macht deutlich, daß die Aufgaben von Aufsichtsrats- bzw. Beiratsmitgliedern, die die Interessen von Gesellschaftern gegenüber der Geschäftsführung zu wahren und die Geschäftsführung zu überwachen haben, so weit gehen, Beschlüsse der Gesellschafterversammlung zu verhindern, die nach Kenntnissen der Aufsichtsratsmitglieder zur Schädigung der Gesellschaft, insbesondere zu einer wesentlichen Verschlechterung der Ertrags- und Finanzlage, führen können.[209]

116 Wenngleich Beirats- bzw. Aufsichtsratsmitglieder einer Publikums-KG nicht verpflichtet sind, alle Geschäftsführungsmaßnahmen zu überwachen, so doch ungewöhnliche Geschäf-

---

[202] BGH WM 1985, 256 f.

[203] BGHZ 87, 84, 86.

[204] *Bälz* ZGR 1980, 1, 48; *Hopt* ZGR 1979, 1, 7; *Hüffer* ZGR 1980, 320; *Schneider* DB 1973, 953; *Timm* DB 1980, 1201; *Teichmann*, Gestaltungsfreiheit, S. 72.

[205] BGHZ 20, 363 f.

[206] BGHZ 64, 238, 244; 87, 84.

[207] BGH WM 1977, 1446, 1448; 1979, 1425, 1428.

[208] BGH WM 1977, 1446, 1448.

[209] BGHZ 69, 207, 217.

te, ohne daß die Risikoträchtigkeit entscheidendes Abgrenzungskriterium wäre.[210] Ihnen obliegt ferner die Prüfung des Jahresabschlusses sowie des Berichtes des Abschlußprüfers.[211]

Unabhängig von zuvor dargelegtem hat der Beirat dafür Sorge zu tragen, daß ihm die Geschäftsführung auch während des laufenden Geschäftsjahres regelmäßig berichtet und hierzu notwendige Unterlagen zuleitet, wozu u. a. auch gehört, sich wenigstens in groben Zügen ein Bild zu machen, „inwieweit die im Werbeprospekt dargestellten Vorhaben bereits in Angriff genommen und mit den vorhandenen oder sicher zu erwartenden Mitteln überhaupt durchführbar sind".[212] 117

Werden Beiratsmitglieder auf Schadensersatz in Anspruch genommen, so ist ihnen der Einwand des Mitverschuldens der Gesellschaft (§ 254 Abs. 1 BGB) im Hinblick auf deren geschäftsführende Gesellschafter verwehrt, da die Überwachungsaufgaben den Beirat originär und allein betreffen. 118

Da Beiratsmitglieder in einem Rechtsverhältnis zur Gesellschaft stehen, steht auch nur der Gesellschaft das Recht der **Geltendmachung von Schadensersatzansprüchen** gegenüber Beiratsmitgliedern zu. Nach *Brandes*[213] mag es in Einzelfällen auch denkbar sein, daß Kommanditisten einen Gesellschaftsschaden geltend machen können, insbesondere wenn der Beirat aus Nichtgesellschaftern besteht und das Gesellschafts- und Geschäftsbesorgungsverhältnis dahingehend auszulegen ist, „daß das Rechtsverhältnis der Gesellschaft zum Beirat zugleich eine Schutzwirkung zu Gunsten der Kommanditisten entfalte". 119

Brandes verweist jedoch darauf, daß vom BGH zunächst noch zu entscheiden sei, ob auch unabhängig davon die Gesellschafterklage von Kommanditisten **(actio pro socio)** gegen Organmitglieder des Beirats, die nicht Gesellschafter seien, eher als besondere Form gesetzlicher Prozeßstandschaft zu verstehen sei, da hier nicht unbedingt der Normalfall der actio pro socio gegeben sein müsse, daß nämlich neben den Anspruch der Gesellschaft zusätzlich ein eigener Anspruch der Gesellschafter, wenngleich auf Leistung an die Gesellschaft, trete. Wenn man die Geltendmachung von Schadensersatzansprüchen der Gesellschaft deren Gesellschafter überlasse, dann aber nur auf Leistung in das Gesellschaftsvermögen. 120

In der Praxis wird oft wenig Sorgfalt auf die Bezeichnung und saubere rechtliche Zuordnung dessen gelegt, was man bei Publikums-KG, Beirat, Verwaltungsrat oder Aufsichtsrat nennt. Welche rechtlichen Konsequenzen dies etwa haben kann, wenn statt eines sog. Beirats z. B. in Wirklichkeit ein Kommanditistenausschuß vorhanden ist, hat der BGH[214] verdeutlicht. Ein Ersatzanspruch gegen Mitglieder des Kommanditistenausschusses steht allen Kommanditisten gemeinschaftlich und nicht der Gesellschaft zu. 121

c) Treuhandkommanditist. Während die Komplementäre das Management der Publikums-KG auszuüben haben, obliegt dem Treuhandkommanditisten die **Anteils- bzw. Beteiligungsverwaltung.** In der Praxis ist die fremdnützige Treuhand zur Verwaltung der KG-Beteiligung im Interesse des Treugebers am verbreitetsten,[215] wobei zwischen unechter und echter Treuhand unterschieden wird. Von unechter Treuhand spricht man, wenn die Treugeber selbst Kommanditisten sind und sie nur ihre gesellschafterlichen Mitgliedschaftsrechte aufgrund einer sog. „Vertreterklausel" vom Treuhandkommanditisten wahrnehmen lassen, der bei dieser Konzeption mithin seine Beteiligung nicht für die Treugeber hält, sondern nur deren Gesellschafterrechte wahrnimmt.[216] Von echter Treuhand wird dagegen 122

---

[210] BGHZ 69, 207, 213.

[211] BGHZ 69, 207, 221.

[212] *Brandes* WM 1987, Beilage 1, S. 12 unter Hinweis auf BGH WM 1977, 1446, 1448; 1979, 1425, 1427.

[213] WM 1987, Beilage 1, S. 13 unter Hinweis auf BGH WM 1983, 555, 557; 1984, 1640 f.

[214] WM 1983, 555, 557.

[215] *Blaurock,* Unterbeteiligung, S. 67; *Bälz* ZGR 1980, 1 spricht von der kupierten KG; zur Abgrenzung von Treuhand und Unterbeteiligung BGH NJW 1994, 2887. Dazu *Kußmann* DB 1994, 2520.

[216] *Bälz* ZGR 1980, 1, 13 f.

gesprochen, wenn statt der Anleger nur der Treuhandkommanditist Gesellschafter der KG ist und er seine Beteiligung als fiduziarischer Verwaltungstreuhänder für alle Anleger hält,[217] sei es aufgrund eines standardisierten Treuhandvertrages oder in Kombination mit anderen Beteiligungen wie z. B. Darlehen oder stiller Beteiligung. *Bälz*[218] weist dabei zu Recht auf eine Besonderheit hin, die in Praxis und Rechtsprechung bisher noch keine Konsequenzen nach sich gezogen hat: der Begründung des Treuhandverhältnisses liege nämlich keine Übertragung des Treuguts, der Kommanditbeteiligung, zugrunde, da ja in der Regel der Treuhandkommanditist den Kommanditanteil schon habe, ehe auch nur ein Zeichner einen Treuhandvertrag abschließe. Folglich beschränke sich das Treuhandverhältnis auf einen bloßen **Verpflichtungsvertrag ohne Treugutübertragung.**

123 Die verbreitete echte Treuhand hat inzwischen die Rechtsprechung des BGH mehrfach beschäftigt, wobei im folgenden auch Entscheidungen mit einbezogen werden, die nicht zur Publikums-KG ergangen sind, für diese aber ebenfalls Bedeutung haben.

124 (aa) Das Treuhandverhältnis. Während der BGH noch in seiner Entscheidung vom 10. 11. 1951[219] ausführte, eine Treuhandbeteiligung an einer Gesellschaft könne nicht dazu führen, daß dadurch die Beziehungen der Gesellschafter untereinander berührt würden oder gar anstelle des Treuhänders der Treugeber die Willensbildung in der Gesellschaft mit ausübe, ist die Entwicklung inzwischen fortgeschritten. Bereits in seiner Entscheidung vom 13. 5. 1953[220] bezeichnet es der BGH als zulässig, daß im Innenverhältnis unter den Gesellschaftern den Treugebern, „also denjenigen, die nicht die Stellung als Gesellschafter haben, unmittelbare Rechte und Ansprüche zugebilligt werden". Der BGH gesteht zu, gesellschaftsvertraglich zu vereinbaren, daß mittelbar beteiligte Treugeber gegenüber Gesellschaftern und untereinander so gestellt werden, als ob sie Kommanditisten seien.[221] Dies könne durch **Stimmrechtsbindungsvereinbarungen** – abgeschlossen zwischen Treugebern und Treuhandkommanditisten – noch verstärkt werden,[222] wonach Treugeber eigene Stimmrechtsanweisungen gegenüber dem Treuhandkommanditisten sogar gemäß § 894 ZPO im Wege der Zwangsvollstreckung durchsetzen könnten,[223] wenn der Treuhandkommanditist sich weigern sollte, entsprechend der Stimmrechtsbindung für den Treugeber zu handeln.

125 In der Praxis weithin unbeachtet geblieben ist die Entscheidung des BGH vom 12. 7. 1965.[224] Der BGH hatte eine Vereinbarung gemäß § 138 BGB für sittenwidrig und damit für nichtig erachtet, aufgrund deren ein Gesellschafter einer OHG alle ihm nach Gesetz und Vertrag zustehenden gesellschafterlichen Rechte einem Treuhänder übertragen hatte, an dessen Auswahl er nicht beteiligt war, dem er keine Weisungen erteilen konnte und den er auch nicht jederzeit abberufen konnte. Wenn es, wie oben dargelegt,[225] für die Rechtsprechung keine Relevanz hat, daß bei der echten Treuhand seitens des Treugebers dem Treuhandkommanditisten zwangsläufig die gesellschafterliche Beteiligung nicht als Treugut übertragen werden kann, weil der Treuhandkommanditist diese schon innehat und durch den Treuhandvertrag lediglich eine schuldrechtliche Zweckbestimmungsänderung eintritt, dann gewinnt die Entscheidung des BGH vom 12. 7. 1965 auch für mittelbare Kommanditbeteiligungen vermittels echter fremdnütziger Treuhand Bedeutung, so daß dann Treuhandverträge mit folgender inhaltlicher Ausgestaltung dem Risiko der Nichtigkeit wegen Sittenwidrigkeit (§ 138 BGB) unterliegen könnten: der Treugeber muß einen

[217] *Bälz* ZGR 1980, 1, 9.
[218] ZGR 1980, 1, 15.
[219] BGHZ 3, 354, 360.
[220] BGHZ 10, 44, 49 f.
[221] BGHZ 76, 127, 131 f.; 77, 392, 396; BGH DB 1987, 1527.
[222] BGHZ 48, 205, 210.
[223] Dem Treuhandkommanditisten erteilte Stimmrechtsvollmachten mit eigenem Stimmrechtsverzicht der Treugeber oder Stimmrechtsabtretungen sind dagegen nichtig: BGHZ 3, 354, 360.
[224] BGHZ 44, 158.
[225] S. o. § 23 Rdnr. 122.

vorgegebenen Treuhandkommanditisten akzeptieren, er hat also nicht die Wahl für einen Treuhänder seines Vertrauens; der Treugeber ist nicht weisungs- und auskunftsberechtigt; die Wahrnehmung aller Rechte in der Gesellschaft obliegt ausschließlich dem Treuhandkommanditisten, insbesondere obliegt ihm allein die Entscheidung über die Ausübung von Stimmrechten; der Treuhandkommanditist ist an Weisungen des Treugebers nicht gebunden usw.

In der Praxis wird man sich auf die vorgenannte Entscheidung des BGH einstellen können. Problematisch könnte lediglich die Unklarheit bleiben, welche Merkmale – einzeln oder in Kumulation – zur Sittenwidrigkeit führen. 126

Bei einer mittelbaren Kommanditbeteiligung vermittels eines Treuhandkommanditisten in echter Treuhand stellt sich die Frage der Entgegennahme von Beitrittserklärungen durch den Komplementär nicht, vielmehr wird zwischen dem Treuhandkommanditisten und dem Anleger als Treugeber ein Treuhandvertrag abgeschlossen. Ist in der Person des Treuhänders,[226] in der Gesellschaft oder bei den Gesellschaftern ein wichtiger Grund gegeben, so kann der Anleger berechtigt sein, sich von seiner Beteiligung zu lösen und Schadensersatz oder bei entsprechender gesellschaftsvertraglicher Regelung Herabsetzung der Einlageverpflichtung auf Null zu verlangen.[227] Noch offen ist, ob bei **Verknüpfung von Gesellschafts- und Treuhandvertrag** ein wichtiger Grund mit der Rechtsfolge der Lösung von der eigenen Beteiligung auch dann gegeben sein kann, wenn dieser in der Person bzw. Verhaltensweise von Mitkapitalanlegern (= **Mittreugebern**) angesiedelt ist, da diese ja ebenfalls wie Kommanditisten behandelt werden und damit in Fiktion Mitgesellschaftern gleichgestellt werden.[228] 127

Scheidet ein Treugeber aus wichtigem Grund aus und läßt sich die von ihm erbrachte Einlage vom Treuhandkommanditisten zurückzahlen, der diese Zahlung nicht aus eigenen Mitteln, sondern dadurch bewirkt, daß er unter anteiliger Herabsetzung seiner Kommanditeinlage sich zu diesem Zweck von der Publikums-KG die erbrachte Einlage zurückzahlen läßt, so liegt im Verhältnis der Publikums-KG zum Treuhandkommanditisten eine Einlagenrückgewähr mit der Folge des **Wiederauflebens der Haftung** des Treuhandkommanditisten gegenüber den Gesellschaftsgläubigern der Publikums-KG gemäß § 172 Abs. 4 Satz 1 HGB vor.[229] Wird der Treuhandkommanditist aufgrund dieser wieder aufgelebten Haftung von einem Gläubiger der Gesellschaft in Anspruch genommen, hat er bei vorgenommener Zahlung gegenüber dem ausgeschiedenen Treugeber insoweit einen Auslagenerstattungsanspruch,[230] sofern dem Gesellschafts- bzw. Treuhandvertrag nicht zu entnehmen ist, daß die Treuhandkommanditistin bei Einlagenrückgewähr die damit wieder neu begründete Haftung selbst zu tragen hat bzw. der Auslagenerstattungsanspruch des Treuhandkommanditisten (§§ 650, 670 BGB) vertraglich abbedungen wurde.[231] 128

Hat der ausgeschiedene Treugeber vorgenannten Auslagenerstattungsanspruch dem Treuhandkommanditisten ersetzt, so erlangt er damit weder einen **Aufwendungsersatzanspruch** gegen die Publikums-KG oder deren Komplementär, noch kann er vom Treuhandkommanditisten Abtretung von Ansprüchen verlangen, die diesem gemäß § 426 Abs. 2 BGB gegen die KG zustehen könnten. Gerade im letzteren Falle hat der Treuhandkommanditist ein **Zurückbehaltungsrecht,** um nicht erneut in die Haftung zu geraten, wie dies gemäß §§ 172, 171 HGB der Fall wäre, wenn der ausgeschiedene Treugeber aus abgetretenem Recht Ersatz aus dem Vermögen der KG erhalten würde;[232] denn das Vermögen der KG würde dadurch in vergleichbarer Weise zu Lasten der Gesellschaftsgläubi- 129

226 S. o. § 23 Rdnr. 125.
227 BGHZ 73, 294, 300–302.
228 BGHZ 10, 44, 49 f.; BGH DB 1987, 1527.
229 BGHZ 76, 127, 129.
230 BGHZ 76, 127, 131.
231 BGHZ 76, 127, 132.
232 BGHZ 93, 246, 249.

ger und zugunsten des Kommanditisten geschmälert, als ob dem Kommanditisten unmittelbar etwas aus dem Vermögen der KG zugewandt worden wäre.[233]

130 (bb) Treuhänderpflichten. Läßt ein Treuhandkommanditist es zu, daß mit unzutreffenden, unvollständigen oder irreführenden Prospektangaben Dritte für ihn Treuhandverträge abschließen und damit zusammenhängende Vertragsverhandlungen führen, so muß er sich gemäß § 278 BGB solche Prospektmängel im Hinblick auf den durch Dritte vermittelten Vertragsabschluß zurechnen lassen.[234] Damit sind **vorvertragliche Aufklärungspflichten** des Treuhandkommanditisten angesprochen, potentielle Treugeber bereits vor Abschluß des Treuhandvertrages über alles aufzuklären, was für Kapitalanleger von Bedeutung sein könnte. Sieht sich ein Treuhandkommanditist dazu nicht in der Lage oder erachtet er dies als unzumutbar, so muß er entweder die Treuhänderstellung ablehnen oder den Beitrittsinteressenten jeweils darüber informieren, daß die an sich gebotene Prüfung von ihm nicht vorgenommen wurde.[235]

131 Da es zu den Pflichten des Treuhandkommanditisten gehört, die Rechte des Treugebers sachverständig wahrzunehmen, hat er alles erforderliche zu tun, um dessen Beteiligung sowie ihren wirtschaftlichen Wert zu erhalten und zu mehren und demgemäß alles zu unterlassen, was dies gefährden könnte.[236] Folglich obliegt es dem Treuhandkommanditisten, sich die Kenntnis über die rechtlichen, wirtschaftlichen und finanziellen Grundlagen der Gesellschaft zu verschaffen, Mitwirkungs-, Kontroll- und Überwachungsrechte auszuüben und den Treugeber – bzw. im vorvertraglichen Bereich den Beitrittsinteressenten – über alle für ihn wesentlichen Punkte aufzuklären.

132 Für die Praxis sollte es von Bedeutung sein, daß der BGH von **„Aufklärung"** und nicht von **Information** spricht, da der Begriff der Aufklärung inhaltlich über die Information hinaus auch das Streben beinhalten muß, verständlich zu machen, worüber informiert wird. Folglich liegt bei „Aufklärung" die Pflicht des Verständlichmachens bei dem, der zur Aufklärung verpflichtet ist, während bei „Information" es Sache des Informationsempfängers ist, sich selbst um Verständnis über das ihm im Wege der Information gelieferte zu kümmern. Umfangreiche Prospekte, Treuhand- und Gesellschaftsvertragsmuster liefern so gesehen nur Informationen, nicht aber die vom BGH geforderte Aufklärung, wenn dem Beitrittsinteressenten bei der Fülle des Materials nicht noch Transparent gemacht wird, was letztlich die wesentlichen Punkte für ihn sind bzw. sein können.

133 *d) Gesellschafter- und Anlegerversammlung.* Die Rechtsprechung zur Publikums-KG hat sich bezüglich dieses Teilkomplexes insbesondere mit Fragen der Stimmrechte, des Bestimmtheitsgrundsatzes, der Inhaltskontrolle und der Treuepflichten sowie der Wirksamkeit von Beschlüssen befaßt. Ob und inwieweit diese Grundsätze auf Beschlußfassungen der Anleger untereinander entsprechend anzuwenden sind, wenn diese nur mittelbar an der KG beteiligt sind und nicht über den Treuhandkommanditisten an Beschlußfassungen in der Gesellschaft selbst mitwirken, sondern quasi im Vorfeld der Gesellschafterversammlung zwecks eigener Meinungsbildung eine Anlegerversammlung abhalten,[237] ist noch nicht entschieden.

134 (aa) Stimmrechte. Da die **Abspaltung des Stimmrechts** vom eigentlichen Mitgliedschaftsrecht unzulässig ist.[238] stellt sich bei der unechten Treuhand die Frage, inwieweit die Anlegerkommanditisten ihre Mitgliedschaftsrechte dem Treuhandkommanditisten zur Ausübung überlassen können, während es bei der Treuhand zu klären gilt, ob und inwieweit der Treuhandkommanditist seine Mitgliedschaftsrechte, insbesondere die Stimmrechte, zur Disposition der Treugeber stellen kann. Rechtsprechung und Literatur haben die an

---

[233] Kritisch zur Begründung dieser Entscheidung *Hadding,* Festschrift für Fleck, S. 71.
[234] BGHZ 84, 141, 143; BGH WM 1994, 2192, 2193.
[235] BGHZ 84, 141, 145.
[236] BGHZ 73, 294; 297; 84, 141, 144.
[237] S. u. § 23 Rdnr. 175 ff.
[238] BGHZ 3, 354, 357; BGH LM 3 105 HGB Nr. 6; BGHZ 20, 363 f.

sich unzulässige Stimmrechtsabspaltung bei mittelbaren Beteiligungen an einer Publikums-KG unter bestimmten Voraussetzungen zugelassen:[239]

So hat der BGH[240] bei einer Publikums-KG ausnahmsweise eine Abspaltung des Stimmrechts von Treuhandkommanditisten auf den nur mittelbar Beteiligten sog. „als ob Kommanditisten" zugelassen, wenn dem alle Gesellschafter der KG zugestimmt haben. Damit war die Folgefrage verbunden, ob diese zulässige Stimmrechtsabspaltung dann doch eine Abspaltung von Mitgliedschaftsrechten des Treuhandkommanditisten sei. Der BGH selbst ordnet diese rechtliche Stimmrechtsabspaltung nicht näher ein, die von ihm zitierte Literatur ist uneinheitlich: *K. Schmidt*[241] meint, die Mitgliedschaft des Treuhandkommanditisten in der Publikums-KG sei zur Gänze mit dem Recht der Kapitalanleger „belastet". Die Zulässigkeit eines Stimmrechts zu Gunsten der nur mittelbar beteiligten Kapitalanleger sei keine willkürliche Abspaltung vom Mitgliedschaftsrecht des Treuhandkommanditisten, sondern nur eine Offenlegung und rechtliche Sanktionierung der *wirtschaftlich* bereits durchgehend vollzogenen Spaltung – nicht Abspaltung – der Mitgliedschaft. *Rechtlich* bleibe aber alleine der Treuhandkommanditist Träger der Mitgliedschaft.[242] *Bälz*[243] und *P. Ulmer*[244] vertreten eine vergleichbare Auffassung, so daß, weil der BGH diese drei Literaturstellen zitiert,[245] daraus geschlossen werden kann, auch er neige dieser Auffassung zu. Auch *Fleck*[246] hält die Zuweisung eines Stimmrechts an Nichtgesellschafter für zulässig und *P. Ulmer*[247] wie schon *Wiedemann*[248] und *Flume*[249] umgehen die Frage des Abspaltungsverbotes durch das Konstrukt der Mitberechtigung des mittelbar Beteiligten, ähnlich der Mitberechtigung des Nießbrauchers am Nießbrauchsgegenstand unter Überlagerung der Rechte des Bestellers. *Loritz/Wagner*[250] schließlich merken an, ob es bei dieser Vielzahl an Begründungsvarianten für ein längst anerkanntes Faktum dann überhaupt noch einen beachtlich dogmatischen Grund und einen praktischen Nährwert habe, an der These festzuhalten, die Einräumung eines direkten Stimmrechts zu Gunsten des mittelbar beteiligten Kapitalanlegers sei zulässig, eine rechtliche Abspaltung vom Mitgliedschaftsrecht des Treuhandkommanditisten sei dies aber gleichwohl nicht.

Der BGH hat den **gesellschaftsvertraglichen Stimmrechtsentzug** für die GmbH[251] **135**
und die KG[252] zugelassen, sofern damit nicht einem stimmrechtslosen Gesellschafter dessen Rechtsstellung als Gesellschafter verkürzt wird oder er gegenüber anderen Gesellschaftern zu seinen Lasten ungleich behandelt wird, wie ihm auch nicht ohne seine Mitwirkung (Zustimmung) erhöhte Pflichten auferlegt werden dürfen. Wenn schon, so argumentiert die Literatur,[253] Mehrheitsentscheidungen oder die Konzentrierung von Stimmrechten der Gesellschafter in einem Organ der Gesellschaft zulässig seien, dann sei auch die vertragliche Gestaltung eines Stimmrechtsentzugs zulässig, ohne daß dadurch das Verbot der Stimm-

[239] Umfassender Überblick bei *Loritz/Wagner,* Konzeptionshandbuch, Bd. 2, Rdnr. 162 ff.; S. u. § 23 Rdnr. 172 ff.

[240] BGH NJW 1987, 2677.

[241] Gesellschaftsrecht, S. 456, 457.

[242] *K. Schmidt,* Gesellschaftsrecht, S. 1534.

[243] *Bälz* ZGR 1980, 1 95.

[244] Münchener Kommentar/*P. Ulmer,* BGB, 2. A., § 705, Rdnr. 78.

[245] BGH NJW 1987, 2677.

[246] *Fleck,* FS f. Fischer, S. 107 ff., 117.

[247] *P. Ulmer,* FS f. Fleck, S. 383, 388.

[248] *Wiedemann,* Übertragung und Vererbung von Mitgliedschaftsrechten bei Handelsgesellschaften, 1965, S. 408 ff.; 411, 416.

[249] *Flume,* Die Personengesellschaft, S. 456, 457.

[250] *Loritz/Wagner* Konzeptionshandbuch, Bd. 2, Rdnr. 174.

[251] BGHZ 14, 264, 269 ff.

[252] BGHZ 20, 363, 369.

[253] *Flume,* Die Personengesellschaft, 1977, S. 210; *Staudinger/Keßler,* BGB § 709 Rdnr. 6; *Ulmer,* Die Gesellschaft bürgerlichen Rechts, § 709 Rdnr. 53.

rechtsabspaltung berührt werde, welches wie zuvor ausgeführt, für die Publikums-KG ohnehin nicht durchgängig gilt.

136 Umstritten ist, inwieweit ein **Stimmrechtsausschluß** bei Interessenkollision bestehen kann.[254] Diese Frage kann dann dahinstehen, wenn, wie bei der Publikums-KG üblich, der Treuhandkommanditist Stimmrechte der Treugeber nicht in eigener Machtvollkommenheit, sondern nach Weisung ausübt.

137 Das Gegenteil des Stimmrechtsentzugs ist die **Zubilligung von erhöhten oder mehrfachen Stimmrechten,** was, von Ausnahmefällen abgesehen, beim BGH[255] auf keine rechtlichen Bedenken stößt.

138 Unter der vom BGH[256] zugelassenen **Stimmrechtsbindung** wird die schuldrechtliche Verpflichtung z. B. des Treuhandkommanditisten verstanden, nur so abzustimmen, wie dies den jeweiligen Weisungen des Treugebers entspricht. Anderenfalls steht dem Treugeber ein Erfüllungsanspruch zu, der gemäß § 894 ZPO nach entsprechender Titulierung vollstreckbar ist, nämlich seitens des Treuhandkommanditisten so abzustimmen, wie er, der Treugeber, dies wünscht. Eine Kollision mit dem Verbot der Stimmrechtsabspaltung hat der BGH nicht angenommen.

139 Sog. **Vertreterklauseln,** wonach Gesellschafter sich bei Ausübung ihres Stimmrechts vertreten lassen können, werden von der Rechtsprechung,[257] abgesehen von Mißbrauchs- oder Überdehnungsfällen, für rechtlich zulässig erachtet.

140 (bb) Bestimmtheitsgrundsatz. Der in früheren Entscheidungen des BGH[258] angesprochene sog. Bestimmtheitsgrundsatz besagte, daß Mehrheitsbeschlüsse auch ohne ausdrückliche gesellschaftsvertragliche Regelung aufgrund ergänzender Vertragsauslegung dann gefaßt werden könnten, wenn für jeden einzelnen Beschlußgegenstand, für den das Prinzip der Einstimmigkeit beseitigt werden solle, ein dahingehender Vertragswille eindeutig feststellbar sei, wobei es für den Fall von Mehrheitsentscheidungen nicht für erforderlich erachtet wurde, daß jeder Gesellschafter das Beschlußprotokoll unterschreiben müsse.[259]

141 Den **Grundsatz der Einstimmigkeit,** der nur in vorgenannten Fällen ergänzender Vertragsauslegung zugunsten von Mehrheitsbeschlußfassungen abbedungen werden konnte, kehrte der BGH in seiner Entscheidung vom 13. 3. 1978[260] in den Grundsatz der Zulässigkeit von Mehrheitsentscheidungen um, wobei noch offen blieb, ob das Mehrheitsprinzip auch dann, wenn der Gesellschaftsvertrag schwieg, in Anlehnung des § 179 Abs. 2 AktG zu beurteilen ist.

142 Der Grundsatz der Zulässigkeit von Mehrheitsentscheidungen wurde vom BGH inzwischen weiter verfestigt. So können Gesellschafter vereinbaren, daß der Gesellschaftsvertrag, auch soweit er die Grundlagen des Gesellschaftsverhältnisses regelt, mit Mehrheit geändert werden kann, ohne daß sie gleichzeitig die Beschlußgegenstände im einzelnen bezeichnen müßten.[261] Mehrheitsbeschlüsse, die in den Kernbereich von Rechten der Gesellschafter eingreifen, sind auch ohne deren Zustimmung wirksam, wenn sie gemäß § 242 BGB eigentlich verpflichtet wären, solchen Beschlüssen zuzustimmen,[262] womit die frühere Zustimmungsverpflichtung[263] in eine **Rechtfertigung von Mehrheitsbeschlußfassungen** ab-

---

[254] Überblick bei *K. Schmidt,* Gesellschaftsrecht, S. 499–501 und *Wagner,* Die Massenkommanditgesellschaft, S. 54–59.

[255] BGHZ 20, 363, 370.

[256] BGHZ 48, 163, 169 ff.

[257] BGH LM, § 723 BGB, Nr. 11; BGHZ 46, 291.

[258] BGHZ 66, 82, 85; 69, 160, 166.

[259] BGHZ 66, 82, 87.

[260] BGHZ 71, 53, 58; vgl. *Stimpel,* Festschrift für Fischer, S. 771, 779; *Kellermann,* Festschrift für Stimpel, S. 295, 301.

[261] BGHZ 85, 350, 358; so auch außerhalb der Publikums-KG *K. Schmidt* ZHR 158 (1954), 205, 206 ff. mwN.

[262] BGH NJW 1985, 974.

[263] BGHZ 64, 253, 237 f.

gewandelt wurde. Und schließlich können Beschlüsse zur Entnahme von Liquidität sogar mit einfacher Mehrheit gefaßt werden.[264]

Heid[265] hat dargelegt, Mehrheitsbeschlüsse böten sich bei Publikums-KGs als Instrument des Kapitalanlegerschutzes an, da die Anleger in der Regel in der Mehrheit seien. Vor diesem Hintergrund stelle sich dann aber nachträglich das Problem des Schutzes der Gründungsgesellschafter als Minderheitengesellschafter, weshalb *Heid* regelmäßig einen Beschlußgrund fordert, weil nur auf diese Weise eine Willkürherrschaft der Mehrheit der Kapitalanleger verhindert werden könne. Zudem müsse beachtet werden, daß sich eine Abweichung vom Gesellschaftsvertrag kraft Mehrheitsbeschlußfassung nur anbiete, wenn dies im Interesse des Verbandes, also der Gesellschaft – die er nicht mit den Interessen der Gesellschafter gleichsetzt –, erforderlich sei. **143**

Mehrheitsbeschlüsse böten sich auch dafür an, unwirksame Bestimmungen des Gesellschaftsvertrages oder Vertragslücken zu ersetzen bzw. auszufüllen.[266] **144**

(cc) Inhaltskontrolle. Mit Urteil vom 14. 4. 1975,[267] also noch vor Inkrafttreten des AGB-Gesetzes Ende 1976, hatte der BGH entschieden, Gesellschaftsverträge einer Publikums-KG unterlägen einer Inhaltskontrolle nach § 242 BGB. Darunter wird eine **gerichtliche Billigkeits- bzw. Angemessenheitskontrolle** vertraglicher Regelungen verstanden, womit eine der Sittenwidrigkeitsschranke vorgelagerte Vertragskontrolle ausgeübt wird.[268] **145**

Diese Rechtsprechung des BGH[269] stellte einen gravierenden Eingriff in das Vertragsrecht dar, in welchem der Grundsatz galt, daß die Vertragsparteien selbst bestimmen können, was sie für angemessen oder unangemessen hielten, so daß jeder Vertragspartner die Freiheit hatte – aus welchen Gründen auch immer –, einen für sich selbst auch nachteiligen Vertrag abzuschließen. Waren Verträge im übrigen lückenhaft, so waren sie unter Ermittlung des Willens der Vertragsparteien auszulegen. **146**

Mit der Inhaltskontrollentscheidung des BGH wurde von diesen Grundsätzen für die Publikums-KG abgewichen, indem das Gericht die Angemessenheit von Vertragsklauseln vermeintlich objektiv ermittelte, so daß das Instrument der **ergänzenden Vertragsauslegung** unter Einbeziehung des subjektiven Willens der Beteiligten für diesen Bereich abgeschafft wurde. **147**

Folglich ist diese Rechtsprechung des BGH auf herbe Kritik, aber auch auf Zustimmung, gestoßen. Kritikpunkte waren u. a.: Die gerichtliche Inhaltskontrolle sei eine Einschränkung der Privatautonomie, ohne daß es einen allgemeinen Rechtssatz des Inhalts gebe, daß vertragliche Gestaltungen unterhalb der Schwelle der Sittenwidrigkeit nichtig, weil unangemessen seien. Gemäß § 23 Abs. 1 AGB finde das **AGB-Gesetz** auf Gesellschaftsverträge keine Anwendung, so daß folglich eine Inhaltskontrolle außerhalb dieses Gesetzes die Wertentscheidungen des Gesetzgebers negiere.[270] **148**

Ausgehend vom **Schutzbedürfnis der Kapitalanleger,** die gegenüber den Gründungsgesellschaftern in anonymer Rechtsbeziehung stehen und keinen Einfluß auf die gesellschaftsvertragliche Gestaltung haben, ist das Bemühen des BGH um einen Interessenausgleich positiv zu würdigen. Ein gewisses Unbehagen bleibt aber bezüglich der nicht ausreichenden rechtsdogmatischen Absicherung: Zwar hat das BVerfG in seiner Entscheidung vom 1. 3. 1979[271] zur Frage des gesellschaftsvertraglichen Typenzwangs bei größeren Kapi- **149**

---

[264] BGH DB 1982, 1104; zum derzeitigen Stand der Diskussion siehe Überblick in BGH ZIP 1994, 1942, 1943 m. w. N.; *K. Schmidt* ZHR 158 (1994), 205; *Herrmann* ZGR 1996, 103; *Kraffel/König* DStR 1996, 1130 jeweils m. w. N.

[265] Mehrheitsbeschluß, s. 104–133.

[266] *Heid,* Mehrheitsbeschluß, S. 136–353.

[267] BGHZ 64, 238, 241.

[268] *Kreutz* ZGR 1983, 109, 113.

[269] Fortgeführt in BGHZ 81, 263; 84, 11; BGH DB 1988, 1375; BGHZ 102, 172; 104, 50.

[270] *Kreutz* ZGR 1983, 109, 113–117.

[271] BVerfGE 50, 290, 355.

talgesellschaften der Rechtsprechung gewisse Freiheiten eingeräumt;[272] es fragt sich jedoch, ob dies auf den Komplex der Inhaltskontrolle bei Publikumspersonenhandelsgesellschaften qua Richterrecht so ohne weiteres übertragen werden kann, da der Gesetzgeber es in der Hand hatte, jedenfalls insoweit das AGB-Gesetz auf das Gesellschaftsrecht anzuwenden.

149 a Diese auf die Grundsatzentscheidung des Gesetzgebers zielende Frage, das AGBG auf das Gesellschaftsrecht nicht anzuwenden (§ 23 Abs. 1 AGBG), tritt verfassungsrechtlich seit der Entscheidung des BVerfG vom 19. 10. 1993[273] zurück, die Zivilgerichten bei der Konkretisierung von § 138 und § 242 BGB ausdrücklich die Pflicht auferlegt, eine Inhaltskontrolle dort durchzuführen, wo strukturelle ungleiche Verhandlungspositionen gegeben sind. Dies ist auch und gerade bei Publikumsgesellschaften gegeben, wo der Kapitalanleger überhaupt nicht verhandeln kann, sondern sich nur für oder gegen den Beitritt entscheiden kann, womit die Inhaltskontrollrechtsprechung des BGH nunmehr auch verfassungsrechtlich abgesichert ist.

149 b Aber diese Entscheidung des BVerfG wirft neue Fragen, auf die *Loritz*[274] zutreffend anspricht und die, übertragen auf die Beurkundungsbedürftigkeit von Beitritten zur Publikums-KG,[275] lauten könnten:

Muß der beurkundende Notar für den Fall eines beurkundungsbedürftigen Beitritts eine Angemessenheits- weil Inhaltskontrolle durchführen, ist er doch verpflichtet, eine wirksame Urkunde zu errichten? Trifft also die Inhaltskontrollpflicht wie vom BVerfG für die Rechtsprechung vorgegeben, im Vorfeld aus vorgenannten Gründen auch den Notar, will er nicht bei späterer von Gerichten festgestellter Nichtigkeit Haftungsrisiken ausgesetzt sein? Wie soll aber in der Praxis eine Inhaltskontrolle des Notars bei Beurkundung eines Beitritts aussehen? Eine Pflicht – würde man sie bejahen –, der man aber nicht nachkommen kann, ist substanzlos.

150 (dd) Wirksamkeit von Beschlüssen. Werden Beschlüsse gefaßt, die gegen den Gesellschaftsvertrag verstoßen, so sind diese grundsätzlich unwirksam, da Gesellschafter nur im Rahmen des gesellschaftsvertraglich Zulässigen an Beschlüssen gebunden werden können. Leitet mithin ein Gesellschafter aus Beschlüssen, statt aus dem Gesellschaftsvertrag, Rechte ab, dann hat er insoweit die materiellen und formellen Voraussetzungen darzutun.[276] Ob und inwieweit das Thema satzungsdurchbrechender Beschlüsse analog auf Beschlüsse in der Publikums-KG angewandt werden kann, wenn solche Beschlüsse abseits der gesellschaftsvertraglichen Regelungen mit einer für Gesellschaftsvertragsänderungen ausreichenden qualifizierten Mehrheit erfolgen, ist für die Publikums-KG noch abschließend entschieden.

151 Beruft sich ein Gesellschafter auf die Nichtigkeit von Beschlüssen, hat er **substantiiert** Gründe darzulegen.[277] Nicht ausreichend ist die Behauptung, nicht ordnungsgemäß geladen worden zu sein, wenn nicht zugleich dargelegt wird, in wieweit dies die Abstimmung beeinflußt habe.[278]

152 Kommt es zum Streit über die Wirksamkeit von Beschlüssen der Gesellschafter, ist ein solcher Streit auch bei der Publikums-KG unter den Gesellschaftern und nicht mit der Gesellschaft auszutragen. Die Komplementär-GmbH bzw. der Komplementär ist nicht alleine deshalb befugt, Gesellschafter bei einem solchen Streit zu vertreten, weil man seitens des Komplementärs bevollmächtigt war oder ist, Beitrittsverträge mit neu beitretenden Gesellschaftern abzuschließen. Eine Ausnahme von diesen Grundsätzen gilt dann, wenn im Gesellschaftsvertrag selbst bestimmt ist, daß die Nichtigkeit von Gesellschafterbeschlüssen

---

[272] S. o. § 23 Rdnr. 6–9.

[273] BVerfG DNotZ 1994, 523 (BVerfGE 89, 214) mit kritischer, zutreffender Anmerkung von *Loritz*. Dazu auch zusammenfassend *Wagner*, HdB, Fach 4310, Rdnr. 44–50.

[274] *Loritz* DNotZ 1994, 543, 545 f. Zu Bedenken *Wagner* DStR 1995, 807, 808 und 814.

[275] S. o. § 23 Rdnr. 48 b.

[276] BGH WM 1982, 608.

[277] BGB DB 1987, 1037.

[278] BGH DB 1987, 1037 f.

gegenüber der Gesellschaft geltend zu machen ist oder die Gesellschaft berechtigt sein soll, die Wirksamkeit von Beschlüssen gegenüber den diese bestreitenden Gesellschaftern feststellen zu lassen.[279]

5. Kapitalsicherung. *a) Beitragssplitting.* Unter diesem von *Brandes*[280] verwandten Begriff wird die Verpflichtung des Anlegers verstanden, seinen Kapitalbeitrag in aufgeteilter Form zu erbringen, z. B. als Kommanditeinlage nebst Darlehen oder stille Beteiligung. Die Gründe sind teils gesellschaftsrechtlicher, teils steuerlicher Natur.[281] 153

Da die Erbringung der Geldleistungen in der Regel für die Erreichung des Gesellschaftszwecks der Publikums-KG unerläßlich ist,[282] ist der BGH bei einer solchen Koppelung von einer Zusammenrechnung der Einlageverpflichtungen ausgegangen[283] und zwar iS einer Vermutung einer **zusammengesetzten Pflichteinlage.**[284] Als Folge dieser Koppelung haben stille Beteiligungen bzw. Darlehen wie auch die Kommanditeinlage Eigenkapital- und nicht Fremdkapitaleigenschaft,[285] wie beide auch Bestandteil einer Haftsumme sein können.[286] 154

b) Ausschüttungen. Kapitalanleger werden oft mit bestimmten Prozentsätzen jährlich zu erwartender Gewinnausschüttungen geworben, obwohl sich dahinter oft nur Auszahlung von **Liquidität statt Gewinn** verbirgt. Gesellschaftsrechtlich ist dabei folgendes zu beachten: 155

Das HGB wie auch die Mehrzahl von Gesellschaftsverträgen differenziert bei Kommanditisten zwischen dem **Kapitalkonto** und dem **Gewinnkonto.** Das in der Regel festgeschriebene Kapitalkonto I. hat zunächst die Funktion, die geleistete Einlage zu verdeutlichen und daran auch die Beteiligung des Kommanditisten am Wert der Gesellschaft sowie seine Stimmrechte auszurichten; zugleich soll in der Regel das Kapitalkonto I. als gesellschaftsvertraglich vorgegebener Gewinn- und Verlustverteilungsschlüssel dienen. Gewinne sollen dagegen regelmäßig dem Kapitalkonto II. zugeschrieben werden (§ 167 Abs. 2 HGB). Werbliche Anpreisungen von jährlich mindestens 6%igen Gewinnausschüttungen mit Steigerungsprozentsätzen würden mithin bedeuten, daß der sich aus Kapitalkonto II. ergebende jährliche Gewinn dem entsprechen und sich auf Kapitalkonto II. wiederfinden müßte. Dies ist in der Praxis aber nicht immer der Fall, so daß „Ausschüttungen", die über die aus Kapitalkonto II. ersichtlichen Gewinne hinausgehen, in Wirklichkeit bezüglich des überschießenden Betrages Entnahmen sind, die, wenn das Kapitalkonto II. bei voll ausgeschütteten Gewinnen auf Null steht, eine haftungsschädliche Einlagenrückgewähr bedeuten, wenn dadurch die im Handelsregister eingetragene Haftsumme unterschritten wird.[287] 156

Solche Haftungsrisiken sind sicherlich bei unechten Treuhandkonzeptionen für mittelbar beteiligte Kapitalanleger vermieden, weil für diese § 172 Abs. 4 HGB direkt nicht gilt. Aber abgesehen davon, daß die werbliche Anpreisung einer z. B. 6%igen Gewinnausschüttung in solchen Fallen nicht zutreffend ist, wenn ein Teil des Ausgeschütteten in Wirklichkeit Entnahme von Liquidität bzw. Einlagerückgewähr ist, ist es jeweils eine Frage der gesellschaftsvertraglichen Gestaltung, ob und inwieweit der u. U. von Gläubigern in Anspruch genommene Treuhandkommanditist im Falle wieder aufgelebter Haftung im Innenverhältnis zu seinen Treugebern in Höhe der Haftungsinanspruchnahme diese weitergehen kann.[288] 157

---

[279] BGH WM 1983, 785.

[280] WM 1987, Beilage 1, S. 13.

[281] S. o. § 22 Rdnr. 13–15.

[282] BGHZ 70, 61, 63; BGH WM 1978, 898; 1980, 332, 1981, 761; 1982, 742 f.; BGHZ 93, 159, 161.

[283] BGHZ 69, 160, 170.

[284] BGHZ 70, 61, 63; 93, 159, 161.

[285] BGH DB 1985, 480.

[286] BGH DB 1982, 1818; nach BGH BB 1988, 1084 gilt dies inzwischen auch für die „normale" GmbH & Co. KG.

[287] Zum Gesamtkomplex der Gesellschafterkonten *Huber* ZGR 1988, 1.

[288] Z. B. in anderem Zusammenhang BGHZ 76, 127; s. o. § 23 Rdnr. 128 und 129.

158 *c) Gesellschafterdarlehen.* Gerade durch die Rechtsprechung des BGH zur Behandlung von Darlehen beim Beitragssplitting[289] hat für die Publikums-GmbH & Co. KG § 172 a HGB sowie die Rechtsprechung des BGH zur Kapitalssicherung besondere Bedeutung erlangt. Die Folge der rechtlichen Einordnung eines Gesellschafterdarlehens als **kapitalersetzend** ist, daß dieses im Konkurs der Publikums-GmbH & Co. KG nicht angemeldet werden kann, die Auszahlung für 1 Jahr der Konkursanfechtung unterliegt und dann, wenn das Darlehen zu einem Zeitpunkt zurückgezahlt wird, zu dem das Vermögen der GmbH & Co. KG das Stammkapital der GmbH nicht mehr deckt, zusätzlich zugunsten der KG ein Erstattungsanspruch analog § 31 GmbHG entsteht.[290]

159 Ähnliches gilt, wenn das dem Kommanditisten gemäß Kapitalkonto II. zustehende Guthaben aufgrund der gesellschaftsvertraglichen Regelungen als kapitalersetzendes Gesellschafterdarlehen zu bezeichnen ist,[291] was sich dann auf mittelbar beteiligte Kapitalanleger auswirkt, wenn diese im Falle der Beteiligung wie ein Kommanditist zur Rückzahlung ebenso verpflichtet wären wie der Treuhandkommanditist selbst.

160 **6. Mittelbare Beteiligungen** Mittelbare Beteiligungen und Treuhandbeteiligungen sind nicht zwingend identisch. Sind Kapitalanleger direkt als Kommanditisten in einer Publikums-KG beteiligt, lassen aber ihre Rechte von einem Treuhandkommanditisten wahrnehmen,[292] so ist im weiteren Sinne eine Treuhandbeteiligung,[293] nicht aber eine mittelbare Beteiligung[294] gegeben. Von letzterer spricht man, wenn Kapitalanleger über einen Treuhandkommanditisten beteiligt werden, ohne selbst Kommanditist zu sein. Hier gibt es unterschiedliche rechtliche Ausgestaltungen:

161 *a) Art der Beteiligung – Treuhand oder Unterbeteiligung.* [295] In einer ersten Stufe ist zunächst zu ermitteln, ob die mittelbare Beteiligung eine Treuhand- oder eine Unterbeteiligung ist. Eine Treuhandbeteiligung hat zum Ziel, letztlich in der Publikums-KG beteiligt zu werden, während die Unterbeteiligung zum Ziel hätte, am Gesellschaftsanteil des Treuhandkommanditisten beteiligt zu werden. Auf die begriffliche Bezeichnung kommt es nicht entscheidend an, sondern auf die inhaltliche Ausgestaltung des Vertragsverhältnisses zwischen Kapitalanleger und Treuhandkommanditisten (*vertikale Ebene*). Der BGH differenziert wie folgt:

162 „Hält der Hauptbeteiligte[296] den Anteil an der Gesellschaft in vollem Umfange für den anderen Beteiligten[297] wird es in ihrem Verhältnis zueinander[298] regelmäßig an dem für ein Gesellschaftsverhältnis[299] typischen Verfolgung eines gemeinsamen Zwecks fehlen, so daß die vertraglichen Beziehungen den auftragsrechtlichen Beziehungen unterstehen".[300] In diesem Fall wäre mithin ein Treuhandverhältnis gegeben.

163 „Dagegen liegt ein zur Anwendung der §§ 705 ff. BGB führendes Vertragsverhältnis vor, wenn der hauptbeteiligte Gesellschafter nur einen Teil seines Anteils für den Unterbeteiligten hält, im übrigen aber *eigene Interessen* in der Gesellschaft verfolgt".[301] Dann wäre ein Unterbeteiligungsverhältnis gegeben.

164 Der BGH legt mithin Gewicht darauf, ob dann, wenn der Treuhandkommanditist seine Beteiligung anteilig hält, er fremde Interessen vertritt – dann Treuhandfall – oder auch

289 S. o. § 23 Rdnr. 154.
290 BGHZ 67, 171; 90, 370; umfassend *H. P. Westermann,* Festschrift für Fleck, S. 423.
291 *Huber* ZGR 1988, 1, 37.
292 *Bälz* ZGR 1980, 1, 34 f.
293 Auch unechte Treuhand genannt: s. o. § 23 Rdnr. 122.
294 Auch echte Treuhand genannt: s. o. § 23 Rdnr. 122.
295 BGH WM 1994, 1477; *Küßmann* DB 1994, 2520.
296 Treuhandkommanditist.
297 Kapitalanleger.
298 Vertikales Rechtsverhältnis.
299 Zwischen Treuhandkommanditisten und Kapitalanleger.
300 BGH WM 1994, 1477.
301 BGH WM 1994, 1477, 1478 mwN.

eigene Interessen vertritt – dann Unterbeteiligungsfall –. Die Rechtsbeziehung des Treugebers zum Treuhänder beurteilen sich – so der BGH – schuldrechtlich (Auftragsrechtsverhältnis), die Rechtsbeziehungen des Haupt- zum Unterbeteiligten dagegen gesellschaftsrechtlich (§§ 705 ff. BGB). Indizien für letzteres sei die Formulierung einer Beteiligung des Kapitalanlegers am *Anteil* des Treuhandkommanditisten, die Beteiligung *„über"* den Treuhandkommanditisten ohne *„unmittelbare"* Rechtsbeziehungen zur KG, die *„interne"* Behandlung des Unterbeteiligten, „wie einen Kommanditisten", die *mittelbare* Beteiligung am Gesellschaftsvermögen etc.[302] Für diesen Fall eines Unterbeteiligungsverhältnisses geht der BGH zwischen Treuhandkommanditist und Unterbeteiligtem (= vertikale Rechtsbeziehung) von einer Gesellschaft bürgerlichen Rechts als Innengesellschaft aus, für die das Kündigungsrecht aus wichtigem Grund (§ 723 Abs. 3 BGB) nicht ausgeschlossen werden könne, sondern wirksamkeitserhaltend auf die gesetzliche Regelung reduziert werde.[303]

Ist mithin – nach dieser Rechtsprechung des BGH – der Kapitalanleger mittelbar in der Weise beteiligt, daß ihm Rechte und Ansprüche nicht unmittelbar gegen die KG zugestanden werden, sondern nur mittelbar über den Treuhandkommanditisten, dann ist nach Meinung des BGH kein Treuhand- sondern ein Unterbeteiligungsverhältnis als Gesellschaft bürgerlichen Rechts in der Rechtsform einer Innengesellschaft auf vertikaler Ebene gegeben.

Dies schließt aber nicht so ohne weiteres aus, daß ein Treugeber auch schuldrechtlich – statt gesellschaftsrechtlich – *„über"* den Treuhandkommanditisten an der KG beteiligt werden kann, wenn dies gesellschaftsvertraglich entsprechend geregelt ist, dabei deutlich wird, daß der Treugeber gerade nicht am Anteil des Treuhandkommanditisten, sondern aufgrund der Verzahnung von Treuhandvertrag und Gesellschaftsvertrag unmittelbar in der KG beteiligt werden soll etc.

b) Unterschiedliche Arten der Treuhandbeteiligung. Ist dagegen der Kapitalanleger an der **165**
Publikums-KG, obwohl nicht selbst Gesellschafter, in der Weise beteiligt, daß ihm trotz mittelbarer Beteiligung *unmittelbare* Rechte und Ansprüche gegen die KG zustehen, so wäre nach vorgenannter BGH-Rechtsprechung[304] – so wird man dies wohl verstehen müssen – eine nach Auftragsrecht zu beurteilende schuldrechtliche Treuhandbeteiligung in vertikaler Rechtsbeziehung gegeben. Dem kann in dieser Allgemeinheit so nicht zugestimmt werden, wenn man einmal näher untersucht, daß eine Treuhandbeteiligung aus vermögensmäßiger Beteiligung, Einlageverpflichtung sowie Stimm-, Informations- und Kontrollrechten besteht, die in ihrer Ausgestaltung sehr unterschiedlich sein können.[305]

(aa) Vermögensmäßige Beteiligung. Nach h. M. ist die KG Rechtssubjekt.[306] Demnach **166**
ist § 124 HGB nicht nur Rechtsträgerausweis, sondern Vermögenszuordnungsnorm, so daß das Gesellschaftsvermögen der KG selbst und nicht nur ihren Gesellschaftern zusteht.[307] Die Teilhabe des einzelnen *Gesellschafters* am Gesellschaftsvermögen der KG wird durch seinen Kapitalanteil ausgewiesen,[308] der eine Rechnungs- und Bilanzziffer darstellt, die wiederum Aufschluß über den Vermögensanteil des Gesellschafters am Gesellschaftsvermögen der KG gibt (§§ 120 Abs. 2, 121 HGB).[309]

Andererseits muß zwar jeder Gesellschafter zwingend einen Gesellschaftsanteil, nicht zwingend aber einen Vermögensanteil haben.[310] Dann aber ist es auch gestaltbar, den

---

302 BGH WM 1994, 1477, 1478.

303 BGH WM 1994, 1477, 1479.

304 BGH WM 1994, 1477.

305 Im einzelnen siehe *Loritz/Wagner,* Konzeptionshandbuch, Bd. 2, Rdnr. 103–176.

306 BGHZ 10, 91, 100; BGH BB 1973, 1506 f.; s. o. § 23 Rdnr. 10.

307 *K. Schmidt,* Gesellschaftsrecht, S. 1282; *Loritz/Wagner,* Konzeptionshandbuch, Bd. 2, Rdnr. 115, 116.

308 *K. Schmidt,* Gesellschaftsrecht, S. 1139 f., 1282.

309 *K. Schmidt,* Gesellschaftsrecht, S. 1138; *Huber,* Vermögensanteil, S. 228; *Loritz/Wagner,* Konzeptionshandbuch, Bd. 2, Rdnr. 120 f.

310 *K. Schmidt,* Gesellschaftsrecht, S. 1138; *Loritz/Wagner,* Konzeptionshandbuch, Bd. 2, Rdnr. 122.

Treuhandkommanditisten vermögensmäßig nicht, den Kapitalanleger als Treugeber allerdings sehr wohl unmittelbar am Gesellschaftsvermögen zu beteiligen.[311] Treugeber-Kapitalanlegern und nicht dem Treuhandkommanditisten würden in diesem Falle die gesellschaftsvertraglich regelbaren Rechnungskennziffern im Rahmen deren unmittelbarer Beteiligung am Gesellschaftsvermögen zugeordnet.[312] *Loritz/Wagner*[313] leiten daraus die Überlegung ab, der nur mittelbar an der KG beteiligte Kapitalanleger könne – wenn so gestaltet – jedoch unmittelbar einen Kapitalanteil am Gesellschaftsvermögen der KG halten. Dies wäre dann aber *vermögensmäßig* keine Treuhand-, sondern eine unmittelbare Beteiligung.

167 Diese Erkenntnis würde dann aber dazu führen, daß eine vermögensmäßige Beteiligung des nur mittelbar an der KG beteiligten Kapitalanlegers dann, wenn sie *„über"* den Treuhandkommanditisten erfolgt, nach Meinung des BGH keine Treuhand-, sondern eine gesellschaftsrechtliche Unterbeteiligung wäre[314] und im Falle einer direkten Vermögensbeteiligung des mittelbar beteiligten Kapitalanlegers[315] gerade wegen der „direkten Vermögensbeteiligung" *insoweit* ebenfalls keine Treuhandbeteiligung wäre. Dies gibt keinen Sinn.

168 Die Rechtsprechung des BGH zum sogenannten „als ob Kommanditisten"[316] spielt hier keine Rolle, da sie sich nicht mit der *vermögensmäßigen* Beteiligung mittelbar beteiligter Kapitalanleger befaßt.

169 (bb) Einlage. Im Handelsregister eingetragener Gesellschafter ist der Treuhandkommanditist, nicht eingetragen sind die Treugeber-Kapitalanleger. Die im Handelsregister eingetragene Haftsumme – oft fälschlich „Hafteinlage" genannt – wirkt mithin nur für und gegen den Treuhandkommanditisten. Ungeachtet dessen kann in der Verzahnung von Gesellschaftsvertrag der Publikums-KG und Treuhandvertrag zwischen Kapitalanlegern und Treuhandkommanditisten geregelt sein, daß an Stelle des Treuhandkommanditisten die Kapitalanleger direkt die (Pflicht)-Einlage in das Gesellschaftsvermögen der KG zu erbringen haben, wobei die Zahlung über den Treuhandkommanditisten diesen als Zahlstelle ausweist. Bei ihm sammeln sich alle Einlagezahlungen, die er an die KG – weiterleitend – erst dann freigeben darf, wenn die treuhand- und gesellschaftsverttraglich geregelten Freigabevoraussetzungen kumulativ erfüllt sind.[317]

170 Geht *nach* diesem Zeitpunkt der Erfüllung aller Freigabevoraussetzungen die Publikums-KG in Konkurs, so daß das Anlageprojekt nicht mehr verwirklicht werden kann und haben Kapitalanleger trotz vorhandener Zahlungsverpflichtung bis zu diesem Zeitpunkt noch nicht an den Treuhandkommanditisten gezahlt, der seinerseits mit Eintritt aller Freigabevoraussetzungen in der Verpflichtung zur Erfüllung der Pflichteinlage in Höhe der Zeichnungsbeträge steht, so bleibt der Kapitalanleger zur Erbringung der Pflichteinlage verpflichtet.[318]

171 Scheitert umgekehrt das Anlageprojekt, weil z. B. die Publikums-KG in Konkurs geht, *bevor* alle Mittelfreigabekriterien eingetreten waren, so ist der Kapitalanleger nicht mehr verpflichtet, die Einlage zu erbringen.[319]

172 (cc) Stimm-, Informations- und Kontrollrechte. Diese sind getrennt von der vermögensmäßigen Beteiligung[320] und der Einlageverpflichtung[321] zu würdigen. Grundsätzlich kann zwar der Treuhandkommanditist von seinem gesellschafterlichen Mitgliedschaftsrecht seine Stimm-, Informations- und Kontrollrechte nicht abspalten (sog. Abspaltungsver-

---

[311] *Loritz/Wagner,* Konzeptionshandbuch, Bd. 2, Rdnr. 122.
[312] *Loritz/Wagner,* Konzeptionshandbuch, Bd. 2, Rdnr. 122.
[313] *Loritz/Wagner,* Konzeptionshandbuch, Bd. 2, Rdnr. 131 ff.
[314] S. o. § 23 Rdnr. 164.
[315] S. o. § 23 Rdnr. 166.
[316] BGHZ 10, 44, 49; BGH NJW 1987, 2677; NJW 1988, 1903.
[317] *Loritz/Wagner,* Konzeptionshandbuch, Bd. 2, Rdnr. 149.
[318] BGH WM 1992, 685, 688.
[319] BGH DStR 1993, 365, 366.
[320] S. o. § 23 Rdnr. 166 ff.
[321] S. o. § 23 Rdnr. 169 ff.

bot),[322] aber der BGH hat dies bei der Publikums-KG ausnahmsweise dann doch zugelassen, wenn dem alle *Gesellschafter* zustimmen.[323]

Umstritten ist, ob es sich dabei um eine Ausnahme vom Verbot der Abspaltung von Mitgliedschaftsrechten handelt,[324] oder ob zwar die Abspaltung von Stimm-, Informations- und Kontrollrechten zulässig sei, dies aber nicht als Abspaltung von Mitgliedschaftsrechten zu verstehen sei[325] bzw. eine diesbezügliche Mitberechtigung der Kapitalanleger neben dem Treuhandkommanditisten besteht.[326]

c) „Zusammenschlüsse". Sieht man von der direkten Kommanditbeteiligung von Kapital- 173
anlegern einmal ab, so finden sich in der Praxis immer wieder vertragliche Formulierungen, wonach die mittelbare oder still beteiligten Kapitalanleger ihre Rechte erst nach Beschlußfassungen mit entsprechenden Mehrheitsverhältnissen geltend machen können, obwohl der einzelne Kapitalanleger lediglich einen individuelrechtlichen „Treuhandvertrag" bzw. stillen Beteiligungsvertrag abgeschlossen hat. Dies leitet zu der in der Praxis wichtigen Frage über, ob außer den vertikalen Rechtsbeziehungen des Kapitalanlegers zum Treuhänder, Hauptbeteiligten oder zur Kommanditgesellschaft (z. B. bei stiller Beteiligung) noch *horizontale* Rechtsbeziehungen der Kapitalanleger untereinander bestehen und welcher Art diese sind.

(aa) Rechtliche Relevanz von „Zusammenschlüssen". Soweit in Treuhandverträgen die 174
horizontalen Rechtsbeziehungen nicht ausdrücklich geregelt sind, gelten die gesetzlichen Regelungen, was wiederum voraussetzt, daß eine rechtliche Einordnung unter diese möglich ist. Von der richtigen Einordnung hängen folglich die jeweiligen Rechtsfolgen ab, womit die rechtliche Relevanz der richtigen Beurteilung und Zuordnung solcher horizontaler Rechtsbeziehungen (hier verkürzt „Zusammenschlüsse" genannt) verdeutlicht ist.

(bb) Gesellschaft bürgerlichen Rechts als Innen- oder Außengesellschaft. Ob die Summe 175
aller Treugeber, die ggf. in einer **Treugeber-Versammlung** Beschlüsse fassen sollen, eine Gesellschaft bürgerlichen Rechts (§§ 705 ff. BGB) oder eine Gemeinschaft (§§ 741 ff. BGB) ist, hängt davon ab, ob die Treugeber einen gemeinsamen (dann Gesellschaft bürgerlichen Rechts) oder nur einen gemeinschaftlichen Zweck (dann Gemeinschaft) verwirklichen wollen.

Begreift man den „gemeinsamen Zweck" als das konstituierende Element einer Gesell- 176
schaft bürgerlichen Rechts (§ 705 BGB), dann können Gesellschafter einer Gesellschaft bürgerlichen Rechts gerade wegen dieser Zweckbindung nur in ihrer Verbundenheit (= „gemeinsam") auftreten und handeln, so daß der Begriff der „Gesamthand" Ausdruck einer solchen Handlungseinheit ist,[327] der nichts mit der von der Rechtsprechung vorgenommenen Zuordnung des Gesamthandsbegriffs zum Gesamthandsvermögen zu tun hat.

Die entscheidende Frage ist mithin, ob Treugeber, die zu ihrem Treuhandkommanditi- 177
sten in einer Beschlußfassung einer Treugeberversammlung abhängig gemacht werden, eine Gesamthand im zuvor beschriebenen Sinne darstellen.

Wagner[328] kommt zu dem Ergebnis, daß die Kapitalanleger untereinander in keiner Ver- 178
trauensbeziehung stehen, sich in der Regel überhaupt nicht kennen und den im Prospekt beschriebenen Zweck auf sich selbst beziehen, nämlich persönlich eine bestimmte Rendite oder Steuervorteile zu avisieren; zur Realisierung dieses jeweils eigenen Zweckes leisten sie einen Kapitalbeitrag.[329] Allerdings kann jeder Treugeber diesen seinen Primärzweck nur

---

[322] BGHZ 3, 354, 357.

[323] BGH NJW 1987, 2677. Im einzelnen dazu *Loritz/Wagner,* Konzeptionshandbuch, Bd. 2, Rdnr. 167; s. o. § 23 Rdnr. 134.

[324] So wohl *Loritz/Wagner,* Konzeptionshandbuch, Bd. 2, Rdnr. 162–174.

[325] So wohl BGH NJW 1987, 2677; *Fleck,* FS f. Fischer, 1979, S. 107, 117 ff.; *K. Schmidt,* Gesellschaftsrecht, S. 1534, 1537.

[326] So wohl *P. Ulmer,* FS f. Fleck, 1988, S. 383, 388; s. o. § 23 Rdnr. 134.

[327] *Flume,* Die Personengesellschaft, 1977, S. 68 ff.; *Wagner,* Die Massenkommanditgesellschaft, S. 46.

[328] Die Massenkommanditgesellschaft, S. 85–91.

[329] *Wagner,* Die Massenkommanditgesellschaft, S. 85.

verwirklichen, wenn auch weitere Kapitalanleger (= Treugeber) vorhanden sind, um mit ihrer gesamten Kapitalaufbringung den Zweck der Beteiligung – die Objektverwirklichung – realisieren zu können, denn ohne diese gäbe es für den einzelnen ja weder Rendite noch Steuervorteile.

179 So gesehen wird man aber die Kapitalanleger als Treugeber lediglich als die Zusammenfassung aller gleichgerichteten singulären Primärzwecke der Anleger iS einer gemeinschaftlichen und nicht als einer gemeinsamen Zwecksetzung sehen müssen.[330] Infolgedessen bildet – in Ermangelung einer anderweitigen Regelung – die Summe der Kapitalanleger eine Gemeinschaft, nicht eine GbR, so daß sich die weitergehende Frage erübrigt, ob es eine Innen- oder Außengesellschaft wäre.

180 (cc) Gemeinschaftsverhältnisse. Ist mit zuvor dargelegtem zwischen den Treugebern keine horizontale Rechtsbeziehung durch einen entsprechenden Vertrag in der Rechtsform der Gesellschaft bürgerlichen Rechts gegeben – es sei denn, es ist ausdrücklich etwas anderes vertraglich geregelt –, so daß die Kapitalanleger (= Treugeber) ihre Zweckgemeinschaft nur in einer Interessengemeinschaft sehen,[331] dann ist es möglich und in der Praxis auch vermehrt anzutreffen, daß die Treugeber sich in Form der **Bruchteilsgemeinschaft** über den Treuhandkommanditisten an der Publikums-KG beteiligen, mit der Folge, daß der jeweilige Treugeber eine vom Treuhandkommanditisten vermittelte mitgliedschaftsorientierte Stellung – nicht nur eine steuerrechtliche Mitunternehmerstellung – in der Publikums-KG erhält.[332] Dies wird dadurch besonders verdeutlicht, daß einerseits im Gesellschaftsvertrag auf die mittelbare Stellung und die Mitwirkungsmöglichkeiten sowie z. B. die Teilhabe der an den Treuhandkommanditisten angebundenen Treugeber am Liquidationserlös gesondert hingewiesen wird und andererseits die Regelungen des Gesellschaftsvertrages in dem zwischen Treuhandkommanditist und Treugeber abgeschlossenen Treuhandvertrag ausdrücklich mit einbezogen werden. Ohne direkt Gesellschafter zu sein, werden mithin besagte Treugeber mit Rechten und Pflichten wie ein Gesellschafter der Publikums-KG ausgestattet.

181 (dd) Unterbeteiligungen. Soweit in der Praxis in dem zwischen Treugeber und Treuhandkommanditisten abgeschlossen Treuhandvertrag und im Gesellschaftsvertrag keine so weitgehenden Regelungen enthalten sind, dem Treugeber quasi eine mitgliedschaftliche Stellung in der Publikums-KG zu vermitteln und statt dessen zwischen Publikums-KG und Treugeber zwar eine steuerliche Mitunternehmerstellung, jedoch ansonsten keine Rechtsbeziehung hergestellt werden soll, dann wird beabsichtigt sein, die Rechtsstellung des Treugebers ausschließlich an der des Treuhandkommanditisten zu orientieren. In solchen Fällen kann rechtlich statt der dargestellten Konzeption die einer Unterbeteiligung des Treugebers avisiert sein,[333] mit der Folge, daß die Treugeber untereinander und gegenüber dem sog. Treuhandkommanditisten in einer sog. **einheitlichen Unterbeteiligungsgesellschaft** stehen.[334]

182 (ee) Einheitlich stille Gesellschaft. Gehen Kapitalanleger stille Beteiligungsverhältnisse ein, so finden sich auch hier in der Praxis häufig horizontale Rechtsbeziehungen wie Anlegergemeinschaftsversammlungen, Beschlußfassungen usw., obwohl das stille Beteiligungsverhältnis nach seiner Grundkonzeption ein zweigliedriges Rechtsverhältnis des still Beteiligten zum Inhaber des Handelsgeschäftes ist.[335] Der BGH[336] geht insoweit von der Konzeption einer einheitlich stillen Gesellschaft aus, indem er trotz vieler still Beteiligter von einem Gesellschaftsvertrag und einer stillen Gesellschaft ausgeht, was gesellschaftsver-

---

[330] *Wagner,* Die Massenkommanditgesellschaft, S. 89.
[331] *Wagner,* Die Massenkommanditgesellschaft, S. 93; *Wagner* DStR 1996, 1008.
[332] *Ropeter,* Die Beteiligung als Bruchteilsgemeinschaft, S. 1, 136, 174.
[333] BGH WM 1994, 1477.
[334] *Ulbrich,* Die Unterbeteiligungsgesellschaft, S. 67.
[335] *Wagner* KTS 1979, 53, 54.
[336] NJW 1972, 338.

tragliche Gestaltungen mit horizontalen Rechtsbeziehungen auch zwischen still Beteiligten zuläßt.

7. KWG-rechtliche Einordnung des Treuhandkommanditisten. Zum Bauherrenmodell war die Frage entstanden, ob der Treuhänder in der Entgegennahme von Eigenkapital der Bauherren ein genehmigungspflichtiges Einlagengeschäft im Sinne des § 1 Abs. 1 Satz 2 Nr. 1 KWG betreibe. Dies hat die Rechtsprechung[337] u. a. mit dem Argument verneint, ein solcher Treuhänder sei in seinem Auftreten nicht als ein Bankgeschäfte betreibendes Kreditinstitut anzusehen, das KWG diene nicht der Kontrolle des Geldverkehrs, sondern der Überwachung von Bankgeschäften. 183

Mit gleicher Begründung unterfällt auch die Tätigkeit von Treuhandkommanditisten in geschlossenen Immobilien-Fonds nicht dem Begriff der „Bankgeschäfte" (§ 1 Abs. 1 KWG) und ist folglich ebenfalls nicht erlaubnispflichtig gemäß § 32 KWG.[338]

8. Die Schein-KG. Eine Immobilienfonds-KG erfüllt nicht die Voraussetzungen der Kaufmannseigenschaft gemäß § 1 Abs. 2 HGB. Die Kaufmannseigenschaft erfüllt sie nur dann, wenn sie im Hinblick auf § 2 HGB *drei* Voraussetzungen erfüllt: 184

– Die Gesellschaft muß einen „Gewerbebetrieb" darstellen und darf keine gewerbliche Kapitalanlage sein.[339] Die Errichtung bzw. der Erwerb von Immobilien, um diese zu vermieten, stellt in aller Regel keinen Gewerbebetrieb, sondern eine gewerbliche Kapitalanlage dar.[340] Ausreichend für die *Gewerbebetriebseigenschaft* soll aber dann, wenn mit der Immobilie keine berufsmäßige Erwerbsquelle geschaffen wird,[341] sein, daß die Verwaltung des Bauwerks eine *besondere berufsmäßige Tätigkeit* erfordert.[342] 185

– Die Immobiliengesellschaft muß nach ihrem *Gesamtbild* nach Art und Umfang wie ein kaufmännischer Betrieb geführt werden. Merkmale sind Zahl der Beschäftigten, Art ihrer Tätigkeit, Umsatz, Anlage- und Betriebskapital, Vielfalt der Geschäftsverbindungen, Inanspruchnahme von Krediten, Teilnahme am Wechsel- und Scheckverkehr etc.[343] 186

– Die KG muß im Handelsregister eingetragen sein. 187

Fehlt die *Gewerbebetriebseigenschaft*[344] und ist die KG gleichwohl im Handelsregister eingetragen, so spricht man von einer *Schein-KG* kraft *registerlichen Anscheins*. Dies ist kein Fall es § 5 HGB.[345] Die Schein-KG ist nicht Rechtssubjekt, sie ist materiellrechtlich eine GbR.[346] 188

Fehlt es am *Gesamtbild,*[347] ist die KG aber im Handelsregister eingetragen, so ist keine Schein-KG gegeben, sondern eine KG kraft Eintragung (§ 5 HGB).[348] Sie ist materiellrechtlich nicht KG, sondern Rechtssubjekt wie die „normale" KG auch.[349] 189

---

337 OVG Berlin WM 1984, 865; VG Berlin BB 1986, 963 Anm. *Wagner; Loritz/Wagner,* Konzeptionshandbuch, Bd. 1, Rdnr. 901–926.

338 *Loritz/Wagner;* Konzepitonshandbuch, Bd. 2, Rdnr. 177.

339 BGHZ 63, 32, 33; 74, 274, 276; BGH NJW 1963, 1397; NJW 1986, 1962.

340 BGHZ 33, 321, 234; 57, 191, 199; 95, 155, 157.

341 BGH NJW 1963, 1397; NJW 1967, 2353; 1968, 1962; BGHZ 49, 258, 260; 53, 222, 223; 8, 251, 255; 63, 32, 33; 74, 273, 276.

342 BGH NJW 1967, 2353 Nr. 2; BGHZ 74, 273, 277; siehe auch BAG NJW 1988, 222, 223.

343 BGH DB 1960, 1097 = BB 1960, 917; BayObLG DB 1985, 271; OLG Celle NJW 1963, 540, 541; BB 1975, Beilage 12. S. 4 f.; BB 1983, 658 f.; OLG Frankfurt BB 1983, 335; OLG Hamm WM 1993, 1797; OLG München NJW 1988, 1036; LG Heidelberg DB 1982, 142; LG Nürnberg-Fürth BB 1980, 1549; *Brandmüller* BB 1976, 641, 642; *Südhoff* DB 1979, 437, 439; *Teil* BB 1982, 142.

344 S. o. § 23 Rdnr. 30 b.

345 *Brüggemann* in: Staub-GK, 4. A., § 2 Rdnr. 14; *K. Schmidt,* Handelsrecht, S. 332; umfassend *Loritz/Wagner,* Konzeptionshandbuch, Bd. 2, Rdnr. 77–102.

346 BGHZ 61, 59, 67; 69, 95, 97.

347 S. o. § 23 Rdnr. 30 c.

348 *Brüggemann* in: Staub-GK, 4. A., Anhang § 5 Rdnr. 5; *Loritz/Wagner,* Konzeptionshandbuch, Bd. 2, Rdnr. 97.

349 S. o. § 23 Rdnr. 30 c.

190 Ist eine Immobilienfonds-KG dagegen nicht (mehr) im Handelsregister eingetragen, tritt aber gleichwohl als KG auf, dann ist sie *Schein-KG* kraft *tatsächlichen Anscheins,* völlig unabhängig davon, ob sie die Gewerbebetriebseigenschaft und das Gesamtbild kumulativ bzw. alternativ erfüllt.[350] Auch insoweit ist diese Schein-KG materiellrechtliche GbR und nicht Rechtssubjekt.

191 Ist eine Schein-KG gegeben, dann ist diese materiellrechtlich zwar eine GbR, *haftungsmäßig* werden jedoch *unmittelbar* als Gesellschafter beteiligte Kapitalanleger wie bei einer echten KG behandelt. Dies führt für solche Kapitalanleger mithin zu einer Haftungsbegrenzung auf die Einlage (§171 Abs. 1 HGB).[351]

192 Unklarheit besteht bezüglich folgender Rechtslage: Hat ein Schein-KG z. B. einen Kreditvertrag abgeschlossen und für sich auf dem Grundstück besichern lassen, dann stellt sich die Frage, mit wem dieser Vertrag zustande gekommen ist: mit der Schein-KG nicht, da diese nicht Rechtssubjekt ist. Sollte man meinen, dann sei ein solcher Kreditvertrag „eigentlich" mit den GbR-Gesellschaftern zustande gekommen, würden diese aber nur bis zur Höhe ihrer Einlage haften. Welche Bedeutung hat dies für die Rückzahlbarkeit eines ausgereichten Kredites und dessen Besicherung im Grundbuch? Dieses Thema ist derzeit nicht recht bewußt.[352]

193 Soweit der BFH eine Immobilienfonds-KG als Schein-KG bezeichnet,[353] wird nicht deutlich, ob er in dem vom BGH aufgezeigten Sinne[354] differenziert, ja ob ihm diese Differenzierung überhaupt bewußt ist.[355]

194 **9. Fazit.** Insbesondere die Publikums-GmbH & Co. KG wurde in den letzten Jahren immer mehr den Kapitalgesellschaften angenähert, obwohl sie als Kommanditgesellschaft zu den Personenhandelsgesellschaften gehört. *Ulmer*[356] sieht darin eine richterliche Rechtsfortbildung mangels effektiver gesetzlicher Regelungen,[357] die insbesondere folgende Akzente geprägt habe: die Inhaltskontrolle anhand der Maßstäbe des Aktienrechts, der Grundsatz des Mehrheitsprinzips sowie das einseitige Austrittsrecht getäuschter bzw. in zentralen Fragen überstimmter Gesellschafter. Hinzu käme die analoge Anwendung folgender Regelungen aus dem GmbH-Recht: der obligatorische Rechtsformzusatz im Firmennamen, die Grundsätze der Kapitalerhaltung sowie die Behandlung von Gesellschafterdarlehen als Kapitalersatz. Auch im Bereich des Innenrechts sei bei der GmbH & Co. KG eine Annäherung an die GmbH zu verzeichnen.

III. Steuerliche Besonderheiten

195 Steuerrechtliche Gegebenheiten waren – wie dargelegt[358] – auslösendes Moment für gesellschaftsrechtliche Entwicklungen,[359] an die die Rechtsprechung des BFH anknüpfte.[360] Der derzeitige Sachstand ist folgender:

196 **1. Einkommensteuer oder Körperschaftsteuer bei Publikums-GmbH & Co. KG.** Mit der Entscheidung des Großen Senats des BFH vom 25. 6. 1984[361] ist auch steuer-

---

[350] *Loritz/Wagner,* Konzeptionshandbuch, Bd. 2, Rdnr. 93, 95.

[351] BGHZ 61, 59, 66f.; kritisch *K. Schmidt,* Gesellschaftsrecht, S. 1340f. Zusammenfassend *Loritz/Wagner,* Konzeptionshandbuch, Bd. 2, Rdnr. 95.

[352] *Wagner/Sommer,* WM 1995, 561.

[353] BFH 19. 8. 1986 BStBl II 1987, 212; 7. 4. 1987 BStBl II 1987, 707.

[354] S. o. § 23 Rdnr. 184–191; s. o. § 23 Rdnr. 24–30d.

[355] *Loritz/Wagner,* Konzeptionshandbuch, Bd. 2, Rdnr. 98–100.

[356] Festschrift zur 600-Jahr-Feier der Universität Heidelberg, S. 404.

[357] Zur Frage der Erforderlichkeit einer gesetzlichen Regelung *Krieger,* Festschrift für Stimpel, s. 307ff.

[358] S. o. § 22 Rdnr. 1–28; § 23 Rdnr. 1–4.

[359] *Knobbe-Keuk,* Das Steuerrecht – eine unerwünschte Rechtsquelle des Gesellschaftsrechts, S. 1.

[360] Zur Entwicklung s. § 22.

[361] BStBl II 1984, 751, 757, 760.

lich davon auszugehen, daß eine Publikums-GmbH & Co. KG weder eine Kapitalgesellschaft noch ein nicht rechtsfähiger Verein, sondern eine Personengesellschaft ist.[362]

2. Einkünfte und Betätigungen. Wenn auch die Publikums-KG sich steuerlich in allen Einkunftsarten betätigen kann, ist am verbreitetsten die Erzielung von Einkünften aus Gewerbebetrieb, Vermietung und Verpachtung und Kapitalvermögen. Unterschiede in der steuerlichen Behandlung ergeben sich je nachdem, ob die jeweilige Einkunftsart dem Bereich der sog. **Gewinn-Einkünfte** oder dem der sog. **Überschuß-Einkünfte** zugeordnet wird. Bei den Gewinneinkünften wird die Vermögensmehrung bzw. der Vermögenszuwachs besteuert, bei den Überschuß-Einkünften dagegen das Einkommen als Überschuß der Einnahmen z. B. aus Vermietung und Verpachtung oder Kapitalvermögen über die Werbungskosten. **197**

Welche Einkünfte die Publikums-KG erzielt, wird entweder durch ihre Tätigkeit (§ 15 Abs. 3 Nr. 1 EStG) oder danach bestimmt, inwieweit ihr eine Kapitalgesellschaft als Komplementär das Gepräge gibt (§ 15 Abs. 3 Nr. 2 EStG).[363] Selbst wenn mithin eine Publikums-KG keine gewerbliche Tätigkeit im handelsrechtlichen Sinne sondern statt dessen Vermögensverwaltung betreibt, wird steuerlich doch eine gewerbliche Tätigkeit angenommen, wenn einziger persönlich haftender Gesellschafter eine Kapitalgesellschaft ist. Bei gleicher Konstellation ist jedoch steuerlich eine Einkunftserzielung der Publikums-GmbH & Co. KG aus Vermietung und Verpachtung gegeben, wenn die Komplementär-GmbH nicht alleine geschäftsführungsbefugt ist (§ 15 Abs. 3 Nr. 2 EStG).[364] **198**

Folglich ist die Bestimmung der steuerlichen Einkunftsart konzeptionell gestaltbar. **199**

Die Publikums-KG ist zwar Rechtssubjekt und Steuersubjekt, steuerpflichtig sind jedoch gemäß § 1 EStG die Gesellschafter.[365] Die Art der Einkünfte wird durch die Tätigkeit der Gesellschaft bestimmt, was allerdings nichts daran ändert, daß die Einkünfte der Beteiligten, bei denen die Beteiligung zum notwendigen oder gewillkürten Betriebsvermögen gehört oder die kraft Rechtsform gewerbliche Einkünfte erzielen, insoweit auch als Einkünfte aus Gewerbebetrieb zu qualifizieren sind.[366] Man spricht hier von der **Umqualifizierung der Einkünfte** bei betrieblicher Beteiligung.[367] **200**

3. Unternehmereigenschaft der Publikums-KG. Einkünfte aus Gewerbebetrieb (§ 2 Abs. 1 Nr. 2 EStG) sind nach § 15 Abs. 1 Satz 1 Nr. 1 EStG „Einkünfte aus gewerblichen Unternehmen", wozu auch die Gewinnanteile der Gesellschafter einer KG gehören (§ 15 Abs. 1 Satz 1 Nr. 2 EStG). Von einem gewerblichen Unternehmen kann aber nach der Rechtsprechung des BFH nur dann die Rede sein, wenn eine **Gewinnerzielungsabsicht** vorliegt, so daß alleine das Streben nach steuerlichen Vorteilen das Merkmal der Gewinnerzielungsabsicht, welche zugleich Voraussetzung für die Unternehmereigenschaft der Publikums-KG ist, nicht mehr erfüllt.[368] Das Gewinnerzielungsabsichtsmerkmal muß bei der KG, nicht bei ihren Gesellschaftern, erkennbar sein.[369] **201**

Kann von der Unternehmereigenschaft der Publikums-KG wegen Fehlens vorgenannter Merkmale nicht ausgegangen werden, liegen bereits keine Einkünfte aus Gewerbebetrieb vor, so daß auch eine solche KG im Hinblick auf die in § 15 Abs. 1 Nr. 1 UStG u. a. geforderte Unternehmereigenschaft nicht vorsteuerabzugsberechtigt sein kann.[370] **202**

---

[362] S. o. § 22 Rdnr. 55–59.

[363] Zur Entwicklung bis zur Neufassung des § 15 Abs. 3 Nr. 2 EStG s. o. § 22 Rdnr. 72–74.

[364] FG Münster EFG 1993, 719.

[365] BFH 25. 6. 1984 GrS BStBl II 1984, 751, 761–762.

[366] BFH 25. 6. 1984 GrS BStBl II 1984, 751, 763; 19. 8. 1986 BStBl II 1987, 212; 20. 11. 1990 BStBl II 1991, 345; BMF 29. 4. 1994 BB 1994, 898.

[367] *Schmider,* Geschlossene Immobilienfonds, Rdnr. 92 ff.

[368] BFH 25. 6. 1984 GrS BStBl II 1984, 751, 765–766.

[369] BFH 25. 6. 1984 GrS BStBl II 1984, 751, 765 f., 770; *Loritz/Wagner,* Konzeptionshandbuch, Bd. 2, Rdnr. 286; a. A. *Groh,* DB 2424, 2427; *Söffing* NWB Fach 3 Nr. 36, S. 7973, 7976.

[370] BFH 20. 1. 1988 DB 1988, 1250.

203 Insoweit hat der BFH einer Publikums-KG als Beteiligungsgesellschaft die Unternehmereigenschaft nicht zuerkannt.[371]

204 Vorgenanntem entspricht es, wenn der BFH[372] für den Bereich der Überschußeinkünfte eine einkommensteuerlich relevante Betätigung nur dann als gegeben ansieht, wenn die Absicht besteht, auf Dauer nachhaltig Überschüsse zu erzielen (= **positives Gesamtergebnis der voraussichtlichen Vermögensnutzung**). Schließlich kann handelsrechtlich von einer vermögensverwaltenden KG auch nur dann die Rede sein, wenn sie die Voraussetzung des § 2 HGB erfüllt[373] und im Rahmen des handelsrechtlichen Handelsgewerbebegriffs Einnahmeerzielungsabsicht hat.

205 Allerdings scheint neuere Rechtsprechung einfacher Senate des **BFH** darauf hinzudeuten, von der Vorgabe des Großen Senats des **BFH** (positives *Gesamt*ergebnis der *voraussichtlichen* Vermögensnutzung) abrücken zu wollen[374], indem Veranlagungszeiträume mit Verlusten außer Betracht bleiben sollen und nur die Zeiträume relevant sein sollen, ab denen mit großer Wahrscheinlichkeit Gewinne erwartet werden können[375].

206 **4. Mitunternehmerschaft.** Einkünfte aus Gewerbebetrieb kann neben dem Gesellschafter auch der Mitunternehmer haben (§ 15 Abs. 1 Satz 1 Nr. 2 EStG), so daß bei mittelbarer Beteiligung über einen Treuhandkommanditisten auch der Treugeber Mitunternehmer sein kann.[376] Die vom BFH geforderten Merkmale der Mitunternehmerstellung, nämlich **„Mitunternehmerinitiative"** und **„Mitunternehmerrisiko"**,[377] müssen in der Person des Treugebers gegeben sein, damit dieser einkommensteuerlich als Zurechnungssubjekt angesehen werden kann.[374] Es reicht also nicht, daß diese Eigenschaften allein beim Treuhandkommanditisten vorliegen wie auch umgekehrt die Mitunternehmerstellung des Treugebers nicht die des Treuhandkommanditisten ausschließt.[378]

207 Abzulehnen ist die Auffassung des IV. Senats des BFH,[379] von einer steuerlichen Mitunternehmerschaft auf eine Gesellschafterstellung schließen zu können, da die Beurteilung einer Gesellschafterstellung sich allein aus dem Gesellschaftsrecht und nicht aus dem Steuerrecht erschließt.[380]

208 Daß im übrigen auch gesellschaftsrechtlich, ohne Gesellschafter zu sein, jemand wie ein Gesellschafter behandelt werden kann, ist auch vom BGH[381] anerkannt worden, so daß seitens des BFH bei seiner bereits eingeleiteten Hinwendung zum Personengesellschaftsrecht zu überdenken wäre, ob die Kriterien der Mitunternehmerschaft nicht besser an denen vom BGH[381] genannten Kriterien ausgerichtet werden sollten, statt an denen der „Mitunternehmerinitiative" und des „Mitunternehmerrisikos" festzuhalten.[382]

Unruhe ausgelöst hat die Entscheidung des IX. Senates des **BFH** vom 27.01.1993[383], in welcher zum Fall eines Grundbuchtreuhänders bei einer Fonds-GbR Kriterien vorgegeben werden, die mit den zuvor aufgezeigten teilweise wenig gemein haben. Es ist fraglich, ob

---

[371] BFH 20. 1. 1988 DB 1988, 1250, 1252 unter Hinweis auf BFH DB 1985, 792.

[372] BFH 25. 6. 1984 GrS BStBl II 1984, 751, 766.

[373] S. o. § 23 Rdnr. 184–189.

[374] dazu eingehend *Loritz,* DB 1992, 1156; *Loritz/Wagner,* Konzeptionshandbuch, Bd. 2, Rdnr. 284.

[375] BFH 21.08.1990 BStBl. II 1991, 564; 10.09.1991 BStBl. II 1992, 328; 12. 12. 1995 BStBl. II 1996, 219; BFH/NV 1996, 395.

[376] BFH 25. 6. 1984 GrS BStBl II 1984, 751, 768–769.

[377] BFH 25. 6. 1984 GrS BStBl II 1984, 751, 769; BFH 21. 4. 1988 BStBl II 1989, 722; 10. 12. 1992 BStBl II 1993, 538.

[378] BFH 17. 11. 1987 GmbHR 1988, 242.

[379] BFH 2. 9. 1985 BStBl II 1986, 10.

[380] *Knobbe-Keuk,* Das Steuerrecht – eine unerwünschte Rechtsquelle des Gesellschaftsrechts, S. 34 f. Kritisch im übrigen auch *Walz,* Steuergerechtigkeit, S. 351.

[381] BGHZ 10, 44, 49 ff.; 76, 127, 131–132; 77, 322, 296; BGH BB 1987, 1527.

[382] Zur Kritik an der abseits des Gesetzeswortlautes vorgenommenen Handhabung des Mitunternehmerbegriffes durch den BFH s. *Meßmer,* Festschrift für Döllerer, S. 429.

[383] BFH 27.01.1993 DB 1993, 1166; dazu *Wagner* DStR 1996, 1008, 1012.

diese Rechtsprechung so ohne weiteres auf Treuhandbeteiligungen bei Publikums-*KG's* übertragen werden können.[384, 385]

5. Verlustzurechnung. Hierunter wird die Zurechnung des Ergebnisses aus der steuerrechtlich erheblichen Betätigung der Gesellschaft – nicht einzelner Geschäftsvorfälle – an ihre Gesellschafter verstanden[386] und zwar unter Beachtung des § 15 a EStG.[387] Hier geht es mithin um die Frage, ob und inwieweit dem einzelnen Kommanditisten bzw. Mitunternehmer Verluste zugerechnet werden können. **209**

Insoweit sind unterschiedliche Problemkreise zu beachten:

a) Anwendungsbereich des § 15 a EStG. Dieser wurde im Jahre 1980 in das EStG eingefügt[388] und hatte zum Ziel, Verluste auf das Maß der Haftung zu begrenzen, wenn die im Handelsregister eingetragene Haftsumme die *geleistete* Pflichteinlage[389] übersteigt (§ 15 a Abs. 1 Satz 2 EStG). Gehen Verluste darüber hinaus, so sind sie mit Gewinnen aus der Kommanditbeteiligung bezüglich späterer Wirtschaftsjahre lediglich verrechenbar (§ 15 a Abs. 2 EStG), können aber nicht bereits im Entstehungsjahr mit sonstigen Gewinnen verrechnet werden. **210**

Maßgebend ist nur das aus der Steuerbilanz abgeleitete *echte* Kapitalkonto (sog. Kapitalkonto 2) samt evtl. vorhandener Ergänzungsbilanzen,[390] während Sonderbetriebsvermögen unberücksichtigt zu bleiben hat;[391] ein Darlehenskonto genügt nicht.[392]

b) Erweiterter Verlustausgleich. Dieser ist in § 15 a Abs. 1 Satz 2 EStG geregelt. Hier sind z.Zt. die Irritationen eingetreten, die oben schon dargestellt wurden.[393] **211**

c) Saldierung von Ergebnissen. Wie dargelegt[394] hat der **BFH** mit seiner Entscheidung vom 14.05.1991[395] ausgeführt, das Sonderbetriebsvermögen (positiv wie negativ) des Kommanditisten habe bei der *Ermittlung* des Kapitalkontos gemäß § 15 a Abs. 1 Satz 1 EStG außer Betracht zu bleiben. Dazu zählt die Finanzverwaltung u.a. nicht abgerufene Gewinnanteile eines Kommanditisten, die seine Einlagepflicht übersteigen und daher einem weiteren Konto (z.B. Forderungs- oder Darlehenskonto) gutgeschrieben werden,[396] es sei denn, es handele sich um ein gesellschaftsvertraglich geregeltes Kapitalkonto 2, das dann doch wieder zur Ermittlung des steuerlichen Kapitalkontos gemäß § 15 a Abs. 1 Satz 1 EStG hinzuzuziehen ist.[397] **212**

Für letzteres spreche nach dem BMF insbesondere, wenn gesellschaftsvertraglich vorgegeben sei, auch auf Kapitalkonto 2 sich dort aufhäufende Gewinne zunächst mit Verlusten zu verrechnen. Was mithin zur *Ermittlung* des steuerlichen Kapitalkontos gemäß § 15 a Abs. 1 Satz 1 EStG heranzuziehen ist, ist nach Auffassung des **BMF** je nach Einzelfall und Gestaltung zu entscheiden.[398]

---

[384] vorsichtig warnend *Loritz/Wagner,* Konzeptionshandbuch, Bd. 2, Rdnr. 264–275.

[385] S.o. § 22 Rdnr. 144–146.

[386] BFH 19. 8. 1986 BStBl II 1987, 212, 214.

[387] Zur Konzeption und zum Verständnis des § 15 a EStG *Knobbe-Keuk,* Bilanz- und Unternehmenssteuerrecht, 9. A., S. 482–504; *Loritz/Wagner,* Konzeptionshandbuch, Bd. 2, Rdnr. 335–369.

[388] Gesetz vom 20.08. 1980 BGBl. I 1980, 1524f.

[389] BFH BStBl. II 1988, 5, 10.; 14.05.1991 BStBl. II 1992, 167.

[390] BFH 30.03.1993 BStBl. II 1993, 706, 708; BMF 24. 11. 1993 BStBl. II 1993, 934; *Loritz/Wagner,* Konzeptionshandbuch, Bd. 2, Rdnr. 339–342.

[391] BFH 14. 05. 1991 BStBl. II 1992, 167; BMF 24. 11. 1993 BStBl. I 1993, 934 und 976; *Loritz/Wagner,* Konzeptionshandbuch, Bd. 1, Rdnr. 732; *Loritz/Wagner,* Konzeptionshandbuch, Bd. 2, Rdnr. 340.

[392] BMF 24. 11. 1993 BStBl. I 1993, 934; *Loritz/Wagner,* Konzeptionshandbuch, Bd. 2, Rdnr. 342; *Brandenberg* DB 1993, 2301.

[393] s.o. § 22 Rdnr. 139–143; zur Kritik an dieser Entwicklung siehe ferner *Loritz/Wagner,* Konzeptionshandbuch, Bd. 2, Rdnr. 347 ff.; *Kaligin,* NJW 1994, 1456, 1457.

[394] s.o. § 23 Rdnr. 210.

[395] BFH 14.05.1991 BStBl. II 1992, 167.

[396] BMF 24.11.1993 BStBl. I 1993, 934.

[397] BMF 24.11.1993 BStBl. I 1993, 934, 935.

[398] BMF 24.11.1993 BStBl. I 1993, 934, 935.

213 Getrennt von dieser Frage, was alles zur *Ermittlung* des steuerlichen Kapitalkontos herangezogen werden kann (Sonderbetriebsvermögen nicht), ist die zu sehen, inwieweit Gewinne und Verluste aus dem Gesellschaftsvermögen mit solchen aus dem Sonderbetriebsvermögen *saldiert* werden dürfen. Aufgrund des zuvor dargestellten[399] verweist das **BMF** darauf, daß nur der aus § 15 a Abs. 1 EStG verbleibende ausgleichs- bzw. abzugsfähige Verlust, der ohne Sonderbetriebsvermögen *ermittelt* wurde, mit Gewinnen aus Sonderbetriebsvermögen saldiert werden könne. Ergäben sich im übrigen in späteren Jahren Gewinne aus dem Gesellschaftsvermögen incl. einer Ergänzungsbilanz, so seien diese - so das **BMF** - zunächst mit verrechenbaren Verlusten der Vorjahre zu verrechnen (§ 15 a Abs. 2 EStG) und nur ein dann noch verbleibender Gewinn aus Gesellschaftsvermögen incl. Ergänzungsbilanz könne dann noch mit Verlusten aus Sonderbetriebsvermögen saldiert werden.[400]

Diese Ausführungen der Finanzverwaltung sind z.Zt. Gegenstand heftiger Diskussionen.[401]

214 *d) Verlustabschichtung.* Insbesondere bei KG-Fonds der Einkunftsart Vermietung und Verpachtung wird unter „Verlustabschichtung" die Zurechnung von seiten der KG erzielter Verluste auf Gesellschafter bzw. Mitunternehmer verstanden, die zu unterschiedlichen Zeitpunkten eines Veranlagungsjahres oder auch unterschiedlicher Veranlagungsjahre beitreten, aber unabhängig von ihrem Beitrittszeitpunkt die prospektiv ausgewiesenen Verluste ebenso erhalten sollen wie die schon früher Beigetretenen. Hier gilt es, unterschiedliche Konstellationen zu unterscheiden:

215 aa) Keine Beteiligung an vor dem Beitritt *entstandenen* Gewinnen und Verlusten. Dies ist der Standpunkt der BFH-Rechtsprechung.[402] Ein steuerrechtlicher Rückbezug sei nicht zulässig.

216 bb) Zulässige Änderung des Gewinn- und Verlustverteilungsschlüssels. Allerdings hält es der **BFH** für zulässig, daß durch eine Änderung des Gewinn- und Verlustverteilungsschlüssels für später beitretende Gesellschafter auf die Zukunft gerichtete in der Relation höhere Gewinne bzw. Verluste verteilt werden, so daß u.U. *wirtschaftlich* - aber eben nicht rechtlich - vergleichbare Ergebnisse erzielt werden wie beim unzulässigen einkommensteuerlichen Rückbezug.

217 Da aber Vertriebsgesellschaften und Initiatoren daran interessiert sind, unterschiedlich beitretenden Anlegern in Relation zur Höhe ihrer Beteiligung gleiche bzw. vergleichbare Verluste zukommen zu lassen und ein zeitlicher Rückbezug nicht zulässig ist, wird dies dadurch erreicht, daß man Ergebnisse späterer Perioden nur noch den später beitretenden Anlegern so lange zurechnet, bis auch diese der Höhe nach – ohne zeitliche Rückwirkung – so gestellt sind wie die Altgesellschafter.

218 Dies hat der BFH für zulässig erachtet.[403]

219 **6. Verlustverwendung.** Dieser Begriff spricht die Frage an, ob die auf der Ebene der Gesellschaft erzielten und den Gesellschaftern zugerechneten Verluste bei diesen ausgleichs- oder abzugsfähig sind.[404] Auf § 15 a EStG wird verwiesen.[405]

---

399 s.o. § 23 Rdnr. 212.

400 BMF 15.12.1993 BStBl I 1993, 976.

401 *Prinz/Thiel,* DStR 1994, 341; *Grögler,* DStR 1994, 679; *Prinz/Thiel,* DStR 1994, 682.

402 BFH 08.11.1972 BStBl II 1973, 287; 25.10.1979 BStBl II 1980, 66, 68f.; 31.01.1980 BStBl II 1980, 277, 278; 07.07.1983 BStBl II 1984, 53; 17.03.1987 BStBl II 1987, 558; 12.05.1993 BStBl II 1993, 538, 541.

403 BFH 7. 7. 1983 BStBl II 1984, 53; 17. 3. 1987 BStBl II 1987, 558; s. o. § 22 Rdnr. 48–50; siehe ferner *Loritz* DStR 1994, 87; *Loritz/Wagner,* Konzeptionshandbuch, Bd. 2, Rdnr. 329–334 mwN.

404 *Schmider,* Geschlossene Immobilienfonds, Rdnr. 239.

405 *Knobbe-Keuk,* Bilanz- und Unternehmenssteuerrecht, 9. Aufl., S. 487–498 und S. 500–503 mwN; zur sinngemäßen Anwendung des § 15 a EStG bei Einkünften aus Vermietung und Verpachtung s. BMF 9. 2. 1981 BStBl I 1981, 75; 8. 5. 1981 BStBl I 1981, 308; 14. 9. 1981 BStBl I 1981, 620; *Schmider,* Geschlossene Immobilienfonds, Rdnr. 239–260; *Richter* HdB, Fach 3520.

7. Ende der Beteiligung. *a) Auflösung der Publikums-KG.* Wird eine Publikums-KG aufgelöst bzw. liquidiert, liegt eine **Betriebsaufgabe** vor, mit der Folge eines begünstigten Gewinns gemäß §§ 16, 34 EStG, der allerdings auf der Ebene der Gesellschaft zu ermitteln ist. 220

Ist zum Zeitpunkt der Betriebsaufgabe auf der Ebene des Kommanditisten ein durch einkommensteuerliche Verlustzurechnungen entstandenes negatives Kapitalkonto vorhanden, führt dies bei Wegfall desselben beim Kommanditisten in Höhe dieses negativen Kapitalkontos zu einem steuerpflichtigen Gewinn.[406] 221

b) Ausscheiden aus der KG. Vorgenanntes gilt für den ausscheidenden Kommanditisten bei Wegfall dessen negativen Kapitalkontos entsprechend. Mit Ausscheiden eines Kommanditisten wächst dessen Beteiligung den anderen gesamthänderisch gebundenen Gesellschaftern zu, so daß der Wert der Beteiligung auf alle Gesellschafter entsprechend deren Beteiligung zu verteilen ist.[407] 222

c) Veräußerung der Beteiligung. Veräußert ein Anleger seinen Gesellschafts- bzw. Mitunternehmeranteil und tritt ihn an den Erwerber ab, so erzielt der Veräußerer gemäß §§ 16, 34 EStG einen **begünstigten Veräußerungsgewinn,** sofern er mehr als den Nominalbetrag seines Kapitalkontos erzielt.[408] Bei den übrigen Gesellschaftern ergeben sich keine Auswirkungen. 223

Beim Veräußerer entsteht auch dann ein Veräußerungsgewinn gemäß § 16 EStG, wenn er sich durch die Veräußerung seines Anteils seines negativen Kapitalkontos entledigt.[409] Durch die Übernahme eines Verlustanteils liegt seitens des Erwerbers zudem bewertungsrechtlich kein Aufwand vor, der zur Realisierung eines Geschäftswertes führt.[410] 224

§ 24 Die Beteiligung als stiller Gesellschafter

Übersicht

Schrifttum: *Crezelius,* Atypisch stille Beteiligungen, JFAfSt 1994/95, 300; *Fichtelmann,* GmbH & Still im Steuerrecht, 3. Aufl. 1990; *Flume,* Die Personengesellschaft, 1977; *Frantzen,* Genußscheine, 1993; *Hommelhoff,* Stille Beteiligungen, JFAfSt 1994/95, 615; *Horn/Maertius,* GmbH & atypisch Still, GmbHR 1994, 147; *Huber,* Gesellschafterkonten in der Personengesellschaft, ZGR 1988, 1; *Iber,* Die

[406] BFH 11. 11. 1980 GrS BStBl II 1981, 164.
[407] *Sauer,* Die Publikumskommanditgesellschaft, S. 155.
[408] *Zimmermann/Reyher/Hoffmann,* Die Personengesellschaft im Steuerrecht, 2. Aufl., S. 595.
[409] *Sauer,* Die Publikumskommanditgesellschaft, S. 154.
[410] BFH 29. 10. 1986 BStBl II 1987, 97.

mehrgliedrig stille Gesellschaft als Unternehmensform zur freiwilligen Beteiligung von Arbeitnehmern, RdA 1973, 303; *Jebens,* Stille Beteiligung an einer Kapitalgesellschaft, BB 1996, 701; *Jestädt,* Partiarische Darlehen oder Stille Gesellschaft? DStR 1993, 387; *Knobbe-Keuk,* Bilanz- und Unternehmenssteuerrecht, 9. Aufl. 1993; *Laux,* Zur Bewertung von typisch stillen Beteiligungen in Beteilungs-Sondervermögen, DB 1985, 849; *Loritz,* Verlustabgrenzung bei unterjährigem Beitritt? DStR 1994, 87; *Pougin,* Genußrechte, 1987; *Paulick,* Handbuch der stillen Gesellschaft, 3. Aufl. 1981; *Plate,* Zur Beurkundungsbedürftigkeit von Treuhandverträgen aus steuerlicher Sicht bei der GmbH & Still, GmbHR 1995, 367; *Riegger/Weipert* (Hrsg.), Münchener Handbuch des Gesellschaftsrechts, 1991; *Rubau,* Die atypisch stille Gesellschaft im Ertragssteuerrecht, DStZ 1995, 637; *Schaub,* Treuhand an GmbH-Anteilen, DStR 1996, 65; *Schmidt,* Stille Gesellschaft und AGBG, ZHR 159 (1995), 734; *K. Schmidt,* Gesellschaftsrecht, 2. Aufl. 1991; *Schön,* Typisch/atypisch Still, ZGR 1990, 225; *Schoor,* Die GmbH & Still im Steuerrecht, 1992; *Schulze zur Wiesche,* Die GmbH & Still, 2. Aufl. 1994; *Söffing,* Besteuerung der Mitunternehmer, 2. Aufl. 1983; *Wagner,* Der atypisch stille Gesellschafter im Konkurs der Massengesellschaft, KTS 1979, 53; *ders.,* Der stille Gesellschafter im Vergleichsverfahren des Geschäftsinhabers, KTS 1980, 203; *ders.,* Die Massenkommanditgesellschaft als Mittel zur Vermögensbeteiligung der Arbeitnehmer, 1985; *ders.,* Arbeitnehmervermögensbeteiligung an geschlossenen Immobilienfonds?, HdB Fach 3537; *ders.,* Management Buy Out, Führungskräftebeteiligung, Arbeitnehmerbeteiligung, 1993; *Wagner/Loritz,* Konzeptionshandbuch der steuerorientierten Kapitalanlage, Bd. 1, 1993; *Loritz/Wagner,* Konzeptionshandbuch der steuerorientierten Kapitalanlage, Bd. 2, 1995; *Weimar,* GmbH & Still im Fortschritt des Gesellschaftsrechts, ZIP 1993, 1509; *Winkeljohann/Halfar,* Gewerbesteuerliche Vorzüge der GmbH & atypisch Still, DB 1994, 2471; *Ziebe,* Kapitalbeschaffung durch Genußscheine, BB 1988, 225.

I. Darstellung

1 Für das Sammeln von Kapital bietet sich neben der Publikums-(GmbH & Co.) KG auch die stille Gesellschaft als geeignetes Rechtsgebilde an. Während früher der Theorienstreit im Vordergrund stand, ob die stille Gesellschaft notwendig zweigliedrig sei[1] oder auch mehrgliedrig bzw. einheitlich Still,[2] hat man sich inzwischen von diesen Fragen abgewandt und Phantasien in Gestaltungsvielfalt gelegt. So kann sich der Stille beteiligen am Gewinn (und Verlust)

– eines Unternehmens,[3]
– der Geschäfte einzelner Niederlassungen, eines Zweigbetriebes oder Geschäftszweiges eines Unternehmens[4]
– bestimmter Projekte.[5]

Nicht zulässig ist eine stille Beteiligung an einzelnen Geschäften, Geschäftswerten oder Kostenpositionen eines Unternehmens, da es insoweit am Vorliegen eines Handelsgewerbes fehlt. In diesen Fällen mag eine GbR als Innengesellschaft in Form eines Meta-Geschäftes vorliegen, nicht aber eine stille Gesellschaft.[6]

2 Wie darzustellen sein wird, ist die Rechtsform der stillen Gesellschaft in vielfältiger und unterschiedlicher Weise zum Zweck der Kapitalaufbringung verwandt worden, zumal durch die Gestaltungsfreiheit, frei von Register- oder Beurkundungszwängen, zwischen typisch oder atypisch stiller Beteiligungsform wählen zu können, auch ein flexibles Anpassen an steuerliche Gegebenheiten möglich ist.

2a Ziel dieser Darstellung ist nicht, die Besonderheiten der stillen Gesellschaft aufzuzeigen, wozu auf weitergehende Literatur verwiesen wird. Vielmehr sind Besonderheiten aufzu-

---

[1] RGZ 25, 41, 45; *Paulick/Blaurock,* Handbuch der stillen Gesellschaft, § 5 II. 3. a); *Staub/Zutt,* HGB-GK, § 230 Rdnr. 45; *K. Schmidt,* Gesellschaftsrecht, S. 1548 und 1550; *ders.* DB 1976, 1705.

[2] BGH NJW 1972, 338; NJW 1994, 1156; *Paulick/Blaurock,* Handbuch der stillen Gesellschaft, § 5 II. 3. b); *Blaurock,* Unterbeteiligung, S. 100; *ders.* NJW 1972, 1119; *Wagner* KTS 1979, 53, 54.

[3] *Paulick/Blaurock,* Handbuch der stillen Gesellschaft, § 5 I. 3.; *K. Schmidt,* Gesellschaftsrecht, S. 1545.

[4] *Paulick/Blaurock,* Handbuch der stillen Gesellschaft, § 5 I. 3. b).

[5] BFH/NV 1990, 19, 20; BFH DStR 1996, 463.

[6] *Paulick/Blaurock,* Handbuch der stillen Gesellschaft, § 5 I. 3. a); Staub/*Zutt,* HGB-GK, § 230 Rdnr. 45; *Loritz/Wagner,* Konzeptionshandbuch, Bd. 2, Rdnr. 894.

zeigen, die für am freien Kapitalanlagemarkt emittierte stille Beteiligungen von Interesse sein können.

1. Die Abgrenzung der typischen von der atypischen stillen Gesellschaft. *a) Handelsrecht.* Bei der stillen Gesellschaft wird zwischen dem Inhaber eines Handelsgeschäfts und dem stillen Gesellschafter zur Erreichung eines gemeinsamen Zwecks ein Gesellschaftsvertrag geschlossen, in dem sich der still Beteiligte mit seiner Einlage beteiligt. Die Einlage wird mithin durch den still Beteiligten erbracht, damit der Hauptbeteiligte sie entsprechend der gemeinsamen Zwecksetzung verwendet, anderenfalls er sich dem stillen Beteiligten gegenüber schadensersatzpflichtig macht.[7] Der still Beteiligte erhält eine Gewinnbeteiligung, wobei es eine Gestaltungsfrage ist, ob daneben zusätzlich eine Verzinsung der Einlage und eine Verlustbeteiligung vereinbart wird. 3

Die stille Gesellschaft ist mithin Personengesellschaft ohne Gesellschafts- bzw. Gesamthandvermögen. Sie ist **Innengesellschaft,** wobei in der Praxis zur Vermeidung von Irrtümern zu beachten ist, daß zwar jede stille Gesellschaft eine Innengesellschaft ist, umgekehrt aber nicht jede Innengesellschaft zwangsläufig eine stille Gesellschaft sein muß. 4

Die stille Gesellschaft erschöpft sich nicht in der Erbringung der Einlage, sondern geht als Organisationsverhältnis darüber hinaus,[8] wie auch die Einlage seitens des Hauptbeteiligten nur entsprechend der gemeinsamen Zweckbestimmung zu verwenden ist, was stille Beteiligungen an sog. „blind pools" ausschließt. 5

Hat der still Beteiligte nicht nur eine Einlage zu erbringen und ist am Gewinn beteiligt, sondern partizipiert er auch am Gesellschaftsvermögen des Hauptbeteiligten bzw. an der Geschäftsführung, dann spricht man von einer atypisch stillen Beteiligung. 6

b) Steuerrecht. Da der typisch Stille sich letztlich nur kapitalmäßig beteiligt, erzielt er mit seinen Gewinnanteilen gemäß § 20 Abs. 1 Nr. 4 EStG Einkünfte aus Kapitalvermögen, sofern die stille Beteiligung nicht zu einem eigenen Gewerbebetrieb des Stillen gehört. Gewerbliche Einkünfte hat im übrigen nur der Inhaber des Handelsgeschäfts, so daß dessen Gewinn um den Gewinnanteil des Stillen als Betriebsausgabe gemindert wird.[9] 7

Die stille Einlage ist bei dem Hauptbeteiligten Fremdkapital, nicht Eigenkapital.[10] 8

Soweit das Bayerische Finanzministerium[11] und weite Kreise in der Finanzverwaltung meinten, unter Hinweis auf eine Entscheidung des BFH vom 27. 5. 1982[12] die Auffassung vertreten zu müssen, die Geldhingabe durch den stillen Gesellschafter sei als umsatzsteuerpflichtige sonstige Leistung anzusehen **(§ 3 Abs. 9 UStG),** war dies unzutreffend. 9

Der BFH vertrat stets die Auffassung der Umsatzsteuerfreiheit[13] und hat in seiner Entscheidung vom 27. 5. 1982 mit keinem Wort oder Zitat angedeutet, von dieser bisherigen Auffassung abrücken zu wollen. Auch hatte sich der BFH nicht mit einer stillen Gesellschaft, sondern mit einer Innengesellschaft besonderer Art befaßt, so daß die Finanzverwaltung übersehen hatte, daß zwar jede stille Gesellschaft eine Innengesellschaft ist, nicht aber jede Innengesellschaft ein stille Gesellschaft sein muß.[14] Inzwischen ist die Fehlauffassung der Finanzverwaltung durch die Einfügung des § 4 Nr. 8j UStG auch durch den Gesetzgeber bereinigt worden. 10

Anders als bei der typisch stillen Gesellschaft wird bei der atypisch stillen Gesellschaft das Handelsgeschäft des Hauptbeteiligten im Innenverhältnis auf gemeinsame Rechnung und Gefahr von Geschäftsinhaber und Stillem geführt. Steuerrechtlich wird eine Stellung 11

---

[7] BGH NJW 1988, 413.

[8] *K. Schmidt,* Gesellschaftsrecht, S. 1543.

[9] *Knobbe-Keuk,* Bilanz- und Unternehmenssteuerrecht, S. 401 f.

[10] *K. Schmidt,* Gesellschaftsrecht, S. 1548.

[11] Schreiben vom 12. 12. 1985 DStR 1986, 160.

[12] DB 1982, 2274.

[13] Darstellung und Nachweise bei *Paulick,* Handbuch der stillen Gesellschaft, S. 425 ff. Siehe auch BFH DStR 1996, 422.

[14] *Wagner* DNU 1987, Heft 2, S. 30.

des Stillen vergleichbar zu der eines Kommanditisten[15] angenommen, weshalb der atypisch still Beteiligte als Mitunternehmer iS des § 15 Abs. 1 Satz 1 Nr. 2 EStG angesehen wird.[16]

12 Für die Annahme einer Mitunternehmerschaft geht der BFH beim atypisch still Beteiligten von dem Vorliegen der Merkmale des **„Mitunternehmerrisikos"** und der **„Mitunternehmerinitiative"** aus, die u. a. dann gegeben sein sollen, wenn der still Beteiligte am laufenden Erfolg teilnimmt, für den Fall des Ausscheidens an den stillen Reserven und am Geschäftswert beteiligt ist und im übrigen über Kontrollrechte, vergleichbar denen eines Kommanditisten, verfügt.[17]

13 **2. Abgrenzung zu anderen Rechtsformen.** Die stille Gesellschaft bedarf der Abgrenzung zu anderen Rechtsformen. Maßgebend ist nicht wie Parteien ein Rechtsverhältnis bezeichnet haben, sondern was sie gewollt haben und wie folglich das in die Tat Umgesetzte schuldrechtlich einzuordnen ist, was nach dem Gesamtbild der Verhältnisse zu beurteilen ist.[18]

14 *a) Stille Gesellschaft und partiarisches Darlehen.* Die Entscheidung, ob ein Darlehen mit Gewinnbeteiligung (= partiarisches Darlehen) oder ein stilles Beteiligungsverhältnis vorliegt, kann bedeutsam sein, wenn z. B. Fördermöglichkeiten nach dem 5. VermBG in § 2 Abs. 1 Nr. 1 k n. F. bei partiarischen Darlehen der Absicherung durch Bankbürgschaften bedarf, bei stillen Beteiligungen gemäß § 2 Abs. 1 Nr. 1 i n. F. dagegen nicht.

15 Der Unterschied zwischen der stillen Gesellschaft und dem partiarischen Darlehen besteht darin, daß bei ersterer eine Verbindung zu einem gemeinsamen Zweck, nämlich zum Betrieb des Handelsgewerbes durch den Geschäftsinhaber im Interesse der stillen Gesellschaft eingegangen und zu diesem Zweck zweckgebunden die Einlage dem Hauptbeteiligten vom Stillen zur Verfügung gestellt wird,[19] während diese gemeinsame Zweckbindung bei der Geldhingabe im Rahmen eines partiarischen Darlehens fehlt. Der stille Gesellschafter hat kraft Gesetzes (§ 233 HGB) **Kontrollrechte,** der Darlehensgeber nicht. Bei der stillen Gesellschaft ist eine **Verlustbeteiligung** vereinbar, beim partiarischen Darlehen nicht.

16 Daraus ergeben sich wichtige rechtliche Folgerungen:[20]

17 Der stille Gesellschafter kann verlangen, daß seine Einlage dem gemeinsamen Zweck entsprechend verwendet wird; der Darlehensgeber kann dies mangels gemeinsamer Zwecksetzung nicht verlangen.

18 Eine Kündigung des stillen Beteiligungsverhältnisses ist, sofern nichts gesondertes vereinbart ist, nur in den Grenzen des § 234 Abs. 1 HGB möglich, während beim Darlehen mit § 609 Abs. 2 BGB kürzere Kündigungsfristen bestehen.

19 Der Darlehensgeber kann seine Forderung im Zweifel abtreten, der still Beteiligte bedarf wegen der gesellschaftsrechtlichen Zweckbindung zur Abtretung im Zweifel der Zustimmung des Hauptbeteiligten.

20 Der Darlehensgeber kann im Zweifel bei Verschlechterung der Vermögensverhältnisse des Darlehensnehmers das Darlehen gemäß § 610 BGB widerrufen. Ein vergleichbares Recht hat der still Beteiligte bei bereits geleisteter Einlage nicht.

21 Der Darlehensgeber kann im Konkurs des Darlehensnehmers die volle Darlehensforderung als Konkursforderung geltend machen, der normal still Beteiligte dagegen im Falle der Verlustbeteiligung nur die um die Verlustbeteiligung geminderte Einlage.[21]

---

[15] BFH 10. 8. 1978 BStBl II 1979, 74; 25. 6. 1981 BStBl II 1982, 59; *Söffing,* Besteuerung der Mitunternehmer, S. 26 mwN.

[16] *Knobbe-Keuk,* Bilanz- und Unternehmenssteuerrecht, S. 402.

[17] BGH BB 1992, 1954; BGH NJW 1994, 1156; BFH 22. 1. 1981 BStBl II 1981, 424; 2. 9. 1985 BStBl II 1986, 10; 12. 11. 1985 BStBl II 1986 311; 5. 6. 1986 BStBl II 1986, 802; 22. 10. 1987 BStBl II 1988, 62; BFH/NV 1993, 647, 648; BFH 27. 5. 1993 BStBl II 1994, 700, 701; 15. 12. 1992 BStBl II 1994, 702, 704 f.; *Söffing,* Besteuerung der Mitunternehmer, S. 26 f. mwN.

[18] BGH NJW 1951, 308; BFH 22. 10. 1987 GmbHR 1988, 157 f.

[19] BGH NJW 1988, 413; BGH BB 1992, 1954; OLG Hamburg WM 1994, 499, 500.

[20] *Paulick,* Handbuch der stillen Gesellschaft, S. 1008; *Jestädt* DStR 1993, 387.

[21] Zur Abgrenzung BFH 22. 10. 1987 GmbHR 1988, 157.

Die Abgrenzung der stillen Beteiligung vom partiarischen Darlehen ist aber ferner auch aus KWG-rechtlichen und steuerlichen Gründen erforderlich: 21a

Handelt es sich bei im freien Kapitalanlagemarkt emittierten stillen Beteiligungen in Wirklichkeit um (partiarische) Darlehen, so wird es ihnen in der Regel am Kriterium der vom Emittenten gewährten banküblichen Sicherheit fehlen, so daß Erlaubnispflicht gegeben wäre (§ 1 Abs. 1 Satz 2 Nr. 1 i. V. m. § 32 Abs. 1 Satz 1 KWG). Dies führt zwar nicht zur Nichtigkeit des (partiarischen) Darlehens,[22] wohl aber zur Zuständigkeit des Bundesaufsichtsamtes für das Kreditwesen und gibt diesem die Möglichkeit des Einschreitens. 21b

Steuerrechtlich wird der Unterschied seitens des BFH daran festgemacht, ob eine Gewinnbeteiligung oder nur eine Verzinsung der Einlage angestrebt wird.[23] 21c

b) Stille Gesellschaft und Genußrecht. Genußrechte – bzw. in verbriefter Form Genußscheine – stellen ihrer Rechtsnatur nach **Gläubigerrechte** dar, aus denen der Inhaber schuldrechtliche Ansprüche herleiten kann. Sie verschaffen, ggf. gegen Gewährung von Beiträgen, Vermögensrechte wie z. B. Teilnahme am Gewinn- bzw. am Liquidationserlös oder möglicherweise Bezugsrechte.[24] 22

Stille Gesellschaft und Genußrecht unterscheiden sich in folgendem: 23

Stille Gesellschaft kann gesellschaftsrechtliche Mitverwaltungsrechte einräumen, das Genußrecht nicht, da es hier an einer Zweckgemeinschaft fehlt. 24

Bei der stillen Gesellschaft wird aufgrund der gemeinsamen Zwecksetzung die Einlage an den Hauptbeteiligten zweckgebunden erbracht,[25] beim Genußrecht fehlt es an einer Zweckgemeinschaft. 25

Forderungen aus der stillen Beteiligung sind aufgrund der Zweckgemeinschaft mit dem Hauptbeteiligten nicht ohne weiteres ohne dessen Zustimmung frei abtretbar; Genußrechte und Genußscheine in der Regel sehr wohl. 26

Die stille Gesellschaft ist gemäß § 234 HGB kündbar, während dies beim Genußrecht gesondert zu regeln ist bzw. in der Regel eine bestimmte Laufzeit bestimmt ist. 27

Bei der stillen Gesellschaft darf für den Fall ihrer Beendigung die Rückzahlung der Einlage in der gewährten Höhe zugesagt werden, beim Genußrecht bzw. Genußschein z. B. für den Fall der Inanspruchnahme der Möglichkeiten des 5. VermBG dagegen nicht.[26] 28

Im Falle der stillen Beteiligung sind bereits kraft Gesetzes Kontrollrechte (§ 233 HGB) gegeben, bei Genußrechten nicht. 29

c) Stille Gesellschaft und Unterbeteiligung. Die stille Gesellschaft setzt die Beteiligung des Stillen am Handelsgewerbe des Hauptbeteiligten voraus (§ 230 Abs. 1 HGB), während der Unterbeteiligte sich am Gesellschafts- bzw. Geschäftsanteil eines Gesellschafters beteiligt.[27] 30

II. Beteiligungsmöglichkeiten

1. Kombination von Kommandit- und stiller Beteiligung bei der Publikums-KG. Bei der Publikums-KG war schon seit den Zeiten der sog. Abschreibungsgesellschaften die Beteiligungskonzeption anzutreffen, wonach Anleger ihre Beteiligung teils als Kommanditeinlage, teils als Einlage im Rahmen einer stillen Beteiligung zu erbringen hatten. Mit dieser Aufteilung war beabsichtigt, Zahlungen an Kapitalanleger noch vor der Wiederauffüllung des Einlagenkontos zu ermöglichen, ohne die Haftungsfolgen der §§ 171 Abs. 1, 172 Abs. 4 HGB auszulösen, so wie man – quasi als Nebeneffekt – davon ausging, dem still Beteiligten stünde im Falle des Konkurses der Publikums-KG insoweit eine Konkursgläubigerstellung gemäß § 236 HGB zu. 31

[22] BGH WM 1990, 54, 55 f. = WuB I. K 1. § 46 KWG 1.90 *Sonnenhol; Loritz/Wagner,* Konzeptionshandbuch, Bd. 2, Rdnr. 953–960.

[23] BFH DB 1994, 125.

[24] *Pougin,* Genußrechte, S. 1; *Ziebe* BB 1988, 225 ff.; *Frantzen,* Genußscheine, S. 1–6.

[25] BGH NJW 1988, 413.

[26] BMF 31. 8. 1987 BStBl I 1987, 639, 642 zu (7) und 643 zu (12).

[27] S. o. § 23 Rdnr. 161–164; ferner *App* DStR 1994, 291.

32 Da bei atypisch stiller Beteiligung Kapitalanleger, ebenso wie bei der Kommanditbeteiligung, **steuerlich** als **Mitunternehmer** angesehen werden, war es insbesondere bei der Publikums-GmbH & Co. KG in der Form der Abschreibungsgesellschaft ein scheinbar geeignetes Instrument, die organisatorische Trennung von Gründungs- und Anlagegesellschafter noch effizienter als bei der normalen Publikums-KG zu ermöglichen, ohne bezüglich der stillen Beteiligungen einer Gründerprüfung und registerrechtlichen Aufsicht zu unterliegen und gleichwohl vertraglich relativ frei gestalten zu können.[28]

33 Die Rechtsprechung des BGH ist dieser Entwicklung entgegengetreten und hat insoweit mittels Richterrecht die Privatautonomie außer Kraft gesetzt:

34 Bejahte der BGH noch in seinem Urteil vom 29. 11. 1952[29] auch bei einer stillen Gesellschaft die grundsätzliche Befugnis, im **Innenverhältnis** die Rechtsbeziehung frei zu gestalten, so wurde diese Freiheit bei der Massengesellschaft durch die richterliche Inhaltskontrolle ersetzt.

35 Werden stille Beteiligungen notwendigerweise mit der Beitrittsverpflichtung als Kommanditist verknüpft, indem stille- und Kommanditbeteiligung nur gemeinsam bestehen können, dann stellen nach Auffassung des BGH stille- und Kommanditeinlage „die Pflichteinlage des (Anleger-) Kommanditisten dar".[30] Damit meint der BGH wohl – ohne es ausdrücklich angesprochen zu haben –, es handele sich um die auf Kapitalkonto I zu buchende Pflichteinlage, die unter Anrechnung auf die im Handelsregister eingetragene Haftsumme zur Verfügung gestellt werde,[31] so daß der BGH sie für das **Außenverhältnis** als haftungsbefreiende Einlage gemäß §§ 171, 172 HGB ansieht, unabhängig davon wie deren Zuordnung auf die einzelnen Kapitalkonten im Innenverhältnis vereinbart ist.

36 Die Unselbständigkeit der mit der Kommanditbeteiligung gekoppelten stillen Beteiligung bei der Publikums-KG wird auch aus folgenden Entscheidungen deutlich:

37 Hatte der BGH noch in seiner Entscheidung vom 24. 2. 1969[32] für den Fall des Vergleichsverfahrens des Geschäftsinhabers[33] ausgeführt, trotz Vergleichseröffnung werde ein stilles Beteiligungsverhältnis davon nicht betroffen, diene doch das Vergleichsverfahren der Aufrechterhaltung und nicht der Liquidierung des Geschäftsbetriebes, kehrte er diese Feststellung im Falle der Liquidation einer Publikums-KG zu Lasten eines an dieser still Beteiligten um und ließ auch dort trotz Liquidation der Publikums-KG kein außerordentliches Kündigungsrecht des still Beteiligten zu, da „die Einlage des Stillen zum größten Teil das Kapital zum Erwerb der Beteiligung bildete".[34] Dies überzeugt nicht, denn wenn von einer stillen Beteiligung auszugehen ist, dann war gemeinsamer Zweck derselben der Betrieb der Gesellschaft (= Hauptbeteiligter) und auf diese Zweckbestimmung war die Gewährung der Einlage durch den Stillen ausgerichtet.[35] Von diesem gemeinsamen Zweck ist jedoch die Liquidation des Hauptbeteiligten nicht mehr gedeckt, so daß dann dem still Beteiligten ein **außerordentliches Kündigungsrecht** der Beteiligung zustehen muß,[36] unabhängig davon, ob er sich an einer Publikums-KG oder an einer „einfachen" Gesellschaft beteiligt hat. Die gemeinsame Zweckbestimmung der in einer stillen Gesellschaft zusammengefaßten Beteiligten ist allein schon wegen der zweckbestimmten Einlagengewährung entscheidend und nicht nur das Motiv, sich mit einer Einlage beteiligen zu können.

[28] *Knobbe-Keuk,* Bilanz- und Unternehmenssteuerrecht, S. 402 f.; *Walz,* Steuergerechtigkeit und Rechtsanwendung, 1980, S. 346 f.

[29] BGHZ 8, 157, 160.

[30] BGHZ 69, 160, 170; s. o. § 23 Rdnr. 154 m. w. N.

[31] *Huber* ZGR 1988, 1, 21.

[32] BGHZ 51, 350, 352.

[33] *Wagner* KTS 1980, 203.

[34] BGHZ 84, 379, 383.

[35] BGH NJW 1988, 413.

[36] Für ein Kündigungsrecht aus wichtigem Grund bzw. für eine Beendigung der stillen Gesellschaft im Falle eines Liquidationsvergleichs, *Wagner* KTS 1980, 203, 209.

Mit seiner Entscheidung vom 5. 11. 1979 hielt jedoch der BGH[37] an seiner Auffassung fest, indem er, ohne nach der gemeinsamen Zwecksetzung im Rahmen der stillen Beteiligung zu fragen, für den Fall der Liquidation einer Publikums-KG stille Beteiligungen Kommanditeinlagen gleichstellte; nicht im Einklang damit steht die vom BGH in seiner Entscheidung vom 29. 6. 1987 betonte Zweckbestimmung der Einlagengewährung.[38] Einerseits hebt der BGH die Zwecksetzungsbestimmung der Parteien hervor, andererseits ersetzt er sie qua Rechtsprechung[39] durch den Gesellschaftszweck des Hauptbeteiligten. Die Liquidation der Publikums-KG beendet nach der Rechtsprechung des BGH weder das stille Beteiligungsverhältnis, noch gibt sie einen wichtigen Grund zur Beendigung der stillen Beteiligung, vielmehr kann der Liquidator ausstehende Einlagen aus dem stillen Beteiligungsverhältnis einfordern, nicht weil es dem gemeinsamen Zweck des stillen Beteiligungsverhältnisses entspräche, sondern weil die Einlage zur Befriedigung der Gesellschaftsgläubiger des Hauptbeteiligten benötigt wird. 38

Diese Grundzüge wurden – ohne aufgetretene Widersprüche zu bereinigen – durch die Entscheidung des BGH vom 9. 2. 1981[40] verfestigt, indem die Einlage aufgrund stiller Beteiligung als Teil der gesellschaftsvertraglichen Einlage des Kommanditisten deklariert wird, so daß es dann nicht mehr der Erörterung des gemeinsamen Zwecks der stillen Beteiligung bedarf, sondern vom BGH nur noch festgestellt wird, daß auch diese finanziellen Mittel zur Erreichung des Gesellschaftszwecks der Publikums-KG unerläßlich seien. Die stille Einlage wird als Eigenkapital der Publikums-KG behandelt, so daß damit § 341 Abs. 1 HGB a. F. = § 236 Abs. 1 HGB n. F. ausgeschaltet wird.[41] Diese Rechtsprechung wurde durch das Urteil des BGH des BGH vom 17. 12. 1984[42] erneut bestätigt. 39

2. Mitarbeiterbeteiligung. Das Instrument der stillen Beteiligung ist eine bevorzugte Beteiligungsform im Rahmen der Mitarbeiterbeteiligung, die insbesondere durch das 2. Vermögensbeteiligungsgesetz immer erheblicheren Stellenwert einnimmt. 40

a) Unmittelbare betriebliche Mitarbeiterbeteiligung. Unter unmittelbarer betrieblicher Mitarbeiterbeteiligung versteht man u.a. die typisch stille Beteiligung von Arbeitnehmern am arbeitgebenden Unternehmen,[43] die als **vermögenswirksame Anlageform** gemäß § 2 Abs. 1 Nr. 1 i 5. VermBG und § 19a Abs. 3 Nr. 9 EStG zusätzlich gesondert gefördert werden kann. 41

b) Mittelbare betriebliche Mitarbeiterbeteiligung. Arbeitgebende Unternehmen, die zwar Mitarbeiterbeteiligungen einzuführen gedenken, diese aber nicht direkt – wohl aber indirekt – am arbeitgebenden Unternehmen einräumen, können dies in der verbreiteten Form tun, Mitarbeiter still an einem vom arbeitgebenden Unternehmen bzw. deren Gesellschafter beherrschten anderen Unternehmen still zu beteiligen, wobei dieses Beteiligungsunternehmen dann wiederum still am arbeitgebenden Unternehmen beteiligt werden kann. 42

Auch hier können die zuvor genannten Möglichkeiten bei typisch stiller Beteiligung im Rahmen des 5. VermBG bzw. § 19 a EStG genutzt werden. 43

c) Außerbetriebliche Mitarbeiterbeteiligung. Da die §§ 2 Abs. 1 Nr. 1 i 5. VermBG a. F. und 19 Abs. 3 Nr. 9 EStG a. F. nicht die stille Beteiligung am arbeitgebenden Unternehmen voraussetzten, war es in der früheren Fassung des 5. VermBG nach dem Gesetzeswortlaut möglich, daß sich Arbeitnehmer auf Vermittlung der vormalig steuerorientierten Kapitalanlagenbranche an geschlossenen Immobilienfonds, Hotelbeteiligungsgesellschaften, Vertriebs- und Projektgesellschaften usw. beteiligten. Hiergegen bestand u. a. das Bedenken, 44

[37] NJW 1980, 1522 f.
[38] BGH NJW 1988, 413.
[39] BGH NJW 1980, 1522 f.
[40] NJW 1981, 2251.
[41] A. A. *Wagner* KTS 1979, 53.
[42] NJW 1985, 1079.
[43] *Iber* RdA 1973, 303; *Wagner,* Management Buy Out, S. 43.

daß das 5. VermBG a. F. und § 19a EStG a. F. als Bestandteil des 2. Vermögensbeteiligungsgesetz a.F. nicht nur der Arbeitnehmervermögensbildung dienen sollten, sondern daß das Arbeitnehmerproduktivkapitalsparen nach dem Willen des Gesetzgebers zusätzlich die Eigentkapitalstruktur mittelständischer Unternehmen stärken sollte, eine Zielsetzung, der die besagte Kapitalanlagenbranche nicht gerecht wurde.[44]

45 Darüber hinaus haben Mitarbeiter die Möglichkeit, sich außerbetrieblich mittelbar still zu beteiligen:

46 So ist es möglich, sich an Unternehmensbeteiligungsgesellschaften (UBG) zu beteiligen, die sich ihrerseits wiederum gemäß § 3 Abs. 1 Nr. 5 UBGG still an dem arbeitgebenden oder an sonstigen Unternehmen beteiligen und insoweit gemäß § 3 Abs. 2 UBGG sogar Darlehen gewähren können.

47 Arbeitnehmer können sich schließlich unter Inanspruchnahme der Vorteile des 5. VermBG und des § 19a EStG an Sondervermögen von Kapitalanlagegesellschaften (KAGG) bzw. Investmentfonds beteiligen, die sich ebenfalls ihrerseits still an Unternehmen beteiligen können. Auch insoweit wird von mittelbar stillen Beteiligungen gesprochen.

48 **3. Unternehmensbeteiligungen.** Losgelöst von Fragen der Mitarbeiterbeteiligung werden hierunter, bezogen auf das hier zu behandelnde Kapitel, stille Beteiligungen an Unternehmen durch Kapitalanlage- bzw. Investmentgesellschaften und Unternehmensbeteiligungsgesellschaften verstanden.[45]

49 **4. GmbH & Still.** Die GmbH & Still hat sich zu einer eigenständigen Unternehmensform entwickelt, indem einerseits die Haftungsbeschränkung mittels GmbH genutzt werden kann, ohne andererseits auf die ertragsteuerlichen Vorteile einer Personengesellschaft verzichten zu müssen, mit dem zusätzlichen Vorteil, im Gegensatz zur GmbH & Co. KG als Innengesellschaft nach außen nicht in Erscheinung treten zu müssen.

50 Stille Beteiligungen an einer GmbH können dabei gerade dort ein Mittel der Kapitalaufbringung sein, wo die Kommanditgesellschaft mangels Kaufmannseigenschaft iS des § 1 Abs. 2 bzw. gemäß § 2 HGB ausscheidet wie z. B. bei Leasing-Fonds.

Im Kapitalanlagebereich finden sich beispielsweise folgende Möglichkeiten, Kapitalanleger mittels eines „stillen Fonds" zu beteiligen:

51 *a) Immobiliendevelopment & Still mit Projektbeteiligung.* Beim Immobiliendevelopment in Eigenregie[46] errichtet der Developer eine Immobilie im eigenen Namen und auf eigene Rechnung, aber unter Berücksichtigung der wirtschaftlichen Eckdaten, auf die institutionelle Kapitalanleger als spätere Käufer dieser Immobilie als *Kapitalanlage* Wert legen. Mithin realisieren Developer z. B. Gewerbeimmobilien als Kapitalanlagen, um sie dann später vermietet an Großinvestoren, institutionelle Anleger, geschlossene oder offene Immobilienfonds etc. zu veräußern.[47]

Möchte ein solcher Developer die dazu erforderliche Vorfinanzierung vermeiden, so kann er z. B. mit Kapitalanlegern projektbezogen und damit tranchenweise stille Beteiligungen eingehen und diese am Gewinn (und Verlust) *projektbezogen* beteiligen.[48]

52 *b) Immobiliendevelopment & Still mit Beteiligung an Projekt-GmbH.* Statt projektbezogener stiller Beteiligung kann der Developer auch projektbezogene GmbH's gründen, an denen er die Kapitalanleger typisch oder atypisch still beteiligt. Während im zuvor angesprochenen Fall[49] die Kapitalanleger ihren stillen Beteiligungs*vertrag* mit dem Developmentunternehmen abschließen, jedoch nicht am Gewinn (Verlust) dieses Unterneh-

[44] Zu Bedenken gegen diese Entwicklung *Wagner* HdB, Fach 3537, insbes. Rdnr. 25–30.

[45] Zu Einzelheiten siehe unten § 27 Rdnr. 33.

[46] *Loritz/Wagner,* Konzeptionshandbuch, Bd. 1, Rdnr. 1321 ff.

[47] *Loritz/Wagner,* Konzeptionshandbuch, Bd. 2, Rdnr. 930.

[48] *Loritz/Wagner,* Konzeptionshandbuch, Bd. 2, Rdnr. 930; zur steuerlichen Unbedenklichkeit BFH/NV 1990, 19, 20; BFH DStR 1996, 463. Zur Zuordnung von Gewinnen und Verlusten *Groh,* FS f. Ludwig Schmidt, S. 439, 442, 443.

[49] S. o. § 24 Rdnr. 51.

mens, sondern der von ihm realisierten Projekte beteiligt werden, schließen im letzteren Falle die Kapitalanleger ihren stillen Beteiligungsvertrag mit der jeweiligen Projekt-GmbH ab und werden an deren Gewinn (Verlust) beteiligt, nicht am Gewinn (Verlust) des Projektes.[50]

In diesen Fällen wird der Initiator i. d. R. Vorrats-GmbH's im Vorfeld von Projektrealisierungen gründen, die jedoch den Anforderungen zu entsprechen haben wie sie jüngst vom BGH vorgegeben wurden.[51] 53

III. Steuerliche Besonderheiten der atypisch stillen Gesellschaft

1. Die Entscheidung des Großen Senates des BFH vom 25. 6. 1984. Da gemäß § 230 Abs. 1 HGB sich jemand am Handelsgeschäft eines Dritten – quasi intern – beteiligt, und die stille Gesellschaft eine Innengesellschaft ist, tritt nach außen nur der Hauptbeteiligte (= Inhaber des Handelsgeschäfts) auf und nur er wird im Außenverhältnis berechtigt und verpflichtet (§ 230 Abs. 2 HGB). 54

Eine atypisch stille Beteiligung liegt z. B. dann vor, wenn der Stille an den stillen Reserven, dem Geschäftswert, quasi als ob eine gesamthänderische Beteiligung gegeben wäre, beteiligt ist und an der Geschäftsführung teil hat. Eine Verlustbeteiligung ist für das Vorliegen einer atypisch stillen Gesellschaft nicht wesensmäßige Voraussetzung. 55

Bei Vorliegen dieser Merkmale wird von einer Mitunternehmerschaft des atypisch Stillen gem. § 15 Abs. 1 Satz 1 Nr. 2 EStG ausgegangen, wobei es der künftigen Klärung vorbehalten bleibt, ob und inwieweit die Ausführungen des Großen Senats des BFH vom 25. 6. 1984[52] die Personenhandelsgesellschaften betreffend, auf Personengesellschaften wie die atypisch stille Gesellschaft, entsprechend übertragbar sein werden.[53] Dabei geht es insbesondere um folgenden Fragenkomplex: 56

Der Große Senat des BFH hatte sich in der genannten Entscheidung mit der steuerlichen Behandlung der Personenhandelsgesellschaft und ihrer Gesellschafter im Falle einer Kommanditgesellschaft, also einer Außengesellschaft, zu befassen. Diese sieht der **BGH** als eigenständiges Rechtssubjekt und der **BFH** als Steuerrechtssubjekt an,[54] wobei unausgesprochen iS der herrschenden Meinung unterstellt wird, daß jede Außengesellschaft eine Gesamthandsgesellschaft sei und der Gesamthandsbegriff am Gesamthandsvermögen zu orientieren sei, das mehreren Personen in Gesamthandsgemeinschaft zustehe.[55] 57

Diese Gedankenfolge erklärt, warum die herrschende Meinung für die atypisch stille Gesellschaft unterstellt, der Stille sei am Vermögen des Geschäftsinhabers wie Gesamthandsvermögen beteiligt. Unterstellt man diese These der herrschenden Meinung als richtig, das Gesamthandsvermögen sei unabdingbares Wesensmerkmal für das Vorliegen einer Außengesellschaft, dann kann – konsequenterweise –, da die atypisch stille Gesellschaft nur eine Innengesellschaft ist, für diese nur die Fiktion eines Gesamthandsvermögens angenommen werden. 58

Ausgehend von dieser Prämisse ist es wiederum konsequent, der atypisch stillen Gesellschaft als Innengesellschaft keinerlei Rechtssubjektivität zukommen zu lassen, so daß die atypisch stille Gesellschaft weder zur Buchführung noch zur Aufstellung einer Steuerbilanz verpflichtet[56] und auch sonst nicht Träger von Rechten und Pflichten sein kann.[57] 59

---

[50] *Loritz/Wagner,* Konzeptionshandbuch, Bd. 2, Rdnr. 932.

[51] BGHZ 117, 323; dazu *Ebenroth/Müller* DNotZ 1994, 75; *Loritz/Wagner,* Konzeptionshandbuch, Bd. 2, Rdnr. 948 ff.

[52] BStBl II 1984, 751.

[53] *Knobbe-Keuk,* Bilanz- und Unternehmenssteuerrecht, S. 402 f.

[54] S. o. § 23 Rdnr. 22–23.

[55] Darstellung der h. M. bei *Flume,* die Personengesellschaft, S. 50 mwN.

[56] Dies schließt *Knobbe-Keuk,* Bilanz- und Unternehmenssteuerrecht, S. 406 aus BFH 12. 11. 1986 BStBl II 1986, 311.

[57] *Knobbe-Keuk,* Bilanz- und Unternehmenssteuerrecht, S. 406.

60 Folglich ist das steuerliche Betriebsvermögen der stillen Gesellschaft das des Geschäftsinhabers (= Hauptbeteiligten), da kein eigenständiges Vermögen der stillen Gesellschaft als solcher existiert, so daß keine Steuerbilanz der stillen Gesellschaft zu erstellen ist und es keinen Betriebsvermögensvergleich der atypisch stillen Gesellschaft geben kann.[58]

61 Die Konsequenz wäre, die Entscheidung des Großen Senats des BFH vom 25. 6. 1984 doch nicht auf die atypisch stille Gesellschaft ohne weiteres zu übertragen.[59] Atypisch stille Beteiligungen und Kommanditbeteiligungen wären folglich nicht ohne weiteres vergleichbar wie stets unterstellt wird.[60] In diese Richtung deutet auch die vom BFH bei der atypisch stillen Beteiligung stärkere Betonung der Mitunternehmerinitiative zu Lasten des Merkmales des Mitunternehmensrisikos.[61]

62 **2. Steuerliche Behandlung der atypisch stillen Gesellschaft.** Mit Urteil vom 12. 12. 1985[62] hat der BFH entscheiden, daß bei einer atypisch stillen Gesellschaft gewerbesteuerlich nur der Inhaber des Handelsgeschäftes Steuerschuldner ist (§ 5 Abs. 1 GewStG) und nicht die atypisch stille Gesellschaft oder die an ihr beteiligten Personen. Dem hat sich die Finanzverwaltung angeschlossen.[63]

63 Ertragsteuerlich erzielt, wenn der Hauptbeteiligte eine GmbH ist, der an ihr atypisch still Beteiligte gewerbliche Einkünfte, unabhängig davon, ob die Beteiligten des atypisch stillen Beteiligungsverhältnisses bezüglich ihrer Tätigkeit den Gewerbebetriebsbegriff des § 15 Abs. 2 EStG erfüllen.[64]

64 Im Klageverfahren gegen einen Gewinnfeststellungsbescheid sind atypisch stille Gesellschaften nicht klagebefugt,[65] sondern nur der Hauptbeteiligte und der atypisch still Beteiligte.[66]

§ 25 Sonstige Beteiligungen an Gesellschaften

Übersicht

---

[58] BFH 12. 11. 1985 BStBl II 1986, 311.
[59] So auch *Knobbe-Keuk,* Bilanz- und Unternehmenssteuerrecht, S. 405.
[60] *Schön* BB 1985, 313 f. a. A. *Knobbe-Keuk,* Bilanz- und Unternehmenssteuerrecht, S. 406 f.
[61] BFH DB 1991, 1054.
[62] BStBl. II 1986, 311.
[63] BMF 26. 11. 1987 BB 1988, 48.
[64] BMF 26. 11. 1987 BB 1988, 48 unter Hinweis auf BFH 8. 8. 1979, BStBl II 1979, 768; 10. 10. 1985 BStBl II 1986, 68.
[65] BFH 29. 7. 1987 NV 1988, 101 f.; BFH 14. 9. 1989 NV 1990, 591.
[66] BFH 12. 11. 1985 BStBl II 1986, 31.

Schrifttum: Zur Publikums-GbR: *Altmeppen,* Haftung der Gesellschafter einer Personengesellschaft für Delikte, NJW 1996, 1017; *Ballerstedt,* Der gemeinsame Zweck als Grundbegriff des Rechts der Personengesellschaft, JuS 1963, 253; *Brandes,* Die Rechtsprechung des Bundesgerichtshofes zur Personengesellschaft, WM 1990, 1221 und WM 1994, 569; *Crezelius,* Die Gesellschaft bürgerlichen Rechts mbH, JFAfSt 1994/95, 289; *Dißars,* Gesellschaftsrechtliche Haftung der Gesellschafter für steuerliche Verbindlichkeiten von Personengesellschaften, DStR 1995, 1510; *Esch,* Einheitlichkeit der Personengesellschaftsbeteiligung, BB 1996, 1621; *Fleischmann,* Widersprüchliche BFH-Rechtsprechung, DStR 1993, 907 und DStR 1994, 1065; *Flume,* Die Personengesellschaft, 1977; *Görlich,* Grundbuchtreuhand im geschlossenen Immobilienfonds, DB 1988, 1102; *Gummert,* Haftungsbeschränkung bei der GbR, ZIP 1993, 1063; *Heermann,* Haftungsbeschränkung in der BGB-Außengesellschaft, BB 1994, 2421; *Huber,* Vermögensanteil, Kapitalanteil und Gesellschaftsanteil an Personengesellschaften des Handelsrechts; *Janssen,* Haftung von GbR-Gesellschaftern DStZ 1994, 276 und BB 1994, 1699; *Kaligin,* Das Geprägegesetz, HdB Fach 3536; *Kraft/Kreutz,* Gesellschaftsrecht, 5. Aufl. 1983; *Kögel,* Möglichkeiten der Haftungsbeschränkung, DB 1995, 2201; *Kurth,* Der geschlossene Immobilienfonds, 1986; *Lücke,* Prozeßführung bei Streitigkeiten im Innenverhältnis der BGB-Gesellschaft, ZGR 1994, 266; *Nitschke,* Die körperschaftlich strukturierte Personengesellschaft, 1970; *Paulus,* Die GbR als Steuerschuldner der Gewerbesteuer, DStR 1994, 544; *K. Schmidt,* Gesellschaftsrecht, 1986; *L. Schmidt,* EStG, 6. Aufl., 1987; *Steinbeck,* Zur „Einheitlichkeit" der Mitgliedschaft in der Personengesellschaft, DB 1995, 761; *Timm,* Rechtsfähigkeit der GbR und ihre Haftungsverfassung, NJW 1995, 3209; *Viskorf,* die GbR als grunderwerbsteuerliches Gestaltungsinstrument, DStR 1994, 6; *Wagner,* Die Außengesellschaft im Bauherrenmodell, BlGBW 1981, 201; *ders.,* Die Massenkommanditgesellschaft als Mittel zur Vermögensbeteiligung der Arbeitnehmer, 1985; *ders.,* Arbeitnehmervermögensbeteiligung an geschlossenen Immobilienfonds?, HdB Fach 3537; *ders.,* Voraussetzungen und Grenzen rechtsfortbildenden Richterrechts, BB 1986, 465; *ders.,* Gesellschafts- und steuerrechtliche Aspekte mittelbarer Beteiligung bei geschlossenen Immobilienfonds als Publikums-GbRs, DStR 1996, 1008; *Loritz/Wagner,* Konzeptionshandbuch der steuerorientierten Kapitalanlage, Bd. 2, 1995; *Wegmann,* Rechtliche Risiken bei der Beteiligung an geschlossenen Immobilienfonds, DStR 1994, 941; *Westermann/Rebmann,* Rechtsprechung zum Personengesellschaftsrecht, DZWiR 1993, 273 und 327; *Wiedemann,* Gesellschaftsrecht I, 1980; *ders.,* Rechtsverhältnisse der GbR zu Dritten, WM 1994, Beilage 4; *ders.,* Die Personengesellschaft, Vertrag oder Organisation? ZGR 1996, 286; *Zacharias/Kleinjohann/Rinnewitz,* Die Gründung von immobilienverwaltenden Personengesellschaften als steueroptimales Gestaltungsmittel zur Vermeidung gewerblicher Veräußerungsgewinne, 1987.

Zur Genußscheinbeteiligung: *Angerer,* Genußrechte bzw. Genußscheine als Finanzierungsinstrument, DStR 1994, 41; *ders.,* Genußscheinrechte/Scheine als Finanzierungsinstrument, DStR 1994, 41; *Busch,* Aktienrechtliche Probleme bei Genußrechten zwecks Eigenkapitalverbreitung, AG 1994, 93; *Bundschuh,* u. a., Recht und Praxis der Genußscheine, 1987; *Drexler,* Genußrechte und Genußscheine, MAB Fach 6210; *Emole,* Bilanzielle Behandlung von Genußscheinen, BB 1988, 1214; *Fichtelmann,* Steuerliche Abzugsfähigkeit von Verlusten der Genußscheininhaber, BB 1989, 1461; *Frantzen,* Genußscheine, 1993; *Gast/Wissmann,* Mitarbeiterbeteiligung durch Genußrechte im 5. VermBG, BB 1987/Beilage 17; *Groh,* Genußrechtskapital und Maßgeblichkeitsgrundsatz, BB 1995, 559; *Hammen,* Offene Fragen bei Genußscheinen, BB 1990, 1917; *ders.,* Genußrecht beim Mantelkauf, DB 1988, 2549; *Henn,* Handbuch des Aktienrechts, 3. Aufl. 1987; *Hirte,* Genußschein und Kapitalherabsetzung, ZIP 1991, 1461; *Hommelhoff,* Genußrechte und Genußscheine, JFAfSt 1994/95, 631; *Kallmeyer,* Bilanzierung von Genußrechten, GmbHR 1994, R 25; *Killinger,* Steuerliche Abzugsfähigkeit von Verlusten der Genußscheininhaber, BB 1989, 2376; *Knauth,* Die neue Rechtsprechung des BGH zu den Genußrechten, DZWiR 1993, 97; *Knobbe-Keuk,* Gewinnausschüttungen auf Genußrechte, BB 1987, 341; *dies.,* Genußschein und Gewinnausschüttung, BB 1987, 341; *Lindscheid,* Steuerliche Behandlung des Genußrechts bei Kapitalgesellschaften, DB 1992, 1852; *ders.,* Genußrechte, DB 1989, 209; *ders.,* Gleichbehandlung von Genußscheininhabern, DB 1989, 213; *Meilicke,* Genußscheine, BB 1987, 1609; *ders.,* Steuerliche Abzugsfähigkeit von Verlusten der Genußscheininhaber, BB 1989, 465; *Mudrock,* Genußrechtskapital, BB 1986/Beilage 5; *Olivier,* Die Finanzierungsvielfalt der Börse, in: *Herdt/Padberg/Walther,* Der Gang an die Börse, 2. Aufl. 1986; *Hoffmann-Becking* (Hrsg.), Münchener Handbuch des Gesellschaftsrechts, Bd. 4, 1988; *Reuter,* Welche Maßnahmen empfehlen sich, insbesondere im Gesellschafts- und Kapitalmarktrecht, um die Eigenkapitalausstattung der Unternehmen langfristig zu verbessern?, Gutachten B zum 55. Deutschen Juristentag, 1984; *Sarrazin,* Genußscheine und Gesellschafterdarlehen – steuerlich günstige Finanzierungen, StBJb 1985/86, 145; *Schweizer/Volpert,* Genußrechte im Jahresabschluß, BB 1994, 821; *Sontheimer,* Die steuerliche Behandlung von Genußrechten, BB 1984, Beilage 19; *Uelner,* Die Unternehmensbesteuerung aus der aktuellen Sicht des Gesetzgebers, der Verwaltung und der Rechtsprechung, JbFfSt 1986/87, 11; *Vollmer,* Der Genußschein – ein Instrument für mittelständische Unternehmen zur Eigenkapitalbeschaffung an der Börse, ZGR 1983, 445; *ders.,* Genußscheine und Bezugsrechtsausschluß, DB 1991, 1313; *ders.,* Genußschein-Gewinnbeteiligungs-Bezugsrecht, DB 1990/Beilage 13; *ders.,* Genußscheine „Familienunternehmen", DB 1988, 541; *Vollmer/Maurer,* Sanierende stille Beteiligung und Sanierungsgenußschein zur Abwehr von Überschuldung, DB 1994, 1173; *Welter,* Rechtsfragen der steuerlichen Behandlung von Genußrechten, in: Recht und Praxis der Genußscheine, 1987; *Wollmert,* Bilanzierung von Genußrechten, BB 1992, 2106; *Ziebe,* Kapitalbeschaffung durch Genußscheine, BB 1988, 225; *ders.,* Kapitalausstattung durch Genußscheine, BB 1988, 225.

Zur Börseneinführung von GmbH-Anteilen: Bericht der Kommission „Zweiter Börsenmarkt", Börsenzugang für kleine und mittlere Unternehmen, hrsg., vom Ministerium für Wirtschaft, Mittelstand und Technologie Baden-Württemberg, 1987; *Reuter,* Welche Maßnahmen empfehlen sich, insbesondere im Gesellschafts- und Kapitalmarktrecht, um die Eigenkapitalausstattung der Unternehmen langfristig zu verbessern?, Gutachten B zum 55. Deutschen Juristentag, 1984; *K. Schmidt,* Die Eigenkapitalausstattung als rechtspolitisches Problem, JZ 1984, 779; *Semler,* Die GmbH auf Aktien als Ausprägung der GmbH für das Publikum, Festschrift für Walter Stimpel, 1985, S. 507; *Vollmer,* Eigenkapitalbeschaffung für die GmbH durch Börsenzugang, GmbHR 1984, 329.

I. Die Publikums-GbR

1 **1. Organisationsformen.** Als Alternative zur Publikums-(GmbH & Co.) KG bietet sich in der Praxis die Gesellschaft bürgerlichen Rechts als Publikums-Gesellschaft (= Publikums-GbR) an. Sie ist insbesondere bei **Investitionen in Großimmobilien** und andere Großwirtschaftsgüter wie Shopping-Center, Bürohäuser, Kommunalbauten, Bohrinseln und Schiffen, aber auch bei sog. Blind Pools und im Venture Capital Bereich anzutreffen.

2 Da für offene Fonds die AG bzw. GmbH als Rechtsform vorgegeben ist,[1] findet sich die Publikums-GbR – im Bereich der geschlossenen Fonds als Kapitalsammelstelle, wenn entweder im Rahmen sog. Eigenkapitalfonds das Investitionsvolumen nahezu ausschließlich aus Eigenmitteln der Anleger aufgebracht werden soll oder im Rahmen von sog. Fremdkapitalfonds bei geringem Eigenkapitaleinsatz der Anleger ein hoher Fremdmittelanteil bei guter Bonität und persönliche Haftungsbereitschaft der Anleger einzusetzen ist. Aber auch dort, wo eine Publikums-KG konzipiert war, die sich dann als Schein-KG herausstellt, kann materiellrechtlich eine Publikums-GbR gegeben sein.[2]

3 Werden mit dem Mittel der persönlichen Haftung Steuervorteile erstrebt, spricht man zudem von **steuerorientierten Fonds,** steht dagegen die Rentierlichkeit der Fondsbeteiligung im Vordergrund, spricht man von **Renditefonds.**[3]

4 *a) Die direkte Publikums-GbR.* Schließen sich eine Vielzahl von Kapitalanlegern – vermittelt durch den Kapitalanlagenvertrieb – in einer Publikums-GbR zusammen, in der in aller Regel ein Treuhänder die Geschäftsführung und Vertretung ausübt, und beteiligen sich die in der GbR zusammengefaßten Kapitalanleger direkt an dem Beteiligungsobjekt, so ist eine direkte Publikums-GbR gegeben.

5 Das gleiche Ergebnis ist darstellbar, wenn zunächst zwei Gründungsgesellschafter eine GbR gründen, wovon einer der (spätere) Treuhänder der Kapitalanleger ist, während der zweite Gründungsgesellschafter seine Beteiligung anteilig an Kapitalanleger verkauft und überträgt, die somit Gesellschafter in der Publikums-GbR mit Treuhänder werden.

---

[1] § 2 Abs. 1 UBGG, § 1 Abs. 2 KAGG.

[2] S. o. § 23 Rdnr. 30 b und 190 f.

[3] *Loritz/Wagner,* Konzeptionshandbuch, Bd. 2. Rdnr. 33–45.

b) Die GbR mit vorgeschaltetem Treuhänder. In der Praxis sind Konzeptionen anzutreffen, bei denen entweder der Treuhänder – mit anderen in einer Gesellschaft zusammengefaßt – das eigentliche Beteiligungsgeschäft betreibt, so daß dieser für die Kapitalanleger, die wiederum in einer GbR zusammengefaßt sind, seine Beteiligung treuhänderisch hält[4] oder aber der Treuhänder handelt nach außen im eigenen Namen allein, im Innenverhältnis jedoch für Rechnung der Kapitalanleger, die in einer Publikums-GbR zusammengefaßt sind.[5] Im ersten Falle vermittelt der Treuhänder den Kapitalanlegern in der GbR das **wirtschaftliche Eigentum** an seiner Gesellschaftsbeteiligung (= Beteiligungstreuhänderschaft), im zweiten Falle dagegen am Beteiligungsgegenstand (= Grundbuchtreuhänderschaft). 6

In beiden Fällen ist zwischen dem Gesellschaftsvertrag der Kapitalanleger in der Publikums-GbR einerseits und dem Treuhandvertrag mit dem Treuhänder andererseits zu unterscheiden. Bei letzterem ist wiederum danach zu differenzieren, ob der Treuhänder einen Treuhandvertrag mit jedem einzelnen Kapitalanleger der GbR oder mit der GbR selbst abgeschlossen hat.[6] 7

Sind die Kapitalanleger in einer Publikums-GbR zusammengefaßt, um z. B. dort ihre Stimmrechte, Kontrollrechte usw. auszuüben, während jeder einzelne Kapitalanleger seine Verpflichtung zur Mittelaufbringung im **singulären Treuhandvertrag** mit dem Treuhänder regelt, wie auch die GbR über kein Gesellschaftsvermögen verfügt, dann ist der Treuhänder für den einzelnen Kapitalanleger tätig, während die Publikums-GbR in der Regel als Innengesellschaft konzipiert ist. 8

Sind dagegen die Kapitalanleger in einer Publikums-GbR zusammengefaßt und haben dort ihre Kapitalanlage als Beitrag zu leisten, wie sie auch Gewinnausschüttungen aufgrund ihrer gesellschafterlichen Beteiligung erhalten, während der Treuhandvertrag zwischen Treuhänder und der GbR geschlossen wird, dann wird die GbR als Außengesellschaft konzipiert sein. 9

2. Grundlagen. *a) Der Gesellschaftsvertrag.* Wenn es in § 705 BGB heißt, durch den Gesellschaftsvertrag würden sich die Gesellschafter gegenseitig verpflichten, wird damit impliziert, die Gesellschafter hätten zu diesem Zweck auch an der Gestaltung des Gesellschaftsvertrages mitgewirkt. Da dies bei der Publikums-GbR in aller Regel nicht der Fall sein wird, indem den Kapitalanlegern ohne deren Mitwirkung ein fertiger Gesellschaftsvertrag textlich vorgegeben wird, den sie nur akzeptieren oder aber von der Beteiligung Abstand nehmen können, wird auch hier die Rechtsprechung von dem **Korrektiv der Inhaltskontrolle** Gebrauch machen.[7] Da Kapitalanleger, die sich an solchermaßen vorgeprägten Publikumspersonengesellschaften beteiligen, sich gegenüber der Initiatoren- bzw. Anbieterseite in einer sog. strukturellen Unterlegenheit befinden, sind solche Fondsgesellschaftsverträge grundrechtswidrig, wenn sie unausgewogen sind und man auch hierauf die Maßstäbe der neueren Rechtsprechung des BVerfG anwendet.[8] Es gilt mithin zwischen *Unwirksamkeit* und *Grundrechtswidrigkeit* zu unterscheiden. Dabei trifft eine diesbezügliche Inhaltskontrolle nicht nur die Gerichte, sondern bereits im Vorfeld des Vertragsabschlusses im Falle der Beurkundung von Gesellschaftsverträgen den Notar.[9] 10

b) Der gemeinsame Zweck. Während die Kommanditgesellschaft nach der Rechtsprechung des BGH ein **eigenständiges Rechtssubjekt** ist,[10] wird die Rechtssubjektqualität nach 11

---

[4] *Loritz/Wagner,* Konzeptionshandbuch, Bd. 2, Rdnr. 396–399; *Wagner* DStR 1996, 1008.

[5] *Görlich* DB 1988, 1102; *Loritz/Wagner,* Konzeptionshandbuch, Bd. 2, Rdnr. 400–403; *Wagner* DStR 1996, 1008, 1009.

[6] *Loritz/Wagner,* Konzeptionshandbuch, Bd. 2, Rdnr. 401; *Wagner* DStR 1996, 1008.

[7] S. o. § 23 Rdnr. 49–59; *Wagner/Sommer,* WM 1995, 561.

[8] BVerfGE 81, 242, 255; 89, 214, 231 ff.; BVerfG NJW 1994, 2749; *Wagner,* HdB, Fach 4310, Rdnr. 44–54.

[9] *Wagner* DStR 1995, 807 f.

[10] S. o. § 23 Rdnr. 10.

herkömmlicher und noch herrschender Meinung bei der GbR verneint. Hinter der Bezeichnung „Gesellschaft bürgerlichen Rechts“ verbirgt sich der durch Vertrag erfolgte Zusammenschluß mehrerer Personen zu einem gemeinsamen Zweck, der je nach Gesellschafterzusammensetzung neu zu beantworten ist, indem die Gemeinsamkeit von der Vorstellung und Zusammensetzung der Gesellschafter nicht getrennt werden kann. Dabei darf man sich aber nach *Flume*[11] und *Ballerstedt*[12] den Gesellschaftszweck nicht derart aufgeteilt denken, daß jeder Gesellschafter nach Maßgabe seiner Beteiligung seinen eigenen, im übrigen aber einen ihm fremden Zweck fördert, vielmehr solle der Zweck nach dem übereinstimmenden Willen der Partner unteilbar und eine Unterscheidung in Eigen- und Fremdzweck nicht angängig sein.

12 Dies scheint für die Publikums-GbR überholt. Zum einen wirken die Kapitalanleger an der Formulierung des Gesellschaftsvertrages und damit an der Artikulierung des gemeinsamen Zwecks nicht mit, zum anderen interessiert die Kapitalanleger der eigentliche Zweck, der mit den aufgebrachten Mitteln verfolgt werden soll, oft nur nachrangig, sofern der avisierte Steuervorteil oder die versprochene Rendite bezüglich der eigenen Beteiligung des Kapitalanlegers eingehalten wird.[13]

13 Hier deuten sich zwei Entwicklungen an, die noch der Konkretisierung durch die Rechtsprechung bedürfen:

14 Der **Kapitalanlageprospekt** dient neben dem Aspekt der gründungsrechtlichen Publizität[14] der Konkretisierung eines gesellschaftsvertraglich abstrakt beschriebenen Gesellschaftszwecks,[15] so daß sich in diesem Prospekt Primär- und Sekundärzwecke von Initiatoren, Gründungsgesellschaften und Kapitalanlegern zusammenfinden. Wenn „gemeinsamer Zweck“ auch ein solchermaßen abstrahierter Zweck sein kann, dann ist es auch nicht mehr notwendig, den gemeinsamen Zweck von der Vorstellung und Zusammensetzung der einzelnen Gesellschafter abhängig zu machen. Gesellschafterwechsel und Fungibilität des Beteiligungsan- und -verkaufs bei der Publikums-GbR wäre damit von der Zweckbestimmung losgelöst.

15 Die Verselbständigung der Publikums-GbR kann rechtsdogmatisch ferner durch die Theorie von *Flume* abgestützt werden, die GbR als Gruppe zu sehen.[16] Darunter versteht *Flume* die Verbundenheit der Gesellschafter zu einer Gruppe als Rechtssubjekt,[17] jedoch mit der Folge der Abstrahierung des gemeinsamen Zwecks durch die Vorgabe z. B. eines Prospekts als gemeinsamer Grundlage für die Gruppenmitglieder.[18]

16 *c) „Gesamthand“ und „Gesamthandsvermögen“.* Nach der (noch) h. M. sind Träger von Rechten und Pflichten die Gesellschafter in ihrer Verbundenheit als Gesellschafter.[19] Das Gesamthandsprinzip wird als Vermögenszuordnungsprinzip verstanden, nachdem die gesetzlichen Regelungen, die die Gesamthand ausgestalten, ausschließlich vermögensrechtliche Bestimmungen enthalten.[20] Das Gesamthandsvermögen ist ein Sondervermögen das sachenrechtlich den verbundenen Gesellschaftern zusteht, wobei jedoch die Höhe der

---

[11] Die Personengesellschaft, S. 38 f.

[12] JuS 1963, 253, 255.

[13] Zweifelnd, ob insoweit noch von einer Gesamthandsgesellschaft gesprochen werden kann, *Wagner,* Die Massenkommanditgesellschaft, S. 83–91 (für vergleichbares Problem bei der Publikums-KG).

[14] S. o. § 23 Rdnr. 31–39.

[15] *Wagner,* Die Massenkommanditgesellschaft, S. 84.

[16] *Flume,* Die Personengesellschaft, S. 56.

[17] In diese Richtung denkend auch *Kellermann,* anläßlich einer Podiumsdiskussion der 39. Fachtagung der Fachanwälte für Steuerrecht am 3. 5. 1988 in Wiesbaden, ähnlich *Brandes* WM 1989, 1357, 1359; *Hadding* WuB II.D § 15 GenG 1.92.

[18] Ähnlich *Nietzschke,* Die körperschaftlich strukturierte Personengesellschaft, S. 342.

[19] BGHZ 34, 293, 296.

[20] Z. B. Verfügungsbegrenzungen gemäß § 719 Abs. 1 BGB; Vollstreckungsbegrenzungen gemäß §§ 736, 859 Abs. 1 ZPO; An- und Abwachsungsprinzip gemäß §§ 738 ff. BGB; Liquidationsnormen gemäß §§ 731 ff. BGB.

versprochenen bzw. geleisteten Einlage für die Höhe der Mitberechtigung des einzelnen Gesellschafters am Gesellschaftsvermögen nicht maßgebend ist,[21] so daß die Höhe der Gesamthandsvermögensbeteiligung gerade auch bei der Publikums-GbR der gesonderten vertraglichen Festlegung bedarf.

Folglich kommt die (noch) h. M. zu folgenden Feststellungen: 17
- Gesamthandsgesellschaften sind Außengesellschaften;
- Innengesellschaften sind niemals Gesamthandsgesellschaften;
- Außengesellschaften sind immer Gesamthandsgesellschaften, da nur Außengesellschaften mit einem eigenen Vermögen am Rechtsverkehr teilnehmen können.[22]

Ausgehend von der im Vordringen befindlichen Meinung *Flumes,* die GbR als Gruppe zu verstehen,[23] trennt die Gegenmeinung die Begriffe „Gesamthand" und „Gesamthandsvermögen". Der Gesamthandsbegriff resultiert hier aus dem gemeinsamen Zweck aller Gesellschafter, so daß die Gesamthand als eine zur Erreichung dieses gemeinsamen Zwekkes gebildete **Handlungs- und Wirkungseinheit** verstanden wird[24] und als Gruppe aller Gesellschafter ein Gesamthandsvermögen haben kann, aber nicht haben muß. Nach dieser Meinung wird mithin der Gesamthandsbegriff nicht durch den Gesamthandsvermögensbegriff definiert, vielmehr sind beide Begriffe getrennt zu sehen. 18

Diese unterschiedlichen Auffassungen haben erhebliche Konsequenzen, da im Gegensatz zur (noch) h. M. folgende Feststellungen möglich wären: 19
- Auch Innengesellschaften sind Gesamthandsgesellschaften;
- Da die Bildung von Gesamthandsvermögen für Außengesellschaften verzichtbar ist,[25] müssen Außengesellschaften kein Gesamthandsvermögen haben;
- Auch Innengesellschaften können ein Gesamthandsvermögen haben.[26]

Wenn mithin in Anbetracht des Theorienstreits das Gesamthandsvermögen kein sicheres Einordnungskriterium zur Bestimmung der GbR als Außengesellschaft ist, empfiehlt es sich, die Einordnung vertraglich davon abhängig zu machen, ob die GbR nach außen auftritt (dann Außengesellschaft) oder nicht (dann Innengesellschaft). 20

d) Haftung. Die Tatsache, daß eine Gesamthandsgesellschaft mit Gesamthandsvermögen vorhanden ist, sagt noch nichts darüber aus, wer womit haftet. 21

Sind die Kapitalanleger einer Publikums-GbR in einer Innengesellschaft zusammengefaßt, ist schon deshalb eine gesamtschuldnerische Haftung ausgeschlossen; denn bei einer Innengesellschaft, die nach außen nicht im Rechtsverkehr auftritt, haften die Mitglieder der Innengesellschaft nicht aus der gesellschafterlichen Verbundenheit nach außen, so daß sich im Falle der Schlecht- bzw. Nichterfüllung auch nicht Fragen der Außenhaftung (seien es teil- oder gesamtschuldnerische Haftungen) stellen können. 22

Ist dagegen die Publikums-GbR als Außengesellschaft konstituiert, muß zwischen der Frage, wer haftet und der anderen Frage, womit gehaftet wird, unterschieden werden. 23

Wenn die Publikums-GbR als solche Verträge abgeschlossen hat, dann schuldet auch die Gesamthand – seien es die Gesellschafter in ihrer gesamthänderischen Verbundenheit oder als Gruppe – deren Erfüllung bzw. haftet bei Schlecht- bzw. Nichterfüllung.[27] Für den Fall der Bauherren- bzw. Wohnungseigentümergemeinschaft hat die Rechtsprechung bereits entschieden, daß aufgrund der beiderseitigen Erwartungen der Vertragsparteien davon auszugehen sei, daß der Anleger bzw. Wohnungseigentümer sich nur anteilig habe verpflichten wollen, so daß nicht von einer gesamtschuldnerischen, sondern nur von einer 24

---

[21] MünchKomm./*Ulmer,* BGB, 2. Aufl. § 718 Rdnr. 6.
[22] *K. Schmidt,* Gesellschaftsrecht, S. 1422.
[23] *Flume,* Die Personengesellschaft, S. 56.
[24] *Flume,* Die Personengesellschaft, S. 68 ff.; *Wagner,* Die Massenkommanditgesellschaft, S. 45 ff.
[25] *Wagner,* Die Massenkommanditgesellschaft, S. 50–52.
[26] Darstellung bei *K. Schmidt,* Gesellschaftsrecht, S. 1488.
[27] *K. Schmidt,* Gesellschaftsrecht, S. 1488.

teilschuldnerischen Haftung des Einzelnen gesprochen werden könne.[28] Solange dies noch nicht – aufgrund vergleichbarer Erwartungshaftung – für die Publikums-GbR auch außerhalb des Bau- bzw. Wohnungseigentumsbereichs durch die Rechtsprechung entschieden ist, empfiehlt es sich, vertraglich die teilschuldnerische Einstandspflicht der Mitglieder der Publikums-GbR entsprechend der gesondert festzulegenden Quote zu regeln.

25 Von der Frage, wer wie haftet, ist die zu trennen, womit gehaftet wird. Der Gesetzgeber hat nicht normiert, ob bei Vorhandensein nur mit dem **Gesamthandsvermögen** oder daneben auch mit dem **Privatvermögen** gehaftet werden müsse,[29] so daß sich dazu unterschiedliche Auffassungen entwickelt haben.[30]

26 Es ist anerkannt, daß im rechtsgeschäftlichen Bereich die Haftung in der Weise eingegrenzt werden kann, daß der z. B. in einer Publikums-GbR als Außengesellschaft eingebundene Kapitalanleger nur teilschuldnerisch und unter Ausschluß der Haftung seines Privatvermögens nur anteilig mit seinem Gesellschaftsvermögen haften können soll.[31] Entsprechende vertragliche Vereinbarungen umgehen mithin die aufgezeigten Klippen, wobei es nach dem Urteil des BGH vom 25. 10. 1984[32] ausreichend sein soll, daß die entsprechende Beschränkung der Vollmacht des die Mitglieder der GbR Vertretenden nach Prüfung erkennbar ist.

27 Auch bei gesetzlichen Ansprüchen ist die Rechtslage nicht eindeutig. So ist der BGH dann von einer Haftung der Gesellschafter nicht nur mit dem Gesellschaftsvermögen bei **Bereicherungsansprüchen** ausgegangen, wenn der Gläubiger bei seiner Leistung von der uneingeschränkten Haftung aller Gesellschafter ausgehen konnte.[33] Ob dies jedoch bei Gesellschaftern einer Publikums-GbR der Fall ist, ist mit dem zuvor dargelegten im Hinblick auf die Rechtsprechung des BGH zu Bauherrengemeinschaften und Wohnungseigentümergemeinschaften nicht eindeutig.[34] Auch im Falle der **unerlaubten Handlung** haftet ein Gesellschafter nicht ohne weiteres für die unerlaubten Handlungen des anderen Gesellschafters,[35] schon gar nicht mit seinem Privatvermögen. Darüber hinaus wird die Meinung vertreten, für sonstige gesetzliche Gesamthandsverbindlichkeiten bestehe eine Mithaftung der Gesellschafter nur dann, wenn die jeweiligen Anspruchsvoraussetzungen dem einzelnen gegenüber gegeben seien.[36] Damit ist aber noch nichts darüber gesagt, ob deshalb auch eine Haftung mit dem Privatvermögen anzunehmen sei, da mit der Beantwortung der Frage, wer haftet, noch nicht die Frage beantwortet ist, womit gehaftet wird.

28 Während der BGH sich zu diesen Problemen noch nicht abschließend geäußert hat, vertritt der BFH in seiner Entscheidung vom 23. 10. 1985[37] unter Hinweis auf die Entscheidungen des BGH vom 15. 10. 1973[38] und 16. 3. 1983[39] die Auffassung, der Gesell-

---

[28] BGH NJW 1959, 2160; NJW 1977, 294 f., NJW 1977, 1964; NJW 1979, 2101; BGH WM 1996, 1004.

[29] BGHZ 61, 338, 342.

[30] Z. B. nach MünchKomm./*Ulmer,* BGB. 2. Aufl., § 718 Rdnr. 30 bedarf es eines besonderen Verpflichtungsgrundes, wenn den Gesellschaftsgläubigern neben dem Zugriff auf das Gesamthandsvermögen auch derjenige auf das Privatvermögen offen stehen soll; nach *Kraft/Kreutz,* Gesellschaftsrecht, S. 114 kommt als Haftungsobjekt neben dem Gesellschaftsvermögen auch das Privatvermögen jedes einzelnen Gesellschafters in Betracht. Darstellung der Theorien bei *Wiedemann,* Gesellschaftsrecht I, S. 276–291 mwN.

[31] Zur Haftungsbeschränkung von GbR-Gesellschaftern: *Gummert* ZIP 1993, 1063; *Janssen* DStZ 1994, 276; *ders.* BB 1994, 1698; *Heermann* BB 1994, 2421; *Kögel* DB 1995, 2201; *Crezelius* JFAfSt 1994/95, 289.

[32] DB 1985, 432.

[33] BGH NJW 1985, 1828.

[34] Für eine vergleichbare Behandlung bei GOA *K. Schmidt,* Gesellschaftsrecht, S. 1511.

[35] BGHZ 45, 311. Umfassend *Altmeppen* NJW 1996, 1017.

[36] MünchKomm.*Ulmer,* 2. Aufl. § 718 Rdnr. 40.

[37] BB 1986, 120.

[38] BGHZ 61, 338.

[39] NJW 1983, 1905.

schafter einer GbR hafte für die Steuerschulden der GbR persönlich, womit er wohl auch die Haftung mit dem Privatvermögen einschließt. Nur verkennt der BFH dabei, daß die von ihm zitierte BGH-Rechtsprechung durch die Entscheidung vom 12. 11. 1984[40] fortgeführt wurde, wonach von einer persönlichen Haftung aller Gesellschafter nur auszugehen sei, wenn diese dem Gläubiger als solche erkennbar war. Dies läßt aber durchaus Raum für die Rechtsauffassung, daß dann zivilrechtlich der einzelne Gesellschafter nicht mit seinem Privatvermögen haftet, wenn – weil eine Publikums-GbR gegeben ist[41] – die Erwartung einer uneingeschränkten Haftung sich auf Gläubigerseite nicht bilden konnte. Der BFH hätte dies im Rahmen der Haftung der Gesellschafter einer Publikums-GbR für Steuerschulden nachvollziehen müssen. Zudem fehlt es für eine persönliche Haftung der Gesellschafter einer (Publikums-)GbR mit dem Privatvermögen – wie der BFH selbst ausführt – an einer gesetzlichen Grundlage und die gleichwohl vom BFH angenommene Haftung des Gesellschafters verwundert umso mehr, als doch belastende Steuerverwaltungsakte ohne gesetzliche Grundlagen gegen § 1 Abs. 1 AO sowie die aus Art. 20 Abs. 3 GG abzuleitenden Grundsätze des Vorrangs und Vorbehalts des Gesetzes verstoßen.[42] Gleichwohl hat der BFH inzwischen seine Rechtsprechung gefestigt, wonach es keine zivilrechtliche Haftungsbeschränkungen für Steuerschulden gibt.[43] Dem hat sich das BVerwG angeschlossen.[44]

Eine zivilrechtliche Haftung des Gesellschafters für vor seinem Beitritt begründete Verbindlichkeiten findet nicht statt.[45] Noch nicht entschieden ist seitens des BFH auf der Grundlage seiner zuvor angesprochenen Entscheidung, ob insoweit für das Steuerrecht anders oder entsprechendes gelten soll. **29**

Unabhängig von zuvor dargelegtem bestehen bei geschlossenen Immobilienfonds in der Rechtsform der direkten Publikums-GbR Risiken der mittelbaren Haftungserweiterungen bei dinglicher Mithaftung, wenn die Gesellschafts- bzw. Gesellschafterfremdfinanzierung auf dem Fondsgrundstück dinglich abgesichert ist und der Kapitalleger als Gesellschafter der GbR Grundstückseigentümer ist; denn kommt ein Mitgesellschafter seinen Verpflichtungen nicht nach, kann das finanzierende Kreditinstitut unter Umständen die Versteigerung des Grundstückes auch zu Lasten derjenigen betreiben, die ihre Verpflichtungen erfüllt haben. Solche Risiken können minimiert werden, wenn z. B. Zweckbestimmungsvereinbarungen mit dem Kreditinstitut getroffen werden, die dingliche Haftung nur für objektbezogene Ansprüche eingreifen zu lassen, Zusatzsicherheiten durch Garantien Dritter vorgesehen werden oder das Kreditinstitut sich jedenfalls auf Subsidiaritätsvereinbarungen einläßt, die zunächst eine abschließende vorherige Inanspruchnahme des Gesellschafters vorsehen, der seinen Verpflichtungen nicht nachgekommen ist.[46] **30**

e) Beitragspflichten. Terminologisch ist zwischen den Begriffen **„Beitrag"** und **„Einlage"** zu unterscheiden.[47] Bei der Publikums-GbR wird unter der Beitragspflicht des einzelnen Gesellschafters die Leistung der Einlage in die Gesellschaft verstanden. Die Höhe der versprochenen bzw. geleisteten Einlage ist, sofern nichts anderes vereinbart ist, für die Höhe der Mitberechtigung am Gesellschaftsvermögen nicht ausschlaggebend,[48] da sie nur den Ausgangsbestand des Gesellschafters für dessen Kapitalanteil bildet.[49] Da aber der Kapitalanteil sich aus Einlagen, Gewinn- und Verlustanteilen sowie Entnahmen des Gesellschafters **31**

---

[40] NJW 1985, 1828.

[41] Analog BGH NJW 1979, 2101.

[42] BVerfGE 8, 274, 276; *Wagner* BB 1986, 465, 471 f.

[43] BFHE 161, 390, 391; BFH MittRhNotk 1994, 263.

[44] BVerwG DStR 1994, 547.

[45] BGHZ 74, 240 f.; BGH NJW 1979, 1821; BAG DB 1988, 125.

[46] *Loritz/Wagner,* Konzeptionshandbuch, Bd. 2, Rdnr. 414–415.

[47] Zu den unterschiedlichen Begriffsinhalten s. die Übersicht bei *K. Schmidt,* Gesellschaftsrecht, S. 462 f.

[48] MünchKomm./*Ulmer,* BGB, 2. Aufl., § 718 Rdnr. 6.

[49] *Huber,* Vermögensanteil, S. 191, 199.

zusammensetzt[50] und ständigen Schwankungen unterworfen ist, bietet es sich an, die geleistete Einlage als feste Größe für die Stimmrechte und ggf. für einen Gewinn- und Verlustverteilungsschlüssel sowie die Beteiligungsquote am Wert der Gesellschaft gesellschaftsvertraglich vorzusehen.

32 Eine **Nachschußpflicht** besteht für den Gesellschafter gemäß § 707 BGB in der Regel nicht, wenn nicht in Fällen der mittelbaren Haftungserweiterung bei dinglicher Mithaftung[51] sich de facto eine solche anbietet, um auf diese Weise Zwangsversteigerungen des Fonds-Objekts zu vermeiden.

33 *f) Beteiligung am Gewinn und Verlust.* Es empfiehlt sich, im Gesellschaftsvertrag der Publikums-GbR die Quote eines jeden Gesellschafters für dessen Beteiligungsverhältnis am Gewinn bzw. Verlust festzulegen, da sonst mangels vertraglicher Regelungen gemäß **§ 722 Abs. 1 BGB** jeder Gesellschafter kraft Gesetzes ohne Rücksicht auf Art und Größe seines Beitrages bzw. der geleisteten Einlage „nur" einen gleichen Anteil am Gewinn und Verlust hat. Hier bietet es sich an, den Gesellschafter entsprechend dem Verhältnis der (geleisteten) Einlage zum Gesamtgesellschaftskapital vertraglich teilhaben zu lassen, wobei jedoch auch andere Beteiligungsschlüssel denkbar sind.

34 Ist darüber hinaus nichts gesondert vereinbart, richtet sich nach dem zuvor genannten Gewinnverteilungsschlüssel auch die Beteiligung am Wert der Gesellschaft wie sie u. a. bei der Verteilung von Liquidationsüberschüssen zum Ausdruck kommt.[52]

35 Unzutreffend ist dagegen die Annahme, der Gewinnverteilungsschlüssel sei auch für die Ausschüttung von Liquiditätsüberschüssen heranzuziehen.[53] Das BGB kennt im Gegensatz zu **§ 122 HGB** kein gesetzliches Entnahmerecht, so daß kraft Gesetzes kein Anspruch der Gesellschafter einer Publikums-GbR auf Ausschüttung bzw. Entnahme von Liquiditätsüberschüssen über die Gewinnausschüttung hinaus besteht. Dies bedarf vielmehr im Gesellschaftsvertrag der ausdrücklichen Regelung.[54]

36 *g) Beitritt zur Gesellschaft.* Der Beitritt zur Publikums-GbR erfolgt je nach Konzeption unterschiedlich.[55] Sollen die Kapitalanleger die Publikums-GbR gründen, wird in aller Regel der Treuhänder ermächtigt, unter Befreiung von § 181 BGB den Gesellschaftsvertrag abzuschließen, wenn ein ausreichendes Investitionsvolumen durch Kapitalanleger repräsentiert wird, um den Fonds zu schließen. Der Gesellschaftsvertrag ist dann bereits inhaltlich vorgegeben.

37 Haben Gründungsgesellschafter bereits eine GbR geschlossen und sollen die Kapitalanleger beitreten, wird mit ihnen ein Aufnahmevertrag vereinbart, der den Beitritt zur Gesellschaft und die Zustimmung des Beitritts weiterer Gesellschafter beinhaltet.

38 Verkauft einer der Gründungsgesellschafter anteilig seine Beteiligung an Kapitalanleger, liegt insoweit ein Kauf nebst Abtretung von Gesellschaftsbeteiligungen vor.

38a Bedeutsam werden könnte die Frage des fehlerhaften Beitritts[56] zur Publikums-GbR bzw. dem fehlerhaften Ausscheiden,[57] was entsprechend auch bei der Publikums-KG gilt. In diesen Fällen ist von einer sog. fehlerhaften Gesellschaft auszugehen, die nicht von Anfang an unwirksam ist, sondern wegen eines Nichtigkeits- bzw. Anfechtungsgrundes nur mit Wirkung für die Zukunft vernichtbar ist.[58] Ist die Fortsetzung der Gesellschaft auch für

---

[50] *Huber,* Vermögensanteil, S. 191.

[51] S. o. § 25 Rdnr. 30.

[52] MünchKomm./*Ulmer,* BGB, 2. Aufl., § 734 Rdnr. 4.

[53] So *Kurth,* Der geschlossene Immobilienfonds, S. 48 zu 2.2.9.

[54] MünchKomm./*Ulmer,* BGB, 2. Aufl.; § 705 Rdnr. 154, § 722 Rdnr. 10.

[55] Zu den Besonderheiten des geschlossenen Immobilienfonds als Publikums-GbR s. o. § 23 Rdnr. 60–68.

[56] BGHZ 26, 330, 334; 63, 338, 334; BGH WM 1973, 863; WM 1974, 318; WM 1988, 414, 416 f.; WM 1992, 490, 491; *Wiedemann* WM 1990, SB Nr. 8, S. 29; MünchKomm./*Ulmer,* BGB, 2. Aufl., § 705 Rdnr. 282; Staub/*Ulmer,* HGB-GK, 4. A., § 105 Rdnr. 369.

[57] BGH WM 1969, 791; WM 1975, 512, 513 f.; WM 1992, 693, 694.

[58] BGHZ 55, 5, 8; *Brandes* WM 1994, 569, 570.

solche Fälle gesellschaftsvertraglich vereinbart, steht dem Betroffenen ein jederzeitiges Kündigungsrecht zu.

Hier eröffnen sich völlig neue Problemfelder: So etwa, wenn zwischen den Anbietern einer Fondskonzeption und den Kapitalanlegern ein strukturelles Ungleichgewicht besteht und die Kapitalanleger dabei benachteiligt werden. Wurde bisher in diesen Fällen allenfalls über Prospekthaftungsfragen nachgedacht, die aber bei *gesellschafterlichen* Beteiligungen auf enge verjährungsrechtliche Grenzen stoßen,[59] kann jetzt bei oben dargestellten Konstellationen[60] bezüglich des Gesellschaftsvertrages Grundrechtswidrigkeit gegeben sein, womit die Beteiligungen *aller* Gesellschafter eines Fonds fehlerhaft wären. **38b**

Führt schon *eine* fehlerhafte Beteiligung eines Gesellschafters dazu, daß die GbR finanzierungsmäßig nicht (mehr) geschlossen ist, dann erst recht nicht, wenn alle Gesellschafter fehlerhaft beteiligt sind. Aus einer Publikums-GbR würde dann (unbemerkt) eine finanzierungsmäßig nicht geschlossene Liquidations-GbR.[61] **38c**

h) Kündigung, Ausscheiden und Auflösung. Publikums-GbR im Kapitalanlagenbereich werden oft auf unbestimmte Zeit gegründet, wobei den Gesellschaftern das Recht der Beteiligungsabtretung bzw. der Kündigung nach einer bestimmten Zeit (z. B. 20 Jahren) gesellschaftsvertraglich zugestanden wird; mit letzterem befristeten Kündigungsrecht wird das jederzeitige gesetzliche Kündigungsrecht des § 723 Abs. 1 Satz 1 BGB zeitlich limitiert,[62] was dann nicht § 723 Abs. 3 BGB zugeordnet wird, wenn die Frist bis zur Kündigung nicht übermäßig lange ist, ohne daß die Rechtsprechung sich hier mit Fristen bisher befaßt hätte.[63] Gerade wegen der bestehenden Ungewißheit, bis zu welcher Dauer befristete Kündigungen noch als wirksam angesehen werden können, sollte die Dauer vorsichtshalber 15 Jahre nicht überschreiten, wobei das Fristenproblem durch eine jederzeitige Abtretbarkeit der Beteiligung vor dem Hintergrund des aus § 138 BGB abgeleiteten Knebelungsvorwurfs entschärft werden kann. **39**

Das Recht zur Kündigung aus wichtigem Grund kann nicht abbedungen werden. **40**

Da die Kündigung des Gesellschaftsverhältnisses die Auflösung der Publikums-GbR zur Folge hätte, wird in der Regel gesellschaftsvertraglich eine **Fortsetzungsklausel** vorgesehen, wonach die Gesellschaft unter den verbleibenden Gesellschaftern fortgesetzt wird (§ 736 BGB). **41**

Wird dem Gesellschafter durch seine Mitgesellschafter – nicht durch die Gesellschaft – oder umgekehrt den Gesellschaftern durch einen Gesellschafter gekündigt, so scheidet der betreffende Gesellschafter aus der Publikums-GbR aus. Sein Anteil am Gesellschaftsvermögen wächst gemäß § 738 Abs. 1 Satz 2 BGB den übrigen Gesellschaftern zu, die ihrerseits dem Ausscheidenden dafür eine **Abfindung** zukommen lassen müssen, wobei die gesetzlichen Vorgaben in §§ 738 Abs. 1 Satz 2, Abs. 2, 739, 740 BGB gesellschaftsvertraglich durch eine andere angemessene Regelung ersetzt werden können. **42**

Die Auflösung einer Publikums-GbR wird in den Gesellschaftsverträgen in der Praxis vernachlässigt, so daß dafür dann die gesetzlichen Regelungen gemäß §§ 730 ff. BGB herhalten müssen. **43**

i) Geschäftsführung und Vertretung. Das Gesetz sieht in §§ 709 Abs. 1, 714 BGB Gesamtgeschäftsführungsbefugnis und Gesamtvertretungsmacht aller Gesellschafter vor, eine natürliche Konsequenz der vom Gesetzgeber typisiert angenommenen Gleichberechtigung aller Gesellschafter in der Verfolgung eines ungeteilten gemeinsamen Zwecks, so daß Einzelgeschäftsführungsbefugnis und Einzelvertretungsmacht gesellschaftsvertraglich gesondert zu regeln sind. **44**

---

[59] BGHZ 83, 222; 83, 328; BGH NJW 1984, 2524; BGHZ 102, 128.
[60] S. o. § 25 Rdnr. 10.
[61] BGH WM 1994, 1798.
[62] Beispiel bei *Kurth,* Der geschlossene Immobilienfonds, S. 49.
[63] Überblick bei MünchKomm./*Ulmer,* BGB, 2. Aufl., § 723 Rdnr. 42–58.

45 Für die Praxis der Publikums-GbR wird die Gesamtgeschäftsführungsbefugnis und Gesamtvertretungsmacht jedoch als unzweckmäßig erachtet, so daß die Geschäftsführung und Vertretung oftmals einem Dritten (z. B. dem Treuhänder) überlassen wird, ohne daß dieser selbst Gesellschafter wäre. Dies führt zuweilen zu Problemen im Verständnis um die Beachtung des Gebots der Selbstorganschaft bzw. des Verbots der Drittorganschaft.

46 Das Verbot der **Drittorganschaft** untersagt, daß sämtliche Gesellschafter einer GbR von der Geschäftsführung und Vertretungsmacht ausgeschlossen und diese Funktionen unter Ausschluß aller Gesellschafter von einem Dritten wahrgenommen werden. Es stellt jedoch keinen Verstoß gegen das Verbot der Drittorganschaft dar, wenn alle oder eine gewisse Anzahl von Gesellschaftern – ja sogar nur ein einziger Gesellschafter – geschäftsführungsbefugt und vertretungsberechtigt bleiben, aber per Beschluß oder im Gesellschaftsvertrag selbst einen Dritten mit der Ausübung der Geschäftsführung betrauen und ihm umfassende Vollmacht einräumen.[64] Entscheidend ist, daß die Gesellschafter sich nicht insgesamt der Geschäftsführung und Vertretung begeben, sondern lediglich die *Ausübung* derselben überlassen wird wie auch die Generalbevollmächtigung des Dritten die Gesellschafter nicht aus ihrer Vertretungsbefugnis insgesamt ausschließen darf, sondern diese sich aus dieser bei den Gesellschaftern verbliebenen Vertretungsmacht in besonderer inhaltlicher Gestaltung ableiten können lassen muß.[65]

47 Von der Frage der Ausübung der Geschäftsführung in einer GbR ist die zu trennen, nach welchen Mehrheitsverhältnissen diese auszuüben ist. Soweit in Publikums-GbR gesellschaftsvertraglich das Mehrheitsprinzip festgelegt ist, sollte geregelt werden, woran die Stimmrechte orientiert werden, da sonst im Zweifel gemäß § 709 Abs. 2 BGB die Zahl der Gesellschafter maßgebend ist.

48 *k) Gesellschafterversammlung.* Die Darstellung zur Gesellschafterversammlung bei der Publikums-KG kann für Gesellschafterversammlungen bei der Publikums-GbR analog Anwendung finden.[66]

49 **3. Steuerliche Besonderheiten der Publikums-GbR.** *a) Der Beschluß des Großen Senats des BFH vom 25. 6. 1984.* [67] Bei dem Ausgangsfall, der dem Großen Senat des BFH zur Entscheidung vorlag, handelte es sich um eine gewerblich tätige Publikums-GmbH & Co. KG, so daß nachfolgend aufzuzeigen ist, inwieweit die Entscheidungsgrundlagen des Großen Senats zu den einzelnen ihm gestellten Rechtsfragen auf die Publikums-GbR übertragbar sind:

50 Zur Rechtsfrage Nr. 1 hatte der Große Senat die **körperschaftsteuerpflichtige Einordnung** der Publikums-GmbH & Co. KG als Kapitalgesellschaft damit verneint, es handele sich um eine Personengesellschaft iS des § 15 Abs. 1 Satz 1 Nr. 2 EStG, da es gelte, die zivilrechtliche Rechtsform auch im Steuerrecht zu beachten.

51 Der Große Senat äußerte sich in diesem Zusammenhang zur im Handelsregister eingetragenen KG, die keine vollkaufmännische Betätigung betreibe und die er als Schein-KG bezeichnet, so daß nach Auffassung des Großen Senats insoweit zivilrechtlich eine GbR vorliege. Dies ist zivilrechtlich zwar nicht ganz zutreffend, da zwischen Schein-KG einerseits und der KG kraft Eintragung gem. § 5 HGB andererseits zu unterscheiden ist[68] aber besagte Ausführungen des Großen Senats des BFH lassen dessen Einstellung zur rechtlichen Behandlung einer (Publikums-) GbR zu dieser Rechtsfrage erkennen, die er ebenfalls als Personengesellschaft eingeordnet sehen möchte.

52 Ebensowenig wie die Publikums-GmbH & Co. KG – so die Rechtsfrage Nr. 2 – ist auch die Publikums-GbR als nicht rechtsfähige Personenvereinigung anzusehen, in-

---

[64] BGHZ 36, 292, 294; BGH WM 1982, 40, 41; WM 1982, 394, 396 f.; WM 1982, 583; BGH MittRhNotK 1994, 224.

[65] BGHZ 36, 292; BGH DB 1982, 218; DB 1982, 1395.

[66] S. o. § 23 Rdnr. 133–152.

[67] BStBl II 1984, 751.

[68] S. o. § 23 Rdnr. 30 b und 190 f.; § 25 Rdnr. 1.

dem auch hier der Große Senat an der zivilrechtlichen Einordnung der Gesellschaft anknüpft.[69]

Bezüglich der **Gewerblichkeit der Einkünfte** einer Personengesellschaft kraft Rechtsform – so die Rechtsfrage Nr. 3 – nimmt der Große Senat von seiner bisherigen Geprägerechtsprechung Abstand. Die Art der Einkünfte der Gesellschafter einer Personengesellschaft werde in erster Linie durch die Tätigkeit der Gesellschafter in ihrer gesamthänderischen Verbundenheit, mithin durch die Tätigkeit der Gesellschaft, bestimmt[70] und nicht durch die Rechtsform der Gesellschaft. Dies möchte der Große Senat nicht nur für die GmbH & Co. KG festgestellt wissen,[71] so daß dies gleichermaßen auch für die Publikums-GbR gilt.[72] 53

Entsprechend der Rechtsfrage Nr. 4 fordert der Große Senat die **Gewinnerzielungsabsicht** als Merkmal eines gewerblichen Unternehmens bei diesem selbst,[73] wobei er Personengesellschaften schlechthin anspricht[74] und die GmbH & Co. KG nur gesondert hervorhebt. 54

Zur Rechtsfrage Nr. 5 befaßt sich der Große Senat mit der auch für Beteiligungen an Publikums-GbR bedeutsamen Frage, wie ein Gesellschafter steuerlich zu behandeln ist, dessen Beteiligung befristet ist und der aufgrund dessen ggf. an **Betriebsvermögensmehrungen** nicht (mehr) teilnehmen kann.[75] Für Gesellschafter einer Publikums-GbR wird diese Frage dann von Interesse sein, wenn die Beteiligung jederzeit veräußerbar ist bzw. die Befristung bezüglich der ersten Ausübung des Kündigungsrechts ansteht.[76] Gerade im letzteren Falle gilt es bezüglich dieser Frist einerseits die zivilrechtliche Wirksamkeit nicht in Frage zu stellen, andererseits aber Zeit genug zur Dokumentation einer ggf. steuerlich relevant werdenden Gewinnerzielungsabsicht vorzusehen, da ja das Erstreben von Gewinn in Form von Steuervorteilen nicht (mehr) ausreicht.[77] Auch hier äußert sich der Große Senat generell zu Personengesellschaften und damit auch zur Publikums-GbR, ein Gesellschafter mit befristeter Beteiligung sei dann nicht Mitunternehmer iS des § 15 Abs. 1 Satz 1 Nr. 2 EStG, wenn für ihn gerade wegen der Befristung eine Beteiligung am Gewinn nicht zu erwarten sei. Aus diesem Grund werden auch i. d. R. die über einen Sekundärmarkt verkäuflichen steuerorientierten gesellschaftlichen Beteiligungen das Risiko steuerlicher Liebhaberei in sich tragen.[78] 55

b) Das Geprägegesetz. [79] Durch die Einfügung des § 15 Abs. 3 EStG n. F. wurde die vom Großen Senat des BFH in seiner Entscheidung vom 25. 6. 1984 abgeschaffte Geprägerechtsprechung des BFH durch den Gesetzgeber quasi wieder eingeführt. Danach würde – bezogen auf die Publikums-GbR als „andere Personengesellschaft" – diese einen Gewerbebetrieb im einkommensteuerlichen Sinne darstellen, wenn sie keine Tätigkeit iS des Abs. 1 Nr. 1 ausübt und bei ihr ausschließlich eine oder mehrere Kapitalgesellschaften persönlich haftende Gesellschafter sind und nur diese Personen oder Personen, die nicht Gesellschafter sind, zur Geschäftsführung befugt sind. 56

Mißt man diesen Gesetzeswortlaut an den oben dargestellten zivilrechtlichen Grundlagen einer (Publikums-)GbR,[80] bedeutet dies folgendes: 57

Die Ermittlung dessen, was im Steuerrecht als öffentlichrechtlichem Eingriffsrecht mit dem Gesetzeswortlaut noch vereinbar ist, stößt an verfassungsrechtliche Grenzen und ist nicht der Interpretationsfreudigkeit von Steuerrechtlern überlassen. So bedürfen belastende 58

---

[69] BFH 25. 6. 1984 GrS BStBl II 1984, 751, 758–760.
[70] BFH 25. 6. 1984 GrS BStBl II 1984, 751, 761.
[71] BFH 25. 6. 1984 GrS BStBl II 1984, 751, 763 f.
[72] Zum Geprägegesetz s. unter Rdnr. 60.
[73] BFH 25. 6. 1984 GrS BStBl II 1984, 751, 766.
[74] BFH 25. 6. 1984 GrS BStBl II 1984, 751, 765.
[75] BFH 25. 6. 1984 GrS BStBl II 1984, 751, 767.
[76] S. o. § 25 Rdnr. 39.
[77] BFH 25. 6. 1984 GrS BStBl II 1984, 751, 767.
[78] *Loritz/Wagner*, Konzeptionshandbuch, Bd. 2, Rdnr. 438–441.
[79] Zusammenfassende Darstellung bei *Kaligin* HdB, Fach 3536 mwN.
[80] S. o. § 25 Rdnr. 10–48.

Steuerverwaltungsakte einer gesetzlichen Ermächtigungsgrundlage, die nach Inhalt, Zweck und Ausmaß so hinreichend bestimmt sind muß, daß Eingriffe für den Steuerbürger voraussehbar und berechenbar sind.[81] Der Wille des Gesetzgebers kann dabei nur insoweit berücksichtigt werden, als er im Gesetzeswortlaut selbst zum Ausdruck gekommen ist.[82] wie auch rechtschöpferische Interpretationen zu Lasten von Steuerbürgern oder steuerbegründende Analogien mit den aus Art. 20 Abs. 3 GG abgeleiteten Grundsätzen des **Vorrangs und Vorbehalts des Gesetzes** nicht vereinbar sind.[83] Ausgehend von diesen verfassungsrechtlichen Vorgaben wiederspricht es diesen nicht, unter dem Begriff „persönlich haftende Gesellschafter" iS des § 15 Abs. 3 Nr. 2 EStG nicht nur einen terminus technicus für den Komplementär einer KG, sondern auch für Gesellschafter einer GbR zu verstehen.[84] Aber während nicht abdingbar[85] der Komplementär einer KG gemäß § 128 HGB persönlich auch mit seinem Privatvermögen haftet, kann der Gesellschafter der GbR sehr wohl seine persönliche Haftung quotal und unter Ausschluß der Haftung des Privatvermögens auf das Gesellschaftsvermögen beschränken.[86] Man würde mithin für die Haftungsbeschränkung in der GbR nicht unbedingt Kapitalgesellschaften benötigen, um im Wege der Gestaltungsfreiheit mit § 15 Abs. 3 EStG in Kollision zu geraten, wobei Analogien bzw. Interpretationen, für die GbR in solchen Fällen den Gesetzeswortlaut bei Haftungsbeschränkungen der geschilderten Art entsprechend anzuwenden, aus genannten verfassungsrechtlichen Gründen ausscheiden müssen.

59 Es läßt sich mithin vorstellen, daß bei der Publikums-GbR in dem oben dargestellten Umfang die Gesellschafter quotal eine Haftungsbeschränkung auf das Gesellschaftsvermögen vornehmen, jedoch und unter Beachtung der dargestellten Kriterien bezüglich des Verbots der Drittorganschaft[87] nur die *Ausübung* der Geschäftsführung – nicht die Geschäftsführung selbst – dem Treuhänder, der nicht Gesellschafter ist, nur *überlassen*, ohne deshalb als Gewerbebetrieb iS des § 15 Abs. 3 Nr. 2 EStG zu gelten.

60 Es zeigt sich mithin, daß die Annahme des Gesetzgebers, bei OHG, KG und GbR sei von gleichen bzw. vergleichbaren gesellschaftsrechtlichen Voraussetzungen auszugehen, unzutreffend ist, da zwar, soweit im HGB keine gesonderten Regelungen vorgesehen sind, die §§ 161 Abs. 2 bzw. 105 Abs. 2 HGB auf die §§ 705 ff. BGB verweisen, nicht aber für die GbR die Regelungen der Personenhandelsgesellschaften analoge Anwendung finden können, was sich zivilrechtlich, aber auch steuerrechtlich, bemerkbar machen kann.

61 *c) § 15 a EStG.* Gemäß § 15 a Abs. 5 Nr. 2 EStG gelten § 15 a Abs. 1 Satz 1, Abs. 2, Abs. 3 Sätze 1, 2 und 4 sowie Abs. 4 EStG bei Gesellschaftern einer GbR sinngemäß, soweit die Inanspruchnahme des Gesellschafters für Schulden im Zusammenhang mit dem Betrieb durch Vertrag ausgeschlossen oder nach Art und Weise des Geschäftsbetriebes unwahrscheinlich ist.

62 Damit ist in der ersten Variante der vertragliche Ausschluß der persönlichen Haftung mit dem Privatvermögen bzw. die Haftungsbegrenzung auf das Gesellschaftsvermögen gemeint. Möchte man dies vermeiden, ist zumindest die quotale Haftung mit dem Privatvermögen erforderlich.

63 Zur zweiten Variante wird u. a. die Einschaltung einer im eigenen Namen, aber für Rechnung der GbR handelnden Kapitalgesellschaft (z. B. Treuhänder) gezählt.[88]

63a Wegen der hier inzwischen aufgetretenen Irritationen wird im übrigen auf oben bereits ausgeführtes verwiesen.[89]

---

[81] BVerfGE 8, 274, 276.
[82] BVerfGE 11, 126, 130.
[83] BVerfGE 13, 318, 328; 19, 253, 267; NJW 1985, 1891.
[84] *L. Schmidt,* EStG 15. Aufl. § 15 Anm. Rdnr. 219.
[85] S. § 128 Satz 2 HGB.
[86] S. o. Rdnr. 21–30.
[87] S. o. Rdnr. 45–47.
[88] *L. Schmidt,* EStG, 15. Aufl. § 15 a Rdnr. 201.
[89] S. o. § 22 Rdnr. 139 ff.

d) Ist die GbR Steuerrechtssubjekt? Umsatzsteuerlich kann die GbR, sofern sie Unternehmer im umsatzsteuerlichen Sinne ist, Steuerschuldner sein.[90] Daneben haftet auch der Gesellschafter einer GbR für die Umsatzsteuerschulden der Gesellschaft,[91] wobei der BFH insoweit auf das Zivilrecht verweist.[92] 64

Auch grunderwerbsteuerlich ist Steuerschuldner die GbR, wenn das Grundstück durch die Gesellschafter der GbR gekauft wurde.[93] 65

In beiden vorgenannten Fällen ist mithin die GbR selbst rechtsfähig und verfahrensrechtlich beteiligungsfähig, so daß – mit Ausnahme des Einkommensteuerrechts, wo die Gesellschafter selbst steuerpflichtig sind – steuerlich bereits partiell das umgesetzt ist, was zivilrechtlich durch *Flume* im Rahmen seiner Gruppentheorie erst angeschoben ist.[94] Daneben haften aber zusätzlich die Gesellschafter der GbR für deren Steuerschulden.[95] 66

e) Zurechnungen von Einkünften bei Treuhandverhältnissen. Auf entstandene steuerliche Unklarheiten wurde oben bereits hingewiesen.[96] 66a

Für den Fall eines Grundbuchtreuhänders mit nachgeschaltetem geschlossenen Immobilienfonds in der Rechtsform einer GbR rechnet der BFH die Einkünfte des Grundbuchtreuhänders steuerrechtlich nur dann den Kapitalanlegern in GbR zu, wenn diese das Treuhandverhältnis beherrschen und der Treuhänder den Mietvertrag ausschließlich auf Rechnung und Gefahr des Treugebers abschließt und durchführt.[97] Nicht der Treuhänder, sondern der Treugeber muß die Leistungsbeziehungen beherrschen. Diese Beherrschung muß sich mithin auf das Treuhandverhältnis (Innenbeziehung) sowie auf die im Außenverhältnis abgeschlossenen Verträge beziehen wie auch die wirtschaftlichen Vorteile die Treugeber treffen müssen, die zudem den Risiken der Nachschußpflicht ausgesetzt sein müssen.[98]

Die Finanzverwaltung ist dem gefolgt.[99] Eine ähnliche Tendenz ist der Entscheidung des FG Rheinland Pfalz vom 28. 5. 1993[100] zu entnehmen, wenn dort die Auffassung vertreten wird, Steuerpflichtige, die nicht selbst Grundstückseigentümer seien, könnten nur dann steuerrechtlich Einkünfte aus Vermietung und Verpachtung erzielen, wenn zwischen Ihnen und dem Grundstückseigentümer eine GbR bestehe, die in ihrer Gesamthänderischen Verbundenheit Einkünfte aus Vermietung und Verpachtung erzielten, oder wenn man gemeinsam mit dem Grundstückseigentümer als Verpächter auftrete. 66b

Da diese Voraussetzungen für geschlossene Immobilienfonds in der Rechtsform einer GbR mit Grundbuchtreuhänder in der Praxis oft nur schwer umzusetzen sein werden, wird in dieser Konstellation die Einkunftsart Vermietung und Verpachtung kaum sicherzustellen sein, was möglicherweise mit dieser Rechtsprechung auch beabsichtigt wird, denn eine gesetzliche Grundlage für solche Vorgaben fehlt. 66c

Unsicherheit erzeugt diese Rechtsprechung jedoch deshalb, weil derzeit nicht abschätzbar ist, inwieweit solche Vorgaben von der Rechtsprechung auf den Beteiligungstreuhänder (bei der GbR) bzw. auf mittelbare Beteiligungen (bei der KG) übertragen werden, was dort zivilrechtlich auf Schwierigkeiten stoßen würde: Bei der GbR, um nicht in Probleme 66d

---

[90] BFH 16. 10. 1986 NV 1987, 618 f.

[91] BFH 23. 10. 1985 BStBl II 1986, 156.

[92] S. o. § 25 Rdnr. 27 und 28.

[93] BFH 22. 10. 1986 BStBl II 1987, 183; 11. 2. 1987 BStBl II 1987, 325.

[94] S. o. § 25 Rdnr. 15, 18.

[95] BFH/NV 1988, 615; NV 1988, 622; BFH 27. 3. 1990 BStBl II 1990, 939, 940; BFH/NV 1992, 87, 89; BFH BB 1994, 1281.

[96] S. o. § 22 Rdnr. 144 ff.; *Wagner* DStR 1996, 1008, 1012 f.

[97] BFH 27. 1. 1993 BStBl II 1994, 616, 617 f.

[98] BFH 27. 1. 1993 BStBl II 1994, 615, 618.

[99] BMF 1. 9. 1994 BStBl I 1994, 604. Dazu insgesamt *Loritz/Wagner,* Konzeptionshandbuch, Bd. 2, Rdnr. 449–454; *Fleischmann* DStR 1993, 828; *Hemmelrath/Busch* DStR 1993, 1347; *Wagner* DStR 1996, 1008, 1012 f.

[100] FG Rhl.-Pfl. EFG 1994, 153.

verbotener Drittorganschaft[101] zu geraten, denn die nachgeschalteten Treugeber wären Dritte und nicht Gesellschafter der GbR und bei der KG, weil selbst Kommanditisten von Geschäftsführung und organschaftlicher Vertretung ausgeschlossen sind (§ 164 Satz 1 HGB); um wie viel mehr muß dies für Treugeber gelten, die als nur mittelbar Beteiligte noch nicht einmal Gesellschafter sind.

II. Genußscheinbeteiligung

67 Zum Zwecke der Finanzierung von Unternehmen hat in den letzten Jahren die **Genußscheinemission als Kapitalanlage** an Bedeutung gewonnen, zumal sie unabhängig von der Rechtsform emittierender Unternehmen und deren Börsennotierung ist. Genußscheinemissionen sind auch öffentlichrechtlich Kreditinstituten und Versicherungsunternehmen gestattet, sei es unmittelbar oder über Beteiligungsgesellschaften.[102] So wird für Kreditinstitute neuerdings aufsichtsrechtlich gemäß § 10 Abs. 5 KWG Genußscheinkapital als haftendes Eigenkapital anerkannt wie auch Versicherungsunternehmen ihr aufsichtsfrechtlich anerkanntes Eigenkapital gemäß § 53 c VAG mit Genußrechtskapital aufstocken können. Schließlich sind Genußscheinemissionen, wenn sie vom arbeitgebenden Unternehmen aus erfolgen, begünstigte Vermögensbeteiligungen gemäß § 2 Abs. 1 Nr. 1 f 5. VermBG n. F und § 19 a Abs. 3 Nr. 3 EStG n. F.

68 **1. Rechtliche Ausgestaltung von Genußscheinen.** Genußscheine sind verbriefte Genußrechte. Der Gesetzgeber geht an verschiedenen Stellen[103] von deren Existenz aus, ohne sie aber zu definieren. Rechtsprechung, Literatur und Praxis stimmen darin überein, daß mittels Genußrechten bzw. Genußscheinen jedenfalls keine gesellschaftsrechtlichen Mitgliedsrechte, sondern lediglich Vermögensrechte und damit schuldrechtliche Ansprüche eingeräumt werden.[104] Eine positive Definition, die breiten Konsens gefunden hätte, findet sich aber auch hier nicht, so daß nachfolgend über die in der Praxis anzutreffenden Gestaltungen zu berichten ist.

69 Diese Ausgestaltungen sind in der Regel den sog. **Genußrechts- bzw. Ausgabebedingungen** der Genußscheine zu entnehmen. folgende Gestaltungen sind anzutreffen, wobei die Aufzählung nicht abschließend ist:
- Ausgabe zum Nenn- bzw. Grundbetrag, zu anderen Beträgen, mit oder ohne Agio;
- Teilhabe am Gewinn und/oder Liquidationserlös mit bzw. ohne Mindestverzinsung, mit bzw. ohne Verlustbeteiligung;
- Rückzahlung des Genußrechtskapitals zum Nennbetrag,[105] ohne Festlegung auf eine bestimmte Höhe des Rückzahlungsbetrages bzw. Ausschluß der Kündigung und damit der Rückzahlung;
- Gleichrangigkeit des Gewinnkapitals mit dem der Gesellschafter bzw. Nachrangigkeit.[106]

70 Der **Vorteil** der Kapitalaufbringung durch Genußscheine liegt u. a. in der weitgehenden inhaltlichen Gestaltungsfreiheit bei den Ausgabebedingungen, wobei die Attraktivität die-

---

[101] S. o. § 25 Rdnr. 46; siehe auch *Wagner* DStR 1996, 1008, 1012.

[102] Bundschuh u. a./*Schneider,* Recht und Praxis der Genußscheine, S. 7.

[103] Z. B. § 8 Abs. 3 Satz 2 KStG, §§ 160 Abs. 3 Nr. 6, 221 Abs. 3 AktG; § 2 Abs. 1 Nr. 1 f. 5. VermBG; § 19'a Abs. 3 Nr. 3 EStG.

[104] BGH WM 1992, 1902, 1903; *Krieger* in: Münchener Handbuch des Gesellschaftsrechts, Bd. 4, § 63 Rdnr. 28, Bundschuh u. a./*Thünnesen,* Recht und Praxis der Genußscheine, S. 9, weitere Nachweise dort Fn. 9. *Frantzen,* Genußscheine, S. 2 f.

[105] Nach Ziff. 4, Abs. 6 des BMF-Schreibens vom 30. 7. 1992 (BStBl I 1992, 472, 476) für vermögenswirksame Leistungen im Rahmen des 5. VermBG nicht zugelassen; ebenfalls nicht im Rahmen des § 19 a EStG (Ziff. 77, Abs. 9 LStR 1993).

[106] Weitere Darstellungen bei *Drexler* MAB, Fach 6210, Rdnr. 3–7; Bundschuh u. a./*Thünnesen,* Recht und Praxis der Genußscheine, S. 9 und 10 mwN. *Frantzen,* Genußscheine, S. 100–167 mwN.

ser Beteiligungsform sich auch in einem steigenden Gesamtvolumen der Genußscheinemissionen seit 1982 in einer Höhe von rund 2,4 Mrd. DM widerspiegelt.[107]

2. Abgrenzung zur Vorzugsaktie und Gewinnschuldverschreibung.[108] *a) Aktie.* Die Aktie stellt einen ziffernmäßigen Teil des Grundkapitals dar, verbrieft zugleich gesellschaftsrechtliche Mitgliedschaftsrechte und ist Wertpapier. Der Genußschein hat nur die letzte Komponente mit der Aktie gemein. 71

Obwohl mithin der qualitative Abstand zwischen Genußschein und Aktie signifikant zu sein scheint, hatte die Rechtsprechung wiederholt Anlaß, sich wegen er Möglichkeit der aktienähnlichen Ausgestaltung mit Abgrenzungsfragen zu befassen.[109] Der BGH stellt klar, daß mitgliedschaftsrechtliche Beteiligungen an einer AG nur durch Aktien und nicht durch Genußscheine eingeräumt werden können[110] und eine Bezugsrechtsausschluß von Genußscheinberechtigten nicht nach gleichen Kriterien wie bei Aktienemissionen[111] zu beurteilen ist.[112] 71a

b) Gewinnschuldverschreibung. Genußrechte und Gewinnschuldverschreibungen werden z. B. in § 221 AktG gleichermaßen genannt. Beiden ist gemeinsam, daß sie bei Aktiengesellschaften gemäß § 221 Abs. 1 Satz 1 und 2 sowie Abs. 3 AktG nur aufgrund eines mit $^3/_4$-Mehrheit zu treffenden Beschlusses der Hauptversammlung ausgegeben werden dürfen und beiden kann gemeinsam sein, daß neben oder an stelle der festen Verzinsung die Zahlung eines Gewinnanteils oder eines Betrages, der mit einem Gewinn zusammenhängt, versprochen wird.[113] 72

Während aber die Gewinnschuldverschreibung mit dem Dividendensatz der Gesellschaft in Verbindung steht,[114] ist dies beim Genußschein nicht notwendig, der zudem keine Kapitalunterlage erfordert, die zu verzinsen bzw. mit der Gewinnanteilszahlung zu bedienen ist.[115] 73

3. Eigen- oder Fremdkapital. Die Einordnung von Genußscheinkapital als wirtschaftliches Eigenkapital des emittierenden Unternehmens wird heute von folgenden Voraussetzungen abhängig gemacht:[116] 74

– Das Genußscheinkapital muß Risikokapital sein und vor dem Fremdkapital von Verlusten aus Geschäftsrisiken getroffen werden.

– Das Kapital muß der Gesellschaft dauerhaft zur Verfügung stehen, so daß es nicht bzw. nicht willkürlich und ersatzlos entzogen werden darf.

Die erste Voraussetzung ist erfüllt, wenn dem Genußrechts- bzw. Genußscheininhaber nur ein Anspruch auf **Ausschüttungsgewinn bzw. Liquidationserlös** gewährt wird, jedenfalls keine vom ausschüttungsfähigen Gewinn feste Verzinsung bzw. kein vom Liquidationserlös unabhängiger Anspruch auf Rückzahlung zum Nennwert zugesagt wird, da sonst Genußkapital zwar Haftkapitalcharakter hätte, gleichwohl aber nicht als Eigenkapital sondern als Fremdkapital einzuordnen wäre.[117] 75

Bezüglich der zweiten Voraussetzung ist für die GmbH streitig, ob Genußkapital der Kapitalbindung der §§ 30, 31 GmbHG unterliegt bzw. ob bei der GmbH & Co. KG die §§ 31, 31 GmbHG analog gelten. 76

---

[107] Bundschuh u. a./*Thünnesen,* Recht und Praxis der Genußscheine, S. 15.

[108] Bundschuh u. a./*Reusch,* Recht und Praxis der Genußscheine, S. 21 ff.

[109] BGH WM 1959, 434, 436; BGHZ 119, 305, 309 f.; WM 1992, 2098, 2100 f.; OLG Bremen WM 1991, 1920, 1922; OLG München WM 1994, 347, 348.

[110] BGHZ 119, 305.

[111] BGHZ 71, 40; 83, 319.

[112] BGH WM 1992, 2098, 2100.

[113] *Henn,* Handbuch des Aktienrechts, S. 598.

[114] MünchKomm./*Hüffer,* BGB, 2. Aufl., § 793 Rdnr. 29.

[115] *Henn,* Handbuch des Aktienrechts, S. 599.

[116] Bundschuh u. a./*Reusch,* Recht und Praxis der Genußscheine, S. 29 mwN unter Fn. 30; *Vollmer* ZGR 1983, 445, 451–454.

[117] *Vollmer* ZGR 1983, 445, 452.

77 Steuerlich kann das Genußscheinkapital demgegenüber wie Fremdmittel behandelt werden.

77a **4. Inhaltskontrolle.** Genußscheinbedingungen sind AGB und unterliegen folglich der Inhaltskontrolle des AGBG.[118] Dies deshalb, weil es sich um schuldrechtliche Rechtsbeziehungen handelt, so daß § 23 Abs. 1 AGBG nicht einschlägig ist. Bei aktienähnlich ausgestalteten Genußscheinen unterliegen sie auch einer an aktienrechtlichen Normen und Grundsätzen ausgerichteten Inhaltskontrolle.[119]

77b Werden Genußscheine mithin am (freien) Kapitalmarkt emittiert, so gilt es folgendes zu beachten:
– Die soeben angesprochene Inhaltskontrolle gem. § 9 Abs. 1 AGBG.[120]
– Verstöße gegen das Transparenzgebot bzw. die §§ 138, 242 BGB können auch unabhängig von der Inhaltskontrolle des AGBG zur Unwirksamkeit nachteiliger Bestimmungen führen.[121] Bei Genußscheinen ist bezüglich des Transparenzgebotes nicht auf die Erkenntnismöglichkeit des einzelnen Vertragspartners, sondern „auf die Verständnismöglichkeit des typischerweise bei Verträgen der geregelten Art zu erwartenden Durchschnittskunden abzustellen".[122]
– Ggf. ist die Grundrechtswidrigkeit von Genußscheinemissionen zu würdigen, wenn ein Fall der Benachteiligung der Kapitalanleger bei struktureller Ungleichgewichtigkeit zu ihren Lasten vorliegt.[123]

78 **5. Steuerliche Besonderheiten.**[124]*a) § 8 Abs. 3 Satz 2 KStG.* Wird durch Emission von Genußkapital z. B. bei der GmbH aktiengleiches Eigenkapital geschaffen, mindern Ausschüttungen jeder Art auf Genußrechte gemäß § 8 Abs. 3 Satz 2 KStG dann das körperschaftsteuerpflichtige Einkommen nicht, wenn es sich um Genußrechte handelt, mit denen das Recht auf Beteiligung am Gewinn und Liquidationserlös der Kapitalgesellschaft verbunden ist.

79 Hier war eine Diskussion in Gang gekommen, wie Genußrechte ausgestaltet sein müssen, damit **Ausschüttungen als Betriebsausgaben** abgezogen werden können, womit insbesondere streitig ist, was unter dem Begriff der „Beteiligung am Liquidationserlös" zu verstehen ist, wenn dieser kumulativ zur Gewinnausschüttung hinzutritt. Folgende Auffassungen werden vertreten:

80 – Eine Beteiligung am Liquidationserlös ist nur bei der Beteiligung an den stillen Reserven gegeben.[125]

81 – Genußrechte bzw. -scheine mit unbegrenzter Laufzeit bzw. ohne Kündigungsmöglichkeit sind ebenfalls als Beteiligungen am Liquidationserlös zu werten.[126]

82 *Knobbe-Keuk*[127] hat auf die Auskunft der Steuerabteilung des Bundesfinanzministeriums hingewiesen, die diese anläßlich der Einführung des Genußrechtskapitals in das KWG zur Beurteilung damit verbundener steuerlicher Fragen gegeben hatte. Danach verstand das Bundesfinanzministerium unter der Teilnahme am Liquidationserlös die Beteiligung an den stillen Reserven. Die vom BMF sowie von *Sarrazin* und *Uelner*[126] dagegen vorge-

---

[118] BGHZ 119, 305, 312.

[119] BGHZ 119, 305, 312.

[120] Dazu siehe ferner BGH NJW 1984, 171, 172; BGH WM 1987, 755, 756; BGHZ 97, 65, 73; 106, 42, 49; 119, 305, 312.

[121] BGHZ 119, 305, 313.

[122] BGHZ 119, 305, 313 u. H. a. BGHZ 106, 41, 49; 112, 115, 118.

[123] S. o. § 25 Rdnr. 7.

[124] Zur Darstellung des Meinungsstandes *Vollmer* ZGR 1983, 445, 453–454 mwN; Bundschuh u. a./*Welter,* Recht und Praxis der Genußscheine, S. 49 ff.

[125] *Sontheimer* BB 1984, Beilage 19, S. 5. *Knobbe-Keuk,* Bilanz- und Unternehmenssteuerrecht, S. 591.

[126] BMF 8. 12. 1986 BB 1987, 667; *Sarrazin* StBJb. 1985/86, 145, 147; *Uelner* JBFfSt 1986/87, 11, 22.

[127] BB 1987, 341.

nommenen Interpretationen sind vom Gesetzeswortlaut nicht gedeckte steuerschärfende rechtschöpferische Interpretationen und verfassungsrechtlich nicht haltbar.[128] Sie werden nunmehr auch vom BFH abgelehnt.[129]

Ebenso wie die „Beteiligung am Liquidationserlös" Interpretationsfragen aufgeworfen hat, kann fraglich sein, unter welchen Voraussetzungen noch von Gewinnbeteiligung gesprochen werden kann. Diskussionen haben sich insbesondere zu der Konzeption ergeben, daß Genußscheine eine **feste Mindestverzinsung** gewähren, die sich dann erhöht, wenn das Unternehmen Gewinne erwirtschaftet, die zu einer über der Mindestverzinsung liegenden Dividende für die Aktionäre führen.[130] **83**

Der BFH[131] hat auch in Fällen einer vergleichbaren Mindestverzinsung eine Gewinnbeteiligung bejaht. **84**

Wenn *Sontheimer*[132] dem entgegenhält, der Regelungen in § 8 Abs. 3 Satz 2 KStG habe der Gedanke zugrunde gelegen, Ausschüttungen auf Genußscheine sollten den Gewinn der Kapitalgesellschaft dann nicht mindern, wenn sie die Gesellschaft wirtschaftlich nicht stärker belasten als die Rechte der Aktionäre, so ist dem entgegenzuhalten, daß solche ggf. vorhandenen Gedankengänge aus verfassungsrechtlichen Gründen unbeachtlich sind, da sie nicht selbst im Gesetzeswortlaut zum Ausdruck gekommen sind.[133] **85**

b) Gewinnbesteuerung bei Veräußerung von Genußscheinen. [134] Ist der Inhaber von Genußscheinen mit diesen an einer Kapitalgesellschaft während der letzten 5 Jahre wesentlich beteiligt gewesen und übersteigen die innerhalb eines Veranlagungszeitraumes veräußerten Anteile 1% des Kapitals der Gesellschaft, dann zählt der Veräußerungsgewinn gemäß **§ 17 Abs. 1 Satz 1 EStG** für den Veräußerer zu den Einkünften aus Gewerbebetrieb, wenngleich mit den Freibeträgen gemäß § 17 Abs. 3 EStG, mit den Tarifbegünstigungen für einen Gewinn gemäß § 34 Abs. 2 Nr. 1 EStG und den Ausgleich und Abzugsfähigkeiten für einen Verlust.[135] **86**

Umstritten ist, ob § 17 Abs. 1 EStG nur den Genußscheinanteilsinhaber anspricht, der am Gewinn und am Liquidationserlös beteiligt ist oder nur die Genußscheine, die eines dieser Rechte verbriefen. Da der Gesetzeswortlaut keine Aussagen in einer bestimmten Richtung trifft, müssen aus verfassungsrechtlichen Gründen[136] auch Genußscheine erfaßt werden, die lediglich eines der Rechte verbriefen. Die dem widersprechende Auffassung *Sontheimers* läßt sich aus dem Wortlaut des Gesetzes nicht ableiten und ist mit der Entscheidung des BVerfG im 11. Band insoweit nicht in Einklang zu bringen. **87**

Bei der Frage, ob der Veräußerer von Genußscheinen wesentlich beteiligt war, ist zu entscheiden, was Bemessungsgrundlage für die mindestens 25%ige Beteiligung ist bzw. was als Beteiligung an der Gesellschaft iS des § 17 Abs. 1 Satz 3 EStG anzusehen ist: Ist für die 25%ige Beteiligung das Grund- bzw. Stammkapital mit oder ohne Einbeziehung des Genußkapitals Bemessungsgrundlage? Der BFH[137] hat die Beantwortung dieser Frage bisher dahingestellt sein lassen und nur entschieden, daß ein an einer Kapitalgesellschaft mit nominell mehr als 25% beteiligter Gesellschafter auch eine dieser Beteiligung entspre- **88**

---

[128] Zu denen durch Rechtsprechung des BVerfG belegten verfassungsrechtlichen Anforderungen s. o. Rdnr. 58.

[129] BFH DStR 1994, 651 mit Zustimmung *Angerer* DStR 1994, 652.

[130] *Sontheimer* BB 1984, Beilage 19, S. 4.

[131] StRK KStG § 7 S. 2 R. 1, differenzierend *Knobbe-Keuk*, Bilanz- und Unternehmenssteuerrecht, S. 591.

[132] BB 1984, Beilage 19, S. 4.

[133] BVerfGE 11, 126, 130; zu den verfassungsrechtlichen Anforderungen bei Steuergesetzen s. o. Rdnr. 58.

[134] Übersichtliche Darstellung bei *Sontheimer* BB 1984, Beilage 19, S. 7.

[135] Zur Verfassungsmäßigkeit des § 17 EStG BVerfGE 27, 111.

[136] BVerfGE 11, 126, 130; s. o. Rdnr. 58.

[137] BFH 21. 1. 1977 BStBl II 1977, 754.

chende Machtstellung innehaben muß.[138] Die Auffassung in der Literatur ist uneinheitlich.[139]

89 **6 Fazit.** Genußscheine als Finanzierungsinstrument bewegen sich in der Praxis zwischen Eigen- und Fremdkapitalfinanzierungen. Auch wenn sie überwiegend als wirtschaftliches Eigenkapital ausgestaltet werden, lassen sie sich steuerlich als Fremdmittel behandeln, wenn z. B. im Umkehrschluß zu § 8 Abs. 3 Satz 2 KStG nur eine der dort genannten beiden Voraussetzungen erfüllt wird, so daß dann Ausschüttungen auf Genußrechte Betriebsausgaben sind und das zu versteuernde Einkommen mindern.

90 Genußscheine erlauben eine außerordentliche **Gestaltungsvielfalt.** Elemente festverzinslicher Wertpapiere können mit ergebnisorientierten Ausschüttungen verknüpft werden. Individuelle Gestaltungen sind möglich, was auch die Kombination von Mindestrenditen mit Umtauschrechten in Beteiligungsrechten zuläßt.[140]

91 Auf den Inhaber lautende Genußscheine, in denen weder im vorhinein ein fester bestimmter Zinssatz noch ein fester Rückzahlungsbetrag versprochen wird bzw. Genußscheine, die nicht auf den Inhaber lauten, bedürfen nicht der Genehmigung nach § 795 BGB.[141]

92 Schließlich sind Genußscheine als inzwischen anerkannte fungible Kapitalmarktpapiere an den Wertpapierbörsen eingeführt.[142]

III. Börseneinführung von GmbH-Anteilen

93 **1. Intentionen.** Der Sachverständigenrat zur Begutachtung der gesamtwirtschaftlichen Entwicklung regte in seinem **Jahresgutachten 1979/80**[143] u. a. an, den Zugang zum organisierten Kapitalmarkt von der Rechtsform der Aktiengesellschaft zu lösen, um damit auch anderen Unternehmensformen den Gang an den organisierten Kapitalmarkt zu erleichtern. Gerade der vornehmlich in der Rechtsform der GmbH organisierte Bereich mittlerer Unternehmen ist nämlich aufgrund der schlechten Eigenkapitalausstattung[144] an einer Beteiligungsfinanzierung durchaus interessiert, möchte deshalb aber nicht unbedingt auf die Umwandlung in eine Aktiengesellschaft nach derzeitigem Recht angewiesen sein, zum einen aufgrund der damit verbundenen Kosten, im wesentlichen aber deshalb nicht, weil bei der Aktiengesellschaft kein vergleichbarer direkter Einfluß der Gesellschafter auf die Geschäftsführung und damit auf die Geschäftspolitik des Unternehmens möglich ist wie dies bei der GmbH der Fall ist.

94 Die dadurch entfachte Diskussion, GmbH-Anteile einer Börseneinführung zugänglich zu machen, hat Befürworter und Gegner gefunden.[145]

95 **2. Derzeitige Schwierigkeiten einer Börseneinführung.** Das z. Zt. geltende GmbH-Gesetz ist auf eine Börseneinführung von GmbH-Anteilen nicht ausgerichtet. Souverän der GmbH ist im Gegensatz zum Vorstand einer Aktiengesellschaft[146] nicht die Geschäftsführung, vielmehr sind es die Gesellschafter. Hiermit unvereinbar sind durch An-

---

[138] BFH 10. 12. 1969 BStBl II 1970, 310.

[139] Nachweis bei *Sontheimer* BB 1984, Beilage 19, S. 8.

[140] *Olivier,* Die Finanzierungsvielfalt der Börse, S. 57.

[141] MünchKomm./*Hüffer,* BGB, 2. Aufl., § 795 Rdnr. 6.

[142] *Olivier,* Die Finanzierungsvielfalt der Börse, S. 57; *Vollmer* ZGR 1983, 445, 456 ff.

[143] Sachverständigenrat zur Begutachtung der gesamtwirtschaftlichen Entwicklungs, Jahresgutachten 1979/80 Nr. 367.

[144] *Heindl,* Börseneinführung von GmbH-Anteilen, S. 19–22.

[145] Dafür u. a.: Sachverständigenrat zur Begutachtung der gesamtwirtschaftlichen Entwicklung, Jahresgutachten 1979/80, Rdnr. 367, 55. DJT 1984 befürwortete eine solche Einführung mit 73 : 65 : 11 Stimmen; das Baden-Württembergische Wirtschaftsministerium und der Vorstand der Wertpapierbörse Stuttgart (so *Heindl,* Börseneinführung von GmbH-Anteilen, S. 13 Fn. 1); dagegen u. a.: Deutscher Industrie- und Handelstag, BT-Drucks. 100/1315; *Reuter* 55. DJT Bd. 1, Gutachten B.

[146] § 76 Abs. 1 AktG.

teilshandel wechselnde Gesellschafterstrukturen, von denen die Geschäftsführung in einer sich u. U. wechselnden Geschäftspolitik abhängig ist.[147] Mit dem Formerfordernis der notariellen Beurkundung bei Verkauf und Übertragung von Geschäftsanteilen wollte der Gesetzgeber dem freien Anteilshandel begegnen,[148] da er maßgeblich auf die persönliche Bindung der Anteilsinhaber zur GmbH abstellt. Dies zeigt sich auch daran, daß Geschäftsanteile im Gegensatz zur Aktie,[149] die stets unteilbar ist, zwar teilbar sind, aber die Teilung an strengere Voraussetzungen als die Übertragung des gesamten Geschäftsanteils geknüpft ist. Auch die durch die notarielle Beurkundung ausgelösten Belehrungspflichten behindern eine unkomplizierte freie Handelbarkeit der Geschäftsanteile wie auch die GmbH von ihrer rechtlichen Ausrichtung her mehr auf langfristige Beteiligungen ausgerichtet ist.[150]

Die derzeitigen Schwierigkeiten einer Börseneinführung von GmbH-Anteilen sind 96
mithin in der vom Aktiengesetz völlig unterschiedlichen gesetzlichen Zielrichtung des GmbH-Gesetzes begründet: Während das Aktiengesetz die **freie Handelbarkeit der Beteiligung** im Auge hat, dann aber zwangsläufig die Verantwortlichkeit der Geschäftspolitik von den Gesellschaftern auf den Vorstand verlagert hat, geht das GmbH-Gesetz im Gegenteil von der Behinderung des Anteilshandels und von der **Langfristigkeit der Beteiligung** aus, weshalb die Verantwortung der Geschäftspolitik primär bei den Gesellschaftern verbleibt. Die notarielle Beurkundung der GmbH-Anteilsübertragung ist mithin nur ein technisches Hindernis, das der Gesetzgeber auch anders regeln könnte. Gewichtiger sind die unterschiedlichen Zielrichtungen des Aktiengesetzes und des GmbH-Gesetzes. Folglich ist zunächst einmal nach dem Sinn zu fragen, der mit einer Börseneinführung von GmbH-Anteilen zu verfolgen wäre, denn eine „Kopie“ der Aktiengesellschaft wäre nicht notwendig, und vor einer völligen Neuorientierung des GmbH-Gesetzes (in welche Richtung?) wäre zunächst zu klären, ob insoweit nicht statt dessen mit der sog. „kleinen AG“ geholfen werden könnte.[151]

In Erkenntnis des mit der Börseneinführung von GmbH-Anteilen in Kauf zu nehmen- 97
den Systembruches haben *Albach, Corte, Friedewald, Lutter* und *Richter* in einer von der Bertelsmann-Stiftung geförderten Studie statt dessen den Vorschlag einer **„Deregulierung des Aktienrechts“** gemacht, der die Einführung eines aktienrechtlichen Drei-Stufen-Modells mit gestaffelten Vorschriften für die personenbezogene, die mittlere und die große Aktiengesellschaft zum Inhalt hat.[152]

Diesen Vorschlägen liegen die Überlegungen zugrunde, an dem vorhandenen Aktien- 98
und Börsenrecht anzuknüpfen und durch die genannte Dreiteilung auch bei personalistisch strukturierten mittelständischen Unternehmen für den Zugang zur Rechtsform der Aktiengesellschaft derzeit noch vorhandene Hemmnisse zu beseitigen. Eine solche Deregulierung passe sich nach Meinung der Studienverfasser auch in die europäische Entwicklung ein.

3. Lösungsansätze für eine Börseneinführung. Allein damit zu argumentieren, die 99
Börseneinführung von GmbH-Anteilen könnte zu einer Verbesserung der Eigenkapitalausstattung führen,[153] beschreibt allenfalls ein Ziel, das sich auch mit einer kleinen AG und de lege ferenda erleichterten Umwandlungsvoraussetzungen für eine kleine AG realisieren ließe. Das eigentliche Problem liegt de lege ferenda in der zu beantworten-

[147] *Heindl,* Börseneinführung von GmbH-Anteilen, S. 16.
[148] Scholz*Winter,* GmbHG, 8. Aufl., § 17 Rdnr. 1.
[149] § 8 Abs. 4 AktG.
[150] *Reuter,* 55. DJT, Bd. 1; Gutachten B 29.
[151] BGBl I 1994, 1961, in Kraft getreten am 10. 8. 1994. Dazu siehe inzwischen *Bösert* DStR 1994, 1423; *Blanke* BB 1994, 1505; *Lutter* AG 1994, 429; *Seibert,* Die kleine AG, 1994, 2. Aufl.
[152] *Albach/Corte/Friedewald/Lütter/Richter,* Deregulierung des Aktienrechts: Das Drei-Stufen-Modell, 1988.
[153] *Heindl,* Börseneinführung von GmbH-Anteilen, S. 45.

den Frage, inwieweit sich von der Intention her ein neues GmbH-Gesetz vom Aktiengesetz unterscheiden soll oder ob mangels relevanter Unterschiede dann nicht ein Kapitalgesellschaftsrecht auszudenken wäre, das unter Aufgabe der getrennten Rechtsform von GmbH und AG nur noch eine Rechtsform einer Kapitalgesellschaft zum Gegenstand hätte.[154]

100 Die derzeit diskutierten Lösungsansätze vernachlässigen diese Fragestellung und befassen sich mit Überlegungen, welche – unabhängig von der Zielrichtung des GmbH-Gesetzes – Regelungen geändert werden müssen, um das gewünschte Ziel der Börseneinführung zu ermöglichen. Hierzu zählen:

101 – Abbau der formellen Hindernisse der §§ 15 Abs. 3–5 GmbHG;[155]

102 – Orientierung an den Zulassungsvoraussetzungen der Aktiengesellschaft zur Börse;[156]

103 – Standardisierung der an der Börse handelbaren Anteile;[156]

104 – einheitlicher Nennbetrag[157]

105 – im Falle von Inhaberpapieren Postulat der vollen Einzahlung der Anteile zur Verbriefung;[157]

106 – betragsmäßig festgelegtes Eigenkapital als Zulassungsvoraussetzung;[157]

107 – Mindestemissionsbetrag;[158]

108 – förmlicher Antrag auf Börsenzulassung vor einer an der Börse vertretenen öffentlichen Bankanstalt, Privatbank oder Bankfirma;[159]

109 – Börsenzulassungsprospekt, Prospekthaftung;[160]

110 – periodische und Ad-hoc-Publizität.[161]

111 *Haindl*[162] schlägt für den Handel mit GmbH-Anteilen den geregelten Markt vor.

112 An Ausgestaltungen für den Börsenzugang wird darüber hinaus eine neue Rechtsform der **GmbH auf Aktien** (GmbHaA) diskutiert.[163] Danach soll für die Verbandsordnung das GmbH-Gesetz, dagegen für die Ausgestaltung der Aktien, für die Rechtsverhältnisse der Gesellschaft sowie für die Hauptversammlung das Aktiengesetz gelten. Eine Abwandlung liegt in dem Vorschlag, bei der GmbH auf Aktien das Stammkapital in nichtbörsenfähige GmbH-Geschäftsanteile und börsenfähige GmbH-Aktien aufzuteilen.[164]

113 Die Landesregierung Baden-Württemberg hat über eine Kommission „Zweiter Börsenmarkt" einen Bericht über den Börsenzugang für kleine und mittlere Unternehmen erstellen lassen.[165] In dem dort gefundenen Lösungsansatz wird herausgearbeitet, wie Unternehmen in der Rechtsform der GmbH und KG durch autonome Regelungen der Börsen zum Handel zugelassen werden können. Nach Auffassung dieser Kommission sind Hin-

---

154 Entsprechend der seinerzeitigen Aufgabenstellung zur Untersuchung der Fortentwicklung des Gesellschaftsrechts zu einem umfassenden Unternehmensrecht s. Bericht über die Verhandlungen der Unternehmensrechtskommission, S. 78.

155 *Heindl,* Börseneinführung von GmbH-Anteilen, S. 45–47.

156 *Heindl,* Börseneinführung von GmbH-Anteilen, S. 47.

157 *Heindl,* Börseneinführung von GmbH-Anteilen, S. 48; *K. Schmidt* JZ 1984, 779.

158 *Heindl,* Börseneinführung von GmbH-Anteilen, S. 49/50.

159 *Heindl,* Börseneinführung von GmbH-Anteilen, S. 51.

160 *Heindl,* Börseneinführung von GmbH-Anteilen, S. 52–54.

161 *Heindl,* Börseneinführung von GmbH-Anteilen, S. 55–58.

162 Börseneinführung von GmbH-Anteilen, S. 61.

163 *Semler,* Festschrift für Stimpel, S. 508.

164 *Vollmer* GmbHR 1984, 329, 331.

165 Kommission „Zweiter Börsenmarkt – Börsenzugang für kleine und mittlere Unternehmen", Hrsg. Ministerium für Wirtschaft, Mittelstand und Technologie Baden-Württemberg, Stuttgart, 1987; Arbeitsgruppe „Zweiter Börsenmarkt – Börsenzugang für kleine und mittlere Unternehmen, konkrete Gestaltungsvorschläge", bearbeitet von *Vollmer/May,* Hrsg. Ministerium für Wirtschaft, Mittelstand und Technologie Baden-Württemberg, Stuttgart 1989; *Hopt* WM 1985, 795; *Giersch/Schmidt,* Offene Märkte für Beteiligungskapital 1986, S. 23 ff., 45 ff.; *Hennerkes/May* DB 1989, 1709; *Volkmer* WM 1991/Beilage 2; *Loritz/Wagner,* Konzeptionshandbuch, Bd. 2, Rdnr. 221.

dernisse nicht so sehr in der unterschiedlichen Zielrichtung des Aktiengesetzes und GmbH-Gesetzes angelegt, als vielmehr in den mangelnden Voraussetzungen börsen- und kapitalmarktrechtlicher Gegebenheiten.

§ 26 Management Buy-Out

Übersicht

Schrifttum: *Altmeppen,* Der „atypische Pfandgläubiger" – ein neuer Fall des kapitalersetzenden Darlehens?, ZIP 1993, 1677 ff.; *Assmann/Bozenhardt,* Übernahmeangebote als Regelungsproblem zwischen gesellschaftsrechtlichen Normen und zivilrechtlich begründeten Verhaltensgeboten, in: Assmann/Basaldua/Peltzer/Bozenhardt, Übernahmeangebote, 1990; *Baetge* (Hrsg.), Akquisition und Unternehmensbewertung, 1991; *Ballwieser,* Unternehmensbewertung beim Management Buy-Out, in: Baetge, (Hrsg.): Akquisition und Unternehmensbewertung, 1991, S. 82 ff.; *Baumbach/Hueck,* GmbHG-Komm., 15. Aufl. 1988; *Blumers/Marquardt,* Unternehmenskäufe durch Anteilserwerb nach neuem Umwandlungs(-steuerrecht), DStR 1994, 1869 ff.; *Blumers/Schmidt,* Leveraged-Buy-Out/Management-Buy-Out und Buchwertaufstockung, Gestaltungsalternativen für die Praxis, DB 1991, 609 ff.; *Bradley/Gelb,* Employee Buy-Outs of troubled companies, Harvard Business Review 1985, 121 ff.; *Breuel,* Venture Capital, in: Christians (Hrsg.), Finanzierungshandbuch 1988, 588 ff.; *O'Brien,* Buy-Outs, 1995; *Bühner,* Möglichkeiten der unternehmerischen Gehaltsvereinbarung für das Top-Management, DB 1989, 2181 ff.; *Caytas/Mahari,* Im Banne des Investment-Banking, 1988; *Christians* (Hrsg.), Finanzierungshandbuch, 1988; *Cogut/Spatt/Capelouto,* The Promoter in Leveraged Buy-Outs of Public Companies, in: Benjamin/Goldberg, Leveraged Acquisitions and Management Buy-Outs, 1988, S. 345 ff.; *Continental Bank* (Hrsg.), Management Buy-Out, Frankfurt 1990; *Cooke,* Management Buy-Outs, 1993; *Crawford,* A Management Guide to Leveraged Buyouts. A Case Study Digest, 1987; *Dreher,* Pfandrechtsgläubiger von Geschäftsanteilen als gesellschafterähnliche Dritte i. S. v. § 32 a Abs. 3 GmbHG, ZGR 1994, 144 ff.; *Ebke,* Management Buy-Outs, ZHR 1991, 132 ff.; *Emme-*

rich/Sonnenschein, Konzernrecht, 5. Aufl. 1993; *Fanselow,* Management Buy-Out: Ein Weg in die Selbständigkeit, ZfK 1987, 696 ff.; *Fanselow/Stedler,* Management-Buy-Out und Mezzanine Money, Die Bank 1992, 395 ff.; *Forst,* Management Buy-Out und Buy-In als Form der Übernahme mittelständischer Unternehmen, 1992; *Friedrich, K.,* Die Rechtsfolgen einer darlehensweisen Auszahlung von Stammkapital bei der GmbH, DStR 1991, 1118 ff.; *Friedrich, C.,* Auflösung einer Kapitalgesellschaft und Übernahme des Unternehmens durch einen Gesellschafter, BB 1994, 89 ff.; *Frommann,* Beteiligungskapital und Management-Buy-Out, ZfK, 1993, 444 ff.; *Ganske* (Hrsg.), Umwandlungsrecht, 1994; *Goutier,* § 8 Nr. 10 GewStG n.F. und die gewerbesteuerliche Organschaft, DB 1989, 244 ff.; *Graebner,* Die Auseinandersetzung um Leveraged Buyouts, 1991; *Gräper,* Management Buy-Out, 1993; *Hachenburg,* GmbHG-Komm., 8. Aufl. 1992; *Hansen,* Junk Bonds, 1991; *Harbers,* Zivilrechtliche Probleme beim Management Buy-Out, 1992; *Hauschka,* Wirtschaftliche, arbeits- und gesellschaftsrechtliche Aspekte des Management Buy-Out, BB 1987, 2169 ff.; *Heidemann,* Das Verhältnis zwischen Management und Aktionären beim Management Buy-Out in den USA und Deutschland, 1994; *Henze,* Auflösung einer Aktiengesellschaft und Erwerb ihres Vermögens durch den Mehrheitsgesellschafter, ZIP 1995, 1473 ff.; *Herzig,* Ausschüttungsbedingte Teilwertabschreibungen, DB 1988, 2265 ff.; *Hitschler,* Leveraged (Management-)Buyouts, BB 1990, 1877 ff.; *Hötzel,* Steuerorientierte Gestaltung des Unternehmenskaufs, 1993; *Hoffmann-Becking* (Hrsg.), Münchner Handbuch des Gesellschaftsrechts, Bd. 4, Aktiengesellschaft, 1988, (zit.: MünchHdbAG/Verfasser); *Holzapfel/Pöllath,* Recht und Praxis des Unternehmenskaufs, 7. Aufl. 1994; *Hommelhoff/Kleindiek,* Finanzierungsinstrumente im GmbH-Recht, FS 100 Jahre GmbH-Gesetz, S. 421 ff., 438 ff.; *Hüffer,* AktG, 1993; *Von Jeinsen,* Die besondere Problematik der kapitalersetzenden Gesellschafterdarlehen bei Management Buy-Outs in den neuen Bundesländern, BB 1992, 1149 ff.; *Jung,* Praxis des Unternehmenskaufs, 1992; *Karsunky,* Entwicklung eines funktionenorientierten „Leveraged Management Buy-Out"-Modells und Beurteilung seiner Strukturierungs- und Finanzierungsalternativen in der Bundesrepublik Deutschland, Großbritannien und Frankreich, 1992; *Kerber,* Die Übernahme von Gesellschaften mit beschränkter Haftung im Buy-Out-Verfahren, WM 1989, 473 ff., 513 ff.; *Koenen/Gohr,* Asset deal, share deal oder Kombinationsmodell – Anwendungsvoraussetzungen und ertragsteuerliche Effekte der Übernahme von Kapitalgesellschaften, DB 1993, 2541 ff.; *Köster,* Gestaltungsfragen beim Unternehmenskauf: Zeitkongruente Aktivierung von Dividendenansprüchen und ausschüttungsbedingte Teilwertabschreibung, DB 1993, 696 ff.; *Koppensteiner,* GmbH-rechtliche Probleme des Management Buy-Out, ZHR 1991, 97 ff.; *Kramer,* Buy-Outs in Deutschland, ZfK 1989, 954 ff., 1001 ff.; *Krieger,* Management Buy-Out, 1990; *Küting/Weber,* Die Bilanzanalyse, 1993; *Laub,* Management Buy-Out und Buy-Ins in den neuen Bundesländern, 1995; *Lennardt/Stefanovic,* Management Buy-Out. Vorbereitung und Umsetzung in den neuen Bundesländern, 1994; *Lenski/Steinberg,* Gewerbesteuergesetz, 8. Aufl. 1957/91; *Lerbinger,* Unternehmensakquisition durch Leveraged Buy-Out, Die Bank 1986, 133 ff.; *Litwin,* Financing the Leveraged Buy-Out, in: Benjamin/Goldberg, Leveraged Akquisitions and Management Buy-Outs, 1988, S. 107 ff.; *Lowenstein,* No more cozy Management Buy-Outs, Harvard Business Review 1986, 147 ff.; *Lutter/Hommelhoff,* GmbHG, 14. Aufl. 1995; *Lutter/Wahlers,* Der Buyout: Amerikanische Fälle und die Regeln des deutschen Rechts, AG 1989, 1 ff.; *Lutter,* Die Treupflicht des Aktionärs, ZHR 1989, 446 ff.; *Maier-Reimer,* Kreditsicherung und KapitalerSatz in der GmbH, FS Rowedder 1994, 245 ff.; *Meilicke,* Verdeckte Gewinnausschüttung: strafrechtliche Untreue bei der GmbH?, BB 1988, 1261 ff.; *Meister,* Die Sicherheitsleistung der GmbH für Gesellschafterverbindlichkeiten, WM 1980, 390 ff.; *Müller-Dott,* Die ausschüttungsbedingte Teilwertabschreibung nach § 26 Abs. 8 KStG, GmbHR 1990, 269 ff.; *O'Neill/Sellars,* Putting the deal together, in: de Caires (Hrsg.). Management Buy-Out 1988, 109 ff.; *Ormerod/Burns,* Raising Venture Capital in the UK, 1988; *Otto,* Buy-Out-Finanzierungen: Neue Akquisitionsstrukturen nach neuem Umwandlungsrecht, DB 1994, 2121 ff.; *ders.,* Die Verteilung der Kontrollprämie bei Übernahme von Aktiengesellschaften und die Funktion des Höchststimmrechts, AG 1994, 167 ff.; *ders.,* Fremdfinanzierte Übernahmen – gesellschafts- und steuerrechtliche Kriterien des Leveraged Buy-Out, DB 1989, 1389 ff.; *ders.,* Übernahmeversuche bei Aktiengesellschaften und Strategien der Abwehr, DB 1988, Beilage 12; *Peltzer,* Rechtliche Problematik der Finanzierung des Unternehmenskaufs beim MBO, DB 1987, 973 ff.; *Peltzer/Bell,* Besicherung von Gesellschafterkrediten mit dem GmbH-Vermögen, ZIP 1993, 1757 ff.; *Pöllath/Wenzel,* Gewerbesteuerliche Teilwertabschreibungen bei Organschaften, DB 1989, 797 ff.; *Raiser,* Konzernhaftung und Unterkapitalisierungshaftung, ZGR 1995, 156 ff.; *Reicheneder,* Investmentbanking, 1992; *Renkl,* Zugriffsmöglichkeiten der Gesellschafter einer GmbH auf das Gesellschaftsvermögen vor Ablauf des Geschäftsjahres, BB 1988, 2069 ff.; *de Ridder,* Finanzierung von Buy-Outs, in: Continental Bank (Hrsg.) Management Buy-Out, 1990. S. 49 ff.; *Rödder,* Konsequenzen des geplanten § 50 c Abs. 11 EStG für das Kombinations- und für das Umwandlungsmodell, DB 1995, 599 ff.; *Rödder/Hötzel,* Perspektiven für die steueroptimale Form des Unternehmenskaufs, FR 1994,

285 ff.; *Rowedder,* GmbHG-Komm., 2. Aufl., 1990; *Rutke,* Haftungsrechtliche Gesichtspunkte beim Buy-Out einer GmbH, WM 1989, 805; *Sharp* (Hrsg.), The Management Buy-Out Manual, 1993; *Schiessl,* Leveraged Buy-Outs in Germany, International Business Lawyer 1991, 305 ff.; *L. Schmidt,* EStG, 13. Aufl. 1994; *Schmid,* Die Bewertung von MBO-Unternehmen – Theorie und Praxis, DB 1990, 1877 ff.; *Uwe H. Schneider,* „Kapitalmindernde Darlehen" der GmbH an ihre Gesellschafter – zugleich ein Beitrag zu den rechtlichen Grenzen der Finanzierung des Leveraged/Management Buy-Out, in: Handelsrecht und Steuerrecht, FS Döllerer, 1988; *ders.,* Das Recht der Konzernfinanzierung, ZGR 1984, 497 ff.; *Scholz,* GmbHG-Komm., 8. Aufl. 1993; *Schwenkedel,* Management Buyout: Ein Geschäftsfeld für Banken, 1991; *Semler,* Leveraged Buy-Out und Management Buy-Out, in: Hölters (Hrsg.), Handbuch des Unternehmens- und Beteiligungskaufs, 3. Aufl. 1992, S. 510 ff.; *Singer,* An Overview of MBO's in Europe, in: Sharp (Hrsg.), The Management Buy-Out Manual, 1993, S. 1 ff.; *Sonnenhol/Stützle,* Bestellung von Sicherheiten durch eine GmbH und der GrundSatz der Erhaltung des Stammkapitals, DB 1979, 929; *Sonntag,* Die Politik der Finanzierungsinstitutionen bei Management Buy-Outs, in: Continental Bank (Hrsg.), Management Buy-Out 1990, S. 21 ff.; *Stalmann,* Marktmöglichkeiten von Junk Bonds in Deutschland, ZfK 1992, 526 ff.; *Streck,* Die Steuerinteressen und Steuermodelle beim Unternehmenskauf, BB 1992, 685 ff.; *Streck/Schwedhelm,* Management, Buy-Out und verdeckte Gewinnausschüttungen, BB 1992, 792 ff.; *Thiel,* Wege aus der Kapitalgesellschaft – Gestaltungsmöglichkeiten und Zweifelsfragen, DB 1995, 1196; *Thompson,* Trends in Management Buy-Outs, in: de Caires (Hrsg.), Management Buy-Out, 1988, S. 15 ff.; *Ulmer,* Schutz der GmbH gegen Schädigung zugunsten ihrer Gesellschafter? - Zur Relevanz der Rechtsprechung zu § 266 StGB für das Gesellschaftsrecht, in: FS Pfeiffer, 1988; *Vonnemann,* Strafbarkeit von GmbH-Geschäftsführern wegen Untreue zu Lasten der GmbH bei Zustimmung aller Gesellschafter?, GmbHR 1988, 329 ff.; *Wagner,* Management Buy-Out, 1993; *Webb,* Management Buyout, 1985; *Weber,* GmbH-rechtliche Probleme des Management Buy-Out, ZHR 1991, 120 ff.; *Weindl,* Die Kombination von Veräußerungs- und Ausschüttungsvorgängen als Gestaltungsmißbrauch?, DB 1992, 1467 ff.; *Widmann/Mayer,* Umwandlungsrecht, 27. Aktualisierung/Februar 1995; *Wright/Coyne/Mills,* Management buy-outs, 1987; *Zöllner,* Bemerkungen zu allgemeinen Fragen des Referentenentwurfs eines Umwandlungsgesetzes, ZGR 1993, 334 ff.

I. Einleitung

1. Begriffserläuterung. Management Buy-Out (MBO) ist ursprünglich, wie der auch hierzulande gebräuchlich gewordene Terminus schon nahelegt, eine aus dem angloamerikanischen Rechtsraum stammende Form des Unternehmenskaufs, als dessen Resultat die Manager einer Gesellschaft deren unternehmerische Führung übernehmen und dabei einen wesentlichen Teil der Gesellschaftsanteile erwerben. In diesem Zusammenhang sind auch die nachfolgend kurz erläuterten Begriffe von besonderer Bedeutung: 1

– **Leveraged Buy-Out (LBO),** in welchem die Kapitalstruktur des Zielunternehmens nach Übernahme einen überdurchschnittlichen Anteil an Fremdkapital aufweist. Da Manager nur selten in der Lage sein werden, einen erheblichen Teil des Kaufpreises in Form von Eigenkapital beizusteuern, wird – auch sofern sich institutionelle Investoren wie insbesondere Beteiligungsgesellschaften als Eigenkapitalgeber beteiligen – praktisch jeder MBO zu einem überwiegenden Teil durch Aufnahme von Fremdkapital finanziert. Der Terminus „Leverage" (= Hebel) weist dabei auf die Hebelwirkung des gesteigerten Fremdkapitaleinsatzes im Hinblick auf eine damit verbundene Erhöhung der Eigenkapitalrentabilität hin.[1] Ein solcher Leverage-Effekt kann erzielt werden, wenn der Zins für das zusätzliche Fremdkapital unter der Gesamtkapitalrendite der damit durchgeführten Investition – Erwerb des Zielunternehmens – liegt und bis zur Rückführung der Verbindlichkeiten auch bleibt. Das Risiko der unter dem letztgenannten Aspekt zu erstellenden Zukunftsprognose ist naturgemäß um so größer, je höher der in Kauf genommene Verschuldungsgrad und je langfristiger damit die Prognose ist.[2] Es wäre jedoch ein Irrtum anzunehmen, daß der niedrige Eigenkapitalanteil der Kaufpreisfinanzierung eine Folge der 2

---

[1] Vgl. z.B. *Küting/Weber,* Bilanzanalyse, S. 102 f.

[2] Zu den Chancen und Risiken des LBO unter betriebswirtschaftlichen Gesichtspunkten vgl. *Lerbinger,* Die Bank 1986, 133 ff., 140 ff.

beim Management i.d.R. anzutreffenden Begrenztheit verfügbarer privater Mittel ist. Vielmehr ist der niedrige Eigenkapitaleinsatz notwendige Voraussetzung einer (Spezial) Finanzierungsform, die unter Ausnutzung des Leverage-Effektes auf einen besonders hohen return on investment (ROI) abzielt (mindestens 25–35% p.a.). Im Falle des MBO verbindet sich so das diesbezügliche Finanzierungsinteresse der Investmentgesellschaft mit dem insoweit gleichgelagerten Interesse des Management an möglichst niedrigem Eigenkapitaleinsatz in einer besonders interessanten und den speziellen Reiz dieser Finanzierungsform ausmachenden Weise.

3 Management Buy-Outs sind daher, von den finanzierungstechnisch anders gelagerten Konstellationen bei Übernahme sanierungsbedürftiger oder sehr kleiner Unternehmen einmal abgesehen, stets auch Leveraged Buy-Outs. Zum Teil wird insoweit von Management Leveraged Buy-Outs (LMBO) gesprochen.[3] Umgekehrt setzen Leveraged Buy-Outs nicht zwingend die Beteiligung von Mitgliedern des Managements voraus, wenngleich dies schon aus Motivationsgründen in aller Regel angestrebt wird. Die begriffliche Abgrenzung von MBO und LBO hängt aber wesentlich von dem wirtschaftlichen Gewicht der Managementbeteiligung am Eigenkapital der Erwerbergesellschaft ab, wobei der Sprachgebrauch uneinheitlich ist. In den USA sind MBO im allgemeinen LBO-Markt aufgegangen.[4] Die Abgrenzung der LBO-Finanzierungsformen von „normalen" Kaufpreisfinanzierungen ist ebenfalls fließend und letztlich eine Frage der Eigenkapital-Fremdkapital-Relation der Kaufpreisaufbringung. Während in den USA zumindest in den Boom-Zeiten des LBO-Marktes Ende der 80-er Jahre EK/FK-Relationen von durchschnittlich 1 : 9 anzutreffen waren, sind in Großbritannien und Kontinentaleuropa eher „konservativere" Relationen ca. 1 : 4 und 1 : 5 üblich.[5] Der bislang größte LBO war die Übernahme des US-amerikanischen Nahrungsmittelkonzerns RJR NABISCO durch die New Yorker LBO-Firma Kohlberg, Kravis, Roberts & Co. (KKR) im Jahre 1988 mit einem Transaktionsvolumen von rd. 25 Mrd. US $. Dieser LBO stellte gleichzeitig die bislang größte Unternehmensübernahme der Wirtschaftsgeschichte dar.[6]

4 – **Belegschaft-Buy-Outs** stellen eine Variante des MBO dar, in welcher sich neben dem eigentlichen Management ein erheblicher Teil der Arbeitnehmerschaft an dem Erwerb von Anteilen des Unternehmens, ggfs. auch zu Sanierungszwecken, beteiligt.[7]

5 – **Management Buy-Ins** bezeichnen den Unternehmenserwerb durch ein Team nicht unternehmenszugehöriger Manager (MBI). Das unternehmerische Risiko der Investoren liegt im Falle eines MBI wegen der noch fehlenden Vertrautheit der von außen kommenden Manager mit den inneren Angelegenheiten des Zielunternehmens im allgemeinen höher als bei einem „normalen" MBO unter der Teilnahme der unternehmenseigenen Führungskräfte.

7 **2. Bedeutung im internationalen Vergleich.** Obgleich sich bereits anfangs der 70er-Jahre in den USA erste Ansätze von MBO finden, nahm die eigentliche „boomartige" Entwicklung der Form der Akquisitionsfinanzierung dort im wesentlichen ab Beginn der

---

[3] Zum Begriff des LMBO vgl. z.B. *Karsunky,* Leveraged Management Buy-Out, S. 20ff.; *Heidemann,* Management Buy Out, S. 45 ff., 47; *Graebner,* Leveraged Buyouts, S. 22.

[4] Vgl. *Lowenstein,* Harvard Business Review 1986, 147 ff.

[5] Hierzu *Gräper,* Management Buy Out, S. 20 m.w.N.; *Bernewitz,* Blick durch die Wirtschaft v. 26. 1. 88, S. 4; *Thompson,* Trends im MBO, S. 15; zu den Unterschieden zwischen dem us-amerikanischen und dem englischen, durch eine deutlich höhere Anzahl an Transaktionsvolumina geprägten Buy-Out Markt vgl. *Wright/Coyne/Mills,* Management buy-outs, S. 1–13.

[6] Vgl. Wall Street Journal v. 24. 10. 1988, S. 9; FAZ v. 22. 10. 1988, S. 16; Wirtschaftswoche v. 20. 1. 1989, S. 103 ff.

[7] Zu Management Buy-Outs unter Beteiligung auch der Belegschaft des Zielunternehmens vgl. *Wagner,* Management Buy-Out, 1993; hierzu ferner *Bradley/Gelb,* Harvard Business Review 1985, 121 ff.

80er-Jahre ihren Lauf[8] und setzte sich mit etwa fünfjähriger Verzögerung in Großbritannien sowie weitere zwei bis drei Jahre später – mit verminderter Dynamik – in Kontinentaleuropa fort.

Laut *Fanselow*[9] sollen in den **USA** 1982 Transaktionen im Gesamtvolumen von knapp 1 Mrd. US $ und 1986 bereits von 20 Mrd. US $ abgewickelt worden sein, wobei die Zahl der MBO von 1982 bis 1986 ca. 1000 betragen habe. *Ebke*[10] berichtet von einer zahlenmäßigen Zunahme US-amerikanischer MBO von 981 im Jahre 1975 über 3489 in 1985 bis 4026 im Jahre 1988. Als „Erfinder" der Finanzierungstechnik des Leveraged Buy-Out gilt Jerome Kohlberg jr., ehemaliger Seniorpartner der New Yorker LBO-Firma Kohlberg, Kravis, Roberts & Co. (KKR). Das im Wege der LBO aufgebaute, ständig in Umschichtung begriffene Beteiligungsnetz von KKR erzielte im Jahre 1987 Beteiligungserträge von 38 Mrd. US $, nur etwa eine Milliarde weniger als der sechstgrößte US-Konzern General Electric.[11] 8

Die für die 80er-Jahre typischen LBO/MBO erfolgten in den USA insbesondere vor dem Hintergrund einer angestrebten „Kapitalfreisetzung" bei großen, nicht mehr sinnvoll diversifizierten Unternehmenskonglomeraten, deren einzelne Teile in der Summe höher bewertet wurden als das Ganze oder bei Cash-Flow-starken Unternehmen in reifen Märkten, deren Reinvestitionsmöglichkeiten des erwirtschafteten Cash-Flows den Rentabilitätsanforderungen nicht mehr entsprachen.[12] Transaktionswerte von über 1 Mrd. US $ nahmen nach erfolgreicher Durchführung des ersten LBO dieser Größenordnung (Übernahme der Wometco Enterprises durch KKR für 1,1 Mrd. US $ im Jahre 1984) beträchtlich zu. 1986 folgte mit der Akquisition des Beatrice-Konzerns für 6,2 Mrd. US $ (ebenfalls durch KKR) ein weiterer Höhepunkt, der schließlich im Jahre 1988 durch KKR's Übernahme des Nahrungsmittelkonzerns RJR Nabisco für rd. 25 Mrd. US $ noch bei weitem in den Schatten gestellt wurde. Dieser LBO verlief entgegen vielen durch mangelndes Verständnis derartiger Finanzierungsformen hervorgerufener Befürchtungen durchaus erfolgreich,[13] wenngleich die Renditeerwartungen von KKR aufgrund eines unvorhergesehenen Preiskrieges auf dem amerikanischen Zigarettenmarkt und Verschärfung der Antirauchergesetzgebung letztlich nicht in Erfüllung gingen.[14] 9

Die US-amerikanischen Mega-LBO's konnten nur unter Inanspruchnahme eines in den USA gleichzeitig neu entstandenen Marktes für Risikoanleihen (Junk-Bonds) finanziert werden. Dieser Markt brach jedoch im Herbst 1989 zusammen, als in der Endphase des LBO-Booms die Zahl der für LBO-Refinanzierungen geeigneten Übernahmeobjekte zurückging und vermehrt unsolide, übertrieben riskante Finanzierungen bei ungeeigneten, z.B. in zyklischen Branchen tätigen Unternehmen auftraten. Auslöser des Zusammenbruchs des LBO-Marktes waren schließlich der in Insolvenz geendete LBO der Einzelhandelskette Federated Department Stores und das Scheitern der Finanzierungsbemühungen für einen Mitarbeiter-Buy-Out bei der Fluglinie United Airlines.[15] Mit 10

---

[8] Zur historischen Entwicklung in den USA vgl. *Graebner,* Leveraged Buyouts S. 37 ff.; *Heidemann,* Management Buy Out, S. 67 ff.; *Ebke* ZHR 1991, S. 132 ff.; *Harbers,* Management Buy Out, S. 14 ff.

[9] *Fanselow* ZfK 1987, 696 ff., 698.

[10] *Ebke* ZHR 1991, 132 ff., 137.

[11] Vgl. Fortune v. 4. 7. 1988, S. 53.

[12] Vgl. *Caytas/Mahari,* Investmentbanking, S. 202 ff.; *Graebner,* Leveraged Buy Outs, S. 38; *Otto,* DB 1989, 1389 ff., 1390 f.

[13] Der Anteil von Eigenkapital einschließlich Quasi-Eigenkapital (nachrangige Verbindlichkeiten) an der Gesamtfinanzierung (einschließlich Betriebsmittelkredit) betrug immerhin 34,5% des Gesamtfinanzierungsvolumens von rd. 25,8 Mrd. US-Dollar, vgl. die Wiedergabe der Finanzierungsstruktur der Nabisco-Übernahme bei *Hansen,* Junk Bonds, S. 118/9. Bereits nach drei Jahren wurde den von RJR emittierten „junk bonds" von den rating-Agenturen wieder investment grade Qualität zuerkannt, vgl. Börsen-Zeitung v. 11. 12. 91, S. 8.

[14] Vgl. Fincancial Times v. 17. 3. 95, S. 21.

[15] Vgl. Financial Times v. 17. 1. 90, S. 18; FAZ v. 23. 10. 89 u. 16. 10. 89, S. 24, *Graebner,* Leveraged Buyouts, S. 39.

dem Niedergang des Marktes für Risikoanleihen kam es zwangsläufig zu einem vorläufigen Ende der für die späten 80er-Jahre typischen Mega-LBO's. Inzwischen hat sich der Junk-Bond-Markt jedoch wieder weitgehend erholt[16] (Marktvolumen Ende 1994 mit ca. 290 Mrd. US $ höher als 1989), ohne daß es allerdings bislang auch zu einem spürbaren Wiederanstieg der Zahl großer LBO-Transaktionen gekommen wäre. Hiermit wird zunehmend zu rechnen sein, wenn der konjunkturelle Aufschwung der US-Wirtschaft seinen Höhepunkt überschritten hat und mit abnehmendem Investitionsbedarf wieder mehr Unternehmen die für LBO-Finanzierungen relevanten Eignungskriterien[17] erfüllen.

11 Die für **Großbritannien** typischen Management Buy-Outs finden i.d.R. bei mittelgroßen bis kleinen Unternehmen statt, wohingegen Buy-Outs bei Großunternehmen die Ausnahme blieben. An der Universität von Nottingham existiert ein eigenes „Center for Management Buy-Out Research", welches statistische Auswertungen abgewickelter MBO-Transaktionen in der „Rewiew of UK Management Buy-Outs" veröffentlicht. Danach hat es im Zeitraum 1979 bis 1987 – bei stetig zunehmender Tendenz – insgesamt 1.845 MBO mit einem Gesamtvolumen von rd. 6,641 Mrd. £ gegeben.[18] Dabei ergab eine Auswertung der im Jahre 1985 abgewickelten MBO, daß etwas mehr als die Hälfte einen Transaktionswert von weniger als 1 Mio. £ hatte und ca. 38% zwischen 1 Mio. und 10 Mio. £ lagen.[19] Das bislang größte Volumen mit einem Gesamttransaktionswert von rd. 7,5 Mrd. £ wurde im Jahre 1988 erreicht. Danach fielen Zahl und Gesamtwert der MBO's wieder zurück, stabilisierten sich jedoch auf relativ hohem Niveau. So wurden für 1991 567 Buy-Outs mit einem Volumen von 2,836 Mrd. £, für 1992 580 Buy-Outs mit einem Volumen von 3,262 Mrd. £ und für 1993 477 Buy-Outs mit einem Volumen von 2,85 Mrd. £ registriert.[20] Da die Veröffentlichungs- und Erfassungspraxis in Großbritannien ein weitaus höheres Niveau als in den meisten kontinentaleuropäischen Ländern hat, geben die vorgenannten Zahlen einen relativ guten Indikator für die tatsächliche Marktentwicklung ab. Anzahl und Gesamttransaktionswert der englischen Buy-Outs erreichten bislang – mit gewissen jährlichen Schwankungen – in etwa die korrespondierenden Werte, die für das gesamte übrige Europa ermittelt werden konnten.

12 **In Kontinentaleuropa** sind zuverlässige statistische Angaben über Zahl und Transaktionsvolumina von Buy-Out-Transaktionen aufgrund einer noch vielfach antreffenden Zurückhaltung der Beteiligten mit öffentlichen Angaben nur schwer zu treffen. In der Europe Buy-Out Review finden sich hierzu folgende Angaben:

NUMBER OF BUYOUTS

	AU	B	DK	EI	SF	F	D	I	NL	N	P	E	SW	CH-	TOT
1980–86	3	25	13	84	5	150	45	22	150	7	–	11	54	20	589
1987	3	4	8	22	5	50	8	3	30	7	–	4	18	–	162
1988	6	10	20	14	14	100	36	10	32	8	1	8	23	5	287
1989	5	13	53	12	16	130	25	23	53	8	–	12	37	21	408
1990	8	8	38	16	26	150	36	29	36	9	4	12	44	15	431
1991	10	8	6	5	21	120	27	23	42	5	2	9	37	18	333
1992	5	13	7	6	35	110	52	15	49	8	3	13	36	31	383
1993	4	6	6	9	40	80	49	31	52	3	5	15	33	41	374
1980–1993	44	87	151	168	162	890	278	156	444	55	15	84	282	151	2967

[16] Vgl. Financial Times v. 19. 12. 94, S. 20; Wirtschaftswoche v. 25. 3. 94, S. 113.
[17] Hierzu nachfolgend Rdnr. 21 ff.
[18] Vgl. die Wiedergabe des Zahlenmaterials bei *Thompson,* Trends im MBO, s. 15.
[19] Zahlenmaterial wiedergegeben bei *Ormerod/Burns,* Venture Capital, S. 45 ff.
[20] Europe Buyout Review 1993, S. 4; Europe Buyout Review 1994, S. iv.

TOTAL AND AVERAGE VALUES (£m)

	AU	B	DK	EI	SF	F	D	I	NL	N	P	E	SW	CH-	TOT
Total 1989	80	79	210	20	73	900	485	360	222	12	–	70	785	100	3396
Total 1990	50	97	199	60	78	1800	292	350	126	132	15	85	737	212	4233
Total 1991	80	62	67	10	83	1200	224	365	325	13	4	72	328	132	2965
Total 1992	66	50	87	24	46	984	322	300	291	24	134	232	282	118	2960
Total 1993	21	30	24	90	77	792	310	405	299	7	46	33	610	377	2121
Average 1989	16.0	6.1	4.0	1.7	4.6	6.9	19.4	15.7	4.2	1.5	–	5.8	21.2	4.8	
Average 1990	6.3	12.1	5.2	3.8	3.0	12.0	8.1	12.1	3.5	14.7	3.8	7.1	16.8	14.1	
Average 1991	8.0	7.8	11.2	2.0	4.0	10.0	8.3	15.9	7.7	2.6	2.0	10.2	8.9	7.3	
Average 1992	13.2	3.8	12.4	4.0	1.3	8.9	6.3	20.0	5.9	3.0	44.7	17.8	7.8	3.8	
Average 1993	5.3	5.0	4.0	10.0	1.9	9.9	6.3	13.1	5.8	2.3	9.2	2.2	18.5	3.9	

Wenngleich die vorstehenden Zahlen wegen der statistischen Erfassungsprobleme erhebliche Ungenauigkeiten aufweisen dürften, so lassen sich doch die länderspezifischen Relationen sowie Entwicklungstendenzen hieran ablesen. In Kontinentaleuropa haben Buy-Outs demnach in Frankreich die mit Abstand stärkste Verbreitung,[21] gefolgt von Deutschland, Niederlande, Schweden, Italien und Schweiz, wobei unter den letztgenannten Ländern die Reihenfolge unterschiedlich ist, je nachdem, ob man auf die Anzahl oder die Volumina der öffentlich bekanntgewordenen Transaktionen abstellt.[22] 13

3. Situation in Deutschland. Im Vergleich zu der noch in der Erstauflage von 1990 konstatierten, geringen Verbreitung von MBO hat in den vergangenen fünf Jahren eine deutliche, wenngleich immer noch unter den ursprünglichen Erwartungen[23] liegende Aufwärtsentwicklung stattgefunden. Seit 1992 ist eine Stabilisierung der Zahl registrierter Transaktionen auf deutlich erhöhtem Niveau festzustellen, wovon die Mehrzahl auf **Nachfolge-MBO's bei privaten (Familien-)Unternehmen** entfallen dürfte.[24] Gerade hier wird im Vergleich zu den öffentlich bekanntgewordenen Buy-Outs auch von einer nicht unerheblichen „Dunkelziffer" auszugehen sein. 14

Neben Management Buy-Outs als einer möglichen, den Verkauf an Konkurrenzunternehmen vermeidenden Bewältigungsstrategie bei den zahlreichen vor Nachfolgeproblemen stehenden mittelständigen Unternehmen stellen potentiell sog. **„Konzern-Spin-Offs"** die zweite wesentliche Quelle für Buy-Out-Aktivitäten dar. Seit ungefähr 1988 hat sich ausgehend von den USA in der betriebswirtschaftlichen Lehre eine deutliche Abkehr von dem aus den 60er-Jahren stammenden Konzept der Risikominimierung durch Diversifizierung unternehmerischer Aktivitäten durchgesetzt. Hintergrund war die Erkenntnis, daß in sich schneller wandelnden Märkten die Wettbewerbsfähigkeit der unterschiedlichen Teile diversifizierter Konglomerate vielfach im Verhältnis zu anderen, einen stärkeren Spezialisierungsgrad aufweisenden Unternehmen langfristig nicht gewährleistet ist und der Aus- 15

[21] Dies ist vor allem auf die beträchtliche Förderung von MBO zwecks Überwindung der auch in Frankreich verbreiteten Nachfolgeprobleme mittelständischer Unternehmen durch spezialgesetzliche Vergünstigungen (Gesetze vom 9. 7. 1984 und vom 17. 6. 1987) zurückzuführen, vgl. hierzu ausführlich *Karsunky,* Leveraged Management Buy Out, S. 206 ff. sowie *Forst,* Management Buy-Out und Buy-In, S. 128 ff.

[22] Vgl. insoweit die Zahlen der European Venture Capital Association, wiedergegeben bei *Singer,* An Overview of MBO's in Europe, in: Sharp (Hrsg.) The Management Buy-Out Manual 1993, S. 1 ff.; vgl. ferner *Gräper,* Management Buy-Out, S. 1, 24; *Schwenkedel,* Management Buy-Out, S. 25.

[23] Hierzu *Weber* ZHR 1991, S. 121; *Breuel,* Venture Capital, S. 588.

[24] Zu einer ersten empirischen Bestandsaufnahme der wirtschaftlichen Grunddaten von MBO/MBI bei mittelständischen Unternehmen, die vom Institut für Mittelstandsforschung 1992 anhand von 38 untersuchten Transaktionen durchgeführt wurde, vgl. *Forst,* Management Buy-Out und Buy-In, S. 20 ff.; eine weitere empirische Untersuchung anhand von 36 Transaktionen findet sich bei *Gräper,* Management Buy-Out, S. 80 ff.

gleich hierdurch bedingter Verluste mit den Gewinnen anderer, ertragstarker Unternehmensbereiche (sog. cross-subsidies) letztere zusätzlich in unvertretbarer Weise belastet.[25]

16 Die Rückbesinnung auf die „Kernkompetenzen" des Unternehmens („Back to Basics"[26] bzw. „Back to the Core Business") führte international zu verstärkten Bemühungen um eine Abkoppelung vielfältiger, in das neue Konzept nicht mehr hineinpassender Unternehmensbereiche/Tochtergesellschaften. Da es sich hierbei um langfristige, unternehmenspolitische Grundentscheidungen handelt, die nicht zu verwechseln sind mit dem aus der Not geborenen Abstoßen von „Verlustbringern", sind derartige, zum Verkauf stehende Konzernbereiche häufig ertragstark genug, um einen MBO zu ermöglichen. Derartig motivierte Konzern-Spin-Offs mittels MBO haben in Deutschland noch eine eher geringe Verbreitung. Die Bereitschaft zur Abgabe namhafter, nicht zum Kerngeschäft gehörender Unternehmensbereiche ist bei deutschen Konzernen noch wenig ausgeprägt und findet in größerem Umfang bislang nur in Krisensituationen statt (so. z.B. die Verkaufsprogramme bei FAG Kugelfischer, Metallgesellschaft und dem fusionierten Krupp-Hoesch-Konzern).

17 **4. Treuhand-MBO's.** Eine wesentliche Zunahme des Bekanntheitsgrades von MBO ist nicht zuletzt auf die Unternehmensverkäufe durch die Treuhandanstalt zurückzuführen, die – soweit sich auf Erwerberseite Manager beteiligten – zu einer großen Zahl als Management Buy-Outs bezeichnet wurden,[27] obgleich es sich der Sache nach nur in seltenen Fällen um Übernahmefinanzierungen der hier erörterten Art handelte. Hält man sich vor Augen, welche betriebswirtschaftlichen Eignungskriterien ein Unternehmen erfüllen muß, um die notwendigen Voraussetzungen für einen Buy-Out zu gewährleisten,[28] so wird schnell klar, daß die zu Privatierungs- und Entflechtungszwecken von der THA durchgeführten Unternehmensverkäufe keine klassischen Buy-Outs im Sinne des hier zugrundegelegten Begriffsverständnisses waren. Es fehlten in praktisch allen Fällen entscheidende Voraussetzungen, wie z.B. das Vorliegen einer zuverlässigen, aus Vorjahresbilanzen ableitbaren Cash-Flow-Prognose (von dem erforderlichen Grad der Ertragskraft und der Marktetablierung ganz zu schweigen) sowie insbesondere das Erfordernis geringen zukünftigen Investitions- und Kapitalbedarfs, um nur einige Kriterien zu nennen.[29]

18 Dementsprechend waren an den Treuhand-MBO's neben Managern vielfach industrielle Investoren anstelle von Beteiligungsgesellschaften/Finanzinvestoren beteiligt, wobei auch die Erwerbsstruktur sich meist wesentlich von derjenigen des klassischen, auf eine Kaufpreisrefinanzierung aus den Mitteln des übernommenen Unternehmens abzielenden Buy-Outs unterschieden. Soweit sich Beteiligungsgesellschaften neben Managern beteiligten, handelte es sich in der Regel nicht um reine Buy-Out-Finanzierungen, sondern eher um typische Venture-Capital-Aktivitäten, etwa im Sinne einer Bereitstellung von Wachstumskapital. Gleichwohl fanden aber auch in nicht unerheblicher Zahl kleinere Buy-Outs mit Mehrheitsbeteiligungen des Managements statt, bei denen die Kaufpreisfinanzierung trotz großzügiger Kaufpreis-Stundungsvereinbarungen mit der THA auf den auf unsicherer Grundlage prognostizierten Zukunftserträgen des erworbenen Unternehmens basierte. In solchen Fällen werden die Erfolgsaussichten eher skeptisch zu beurteilen sein und sich Insolvenzen oft nur durch weitere Zugeständnisse der THA bzw. deren Nachfolgeorganisation vermeiden lassen.[30]

---

[25] Vgl. zum Zusammenhang von Corporate Restructuring und Buyout-Finanzierungen *Otto* DB 1989, 1383 ff., 1390 f.

[26] Financial Times v. 25. 5. 88, S. 18.

[27] Lt. Europe Buyout Review ca. 2.500 sog. Buyouts bis Ende 1993; *Frommann* (ZfK 1993, 444 ff.) spricht von rd. 1830 sog. MBO bzw. MBI bis Ende Januar 1993.

[28] Hierzu nachfolgend Rdnr. 21 ff.

[29] Vgl. hierzu z.B. *Frommann* ZfK 1993, 446; von *Jeinsen* BB 1992, S. 1149 ff.; ausführlich zu MBO in den neuen Bundesländern: *Lennardt/Stefanovic,* Management Buyout. *Laub,* Management Buy-Outs und Management Buy-Ins in den neuen Bundesländern.

[30] Vgl. hierzu z.B. Manager Magazin 7/1991, S. 80 ff.

II. Die Parteien des MBO

1. Die Zielgesellschaft und ihre Anteilseigner. Nicht jedes Unternehmen kommt für einen Management Buy-Out in Betracht. **Rechtsform** und **Beteiligungsstruktur** können die Durchführung eines MBO erleichtern oder erschweren, wenngleich sich unüberwindliche Schwierigkeiten hieraus i. d. R. nicht ergeben (vgl. i. e. unten Rdnr. 127 ff.). Je geringer der Kreis der Anteilseigner, desto leichter fällt naturgemäß die Aushandlung der Verträge. Im Falle einer Aktiengesellschaft, deren Anteile sich ganz oder teilweise im Streubesitz befinden, tritt an die Stelle der individuellen Vertragsverhandlungen der Aktienerwerb des Managements über die Börse und/oder außerhalb der Börse mittels öffentlichen Übernahmeangebots.[31] 20

Die Entscheidung über die Durchführbarkeit eines MBO hängt wesentlich von einer betriebswirtschaftlichen Analyse des Zielunternehmens ab.[32] Bedingt durch den MBO-typischen hohen Fremdmittelanteil der Kaufpreisaufbringung, muß das Unternehmen über einen ausreichend hohen, langfristig erzielbaren Cash Flow und/oder stille Reserven in nicht unmittelbar betriebsnotwendigen Wirtschaftsgütern verfügen, wovon zum Zwecke der Rückführung der zur Kaufpreisfinanzierung aufgenommenen Verbindlichkeiten Gebrauch gemacht werden kann (vgl. unten Rdnr. 86 ff.). Insbesondere folgende Kriterien sollten überwiegend oder im Idealfall sämtlich erfüllt sein:[33] 21

- Das Unternehmen sollte einen deutlich positiven **Cash Flow** (= Jahresüberschuß zzgl. Abschreibungen zzgl. Zuführungen zu langfristigen Rückstellungen) nach Investitionen/Instandhaltungsrückstellungen und Steuern haben, insbesondere nicht mit „aufgestautem", kurz- oder mittelfristig notwendigem Investitionsbedarf belastet sein. 22
- Der **dynamische Verschuldungsgrad** (= Quotient aus Verbindlichkeiten und Cash Flow) und die Effektivverschuldung sollten vergleichsweise gering, das Unternehmen also möglichst eigenkapitalstark sein. 23
- Das Unternehmen sollte über dinglich unbelastete *Aktiva* verfügen, die sich für Besicherungszwecke eignen (z. B. Grundstücke, Maschinen, Geschäftsausstattung, Forderungen aus Lieferungen und Leistungen, Beteiligungen an Tochtergesellschaften). Ein Teil dieser Aktiva sollte stille Reserven aufweisen und veräußerbar, d. h. nicht betriebsnotwendig sein. 24
- Die Branche, in der das Unternehmen tätig ist, sollte keinen erheblichen **saisonalen** oder **konjunkturellen Schwankungen** unterliegen (Beständigkeit, Gleichmäßigkeit des cash flow). 25
- Hoher Grad an **liquider Verfügbarkeit** der Umsatzerlöse. 26

Legt man die obengenannten Kriterien zugrunde, so lassen sich in der Praxis tendenziell zwei verschiedene Formen von MBO bzw. sonstigen Buy-Outs unterscheiden: Einerseits solche, die in erster Linie auf einem sehr starken Cash-Flow des Zielunternehmens als Einheit und/oder seiner selbständig lebensfähigen Unternehmensbereiche basieren, andererseits solche, welche mehr „asset-based" sind, also auf dem Vorhandensein stiller Reserven der Unternehmenssubstanz aufbauen.[34] 27

2. Die Gruppe der Erwerber und deren gesellschaftsrechtliche Organisation. In einem MBO werden sich die Manager regelmäßig in einer eigens für Zwecke des Buy-Out von ihnen zusammen mit institutionellen Eigenkapitalgebern neu gegründeten Gesellschaft zusammenschließen. Hierbei wurde in Deutschland bislang nahezu ausschließlich die 28

---

[31] Vgl. auch *Otto* DB 1988, Beilage 12, S. 3 ff.

[32] Dazu näher *Lerbinger* Die Bank 1986, 135 ff.; *de Ridder* in: Continental Bank (Hrsg.), Management Buyout, S. 49 ff.

[33] Vgl. hierzu *Kramer* ZfK 1989, 1001 ff., 1002; *Jung,* Praxis des Unternehmens *Kaufs,* 1992, S. 452 ff.; *Gräper,* Management Buy-Out, S. 39 ff.; *Karsunky,* Leveraged Management Buy-Out, S. 78 ff.

[34] Dazu *Litwin,* Financing The LBO, S. 107 ff., 116.

Rechtsform der GmbH verwendet; aufgrund des ab 1. 1. 1995 in Kraft getretenen neuen Umwandlungsrechts/Umwandlungssteuerrechts bietet sich jedoch verstärkt auch die Rechtsform der GmbH & Co. an.[35]

29 Die Rechtsform der GmbH bietet steuerlich Vorteile, insoweit als bei einer Beteiligungsquote pro Manager von nicht mehr als 25% im weiteren Verlauf eintretende Wertsteigerungen gem. § 17 EStG steuerfrei durch Veräußerung realisiert werden können, wobei in diesem Falle allerdings als Kehrseite die fehlende Verlustausgleichsmöglichkeit zu beachten ist. Ferner bietet die GmbH den Vorteil, daß die Gesellschafter es in der Hand haben, die Erzielung steuerpflichtiger Erträge bei sich selbst durch Fassung entsprechender Beschlüsse über Ausschüttung/Nichtausschüttung zu regulieren, wohingegen Gewinne der Personengesellschaften unabhängig von Ausschüttungen unmittelbar beim Gesellschafter besteuert werden.

30 Im folgenden wird grundsätzlich von der bislang den Regelfall darstellenden Gründung einer GmbH („Neu-GmbH") als Erwerbergesellschaft ausgegangen. Der Erwerb des Zielunternehmens erfolgt durch die zu diesem Zweck mit Eigen- und Fremdkapital in erforderlichem Umfang ausgestattete Neu-GmbH. Soweit jedoch aufgrund der seit 1. 1. 1995 in Kraft getretenen Änderungen des Umwandlungsrechts/Umwandlungssteuerrechts die Erwerbergesellschaft als GmbH & Co. strukturiert wird, erfolgt die zur Kaufpreisaufbringung erforderliche Fremdkapitalaufnahme in deren Namen und wird in deren Gesamthandsbilanz ausgewiesen. Aber auch in diesen Fällen werden sich die Manager wie auch der institutionelle Investor meist nicht unmittelbar als Kommanditisten der GmbH & Co., sondern nur mittelbar über eine als alleinige Kommanditistin auftretende Neu-GmbH beteiligen, welche das zur Akquisitionsfinanzierung erforderliche Eigenkapital aufnimmt und dieses der GmbH & Co. in Form der Einlage zur Verfügung stellt.[36]

31 Selbst bei hoher Fremdfinanzierung werden die Manager in der Regel nicht in der Lage sein, das gesamte erforderliche Eigenkapital der Neu-GmbH aufzubringen, weshalb, von sehr kleinen Transaktionen einmal abgesehen, meist die Beteiligung eines zusätzliches Eigenkapital bereitstellenden institutionellen Investors notwendig ist.

32 Von den Managern wird dabei erwartet, daß sie, gemessen an ihren persönlichen Verhältnissen, einen Eigenkapitalbeitrag leisten, der für sie eine „spürbare" **Risikoinvestition** bedeutet, wenngleich i. d. R. – auch zwecks Vermeidung einer kontraproduktiven Einschränkung ihrer individuellen Entscheidungsfreiheit – nicht zu verlangen ist, daß „Haus und Hof" verpfändet werden. Als vager Anhaltspunkt kann vielleicht für den Fall eines MBO mit kleinem Transaktionswert ein Mindestbetrag von 80 bis 100 Tausend DM pro Manager genannt werden,[37] wenngleich der Kapitalaufwand im Regelfall deutlich höher liegt, so daß oft eine private Bankfinanzierung seitens der Manager für den von ihnen aufzubringenden Eigenkapitalanteil erforderlich wird. Bei sehr großen Transaktionswerten kommt den Kapitalbeteiligungen der Manager unter Finanzierungsgesichtspunkten geringeres Gewicht zu, bleibt aber gleichwohl aufgrund ihrer „pädagogischen" Wirkung als „golden handcuff",[38] also „goldene Handschellen", die ein vorzeitiges Ausscheiden wichtiger Manager aus dem Buy-Out-Team durch Vermittlung positiver wie negativer Anreize verhindern sollen, von zentraler Bedeutung.

33 Die dem Management für den geleisteten Kapitalbeitrag zugestandene **Beteiligungsquote** ist ebenfalls von der einzelfallorientierten Vertragsaushandlung abhängig.[39] Als „Daumenregel" wird für Großbritannien ausgeführt, daß bei Kaufpreisaufbringungen von mehr als 20% durch das Management diesem eine Mehrheitsbeteiligung gewährt wird, nicht je-

---

[35] Vgl. hierzu unten Rdnr. 150 ff.

[36] Hierzu im einzelnen Rdnr. 189 ff.

[37] So z. B. *Ormerod/Burns*, Venture Capital, S. 60.

[38] *Cogut/Spatt/Capelouto*, The Promoter, S. 345 ff., 366.

[39] Zu ersten empirischen Daten betreffend Manager-Beteiligungsquoten bei deutschen MBO vgl. *Forst*, Management Buy-Out und Buy-In, S. 30.

doch bei weniger als 10%.[40] Um den Managern, von deren Fähigkeiten der langfristige Erfolg des Buy-Outs letztlich abhängt, auch bei geringer Haftkapital-Beteiligung (in den USA üblicherweise zwischen 5 und 30%)[41] überproportionale Mitspracherechte einzuräumen, wird u. U. über die Gewährung von Mehrstimmrechten zu verhandeln sein. Das GmbH-Recht erlaubt insoweit sehr weitgehende gesellschaftsvertraglich zu vereinbarende Abweichungen des Stimmgewichts von dem Umfang des Haftkapitalanteils.[42]

Anstelle von Mehrstimmrechten werden die Manager im MBO-Fall jedoch vorzugsweise – nicht selten mit Erfolg – dahingehend verhandeln, daß die Beteiligungsgesellschaft für die Übernahme der auf sie entfallenden Neu-GmbH-Anteile ein **Agio** (= Kapitalrücklage i. S. v. § 272 Abs. 2 Nr. 1 HGB) in die Gesellschaft einbezahlt. Dies bedeutet wirtschaftlich, daß die Manager-Anteile aufgrund des (mangels eigener Agio-Verpflichtung) niedrigeren, hierfür aufzubringenden Kapitaleinsatzes in bezug auf die hiermit verbundenen Verwaltungsrechte (z. B. Stimmrechte) und Vermögensrechte mit einem Bonus ausgestattet sind. Die Beteiligungsgesellschaft honoriert damit, daß die Manager-Gesellschafter beträchtliche, das Zielunternehmen betreffende Kenntnisse und Know-how miteinbringen, was ein wesentlicher Faktor für den Erfolg des Buy-Outs ist und nicht in Form einer bloßen Tätigkeitsvergütung abgegolten werden kann. 34

Aus diesem Grunde dürfte eine **lohnsteuerliche Erfassung** des mit dem Agio für die Manager verbundenen Vorteils normalerweise ausscheiden. Es handelt sich vielmehr um eine Vereinbarung auf gesellschaftsrechtlicher Ebene, die dem Umstand Rechnung trägt, daß das Schwergewicht der Gesellschafterbeiträge bei der Beteiligungsgesellschaft mehr auf dem reinen Kapitalbeitrag und beim Management mehr auf dem eingebrachten Know-how liegt. 35

3. Die Kapitalstruktur von Neu-GmbH. Die **Kapitalstruktur** von Neu-GmbH im Falle einer erforderlichen Kaufpreisfinanzierung von (z. B.) DM 15 Mio. und bei Verpflichtung des Eigenkapitalinvestors zur Leistung eines Agios auf die übernommene Stammkapitaleinlage läßt sich beispielhaft wie folgt darstellen: 36

37

Aktiva	Passiva		
Anteile Ziel-Gesellschaft DM 15 Mio.	Stammkapital – Manager 1	TDM 350 (25%)	
	Stammkapital – Manager 2	TDM 350 (25%)	
	Stammkapital – Ehefrauen (Manager 1 + 2)	TDM 14 (1%)	
	Stammkapital Beteilig. ges.	TDM 686 (49%)	
	Stammkapital insgesamt		DM 1,4 Mio.
	Rücklagen (Agio) (ausschließl. Beteiligungsgesellschaft)		DM 0,3 Mio.
	Gesellschafterdar. Beteiligungsgesellschaft		DM 1,3 Mio.
	Bankverbindlichkeiten		DM 12,0 Mio.
DM 15 Mio.			DM 15 Mio.

Das Fremdkapital/Eigenkapital-Verhältnis **(debt-to-equity-ratio)** würde im Beispielsfall bei wirtschaftlicher Zurechnung des (nachrangigen) Gesellschafterdarlehens zum Eigenkapital 4 : 1 betragen und wäre damit für sich betrachtet noch als moderat zu bezeichnen. Allerdings ist zu berücksichtigen, daß sich nach Durchführung der MBO-typischen Umstrukturierungsmaßnahmen die in vorstehender Bilanz ausgewiesenen Verbindlichkeiten 38

[40] *Ormerod/Burns,* Venture Capital, S. 60; vgl. auch *Thompson,* Trends in MBO, S. 14, wonach den Managern in Großbritannien etwa in der Hälfte der Fälle die Möglichkeit des Mehrheitserwerbs eingeräumt wird.

[41] *Cogut/Spatt/Capelouto,* The Promoter, S. 366; *Crawford,* Management Guide, S. 34/35, kommt bei einer Auswertung von 30 US-amerikanischen LBO's auf eine durchschnittliche Management-Beteiligung von 29,6%.

[42] Hierzu z. B. *Hachenburg/Schilling,* GmbHG, § 37 Rdnr. 89 f.; *Scholz/K. Schmidt,* GmbHG, § 47 Rdnr. 8 ff.

(= Akquisitionskredit) um die zu übernehmenden Verbindlichkeiten der Zielgesellschaft (Betriebsmittelkredite) erhöhen. Der für die Transaktion gewählte Grad des Leverage, welcher einen wesentlichen Faktor zur Beurteilung des Gesamtrisikos darstellt, ist stets aus der Relation der Summe aus Akquisitionskredit und Betriebsmittelkrediten einerseits und Eigenkapitalausstattung von Neu-GmbH andererseits zu ermitteln. Würde daher das Zielunternehmen im Beispielsfall DM 6 Mio. an zu übernehmenden Betriebsmittelkrediten aufweisen, läge die debt-to-equity-ratio bereits bei 6 : 1.

39 Dem Management wird in vorstehendem Beispielsfall ermöglicht, einen Unternehmenserwerb zum Kaufpreis von DM 15 Mio. mit einem Eigenkapitaleinsatz von insgesamt lediglich TDM 714 zu finanzieren und dabei die Mehrheit der Gesellschaftsanteile zu übernehmen.

40 Die im anglo-amerikanischen Raum vielfach übliche Vereinbarung günstiger Bezugsrechte des Managements hinsichtlich eventueller späterer Kapitalerhöhungen der Neu-GmbH **(stock options)** hat sich in Deutschland bislang kaum durchgesetzt.[43] Dies beruht nicht zuletzt darauf, daß die Differenz zwischen Vorzugs-Erwerbspreis und gemeinem Wert der Anteile im Ausübungszeitpunkt im Regelfall als geldwerter Vorteil der Lohnsteuer unterworfen wird, sofern der günstige Bezugskurs mit dem Fortbestand des Anstellungsvertrages verknüpft ist.[44]

41 Anzutreffen sind jedoch Vereinbarungen, wonach dem Management ein schuldrechtlicher Anspruch auf **Teilhabe am** späteren **Veräußerungsgewinn des Investors** zugesagt wird, sofern der vom Investor über die Laufzeit seiner Beteiligung erzielte return on investment (ROI) eine bestimmte Zielrendite (z. B. 35%) übersteigt. Eine solche Regelung dient insbesondere auch dem Interesse des Investors, den geschäftsführenden Gesellschaftern einen Anreiz zu bieten, seine Bemühungen um eine spätere, optimale Verwertung der Beteiligung tatkräftig zu unterstützen. Es handelt sich daher in erster Linie um einen Vorgang auf Gesellschafterebene (Erhöhung des der Manager-Beteiligung zuzurechnenden Veräußerungsgewinns) und nicht um eine zusätzliche Belohnung für erfolgreiche Geschäftsführungstätigkeit, weshalb die lohnsteuerliche Erfassung einer solchen Teilhabe des Managements an einer vom Investor erzielten Überrendite nicht gerechtfertigt erscheint.

42 **4. Die Renditerechnung des Eigenkapitalinvestors.** Die Renditerechnung des Eigenkapitalinvestors beruht auf einem Vergleich zwischen dem auf seinen Eigenkapitalanteil (Stammkapital + evtl. Agio) entfallenden anteiligen Unternehmenswert am Anfang und Ende (Veräußerungszeitpunkt) seines Investments. Zu Beginn des Investments entspricht der Unternehmenswert von Neu-GmbH dem für den Erwerb des Zielunternehmens gezahlten Kaufpreis abzgl. der hierfür aufgenommenen Fremdfinanzierung (Bankkredit zzgl. nachrangige Darlehen), so daß der Anfangswert der Beteiligung des Investors i. d. R. mit dem Nennbetrag des von ihm eingesetzten Eigenkapitals identisch ist. Die Ermittlung der tatsächlich erzielten Rendite des Investors kann naturgemäß erst am Ende der Beteiligungsdauer, d. h. wenn der Verkaufserlös feststeht, vorgenommen werden. Jedoch wird der Investor bereits bei Abschluß der Investition eine hypothetische Berechnung anstellen, um abzuschätzen, ob das Investment eine akzeptable Rendite verspricht.

43 Der für den Erwerb des Zielunternehmens gezahlte Kaufpreis beruht dabei auf der gleichen Wertermittlungsmethode, die der Investor im Rahmen seiner hypothetischen Renditerechnung zugleich auch zur Ermittlung des voraussichtlichen, künftigen Unternehmenswertes in einem fiktiven, späteren Veräußerungszeitpunkt (z. B. nach fünf bis

[43] Vgl. zum EinSatz von stock options, insbesondere bei Publikumsaktiengesellschaften, *Bühner* DB 1989, 2181 ff.; zu den vom Erreichen eines bestimmten return on investment (mindestens 25% p. a., über ca. 5 bis 7 Jahre) abhängigen stock options angloamerikanischer Prägung vgl. z. B. *Caytas/Mahari,* Investmentbanking, S. 209.

[44] Vgl. zuletzt BFH v. 8. 8. 91, DB 1991, 2267.

sieben Jahren) anwendet. Bei Annahme unveränderter Ertragskraft des Unternehmens zum unterstellten Veräußerungszeitpunkt ergibt sich die Erhöhung des Unternehmenswertes und damit die Rendite ausschließlich aus der mit Hilfe des Netto-Cash-Flow (Gewinn nach Steuern zzgl. Abschreibungen zzgl. Zuführungen zu langfristigen Rückstellungen abzgl. Investitionsaufwand = sog. free cash flow) bis zu diesem Zeitpunkt bewirkten Rückführung der Fremdfinanzierung. Deren sukzessive Tilgung führt zu einer überproportionalen Wertsteigerung des eingesetzten Eigenkapitals **(Leverage-Effekt).** Normalerweise wird ein Buy-Out jedoch nur bei Unternehmen durchgeführt werden, die zumindest eine maßvolle, kontinuierliche Steigerung der Jahresüberschüsse versprechen, so daß die prognostizierte Wertsteigerung des Eigenkapitals außer auf dem Leverage-Effekt zumindest teilweise auch auf einer unterstellten Steigerung der Ertragskraft beruht.

International hat sich eine von den hierzulande gültigen IdW-Grundsätzen abweichende, cash-flow-orientierte Unternehmensbewertungsmethode[45] durchgesetzt. Während nach IdW-Grundsätzen der prognostizierte, nachhaltig erzielbare Gewinn vor Steuern (also die auf das Eigenkapital entfallenden Überschüsse) mit einem in Anwendung der Rentenbarwertformel ermittelten Multiplikator kapitalisiert werden, setzt die Cash-Flow-Bewertung bei der Gesamtkapitalrendite an, bezieht also auch die zur Bedienung der Finanzverbindlichkeiten verwendeten Überschüsse mit ein. Ferner wird die nicht für Investitionszwecke benötigte (freie) Abschreibungsliquidität hinzugerechnet. Als Ausgangsgröße für die Anwendung des maßgeblichen Multiplikators ergibt sich danach der Gewinn vor Steuern, Zinsen und Abschreibungen (einschließlich Firmenwertabschreibungen = amortization of goodwill), in anglo-amerikanischer Terminologie also die earnings before depreciation, interest, tax, depreciation and amortization = **EBITDA.** Der hierauf angewendete Multiplikator ist i. d. R. – allerdings mit branchenabhängigen Schwankungen – etwas niedriger als der mit Hilfe der Rentenbarwertformel ermittelte Kapitalisierungsfaktor. **44**

Da der aus der Multiplikation errechnete Gesamtbetrag den addierten Wert des Unternehmens für Eigenkapital- und Fremdkapitalgeber darstellt, wird zum Zwecke der Ermittlung des Wertes des Eigenkapitals von dem Gesamtbetrag der Nennwert der Finanzverbindlichkeiten abgezogen. Diese Unternehmensbewertungsmethode hat wegen Neutralisierung verschiedener, nicht in der Unternehmung selbst begründeter, äußerer Einflußfaktoren (wie z. B. die international bzw. aufgrund von Wahlrechten unterschiedlichen Abschreibungsgrundsätze, Zinsniveau etc.) den Vorteil der besseren Vergleichbarkeit der so gewonnenen Unternehmenswerte. **45**

Der zugrunde gelegte Multiplikator wird häufig, wenngleich nicht notwendigerweise, über die Laufzeit der Investorenbeteiligung gleich hoch angesetzt. Denkbar ist jedoch auch, daß besondere Umstände, wie z. B. eine erwartete wesentliche Steigerung der Ertragskraft oder ein für den Veräußerungszeitpunkt erwartetes, drastisch verändertes Zinsniveau einen höheren oder auch niedrigeren exit-Multiplikator rechtfertigen. Insbesondere eine erwartete Veräußerungsmöglichkeit im Wege der Börseneinführung der Anteile des Zielunternehmens läßt i. d. R. einen höheren exit-Multiplikator zu. **46**

Der durch Anwendung des exit-Multiplikators auf die prognostizierten EBITDA ermittelte zukünftige Beteiligungswert abzgl. des zu Beginn des Investments (und eventuell später) eingesetzten Eigenkapitals ergibt den Nominalbetrag der Wertsteigerung dieses Eigenkapitals. Die laufzeitabhängig und unter Berücksichtigung eventuell zwischenzeitlich vereinnahmter Dividenden sich hieraus ergebende Eigenkapitalrendite wird mit Hilfe der sog. **internen Zinsfußmethode (internal rate of return = IRR)** ermittelt.

---

[45] Zur Unternehmensbewertung beim Management Buy-Out vgl. auch *Ballwieser* in: Baetge (Hrsg.), Akquisition und Unternehmensbewertung (1991), S. 82 ff.; *Schmid,* DB 1990, S. 1877 ff.; allgemein zu modernen Formen der Unternehmensbewertung *Jung,* Praxis des Unternehmenskaufs, S. 225 ff.

47 Die Wirkung des Leverage-Effektes und die Auswirkungen der hiermit verbundenen Unternehmenswertsteigerungen auf den IRR des Investors lassen sich an folgendem Beispielsfall aus der Praxis verdeutlichen:

	Transaktions-zeitpunkt	Jahr 1	Jahr 2	Jahr 3	Jahr 4	Jahr 5	Jahr 6
1 Eingangswert (= Kaufpreis für Zielunternehmen)[1]	258						
2 EBITDA	60	66	72	75	78	83	85
3 Multiplikator	4,3	4,3	4,3	4,3	4,3	4,3	4,3
4 Unternehmenswert vor Finanzierung (2 x 3)	258	284	310	323	335	357	365
5 Finanzverbindlk.	235	213	181	153	100	57	19
6 Unternehmenswert nach Finanzierung (4 ./. 5)	23	71	129	170	235	300	346
7 Zahlungsreihe	./. 23	+71	+129	+170	+235	+300	+346
8 Eigenkapitalrendite (IRR)[2]		209%	137%	95%	79%	67%	57%

[1] Alle Beträge in Mio. DM

[2] Hier ist unterstellt, daß während der Beteiligungsdauer auf das eingesetzte Eigenkapital keinerlei Rückflüsse (Dividenden etc.) vereinnahmt und keinerlei weitere Zuschüsse geleistet werden.

48 Die obige Tabelle macht ferner deutlich, daß die **Eigenkapitalrendite mit zunehmender Laufzeit abnimmt,** da der Leverage-Effekt, also die durch die Akquisitionskredit-Rückführung bedingte Wertsteigerung mit zunehmender Beteiligungsdauer geringer ins Gewicht fällt. Andererseits stehen den hohen Renditen zu Beginn der Laufzeit des Engagements nominal noch vergleichsweise geringere Werterhöhungen gegenüber als in späteren Jahren (vgl. Zeile 4 der Tabelle). Im „Schulfall" des typischen, stabilen Unternehmens belegen die Renditeberechnungen, daß der **ideale Veräußerungszeitpunkt zwischem dem fünften und siebten Jahr** nach Vornahme des Investments liegt, da in dieser Zeit die absolute Wertsteigerung noch interessant, die Rendite aber bereits auf die typische, noch risikoadäquate Eigenkapitalverzinsung von ca. 30% abgesunken ist oder diese schon unterschreitet.

49 Im vorstehenden Beispielsfall erzielt der Investor dagegen, abweichend vom Modellfall, im Jahr 6 immerhin noch eine Rendite von 57% und vom Jahr 5 auf Jahr 6 eine Wertsteigerung von DM 46 Mio. bzw. 15,33%. Hier könnte es daher sinnvoll sein, weitere Wertsteigerungen im Jahr 8 oder 9 abzuwarten, bis die absolute Wertsteigerung marginal wird und die Rendite (IRR) sich 30% annähert. Jedoch kann das jeweils vorgegebene, tatsächliche Umfeld (Zinsniveau, Vorhandensein industrieller Erwerbsinteressenten, Börsenklima, Einstellung der Banken etc.) stets von der hypothetischen Renditerechnung abweichende Entscheidungen über den „richtigen" Desinvestitionszeitpunkt bedingen.

50 **5. Fremdkapitalgeber und Formen des Fremdkapitals.** Die Fremdkapitalgeber werden in aller Regel, zumindest, soweit sie „normale" nicht nachrangige Kredite zur Verfügung stellen, nicht mit dem das Eigenkapital bereitstellenden Finanzierungsinstitut identisch sein. Dies ist zum einen auf unterschiedliche professionelle Spezialisierungen und Renditeerwartungen zurückzuführen, im übrigen aber im Hinblick auf die Problematik eigenkapitalersetzender Gesellschafterdarlehen (§§ 32 a, b GmbHG) auch empfehlenswert.

51 Hinsichtlich der in Betracht kommenden Formen des zur Verfügung gestellten Fremdkapitals kann wie folgt unterschieden werden:

52 – im Verhältnis zu den übrigen Fremdkapitalgebern vorrangige Kredite **(„senior debt"),** die in ihrer Ausgestaltung und Besicherung den „konventionellen" Bankkrediten nahe-

kommen (Verzinsung in den USA ca. 1,5% über prime rate und bis zu 5% Gebühren bei Transaktionswerten zwischen 25 und 200 Mio. $ bzw. 1–2% Gebühren bei höheren Transaktionswerten).[46]

– nachrangige, unbesicherte Fremdmittel mit risikobedingt höherer Verzinsung, **(„subordinated debt").**[47] Hierunter kann, besonders bei kleinen MBO, auch eine „stehengelassene" Kaufpreisforderung des/der Verkäufer fallen („seller's note"). Die Nachrangigkeit bezieht sich – anders als z. B. beim Rangrücktritt zur Vermeidung der Überschuldung – nicht etwa auf die Forderungen aller anderer Gläubiger der Neu-GmbH, sondern regelt die Rangfolge der den MBO begleitenden Fremdkapitalgeber untereinander. Die Nachrangigkeit, die in den USA in minutiös ausgearbeiteten, umfangreichen „Subordination Agreements" vereinbart wird, bezieht sich sowohl auf die Verteilung der laufenden Zins- und Tilgungsraten als auch auf die im Vergleichs- oder Konkursfall erzielbaren Beträge. Auf Einzelheiten dieser in Großbritannien und Kontinentaleuropa bislang in vergleichbarem Umfang kaum praktizierten Rangfolgeregelungen kann hier nicht eingegangen werden. Soweit die in den USA üblichen Gestaltungen über bloße schuldrechtliche Vereinbarungen zwischen den am MBO beteiligten Kreditgebern hinausgehen, sind sie nach hier geltendem Recht nicht möglich.[48] 53

Innerhalb der nachrangigen Fremdmittel – wegen ihrer „Pufferfunktion" zwischen Eigenkapital und „reinrassigem" Fremdkapital auch *„mezzanine financing"* genannt – lassen sich wiederum unterschiedliche Rangstufen bilden **(„senior subordinated debt"** und **„junior subordinated debt").** Die Notwendigkeit zu solchen Differenzierungen kann sich insbesondere bei aufwendigen Finanzierungen mit sehr hohem Transaktionswert ergeben. 54

In der Bundesrepublik kommen als wirtschaftlich in etwa entsprechende Formen des „mezzanine financing" unter anderem – gegebenenfalls unter Rangrücktritt gewährte – Gesellschafterdarlehen, partiarische Darlehen, stille Beteiligungen, Genußrechte und eine vom Verkäufer „stehengelassene" (Teil-)Kaufpreisforderung („seller's note) in Betracht. 55

Bei kleineren Transaktionen kann oft auf den Einsatz von Mezzanine-Kapital verzichtet werden oder dieses wird vollständig durch den Eigenkapitalinvestor, z. B. in Form eines Gesellschafterdarlehens, aufgebracht. Zur Akquisitionsfinanzierung eingesetzte Gesellschafterdarlehen haben dabei als sog. **„Finanzplankredite"** regelmäßig eigenkapitalähnlichen Charakter[49] und unterliegen einer qualifizierten Bindung, die in Teilbereichen über die Rechtsprechungsgrundsätze zu eigenkapitalersetzenden Gesellschafterdarlehen hinausgehen. So wird es auch außerhalb einer bereits eingetretenen Unternehmenskrise nur dann und nur insoweit zulässig sein, derartige Darlehen wieder abzuziehen, wie die Gesellschaft diese nach ihrer aktuellen Finanzplanung nicht mehr benötigt.[50] Unabhängig hiervon wird jedoch in der Praxis die Bindung des Darlehens und dessen Nachrangigkeit üblicherweise in einer gesonderten Rangrücktrittsvereinbarung mit der den Senior-Kredit stellenden Bank näher geregelt. 56

In steuerlicher Hinsicht sind für nicht zur Anrechnung von Körperschaftsteuer berechtigte Eigenkapitalinvestoren, wie insbesondere die häufig im Ausland ansässigen Beteili- 57

---

[46] Vgl. *Litwin,* Financing The LBO, S. 111; vgl. insbesondere die Einzeldarstellung der Gebührensätze in 30 LBO's bei *Crawford,* Management Guide, S. 36–38, vgl. ferner die Angaben bei *Karsunky,* Leveraged Management Buy-Out, S. 125 ff.

[47] Vgl. *Litwin,* Financing The LBO, S. 111.

[48] Zur ähnlichen Rechtslage in Großbritannien vgl. „Management and Leveraged Buy-Outs", Seminarpapier des Londoner Anwaltsbüros Clifford Chance, vorgelegt auf dem MBO-Seminar der International Bar Association vom 25./26. 6. 1987 in Düsseldorf; vgl. ferner *O'Neill/Sellars,* Putting the Deal together, S. 109.

[49] Vgl. *Lutter/Hommelhoff,* GmbHG, 14. Aufl., §§ 32 a, b Rdnr. 14 m. w. N.; *Hommelhoff/Kleindiek,* Finanzierungsinstrumente im GmbH-Recht, FS 100 Jahre GmbH-Gesetz, S. 421 ff., 438 ff.; aus der Rspr. vgl. hierzu BGHZ 104, 33, 38 ff.

[50] *Hommelhoff/Kleindiek,* a. a. O., S. 440; BGHZ 104, 40 f.

gungsfonds, bei der Bemessung der Höhe des Gesellschafterdarlehens die in dem neuen **§ 8 a KStG** niedergelegten **Grundsätze der Gesellschafter-Fremdfinanzierung**[51] zu beachten, sofern die im Sinne von § 8 a Abs. 3 KStG zurechenbare Stammkapitalbeteiligung solcher Anteilseigner mehr als 25% beträgt. Nicht festverzinsliche, insbesondere gewinnabhängige Fremdkapitalzuführungen (z. B. partiarische Gesellschafterdarlehen, stille Beteiligungen, ergebnisabhängige Genußrechte etc.) können danach bei Vermeidung verdeckter Gewinnausschüttungen nur bis zur Hälfte des anteiligen Eigenkapitals (Stammkapitalbeteiligung zzgl. anteilige Rücklagen) zugeführt werden. Für festverzinsliche Darlehen gilt als Obergrenze das Dreifache des anteiligen Eigenkapitals, es sei denn, daß ein Dritter (z. B. eine Bank) nachweislich einen höheren Kredit zu gleichen Konditionen gewährt hätte,[52] was in Buy-Out-Fällen allerdings häufig nicht der Fall sein wird. Zwar sieht § 8 a Abs. 4 KStG für reine Holding-Gesellschaften eine Obergrenze in Höhe des neunfachen anteiligen Eigenkapitals vor; dieses Holdingprivileg wird von Neu-GmbH jedoch wegen der normalerweise nach einem Anteilserwerb erfolgenden, auf eine Übernahme der Aktiva und Passiva der Zielgesellschaft abzielenden Umstrukturierungsmaßnahmen nicht in Anspruch genommen werden können.

58 Zu beachten ist die in § 8 a Abs. 1 Satz 2, 2. Alt. KStG vorgesehene Regelung, wonach insbesondere auch Bankkredite in die Ermittlung des für die vorgenannten Obergrenzen maßgeblichen Betrages der steuerunschädlichen Fremdfinanzierung miteinbezogen werden, sofern der **Bankkredit durch den (ausländischen) Anteilseigner besichert** wird, z. B. durch Anteilsverpfändung, Bürgschaft, Grundschuld etc.; selbst das Unterhalten von Kontoguthaben bei der kreditgebenden Bank soll wegen der hieran bestehenden Sicherungs- und Aufrechnungsrechte der Bank genügen.[53] Bloße Rangrücktrittsvereinbarungen reichen demgegenüber nicht aus, um den Bankkredit in einen Gesellschafterkredit umzuqualifizieren.

59 Da ausländische Beteiligungsfonds häufig schon aufgrund ihrer Fondsbedingungen gehindert sind, das von Banken bereitgestellte Fremdkapital über den bloßen Abschluß von Rangrücktrittsvereinbarungen hinaus zu besichern, wird für diese die vorgenannte Umqualifizierungsmöglichkeit allerdings i. d. R. nicht praktisch relevant werden. Im übrigen würde auch das durch eine inländische, vom ausländischen Gesellschafter besicherte Bank bereitgestellte Fremdkapital dann nicht mitgerechnet, wenn die Zinseinkünfte bei der inländischen Bank der deutschen Besteuerung unterliegen, es sich also nicht um eine sog. back-to-back-Finanzierung handelt, bei welcher den Zinseinkünften der Bank Aufwendungen gegenüberstehen, die diese dem ausländischen Gesellschafter (z. B. Verzinsung aus Bankeinlagen etc.) schuldet.[54]

60 Aus Sicht der **Bank** kann die Besicherung ihres Kredites durch Anteilseigner der Neu-GmbH dann riskant werden, wenn der Umfang der gewährten Sicherheiten ihr wirtschaftlich eine **gesellschafterähnliche Stellung i. S. v. § 32 a Abs. 3 GmbHG** verschafft. Nach einer Entscheidung des BGH vom 13. 7. 1992[55] soll dies bereits dann der Fall sein, wenn die Bank sich zusätzlich zu einer Verpfändung der Anteile auch Gewinnbezugsrechte sowie zukünftige Ansprüche auf Auskehrung eines Liquidationserlöses bzw. im Verkaufsfalle den Verkaufserlös verpfänden/sicherungsabtreten, sich Mitspracherechte bei wichtigen, das Anteilspfandrecht eventuell beeinträchtigenden Gesellschafterbeschlüssen einräumen läßt und über einen auf ihren Druck hin eingesetzten Sanierer faktisch Einfluß auf die Geschäftsführung nimmt. Der BGH ließ offen, ob aus seiner Sicht das letztgenannte Kriterium der Einflußnahme auf die Geschäftsführung zur **Umqualifizierung des Bankkredits in ein eigenkapitalersetzendes Darlehen i. S. v. § 32 a Abs. 3**

---

[51] Hierzu BMF-Schr. v. 15. 12. 94, DB-Beilage Nr. 1/1995.
[52] Vgl. hierzu die Erläuterungen im BMF-Schr. v. 15. 12. 94 a. a. O., Tz. 59 ff.
[53] Vgl. BMF v. 15. 12. 94 a. a. O., Tz. 21.
[54] Vgl. BMF v. 15. 12. 94 a. a. O., Tz. 23.
[55] BGHZ 119, 191 ff. = BB 1992, 1946 ff.

GmbHG angesichts der zuvor erfolgten Sicherungsgeschäfte überhaupt noch erforderlich war. Angesichts dieser problematischen und im Schrifttum zu Recht kritisierten[56] Entscheidung wird der Wert von Gesellschaftersicherheiten wegen der hiermit für die Bank verbundenen Risiken tendenziell gemindert, was im Buy-Out-Fall insbesondere (aber nicht nur) die Stellung des nicht durch Gesellschaftsaktiva gesicherten Mezzanine-Kreditgebers beeinträchtigen und zu einer Verteuerung der Fremdfinanzierungskosten führen kann.

Die Beteiligung eines nicht zugleich Eigenkapitalanteile übernehmenden **reinen Mezzanine-Kreditgebers** wird insbesondere in größeren Buy-Outs erforderlich, in welchen sich der über das Eigenkapital (zzgl. Gesellschafterdarlehen und ein evtl. Verkäuferdarlehen) hinausgehende Betrag der erforderlichen Akquisitionsfinanzierung nicht ausschließlich durch einen normalen Bankkredit (Senior-Kredit) darstellen läßt. Die Auffüllung dieser Lücke durch zusätzliches Eigenkapital/Gesellschafterdarlehen seitens der Eigenkapitalinvestoren scheidet dabei i. d. R. aus, da dies deren erzielbare Gesamtrendite auf ein nicht mehr anlageadäquates Niveau reduzieren würde. Aufgrund der fehlenden Besicherung durch Gesellschaftsaktiva und der Nachrangigkeit gegenüber dem Senior-Kredit trägt der Mezzanine-Investor ein im Vergleich zum besicherten Bankkredit deutlich erhöhtes Risiko, was sich in den höheren Kosten einer solchen Finanzierung niederschlägt. In der Praxis hat sich hier für eine laufende Verzinsung von LIBOR + (ca.) 3,5–5% sowie zusätzlich die Einräumung eines Optionsrechts auf den Erwerb eines Teiles der Gesellschaftsanteile (z. B. 15% des Stammkapitals) eingebürgert **(Equity Kicker).**[57] 61

Die Renditeerwartungen des Mezzanine-Investors liegen – abhängig vom Marktzinsniveau – in der Größenordnung von ca. 15–25% p. a.,[58] wobei das Anteilsoptionsrecht die Funktion hat, mittels Realisierung einer im Vergleich zum Ausübungspreis (= Anteilsnennwert) erwarteten Wertsteigerung der Anteile den zum Erreichen der Zielrendite über die laufende Verzinsung hinaus erforderlichen Erlös zu erzielen. Die Nachrangigkeit des Mezzanine-Kredites bezieht sich ausschließlich auf den Senior-Kredit (besicherter Bankkredit), wohingegen er gegenüber Gesellschafterdarlehen und in der Regel auch Verkäuferdarlehen vorrangig zu bedienen ist. Um diese Rangfolge nicht zu gefährden, wird das Optionsrecht normalerweise erst in unmittelbarem zeitlichem Zusammenhang mit der Anteilsverwertung (in Abstimmung mit den Eigenkapitalinvestoren) ausgeübt, da ein früherer Ausübungszeitpunkt eine kostenerhöhende Kapitalbindung und überdies meist die Umqualifizierung des Mezzanine-Kredites in Eigenkapitalersatz analog §§ 32 a, b GmbHG zur Folge hätte. Die Anwendung letztgenannter Grundsätze auf den Mezzanine-Investor allein aufgrund dessen – noch nicht ausgeübten – Anteilsoptionsrechts scheidet dagegen aus, da die bloße Innehabung des Optionsrechts ihn noch nicht zu einem – mit einem Gesellschafter u. U. gleichzusetzenden – „künftigen Gesellschafter"[59] macht. 62

Bei sehr großen Transaktionsvolumina kann der hiermit verbundene Finanzierungsaufwand die Verteilung des Mezzanine-Kreditvolumens auf eine Vielzahl von Kreditgebern 63

---

[56] Vgl. *Altmeppen* ZIP 1993, 1682 ff.; *Maier-Reimer,* FS Rowedder 1994, S. 259 ff.; *Dreher* ZGR 1994, 144 ff.

[57] Vgl. hierzu *de Ridder,* Finanzierung von Buy-Outs, in Continental Bank (Hrsg.), Management Buy-Out, S. 49 ff., 62; *Karsunky,* Leveraged Management Buy-Out, S. 129 f.

[58] Vgl. z. B. *Cooke,* Management Buy-Outs, S. 127; *de Ridder* a. a. O., S. 59; *Krieger,* Management-Buy-Outs, S. 47; in der Praxis wird eine 25%ige Renditeerwartung des Mezzanine-Kreditgebers jedoch vergleichsweise selten durchsetzbar sein, wohingegen in der Mehrzahl der Fälle Renditen von 17–20% zugrunde gelegt werden. Im übrigen kann ein sehr niedriges oder sehr hohes Marktzinsniveau zu wesentlichen Änderungen vorgenannter Prozentsätze nach unten bzw. nach oben führen.

[59] Vgl. zum Begriff des „künftigen Gesellschafters" im Zusammenhang mit den Eigenkapitalersatzregeln BGHZ 13, 55; *Scholz-K. Schmidt,* GmbHG, §§ 32 a, b Rdnr. 33; *Lutter/Hommelhoff,* GmbHG, §§ 32 a, b Rdnr. 58.

erfordern. Dies setzt die **Verbriefung der Mezzanine-Kreditforderungen** in Form von frei fungiblen Inhaberpapieren und die Existenz eines entsprechenden Sekundärmarktes für solche Papiere voraus. Soweit zum Erreichen der risikoadäquaten Zielrendite ein „Equity Kicker" erforderlich ist, kann dieser in solchen Fällen nicht in Form von vertraglichen Anteilsoptionsvereinbarungen mit den Gesellschaftern als Verpflichteten ausgestaltet werden. Erforderlich ist vielmehr, die verbrieften Forderungen mit Wandlungs- bzw. Optionsrechten auszustatten, die zum Anteilserwerb im Wege einer (bedingten) Kapitalerhöhung der Erwerbergesellschaft berechtigen.

64 Insoweit sind **Genußrechte** insbesondere wegen ihrer flexiblen Ausgestaltungsmöglichkeiten, der Möglichkeit ihrer Verbriefung als Inhaber- und Namensgenußrechte und der Zulässigkeit ihrer Kombination mit Wandlungs- bzw. Optionsrechten von Interesse. Die Umwandlung derartiger, für die Mezzanine-Finanzierung der Neu-GmbH in Betracht kommender Wandelgenußrechte kann bei einer Erwerbergesellschaft in der Rechtsform der GmbH jedoch allenfalls nur in einer für solche Zwecke wenig praktikablen, den Regeln über die Sachgründung folgenden Kapitalerhöhung durchgeführt werden.[60] Die Ausgabe von – aktienrechtlichen Optionsanleihen nachgebildeten – Optionsgenußrechten ist einer GmbH dagegen überhaupt nicht möglich, da das GmbH-Gesetz die hierzu erforderliche Schaffung eines entsprechenden bedingten Kapitals nicht vorsieht.

65 Sofern daher zwecks Aufbringung des erforderlichen Mezzanine-Kreditvolumens eine öffentliche **Plazierung von Wandel- oder Optionsgenußrechten**[61] bzw. **-anleihen** durch die Erwerbergesellschaft notwendig ist, müßte für diese die **Rechtsform der Aktiengesellschaft** gewählt werden.

66 Nach Durchführung der Buy-Out-typischen Umstrukturierungsmaßnahmen[62] würde das von der Zielgesellschaft geführte Unternehmen letztlich in der Erwerbergesellschaft aufgehen, so daß es sich bei den Schuldverschreibungen/Genußrechten um solche des bisherigen, zusätzlich jedoch mit den Akquisitionsverbindlichkeiten belasteten Zielunternehmens handeln würde. Die wesentliche Funktion des solchermaßen gewonnenen Risikokapitals besteht i. d. R. in einer hiermit vorzunehmenden Rückführung und langfristigen Refinanzierung eines entsprechenden Teils des zunächst für Akquisitionszwecke nur kurzfristig (z. B. 6 Monate) ausgereichten Bankenkredits.

67 Die nach früherem Recht vorgeschriebene staatliche Genehmigungspflicht[63] stünde einer solchen, im Inland erfolgenden öffentlichen Plazierung von festverzinslichen Mezzanine-Genußrechten nicht mehr entgegen. An die Stelle des Verbraucherschutzes durch staatliche Genehmigung ist die Aufstellung verbindlicher Regelungen für eine umfassende Informationspflicht des Emittenten nichtbörsennotierter Wertpapiere getreten, die im **VerkaufsprospektG** v. 13. 12. 1990[64] niedergelegt sind.

68 Angesichts des mit solchen nachrangigen Mezzanine-Kreditforderungen im Vergleich zu normalen Industrieanleihen erhöhten Risikos ist hierfür in den USA der – hierzulande häufig mit negativem Unterton verwendete – Begriff **Junk Bonds**[65] geprägt worden. Der Sache nach handelt es sich insoweit jedoch um nichts anderes als um Schuldverschreibungen mit überdurchschnittlichem Risiko (z. B. Bonitätsbeurteilung nach Moody's oder Standard & Poor's unterhalb der ansonsten zu fordernden Investmentqualität, d. h. i. d. R.

---

[60] Vgl. z. B. *Hachenburg/Goerdeler/Müller,* GmbHG, § 29 Rdnr. 28; *Rowedder,* GmbHG, § 29 Rdnr. 88.

[61] Vgl. zu den hiermit verbundenen Rechtsfragen ausführlich *Lutter,* Kölner Kommentar AktG, § 221 Rdnr. 196 ff.

[62] Vgl. unten Rdnr. 127 ff.

[63] §§ 795, 808 a BGB a. F., hierzu Vorauflage § 26 Rdnr. 43, 47.

[64] BGBl I, 2749.

[65] Vgl. hierzu aus dem deutschsprachigen Schrifttum etwa *Hansen,* Junk Bonds; *Reicheneder,* Investmentbanking, S. 207 ff.; *Caytas/Mahari,* Investmentbanking, S. 187 ff.; *Stalmann,* ZfK 1992, 526 ff.

schlechter als die Standard & Poor's-Klassifikation „BB+"),[66] andererseits aber auch mit überdurchschnittlicher Rendite.[67]

Anders als in Großbritannien oder Kontinentaleuropa hat sich in den USA für den Handel mit derartigen Papieren ein funktionsfähiger Sekundärmarkt gebildet.[68] Zwar kam es im Herbst 1989 mit dem vermehrten Auftreten von Insolvenzen auf dem überhitzten LBO-Markt zu einem vorübergehenden Zusammenbruch des Junk Bond-Marktes. Dieser hat inzwischen angesichts eines 1994 erreichten Marktvolumens von rd. 290 Mrd. US-Dollar[69] jedoch bereits wieder einen neuen Höchststand erreicht, wobei die ausgegebenen Bonds inzwischen überwiegend nicht aus LBO's stammen, sondern einen hiervon unabhängigen Bedarf nach Risikofinanzierungen der Unternehmen widerspiegeln. 69

Angesichts der oben erläuterten Abhängigkeit einer differenzierten Strukturierung der Fremdkapitalaufnahme von der Höhe des zu finanzierenden Transaktionsvolumens berichtet *Litwin*[70] für die USA über folgende Erfahrungswerte: 70

Transaktionswert (in US $	Eigenkapital	senior debt	subordinateddebt senior	junior
unter 25 Mio.	5–10%	80–95%	0–10%	–
25–200 Mio.	10%	65%	25%	–
200–500 Mio.	10%	65%	15%	10%
über 500 Mio.	10%	50%	25%	15%

In Deutschland lassen sich hinsichtlich der Finanzierungsstruktur ähnliche Kapitalrelationen feststellen, wobei jedoch angesichts einer tendenziell zurückhaltender gewordenen Kreditvergabepraxis der Banken etwas höhere Eigenkapitalanteile („echtes" Eigenkapital zzgl. Gesellschafterdarlehen) vorherrschen. 71

Transaktionswerte von mehreren DM 100 Mio. sind hierzulande noch selten. Nach den US-amerikanischen Erfahrungen dürfte unter Zugrundelegung der in vorstehender Tabelle dargestellten Kapitalrelationen die Frage einer öffentlichen Plazierung von Schuldverschreibungen/Genußrechten der Erwerbergesellschaft ungefähr ab einem Transaktionsvolumen von DM 300 Mio. verstärkt in Betracht zu ziehen sein. Insoweit muß die Zukunft zeigen, ob sich der deutsche Markt für derartige Risikoanleihen als genügend aufnahmefähig erweist.[71] Jedoch ist zu beachten, daß nicht etwa nur eine Plazierung am deutschen Markt in Betracht kommt, sondern die **Plazierung** grundsätzlich **auch an** ausländischen Märkten, insbesondere dem **US-Markt,** erfolgen kann. Dieser Weg wurde erstmals bei dem Management Buy-Out von Tarkett International GmbH (Transaktionsvolumen ca. DM 750 Mio.) erfolgreich beschritten.[72] Wegen des mit der Fremdfinanzierung über einen ausländischen Markt verbundenen Währungsrisikos, dessen hedging über die Laufzeit des Buy-Out mit erheblichen Kosten verbunden wäre, wird dieses Verfahren allerdings überwiegend nur dann in Betracht kommen, wenn das Zielunternehmen auf dem fraglichen Auslandsmarkt wesentliche Umsätze in der betreffenden Währung tätigt. 72

Die Höhe der insgesamt **aufbringbaren Mittel,** insbesondere der senior debt, ist wesentlich eine Frage der im Zielunternehmen verfügbaren Sicherheiten. Hier hat sich bei sehr großen Buy-Outs insbesondere konglomeratähnlich strukturierter Konzerne eine 73

---

[66] Vgl. die Wiedergabe der rating-Klassifikationen von Moody's und S & P bei *Hansen,* Junk Bonds, S. 46.

[67] So waren z. B. die Nabisco-Bonds mit einer Verzinsung von 14,6% zzgl. Aktienoptionsrechten ausgestattet; vgl. zu den US-Renditen näher *Reicheneder,* Investmentbanking, S. 220 ff.

[68] Hierzu näher *Graebner,* Leveraged Buyouts, S. 31; *Hansen,* Junk Bonds, S. 63 ff.

[69] Financial Times v. 19. 12. 94, S. 20; der bisherige Höchststand des US-Junk Bond Marktes Ende 1989 belief sich auf rd. 214 Mrd. US-Dollar, vgl. *Reicheneder,* Investmentbanking, S. 214.

[70] *Litwin,* Financing the LBO, S. 107 ff.

[71] Zu den Prognosen in bezug auf Marktmöglichkeiten von Junk Bonds in Deutschland, insbesondere auch zur Finanzierung von Buyouts, vgl. *Stalmann,* ZfK 1992, 526 ff.

[72] Inzwischen ist bereits die Einführung von Tarkett-Aktien an der Frankfurter Börse noch für das Jahr 1995 vorgesehen (Akquisitionszeitpunkt: März 1994).

klare Bedeutungsverlagerung von sog. „asset based lending", also der auf Substanzbewertung der als Sicherheiten in Betracht kommenden Aktiva beruhende Kreditwürdigkeitsprüfung hin zum sog. **„business value lending"** ergeben.[73] Nach dem letztgenannten Bewertungsprinzip werden nicht Einzelveräußerungswerte bestimmter Aktiva, sondern Ertragswert/Cash Flow selbständig lebensfähiger und notfalls veräußerbarer Unternehmenseinheiten (Divisionen) zugrundegelegt. Diese Bewertungsmethode führt regelmäßig zu deutlich höheren Kreditvergabemöglichkeiten, allerdings – wegen des erhöhten Risikos der cash-flow-Prognose – auch zu merklich höheren Kreditzinsen.

74 Die zentrale Frage eines jeden MBO ist jedoch die **„Gewichtung" des Fremdkapitals**[74] im Verhältnis zur Eigenkapitalausstattung. Denn aus Sicht des Zielunternehmens ist, mit Ausnahme von Quasi-Eigenkapital wie z.B. Gesellschafterdarlehen, Verbindlichkeit gleich Verbindlichkeit, wie auch immer sich die Rangfolgeregelungen unter den Fremdkapitalgebern darstellen mögen. Je höher der Fremdkapitalanteil, desto höher ist die durch den MBO herbeigeführte Verschuldung des Zielunternehmens und demzufolge das Risiko, daß dieses langfristig – gegebenenfalls unter dem Einfluß einer allgemeinwirtschaftlichen Rezession – unter dieser Last zusammenbricht. Als Gradmesser für Chancen und Risiken des Zielunternehmens nach durchgeführtem Buy-Out kann insbesondere der **dynamische Verschuldungsgrad** gelten. So würde z.B. ein solcher Verschuldungsgrad mit dem Faktor 10 bedeuten, daß die Verbindlichkeiten zehnmal höher sind als der durchschnittliche jährliche Cash-Flow, mit anderen Worten, das Unternehmen also zehn Jahre benötigen wird, um sämtliche Verbindlichkeiten auf der Basis des angenommenen Cash-Flows abzutragen.

75 Ähnliche Bedeutung wie dem dynamischen Verschuldungsgrad kommt dem Verhältnis des prognostizierten jährlichen cash flow zu den jährlich fällig werdenden Verbindlichkeiten zu. Hier muß der erwartete cash flow zur Risikoabgrenzung ein deutliches „Sicherheitspolster" aufweisen. Als absoluter Mindestwert gilt in den USA ein Verhältnis von Netto cash flow zu Schuldendienst von 110%,[75] was jedoch bereits als sehr riskant zu beurteilen sein dürfte.

III. Kaufvertragsgestaltung und -aushandlung; Interessenkonflikte.

76 **1. Gewährleistungsregelungen.** Eine Besonderheit des MBO besteht unter anderem darin, daß auf der Käuferseite kein fremder Dritter, sondern mit der wirtschaftlichen Situation des Unternehmens und der Werthaltigkeit der Bilanzpositionen normalerweise bestens vertraute Manager (Geschäftsführer/Vorstände, Prokuristen, sonstige leitende Angestellte) stehen. Damit kommt dem in der Vertragspraxis „konventioneller" Unternehmensverkäufe im Mittelpunkt stehenden Komplex der Gewährleistungsregelungen eine vergleichsweise geringere Bedeutung zu.[76] Zumindest in der Bundesrepublik zeigt die Erfahrung allerdings, daß gleichwohl die den Buy-Out finanzierenden Eigenkapitalgeber sich keineswegs gänzlich ohne Gewährleistungen des Verkäufers zufriedengeben und sich damit auf die ihnen vom – im Ernstfall als Haftungsschuldner ungeeigneten – Management gegebenen Informationen verlassen wollen. Das gleiche gilt für die MBO-Praxis institutioneller Anleger in Großbritannien.[77] Insbesondere im Fall des Herauskaufens von Konzerntochtergesellschaften/Divisionen gewinnt der Gewährleistungsaspekt auch wegen häufig unzureichender Kenntnis des jeweiligen Managements in Bezug auf sämtliche für den Konzernteil maßgebenden Fakten an Bedeutung.

---

[73] Vgl. *Litwin,* Financing The LBO, S. 116 ff.

[74] Dazu auch *Lerbinger* Die Bank 1986, 138; *Krieger,* Management Buy-Outs, S. 38 ff.

[75] Vgl. *Caytas/Mahari,* Investmentbanking, S. 207.

[76] Dazu *Peltzer* DB 1987, 975; *Hauschka* BB 1987, 2176; *Holzapfel/Pöllath,* Unternehmenskauf, Rdnr. 229 f.

[77] Dazu *O'Neill/Sellars,* Putting The Deal together, S. 99; *Krieger,* Management Buy-Outs, S. 133 ff.

Will man deshalb über bloße Gewährleistungen des Rechtskaufes hinausgehende Zusicherungen haben, ist der Ausschlußtatbestand des § 460 BGB (Kenntnis des Käufers vom Mangel) zu beachten. Da als Käufer die NeuGmbH auftritt, wären ihr die Kenntnis oder grobfahrlässige Unkenntnis ihrer Organe gem. § 166 BGB zuzurechnen. Selbst wenn die Manager des Zielunternehmens im Zeitpunkt des Vertragsschlusses (noch) keine geschäftsführende Funktion in der NeuGmbH übernommen haben, kommt eine Zurechnung von deren Kenntnis als „Wissensvertreter" der NeuGmbH in Betracht, wenn sie bei den Vertragsverhandlungen nach außen als deren Repräsentanten auftreten und NeuGmbH sich ihrer wie eines Vertreters bedient.[78] Im Hinblick hierauf – und ebenso wegen der andernfalls drohenden Interessenkonflikte der Manager (dazu unten 3.) – empfiehlt es sich, die gesamte Verhandlungsführung den Repräsentanten des Eigenkapitalinvestors zu überlassen. Eine bloß interne Beratung der Geschäftsführung von NeuGmbH durch die Manager der Zielgesellschaft führt noch nicht zur Wissenszurechnung nach § 166 BGB.[79] Je nach den Umständen kann auch in Betracht kommen, daß die Verkäufer hinsichtlich von ihnen gegebener Gewährleistungen und Zusicherungen vertraglich auf eine Berufung auf § 460 BGB verzichten, soweit es sich um etwaige Kenntnisse der am MBO beteiligten Manager handelt. 77

2. Verhandlungsphase. Die Vertragsverhandlungen können sich in Anbetracht der Vielzahl der auf Käuferseite involvierten Parteien überaus kompliziert gestalten und zeitraubender als übliche Unternehmenskäufe sein, was wiederum das Risiko einschließt, daß ein dritter Kaufinteressent sich einschaltet und der Buy-Out-Gruppe schließlich noch kurz vor dem Ziel das Nachsehen gibt. Vieles hängt daher von der Fähigkeit zur reibungslosen, möglichst durch einen erfahrenen Koordinator gesteuerten Kommunikation innerhalb der Buy-Out-Gruppe und ihrer Fähigkeit ab, fundierte Vertragsentwürfe innerhalb kürzestmöglicher Zeit zu erstellen. 78

Der Aufnahme der eigentlichen Vertragsverhandlungen gehen dabei in der Regel noch eine Prüfung der Geschäftsunterlagen und Jahresabschlüsse der Zielgesellschaft durch von NeuGmbH beauftragte Wirtschaftsprüfer sowie ggfls. Befragungen von Kunden/Lieferanten nebst Erstellung einer Branchenanalyse zur Beurteilung der Marktstellung des Unternehmens voraus (sog. **due diligence**-Prozeß).[80] Für die Veranlassung bzw. Durchführung dieser Maßnahmen ist auf Käuferseite der Eigenkapitalinvestor zuständig.

3. Interessenkonflikte. Für die Manager des Zielunternehmens können sich vor, während und nach der Verhandlungsphase problematische, Interessenkonflikte heraufbeschwörende Situationen ergeben. Einerseits sind sie als Angestellte des Zielunternehmens – was sie in gleicher Position im Falle des Scheiterns der Verhandlungen auch bleiben wollen – verpflichtet, dessen Interessen und die ihrer Anteilseigner wahrzunehmen; andererseits haben sie als Mitglieder der Buy-Out-Gruppe ein eigenes Interesse an einem für die Käuferseite möglichst günstigen Vertragsschluß. Wie man diese Schwierigkeiten in rechtlicher und – nicht zuletzt – psychologischer Hinsicht bewältigt, wird immer von den Gegebenheiten des Einzelfalles abhängen. Generell werden die Manager aber vor Überlassung jeglicher, nicht öffentlich zugänglicher Informationen an die in Betracht kommenden Finanzierungsinstitute zur Erläuterung ihrer Absichten gegenüber der Anteilseignerseite und zur Einholung von deren Zustimmung verpflichtet sein.[81] Letzteres wird sich im Normalfall aber nur auf der Grundlage einer vorherigen Abklärung der prinzipiellen Durchführbarkeit 79

---

[78] BGHZ 117, 104, 107.

[79] Vgl. BGHZ 117, 107; BGH WM 74, 312, 313.

[80] Vgl. hierzu *Cooke,* Management Buy-Out, S. 17 ff.; *Sonntag,* Die Politik der Finanzierungsinstitutionen bei Management Buy-Outs, in Continental Bank (Hrsg.) Management Buy-Out, S. 21 ff.; S. 32 ff.; *O'Brien,* Buy-Outs, S. 57 ff.

[81] *Koppensteiner* ZHR 91, 100; vgl. auch *Hauschka* BB 1987, 2174 f.; zur gleichgelagerten Rechtslage im englischen Recht s. *O'Neill/Sellars,* Putting the Deal together, S. 97; *Cooke,* Management Buy-Outs, S. 9 ff.

des Buy-Out und eines jedenfalls in den Grundzügen bereits entwickelten, schlüssigen MBO-Konzeptes empfehlen. Diese vor Kontaktaufnahme mit der Verkäuferseite notwendige Vorklärung auf der Grundlage nicht allgemein zugänglicher Unternehmensinterna kann ohne Risiko eines Pflichtverstoßes nur im Zusammenwirken mit **gesetzlich zur Berufsverschwiegenheit verpflichteten Beratern** (Wirtschaftsprüfer, Rechtsanwälte, Steuerberater) erfolgen.[82]

80 Wird von der Verkäuferseite die Zustimmung zur Einschaltung und Information von Finanzierungsinstituten erteilt, kann nicht ohne weiteres unterstellt werden, daß damit den Managern als Beteiligten auf der Käuferseite die Weitergabe sämtlicher relevanter Geschäftspapiere (bzw. Kopien hiervon) an die übrigen Mitglieder der Buy-Out-Gruppe gestattet ist. Andererseits kann die Verkäuferseite aber auch nicht erwarten, daß die Manager nach einmal erteilter Zustimmung zur Einleitung der Verhandlungsphase ihr im Unternehmen erworbenes Wissen für sich behalten, zumals sie sich dadurch gegenüber ihren neuen Vertragspartnern auf der Käuferseite gegebenenfalls schadensersatzpflichtig machen könnten. Die Grenzen zwischen bloßer Weitergabe von Wissen und eventuell unerlaubter Verwendung von Geschäftspapieren können dabei leicht verschwimmen. Es empfiehlt sich deshalb, rechtzeitig möglichst klar formulierte Vereinbarungen zwischen Management und Anteilseignerseite, die bei einer Vielzahl von Gesellschaftern einen Vertreter aus ihren Reihen bestimmen sollte, in schriftlicher Form zu treffen.

81 Bestehen auf Seiten der Gesellschafter des Zielunternehmens Meinungsverschiedenheiten über die Frage, ob und inwieweit den Managern die Offenbarung von Geschäftsinterna gegenüber den beteiligten Finanzierungsinstitutionen gestattet werden soll, müßte hierüber notfalls ein Gesellschafterbeschluß herbeigeführt werden, welcher zumindest mit Dreiviertelmehrheit gefaßt werden kann.[83] Handelt es sich beim Zielunternehmen um eine Aktiengesellschaft, soll für die Erteilung der Genehmigung einer Weitergabe von Unternehmensinterna an Dritte dagegen grundsätzlich der Gesamtvorstand zuständig sein.[84] Für den MBO-Fall erscheint dies nicht ohne weiteres überzeugend, auch wenn nicht alle Vorstandsmitglieder am Buy-Out beteiligt sind. Hier sollte angesichts drohender Interessenkollisionen die Lösung in einer Zuständigkeit des Aufsichtsrates analog § 112 AktG bestehen.[85]

82 Haben vor dem MBO in der unternehmerischen Führung der Zielgesellschaft Personen aus der Gruppe der Anteilseigner – etwa als Gesellschafter-Geschäftsführer – nicht mitgewirkt, können die Manager im Falle einer ungewöhnlich schnellen und/oder betragsmäßig aus dem Rahmen fallenden Steigerung der Ertragskraft des Zielunternehmens nach erfolgter Übernahme in den Verdacht geraten, die früheren, vergleichsweise schlechteren Ergebnisse des Unternehmens absichtlich zur Senkung des MBO-Kaufpreises herbeigeführt zu haben. Dieser „Geruch" möglicher **ungetreuer Geschäftsführung** kann unter Umständen auch bei gleichbleibenden ordentlichen Erträgen dann aufkommen, wenn erhebliche stille Reserven realisiert werden, die in diesem Umfang im Kaufpreis keine Berücksichtigung gefunden haben. Insoweit wird davon auszugehen sein, daß die Manager den Gesellschaftern der Zielgesellschaft gegenüber zur Aufklärung über kaufpreiserhebliche Unternehmenseigenschaften verpflichtet sind.[86] Dies wird man allerdings nicht auf die blo-

---

[82] Ebenso *Koppensteiner* ZHR 91, 97 ff., 100; *Schiessl,* International Business Lawyer 1991, 305 ff., 306.

[83] Ebenso *Koppensteiner* ZHR 91, 101; *Volhard/Weber* FS Semler 1993, 387 ff., 418; a. A. *Baumbach/Hueck-Zöllner,* GmbHG, § 35 Rdnr. 21 (Einstimmigkeit).

[84] Vgl. *Geilen* in KölnerKomm. AktG § 404 Rdnr. 31 ff.; differenzierend *Fuhrmann* in Geßler/Hefermehl, AktG, § 404 Rdnr. 6, 10: Gesamtvorstand, Aufsichtsrat oder zuständiges Vorstandsmitglied, je nach Sachzusammenhang.

[85] Ebenso *Harbers,* Management Buy-Out, S. 73.

[86] Ausführlich *Koppensteiner* ZHR 1991, 103 f.; vgl. ferner *Lutter/Hommelhoff,* § 15 GmbHG, Rdnr. 53; *Harbers,* Management Buy-Out, S. 58 ff.; *Heidemann,* Das Verhältnis zwischen Management und Aktionären, S. 231 ff.

ße zukünftige Ergebnisplanung und die hierauf basierenden, i.d.R. vom Eigenkapitalinvestor erstellten cash flow-Projektionen erstrecken können.

Um problematische, möglicherweise das Risiko von Schadensersatzansprüchen der Altgesellschafter oder gar strafrechtlicher Ermittlungen heraufbeschwörende Situationen zu vermeiden, kann in Betracht kommen, den verkaufenden Gesellschaftern von vornherein ab einer bestimmten Schwelle der nachvertraglich erzielten Mehrergebnisse eine Partizipationsmöglichkeit z.B. in Form von Genußscheinen, gegebenenfalls auch mit dem Recht zur Umwandlung in Anteile/Aktien ausgestaltet, einzuräumen,[87] wobei die recht weitgehenden Möglichkeiten vertraglicher Ausgestaltung flexibel genutzt werden können. Sofern die Verkäufer einen unbesicherten Teilbetrag ihrer Kaufpreisforderung in Form einer „seller's note" bei der Übernahmegesellschaft „stehenlassen", würde sich schon insoweit eine Ausgestaltung der Verkäuferrechte in der vorgenannten Art anbieten. 83

4. Berater. Da an einem MBO mehr Parteien mitwirken als an einem üblichen Unternehmenskauf, ist zwangsläufig schon aus diesem Grunde die Einschaltung mehrerer Berater aus dem Bereich der rechts- und steuerberatenden sowie wirtschaftsprüfenden Professionen notwendig. Die Vertretung mehrerer Parteien gleichzeitig durch einen Berater ist zwar im Prinzip möglich, bringt aber die Gefahr mit sich, daß bei auftauchenden Konflikten der Berater aus standesrechtlichen Gründen gezwungen sein kann, keine dieser Parteien mehr zu vertreten, was unter Umständen die Aktivitäten der gesamten Buy-Out-Gruppe blokkieren kann. 84

Eine sehr frühzeitige Einschaltung von qualifizierten Beratern durch das Management ist in aller Regel der einzig richtige Weg und kann erhebliche Fehlinvestitionen von Zeit und Kosten sparen,[88] da ganz zu Anfang eines jeden MBO der Entwurf einer den Finanzierungsbedürfnissen des Einzelfalles angepaßten gesellschaftsrechtlichen und steuerlichen Konzeption der beabsichtigten Akquisition stehen und der oben erläuterten besonderen Rolle der Manager gegenüber der Verkäuferseite in rechtlich geeigneter Weise Rechnung getragen werden muß. Die damit verbundenen, idR erheblichen Beraterkosten können bei Abschluß des MBO als Transaktionskosten NeuGmbH belastet werden. Kommt es nicht zum Abschluß, fallen sie allerdings den Managern zur Last. Gleichwohl wäre der zur Vermeidung eines solchen Kostenrisikos unternommene Versuch eines „Alleinganges" aus den erwähnten Gründen fast immer ein Fehler. 85

IV. Besicherung und Rückführung des eingesetzten Kapitals

1. Zielsetzungen. In Anbetracht der dargestellten Finanzierungsstrukturen stellt die Besicherung erheblicher Teile des Gesamtkredits – gegebenenfalls mit Ausnahme der „subordinated debt" – sowie die baldige Rückführung jedenfalls des kurzfristig fälligen Anteils der Verbindlichkeiten von NeuGmbH das Hauptproblem eines jeden MBO dar. Normalerweise wird der von NeuGmbH als Beteiligungsertrag vereinnahmte Gewinn der Zielgesellschaft selbst bei guter Ertragslage nicht ausreichen, um Zins und Tilgung zu erwirtschaften. Ferner werden die von NeuGmbH gehaltenen Anteile an der Zielgesellschaft von den Kreditgebern wegen ihrer problematischen Verwertbarkeit nur ausnahmsweise als Kreditunterlage akzeptiert werden, da im Verhältnis zu den Gläubigern der Gesellschaft der Anteils-Pfandgläubiger ein strukturell nachrangiger Gläubiger ist,[89] der im Konkursfalle leer ausgehen würde. 86

---

[87] So z.B. *Caytas/Mahari,* Investmentbanking, S. 223.

[88] Vgl. z.B. zu den Erfahrungen aus englischer Sicht *O'Neill/Sellars,* Putting the Deal together, S. 97; ebenso *Hauschka* BB 1987, 2173 m.w.N.; *Caytas/Mahari,* Investmentbanking, S. 90ff.; *Lerbinger* Die Bank 1986, 142.

[89] Vgl. hierzu insbesondere *Schneider,* Festschrift für Döllerer, S. 539; die §§ 30ff. GmbHG stünden einer solchen Anteilsverpfändung allerdings nicht entgegen, ganz hM (vgl. nur *Koppensteiner* ZHR 91, 98ff.; 114 m.w.N.; *Rutke* WM 89, 205f.; a.A. in Verkennung der Rechtswirkungen der Anteilsverpfändung *Kerber* WM 1989, 473ff., 514f.)

87 Den deutschen Kreditinstituten ist gleichwohl nach dem **KWG** nicht grundsätzlich untersagt, auf der Grundlage von Anteilsverpfändungen Kredite zu gewähren. Da es sich hierbei letztlich aber nicht um echte Sicherheiten handelt, sind die §§ 18, 19 KWG und die hierzu ergangenen Schreiben des Bundesaufsichtsamtes für Kreditwesen vom 5. 7. 1977 und 10. 3. 1981[90] zu beachten, wonach unbesicherte Kredite nur auf der Grundlage von – ggf. mit Wirtschaftsprüfer- bzw. Steuerberatertestat versehenen – Bilanzen des Kreditnehmers gewährt werden sollen. Ob hierfür die Bilanz des Zielunternehmens ausreicht, bei welchem die Bank lediglich, aufgrund Anteilspfandrecht, nachrangiger Gläubiger ist, wird nur nach Maßgabe des Einzelfalles zu beantworten sein.

88 Auch wegen der vorgenannten Problematik von Anteilsverpfändungen als Kreditunterlage, aber insbesondere aufgrund der begrenzten Zugriffsmöglichkeiten eines „einfachen" Gesellschafters auf Vermögen und cash flow der Gesellschaft[91] ist es im Rahmen eines MBO regelmäßig erforderlich, Vermögen und Liquidität der Zielgesellschaft in einer weitergehenden Weise nutzbar zu machen, als dies für einen „normalen" Gesellschafter üblicherweise möglich ist. Folgende Zielsetzungen der Manager und ihrer Kreditgeber sind in einem Buy-Out entweder insgesamt oder zumindest teilweise zu verwirklichen:

89 – Das **Anlage-** und gegebenenfalls auch **Teile des Umlaufvermögens** der Zielgesellschaft, soweit es nicht schon für Betriebsmittelkredite belastet ist, sollte im Wege der Grundpfandrechtsbestellung, Sicherungsübereignung bzw. -abtretung etc. den Kreditgebern von NeuGmbH **als Sicherheit** verfügbar gemacht werden. Ferner – sofern die Unternehmensstruktur dies zuläßt – kann auch die Veräußerung von nicht betriebsnotwendigen oder zumindest nicht dem Kernbereich des Unternehmensgegenstandes zugehörigen Aktiva (Beteiligungen, Immobilien etc.) in Betracht kommen, um durch **Realisierung stiller Reserven** eine schnelle und möglichst umfassende Fremdmittelrückführung zu erreichen.

90 – Über den reinen Ertrag des Zielunternehmens hinaus sollte die in Finanzanlagen verkörperte Liquidität einschließlich der Abschreibungsrückflüsse zur Fremdmittelbedienung verfügbar sein **(Nutzbarmachung des cash flow).** Insbesondere eine Erhöhung der Abschreibungsliquidität durch **Buchwertaufstockung** der Wirtschaftsgüter des Zielunternehmens bei gleichzeitig hiermit verbundener Senkung der Steuerlast wird oftmals ein wesentliches Ziel der Parteien sein.

91 **2. Begrenzung durch gesellschaftsrechtliche Kapitalerhaltungsgrundsätze.** Die vorgenannten, den Zugriff auf Vermögen und cash flow der Zielgesellschaft beinhaltenden Zielsetzungen sind aus einer normalen Gesellschafterposition von NeuGmbH heraus wegen der im Gesellschaftsrecht durchgängigen Trennung der Vermögenssphären der Gesellschaft und ihres in der Haftung beschränkten Gesellschafters meist nicht erreichbar.[92] Je nach Rechtsform der Zielgesellschaft stellt sich die Situation wie folgt dar:[93]

92 *a) GmbH & Co.* Behandelt werden sollen hier ausschließlich die für die GmbH & Co. als praktisch bedeutsamster Personengesellschaftsform geltenden Kapitalschutzregeln. Nicht behandelt werden Sonderformen wie Stiftung & Co., AG & Co. etc; ferner wird auch der wenig wahrscheinliche Fall, daß einer der Manager bereit ist, in der Zielgesellschaft die volle persönliche Haftung als Komplementär zu übernehmen, nicht gesondert erörtert.

93 Beteiligt sich die NeuGmbH als Kommanditist an der Ziel-GmbH & Co., sind ihre Zugriffsmöglichkeiten wegen des Verbotes der Einlagenrückgewähr gem. **§ 172 Abs. 4 HGB** auf freies, den Betrag der Einlage übersteigendes Vermögen der Gesellschaft be-

---

[90] Abgedruckt bei *Reischauer/Kleinhans,* KWG Kza. 115 Nr. 1 und Nr. 5.

[91] Dazu unten Rdnr. 91 ff.

[92] Zu den im Vergleich zum deutschen Gesellschaftsrecht erleichterten Möglichkeiten einer Überwindung der strikten Trennung der Vermögenssphären von Gesellschaft und Gesellschaften im Buy-Out-Fällen nach englischem und französischem Recht vgl. *Karsunky,* Leveraged Management Buy-Out-Modell, S. 187 ff., S. 206 ff.

[93] Zum folgenden vgl. auch *Peltzer* DB 1987, 976 f.; *Koppensteiner* ZHR 91, 104 ff.; *Lutter/Wahlers* AG 1989, 1 ff.

schränkt. Konsequenz von Mehrentnahmen wäre in diesem Falle allerdings nur das Wiederaufleben der gegenüber den Gläubigern gem. § 171 HGB bestehenden Haftung bis zur Höhe der Kommanditeinlage, nicht darüber hinaus. Dies gilt auch dann, wenn aus dem Gesellschaftsvermögen ein höherer Betrag ausbezahlt oder als Sicherheit zur Verfügung gestellt worden ist.[94]

Eine erheblich weitergehende Haftung kann sich jedoch aus einer **analogen Anwendung** der weitaus strengeren Haftungsgrundsätze gem. **§§ 30, 31 GmbHG** ergeben, soweit nämlich die Zuwendung aus dem Gesellschaftsvermögen der KG zugleich zu einer Beeinträchtigung des Stammkapitals der Komplementär-GmbH führt. Dies kann einmal dann der Fall sein, wenn die ansonsten über kein bedeutendes Vermögen verfügende Komplementär-GmbH ihr Stammkapital als Einlage in die KG geleistet hat und der Wert dieser Beteiligung infolge der Vermögensminderung der KG unter den Einlagenennwert absinkt. Zum anderen kann sich die Anwendbarkeit der §§ 30, 31 GmbHG aber auch bei einer nicht kapitalmäßig beteiligten Komplementär-GmbH dann ergeben, wenn bei dieser eine ihr Stammkapital angreifende Rückstellung wegen ihrer Haftung für Verbindlichkeiten der KG gebildet werden muß, die aufgrund des Vermögensabflusses bei der KG durch keinen bei dieser realisierbaren Freistellungsanspruch neutralisiert werden kann. 94

In beiden vorgenannten Fällen gewährt der BGH[95] – über § 172 Abs. 4 HGB hinausgehend – der KG (nicht der GmbH) in analoger Anwendung der §§ 30, 31 GmbHG einen Rückzahlungsanspruch in voller, also nicht durch den Betrag der Einlage begrenzter Höhe des dem Kommanditisten zugeflossenen Vermögensvorteils, und zwar auch insoweit, wie bei der KG eine bereits entstandene Überschuldung vertieft worden ist. 95

Zwar hatte der BGH in den zitierten Entscheidungen für die Anwendbarkeit der §§ 30, 31 GmbHG noch vorausgesetzt, daß der empfangende Kommanditist selbst an der Komplementär-GmbH beteiligt ist; diese Einschränkung wurde jedoch in einer Grundsatzentscheidung aus dem Jahre 1990 ausdrücklich aufgegeben.[96] Auch soweit sich daher die NeuGmbH selbst nicht an der Komplementär-GmbH des Zielunternehmens beteiligt, müßte bei Überentnahmen mit den verschärften Haftungsfolgen gerechnet werden, ganz abgesehen davon, daß sich der diese Auszahlungen bewirkende GmbH-Geschäftsführer nach § 43 Abs. 3 GmbHG wegen Sorgfaltspflichtverletzung schadensersatzpflichtig machen würde. 96

Die obengenannten Haftungsfolgen können sich insbesondere auch im Hinblick auf die im Rahmen eines MBO besonders bedeutsame Verwendung wesentlicher Aktiva (z. B. Grundstücke, Betriebsgebäude etc.) der Zielgesellschaft mittels **Sicherheitenbestellung** für Finanzierungsverbindlichkeiten von NeuGmbH ergeben. Hierzu hat der BGH in einer Entscheidung vom 20. 10. 1975[97] befunden, daß bereits die bloße Sicherungsabtretung einer an einem Gesellschaftsgrundstück bestehenden Eigentümergrundschuld an den Kreditgeber eines Kommanditisten zur Annahme einer Einlagenrückgewähr i. S. von § 172 Abs. 4 HGB in Höhe des Wertes der Grundschuld führt. 97

Zumindest für Zwecke der – auf die Höhe der Einlage begrenzten – Kommanditistenhaftung sieht der BGH somit bereits in der Bestellung, also nicht erst in der tatsächlichen Inanspruchnahme der Grundschuld eine unzulässige Einlagenrückgewähr, da hierdurch die Zugriffsmöglichkeit der übrigen Gläubiger auf das Vermögen der KG schon derart eingeschränkt sei, daß die Gesellschaft in Höhe der Belastung die Fähigkeit eingebüßt habe, ihre Gläubiger zu befriedigen. Konsequenterweise müßte nach der vom BGH vertretenen Auffassung der Grundschuldwert auch im Rahmen der Prüfung, ob zusätzlich eine Stammkapitalminderung der Komplementär-GmbH vorliegt, von den Aktiva der KG in Abzug gebracht werden, da insoweit ein Freistellungsanspruch der GmbH nicht realisierbar wäre. Dies hätte zur Folge, daß eine solche Bestellung von Grundpfandrechten zugunsten 98

---

94 BGH NJW 1973, 1036 ff.
95 BGH NJW 1973, 1036 ff.; BGH NJW 1978; 160 ff., 161 f.
96 BGH NJW 1990, 1725.
97 BGH NJW 1976, 751 ff.

der Kreditgeber von NeuGmbH die oben erläuterte Haftungsverschärfung gem. §§ 30, 31 GmbHG nach sich ziehen könnte. Diese Frage ist von der Rechtsprechung allerdings noch nicht entschieden, ebensowenig wie die Frage, ob auch schon die Stellung **nichtdinglicher Sicherheiten** (insbesondere Bürgschaft etc.) zur Annahme einer Einlagenrückgewähr führen kann, und ob im Rahmen der Prüfung, ob eine Kapitalminderung bei der GmbH & Co. vorliegt, stille Reserven mit zu berücksichtigen sind.

99 Demgegenüber nimmt die inzwischen vorherrschende Meinung eine Einlagenrückgewähr bzw. Auszahlung bei dinglichen wie nichtdinglichen Sicherheiten erst dann an, wenn eine zur Bildung einer entsprechenden Rückstellung verpflichtende Inanspruchnahme droht und der hieraus folgende Rückgriffsanspruch gegen den Gesellschafter nicht als vollwertig anzusehen ist.[98] Gerade letzteres wird angesichts der MBO-typischen, hohen Verschuldung der NeuGmbH jedoch häufig nicht anzunehmen sein.

100 Aus dem gleichen Grunde können daher die haftungsrechtlichen Konsequenzen einer durch Entnahme oder Sicherheitenbestellung herbeigeführten Einlagenrückgewähr auch nicht dadurch vermieden werden, daß die GmbH & Co. ihrem Gesellschafter NeuGmbH – oder dessen Kreditgebern – ein **Darlehen** gewährt: Sofern die NeuGmbH als Kommanditist infolge ihrer Vermögensstruktur für die Rückzahlung nicht uneingeschränkt „gut" ist, wäre das Darlehen als Entnahme mit den oben beschriebenen haftungsrechtlichen Konsequenzen anzusehen.[99]

101 Zu erwähnen bleibt schließlich noch, daß sich in Ausnahmefällen auch Risiken eines **Haftungsdurchgriffs** auf den Gesellschafter (NeuGmbH) unter dem Gesichtspunkt der **Vermögensvermengung,** also einer untrennbaren Vermischung der Vermögenssphären von Gesellschaft und Gesellschafter, ergeben können. Bislang hat der BGH[100] diesen Tatbestand unter Zugrundelegung einer rein formalen Betrachtungsweise allerdings nur dann als gegeben angesehen, wenn aufgrund nicht ordnungsgemäßer Buchführung in zurechenbarer Weise ein Zustand geschaffen wurde, in welchem eine buchhalterische Trennung der Vermögenssphären und Geschäftsvorfälle nicht mehr möglich ist. Ob die tatsächlich vorgekommenen Geschäftsvorfälle – ihre nachvollziehbare buchhalterische Rückverfolgung unterstellt – mit den gesetzlichen Vorschriften in Einklang standen, ist dabei unter dem Gesichtspunkt der Vermögensvermengung unerheblich.

102 *b) GmbH.* Der Schutz des Gesellschaftsvermögens der GmbH gegen einen zu weitgehenden Zugriff der Gesellschafter und/oder Dritter ist in den §§ 30 ff. GmbHG geregelt. Diese Vorschriften verbieten Auszahlungen an Gesellschafter – oder an Dritte für Rechnung von Gesellschaftern – insoweit, als dadurch das **Stammkapital** der Gesellschaft gemindert wird. Dabei ist nach herrschender Meinung von der Gesellschaftsbilanz auf Buchwertbasis, also ohne Berücksichtigung stiller Reserven, auszugehen.[101]

103 Möglich bleibt nach gesellschaftsrechtlichen Grundsätzen bei allseitigem Einverständnis der Gesellschafter zwar eine außerhalb von Gewinnausschüttungen erfolgende **„Entnahme"** von in der Buchbilanz im Entnahmezeitpunkt ausgewiesenem, **freiem,** zur Stammkapitaldeckung nicht erforderlichem **Vermögen.** Ein Ausschüttungsverbot des Inhalts, daß etwa nur bilanziell ausgewiesene Gewinne an die Gesellschafter fließen können, ist § 30 GmbHG nicht zu entnehmen.[102] Zu beachten ist jedoch, daß steuerlich insoweit eine **verdeckte Gewinnausschüttung** mit entsprechenden nachteiligen Konsequenzen vorliegen würde.[103]

---

[98] Vgl. *Peltzer/Bell* ZIP 93, 1761; *Lutter/Hommelhoff* GmbHG, § 30 Rdnr. 28 f.; *Hachenburg-Goerdeler/Müller* GmbHG; § 30 Rdnr. 66; zum MBO-Fall: *Koppensteiner* ZHR 91, 105 f.

[99] Vgl. dazu für die entsprechende Rechtslage bei der GmbH *Schneider,* Festschrift für Döllerer, S. 537 ff., 543; *Friedrich* DStR 1991, 1118 ff.

[100] BGH BB 1985, 77 ff.

[101] *Scholz/Westermann,* GmbHG, § 30 Rdnr. 13 m. w. N.

[102] Ganz h. M.: vgl. nur *K. Schmidt,* Gesellschaftsrecht, S. 942.

[103] St. Rspr.: vgl. BFH BStBl. 1973 II, 322; 1975 II, 722; 1976 II, 74; Abschn. 31 KStR; zur vGA-Problematik speziell in Buy-Out-Fällen *Meilicke/Schwedhelm* BB 1992, 792 ff.

Strafrechtlich wird neuerdings vom BGH sogar der Tatbestand der **Untreue** (§ 266 StGB) beim Geschäftsführer im Falle der Herbeiführung eines die „Grundsätze ordnungsmäßiger Geschäftsführung" verletzenden Vermögensabflusses als erfüllt angesehen, selbst wenn alle Gesellschafter zustimmen, das durch die §§ 30 ff. GmbHG geschützte Stammkapital dabei nicht angegriffen und kein Gläubiger geschädigt wird.[104] Im Anschluß an die zu § 266 StGB ergangenen Strafurteile wird auch im gesellschaftsrechtlichen Schrifttum inzwischen diskutiert, ob ein unabhängig von Kapitalerhaltungsregeln und Gesellschafterzustimmung begründbarer „Existenzschutz" der „GmbH an sich" begründbar ist;[105] was in letzter Konsequenz auf ein Verbot der stillen Liquidation hinausliefe.

Die **Stellung von Sicherheiten** aus dem Gesellschaftsvermögen zu Gunsten des Kreditgebers eines Gesellschafters ist unter dem Gesichtspunkt einer unzulässigen Auszahlung i. S. v. § 30 GmbHG nach den gleichen Grundsätzen zu beurteilen, wie sie für die Prüfung des Vorliegens einer Einlagenrückgewähr bei der GmbH & Co. dargestellt wurden (vgl. Rdnr. 92 ff.).[106] Entgegen der älteren BGH-Rechtsprechung wird von der zwischenzeitlich vorherrschenden Meinung im Schrifttum[107] eine gegebenenfalls das Stammkapital mindernde „Auszahlung" zwar erst dann angenommen, wenn eine zur Rückstellungsbildung verpflichtende Inanspruchnahme der Sicherheit droht und der entsprechende Rückgriffsanspruch gegen den Gesellschafter (NeuGmbH) nicht werthaltig erscheint. Auch diese Voraussetzungen werden jedoch relativ schnell vorliegen, falls die mit dem Akquisitionskredit belastete NeuGmbH in der Rolle der bloßen Gesellschafterin ohne Zugriffsmöglichkeit auf den cash flow der Gesellschaft verharren würde. **104**

Konsequenz einer unzulässigen Auszahlung/Sicherheitsleistung an den Kreditgeber des Gesellschafters ist zwar grundsätzlich nicht die Unwirksamkeit dieses Rechtsgeschäfts,[108] sondern eine – vom Geschäftsführer zwingend geltend zu machende – Rückzahlungsverpflichtung des begünstigten Gesellschafters gem. § 31 Abs. 1 GmbHG, ersatzweise eine Solidarhaftung aller Gesellschafter nach § 31 Abs. 3 GmbHG. Sofern jedoch dem Kreditgeber die Unzulässigkeit der Leistung der Gesellschaft nach § 30 Abs. 1 GmbHG bekannt ist und er gleichwohl in Kenntnis dieses Umstandes mit dem Kreditnehmer-Gesellschafter zusammenwirkt, wäre laut BGH[109] auch das Sicherungsgeschäft selbst unwirksam. In Anbetracht des notwendigerweise engen Zusammenwirkens zwischen NeuGmbH und den beteiligten Finanzierungsinstituten werden im Falle eines MBO die vom BGH aufgestellten subjektiven Voraussetzungen bei den Fremdkapitalgebern der NeuGmbH oft vorliegen, mit der Folge, daß dann eine Sicherheitenbestellung zugunsten eines an der Abwicklung der Transaktion beteiligten Kreditgebers als unwirksam anzusehen wäre und eventuell schon erbrachte Leistungen von diesem zurückgewährt werden müßten. **105**

Die Gewährung von **Darlehen der Zielgesellschaft** an NeuGmbH als ihren Gesellschafter zum Zwecke der Finanzierung von dessen Verbindlichkeiten wäre, selbst wenn die Darlehenssumme rein rechnerisch zu einer Stammkapitalminderung führen würde, nach herrschender Auffassung prinzipiell zulässig, sofern der Rückzahlungsanspruch als sicher realisierbar angesehen werden kann.[110] **106**

---

[104] Vgl. BGH BB 1987, 1855 und BGH BB 1988, 2268 ff.; dagegen zu Recht *Meilicke* BB 1988, 1261 und *Vonnemann* GmbHR 1988, 329 ff.; zur Untreueproblematik bei Kaufpreisfinanzierung aus dem übernommenen Unternehmen vgl. auch *Ulmer,* Festschrift für Pfeiffer, S. 853 ff.

[105] Vgl. *Lutter/Hommelhoff* GmbHG § 30 Rdnr. 5; *Scholz/Westermann,* GmbHG § 30 Rdnr. 16; offengelassen von BGH DB 93, 1411.

[106] *Scholz/Westermann,* GmbHG, § 30 Rdnr. 31 f.

[107] Vgl. oben Fn. 98.

[108] BGH WM 1982, 1402; *Sonnenhol/Stützle* WM 1983, 3 f.

[109] BGH WM 1982, 1402; zustimmend *Lutter/Hommelhoff,* GmbHG, § 30 Rdnr. 34; vgl. ferner *Peltzer/Bell* ZIP 1993, 1757 ff., 1764, die bereits einfache Fahrlässigkeit des Kreditinstituts ausreichen lassen wollen.

[110] Vgl. z. B. *Lutter/Hommelhoff,* GmbHG, § 30 Rdnr. 23; zur Problematik der Werthaltigkeit vgl. aber oben Rdnr. 90, 92.

107 Neuerdings wird jedoch von einigen Autoren die Auffassung vertreten, daß auf derartige rechnerisch das Stammkapital angreifende „Gesellschaftskredite“ die Bestimmung des **§ 43 a GmbHG,** die nach ihrem Wortlaut und nach der gesetzgeberischen Intention[111] nur Kreditvergaben an Geschäftsführer, Prokuristen, Handlungsbevollmächtigte etc., nicht aber an Gesellschafter verbietet, entsprechend anzuwenden sei.[112] Diese Ansicht ist mit der ganz herrschenden Meinung[113] abzulehnen, da eine solche Interpretation nicht nur dem Wortlaut des § 43 a GmbHG und dem Willen des Gesetzgebers widerspricht, sondern sich auch in einem kaum erklärbaren Wertungswiderspruch zu § 89 Abs. 4 Satz 2 AktG befinden würde, wonach Kredite an verbundene Unternehmen, die von Vorstandsmitgliedern der AG in Personalunion vertreten werden, nicht einmal der Zustimmung des Aufsichtsrates bedürfen.

108 Gleichwohl dürfte es sich auch im Rahmen von MBO regelmäßig empfehlen, auf unbesicherte Gesellschaftskredite größeren Umfangs zu verzichten, da eben die Bonität der Gesellschafter in NeuGmbH aufgrund ihres hohen Verschuldungsgrades nur selten zweifelfrei sein wird und sich daher schon nach allgemeinen Auslegungsgrundsätzen des § 30 GmbHG die Problematik der verbotenen Stammkapitalrückzahlung stellt.

109 Im übrigen würde eine Kaufpreisfinanzierung über langfristige Darlehen der Zielgesellschaft auch nennenswerte **gewerbesteuerliche Nachteile** mit sich bringen: Die – bei Vermeidung verdeckter Gewinnausschüttungen – zu marktüblichen Konditionen in Rechnung zu stellenden Zinsen erhöhen einerseits den Gewerbeertrag der Zielgesellschaft und werden andererseits zusätzlich bei NeuGmbH zu 50% als Dauerschuldzinsen gem. § 8 Nr. 1 GewStG hinzugerechnet, so daß sie 1½mal der Gewerbesteuer unterworfen werden. Diese Konsequenz könnte nur durch Herstellung einer gewerbesteuerlichen Organschaft zwischen NeuGmbH und Zielgesellschaft vermieden werden.[114]

110 **Konzernhaftungsrisiken** der Gesellschafter von Neu-GmbH (Manager, Eigenkapitalinvestor, etc.) werden in MBO-Fällen normalerweise nicht in Betracht kommen,[115] selbst wenn diese im Einzelfall eine unzulässige Verwendung des Vermögens der Zielgesellschaft für Zwecke der Kreditaufnahme der Neu-GmbH billigend in Kauf nähmen. Zunächst wäre insoweit – von der Organhaftung der beteiligten Geschäftsführer einmal abgesehen – ohnehin nur die Haftung von Neu-GmbH als Gesellschafterin der Zielgesellschaft angesprochen, bei welcher es sich jedoch nicht um Konzernhaftung handelt, sondern um eine aus konkret abgrenzbaren Einzelmaßnahmen ableitbare Einstandspflicht, die sich nach den jeweils einschlägigen Kapitalerhaltungsvorschriften richtet.

111 Soweit derartige Einstandspflichten oder auch – unabhängig hiervon – allein die Höhe der eigenen Kreditverbindlichkeiten das Leistungsvermögen von NeuGmbH überfordern und daher in letzter Konsequenz zu deren Insolvenz führen, wird eine Haftung der Gesellschafter von Neu-GmbH aus Konzerngesichtspunkten i. d. R. gleichwohl ausscheiden. Meist wird es angesichts der Anteilseignerstruktur von Neu-GmbH schon an einem „herrschenden Unternehmen“ im Sinne des Konzernrechts[116] fehlen. Jedenfalls wäre die bei NeuGmbH eingetretene Schädigung kaum auf typische Konzernrisiken zurückzuführen, also auf die Ausübung von Konzernleitungsmacht durch den auch anderweitig unternehmerisch tätigen bzw. beteiligten beherrschenden Gesellschafter, der gerade im Hinblick auf

---

[111] Vgl. BT-Drucks. 8/3908, S. 68 ff.; BT-Drucks. 8/1347, S. 74.

[112] So insbesondere *Schneider,* FS Döllerer, S. 548; ders in *Scholz/Schneider,* GmbHG, § 43 a Rdnr. 29; *Rohwedder,* GmbHG, § 30 Rdnr. 14; a. A. dagegen *Rohwedder/Koppensteiner,* GmbHG, § 43 a Rdnr. 13.

[113] Vgl. z. B. *Hachenburg/Mertens,* GmbHG, § 43 a Rdnr. 3; *Lutter/Hommelhoff,* GmbHG, § 43 a Rdnr. 4; *Koppensteiner* ZHR 91, 105.

[114] Vgl. Abschn. 42 Abs. 1 Satz 4 GewStR.

[115] So auch *Koppensteiner* ZHR 91, 115 ff.

[116] Zum konzernrechtlichen Unternehmensbegriff, der auch Privatpersonen mit mehreren einflußreichen (unternehmerischen) Gesellschaftsbeteiligungen umfaßt, vgl. BGH NJW 1993, 1200 („TBB“); BGH NJW 1994, 446; BAG AG 1994, 510.

seine anderweitigen Interessen keine angemessene Rücksicht auf die Belange der abhängigen Gesellschaft nimmt und dieser – durch Einzelausgleichsmaßnahmen nicht mehr kompensierbare – Nachteile zufügt.[117]

Ein sich für die NeuGmbH-Gesellschafter im Buy-Out-Fall allenfalls ergebendes Durchgriffshaftungsrisiko wäre nicht konzernrechtlicher Natur, sondern würde aus einer möglichen **Unterkapitalisierung** herrühren, also einer im Hinblick auf das konkrete Akquisitionsvorhaben unangemessen geringen Kapitalausstattung. Insoweit fehlt es – zumindest in der bislang sehr einzelfallorientierten höchstrichterlichen Rechtsprechung – derzeit noch an einem geschlossenen Konzept für eine denkbare, aus Unterkapitalisierungstatbeständen ableitbare Gesellschafterhaftung.[118] Das Risiko, daß in Fällen extrem hoher Fremdfinanzierung und offenkundig unzureichendem bzw. für NeuGmbH evtl. unzugänglichem Cash-Flow der Zielgesellschaft eine Durchgriffshaftung auf die Gesellschafter unter dem Gesichtspunkt der Unterkapitalisierung ausnahmsweise bejaht werden könnte, sollte gerade in Buy-Out-Gestaltungen jedoch keinesfalls außer acht gelassen werden.[119] Die Haftungsfrage könnte sich auch bei „normaler" MBO-Fremdfinanzierung stellen, wenn die Refinanzierung aus Mitteln des Zielunternehmens bei der gewählten Erwerbskonstruktion wegen rechtlicher und/oder steuerlicher Hinderungsgründe von vornherein nicht möglich ist. 112

c) Aktiengesellschaft. Handelt es sich bei der Zielgesellschaft um eine AG, sind im Prinzip noch wesentlich strengere Kapitalerhaltungsregeln zu beachten, als bei der GmbH. So versteht die herrschende Meinung § 57 Abs. 1 AktG aufgrund des Zusammenhangs mit § 58 Abs. 5 AktG seit langem über den nur ein Einlagenrückgewährverbot aussprechenden Wortlaut hinaus in Sinne einer **Bindung** nicht nur des Grundkapitals, sondern des **gesamten Gesellschaftsvermögens,** aus welchem keinerlei Zahlungen an Aktionäre erfolgen dürfen, soweit nicht ein ausschüttungsfähiger Gewinn ordnungsgemäß festgestellt worden ist.[120] 113

Die mittlerweile ganz herrschende Meinung nimmt allerdings an, daß bei Vorliegen eines **faktischen Konzerns** die §§ 57, 62 AktG durch die §§ 311 ff. AktG als vorrangiger Sonderregelung verdrängt werden.[121] Die Voraussetzungen für die Ausübung faktischer Konzernleitungsmacht werden zwischen NeuGmbH und der Zielgesellschaft so gut wie immer vorliegen. Hieraus wird man zumindest im Buy Out-Fall aber keineswegs schließen können, daß NeuGmbH als Konzernobergesellschaft beliebig Vermögen und Cash-Flow der konzernierten AG für Zwecke der Besicherung und des Schuldendienstes in Anspruch nehmen kann, sofern nur ein Nachteilsausgleich gem. § 311 Abs. 2 AktG rechtsverbindlich zugesagt wird. Voraussetzung für die nach §§ 311 ff. AktG grundsätzlich erlaubte Zufügung ausgleichspflichtiger Nachteile ist nämlich, daß die Durchführung des Nachteilsausgleichs im Zeitpunkt der Vornahme der ausgleichspflichtigen Maßnahme nach pflichtgemäßer Prüfung der beteiligten Geschäftsführer/Vorstände als gesichert erscheint.[122] Sind dagegen die Ausgleichsansprüche der beherrschten AG gegen Neu-GmbH aufgrund deren mit Akquisitionsverbindlichkeiten belasteter Kapitalstruktur nicht als vollwertig zu beurteilen, ist auch ein Gebrauchmachen von den im Gesetz an sich vorgesehenen Eingriffsmöglichkeiten unzulässig und stellt eine ggfs. zur Schadensersatzpflicht führende Pflichtverletzung der beiden beteiligten Geschäftsleitungen dar.[123] Die Frage der Zulässigkeit von Ver- 114

---

[117] BGH NJW 1993, 1200; BGH NJW 1994, 446.

[118] Vgl. eingehend *Hachenburg-Ulmer,* GmbHG, Anh. § 30.

[119] Vgl. neuerdings *Raiser* ZGR 1995, 156 ff., 162 ff. (zu BGH AG 1994, 179); a. A. wohl *Koppensteiner* ZHR 1991, 97 ff., Fn. 73; *Harbers,* Management-Buy Out 1992, S. 194.

[120] Vgl. für alle: MünchHdbAG, *Wiesner,* § 16 Rdnr. 34.

[121] So zuletzt OLG Stuttgart AG 1994, 411; vgl. ferner *Hüffer,* AktG, § 311 Rdnr. 49; a. A. *Würdinger,* Großkomm. AktG, § 311 Rdnr. 5.

[122] Vgl. *Koppensteiner,* KölnerKomm. AktG, § 311 Rdnr. 93; *Hüffer,* AktG, § 311 Rdnr. 43.

[123] *Otto,* DB 1989, 1389 ff., 1395., 1395; *Harbers,* Management Buy Out, 1992, S. 208.

mögenseingriffen zum Zwecke der Besicherung/Bedienung von Akquisitionskreditverbindlichkeiten der Neu-GmbH wäre schon von vornherein zu verneinen, wenn man **§ 71 a AktG** in erweiternder Auslegung für anwendbar und gegenüber den § 311 ff. als vorrangig ansieht. § 71 a AktG verbietet seinem Wortlaut nach jedoch (u. a.) Darlehensgewährungen und Sicherheitsleistungen der AG nur **zum Zwecke des Erwerbs** von Aktien dieser Gesellschaft, was voraussetzt, daß ein solcher Erwerb im Zeitpunkt der Vornahme derartiger Maßnahmen nicht bereits stattgefunden hat. *Lutter/Wahlers*[124] haben demgegenüber die Auffassung vertreten, daß diese Vorschrift über ihren Wortlaut hinaus auch auf Darlehen/Sicherheitenbestellungen anwendbar sei, **nachdem** der Dritte bereits – ohne vorherige Inanspruchnahme solcher Hilfeleistungen – die **Aktien erworben** hat. Eine solch extensive Auslegung erscheint angesichts des Gesetzeswortlautes jedoch unzulässig. Sie wäre auch in der praktischen Anwendung äußerst problematisch, zumal nach erfolgter Konzernierung der AG die Abgrenzungsschwierigkeiten zwischen verbotenen Maßnahmen nach § 71 a AktG einerseits und zulässigem, unabhängig von Buy-Out-Gestaltungen weithin verbreitetem konzerninternem Cashmanagement andererseits kaum lösbar wären.[125] Keine Unternehmensakquisition erfolgt ausschließlich aus Eigenkapital der Erwerbergesellschaft, deren Bilanz im Normalfall immer auch Bankverbindlichkeiten ausweisen wird. Ab welchem Eigenkapital/Fremdkapital-Verhältnis soll die Verwendung von Mitteln des erworbenen Unternehmens zu deren Bedienung unzulässig werden?

115 Die Rechtsfolge des § 71 a AktG wäre im übrigen nicht die Unwirksamkeit der fraglichen Hilfeleistungen als solcher, sondern nur des zugrundeliegenden schuldrechtlichen Kausalgeschäfts, mit der Folge der Rückgewährpflicht nach §§ 812 ff. BGB. Speziell diese Ausgleichspflicht bei Vornahme nachteiliger Weisungen durch die Konzernobergesellschaft regeln aber die §§ 311 ff. (sowie bei Beherrschungsvertrag bzw. Eingliederung die § 300 ff. bzw. §§ 321 ff. AktG), so daß für eine erweiternde Anwendung von § 71 a AktG kein Bedarf besteht. Im faktischen Konzern wird der Vermögensschutz der zum Gegenstand eines Buy-Outs gewordenen AG gegen nachteilige Weisungen der Obergesellschaft vielmehr maßgeblich in der Verpflichtung ihres Vorstandes zur Prüfung der Werthaltigkeit der nach § 311 AktG bestehenden Ausgleichsansprüche bestehen. Gibt die Vermögenslage der Gesellschaft insoweit zu Zweifeln Anlaß, läge in der nachteiligen Weisung wie in ihrer Befolgung eine Pflichtverletzung der beteiligten Vorstände bzw. Geschäftsführer.

116 Die zur GmbH entwickelten Grundsätze über **kapitalersetzende Gesellschafterdarlehen** sind auch bei der AG weitgehend sinngemäß für wesentlich beteiligte Aktionäre (i. d. R. ab 25%) anzuwenden.[126]

117 **Steuerlich** gelten bei der AG ebenso wie bei der GmbH sämtliche außerhalb der Gewinnverteilung erfolgenden Vorteilszuwendungen an den Aktionär als verdeckte Gewinnausschüttungen.

118 **3. Organschaft und Eingliederung.** Man könnte daran denken, die vorstehend erläuterten Schranken einer Nutzbarmachung des Vermögens der Zielgesellschaft dadurch zu überwinden, daß ein eine Gewinnabführungs- und Verlustübernahmepflicht beinhaltender Organschaftsvertrag mit der Zielgesellschaft als Organtochter und der NeuGmbH als Organträger abgeschlossen wird.

119 So wird in der GmbH-rechtlichen Literatur vereinzelt angenommen, daß die **§§ 30 ff. GmbHG** bei Vorliegen einer organschaftlichen Verlustübernahmepflicht der Muttergesellschaft keine Anwendung fänden, vorausgesetzt, daß – im MBO-Fall i. d. R. problematisch – der Verlustausgleichsanspruch wirtschaftlich vollwertig ist.[127]

---

[124] *Lutter/Wahlers* AG 1989, S. 1 ff., 8 ff.

[125] Vgl. *Otto* DB 1989, 1393; ebenso *Harbers*, Management Buy Out 1992, S. 206 ff.; zweifelnd auch *Holzapfel/Pöllath*, Unternehmenskauf 1994, 164.

[126] Vgl. BGH WM 1984, 625 ff.

[127] Str., vgl. *Meister* WM 1980, 399; dazu *Scholz/Westermann*, GmbHG, § 30 Rdnr. 45 m. w. N.; *Scholz/Emmerich*, GmbHG, Anh. (Konzernrecht), Rdnr. 284.

Jedoch würde eine über den Jahresgewinn hinausgehende Verwendung des übrigen Cash Flow der Ziel-GmbH steuerlich zur Annahme einer verdeckten Gewinnausschüttung führen. Für die Frage der steuerlichen Anerkennung des Organschaftverhältnisses hätte dies zwar keine negativen Konsequenzen;[128] allerdings würden die solche Cash Flow-Bestandteile begründenden Aufwandspositionen (z.B. Abschreibungen) durch Ausschüttung in steuerpflichtigen Gewinn „umgewandelt“ und stünden beim Organträger damit nur noch abzüglich der steuerlichen Belastung in liquider Form zur Verfügung. 120

Soweit es sich bei der Zielgesellschaft um eine AG handelt, würde der Abschluß eines aktienrechtlichen **Beherrschungsvertrages,** gegebenenfalls verbunden mit einem Ergebnisabführungsvertrag, gem. § 291 Abs. 3 AktG die Anwendbarkeit der Kapitalerhaltungsgrundsätze der §§ 57, 58 und 60 AktG ausschließen; an deren Stelle träte das Schutzsystem der §§ 300 ff., AktG, also insbesondere die Verlustübernahmepflicht gem. § 302 AktG. Damit eröffnen sich aktienrechtlich für die NeuGmbH als herrschendes Unternehmen grundsätzlich weitreichende Möglichkeiten, durch entsprechende Weisungen gem. § 308 AktG über das Vermögen der Ziel-AG zu disponieren, wobei die Grenze lediglich in deren Existenzgefährdung gesehen wird.[129] 121

Die in § 301 AktG für Gewinnabführungsverträge vorgesehene Begrenzung des abführbaren Betrages auf den effektiv erzielten Jahresüberschuß abzüglich Verlustvortrag und Zuführung zur gesetzlichen Rücklage hat letztlich nur steuerliche Bedeutung, insofern als der für die steuerliche Organschaft zugrundezulegende, abzuführende Gewinn – als Folge der Maßgeblichkeit des Handelsrechts für das Steuerrecht – definiert wird; wegen des daneben praktisch immer vorliegenden Beherrschungsvertrages hindert diese Bestimmung jedoch nicht weitergehende Zugriffe der Obergesellschaft auf das sonstige Vermögen der Ziel-AG gem. § 308 AktG. Die praktische Bedeutung des § 301 AktG ist daher gering.[130] 122

Die Gläubigersicherung der §§ 300 ff. AktG besteht hauptsächlich in der Verlustübernahmeverpflichtung der Obergesellschaft gem. § 302 AktG. Bislang ungeklärt ist, ob schon der Abschluß eines Organschaftsvertrages unzulässig sein und gegebenenfalls zu Schadensersatzpflichten der hieran mitwirkenden gesetzlichen Vertreter beider Gesellschaften führen kann, wenn wegen hoher Verschuldung der Obergesellschaft deren Fähigkeit zur Erfüllung der Verlustausgleichsverpflichtung von Anfang an fragwürdig ist.[131] Zumindest dürften an die Zulässigkeit von Weisungen i.S. des § 308 AktG in Buy-Out-Gestaltungen mit hohem Leverage besonders strenge Anforderungen zu stellen sein.[132] 123

Anders stellt sich die rechtliche Situation dagegen im Falle der aktienrechtlichen **Eingliederung** (§§ 319 ff. AktG) dar, die im Buy-Out-Fall eine ebenfalls als AG strukturierte Erwerbergesellschaft voraussetzen würde. Hier sind die Gläubiger dadurch relativ umfassend gegen eine Vermögensverschlechterung der eingliederten AG geschützt, daß sie – anders als im Falle des Beherrschungsvertrages – binnen sechs Monaten nach Eintragung der Eingliederung in das Handelsregister Sicherheitsleistung verlangen können (§ 321 AktG) und ihnen überdies die Obergesellschaft gesamtschuldnerisch neben der eingegliederten Gesellschaft haftet (§ 322 AktG). In Anbetracht dieser Schutzvorschriften ist andererseits die zu Eingriffen in die Vermögenssubstanz berechtigende Leitungsmacht der Hauptgesellschaft gem. § 323 AktG noch umfassender ausgestaltet als im Falle des § 308 AktG.[133] Der in § 324 Abs. 2 Satz 3 AktG vorgesehene Höchstbetrag der Gewinnabführung hat demge- 124

---

[128] Vgl. Abschn. 57 Abs. 6 KStR.

[129] Vgl. *Emmerich/Sonnenschein,* Konzernrecht, S. 357; MünchHdbAG/*Krieger,* § 70 Rdnr. 99 m.w.N.; *Hüffer,* AktG § 308 Rdnr. 19 m.w.N.; vgl. jedoch *Lutter/Wahlers* AG 1989, 1 ff., die § 71 a AktG als einschlägig und gegenüber den §§ 293 ff., vorrangig ansehen (dazu oben Rdnr. 115).

[130] Dazu *Emmerich/Sonnenschein,* Konzernrecht, S. 294.

[131] Zur Unterkapitalisierungsproblematik des herrschenden Unternehmens im GmbH-Konzern vgl. *Schneider* ZGR 1984, 497 ff., 518 f.; vgl. auch oben Rdnr. 115.

[132] Vgl. zur Prüfungspflicht der Geschäftsleitung der abhängigen Gesellschaft betreffend der Bonität des herrschenden Unternehmens: *Emmerich/Sonnenschein,* Konzernrecht, S. 358.

[133] Vgl. *Würdinger,* Großkomm. AktG, § 323 Anm. 8.

genüber – ähnlich wie in § 301 AktG – im wesentlichen nur steuerliche Bedeutung.[134] Ferner kann die in § 324 Abs. 3 AktG angeordnete, eingeschränkte Verpflichtung zur Verlustübernahme – anders als bei bloßer Beherrschung – auch mittels Durchführung einer vereinfachten Kapitalherabsetzung vermieden werden.[135]

125 Im **Ergebnis** bestehen bei aktienrechtlichen Beherrschungsverträgen und insbesondere im Falle der Eingliederung somit an sich weiterreichende Zugriffsmöglichkeiten auf den Cash Flow und sonstige Vermögenssubstanz der Ziel-AG. Zu beachten ist jedoch die auch bei Abschluß steuerlicher Organschaftsverträge/Eingliederung fortbestehende steuerliche Selbständigkeit des Zielunternehmens, die bei Vermögenszuwendungen, welche die in §§ 301, 324 Abs. 2 AktG vorgesehenen Höchstbeträge überschreiten, zur Annahme verdeckter Gewinnausschüttungen führt. Steuerlich unschädlich, von der gewerbesteuerlichen Problematik der Mehrfachbelastung von konzerninternen Dauerschuldzinsen einmal abgesehen,[136] ist allerdings die Herbeiführung eines wirtschaftlich weitergehenden Zugriffs auf den cash flow mittels (angemessen verzinster) Darlehensgewährungen, wie dies im Rahmen konzernweiten Cash-Managements vielfach auch der Praxis von Großunternehmen entspricht.[137] Nachteilig i. S. der typischen MBO-Erfordernisse bleibt jedoch im Fall der Eingliederung das Recht der Gläubiger auf Sicherheitsleistung und im Falle des Beherrschungsvertrages die Problematik der rechtlichen Grenzen der Leitungsbefugnis einer zum vollen Verlustausgleich wegen eigener hoher Verschuldung nicht uneingeschränkt fähigen Hauptgesellschaft.

126 Die oben erläuterten konzernrechtlichen Maßnahmen werden daher häufig nicht die sich im Falle eines MBO stellenden Finanzierungserfordernisse in vollem Umfang erfüllen können, ganz abgesehen davon, daß cash-flow-Steigerungen im Wege der Buchwertaufstockung der Wirtschaftsgüter der Zielgesellschaft auf Anschaffungskostenniveau auf diesem Wege nicht erreicht werden können.

V. MBO-typische Umstrukturierungsmaßnahmen

127 Ist somit davon auszugehen, daß die NeuGmbH aus einer bloßen Gesellschafterstellung heraus ohne Eingehung rechtlicher Risiken lediglich den ausschüttungsfähigen Gewinn der Zielgesellschaft zur Finanzierung der übernommenen Verbindlichkeiten einsetzen kann und selbst eine konzernmäßige Unterordnung der Zielgesellschaft nur in eingeschränktem Umfang an dieser Situation etwas ändert, wird dieser sich im reinen Beteiligungserwerb erschöpfende „Normalfall" der Unternehmensakquisition bei vielen MBO nicht in Betracht kommen. Die sich als Ausweg anbietenden Alternativgestaltungen sind abhängig von der Rechtsform der zu übernehmenden Gesellschaft.

128 **1. GmbH & Co. als Zielgesellschaft.** *a) Vermögenserwerb statt Anteilserwerb.* Als Alternative zum Beteiligungserwerb wäre hier daran zu denken, sämtliche Aktiva und Passiva der GmbH & Co. (einschließlich der Firma und im zivilrechtlichen Eigentum der bisherigen Gesellschafter befindlicher und steuerlich zum Sonderbetriebsvermögen zählender Vermögensgegenstände) zu erwerben. Aus Veräußerersicht wird eine solche Vorgehensweise nicht von vornherein abzulehnen sein, da der von ihm erzielte steuerliche Veräußerungsgewinn (bis zum Höchstbetrag von DM 30 Mio.) sowohl im Falle des Verkaufes seiner KG-Anteile (§ 16 Abs. 1 Nr. 2 EStG) als auch in dem als Betriebsaufgabe (§ 16 Abs. 3 EStG) zu wertenden Fall der Veräußerung des genannten Vermögens der Gesellschaft der

---

[134] So *Würdinger,* Großkomm. AktG, § 324 Anm. 4.

[135] Vgl. MünchHdbAG/*Krieger* § 73 Rdnr. 34 m. w. N.

[136] Vgl. oben Rdnr. 109.

[137] Dazu *Reintges* in: Christians (Hrsg.), Finanzierungshandbuch, S. 674; *Schneider,* Festschrift für Döllerer, S. 538; *ders.* ZGR 1984, 497 ff.; zur Nutzung der Möglichkeiten eines Beherrschungs- und Gewinnabführungsvertrages in einer größeren MBO-Transaktion vgl. *Weber* ZHR 1991, 120 ff., 128 f.

Steuersatzvergünstigung des § 34 EStG unterliegt und in beiden vorgenannten Fällen gewerbesteuerfrei[138] bleibt.

Aus der Sicht der NeuGmbH werden die oben (Rdnr. 86 ff.) umrissenen **Zielsetzungen** weitgehend erreicht: 129

– Das Unternehmen der GmbH & Co. wird zum Unternehmen der NeuGmbH mit der Folge, daß sein cash flow zur Tilgung der Verbindlichkeiten der Neu-GmbH eingesetzt und übernommene unbelastete Aktiva als Sicherheiten verwendet werden können. 130

– Infolge Aufstockung der Buchwerte der übernommenen Wirtschaftsgüter auf die Verkehrswerte erhöhen sich die den steuerlichen Gewinn mindernden Abschreibungen, wobei auch ein gegebenenfalls realisierter Firmenwert auf einen Zeitraum von 15 Jahren abgeschrieben werden kann.[139] 131

Die Übernehmergesellschaft tritt gem. § 613 a BGB in die bestehenden Arbeitsverhältnisse ein; das den Arbeitnehmern zustehende Widerspruchsrecht[140] wird im Normalfall kaum praktische Bedeutung erlangen. Für die Verbindlichkeiten einschließlich der Steuerschulden der GmbH & Co., soweit sie nicht ohnehin vertraglich übernommen werden, haftet die Übernehmergesellschaft nach Maßgabe der §§ 419 BGB, 25 HGB und 75 AO. 132

Ein gewisser Nachteil eines solchen „Herauskaufens" des Unternehmens aus der Zielgesellschaft liegt jedoch darin, daß sämtliche Vermögensgegenstände im Wege der Einzelrechtsnachfolge unter Beachtung des sachenrechtlichen Bestimmtheitsgrundsatzes übertragen werden müssen, was ein aufwendiges Vertragswerk erfordert und bei Grundstücksübertragungen Beurkundungskosten auslöst. Auch können sich Schwierigkeiten ergeben, falls Gläubiger dem Übergang von Verbindlichkeiten/Verträgen gem. §§ 415, 416 BGB widersprechen. 133

b) Anwachsung. Um Kosten und Aufwand einer solchen Unternehmensübertragung im Wege der Einzelrechtsnachfolge zu vermeiden, ohne andererseits auf die o.g. Vorteile zu verzichten, wird es sich oft empfehlen, den Vermögensübergang auf die NeuGmbH im Wege der Anwachsung wie folgt herbeizuführen:[141] 134

(1) NeuGmbH erwirbt im ersten Schritt sämtliche Kommanditanteile der KG und sämtliche Geschäftsanteile der Komplementär-GmbH. Auf Veräußererseite liegt damit ein steuerbegünstigter Veräußerungsgewinn vor; NeuGmbH kann die Buchwerte sämtlicher Wirtschaftsgüter der KG anteilig bis zur Höhe des für die KG-Anteile gezahlten Kaufpreises aufstocken und damit die erhöhten Abschreibungen in Anspruch nehmen. 135

(2) Die Komplementär-GmbH scheidet – sofern eine kapitalmäßige Beteiligung an der KG bestehen sollte, gegen entsprechende Abfindung – aus der Gesellschaft aus und kann ggf. später liquidiert werden. Mit Ausscheiden erfolgt hinsichtlich sämtlicher Aktiva und Passiva der Gesellschaft unter Ausschluß der Liquidation Anwachsung auf NeuGmbH als einzigen verbleibenden Gesellschafter (§§ 738 BGB, 142 HGB); die GmbH & Co. erlischt. NeuGmbH erhält unter Wegfall der vorherigen gesamthänderischen Bindung des Gesellschaftsvermögens Alleineigentum an den Vermögensgegenständen, ohne daß es besonderer Übertragungsakte wie Übereignung oder Auflassung bedürfte.[142] 136

(3) Alternativ kommt auch in Betracht, daß die Gruppe der Übernehmer (Manager und eigenkapitalgebendes Finanzierungsinstitut) zunächst gegen einen geringen Kaufpreis die Anteile der Komplementär-GmbH übernehmen, anschließend bis zur Höhe des festgelegten Eigenkapitalanteils Kapital zuführen und die GmbH sodann – unter zusätzlicher Aufnahme von Fremdmitteln – die ausscheidenden Kommanditisten abfindet, wodurch ebenfalls Anwachsung eintritt. In diesem Fall, in welchem also die bisherige Komplementär-GmbH zur „NeuGmbH" umfunktioniert wird, empfiehlt es sich, für die Übergangszeit 137

---

[138] Vgl. Abschn. 40 Abs. 1 GewStR.

[139] Vgl. §§ 7 Abs. 1 Satz 3 i. V. m. § 6 Abs. 1 Nr. 1 Satz 1 EStG.

[140] Vgl. BAG DB 1978, 1083 f.; BAG DB 1980, 1455 f.

[141] Vgl. hierzu *Otto* DB 1989, 1396.

[142] BGHZ 32, 307.

zwischen GmbH-Anteilserwerb und Ausscheiden der Kommanditisten Sonderregelungen hinsichtlich der Führung der Geschäfte der KG zu treffen.

138 Ein **Widerspruchsrecht** der Gläubiger besteht bei Unternehmensübergang durch Anwachsung anders als im Fall des Überganges von Verbindlichkeiten im Wege der Einzelrechtsnachfolge nicht; ebensowenig können Gläubiger – anders als z.B. im Fall der Verschmelzung von Kapitalgesellschaften – Sicherheitsleistungen beanspruchen. Die Arbeitsverhältnisse gehen im Wege der Gesamtrechtsnachfolge automatisch auf NeuGmbH über, ohne daß § 613 a BGB Anwendung findet.

139 Wirtschaftlich wird die GmbH & Co. so in eine GmbH „umgewandelt", was nach der zum 1. 1. 1995 in Kraft getretenen Neufassung des UmwG auch im Wege der Verschmelzung (§ 3 UmwG) oder mittels formwechselnder Umwandlung (§ 214 UmwG) möglich wäre. Diese Regelungen des UmwG haben jedoch keinen abschließenden Charakter,[143] so daß die – wesentlich einfachere – Möglichkeit der Herbeiführung desselben Ergebnisses im Wege der Anwachsung hiervon unberührt bleibt.

140 Der Anwachsungsvorgang ist im GegenSatz zur Vermögensübertragung durch Einzelveräußerungen **umsatzsteuerlich** nicht steuerbar, vorausgesetzt, daß NeuGmbH das aufgenommene Unternehmen der untergehenden GmbH & Co. im Kern unverändert fortführt.[144]

141 Lediglich soweit Grundstücke im Wege der Anwachsung übergehen, wird der Erwerb über § 1 Abs. 3 GrEStG ebenso wie bei Einzelrechtsübertragung der **Grunderwerbsteuer** in Höhe von 2% unterworfen, berechnet aus den anteilig auf die Grundstücke entfallenden Gesamtkaufpreisen für die KG-Anteile (bzw. der gezahlten Abfindung) zuzüglich der übernommenen Gesellschaftsschulden.[145] Ist wegen vorherigen Erwerbs sämtlicher KG-Anteile und Komplementär-GmbH-Anteile bereits vor Anwachsung Grunderwerbsteuerpflicht gem. § 1 Abs. 3 Nr. 1 GrEStG eingetreten, bleibt der nachfolgende Anwachsungsvorrang gem. § 6 Abs. 2 GrEStG steuerbefreit.

142 Insgesamt gesehen ist bei der GmbH & Co. bzw. bei Personengesellschaften generell das Anwachsungsmodell in nahezu idealer Weise geeignet, sämtlichen Voraussetzungen für die Erfüllung der MBO-typischen Finanzierungserfordernisse gerecht zu werden, wobei es zugleich den Vorteil einer – sich auch kostenmäßig auswirkenden – wenig aufwendigen Gestaltung hat. Dies ist insbesondere in Anbetracht der Verbreitung dieser Rechtsform bei mittelständischen Unternehmen von Bedeutung, für deren z.T. drängend werdende Nachfolgeprobleme sich oftmals ein Management Buy-Out als Lösung anbieten wird.

143 *c) Beschränkung auf Beteiligungserwerb.* Sofern nicht sämtliche KG-Anteile erworben werden können und/oder aus anderen, z.B. haftungsrechtlichen Erwägungen eine Übernahme des KG-Vermögens durch NeuGmbH i.S. der obigen Ausführungen nicht erwünscht ist, kommt unter Umständen auch der bloße Beteiligungserwerb in Betracht.

144 Steuerlich führt nämlich auch der bloße Erwerb von Beteiligungen an Personengesellschaften – anders als bei Kapitalgesellschaften – zu einer anteiligen Aufstockung der Buchwerte der Aktiva der Personengesellschaft in einer insoweit aufzustellenden Ergänzungsbilanz des Gesellschafters.[146] Dieser kann daher aufgrund erhöhter steuerlicher Abschreibungen seine Steuerlast mindern, was zu einer entsprechenden Steigerung seines cash flow führt. Dagegen verbleibt es in der Handelsbilanz bei der Bilanzierung der Beteiligung, ohne daß hiermit zwingende Bewertungsveränderungen bei den Wirtschaftsgütern der Personengesellschaft verbunden wären. Dies bedeutet, daß einerseits der handelsrechtlich ausschüttbare Gewinn der Zielgesellschaft nach wie vor auf der Grundlage der alten Buchwer-

[143] Hierzu *Zöllner* ZGR 93, 335 ff.

[144] Vgl. BFH BStBl. 1964 III, 290; *Widmann/Mayer,* Umwandlungsrecht, Rdnr. 8341.4; auch erfüllt der vorherige Erwerb aller KG-Anteile nicht den Tatbestand einer umsatzsteuerpflichtigen" Geschäftsveräußerung im ganzen", vgl. BFH BStBl. 1988 II, 92.

[145] Dazu BFH BStBl. 1977 II, 671.

[146] Vgl. *L. Schmidt,* EStG, § 16 Rdnr 87 f. mit Darstellung der st. Rspr. des BFH.

te ermittelt wird, also nicht etwa wegen aufwertungsbedingt höherer Abschreibungen gemindert ist, andererseits aber NeuGmbH als Gesellschafter wegen höherer steuerlicher Abschreibungen über längere Zeit weniger, unter Umständen sogar gar keine Steuern mehr auf die vereinnahmten Gewinnanteile zahlen muß.

Je nach den Gegebenheiten der Finanzierung des Beteiligungserwerbs kann eine solche, ausschließlich durch Steuerminderung bewirkte Erhöhung des – nur aus Beteiligungserträgen gespeisten – cash flow der NeuGmbH zur Rückführung von Zins und Tilgung ausreichen, ohne daß es des noch weitergehenden Zugriffs auf die handelsrechtliche Abschreibungsliquidität des Zielunternehmens bedürfte. Zu beachten bleibt allerdings in diesem Fall die Problematik der Besicherung der Kreditgeber von NeuGmbH, denen das Vermögen der Zielgesellschaft hierfür regelmäßig nicht zur Verfügung steht.[147] 145

2. GmbH. *a) Vermögenserwerb statt Anteilserwerb.* Einem Erwerb sämtlicher Aktiva und Passiva der GmbH entsprechend den Ausführungen oben Rdnr. 128 ff. werden häufig **steuerliche Interessen des Veräußerers** entgegenstehen. Da der zunächst von der GmbH erzielte Veräußerungsgewinn weder dort noch – bei anschließender Liquidation – auf der Ebene ihrer Gesellschafter steuersatzbegünstigt ist[148] und zusätzlich der Gewerbesteuer unterliegt, wird ein die GmbH-Anteile im Privatvermögen haltender Gesellschafter regelmäßig nur mit einer Veräußerung im Wege der Geschäftsanteilsübertragung einverstanden sein: 146

Soweit es sich in diesem Fall um wesentlichen Beteiligungen (mehr als 25%) handelt, unterliegt der (gewerbesteuerfreie) Veräußerungsgewinn gem. §§ 17, 34 EStG dann bis zur Höhe von DM 30 Mio. nur dem **ermäßigten Steuersatz** und bleibt bei Gesellschaftern mit nicht wesentlicher Beteiligung ganz steuerfrei. 147

Nur soweit es sich bei dem Veräußerer (GmbH-Anteilseigner) um eine inländische Kapitalgesellschaft handelt oder um natürliche Personen, die Anteile im Betriebsvermögen halten, liegen hinsichtlich der steuerlichen Behandlung des Veräußerungsgewinns beim Anteilsverkauf im Vergleich zur Vermögensübertragung im Ergebnis keine Unterschiede vor. Eine Ausnahme bildet der Fall einer von einer natürlichen Person im Betriebsvermögen gehaltenen hundertprozentigen Beteiligung (ermäßigter SteuerSatz gem. §§ 16 Abs. 1 Nr. 1, 2. Halbsatz, 34 EStG; jedoch volle Gewerbesteuerpflicht[149]). Ausländische Anteilseigner – gleich welcher Rechtsform – einer inländischen GmbH werden meist nur mit einer Anteilsveräußerung einverstanden sein, insbesondere dann, wenn die Besteuerung des daraus resultierenden Veräußerungsgewinns bei Bestehen eines Doppelbesteuerungsabkommens – wie regelmäßig der Fall – unter Ausschluß des deutschen Besteuerungsrechts ihrem Sitzland zugewiesen ist. 148

Der Erwerb eines GmbH-Unternehmens im Wege der Vermögensübertragung wird daher in erster Linie im Falle eines Buy-Out von Tochtergesellschaften inländischer Konzerne durch deren Manager in Betracht kommen, nicht dagegen – aufgrund der spezifischen steuerlichen Belange der Veräußererseite – bei ausländischen Anteilseignern oder bei Unternehmen, deren Anteile die Gesellschafter im Privatvermögen halten. Sofern danach unter Berücksichtigung der Belange der Veräußererseite nur ein Anteilserwerb in Frage kommt, wird es zwecks Verwirklichung der MBO-Finanzierungserfordernisse notwendig sein, durch weitergehende, dem Anteilserwerb nachfolgende Maßnahmen die oben Rdnr. 86 ff. erläuterten Zielsetzungen soweit wie möglich zu verwirklichen (dazu sogleich Rdnr. 150 ff., Rdnr. 158 ff., Rdnr. 179 ff.). 149

b) Anteilserwerb und nachfolgende Verschmelzung auf Neu-GmbH. Die einem Anteilserwerb nachfolgende Verschmelzung der Ziel-GmbH auf Neu-GmbH (§§ 4 ff. UmwG) würde an sich die erwünschte Nutzbarmachung des Cash-Flow und eventueller stiller Reserven zu 150

---

[147] S. dazu oben Rdnr. 97 ff.

[148] Vgl. § 17 Abs. 4 Satz 1, 2. HS EStG; anders nur bei bestehender 100%iger Beteiligung: Tarifbegünstigung des Liquidationsgewinns (vgl. BFH DStR 89, 261), wobei dessen Definition jedoch streitig ist, vgl. *L. Schmidt,* EStG, § 16 Rdnr. 28 m. w. N.

[149] Vgl. Abschn. 40 Abs. 1 Ziff. 1 Satz 12 GewStR; BFH BStBl. 1972 II, 470.

Finanzierungszwecken ermöglichen. Aufgrund des zum 1. 1. 1995 in Kraft getretenen neuen Umwandlungsgesetzes, haben sich auch im Vergleich zur bisherigen Rechtslage[150] nicht unerhebliche Verbesserungen ergeben:

151 – So besteht nunmehr handelsrechtlich keine Pflicht zur Fortführung der Buchwerte der übergehenden Wirtschaftsgüter der Zielgesellschaft, was bislang wegen des regelmäßig höheren, auch stille Reserven und Firmenwert widerspiegelnden Beteiligungsansatzes bei Neu-GmbH zum Ausweis eines Übernahmeverlustes geführt hätte; nunmehr können wahlweise nach **§ 24 UmwG** die übergehenden Wirtschaftsgüter in der Handelsbilanz der Erwerbergesellschaft bis zur Höhe des untergehenden Beteiligungsansatzes aufgestockt werden (Modifizierung der strikten Buchwertfortführung durch das **Anschaffungswertprinzip**), wobei die Ausübung des handelsrechtlichen Wahlrechtes keine Auswirkungen auf die steuerliche Behandlung hat; insoweit bleibt es steuerlich bei der nunmehr als Wahlrecht ausgestalteten Möglichkeit der steuerneutralen Buchwertfortführung (§ 11 Abs. 1 UmwStG).

152 – Steuerlich hat sich eine Verbesserung insoweit ergeben, als gem. **§ 12 Abs. 3 S. 2 UmwStG** nunmehr erstmals die **Übertragung eines Verlustvortrages** der untergehenden (Ziel-)Gesellschaft auf die übernehmende (Erwerber-)Gesellschaft möglich ist.

153 Demgegenüber verbleibt es auch nach neuem Umwandlungsrecht/Umwandlungssteuerrecht bei folgenden nachteiligen Konsequenzen:

154 – Die Gläubiger der Ziel-GmbH können gem. § 22 UmwG binnen sechs Monaten nach Handelsregistereintragung der Verschmelzung **Sicherheitsleistung** verlangen, allerdings – insoweit abweichend vom bisherigen § 26 KapErhG – nur bei Glaubhaftmachung einer Gefährdung ihrer Ansprüche;

155 – nach §§ 25–27 UmwG haften Geschäftsführung/Aufsichtsratsmitglieder der beteiligten Gesellschaften (bisher § 28 KapErhG) für **verschmelzungsbedingte Schädigungen** insbesondere von Gläubigern, es sei denn, sie können die Beachtung der ihnen obliegenden Sorgfaltspflichten beweisen;

156 – steuerlich kann eine Abschreibung von auf Anschaffungskostenniveau der Anteile erhöhten Buchwerten der Zielgesellschaft zwar durch Ausübung des Wahlrechts gem. § 11 Abs. 1 UmwStG erreicht werden, was jedoch wie nach bisherigem Recht mit einer i.d.R. prohibitiven körperschaft- und gewerbesteuerpflichtigen Realisierung eines Übertragungsgewinns auf der Ebene der Zielgesellschaft erkauft werden muß. Das hierdurch entstehende Körperschaftsteueranrechnungsguthaben kann im Wege der Verschmelzung zudem nicht einmal in Anspruch genommen werden, da die Verschmelzung keine Gewinnausschüttung darstellt. Gem. § 38 KStG wird lediglich das verwendbare Eigenkapital beider Gesellschaften zusammengerechnet.

157 Insgesamt gesehen ist die Verschmelzung auf eine Erwerber-Kapitalgesellschaft daher trotz mancher Verbesserungen gegenüber der bisherigen Rechtslage nach wie vor nicht sonderlich attraktiv, nicht zuletzt wegen der nur bei voll ertragsteuerwirksamer Gewinnrealisierung möglichen Abschreibung des von Neu-GmbH mit Anteilserwerb getätigten Investments. Die Möglichkeit der Übertragung eines Verlustvortrages der Ziel-GmbH ist demgegenüber im MBO-Fall weniger interessant, da Zielgesellschaften mit nennenswerten Verlustvorträgen wohl nur selten die strengen Eignungskriterien für die Sinnhaftigkeit einer Buy-Out-Finanzierung erfüllen werden. Dies könnte ausnahmsweise dann der Fall sein, wenn der entstandene Verlust durch außerordentliche, nicht in Zusammenhang mit dem operativen Geschäft stehende Umstände bedingt war. Turn-Around-Situationen werden sich demgegenüber wegen des erhöhten Prognoserisikos für Buy-Out-Finanzierungen i.d.R. nicht eignen.

158 *c) Anteilserwerb und nachfolgende Vermögensübertragung.* Wenngleich somit die Verschmelzung nach §§ 2ff., 46ff. UmwG, §§ 11ff. UmwStG nicht optimal erscheint, so wird doch das Ergebnis der Verschmelzung, nämlich die Vereinigung der Vermögensmassen von

---

[150] Vgl. hierzu Voraufl. Rdnr. 127ff.

Zielgesellschaft und NeuGmbH in vielen Fällen für die Durchführung des MBO unumgänglich sein. Hierfür bietet sich statt des durch die Verschmelzung herbeigeführten Vermögensübergangs im Wege der Gesamtrechtsnachfolge eine dem Beteiligungserwerb nachgeschaltete Übertragung der Aktiva und Passiva der Zielgesellschaft auf NeuGmbH mittels Einzelübertragung aller Wirtschaftsgüter an.

Wegen der haftungs- und arbeitsrechtlichen Folgen einer solchen Vermögensübertragung kann auf die Ausführungen oben zu Rdnr. 106 ff. verwiesen werden. Anders als im Falle des Vermögensüberganges durch Verschmelzung gibt es kein Recht der Gläubiger auf Sicherheitsleistung, da das zur Deckung bestehender Verbindlichkeiten und Rückstellungen sowie des Stammkapitals erforderliche Vermögen der Zielgesellschaft, wenngleich in veränderter Form – an die Stelle der bisherigen Aktiva tritt der Kaufpreisanspruch gegen NeuGmbH **(Aktivtausch)** – erhalten bleibt, der ursprüngliche Schuldner also gegen den Willen des Gläubigers (vgl. § 415 BGB) anders als bei der Verschmelzung nicht wegfällt. Aus dem gleichen Grunde gibt es auch keine dem § 25 UmwG entsprechende Sonderregelung für Schadensersatzansprüche gegen die Geschäftsführung. 159

Der Erwerb des Zielunternehmens geschieht bei dieser Vorgehensweise in folgenden Teilschritten:[151] 160

- Erwerb der Anteile der Ziel-GmbH durch NeuGmbH
- Erwerb der Aktiva und Passiva der Ziel-GmbH durch NeuGmbH
- Vollausschüttung des von der Ziel-GmbH durch den Verkauf realisierten Gewinns sowie evtl. freier Rücklagen an NeuGmbH
- Vornahme einer Teilwertabschreibung durch NeuGmbH auf die Beteiligung an der Ziel-GmbH (ungefähr) in Höhe der Ausschüttung
- eventuell später, nicht allerdings sogleich,[152] Liquidation der Ziel-GmbH.

Bei der Durchführung der oben aufgeführten Maßnahmen sind jedoch zwecks Vermeidung negativer rechtlicher oder steuerlicher Konsequenzen eine Reihe von **Verfahrensregeln** zu beachten, insbesondere: 161

- Der quasi im Wege des In-sich-Geschäfts zwischen Zielgesellschaft und NeuGmbH als alleinigem Anteilseigner vereinbarte **Kaufpreis** muß angemessen sein, da bei Unterpreisverkauf sowohl gesellschaftsrechtlich als auch steuerlich eine sog. verdeckte Gewinnausschüttung in Betracht kommt. Strafrechtlich kann selbst wenn kein Verstoß gegen die gesellschaftsrechtlichen Kapitalerhaltungsgrundsätze vorliegt, Untreue anzunehmen sein. Die steuerlichen und strafrechtlichen Sanktionen bestehen unabhängig davon, daß NeuGmbH den von der Zielgesellschaft erzielten Gewinn ja ohnehin wieder im Wege eines Ausschüttungsbeschlusses an sich selbst abführen kann. Es wird somit im Normalfall für die Vermögensübertragung der gleiche Kaufpreis anzusetzen sein, den NeuGmbH zuvor zum Erwerb der Geschäftsanteile hat aufwenden müssen. Dies liegt im übrigen auch im Interesse von NeuGmbH, da nur so die erwünschte Aufstockung der Buchwerte auf Anschaffungskostenbasis einschließlich Ausweis eines mitbezahlten (abschreibbaren) Firmenwertes erreichbar ist. Der AnSatz eines höheren als kurz zuvor für die Anteile gezahlten Kaufpreises würde andererseits, da in Höhe des Differenzbetrages in aller Regel als verdeckte Einlage zu werten,[153] kein erhöhtes Abschreibungsvolumen generieren. 162
- Um eine – meist wohl kaum tragbare – finanzielle Doppelbelastung von NeuGmbH durch den Zwang zur – wenn auch nur temporären – **doppelten** (liquiden) **Aufbringung des Kaufpreises** für die Zielgesellschaft zu vermeiden, kann zwar grundsätzlich eine Stundung mit der Zielgesellschaft vereinbart werden. Dabei ist jedoch zu beachten, 163

---

[151] Vgl. *Otto* DB 1989, 1389 ff.; *Jung,* Praxis des Unternehmenskaufs, S. 477 f.; *Holzapfel/Pöllath,* Unternehmenskauf, Rdnr. 244 ff.; *Hitschler* BB 1990, 1877 ff.; 1882 ff.; *Blumers/Schmidt* DB 1991, 609 ff.; *Hötzel,* Unternehmenskauf 1992, S. 173 ff.; *Semler,* Leveraged Buy-Out und Management Buy-Out, in: *Hölters* (Hrsg.) Handbuch Unternehmens- und Beteiligungskauf, S. 510 ff., 513 f.

[152] Vgl. dazu unten Rdnr. 166, 172.

[153] Vgl. *Otto* DB 1989, 1393.

daß eine solche Darlehensforderung der Zielgesellschaft gegen NeuGmbH wirtschaftlich vollwertig sein muß, da andernfalls ein Verstoß gegen die Kapitalerhaltungsvorschriften der §§ 30 ff. GmbHG in Betracht käme.[154] In Anbetracht des im MBO-Fall regelmäßig erheblichen Verschuldungsgrades von NeuGmbH kann es daher empfehlenswert sein, die gestundete Kaufpreisforderung zumindest in Höhe des rechnerisch auf das Stammkapital sowie die – etwa wegen Verweigerung der Genehmigung der Schuldübernahme durch Gläubiger nach § 415 Abs. 2 BGB – bei der Zielgesellschaft verbliebenen Verbindlichkeiten und Rückstellungen durch die übernommenen Aktiva oder ein Aval der den MBO begleitenden Finanzierungsinstitute zu besichern. Ob eine solche Besicherung notwendig ist, hängt von einer Gesamtbeurteilung der Ertragskraft/Liquidität von NeuGmbH (nach Unternehmensübergang) und der Höhe des vorhandenen Eigenkapitals (zzgl. evtl. Gesellschafterdarlehen) im Vergleich zu der nach Verrechnung mit der (Gewinn-)Ausschüttungsverbindlichkeit der Zielgesellschaft verbleibenden Kaufpreisforderung zzgl. Freistellungsansprüchen wegen nichtübergegangener (Dritt-)Verbindlichkeiten ab. Alternativ käme auch ein partieller Rangrücktritt der Fremdkapitalgeber von NeuGmbH gegenüber den Forderungen der Zielgesellschaft in Betracht.

164 – In Höhe des auf den von der Zielgesellschaft realisierten Veräußerungsgewinn (stille Reserven und Firmenwert) sowie vorhandene freie Rücklagen entfallenden Kaufpreisteils wird NeuGmbH eine **Ausschüttung** an sich selbst herbeiführen und kann dadurch praktisch die in gleicher Höhe bestehende Kaufpreisverbindlichkeit neutralisieren. Dies kann grundsätzlich im Wege der Aufrechnung geschehen, da der Gewinnauszahlungsanspruch sich ab Ausschüttungsbeschluß in ein reines, der Aufrechnung zugängliches Forderungsrecht verwandelt.[155] Allerdings steht einer sofortigen Aufrechnung entgegen, daß der Ausschüttungsbeschluß an sich nur aufgrund eines zuvor aufgestellten, ggf. testierten und durch die Gesellschafterversammlung festgestellten, ordentlichen Jahresabschlusses ergehen kann, also erst nach Ende des laufenden Geschäftsjahres.[156] Dem kann durch eine **Vorabausschüttung** auf den erwarteten Jahresgewinn[157] abgeholfen werden, die jedoch nur aufgrund einer nach strengem Maßstab erstellten konservativen Gewinnprognose eines Wirtschaftsprüfers erfolgen sollte.

165 Werden die oben erläuterten Grundsätze beachtet, bietet der Weg einer dem Anteilserwerb nachfolgenden Geschäftsveräußerung an NeuGmbH mit anschließender Vollauschüttung von Gewinn und freien Rücklagen beachtliche Vorteile, aufgrund deren die Zielsetzungen des MBO weitgehend verwirklicht werden können:

166 Cash Flow und Aktiva des auf NeuGmbH übertragenen Geschäftsbetriebs der Zielgesellschaft können in der angestrebten Weise zur Bedienung und Besicherung des aufgenommenen Fremdkapitals verwendet werden. NeuGmbH kann die Aktiva auch in der Handelsbilanz mit ihrem Verkehrswert (Anschaffungswert) ansetzen. Die Zielgesellschaft kann später abgewickelt oder ggf. mit anderer Funktion (z. B. als Vertriebsunternehmen) fortgesetzt werden.

167 **Steuerlich** eröffnet sich für NeuGmbH die Möglichkeit, die eigene Ertragsteuerbelastung durch Abschreibung von den anteilig auf Anschaffungskostenniveau erhöhten Buchwerten sowie einem etwa mitbezahlten Firmenwert zu mindern. Der auf der Ebene der Zielgesellschaft erzielte, körperschaftsteuerpflichtige Veräußerungsgewinn kann dadurch neutralisiert werden, daß NeuGmbH in Höhe der Gewinn- und Rücklagenausschüttung eine sog. **ausschüttungsbedingte Teilwertabschreibung**[158] auf die bei ihr in

---

[154] Vgl. oben Rdnr. 91 ff.

[155] Vgl. BGHZ 23, 150, 154; BGHZ 60, 230, 234; *Scholz/Emmerich*, GmbHG, § 29 Rdnr. 45 f.; 148 ff.

[156] Vgl. *Hachenburg/Goerdeler/Müller*, GmbHG, § 29 Rdnr. 14.

[157] Dazu ausführlich *Renkl* BB 1988, 2069 ff.; zusammenfassend *Scholz/Emmerich* § 29 Rdnr. 156 ff.

[158] Vgl. zur ausschüttungsbedingten Teilwertabschreibungen im Buy-Out-Fall: *Jung*, Unternehmenskauf, S. 477 ff.; *Holzapfel/Pöllath*, Unternehmenskauf, S. 250 ff.; *Otto* DB 1989, 1389 ff., 1394;

Höhe des Kaufpreises bilanzierte Beteiligung an der Zielgesellschaft vornimmt. Diese Teilwertabschreibung neutralisiert den in Höhe der Ausschüttung zuzüglich Körperschaftsteuergutschrift und einbehaltener Kapitalertragsteuer von NeuGmbH zu versteuernden Beteiligungsertrag, wobei die von der Ziel-GmbH in Höhe der Ausschüttungsbelastung nach § 27 Abs. 1 KStG (30%) gezahlte Körperschaftsteuer auf eventuelle sonstige steuerpflichtige Einkünfte der NeuGmbH über die Gutschrift gem. § 36 Abs. 2 Nr. 3 EStG anzurechnen, andernfalls zu erstatten ist. Dadurch wird letztlich eine in vollem Umfang körperschaftsteuerfreie, oft beträchtliche Erhöhung des Abschreibungsvolumens erreicht.

Eine Versagung der Teilwertabschreibung unter dem Gesichtspunkt des Mißbrauchs **168** von Gestaltungsmöglichkeiten (§ 42 AO) scheidet im MBO-Fall regelmäßig aus, da der erläuterten Gestaltung nicht ausschließlich und nicht einmal in erster Linie steuerliche Erwägungen, sondern vor allem die erläuterten finanzierungsbedingten Erfordernisse des MBO zugrunde liegen.[159] Dem steht eine Entscheidung des FG Münster vom 18. 9. 1991[160] nicht entgegen, die in einem Fall zur Annahme von Gestaltungsmißbrauch gelangte, in welchem die Anteilsverkäufer sich wiederum an der Erwerber-GmbH beteiligten und bereits vor Anteilsveräußerung das gesamte Aktivvermögen ihrer Gesellschaft versilbert hatten, mit der Veräußerung an eine zweite, von ihnen beherrschte Erwerber-GmbH also offenbar die Liquidationsbesteuerung des § 17 Abs. 4 EStG vermeiden wollten.[161] Mit einer solchen Konstellation sind Veräußerungen lebender Unternehmen im Wege des MBO an eine maßgeblich von den (Dritt-)Interessen institutioneller Investoren und Manager geprägte Erwerber-GmbH offensichtlich nicht vergleichbar.[162] Aber selbst in dem vom FG Münster entschiedenen Fall hat der BFH mit Aussetzungsbeschluß vom 3. 2. 1993[163] ernstliche Zweifel an der Rechtmäßigkeit der einen Gestaltungsmißbrauch unterstellenden Steuerbescheide geäußert.

Gleichwohl bleibt bei der oben beschriebenen Vorgehensweise des Anteilserwerbs mit **169** nachgeschalteter Vermögensübernahme zu beachten, daß trotz anzuerkennender Neutralisierung der auf den Veräußerungsgewinn der Zielgesellschaft entfallenden Körperschaftsteuer mittels ausschüttungsbedingter Teilwertabschreibung kritische **Liquiditätsprobleme** auftreten können. Diese resultieren daraus, daß Gewerbe- und Körperschaftsteuer auf den von der Ziel-GmbH realisierten Veräußerungsgewinn über eine entsprechende Erhöhung der Steuervorauszahlungen sofort und Kapitalertragsteuer mit Fassung des Ausschüttungsbeschlusses fällig werden, wohingegen bei NeuGmbH eine entsprechende Steueranrechnung bzw. -erstattung erst in dem auf die Vereinnahmung der Gewinnausschüttung folgenden Veranlagungszeitraum erfolgt. Auf eine Stundung von Körperschaft- und Kapitalertragsteuer der Ziel-GmbH bis zur korrespondierenden Anrechnung/Erstattung bei NeuGmbH besteht kein Rechtsanspruch, wenngleich Billigkeitsregelungen im Einzelfall erreichbar sein können.

Eine zeitkongruente steuerliche Erfassung beider Vorgänge wird sich daher zuverlässig **170** nur durch eine vor Vermögensveräußerung begründete körperschaftsteuerliche **Organschaft** mittels Abschluß eines Beherrschungs- und Gewinnabführungsvertrages herbeiführen lassen. Dies setzt voraus, daß NeuGmbH zuvor entweder eine eigene gewerbliche Betätigung begründet hat oder die Voraussetzungen einer sog. geschäftsleitenden Holding erfüllt, also neben der Beteiligung an der Ziel-GmbH mindestens eine weitere Mehrheitsbeteiligung an einer anderen Tochtergesellschaft besteht;[164] ferner müssen die Beteiligungen an der Ziel-

---

Blumers/Schmidt DB 1991, 609 ff., 611; *Koenen/Gohr* DB 1993, 2541 ff., 2546; allgemein hierzu vgl. *Hötzel,* Unternehmenskauf, S. 173 ff.; *Herzig* DB 1988, 2265 ff.

[159] Ebenso z. B. *Hötzel,* Unternehmenskauf, S. 179; *Blumers/Schmidt* DB 1991, 609 ff., 611.

[160] EFG 1992, 605.

[161] Vgl. hierzu und zu „Owner Buy-Out"-Gestaltungen allgemein *Weindl* BB 1992, 1467; *Streck* BB 1992, 685 ff.

[162] Vgl. *Otto* DB 1994, 2121 ff., 2122.

[163] BFH DB 1993, 1270.

[164] Vgl. BFH BStBl. 1970 II, 257; Abschn. 50 Abs. 2 KStR (i. V. m. Abschn. 17 Abs. 1 S. 2 GewStR).

GmbH und ggfs. der weiteren Tochtergesellschaft seit Beginn desjenigen Geschäftsjahres der Ziel-GmbH bestehen, in welchem die Vermögensveräußerung erfolgt.[165] Das Verbot der Abführung bei der Ziel-GmbH eventuell vorhandener **vororganschaftlicher Rücklagen**[166] führt demgegenüber i. d. R. nicht zu zusätzlichen Problemen, da insoweit ein – mit den Stimmen von NeuGmbH als Alleingesellschafterin einstimmig möglicher – Ausschüttungsbeschluß auch nach Begründung der Organschaft steuerlich anerkannt wird.[167]

171 Ist die Herstellung einer Organschaft nicht möglich, kann in Betracht kommen, eine möglichst zeitkongruente Behandlung dadurch zu erreichen, daß der **Dividendenanspruch** von NeuGmbH auf Ausschüttung des von Ziel-GmbH infolge der Vermögensveräußerung erzielten Gewinns bereits zu dem auf die Veräußerung folgenden Bilanzstichtag gewinnerhöhend **aktiviert**[168] wird. Dies setzt jedoch nach neuerdings von der Finanzverwaltung vertretener Auffassung zusätzlich zu den vom BGH aufgestellten handelsrechtlichen Erfordernissen[169] voraus, daß die Beherrschung der Ziel-GmbH durch NeuGmbH bereits während des gesamten Geschäftsjahres bestanden hat.[170] Ist dies nicht der Fall, müßte noch vor dem Bilanzstichtag eine entsprechende Vorabgewinnausschüttung vorgenommen werden. Aktivierung des Dividendenanspruchs wie auch Vornahme einer Vorabgewinnausschüttung führen jedoch – anders als die Organschaft – nicht zu völliger Zeitkongruenz. Während sich die Steuerbelastung des erzielten Veräußerungsgewinns bei der Zielgesellschaft u. U. sofort über erhöhte KSt-Vorauszahlungen auswirkt, findet die Anrechnung/Erstattung bei NeuGmbH erst ca. sechs bis acht Monate nach dem Bilanzstichtag im Rahmen der Veranlagung statt. Erfolgt der Vermögensübergang zu Beginn des Geschäftsjahres, kann trotz Vorabausschüttung bzw. Dividendenaktivierung der Vorfinanzierungszeitraum bis zu 18 Monate betragen.

172 Zu beachten ist ferner, daß gem. **§ 8 Nr. 10 GewStG** eine Neutralisierung der auf den Veräußerungsgewinn der Ziel-GmbH entfallenden Gewerbesteuer nicht mittels ausschüttungsbedingter Teilwertabschreibung möglich ist soweit eine nochmalige Erfassung des (ausgeschütteten) Gewinns bei NeuGmbH aufgrund des gewerbesteuerlichen Schachtelprivilegs (§ 9 Nr. 2 a GewStG) nicht erfolgt. Damit wird die einmalige gewerbesteuerliche Erfassung des Veräußerungsgewinns definitiv. Hieran ändert sich auch bei vorheriger Begründung einer Organschaft mit NeuGmbH nichts, da der BFH in einer Entscheidung vom 2. 2. 1994[171] gegen beachtliche Stimmen aus der Literatur[172] auch eine „abführungsbedingte" Teilwertabschreibung als den Gewerbeertrag des Organkreises nicht mindernd angesehen hat. Auch eine zeitgleiche Liquidation der Ziel-GmbH würde an der einmaligen Belastung des Veräußerungsgewinns mit Gewerbesteuer nichts ändern, da zwar in diesem Fall § 8 Nr. 10 GewStG nicht anwendbar wäre, die zulässige Teilwertabschreibung aber durch Wegfall der auf Liquidationsraten nicht anwendbaren Kürzungsregelung gem. § 9 Nr. 2 a GewStG[173] kompensiert würde.[174]

173 Andererseits sind aber auch mit einer Ausschüttung des Veräußerungsgewinns ohne Vorliegen der Voraussetzungen des § 9 Nr. 2 a GewStG – etwa weil die Beteiligung an der Ziel-GmbH nicht schon seit Beginn des Wirtschaftsjahres von NeuGmbH bestand – keine gewerbesteuerlichen Nachteile verbunden, da in diesem Fall § 8 Nr. 10 GewStG einer ausschüttungsbedingten Teilwertabschreibung nicht entgegensteht. Im Ergebnis ist daher der auf die Vermögensübertragung entfallende Veräußerungsgewinn in jedem Falle einmal

---

[165] Vgl. §§ 14 Ziff. 1, 17 KStG.
[166] Vgl. § 17 Ziff. 1 KStG i. V. m. §§ 300, 301 AktG.
[167] Abschn. 55 Abs. 4 S. 9 u. 10 KStR.
[168] Vgl. hierzu z. B. *Köster* DB 1993, 696 ff.
[169] Vgl. BGH DB 1976, 38.
[170] OFD Hannover v. 29. 1. 92, KSt-Kartei § 8 KStG, Karte A 24.
[171] BFH DB 1994, 862 ff.
[172] Vgl. z. B. *Pöllath/Wenzel* DB 1989, 797; *Goutier* DB 1989, 244; *Müller-Dott* GmbHR 1990, 269.
[173] Vgl. etwa *Lenski/Steinberg*, GewStG, § 9 Nr. 2 a; Rdnr. 2.
[174] Zutreffend *Hötzel*, Unternehmenskauf, S. 205.

mit Gewerbesteuer belastet. Wenngleich es sich hier je nach gemeindlichem HebeSatz um erhebliche Beträge handeln kann, wird dies für die erläuterte Strukturierung des Erwerbsvorganges im allgemeinen aber kein entscheidendes Hindernis darstellen.

Nicht gangbar wäre der Weg einer dem Anteilserwerb nachgeschalteten Vermögensübertragung allerdings dann, wenn die in **§ 50 c EStG** geregelte Nichtberücksichtigung ausschüttungsbedingter Teilwertabschreibungen eingreifen und damit auch die Körperschaftsteuer auf den Veräußerungsgewinn endgültig machen würde. Dies wäre dann und insoweit der Fall, als Anteile der Ziel-GmbH von nicht anrechnungsberechtigten Anteilseignern – also insbesondere ausländischen Gesellschaftern – erworben wurden.[175] **174**

Vom Wortlaut des § 50 c EStG war bis vor kurzem folgender Erwerbsvorgang nicht erfaßt: Danach erwirbt die Gesellschaft A die Anteile am Zielunternehmen Z von den ausländischen Gesellschaftern nicht selbst, sondern mittelbar über eine mit entsprechendem Eigenkapital ausgestattete 100%ige Tochtergesellschaft B, die nach Anteilserwerb und anschließendem Verkauf aller Aktiva und Passiva durch Z den von Z an B ausgeschütteten Veräußerungsgewinn/freie Rücklagen an A weiterausschüttet. In diesem Falle hätte – vorbehaltlich der Annahme eines Gestaltungsmißbrauchs (§ 42 AO) – zwar nicht B auf die Anteile an Z, wohl aber A auf die Beteiligung an B eine ausschüttungsbedingte Teilwertabschreibung vornehmen können, so daß die sich bei Z ergebende Körperschaftsteuer als Folge des Anrechnungsverfahrens im Ergebnis bei A wieder neutralisiert würde. **175**

Derartige Fälle des mittelbaren Erwerbs von nicht anrechnungsberechtigten Anteilseignern sind nunmehr im neuen **§ 50 c Abs. 7 EStG** ausdrücklich geregelt worden; danach ist nunmehr auch die Teilwertabschreibung auf die Beteiligung an B steuerlich nicht zu berücksichtigen, soweit diese auf weitergeleitete Gewinnausschüttungen der Z zurückzuführen ist. Von dem offenbar auf eine abschließende Regelung abzielenden Wortlaut des § 50 c Abs. 7 EStG **nicht erfaßt** ist dagegen der Fall einer (ertragsteuerneutralen) **Verschmelzung** von Z auf B mit anschließender Vermögensübertragung von B auf A oder eine zweite Tochtergesellschaft von A. Der hieraus resultierende Veräußerungsgewinn wäre keine „weitergeleitete Gewinnausschüttung" i. S. v. § 50 c Abs. 7 EStG. Auch stünde der Gewinnausschüttung von B an A aufgrund des neuen § 24 UmwG – anders als nach bisheriger Rechtslage (vgl. § 27 KapErhG a. F.) – handelsrechtlich kein verschmelzungsbedingter Übernahmeverlust entgegen. Die Nichtanwendbarkeit von § 50 c EStG läßt sich ferner im Umkehrschluß aus § 13 Abs. 4 UmwStG ableiten, wonach diese Vorschrift im Verschmelzungsfall (nur) auf an die Stelle § 50 c-behafteteter Z-Anteile tretende (neue) B-Anteile Anwendung findet. Diese setzt voraus, daß außenstehende Z-Anteilseigner ihre § 50 c-behafteten Anteile gegen neue, im Wege der Kapitalerhöhung ausgegebene B-Anteile tauschen, wohingegen ein solcher Anteilstausch im Falle einer 100%igen Beteiligung von B an Z gemäß der eine Kapitalerhöhung ausschließenden Regelung des § 52 Abs. 1 Ziff. 1 UmwG gerade nicht erfolgt. **176**

Um NeuGmbH nicht mit den betrieblichen Risiken des Zielunternehmens zu belasten und bei letzterem zusätzlich eine haftungsmäßige Abschirmung des Anlagevermögens mittels Betriebsaufspaltung zu erreichen, kommt gelegentlich auch in Betracht, den **Vermögens- und Anteilserwerb durch selbständige Tochtergesellschaften** von NeuGmbH (T 1 und T 2) vorzunehmen: Erwirbt T 1 die Anteile an Z und wird Z anschließend auf T 1 verschmolzen, so kann T 1 unter Zurückbehaltung des wesentlichen Anlagevermögens (z. B. Grundstücke) den Geschäftsbetrieb einschließlich Firmenwert an T 2 als Betriebsgesellschaft veräußern. Die Vollausschüttung des Veräußerungsgewinns von T 1 an Neu-GmbH würde in diesem Falle nicht in Geld (bzw. im Wege der Aufrechnung, vgl. **177**

---

[175] Nach einer zunächst im Jahressteuergesetz 1996 vorgesehenen, dann aber wieder fallengelassenen (vgl. BT-Drucks. 13/1558 v. 31. 5. 95) Gesetzesänderung sollte § 50 c EStG künftig auch auf solche Kapitalgesellschaftsanteile Anwendung finden, die der – anrechnungsberechtigte – Rechtsvorgänger wegen nicht wesentlicher Beteiligung i. S. v. § 17 EStG steuerfrei veräußert hat, vgl. hierzu *Rödder* DB 1994, 593.

oben Rdnr. 164), sondern in Form der (teilweisen) Abtretung des Kaufpreisanspruches gegen die das Vermögen erwerbende Tochter (T 2) erfolgen, so daß NeuGmbH über diese Forderung in ähnlicher Weise den Cash-Flow des nun auf T 2 übergegangenen Zielunternehmens für sich verwendbar machen kann, als wenn es selbst erworben hätte. Allerdings ist zu beachten, daß die an NeuGmbH abgetretene Kaufpreisforderung gegen T 2 relativ leicht kapitalersetzenden Charakter annehmen kann, mit der Konsequenz, daß ggfs. die für NeuGmbH zur Bedienung von Zins und Tilgung notwendigen Zahlungen durch T 2 wegen §§ 30, 31 GmbHG unzulässig würden. Im übrigen wären Konzernhaftungsrisiken von Neu-GmbH zu beachten.[176] Derartige, aus haftungsrechtlichen Erwägungen vorgenommene Aufteilungen des Erwerbsvorganges auf Tochtergesellschaften können sich daher als risikoreich erweisen und bedürfen einer besonders sorgfältigen, dem Einzelfall angepaßten Planung.

178 Bei den in Rahmen des kombinierten Anteils- und Vermögenserwerbs anfallenden Verkehrssteuern ist die Problematik der zweifachen Entstehung von **Grunderwerbsteuer** – zunächst im Rahmen des Erwerbs aller Ziel-GmbH-Anteile gem. § 1 Abs. 3 GrEStG und danach durch Erwerb des Grundstücks selbst zu beachten. Im ersten Schritt wird die Steuer vom Einheitswert (§ 8 Abs. 2 Nr. 2 GrEStG) im zweiten Schritt vom – höheren – Wert des anteilig hierauf entfallenden Kaufpreises erhoben. Eine grunderwerbsteuerliche Doppelbelastung erfolgt jedoch nicht, da gem. § 1 Abs. 6 S. 2 GrEStG die im zweiten Schritt anfallende Grunderwerbsteuer nur insoweit erhoben wird, wie der hierfür maßgebliche Wert (Kaufpreis) die Bemessungsgrundlage für den vorangegangenen Tatbestand der Anteilsvereinigung (Einheitswert) übersteigt. Die bei Vermögensveräußerung entstehende **Umsatzsteuer** stellt wegen der Vorsteuerabzugsberechtigung von NeuGmbH im Ergebnis keine endgültige Belastung dar, wenngleich ein eventueller, zwischen Zahlung und Erstattung entstehender Liquiditätsnachteil einzukalkulieren ist, der jedoch bei Veräußerung der abgezinsten, künftigen Erstattungsansprüche, z.B. an ein Finanzierungsinstitut, vermeidbar wäre. Ferner wird vielfach das Einverständnis der Finanzverwaltung erreichbar sein, daß die Umsatzsteuerzahlung im Wege der Vorausabtretung des korrespondierenden Vorsteuererstatttungsanspruches von NeuGmbH vorgenommen wird.

179 *d) Anteilserwerb und nachfolgende Umwandlung/Verschmelzung in/auf eine Personengesellschaft („NeuGmbH & Co.)* Aufgrund der im Umwandlungsbereinigungsgesetz und dem korrespondierenden Gesetz zur Änderung des Umwandlungssteuerrechts zum 1. 1. 1995 in Kraft getretenen Neuregelungen haben sich weitreichende Änderungen gegenüber der früheren Rechtslage (vgl. hierzu Vorauflage § 26 Rdnr. 150 ff.) ergeben. Die sowohl handelsrechtlich wie auch steuerlich eingetretenen Erleichterungen einer dem Anteilserwerb nachfolgenden Umwandlung/Verschmelzung einer (Ziel-)Kapitalgesellschaft auf eine (Erwerber-)Personengesellschaft lassen vermuten, daß dieser Weg bei Durchführung von Management Buy-Outs zunehmend anstelle eines nachgeschalteten Vermögenserwerbs (oben c) beschritten werden wird.[177]

180 Schon bislang kam eine Verschmelzung/Umwandlung der Zielgesellschaft im Wege der Gesamtrechtsnachfolge auf eine von der Buy-Out-Gruppe gegründete Personengesellschaft insbesondere deswegen in Betracht, weil der oben (c) beschriebene Weg eines dem Anteilserwerb folgenden Vermögenserwerbs mittels Einzelübertragung sämtlicher Wirtschaftsgüter praktische oder rechtliche Schwierigkeiten bereiten konnte (z.B. unzureichende sachenrechtliche Bestimmbarkeit von Wirtschaftsgütern, Probleme beim Übergang von Dauerschuldverhältnissen/sonstigen Verträgen bei Genehmigungsverweigerung von Gläubigern etc.).[178] Da jedoch nach bisherigem Recht (§ 1 Abs. 2 UmwG a.F.) die Umwandlung auf eine „haftungsbeschränkte" Personengesellschaft (z.B. GmbH & Co.) nicht zulässig war, blieb insoweit nur der aufwendige und rechtlich problematische Weg des Anteils-

---

[176] Vgl. BGH NJW 1993, 1200 (TBB).

[177] Vgl. *Otto* DB 1994, 2121 ff.

[178] Vgl. hierzu Vorauf., § 26 Rdnr. 150; *Blumers/Marquardt* DStR 1994, 1869 ff.; 1872 ff.

erwerbs mittels einer sog. „doppelstöckigen“ GmbH & Co.[179] Nach neuem Umwandlungsrecht ist demgegenüber nunmehr auch die Umwandlung/Verschmelzung auf eine Personengesellschaft zulässig, an welcher – ggfs. auch ausschließlich – Kapitalgesellschaften als Vollhafter und/oder Kommanditisten beteiligt sind.[180] Im Falle der Verschmelzung tritt auch insoweit – wie bei Verschmelzung von Kapitalgesellschaften[181] – bei Ausübung des Wertansatzwahlrechtes gem. § 24 UmwG kein handelsrechtlicher Übernahmeverlust ein.

Zu beachten ist allerdings das sowohl bei Verschmelzung wie auch bei formwechselnder Umwandlung bestehende Recht der Gläubiger, bei Glaubhaftmachung einer Gefährdung ihrer Forderungen **Sicherheitsleistung** zu verlangen (§§ 22, 204 UmwG) und die – entsprechend bisherigem Verschmelzungsrecht (vgl. z. B. § 28 KapErhG a. F.) – eventuell eingreifende **Schadensersatzhaftung** der beteiligten Verwaltungsträger (§§ 25, 205 UmwG). 181

Probleme können sich auch daraus ergeben, daß die (rangwahrende) **Firmenfortführung** nur dann sichergestellt ist, wenn die Firma der Ziel-GmbH den Namen wenigstens einer natürlichen Person enthält, nicht jedoch bei reinen Sachfirmen (§§ 18 Abs. 1 S. 2 i. V. m. Abs. 2, 200 Abs. 1 S. 2 i. V. m. Abs. 3 UmwG). Schließlich tritt der Vermögensübergang auf die Erwerber-GmbH & Co. erst mit **Eintragung** der Verschmelzung **in das Handelsregister** und nicht – wie bei nachgeschalteter Einzelübertragung aller Aktiva und Passiva – sofort bei Vertragsschluß ein (Verzögerungsmöglichkeiten; Verbot des vollen Zugriffs auf Cash-Flow in der Zwischenzeit). 182

In steuerlicher Hinsicht bietet eine dem Anteilserwerb nachfolgende Verschmelzung auf die Erwerber GmbH & Co. ganz erhebliche Anreize:[182] 183

- Da die Erwerber-GmbH & Co. die Anteile erst kurz vor der Verschmelzung erworben hat, spiegelt der BeteiligungsanSatz im Verschmelzungszeitpunkt die Summe aus dem Buchwert des Eigenkapitals der Zielgesellschaft zzgl. mitbezahlter stiller Reserven und Firmenwert sowie – im Falle des Vorhandenseins versteuerter Rücklagen – von latenten KSt.-Anrechnungsguthaben wider. Verschmelzungsbedingt tritt an die Stelle des Beteiligungsansatzes der niedrigere, stille Reserven und Firmenwert nicht beinhaltende Buchwert der übergehenden Wirtschaftsgüter. Während der sich hieraus in Höhe des Differenzbetrages ergebende Übernahmeverlust nach bisheriger Rechtslage steuerlich unberücksichtigt blieb (vgl. § 5 Abs. 4 UmwStG 1977), sind nunmehr gem. **§ 4 Abs. 6 UmwStG n. F.** in Höhe des Übernahmeverlustes – abzgl. etwa noch vorhandener KSt.-Anrechnungsguthaben der Zielgesellschaft – die übergehenden Wirtschaftsgüter bis zu ihren Teilwerten aufzustocken und ein danach etwa noch verbleibender Betrag als Firmenwert auszuweisen. Die hieraus resultierenden höheren Abschreibungen mindern also die eigene Steuerbelastung der Erwerbergesellschaft und erhöhen den freien, zur Rückführung des Fremdmitteleinsatzes verfügbaren Cash-Flow. Die Erwerbergesellschaft wird so in die Lage versetzt, ihr Investment voll abzuschreiben, als habe sie die Wirtschaftsgüter und nicht die Anteile der Zielgesellschaft erworben.
- Die übertragende (Ziel-)Kapitalgesellschaft kann gem. § 3 UmwStG n. F. in ihrer steuerlichen Schlußbilanz die Buchwerte fortführen, erzielt bei Ausübung dieses Wahlrechts also keinen steuerpflichtigen Gewinn. 184
- Vorhandene KSt-Anrechnungsguthaben können von den Gesellschaftern[183] der übernehmenden GmbH & Co. gem. § 10 UmwStG n. F. im Rahmen der eigenen Steuerer- 185

---

[179] Vgl. Voraufl. § 26 Rdnr. 151 ff.; *Koppensteiner* ZHR 91, 117 f.

[180] Vgl. §§ 39 ff. UmwG, §§ 190 ff. UmwG sowie amtl. Begründung zu § 39 UmwG, wiedergegeben bei *Ganske,* Umwandlungsrecht, S. 77.

[181] Vgl. oben Rdnr. 150 ff.

[182] Hierzu *Rödder/Hötzel* FR 1994, 285 ff.; *Blumers/Marquardt* DStR 1994, 1869 ff.; *Otto* DB 1994, 2121 ff.

[183] Vorbehaltlich abweichender gesellschaftsvertraglicher Regelungen stehen die KSt-Anrechnungsguthaben ausschließlich den Gesellschaftern der Personengesellschaft zu, ohne daß insoweit ein in das Gesamthandsvermögen fließender Beteiligungsertrag vorläge, vgl. BGH BB 1995, 719.

klärung als Anrechnungs- bzw. Erstattungsbetrag geltend gemacht werden, ohne daß die Fassung eines – den Anfall von Kapitalertragsteuer auslösenden – Rücklagenausschüttungsbeschlusses der Ziel-GmbH erforderlich wäre.

186 Die Vorteile gegenüber dem bislang überwiegend praktizierten Buy-Out-Modell des Anteilserwerbs mit nachfolgender Einzelübertragung aller Aktiva/Passiva liegen dabei auf der Hand: Die **Buchwertaufstockung** der übergehenden Wirtschaftsgüter/Firmenwert der Zielgesellschaft auf Anschaffungskosten-Niveau wird **ohne Anfall von Gewerbesteuer** erreicht. Auch **Körperschaftsteuer** fällt mangels Realisierung eines Übertragungsgewinns in der steuerlichen Schlußbilanz bei der (Ziel-)Kapitalgesellschaft von vornherein nicht an, so daß auch die bei Vermögenserwerb durch Einzelübertragung insoweit auftretende Vorfinanzierungsproblematik (Körperschaftsteuer und Kapitalertragsteuer) entfällt. Zusätzlich entfallen Kapitalertragsteuer-Vorfinanzierungserfordernisse auch im Hinblick auf die Mobilisierung miterworbener Rücklagen der (Ziel-)Kapitalgesellschaft. Auch die Frage einer eventuellen Zwischenfinanzierung von Umsatzsteuerzahllasten stellt sich mangels Vorliegens eines steuerbaren Leistungsaustausches von vornherein nicht.

187 Soweit allerdings der Erwerb der Gesellschaftsanteile von nicht Kst-anrechnungsberechtigten Anteilseignern[184] erfolgt, verbleibt es auch im Verschmelzungsfalle bei Anwendung des **§ 50 c EStG.** Anders als im Falle des Vermögenserwerbs durch Einzelübertragung aller Wirtschaftsgüter führt die Anwendung des § 50 c EStG im Verschmelzungsfalle allerdings nicht zu einem körperschaft- und gewerbesteuerpflichtigen Veräußerungsgewinn. Gem. § 4 Abs. 5 UmwStG n. F. vermindert sich in Höhe des Sperrbetrages des § 50 c EStG lediglich der Übernahmeverlust und damit die Buchwertaufstockung von übergehenden Wirtschaftsgütern und Firmenwert. Dies bietet besonders dann Vorteile, wenn nur einzelne der erworbenen Kapitalgesellschaft-Anteile „§ 50 c-behaftet" sind: In diesem Falle kann nämlich zumindest partiell – soweit die erworbenen Anteile nicht § 50 c-behaftet sind – die Buchwertaufstockung in Anspruch genommen werden, ohne daß dies wie im Falle des Wirtschaftsgütererwerbs mittels Einzelrechtsnachfolge mit Körperschaft- und Gewerbesteuer auf denjenigen Teil des Veräußerungsgewinns bezahlt werden müßte, welcher den § 50 c-behafteten Anteilen quotal zuzurechnen ist.

188 Anstelle einer Verschmelzung der Ziel-Kapitalgesellschaft auf die Erwerber-GmbH & Co. käme auch eine **formwechselnde Umwandlung** der Zielgesellschaft in Betracht: Gem. § 14 UmwStG n. F. wären in diesem Falle die §§ 3–8 und 10 UmwStG n. F. entsprechend anzuwenden. Steuerlich ergeben sich somit gegenüber der Verschmelzung keine Abweichungen. Fraglich ist, ob sich im Falle der formwechselnden Umwandlung der Anfall von etwaiger **Grunderwerbsteuer** vermeiden läßt. Ertragsteuerlich unterstellt die formwechselnde Umwandlung allerdings – abweichend von der zivilrechtlichen Behandlung – einen Rechtsträgerwechsel wie im Falle der Verschmelzung (§ 14 UmwStG n. F.). Da für Grunderwerbsteuerzwecke die zivilrechtliche Behandlung maßgeblich ist und insoweit – anders als nach früherem Recht (vgl. z. B. § 16 Satz 1 UmwG a. F.) – ein identitätswahrender Formwechsel unterstellt wird,[185] wäre an sich eine Änderung des Grunderwerbsteuergesetzes erforderlich gewesen, hätte man die formwechselnde Umwandlung zum Erwerbsvorgang i. S. v. § 1 GrEStG erheben wollen.[186]

---

[184] Gleichgestellt sind Erwerbe von anrechnungsberechtigten Anteilseignern, sofern und soweit vor diesen nichtanrechnungsberechtigte Gesellschafter beteiligt waren und seit dem Ende des Jahres, in welchem letztere aus der Gesellschaft ausschieden, bis zum Zeitpunkt der Vornahme der Teilwertabschreibung noch keine 9 Jahre verstrichen sind, vgl. § 50 c Abs. 1 EStG.

[185] Vgl. amtl. Begründung zu § 194 UmwG, wiedergegeben bei *Ganske,* Umwandlungsrecht, S. 194.

[186] Zutreffend *Blumers/Marquardt* DStR 1994, 1869 ff., 1872; die Finanzverwaltung will allerdings gleichwohl einen grunderwerbsteuerpflichtigen Rechtsträgerwechsel zugrundelegen, vgl. Fin.Min. Bad.-Württ. DB 1994, 2592; dagegen *Courage* DB 1995, 1102.

Besonderheiten sind im Hinblick auf die **Struktur der Erwerber-GmbH & Co.**[187] zu beachten. Da die gesamte, zum Zwecke des Anteilserwerbs erforderliche Fremdfinanzierung von der Personengesellschaft aufgenommen wird, liegt auf der Hand, daß die Mitglieder der Erwerbergruppe – insbesondere die Manager – ihre persönliche Haftung insoweit ausschließen bzw. auf die Einlage begrenzen müssen. Dies wäre zwar grundsätzlich der Fall, wenn die Erwerbergesellschaft schon im Zeitpunkt der Fremdmittelaufnahme die Rechtsform einer GmbH & Co. KG hätte. Jedoch wird im Vorfeld eines Management Buy-Outs die Eintragung der GmbH & Co. in das Handelsregister mangels eines zu diesem Zeitpunkt vorliegenden kaufmännischen Geschäftsbetriebes nur schwer zu erreichen sein. Vor Handelsregistereintragung der Gesellschaft würden die Kommanditisten jedoch gem. § 176 HGB persönlich unbeschränkt haften. Insbesondere dieser Gesichtspunkt spricht dafür, die Erwerber-Gruppe (Eigenkapitalinvestor und Manager) nur über eine sie haftungsmäßig abschirmende GmbH an der Personengesellschaft zu beteiligen. Auf die Haftungsbeschränkung nach § 171 HGB käme es dann nicht mehr an. Auch könnte die GmbH & Co. in diesem Falle ebensogut als OHG ausgestaltet werden. 189

Die Handelsregistereintragung der GmbH & Co. müßte ebenfalls nicht abgewartet werden, da es unschädlich wäre, wenn diese im Erwerbszeitpunkt noch die Rechtsform einer Gesellschaft bürgerlichen Rechts hätte. Auch eine i. S. v. § 15 Abs. 3 Nr. 2 EStG gewerblich geprägte GmbH & Co. GbR erfüllt die für die Buchwertfortführung in der Schlußbilanz der untergehenden Ziel-Kapitalgesellschaft gem. § 3 UmwStG n. F. erforderliche Betriebsvermögensvoraussetzung. Der Personengesellschafts-Charakter der „Neu-GmbH & Co." wäre auch dann nicht in Frage gestellt, wenn deren Gesellschafterkreis sich ausschließlich aus Kapitalgesellschaften – hier z. B. aus einer Kommanditisten-GmbH und einer Komplementär-GmbH – zusammensetzt.[188] 190

Eine kapitalmäßige Beteiligung der Komplementär-GmbH wäre – entsprechend der weitverbreiteten Praxis – nicht erforderlich.[189] Die Sicherung der Beteiligungsidentität der Mitglieder der Erwerbergruppe in der Komplementär-GmbH einerseits und der 100% der Gesellschaftsanteile haltenden Kommanditisten-GmbH andererseits könnte durch geeignete gesellschaftsvertragliche Bestimmungen erreicht werden, wie sie bei entsprechend strukturierten Familien-GmbH & Co. schon seit langem erprobt sind. Möglich wäre jedoch auch, daß sich die Erwerbergruppe an der Komplementär- und Kommanditisten GmbH nicht unmittelbar, sondern über eine die Anteile beider Gesellschaften jeweils zu 100% haltenden Holding-GmbH beteiligt. Letztere würde in diesem Falle faktisch die Funktion der „Neu-GmbH" übernehmen. 191

Das zur Finanzierung des Anteilserwerbs erforderliche Eigenkapital wird der Personengesellschaft durch die hieran beteiligte(n) Gesellschafter-GmbH zur Verfügung gestellt. Das gleiche gilt für Gesellschafterdarlehen. Da jedoch die gesamte sonstige Fremdfinanzierung (senior debt und ggfs. von Dritten bereitgestellte, nachrangige Mezzanine-Kredite) nicht über die Gesellschafter-GmbH, sondern unmittelbar durch die Personengesellschaft aufgenommen wird, hat dies zusätzlich den Vorteil, daß die von der Finanzverwaltung für die Gesellschafter-Fremdfinanzierung aufgestellten Beschränkungen gemäß **§ 8 a KStG** insoweit nicht eingreifen. 192

Spätestens im Verschmelzungszeitpunkt müßte die **Handelsregistereintragung der Erwerber GmbH & Co.** erfolgt sein, da § 3 UmwG n. F. nur die Verschmelzung auf Personenhandelsgesellschaften, nicht aber auf Gesellschaften bürgerlichen Rechts zuläßt. Demgegenüber wäre die Handelsregistereintragung nicht erforderlich, wenn anstelle der Verschmelzung die formwechselnde Umwandlung der Ziel-GmbH gem. §§ 190 ff. UmwG n. F. beschlossen würde. Gem. § 191 Abs. 2 UmwG kann Rechtsträger der neuen 193

---

[187] Näher *Otto* DB 1994, 2121 ff., 2122 f.

[188] So ausdrücklich BFH DB 1995, 1373; zum Vorliegen der gewerblichen Prägung i. S. v. § 15 Abs. 3 Nr. 2 EStG in einem solchen Fall vgl. *L. Schmidt* EStG, § 15 Rdnr. 46 c, ff, (4).

[189] Vgl. z. B. *L. Schmidt,* EStG, § 15 Rdnr. 56 a (m. w. N.).

Rechtsform auch eine Gesellschaft bürgerlichen Rechts sein. Da das Umwandlungsgesetz insoweit von einer identitätswahrenden formwechselnden Umwandlung ausgeht, ist – anders als nach früherem Recht – keine gesonderte Vermögensübertragung auf die Erwerber-GmbH & Co. GbR als Träger der neuen Rechtsform erforderlich.[190] Dementsprechend sieht § 194 UmwG auch kein diesbezügliches Beschlußerfordernis der Gesellschafter mehr vor.

194 Zu einem späteren Zeitpunkt könnte Neu-GmbH & Co. bei Bedarf – etwa durch Ausscheiden der kapitalmäßig nicht beteiligten Komplementär-GmbH oder durch erneuten Formwechsel gem. §§ 190 ff. UmwG – wieder in eine Kapitalgesellschaft **rückumgewandelt** werden. Eine solche Maßnahme sollte vorzugsweise nicht zeitnah nach Vollzug der Umwandlung bzw. Verschmelzung der Ziel-GmbH auf Neu-GmbH & Co. erfolgen, um damit eventuell verbundene steuerliche Risiken[191] zu vermeiden.

195 **3. AG.** Handelt es sich beim Zielunternehmen um eine AG, gelten an sich die gleichen Grundsätze, wie sie oben zur GmbH erläutert wurden. Auf die vorstehenden Ausführungen kann daher im wesentlichen verwiesen werden.

196 Die sich im Falle eines MBO bei einer AG mit **breit gestreutem Aktionärskreis** zusätzlich stellenden Probleme liegen insbesondere im Erwerb der für die anschließenden Umstrukturierungsmaßnahmen (Vermögensübertragung, Verschmelzung, formwechselnde Umwandlung) erforderlichen Mehrheit (regelmäßig 75%, vgl. § 179 a AktG, § 65 UmwG, §§ 233 Abs. 2, 240 UmwG) und der Angemessenheit des den Aktionären von dem am MBO beteiligten Vorstandsmitgliedern angebotenen Kaufpreises für ihre Aktien.

197 Bei einer börsennotierten Publikumsaktiengesellschaft, deren **Aktien breit gestreut** sind, wird sich für den Anteilserwerb in erster Linie der Weg über ein **öffentliches Übernahmeangebot** empfehlen. Dies hat u. a. den Vorteil, daß bei Beachtung grundlegender – wenngleich nach geltendem deutschen Recht leider immer noch nicht zwingend vorgeschriebener – Verfahrensregeln[192] die Gleichbehandlung der Aktionäre gewährleistet werden und der Erwerbspreis sich durch Angebot und Annahme am Markt bilden kann, wobei insbesondere die Möglichkeit zur Unterbreitung von Konkurrenzangeboten interessierter Dritter besteht. Möglichen Vorhaltungen, daß die übernahmewilligen Manager den Aktionären einen zu niedrigen, dem inneren Wert der Gesellschaft nicht gerecht werdenden Preis bieten, läßt sich so am besten begegnen.

198 Nimmt unter diesen Voraussetzungen eine Mehrheit von z. B. 75% der Aktionäre das Angebot an, kann der dabei gezahlte Kaufpreis (hochgerechnet auf 100%) als objektiver Verkehrswert des von der AG betriebenen Unternehmens gelten, so daß keine Einwände bestehen dürften, diesen Wert auch im Rahmen eines sich im zweiten Schritt anschließenden Vermögenserwerbs gem. § 179 a AktG – u. U. verbunden mit einem gleichzeitig zu fassenden Auflösungsbeschluß – zugrunde zu legen.

199 Im Linotype-Urteil[193] hat der BGH erneut bekräftigt, daß ein solcher Auflösungsbeschluß „seine Rechtfertigung in sich trage"[194] und der Mehrheitsaktionär unter diesen Voraussetzungen das Recht habe, „sein Kapital freizusetzen", ohne daß der Auflösungsbe-

---

[190] Unrichtig insoweit *Rödder/Hötzel* FR 1994, 285 ff., 289.

[191] Z. B. Frage einer evtl. Umgehung (§ 42 AO) der für die Verschmelzung von Kapitalgesellschaften geltenden §§ 11 ff. UmwStG, die keine § 4 Abs. 6 UmwStG vergleichbare Regelung vorsehen, vgl. *Otto* DB 1994, 2121 ff. (Fn. 13), *Blumers/Marquardt* DStR 1994, 1869 ff. 1873; *Thiel* DB 1995, 1196 ff., 1198.

[192] Zum Vergleich der Ableitung von Übernahmeangebots-Verfahrensregeln aus allgemeinen Rechtsgrundsätzen vgl. *Assmann/Bozenhardt*, Übernahmeangebote, S. 72 ff.; zu den – noch sehr unvollkommenen – im Übernahmekodex der Börsensachverständigenkommission vom 15. 7. 95 vorgesehenen (unverbindlichen) Regelungen vgl. *Assmann* AG 1995, 563 ff; *Strenger,* Für faire Übernahmeangebote, Börsen-Zeitung v. 4. 10. 95, S. 6; *Dries,* Der Code und der Kodex, Börsen-Zeitung v. 25. 8. 95, S. 1.

[193] BGH WM 1988, 325 ff.

[194] Ebenso schon BGH WM 1980, 378 ff.

schluß im Rahmen von Anfechtungsklagen gerichtlich auf Erforderlichkeit oder Verhältnismäßigkeit hin zu untersuchen wäre.[195]

Um jedoch die Angemessenheit der Kaufpreiskonditionen bei einer einem Auflösungsbeschluß nachfolgenden Vermögensübertragung auf die Mehrheitsgesellschafter sicherzustellen, hat der BGH a. a. O. zusätzlich gefordert, daß nicht bereits im Vorfeld des Vertragsschlusses durch rechtliche oder tatsächliche Maßnahmen den Minderheitsaktionären die Möglichkeit genommen wird, ggfs. ihrerseits – allein oder zusammen mit Dritten – durch Anbieten eines höheren Kaufpreises selbst zu erwerben.[196] Dem BGH schwebte hierbei offenbar die Ermöglichung einer „auction" vor, in der idealtypisch mehrere Interessenten konkurrierende Angebote unterbreiten[197] und auf diese Weise die Herausbildung eines angemessenen Marktpreises sichergestellt wird. 200

Die sich in bezug auf die Erfüllung dieser Verfahrenserfordernisse gerade bei einer Vermögensübertragung i. S. v. § 179 a AktG ergebenden praktischen Schwierigkeiten[198] wird die Erwerbergesellschaft um so eher bestehen können, als bereits in einem zeitnah vorangegangenen öffentlichen Übernahmegebot für die Aktien der Gesellschaft – insbesondere durch Bestimmung einer ausreichend langen Annahmefrist – die Möglichkeit zur Unterbreitung von Konkurrenzangeboten bestanden hat. 201

In diesem Falle wäre das vom BGH in der Linotype-Entscheidung aufgestellte **„Auktionsgebot"** dort erfüllt, wo es auch in erster Linie erfüllbar ist, nämlich im Rahmen von Aktienerwerben. Die Vorstellung der Unterbreitung konkurrierender Vertragsangebote auf Abschluß juristisch so komplexer Verträge wie die Übertragung aller Aktiva und Passiva einer Aktiengesellschaft fällt demgegenüber schwer,[199] zumal ein „Vorteilshaftigkeitsvergleich" solcher Verträge den durchschnittlichen Aktionär bei weitem überfordern dürfte. 202

Unter Beachtung der gesellschafterlichen Treuepflicht wäre zu verlangen, daß bereits im Übernahmeangebot auf die Absicht des anschließenden Vermögenserwerbs und – ggfs. – der Durchführung einer Liquidation bei Erreichen der hierzu erforderlichen Mehrheit hingewiesen wird. Hierzu besteht um so mehr Anlaß, als die Erzielung von Aktienveräußerungsgewinnen bei privaten Kleinaktionären steuerfrei ist, während die bei Verbleib in der Gesellschaft im Falle einer anschließenden Liquidation vereinnahmten Erlöse voll steuerpflichtig wären, die Nettoeinnahmen der Kleinaktionäre also in beiden Fällen trotz Zugrundelegung gleicher Unternehmenswerte völlig unterschiedlich ausfallen würden. 203

Eine **Verpflichtung zur Erläuterung der zukünftigen Absichten** der Erwerbergruppe in bezug auf die weitere Führung der Gesellschaft (Einschätzung der Ertragsaussichten, evtl. geplante Verwertungsmaßnahmen) dürfte nach zutreffender, wenngleich bestrittener Ansicht zu verneinen sein.[200] Der BGH hat im Linotype-Urteil für den Unternehmenskauf mit- 204

---

[195] BGH WM 1988, 325 ff., 327; dazu *Otto* DB 1988 Beilage 12, S. 11.

[196] BGH WM 1988, 325 ff., 328. Im Hintergrund steht hier die Überlegung, daß das bei Auflösung eingreifende Liquidationsrecht die Möglichkeit eines Preiswettbewerbs und damit der Erzielung eines optimalen Liquidationsergebnisses eröffne, da die Abwickler zur bestmöglichen Verwertung verpflichtet sind. Das Liquidationsverfahren dürfe daher nicht durch im Vorfeld geschaffene „vollendete Tatsachen" unterlaufen werden, vgl. *Henze* ZIP 1995, 1473 ff., 1477.

[197] So zutreffend *Lutter* ZHR 1989, 446 ff., 450; zur US-amerikanischen Diskussion in bezug auf die mit einer Marktpreisermittlung im Wege der „Auktion" verbundenen Vorteile vgl. z. B. *Heidemann,* Das Verhältnis zwischen Management und Aktionären, S. 133 ff., 296 f.

[198] Kritisch zu dem vom BGH a. a. O. aufgestellten Erfordernis der Ermöglichung von Konkurrenzangeboten im Rahmen der Vermögensübertragung OLG Stuttgart DB 1994, 205 ff., 206 („MotoMeter"); vgl. auch die im Linotype Fall nach Zurückverweisung durch den BGH a. a. O. ergangene Entscheidung des OLG Frankfurt, AG 1991, 208 ff., 210, in welcher – ebenso wie in der MotoMeter-Entscheidung des OLG Stuttgart – zwar ein faktischer Ausschluß von Konkurrenzangeboten letztlich angenommen, eine Treupflichtverletzung aber gleichwohl verneint wurde; vgl. ferner OLG Düsseldorf AG 1994, 228 ff., 234 („Bayr. Vereinsbank/Simonbank").

[199] Kritisch insoweit auch *Friedrich* BB 1994, 89 ff., 93 f.

[200] Wie hier *Koppensteiner* ZHR 1991, 97 ff., 110; a. A.: *Assmann/Bozenhardt,* Übernahmeangebote, S. 96.

tels Erwerb aller Aktiva und Passiva der AG durch den Mehrheitsgesellschafter diesbezügliche Aufklärungspflichten nicht einmal diskutiert und die in § 179 a AktG (vormals § 361 AktG) aufgestellten Informationspflichten offensichtlich als ausreichend angesehen.[201] Für den Fall des Unternehmenskaufs durch Anteilserwerb können dann aber keine wesentlich anderen Grundsätze gelten. Auch der Gesichtspunkt, daß im Falle des Management Buy-Out ein über die Zukunftsaussichten des Unternehmens besonders gut informierter Käufer das Angebot unterbreitet, führt zu keiner anderen Beurteilung, zumal der Informationsstand der jeweils zu mehr als 95% beteiligten Großaktionäre in den bereits entschiedenen Fällen[202] „Linotype“, „MotoMeter“ und „Simonbank“ kaum geringer zu veranschlagen gewesen sein dürfte.

205 Die **steuerlichen Auswirkungen** der einem Aktienerwerb nachfolgenden Vermögensübertragung entsprechen im GrundSatz denjenigen, wie sie für die GmbH als Zielgesellschaft dargestellt wurden.[203] Soweit es sich bei einem Aktienerwerb mittels öffentlichem Übernahmeangebot um Aktien von nicht anrechnungsberechtigten Anteilseignern handelt führt dies m. E. in analoger Anwendung des **§ 50 c Abs. 10 EStG** (Börsenklausel) nicht dazu, daß ausschüttungsbedingte Teilwertabschreibungen nach Maßgabe von § 50 c Abs. 1 bis 6 EStG steuerlich nicht zu berücksichtigen wären. Die für die Befreiungsvorschrift des § 50 c Abs. 10 EStG maßgeblichen gesetzgeberischen Intentionen – keine Möglichkeit, im individuellen Kontakt mit dem Verkäufer ein KSt-Anrechnungsguthaben in den Kaufpreis hineinzumanipulieren[204] – treffen auf den Erwerb mittels Übernahmeangebots ebenso zu wie auf den Aktienerwerb über die Börse. Daß im Falle eines Übernahmeangebots die Feststellung, welche Käufer über § 50 c-behaftete Aktien verfügen, im nachhinein möglich wird, kann insoweit nicht zu einer anderen Beurteilung führen. Es wäre im übrigen auch rechtspolitisch bedenklich, würde eine Übernahme mittels – aus Gleichbehandlungsgesichtspunkten unerwünschten – Aktienerwerben über die Börse[205] gegenüber einem – strikte Gleichbehandlung ermöglichenden – öffentlichen Übernahmeangebot steuerlich privilegiert.

206 Ein der Vermögensübertragung nach § 179 a AktG evtl. vorausgegangener Liquidationsbeschluß würde keine gewerbesteuerlichen Nachteile entfalten, da zwar das Schachtelprivileg gem. § 9 Nr. 2 a GewStG auf Liquidationsraten nicht anwendbar ist, dafür jedoch die ausschüttungsbedingte Teilwertabschreibung gewerbesteuerlich nicht an § 8 Nr. 10 GewStG scheitert,[206] es also im Ergebnis bei der einmaligen gewerbesteuerlichen Belastung des Übertragungsgewinns verbleibt.

207 Jedoch wird ein der Vermögensübertragung **zeitlich vorgeschalteter Liquidationsbeschluß** im MBO-Fall zu aktienrechtlichen und körperschaftsteuerlichen Problemen führen: Die zur Vermeidung der doppelten liquiden Kaufpreisaufbringung (zuerst für den Aktien-, dann für den Vermögenserwerb) erforderliche zeitnahe Verrechnung der Kaufpreisverbindlichkeit aus dem Vermögenserwerb mit dem (anteiligen) Anspruch auf Ausschüttung des Liquidationsgewinns scheitert am Gebot der **Einhaltung des Sperrjahres,** § 272 Abs. 1 AktG. Eine Stundung der Verbindlichkeit über einen Zeitraum von einem Jahr hinweg käme zumindest dann einer unzulässigen Bevorschussung der Abwicklungsquote gleich, wenn nicht in voller Höhe eine bankmäßige Sicherheit durch Neu-GmbH gestellt wird. Insbesondere verzögert sich auch die Inanspruchnahme der ausschüttungsbedingten Teilwertabschreibung und die Vereinnahmung der hiermit verbundenen Steuererstattungen. Schließlich ist zu beachten, daß eine eventuell gegen Sicherheit gestundete

---

[201] Ein evtl. erstelltes Bewertungsgutachten sollten die Aktionäre allerdings einsehen dürfen, vgl. für den Fall des Abschlusses eines Unternehmensvertrages nunmehr § 293 Abs. 1 Ziff. 3 AktG n. F.; bedenklich die insoweit ablehnende Meinung des OLG Stuttgart DB 1994, 205 ff., 207.

[202] Vgl. oben Fn. 198.

[203] Vgl. oben Rdnr. 158 ff.

[204] Vgl. BR-Drucks 511/79, S. 22.

[205] Zu den hiermit verbundenen Schadensrisiken für die Streubesitzaktionäre vgl. *Otto* AG 1994, 167 ff.

[206] Vgl. Rdnr. 172; a. A. *Holzapfel/Pöllath,* Unternehmenskauf, S. 168.

Kaufpreisverbindlichkeit angemessen verzinst sein müßte, wohingegen dies bei dem erst später entstehenden Anspruch auf den anteiligen Liquidationsgewinn während dieses Zeitraumes nicht der Fall wäre.

Will man die vorbeschriebenen Schwierigkeiten und Kosten vermeiden, käme alternativ 208 die Durchführung der **Vermögensübertragung (§ 179 a AktG) ohne oder vor Fassung eines Liquidationsbeschlusses** in Betracht. Ein solcher Beschluß wird in aller Regel zu einer durchgreifenden Änderung des Unternehmensgegenstandes der AG führen, also einen Satzungsänderungsbeschluß erforderlich machen.[207] Jedoch würde der HV-Beschluß auch in einem solchen Fall keiner materiellen Beschlußkontrolle unterliegen: Zum einen ermöglichen auch die nach § 124 Abs. 1, Abs. 2 Satz 2 AktG unter Beachtung der Monatsfrist des § 123 Abs. 1 AktG einzuhaltenden Ankündigungs- und Auslegungspflichten in bezug auf den Vermögensübertragungsvertrag die Entfaltung eines Preiswettbewerbs mittels Konkurrenzangeboten ähnlich wie innerhalb eines Abwicklungsverfahrens.[208] Zum anderen läge der Gesichtspunkt der unzulässigen Vorwegnahme des Abwicklungsverfahrens dann nicht vor, wenn die Wirksamkeit des zur Abstimmung gestellten Übertragungsvertrages an das Ergehen des erforderlichen Zustimmungsbeschlusses geküpft ist,[209] was regelmäßig der Fall sein wird. An der fehlenden materiellen Beschlußkontrolle ändert sich auch dann nichts, wenn die Vermögensübertragung nicht mit einer Liquidation, sondern bei Fortbestand der Gesellschaft mit einer einschneidenden Änderung des Unternehmensgegenstandes verbunden wird. Ebenso wie der zu 75% beteiligte Mehrheitsaktionär zulässigerweise den Gesellschaftszweck ohne Rechtfertigungszwang durch Liquidation vollständig beenden kann, sollte er erst recht auch – bei Wahrung der Vermögensinteressen der Minderheitsaktionäre (etwa durch ein Abfindungsangebot[210]) – eine durchgreifende Beschränkung des bisherigen Unternehmensgegenstandes der Gesellschaft (z.B. auf bloße Vermögensverwaltung) herbeiführen können.[211]

Im Hinblick auf das MBO-bedingte Erfordernis einer baldigen Verrechnung von Kauf- 209 preisverbindlichkeit und dem Anspruch auf anteilige Ausschüttung des Veräußerungsgewinns wäre zwar auch bei einer Vermögensübertragung ohne gleichzeitige Liquidation **§ 59 Abs. 1 AktG** zu beachten, wonach die Ausschüttung einer Vorabdividende einer Satzungsermächtigung bedarf und zusätzlich gem. § 59 Abs. 2 AktG nach Grund und Höhe beschränkt ist. Insoweit könnte jedoch zusammen mit der Änderung des Unternehmensgegenstandes gleichzeitig eine den Bedürfnissen angepaßte Geschäftsjahresänderung beschlossen werden.

Alternativen zu einem MBO durch Aktienerwerb mit nachfolgender Vermögensüber- 210 tragung haben sich seit 1. 1. 1995 mit Inkrafttreten des neuen UmwG ergeben. Während die Umwandlung einer AG in eine (Erwerber-)GmbH bzw. in eine (Erwerber-)Personengesellschaft bislang nur einstimmig möglich war,[212] läßt das neue UmwG nun durchgängig die $^3/_4$-Mehrheit ausreichen, sofern und soweit für die Aktionäre mit der Rechtsformänderung keine Übernahme persönlicher Haftung für die Gesellschaftsverbindlichkeiten verbunden ist. Danach kann die AG nunmehr insbesondere in/auf eine GmbH[213] oder eine GmbH & Co. KG[214] umgewandelt/verschmolzen werden, sofern 75% der anwesenden bzw. vertretenen Aktionäre zustimmen.

---

[207] So auch amtl. begr. zu Art. 6 Nr. 3 RegE-UmwBergG (wiedergegeben bei *Ganske,* Umwandlungsrecht, S. 269), wonach der frühere § 361 AktG in modifizierter Fassung als § 179 a AktG mit Bedacht in den Kontext der Satzungsänderungen betreffenden Bestimmungen gestellt wurde.

[208] *Heuze* ZIP 1995, 1473 ff., 1478.

[209] *Henze* a.a.O., 1479.

[210] Hierauf besteht im Falle von Maßnahmen i.S.v. § 179 a AktG allerdings bislang kein Rechtsanspruch, vgl. BGHZ 82, 188, 192 f.; diese Rechtsprechung erscheint überdenkenswert.

[211] Ebenso für den Fall einer Vermögensübertragung gem. § 179 a AktG ohne gleichzeitige Liquidation: OLG Düsseldorf AG 1994, 228 ff.; 231 („Bayr. Vereinsbank/Simonbank").

[212] Vgl. § 369 Abs. 2 AktG a. F., §§ 1 Abs. 2, 3 UmwG a. F.

[213] Vgl. §§ 240, 65 UmwG.

[214] Vgl. §§ 233 Abs. 2, 65 UmwG.

211 Trotz dieser gesetzlichen Erleichterungen von Verschmelzung und/oder Umwandlung von Aktiengesellschaften werden die vorgenannten Maßnahmen bei Vorhandensein von Streubesitzaktionären im Rahmen eines MBO i.d.R. nicht unbedingt einem Vermögenserwerb durch Einzelübertragung vorzuziehen sein. Ein Grund ist das Risiko erpresserischer Anfechtungsklagen, die die Handelsregistereintragung[215] und damit die Rechtswirksamkeit des für den Buy-Out essentiellen Vermögensübergangs auf unabsehbare Zeit, ggfs. über Jahre hinweg, verhindern können.[216] Dieses gravierende Risiko ist durch die in § 16 Abs. 3 UmwG neugeschaffene Möglichkeit einer gerichtlichen Eilentscheidung nur zum Teil begrenzt, keinesfalls jedoch beseitigt worden. Ein dem Anteilserwerb nachfolgender Vermögenserwerb qua Einzelrechtsnachfolge ist demgegenüber registerfrei und auch im Falle von Anfechtungsklagen sofort rechtswirksam. Hinzu kommt, daß keine – im MBO-Fall meist unerwünschte – Verpflichtung zur Beteiligung von (Alt-)Aktionären an der den Geschäftsbetrieb übernehmenden Erwerbergesellschaft besteht.

212 Andererseits ist aus steuerlicher Sicht das Risiko einer durch § 50c Abs. 4 EStG ausgelösten körperschaft- und gewerbesteuerlichen Erfassung eines – abhängig von der Zahl nichtanrechnungsberechtigter Aktionäre – u.U. erheblichen Teils des durch die Ziel-AG bei nachgeschalteter Vermögensveräußerung realisierten Veräußerungsgewinns dagegen abzuwägen. Dieses wäre insbesondere dann zu bedenken, falls der Aktienerwerb nicht über die Börse, sondern im Wege eines öffentlichen Übernahmeangebots erfolgte und die Frage der hier befürworteten entsprechenden Anwendung der Börsenklausel des § 50c Abs. 10 EStG womöglich in einem langjährigen Finanzrechtsstreit ausgetragen werden müßte. Dieses Risiko ließe sich im Falle der Verschmelzung auf eine Erwerbergesellschaft in der Rechtsform der GmbH & Co. bzw. AG & Co. auf ein hinnehmbares Maß reduzieren.[217]

VI. Die gesellschaftsrechtlichen Verhältnisse nach durchgeführtem Buy-Out

213 **1. Ausgangskonstellation.** Die Beziehungen zwischen den Gesellschaftern der Neu-GmbH nach Durchführung des Buy-Out sind durch ihre zeitliche Befristung gekennzeichnet. Die Investment-Bank/Venture Capital-Gesellschaft („Investor"), welche meist den ganz überwiegenden Teil des Stammkapitals übernommen hat, versteht das eingegangene Investment als ein solches auf Zeit, welches nach Möglichkeit laufende Erträge in Form von Gewinnausschüttungen abwerfen, jedenfalls aber nach Ablauf eines bestimmten Zeitraums mit Gewinn veräußert werden soll **(Desinvestment)**.

214 Da die Bereitstellung des Eigenkapitals der mit Abstand risikoreichste Teil der Gesamtfinanzierung ist, sind die Renditeerwartungen des Investors entsprechend hoch. Unter Zugrundelegung einer üblichen Beteiligungsdauer von ca. 5–7 Jahren wird der Investor einen jährlichen Return on Investment (ROI) von mindestens 25%, i.d.R. jedoch 30–40% anstreben. Verschiedentlich können bei erfolgreich verlaufenden MBO jedoch noch weitaus höhere Prozentsätze erreicht werden.

215 Es müssen deshalb insbesondere die in Betracht kommenden Möglichkeiten des Desinvestments, aber ebenso die Verteilung von während der Beteiligungsdauer anfallenden ausschüttbaren Gewinnen in der Satzung und in schuldrechtlichen Gesellschaftervereinbarungen geregelt werden, wobei der Investor sich hinsichtlich Zeitpunkt und Modus des Desinvestment größtmögliche Freiheiten einräumen lassen wird.

216 Für die Manager stellt sich die erworbene und ggf. noch zu vergrößernde Beteiligung dagegen als langfristige Investition dar, wenngleich auch sie anstreben werden, zu einem späteren Zeitpunkt zumindest teilweise ihre Anteile mit Gewinn zu veräußern. Da viele

---

[215] Vgl. §§ 16 Abs. 2, 198 Abs. 3 UmwG.

[216] Vgl. z.B. die zu einem erheblichen Teil fremdfinanzierte Übernahme von Hoesch durch Krupp, bei welcher der zur Refinanzierung erforderliche Zugriff auf die Hoesch-Aktiva im Wege der Verschmelzung erfolgte, die aufgrund von drei Anfechtungsklagen von Kleinaktionären um ein Haar scheiterte (hierzu z.B. Börsenzeitung v. 22. 9. 92, S. 9, Handelsblatt v. 16. 9. 92, S. 2).

[217] Vgl. o. Rdnr. 187.

der mit dem Investor getroffenen Abreden nicht satzungsmäßig verankert werden können, also einen eventuellen Rechtsnachfolger des Investors nicht binden würden, und da ferner eine eventuelle „verfrühte" Veräußerung der Beteiligung des Investors an Dritte zu einem Zeitpunkt, in dem die Manager ihnen eingeräumte Vorkaufsrechte mangels ausreichender angesparter Beteiligungserträge noch nicht auszuüben vermögen, sehr nachteilig sein kann, werden sie sich mindestens durch entsprechende Andienungsrechte/Mitverkaufsrechte in bezug auf ihre Anteile für diesen Fall eine „Rückzugsmöglichkeit" offen halten wollen.

2. In Betracht kommende Regelungspunkte. *a) Gewinnverteilung.* Hier kommen Satzungsregelungen in Betracht, wonach in Abweichung von der gesetzlichen Gewinnverteilungsregelung dem Investor der unter Berücksichtigung der Kapitalbedürfnisse der Gesellschaft ausschüttungsfähige Gewinn bis zur Höhe der beanspruchten jährlichen Rendite (z.B. 25% des gezeichneten Kapitals) als Gewinnvoraus zusteht und ein eventuell überschießender Ertrag überwiegend den Managern (untereinander im Verhältnis der übernommenen Stammkapitalanteile) gebührt. Soweit der ausschüttbare Jahresgewinn zur Befriedigung des Anspruchs des Investors nicht ausreicht, akkumuliert sich bei einer solchen Regelung sein Gewinnvoraus im nächsten Geschäftsjahr entsprechend. Die Manager beziehen in solchen für sie gewinnlosen Jahren ihr Einkommen ausschließlich über ihre Geschäftsführergehälter. 217

Soweit Gewinne nicht ausgeschüttet, sondern thesauriert[218] werden sollen, etwa weil Manager und/oder Investor die Dividendenbesteuerung vermeiden und statt dessen zu einem späteren Zeitpunkt Anteile mit einem entsprechend höheren Wert (ggfs. steuerfrei) veräußern wollen, können sich regelungsbedürftige Zuordnungskonflikte hinsichtlich der angesammelten Rücklagen ergeben, wenn die Zuordnung nach der getroffenen Gewinnverteilungsregelung von derjenigen nach der – allein durch die Stammkapitalziffer bestimmten – Substanzbeteiligung abweicht. Hier wäre daran zu denken, etwaige Vorteile einzelner Gesellschafter durch Vereinbarung von Partizipationsrechten (z.B. in Form von Unterbeteiligungen) an einem im Anteilsveräußerungsfall erzielten Mehrerlös auszugleichen. 218

b) Veräußerung von Investor-Beteiligung an Dritte. Für den Fall der Anteilsveräußerung durch den Investor wird die Einräumung von Vorkaufsrechten oder aber von im vorhinein festgelegten Kaufoptionsrechten der Manager in bezug auf die Investoranteile zu erwägen sein, wobei die letztgenannte Alternative für die Manager den Vorzug hat, daß der von ihnen aufzubringende Kaufpreis im vorhinein fixiert werden kann und nicht vom Angebot des dritten Kaufinteressenten abhinge. Der Kaufpreis könnte z.B. in Höhe der für einen Fünfjahreszeitraum zugrundegelegten Gesamtrendite des Investors zuzüglich des Nennbetrages der Geschäftsanteile und abzüglich an diesen schon geleisteter Ausschüttungen bestimmt werden. 219

c) „Mitverkaufsrechte" [219] Diesbezügliche Klauseln können in der Satzung der NeuGmbH unter Ausnutzung der Vinkulierungsmöglicheiten nach § 15 Abs. IV GmbH dergestalt verändert werden, daß der Anteilsverkauf an einen Dritten auf entsprechendes Verlangen der übrigen Gesellschafter erst mit konditionengleichem Miterwerb von deren Anteilen dingliche Wirksamkeit erlangt. Auf diese Weise wird einerseits verhindert, daß bei Verkauf einer Mehrheitsbeteiligung die übrigen Gesellschafter auf ihren um die Kontrollprämie wertgeminderten Anteilen „sitzenbleiben", ohne daß andererseits Veräußerungen durch schlichte Zustimmungserfordernisse der übrigen Gesellschafter u.U. ganz blockiert werden. 220

---

[218] Dies hätte bei den Managern jedoch gemäß BFH BStBl. 1982 II, 36 und 1984 II, 29, die Nichtabzugsfähigkeit von Zinsen bei kreditfinanziertem Beteiligungsbesitz zur Folge; dazu auch *Holzapfel/Pöllath,* Unternehmenskauf, Rdnr. 265 a.

[219] „Rights of co-sale" bzw. „Sale participation agreement"; vgl. dazu *Litwin,* Financing The LBO, S. 32; *Otto* GmbHR 1/96.

221 *d) Going Public* Für den Fall, daß das Unternehmen Börsenreife erlangt, empfehlen sich im vorhinein detaillierte Regelungen über die Anforderungen an eine entsprechende Beschlußfassung über die Umwandlung in eine AG und insbesondere die vor Umwandlung vorzunehmende „Konsolidierung" der vorher geltenden, ggf. vom Gesetz abweichenden Gewinnverteilungsregelungen, Stimmrechtsquoten und Beteiligungsverhältnisse. So werden die Manager u.a. ein erhebliches Interesse daran haben, zuvor nach Möglichkeit vertraglich eingeräumte Kaufoptionen auf die Investoranteile auszuüben.

222 *e) Veräußerung der Manageranteile an Dritte.* Da das Investment der Manager i.S. einer Teilnahme am Risiko für den Investor während der Dauer seiner Beteiligung von größter Bedeutung ist,[220] wird eine Beteiligungsveräußerung durch die Manager – eventuell ausgenommen an Angehörige – in der Satzung nur unter sehr engen Voraussetzungen zuzulassen sein. Ab einem gewissen Zeitpunkt – nach fünf bis sieben Jahren – kann diese Regelung durch ein Vorkaufsrecht des Investors ersetzt werden.[221]

223 *f) Ausscheiden von Managern aus der Geschäftsführung.* Soweit ein Manager, aus welchem Grund auch immer, aus der Geschäftsführung ausscheidet – eine Kündigung durch die Gesellschaft wird meist, ggf. sogar über die Einräumung eines satzungsmäßigen Sonderrechts, auf das Vorliegen eines wichtigen Grundes zu beschränken sein – fällt die Geschäftsgrundlage der mit dem Investor eingegangenen gesellschaftsrechtlichen Beziehung weg. In einem solchen Fall wird der Gesellschaft typischerweise das Recht zur Einziehung seines Geschäftsanteils, ersatzweise dem Investor eine entsprechende Kaufoption einzuräumen sein. Das dabei von der Gesellschaft oder dem Investor zu entrichtende, ggf. nicht dem Verkehrswert der Anteile entsprechende Entgelt sollte die Umstände des Ausscheidens und die Dauer des Anstellungsverhältnisses berücksichtigen. Andererseits wird – so die angloamerikanische Praxis – dem Manager bzw. seinen Erben in bestimmten Fällen seines Ausscheidens wie z.B. Krankheit, Tod etc. ein Recht auf Einziehung[222] seiner Anteile einzuräumen sein.

224 *g) Bezugsrechte.* Als zusätzlicher Anreiz werden den Managern oft Bezugsrechte zu günstigen Konditionen, d.h. ohne oder nur mit geringem Aufgeld, bei späteren Kapitalerhöhungen eingeräumt. Da kurz nach dem Buy-Out Kapitalerhöhungen im Normalfall nicht in Betracht kommen, können derartige Vereinbarungen nur auf schuldrechtlicher Basis außerhalb der Satzung getroffen werden. Zwar kann die Gesellschaft einen Kapitalerhöhungsbeschluß auch unter einer aufschiebenden Befristung fassen, jedoch nach wohl überwiegender Ansicht nicht für einen mehrere Jahre in der Zukunft liegenden Zeitpunkt.[223]

225 *h) Stimmrechte.* Schließlich wird regelmäßig auch die Frage der Stimmkraft der (Minderheits-)Anteile der Manager Verhandlungsgegenstand sein. In Anbetracht des Umstandes, daß der Erfolg das Buy-Out entscheidend von der Effizienz der Geschäftsführung durch die Manager abhängt, deren Bedeutung für die Gesellschaft also weit über den geleisteten Kapitalbeitrag hinausreicht, werden ihnen u.U. Mehrstimmrechte einzuräumen sein.[224] In der Praxis wird die Managerbeteiligung jedoch häufig mittelbar mit einem Vorzug in Gestalt einer nur auf die Investorenbeteiligung entfallenden Agio-Pflicht ausgestattet.[225]

---

220 „Golden handcuff", vgl. oben Rdnr. 30.

221 So der Vorschlag von *Litwin,* Financing The LBO, S. 369.

222 Zur Zulässigkeit im GmbH-Recht vgl. *Hachenburg/Ulmer* § 34 Rdnr. 28; zur US-amerikanischen Praxis vgl. *Litwin,* Financing The LBO, S. 369.

223 Vgl. *Rohwedder/Zimmermann,* GmbHG, § 55 Rdnr. 17; *Scholz/Priester,* GmbH, § 55 Rdnr. 34.

224 Zur Zulässigkeit *Rohwedder/Koppensteiner,* GmbHG, § 47 Rdnr. 14 ff.

225 Vgl. oben Rdnr. 34 ff.

§ 27 Venture Capital-Gesellschaften, Kapitalbeteiligungsgesellschaften und Unternehmensbeteiligungsgesellschaften nach dem UBGG

Übersicht

Schrifttum: Beck'scher Bilanzkommentar, 3. Aufl. 1995; *Büschgen,* Neue Tendenzen in der Gründungs- und Wachstumsfinanzierung deutscher Unternehmen, in: Festschrift für Pleyer, 1986, S. 271 ff.; *Christians* (Hrsg.), Finanzierungshandbuch, 2. Aufl. 1988; *Damisch,* Eigenkapitalverstärkung, ZfK 1990, 600 ff.; *Döllerer,* Die wesentliche Beteiligung im Ertragsteuerrecht, StbJB 1981/82, 193 ff.; *L. Fischer,* Die Steuerliche Belastung der Unternehmensfinanzierung im internationalen Vergleich und ihr Einfluß auf die Wettbewerbsfähigkeit deutscher Unternehmen, DB 1984, 358 ff.; *Eppler,* Die entgeltliche Nichtteilnahme an einer Kapitalerhöhung als Veräußerung der Anwartschaft, DStR 1988, 64 f.; *Fanselow,* Börseneinführung, ZfK 1990, 608 ff.; *Freyer,* Die Kapitalbeteiligungsgesellschaft als Instrument der Wirtschaftspolitik, 1981; *Gerke,* Kapitalbeteiligungsgesellschaften. Ihre Problematik und ihre gesetzliche Regelung, 1974; *Gillner,* Venture Capital. Leitfaden für die Praxis, 1984; *Grüner,* Das Gesetz, ZfK 1990, S. 594 ff.; *Hawawini,* Financial Innovation and Recent Developments in the French Capital Markets, Journal of International Business Law (Univ. of Pennsylvania) 1987, 145 ff.; *Hax,* Kapitalbeteiligungsgesellschaften zur Finanzierung kleiner und mittlerer Unternehmen, 1969; *Hesse,* Neue gesetzliche Rahmenbedingungen für die Bereitstellung von Eigenkapital, DB 1987, Beilage 1; *Hirche,* Gesetzesinitiativen zur Verbesserung der Rahmenbedingungen für private und institutionelle Anleger, Versicherungswirtschaft 1986, 1020 ff.; *Holzapfel/Pöllath,* Recht und Praxis des Unternehmenskaufs, 7. Aufl. 1994; *Juncker/Schlegelmilch* (Hrsg.), Die Kapitalbeteiligungsgesellschaft in Theorie und PraxiS. 1976; *Kerber/Hauptmann,* Die Bereitstellung von privatem Anlagekapital durch Kapitalbeteiligungsgesellschaften, AG 1986, 244 ff.; *Koch,* Maßnahmen zur Verbesserung der Eigenkapitalausstattung der Unternehmen, ZRP 1984, 233 ff.; *Krahnen,* Die Kapitalbeteiligungsgesellschaft, ZfK 1988, 674 ff.; *Kürten,* Unternehmensbeteiligungsgesellschaften, 1990; *Marsch-Barner,* Gesetz über Unternehmensbeteiligungsgesellschaften - Eine Zwischenbilanz, ZGR 1990, 294 ff.; *Menzel,* Das neue Gesetz über Unternehmensbeteiligungsgesellschaften, WM 1987, 705 ff.; *Matuschka,* Venture Capital – eine neue Form der Unternehmensfinanzierung? in: Unternehmensfinanzierung heute. Bericht über die Fachtagung 1985 Institut der Wirtschaftsprüfer 1985, S. 249 ff.; *Merkle,* Venture Capital als Instrument des Technologiemanagements, BB 1984, 1060 ff.; *Münch/Weber,* Wagnisfinanzierung – eine Aufgabe für die Kreditwirtschaft? ZfK 1984, 568 ff.; *Nevermann/Falk,* Venture Capital. Ein betriebswirtschaftlicher und steuerlicher Vergleich zwischen den USA und der Bundesrepublik Deutschland, 1986; *Paulick,* Handbuch der stillen Gesellschaft, 4. Aufl. 1988; *Pöllath,* Steuerliche Gesichtspunkte bei der Entscheidung über Nachfrage, Angebot und Vermittlung von unternehmerischem Eigenkapital, ZIP 1984, 1029 ff.; *Räbel,* Venture Capital als Instrument für Innovationsfinanzierung, 1986; *Reul,* Erfahrungen mit gesellschafts- und kapitalmarktrechtlichen Maßnahmen zur Verbesserung der Eigenkapitalausstattung der Unternehmen in Frankreich, ZGR 1986, 71 ff.; *Reuter,* Welche Maßnahmen empfehlen sich, insbesondere im Gesellschafts- und Kapitalmarktrecht, um die Eigenkapitalausstattung der Unternehmen langfristig zu verbessern? in: Verhandlungen des 55. Deutschen Juristentages Hamburg 1984, Bd. I, Gutachten B 1 bis B 124; *Reuter,* Die Unternehmensbeteiligungsgesellschaft – eine Hoffnung für nicht emissionsfähige Unternehmen? ZRP 1985, 248 ff.; *K. Schmidt,* Die Eigenkapitalausstattung als rechtspolitisches Problem, JZ 1987, 771 ff.; *L. Schmidt,* EStG-Komm., 14. Aufl. 1995; *Schmidtke,* Praxis des Venture Capital-Geschäfts, 1985; *Schwark,* Grundzüge des neuen Börsenrechts, ZIP 1987, 953 ff.; *Schwark,* Das neue Kapitalmarktrecht, NJW 1987, 2041 ff.; Venture Capital Yearbook (Venture Economics), 1988; *Walter,* Venture Capital in Deutschland, Die Bank 1983, 560 ff.; *Widmann/Mayer,* Umwandlungsrecht; *Wossidlo* (Hrsg.), Die Finanzierung mittelständischer Unternehmungen in Deutschland, 1983.

I. Venture Capital-Gesellschaften und Kapitalbeteiligungsgesellschaften

1 **1. Begriffliche Abgrenzungen und Entwicklungen in der Bundesrepublik.** *a) Finanzierung durch Eigenkapital.* Das gemeinsame Merkmal von Venture Capital-Gesellschaften und Kapitalbeteiligungsgesellschaften besteht darin, daß sie das Geschäft der Unternehmensfinanzierung mittels Bereitstellung von Eigenkapital in Form der Übernahme einer auf Zeit eingegangenen Beteiligung am finanzierten Unternehmen betreiben. Sie stehen damit im Wettbewerb zur „klassischen" Finanzierung durch den Bankkredit.[1] Letztere ist bis heute in der Bundesrepublik die absolut vorherrschende Form der Außenfinanzierung nicht börsennotierter Unternehmen, welche sich wesentlich aus mittelständisch geprägten Familiengesellschaften zusammensetzen. Als hauptsächliche Ursachen für die Bevorzugung der Aufnahme von Fremdkapital anstelle von Eigenkapital werden zumeist genannt: steuerliche Vorteile der Fremdfinanzierung,[2] unterentwickelter Kapitalmarkt aufgrund restriktiver Börsenzugangsvoraussetzungen,[3] Sorge der Unternehmen um den Fortbestand ihrer Unabhängigkeit,[4] zu hoher Prüfungs- und Überwachungsaufwand auf seiten der Beteiligungsgesellschaften, der sich kostenmäßig niederschlägt und zu Konditionen führt, die oft ungünstiger als eine Kreditfinanzierung sind.[5]

2 Nicht zuletzt aufgrund der durch die Überbetonung der Fremdfinanzierung mitbedingten Kapitalstrukturen mittelständischer Unternehmen hat sich seit etwa Anfang der 80er Jahre eine intensive Diskussion der als unzureichend empfundenen Eigenkapitalausstattung der deutschen Unternehmen entwickelt,[6] nachdem letztere als mitursächlich für eine erhöhte Insolvenzanfälligkeit[7] und als Hemmnis für notwendige Zukunftsinvestitionen ange-

---

[1] *Freyer,* Kapitalbeteiligungsgesellschaft, S. 105 f.

[2] *Pöllath* ZIP 1984, 1029 ff.; *Sigloch,* Der Einfluß des Steuerrechts auf die Eigenkapitalbildung der Unternehmung in: *Wossidlo,* Finanzierung, S. 179 ff.; für einen internationalen Vergleich S. *Fischer* DB 1984, 357 ff.

[3] Dazu *Gerke,* Der Kapitalmarktzutritt nicht-emissionsfähiger Unternehmen in: Juncker/Schlegelmilch Kapitalbeteiligungsgesellschaft, S. 115 ff.

[4] Vgl. die bei *Freyer,* Kapitalbeteiligungsgesellschaft, S. 105 f. wiedergegebenen Umfrageergebnisse bei 187 Unternehmen, von welchen 111 diesen Gesichtspunkt in den Vordergrund stellten; *Gerke,* Die Akzeptanz der Kapitalbeteiligungsgesellschaften im Mittelstand, in: Wossidlo (Hrsg.), Finanzierung, 1983, S. 314 ff.; 328; ferner *Christians,* Finanzielle Probleme mittelständischer Unternehmen in: Juncker/Schlegelmilch, Kapitalbeteiligungsgesellschaft, S. 9 ff., 16, 19.

[5] Vgl. *Gerke* (Fn. 4), S. 323 ff.

[6] Vgl. aus der Vielzahl der Beiträge insbesondere *Reuter,* Gutachten; ferner *Kerber/Hauptmann* AG 1986, 244 ff.; *K. Schmidt* JZ 1984, 771 ff.; *Wossidlo,* Die Finanzierungssituation mittelständischer Unternehmungen in Deutschland in: *Wossidlo,* Finanzierung, S. 13 ff.; *Koch* ZRP 1984, 233 ff.

[7] Vgl. dazu *Wossidlo* (Fn. 6), S. 15 ff.

sehen wurde. Die Problematik hat zu einer Reihe von gesetzgeberischen Maßnahmen zur **Verbesserung der Eigenkapitalsituation** geführt, die in erleichterten Börsenzulassungsanforderungen durch Schaffung eines neuen Börsensegmentes in Form des Geregelten Marktes,[8] in erweiterten Anlagemöglichkeiten institutioneller Anleger[9] und insbesondere auch in dem Erlaß eines Gesetzes über Unternehmensbeteiligungsgesellschaften (UBGG)[10] bestehen. Mit dem UBGG wird das Ziel verfolgt, mittels gewisser steuerlicher Anreize einerseits und Aufstellung bestimmter Anlagebeschränkungen andererseits verbesserte Voraussetzungen für eine Refinanzierung dieser Beteiligungsgesellschaften über die Börse zu schaffen.[11] Wenngleich eine Behebung der Eigenkapitalproblematik durch Außenfinanzierung über Beteiligungsgesellschaften allein kaum erreichbar ist, können diese jedoch bei Vorhandensein geeigneter Rahmenbedingungen, insbesondere steuerlicher Art,[12] durchaus einen nennenswerten Beitrag leisten, zumal die unverkennbare Bedarfslage speziell bei kleinen und mittleren Unternehmen zu verbesserten Betätigungsmöglichkeiten führen dürfte.

b) Kapitalbeteiligungsgesellschaften. In der Bundesrepublik gibt es Kapitalbeteiligungsgesell- 3
schaften seit Ende der 60'er Jahre. Zurückgehend auf ein von der Arbeitsgemeinschaft Selbständiger Unternehmer (ASU) im Jahre 1965 entwickeltes Modell wurde von zehn Banken die Allgemeine Kapitalunion GmbH & Co. KG gegründet, nachdem kurz zuvor bereits die Gründung der maßgeblich von der Deutschen Bank initiierten Deutschen Beteiligungsgesellschaft mbH erfolgt war.[13] Andere Banken und Sparkassen folgten dem nach. In den Jahren 1971–1975 begannen schließlich, ausgehend von Hamburg, auch die Bundesländer als Alternative zu den erwerbswirtschaftlichen Kapitalbeteiligungsgesellschaften sog. mittelständische Beteiligungsgesellschaften (MBG) mit öffentlichem Auftrag zu gründen, die Beteiligungen ausschließlich nach Maßgabe öffentlicher Förderungsrichtlinien (ERP-Beteiligungsprogramme) vergeben.[14]

Die Zielsetzung der Kapitalbeteiligungsgesellschaften bestand von Anfang an darin, 4
Minderheitsbeteiligungen an ertragskräftigen, aussichtsreichen und mit gutem Management versehenen mittleren Betrieben zu erwerben, um später in einem zweiten Schritt die Beteiligungsfonds in ähnlicher Weise wie Investmentfonds beim breiten Publikum zu plazieren.[15] Zu letzterem ist es freilich bis heute aufgrund der bislang unbefriedigenden Geschäftserfolge von Kapitalbeteiligungsgesellschaften[16] kaum gekommen. In jüngster Zeit scheint sich jedoch eine Verbesserung der Akzeptanz der Beteiligungsgesellschaften in den mittelständischen Unternehmen anzudeuten,[17] wozu die erhöhten Eigenkapitalanforderun-

---

[8] Vgl. „Gesetz zur Einführung eines neuen Marktabschnittes an den Wertpapierbörsen und zur Durchführung der Richtlinien des Rates der Europäischen Gemeinschaften vom 5. März 1979, vom 17. März 1980 und vom 15. Februar 1982 zur Koordinierung börsenrechtlicher Vorschriften (Börsenzulassungs-Gesetz)" v. 16. 12. 1986, BGBl. 1986 I S. 2478 ff.; dazu *Schwark* ZIP 1987, 953 ff.; *derS.* NJW 1987, 2041 ff.

[9] Vgl. „Gesetz zur Verbesserung der Rahmenbedingungen für institutionelle Anleger" vom 15. 12. 1986, BGBl. I S. 2485 ff.; zusammenfassend *Hesse* DB 1987, Beilage 1, S. 8 ff.

[10] Vgl. „Gesetz über Unternehmensbeteiligungsgesellschaften" v. 17. 12. 1986, BGBl. I S. 2488 ff.; dazu *Reuter* ZRP 1985, 248 ff.; *Hesse* DB 1987, Beilage 1, S. 7 ff.

[11] Vgl. dazu näher unten RdNr. 60 ff.; vgl. ferner *Kürten,* Unternehmensbeteiligungsgesellschaften, S. 12 ff.

[12] Dazu unten RdNr. 43 ff. und RdNr. 84 ff.

[13] Zur historischen Entwicklung der Kapitalbeteiligungsgesellschaften vgl. z. B. *Krahnen* ZfK 1988, 674 ff.; ferner *Freyer,* Kapitalbeteiligungsgesellschaft, S. 31 ff.

[14] Dazu näher *Freyer,* Kapitalbeteiligungsgesellschaft, S. 57 ff.

[15] Vgl. *Freyer,* Kapitalbeteiligungsgesellschaft, S. 33.

[16] Vgl. z. B. *Nevermann/Falk,* Venture Capital, S. 25.

[17] Vgl. *Zeyer* in FAZ v. 4. 2. 1988 (Der Mittelstand fragt mehr Eigenkapital nach); ferner FAZ v. 28. 1. 1989, S. 16 (Der Markt für Kapitalbeteiligungen gerät in Bewegung); Blick d.d. Wirtschaft v. 23. 8. 91 („Unternehmensbeteiligungen: Wachsender Markt für Finanzinvestoren"); FAZ v. 28. 2. 92 („Beteiligungen an Unternehmen begehrt").

gen beitragen, die der mit der Schaffung des europäischen Binnenmarktes erzeugte Wettbewerbsdruck mit sich bringt.[18] Die deutschen Kapitalbeteiligungsgesellschaften haben sich 1988 in einem **Bundesverband deutscher Kapitalbeteiligungsgesellschaften (BVK)** zusammengeschlossen,[19] dessen Mitgliederzahl sich per 1. 1. 1994 auf 75 belief. Aufgrund von Mitgliederbefragungen sind seither zuverlässige statistische Auswertungen der jeweiligen Neuinvestitionen (aufgeschlüsselt in Erst- und Folgeinvestitionen) und des Gesamtbeteiligungsvolumens erhältlich. So belief sich das Gesamtinvestitionsvolumen der BVK-Mitglieder per 31. 12. 1994 (vorläufige Zahlen Stand Februar 1995) auf rd. DM 5,3 Mrd. gegenüber rd. DM 5,0 Mrd per 31. 12. 1983:

Vorläufige Ergebnisse der BVK-Statistik '94 (Kurzstatistik)
Stand: 20. Februar 1995
(obere Zeile: volumen in Mio DM, untere Zeile: Anzahl der Beteiligungsunternehmen)

	31.12. 93*	Erstinvestitionen	Folgeinvestitionen	Teilverkäufe	Totalverkäufe	Totalverluste	31. 12. 94	davon: NBL	Ausland
FG 1	3.693,18	381,42	247,34	36,57	381,21	85,22	3.818,94	297,61	193,6
	(764)	(115)	–	–	(88)	(23)	(768)	(88)	(45)
FG 2	672,89	174,30	49,60	7,41	31,90	32,10	825,38	226,25	–
	(1.536)	(267)	–	–	(104)	(72)	(1.627)	(254)	–
FG 3	341,35	36,77	24,55	18,87	17,40	23,36	343,04	17,6	144,53
	(253)	(46)	–	–	(15)	(11)	(273)	(26)	(96)
FG 4	322,34	71,37	8,08	1,71	37,37	13,95	348,76	1,1	–
	(135)	(18)	–	–	(17)	(6)	(130)	2	–
Σ	5.029,76	663,86	329,57	64,56	467,88	154,63	5.336,12	542,56	338,13
	(2.688)	(446)	–	–	(224)	(112)	(2.798)	(370)	(141

* Das Veränderte Volumen zum 31. 12. 93 entstand durch Mitgliederbewegung.
FG 1: Universalbeteiligungsgesellschaften
FG 2: Öffentlich geförderte Kapitalbeteiligungsgesellschaften
FG 3: Frühphasenorientierte Beteiligungsgesellschaften
FG 4: Unternehmensbeteiligungsgesellschaften nach dem UBGG

Damit hat sich das Wachstum des Gesamtbeteiliungsvolumens seit 1987 (DM 1,592 Mrd.) bis Ende 1994 mehr als verdreifacht, wenngleich die jährlichen Zuwachsraten sei 1992 eine leicht abnehmende Tendenz aufweisen.

5 *c) Venture Capital-Gesellschaften.* Die ersten Gründungen von Venture Capital-Gesellschaften erfolgten in der Bundesrepublik Ende der 70er und Anfang der 80er Jahre, angeregt insbesondere durch die Erfolge von Venture Capital in den USA.

6 Anders als bei Kapitalbeteiligungsgesellschaften, zielt die Tätigkeit von Venture Capital-Gesellschaften (im engeren Sinne) insbesondere auf die **Beteiligungsfinanzierung von jungen, innovativen und wachstumsträchtigen Unternehmen** ab, die noch nicht den Reifegrad und die Ertragskraft erlangt haben, den Kapitalbeteiligungsgesellschaften zumeist für ihre Investition voraussetzen. Es geht also um die Bereitstellung von Beteiligungskapital für Unternehmen, die sich in einer Phase geringer Erträge bei gleichzeitig erkennbar großem Entwicklungspotential befinden,[20] was in den möglichen Übersetzungen des Begriffs Venture Capital als „Risiko"– oder „Wagniskapital" nur unzureichend zum Ausdruck kommt.

[18] Vgl. FAZ v. 7. 6. 1988, S. 19 (Europa 1992: Unternehmen müssen Eigenkapitalbasis stärken).

[19] Vgl. FAZ v. 28. 1. 1989; allein im ersten Halbjahr 1988 stieg die Zahl der Kapitalbeteiligungsgesellschaften von 26 auf 41 (FAZ v. 7. 6. 1988).

[20] Vgl. *Nathusius,* Das Venture Capital – Eine Variante der Unternehmensfinanzierung in: Wossidlo, Finanzierung, S. 345 ff., 348.

Als Konsequenz dieses unterschiedlichen Ansatzes ergeben sich weitere Abweichungen von KBG-üblichen Finanzierungsformen.[21] Anders als dort ist die VC-Finanzierung mit einer aktiven unternehmerischen Betreuung („Venture Management") durch die Kapitalgeber verbunden.[22] Ferner zielt der Venture Capital-Geber nicht, wie es bei den überkommenen Finanzierungsformen der Kapitalbeteiligungsgesellschaft zumeist der Fall war, auf einen Return on Investment aus laufenden Erträgen des Beteiligungsuntenehmens ab – strukturbedingt wäre dieses hierzu in aller Regel auch nicht in der Lage –, sondern auf die Erzielung von Kapitalgewinnen bei späterer Realisierung des Engagements (Desinvestment). 7

In der Bundesrepublik steht die VC-Finanzierung immer noch am Anfang. Die 1975 mit Unterstützung des Bundes als Tochter von 29 Kreditinstituten[23] gegründete *Deutsche Wagnisfinanzierungsgesellschaft mbH* (WFG) war allerdings kein durchschlagender Erfolg.[24] Nachdem die WFG im Jahre 1984 ihre unternehmenspolitische Konzeption geändert hatte, ohne daß sich hieraus die erhofften, grundlegenden Verbesserungen ergaben, wurde das Unternehmen Anfang 1988 von der Deutschen Bank als größtem Gesellschafter allein übernommen.[25] 8

Jedoch zeichnet sich auch bei Venture Capital-Gesellschaften in den letzten Jahren eine durch verstärkte Nachfrage bedingte, deutliche Belebung der Geschäftsaktivitäten ab.[26] Gleichzeitig bewegt sich auch die Geschäftspolitik von Venture Capital Gesellschaften und „normalen" Kapitalbeteiligungsgesellschaften **ungeachtet ihrer theoretisch unterschiedlich gelagerten Ansätze** aufeinander zu, mit der Folge, daß Venture Capital-Gesellschaften auch Beteiligungen an etablierten Unternehmen erwerben und Kapitalbeteiligungsgesellschaften umgekehrt zum Teil auch typische Venture Capital-Finanzierungen durchführen. 9

Ferner werden von Venture Capital-Gesellschaften mit **Management Buy-Outs** und Spin-Offs zunehmend neue, zukunftsträchtige Betätigungsfelder erschlossen, die besonders attraktive Renditen für den Eigenkapitalinvestor versprechen,[27] mit der eigentlichen Venture Capital-Konzeption aber wenig zu tun haben, da hierfür in aller Regel nur reife Unternehmen mit geringem Investitionsbedarf in Betracht kommen. Nach Angaben des BVK[28] belief sich der Anteil von MBO/MBI-Investitionen am Gesamtportfolio auf 18%, wohingegen auf typische VC-Finanzierungen wie Start-ups und seed-capital lediglich 8% entfielen. Nachwievor dominant blieb die Expansionsfinanzierung etablierter Unternehmen mit 64% des GesamtportfolioS. Bezogen auf die Neuinvestitionen 1994 entfielen auf Expansionsfinanzierung 56,8%, auf MBO/MBI 26,2%, auf Bridge-Finanzierungen 2,7% und Start-up/seed capital zusammen 13%. Das sog. **„Bridge Financing"**[29] – also die Überbrückungsfinanzierung von Unternehmen, die eine Börseneinführung beabsichtigen und über einen Zeitraum von ca. drei bis fünf Jahren durch Verstärkung der Eigenkapitalbasis börsenreif gemacht werden – erlangt inzwischen eine erhebliche Bedeutung. Diese vergleichsweise neue Form der Beteiligungfinanzierung machte per Ende 1994 ca. 5% des Gesamtportfolios der befragten BVK-Mitglieder aus. Veränderte Marktbedingungen und durch Generationswechsel in der Unternehmerschaft hervorgerufener Abbau mentalitätsbedingter Hemmnisse führen zu zunehmendem Interesse mittelständischer Unternehmen an einer Refinanzierung über den Kapitalmarkt. Für die das benötigte Eigenkapital bereitstellenden Investoren ist dabei das „Going Public" die mit Abstand erfolgversprechendste Form der Realisierung von Kapitalgewinnen im Rahmen der Desinvestition. 10

---

[21] Vgl. z. B. *Schmidtke,* Venture Capital Geschäft, S. 41.
[22] Dazu unten RdNr. 27 f.
[23] Vgl. die Liste der Kreditinstitute bei *Freyer,* Kapitalbeteiligungsgesellschaft, S. 65.
[24] Dazu *Nevermann/Falk,* Venture Capital, S. 25.
[25] Vgl. Capital 3/88, S. 54 (Wagniskapital: Das stille Ende der WFG); FAZ v. 26. 1. 1988.
[26] Vgl. z. B. zum positiven Geschäftsverlauf der Münchner TVM Techno Venture Management GmbH & Co. Börsen-Zeitung v. 14. 3. 92, S. 9.
[27] Vgl. *Zeyer* FAZ v. 4. 2. 1988.
[28] BVK-Statistik 1994, S. 8.
[29] Vgl. hierzu *Nathusius* (Fn. 20), S. 350 f.; *Fanselow* ZfK 1990, 608 ff.

11 **2. Internationale Entwicklung.** Kapitalbeteiligungs- bzw. Venture Capital-Gesellschaften finden sich in nahezu allen bedeutenden europäischen Industriestaaten.[30] Als erste Gesellschaft dieser Art gilt die 1822 gegründete Societe Generale de Belgique.[31] Die stärkste Dynamik hat Venture Capital jedoch fraglos in den USA entfaltet und damit nicht zuletzt als Vorbild für entsprechende Aktivitäten in Europa gewirkt.[32]

12 Nachdem 1987 Europa erstmals in der Geschichte der VC-Finanzierung mit Neuinvestion von rd 3,9 Mrd ECU die USA (3,8 Mrd ECU) übertroffen hatte,[33] setzte sich der Anstieg des europäischen Gesamtportfolios, welches sich 1987 noch auf ca. 13 Mrd ECU belief, fort und belief sich per Ende 1993 auf ca. 20,9 Mrd ECU.[34] Bemerkenswert ist hierbei, daß der prozentuale Anteil von Buy-Out-Finanzierungen (1993: 40,8%) europaweit nahezu doppelt so hoch liegt wie in Deutschland, wohingegen auf Expansionsfinanzierung (1993: 45,9%) im Vergleich ca. 15 % weniger Neuinvestitionen entfielen.

13 Der Anteil der Seed- und Start-Up-Investments belief sich 1993 europaweit auf lediglich 4,9 %, beträgt aber im fünfjährigen Durchschnitt (1989 - 1993) ca. 7,1 %. In Europa bleibt Großbritannien mit Abstand der größte Venture-Capital-Markt mit einem Gesamtportfolio per Ende 1993 von 8,417 Mrd. ECU, gefolgt von Frankreich (4,021 Mrd. ECU), Deutschland (3,054 Mrd. ECU), Italien (1,410 Mrd. ECU) und Niederlande (1,283 Mrd. ECU).

14 Der erhebliche Umfang der Investitionen in Frankreich dürfte insbesondere auf die besonderen Anstrengungen des französischen Gesetzgebers zur Schaffung der kapitalmarktrechtlichen Voraussetzungen für eine verbesserte Eigenkapitalausstattung der französischen Unternehmen zurückzuführen sein; im Zuge dieser Maßnahmen wurden durch die Loi Delors vom 3. 1. 1983 besondere Risikofonds (fonds commun de placement à risques) geschaffen und durch Gesetz vom 8. 7. 1984 mit erheblichen steuerlichen Anreizen – insbesondere Befreiung von der Körperschaftsteuer – ausgestattet.[35] Verglichen hiermit, sind die von der Bundesrepublik im Rahmen des UBGG vorgesehenen steuerlichen Entlastungen nur sehr gering.

15 **3. Phasen der Beteiligungsfinanzierung.** Von den besonderen Finanzierungsstrukturen im Rahmen von Buy-Outs sowie des Bridge Financing abgesehen, lassen sich folgende Grundformen der Venture-Finanzierungen unterscheiden:[36]

16 – **Seed Financing:** Hierbei handelt es sich um die Finanzierung des Prozesses der Forschung und Entwicklung (F + E) bis hin zur Entwicklung von Prototypen vor Gründung des später am Markt tätigen Unternehmens.

17 – **Start-up Financing:** Hiervon spricht man, wenn es um die Finanzierung der Gründung des Unternehmens und die Vorbereitung der Produktion des bereits bis zur Marktreife entwickelten Produkts geht.

18 – **First Stage Financing:** Hierunter wird vor allem die Finanzierung der Markteinführung des Produktes verstanden.

19 – **Second and third Stage Financing:** Dabei handelt es sich um die Wachstumsfinanierung nach der Markteinführungsphase und die Finanzierung der Erweiterung des Produktions- und Vertriebssystems (Expansionsfinanzierung).

---

[30] Statistisches Zahlenmaterial für die Aktivitäten in den wesentlichen europäischen Industriestaaten veröffentlicht jährlich die in London ansässige European Venture Capital Association (EVCA).

[31] Dazu *Freyer,* Kapitalbeteiligungsgesellschaft, S. 31.

[32] Hierzu *Schmidtke,* Venture Capital-Gesellschaft, S. 64 ff.; *Nevermann/Falk,* Venture Capital, S. 23 f.; *Hax,* Kapitalbeteiligungsgesellschaften, S. 47 ff.

[33] Zu den diesbezüglichen Zahlenangaben vgl. Vorauflage.

[34] Alle Zahlungsangaben gemäß EVCA (Venture Capital Yearbook 1993); die Statistik für 1994 lag bei Manuskripterstellung noch nicht vor.

[35] Dazu *Reul* ZGR 1986, 71 ff., 86 ff.; *Hawawini* Journal of International Business Law 1987, 145 ff., 151, 156 f.

[36] Vgl. z. B. *Merkle* BB 1984, 1060 ff., 1061; *Nathusius* a. a. o. (Fn. 20), S. 349 f.

Vielfach wird der Verlauf einer idealtypischen Venture-Finanzierung in Form der nebenstehenden Grafik dargestellt: 20

4. Venture-Konzeptionen. VC-Finanzierungen erfolgen nahezu ausschließlich mittels indirekter Beteiligungen, d. h. der/die Kapitalgeber beteiligen sich nicht unmittelbar am Eigenkapital nachfragenden Unternehmen, sondern indirekt über eine eigens zur Beteiligungsfinanzierung gegründete Venture Capital-Gesellschaft. Hier lassen sich folgende Grundkonzeptionen unterscheiden. 21

a) Projektorientierte Venture Capital-Gesellschaften. Hier wird für die Finanzierung jedes einzelnen Beteiligungsprojektes ein gesondertes Konzept entwickelt, z. B. in Form von Abschreibungsgesellschaften, Unternehmensberatungsgesellschaften oder Maklergesellschaften.[37] Derartige, in der Vergangenheit bevorzugte Ansätze, die den Nachteil eines mangels Diversifizierung der Investitionen stark erhöhten Risikos für den Anleger haben, sind heute eher in den Hintergrund getreten. 22

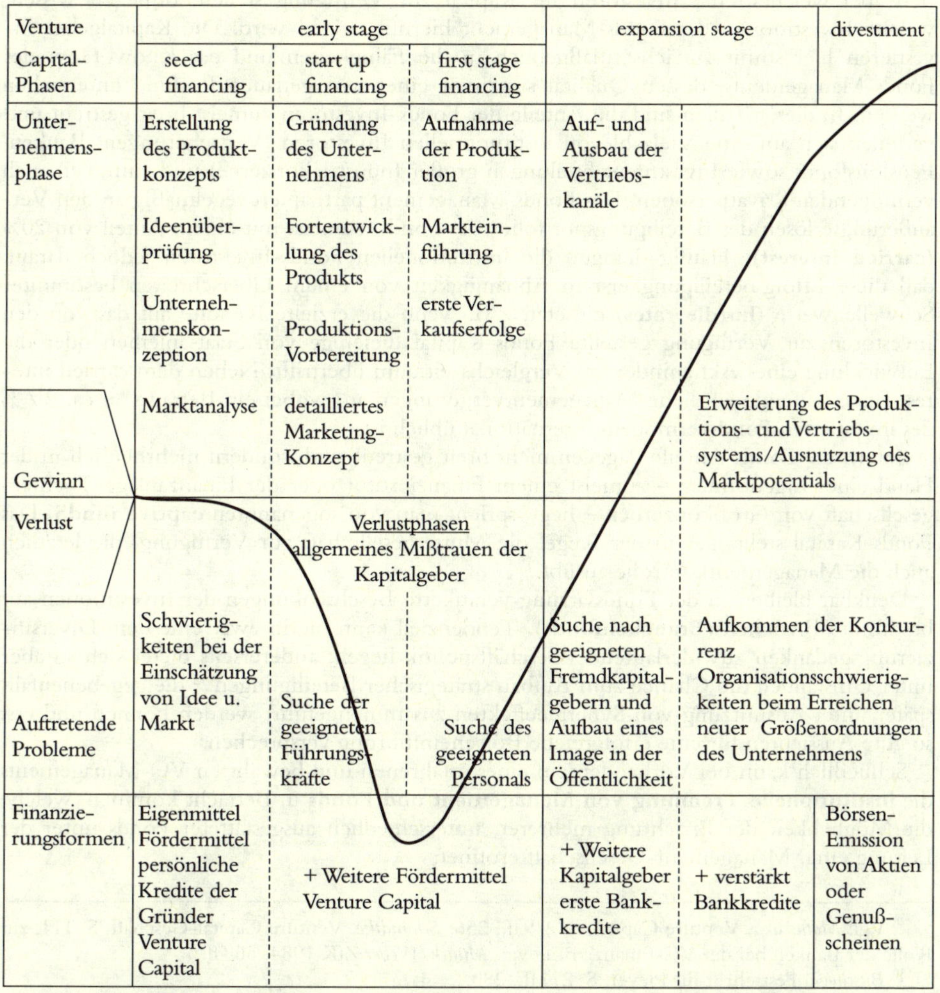

b) Fondsorientierte Ansätze. In den auf Risikostreuung durch Investitionen in eine Vielzahl von zukunftsträchtigen Unternehmen angelegten fondsorientierten Ansätzen werden heute 23

[37] Dazu *Schmidtke,* Venture Capital-Gesellschaft, S. 111; *Walter* Die Bank 1983, 562.

in erster Linie die Chancen der VC-Finanzierung gesehen.[38] Um dem so verstandenen Fonds-Charakter gerecht zu werden, hält z. B. *Büschgen*[39] ein Beteiligungs-Portefeuille von mindestens vier bis fünf Investments aus unterschiedlichen Branchen und Entwicklungsstadien für erforderlich, wobei dies aber wohl die absolute Untergrenze darstellen dürfte.

24 Hinsichtlich der Fondskonzeptionen kommen unterschiedliche Ausgestaltungsmöglichkeiten in Betracht. Den Interessen der Fonds-Kapitalgeber kommt es scheinbar entgegen, wenn sie im Zeitpunkt der Kapitalzuführung bereits wissen, welche Beteiligungsengagements mit ihrem Kapital vorgenommen werden **(Projektfonds).** Derartige Fondskonstruktionen scheitern aber meist an mangelnder Praktikabilität, zumal es nahezu unmöglich ist, einen Beteiligungserwerb abschlußreif vorzubereiten und diesen dann so lange zurückzustellen, bis die fondsinternen Zustimmungs- und Kapitalzuführungsprozeduren abgeschlossen sind.[40]

Üblicherweise werden die VC-Fonds daher in Form eines sog. **„Blind Pool"**[41] strukturiert, bei welchem die Investoren ihr Kapital zur Verfügung stellen, ohne zu wissen, welche Investitionen das Fonds-Management hiermit tätigen wird. Die Kapitalgeber investieren hier somit zunächst maßgeblich in die Fähigkeiten und das Know How des Fonds-Managements, dessen Qualität sie zuvor einer sehr genauen Prüfung unterziehen werden. In diesen Fällen sind die Anteile der Fonds-Investoren zumeist breit gestreut und verteilen sich auf eine Vielzahl von institutionellen Investoren (Versicherungen, Banken, Pensionsfonds sowie Investmentabteilungen großer Industriekonzerne) und zum Teil auch vermögenden Privatpersonen. Das Fonds-Management partizipiert regelmäßig an den Veräußerungserlösen des Beteiligungsportfolios des Fonds, zumeist mit einem Anteil von 20% **(carried interest).** Häufig drängen die institutionellen Fonds-Investoren jedoch darauf, daß diese Erfolgsbeteiligung erst in Abhängigkeit von einem Überschreiten bestimmter Schwellenwerte **(hurdle rates)** einsetzt, z. B. wenn die erzielte Rendite auf das von den Investoren zur Verfügung gestellte Fonds-Kapital diejenige von Staatsanleihen oder die Entwicklung eines Aktienindex im Vergleichszeitraum übertrifft. Neben dem carried interest fallen laufende jährliche Managementvergütungen an, wobei ein Betrag von ca. 2½% des investierten Fondsvermögens international üblich ist.

Sofern die Fonds-Anteile dagegen nicht breit gestreut sind, sondern mehrheitlich in der Hand eines Eigentümers – zumeist einem Finanzinstitut oder der Finanzanlage-Tochtergesellschaft von Großkonzernen – liegt, spricht man von sogenannten **captive fundS.** Das Fonds-Kapital stellt hier in der Regel die Muttergesellschaft zur Verfügung, die letztlich auch die Managementkontrolle ausübt.

25 Denkbar bleiben in der Fondssatzung verankerte Beschränkungen der Investitionen auf bestimmte Branchen **(Branchenfonds).** Tendenziell kann hierin zwar eine dem Diversifizierungsgedanken zuwiderlaufende Geschäftspolitik liegen; andererseits bietet sich so aber unter Umständen die Chance zum Aufbau strategischer Beteiligungen,[42] die gegebenenfalls später unter Ausnutzung von Synergieeffekten zusammengeführt werden können und erst so gute Aussichten für eine erfolgreiche Börseneinführung versprechen.

26 Schließlich kann bei Vorhandensein eines erfahrenen und bewährten VC-Managements die **institutionelle Trennung von Management und Fonds** in Betracht kommen, welche die Möglichkeit der Errichtung mehrerer, unterschiedlich ausgestatteter Fonds unter der Leitung einer Management-Gesellschaft eröffnet.

---

[38] Vgl. *Matuschka,* Venture Capital, S. 249 ff., 256; *Schmidtke,* Venture Capital-Geschäft, S. 111; zur Rolle der Banken bei der VC-Finanzierung vgl. *Münch/Weber* ZfK 1984, 568 ff.

[39] *Büschgen,* Festschrift für Pleyer, S. 271 ff., 280.

[40] Zu den Problemen des Projektfonds vgl. *Schmidtke,* Venture Capital-Geschäft, S. 113; *Nathusius* (Fn. 20), S. 140.

[41] Dazu *Schmidtke,* Venture Capital-Geschäft, S. 113; *Räbel,* Venture Capital, S. 140.

[42] *Nathusius* (Fn. 20) führt Olivetti als Beispiel für einen erfolgreichen auf den Aufbau strategischer Beteiligungen ausgerichteten Branchenfonds an.

5. Venture-Management. Ein wesentliches Charakteristikum speziell der VC-Finanzierung besteht darin, daß dem Beteiligungsunternehmen nicht nur Kapital zugeführt wird, sondern daß aktiv durch Zur-Verfügung-Stellung eigenen Know-Hows ein wichtiger **Beitrag zur Unterstützung der Geschäftsführung** geleistet wird.[43] Gerade bei jungen, innovativen Unternehmen kann oft nur auf diese Weise ein nicht selten vorhandener Mangel an betriebswirtschaftlichen Fähigkeiten und Erfahrungen im Bereich der Personal- und Vertriebspolitik behoben werden. Ferner benötigt das Venture-Management ausreichende branchenspezifische Kenntnisse, um die Erfolgsaussichten von Unternehmen, die am Anfang ihrer Entwicklung stehen, zutreffend beurteilen zu können. 27

In dieser weit über die bloße Finanzdienstleistung hinausgehenden Funktion des Venture-Management liegt ein weiterer, wesentlicher Unterschied zur bisherigen Praxis in der Bundesrepublik üblicher Formen der Beteiligungsfinanzierung, insbesondere derjenigen durch Kapitalbeteiligungsgesellschaften. Venture-Management steht hierzulande, nicht nur im Vergleich zur USA, sondern auch zu vielen EG-Staaten, erst in seinen Anfängen.[44] 28

6. Rechtliche und steuerliche Aspekte des BeteiligungserwerbS. *a) Rechtsform des BeteiligungsfondS.* Venture Capital-Gesellschaften und Kapitalbeteiligungsgesellschaften werden in der Bundesrepublik ganz überwiegend in der Rechtsform der GmbH bzw. GmbH & Co. KG (zum Teil auch GmbH mit atypischer stiller Beteiligung) geführt.[45] Maßgeblich für die Rechtsformwahl sind, neben der Notwendigkeit der Wahl einer haftungsbeschränkten Gesellschaftsform, nicht zuletzt steuerliche Erwägungen. 29

Bei Ausgestaltung des **Fonds als Mitunternehmerschaft** (insbesondere GmbH & Co. und GmbH mit atypisch stiller Beteiligung) können die Fondsgesellschafter vom Fonds erwirtschaftete Verluste – anders als im Falle der Kapitalgesellschaft – bis zur Höhe ihrer Einlage (vgl. i. e. § 15 a EStG) mit ihren anderweitigen Einkünften verrechnen. Soweit der Mitunternehmerfonds seinerseits an Beteiligungsunternehmen in der Rechtsform einer Personengesellschaft beteiligt ist, können im Beteiligungsunternehmen erzielte (Anlauf-) Verluste u. U. ebenfalls durch den Fonds hindurch an die Investoren weitergeleitet werden, wenn sie nicht durch andere Fondserträge bereits auf Fondsebene ausgeglichen werden. Soweit Beteiligungen des Fonds dagegen in Anteilen an Kapitalgesellschaften bestehen, können sich Verluste der Kapitalgesellschaft nur mittelbar bei nachhaltiger Verschlechterung der Ertragslage in Form einer Teilwertabschreibung auf die Anteile beim Fonds auswirken, nicht jedoch unmittelbar. 30

Schließlich ist im Falle des Vorhandenseins privater Fonds-Anleger mit unwesentlicher Beteiligung (nicht über 25%, vgl. § 17 EStG) zu berücksichtigen, daß steuerfreie Kapitalgewinne bei Veräußerung der Beteiligung nur bei einem als **Kapitalgesellschaft** organisierten Fonds zu erzielen sind. Handelt es sich dagegen um einen als Abschreibungsgesellschaft konstruierten Projektfonds, kommt zwecks Ermöglichung von Verlustzuweisungen an die privaten Anleger nur die Rechtsform der Mitunternehmerschaft in Betracht. 31

Steuerliche Verlustverrechnungserwägungen sollten für die Rechtswahl jedoch nicht maßgeblich sein, zumal sich daraus ergebende Vorteile wegen der Beschränkungen durch § 15 a EStG durchaus in Grenzen halten. Um dem Diversifizierungsgedanken wirklich Rechnung tragen zu können, muß die Fondsgesellschaft mit einem sehr hohen Eigenkapital ausgestattet sein, zumal wenn die zunehmend interessanter werdenden Möglichkeiten des Bridge Financing wahrgenommen werden sollen.[46] So gesehen dürfte die Rechtsform 32

---

[43] Vgl. *Breuel,* Venture Capital in: Christians, Finanzierungshandbuch, S. 577 ff., 581 f.; Nathusius (Fn. 20), S. 352 f.

[44] Dazu *Schmidtke,* Venture Capital-Geschäft, S. 122.

[45] S. dazu *Räbel,* Venture Capital, S. 168; *Gillner,* Venture Capital, S. 79 ff.; 113; *Hax,* Kapitalbeteiligungsgesellschaften, S. 80; *Marsch-Barner* ZGR 1990, 294 ff., 297.

[46] So insbesondere *Amelung,* Überlegungen zu einem neuen Konzept der Beteiligungsfinanzierung in: Juncker/Schlegelmilch, Kapitalbeteiligungsgesellschaft, S. 141 ff., 151, der für Zwecke des Bridge-Financing von einem Kapitalbedarf von ca. DM 100 Mio. ausgeht.

der **Aktiengesellschaft** mit ihren vielfältiger ausgestalteten Möglichkeiten der Kapitalbeschaffung über genehmigtes und bedingtes Kapital, Refinanzierung über die Börse etc. langfristig weitaus geeigneter sein,[47] wobei auch das mit Rechtsform und Führungsstruktur weithin verbundene höhere Sozialprestige von nicht zu unterschätzender Bedeutung ist.

33 *b) Rechtsform der Beteiligung.* (aa) Kreditähnliche Beteiligungsstrukturen. Insbesondere geprägt durch die Praxis der Kapitalbeteiligungsgesellschaften, stellte in der Vergangenheit die Kapitalzuführung in Form einer **stillen Beteiligung** die mit Abstand bevorzugte Beteiligungsform deutscher Fonds dar.[48] Ursächlich hierfür waren mehrere Gründe: Aufgrund der vielbeklagten „Herr-im-Haus"-Mentalität vieler mittelständischer Unternehmensinhaber bestanden Vorbehalte gegen die Eingehung vollwertiger, mit den gesetzlichen Mitwirkungs- und Informationsrechten sowie Teilhabe an stillen Reserven versehenen Beteiligungen,[49] was auch dazu führte, daß die Beteiligungsverträge häufig ein vorzeitiges Kündigungsrecht[50] des finanzierten Unternehmens vorsahen, von welchem regelmäßig gerade dann Gebrauch gemacht wurde, wenn sich für das Unternehmen eine besonders positive Entwicklung abzeichnete.

34 Eingebunden in die Sachzwänge derartiger, zeitlich von vornherein begrenzter Eigenkapitalzuführungen war es unausweichlich, Eingehung und Beendigung so einfach wie möglich zu gestalten, ohne daß insbesondere aufwendige Unternehmensbewertungen zur Errechnung eines während der Vertragsdauer eingetretenen Wertzuwachses der Beteiligung erforderlich wurden. Unter diesen Prämissen bot die typische stille Beteiligung, mit welcher keine Teilhabe am Firmenwert und an stillen Reserven verbunden ist, die günstigsten Voraussetzungen. Als „Ausgleich" für die fehlende Teilhabe an Wertsteigerungen des Beteiligungsunternehmens wurden zum Teil als „Wertzuwachspauschalen" bezeichnete Zusatzverzinsungen von z. B. 3% der geleisteten Einlage vereinbart.[51] Um die für die Kapitalbeteiligungsgesellschaft notwendige Mindestrendite von etwa 15% p. a. zu gewährleisten, war es in aller Regel notwendig, eine Mindestverzinsung der Anlage, zum Teil sogar in Form ergebnisunabhängiger Festzinsgarantien, vorzusehen. Derartige Risikobeschränkungen wiederum mußte sich die Kapitalbeteiligungsgesellschaft meist mit einer entsprechend unterproportionalen Teilhabe an Gewinnen, soweit sie die angestrebte Rendite übertrafen, erkaufen.[52]

35 Der Beteiligungsnehmer mußte seinerseits die Inanspruchnahme seines Rechts zur vorzeitigen Kündigung durch Zahlung eines Aufgeldes von einigen Prozent auf die anteiligen Erträge der stillen Beteiligung für die abgelaufenen Jahre – ähnlich einer Vorfälligkeitsentschädigung bei vorzeitiger Kreditablösung – zur Abgeltung entgehender Erträge in künftigen gewinnträchtigen Jahren an die Kapitalbeteiligungsgesellschaft bezahlen.

36 All diese zwangsläufigen, aus dem Verzicht auf die Eingehung vollwertiger Beteiligungen resultierenden Konsequenzen führten häufig dazu, daß sich das Beteiligungsangebot der Kapitalbeteiligungsgesellschaft im Vergleich zum – kurzfristigen oder langfristigen – Bankkredit als ungünstiger darstellte.[53] Die so strukturierten Beteiligungsangebote liefen letztlich auf eine – zudem meist kostspielige – modifizierte Kreditfinanzierung hinaus.

---

[47] Ebenso *Amelung* (Fn. 51); vgl. auch *Gerke* a. a. O. (Fn. 3), S. 115 ff., 123 ff.; denselben Ansatz verfolgt im Prinzip das UBGG.

[48] Vgl. z. B. *Freyer* Kapitalbeteiligungsgesellschaft, S. 86; *Räbel,* Venture Capital, S. 171 ff.; *Amelung* (Fn. 46), S. 143 f.; *Ter Meulen,* Der Beteiligungsvertrag in: Juncker/Schlegelmilch, KapitalbeteiligungsGesellschaft, S. 103; *Schramm,* Finanzierung nicht emissionsfähiger mittelständischer Unternehmen, in: Christians, Finanzierungshandbuch, S. 563 ff., 573.

[49] Dazu insbeS. *Gerke* (Fn. 4), S. 314 ff.

[50] Vgl. *Ter Meulen* (Fn. 48), S. 107; *Gerke* a. a. O. (Fn. 4), S. 324.

[51] Dazu *Ter Meulen* (Fn. 48), S. 113.

[52] *Ter Meulen* (Fn. 48), S. 111; vgl. hierzu das bei *Hax,* Kapitalbeteiligungsgesellschaften, wiedergegebene Beteiligungsmodell der ASU.

[53] Vgl. *Amelung* (Fn. 46), S. 144.

Wirtschaftlich handelt es sich bei der stillen Beteiligung letztlich um eine eher dem Fremdkapital zuzuordnende Finanzierungsform, was sich auch in der handelsrechtlichen[54] und steuerlichen Behandlung der typischen stillen Einlage als Verbindlichkeit und der darauf entfallenden Gewinnanteile als abzugsfähigem Aufwand ausdrückt. Von daher gesehen erscheint es schon im AnSatz verfehlt, die Beteiligungsfinanzierung mittels typischer stiller Beteiligungen zu den Eigenkapitalinvestitionen zu rechnen. Allenfalls ließe sich dies für den Fall der vollen Verlustbeteiligung der stillen Einlage unter Verzicht auf „Mindestverzinsungen" begründen, was aber in der Praxis wegen des erhöhten Risikos eher der Ausnahmefall geblieben ist.

Im Ergebnis konnten Beteiligungsformen der oben erläuterten Art, soweit sie unter Verzicht auf die Realisierung wertsteigerungsbedingter Kapitalgewinne eine Renditeerzielung aufgrund laufender Beteiligungserträge anstrebten, niemals eine wirkliche Alternative zum Bankkredit bieten. 37

(bb) Vollwertige Beteiligungsformen. Chancenreicher als die oben beschriebenen Beteiligungsangebote dürfte die Eingehung vollwertiger, die **uneingeschränkte Teilhabe** an Firmenwert und stillen Reserven des kapitalnachfragenden Unternehmens vermittelnder Beteiligungen sein.[55] Nicht die Erzielung laufender Beteiligungserträge, sondern die – bei erfolgreichem Engagement weitaus gewinnträchtigere – Realisierung eines Veräußerungsgewinns nach Beendigung der Beteiligung sollte im Vordergrund stehen. Für Venture Capital-Gesellschaften stellt dies ohnehin – in Anbetracht der unzureichenden Ertragskraft noch ganz junger Unternehmen – oft die einzig mögliche Anlageform dar. Auch für die neuerdings immer wichtiger werdenden Fälle des Bridge Financing (für den Management Buy-Out ohnehin) trifft dies in besonderem Maße zu. 38

Als erfolgversprechende Möglichkeiten der Realisierung der – durch die Kapitalzufuhr ermöglichten – Wertsteigerung des Beteiligungsunternehmens kommen, in dieser Reihenfolge, in Betracht:[56] 39

- Börseneinführung,
- Veräußerung an Dritte,
- Rückkauf durch die bisherigen Gesellschafter.

Das in der Bundesrepublik festzustellende, zunehmende Interesse am Geschäft mit Kapitalbeteiligungen, nicht zuletzt von seiten ausländischer Investoren, dürfte dabei einen dem Beteiligungsmarkt förderlichen Wettbewerbsdruck[57] erzeugen. Dabei trifft das international festzustellende Überangebot an anlagesuchender Liquidität von Investmentfonds auf eine gegenüber Beteiligungsangeboten deutlich größere Aufgeschlossenheit deutscher mittelständischer Unternehmen, bedingt insbesondere durch Generationswechsel und erhöhten Kapitalbedarf in dem durch verschärften Wettbewerb und Zwang zur Bildung größerer Einheiten gekennzeichneten europäischen Binnenmarkt, der in den jeweiligen Marktsegmenten oftmals nur einer kleinen Gruppe von Branchenführern auskömmliche Margen und langfristige Überlebenschancen bietet. Je stärker sich der Markt für Unternehmensbeteiligungen aber entwickelt, desto besser werden auch die Möglichkeiten eines erfolgreichen Desinvestments am Ende des Beteiligungsengagements zu beurteilen sein. 40

Während sich die mentalitäts- und kapitalmarktbedingten Hemmnisse für Eigenkapital-Investments in Form vollwertiger Beteiligungen somit mittelfristig deutlich zu bessern scheinen, bleiben freilich die in der Bundesrepublik nach wie vor bestehenden steuerlichen Rahmenbedingungen weiterhin ein Problem.[58] 41

---

[54] Zum handelsrechtlichen Fremdkapitalcharakter der typischen stillen Beteiligung (ohne Verlustbeteiligung) vgl. *Paulick/Blaurock,* Hdb. der stillen Gesellschaft, S. 253 f.; *Pankow/Reichmann,* Beck'sche Bilanzkommentar, § 247 RdNr. 302.

[55] Ebenso *Amelung* (Fn. 46), S. 145 ff.

[56] Vgl. hierzu *Räbel,* Venture Capital, S. 117 ff. m. w. N.

[57] Zum Wettbewerbseffekt vgl. z. B. *Freyer,* Kapitalbeteiligungsgesellschaft, S. 148 ff.

[58] Dazu unten RdNr. 42 ff. und RdNr. 84 ff.

42 *c) Steuerliche Behandlung.* Von den im UBGG getroffenen Regelungen abgesehen (dazu unten RdNr. 84 ff.), gibt es in der Bundesrepublik keine Sonderregelungen für Kapitalbeteiligungs- und Venture Capital-Gesellschaften, so daß sich die steuerliche Behandlung solcher Investments nach allgemeinen Grundsätzen richtet. Kritische Phasen sind insbesondere der Erwerbs- und der Veräußerungszweitpunkt, wobei nachfolgend ausschließlich die Konsequenzen für die Eingehung vollwertiger Beteiligungen erörtert werden.

43 (aa) Steuerfolgen bei Eingehung der Beteiligung. Um das Ziel der Kapitalzufuhr für das Beteiligungsunternehmen zu verwirklichen, kommt in aller Regel nur der Eintritt der Venture Capital- bzw. der Kapitalbeteiligungsgesellschaft als neuer Gesellschafter im Wege der **Kapitalerhöhung** in Betracht, wobei die bisherigen Gesellschafter in entsprechendem Umfang auf ihre Bezugsrechte auf die neuen Gesellschaftsanteile verzichten.

44 Würde dabei das gesamte neu zugeführte Kapital in Nennkapital verwandelt, würde häufig der Eigenkapitalinvestor die Mitgesellschafter in einer von keiner Vertragspartei beabsichtigten Weise majorisieren und zudem im Umfang seiner Beteiligung den Anteil der Mitgesellschafter an den stillen Reserven und dem Firmenwert reduzieren, ohne hierfür eine Vergütung zu entrichten. Die Kapitalzufuhr muß demzufolge im Normalfall in – Beteiligungsrechte vermittelndes – Nennkapital und ein darüber hinaus gezahltes **Agio** aufgeteilt werden.

45 Dabei wird das Agio anders als im Normalfall des Beteiligungserwerbs oft nicht nur den bei Zeichnung der neuen Anteile bestehenden, anteiligen stillen Mehrwert vergüten, sondern einen darüber hinausgehenden Kapitalzuschuß enthalten, den das Unternehmen zur Wahrnehmung seiner Wachstumschancen benötigt, so daß die Agiozahlungen unter Umständen außergewöhnlich hohe Beträge ausmachen können. Hierbei ist besonderes Augenmerk darauf zu legen, daß die Gestaltung der Kapitalzufuhr nicht zur Annahme eines steuerpflichtigen Veräußerungsgewinns auf seiten der Altgesellschafter führt, was das gesamte Investment in Frage stellen könnte.

46 Handelt es sich beim Beteiligungsunternehmen um eine **Kapitalgesellschaft** (GmbH, AG), ist zu beachten, daß ein **entgeltlicher Bezugsrechtsverzicht** der Altgesellschafter im Rahmen der Kapitalerhöhung bei Bestehen einer wesentlichen Beteiligung i. S. von § 17 EStG (ab 25%) eine Veräußerungsgewinnbesteuerung (Veräußerung einer Anwartschaft auf eine Beteiligung i. S. v. § 17 AbS. 1 EStG) auslösen würde.[59] Dies würde auch dann gelten, wenn die Zahlung an die Altgesellschafter unter der Auflage der Wiedereinlegung in das Gesellschaftsvermögen – etwa in Form einer Teilnahme an der Kapitalerhöhung – erfolgen würde.

47 Gestaltungen, bei welchen zwecks Herbeiführung der angestrebten Beteiligungsverhältnisse die Altgesellschafter an der Kapitalerhöhung in vollem Umfang oder teilweise teilnehmen, aber nur die Kapitalbeteiligungs- bzw. Venture Capital-Gesellschaft ein Agio zahlt, beinhalten unter Umständen das Risiko, daß in einer durch die Agiozahlung möglicherweise anteilig herbeigeführten Wertsteigerung der Altgesellschafter-Beteiligungen seitens der Finanzverwaltung ein „Veräußerungsentgelt" i. S. des § 17 EStG gesehen werden könnte.[60] In diesem Sinne hatte in der Tat die Finanzverwaltung in einem vom Finanzgericht Baden-Württemberg[61] entschiedenen Fall argumentiert. Das Finanzgericht griff zwar dieses Argument nicht auf, nahm aber gleichwohl einen Veräußerungsgewinn mit der Begründung an, es handele sich um einen Gestaltungsmißbrauch (§ 42 AO), da in dem entschiedenen Fall der Kapitalerhöhung eine Anteilsveräußerung vorausgegangen war und die einseitige Agiozahlung in der anschließenden Kapitalerhöhung nach Auffassung des Gerichts als zusätzlicher Kaufpreis für die vorher erworbenen Anteile anzusehen sei.[62]

---

[59] BFH DB 1993, 766; BFH BStBl. 1975 II, 505; BFH v. 5. 3. 1986, IR 218/81 n. v.; vgl. auch *Eppler* DStR 1988, 64; *Döllerer* StbJG 1981/82, 193 (208).

[60] Zum Begriff des Veräußerungspreises im Rahmen des § 17 EStG vgl. *L. Schmidt,* EStG, § 17 Rdnr. 135 ff.

[61] FG Baden-Württemberg BB 1982, 227 f.

[62] FG Baden-Württemberg BB 1982, 228.

Die Annahme, daß die Altgesellschafter schon allein aufgrund einer durch die Agioleistung evtl. eingetretenen Wertsteigerung ihrer Anteile steuerpflichtige Veräußerungsgewinne i. S. v. § 17 EStG erzielen könnten, dürfte jedoch spätestens seit Ergehen einer Reihe von BFH-Urteilen aus den Jahren 1989 und 1992 nicht mehr haltbar sein, die insoweit jeweils schon den Tatbestand der entgeltlichen Veräußerung als nicht erfüllt ansahen.[63] Insofern irritiert allerdings ein Teil der Urteilsbegründung einer weiteren BFH-Entscheidung vom 13. 10. 1992,[64] in welcher der BFH zwar ebenfalls zu dem Ergebnis gelangte, daß die bloße Agio-Zahlung eines neu eintretenden Gesellschafters nicht den Tatbestand einer entgeltlichen Bezugsrechtsveräußerung der Altgesellschafter erfüllt, hierfür jedoch neben dem fehlenden Zufluß eines Entgeltes an die Altgesellschafter zusätzlich ins Feld führte, daß auch eine Wertsteigerung der Altgesellschafter – Anteile nicht vorliege; mit dem Agio seien insoweit lediglich die anteilig auf den neu eintretenden Gesellschafter übergehenden stillen Reserven ausgeglichen worden.[65]

Nun ist es bei VC-Finanzierungen, insbesondere bei start-up oder seed-financing, bei weitem nicht immer klar, ob die Agioleistung der VC-Gesellschaft lediglich einen bereits vorhandenen Firmenwert und/oder stille Reserven vergütet. Oftmals wird die Einlageleistung weniger auf einer Bewertung des bestehenden Unternehmens, sondern mehr auf einer Schätzung des mittelfristigen Kapitalbedarfs sowie Marktanalysen beruhen.

Gleichwohl wird man weiterhin davon ausgehen können, daß auch außergewöhnlich **48** hohe Agiozahlungen anläßlich des Beteiligungserwerbs eines Eigenkapitalinvestors – jedenfalls sofern die Altgesellschafter an der Kapitalerhöhung entweder nicht teilnehmen oder im Falle der Teilnahme anteilige Agiozahlungen leisten – keine Steuerfolgen bei den Altgesellschaftern auslösen,[66] sondern als gesellschaftsrechtliche Einlage (EK 04)[67] ertragsteuerneutral sind, zumal bei Kapitalbeteiligungs- bzw. Venture Capital-Finanzierungen einschließlich des Bridge Financing eindeutig außersteuerliche Gründe für die jeweils gewählte Gestaltung der Kapitalerhöhung im Vordergrund stehen. Dies muß auch dann gelten, wenn die Gesellschaft anschließend eine Kapitalerhöhung aus Gesellschaftsmitteln vornimmt, um eine durch die Agiozahlung entstandende Diskrepanz zwischen (geringem) Stammkapital und (hohen) freien Rücklagen zu beseitigen. Schädlich wäre es hingegen, wenn es in engem zeitlichen Zusammenhang mit der Agiozahlung zu einer – bei VC-Finanzierungen aber kaum vorstellbaren – Rücklagenausschüttung an die Gesellschafter käme; der auf die Altgesellschafter entfallende Ausschüttungsbetrag wäre dann unter dem Gesichtspunkt des § 42 AO als Entgelt für den vorherigen Bezugsrechtsverzicht zu behandeln.[68]

Sofern durch den Beitritt des Investors die Beteiligungen von Altgesellschaftern auf un- **49** ter 25% absinken, können diese nach Ablauf der Fünf-Jahres-Frist des § 17 EStG steuerfrei veräußern. Dies gilt allerdings wegen Rechtsmißbrauchs (§ 42 AO) unter Umständen dann nicht, wenn bereits bei Kapitalerhöhung ein Recht der Altgesellschafter auf Andienung ihrer Restanteile gegenüber der Kapitalbeteiligungs- bzw. Venture Capital-Gesellschaft vereinbart wird.[69]

Ist das zu finanzierende Unternehmen eine **Personengesellschaft,** liegt beim Eintritt ei- **50** nes weiteren Gesellschafters steuerlich die Veräußerung bzw. Anschaffung eines Teils eines Mitunternehmeranteils vor. Der Vorgang wird dabei i. S. des § 24 UmwStG als Einbringung der alten und der neuen Mitunternehmeranteile in eine neue Mitunternehmerschaft

---

[63] BFH v. 27. 7. 1988, DB 1989, 357; ferner zum Veräußerungstatbestand i. S. v. § 21 UmwStG: BFH DB 1992, 1705, BFH DB 1992, 1706; BFH DB 1992, 1707 (alle vom 8. 4. 1992).

[64] BFH DB 1993, 766 f.

[65] BFH a. a. O., S. 767.

[66] Ähnlich *Holzapfel/Pöllath,* Unternehmenskauf RdNr. 182, 189 ff.; ebenso wohl auch FG Baden-Württemberg BB 1982, 228 (re. Spalte) für den Fall, daß die einseitige Agiozahlung zu einer Erhöhung der Beteiligungsquote des neuen Gesellschafters im Verhältnis zu den Altgesellschaftern führt.

[67] Vgl. § 30 AbS. 2 Nr. 4 KStG.

[68] So BFH DB 1993, 766.

[69] Vgl. BFH BStBl. 1977 II, 754; a. A. *Littmann* DStR 1977, 575.

angesehen, mit der Folge, daß die Vermeidung einer Gewinnrealisierung durch Buchwertfortführung möglich ist.[70]

51 Aus den schon oben für die Kapitalgesellschaft angeführten Gründen ist es jedoch oft erforderlich, dem Investor im Hinblick auf vorhandene stille Reserven des Unternehmens und zur Vermeidung einer Majorisierung der Altgesellschafter eine niedrigere Beteiligung einzuräumen, als es dem Betrag seiner Einlage entspricht. In diesem Fall erzielen die Altgesellschafter einen Veräußerungsgewinn nach § 16 EStG, da sie den Mehrwert ihrer Beteiligung gegenüber dem Kapitalkonto in dem Umfang realisieren, wie er auf den Investor übergeht.[71] Beim Investor liegen in Höhe des Agios Anschaffungskosten vor,[72] die auf die ihm anteilig zuzuordnenden Aktiva der Gesellschaft einschließlich eines eventuellen Geschäftswerts zu verteilen und in der Folgezeit entsprechend abzuschreiben sind.

52 Nun läßt die Finanzverwaltung zwar zu, daß die Altgesellschafter die Versteuerung des Veräußerungsgewinns durch Erfassung des realisierten Mehrwertes ihrer Beteiligung in einer **negativen Ergänzungsbilanz** neutralisieren.[73] Dies führt bei ihnen jedoch steuerlich zu einer entsprechenden Abstockung der ihrer Beteiligung zuzurechnenden Buchwerte der Aktiva mit der Konsequenz verminderter Abschreibungen. Je nach den Umständen des Einzelfalls können sich die zum vollen SteuerSatz auswirkenden, verminderten Abschreibungen nachteiliger auswirken, als die sofortige Versteuerung eines steuersatzbegünstigten Veräußerungsgewinns.

53 Die Beteiligungsfinanzierung einer Personengesellschaft kann somit steuerlich schon beim Anteilserwerb Probleme bereiten. Diese lassen sich eventuell durch eine vor dem Beitritt des Investors erfolgte **Umwandlung in eine Kapitalgesellschaft** vermeiden. Letztere kann nach Maßgabe des § 20 UmwStG grundsätzlich zum Buchwert erfolgen.[74] Die Finanzverwaltung hat die von ihr früher vertretene Auffassung aufgegeben,[75] daß bei anschließender Aufnahme eines Investors im Wege der Kapitalerhöhung wegen Übergangs der in den Altanteilen ruhenden stillen Reserven auf die neuen, aus der Kapitalerhöhung hervorgegangenen Anteile eine teilweise Veräußerungsgewinnrealisierung der Altgesellschafter analog § 21 UmwStG liege. Im Anschluß an die BFH-Urteile vom 8. 4. 1992[76] wird nunmehr die Auffassung vertreten, daß ein Übergang stiller Reserven auf die neuen Anteile noch keinen Veräußerungstatbestand im Sinne von § 21 AbS. 1 UmwStG darstelle, sondern vielmehr die neuen Anteile im Umfang der auf sie übergegangenen stillen Reserven „steuerverhaftet" i. S. v. § 21 UmwStG bleiben.[77] Letztgenannter Gesichtspunkt ist für inländische institutionelle Eigenkapitalinvestoren wegen der Betriebsvermögenseigenschaft der aus der Kapitalerhöhung erworbenen neuen Anteile regelmäßig bedeutungslos.

Bei ausländischen, in einem DBA-Staat ansässigen Beteiligungsgesellschaften ohne Sitz und Betriebsstätte im Inland wird es dagegen wegen des Ersatzrealisierungstatbestandes des § 21 AbS. 2 Ziff. 2 UmwStG schon bei dem Kapitalerhöhungsvorgang selbst darauf ankommen, ob die Agioleistung die in den Altanteilen (steuerlich) ruhenden stillen Reserven in Höhe der anteilig erworbenen Beteiligungsquote vollumfänglich vergütet (dann keine

---

[70] Vgl. BFH BStBl. 1981 II, 84, 90; *Widmann/Mayer,* Umwandlungsrecht, RdNr. 7815; BdF v. 16. 6. 1978, BStBl. 1978 I, 235 Tz. 72.

[71] BFH BStBl. 1961 III, 500; BFH BStBl. 1982 II, 211.

[72] Vgl. zuletzt BFH BStBl. 1980 II, 499.

[73] Vgl. BdF (Fn. 70), Tz. 78–80.

[74] Zur Problematik eventuell vorhandenen Sonderbetriebsvermögens und der bei Buchwertfortführung entstehenden nachteiligen Konsequenzen einer „Verdoppelung" der latent steuerpflichtigen stillen Reserven (im gesellschaftlichen Betriebsvermögen einerseits und den „einbringungsgeborenen" Gesellschaftsanteilen andererseits) vgl. jedoch *Widmann/Mayer,* Umwandlungsrecht, RdNr. 6830 ff. und RdNr. 6767.3 ff.

[75] Vgl. BMF v. 22. 1. 1993, DB 1993, 353; zur früher vertretenen Auffassung der Finanzverwaltung vgl. VorAufl. RdNr. 53.

[76] BFH v. 8. 4. 1992, DB 1992, 1705, 1706 und 1707.

[77] BMF v. 22. 1. 1993 a. a. O.

Gewinnrealisierung der Altgesellschafter) oder nicht (dann Gewinnrealisierung im Umfang der steuerlich übergehenden stillen Reserven).[78] Letzteres wird aber allenfalls in atypisch gelagerten Fällen in Betracht zu ziehen sein.

Ungeachtet aller sich aus dem Vorhandensein von stillen Reserven/Sonderbetriebsvermögen ergebender steuerlichen Probleme wird die – zeitnah vor oder nach Beitritt des Investors erfolgende – Umwandlung in eine Kapitalgesellschaft meist der einzig richtige Weg sein, zumal, wenn das Ziel der Kapitalaufnahme die Vorbereitung der Gesellschaft auf eine spätere Börseneinführung ist. 54

(bb) Laufende Besteuerung der Beteiligungserträge. Die laufende Besteuerung der Beteiligungserträge beim Investor bietet keine Besonderheiten. Zudem kommt ihr – anders als im Falle der kreditähnlichen Beteiligungsfinanzierung – keine zentrale Bedeutung zu, da der eigentliche Return on Investment erst im Zeitpunkt der Beteiligungsveräußerung erzielt wird. 55

Gleichwohl wird bei Beteiligungen an Kapitalgesellschaften oftmals eine Beteiligung von mindestens 10% angestrebt werden, um das gewerbesteuerliche und vermögensteuerliche Schachtelprivileg[79] in Anspruch nehmen zu können. 56

(cc) Beteiligungsveräußerung. Das entscheidende Handicap für deutsche Kapitalbeteiligungs- bzw. Venture Capital-Gesellschaften liegt in der steuerlichen Behandlung der Veräußerungsgewinne am Ende der Beteiligungsphase. Diese unterliegen – anders als in vielen anderen Industriestaaten – ungeschmälert dem vollen KörperschaftsteuerSatz und darüber hinaus im Falle der Beteiligung an Kapitalgesellschaften auch der Gewerbesteuer, da das gewerbesteuerliche Schachtelprivileg auf Veräußerungsgewinne keine Anwendung findet.[80] Dieser Umstand, gepaart mit dem im Vergleich zu den USA und den wichtigsten europäischen Nachbarländern sehr hohen Steuerniveau, wirkt für deutsche Beteiligungsgesellschaften nahezu prohibitiv,[81] da von dem bei Veräußerung der Beteiligung erzielten Gewinn (je nach Gewerbesteuerhebesatz) ca. 53–56% „wegbesteuert" werden. 57

Hierin liegt insbesondere auch ein erheblicher **Wettbewerbsnachteil** gegenüber in der Bundesrepublik das Beteiligungsgeschäft betreibenden ausländischen Wettbewerbern, da diese – sofern sie im Inland weder Sitz noch Geschäftsleitung haben – nach den einschlägigen Bestimmungen der Doppelbesteuerungsabkommen mit Veräußerungsgewinnen aus Kapitalgesellschaftsbeteiligungen regelmäßig nur der niedrigeren Besteuerung im Sitzstaat unterliegen. 58

Die Möglichkeit, eine unzureichende laufende Rendite und das Risiko des Scheiterns einzelner Beteiligungsengagements durch Veräußerungsgewinne bei erfolgreich verlaufenen Finanzierungen auszugleichen, wird für deutsche Eigenkapitalinvestoren so nach wie vor in erheblichem Maße erschwert. 59

II. Unternehmensbeteiligungsgesellschaften nach dem UBGG

Das UBGG vom 17. 12. 1986[82] verfolgt seinem eigenen Anspruch nach das Ziel, die mangelhafte Eigenkapitalausstattung mittelständischer, nichtbörsennotierter Unternehmen durch Schaffung eines ordnungspolitischen Rahmens für einen Markt für **indirekte Beteiligungen des breiten Publikums** an diesen Unternehmen zu verbessern. 60

Beteiligungsgesellschaften in der Rechtsform der Unternehmensbeteiligungsgesellschaft sollen durch Refinanzierung über die Börse das Bindeglied zwischen dem überdurchschnittlich hohen privaten Sparvermögen[83] und der unterentwickelten betrieblichen Kapi- 61

[78] Zur Berechnung des Betrages der stillen Reserven, die im Falle zu pari ausgegebener neuer Anteile auf diese „überspringen" vgl. BFH DB 1993, 1705.

[79] Vgl. § 9 Nr. 2 a GewStG; § 102 BewG.

[80] BFH BStBl. 1972 II, 468; Abschn. 40 AbS. 1 Nr. 1 Satz 12 GewStR.

[81] Hierzu *Pöllath* ZIP 1984, 1029 ff., 1040 ff.

[82] BGBl. 1981 I S. 2488 ff.

[83] Dazu *Pfeffer,* Die anlagesuchenden Kapitalströme – Ansätze zur Nutzung für die mittelständische Wirtschaft in: Wossidlo, Finanzierung, S. 279 ff., 283 ff.; vgl. auch *Koch* ZRP 1984, 233.

talausstattung herstellen. Gleichzeitig sollen preiswerte Refinanzierungen über die Börse, Zwang zur Diversifizierung[84] des Beteiligungsportefeuilles und steuerliche Vergünstigungen zu einer Verbesserung der Kostenstruktur und damit einer höheren Rendite im Vergleich zu herkömmlichen Kapitalbeteiligungsgesellschaften führen.

Angesichts einer nach wie vor festzustellenden, geringen „Nachfrage" nach der vom Gesetzgeber mit dem UBGG zur Verfügung gestellten Sonderrechtsform für das Betreiben des Beteiligungsgeschäfts wurden durch Art. 7 (a) des Zweiten Finanzmarktförderungsgesetzes vom 15. 6. 1994[85] eine Reihe von Lockerungen der im UBGG vom 17. 12. 1986 enthaltenen Tätigkeitsbeschränkungen eingefügt. Diese betreffen insbesondere die Zulassung von Beteiligungen an Unternehmen der EU- und EWR-Mitgliedstaaten sowie – unter bestimmten Bedingungen – an Unternehmen aus Drittstaaten, ferner die Erweiterung der Beteiligungsmöglichkeiten an börsennotierten Unternehmen und Erleichterungen im Hinblick auf die Einhaltung von Anlagegrenzen, Kreditaufnahmebeschränkungen sowie Publizitätspflichten betreffend Beteiligungserträge.

Erstmals wird in der Gesetzesbegründung auch die **Mitwirkung der Unternehmensbeteiligungsgesellschaft bei MBO/MBI** hervorgehoben. Die Zulassung von vorübergehenden Mehrheitsbeteiligungen an Kapitalgesellschaften (unten RdNr. 70) sowie die Ermöglichung der Vergabe höherer Gesellschafterdarlehen (unten RdNr. 71) werden u. a. damit begründet, daß der Unternehmensbeteiligungsgesellschaft bei solchen MBO-Investitionen bzw. bei Umstrukturierungen zur Neuordnung des Gesellschafterkreises (sog. „owner buy-outs") die Mitwirkung als Finanzinvestor erleichtert werden soll.[86] Angesichts des bei Buy-Out-Transaktionen üblichen, überdurchschnittlich hohen Fremdfinanzierungsanteils scheint hierin ein Wertungswiderspruch zur Zielsetzung des UBGG, der Verbesserung der Eigenkapitalausstattung mittelständischer Unternehmen, zu liegen. Aufgrund des Quasi-Eigenkapitalcharakters von Gesellschafterdarlehen wird dieser Zielkonflikt allerdings zu einem Gutteil abgemildert. Hinzu kommt, daß der Gesetzgeber die Lösung von Nachfolgeproblemen, insbesondere mittelständischer Unternehmen im Wege des MBO/MBI heute als mindestens ebenso wichtig wie die Behebung bestehender Eigenkapitaldefizite ansieht.[87] Auch unter Renditegesichtspunkten können es sich die im Wettbewerb zu normalen Kapitalbeteiligungsgesellschaften stehenden UBG schlechterdings nicht erlauben, den im Vergleich zu reinen Expansionsfinanzierungen zwar riskanteren, gleichzeitig aber auch mit einem erheblich höheren return on investment verbundenen MBO-Investitionen fernzubleiben.

62 **1. Gründung und Firma.** Die Führung der Bezeichnung „Unternehmensbeteiligungsgesellschaft" im Firmennamen ist gem. § 20 UBGG geschützt und bedarf der Genehmigung durch das zuständige Ministerium des Bundeslandes, in dem die Gesellschaft ihren Sitz hat.[88] Die Anerkennung wird erteilt,[89] wenn die Gesellschaft die Rechtsform der Aktiengesellschaft und Sitz und Geschäftsleitung im Inland hat, das vorgesehene Mindestkapital von DM 2 Mio. voll eingezahlt ist, die Satzung den in § 2 AbS. 2 UBGG vorgeschriebenen Unternehmensgegenstand aufweist und die Anteilseigner beim Ministerium eine schriftliche Erklärung eingereicht haben, wonach sie sich selbst verpflichten, mindestens 70% aller Aktien der UBG innerhalb von zehn Jahren öffentlich zum Erwerb über die Börse anzubieten, wobei dieses Angebot gegebenenfalls jährlich bis zur Vollzeichnung zu wiederholen ist.

63 **2. Zulässige Aktivitäten.** Die zulässigen Aktivitäten einer Unternehmensbeteiligungsgesellschaft sind auf das Beteiligungsgeschäft, also auf den Erwerb, die Verwaltung und die

---

[84] Dazu insbeS. *Reuter* ZRP 1985, 248 ff., 254; *Gerke,* Kapitalbeteiligungsgesellschaften, S. 57 ff.

[85] BT-DruckS. 12/7918 v. 15. 6. 1994 (Beschlußempfehlung und Bericht des Finanzausschusses).

[86] BT-DruckS. 12/7918, S. 122.

[87] Vgl. zum Betätigungsfeld von Beteiligungsgesellschaften bei MBO/MBI z. B. *Damisch,* ZfK 1990, 600 ff., 602.

[88] § 14 UBGG.

[89] Vgl. § 15 UBGG.

Veräußerung von Anteilen und Beteiligungen als stiller Gesellschafter (§ 2 AbS. 2 UBGG) beschränkt. Seit Inkrafttreten der durch das zweite Finanzmarktförderungsgesetz eingeführten Änderungen des UBGG sind nicht nur **Beteiligungen an** inländischen **Unternehmen,** sondern auch an solchen **mit Sitz und Geschäftsleitung in einem Mitgliedsstaat der EG bzw. des EWR erlaubt.** Darüber hinaus dürfen sonstige Auslandsbeteiligungen (Beteiligungen an sog. Drittstaatenunternehmen) gem. § 3 AbS. 1 Satz 3 Ziff. (1)–(3) UBGG nur für den Fall und maximal bis zur Höhe von an Drittstaatenunternehmen bestehenden bzw. gleichzeitig erworbenen Anteilen eines inländischen Beteiligungsunternehmens der UBG erworben werden. Die UBG soll hierdurch in die Lage versetzt werden, mittelständische Beteiligungsunternehmen dabei zu unterstützen, sich ausländische Absatzmärkte zu erschließen.[90] Maximal darf der Buchwert der Beteiligungen an Drittstaatenunternehmen 20% der Bilanzsumme der Unternehmensbeteiligungsgesellschaften betragen, wobei jedoch die erworbenen Anteile nicht höher als diejenigen an dem „ins Ausland begleiteten" inländischen Beteiligungsunternehmen sein dürfen.

Die Kreditvergabe ist der Unternehmensbeteiligungsgesellschaft nur an Gesellschaften gestattet, an welchen sie Beteiligungen hält. Freie Mittel dürfen nur bei Kreditinstituten innerhalb des EWR angelegt bzw. zum Ankauf von innerhalb des EWR börsengehandelten Schuldverschreibungen (ausgenommen Wandel- und Gewinnschuldverschreibungen) verwendet werden.[91] Dabei gelten für solche an sich zulässigen Darlehens- und Geldanlagegeschäfte die in § 4 AbS. 5 und 6 UBGG näher geregelten Anlagegrenzen.

Da die Unternehmensbeteiligungsgesellschaften nur solchen mittelständischen Unternehmen, die keinen eigenen Zugang zum Kapitalmarkt haben, Eigenkapital zur Verfügung stellen sollen, sind ihr im Prinzip **Anlagen in Aktien börsennotierter Unternehmen verwehrt.**[92] Um ihr jedoch die Möglichkeit zu belassen, am Wertsteigerungspotential erworbener Anteile nach einer Börseneinführung des Beteiligungsunternehmens zu partizipieren, ist nach § 3 AbS. 1 Nr. 2 UBGG der Erwerb notierter Aktien im Rahmen der Ausübung eigener Bezugsrechte aus einer an der Börse plazierten Kapitalerhöhung zulässig.[93] **64**

Ferner ist nach § 3 AbS. 1 Nr. (6) UBGG der Anteilserwerb (oder gem. § 3 AbS. 1 Nr. 7 UBGG der Ankauf von Bezugsrechten aus einer Kapitalerhöhung) auch bei inzwischen börsennotierten Beteiligungsunternehmen oder – innerhalb einer Frist von fünf Jahren – selbst bei ehemaligen Beteiligungsunternehmen zulässig. In der Gesetzesbegründung dieser durch das zweite Finanzmarktförderungsgesetz eingeführten Bestimmung wird dies mit dem Hinweis auf das Bedürfnis einer „Nachpflege" bei solchen, mit Hilfe der Unternehmensbeteiligungsgesellschaft an die Börse gegangenen Unternehmen erläutert. Diese sollen nach einem Börsengang nicht gezwungen sein, einen aktuellen Eigenkapitalbedarf nur im Wege einer Kapitalerhöhung über die Börse oder über eine andere Kapitalbeteiligungsgesellschaft zu decken, sondern sich vielmehr auch an die bereits „vertraute" Unternehmensbeteiligungsgesellschaft wenden können. Allerdings beschränkt der Wortlaut des § 3 AbS. 1 Nr. (6) UBGG den zulässigen Anteilserwerb bei börsennotierten gegenwärtigen oder ehemaligen Beteiligungsunternehmen nicht auf junge, aus Kapitalmaßnahmen hervorgegangene Anteile, so daß danach im Prinzip auch der Erwerb bereits umlaufender bzw. noch von den Altgesellschaftern gehaltener Anteile zulässig erscheint.

3. Anlagegrenzen. Zwecks Verwirklichung des **Diversifizierungsgedankens** und zur Aufrechterhaltung der unternehmerischen Eigenständigkeit des Beteiligungsunternehmens sieht das UBGG die nachfolgend dargestellten Anlagebeschränkungen vor: **65**

(a) Gem. § 4 AbS. 1 UBGG „soll" eine Unternehmensbeteiligungsgesellschaft mindestens zehn Beteiligungen besitzen. Dies ist jedoch nur für den Zeitpunkt zwingend, in dem **66**

---

[90] Gesetzesbegründung BT-DruckS. 12/7918 v. 15. 6. 1994, S. 121.

[91] § 3 AbS. 3 Nr. 1 und 2 UBGG.

[92] § 3 AbS. 1 Nr. 1 UBGG.

[93] Gesetzesbegründung BT-DruckS. 10/4551 v. 12. 12. 1985, S. 17.

sie ihre Aktien öffentlich anbietet (§ 23 AbS. 2 UBGG). Vorher und nachher darf sie auch weniger Beteiligungen besitzen.

67 (b) Anteile an einem Unternehmen dürfen nur erworben werden, soweit dadurch im Erwerbszeitpunkt die Beteiligung nicht mehr als 20% der Bilanzsumme der Unternehmensbeteiligungsgesellschaft ausmacht, § 4 AbS. 2 UBGG.

68 (c) Zu Berechnungszwecken für die beiden vorgenannten Beschränkungen gem. § 4 AbS. 1 und 2 UBGG werden die Anteile an Konzernunternehmen i. S. des § 18 AktG als Anteile einer Gesellschaft angesehen.

69 (d) Aktien dürfen nur erworben werden, soweit dadurch der gesamte Aktienbesitz der Unternehmensbeteiligungsgesellschaft nicht 50% ihrer Bilanzsumme übersteigt. Jedoch soll nach der Gesetzesbegründung[94] hiervon nicht der Fall erfaßt sein, daß infolge einer Umwandlung an die Stelle von sonstigen Gesellschaftsbeteiligungen Aktien treten.

70 (e) Beteiligungen an Kapitalgesellschaften dürfen grundsätzlich jeweils nicht mehr als 49% der Stimmrechte gewähren (§ 4 AbS. 3 UBGG). Diese Grenze darf jedoch beim Anteilserwerb einmalig überschritten werden, sofern die UBGG die Beteiligungsquote innerhalb von zwei Jahren bzw. bei jungen, nicht länger als fünf Jahre bestehenden Unternehmen innerhalb von fünf Jahren durch Anteilsverkäufe wieder auf die zulässige Quote zurückführt. Vom Gesetzeswortlaut nicht erfaßt ist der indirekte Besitz größerer Stimmrechtsanteile über zwischengeschaltete Personengesellschaften, für welche keine Majorisierungsverbote[95] bestehen. Eine Zusammenrechnung von Anteilen an Konzerngesellschaften i. S. des § 18 AktG ist im Rahmen des § 4 AbS. 3 des UBGG, anders als in den AbS. 1 und 2 nicht vorgesehen.

71 (f) Die Vergabe von Gesellschafterdarlehen ist gem. § 4 AbS. 5 UBGG nunmehr bis zur Höhe der dreifachen Anschaffungskosten der am Beteiligungsunternehmen gehaltenen Anteile zulässig. Diese durch das zweite Finanzmarktförderungsgesetz geschaffene Erleichterung gegenüber der bisherigen Rechtslage (Darlehensvergabe nur maximal bis zur Höhe des – ggfS. auch auf einen im Vergleich zu den Anschaffungskosten abgeschriebenen niedrigeren – Buchwerts) trägt den wirtschaftlichen Bedürfnissen des Beteiligungsgeschäftsrechnung. Bislang behalf sich die Praxis u. a. durch Vergabe stiller Beteiligungen, die aufgrund ihrer speziellen Konditionengestaltung faktisch Darlehenscharakter hatten.

72 Um der Unternehmensbeteiligungsgesellschaft in der Anfangsphase nach Aufnahme des Beteiligungsgeschäfts den erforderlichen **Handlungsspielraum** zu belassen, sieht § 23 AbS. 1 UBGG vor, daß die oben unter lit. (a)–(d) und (f) erwähnten Anlagebeschränkungen nicht innerhalb der ersten sechs Jahre nach der offiziellen Anerkennung als Unternehmensbeteiligungsgesellschaft anwendbar sind, es sei denn, sie bietet ihre Aktien vor Ablauf dieses Zeitraums öffentlich an.

73 **4. Anteilsbesitz und Refinanzierung.** Da die Unternehmensbeteiligungsgesellschaft sich vornehmlich durch öffentliches Beteiligungsangebot refinanzieren soll, sieht das Gesetz Beschränkungen im Hinblick auf die Aufnahme von Krediten und den Anteilsbesitz der Investoren vor.

74 *a) Refinanzierung durch Kreditaufnahme.* Im Rahmen der Fremdkapitalaufnahme ist der Unternehmensbeteiligungsgesellschaft die Refinanzierung über Darlehen und die Begebung von Schuldverschreibungen (einschließlich Options- und Wandelschuldverschreibungen) gestattet, maximal jedoch bis zur Höhe von 50% des Eigenkapitals, § 5 AbS. 1 UBGG.[96] Die Aufnahme von Genußrechtskapital oder von Einlagen stiller Gesellschafter bleibt der UBG demgegenüber gemäß § 7 UBGG nach wie vor untersagt. Begibt die Unternehmensbeteiligungsgesellschaft Schuldverschreibungen, darf die Gesellschaft Darle-

[94] BT-DruckS. 10/4551 v. 12. 12. 1985, S. 20.

[95] Dazu auch *Reuter* ZRP 1985, 252.

[96] Die 50%-Grenze gilt nicht für Darlehensaufnahmen aus öffentlichen Mitteln (§ 5 AbS. 3 UBGG).

hen an Beteiligungsunternehmen nur bei gleichzeitiger Rangrücktrittserklärung gewähren, § 5 AbS. 2 UBGG[97]

b) Anteilsbesitz. Spätestens zehn Jahre nach Anerkennung der Unternehmensbeteiligungsgesellschaft müssen mindestens 70% ihrer Aktien der Öffentlichkeit über die Börse (amtliche Notierung oder geregelter Markt, vgl. § 10 UBGG) angeboten werden, sofern erforderlich mehrmals, bis alle angebotenen Papiere gezeichnet sind (§ 9 AbS. 1 UBGG). Voraussetzung für die Zulässigkeit des öffentlichen Angebots ist jedoch, daß die Gesellschaft in diesem Zeitpunkt mindestens zehn Beteiligungen hält und sämtliche oben unter RdNr. 63–74 erläuterten Anforderungen der §§ 3–5 UBGG erfüllt sind. **75**

Die 70%-Regelung wurde vorgesehen, um die Initiatoren der Unternehmensbeteiligungsgesellschaft nicht zu zwingen, ihre unternehmerische Führung der Gesellschaft aufzugeben. Da gem. § 139 AbS. 1 AktG die Möglichkeit der Ausgabe von stimmrechtslosen Vorzugsaktien bis zur Höhe von 50% des Grundkapitals besteht, müßten die Gründungsaktionäre bei voller Ausnutzung dieser Möglichkeit nur 20% stimmberechtigter Aktien anbieten, so daß die zurückbehaltenen 30% Stammaktien eine Mehrheit von 60% des stimmberechtigten Kapitals ausmachen.[98] **76**

5. Kapitalersetzende Gesellschafterdarlehen. Da bislang überwiegend Kreditinstitute und Versicherungsunternehmen Gesellschafter von Unternehmensbeteiligungsgesellschaften sind und diese über die UBG mittelbar zu Anteilseignern an den Beteiligungsunternehmen der UBG werden, können die von ihnen im Rahmen ihrer Geschäftstätigkeit an letztere vergebenen (Bank-)Kredite kapitalersetzenden Charakter im Sinne der §§ 32 (a), (b) GmbHG, 172 (a) HGB annehmen. Um den genannten Branchen die Beteiligung an der UBG insoweit zu erleichtern, bestimmt § 25 UBGG, daß Aktionären aus dem Banken- und Versicherungsbereich die von der UBG gehaltenen Beteiligungen bis zum Ablauf der gem. § 9 AbS. 1 UBGG vorgesehenen zehnjährigen Frist für das öffentliche Anbieten der UBG-Aktien nicht zugerechnet werden.[99] **77**

6. Sonstige Regelungen. *a) Rechnungslegung und Prüfung.* Für die Rechnungslegung[100] gelten im Prinzip keine Besonderheiten. Jedoch müssen im Anhang zusätzliche Informationen zur Entwicklung des Beteiligungsbesitzes gegeben werden und einige Grunddaten betreffend die Unternehmen, an denen Beteiligungen gehalten werden, mitgeteilt werden. Die Prüfungsgesellschaft muß in ihr Testat auch die Einhaltung der Bestimmungen des UBGG einbeziehen. Nach Börseneinführung der Aktien der Unternehmensbeteiligungsgesellschaften sind ferner halbjährliche Zwischenberichte zu veröffentlichen. Die bislang vorgesehene Verpflichtung der UBG, nach Börseneinführung ihrer Aktien die im Laufe eines Geschäftsjahres vereinnahmten Erträge aus jeder einzelnen Beteiligung zu publizieren, wurde mit Rücksicht auf die schutzwürdigen Belange insbesondere mittelständischer Beteiligungsunternehmen durch Streichung des bisherigen § 11 AbS. 1 Nr. 6 UBGG aufgehoben. Statt dessen reicht nunmehr ein Ausweis der Gesamtbeteiligungserträge der UBG aus den letzten drei Geschäftsjahren aus (§ 11 AbS. 3 UBGG). **78**

b) Aufsichtsbehördliche Kontrolle, Widerruf der Anerkennung. Die behördliche Kontrolle beschränkt sich auf die Einhaltung der Bestimmungen des UBGG, ohne daß jedoch offizielle **79**

---

[97] Zweck ist die Vermeidung einer Qualifizierung der Unternehmensbeteiligungsgesellschaft als Kreditinstitut aufgrund der Bestimmungen der zweiten Bankrechtskoordinierungsrichtlinie, vgl. Gesetzesbegründung BT-DruckS. 12/7918 v. 15. 6. 1994, S. 122.

[98] Vgl. Bericht des Finanzausschusses (Ausschußempfehlung), BT-DruckS. 10/6193, S. 19.

[99] Die bislang auf vier Jahre ab Anteilserwerb bemessene Frist wurde durch das zweite Finanzmarktförderungsgesetz auf die in § 9 AbS. 1 UBGG für das öffentliche Anbieten vorgesehene Frist verlängert. Für diejenigen UBG-Initiatoren, die bei Inkrafttreten des zweiten Finanzmarktförderungsgesetzes (1. 1. 1995) bereits Aktionäre anerkannter Unternehmensbeteiligungsgesellschaften waren, wurde die Frist des § 9 AbS. 1 UBGG auf zwölf Jahre verlängert (§ 26 AbS. 1 UBGG), mit der Folge, daß sich insoweit auch die für § 25 UBGG maßgebliche Frist für die Nichtzurechnung von Anteilsbesitz auf zwölf Jahre statt zehn Jahre beläuft (§ 26 AbS. 3 UBGG).

[100] Vgl. §§ 12, 13 UBGG.

Kontrollmaßnahmen vorgesehen sind. Das Wirtschaftsprüfertestat wird insoweit als ausreichend angesehen. Die Unternehmensbeteiligungsgesellschaft muß lediglich den testierten Jahresabschluß (sowie den Zwischenbericht) einschließlich Prüfungsbericht vorlegen und dem Ministerium Mitteilung über Änderungen in Vorstand und Aufsichtsrat sowie der Satzung machen.[101]

80 Die Anerkennung der Unternehmensbeteiligungsgesellschaft ist zu widerrufen, sofern die Gesellschaft der Verpflichtung zum öffentlichen Angebot ihrer Aktien über die Börse nicht binnen zehn Jahren nachkommt.[102] Im übrigen kann die Anerkennung bei schwerwiegenden Verstößen gegen die Bestimmungen des UBGG entzogen werden, wobei zusätzlich bestimmte Verstöße unter die Ordnungswidrigkeitentatbestände des § 27 UBGG fallen.

81 *c) Wegfall der Anerkennung.* Der Wegfall der Anerkennung als Unternehmensbeteiligungsgesellschaft ist aufgrund **Widerrufs** durch die Aufsichtsbehörde oder durch – jederzeit möglichen – **Verzicht** der Gesellschaft selbst[103] möglich und zieht insbesondere den rückwirkenden Wegfall der gewerbe- und vermögensteuerlichen Vergünstigungen[104] nach sich, sofern noch kein öffentliches Angebot der Aktien der Unternehmensbeteiligungsgesellschaft erfolgt ist.

82 Aufgrund der Vollverzinsungsregelung des § 233 AO dürfte dies u. U. erhebliche Zinsbelastungen hinsichtlich der aus der Rückwirkung des Anerkennungswegfalls resultierenden Steuernachforderungen zur Folge haben, was jedenfalls im Falle des Verzichts der rechtspolitischen Intention des Gesetzgebers – Erleichterung des „Ausstiegs", wenn eine Bindung an die Beschränkungen des UBGG nicht mehr gewünscht wird – zuwiderläuft.

83 *d) Antrag auf Anerkennung durch bereits börsennotierte Gesellschaften.* Bereits im Beteiligungsgeschäft tätige Aktiengesellschaften können die Anerkennung als Unternehmensbeteiligungsgesellschaft erhalten, sofern sie an der Börse notiert sind und im Antragszeitpunkt sämtliche Voraussetzungen erfüllen, die eine Unternehmensbeteiligungsgesellschaft im Zeitpunkt der Börseneinführung ihrer Aktien erfüllen müßte.[105]

84 **7. Steuerliche Behandlung.** Die derzeitigen steuerlichen Sonderregelungen für die Unternehmensbeteiligungsgesellschaft zielen ihrer Grundkonzeption nach darauf ab, gewerbe- und vermögensteuerliche Nachteile auszuschließen, die insbesondere dem Aktionär der Unternehmensbeteiligungsgesellschaft durch die indirekte Beteiligung über diese im Vergleich zu einer unmittelbaren Beteiligung an den Beteiligungsunternehmen der Unternehmensbeteiligungsgesellschaft entstehen würden.

85 *a) Vermögensteuer.* Um nicht durch den über Zwischenschaltung der Unternehmensbeteiligungsgesellschaft vermittelten Beteiligungsbesitz auf Gesellschaftsebene zusätzliche Vermögensteuer auf die von der Gesellschaft gehaltenen Anteile anfallen zu lassen, ist diese – nicht jedoch der Aktionär mit seinen Anteilen an der Unternehmensbeteiligungsgesellschaft – von der Vermögensteuer befreit.[106]

86 Dies wirkt sich jedoch nur bei Kapitalgesellschaftsbeteiligungen der Unternehmensbeteiligunggesellschaft, für welche nicht ohnehin das Schachtelprivileg gem. § 102 BewG eingreift (ab 10%) sowie bei Beteiligungen an Personengesellschaften auS. Bei letzeren, für welche nur der – meist weit unter dem Verkehrswert liegende – Anteil am Einheitswert der Vermögensteuer unterliegt, ist die steuerliche Auswirkung bescheiden. Die vermögensteuerlichen Mindereinnahmen des Fiskus aufgrund der Privilegierung der Unternehmens-

---

[101] § 21 UBGG.

[102] § 17 AbS. 1 UBGG. Im Zeitpunkt des Inkrafttretens des Art. 7 a des Zweiten Finanzmarktforderungsgesetzes (1. 1. 95) bereits anerkannte Unternehmensbeteiligungsgesellschaften müssen gemäß § 26 AbS. 1 UBGG jedoch erst nach 12 Jahren ihre Aktien öffentlich anbieten.

[103] § 18 UBGG.

[104] §§ 28, 29 UBGG.

[105] Vgl. i. e. § 24 UBGG.

[106] § 3 AbS. 1 Nr. 19 VStG.

beteiligungsgesellschaft wurden vom Finanzausschuß denn auch lediglich auf ca. DM 10 Mio. jährlich geschätzt.[107]

87 *b) Gewerbesteuer.* Die Unternehmensbeteiligungsgesellschaft ist von der Gewerbesteuer befreit.[108] Hinsichtlich vereinnahmter Beteiligungserträge aus Anteilen an Kapitalgesellschaften wirkt sich dies nur aus, soweit nicht ohnehin das gewerbesteuerliche Schachtelprivileg[109] (ab 10%) eingreift, bei Erträgen aus Personengesellschaften überhaupt nicht, da diese unabhängig von Beteiligungsgrenzen gewerbesteuerfrei vereinnahmt werden können.[110] Letzteres gilt ebenso für die Erträge aus der Veräußerung von Personengesellschaftsbeteiligungen, da diese ebenfalls bereits nach geltendem Recht nicht der Gewerbesteuer unterliegen.[111] Schließlich ist auch zu beachten, daß sich die Gewerbesteuerbefreiung der UBG bei typisch stillen Beteiligungen infolge der Hinzurechnungsregelungen der §§ 8 Nr. 3, 12 AbS. 2 Nr. 1 GewStG für das jeweilige Beteiligungsunternehmen steuererhöhend auswirkt, was die UBG wiederum über ihre Konditionen ausgleichen muß.[112]

88 Nennenswerte Auswirkungen hat die subjektive Gewerbesteuerbefreiung der Unternehmensbeteiligungsgesellschaft daher nur bei **Veräußerung von Kapitalgesellschaftsbeteiligungen,** die andernfalls der Gewerbesteuer auch bei Bestehen einer Schachtelbeteiligung unterliegen würden.[113] Insbesondere im Fall der Börseneinführung des Beteiligungsunternehmens kann die Gewerbesteuerbefreiung zu einer durchaus spürbaren Steuerersparnis der Unternehmensbeteiligungsgesellschaft führen.

89 Die Tatsache schließlich, daß die Unternehmensbeteiligungsgesellschaft auch den gewerbesteuerlichen Bestimmungen über die 50%ige Hinzurechnung[114] von Dauerschulden und Dauerschuldzinsen zu Gewerbekapital und Gewerbeertrag nicht unterliegt, wirkt sich angesichts der Kreditaufnahmebeschränkungen des § 5 UBGG nur in bescheidenem Umfang aus.

90 Insgesamt werden die Gewerbesteuermindereinnahmen des Fiskus vom Finanzausschuß denn auch als „geringfügig" bezeichnet.[115] Hinzu kommt, daß selbst der geringfügige gewerbe- und vermögensteuerliche Anreiz zur Wahl der Rechtsform Unternehmensbeteiligungsgesellschaft nicht unerheblich dadurch relativiert wurde, daß seit 1992 die ohnehin schon mit öffentlichen Fördermitteln kostengünstig refinanzierten sog. Mittelständischen Beteiligungsgesellschaften (MBG) durch entsprechende Befreiungstatbestände[116] gleichgestellt wurden, ohne andererseits den Tätigkeitsbeschränkungen des UBGG zu unterliegen.

91 *c) Körperschaftsteuer.* Der Anspruch des UBGG, die Aktionäre der Unternehmensbeteiligungsgesellschaft – insbesondere auch die als Investoren besonders erwünschten privaten Kleinaktionäre – steuerlich nicht schlechter zu stellen als dies bei unmittelbarer Unternehmensbeteiligung der Fall wäre, ist im Bereich der Körperschaftsteuer auch nach nahezu zehnjährigem Bestehen des Gesetzes nicht eingelöst worden. Die Einkünfte der UBG unterliegen nach wie vor uneingeschränkt der Körperschaftsteuer; lediglich durch Reinvestition von Gewinnen aus der Veräußerung von Kapitalgesellschaftsbeteiligungen in neu erwor-

---

[107] Bericht des Finanzausschusses (Fn. 92), S. 3.

[108] § 3 Nr. 23 GewStG; inländische Aktionäre von Unternehmensbeteiligungsgesellschaften, welche ihre UBG-Anteile im Betriebsvermögen halten (z. B. Banken, Versicherungen etc.) werden im übrigen gemäß §§ 9 Nr. 2 a, 12 AbS. 3 Nr. 2 a GewStG auch hinsichtlich Beteiligungserträgen und Beteiligungswert von Gewerbeertrags- und Gewerbekapitalsteuer freigestellt, sofern die Voraussetzungen einer Schachtelbeteiligung (ab 10%) vorliegen.

[109] § 9 Nr. 2 a GewStG.

[110] § 9 Nr. 2 GewStG.

[111] Vgl. BFH BStBl. 1962 III, 438; Abschn. 40 AbS. 1 Ziff. 1 Satz 1 GewStR.

[112] Vgl. hierzu *Marsch-Barner* ZGR 1990, 294 ff., 313.

[113] § 9 Nr. 2 a GewStG ist auf solche Veräußerungsgewinne nicht anwendbar, vgl. BFH BStBl. 1972 II, 468; Abschn. 40 AbS. 1 Ziff. 1 Satz 12 GewStR.

[114] § 12 AbS. 2 Nr. 1, § 8 Nr. 1 GewStG.

[115] Vgl. Bericht des Finanzausschusses a. a. O. (Fn. 98), S. 3.

[116] Vgl. §§ 3 Nr. 24 GewStG, 3 Nr. 18 VStG.

bene Kapitalgesellschaftsanteile binnen einer Frist von vier Jahren kann gem. § 6 (b) AbS. 1 Nr. 5 EStG ein Aufschub der Veräußerungsgewinnbesteuerung erreicht werden.[117]

Unproblematisch ist die uneingeschränkte Körperschaftsteuerpflicht der UBG nur, soweit es die Besteuerung laufender Beteiligungserträge angeht, da insoweit wegen des körperschaftsteuerlichen Systems der Vollanrechnung gezahlter Steuern durch die Weiterausschüttung an die UBG-Aktionäre keine zusätzliche Belastung eintritt. Auch erschiene es angesichts der Zielsetzungen des UBGG nicht sinnvoll, den mit Ausschüttungen verbundenen Entzug von Kapital der Beteiligungsunternehmen bei der UBG steuerlich zu begünstigen.

Die **körperschaftsteuerliche Behandlung von Veräußerungsgewinnen** der UBG ist jedoch **nach wie vor unbefriedigend,**[118] worin auch der wesentliche Grund für die bisher sehr geringe Akzeptanz der UBG bei institutionellen und privaten Anlegern zu sehen ist.

Die volle Unterwerfung von Veräußerungsgewinnen der UBG unter die Körperschaftsteuerpflicht wird dem **Risikocharakter des Geschäftsgegenstandes** dieser Gesellschaften nicht gerecht. Die Bereitstellung von Beteiligungskapital für eine Vielzahl von Unternehmen aus den unterschiedlichsten Branchen ist mit überdurchschnittlichen unternehmerischen Risiken behaftet.[119] Fehlschläge sind dabei hinzunehmen und können je nach Höhe des jeweiligen Investments uU. dramatische Auswirkungen auf das handelsbilanzielle Eigenkapital der UBG haben. Hinzu kommt, daß der Ertrag aus der Wertsteigerung erfolgreicher Engagements erst am Ende der Beteiligungsungsdauer, also i.d.R. nach fünf bis sieben Jahren realisiert wird, wogegen sich das Verlustpotential fehlgeschlagener Beteiligungen über die Pflicht zur Vornahme entsprechender Einzelwertberichtigungen sofort auf das Eigenkapital der Gesellschaft auswirkt. Dies kann wiederum zwecks „Bilanzbereinigung“ dazu führen, daß werthaltige Beteiligungen vorzeitig unter Verzicht auf weiteres Ertragspotential „versilbert“ werden müssen.

Den hiermit verbundenen Gefahren läßt sich durch Risikostreuung und betragsmäßige Begrenzung von Einzelrisiken nur teilweise entgegenwirken. Wenn die Gewinne aus Beteiligungsveräußerungen nach Abzug der Steuerbelastung nur zu gut der Hälfte das Eigenkapital der Gesellschaft erhöhen, die Verluste hierauf jedoch sofort in voller Höhe durchschlagen, werden der deutschen Steuerpflicht unterliegende Beteiligungsfonds auch weiterhin einen sehr schweren Stand haben.

Die **Reinvestitionsmöglichkeit** nach § 6b AbS. 1 Nr. 5 EStG löst die genannten Probleme nicht, da sie zum einen nur den mit der Steuerpflicht verbundenen Liquiditätsentzug (zeitlich befristet) vermeidet, das handelsbilanzielle Eigenkapital der UBG aber ebenso wie im Falle der Körperschaftsteuerzahlung in gleicher Höhe gemindert bleibt. Zum anderen kommt § 6b AbS. 1 Nr. 5 EStG nicht für Beteiligungen an Personengesellschaften zur Anwendung, was in Anbetracht der gerade bei mittelständischen Unternehmen verbreiteten Rechtsform der GmbH & Co. KG besonders ins Gewicht fällt. Schließlich kann die Vier-Jahres-Frist für die Vornahme der Neuinvestition einen unguten Investitionsdruck erzeugen. Da sich geeignete Akquisitionsmöglichkeiten, zumal in betragsmäßig passender Größenordnung, auch kaum planen lassen,[120] ist die Gesellschaft bei Bildung einer § 6b-Rückstellung stets von dem Risiko der Nachversteuerung einschließlich rückwirkender 6%-iger Verzinsung des Steuerbetrages (§ 6b AbS. 7 EStG) bedroht.

---

[117] Diese Bestimmung wurde im Wege der „Nachbesserung“ erst mit dem Wohnungsbauförderungsgesetz (!) vom 22. 12. 1989 (BGBl. I 1989, 2408f.) in das EStG eingefügt; zur Kritik an der vorherigen Nichtberücksichtigung der UBG – entgegen früheren Bekundungen des Finanzausschusses – im Zuge der Abschaffung der § 6 b-Reinvestitionsmöglichkeit bei Kapitalgesellschaftsanteilen vgl. Vorauflage.

[118] Kritisch auch *Menzel* WM 1987 705ff., 708.

[119] Vgl. für solche Gesellschaften z.B. die treffende französische Bezeichnung „fonds commun de placement à risques“.

[120] Vgl. auch die Kritik von *Grüner,* ZfK 1990, 594ff., 595.

Die Situation der Unternehmensbeteiligungsgesellschaften wird sich erst dann durchgreifend verbessern, wenn deren Veräußerungsgewinne auf Gesellschaftsebene ganz von der Körperschaftsteuerpflicht befreit werden. Sinnvoll wäre eine **Gleichbehandlung der Veräußerungsgewinne mit steuerfreien Auslandseinkünften,** die erst bei Weiterausschüttung zur Steuerpflicht nach Maßgabe des individuellen Steuersatzes des Aktionärs führen.[121] Soweit die UBG von den neu geschaffenen Möglichkeiten des Erwerbs von Auslandsbeteiligungen Gebrauch macht, sind Veräußerungsgewinne aus solchen Beteiligungen in den meisten Fällen schon nach geltendem Recht (§ 8b AbS. 2 KStG) steuerbefreit. Es ist kaum einzusehen, daß Beteiligungen an deutschen mittelständischen Unternehmen – Hauptanliegen des UBGG – steuerlich schlechter behandelt werden.

Für die privaten Kleinaktionäre der UBG wären die steuerlichen Nachteile im Vergleich zu unmittelbaren Unternehmensbeteiligungen zwar nicht vollständig beseitigt, da Dividendenausschüttungen, soweit sie aus für die UBG steuerfreien Veräußerungsgewinnen gespeist werden, beim Dividendenempfänger dem normalen Einkommensteuersatz unterliegen,[122] wohingegen Veräußerungsgewinne aus unmittelbaren Beteiligungen steuerfrei (§ 17 EStG) wären bzw. nur dem halben SteuerSatz (§§ 16, 34 EStG) unterlägen. Insoweit handelt es sich jedoch um keine gravierenden Nachteile: Die Rendite des Aktionärs bemißt sich weniger nach Dividendenzuflüssen als nach der Steigerung des Unternehmenswertes der UBG und der damit verbundenen Wertsteigerung seiner Aktien **(shareholder value).** Derartige Wertzuwächse kann der private Kleinaktionär durch steuerfreie Veräußerung seiner UBG-Aktien nach § 17 EStG realisieren. Solche Steigerungen des Unternehmenswertes der UBG und damit eine Erhöhung von deren Attraktivität als Kapitalanlageobjekt wären aufgrund der nachhaltigen, mit der Körperschaftsteuerbefreiung von Veräußerungsgewinnen verbundenen Verbesserung von deren betriebswirtschaftlicher Ausgangsbasis mit deutlich größerer Wahrscheinlichkeit zu erwarten, als dies derzeit der Fall ist.

Endgültige Steuerausfälle würden im übrigen nicht eintreten, da die nur auf Gesellschaftsebene befreiten Einkünfte weiterhin „steuerverstrickt" blieben. Auch von einer „Wettbewerbsverzerrung" zu Lasten der sonstigen Kapitalbeteiligungsgesellschaften kann schon deswegen keine Rede sein, da es ja gerade darum geht, diese Gesellschaften zu motivieren, die Rechtsform der UBG anzunehmen.[123]

Es böte sich an, eine solche, dem UBGG aller Voraussicht nach zum Durchbruch verhelfende Körperschaftsteuerbefreiung von Veräußerungsgewinnen in dem demnächst zu erwartenden Dritten Finanzmarktförderungsgesetz zu regeln. Ohne eine solche spürbare steuerliche Entlastung wird es nach wie vor für die überwältigende Mehrheit der potentiellen Investoren kaum einen vernünftigen Grund geben, sich den Reglementierungen des Gesetzes freiwillig zu unterwerfen.[124]

---

[121] Eine andere, wohl eher zu verneinende Frage ist, ob es auch – entsprechend § 8b AbS. 1 KStG – der Möglichkeit steuerfreier Weiterausschüttungen an Aktionäre in der Rechtsform unbeschränkt steuerpflichtiger Kapitalgesellschaften bedürfte.

[122] Auch eine Körperschaftsteuer-Gutschrift käme bei derartigen Ausschüttungen aus EK 0 nicht zur Anrechnung.

[123] A. A. offenbar *Kürten,* Unternehmensbeteiligungsgesellschaften, S. 254.

[124] Ebenso im Ergebnis *Grüner,* ZfK 1990, 598.

8. Kapitel

§ 28 Vermögensverwaltung

Übersicht

Schrifttum: *Arendts,* Beratungs- und Aufklärungspflichten über das einem Wertpapier erteilte Rating, WM 1993, 229 ff.; *ders.,* Die Haftung der Banken für fehlerhafte Anlageberatung nach der neueren deutschen Rechtsprechung, ÖBA 1994, 251 ff.; *Assmann,* Das künftige deutsche Insiderrecht, AG 1994, 196 ff., 237 ff.; *ders.,* Der Inhalt des Schadenersatzanspruches fehlerhaft informierter Kapitalanleger, in: Festschr. Lange 1992, S. 345 ff.; *Assmann/Schneider,* WpHG, 1995; *Balzer,* Rechtsfragen der Verwaltung von Wertpapiervermögen durch Kreditinstitute, NWB Fach 17, 1996, S. 1841 ff.; *Becker/Wicke,* Rechtsfragen der Vermögensverwaltung, 1995; *Birnbaum,* Stichwort „Churning", wistra 1991, 253 ff.; *Brunner,* Die Vermögensverwaltung deutscher Kreditinstitute im Privatkundengeschäft, 1987; *Bruske,* Beweiswürdigung und Beweislast bei Aufklärungspflichtverletzungen im Bankrecht, 1994; *Coing,* Rechtsformen der privaten Vermögensverwaltung, AcP 167 (1967), 99 ff.; *ders.,* Die Treuhand kraft privaten Rechtsgeschäfts, 1973; *Dingeldey,* Die Verpflichtung der Bank zur Weitergabe von Insiderinformationen, DB 1982, 685 ff.; *ders.,* Das Chinese-Wall-Prinzip im Bankrecht der Vereinigten Staaten, RIW 1983, 81 ff.; *Grunewald,* Die Beweislastverteilung bei der Verletzung von Aufklärungspflichten, ZIP 1994, 1162 ff.; *Heinsius,* Anlageberatung durch Kreditinstitute, ZHR 145 (1981), 177 ff.; *ders.,* Pflichten und Haftung der Kreditinstitute bei der Anlageberatung, ZBB 1994, 47 ff.; *Hoegen,* Einzelfragen zur Haftung bei Anlagevermittlung und Anlageberatung unter besonderer Berücksichtigung der Rechtsprechung des Bundesgerichtshofes, in: Festschr. Stimpel, 1985, S. 247 ff.;

Hopt, Funktion, Dogmatik und Reichweite der Aufklärungs-, Warn- und Beratungspflichten der Kreditinstitute, in: Festschr. Gernhuber, 1993, S. 169 ff.; *ders.;* Funktion, Dogmatik und Reichweite der Aufklärungs-, Warn- und Beratungspflichten der Kreditinstitute, Bankrechtstag 1992, S. 1 ff.; *ders.,* Insiderwissen und Interessenkonflikte im europäischen und deutschen Bankrecht, in: Festschr. Heinsius, 1991, S. 289 ff.; *ders.,* Europäisches und deutsches Insiderrecht, ZGR 1991, 17 ff.; *ders.,* Ideelle und wirtschaftliche Grundlagen der Aktien-, Bank- und Börsenrechtsentwicklung im 19. Jahrhundert, in: Wissenschaft und Kodifikation des Privatrechts im 19. Jahrhundert, 1980, S. 128 ff.; *ders.,* Berufshaftung und Berufsrecht der Börsendienste, Anlageberater und Vermögensverwalter, in: Festschr. R. Fischer, 1979, S. 237 ff.; *ders.,* Kapitalanlegerschutz im Recht der Banken, 1975; *Kienle,* Vermögensverwaltung, in: Bankrechtshandbuch, § 111, 1996; *Koller,* Wer ist „Kunde" eines Wertpapierdienstleistungsunternehmens (§§ 31 f. WpHG)? ZBB 1996, 97 ff.; *Kübler,* Anlageberatung durch Kreditinstitute, ZHR 145 (1981), 204 ff.; *ders.,* Müssen Anlageempfehlungen anlegergerecht sein, in: Festschr. Coing Bd. II, 1982, S. 193 ff.; *Kümpel,* Bank- und Kapitalmarktrecht, 1995; *ders.,* Die allgemeinen Verhaltensregeln des Wertpapierhandelsgesetzes, WM 1995, 689 ff.; *ders.,* Das Effektengeschäft im Lichte des 2. Finanzmarktförderungsgesetzes, WM 1993, 2025 ff.; *Lerbinger,* Aktienkursprognose durch Linienchart-Formationen und Trendlinien, AG 1988, 7 ff.; *Miebach,* Private Vermögensverwaltung und Erlaubniserfordernis nach § 1 KWG, DB 1991, 2069 ff.; *Potthoff,* Aufklärungs- und Beratungspflichten bei Optionsscheingeschäften, WM 1993, 1319 ff.; *Raeschke-Kessler,* Bankenhaftung bei der Anlageberatung über neue Finanzprodukte, WM 1993, 1830 ff.; *Rössner/Arendts,* Die Haftung wegen Kontoplünderung durch Spesenschinderei (Churning), WM 1996, 1517 ff.; *Roll,* Vermögensverwaltung durch Kreditinstitute, 1983; *Schäfer,* Vereinbarungen über Benachrichtigungspflichten in Vermögensverwaltungsverträgen, WM 1995, 1009 ff.; *ders.,* Materielle Aspekte der EG-Richtlinie über Wertpapierdienstleistungen, AG 1993, 389 ff.; *ders.,* Haftung für fehlerhafte Anlageberatung und Vermögensverwaltung, 2. Aufl., 1995; *ders.,* Anlegerschutz und die Sorgfalt eines ordentlichen Kaufmanns bei der Anlage von Sondervermögen durch Kapitalanlagegesellschaften, 1987; *ders.,* Vermögensverwaltung, BuB 11. Teil; *ders.,* Die Pflichten von (Wertpapier-) Vermögensverwaltern, in: *Cramer/Rudolph,* Hdb. für Anlageberatung und Vermögensverwaltung, 1995, S. 668 ff.; *Schanze,* Anlegerschutz bei Aktienfonds: Das Indexfonds-Konzept, AG 1977, 102 ff.; *Schlemmbach,* Depotmanagement im Rahmen der Vermögensverwaltung, Bank-Betrieb 1972, 201 ff.; *Schödermeier,* Nachforschungspflichten einer Bank als Vermögensverwalterin zur Person ihres Kunden, WM 1995, 2053 ff.; *Tippach,* Marktdaten im künftigen Insiderrecht, WM 1993, 1269 ff.; *van Look,* Bedeutung des Rating bei der Anlageberatung, in: Büschgen/Everling, Hdb. Rating, 1996, S. 521 ff.; *v. Randow,* Rating und Wettbewerb, ZBB 1996, 85 ff.; *Waldeck,* Die Haftung aus Anlageberatung, in: *Cramer/Rudolph,* Hdb. für Anlageberatung und Vermögensverwaltung, 1995, S. 647 ff.; *Wallat,* Einlagenbegriff des Kreditwesengesetzes, NJW 1995, 3226 f.

Zum Schweizer Recht: *Bertschinger,* Sorgfaltspflichten der Bank bei Anlageberatung und Verwaltungsaufträgen, Diss. St. Gallen 1991; *Gutzwiller,* Der Vermögensverwaltungsvertrag, Diss. Zürich 1989; *Hopt,* Rechtsprobleme der Anlageberatung und der Vermögensverwaltung der Schweizer Banken, in: Beiträge zum schweizerischen Bankenrecht, 1987, S. 135 ff.; *Kuhn,* Die Haftung aus falscher Auskunft und falscher Raterteilung, SJZ 82 (1986), 347 ff.; *Roth,* Aufklärungspflichten im Vermögensanlagegeschäft der Banken, in: Festschr. Beat Kleiner, Zürich 1993, S. 1 ff.; *Schweizerische Bankiervereinigung,* Richtlinien und Kommentar für die Ausübung von Verwaltungsaufträgen an die Bank, Beilage zu Zirkular Nr. 6595 der SBVg vom 23. 8. 1990; *Schweizerische Bankiervereinigung,* Richtlinien und Kommentar für den Handel mit Traded Options und Financial Futures der Schweizerischen Bankiervereinigung, September 1990 (TOFF-Richtl.); *Spälti,* Die rechtliche Stellung der Bank als Vermögensverwalterin, unter Berücksichtigung der Anlageberatung, Diss. Zürich 1988; *Ziegler,* Haftung der Bank bei Anlageberatung und Vermögensverwaltung, Diss. Basel 1980; *Zimmermann,* Die Haftung der Bank aus Verwaltungsauftrag, SJZ 81 (1985), 137 ff.; *Zobl,* Der Vermögensverwaltungsauftrag der Banken unter besonderer Berücksichtigung von Interessenkonflikten, in: Festschr. Walter R. Schluep, Zürich 1988, S. 319 ff.

I. Grundlagen der Vermögensverwaltung

1 **1. Vorbemerkung.** Unter der Vermögensverwaltung als Dienstleistung versteht man die Verwaltung von Vermögen, das dem Verwaltenden wirtschaftlich nicht als eigenes zusteht. Der Vermögensverwalter trifft die Entscheidung über die Anlage von Geldern bzw. über die Verwendung des Vermögens im Interesse der Anleger, jedoch nach eigenem Er-

messen. Die Vermögensverwaltung als eine (auch) von Banken angebotene Dienstleistung findet sich als Begriff nicht in § 1 KWG und wird auch (noch) nicht von § 2 WpHG als Wertpapierdienstleistung definiert. Die Vermögensverwaltung gilt nach Art. 1 Ziff. 1 i. V. m. Anh. A Ziff. 1.3 der Wertpapierdienstleistungsrichtlinie jedoch als Wertpapierdienstleistung.[1] Gemäß Anh. A Ziff. 3 der Wertpapierdienstleistungsrichtlinie ist eine Wertpapierdienstleistung auch die „individuelle Verwaltung einzelner Portefeuilles mit einem Ermessensspielraum im Rahmen eines Mandats der Anleger, sofern die betreffenden Portefeuilles eines oder mehrere der in Abschnitt B genannten Instrumente enthalten". Durch die Beschränkung auf die in Abschnitt B genannten Instrumente (insb. Wertpapiere, Geldmarktinstrumente, Finanzterminkontrakte und Derivate) wird der Begriff der Vermögensverwaltung in der Wertpapierdienstleistungsrichtlinie entsprechend den Intentionen des Richtliniengebers enger gefaßt als es dem in Deutschland üblichen Sprachgebrauch entspricht.

Das Recht der Vermögensverwaltung ist also nicht das Recht einer bestimmten Kapital- 2
anlageart, als vielmehr das Recht eines Finanzvermittlers.[2] Versteht man Kapitalanlagerecht als den Rahmen „für die Projektierung, das öffentliche Angebot und den Vertrieb von Kapitalanlagen einerseits und die Erfüllung der daraus erwachsenen Rechtsverhältnisse andererseits", so steht das Recht der Vermögensverwaltung außerhalb des Kapitalanlagerechts. Es ist jedoch Teil des darüber hinausgehenden Kapitalmarktrechtes i. S. d. **Rechtes eines „financial intermediary"**, der in den Kapitalanlagevorgang von Anlegern als aktiver Teilnehmer am Kapitalmarkt eingeschaltet ist.[3]

Bei der Vermögensverwaltung überträgt der Anleger das Ermessen über die Entschei- 3
dung über konkrete Anlagen in gewissem Umfang auf den Vermögensverwalter. Diese in den USA schon seit mehr als 50 Jahren in erheblichem Umfange zu beobachtende Entwicklung hat Anlaß dazu gegeben, die **Vermögensverwaltung als Stufe eines Phasenmodells** der Entwicklung der Arbeitsteilung bei der Verwendung von Kapital zu sehen.[4] In einer ersten Stufe waren Unternehmer und Eigentümer des Unternehmens identisch. Im Zuge der Arbeitsteilung wurde in einer zweiten Stufe die Stellung von Kapital (insb. durch Aktien), also das „Eigentum" am Unternehmen, und die Herrschaft im Unternehmen durch die Einführung eines nicht mit den Eigentümern identischen Managements getrennt. In der dritten Phase wird die Funktion der Stellung des Kapitals und Überwachung des Managements durch Aktionäre nochmals differenziert. Der Anleger trifft nur noch die Entscheidung über die Stellung von Kapital, die eigentliche Auswahl des Unternehmens, dem das Kapital zugute kommen soll, erfolgt jedoch durch eine vom Anleger getrennte Person, den Vermögensverwalter. Für die USA ist bereits der Anbruch einer weiteren, vierten Phase diagnostiziert worden. In dieser soll der Anleger nicht einmal mehr die Entscheidung über die Stellung des Kapitals treffen, da ihm die Entscheidung über seine Sparquote und damit die Stellung des Kapitals abgenommen wird durch Institutionen wie Pensionsfonds, die für ihn die Höhe seiner Kapitalstellung durch Festlegung seiner Sparquoten für die Rentenbeiträge treffen. Ihm verbleibt in dieser Phase nur noch der Genuß der Erträge aus dem von ihm in diesem Falle zwangsgesparten Kapital. – Die Diagnose der vierten Phase dürfte in Deutschland aufgrund des grundsätzlich anderen Rentensystems noch nicht möglich sein. Die Vermögensverwaltung als Ausprägung einer dritten Stufe eines Phasenmodells des Kapitalmarktes trifft – wenn auch mit einer Zeitverschiebung von 30 bis 40 Jahren – auch für Deutschland zu.

2. Der Markt für Vermögensverwaltung in Deutschland. Eine wesentliche (Geld) 4
Vermögensbildung erfolgte in Deutschland nach den Verlusten des 2. Weltkrieges erst in den ausgehenden 60iger und beginnenden 70iger Jahren. Zu diesem Zeitpunkt betrug das

---

[1] Richtlinie 93/22/EWG des Rates vom 10. Mai 1993 über Wertpapierdienstleistungen, abgedr. u. a. AG 1993, 394 ff. und in *Consbruch/Möller/Bähre/Schneider,* KWG, Ziffer 22.19.

[2] I. S. v. „Financial Intermediary" und nicht des Anlagevermittlers i. e. S.

[3] Vgl. dazu ausführlich oben *Assmann* § 1 Rdnr. 1 ff.

[4] *Clark,* 94 Havard Law Review, 1981, 561 ff.

Geldvermögen DM 55 Milliarden.[5] Ende 1994 betrug das reine Geldvermögen in Deutschland DM 250 Milliarden.[6] Ein Teil dieses Geldvermögens sowie Nichtgeldvermögen wie z. B. Immobilien wird von Vermögensverwaltern für die Anleger verwaltet. Schätzungen schwanken zwischen DM 30 Milliarden und DM 100 Milliarden. Für die Schweiz wird das gesamte von Banken verwaltete Anlagevermögen, also nicht nur das einer Vermögensverwaltung, sondern auch das einer Anlageberatung unterliegende Vermögen, für 1985 auf Sfr 1400 bis 1600 Milliarden geschätzt.[7] Nachfrager nach einer Vermögensverwaltung sind die Inhaber von Vermögen, die die Anlageentscheidungen aus welchen Gründen auch immer nicht selber treffen wollen oder können. Diese Vermögensinhaber können die Verwaltung ihres Vermögens einer sog. **kollektiven Vermögensverwaltung** übertragen, d. h. einer Kapitalanlagegesellschaft oder Versicherung durch Erwerb von Fondsanteilen oder Abschluß von Versicherungsverträgen. Hier ist die Einflußnahme auf die Anlageentscheidungen durch Anlagerichtlinien oder Einzelweisungen regelmäßig ausgeschlossen. Wünscht der Anleger, auf den Anlageentscheidungsprozeß durch solche Maßnahmen Einfluß zu nehmen oder beabsichtigt er eine intensivere Kontrolle, so überträgt er die Verwaltung seines Vermögens einer **individuellen Vermögensverwaltung.** Als Anbieter einer solchen treten neben den Banken Vermögensverwaltungsgesellschaften, fast alle vermögenssorgenden Berufe wie Rechtsanwälte,[7a] Wirtschaftsprüfer, Steuerberater etc., und Broker auf. Nicht zu den individuellen Vermögensverwaltern im engeren Sinne zählen die Testamentsvollstrecker und Nachlaßverwalter, weil diese nicht freiwillig von dem Vermögensinhaber, sondern von dem Verstorbenen für den Erben unabwendbar eingesetzt werden.

5 Grundsätzlich können der Vermögensverwaltung sämtliche dem rechtsgeschäftlichen Verkehr zugängliche Gegenstände unterliegen. Dementsprechend kann sich die Vermögensverwaltung erstrecken auf Wertpapier- und Barvermögen, Immobilien, Gesellschaftsbeteiligungen (insb. Immobilienfonds), Kunstsammlungen, Münzen und Edelmetalle etc. Aufgrund der mit einer Vermögensverwaltung verbundenen Kosten beträgt die Mindestgröße je nach Vermögensverwalter Anfang der 90iger Jahre DM 100 000,– bis DM 1 000 000,–.

6 **3. Abgrenzung der Vermögensverwaltung von der Anlageberatung und Anlagevermittlung.** Die Vermögensverwaltung ist deutlich von der Anlageberatung bzw. -vermittlung zu unterscheiden. Beiden ist gemeinsam die Sorge um das Vermögen des Anlegers. Ein Vermögensverwalter erfüllt seine Sorge um das Vermögen des Anlegers durch Dispositionen über dessen Vermögen ohne vorherige Rücksprache mit dem Anleger im Rahmen von ggfls. vereinbarten Anlagerichtlinien. Demgegenüber erteilt der Anlageberater dem Anleger Ratschläge ohne jegliche Dispositionsbefugnis über dessen Vermögen. Bei der Anlageberatung ist ausschließlich der Vermögensinhaber dispositionsberechtigt. Auch der Anlagevermittler entscheidet nicht über die Dispositionen, sondern vermittelt dem Anleger Möglichkeiten von Kapitalanlagen, über die der Anleger jedoch letztentscheidungsbefugt bleibt.[8] Die Vermögensverwaltung unterscheidet sich von der Anlageberatung und -vermittlung somit durch die Elemente der Dispositionsbefugnis des Vermögensverwalters und der Dauer des Rechtsverhältnisses. Während der Anlagerat regelmäßig mit Erteilung des Rates abgeschlossen und dementsprechend das Rechtsverhältnis beendet ist, obliegt dem Vermögensverwalter die fortdauernde Verpflichtung, für das Vermögen des Anlegers Sorge zu tragen. Es endet grundsätzlich erst mit Zeitablauf bzw. Kündigung. – Die mit den Kriterien der Dispositionsbefugnis und der Dauer des Rechtsverhältnisses gegebene theoretische Trennschärfe zwischen Vermögensverwaltung und Anlageberatung wird in der Praxis häufig verwischt durch gleitende Übergänge. Der langjährige Anlagebe-

---

[5] Vgl. Bericht der Deutschen Bundesbank in: 40 Jahre Deutsche Mark, Monetäre Statistiken 1948–1987, S. 364.

[6] Vgl. Monatsbericht der Deutschen Bundesbank Mai 1995, S. 33.

[7] Vgl. *Hopt*, Vermögensverwaltung der Schweizer Banken, S. 136 Fn. 4 m. w. N.

[7a] Vgl. *Jendralski/Oelenschläger*, S. 21 f.; zur Abgrenzung zur Rechtsberatung *Kienle*, § 111 Rdnr. 2 f.

[8] Vgl. zur Anlageberatung und Anlagevermittlung oben *von Heymann*, § 5 Rdnr. 3 ff. m. w. N.

rater mit intimer Kenntnis der Anlagementalität des Anlegers erhält von diesem den Auftrag, während seines Urlaubs im Falle des Eintritts bestimmter Ereignisse „in seinem Sinne zu handeln" oder der gutmeinende Anlageberater erreicht den Anleger nicht und erwirbt für ihn ein „Schnäppchen", was der Anleger – so lange es „gut geht" – auch toleriert und wodurch er den Anlageberater konkludent oder ausdrücklich ermuntert. Aufgrund der sich nicht unwesentlich unterscheidenden Pflichten und Aufgaben des Vermögensverwalters sehen die Arbeitsanweisungen und Richtlinien der Banken für die Anlageberatung regelmäßig vor, daß derartige Handlungen nur nach Abschluß eines schriftlichen Vermögensverwaltungsvertrages vorgenommen werden dürften.

II. Rechtsformen der Vermögensverwaltung

1. Eigentumsrechtliche Ausprägungen der Vermögensverwaltung. *a) Treuhandmodell.* 7
Bei der Vermögensverwaltung ist sachenrechtlich grundsätzlich zwischen zwei verschiedenen Formen zu unterscheiden. Eigentümer des verwalteten Vermögens kann der Anleger selbst sein, oder aber er kann das Eigentum an dem zu verwaltenden Vermögen auf den Vermögensverwalter zwecks Verwaltung des Vermögens übertragen. Überträgt der Anleger das Eigentum an dem zu verwaltenden Vermögen auf den Vermögensverwalter, so soll dieser das Eigentum lediglich treuhänderisch zum Zwecke der Verwaltung erwerben. Bei diesem **Treuhandmodell** der Vermögensverwaltung unterliegt der Vermögensverwalter grundsätzlich dem gleichen Pflichtenkanon wie bei dem Vertretermodell mit dem Unterschied, daß er zusätzlich treuhänderisch gebundenes Eigentum an dem Vermögen erwirbt.[9]

b) Vertretermodell. Im Gegensatz zum Treuhandmodell verbleibt das Eigentum an dem zu 8
verwaltenden Vermögen bei dem **Vertretermodell** bei dem Anleger. Hier wird der Vermögensverwalter lediglich berechtigt und bevollmächtigt, das – meist bei einer Bank lagernde – Vermögen des Anlegers zu verwalten. Dispositionen des Vermögensverwalters erfolgen bei dem Vertretermodell also nicht als (fremdnütziger) Treuhänder im eigenen Namen, sondern als offener Stellvertreter, der in fremdem Namen über fremdes Eigentum verfügt.[10]

2. Schuldrechtliche Qualifikation der Vermögensverwaltung. *a) Treuhandmodell.* Bei 9
dem Treuhandmodell hat der Anleger gegen seinen Verwalter lediglich einen Rückübereignungsanspruch auf das übertragene Vermögen.[11] Da er sich auf Rückübereignung von Sachen gleicher Menge, Art und Güte richtet, wird das Treuhandmodell zum Teil als **unregelmäßige Verwahrung** gemäß § 700 Abs. 1 BGB qualifiziert.[12] Auf die unregelmäßige Verwahrung finden nach § 700 Abs. 1 Satz 1 BGB grundsätzlich die Vorschriften über das Darlehen Anwendung. Nach dem Verständnis von Anleger und Vermögensverwalter soll der Vermögensverwalter verpflichtet sein, bei Ablauf der Vermögensverwaltung das herauszugeben, was er als Ergebnis seiner Vermögensverwaltung zu diesem Zeitpunkt hält. Richtet sich der Rückübereignungsanspruch jedoch nur auf den im Rahmen der Vermögensverwaltung vermehrten oder verringerten Betrag, so kann bei hinreichender Dauer der Vermögensverwaltung häufig keine vergleichbare Menge, Art und Güte des anfänglich übertragenen Vermögens mehr vorliegen. Es kann sich daher allenfalls um eine Sonderform der unregelmäßigen Verwahrung handeln. Da aber auch die Verweisung des Verwahrungsrechtes auf das Darlehensrecht nicht dem entspricht, was die Parteien mit der Vermögensverwaltung intendieren, erscheint es näherliegender, das Treuhandmodell schuldrechtlich als **„echten" Treuhandvertrag,** also **Vertrag sui generis** zu qualifizieren.[13]

---

[9] Vgl. *Coing,* AcP 167 (1967), 99 ff.; *Roll,* Vermögensverwaltung, S. 98 ff.; zu den konkursrechtlichen Konsequenzen *Coing,* Treuhand, S. 137 ff., 155 ff., 176 f. m. w. N.; *Assfalo,* Die Behandlung von Treugut im Konkurse des Treuhänders.

[10] Vgl. *Schäfer,* BuB 11/9 ff. m. w. N.

[11] *Coing,* AcP 1967 (1967), 99, 122 ff.; *Roll,* Vermögensverwaltung, S. 60 ff.

[12] *Miebach,* DB 1991, 2069.

[13] Dem widerspricht nicht die Qualifizierung des Treuhandmodells der Vermögensverwaltung als Bankgeschäft (vgl. Rdnr. 11). Nach Sinn und Zweck der Vorschriften über die Qualifizierung

10 *b) Vertretermodell.* Bei dem Vertretermodell erhält der Vermögensverwalter von dem Anleger die Vollmacht, dessen – regelmäßig bei einer Bank deponiertes – Vermögen als sein Vertreter zu disponieren.[13a] Dem Vermögensverwalter obliegt die Aufgabe, das Vermögen des Anlegers zu verwalten und zu mehren. Dabei hat der Vermögensverwalter nicht für den Erfolg seiner Tätigkeit **(Mehrung des Vermögens)** einzustehen, sondern lediglich für die sachgerechte Vornahme der Verwalterhandlungen. Die Verwalterhandlungen haben im Interesse des Anlegers zu erfolgen und dienen somit der Besorgung eines objektiv fremden Geschäftes. Die Vermögensverwaltung im Rahmen des Vertretermodells wird daher als **Geschäftsbesorgung** i. S. d. § 675 BGB qualifiziert, die auf einen Dienstvertrag gerichtet ist.[14] Die Geschäftsbesorgung erfolgt in fremdem Interesse im Rahmen eines Dauerschuldverhältnisses. – Erfolgt die Vermögensverwaltung durch eine bevollmächtigte Bank, so führt sie regelmäßig auch im Rahmen ihres allgemeinen Bankgeschäftes Konten und Wertpapierdepots des Anlegers. Eine derart vermögensverwaltende Bank wird als Bank im Rahmen des allgemeinen Bankverhältnisses und als Vermögensverwalter im Rahmen dieses Geschäftsbesorgungsverhältnisses tätig. Um das Depot disponieren zu können, muß sie von dem Verbot des Selbstkontrahierens gemäß § 181 BGB befreit sein. Eine entsprechende Befreiung sehen die Vermögensverwaltungsverträge der Banken regelmäßig vor.

11 **3. Vermögensverwaltung als Bankgeschäft i. S. d. § 1 KWG.** Die Vermögensverwaltung wird nicht ausdrücklich als Bankgeschäft in § 1 KWG aufgeführt. Historisch galt die Verwaltung von Vermögen durch Banken nicht als typisches Bankgeschäft i. S. v. § 1 Abs. 2 Nr. 4 HGB oder § 1 KWG.[15] Bei dem **Treuhandmodell** nimmt der Treuhänder Gelder der Anleger zu Eigentum entgegen. Durch diese Annahme fremder Gelder als Einlagen tätigt er ein Einlagengeschäft i. S. v. § 1 Abs. 1 Ziffer 1 Satz 2 KWG. Daher wird das Treuhandmodell der Vermögensverwaltung zu Recht als ein **genehmigungspflichtiges Bankgeschäft** i. S. d. §§ 1 Abs. 1, 32 KWG qualifiziert.[16] Demgegenüber erfolgt bei dem Vertretermodell die Verwahrung und Verwaltung der Wertpapiere als solcher durch die Bank und der Vermögensverwalter tritt lediglich als Vertreter des Anlegers/Depotinhabers auf. Der Vermögensverwalter nimmt also weder fremde Gelder als Einlagen an noch verwahrt und verwaltet er die Wertpapiere i. S. v. § 1 Abs. 1 Satz 2 Ziffer 5 KWG. Das Vertretermodell erfüllt daher weder die Voraussetzungen des Einlagengeschäftes noch des Depotgeschäftes.[17] Die Durchführung einer Vermögensverwaltung bedarf daher der vorherigen **Genehmigung des Bundesaufsichtsamtes für das Kreditwesen** nur dann, wenn die Vermögensverwaltung in die Form des Treuhandmodells durchgeführt werden soll. Erfolgt die Vermögensverwaltung in der Form des Vertretermodells, ist die Vermögensverwaltung insoweit genehmigungsfrei. – Da aufgrund dieser Qualifikation die Vermö-

---

bestimmter Geschäfte als Bankgeschäft ist ein Einlagengeschäft i. S. d. KWG nicht nur bei Abschluß eines Verwahrgeschäftes i. S. d. BGB anzunehmen. – Vgl. dazu *Reischauer/Kleinhans,* KWG, § 1 Rdnr. 13; *Szagunn/Wohlschieß,* KWG, 5. Aufl., § 1 Rdnr. 17 ff.

[13a] Eine bloße Konto- und Depotvollmacht enthält jedoch noch keinen Verwaltungsauftrag, vgl. OLG München, WM 1994, 1424, 1425.

[14] BGH WM 1994, 834 = ZIP 1994, 693; BGHZ 46, 268 = NJW 1967, 876; BGHZ 45, 223, 229 = NJW 1966, 1452; BGH WM 1962, 675 f.; RGZ 90, 129; *Seiler* in MünchKomm, 2. Aufl. 1986, § 675 Rdnr. 44; *Erman/Ehman,* 9. Aufl. 1993, § 675 Rdnr. 8; *Palandt/Thomas,* 55. Aufl. 1996, § 675 Rdnr. 6 a. E.; *Roll,* Vermögensverwaltung, S. 48 ff.; *Hopt,* Berufshaftung der Vermögensverwalter, Festschr. *R. Fischer,* S. 237, 239 f. – der Vertrag unterliegt daher keinem Formerfordernis, BGH NJW 1967, 876; *Kienle,* Bankrechtshdb., § 111 Rdnr. 15; *Schlauss,* WuB I G 2b–1.94.

[15] Vgl. *Brüggemann,* HGB-Großkomm., 4. Aufl. 1983 ff., § 1 Anm. 89 („Nebentätigkeit"); *Roll,* Vermögensverwaltung, S. 75; *Schönle,* Bank- und Börsenrecht, S. 291; *Liebich/Mathews,* Treuhand und Treuhänder im Recht der Wirtschaft, 2. Aufl. 1983, S. 197.

[16] *Szagunn/Wohlschieß,* KWG, 5. Aufl., § 1 Rdnr. 18; *Miebach,* DB 1991, 2069, 2071; vgl. auch BGH WM 1995, 874 ff. = BB 1995, 994 ff. mit eher restriktiver Tendenz, kritisch dazu *Wallat,* NJW 1995, 3226 f.

[17] *Miebach,* DB 1991, 2069, 2071.

gensverwaltung in der Bundesrepublik weitestgehend in Form des Vertretermodells durchgeführt wird, wird im folgenden bei der Verwendung des Begriffs „Vermögensverwaltung" regelmäßig von dem Vertretermodell ausgegangen.

III. Pflichten des Vermögensverwalters

1. Rechtsquellen. *a) Auftrags- und Dienstvertragsrecht.* Als Dienstvertrag mit Geschäftsbesorgungscharakter finden auf den Vermögensverwaltungsvertrag nach § 675 BGB die Vorschriften der §§ 663, 665 bis 670, 672 bis 674 und regelmäßig auch § 671 Abs. 2 BGB entsprechende Anwendung. Nach herrschender Lehre ist auch § 664 BGB analog anzuwenden.[18] Hieraus sowie den typischen Vereinbarungen bei Abschluß des Vermögensverwaltungsvertrages ergeben sich die wesentlichen Verpflichtungen des Vermögensverwalters. **12**

b) Wertpapierhandelsgesetz. Fraglich ist derzeit noch, ob die Vorschriften des Wertpapierhandelsgesetzes[19] auf den Vermögensverwaltungsvertrag Anwendung finden. Nach § 1 WpHG ist dieses Gesetz anzuwenden auf den börslichen und außerbörslichen Handel mit Wertpapieren und Derivaten. Ein Vermögensverwalter, der Immobilien, Kunstsammlungen, Edelmetalle und Münzen verwaltet, kann somit in keinem Fall den Vorschriften des WpHG unterfallen. Denkbar erscheint dies jedoch, soweit ein Wertpapierdienstleistungsunternehmen Wertpapierdienstleistungen erbringt. Gemäß § 2 Abs. 4 WpHG sind Wertpapierdienstleistungsunternehmen Kreditinstitute und an einer inländischen Börse zur Teilnahme am Handel zugelassene Unternehmen mit Sitz im Inland. Dem WpHG können daher auch nicht unterfallen Vermögensverwalter, die weder Kreditinstitut noch Börsenmakler sind, insb. also die selbständigen Vermögensverwalter sowie die Wirtschaftsprüfer, Rechtsanwälte, Steuerberater und Broker. Ein wesentlicher Teil der Vermögensverwaltungen wird in Deutschland jedoch von Kreditinstituten durchgeführt. Diese unterliegen mit ihrer Dienstleistung Vermögensverwaltung dem WpHG insoweit, als es sich hierbei um eine Wertpapierdienstleistung handelt. Wertpapierdienstleistung wird von § 2 Abs. 3 WpHG definiert als **13**

– „die Anschaffung und die Veräußerung von Wertpapieren oder Derivaten für andere,

– die Anschaffung und die Veräußerung von Wertpapieren oder Derivaten im Wege des Eigenhandels für andere, und

– die Vermittlung von Geschäften über die Anschaffung und die Veräußerung von Wertpapieren oder Derivaten,

wenn der Umfang der Dienstleistungen einen in kaufmännischer Weise eingerichteten Geschäftsbetrieb erfordert". In Abweichung von der Wertpapierdienstleistungsrichtlinie[20] gilt die „individuelle Verwaltung einzelner Portefeuilles mit einem Ermessensspielraum im Rahmen eines Mandates der Anleger" (noch) nicht als Wertpapierdienstleistung i. S. d. WpHG. Gemäß Artikel 31 Wertpapierdienstleistungsrichtlinie war diese spätestens bis zum 1. Juli 1995 in nationales Rechts umzusetzen und die nationalen Vorschriften hatten spätestens am 31. Dezember 1995 in Kraft zu treten. Nach Artikel 1 Ziffer 2 Wertpapierdienstleistungsrichtlinie gelten als Wertpapierfirma juristische Personen, die im Rahmen ihrer üblichen beruflichen oder gewerblichen Tätigkeit gewerbsmäßig Wertpapierdienstleistungen für Dritte erbringen. Binnen Kürze werden daher die Vorschriften des WpHG auf Vermögensverwalter, die Wertpapierdienstleistungen erbringen, Anwendung finden. Für vermögensverwaltende Kreditinstitute ergibt sich derzeit streng genommen die Situation, daß sie bei Ausübung ihrer Vermögensverwaltungstätigkeit nicht dem WpHG unterliegen, bei Ausführung der im Rahmen der Vermögensverwaltung sich selbst gegebenen

---

[18] *Seiler* in: MünchKomm., BGB, 2. Aufl. 1986, § 675 Rz. 5; BGH NJW 1952, 257; zur Gegenmeinung vgl. Nachw. bei Rdnr. 26.

[19] Wertpapierhandelsgesetz – WpHG vom 26. Juli 1994, BGBl. I S. 1749; abgedr. auch in *Consbruch/Möller/Bähre/Schneider,* Kreditwesengesetz, Ziffer 18.01.

[20] Vgl. dazu oben Rdnr. 1.

Aufträge als Wertpapierdienstleistungsunternehmen jedoch bereits dem WpHG unterliegen.[21] Für Kreditinstitute sollte daher das WpHG auch für ihren Bereich der Vermögensverwaltung Anwendung finden. Wesentliche Wettbewerbsverzerrungen zu eindeutig nicht dem WpHG unterliegenden sonstigen Vermögensverwaltern ergeben sich hierdurch nicht, da die durch das WpHG geregelten einzelnen Verpflichtungen für die sonstigen Vermögensverwalter im Rahmen ihrer allgemeinen Verpflichtungen aus Auftrags- und Dienstvertragsrecht den Pflichten aus dem WpHG entsprechen.[22]

14 *c) Internationale Anwendung.* Soweit in Deutschland ansässige Anleger Unternehmen mit Sitz im Ausland insb. in der Schweiz und Luxemburg mit der Verwaltung ihres Vermögens beauftragen, sehen die von diesen Unternehmen verwandten Vermögensverwaltungsverträge regelmäßig die Wahl des Rechtes des Sitzlandes des Unternehmens vor. Hierdurch wird die Anwendung deutschen Auftrags- und Dienstvertragsrechtes ausgeschlossen. §§ 31 Abs. 3, 32 Abs. 3 WpHG erstrecken den Anwendungsbereich des WpHG jedoch ausdrücklich auf „Unternehmen mit Sitz im Ausland, die Wertpapierdienstleistungen gegenüber Kunden erbringen, die ihren gewöhnlichen Aufenthalt oder ihre Geschäftsleitung im Inland haben, sofern nicht die Wertpapierdienstleistung einschließlich der damit im Zusammenhang stehenden Nebenleistungen ausschließlich im Ausland erbracht wird." Die Ausschließlichkeit der Erbringung von Wertpapierdienstleistungen und Nebenleistungen im Ausland ist bereits dann nicht mehr gegeben, wenn für den Kunden Orders über eine deutsche Börse abgewickelt werden. Unabhängig von ihrer Qualifizierung als Wertpapierdienstleistungsunternehmen unterliegen daher ausländische Unternehmen bei der Erbringung von Wertpapierdienstleistungen sehr leicht den Verpflichtungen des WpHG. Diese erstrecken sich dann auf sämtliche im Rahmen der Kundenbeziehung vorgenommenen Handlungen, also auch die, die ausschließlich im Ausland erfolgen. Diese extraterritoriale Anwendung des WpHG auch bei ausdrücklicher gegenteiliger Rechtswahl erscheint zwar sehr weitgehend, wird jedoch relativiert durch die Geltung von der Wertpapierdienstleistungsrichtlinie entsprechenden Gesetzen im EG-Ausland.

15 **2. Allgemeine Pflichten.** *a) „Kenne deinen Kunden".* Im Rahmen der Anlageberatung ist seit langem anerkannt, daß der Anlageberater eine **„anlegergerechte" Beratung** vorzunehmen hat.[23] Inhalt und Umfang der Beratungspflicht sind bekanntlich abhängig von der Person des Kunden und dem Anlageprojekt. Der Anlageberater hat sich hinsichtlich der **Person des Anlegers** insbesondere über dessen Wissensstand über Anlagegeschäfte der vorgesehenen Art und seiner Risikobereitschaft und -fähigkeit sowie seine Anlageziele zu informieren.[24] Die Verpflichtung des Anlageberaters im Rahmen des allgemeinen Anlageberatungsvertrages gilt erst recht für den Vermögensverwalter im Rahmen des allgemeinen Vermögensverwaltungsvertrages. Dementsprechend sieht § 31 Abs. 2 Nr. 1 WpHG auch vor, daß er „von seinen Kunden Angaben über ihre Erfahrungen oder Kenntnisse in Geschäften, die Gegenstand von Wertpapierdienstleistungen sein sollen, über ihre mit den Geschäften verfolgten Ziele und über ihre finanziellen Verhältnisse zu verlangen" verpflichtet ist. Diese nunmehr auch in Deutschland gesetzlich normierte Pflicht zur „Kenntnis des Kunden" wird in den USA mit dem Schlagwort **„know your customer"** umschrieben.[25] Der

---

[21] Das verkennt *Koller* in Assmann/Schneider, WpHG, § 31 Rdnr. 22, 76 ff., 95, 142; zutreffend *Schödermeier,* WM 1995, 2053, 2054.

[22] Wie hier i. E.: *Schödermeier,* WM 1995, 2053; *Koller* in: Assmann/Schneider, WpHG § 31 Rdnr. 95; *Kienle,* Bankrechtshdb., § 111 Rdnr. 28.

[23] Vgl. *Schäfer,* Haftung für fehlerhafte Anlageberatung, S. 68 f.; *Heinsius,* ZHR 145 (1981), 177, 188 ff.; *Hoegen,* Festschr. Stimpel, S. 247, 251; *Kübler,* Festschr. Coing Bd. II, S. 193 ff.; BGH ZIP 1993, 1148 – alle m. w. N.

[24] BGH ZIP 1993, 1148, 1149; BGH NJW 1982, 1095, 1096 = ZIP 1982, 169; *Heinsius,* ZHR 145 (1981), 177, 189.

[25] Vgl. dazu *Schödermeier,* WM 1995, 205 ff.; *Kübler,* Festschr. Coing Bd. II, S. 193, 197 ff.; *Heinsius,* ZHR 145 (1981), 177, 189 f.; *Hopt,* Kapitalanlegerschutz, S. 436 ff.; *Waldeck,* Haftung aus Anlageberatung, Hdb. für Anlageberatung und Vermögensverwaltung, S. 647, 651ff. (ausführlich zum Ver-

Vermögensverwalter muß daher versuchen, von seinem Kunden vor bzw. bei Eingehung des Vermögensverwaltungsvertrages Auskunft über seine finanziellen Verhältnisse zu erlangen, um seine Risikofähigkeit beurteilen zu können, über seine Erfahrungen und Kenntnisse in Geschäften, die Gegenstand der Vermögensverwaltung sein sollen, über seine Anlageziele und seine Risikobereitschaft bzw. -neigung. Regelmäßig wird der Anleger dem Vermögensverwalter mehr oder weniger umfangreiche Auskunft erteilen. Soweit der Anleger sich weigert oder nur unvollständige oder ausschnittweise Informationen über sich erteilt, kann der Vermögensverwalter seinen Verpflichtungen zur Kenntnis seines Kunden und damit zur anlegergerechten Beratung nicht nachkommen. Nach dem Grundsatz „impossibilium est nulla obligatio" bleibt dem Vermögensverwalter nichts anderes übrig, als diese Situation hinzunehmen und im übrigen bei der Verwaltung vorsichtig zu verfahren.[26]

Fraglich ist, wer Kenntnis von dem Kunden haben muß. Grundsätzlich ist **Adressat dieser Pflicht** die anlageberatende bzw. nach § 31 WpHG die eine Wertpapierdienstleistung ausführende **Bank.** Soweit die Bank auch als Vermögensverwalter tätig wird, trifft sie diese Pflicht erst recht. Nicht selten ist jedoch die Situation anzutreffen, daß ein selbständiger Vermögensverwalter im Rahmen einer Vermögensverwaltung für den Anleger tätig wird und dessen bei einer Bank unterhaltenes Vermögen disponiert. In dieser Situation trifft die Pflicht aufgrund der allgemeinen Beratungspflichten den **Vermögensverwalter.** Darüber hinaus auch die Bank als Adressat von § 31 WpHG zu einer Aufklärung und genauesten Kenntnis des Anlegers zu verpflichten, wäre Formalismus.[26a] Für den – der Bank häufig nicht näher bekannten – Anleger wird ein Bevollmächtigter tätig, der zumindest vorgibt, Experte auf dem Gebiet der Vermögensanlage zu sein und den deshalb die in § 31 WpHG wiedergegebenen Pflichten treffen. Dieses Verhalten muß sich der Anleger zurechnen und sich deshalb als vollumfänglich informiert und nicht weiter aufklärungsbedürftig behandeln lassen. Soweit sich der Anleger bei der Verwaltung seines Vermögens durch einen dies als Gewerbe betreibenden Verwalter vertreten läßt, ist § 31 WpHG auf die konto- und depotführende Bank nicht anwendbar, da dies „ zur Wahrung der Interessen der Kunden" nicht erforderlich ist. Ausnahmen können dann gelten, wenn die Bank erkennt oder erkennen mußte, daß der von dem Anleger eingeschaltete Vermögensverwalter nicht im Interesse des Kunden handelt oder offensichtlich in seinen Kenntnissen derart von einem durchschnittlichen Vermögensverwalter abweicht, daß die Zurechnung seines Wissens zum Anleger nicht zu einer Wahrung der Interessen des Kunden führt. U. U. trifft die Bank in derartigen Fällen eine Hinweispflicht. 16

Die Kenntnis des Kunden, seiner Risikofähigkeit und seiner Anlageziele ist Voraussetzung dafür, daß der Vermögensverwalter für den Anleger Wertpapiere erwirbt, die dem für den Anleger angemessenen bzw. von ihm gewünschten Risikoprofil entsprechen. Der Vermögensverwalter muß daher **Kenntnis** von seinem Kunden sowohl **bei Eingehung** des Vertrages haben, als auch **während der Dauer des Vermögensverwaltungsvertrages.** Er hat sich daher in mehr oder weniger regelmäßigen Abständen bei dem Anleger darüber zu informieren, ob wesentliche Änderungen in seinen persönlichen Umständen oder Vermögensverhältnissen eingetreten sind.[27] 17

b) Anlagerichtlinien. Das Erfordernis der Kenntnis der persönlichen Umstände des Anlegers dient dazu, daß der Vermögensverwalter und der Anleger in die Lage versetzt werden, 18

hältnis von vertraglichen Pflichten zu WpHG); seitens der Banken wird hierzu ein vom Bundesverband deutscher Banken entwickeltes Formular verwendet.

[26] Es ist allgemein anerkannt, daß ein Rat nicht aufgedrängt werden muß, vgl. RG JW 1905, 502; *Heinsius,* ZHR 145 (1981), 177, 187 f.; *Hopt,* Kapitalanlegerschutz, S. 423; *Koller* in: Assmann/Schneider, WpHG, § 31 Rdnr. 92.

[26a] A. A. *Koller,* ZBB 1996, 97 ff.; wie hier BGH WM 1996, 664 ff. = ZIP 1996, 667 ff. – dazu *Schäfer,* WuB I G 1–7. 96 und *Steiner,* EWiR § 276 BGB 4/96, 396 (zum Recht vor Geltung des WpHG).

[27] *Koller* in: Assmann/Schneider, WpHG, § 31 Rdnr. 94 f. schlägt einen Jahresabstand vor.

angemessene **Anlagerichtlinien** für die Tätigkeit des Vermögensverwalters zu vereinbaren. Früher war üblich, daß der Anleger dem Vermögensverwalter ein völlig freies Ermessen bei der Verwaltung des Vermögens einräumte. Diese Form der Vermögensverwaltung stellt derzeit die Ausnahme dar. Üblich ist, daß Anleger und Vermögensverwalter Anlagerichtlinien vereinbaren, anhand deren der Vermögensverwalter die Verwaltung des Vermögens vornehmen soll. Diese sehen die Art der einzelnen Anlagen, ihr Verhältnis zueinander sowie das Verhalten des Vermögensverwalters in Sondersituationen vor. – Im Rahmen der Anlagerichtlinien wählt der Anleger zwischen den **drei klassischen Anlagezielen** der „Vermögenserhaltung", der „Vermögensmehrung" und der „Liquidität".[28] Im Rahmen der Anlagerichtlinien vereinbaren Anleger und Vermögensverwalter, welches der drei vorgenannten Anlageziele vorrangig verwirklicht werden soll. Unter dem **Aspekt des Risikos** wird typischerweise vereinbart, ob die Vermögensverwaltung auf „Wachstumswerte mit gemäßigtem Risiko", „Ertrag" (also konservative Anlagepolitik mit hoher Kapitalrendite) oder auch eine „aggressive Anlagepolitik" (Wachstum mit hohem Risiko) gerichtet sein soll. Die Anlagerichtlinien bestimmen also im wesentlichen die Art der Anlageformen und das Risiko, das der Vermögensverwalter bei der Verwaltung eingehen soll. Typischerweise wird daher auch vereinbart, ob Termingeschäfte sowie die Inanspruchnahme von Krediten risikoerhöhend zulässig sein soll.

19 Ältere Vermögensverwaltungsverträge bzw. die diesbezüglichen Anlagerichtlinien verweisen häufig noch darauf, daß der Vermögensverwalter bei der **Anlage des Vermögens „konservativ"** o.ä. vorgehen soll. Derartige Vermögensverwaltungsverträge sind auslegungsbedürftig. Das OLG Düsseldorf[29] befand, daß mit einer „konservativen Anlagepolitik" die Verpflichtung des Vermögensverwalters verbunden ist, nicht mehr als 30% des Wertpapierbestandes in Standardaktien und mindestens 70% in festverzinslichen Wertpapieren zu investieren. So richtig die Entscheidung im Einzelfall gewesen sein mag, so wenig vermag sie im Grundsatz zu befriedigen. Ein vollständig in Bundesanleihen mit dreißigjähriger Laufzeit investiertes Wertpapierportefeuille kann in Zeiten steigender Zinsen[30] hoch spekulativ sein. **Anlagerichtlinien sollen das Risiko festlegen,** das ein Vermögensverwalter bei der Verwaltung des Vermögens des Anlegers maximal eingehen darf. Dieses Risiko wird typischerweise an der Art der Anlageform festgemacht. Anlageformen weisen jedoch nur typische und nicht immer kohärente Risikocharakteristika auf. In Zeiten steigender Zinsen kann eine dreißigjährige Staatsanleihe mit festem Zinssatz risikoreicher sein als ein „blue chip"-Wert einer der großen Weltwirtschaften der Erde. Die Festlegung der Risikoparameter in den Anlagerichtlinien ist daher nicht zu wörtlich zu nehmen, sondern entsprechend den Intentionen der Parteien zu interpretieren. Um trotzdem möglichst konkrete Vereinbarungen zu treffen, sehen Anlagerichtlinien heute typischerweise vor, daß zur Charakterisierung des einzugehenden Risikos der max. Betrag der Einzelanlagen in bestimmten Gattungen von Wertpapieren festgelegt wird.

20 Den Vermögensverwalter treffen bei der Vereinbarung von Anlagerichtlinien **Aufklärungspflichten.** Diese sind ähnlich denen des Anlageberaters bei der Beratung über eine Einzelanlage.[31] Bei der Anlageberatung richten sich die Aufklärungspflichten des Beraters regelmäßig auf eine bestimmte Anlage zu einem bestimmten Zeitpunkt, das mit ihr verbundene Risiko und die Eignung für einen bestimmten Anleger. Demgegenüber richten

---

[28] Auch als „magisches Dreieck" der Vermögensanlage bezeichnet: Sicherheit, Rentabilität, Liquidität; *Zobl,* Festschr. Schluep, 1988, S. 319, 321 f. unterscheidet für das Schweizer Recht zwischen den vier Anlagezielen des Zinsertrags, des Zinsertrags mit Nebenziel Wertzuwachs, des Zinsertrags gleichgewichtet mit Wertzuwachs und des Wertzuwachses; vgl. auch die Beispiele bei *Hopt,* Beiträge zum Schweizer Bankrecht, 1987, S. 135, 141.

[29] WM 1991, 94, 95 f.

[30] Wie z. B. im Jahre 1994, in dem eine solche Anlage ca. 20% (Buch-)Verlust erlitt.

[31] Vgl. dazu oben *von Heymann,* § 5 Rdnr. 18 f.; *Schäfer,* Haftung für fehlerhafte Anlageberatung, S. 73 ff. m. w. N.; *Hopt,* Vermögensverwaltung der Schweizer Banken, S. 135, 155 f.

sich die Aufklärungspflichten des Vermögensverwalters bei der Vereinbarung von Anlagerichtlinien auf die grundsätzlich mit bestimmten Anlagegattungen verbundenen Risiken, die Eignung von Wertpapiergattungen für ein Portefeuille des Anlegers, seine Risikoneigung und -fähigkeit und seine langfristigen Ertragserwartungen. Typischerweise hat die Aufklärung daher noch umfassender zu erfolgen, mit einem längeren zeitlichen Horizont und mehr im grundsätzlichen bleibend, als sich in Details einer Einzelanlage zu verlieren. Einen Teilausschnitt dieser umfassenden Aufklärungspflicht bei der Vereinbarung der Anlagerichtlinien beleuchtet § 31 Abs. 2 Ziffer 2 WpHG, wenn er ein Wertpapierdienstleistungsunternehmen dazu verpflichtet, „seinen Kunden alle zweckdienlichen Informationen mitzuteilen."

Gelegentlich sind Vermögensverwaltungsverträge anzutreffen, die keinerlei Anlagerichtlinien vorsehen, sondern den Vermögensverwalter zu allen Arten von **Anlagen nach freiem Ermessen** ermächtigen.[32] Eine Pflicht zur Vereinbarung von Anlagerichtlinien läßt sich nach derzeitiger Gesetzeslage nicht feststellen.[32a] Grundsätzlich ist ein Vermögensverwalter bei der Einräumung derartig weiten Ermessens berechtigt, sämtliche Formen von Kapitalanlagen für den Anleger vorzunehmen. Die von ihm eingegangenen Kapitalanlagen müssen jedoch anlegergerecht sein und dem Risikoprofil des Kapitalanlegers entsprechen.[33] Ohne Anlagerichtlinien läuft der Vermögensverwalter Gefahr, daß im Falle einer negativen Entwicklung der Vermögensverwaltung ihm besonders leicht der Vorwurf gemacht werden wird, für den Anleger ungeeignete Vermögensanlagen eingegangen zu sein. Die Konkretisierung des Vertragsinhaltes durch Anlagerichtlinien dient somit nicht nur dem Schutz des Anlegers, sondern gleichzeitig auch der Absicherung des Vermögensverwalters. Daher ist sowohl den Anlegern wie den Vermögensverwaltern die Vereinbarung von Anlagerichtlinien nachdrücklich zu empfehlen. 21

c) Ordentliche Verwaltung. aa) Sachkenntnis, Sorgfalt und Gewissenhaftigkeit. Ein Vermögensverwalter hat seine Dienstleistung „mit der erforderlichen Sachkenntnis, Sorgfalt und Gewissenhaftigkeit im Interesse des Kunden zu erbringen", § 31 Abs. 1 Ziffer 1 WpHG. Diese auch ohne das WpHG aufgrund allgemeinen Vertragsrechts geltende Zusammenfassung des Pflichtenstandards des Vermögensverwalters bedarf der Konkretisierung. In der Schweiz hat die Schweizerische Bankiervereinigung durch die Herausgabe der **Richtlinien und Kommentar für die Ausübung von Verwaltungsaufträgen** Anlegern und Vermögensverwaltern konkretisierende Hinweise gegeben.[34] In Deutschland haben sich eine Reihe von **Grundsätzen** herausgebildet, die die Pflichten des Vermögensverwalters bei der Umsetzung der Anlagerichtlinien näher umschreiben. Dieses sind insbesondere: 22

– Gebot einer produktiven Vermögensverwaltung;
– Verbot der Spekulation;
– Gebot der Risikoreduktion durch Diversifikation.

Das Gebot zu einer **produktiven Verwaltung** beinhaltet, daß der Vermögensverwalter das Vermögen ständig überwacht[35] und in Werten und auf Märkten anlegt, die ihm hinreichend bekannt sind. Nur bei Kenntnis der Anlageobjekte und der Märkte, auf denen diese gehandelt werden, kann der Vermögensverwalter in der Lage sein, die Vermögensverwaltung entsprechend den Anlagerichtlinien vorzunehmen. – Im Rahmen der Anlageberatung hat sich hierfür die Bezeichnung „objektgerechte Beratung" herausgebildet.[36] Anders als 23

---

[32] Vgl. z. B. BGH WM 1994, 834 ff. = ZIP 1994, 693 ff. – dazu *Schäfer* WuB I G.5–5.94.

[32a] Ebenso Schödermeier, WM 1995, 2053, 2056.

[33] Vgl. dazu sowie zu dem auch diesen Vermögensverwalter treffenden Verbot der Spekulation unten bei Rdnr. 24.

[34] Vgl. ausführlich zum Schweizer Recht: *Bertschinger,* Sorgfaltspflichten der Bank bei Vermögensverwaltungsaufträgen, S. 163 ff.

[35] *Hopt* Vermögensverwaltung der Schweizer Banken, S. 135, 156; Ziffer 8 der Richtlinien und Kommentar für die Ausübung von Verwaltungsaufträgen der Schweizerische Bankiervereinigung.

[36] Vgl. dazu *Schäfer,* Haftung für fehlerhafte Anlageberatung, S. 68 f. m. w. N.

bei der Anlageberatung hat der Vermögensverwalter die Detailkenntnisse über einzelne Anlagen nicht dem Vermögensinhaber mitzuteilen, sondern sie bei der Umsetzung seiner Verwaltung zu berücksichtigen. Im amerikanischen Recht wird diese Pflicht mit **„know your merchandise"** umschrieben. Im einzelnen gehören dazu die Kenntnisse der mit einer Anlage verbundenen Kreditrisiken, Produktrisiken,[37] Marktrisiken[38] und die Einfügung dieser Risiken in das Gesamtrisiko des Portfolios. – Bei der Beurteilung der Wertpapiere und Märkte muß sich der Vermögensverwalter notgedrungen auch auf **Angaben Dritter** verlassen. Hierbei hat er sicherzustellen, daß die Drittangaben zuverlässig und nicht von zweifelhafter Herkunft sind. Er wird dabei differenzieren zwischen Angaben, die von dem Ermittenten selbst stammen, Angaben interessierter Dritter wie z. B. Vertriebsmittlern und sachkundigen Dritten wie z. B. Wirtschaftsprüfern, Revisoren, Ratingagenturen[39] oder staatlichen Aufsichtsorganen. Kann der Vermögensverwalter nicht mit hinreichender Sicherheit die erforderlichen Informationen erhalten, kann er – anders als der Anlageberater im Rahmen der Anlageberatung – sich nicht darauf zurückziehen, daß die erforderlichen Informationen nicht zur Verfügung stehen. Ein Anlageberater kann, wenn er dies dem beratenden Anleger mitteilt, darauf verweisen, daß er keine eigenen Nachforschungen vorgenommen hat und sich auf bestimmte Angaben verläßt. Ein Vermögensverwalter hat eigene Nachforschungen vorzunehmen, wenn ihm bestimmte Drittangaben nicht hinlänglich verläßlich erscheinen. Führen auch die eigenen Nachforschungen nicht zu einem befriedigenden Ergebnis, darf der Vermögensverwalter die Anlage grundsätzlich nicht tätigen, wenn ein vernünftiger Anleger Wert auf eine zweifelsfreie Feststellung dieser Information legen würde.

24 Das **Verbot der Spekulation** ergibt sich bereits begrifflich daraus, daß eine „Verwaltung" gerade das Gegenteil einer „Spekulation" ist. Dabei ist der Übergang von einer ggfls. mit hohem Risiko vorgenommenen Verwaltung zu einer Spekulation fließend. Zu einer Konkretisierung wird man daher das **Gebot der Diversifikation** heranziehen müssen. Es ist anerkannt, daß in Ermangelung gegenteiliger Weisungen der Vermögensverwalter nicht nur in hochriskanten Anlagen, sondern risikodiversifiziert zu investieren hat.[40]

25 Von den Wirtschaftswissenschaften sind eine Reihe von **Theorien zur Kursprognose** von Wertpapieren entwickelt worden.[41] Grundsätzlich ist der Vermögensverwalter frei in der Wahl der von ihm befolgten Theorie der Kursprognose. Erforderlich ist jedoch, daß der Stand seiner Kenntnis über die Kursprognosetheorien im wesentlichen dem Stand der wissenschaftlichen Diskussion entspricht.[42] – Darüber hinaus hat der Vermögensverwalter die seiner Verwaltung unterliegenden Vermögenswerte sowie die Märkte, auf denen sie gehandelt werden, ständig zu beobachten. Sollte sich dabei herausstellen, daß sich einzelne Wertpapiere nicht mehr optimal in die Zusammensetzung des Portefeuilles einfügen oder

---

[37] Dies gilt insb. bei Finanzinnovationen, vgl. dazu *Raeschke-Kessler,* WM 1993, 1830 ff.; *Schäfer,* Haftung für fehlerhafte Anlageberatung, S. 83 f., 99.

[38] Hierzu zählen insb. die jederzeitige Handelbarkeit, die Regulierung, Tiefe und Dauer der Etablierung des Marktes sowie Kenntnis der Marktteilnehmer; die Richtlinien für die Ausübung von Verwaltungsaufträgen und der diesbezügliche Kommentar der Schweizerische Bankiervereinigung sieht in Ziffer 17 vor: „Die Vermögensanlage beschränkt sich auf leicht handelbare Anlagewerte" – gemäß dem Kommentar ist „Kriterium für die Handelbarkeit weniger die Kotierung an einer Börse als vielmehr das Bestehen eines ordentlichen Marktes für den betreffenden Wert".

[39] Zu der Bedeutung des Rating vgl. *v. Randow,* ZBB 1996, 85 ff. und *van Look,* Hdb. Rating, S. 521 ff. – beide m. w. N.

[40] BGH WM 1994, 834 = ZIP 1994, 693, 694 f.

[41] Vgl. zu den wirtschaftswissenschaftlichen Theorien zur Aktienkursprognose und zur Zusammenstellung von Portefeuilles ausführlich *Lerbinger,* AG 1988, 7 ff.; *Schanze,* AG 1977, 102 ff.; *Schäfer,* Anlegerschutz und die Sorgfalt eines ordentlichen Kaufmanns bei der Anlage der Sondervermögen durch Kapitalanlagegesellschaften, S. 58 ff. m. w. N.

[42] Ebenso *Koller* in Assmann/Schneider, WpHG, § 33 Rn. 5; *Arendts,* ÖBA 1994, 251, 255.

andere Wertpapiere geeigneter wären, hat der Vermögensverwalter entsprechende Konsequenzen hieraus zu ziehen.[43]

bb) Höchstpersönliche Wahrnehmung. Nach herrschender Lehre findet auf den Vermögensverwaltungsvertrag als Dienstvertrag mit Geschäftsbesorgungscharakter § 664 BGB entsprechende Anwendung.[44] Da der Geschäftsbesorgungsbegriff keine Ausschlußwirkung entfaltet,[45] wendet die Gegenmeinung nicht § 664 BGB analog, sondern § 613 BGB unmittelbar an. Im Ergebnis ist daher praktisch unstreitig, daß der Vermögensverwalter seine **Dienste** im Zweifel **in Person** zu leisten hat. Diese Pflicht zur höchstpersönlichen Leistung der Vermögensverwaltung trifft beim Abschluß von Vermögensverwaltungsverträgen mit juristischen Personen die juristische Person und nicht den von dieser angestellten Vermögensverwalter. – In diesem Zusammenhang stellt sich die Frage, ob der Vermögensverwalter grundsätzlich **Investmentanteilscheine** eines Publikums-Investmentfonds erwerben darf. Immerhin überträgt der Vermögensverwalter insoweit die grundsätzlich ihm selbst obliegende Verpflichtung zur Verwaltung des Vermögens auf die Kapitalanlagegesellschaft. Dieser Argumentation mag früher eine gewisse Berechtigung nicht abzusprechen gewesen sein. Heute erfolgen im Zuge der Risikodiversifikation Kapitalanlagen jedoch nicht mehr ausschließlich in dem für jeden Vermögensverwalter überschaubaren Bereich der nationalen Kapitalmärkte. Vielmehr erfolgen die Anlagen international gestreut auf fast allen wesentlichen Kapitalmärkten der Welt. Es ist fast ausgeschlossen, daß ein Vermögensverwalter sämtliche Anlagemöglichkeiten weltweit verfolgt, sich eigene Informationen über die einzelnen Investmentmöglichkeiten besorgt und eine eigenständige Abwägung von Vor- und Nachteilen vornimmt. Im Interesse des Anlegers muß es daher zulässig sein, daß der Vermögensverwalter nur noch eine sog. „Asset Allocation" vornimmt, d.h. aufgrund volkswirtschaftlicher Überlegungen entscheidet, mit einem bestimmten Betrag des von ihm zu verwaltenden Vermögens in bestimmten Kapitalmärkten, z.B. den sog. Emerging Markets, investiert zu sein. Um diese Entscheidung optimal umzusetzen, bedürfte es detaillierter Kenntnisse z.B. sämtlicher fernöstlicher Kapitalmärkte und der dort angebotenen Anlagemöglichkeiten. Hier ist ein Investment durch eine in den gewählten Kapitalmärkten kenntnisreiche Kapitalanlagegesellschaft sicherer und ertragreicher als der Versuch, aus der Entfernung eine qualifizierte Anlageentscheidung treffen zu wollen. Es entspricht daher dem wohlverstandenen Interesse des Anlegers, in dem Erwerb von Investmentanteilscheinen durch einen Vermögensverwalter keinen Verstoß gegen den Grundsatz der Höchstpersönlichkeit der Vermögensverwaltung zu sehen.[46] Klarstellend und letztlich absichernd sehen die meisten Vermögensverwaltungsverträge daher auch ausdrücklich die Möglichkeit des Erwerbs von Investmentanteilscheinen vor. 26

cc) Weisungen des Anlegers. Für die Vermögensverwaltung als einer auf einen Dienstvertrag gerichteten Geschäftsbesorgung gilt der Grundsatz, daß der Wille des Auftraggebers/Anlegers maßgebend ist. Der Anleger ist der Geschäftsherr. Als solcher ist er jederzeit berechtigt, **Weisungen,** d.h. einseitige Anordnungen an den beauftragten Vermögensverwalter, zu erteilen.[47] Grundsätzlich kann daher der Anleger dem Vermögensverwalter jederzeit Weisungen erteilen hinsichtlich der Art der Führung der Geschäfte.[48] 27

Die Weisungen eines Anlegers können im Widerspruch oder jedenfalls nicht im Einklang mit der von dem Vermögensverwalter verfolgten Strategie bei der Verwaltung des 28

---

[43] Gemäß Ziffer 8 der Richtlinien und Kommentar für die Ausübung von Verwaltungsaufträgen der Schweizerischen Bankiervereinigung hat der Schweizer Vermögensverwalter „das anvertraute Vermögen im Rahmen des Verwaltungsauftrages und dieser Richtlinien regelmäßig zu überwachen".

[44] Vgl. bereits oben bei Rdnr. 12.

[45] *Erman/Ehmann,* BGB, § 675 Rdnr. 1.

[46] A.A. *Roll,* Vermögensverwaltung durch Kreditinstitute, S. 150; wie hier *Kienle,* Bankrechtshandbuch, § 111 Rdnr. 13.

[47] Vgl. *Erman/Ehmann,* BGB, § 665 Rdnr. 1 m.w.N.

[48] Vgl. *Bertschinger,* S. 121 f.; *Roth,* Festschr. Kleiner, S. 1, 29 f.

ihm anvertrauten Vermögens stehen. Der Vermögensverwalter ist verpflichtet, den Anleger hierüber zu informieren und ihm ggfls. von dem Erwerb der von diesem ins Auge gefaßten Wertpapiere abzuraten. Der Umfang der Warn- bzw. Aufklärungspflicht geht hinsichtlich dieser Wertpapiere über das Maß hinaus, das normalerweise ein Anlageberater gegenüber einem anlagesuchenden Kunden zu erfüllen hat. Anders als bei eigenen Entscheidungen des Vermögensverwalters kann er sich hier gegenüber dem Anleger darauf berufen, daß er bei den von dem Anleger gewählten Anlagen keine eigenen Kenntnisse über deren Qualität und Eignung besitzt und sich diese auch nicht anzueignen beabsichtigt. Nicht selten sind Vermögensverwalter auch geneigt, die von ihnen nicht gewollte und gewünschte Anlage von der eigentlichen Vermögensverwaltung zu separieren und in gesonderten Konten und Depots zu führen. Dies ist von nicht unerheblicher Bedeutung für die Beobachtungspflicht des Vermögensverwalters, denn grundsätzlich unterliegt das gesamte Depot seiner Beobachtung, unabhängig davon, wer die Entscheidung über den Erwerb eines bestimmten Titels getroffen hat. Mit der Ausgliederung eines Titels aus der Vermögensverwaltung, z.B. durch Umbuchung in ein gesondertes Depot, erstreckt sich die Vermögensverwaltung nicht mehr auf das von dem Anleger in eigener Entscheidung erworbene Wertpapier. Ohne dahingehende Vereinbarung verbleibt es jedoch in der Vermögensverwaltung und der Vermögensverwalter hat es grundsätzlich zu beobachten und – wenn er es nicht selbst wieder veräußern darf – bei Eintritt negativer Entwicklungen den Anleger darauf hinzuweisen.

29 *d) Fallgruppen unzulässigen Verhaltens.* Über das Gebot zur produktiven Vermögensverwaltung und seine Ausprägungen in dem Verbot der Spekulation und dem Gebot zur Risikodiversifikation[49] hinaus, sind von der Lehre eine Reihe von **Fallgruppen grundsätzlich unzulässigen Verhaltens** des Vermögensverwalters entwickelt worden. Diese haben nunmehr auch ihren Niederschlag gefunden in § 32 Abs. 1 Nr. 1 WpHG. Gemäß dieser Vorschrift hat ein Wertpapierdienstleistungsunternehmen seine Wertpapierdienstleistungen „im Interesse seiner Kunden zu erbringen". Wie bei jeder Geschäftsbesorgung erfolgt diese im wirtschaftlich-geschäftlichen Bereich eines anderen in dessen Interesse. In dieser durch das Treueverhältnis umschriebenen Wahrung der Interessen des Anlegers ist dem Vermögensverwalter jede Handlung untersagt, die nicht – zumindest auch – im Interesse des Anlegers liegt.[50] Als in keinem Falle dem Interesse eines Anlegers entsprechend und daher einen Sorgfaltspflichtverstoß des Vermögensverwalters konstituierend, sind eine Reihe von Verwalterhandlungen seit langem identifiziert und aufgezählt worden. Im wesentlichen lassen sich drei Gruppen unterscheiden. Zu nennen ist zum einen die **Gruppe** des **Abladens, Auskaufens** und der **Kurspflege.** In diesen kauft bzw. verkauft der Vermögensverwalter für das von ihm verwaltete Vermögen Wertpapiere ausschließlich oder hauptsächlich zu dem Zweck, für eigene oder fremde Wertpapiere möglichst kursschonend einen Abnehmer zu finden (Abladen)[51] bzw. um ein größeres Paket an Wertpapieren ohne Auswirkungen auf den Kurs für sich oder Dritte zu erwerben (Auskaufen) bzw. allgemein um den Kurs eines Wertpapiers zu „pflegen".[52] Dieses Verhalten widerspricht den Verpflichtungen des Vermögensverwalters aus dem Geschäftsbesorgungsvertrag und verstößt nunmehr ausdrücklich gegen die Regelungen von § 32 Abs. 1 Ziffer 1 WpHG. In den Fällen der Kurspflege kommt auch ein Verstoß gegen § 32 Abs. 1 Ziffer 2 WpHG („Lenkung der Preise in eine bestimmte Richtung") in Betracht.

30 Eine weitere **Gruppe** unzulässigen Verhaltens des Vermögensverwalters ist das sog. **Drehen** (im englischen Sprachgebrauch: Churning). In diesen Fällen tätigt der Vermögensverwalter für den Anleger Umsätze, die ausschließlich oder im wesentlichen durch das Provi-

---

[49] Vgl. dazu oben bei Rdnr. 22 f.

[50] Vgl. allgemein *Erman/Ehmann,* BGB § 675 Rdnr. 1 a. E.

[51] Dies kann z. B. vorkommen, wenn das Unternehmen des Vermögensverwalters größere Bestände an bestimmten Wertpapieren aufgrund seiner Teilnahme an einem Emissionskonsortium besitzt oder größere Verkaufsaufträge für Dritte möglichst kursschonend durchführen will.

[52] D. h. um starke Kursausschläge in beiden Richtungen zu vermeiden.

sionserzielungsinteresse des Vermögensverwalters motiviert sind.[53] Wiederum verstößt dieses Verhalten gegen § 675 BGB bzw. § 32 Abs. 1 Ziffer 1 WpHG. Bei der Vielzahl von Möglichkeiten der Disposition ist das Erkennen eines „Drehen" noch problematischer als das des Abladens, des Auskaufens oder der Kurspflege. Hier wird man regelmäßig nur von der Gesamtumschlagshäufigkeit des Depots auf ein nicht interessenmotiviertes Depotmanagement schließen können. Bei herkömmliche Anlagestrategien verfolgenden Publikumsfonds geht das Bundesaufsichtsamt für das Kreditwesen davon aus, daß der gesamte Fonds im Schnitt ein bis maximal zwei Mal umgesetzt wird. In Abwesenheit von besonders tradingorientierten Anlagestrategien indiziert eine höhere Umsatzhäufigkeit ein Drehen des Fonds ausschließlich aus Gründen des Provisionsinteresses des Vermögensverwalters. In den USA gilt eine sog. turn-over-rate von 6 als eine einen Anfangsverdacht begründende Indikation.

Schließlich ist die **Gruppe** des **Vor-** bzw. **Gegenlaufens** zu nennen. In diesen Fällen hat der Vermögensverwalter Kenntnis davon, daß seine Dispositionen für von ihm verwaltete Vermögen kurserhöhende oder -mindernde Wirkung haben können. In Antizipation dieses Verhaltens erwirbt bzw. verkauft er für den Eigenbestand die entsprechenden Wertpapiere, um aus den zu erwartenden Kursbewegungen entsprechende Gewinne zu erzielen. Disponiert der Vermögensverwalter zu dem Zweck, entsprechende Kursbewegung auszulösen und diese auszunutzen, verstößt sein Verhalten gegen § 32 Abs. 1 Ziffer 2 WpHG. Sind die von ihm vorgenommenen Dispositionen durch das von ihm verwaltete Depot induziert und beabsichtigt er lediglich, die zu erwartenden Kursbewegungen auszunutzen, verstößt die Ausnutzung gegen § 32 Abs. 1 Ziffer 3 WpHG.[54] 31

§ 32 Abs. 2 WpHG erstreckt die Verpflichtungen des Vermögensverwalters, die ihm als Vertragspartner des Anlegers gemäß § 32 Abs. 1 WpHG obliegen, auf sämtliche **Angestellten** und die geschäftsführenden Organe des Vermögensverwalters. Die Erstreckung der Verbotsnormen auch auf die angestellten **Mitarbeiter** des Vermögensverwalters hat Auswirkungen auf die dem Unternehmen obliegenden Organisationspflichten.[55] – Darüber hinaus dürfte zumindest in der Fallgruppe des Vor- bzw. Gegenlaufens der Mitarbeiter **Insider** i. S. d. § 13 Abs. 1 Ziffer 3 WpHG sein und durch sein Vor- bzw. Gegenlaufen den Verbotstatbestand des § 14 Abs. 1 WpHG verwirklichen. Häufig wird auch in den Fällen des Abladens und Auskaufens bzw. der Kurspflege ein Insidergeschäft in Betracht kommen. 32

e) Informations- und Rechenschaftspflichten. aa) Informationspflichten. Nach §§ 675, 666 BGB obliegt dem Vermögensverwalter die Pflicht, dem Anleger „die erforderlichen Nachrichten zu geben, auf Verlangen über den Stand des Geschäftes Auskunft zu erteilen und nach Ausführung des Auftrags Rechenschaft abzulegen". Ergänzt wird diese Regelung nunmehr durch § 31 Abs. 2 Ziffer 2 WpHG, derzufolge er verpflichtet ist, „seinen Kunden alle zweckdienlichen Informationen mitzuteilen, soweit dies zur Wahrung des Interesses des Kunden und im Hinblick auf Art und Umfang der beabsichtigten Geschäfte erforderlich ist". § 31 Abs. 2 Ziffer 2 WpHG bezieht sich nach seinem Wortlaut auf die Zukunft, da Bezug genommen wird auf „beabsichtigte Geschäfte". Demgegenüber bezieht sich § 666 BGB auf die in der Vergangenheit verwirklichten Handlungen. Mit der Pflicht, daß der Vermögensverwalter auch **ohne Nachfrage des Anlegers** von sich aus **Nachrichten** über die Abwicklung der Vermögensverwaltung zu geben hat, verfolgt das Gesetz das Ziel, dem Anleger ihm unbekannte Informationen zukommen zu lassen und ihn soweit 33

[53] Zum früheren Recht vgl. *Roth,* Hdb. KapitalanlageR, 1. Aufl., § 12 Rdnr. 49; vgl. auch *Birnbaum,* wistra 1991, 253 ff., sowie *Rössner/Arendts,* WM 1996, 1517 ff.

[54] I. E. zustimmend *Hopt,* Bankrechtstag 1992, S. 1, 18 u. ZGR 1991, 17, 34 f., der das Ergebnis mittels des Insiderrechts begründet; *ders.,* Festschr. Fischer, S. 237, 248 ff.; *Roth* § 12 Rdnr. 49 ff.; vgl. zu den interessenmotivierten Sorgfaltsverstößen umfassend *Schäfer,* Anlegerschutz und die Sorgfalt eines ordentlichen Kaufmanns bei der Anlage von Sondervermögen durch Kapitalanlagegesellschaften, S. 82 ff. m. w. N.

[55] Vgl. dazu unten bei Rdnr. 43 f.

über den Stand der Dinge zu unterrichten, daß er jederzeit seine Rechte wahrnehmen und sachgerechte eigene Entscheidungen treffen kann.[56] Der Vermögensverwalter ist daher grundsätzlich verpflichtet, im Interesse des Anlegers tätig zu werden und ihn ständig über Gefährdungen seines Vermögens oder eigene Mißerfolge bei der Verwaltung zu unterrichten.[57] Diese Pflicht ist nicht durch AGB abdingbar.[57a]

34 Ein Vermögensverwalter ist daher verpflichtet, unabhängig von den ihm obliegenden Rechenschaftspflichten den Anleger auch während des Laufs einer Rechenschaftsperiode unverzüglich nach Eintritt erheblicher **Verluste** hierüber zu unterrichten. Die Einzelheiten und auslösenden Tatbestände für die **Benachrichtigungspflicht** aufgrund des Eintritts erheblicher Verluste sind noch nicht abschließend durch die Rechtsprechung entschieden. Derzeit wird man davon ausgehen müssen, daß sich die Erheblichkeit des Verlustes, der die Benachrichtigungspflicht auslöst, grundsätzlich nach der Risikoneigung des Anlegers bestimmt. Sehen die Anlagerichtlinien vor, daß nur marginale Risiken eingegangen werden sollen, wird man schon bei dem Erreichen einer Grenze von 5% des Depots von einem erheblichen Verlust sprechen können, während bei risikoreichen Portefeuilles diese Grenze frühestens bei 15% überschritten sein dürfte. Bei der Berechnung des Verlustes wird auf die Performance des gesamten Portfolios abzustellen und realisierte wie Buchverluste werden einzubeziehen sein. Ausgangsbasis für die Berechnung der Verlustgrenzen sollte nicht das ursprünglich eingesetzte, sondern das zu Beginn des Jahres der Vermögensverwaltung unterliegende Kapital sein. Eine Benachrichtigung hat unverzüglich nach Eintritt der Verluste zu erfolgen und kann grundsätzlich in jeder geeigneten Form erfolgen. Da viele Einzelfragen noch ungeklärt sind, sollten Vermögensverwalter und Anleger bezüglich der Benachrichtigungspflichten klarstellende Vereinbarungen in dem Vermögensverwaltungsvertrag treffen.[58]

35 bb) Rechenschaftspflichten. Zusätzlich zu den Benachrichtigungspflichten hat der Vermögensverwalter jederzeit auf ausdrückliches Verlangen des Anlegers über den Stand der Geschäfte **Auskunft** zu erteilen. Weiter hat er in regelmäßigen Abständen **Rechenschaft** zu legen über seine Verwaltung, § 666 BGB. – Anders als die Pflicht des Vermögensverwalters zur Benachrichtigung des Vermögensinhabers bei Eintritt von Verlusten obliegt ihm die Pflicht zur Rechenschaftslegung grundsätzlich nur „auf Verlangen".[59] Die überwiegende Meinung nimmt jedoch an, daß ein solches Verlangen regelmäßig als stillschweigend gefordert zu unterstellen ist, wenn der Auftraggeber über das Ergebnis der Geschäftsbesorgung noch nicht informiert ist und seine Vermögensinteressen berührt sind.[60] Gerade im Falle der Vermögensverwaltung erscheint dies aufgrund der theoretisch hohen Gefährdung des Vermögens durch die Tätigkeit des Vermögensverwalters als zwingend. Eine Vorschrift darüber, in welchen Abständen die Rechenschaftslegung zu erfolgen hat, besteht nicht. Typischerweise sehen die Vermögensverwaltungsverträge vor, daß die Rechenschaftslegung in jährlichen Abständen, meist zum Ende des Kalenderjahres, erfolgen. Die Form der Rechenschaftslegung gemäß §§ 675, 666 BGB wird durch § 259 BGB klargestellt. Wesentlicher Teil der Rechenschaftspflicht nach § 259 BGB ist die Rechnungslegung in verständlicher, übersichtlicher und eine Nachprüfung ermöglichender Form.[61]

---

[56] *Erman/Ehmann,* BGB § 666 Rdnr. 1.

[57] BGH WM 1994, 834 = ZIP 1994, 693.

[57a] BGH WM 1994, 834 = ZIP 1994, 693; OLG Frankfurt WM 1996, 665; zur einzelvertraglichen Abbedingung BGH WM 1963, 404; *Kienle,* Bankrechtshdb., § 111 Rdnr. 25.

[58] Vgl. im einzelnen *Schäfer,* Vereinbarungen über Benachrichtigungspflichten in Vermögensverwaltungsverträgen, WM 1995, 1009 ff.

[59] Heute ganz h. L., vgl. nur *Seiler* in: MünchKomm, BGB § 666 Rdnr. 11 m. w. N.

[60] *Steffen* in: RGRK, BGB § 666 Rdnr. 13; *Seiler* in: MünchKomm, BGB, § 666 Rdnr. 11; ein Verzicht auf Rechnungslegung führt nicht zu einem Verzicht auf die Herausgabe des Erlangten, BGH WM 1987, 79, 80 = NJW RR 1987, 963 ff..

[61] *Seiler* in: MünchKomm, BGB, § 666 Rdnr. 8 m. w. N. zur Rechtsprechung.

f) Pflicht zur Gleichbehandlung von Anlegern? Regelmäßig verwaltet ein Vermögensverwalter nicht nur das Vermögen eines einzigen Anlegers. Für ihn stellt sich daher die Frage, ob er im Rahmen beschränkter Ressourcen sämtliche von ihm verwalteten Vermögen gleich behandeln oder einzelnen Anlegern Präferenzen einräumen kann oder muß. Eine derartige Frage kann z. B. auftreten, wenn eine Bank im Rahmen eines Emissionskonsortiums ein beschränktes Kontingent an Wertpapieren zur Verfügung hat und aufgrund der Kurserwartungen ein allgemeines Interesse der Anleger an einer möglichst große Zuteilung im Rahmen der Anlagerichtlinien besteht. Zum Teil schreibt das Gesetz ausdrücklich eine Verpflichtung von Normadressaten zur **Gleichbehandlung** im Rahmen von rein zivilrechtlichen Verträgen vor. So enthält z. B. § 53 a AktG eine Pflicht der Aktiengesellschaft, Aktionäre unter gleichen Voraussetzungen gleich zu behandeln, § 44 BörsG eine Pflicht des Emittenten, die Inhaber der zum Handel an einer Börse zugelassenen Wertpapiere unter gleichen Voraussetzungen gleich zu behandeln und § 12 Gesetz betreffend die gemeinsamen Rechte der Besitzer von Schuldverschreibungen eine Pflicht der Gläubigerversammlung eines Unternehmens, alle Gläubiger gleich zu behandeln. Eine generelle Pflicht zur Gleichbehandlung von Kunden besteht im Zivilrecht jedoch grundsätzlich nicht.[62] Dies wird zum einen mit dem Fehlen eines rechtlichen oder faktischen Über-/Unterordnungsverhältnisses zwischen Verwalter und Anleger oder eines Gemeinschaftsverhältnisses zwischen den Anlegern und zum anderen mit dem betriebswirtschaftlichen Gebot sinnvoller Differenzierung nach Art und Umfang der Kundenbeziehung begründet. Die Grenze der Ungleichbehandlung mehrerer Anleger wird für den Vermögensverwalter durch seine Pflicht zur Wahrung der Interessen des einzelnen Anlegers sowie das – regelmäßig tatbestandlich nicht einschlägige – Diskriminierungsverbot des § 26 Abs. 2 GWB gezogen. Ein Vermögensverwalter ist daher grundsätzlich nicht verpflichtet, sämtliche Anleger mechanisch nach rein quantitativen Kriterien gleich zu behandeln, sondern kann im Rahmen seines Dispositionsermessens Abweichungen bis zur Grenze der willkürlichen Diskriminierung vornehmen.[63] Insb. in Fällen widerstreitender Interessen der Anleger kann sich die Pflicht zur Interessenwahrung jedoch zu einer Pflicht zur Gleichbehandlung verdichten.[64] 36

3. Interessenkonflikte und Insiderkenntnisse. *a) Interessenkonflikte.* Bei jeder Geschäftsbesorgung, die einen Dienst- oder Werkvertrag zum Gegenstand hat, erfolgt die **Tätigkeit** des Geschäftsbesorgenden **im fremdem Interesse.**[65] Eine Geschäftsbesorgung ist gerichtet auf Geschäfte, die ursprünglich der Geschäftsherr selbst in Wahrnehmung seiner Vermögensinteressen vornahm und die er dem die Geschäfte Besorgenden übertrug.[66] Es ist daher beinahe selbstverständlich, daß im Falle von Interessenkonflikten der die Geschäfte Besorgende seine Interessen hinter die des Auftraggebers zurückzustellen hat.[67] Die **Pflicht zur Loyalität**[68] ist daher Hauptpflicht des Geschäftsbesorgers gegenüber dem Geschäftsherrn. Wenn § 31 Abs. 1 Nr. 2 WpHG für den Fall der „unvermeidbaren Interessenkonflikte" gebietet, daß „der Kundenauftrag unter der gebotenen Wahrung des Kundeninteresses auszuführen ist", so dürfte dies eher als Wiederholung einer Selbstverständlichkeit denn als Statuierung einer neuen Verpflichtung zu verstehen sein. Ein Beauftragter, der in einen 37

[62] *Canaris,* Bankvertragsrecht, 3. Aufl. 1988, Rdnr. 121 f. m. w. N.

[63] Zustimmend: *Canaris,* Bankvertragsrecht, 3. Aufl. 1988, Rdnr. 121 f.; *Kübler,* ZHR 145 (1981), 204, 210 f.; ablehnend: *Hopt,* Kapitalanlegerschutz, S. 471 ff.; teilweise a. A. *Koller* in: Assmann/Schneider, WpHG, § 31 Rdnr. 47 ff., 77 f.

[64] Vgl. unten Rdnr. 40 a. E.

[65] *Palandt/Thomas,* BGB, 54 Aufl. 1995, § 675 Rdnr. 5 m. w. N.

[66] *Erman/Ehman,* BGB, § 662 Rdnr. 6 f. m. w. N.

[67] *Heinsius,* ZHR 145 (1981), 177, 193 f.; *Canaris,* Bankvertragsrecht, Rdnr. 813; *Hopt,* Kapitalanlegerschutz, S. 440 ff.; *Hopt,* Bankrechtstag 1992, S. 1, 17 ff.; *Zobl,* Feschr. Schluep, S. 319, 327 ff.; *Gutzwiller,* Der Vermögensverwaltungsvertrag, S. 57 ff.; *Zimmermann,* SJZ 81 (1985), 137, 141 f.

[68] *Seiler* in: MünchKomm, BGB, 2. Aufl., § 662 Rdnr. 36 f. m. w. N.

Interessenkonflikt mit seinem Auftraggeber gerät, darf den Auftrag entweder nur im Sinne des Auftraggebers ausführen oder muß den Auftrag „zurückgeben“.[69]

38 Ein Vermögensverwalter kann jedoch nicht nur in Interessenkonflikte mit seinem Auftraggeber geraten. Diese sind im Regelfall relativ eindeutig zu beantworten. Problematischer ist, wie sich der Vermögensverwalter zu verhalten hat, wenn die **Interessen** mehrerer ihn beauftragender Anleger **widerstreiten** oder die Interessen seiner Anleger nicht im Einklang stehen mit dem **Allgemein- oder Kapitalmarktinteresse.** In die Situation widerstreitender Interessen von Anlegern und Allgemeinheit bzw. Kapitalmarkt kann ein sehr großer Vermögensverwalter im Falle von drastischen Kursrückgängen („Crash“) kommen. Im Falle eines Crashs kann es durchaus im Interesse des Kapitalmarktes sein, daß nicht noch zusätzliches Angebot von Wertpapieren auf den Markt gelangt. Ein am Allgemeinwohl orientiertes Handeln des Vermögensverwalters würde ihm nahelegen, statt Aktien aus den von ihm verwalteten Depots zu veräußern, solche eher hinzuzuerwerben. Das Interesse der Anleger könnte jedoch gebieten, zur Verlustminimierung möglichst zügig sämtliche Aktienpositionen glattzustellen. In einer solchen Situation sind die „Rollen“ auf dem Kapitalmarkt klar verteilt. Das Interesse am Funktionieren des Kapitalmarktes und die Verhinderung seines Zusammenbruchs obliegt den Kapitalmarktorganen, d. h. insbesondere dem Bundesaufsichtsamt für das Wertpapierwesen, den Börsen und der Börsenaufsicht. Der Vermögensverwalter ist ausschließlich dem Einzelinteresse seines Vermögensverwaltungskunden verpflichtet und hat nur in dessen Interesse zu handeln. Unabhängig von Überlegungen bezüglich übergeordneter Marktinteressen hat sich der Vermögensverwalter in einer solchen Situation ausschließlich durch die Interessen der von ihm vertretenen Vermögensinhaber leiten zu lassen.[70]

39 Schwieriger gestaltet sich die Situation für den Vermögensverwalter im Falle **widerstreitender Anlegerinteressen.** Auch wenn diese Art eines Interessenkonfliktes wohl seltener eintreten wird als die eines Interessenkonfliktes zwischen Vermögensverwalter und Anleger, so kann sie doch für den Vermögensverwalter nicht minder problematisch sein. Beispielhaft sei der Fall erwähnt, daß der Vermögensverwalter von einem Anleger die Weisung erhält, für ihn eine Beteiligung an einer bestimmten Aktiengesellschaft zu erwerben. Diese Weisung hat er – nach erfolgter Aufklärung – grundsätzlich auszuführen.[71] Bei marktengen Papieren steht es im Interesse des die Weisung erteilenden Anlegers, daß seine Weisung unter möglichst geringer Beeinflussung des Kurses ausgeführt wird. Sind in Depots anderer Anleger die gleichen Papiere enthalten, könnte der Vermögensverwalter versucht sein, diese zu verkaufen, um den Interessen des die Weisung abgebenden Anlegers möglichst zu entsprechen. Ein Verkauf der nachgefragten Papiere stünde jedoch nicht im Interesse derjenigen Anleger, die diese Papiere bereits in ihrem Depot halten, denn eine Ausführung der Weisung ohne gleichzeitigen Verkauf der Papiere aus anderen Depots würde zu Kurserhöhungen führen, die Wertsteigerungen dieser Depots zur Folge hätten.[72] – Der Interessenkonflikt zwischen den Anlegern wurde im Beispielsfall dadurch herbeigeführt, daß ein Anleger durch seine Weisung den Vermögensverwalter in die Situation bringt, daß er widerstreitenden Interessen gerecht werden muß. Grundsätzlich ist der Vermögensverwalter gegenüber jedem einzelnen Auftraggeber verpflichtet, Handlungen ausschließlich in dessen besten und wohlverstandenen Interessen vorzunehmen. Eine Handlung wie der Verkauf einzelner Papiere widerspräche dieser Verpflichtung gegenüber dem einzelnen Anleger. Der Vermögensverwalter darf sie daher nicht vornehmen. Die Wahrnehmung der Interessen des die Weisung gebenden Anlegers findet ihre Grenzen

---

[69] Es sei denn, dem Auftraggeber ist der Interessenkonflikt bekannt und wird von ihm billigend in Kauf genommen, vgl. *Koller* in: Assmann/Schneider, WpHG, § 31 Rdnr. 35 ff.

[70] Zustimmend *Koller* in Assmann/Schneider, WpHG, § 31 Rdnr. 27 f.; a. A. wohl *Kümpel,* WM 1993, 2025, 2027 und WM 1995, 689, 690.

[71] Vgl. oben Rdnr. 27 f.

[72] Vgl. oben Rdnr. 29 („Auskaufen“).

dort, wo diese Interessenwahrnehmung der Pflicht zur Wahrnehmung von anderen Interessen widerspräche. Die Pflicht zur Wahrnehmung der Interessen des kaufwilligen Anlegers, d.h. zum möglichst günstigen Erwerb der Aktien, umfaßt somit nicht die Pflicht, andere Depots hierfür zu „plündern". Widerstreitende Anlegerinteressen sind also zunächst dadurch in Einklang zu bringen, daß die Pflichten des Vermögensverwalters gegenüber den einzelnen Anlegern durch individuelle Auslegung zu bestimmen sind.

Dies ist jedoch nicht immer möglich. So kann der Vermögensverwalter – aufgrund einer 40
Weisung oder aus eigenem Antrieb – beabsichtigen, eine große Position aus einem Vermögensverwaltungsdepot zu veräußern, was Kursrückgänge erwarten lassen soll. Die Pflicht des Vermögensverwalters zur Wahrung der Vermögensinteressen der anderen Anleger müßte ihn ggfls. veranlassen, entsprechende Positionen in den Depots der anderen Anleger aufgrund des zu erwartenden Kursrückgänge zu veräußern. Dies benachteiligte jedoch wieder den Anleger, für den er ohnehin ein größeres Paket zu veräußern beabsichtigte. Der Vermögensverwalter steckt hier in dem **Dilemma,** nicht alle Interessen optimal erfüllen zu können. Soweit das Wissen des Vermögensverwalters um den Verkauf des größeren Paketes als Insiderwissen zu qualifizieren ist,[73] ist er seit Erlaß des Wertpapierhandelsgesetzes an der Nutzung dieses Wissens zugunsten der Drittanleger gehindert. Ihm kann daher gegenüber den übrigen Anlegern keine Pflicht obliegen, interessewahrend für diese die entsprechenden Aktien zu veräußern. Handelt es sich jedoch nicht um Insiderwissen gemäß §§ 13, 14 WpHG, z.B. weil die zu erwartende Kursbeeinflussung nicht als „erheblich" einzuschätzen ist oder es sich bei dem eigenen Entschluß des Vermögensverwalters nicht um eine „Tatsache" bzw. deren „Ausnutzen" i.S.v. §§ 13 Abs. 1, 14 Abs. 1 WpHG handelt,[74] bleibt es bei der Frage, ob der Vermögensverwalter das Wissen zugunsten aller Anleger nutzen muß. Eine dementsprechende Pflicht[75] wird von einem Teil der Literatur uneingeschränkt bejaht,[76] zum Teil grundsätzlich verneint.[77] Im Rahmen einer reinen Anlageberatung hat der Berater die Möglichkeit, den Konflikt dadurch zu lösen, daß er ihn entweder aufdeckt oder die Beratung unterläßt.[78] Auf diese Position kann sich der Vermögensverwalter nicht zurückziehen, da er einer grundsätzlichen Tätigkeitspflicht unterliegt. Als Lösung wird in Betracht kommen, daß der Vermögensverwalter alle Interessen dadurch wahrt, daß er die fraglichen Aktien aus sämtlichen Depots anteilig zeitgleich veräußert. Letztlich rekurriert der Vermögensverwalter damit auf eine Gleichbehandlung aller Anleger und versucht sich so dem Vorwurf zu entziehen, die Interessen des einen oder anderen Anlegers verletzt zu haben.[79]

b) Insiderkenntnisse des Vermögensverwalters. Früher war höchst streitig, ob ein Vermögens- 41
verwalter verpflichtet ist, etwaiges **Insiderwissen** zugunsten der von ihm für die Anleger verwalteten Vermögen zu verwenden oder ob ihm dieses untersagt war. Roth[80] hatte vorgeschlagen, daß derartige Konfliktlagen generell ausgeschlossen werden müßten. Dem ist der Gesetzgeber mit der Statuierung von Organisations- und Überwachungspflichten in §§ 33, 35 WpHG entgegengekommen.[81] Die Frage bleibt jedoch bestehen, wenn trotz der gesetzmäßigen Organisation des Vermögensverwalters Insiderkenntnisse eintreten. Nach § 14 Abs. 1 Ziffer 1 WpHG ist es einem Insider verboten, „unter Ausnutzung seiner Kenntnisse von einer Insidertatsache Insiderpapiere für eigene oder fremde Rechnung oder

[73] Dazu sogleich unter Rdnr. 41 f.
[74] Vgl. *Assmann* und *Cramer* in Assmann/Schneider, WpHG, § 13 Rdnr. 36.
[75] In der Form der Mitteilung, da zur Beratungspflicht des Anlageberaters diskutiert.
[76] *Schwark,* DB 1971, 1605, 1607; vgl. auch *Kübler,* ZHR 145 (1981), 204, 209 ff.
[77] So insb. *Heinsius,* ZHR 145 (1981), 177, 194 f.; *Dingeldey,* DB 1982, 685, 687 – beide m.w.N.
[78] In den USA heißt es hierzu: „abstain or disclose", vgl. dazu *Schäfer,* Haftung für fehlerhafte Anlageberatung, S. 24 ff., 30 f.
[79] Vgl. auch *Koller* in Assmann/Schneider, WpHG, § 31 Rdnr. 78.
[80] Oben § 12 Rdnr. 45; *ders.,* Das Treuhandmodell des Investmentrechts, §§ 40,43.
[81] Vgl. dazu unten bei Rdnr. 43 f.

für einen anderen zu erwerben oder zu veräußern". Beabsichtigt der Vermögensverwalter z. B., eine große Position von marktengen Wertpapieren aus einem Depot zu veräußern, so kann es sich hierbei um eine nicht öffentlich bekannte Tatsache handeln, die sich auf ein Insiderpapier bezieht und die geeignet ist, im Falle ihres öffentlichen Bekanntwerdens den Kurs des Insiderpapieres erheblich zu beeinflussen (vorausgesetzt, daß die Marktenge so groß ist, daß die Kursbeeinflussung „erheblich" ist).[82] Der Vermögensverwalter nutzt jedoch nicht seine Kenntnis aus i. S. v. § 14 Abs. 1 Nr. 1 WpHG, da er nur „in Ausführung seines Entschlusses" handelt.[83] Es ist daher dem Vermögensverwalter letztlich nur auf Grund von § 31 WpHG untersagt, aufgrund seiner Kenntnis von seinem eigenen Entschluß für andere Anleger das gleiche Wertpapier zu erwerben oder zu veräußern. Erst recht stellt es kein Ausnutzen einer Insider-Information dar, wenn die gleichzeitige Handlung für andere Kunden aufgrund eines Gesamtplanes erfolgt, z. B. weil der Verwalter ein Papier wegen Überbewertung generell verkauft.

42 Auch unter Geltung der **EG-Insiderrichtlinie** vertritt Hopt[84] die Auffassung, daß in bestimmten Fällen eine **Pflicht des Vermögensverwalters zur Nutzung seiner Insiderkenntnisse** zugunsten der Anleger besteht. Es soll eine Interessenabwägung vorgenommen werden müssen zwischen den Interessen des Kapitalmarktes und denen der Anleger. In den Fällen von „Betrügereien, Unterschleif, grober Mißwirtschaft, eigenen Insidergeschäften des Managements oder unmittelbar bevorstehendem Kollaps der Gesellschaft" soll die Interessenabwägung zugunsten der Anleger ausfallen und der Vermögensverwalter verpflichtet sein, Insidergeschäfte vorzunehmen. Da das Verbot von Insidergeschäften durch § 38 WpHG mit Freiheitsstrafe bis zu fünf Jahren bestraft werden kann, müßte die Interessenabwägung einen Rechtfertigungs- oder zumindest Entschuldigungstatbestand begründen. Dies erscheint jedoch zweifelhaft. Zudem läuft diese Meinung darauf hinaus, daß von dem Vermögensverwalter letztlich gefordert wird, in Kenntnis von ihm bekannten Kursmanipulationen andere Kapitalmarktteilnehmer zu schädigen, die diese Kenntnisse nicht besitzen. Die **Interessenwahrungspflicht** eines Vermögensverwalters **kann aber nicht so weit gehen,** vorsätzlich Dritte zu schädigen.[85] Die Integrität des Marktes sollte insoweit Vorrang vor den Individualinteressen besitzen. Das mildeste Mittel, um die Interessen des Marktes und des einzelnen Anlegers in Einklang zu bringen, ist die **Veröffentlichung der noch nicht allgemein bekannten Tatsache** und damit die Beseitigung des Zustandes des Insiderwissens.[86]

43 **4. Organisations-, Aufzeichnungs- und Aufbewahrungspflichten.** *a) Organisationspflichten.* Seit Inkrafttreten des WpHG obliegen Wertpapierdienstleistungsunternehmen **Organisationspflichten,** die wesentlich über die Organisationspflichten von Banken nach dem KWG hinausgehen. Grundsätzlich enthält § 33 WpHG drei Gruppen von Organisationspflichten. Zum einen ist das Wertpapierdienstleistungsunternehmen verpflichtet, „die für eine ordnungsgemäße Durchführung der Wertpapierdienstleistungen notwendigen **Mittel und Verfahren** vorzuhalten und wirksam einzusetzen". Diese Vorschrift erging insbesondere mit Blick auf die Vielzahl von Finanzinnovationen seit Mitte der 80iger Jahre. Der Gesetzgeber intendierte hiermit, daß Unternehmen, die in diesem Marktsegment tätig sind, sicherstellen müssen, daß ihre Mitarbeiter vom Kenntnisstand und von der technischen Ausstattung her in der Lage sind, den mit diesem Geschäft verbundenen Anforde-

---

[82] Unerheblich ist, daß es sich um eine vom Vermögensverwalter selbst geschaffene Tatsache handelt, vgl. *Assmann,* AG 1994, 237, 240.

[83] Vgl. *Assmann* und *Cramer* in Assmann/Schneider, WpHG, § 14 Rdnr. 31; *Kümpel* Bank- und Kapitalmarktrecht, 14.186.

[84] Festschr. Heinsius, S. 289, 300 ff.

[85] *Assmann,* AG 1994, 237, 243 ff.

[86] Der Vermögensverwalter ist jedoch nicht verpflichtet, eigene Erwerbs- oder Veräußerungspläne zu veröffentlichen, da die Pflicht zur Ad-hoc-Publizität nach § 15 WpHG nur Emittenten trifft.

rungen zu entsprechen.[87] Gleichzeitig ist das Unternehmen verpflichtet, diese Mittel und Verfahren wirksam einzusetzen. Für den Vermögensverwalter bedeutet dies, daß er eine Organisation aufzuweisen hat, die ihn in die Lage versetzt, seinen Verpflichtungen aus dem Vermögensverwaltungsvertrag nachzukommen.[88] Hierzu wird man als Grundausstattung die allgemeinen Informationsmedien wie Tageszeitungen, Datenbanken, Zugang zu elektronischen Informationsmedien und Research-Material der großen Research-Häuser oder aber die Vornahme von eigenem Research zählen müssen.

Als weitere Gruppe von Organisationspflichten verlangt § 33 Ziffer 2 WpHG eine **Organisation** dergestalt, daß „bei der Erbringung der Wertpapierdienstleisung **Interessenkonflikte** zwischen den Wertpapierdienstleistungsunternehmen und seinen Kunden oder Interessenkonflikte zwischen verschiedenen Kunden des Wertpapierdienstleistungsunternehmens **möglichst gering** sind". Da der Gesetzgeber erkannte, daß Interessenkonflikte nie völlig auszuschließen sind, beabsichtigt er durch diese Vorschrift eine **Aufbau- und Ablauforganisation,** die die Interessenkonflikte möglichst vermeidet.[89] Da diese Vorschrift ausfüllungsbedürftig ist, ermächtigt § 35 Abs. 2 Satz 1 WpHG das Bundesaufsichtsamt für das Wertpapierwesen, konkretisierende Richtlinien aufzustellen. – Während § 33 Ziffer 2 WpHG eine Organisationspflicht statuiert, enthält die Pflicht in § 31 Abs. 1 Ziffer 2 WpHG zur Vermeidung von Interessenkonflikten durch den Vermögensverwalter eine Verhaltenspflicht im konkreten Einzelfall. Diese Doppelstruktur beruht darauf, daß bei der Verabschiedung der EG-Richtlinie über Wertpapierdienstleistungen[90] die durch ein Trennbankensystem geprägten englischen Vorstellungen über die durch Organisation zu überwindenden „strukturellen" Interessenkonflikte und die durch Verhalten zu lösenden „geschäftsbedingten" Interessenkonflikte eingeflossen und unverändert in deutsches Recht umgesetzt worden sind.[91] Es wird abzuwarten sein, wie das **Bundesaufsichtsamt für das Wertpapierwesen** diese Organisationspflichten durch **Richtlinien** ausfüllen wird. Naheliegend ist, daß auch in Deutschland sog. „Chinese Walls" einzuführen sind.[92] Mit Chinese Walls sind in den USA Zugangskontrollen zu bestimmten Bereichen und Verbote zur Weitergabe von Informationen an bestimmte Abteilungen verbunden. Ob durch derartige Maßnahmen jedoch mehr als die zufällige Weitergabe von Informationen verhindert werden kann, erscheint zweifelhaft. 44

Eine dritte Gruppe von Organisationspflichten umfaßt die internen **Kontrollverfahren.** 45
Nach § 33 Ziffer 3 WpHG muß das Wertpapierdienstleistungsunternehmen „über angemessene interne Kontrollverfahren verfügen, die geeignet sind, Verstößen gegen Verpflichtungen nach diesem Gesetz entgegenzuwirken". Hiermit ist beabsichtigt, daß das Unternehmen nicht nur grundsätzlich organisatorische Vorkehrungen gemäß Ziffern 1 und 2 trifft, sondern deren Einhaltung durch die Mitarbeiter auch regelmäßig überwacht. In der Beschlußempfehlung des Finanzausschusses[93] wird ausdrücklich Bezug genommen auf „die Schaffung und den Ausbau von **Compliance-Organisationen** bei der Erbringung von Wertpapierdienstleistungen". § 33 Ziffer 3 WpHG entspricht Ziffer 7 der Richtlinien für die Ausübung von Verwaltungsaufträgen der Schweizerischen Bankiervereinigung, derzufolge „interne Kontrollorgane der Bank periodisch zu überprüfen haben, ob die erlassenen Richtlinien eingehalten werden".[94] Die Überwachung der Einhaltung der Verhaltensregeln des WpHG durch die Mitarbeiter gewinnt besondere Bedeutung dadurch, daß § 32

---

[87] Vgl. Begründung der Beschlußempfehlung des Finanzausschusses, BT-Drucks. 12/7918 vom 15. 6. 1994, S. 105.

[88] *Heinsius,* ZHR 145 (1981), 177, 191 f.; *ders.,* ZBB 1994, 47, 55 f.; *Pikart* WM 1957, 1238, 1240.

[89] Vgl. Beschlußempfehlung des Finanzausschusses, BT-Drucks. 12/7918 vom 15. 6. 1994, S. 105.

[90] Amtsblatt Nr. L 141 vom 11. 6. 1993, S. 27 ff. – abgedr. auch in AG 1993, 394 ff.

[91] Vgl. dazu *Schäfer,* AG 1993, 389, 393 m. w. N.

[92] Vgl. dazu *Dingeldey,* RIW 1983, 81 ff.

[93] BT-Drucks. 12/7918 vom 15. 6. 1994, S. 105.

[94] Vgl. dazu auch *Hopt,* Vermögensverwaltung der Schweizer Banken, S. 135, 156; der Kommentar zu den Richtlinien stellt ausdrücklich klar, daß sich die Prüfung auf die Anwendung der Richtlinien und nicht auf die Auswahl der Anlagen zu beziehen hat.

Abs. 2 WpHG die dem Unternehmen obliegenden Verpflichtungen ausdrücklich auf dessen Mitarbeiter ausdehnt. Das Bundesaufsichtsamt für das Kreditwesen hat für die Mitarbeiter von Banken bereits **Mitarbeiter-Richtlinien** erlassen, die jedoch die Organisationsverpflichtungen nach § 33 Ziffer 3 WpHG nur teilweise abdecken.[95]

46 Streitig ist, welche Mitarbeiter des Vermögensverwalters von diesem zur Erfüllung seiner Verpflichtung gegenüber den Anlegern herangezogen werden können. Da durch § 33 WpHG die Anforderungen an die Organisation gesetzlich konkretisiert sind, muß es genügen, wenn diese Organisationsverpflichtungen eingehalten werden. In diesem Rahmen kann der Vermögensverwalter als juristische Person seine Verpflichtungen durch Einschaltung von sämtlichen geeigneten Angestellten erfüllen und ist nicht darauf angewiesen, ausschließlich Organe und Angestellte, die nach der Organisationsverteilung für die Vermögensverwaltung zuständig sind, hiermit zu betrauen.[96]

47 *b) Aufzeichnungs- und Aufbewahrungspflichten.* Die Wertpapierdienstleistungsunternehmen sind nach § 34 Abs. 1 WpHG verpflichtet, bestimmte **Aufzeichnungen** vorzunehmen, insbesondere

– den Auftrag eines Kunden,
– hierzu erteilte Anweisungen,
– die Ausführung des Auftrags,
– den Namen des Angestellten, der den Auftrag des Kunden angenommen hat, sowie
– die Uhrzeit der Erteilung und der Ausführung des Auftrags.

Diese Vorschriften beziehen sich typischerweise auf ein Wertpapierdienstleistungsunternehmen, das Einzelaufträge von Kunden erhält und nicht die Vermögensverwaltung für dieses durchführt. Ein Vermögensverwalter wird in entsprechender Anwendung etwaige Weisungen des Kunden aufzuzeichnen haben. Im Rahmen der normalen Vermögensverwaltungstätigkeit hat er die Weitergabe des Auftrages an die Wertpapierhandelsabteilung der Bank mit Uhrzeit sowie die Erteilung des Auftrags aufzuzeichnen. – Diese Aufzeichnungen sind nach § 34 Abs. 3 WpHG mindestens **sechs Jahre aufzubewahren.** Nach §§ 34 Abs. 3 Satz 2 WpHG, 257 Abs. 5 HGB beginnt die Aufbewahrungsfrist mit dem Schluß des Kalenderjahres, in dem die Aufzeichnung vorgenommen wurde.

48 **5. Retrozessionen.** Ist der Vermögensverwalter nicht mit einer Bank identisch, wird zwischen Bank und Vermögensverwalter gelegentlich vereinbart, diesem einen bestimmten Prozentsatz der von ihr erzielten Provisionen zu zahlen oder generell ihm für die Zuführung der Depots, die der Vermögensverwalter verwaltet, eine Vergütung zukommen zu lassen. Diese Zahlungen werden gewöhnlich **Retrozessionen** oder **Kick-Backs** genannt. Der Vermögensverwalter hat als Beauftragter nach §§ 675, 667 BGB das, was er aufgrund seiner Tätigkeit erlangt, an den Auftraggeber herauszugeben.[97] Selbstverständlich steht es dem Anleger und dem Vermögensverwalter frei, eine hiervon abweichende Vereinbarung zu treffen. Entscheidend ist jedoch, daß der Anleger Kenntnis von der Zahlung an seinen Vermögensverwalter erhält. Verschweigt der Vermögensverwalter den Erhalt der Retrozessionen, kann er den Straftatbestand des § 263 StGB verwirklichen.[98] Gleichfalls anerkannt ist, daß auch Wirtschaftsprüfer und Steuerberater die Annahme von Provisionen ihren Auftraggebern offenlegen müssen. Dies gilt selbst dann, wenn die Zahlung der Provision an die Ehefrau des Steuerberaters oder an von dem Steuerberater beherrschte Drittgesellschaften erfolgt.[99]

---

[95] Verlautbarung des BAKred vom 31. 12. 1993, abgedr. u. a. *Consbruch/Möller/Bähre/Schneider,* KWG, Ziffer 19.04.

[96] A. A. *Roll,* Vermögensverwaltung, S. 150.

[97] BGH NJW 1990, 1725 = WM 1990, 462; BGH ZIP 1989, 830 = WM 1989, 1047; *Wach,* EWiR 1989, 765 m. w. N.; *Hopt,* Vermögensverwaltung Schweizer Banken, S. 135, 157.

[98] Vgl. die in der vorangehenden Fn. genannten BGH-Urteile.

[99] BGHZ 95, 81 = NJW 1985, 2523; BGHZ 78, 263 = NJW 1981, 399.

IV. Haftung für Pflichtverletzungen

1. Anspruchsgrundlagen. Für die Verletzung vorvertraglicher Pflichten haftet ein Vermögensverwalter nach den Grundsätzen der **culpa in contrahendo.** Im Rahmen der vorvertraglichen Pflichtverletzungen kommt insb. ein Fehlverhalten im Zusammenhang mit der Vereinbarung der Anlagerichtlinien in Betracht. – Für Pflichtverletzungen während der Dauer des Vermögensverwaltungsvertrages, die weder Unmöglichkeit noch Verzug herbeiführen, haftet der Vermögensverwalter nach den Grundsätzen der **positiven Forderungsverletzung.** Da bei einem auf einen Dienstvertrag gerichteten Geschäftsbesorgungsvertrag das Gesetz keine Gewährleistungsbestimmungen vorsieht, richten sich die vom Vermögensverwalter zu vertretenden Schlechtleistungen grundsätzlich nach den Regeln der Haftung für positive Forderungsverletzung. Dies gilt nicht nur für die Verletzung vertraglicher Hauptpflichten, sondern auch für vertragliche Nebenpflichten. Dies ist z. B. von Bedeutung für eine Verletzung der Benachrichtigungspflichten, die grundsätzlich als Nebenpflichten einzustufen sind. Neben diesen Anspruchsgrundlagen dürften Ansprüche wegen Unmöglichkeit oder Verzug nach §§ 280, 286, 326 BGB eher zurücktreten. 49

Soweit neben den vertraglichen auch deliktsrechtliche Anspruchsgrundlagen in Betracht kommen[100] stellt sich die Frage, ob die allgemeinen und besonderen Verhaltensregeln der **§§ 31, 32, WpHG Schutzgesetze** i. S. d. § 823 Abs. 2 BGB darstellen. Ein Schutzgesetz i. S. d. § 823 Abs. 2 BGB liegt grundsätzlich vor, wenn eine Norm den Schutz eines einzelnen vor dem Normverstoß bezweckt bzw. mitbezweckt.[101] Zur Präzisierung dieses Schutzzweckes wird gefragt, ob eine Norm in casu das verletzte Gut des Betroffenen vor der verwirklichten Gefahr schützen sollte.[102] §§ 31, 32 WpHG beabsichtigen, die Individualinteressen des einzelnen Vermögensanlegers vor einer unzureichenden Behandlung durch einen Vermögensverwalter zu schützen und Vermögensschäden von dem Anleger abzuwenden. Man wird daher die §§ 31, 32 WpHG wohl als Schutzgesetze anzusehen haben.[103] 50

2. Anspruchsvoraussetzungen. *a) Pflichtverletzung.* Eine Pflichtverletzung des Vermögensverwalters kann grundsätzlich vor Abschluß des Vermögensverwaltungsvertrages erfolgen durch unrichtige oder unvollständige Information des Kunden, insb. bei der Vereinbarung von für den Anleger nicht adäquaten Anlagerichtlinien durch pflichtwidrig unterlassene oder falsche Aufklärung. Während der Dauer des Vermögensverwaltungsvertrages können Pflichtverstöße durch positive Handlungen des Verwalters erfolgen, z. B. durch Auswahl ungeeigneter Wertpapiere, Verstoß gegen Anlagerichtlinien, übermäßig häufiges Drehen des Depots etc., sowie durch Unterlassungen, z. B. der rechtzeitigen Benachrichtigung über eingetretene Verluste oder die durchgängige Überwachung sämtlicher Depotwerte. 51

b) Verschulden des Verwalters und Mitverschulden des Anlegers. Der Maßstab für die Bestimmung des Verschuldens des Vermögensverwalters wird durch § 276 BGB vorgegeben. Das Verschulden von Erfüllungsgehilfen wird nach § 278 BGB zugerechnet. Die Bestimmung der im Verkehr erforderlichen Sorgfalt nach § 276 Abs. 1 Satz 2 BGB richtet sich nach den berufsgruppenspezifischen Verkehrskreisen und kann insb. anhand von Regelwerken[104] wie §§ 31, 32 WpHG konkretisiert werden. Beim Vorliegen eines objektiven Pflichtverstoßes dürfte die für die Begründung einer Fahrlässigkeit grundsätzlich erforderliche Vorhersehbarkeit einer Gefahr bei der Anlage von Vermögen regelmäßig gegeben sein. Der Sorgfaltsmaßstab für die Vermögensverwalter ist ein einheitlicher und es ist nicht 52

---

[100] Vgl. dazu ausführlich *Mertens* in: MünchKomm, BGB, 2. Aufl. 1986, Vor 823 Rdnr. 29 ff. m. w. N.

[101] Vgl. BGHZ 46, 17, 23 = NJW 1966, 2014; BGHZ 84, 312, 314 = NJW 1982, 2780 m. w. N.

[102] *Mertens* in: MünchKomm, BGB, 2. Aufl. 1986, § 823 Rdnr. 141 m. w. N.

[103] A. A. *Waldeck*, Hdb. für Anlageberatung und Vermögensverwaltung, S. 647, 652; wie hier *Koller* in Assmann/Schneider, WpHG, § 31 Rdnr. 17 f.

[104] Vgl. *Palandt/Heinrichs*, BGB, 54. Aufl. 1995, § 276 Rdnr. 18.

zwischen Kreditinstituten und sonstigen Vermögensverwaltern zu differenzieren.[105] – Ein **Mitverschulden** des Anlegers kann auch bei Pflichtverletzungen des Vermögensverwalters in Betracht kommen. Ein solches kann insb. in Betracht kommen, wenn dem Anleger laufend Abrechnungen zugehen und er im vollen Umfange über den Fortgang der Vermögensverwaltung informiert wird und ihm dadurch etwaige Pflichtverstöße des Vermögensverwalters bekannt werden und er hiergegen nicht einschreitet. Sicherlich wird man aus einer unterlassenen Kritik oder aus unterlassenen Einwendungen nicht grundsätzlich auf eine stillschweigende einverständliche Abänderung von Anlagerichtlinien rückschließen können, wenn der Vermögensverwalter statt max. 30% bis zu 70% Aktien in einem Depot erwirbt.[106] Auch ist der Anleger grundsätzlich nicht verpflichtet, den Vermögensverwalter laufend zu überwachen.[107] Erkennt der Anleger jedoch evidente Verstöße des Vermögensverwalters z. B. gegen vereinbarte Anlagerichtlinien, kann im Einzelfall ein Mitverschulden des Anlegers durchaus in Betracht kommen.[108]

53 *c) Kausalität.* Probleme bereitet im Rahmen von Schadensersatzprozessen häufig die Bestimmung der **Kausalität** einer Pflichtverletzung für einen Schaden. Soweit die Pflichtverletzung in der Verletzung von Aufklärungspflichten liegt, könnte man in analoger Anwendung der von der Rechtsprechung aufgestellten Grundsätze zur Prospekthaftung der Meinung sein, daß auf das erste und nicht das letzte Glied der Kausalkette abzustellen ist. Dies hätte zur Folge, daß der Kunde den Vermögensverwaltungsvertrag so nicht abgeschlossen hätte und der Vermögensverwalter für sämtliche Minderungen des Vermögens während der Dauer seiner Verwaltung einzutreten hätte. Dies hätte bei Vermögensverwaltungsverträgen, die bereits lange Zeit andauern, völlig inadäquate Folgen. Richtiger dürfte sein, die Grundsätze über fehlerhafte Dauerschuldverhältnisse anzuwenden und lediglich ein außerordentliches Kündigungsrecht nebst Schadensersatz zugunsten des Anlegers anzunehmen.[109] Dabei ist die Kausalität grundsätzlich nicht „teilbar".[110]

54 Bei Pflichtverletzungen, die keine Aufklärungs- oder Beratungspflichtverletzungen darstellen, stellt sich im Rahmen der Vermögensverwaltung regelmäßig die Frage des **rechtmäßigen Alternativverhaltens.** Darf z. B. ein Vermögensverwalter nach den Anlagerichtlinien nur Aktien und keine Optionsscheine erwerben, erwirbt er jedoch trotzdem Optionsscheine und erleiden diese einen Verlust, so ist die Pflichtverletzung (Kauf von Optionsscheinen) kausal für einen Verlust geworden. Hätte er jedoch anlagerichtlinienkonform Aktien erworben, hätten diese u. U. gleichfalls einen Verlust erlitten. Die Pflichtverletzung ist daher kausal nur in Höhe der Differenz zwischen dem konkret entstandenen und dem hypothetische eingetretenen Schaden.[111] Grundsätzlich erlaubt man dem Vermögensverwalter damit, sich darauf zu berufen, daß er einen Schaden auch durch normgerechtes Verhalten hätte herbeiführen dürfen, bzw. der Schaden auch bei ordnungsgemäßem Verhalten eingetreten wäre. Soweit der Vermögensverwalter darlegen und beweisen kann, daß die von ihm fehlerhaft angelegten Gelder auch bei ordnungsgemäßer Anlage Verluste erlitten hätten, erscheint es angemessen, dem Vermögensverwalter diese Argu-

---

[105] Das Urteil des BGH WM 1987, 495 kann nicht auf die Vermögensverwaltung übertragen werden, da der Anleger jedem Verwalter sein Vermögen nur anvertraut, wenn er unbeschränktes Vertrauen in dessen Zuverlässigkeit und Sorgfalt hat.

[106] Vgl. OLG Düsseldorf, WM 1991, 94, 96.

[107] OLG Düsseldorf, a. a. O.

[108] Andernfalls würde der Anleger auf Kosten des Vermögensverwalters „spekulieren". Hat der Vermögensverwalter Erfolg, so wird der Anleger schweigen, hat der Vermögensverwalter jedoch keinen Erfolg, kann er von diesem den Ersatz des Schadens verlangen.

[109] Vgl. BGH WM 1990, 920 = DB 1990, 1181; BGH NJW 1982, 2303 = WM 1982, 760; BGH NJW 1981, 1449 = WM 1981, 463; *von Heymann,* Bankenhaftung bei Immobilienanlagen, XII. 1. a).

[110] Vgl. OLG Frankfurt WM 1993, 684; a. A. *Potthoff,* WM 1993, 1319, 1321.

[111] In der Literatur ist streitig, ob es sich hier um einen Fall der hypothetischen Kausalität oder des Rechtswidrigkeitszusammenhanges handelt, vgl. *Grunsky,* in: MünchKomm, BGB, 3. Aufl., vor § 249 Rdnr. 87 ff. m. w. N.

mentation zu gestatten. Andernfalls würde der Charakter des Dienstvertrages zumindest bei Pflichtverletzungen stark dem eines Werkvertrages angenähert.

d) Schaden. Der durch die schuldhafte Pflichtverletzung des Vermögensverwalters kausal 55
herbeigeführte **Schaden** des Anlegers wird grundsätzlich hinsichtlich jeder einzelnen Position des Depots ermittelt. Soweit die Pflichtverletzung nicht eine vorvertragliche Aufklärungs- oder Beratungspflicht betraf,[112] ist der durch die Verletzung eingetretene Einzelschaden konkret als Vermögensminderung festzustellen. Der Auffassung, daß dem Anleger erst ein Schaden entstanden sei, wenn die zum Schaden führende Position zu einer insgesamt negativen Performance des Depots geführt habe, kann nicht zugestimmt werden. Eine Saldierung von schuldhaft herbeigeführten Schäden in Einzelpositionen mit Gewinnen, die aufgrund pflichtgemäßer Geschäfte eingetreten sind, kann nicht vorgenommen werden. Eine derartige **Vorteilsausgleichung** ist unzulässig, da sie die Ergebnisse von pflichtwidrigem und pflichtgemäßem Verhalten vermengte. – Grundsätzlich ist jedoch auch der Gewinn zu ersetzen, der bei pflichtgemäßem Verhalten auf den pflichtwidrig investierten Teilbetrag angefallen wäre.[113]

e) Beweislast. Grundsätzlich trifft im Kapitalanlagerecht denjenigen, der eine Aufklä- 56
rungs- oder Beratungspflicht verletzt, die Beweislast dafür, daß der Schaden auch bei pflichtgemäßem Verhalten eingetreten wäre, der Geschädigte also den Rat oder Hinweis trotz Aufklärung nicht befolgt hätte.[114] Für den Vermögensverwalter bedeutet dies, daß er bei einer Verletzung seiner vorvertraglichen Aufklärungs- und Beratungspflichten hinsichtlich der für den Anleger angemessenen Anlagerichtlinien beweisen muß, daß der Anleger auch bei vollständiger Aufklärung für ihn ungeeignete Anlagerichtlinien vereinbart hätte. Fraglich ist jedoch, wie bei sonstigen Pflichtverletzungen die Beweislast verteilt ist. Hier ist der einen Anspruch erhebende Anleger nach den allgemeinen Regeln grundsätzlich verpflichtet, die objektive Pflichtwidrigkeit, d. h. die objektive Verletzung des Vermögensverwaltungsvertrages, zu beweisen. Für einen prima-facie-Beweis oder eine Umkehr der Beweislast ist insoweit kein Raum.[115] Da sich aus der objektiven Pflichtwidrigkeit regelmäßig das Verschulden des Vermögensverwalters ergeben wird, stellt sich auch insoweit nicht die Frage nach einer Beweislastumkehr. Ggfls. wird hier § 282 BGB zur Anwendung zu bringen sein. Ebenso trifft den Anleger die Beweislast für die Kausalität und den Schaden.

V. Pflichten des Anlegers

1. Entgelt. Den Anleger trifft nach §§ 675, 611 BGB die Pflicht, die vereinbarte **Ver-** 57
mögensverwaltungsgebühr zu zahlen. Häufig wird diese als fester Prozentsatz des verwalteten Vermögens bei gleichzeitiger Vereinbarung von Mindestgebühren festgelegt. Die Vermögensverwaltungsgebühr wird häufig quartalsmäßig, halbjährlich oder jährlich im Nachhinein erhoben. Der Vermögensverwalter ist berechtigt, diese aus dem verwalteten Vermögen zu entnehmen. Die Vermögensverwaltungsgebühr erfaßt regelmäßig nicht die sonstigen, üblichen Gebühren, Provisionen und Spesen der Banktransaktionen. – Gelegentlich sind auch **erfolgsabhängige Verwaltungsgebühren** anzutreffen. Bei dieser Variante erhält der Vermögensverwalter nur eine Vermögensverwaltungsgebühr, wenn das von ihm verwaltete Vermögen einen bestimmten Wertzuwachs erreicht oder übersteigt. Je nach Höhe des verwalteten Vermögens beläuft sich die erfolgsabhängige Gebühr häufig auf 10% bis 50% des Wertzuwachses, ggfls. erst nach dem Übersteigen eines ausschließlich dem Anleger zustehenden Mindestwertzuwachses. Bei dieser Variante werden Verluste

---

[112] Vgl. dazu oben bei Rdnr. 53.

[113] Vgl. OLG Düsseldorf, WM 1991, 94, 96; *E. Schmidt,* EWiR 1991, 143; vgl. auch *Assmann,* Festschr. Lange, S. 345, 360 ff.

[114] BGH WM 1994, 1076; BGH WM 1994, 149; BGH WM 1991, 2092; BGH WM 1979, 548; BGH WM 1973, 1015; umfassend *Bruske,* Beweiswürdigung und Beweislast bei Aufklärungspflichtverletzungen im Bankrecht, 1994; *Grunewald,* ZIP 1994, 1162 beide m. w. N.

[115] *Baumgärtel/Laumen,* Handbuch der Beweislast im Privatrecht, § 675 Rdnr. 3.

häufig vorgetragen, d.h. sie müssen zunächst durch Gewinne kompensiert werden, bevor der Vermögensverwalter wieder eine Erfolgsbeteiligung erhält.[116]

58 **2. Gebot der Rücksichtnahme.** Bei der Eingehung des Vermögensverwaltungsvertrages hat der Anleger den Vermögensverwalter grundsätzlich sämtliche für eine Vereinbarung adäquater Anlagerichtlinien erforderlichen Angaben über seine persönlichen Verhältnisse, insb. Einkommen, Ausgaben, Vermögen, dessen Struktur, Risikoneigung, Erfahrungen mit Wertpapiergeschäften etc., zu machen. Obwohl der Anleger grundsätzlich zur Erteilung von Weisungen berechtigt ist, sollte er sich bewußt sein, daß damit die von dem Vermögensverwalter verfolgte Anlagestrategie u.U. erheblich gestört werden kann. Der Anleger sollte sich daher bei eigenen Vermögensdispositionen zurückhalten und diese nur mit Kenntnis des Vermögensverwalters vornehmen. Dies ergibt sich aus dem allgemeinen **Gebot der Rücksichtnahme.** Gleiches sollte grundsätzlich auch für die Entziehung von Teilen des Vermögens aus der Vermögensverwaltung gelten.

VI. Beendigung des Vermögensverwaltungsvertrages

59 Der Vermögensverwaltungsvertrag kann grundsätzlich durch Zeitablauf, Aufhebung oder Kündigung oder aber durch den Tod oder den Konkurs des Vermögensinhabers bzw. Vermögensverwalters beendet werden. Die meisten Vermögensverwaltungsverträge sehen vor, daß der Anleger berechtigt ist, den Vermögensverwaltungsvertrag jederzeit ohne Einhaltung einer Frist zu kündigen. Da § 675 BGB gerade nicht auf § 671 Abs. 1 BGB verweist, wäre grundsätzlich auch eine Vereinbarung einer längeren Kündigungsfrist auch für den Anleger denkbar, §§ 675, 621 BGB. Es wäre jedoch widersinnig, wollte man einen Anleger an einem Vermögensverwaltungsvertrag festhalten, der nicht mehr seinen Wünschen entspricht, da er ständig Weisungen geben und damit sämtliche Handlungen des Vermögensverwalters determinieren könnte. Wird auch dem Vermögensverwalter eine jederzeitige fristlose Kündigungsmöglichkeit eingeräumt, so darf er diese jedoch nach §§ 675, 671 Abs. 2 nur in der Art ausüben, daß der Anleger für die Verwaltung des Vermögens anderweitig Fürsorge treffen kann. – Nach §§ 675, 672 BGB erlischt der Vermögensverwaltungsvertrag im Zweifel nicht durch den Tod oder den Eintritt der Geschäftsunfähigkeit des Anlegers. Da der Vermögensverwalter in diesem Falle das Vermögen jedoch materiell bereits für einen anderen, ihm ggfls. unbekannten Anleger verwaltet, den Erben, er aber dessen persönliche und Vermögensverhältnisse sowie seine Kenntnisse und Risikoneigung und -tragungsfähigkeit nicht kennt, hat der Vermögensverwalter sich diese unverzüglich zu besorgen. Bis zur entsprechenden Kenntnis ist er gehalten, die Verwaltung sehr vorsichtig durchzuführen.

§ 29 Prozeßführung bei Anlagegeschäften

Übersicht

[116] Durch die bloße Vereinbarung einer erfolgsabhängigen Gebühr wird aus dem Geschäftsbesorgungsvertrag, der einen Dienstvertrag zum Gegenstand hat, kein Geschäftsbesorgungsvertrag, der einen Werkvertrag zum Gegenstand hat.

Schrifttum: *Basedow,* Vertragsstatut und Arbitrage nach neuem IPR, JbPdS 1 (1987) 3 ff.; *Baumbach/Lauterbach/Albers/Hartmann,* ZPO, 54. Aufl., 1996; *Bork/Stöve,* Schiedsgerichtsbarkeit bei Börsentermingeschäften, 1992; *Bruske,* Beweiswürdigung und Beweislast bei Aufklärungspflichtverletzungen im Bankrecht, 1994; *Glossner/Bredow/Bühler,* Das Schiedsgericht in der Praxis, 3. Aufl., 1990; *Hermes,* Schadensersatz bei der Amtspflichtverletzung durch Finanzbeamte, DStZ 1996, 9; *Koch,* Verbrauchergerichtsstand nach dem EuGVÜ und Vermögensgerichtsstand nach der ZPO für Termingeschäfte?, IPRax 1995, 71 ff.; *Maier,* Handbuch der Schiedsgerichtsbarkeit, 1979; Münchener Kommentar zur ZPO, 1. Aufl.; *Nacke,* Amtshaftung bei fehlerhaftem Verhalten von Finanzbeamten, DStZ 1996, 20; *Nissen,* Amtshaftung im Bereich der Finanzverwaltung, BB 1995, 649; *ders.,* Amtshaftung bei Flüchtigkeitsfehlern des Finanzamtes, BB 1996, 133; *Roth,* Beweismaß- und Beweislast bei der Verletzung bankvertraglicher Aufklärungs- und Beratungspflichten, ZHR 154 (1990), 513 ff.; *Samtleben,* Schiedsklauseln bei internationalen Warentermingeschäften, BB 1974, 1616 ff.; *Schütze,* Zur Wirksamkeit von internationalen Schiedsvereinbarungen und zur Wirkungserstreckung ausländischer Schiedssprüche über Ansprüche aus Börsentermingeschäften, JbPdS 1 (1987), 94 ff.; *Schütze/Tscherning/Wais,* Handbuch des Schiedsverfahrens, 2. Aufl., 1990; *Schwab/Walter,* Schiedsgerichtsbarkeit, 5. Aufl., 1995; *Stein/Jonas,* Kommentar zur Zivilprozeßordnung, 21. Aufl.; *Wagner,* Amtshaftung bei fehlerhaften Steuerbescheiden, StB 1993, 321; *Weber/Weber-Rey,* Fragen der Börsenschiedsfähigkeit bei gekorener Börsentermingeschäftsfähigkeit, JbPdS 3 (1989), 149 ff.; *Wieczorek/Schütze,* Großkommentar zur Zivilprozeßordnung, Bd. V, 3. Aufl., 1995; *Wunderlich,* Zivilprozessuale Möglichkeiten für ein gemeinschaftliches Vorgehen geschädigter Kapitalanleger, DB 1993, 2269 ff.; *Zöller,* Zivilprozeßordnung, 19. Aufl., 1994.

I. Besonderheiten des Anlegerprozesses

1 Der Anlegerprozeß ist gesetzlich nicht zusammenfassend geregelt. Er kann als die Gesamtheit der Normen der zivilprozessualen Durchsetzung von Ansprüchen aus Kapitalanlagegeschäften verstanden werden. Die Prozeßführung bei Anlagegeschäften ist insbesondere durch zwei Besonderheiten gekennzeichnet.

2 **1. Mehrheit gleichermaßen Berechtigter.** Ansprüche aus der Vermittlung von Kapitalanlagegeschäften und den Geschäften selbst stehen regelmäßig einer Vielzahl gleichermaßen Berechtigter zu. So sind bei der Prospekthaftung alle Anleger, die eine Investitionsentscheidung auf Grund falscher Prospektangaben getroffen haben, anspruchsberechtigt. Auch durch die unzulässige Werbung für Kapitalanlagegeschäfte werden regelmäßig nicht einzelne, sondern ganze Gruppen geschädigt, da der unseriöse Vermittler zwar einzelne Geschäfte abschließt, dabei aber immer „dieselbe Masche" benutzt.

3 **2. Unterschiedliche rechtliche Beurteilung verschiedener Anlageformen in kollisionsrechtlicher Hinsicht.** Eine weitere Besonderheit des Anlegerprozesses ist es, daß die verschiedenen Erscheinungsformen der Kapitalanlage kollisionsrechtlich unterschiedlich zu behandeln sind. Die einzelnen Anlageformen sind so unterschiedlich, daß ein internationales Kapitalanlagerecht entstanden ist, das die Gesamtheit der Normen des IPR der Kapitalanlagen umfaßt.[1] Das bringt für den Nachweis und die Feststellung ausländischen Rechts im Prozeß zuweilen besondere Probleme.[2]

II. Schieds- und Gerichtsstandsvereinbarungen in Kapitalanlageverträgen

4 **1. Vor- und Nachteile der Schiedsvereinbarung bei Kapitalanlagegeschäften.** Im Rahmen von Kapitalanlageschäften finden sich häufig Schiedsvereinbarungen. Die Gründe hierfür sind mannigfaltig.[3]

5 *a) Spezielle Sachkunde:* Gewisse Kapitalanlageformen erfordern eine Sachkunde, die von Richtern der ordentlichen Gerichtsbarkeit nicht vorausgesetzt werden kann. Das System des gesetzlichen Richters bringt es mit sich, daß Richter über Sachverhalte entscheiden müssen, die ihnen fremd sind und deren Durchführung, Usancen pp. sie nicht überblicken. So wird schon die Terminologie von Optionsgeschäften einem Richter an einem deutschen Landgericht regelmäßig ein Buch mit sieben Siegeln sein, wenn es sich nicht gerade um eine spezialisierte Kammer eines Landgerichts an einem Börsenplatz – etwa Frankfurt – handelt.

Die Schiedsgerichtsbarkeit bietet die Möglichkeit, den Rechtsstreit durch private Richter mit besonderer Sachkenntnis entscheiden zu lassen. So ist der publizitätsträchtige Streit der 80iger Jahre um Wertpapierpensionsgeschäfte einer Frankfurter Bank durch ein Schiedsgericht entschieden worden.

6 *b) Verfahrensdauer:* Das Schiedsverfahren ist seiner Konzeption nach schneller – da es von den seltenen Fällen der Vereinbarung eines Oberschiedsgerichts angesehen[4] – nur eine In-

---

[1] Vgl. dazu oben § 10.

[2] Vgl. dazu *Schütze,* Deutsches Internationales Zivilprozeßrecht, 1985, S. 115 ff. m. w. N.

[3] Vgl. dazu *Schütze,* Verbesserungen des Zivilgerichtsverfahrens aus Erfahrungen mit der Schiedsgerichtsbarkeit, in: *Gilles* (Hrsg.), Effiziente Rechtsverfolgung, 1987, 65 ff.; *ders.,* Schiedsgericht und Schiedsverfahren, 1991, S. 4 ff.; *Schütze/Tscherning/Wais,* Handbuch des Schiedsverfahrens, 2. Aufl., Rdnr. 1 ff.; *Stumpf,* Vor- und Nachteile des Verfahrens vor Schiedsgerichten gegenüber Verfahren vor Ordentlichen Gerichten, Festschrift für Bülow, 1981, S. 217 ff.

[4] Vgl. dazu *Schütze/Tscherning/Wais,* Handbuch, Rdnr. 122.

stanz kennt. Der Vorteil kann aber durch die Notwendigkeit des Vollstreckbarerklärungsverfahrens (§§ 1042 ff., 1044 ZPO) und das Fehlen von Zwangsmitteln des Schiedsgericht ausgeglichen werden. Auch stehen einer böswilligen Partei mehr Möglichkeiten der Verzögerung (z. B. Nichteinzahlung von Vorschüssen, Anträge auf Vernehmung von Zeugen durch das ordentliche Gericht pp.) im Schiedsverfahren als im ordentlichen Prozeß zur Verfügung.

c) Kosten: Schiedsverfahren sind nicht kostengünstiger als Verfahren vor den ordentlichen Gerichten. Die behaupteten Kostenvorteile sind vielfach Erfindungen von Möchtegernschiedsrichtern ohne eigene Erfahrungen. Auch konzeptionelle Kostenvorteile des einstufigen Schiedsverfahrens werden durch das Vollstreckbarerklärungsverfahren häufig ausgeglichen.[5] 7

d) Verfahrensgestaltung: Die Parteien und das Schiedsgericht sind in der Verfahrensgestaltung freier als das ordentliche Gericht. Das kann insbesondere bei internationalen Verfahren zur Beschleunigung und Vereinfachung führen. 8

e) Vertraulichkeit: Schiedsverfahren sind nicht öffentlich; Schiedssprüche werden nicht veröffentlicht. Bei Kapitalanlagegeschäften, bei denen die Beteiligten häufig ein Interesse daran haben, daß ihre Streitigkeiten und darüber die abgeschlossenen Geschäfte nicht allgemein bekannt werden, kann der Gesichtspunkt der Vertraulichkeit eine Rolle spielen. 9

f) Präzedenzwirkung: Schiedssprüche haben keine Präzedenzwirkung.[6] Wollen die Parteien eine grundsätzliche Klärung einer Streitigkeit – z. B. ein institutioneller Anleger – so ist die Schiedsgerichtbarkeit ungeeignet. 10

g) Durchsetzbarkeit des Schiedsspruchs: Schiedssprüche sind international freizügiger als Gerichtsurteile. Allerdings ist bei Kapitalanlagegeschäften – insbesondere Börsentermingeschäften – eine gewisse Feindseligkeit der Gerichte nicht zu verkennen.[7] 11

2. Die Schiedsvereinbarung *a) Objektive und subjektive Schiedsfähigkeit.* Die objektive Schiedsfähigkeit setzt voraus, daß der Gegenstand des Streites einem Vergleich zugänglich ist.[8] Hier ergeben sich bei Kapitalanlagegeschäften regelmäßig keine Probleme, auch nicht bei Börsentermingeschäften. Die Zulässigkeit von Schiedsvereinbarungen für derartige Transaktionen ergibt sich incidenter aus § 28 BörsG.[9] Nach dieser Bestimmung ist die Vereinbarung der Zuständigkeit eines Börsenschiedsgerichts nur verbindlich, „wenn beide Teile zu den Personen gehören, die nach § 53 Börsentermingeschäfte abschließen können“. Würde man die objektive Schiedsfähigkeit von Streitigkeiten aus Börsentermingeschäften generell verneinen, dann könnten auch Börsentermingeschäftsfähige keine Schiedsvereinbarung abschließen. Das aber läßt § 53 BörsG gerade zu.[10] 12

Die subjektive Schiedsfähigkeit ist Ausfluß der *Geschäftsfähigkeit.* Die Parteien der Schiedsvereinbarung müssen persönlich fähig sein, sich durch einen Vertrag zu verpflichten. Bei internationalen Schiedsvereinbarungen ist die subjektive Schiedsfähigkeit nach Art. 7 EGBGB zu beurteilen.[11] Für Beschränkungen der subjektiven Schiedsfähigkeit gilt damit das Heimatrecht.[12] 13

---

[5] Vgl. für ein Beispiel *Schütze/Tscherning/Wais,* Handbuch, Rdnr. 10.

[6] Vgl. *Schütze,* Zur Präzedenzwirkung von Schiedssprüchen, Festschrift für Glossner, 1994, S. 333 ff.; *ders.,* The Precedential Effect of Arbitration Decisions, Journal of International Arbitration, 11 (1994), No. 3, 69 ff.

[7] Vgl. *Schütze,* Zur Wirksamkeit von internationalen Schiedsvereinbarungen und zur Wirkungserstreckung ausländischer Schiedssprüche über Ansprüche aus Börsentermingeschäften, JbPdS 1 (1987), 94 ff.

[8] Vgl. § 1025 Abs. 1 ZPO; dazu *Schütze/Tscherning/Wais,* Handbuch, Rdnr. 43

[9] Vgl. *Bork/Stöve,* Schiedsgerichtsbarkeit bei Börsentermingeschäften, 1992, S. 31 f.; *Schütze* JbPdS 1 (1987), 96 f.; *Schwark,* Börsengesetz, 2. Aufl., 1994, § 28 Rdnr. 3; *Weber/Weber-Rey,* Fragen der Börsenschiedsfähigkeit bei gekorener Börsentermingeschäftsfähigkeit, JbPdS 3 (1989), 149 ff., 154.

[10] Vgl. für diese Argumentation *Bork/Stöve,* Schiedsgerichtsbarkeit, S. 32; *Schütze* JbPdS 1 (1987), 96 f.

[11] Vgl. *Schütze,* Deutsches Internationales Zivilprozeßrecht, 1985, S. 214; *Schütze/Tscherning/Wais,* Handbuch, Rdnr. 562; *Schwab/Walter,* Schiedsgerichtsbarkeit, 5. Aufl., 1995, S. 420.

[12] Vgl. zum Theorienstreit *Samtleben* BB 1974, 1616 ff., 1618.

Probleme ergeben sich für die subjektive Schiedsfähigkeit nach deutschem Recht bei Streitigkeiten aus Börsentermingeschäften. *Samtleben*[13] entnimmt § 28 BörsG eine Einschränkung der subjektiven Schiedsfähigkeit auf börsentermingeschäftsfähige Personen. Demgegenüber geht *Mann*[14] davon aus, daß § 28 BörsG nur Börsenschiedesgerichte betrifft, die in einem organischen Zusammenhang zu einer deutschen Börse stehen, nicht jedoch sonstige institutionelle oder ad hoc Schiedsgerichte.[15] Auch der BGH nimmt wohl an, daß die Börsentermingeschäftsfähigkeit die subjektive Schiedsfähigkeit nicht berührt. Sonst hätte er in der Entscheidung vom 15. 6. 1987[16] nicht dahingestellt sein lassen dürfen, ob der Kläger börsentermingeschäftsfähig war. Neuerdings haben sich insbesondere *Bork/Stöve* für eine uneingeschränkte subjektive Schiedsfähigkeit für Streitigkeiten aus Börsentermingeschäften ausgesprochen.[17]

14 Auszugehen ist von der ratio des § 28 BörsG. Diese Norm soll gewährleisten, daß über Ansprüche aus Börsentermingeschäften mit nicht börsentermingeschäftsfähigen Personen die ordentlichen Gerichte entscheiden, damit der vom Gesetzgeber bezweckte Schutz Unerfahrener bei gefährlichen Geschäften gesichert wird.[18] Unter diesen Umständen wird man die subjektive Schiedsfähigkeit nicht börsentermingeschäftsfähiger Personen mit *Samtleben* verneinen müssen.[19]

15 *b) Das Zustandekommen der Schiedsvereinbarung.* Während sich die Wirkungen einer Schiedsvereinbarung allein nach der lex fori bestimmen,[20] beurteilt sich ihr Zustandekommen nach der lex causae.[21] Nach h. L. ist die Schiedsvereinbarung als *materiellrechtlicher Vertrag* über einen prozessrechtlichen Gegenstand zu qualifizieren.[22] Nach deutschem IPR können die Parteien deshalb das auf die Schiedsvereinbarung anwendbare Recht durch Rechtswahl bestimmen (Art. 27 EGBGB). Dabei umfaßt die Rechtswahl für das Rechtsverhältnis, das Gegenstand der Schiedsvereinbarung ist, regelmäßig – jedoch nicht notwendigerweise – auch die Schiedsvereinbarung.[23]

Probleme der Rechtswahl ergeben sich bei Schiedsvereinbarungen über Streitigkeiten aus Börsentermingeschäften. Der BGH hat die Rechtswahl für ein Börsentermingeschäft im Hinblick auf § 61 a. F. BörsG als unzulässig angesehen.[24] *Mann*[25] hat diese Rechtsprechung mit beachtlichen Argumenten kritisiert.

Die Neufassung des § 61 BörsG hat nunmehr Klarheit gebracht. Rechtswahlklauseln sind zulässig. Das auf das Termingeschäft anwendbare Recht ergibt sich aus Art. 27 EGBGB.[26] Die Vereinbarung der Zuständigkeit eines ausländischen Schiedsgerichts ist auch zulässig, wenn dieses – auf Grund einer Rechtswahlklausel – ausländisches Recht anwenden wird,

---

[13] BB 1974, 1618; ebenso schon *Brändl,* Internationales Börsenprivatrecht, 1925, S. 210.

[14] Vgl. *Mann,* Börsentermingeschäfte und internationales Privatrecht, Festschrift für von Caemmerer, 1978, S. 737 ff., 754.

[15] Börsenschiedsgerichte müssen nicht unbedingt Organe der Börse sein. Es kann sich um ähnliche Anstalten i. S. von § 1 Abs. 3 BörsG handeln, vgl. *Schwark,* Börsengesetz § 28 Rdnr. 1.

[16] BGH WM 1987, 1153.

[17] Vgl. *Bork/Stöve,* Schiedsgerichtsbarkeit, S. 32 ff.

[18] Vgl. *Schwark,* Börsengesetz § 28 Rdnr. 3.

[19] Vgl. *Schütze* JbPdS 1 (1987), 94 ff., 96; *Schütze/Tscherning/Wais,* Handbuch, Rdnr. 562; *Weber/-Weber-Rey* JbPdS 3 (1989), 149 ff., 153 ff., die auch bei gekorener Börsentermingeschäftsfähigkeit die subjektive Schiedsfähigkeit verneinen.

[20] Im deutschen Recht begründet die Schiedsvereinbarung eine prozeßhindernde Einrede, § 1027 a ZPO.

[21] Vgl. *Basedow,* Vertragsstatut und Arbitrage nach neuem IPR, JbPdS 1 (1987), 3 ff.; Fouchard, L'Arbitrage Commercial International, 1965, Nr. 226; *Schütze/Tscherning/Wais,* Handbuch, Rdnr. 559.

[22] Vgl. BGHZ 23, 198, 200; *Maier,* Handbuch der Schiedsgerichtsbarkeit, 1979, Rdnr. 20; *Reithmann/Martiny/Hausmann,* Internationales Vertragsrecht, 4. Aufl., 1988, Rdnr. 1297; *Schütze,* Schiedsgericht und Schiedsverfahren, 1991, Rdnr. 67; *Wieczorek/Schütze,* ZPO, 3. Aufl., § 1025 Rdnr. 36.

[23] Vgl. *Schütze,* Deutsches Internationales Zivilprozeßrecht, 1985, S. 214.

[24] Vgl. die Zusammenstellung bei *Bundschuh* WM 1986, 725 ff., 727 f.; weiter *Veltins,* Umfang und Grenzen von Rechtswahlklauseln, JbPdS 3 (1989), 126 ff., 132 f.

[25] Vgl. *Mann* Festschrift für von Caemmerer, S. 737 ff.

[26] Vgl. *Schwark,* Börsengesetz § 61 Rdnr. 9.

das den Differenzeinwand nicht kennt.[27] Der BGH hat auch schon eingelenkt und ist von seiner früheren Rechtsprechung behutsam abgedruckt.[28] Er sucht nunmehr wohl die Lösung über die Versagung der Wirkungserstreckung oder Aufhebung eines Schiedsspruchs.

c) Wegfall der Schiedsvereinbarung. Die Schiedsvereinbarung kann einverständlich aufgehoben oder durch Rücktritt oder Anfechtung nach den allgemeinen Regeln über Rechtsgeschäfte beseitigt werden.[29] Darüber hinaus ist eine Kündigung aus wichtigem Grund möglich[30] Wichtiger Grund ist jeder, der es einer Partei unzumutbar macht, an der Schiedsvereinbarung festzuhalten. Hierbei handelt es sich im wesentlichen um die Fälle, in denen eine böswillige oder eine mittellose Partei ihre Verpflichtung zur Förderung des Verfahrens durch Zahlung von Vorschüssen nicht erfüllen will oder nicht erfüllen kann. 16

Kann der Schiedskläger nach Abschluß der Schiedsvereinbarung den Vorschuß nicht erbringen und/oder sich keinen Rechtsanwalt „leisten", weil er nach Abschluß der Schiedsvereinbarung verarmt, so kann er die Schiedsvereinbarung kündigen.[31] 17

Auch Armut bei Abschluß der Schiedsvereinbarung gibt ein Kündigungsrecht. Der BGH hat das Kündigungsrecht zunächst auf die Fälle begrenzt, in denen die arme Partei hoffte, im Zeitpunkt der Durchführung des Schiedsverfahrens ausreichende Mittel zu besitzen.[32] Die andere Partei kann die Kündigung verhindern, wenn sie sich verpflichtet, dem mittellosen Schiedskläger die Verfahrenskosten vorzustrecken.

Bei Armut des Schiedsbeklagten liegt die Problematik nur scheinbar anders.[33] Der Schiedskläger kann zunächst auch in diesem Fall die Verfahrenskosten vorschießen, so die Durchführung des Schiedsverfahrens erzwingen und die Kündigung der Schiedsvereinbarung durch die arme Partei verhindern. Im übrigen bestehen für ihn zwei Möglichkeiten: 18

– Er kann die Schiedsvereinbarung kündigen, weil die Rechtsverfolgung vor dem Schiedsgericht für ihn unzumutbar geworden ist.

– Er kann unmittelbar vor dem Staatsgericht klagen und der Einrede der Schiedsvereinbarung (§ 1027 a ZPO) die Gegeneinrede der Arglist entgegensetzen.[34]

d) Kompetenz-Kompetenz. Die Parteien können die Entscheidung über die Wirksamkeit einer Schiedsvereinbarung dem Schiedsgericht selbst übertragen. Der BGH hat in ständiger Rechtsprechung eine solche Kompetenz-Kompetenz-Klausel für zulässig gehalten.[35] Die Nachprüfungsbefugnis des staatlichen Gerichts erstreckt sich in diesen Fällen allein darauf, ob die Klausel wirksam vereinbart ist.[36] Dabei entscheidet das Gericht regelmäßig auch incidenter über die Wirksamkeit der Schiedsvereinbarung selbst,[37] da mit dieser die Kompetenz-Kompetenz-Klausel steht und fällt. Vereinbaren die Parteien im Zusammenhang mit einem Börsentermingeschäft deshalb die Zuständigkeit eines Schiedsgerichts, dem sie Kompetenz-Kompetenz übertragen, so schlägt eine etwaige Unwirksamkeit der Schiedsvereinbarung auf die Kompetenz-Kompetenz-Klausel durch. 19

3. Die Gerichtsstandsvereinbarung. Gerichtsvereinbarungen finden sich bei Kapitalanlagegeschäften häufig. Sie sind wegen der regelmäßig bei Streitigkeiten auftretenden glei- 20

---

[27] Vgl. *Bork/Stöve,* Schiedsgerichtsbarkeit, S. 37; *Schwark,* Börsengesetz § 61 Rdnr. 20.

[28] Vgl. BGH WM 1991, 1248 mit Anm. *Schütze* WuB VII B 3, ZPO 1.91 und *Koller* EWiR 1991, 559.

[29] Vgl. im einzelnen *Schütze/Tscherning/Wais,* Handbuch, Rdnr. 136 ff.

[30] Vgl. BGHZ 41, 108; 94, 92; BGH WM 1986, 402; 1988, 478 mit Anm. *Schütze* WuB VII A. § 1027 a ZPO 1.88; LG Kassel IPRax 1993, 219; *Wieczorek/Schütze* § 1025 Rdnr. 60 ff.

[31] Vgl. BGHZ 41, 104; BGH WM 1988, 478.

[32] Vgl. BGHZ 77, 65.

[33] Vgl. *Wieczorek/Schütze* § 1025 Rdnr. 62.

[34] Vgl. BGH WM 1988, 478.

[35] Vgl. BGHZ 68, 356; BGH JZ 1989, 201 mit Anm. *Bosch;* BGH NJW 1991, 2215 mit Anm. *Schütze* WuB VII B 3 § 1025 ZPO 1.91 und *Welter* EWiR 1991, 1039; dazu die Rechtsprechungsberichte von *Raeschke-Kessler* JbPdS 2 (1988), 225 ff.; BB-Beil. 15/1992, 19 ff., 20.

[36] Vgl. *Raeschke-Kessler* NJW 1988, 3042 ff., 3043; *Wieczorek/Schütze* § 1025 Rdnr. 49.

[37] Vgl. auch BGH NJW 1979, 2567.

chen Fallkonstellation für zahlreiche Anleger sinnvoll. Das gilt insbesondere dann, wenn für die Entscheidung Kenntnisse einer besonderen Anlageform oder eines ausländischen Rechts erforderlich sind.

So vertrieb in den 70iger Jahren eine bedeutende Gesellschaft für Auslandsgrundbesitz Häuser und Appartements im Ausland, insbesondere in Spanien. Die Verträge mit den Erwerbern unterlagen spanischem Recht. Als Gerichtsstand war Stuttgart vereinbart. Die Bündelung zahlreicher Prozesse bei dem Landgericht und Oberlandesgericht Stuttgart führte dazu, daß ein Gutachten zum spanischen Grundstücksrecht eingeholt wurde, das Grundlage der Entscheidung zahlreicher Prozesse in den Folgejahren war. Bei der Ungeschicklichkeit mancher Gerichte im Umgang mit ausländischem Recht brachten die Gerichtsstandsvereinbarungen in dem Fall den Vorteil, daß ein Gericht entschied, das die notwendigen Kenntnisse im spanischen Recht hatte. Auch ein anderer Gesichtspunkt ist nicht zu unterschätzen. Gerichtsstandsvereinbarungen mindern das Risiko, daß gleichgelagerte Fälle unterschiedlich entschieden werden, was das Vertrauen in die Rechtspflege beeinträchtigen kann.

21 *a) Kollisionsrechtliche Beurteilung.* Zulässigkeit und Wirkungen einer internationalen Gerichtsstandsvereinbarung bestimmen sich nach der lex fori, ihr Zustandekommen jedoch nach dem Vertragstatut.[38] Zu beachten ist dabei, daß kollisionsrechtlich eine Doppelprüfung nach den Rechten des Staates, dessen Zuständigkeit prorogiert und des Staates, dessen Zuständigkeit derogiert wird, notwendig ist. Zuweilen schlägt eine Gerichtsstandsvereinbarung fehl, weil zwar die Prorogation wirksam ist, die Derogation aber nicht oder umgekehrt.[39]

22 *b) Zulässigkeit und Wirkungen.* Die Zulässigkeit von Gerichtsstandsvereinbarungen bestimmt sich im deutschen Recht nach § 38 ZPO. Probleme ergeben sich auch hier – ebenso wie bei der Schiedsvereinbarung – für Börsentermingeschäfte. Nach § 61 BörsG a. F. hat der BGH Gerichtsstandsvereinbarungen für unzulässig gehalten, die – in Verbindung mit einer Rechtswahlklausel – befürchten ließen, daß das ausländische prorogierte Gericht den Termineinwand nicht beachten würde.[40] Diese – schon bisher zweifelhafte – Ansicht läßt sich nach der Novellierung des BörsG nicht mehr halten.[41]

23 Eine Sonderregelung für Gerichtsstandsvereinbarungen bringt Art. 17 EuGVÜ. Diese Regelung ist im Rahmen des Geltungsbereichs des EuGVÜ an die Stelle von § 38 ZPO getreten. Diese Norm gilt insoweit nicht – auch nicht subsidiär.[42] Die Prorogationsfreiheit wird in Verbraucherschutzsachen durch Art. 13 Abs. 1 Nr. 1, 3; 14 EuGVÜ eingeschränkt. Der BGH mißt dem Verbraucherschutz einen hohen Stellenwert bei.[43] Nun mag man füglich zweifeln, ob es sich bei dem Personenkreis, der sich regelmäßig bei Anlagegeschäften – insbesondere Börsentermin- und Warentermingeschäften – engagiert, um schutzwürdige Konsumenten handelt. Symptomatisch ist der sog. Koestlerfall, in dem ein Ministerialrat im Bundesverteidigungsministerium während eines mehrjährigen Frankreichsaufenthalts verlustreiche Börsentermingeschäfte tätigte.[44] Ist das der klassische schutzwürdige Verbraucher?

---

[38] Vgl. BGHZ 49, 384; BGH NJW 1971, 323 mit Anm. *Geimer;* BGHZ 57, 72 = NJW 1972, 391 mit Anm. *Geimer;* BGHZ 59, 23; BAG JZ 1979, 647.

[39] Vgl. dazu *Schütze,* Praktizierte Lieferbedingungen im internationalen Geschäftsverkehr, DZWir 1992, 89 ff., 90 f.

[40] Vgl. BGH NJW 1984, 2037; ebenso OLG Frankfurt/Main WM 1993, 1670. Das Schrifttum war kritisch, vgl. z. B. *Häuser/Welter* WM 1985, Sonderbeil. 8, 9 ff.

[41] Vgl. *Schwark,* BörsG § 61 Rdnr. 15.

[42] Vgl. BGHZ 82, 110; *Wieczorek/Schütze/Hausmann,* § 38 Rdnr. 44 m. w. N. Dasselbe gilt für den sachlichen Anwendungsbereich von Art. 17 des Parallelübereinkommens von Lugano.

[43] Vgl. BGH WM 1987, 1173: „Diese Vorschrift (Art. 29 EGBGB) zeigt – unabhängig davon, ob sie auf die Rechtsgeschäfte der vorliegenden Art anzuwenden ist oder nicht –, welch hoher Stellenwert dem Schutz des Verbrauchers in der Sozialordnung der Bundesrepublik Deutschland zukommt."

[44] Vgl. OLG Köln IPRspr. 1979 Nr. 12 b; dazu auch *Samtleben,* Das Internationale Privatrecht der Börsentermingeschäfte und der EWG-Vertrag, RabelsZ 45 (1981), 218 ff.

Die Wirkungen einer internationalen Gerichtsstandsvereinbarung bestimmen sich allein nach der lex fori.

24 *c) Abschluß.* Gerichtsstandsvereinbarungen im vollkaufmännischen Geschäftsverkehr sind formfrei.[45] Im übrigen bedürfen sie – soweit überhaupt zulässig – der Schriftform (§ 38 Abs. 3 ZPO). Hat eine der Parteien keinen allgemeinen Gerichtsstand im Inland so genügt die halbe Schriftform (formfreie Vereinbarung mit schriftlicher Bestätigung, § 38 Abs. 2 ZPO).

Im Geltungsbereich des EuGVÜ und des Lugano-Übereinkommens ist nach Art. 17 volle oder halbe Schriftform erforderlich.[46] Die Revision 1978 des EuGVÜ läßt nunmehr auch stillschweigende Gerichtsstandsvereinbarungen zu, die „im internationalen Handelsverkehr in einer Form geschlossen werden, die den internationalen Handelsbräuchen entspricht, die den Parteien bekannt sind oder von ihnen als bekannt angesehen werden müssen". Diese Erleichterung macht auch eine Prorogation über AGB in gewissem Rahmen möglich.[47]

III. Klägermehrheit

25 In Anlegerprozessen besteht ein mehrfaches Interesse, die Ansprüche in gleichgelagerten Fällen einheitlich geltend zu machen. Dafür spricht zum einen ein Kosteninteresse, zum anderen stehen den gleichermaßen Interessierten weitergehende Informationen aus dem Gesamtkomplex zur Verfügung als diese dem einzelnen bekannt sind. Schließlich werden durch ein gemeinsames Vorgehen abweichende Entscheidungen verhindert, was im Interesse ordnungsgemäßer Rechtspflege liegt.

26 **1. Prozeßführung vor ordentlichen Gerichten.** Die Möglichkeiten eines gemeinsamen Vorgehens von Anlegern sind im deutschen Zivilprozeß beschränkt.[48]

27 *a) Musterprozeß.* Die Beteiligten eines Anlagegeschäfts können vereinbaren, daß eine Streitigkeit nur in einem Fall rechtshängig gemacht und entschieden wird und die Entscheidung für alle anderen Fälle maßgeblich sein soll. Derartige Musterprozeßabreden sind zulässig[49] aber in den meisten Fällen unzweckmäßig. Da eine Zustimmung aller Beteiligter – regelmäßig aller gleichermaßen Geschädigter – praktisch nicht zu erlangen ist, schafft die Musterprozeßabrede meist keine endgültige Klarheit.

Die Musterprozeßabrede hat den Nachteil, daß das Verfahren nur für den rechtshängig gemachten Anspruch verjährungsunterbrechend wirkt. Hier kann ein Verzicht auf die Einrede der Verjährung durch den Schuldner Abhilfe schaffen. Das größte Problem besteht aber darin, daß nur der Musterprozeßführer einen Titel erlangt und die übrigen aus der bloßen Zusage des Schuldners, entsprechend dem Ausgang des Musterprozesses leisten zu wollen, nicht vollstrecken können. Der Weg über eine vollstreckbare notarielle Urkunde (§ 794 Abs. 1 Nr. 5 ZPO)[50] ist völlig unpraktikabel (und kostspielig).

28 *b) Abtretung.* Die Nachteile des Musterprozesses werden durch die treuhänderische Abtretung der Ansprüche an den Kläger vermieden. In diesem Fall werden alle Ansprüche rechtshängig. Die Verjährung wird für alle Ansprüche unterbrochen, alle werden

---

[45] Vgl. *Wieczorek/Schütze/Hausmann* § 38 ZPO Rdnr. 38 m. w. N.

[46] Vgl. dazu *Geimer/Schütze,* Internationale Urteilsanerkennung, Bd. I, 1, 1983, S. 473 ff.; *Kropholler,* Europäisches Zivilprozeßrecht, 5. Aufl., 1996, Art. 17 Rdnr. 28 ff.

[47] Vgl. dazu *Rauscher,* Gerichtsstandsbeeinflussende AGB im Geltungsbereich des EuGVÜ, ZZP 104 (1991), 271 ff.; *Schütze,* Praktizierte Lieferbedingungen im internationalen Geschäftsverkehr, DZWir 1992, 89 ff., 91.

[48] Vgl. dazu *Wunderlich* DB 1993, 2269 ff.

[49] Vgl. dazu *Kempf* Zur Problematik des Musterprozesses, ZZP 73 (1960) 342 ff.; *Hirte,* Der amicus-curiae-brief – das amerikanische Modell und die deutschen Parallelen, ZZP 104 (1991), 11 ff. (55); *Wunderlich* DB 1993, 2269 ff., 2270.

[50] Vgl. dazu *Wunderlich* DB 1993, 2259 ff., 2270.

durch ein Urteil tituliert. Allerdings wächst das Kostenrisiko, wennschon mit degressiven Gebühren.

Die Geltendmachung von treuhänderisch abgetretenen Ansprüchen ist in der Praxis nicht selten. Aktionäre,[51] Kommanditisten[52] und Bauherrn[53] mit gleichgelagerten Ansprüchen haben von dieser Möglichkeit Gebrauch gemacht.[54]

Die Zulässigkeit der Geltendmachung treuhänderisch abgetretener Ansprüche hat ihre Grenze im Rechtsmißbrauch. Ist der klägerische Zessionar vermögenslos und nicht in der Lage, einen eventuellen Kostenerstattungsanspruch des obsiegenden Beklagten zu erfüllen, so ist regelmäßig von einer rechtsmißbräuchlichen Abtretung auszugehen.[55] Die Anleger können den Bannstahl des Rechtsmißbrauchs vermeiden, in dem sie den Zessionar durch Barmittel oder Garantien in den Stand versetzen, etwaige Kostenerstattungsansprüche (für alle Instanzen) zu befriedigen.[56]

Soweit die Geltendmachung treuhänderisch abgetretener Ansprüche nicht geschäftsmäßig erfolgt, stehen ihr Bedenken aus dem Gesichtspunkt des RBerG nicht entgegen. Die Geltendmachung zur Einziehung abgetrennter Forderungen fällt zwar unter § 1 Abs. 1 RBerG, ist aber nur erlaubnispflichtig, soweit sie „geschäftsmäßig" erfolgt.

29 *c) Gewillkürte Prozeßstandschaft.* Die Geltendmachung von Ansprüchen durch einen zur Einziehung berechtigten Dritten setzt ein eigenes rechtliches – nicht nur wirtschaftliches – Interesse der klagenden Dritten voraus.[57] Ein solches Interesse fehlt bei dem Anlegerprozeß regelmäßig. Insbesondere ist nicht ersichtlich, inwieweit die Rechtsstellung des prozeßführenden Anlegers durch die gleichzeitige Geltendmachung von Ansprüchen Dritter – mögen sie auch in gleichgelagerten Sachverhalten ihren Rechtsgrund haben – die Rechtsstellung des Klägers verbessern sollte. Die größere „bargaining power" im Hinblick auf einen Vergleichsabschluß genügt nicht.[58]

Anders ist die Rechtslage, wenn ein Verband im Rahmen seiner satzungsmäßigen Aufgaben Ansprüche im Wege der gewillkürten Prozeßstandschaft geltend macht. In diesen Fällen ist das rechtliche Interesse zu bejahen.[59]

30 *d) Keine class action.* Die Prozeßführungsbefugnis ist als Prozeßvoraussetzung nach der lex fori zu beurteilen.[60] Für die Prozeßstandschaft ist[61] zu differenzieren. Nur insoweit sie sich aus einer prozessualen Norm ergibt kommt die lex fori zur Anwendung. Das ist bei der class action des US-amerikanischen Zivilprozesses der Fall.[62] Bei der class action[63] macht der Kläger die Rechte einer Gruppe gleichermaßen Geschädigter, die durch keine Rechtsbeziehungen materieller Art verbunden sind, geltend. Das deutsche Recht kennt die class action nicht. Sie steht zur gemeinsamen Durchsetzung von Ansprüchen im Anlegerprozeß nicht zur Verfügung.

---

[51] Vgl. LG Düsseldorf WM 1991, 1955.

[52] Vgl. BGHZ 83, 222.

[53] Vgl. BGH NJW 1990, 2461.

[54] Vgl. *Wunderlich* DB 1993, 2259 ff., 2271.

[55] Vg. BGH NJW 1990, 1117.

[56] Vgl. BGH NJW 1990, 1117, *Wunderlich* DB 1993, 2269 ff., 2271.

[57] Vgl. für Nachweise *Wieczorek/Schütze/Hausmann,* Vor § 50 ZPO, Rdnr. 77.

[58] Vgl. *Wunderlich* DB 1993, 2269 ff., 2270.

[59] Vgl. für Nachweise *Wieczorek/Schütze/Hausmann,* Vor § 50 ZPO, Rdnr. 84.

[60] Vgl. *Wieczorek/Schütze,* Einl. Rdnr. 168.

[61] Vgl. dazu im einzelnen *Fragistas,* Die Prozeßstandschaft im internationalen Prozeßrecht, Festschrift für Lewald, 1953, S. 471 ff.

[62] Vgl. *Schack,* Internationales Zivilverfahrensrecht, 2. Aufl., 1996, Rdnr. 556, *Schütze,* Deutsches Internationales Zivilprozeßrecht, 1985, S. 75.

[63] Vgl. dazu *Koch,* Kollektiver Rechtsschutz im Zivilprozeß. Die class action amerikanischen Rechts und deutsche Reformprobleme, 1976; *Schack,* Einführung in das US-amerikanische Zivilprozeßrecht, 1988; S. 73 ff.; *Schlurmann,* Die Class Action im Recht der USA, Diss. Köln 1978; *Schurtman/Walter,* Der amerikanische Zivilprozeß, 1978, S. 90 ff.; *Witzsch,* Class actions, JZ 1975, 277 ff.

2. Prozeßführung vor Schiedsgerichten. Das Schiedsverfahren ist weitgehend ungeeignet für eine Prozeßführung mit Klägermehrheit, da die Schiedsvereinbarung nur die Parteien bindet und eine Einbeziehung Dritter in ein Schiedsverfahren nur mit Zustimmung aller Beteiligten möglich ist. 31

a) Mehrparteienschiedsverfahren. Mehrere Parteien können auf Grund eines gemeinsam geschlossenen Vertrages mit einer gemeinsamen Schiedsvereinbarung in einem einheitlichen Schiedsverfahren klagen oder verklagt werden. Die Mehrparteienschiedsgerichtsbarkeit[64] hat den entscheidenden Nachteil, daß die Beteiligten sich auf ein Schiedsgericht einigen müssen, was nachträglich (nach Entstehen der Streitigkeit) nahezu unmöglich ist. Einigen sie sich bereits in der Schiedsvereinbarung, so kann praktisch nur der Vertragspartner der Anleger den oder die Schiedsrichter bestimmen, was im Hinblick auf die Unzulässigkeit der Schiedsrichterbestellung durch eine Partei[65] zu Problemen führen mag. Die institutionellen Schiedsgerichte versuchen – ohne viel Erfolg – Lösungen anzubieten.[66] 32

b) Einbeziehung Dritter in das Schiedsverfahren. Eine Beteiligung Dritter am Schiedsverfahren ist nur bei Zustimmung aller Beteiligten möglich. 33

Eine *Streitverkündung* ist nur zulässig, wenn der Streitverkündete durch die Schiedsvereinbarung gebunden ist. Andernfalls treten die prozessualen Wirkungen der §§ 74 Abs. 3, 68 ZPO nicht ein.[67] Der Beitritt als *Streithelfer* setzt das Bestehen einer – ausdrücklichen oder stillschweigenden – Schiedsvereinbarung mit allen Beteiligten voraus.[68] Der Streithelfer kann sich den Parteien nicht „aufdrängen".[69]

Auch die *Hauptintervention* ist nur mit Zustimmung aller Beteiligten zulässig.[70]

c) Musterschiedsverfahren und Abtretung. Für die Geltendmachung von Ansprüchen in einem Musterschiedsverfahren gilt dasselbe wie für den Musterprozeß vor den ordentlichen Gerichten. Bei der Abtretung von Ansprüchen an den Schiedskläger und der Geltendmachung durch ihn kommt es für die Zulässigkeit darauf an, ob die abgetretenen Ansprüche derselben Schiedsvereinbarung unterliegen wie die des Schiedsklägers. Das ist regelmäßig nicht der Fall, so daß diese Form der gemeinsamen Prozeßführung im Schiedsverfahren – von Ausnahmen abgesehen – ausscheidet. 34

IV. Besonderheiten des Verfahrens vor den ordentlichen Gerichten

1. Zuständigkeit. Der Anlegerprozeß weist zuständigkeitsrechtliche Besonderheiten insbesondere in den Fällen auf, in denen Ansprüche gegen ausländischen Broker aus Geschäften über deutsche Vermittler geltend gemacht werden. 35

a) Internationale und örtliche Zuständigkeit. Die internationale Zuständigkeit ist in der ZPO nur unvollständig geregelt. Als Faustregel gilt, daß jede örtliche Zuständigkeit eines deut- 36

---

[64] Vgl. dazu *Diesselhorst,* Mehrparteienschiedsverfahren: Internationale Schiedsverfahren unter Beteiligung von mehr als zwei Parteien, 1994; von *Hoffmann,* Mehrparteienschiedsgerichtsbarkeit und Internationale Handelskammer, Festschrift für Nagel, 1987, S. 112ff.; *Laschet,* Die Mehrparteienschiedsgerichtsbarkeit, Festschrift für Bülow, 1981, S. 85ff.; *Luther,* Das Drei-Mann-Schiedsgericht bei der Entscheidung zwischen drei und mehr Vertragspartnern, Festschrift für von Caemmerer, 1978, S. 571ff.; *Markfort,* Mehrparteien-Schiedsgerichtsbarkeit im deutschen und ausländischen Recht, 1994; *Sandrock,* Arbitration Agreements and Groups of Companies, Festschrift für Lalive, 1993, S. 625ff.

[65] Vgl. dazu auch BGHZ 54, 392, BGH JZ 1989, 588.

[66] Vgl. zu den Arbeiten der ICC *von Hoffmann* Festschrift für Nagel, 1987, S. 112ff.

[67] Vgl. *Maier,* Handbuch, Rdnr. 90; *Schütze,* Schiedsgericht und Schiedsgerichtsverfahren, Rdnr. 55, *Schütze/Tscherning/Wais,* Handbuch, Rdnr. 363; *Schwab/Walter,* Schiedsgerichtsbarkeit, S. 64f.

[68] Vgl. *Glossner/Bredow/Bühler,* Schiedsgericht, Rdnr. 413.

[69] Vgl. *Schütze,* Schiedsgericht und Schiedsverfahren, Rdnr. 55.

[70] Vgl. *Schütze/Tscherning/Wais,* Handbuch, Rdnr. 365.

schen Gerichts deutsche internationale Zuständigkeit begründet.[71] Nach ständiger Rechtsprechung des BGH[72] unterliegt die internationale Zuständigkeit nicht dem Nachprüfungsverbot der örtlichen Zuständigkeit nach § 549 Abs. 2 ZPO.

Im Geltungsbereich des EuGVÜ und des LugÜ gelten nur die dort normierten Zuständigkeiten. Das EuGVÜ und das LugÜ sind an die Stelle der nationalen Zuständigkeitsordnungen getreten.[73]

37 *b) Gerichtsstände.* Für die Geltendmachung von Ansprüchen im Anlegerprozeß sind besonders der Gerichtsstand der Zweigniederlassung, der Deliktsgerichtsstand und der Gerichtsstand des Vermögens bedeutsam.

38 aa) Gerichtsstand der Zweigniederlassung. § 21 ZPO eröffnet eine Zuständigkeit am Ort der Zweigniederlassung betriebsbezogene Klagen.[74] Diese Zuständigkeit wegen „doing business" wird häufig auf Klagen gegen ausländische Broker angewendet, wenn Anlagegeschäfte durch inländische Gesellschaften vermittelt worden sind. Die Rechtsprechung läßt eine Repräsentanz genügen,[75] in teilweise sehr extensiver Auslegung des § 21 ZPO, um dem Anleger einen inländischen Gerichtsstand zu eröffnen.[75] Der Leitsatz der Entscheidung des BGH v. 13. 7. 1987 spricht für sich:

„Erweckt eine US-Brokerfirma in ihrer Werbung den Anschein, bei ihren „Büros" in der Bundesrepublik Deutschland handle es sich um von ihr unterhaltene Geschäftseinrichtungen, kann sie sich nicht darauf berufen, sie würden nicht in ihrem Namen und für ihre Rechnung betrieben.

Die internationale Zuständigkeit deutscher Gerichte gemäß § 21 ZPO setzt eine Niederlassung voraus, deren Leitung das Recht haben muß, aus eigener Entscheidung Geschäfte abzuschließen. Agenturen zur bloßen Vermittlung von Vertragsofferten genügen nicht."

Im Geltungsbereich des EuGVÜ tritt Art. 5 Nr. 5 EuGVÜ, im Geltungsbereich des LugÜ Art. 5 Nr. 5 LugÜ, an die Stelle von § 21 ZPO. Diese Normen entsprechen nach ihren Voraussetzungen weitgehend § 21 ZPO.[76] Zu beachten ist jedoch, daß der EuGH – stärker als der anlegerschutzbestrebte BGH – schärfere Anforderungen an die Anbindung der Agentur und Zweigniederlassung an das Stammhaus stellt. Diese müssen der Aufsicht und Leitung des Stammhauses unterliegen.[77]

39 bb) Gerichtsstand der unerlaubten Handlung. Ansprüche aus Anlagegeschäften sind zu einem großen Teil deliktischer Natur, so die aus Prospekthaftung,[78] falscher Anlagenberatung und -vermittlung,[79] Churning[80] pp. Nach § 32 ZPO ist für Deliktsklagen eine Zuständigkeit am Begehungsort gegeben. Der Begriff des Begehungsortes umfaßt sowohl den Handlungs- als den Erfolgsort. Bei Mittäterschaft genügt es, wenn einer der Mittäter im Inland handelt. Das hat der BGH zuletzt für die Spesenreiterei (churning) entschieden.[81] Bei Auseinanderfallen von Handlungs- und Erfolgsort hat der Kläger die Wahl (§ 35 ZPO), welches Gericht er anrufen will. Er wird dabei die im Rahmen des forum shopping relevanten Motivationen abwägen und das Forum wählen, das ihm die besten Erfolgschan-

---

[71] Vgl. BGHZ 44, 46; *Geimer,* Internationales Zivilprozeßrecht, 2. Aufl., 1993, Rdnr. 943 ff.; *Schack,* Internationales Zivilverfahrensrecht, 2. Aufl., 1996, Rdnr. 236; *Schütze,* Deutsches Internationales Zivilprozeßrecht, 1985, S. 32 ff.

[72] Vgl. BGHZ 115, 90; BGH WM 1993, 1109; 1995, 100.

[73] Vgl. *Wieczorek/Schütze,* Einl. Rdnr. 154 m. w. N.

[74] Vgl. dazu insbes. *Geimer,* Die inländische Niederlassung als Anknüpfung für die internationale Zuständigkeit, WM 1976, 136 ff.; *Müller,* Die Gerichtspflichtigkeit wegen „doing business", 1992.

[75] Vgl. BGH RIW/AWD 1987, 790 mit Anm. *Geimer* RIW/AWD 1988, 221 und *Samtleben* IPRax 1989, 148; OLG Düsseldorf NJW-RR 1989, 433 mit Anm. *Wach* EWiR 1989, 513.

[76] Vgl. dazu *Wieczorek/Schütze/Hausmann,* Anh. I § 40, Art. 5 Rdnr. 72 ff.

[77] Vgl. EuGHE 1976, 1497 = RIW/AWD 1977, 42 mit Anm. *Linke.*

[78] Vgl. dazu oben § 10 Rdnr. 19.

[79] Vgl. dazu oben § 10 Rdnr. 16.

[80] Vgl. BGH WM 1995, 100.

[81] Vgl. BGH WM 1995, 100.

cen bietet.[82] Die anlegerfreundliche deutsche Rechtsprechung wird dabei regelmäßig den Ausschlag für die Wahl der Prozeßführung in Deutschland geben.

Der Ort des Schadenseintritts ist nicht zuständigkeitsbegründend.[83] Er ist nicht Begehungsort.[84]

Nach Art. 5 Nr. 3 EuGVÜ wirkt der Gerichtsstand der unerlaubten Handlung auch im Rahmen der europäischen Zuständigkeitsordnung zuständigkeitsbegründend.[85] Bei dem Deliksgerichtsstand handelt es sich um einen konkurrierenden Gerichtsstand.[86] Der Kläger (Anleger) hat das Wahlrecht zwischen diesem oder einem anderen daneben gegebenen Gerichtsstand, etwa des Sitzes oder Wohnsitzes des Beklagten.

Die Qualifikation des Anspruchs ist vertragsautonom vorzunehmen.[87] Dadurch wird der innere Entscheidungseinklang gewährleistet. Ebenso wie nach deutschem autonomen Recht begründen Handlungs- und Erfolgsort gleichermaßen internationale Zuständigkeit.[88] Hinsichtlich der Voraussetzungen des Deliktsgerichtsstandes besteht deshalb praktisch kein Unterschied zwischen § 32 ZPO und Art. 5 Nr. 3 EuGVÜ. Dasselbe gilt für die korrespondierende Norm des Art. 5 Nr. 3 LugÜ.

cc) Vermögensgerichtsstand. Nach § 23 ZPO begründet Vermögen im Gerichtssprengel **40**
internationale Zuständigkeit für Klagen wegen vermögensrechtlicher Ansprüche gegen eine im Inland nicht domizilierte Person.[89] Für die Zuständigkeit nach § 23 ZPO reicht jedes vermögenswerte Gut, ungeachtet ihres Wertes aus. Hat der ausländische Broker, gegen den Ansprüche geltend gemacht werden, etwa ein kleines Konto bei einer Frankfurter Bank, so können Ansprüche in unbegrenzter Höhe dort gegen ihn eingeklagt werden.

Der BGH hat im Anschluß an eine Entscheidung des OLG Stuttgart[90] den in der Literatur teilweise – zu Unrecht – heftig kritisierten[91] Gerichtsstand in seinem Anwendungsbereich drastisch reduziert.[92] Nach der Ansicht des BGH wirkt Vermögen nur dann zuständigkeitsbegründend, wenn eine Inlandsbeziehung gegeben ist. Diese Inlandsbeziehung kann auch durch inländischen Wohnsitz des Klägers hergestellt werden, so daß bei Klagen deutscher Anleger gegen ausländische Brokerfirmen, Anlagevermittler pp. keine Probleme entstehen.[93]

---

[82] Vgl. dazu *Schütze,* Deutsches Internationales Zivilprozeßrecht, 1985, S. 36 ff.; *ders.,* Rechtsverfolgung im Ausland, 1986, S. 62 ff.; *Siehr,* „Forum Shopping" im internationalen Rechtsverkehr, ZfRV 25 (1984), 124 ff.

[83] Vgl. BGH NJW 1977, 1950; OLG Karlsruhe MDR 1960, 56.

[84] Vgl. dazu *Wieczorek/Schütze/Hausmann* § 32 Rdnr. 33.

[85] Vgl. dazu *Geimer/Schütze,* Internationale Urteilsanerkennung, Bd. I, 1, 1983, S. 604 ff.

[86] Vgl. EuGHE 1976, 1735 = RIW/AWD 1977, 356 mit Anm. Linke (Handelswerkerij G.J. Bier B.V. ./. S.A. Mines de Potasse d'Alsace).

[87] Vgl. EuGH NJW 1988, 3088 mit Anm. *Geimer.*

[88] Vgl. EuGHE 1976, 1735.

[89] Vgl. dazu *Geimer,* Zur Rechtfertigung des Vermögensgerichtsstandes, JZ 1984, 979 ff.; *Kropholler,* Möglichkeiten einer Reform des Vermögensgerichtsstandes, ZfRV 23 (1982), 1 ff.; *Rammos,* Der Gerichtsstand des Vermögens und das Ausländerforum nach vergleichendem Recht, 1930, *Schack,* Vermögensbelegenheit als Zuständigkeitsgrund – Exorbitant oder sinnvoll?, ZZP 97 (1994), 46 ff.

[90] Vgl. OLG Stuttgart RIW/AWD 1990, 829 = IPRax 1991, 170 mit Anm. *Fricke* ebenda, 159 ff.; dazu auch *Fischer,* Zur internationalen Zuständigkeit deutscher Gerichte nach § 23 ZPO, RIW/AWD 1990, 794 ff.

[91] Vgl. dazu insbesondere *Schumann,* Aktuelle Fragen des Gerichtsstands des Vermögens (§ 23 ZPO) – Zugleich ein Beitrag über Gerichtsverfahren gegen ausländische Staaten, ZZP 93 (1980), 408 ff.; *ders.,* Der internationale Gerichtsstand des Vermögens und seine Einschränkungen, Festschrift für *Liebmann,* Bd. II, 1979, S. 839 ff.

[92] Vgl. BGHZ 115, 90 = IPRax 1992, 160 mit Anm. *Schlosser* ebenda, S. 140 ff. = ZZP 105 (1992), 314 mit Anm. *Lüke* = DZWir 1991, 245 mit Anm. *Schütze* ebenda, S. 237 ff. = JZ 1992, 54 mit Anm. *Schack* = WuB VII A § 23 ZPO 2.91, S. 1483 mit Anm. *Thode.*

[93] Vgl. dazu auch BGH IPRax 1995, 98 und *Koch,* Verbrauchergerichtsstand nach dem EuGVÜ und Vermögensgerichtsstand nach der ZPO für Termingeschäfte?, IPRax 1995, 71 ff.

Der Vermögensgerichtsstand ist im Geltungsbereich des EuGVÜ und des LugÜ unanwendbar. Art. 3 EuGVÜ und die gleichlautende Norm des LugÜ schließen die Anwendbarkeit von § 23 ZPO ausdrücklich aus.

41 dd) Verbrauchergerichtsstände. Soweit die Geschäfte, die Grundlage der Anlegeransprüche sind, Verbrauchersachen darstellen, stellen ZPO, EuGVÜ und LugÜ besondere Verbrauchergerichtsstände zur Verfügung. Die besonderen Zuständigkeiten der Artt. 13, 14 EuGVÜ zum Schutz des Verbrauchers greifen jedoch nur ein, wenn die andere Vertragspartei ihren Wohnsitz in einem Mitgliedsstaat des EuGVÜ hat oder nach Art. 13 Abs. 3 EuGVÜ so zu behandeln ist, als ob dies der Fall wäre (entschieden zum Churning).[94]

42 **2. Zustellungen.** Zustellungen im deutschen Anlegerprozeß an im Ausland domizilierte Beklagte erfolgen nach §§ 199–202 ZPO. Die Zustellung wird von der zuständigen Behörde im Zustellungsstaat oder der dortigen deutschen konsularischen oder diplomatischen Vertretung durchgeführt.[95] Sie setzt ein Ersuchen voraus. Zuständig für dessen Erlaß ist der Vorsitzende des Prozeßgerichts.

Im übrigen ist die Auslandszuteilung weitgehend staatsvertraglich geregelt. Neben den Haager Zivilprozeßkonventionen von 1905 und 1954[96] ist heute vor allem das Haager Zustellungsübereinkommen[97] bedeutsam, insbesondere weil es auch im Verhältnis zu den USA gilt. Probleme hat es in den ersten Jahren im deutsch-amerikanischen Rechtsverkehr gegeben,[98] die auch heute noch nicht vollständig beseitigt sind. Der US-Supreme Court hat in der Sache Volkswagenwerk AG v. Schlunk[99] die ausschließliche Anwendung des Übereinkommens abgelehnt.[100]

Werden deutsche Anleger vor einem ausländischen Gericht auf Zahlung aus Termingeschäften verklagt, denen aus deutscher Sicht Einwände im Hinblick auf den verfahrensrechtlichen oder materiellrechtlichen ordre public, insbesondere im Hinblick auf den Termineinwand entegegenstehen, so kann sich der Anleger dennoch nicht gegen die Zustellung der Klage wehren. In einer Entscheidung aus dem Jahr 1989 hat das OLG München[101] die Zustellung (entschieden zu punitive damages) für zulässig gehalten und den Beklagten auf die Geltendmachung des ordre public Einwandes in das Anerkennungs- und Vollstreckbarerklärungsverfahren verwiesen. Das BVerfG hat entschieden, daß die Zustellung einer solchen Klage den Beklagten nicht in verfassungswidriger Weise in seinen Rechten[102] verletzt.[103] Roma locuta, causa finita. Zustellungen in ausländischen Anlegerprozessen in Deutschland können praktisch nicht verhindert werden.

---

[94] Vgl. BGH WM 1995, 100.

[95] Vgl. im einzelnen *Hecker,* Handbuch der konsularischen Praxis, 1982, S. 367 ff.

[96] Haager Zivilprozeßabkommen v. 17. 7. 1905 (RGBl. 19909, 409) und Haager Zivilprozeßübereinkommen v. 1. 3. 1954 (BGBl. 1985 II, 577), abgedruckt und kommentiert bei *Bülow/Böckstiegel/Geimer/Schütze,* Internationaler Rechtsverkehr, 3. Aufl., 100.1 ff.

[97] Haager Übereinkommen über die Zustellung gerichtlicher und außergerichtlicher Schriftstücke in Zivil- und Handelssachen v. 15. 11. 1965 (BGBl. 1977 II, 1453).

[98] Vgl. zur Anwendung im deutsch-amerikanischen Rechtsverkehr *Born/Westin,* Internationale Civil Litigation in United States Courts, 1989, S. 136 ff.; *Hollmann,* Auslandszustellung in US-amerikanischen Zivil- und Verwaltungssachen, RIW/AWD 1982, 784 ff.; *Pfeil-Kammerer,* Deutsch-amerikanischer Rechtsverkehr in Zivil- und Handelssachen, 1987; *Wölki,* Das Haager Zustellungsübereinkommen und die USA, RIW/AWD 1985, 530 ff.

[99] Nr. 86–1052; October Term 1987.

[100] Vgl. dazu *Heidenberger/Barde,* Die Entscheidung des U.S.-Supreme Court zum Haager Zustellungsübereinkommen, RIW/AWD 1988, 683 ff.

[101] Vgl. OLG München NJW 1989, 3102 mit Anm. *Greger;* ebenso OLG München RIW/AWD 1993, 70.

[102] Art. 2 GG in Verbindung mit dem Rechtsstaatsprinzip.

[103] Vgl. BVerfG WM 1995, 216.

3. Beweislast und Beweismaß. Beweislastfragen werden im Anlegerprozeß besonders für die unterschiedlichen Informations-, Aufklärungs- und Beratungspflichten und -obliegenheiten bedeutsam.[104] 43

a) Börsentermingeschäftsfähigkeit. Macht der Anleger die Unverbindlichkeit eines Geschäftes nach § 53 BörsG geltend, so muß er darlegen, daß er nicht börsentermingeschäftsfähig war. Die Beweislast für das Vorliegen der Voraussetzungen des § 53 Abs. 1 und 2 BörsG trifft die Bank. Das ergibt sich aus § 52 BörsG. Danach steht die Wirksamkeit eines Börsentermingeschäftes unter dem Vorbehalt der Erfüllung der Voraussetzungen der §§ 53 ff. BörsG. Die Unwirksamkeit ist also die Regel, die Wirksamkeit die gesetzliche Ausnahme. 44

Die Beweislast der Bank umfaßt sowohl die Börsentermingeschäftsfähigkeit nach § 53 Abs. 1 BörsG, als auch die nach Abs. 2. Dabei ist zu beachten, daß das Unterschriftserfordernis des Anlegers in § 53 Abs. 2 S. 2 BörsG nicht konstitutiv ist, vielmehr nur Beweisfunktion hat. Die Bank kann auch auf andere Art beweisen, daß der Anleger – allerdings schriftlich – nach § 53 Abs. 2 S. 1 BörsG aufgeklärt worden ist.

Für den Zeitpunkt der Unterrichtung enthält § 53 Abs. 2 S. 4 BörsG eine gesetzliche Beweislastregelung, die allerdings überflüssig ist. Die Beweislast trifft – wie für die übrigen Erfordernisse der Börsentermingeschäftsfähigkeit kraft Information – die Bank.

b) Aufklärung im Rahmen der Prospekthaftung. Die Beweislast für die Fehlerhaftigkeit von Prospektangaben trifft den Anleger. Der Anleger muß die Fehlerhaftigkeit als Anspruchsvoraussetzung darlegen und beweisen. 45

Beweiserleichterungen bestehen dagegen für den Anleger, soweit es sich um die Kausalität falscher Prospektangaben für seine Investitionsentscheidung (haftungsbegründende Kausalität) und den Nachweis, daß die falschen Prospektangaben zu dem geltend gemachten Schaden geführt haben (haftungsausfüllende Kausalität) geht. Vgl. dazu im einzelnen oben Kap. 8 Rdnr. 138 ff.

c) Aufklärung im Rahmen allgemeiner Anlageberatung. Der BGH fordert im „Bond"-Urteil[105] neuerdings von der Bank allgemeine Aufklärung und Beratung im Hinblick auf den Wissensstand des Anlegers (kundenspezifische Beratung) und im Hinblick auf die Bonität des Anlageobjekts (objektspezifische Beratung). 46

Die Beweislast dafür, daß die Bank den Anleger überhaupt beraten hat, trifft die Bank. Der Anleger muß allerdings substantiiert darlegen, daß und unter welchen Umständen er das Geschäft ohne Beratung getätigt hat. Die Beweislast dafür, daß die Beratung, Information, Aufklärung fehlerhaft oder unvollständig war trifft den Anleger.

Beweiserleichterungen bestehen für die haftungsbegründende und haftungsausfüllende Kausalität. Für den Kausalnexus von falscher Beratung und Investitionsentscheidung streitet der Beweis des ersten Anscheins. Dagegen wird zwar geltend gemacht, bei Informationspflichtverletzungen seien die Regeln des Anscheinsbeweises ausgeschlossen, weil individuelle Willensentschlüsse nicht typisierbar seien.[106] Diese Betrachtungsweise berücksichtigt nicht, daß Anleger zwar gelegentlich risikofreudig sind, aber nicht generell uneinsichtig. Bestünde keine Lebenserfahrung, daß ein Anleger seine Anlageentscheidung auf Grund der Information trifft, dann wären die Informations- Beratungs- und Aufklärungspflichten überflüssig. Mit *Bruske* ist deshalb davon auszugehen, daß im Rahmen der haftungsbegründenden Kausalität der Anscheinsbeweis anwendbar ist.[107]

Für die haftungsausfüllende Kausalität gelten dieselben Grundsätze wie bei der Prospekthaftung.[108]

---

[104] Vgl. im einzelnen *Bruske,* Beweiswürdigung und Beweislast bei Aufklärungspflichtverletzungen im Bankrecht, 1994; *Roth,* Beweismaß und Beweislast bei der Verletzung bankvertraglicher Aufklärungs- und Beratungspflichten, ZHR 154 (1990), 513 ff.

[105] Vgl. BGH WM 1993, 1455.

[106] Vgl. für Nachweise *Bruske,* Beweiswürdigung und Beweislast, S. 46 ff.

[107] Vgl. *Bruske,* Beweiswürdigung und Beweislast, S. 55 ff., 163.

[108] Vgl. dazu oben Kap. 8 Rdnr. 142 ff.

47 **4. Beweiserhebung.** Bei Anlegerprozessen über ausländische Investitionen oder gegen ausländische Banken und Broker – z.B. im Fall des Churning – ist eine Beweiserhebung „über die Grenze" erforderlich. Diese ist weitgehend staatsvertraglich geregelt.[109] Probleme haben sich dabei im deutsch-amerikanischen Rechtsverkehr ergeben. Während das Haager Beweisübereinkommen von deutscher Seite als ausschließlich angesehen wird,[110] haben die US-amerikanischen Gerichte die Beweiserhebung nach diesem Übereinkommen[111] nur als einen weiteren Weg betrachtet, Beweise im Wege der Rechtshilfe zu erheben.[112]

Die Beweiserhebung in den USA im deutschen Anlegerprozeß bereitet regelmäßig keine Probleme. Schwierigkeiten können auftreten, wenn deutsche Anleger von Brokern oder Banken in den USA verklagt werden. Hier besteht eine Palette von Möglichkeiten, sich gegen unzulässiger Beweiserhebungen zu schützen,[113] die bis zur Erwirkung einer einstweiligen Verfügung in Deutschland gehen.[114]

V. Arrest zur vorläufigen Sicherung der Ansprüche von Anlegern

48 Bei betrügerische Kapitalanlagefirmen besteht die Gefahr, daß Vermögenswerte im Fall drohender oder schwebender Kapitalanlegerprozesse verschoben und beiseite geschafft werden. Diese Gefahr ist bei ausländischen Brokerfirmen, die im Inland nur durch Agenturen oder Niederlassungen, die schnell aufzulösen sind, ihre Geschäfte betreiben, besonders groß. Das Arrestverfahren bietet die Möglichkeit, schnellen Zugriff auf Vermögenswerte zu erhalten. Allerdings ist es nicht geeignet, die Rechtsposition gegenüber anderen Gläubigern zu verbessern.

Im Anlegerprozeß gelten folgende Besonderheiten:

49 **1. Arrestgrund.** Der Erlaß eines Arrestes setzt eine Gefährdung des Anspruchs voraus, die immer dann gegeben ist wenn die Gefahr besteht, daß der Schuldner durch Beiseiteschaffen von Vermögensgegenständen die Vollstreckung aus einem Titel vereiteln oder erschweren würde. Der Arrest soll vor unlauterem Verhalten des Schuldners schützen. Das muß die Leitlinie bei der Bestimmung des Arrestgrundes nach § 917 ZPO sein.

Die Rechtsprechung hat ein solches unlauteres Verhalten gesehen bei Verschiebung von Vermögenswerten ins Ausland,[115] Beiseiteschaffen von Vermögenswerten,[116] Wegzug ins Ausland,[117] was der Auflösung einer inländischen Niederlassung eines ausländischen Brokers oder Anlagevermittlers entspricht pp.

---

[109] Vgl. insbes. das Haager Zivilprozessabkommen vom 17. 7. 1905 (RGBl. 1909, 409), das Haager Zivilprozeßübereinkommen vom 1. 3. 1954 (BGBl. 1958 II, 557) und das Haager Beweisübereinkommen vom 18. 3. 1970 (BGBl. 1977 II, 1453), sämtlich abgedruckt auch bei *Bülow/Böckstiegel/-Geimer/Schütze,* Internationaler Rechtsverkehr, 200.1 ff.; 100.1 ff.; 370.1 ff.

[110] Vgl. *Schütze,* Zur Verteidigung im Beweiserhebungsverfahren in US-amerikanischen Zivilprozessen, WM 1986, 633 ff.

[111] Vgl. im einzelnen *Trittmann,* Anwendungsprobleme des Haager Beweisübereinkommens im Rechtshilfeverkehr zwischen der Bundesrepublik und den Vereinigten Staaten von Amerika, 1989.

[112] Vgl. zu den Entscheidungen in den Sachen Aerospatiale, Anschütz und Messerschmitt *Heidenberger,* Entscheidungen des U.S. Supreme Court über die Anwendung des Haager Beweisübereinkommens, RIW/AWD 1987, 540 f.

[113] Vgl. im einzelnen *Schütze,* WM 1986, 633 ff.; *ders.,* Der Produkthaftungsprozeß mit Auslandsberührung, in: *Graf von Westphalen,* Produkthaftungshandbuch, Bd. 2, 1991, S. 203 ff.

[114] Vgl. aus der Rechtsprechung LG Kiel RIW/AWD 1983, 206; dazu *Stiefel/Petzinger,* Deutsche Parallelprozesse zur Abwehr amerikanischer Beweiserhebungsverfahren?,. RIW/AWD 1983, 242 ff.; *Bosch,* Das Bankgeheimnis im Konflikt zwischen US-Verfahrensrecht und deutschem Recht, IPRax 1984, 127 ff.

[115] Vgl. OLG Köln ZIP 1988, 969.

[116] Vgl. OLG Düsseldorf NJW-RR 1994, 454.

[117] Vgl. KG FamRZ 1985, 731.

Nicht ausreichend für die Begründung eines Arrestgrundes ist jedoch die bloße Tatsache, daß der Schuldner betrügerisch gehandelt und eine Straftat begangen hat.[118] Auch genügt es nicht, daß der Schuldner Verbindlichkeiten hat, die sein Vermögen übersteigen. Hat ein betrügerischer Anlagevermittler zahlreiche Anleger geschädigt, so kann sich nicht einer über den Arrest eine Vorzugsstellung verschaffen. Immerhin ist die Praxis bei Gewährung von Arresten gegen Betrüger relativ großzügig, da in dem Begehen der Straftaten ein Indiz dafür liegen mag, daß Vermögenswerte beiseitegeschafft werden oder ihr Verbleib verschleiert wird.

Bei Anlagevermittlern, Brokern oder sonstigen Schuldnern des Anlegers mit Sitz im Ausland bietet § 917 Abs. 2 ZPO den erleichterten Arrestgrund der Auslandsvollstreckung.[119] Dieser Gerichtsstand greift nicht ein, wenn der Schuldner hinreichendes Vermögen im Inland besitzt und kein Anlaß zur Annahme besteht, daß er es dem Zugriff des Gläubigers entziehen will.[120]

Der Gerichtsstand des § 917 Abs. 2 ZPO findet keine Anwendung im Geltungsbereich des EuGVÜ.[121] Nachdem der EuGH in diesem Sinne entschieden hat, ist eine langanhaltende Diskussion[122] beendet und sind ganze Bibliotheken zu Makulatur geworden.

2. Arrestanspruch. Die Darlegung des Arrestanspruchs bereitet im Anlegerprozeß re- 50
gelmäßig keine Schwierigkeiten. Der Anspruch (z. B. Schadensersatz wegen falscher Beratung) muß unter Darstellung des anspruchsbegründenden Tatbestandes glaubhaft gemacht werden, was durch eidesstattliche Versicherung geschehen kann.

3. Arrestverfahren und Schiedsvereinbarung. Eine Schiedsvereinbarung schließt nicht 51
aus, daß ein an sich der Schiedsvereinbarung unterliegender Anspruch Gegenstand eines Verfahrens des einstweiligen Rechtsschutzes vor den ordentlichen Gerichten ist.[123]

Die Gegenmeinung[124] verkennt, daß ein unmittelbarer Eingriff in das Vermögen – wie beim Arrest – durch schiedsgerichtliche Entscheidung unzulässig ist. Eine Auslegung des Parteiwillens führt deshalb regelmäßig zu einem Ausschluß von Maßnahmen des einstweiligen Rechtsschutzes aus dem Geltungsbereich der Schiedsvereinbarung.[125]

Ansprüche im Anlegerprozeß können deshalb durch einen dinglichen Arrest eines ordentlichen Gerichts gesichert werden, auch, wenn das Rechtsverhältnis im übrigen einer Schiedsvereinbarung unterliegt.

VI. Besonderheiten des Verfahrens vor Schiedsgerichten

1. Bestellung des Schiedsgerichts. Einer der wesentlichen Vorteile des Schiedsverfah- 52
rens gegenüber dem Verfahren vor den ordentlichen Gerichten ist die Möglichkeit, Schiedsrichter mit besonderer Sachkunde für das spezifische Gebiet, das Gegenstand einer Streitigkeit ist, auszuwählen.[126] Das ist bei Kapitalanlagegeschäften besonders wichtig, be-

---

[118] Vgl. OLG Düsseldorf NJW-RR 1986, 1192; OLG Koblenz WM 1987, 313; MünchKomm/*Maier*, ZPO, § 917 Rdnr. 6; *Wieczorek/Schütze/Thümmel*, ZPO, 3. Aufl., § 917 Rdnr. 11.

[119] Vgl. dazu *Kienle*, Arreste im internationalen Rechtsverkehr, Diss Tübingen 1990.

[120] Vgl. OLG Hamburg AWD 1973, 101; RIW/AWD 1982, 670; OLG Frankfurt/Main RIW/-AWD 1990, 582; *Geimer*, Internationales Zivilprozeßrecht, 2. Aufl., 1993, Rdnr. 1213.

[121] Vgl. EuGH Rs. C-398/92 (Mund & Fester v. Hatrex Internationaal Transport) EWS 1994, 95; dazu *Gieseke*, Neue Entwicklungen zum Arrestgrund der Auslandsvollstreckung im Europarecht, EWS 1994, 149 ff.; *Thümmel*, Der Arrestgrund der Auslandsvollstreckung im Fadenkreuz des Europäischen Rechts, EuZW 1994, 242 ff.

[122] Vgl. dazu noch *Schütze*, Deutsches Internationales Zivilprozeßrecht, 1985, S. 185 f.

[123] Vgl. RGZ 31, 370; BGH ZZP 71 (1958), 436; BGH JZ 1994, 370 mit Anm. *Schütze; Wieczorek/Schütze*, § 1025 Rdnr. 73.

[124] Vgl. z. B. *Aden*, Der einstweilige Rechtsschutz im Schiedsverfahren, BB 1985, 2277 ff.; *Baur*, Neuere Probleme der privaten Schiedsgerichtsbarkeit, 1980, S. 22 ff.; *Kühn*, Vorläufiger Rechtsschutz und Schiedsgerichtsbarkeit, JbPdS 1 (1987), 47 ff.

[125] Vgl. BGH JZ 1994, 370 mit Anm. *Schütze*.

[126] Vgl. dazu *Schütze*, Verbesserungen des Zivilgerichtsverfahrens a. a. O. (Fn. 3), S. 66.

steht doch hierdurch die Chance, den Spruchkörper mit Personen zu besetzen, denen Begriffe wie LIBOR, FIBOR, Swap pp. nicht fremd sind.

Die Parteien können sich auf einen Einzelschiedsrichter einigen oder ein Mehrpersonenschiedsgericht bestimmen. Bei der zuweilen verwendeten Klausel, wonach der vom Schiedskläger benannte Schiedsrichter als Einzelschiedsrichter entscheiden soll, wenn der Schiedsbeklagte innerhalb der in der Schiedsvereinbarung bestimmten Frist nicht „seinen" Schiedsrichter benennt, ist zu differenzieren. Der BGH hat eine solche Klausel bei inländischen Schiedsverfahren für ordre public widrig gehalten,[127] bei ausländischen dagegen nicht unbedingt.[128] Die Ansicht des BGH begegnet Bedenken.[129] Entweder ist die Entscheidung durch einen von einer Partei ernannten Schiedsrichter für die deutsche Rechtsordnung untragbar oder nicht. Auf die Nationalität des Schiedsverfahrens kann es nicht ankommen. Richtigerweise wird man jegliche Klausel für zulässig halten müssen, die eine Entscheidung durch einen von einer Partei ernannten Schiedsrichter vorsieht, solange der Gegner Gelegenheit hat, selbst einen Schiedsrichter in den Spruchkörper zu entsenden.

53 **2. Auswahl der Schiedsrichter.** Die Parteien können den oder die Schiedsrichter bereits in der Schiedsvereinbarung namentlich bezeichnen. In einem solchen Fall ist für einen Ersatzschiedsrichter Sorge zu tragen, da die Schiedsvereinbarung bei Wegfall eines Schiedsrichters außer Kraft tritt (§ 1033 Nr. 1 ZPO).

Die Parteien können die die Auswahl des oder der Schiedsrichter auch einem Dritten (z.B. OLG-Präsident, IHK-Präsident, Börsenvorstand pp.) sei es generell, sei es für den Fall der Nichternennung durch die ernennungsberechtigte Partei oder der Nichteinigung der Schiedsrichter auf den Obmann, überlassen.[130] In einem solchen Fall ist darauf zu achten, daß der Dritte in der Lage ist, für den spezifischen Streitstoff sachgerecht einen Schiedsrichter zu ernennen. Bei Kapitalanlagegeschäften sollte zweckmäßigerweise eine Persönlichkeit aus dem Bank- oder Börsenwesen zum Dritten bestimmt werden. Auch ist es sinnvoll, vor der Bestimmung des Dritten sein Einverständnis einzuholen, die Ernennung vorzunehmen.[131] Sonst kann der Dritte die Ernennung ablehnen – was verschiedentlich vorgekommen ist[132] – und die Schiedsvereinbarung damit hinfällig werden.

54 Die Stellung des Dritten bestimmt sich nach der lex arbitri.[133] Nur dem anwendbaren Schiedsverfahrensrecht kann die Rechtsposition des Dritten entnommen werden. Dieses Recht entscheidet allein darüber, wann und in welcher Weise die Schiedsrichterbenennung durchzuführen ist, ob die Übertragung der Schiedsrichterbenennung auf einen Dritten zulässig ist und welche Rechte und Pflichten der Dritte hat, ob er zumindest überschlägig überprüfen muß, ob eine gültige Schiedsvereinbarung vorliegt.[134] Das bedeutet für das deutsche Recht, daß der Dritte die Ernennung eines Schiedsrichters für einen Rechtsstreit über Ansprüche aus Börsentermingeschäften ablehnen muß, wenn die Schiedsvereinbarung nach den vom BGH entwickelten Grundsätzen unwirksam ist.

---

[127] Vgl. BGHZ 54, 392.

[128] Vgl. BGHZ 98, 70.

[129] Vgl. *Schütze* EWiR Art. 5 UNÜ 1/86, 835; vgl. auch *Kornblum,* „Ordre public transnational", „ordre public international" und „ordre public interne" im Recht der privaten Schiedsverrichtsbarkeit, Festschrift für Nagel, 1987, S. 140 ff., der eine Differenzierung ablehnt.

[130] Vgl. dazu *Mann,* Zur Ernennung von Schiedsrichtern durch vertraglich bezeichnete Dritte, Liber amicorum *Schnitzer,* 1979, S. 325 ff.; *Wieczorek/Schütze,* § 1028 Rdnr. 7.

[131] Vgl. für ein Muster *Schütze/Tscherning/Wais,* Handbuch, Rdnr. 570.

[132] Vgl. dazu *Mann,* Liber amicorum *Schnitzer* a.a.O. (Fn. 130), S. 327 f.; *Wieczorek/Schütze,* § 1082 Rdnr. 7.

[133] Vgl. *Klein,* Zur Ernennung von Schiedsrichtern durch im voraus bezeichnete Dritte, IPRax 1986, 53 ff. (55) (mit der Einschränkung, daß es sich nicht um „Magistratspersonen" handelt); *Schütze,* Schiedsgericht und Schiedsverfahren, 1991, Rdnr. 27; *Schütze/Tscherning/Wais,* Handbuch, Rdnr. 571; a.A. *Mann,* Liber amicorum *Schnitzer,* S. 326, der auf das Recht abstellt, dem der Dritte untersteht.

[134] So *Sieg,* Hilfsstellung Dritter im schiedsrichterlichen Verfahren, JZ 1958, 719 ff., 720,

3. Anwendbares Recht. Bei der Durchführung des Schiedsverfahrens ist zwischen dem auf das Verfahren anwendbaren Recht (Schiedsverfahrensrecht) und dem anwendbaren materiellen Recht zu unterscheiden. 55

a) Schiedsverfahrensrecht. Die Parteien können die Ausgestaltung des Verfahrens weitgehend selbst bestimmen, sei es durch detaillierte Vorgaben verfahrensrechtlicher Art für die Schiedsrichter in der Schiedsvereinbarung oder im Schiedsrichtervertrag, sei es durch Übernahme einer Musterschiedsordnung,[135] oder Wahl der Schiedsordnung eines institutionellen Schiedsgerichts durch dessen Bestimmung. 56

Noch so detaillierte Regelungen des Schiedsverfahrens machen die Bestimmung des anwendbaren Schiedsverfahrensrechts jedoch nicht überflüssig. Dieses kommt zur Lückenausfüllung, zur Bestimmung der unabdingbaren Verfahrensnormen und für die gerichtliche Kontrolle und Aushilfe zur Anwendung.

Nach Art. 27 EGBGB können die Parteien bestimmen, welchem Recht das Schiedsverfahren folgen soll.[136] Auch die großen internationalen Konventionen über die Schiedsgerichtsbarkeit gewährleisten kollisionsrechtlich die Parteiautonomie im Hinblick auf das anwendbare Schiedsverfahrensrecht.[137]

Trotz dieser weitgehenden Regelungsmacht müssen die Parteien bei der Verfahrensgestaltung gewisse rechtsstaatliche Mindestnormen berücksichtigen: 57

– Keine Partei darf ihre wirtschaftliche oder soziale Überlegenheit dazu ausnutzen, dem anderen Teil eine bestimmte Verfahrensordnung aufzunötigen, insbesondere hinsichtlich der Ernennung oder Ablehnung der Schiedsrichter. Bei der Vielzahl von Anlagemöglichkeiten und der Konkurrenzsituation auf dem Markt ist ein solches Abhängigkeitsverhältnis des Anlegers kaum denkbar. Die einseitige Gestaltung der Verfahrensordnung (z. B. Schiedsrichter muß Banker sein) genügt nicht.

– Die Unabhängigkeit der Schiedsrichter muß gewahrt sein.

– Das Verfahren muß rechtsstaatlichen Grundsätzen entsprechen, insbesondere muß die Gewährung rechtlichen Gehörs in umfassendem Maße sichergestellt sein. Die Rechtsprechung leitet dies aus § 138 BGB her, den der BGH bei schwerwiegenden Einschränkungen des Rechtsschutzes angewendet hat.[138]

Die Gerichte neigen dazu, diese Grundsätze zugunsten von Kapitalanlegern extensiv auszulegen. Bei Schiedsvereinbarungen im Zusammenhang mit Kapitalanlagegeschäften ist deshalb darauf Bedacht zu nehmen, daß diese Grundsätze in der von der Partei gewählten oder gestalteten Verfahrensordnung genau beachtet werden. Empfehlenswert ist die Vereinbarung, daß die Bestimmungen über das Verfahren 1. Instanz vor den Landgerichten entsprechend anwendbar sein sollen.[139] Damit ist das Verfahren unangreifbar. 58

b) Materielles Recht. Die Parteien können das anwendbare materielle Recht wählen, soweit dies kollisionsrechtlich zulässig ist. Hier liegt die crux des Schiedsverfahrens. Internationale Schiedsgerichte haben keine lex fori.[140] 59

Es gilt deshalb zunächst, das anwendbare Kollisionsrecht zu bestimmen. Da die Parteien das Schiedsgericht von der Anwendung eines bestimmten materiellen – und damit auch

---

[135] Als Musterschiedsordnungen kommen z. B. die UNCITRAL-Schiedsordnung und die DIS-Schiedsgerichtsordnung, dazu *Bredow,* BB-Beilage 15/1992, 4, in Betracht.

[136] Vgl. *Basedow,* Vertragsstatut und Arbitrage nach neuem IPR, JbPdS 1 (1987), 3 ff., 14.

[137] Vgl. zu den entsprechenden Regelungen im UN-Übereinkommen über die Anerkennung und Vollstreckung ausländischer Schiedssprüche von 1958 und im Europäischen Übereinkommen über die internationale Handelsschiedsgerichtsbarkeit von 1961 *Schwab/Walter,* Schiedsgerichtsbarkeit, S. 450 ff.

[138] Vgl. BGH JZ 1989, 588 mit Anm. *Walter* ebenda und *Schütze* WuB VII A. § 1025 1.89.

[139] Vgl. in diesem Sinne *Schütze/Tscherning/Wais,* Handbuch, Rdnr. 579.

[140] Vgl. dazu *Gentinetta,* Die lex fori internationaler Handelsschiedsgerichte, 1973; zur Regelung im Europäischen Übereinkommen über die Handelsschiedsgerichtsbarkeit *ders.,* Befreiung der internationalen Handelsschiedsgerichtsbarkeit von der „nationalen Umklammerung"?, RIW/AWD 1969, 46 ff.

eines Kollisionsrechts – befreien und die Entscheidung durch einen amiable compositeur vereinbaren können, müssen sie auch die Anwendung eines bestimmten Kollisionsrechts vorschreiben können.[141] Das Schiedsgericht ist insoweit freier als das Staatsgericht.

Haben die Parteien das anwendbare Kollisionsrecht nicht gewählt, so kommt eine Anknüpfung an das Recht des Sitzes des Schiedsgerichts[142] oder das anwendbare Schiedsverfahrensrecht[143] in Betracht. Letzterem kommt entscheidende Bedeutung zu; denn es bestimmt die Nationalität des Schiedsspruchs und damit die Qualifikation des Verfahrens als eines in- oder ausländischen.[144]

60 Die Parteien können das Schiedsgericht auch von der Anwendbarkeit eines bestimmten materiellen Rechts befreien und auf allgemeine Grundsätze der lex mercatoria verweisen.[145]

61 Die Parteien können auch eine Billigkeitsentscheidung durch einen amiable compositeur anordnen.[146] Bei derartigen Vereinbarungen ist bei Anlegergeschäften aber Vorsicht geboten. Nachdem der BGH mit allen Mitteln jedenfalls den Termin- und Differenzeinwand für den Anleger durchgesetzt sehen will, und sei es auch nur über die Verweigerung der Wirkungserstreckung eines Schiedsspruchs (vgl. dazu Rdnr. 76), sind die lex mercatoria und die amiable composition – abgesehen von den übrigen Bedenken[147] – für den Anlegerprozeß untauglich.

62 **4. Das Verfahren im einzelnen.** Hinsichtlich des Verfahrens im einzelnen ergeben sich bei Streitigkeiten im Zusammenhang mit Kapitalanlagegeschäften keine Besonderheiten. Insbesondere hat das Schiedsgericht die Darlegungs- und Beweislastregeln wie ein staatliches Gericht anzuwenden. Probleme können nur bei Zustellungen und Beweiserhebungen über die Grenze auftreten, soweit vom deutschen Recht gemißbilligte Geschäfte Gegenstand des Schiedsverfahrens sind.

63 *a) Zustellungen.* Im Gegensatz zum Verfahren vor staatlichen Gerichten bedürfen nur wenige Akte im Schiedsverfahren der förmlichen Zustellung. Das Schiedsgericht ist – hierin liegt einer der konzeptionellen Vorteile des Schiedsverfahrens gegenüber dem Verfahren vor den staatlichen Gerichten[148] – in der Wahl der Zustellungsform frei. Es kann die Zustellung durch einfachen, eingeschriebenen oder Brief mit Rückschein wählen oder auch einen Rechtsanwalt oder eine andere Person als process server beauftragen.[149] Wählt das Schiedsgericht die förmliche Zustellung, so war nach der rigiden Auffassung des BGH zu befürchten, daß die staatlichen Organe die Mitwirkung an der Zustellung ablehnen würden, soweit ein unzulässiges Börsentermingeschäft Gegenstand des Schiedsverfahrens ist. Das läßt sich nach der neuesten Rechtsprechung des Bundesverfassungsgerichts nicht

---

[141] Vgl. *Böckstiegel,* Die Bestimmung des anwendbaren Rechts in der Praxis internationaler Schiedsverfahren, Festschrift für Beitzke, 1979, S. 443 ff., 446 ff.; *Batiffol,* L'arbitrage et les conflits des lois, Rev. Arb. 1957, S. 110 ff.; *Schütze/Tscherning/Wais,* Handbuch, Rdnr. 584.

[142] So *Mann,* Internationale Schiedsgerichte und nationale Rechtsordnung, ZHR 130 (1968), 97 ff., 103 ff.; *Schwab/Walter,* Schiedsgerichtsbarkeit, S. 485.

[143] So von *Hoffmann,* Internationale Handelsschiedsgerichtsbarkeit, 1970, S. 110 ff.; *Schütze/Tscherning/Wais,* Handbuch, Rdnr. 586; *Wieczorek/Schütze* § 1034 Rdnr. 14.

[144] Vgl. BGHZ 21, 365 = JZ 1957, 26 mit Anm. *Habscheid.*

[145] Vgl. dazu *Asser,* Internationale Schiedsgerichte und lex mercatoria, 1989; *von Hoffmann,* Grundsätzliches zur Anwendung der „lex mercatoria" durch internationale Schiedsgerichte, Festschrift für Kegel II, 1987, S. 215 ff.; *Lorenz,* Die Lex Mercatoria: Eine internationale Rechtsquelle?, Festschrift für Neumayer, 1985, S. 407 ff.; *Triebel/Petzold,* Grenzen der lex mercatoria in der internationalen Schiedsgerichtsbarkeit, RIW/AWD 1988, 245 ff.; *Weise,* Lex mercatoria, 1990.

[146] Vgl. aus der abundanten Literatur *Landolt,* Rechtsanwendung und Billigkeitsentscheid durch den Schiedsrichter in der privaten internationalen Schiedsgerichtsbarkeit, 1955; *Riedberg,* Der amiable compositeur im internationalen privaten Schiedsverfahren, 1962; *Sandrock,* „Ex aequo et bono" – und „amiable composition" – Vereinbarungen: ihre Qualifikation, Anknüpfung und Wirkungen, JbPdS 2 (1988), 120 ff.

[147] Vgl. dazu *Wieczorek/Schütze* § 1034 Rdnr. 17.

[148] Vgl. dazu *Schütze,* Verbesserungen des Zivilgerichtsverfahrens a. a. O. (Fn. 3) S. 71 ff.

[149] Vgl. dazu *Schütze/Tscherning/Wais,* Handbuch, Rdnr. 595.

mehr halten.[150] Der Anleger ist auf die Geltendmachung seiner Einwendungen in das Verfahren der Anerkennung und Vollstreckbarerklärung eines gegen ihn ergehenden Schiedsspruchs verwiesen.

b) Beweiserhebung. Soweit das anwendbare Schiedsverfahrensrecht nicht eine Bindung des Schiedsgerichts vorsieht, ist dieses in der Beweiserhebung frei. Das Schiedsgericht kann die Beweiserhebung im Ausland selbst durchführen oder auch nach dem Haager Übereinkommen über die Beweisaufnahme im Ausland in Zivil- und Handelssachen v. 18. 3. 1970[151] durchführen lassen.[152] Eine Ablehnungsmöglichkeit der Weiterleitung oder Durchführung eines Beweisersuchens bei gemißbilligten Kapitalanlagegeschäften wird man – wie bei Zustellungsersuchen – nach der ratio decidendi von BVerfG WM 1995, 216 nicht annehmen können. Einwendungen bleiben dem Verfahren der Wirkungserstreckung vorbehalten. 64

c) Kosten und Kostenerstattung. Die Kosten des Schiedsverfahrens sind – zumindest bei ad hoc Schiedsverfahren – regelmäßig nicht geringer als die Kosten eines Verfahrens vor den ordentlichen Gerichten. Sie sind häufig sogar höher.[153] Die Vergütung des Schiedsgerichts wird im Schiedsrichtervertrag vereinbart. Sie erfolgt in Deutschland meist in Anlehnung an die BRAGO. Die Vergütungsmodelle sind vielfach.[154] Angemessen erscheint die „Stuttgarter Übung", wonach der Vorsitzende $3^{16}/_{10}$, die Schiedsrichter je $3^{13}/_{10}$ Gebühren nach der BRAGO unabhängig von der Tätigkeit erhalten. Durch eine solche Pauschalregelung werden überflüssige Verfahrensakte, z. B. Beweisaufnahmen aus Gebührengründen, vermieden. Bei institutionellen Schiedsgerichten besteht regelmäßig eine Gebührenordnung, die auch die Verwaltungskosten der Trägerorganisation regelt.[155] 65

Die Kostenerstattung ist im 10. Buch der ZPO nicht geregelt. Auch wenn die Parteien keine entsprechende Anwendbarkeit der §§ 91 ff. ZPO vereinbart haben, entscheidet das Schiedsgericht unter Anwendung der dort manifestierten Grundsätze nach dem Maß des Obsiegens und Unterliegens.[156] Dies entspricht auch der materiellen Rechtslage, wobei ein Verschulden jedoch häufig problematisch sein kann.[157] Institutionelle Schiedsgerichte begrenzen in ihrer Verfahrensordnung die Kostenerstattungspflicht häufig auf die Kosten des Schiedsgerichts und erklären außergerichtliche Kosten, insbesondere für anwaltliche Vertretung, für nicht erstattungsfähig.[158] 66

VII. Anerkennung und Vollstreckbarerklärung ausländischer Zivilurteile

Die Anerkennung und Vollstreckbarkerklärung ausländischer Urteile in Kapitalanlegerprozessen nach §§ 328, 722 f. ZPO[159] bringt spezifische Probleme im Hinblick auf die in- 67

---

[150] Vgl. BVerfG WM 1995, 216.

[151] BGBl. 1977 II S. 1453.

[152] Vgl. Deutsche Denkschrift zum Haager Beweisübereinkommen, BT-Drucks. VII Nr. 4892; *Saathoff,* Möglichkeiten und Verfahren gerichtlicher Hilfe bei der Beweisaufnahme zugunsten fremdnationaler Handelsschiedsverfahren mit internationaler Beteiligung, Diss. Köln, 1987.

[153] Vgl. für einen Vergleich *Schütze/Tscherning/Wais,* Handbuch, Rdnr. 10.

[154] Vgl. dazu *Breetzke,* Vertrag und Vergütung des Schiedsrichters, NJW 1968, 1113 ff.; *Schütze/-Tscherning/Wais,* Handbuch, Rdnr. 234 ff.

[155] Vgl. zur Regelung im ICC-Schiedsverfahren eingehend *Bühler,* Grundsätze und Praxis des Kostenrechts im ICC-Schiedsverfahren, ZVglRWiss, 87 (1988), 431 ff.

[156] Vgl. *Wieczorek/Schütze,* § 1034 Rdnr. 40.

[157] Vgl. *Maier,* Handbuch, S. 440.

[158] So ist eine Erstattung der außergerlichtlichen Kosten nach der Schiedsordnung der chinesischen Außenhandelsarbitrage ausgeschlossen; vgl. *Schütze,* Die Schiedsgerichtsbarkeit des chinesischen Außenhandelsschiedsgerichts in Beijing, WM 1989, 161 ff.

[159] Vgl. dazu neben den Kommentaren zur ZPO insbes. *Geimer,* Anerkennung ausländischer Entscheidungen in Deutschland, 1995; *Geimer/Schütze,* Internationale Urteilsanerkennung, Bd. I, 2, 1984; *Martiny,* Handbuch des Internationalen Zivilverfahrensrechts, Bd. III/1, 1984.

ternationale Zuständigkeit (§ 328 Abs. 1 Nr. 1 ZPO) und die Vereinbarkeit mit dem deutschen ordre public (§ 328 Abs. 1 Nr. 4 ZPO).

68 **1. Internationale Zuständigkeit.** Werden ausländische Anlegerprozesse in einem Gerichtsstand geführt, der dem deutschen Recht unbekannt ist, so fehlt es an der internationalen Zuständigkeit i.S. des § 328 Abs. 1 Nr. 1 ZPO, wenn nicht eine andere Zuständigkeit aus deutscher Sicht gegeben ist. Im Geltungsbereich des EuGVÜ und des LugÜ treten heute angesichts der Vereinheitlichung der Zuständigkeitsordnung keine Probleme mehr auf. Schwierigkeiten ergeben sich jedoch immer wieder bei US-amerikanischen Anlegeprozessen.[160]

69 *a) Transient Jurisdiction.* Die Zustellung der Klageschrift im Gerichtssprengel begründet internationale Zuständigkeit.[161] § 28 Restatement 2nd Conflict of Laws definiert:

„A State has power to exercise judicial jurisdiction over an individual who is present within his territory, whether permanently or temporarily".[162]

70 *b) Long Arm Statutes.* Nach den long arm statutes, die sich in fast allen Bundesstaaten finden, begründet die geschäftliche Tätigkeit des Beklagten internationale Zuständigkeit.[163] Dabei wird der Begriff des „doing business" zuweilen in uferloser Weise ausgedehnt. Die Aktivitäten des Beklagten müssen aber „continuous and substantial sein".[164] Immerhin können auch Anlagegeschäfte darunter fallen.

71 **2. Ordre public Klausel.** Die Anerkennung ausländischer Anlageurteile kann am ordre pulic Vorbehalt des § 328 Abs. 1 Nr. 4 ZPO scheitern. Verstöße kommen sowohl gegen den materiellrechtlichen als auch gegen den verfahrensrechtlichen ordre public in Betracht:

72 *c) Verstoß gegen den materiellrechtlichen ordre public.* Ein Verstoß gegen den materiellrechtlichen odre public kann bei Verstößen gegen Regeln zum Börsentermingeschäft vorliegen.[165]

73 *b) Verstoß gegen den prozessualen ordre public.* In der extensiven pre-trial discovery insbesondere des US-amerikanischen Zivilprozesses kann ein Verstoß gegen den verfahrensrechtlichen ordre public liegen.[166] Ein Verstoß liegt immer dann vor,

– wenn die Beweisermittlungsmaßnahme im Einzelfall eine unzulässige Ausforschung beinhaltet,
– die Ausforschungsmaßnahme für die Entscheidung kausal war und
– die ausgeforschte Partei der Maßnahme nicht zugestimmt hat.

Im übrigen liegt ein Verstoß immer dann vor, wenn die Beweisermittlung unter Verletzung der Bestimmungen des Haager Beweisübereinkommens durchgeführt worden ist.

Soweit ein Urteil in einer class action ergangen ist, verstößt es gegen die Grundsätze der Dispositionsmaxime und des Verbots der Popularklage und damit gegen den prozessualen ordre public.[167]

---

[160] Vgl. im einzelnen *Schütze,* Deutsch-amerikanische Urteilsanerkennung, 1992.

[161] Vgl. dazu *Bernstein,* Prozessuale Risiken im Handel mit den USA (Ausgewählte Fragen zu § 328 ZPO), Festschrift für Ferid, 1978, S. 75ff.; *Ehrenzweig,* The Transient Rule of Personal Jurisdiction, 65 Yale L.J. 289 (1959); *Nadelmann,* Jurisdictionally Improper Fora, Legal Essys in Honor of Hessel E. Yntema, 1961, S. 321ff.; *Schütze,* Konzeptionelle Unterschiede der Prozeßführung vor US-amerikanischen und deutschen Gerichten, WM 1983, 1078ff.

[162] Es ist einer deutschen Partei deshalb dringend anzuraten, nicht in die USA zu reisen, wenn eine Streitigkeit schwebt, in der eine Klageerhebung droht. Deutsche Anleger, die ihre amerikanischen Broker zu Verhandlungen aufgesucht haben, mußten schon bittere Erfahrungen machen.

[163] Vgl. dazu *Bernstein,* Der lange Arm amerikanischer Gerichte, UFITA 76 (1976), 195ff.; *Casad,* Long Arm and Convenient Forum, 20 Can. L. Rev. 1 (1971); *Schütze,* Rechtsverfolgung im Ausland, 1986, S. 107f. m.w.N.

[164] Vgl. *Schack,* Einführung in das US-amerikanische Zivilprozeßrecht, 1988, S. 25.

[165] Vgl. dazu BGH NJW 1975, 1600.

[166] Str. vgl. BGH VersR 1992, 1285; LG Berlin DB 1989, 2120, im einzelnen *Schütze,* Die Anerkennung und Vollstreckbarerklärung US-amerikanischer Zivilurteile, die nach einer pre-trial discovery ergangen sind, in der Bundesrepublik Deutschland, Festschrift für Stiefel, 1987, S. 697ff.

VIII. Anerkennung und Vollstreckbarerklärung ausländischer Schiedssprüche

Das deutsche Recht schließt eine révision au fond ausländischer Schiedssprüche sowohl nach autonomem Recht (§ 1044 ZPO) als auch nach den Staatsverträgen aus.[168] Eine Nachprüfung ausländischer Schiedssprüche ist nur in eingeschränktem Maße möglich, insbesondere bei einem Verstoß gegen den ordre public.[169] Hier ergeben sich im Rahmen internationaler Kapitalanlagegeschäfte wiederum Probleme bei Börsentermingeschäften.[170] Nachdem der BGH die Anerkennungsfähigkeit ausländischer Urteile, die den Differenz- und Termineinwand nicht beachten, wegen Verstoßes gegen den ordre public verneint,[171] ist davon auszugehen, daß die Rechtsprechung auch entsprechenden Schiedssprüchen die Anerkennung verweigern wird. 74

Zwei Aspekte sind insbesondere zu beachten:

1. Rechtswirksamkeit des Schiedsspruchs. Nach § 1044 Abs. 2 Nr. 1 ZPO ist die Rechtswirksamkeit des ausländischen Schiedsspruchs Erfordernis für seine Wirkungserstreckung. Die Rechtswirksamkeit ist nach erststaatlichem Recht zu beurteilen. Unterliegt ein Schiedsspruch dem Recht New Yorks und läßt dieses eine Schiedsvereinbarung über Streitigkeiten aus Börsentermingeschäften zu, so liegt nach dem Gesetzeswortlaut kein Fall der Rechtsunwirksamkeit i. S. von § 1044 Abs. 2 Nr. 1 ZPO vor. Da die Unwirksamkeit der Schiedsvereinbarung aber nur über § 1044 Abs. 2 Nr. 1 oder Nr. 2 ZPO geltend gemacht werden kann, ist nicht auszuschließen, daß die Rechtsprechung bei ausländischen Schiedssprüchen, bei denen sie die Vereinbarung des ausländischen Schiedsgerichts mißbilligt, nach § 1044 Abs. 2 Nr. 1 ZPO verfährt.[172] 75

Geht man davon aus, so ist zu beachten, daß nach ständiger Rechtsprechung des BGH die Rechtsunwirksamkeit eines ausländischen Schiedsspruchs nach § 1044 Abs. 2 Nr. 1 ZPO und den entsprechenden staatsvertraglichen Normen wegen Fehlens einer wirksamen Schiedsvereinbarung dann nicht mehr geltend gemacht werden kann, wenn der Schuldner des Schiedsspruchs von einem nach dem anwendbaren ausländischen Schiedsverfahrensrecht möglichen befristeten Rechtsbehelf keinen Gebrauch gemacht hat.[173] Der Schuldner eines New Yorker Schiedsspruchs in einem Verfahren nach den Regeln der AAA über Streitigkeiten in einem Börsentermingeschäft[174] muß den nach New Yorker Recht gegebenen befristeten Rechtsbehelf[175] ergreifen, ohne eine Obsiegenschance in New York zu haben. Kein sehr einsehbares Ergebnis!

---

[167] Vgl. *Mann,* Die Anerkennungsfähigkeit von US-amerikanischen „class-action"-Urteilen, NJW 1994, 1187 ff.

[168] Vgl. RG HRR 1928, 2057; *Schütze/Tscherning/Wais,* Handbuch, Rdnr. 646; *Wieczorek/Schütze,* § 1044 Rdnr. 35.

[169] Vgl. dazu *von Heymann,* Der ordre public in der privaten Schiedsgerichtsbarkeit, 1969; *Köhn,* Schiedsgerichtsbarkeit und ordre public im zwischenstaatlichen Handelsverkehr, KTS 1956, 129 ff.; 166 ff.; *Kornblum,* „Ordre public transnational", „ordre public international" und „ordre public interne" im Recht der privaten Schiedsgerichtsbarkeit, Festschrift für Nagel, 1987, S. 140 ff.; *Roth,* Der Vorbehalt des Ordre Public gegenüber fremden gerichtlichen Entscheidungen, 1967.

[170] Vgl. dazu *Schütze* JbPdS 1 (1987), 98 ff.

[171] Vgl. BGH WM 1975, 676 = RIW/AWD 1975, 500 mit Anm. *Samtleben.*

[172] Vgl. *Schütze* JbPdS 1 (1987), 98 f.

[173] Vgl. BGHZ 52, 184; 55, 164; 57, 153.

[174] Vgl. zur Wirksamkeit von Schiedsvereinbarungen in den USA im Zusammenhang mit Börsentermin- und Wertpapiergeschäften insbes. die Entscheidung des US Supreme Court in Sachen Fritz Scherk v. Alberto Culver Company U. S. 41 L. Ed. 2d, 270 (1974), dargestellt und erläutert bei *Howaldt/Howe,* Schiedsklauseln in internationalen Verträgen und deren Anerkennung in den USA, RIW/AWD 1975, 135 ff.; vgl. dazu weiter *Borris,* Die internationale Handelsschiedsgerichtsbarkeit in den USA, 1987, S. 45 ff.

[175] Vgl. zur befristeten Anfechtungsmöglichkeit nach New Yorker Recht BGH RIW/AWD 1984, 557 mit Anm. *Dielmann* und *Schütze* RIW/AWD 1984, 734 ff. sowie BGH RIW/AWD 1984, 644 mit Anm. *Mezger.*

76 **2. Ordre public Klausel.** Nach § 1044 Abs. 2 Nr. 2 ZPO und den entsprechenden Bestimmungen in den Staatsverträgen[176] ist die Wirkungserstreckung eines ausländischen Schiedsspruchs bei Verstoß gegen den deutschen ordre public ausgeschlossen. Es gilt hier im Hinblick auf Schiedssprüche in Kapitalanlageverfahren dasselbe wie für ausländische Zivilurteile für oder gegen Kapitalanleger (vgl. oben Rdnr. 71 ff.). So paßt der Leitsatz der Entscheidung des BGH v. 4. 6. 1975[177] für Schiedssprüche wie für Urteile:

„Der Zweck des deutschen Börsengesetzes würde verfehlt, wenn ausländische Urteile gegen im Inland wohnhafte Personen über Forderungen aus Börsentermingeschäften, in denen die deutsche Regelung der Börsentermingeschäftsfähigkeit und der Differenzeinwand keine Beachtung gefunden haben, zur Vollstreckung anerkannt würden."

77 **3. Die Doppelexeqierung ausländischer Schiedssprüche.** Nach der neueren Rechtsprechung des BGH hat der Gläubiger eines ausländischen Schiedsspruchs, der im Erststaat durch ein Urteil für vollstreckbar erklärt worden ist, ein Wahlrecht, ob er die Wirkungserstreckung des ausländischen Schiedsspruchs nach § 1044 ZPO oder den einschlägigen Staatsverträgen oder die Anerkennung und Vollstreckbarerklärung des Exequaturürteils nach §§ 328, 722 f. ZPO oder etwa bestehender staatsvertraglicher Regelung betreiben will.[178] Erforderlich ist allein, daß das Exequaturürteil den Inhalt des Schiedsspruchs in sich aufnimmt (merger), was z. B. bei einem judgment on the award im US-amerikanischen Recht regelmäßig der Fall ist.[179]

Da durch den „merger" Novation eintritt, ist Gegenstand des Exequaturürteils nicht mehr der Anspruch aus dem ursprünglichen Rechtsverhältnis, sondern ein „wertneutraler" Anspruch. Folglich müßte man einen Verstoß gegen den ordre public nach § 328 Abs. 1 Nr. 4 ZPO regelmäßig verneinen, auch wenn das ursprüngliche Geschäft den materiellrechtlichen ordre public verletzt. Das ist aber bei der Haltung des BGH zum Anlegerschutz nicht zu erwarten.[180]

IX. Anlegerprozeß gegen die öffentliche Hand

78 **1. Das Problem.** Kapitalanleger beteiligen sich an steuerorientierten Kapitalanlagen in aller Regel dann und deshalb, weil steuer*gesetzliche* Investitionsanreize vorhanden sind, die zu nutzen einem größeren Personenkreis via Modellen durch Initiatoren angeboten wird, die ebenfalls in ihren Angeboten auf besagte *gesetzliche* Investitionsanreize vertrauen. Dieses Vertrauen wurde allseits noch dadurch gefestigt, daß im Hinblick auf die gesetzlichen Investitionsanreize Finanzämter gegenüber Kapitalanlegern begünstigende Steuerbescheide erließen. Jahre nach getätigter Investition änderten dieselben Finanzämter die begünstigenden Steuerbescheide in belastende, indem plötzlich behauptet wurde, Initiatoren bzw. Kapitalanleger hätten sich bei Beachtung der Gesetze mißbräuchlich Verhalten wie auch Sachverhalte fingiert wurden, die nicht vorlagen, nur um zu belastenden Steuerbescheiden zu gelangen. Die Finanzrechtsprechung segnete dies ab, das BVerfG beanstandete dies nicht. Die solchermaßen geschädigten Kapitalanleger versuchen nunmehr Schadensentlastung in Prospekthaftungsprozessen, oft jedoch ohne Erfolg, weil Zivilgerichte der Anbieterseite bestätigen, ja ebenfalls auf die vorhanden gewesene Gesetzeslage vertraut zu haben.[181] Beispiele belegen dies:

---

176 Vgl. z. B. Art. V Abs. 2 b UN-Übereinkommen.

177 Vgl. BGH WM 1975, 676 = RIW/AWD 1975, 500.

178 Vgl. BGH RIW/AWD 1984, 557 mit Anm. *Dielmann* und *Schütze* RIW/AWD 1984, 734 ff.; BGH RIW/AWD 1984, 644 mit Anm. *Mezger;* weiter *Wieczorek/Schütze,* § 1044 Rdnr. 4.

179 Vgl. *Borris,* Die internationale Handelsschiedsgerichtsbarkeit, S. 116 m. w. N. in Fn. 20; *Kilgus,* Zur Anerkennung und Vollstreckbarerklärung ausländischer Schiedssprüche in Deutschland, 1995, S. 121 ff. zur entsprechenden Regelung im englischen Recht.

180 Vgl. dazu *Schütze,* Die Bedeutung eines ausländischen Urteils über die Wirksamkeit eines Schiedsspruchs für dessen Exequierung im Inland, JbPdS 3 (1989), S. 118 ff., 124 f.

181 OLG Frankfurt DB 1988, 437; OLG Düsseldorf KaRS 1989, 383; *Wagner* DStR 1996, 569, 571 und DStR 1996, 609, 612 f.

a) Abschreibungsgesellschaften. Gesetzliche Investitionsanreize lockten mit steuerlichen Sonderabschreibungen[182] und Steuerersparnisabsicht galt in Anbetracht der seinerzeitigen Baupatenrechtsprechung des BFH[183] als ausreichend für die Erfüllung des steuerlichen Merkmals der Gewinnerzielungsabsicht. Diese zwei Eckpfeiler – Gesetze und Rechtsprechung – führten zur Entwicklung von Abschreibungs- und Verlustzuweisungsmodellen.[184] Die Finanzämter erkannten die daraus resultierenden steuerlichen Verlustzuweisungen in entsprechenden Steuerbescheiden als begünstigenden Verwaltungsakten an. 79

Mitte der 70iger Jahre grenzte die Finanzverwaltung steuerliche Verluste gerade bei Abschreibungsgesellschaften per 100%-Erlaß ein,[185] ohne daß es dafür seinerzeit eine gesetzliche Grundlage gab. Erfaßt wurden damals nicht nur sogenannte künftige Fälle, sondern auch rückwirkend solche Fälle, die noch nicht verjährt waren. 80

Und als der Große Senat des BFH in seiner Entscheidung vom 25. 6. 1984 für Abschreibungsgesellschaften Steuerersparnis nicht mehr als Gewinnerzielungsabsicht anerkannte,[186] wurden seitens der Finanzämter wiederum rückwirkend noch nicht verjährte Steuerbescheide belastend geändert, die in Anbetracht der Baupatenrechtsprechung des BFH aus dem Jahr 1972 noch als begünstigend ergangen waren.[187] 81

Die ursprünglich begünstigenden Steuerbescheide wurden in diesen Fällen jeweils nachträglich aufgrund der belastenden Änderungsbescheide rückwirkend zu rechtswidrig begünstigenden Bescheiden, die mit maßgebend für das Engagement von Kapitalanlegern in Abschreibungsgesellschaften gewesen waren. 82

b) Mietkaufmodelle. Diese Modelle gab es seit Ende der 60iger Jahre bzw. Anfang der 70iger Jahre. Die Finanzverwaltungen hatten nichts zu beanstanden und soweit Kapitalanleger ihre steuerlichen Verluste steuermindernd geltend machten, wurde dies von den Finanzämtern in aller Regel fast 10 Jahre lang anerkannt. 83

Erstmals Ende 1978 / Anfang 1979, nachdem Kapitalanleger fast 1 Jahrzehnt in Mietkaufmodelle investiert hatten, begann bei der Finanzverwaltung eine Kehrtwendung, indem man plötzlich bisher Anerkanntes in Frage stellte, was im Mietkauf-Erlaß vom 7. 12. 1979[188] einmündete und im Anschluß daran in der Mietkaufmodellrechtsprechung des BFH[189] endete. 84

Wiederum wurden ursprünglich begünstigende Steuerbescheide in diesen Fällen nachträglich aufgrund belastender Änderungsbescheide rückwirkend zu rechtswidrig begünstigenden Bescheide, die mit maßgebend für das Engagement von Kapitalanlegern in Mietkaufmodellen gewesen waren.

c) Bauherrenmodell – Grunderwerbsteuer. Errichtete ein Bauherr grundsteuerbegünstigt Wohnungen, so war er auf der Grundlage der seinerzeitigen Grunderwerbsteuer-Landesgesetze bezüglich der dortigen Befreiungsnormen bis Ende 1982 von der Grunderwerbsteuer befreit. Die Finanzämter erließen über ein Jahrzehnt lang Befreiungs- bzw. Freistellungsbescheide, was Kapitalanleger wiederum veranlaßte, neben anderen Steuervorteilen sich auch deshalb an Bauherrenmodellen zu beteiligen. 85

Der gleiche Vorgang, der über ein Jahrzehnt lang gesetzlich zur Grunderwerbsteuerfreiheit führte, wurde vom BFH contra legem mit späterer Legitimation des BVerfG zu einem grunderwerbsteuerpflichtigem Vorgang mit 7% Grunderwerbsteuer auf den Gesamtaufwand – nicht etwa nur auf den Kaufpreis – „umfingiert".[190] 86

---

[182] S. o. § 22 Fn. 3.

[183] BFH 17. 1. 1972 GrS BStBl. II 1972, 700.

[184] S. o. § 22 Rdnr. 1 und 21.

[185] S. o. § 22 Rdnr. 31.

[186] S. o. § 22 Rdnr. 64–67.

[187] S. o. § 22 Rdnr. 19.

[188] BMF 7. 12. 1979 BStBl. I 1980, 1.

[189] BFH 31. 3. 1987 BStBl. II 1987, 668; 31. 3. 1987 BStBl. II 1987, 774; BFH/NV 1988, 292; BFH/NV 1991, 390; BFH 9. 2. 1993 BStBl. II 1993, 658.

[190] Zur Gesamtdarstellung m. w. N. *Wagner* HdB, Fach 1811; *ders.* BB 1992, 245; *ders.* DStR 1996, 569.

87 Mittels nachträglich belastender Änderungsbescheide wurden die ursprünglichen Befreiungs-/Freistellungsbescheide rückwirkend zu plötzlich – soweit noch nicht verjährt – rechtswidrig begünstigenden Bescheiden, die mit maßgebend für das Engagement von Kapitalanlegern im Bauherrenmodell gewesen waren.

88 *d) Bauherrenmodell – Umsatzsteuer.* Bis zur Änderung des 2. Haushaltsstrukturgesetzes[191] war es gemäß § 9 UStG a. F. zulässig, auf die gemäß § 4 Nr. 12 UStG mögliche Steuerfreiheit der Umsätze auch dann zu verzichten, wenn es sich um Wohnungen handelte. Kapitalanleger hatten mithin ein gesetzliches Gestaltungswahlrecht, ob sie umsatzsteuerfrei oder umsatzsteuerpflichtig mit Vorsteuerabzugsmöglichkeit vermieten wollten. Die Finanzämter stimmten etwa bis 1984, teilweise auch noch später, geltend gemachten Vorsteuerabzügen in Umsatzsteuererklärungen zu, die dadurch die rechtliche Qualität begünstigender Verwaltungsakte erhielten (§ 168 AO). Jahre später wurden von denselben Finanzämtern nachträglich mit Rückwirkung belastende Änderungsbescheide erlassen, weil man plötzlich mit der Rechtsprechung des BFH die Ausübung des gesetzlichen Gestaltungswahlrechts als Gestaltungsmißbrauch bezeichnete.[192] Aus ursprünglich begünstigenden Verwaltungsakten wurden auf diese Weise nachträglich rückwirkend rechtswidrig begünstigende Verwaltungsakte.

Und auch hier war jahrzehntelange Praxis der Finanzverwaltung maßgebend für das Engagement von Kapitalanlegern in Bauherrenmodellen.

89 *e) Fazit:* In all diesen Fällen hat die Rechtsprechung des BFH Jahre nach getätigter Investition von Kapitalanlegern mit Rückwirkung deren steuerliche Investitionsanreize aberkannt. Diesen Investitionsanreizen sind Kapitalanleger ursprünglich gefolgt, weil über Jahre hinweg vor dem jeweils eigenen Engagement der Kapitalanleger die Finanzämter folglich rechtswidrig begünstigende Steuerbescheide erlassen hatten. Diese mögen dann später von den Finanzämtern gemäß §§ 164 bzw. 173 AO abänderbar gewesen sein, an der rechtlichen Einordnung der abgeänderten (nicht der abändernden) Steuerbescheide als *rechtswidrig* begünstigend ändert dies aber nichts.

90 Dies leitet zu der Frage über, ob die durch *rechtswidrig* begünstigende Steuerbescheide geschädigten Kapitalanleger Amtshaftungsansprüche geltend machen können,[193] zumal wenn in Anbetracht der aufgezeigten Rechtsentwicklung die Verfolgung eigener materiellrechtlicher Ansprüche im finanzgerichtlichen Verfahren bzw. in Prospekthaftungsprozessen sinnlos geworden ist. Denn in *solchen* Fällen ist und waren ursächlich für den Schaden des Kapitalanlegers nicht die Anbieter von Kapitalanlagemodellen,[194] sondern letztlich die Finanzverwaltung mit ihrem über Jahre hinweg erzeugten Vertrauen aufgrund *rechtswidrig* begünstigender Verwaltungsakte bzw. Steuerbescheide.

91 Dieses Thema bleibt auch deshalb aktuell, da vergleichbare Entwicklungen wie oben aufgezeigt, sich nunmehr für die Sondergebiets-AfA des Fördergebietsgesetzes andeuten.[195] Kapitalanleger, denen nach getätigter Investition erneut die steuerlichen Investitionsanreize aberkannt würden, wären dann ebenfalls mit der Frage konfrontiert, ob der Amtshaftungsprozeß eine Ausweichmöglichkeit zur eigenen Schadensminimierung sein könnte.

92 **2. Amtshaftung.** *a) Amtspflichtverletzung.* Finanzbeamte unterliegen der Amtspflicht zu gesetzmäßigem Verhalten.[196] Sie haben das Verhältnismäßigkeitsprinzip zu beachten,[197]

---

[191] Vom 22. 12. 1981 BStBl. I 1982, 235, 248.

[192] Zur Gesamtdarstellung m. w. N. *Wagner* DStZ 1992, 295; *ders.* DStR 1996, 609.

[193] Zur Amtshaftung bei fehlerhaften Steuerbescheiden siehe *Wagner* StB 1993, 324; *ders.* DStR 1996, 609, 613.

[194] OLG Frankfurt DB 1988, 437; OLG Düsseldorf KaRS 1989, 383.

[195] *Loritz/Wagner* WM 1993, 489, 490; *dies.* WM 1993, 533, 539.

[196] BGH NJW 1979, 642, 643; BGHZ 76, 16, 29 f.; BGH DVBl. 1981, 524; BGH NJW 1982, 1648; BGHZ 84, 285; BGH DVBl. 1984, 427; Münchener Kommentar/*Papier,* BGB, 2. Aufl., § 839 Rdnr. 67; *Wagner* StB 1993, 324, 326.

unterliegen der Amtspflicht zu rücksichtsvollem Verhalten,[198] haben sich so unmißverständlich klar zu äußern und zu verhalten, daß der Empfänger disponieren kann[199] und unterliegen der Amtspflicht zu konsequentem Verhalten.[200]

In den eingangs geschilderten Fällen hat sich die Finanzverwaltung über Jahre hinweg konsequent verhalten, so daß die Kapitalanleger im Vertrauen auf über Jahre hinweg gewährte Steuervorteile sich an Kapitalanlagemodellen beteiligten. Das Bemerkenswerte daran ist, daß in Anbetracht der späteren Rechtsprechung des BFH die Finanzverwaltung über Jahre hinweg wohl konsequent *rechtswidrig* begünstigende Steuerbescheide erließ, die dazu führten, daß Kapitalanleger im Vertrauen auf die Begünstigung dieser Bescheide sich an Kapitalanlagemodellen beteiligten. Die Amtspflichtverletzung ist mithin in zweierlei zu sehen: 93

– In dem Erlaß *rechtswidrig* (begünstigender) Steuerbescheide, in denen die später kassierten Steuervorteile zunächst anerkannt wurden.[201]
– Sodann darin, daß man sich seitens der Finanzverwaltung inkonsequent verhielt, indem man die über Jahre hinweg begünstigenden Steuerbescheide, mit denen die Finanzverwaltung Vertrauen in die Verläßlichkeit dieser steuerlichen Beurteilung suggerierte, mit Rückwirkung wieder aufhob.

b) Schutzzweck der verletzten Amtspflicht. In der neueren Amtshaftungsrechtsprechung des BGH wird zunehmend darauf abgestellt, „daß im Amtshaftungsrecht jeweils auf den Schutzzweck der Amtspflicht als Kriterium zur sachlichen Begrenzung des dem geschädigten „Dritten" gewährten Schutzes abzustellen ist".[202] Dies bedeutet, daß Aufwendungen, die ein Kapitalanleger im Vertrauen auf die Rechtmäßigkeit eines in Wahrheit rechtswidrigen Steuerbescheides tätigt(e), nur dann ersatzfähig sein könnten, wenn diese Aufwendungen in Ausnutzung des Steuerbescheides erfolgten. Es muß mithin zwischen rechtswidrig erteiltem Steuerbescheid und getätigter Investition des Kapitalanlegers ein ursächlicher Zusammenhang bestehen.[203] 94

Rechtsprechung und Literatur existieren zu dieser Frage, das Steuerrecht betreffend, nicht. Mithin sind Anleihen hierzu aus der Amtshaftungsrechtsprechung des BGH zum öffentlichen Baurecht zu entnehmen. Während im öffentlichen Baurecht die Baugenehmigung praktisch das Recht zum Bauen erst einräumt,[204] so daß insoweit verständlich wird, was der BGH meint, wenn er von „Aufwendungen ... in Ausnutzung der Baugenehmigung" spricht, sind bei steuerorientierten Kapitalanlagenmodellen Investitionen auch unabhängig von erteilten Steuerbescheiden zulässig. Die Fragestellung grenzt sich mithin 95

[197] BGHZ 12, 206; 18, 366, 368; BGH NJW 1973, 894; BVerfGE 19, 342, 348 f.; 31, 275, 290; 70, 191, 201 f.; 83, 201, 212; Münchener Kommentar/*Papier,* BGB, § 839 Rdnr. 169; *Wagner* StB 1993, 324, 327.

[198] BGHZ 121, 65, 69; Münchener Kommentar/*Papier,* BGB, § 839 Rdnr. 179; *Wagner* StB 1993, 324, 327.

[199] BGHZ 14, 319, 321; 30, 15, 25; BGH NJW 1978, 371, 372; BGH NJW 1978, 1522, 1523; NJW 1980, 2573, 2574; NJW 1980, 2576; BGH WM 1985, 210, 211; Münchener Kommentar/*Papier,* BGB, § 839 Rdnr. 182; *Wagner* StB 1993, 324, 327.

[200] BGH NJW 1960, 2334; BGH WM 1963, 311, 314; WM 1963, 787, 788; WM 1966, 799, 801; BGHZ 76, 343, 348; BGHZ 81, 21, 27; 87, 9, 18; Münchener Kommentar/*Papier,* BGB, § 839 Rdnr. 184; *Wagner* StB 1993, 324, 327.

[201] BGH NVwZ 1989, 287; BGH NJW 1991, 1168; BGH NVwZ 1992, 911; BGH NJW 1992, 2691; *Schröder* DVBl. 1991, 751; *Wagner* StB 1993, 324; 327.

[202] BGHZ 121, 65, 67 u. H. a. BGHZ 109, 380, 389 ff.; 111, 292, 276; 113, 367, 372; 117, 83, 90; 117, 363, 372. Ferner inzwischen BGHZ 123, 191, 198; BGH NJW 1993, 2615; BGH NVwZ 1994, 821; NJW 1674, 1649; NJW 1994; 2087, 2090; BGH WM 1994, 1816, 1818, 1821, BGH WM 1995, 771, 773.

[203] BGH NVwZ 1994, 821, 822.

[204] Zur *rechtlichen* Einordnung einer Baugenehmigung *Wagner/Loritz,* Konzeptionshandbuch, Bd. 1, Rdnr. 944 m. w. N.

beim Steuerrecht dahingehend ein, ob im Hinblick auf den Schutzzweck der Amtspflicht auch die Aufwendungen erfaßt werden, die der Kapitalanleger im Vertrauen auf die Rechtmäßigkeit begünstigender Steuerbescheide tätigt. Diese Frage ist derzeit ungeklärt. Sie könnte damit dem *Grunde* nach bejaht werden, daß die Finanzverwaltung vor Erlaß begünstigender Steuerbescheide oder Zustimmungserklärungen (§ 168 Satz 2 AO) einer umfassenden Amtsermittlungspflicht unterliegt und zwar zugunsten wie zu Ungunsten des Steuerbürgers (§ 88 AO), so daß die daraufhin ergehenden Bescheide auch eine nicht unerhebliche Vertrauenswirkung zeitigen, auf der Dispositionen von Kapitalanlegern aufbauen.[205] Folglich bedarf auch der Kapitalanleger des Schutzes, nicht durch jahrelange Fehlentscheidungen der Finanzverwaltung in die Irre geführt zu werden. Wollte man dies anders sehen, würde dies sonst völlig sanktionslos dazu führen, daß die Finanzverwaltung mit Steuervorteilen „locken" kann, indem sie rechtswidrig begünstigende Steuervorteile einräumt, um sie nach getätigter Investition wieder zurückzunehmen bzw. zu widerrufen. Dies würde zu plangemäßen Amtspflichtverletzungen führen, indem die Finanzverwaltung geradezu darauf spekulieren könnte, später nicht zur Rechenschaft gezogen zu werden: Denn wie oben gezeigt,[206] könnte man seitens der Finanzverwaltung im Bereich der steuerorientierten Kapitalanlage die stets wiederkehrende Neigung der BFH-Rechtsprechung abwarten, gesetzliche Investitionsanreize rückwirkend abzuerkennen, der man sich seitens der Finanzverwaltung dann nur mit einem entsprechenden Zeitverzug anschließen müßte. Die Amtsermittlungspflicht der Finanzverwaltuntg (§ 88 AO), die auch dem Schutze der Steuerbürger dienen soll, würde verkümmern und Geschädigte wären die Kapitalanleger, die im Vertrauen auf Verhaltensweisen der Finanzverwaltung sich zu Investitionen entschlossen haben. Nach diesseitiger Auffassung hindert mithin der Schutzzweck der Amtspflicht nicht die Verfolgung der Amtshaftungsansprüche in den hier dargestellten Fällen.

96 Das Korrelat wird die Schadensbegrenzung der *Höhe* nach sein, die vom Schutzzweck im Steuerrecht erfaßt sein könnte. Denn durch rückwirkend versagte Steuervorteile, die seitens der Finanzverwaltung ursprünglich rechtswidrig begünstigend noch gewährt wurden, wird nicht die getätigte Aufwendung bzw. Investition wertlos, sondern die durch die vom Kapitalanleger mit dem Steuervorteil avisierte Rendite verschlechtert bzw. entfällt ganz. Und diesen von der Finanzverwaltung verursachen Renditeschaden gilt es auszugleichen, so daß dieser auch der Höhe nach vom Schutzzweck der Amtspflicht erfaßt wird.

97 *c) Drittbezogenheit der Amtspflicht.* Ein Amtshaftungsanspruch setzt neben denen zuvor genannten Voraussetzungen ferner voraus, daß seitens der Finanzverwaltung gegen solche Amtspflichten verstoßen wurde, die ihr gerade auch gegenüber den betroffenen Kapitalanlegern oblag.[207] Eine solche Drittbezogenheit ist dann gegeben, wenn entweder subjektive öffentliche Rechte des Betroffenen verletzt werden oder der Finanzbeamte gegen Amtspflichten verstößt, die *auch* im Interesse des Einzelnen bestehen, selbst wenn sie daneben auch im Interesse der Allgemeinheit bzw. des Staates ihm auferlegt werden.[208]

Diese Drittbezogenheit der Amtspflicht obliegt dem Finanzbeamten wie § 88 Abs. 2 AO zeigt, auch gegenüber den Steuerbürgern, mithin auch gegenüber Kapitalanlegern, die sich an steuerorientierten Kapitalanlagen beteiligen und Steuervorteile in ihren Steuererklärungen geltend machen bzw. geltend gemacht haben.

---

[205] S. o.; 29 Rdnr. 79–88.

[206] S. o. Rdnr. 78–90.

[207] BGHZ 1, 388, 394; 31, 388, 390; 35, 44, 46; 39, 358, 363; 54, 165, 169; 56, 40, 45; 56, 251, 254; 63, 319, 324; 69, 128, 136; BGH NJW 1973, 463; NJW 1974, 1764, 1765; BGHZ 85, 230; BGH WM 1994, 1491, 1495; Münchener Kommentar/*Papier*, BGB, § 839 Rdnr. 191 ff.; *Wagner* StB 1993, 324, 327.

[208] RGZ 78, 241, 243; Münchener Kommentar/*Papier*, BGB, § 839 Rdnr. 193; *Wagner* StB 1993, 324, 327.

d) Verschulden. Zum Verschulden zählt Vorsatz bzw. Fahrlässigkeit, wobei die Fahrlässigkeit *objektiv* zu ermitteln ist.[209] Finanzbeamte verhalten sich mithin schuldhaft, wenn sie objektiv eine unrichtige Gesetzesauslegung bzw. Rechtsanwendung betreiben.[210] Dies ist dann der Fall, wenn sie gegen den eindeutigen Wortlaut eines Gesetzes verstoßen bzw. evtl. vorhandene Zweifelsfragen durch die Rechtsprechung bereits geklärt sind,[211] wobei eine einzige Entscheidung eines Bundesgerichtes ausreichen würde,[212] die Finanzverwaltung sich aber gleichwohl daran nicht orientieren würde. **98**

Hier offenbart sich contra legem die nur gegen Kapitalanleger gerichtete Rechtsprechung des BFH[213] – da der BFH außerhalb der steuerorientierten Kapitalanlage anders judiziert –, die zudem entgegen der *Senats*rechtsprechung des BVerfG durch *Kammer*entscheidungen des 2. Senats des BVerfG durch Nichtannahme dagegen gerichteter Verfassungsbeschwerden[214] sanktioniert wurde. Die ursprünglich begünstigenden Steuerbescheide der Finanzverwaltung, die über Jahre hinweg Kapitalanlegern Steuervorteile gewährten, wurden durch nachträglich mit Rückwirkung versehene Änderungsbescheide der Finanzverwaltung zu *rechtswidrig* begünstigenden Bescheiden. Zwar stellten diese Bescheide in Anbetracht ihrer Rechtswidrigkeit eine Amtspflichtwidrigkeit dar, aber Finanzbeamten wird zur Verschuldensexculpation eingeräumt, ja auf *gesetzlicher* Grundlage diese Bescheide erlassen zu haben, womit die Gesetzesbindung des Artikel 20 Abs. 3 GG zur Exculpation der Finanzbeamten statt zur Legitimation von Steuervorteilen von Kapitalanlegern verwendet wird. **99**

Hinzu kommt, daß die Finanzverwaltung darauf verweist, trotz Amtspflichtverletzung wegen seinerzeit ergangener rechtswidrig begünstigender Bescheide sich deshalb nicht schuldhaft verhalten zu haben, weil man mit der Rechtsprechung des BFH und teilweise auch des BVerfG als Kollegialgerichten jedenfalls exculpiert sei.[215] Mit diesem Exculpationsversuch wird zwar nicht ein Grundsatz beschrieben, handelt es sich nach der Rechtsprechung dabei doch nur um eine „Richtlinie", von der auch abgewichen werden kann,[216] insbesondere dann, wenn das Kollegialgericht entweder den Sachverhalt nicht richtig oder umfassend geprüft hatte[217] oder von einem anderen Sachverhalt ausging.[218] Gleichwohl wird man festhalten müssen, daß für die eingangs geschilderten Fälle[219] der Finanzverwaltung mit dem Hinweis auf die Rechtsprechung des BFH der Exculpationsverweis gelingen wird, was die staatliche Finanzverwaltung erneut ein Stück weit aus der Verpflichtung zum Erlaß *rechtmäßiger* Steuerbescheide herausnimmt, zumal wenn man folgendes bedenkt: **100**

Es ist in der Praxis festzustellen, daß die finanz*gerichtliche* Überprüfung der Frage, ob ursprünglich begünstigende Steuerbescheide durch nachträglich belastende Steuerbescheide rückwirkend betrachtet objektiv rechtswidrig begünstigende Bescheide waren, einen **101**

---

[209] BGHZ 2, 209, 214; 4, 302, 313; 22, 258, 263; Münchener Kommentar/*Papier,* BGB, § 839 Rdnr. 238 und 243; *Wagner* StB 1993, 324, 328.

[210] BGH NVwZ 1989, 287; BGH DVBl. 1989, 504, 506.

[211] BGHZ 30, 19, 22; BGH MDR 1980, 38, 39; OVG Münster NJW 1979, 2061, 2063.

[212] BGH NJW 1963, 1453, 1454; OVG Münster NJW 1979, 2061, 2063; Münchener Kommentar/*Papier,* BGB, § 839 Rdnr. 244; *Wagner* StB 1993, 324, 328.

[213] *Wagner* BB 1992, 245; *ders.* DStZ 1992, 295; *ders.* DStR 1996, 569 und 609.

[214] BVerfG BB 1992, 261 (GrESt); BVerfG 29. 9. 1994 – 2 BvR 1156/91 –; *Wagner* DStR 1996, 569 und 609.

[215] BGHZ 17, 153, 158; 27, 338, 343; BGH VersR 1961, 533, 534; BGH VersR 1970, 922; BGH NJW 1971, 1699, 1701; BGHZ 68, 142; 78, 274, 279; NJW 1988, 1143; BGHZ 97, 97, 107; 117, 240, 250; OLG Düsseldorf NVwZ 1995, 200; BVerwG NJW 1973, 1014; Münchener Kommentar/*Papier,* BGB, § 839 Rdnr. 245; *Wagner* StB 1993, 324, 328.

[216] BVerwG DVBl. 1991, 51, 52; OLG Düsseldorf NVwZ 1995, 200.

[217] BGHZ 123, 1, 12; OLG Düsseldorf NVwZ 1995, 200.

[218] *Wagner* StB 1993, 324, 327.

[219] S. o.; 29 Rdnr. 79–88.

Zeitraum von bis zu 7 Jahren inklusive der Überprüfung durch den BFH ausmacht.[220] In dieser Zeit wird das Selbstverständnis der Finanzverwaltung bezüglich ihrer Verhaltensweise schon deshalb zum Selbstverständnis der Finanzrechtsprechung inklusive der des BFH, da die Richter der Finanzgerichtsbarkeit und des BFH nahezu ausschließlich aus der Finanzverwaltung kommen und in einem solchen Zeitraum ein natürlicher Wechsel von Finanzbeamten zu Finanzrichtern stattfindet. Es nimmt mithin nicht Wunder, wenn die Finanzrechtsprechung sich nicht unvoreingenommen der Überprüfung Jahre zurückliegender Vorgänge annehmen kann, die viele Finanzrichter noch als Verwaltungsbeamte mit tragen mußten bzw. getragen haben, was mit *eine* Erklärung einer sich verstetigenden, Kapitalanleger belastenden, Rechtsprechung der Finanzgerichtsbarkeit ist, auf die die Finanzverwaltung sich bei Amtshaftungsklagen zur eigenen Exculpation wiederum berufen wird.

102 Mithin verbliebt ein Verschulden nur in den Fällen, in denen die Exculpation der Finanzverwaltung nicht gelingt. Und dies sind die zahlreichen Fälle, in denen steuerbegünstigende Steuerbescheide gegenüber Kapitalanlegern ergingen, obwohl zum Zeitpunkt des Ergehens dieser begünstigenden Bescheide der Finanzverwaltung eine dem entgegenstehende Rechtsprechung der Finanzgerichtsbarkeit bzw. des BFH bereits bekannt war bzw. hätte bekannt sein müssen, weil veröffentlicht. Wenn in solchen Fällen die Finanzverwaltung nachträglich diese Bescheide durch belastende Änderungsbescheide unter Hinweis auf besagte Finanzrechtsprechung gemäß § 164 bzw. § 173 AO abändert, so wird deutlich, daß in diesen Fällen die ursprünglich begünstigenden Bescheide quasi sehenden Auges als rechtswidrig gegenüber Kapitalanlegern ergingen. Eine Exculpation scheidet in solchen Fällen dann aus.

103 *e) Schaden.* Zu ersetzen ist das negative Interesse.[221] Dies wäre in den hier dargestellten Fällen der Renditeschaden des Kapitalanlegers, indem bei „Aberkennung" der Steuervorteile seine Rendite schlechter ausfällt, als unter Einbeziehung des Steuervorteils, auf den er vertraute, dessentwegen der Kapitalanleger sich beteiligte und der ihm anfänglich auch von der Finanzverwaltung gewährt wurde.

104 *f) Subsidiarität.* Gemäß § 839 Abs. 3 BGB ist der steuerlich geschädigte Kapitalanleger gehalten, vor einer Amtshaftungsklage zuvor mit denen ihm nach der AO bzw. FGO zur Verfügung stehenden Mitteln des Einspruchs- bzw. finanzgerichtlichen Verfahrens gegen die ihn belastenden Maßnahmen vorzugehen. Dies bietet sich im zuvor angesprochenen Falle an, in dem das Finanzamt trotz Kenntnis der dem entgegenstehenden BFH-Rechtsprechung gleichwohl einen *endgültigen* begünstigenden Steuerbescheid erläßt, den es später unter Hinweis auf § 173 Abs. 1 Satz 1 Nr. 1 AO i. V. m. besagter BFH-Rechtsprechung wieder aufhebt. Denn in einem solchen Fall ist besagte BFH-Rechtsprechung keine *neue* Tatsache mehr, so daß der geschädigte Kapitalanleger im Einspruchs- und finanzgerichtlichen Verfahren die mangelnde Einschlägigkeit des § 173 AO zu rügen hat.

105 War jedoch der ursprünglich rechtswidrige begünstigende Bescheid *vorläufig* gemäß § 164 Abs. 1 AO trotz einer dem entgegenstehenden BFH-Rechtsprechung ergangen und wird er später wegen besagter BFH-Rechtsprechung abgeändert (§ 164 Abs. 2 Satz 1 AO), so daß dann die materiellrechtliche Beurteilung im Vordergrund steht, dann muß das Einspruchsverfahren bzw. finanzgerichtliche Verfahren im Hinblick auf § 839 Abs. 3 BGB nicht durchlaufen werden, wenn dies dem Geschädigten unzumutbar wäre,[222] weil z. B. eine feststehende Rechtsprechung des BFH materiellrechtlich ohnehin kein positives Ergebnis erwarten lassen würde.[223] So wäre es in dieser Fallkonstellation für geschädigte Kapi-

[220] So etwa bei der von *Wagner* in BB 1992, 245 und DStZ 1992, 295 beschriebenen Entwicklung zur GrESt und MwSt-Option in Bauherrenmodellen der früheren 80iger Jahre.

[221] BGH WM 1994, 997; Im einzelnen *Wagner* StB 1993, 342, 328 f.

[222] BGH NJW 1984, 1169, 1172; BGH NJW 1991, 1168; BGH DVBl. 1993, 602, 603; *Jeromin* NVwZ 1991, 543.

[223] BGH NJW 1984, 1169, 1172; *Wagner* StB 1993, 324, 329.

talanleger unzumutbar, in Anbetracht der gefestigten BFH-Rechtsprechung z. B. zur Grunderwerbsteuer und Umsatzsteuer bei Bauherrenmodellen[224] noch den Finanzrechtsweg beschreiten zu sollen, so daß hier bei nachträglich mit Rückwirkung aufgehobenen *vorläufigen* Bescheiden § 839 Abs. 3 BGB der Geltendmachung eines Renditeschadens im Amtshaftungsprozeß dort nicht entgegensteht, wo auch zuvor wegen der aufgezeigten Zivilrechtsprechung[225] ein Prospekthaftungsprozeß gegen Dritte erfolglos wäre.

---

[224] S. o.; 29 Rdnr. 85–88 und *Wagner* BB 1992, 245; *ders.* DStZ 1992, 295; *ders.* DStR 1996, 569 und 609.

[225] OLG Frankfurt DB 1988, 437; OLG Düsseldorf KaRS 1989, 383.

Sachverzeichnis

Die halbfetten Zahlen verweisen auf die Paragraphen, die mageren Zahlen auf die Randnummer.

Buchanzeigen

Münchener Vertragshandbuch

4. Auflage. In 6 Leinenbänden
Gesamtpreis bei Einzelabnahme ca. DM 1388,–/**Vorzugspreis bei Gesamtabnahme ca. DM 1228,–**
(ISBN 3-406-41258-0)

Formulare (ohne Anmerkungen) zusätzlich auf Disketten oder wahlweise auf CD-ROM

Disketten

Einzelpreis ca. DM 128,– für ca. drei Disketten je Teilband,
Vorzugspreis ca. DM 98,– für ca. drei Disketten pro Teilband bei Gesamtabnahme aller Disketten.
Gesamtpreis für alle ca. 18 Textdisketten des Gesamtwerks ca. DM 588,–
statt ca. DM 768,– bei Einzelabnahme (ISBN 3-406-41695-0)

Die CD-ROM
ist nur im Abonnement zu beziehen. **Die Grundversion und jede Ergänzung um die Formulare eines Teilbands kosten ca. DM 98,–.** Mit jedem zusätzlichen Band erhöht sich der Einstiegspreis entsprechend der inhaltlichen Fortschreibung um ca. 98.–/Gesamtpreis ca. DM 588,– (ISBN 3-406-41614-4)
Erste Edition erhältlich seit Oktober 1996

Band 1: Gesellschaftsrecht
Hrsg. von Dr. Martin Heidenhain, Notar a. D. und RA, und Dr. Burkhardt W. Meister, RA und Notar
4., neubearbeitete und erweiterte Auflage. 1996
XL, 1601 Seiten. In Leinen DM 268,–/DM 238,–* (ISBN 3-406-40112-0)
Dazu erhältlich: **Textdisketten zum Münchner Vertragshandbuch**

Band 1: 4. Auflage 3 HD-Disketten 9 cm (3¹/₂″) für Windows. DM 128,–/DM 98,–*
(ISBN 3-406-41589-X)

Band 2: Handels- und Wirtschaftsrecht
Hrsg. von Prof. Dr. Rolf A. Schütze, RA und Notar, und Dr. Lutz Weipert, RA und Notar, Vertriebsverträge, Unternehmenskauf und -pacht, Internationales Anlagengeschäft, Internationales Transportrecht, Energielieferungsverträge, Kartellvertragsrecht, Verträge im Öffentlichen Bau- und Erschließungsrecht, Forschungs- und Entwicklungsverträge. **4., neubearbeitete Auflage. 1997.** XXVIII, 678 Seiten. In Leinen DM 168,–/DM 148,–* (ISBN 3-406-41257-2) Erscheint im März 1997

Band 3: Deutsches und Internationales Wirtschaftsrecht

1. Halbband: Wirtschaftsrecht
Hrsg. von Prof. Dr. Rolf Schütze, RA und Notar, und Dr. Lutz Weipert, RA und Notar. Kreditsicherungen, Finanzierungsverträge, Bankrecht, Franchising, EDV-Recht, Patent- und Know-how-Lizenzvertragsrecht, Arbeitnehmererfindungsrecht, Markenrecht, Verlags- und Urheberrecht, Werbe- und Wettbewerbsrecht, Sport- und Sendungssponsoring. 1997. Rund 1350 Seiten. In Leinen ca. DM 268,–/ca. 238,–* (ISBN 3-406-41259-9) Erscheint im Mai 1997

2. Halbband: Internationales Wirtschaftsrecht (In englischer Sprache mit deutschen Anmerkungen)
Hrsg. von Prof. Dr. Rolf A. Schütze, RA und Notar. Vertragsvorbereitende und -begleitende Maßnahmen, Vertriebs- und Lieferverträge, Bankgeschäfte, Seefrachtrecht, Lizenz- und Know-how-Verträge. 1997. Rund 1330 Seiten. In Leinen DM 248,–/DM 228,–* (ISBN 3-406-40454-5) Erscheint im April 1997

Band 4, 1. und 2. Halbband: Bürgerliches Recht
Hrsg. von Prof. Dr. Gerrit Langenfeld, Notar. Grundstückskaufverträge, Miete, Dienst- und Arbeitsverträge, Betriebsvereinbarungen, Einheitsverträge und AGB, Zuwendungen, Erbbaurecht, Wohnungseigentum, Sachen-, Familien- und Erbrecht. Beide Halbbände in Leinen, je rund 1100 Seiten, je ca. DM 218,–/ca. DM 188,–* Band 4/1. Halbband (ISBN 3-406-41585-7), Band 4/2. Halbband (ISBN 3-406-41586-5) In Vorbereitung jeweils für Ende 1997

* Vorzugspreis bei Gesamtabnahme

Verlag C. H. Beck · 80791 München